日本語トルコ語辞典

JAPONCA-TÜRKÇE SÖZLÜK

竹内和夫 著
TAKEUÇİ KAZUO

大学書林

まえがき

　月日のたつのは早いもので，1987年に『トルコ語辞典』を出してから，もう13年になりました．そのときの「まえがき」に，「岡山大学卒業生の松尾幸子さんが，この辞典のすべての基礎作業に力をかしてくれました．かの女は，いま『日本語・トルコ語辞典』を完成させつつあります．」と書きました．ずいぶんと長いこと「完成させつつ」あったことになります．
　この辞典の基礎作業は，『トルコ語辞典』のトルコ語と日本語とを徹底的にひっくりかえしてカードにとることから始まりました．鉛筆と消ゴムの手作業で，当然カードの数は『トルコ語辞典』の数倍になりました．たとえば bozmak に当ててある日本語「こわす，だめにする，めちゃめちゃにする…」などを kowàsu, damè, mecyamecya…という見出しに移していくわけですから，大へん時間がかりました．ここで問題がおこります．ひとつはアクセントをどう表記するか，そして単語をどう認定するかという問題です．アクセントの方は，わたしの東京方言によりかかりながら，『NHK・発音アクセント辞典』(1985)と『三省堂・新明解国語辞典』(1989)を参考にしました．単語の方は，先ほどの「だめにする」だったら，どうするのか．「だめな」を形容動詞という1単語とする学説にしたがえば，damèna を見出しにすべきだろうか．わたしは形容動詞という品詞を認めませんから，damè という名詞で簡単に片がつきます．このような文法がからむ問題に，いくつも出あいましたが，ここでは省略します．日本語の音韻と文法にかかわる，わたしの基本的な考えは「日本語の要点」をご覧くだされば，わかっていただけるものと思います．
　ローマ字を使うことによって，いわゆる学校文法では見えてこない，日本語として大切な議論がうかびあがってきます．文における語のわかち書きのありかたは，まさにそのひとつです．はじめ，カードにはすべての用例にローマ字表記をあたえてありましたが，あまりページ数がふえるので，ローマ字文をはぶくことにしました．ぜひ未来の日本語教育を夢みて，階段をのぼろうとする読者のみなさんは，ローマ字文の研究をしていただきたいものです．
　ひっくりかえして出てきた日本語の見出しは，これで十分なのだろうか

と考えました．そこで『三省堂・必携用字用語辞典』（第3版1986）を使わせていただき，この辞典の見出し2万あまりのなかから，必要と思われるものをとり出しました．採用しなかった語にはどんなものがあるか．たとえば『必携』40ページでは，鋭意，営々，英気，永訣，曳航，永劫，英姿，英資，詠じる，映ずる，詠ずる，影像，永代，詠嘆，営団，鋭鋒，英邁，栄耀栄華などをはぶきました．これらも，またその用例もすべて，松尾さんにはカードに取ってもらってありましたが，情け容赦なく独断でゴミ箱行きにしてしまいました．こんな単語，知らなくても立派に生きていける，そんな若ものの気持ちでした．最近，松谷浩尚さんが『トルコ語分類単語集』（大学書林）という便利なものを作ってくれました．わたしたちの辞書をおぎなってくださるでしょう．

　おわりになりましたが，校正に骨をおってくださった菊池正敏さん，松尾さんのご苦労に感謝し，佐藤政人社長の健康をいのり，この辞書がトルコ語を学び，日本語を学ぼうとする方々の助けになることを期待しております．

2000．1．5　　竹内和夫

この辞書の使いかた

1．見出し

　ゴシック体ローマ字の見出しは約 33,000 あります。国名, 地名, 言語名, 人名などは大文字ではじまります。少数の接辞と複合語の後半部分もハイフンつきで出しました。2 語を見出しにしたものもあります。1 段動詞は, すべて語幹のうしろに（・）を入れて, 5 段動詞と区別してあります。なお動詞の 1 段とか 5 段とかの説明は, このあとにある**日本語の要点**に記してあります．

　長母音は 2 拍とかぞえ, おなじ母音を重ねて書きます。つまる音素 /ʔ/ は, うしろの子音に同化するので, おなじ子音を重ねて書きますが, 語末だけは（'）であらわしました。はねる音素は ñ であらわし, 配列順位は n のあとになります。見出しに共通語アクセントをつけました。高から低へ落ちる, アクセントの滝を（ˋ）で示しました。同音語の配列順位は, 滝のないものから第 1 滝, 第 2 滝のようになっています．

　ローマ字のあとに漢字, ひらがな, またはカタカナで新聞などで使われている表記を示しました。カタカナは外来語や動物・植物名に使われます．

2．外来語と品詞

　見出しのあとに（　）で外来語の語源を示しました。言語名の略語は下の表をみてください。また /　/ に品詞などの別が書いてありますが, これも下のとおりです．

　　1）**外来語**（　）

Al.	ドイツ語	Almanca
Fin.	フィンランド語	Fince
Fr.	フランス語	Fransızca
Hol.	オランダ語	Hollandaca
İng.	英語	İngilizce
İsp.	スペイン語	İspanyolca
İt.	イタリア語	İtalyanca
Lat.	ラテン語	Latince

この辞書の使い方　　　　　　iv

	Por.	ポルトガル語	portekizce
	Rus.	ロシア語	Rusça

2）品詞など／　／

	a.	名詞	ad
	ba.	接続詞	bağlaç
	be.	副詞	belirteç
	ek	語尾，接辞	ek
	ey.	動詞	eylem
	il.	付属語	ilgeç
	s.	形容詞	sıfat
	ün.	感動詞	ünlem

3．訳語と用例

　トルコ語の訳語がいくつもあるとき，（；）で意味の大分類をしてありますが，トルコ語・日本語辞典で意味のちがいをたしかめ，また用例に当って考えるようにしてください．動詞の形は-mek～-mak を取りさった語幹をハイフンつきで示してあります．用例は句から文への順に並んでいて，～は見出しと同形であることを示します．慣用句，ことわざなどは§の印をつけて最後に出してありますが，双方の原義をたしかめてください．（俗語，古語）などの注は，そのあとにあるトルコ語での位置づけです．

4．アルファベット

		発音		用例
1	A a	[ɑ]		àsa 朝，okàasañ お母さん
2	B b	[b]		basyo 場所，byooiñ 病院
3	C c	[ts]　i の前と cy は [tʃ]		cunð 角，cìci 父，cya 茶
4	D d	[d]		dàre 誰，dòko どこ
5	E e	[ɛ]		eda 枝，nèesañ 姉さん
6	F f	[Φ]		fàssyoñ ファッション，fèrii フェリー
7	G g	[g]		garasu ガラス，gòmu ゴム

8	Hh	[h]	iの前とhyは[ç]、uの前は[Φ]	hi̇́ 火, hyakù 百, hùne 船
9	Ii	[i]		inù 犬, ni̇́isañ 兄さん
10	Kk	[k]		ki・ru 着る, ki̇́ru 切る
11	Mm	[m]		mi̇́・ru 見る, tabè・ru 食べる
12	Nn	[n]		ni・ru 煮る, ne・ru 寝る
13	ñ	[N]	p,b,mの前は[m] / t,d,nの前は[n] / k,gの前は[ŋ]	hòñ 本, sañpo 散歩
14	Oo	[o]		otò 音, otòosañ お父さん
15	Pp	[p]		piñ̀ ピン, pokètto ポケット
16	Rr	[ɾ]		arùku 歩く, rakuda ラクダ
17	Ss	[s]	iの前とsyは[ʃ]	simà 島, syasiñ 写真
18	Tt	[t]		tàcu 立つ, tori 鳥
19	Uu	[ɯ]		usagi ウサギ, kùuki 空気
20	Ww	[w]		wà 輪, warau 笑う
21	Yy	[j]		yamà 山, yumè 夢
22	Zz	[dz]	iの前とzyは[dʒ]	kaze 風, ziteñ 辞典, zyùu 十
23	'	[ʔ]	うしろの子音に同化	ikkài 一回, ìssai 一切, ittai 一体

日本語の要点

《目次》
1. はじめに
2. 音　　2-1. 母音音素　　2-2. 子音音素　　2-3. 拍　　2-4. アクセント
3. 文　　3-1. 文の種類
4. 単語の分類　　4-1. 自立語と付属語　　4-2. 助詞　　4-3. 判定詞
5. 形容詞
6. 動詞　　6-1. 命令形　　6-2. 勧誘意志形　　6-3. 終止連体形　　6-4. 連用形　　6-5. 語幹の入れかわり　　6-6. 仮定条件形
7. 派生
8. 連語

——————————○——————————

1．ニホン語はやさしい言語である．発音が簡単で，単語の変りかたも大へん規則的である．語順はSOVすなわちSubject（主語あるいは主題）にObject（目的語や補語）がつづきVerb（動詞あるいは述語）でおわる．PO（後置詞＝助詞）を名詞のあとに置く．SOV，POの言語は世界の半数にのぼるから，ニホン語はありふれた言語である．またGNすなわちGenitive（〜の）は，いつもNoun（名詞）のまえにくる．AN, AdVすなわちAdjective（形容詞）はいつも名詞のまえに，Adverb（副詞）はいつもVerb（動詞）のまえにくる．つまり修飾する単語はいつも修飾される単語のまえにくるのである．ヨーロッパ諸語などにある冠詞はない．文法性（gender）の区別もない．数や人称による文法変化もない．

2．音声は無限にことなるが，たがいに区別すべき音素は限られている．
2-1．母音音素は5つ/a, i, u, e, o/である．世界の言語のうち5母音のものが一番多い．/o, u/は発音の際，口の丸めが弱い．母音のみの単語の例：/ie/（家），/aoi/（青い），/ue/（上）．

2-2. 子音音素は，つぎの18をかぞえる．

	口びる	歯	口蓋	声門
破 裂 音	p b	t d	k g	ʔ
摩 擦 音	(f) w		s z y	h
破 擦 音		c		
鼻 音	m	n	ñ	
はじき音			r	

/ʔ/は表記するとき，つぎの子音字を重ねて書く：/saʔka/＝sakka（作家），語末にあっては'を使う：/aʔ/＝a'（あっ）．/f/は両口びるの[Φ]で外来語にあらわれる：/faʔsyoñ/＝fassyoñ（ファッション），/ferii/（フェリー）．/c/は[tʃ]，[ts]で/cici/（父），/cume/（爪），/cya/（茶）のように；これと対立する有声音素は/z/である：/zidoosya/（自動車）．語末の/ñ/は[N]．

2-3. 時間のひとしい長さの単位を拍という．母音音素のそれぞれと/ʔ，ñ/は単独で一拍となる．pañ（パン）は2拍，sakka（作家）は3拍である．拍数はつぎの表のように約120あるが，個人差がある．（ ）は外来語用である．

	a	i	u	e	o	ya	yu	yo	(ye)	ñ	ʔ	11
p	pa	pi	pu	pe	po	pya	pyu	pyo				8
b	ba	bi	bu	be	bo	bya	byu	byo				8
f	(fa)	(fi)		(fe)	(fo)							4
w	wa	(wi)		(we)	(wo)							4
m	ma	mi	mu	me	mo	mya	myu	myo				8
t	ta	(ti)	(tu)	te	to							5
d	da	(di)	(du)	de	do		(dyu)					6
c	(ca)	ci	cu	(ce)	(co)	cya	cyu	cyo	cye			9
n	na	ni	nu	ne	no	nya	nyu	nyo				8
k	ka	ki	ku	ke	ko	kya	kyu	kyo				8
g	ga	gi	gu	ge	go	gya	gyu	gyo				8

s	sa	si	su	se	so	sya	syu	syo	(sye)	9
z	za	zi	zu	ze	zo	zya	zyu	zyo	(zye)	9
r	ra	ri	ru	re	ro	rya	ryu	ryo		8
h	ha	hi	hu	he	ho	hya	hyu	hyo		8
										121

　語例：byooiñ（病院4拍），paatii（パーティー4拍），Syeekusupia（シェークスピア6拍），Zyeeaaru（JR 5拍）．

　2-4．高さアクセントで，高から低へさがるところを滝といい，ここに意味がある．以下アクセントを ˋ で示す．**Hasi** o arùku.（端を歩く），**Hàsi** de tabèru.（箸で食べる），**Hasì** o wataru.（橋を渡る）のように拍数プラス1の型が名詞にはある．ただし/？，ñ/にアクセントが来ることはない．地方差，年齢差が大きい．

　3．長い文の構造は，Kinoo gakkoo de Tàroo ga Hànako ni nòoto o kasita.（きのう学校で太郎が花子にノートを貸した）のように，（いつ，どこで，だれが，だれに，なにを，どうした）の語順になることが多いが，句の入れかえが可能．

　3-1．文の種類はつぎの3つ：
動詞文　　Tàroo wa kooeñ ni **itta**.（ka？）
形容詞文　Kono inù wa **kasikòi**.（ka？）
名詞文　　Hànako wa **gakusei**.（da, desu.）

　4．単語の分類
自立語 { 活用する………形容詞，動詞
　　　　 変化しない……名詞，副詞，感動詞，接続詞
付属語 { 活用する………判定詞
　　　　 変化しない……助詞

待遇，アスペクト，接続のしかた，ムードなどによる語形変化を活用という．形容詞のうち活用しないものがある：（この，その，どの，大きな，小さな）のような，もっぱら名詞の修飾語になるものである．

　4-1．単独で一語文として使えるもの（3-1では Tàroo, kooeñ, itta,

kono, inù, kasikòi, Hànako, gakusei)を自立語という．自立語ととも
に使う独立性の弱いもの (wa, ni, ka, da, desu) を付属語という．

4-2. よく使われる助詞の文法的な役割を簡単に示すと，no（所属，名詞化），ga（主語），o（対象），ni（存在，変化），to（共同，結果），e（方向），yori（比較），kara（起点），made（着点），de（手段，動作の場所），wa（主題），mo（同類），ka（不確実）．くわしくは辞書をしらべる．これらの助詞は重ねて使うことができる．つぎの表は上段の語から左側の語へと共存できること (x) を，こころみに示したものである．

	no	ka	made	kara	to	e	de	ni	yori	mo	o	ga	wa
mo	×	×	×	×	×	×	×	×	×				
wa	×	×	×	×	×	×	×	×	×				
no		×	×	×	×	×	×		×	×			
ga	×	×	×	×	×				×				
o	×	×	×		×								
ka	×		×	×	×			×					
de	×	×	×		×								
to	×	×	×	×		×							
ni	×	×	×										
made	×				×		×						
kara	×	×											
e	×	×											
yori	×												

例文：Sàñzi **made ni** oide kudasài.
　　　Tookyoo **e mo** ikimàsita.

4-3. 判定詞は名詞や動詞・形容詞の終止形とともに説明句を作る付属である．待遇（話し手との心理的な遠さ近さ），アスペクト（動作・存在を完了と見るかいなか），接続のしかた，ムード（話し手の気持）によって語形変化する．

待遇	アスペクト	終止形	接続形 連体	接続形 中止	接続形 条件	ムード形 推量
近い	不完了	da	na	de	nara(ba)	daroo
近い	完了	datta	datta	de	dattara(ba)	dattaroo
遠い	不完了	desu	na	desite	nara(ba)	desyoo
遠い	完了	desita	desita	desite	desitara(ba)	datta desyoo

例文：Soko wa sìzuka **na** tokorò **da**. (desita.)
　　　Asita ozisañ ga kùru **daroo**. (desyoo.)

5．形容詞の語数は約550，そのほとんどが語幹に語尾 -i がついている (takà-i 高い)．

アスペクト	終止形	接続形 連体	接続形 中止	接続形 条件	ムード形 推量
不完了	takài	takài	takàku takàkute	tàkakereba	takài daroo
完了	tàkakatta	tàkakatta	takàku tàkakute	tàkakattara	tàkakattaroo

例文：**Yasùi** no ga **nàkereba** yameyòo. (← yasùi, nà-i)
　　　Yòkattara yasùku simasyòo. (← yò-i)

6．動詞の語教は約4,000，うち5段動詞が2,500をしめる．

規則助詞 ｛ 5段動詞 kàku, yòmu…
　　　　　1段動詞 mì-ru, tabè-ru…

不規則動詞 ｛ 4段動詞 su-ru だけ
　　　　　　3段動詞 kù-ru だけ

5, 1, 4, 3という数字は，語幹が変化する数である．kàku は kakà-nai, kàki, kàke-ba, kakò-o のように5種類の語幹をもつ．5段と1段の区別

がまぎらわしいもの（切る：着る，帰える：変える）については，kiru：ki-ru, kàeru：kae-ru のように‐を入れた方が1段である．

6-1．命令形

待遇	5　kàku	1　mìru	4　suru	3　kùru
近い	kàke（否定 kàkuna） kaki nasài	mìro, mìyo（否略） mi nasài	sirò, sèyo（否略） si nasài	kòi（否略） ki nasài
遠い	kàite kudasài okaki　〃	mìte kudasài gorañ　〃	site kudasài	kìte kudasài irassyài

例文：Hàyaku koko e **kìte kudasài**.
　　　Soñna ni zìroziro **mìruna**.

6-2．勧誘意志形

待遇	5	1	4	3
近い	kakòo（否定 kakumài）	miyòo（否略）	siyòo（否略）	koyòo（否略）
遠い	kakimasyòo	mimasyòo	simasyòo	kimasyòo

例文：Issyo ni è o **mimasyòo**.
　　　Asita mata **koyòo** ka？

6-3．終止連体形

待遇	アスペクト	肯・否	5	1	4	3
近い	不完了	肯定	kàku	mìru	suru	kùru
		否定	kakànai (kakànu)	mìnai	sinai	kònai
	完了	肯定	kàita	mìta	sita	kìta
		否定	kakànakatta	mìnakatta	sinàkatta	kònakatta
遠い	不完了	肯定	kakimàsu	mimàsu	simàsu	kimàsu
		否定	kakimasèñ	mimasèñ	simasèñ	kimasèñ

	肯定	kakimàsita	mimàsita	simàsita	kimàsita
完了	否定	kakimasèñ desita	mimasèñ desita	simasèñ desita	kimasèñ desita

例文：Kinoo tegami o **kàita.** (**kakimàsita.**)
　　　Dàre ga màda **kimàseñ** ka?
　　　Kinoo **kìta** no wa dàre?
　　　Deñwa o hacumei **sita** gakusya o sitte **imàsu** ka?

6-4. 連用形

		5	1	4	3
(a) 中止		kàki, (否定 kakàzu)	mi, (否定 mìzu)	si, (否定 sèzu)	ki, (否定 kòzu)
(b)		kàite	mìte	site	kìte
並列		kàitari	mìtari	sitàri	kìtari
同時		kakicùcu kakinàgara	micùcu minàgara	sicùcu sinagara	kicùcu kinàgara

例文：Tegami o **kàite** pòsuto ni ireta.
　　　Nikki o **kàitari** tèrebi o **mìtari** sita.

6-5. 6-3と6-4において，5段動詞は語幹が入れかわったり，語尾が-t〜-dと交代したりする．この法則を下にまとめる：

例	連用形(a)	→	連用形(b)	完了終止形	並列形
iu（言う）	ii		itte	itta	ittàri
ùcu（打つ）	ùci	-?-	ùtte	ùtta	ùttari
àru（ある）	àri		àtte	àtta	àttari
kàku（書く）	kàki	-i-	kàite	kàita	kàitari
tasu（足す）	tasi	……	tasite	tasita	tasitàri
oyògu（泳ぐ）	oyògi	-i-	oyòide	oyòida	oyòidari
tobu（飛ぶ）	tobi		toñde	toñda	toñdàri
yòmu（読む）	yòmi	-ñ-	yòñde	yòñda	yòñdari
sinu（死ぬ）	sini		siñde	siñda	sindàri

例のように動詞辞書形の最終拍は9種であるが，その音素によって規則的に語幹が入れかわり，また語尾が-ta, -te と-da, -de のどちらかになる．例外がひとつある：yuku, iku(行く)は-?-をへて itte, itta となり，（言って，言った）と同音異義語になる．

6-6．仮定条件形

アスペクト	5	1	4	3
不完了	kàkeba	mìreba	surèba	kùreba
完了	kàitara	mìtara	sitàra	kìtara

例文：Hòñ o **kàkeba** yòmu hitò ga iru daroo.
　　　Inù wa kimi o **mìtara** sùgu nìgeta.

7．派生とは新らしい語をつくり出すことである．takà-i（高い）から tàka-sa（高さ）をつくるように品詞を変えることもある．kàku（書く）を kaka-sèru（書かせる）のように1段動詞に変えることもある．動詞の派生にはつぎの2つがある．

(a)形容詞を派生させる：

	5	1	4	3
否定	kakànai	mìnai	sinai	kònai
希望	kakitài	mitài	sitài	kitài

ただし àru の否定は単に nài となる．活用のしかたは5．形容詞のそれにしたがう．

例文：**Kakànakereba** yòkatta.
　　　Mòsi kàre ga **kònakattara** dòo siyòo?

(b)1段動詞を派生させる：

	5	1	4	3
受けみ	kakarèru	miraréru	sareru	korarèru
使役	kakasèru	misèru	saseru	kosasèru

| 可能 | kakèru | mirarèru
新mirèru | (dekìru) | korarèru
新korèru |

活用のしかたは 6-1 から 6-6 までの 1 段動詞のそれぞれにしたがう．
例文：Señsèi ga sèito ni sakubuñ o **kakàseta**.
　　　　Asita uci e **koremàsu** ka ?
語幹はつぎつぎと派生しうるが，その順序は，語幹―使役―受けみ，語幹―可能―否定，語幹―使役―否定，語幹―受けみ―希望などのようになる．
例　kaka-se-ràre-ta, siñzi-rare-tài

8．連語．連用形(b)の形につぎのような動詞（下位区分として「助動詞」と呼んでもよい）がつづくと，連語として別の意味を生じる．くわしくは辞書を参照．

iru	例	toñde ～, siñde ～	（動作が継続して結果が残る）
àru	例	simatte ～	（完了した動作が続いている）
mìru	例	tàbete ～	（実際に行う）
simau	例	yòñde ～	（確実に，または予期しない結果になる）
oku	例	kàite ～	（とりあえず用意する）
yaru	例	tòtte ～	（目下のものにする）
morau	例	kiite ～	（利益をうける）

A a

à' あっ /*ün.*/ a, uf. 〜君も来たのか。A, sen mi geldin! 〜指にやけどした。Uf, parmağım yandı!

aa ああ /*be.*/ öyle, öylece. 〜言う öyle. 〜言えばこう言う ağız kullan-. 〜だこうだと仕事をせずに行ってしまった。Estek etti, köstek etti, işi yapmadan kalkıp gitti.

àa ああ /*ün.*/ a, ah, e, ey, eyvah, of, öf, ha, vah, vay. 〜と言う ahla-, ofla-. 〜君はここにいたのか。A, sen burada mı idin! 〜歯が痛み出した。Ay, dişim tuttu. 〜もうそのことばには言うべきことがない。E, artık bu söze diyecek yok! 〜この国土のために土と化した兵士よ。Ey bu toprak için toprağa düşmüş asker! 〜腕が痛い。Of, kolum acıdı. 〜やっとわかった。Ha şimdi anladım. 〜遅かったか。Eyvah çok geciktim!

àaa あーあ /*ün.*/ ah, of, öf, tuh, tüh. 〜と言う ah çek-. 〜と溜息をつく ofla-. アイシェはひどく疲れたらしく、〜とばかり言っている。Ayşe öyle yorulmuş ki, oflayıp duruyor. 〜きょうの暑さときたら! Öf, hava ne kadar sıcak! 〜汽車をのがしてしまった。Tuh, treni kaçırdık!

àaci アーチ(İng. arch) /*a.*/ tak, eğmeç, kemer. 〜を立てる tak kur-.

aacigata アーチ形 /*a.*/ kümbet.

aacizyoo アーチ状 /*a.*/ 〜の kemerli, tak biçiminde.

àacyerii アーチェリー(İng. archery) /*a.*/ okçuluk.

àakeedo アーケード(İng. arcade) /*a.*/ kemeraltı yolu. 〜のある商店街 kapalı çarşı, dükkânlı pasaj.

àamoñdo アーモンド(İng. almond) /*a.*/ badem. 〜の粒、仁 badem içi. 砂糖でくるんだ〜 badem şekeri. 〜ペースト badem ezmesi.

aamoñdogata アーモンド形 /*a.*/ badem biçimi. 〜の大きな目 badem göz.

àaru アール(Fr. are) /*a.*/ ar. 1〜は一辺が10メートルの正方形の面積である。Bir ar, kenarı, on metre olan bir karenin alanıdır.

àasu アース(İng. earth) /*a.*/ toprak, toprak hattı.

aatopèepaa アートペーパー(İng. art paper) /*a.*/ kuşe kâğıdı.

aatòsi アート紙 /*a.*/ kuşe kâğıdı.

abakidàsu 暴き出す /*ey.*/ deş-. → **abàku.**

abàku 暴く /*ey.*/ deş-, açığa vur-, meydana çıkar-, ortaya dök-. 問題点を〜 sorunu deş-. 秘密や悪事を〜 kirli çamaşırlarını ortaya dök-. 正体を〜 maskesini kaldır-. 人の嘘を〜 yalancı çıkar-.

abara あばら /*a.*/ kaburga. 〜肉 pirzola. 小羊の〜肉 kuzu pirzolası.

abarabone あばら骨 /*a.*/ kaburga kemiği. やせて〜が見えてしまった。Zayıftan kaburgaları çıkmış.

abaràniku あばら肉 /*a.*/ pirzola. 小羊の〜 kuzu pirzolası.

abaràya あばら家 /*a.*/ harap ev, köhne ev.

abaredàsu 暴れ出す /*ey.*/ azmağa başla-, tutarağı tut-. → **abare·ru.**

abaremawàru 暴れ回る /*ey.*/ ku-

abaremono

dur-, kasıp kavur-. → **abare·ru.** いたずらな子どもたちは又もや暴れ回った. Yaramaz çocuklar yine kudurdu.

abaremono 暴れ者 /a./ külhanbeyi. たくさんの〜 karga derneği.

abareñboo 暴れん坊 /a./ külhanbeyi.

abare·ru 暴れる /ey./ az-, kudur-, hiddetlen-, vahşice davran-, tepesi at-. 怒って暴れた. Öfkesinden kudurdu.

abaresase·ru 暴れさせる /ey./ azıt-. → **abare·ru.**

abarēuma 暴れ馬 /a./ azgın at. こんな〜の引く車に乗ったら, 振り落とされてしまうじゃないか. Bu azgın atların çektiği arabaya bindik mi, devrildik gitti.

abata あばた /a./ yüzdeki iz (çiçek hastalığından), çiçek bozuğu. §〜も笑くぼ. Âşığa Bağdat yakın.

abatazura あばた面 /a./ 〜の çopur, çiçek bozuğu, abraş, (卑語) işkembe suratlı.

abazure あばずれ /a./ haspa, oynak kadın, edepsiz kadın.

abèkku アベック (Fr. avec) /a./ çift yâr, randevuda olanlar.

abekobe あべこべ /a./ 〜の aksi, ters. 靴を〜にはくな. Ayakkabılarını ters giyme.

abi·ru 浴びる /ey./ dökün-, banyo al-, banyo yap-, güneşlen-. 風呂 (シャワー) を〜 banyo (duş) al- (yap-).

abisekakè·ru 浴びせかける /ey./ yağdur-. → **abise·ru.** 言葉を〜 lafa boğ-.

abise·ru 浴びせる /ey./ boşalt-, yağdur-. 凶弾を誰かに〜 silahı birinin üstüne boşalt-. 石を〜 taş yağdır-. 罵倒を〜 küfrü bas-. 集中砲火を〜 tara-.

àbu アブ, 虻 /a./ atsineği. §〜蜂取らず iki cami arasında beynamaz.

abukū 泡 /a./ köpük. → **awà.** 〜銭 kolayca kazanan para.

abumi あぶみ, 鐙 /a./ üzengi.

abumìkocu あぶみ骨 /a./ üzengi kemiği.

abunài 危い /s./ korkulu, tehlikeli ; ağır ; pabuç pahalı. → **kikeñ.** 〜仕事 korkulu iş. 〜仕事にかかる barutla oyna-, canı ile oyna-, ateşle oyna-. 病人が危くなった. Hasta ağırlaştı. §〜橋を渡る tehlikeye atıl-.

abunakkasīi 危っかしい /s./ sağlam olmayan, topallayan.

abura 油, 脂 /a./ yağ, sıvı yağ. 〜絵の具 yağlı boya, yağlı boya macunu. 〜工場 yağhane. 〜で汚れた yağlı. 〜のついた yağlı. 〜の注入 yağcılık. 〜の入った yağlı. 〜のない yağsız. 〜のような yağımsı. 〜を塗る yağla-. 〜を差す yağla-. 〜をすりこむ yağ yedir-. 〜をよく煮立てる yağ yak-. 機械に〜を差す人 yağcı. 皿に〜が付く tabağa yağ bulaş-. 新鮮で〜ののった肉 buz gibi et. 戸がギーギーいっている, 〜を差さなければ. Kapı gıcırdıyor, yağlamak gerekecek. §〜を注ぐ kışkırt-, tahrik et-. 〜を売る iş görme-, havyar kes-.

aburàe 油絵 /a./ tuval, yalı boya tablo.

abura ènogu 油絵の具 /a./ yağlı boya, yağlı boya macunu.

aburàgami 油紙 /a./ yağlı kâğıt.

aburagiru 脂ぎる /ey./ yağlı ol-.

aburakàsu 油かす /a./ köftün, küspe.

aburake 油気 /a./ 〜のないチーズ imansız peynir. 〜のないスープ sade suya çorba. 〜の少ないピラフ yavan bir pilav.

aburakkòi 油っこい, 脂っこい /s./ yağlı, çok yağlı. 〜食べ物 yağlı yemekler. この料理はとんでもなく〜.

Bu yemek inadına yağlı olmuş.
abura kòozyoo 油工場 /*a.*/ yağhane.
aburâmi 脂身 /*a.*/ yağlı et. こどもは〜をよけて赤身だけ食べている。 Çocuk yağını ayırıp sade eti yiyor.
aburâmusi アブラムシ /*a.*/ yaprak biti ; hamam böceği. → **gokiburi.**
aburâna アブラナ /*a.*/ kolza.
aburâ nuno 油布 /*a.*/ yağlı bez, kundak. 〜で燃やす kundakla-. 火のついた〜を差しこむ kundak sok- (koy-).
aburâsasi 油差し /*a.*/ yağdanlık.
abura sìbori 油搾り /*a.*/ yağcılık.
aburâsyoo 油商 /*a.*/ yağcı.
aburâuri 油売り /*a.*/ yağcı, yağcılık.
aburaya 油屋 /*a.*/ yağcı.
aburazimì·ru 油染みる /*ey.*/ yağ bulaş-.
abùru 炙る /*ey.*/ alazla-, ateşte çevir-, ızgara yap-, üt-, ütüle-. パンを火に〜 ekmeği ateşe tut-.
accì あっち /*a.*/ şura, ora, öteki. 〜へ行け。 Dağlara taşlara. Kır boynu!
acici あちち /*ün.*/ uf. 〜足をやけどした。 Uf, ayağım yandı.
acikòci あちこち /*a.*/ öte beri, şurası burası. 〜で ötede beride. 〜からöteden beriden, şuradan buradan. 〜に şurada burada, yer yer. 〜での寸借 Çingene borcu. 〜曲がっているdolasık. 〜飛び歩く人 dama taşı gibi kişi この招待に〜から人が寄って来た。 Bu çağrıya her taraftan koşuldu.
acira あちら /*a.*/ öte, orası, diğeri. 〜の öte. 〜もこちらもいいように。 Ne şiş yansın, ne kebap. §〜立てればこちらが立たず。 Aşağı tükürsem sakalım, yukarı tükürsem bıyığım.
aciragawa あちら側 /*a.*/ öte, öte taraf.

acirakòcira あちらこちら /*a.*/ öte beri, şurası burası. 〜へ öteye beriye. 〜に bir aşağı bir yukarı. 〜と kona göçe.
acubottâi 厚ぼったい /*s.*/ kaba, kalın.
acude 厚手 /*a.*/ 〜の包み紙 kaba kâğıt.
acueñ 圧延 /*a.*/ 〜する haddeden geçir-.
acueñki 圧延機 /*a.*/ hadde.
acueñtecu 圧延鉄 /*a.*/ çekme demir.
acugami 厚紙 /*a.*/ kalın karton, mukavva, mukavva yaprağı.
acugâru 暑がる /*ey.*/ sıcak isteme-.
acui 厚い /*s.*/ kalın, kaba. → **usui.** 〜布地 kalın kumaş. 〜敷物 kaba kilim. 厚くなる kalınlaş-. 厚くてざらざらの紙 bakkal kâğıdı. 皮が〜 eşek derisi gibi. 肉の〜鍋 sağır tencere. 信仰心の〜 dini bütün. 寒さを防ぐために〜服を着ています。 Soğuktan korunmak için kalın giysiler giyiyorum.
acùi 暑い、熱い /*s.*/ sıcak, ateş gibi, kaynar, cehennem gibi, fırın gibi, halvet gibi, hamam gibi. → **samùi, cumetai.** 暑い気候 sıcak hava. 熱いスープ sıcak çorba. 暑くなる ısın-, (熱くなる) hararetlen-, ısın-, kız-. 熱くする ısıt-, kızdır- おそろしく暑い dehşet sıcak. それほど暑かったので、 O denli sıcak oldu ki … やあ暑くてまいったよ。 Öff sıcaktan piştim.
acukai 扱い /*a.*/ meşgul olma, ele alma. → **toriacukai.** 気狂い〜される adı deliye çık-, 厄介〜をする ağırsa-. 心を痛めるような〜をする horla-.
acukamasìi 厚かましい /*s.*/ arsız, alın damarı çatlamış, başı yukarda, pek yüzlü, pişkin, saygısız, surat davul derisi, mahkeme duvarı, utanmaz, vurdumduymaz, yüzsüz. 厚かましくやって来る。 Kapıdan kovsan bacadan düşer.

acukamàsisa 厚かましさ /a./ arısızlık, saygısızlık, utanmazlık, yüzsüzlük, küstanlık, laubalilik.

acukau 扱う /ey./ ele al-, davran-, değin-, idare et-. → **toriacukau.** 手で〜 elle-. 軽く〜 geçiştir-.

acukaware・ru 扱われる /ey./ 一人前に〜 adam içine karış-.

acumàri 集まり /a./ toplanma, toplantı ; birikinti, yığıntı.

acumàru 集まる /ey./ birik-, kümelen-, toparlan-, toplan-, toplaş-, tıkış-, yığıl-, yığılıp kal-, yığış-. 一か所に〜 bir araya gel-. 品物が広場にたくさん集まった. Eşyalar ortaya yığıldı.

acumerarè・ru 集められる /ey./ derlen-, toplan-. → **acumè・ru.**

acumè・ru 集める /ey./ bir yere getir-, der-, biriktir-, devşir-, toparla-, topla-, yığ-. ごみを〜 çöpleri topla-. 花を野原から〜 çiçekleri kırlardan der-. いろんな本から集めた詩 türlü kitaplardan derlediğim şiirler. 生徒たちを〜 öğrencileri topla-. ひたいを〜 baş başa ver-. 尊敬を〜 alâka gör-.

acumi 厚み /a./ kalınlık. 本の〜 kitabın kalınlığı.

acumono あつもの /a./ sıcak çorba. §〜に懲りてなますを吹く. Sütten ağzı yanan yoğurdu üfleyerek yer.

acurae 誂え /a./ ısmarlama, sipariş.

acuraè・ru 誂える /ey./ ısmarla-, sipariş et-, yaptır-. 服を誂えた. Elbisesini sipariş etti.

acùryoku 圧力 /a./ basınç, tansiyon. 〜を掛ける 〜を加える bas-, ağır bas-.

acuryokùgama 圧力釜 /a./ düdüklü tencere.

acuryokukei 圧力計 /a./ manometre.

acuryokusòoci 圧力装置 /a./ pompa.

acusa 厚さ /a./ kalınlık. 紙の〜 kâğıdın kalınlığı.

àcusa 暑さ /a./ sıcak, sıcaklık. 〜が和らいだ. Sıcak düştü. 女は〜で気を失った. Kadın sıcaktan fenalaştı. 外は物凄い〜だ. Dışarıda boğucu bir sıcak var.

adà 仇 /a./ öç. 〜を討つ öç al-, öcünü çıkar-. 〜をする ayağına dolan- (dolaş-). 〜が恩になる kahır yüzünden lütfa uğra-. 親切が〜になる kaşıkla yedirip sapıyla gözünü çıkart-.

Àdamu アダム /a./ Âdem. 〜とイブ Âdem ile Havva.

adana 綽名 /a./ lakap, takma ad. 〜を付ける ad tak-.

adappòi あだっぽい /s./ fıkır fıkır. 〜しぐさをする fıkırda-.

adobarùñ アドバルン(İng. advertising baloon) /a./ reklam bolonu.

aègu 喘ぐ /ey./ ıkla-, solu-, nefesi kesil-. 貧困に〜 yoksulluk için kıvran-.

aeñ 亜鉛 /a./ çinko, tutya. 〜のたらい çinko leğen.

aeñmèkki 亜鉛メッキ /a./ 〜をする galvanizle-.

aè・ru 会える /ey./ görüşebil-. → **àu.** 偶然に〜 rast gelin-. 今来たばかりで、まだ誰とも会えません. Henüz geldim, daha kimse ile görüşemedim.

àete 敢て /be./ cesaretle. 〜する cüret et-, yelten-. 〜危険を犯してまでやる üstüne üstüne git-.

agàku 足掻く /ey./ çırpın-. → **mogàku.**

agamè・ru 崇める /ey./ tap-. 火を〜 ateşperest.

aganàu 購う /ey./ satın al-. → **kau.**

agariguci 上がり口 /a./ kapı yeri, eşik, antre.

agaru 上がる /ey./ yüksel-, yukarı çık-, kalk-, ağ-, yücel- ; tırman-. →

age・ru. 高く〜 göklere çık-. 頭が上がらない boynu eğri. 値が〜 yüksel-, bin-. 値打ちが〜 değenlen-. 利益が〜 baş bul-. 物価が上がった. Fiatlar çıktı. 肉の値段が上がり出した. Etin fiyatı yükselmeye başladı. 働き者のおじは仕事で次第に地位が上がっていく. Çalışkan bir insan olan dayım görevinde giderek yükseliyor.
agaru 揚がる /ey./ tavada kızar-. → **age・ru.** 魚が〜 balık kızar-.
ageasi 挙げ足, 揚げ足 /a./ kaldıran ayak. §〜を取る ayağını çel-, çelme at-.
agehàcyoo アゲハチョウ, 揚羽蝶 /a./ çatal kuyruklu kebelek.
ageku 挙句, 揚句 /a./ 〜の果に en sonunda.
ageorosi 上げ下ろし, 揚げ降ろし /a./ yükseltme ve indirme.
age・ru 上げる /ey./ kaldır-, yücelt-, yükselt-; çıkar-, uçur-, ver-. 頭を〜 başını kaldır-. 値を〜 fiat yükselt-. 六階に〜 beşinci kata çıkar-. 気球を〜 bolon uçur-. さあ、いいもの〜よ. Gel, sana cici vereyim. 子供達が凧を上げている. Çocuklar uçurtma uçuruyorlar.
age・ru 挙げる /ey./ göster-, icra et-. 例を〜 örnek göster-. 結婚式を〜 evlenme töreni icra et-. 名を挙げて話題にする zikri geç-, zikret-.
age・ru 揚げる /ey./ tavada kızart- (bol yağ ile). 魚を〜 balık kızart-.
agesio 上げ潮 /a./ kabarma, met.
agò 顎 /a./ çene. 〜のある çeneli. 〜の下の肥大した部分 gerdan. 虫の〜 çenek. 引っ込んだ〜 çekik çene. 死に瀕して〜が震える çene (çenesi) at-. 〜がしっかり閉まった. Çeneleri kenetlenmiş.
agòhige 顎鬚 /a./ sakal. 〜の生えた sakallı. かすかな〜 köse sakal.
agura あぐら /a./ bağdaş. 〜をかく bağdaş kur-, ayak ayak üstüne at-.
agurèmañ アグレマン (Fr. agrément) /a./ agreman.
àheñ 阿片 /a./ afyon, şıra. 〜チンキ afyon ruhu. 〜喫煙者 afyonkeş. 〜で眠らせる afyonla-.
aheñkucu 阿片窟 /a./ (隠語) tekke.
ahiru アヒル, 家鴨 /a./ ördek, badi. 〜やハトの子 palaz. 〜がガアガア鳴く vakvakla-. 〜が水に揺られている. Ördekler suda çalkanıyor.
ahòo 阿呆 /a./ aptal, (隠語) hafız, kaz, (俗語) manyak, (隠語) aval.
ahoozura 阿呆面 /a./ 〜して見る kazı gibi bak-.
Ahuganìsutañ アフガニスタン /a./ Afganistan.
Ahuganisutàñziñ アフガニスタン人 /a./ Afganlı.
ahuredàsu 溢れ出す /ey./ boşan-, toş-, coş-. 歩道から溢れ出した群集 kaldırımlardan taşan halk kütleleri.
ahurè・ru 溢れる /ey./ kabar-, taş-, ak-. 溢れた taşkın. 溢れんばかりの dopdolu, silme, tepeleme. 精力が〜 ayranı kabar-. 涙が溢れて iki gözü iki çeşme. 物が溢れて値打ちがなくなる sokağa düş-. 川が溢れた. Irmak taştı. 通りいっぱいに人が溢れていた. Cadde boyunca halk akıyordu. 町は観光客で溢れていた. Şehirde turistten geçilmiyordu.
ahuresasè・ru 溢れさせる /ey./ taşır-. → **ahurè・ru.**
Ahurika アフリカ /a./ Afrika.
Ahurikàziñ アフリカ人 /a./ Afrikalı.
ài- 相, 合 birbirini. 〜戦う çarpış-. 〜反する çatışık.
ài 相 /a./ 〜も変らず hâlâ o masal, kör değneğini beller gibi.
ài 愛 /a./ sevgi, aşk, muhabbet, alâka. 母の〜 anne sevgisi. 〜を打ち明ける ilânı aşk et-. 〜のむち. Dayak cennetten çıkmış.

ăi 藍 /a./ çivit mavisi, lâcivert.
aibiki 逢引 /a./ randevu, buluşma.
ăibu 愛撫 /a./ 〜する okşa-, sıvazla-.
aicu あいつ /a./ o, adamcağız, herif. 〜がどんな腹黒かみんな知っている。O, ne çiçektir herkes bilir. 〜は何も言わずに行ってしまいやがった。Herif haber vermeden defoldu gitti. 〜は誰。Şu herif kim? 〜は嘘つきだ。Allah bir dediğinden gayrı sözüne inanılmaz.
ăicuide 相次いで /be./ peş peşe, sırtı sıra.
aicyaku 愛着 /a./ sevgi, bağlılık.
aida 間 /a./ ara, aralık, fasıla; süre, zaman. ①《場所》二つの村の〜 iki köyün arası. 〜をあける arala-. その椅子の〜を少しあけて。Şu sandalyeleri biraz aralayınız. ②《時間》長い〜 bunca zaman, uzun boylu, kırk yıl çoktan, çoktandır, hanidir. 長い〜に一度だけ kırık yılın başı. …の〜に esnasında, zarfında. しばらくの〜 bir aralık. その〜に bu arada, bu aralık. この〜に bu süre içinde. 一生の〜には yaşama süresince. 〜をあけない fasılasız. 生きている〜ずっと ömür boyunca. 他の事を〜にやってのける arada çıkar-. ③《仲介》〜に立つ araya gir-. 人を〜に立てる araya koy-. 〜に入って往生する arada kal-, ortada kal-. ④《関係》〜が冷える arası soğu-. 我々の〜だけで söz aramızda. 我々の〜には観点の違いがある。Aramızda görüş ayrılığı var.
aidagara 間柄 /a./ ara, rabıta. 親しい〜の içlidışlı. 冷たい〜になる kara kedi geç-. 宿屋と旅人の〜のような ben hancı sen yolcu.
aidèa アイデア(İng. idea) /a./ buluş, fikir, düşünce.
aigañ 哀願 /a./ yalvarma.
aigañ 愛玩 /a./ okşama.
aigi 合い着 /a./ mevsimlik elbise. 〜の mevsimlik.

ăigo 愛護 /a./ koruma.
aihuku 合い服 /a./ mevsimlik elbise. 〜の mevsimlik.
aiiro 藍色 /a./ çivit mavisi, lâcivert. 〜の çivit mavisi, lâcivert.
aikagi 合鍵 /a./ kopya anahtarı.
aikawarazu 相変わらず /be./ biteviye, her zamanki gibi, değişmeksizin. 〜だ。Böyle gelmiş böyle gider. Bıraktığı yerde otluyor.
aiko 藍粉 /a./ çivit.
aikŏ あいこ /a./ 〜になる fit ol-.
aikoku 愛国 /a./ yurtseverlik. 〜の yurtsever, vatanperver. 〜の行為 yurtseverlik.
aikokùsiñ 愛国心 /a./ yurtseverlik. 〜の強い人 yurtsever.
aikoo 愛好 /a./ sevme. 〜する sev-, beğen-. 平和〜 barışçılık. 平和〜の sulhperver.
aikooka 愛好家 /a./ 音楽〜 müziksever.
aikŏokai 愛好会 /a./ 音楽〜 filarmoni. 音楽〜の filarmonik.
aikŏosya 愛好者 /a./ スポーツ〜 sporsever.
aikŏtoba 合い言葉 /a./ parola.
aikùci 匕首 /a./ bıçak, kama.
aikyŏo 愛嬌 /a./ 〜のある çekici, cazibeli.
aimă 合間 /a./ ara, aralık, fasıla.
aimai 曖昧 /a./ 〜な kaçamaklı, belirsiz, anlaşılması güç, muğlak, müphem, bulanık, çapraşık, örtülü. 〜な返事 kaçamaklı cevap. 〜に言う yuvarla-.
ainiku あいにく /be./ maalesef, ne yazık ki, şanssızlık eseri. 自転車を君にあげようと思っていたら〜タイヤがパンクした。Bisikletimi sana vermek isterdim, maalesef lastiği patladı.
ainoko あいのこ /a./ melez.
ainori 相乗り /a./ beraber biniş. 〜タクシー dolmuş. 〜タクシー業者 dolmuşçu. 〜タクシーを業とする dolmuş

aiziñ

yap-.
ainōte 合いの手 /a./ dilin persengi, dil pelesengi.
airasìi 愛らしい /s./ güzel, hoş, sevimli, cana yakın.
airoñ アイロン(İng. iron) /a./ ütü. 〜のコード ütünün kablosu. 木炭〜 kömürlü ütü. 〜をかける ütü yap-, ütüle-. 布に〜をかける kumaşın üzerinde ütüyü gezdir-. 糊をつけて〜をかける kolala-. 〜のかかっている ütülü. 〜かけ ütü. この女の人は〜かけが上手だ. Bu kadın iyi ütü bilir.
airoñdai アイロン台 /a./ ütü tahtası, ütü yastığı.
Airurañdo アイルランド /a./ İranda. 〜の İrandalı.
Airurañdōziñ アイルランド人 /a./ İrandalı.
āisacu 挨拶 /a./ selâm, selâmlama, hoşbeş, iltifat. 別れの〜 veda. 〜する selâmla-, selâm ver-, merhabalaş-, iltifat et-, kompliman yap-. 遠くから〜する mendil salla-. 贈り物を持って〜する an-. 〜を交す selâmlaş-, merhabalaş-. 〜を送る selâm söyle- (yolla-). 〜を返す selâm al-. 〜もしない selâmı sabahı kes-. 右手を唇から額へ持っていく古い〜 temenna. エシンは前を通る時にっこり〜した. Esin önümden geçerken neşeyle selâm verdi. あんな奴らに〜するなんて適当ではない. Onun gibi adamlara selâm vermek bile caiz değildir. たいした友達ではなく〜を交わす程度だ. Pek ahbap değiliz, selâmlaşırız.
aisai 愛妻 /a./ sevgili hanım.
aisarè・ru 愛される /ey./ sevil-, gözüne gir-. → **aisùru**. 愛されている女 canan.
aisiàu 愛し合う /ey./ seviş-. → **aisùru**.
aisō 愛想 /a./ iltifat. 〜のいい uyuşkan, kanı sıcak, yalpak, can, hoşsohbet. 〜笑いをする yüzüne gül-.

aisozùkası 愛想尽かし /a./ usanç.
āisu アイス(İng. ice) /a./ buz ; dondurma. 〜ホッケー buz hokeyi, paten hokey. 〜スケート paten.
aisukurìimu アイスクリーム(İng. ice cream) /a./ dondurma. 兄は〜を食べ過ぎて病気になった. Kardeşim çok dondurma yediği için hastalandı.
Aisurañdo アイスランド /a./ İslanda, İzlanda.
aisùru 愛する /ey./ sev-, âşık ol-, gönül bağla-, gonül ver- ; aziz. 〜子供達 sevgili çocuklar. 家族を〜 ailesini sev-. 人を優しく〜 üstüne titre-, üzerine titre-. 人を夢中に〜 ayılıp bayıl-. 偶然出会った自分にふさわしくない人を〜 gönlünü pazara çıkar-. 愛している âşık. 一人の女を愛している bir kıza âşık. 花を〜 çiçekleri sev-. 平和を〜人 barışçı, barışsever. 全く愛していない günahı kadar sevme-. 愛すべき gözünü sevdiğim, sevgili. 大切な愛すべき者 göz bebeği. 娘をひどく愛している. Kızı delicesine seviyor.
aisyàdoo アイシャドー(İng. eye shadow) /a./ far.
aitè 相手 /a./ eş, arkadaş, ahbap ; yarışıcı, rakip. ゲームの〜 hasım. 〜に hitaben. 〜にしない aşağı gör-, hor tut-. 〜の言うことを先取りする ağzından kap-. 〜を選ぶ eş tut-. へりくだって〜の所へ行く ayağına gel-. 〜かまわぬ色男 çöplük horozu. レスラーが〜の背中を下につけようとしている. Güreşçi rakibinin sırtını yere getirmeye çalışıyor. 害のない〜と渡り合う必要はない. Beni sokmayan yılan bin yaşasın.
aitoo 哀悼 /a./ taziye. 〜の言葉 baş sağlığı. 〜の意を表わす yas tut-.
àizi 愛児 /a./ sevgili çocuk.
aiziñ 愛人 /a./ oynaş, sevgili, canan, yâr, dost, gönüllü, kapama. (隠語) aftos, (隠語) aşna fişne.

àizu 合図 /*a.*/ işaret, im, belirti, iz. 〜する işaret et- (ver-). 手で〜する el et-. 眉と目で〜する kaş göz et-. 〜し合う işaretleş-.

aizyoo 愛情 /*a.*/ sevgi, aşk, muhabbet. 〜に満ちた目 sevgi dolu gözler. 〜が冷める buz gibi soğu-.

àka 赤 /*a.*/ kırmızı, kızıl; komünist. 〜大根 kırmızı turp. 〜鉛筆 kırmızı kalem. 〜インク kırmızı mürekkep. 〜紫 bordo, erguvani. 〜信号 kırmızı trafik lambası. 〜点 düşük not. 色鉛筆の〜 boya kalemlerinin kızılı. 右舷に〜, 左舷に緑の照明 borda fenerleri.

akà 垢 /*a.*/ (ten) kiri, pislik. 〜が浮く kiri kabar-.

akacuci 赤土 /*a.*/ aşı boyası. 〜色の aşı boyası.

akacuki 暁 /*a.*/ tan, şafak. 〜の空 tan yeri.

àkacyañ 赤ちゃん /*a.*/ bebek, yavru, süt kuzusu. 可愛い〜 yavrucuk. かわいそうな〜 yavrucuk. まあ、なんて可愛い〜. Maşallah bu ne güzel bir bebek!

akadàikoñ アカダイコン、赤大根 /*a.*/ kırmızı turp.

akàdemii アカデミー (Fr. académie) /*a.*/ akademi.

akademìkku アカデミック (Fr. académique) /*a.*/ 〜な akademik.

akaèñpicu 赤鉛筆 /*a.*/ kırmızı kalem.

akage 赤毛 /*a.*/ kızıl saç. 母の〜 annemin kızıl saçlar.

akai 赤い /*s.*/ kırmızı, kızıl, al, allı, elma gibi, kan çanağı gibi, lâl. 〜チューリップ kırmızı lâle. 〜旗 al bayrak (sancak). 熱で目が〜 gözleri çakmak çak-. 赤くなる kırmızılaş-, kızar-, pancar gibi ol- (kesil-). 赤くなった所 kızartı. 恥ずかしくて赤くなる (隠語) dut gibi ol-. 赤くする kızart-. 顔を赤くして alı al moru mor. スモモが赤くなった. Erikler kızardı. 彼を見てどうして赤くなったのですか. Onu görünce neden kızardınız? 日光がトマトを赤くした. Güneş domatesleri kızarttı.

akaièka アカイエカ /*a.*/ sivri sinek.

akaìñku 赤インク /*a.*/ (古語) lâl, kırmızı mürekkep.

akami 赤身 /*a.*/ et, etin kırmızı parçası. 子供は脂身をよけて〜だけ食べている. Çocuk yağını ayırıp sade eti yiyor.

akami 赤み /*a.*/ kırmızılık, allık. 高熱で赤みが出る yüksek ateşten kızartılar oluş-.

akamigakàru 赤みがかる /*ey.*/ kızar-. 赤みがかった kırmızımsı, kırmızımtırak.

akamuràsaki 赤紫 /*a.*/ bordo, erguvani, şarap tortusu rengi, vişne çürüğü.

akane アカネ /*a.*/ kök boyası. 〜の根から取れる赤い染料 kök boyası.

akanukè·ru あか抜ける /*ey.*/ kabalığını gider-. あか抜けない taşralı kal-.

akañboo 赤ん坊 /*a.*/ bebek, yavru, (俗語) bebe, küçük çocuk. 大きな〜 tosuncuk. 〜を布でくるむ kundakla-. 布にくるまれた〜 kundak. 〜が抱けるようになる ele gel-.

akappòi 赤っぽい /*s.*/ kırmızımsı, kırmızımtırak, kınalı.

akarasama 明らさま /*a.*/ 〜に açıkça. 〜に言えば açıkçası, doğrusu.

akari 明かり /*a.*/ ışık, aydınlık, lamba. 〜で照らす ışık tut-. ここへ明かりを持って来て下さい. Buraya bir ışığı getirin.

akarìtori 明り取り /*a.*/ pencere, aydınlık, vasistas.

akarùi 明るい /*s.*/ aydın, aydınlık, ışıklı, parlak, güneş gibi, (古語) ziyadar; şen; bilgili → **kurai.** 〜部

屋 aydınlık bir oda. 暗闇から〜所へ出る karanlıktan aydınlığa çık-. 明るくする aydınlat-, ışıklandır-, aydınlatıcı. 明るくなる aydınlan-, ışı-, ağar-. 辺りが明るくなる şafak sök-. 〜顔 aydınlık bir yüz. 〜笑い声 şen kahkahalar. 地理に〜 ezbere bil-. 地理や物事に〜人 kurt. お祭りで町中を明るくした. Bayramda bütün sokakları ışıklandırdılar. この電気は部屋をとても明るくする. Bu lamba odayı çok iyi aydınlatıyor. 稲妻が走ると辺りが急に明るくなった. Şimşek çakınca ortalık birdenbire aydınlandı.
akarumi 明るみ /a./ aydınlık. 〜に出る açığa çık- (vur-). 〜に出す açığa ver-, aç-.
akarusa 明るさ /a./ aydınlık, vuzuh, (古語) ziya.
akasa 赤さ /a./ kırmızılık.
akasika アカシカ /a./ geyik.
akasiñgoo 赤信号 /a./ kırmızı trafik lambası. 〜になった時, 止まらなくなった車は柱に衝突した. Kırmızı yanınca hızını alamayan araba direğe bindirdi.
akasiya アカシヤ /a./ akasya.
akasu 明かす /ey./ belirt-, aç-. 秘密を〜 sırrını aç-. カードの手を〜 elini belli et- (göster-).
akasùri 垢擦り /a./ lif.
akateñ 赤点 /a./ kırık, düşük not. 三科目に〜がある. Üç dersten kırığı var.
akazi 赤字 /a./ açık, eksik. 予算の〜 bütçe açığı. 〜を出す açık ver-.
ake 朱 /a./ al. → **syu**. 〜に染まる al kanlara boyan-.
akebono 曙 /a./ tan yeri.
akegata 明け方 /a./ sabah, tan, şafak. 〜近くに sabaha doğru, sabaha karşı. 〜の勤務の人 sabahçı. 女は〜産み落とした. Kadın sabaha karşı kurtulmuş. 今日〜に目が覚めた. Bu gün tan vakti uyandım.

akehanàsu 開け放す /ey./ açık bırak-. 半分〜 aralık bırak-.
akeppiroge 開けっ広げ /a./ 〜の açık saçık.
ake・ru 明ける /ey./ ağar-. 夜が〜 ağar-, gün ağar-, tan ağar- (at-), horozlar öt-, şafak sök-. 夜が明けた. Ortalık ağardı.
ake・ru 開ける, 空ける /ey./ aç-; boşalt-, dök-. 穴を開ける delik aç-. 開ける道具 açkı. 灰皿をあける sigara tablasını dök-. コップの水を地面にあける bardağı yere boşalt-. あけろ 脂ぎったyağlı boya. 君のために一部屋空けておいた. Senin için bir oda açtık.
akewatasi 明け渡し /a./ teslim.
aki 空き /a./ boşluk, boş. 〜部屋 boş oda. 〜がありますか. Yeriniz var mı?
àki 秋 /a./ güz, son bahar, bağbozumu. 〜に güzün. 〜の美しさは見飽きる事がない. Son baharın güzelliğine doyum olmaz. 九月十月十一月が〜の月だ. Eylül, ekim, kasım son bahar aylarıdır.
akì 飽き /a./ bıkkınlık. 〜が来る doy-, bık-, usan-.
akiàki 飽き飽き /a./ 〜する bez-, kanıksa-, usan- 肉に〜する eti kanıksa-. 〜した bîzar. 〜させる bezdir-, usandır-. 姑の小言には〜した. Kaynanasının dırdırından usandı.
akibare 秋晴 /a./ son baharki güzel hava.
akici 空き地 /a./ açık meydan, açıklık, alan, saha.
akimèkura 明き盲 /a./ okuma yazma bilmeyen.
akìnai 商い /a./ satış, ticaret.
akinàidaka 商い高 /a./ ticaret hacmi.
akìnau 商う /ey./ sat-.
akiñdo 商人 /a./ tüccar.
akippòi 飽きっぽい /s./ sebatsız, gelgeç, bir işte sürekli durmayan.
akiraka 明らか /a./ açık, belli. 〜な

belli, ayan, açık, malûm, muayyen, berrak, net, kesin, zahir, güneş gibi. 非常に〜な besbelli. 〜に açıkça, göz göre (göre). 〜だ yansı-, resmidir. 〜になる anlaşıl-, ayan ol-, belir-, meydana (ortaya) çık-, üstünden ak-, su yüzüne çık-. 〜にする açığa vur- açıkla-, belirt-, belli et-, dışarı vur-, dile getir-, kendini göster-, meydana çıkar- (vur-), ortaya çıkar-. 考えを〜にする aydınlat-, hüküm ver-. 考えが〜にされる aydınlan-.

akiramḕ·ru 諦める /*ey.*/ cay-, elden bırak-, vazgeç-, ümidi kes-, (隠語) pas geç-. 諦めきれない gönlü kal-, tesellisiz. 返してもらう事を〜 (冗談) üstüne (üzerine) bir bardak su iç-. 諦めた. Geçtim olsun. 私はこの品物を〜. Ben bu eşyadan vazgeçtim.

akiramesasḕ·ru 諦めさせる /*ey.*/ caydır-. → **akiramḕ·ru.**

akire·ru 呆れる /*ey.*/ donakal-, şaşır-. あきれたağzı havada. 人の言った事に〜 ağzına bakakal-. あきれて物が言えない hoşafın yağı kesil-, ne dersin.

akiresùkeñ アキレス腱 /*a.*/ aşıl siniri.

akĩ·ru 飽きる /*ey.*/ doy-, bık-, gına gel- (getir-), usan-, yorul-. フットボールに〜 futbola doy-. 〜こと doyum. 〜ことを知らない doymak bilme-, açgözlü, doymaz. 〜ことがない doyum olma-. 〜ほど doyasıya, doya doya, kana kana. 秋の美しさは見〜ことがない. Son baharın güzelliğine doyum olmaz. 海を〜ほど眺めた. Denizi doya doya seyrettim. 遊び飽きた、ちょっと本を読もう. Oynamaktan usandım, biraz da kitap okuyalım.

akisame 秋雨 /*a.*/ güz yağmuru.

akisu 空巣 /*a.*/ ev için hırsız (hırsızlık).

akiya 空家 /*a.*/ boş ev.

akka 悪化 /*a.*/ fenalaşma. 〜する fenalaş-, geri git-, kötü ol-, kötüleş-. どんどん〜する baş aşağı git-. 〜させる azdır-. 天候が〜した. Havalar kötüleşti. 国際関係は1938年に〜した. Uluslararası durum 1938'de fenalaştı.

akkañ 悪漢 /*a.*/ kötü adam.

akke 呆気 /*a.*/ 〜にとられる kalakal-, afalla-, şap gibi don- (kal-), şaşırıp kal-, taş kesil-. 〜にとられて garip garip. 〜にとられた sersem sepelek (sepet).

akkenài 呆気ない /*s.*/ snî, fazla kısa, çok az.

akkoo 悪口 /*a.*/ kötü söyleme, küfür. → **warùguci.**

akogare 憧れ、憬れ /*a.*/ özlem, emel.

akogare·ru 憧れる、憬れる /*ey.*/ gözu kal-, imren-, arzula-, çok iste-, özle-.

akoodèoñ アコーデオン (İng. accordion) /*a.*/ akordeon, armonik, armonika.

aku 灰汁 /*a.*/ küllü su ; kekrelik.

aku 開く、空く /*ey.*/ açıl-, aç- ; başla- ; boşal-. 門が開く kapı açıl-. 開いた açık. 開いた口が塞がらない. ağzı açık kal-, (俗語) ek bent ol-. 空いている boş. 空いた皿 boş tabak. 家が空いた. Ev boşaldı.

àku 飽く /*ey.*/ → **akĩ·ru.** 〜ことを知らない gözü aç, açgözlü, doymaz. 〜ことを知らないように kıtlıktan çıkmış gibi.

àku 悪 /*a.*/ kötülük, fenalık. 〜の温床 fesat ocağı. 〜の塊 kumkuma. 〜の道に誘う azdır-. 〜の道に逸れる kötü yola sap-, yolunu sapıt-. 〜の報いは必ずある. Geleceği varsa göreceği de var.

àkuba 悪罵 /*a.*/ kötü söyleme,

akubi あくび /a./ esneme. 〜をする esne-.
akudòi あくどい /s./ hileli, kötü; iğrenç renkli.
akugyoo 悪業 /a./ kötülük, kötü davranış.
akuheki 悪癖 /a./ alaca, kötü âdet.
akuhicu 悪筆 /a./ okunaksız yazı, kaba yazma.
akuhyoo 悪評 /a./ rezillik, fena şöhret. 〜が立つ adı çık-.
àkui 悪意 /a./ kötü niyet, kötülük, garaz, husumet, kasıt, kin, suiniyet. 〜の kötücül, hain. 〜のある gök gözlü, kalbi bozuk. 〜のある眼差し hain bir bakış. 〜で ters ters. 〜で見る eğri bak-, fena gözle bak-. 〜を抱く husumet besle-, kastı ol-, kötü gözle bak-. 〜を抱いた kinci, kindar.
àkuma 悪魔 /a./ iblis, şeytan, ifrit, cin, kötü ruh.
akùmade あくまで /be./ sonuna kadar, son derece, inatçılıkla. 〜要求する üstele-. 〜も続ける pabuç eskit-.
akumei 悪名 /a./ fena şöhret. 〜をもらう adlan-. 〜高い künyesi bozuk, adı çıkmış, fena şöhretli.
àkumu 悪夢 /a./ kâbus, karabasan, vehim. 〜に悩まされる kâbus bas-(çök-).
akuniñ 悪人 /a./ kızıl iblis, iblis, mikrop, kötü adam. ある人にとって〜になる kötü kişi ol-. 〜は予告しない. Isıracak it dişini göstermez. 〜と付き合うとろくなことはない. Köpekle yatan pire ile kalkar. 〜は混乱に乗じる. Kurt dumanlı havayı sever.
akuracu 悪辣 /a./ 〜な çok kötü, kurnaz, hileli.
akurobàtto アクロバット(İng. acrobat) /a./ cambaz, akrobatlık.
akuropòrisu アクロポリス(İng. acropolis) /a./ akropol.

akuruàsa 翌る朝 /a./ ertesi sabah.
akuryoo 悪霊 /a./ şeytan, cin, kötü ruh. 〜に取り付かれる şeytan aldat-.
akusei 悪性 /a./ 〜の habis. 〜の腫瘍 habis tümör.
akusei 悪声 /a./ çatlak ses. 〜のおしゃべり çatlak zurna.
akusei 悪政 /a./ kötü yönetim. 〜が国民を圧迫する. Kötü yönetim halkı ezer.
àkuseku あくせく, 偓促 /be./ zahmetle, yorucuca.
akuseñ 悪銭 /a./ yolsuz kazanılmış para. §〜身につかず. Haydan gelen huya gider.
àkuseñto アクセント(İng. accent) /a./ vurgu, aksan, ton. 〜のある vurgulu. 〜をつけて話す vurgula-. 〜を置く vurgula-.
àkuseru アクセル(İng. accelerator) /a./ gaz pedalı, aks. 〜を踏む gaza bas-, gazla-.
àkusesarii アクセサリー(İng. accessory) /a./ aksesuar, cici bici, ağırlık, garnitür, tuhafiye. 安っぽい〜 incik boncuk. 女は〜をありったけ身につけて婚礼に出かけた. Kadın bütün ağırlığını takıp düğüne gitti.
akusicu 悪質 /a./ 〜な kötü, kötücül, günahkar.
àkusyu 握手 /a./ el sıkışma, toka, tokalaşma. 〜する el sık-, el sıkış-, toka et-, tokalaş-, (俗語) elleş-.
akusyùmi 悪趣味 /a./ zevksizlik. 〜な zevksiz. 〜な男 çöplük horoz.
akusyuu 悪習 /a./ kötü âdet.
akusyuu 悪臭 /a./ kötü koku. 〜の kokak. 〜を放つ kok-, kokuş-. 腐って〜を放つ kokmuş.
àkuta 芥 /a./ çöp.
akutai 悪態 /a./ §〜をつく ilen-.
akutèñkoo 悪天候 /a./ bozuk

akutŏo 悪党 /a./ dürzü, külhanbeyi, kötü adam.
akuuñ 悪運 /a./ kör şeytan (talih). 〜の道連れ aynı yolun yolcusu.
akuyaku 悪役 /a./ kötü adam (rolü).
akuyoo 悪用 /a./ istismar, yolsuzluk, suiistimal. 〜する kötüye kullan-. 信用を〜する inancı kötüye kullan-.
akuyuu 悪友 /a./ omuzdaş.
ȧkuzi 悪事 /a./ kötülük, cinayet. 〜を唆す cinayete azmettir-. 〜ができないようにする başını ez-. 〜に誘う yoldan çıkar-. 〜が失敗して後悔する ettiği ile kal-. 〜の目的を達することができない ettiği ile kal-. 〜の報いを受ける ettiğini bul- (çek-). 〜がばれる foyası meydana (ortaya) çık-. こっそり〜を働く人 gizli sıtma. 〜に引きずり込む kötülüğe it-. 〜のもくろみ niyeti bozuk. 悪人に〜を重ねさせる uyuyan yılanın kuyruğuna bas-. あらゆる〜を働く etmediğini bırakma-, yapmadığını bırakma- (kalma-, koyma-). 〜の果ては死より外なし teneşir paklar. 〜は些細でも悪心を生む. Sinek ufak, ama mide bulandırır. §〜を働く kötülük et-. 〜は千里を走る. Kara haber tez gelir.
akuzyŏokeñ 悪条件 /a./ kötü koşul. この〜の中で bu kötü koşullar içinde.
ȧma 尼 /a./ rahibe.
ȧma アマ, 亜麻 /a./ keten. 〜の布 keten bezi.
ama- 雨 yağmur. → **ȧme**. 雨雲 yağmur bulutu.
amaasi 雨足 /a./ yağış.
amacyua アマチュア(İng. amateur) /a./ amatör. 〜の amatör, hevesli. 〜画家 amatör ressam. 〜からプロに転じる amatörlükten profesyonel-

liğe geç-.
amadare 雨垂れ /a./ yağmur damlaları. 〜が単調な音をたてている. Yağmur damlaları tekdüze ses çıkarıyor.
amȧdo 雨戸 /a./ sürme kapı.
amȧdoi 雨樋 /a./ damlalık, oluk.
amae 甘え /a./ yaltaklık.
amae·ru 甘える /ey./ şımar-, yaltaklan-, yüz bul-, yüze çık-; yaltak. チャーラは, とても勉強家で成績もいいけれど, ちっとも甘えない. Çağla, çok çalışkan ve başarılı olduğu halde hiç şımarmıyor.
amagȧeru アマガエル, 雨蛙 /a./ ağaç kurbağası.
amagȧppa 雨がっぱ /a./ yağmurluk, muşamba, trençkot.
amagȧsa 雨傘 /a./ şemsiye.
amagoi 雨乞い /a./ yağmur duası.
amȧgu 雨具 /a./ yağmurluk. フェルトの〜 yamçı.
amagumo 雨雲 /a./ karabulut, yağmur bulutu. 〜がまた固まりだした. Yağmur bulutları yine kümelemeye başladı.
amȧi 甘い /s./ tatlı. → **karȧi**. 〜リンゴ tatlı elma. とても〜 bal gibi. 甘く見る işin alayında. 〜物を食べるとのどが渇く. Tatlı şeyler hararet verir. 彼の〜言葉に心を奪われた. Onun tatlı sözlerine kapıldı.
§〜汁 aslan payı.
amakuci 甘口 /a./ 〜の hafif, tatlı, sert değil.
amami 甘味 /a./ tatlılık.
amȧmizu 雨水 /a./ yağmur suyu. 〜が地面の深い所までしみる. Yağmur suları toprağın derinliklerine sızıyor.
amȧmori 雨漏り /a./ yağmur sızması.
amanȇku 遍く /be./ genel (umum) olarak.
amani アマニ, 亜麻仁 /a./ keten to-

amaniyu アマニ油、亜麻仁油 /a./ bezir yağı, bezir.
amanògawa 天の川 /a./ Saman yolu, Saman uğrusu, galaksi, gök yolu, hacılar yolu. 雲のない晴れた夜に〜が見られる. Bulutsuz açık gecelerde Saman yolunu görebilirsin.
amañzi・ru 甘んじる /ey./ kabullen-, yetin-, kan-. 閑職に〜 kenarda kal-. 甘んじて胸におさめる yalayıp yut-. 甘んじて暮らす gül gibi geçin-.
amari あまり /be./ çok, fazla, öyle, o kadar. 〜遅くならないようにしよう、母が心配する. Çok gecikmeyelim, annem endişelenir. 〜疲れたので…. Öylesine yoruldum ki …. 二千〜 iki bin küsur. 〜にも明白だ. Görünen köy kılavuz istemez.
amari 余り /a./ artık, küsur, fazla, (俗語) kusur. 〜の artık. 〜を利用する yedir-. 生地の〜をギャザーに利用する kumaşın fazlasını büzgüye yedir-.
amarìrisu アマリリス (İng. amaryllis) /a./ nergis zambağı.
amàru 余る /ey./ art-, baki kal-, kal-, olduğu gibi kal-, elde kal-. 余って残る artakal-. 食事が余った. Yemek arttı. 手に〜 başından aşkın ol-, elde olma-, fazla ol-, haşarı. 手に〜ことにかかわる başından büyük işlere giriş-.
amarùgamu アマルガム (İng. amalgam) /a./ malgama, sır.
amasa 甘さ /a./ tatlılık, tat. 〜に付け込む başına çık-.
amàsu 余す /ey./ kal-, artır-. 〜所なく ne altını bırakmak ne üstünü.
àmata 数多 /a,/, /be./ çok.
amatoo 甘党 /a./ tatlısını beğenen.
amattare 甘ったれ /a./ 〜の şımarık. 〜の子 şımarık bir çocuk.
amattare・ru 甘ったれる /ey./ şımar-. → **amae・ru.** 甘ったれた言い方の peltek.

amayàdori 雨宿り /a./ yağmurdan sığınma, sığınak.
amayakasarè・ru 甘やかされる /ey./ → **amayakàsu.** 甘やかされた şımarık, yüzlü. 甘やかされた子 nazlı bir çocuk. 甘やかされて育った人 mahallebi çocuğu.
amayakàsu 甘やかす /ey./ başına çıkar-, şımart-, yüz ver-, popohla-. 甘やかしてだめにする azdır-. 母が子を甘やかした. Anası çocuğu şımarttı.
amayoke 雨よけ /a./ siperlik. 〜の場所 dam altı. 〜の上屋 hangar. 〜のひさし markiz. 〜の覆い tente.
amazàrasi 雨曝し /a./ açıkta bırakma.
amazuppài 甘酸っぱい /s./ mayhoş. キビを発酵させた〜飲料水 boza.
ame 飴 /a./ şeker, şekerleme, bonbon. 〜一箱 bir kutu şeker. 〜が上顎にくっついた. Sert şeker damağıma yapıştı. §〜をしゃぶらせる ağzına bir parmak bal çal-.
àme 雨 /a./ yağmur, (俗語) yağış, (口語) bereket. 〜の yağmurlu. 〜の多い yağışlı. 〜のない kurak. 〜が降る yağmur yağ-. 〜に降られる yağmura tutul-. 〜になる yağmurla-. 〜に濡れる yağmur ye-. 〜が降りそうだ havanın gözü yaşlı. 〜で道が通れなくなる sel götür-. 〜がたっぷり降った. Yağmur adamakıllı yağdı. 〜がまたひどくなった. Yağmur yine coştu. 〜がやんだ. Yağmur dindi (kaldı). 作物のできは〜にかかっている. Ekinlerin gürleşmesi yağmura bağlıdır. 〜が待たれる Yağmur bekleniyor. 〜で濡れた. Yağmurdan ıslandım. 今年は〜があったから実りがある. Bu yıl yağış olduğu için bolluk var. 〜だ雪だと言っていないで出発した. Yağmur, kar demedi yola çıktı. 〜のない年を過ごしている. Kurak bir yıl geçiriyoruz. 全国的に〜が降る. Yurdumuzun her

amêeba

yerinde yağış var. 天気は〜になるでしょう. Hava yağmurlayacak. 子供達が私に石の〜を浴びせた. Çocuklar beni taş yağmuruna tuttular.
amêeba アメーバ /a./ (Al. Amöbe) amip.
amêhuri 雨降り /a./ yağış. 〜の yağışlı, yağmurlu. 〜の天気には通りに出ない. Yağmurlu havada sokağa çıkmaz.
amemòyoo 雨模様 /a./ 〜で祖母のリューマチが再発した. Yağmurlu havalarda anneannemin romatizması depreşiyor.
Amerika アメリカ /a./ Amerika. 〜の国旗 Amerikan bandırası. 〜とヨーロッパ batı. 〜合衆国 Amerika Birleşik Devletleri. 〜大陸 Yenidünya.
Amerikasañ アメリカ産 /a./ 〜の Amerikan.
Amerikasei アメリカ製 /a./ 〜の Amerikan. 〜の商品 Amerikan malı.
Amerikàziñ アメリカ人 /a./ Amerikalı.
ameya 飴屋 /a./ şekerci.
ami 網 /a./ ağ. 魚の〜 balık ağı. 〜を張る ağ at- (bırak-). 〜を打つ ağ at- (bırak-). 〜を引く ağı çek-. 〜を上げる ağı çek-. 〜を引き上げる ığrıp çek-. 〜を上げること alabora.
amiagêgucu 編上げ靴 /a./ potin.
amìbari 編み針 /a./ tığ, örgü şişi. 〜で靴下を編む tığla çorap ör-.
amìboo 編み棒 /a./ şiş, örgü şişi. 靴下の〜 çorap şişi.
amidana 網棚 /a./ parmaklık raf.
amikàta 編み方 /a./ örgü.
amìki 編み機 /a./ örgü tezgâhı.
amimè 網目 /a./ ağ gözü. 〜刺繍 dantel, dantela.
amimòno 編み物 /a./ örgü.
amizàiku 編み細工 /a./ hasır.
âmu 編む /ey./ ör-; derle-. 靴下を〜 çorap ör-. 〜人 örücü. 編んだ örgü.

編んだ物 örgü. 編んだ服 örgü bir giysi. 編んだ髪 örgü. 編んだ髪の一房 bölük. 細く編んだ髪を束ねてまた〜 kökle-. 草で編んだ hasır. 草で編んだ敷物 hasır.
anà 穴 /a./ delik, çukur, göz, açıklık, kovuk, boşluk, oyuk, oyuntu, in. 鼻の〜 burun deliği. 針の〜 iğnenin gözü, iğne deliği, iğne yurdu. 歯の〜 diş kovuğu. 熊の〜 ayı ini. 〜のない deliksiz. 〜を大きくする工具 açkı. 〜をあける del-, delik aç-. 壁に〜をあける duvarı del-. 〜を掘る del-. 地面に〜を掘る çukur aç-. 〜があく delin-, gedik açıl-. 鍋に〜があく tencere delin-. 〜のあいた delik, oyuk. 〜のあいたバケツ delik kova. 〜を埋める delik kapa-. 少々〜を埋める gedik kapa-. 鍋の底に〜があいた. Tencerenin altı delinmiş. 家の屋根に〜があいた. Evin damı delinmiş. 壁の〜を見ましたか. Duvardaki deliği gördünüz mü? 糸が針の〜を通る. İplik, iğne deliğinden geçer. 〜のあいた歯が痛い. Oyuk dişim ağrıyor. §〜があったら入りたい utancından yere geç-.
anaakèki 穴あけ器 /a./ delgi.
anaaki 穴開き /a./ delikli. 〜杓子 kevgir. 泡を〜杓子で取る köpükleri kevgirle al-.
anàakii アナーキー (İng. anarchy) /a./ anarşi.
anaakìsuto アナーキスト (İng. anarchist) /a./ anarşist.
anaakìzumu アナーキズム (İng. anarchism) /a./ anarşizm.
anadàrake 穴だらけ /a./ 〜の delik deşik, göz göz, kafes gibi, kafes kafes. 〜になる kefekiye dön-. 蜂の巣のように〜になる kalbura dön-.
anadori 侮り /a./ küçük görme. 〜を受ける küçük görül-.
anadòru 侮る /ey./ hor gör-, küçük gör-.

anaguma アナグマ, 穴熊 /a./ porsuk.
anagura 穴倉 /a./ mahzen.
anàta あなた /a./ sen, siz; canım, canım ciğerim, canımın içi, gözüm, gözümün nuru, iki gözüm, kuzum, şekerim. 〜へ sana, size. 〜に sana, size. 〜を sizi. 〜の sizin. 〜のもの sizinki. 〜と sizin ile. 〜ほどではありませんが (俗語) sizden iyi olmasın. この場所を〜に取っておきましたよ. Bu yeri size ayırdım. この点で〜と意見を異にする. Bu fikirde sizden ayrılıyorum.
anatagàta あなた方 /a./ siz, sizler. 〜は一緒ですか, 別々ですか. Beraber misiniz, ayrı mısınız?
Anatòria アナトリア /a./ Anadolu. 〜の遊牧民 Abdal, Yörük, Yürük. 西〜の村の若い衆 efe, zeybek.
anaume 穴埋め /a./ 〜をする eksik doldur-.
anauñsaa アナウンサー (İng. announcer) /a./ konuşucu, spiker.
anaùsagi アナウサギ, 穴兎 /a./ ada tavşanı.
ane 姉 /a./ abla, büyük kardeş, (俗語) bacı. 〜であること ablalık. 〜らしさ ablalık. 義理の〜 elti. 〜が詩を興奮して読んでいる. Ablam şiiri coşarak okuyor.
anesañkàburi 姉さん被り /a./ peştamal.
anèttai 亜熱帯 /a./ 〜の astropikal. 〜地方 astropikal bölge. 〜気候 astropikal iklim.
àni 兄 /a./ ağabey, ağa, erkek kardeş, büyük kardeş; efe. 〜の妻 elti.
àniki 兄貴 /a./ ağabey.
animèesyoñ アニメーション (İng. animation) /a./ canlı resim, çizgi film. 〜技師 canlandırcı.
ànisu アニス /a./ anason.
aniyome 兄嫁 /a./ elti.
ano あの /s./ o, şu. ほら〜家の前にşu evin önünde. 〜人この人とşu bu. この植物は〜辺にだけ産する. Bu bitki oralarda ayrıca yetiştirilir. ほらイスタンブルで知り合ったろ, あの婦人さ. Hani İstanbul'da tanışmıştınız ya, işte o hanım.
anoràkku アノラック (İng. anorak) /a./ parka.
anoyò あの世 /a./ ahret, şu dünya, öbür dünya. → **konoyò**. この世と〜iki dünya. この世と〜で iki cihanda. 〜へ去った. Öteki dünyaya göç etti. §金は〜の土産にならぬ kefenin cebi yok.
añ 案 /a./ düşünce, görüş, düşün, plan, teklif, tasarı.
añba 鞍馬 /a./ (スポーツ) beygir.
añbài 按排, 塩梅 /a./ hal, durum; tarz.
àñburu アンブル (İng. amble) /a./ rahvan.
añcìmoñ アンチモン (Al. Antimon) /a./ sürme taşı.
añcìmonii アンチモニー (İng. antimony) /a./ sürme taşı.
añcitèeze アンチテーゼ (Al. Antithese) /a./ karşı sav.
añdaaràiñ アンダーライン (İng. underline) /a./ 〜を引く altını çiz-.
àñdo 安堵 /a./ ferahlık, içi ferahlama.
àñgai 案外 /a, be./ aykırı olarak. 〜な beklenmedik, şaşırtıcı.
añgoo 暗号 /a./ şifre, gizyazı, parola, rumuz, kod. 〜で書いた şifreli. 〜の手紙 şifreli mektup. 〜を解く şifreyi aç- (çöz-). 〜を解く鍵 şifre anahtarı. 〜にする şifrele-.
añgooka 暗号化 /a./ 〜する şifrele-.
Añgora アンゴラ /a./ Angola.
añgoraùsagi アンゴラウサギ /a./ Ankara tavşanı.
añgorayàgi アンゴラヤギ /a./ tiftik keçisi. 〜の毛 tiftik.
àñguru アングル (İng. angle) /a./ açı; köşebent.
Añkara アンカラ /a./ Ankara. 〜大学

Añkarâzin

Ankara Üniversitesi. 〜へいつ帰りましたか. Ankara'ya ne zaman döndünüz?

Añkarâzin アンカラ人 /a./ Ankaralı.

âñkeeto アンケート(Fr. enquête) /a./ anket. 〜を取る anket yap-. 〜調査をする anket yap-.

añki 暗記 /a./ ezber. 〜する ezberle-. よく〜している su gibi ezberle-. 意味が分からずに〜する papağan gibi ezberle-. 〜して ezberden. コーランを全部〜している人 hafız. 気に入った詩を〜します. Sevdiğim şiirleri ezberliyorum.

añkoku 暗黒 /a./ karanlık.

âñkoo アンコウ /a./ fener balığı.

añkôoru アンコール(Fr. encore) /a./ Bir daha, bir daha! tekrar!

añma 按摩 /a./ masaj; masajcı.

añmoku 暗黙 /a./ 〜の了解 kapalı anlaşma. 〜のうちに zımnen, sessizce.

añmonia アンモニア(İng. ammonia) /a./ amonyak, nışadırruhu.

añna あんな /s./ bunun gibi, onun gibi, böyle, şöyle. 〜奴らに挨拶するなんて適当ではない. Onun gibi adamlara selam vermek bile caiz değildir. 弟をどうしてつねったの, 見てごらん〜に泣いているじゃないか. Kardeşini neden çimdikledin, bak nasıl ağlıyor?

añnâi 案内 /a./ kılavuzluk, rehberlik, delalet, prospektüs. 〜する kılavuzluk et-, delalet et-, gezdir-, önüne düş-, yol göster-. 客を〜する misafirleri gezdir-. 〜してくれる dolaştır-. 彼を地方に〜した. Onu taşraya naklettiler. 私のために町を〜してくれた. Bana şehri dolaştırdı.

añnainiñ 案内人 /a./ kılavuz, mürşit, rehber, yol gösteren, (俗語) yordam.

añnaisyo 案内書 /a./ kılavuz, rehber.

añnaizyo 案内所 /a./ danışma bürosu, danışma. どのホテルに泊まれるか〜で聞いた. Hangi otelde kalabileceğimizi danışmadan sorduk.

añnei 安寧 /a./ sulh, barış, rahat. 〜秩序 meşruluk, güvenlik.

âñni 暗に /be./ gizli olarak. 〜人を脅す aba altından değnek göster-. 〜示す demeye getir-.

añnoñ 安穏 /a./ sükûn. 〜に暮らす kavgasız yaşa-.

añnôzyoo 案の定 /be./ bak işte, gerçekten de.

añpêa アンペア(İng. ampere) /a./ amper.

âñpi 安否 /a./ sağlık. 〜を尋ねる hatırını sor-.

âñpu アンプ(İng. amplifier) /a./ amplifikatör.

âñpuru アンプル(Fr. ampoule) /a./ ampul.

añraku 安楽 /a./ rahatlık, rahat, erinç. 〜椅子 koltuk, sedir. 〜な rahat. 晩年の〜 son gürlük. 〜の値打ちを知らない rahat kıçına bat-. 〜になる yüzü gül-. 〜な暮らしになる前に死んだ. Rahat yüzü görmeden öldü.

añsacu 暗殺 /a./ katil, suikast. 〜計画 suikast. 〜行為 katillik. 〜する katlet-, suikast yap-.

añsâcusya 暗殺者 /a./ kanlı katil, katil.

añsicu 暗室 /a./ karanlık oda.

añsiñ 安心 /a./ ferahlık, kaygısızlık, rahat, rahatlama, rahatlık, tatmin. 〜する cesaretlen-, ferahla-, gönül kan-, içine sin-, içi yağ bağla-, oh de-, serinle-, yüreği ferahla-, yüreği serinle-. 〜の müsterih. 〜を与える su serpil-. 手紙を受け取って〜しました. Mektubu alınca ferahladım. 医者が注射する前に少しも痛くないと言ったので〜した. Doktor iğne yapmadan önce hiç acı duymayacağımı söyleyince cesa-

retlendim. もう〜ですか. Şimdi rahat mısınız?
añsoku 安息 /a./ rahat. 〜日 pazar günü, tatil günü.
añsokukoo 安息香 /a./ aselbent.
añsyoo 暗礁 /a./ gömülü kaya, kayalık, resif, döküntü. 〜に乗り上げる gemi kayalığa çarp-; çıkmaza gir-.
añsyoo 暗唱 /a./ ezber okuma. 〜する ezber oku-.
antai 安泰 /a./ rahat, güvenlik.
antei 安定 /a./ denge, istikrar, sağlamlık, karar, sebat, uyum, huzur. 〜する karar bul-, temel tut-. 〜した kararlı. 〜した釣り合い kararlı denge. 精神の〜 tatmin.
anteisei 安定性 /a./ kararlılık.
antena アンテナ (İng. antenna) /a./ anten.
añtiroopu アンティロープ (İng. antelope) /a./ antilop.
añya 暗夜 /a./ karanlık gece.
añyaku 暗躍 /a./ gizli manevra.
añzañ 暗算 /a./ zihin hesabı.
añzañ 安産 /a./ kolay bir doğum.
añzeñ 安全 /a./ emniyet, güvenlik, güven, teminat. 〜ばね susta. 〜弁 güvenlik vanası. 〜ベルト emniyet kemeri. 〜かみそり jilet, tıraş makinesi. 〜ピン çengelli iğne. 〜ピンで留める çengelli iğne ile tuttur-. 〜装置 emniyet, sigorta, susta. 〜な emin, emniyetli. 〜な場所に kilit altında. 〜な場所に保管する kilit altına al-. 〜でない emniyetsiz, tehlikeli.
añzeñbane 安全ばね /a./ susta. 折り畳みナイフの〜 çakının sustası. 〜の付いた sustalı. 〜の付いた折り畳みナイフ sustalı çakı.
añzi 暗示 /a./ ima, kinaye, üstü kapalı söz, dolaylı anlatma, telkin. 〜する ima et-.
añzi・ru 案じる /ey./ meraklan-, endişelen-. → **siñpai**.
añziteki 暗示的 /s./ imalı, kinayeli.
añzu アンズ, 杏 /a./ kayısı, zerdali.
ao 青 /a./ mavi; yeşil; lacivert. → **aoi**. 緑がかった〜 limon küfü. 灰色がかった〜 maden mavisi. 信号が〜になる yeşil ışık yan-.
aobìkari 青光り /a./ fosforışı.
aògu 仰ぐ /ey./ yukarıya bak-; saygı duy-.
aògu 扇ぐ /ey./ yelpazele-, hava ver-. うちわで〜 yelpazele-. 火鉢の火を〜. Mangalda yanan ateşi yelleniyorum. 暑くて眠れない妹を扇いでやった. Sıcaktan uyuyamayan küçük kardeşimi yelpazeledim.
aoi アオイ, 葵 /a./ gülhatmi.
aòi 青い /s./ mavi, gök, gökçe; yeşil; lacivert. 〜目の gök gözlü. 〜トマト yeşil domates. 〜もの yeşillik. 〜顔 solgun yüz. 青くなる göver-, yeşillen-. 腕の石に当たった所が青くなった. Kolunun taşa çarptığı yer göverdi.
aoìñku 青インク /a./ mavi mürekkep. 万年筆に〜を入れた. Dolma kalemime mavi mürekkep doldurdum.
aoiro 青色 /a./ mavi, mavilik, mavi rengi. 〜の mavi. この布の〜があせた. Bu kumaşın mavisi solmuş.
aokusa 青草 /a./ yeşillik, ot.
aokusài 青臭い /s./ (俗語) cahil.
aomi 青み /a./ yeşillik. 〜を帯びた mavimsi.
aomìdori 青緑 /a./ cam göbeği, turkuaz.
aomigakàru 青みがかる /ey./ mavileş-. 青みがかった mavimsi. 青みがかった灰色 gök ela. 青みがかった灰色の目をした çakır gözlü.
aomizai 青み剤 /a./ çivit. 洗濯物を〜につける çivitle-.
aòmono 青物 /a./ ot, sebze, yeşillik, zerzevat.

aomuke 仰向け /a./ arka üstü, sırt üstü. ～に arkası üstü, arka üstü, sırt üstü, yukarı doğru, yukarı. ～に倒す sırtını yere getir-. ～に倒れる sırt üstü düş-.
aomùku 仰向く /ey./ yukarıya bak-.
aonìsai 青二才 /a./ çiğ adam.
aoppòi 青っぽい /s./ gökçül, mavimsi.
aorì あおり /a./ serpinti.
aoritatè・ru 煽り立てる /ey./ körükle-, kışkırt-, tahrik et-. 争いを～ tırnak sürüştür-.
aòru 煽る /ey./ yelpazele-; heyecanlandır-.
aòru 呷る /ey./ tıkıştır-.
àosa 青さ /a./ mavilik.
aosagi アオサギ /a./ balıkçıl.
aosiñgoo 青信号 /a./ yeşil ışık.
aosuzi 青筋 /a./ toplar damar. §～を立てる çok öfkeli ol-.
aozamè・ru 青ざめる /ey./ benzi at-(uç-), morar-, sarar-. 青ざめた cenaze gibi. 顔が～ bet beniz kalma-, beti benzi kireç kesil-, beti benzi at-(sol-, uç-), kâğıt gibi ol-, kireç gibi ol-, kül kesil-.
aoziròi 青白い /s./ soluk, solgun, renksiz.
aozòra 青空 /a./ gök, hava.
apàato アパート (İng. apartment house) /a./ apartman. 十戸建ての～ on dairelik apartman. 一戸建てを御希望ですか、それとも～を. Ev mi istersiniz, apartman mı?
apòsutorofii アポストロフィー (İng. apostrophe) /a./ kesme işareti (imi).
appaakàtto アッパーカット (İng. uppercut) /a./ aparküt, aperkat. ～を食わせる çenesini dağıt-.
appaku 圧迫 /a./ baskı, basınç, sıkıntı, gerilim, tazyik, zorbalık. ～する baskı yap-, ez-, kasıp kavur-, zorba. ～される baskı altına al-. ～さ れて baskı altında. ～と虐待 eza cefa. ～を逃れる baskıdan kurtul-. 胸の中で～を感じる içinde bir ezginlik duy-. ～に耐えかねる zora geleme-. 悪政が国民を～する. Kötü yönetim halkı ezer.
appàre あっぱれ、天晴れ /a./ ～な pek beğenilecek, çok güzel.
appurupài アップルパイ (İng. apple pie) /a./ elmalı pasta.
apuriòri アプリオリ (Lat. a priori) /a./ önsel.
àra あら /ün./ (口語) ayol.
Àraa アラー /a./ Allah. ～の名によってbismillah. ～よ感謝します çok sükür. ～への感謝 hamt. ～の水 sebil. ～の水場 sebil. ～の名を繰り返し言うこと zikir. ～が子供達をお助け下さいますように. Allah çocuklarımı bağışlasın.
araarasìi 荒々しい /s./ azgın, dürüşt. 荒々しく振る舞う şiddet göster-.
araaràsisa 荒々しさ /a./ azgınlık.
Arabia アラビア /a./ Arabistan. ～の種族長 şeyh.
Arabiago アラビア語 /a./ Arabî, Arapça. ～はとても難しい言語だ. Arapça çok güç bir dil.
arabiasùuzi アラビア数字 /a./ Arap rakamları.
Arabiàziñ アラビア人 /a./ Arap.
arabiki 荒挽き /a./ kırma. ～の穀物 kırma. ～する kır-. 小麦を～する buğday kır-.
Àrabu アラブ /a./ Arap. ～の Arabî. ～混血種の馬 Arap kırma bir at. ～首長国連邦 Birleşik Arap Emirlikleri.
arabùsyu アラブ種 /a./ ～の馬 Arap ırkı atlar.
arabùuma アラブ馬 /a./ Arap atı. 純血種の～ küheylan.
aradatè・ru 荒立てる /ey./ ağırlaştır-, şiddetlendir-. 事を～ işi ağırlaştır-.
arae・ru 洗える /ey./ yıkayabil-,

yıkanabil-.
§足を洗えない ayağını alama-.
arai 荒い /s./ vahşi, kaba, hoyrat, sert. 波が〜 deniz dalgalı. 気が〜 azgın. 金遣いが〜 boşuna harcayan. 鼻息を荒くする burnundan solu-. 人使いが〜 （俗語） ensesinde boza pişir-.
arai 粗い /s./ seyrek, yoğun. → **komakài**. 〜小麦粉 irmik. 穀物を粗く挽く kır-. 目の〜 seyrek. 目の〜キャラコ kaput bezi. 目の〜粗末な厚手の毛織物 aba. 粗く織られた布 seyrek dokunmuş bir kumaş.
araiba 洗い場 /a./ yıkama yer.
araiko 洗い粉 /a./ yıkama tozu.
araimono 洗い物 /a./ çamaşır, bulaşık ; yıkama.
araizàrai 洗いざらい /be./ büsbütün, sonuna kadar.
arakata あらかた /be./ hemen hemen, aşağı yukarı.
arakazime あらかじめ /be./ önünce, önünden, peşin, evvelden.
arakezuri 荒削り /a./ 〜する kabasını al-. 金属の〜の部分 çapak.
arakuremono 荒くれ者 /a./ dağ adamı, ham adam.
arakureòtoko 荒くれ男 /a./ dağ adamı, ham adam.
aramono 荒物 /a./ mutfak eşyası.
arañkàgiri 有らん限り /a./ 〜の力で var kuvvetiyle.
arappòi 荒っぽい /s./ dürüşt, ham, kaba, kaba saba, dangıl dungul, ters türs. 〜気性の ham ervah. 〜仕事 kaba bir iş. 荒っぽくなる kabalaş-.
Ararattò sañ アララット山 /a./ Ağrı Dağı.
arare 霰 /a./ dolu, dolu tanesi, ebe bulguru, bulgur. 〜が降る dolu yağ-.
araremonài あられもない /s./ hanıma yakışmaz. あられもなく横たわる (侮辱的) leş gibi seril-.
ararêyuki 霰雪 /a./ ebe bulguru.

arasàgasi 粗探し /a./ kusur bulma ; tenkitçi. 他人の〜をする birinde kusur bul-. この問題の〜をしないで下さい. Meseleyi kurcalamayın.
àrasi 嵐 /a./ fırtına, bora, boran. 〜の fırtınalı. 〜が来る fırtına çık- (kop-, patla-). 南からの〜 lodos. 〜が治まる fırtına din-. 船が〜に会った. Gemi lodosa tutuldu.
arasìgoto 荒仕事 /a./ ağır bedenî iş.
arasoi 争い /a./ kavga, uğraşma, cenk, mücadele, yarışma. 〜を始める tutuş-. 〜の種がなくなって〜も終わった. Yorgan gitti, kavga bitti.
arasòu 争う /ey./ uğraş-, kavga et-, yarış-, mücadele et-, savaş-, uğra-, tutuş-, vuruş-. 争って買う kapış-. 先を争って kapış kapış. 人と互角に〜 başa çık-.
arasowasê•ru 争わせる /ey./ birbirine kat-. → **arasòu**.
arasu 荒らす /ey./ zarar ver-, harap et-, yık-. 作物を〜 ekinlere zarar ver-.
arasuzi 粗筋 /a./ özet. 小説の〜 romanın özeti.
àrata 新た /a./ 〜な yeni. 〜な計画を立てる yeni plan kur-. 〜に yeni, yeniden. 〜にする yenile-. 世界に〜な経済危機が始まっている. Dünya yeni bir ekonomik bunalımın eşiğinde. 彼はこの習慣を〜に獲得した. O, bu huyu yeni edindi.
aratamàru 改まる /ey./ yola gel- (yat-), iyileş-, düzel-, değiş-.
aratamê•ru 改める /ey./ yola getir-, değiştir-, yenile-, düzelt-. 考えを〜 fikrini değiştir-.
aratàmete 改めて /be./ baştan, yeniden, tekrar. 〜初めから yeni baştan.
arate 新手 /a./ おや、また〜がおいでだ. Hoppala, bu da yeni çıktı !
arau 洗う /ey./ yıka-, (俗語) yu-. 汚

araumi

れた食器を〜 bulaşıkları yıka-. 顔を〜 su çarp-, yüzünü yıka-. 体を〜 yıkan-, su dökün-, yun-. 体を洗ってやる yıka-. 二度〜 iki su yıka-. スポンジに石けんをつけて〜 lifle-. ズボンを洗ったらきつくなった. Pantolon yıkanınca düdük gibi oldu. §首を洗って待つ boynunu uzat-.
araumi 荒海 /a./ azgın deniz, çalkantı.
ārawa あらわ /a./ açıklık; çıplaklık. 〜な açık. 胸元の〜なこと bağır açıklığı. 〜な腕 çıplak kollar.
araware 現れ /a./ tezahür, görünme.
araware・ru 洗われる /ey./ yıkan-. → **arau.** 心が〜 anadan doğmuşa dön-.
arawarē・ru 現れる /ey./ baş göster-(ver-), başla-, belir-, görün-, gözük-, hâsıl ol-, meydana gel-, ortaya çık-, peyda ol-, peydahla-, türe-, uç ver-, uyan-, vücuda gel-, vücut bul-, yüz göster-. 急に〜 çıkagel-, çık-, mantar gibi yerden bit-. 再び〜 depreş-. 船が水平線に現われた. Gemi ufukta belirdi. 私の目の前に現われた. Önüme çıktı. 汽車がまだ現れない. Tren daha görünmedi.
arawāsu 現す /ey./ görün-, ortaya çıkar-, peyda et-.
arawāsu 表す /ey./ anlat-, arz et-, belli et-, belirt-, göster-, ifade et-, işaret et-. 感情を〜 damarları kabar-.
arawāsu 著す /ey./ yaz-, yayımla-. 本を〜 kitap yaz-.
arayūru あらゆる /s./ her, bütün. 〜点で noktası noktasına. 〜点で望ましい dört başı mamur. 〜手段を尽くす dişini tırnağına tak-. 〜手だてを探す dört dön-. 〜悪事を働く etmediğini bırakma-. ありと〜弁解をする bin dereden su getir-.
are あれ /a./ o, şu; şey. 〜でなくそれが欲しい. Onu değil, şunu istiyorum. 〜を買ったよ. Şeyi aldım. 〜やこれや öteden beriden, şundan bundan, şuradan buradan.
areci 荒れ地 /a./ bereketsiz topraklar, verimsiz toprak, kısır arazi.
arehatē・ru 荒れ果てる /ey./ çöle dön-, harap ol-. 荒れ果てた harap. 荒れ果てた所 Allahın çok, insanı az bir yer.
Arekisañdaa daiōo アレキサンダー大王 /a./ İskender.
arēkore あれこれ /a./ aman zaman, falan, falan filan (fıstık), filan, filan falan, iyi kötü, ötesi berisi, şu bu. 〜説得して anan yahşi, baban yahşi. 〜言わない aza çoğa bakma-. 〜言わずある物で間に合わせる az çok deme-. 人のことを〜言う ona buna dil uzat-. 〜想像する hayal kur-. 〜細かい物 öte beri. 〜買物に出かけた. Öte beri almaya çıktı. 子供に服や〜買わなければならない. Çocuğa elbise, ayakkabı falan filan almalı. 〜手を出すな. Şuna buna bulaşma.
arekurūu 荒れ狂う /ey./ kudur-, kükre-. 荒れ狂った coşkun, azılı, azgın. 荒れ狂った洪水 kükremiş sel. 海が荒れ狂った. Deniz kudurdu.
are・ru 荒れる /ey./ az-, coş-, fırtınalı ol-, kayna-, şaha kalk-, şahlan-; harap ol-. 荒れた azgın, coşkun; harap. 荒れた海 dalgalı deniz, azgın deniz. 荒れている川 coşkun ırmak. 海が〜 deniz az-(bindir-), çalkan-. 荒れて言うことを聞かない gemi azıya al-. 海が荒れている. Deniz kaynıyor. 子供がとても荒れている, 少し叱ってやれ. Çocuk pek azdı, biraz görünüver.
arērugii アレルギー (Al. Allergie) /a./ alerji. 花粉〜 saman nezlesi.
arerugiisei アレルギー性 /a./ 〜の alerjik.
aresase・ru 荒れさせる /ey./ → **are・ru.** 冷たい風は人の顔を〜. Soğuk rüz-

gâr insanın yüzünü yakıyor.
ari アリ, 蟻 /*a.*/ karınca. 〜の巣 karınca yuvası. 〜が群がる karıncalan-. 夏に人が〜のように群がるキャンプ yazın insanların karıncalar gibi doluştuğu kamplar.
àri 有り /*a.*/ var. 〜はしない ne arar, ne gezer. 〜とあらゆる説明をする bin dereden su getir-. 〜とあらゆる悪事を働く yapmadığını bırakma- (kalma-, koyma-).
ària アリア (İt. aria) /*a.*/ arya.
ariake 有明け /*a.*/ şafak, tan.
ariamàru 有り余る /*ey.*/ birçok ol-, pek bol ol-, lüzumundan fazla ol-.
ariàri ありあり /*be.*/ açıkça. 〜と見える açıkça görün-.
ariawase 有り合わせ /*a.*/ 〜の eldeki, mevcutta, hazır.
aribai アリバイ (İng. alibi) /*a.*/ başka yerde bulunuş.
ariè・ru 有り得る /*ey.*/ kabil, mümkün, olabilir, olur. 有り得ない olacak gibi değil, olanaksız. 有り得ないもの. kuş sütü, geyikler kırkımında.
arigaci 有り勝ち /*a.*/ 〜な alışılmış, olağan.
arigane 有り金 /*a.*/ bütün para. 〜残らず身につける bütün parasını üstünde taşı-. 〜残らず使い果した. Paramın tümünü harcadım.
arigatài 有難い /*s.*/ minnettar, mübarek, çok şükür, nazik, sevindirici, cana yakın. 〜ことに elhamdülillah, hamt olsun. 〜と思う öpüp de başına koy-, şükret-.
arìgatoo 有難う /*ün.*/ eksik olma (olmasın), eyvallah, mersi, ömrüne bereket, sağ ol, teşekkür ederim. どうも〜 bereket versin! 〜ございます. Teşekkür ederim. 神様〜, 母の病気が治りました. Tanrı'ya şükür, annemin hastalığı geçti.
arihure・ru 有り触れる /*ey.*/ ありふれた müptezel, olağan, adî, bayağı. ありふれた名で adlı adı ile.
àrika 在りか /*a.*/ neresi, bulunduğu yer.
arikitari 在り来り /*a.*/ 〜の olağan, adî, bayağı.
arinomamà ありのまま /*a.*/ 〜の içli dışlı. 〜に bütün çıplaklığı ile, çıplaklığıyle.
arisama 有様 /*a.*/ durum, hal.
aritei 有り体 /*a.*/ → **arinomamà**. 〜に言えば açıkçası, doğrusu.
arittake ありったけ /*a.*/ hepsi, bütün. 〜の olanca. 〜の力で var kuvvetiyle. 女はアクセサリーを〜身につけて婚礼に出かけた. Kadın bütün ağırlığını takıp düğüne gitti.
ariùru 有り得る /*ey.*/ kabil, mümkün, olabilir, olur. 〜こと olanak. 〜ことと思う ihtimal ver-.
arizariñ アリザリン (İng. alizarin) /*a.*/ kök boyası.
àru 有る, 在る /*ey.*/ var, ol-, bulun-, dur- ; -dir, -li. → **nài**. 本が〜 kitap var. 私にはお金が〜. Benim param var. この橋には橋脚が四つ〜. Bu köprünün dört ayağı var. 我々の間には観点の相違が〜. Aramızda görüş ayrılığı var. 〜ことないこと ne var ne yok, olur olmaz. 〜べき olacak. ありそうな olacak, olası, olasılı. ありそうもない olacak gibi değil, inanüstü. 私の友人で〜はずの人 arkadaşım olacak adam. ここに〜もの burada mevcut olanlar. 下でひと騒ぎあった. Aşağıda bir gürültü oldu. あれば〜だけ欲しがる buldukça bunar, bulmuş da bunuyor. あなたのかばんは机の上にある. Çantanız masanın üzerinde duruyor. 海水は塩辛いので〜. Deniz suyu tuzludur. 足の〜 ayaklı, bacaklı. 引き出しのたたんで〜下着 çekmedeki katlı çamaşırlar. 〜物で我慢する aza çoğa bakma-, azçok deme-. 粉袋は何キロあったのか. Un

āru

çuvalları kaç kilo çekmiş？この記事にあなたのことが書いて〜．Bu yazıda sizden bahsediliyor.

āru 或る /s./ bazı, bir, herhangi, kimi, biraz, belirli. 〜人 biri, birisi, kimi, kimisi, kimse. 〜人達 kimi, kimisi. 〜子供達 bazı çocuklar. 〜時 günlerden bir gün. 〜時には kâh. 〜日 günün birinde. いつか〜日に belirsiz bir günde. 〜程度 az çok, bir derece, bir dereceye kadar. 〜点で bir bakımdan, bir bakıma da. 〜点では bir bakıma. 〜一冊の本 rasgele bir kitap. 〜所へ通う ayağı alış-. 〜場所に立ち寄る ayağı düş-. 〜所へ行かなくなる ayağını kes-. 船を〜方向へ向ける baş tut-. 〜男があなたを探しています．Bir bay sizi arıyor. 〜種のことわざは今日でも通用するのだ．Kimi atasözleri bugün de geçerlidir. 〜家事で母を助ける．Kimi ev işlerinde anneme yardım ediyorum. 〜ものは読み，〜ものは読まない．Kimi okur, kimi okumaz.

arubāito アルバイト(Al. Arbeit) /a./ yarım günlük (iş), yarım gün (çalışma).

arubamu アルバム(İng. album) /a./ albüm. 写真の〜 fotoğraf albümü. 切手の〜 pul albümü.

Arubania アルバニア /a./ Arnavutluk. 〜人民共和国 Arnavutluk Halk Cumhuriyeti.

Arubaniago アルバニア語 /a./ Arnavutça.

Arubaniāziñ アルバニア人 /a./ Arnavut.

arucyuu（kāñzya） アル中(患者) /a./ içkici. → **arukooru cyûudoku.**

arufaa señ アルファー線(İng. alpha) /a./ Alfa ışınları.

arufabētto アルファベット(İng. alphabet) /a./ alfabe, abece. トルコ語の〜には29文字ある．Türk alfabesinde yirmi dokuz harf vardır.

arùiwa 或は /ba./ veya, ya da, veyahut, yahut；belki, olabilir, galiba. 手紙を書くか，電報を打つか，〜電話をするよ．Ya mektup yazarım, ya telgraf çekerim, ya da telefon ederim！アイシェ〜ファトマどちらが来てもその人にやる．Ayşe ya da Fatma, kim gelirse ona veririm.

arukāñna アルカンナ /a./ havacıva.

arukari アルカリ(Hol. alkali) /a./ alkali, kalevî.

arukarisei アルカリ性 /a./ 〜の kalevî, alkalik.

arukasè・ru 歩かせる /ey./ yürüt-. → **arùku.**

arukè・ru 歩ける /ey./ yürüyebil-. → **arùku.** 病気が回復して〜ようになる ayaklan-. 歩けない kötürüm. まだ歩けない子供 kucakta çocuk. 歩けなくなる bacakları tutma-, kötürüm ol- (kal-). こんな格好で通りを歩けない．Bu kılıkla sokakta gezilmez.

arukiburi 歩き振り /a./ yürüyüş.

arukikāta 歩き方 /a./ yürüyüş. 堂々とした〜 çalımlı bir yürüyüş. こんな遅い〜では学校に間に合わない．Bu yavaş yürüyüşünle okula yetişemeyeceksin.

arukimawarasè・ru 歩き回らせる /ey./ dolandır-, dolaştır-, gezdir-. → **arukimawàru.**

arukimawarè・ru 歩き回れる /ey./ gezil-. → **arukimawàru.** こんな格好で通りを歩き回れない．Bu kılıkla sokakta gezilmez.

arukimawàru 歩き回る /ey./ ayak sürt-, dolan-, dolaş-, dönüp dolaş-, gez-, kol vur-. 〜用事 ayak işi. よく〜人 gezgin. 大いに〜 gezip toz-. ぶらぶら〜 avare dolaş-. 混雑の中を歩き回って人の邪魔をする ayak altında dolaş-. 狭い所をただ〜 dolap beygiri gibi dönüp dur-. いつも外を歩き回っている女 göbeği sokakta kesilmiş. 歩き回って何気なく調べること kalaçan.

夕方まで家の周りを歩き回った。Akşama kadar evin etrafında dolandı. 家を見つけるまでかなり歩き回った。Evi buluncaya kadar epey dolaştık. 家の前を誰かが歩き回っている。Evin önünde birileri geziyor. 仕事がないので一日中歩き回っている。İşi gücü yok, bütün gün gezip tozuyor.

arukooru アルコール (Hol. alcohol) /a./ alkol, ispirto ; içki, (隠語) tütsü. 〜の alkollü. 消毒用〜 tuvalet ispirtosu. 〜を蒸留する ispirto çek-. 〜中毒 alkolizm. 〜飲料 içki, dem. 〜ランプ kamineto.

arukoorusei アルコール製 /a./ 〜の alkollü.

arùku 歩く /ey./ yürü-. 小走りに〜 adımlarını sıklaştır-. しぶしぶ〜 ayakları geri geri git-. ぶらぶら〜 gezin-. 長く〜 taban tep- (patlat-), yol tep-. 博物館を見て〜 müzeyi dolaş-. 道を〜 yol yürü-. 苦労してかなり〜 tep-. 棒のように〜人 baston gibi. 〜人のための道 yayalar için yol. 歩いて yayan. 歩いて行く yaya. 歩いている yayan. 歩かないですむ ayağı yerden kesil-. 子供が歩き始める ayaklan-. 暑い日に歩いたり走ったりしてとても疲れる dili bir karış dışarı çık-. 歩きにくい道 sarp yol. 学校まで歩いた. Okula dek yürüdük. 学校へ歩いて通っている. Okula yayan gidip geliyor. 家へ歩いて行きます. Eve yürüyerek gideceğim. 私の娘はちょうど一歳で歩いた. Kızım tam bir yaşında yürüdü.

Arumenia アルメニア /a./ Ermenistan.

Arumeniago アルメニア語 /a./ Ermenice.

Arumeniàziñ アルメニア人 /a./ Ermeni.

Arumeniazìñkai アルメニア人会 /a./ Ermeni cemaati.

aruminyùum アルミニウム (İng. aluminium) /a./ alüminyum.

arupinìzumu アルピニズム (Al. Alpinismus) /a./ dağcılık.

àruto アルト (İt. alto) /a./ alto.

Aruzèñciñ アルゼンチン /a./ Arjantin.

àruzi あるじ, 主 /a./ sahip.

Aruzyeria アルジェリア /a./ Cezayir.

Aruzyeriàziñ アルジェリア人 /a./ Cezayirli.

àsa 朝 /a./ sabah. きのうの〜 dün sabah. 〜に sabahleyin, sabahları. 〜の sabahki. 〜の部屋着 sabahlık. ひと〜分の sabahlık. 〜早く sabahleyin, (卑語) karga bok yemeden. 〜まで sabaha kadar, sabaha değin. 〜までに死ぬ sabaha çıkma-. 〜まで起きている sabahı bul- (et-). 〜までやっている喫茶店 sabahçı kahvesi. 〜まで眠れない yıldızları say-. 〜になろうとして sabah olmak üzere. 〜と言わず晩と言わず akşam sabah demez. 〜に晩に akşamlı sabahlı, sabah akşam. 〜から晩までぺちゃくちゃしゃべっている. Sabahtan akşama kadar car car öter durur. 〜, ニワトリの鳴き声で目が覚めた. Sabah horozların sesi ile uyandım. 〜七時に目が覚めた. Sabahleyin saat yedide uyandım.

asà 麻 /a./ kenevir, kendir. 〜の種 bezir. 〜のように乱れる dünya anarşik.

asabañ 朝番 /a./ sabahçı.

asaborake 朝ぼらけ /a./ tan, şafak.

asagata 朝方 /a./ sabah. 〜に sabah olmak üzere. 〜近く sabaha karşı.

asage 朝餉 /a./ kahvaltı.

asagiiro 浅葱色 /a./ açık mavi.

asagòhañ 朝御飯 /a./ kahvaltı.

asaguròi 浅黒い /s./ esmer, kara, yağız. 可愛い〜少女 karabiber. 浅黒くなる esmerleş-. 白い女より〜方がいい. Beyazın adı, karanın tadı.

asàhaka 浅はか /a./ (卑語) eşeklik. 〜な anlayışsız, dar kafalı, sığ, (卑

asahañ 24

語) eşek gibi. 〜な女 hafif bir kadın. 〜な考え sığ düşünce.
asahañ 朝飯 /a./ kahvaltı.
àsahi 朝日 /a./ sabah güneşi. 〜が昇る güneş doğ-.
asahimo 麻ひも /a./ sicim.
asai 浅い /s./ sığ, yayvan, yüzeysel, sathi. → **hukài**. 水の〜こと sığlık. 〜容器 yayvan bir kap. 海岸は〜から入れます. Denizin kıyısı sığ, girebilirsin. 〜考え sığ düşünce. 〜傷 sathi bir yara. 〜眠りの sak. 浅く眠る sak yat-.
asakùzu 麻くず /a./ kıtık.
asamasìi 浅ましい /s./ ayıp, utanç verici, yüz karası.
asamesi 朝飯 /a./ kahvaltı.
asamesimàe 朝飯前 /a./ çocuk oyuncağı.
asanawa 麻縄 /a./ kendir ip.
asanèboo 朝寝坊 /a./ geç kalkma. 〜をする (俗語) üstüne bir güneş doğ-, üzerine bir iki güneş doğ-. 〜をして慌てて服を着て学校へ行った. Sabahleyin geç kalktığım için telâşla giyinip okula gittim.
asaòki 朝起き /a./ erken kalkma.
asappara 朝っぱら /a./ 〜から sabah sabah.
asari アサリ /a./ bir tür kabuklu deniz hayvanı.
asaru 漁る /ey./ balık avla-; ara-, araştır-. 古本を〜 eski kitapları ara-.
asase 浅瀬 /a./ geçit, sığlık. 船が〜に乗り上げる gemi karaya otur-. 船首が〜に乗り上げる baştan kara et-.
asàtte 明後日 /a./ öbür gün. 〜の晩 öbür akşam.
àsayuu 朝夕 /a./ akşam sabah.
asazie 浅知恵 /a./ sığ düşünce. 〜の kuş beyinli.
àse 汗 /a./ ter. 〜をかく ter bas-, ter dök-, terle-. 〜をかくこと terleme. 〜をかいている terli. 玉のような〜をかく bulgur bulgur terle-. 〜びっしょりになる su içinde kal-, tere bat-. 〜が吹き出す ter boşan-. 滝のように〜を流す su gibi terle-. 〜だらけの terli. 血の〜を流して kan ter içinde. 熱い飲物と毛布で〜を出す tere yat-. 〜が乾くのを待つ ter alıştır-. ガラスが〜をかいた. Camlar terledi.
§手に〜握る heyecanlı.
asebamu 汗ばむ /ey./ terle-.
asemàmire 汗まみれ /a./ çok terli. 〜になる tere bat-.
asemìdoro 汗みどろ /a./ çok terli.
àsemizu 汗水 /a./ ter. 〜たらして kan ter içinde.
asemìzuku 汗みずく /a./ çok terli.
asemō あせも /a./ isilik, pişik. 暑さで〜ができる sıcaktan isilik oluş-.
asèru 焦る /ey./ acele et-, çabuk davran-.
asè•ru 褪せる /ey./ sol-. 色が〜 boyası at-, rengi at- (kaç-, uç-). 日光でカーテンの色が褪せた. Güneşten perdelerin rengi attı. 布の色が褪せた. Bu kumaşın rengi uçmuş.
asètoñ アセトン(İng. acetone) /a./ aseton.
àsi アシ, 葦 /a./ kamış, kargı, saz. 〜の茂っている所 kamışlık, sazlık. 〜のペン kamış kalem.
asì 足, 脚 /a./ ayak, bacak; (方言) kıç. 〜を出す adım at-. 〜を向ける adım at-. 〜を踏み出す adım at-. 〜にズボンをはく ayağına bir pantolon çek-. 〜がもつれる ayağı dolaş-. 〜を動かせない ayağını alama-. 〜を引きずる ayağını sürü-, aksa-. 靴が〜にあたる ayağını vur-. 〜を組む ayak ayak üstüne at-. 〜を組んで bacak bacak üstünde. 〜のある ayaklı, bacaklı. 〜のない bacaksız. 〜の長い bacaklı. 〜の短い bacaksız, bastıbacak. 〜の裏 taban. 〜がとても疲れる bacakları kop-. 〜を伸ばして休む bacaklarını uzat-. 〜をすくう çelme at-(tak-).

~をかける çelme at-(tak-). ~を踏み鳴らして騒ぐ hora tep-. ~が不自由である kötürüm. ~を乗せる所 ayaklık. ボートの~掛け hamla gergisi. ~の方 ayak ucu. 羊の~ paça. ~の付いた ayaklı. 机の~にはめるもの pabuç. ~の速い tazı gibi. 君の~では村へ夕方までに着けない. Senin ayağınla, köye akşama kadar varamayız. §~が遠のく ayağını çek-. ~が地につかない ayağı yerden kesil-. うれしくて~が地につかない bastığı yeri bilme-. ~が棒になる tabanları parla-. ~を洗う elini ayağını kes-, elini yıkan-, el yıka-, işin içinden çık-. ~を洗えない ayağını alama-. ~を引っ張る ayağına bağ vur-, ayağını bağla-. ayağını çelme tak-. ~をのばす boylan-.
asiàto 足跡 /a./ ayak izi, iz, nişan.
asibà 足場 /a./ iskele. ~を組む yapı iskelesi kur-.
asibàrai 足払い /a./ çelme. ~をかける ayağına çelme tak- (at-). ~で男を地面に倒した. Bir çelmede adamı yere yuvarladı.
asibaya 足早 /a./ ~に koşar adım.
asibue 葦笛 /a./ dilli düdük, ney.
asibùmi 足踏み /a./ ~する yerinde say-.
asibyòosi 足拍子 /a./ 音楽に合わせて~を打つ tempo tut-.
asicuki 足付き /a./ ayaklı. ~の ayaklı. ~グラス ayaklı kadeh, sırça kadeh. ~コップ kupa.
asicuki 足つき /a./ yürüyüş, adımlar.
asidai 足代 /a./ ayak teri, yol harcı.
asidemàtoi 足手まとい /a./ ayak bağı.
asidome 足止め /a./ alıkoyma. ~する hapset-, alıkoy-. ~される yollarda kal-, ~をくう yollarda kal-. 私を夕方までここで~した. Beni akşama kadar burada hapsetti.
asidori 足取り /a./ yürüyüş, adım-

lar. 遅い~ ağır yürüyüş. 大儀そうな~ bıkkın adımlar. 力強い~ sert adımlar. ゆっくりした~で ağır adımlarla. ~が鈍った. Yürüyüş ağırlaştı.
asigè 足げ /a./ tepiş. ~にする tep-.
asihara 葦原 /a./ kamışlık, sazlık.
asihire 足ひれ /a./ palet.
asika アシカ /a./ büyük ayı balığı.
asikase 足かせ /a./ ayak bağı, bukağı, köstek, künde, pranga. ~をはめる köstek vur-, köstekle-, prangaya vur-.
asikòsi 足腰 /a./ ~がしっかりしている eli ayağı tut-.
asikùbi 足首 /a./ ayak bileği.
asimòto 足下, 足元 /a./ yer. ~が危ない yürüyüşü sağlam olmayan. ~にひれ伏す dizlerine kapan-. §~にも及ばない ayağının pabucu olama-, eline su dökemez, kestiği (attığı) tırnak olama-. ~にも寄りつけない ayağına pabuç olama-. ~から鳥が立つ birdenbire. ~を見る damarına gir-, dara boğ-.
asinami 足並み /a./ adım. ~をそろえる adım uydur-.
asinose 足のせ /a./ tabure.
asiòto 足音 /a./ ayak sesi. ~を耳にして不安になり, 朝まで眠れなかった. Ayak sesleri duyarak huylanmış, sabaha kadar uyuyamamış.
asiràu あしらう /ey./ davran-, ikram et-. 冷たく~ ağırsa-. 鼻で~ burun kıvır-.
asìsutanto アシスタント (İng. assistant) /a./ yardımcı, muavin, asistan, muavinlik.
asità 朝 /a./ sabah. → **àsa**.
asità 明日 /a./ yarın. ~の yarınki. ~になればなんとかなるさ sabah ola, hayır ola. ~会いましょう. Yarın buluşalım.
asiwa 足輪 /a./ künde.
asizamani 悪し様に /be./ kötü. ~言う kötü söyle-, yer-.

asobase·ru 遊ばせる /*ey.*/ oynat-. → **asobu**. 子供を～ çocuğu oynat-.
asobi 遊び /*a.*/ oyun, eğlence ; laçka. 子供の～ çocuk oyunu. つまらない～ cansız bir oyun. ～に熱中する eğlenceye dal-. ～にふける生活をおくる hızlı yaşa-. この～が好きだ. Bu oyunu beğendim. ～ができる laçka ol-.
asobiàite 遊び相手 /*a.*/ （隠語） aftos. ～が一人ではつまらない. Bir çiçekle bahar (yaz) olmaz.
asobiba 遊び場 /*a.*/ park.
asobigoto 遊び事 /*a.*/ çocuk oyuncağı.
asobiniñ 遊び人 /*a.*/ mirasyedi. ～の uçarı.
asobizuki 遊び好き /*a.*/ ～の oyunbaz, sefih.
asobu 遊ぶ /*ey.*/ oyna-, eğlen-. 人形で～ bebekle oyna-. かんしゃく玉で～ çatapatlarla eğlen-. のんきに遊び歩く （口語） fink at-. 子供だもの～さ. Çocuktur, oynar a!
asoko あそこ /*a.*/ ora, şura. ～に orada, şurada, oraya, şuraya. ～の oralı. ～の花はとてもきれいだ. Oranın çiçekleri çok güzel. ～にちょっと座って休もう. Şuraya biraz oturalım da dinlenelim. ～は見えるほど近くはない, 道が曲がりくねっているのだ. Orası göründüğü kadar yakın değil, yol dolaşıktır. あなたも～ですか. Siz de oralı mısınız?
assaku 圧搾 /*a.*/ tazyik. ～空気 tazyikli hava.
assakùki 圧搾機 /*a.*/ baskı, cendere, mengene.
assàri あっさり /*be.*/ kısaca, basit bir şekilde, sadece.
assei 圧政 /*a.*/ müstebitlik, zorbalık. ～の müstebit, zorba.
assei 圧制 /*a.*/ istibdat, zulüm. ～する zulmet-.
asseñ 斡旋 /*a.*/ aracılık. ～する araya gir-, vasıta ol-.

assuru 圧する /*ey.*/ bas-, boğ-. ～こと basma. お金で～ paraya boğ-.
assyuku 圧縮 /*a.*/ sıkma, sıkıştırma. ～する sık-, sıkıştır-.
assyukùki 圧縮器 /*a.*/ kompresör, sıkmaç.
asù あす, 明日 /*a.*/ yarın → **asità**. ～の yarınki. この仕事を～までに終わらせるのだ. Bu işi yarına kadar bitirecektir. 人間は～を考えねばならない. İnsan yarınını düşünmeli.
§今日は我が身に～は汝が身に. Bu gün bana ise yarın da sana! ～の百より今日の五十. Bu günkü tavuk yarınki kazdan iyidir. Gümüş sağ olsun, altın gide kosun.
asubèsuto アスベスト (Al. Asbest) /*a.*/ amyant, asbest.
asufàruto アスファルト (İng. asphalt) /*a.*/ asfalt. ～を敷く asfaltla-. ～で舗装する asfaltla-. ～道路 asfalt yol. ～道路のわきの土の部分 banket.
asuparàgasu アスパラガス (İng. asparagus) /*a.*/ kuşkonmaz.
asupèkuto アスペクト (İng. aspect) /*a.*/ （文法） görünüm.
asupiriñ アスピリン (Al. Aspirin) /*a.*/ aspirin. ～20錠 yirmi tablet aspirin.
asutoràkañ アストラカン /*a.*/ astragan.
àsyu 亜種 /*a.*/ çeşit.
ataerare·ru 与えられる /*ey.*/ veril-. → **atae·ru**. 名を～ adını al-.
atae·ru 与える /*ey.*/ ver-, bahşet-, （隠語） toka et-, verici. えさを～ yem ver-. どっさり～ gözünü doyur-. 少し～ koklat-. 機会を～ açık kapı bırak-. 勇気を～ can ver-. 害を～ bok karıştır-. 分不相応な待遇を～ ayağının pabucunu başına giy-. 庭で果物が腐っているのに誰にも全く与えない. Bahçesinde meyveler çürür de yine kimseye koklatmaz.
àtahuta あたふた /*a.*/ fırt fırt, apar

topar, palas pandıras. ～と出て行く (口語) tası tarağı topla-. 兄は～と本を取って出た。Ağabeyim kitaplarını apar topar alıp çıktı. バスに乗り遅れないように家から～と出た。Otobüsu kaçırmamak için evden palas pandıras çıktık.
atai 価, 値 /a./ değer, fiyat.
ataisuru 値する /ey./ değ-, hak et-, çık-, et-, şayan ; layık, değer. 注目に～ kayda değer. 注目に～提案 dikkate değer bir teklif. 尊敬に～ saygıdeğer, ～こと liyakat. 打たれるに～人 dayak düşkünü (kaçkını). この景色は見るに～. Bu manzara görülmeğe değer.
ātakamo あたかも /be./ sanki, sözde. → **marude**. 石が～生命を得て話し始めたようだった。Taşlar sanki canlanıp konuşmaya başladılar.
atamã 頭 /a./ baş, kafa, (口語) kelle ; akıl, zihin, beyin ; (古語) ser ; saç. ①(頭) 大きな～の koca kafalı. ～につける物 başlık. ～につけた başlıklı. ～にかぶる baş bağla-, başına geçir-, çat-. ～にかぶった başlıklı. ～に何もかぶっていない başı açık, başı kabak. ～に投げつける başına geçir-. ～が痛い baş ağrısı ol-, başı ağrı-, başı tut-. 空気が悪くて～が痛くなる başına vur-. ～がガンガンする başı çatla-, başı kazan (gibi) ol-. ～がぼうっとする kafası dur-, kafası kazan (gibi) ol-. ～がぼうっとしている başı (kafası) dumanlı. ～を下げる baş eğ-, eğil-. ～を垂れて教室に入る başı eğik sınıfa gir-. ②(頭脳) ～が疲れる kafası yerinde olma-. ～が働く kafası işle- (çalış-). ～が働くようになる zihni açıl-. ～が働かなくなる durgunlaş-, kafa kalma-. ～が働かないこと durgunluk. ～の働き kafa. ～の働かない beyinsiz. ～の働く şeytan. ～を働かせる fikir yor-, zihin aç-. ～がいい şeytanın yattığı yeri bil-, zeki. ～が混乱する zihni bulan- (karış-). ～が鈍い kafası kalın. ～が鈍くなる kafası bulan-. ～がおかしいbir tahtası eksik, aklı çalık, çatlak, havalı, sersem, (冗談) kafadan gayrimüsellah, salak. ～がおかしくなる zihni bulan-, sapıt-, sersemle-, sersemleş-. ～にひらめく beyninde şimşekler çak-. ～に入れる belle-, ～にしっかり入れておく mum yapıştır-. ～に入らない kafası alma-, kafasına girme-. ～を使う kafasını kullan-. ～を使う仕事をする kafa patlat-. ～にこびりついて離れない zihnini kurcala-. 自分のことで～がいっぱいになる kendi kendine düş-. ひとつのことで～がいっぱいになる zihnini boz-. 彼は楽しみしか～にない。O ancak keyfini düşünür. ～をどこにつけているんだよ。Aklın nerede idi, mübarek ! 書く事をまず～で考える。Yazacaklarımı önce kafamda tasarlarım. うるさくて～がおかしくなった。Gürültüden sersem oldum. なんと～のいい子だ。Ne şeytan çocuksun ! もっと頭を働かせろ。(卑語) Eşek başı mısın? ③(頭髪) ～が薄くなる başı açıl-. ～もひげも白い ak pak. ～を刈る kırk-. ④(上端) 玉ピンの～ toplu iğne başı, 欄干の柱の～ baba. 円柱の～の飾り başlık. ～を出す uç ver-.
§～が上がらない boynu eğri, (やんな) perende atama-. ～に血が上る ateş bas-, cinleri başına toplan- (üşüş-), kan başına sıçra-, kafası kız-. ～の古い eski kafalı. ～の固い et kafalı, laf anlamaz. ～の切れる cingöz.
atamadèkkaci 頭でっかち /a./ ～の havaleli. 荷が大きくて～だから、車屋に気をつけてもらうように。Eşya havalelidir, arabacı dikkat etsin.
atamakàzari 頭飾り /a./ başlık. 花嫁の～ taç.
atamauci 頭打ち /a./ azami haddi.

atamawari 頭割り /a./ adam başına. 〜で計算する masrafları paylaş-.
àtañ 亜炭 /a./ linyit.
atàñsoo 亜炭層 /a./ linyit katmanları.
atarasigari 新しがり /a./ 〜だ. Eski köye yeni âdet.
atarasii 新しい /s./ yeni, taze, ikinci, turfanda. → **huruì**. 〜職員 yeni memur. 〜道 çığır. 〜雑誌を出す yeni bir dergi çıkar-. 〜時代を開く çağ aç-. 〜方法を切り開く çığır aç-. 〜こと yenilik. まだ〜 temiz. かなり〜 yenice. きれいで〜 (隠語) kız gibi. 新しく yeni yeni. 新しくする yenile-, tazele-. 新しくすること yenileme. カーテンを新しくする perdeleri yenile-. 花びんの花を新しくする vazodaki çiçekleri tazele-. 新しくやって来た人が前の人を悪く言う. dağdan gelip bağdakini kov-. 〜物を取り入れても古い物は手離すべきではない. Eskisi olmayanın acarı olmaz.
atarāsisa 新しさ /a./ tazelik.
atari 当たり /a./ isabet.
àtari 辺り /a./ oralık, çevre, etraf, orta, meydan, yöre. この〜 buraları. 〜を見渡す etrafına bakın-. 〜かまわず olur olmaz, sağa sola bakmadan. 〜かまわずしゃべる ileri geri konuş- (laflar et-, söyle-). 〜の氷が解けだす don çözül-. 〜を一陣の恐怖が包んだ. Ortalığı bir korkudur aldı. この〜には店が増えた. Bu çevrede dükkânlar fazlalaştı. 〜には誰も残っていなかった. Meydanda kimseler kalmadı. たくさん金を使ったにしては〜に何もない. Çok para harcadığı halde görünürde bir şey yok.
ataricirāsu 当たり散らす /ey./ saçını başını yol-.
atarimae 当たり前 /a./ 〜の basbayağı, munis, olur şey, alışılmış, olağan, doğal. 〜に güzel güzel, haliyle.

atarisawari 当たり障り /a./ 〜のないように振る舞う köpeğe hoşt, kediye pişt deme-. 〜のないようにする suya sabuna dokunma-.
ataru 当たる /ey./ vur-, tosla-, çarp-; isabet et-, isabet ettir-; düş-, çık-. 《ぶつかる》 靴が足に〜 ayağını vur-, ayakkabı vur-. 標的に〜 rast gel-, rastla-. あたったところ bere. 石を投げつけたが当たらなかった. Taşı fırlattı ama tutturmadı. 《受ける》 風に〜 havalan-, hava al-. 日に〜 güneşlen-. 日が〜 güneş aç-. 日の〜 güneşli. 日の〜場所 güneşlik, güney. 日の当たらない gün görmez. 罰が〜 burnundan (fitil fitil) gel-, cezasını çek-. 悪いものに〜 çarp-. 炭火に〜 kömür çarp-. 緑茶の毒に〜 bakır çal- (çalığı ol-). 《期待》 友達に宝くじが当たった. Arkadaşa piyango çıkmış. くじが彼に当たった. Piyango ona isabet etti. 当てずっぽうが〜 boş atıp dolu tut-. 当たらずとも遠からず. Güvey olmadık, ama kapı dışında bekledik. 《相当する》 祝日が日曜に〜. Bayram pazara düşüyor.
atatàka 暖か, 温か /a./ 〜な ılık, sıcak.
atatakài 暖かい, 温かい /s./ ılık, sıcacık, sıcak. 〜空気 ılık hava. ちょっと〜 ılıkça. 暖かくなる ılı-, ılın-, ısın-, kızış-. 暖かくなること ısınma. 暖かくする ısıt-. 今日, 外は〜天気だ. Bu gün dışarda ılık bir hava var. 春が来て暖かくなった. Bahar gelince hava ılıdı. 温かい食べ物 sıcak yemek. 温かいもてなし sıcak bir karşılama. 温か気持ちよい sıcacık. 温かく人を迎えるkollarını aç-. 干し草の梱が腐って温かくなった. Ot balyaları kızıştı. 大洋には温かい海流がある. Okyanuslarda sıcak su cereyanları vardır.
atatamāru 暖まる, 温まる /ey./ ılı-, ılın-, ısın-. 部屋が暖まる oda ısın-.
atatamè·ru 暖める, 温める /ey./

ısıt-. 部屋を暖める odayı ısıt-. 卵を温める gurka yat-. 卵を温めようとする gurk ol-. 卵を温めているめんどり gurk.
atau 能う /*ey.*/ olabil-. 〜限りの事をする göbeği çatla-, elinden geleni yap-.
ate 当て /*a.*/ bekleme, umut ; maksat. 〜にする bekle-, güven-. 人を〜にする ağzına verilmesini bekle-. ない物を〜にする öküzün altında buzağı ara-. 人の懐を〜にする（隠語）haraç ye-. 〜になる mert. 〜にならない kancık, sağlam ayakkabı değil. 〜がはずれる boş çık-, cascavlak kal-. こっそり〜もなく立ち去る başını alıp git-. 家では五人が私を〜にしている. Evde beş kişi bana bakıyor. 他人の援助は〜にならない. Elden vefa, zehirden şifa. これほど仕事したのに〜がはずれた. Bunca emekler boşa çıktı.
-ate 宛て adres. 父〜の手紙 babama gönderilen mektup.
atecuke 当て付け /*a.*/ kinaye.
atecukegamasii 当て付けがましい /*s.*/ parçalı.
atecukè・ru 当て付ける /*ey.*/ taş at-.
atedo あてど /*a.*/ 〜もなく maksatsız olarak.
ategàu あてがう /*ey.*/ bağla-, ver-. 月給を〜 aylık bağla-, 一つずつ〜 birer ver-.
atehamè・ru 当てはめる /*ey.*/ uydur-.
atekòmu 当て込む /*ey.*/ bekle-, bak-.
atekosuri 当てこすり /*a.*/ kinaye. この〜は私に対してか. Bu kinayeler bana mı ?
atekosùru 当てこする /*ey.*/ laf at-, taş at-.
atena 宛名 /*a.*/ adres. 封筒に〜を書く zarfın üzerine adres yaz-.
Àtene アテネ /*a.*/ Atina.
atenuno 当て布 /*a.*/ ütü bezi.
aterare・ru 当てられる /*ey.*/ 野菜が寒さにあてられた. Sebzeleri soğuk vurdu.

ate・ru 当てる, 充てる /*ey.*/ vur-, koy-, tut-, tutun-, kestir-, hasret-, uygula-. 時計を耳に〜 saati kulağa tut-. つぎを〜 yama vur-, かみそりを〜 ustura tutun-. 標的に〜 rast getir-, tuttur-. 水蒸気を〜 buğula-, 日に〜 güneşlet-. 風に〜 havalandır-.
atesaki 宛先 /*a.*/ adres.
atezuppoo 当てずっぽう /*a.*/ kaba tahmin. 〜の serseri. 〜が当たる boş atıp dolu tut-.
àto 跡 /*a.*/ iz, işaret, marka, eser, nişan. なだれの〜 çığır. 船の通った〜 dümen suyu. 〜を残す iz bırak-, yer et-. 〜をたどる izle-. 〜を絶つ ardı kesil-. 〜を絶たない ardı arası kesilme-. 〜をつける izine bas- (sür-). 〜を追う ardına düş-, izinden yürü-, izine uy-, kovala-, koğala-. 猟師は犬の〜をつけて行って熊の穴を見つけた. Avcılar köpekleri izleyerek ayının mağarasını buldular.
àto 後 /*a.*/ arka, art, geri, peş ; sonra ; öte, alt. → **màe**. 〜へ ardın ardın. すぐ〜から ardınca. 〜から〜ら arka arkaya, art arda, bir sıraya. 〜に残る arkada kal-, arkaya kal-, gerile-, kalıcı, kalımlı. 〜から続いて行く ardı sıra git-, peşinden git-, peşine düş-. 〜を追う ardına düş-, izinden yürü-, izine uy-, kovala-, koğala-. 〜をつける izine bas- (sür-). 《時間》〜で sonra, peşi sıra, bilahara, ömüzüdeki günler, 少し〜に birazdan. これから〜 bundan böyle. …の〜 kelli müteakip, üzerine, sonra. その〜 akabinde. ずっと〜になってから neden sonra. 〜から sonradan. 〜の sonraki. 〜に延ばす sonraya bırak-. あなたの〜に sizden sonra. 〜からことの重大さに気付く ayağı (ayakları) suya er-. 〜で人の意見を正しいと認める dediğine gel-. 〜で読みます. Sonra okurum. その時分からなかったが〜になって知りまし

atōasi

た. Bunu o vakit bilmiyordum, sonradan öğrendim. 《残り，続き》 〜が続かない ardını kes-, arkasını getireme-. まだ〜がある dahası var. 〜がこわいぞ vay haline. 〜に残された者のことを考えずに去る arkasına bakmadan git-. この仕事の〜を私に任せなさい. Bu işin gerisini bana bırakın. 〜は私に残しておけ. Ötesini bana bırak. 彼が来る日まで〜三日 gelmesine üç gün kala. アンカラまで〜20キロ Ankara'ya yirmi kilometre kala.

atōasi 後足 /a./ arka ayak. 〜でける 〜で立つ susta dur-. 馬が〜で立つ sustaya kalk-, şaha kalk-, şahlan-.

atobàrai 後払い /a./ 〜で veresiye.

atobōiñ 後母音 /a./ kalın ünlü.

atōcugi 跡継ぎ /a./ mirasçı, vâris.

atogaki 後書き /a./ derkenar, ek.

atogama 後がま /a./ yerine geçen kimse, ardıl.

atokata 跡形 /a./ iz. 〜もない imi timi yok.

atokàtazuke 後片付け /a./ temizleme.

atomàwasi 後回し /a./ tecil. 〜になる ikinci plana, düş-.

atomòdori 後戻り /a./ geri dönme. 〜する adımını geri al-, gerile-, nükset-, yüz geri et-. もう〜はできない ok yaydan çık- (fırla-).

àtonomacuri 後の祭り /a./ akşamdan sonra merhaba, ne fayda, olan oldu, (俗語) oldu olacak, kırıldu nacak, Av avlanmış, tav tavlanmış.

atōosi 後押し /a./ arkadan itme, yardım.

atorie アトリエ(Fr. atelier) /a./ işlik, stüdyo, atölye.

àtosaki 後先 /a./ önü ardı. 〜を考えない önünü ardını düşünme-. 〜を考えずに önüne arkasına bakmadan.

atosìmacu 後始末 /a./ temizleme.

atōtori 跡取り /a./ mirasçı, vâris.

atōzañ 後産 /a./ son.

atozùsari 後ずさり /a./ geri gitme. 〜して壁に張り付いた. Geri geri giderek duvara yapıştı.

attei hōotai 圧定包帯 /a./ kompres.

attoo 圧倒 /a./ baskı, ezme. 〜する alt et-, baskın çık-, bastır-, boğ-, ez-, kahret-, baskın.

attooteki 圧倒的 /a./ 〜な ezici, baskın. 〜多数 ezici çoğunluk, 〜優位 ezici üstünlük.

àu 合う /ey./ uy-, uygun düş- (gel-), ol-, bitiş-, tam gel-, otur-, yakış-, yaraş-, alış-, kaynaş-, düş-, gel-, git-. うまく〜 kavuş-. ぴったり〜 tamam gel-. 何にでも〜 eyere de gelir semere de. 体に〜 iyi gel-. 気が〜 boyu boyuna, huyu huyuna. 合っている uygun, ahenkli, lâyık, reva, iyi. よく合っていること uygunluk. 足に合った靴 ayağına uygun bir ayakkabı. 合わない ahenksiz, bayağı kaç-, boğ-. 栓がびんに合った. Kapak şişeye uydu. ふたがつぼに合った. Kapak kavanoza oturdu. この帽子は頭に合う. Bu şapka başıma oluyor. ベルトの両端が合わない. Kemerin iki ucu bitişmiyor. オーバーの前が合わない. Paltonun önü kavuşmuyor. 鍵が錠前に合った. Anaftar kilide alıştı. この絵はここに合わない. Bu tablo buraya düşmedi. この色は誰にでも〜. Bu renk herkese gider. このオーバーはあなたによく〜. Bu palto size iyi gelir. この色は君に合わないようだ. Bu renk seni boğmuş. この布にはよけいな飾りは合わない. Bu kumaş fazla süs kaldırmaz. この木は土地に合っているようだ. Bu ağaç yerini sevmiş.

àu 会う /ey./ karşılaş-, görüş-, buluş-, gör-. ばったり〜 yüz yüze gel-. 会いたくなる göreceği gel-, özle-. 〜約束を

取りつける randevu al-. ～約束をしてある randevusu ol-. ～約束をする randevu ver-. 会っていない gıyabî. 会わずに人から聞いて gıyaben. 怒って会おうとしない darıl-. 日曜日に会いましょう。 Pazar günleri görüşelim. 会いたくなった。 Göreceğim geldi. あなたに会いたいと言って来たのはだれ。 Sizi isteyen kimdi? 彼に会ったことは会ったが話せなかった。 Gerçi onu gördüm ama konuşamadım. あなたといつお会いしますか。 Sizinle ne zaman buluşuruz?

àu 遭う /ey./ uğra-, çat-. 思わぬ災難に～ belaya çat- (gir-, uğra-). 奇襲に～ baskına uğra-. 事故に～ bir hal ol-, kazaya uğra-. 災害に～ belaya çat-. ひどい目に～ ağzı yan-.

-àu 合う birbirine, -iş-. 愛し合う seviş-.

àuto アウト(İng. out) /a./ (スポーツ) aut.

àwa アワ, 粟 /a./ darı.

awà 泡 /a./ köpük, kabarcık. 石けんの～ sabun köpüğü. 海の～ deniz köpüğü. ～の köpüklü. ～の入っている kabarcıklı. ～が立つ kabarcıklar oluş-, köpür-. ザーザーと水が～を立てながら落ちる çağla-. ～を吹いて怒る köpür-.

àwabi アワビ, 鮑 /a./ bir tür kabuklu deniz hayvan.

awacùbu 粟粒 /a./ kabarcık.

awadaci 泡立ち /a./ köpürme. 波の～ çatlak, çatlama.

awadàcu 泡立つ /ey./ köpür-, kabarcıklar oluş-. 泡立った kabarcıklı, köpüklü. 泡立って酸っぱくなる köpür-. コーヒーが煮えて泡立った。 Kahve köpürdü. ジャムが泡立って酸っぱくなった。 Reçel köpürdü.

awadàcu 粟立つ /ey./ tüyleri ürper-.

awài 淡い /s./ açık, kör. → **usùi**, **kòi**. ～色 açık renk. ～光 kör ısıklar. 彼は～色が好きだ。 O, açık renkleri sever.

awakosi 泡こし /a./ kevgir.

àware 哀れ /a./ keder, üzüntü, hüzün, dert sefalet, mutsuzluk. ～な acıklı, acınacak, biçare, fakir, fukara, garip, müessif, zavallı. ～な状態になる ıslak sıçana (kargaya) dön-. ～である acın-. ～にも garip garip. ～に思うようになる insafa gel-.

awaregàru 哀れがる /ey./ acı-, merhamete gel-.

awaremi 哀れみ /a./ acıma, insaf, merhamet, şefkat, teessüf. ～の情 acıma duygusu. ～をかける acı-, yazıklan-.

awaremibukài 哀れみ深い /s./ merhametli, şefkatli, yüreği yufka.

awarèmu 哀れむ /ey./ acı-, merhamet et-, yazıklan-, yüreği cız et-. 貧しい子供達を～。 Yoksul çocuklara acır.

awareppòi 哀れっぽい /s./ yanık. ～声 yanık ses, yakıcı sesler.

awasemè 合わせ目 /a./ birleştiği yer.

awasenui 合わせ縫い /a./ ～する kökle-.

awasè·ru 会わせる /ey./ つらい目に～ canını yak-. ひどい目に～ can yak-, cendereye sok-. 人に～ görüştür-.

awasè·ru 合わせる /ey./ uydur-, ekle-, ilave et-, birleştir-, alıştır-, ayarla-, bitiştir-, oturt-, uyarla-, uygula-, uy-, yakıştır-. 歩調を～ ayak uydur-. 調子を～ idare et-. 力を～ baş başa ver-. 基準に～ ayar et-. 鍵を錠前に～ anaftarı kilide alıştır-. 支出を収入に～ ayağını yorganına göre uzat-. 誰にでも～ büyüklere büyük küçüklere küçük ol-. 顔を～ yüz yüze bak-. ～顔がない yüzü kalma-. 口裏を～ birbirinin ağzına tükür-. 時計をラジオに合わせた。 Saatimi radyoya göre ayarladım. 人に～顔がなかった。 Adama yüz kalmamış.

awàsu 合わす, 会わす /ey./ → **awasè·ru**.

awatadasìi 慌ただしい /s./ fırtına gibi, hareketli. 慌ただしく行われる telâşa gel-.

awatehutamèku 慌てふためく /ey./ aklı dur-, şaşırıp kal-. 慌てふためいて telâşlı telâşlı, kelle götürür gibi. 部屋のガラスが割れているのを見て慌てふためいた. Odamızın camını kırılmış görünce çok afalladım.

awatemono 慌て者 /a./ ～を身動きできなくする iki ayağını bir pabuca sok-.

awate·ru 慌てる /ey./ şaşır-, karmakarışık ol-, karış-, şaşkına dön-, telâşlan-, telâşa düş-, telâş al-(et-), acele et-, ateş al-, ayağa kalk-, bozuntuya uğra-, gürültüye gel-. 驚き～ aklı dur-. ひどく～ şaşırıp kal-. ～こと şaşırıp kal-. 慌てふためく şaşkın, telâşlı. 慌てた様子 şaşkınlık. 慌てて telâşla, alelacele, ayakta. 慌ててやった acele. 慌てて失敗する aceleye gel-. 考えもなく慌てて事を行う aklını peynir ekmekle ye-. 慌てない telâşsız. 慌てずに行動する kuru gürültüye pabuç bırakma-. 突然前に犬がとび出したので慌てた. Birden önüne köpek çıkınca şaşırdı.

awatesase·ru 慌てさせる /ey./ şaşırt-, telâşa düşür- (ver-), ateşe ver-, gürültüye getir-, patırtıya ver-, pabucunu ters giydir-, bomba gibi patla-.

awàyuki 淡雪 /a./ az tutmuş kar.

ayabùmu 危ぶむ /ey./ korku düş-.

ayacurarè·ru 操られる /ey./ oynatıl-. 思うままに～ sakalı ele ver-.

ayacurinìñgyoo 操り人形 /a./ kukla, robot.

ayacùru 操る /ey./ oynat-. 人を思いのままに～ parmağında oynat-.

ayahuya あやふや /a./ ～な temelsiz, belirsiz.

ayakàru あやかる /ey./ sayesinde ol-.

ayamàci 過ち /a./ yanlışlık, hata, yanılgı. ～を犯す kabahat et-(işle-), kusur et-, suç işle-. ～を人にかぶせる kabahati birine at-. ～を許す suçunu bağışla-. ～が明るみに出る ipliği pazara çık-. ～の償い us pahası. 再び～をしない約束をする tövbe et-. 一人の～を誰も正せないことがある. Bir deli kuyuya bir taş atar kırk akıllı çıkaramaz.
§～を改めるにはばかることなかれ. Yanlış hesap Bağdat'tan döner.

ayamàcu 過つ /ey./ dalâlete düş-, yanıl-, hata yap-. → **ayamàru**.

ayamarasè·ru 誤らせる /ey./ yanılt-. 道を～ yoldan çıkar-. 人を～ zihnini çel-.

ayamàri 誤り /a./ yanlışlık, yanlış, dalâlet, ayıp, falso. ～の yanlış. ひどい～ fahiş hata. 自分の～を認める kendini ele ver-.

ayamàru 誤る /ey./ yanıl-, hata yap-, yanlış anla-, dalâlete düş-. → **macigàu**. 道を～ yoldan (yolundan) çık-. 誤った hatalı, yanlış.

ayamàru 謝る /ey./ özür dile-, af dile-. メルテムは自分のことで怒っている姉に謝った. Meltem kendisine kırgın olan ablasından özür diledi.

ayamàtte 誤って /be./ yanlışlıkla.

ayame アヤメ /a./ süsen.

ayamè·ru あやめる /ey./ öldür-, yarala-.

ayasigàru 怪しがる /ey./ → **ayasìmu**.

ayasige 怪しげ /a./ ～な esrarlı, şüpheli. ～な奴 herif.

ayasìi 怪しい /s./ esrarlı, esrarengiz, şüpheli, sanık. ～家 esrarlı bir ev. ～所 bit yeniği, kurt yeniği. ～と思う pirelen-. 雲行きが怪しくなる hava bulan-.

ayasìmu 怪しむ /ey./ şüphelen-, kuşkulan-, midesi bulan-.

ayàsu あやす /*ey.*/ oynat-, oyala-. 幼い ムラットを〜ためにおとぎ話をしてやった。Küçük Murat'ı oyalamak için masal anlattım.
ayaùi 危うい /*s.*/ tehlikeli, ağır. → **abunài**.
ayauku 危うく /*be.*/ az daha, az kaldı, az kalsın, dikiş kaldı. 〜死ぬところだ öleyaz-. 今日、道で不注意な運転手のために〜事故に遭うところだった。Bu gün, yolda dikkatsiz sürücünün yüzünden bir kaza atlattık.
àyu アユ, 鮎 /*a.*/ derede yaşayan tatlı bir balık.
àyu 阿諛 /*a.*/ yaltaklık, dalkavukluk.
ayumi 歩み /*a.*/ adım, yürüyüş. カメの〜 kaplumbağa yürüyüşü.
ayumiyori 歩み寄り /*a.*/ uzlaşma.
ayùmu 歩む /*ey.*/ yürü-. → **arùku**. 我が道を〜 bildiğini yap-.
azà あざ /*a.*/ çürük, yama. 〜ができる çürü-. 顔に〜のある yamalı. 転んでひざが〜になった。Yere düşünce dizim çürüdü.
azakeri あざけり /*a.*/ istihza, alay.
azakè·ru あざける /*ey.*/ istihza et-, sakalına gül-, eğlen-, alay et-, yer-, yemmet-.
azami アザミ /*a.*/ deve dikeni.
azamùku 欺く /*ey.*/ aldat-, kandır-, gözünü bağla-. → **damàsu**. 目を〜 göz boya-.
azàrasi アザラシ /*a.*/ ayı balığı, fok.
azawaràu あざ笑う /*ey.*/ pis pis gül-, alay et-, sakalına gül-.
azàyaka 鮮やか /*a.*/ 〜な parlak, canlı, hayat dolu. 〜な色 parlak bir renk.
azè 畔, 畦 /*a.*/ pirinç tarla arasındaki keçi yolu.
azeñ 啞然 /*a.*/ 〜とする hayrete düş-, şaşırıp kal-.
azeori 畦織り /*a.*/ balık sırtı.

Azerubàizyañ アゼルバイジャン /*a.*/ Azerbaycan. 〜の Azeri. 〜・ソビエト社会主義共和国 Azerbaycan Sovyet Sosyalist Cumhuriyeti.
Azeurubaizyàñziñ アゼルバイジャン人 /*a.*/ Azeri.
azi 味 /*a.*/ tat, lezzet, çeşni, zevk. 〜がいい tatlı, leziz, lezzetli. 〜がちょうど良い tadını bul-. 〜がとてもいい tadına doyum olma-. 〜が良くなる tatlan-, tat kazan-, çeşnilen-. 〜の悪い tatsız, lezzetsiz. 〜のない suyu gibi, saman gibi. 〜がなくなる tadı git- (kaç-). 〜が出る tatlan-, lezzetlen-, çeşnilen-, tadı gel-, tat kazan-. 〜を出す tat ver-. 〜を添える tat ver-. 砂糖で〜をつける şeker-. 〜が分かる tadını al-. 〜が忘れられない tadı damağında kal-. 〜が良い。Tadı pek hoş. Lokman hekimin ye dediği. この茶は色が出てないが〜は良い。Bu çayın rengi yok, ama içimi iyi. ぶどう酒はねかせると〜が良くなる。Şarap dinlenirse içimi hoş olur. ケーキの見た目はいいが〜はどうかな。Pastanın güzel bir görünüşü var, ama tadı nasıl acaba? この料理の〜が気に入りました。Bu yemeğin lezzetini beğendim.
§〜を見る tadına bak-, tat-, çeşnisine bak-. 〜を占める dadan-. 〜も素っ気もない tatsız tuzsuz. 〜も素っ気もなくなる tadı tuzu kalma- (bozul-).
àzi アジ, 鯵 /*a.*/ istavrit.
Àzia アジア /*a.*/ Asya. ボスフォラス橋はヨーロッパ・アジア間の掛け橋である。Boğaz Köprüsü Avrupa ile Asya arasında bir bağlantıdır.
Aziàziñ アジア人 /*a.*/ Asyalı, şarklı.
azicuke 味付け /*a.*/ terbiye. 〜の香料 çeşnilik. 〜をする terbiye yap-. 〜された terbiyeli.
azikenài 味気ない /*s.*/ tatsız, yavan, kuru. 〜生活 kuru yaşam. 〜冗談を言う人 tuzsuz. 味気なくなる tadı tuzu

azimi 味見 /*a.*/ ～する çeşnisine bak-, tadına bak-, tat-.
azisai アジサイ, 紫陽花 /*a.*/ ortanca.
àzito アジト(Rus. agitpunkt) /*a.*/ hücre.
aziwai 味わい /*a.*/ çeşni, lezzet, tat.
aziwàu 味わう /*ey.*/ tat al-, tat-. ～ための一口 tadım. ものの良さを～ tadına var-. チーズをちょっと味わってみたい. Peynirden biraz tatmak istiyorum.
azukarihiñ 預り品 /*a.*/ emanet. イスタンブールから持って来たお～を夕方受け取って下さい. İstanbul'dan getirdiğim emanetinizi akşam benden alınız.
azukarikiñ 預り金 /*a.*/ pey, depozito.
azukariniñ 預かり人 /*a.*/ emanetçi.
àzukarizyo 預り所 /*a.*/ vestiyer.

azukàru 預る /*ey.*/ muhafaza et-, koru-, yüklen-, üstüne al-.
azukàru あずかる /*ey.*/ ilgili ol-. 分け前に～ hakkı ol-, (口語) çimlen-. あずかって力がある hakkı geç-. おすそ分けにあずかりたい. Komşuc̀a pişer, bize de düşer.
azukekiñ 預け金 /*a.*/ pey, depozito.
azukè•ru 預ける /*ey.*/ emanet et- (bırak-, ver-), bırak-, emniyet et-. 金を～ yatır-. 金を隣人に～ parayı komşuya bırak-. 送金を郵便局に～ havaleyi postaneye yatır-. ～所 emanet. 預けた物 emanet. 預けてemaneten. 金を銀行に預けた. Parasını bankaya yatırmış.
azukì アズキ, 小豆 /*a.*/ kızıl fasulya.
azumàya あずまや /*a.*/ kameriye, çardak, gölgelik.

B b

ba 場 /*a.*/ meydan, saha, alan, mahal, yer; sahne, tablo. その～で bir ara, oracıkta. その～に oracıkta. 三幕五～のドラマ üç perdeli, beş tablolu dram.
-ba 場 yer. 洗い場 yıkama yer.
baa ばあ /*iin.*/ ce.
bàa バー(İng. bar) /*a.*/ bar, meyhane, taverna; sırık. ～の小僧 miço, muço. 機織りの～ çulha gergisi.
baaberu バーベル(İng. barbell) /*a.*/ halter, gülle.
bàageñ バーゲン(İng. bargain sale) /*a.*/ ucuzluk. → **baageñsèeru**. この靴は～で買ったの. Bu ayakkabıları ucuzluktan mı aldın?

baageñsèeru バーゲンセール(İng. bargain sale) /*a.*/ ucuzluk.
baai 場合 /*a.*/ takdir, hal, ahval, vakit, zaman. この～ bu takdirde. その～ o halde, o takdirde. 多くの～ ekseriya. …した～ -diği takdirde.
Baarèeñ バーレーン /*a.*/ Bahreyn.
baaru バール (İng. bar) /*a.*/ manivela.
bàasañ 婆さん /*a.*/ büyük anne, nine. ～とじいさん nine ve dede.
baateñ バーテン(İng. bartender) /*a.*/ meyhaneci.
bàaya 婆や /*a.*/ bacı, sütana.
babàa 婆あ /*a.*/ (卑語) karı, kocakarı.
baccìi ばっちい /*s.*/ (幼児語)kaka →

kitanâi.
bacì 撥 /a./ mızrap ; tokmak.
bacì 罰 /a./ günah. ～が当たる cezasını çek-, burnundan (fitil fitil) gel-.
bacigai 場違い /a./ ～な çiğ, yersiz. ～な言葉 çiğ söz. ～なもの deli kızın çeyizi. 不意に～なことを言う daman düşer gibi söyle-. シナンの～な振る舞いは皆をやきもきさせる. Sinan'ın yersiz davranışları herkesi rahatsız ediyor. ～なお祭り騒ぎ. Deliye her gün bayram.
Bacikañ バチカン /a./ Vatikan, Papalık makamı.
bàcirusu バチルス (Al. Bazillus) /a./ basil.
bàcu 罰 /a./ ceza, belâ. ～を受ける ceza al- (gör-), cezasını çek-, cezalan-, günahını çek-, azap çek-, belâsını bul-. 来世で受ける～ azap. 地獄の～ cehennem azabı. ～をくう ceza ye-. ～を恐れる başından kork-. ひどく～を加える canını yak-. ～として放課後残される cezaya kal-. 責任がないのに～を受ける gürültüye git-. 私が間違っていれば どんな～でも受ける boynum kıldan ince. 他人に対して行なった悪よりもさらに悪い～を受ける rüzgâr ekip fırtına biç-.
bàcu 跋 /a./ son söz.
bacubyoo 抜錨 /a./ demir alma, sevk.
bacuguñ 抜群 /a./ ～の egemen, klas.
bageñ 罵言 /a./ sövgü, küfür. ～を浴びせる söv-, küfrü bas-.
bàggu バッグ (İng. bag) /a./ çanta.
bàgu 馬具 /a./ koşum, başlık, eyer. ～の店 saraçhane. ～を付ける koş-.
bagukoo 馬具工 /a./ saraç.
bagupàipu バグパイプ (İng. bagpipe) /a./ gayda.
Bàhama バハマ /a./ Bahama.
bahuñ 馬糞 /a./ atın gübresi.

bai 倍 /a./ iki kat, iki misil ; kat, kere, kez, misil, defa. ～大きい iki misli büyük. ～にする iki kat et-. 750～に拡大する学生用顕微鏡 750 defa büyüten bir talebe mikroskopu. これはそれの三～の長さだ. Bu ondan üç kat uzun.
baiasu バイアス (İng. bias) /a./ volan. ～の verev. ～テープ volan.
bàibai 売買 /a./ alım satım. 土地～代理店 emlak alım satım acentesi.
baibeñ 買弁 /a./ komprador.
bàidoku 梅毒 /a./ frengi. ～患者 frengili.
baieñ 煤煙 /a./ is, kurum.
baiiñ 売淫 /a./ fuhuş, orospuluk.
baikai 媒介 /a./ vasıta.
baikàibucu 媒介物 /a./ araç.
baikiñ 黴菌 /a./ mikrop. 大抵の病気は～が元だ. Pek çok hastalıklara mikroplar yol açmaktadır.
baikokùdo 売国奴 /a./ vatan haini.
bàiku バイク (İng. bike) /a./ motor.
baikyaku 売却 /a./ satım, satış. ～する sat-. 自動車を～する otomobil sat-.
baimasi 倍増し /a./ bir kat daha artırma.
baioriñ バイオリン (İng. violin) /a./ keman. 小型の～ kemançe. ～は美しい楽器だ. Keman güzel bir çalgıdır. ～の音は私をとても感動させる. Keman sesi bana çok dokunur.
baipasu バイパス (İng. bypass) /a./ varyant.
baisiñ 陪審 /a./ jüri.
baisìñiñ 陪審員 /a./ jüri üyesi.
bàisoñ バイソン /a./ bizon.
bàisuu 倍数 /a./ kat.
baisyaku 媒酌 /a./ evlenme arabuluculuğu. ～人 evlenme arabulucusu.
baisyoo 賠償 /a./ ödün, taviz, tazminat. ～する ödünle-. ローザンヌ条約

baisyookiñ

でトルコは他国に何の賠償も払わなかった. Lozan Antlaşmasında Türkiye öteki devletlere hiç ödün vermedi.
baisyookiñ 賠償金 /a./ tazminat.
baisyuñ 売春 /a./ fuhuş, (卑語) orospuluk. ～を取り持つ人 (卑語) pezevenk.
baisyûñhu 売春婦 /a./ fahişe, (卑語) orospu, kahpe, kokot, kiralık kız (kadın), kötü kadın, (俗語) esnaf, (卑語) kaltak, orta malı, postal, sürtük. ～になる kötü yola düş-, kötüleş-, piyasaya düş-. ～の相手 hovarda.
baisyûñyado 売春宿 /a./ genel ev, kerhane, randevu evi, (隠語) koltuk. ～を経営する ev işlet-. ～の主人 belâlı. ～のおかみ mama.
baisyuu 買収 /a./ satın alma; rüşvet verme. ～する satın al-; rüşvet ver-. ～される satıl-, rüşvet al-. 敵に～される düşmana satıl-.
baiteñ 売店 /a./ bayi, dükkân, büfe.
bàiu 梅雨 /a./ uzun süren yağmur (Haziran ～ Temmuz). → **cuyu**. ～期 yağmur mevsimi.
bàiyaa バイヤー(İng. buyer) /a./ alıcı.
baiyoo 培養 /a./ yetiştirme. ～する yetiştir-. 細菌を～する bakterileri yetiştir-.
baizoo 倍増 /a./ iki kat etme.
bàka 馬鹿 /a./ aptal, budala, açık ağızlı, aptallık, bönlük, (口語) ayranı delisi, başında torbası eksik, (隠語) düdük makarnası, (隠語) hafız, (隠語) kelek, (隠語) pilâki, kaz, koyun dede, bal kabağı. ～な ahmak, aptal, bilgisiz, boş kafalı, budala, akılsız, sersem, kabak kafalı, kaz kafalı, mankafa, koyun gibi, odun gibi, öküz gibi, (口語) zirzop, (隠語) aval, (隠語) saloz, (冗談) kafadan gayrimüsellah, (卑語) meret, (隠語) enayi. ～なこと aptallık, budalalık, ahmaklık, çılgınlık. ～なことをする aptallık et-, budalalık et-, nane ye-. ～なまね (冗談) marifet. そんな～な daha neler！～言うな (口語) yağma yok. ～になる aptallaş-, sersemle-, sersemleş-.
bakaàcukai 馬鹿扱い /a./ 人を～する birini serseme döndür-.
bakabakasîi 馬鹿馬鹿しい /s./ saçma, abes, anlamsız. ～！ Dam üstünde saksağan, vur beline kazmaylan, güleyim bari (gülerim), laf ola. ～ほど aptalca.
bakabànasi 馬鹿話 /a./ laf.
bakadekài 馬鹿でかい /s./ hantal, koskoca, koskocaman. ～テーブル hantal masa.
bakàgeta 馬鹿げた /s./ saçma. ～こと deli saçması, (隠語) enayilik. ～もの zifos.
bàkani 馬鹿に /be./ pek, pek çok. ～大きい koskoca, koskocaman.
bakanisuru 馬鹿にする /ey./ hafifse-, maskara et-, maytaba al-, (口語) piç et-. 人を～ on paralık et-, tefe koy- (koyup çal-). ばかにしてカラカラと笑う gevrek gevrek gül-.
bàkari ばかり /il./ ①(ほど, ぐらい) kadar, aşağı yukarı. 100人～の敵 yüz kadar düşman. わずか～の kadarcık. 五つ～ beş altı. ②(だけ) yalnız, gelsin …, gelsin … gitsin …. 背～が伸びる boya çek-. ほんの形～ iş ola. 金のこと～考えている varsa para yoksa para. 君～か彼も度いし sen, o da. それ～ yalnız o. ③(したところ, 直後) 始めた～ dün bir, bugün iki. 始めた～の dünkü. 図書室を整理した～なのに, 誰がめちゃめちゃにしたの. Kitaplığı biraz önce düzeltmiştim, kim bozdu？今ここにいた～だ. Demin buradaydı. プラムは採った～だ. Daha eriklerin dumanı üstünde. ④(まるで) あふれん～の dopdolu. …と～ (俗

語) gibilerden. 打つぞ切るぞと〜ののしり出した. Vururum, keserim gibilerden atıp tutmaya başladı.
bakasàwagi 馬鹿騒ぎ /*a.*/ şamatalı eğlence.
bakàsu 化かす /*ey.*/ büyüle-.
bakasyòoziki 馬鹿正直 /*a.*/ 〜の avanak.
bakazìkara 馬鹿力 /*a.*/ sırf kuvvet.
bakazura 馬鹿面 /*a.*/ 〜の koyun bakışlı. 〜して aptalca, aval aval.
bakecu バケツ(İng. bucket) /*a.*/ kova. 〜一杯の水 bir kova su. 〜が漏る. Kova akıyor. 水を〜に汲む suyu kovaya doldur-. 〜が井戸の底についた. Kova kuyunun dibine değdi.
bakemòno 化け物 /*a.*/ canavar, heyula. 〜屋敷 perili bir ev.
bakenokawà 化けの皮 /*a.*/ 〜を剝ぐ foyasını meydana çıkar-.
bakeñ 馬券 /*a.*/ at yarışı bileti. 勝ち〜, 当たり〜 ganyan.
bakè•ru 化ける /*ey.*/ değiş-, şeklini değiştir-, kıyafet değiştir-. 化けて出る hortla-.
bakkiñ 罰金 /*a.*/ ceza, para cezası, nakdî ceza. 〜を払う ceza ver-. 〜を課す ceza al-, ceza kes-. 〜を取る ceza yaz-.
bakkìñkei 罰金刑 /*a.*/ hafif para cezası.
bàkku バック(İng. back) /*a.*/ fon; artçı; gerileme; destekleme; sırt üstü yüzme. 〜する geri bas-. 〜! geri!
bakkubòoñ バックボーン(İng. backbone) /*a.*/ belkemiği.
bakkumìraa バックミラー /*a.*/ dikiz aynası.
bakkumyùuzikku バックミュージック (İng. background music) /*a.*/ arka müziği, fon müziği.
bakkuru バックル(İng. buckle) /*a.*/ toka. ベルトの〜 kemerin tokası.
bàku 縛 /*a.*/ bağlanma. 〜に就く suçlu olarak bağlan-.
bàku 漠 /*a.*/ 〜とした考え belirsiz düşünce.
bàku バク /*a.*/ tapir.
bakuci 博打 /*a.*/ kumar. 〜を打つ kumar oyna-, zar at-. 〜に夢中の kumara müptela. 〜から引き戻す birini kumardan çek-. 〜ですっかり巻き上げる (隠語) temizle-. 〜ですっかりする (隠語) temizlen-.
bakucìuci 博打打ち /*a.*/ kumarbaz, kumarcı.
bakudai 莫大 /*a.*/ 〜な muazzam, pek büyük. 〜な利益 hesapsız kazanç.
bakudañ 爆弾 /*a.*/ bomba. 〜宣言をする fişek at-.
bakuga 麦芽 /*a.*/ malt.
bakugeki 駁撃 /*a.*/ hücum.
bakugeki 爆撃 /*a.*/ bombardıman. 〜する bombala-, bombardıman et-.
bakugèkiki 爆撃機 /*a.*/ bombardıman uçağı.
bakuha 爆破 /*a.*/ patlama. 〜する at-, patla-. 橋を〜する köprüyü at-. 〜される atıl-. 橋が〜された. Köprü atıldı.
bakuhacu 爆発 /*a.*/ infilâk, patlama. 〜する patla-, infilâk. 怒りが〜しそうになる dol-. 〜させる patlat-. 重大問題を〜させる çıbanın başını kopar-. ダイナマイトが〜した. Dinamit patladı.
bakuhacùbucu 爆発物 /*a.*/ patlayıcı maddeler.
bakuhacusei 爆発性 /*a.*/ 〜の patlayıcı.
bàkuhu 瀑布 /*a.*/ çağlayan, şelâle. → **taki**.
bàkuro 暴露 /*a.*/ ifşa, açığa vurma, teşhir. 〜する ifşa et-, açığa vur-, teşhir et-. 金品の不足が〜される açığı çık-.

bakuroñ 駁論 /a./ yalanlama. → **hañroñ**.
bakuroo 博労 /a./ at cambazı, cambaz, at satıcı.
bakuryoo 幕僚 /a./ kurmay.
bakuryûusyu 麦粒腫 /a./ arpacık, itdirseği. → **monomòrai**.
bakusiñ 驀進 /a./ hamle.
bakusùru 縛する /ey./ bağla-. 罪人を～suçluyu bağla-.
bakuteria バクテリア(İng. bacteria) /a./ bakteri.
bàkuto 博徒 /a./ kumarbaz, kumarcı.
bakuyaku 爆薬 /a./ barut. 二発分の～ iki atımlık barut. 岩に～を仕掛ける lağımla at-.
bakuzeñ 漠然 /a./ ～とした gölge gibi, belirsiz. ～と belirsizce.
bakyaku 馬脚 /a./ §～を現わす. Takke düştü, kel göründü.
bàmeñ 場面 /a./ sahne, ayrım. ～配置 mizansen.
bànana バナナ(İng. banana) /a./ muz.
banare 場慣れ /a./ ～しない yadırga-.
-banasi 話. → **hanasi**. 昔～ eski masal.
bàne ばね /a./ yay, zemberek.
bànira バニラ(İng. vanila) /a./ vanilya.
banyùusyu 馬乳酒 /a./ kımız.
bañ 晩 /a./ akşam, gece. おとといの～ geçen akşam. あさっての～ öbür akşam. ～をどこかで過ごす akşamla-. 朝に～に akşamlı sabahlı. この仕事は～まで延ばせない. Bu iş akşama kalmasın. 早く帰れと言ったのにお前はあそこに～までいたのだね. Ben sana çabuk dön dedim, sen ise orada akşamladın. 朝から～までペチャクチャしゃべっている. Sabahtan akşama kadar car car öter durur. その本を一～で読んでしまった. O kitabı bir gecede devirdim.
bañ バン /be./ tak. ～～戸を叩いた. Tak tak kapı vuruldu.
bàñ 番 /a./ bekçilik, nöbet; numara, sıra. ～をする bekçilik et-, nöbet bekle-, nöbete gir- (gel-). ～を引き継ぐ nöbeti devral-. トランプの～ iskambilde el. さあおれの～だ. Şimdi el bende. 私の～はまだ来ない. Bana henüz sıra gelmedi.
bañbañ 万々 /be./ binde bir.
bàñbucu 万物 /a./ evren, kâinat.
bañci 番地 /a./ numara. ～の numaralı. 3～の家 üç numaralı ev.
bañdo バンド(İng. band) /a./ kayış, kemer, bant, kuşak, şerit; bando. 靴の～ aktı. 赤ん坊のへそを押さえる～ göbek bağı. 学校の～ okul bandosu.
bañgàroo バンガロー(İng. bungalow) /a./ tek katlı köşk, villâ.
bañgòo 番号 /a./ numara(No., Nr.). ～をつける numarala-. ～のついた numaralı. ～のない numarasız. 家の～は514だ. Evimizin numarası 514'tür.
bañgumi 番組 /a./ program.
Bañguradèsyu バングラデシュ /a./ Bangladeş.
bàñka 挽歌 /a./ mersiye, ağıt.
bañkai 挽回 /a./ geri alma. ～する geri al-, tekrar elde et-.
bañkeñ 番犬 /a./ bekçi köpeği. 家畜の～ çoban köpeği, çomar.
bañkiñ 輓近 /be./ son zamanlarda, yakınlarda.
bañkòkki 万国旗 /a./ dünya bayrakları.
bàñkoku 万国 /a./ her memleket, dünya. ～博覧会 milletlerarası sergi.
bañneñ 晩年 /a./ ömrünün son yılları, ahir vakit. ～の安楽 son gürlük.
bañniñ 番人 /a./ bekçi, nöbetçi. 山賊のような性悪の～ eşkıya bozuntusu

bari'

banniñgoya 番人小屋 /a./ bekçi kulübesi.
bañnoo 万能 /a./ her şeye kadir. ~だ elinden hiç bir şey kurtulma-.
bañnooyaku 万能薬 /a./ her derde deva.
bañpaa バンパー(İng. bumper) /a./ tampon.
bañpei 番兵 /a./ gözcü.
bañri 万里 /a./ ~の長城 Çin seti.
bañsañ 晩餐 /a./ akşam yemeği.
bañsañkai 晩餐会 /a./ ziyafet.
bañseñ 番線 /a./ iskele.
bañsoo 伴奏 /a./ eşlik, refakat. ~する eşlik et-. 踊りの~ oyun havası.
bañsookoo 絆創膏 /a./ yapışkan şerit.
bañzài 万歳 /a./, /ün./ bravo, çok yaşa! nur ol! var ol! yaşa, yaşasın.
bañzeñ 万全 /a./ eksiksizlik. ~を期する temin et-, sağlama bağla-.
bañzi 万事 /a./ her şey. ~順調に dört üstü murat üstü. ~うまくいっている. Keyif benim köy Mehmet Ağanın.
baobabu バオバブ /a./ ~の木 maymun ekmeği ağacı.
bappoñteki 抜本的 /a./ ~な kökten.
bara バラ /a./ gül. ~のとげ gül dikeni. ~の香水 gül suyu. とげのない~はない. Dikensiz gül olmaz. Gülü seven dikenine katlanır.
barabara ばらばら /a./ dağınıklık. ~の hurdahaş, kırık dökük, kırpık, paramparça, perişan, yırtık pırtık. ~に bölük pörçük, parça parça. ~になる çözül-, dağıl-, hurdahaş ol-, paralan-, parçalan-, turşusu çık-, tuz buz ol-. ~に次々と崩れる iskambil kağıdı gibi devril-. ~に散らばった perakende. ~にする hurdahaş et-, parçala-, hallaç pamuğu gibi at-.
baràeñ バラ園 /a./ gülistan.
baraetiisyòo バラエティーショー(İng. variety show) /a./ varyete, vodvil.
barairo バラ色 /a./ toz pembe. ~の toz pembe. ~に描く ortalığı toz pembe gör-. 枯れた~の gül kurusu.
baràkku バラック(İng. barrack) /a./ baraka, salaş.
baramaki ばらまき /a./ saçma.
baramàku ばらまく /ey./ saç-, yay-. 金を~ para saç-, açılıp saçıl-, elini oynat-, (隠語) ek-. やたらに金を~ savurgan.
barañsu バランス(İng. balance) /a./ balans, muvazene, denge. ~を取る denkleştir-. ~が崩れる dengesi bozul-.
barañsusìito バランスシート(İng. balance sheet) /a./ bilanço.
bàrasu バラス (İng. ballast) /a./ safra.
baràsu ばらす /ey./ parala-, sök-, dağıt; öldür-; ifşa et-. テントを~ çadırı sök-.
barayu バラ油 /a./ gül yağı.
bàree バレー(İng. volleyball) /a./ uçan top, voleybol. ~の試合 uçan top yarışması.
bàree バレエ(Fr. ballet) /a./ bale ~のステップ bale figürü.
bareebòoru バレーボール(İng. volleyball) /a./ uçan top, voleybol.
barèedañ バレエ団 /a./ bale.
bareisyo 馬鈴薯 /a./ patates.
bareriina バレリーナ (İt. ballerina) /a./ balerin.
barè·ru ばれる /ey./ meydana çık-, açığa çık-. 悪事が~ foyası meydana (ortaya) çık-. 秘密が~ patlak ver-. うそが~ yalancı çık-.
bari ばり /a./ kılağı. 刃物の~ kılağı, (俗語) zağ. ~を取る kılağısını al-, zağla-.
bàri 罵詈 /a./ ~雑言 küfür.
bari' バリッ /be./ ~と割れる çatır

bàribari

çatır çatla-.
bàribari バリバリ /be./ çatır çatır, kıtır kıtır, kütür kütür; cayır cayır. 〜と音を立てる çatır çatır et-, çatırda-, kütürde-. 〜という音 çatırtı, kıtırtı, kütürtü, cazırtı. いすを〜と壊した. Sandalyeyi çatır çatır kırdı. 外で何か〜いっている. Dışarda bir çatırtı var. 狼は子羊を〜食べた. Kurt, kuzuyu kıtır kıtır yemiş. 腰が〜いった. Beli kütürdedi. 〜燃える cayır cayır yan-. 〜燃える音 cayırtı.
barikèedo バリケード (İng. barricade) /a./ barikat.
bariki 馬力 /a./ beygir gücü. 一馬力は0.736 kWに等しい. Bir beygir gücü 0.736 kilovata eşittir.
baritoñ バリトン (İng. barytone) /a./ bariton.
baromèetaa バロメーター (İng. barometer) /a./ barometre.
Barubàdosu バルバドス /a./ Barbados.
barubu バルブ (İng. valve) /a./ supap, valf, vana.
Barukañ hàñtoo バルカン半島 /a./ Balkanlar, Balkan Yarımadası.
barukònii バルコニー (İng. balcony) /a./ balkon, cumba, taraça. 部屋から〜へ出る odadan balkona geç-. ミナレの〜 şerefe.
baryùumu バリウム (Al. Barium) /a./ baryum.
bàsabasa バサバサ /be./ hışır hışır. 〜音を立てる hışırda-. 〜いう音 hışırtı.
basei 罵声 /a./ küfür, yuha. 〜を浴びせる küfret-, yuhala-.
basi' バシッ /be./ şak.
bassai 伐採 /a./ ağaçları kesme.
basserarè•ru 罰せられる /ey./ cezaya çarptırıl-, cezalan-. 罰せられた cezalı. 罰せられない cezasız.
bassi 抜糸 /a./ 〜する dikişini al-.
bassi 抜歯 /a./ 〜する diş çıkar-.

bassi 末子 /a./ en genç yavru, son çocuk. → **suekko**.
bassoku 罰則 /a./ ceza kanunu.
bassui 抜粋 /a./ hulâsa, özet. 〜する özetle-, hulâsa et-.
bassuru 罰する /ey./ ceza ver-, cezalandır-, hakkından gel-. 軽く〜 kulağını çek-.
bàsu バス (İng. bus) /a./ otobüs. 〜便 otobüs servisi. 〜ガイド hostes. 〜ターミナル otogar. 〜停 otobüs durağı. 我家の〜停までの遠さ evimizin otobüs durağına uzaklığı. 〜停留所 otobüs durağı. 〜の座席 banket. 小型〜 minibüs. 〜に乗る otobüse bin-. この〜はまっすぐイスタンブルへ行く. Bu otobüs direkt İstanbul'a gider. 〜が途中で止まった. Otobüs yolda kaldı.
bàsu バス (İng. bath) /a./ hamam, banyo. 〜ローブ bornoz, bornuz. 〜タオル hamam havlusu, peştamal, çıkma.
bàsu バス (İng. bass) /a./ basso, bas. 〜楽器 bas. 〜歌手 bas şarkıcı.
basukètto バスケット (İng. basket) /a./ sepet.
basukettobòoru バスケットボール (İng. basketball) /a./ basketbol, sepettopu. 〜の網 çember.
bàsuto バスト (İng. bust) /a./ göğüs.
bàsya 馬車 /a./ araba, fayton. 〜がガラゴロ壊れた歩道を通った. Araba langır lungur bozuk kaldırımdan geçti.
bàsyabasya バシャバシャ /be./ 〜音を立てる cumbulda-.
basyo 場所 /a./ yer, orun, mevki, mahal, mekân. ある〜に立ち寄る ayağı düş-. 〜をさく hasret-. 〜を取る yer tut-. この〜をあなたに取っておきましたよ. Bu yeri size ayırdım. そこは彼がゆっくりできる〜ではない. Orası kendisinin barınacağı bir yer değildir. 本がそこで〜をふさいでいる. Kitap-

bàtaa バター(İng. butter) /a./ tere yağı. ~を塗る tere yağı sür-. 料理用 ~ sağ yağ. ~を作る容器 yayık. ~を作るために乳をかき混ぜる yayık döv- (yay-). 牛乳から~がとれる. Sütten yağ çıkar.

bataamìruku バターミルク (İng. butter-milk) /a./ ayran.

bàtabata ばたばた, バタバタ /be./ çırpıntı, fellik fellik, fırt fırt. ~する çırpın-. ~させる çırp-. 足を~させる tepin-. 小ネズミが捕まったネズミ捕りの中で~している. Küçük fare yakalandığı kapanda çırpınıp duruyor. ~と子供を捜している. Fellik fellik çocuğunu arıyor. ~と何を出たり入ったりしているのか. Fırt fırt ne girip çıkıyorsun?

batabata' バタバタッ /be./ pırr.

batacukase·ru ばたつかせる /ey./ çırp-. 体を~ çırpın-. 足を~ tepin-.

batañ バタン /be./ küt, tak. ~~ tak tak, tak tuk. ドシン~ paldır küldür, patırtı.

batei 馬丁 /a./ at oğlanı, seyis.

batei 馬蹄 /a./ at tırnağı, at nalı.

bateikei 馬蹄形 /a./ at nalı şekli.

batoo 罵倒 /a./ küfür, sövgü. ~を浴びせる küfrü bas-. ~する küfret-, söv-, kötüle-.

batta バッタ /a./ çekirge. ~の襲来 çekirge salgını.

battàri ばったり /be./ apansızın. ~会う rast gel-. 道で先生に~会った. Yolda öğretmenimizle apansızın karşılaşıverdik. 今日道で弟さんに~会いました. Bu gün yolda kardeşinize rast geldim.

batteki 抜擢 /a./ şeçip ayırma.

bàzaa バザー(İng. bazaar) /a./ hayır işleri için çeşitli eşya satılan yer.

bàzitoohuu 馬耳東風 /a./ bir kulağından girip öbür kulağından çık-, patırtıya pabuç bırakma-.

bàzzi バッジ(İng. badge) /a./ rozet.

becu 別 /a./ ayırma, ayrılık, fark. ~の ayrı, başka, öteki, diğer, öbür, özge. ~の問題 ayrı mesele. ~の見方をすれば bir bakıma. ~の点で diğer yandan. ~の方 öte. 全然~の bambaşka, apayrı. 事件を~の角度から見る olaya bir başka açıdan bak-. ~に bilhassa … (değil) ; ayrıca, başkaca. ~にする ayır-. ~にさせる ayırt-. この人はうちの女中をだまして~の家へ連れて行ってしまった. Bu adam bizim hizmetçiyi ayartıp başka bir eve götürdü. この話は~の時にしましょう. Bu bahsi başka zamana bırakalım. この家とは~にもう一軒家がある. Bu evden başka bir evi daha var. 私たちは~だ. Biz bundan hariciz.

becuàcukai 別扱い /a./ ~する gözet-.

becubecu 別々 /a./ ~の ayrı, ayrı ayrı, başka başka, müstakil, müteferrik. ~に ayrı ayrı, başka başka, bir bir, ayrıca. あなた方は一緒ですか~ですか. Beraber misiniz, ayrı mısınız? アンカラはこっちだし, コンヤはこっちで~なのだ. Ankara nerede, Konya nerede!

becudañ 別段 /be./ bilhassa … (değil).

bècuri 別離 /a./ ayrılık, ayrılış, ayrılma, hicran. ~は死よりまし. Dağ ardında olsun da, yer altında olmasın.

becuzuri 別刷り /a./ ayrı basım.

becya' ベチャッ /be./ lap. ~と lappadak.

bèddo ベッド(İng. bed) /a./ yatak, karyola, somya. ~を整える yatağı düzelt-, yatak yap- (ser-). 疲れて~に寝そべる yatağa seril-. 疲れて~に倒れる yataklar çek-. ~のある yataklı. ~が四つある部屋 dört yataklı oda. ~数の yataklık. 10~の病棟 on yataklık koğuş.

beddo kàbaa ベッドカバー（İng. bed cover）/a./ yatak örtüsü. 〜がずれた. Yatağın örtüsü kaymış.
bèeru ベール（İng. veil）/a./ peçe, çarşaf.（古語）yaşmak,（古語）zar. 花嫁の〜 duvak. 〜をかぶる örtün-, yaşmak tutun-. 〜で顔を覆う yaşmakla-. 顔を〜で覆った peçeli, yaşmaklı. 花嫁の〜を引きずる duvağını sürü-. 〜をかぶるようになる çarşafa gir-.
beezyu ベージュ（Fr. beige）/a./ bej. 〜の bej.
begonia ベゴニア /a./ begonya.
beihañ 米飯 /a./ pirinç.
bèika 米価 /a./ pirincin fiyatı.
beikoku 米穀 /a./ pirinç.
beisaku 米作 /a./ pirinç yetiştirme.
bèizyu 米寿 /a./ seksen sekiz yaşı.
bekàrazu べからず /il./ olmamalı. 芝生に立入る〜. Çimene basmayınız.
bèki 冪 /a./ kuvvet. 3乗〜 küp.
-bèki べき -ecek, -meli. 言う〜言葉 diyecek. 文句を言う〜ことはない diyeceği olma-（kalma-）. 驚く〜 acayip, akıla zarar, dehşet. 驚く〜ことになる akıllara durgunluk ver-. 子供に何でもかでも食べさせるのは避ける〜である. Çocuklara abur cubur yedirmekten sakınmalıdır. この仕事を誰に相談す〜か. Bu işi kime danışmalı?
bekkañ 別館 /a./ müştemilat.
bekko 別個 /a./ 〜の問題 ayrı mesele. 〜に扱う ayrıca ele al-.
bekkoo 鼈甲 /a./ bağa. 〜の bağa. 〜の眼鏡 bağa gözlük. 〜のくし bağa tarak.
bekkoo 別項 /a./ başka madde.
bekkyo 別居 /a./ ayrılık, ayrı yaşamak.
Benezùera ベネズエラ /a./ Venezuela.
bèni 紅 /a./ ruj, dudak boyası; al, kırmızı boya. たくさん〜をつけた人 paskalya yumurtası gibi.
beniiro 紅色 /a./ kırmızı. 〜の kırmızı.
Bènisu ベニス /a./ Venedik.
beniyaita ベニヤ板 /a./ kontra, kontrplak, kaplamalık tahta.
bèñ 弁 /a./ supap, valf, vana; söylev, nutuk. 〜が立つ güzel konuş-.
bèñ 便 /a./ kolaylık; dışkı. 水の〜いい sulak. 交通の〜 ulaşım kolaylığı. 〜をする hacetini yap-. 〜を漏らす altına et-.
bèñci ベンチ（İng. bench）/a./ bank, sıra. 〜はどこも人でいっぱい. Bütün banklar insanlarla dolu.
bèñcuu 便通 /a./ dışkı çıkma, tabiat.
bèñgaku 勉学 /a./ çalışma, okuma.
bèñgi 便宜 /a./ elveriş, kolaylık. 〜を与える kolaylık göster-.
bèñgo 弁護 /a./ savunma. 〜する savun-, koru-. 〜する人 müdafi. 被告を〜する sanığı savun-.
bèñgòsi 弁護士 /a./ avukat. 〜を雇う金がどこに. Avukat tutacak para nerde?
beñgosìgyoo 弁護士業 /a./ avukatlık.
beñgosìkai 弁護士会 /a./ baro.
bèñi 便意 /a./ 〜を催す sıkıntısı ol-, sıkış-, aptesi gel-.
beñkai 弁解 /a./ özür, mazeret, bahane. ありとあらゆる〜をする bin dereden su getir-. 〜の余地を残さないようにして人を捕える burnundan yakala-.
bèñki 便器 /a./ oturak, lâzımlık.
beñkyoo 勉強 /a./ çalışma, okuma, öğrenim, mütalaa, tahsil. 〜する çalış-, oku-, mütalaa et-, tahsil et-. 〜を始める okumaya başla-. 医学の〜をする tıp öğrenimi yap-. 長い間熱心に〜する dirsek çürüt-. 子供達は〜している. Çocuklar ders çalışıyor.

金は何でもない、いいから彼を〜させなさい。Parasında değilim, yeter ki o okusun. 五年も同じ事を〜していて分からずじまいとは。Beş yıldır aynı dersi okur, anlamadı gitti！よく〜した。Dersimi iyice pişirdim.
beñkyooka 勉強家 /a./ çalışkan insan. 君のような〜は見たことがない。Senin kadar çalışkan insan görmedim.
beñmakusyoo 弁膜症 /a./ 心臓〜 mavi hastalık.
beñmei 弁明 /a./ mazeret.
beñpi 便秘 /a./ kabız, peklik. → **geri.** 〜が続く peklik çek-.
beñpoo 便法 /a./ kolay çare, tedbir.
beñrañ 便覧 /a./ el kitabı, rehber.
beñri 便利 /a./ kolaylık, elverişlilik. 〜な kullanışlı, yarar, yararlı, elverişli, onay, müsait. 〜な物 kolaylık. ごみを入れるのに〜なかご cöp koymaya yarar bir sepet. 〜だ faydası dokun-, yara-. 電話が飾り物ではなく〜に使うものだ。Telefon bir süs değil, kolaylıktır.
beñroñ 弁論 /a./ müzakere, münakaşa, tartışma.
beñsai 弁済 /a./ ibra, ödeme. 債務を〜する borcu öde-.
beñsi 弁士 /a./ hatip, konuşmacı.
beñsyoo 弁償 /a./ ödenme, tazminat. 〜する öde-. 〜させる ödet-. 割ったガラスを〜した。Kırdığı camı ödedi.
beñsyoohoo 弁証法 /a./ diyalektik, eytişim. 〜の diyalektik, eytişimsel.
beñsyoohooteki 弁証法的 /a./ eytişimsel. 〜唯物論 eytişimsel özdekçilik.
beñtoo 弁当 /a./ azık, taşınan yemek, kumanya, yolluk. 学校で給食の時食べるように母は〜を作る。Okulda beslenme saatinde yemek için, annem azık hazırlıyor.

beñtoobako 弁当箱 /a./ sefer tası.
beñzecu 弁舌 /a./ belagat.
beñzyo 便所 /a./ tuvalet, hela, apteshane, ayak yolu, yüz numara, hacet yeri, aralık, kabine, (卑語) kenef. 〜へ行く aptes boz-, ayak yoluna git-. 〜へ行きたくなる aptesi gel- (ol-).
beppiñ 別嬪 /a./ güzel kız.
berabera べらべら /be./ 〜しゃべる gevezelik et-.
berañda ベランダ (İng. veranda) /a./ balkon, taraça.
beree ベレー (Fr. béret) /a./ bere. 頭に〜をかぶる başına bere giy-. 〜をかぶっている bereli.
bereeboo ベレー帽 /a./ bere.
beriidañsu ベリーダンス (İng. belly dance) /a./ 〜を踊る göbek at-, göbek çalka- (çalkalan-). 〜の音楽 göbek havası.
bero べろ /a./ (俗語) dil.
beru ベル (İng. bell) /a./ zil, çan, çıngırak, kampana. 〜を押す zile bas-. 〜を鳴らす çan çal-.
berubetto ベルベット (İng. velvet) /a./ kadife. → **biroodo.**
Berugii ベルギー /a./ Belçika. 〜フラン Belçika frank.
Berugiiziñ ベルギー人 /a./ Belçikalı.
Beruñ ベルン /a./ Bern.
Beruriñ ベルリン /a./ Berlin.
beruto ベルト (İng. belt) /a./ kemer, kuşak, bel kayış, şerit. 〜のついた kemerli. 〜の両端が合わない。Kemerin iki ucu bitişmiyor.
-besi べし -ecek, -meli, lâzım.
bessi 別紙 /a./ ek. 〜詳細 ayrıntı.
bessi 蔑視 /a./ hör görme, tepeden bakma.
bessoo 別荘 /a./ villa, köşk. 夏の〜 sayfiye. ボスフォラス海峡を見おろす〜 Boğaz'a hâkim bir köşk. 〜の道を草がおおった。Köşkün yolunu ot basmış.

bêsuto ベスト(İng. best) /a./ en iyiler. 〜コンディション kıvam. 〜を尽くす elinden gelen her şeyi yap-, çalışıp çabala-.
bêsuto ベスト(İng. vest) /a./ yelek. → **cyokki.**
betā' ベタッ /be./ lap. 練り粉が〜と下へ落ちた. Hamur lap diye yere düştü.
betabeta べたべた /a./ 〜の yapış yapış. あめを食べた子どもの手が〜だ. Şeker yiyen çocuğun elleri yapış yapış.
bêtabeta べたべた /be./ 〜する ahbaplığa dök-.
betacuku べたつく /ey./ sıvaş-.
betāñ ベタン /be./ lap. 〜と lappadak.
beterañ ベテラン(İng. veteran) /a./ emektar.
betobeto べとべと /a./ 〜の yapış yapış.
bêtobeto べとべと /be./ 〜した yapış yapış.
Betonamu ベトナム /a./ Vietnam.
bettàri べったり /be./ 母親〜の隣の子供達は彼女がどこかへ行くとなると後ろから泣きながらついて行く. Analarına çok düşkün olan komşunun çocukları, o bir yere gidince arkasından ağlaşıyorlar.
betto 別途 /a./ başkaca.
bettòri べっとり /be./ 軟らかく〜した感じになる hamurlaş-.
bî 美 /a./ güzellik. 〜の女王 güzellik kraliçesi.
bi- 微 çok az, ufak, mikro-.
bîbi 微々 /a./ 〜たる az, küçük, ufak.
biboo 美貌 /a./ güzel yüz.
biciku 備蓄 /a./ rezerv.
bicyûukaku 鼻中隔 /a./ burun perdesi.
bidāñsi 美男子 /a./ yakışıklı erkek. 〜の yakışıklı. 若い〜 civan.
bîdeo ビデオ(İng. video) /a./ video. 〜テープ videoteyp.

bîgaku 美学 /a./ estetik.
bihiñ 備品 /a./ demirbaş, mobilya, möble. 役所の〜 dairenin demirbaşi.
bihuteki ビフテキ(Fr. bifteck) /a./ biftek.
bihuu 微風 /a./ esinti.
biibaa ビーバー /a./ kunduz.
biidama ビー玉 /a./ zıpzıp, cam bilyası, kafa. 〜遊び bilya oyunu.
Bîinasu ビーナス(İng. Venus) /a./ Venüs Tanrıçası.
bîiru ビール(Hol. bier) /a./ bira. 〜二杯 bir duble bira. 王者の〜 kral bira.
bîito ビート(İng. beet) /a./ pancar. 〜から砂糖を作り出す pancardan şeker çıkar-.
bîizu ビーズ(İng. beads) /a./ boncuk. 糸に〜を通す ipliğe boncuk geçir-. 大粒の〜を針金に通す iri boncukları tele diz-. 〜がひもに通された. Boncuklar ipe dizildi.
bîka 美化 /a./ güzelleştirme. 〜する güzelleştir-.
bîkañ 美観 /a./ güzel manzara.
bîkoo びっこ /a./ aksak. 〜の aksak, topal. 〜の人 topal adam. 〜を引く aksa-, topalla-.
bikkùri びっくり /a./ hayret. 〜する hayrete düş-, hayret et-, hayrette kal-, irkil-, şaşakal-, şaşıl-, şaş-, ürk-, bir yaşına daha gir-, küçük dilini yut-, parmağı ağzında kal-, parmak ısır-, tavan başına çök- (yıkıl-). 〜して口をぽかんと開ける ağzı açık kal-. 〜させる hayrette bırak-, parmak ısırt-, ürküt-. 〜仰天する eşekten düşmüş karpuza dön-. 〜するような知らせを突然受ける top gibi patla-. 後ろから急に声をかけられて〜した. Arkamdan ansızın gelen bir sesle irkildim. 何年もしてから目の前に昔の友達が現れて本当に〜した. Yıllar sonra karşımda eski arkadaşımı

görünce şaşakaldım.
bikoo 備考 /*a.*/ not.
bikoo 鼻孔 /*a.*/ burun deliği.
bikoo 鼻腔 /*a.*/ burun boşluğu, geniz.
bikoo 尾行 /*a.*/ gizlice takibetme.
biku びく /*a.*/ balık sepeti.
bikubiku びくびく /*be.*/ ～する gözü kork-, huylan-, yıl-, ödlek, ürkek.
bimi 美味 /*a.*/ tatlılık.
bimoku 眉目 /*a.*/ ～秀麗の güzel, yakışıklı.
bimyoo 微妙 /*a.*/ incelik. ～な nazik, ince. ～な状況 nazik durum. ～な言葉使い nükte.
biniiru ビニール(İng. vinyl) /*a.*/ vinil.
biñ 便 /*a.*/ posta.
biñ 瓶 /*a.*/ şişe, sürahi, (方言) topak. ～の首 şişenin boğazı. 曇りガラスの～ buzlu sürahi. 一～のミルクを飲み干した. Bir şişe sütü dikti.
biñ 鬢 /*a.*/ zülüf.
biñboo 貧乏 /*a.*/ fakirlik, yoksulluk, darlık, fukaralık, sefalet, sıkıntı, yokluk. ～な fakir, yoksul, düşkün, aç, mahrum, sefil. ひどい～ od yok ocak yok. ひどく～な parasız pulsuz. ～になる fakir düş-, fakirleş-, aç kal-, aç susuz kal-, darlık çek-, mahrum ol-, ipten kuşak kuşan-. ～している açlıktan nefesi kok-. ～かやっと抜け出す dar kaç-. ～から抜け出せない iki yakası bir araya gelme-. ～は死より悪い. Aç gezmektense tok ölmek yeğdir. ～すると幻想にとらわれる. Aç tavuk kendini arpa ambarında sanır. 全生涯を～の中で過ごした. Bütün ömrü darlık içinde geçti. 周りには～な暮らしをしているたくさんの人達がいる. Çevremizde yokluk içinde yaşayan pek çok insan görüyorum. ～なくせに身なりだけはりっぱだ. (卑語) Ayranı yok içmeye, atla (tahtırevanla) gider sıçmaya.

biñboogùrasi 貧乏暮らし /*a.*/ ～をする sefalet çek-.
biñbooniñ 貧乏人 /*a.*/ yoksul kimse. ～の世話をする aç doyur-. ～を助ける人 fukara babası. ～は少し稼ぎ，金持ちはうんと稼ぐ. Fukaranın tavuğu tek tek yumurtlar. ～に求めても無駄だ. Çingene çergesinde musandıra ne arar. ～同士の結婚はまずい. İki çıplak bir hamamda yakışır.
biñkacu 敏活 /*a.*/ çeviklik.
biñkañ 敏感 /*a.*/ hassasiyet, incelik. ～な hassas, duyarlı, duygun. ～な耳 ince kulak. ～なところ can damarı.
biñseñ 便箋 /*a.*/ mektup kâğıdı.
biñsoku 敏速 /*a.*/ çeviklik.
biñsyoo 敏捷 /*a.*/ çeviklik. ～な çevik. ～な動作 çevik hareket.
biñta びんた /*a.*/ tokat, şamar, sille, beş kardeş. ～をくらわせる tokat indir-. ～を張る şamar at-, şamarla-, tokat at- (patlat-), tokatla-.
biñzume 瓶詰 /*a.*/ şişe konmuş. ～にする şişeye koy-.
biñzyoo 便乗 /*a.*/ ～する bir fırsattan istifade et-.
bioñ 鼻音 /*a.*/ genizsi, genzel.
bioñ 微温 /*a.*/ ılıklık.
biora ビオラ(İt. viola) /*a.*/ viyola, alto. ～奏者 viyolonist.
bira ビラ(İng. bill) /*a.*/ el ilânı, duvar ilânı, yafta.
birañ 糜爛 /*a.*/ iltihap, yangı.
biri ビリ /*a.*/ dümen neferi, (隠語) dümenci. 競馬で～になる nal topla-.
biri' ビリッ /*be.*/ cart.
biribiri ビリビリ /*be.*/ cart. ～と破る cart diye yırt-. ～破れる音 cayırtı.
biriyàado ビリヤード(İng. billiards) /*a.*/ bilardo.
biroodo ビロード(Por. veludo) /*a.*/ kadife, pelüş. 赤い～の服 kırmızı kadifeden bir giysi.

bìru ビル(İng. building) /a./ blok, bina.
bìrudiñgu ビルディング(İng. building) /a./ blok, bina.
Bìruma ビルマ /a./ Birmanya.
biryoo 微量 /a./ az miktar.
biryuubùñsi 微粒分子 /a./ zerre.
biryùusi 微粒子 /a./ molekül.
bisai 微細 /a./ çok incelik.
bisèibucu 微生物 /a./ mikrop.
biseibucùgaku 微生物学 /a./ mikrobiyoloji.
bissyòri びっしょり /be./ sırılsıklam. 汗～になる su içinde kal-. ～ぬれた. Fena halde ıslanmış.
bisukètto ビスケット(İng. biscuit) /a./ bisküvi, galeta, gevrek, kırıkkırak, peksimet.
bisyabisya びしゃびしゃ /a./ cambul cumbul.
bisyonure びしょぬれ /a./ ～の sırılsıklam. ～になる sucuk gibi ol- (ıslan-). 雨で～になった. Yağmurda sırılsıklam ıslandım.
bisyoo 微小 /a./ ～な küçücük, ufacık.
bisyoo 微笑 /a./ gülücük, tebessüm. ～をたたえる, ～する gülümse-.
bisyuu 美醜 /a./ güzellik ve çirkinlik.
bitai 媚態 /a./ işve.
bìta icimoñ びた一文 /a./ ～しかない kırk para.
bitàmiñ ビタミン(Al. Vitamin) /a./ vitamin. ～の欠乏 vitaminsizlik. ～A A vitamini. レタスは～Cがとても豊富な植物だ. Marul C vitamini açısından çok zengin bir bitkidir.
bitèikocu 尾骶骨 /a./ kuyruk sokumu.
biteki 美的 /a./ ～な estetik. ～感覚 estetik duygu.
biteñ 美点 /a./ fazilet, değim, meziyet.
bitoku 美徳 /a./ erdem, fazilet.

bitoo 尾灯 /a./ kedi gözü.
bìwa ビワ /a./ malta eriği, yeni dünya. メルシンでは～のことを新世界と言う. Mersin'de malta eriğine yeni dünya derler.
bìwa 琵琶 /a./ uta benzer bir çalgı.
biyahòoru ビヤホール(İng. beer hall) /a./ birahane, gazino.
biyoku 尾翼 /a./ dümen, kuyruk. 飛行機の～ uçağın kuyruğu.
biyoku 鼻翼 /a./ burun kanadı.
biyoo 美容 /a./ güzelleştirme. ～専門学校 güzellik enstitüsü.
biyòoiñ 美容院 /a./ güzellik salonu, kuaför, kuvaför.
biyòosi 美容師 /a./ kuaför, kuvaför.
bìza ビザ(İng. visa) /a./ vize. 入国～ giriş vizesi.
bizai 微罪 /a./ ufak suç.
Bizàñciñ ビザンチン /a./ Bizans. ～の Rumî.
bìzinesu ビジネス(İng. business) /a./ iş, ticaret.
bìziñ 美人 /a./ güzel, ay parçası. ～コンテスト güzellik yarışması (müsabakası). めいを～に仕立てる yeğenini bir güzel donat-.
bìzyo 美女 /a./ güzel, keklik, bir içim su. 絶世の～ dünya güzeli, afet.
bizyoo 尾錠 /a./ toka.
bìzyucu 美術 /a./ güzel sanatlar, sanat.
bizyucugàkkoo 美術学校 /a./ sanat okulu. おじさんは～を出ている. Amcam sanat okulundan mezun.
bizyucuka 美術家 /a./ ressam, sanatçı, sanatkâr.
bizyucùkañ 美術館 /a./ müze, sergi evi.
bòbiñ ボビン(İng. bobbin) /a./ bobin, masura. レースを編む～ kopanaki. ～レース kopanaki, mekik.
bòccyañ 坊ちゃん /a./ oğulcuk, oğul-

cuğun.
bòci 墓地 /a./ gömüt, mezarlık, kabristan, (隠語) bamya tarlası, (隠語) tahtalı köy. イスラム教徒以外の～ maşatlık.
bòcu 没 /a./ ölmüş.
bòcugo 没後 /a./ ölmüşten sonra.
bocuraku 没落 /a./ düşkünlük, düşme. ～する yıkıl-, attan inip eşeğe bin-.
bocyañ ボチャン /be./ ～と cumbadak. ～と海へ落ちた. Cumbadak denize düştü.
bodàizyu ボダイジュ, 菩提樹 /a./ ıhlamur.
bòdii ボディー(İng. body) /a./ vücüt, beden. 車の～ karoser. 貨車の～ kasa.
bògo 母語 /a./ ana dili.
bohi 墓碑 /a./ mezar taşı.
bohìmei 墓碑銘 /a./ mezar kitabesi.
bohyoo 墓標 /a./ (古語) süngü.
boikòtto ボイコット(İng. boycott) /a./ boykot, direniş. ～する boykot et-. ～する人 boykotçu. ～の延長は悪い結果をもたらし得る. Boykotun uzaması kötü sonuçlar doğurabilir.
boiñ 母音 /a./ ünlü. ～調和 ünlü uyumu.
boiñ 拇印 /a./ ～を押す parmak bas-.
bòiraa ボイラー(İng. boiler) /a./ kazan.
bokàsu ぼかす /ey./ sözü yuvarla-, belirsizce söyle- ; renkten renge geçir-.
bòke ボケ /a./ Japon ayvası.
bokè ぼけ /a./ bunama, bunaklık.
bokecu 墓穴 /a./ mezar çukuru. みずから～を掘る fincancı katırlarını ürküt-, kendi kuyusunu kendi kaz-.
bokei 母型 /a./ matris.
bokei 母系 /a./ ～家族制 ana erki.
bokè·ru ぼける /ey./ buna- ; renkten renge geç-. 哀れな老人はたぶんぼけてい

て, 私のことが分からなかった. Zavallı yaşlı adam galiba bunadı, beni tanımadı.
bokètto ぽけっと /be./ ～した (口語) zirzop.
bòki 簿記 /a./ muhasebe, saymanlık. ～の日記帳 yevmiye defteri.
bokiñ 募金 /a./ iane toplama, bağış.
bokka 牧歌 /a./ çoban şiiri.
bokkoo 勃興 /a./ birden çıkış, zuhur ; bayırdırlık.
bòkkusu ボックス(İng. box) /a./ kutu ; loca.
bokkusùseki ボックス席 /a./ loca.
bòkoku 母国 /a./ vatan, yurt, ana yurt.
bòku 僕 /a./ ben (男). 君と～ sen ve ben.
bokuciku 牧畜 /a./ çobanlık. ～を営む hayvan yetiştir-.
bokudoo 牧童 /a./ çoban. ～のマント kepenek. ～の笛 kaval.
bokudookeñ 牧童犬 /a./ (俗語) karabaş, çoban köpeği.
bokumecu 撲滅 /a./ imha, yok etme. ～する kökünden sök-, imha et-.
bòkura 僕ら /a./ biz (男). ～のクラスの人数は40人だ. Sınıf mevcudumuz kırk kişidir.
bòkusaa ボクサー(İng. boxer) /a./ boksör, yumruk oyuncusu.
bokusacu 撲殺 /a./ dövüp öldürme.
bokuseki 木石 /a./ ağaç ve taş ; kalpsiz.
bòkusi 牧師 /a./ papaz, rahip, keşiş. ユダヤ教の～ haham.
bòkusiñgu ボクシング(İng. boxing) /a./ boks, yumruk oyunu. ～をする boks yap-, dövüş-. ～のグローブ boks eldiveni. ～のマッチ boks maçı.
bokusoo 牧草 /a./ çayır otu, çimen, çayır. 家畜を連れて～を追う güt-.
bokusòoci 牧草地 /a./ çayır, otlak,

çimenlik, çayırlık, yaylak, yaylım. 群れが〜へ向かった. Sürü çayırlığa vurdu.
bokusùru ト する /*ey.*/ fal aç-. → **uranàu.**
bokutoo 木刀 /*a.*/ tahta kılıç.
bokuyoo 牧羊 /*a.*/ çobanlık, koyun yetiştirmesi.
bokuziñ 牧人 /*a.*/ çoban.
bokuzyoo 牧場 /*a.*/ çayır, çayırlık, otlak. 馬を〜につなぐ atı çayıra çak-.
bokuzyuu 墨汁 /*a.*/ çini mürekkebi.
boñ 盆 /*a.*/ tepsi, tabla, sini, fener. 丸い〜 değirmi sini. 〜の形をした tepsi. 〜を銀でめっきする tepsiyi gümüşle kapla-. お〜で客にお茶をさしあげた. Tepsiyle konuklara çay sundum.
bòñ 盆 /*a.*/ Buddhiste mahsus bir bayram. = obòñ.
boñbe ボンベ (Al. Bombe) /*a.*/ bomba, tüp. ガス〜 gaz tübü.
boñboñ ボンボン (Fr. bonbon) /*a.*/ bonbon, şekerleme.
boñbori ぼんぼり /*a.*/ fanus.
boñci 盆地 /*a.*/ havza, dağlarla çevrilen ova.
bòñdo ボンド (İng. Bond) /*a.*/ tutkal, yapışık. 〜でつける tutkalla-.
Boñgo 梵語 /*a.*/ Sanskrit.
boñnètto ボンネット (İng. bonnet) /*a.*/ bone; kaporta, kaput.
boñòdori 盆踊り /*a.*/ Buddhiste mahsus bir oyun.
boñyàri ぼんやり /*a.*/ dikkatsizlik. /*be.*/ aval aval. 〜と baygın baygın, hayal meyal, ılgım salgım. 〜と見る ağzını aç-, alık alık bakın-. 〜する afalla-, alıklaş-, (隠語) dalga geç-. 〜している boş bulun-. 〜した alık, dikkatsiz, baygın, sönük, dalgın, (隠語) aval; donuk, bulanık, belirsiz. 〜して dalgınlık

ile. 〜していて気がつかない dalgınlığa gel-. 〜させる (隠語) dalgaya gel-.
boñyoo 凡庸 /*a.*/ orta olma. 〜な basit, orta derecede.
boñziñ 凡人 /*a.*/ basit bir kişi.
boo 棒 /*a.*/ sopa, değnek, çomak, çubuk, kötek, cop, çelik, lobut, sırık, merdane. 細い〜 ince değnek. まっすぐな〜 düz değnek. 〜でたたく sopa at- (çek-), çubukla-, kötek at-. 〜でたたかれる sopa ye-, kötek ye-. 〜で打たれるに値する人 sopa düşkünü. イチジクをもぎとる〜 lale. 〜打ち遊び çelik çomak. 馬に乗って投げ合う〜 cirit. 馬に乗って〜を投げ合う競技 cirit. 〜のように歩く人 baston (yutmuş) gibi.
§足が〜になる tabanlara parla-. 〜に振る heba et-.
bòo 某 /*a.*/ falan, falanca, filan, filanca, falan filan.
bòo- 亡 rahmetli. 亡父 rahmetli babacığım.
booàñki 棒暗記 /*a.*/ 〜で ezbere. 〜している人 hafız.
bòobi 防備 /*a.*/ savunma, müdafaa.
boocyoo 傍聴 /*a.*/ 〜する yargı yeri ve parlamentoda dinleyici ol-.
boocyoo 膨脹 /*a.*/ şişkinlik, kabarma, şişme. 〜する şiş-, genleş-, kabar-. 〜させる şişir-. 木は水を吸って〜する. Tahta suyu emerek şişer. この暑さに自転車のタイヤをふくらませすぎるな, 空気が〜する. Bu sıcakta bisikletinin lastiğini fazla şişirme, hava genleşir.
boocyuu 傍注 /*a.*/ meşruhat.
boocyùuzai 防虫剤 /*a.*/ böcekten koruyucu.
boodaci 棒立ち /*a.*/ çivileme, oklava yutmuş gibi. 〜の dimdik, kazık yutmuş. 〜の人 baston yutmuş gibi. 〜である dimdik dur-. 〜になる kalakal-.
boodai 膨大 /*a.*/ pek büyük, çok,

kocaman. ～な数 birçok miktar, pek büyük rakam.
boodoku màsuku 防毒マスク /*a.*/ gaz maskesi.
boodoo 暴動 /*a.*/ ayaklanma, bas kaldırma, isyan, kargaşalık, fesat, fitne. ～の asi. ～を起こす baş kaldır-, isyan et-.
boodòosya 暴動者 /*a.*/ asi, baş kaldırıcı, isyancı.
booei 防衛 /*a.*/ korunma, müdafaa, savunma. ～の müdafi. ～する koru-, savun-. 祖国～ yurt savunması.
booeiseñ 防衛戦 /*a.*/ kurtuluş savaşı. 祖父は自分が参加した祖国～のことを誇らしげに語ったものだ. Dedem katıldığı Kurtuluş Savaşını iftiharla anlatırdı.
booeki 防疫 /*a.*/ salgın hastalık önlemesi.
booeki 貿易 /*a.*/ dış ticaret. ～の認可 lisans.
booekihuu 貿易風 /*a.*/ alize.
booekìkoo 貿易港 /*a.*/ ticaret limanı.
booeñkyoo 望遠鏡 /*a.*/ dürbün, ırakgörür, teleskop. ～で遠くからやって来る船の名前を読むことができる. Bir dürbünle uzaktan gelen geminin adını okuyabiliyorum.
boogai 妨害 /*a.*/ engel, ket, mâni, önleme. ～する engel çıkar-, engelle-, ket vur-, mâni ol-. 人の仕事を～する tekerine taş (çomak) koy-. 遊びを～する人 mızıkçı.
boogàisya 妨害者 /*a.*/ rahatsız eden, işi bozan. いつの遊びだって君はこうなんだ, 君は遊びの～だ. Bütün oyunlarda böyle yapıyorsun, sen mızıkçı bir çocuksun!
boogeñ 暴言 /*a.*/ ağır sözler. その～にはがまんできません. Ben bu ağır sözleri yutmam.
bòogi 謀議 /*a.*/ gizli anlaşma.
boogui 棒ぐい /*a.*/ kazık. ～を打つ kazık at-.
boogyaku 暴虐 /*a.*/ gaddarlık, zulüm.
bòogyo 防御 /*a.*/ himaye, korunma, müdafaa, önleme. ～の行動 marka.
boogyòbucu 防御物 /*a.*/ siper.
boogyòheki 防御壁 /*a.*/ set.
boohacu 暴発 /*a.*/ tesadüfî ateş.
boohañ 防犯 /*a.*/ suç önlemesi.
boohatei 防波堤 /*a.*/ dalgakıran. ～で囲まれた人工の港 mendirek.
booheki 防壁 /*a.*/ siper.
bòohu 亡父 /*a.*/ rahmetli babacığım, merhum babacığım.
boohura ボウフラ /*a.*/ sivri sineğin kurtçuğu.
boohuu 暴風 /*a.*/ fırtına, bora. 冬の初めに吹く～ çaylak fırtınası.
boohùuu 暴風雨 /*a.*/ boran, tufan.
boohùzai 防腐剤 /*a.*/ antiseptik. ～の antiseptik.
booi ボーイ (İng. boy) /*a.*/ garson, kamarot, delikanlı. テーブルからテーブルへとかけ回る～ masadan masaya seğirten garson.
booicyoo ボーイ長 /*a.*/ şef garson.
booiñ 暴飲 /*a.*/ ～暴食 aşırı derecede içme ve yeme.
booisukàuto ボーイスカウト (İng. Boy Scouts) /*a.*/ izciler, yavru kurt. ～の小隊 oymak. ～の団員 izci.
bookañ 傍観 /*a.*/ ～する seyirci kal-, uzaktan bak-.
bookañ 防寒 /*a.*/ soğukluk önlemesi. 毛皮の～手袋 manşon.
bookañ 暴漢 /*a.*/ külhan beyi.
bookàñsya 傍観者 /*a.*/ seyirci.
bookeñ 冒険 /*a.*/ macera, serüven. ～の maceralı. ～映画 macera filmi-.
bookeñka 冒険家 /*a.*/ maceracı, maceraperest.
bòokoku 某国 /*a.*/ filan memleket.
bookoo 膀胱 /*a.*/ mesane, sidik torbası, kavuk, sidik kavuğu.

bookoo 暴行 /*a.*/ saldırış, sarkıntılık, tecavüz, cebir. 婦女〜 iğfal. 女に〜する üstünden geç-, ırzına geç-. 犯人は警官に抵抗したので〜を受けた。Suçlu, polise karşı geldiğinden cebir kullanıldı.

bookooeñ 膀胱炎 /*a.*/ sidik torbası iltihabı, sistit.

bòokuñ 暴君 /*a.*/ müstebit bir amir, zalim, kıyıcı, zorba. 〜のそばに救世主あり。Her firavunun bir Musa'sı çıkar.

bookùugoo 防空壕 /*a.*/ uçak saldırışı sığınağı.

bookyaku 忘却 /*a.*/ unutma.

bòokyo 暴挙 /*a.*/ zorbalık.

bookyoo 望郷 /*a.*/ vatan hasreti. 〜の念 sıla hastası, sıla özlemi.

boomei 亡命 /*a.*/ iltica. 〜する iltica et-.

boomèisya 亡命者 /*a.*/ sığınık, göçmen, mülteci.

bòonasu ボーナス(İng. bonus) /*a.*/ ikramiye, prim. 年2回の〜 yılda iki kez ikramiye.

boooñ 防音 /*a.*/ gürültü önlemesi.

boooñ 忘恩 /*a.*/ nankörlük.

booraku 暴落 /*a.*/ fiyatın şiddetli düşmesi. 〜する şiddetli düş-, ansızın düş-.

boorei 亡霊 /*a.*/ hayalet, hortlak.

bòori 暴利 /*a.*/ ihtikâr, vurgun. 〜をむさぼる vurgun (vurgunu) vur-. 〜をむさぼる人 vurguncu.

booriñgu ボーリング(İng. boring) /*a.*/ sondaj.

booriñgu ボーリング(İng. bowling) /*a.*/ topu yuvarlama oyunu.

booroo 望楼 /*a.*/ kule.

booru ボール(İng. ball) /*a.*/ top. 〜ベアリングの〜 bilye.

booru ボール, ボウル(İng. bowl) /*a.*/ tas.

boorùbako ボール箱 /*a.*/ mukavva kutu.

boorubèariñgu ボールベアリング(İng. ball bearing) /*a.*/ bilyeli yatak. 〜のボール bilye.

boorugami ボール紙 /*a.*/ karton, mukavva, mukavva yaprağı. 〜の mukavva. 〜で家を作る kartondan ev yap-.

boorupeñ ボールペン(İng. ball-point pen) /*a.*/ tükenmez kalem, tükenmez.

booryaku 謀略 /*a.*/ tuzak, hile. 〜に乗る dolaba gir-, tuzağa düş-.

bòoryoku 暴力 /*a.*/ zor, zorbalık, şiddet, cebir, güç, kuvvet. 〜をふるう şiddete başvur-. 〜を使う kuvvet kullan-. 〜主義 anarşizm. 〜主義者 anarşist.

booryokuteki 暴力的 /*a.*/ 〜な zorba.

boosacu 謀殺 /*a.*/ suikast.

boosai 防塞 /*a.*/ mânia.

boosañ 坊さん /*a.*/ Buddhist rahip.

boosei 暴政 /*a.*/ istibdat. 〜の müstebit.

booseki 紡績 /*a.*/ eğirme, iplik imali.

booseñ 棒線 /*a.*/ çizgi.

booseñ 傍線 /*a.*/ yan çizgi.

boosi 帽子 /*a.*/ şapka, başlık, kep, kasket. 毛皮の〜 kalpak. 〜のひさし güneşlik. 〜をかぶる şapka giy-. 〜を横に傾ける şapkayı yana devir-. イェニチェリ軍団高官の〜(古語) üsküf. この〜は頭に合う。Bu şapka başıma oluyor. 上に乗って〜をつぶした。Üzerine bastı, şapkayı ezdi. ああ、見てごらん、風が交通巡査の〜をとばした。Aaa, bakın, rüzgâr trafik polisinin kepini uçurdu!

boosi 防止 /*a.*/ önleme. 〜する menet-, önle-. 危険を〜する tehlikeyi önle-.

bòosi 某氏 /*a.*/ birisi, kimisi, bazı adam, falan. あなたを〜がさがしていた。Sizi falan aradı.

boosìkake 帽子掛け /*a.*/ portmanto.
boosìoki 帽子置き /*a.*/ şapkalık.
boosisaku 防止策 /*a.*/ önlem yolu.
boosiyoo 帽子用 /*a.*/ ～の şapkalık. ～の織物 şapkalık kumaş.
boosoo 暴走 /*a.*/ (araba, motor) aşırı derecede hızlı koşma.
boosui 防水 /*a.*/ su geçirmez, su sızdırmaz. ～の su geçirmez. ～シート muşamba.
boosui 紡錘 /*a.*/ iğ, eğirmen, elemge. ～のおもり ağırşak. ～にかけて糸を巻く ele-.
bòosyo 某所 /*a.*/ falan yer. ～に住んでいる. Falan yerde oturuyor.
boosyoku 暴食 /*a.*/ aşırı derecede yeme.
boosyokuzai 防食剤 /*a.*/ paslanmayı önleyici.
boosyoo 帽章 /*a.*/ kasket rozeti. 軍の～ kokart.
bootàkatobi 棒高跳び /*a.*/ sırıkla atlama.
bòoto ボート(İng. boat) /*a.*/ kayık, sandal, bot, filika. オール3組の～ üç çifte kayık. ～のこぎ手 sandalcı. ～のこぎ手の席 oturak. ～の足掛け hamla gergisi. ～をこぐ kürek çek-. ～が転覆した. Sandal alabora oldu.
bòoto 暴徒 /*a.*/ ayak takımı.
bootogoya ボート小屋 /*a.*/ kayıkhane.
bootoku 冒瀆 /*a.*/ ～する kutsallığını boz-.
bootoo 暴騰 /*a.*/ fiyatın şiddetli yükselmesi.
bootoo 冒頭 /*a.*/ başlangıç.
bootto ぼうっと /*be.*/ 頭が～する kafası dur-, kafası kazan (gibi) ol-. 頭が～している başı (kafası) dumanlı, mest. ～した salak, sersem. ～して自分を忘れる şaşakal-.
bòoya 坊や /*a.*/ erker çocuk, yavru. ～, どこか痛いの. Yavrum, bir yerin mi acıyor?
boozeñ 茫然, 呆然 /*a.*/ şaşkınlık. ～と şaşkın şaşkın. ～とする şaşakal-. ～自失 sersemlik.
bòozu 坊主 /*a.*/ Buddhist rahip. ～頭 kısa kesilmiş saçlı baş.
boozyakubuziñ 傍若無人 /*a.*/ kibirlilik, böbörlenme.
bòozyo 防除 /*a.*/ (böcek) giderme.
boozyoo 棒状 /*a.*/ silindir şekli.
boppacu 勃発 /*a.*/ patlama. ～する patla-. 戦争が～した. Savaş patladı.
bora ボラ /*a.*/ dubar, kefal, tekir.
borarè·ru ぼられる /*ey.*/ kazık ye-, (口語) kazıklan-. 買物で～こと (口語) kazık.
bòrero ボレロ (İsp. bolero) /*a.*/ bolero.
Boribia ボリビア /*a.*/ Bolivya.
bòribori ボリボリ /*be.*/ hart hart. ～ひっかく hart hart kaşın-.
bòro ぼろ /*a.*/ kırpıntı, paçavra, çaput. ～の eski püskü, pejmürde, (俗語) külüstür. ～のタクシー külüstür taksi. ～をまとう üstü başı dökül-. ～をまとった hırpanî. §～が出る (口語) keli görün-.
boroboro ぼろぼろ /*a.*/ ～の lime lime, yırtık pırtık. ～になる canı çık-, dökül-, elden ayaktan düş-, iler tutar yeri yok, yen-. ～にする paçavraya çevir-, paçavrasını çıkar-. ナイフの刃が～になった. Bıçağın ağzı çentik çentik olmuş. 家が～になる. Ev eskilikten dökülüyor. パンが乾いて～になった. Emekler gevremişler.
boròkire ぼろ切れ /*a.*/ paçavra. 泥で汚れた靴を～でふいてきれいにした. Çamurlanan ayakkabılarımı bir paçavrayla silip temizledim.
boromòoke ぼろもうけ /*a.*/ vurgunculuk, (隠語) avanta. ～の vurguncu, (口語) yağlı. ～する vurgun (vurgunu) vur-. ～だ Taş attın da

kolun mu yoruldu? (taş atıp kolu yorulma-).
borōya ほろ家 /a./ izbe.
bōru ぼる /ey./ (口語) kazıkla-.
boruto ボルト(İng. bolt) /a./ cıvata.
boruto ボルト(İng. volt) /a./ volt. トルコの電圧は220ボルトだ. Türkiye'de elektrik akımı gücü 220 volttur.
bosabosa ボサボサ /a./ 髪を〜にし, だらしないかっこうをした女 çarşamba karısı gibi.
bosañ 墓参 /a./ mezara ziyaret.
bosei 母性 /a./ analık.
bōsi 母指 /a./ baş parmak. → oyayubi.
bossuru 没する /ey./ bat- ; öl-. 水中に没しては現われる dalıp çık-. 日が〜 güneş bat-. 偉人が〜 büyük adam öl-.
bossyuu 没収 /a./ müsadere, zapt, zor alım. 財産の〜 zor alımı. 〜する zaptet-. 法的に〜する zor alıma çarp-. 財産を〜した. Malını zapt etmişler.
Bosupōrasu ボスポラス /a./ Boğaziçi. 〜海峡 Boğaziçi. 〜橋 Boğaz köprüsü. 今年は〜へ出かけるつもり. Bu yıl Boğaziçi'ne çıkacağız. 〜橋はヨーロッパ・アジア間のかけ橋である. Boğaz köprüsü Avrupa ile Asya arasında bir bağlantıdır.
bosyuu 募集 /a./ toplama, alma.
botai 母体 /a./ anne bedeni.
botañ ボタン (Por. botão) /a./ düğme. シャツの〜 gömlek düğmesi. 〜のある ilikli. 〜をかける düğmele-, ilikle-. オーバーの〜をかける paltoyu ilikle-. 〜をかけた ilikli. 〜をはずす düğmeyi çöz-. 〜が取れた. Düğme koptu.
bōtañ ボタン, 牡丹 /a./ bir tür şakayık.
botañana ボタン穴 /a./ ilik.
botañkake ボタンかけ /a./ ilik.
bottoo 没頭 /a./ düşkünlük, iptilâ,

meşguliyet. 〜する tiryakisi ol-, hastası ol-. 自分の悩みに〜する derdine düş-. 〜している düşkün, tiryaki.
bōya ぼや /a./ ufak yangın.
bōyaboya ぼやぼや /be./ 〜していると利用される. Aç gözünü, açarlar gözünü!
boyakē・ru ぼやける /ey./ çatal gör-, donuklaş-.
boyàku ぼやく /ey./ sızlan-, yakın-. やたらに〜な, 病気がよくなるまで外には出られない. Boşuna sızlanma, hastalığın geçinceye kadar sokağa çıkamazsın.
boyàtto ぼやっと /be./ aval aval, baygın baygın. 〜する beyni bulan-. 〜した sümsük, baygın.
bozyoo 慕情 /a./ özlem.
bu 歩 /a./ yüzde, yüzdelik, oran, faiz miktarı.
bu 分 /a./ yüzde, oran. 二割五〜引き yüzde yirmi beş indirim. 〜が悪い daha zayıf bir durumda ol-.
bù 部 /a./ kısım, hizip, nahiye ; daire ; nüsha. 夜の〜 suare, suvare. 上等の〜 kaliteli kısım. 宿題を二〜作った. Ödevimi iki nüsha yaptım. 「トルコ語」誌の印刷数は一万〜だ. Türk Dili Dergisinin baskısı on bindir.
buacùi 分厚い /s./ pek kalın.
buai 歩合 /a./ yüzde, yüzdelik, oran ; komisyon.
buàisoo 無愛想 /a./ 〜な nezaketsiz, nazik olmayan.
bubecu 侮蔑 /a./ küçük görme, hakaret.
bùbuñ 部分 /a./ bölüm, kısım, parça, cüz, hizip, kesim, sektör. 後ろの〜 geri kısım. それぞれの〜ごとに parça başına. 〜〜 bölük pörçük. 〜〜に分ける parçala-. 〜〜から成る parçalı.
bubuñhiñ 部分品 /a./ aksam, parça.

budoo

bubuñteki 部分的 /a./ 〜な kısmî, tikel, yerel. 〜に kısmen. あなたは〜には正しい。Kısmen haklısınız.
buccyoozura 仏頂面 /a./ somurtkan yüz.
bùci ぶち /a./ benek, leke. 〜の abraş, benekli. 〜の馬 abraş at.
bucikamàsu ぶちかます /ey./ (俗語) aşk et-.
bucikòmu ぶち込む /ey./ (俗語) at-. 刑務所に〜 hapse at-. 弾を〜 ateş et-.
bucikowàsu ぶち壊す /ey./ (俗語) boz-. → **kowàsu**.
bucimake•ru ぶちまける /ey./ boşalt-, saçılıp dökül-. 感情を〜 içini boşalt-. 不満を〜 baklayı ağzından çıkar-.
bùcu ぶつ /a./ vur-. 背中を〜 sırtı vur-. 演説を〜 nutuk söyle-.
bùcubucu ぶつぶつ /be./ homur homur, mırıl mırıl, zırıl zırıl. 〜言う homurdan-, homur homur söyle-, mırıldan-, mırıl mırıl söyle-, vırılda-, zırılda-, zırla-. 〜言う声 homurtu, mırıltı, vırıltı, vızıltı, zırıltı. 〜言うこと dırdır, zırıltı. 〜不平を言う homurdan-, vızılda-, vızla-. 〜言って男を追い払ったね。Söylene söylene adamı kaçırdın. 黙ってやりなさい、〜言わないで。Sessiz çalışınız, mırıltıyı kesiniz. 〜独り言をっている。Zırıl zırıl söyleniyor.
bucubucu kòokañ 物々交換 /a./ değiş, trampa, (俗語) değiş tokuş.
bucudañ 仏壇 /a./ Buddhist sunak.
bùcugi 物議 /a./ dedikodu, rezalet. 〜をかもす rezalet çıkar-.
bucukariàu ぶつかり合う /ey./ çarpış-, çatış-, sürtüş-, tokuş-, catışık. 地面のおはじきがぶつかり合った。Yerdeki bilyeler tokuştu. 二つの考えがぶつかり合っている。İki düşünce çarpışıyor.
bucukaru ぶつかる /ey./ çarp-, tokuş-, vur-, boyla-, karşılaş-, kavuş-, çatış-. 車が人にぶつかった。Araba adama çarptı. 二台の車がぶつかった。İki araba çarpıştı. 授業時刻が食事時とぶつかっている。Ders saati yemek saatiyle çatışıyor.
bucukeàu ぶつけ合う /ey./ tokuştur-, vuruş-, çırp-, kırış-. 兄と卵をぶつけ合った。Ağabeyimle yumurta tokuşturduk.
bucukerare•ru ぶつけられる /ey./ çarpıl-, çarptırıl-.
bucuke•ru ぶつける /ey./ çal-, çarp-, tokuştur-, vur-, tosla-. 胸を〜 göğüsle-. 足を門にぶつけた。Ayağını kapıya çarptı. 腕を壁にぶつけたようだ。Kolumu duvara vurmuşum.
bùcukusa ぶつくさ /be./ homur homur. 〜言う homurda-.
bùcuri 物理 /a./ fizik. 〜の先生 fizikçi. 〜の得意な人 fizik kültürü kuvvetli bir kişi. 〜療法 fizik tedavisi.
bucurìgaku 物理学 /a./ fizik, (古語) hikmet.
bucuri gàkusya 物理学者 /a./ fizikçi, fizik bilgini.
bucuryoo 物量 /a./ miktar.
bucuyoku 物欲 /a./ maddî istek.
bùcuzi 仏事 /a./ Buddhist merasimi.
bucuzoo 仏像 /a./ put, Buddhizm heykeli. 〜を拝む puta tap-.
bucyoo 部長 /a./ daire âmiri.
Bùdda 仏陀 /a./ Buddha.
budòmari 歩留まり /a./ ürünün miktarı.
budoo ブドウ /a./ üzüm. 〜の房 üzüm. 〜の木 asma. 〜の生産者 bağcı. 〜の収穫期 bağ bozumu. 〜栽培 bağcılık. 〜のジュース şıra. 〜の取りじまい bağ bozumu. 〜を収穫し終える bağ boz-. 熟さない酸っぱい〜 koruk. 〜の汁を煮つめたもの bulama. 畑は今年少ししか〜がならなかった。Bağlar bu

yıl az üzüm verdi.
bùdoo 武道 /*a.*/ askerî hüner.
budoobàtake ブドウ畑 /*a.*/ bağ. この町の周りには〜が多い。 Bu şehrin çevresinde çok bağ var.
budoodana ブドウ棚 /*a.*/ çardak.
budōoeñ ブドウ園 /*a.*/ bağ. 〜のある bağlı.
budōosyu ブドウ酒 /*a.*/ şarap. 〜作り şarapçı. 〜売り şarapçı. 〜飲み şarapçı. マスカットの〜 misket. 〜はねかせると味がよくなる。 Şarap dinlenirse içimi hoş olur.
budoozùkuri ブドウ作り /*a.*/ bağcı, bağcılık.
bueñryo 無遠慮 /*a.*/ laubalilik. 〜な perdesi yırtık (sıyrık). 〜に ulu orta.
bùgaku 舞楽 /*a.*/ dans ve müzik.
bùgei 武芸 /*a.*/ askerî hüner.
bùgyoo 奉行 /*a.*/ sulh hâkimi.
buhiñ 部品 /*a.*/ âlet, ecza, parça.
bùi ブイ (İng. buoy) /*a.*/ yüzer top, şamandıra.
bùi 部位 /*a.*/ nahiye. 体の〜 bedenin bölgesi.
buiñ 部員 /*a.*/ üye, aza.
bùka 部下 /*a.*/ maiyet, memur.
bukai 部会 /*a.*/ toplantı.
bukàkkoo 不格好 /*a.*/ 〜な biçimsiz, şekilsiz, lök, şapşal. 背が高くて〜な deve gibi. 大きくて〜な manda gibi. 短い〜な服を着た zibidi.
bùkañ 武官 /*a.*/ subay. 駐在〜 askerlik ataşesi.
bùke 武家 /*a.*/ 'samurai' ailesi.
bùki 武器 /*a.*/ silâh, top tüfek. 〜弾薬 cephane. 〜のある silâhlı. 〜が使える eli silâh tutan. 〜を取る silâha sarıl- (davran-). 〜を敵の方へ向けた。 Silâhını düşmana doğrulttu.
bukìyoo 不器用 /*a.*/ 〜な beceriksiz, hantal, âciz, lök, sakar. 〜になる hantallaş-. どうしようもなく〜で無能だ paçasını çekecek hali olma-.

bukka 物価 /*a.*/ fiyat. 〜を凍結する fiyatları dondur-. 〜が上がった。 Fiyatlar çıktı. 〜指数 fiyat endeksi. 〜統制 fiyat kontrolü.
bukkàdaka 物価高 /*a.*/ pahalılık, hayat pahalılığı.
bukkeñ 物件 /*a.*/ şey, mal.
bukkiràboo ぶっきらぼう /*a.*/ 〜な tok sözlü. 〜に palas pandıras.
bukkòmu ぶっ込む /*ey.*/ → **bucikòmu**.
bùkkyoo 仏教 /*a.*/ Buddhizm.
bukkyōoto 仏教徒 /*a.*/ Buddhist.
bukocu 武骨, 無骨 /*a.*/ 〜な人 hantal adam.
bukocumono 武骨者, 無骨者 /*a.*/ hantal adam.
bùkubuku ブクブク /*be.*/ fıkır fıkır, fokur fokur, kıpır kıpır. 〜沸く fıkırda-. 〜いう音 fıkırtı.
bùkyoku 部局 /*a.*/ daire, masa, servis, kol.
bùkyoku 舞曲 /*a.*/ oyun müziği.
bùmoñ 部門 /*a.*/ branş, dal, kesim, kısım, şube. さまざまな文化の〜 türlü kültür branşları.
bùna ブナ /*a.*/ kayın. 〜の林 kayın ormanı.
bùñ 分 /*a.*/ suret, imkânlar. 〜相応に karınca kararınca (kaderince). 〜不相応な待遇を与える ayağının pabucunu başına giy-.
bùñ 文 /*a.*/ cümle, tümce. 〜の要素 tümcenin öğeleri.
-buñ 分 -lik, -de. 一発〜の atımlık. 二発〜の爆薬 iki atımlık barut. 車一台〜の bir araba. 二台〜のわら iki araba saman. 二つ〜 duble. 一日〜の仕事 bir günlük iş. 二人〜の背丈がある。 İki adam boyu var. 2〜の1, ½ yarım. 1½ bir buçuk. 4〜の1, ¼ çeyrek, dörtte bir. パン¼ çeyrek ekmek. 1¼ bir çeyrek. ⅔ üçte iki. 60〜の1度 dakika, dakka.
buñbeñ 分娩 /*a.*/ doğurma, doğum.

buñpai

男児を〜する erkek bebeği doğur-.
buñbo 分母 /a./ payda. 〜は分子の下に書かれる。 Payda payın altına yazılır.
buñbōogu 文房具 /a./ kırtasiye.
buñboogùsyoo 文房具商 /a./ kırtasiyecilik, kırtasiyeci.
buñboogùteñ 文房具店 /a./ kırtasiye dükkânı.
bùñbuñ ブンブン /be./ vız vız. 〜いう vızılda-, vızla-. 〜いう音 vızıltı. ハエが〜飛ぶ. Sinekler vızıldıyor.
buñciñ 文鎮 /a./ prespapye, baskılık.
buñcuu 文通 /a./ muhabere, mektuplaşma, yazışma. 〜する mektuplaş-, yazış-.
buñdañ 分断 /a./ 〜する parçala-.
buñdañ 文壇 /a./ edebiyat âlemi.
buñdōki 分度器 /a./ iletki, açıölçer, minkale.
buñdorihiñ 分捕り品 /a./ ganimet.
buñdōru 分捕る /ey./ yağma et-.
bùñgaku 文学 /a./ edebiyat, gökçe yazın, yazın. 〜の edebî. 〜に関する記述 edebiyat hakkında bir yazı. トルコ〜 Türk edebiyatı. 〜作品 edebî eser.
buñgakùbu 文学部 /a./ edebiyat fakültesi (Ed. F.). 〜を出た. Edebiyat fakültesinden çıktı.
buñgakùkai 文学界 /a./ edebiyat âlemi.
buñgàkusya 文学者 /a./ edebiyatçı, edip.
buñgakuzuki 文学好き /a./ 〜の edebiyata meraklı.
buñgei 文芸 /a./ edebiyat.
buñgeika 文芸家 /a./ sanatçı, sanatkâr.
buñgoo 文豪 /a./ meşhur edebiyatçı. 世界的〜 dünyaya meşhur edebiyatçı.
buñgyoo 分業 /a./ iş bölümü. 〜で iş bölümü ile.

bùñka 文化 /a./ kültür, ekin, irfan, medeniyet, uygarlık. さまざまな〜の分野 türlü kültür branşları. 〜協定 kültür anlaşması.
bùñka 分化 /a./ ayrılma. 階層〜 tabakalaşma.
buñkacu 分割 /a./ ayırım, bölme, taksim. 土地の〜 ifraz. 〜する böl-.
buñkacubàrai 分割払い /a./ taksit. 〜にする taksite bağla-. 父は家に〜でテレビを買って来た. Babam eve taksitle televizyon aldı.
buñkai 分解 /a./ dağılım, ayrışma. 〜する ayrış-, sök-. 機械を〜する makineyi sök-.
buñkateki 文化的 /a./ medenî. 〜な kültürel, uygar. 〜な国民 uygar bir ulus. 〜になる uygarlaş-.
buñkeñ 文献 /a./ kaynakça, bibliyografya, edebiyat, yazın. 〜目録 bibliyografya, kaynakça.
buñkèñgaku 文献学 /a./ filoloji.
bùñki 分岐 /a./ çatal yolu. 〜した çatallı. 道が〜する (古語) yol şaş-.
buñkìteñ 分岐点 /a./ sapak, ağız, ayrım. バスはバイラモールの〜で止まった. Otobüs, Bayramoğlu sapağında durdu.
buñkoboñ 文庫本 /a./ cep kitabı.
buñkoo 分校 /a./ okul şubesi.
buñkyoku 分極 /a./ polarma.
buñkyoo 文教 /a./ maarif. 〜施設で働く人 maarifçi.
buñmei 文明 /a./ medeniyet, uygarlık. 〜の medenî, uygar. 〜社会 uygar bir toplum. セルジュック〜 Selçuk uygarlığı.
buñmeika 文明化 /a./ 〜する uygarlaş-.
buñmiñ 文民 /a./ sivil şahıs. 〜の başıbozuk, sivil.
buñmyaku 文脈 /a./ bağlam, kontekst.
buñpai 分配 /a./ taksim, tevzi, bölme, bölüştürme. 〜する böl-, tak-

buñpicu

sim et-, üleştir-. 〜を受ける bölüş-.
buñpicu 分泌 /a./ ifraz.
buñpicu 文筆 /a./ yazı. 〜で暮らす kalemiyle yaşa-.
buñpicùbucu 分泌物 /a./ ifraz, salgı. つばと汗はそれぞれ〜だ. Tükürük ve ter birer salgıdır.
buñpicùeki 分泌液 /a./ salgı.
buñpicuka 文筆家 /a./ kalem sahibi, yazar çizer.
buñpiseñ 分泌腺 /a./ salgı bezi. 胃液〜 mide bezi.
buñpoo 文法 /a./ gramer, dil bilgisi, (古語) sarf.
buñpu 分布 /a./ tevzi, dağıtım.
buñrecu 分裂 /a./ ayrışma. 〜する ayrış-. 〜している dağınık.
buñri 分離 /a./ ayırıcılık, ayırım, ayrılma, tecrit, tefrik. 〜する ayrıl-, kesil-, ayırıcı. マヨネーズが〜する mayonez kesil-. 〜した kesik. 〜させる kestir-.
buñrìki 分離器 /a./ ayırıcı aygıt.
buñrisyùgi 分離主義 /a./ ayırıcılık.
buñroñ 文論 /a./ söz dizimi, sentaks, cümle bilgisi.
buñrui 分類 /a./ tasnif, çeşit. 〜する bölümle-, sınıfla-, sınıflandır-. 切手を国別に〜した. Pul koleksiyonumu ülkelerine göre bölümledim.
buñryoku 分力 /a./ bileşen.
buñryòo 分量 /a./ hacim, miktar, nicelik, hak.
buñsacu 分冊 /a./ fasikül, cüz.
buñsañ 分散 /a./ dağılış. 人口の〜 nüfus dağılışı. 〜している dağınık. 〜させる dağıt-. 〜する dağıl-.
buñsecu 分節 /a./ boğumlanma.
buñseki 分析 /a./ analiz, çözümleme, tahlil. 〜する çözümle-.
buñsekiteki 分析的 /a./ 〜な çözümsel.
buñsi 分詞 /a./ ortaç, sıfat-fiil.
buñsi 分枝 /a./ piç.

bùñsi 分子 /a./ molekül; pay. 〜は分母の上に書かれる. Pay paydanın üstüne yazılır.
bùñsi̱ 文士 /a./ yazar, edip.
buñsi̱siki 分子式 /a./ formül.
buñsùirei 分水嶺 /a./ su bölümü çizgisi (çatı).
buñsùu 分数 /a./ kesir. ひとけたの〜 bayağı kesir. 1/10, 3/5, 1/100はそれぞれ〜だ. Onda bir, beşte üç, yüzde bir birer kesirdir.
bùñsyo 文書 /a./ belge, evrak, kâğıt, kalem işi, betik, (古語) varaka. 〜で証明する belgele-. 〜にする kaleme al-. 〜のある belgeli. 〜検査員 mümeyyiz. 公式〜 tutanak. 嘆願書に添えて提出された〜 dilekçeye ilişik olarak sunulan belge. この〜の続きはないか. Bu yazının altı yok mu?
buñsyoka 文書課 /a./ yazı işleri.
buñsyòkañ 文書館 /a./ belgelik.
bùñsyoo 文章 /a./ ibare, cümle. 手紙の乱れた〜を直した. Mektubun bozuk cümlelerini düzeltti.
buñtai 文体 /a./ üslup.
buñtai 分隊 /a./ manga, şube, takım.
buñtañ 分担 /a./ pay. 〜する pay et-, paylaş-. 〜する人 paydaş. 姉は家事〜で洗濯を引き受けた. Ablam iş bölümünde çamaşır yıkamayı üstlendi.
buñtàñgaku 分担額 /a./ kontenjan.
bùñya 分野 /a./ branş, dal. さまざまな文化の〜 türlü kültür branşları.
buòtoko 醜男 /a./ çirkin bir adam.
buppiñ 物品 /a./ ayniyat, eşya.
bùrabura ぶらぶら /be./ bıngıl bıngıl, salla salla. 〜する kolaçan et-, sallan-, (俗語) tur at-. 〜している boş gez-, boşta gez-, sürt-, sürtüp dur-, aylak, haylaz, serseri. 〜している人 (皮肉) kaldırım mühendisi. 仕事がなく〜している sinek avla-. 〜させる

salla-. ~歩く gezin-, sallana sallana yürü-. ~歩く人 saka beygiri gibi. 通りを~歩く kaldırım aşındır-. あてもなく~歩く üç aşağı beş yukarı dolaş-. ~歩き回る avare dolaş-. 夕方までどこを~していたの. Akşama kadar nerelerde sürttün?
buracuki ぶらつき /a./ gezinti.
buracuku ぶらつく /ey./ gez-, sürt-, (俗語) tur at-. 通りを~女 taldırım süpürgesi (yosması).
buraikañ 無頼漢 /a./ eli bayraklı, hergele, ip kaçkını, ipten kazıktan kurtulmuş, (隠語) bıçkın.
buraiñdo ブラインド(İng. blind) /a./ jaluzi.
buràkku ブラック(İng. black) /a./, /s./ kara, siyah. ~コーヒー sade kahve. ~リスト kara liste.
bùraku 部落 /a./ bucak, köy.
burañdee ブランデー(İng. brandy) /a./ kanyak.
bùrañko ぶらんこ /a./ salıncak, trapez. ~をこぐ kolan vur-. ~を押す salıncağı it-. ~曲芸師 trapez.
burasagaru ぶら下がる /ey./ asıl-, sark-.
burasage・ru ぶら下げる /ey./ sarkıt-. ぶら下げてある asılı.
bùrasi ブラシ(İng. brush) /a./ fırça. 家畜用~ kaşağı. ~をかける fırçala-. 家畜に~をかける kaşağıla-. 馬に~をかける atları kaşağıyla tımar et-. 靴に~をかけて外へ出た. Ayakkabılarını fırçalayıp dışarı çıktı.
buràusu ブラウス(İng. blouse) /a./ bluz.
Buraziru ブラジル /a./ Brezilya.
buràzyaa ブラジャー(Fr. brassière) /a./ sutyen.
burèeki ブレーキ(İng. brake) /a./ fren. ~ライニング balata. ~をかける fren yap-, frenle-. ~がかからない hızını alama- (yeneme-).
burèeñ ブレーン(İng. brain trust)

/a./ beyin.
bùrei 無礼 /a./ saygısızlık. ~な edepsiz, küstan, densiz. ~な人 küstan. ~なことを言う pot kır-. ~な振舞いをする (卑語) güneşe karşı işe-. これは~と言われる. Buna saygısızlık denir. 私は彼の~に耐えられない. Ben onun münasebetsizliklerini hazmedemem.
bureñdo ブレンド(İng. blend) /a./ harman. お茶の~ çay harmanı. タバコの~ tütün harmanı. ~する harman et-, harmanla-. ~する人 harmancı.
burèsuretto ブレスレット(İng. bracelet) /a./ bilezik. 腕に~をはめる koluna bilezik tak-. この~はめっきではない. Bu bilezik kaplama değil.
burikàesu ぶり返す /ey./ nükset-, tep-, üstele-. 病気が~ hastalığı tep-. 冷たい風に当ってせきがぶり返した. Soğuk havaya çıkınca öksürüğüm üsteledi.
buriki ブリキ(Hol. blik) /a./ teneke. ~の teneke. ~の薪ストーブ tenekeden odun sobası. ~のちり取り teneke faraş. ~缶 teneke, varil. ~缶をたたいて人を追い出す teneke çal-. ~屋根の貧民街 teneke mahallesi.
buririañkàtto ブリリアンカット(İng. brilliant-cut) /a./ ~のダイヤ pırlanta.
burìzzi ブリッジ(İng. bridge) /a./ köprü; briç. レスリングの~ güreşçi köprüsü. 入れ歯の~ diş köprüsü.
buròkku ブロック(İng. block) /a./ 政治~ blok. 西側~ batı bloku.
burokkukoo ブロック工 /a./ duvarcı.
burоñdo ブロンド(İng. blond) /a./ sırma saç. ~の lepiska, sarı, sarı saçlı. ~で肌が白い sarışın.
buroñzu ブロンズ(İng. bronze) /a./ bronz, tunç. ~の tunç.

burŏoci ブローチ(İng. brooch) /a./ broş, plaket.
burŏokaa ブローカー(İng. broker) /a./ komisyoncu, simsar, tellal.
bùruburu ぶるぶる /be./ tiril tiril, tir tir. ～震える tiril tiril titre-. ～震えながら tiril tiril titreyerek. 二重になって, ～震えていた. İki büklüm olmuş, tir tir titriyorduk.
burudòggu ブルドッグ(İng. bulldog) /a./ buldok.
burudŏozaa ブルドーザー(İng. bulldozer) /a./ buldozer.
Burugaria ブルガリア /a./ Bulgaristan. ～の Bulgar. ～政府 Bulgar hükümeti. ～のイスラム教団 Bulgaristanda İslam cemaati.
Burugariago ブルガリア語 /a./ Bulgarca.
Burugariàziñ ブルガリア人 /a./ Bulgar.
burunètto ブルネット(Fr. brunette) /a./ esmer. ～の esmer. ～の美女 esmer güzeli.
buruzyoa ブルジョア(Fr. bourgeois) /a./ burjuva, kent soylu.
buruzyoàzii ブルジョアジー(Fr. bourgeoisie) /a./ burjuvazi.
bùryoku 武力 /a./ silâhlı kuvvetler. ～を持たない silâhsız. ～に訴える silâha sarıl-.
busàhoo 不作法, 無作法 /a./ ahlaksızlık, görgüsüzlük, kabahat, kabalık, terbiyesizlik. ～な ahlaksız, görgüsüz, kaba, kabak, densiz, münasebetsiz, patavatsız, terbiyesiz. ～な人 kereste. ～な言葉 kaba söz. ～なことをする terbiyesini boz-. ～に edepsiz edepsiz. ～に反抗する dili pabuç kadar. ～に手足を伸ばして腰かける maça beyi gibi kurul-. ～である kürek (pabuç) kadar dili ol-. ～を叱る terbiyesini ver-.
busàiku 不細工 /a./ ～な hantal, kaba, nadan. ～なひじかけいす kaba bir koltuk.
busata 無沙汰 /a./ 御～する uzundan mektup yazma-, uzundan ziyaret etme-.
bùsi 武士 /a./ 'samurai', cengâver.
busìcuke ぶしつけ /a./ terbiyesizlik. ～な nadan.
busoo 武装 /a./ silâhlanma. ～する silâhlan-. ～させる silâhlandır-. ～した silâhlı. ～した小集団 çete. ～した集会 içtima. ～した秘密の政治結社 komita. ～して silâh altı. ～を解除する silâhsızlandır-.
busŏohei 武装兵 /a./ silâhşor.
bussañ 物産 /a./ ürün, mahsul.
bùssi 物資 /a./ eşya, mallar. ～隠匿 istifçilik. ～隠匿者 istifçi.
bussicu 物質 /a./ cisim, madde, özdek. ～交代 metabolizma. 鋼鉄と弾性ゴムは非常に弾力性のある～である. Çelik ve kauçuk çok esnek cisimlerdir. 石や空気はそれぞれ～である. Taş, hava birer maddedir.
bussicuteki 物質的 /a./ maddî. → **seisiñteki**. ～な maddî. ～可能性 maddî olanakları. ～に maddeten.
bussicuzyoo 物質上 /a./ ～の maddî.
bussŏo 物騒 /a./ ～な tehlikeli.
busui 不粋, 無粋 /a./ ～な男 romantik olmayan adam.
busùu 部数 /a./ adet.
bùsyo 部署 /a./ görev başı. ～につく göreve başla-.
busyŏo 不精, 無精 /a./ tembellik, uyuşukluk. ～な mendebur, miskin, sünepe, tembel, uyuşuk, uyuz, üşengeç, üşengen. ～な男 tembel.
busyoomono 不精者, 無精者 /a./ tembel.
buta ブタ, 豚 /a./ domuz. ～のようによく働く domuz gibi iş gör-.
bùtai 部隊 /a./ müfreze, birlik.
bùtai 舞台 /a./ sahne. ～監督 rejisör. ～のそで kulis. ～の照明用回廊

iskele. ~に出る oyuna çık-. ~装置 dekor. ~裏 kulis, perde arkası (gerisi).
bùtañ ブタン(İng. butane) /a./ bütan. ~ガス bütan gazı.
butoo 舞踏 /a./ oyun, dans.
butòokai 舞踏会 /a./ balo.
buttai 物体 /a./ cisim, nesne, özdek.
buttaòsu ぶっ倒す /ey./ → tàosu.
bùucu ブーツ(İng. boots) /a./ çizme.
buuñ ブーン /be./ vız. ~と音を立てる vızılda-, vızla-. 蚊の~という音 sivri sineğin vızıltısı.
Bùutañ ブータン /a./ Bhutan.
bùyo ブヨ /a./ tatarcık.
bùyobuyo ぶよぶよ /be./ ~した bıngıl bıngıl.
buyoo 舞踊 /a./ dans, balo. ~を演じる dans et- (yap-).
buyooka 舞踊家 /a./ dansör, dansöz.
buyòoziñ 不用心 /a./ ~な dikkatsiz.
bùyu ブユ /a./ tatarcık.
bùyuu 武勇 /a./ kahramanlık. ~の asker. ~の民 asker millet.
bùzama 無様, 不様 /a./ bok yemenin Arapçası.
buzi 無事 /a./ esenlik, selâmet. ~な sağlam, salim, sıhhatlı. ~に paşa paşa, sağ salim, salimen. ~である imtihan ver-. 道中御~で Allah selâmet versin, hayırlı yolculuk, selâmetle, iyi yolculuklar.
bùzoku 部族 /a./ kabile, aşiret.
buzyoku 侮辱 /a./ hakaret. ~する beş paralık et-, hakaret et-. ~される hakaret gör-. ~されて黙っていない söz altında kalma-.
buzyokuteki 侮辱的 /a./ ~な言動 hakaret.
bùzyucu 武術 /a./ askerî hüner.
byakùdañ ビャクダン /a./ sandal.
byàkui 白衣 /a./ beyaz iş elbisesi.

byakusiñzoku ビャクシン属 /a./ ardıç.
byòo 秒 /a./ saniye. 一~は一分の1/60である. Bir saniye bir dakikanın altmışta biridir.
byòo 鋲 /a./ çivi, mıh, kabara, demir, perçin. ~でとめる mıhla-. ~が六つついている登山靴 altı çivili dağcı ayakkabısı.
byoobocu 病没 /a./ hastadan ölme.
byoobu 屏風 /a./ paravana, (俗語) çığ.
byoodoo 平等 /a./ eşitlik. ~な eşit.
byoogai 病害 /a./ bitkilere kötü tesir.
byoogeñkiñ 病原菌 /a./ virüs.
byooiñ 病院 /a./ hastahane, hastane. ~の完全食 altıdan yemek. 事故でけがをした人々が~に運ばれた. Kazada yaralanan kişiler hastaneye götürüldü.
byooiñcyoo 病院長 /a./ başhekim.
byooki 病気 /a./ hastalık, illet, maraz, sayrılık. ~の hasta, marazî, sayrı. ~の重さ hastalığın ağırlığı. ~の免疫 hastalık bağışıklık. ~の熱 ateş, hararet. ~の熱が下がる ateşi düş-. 熱が出る~ ateşli hasta. ~で熱が出る ateşi çık-. ~になる hasta düş-, hastalan-, keyfi bozul-, rahatsızlan-, (口語) şifayı bul- (kap-). ~にかかる hastalığa uğra-. 重い~にかかる yorgan döşek yat-. ~にする hasta et-. ~をうつす aşıla-. ~がうつる bulaş-, hastalık al- (kap-). ~を抑える kontrol altına al-. ~が重くなる fenalaş-. ~が進む hastalık ilerle-. ~がなおる hastalık geç-. ~がよくなる iflâh ol-, ayağa kalk-. ~が回復して歩けるようになる ayaklan-. ~や疲労で死んだようになる cansız düş-. 兄はアイスクリームを食べ過ぎて~になった. Karde-

byookigaci

şim çok dondurma yediği için hastalandı. 気候が急に寒くなったことがみんなを〜にした. Havaların birdenbire soğuması herkesi hasta etti. 熱が下がって〜がよくなってきた. Ateşi düşünce hasta açıldı. 〜がよくなった. Hasta iyi oldu.
byookigaci 病気がち /a./ 〜の hastalıklı.
byookigimi 病気気味 /a./ keyifsizlik, rahatsızlık.
byoomei 病名 /a./ hastalığın adı.
byooniñ 病人 /a./ hasta, sayrı. 〜の熱が下がる hastanın ateşi düş-. 〜が高熱で ateşler içinde. 〜がやっと話せる dili ağırlaş-. 〜が危なくなった. Hasta ağırlaştı. 〜はどこの医者がみているのか. Hastaya hangi hekim bakıyor? 〜は元気そうだった. Hastayı iyi buldum. 〜が元気になった. Hasta iyileşti.
byooreki 病歴 /a./ geçmiş hastalık vakası.
byoosiñ 秒針 /a./ saniye (iğnesi). 〜のついた saniyeli.
byoosoku 秒速 /a./ bir saniyede hız.

byoosya 描写 /a./ betim, betimleme, tasvir. 〜する betimle-, göz önüne getir-.
byoosyoo 病床 /a./ hasta yatağı. 〜にふせる kafayı (yere) vur-, yorgan döşek yat-.
byooteki 病的 /a./ 〜な marazî.
byootoo 病棟 /a./ koğuş. ベッド数10の〜 on yataklık koğuş. 外科〜 ameliyat koğuşu. 〜の患者は互いに親しくなった. Koğuştaki hastalar birbirleriyle yakınlaştılar.
byooyomi 秒読み /a./ geriye doğru sayma, atış sayımı.
byoozyaku 病弱 /a./ 〜な hastalıklı, çelimsiz. 〜な人 yarım adam.
byù' ビュッ /be./ 〜と鳴る vınla-. 弾丸が〜と音をたてる kurşun vınla-.
byùñbyuñ ビュンビュン /be./ vızır vızır. 車が大通りを〜行き交っていた. Arabalar caddede vızır vızır gidiyordu.
byuu ビュー /be./ vız.
byuukeñ 謬見 /a./ yanlışlık, yanlış düşünce, yanıltmaca.

C c

càa ツァー (Rus. tsar) /a./ çar. 〜帝国 çarlık.
cèpperiñ ツェッペリン (Al. Zeppelin) /a./ zeplin.
ci 血 /a./ kan. 〜が出る kan gel-, kana-. 〜が噴き出る kan boşan-. 〜が流れる kan ak-. 多量の〜が流れ出す dere gibi ak-. 〜を流す kan akıt-, kan dök-. 〜を取る kan al-. 手を〜でよごす elini kana bula- (bulaştır-). 〜に染める kana boya-. 〜に染まった kanlı. 〜に染まったシャツ kanlı gömlek. 〜のついた kanlı. 〜の色の kırmızı. 人の〜を吸い取る kanını em-. 〜を見て気を失う kan tut-. たくさんの〜を流して kan revan içinde. 〜をすすりあった兄弟分 kan kardeşi. 同じ〜の kandaş. 〜を分けた兄弟 öz kardeş. 〜を引く soya çek-. 〜のめぐりのいい hazırcevap. 口から〜が出た. Ağızdan kan geldi. ゼイネップは転んでひざから〜が出た. Zeynep düşünce dizi

kanadı.
§頭に〜がのぼる ateş bas-, kan başına sıçra-, cinleri başına toplan-(üşüş-), kafası kız-. 〜の涙を流す kan ağla-. 〜も涙もない kansız. 〜の汗を流して kan ter içinde. 〜に飢える kana susa-. 〜が騒ぐ kanı kayna-. 〜が沸く kanı kayna-.

ci 地 /a./ yer. 発祥の〜 beşik. 足が〜につかない ayağı yerden kesil-, bastığı yeri bilme-.

ci 知, 智 /a./ akıl. 〜を授ける hocalık et-.

ciañ 治安 /a./ güvenlik, emniyet, asayiş. 〜判事 sulh hâkimi. 〜警察 toplum polisi. 〜警察官 kolluk, zabıta. 〜部隊 jandarma. 法律がよく行われている国には〜がある. Yasaların tam yürürlükte olduğu bir ülkede güvenlik vardır.

cibânare 乳離れ /a./ memeden kesme. 〜しない子羊 süt kuzusu.

cibasiru 血走る /ey./ 目が〜 gözleri kan çanağına dön-. 血走った kanlı. 血走った目 kanlı göz.

Cibetto チベット /a./ Tibet.
Cibettogo チベット語 /a./ Tibetçe.
Cibettōziñ チベット人 /a./ Tibetli.

cibi ちび /a./ bücür, yumurcak, kıçtan bacaklı, (冗談) bızdık. 〜のbücür. お〜さん bücür. 〜ども! ufaklık! ほらあの〜ったら, なんてこと言うんだろう. Bak şu yumurcağa, neler söylüyor!

cibicibi ちびちび /be./ yudum yudum. 父は片方でテレビを見ながら, もう一方でコーヒーを〜飲む. Babam bir yandan televizyon izlerken bir yandan kahvesini yudumluyor.

cibî・ru ちびる /ey./ aşın-, yıpran-.

cibu 恥部 /a./ ayıp yerler, edep yeri, ut yeri, etek.

cibusa 乳房 /a./ göğüs, meme. 〜を吸う meme em-. 〜をふくませる emzir-. 〜の豊かな göğüslü.

ciccyài ちっちゃい /s./ küçücük, ufacık. → **ciisài**. 赤ん坊が〜 el kadar. 〜子ネコ ufacık bir yavru kedi.

ciccyana ちっちゃな /s./ küçücük, ufacık. → **ciisana**. 赤ん坊 maşa kadar.

cici 父 /a./ baba, ata. 〜と母 baba ve ana. 〜であること babalık. 〜が子をいたわるようにする babalık et-. 〜そっくりの息子 babasının oğlu. 〜の母 baba anne. 義理の〜 kayın baba, kayın peder, kaynata. 〜や母 (口語) ihtiyar. 夫・妻の〜 dünür. 〜に死なれた子 yetim. 〜は一家の大黒柱だ. Baba ailenin direğidir. 〜のない子になりませんように. Allah dört gözden ayırmasın. ヘロドトスは歴史の〜である. Herodotos tarihin babasıdır.

cici 乳 /a./ süt. 〜をゴクゴク飲む sütü lıkır lıkır iç-. 〜を飲ませる emzir-, meme ver-, süt ver-. 水で薄めた〜 hileli süt. 〜の sütlü. 〜の入っている sütlü. 〜の入っていない sütsüz. 〜を出す sütlü, sağmal. 〜を出さない sütsüz. 〜をしぼる sağ-. 〜がしぼれる sağıl-, 〜にあたる süt çal-. 〜が子供の体にさわった. Süt, çocuğu çalkadı.

cicikata 父方 /a./ baba tarafı. 〜の祖母 baba anne. 〜は金持ち. Baba tarafı zengin.

cicioya 父親 /a./ baba. 〜らしく baba sıfatıyla. 〜らしくする babalık et-. 〜の不明な (侮辱的) dokuz babalı. この気難しさは〜譲りらしい. Bu titizlik babasından geçmiş.

cicu 膣 /a./ döl yolu, ferç.

cicûzuki 血続き /a./ kan akrabası.

cicuzyo 秩序 /a./ düzen, intizam, inzibat, nizam. 〜ある muntazam. 〜かく乱 kargaşa. 〜正しさ çekidüzen, düzen bağı. 世界のどこかで起こる戦争はすべての〜を破壊する. Dünyanın herhangi bir yerindeki savaş bütün düzeni bozar.

Cicyûukai 地中海 /a./ Akdeniz.

cidome 血止め /a./ kan durdurucu.
cidori チドリ, 千鳥 /a./ yağmur kuş.
cidoriasi 千鳥足 /a./ 酔って〜で歩く. O duvar senin, bu duvar benim.
ciè 知恵 /a./ akıl, hikmet, us, (冗談) sepette pamuk. 〜を授ける akıl öğret-, akıl ver-. 〜を働かせる usu iyi kullan-. 〜をめぐらす usavur-, uslamla-. 最高の〜 deha. 大きくなっても〜がつかない（卑語）eşek kadar oldu. この〜をあなたに誰がつけたのか. Bu aklı size kim verdi? 〜を与えたまえ. Allah akıllar versin.
ciebùkuro 知恵袋 /a./ dağarcık.
cieñ 遅延 /a./ rötar, süründürme, gecikme, tehir.
cieòkure 知恵遅れ /a./ zekâ geriliği.
cièsya 知恵者 /a./ akıl hocası.
cigae・ru 違える /ey./ yanıl-; burk-. 約束を〜 vaadinde durma-, vaadini tutma-. 足を〜 ayağı burk-.
cigai 違い /a./ ayrılık, başkalık, fark, ihtilâf, ayrım. ちょっとした〜 ayırtı. 〜のない farksız. 〜がない kalır yeri yok. 大きな〜がある aralarında dağlar kadar fark ol-. 我々の間には観点の〜がある. Aramızda görüş ayrılığı var. たぶん…に〜ない -se gerek, -meli. 子供達は教室に入っているに〜ない, というのは辺りに誰もいないから. Çocuklar derse girmiş olmalı ki ortada kimseler yok.
cigai hòokeñ 治外法権 /a./ kapitülasyon.
cigau 違う /ey./ ayrıl-; değiş-; yanıl-; hayır! 違っている ayrı, başka başka, farklı. 全く違った bambaşka, apayrı. 違った言い方をする ağzı değiş-. 違います hayır! …と違って farklı olarak. 気が〜 çıldır-, aklını boz-. 答えが〜 cevap yanlış. あなたの言うことはさっきと〜. Bu sözünüz deminkini çeliyor. 毎日〜服を着る. Her gün değişik elbiseler giyer.
cigiri 契り /a./ vaat, söz, ant.
cigiru ちぎる /ey./ kopar-. ちぎって細かくする didikle-. 子供達は肉をちぎっては食べ, ちぎっては食べした. Çocuklar pirzolayı çekiştire çekiştire yediler.
cigiru 契る /ey./ söz ver-, ant iç-.
Cigurisùgawa チグリス川 /a./ Dicle.
cigyo 稚魚 /a./ yavru balık.
ciheiseñ 地平線 /a./ ufuk, çevren, göz erimi. はるかな〜 engin ufuklar. 太陽が〜に近づく. Güneş ufka yaklaşıyor.
cihoo 痴呆 /a./ akıl zayıflığı.
cihoo 地方 /a./ bölge, diyar, ülke, el, il, taşra, havali, dışarı. 〜の lokal, mahallî, yerel, yöresel, taşralı. ある〜の taraflı. ある〜の男 uşak. 黒海〜の男. Karadeniz uşağı. 一〜の植物全体 bitey. 〜なまり taşra ağzı. 〜分権制 ademi merkeziyet sistemi. 〜分権主義者 bölgeci. 〜行政 yerel yönetim. 〜財務官 defterdar. この〜に新しい森が生い茂った. Bu alanda yeni bir orman fışkırdı.
cihoogo 地方語 /a./ lehçe.
cihoosei 地方性 /a./ 〜の lokal.
cihooteki 地方的 /a./ 〜な yerel.
cihusu チフス(Al. Typhus) /a./ tifo. 〜の流行 tifo salgını.
cihyoo 地表 /a./ toprağın üzeri, (古語) arz. 〜のでこぼこ yüzey şekilleri. 〜の浸食 aşınma.
cii 地位 /a./ mevki, yer, aşama, post, mertebe, paye, pozisyon, makam, kadro, orun, sandalye. 〜争い koltuk (post, sandalye, yorgan) kavgası. 高い〜 koltuk. 高い〜につく mevki al-. 〜を高める yükselt-. 長の〜 başlık. 旧藩主の〜 beylik. 〜を上げるために利用する atlama taşı yap-. 〜も考えずに軽はずみなことに手を出す başı dön-. 〜を利用して大もうけする deveyi havuduyle yut-.

cìicii チーチー /*be.*/ cıvıl cıvıl. ～と鳴く cırla-, cıvılda-, cırlak, cırtlak. ～と鳴く声 cıvıltı.
cìihu チーフ(İng. cheif) /*a.*/ baş, önder, şef.
cìiki 地域 /*a.*/ bölge, mıntıka, semt, yöre, kesim, ülke. ～社会の助け合い作業 imece.
ciikiteki 地域的 /*a.*/ ～な bölgesel, mahallî.
cìimu チーム(İng. team) /*a.*/ ekip, takım, küme, posta, kol. サッカー～ futbol takımı. 10人の～ on kişilik bir ekip. 労働者の～ işçi postaları.
cìirui 地衣類 /*a.*/ liken.
ciisâi 小さい /*s.*/ küçük, ufak, mini, minüskül, genç. → **ookìi**. ～子供 ufak çocuk. とても～ küçücük, ufacık, minnacık, bacak kadar, tırnak kadar. ～目 boncuk gibi. ～皿 bülbül çanağı gibi. ～こと küçüklük, ufaklık. 小さくする küçült-, ufala-, kıs-, 小さくなる küçül-, ufal-, eksil-, kısıl-, sin-. 小さくなった güdük. 小さくてかわいい çıtı pıtı. 小さくてポチャッとした女 bıldırcın gibi. 小さくて色の黒い子供 böcek gibi. 物を小さく見る dürbünün tersiyle bak-. ～ままでいる güdük kal-. ラジオの～音を大きくしてくれないか. Radyonun kısık sesini açar mısın? ラジオの音を少し小さくしてくれないか. Radyoyu biraz kısar mısın? ～利益さえ金持ちのところへ行ってしまう. Aza sormuşlar nereye, çoğun yanına demiş. ～者は大きい者に見習う. Baş nereye giderse, ayak da oraya gider. 小さくとも長になるべきだ. Baş ol da, istersen soğan başı ol. ～人は若く見える Bodur tavuk her gün (dem) piliç.
cìisana 小さな /*s.*/ küçük, ufak, genç. → **ōokina**. ～子供 ufak çocuk. ～家 bakla oda, nohut sofa.
cìizu チーズ(İng. cheese) /*a.*/ peynir. 油気のない～ imansız peynir. 羊の乳の～ kaşar, kaşar peyniri. かめに～を押し込む küpe peynir bas-. ～スープ tükenmez. ～の缶にうじゃうじゃ虫がわいている. Peynir tenekesinde fıkır fıkır kurt kaynıyor. トルコの～はほとんど羊の乳で作る. Türkiye'de peynir en çok koyun sütünden yapılır.
cìka 地下 /*a.*/ yer altı. ～の土壌 toprak altı. ～の空気穴 baca. ～資源 toprak altı servetler. ～倉庫 mahzen. ～組織 yer altı örgütü, yer altı, hücre. ～水槽 sarnıç. ～トンネル lağım.
cikâdoo 地下道 /*a.*/ alt geçit, yer altı geçidi, tünel.
cikâgoro 近頃 /*a.*/, /*be.*/ sonraları, bu günlerde, yakınlarda, geçende, geçenlerde, şu günlerde (sırada). ～商売がさっぱりだ. Son günlerde alış veriş çok durgun.
cikai 誓い /*a.*/ ahit, ant, yemin, yemin kasem. ～の言葉 namus sözü, şeref söz. ～をたてる ahdet-. ～を破る. andını boz-.
cikai 地階 /*a.*/ bodrum katı, zemin.
cikâi 近い /*s.*/ yakin; benzer. とても～所 komşu kapısı. 近くなる yakınlaş-. ～親族 yakın akraba. ～うちに. yarın öbür gün. 色が～ bak-. アイシェたちは我家に～隣人だ. Ayşeler bize yakın komşu. 新しい家に引越したらあなたの所に近くなります. Yeni eve taşınınca size yakınlaşacağız. 市場が～のはおばあさんの気に入った. Pazarın evimize. yakınlığı ninemin çok hoşuna gitti. この布の色は緑に～. Bu bezin rengi yeşile bakıyor.
cikaku 知覚 /*a.*/ duyum.
cikaku 地核 /*a.*/ yer çekirdeği.
cikaku 地殻 /*a.*/ yer kabuğu, yer yüzü.
cikàku 近く /*a.*/, /*be.*/ civar, nezt; bu günlerde, yakında. ～に doğru, karşı, üzere. すぐ～に burnunun

cikakûiki

dibinde. この～に yakınlarda. 夕方～に akşama doğru. 朝方～に sabaha karşı. ほんのすぐ～の adımlık. 夜半近くにドンドン門をたたいた. Gece yarısına doğru güm güm kapıma vurdu.
cikakûiki 知覚域 /a./ duyum eşiği.
cikâmici 近道 /a./ kısa yol, kestirme. ～の kestirme. ～をする kestirmeden git-.
cikañ 痴漢 /a./ kadın avcısı, şehvete düşkün.
cikañ 弛緩 /a./ gevşeme.
cikarâ 力 /a./ güç, kuvvet, kudret, erk, takat, şiddet, zor, mecal, can, derman, hâl, bilek, tılsım, cebir. この～ kaldıracın gücü. ～の cebrî. ～で cebren. …の～で kuvvet. 言葉の～で çeneye kuvvet. 金の～で paraya kuvvet. ～がある gücü yet-, (口語) borusu öt-. ～のある güçlü, kuvvetli, yaman, yavuz, mezun, dağ (dağlar) gibi. ～のある上司 idareli bir müdür. ～のある人を友人に持つ mahkemede dayısı ol-. ～が強い gücü yet-. ～の強い güçlü, kuvvetli. ～がない elde olma-, hâli olma-, bir atımlık barutu ol-. ～がないのに一人前に認められる adam sırasına geç- (gir-). ～がないのに大きなことをしようとする (口語) topal eşekle kervana katıl-. ～がなくなる güçten düş-, dermandan (dermanı) kesil-, eli ayağı kesil- (tutma-), soluğu kesil-, kul bağla-, hükmü geç-. ～のない güçsüz, kuvvetsiz, cansız, dermansız, mecalsız, zayıf, (古語) zebun. ～のない男 cansız adam. ～のない先生 zayıf bir öğretmen. ～ない argın, aygın baygın. ～なさ kısıklık. ～が衰える hamlaş-. 年をとって～が衰える ak sakaldan yok sakala gel-. ～が出る canlan-. ～が及ぶ (ile) baş edebil-, baş et-. ～を合わせる baş başa ver-. ～を貸す çorbada tuzu bulun-, yardımda bulun-. 人の～を借りないで kendi başına. 人の～を借りないでやる kendi göbeğini kendi kes-. ～を尽くす emeği geç-. 他人のために～を尽くす parçalan-. ～を得る kuvvet al-. ～を入れる kuvvet ver-, özen-. ～をなくす kuvvetten düş-. ～を失う cılızlaş-. 手を握り合って～を試す (俗語) elleş-. ～に屈する amana gel-. ～や能力にまかせる bileğine güven-. ～になる himmet et-. ～に応じて dişine göre. このトランクを持ち上げるほどの～はありません. Bu bavulu kaldıracak kadar kuvvetim yok. これをする～はありません. Bunu yapmaya mezun değilim. 残った仕事は～のある者がやらなければならぬ. Gayret dayıda düştü. ～は正義だ. Mühür kimde ise Süleyman odur. ～ある者が勝る. İş bilenin, kılıç kuşananın. ～ある者は身近な人々に手をさしのべようとしないものだ. Mum dibine ışık vermez. 庭にたいへん～を入れている. Bahçeye çok özeniyor.
cikarabùsoku 力不足 /a./ ～の güçsüz, zavallı.
cikara ippai 力いっぱい /be./ bütün gücüyle. しりを～ひねった. Kaba etini bütün gücüyle burdu.
cikarâkobu 力こぶ /a./ pazı. 兄さんの～はかたい. Ağabeyimin kalın pazıları var.
cikaramàkase 力任せ /a./ ～に投げる bütün gücüyle at-.
cikarâmoci 力持ち /a./ güçlü bir adam, pehlivan.
cikaraòtosi 力落とし /a./ üzgünlük.
cikara sìgoto 力仕事 /a./ ağır iş. ～で疲れる kolları kop-.
cikarazoe 力添え /a./ yardım.
cikarazukè・ru 力づける /ey./ can ver-, gayret ver-.
cikarazuku 力ずく /a./ ～で zorla, zoraki, yaka paça. ～で引き出す

çatır çatır sök-. くぎを〜で引き抜く çiviyi kanır-. 〜で仕事をさせた. Zor kullanarak işini yaptırdı.
cikarazuyòi 力強い /s./ canlı, güçlü, kuvvetli, kadir, sert, aygır gibi. 〜足取り sert adımlar. 〜手pençe. 〜言葉 canlı söz. 力強くşiddetle.
cikàsa 近さ /a./ yakınlık.
cikàsicu 地下室 /a./ bodrum.
cikasìi 近しい /s./ yakın, sıkı fıkı. 〜間柄 sıkı dostluk.
cikàsui 地下水 /a./ yer altı suları.
cikatecu 地下鉄 /a./ metro.
cikatte 誓って /be./ alimallah, vallahi.
cikau 誓う /ey./ ant iç-, yemin et-, (俗語) yemin iç-. 心に〜 ahdet-, andiç-. 自分に〜 ant et-. 経典に手を乗せて〜 el bas-. 妻との離婚にかけて〜şart et-. 妻との離婚にかけて誓ったşarklı. 神かけて〜 (俗語) yemin billah et-. 神に誓って dinim hakkı için. 誓います. Andım var. 誓ったとしても私は信じない. Yemin etse bile inanmam.
cikawase・ru 誓わせる /ey./ ant içir-, ant verdir-, yemin verdir-.
cikayòru 近寄る /ey./ dayan-, yaklaş-. 近寄り難い人 yanına varılmaz.
cikàzika 近々 /be./ bu günlerde, bu yakınlarda, bu gün yarın.
cikazukè・ru 近づける /ey./ yaklaştır-. いすを壁に〜 sandalyeyi duvara yaklaştır-.
cikazùku 近づく /ey./ yaklaş-, yakınlaş-, bitiş-, yanaş-. バスの出発する時間が近づいた. Otobüsün hareket etme saati yaklaştı. 夏が終わりに近づいた. Yaz çıkmak üzeredir.
cìki 知己 /a./ tanıdık, bildik.
cìkku チック (Fr. tic) /a./ tik. おばあさんはたぶん〜だ, しょっちゅう目をぱちぱちさせる. Yaşlı bayanın galiba tiki var, durmadan göz kırpıyor.

cikoku 遅刻 /a./ gecikme. 〜するgecik-. 授業に〜する derse gecik-.
cìku 地区 /a./ bölge, mahalle, semt, nahiye. 〜の長 muhtar. この〜ではそれほど近所づきあいはない. Bu mahallede o kadar komşuluk yok.
cìkubi 乳首 /a./ meme başı, meme, emzik. 〜のような mememsi. 〜を吸うmeme em-.
cìkuciku チクチク /be./ 〜痛む sızla-. 布(や毛)が〜する ısır-. しびれて〜するkarıncalan-. 〜痛ませる dala-. 〜する痛み sızı. 背中が〜痛む. Sırtımda hafif bir sancı var. 寒い所から暖かい家へ入ったら手足が〜した. Soğuktan sıcak eve girince ellerim ve ayaklarım karıncalandı. 毛のセーターで体が〜する. Tüylü kazağım vücudumu dalıyor.
cikudeñ 逐電 /a./ kaçma.
cikudèñci 蓄電池 /a./ akümülatör.
cikudèñki 蓄電器 /a./ akü.
cikùici 逐一 /be./ birer birer, teker teker.
cikunoosyoo 蓄膿症 /a./ ampiyem.
cikuoñki 蓄音機 /a./ gramofon.
cikuriñ 竹林 /a./ bambu ormanı.
cikusañ 畜産 /a./ hayvancılık.
cikusañzyoo 畜産場 /a./ 馬の〜hara.
cikuseki 蓄積 /a./ birikim. 資本の〜ana mal birikimi.
cikusyòo 畜生 /a./ hayvan, canavar, köpek, (卑語) köpoğlu. 〜! damarı kurusun! (口語) gözü kör olsun, it oğlu it, tuh, tüh, ulan, ülen. この犬〜め köpoğlu köpek!
cìkuzi 逐次 /be./ sırasyla.
cikuzyoo 築城 /a./ istihkâm.
cikyoo 地峡 /a./ berzah, kıstak.
cikyòodai 乳兄弟 /a./ süt kardeş.
cikyuu 地球 /a./ dünya, yer, yer yuvarlağı, yer küre, küre. 〜の表面yer yüzü. 〜が太陽の周りを回るのは真

理だ. Yer yuvarlağının güneş dolayında döndüğü bir gerçektir.
cimamire 血まみれ /a./ ～の kanlı.
cimanako 血眼 /a./ kanlı göz.
cimata ちまた, 巷 /a./ sokak, cadde.
cimayòu 血迷う /ey./ delir-, deli ol-.
cimei 知名 /a./ ～の tanınmış.
cimeisyoo 到命傷 /a./ öldürücü yara.
cimeiteki 到命的 /a./ ～な hayatî, öldürücü, ölümcül.
cimicu 緻密 /a./ ～な ince, nazik.
cimidoro 血みどろ /a./ ～の戦い kanlı savaş.
cinamagusài 血なまぐさい /s./ kanla lekelenmiş.
cinamini ちなみに /be./ bu münasebetle, sırası gelmişken.
cinàmu ちなむ /ey./ ilgilendir-.
cinoke 血の気 /a./ kan, kan rengi. 顔から～がなくなる benzi kül gibi ol-, benzinde kan kalma-.
cinomìgo 乳飲み子 /a./ kucak çocuğu.
cinoo 知能 /a./ anlak, zekâ, akıl. ～指数 zekâ bölümü. ～テスト zekâ testleri ～が高い zeki. 兄は高い～を持っている. Ağabeyimin üstün bir zekâsı var.
ciñ チン /be./ çın çın. ～と音を出す çıngırda-.
ciñacu 鎮圧 /a./ ～する bastır-. 謀反を～する isyanı bastır-. ～される bastırıl-.
ciñage 賃上げ /a./ ücret zamı, aylık artırması.
ciñba ちんば /a./ ～の topal. ～のテーブル topal masa. ～で歩く topalla-. ～になる topal ol-.
ciñbocu 沈没 /a./ batma. ～する bat-. ～した batık. ～した船 batık gemi. ～船体 gemi leşi.
ciñcuu 鎮痛 /a./ ağrı durdurması. ～の müsekkin, yatıştırıcı.
ciñcùuzai 鎮痛剤 /a./ ağrı giderici ilaç, müsekkin, yatıştırıcı.
ciñcyaku 沈着 /a./ soğuk kanlılık. ～な serin kanlı, soğuk kanlı, sakin.
ciñcyoo 珍重 /a./ ～する çok değer ver-.
ciñdeñ 沈殿 /a./ ～する çökel-.
ciñdèñbucu 沈殿物 /a./ çökelek, çökelti, tortu, çöküntü.
ciñgari 賃借り /a./ ～する kirala-.
ciñgasi 賃貸し /a./ kira. ～する kiraya ver-, kirala-. ～されている kirada ol-.
ciñgiñ 賃金 /a./ işçilik, maaş, ücret. ～で働く ücretli. ～がふえる zam gör-. 見習い中の～ çıraklık. ～が暮らしに追いつかなかった. Maaşı geçimine yetmiyordu.
ciñka 沈下 /a./ ～する bat-, çök-.
ciñka 鎮火 /a./ ～する yangın sön-.
ciñkòñkyoku 鎮魂曲 /a./ matem havası, ağıt.
ciñkyaku 珍客 /a./ nadir misafir.
ciñmoku 沈黙 /a./ sessizlik, sükût. 長い～ derin sessizlik. ～する sus-, suspus ol-. ～させる sustur-. ～して suspus. ～は承諾のしるし. Sükût ikrardan gelir.
ciñpàñzii チンパンジー /a./ şempanze.
ciñpira yòogo ちんぴら用語 /a./ argo.
ciñrecu 陳列 /a./ ekspozisyon, teşhir. ～する sergile-, ser-. ～される sergilen-.
ciñrecudai 陳列台 /a./ podyum.
ciñrecuhiñ 陳列品 /a./ sergi.
ciñròodoo 賃労働 /a./ ırgatlık.
ciñroodòosya 賃労働者 /a./ ücretli.
ciñsei 鎮静 /a./ ～の müsekkin.
ciñsèizai 鎮静剤 /a./ müsekkin, yatıştırıcı.
ciñsya 陳謝 /a./ affetme.
ciñsyaku 賃借 /a./ ～する kirala-.
ciñtai 賃貸 /a./ kira. ～する kirala-, kiraya ver-. ～契約 kira sözleş-

mesi.
ciñtàiryoo 賃貸料 /a./ kira. 〜で毎月千リラもうかる. Kiradan her ay bin lira geliyor.
ciñzi 珍事 /a./ macera.
ciñzyoo 陳情 /a./ dilekçe verme. 〜する dilekçe ver-.
ciñzyoosyo 陳情書 /a./ dilekçe.
cippòke ちっぽけ /a./ 〜な küçücük, minimini, minnacık, minicik. 〜な家 kümes. 〜なもの zırnık.
cippu チップ(İng. tip) /a./ bahşiş, kahve parası, parsa.
cirabaru 散らばる /ey./ seril-, seyrekleş-, dağıl-, kaçış-. 一面に〜hasır gibi seril-. 散らばっているdağınık. ばらばらに散らばった perakende.
cirahora ちらほら /be./ tek tük.
cirakarihòodai 散らかり放題 /a./ darmadağın, darmadağınık. 物が〜の部屋 eşyası darmadağın bir oda.
cirakaru 散らかる /ey./ dağıl-. 机の上が〜 masanın üstü dağıl-. 散らかっているdağınık, karışık, pejmürde, perişan. 散らかった部屋 karışık bir oda. 散らかった物 tef çalsan oynayacak. この部屋はとても散らかっている. Bu oda pek dağınık.
cirakasu 散らかす /ey./ dağıt-. 紙を〜kâğıtları dağıt-.
cirasu 散らす /ey./ dağıt-. 気を〜zihnini dağıt-. クモの子を〜ように逃げる çil yavrusu gibi dağıl-. 風が雲を散らした. Rüzgâr bulutlar dağıttı.
ciràtto ちらっと /be./ biraz, bir. 〜見る kolaçan et-. 横目で〜見る gözü kay-. 〜目をやる şöyle bir bak- (göz at-).
ciri ちり /a./ çer çöp, toz. 〜をまき上げる tozut-. 〜が積もる tozlu ol-, tozlan-, üstüne toz kon-.
§〜も積もれば山となる. Damlaya damlaya göl olur.

Cìri チリ /a./ Şili.
ciri 地理 /a./ coğrafya. 〜に明るいezbere bil-. 歴史の本と思って〜の本をカバンに入れた. Tarih kitabı diye coğrafya kitabını çantasına koymuş.
ciribamè・ru ちりばめる /ey./ kakma yap-. 宝石をちりばめた mücevher kakmalı.
cirigaku 地理学 /a./ coğrafya.
ciri gàkusya 地理学者 /a./ coğrafyacı.
cirigakuzyoo 地理学上 /a./ 〜の coğrafî.
cirigami ちり紙 /a./ tuvalet kâğıdı.
cirimàmire ちりまみれ /a./ tozluluk. 〜の tozlu.
cirimeñ ちりめん /a./ krep, krepon.
cirimeñgami ちりめん紙 /a./ krepon.
ciriñ チリン /be./ 〜と鳴る çınla-. 〜と鳴らせる çınlat-. 〜〜 çın çın. 〜〜と鳴らす çın çın inlet-. 〜〜と鳴り響く çın çın öt-.
ciriteki 地理的 /s./ 〜な coğrafî.
ciritòri ちり取り /a./ faraş. ブリキの〜teneke faraş.
ciriziri 散り散り /a./ 〜の hurdahaş.
ciru 散る /ey./ dağıl-, dökül-, saçıl-. 木の葉が〜 yapraklar dökül-. 雲が散った. Bulutlar dağıldı.
cìryoku 知力 /a./ anlık, beyin, zihin.
ciryoo 治療 /a./ kür, tedavi. 足の〜pedikür. 〜する iyileştir-, tedavi et-.
ciryoohoo 治療法 /a./ çare, derman.
ciryòoyaku 治療薬 /a./ derman.
cìsei 地勢 /a./ konum.
cìsei 治世 /a./ hükümdarlık.
cìsei 知性 /a./ akıl, anlayış, kafa, anlık, dimağ, us, zihin. 〜のある人 kafalı adam. 〜のない kafasız. 〜のひらめき zihin açıklığı. 彼の〜は衰えたらしい. Onun zekâsı yıpranmış. 授業で習ったことは〜を発達させる. Derslerde

öğrendiklerimiz zihnimizi geliştirir.
cisi 知歯 /a./ yirmi yaş dişi. → **oyasirazu.**
cisicu 地質 /a./ jeolojik nitelik. ～の変成 başkalaşım.
cisicùgaku 地質学 /a./ jeoloji, yer bilim. ～の jeolojik.
cisicu gàkusya 地質学者 /a./ jeolog.
cisiki 知識 /a./ bilgi, malûmat, ilim, irfan, vukuf. ～がある anla-. ～のある bilgili. ～を得る bilgi edin-. 生半可な～で bilir bilmez. 一般的な～ dağarcık. 一般的な～が少ない dağarcığı kıt (yufka). ～が深くなる derinleş-.
cisikìziñ 知識人 /a./ âlim, aydın.
cisio 血潮 /a./ kan.
cisìryoo 致死量 /a./ öldürücü miktar.
cisoo 馳走 /a./ ikram. ご～する ikram et-, yemek sun-.
cisoo 地層 /a./ toprak tabakası, katman, külte, tabaka. ～の褶曲 kıvrılma, kıvrım.
cisso 窒素 /a./ azot.
cissoku 窒息 /a./ boğulma. ～する boğul-. のどに種が入って～する boğazına çekirdek kaçarak boğul-. ～させる boğ-.
cisuzi 血筋 /a./ kan, soy. ～を引く soya çek-.
cisya チシャ /a./ marul.
cisya 知者 /a./ akıllı. ～と愚者 akıllı ve aptal.
citai 遅滞 /a./ gecikme.
citai 地帯 /a./ bölge, mıntıka, kesim, saha. 危険～ tehlikeli arazi.
citeki 知的 /a./ ～な akıllı, kafalı.
citeñ 地点 /a./ nokta. ある～を目指して行く boyla-.
cittòmo ちっとも /be./ hiç. たばこをやめたが～さびしくない. Tütün bıraktım, hem hiç aramıyorum. ～こわくはない

さ. Cehenneme kadar yolu var. ～分からない. Anladımsa Arap olayım.
ciyògami 千代紙 /a./ el işi kâğıdı.
ciyu 治癒 /a./ şifa. 病気が～する hasta iyi ol-.
cizi 知事 /a./ vali. ～の地位 valilik. 十年～をした. On yıl valilik yaptı.
cizikamu 縮かむ /ey./ (soğuktan, korkudan) gerineme-.
cizikomàru 縮こまる /ey./ kavrul-, kıvrıl-, kısıl-, büzül-. 縮こまった sinik. アフメットは担架の上で縮こまって眠った. Ahmet sedirin üstünde kıvrılıp uyudu.
ciziku 地軸 /a./ yer yuvarlağının ekseni.
cizimaru 縮まる /ey./ ufal-, küçül-. → **cizimu.**
cizime・ru 縮める /ey./ kas-, küçült-, kısalt-. 日程を～ programı kısalt-.
cizimi 縮み /a./ kısalma, kısılma, daralma.
cizimiori 縮み織り /a./ bükme.
cizimu 縮む /ey./ kasıl-, kısal-, kısıl-, küçül-, kıvrıl-, çek-, fire ver-. 身が～ büzül-. 木が～こと çekme. 縮んだ kıvırcık. 服が洗濯したら縮んだ. Elbise yıkanınca çekti.
cizini 千々に /be./ parça parça. ～砕ける parçalan-.
ciziñ 知人 /a./ bildik, tanıdık, tanışık, aşina, (俗語) tanış, (古語) yâr. ～の tanıdık. 友人～ eş dost.
cizirasu 縮らす /ey./ kıvır-. 髪を～ saçlarını kıvır-.
cizire 縮れ /a./ kıvrım, büklüm. 母が髪の～をくしで直してくれた. Annem saçlarımın büklümlerini tarakla düzeltti.
cizirege 縮れ毛 /a./ kıvırcık saç. ～のめん羊 kıvırcık.
cizire・ru 縮れる /ey./ kıvrıl-. 髪が～ saçlar kıvrıl-. 縮れた kıvırcık, ondüle.

cizìsicu 知事室 /*a.*/ valilik.
cizìsyoku 知事職 /*a.*/ valilik.
cizu 地図 /*a.*/ harita, coğrafya atlası. ～の製作 haritacılık.
cizucyoo 地図帳 /*a.*/ atlas.
cizyoku 恥辱 /*a.*/ ayıp, rezalet, şerefsizlik.
cizyoo 地上 /*a.*/ yer üstü. ～一階 alt kat, zemin katı. ～の yer üstündeki, dünyevî.
cùaa ツアー(İng. tour) /*a.*/ tur.
cùba つば /*a.*/ salya, tükürük. ～を吐く tükür-. ～でぬらす tükürükle-. ～を飲み込む yutkun-. 欲しくて～を飲み込む tükürüğünü yut-. とてもおなかがすいていたので食べ物を見て～を飲み込んだ. Öyle acıkmıştım ki yemekleri görünce yutkundum.
§天に～する gâvura kızıp oruç ye-(boz-).
cùba つば /*a.*/ 刀の～ kılıç kaşi. 帽子の～ şapkanın kenarı, siper.
cùbaki ツバキ /*a.*/ kamelya.
cubakì つばき /*a.*/ salya, tükürük. → **cùba**.
cubame ツバメ, 燕 /*a.*/ kırlangıç. ～は泥で巣を作る. Kırlangıç çamurdan yuva yapar.
cubasa 翼 /*a.*/ kanat, cenah. ～を広げる kanatlan-.
cùbekobe つべこべ /*be.*/ aman zaman. ～言う homurdan-. ～言うな dilin tutulsun !
cuberukuriñ ツベルクリン (Al. Tuberkulin) /*a.*/ tüberkülin. ～検査 tüberkülin testi.
cubo 坪 /*a.*/ 3.33 metre kare arazi.
cubo つぼ, 壺 /*a.*/ kavanoz, çömlek, hokka, kumkuma. ジャムの～ reçel kavanozu. 柄のついた～ testi. この～には蜂蜜が10キロ入る. Bu küp on kilo bal alır.
cubome・ru つぼめる /*ey.*/ büz-. → **subome・ru**.
cubomi つぼみ, 蕾 /*a.*/ tomurcuk, konca, cücük, düğme. ～がつく tomurcuklan-. バラの～がぱっと開いた. Gül tomurcuğu çatladı.
cùbu 粒 /*a.*/ tane. ブドウの～ üzüm tanesi. アーモンドの～ badem içi. 作物の～ができる tane bağla-.
cubura つぶら /*a.*/ boncuk gibi yuvarlak ve sevimli olma.
cubure・ru つぶれる /*ey.*/ çök-, ezil-, torşusu çık-. つぶれた ezik, ezgin. つぶれた果物 ezik meyveler. 目が～ gözü ak-. 声が～ nefes tüket-. 会社が～ şirket iflas et-. 顔が～ yüzü kara ol-.
cuburu つぶる /*ey.*/ yum-. 目を～ gözünü kapa-, gözünü yum-, göz yum-, idare et-. つぶっている yumuk, kısık. アイラは目をつぶっているが, 眠っているのかしら. Ayla'nın gözleri yumuk, acaba uyuyor mu ? 赤ん坊がつぶっていた目をあけた. Bebek kısık gözünü açtı.
cùbusani つぶさに /*be.*/ inceden inceye. ～調べる irdele-, gözden geçir-.
cubusare・ru つぶされる /*ey.*/ ezil-. 子ネコがトラックにつぶされた. Küçük kedim bir kamyon tarafından ezildi.
cubusu つぶす /*ey.*/ ez-, öğüt-, mıncıkla- ; kes- ; öldür-. ジャガイモを～ potatesi ez-. トマトをぐしゃぐしゃに～ domatesi mıncıkla-. ヒツジを～ koyun kes-. 時間を～ vaktini öldür-, vakit geçir-. 上に乗って帽子をつぶした. Üzerine bastı, şapkayı ezdi.
§肝を～ canı ağzına gel-, hayrette kal-.
cubute つぶて /*a.*/ taş. ～を打つ taş at-, taşla-.
cubuyaki つぶやき /*a.*/ mırıltı.
cubuyàku つぶやく /*ey.*/ mırıldan-, söylen-, homurdan-.
cubuyori 粒より /*a.*/ seçme. ～の品 seçme şey.

cuccùku 突っ突く /ey./ → **cucùku.**
cucî 土 /a./ toprak, toz, yer. ～の toprak. ～のない topraksız. ～が付く tozlan-. ～の付いた tozlu. ～をすきで掘り返す bel belle-. ああ、この国土のために～と化した兵士よ. Ey bu topraklar için toprağa düşmüş asker! §～になる toprak ol-, öl-.
cucî つち、槌 /a./ çekiç, mühre. ～でたたく çekiçle vur-.
cucibone 槌骨 /a./ çekiç kemiği.
cucihùmazu 土踏まず /a./ taban çukuru.
cucikàu 培う /ey./ yetiştir-, besle-.
cucikêmuri 土煙 /a./ toz duman. ～が立つ tozu-.
cucikure 土くれ /a./ toprak parçası, kesek.
cucù 筒 /a./ boru, kapçık, tomar. ブリキの～ teneke boru.
cucuganàku つつがなく /be./ sağ salim.
cucùku つつく /ey./ gagala-, dürt-, didikle-. 鳥がイチジクをつついた. Kuşlar incirleri didiklemiş.
cucumarê·ru 包まれる /ey./ bürün-, sarıl-. 山は霧に包まれた. Dağ sise büründü.
cucumasîi つつましい /s./ alçak gönüllü, mütevazı; tutumlu. つつましく暮らす boğazından kes-.
cucumasîyaka つつましやか /a./ alçak gönüllülük.
cucumî 包み /a./ paket, denk, dürüm. 食べ物の～ yiyecek paketi. 綿花の～ pamuk balyası. 二つの綿花 iki balya pamuk. 小さな～ çıkı, çıkın. ～にする paket et- (yap-), paketle-. 小さな～にする çıkın et-, çıkınla-. ～をほどく paketi aç- (çöz-). 何キロの～にしましょうか. Kaçlık paket istersiniz? 母は買物から手に～をいっぱい持って帰って来た. Annem alış verişten eli paketlere dolu geldi.

cucumî 提 /a./ set.
cucumîgami 包み紙 /a./ ambalaj kâğıdı. 厚手の～ kaba kâğıt.
cucumikakùsu 包み隠す /ey./ örtbas et-. 事実を～ gerçeği örtbas et-. 包み隠さずに açık açık, açık yürekle, çıplaklığıyla, dobra dobra.
cucumikòmu 包み込む /ey./ kapsa-, sarmala-.
cucùmu 包む /ey./ sar-, sarmala-, kapla-, ört-, paketle-, bürü-. 紙で～ kâğıda sar-, kâğıtla-. 身を～ sarın-. しっかり～ sarıp sarmala-. 子どもをふとんで～ çocuğu yorgana sar-. ～こと sarma. ～もの sarma. 弟にやるプレゼントをきれいな紙に包んだ. Kardeşime vereceğim armağanı güzel bir kâğıtla paketledim. あたりを静けさが包んだ. Ortalığı sessizlik kapladı. 火がまわりを包んだ. Ateş her yanı sardı. 山頂を霧が包んだ. Dağ başını duman bürüdü. あたりを一陣の恐怖が包んだ. Ortalığı bir korkdur aldı.
cucusimi 慎み /a./ alçak gönüllülük, tevazu. ～のない perdesi yırtık.
cucusimibukài 慎み深い /s./ alçak gönüllü.
cucusîmu 慎む /ey./ geri dur-, çekin-, kaçın-. 口を～ dilini tut-.
cucusîñde 謹んで /be./ saygılarımla.
cucuzi ツツジ /a./ açalya.
cucuzyoo 筒状 /a./ ～の borumsu. ～の容器 kubur, tüp. ～の棒 merdane. ～に巻く dür-. 硬貨を～に巻いたもの fişek.
cùdo 都度 /a./ その～ her defasında.
cudòi 集 /a./ toplantı. 楽しい～ eğlenceli bir toplantı.
cudòu 集う /ey./ toplaş-.
cùe つえ、杖 /a./ çubuk, değnek, sopa, asa, baston. ～にすがって歩く sopaya dayanarak yürü-.
cugai つがい /a./ çift. ひと～のカナリア

bir çift kanarya. 〜の一方 eş. 〜にする çiftle-. 〜になる çifteş-.
cugawasè·ru つがわせる /*ey.*/ çiftle-, çek-.
cuge ツゲ /*a.*/ şimşir. 〜のくし şimşir tarak.
cugeguci 告げ口 /*a.*/ kovculuk, gammazlık. 〜する gammazla-, laf taşı-, lakırdı taşı-. 〜する人 gammaz.
cuge·ru 告げる /*ey.*/ duyur-, ögret-, söyle-. 全員に〜 herkese duyur-.
cugi 継ぎ /*a.*/ yama. 〜を当てる yama vur-, yamala-, yama-. 〜を当てたようでぴったりしない yama gibi dur-. 〜を当てられる yaman-. 〜の当たった yamalı. 破れたズボンに母が〜を当てた. Yırtılan pantolonuma annem yama koydu.
cugì 次 /*a.*/ sonra, yan. 〜の ertesi, gelecek, sonraki, art, müteakip, takiben. 〜の日 erte. 祭りの〜の日 bayram ertesi. 〜の数世紀で sonraki yüzyıllarda. 〜のように şöyle. 〜に müteakiben. 右側の緑色の家の〜の建物 sağda yeşil evden sonraki bina. 〜止まります DURACAK.
cugìcugi ni 次々に /*be.*/ ardı ardına, birbiri, boyuna, dizi dizi, peş peşe, teker teker, üst üste. 〜来る sökün et-, katmerli. 〜発砲する boşalt-. 〜成功する dev adımlarıyle ilerle-. 〜ばらばらに崩れる iskambil kâğıdı gibi devril-. 〜ひどいことをする kırdığı koz (ceviz) kırkı (bini) aş-. 〜10人が来た. Birbiri ardınca on kişi geldi.
cugìcugi to 次々と /*be.*/ → cugìcugi ni.
cugihagi 継ぎはぎ /*a.*/ yama. 〜の ekli püklü. 〜だらけの服 yamalarlı bir elbise.
cugihagizàiku 継ぎはぎ細工 /*a.*/ 〜の包み parçalı bohça.
cugiho 接ぎ穂 /*a.*/ aşı kalemi.

cugiki 接ぎ木 /*a.*/ aşı, ilkah. 〜する aşıla-. 野生のナシにナシを〜する ahlata armut aşıla-. 〜される aşılan. 葉の芽による〜 yaprak aşısı.
cugikire 継ぎ切れ /*a.*/ yama. 〜で修繕する yamala-, yama-. 〜で補修してある yamalı.
cugikòmu つぎ込む /*ey.*/ dök-. 国境に兵を〜 sınıra asker dök-.
cugime 継ぎ目 /*a.*/ boğum, birleşme yeri. 管の〜 ek.
cugitasi 継ぎ足し /*a.*/ ekleme. 〜用の壁の出っ張り duvar dişi.
cugitàsu 継ぎ足す /*ey.*/ ekle-, birbirine bağla-.
cugite 継ぎ手 /*a.*/ yerine geçen kimse.
cugite 接ぎ手 /*a.*/ 管の〜 ek bileziği.
cugoo 都合 /*a.*/ özür, hal, durum; toplam, yekûn. 〜が良い işine gel-. 〜の良い elverişli, onay, uygun, müsait. 〜が悪い mahzur gör-, 〜の悪い münasebetsiz, özürlü. 〜よくiyi ki, iyi oldu ki. 言葉を〜よく解釈する sözü işine geldiği gibi çevir-. 金を〜する (俗語) doğrult-. 金が〜できる (俗語) doğrul-. 〜のいい行動をする人だ. Deve kuşu gibi yüke gelince kuşum, uçmağa gelince deveyim der. 〜よくできているものだ. Teptim keçe oldu, sivrilttim külah oldu.
cugu 次ぐ /*ey.*/ sonra gel-, ikinci.
cugu 継ぐ, 接ぐ /*ey.*/ yerini al- ; ekle- ; yama-. 跡を〜 yerine geç-, yerini al.
cugu 注ぐ /*ey.*/ dök-, boşalt-. 水をコップに〜 suyu bardağa boşalt-.
cugumi ツグミ /*a.*/ kara tavuk. 〜が鳴く kara tavuk öt-.
cugumu つぐむ /*ey.*/ 口を〜 dilini kes-.
cugunai 償い /*a.*/ kefaret, telâfi. 過ちの〜 us pahası. 罪の〜をする kafaretini öde-.
cugunàu 償う /*ey.*/ öde-, ödün ver-,

telâfi et- ; acısını çek-. 罪を〜 kefaretini öde-. 命で〜 kanıyle öde-.
cui 対 /a./ çift. 一〜の çift. 〜にする çiftle-. 人間の染色体の数は24〜である. İnsanda kromozom sayısı yirmi dört çifttir.
cùi つい /be./ farkına varmadan ; çok yakın, demin. 〜しゃべってしまう ağzından çık-. 〜さっき şimdi, yeni. 〜最近 yeniden yeniye. 〜きのうのこと dün bir, bü gün iki.
cuibàmu ついばむ /ey./ gagala-. 木の実を〜 meyveyi gagala-.
cuicyookiñ 追徴金 /a./ zammedilmiş para. 郵税〜 taksa.
cuide 次いで /be./ sonra, sonradan.
cuide ついで /a./ uygun zaman, fırsat. 〜に bu arada. 〜に言う parantez aç-.
cuiè・ru 費える, 潰える /ey./ tüken-, sön-, çök-.
cuigeki 追撃 /a./ kovalama.
cuihoo 追放 /a./ ret, kovma. 〜する kov-, at-, koğ-. 国外に〜する hudut dışı et-. 〜される atıl-, ikamete memur edil-. 打つだけにとどまらず, 仕事からも〜した. Yalnız dayak atmakla kalmadı, onu işinden de çıkardı.
cuiido ツイード(İng. tweed) /a./ tüvit. 〜の上着 tüvit ceket.
cuika 追加 /a./ ek, ilâve, katkı, katma, zam. 〜の ekli, munzam. 〜する ilâve et-, kat-, zammet-. 〜予算 katma bütçe.
cuiki 追記 /a./ derkenar.
cuiku 対句 /a./ beyit.
cuikyuu 追求, 追及, 追究 /a./ takip. 追求・追究する kovala-, koğala-, güt-, izine bas-, izle-. 目的を追求する amaç güt-. 追求・追究をやめ peşini bırak-, arkasını bırak-.
cùini ついに /be./ eninde sonunda, nihayet, öylelikle, artık. 〜は dönüp dolaşıp. 〜やって来る gelip çat-. 冬が〜やって来た. Kış gelip çattı.
cuioku 追憶 /a./ anı, hatıra.
cuiraku 墜落 /a./ düşme. 〜する düş-, düşüp parçalan-.
cuiseki 追跡 /a./ izleme, kovalama, takip. 〜する izle-, kovala-, koğala-, takip et-, arkasına düş-. 〜しうる güdümlü. 警察は賊を長いこと〜して逮捕した. Polisler hırsızı uzun süre kovaladıktan sonra yakaladılar.
cuisekìsya 追跡者 /a./ izci, izleyici.
cuisi 追試 /a./ engel sınavı.
cuisìkeñ 追試験 /a./ engel sınavı, ikmal imtıhanı, bütünleme, takıntı. 〜を受けねばならない ikmale kal-.
cuisiñ 追伸 /a./ mektup haşiyesi, mektup sonu notu.
cuisyoo 追従 /a./ yaltaklık. 〜を言う yağcılık et-. 〜を言わない iyiye iyi, kötüye kötü de-.
cuitacì 一日 /a./ ayın birinci günü.
ctitate つい立て /a./ perde, paravana, (俗語) çığ. 木の〜 tahta perde. 人を〜に利用する paravana yap-.
cùite ついて /il./ hakkında. …に〜 hakkında, üstüne. これに〜 bunun hakkında. …に〜の dair, değgin, ilişkin. …に〜は gelince, ise, itibariyle.
cuitocu 追突 /a./ sonradan çarpma.
cuitoo 追悼 /a./ anma. 〜文 ağıt.
cuiyasarè・ru 費やされる /ey./ harcan-.
cuiyàsu 費やす /ey./ harca-, masraf et-, sarf et-, ye-, (隠語) ez-. 金を〜 para harca-.
cuizyuu 追従 /a./ tabiiyet.
cukà 塚 /a./ höyük.
cukà つか, 柄 /a./ tutak. 刀の〜 kılıcın kabzası, kılıç tutağı, deste. 刀の〜を手のひらで握りしめる kılıcın kabzasını avucuyla kavra-.
cukae・ru 使える /ey./ kullanabil-. 武器が〜 eli silah tutan. 使えない

battal. 手が使えませんように eli kurusun.
cukaê·ru 仕える /*ey.*/ hizmet et-.
cukaê·ru つかえる /*ey.*/ tıka-, kapa-, engel ol-.
cukai 使い /*a.*/ ayak işi, komi, elçi, haberci. 〜の者 elçi, haberci, ulak. 〜を出す ulak çıkar-.
cukaihasiri 使い走り /*a.*/ ayak işi, komi. 官庁の〜 odacı.
cukaihatasarê·ru 使い果たされる /*ey.*/ suyunu çek-.
cukaihatàsu 使い果たす /*ey.*/ tüket-, yiyip bitir-, yoğalt-, erit-. 金を〜 kesenin dibi görün-. 全部〜 dibine deri ek-. 中身を〜 dibini bul-. ポケットの金を使い果たした. Cebimdeki bütün parayı harcadım.
cukaihurùsu 使い古す /*ey.*/ eskit-, hurdası çık-, parala-. おじいさんは使い古したキセルが大好きだ. Büyük babam yıllanmış eski nargilesini çok seviyor.
cukaikata 使い方 /*a.*/ kullanış. 彼は人の〜をよく心得ている. O, adam kullanmasını iyi bilir. 洗濯機が悪い〜をしたために動かなくなった. Çamaşır makinesi kötü kullanılmaktan yıprandı.
cukaikomi 使い込み /*a.*/ ihtilâs.
cukaikòmu 使い込む /*ey.*/ zimmetine geçir-. 2000リラ〜 zimmetine iki bin lira geçir-.
cukaimici 使い道 /*a.*/ fayda, kullanılma. 〜がない faydası yok.
cukaimono 使い物 /*a.*/ 〜にならなくなる körel-, körleş-. 〜にならなくする körlet-.
cukaite 使い手 /*a.*/ kullanan kişi.
cukaiyasùi 使いやすい /*s.*/ kullanışlı. 母は新しいアイロンがとても〜と言う. Annem yeni ütünün çok kullanışlı olduğunu söylüyor.
cukamaedokoro 捕まえ所 /*a.*/ 〜のない kaçamaklı. 〜がない elle tutulacak tarafı kalma-.
cukamaekata 捕まえ方 /*a.*/ kapış.
cukamaerarê·ru 捕まえられる /*ey.*/ tutul-, yakayı ele ver-.
cukamaê·ru 捕まえる /*ey.*/ tut-, yakala-, ele geçir-, (隠語) ensele-. 泥棒を〜 hırsızı tut-. えり首を〜 ensesine yapış-. 殺人犯を捕まえた. Katili yakaladılar. あなたが来るまで子どもを私が捕まえておきます. Siz gelinceye kadar çocuğu ben tutarım!
cukamaru 捕まる /*ey.*/ tutul-, ele geç-, eline düş-, kapıl-, paçayı kaptır-, yakalan-, yakayı ele ver-; tutun-. 猟で〜 avlan-. 小ネズミが捕まったネズミ取りの中でばたばたしている. Küçük fare yakalandığı kapanda çırpınıp duruyor. しっかり〜 dört elle sarıl- (yapış-). ネコが木の枝につかまってぶらぶらしている. Kedi ağacın dalına tutunmuş sallanıyor.
cukamasê·ru つかませる /*ey.*/ tuttur-. 不要な物を〜 yama-.
cukamiai つかみ合い /*a.*/ tutuşma. 〜をする boğuş-, saç saça gel-. 〜になる pençeleş-.
cukamiàu つかみ合う /*ey.*/ tutuş-.
cukamidòkoro つかみ所 /*a.*/ 〜がない elle tutulacak tarafı kalma-.
cukàmu つかむ /*ey.*/ avuçla-, tut-; bilincine var-, kavra-. 鉛筆を〜 kalemi tut-. しっかり〜 yapış-, kilitle-, (俗語) kitle-. えり首を〜 çalyaka et-. えり首をつかんで çalyaka. つかんで離さない tutun-. つかんだものを離して手を休める el tazele-. 綿のような雪をつかんで… pamuk gibi karı avuçlayıp …. 〜ところ tutak.
cukanoma つかの間 /*a.*/ 〜の anî, fanî, gelip geçici, süreksiz, saman alev gibi.
cukarê 疲れ /*a.*/ yorgunluk, bitkinlik. 〜がとれる bitkinlik geç-, rahatla-. 〜をいやす dinlendirici. 〜をいやすコーヒー yorgunluk kahvesi.

cukarehatè・ru 疲れ果てる /ey./ anası ağla-, can kalma-, bezginlik getir-, dizleri kesil-, hâli kalma-, turşusu çık-, turşuya dön-, yıpran-, canına kıy-. 疲れ果てていること bezginlik. 疲れ果てた bîtap, dermansız, yorgun argın.

cukarekìru 疲れ切る /ey./ paralan-, bit-, bir hâl ol-. 〜こと helak. 疲れ切った bitkin, halsız, harap.

cukarè・ru 疲れる /ey./ yorul-, yorgun düş-, bîtap düş-, helak ol-, kesil-, (口語) iman gevre-. くたくたに〜 canı burnunda ol-. 足が〜 bacakları kop-. 長く立っていて〜 ayağına (ayaklarına) kara su in-. 仕事で目が〜 göz nuru dök-. 頭が〜 kafası yerinde olma-. 暑い日に歩いたり走ったりしてとても〜 dili bir karış dışarı çık-. 疲れてだるくなる gözleri bayıl-. 生活に〜 hayata küs-. 疲れた yorgun, argın, dingin, hoşaf gibi. 生活に疲れた bezgin, doğduğuna pişman. 疲れた顔つきになる ağız burun birbirine karış-. まったく疲れました. Âdeta yoruldum. 今日はだいぶ疲れました. Bu gün epey yoruldum.

cukarè・ru 憑かれる /ey./ tut-. つかれた büyülü, yangın. 悪霊に〜 şeytana uy-.

cukaresasè・ru 疲れさせる /ey./ yor-, canını çıkar-, helak et-, tüket-, (口語) sucuğunu çıkar-; yorucu. 神経を〜 kafa şişir-. 家事は母をたいへん〜. Ev işleri annemi çok yoruyor.

cukaresugi 疲れ過ぎ /a./ aşırı yorulma. 〜で死ぬ çatla-.

cukaru 漬かる /ey./ bat-; yat-. 腹まで水に〜 karına kadar suya gir-. 酢漬けが酢に漬かっている. Turşu sirkede yatıyor.

cukasadòru つかさどる /ey./ idare et-. 村の宗教を〜人 müftü.

cukasè・ru 付かせる /ey./ kondur-.

cukau 使う /ey./ kullan-, sarf et-. 眼鏡を〜 gözlük kullan-. 人を〜 çalıştır-, adam kullan-. 人を手下に〜 maşa gibi kullan-. 頭を〜 kafasını kullan-. 頭を〜仕事をする kafa patlat-. 大金を〜 çok para harca-. 金を惜しみなく〜 döküp saç-, dökülüp saçıl-. いつも使っている elden düşürme-. 皆が〜ようになる işportaya düş-. 使っていない el değmemiş. ほとんど使っていない車 temiz araba. 彼をこの任務に〜べきだ. Onu bu görevde kullanmalı. ノートをもう使ってしまったの. Defterini ne çabuk tükettin! 高齢だが自分の体のことによく気を使っていたようだ. Çok yaşlı ama kendine iyi bakmış.

cukaware・ru 使われる /ey./ kullanıl-, harcan-. 人に使われている baştan kalmış. 広く使われている geçer. 使われていない metruk. 使われないでいる elde kal-, örümcek bağla-.

cukawaserare・ru 使わせられる /ey./ 金を〜 paradan çık-.

cukawase・ru 使わせる /ey./ kullandır-. よけいな金を〜 para yedir-.

cukawasu 遣わす /ey./ çıkar-. 使者を〜 ulak çıkar-.

cukè 付け /a./ kredi. 〜で veresiye. 〜を残す (隠語) tak-. 乾物屋から〜で砂糖を買った. Bakkaldan veresiye şeker aldım. 乾物屋の50リラの〜を払わずに去った. Bakkalın elli lirasını takarak gitti.

cukeagàru 付け上がる /ey./ ensesine bin-, şımar-, tepesine bin- (çık-). 付け上がった şımarık.

cukeawase 付け合わせ /a./ süs (yemek). 〜の野菜 garnitür.

cukeawàsu 付け合わす /ey./ (yemek) süsle-.

cukèbi 付け火 /a./ kundakçılık.

cukègi 付け木 /a./ çıra.
cukeiru 付け入る /ey./ istifade et-. 弱みに〜 damarına gir-, dara boğ-.
cukekòmu 付け込む /ey./ yararlan-. 甘さに〜 başına çık-. 弱みに〜 damarına gir-, dara boğ-.
cukekuwaerarè·ru 付け加えられる /ey./ elen-. 付け加えられた ekli, munzam. 本にいくつか新しい話が付け加えられた. Kitaba birkaç yeni hikâye eklenmiş.
cukekuwaè·ru 付け加える /ey./ bindir-, ekle-, üste ver- (vur-), üstüne koy-, üzerine koy-.
cukekuwawàru 付け加わる /ey./ bin-.
cukemawàsu 付け回す /ey./ 後を〜 peşinden koş-.
cukemè 付け目 /a./ hedef, maksat.
cukemono 漬物 /a./ turşu. 〜を仕込む turşu kur (yap-). 〜の塩水 salamura.
cukene 付け根 /a./ dip, oturak. つめの〜 tırnak dibi. ももの〜 kasık.
cukeneràu つけねらう /ey./ gizlice takip et-.
cukerarè·ru 付けられる /ey./ koşul-, takıl-. 付けられた takma.
cuke·ru 漬ける /ey./ ban-, batır-; yatır-. パンをスープに〜 ekmeği et suyuna ban-. ペンをインクつぼに〜 kalemi hokkaya batır-. 塩で〜 tuzla-. 干し肉をカミンに〜 pastırmayı çemene yatır-.
cukè·ru 付ける /ey./ ko-, koy-, tak-, vur-, ekle-, kondur-, at-; koş-, giy-. ①《取り付ける》 馬を車に〜 atları arabayı koş-. 頭に花を〜 başa çiçek tak-. 服を身に〜 elbiseyi giy-. 頭に〜もの başlık. トルコの旗を付けた船 Türk bandıralı bir gemi. 身に付けてしまう benimse-. 井戸から水が汲めるように綱をつけた. Kuyudan suyu çekebilmek için urganı ekledik. ②《塗る》体に〜 sürün-. オーデコロンを〜 kolonya sürün-. ③《名前を》名前を〜 ad koy-, adı tak-. あだ名を〜 ad tak-. 題を〜 başlık at- (koy-). ④《記す》帳薄を〜 defter tut-. ビールは私の勘定につけておけ. Biraları benim üstüme yaz! ⑤《値を》値を〜 değer biç-, fiyat biç- (ver-). これにどんな値段をつけたか. Buna ne fiyat biçtiniz? ⑥《火を》ateşe ver-, ateşle-, yak-, alıştır-. たばこに火を〜 sigarasını yak-. ストーブにマッチで火を〜 sobayı kibritle ateşle-. ⑦《尾行》後を〜 izine bas- (sür-). 猟師は犬のあとをつけて行って, クマの穴を見つけた. Avcılar köpekleri izleyerek ayının mağarasını buldular. ⑧《スイッチを入れる》電気を〜 elektriği aç- (yak-). ラジオを〜 radyoyu aç-. ⑨《気を》気を〜 dikkat et-, bak-. 気をつけろ dikkat! 気をつけなさい落ちますよ. Dikkat et, düşeceksin. ⑩条件を〜 şart koş-. 形を〜 biçime sok-. 結着を〜 bağla-. 連絡を〜 bağlantı kur-. けちを〜 (卑語) balgam at-. 仕事に手を〜 işe giriş-.

cukè·ru 着ける /ey./ varabil-. → **cùku**. 君の足では村へ夕方までに着けない. Senin ayağınla köye akşama kadar varamayız.
cukè·ru 就ける /ey./ ata-. 定職に〜 başını bir yere bağla-. 人を仕事に〜 birini işe koş-.
cuketari 付けたり /a./ → **cuketasi**.
cuketasi 付け足し /a./ ek, ulama.
cukeyàkiba 付け焼き刃 /a./ gösteriş.
cuki 月 /a./ ay, kamer. お〜様 ay dede. 〜のかさ ay ağılı, hale. 〜がかさをかぶる ay harmanla-. 〜が満月のあと遅く出る akşamla-. 〜の光で散歩する mehtaba çık-. 雲に隠れた〜のかすかな光 ay karanlığı. 〜の力で気がおかしくなった aysar. 宝くじは〜に三回抽選が行われる. Milli Piyango'nun her ay üç kez çekimi yapılır.

cukiâi 付き合い /a./ ilişki, çevre. ~で âdet yerini bulsun diye. 仕事や~が多い kırk tarakta bezi ol-. ~をやめる merhabayı kes-. 彼の~はたいへん広い. Onun çevresi çok geniştir.

cukiainikŭi 付き合いにくい /s./ meymenetsiz.

cukiâkari 月明かり /a./ mehtap, ay ışığı.

cukiatari 突き当たり /a./ ~の家 sokak sonundaki ev.

cukiatâru 突き当たる /ey./ çarp-. 壁に~ duvara çarp-; tökezle-, sıkıya gel-.

cukiâu 付き合う /ey./ arkadaşlık et-, görüş-, münasebete gir-. 変な人と~ adamına düş-. 新しく来た隣人とは付き合っていない. Yeni gelen komşularla görüşmüyoruz.

cukiâu 突き合う /ey./ kakış-.

cukiawasè·ru 突き合わせる /ey./ bitiştir-, karşılaştır-. 鼻を~ burnuna gir-. 鼻を突き合わせて burun buruna. ひざを~ diz dize otur-. ひざを突き合わせて diz dize. 顔を突き合わせている haşir neşir ol-. 顔を突き合わせて話し合えばよりよく理解しあえる. Hayvanlar koklaşa koklaşa, insanlar konuşa konuşa.

cukibârai 月払い /a./ taksit.

cukiboo 突き棒 /a./ 家畜を駆りたてる~ övendire, üvendire.

cukicukè·ru 突き付ける /ey./ daya-. 武器を胸に~ silahı göğsüne daya-. 人が見つけられなかった物をその人の目の前に~ gözüne sok-.

cukidâsu 突き出す /ey./ dışarı çık-; ele ver-. 警察に~ polis eline ver-.

cukidè·ru 突き出る /ey./ fırla-, çık-. 突き出た fırlak. 突き出た部分 kaş.

cukigake 月掛け /a./ aylık ödeme.

cukigime 月ぎめ /a./ aylık abone.

cukihanâsu 突き放す /ey./ bırak-, at-.

cukihatè·ru 尽き果てる /ey./ tüken-. 精も根も~ canı çık-.

cukihâzime 月初め /a./ ay başı.

cukikiri 付き切り /a./ ~で指図する başına dikil-. ~で看病する daima yanında hastaya bak-.

cukimatòu 付きまとう /ey./ sarkıntı ol-, yapış-; musallat, yapışkan, çam sakızı gibi, (俗語) tebelleş. 女に~ sataş-. うるさく~ tepesinde bit-. しつこく~人 (隠語) asıntı. 女にしつこく~こと sarkıntılık. 利益を得るために人に~ etrafında dört dön-. この男は私にどこから付きまとって来たのか. Bu adam bana nereden yapıştı?

cukìmono 付き物 /a./ gereksinme. 仕事に苦労は~だ. Hamama giren terler.

cukinami 月並み /a./ sıra, bayağılık. ~な basma kalıp, beylik, sıradan, harcıâlem, renksiz. ~な俳優 tip.

cukinukè·ru 突き抜ける /ey./ delip geç-.

cukiotòsu 突き落とす /ey./ it-, aşağı düşür-. 水に~ suya it-. がけから~ uçurumdan it-.

cuki·ru 尽きる /ey./ arkası kesil-, ardı kesil-, dibi görün-, son bul-, tüken-. 寿命が~ günü yet-. 力が~ kesil-. ~ことのない tükenmez. 坂を登らないうちに力が尽きた. Yokuşu çıkmadan kesildi.

cukisasâru 突き刺さる /ey./ saplan-. 突き刺さっている saplı. ナイフが突き刺さったままである. Bıçak saplı duruyor. 飛行機が山に突き刺さった. Uçak dağa çakıldı.

cukisâsu 突き刺す /ey./ sapla-, bıçakla-.

cukisoi 付き添い /a./ bakıcılık. ~看護婦 hasta bakıcı.

cukisoiniñ 付き添い人 /a./ bakıcı. 花嫁の~ yenge, sağdıç.

cukisòu 付き添う /ey./ refakat et-, bak-.

cukitàrazu 月足らず /a./ 〜の子 vaktinden evvel doğmuş bebek.

cukitobàsu 突き飛ばす /ey./ şiddetli it-.

cukitomerarè・ru 突き止められる /ey./ saptan-, araştırıl-. 交通事故で死んだ女の身元は突き止められなかった。Trafik kazasında ölen kadının kimliği saptanamamış.

cukitomè・ru 突き止める /ey./ tahkik et-, sapta-. 戦争で敵機が近づいていることをレーダーで〜. Savaşta düşman uçaklarının yaklaşmakta olduğunu radarlarla saptarlar.

cukitòosu 突き通す /ey./ delip geçir-.

cukiwari 月割り /a./ taksit. 〜で払う taksitle öde-.

cukìzuki 月々 /a./ her ay. 〜一定の金を保障する aylık bağla-.

cukkàesu 突っ返す /ey./ şiddetli geri ver-, almayı reddet-.

cukkaiboo 突っかい棒 /a./ payanda, takoz, dayak. 〜をする payanda vur-, dayakla-.

cukkakàru 突っ掛かる /ey./ uğraş-. すぐ突っ掛かってくる canavar kesil-. 私に突っ掛からないように彼に言って下さい. Söyleyin ona benimle uğraşmasın.

cukkake 突っ掛け /a./ şıpıdık, sandal. 〜の şıpıdık. 〜げた nalın, takunya.

cukkakè・ru 突っ掛ける /ey./ giyiver-.

cukkeñdoñ つっけんどん /a./ saygısızlık. 〜に答える çemkir-.

cukkìru 突っ切る /ey./ geç-. 大通りを〜 caddeden geç-.

cukkòmu 突っ込む /ey./ daldır-, sapla-, saplan-, sokuştur-. 首を〜 burnunu sok-. 何にでも首を〜 bok yedi başı. 車が砂地に突っ込んだ. Araba kuma saplandı.

cùku 着く /ey./ değ-, eriş-, ulaş-, yetiş, kavuş-, var-, vasıl ol-, tut-. 席に〜 yer al-, otur-. テーブルに着いているmasa başında otur-. 手紙が〜 mektup değ-. 足が地に着かない ayağı yerden kesil-, bastığı yeri bilme-. イスタンブルに七時に着いた。İstanbul'a saat yedide vardık. 村へは一時間後に〜でしょう. Köye bir saat sonra kavuşacağız. 船はイズミルに着かないかのようだった. Vapur İzmir'i tutmayacakmış. しゃべりながらどうやら家に着いたようだ. Konuşa konuşa evi bulmuşuz. ニュースが早く着いた. Haber çabuk erişti. 海に落ちるとすぐ底についた. Denize düşer düşmez dibini boyladı. バケツが井戸の底についた. Kova kuyunun dibine değdi.

cùku つく, 付く /ey./ tut-, yapış-, değ-, kon-, bitiş-. ①《付着》泥が〜 çamurlan-. 墨が顔に〜 mürekkep yüze yapış-. 汚れが〜 bulaş-. 皿に油が〜 tabağa yağ bulaş-. よく〜 kaynaş-. 足のついたグラス ayaklı kadeh. 取っ手のついたコップ kulplu bardak. ネクタイの色がシャツについたらしい. Kravatın boyası gömleğe çıkmış. 暑さで服が体にぴったりついた. Sıcaktan giysim vücuduma yapıştı. テーブルにほこりがついた. Masaya toz konmuş. 折れた骨がついた. Kırık kemikler kaynaştı. この枝には毎日新しい花が〜. Bu dalda her gün yeni çiçekler türüyor. ②《付随》ついて行く peşinde git-, peşinden git-, peşine takıl-. ついて来る peşinden gel-. 犬が家までついて来た. Köpek eve kadar peşimden geldi. 条件の付いている koşullu, şartlı. 利息が〜 faizi işle-. ③《荷担》味方に〜 lehinde ol-, yana ol-, tarafa ol-. あちらについたりこちらについたりする hem nalına, hem mıhına vur-. ④《幸運》ついていない çeşmeye gitse çeşme kuruyacak, şeytanın işi yok. ついていない日 kara gün. ⑤《値》高いものに〜 pahalıya otur-,

cùku

pahalıya mal ol-. これは我々に高くついた. Bu bize pahalıya oturdu. §目に〜 göze çarp-, gözü iliş-. 気が〜 farkına var-, ay-. 火が〜 alev al-, ateş al-, alış-. くせが〜 alış-. 早起きの習慣が〜 erken kalkmaya alış-.

cùku 就く /ey./ tut-. 職に〜 bir baltaya sap ol-, iş tut. 高い地位に〜 mevki al-. 床に〜 yat-. 病の床に〜 yatağa bağla- (düş-, yat-). 緒に〜 başlan-.

cùku 憑く /ey./ tut-. キツネが〜 cin tut-. 霊が〜 cin çarp-.

cùku 搗く /ey./ kabuğu çıkar-, kaynatıp kır-. ついた小麦 bulgur.

cùku 突く /ey./ dürt-. 急所を〜 can damarına bas-. 痛い所を〜 can evinden vur-. 角で〜 boynuzla-. 何回も〜 dürtükle-. §うそを〜 yalan söyle-.

cukue 机 /a./ masa, yazı masası, sıra, yazıhane. 〜の上が散らかる masanın üstü dağıl-. 〜の脚 masanın ayakları. 手紙を〜に置きなさい. Mektubu masaya bırakınız.

cukurarê・ru 作られる /ey./ yapıl-, edil-.

cukurasarê・ru 作らされる /ey./ yaptırıl-.

cukurasê・ru 作らせる /ey./ yapın-, yaptır-. 服を〜 elbise yapın-.

cukurì 作り, 造り /a./ yapı. …〜の yapılı. れんがの〜 tuğla yapılı.

cukuriagê・ru 作り上げる /ey./ ortaya koy-, uydur-. 一連のうそを〜 bir sürü yalan düz-.

cukuribànasi 作り話 /a./ yalan, masal, uydurma masallar. 〜をする masal ol-, (口語) işkembeden at- (söyle-).

cukuricuke 作り付け /a./ 〜の yerli. 〜の戸棚 yerli dolap.

cukuridasarê・ru 作り出される /ey./ getiril-, çıkarıl-.

cukuridàsu 作り出す /ey./ ortaya koy-, yarat-, meydana getir-, çıkar-, türet-, var et-. ビートから砂糖を〜 pancardan şeker çıkar-. 何もないところから〜 yoktan var et-. 有名なドレスメーカーが次々と新しいモードを作り出している. Ünlü terzi sürekli yeni modeller yaratıyor.

cukurigoto 作り事 /a./ yalan. 〜を言う yalan söyle-.

cukurikàta 作り方 /a./ yapılış.

cukurimono 作り物 /a./ uydurma, yapma, taklit, (口語) uydurmasyon. 〜の uydurma, suni, takma, (口語) uydurmasyon, (俗語) uyduruk. 〜の真珠 yapma inci.

cukuriwàrai 作り笑い /a./ yapma bir gülüş, zoraki bir gülüş. 〜をする yılış-. 〜の yılışık.

cukuroi 繕い /a./ (giysi için) tamir, onarım.

cukuròu 繕う /ey./ tamir et-, onar-, ör-. 〜人 örücü. ほころびを〜 söküğü dik-. 靴下を〜 çorap örerek tamir et-. 体裁を〜 hamamın namusunu kurtar-.

cukùru 作る, 造る, 創る /ey./ yap-, imal et-, yarat-, kur-. 自動車を作る otomobil yap-. 法律を作る kanun yap-. 子供をつくる çocuk yap-. オーバーをこわして上着を作る paltoyu bozup ceket yap-. 紛争の元をつくる belayı ara-. 靴を作る人 ayakkabıcı. 記録映画を作る人 belgeci. 作ってもらう yapın-. 会社を創る şirket akdet- (kur-).

cukùsu 尽くす /ey./ hizmet et-, uğraş-; bitkin hale getir-. 力を〜 emeği geç-. 全力を〜 çalışıp çabala-. あらゆる手段を〜 dişini tırnağına tak-.

cukùzuku つくづく /be./ iyice, hep. 〜と考える hesapla- kitapla-, düşünüp taşın-.

cùma 妻 /a./ karı, kadın, eş, (古語) zevce, aile, harem, kuma, (俗語)

cumayooziire

familya, (俗語) Köroğlu, (俗語) avrak. → **otto.** アフメット氏の〜 Ahmet beyin karısı. 息子の〜 gelin. 兄弟の〜 elti, yenge. 〜の父 dünür. 〜の母 dünürşü, dünüş. 〜の姉妹 baldız. 〜の姉妹の夫 bacanak. 〜を めとる kız al-. 二人目の〜をめとる üstüne evlen-, üzerine evlen- (al-). 〜を離縁する ayağının bağını çöz-. 〜の言いなりになる夫 karısı ağızlı. 〜が不貞をはたらく boynuz dik-. 〜に 浮気される boynuz tak- (takın-). 〜に大きな財産を残した。Karısına çok mal bıraktı. 昔、男は一言で〜を離縁 できた。Eskiden erkekler bir tek sözle karılarını bırakabilirlerdi.
cumā つま /a./ garnitür.
cumabìraka つまびらか /a./ açıklık. kesinlik, ayrıntı.
cumahàziki つまはじき /a./ fiske; hor görme. 〜にする fiske vur-; toplumdan kov-.
cumami つまみ /a./ düğme, mandal. ラジオの〜を回す radyonun düğmesini çevir-.
cumamidàsu つまみ出す /ey./ ayıkla-, çıkar-. 不要な部分を〜 ayıkla-.
cumamu つまむ /ey./ çimdikle-, çimdik at- (bas-). 前菜を〜 çerezlen-.
cumarànai つまらない /s./ önemsiz, sıkıcı, beş paralık, fasa firo, fındık kabuğunu doldurmaz, hakir, hiçten, hurda, kepaze, küçük, beyhude, entipüften, ufak tefek, yavan. 〜遊び cansız bir oyun. 〜映画 sıkıcı film. 〜人 ciğeri beş para etmez. 〜贈り物 çam sakızı çoban armağanı. 〜物 ıvır zıvır. 〜こと hiçlik, kıvır kıvır, oyuncak. 〜物で はない (口語) boru değil, boru mu bu? これはそれほど〜展示会ではない。Bu pek öyle kıvır zıvır bir sergi değil! 〜ことで時間を費やさないでおこ う。Kıvır zıvırla vakit geçirmeyelim! 〜欲張りが大損を招く。Deveyi yardan uçuran bir tutam ottur. 〜人がりっぱな人に腹を立ててもりっぱな 人は気にしない。Tavşan dağa küsmüş de dağın haberi olmamış. 〜物でもい つか役に立つことがある。Sakla samanı, gelir zamanı. 〜物でも大きな働きがで きる。Ummadık taş baş yarar.
cumarasè・ru 詰まらせる /ey./ 息を〜 bunalt-.
cumare・ru 積まれる /ey./ yığıl-.
cùmari つまり /be./ demek, o halde, şu halde. 〜は akıbet. 〜あなたは来な いだろう。Demek siz gelmeyeceksiniz. この仕事に皆が取り組んだのも、 〜は君の力を信じているからなのだ。Bu işe girişmişler, demek oluyor ki, güçlerine güveniyorlar.
cumàru 詰まる /ey./ sıkış-, tıkan-; kasıl-, kısal-. 詰まっている sıkı, som, hıncahınç, sık, tıkalı, tıkanık. ぎっし り詰まった一包みの綿 sıkı doldurulmuş bir balya pamuk. 中身の詰まっ たオレンジ dolgun portakal. 間が詰 まっている sıkışık. 息が〜 tıkan-. 息が 詰まりそうになる boğul-, bunal-. エルデ ムの字はとても詰まっている。Erdem'in yazısı çok sıkışık. 老人はしばしば坂を 登る時息が〜。Yaşlı kimseler çoğu kez yokuş çıkarken tıkanırlar. ここ は息が詰まりそうだ、少し外へ出よう。 Burada bunaldım, biraz çıkaca ğım. シャツの長いそでが詰まった。Göm leğinin uzun gelen kolu kasıldı.
cumàru tokoro 詰まる所 /be./ iyisi mi, uzun lafın kısası.
cumasaki つま先 /a./ ayak ucu. 頭の てっぺんから足の〜まで dip doruk, tepeden tırnağa (kadar).
cumasarè・ru 詰まされる /ey./ チェス で〜 mat ol.
cumasìi つましい /s./ tutumlu. 〜主婦 tutumlu bir ev kadını. 食べ物をつまし くする boğazından kes-.
cumayòozi つまようじ /a./ kürdan.
cumayooziire つまようじ入れ /a./

kürdanlık.
cumazuku つまずく /*ey.*/ sürç-. 馬がつまずいた. Atın ayağı sürçtü. 大問題は解決するが小さい問題で〜. çaydan geçip derede boğul-, denizden geçip kıyıda (çayda) boğul-, denizleri geçip derelerde boğul-.
cume つめ /*a.*/ tırnak, pençe, mızrap, çakıldak. 〜を伸ばす tırnak uzat-. 〜のつや出し oje. 〜のつけ根 tırnak dibi. ライオンの〜 aslanın pençesi. 〜にかける pençe at-, pençele-. 家畜の〜の根の傷 bıçılgan. 起重機の〜 makas. §〜に火をともす dişinden tırnağından artır-.
cumè 詰め /*a.*/ チェスの〜 mat.
cumeeri 詰め襟 /*a.*/ dikey yaka.
cumekāe・ru 詰め替える /*ey.*/ yeniden doldur-.
cumekomare・ru 詰め込まれる /*ey.*/ diz dize otur-, tıkış-. 小さな部屋に二十人が詰め込まれていた. Küçük odada yirmi kişi diz dize oturuyordu.
cumekomu 詰め込む /*ey.*/ sığdır-, sıkıştır-, tıkıştır-, tık-. きちんと〜 istifle-. 本をかばんに〜 kitapları çantaya sığdır-. 羊毛を袋にけって〜 yünleri çuvala tep-. 腹に〜 (口語) gövdeye at- (indir-). 詰め込んでtıka basa. 母がストーブにいっぱい薪を詰め込んだ. Annem sobaya tıka basa odun doldurmuş. トランクに何でもかんでも〜. Bavula her şeyi tıkıştırır.
cumēmono 詰め物 /*a.*/ dolgu, dolma, kıtık, tampon. ピーマンの〜 biber dolması. 〜に使われるトマト dolmalık domates. すきま風を防ぐ綿入れの〜 bumbar. 船に防水の〜をすること kalafat. 船に〜をする人 kalafatçı.
cumē・ru 詰める /*ey.*/ doldur-, sığdır-, tıka-, tık-; kas-, kısalt-, kıs, küçült-. パイプにたばこを〜 pipoyu doldur-. 詰めてふくらんだ dolgun. 耳に綿を〜 kulaklarına pamuk tıkan-. チェスで〜 mat et-. 食をつめて金を貯める gırtlağından kes-. ズボンのすそをつめた. Pantolonumun paçasını kısalttım.
cumesyō 詰め所 /*a.*/ karakol. 憲兵〜 jandarma karakolu, (古語) kulluk.
cumetài 冷たい /*s.*/ soğuk, serin, antipatik, duygusuz, ilgisiz. 〜水 soğuk su. 〜空気 serin (soğuk) hava. 手足が〜 demir gibi. 冷たくなる soğu-, don-. 冷たくする soğut-. 美しいが〜女 yapma bebek gibi. 〜人 soğuk insan, don yağı. 心の〜 buz gibi. 冷たくあしらう ağırsa-. 〜戦争 soğuk harp. そう快になるために〜物を飲んだ. Serinlemek için soğuk bir şey içtiler. 父は〜人は好かれないと言う. Babam haşin insanların sevilmediğini söyler. 客に対する態度はとても冷たかった. Konuklara karşı davranışı pek soğuktu.
cumeyàsuri つめやすり /*a.*/ tırnak törpüsü.
cùmi 罪 /*a.*/ suç, günah, kabahat, bela, cürüm, töhmet. 〜を犯した günah (suç) işle-. 〜を犯した günahlı, kabahatli, suçlu. 宗教上の〜 günah. 宗教上の〜を犯す günaha gir-. 〜を犯させる günaha sok-. 〜に陥れる günaha sok-. 〜を人に負わせる üzerine at-. その人の〜と考える günahına gir-, günahını al-. 〜を許す suç bağışla-, suçundan geç-. 〜を宣告する hüküm ver-. 〜のない suçsuz, kabahatsiz. 〜なこと yazık. 犯した人をいつまでも悩ませ続ける〜 yılan kemiği. イスラム教では飲酒は〜だ. Müslümanlıkta içki içmek günahtır. 〜を人になすりつける. Yavuz hırsız ev sahibini bastırır. 〜を私になすりつけるな. Suçunu bana yıkma.
cumiagē・ru 積み上げる /*ey.*/ istifle-, ör-. この壁を一日で積み上げた. Bu

duvarları bir günde ördüler.
cumibukài 罪深い /s./ günahkâr. ～人 yer kabul etmez.
cumihòrobosi 罪滅ぼし /a./ kefaret. ～をする kefaretini öde-.
cumikae 積み替え /a./ aktarma, devir.
cumikaerarèru 積み替えられる /ey./ aktarıl-.
cumikàe・ru 積み替える /ey./ aktar-. 貨物を車から貨車へ～ malını arabadan vagona aktar-.
cumikasanàru 積み重なる /ey./ yığıl-. 積み重なった山 yığıntı.
cumikasanè・ru 積み重ねる /ey./ yığ-. 積み重ねた山 küme. 干物屋の前に牛乳びんを積み重ねた. Bakkalın önüne süt şişelerini yığmışlar.
cumikomarè・ru 積み込まれる /ey./ yüklen-. 車に荷が積み込まれた. Araba yüklendi.
cumikòmu 積み込む /ey./ yükle-. 品物をトラックに～ eşyayı kamyona yükle-. ひどく積み込んだ pazar kayığı gibi.
cumini 積み荷 /a./ yük. ～の山 istif. ～目録 manifesto.
cumitatè・ru 積み立てる /ey./ para biriktir-, yatır-.
cùmitoga 罪とが /a./ suç, günah.
cumitòru 摘み取る /ey./ ayıkla-.
cumori つもり, 積もり /a./ kasıt, niyet. …する～になる -meye niyet et-. ～である niyetlen-. ～にしている niyetlen-. どういう～で ne diye, ne demeye. どういう～か zorun ne? 脱穀期に支払う～で借金した. Harmanda ödemek üzere borç aldı. 私の～はこうではなかった. Benim kastım bu değildi. この本をまた読む～だ. Bu kitabı gene okuyacağım. 夏におじさんの農場へ行く～だ. Yazın amcamın çiftliğine gitmeye niyetleniyoruz.
cumòru 積もる /ey./ yığıl-, birik-, kar tut-. 外はひざまで雪が積もっている.

Dışarda diz boyu kar var.
cumu 積む /ey./ istif et-, istifle-, yükle-, ör-. 積んだ材木 istif. 積んだ山 yığın, yığıntı, küme. 荷物を積んだ yüklü. 家畜の両側に荷を～ çat-.
cumu 摘む /ey./ kopar-, topla-. 花を～ çiçek topla-. 花を摘んではいけません. Çiçekleri koparmayın.
cùmu 錘 /a./ iğ, eğirmen. ～で毛をよる iğle yün eğir-.
cùmu 詰む /ey./ sıkış-. 目の詰んだ sık, tok. 目の詰んだ布地 sık kumaş. 目が詰んでいること tokluk. 実の詰んでいないトウモロコシ kelek mısır. チェスで～ mat ol-.
cumugigùruma 紡ぎ車 /a./ çıkrık, mancınık.
cumùgu 紡ぐ /ey./ eğir-. 糸を～ iplik çek-.
cumuru つむる /ey./ yum-. → **cuburu.** 目を～ gözünü yum-.
cumuzi つむじ /a./ saç merkezi. §～を曲げる burnundan düşen bin parça ol-.
cumuzìkaze つむじ風 /a./ çevri, kasırga.
cumuzimàgari つむじ曲がり /a./ eşek, inatçı kimse. ～の eğri, inatçı.
cunà 綱 /a./ ip, urgan, halat. ～で縛る ipla (halatla) bağla-, iple-. ～を張る ipi çek-. ～を切る halat kopar-. ～で引いて行く yed-. 帆をしぼる～ kaytan. ～のない ipsiz. 井戸から水がくめるように～をつけた. Kuyudan suyu çekebilmek için urganı ekledik.
cunagare・ru つながれる /ey./ bağlan-. つながれた bağlı.
cunagari つながり /a./ bağ, ilgi, ilinti, kontak. ～のある ilgili. 血の～ kan karabeti.
cunagaru つながる /ey./ bitiş-. 血がつながっている kandaş ol-.
cunage・ru つなげる /ey./ bitiştir-. 二つのテーブルを～ iki masayı bitiştir-. ひもとひもを～ ipi ipe bağla-.

cunagiawasè·ru つなぎ合わせる /ey./ birbirine ula-. 二本の短いひもを～ iki kısa ipi birbirine ula-. うそを～ yalanları birbirine ula-.

cunagitomè·ru つなぎ止める /ey./ mıhla-. ～ものがなくなっては我々の仲ももはやこれまでだ. Öküz öldü, ortaklık ayrıldı (bozuldu).

cunagiwa つなぎ輪 /a./ bukağı.

cunagu つなぐ /ey./ bağla-, iliştir-, ula-. 車をトラックに～ arabayı kamyona bağla-. 馬を牧場に～ atı çayıra çak-. ～もの bağlantı. ひもで～ iple bağla-.

cunagu 綱具 /a./ donanım, gemi arması.

cunàhiki 綱引き /a./ halat çekme. ～をする halat çekiş-.

cunami 津波 /a./ deniz depremi dalgası, tsunami.

cunawàtari 綱渡り /a./ ip cambazı. ～の平均をとる棒 terazi.

cùne 常 /a./ her zaman. 人の～ insan hali. ～に daima, hep. 望みが～にかなうということはない. Herkesin arşınına göre bez vermezler. Herkesin yorulduğu yere han yapılmaz.

cunèru つねる /ey./ çimdikle-, çimdik at- (bas-). ～こと çimdik. 弟をどうしてつねったの, 見てごらんあんなに泣いているじゃないか. Kardeşini neden çimdikledin, bak nasıl ağlıyor?

cunèzune 常々 /be./ daima, hep.

cunò 角 /a./ boynuz. ～のある boynuzlu. ～で突く boynuzla-, süs-, tosla-. あまりそばへ寄るな, 牛が～で突くかもしれない. Çok yaklaşma, boğa seni süsebilir. 雄羊が子供を～で突いた. Koç, çocuğu tosladı. §～をためて牛を殺す bir çuval inciri berbat et-, kaş yapayım derken göz çıkar-, pire için (pireye kızıp) yorgan yak-.

cunobue 角笛 /a./ boynuz, korno.

cunocùkiai 角突き合い /a./ tos.

cunocukiawasè·ru 角突き合わせる /ey./ ヤギが互いに角突き合わせている. Keçiler birbirlerine tos vuruyorlar.

cunòru 募る /ey./ topla-, davet et-; art-. 志願兵を～ bayrak aç-. 寄付を～ defter aç-. ～思い hasret. 長いこと会っていない祖母への思いがだんだんつのってきた. Uzun süredir görmediğim anne anneme özlemin gittikçe artıyor.

cùñbo つんぼ /a./ sağır, sağırlık. ～の sağır, duvar gibi.

cuñdora ツンドラ (Rus. tundra) /a./ tundra.

cuñzàku つんざく /ey./ boz-. 耳を～音 kulakları patlatan ses.

cuppàru 突っ張る /ey./ ger-.

curà 面 /a./ (侮辱的) surat. ～の皮の厚い suratı kasap süngeriyle silinmiş, kösele suratlı, meşin suratlı, surat mahkeme duvarı.

curaate 面当て /a./ ～に inadına.

cùracura つらつら /be./ iyice. ～考える hesapla- kitapla-, içinden geçir-.

curài 辛い /s./ hazin, eziyetli, güçlü, zor. ～仕事 ömür törpüsü, hamallık. ～仕事をする hamallığını et-, ırat gibi çalış-, eline ayağına üşenme-. ～ことを思い出させる yarasını deş-. ～目にあう cefa çek- (gör-). 他国で～目にあう gurbet çek-. 辛くあたる tutun-, haşin. 友の言葉は～がためになる. Dost ağlatır, düşman güldürür. Dost sözü acıdır.

curanàru 連なる /ey./ dizil-. 連なった dizili.

curanè·ru 連ねる /ey./ diz-, dizile-.

curanùku 貫く /ey./ del-, sapla-. 信念を～ bildiğini oku-.

curara つらら /a./ saçak buzu.

curayògosi 面汚し /a./ yüz karası. ～の lekeli.

cure 連れ /a./ eş, yoldaş. ～のいない eşsiz. この鳥は～がなくなった. Bu kuş eşsiz kaldı. このテーブルの～は私たちの

curu

ところにある. Bu masanın bir eşi de bizde var.
cureai 連れ合い /a./ eş, hayat arkadaşı, bizimki, aile, (俗語) ehil, (俗語) familya. 〜に死なれる eşsiz kal-. 〜が生きている başı bütün. 〜は今日もいらいらしている. Bizimki bu gün yine sinirli.
curedàcu 連れ立つ /ey./ 連れ立って外出する birlikte çık-.
curedàsu 連れ出す /ey./ kimseyi al-.
cureko 連れ子 /a./ üvey evlat. 〜を育てる üvey evlat besle-.
curenài つれない /s./ kalpsiz, zalim.
cure・ru 連れる /ey./ götür-, getir-, peşine tak-, tak-. 連れて行く götür-, naklet-, al-, yed-. 子供を保育所へ連れて行く çocuğu yuvaya götür-. 連れて行かせる aldır-. 連れて来る getir-, götür-. 連れて来られる getiril-. この人は私たちの女中をだまして別の家へ連れて行ってしまった. Bu adam bizim hizmetçiyi ayartıp başka bir eve götürdü. 私の友人をあなたのところへ連れて来ましょう. Arkadaşımı size getireceğim.
cure・ru つれる /ey./ kas tutul-. 足が〜 ayağı tutul-.
curesàru 連れ去る /ey./ götür-.
curesòu 連れ添う /ey./ karı koca olmasını devam et-.
curete つれて /il./ …に〜 esnasında. 時がたつに〜 gitgide. 行くに〜 gittikçe.
curezure つれづれ /a./ işsiz, boş. 〜な aylak.
curi 釣り /a./ balık avı, olta; paranın üstü. 〜に行く balığa çık-. 〜道具 olta.
curiagàru つり上がる /ey./ つり上がった çekik. つり上がった目 çekik göz.
curiagè・ru 釣り上げる /ey./ avla-, yakala-. タイを〜 mercan avla-.
curiagè・ru つり上げる /ey./ yükselt-. 値を〜 fiyatı yükselt-.

curiai 釣り合い /a./ denge, balans, muvazene, oran. 〜をとる denkleştir-, denkle-. 〜のとれた oranlı. 〜のとれない oransız. 安定した〜 kararlı denge.
curiàu 釣り合う /ey./ denk gel-, denkleş-, uy-. 釣り合っている denk, oranlı, mütenasip. 彼はあなたと〜わけがない. O, sizin denginiz olmaz.
curiawàsu 釣り合わす /ey./ nispet et-, denkleştir-.
curibari 釣り針 /a./ olta iğnesi, çarpma.
curibasi 釣り橋 /a./ asma köprü. 〜を渡る asma köprüden geç-.
curidòogu 釣道具 /a./ olta.
curigane 釣り鐘 /a./ çan, kampana. 〜状のスカート kloş.
curigu 釣具 /a./ olta.
curiito 釣り糸 /a./ olta ipliği, misina.
curikago つりかご /a./ askı.
curikawa 釣り革, 釣り皮 /a./ (otobüs vb.) tuttukları kayış.
curinawa つり縄 /a./ sapan.
curisagàru つり下がる /ey./ ağ-, sark-.
curiseñ 釣り銭 /a./ paranın üstü (üzeri). 〜をくれなかった. Paranın üstünü vermedi.
curite つり手 /a./ askı.
curiukisoo ツリウキソウ /a./ küpe çiçeği.
curiwa つり輪 /a./ halka.
curizao 釣りざお /a./ olta. 針のたくさんついた〜 çaparı.
curu つる, 吊る /ey./ as-. 〜こと asma. つってある asma. 首を〜 asarak öl-. 首をつって死ぬ ipe gelesice.
curu 釣る /ey./ avla-. 魚を〜 balık avla-. 人をえさで〜こと yemleme. コイを〜には丈夫なさおがいる. Sazanı avlamak için sağlam bir olta gerek.
curu つる /ey./ kas tutul-. 足が〜 ayağı tutul-.

cùru ツル, 鶴 /a./ turna kuşu.
cùru つる, 蔓 /a./ (bitki) bıyık, köken. この〜には三個のスイカがなっている. Bu kökende üç karpuz var. ブドウの〜がへいから垂れ下がった. Asma, duvardan aşağı ağmış.
curù 弦 /a./ yay kirişi. 弓の〜 çile, kiriş.
curube つるべ /a./ su dolabı.
curucuru つるつる /a./ 〜の kayağan, kaypak, cam gibi.
cùrucuru つるつる /be./ 〜した kayağan, kaypak. 〜した布 kaypak bir kumaş.
curugì 剣 /a./ kılıç. 〜の舞 kılıç oyunu.
curùhasi つるはし /a./ kazma.
curukusa つる草 /a./ asma.
curuppage つるっぱげ /a./ 〜の cascavlak. 〜の頭 cascavlak bir baş.
curusare·ru つるされる /ey./ asıl-.
curusu つるす, 吊す /ey./ as-, sarkıt-. ひもで井戸に〜 iple kuyuya sarkıt-. 天井から〜 tavantan as-. つるして殺す ipe çek-. 野菜をつるした束 hevenk. いくつも束になってつるしてあるブドウ hevenk hevenk üzümler.
cutà ツタ /a./ sarmaşık.
cutae 伝え /a./ hikâye. 昔からの〜 nakliyat.
cutaerare·ru 伝えられる /ey./ 伝えられた menkul. それにかかわった人として〜 adı karış-.
cutae·ru 伝える /ey./ aksettir-, ilet-, öğret-, tebliğ et-. 熱を〜 ısı ilet-. ニュースを〜 haber sal-.
cutaiàruki 伝い歩き /a./ 〜をする sırala-. 一歳の妹はもう〜をする. Bir yaşındaki kardeşim artık sıralıyor.
cutanài つたない, 拙い /s./ beceriksiz, hünersiz.
cutawaru 伝わる /ey./ akset-, yayılgetiril-. ニュースが〜 çalkan-. 亡くなってから名だけが〜 adı kal-. 話がその辺まで伝わった. Mesele oralara kadar aksetmiş.
cutè つて /a./ aracı.
cutomàru 勤まる /ey./ yetkili ol-.
cutomè 務め /a./ iş güç, vazife, görev. 〜を果たす işini gör-.
cutomè 勤め /a./ hizmet, iş. 〜に出る iş yerine git-.
cutomeguci 勤め口 /a./ iş yeri. 〜を捜す iş ara-.
cutomeniñ 勤め人 /a./ memur, işçi.
cutomè·ru 努める /ey./ çalış-, çabala-. 来るように努めます. Gelmeğe çalışacağım.
cutomè·ru 勤める, 務める /ey./ çalış-, çalıştırıl-, memurluk et-. 会社に〜 bir şirkette çalış-. 代わりを〜 hükümünde ol-.
cutomesaki 勤め先 /a./ ekmek kapısı, iş yeri. 年に四回〜を変えた. Bir yılda dört kapı değiştirdi.
cuttàcu 突っ立つ /ey./ dikil-. 門のところになんで突っ立っているのですか. Kapıda ne dikilip duruyorsun?
cùu ツー /a./ 〜と言えばカー leb demeden leblebiyi anla-.
cùu 通 /a./ mütehassıs, uzman, usta.
-cuu …通. 二〜の手紙 iki kıta mektup.
cùuba 痛罵 /a./ sövgü, küfür. 〜を浴びせる söv-, küfrü bas-.
cuuci 通知 /a./ ihbar, haber. 〜する tebliğ et-, haber ver-.
cuucihyoo 通知表 /a./ karne.
cuucisyo 通知書 /a./ ihbarname.
cuucizyoo 通知状 /a./ bildirge.
cuucyoo 通帳 /a./ banka cüzdanı.
cuucyoo 通牒 /a./ nota, beyan.
cuugaku 通学 /a./ okula gitme. 〜する okula git-.
cuugo 通語 /a./ argo.
cuuhoo 通報 /a./ istihbar, rapor. 〜する haber et-, haberdar ol-.
cuuhuu 痛風 /a./ gut.
cuuhuukañ 通風管 /a./ hava

cuuzyoo

kanalı.
cuuka 通過 /a./ geçiş, geçme, mürur, transit. 〜する geç-, transit geç-. 〜するだけの旅客 transit yolcuları. 免税〜 transit. 免税で〜する transit geç-.
cùuka 通貨 /a./ para, yürürlükte olan para.
cuukai 痛快 /a./ 〜な pek hoş.
cuukañ 痛感 /a./ 〜する hakikaten duy-.
cuukiñ 通勤 /a./ iş yerine gitme.
cuukoku 通告 /a./ beyan, nota. 〜する beyan et-.
cuukoo 通行 /a./ geçiş, geçme 〜優先権 geçiş üstünlüğü. 〜禁止. Buradan geçilmez.
cuukoodome 通行止め /a./ 〜の道 kapalı yol.
cuukòokeñ 通行権 /a./ mürur hakkı.
cuukooniñ 通行人 /a./ gelip geçenler.
cuukoosyoo 通行証 /a./ 兵隊の〜 tesviye.
cuukòozei 通行税 /a./ yol parası. 自動車〜 triptik.
cuurecu 痛烈 /a./ 〜な sert, keskin, şiddetli.
cuurei 通例 /a./ âdet.
cùurisuto ツーリスト (İng. tourist) /a./ turist, gezgin, gezmen. 〜が私たちのお客さんであることを忘れてはならない. Turistlerin bizim konuğumuz olduğunu unutmamalıyız.
cùuro 通路 /a./ geçit, güzergâh, yol.
cuusañ 通算 /a./ tutar.
cuusâñsyoo 通産省 /a./ Ticaret ve Endüstri Bakanlığı.
cuusecu 痛切 /a./ 〜な sert, keskin.
cuusiñ 通信 /a./ haberleşme, iletişim, irtibat. 〜衛星 haberleşme peyki. 〜する haberleş-.
cuusiñbo 通信簿 /a./ karne. シリンの〜にはひとつも悪い評価がない. Sirin'in karnesinde hiç zayıf notu yok.
cuusiñiñ 通信員 /a./ muhabir.
cuusiñsi 通信士 /a./ 無線〜 telsizci.
cuusiñsya 通信社 /a./ haber ajansı, ajans.
cuusiñtai 通信隊 /a./ muhabere sınıf.
cuusoku 通則 /a./ genel kural.
cuusyoo 通称 /a./ lakap. 父の家は代々「ハチ屋」という〜で呼ばれている. Babamın ailesi öteden beri "Arıcılar" lakabıyla anılır.
cuusyoo 通商 /a./ ticaret. 〜協約 ticaret anlaşması.
cuutacu 通達 /a./ bildiri, talimat, yönerge.
cùuyaku 通訳 /a./ dilmaç, mütercim, tercüman.
cuuyoo 通用 /a./ geçerlik. 〜する geç-, yürürlükte ol-. 〜させる geçir-. お金を〜させる parayı geçir-. 〜しない geçersiz, hükümsüz. 〜しなくなる kalk-. 〜の geçer, geçerli, muteber. ある種のことわざは今日でも〜するのだ. Kimi ata sözleri bu gün de geçerlidir. この貨幣はもう〜していない. Bu para artık geçmiyor.
cuuzi 通じ /a./ aptese çıkma, dışkının dışarı atılması.
cuuzi・ru 通じる /ey./ ①anla-; ② geç-, git-. ①世俗に通じた人 dünya adamı. 言葉が〜 anla-. 私の言うことが君に通じない efendim nerede, ben nerede. ②通じている açıl-. 道が通じている yolu düş-. …を通じて delaletle, kanaliyle. この門は庭に通じている. Bu kapı bahçeye açılıyor. 弟を通じて友人に手紙を出した. Kardeşimin eliyle arkadaşıma mektup yolladım. 電話が通じない. Telefon çalışmıyor.
cuuzoku 通俗 /a./ adîlik.
cuuzokuteki 通俗的 /a./ 〜な popüler.
cuuzyoo 通常 /a./ 〜の olağan, adî, mutat. 〜選挙 olağan seçimler.

cuwamono

~外の olağan dışı.
cuwamono つわもの /a./ (古語) asker.
cuwari つわり /a./ gebe kadınının sabah rahatsızlık. ~で好き嫌いがひどくなる aşer-.
cuya つや, 艶 /a./ cila, parlaklık. ~のある cilalı. ~を出す parlat-, perdah et- (vur-). 紙に~を出すガラス器 mühre. ~のない donuk, mat. ~のない色 donuk bir renk. ~がなくなる donuklaş-, sol-. この紙は~がない. Bu kâğıdın mat bir rengi var.
cùya 通夜 /a./ ölünün gömülmezden önce akrabası tarafından bütün gece beklenmesi.
cuyadasi つや出し /a./ cila, perdah. ~をかける cilala-. つめの~ oje.
cuyadasiya つや出し屋 /a./ cilacı.
cuyakesi つや消し /a./ ~の mat. ~ガラス donuk cam, buzlu cam.
cuyappòi つやっぽい /s./ つやっぽく笑う fıkırda-.
cuyogàru 強がる /ey./ abart-, atıp tut-, güçlü gibi davran-.
cuyòi 強い /s./ güçlü, kuvvetli, zorlu, sağlam, sert, yoğun, arsız, berk, dayanıklı, keskin, aslan gibi, balyoz gibi. 力が~ gücü yet-. 強く勇敢である aslan kesil-. 力の~人 taşı sıksa suyunu çıkarır. 細いが~体 çelik gibi, sırım gibi. ~酒 keskin içki. 強くなる güçlen-, kuvvetlen-, pekiş-, yoğunlaş-. 風が強くなる rüzgâr hızlan-. ~風が吹いていた. Zorlu bir rüzgâr esiyordu. 敵は自分より強く見える. Düşman düşmanın halinden anlamaz. 友人アフメットとの友情はますます強くなっている. Arkadaşım Ahmet'le dostluğumuz giderek pekişiyor.
cuyoki 強気 /a./ iradelilik.
cuyomàru 強まる /ey./ şiddetlen-, hızlan-, pekiş-, yoğunlaş-. 風が~ rüzgâr hızlan-.

cuyomè·ru 強める /ey./ pekiştir-, güçlendir-.
cuyomì 強み /a./ güçlülük.
cùyosa 強さ /a./ güç, sağlamlık, sertlik, mecal.
cuyu 梅雨 /a./ yağmur mevsimi.
cùyu 露 /a./ çiy, jale. ~がおりる çiy düş-. ~にぬれている çiyli.
cùyu つゆ /be./ hiç. ~知らず hiç bilme-.
cùyu つゆ, 汁 /a./ çorba suyu.
cuzi 辻 /a./ ağız, yol ağzı. ~の広場 dört yol ağzı.
cuzicuma つじつま /a./ ~を合わせる formül bul-. 酔って~の合わないことを言う film kopar-.
cuzuke·ru 続ける /ey./ devam et-, sürdür-, süregel-, takip et-. 仕事を~ işe devam et-, baş kaldırma-. 続けて arasız. ずっと続けて yıl on iki ay. 続けなさい devam. あくまでも~ pabuç eskit-. ポーカーを続けましょうか. Pokere devam edelim mi? …し~ dur-, kal-, tuttur-. 見~ bakıp dur-, bakakal-. 待ち~ bekleyip dur-. 書き~ yazadur-.
cuzukezama ni 続けざまに /be./ vira, arasız, üst üste.
cuzuki 続き /a./ devam, alt, arka, art, alt tarafı (yanı), dizi. お話の~ masalın arkası. この話には~がある. Bu sözün ardı var. この文書の~はないか. Bu yazının altı yok mu?
cuzukimono 続き物 /a./ sıra, seri.
cuzuku 続く /ey./ sür-, arkası gel-, devam et-, çek-. 長く~ sürekli. 長く続かない süreksiz 続いて müteakip. 続いて起こる müteakip. あとから続いて ardınca, ardı sıra. あとから続いて行く ardı sıra git-. あとが続かない arkasını getireme-, ardını kes-. ~世代 art kuşaklar. 地震は二日続いた. Deprem iki gün sürdü. 砲火は夜まで続いた. Top ateşi geceye kadar sürdü. この道は2時間~. Bu yol iki saat çeker.

この仕事はもう一年〜だろう。Bu iş bir yıl daha devam edecek.
cuzumè・ru つづめる /ey./ kısalt-. → **cizime・ru**.
cuzumi 鼓 /a./ Japon darbuka.
cuzura つづら /a./ sandık, sepet sandık. 〜の中のかび sandık lekesi.
cuzuraori つづら折り /a./ dolambaç. 〜の山道 dolambaçlı dağ geçidi.
cuzuri 綴り /a./ yazılış. 英語の〜 İngilizce yazılışı. 100枚〜のノート yüz yapraklı bir defter.
cuzurikata 綴り方 /a./ yazılış.
cuzuru 綴る /ey./ yaz-.
cya 茶 /a./ çay. 〜の葉 çay. 〜が出る demlen-. 〜を入れる demle-, demlendir-. 〜を煮出す demle-, demlendir-. 〜の出ぐあい dem. 〜をさしあげる çay ver-. 〜を栽培する人 çaycı. お〜を一杯飲んで生き返った。Bir bardak çay içince canlandım. §お〜を濁す savsakla-, oyala-.
cyāahañ チャーハン, 炒飯 /a./ pilav.
cyaamu pòiñto チャームポイント (İng. charm point) /a./ şeytan tüyü.
cyabàñgeki 茶番劇 /a./ komedi, komedya.
cyabàtake 茶畑 /a./ çaylık.
cyabiñ 茶瓶 /a./ çaydanlık.
cyàbo チャボ /a./ ispenç.
cyabudai ちゃぶ台 /a./ katlanabilir ayaklı yemek masası.
cyàcya 茶々 /a./ şaka. 〜を入れる şakaya boğ- (dök-, boz-).
Cyàdo チャド /a./ Çad.
cyagàsi 茶菓子 /a./ eğlencelik.
cyairo 茶色 /a./ esmer, kahve rengi.
cyàka 茶菓 /a./ çay ve eğlencelik → **sàka**.
cyakai 茶会 /a./ çay toplantısı.
cyakasi 茶化し /a./ şaka.
cyakàsu 茶化す /ey./ şakaya boğ- (dök-, boz-), maymuna benzet- (çevir-).

cyakàssyoku 茶褐色 /a./ 〜の yağız, Arap, yağız doru.
cyàki 茶器 /a./ çaydanlık.
cyakkoo 着工 /a./ inşaata başlanması.
cyàkku チャック (İng. chuck) /a./ fermuar.
cyakosi 茶こし /a./ süzgeç. 茶を〜でこす çayı süzgeçten geçir-.
-cyaku 着 (elbise için) tane; yarışta -inci. 衣服の一〜 kat. この生地で一〜オーバーができるか。Bu kumaştan bir palto çıkar mı? 順位の一〜 sırada birincilik. 一〜になる birinci gel-.
cyakuci 着地 /a./ iniş.
cyakudañ kyòri 着弾距離 /a./ kurşun erimi, menzil.
cyakuhuku 着服 /a./ 〜する cebine indir-, mal et-, (冗談) deve yap-.
cyakùnañ 嫡男 /a./ birinci oğul, mirasçı.
cyakuriku 着陸 /a./ iniş, yere inme. 〜する in-, kon-. 月面に〜する ay yüzeyine in-. 〜ゾーン iniş pisti.
cyakuseki 着席 /a./ 〜する otur-.
cyàkusi 嫡子 /a./ mirasçı.
cyakusui 着水 /a./ iniş.
cyakusyoku 着色 /a./ 〜する renklendir-.
cyàkusyu 着手 /a./ girişim, teşebbüs. 〜する giriş-, teşebbüse geç-, koyul-, kalk-. 力の及ばないことに〜する kalkış-.
cyakuyoo 着用 /a./ 〜する giy-, tak-.
cyakuzicu 着実 /a./ 〜な muntazam.
cyàme ちゃめ /a./ お〜な oyunbaz, şakacı. お〜な子 haydut gibi.
cyamise 茶店 /a./ çayhane, çay evi.
cyanomi 茶飲み /a./ çaycı. 〜友達 can yoldaşı.
cyanomizyàwañ 茶飲み茶わん /a./ çay fincanı.
cyañneru チャンネル (İng. channel)

cyañpioñ /a./ TV kanal.
cyañpioñ チャンピオン(İng. champion) /a./ şampiyon.
cyañsu チャンス(İng. chance) /a./ fırsat, koz, vesile, şans. 〜をつかむ fırsatı ganimet bil-, nasibini al-. 〜を見つける biçimine getir-, peresesine getir-, sırasına getir-. 〜を与える fırsat ver-, meydan vur-. 〜を待つ fırsat bekle-. 〜をうかがう fırsat kolla-. 〜をうかがう人 fırsatçı. 〜を利用する fırsattan istifade et-. 〜を逃す fırsatı kaçır-, geçmiş ola. 〜を逃して欲しい物が手に入らない kuma oyna-. 〜を見いだせない meydan bulama-. 〜が来る gün doğ-, yolu düş-. 〜がないために悪事の働けない人 fırsat yoksulu. 絶好の〜 fırsat bu fırsat, gün bu gün, saat bu saat. 〜を逃して手遅れだ. Atı alan Üsküdar'ı geçti.
cyañto ちゃんと /be./ tamına. 〜する düzel-. 部屋が〜した. Oda düzeldi. 門やなんか〜閉めたか. Kapıyı falan iyice kapatın mı?
cyaracyara チャラチャラ /be./ şıkır şıkır, şıngır şıngır. 〜音を立てる şıngırda-. 〜いう音 şıngırtı. ポケットは〜金がいっぱい. Cebi şıkır şıkır para dolu. 花嫁の手首で銅の腕輪が〜鳴っている. Gelinin bileklerinde bakır halkalar şıngırdıyor.
cyariñ チャリン /be./ şıngır şıngır. 〜と音を立てる şıngırda-. 〜という音 şıngırtı.
cyaseki 茶席 /a./ çay toplantısı.
cyataku 茶托 /a./ fincan tabağı.
cyauke 茶請け /a./ お〜の菓子 eğlencelik.
cyawàkasi 茶沸かし /a./ çaydanlık. こんろの〜がグラグラ沸いている. Ocağın üzerindeki çaydanlık fokurduyor.
cyawañ 茶椀 /a./ fincanı.
cyaya 茶屋 /a./ çay evi.
cyazuki 茶好き /a./ çaycı, çay düşkünü.
cyazùkuri 茶作り /a./ çaycı, çay yetiştirici.
cyè' ちぇっ /ün./ öf, pöf, tuh, tüf. 〜コップを落としてしまった. Tuh, bardağı düşürdüm!
cyèkkaa チェッカー(İng. checker) /a./ dama.
cyèkku チェック(İng. check) /a./ 〜の damalı, satranç starancı. 〜のスカート damalı bir etek.
Cyèko チェコ /a./ Çek.
Cyekogo チェコ語 /a./ Çek dili, Çekçe.
Cyèkosurobakia チェコスロバキア /a./ Çekoslovakya.
Cyekòziñ チェコ人 /a./ Çek.
cyèro チェロ(İng. cello) /a./ viyolonsel, çelo.
Cyerukezùziñ チェルケズ人 /a./ Çerkez.
cyèsu チェス(İng. chess) /a./ satranç. 〜のキング şah. 〜のクイーン ferz, vezir. 〜のビショップ piskopos. 〜のナイト şövalye. 〜のキャッスル kale, ruh. 〜の歩 paytak, piyade. 〜の手の番 hamle. 〜の詰め mat. さあ〜をしよう. Gel, satranç oynayalım.
cyociku 貯蓄 /a./ tasarruf. 〜する para biriktir-, tasarruf et-. 〜国債 tasarruf bonosu.
cyokiñ 貯金 /a./ tasarruf. 〜する para biriktir-, tasarruf et-. 〜は困った時に役立つ. Ak akçe kara gün içindir.
cyokiñbako 貯金箱 /a./ kumbara. 〜にお金をためる kumbarada para biriktir-.
cyokkacu 直轄 /a./ direkt kontrol.
cyokkaku 直角 /a./ dik açı. 〜の dik 〜は90度だ. Dik açılar 90 dereceliktir. 〜三角形 dik üçgen.
cyokkañ 直観, 直感 /a./ sezgi, sezi, iç güdü. 〜で分かる sez-.
cyokkañteki 直感的, 直観的 /a./

cyokkecu 直結 /a./ direkt bağlama.
cyokkei 直径 /a./ çap, kutur. 弾丸の～ kalibre. この円の～は15センチだ Bu çemberin çapı on beş santimetredir.
cyokki チョッキ /a./ yelek, arkalık.
cyokkoo 直行 /a./ ～で direkt.
cyokkoo 直航 /a./ direkt sefer.
cyòko ちょこ /a./ 'sake' için küçük kase.
cyòkocyoko チョコチョコ /be./ tıpış tıpış. ～歩く tıpış tıpış yürü-. 子供が～やって来た. Çocuk tıpış tıpış geldi.
cyokoreeto チョコレート (İng. chocolate) /a./ çikolata. 干した果物を～で包んだ菓子 draje. 子供は～に目がない Çocuk çikolataya dadandı.
cyokubai 直売 /a./ sahibinin elinden satılma. 産地～で買う elden al-.
cyokucuu 直通 /a./ direkt ulaşım.
cyokucyòo 直腸 /a./ göden bağırsağı.
cyokuei 直営 /a./ direkt yönetim.
cyokugeki 直撃 /a./ direct vuruş.
cyòkugo 直後 /a./ hemen sonrası.
cyokumeñ 直面 /a./ ～する karşılaş-.
cyokurei 勅令 /a./ ferman.
cyokuricu 直立 /a./ amut, oklava yutmuş gibi.
cyokuryuu 直流 /a./ doğru akım.
cyokusecu 直接 /be./ direkt, doğrudan, doğruca, doğrudan doğruya, ilk elden. ～の araçsız, dolaysız, vasıtasız.
cyokusecu 直截 /a./ ～に言う açık söyle-.
cyokusecuteki 直接的 /a./ ～な dolaysız.
cyokusecùzei 直接税 /a./ araçsız vergi, dolaysız vergiler, vasıtasız vergi.
cyokuseñ 直線 /a./ doğru. ～の doğrusal. 交わる～ kesişen doğrular. 黒板に～を引く tahtaya doğrular çiz-.
cyokuseñteki 直線的 /a./ ～な doğrusal.
cyokusya 直射 /a./ direkt ışın.
cyokuyaku 直訳 /a./ harfi harfine tercüme.
cyokuzeñ 直前 /a./ arife, tam öncesi.
cyokuzoku 直属 /a./ direkt kontrol.
cyomei 著名 /a./ ～な ünlü, meşhur.
cyomèiziñ 著名人 /a./ meşhur adam, ileri gelen.
cyòo チョウ, 蝶 /a./ kelebek. ～の幼虫 tırtıl.
cyòo 兆 /a./ trilyon.
cyòo 長 /a./ baş, başkan, müdür, âmir, reis, şef, başkanlık. ～の地位 başlık. ～のいる başlıklı. ～として başkanlığında. ～として指導する başkanlık et- ～を退く başkanlığından çekil-. 人を～にする birini baş tarafa geçir-. 宗門の～ baba. ～になれるのは一人だけ. Bir çöplükte iki horoz ötmez.
cyòo 腸 /a./ bağırsak. ～チフス tifo. ～カタル, ～炎 bağırsak ingini.
cyòo 鳥 /a./ kuş. → **tori**.
cyooai 寵愛 /a./ çok sevme. ～を受けている女 gözde. ～を失う pabucu dama atıl-
cyooba 跳馬 /a./ atlama beygiri.
cyòobacu 懲罰 /a./ disiplin cezası.
cyoobañ 彫板 /a./ oyma baskı.
cyoobo 帳簿 /a./ defter. ～をつける defter tut-, hesap tut-. ～につける hesap çıkar-. ～にのらない hesapsız kitapsız.
cyooboo 眺望 /a./ manzara, görünüş.
cyoocihusu 腸チフス /a./ tifo.
cyoociñ ちょうちん /a./ fener, karpuz fener. ～行列 fener alayı. ～を持って

cyoocińya

先に立つ fener çek-.
cyoocińya ちょうちん屋 /*a.*/ fenerci.
cyoocũgai ちょうつがい /*a.*/ kelebek, mafsal, menteşe, kurtağzı.
cyŏocyoo チョウチョウ, 蝶々 /*a.*/ kelebek.
cyŏocyoo 長調 /*a.*/ 〜の majör.
cyŏoda 長蛇 /*a.*/ yılan. 〜の列 uzun halk dizisi.
cyoodai ちょうだい /*a.*/ saygıyla alma. 〜する al-. おこぼれを〜する（口語）çimlen-.
cyoodeñ 弔電 /*a.*/ taziye telgrafı.
cyoodo ちょうど /*be.*/ tam, tıpkı, elifi elifine. 〜いい denk, isabet oldu, kalıp gibi gel-. 〜いいところへ isabet ki. 〜いい状態に近づける dengine getir-. 〜いい頃を選ぶ kertesine getir-. 〜よく vaktiyle. 〜よく…する isabet et-. 〜その時 sıra. 〜その時に tam o sırada, günü gününe. 〜門から出ようとしたところへバルシュがやって来た。 Tam kapıdan çıkıyordum, Barış geldi.
cyŏodo 調度 /*a.*/ mobilya, möble.
cyooecu 超越 /*a.*/ uzak durma, sokulmayış.
cyooeki 懲役 /*a.*/ hapis. 軽い〜 hafif hapis cezası. 重い〜 ağır hapis, kürek cezası. 〜に処せられる hapis giy-. 〜10年に処する on yıl hapisle cezalandır-.
cyooeñ 長円 /*a.*/ elips. 〜の oval, beyzî.
cyŏoeñ 腸炎 /*a.*/ bağırsak ingini.
cyŏoha 長波 /*a.*/ uzun dalga.
cyoohacu 長髪 /*a.*/ uzun saç 〜の流行 uzun saç modası.
cyoohacu 調髪 /*a.*/ berberlik.
cyoohacu 挑発 /*a.*/ fit, kışkırtı, tahrik. 〜する fişek salıver-, kışkırt-, kuyruğuna bas-.
cyoohacu 徴発 /*a.*/ resmî talep.
cyoohacuteki 挑発的 /*a.*/ 〜な kışkırtıcı. 〜な人 kışkırtıcı.

cyoohei 徴兵 /*a.*/ askere alma. 〜される askere alın-. 〜忌避者 asker kaçağı.
cyooheñ 長編 /*a.*/ 〜小説 uzun roman.
cyoohôñniñ 張本人 /*a.*/ elebaşı, sebep olan.
cyoohoo 諜報 /*a.*/ haber, istihbarat. 〜員 casus. 〜活動 casusluk.
cyŏohoo 重宝, 調法 /*a.*/ 〜な müsait, faydalı.
cyoohôokei 長方形 /*a.*/ dörtgen, dörtkenar.
cyoohuku 重複 /*a.*/ tekrarlama. 〜表現 ikileme.
cyŏoi 弔意 /*a.*/ ölene derin keder.
cyooiñ 調印 /*a.*/ imzalama.
cyooiñsiki 調印式 /*a.*/ imza töreni.
cyooka 超過 /*a.*/ ifrat. 〜料金 ekstra ücret.
cyookai 町会 /*a.*/ komşular kurulu.
cyookai 懲戒 /*a.*/ tekdir. 〜を受ける sıkıyı ye-. 〜処分 disiplin cezası.
cyŏokaku 聴覚 /*a.*/ işitme duyusu, işitim.
cyookañ 朝刊 /*a.*/ sabahki gazete.
cyookañ 長官 /*a.*/ başkan. 〜の職 başkanlık.
cyookâñzu 鳥瞰図 /*a.*/ kuş bakışı.
cyookâtaru 腸カタル /*a.*/ bağırsak ingini.
cyookesi 帳消し /*a.*/ 〜にする bir şeyin üzerinden sünger geçir- (çek-).
cyŏoki 弔旗 /*a.*/ matem bayrağı.
cyŏoki 長期 /*a.*/ uzun sıra. 〜の süreğen, uzun vadeli.
cyookika 長期化 /*a.*/ 〜する süreğenleş-.
cyookiñ 彫金 /*a.*/ madeni oyma. 〜する çal-.
cyookoku 彫刻 /*a.*/ oyma, yontma, heykelcilik, kalem işi, yontu,

kazı. ~する oy-, yont-, hakket-. ~された oymalı.
cyookokuka 彫刻家 /a./ hakkâk, heykelci, heykeltıraş, yontucu.
cyookokùsi 彫刻師 /a./ oymacı, yontucu.
cyookoo 兆候 /a./ emare, araz. いい~ hayra alamet. 最後の審判の~ kıyamet alameti.
cyookoo 聴講 /a./ dersi dinleme.
cyookòosya 聴講者 /a./ dinleyici.
cyòoku チョーク(İng. chalk) /a./ tebeşir.
cyookyoo 調教 /a./ terbiye. 馬の~ at terbiyesi, manej. ~する eğit-. むちで~される kırbaçla eğitil-. ~された öğür.
cyookyòosi 調教師 /a./ eğitici, hayvan eğiticisi, terbiyeci.
cyookyoozyoo 調教場(馬の) /a./ manej.
cyookyòri 長距離 /a./ çok uzaklık. ~バス şehirlerarası yolcu otobüsü. ~電話 şehirlerarası telefon. ~の運転手が拾う客（隠語）ördek.
cyoomakùgeñ 腸膜弦 /a./ kiriş.
cyoomeñ 帳面 /a./ defter.
cyoomiryoo 調味料 /a./ terbiye, çeşni veren şey.
cyoomoñ 弔問 /a./ baş sağlığı dileme.
cyoomùsubi 蝶結び /a./ ~のリボン fiyonk.
cyoonà ちょうな /a./ keser.
cyòonai 町内 /a./ mahalle içi.
cyòonañ 長男 /a./ birinci oğul.
cyoonèkutai 蝶ネクタイ /a./ papyon kravat. ~をつける papyon tak-.
cyoonòoryoku 超能力 /a./ maneviyat.
cyoooñ 調音 /a./ boğumlanma, telâffuz.
cyoooñsoku 超音速 /a./ ~の süpersonik.

cyooòñteñ 調音点 /a./ boğumlanma noktası, mahreç.
cyooraku 凋落 /a./ çürüme.
cyòori 調理 /a./ aşçılık.
cyooricu 調律 /a./ akort. サズを~する kökle-.
cyooricùsi 調律師 /a./ akortçu.
cyoorihoo 調理法 /a./ reçete.
cyooroo 長老 /a./ ak sakal.
cyòorui 鳥類 /a./ kuşlar.
cyoorui zùkañ 蝶類図鑑 /a./ kelebek albümü.
cyòoryoku 張力 /a./ gerginlik.
cyooryuu 潮流 /a./ cereyan, akım.
cyòosa 調査 /a./ araştırma, inceleme, soruşturma, incelenme, tahkikat, teftiş. ~書類 dosya. 綿密な~ tetkik. ~する araştırma yap-, incele-, teftiş et-.
cyoosasyo 調査書 /a./ sicil.
cyoosecu 調節 /a./ ayar, ayarlama, mutabakat. ミシンの~ dikiş makinesinin ayarı. 眼球の~作用 uyum. ~する ayar et-, ayarla-.
cyoosei 調製 /a./ imal, yapım.
cyoosei 調整 /a./ ayarlama, tanzim. ~する ayarla-, düzenle-. ~されている ayarlı.
cyoosei 町政 /a./ mahalle yönetimi.
cyooseki 潮汐 /a./ gelgit, met ve cezir.
cyooseñ 挑戦 /a./ meydan okuma. ~する meydan oku-.
Cyooseñ 朝鮮 /a./ Kore.
cyooseñàzami チョウセンアザミ /a./ enginar.
Cyooseñzìñ 朝鮮人 /a./ Koreli.
cyoosi 調子 /a./ ezgi, ahenk, nağme, tempo, ton; form. ~を合わせる dem tut-; idare et-. ~がいい formda ol-, maşallahı var. ~が悪い formda değil. 胃の~が悪いこと mide fesadı.

cyoosihāzure 調子外れ /*a.*/ falso. ～に歌う falso yap-.
cyoosikocu 暢思骨 /*a.*/ lades kemiği. 鳥の～による賭け lades. ～の賭けをする lades tutuş-.
cyoosiñ 長針 /*a.*/ yelkovan. ～が6を, 短針が9を指している時は9時半だ. Yelkovan altıyı, arkep dokuzu gösterirken saat dokuz buçuktur.
cyoosiñ 聴診 /*a.*/ ～する dinle-.
cyoosìñki 聴診器 /*a.*/ stetoskop.
cyōosoñ 町村 /*a.*/ nahiye ve köyler.
cyōosya 庁舎 /*a.*/ daire.
cyōosyo 長所 /*a.*/ değim, meziyet. ～のある meziyetli. 人に好かれそうな～ şeytan tüyü.
cyōosyo 調書 /*a.*/ tutanak. 警官は自動車事故の～をととのえた. Polis araba kazası için bir tutanak hazırladı.
cyoosyoku 朝食 /*a.*/ kahvaltı. ～をとる kahvaltı et-. 軽い～ hafif bir kahvaltı. 一回の～ bir sabahlık kahvaltı. ～兼昼食 kuşluk yemeği.
cyoosyoo 嘲笑 /*a.*/ alay, istihza. ～的な言葉 alaylı söz.
cyōosyu 聴取 /*a.*/ dinleme. ～する dinle-.
cyoosyùsya 聴取者 /*a.*/ dinleyici. ラジオの～ radyo dinleyicisi.
cyoosyuu 徴収 /*a.*/ tahsil. ～する tahsil et-. 税金を～する vergilendir-.
cyoosyuu 聴衆 /*a.*/ dinleyici. ～の希望に応じて dinleyicinin isteği üzerine. ～の間に突然動揺が起こった. Dinleyiciler arasında birdenbire bir kaynaşma oldu.
cyoosyuu 徴集 /*a.*/ toplama.
cyoosyuuniñ 徴収人 /*a.*/ tahsildar.
cyootacu 調達 /*a.*/ tedarik, hazırlık. 金を～する denkleştir-.
cyootàñpa 超短波 /*a.*/ süper kısa dalga.

cyootei 調停 /*a.*/ ara buluculuk, aracılık.
cyootèisya 調停者 /*a.*/ ara bulucu, yargıcı. ～なしの aracısız.
cyooteñ 頂点 /*a.*/ tepe, açının tepesi, doruk.
cyōoto 長途 /*a.*/ uzun yol.
cyoowa 調和 /*a.*/ ahenk, uyum, uyuşum, rabıta. 楽器の～ düzen. ～のとれた ahenkli, tutarlı, uygun, uyumlu. ～のとれない ahenksiz, uyumsuz. この二色はよく～している. Bu iki renk iyi kaynaşmış.
cyooyaku 跳躍 /*a.*/ atlama.
cyoozame チョウザメ /*a.*/ çığa, mersin balığı.
cyoozei 徴税 /*a.*/ vergilendirme, tahsil.
cyoozèisya 徴税者 /*a.*/ tahsildar.
cyoozi 弔辞 /*a.*/ ağıt. ～を述べる ağıt yak- (tuttur-).
cyoozi チョウジ, 丁子 /*a.*/ karanfil.
cyōozi 籠児 /*a.*/ gözde.
cyooziñ 超人 /*a.*/ üst insan.
cyooziñteki 超人的 /*a.*/ ～な insanüstü. ～な頑張り insanüstü bir çaba.
cyoozì・ru 長じる /*ey.*/ üstün ol-; büyü-.
cyoozoo 彫像 /*a.*/ heykel, yontu, heykelcilik.
cyoozume 腸詰め /*a.*/ bumbar.
cyoozùru 長ずる /*ey.*/ (古語) geliş-, büyü-. ～に及んで büyüdükçe.
cyōozyo 長女 /*a.*/ birinci kız.
cyoozyōo 頂上 /*a.*/ tepe, doruk, zirve. ～会談 zirve toplantısı. 山の頂上 dağın zirvesi (tepesi).
cyōozyu 長寿 /*a.*/ ömür uzama, uzun ömür. ～の ömürlü.
cyoozyuu 鳥獣 /*a.*/ kuşlar ve hayvanlar.
cyōrocyoro ちょろちょろ /*be.*/ ığıl ığıl, şırıl şırıl. ～流れる şırılda-. ～いう音 şırıltı. 小川が～流れている. Çay

ıgıl ıgıl akıyor. 蛇口から〜水が出ている. Musluktan şırıl şırıl su akıyor.
cyoroñ 緒論 /a./ → **syoroñ**.
cyosaku 著作 /a./ telif, yapıt, eser.
cyosakùkeñ 著作権 /a./ telif hakkı.
cyosùici 貯水池 /a./ gölet, havuz.
cyosùisoo 貯水槽 /a./ havuz.
cyosui tañku 貯水タンク /a./ su hazinesi.
cyòsya 著者 /a./ yazan, yazar, muharrir, müellif.
cyòsyo 著書 /a./ eser, kitap.
cyòtto ちょっと /be./ biraz, azıcık, az, bir ara, bir dakika, bir boy, bir parça, çat pat ; hu. 〜見る şöyle bir bak- (göz at-). 〜ごらん. Hele bak. 〜利益を得る çerezlen-. 〜した違いayırtı. 〜来ませんか. Azıcık gelir misiniz ? 〜フランス語が話せる. Çat pat Fransızca konuşur. 〜読もうと思ったら徹夜してしまった. Biraz okuyayım derken sabahı yapmışım.
cyozoo 貯蔵 /a./ depo. 〜する depola-, depo et-, istifle-.
cyozoohiñ 貯蔵品 /a./ rezerv.
cyozòoko 貯蔵庫 /a./ hazine, kiler.
cyozookoo 貯蔵坑 /a./ 小麦〜 buğday saklanan kuyu.
cyozòosicu 貯蔵室 /a./ 氷〜 buzhane.
cyozoosyo 貯蔵所 /a./ ambar.
cyozyucu 著述 /a./ kitap yazma.
cyù' チュッ /be./ şap. 〜と音をたてるşapırda-, şapırdat-. 〜という音 şapırtı. 〜〜 şapır şapır, şapır şupur. 〜と手にキスした. Şap diye elinden öptü.
Cyunizia チュニジア /a./ Tunus.
cyuu 注 /a./ derkenar. 欄外の〜 dipnot.
cyùu 宙 /a./ hava, gök. 〜に浮く havada kal-. 建物を〜に支える askıya al-.
cyuuboo 厨房 /a./ mutfak.

cyùubu チューブ (İng. tube) /a./ boru ; tüp, tulum ; iç lastik.
cyuubuu 中風 /a./ felç.
cyùucyo 躊躇 /a./ tereddüt. 〜する duraksa-.
cyuudañ 中断 /a./ duraklama, fasıla, kesinti, paydos, sekte. 〜する kesil-, aralık ver-, kes-, sek-. 援助を〜する yardım kes-. 授業が〜する dersler kesil-. 〜しない fasılasız. 会期を〜させる celseyi tatil et-. 私たちの仕事はまっすぐ〜することなく進行している. İşimiz hiç bir kesintiye uğramadan yürüyor. おとなの話を〜させてはいけない. Büyüklerinizin sözünü kesmeyiniz. 旅に出たので仕事が〜された. Yolculuğa çıkınca işler yüz üstü kaldı.
cyùudoku 中毒 /a./ zehirlenme, çarpma. 〜の tiryaki. 〜する zehirlen-. 炭火の〜 kömür çarpması. 炭火で〜する kömür çarp-.
cyuudoo 中道 /a./ ılım, ortalama. 〜の ılımlı.
cyuuei 中衛 /a./ (スポーツ) haf.
cyuugàeri 宙返り /a./ perende, takla, taklak. 〜をする perende at-, takla at- (kıl-).
cyuugai 虫害 /a./ böceklenme.
cyuugàkkoo 中学校 /a./ orta okul.
cyuugeñ 忠言 /a./ nasihat, öğüt.
cyùugi 忠義 /a./ sadakat.
Cyùugoku 中国 /a./ Çin. 〜の Çinli. 〜文学, 〜学, 〜語学, 〜史学 sinoloji.
Cyuugokugo 中国語 /a./ Çince.
Cyuugokùziñ 中国人 /a./ Çinli.
cyuugurai 中ぐらい /a./ orta. 〜の ne az ne çok, orta, orta karar. 〜の大きさの orta irilikte. 〜の大きさのリンゴ elmaların ortancası.
cyùuha 中波 /a./ küçük dalga.
cyuuhàiyoo 中胚葉 /a./ orta deri.
cyuuheñ 中編 /a./ orta. 〜小説

cyuuhuku

orta roman.
cyuuhuku 中腹 /a./ orta bölüm. 山の〜 dağın bağrı.
cyùui 注意 /a./ dikkat, ikat, itina, özen, uyarı. 〜を払う dikkate al-, aldır-, itina et-. 細心の〜を払う çöp atlama-. 〜を払わない aldırış etme-. 〜をひく dikkati çek-, parmak bas-. 〜をひきつける meşgul et-. だれの〜もひかない gürültüsüz. 〜をほかのことにひきつけること işgal. 〜を集中させる dikkat kesil-. 〜をそらす oyala-. 〜をだれかに向ける nazarlarını birine atfet-. 〜する dikkat et-, hesaba kat-, ihtar et-, ikaz et-, dikkat kesil-, kına-, kolla-. 〜して dikkatle. 〜して行う ihtimam et-. 〜すべき dikkate şayan. 〜せよ yavaş! 〜をうながす dürtükle-, uyarıcı. 〜を与える uyar-. 先生はコルハンが授業中おしゃべりしたので〜した. Öğretmenim Korhan'ı derste konuştuğundan dolayı kınadı.
cyùui 中尉 /a./ üsteğmen.
cyuuibukài 注意深い /s./ dikkatli, tetik bulun-. 〜行動 ince iş. 注意深く dikkatle, dikkatlice, özene bezene, özene özene. 注意深く行動する adımını denk (tek) al-, ayağını denk bas-. 注意深くやる özenip bezen-. 注意深くない dikkatsiz.
cyuuiñgàmu チューインガム (İng. chewing gum) /a./ çiklet, sakız, gıcır.
cyuuìryoku 注意力 /a./ dikkat.
Cyùuka 中華 /a./ Çin. 〜なべ kulaklı. 〜人民共和国 Çin Halk Cumhuriyeti.
cyuukai 仲介 /a./ ara buluculuk, aracılık, delalet. 〜の vasıtalı. 〜のない vasıtasız. 〜で marifetiyle.
cyuukai 注解 /a./ açıklama, izah.
cyuukai 厨芥 /a./ sebze çöpü.
cyuukainiñ 仲介人 /a./ ara bulucu, aracı.
cyuukaku 中核 /a./ öz.

cyuukañ 中間 /a./ orta, vasat. 〜の orta, ortanca, vasat, vasatî. 方位の〜 ara yön. 〜階層 orta sınıf.
cyuukañ 昼間 /a./ gündüz. → **yàkañ**. 〜通学の gündüzlü. 〜通学の学生 gündüzcü.
cyuukei 中継 /a./ 〜で naklen. 〜放送 naklen yayın.
cyùuki 注記 /a./ not, derkenar.
cyuukiñ 鋳金 /a./ döküm, dökme.
cyùuko 中古 /a./ 〜の elden düşme, kullanılmış.
cyuukohiñ 中古品 /a./ elden düşme, kullanılmış. この機械は〜には似ても似つかない. Bu makine kullanılmışa hiç benzemiyor.
cyuukoku 忠告 /a./ nasihat, öğüt, tembih, uyarı. 〜をする öğüt ver-. 秘密の〜をする kulağını bük-. 〜を受ける öğüt al-. 〜を聞き入れる söz dinle-. 〜を守る söz tut-. 人の〜に従う sözünü tut-. 〜を聞かない bildiğini yap-. 激励の〜 uyarıcı öğüt. 人に〜して自分は守らない. Halka verir talkını (telkini), kendi yutar salkımı.
cyuukuu 中空 /a./ boş, kof. 〜でない som.
cyuumicu 稠密 /a./ sıklık, sıkışıklık.
cyuumoku 注目 /a./ dikkat. 〜する dikkat et-, izle-, kaydet-, kolla-, mim koy-, takılıp kal-. 〜に値する kayda değer, dikkate değer. 〜に値する提案 dikkate değer bir teklif. 〜を浴びる yıldızı parla-. 〜を集める nazarı dikkatini çek-. 敬意を示すために立って〜する selâma dur-.
cyuumoñ 注文 /a./ ısmarlama, sipariş. 〜する ısmarla-, sipariş et- (ver-). 洋服屋に服を〜する terziye elbise ısmarla-. 〜を受ける sipariş al-. 〜を取る sipariş al-. マーケットへ行きますが, 何か御〜は. Ben çarşıya gidiyorum, bir şey ısmarlayacak

mısınız?
cyuumoñgucu 注文靴 /a./ ısmarlama ayakkabı.
cyuumoñhiñ 注文品 /a./ sipariş.
cyuumoosyoo 昼盲症 /a./ gündüz körlüğü.
cyuunikai 中二階 /a./ asma kat. 劇場の～ balkon.
cyuuniku cyuuzei 中肉中背 /a./ ～の人 balık eti.
cyuuniñ 仲人 /a./ → nakôodo.
cyuunyuu 注入 /a./ dökme. 油の～ yağcılık.
cyuuôo 中央 /a./ orta, merkez, vasat. ～の orta, vasatî. ～がふくらんでいる balık sırtı yol. ～アフリカ共和国 Orta Afrika Cumhuriyeti. ～アジア Orta Asya. ～銀行 merkez bankası. ～脈 orta damar. ～集権 merkezcilik.
cyuuôobu 中央部 /a./ orta, merkez, orta bölüm. 船体の～ geminin beli.
cyuuricu 中立 /a./ bîtaraflık, tarafsızlık. ～の bîtaraf, tarafsız. ～地帯 tarafsız bölge.
cyùurippu チューリップ /a./ lâle. ～の球根 lâle soğanı.
cyùuru チュール(İng. tulle) /a./ tül. ～の tül. ～のカーテン tülden perde.
cyùurui 虫類 /a./ böcekler.
cyuuryuu 中流 /a./ orta sınıf. ～の orta halli.
cyuusa 中佐 /a./ yarbay, (古語) kaymakam.
cyuusai 仲裁 /a./ ara buluculuk, hakemlik, şefaat.
cyuusainiñ 仲裁人 /a./ ara bulucu, hakem, yargıcı.
cyuusàisya 仲裁者 /a./ ara bulucu, yargıcı.
cyuusañ 昼餐 /a./ öğle yemeği.
cyuusañ kàikyuu 中産階級 /a./ kent soylu, burjuva.
cyuusecu 忠節 /a./ sadakat.

cyuusei 忠誠 /a./ sadakat, vefa.
cyuusei 中性 /a./ ～の nötür, cinssiz.
cyùusei 中世 /a./ orta çağ. ～の市民 burjuva. ～の市民階級 burjuvazi. ～の頭から抜け切ったとは言えない. Orta çağ kafasından kopmuş değillerdir.
cyuusèidai 中生代 /a./ ikinci çağ.
cyuuseiteki 中世的 /a./ ～な skolastik.
cyuuseki 柱石 /a./ direk.
cyuusekìsoo 沖積層 /a./ alüvyon, lığ.
cyuuseñ 抽選 /a./ çekim, ad çekme. くじの～ piyango çekimi. 宝くじの～ çekiliş. ～の結果 ad çekme sonunda. 宝くじは月に三回～が行われる. Milli Piyango'nun her ay üç kez çekimi yapılır. 宝くじの年頭～まで二日ある. Milli Piyango'nun yıl başı çekilişine iki gün var.
cyuusi 中止 /a./ duraklama, paydos. ～する durakla-, vazgeç-, arasını kes-, paydos borusu çal-, paydos et- (yap-).
cyuusi 注視 /a./ bakış, (隠語) dikiz.
cyuusiñ 中心 /a./ merkez, göbek, kalp. ～の merkezî. 円の～ daire merkezi. 都市の～ şehrin göbeği. ～の葉脈 orta damar. ～になる merkezîleş-.
cyuusiñ 衷心 /a./ iç, yürek. ～よりの感謝 yürekten teşekkür.
cyuusiñbu 中心部 /a./ merkez. 町の～で şehrin merkezinde.
cyuusiñci 中心地 /a./ merkez.
cyuusiñteki 中心的 /a./ ～な merkezî.
cyuusiñteñ 中心点 /a./ merkez.
cyuusoo 中艙 /a./ 軍艦の～ palavra.
cyuusui 虫垂 /a./ apandis.
cyuusùieñ 虫垂炎 /a./ apandisit.

cyuusuu

急性～ hâd apandisit.
cyuusuu 中枢 /a./ merkez.
cyuusya 注射 /a./ içitim, iğne,（古語）zerk. ～する iğne yap-（vur-）, şırınga et-（yap-）, zerk et-. ～する人 iğneci. しりに～する kalçaya iğne yap-.
cyuusya 駐車 /a./ park. ～する park yap-（et-）. ～禁止 park yapılmaz.
cyuusyàki 注射器 /a./ şırınga, iğne, enjektör. ～で予防接種をする şırınga ile aşı yap-.
cyuusyaku 注釈 /a./ açıklama, izah, tefsir, yorum.
cyuusyazyoo 駐車場 /a./ otopark, park. ～の管理人 kâhya.
cyuusyoku 昼食 /a./ öğle yemeği. 朝食兼～ kuşluk yemeği. ～にトリが出る. Öğle yemeğinde tavuk var.
cyuusyoo 中傷 /a./ iftira, isnat, düşman ağzı. ～する iftira et-（at-）, kötüle-, dil uzat-, kovla-, çamur at-, dedikodu et-（yap-）, insan eti ye-, kara sür-, karala-, zifos at-. ～される çamurlaş-. 手当たりしだいに人を～するのはよくない. Şunu bunu kötülemek doğru değil. まったくの～だ. Allah kuru iftiradan saklasın.
cyuusyoo 抽象 /a./ soyutlama. ～の abstre, soyut. ～する soyutla-.
cyuusyooka 中傷家 /a./ karacı, iftiracı.
cyuusyooka 抽象化 /a./ soyutlama, tecrit.
cyuusyõosya 中傷者 /a./ iftiracı, karacı.
cyuusyooteki 抽象的 /a./ ～な soyut, abstre.
cyuusyucu 抽出 /a./ ～する çekip çıkar-.
cyuutai 中隊 /a./ bölük.
cyuutecu 鋳鉄 /a./ dökme demir, pik.

cyuuteñ 中天 /a./ hava.
cyuuto 中途 /a./ yarı, yarı yol. ～で yarı yolda, yüz üstü. ～でやめる yarı yolda bırak-, vazgeç-.
cyuuto hañpa 中途半端 /a./ ～な yarım yamalak. ～な表現 kırık dökük bir ifade. ～に veresiye. ～に終わる kursağında kal-. ～にしておく yarı yolda bırak-, yüz üstü bırak-. ～だ yarım kal-.
cyuutoñ 駐屯 /a./ askerî yerleşme.
cyuutòñci 駐屯地 /a./ garnizon.
cyuutòñguñ 駐屯軍 /a./ garnizon.
cyuutoo 中東 /a./ orta doğu.
cyuutoo 中等 /a./ orta. ～学校 orta dereceli okul. ～教育 orta öğretim. ～教員養成所 eğitim enstitüsü.
cyùuya 昼夜 /a./ gece ve gündüz. ～をわかたず geceli gündüzlü. ～平分時 gece gündüz eşitliği.
cyuuyoo 中庸 /a./ ılım, itidal. ～の mülayim. ～を得る ortasını bul-, ortala-.
cyuuyootokkìeñ 虫様突起炎 /a./ apandisit.
cyuuyu 注油 /a./ yağlama, yağcılık. ～する yağla-.
cyuuyugàkari 注油係 /a./ yağcı.
cyuuyùki 注油器 /a./ yağdanlık.
cyuuzai 駐在 /a./ ～武官 askerlik ataşesi.
cyuuzecu 中絶 /a./ aralık verme, kesilme.
cùuzi 中耳 /a./ orta kulak.
cyuuzicu 忠実 /a./ sadakat, vefa. ～な sadık, vefakâr, vefalı. 義務に～な ödevcil. ～でない vefasız. 犬は～な動物だ. Köpek sadık bir hayvandır. 父は仕事に～だ. Babam görevine karşı çok titizlenir.
cyuuziki 中食, 昼食 /a./ öğle yemeği. ～を取る öğle yemegi ye-.

cyuuzoo 鋳造 /*a.*/ (demir) döküm. ~する dök-. 大砲を~する top dök-. 貨幣を~する para bas-. ~される dökül-. ~された dökme.
cyuuzookoo 鋳造工 /*a.*/ dökmeci, dökümcü.
cyuuzoosyo 鋳造所 /*a.*/ dökümhane.
cyuuzuri 宙づり /*a.*/ ~にする boşa al-.
cyùuzyoo 中将 /*a.*/ 海軍~ koramiral. 陸軍~ korgeneral.
cyuuzyuǹ 中旬 /*a.*/ ayın ortaları.
Cyuwasìziñ チュワシ人 /*a.*/ Çuvaş.

D d

da だ /*il.*/ dır, dir, dur, dür, tır, tir, tur, tür. そう~ efendim. だった idi. 同じ~ başabaş gel-. 目ざわり~ göze bat-. 成功のもとは努力~. Başarının başı çalışmaktır. 道路にごみを捨てるのは恥~. Sokağa çöp atmak ayıptır. この人はしらふの時もこう~. Bu adam ayıkken de böyledir. ラバは馬とロバをかけ合わせた動物~. Katır, atla eşekten azmış bir hayvandır. アフメットは医者だった. Ahmet doktor idi. 高齢~が自分の体のことによく気を使っていたよう~. Çok yaşlı ama kendine iyi bakmış. この遊びが好き~. Bu oyunu beğendim. 紙だってペンだってインクだって必要な物は何でも買った. Kâğıttı, kalemdi, mürekkepti, ne lâzımsa aldım. 私がだれ~か分かったか. Benim kim olduğumu bildin mi? 彼に私は会ったの~. Onu ben gördüm de. 彼はここからおそらく私たちの所へ行ったの~. O, buradan belki bize gitmiştir.
dàasu ダース(İng. dozen) /*a.*/ düzine. 半~ yarım düzine.
daawinìzumu ダーウィニズム (İng. Darwinism) /*a.*/ Darvincilik.
dàba 駄馬 /*a.*/ yük beygiri.
dabeñ 駄弁 /*a.*/ kuru söz.
dàbi だび /*a.*/ ölüyü yakma. ~に付す ölüyü yak-.
dabokusyoo 打撲傷 /*a.*/ çürük, yara.
dabora 駄ぼら /*a.*/ atmasyon, martaval. ~を吹く martaval at-(oku-).
dabudabu だぶだぶ /*a.*/ ~の şapşal, battal, cüppe gibi.
daccyoo 脱腸 /*a.*/ fıtık.
daciñ 駄賃 /*a.*/ ayak kirası, ayak teri. ~をもらう ayak teri al-.
dacuboo 脱帽 /*a.*/ şapkasını çıkarma.
dacugoku 脱獄 /*a.*/ tutuk evinden kaçma.
dacuizyoo 脱衣場 /*a.*/ soyunma yeri. 海水浴の~ kabin, kabine.
dacumoosyoo 脱毛症 /*a.*/ köselik.
dacumòozai 脱毛剤 /*a.*/ macun, kılları düşürmek için ilâç. ~をかける ot tutun-.
dacuraku 脱落 /*a.*/ unutulma, atlama, geri kalma.
dacuroo 脱漏 /*a.*/ unutulma, atlama, çıkarılma.
dacuzei 脱税 /*a.*/ gümrük kaçakçılığı, vergiden kaçınma. ~の gümrüksüz, gümrük kaçak, vergi ödenmemiş.
dacyoo ダチヨウ /*a.*/ deve kuşu.

dãda だだ /a./ ～をこねる hırçınlaş-, tuttur-. 子供は自転車が欲しいと～をこねた. Çocuk bisiklet diye tutturdu.
dadàkko だだっ子 /a./ yaramaz.
dadda' ダッダッ /be./ rap rap. ～と通り過ぎる兵隊たち rap rap diye geçen askerler.
dadeñ 打電 /a./ telgraf çekme.
daeki 唾液 /a./ salya, tükürük.
daekiseñ 唾液腺 /a./ tükürük bezi.
daeñ 楕円 /a./ elips.
dãga だが /ba./ lâkin, meğer, nedir ki, yalnız.
dagàkki 打楽器 /a./ bateri, vurma çalgılar.
dagàsi 駄菓子 /a./ ucuz şekerler.
dageki 打撃 /a./ çarpma, darbe. 大きな～ yıkım. ～を受ける darbe ye-.
dàha 打破 /a./ yıkılma, devirme.
dàho 拿捕 /a./ yakalama, tutma.
-dai 台. 二～の車がぶつかった. İki araba çarpıştı.
dai 代 /a./ para, karşılık. → **daikiñ**. 本の代 kitabın parası.
dài- 第 -inci. ～一の birinci. ～一位 birincilik. ～四の dördüncü. ～九の dokuzuncu. ～十条～一項 madde 10 bent 1. ～一次世界大戦 birinci dünya savaşı. ～一回 ilk defa. ～一級の bir numaralı. ～一歩 ilk adım. 病気の～二期 hastalığın ikinci devresi. ～二次世界大戦 İkinci Dünya Savaşı. ～三位 üçüncülük. ～三紀 üçüncü çağ. ～三刷 üçüncü baskı.
dài 大 /a./ büyüklük, çok.
dài 代 /a./ kuşak, nesil, çağ. 一～ göbek, gömlek. 何～も前からのおじいさん dede. 二～前のおじいさんはだれそれだ. İki gömlek yukarı dedesi filancadır.
dài 台 /a./ iskemle, masa, kaide, bindi, sehpa, ayaklık. 粉をのばす～ sofra. ～が粘土の像 kaidesi balçıktan bir dev. ドーナツ売りの木の～ simitçi tablası.
dài 題 /a./ başlık, unvan, isim, konu, mevzu. ～をつける başlık at-(koy-). …という～で başlığı altında.
daiañ 代案 /a./ diğer plan.
daibeñ 代弁 /a./ birinin adına konuşma.
daibèñ 大便 /a./ büyük aptes, dışkı. ～をする dışarı çık-. ～をもよおす büyük aptesi gel-.
daibu だいぶ, 大分 /be./ fazla.
daibùbuñ 大部分 /a./ çoğu, ekseriyet. ～の ekseri. ～は birçoğu, birçokları, ekseriya. 国民の～は読み書きができない. Halkın büyük bir bölümü okuma yazma bilmiyor. おっしゃったことは～理解しました. Söylediklerinizin birçoğunu zapt ettim.
Daiburìteñ 大ブリテン /a./ Büyük Britanya.
daici 台地 /a./ plato, seki, yayla, set, taraça.
dàici 大地 /a./ toprak, yer, (古語) arz. 種を～にまく tohumu toprağa ek-. ～に足をつける toprağa ayak bas-. ～が充分に水を吸った. Toprak suya kandı.
daicìzu 大地図 /a./ büyük harita. ～の一部 pafta.
daicyoo 台帳 /a./ defteri kebir, kütük. 住民～ nüfus kütüğü. 土地～ tapu kütüğü (sicili). ～にのせる kütüğe geçir-.
dàicyoo 大腸 /a./ kalın bağırsak. 家畜の～ bumbar.
daicyookiñ 大腸菌 /a./ kolibasil.
dàidai 代々 /a./ ～の家 baba ocağı (evi), baba yurdu. 父の家は～「ハチ屋」という通称で呼ばれている. Babamın ailesi öteden beri "Arıcılar" lakabıyla anılır.
daidài ダイダイ /a./ turunç.
daidaiiro だいだい色 /a./ turuncu. ～の turuncu.

daidokoro 台所 /a./ mutfak. ～用品 mutfak eşyası. 冷蔵庫を～へ移す buz dolabını mutfağa geçir-.
daidoo 大道 /a./ cadde, orta.
daidôomyaku 大動脈 /a./ aort, büyük atar damar.
daidoosyôoi 大同小異 /a./ hemen aynı.
daigaku 大学 /a./ üniversite, （古語） darülfünun. ～付属の学部 üniversiteye bağlı fakülteler. ～の講座 kürsü. ～の教官 öğretim üyesi. ～教育 lisans. アンカラ～ Ankara Üniversitesi. オスマン帝国の～ külliye.
daigâkusya 大学者 /a./ molla.
daigâwari 代替わり /a./ sahibi değişme.
daigîsi 代議士 /a./ millet vekili, mebus.
dâigo 第五 /a./ ～の beşinci. ～列 beşinci kol.
daigûñsyuu 大群集 /a./ mahşer.
daigyâkusacu 大虐殺 /a./ katliam, kırım.
dâihaci 第八 /a./ ～の sekizinci.
daihañrâñsya 大反乱者 /a./ fitne ficur.
daihêigeñ 大平原 /a./ koca ova. ～に座って休むための日陰が一つも見つからなかった。 Koca ovada oturup dinlenmek için bir gölge bulamadık.
daihîgai 大被害 /a./ büyük zarar. ～を与える kasıp kavur-.
daihoñ 台本 /a./ senaryo.
daihyoo 代表 /a./ delege, mümessil, temsil, temsilci, ajan, vekâlet, vekillik. ～する temsil et-. ～して temsilen, vekâleten. ～事務所 temsilcilik. ～質問者 sözcü.
daihyôobu 代表部 /a./ mümessillik.
daihyôodañ 代表団 /a./ delegasyon, mümessillik, heyet.
daihyôokeñ 代表権 /a./ mümes-sillik, temsilcilik.
daihyôosya 代表者 /a./ mümessil, temsilci, vekil.
dâiici 第一 /a./ ～の birinci, ilk. ～に birincisi. 自分の身が～ can cumleden aziz. ～印象 ilk intiba.
daiicîi 第一胃 /a./ işkembe.
daiicikêicui 第一頸椎 /a./ atlas.
daiicinîñsya 第一人者 /a./ birinci.
daikâkei 大家系 /a./ hanedan. ～の hanedan.
daikâkumei 大革命 /a./ フランス～ Fransız Büyük İhtilâli.
dâikañ 代官 /a./ bey.
daikei 台形 /a./ yamuk.
daikîbo 大規模 /a./ ～の çaplı. ～に büyük (geniş) ölçüde.
daikiñ 代金 /a./ karşılık, para. ～を払う parasını çıkar-. 雑誌の～を払った。 Derginin parasını verdim.
dâikirai 大きらい /a./ nefret.
daikokubâsira 大黒柱 /a./ direk, temel direği. 父は家の～だ。 Baba ailenin direğidir.
daikoñ ダイコン, 大根 /a./ turp.
daikôñrañ 大混乱 /a./ keşmekeş, kaos. ～の alt üst, karmakarışık, karman çorman. ～になる kıyamet kop-.
daikôñzacu 大混雑 /a./ mahşer gibi.
daikoo 代行 /a./ vekili olma.
daikôozui 大洪水 /a./ ～になる sel seli götür-.
dâiku 大工 /a./ doğramacı, dülger. ～の仕事をする marangozluk yap-. ～道具 marangoz takımı. ～仕事 doğramacılık.
daikyùusi 大臼歯 /a./ azı dişi. 第三～ akıl dişi.
daimei 題名 /a./ başlık, unvan, isim. ～の başlıklı.
daimêisi 代名詞 /a./ adıl, zamir. 不定～ belgisiz adıl. 人称～ şahıs zamiri.

daimoku 題目 /a./ konu.
daimòndai 大問題 /a./ büyük mesele. 〜は解決するが小さい問題でつまずく çaydan geçip derede boğul-, denizden geçip kıyıda (çayda) boğul-, denizleri geçip derelerde boğul-.
daimyòo 大名 /a./ (古語) sancak beyi.
dainamàito ダイナマイト (İng. dynamite) /a./ dinamit. 〜が爆発した. Dinamit patladı.
dainamo ダイナモ (İng. dynamo) /a./ dinamo, jeneratör.
dainañ 大難 /a./ büyük zarar. 〜にあう feleğin sillesine uğra- (ye-).
dainasi 台無し /a./ 〜にする canına ezan oku-, hırpala-, kokut-, mahvet-, yüzüne gözüne bulaştır-, (口語) piç et-. 完成したものを〜にする pişmiş aşa su kat-. 〜になる canına oku-, mahvol-, yan-. ラジオをいじくりまわしてすっかり〜にした. Radyoyu kurcalayıp iyice bozdu. 嵐で作物が〜になった. Fırtınada ekinler mahvoldu.
dàini 第二 /a./ ikincisi. 〜の ikinci. 〜のいかりをおろす çiftele-.
dàinii 第二胃 /a./ börkenek.
dàiniki 第二期 /a./ 病気の〜 hastalığın ikinci devresi.
dàinizi 第二次 /a./ 〜世界大戦で多くの兵隊が死んだ. İkinci Dünya Savaşında çok asker kırıldı.
dainoo 大脳 /a./ beyin.
dainòzi 大の字 /a./ 大 harfi. 〜になって寝る boylu boyunca yat- (uzan-).
daiònzyoo 大音声 /a./ yüksek ses → **oogòe**. 〜を上げる bağır-.
daiòo 大王 /a./ kral.
dairi 代理 /a./ temsil, vekâlet, vekillik, vekil, ajan. 〜で vekâleten. 〜公使 işgüder, maslahatgüzar. 〜大使 işgüder, maslahatgüzar.
dairiniñ 代理人 /a./ temsilci, vekil.

〜の地位 temsilcilik.
dairìseki 大理石 /a./ mermer, hare. 〜の mermer. 〜の花びん mermerden bir vazo. 〜のしま mermer damarı. 〜が刻んでいる時割れた. Mermer yontulurken attı.
dairiteñ 代理店 /a./ acente. 土地売買〜 emlak alım satım acente.
dàirokkañ 第六感 /a./ altıncı duygu.
dàiroku 第六 /a./ altıncısı. 〜の altıncı.
daisagi ダイサギ /a./ akbalıkçıl.
daisàigai 大災害 /a./ felâket. 東部の地震は〜だった. Doğudaki deprem büyük bir felâketti.
dàisañ 第三 /a./ 〜の üçüncü. 〜大臼歯 akıl dişi.
dàisañi 第三位 /a./ üçüncülük.
dàisàñi 第三胃 /a./ kırkbayır.
dàisañki 第三紀 /a./ üçüncü çağ.
dàisañ sèkai 第三世界 /a./ üçüncü dünya. 〜の国々 üçüncü dünya ülkeleri.
dàisañsya 第三者 /a./ üçüncü kişi.
dàisàñzi 大惨事 /a./ kıyamet.
dàisañzuri 第三刷 /a./「正書法の手引き」の〜 Yazım Kılavuzu'nun 3. baskısı.
dàisañzyuu 第三十 /a./ 〜の otuzuncu.
daisèidoo 大聖堂 /a./ katedral.
daisèñmoñ 大泉門 /a./ tepe damgası.
daisèñpai 大先輩 /a./ eski tüfek.
daisi 台紙 /a./ altlık, mukavva.
daisìkyoo 大司教 /a./ başpiskopos.
daisìñiñ 大審院 /a./ Yargıtay.
daisìppai 大失敗 /a./ (口語) fiyasko. 〜に終わる fiyasko ver-.
daisòogeñ 大草原 /a./ bozkır, istep.
daisòozyoo 大僧正 /a./ başpiskopos.

daisŏreta 大それた /s./ korkusuz, ölçüsüz, kurumlu.
daisuki 大好き /a./ çok sevme. 〜な en çok beğenilen. 〜な人 sevgili. 〜だ beğen-, bit-, sev-. ネシェは家事が〜だ. Neşe'nin ev işlerine çok merakı var.
daisūru 題する /ey./ isimlendir-.
daisūu 代数 /a./ cebir. 〜の cebirsel.
daisyo 代書 /a./ bir kişinin yerine yazma, arzuhalcilik.
daisyoo 代償 /a./ ödün, taviz. 好意を示しながら〜を求める bir elle verdiğini öbür elle al-.
daisyoo 大小 /a./ büyük ve küçük. 〜さまざまの irili ufaklı. 〜ずらっと子どものいる人 biri eşikte, biri beşikte.
daisyŏobeñ 大小便 /a./ çıkartı. 〜で汚す pisle-. 〜を漏らす donuna et- (kaçır-, yap-, doldur-).
daisyŏoteñ 大商店 /a./ mağaza.
daisyoya 代書屋 /a./ arzuhalci.
daisyūudañ 大集団 /a./ kütle.
daitai 大体 /be./ hemen, kabaca, takriben, umumiyet ile. 〜の kaba taslak, ortalama.
daitai 大隊 /a./ tabur.
daitai 大腿 /a./ uyluk, but.
daitāibu 大腿部 /a./ but.
daitāikocu 大腿骨 /a./ uyluk kemiği.
daitañ 大胆 /a./ cesaret. 〜な cesaretli, cesur, atılgan, atak, cüretkâr, pek gözlü, yavuz, yiğit, yüreği pek, yürekli. 〜になる cesaret gel-, yüreği söyle-. 〜にふるまう cesaret göster-, cüretlen-. 〜にさせる cesaret ver-. 〜不敵 cüret.
daitāsuu 大多数 /a./ çokluk. 〜の ekseri. 〜は ekseriya.
daiteitaku 大邸宅 /a./ malikâne, saray.
daiteñto 大テント /a./ otağ.
daitŏkai 大都会 /a./ büyük kent, koskoca şehir. 〜に一つの公園もない.

Koskoca şehirde bir park yok. アリは村から〜にやって来て通りの混雑ぶりにびっくりした. Ali köyden büyük kente gelince caddelerin kalabalığı karşısında alıklaştı.
daitŏoryoo 大統領 /a./ cumhurbaşkanı, devlet başkanı, reisicumhur. 〜の職 cumhurbaşkanlığı, başkanlık. 〜官邸 cumhurbaşkanlığı, başkanlık.
daitŏsi 大都市 /a./ koskoca şehir, site.
dāiya ダイヤ(İng. diamond) /a./ elmas → **daiyamòñdo**. 〜の elmas, elmaslı. 平らな〜 karavana. ブリリアンカットの〜 pırlanta. トランプの〜 dineri.
dāiya ダイヤ(İng. diagram) /a./ hareket cetveli, tarife.
daiyamòñdo ダイヤモンド(İng. diamond) /a./ elmas, akarsu. 〜の elmaslı.
daiyaru ダイヤル(İng. dial) /a./ kadran, kurs.
daiyoo 代用 /a./ yerine geçme.
daiza 台座 /a./ sütun pabucu, kaide.
daizai 大罪 /a./ büyük suç. 〜を犯した者は罪の上塗りを恐れない. Eceli gelen köpek cami duvarına siyer.
daizai 題材 /a./ konu.
daizi 題字 /a./ başlık, kitabın (yazının) başlığı.
daizî 大事 /a./ buhran, kriz; ağırlık, önem. 国家の〜 devlet buhranı. 〜に至る ağır gel-. 〜を取る ağır al-. 〜な önemli, mühim, baş tacı. 〜なとこ る işin başı. 〜な本 önemli bir kitap. 唯一〜な biricik. 〜でない önemsiz. 〜に思う önemse-. 〜にする umursa-, kıskan-, koru-, sıkı tut-. どんな〜な用があっても iki eli kanda olsa. 〜なことのために別のことができない) kaçmaktan kovalamaya vakit olma-. お〜に şifalar olsun, şifa niyetine, üstüme iyilik sağlık,

dàiziñ

üstüne sağlık. 姉さんはきのう〜な試験があった. Ablamın dün önemli bir sınavı vardı. 友達づきあいでは礼儀をもっとも〜にしなければいけない. Dostluk ilişkilerinde saygısı çök önemsemeliyiz. トルコ人は皆祖国を母のように〜にする. Her Türk, yurdunu anası gibi kıskanır. 着ている物をもう少し〜にしていたら、こんなに汚れなかったのに. Üstünü başını biraz korusaydın bu kadar kirlenmezdi. 一番〜なニュースも二行で片付けた. En can alıcı haberi de iki satırla geçiştirmiş. 〜な物に限って事故に会う. Sakınılan göze çöp batar.

dàiziñ 大臣 /a./ bakan, (古語) vekil, nazır, (古語) vezir. 〜の職 bakanlık. 〜のところに出向く bakana çık-.

dàiziñ 大尽 /a./ bey, zengin.

daiziri 台じり /a./ dipçik. 〜でなぐる dipçikle-.

daizu ダイズ, 大豆 /a./ soya.

dàizya 大蛇 /a./ büyük yılan, ejder, ejderha.

daizyòobu 大丈夫 /a./ 〜だ güvenilir, merak etme, zararı yok, ziyanı yok.

dàizyuu 第十 /a./ onuncu.

dàizyuuzyoo 第十条 /a./ madde on. 〜第一項 madde 10 bent 1.

dakacu 蛇蝎 /a./ yılan ve akrep. 〜のごとく嫌う nefret et-, öğüreceği gel-.

dakai 打開 /a./ çözüm. 〜する çözümle-. 〜の難しい状況 açmaz.

dakañ 兌換 /a./ değiştirme, tahvil.

dàkara だから /ba./ bunun için, yani, -den dolayı.

dakare・ru 抱かれる /ey./ kucaklan-. 抱かれている子供 kucakta bebek.

dakè だけ /il./ ancak, kadar, yalnız, salt. それ〜 o kadar. パン〜 kuru ekmek. 私たち〜で biz bize. ここ〜の話だが laf aramızda. 死んでから名前〜が伝わる adı kal-. …〜でなく değil, ile beraber. あればある〜ほしがる buldukça bunar, bulmuş da bunuyor. 彼〜は見つけることができない. Yalnız onu bulamadım. この植物はあの辺に〜産する. Bu bitki oralarda ayrıca yetiştirilir. すべて終わったが、これ〜が残っている. Her şey bitti, bir bu kaldı. これ〜の費用のほかにくたびれもまけとは. Bu kadar masraftan başka yorgunluğu da caba! 手紙を書く〜でなく電報も打った. Mektup yazmakla beraber telgraf da çekti. ただ話している〜でなく書いてもいる. Yalnız söylemekle kamlıyor, yazıyor da.

dakecu 妥結 /a./ anlaşma. 交渉が〜する anlaşmaya var-.

dake・ru 抱ける /ey./ kucaklayabil-. 赤ん坊が〜ようになる ele gel-.

dakiàu 抱き合う /ey./ kucaklaş-, koklaş-, sarmaş-, sarmaş dolaş ol-. 抱き合って kucak kucağa. 寝て抱き合って koyun koyuna. お母さんと駅で抱き合った. Annemle garda kucaklaştık. 二人の子供は互いに抱き合った. İki çocuk birbirini kucakladı.

dakicùku 抱き付く /ey./ sarıl-. 母に抱きついてほおにキスした. Anneme sarılıp yanaklarından öptüm.

dakisimè・ru 抱き締める /ey./ bağrına bas-.

dakkai 脱会 /a./ kuruldan geri çekilme.

dakkai 奪回 /a./ → **dakkañ**.

dakkañ 奪還 /a./ geri alma 〜する geri al-, tekrar ele geçir-.

dakkoku 脱穀 /a./ harman. 〜する harman döv-. 〜する人 harmancı. 〜する場所 harman. そりを使って〜する döven sür-.

dakkòkuki 脱穀機 /a./ tınaz makinesi.

dakkokùki 脱穀期 /a./ harman, harman zamanı. 〜の終わり harman

dame

sonu. 〜に支払うつもりで借金した。 Harmanda ödemek üzere borç aldı.
dakkokuyoo 脱穀用 /*a*./ 〜のそり döven.
dakkyuu 脱臼 /*a*./ (boğum) yerinden oynama. 子どもの腕が〜した。 Çocuğun kolu çıktı. 腕に骨折はないが〜がある。 Kolunda kırık yok ama çıkık var.
dakoo 蛇行 /*a*./ yılankavi gitme.
daku 抱く /*ey*./ kucakla-, sar-, kucağına al-. 子供を〜 çocuğu kucakla-. 抱いている kucağında tut-. 抱いて寝る koynuna al- (gir-). 子供をふところに抱いて眠らせた。 Çocuğunu koynunda uyuttu. §抱けばおんぶ elini veren kolunu alamaz.
dakuasi だく足 /*a*./ eşkin. 〜の eşkin.
dàkuhi 諾否 /*a*./ evet veya hayır.
dakuryuu 濁流 /*a*./ çamurlu akım.
dakyoo 妥協 /*a*./ uyuşma, uzlaşma.
damakàsu だまかす /*ey*./ aldat-.
damarasè·ru 黙らせる /*ey*./ sustur-, ağzına gem vur-, çanına ot tık-, dilini bağla-, lakırdıyı (sözünü) ağzına tıka-.
damarikòmu 黙り込む /*ey*./ susaver-. しゃべったり黙り込んだりする kâh konuşur kâh konuşmaz.
damàru 黙る /*ey*./ sus-, sesini kes-. 黙って suspus, kuzu kuzu. 黙っている sesi çıkma-, dilsiz. 人のしたことを黙っていない boş durma-. 黙れ. Dili kurusun!, Dili ensesinden çekilsin!, Dilini eşek arısı soksun!, At pazarında eşek osurtmuyoruz!, (侮辱的) Elinin körü! 黙れおまえは. Sus, sen de!
damasarè·ru だまされる /*ey*./ aldan-, kapıl-, dolaba gir-, kündeye gel-, oyuna gel-, yan bas-, yaş tahtaya (yere) bas-, (隠語) zokayı yut-. 買物で〜 alış verişte aldan-. 見かけに〜 görünüşe aldan-, (冗談) her gördüğü sakallıyı babası san-. 承知で〜 bile bile lades. 妻にだまされている男 kerata. だまされそうな kandırıcı. だまされやすい kapılgan, avanak, safdil. だまされない cingöz.
damasè·ru だませる /*ey*./ aldatabil-. だませない yanında perende atama-.
damasitorarè·ru だまし取られる /*ey*./ aldatıl-, kafese gir-.
damasitòru だまし取る /*ey*./ hakkını ye-, kafese koy-.
damasiuci だまし討ち /*a*./ kalleşlik.
damàsu だます /*ey*./ aldat-, avla-, baştan çıkar-, dolaba koy- (sok-), hile yap-, kazık at-, oyuna getir-, oyun et- (oyna-), uyut-, (隠語) kayışa çek-. 〜こと iğfal, kanış. まんまと〜 kündeden ar-. 言葉巧みに〜 kandır-. 売り手が買い手を〜 satıcı alcıyı kandır-. せかして人を〜 dara getir-. 〜ためにうそを言う gazel oku-. だましだまし anan yahşi baban yahşi. 人をだましてこっそり art elden. だまして金品を取り上げる dolandır-, sağ-. だまさない hilesiz. 友達は我々をだまして集会に来ていない. Arkadaş bizi aldattı, toplantıya gelmedi. この人はうちの女中をだまして別の家へ連れて行ってしまった. Bu adam bizim hizmetşiyi ayartıp başka bir eve götürdü. 来ると言って私達をだました. Gelirim diye bizi aldattı. アイシェは来ると言って来ないから私をだましたのだ. Ayşe geleceğim dedi gelmedi, beni atlattı. 今日だ明日だと言ってだました. Bu gün yarın diye uyuttu.
Damasùkasu ダマスカス /*a*./ Şam.
damàzika ダマジカ /*a*./ sığın.
damè だめ, 駄目 /*a*./ hâli harap, bozuk, olmaz, yok. 〜にする boz-, öldür-, benzet-, belini kır-, berbat

et-, bok et-, bokunu çıkar-, canına tükür-, canını çıkar-, cılk et-, içine et-, mahvet-, maskara et-, parala-, pislet-, zedele-,（嘲笑的）becer-,（口語）çarkına et-（oku-）,（口語）tüy dik-. すっかり～にする kül et-. やりそこなって～にする ağzına burnuna bulaştır-. よくしようとして全部～にする eski hayratı da berbat et-. ～にされる öldürül-. ～になる bozul-, öl-, canına oku-, cılk çık-, kurut-, mahvol-, ocağı bat-, paralan-, yan-, (口語) piç ol-. ～になった çürük çarık（çank çürük）, zayi. すっかり～になる kül ol-. ～になったようだ canı çekil-. ～になる原因となる başını ye-, baş ye-. よくしようとしたのに～になる kuşa benze- (dön-). ～な性質 bozuntu. ～だ olmaz, yok, yo, sakın. もう～だ işi bit-. ～ということはない olmaz olmaz. 子供はおもちゃを～にした. Çocuk, oyuncağını benzetti. このクリームがはだを～にしている. Bu krem deriyi bozuyor. 靴の底が～になった. Ayakkabıların tabanı gitmiş. 酒は～だ. İçki yok. えっ～か Ha? Olmaz mı? 私はもう～だ, もうそんなことに首をつっこまない. Benden geçti, artık öyle işlere girişmem.

dameōyazi 駄目おやじ /a./ Baba değil tırabzan babası!

damigoe だみ声 /a./ boğuk ses.

damono 駄物 /a./ değersiz şey.

damu ダム(İng. dam) /a./ baraj, bent.

danî ダニ /a./ kene.

dàñ 団 /a./ ordu, kumpanya, takım.

dàñ 段 /a./ ayak, basamak, kademe; sütun. 30～の階段 otuz ayak merdiven. 十～のはしご on basamak el merdiveni. 一～一～ basamak basamak, kademe kademe. 新聞の最後のページの四～目 gazetenin son sayfasının dördüncü sütunu.

dàñ 断 /a./ karar. ～を下す karar ver-, kararlaştır-.

dàñ 暖 /a./ ısınma, sıcaklık. ～をとる ısın-.

dàñ 壇 /a./ kürsü, sunak.

dañacu 弾圧 /a./ zulüm. ～する zulmet-.

dañboo 暖房 /a./ ısıtma. ～装置 kalorifer sistemi.

dañbōoru 段ボール /a./ karton.

dañci 団地 /a./ apartman bölgesi.

dàñci 暖地 /a./ sıcak bölge.

dañcigai 段違い /a./ eşsizlik.

dañdañ だんだん /be./ gitgide, gittikçe, adım adım, azar azar, giderek, kademe kademe, kerte kerte, peyderpey, tedricî olarak, yavaş yavaş. 講演者は～緊張がとけてきた. Konuşmacı gittikçe açıldı. この青年は～慎重になっている. Bu genç gittikçe ağırlaşıyor. 天気が～寒くなってきた. Havalar gittikçe soğuyor. 銀行の金が～ふえている. Bankadaki parası gitgide çoğalıyor.

dañdañbātake 段々畑 /a./ yamaçta tarla.

dañdoo 弾道 /a./ kurşun çalımı. ～の balistik. ～ロケット balistik roket.

dañdōogaku 弾道学 /a./ balistik.

dañdori 段取り /a./ usul, tertip.

dañgai 断崖 /a./ uçurum, yar.

dañgañ 弾丸 /a./ top, kurşun, mermi. ～の雨を降り注ぐ kurşun yağdır- (yağmuruna tut-).

dañgēñ 断言 /a./ kesin iddia.

dañgo だんご, 団子 /a./ pirinç lokma.

dañgoo 談合 /a./ sözleşme. ～する sözleş-, perileri bağdaş-.

dàñi 段位 /a./ (柔道など) derece.

dañka 檀家 /a./ mezarları bir Buddhizm tapnağında olanlar.

dañkai 段階 /a./ evre, kademe, derece, mertebe, gömlek, safha, merhale. 学問は多くの～を経て今日の水準に達したのである. Bilimler pek

çok evreden geçerek bu günkü düzeyine ulaşmıştır. この学生は他の学生より一〜物知りだ。 Bu öğrenci öbüründen bir gömlek daha bilgili.
dañkaiteki 段階的 /a./ 〜な tedricî. 〜拡大 tırmanma.
dañkecu 団結 /a./ birlik, dayanışma. 人間は〜によってさまざまな困難に打ち勝つことができる。 İnsanlar dayanışma ile her güçlüğü yenerler. 全世界の労働者〜せよ。 Bütün dünya proleterleri birleşiniz!
dañkei 男系 /a./ ata erki.
dàñko 断固 /a./ kesinlik. 〜として kat'î olarak, kat'îyen, kesinlikle. 〜たる態度 kesinlik.
dañkoñ 男根 /a./ penis.
dañkoñ 弾痕 /a./ mermi izi.
dañkoo 断交 /a./ ilgilerin kesilmesi.
dañkoo 断行 /a./ kesinlikle yapma.
dañmacùma 断末魔 /a./ hayatın sonu.
dañmeñ 断面 /a./ kesit, yanay. 球の〜は円形である。 Bir kürenin her kesiti daire biçiminde olur.
dañna 旦那 /a./ ağa, bey, beyefendi.
dañneñ 断念 /a./ terk. 〜する vazgeç-, terk et-.
dàñpañ 談判 /a./ görüşme, müzakere.
dañpeñ 断片 /a./ cüz, kesinti, küçük parça.
dañpiñgu ダンピング(İng. dumping) /a./ damping.
dàñpu ダンプ(İng. dump) /a./ damper, damperli kamyon.
dañpù kaa ダンプカー(İng. dump car) /a./ damperli kamyon.
dañraku 段落 /a./ ibare, paragraf.
dàñro 暖炉 /a./ ocak, şömine. 〜のそば ocak başı. 〜を燃やす ocağı yak-. 〜に火を入れる ocağı yak-. 〜の上の石の棚 baca başı.

dañroñ 談論 /a./ görüşme.
dañryoku 弾力 /a./ elastikiyet, esneklik. 〜のある elastikî, esnek.
dañryokusei 弾力性 /a./ elastikiyet, esneklik. 〜のある esnek, elastikî. 鋼鉄と弾性ゴムは非常に〜のある物質である。 Çelik ve kauçuk çok esnek cisimlerdir.
dañryokuteki 弾力的 /a./ 〜な esnek, lastikli, elastikî.
dañryuu 暖流 /a./ sıcak su akıntılar.
dàñsaa ダンサー(İng. dancer) /a./ dansör, dansöz.
dañsei 男性 /a./ erkek cinsi, erkek, er. 〜の eril. 〜生殖器 erkeklik organı.
dañsei 弾性 /a./ elastikiyet, esneklik. 鋼鉄と〜ゴムは非常に弾力性のある物質である。 Çelik ve kauçuk çok esnek cisimlerdir.
dàñsi 男子 /a./ erkek, er, oğlan, (俗語) kızan. 〜家長制 ata erki. 去勢された〜 hadım.
dañsoñ zyòhi 男尊女卑 /a./ erkeğin kadına üstünlüğü.
dañsoo 男装 /a./ (kadın için) erkek kıyafet.
dañsoo 断層 /a./ fay.
dañsoo 弾奏 /a./ ピアノを〜する piyano çal-.
dàñsu ダンス(İng. dance) /a./ dans. 〜をする dans et-(yap-), hora tep-, rakset-. 〜のステップ figür. 〜の相手の男性 kavalye. 〜の相手の女性 dam.
dañsu hòoru ダンスホール(İng. dance hall) /a./ dans pisti.
dañsui 断水 /a./ su kesilme. 〜する su kesil-. 〜させる su kes-.
dañsu òñgaku ダンス音楽 /a./ dans havası.
dàñsyaku 男爵 /a./ baron.
dañsyoku 男色 /a./ (卑語) puştluk. 〜の相手 (卑語) puşt.
dañsyokùsya 男色者 /a./ oğlancı,

dañsyoo

（卑語）kulampara.
dañsyoo 談笑 /*a.*/ sohbet.
dañtai 団体 /*a.*/ dernek, ekip, topluluk, camia. 学生～ öğrenci topluluğu. ～旅行の宿舎係 konakçı.
dañtei 断定 /*a.*/ kesin fikirlilik.
dañtoo 暖冬 /*a.*/ sıcak kış.
dañtoo 弾頭 /*a.*/ başlık.
dañtoodai 断頭台 /*a.*/ giyotin.
dañwa 談話 /*a.*/ konuşma, demeç.
dañyaku 弾薬 /*a.*/ fişek. 武器～ cephane.
dañyakùgoo 弾薬盒 /*a.*/ fişeklik.
dañyakutai 弾薬帯 /*a.*/ palaska.
dañzai 断罪 /*a.*/ mahkûm etme.
dañzecu 断絶 /*a.*/ uçurum, alâkayı kesme.
dañzeñ 断然 /*be.*/ mutlaka, kesinlikle.
dañziki 断食 /*a.*/ oruç, imsak. ～の月 ramazan. ～開始の時間 imsak. ～を解く oruç aç-. ～を破る oruç boz-. ～を守る oruç tut-. ～を守らない oruç ye-. 祈り, ～, 巡礼, 施しがイスラム教の礼拝法だ. Namaz, oruç, hac ve zekât İslam dininin ibadet türleridir. ～まであと5分だ. İmsake beş dakika kaldı.
dañziki ake 断食明け /*a.*/ iftar. ～の時刻 iftar. ～の夕食 iftar. ～の夕食に招く akşam iftara çağır-. ～を知らせる大砲 iftar topu.
dañzikicyuu 断食中 /*a.*/ ～の oruçlu. ～夜明け前に食べる物 sahur.
dàñzite 断じて /*be.*/ asla, bir türlü, hiç. ～ない haşa.
dañzoku 断続 /*a.*/ kesiklilik, durup yine işleyen.
dañzuru 断ずる /*ey.*/ hüküm ver-.
dañzuru 談ずる /*ey.*/ konuş-.
dañzuru 弾ずる /*ey.*/ çalgı çal-.
dàñzyo 男女 /*a.*/ erkek ve kadın. ～入り交じった erkekli kadınlı. ～共学 karma eğitim.
dañzyoo 壇上 /*a.*/ platform.

dappi 脱皮 /*a.*/ ヘビが～する yılan gömlek değiştir-.
daraku 堕落 /*a.*/ dalâlet. ～する kokuş-, soysuzlaş-. ～した düşkün, kanı bozuk. ～した女 uygunsuz kadın.
darasinài だらしない /*s.*/ dağınık, düzensiz, gevşek, şapşal, baştan savma, özensiz, çapaçul, derbeder, mendebur, paçacı düşük, pasaklı, rabıtasız, salkım saçak, savruk, sünepe, tertipsiz. ～女 dağınık kadın. ～子 düzensiz bir çocuk. ～身なりの kılıksız. ～かっこうをした女 çarşamba karısı gibi. だらしなく gevşekçe. だらしなくシャツの胸をはだけて göğüs bağır açık.
darasinàsa だらしなさ /*a.*/ gevşeklik.
dàre だれ, 誰 /*a.*/ kim, hangi. ～と kiminle. ～のために kimin için. ～にも関係ない kime ne. ～にもあること insan hali. どこの～ともわからない ne idiği belirsiz. ～に対しても dosta düşmana karşı. ～にでも合わせる büyükle büyük küçükle küçük ol-. ～でも olur olmaz. ～でもよい değme. ～がしたのかわからない kim vurduya git-. ～が何をするかわからない hancı sarhoş yolcu sarhoş. ～の言うことを聞いたらよいか迷う hangi peygambere kulluk edeceğini şaşır-. ～にも欠点がある adı bile okunma-. ～も dost düşman. ～が来たの. Kim geldi? 私が～だかわかったか. Benim kim olduğum bildin mi? ～がきれいだ. Hangisi daha güzel? ～でも親の面倒を見る義務がある. Herkes anasına babasına bakmakla görevlidir. ～でも自分のいる所が一番いいと思う. Her horoz kendi çöplüğünde öter. ～もが言いなりにはならない. Her kuşun eti yenmez.
dàredare だれだれ, 誰誰 /*a.*/ kimler.
dàre hitori だれ一人 /*a.*/ hiçbiri,

kimsecik.

dàre ka だれか /a./ biri, birisi, herhangi, kimse, falan, falanca, filan, filanca. 私達のうちの〜 hangimiz. 君達のうちの〜 hanginiz. 〜一人の人 herhangi bir adam. 〜の名前で ağzından. 注意を〜に向ける nazarlarını birine atfet-. 〜かれか öteki beriki. 〜来てくれ. Herhangi biri gelsin. 〜が来てあなたのことをたずねていた. Birisi geldi, sizi sordu. 〜が来てどこかへ行った. Falanca geldi, falancaya gitti. あなたに〜と会ったそうだ. Sizi falan kişi ile görmüşler.

dare mo だれも /a./ herkes, hiçbiri, kimse. 〜いない arayıp soranı yok. 〜いなくなる el ayak çekil-, el etek çekil-. 〜来なかった. Hiçbir kimse gelmedi. この遊びは〜知らない. Bu oyun herkes anlayamaz. 私達のうち〜サムスンに行った者はいない. Hiçbirimiz Samsun'u görmedik.

dàresimo だれしも /a./ herkes, her. 〜いい生活を望む. Herkes iyi yaşamak ister.

dàresore だれそれ /a./ falan, falanca, filan, filanca. 彼は〜に育てられたのだ. O, filancanın büyütmesidir. 二代前のおじいさんは〜だ. İki gömlek yukarı dedesi filancadır.

dària ダリア /a./ dalya, yıldız çiçeği.

darùi だるい /s./ gevşek, cansız, ağır, yorgun. だるくなる ağırlık bas-, rehavet çök- (bas-), gözleri bayıl-. だるそうな目つき baygın bakış. 食事のあとだるくなる. Yemekten sonra gevşeklik gelir.

daruma だるま /a./ hacıyatmaz; bir Buddhistin adı.

dàrusa だるさ /a./ gevşeklik, rehavet.

dasaku 駄作 /a./ değersiz eser.

dasañ 打算 /a./ hesap.

dasañteki 打算的 /a./ 〜な hesaplı.

dasarè・ru 出される /ey./ çıkarıl-.

dasasè・ru 出させる /ey./ çıkart-.

dasei 惰性 /a./ tembellik, uyuşukluk.

dasì だし /a./ et suyu, deniz otu suyu.

dasicukùsu 出し尽くす /ey./ kazın-.

dasìire 出し入れ /a./ çıkarma ve koyma.

dasìmoso 出し物 /a./ oyun çizelgesi, oyun.

dasinuke 出し抜け /a./ 〜に言う birdenbire söyle-.

dasinùku 出し抜く /ey./ başka birisinden önce davran-.

dasiñ 打診 /a./ sondaj. 〜する nabız yokla-.

dasiosimi 出し惜しみ /a./ 〜する kıskan-.

dasoku 蛇足 /a./ fazlalık, lüzumsuz.

dasseñ 脱線 /a./ 〜する yoldan (yolundan) çık-.

dassìmeñ 脱脂綿 /a./ hidrofil pamuk.

dassìnyuu 脱脂乳 /a./ kaymak altı, kesik.

dàsso 脱疽 /a./ şirpençe.

dassoo 脱走 /a./ firar, kaçma. 〜する firar et-, kaç-. 囚人が刑務所から〜を企てた. Suçlular tutuk evinden kaçmaya yeltenmişler.

dassòohei 脱走兵 /a./ kaçak asker.

dassòosya 脱走者 /a./ firarî, kaçkın.

dassuru 脱する /ey./ çık-, kaç-. 重病人が危機を〜 kefeni yırt-.

dàssyu ダッシュ(İng. dash) /a./ tire, çizgi; hamle.

dàssyu 奪取 /a./ kapma, yutma.

dassyucu 脱出 /a./ kaçma. 〜できない状況におちいる kapana düş- (gir-, tutul-, yakalan-).

dassyuu 脱臭 /a./ fena kokuyu ortadan kaldırma.

dàsu 出す /ey./ çıkar-, peyda et-, ihraç et-. 〜こと çıkarma. 外へ〜

dàsyu

sal-. 裂いて中のものを〜 deş-. はれものの うみを〜 çıbanı deş-. 船を大海に〜 gemileri engine sal-. 明るみに〜 açığa ver-, aç-. 名前を〜 adını ver-, ad ver-. 客に前菜を〜 konuklara çerez çıkar-. 口に〜 ağıza al-, an-. 手紙を〜 mektup gönder-. 本を〜 kitap neşret-. 新しい雑誌を〜 yeni bir dergi çıkar-. 手を〜 el kat-. 危ないことに手を〜 ateşle oyna-. 口を〜 kapı aç-. 急に口を〜 atıl-. 子供が熱を出した. Çocuk ateşlendi. ひげが生え〜 bıyığı terle-. ああ、歯が痛み出した. Ay, dişim tuttu!

dàsyu 舵手 /a./ dümenci.

datai 堕胎 /a./ kürtaj.

date だて /a./ züppelik. 〜に tevekkeli. 〜や酔狂で babasının hayrına.

datemono だて者 /a./ züppe. 〜の züppe.

datoo 打倒 /a./ yıkım, kırıp dökme. 〜する yık-, vur-.

datoo 妥当 /a./ uygunluk. 〜な uygun, yerinde. 〜でない uygunsuz, yolsuz.

datoosei 妥当性 /a./ isabet, yerinde olma, uygunluk.

dattai 脱退 /a./ geri çekilme.

dàtto 脱兎 /a./ kaçan tavşan.

dazyare 駄じゃれ /a./ cinas, şaka.

de で /il./ -de ; ile ; -den. ①(場所)二つの道がここ〜出会う. İki yol burada birleşiyor. 下〜ひと騒ぎあった. Aşağıda bir gürültü oldu. 家〜は五人が私をあてにしている. Evde beş kişi bana bakıyor. ②(時)一日〜 günü birliğine, günü birlik. 父は一日〜町へ行って来た. Babam günü birliğine kasabaya gidip geldi. この仕事はわずか三ケ月〜終わる. Bu iş ancak üç ayda biter. 私の娘はちょうど一歳〜歩いた. Kızım tam bir yaşında yürüdü. ③(価格)この本を100リラ〜買った. Bu kitabı yüz liraya aldım. この布をいくら〜買いましたか. Bu kumaşı kaçtan aldınız? ④(手段)一目〜 ilk bakışta. 汽車〜 trenle. ブラシ〜 fırça ile. 汽車〜旅行する trenle yolculuk yap-. 電報〜二部屋取っておく telgrafla iki oda ayırt-. 君の足〜は村へ夕方までに着けない. Senin ayağınla köye akşama kadar varamayız. 家を共同〜買った. Evi ortaklaşa aldık. ⑤(原因)日光〜カーテンの色があせた. Güneşten perdelerin rengi attı. 女は暑さ〜気を失った. Kadın sıcaktan fenalaştı. 上の騒音〜眠れなかった. Yukarıdaki gürültüden uyuyamadı. ⑥(原材料)この橋は鋼鉄〜作られた. Bu köprü çelikten yapıldı. この生地〜オーバーが一着できるか. Bu kumaştan bir palto çıkar mı? ⑦(割合)1メートル〜100リラの布 metresi yüz liralık kumaş. ⑧(基準)ある点〜 bir bakımdan, bir bakıma da. この点〜あなたと意見を異にする. Bu fikirde sizden ayrılıyorum. おしゃべり〜はお前にかなわない. Çene yarıştırmada ben seninle çıkışamam.

de 出 /a./ çıkma. 水道の〜が細くなった. Musluğun suyu kısıldı.

deai 出会い /a./ buluşma, karşılaşma, rastlantı.

deaigàsira 出会い頭, 出合い頭 /a./ rastlantı. 〜にぶつかる çarpış-.

dearùku 出歩く /ey./ çık-, gez-. よく〜女 sürtük. 〜仕事にたけた人 ayağına çabuk. 渡り鳥のように〜（冗談）leyleği havada gör-.

deàu 出会う, 出合う /ey./ birleş-, buluş-, rastla-, karşılaş-, uğra-, rastlaş-. 二つの道がここで〜. İki yol burada birleşiyor. 通りで出会った. Sokakta karşılaştık.

deawasè・ru 出会わせる /ey./ rastlat-.

debabòocyoo 出刃包丁 /a./ balık için ucu sivri kalın bıçak.

debana 出鼻 /a./ çıkıntı ; başlangıç.

debañ 出番 /a./ nöbet. 夕方〜の人 akşamcı.

dĕbu でぶ /a./ şişman adam, şişmanlık. 〜の (嘲笑的) şişko. 〜の女 şişko bir kadın.

dĕbyuu デビュー(Fr. début) /a./ sahneye ilk çıkış.

decci 丁稚 /a./ (古語) çırak.

decciage でっち上げ /a./ yudurma, (口語) yudurmasyon, (隠語) atmasyon, martaval, maval. 〜の uydurma, (口語) uydurmasyon, (俗語) uyduruk.

decciagè·ru でっち上げる /ey./ düz-, uydur-. 一連のうそを〜 bir sürü yalan düz-. このニュースはだれがでっち上げた。Bu haberi kim uydurdu?

dedasi 出だし /a./ baş, başlangıç, başlayış.

dedokoro 出どころ, 出所 /a./ kaynak, memba.

dĕeta データ(İng. data) /a./ veriler. 公式〜によれば resmî rakamlara göre.

dĕeto デート(İng. date) /a./ randevu.

degake 出掛け /a./ 〜に gitmek üzere iken. 〜に客が不意に来た。Çıkayım derken misafir bastırdı.

degŭai 出ぐあい /a./ 茶の〜 dem.

dĕguci 出口 /a./ çıkış, mahreç, ağız. 〜のドア çıkış kapısı. 〜のない çıkmaz. 小川の〜 çay ağzı. 湖の〜 gideğen, ayak.

dehairi 出入り /a./ çıkma ve girme. 〜が多い arı kovanı gibi işle-.

dahana 出端 /a./ başlangıç.

dehazime 出始め /a./ turfanda.

dehôodai 出放題 /a./ 口から〜の ağız dolusu. 口から〜を言う ağzına geleni söyle-, ağzından çıkanı kulağı duyma-, dilini tutama-, verip veriştir-.

dĕido 泥土 /a./ çamur.

deiri 出入り /a./ çıkma ve girme. しばしば〜する girip çık-, aşındır-, eşiğini aşındır-. いろいろな所に〜する dalıp çık-. 裁判所によく〜する mahkeme kapılarını aşındır-. 〜が多い arı kovanı gibi işle-. 人の家に〜する のが好きな人 kırk evin kedisi. 彼が会に〜していることは皆知っている。Onun, kuruma girip çıktığını herkes biliyor.

deiriguci 出入り口 /a./ giriş, çıkış. 回転〜 turnike.

deisui 泥酔 /a./ zilzura sarhoş gelme. 〜した bulut gibi, kütük gibi, kör kütük, (隠語) gök kandil.

deitañ 泥炭 /a./ turba.

dekài でかい /s./ kocaman, (俗語) kazulet, (嘲笑的) hürmetli.

dekakàru 出かかる /ey./ çıkmaya başla-. 口の先まで出かかっていて dilimin ucunda.

dekake·ru 出掛ける /ey./ çık-, dışarı çık-, kalk-, yola düzül- (düzel-, koyul-), (古語) yola revan ol-. 狩りに〜 ava çık-. 買い物に〜 alış verişe çık-. 出掛けようとした時に gitmek üzere iken. 子供達は少し前に外へ出かけた。Çocuklar biraz önce dışarı çıktılar. 今年はボスポラスへ〜つもり。Bu yıl Boğazici'ne çıkacağız. 出かけようとした時客が不意にやって来た。Çıkayım derken misafir bastırdı. 私達が出かけようとしたらにわかに降り出した。Biz yola çıkarken bir yağmurdur aldı. なぜ出かけてしまったのですか。Niye kalktınız? 女はアクセサリーをありったけ身に付けて婚礼に出かけた。Kadın bütün ağırlığını takıp düğüne gitti. あれこれ買いに町へ〜つもりです。Öteberi almak için şehre ineceğim.

dekasegi 出稼ぎ /a./ evden ayrılıp çalışma.

dekàta 出方 /a./ çıkış.

deki 出来 /a./ yapı, işçilik, yapılış. 〜の悪いもの bozuntu. 体の〜 vücut yapısı. 作物の〜は雨にかかっている。

dekiagari

Ekinlerin gürleşmesi yağmura bağlıdır. この建物の〜は良くない. Bu yapının işçiliği iyi değil. 父はいつも子供達の〜の良さを喜ぶ. Babam her zaman çocuklarının başarısıyla kıvanır.
dekiagari 出来上がり /a./ tamamlanma, ikmal.
dekiagaru 出来上がる /ey./ elden gel-, tamamlan-, ol-; sarhoş ol-. 出来上がった olmuş. 君、だいぶ出来上がったね. Sen adamakıllı olmuşsun!
dekiai 出来合い /a./ 〜の hazır. 〜の洋服 hazır elbiseler.
dekiai 溺愛 /a./ aşırı sevme. 〜する düşkün ol-, tap-.
dekiaki 出来秋 /a./ hasat.
dekibae 出来栄え /a./ işçilik.
dekidaka 出来高 /a./ iş miktarı. 〜ごとに parça başına. 〜払い parça başına ücret.
dekigoto 出来事 /a./ olay, vak'a, vukuat, hadise. 過去の〜 geçmişte olup bitenler.
dekigūai 出来具合 /a./ yapılış.
dekimono できもの /a./ ur, çıban, şiş. 〜がうむ uç ver-. 〜を切開する çıbanı aç-.
deki·ru できる /ey./ ①《可能, 能力》bil-, mümkün ol-, elden gel-, elinden gel-, gücü yet-, olabilir, olur, mümkün, caiz. 裁縫が〜 dikiş bil-. 仕事が〜 iş bil-. 正直でよく仕事の〜 eli düzgün. 〜ことだ işi ol- (var). よく〜 liyakatlı. しようと思えば〜 elinde ol-. 〜ことはこれしかない görüp göreceği rahmet bu. できそうな気がする gözü kes-. できそうもない olmayacak. 〜ものか ne haddine! できれば…したい inşallah. 〜だけ、〜限り alabildiğine, mümkün mertebe. 〜だけはやく bir gün evvel. 〜限りの方法を当たってみる. olabilir her çareye baş vur-. 仕事がよく〜人 iş eri, işinin adamı. もう少し頑張ればよく〜生徒にきっとなれると思うよ. Biraz daha çalışırsan çok başarılı bir öğrenci olacağın kanısındayım. そこは彼がゆっくり〜場所ではない. Orası kendisinin barınacağı bir yer değildir. 何が〜. Elden ne gelir? 昔、男は一言で妻を離縁できた. Eskiden erkekler bir tek sözle karılarını bırakabilirlerdi. これは〜ことか. Bu olur iş mi? 〜ことは何でもさせる. Elinden gelini ardına (arkasına) komasın. ②《不能》できない elden gelme-, âciz kal-, imkânı yok, kâr olma-, mümkün değil. 思うようにできない başını gözünü yar-. 忙しくてほかのことができない başını kaşımaya vakti olma-. 何もできない eli kolu bağlı kal-. 早く仕事ができない elinden iş çıkma-. できないのに自慢する ağız sat-. できなくなる kaç-, geç-. がまんできなくなる bardağı taşır-. できないようにする elini kolunu bağla-. 悪事ができないようにする başını ez-. できもしないことを言う yüksekten at-. この人に分からせることができなかった. Bu adama meram anlamaktan âciz kaldım. この仕事は彼にはできない. Bu iş onun kârı değil. できそうもないことをやろうとする. (口語) Tut kelin perçeminden. ③《完成, 成立》çık-, ol-, oluş-, bit-. 食事が〜 yemek hazır ol-. 暑さであせもが〜 sıcaktan isilik oluş-. できた、できつつあると言われながら、いまだにできない飛行場 bitti, bitiyor derken hâlâ bitmeyen hava alanı. この生地でオーバーが一着〜か. Bu kumaştan bir palto çıkar mı? 家族は夫、妻、子供達でできている. Aile, bir erkek, bir kadın ve çocuklardan kurulur. ④《生産》bağlan-, ol-, eriş-, yetiş-. 作物が〜 ekinler ol- (bağlan-). 作物のよく〜 bitek, verimli. できた olmuş. 果物が今年は早くできた. Yemişler bu yıl çabuk erişti. ブドウはまだできない. Üzüm daha olmadı. タマネギの玉ができた. Soğan başlandı. おじさんのところ

にはよく野菜の～農園がある. Dayımın bol sebze veren verimli bir bahçesi var.
dekisi 溺死 /a./ suda boğulma.
dekisokonai 出来損ない /a./ piç.
dekisugìru 出来過ぎる /ey./ geç-, fazla ol-. このスイカは出来過ぎだ. Bu karpuz geçmiş (fazla olmuş).
dekitate 出来たて /a./ ～の dumanı üstünde, taze, (口語) çiçeği burnunda (çamur karnında).
dekkài でっかい /s./ koskoca, koskocaman. → **dekài**. ～真黄色の月 koskocaman ve sapsarı bir ay.
dèkki デッキ(İng. deck) /a./ güverte.
dekoboko でこぼこ /a./ engebe, pürtük, pürüz. ～の iniş çıkış, eciş, bücüş, engebeli, girintili çıkıntılı, kambur zambur, pürüzlü, yamru yumru, yamuk yumuk. ～の道 engebeli yol.
dèku でく /a./ korkuluk.
dekunòboo でくの坊 /a./ bostan korkuluğu, meşe odunu.
dekuwasu 出くわす /ey./ rastla-, rast gel-, rastlaş-, tesadüf et-, karış-.
dèma デマ(Al. Demagogie) /a./ demagoji, uydurma. ～の uydurma. ～をとばす demagoji yap-.
demado 出窓 /a./ cumba.
demae 出前 /a./ yemek dağıtımı.
demakase 出任せ /a./ ham hum, yave. ～のことば abur cubur. ～に abuk sabuk. ～を言う ham hum et-, kesip biç-, sapıt-. 口から～を言う saçma sapan konuş-, saçmala-.
demawaru 出回る /ey./ どんどん～ oluk gibi ak-. どっさり～ piyasaya düş-.
dème 出目 /a./ patlak göz.
demo でも /il./ de, da, bile. 何に～出しゃばる vara yoğa karış-.
dèmo でも /ba./ yalnız, yoksa, ama, lâkin, ya.
dèmo デモ(İng. demonstration) /a./ gösteri, nümayış, tezahürat. 小集団の～ gövde gösterisi. ～の集会 miting. 各学部の静かな～は非常に効果的だった. Fakültelerin sessiz gösterisi çok etkili oldu.
demo kòosiñ デモ行進 /a./ gösteri yürüyüşü.
demoñsutorèesyoñ デモンストレーション(İng. demonstration) /a./ gösteri.
demotai デモ隊 /a./ gösterici. ～が建物のガラスを壊した. Göstericiler yapının camlarını indirmişler.
demukae 出迎え /a./ istikbal, karşılama. ～に行く yoluna çık-.
demukae•ru 出迎える /ey./ istikbal et-, karşıla-. 客を～ misafiri karşıla-. 父を駅で出迎えた. Babamı garda karşıladım.
demùku 出向く /ey./ çık-, in-. 大臣のところに～ bakana çık-.
denaòsu 出直す /ey./ yeniden çık-.
deñacu 電圧 /a./ gerilim, voltaj, elektrik akımı gücü. トルコの～は220ボルトだ. Türkiye'de elektrik akımı gücü 220 volttur.
dèñbu 臀部 /a./ kalça, sağrı.
deñbuñ 電文 /a./ tel yazısı, mesaj.
dèñci 田地 /a./ tarla.
dèñci 電池 /a./ pil, batarya. ～を替える pili değiştir-.
deñcyuu 電柱 /a./ elektrik direği.
deñdèñmusi デンデンムシ /a./ salyangoz.
deñdoo 伝道 /a./ misyon.
deñdoo 伝導 /a./ iletim, iletme. 熱の～ ısının iletimi.
deñdoo 電動 /a./ ～の elektrikli. ～のこぎり bıçkı.
deñdoo 殿堂 /a./ saray.
deñdòoki 電動機 /a./ motor.
deñdòosi 伝道師 /a./ misyoner.
deñdootai 伝導体 /a./ iletken.
deñeñ 田園 /a./ ～地帯 kırsal bölge (alan).

deñgeki

deñgeki 電撃 /*a.*/ elektrik çarpması.
deñgekiseñ 電撃戦 /*a.*/ yıldırım savaşı.
deñgeñ 電源 /*a.*/ elektrik cereyanı.
deñgoñ 伝言 /*a.*/ bildirme, haber.
deñka 電化 /*a.*/ elektrikleme. 〜する elektrikle-. 〜される elektriklen-.
dêñka 殿下 /*a.*/ Hazretleri.
deñki 伝記 /*a.*/ biyografi, yaşam öyküsü. 詩人の〜 tezkere.
dêñki 電気 /*a.*/ elektrik, lamba. 〜の elektrikli. 〜のスイッチ elektrik düğmesi, şalter, anaftar. 〜をつける elektriği aç- (yak-). 〜をつけたら部屋が明るくなった. Lambayı yakınca oda ışıdı. この〜は部屋をとても明るくする. Bu lamba odayı çok iyi aydınlatıyor.
deñki âiroñ 電気アイロン /*a.*/ elektrikli ütü.
deñkîgama 電気がま /*a.*/ elektrikli kazan.
deñki gîsi 電気技師 /*a.*/ elektrikçi, elektroteknisyen.
deñki kâmisori 電気かみそり /*a.*/ (elektrikli) tıraş makinesi.
deñki kikâñsya 電気機関車 /*a.*/ lokomotif.
deñkikoo 電気工 /*a.*/ elektrikçi.
deñki mêetaa 電気メーター /*a.*/ sayaç. 〜を調べに係員が来た. Elektrik sayacını okumak için bir görevli geldi.
deñki sêihiñ 電気製品 /*a.*/ 家庭〜 elektrikli ev eşyası.
deñki soozîki 電気掃除機 /*a.*/ elektrik süpürgesi. 〜のうなり elektrik süpürgesinin homurtusu.
deñki têikoo 電気抵抗 /*a.*/ özdirenç.
deñkoo 電光 /*a.*/ yıldırım. 〜石火 yıldırım gibi, şimşek gibi.
deñkyoku 電極 /*a.*/ kutup.
deñkyuu 電球 /*a.*/ ampul. 〜のソケット duy.
Deñmâaku デンマーク /*a.*/ Danimarka.
Deñmaakugo デンマーク語 /*a.*/ Danca.
Deñmaakûziñ デンマーク人 /*a.*/ Danimarkalı.
deññecûki 電熱器 /*a.*/ elektrik fırın.
dêñpa 電波 /*a.*/ elektrik dalgası.
dêñpata 田畑 /*a.*/ tarla.
dañpa tañcîki 電波探知機 /*a.*/ radar.
deñpoo 電報 /*a.*/ telgraf, tel. 特急〜 yıldırım telgrafı. 返信料前払い〜 cevaplı telgraf. 〜を打つ telgraf çek-, tel çek-, telgrafla-, telle-. 〜で知らせる telgrafla bildir-. 〜で二部屋取っておく telgrafla iki oda ayırt-. イスタンブルから〜ですよ. Size İstanbul'dan bir tel var.
deñpôokyoku 電報局 /*a.*/ telgrafhane.
deñpuñ 澱粉 /*a.*/ nişasta, un. ジャガイモの〜 patates nişantası.
deñpyoo 伝票 /*a.*/ pusula.
deñrai 伝来 /*a.*/ 祖先〜の ataç.
deñrei 伝令 /*a.*/ (古語) çavuş, emir eri.
dêñryoku 電力 /*a.*/ elektrik gücü.
deñryuu 電流 /*a.*/ elektrik akımı, elektrik cereyanı. 〜サイクル devre. モーターの〜を通す kontağı aç-. 板は〜を通さない. Tahtadan cereyan geçmez.
deñsecu 伝説 /*a.*/ efsane, nakliyat. 〜の efsanevî.
deñsecuka 伝説化 /*a.*/ efsaneleşme. 〜する efsaneleş-.
deñsecuteki 伝説的 /*a.*/ 〜な efsanevî.
deñseñ 伝染 /*a.*/ salgın, bulaşma, sirayet. 〜の bulaşıcı. 〜する bulaş-, kaç-. 〜した kaçık. マラリアを〜させる蚊 sıtmayı yayan sivri sinekler. 靴

下が〜する çorap kaç-. 〜個所 kaçık.
deñseñ 電線 /a./ kablo, elektrik teli.
deñseñbyoo 伝染病 /a./ bulaşıcı hastalıklar, salgın hastalık, kıran. 〜にかかる hastalığa tut-. 〜でたくさん死ぬ kıran gir-. 〜にかかった (俗語) mankafa.
deñseñsei 伝染性 /a./ 〜の salgın, geçici, sârî.
dèñsi 電子 /a./ elektron. 〜の elektronik.
deñsi keisâñki 電子計算機 /a./ elektronik hesap makinesi.
deñsi kòogaku 電子工学 /a./ elektronik.
deñsiñ 電信 /a./ telgraf.
deñsiñbàsira 電信柱 /a./ telgraf direği.
deñsiñgàkari 電信係 /a./ muhabere memuru.
deñsiñsi 電信士 /a./ manipülatör.
deñsi zùnoo 電子頭脳 /a./ elektronik beyin.
deñsoo 伝送 /a./ nakil.
deñsya 電車 /a./ tramvay.
deñsyobàto 伝書バト /a./ haber güvercini.
deñsyoo 伝承 /a./ folklor.
deñtacu 伝達 /a./ tebliğ.
deñtoo 伝統 /a./ anane, gelenek. 〜の ananevî, geleneksel.
deñtoo 電灯 /a./ lamba, elektrik lambası. 〜のかさ lamba karpuzu, abajur, gömlek. 〜をつける lambayı yak-. 〜がついた. Elektrik yandı.
deñtooteki 伝統的 /a./ 〜な ananevî, gelenekli, geleneksel, klasik.
deñwa 電話 /a./ telefon. 〜する, 〜をかける telefon et-(aç-), telefonlaş-. 〜番号簿 telefon rehberi. 〜交換局 santral. 〜交換手 santral. 〜用の金属券 jeton. 〜がガチャンと切れた. Telefon çat dedi kapandı.
deñwacyoo 電話帳 /a./ telefon rehberi.
deñwa kàiseñ 電話回線 /a./ telefon hattı.
deñwàki 電話機 /a./ telefon.
deñwaseñ 電話線 /a./ telefon kablosu. 〜を引く telefon hattı çek-.
deñzìha 電磁波 /a./ elektromaniyetik dalga.
deñzìki 電磁気 /a./ elektromaniyetizma. 〜の elektromaniyetik.
depàato デパート(İng. department store) /a./ büyük mağaza. 〜の売場 reyon.
dèppa 出っ歯 /a./ 〜の kazma diş, dişlek.
deppari 出っ張り /a./ kambur, pürtük. 壁の〜 duvarın çıkıntısı, duvar dişi. 〜を取る tasarla-.
depparu 出っ張る /ey./ kamburlaş-. 出っ張った pürtüklü.
deppùri でっぷり /be./ 〜した cüsseli, şişman.
deràkkusu デラックス(Fr. de luxe) /a./ 〜な lüks. 〜なレストラン lüks lokanta. 〜クラス lüks mevki.
derarè·ru 出られる /ey./ 病気のために会議に出られなかった. Hastalığından dolayı toplantıya gelemedi.
derikèeto デリケート(İng. delicate) /a./ 〜な hassas, zarif, nazik, ince.
dè·ru 出る /ey./ çık-, doğ-, gel-, geç-, peyda ol-. 外へ〜 dışarı çık-. 〜こと çıkış, çıkma. 部屋から〜 odadan çık-. 部屋からバルコニーへ〜 odadan balkona geç-. 旅へ〜 yola çık-(atıl-). 人前に〜 adam içine çık. 暗やみから明るいところへ〜 karanlıktan aydınlığa çık-. ことが明るみに〜 açığa çık- (vur-). 話に出た bahsı geçen. ひょっこり出て来る damla-. 熱が〜 ateşi çık-, ateşlen-. 熱の〜病気 ateşli hasta. 火の〜 ateşli. よだれが〜 ağzının suyu ak-, ağzı sulan-. 大風が〜 fırtına çık-. 穂が〜 baş bağla-, başak bağla-, başakla-. 芽が〜

dĕruta

tomurcuklan-, baş ver-. 値が〜değerlen-, kıymetlen-. 味が〜 tadı gel-, tat kazan-. 茶が〜 demlen-. 茶が〜ようにおく çay demle-. 下手に〜 alttan (aşağıdan) al-, burnunu sürt-. 出て行く yola düş- (dökül-), cehennem ol-, cehennemin dibine git-, defol-. 出て行け boş ol (olsun)！ひそかに出て行く savuş-. その場から出て行く yerinden oyna-. 口から手が〜ようだ ağzı sulan-. この道はどこへ〜. Bu yol nereye çıkar？口から血が出た. Ağızdan kan geldi. ポンプが壊れて水が出ない. Tulumba bozulmuş su basmıyor. 太陽が出た. Güneş çıktı. 彼ときたらどこにいても出て来る. O da neredeyse damlar. この仕事には彼も名前が〜はずだ. Bu işte onun da adı geçecek. 文学部を出た. Edebiyat fakültesinden çıktı. イチゴはまだ出ていない. Çilek daha çıkmadı.

dĕruta デルタ(İng. delta) /a./ delta, çatalağız, birikinti konisi.

desakari 出盛り /a./ mevsiminde olma.

desî 弟子 /a./ çırak, havari.

desirîttoru デシリットル(Fr. décilitre) /a./ desilitre.

desorŏu 出ぞろう /ey./ hep çık-.

desu です /il./ dir, dır, dür, dur. おいく つ〜か. Kaç yaşındasınız？私は三十歳〜. Otuz yaşındayım. 彼を信じてはいけません, うそつき〜. Ona inanmayınız, yalancıdır. 今日は天気がいい〜. Bu gün hava iyidir. 君の子はもう話せるの〜ね. Senin çocuk artık konuşuyordur.

desugi・ru 出過ぎる /ey./ fazla çık-. 出過ぎたことをしない ağırdan al-.

desyabâri 出しゃばり /a./ her aşın kaşığı.

desyabâru 出しゃばる /ey./ haddini bilme-. 何にでも〜 vara yoğa karış-.

detarame でたらめ /a./ yalan, saçma bir söz, lafü güzaf, yave, (隠語)

atmasyon, mantar, tıraş. 〜のbaştan savma, boktan, abuk sabuk, yalan yanlış. 〜な zırva. 〜にgelişgüzel, rasgele. 〜に金を使う har vurup harman savur-. 〜を言う saçmala-, zırvala-. 〜を言う人 saçma adam. そらまた〜を言う. İşte şimdi saçmaladın！また〜を言い出した. Gene atmaya başladı. 〜言うな, 正直に言え. Bırak tıraşı, doğru konuş. 〜は取り繕っても無駄である. Zırva tevil götürmez.

detatokosyŏobu 出たとこ勝負 /a./ 〜で vakitli vakitsiz. 〜だ. Zurnada peşrev olmaz, ne çıkarsa bahtına.

dĕwa では /ba./ demek, e, şimdi. 〜, もうこれはだめか. E, şimdi bu olmayacak mı？

dezâato デザート(İng. dessert) /a./ tatlı, yemiş. 冷たい〜 soğukluk.

dezâinaa デザイナー(İng. designer) /a./ ressam.

dezâiñ デザイン(İng. design) /a./ desen.

difeñsu ディフェンス(İng. defense) /a./ defans. 〜ライン defans hattı.

dîizeru ディーゼル(Al. Diesel) /a./ dizel.

diizerûsya ディーゼル車 /a./ mototren.

dirĕkutaa ディレクター(İng. director) /a./ rejisör.

disukauñto sĕeru ディスカウントセール(İng. discount sale) /a./ tenzilâtlı satış.

dîsuko ディスコ /a./ (Fr. discothèque) /a./ diskotek.

do 度 /a./ derece；defa, kere, kez, sefer, basamak, ağız, posta, (俗語) yol. 〜を越す ağır kaç-, fazla gel- (git-, kaç-), haddini aş-, kaçır-, uzun et-. 〜を越して gayetle, ifrat derecede. 非常に〜を越した aşırı taşırı. 〜を過ごす dozu kaç-, dozunu kaçır-. 〜を失う kafası dön-, kudur-.

〜のついていない numarasız. 一〜 bir defa, bir kere. 一〜に birden. もう一〜 bir daha, bir defa daha. 二〜 iki defa. 二〜と bir daha. 何〜も何〜も binlerce. 直角は90〜だ. Dik açılar 90 dereceliktir. あなたのところへ二〜行ったが会えなかった. Size iki kere geldim, bulamadım. ストーブを日に二〜たく. Sobayı günde iki ağız yakıyor.
dō ド(İt. do) /*a.*/ do.
dōa ドア(İng. door) /*a.*/ kapı. 出口の〜 çıkış kapısı. 小さい〜 koltuk kapısı. 座ったと思ったらすぐ〜がノックされた. Oturdum demeye kalmadı, kapı çalındı.
doai 度合い /*a.*/ derece.
doāmañ ドアマン(İng. doorman) /*a.*/ kapıcı. ホテルの〜 otel kapıcısı.
dobiñ 土瓶 /*a.*/ çaydanlık. 〜の口 emzik, ibik.
dōboku 土木 /*a.*/ bayındırlık.
doboku seibi 土木整備 /*a.*/ imar.
doboku zigyoo 土木事業 /*a.*/ nafıa, bayındırlık işleri.
dobōñ ドボン /*be.*/ cumbadak. 〜と海へ落ちた. Cumbadak denize düştü.
dobu どぶ /*a.*/ hendek. 金を〜に捨てる parasını sokağa at-, parayı denize at-.
doburoku どぶろく /*a.*/ pirinçten bir tür içki.
dōcci どっち /*a.*/ hangisi. 〜の道を行こうかと迷っている人 iki cami arasında kalmış beynamaz.
doccicukāzu どっちつかず /*a.*/ kararsızlık. 〜の kararsız.
doccimici どっち道 /*be.*/ iyi kötü. 〜認める boynunu bük-.
dōcira どちら /*a.*/ hangisi, nere. 〜の hangi. 〜も birbirinden, birbirine, birbiriyle. 〜も同じこと (俗語) ayvaz kasap hep bir hesap. 〜にもいい顔をする hem İsa'yı, hem de Musa'yı memnun et-. 〜へいらっしゃいますか. Nereye gidiyorsunuz? お国は〜. Siz nerelisiniz?
docyaku 土着 /*a.*/ yerlilik. 〜の yerleşik, yerli.
dodai 土台 /*a.*/ temel, esas, taban, kaide, alt yapı. 家の〜 evin temeli. 壁の〜 duvar ayağı. 〜となる temel. 〜のある temelli. 〜のない temelsiz. 〜を組む溝 temel. 建物の〜まわり süpürgelik. しっかりした〜の建物 sağlam temelli bir yapı. 〜をしっかりする besle-. 〜となる土地がしっかりしている temel tut-. 〜のここが10cm沈んだ. Temelin bu tarafı on santim oturmuş.
dodāiisi 土台石 /*a.*/ temel taşı.
dogāisi 度外視 /*a.*/ aldırmama, kulak asmama, hesaba katmama.
dogeza 土下座 /*a.*/ 〜する çömel-.
dōgimagi どぎまぎ /*be.*/ 〜する kafası dön-, renkten renge gir-.
dogimo 度肝 /*a.*/ 〜を抜く ürküt-, hayrette bırak-. 〜を抜かれる ödü bokuna karış-, ödü kop- (patla-).
dogoo 怒号 /*a.*/ öfkeden bağırtı.
dōguma ドグマ(Al. Dogma) /*a.*/ dogma.
doguu 土偶 /*a.*/ heykel.
dohāzure 度外れ /*a.*/ aşırılık. 〜な暑さ aşırı sıcak.
dohoo 弩砲 /*a.*/ mancınık.
dohyoo 土俵 /*a.*/ (スポーツ) 'sumoo' güreşinin meydanı.
Dōicu ドイツ /*a.*/ Almanya. 〜の Alman. 〜民主共和国 Almanya Demokrat Cumhuriyeti, Demokratik Alman Cumhuriyeti. 〜連邦共和国. Almanya Federal Cumhuriyeti, Federal Alman Cumhuriyeti. おじさんは〜に10年いた. Amcam Almanya'da on yıl kaldı.
doicu どいつ /*a.*/ (侮辱的) kim.
Doicugo ドイツ語 /*a.*/ Almanca.
Doicūzin ドイツ人 /*a.*/ Alman.
dokañ 土管 /*a.*/ künk.

dokãñ ドカン /be./ güm. ～と門がしまった. Güm diye kapı kapandı.
dokasu どかす /ey./ kaldır-, çek-. 車を～ araba çek-. 真ん中の机をどかしたら部屋が広くなった. Ortadaki masa kaldırılınca oda ferahladı. 重い石をどかしたので腰を痛めた. Ağır bir taş kaldırdım da belimi incittim. 戸棚をどかしたら部屋が広くなった. Dolap kalkınca oda genişledi.
dokeñ 土建 /a./ = **dōboku** と **keñciku**.
doke・ru どける /ey./ kaldır-. いすを～ sandalye kaldır-. 別の所へ～ yerinden oynat-. そのテーブルをそこからどけよう. şu masayı oradan kaldıralım.
dōki 土器 /a./ çömlek, toprak kap.
dōki 怒気 /a./ öfke, hiddet.
dōkidoki ドキドキ /be./ hop, pıt. 胸が～する pıt pıt at-, yüreği hop et-, yüreği oyna- (çarp-). うれしくて胸が～する. Sevinçten yüreğim çarpıyor.
dokìtto ドキッと /be./ hop, pıt. 心臓が～した. Yüreğim hop etti.
dokkai 読解 /a./ okup anlama.
dōkku ドック(İng. dock) /a./ havuz, dok. 海中～ yüzer havuz. 船を～に入れる havuzla-.
dōkkyo 独居 /a./ yalnızlık, halvet.
dōko どこ /a./ nere, neresi ～の nereli. ～で nerede. ～に nerede, hani. ～へ nereye. ～から nereden. ～へ nereden nereye. ～をどうして nereden nereye. ～出身の nereli. ～へ行くか分からない bastığı yeri bilme-. ～の誰とも分からない ne idiği belirsiz. ～の誰とも分からない サリ çizmeli Mehmet ağa. ～にでもある (口語) itin kuyruğunda. ～へ行くの. Nereye gidiyorsunuz? 君～が痛いの. Neren ağrıyor? ～にいるのですか. Nerede bulunursunuz? ここは～. Burası neresi? ～を見ているの. Nereye bakıyorsun? 今度の旅は～から思いつかれたのですか. Bu yolculuk size nereden esti? 病人は～の医者がみているのか. Hastaya hangi hekim bakıyor? ～へなりと行くがいいさ. Cehenneme kadar yolu var. 怠け者は～でも鼻つまみだ. Tembel olanlar her yerden atılır.
dōko ka どこか /a./ falan, falanca, filan, filanca. ～に nerede. ～で rasgele yerde. ～遠い所から derinden. ～へ行ってしまう araya git-. 誰かが来て～へ行った. Falanca geldi, falancaya gitti. 世界の～で起こる戦争はすべての秩序を破壊する. Dünyanın herhangi bir yerindeki savaş bütün düzeni bozar.
dōkoroka ～どころか /il./ değil, şöyle dursun. 眠る～ちょっと休むことさえできなかった. Uyumak şöyle dursun, biraz dinlenmek bile mümkün olmadı.
dōkosoko どこそこ /a./ ～で falanca yerde.
doku どく /ey./ çekil-, savul-. どけ 油絵! どけそこを. Çekil oradan! そこをどいてください. Siz oradan kalkınız.
dokù 毒 /a./ zehir, ağı, ot. ～のある zehirli, ağılı. ～のない zehirsiz. ～を盛る ağıla-, zehirle-. ～を盛られる zehirlen-. ～をまぜる ağıla-, zehirle-. ～にあたる zehirlen-. 緑青の～にあたる bakır çal- (çalığı ol-). ～のある植物からとった蜜 deli bal.
§～にも薬にもならない ne çıkar. ～にも薬にもならない人 (卑語) tavşan boku. ～をもって制す. Çivi çiviyi söker.
dokuàtari 毒あたり /a./ zehirlenme.
dokuboo 独房 /a./ hücre.
dokùbucu 毒物 /a./ zehir, ağı.
dokudañ 独断 /a./ dogma.
dokudañteki 独断的 /a./ ～な dogmatik, indî.
dokueñ 独演 /a./ monolog.
dōkuga 毒牙 /a./ zehirli diş.

§〜にかかる iğfal edil-.
dokugaku 独学 /a./ kendi kendine okuma.
dokugasûdañ 毒ガス弾 /a./ zehirli gaz bombası.
dòkuha 読破 /a./ okup bitirme.
dokuhaku 独白 /a./ monolog.
dokuhakûgeki 独白劇 /a./ monolog.
dokuiri 毒入り /a./ 〜の ağılı.
dokukesî 毒消し /a./ panzehir.
doku kînoko 毒キノコ /a./ zehirli mantarlar.
dokumi 毒味, 毒見 /a./ zehir olup olmadığının çeşniciliği.
doku niñziñ 毒ニンジン /a./ baldıran.
dokuricu 独立 /a./ bağımsızlık, istiklâl. 〜の bağımsız, müstakil. 〜を達成する bağımsızlığa kavuş-. 〜行進曲 istiklâl marşı. 〜記念日 Cumhuriyet Bayramı.
dokuricûkoku 独立国 /a./ bağımsız memleket.
dokuricu señsoo 独立戦争 /a./ bağımsızlık savaşı.
dòkuro どくろ /a./ kafa tası.
dokuryoku 独力 /a./ 〜で kendi başına, tek başına.
dokuryoo 読了 /a./ okup bitirme. コーランの〜 hatim. コーランを〜する hatim indir-.
dokusacu 毒殺 /a./ zehirle öldürme. 〜する ağıla-, zehirle-.
dokusai 独裁 /a./ diktatörlük.
dokusai kòkka 独裁国家 /a./ diktatörlük.
dokusaisei 独裁制 /a./ diktatörlük.
dokusâisya 独裁者 /a./ diktatör, otokrat.
dokusai tàisei 独裁体制 /a./ dikta rejimi.
dokuseñ 独占 /a./ inhisar, monopol, tekel. 〜の tek elden. 〜する tekeline (tekellerine) al-. 〜する人 tekelci. 〜資本主義 tekelci anamalcılık.
dokusiñ 独身 /a./ bekârlık. 〜の ergen. 〜生活 bekârlık. 〜主義者 kara baş. 〜時代 ergenlik. 〜天国 だ. Bir adam var atarım, nerde olsa yatarım.
dokusiñsya 独身者 /a./ bekâr.
dokusiñzyucu 読唇術 /a./ sözü dudak hareketlerinden anlama.
dòkuso 毒素 /a./ toksin.
dokusoo 毒草 /a./ zehirli ot.
dokusoo 独奏 /a./ solo.
dokusoo 独創 /a./ özdenlik.
dokusooka 独奏家 /a./ solist.
dokusoosei 独創性 /a./ özgünlük.
dokusooteki 独創的 /a./ 〜な orijinal, özgün.
dokusùru 毒する /ey./ zehirle-.
dòkusya 読者 /a./ okur, okuyucu.
dokusyâsuu 読者数 /a./ okur sayısı. この新聞の〜はとても多い. Bu gazetenin okur sayısı çok yüksek.
dòkusyo 読書 /a./ kitap okuması.
dokusyoo 独唱 /a./ solo.
dokusyuu 独習 /a./ kendi kendine okuma.
dokutoku 独特 /a./ özgülük. 〜の özgü, karakteristik, mahsus, orijinal, tipik, has, belli başlı, nev'i şahsına münhasır. その地方〜の bölgesel. この人は〜の寛容さを持っている. Bu adamın kendine özgü bir hoşgörüsü vardır. ここは〜で見事だ. Burası bir âlem.
dokuyaku 毒薬 /a./ zehir, ağı.
dokuzecu 毒舌 /a./ iğneli söz. 〜をはく diliyle sok-.
dokuzecuka 毒舌家 /a./ dili zifir.
dokuzeñ 独善 /a./ kendini beğenmiş.
dokuzi 独自 /a./ 〜の özgün, bağımsız. 〜に bağlıbaşına.
dokuzisei 独自性 /a./ özdenlik, özgünlük.

dokuzùku 毒づく /ey./ küfret-, söv-.
dòkuzya 毒蛇 /a./ zehirli yılan.
dòkyoo 度胸 /a./ mertlik.
dokyumèñtaru ドキュメンタル(İng. documental) /a./ 〜な belgesel.
domà 土間 /a./ evin toprak tabanı.
domàñzyuu 土まんじゅう /a./ höyük.
Domìnika ドミニカ /a./ 〜共和国 Dominik Cumhuriyeti.
dòmino ドミノ(İt. domino) /a./ domino. 〜マント domino.
-domo ども -ler, -lar. わたし〜 bizler. ネコ〜はここがすっかり気に入った。Kediler buraya fena dadandılar.
dòmori どもり /a./ 〜の kekeme, pepeme.
domòru どもる /ey./ kekele-, pepele-, (隠語) tekle-.
donabe 土なべ /a./ çömlek, güveç. 〜料理 güveç-.
donariàu 怒鳴り合う /ey./ bağrış-.
donariciràsu 怒鳴り散らす /ey./ yırtın-.
donaricukè・ru 怒鳴りつける /ey./ bağırıp çağır-, yüzüne bağır-.
donàru 怒鳴る /ey./ bağır-, böğür-, kükre-. 怒って急に大声で〜 bomba gibi patla-. 怒鳴っておどかす cayırtı ver-.
dònata どなた /a./ kim. 〜. Kim o? もしもしそちら〜. Alo, neresi orası?
Donaùgawa ドナウ川 /a./ Tuna.
-dono 殿 beyefendi, Bay. 山田清〜 Bay Kiyosi Yamada.
dòno どの /a./ hangi, ne. 〜ような nasıl. 〜ように nasıl, nice. 〜家も her ev. 〜本. Hangi kitap? 〜家. Hangi ev? 〜顔にも笑いかけるものを友と思ってはならない. Her yüze güleni dost sanmamalı.
donoo 土のう /a./ kum torbası.
doñ ドン /be./ küt. 〜と門が打たれた. Küt diye kapı vuruldu.
doñburi どんぶり, 丼 /a./ kâse, kâsede yemek.

doñburi kàñzyoo どんぶり勘定 /a./ 〜で kesmece.
doñcyoo 緞帳 /a./ tiyatroda perde.
dòñdoñ ドンドン /be./ güm güm. 〜音がする gümbürde-. 夜半近くに〜と門をたたいた. Gece yarısına doğru güm güm kapıma vurdu. 〜と門がたたかれた. Küt küt kapı vuruldu.
dòñdoñ どんどん /be./ bol bol, cayır cayır, harıl harıl, ha babam (ha). 〜焼ける cayır cayır yan-. 〜悪化する baş aşağı git-. 金を〜使う döküp saç-. 〜芽を出す fışkır-. 〜燃える harlı. 〜歩け tabana kuvvet. 〜逃げる tabana kuvvet kaç-. ストーブが〜燃えている. Ocak harıl harıl yanıyor.
dòñguri ドングリ /a./ palamut. 〜の椀 kadehçik. §〜の背比べ hemen hemen aynı.
doñkaku 鈍角 /a./ geniş açı.
doñkañ 鈍感 /a./ hissizlik. 〜な anlayışsız, pek yüzlü, vurdumduymaz kör ayvaz.
dòña どんな /s./ nasıl, hangi, ne, (俗語) ne mene. 〜仕事 ne biçim iş. 〜様子か ne sularda. 〜方法があるというのか ne yaparsın ki (yapmalı ki). 〜紙がいるのですか. Nasıl kâğıt istiyorsunuz? この薬はあなたに〜効き目がありましたか. Bu ilâç size nasıl geldi? 〜ポストに変わったのですか. Hangi göreve ayrıldınız? これに〜値段を付けたか. Buna ne fiyat biçtiniz?
dòña … mo どんな…も /be./ hiçbir, her ne kadar. 〜ことがあっても dünyada. 〜ことをしても zinhar. 〜じゃまがあっても dünya bir araya gelse. 〜犠牲を払っても ne pahasına olursa olsun. その仕事は〜ことがあってもしない. O işi dünyada yapmam. 〜学校へ行っても図書館があります. Hangi okula gitseniz bir kitaplık

görüsünüz. 彼らは〜事でもうまくやる。 Onlar her işi becerir. 〜いい考えも思っているだけでは役に立たない。 Bal bal demekle ağız tatlılanmaz.
doñsu どんす /*a.*/ kalın ipek kumaş.
doñteñ 曇天 /*a.*/ bulanık hava.
doñyoku 貪欲 /*a.*/ aç gözlülük, doymazlık, hırs, tamah. 〜な doymaz, gözü aç, haris, menfaatperest, camgöz. 〜だ doymak bilme-. 〜に進む aç kurt gibi saldır-.
doñyòri どんより /*be.*/ baygın baygın. 〜した bulutlu, bulanık, kapanık ; baygın, süzgün, mahmur, uykulu, cam gibi, ölü gözü gibi. 〜した天気 bulanık hava, limonî hava. 〜した目つき baygın bakış, süzgün bir görünüş (bakış).
doñziri どんじり /*a.*/ (隠語) dümenci.
doñzoko どん底 /*a.*/ dip, en aşağı. 〜に落ちる boka bat- (düş-).
doñzumari どん詰まり /*a.*/ en son.
doñzyuu 鈍重 /*a.*/ yavaşlık. 〜な ağır, yavaş.
dòo どう /*be.*/ nasıl. 〜したの hani, hayır ola, ne oluyor, ne var ne yok. 〜したらいいのか ne çare? 〜したらいいのか分からなくなる sağı solu olma-. 〜いう意味か ne demek? 〜いうわけか nasılsa, nasıl olmuşsa, nedense. 〜いうつもりで ne demeye, ne diye. 〜やったって (侮辱的) çatlasa da patlasa da. 〜やって nasıl, nereden. 〜だ、日銭が入ったかい。 Nasıl, gündelik doğruldu mu? この生地を〜思いますか。 Bu kumaşı nasıl buluyorsunuz? いったい〜した例の本は。 Hani kitap? これはいったい〜したというのだ。 Hangi dağda kurt öldü? アンカラへ〜やって来られましたか。 Ankara'ya nasıl geldiniz? まあ〜しよう。 Öp babanın elini! 〜いう風の吹きまわしか、この寒さに出かけたよ。 Aklına esti, bu soğukta gezmeğe çıktı.
§〜いたしまして bir şey değil, dert

değil, estağfurullah.
dòo 銅 /*a.*/ bakır. 〜の器 bakırlar. 〜の大なべ lenger. 食べ物を〜でやられる yemeği bakır çal-.
dòo 胴 /*a.*/ gövde, bel.
dooage 胴上げ /*a.*/ birini havaya fırlatma.
doobañ 銅板 /*a.*/ bakır tahta.
dòobu 胴部 /*a.*/ gövde.
doobucu 動物 /*a.*/ canlı, hayvan, hayvanat, yaratık. 珍しい〜 acayip hayvan. 〜の hayvanî, hayvansal. 〜の油 hayvanî yağlar. 〜の胴 bel. 〜のような hayvanca, hayvanî. 〜のように hayvanca. 〜保護協会 Hayvanlar Koruma Cemiyeti. 〜区系 direy. 〜模型 manken.
doobucuñeñ 動物園 /*a.*/ hayvanat bahçesi.
doobucùgaku 動物学 /*a.*/ zooloji, (古語) hayvanat.
doobucu gàkusya 動物学者 /*a.*/ zoolog.
doobucusei 動物性 /*a.*/ hayvanlık. 〜の hayvansal. 〜脂肪 hayvansal bir yağ.
doobucùsoo 動物相 /*a.*/ direy.
doobucuteki 動物的 /*a.*/ 〜な hayvanca, hayvanî. 〜になる hayvanlaş-.
doobùrui 胴震い /*a.*/ sarsılma, silkinme.
doocyaku 同着 /*a.*/ 〜で終わる berabere bit-.
doocyoo 同調 /*a.*/ 〜する katıl-, aynı fikirde ol-. 〜する人 duygudaş. まずい考えに〜する aklına uy-. 後になって〜する sözüne gel-. お考えに〜します。 Düşüncenize ben de katılıyorum.
doocyòosya 同調者 /*a.*/ duygudaş.
dòocyuu 道中 /*a.*/ yol boyu. 〜ずっと yol boyunca. 〜ご無事で Allah selamet versin, hayırlı yolculuk, iyi yolculuk, yolun açık olsun, selametle.

dōodoo どうどう /*ün.*/ deh, höst.
doodòo 堂々 /*a.*/, /*be.*/ 〜たる haysiyetli, muhteşem, onurlu, şanlı şöhretli, alımlı çalımlı, boyu bosu yerinde, gösterişli, kelle kulak yerinde, oturaklı. 〜とした歩き方 çalımlı bir yürüyüş. 〜と言う açıkça söyle-.
doodoomēguri 堂々巡り /*a.*/ kısır döngü, tur.
dooga 動画 /*a.*/ canlı resim. 〜技師 canlandırıcı.
doogañ 童顔 /*a.*/ çocukça bir yüz.
dooge 道化 /*a.*/ şaklabanlık.
doogèsi 道化師 /*a.*/ şaklaban, soytarı, palyaço.
dòogi 道義 /*a.*/ ahlâk.
dòogi 動議 /*a.*/ önerge. 〜を出す önerge ver-. 討論打ち切りの〜 yeterlik önergesi.
doogù 道具 /*a.*/ âlet, araç. 〜一式 avadanlık, 物を開ける〜 açkı. 〜にする âlet et-. 〜になる âlet ol-.
doogùbako 道具箱 /*a.*/ âlet sandığı. 靴みがきの〜 boyacı sandığı.
doogùrui 道具類 /*a.*/ âlet edavat.
doogyoo kùmiai 同業組合 /*a.*/ 〜の幹部 kâhya. 〜幹部の職 kâhyalık. 〜幹部の職を務める kâhyalık et-.
doogyòosya 同業者 /*a.*/ koldaş, meslektaş.
doohai 同輩 /*a.*/ akran.
doohañ 同伴 /*a.*/ refakat, eşlik.
doohañsya 同伴者 /*a.*/ eş. 男の〜 kavalye.
doohoo 同胞 /*a.*/ vatandaş, yurttaş, ülkü kardeşi, kardeş. 〜であること vatandaşlık, yurttaşlık. 地震で被災した〜のために寄付を集めている. Depremde zarar gören yurttaşlarımız için bağış toplanıyor.
doohòokañ 同胞間 /*a.*/ 〜の争い kardeş kavgası.
doohuu 同封 /*a.*/ ilişik, mektup içinde beraber gönderme. 〜して送る ilişikte yolla-.
doohyoo 道標 /*a.*/ yolun yönünü gösteren işaret.
dooi 同意 /*a.*/ muvafakat, rıza, onay, anlaşma, mutabakat, teslim. 〜の razı, mutabık. 〜する razı ol-, rızası ol-, rıza göster-, onayla-, gönlü ol-, kabulü ol-, teslim et-. 〜に達する anlaşmaya var-, uyuş-, uzlaş-.
dooicu 同一 /*a.*/ 〜の bir, özdeş, aynı.
dooicùniñ 同一人 /*a.*/ 〜によって bir elden.
dooicusei 同一性 /*a.*/ aynılık, özdeşlik.
dooicùsi 同一視 /*a.*/ kıyas. 私達はこの男を他の人達と〜することはできない. Bu adamı başkalarına kıyas edemeyiz.
dooìkeñ 同意見 /*a.*/ oy birliği, söz birliği. 〜の hemfikir, oydaş, muvafık.
dooiñ 動因 /*a.*/ güdü.
dooiñ 動員 /*a.*/ seferberlik, çağrı. 〜する seferber et-. 〜体制の seferber.
dooka 同化 /*a.*/ özümleme, benzeşme, yakın benzeşme. 〜する özümle-, özümse-.
dòoka どうか /*be.*/ aman, lüften, ne olur (olursun), Allah aşkına, (口語) gözünü seveyim. 〜命はお助け下さい. Aman beni bağışlayın. 〜戸を開けてくれませんか. Lüften kapıyı açar mısınız? 〜お願いいたします. Elini ayağını öpeyim.
dòo ka どうか /*be.*/ ne. 頭が〜している şaşkın. 〜したの. Ne alıp veremiyor? Suyu mu çıktı?
dòoka 銅貨 /*a.*/ bakır para. 古い〜 mangır.
dookacu どうかつ, 恫喝 /*a.*/ korkutma.

dookaku 同格 /a./ ～の人 taydaş.
dookañ 同感 /a./ aynı duygu. 御意見にまった く～です。 Görüşünüzü tamamen paylaşıyorum.
dookañ 導管 /a./ kanal.
dookaseñ 導火線 /a./ fitil, tapa. ～に火をつける fitille-.
dooke 道化 /a./ maskara, palyaço, maskaralık, şaklabanlık. ～の şaklaban. ～の面 maskara.
dookecu 洞穴 /a./ mağara.
dookei 憧憬 /a./ özlem.
dookemono 道化者 /a./ palyaço, şakacı.
dookeñ 同権 /a./ eşitlik, eşit haklılık.
dookè·ru 道化る /ey./ şaka söyle-, latife et-.
dookèsi 道化師 /a./ palyaço, soytarı, şaklaban.
dookeyaku 道化役 /a./ palyaço, soytarı.
dooki 動機 /a./ sebep, saik, güdü. ～のない sebepsiz.
dooki 動悸 /a./ kalp (yürek) çarpıntısı. ～がする yüreği çarp- (oyna-).
dòoki 銅器 /a./ bakırlar, bakır eşya.
dookoku 慟哭 /a./ ～する çığlık kopar-.
dookokùziñ 同国人 /a./ hemşeri, yurttaş, vatandaş.
dookoo 同行 /a./ refakat.
dookoo 同好 /a./ aynı zevk.
dookoo 動向 /a./ yön, temayül.
dookoo 瞳孔 /a./ göz bebeği.
dookucu 洞窟 /a./ mağara, in.
dookyo 同居 /a./ başkasının evinde oda kiralayıp oturma.
dookyòoziñ 同郷人 /a./ hemşeri, köydeş, köylü, yurttaş.
dookyuu 撞球 /a./ bilardo.
dookyùusei 同級生 /a./ okuldaş.
doomàwari 胴回り /a./ bel şekli.

doomei 同名 /a./ aynı adlı. ～の人 adaş.
doomei 同盟 /a./ birlik, ittifak, lig, konfederasyon. ～の müttefik. ～を結ぶ ittifak akdet-. ～関係にある bağlaşık.
doomèikoku 同盟国 /a./ müttefik.
dòo mo どうも /be./ bir türlü; her hâlde, meğer. ～おかしい bir şey (şeyler) ol-. ～具合が悪い bir türlü. この仕事は～好きになれない。 Bu işe bir türlü ısınamadım. ～この本をお読みになったようですね。 Her hâlde bu kitabı okumuşsunuzdur. ～やつは前から決めていたらしい。 O önceden aklına koymuş meğer.
§ ～ありがとう bereket versin!
dòo…mo どう…も /be./ her ne ise, ille. ～であっても her ne (hâl) ise, ille. ～でもいい canı isterse. ～でもいいことだ。 İncir çekirdeğini doldırmaz. ～でもいいことではない、 ことは重大だ。 Oyuncak değil, mesele çok ciddi. おれなんか～でもいいんだな。 (卑語) Eşek başı mıyım? ～しようもなくなる bayıl-, kıç üstü otur-. ～にもならない yenik. ～にもならない不幸 belayı berzah. ～にもならなくなる çapraza sar-, çaprazlaş-, ateş bacayı sar-. ～にもならないものだ。 Atsan atılmaz, satsan satılmaz. ～にでもなれ bok canına olsun!
doomoo 獰猛 /a./ canavarlık. ～な azılı.
dòomu ドーム (İng. dome) /a./ kubbe, kümbet.
doomuzyoo ドーム状 /a./ ～の kubbeli.
doomyaku 動脈 /a./ atar damar.
doomyaku kòoka 動脈硬化 /a./ damar sertleşmesi.
dòonacu ドーナツ (İng. doughnut) /a./ çörek, simit, lokma, açma. 塩味の～ poğaca, halka. 子供が～を犬にさらわれた。 Çocuk simidini köpeğe

doonacùuri

kaptırmış.
doonacùuri ドーナツ売り /a./ çörekçi, simitçi.
doonêñpai 同年輩 /a./ öğür, yaşıt.
doonêñrei 同年齢 /a./ 〜の yaşıt. 〜の人 akran.
dõonika どうにか /be./ orsa poca (boca), ucun ucun. 〜暮らせる geçinip git-. 〜仕事をする emekle-. 学者で〜通っている. Bilgin geçiniyor.
doonika kõonika どうにかこうにか /be./ zar zor, zor zar, zoru zoruna, nasılsa, düşe kalka, kör topal. 〜寝泊まりする場所がある. Nasılsa yatıp kalkacak yer var. 子供を〜ここまでもって来た. Çocuğu ite kaka bu duruma getirdik.
doonyookañ 導尿管 /a./ sonda.
dooñ ドーン /be./ güm. 〜と音を立てる güm et-, gümle-. 〜と門が閉まった. Güm diye kapı kapandı.
doooñ 同音 /a./ 〜の eş sesli.
doooñ igigo 同音異義語 /a./ eş sesli.
doorakù 道楽 /a./ çapkınlık, hovardalık, sefahat, düşkü, zevk.
doorakumonõ 道楽者 /a./ hovarda, sefih.
doorañ 動乱 /a./ ihtilâl, karışıklık.
-dõori 通り cadde. → **toori.** アタチュルク〜 Atatürk caddesi.
-dõori 通り göre, uygun olarak. 命令〜にいたしました. Emrinizi yerine getirdim.
doorì 道理 /a./ sebep, hakikat. 〜にかなった makul, akıla yakın (uygun). 〜に合わない söz anlamaz, akıl işi değil.
doorikigaku 動力学 /a./ kinetik, dinamik. 〜の kinetik.
dõoro 道路 /a./ yol, sokak. 主要〜 kara yolu. 〜わき yol boyu. 曲がりくねった〜 dolambaç. 〜清掃人 çöpçü. 〜にごみを捨てるのは恥だ. Sokağa çöp atmak ayıptır.

dooro kõozi 道路工事 /a./ tamirat.
doorui 同類 /a./ benzeri, emsal, misil, örnek, tıpkı, aile. 〜の benzer. 〜をつくる benzet-. この建物の〜はまだない. Bu yapının bir örneği daha yoktur.
dooryoo 同僚 /a./ kapı yoldaşı, emektaş, meslektaş, taydaş, yoldaş, emsal, boytaş, öğür.
dõosa 動作 /a./ eylem, amel, fiil, hareket.
doosacùryoku 洞察力 /a./ basiret, zekâ. 〜のある öngörülü.
doosaku 動索 /a./ abli, tartı.
doosañ 動産 /a./ ayniyat, taşınır mallar, menkul.
doosei 同性 /a./ aynı cins.
doosei 同姓 /a./ aynı soy adı.
doosei 同棲 /a./ 女との〜 cici mama. 〜する düşüp kalk-.
doosei 銅製 /a./ 〜の bakır.
doosei 動静 /a./ hareket, durum.
doosêiai 同性愛 /a./ 〜の男（卑語）ibne. 〜の女 sevici.
doosêihiñ 銅製品 /a./ bakır eşya. 〜を作る人 bakırcı. 〜を売る人 bakırcı.
doosi 動詞 /a./ eylem, fiil. 〜の活用 eylem çekimi.
dõosi 同志 /a./ can, arkadaş, yoldaş, hemfikir.
dõosi 同士 /a./ 同じ悩みを持つ者〜 dert ortağı.
dõosi 導師 /a./ imam, mürşit, hoca. 〜にならって祈る cemaatle namaz kıl-.
doosiñ 同心 /a./ 〜の eş merkezli.
doosiñeñ 同心円 /a./ eş merkezli çemberler. 二つの〜 eş merkezli iki çember.
dõosite どうして /be./ neden, ne demeye, nasıl, niye, ne dedim de. 弟を〜つねったの，見てごらんあんなに泣いているじゃないか. Kardeşini neden

çimdikledin, bak nasıl ağlıyor? 〜そんなことをするの。 Hangi akla hizmet ediyor?

doositē mo どうしても /be./ bir türlü, mutlaka, asla, dünya bir araya gelse, her hâlde, ne yapıp yapıp. この持病から〜のがれられなかった。 Bu dertten bir türlü kurtulamadı. 〜行くと言っている。 İlle gideceğim diyor.

doosoo 同窓 /a./ okuldaşlık.

doosōosei 同窓生 /a./ okuldaş.

doosyokùbucu 動植物 /a./ hayvan ve bitki. 〜の繊維 doku.

dōosyu 同種 /a./ aynı cinsten olma. 〜の hemcins.

dōotai 胴体 /a./ cüsse, gövde.

dootei 道程 /a./ yolculuk, uzaklık.

dootei 童貞 /a./ iffet.

dooteki 動的 /a./ 〜な dinamik.

dooteñ 同点 /a./ eşit, aynı puan. 〜になる berabere kal-. 〜で終わる berabere bit-.

dooteñ 動転 /a./ 〜する komaya gir-, sinirleri alt üst ol-.

dootoku 道徳 /a./ ahlâk, aktöre, moral, töre, ilke.

dootokùricu 道徳律 /a./ ahlâk yasası.

dootokùsiñ 道徳心 /a./ moral. 〜のない人 morali bozuk bir insan.

dootokuteki 道徳的 /a./ 〜な nezih, törel.

dootoo 同等 /a./ eşitlik. 〜の eş değerli, muadil, at başı beraber. 高校もしくはそれと〜の学校 liseler ve muadili okullar. 〜に başabaş. 〜になる bir gel-.

doowa 童話 /a./ çocuk masalı.

dōoyara どうやら /be./ nasılsa, umulur ki, zahir. しゃべりながら〜家に着いたようだ。 Konuşa konuşa evi bulmuşuz.

dooyoo 同様 /a./ 〜な farksız, aynı, gibi. 親類〜の人 hısım. ただ〜で hurda fiyatına.

dooyoo 童謡 /a./ çocuk şarkısı.

dooyoo 動揺 /a./ ikircim, sallantı; telaş. 聴衆の間に突然〜が起こった。 Dinleyiciler arasında birdenbire bir kaynaşma oldu.

doozeñ 同然 /a./ aynı. 手に入れたも〜 çantada keklik. ただ〜で hurda fiyatına, yoğuna.

doozi 同時 /a./ 〜に bir arada, aynı zamanda, ile beraber. 〜に動く eş zamanlı.

doozìdai 同時代 /a./ 〜の çağdaş. 〜の作家 çağdaş yazarlar.

dooziñ 同人 /a./ üye; aynı kişi.

doozi・ru 動じる /ey./ rahatsız ol-. 動じない kılını kıpırdatma- (oynatma-), heykel gibi. 円熟した動じない人 fırın kapağı.

dōozo どうぞ /be./ lütfen, buyurun, buyurunuz, (口語) gözünü seveyim. 〜長生きを。 Allah gecinden versin. 〜いつまでもお元気で。 Hay çok yaşayasınız siz! 〜と客を入れる buyur et-. 彼は私たちに「〜」と言った。 O, bize "buyurun" dedi.

doozoku 同族 /a./ soy, soydaş, aile, klik, yakınlar. 〜の soydaş, ailevî, kandaş.

doozoo 銅像 /a./ heykel. 〜の前の人だかりは何。 Heykelin öncedeki kalabalık ne?

doozyoo 同情 /a./ acıma, merhamet, şefkat, teessüf. 〜する acı-, merhamete gel-. 〜する人 duygudaş. 〜してとても心配する içi paralan- (parçalan-). 〜させる acındır-. 〜しない gözünün yaşına bakma-. 〜をひく acındır-. 〜深い yufka yürekli. 考えなしにやった人には〜すべきだ。 Düşüncesizce davrananlara acımalı. 皆の〜が自分に集まるようなことを言った。 Herkesi kendisine acındıracak sözler söyledi. くだらないやつに〜するな。 İtin ayağını taştan mı esirgiyorsun?

doozyoo hùgoo 同上符号 /a./ denden.
doozyòosiñ 同情心 /a./ acıma duygusu. ～のない acımasız. この人にはまったく～がない. Bu adamın hiç acıması yok.
dora どら /a./ zil.
doràibaa ドライバー(İng. driver) /a./ soför; (İng. screwdriver) /a./ tornavida. このねじがゆるんでいる、～貸してくれないか. Bu vida gevşemis, tornavidayı verir misin?
doràibu ドライブ(İng. drive) /a./ araba ile gezinti.
dorai kuriiniñgu ドライクリーニング (İng. dry cleaning) /a./ kuru temizleme.
doraiyaa ドライヤー(İng. dryer) /a./ kurutucu, saç kurutma makinesi.
dòrama ドラマ(İng. drama) /a./ dram, piyes.
doramacìkku ドラマチック(İng. dramatic) /a./ ～な dramatik.
dòramu ドラム(İng. drum) /a./ bateri, trampet.
doramukañ ドラム缶 /a./ bidon, galon, varil.
dòre どれ /a./ hangisi, hangileri. ～を読もうか. Hangi birini okuyayım? ～がきれいだ. Hangisi daha güzel? ～か herhangi, hangi biri. ～も her. ～でもよい değme, rasgele.
dore hodo どれ程 /be./ ne kadar, nice. あなたが～考えても無駄です. Ne kadar düşünseniz boş. ～頑張っても無駄だ. Ne denli uğraşsanız boştur.
dorei 奴隷 /a./ kul, köle, bende, esir. ～の状態 kulluk, kölelik, esaret. ～の身分 kulluk, kölelik. ～の仕事 kulluk, kölelik. ～の娘（古語）kul cinsi. ～にする köleleştir-. ～になる köleleş-, kulluk et-. 死ぬ方が～になるよりましだ. Ölüm esaretten ehvendir.
dorei kòñzyoo 奴隷根性 /a./ dalkavuk.
dorei sèido 奴隷制度 /a./ kölelik düzeni.
dòresu ドレス(İng. dress) /a./ rop, elbise.
doresu mèekaa ドレスメーカー(İng. dressmaker) /a./ kadın terzisi. 有名な～が次々と新しいモードを作り出している. Ünlü terzi sürekli yeni modeller yaratıyor.
dòriru ドリル(İng. drill) /a./ burgu, delgi, matkap, zımba, cırcır.
dorò 泥 /a./ çamur, çepel. ～の bataklı. 水っぽい～ cıvık çamur. ～の多い所 çamurluk. ～を塗る çamurla-. ～で汚す çamurla-. 着物を～で汚す üstünü başını çamura bula-. ～で汚れる çamurlan-. ～で汚れた çamurlu. ～をこねる道具 gelberi. ～に踏み込まないように. Çamura basılmasın.
§顔に～を塗る kara çal-(sür-). 男の顔に～を塗らない. yiğitliğe leke (bok) sürme-. 人に踊らされて～をかぶる. Davul onun boynunda, tokmak başkasının elinde.
doroboo どろぼう /a./ hırsız. ～にさわれる çaldır-. 人を～だとする birini hırsız çıkar-. ～をかくまう場所 hırsız yatağı. ～が戸棚のものをかき回した. Hırsız dolaptaki eşyayı didiklemiş.
dorodàrake 泥だらけ /a./ ～の çamurlu. ～になる çamurlaş-.
dorodoro どろどろ /a./ ～の lapa gibi. ～に煮込んだもの hamur gibi. 雨が降って地面が～になった. Yağmur yağınca yerler vıcık vıcık çamur oldu.
dòrodoro どろどろ /be./ ～した vıcık. オリーブ油は～した液体だ. Zeytin yağı yoğun bir sıvıdır.
doromàmire 泥まみれ /a./ ～の çamurlu. ～になる çamurlaş-.
doròmizu 泥水 /a./ cılk çamur.
doronuma 泥沼 /a./ batak. ～に落ち

る　çamura düş-. §～から助け出す　çamurdan çekip çıkar-.
doroōtosi 泥落とし /*a.*/ paspas, silgi, çamurluk. 靴を～でぬぐう ayakkabıları paspasa sil-.
doroppu ドロップ(İng. drop) /*a.*/ tablet. ハッカ～ nane şekeri tableti.
doroyoke 泥よけ /*a.*/ çamurluk. ～の脚絆 çamurluk.
dōru ドル(İng. dollar) /*a.*/ dolar. ··· ～の dolarlık.
dōryoku 努力 /*a.*/ çalışma, çaba, gayret, himmet, özen, savaşım, uğraş. ～する çalış-, çabala-, gayret et-, özen-, savaşım ver-, yapın-, uğraş-. 無駄な～をする akıntıya kürek çek-, buz üstüne yazı yaz-, kalburla su taşı-. ～がなされる çalışıl-. もっと～が必要だ bir fırın ekmek yemesi lâzım. 来るように～します. Gelmeğe çalışacağım. この仕事 のために非常な～がなされた. Bu iş icin çok çalışıldı. 成功の元は～だ. Başarının başı çalışmaktır. ～しないで何 かを得ようとする. Armut piş, ağzıma düş.
doryokuka 努力家 /*a.*/ çalışkan adam.
doryoo 度量 /*a.*/ âlicenaplık ～の大 きい âlicenap, geniş gönüllü.
doryōokoo 度量衡 /*a.*/ tartı, ölçek.
dosakusa どさくさ /*a.*/ ～にまぎれる araya git-. ～まぎれにもうける bulanık suda balık avla-.
Dosei 土星 /*a.*/ Sekendiz, Satürn.
dosei 土製 /*a.*/ ～の toprak. ～の皿 çanak, çanak çömlek.
dosei 怒声 /*a.*/ öfkeli bağırtı.
dōsidosi どしどし /*be.*/ buram buram, bol bol.
dosoku 土足 /*a.*/ ayakkabı. ～でじゅ うたんに乗るな. Tozlu ayakkabıyla halıya basma.

dosoo 土葬 /*a.*/ gömme, defin.
dossàri どっさり /*be.*/ avuç avuç, bet bereket, doyasıya, etek dolusu, etek etek, fazladan, gani gani, kucak dolusu, tomar. ～の bir araba. ～与える gözünü doyur-. 市場 に果物が～出ている. Çarşıda meyveden geçilmiyor. ～金をもうけた. İyi para kazandı. ～果物を食べ, 川で泳 ぎ, 魚を取りなさい. Doyasıya meyve yer, çayda yüzer, balık tutarsın.
dossìri どっしり /*be.*/ ～した人 ağır adam.
dosu ドス /*a.*/ bıçak, hançer. ～を抜き 合う bıçak çekiş-.
dosùñ どすん, ドスン /*be.*/ zangırtı, patırtı, paldır küldür. 階段から ～～ところげ落ちた. Merdivenlerden paldır küldür yuvarlandı.
dosyaburi 土砂降り /*a.*/ sağanak. ～の雨 bardaktan boşanırcasına. ～になる yağmur boşan-.
dōtabata ドタバタ /*be.*/ patırtı, zangırtı. ～する patırda-. 兄さんが勉 強しているのだから～するな. Ağabeyin ders çalışıyor, patırdama.
dotagucu どた靴 /*a.*/ postal.
dotàñ どたん, ドタン /*be.*/ zangırtı, patırtı. ～バタンと paldır küldür. 上 の人の～バタンで眠れなかった. Yukarıdaki komşuların patırtısından uyuyamadım.
dotañba 土壇場 /*a.*/ en son.
dote 土手 /*a.*/ set, şarampol.
dotera どてら /*a.*/ kapitone kimono.
dotoo 怒濤 /*a.*/ azgın dalga.
dotto どっと /*be.*/ bir kalemde, cümbür cemaat, cümleten. ～床につく döşeğe düş-.
doyomèku どよめく /*ey.*/ heyecanlan-.
doyoo 土用 /*a.*/ yazın en sıcak günleri.
doyōo 土曜 /*a.*/ cumartesi.
doyōobi 土曜日 /*a.*/ cumartesi.

doyoobosi 土用干し /*a.*/ yazın havalandırma.
dozyoo ドジョウ /*a.*/ taşısıran balığı.
dozyoo 土壤 /*a.*/ toprak. 肥えた〜 cömert toprak.
dozyōogaku 土壤学 /*a.*/ toprak bilim.

E e

e へ /*il.*/ -e, -a, -ye, -ya. 家〜入る eve gir-. 部屋からバルコニー〜出る odadan balkona geç-. 暗やみから明るい所〜出る karalıktan aydınlığa çık-. こちら〜いらっしゃい. Buraya geliniz. 中〜入りなさい. İçeri gel. 子供達は少し前に外〜出かけた. Çocuklar biraz önce dışarı çıktılar. こっちの方〜行った. Bu yana gitti. この道はどこ〜出る. Bu yol nereye çıkar. 空〜二発打った. Havaya iki el silah attı. アンカラからイスタンブル〜行った. Ankara'dan İstanbul'a gitti.

e 柄 /*a.*/ sap, ok, tutak, kulp. すきの〜 saban oku. ナイフの〜 bıçağın sapı, bıçak tutağı. ナイフの〜に入る部分 pırazvana. 〜の長い鎌 çalgı orağı. 〜の付いた saplı. 〜の付いたかぎ kanca. 〜の付いたおけ çamçak. 〜の付いた水差し güğüm. 〜のない sapsız.

è 絵 /*a.*/ resim, tablo, şekil, (俗語) tasvir. 美しい〜 güzel tablo. 〜をかく resim al-(yap-). 〜のついた resimli. 〜のような resim gibi, pitoresk, tasvir gibi. 〜を入れる resimle-. 〜を壁に打ちつける tabloyu duvara çak-. この〜はここに合わない. Bu tablo buraya düşmedi. 2分で私の〜をかいてしまった. İki dakikada resmimi çiziverdi. 書いた宿題に〜を入れた. Yaptığım ödevi resimledim. §〜にかいたもちになる kâğıt üzerinde (üstünde) kal-. 〜にかいたもちだ. Bal bal demekle ağız tatlılanmaz.

è 餌 /*a.*/ yem. 小鳥に〜をやる kuşu yemle-.

e' えっ /*ün*/ e, ya, ha. 〜あとだって. E, sonra? 〜だめか. Ha? Olmaz mı? 〜本当ですか. Ya, öyle mi?

eakoñ エアコン(İng. air conditioning) /*a.*/ klima.

ebi エビ /*a.*/ karides, istakoz. §〜でタイを釣る. Ağzına bir zeytin verir, altına tulum tutar. 〜でタイを釣ろうとする. İşi üç nalla bir ata kaldı.

ebicya えび茶 /*a.*/ vişne çürüğü rengi. = ebicyairo.

ebira えびら /*a.*/ okluk.

ebonàito エボナイト(İng. ebonite) /*a.*/ ebonit.

ebùkuro 餌袋 /*a.*/ kursak.

èciketto エチケット(Fr. étiquette) /*a.*/ etiket, görgü kuralları, adabımuaşeret.

Eciopia エチオピア /*a.*/ Etiyopya, Etopya, Habeşistan.

Eciopiàziñ エチオピア人 /*a.*/ Habeş.

ecudoku 閲読 /*a.*/ dikkatle okuma.

ecuraku 悦楽 /*a.*/ zevk, safa, keyif.

ecurañ 閲覧 /*a.*/ okuma, teftiş.

eda 枝 /*a.*/ dal. 木の〜 ağacın dalı. 〜を切る buda-. 木の〜を切る ağacın dallarını çırp-. 切った〜 çomak, çelik, çırpı. 〜を出す dallan-, budaklan-. 〜を張る kol at-. 〜になる

芽 budak. ~を落とすための柄の長いかま çekme. 子供達がサクラの~を折ったらしい. Çocuklar kirazın dallarını kırmışlar.

edawàkare 枝分かれ /a./ çatallanma. ~した çatal. ~した一本 çatal. ~している道 çatal yol.

èe ええ /ün/ e, eh, ha, ya, evet. いかがですか. ~まあまあです. Nasılsınız? Eh, şöyle böyle. 病気ですか. ~ちょっと頭が痛くて. Hasta mısınız? Ya, biraz başım ağrıyor. お茶をさしあげましょうか. ~ください. Size çay vereyim mi? Ya, ver. ~そうです. Evet efendim.

Eegèkai エーゲ海 /a./ Ege, Ege Denizi. ~諸島の住民 adalı. ~地方は温暖な気候だ. Ege bölgemizin ılıman bir iklimi vardır.

eepuriruhùuru エープリルフール(İng. April fool) /a./ nisan balığı.

èesu エース(İng. ace) /a./ bey, as. スペードの~ maça beyi.

eeteru エーテル(Hol. ether) /a./ eter. ~が蒸発する. Eter uçar.

eeto ええと /ün./ şey. ~あんな…. Şey gibi…. 御主人は~あそこで働いているのよ, 工場で. Kocası şeyde çalışıyor, fabrikada.

egàku 描く /ey./ çiz-, resim yap-. 円を~ çember çiz-. 円を描いて回る harmanla-. 弧を~ kavis çiz-. 目の前に~ göz önüne getir-.

ègao 笑顔 /a./ güler yüz, gülümseme, sevinçle parlayan çehre (surat). ~の güler yüzlü. ~の夫人 güler yüzlü bir hanım. ~を見せる teveccüh göster-.

egatài 得難い /s./ bulunmaz, az bulunur.

egoisuto エゴイスト(İng. egoist) /a./ bencil, hodbin.

egoizumu エゴイズム(İng. egoism) /a./ bencillik, hodbinlik.

egonoki エゴノキ /a./ aselbent.

egùru えぐる /ey./ çukurlat-, del-.

ehàgaki 絵葉書き /a./ kartpostal, posta kartı, resimli kart. ~を出す kart gönder-.

ehòñ 絵本 /a./ resimli kitap.

èhude 絵筆 /a./ resim fırçası, boya kalemi.

èi エイ /a./ vatoz.

eibiñ 鋭敏 /a./ keskinlik, hassasiyet.

èici 英知 /a./ akıl, akıllılık, hikmet. ~の持ち主 akıl hocası.

eidañ 英断 /a./ karar. ~を下す kararlaştır-. karar ver-.

eieñ 永遠 /a./ sonsuzluk, sonrasızlık, ebediyet, bengilik. ~の sonrasuz, ebedî, bengi, müebbet. ~の眠り ebedî uyku. ~に ebediyen.

èiga 栄華 /a./ refah, gönenç.

èiga 映画 /a./ film, sinema, beyazperde. ~の上映 film gösterisi. ~の入場券 sinema bileti. ~のシリーズ dizi film. ~の新聞批評 filmin gazete eleştirisi. ~を撮影する film çek-. ~を上映する film oynat-. この~はどこでやっているの. Bu film nerede oynuyor?

eiga gìsi 映画技師 /a./ gösterimci.

eiga hàiyuu 映画俳優 /a./ sinema artisti.

eigàkañ 映画館 /a./ sinema. ~の前にひとかたまりずつ人がいる. Sinemanın önünde kümeler halinde insan var.

eiga kañkèisya 映画関係者 /a./ filmci.

eiga kàñtoku 映画監督 /a./ rejisör.

eiga mània 映画マニア /a./ sinema delisi.

eiga sutàa 映画スター /a./ film yıldızı.

Eigo 英語 /a./ İngilizce. ~の İngilizce. ~をペラペラ話している. İngilizceyi çatır çatır konuşuyor.

eigyoo 営業 /a./ ticaret, iş, icraat.

eigyoocyuu 営業中 /a./ ~の店

açık dükkân.
eigyoosyo 営業所 /a./ ofis, büro.
eihei 衛兵 /a./ nöbetçi. オスマン朝の~ salma.
eihoo 泳法 /a./ yüzüş.
eikaku 鋭角 /a./ dar açı.
eikañ 栄冠 /a./ taç.
eikìgoo 嬰記号 /a./ diyez.
èiko 栄枯 /a./ ~盛衰 feleğin iyisi kötüsü.
Eikoku 英国 /a./ İngiltere.
eikoo 栄光 /a./ şeref.
eikyoo 影響 /a./ etki, tesir, hüküm. ~する, ~を与える etkile-, nüfuz et-, dokun-. ~がある rolü ol-. ~があらわれる dışarı vur-. ~を及ぼす nüfuzlu. ~される, ~を受ける yakasını kaptır-. ~を受けやすい müteessir.
eikyòoka 影響下 /a./ etki altı. 他の~にある bağımlı, etkisi altında.
eikyòoryoku 影響力 /a./ etki, nüfuz. ~のある ensesi kalın. そのことばの~は大きい. Sözünün etkisi çoktur.
eikyuu 永久 /a./ ebediyet, bengilik. ~の sonrasız, bengi, daimî, müebbet. ~のものとする bengile-. ~に dünya durdukça, ilelebet. ~にさようなら elveda.
eimiñ 永眠 /a./ ölüm.
eineñ 永年 /a./ ~勤続の kıdemli. ~表彰式典 jübile.
èioñ 嬰音 /a./ diyez.
eiri 絵入り /a./ ~の resimli. ~の本 resimli kitap.
èiri 営利 /a./ kazanç.
èiri 鋭利 /a./ keskinlik. ~な刃物 keskin kesici.
eisai 英才 /a./ ~教育 yeterli eğitimi.
eisei 永世 /a./ bengilik.
eisei 衛生 /a./ sıhhiye.
eisei 衛星 /a./ uydu, ay, peyk. 月は地球の~だ. Ay, Dünyanın uydusudur.

eisèikoku 衛星国 /a./ peyk devletler, uydu.
eisèisicu 衛生室 /a./ revir.
eiseiteki 衛生的 /a./ ~な sıhhî.
eisei tòsi 衛星都市 /a./ uydu şehir.
eiseñ 曳船 /a./ römörkör.
èisi 衛視 /a./ millî meclisteki nöbetçi.
eisiñ 栄進 /a./ ~する sivril-.
eisya 映写 /a./ projeksiyon.
èisya 泳者 /a./ yüzücü.
eisyàki 映写機 /a./ gösterici, projektör. ポータブル~ seyyar sinema.
eiteñ 栄転 /a./ terfi, yükselme.
èiyo 栄誉 /a./ onur, şan, şeref.
eiyoo 栄養 /a./ besin, gıda. ~のある besleyici, gıdalı. ~のある物を食べる can besle-. ~をやって太らせる besiye çek-.
eiyòobucu 栄養物 /a./ besin.
eiyoo siccyoo 栄養失調 /a./ gıdasızlık, kıtlık.
eiyuu 英雄 /a./ kahraman. ~叙事詩 kahramanlık destanı.
eiyuu kìdori 英雄気取り /a./ ~になる kahraman kesil-.
eiyuuteki 英雄的 /a./ ~な kahramanca. ~資質 kahramanlık. ~行為 kahramanlık. ~行為をする destanlaş-.
eizeñ 営繕 /a./ inşaat ve tamir.
èizi 嬰児 /a./ yeni doğmuş bebek.
eizì・ru 映じる /ey./ yansı-.
eizoku 永続 /a./ devam.
eizokusei 永続性 /a./ ~のある kalıcı, kalımlı.
eizokuteki 永続的 /a./ ~な baki, müzmin, temelli.
eizoo 映像 /a./ görüntü.
eizoo 営造 /a./ ~物 yapı.
eizyuu 永住 /a./ ebedî ikamet.
ekakì 絵かき /a./ ressam.
eki 易 /a./ bakıcılık, fal, falcılık. ~を立てる fal aç-, fala bak-.
èki 役 /a./ savaş.

èki 益 /*a.*/ fayda, hayır. ～になる hayrı dokun-, faydası dokun-. 何の～もない hayır yok.
èki 液 /*a.*/ öz su, usare, sıvı, mayi.
èki 駅 /*a.*/ istasyon, gar. 鉄道の～ demir yolu istasyonu. ～で待つ garda bekle-. 父を～で出迎えた。Babamı garda karşıladım.
ekiba 駅馬 /*a.*/ menzil beygiri.
ekibyoo 疫病 /*a.*/ kıran, kırgın. 家畜の～ veba.
ekicyoo 益鳥 /*a.*/ faydalı kuş.
ekicyoo 駅長 /*a.*/ istasyon şefi.
ekideñ 駅伝 /*a.*/ nöbetleşe yapılan maraton.
ekigyuu 役牛 /*a.*/ öküz.
ekika 液化 /*a.*/ sıvılaşma.
ekikiñ 益金 /*a.*/ kazanç.
èkimu 役務 /*a.*/ işçilik, hizmet, görev.
èkiri 疫痢 /*a.*/ çocukta dizanteri.
èkisu エキス (Hol. extract) /*a.*/ hulâsa, öz su. ハッカの葉の～ nane ruhu.
ekisupàato エキスパート (İng. expert) /*a.*/ eksper.
ekisùru 益する /*ey.*/ hayrı (faydası) dokun-.
ekisya 易者 /*a.*/ bakıcı, falcı.
ekitai 液体 /*a.*/ sıvı, mayi, sıvı madde, sıvı cisimler, akıcı. ～の sıvı, mayi, akar. ～を通しやすい geçirgen.
ekitai neñryoo 液体燃料 /*a.*/ akar yakıt, sıvı yakıt.
ekitoo 駅頭 /*a.*/ istasyon.
ekizocìkku エキゾチック (İng. exotic) /*a.*/ ～な yabancıl.
ekizyoo 液状 /*a.*/ ～の mayi, sıvı. ～の油 sıvı yağ.
ekizyuu 液汁 /*a.*/ öz su.
ekkususeñ エックス線 /*a.*/ röntgen.
ekkyoo 越境 /*a.*/ sınırı geçme.
ekohìiki えこひいき /*a.*/ iltimasçılık.
ekozi えこじ /*a.*/ inat, inatçılık. ～な人 inatçı. ～になる inadı tut-.
Ekuàdoru エクアドル /*a.*/ Ekvador.
èkubo えくぼ、笑くぼ /*a.*/ gamze, çukur. 手の～ fındık yuvası. シベルのほおの～は笑うと別のかわいさを感じさせる。Sibel'in yanağındaki gamzeler gülerken ona ayrı bir güzellik veriyor.
emeràrudo エメラルド (İng. emerald) /*a.*/ zümrüt. ～の zümrüt. ～の指輪 zümrüt yüzük. ～色の zümrüt. ～グリーン zümrüt yeşili.
èmi 笑み /*a.*/ gülücük.
emono 得物 /*a.*/ silâh. ～を手にする silâha davran-.
emono 獲物 /*a.*/ av (hayvanı). ～をさがす av ara-. 狩りの～ av hayvanı.
emòñkake えもん掛け /*a.*/ giysi askısı.
èmu 笑む /*ey.*/ gül-.
enameru エナメル (İng. enamel) /*a.*/ mine, emay. ～の mineli, emaye. ～の靴 rugan ayakkabı.
enamerugawa エナメル皮 /*a.*/ rugan. ～の rugan. ～の靴 rugan ayakkabı.
enerùgii エネルギー (Al. Energie) /*a.*/ enerji, erke, takat.
enerugìigeñ エネルギー源 /*a.*/ enerji kaynakları.
ènisi えにし /*a.*/ kısmet, ilgi.
enisida エニシダ /*a.*/ katırtırnağı.
enogu 絵の具 /*a.*/ boya, macun. ～を溶く boya kar-.
enogùbake 絵の具ばけ /*a.*/ resim fırçası.
ènoki エノキ、榎 /*a.*/ çitlembik.
èñ 円 /*a.*/ çember, daire. ～を描く çember çiz-. ～を描いて回る harmanla-.
èñ 宴 /*a.*/ cemiyet, şölen, ziyafet, düğün. ～を張る ziyafet çek- (ver-).
èñ 縁 /*a.*/ kısmet, ilgi. ～を切る postayı kes-. きついことを言うから彼とは～が遠くなった。Ondan, kırıcı sözleri

yüzünden soğudum.
eñbaku エンバク /a./ yulaf.
eñbañ 円盤 /a./ disk, kurs, pul, ağırşak. 空飛ぶ〜 uçan daire. 滑車の〜 tabla.
eñbañ 鉛板 /a./ kurşun tahta. 〜でおおう kurşunla-. 丸屋根を〜でふいた. Kubbeyi kurşunladılar.
eñbañnage 円盤投げ /a./ disk atma.
eñbîhuku 燕尾服 /a./ frak. 〜を着る frak giy-.
èñbu 円舞 /a./ halka oyunları.
eñbùkyoku 円舞曲 /a./ vals.
èñbuñ 塩分 /a./ tuz. 〜の多い tuzlu. 〜の多い土地 tuzla, tuzlak. 〜の少ない tuzsuz.
eñbùtai 円舞台 /a./ pist. サーカスの〜 sirkin pisti.
eñcyoo 延長 /a./ uzatma, uzama. 〜部分 uzantı. 〜する uzat-. 〜される uzatıl-. 陸の〜としての半島 karanın bir uzantısı olan yarımada. ボイコットの〜は悪い結果をもたらし得る. Boykotun uzaması kötü sonuçlar doğurabilir.
èñcyoo 園長 /a./ (ana okullarının) başkanı.
eñcyuu 円柱 /a./ kolon, sütun, silindir.
eñdai 演題 /a./ konu, mevzu.
eñdañ 演壇 /a./ kürsü, platform, podyum. 国会の〜 meclis kürsüsü. 〜に上がる kürsüye çık-.
eñdeñ 塩田 /a./ tuzla. 〜の海水を引く水路 tava.
eñdoku 鉛毒 /a./ kurşun zehri.
eñdoo 沿道 /a./ yol boyu.
èñdoo エンドウ /a./ bezelye.
èñdòoi 縁遠い /s./ az ilgili.
eñekihoo 演繹法 /a./ tümden gelim. 〜と帰納法 tümden gelim ve tüme varım.
eñeñ 延々 /be./ uzun uzun.
eñgañ 沿岸 /a./ kıyı, sahil. 〜都市 sahil boyu şehirleri. 〜航海 kabotaj. 黒海〜 Karadeniz sahilleri. 地中海〜で Akdeniz kıyısında. 〜防備司令 (古語) yalı ağası.
eñgeezi riñgu エンゲージリング (İng. engagement ring) /a./ nişan halkası (yüzüğü).
eñgei 園芸 /a./ bahçıvanlık.
eñgei 演芸 /a./ oyun, numara.
eñgeki 演劇 /a./ dram, tiyatro. 〜愛好者 tiyatrosever.
eñgeki gàkkoo 演劇学校 /a./ konservatuvar.
eñgeñ 渕源 /a./ kaynak, mamba.
eñgi 縁起 /a./ uğur. 〜のいい uğurlu. 〜がいいこと uğur. 〜の悪い meşum, tekinsiz, uğursuz, tekin değil. 夢で海を見るのは〜がいいらしい. Rüyada deniz görmek uğrurmuş. おばは首にかけている青い玉の〜を信じている. Teyzem, boynunda taşıdığı mavi boncuğun uğuruna inanıyor.
èñgi 演技 /a./ rol, temsil, oyun. 〜をする rol al- (yap-, oyna-). スポーツの〜を見せる oyun çıkar-.
eñgimono 縁起物 /a./ uğur.
èñgo 援護 /a./ müzaheret.
eñgumi 縁組み /a./ evlenme. 養子〜 evlat edinme.
eñiñ 延引 /a./ uzatma.
eñiñ 遠因 /a./ uzak dolaylı sebep.
èñka 嚥下 /a./ yutma. 〜する yut-.
eñkacu 円滑 /a./ düzgünlük.
eñkai 宴会 /a./ şölen, ziyafet, düğün, eğlenti, cümbüş, dernek. 〜を開く ziyafet çek- (ver-), düğün bayram et-, davet yap-.
eñkai 沿海 /a./ kıyı, sahil.
eñkaku 沿革 /a./ tarih, inkişaf.
eñkaku 遠隔 /a./ uzaklık. 〜操作 uzaktan komuta.
eñkañ 鉛管 /a./ kurşun boru. 〜の先を広げる木 topaç.
eñkàsi 演歌師 /a./ türkücü.
eñkei 円形 /a./ halka, daire biçimi.

~のテーブル daire şeklinde masa. 球の各断面は~である. Bir kürenin her kesiti daire biçiminde olur.
eñkei 遠景 /a./ uzaktan bakış.
eñkei gēkizyoo 円形劇場 /a./ amfi, amfiteatr.
eñki 延期 /a./ gecikme, tecil, tehir, temdit, uzatma. ~する arkaya bırak-, ertele-, geciktir-, uzat-. ~される ertelen-, gecik-, kal-, uza-. 天気が崩れたから外出を~した. Hava bozunca geziyi erteledik. 旅行が~になった. Gezi ertelendi.
ẽñki 塩基 /a./ baz.
eñkiñ 遠近 /a./ uzaklık ve yakınlık.
eñkiri 縁切り /a./ boşanma.
ẽñko 円弧 /a./ daire yayı.
ẽñko 縁故 /a./ bildik.
eñkoñ 怨恨 /a./ hınç, kin.
eñkyoku 婉曲 /a./ ~に örtmeceli.
eñkyokuhoo 婉曲法 /a./ örtmece.
ẽñma えんま /a./ ~大王 cehennem kralı.
§~の庁に訴える iki eli yakasında ol-.
eñmañ 円満 /a./ ~な生活 dirlik düzenlik. 新婚夫婦に~な生活を望む. Yeni evlilere dirlik düzenlik dileriz.
ẽñmu 煙霧 /a./ duman. 頂を~が覆った山々 başları duman tutmuş dağlar.
eñmùsubi 縁結び /a./ ~の神 çöpçatan.
eñnecu 炎熱 /a./ kızgınlık.
ẽñnici 縁日 /a./ panayır, kermes.
eñpicu 鉛筆 /a./ kalem, kurşun kalem. ~を削る kalem aç-. 手に持った~を落とす elindeki kalemi düşür-. ~の先がポキンと折れた. Kalemin ucu çıt diye kırıldı. この金では辞書はおろか~一本も買えない. Bu para ile değil sözlük, bir kalem bile alınmaz.
eñpicu kēzuri 鉛筆削り /a./ kalemtıraş.

eñpoo 遠方 /a./ ~の ırak, uzak.
eñrai 遠来 /a./ ~の客 uzaktan gelen misafir.
eñryo 遠慮 /a./ çekingenlik. ~する çekin-. ~しながら頼む yüz kızart-. ~がちな tutuk. ~がない yüz bul-. ~のない lâubali, senli benli. ~なくものを言う人 açık sözülü. 彼はあなたに~してしゃべらない. O sizden çekindiği için konuşmuyor. 彼はその人に~せずに言った. O, kendisini çekinmeden söyledi.
eñryobukài 遠慮深い /s./ çekingen, tutuk, ganisi ol-.
ẽñsa 怨嗟 /a./ hınç, kin.
eñsañ 塩酸 /a./ tuz ruhu.
eñsei 遠征 /a./ deplasman. 十字軍の~ haçlı seferleri.
eñseki 宴席 /a./ → **eñkai**.
eñseñ 沿線 /a./ demir yolu boyları.
eñsi 遠視 /a./ hipermetropluk. ~の hipermetrop.
eñsiñ 円心 /a./ daire merkezi.
eñsiñ bòiñ 円唇母音 /a./ yuvarlak ünlü.
eñsiñ buñrìki 遠心分離器 /a./ santrifüjör.
eñsìñryoku 遠心力 /a./ merkezkaç kuvvet.
eñsiñteki 遠心的 /a./ merkezkaç.
ẽñso 塩素 /a./ klor.
eñsoku 遠足 /a./ gezi, kır gezintisi. 子供達はあした~に行くのでうれしそうだ. Çocuklar yarın kıra gidecekleri için sevinç içindeler.
eñsoo 演奏 /a./ icra, konser verme. ~する icra et-, konser ver-. 時を決めて~する nöbet çal-.
eñsooka 演奏家 /a./ müzisyen, sanatçı, sanatkâr, icracı.
eñsòokai 演奏会 /a./ konser, dinleti. ~を開く konser ver-. マンドリン~ mandolin dinletisi.
eñsoo kyòkumoku 演奏曲目 /a./ repertuar.

eñsŏosya 演奏者 /*a.*/ icracı.
eñsui 円錐 /*a.*/ koni. 〜の konik.
eñsui 鉛錘 /*a.*/ çekül, perese, şakul. 〜ではかる şakulle-.
eñsuikei 円錘形 /*a.*/ koni. 〜の koni, konik.
ẽñsyo 炎暑 /*a.*/ çok sıcaklık.
eñsyoo 炎症 /*a.*/ iltihap, yangı. 〜を起こす iltihaplan-, yangılan-. 〜を起こしている bıçılgan. 〜を起こしやすい azgın. 〜を起こしてはれる irkil-. 軽いのどの炎症 hafif bir boğaz yangısı.
eñsyoo 煙硝 /*a.*/ barut.
eñsyucu 演出 /*a.*/ prodüksiyon, yapım.
eñsyuu 円周 /*a.*/ daire çevresi.
eñsyuu 演習 /*a.*/ talim.
eñsyùuricu 円周率 /*a.*/ pi.
eñtai 延滞 /*a.*/ gecikme.
eñtaku 円卓 /*a.*/ yuvarlak bir masa. 〜会議 yuvarlak masa etrafında toplanan konferans.
eñtañ 鉛丹 /*a.*/ sülüğen.
eñtei 園丁 /*a.*/ bahçıvan.
eñtei 園亭 /*a.*/ çardak.
eñtei 堰堤 /*a.*/ baraj.
eñteñ 炎天 /*a.*/ çok sıcak hava.
eñtocu 煙突 /*a.*/ baca. ストーブの〜 mezik borusu. 屋根の〜 baca tomruğu. 〜掃除 boca temizleyici, ocakçı. 〜の穴を布でふさぐ baca deliğini bezle tıka-.
eñtoo 円筒 /*a.*/ silindir.
eñtookei 円筒形 /*a.*/ ストーブの煙突は〜だ. Soba boruları silindir biçimindedir.
eñyoo 遠洋 /*a.*/ engin, açık deniz.
eñzai 冤罪 /*a.*/ yanlış suçlanma.
eñzañ 演算 /*a.*/ işlem, hesap.
eñzecu 演説 /*a.*/ söylev, nutuk, hitabe. 〜する nutuk söyle-.
eñzecuka 演説家 /*a.*/ hatip.
eñzecùsyuu 演説集 /*a.*/ アタチュルク〜は3巻ある. Atatürk'ün Söylev'i 3 cilttir.
eñzi えんじ /*a.*/ 〜色 vişne çürüğü.
eñzìnia エンジニア(İng. engineer) /*a.*/ mühendis.
ẽñziñ エンジン(İng. engine) /*a.*/ motor.
eñzì·ru 演じる /*ey.*/ rol al- (oyna-), çık-. 生き生きと〜 canlandır-. オセロを〜 Otello'ya çık-. アタチュルクの映画でアタチュルクをリチャード・バートンが〜はずだった. Atatürk filminde Atatürk'ü Richard Burton canlandıracaktı.
eñzui 延髄 /*a.*/ omurilik soğanı.
eñzùku 縁づく /*ey.*/ gelin ol-, evlen-, ere var-.
eñzùru 演ずる /*ey.*/ → **eñzì·ru**.
ẽñzyo 援助 /*a.*/ yardım, himmet, iane, katkı, medet, müzaheret. 〜する yardımda bulun-, himmet et-, katkıda bulun-, kayır-, destek ol-, himayesine al-, boş bırakma-. 〜を求める baş vur-. 〜する人 kayırıcı, yardımcı. 人の〜で暮らす eline bak-. 彼の〜を要請した. Ondan yardım etmesini istediler. ある人に〜がなされた. Birine yardım edildi. 御〜に報いなければなりません. Size yardımlarınızdan dolayı borçluyum.
eñzyo bùssi 援助物資 /*a.*/ yardım.
eñzyokiñ 援助金 /*a.*/ iane, yardım parası.
eñzyòsya 援助者 /*a.*/ kayırıcı, yardımcı, destek, (古語) yâr.
eñzyuku 円熟 /*a.*/ kemal, olgunluk. 〜した olgun, durmuş oturmuş. 〜した人 olgun bir insan. 〜した動(ない人 fırın kapağı. 〜に達する kemale er- (gel-, bul-).
èpisoodo エピソード(İng. episode) /*a.*/ olay, hadise, fıkra, öykücük.
eppei 閲兵 /*a.*/ geçit resmi.
èpuroñ エプロン(İng. apron) /*a.*/ önlük, göğüslük, peştamal. 〜を掛ける önlük tak-.
era えら /*a.*/ solungaç, kulak, tarak.

魚が〜を開いたり閉じたりしている. Balıklar solungaçlarını açıp kapıyorlar.
erabarè・ru 選ばれる /*ey.*/ seçil-, kalbur üstüne gel-, elen-. 選ばれた seçkin, güzide, kalbur üstü. 学校で優等生に〜 ihtihara geç-.
erabidàsu 選び出す /*ey.*/ seç-.
erabitòru 選び取る /*ey.*/ der-.
eràbu 選ぶ /*ey.*/ seç-, tercih et-. 〜こと seçi, seçme. 長に〜 başkan (başkanlığa) seç-. 喜んで〜 beğen-. 選んで集める derle-. どちらか〜べき物 seçenek. 言葉を〜 sözünü ölç-. この服の中から好きなのを選びなさい. Bu elbiselerden birini beğeniniz.
erài 偉い /*s.*/ büyük, ulu. 〜人達 erkân. 〜ふりをする人 küçük köyün büyük ağası. 偉そうに見える büyük gör- (bil-, tut-). まちがっているのに偉そうにする. Hem kel, hem fodul. 〜人を迎えるには相応のことをしなければならない. Deveci ile görüşen kapısını yüksek açmalı.
eràì えらい /*s.*/ zor, çok. 〜ことになったoldu olanlar. しかし見つかるまではですよ, 〜苦労でして. Ama buluncaya kadar, hani yok mu, akla karayı seçtim.
erarè・ru 得られる /*ey.*/ edinil-, alın-. 土に肥料をやらなければよい収穫は得られません. Toprağa gübre koymazsanız iyi ürün alamazsınız.
erebèetaa エレベーター(İng. elevator) /*a.*/ asansör.
èregañto エレガント(İng. elegant) /*a.*/ zariflik. 〜な şık, zarif. 〜な服 şık bir elbise.
eri 襟 /*a.*/ yaka. シャツの〜をひろげる gömleğin yakasını aç-. その花を私の〜にピンでとめてくれませんか. Şu çiçeği yakama iğneler misin?
eriasi 襟脚, 襟足 /*a.*/ ense.
erigonomi えり好み /*a.*/ 〜する seç-.
erikàzoku エリカ属 /*a.*/ funda.

erìkubi 襟首 /*a.*/ ense. 〜をつかむ çalyaka et-, ensesine yapış-. 〜をつかんで çalyaka, yaka paça.
erìmaki 襟巻き /*a.*/ boyun atkısı, boyunluk, eşarp. 冬は首に毛糸の〜を巻く. Kışın boynuma yün bir atkı sararım.
erimoto 襟元 /*a.*/ yaka.
erinukarè・ru えり抜かれる /*ey.*/ seçil-.
erinuki えり抜き /*a.*/ 〜の物 şeçme.
erisyoo 襟章 /*a.*/ rozet.
eriwakè・ru えり分ける /*ey.*/ seç-.
eriyoo 襟用 /*a.*/ 〜の yakalık. 〜の布 yakalık.
è・ru 得る /*ey.*/ edin-, kazan-, al-. 友を〜 dost edin- (tut-). パンを〜 ekmeğini kazan-. 利益を〜 kazan-, yararlan-. 生命を〜 canlan-. 信用を〜 güven kazan-. 許可を〜 izin al-. 十分に〜 kan-. 勝利を〜 galebe çal- (et-). 要領を得ない sözü döndürüp dolaştır-. 石がまるで生命を得て話し始めたようだった. Taşlar sanki canlanıp konuşmaya başladılar. せざるを得ない kendini alama-. 下手に出ざるを得なくなる burnu sürtül-. 私にこんな風に言わざるを得なくした. Beni böyle söylemeye mecbur kıldı.
èru える /*ey.*/ seç-. → **eràbu.**
èruboo エルボー(İng. elbow) /*a.*/ boru dirseği.
Erusàremu エルサレム /*a.*/ Kudüs.
Erusarubàdoru エルサルバドル /*a.*/ El Salvador.
eruzigata L字形 /*a.*/ 〜の dirsek. 〜の管 boru dirseği.
esà えさ, 餌 /*a.*/ yem, yemleme, olta yemi. 鳥の〜 kuşun yemi. 〜をやる yemle-. 〜をまく yem dök- (koy-). ニワトリに〜をまく tavuklara yem dök-. 動物の〜になる yem ol-. 〜になる草 yemlik ot. かごの鳥に〜をやった. Kafesteki kuşu yemledim.
esaba えさ場 /*a.*/ yemlik.

esabako えさ箱 /a./ yemlik.
ese- えせ yalan. 〜哲学者 filozof bozuntusu.
èso えそ, 壊疽 /a./ kangren, şirpençe.
èssei エッセイ(İng. essay) /a./ söyleşi.
èsseñsu エッセンス(İng. essence) /a./ hulâsa.
esuehu SF /a./ bilim kurgu.
esukarèesyoñ エスカレーション(İng. escalation) /a./ tırmanma.
esukarèetaa エスカレーター(İng. escalator) /a./ yürüyen merdiven.
esukarèeto エスカレート(İng. escalate) /a./ 〜する tırman-. 最近インフレーションは〜する傾向を示しつつある. Son günlerde enflasyon tırmanma eğilimi göstermektedir.
Esukìmoo エスキモー /a./ Eskimo. 〜のそりをトナカイが引く. Eskimoların kızaklarını rengeyikleri çeker.
esuðoesu SOS /a./ imdat, SOS. 〜を出す imdat iste-.
Esuperàñto エスペラント /a./ Esperanto.

esuzikañ S字管 /a./ sifon.
èsyaku 会釈 /a./ 〜する boyun kır-.
etai 得体 /a./ 〜の知れない人物 esrar kumkuması.
etè 得手 /a./ birinin güçlü yanı.
ètoku 会得 /a./ anlama.
ettoo 越冬 /a./ kışlama, kışı geçirme.
eusutakikañ エウスタキ管 /a./ östaki borusu.
èziki えじき /a./ av, yem. 〜になる yem ol-.
Eziputo エジプト /a./ Mısır. 〜のピラミッド Mısır ehramları. 〜の村人 fellah.
eziputòmame エジプト豆 /a./ nohut. 炒った〜 leblebi. 荷の一方はインゲン豆, もう一方は〜. Yükün bir dengi fasulye, bir dengi nohut.
Eziputòoo エジプト王 /a./ firavun.
Eziputòziñ エジプト人 /a./ Mısırlı.
ezoitaci エゾイタチ /a./ as, kakım.
ezoràicyoo エゾライチョウ /a./ çil.
èzu 絵図 /a./ şekil, harita.

F f

fàiru ファイル(İng. file) /a./ dosya, klasör. 書類を〜に入れる dosyala-.
fàñ ファン(İng. fan) /a./ fırıldak. vantilatör ; meraklı, deli. サッカー〜 futbol meraklısı.
farðozika ファロージカ /a./ sığın.
fasìsuto ファシスト(İng. fascist) /a./ faşist.
fasìzumu ファシズム(İng. fascism) /a./ faşizm.
fàssyoñ ファッション(İng. fashion) /a./ moda.

fassyoñ mòderu ファッションモデル(İng. fashion model) /a./ manken.
fassyoñ syðo ファッションショー(İng. fashion show) /a./ defile.
fassyoñ zàssi ファッション雑誌 /a./ model.
fàsunaa ファスナー(İng. fastener) /a./ fermuar.
feminìsuto フェミニスト(İng. feminist) /a./ feminist.
feñsìñgu フェンシング(İng. fencing) /a./ eskrim. 〜の剣 flöre. 〜のタッチ

tuş.
feriibōoto フェリーボート(İng. ferryboat) /a./ feribot, vapur.
feruto フェルト(İng. felt) /a./ fötr, keçe. 〜の keçe. 〜のスリッパ pantufla.
fēsutibaru フェスティバル(İng. festival) /a./ festival, bayram.
fezaakyuu フェザー級 /a./ ボクシングの〜チャンピオン tüy sıklet.
fiãnse フィアンセ(Fr. fiance) /a./ nişanlı, sözlü.
fīito フィート(İng. feet) /a./ ayak.
finãare フィナーレ(İt. finale) /a./ final.
fīnissyu フィニッシュ(İng. finish) /a./ finiş. 〜を仕上げる finişe kalk-.
Fĩñrañdo フィンランド /a./ Finlandiya.
Fĩñrañdōziñ フィンランド人 /a./ Fin, Finli.
Fĩripiñ フィリピン /a./ Filipin.
firuhãamonii フィルハーモニー /a./ filarmoni. 〜管弦楽団 filarmonik orkestra.
fīrumu フィルム(İng. film) /a./ film, şerit. 〜をまわす film çevir-. 〜のリード kılavuz. 〜の編集 kurgu. 〜の溝穴 çentik.
firutaa フィルター(İng. filter) /a./ filtre, süzgeç. レンズの〜 güneşlik. 〜を通す filtre et-.
firutaacuki フィルター付き /a./ 〜の filtreli. 〜のたばこ filtreli sigara. 〜の水差し gırgır. 〜たばこが市場からなくなった. Filtreli sigaralar piyasadan kalktı.
fōokasu フォーカス(İng. focus) /a./ odak, mihrak.
fōoku フォーク(İng. fork) /a./ çatal. 〜状の çatallı. 〜状の農具 çatal.
fōoru フォール(İng. fall) /a./ tuş. 〜する sırtını yere getir-.
fowaado フォワード(İng. forward) /a./ forvet.

G g

ga が /il./ ①《主格》病人の熱〜下がった. Hastanın ateşi düşmüş. 競技〜始まった. Yarış başladı. 寒さ〜押し寄せた. Soğuklar bastırdı. 雨〜降っている. Yağmur yağıyor. 子供〜熱を出した. Çocuk ateşlendi. 橋〜爆破された. Köprü atıldı. 布〜縫い目から裂けた. Kumaş dikiş yerinden attı. 日光でカーテンの色〜あせた. Güneşten perdelerin rengi attı. あたりを一瞬恐怖〜おそった. Ortalığı bir korkudur aldı. この橋には橋脚〜四本ある. Bu köprünün dört ayağı var. きのうだれ〜来た. Dün kim geldi? なに〜なくなったの. Ne kayboldu? なに〜ほしいのですか. Ne istiyorsunuz? どちら〜きれい. Hangisi daha güzel? ポンプ〜壊れて水〜出ない. Tulumba bozul muş su basmıyor. 熱〜出る病気 ateşli hasta. 台〜粘土でできている像 kaidesi balçıktan bir dev. 大理石〜刻んでいる時割れた. Mermer yontulurken attı. そこは彼〜ゆっくりできる場所ではない. Orası kendisinin barınacağı bir yer değildir. 我々〜出発しようとした時突然雨〜降り出した. Biz yola çıkarken bir yağmurdur aldı. 私〜誰だか分かったか. Benim kim ol-

ga 136

duğumu bildin mi? ②《対象格》あなたは日本語～話せますか. Siz Japonca konuşabilir misiniz? 働くの～いやになる. Çalışmaktan bıktım. その人～気に入った. Adamı beğendim. この遊び～好きだ. Bu oyunu beğendim. 私達に見せたその偉大さ～忘れられない. Bize gösterdiği büyüklüğü hiç unutamayız. あなた～好きです. Sizi seviyorum. ③《接助》/il./ ama, da, de, fakat, halbuki, iken, mamafih, ise. 思い違いをされると困ります～ benzetmek gibi olmasın. 会った～あいさつしなかった. Gördü de selam vermedi. この家を買うはずだった～金が足りなかった. Bu evi alacaktım, fakat param yetişmedi. 髪を切ったようだ～, 長い方が君には合っていた. Saçlarını kesmişsin, halbuki uzun saç sana yakışıyordu. 娘を望む人は多い～誰にも見せない. Kızı isteyenler çok ama daha kimseye çıkarmıyorlar.
ga 我 /a./ kendi.
§～を張る inat et-.
ga ガ, 蛾 /a./ kelebek, güve, pervane, kuru kafa. ～の幼虫 tırtıl.
gàadomañ ガードマン(İng. guard man) /a./ muhafız, kolcu, bekçi.
gaadorèeru ガードレール(İng. guardrail) /a./ parmaklık, korkuluk.
gàagaa ガーガー /be./ car car, bar bar, langır lungur. ～鳴く vak-vakla-. 彼が～言うのを気にするな. Onun langır lungur söylemesine bakmayın.
Gàana ガーナ /a./ Gana.
gàataa ガーター(İng. garter) /a./ jartiyer.
gàaze ガーゼ(Al. Gaze) /a./ gaz bezi, tülbent. 傷口に入れる～ fitil.
gabañ 画板 /a./ pano, tahta.
Gàboñ ガボン /a./ Gabon.
gabyoo 画びょう /a./ raptiye. 絵を壁に～で張る resmi duvara raptiye ile as-.

gacci 合致 /a./ mutabakat, uygunluk. 意見の～ oybirliği.
gacciri がっちり /be./ ～と kıskıvrak. ～した gürbüz, anaç, (俗語) kunt. ～した人 yalı kazığı gibi. 逃げた犯人を～と捕まえた. Kaçan suçluyu kıskıvrak yakaladılar.
gàcugacu がつがつ /be./ çala kaşık, tıka basa. ～した haris. ～食べる (口語) gövdeye at- (indir-), (口語) işkembesini şişir-, sömür-.
gàcyagacya ガチャガチャ /be./ çat. コップの～いう音 bardakların şakırtısı.
gacyañ ガチャン /be./ çat, tıngır, çangır çungur, şangır şungur, tıngır mıngır, tıngır tıngır. ～という音 çangırtı, şangırtı, tıngırtı. ～と音がする çat et-, çangırda-, şangırda-, tıngırda-. 電話が～と切れた. Telefon çat dedi kapandı. なべが～とひっくり返った. Tencereler çangır çungur devrildi. 大きな鏡が～と壊れた. Koca ayna şangır şungur kırıldı.
gacyoo ガチョウ /a./ kaz. ～の卵 kaz yumurtası. ～はバカでロバは強情. Kaz aptal, eşek inatçı.
gahoo 画報 /a./ resimli dergi.
gàhu 画布 /a./ tuval.
gài 害 /a./ zarar, fenalık. ～のある zararlı, dokunaklı, ziyankâr, kötücül. ～になる aleyhine ol-, dokun-. ～を与える zarar ver-, zeval ver-, zarara sok-, yak-, yakıp yık-, bok karıştır-, vur-, çal-. ～を及ぼす zevali ol-, kastet-. ～を加える fenalık et- (yap-). ～を受ける zarar gör-, alt üst ol-. ～のない zararsız. ～を与えない zararı olma-. それによって誰にも～は生じない. Ondan kimseye zarar gelmez. 彼は誰にも～を及ぼさない. O, kimseye kötülük etmez. 友の批判は～にならない. Dostun attığı taş baş yarmaz. ～のない相手と渡り合う必要はない. Beni sokmayan yılan

bin yaşasın.
gàiaku 害悪 /a./ belâ, kötülük. ギャンブルは社会の一大〜だ。Kumar, toplum için büyük bir belâdır.
Gaiana ガイアナ /a./ Guyana.
gaiboo 外貌 /a./ görünüş.
gàibu 外部 /a./ dış, dışarı. 〜の dış. 〜へあることが漏れる dışarıya bir şey sız-.
gaibuñ 外聞 /a./ şöhret, san. 恥も〜も気にかけない keçeyi suya at-.
gaicyuu 害虫 /a./ haşere, haşarat. 社会の〜 haşarat. 〜を防ぐために畑に薬が施された。Haşaratı önlemek için tarlaya ilaç yapıldı.
gàidañsu ガイダンス(İng. guidance) /a./ rehberlik.
gàido ガイド(İng. guide) /a./ kılavuz, rehber, rehberlik.
gaidobùkku ガイドブック(İng. guidebook) /a./ rehber, seyahat rehberi.
gàidoku 害毒 /a./ belâ, kötülük.
gaieñ 外延 /a./ kaplam.
gaihaku 外泊 /a./ geceleyin kendi evinde bulunmama.
gaihi 外皮 /a./ kapçık, kabuk.
gàika 外貨 /a./ ecnebi parası, döviz.
gaikabùsoku 外貨不足 /a./ dövizsizlik.
gaikacu 概括 /a./ özet. 〜する özetle-, genelleş-. 以上を〜すると hulâsa.
gaikaku 外殻 /a./ kabuk.
gaikañ 外観 /a./ görünüş, yüzey, görünüm, zahir, kalıp kıyafet, kılık, şekil ve şemail. 〜の zahirî.
gaikañ 概観 /a./ genel görünüş.
gaikei 外形 /a./ kalıp.
gaikeñ 外見 /a./ görünüş, gösteriş, şekil ve şemail. 〜だけの altı kaval, üstü şişhane, altı alay, üstü kalay. 〜は立派だが役に立たない人 gemi aslanı.

gaikeñteki 外見的 /a./ 〜な zahirî 〜に şahsen.
gaikeñzyoo 外見上 /a./ görününde, (古語) zahiren.
gàiki 外気 /a./ hava.
gàikocu 骸骨 /a./ iskelet, kadit. 〜のようにやせる iskeleti çık-.
gaikoku 外国 /a./ yabancı ülke (memleket), ecnebi, gurbet eli, hariç. 〜の ecnebi, yabancı, denizaşırı, yad. 〜の旗 bandıra. 数年前までは冷蔵庫や洗濯機は〜から来ていた。Birkaç yıl öncesine kadar buz dolabı, çamaşır makinesi hariçten gelirdi.
gaikoku bòoeki 外国貿易 /a./ dış ticaret.
gaikoku cùuka 外国通貨 /a./ ecnebi parası. 〜の両替 kambiyo.
gaikokugo 外国語 /a./ yabancı dil.
gaikoku kàwase 外国為替 /a./ döviz, kambiyo.
gaikokukei 外国系 /a./ 〜の商社 kumpanya.
gaikoku kòoro 外国航路 /a./ dış hat.
gaikoku sèihiñ 外国製品 /a./ ecnebi madde.
gaikokùziñ 外国人 /a./ yabancı, ecnebi, yad eller.
gaikoo 外交 /a./ dış işleri, diplomasi, hariciye, dış politika, diplomatlık. 〜の diplomatik. 〜覚え書き muhtıra.
gaikoo cùucyoo 外交通牒 /a./ nota.
gaikòodañ 外交団 /a./ kordiplomatik.
gaikoo heñsyo 外交返書 /a./ cevabî nota.
gaikòokañ 外交官 /a./ diplomat, hariciyeci. 〜の地位 diplomasi.
gaikooteki 外交的 /a./ 〜な diplomatik.
gaikooteki 外向的 /a./ 〜な dışa

gaikyoo

dönük.
gaikyoo 概況 /a./ genel hal.
gaimeñ 外面 /a./ satıh, zahir, dış görünüş. ~菩薩, 内面夜叉. İçi beni yakar, dışı eli yakar.
gàimu 外務 /a./ dış işleri, hariciye.
gaimu dàiziñ 外務大臣 /a./ Dış işleri Bakanı.
gaimùsyoo 外務省 /a./ Dış işleri Bakanlığı, Hariciye Vekilliği.
gàineñ 概念 /a./ kavram, mefhum. 普遍~ tümel kavram. 白と黒, 暑さと寒さという~はそれぞれ互いに対立している. Akla kara, sıcakla soğuk kavramları birbirine karşıttır.
gaineñka 概念化 /a./ kavrayış.
gaineñroñ 概念論 /a./ kavramcılık.
gairai kàñzya 外来患者 /a./ ~診療所 poliklinik.
gairiñ 外輪 /a./ pervane. 汽船の~ vapur çarkı. 汽船の~の覆い davlumbaz.
gàiro 街路 /a./ sokak.
gairoñ 概論 /a./ ana hatları.
gairyaku 概略 /a./ özet.
gaisai 外債 /a./ dış istikrazlar.
gaisañ 概算 /a./ toparlak hesap, yuvarlak hesap. ~の kaba taslak. ~で götürü. ~取り引き götürü pazarlık. この本全部を~で100リラで買った. Bu kitapların hepsini götürü yüz liraya aldım.
gaisecu 概説 /a./ ana hatları.
gaiseñ 凱旋 /a./ ~する gazi ol-. ~将軍 gazi.
gaiseñmoñ 凱旋門 /a./ tak.
gàisi 外資 /a./ yabancı sermaye.
gàisi 碍子 /a./ fincan, izolatör.
gàisite 概して /be./ genel olarak, umumiyet ile.
gaisoo 外相 /a./ Dış işleri Bakanı. ~は今日帰国した. Dış işleri Bakanı bu gün yurda dönmüştür.
gaisùru 害する /ey./ zarar ver-. 健康を~ kötüle-. 気分を~ kırıl-. 感情を~ üzerine al-, üstüne al-. 健康を害してもかまわない. canını sokakta bul-.
gaisùu 概数 /a./ toparlak sayı, yuvarlak sayı.
gaisyoo 外相 /a./ Dış işleri Bakanı. = gaisoo.
gaisyoo 街娼 /a./ sokak kadını (kızı). ~になる sokağa düş-.
gaisyucu 外出 /a./ ~する dışarıya çık-, sokāğa çık-. ~できない dört duvar arasında kal-. 天気が崩れたので~を延期した. Hava bozunca geziyi erteledik.
gaisyucùgi 外出着 /a./ kostüm. ~を脱いで室内着を切る soyunup dökün-.
gaitoo 外套 /a./ palto. 兵隊の~ kaput. そでなしの~ pelerin.
gaitoo 街灯 /a./ fener.
gaitoo 街頭 /a./ sokak, cadde.
gaitoo 該当 /a./ uygunluk.
gaiya 外野 /a./ ~がうるさい başı kalabalık.
gaiyoo 外洋 /a./ açık deniz, engin. ~へ遠ざかる engine açıl-.
gaiyoo 概要 /a./ şema.
gaiyòoyaku 外用薬 /a./ haricen kullanılacak ilaç.
gaizeñsei 蓋然性 /a./ ihtimal, olasılık.
gàizi 外耳 /a./ sayvan.
gaiziñ 外人 /a./ yabancı. まさに~そのもの buz gibi yabancı.
gaka 画家 /a./ ressam. 有名な~の展覧会 ünlü ressamın sergisi.
gaka 画架 /a./ ressam sehpası.
gake がけ, 崖 /a./ uçurum, sarp kayalık, yalpak, yar. 切り立った~ dimdik uçurum.
gakì 餓鬼 /a./ piç, (侮辱的) çocuk.
gakidàisyoo がき大将 /a./ elebaşı.
gakka 学科 /a./ bölüm, departman. ~試験 imtihan.
gakka 学課 /a./ ders.

gakkai 学会 /a./ enstitü, kurum.
gakkai 学界 /a./ bilim alanı.
gakkàri がっかり /be./ 〜する hüsrana uğra-, güvendiği dağlara kar yağ-. 望みはあるから〜するな. Yiğitlik sende kalsın.
gakki 学期 /a./ dönem, eğitim dönemi, sömestr, yarıyıl. 一〜 birinci dönem.
gakki 楽器 /a./ çalgı, enstrüman, çekme. 〜を弾く çalgı çal- (çaldır-). 〜をじょうずに弾く konuştur-. 〜を鳴らしてパーティーをする âlem yap-. 〜の歌口 ağızlık. 〜の舌 dil. 〜の調和 düzen. 耳障りな〜 zırıltı. バイオリンは美しい〜だ. Keman güzel bir çalgıdır. 持っているそのくだらない〜を放せ. Elindeki o zırıltıyı bırak.
gakkoo 学校 /a./ okul, mektep. 〜の mektepli. 〜をさぼる mektebi as-. 〜へ行ったことがない mektep görmemiş. 〜から追い出される belge al-. 子供を〜から追い出す çocuğu okuldan at-. 〜が今年は早く始まった. Okullar bu yıl erken açıldı. この〜は今までたくさんの人物を育ててきた. Bu okul şimdiye kadar çok adam yetiştirdi.
gakkòogai 学校外 /a./ 〜の学習会 dershane.
gakkoo kyòoiku 学校教育 /a./ okul öğretimi. 〜を受けた mektepli.
gakkoo sèikacu 学校生活 /a./ okul hayatı.
gakkoo tòmodaci 学校友達 /a./ okul arkadaşı.
gakkùri がっくり /be./ 〜くる (隠語) şiş-.
gakkyoku 楽曲 /a./ ezgi, melodi. 〜の終止 durgu.
gakkyuu 学級 /a./ sınıf, şube.
gakòosoo 鵞口瘡 /a./ pamukçuk.
gaku 学 /a./ bilgi, öğrenme. 〜のある bilgili. 〜のある人 âlim.
gàku 額 /a./ para miktarı, tutar. →kiñgaku.
gakù 額 /a./ tabela, çerçeve. 〜に入れる çerçevele-.
gakù がく /a./ çanak, çiçek zarfı.
gakubacu 学閥 /a./ akademik hizip.
gakubu 学部 /a./ fakülte. 〜の学生 fakülteli. 〜に入る fakülteye gir-. 大学付属の〜 üniversiteye bağlı fakülteler.
gakubuci 額縁 /a./ çerçeve. 〜に入れる çerçevele-.
gakubùcyoo 学部長 /a./ dekan. 〜の職 dekanlık.
gakubucyòosicu 学部長室 /a./ dekanlık.
gakucyoo 学長 /a./ rektör. 〜の職 rektörlük.
gakudañ 楽団 /a./ saz ekibi, topluluk.
gakudoo 学童 /a./ öğrenci, okullu.
gakueñ 学園 /a./ okul.
gàkugaku ガクガク /be./ ひざが〜する dizlerinin bağı çözül-.
gakugei 学芸 /a./ bilim ve sanat.
gakugèikai 学芸会 /a./ müsamere.
gakùgyoo 学業 /a./ ders, öğrenim. 〜に励む derslerine çalış-.
gàkuha 学派 /a./ mektep, mezhep, okul. ルネサンス〜 Rönesans mektebi.
gakuhi 学費 /a./ okul masrafları.
gakuhu 楽譜 /a./ nota. 〜で演奏する notadan çal-.
gàkuhu 岳父 /a./ karısının babası.
gàkui 学位 /a./ doktora.
gakui siñsa 学位審査 /a./ doktora.
gakumei 学名 /a./ bilimsel ad.
gakùmoñ 学問 /a./ öğrenme, çalışma, ilim, bilim. 〜の諸分野 bilimin dalları.
gakumoñ bùñya 学問分野 /a./ disiplin.
gakumoñteki 学問的 /a./ 〜な ilmî, bilimsel. 〜発見 ilmî buluş.

~観点から bilim bakımından.
gakùnai 学内 /a./ okul içi. ~の食堂 kantin.
gakuneñ 学年 /a./ ders yılı, öğretim yılı, sınıf. 第3~ üçüncü sınıf.
gakuneñmacu 学年末 /a./ yıl sonu. ~評価 yıl sonu notu.
gakureigo 学齢後 /a./ okul sonrası. ~の okul sonrası.
gakureki 学歴 /a./ birinin eğitim tarihi. ~のある okumuş.
gakuryoku kòñtesuto 学力コンテスト /a./ bilgi yarışması. 我校は~で最多得点を取って優勝した. Okulumuz bilgi yarışmasında en çok puanı alarak birinci oldu.
gakusecu 学説 /a./ doktrin, öğreti, teori.
gakusei 学生 /a./ öğrenci, talebe, okullu, mektepli. 学部の~ fakülteli. 勤勉な~ (隠語) inek. ~の多くは来た. Öğrencilerden çoğu geldi.
gakusêiryoo 学生寮 /a./ öğrenci yurdu, pansiyon.
gakuseisyoo 学生証 /a./ şebeke.
gakusei ùñdoo 学生運動 /a./ öğrenci hareketleri.
gakuseiyoo 学生用 /a./ 750倍に拡大する~顕微鏡 750 defa büyüten bir talebe mikroskopu.
gakusi 学資 /a./ okul masraflaı.
gàkusi 楽士 /a./ bando çalgıcısı.
gakusìgoo 学士号 /a./ lisans.
gakusìiñ 学士院 /a./ akademi.
gakusiki 学識 /a./ âlimlik, bilgelik, edinç, kültür. ~のある人 kaynak kişi.
gakusiki keikêñsya 学識経験者 /a./ bilge.
gakusya 学者 /a./ bilgin, bilim adamı, ilim adamı, âlim, uzman. ~でどうにか通っている. Bilgin geçiniyor. 彼は~をもって任じている. Onda bilginlik iddiası var.
gakusyoo 楽章 /a./ bir piyesin parçası.
gakusyuu 学習 /a./ öğrenim, okuma. 英語の~ İngilizce öğrenimi. ~に積極的な子供 okumaya çok istekli bir çocuk. ~意欲がある. Okumaya hevesi var.
gakusyùukai 学習会 /a./ 学校外の~ dershane.
gakutai 楽隊 /a./ bando.
gàkuto 学徒 /a./ öğrenci, okullu.
gakuwari 学割 /a./ öğrenci pasosu. ~を市バスの割引に利用しています. Öğrenci pasomla belediye otobüslerindeki indirimden yararlanıyorum.
gakuya 楽屋 /a./ (演劇) konuşma odası.
gakuzeñ がく然 /a./ derin hayret. ~とする ağzı açık kal-.
gakuzyucu 学術 /a./ bilim.
gakuzyucùsi 学術誌 /a./ belleten.
gàma ガマ /a./ kara kurbağa. ~ガエル kara kurbağa.
gamaguci がま口 /a./ para kesesi.
gàmañ 我慢 /a./ tahammül, dayanma, sabır. ~する dayan-, geri dur-, göğüş ver-, hazmet-, içine at-, sabret-, kaldır-. 言いたいことを~する yut-. あるもので~する aza çoğa bakma-. 耐えがたい言動を~する ağzının kokusunu çek-. ~させる dayandır-. ~できる kahrı çekilir. ~できない zora geleme-, bedine git-. ~のできない dayanılmaz, sabırsız, yenilir yutulur gibi değil. ~できなくなる sabrı taş- (tüken-), sabırsızlan-, yerinde kurtlan-, bardağı taşır-, çatla-, ipi kopar-, bıçak kemiğe dayan-. 小便が~できなくなる beli açıl-. ~できなくなって不満をぶちまける baklayı ağzından çıkar-. ~しろ. Patlama! 子供が手術をよく~した. Çocuk ameliyata dayandı. 皆も困っているのだから~しよう. El ile gelen düğün bayram. この言葉には~できな

gañko

い. Ben bu sözleri kaldıramam. 私は彼の気難しいのにもう〜ができない. Ben onun hırçınlığını artık çekemem.

gamañzuyòi 我慢強い /s./ mütehammil, sabırlı. 〜人 sabır taşı.

gamazumi ガマズミ /a./ (植物学) kar topu.

gàmeñ 画面 /a./ resim. 硬貨の〜 tuğra.

gàmigami ガミガミ /be./ har hur, bar bar. 〜言う üstüne (üzerine) var-, şirret. 〜言ってもうける人 cafcaf. 〜どなる bar bar bağır-.

gàmu ガム (İng. chewing gum) /a./ çiklet, sakız. 〜をかむ sakız çiğne-.

gamusi ガムシ /a./ hidrofil.

gamusyara がむしゃら /a./ 〜に adamakıllı, domuzuna.

ganaritatè·ru がなり立てる /ey./ böğür-, gürle-, velveleye ver-, velveleci.

ganàru がなる /ey./ böğür-, gürle-.

ganimata がにまた /a./ 〜の bastıbacak, paytak.

gàñ ガン, 雁 /a./ kaz.

gàñ がん, 癌 /a./ kanser.

gàñ 願 /a./ adak. 〜を掛ける ada-, adak ada-. 〜を掛けること adak. 〜を掛けるために供えるもの adak.

gañbarasè·ru 頑張らせる /ey./ uğraştır-.

gañbari 頑張り /a./ uğraş, çaba. 超人的な〜 insanüstü bir çaba. 世間の物笑いにならないような〜 el arı düşman gayreti. 難しい仕事ではないが, 〜を要する. Zor bir iş değil, ama uğraşmak ister.

gañbàru 頑張る /ey./ uğraş-, çaba göster-, çabala-, hamle et- (yap-), kendini parala-, pala çal- (salla-), sebat et-, sıkı bas-, çekiş-. 胸を張って〜 göğüsle-. 一生懸命〜 savaş-, çırpın-. 困難に耐えて〜 fedakârlığa katlan-. 終わらせるために〜 arkasına düş-. 頑張ってやる kendini sık-. 頑張

り続ける gayreti elden bırakma-. いかに頑張っても ağzı ile kuş tutsa. それ頑張れ. Ha gayret! どれほど頑張っても無駄だ. Ne denli uğraşsanız boştur. 及第するために今年はとても頑張った. Sınıfımı geçmek için bu yıl çok çırpındım. 働き者と言われようとしてすごく頑張っている. Kendine çalışkan dedirmek için çok çalışıyor. もう少し頑張ればできます. Biraz daha gayret ederseniz başarırsınız.

gañboo 願望 /a./ arzu, temenni.

gañbyoo 眼病 /a./ göz hastalığı.

gañciku 含蓄 /a./ 〜する içer-.

gàñcyuu 眼中 /a./ göz içi. それは私の〜にない. O benim gözümde hiçdir. 彼は誰も〜にない. O hiç kimseye takmaz.

gañdoo がん灯 /a./ hırsız feneri, pırıldak.

gañeñ 岩塩 /a./ maden tuzu. 〜の製塩所 kaya tuzu tuzlaları.

gàñgañ ガンガン /be./ cayır cayır, har har. 頭が〜する başı kazan (gibi) ol-. ストーブが〜燃えている. Ocak har har yanıyor.

gàñgu 玩具 /a./ oyuncak.

gàñka 眼窩 /a./ göz yuvası.

gañkai 眼界 /a./ göz erimi.

gañkài 眼科医 /a./ gözcü, göz doktoru.

gañkeñ 眼瞼 /a./ göz kapağı.

gañkeñ 頑健 /a./ 〜な sapasağlam. 〜な体 sapasağlam bir vücut.

gàñkiñ 元金 /a./ ana para, ana akçe.

gàñko 頑固 /a./ inatçılık, inat, geçimsizlik, aksilik, çetinlik, direnim, yobazlık. 〜な inatçı, dik kafalı, sert, çetin, ısrarlı, kara damaklı, bağnaz, laf anlamaz, direngen, direşken, pek başlı, yobaz. 〜に domuzuna. 〜だ kafasının dikine git-, dediği dedik ol-. 〜になる inadı tut-, damarı tut-. 〜でない

gañkomono

yumuşak.
gañkomono 頑固者 /a./ (侮辱的) örümcek kafalı.
gañkoo 眼孔 /a./ göz çukuru.
gañkòsa 頑固さ /a./ inatçılık, damar.
gañkubi 雁首 /a./ lüle.
gañkubiya 雁首屋 /a./ lüleci.
gañkubiyoo 雁首用 /a./ ～の粘土 lüleci çamuru.
gañkucu 岩窟 /a./ mağara, in.
gañkyoo 頑強 /a./ inatçılık.
gañkyuu 眼球 /a./ göz yuvarlağı. ～の調節作用 uyum.
gàñma ガンマ(Yun. gamma) /a./ gama, gamma.
gañmaaseñ ガンマー線 /a./ gamma ışınları.
gañmei 頑迷 /a./ inatçılık.
gañmeñ 顔面 /a./ yüz.
gañmoo 願望 /a./ → **gañboo.**
gañpeki 岸壁 /a./ rıhtım.
gañpeki 岩壁 /a./ dik kaya.
gàñrai 元来 /be./ esasta, temelde.
gañriki 眼力 /a./ sezgi, sezi.
gañryòo 顔料 /a./ boya. 髪を染める ～ rastık.
gañsacu 贋札 /a./ kalp para.
gañsaku 贋作 /a./ kalpazanlık.
gàñseki 岩石 /a./ kaya.
gañsiki 眼識 /a./ sezgi, sezi.
gàñso 元祖 /a./ yaratıcı.
gàñsyo 願書 /a./ başvuru kağıdı, yazılı müracaat, arzuhal.
gàñsyoku 顔色 /a./ → **kaoiro.**
gañsyoo 岩礁 /a./ resif, kaya döküntüsü. 船が～に乗り上げる gemi kayaya bindir-.
gañtai 眼帯 /a./ göz bağı.
gañtañ 元旦 /a./ yıl başı.
gàñtosite 頑として /be./ direnerek. いたずら小僧は～勉強しようとしない. Yaramaz çocuk, ders çalışmamakta direniyor.
gañyaku 丸薬 /a./ hap.

gañyuu 含有 /a./ ihtiva. ～する ihtiva et-.
gañyùuryoo 含有量 /a./ miktar.
gañzenài 頑肯無い /s./ saf, safdil, sadedil. ～子供 saf bir çocuk.
gañzicu 元日 /a./ yıl başı.
gañzigàrame がんじがらめ /a./ ～にな る sıkı bağlan-.
gañzoo 贋造 /a./ kalpazanlık. ～紙幣 kalp para.
gañzyoo 頑丈 /a./ sağlamlık, peklik. ～な sağlam, dayanıklı, sapasağlam, sapsağlam, kaya gibi, (俗語) kunt. ～な靴 sağlam pabuç. 大きくて～な kale gibi. ～に作る pekiştir-. 兄は～な体をしている. Ağabeyimin sapasağlam bir vücudu var.
gappei 合併 /a./ ilhak. ～する ilhak et-.
gara 柄 /a./ motif, resim; fizik (vücut) yapısı; huy, karakter. ～の 大きい人 iri yarı bir adam.
garaaki がら空き /a./ boşluk.
garagara ガラガラ /a./ cırcır, çadıldak, çıngırdak, kaynana zırıltısı.
gàragara ガラガラ /be./ langır lungur. ～音がする gürle-, hırılda-, hırla-. ～いう音 hırıltı, şakırtı. 建物が～と崩れた. Bina gürleyerek yıkıldı.
garagarahèbi ガラガラヘビ /a./ çıngıraklı yılan.
gàragoro ガラゴロ /be./ langır lungur, tangır tangır. 馬車が～壊れた歩道を通った. Araba langır lungur bozuk kaldırımdan geçti.
garakuta がらくた /a./ ıvır ıvır, pılı pırtı, yamalı bohça, bok, hırdavat, kırık dökük, kuru kalabalık, moloz. ～の fasa fiso, ıvır ıvır, kıvır zıvır. ～が少し入っている dilenci çanağı gibi. ～いっさいを門番に与えた. Kırık dökük ne varsa kapıcıya verdi.
garàñ ガラン /be./ tıngır. ～ゴロン

tangır tangır, tıngır tıngır, cangıl cungul. 〜ゴロンいう音 tangırtı, tıngırtı. ラクダが〜〜とやって来るところだった。 Develer cangıl cungul geliyorlardı.
garañdoo がらんどう /*a.*/ boşluk.
garasu ガラス(Hol. glas) /*a.*/ cam, sırça. 〜の cam, sırça. 〜の足付きグラス sırça kadeh. 〜の水槽 akvaryum. 〜が割れる cam çatla-. 〜が曇る camlar buğulan-. 〜をはめる camla-. 窓に〜をはめる pencereye cam geçir-. 〜をはめ込んだ camlı. 〜をはめ込む溝 cam evi (yuvası) 〜に人影を見た。 Camda bir gölge gördüm.
garasubari ガラス張り /*a.*/ 〜の部屋 camekân. 〜の所 camlık.
garasucuki ガラス付き /*a.*/ 〜の camlı.
garasudama ガラス玉 /*a.*/ mühre, yeni dünya.
garasùdo ガラス戸 /*a.*/ camlı kapı. 額を〜にくっつけた。 Alnını cama yapıştırdı.
garasukañ ガラス管 /*a.*/ tüp.
garasùkiri ガラス切り /*a.*/ camcı elması, elmastıraş.
garasu màdo ガラス窓 /*a.*/ camlı pencere. 二重〜 çift camlı pencere.
garasùmeñ ガラス綿 /*a.*/ cam yünü, cam pamuğu.
garasusei ガラス製 /*a.*/ 〜の cam, sırça.
garasu sèihiñ ガラス製品 /*a.*/ cam eşya, zücaciye.
garasu sèñi ガラス繊維 /*a.*/ cam yünü, cam pamuğu.
garasu tòdana ガラス戸棚 /*a.*/ cam dolap.
garasuya ガラス屋 /*a.*/ camcı, camcı dükkânı.
gàreezi ガレージ(İng. garage) /*a.*/ garaj.
gareki がれき /*a.*/ moloz.
gàrigari ガリガリ /*be.*/ hart hart, kıtır kıtır, kütür kütür. 〜音を立てる kütürde-. 〜いう音 kıtırtı, kütürtü. カリンを〜かじる。 Ayvayı hart hart ısırıyor.
gariiseñ ガリー船 /*a.*/ (古語) kadıra.
Garipori ガリポリ /*a.*/ Galibolu.
gàroñ ガロン(İng. gallon) /*a.*/ galon.
garoo 画廊 /*a.*/ galeri.
garyoo 雅量 /*a.*/ yüce gönüllülük. 〜のある人 yüce gönüllü bir adam.
garyuu 我流 /*a.*/ 〜で kendi başına.
gasacu がさつ /*a.*/ kabalık. 〜な yoz, terbiyesiz, kaba.
gàsagasa ガサガサ /*be.*/ hışır hışır. 〜音を立てる hışırda-. 〜いう音 hışırtı.
gàsagoso ガサゴソ /*be.*/ haşır haşır (huşur). 新聞紙を〜たたんだ。 Gazeteyi haşır huşur katladı.
gàsi 餓死 /*a.*/ 〜する açından öl-. 〜しない程 açıktan ölmeyecek kadar.
gasoriñ ガソリン(İng. gasoline) /*a.*/ benzin, (隠語) süt. 〜タンク benzin deposu.
gasoriñ sutàñdo ガソリンスタンド (İng. gasoline stand) /*a.*/ benzin istasyonu (ofisi).
gassìri がっしり /*be.*/ 〜した enine boyuna.
gassoo 合奏 /*a.*/ konser.
gassùru 合する /*ey.*/ birleştir-.
gassyoo 合唱 /*a.*/ koro. 二部〜 duo.
gassyuku 合宿 /*a.*/ kamp.
gàsu ガス(Hol. gas) /*a.*/ gaz, hava gazı; (俗語) yel; sis, duman. 〜製造所 gazhane. 山頂に〜のかかっている 頂 dumanlı.
gasu bòñbe ガスボンベ(Hol. gas+Al. Bombe) /*a.*/ gaz tübü.
gasu kòñro ガスこんろ /*a.*/ gaz ocağı.
gasu màsuku ガスマスク(İng. gas mask) /*a.*/ gaz maskesi.
gasu mèetaa ガスメーター(İng. gas

meter) /a./ gazölçer.
gasumore ガス漏れ /a./ kaçak. ライターが〜している. Çakmak gaz kaçırıyor.
gasu ōobuñ ガスオーブン(İng. gas oven) /a./ hava gazı fırını.
gasu rāitaa ガスライター(İng. gas lighter) /a./ gazlı bir çakmak.
gasu sutōobu ガスストーブ(İng. gas stove) /a./ hava gazı ocağı. 〜が漏れている. Hava gazı ocağında kaçak var.
gasutoo ガス灯 /a./ çıra.
gasyoo 賀正 /a./ yıl başı tebriği.
-gata 型 model. 1982年〜自動車 1982 modeli bir otomobil.
gàta がた /a./ 〜がくる kağşa-. 病気でひどく〜がきた. Hastalıktan çok sarsıldı.
gatacukase・ru がたつかせる /ey./ sars-.
gatacuku がたつく /ey./ sarsıl-.
gatagata がたがた /a./ 〜の kırık dökük, (俗語) külüstür. 〜の長いす kırık dökük bir kanepe. 〜になる kağşa-.
gàtagata ガタガタ /be./ langır lungur, zangır zangır. 〜揺れる zangırda-, zıngırda-. 〜いう音 zangırtı. 地震の時すべての家のガラス戸が〜揺れた. Deprem sırasında bütün evin camları zangırdadı. 犬が怖い子が〜ふるえていた. Köpekten korkan çocuk zangır zangır titriyordu.
-gatài 難い zor, -ebilme-.
gatàñ ガタン /be./ 〜という音 zangırtı. 〜ゴトン tıngır mıngır.
gateñ 合点 /a./ anlama, idrak. 〜がいく anla-, idrak et-.
gawa 側 /a./ yön, yan, taraf, nezt, makam, yaka. 〜の yan. 反対〜 karşı taraf. 原告〜 iddia makamı. 北〜に面する kuzey yönüne bak-. …の〜につく tarafa ol- (çık-), taraf tut- (çık-, ol-), lehinde ol-. …の〜に立つ人 yandaş, yanlı. …の〜に好意を示す lehinde söyle- (bulun-).
gàyagaya がやがや /be./ bağrışa çağrışa. 〜している karmakarışık.
gayōosi 画用紙 /a./ resim kâğıdı, kart.
gazami ガザミ /a./ çalpara (yengeç).
gazeñ がぜん /be./ birden.
gàzeru ガゼル /a./ ahu, ceylan.
gazoo 画像 /a./ portre, insan resmi.
gazyoo 賀状 /a./ yıl başı kartpostalı.
gè 下 /a./ aşağılık ; son. 〜の巻 son cilt.
gecumacu 月末 /a./ ay sonu. 服を〜までに間に合わせましょう. Elbiseyi ay sonuna yetiştiririm. この給料で〜をかろうじて迎えている. Bu maaşla ay sonunu kıt kanaat getiriyoruz.
gecumeñ 月面 /a./ ay yüzeyi. 〜に着陸する ay yüzeyine in-.
gecuyòo 月曜 /a./ pazartesi.
gecuyòobi 月曜日 /a./ pazartesi. 〜に pazartesi günü.
gedacu 解脱 /a./ kurtuluş.
gedai 外題 /a./ unvan, isim.
gedokùzai 解毒剤 /a./ panzehir.
gèemu ゲーム(İng. game) /a./ oyun, maç. 〜に勝つ oyun al-, zar al-, (俗語) kama bas-. 〜に負ける oyun ver-. 〜に2対0で勝つ maçı 2-0 kazan-. 〜の相手 hasım. トランプ一〜 bir parti istambil. ポーカー一〜 poker seansı. 〜を引き分けにする partiyi beraberlikle bitir-. 〜で金を取られる人 (隠語) ekmeklik.
geetoru ゲートル(Fr. guêtres) /a./ getir, tozluk.
gehìñ 下品 /a./ aşağılık, bayağılık. 〜な aşağılık, bayağı, kaba, adî, galiz, eşekçe, rezil, dangıl dungul, (口語) mektep görmemiş. 〜な言葉 kötü söz, pis lakırdı. 〜な女 kenarın dilberi.

gèi 芸 /a./ sanat ; icra, temsil. 師の〜を許される el al-.
geigekìki 迎撃機 /a./ önleme uçağı.
geigoo 迎合 /a./ yaltakçılık. かせげる所に〜する. Kimin arabasına binerse, onun türküsünü çağırır.
geiniku 鯨肉 /a./ balina eti.
geiniñ 芸人 /a./ oyuncu, sanatçı, sanatkâr, meddah, (俗語) artist.
geinoo 芸能 /a./ şanatçılık, sanat.
geinôoziñ 芸能人 /a./ sanatçı, sanatkâr.
gèitoo 芸当 /a./ oyun, hayret verici iş.
geiyu 鯨油 /a./ balina yağı.
geizyucu 芸術 /a./ sanat, güzel sanatlar. 〜を愛する人 sanatsever.
geizyucùiñ 芸術院 /a./ akademi.
geizyucuka 芸術家 /a./ artist, sanatçı, sanatkâr.
geizyucu kàñkaku 芸術感覚 /a./ sanat duygusu.
geizyucu sàkuhiñ 芸術作品 /a./ sanat yapıtı.
geizyucuteki 芸術的 /a./ 〜な sanatlı, artistik. 〜な雰囲気 sanat ortamı.
geka 外科 /a./ cerrahlık, hariciye. 〜の病気 haricî hastalıklar. 〜と内科 hariciye ve dahiliye.
gekai 下界 /a./ bu dünya, yer.
gekài 外科医 /a./ cerrah, hariciyeci, operatör.
gèki 劇 /a./ piyes, oyun, temaşa, tiyatro. こっけいな〜 eğlendirici oyun. 〜を演じる oynat-. 〜が映画よりずっと好きです. Tiyatroyu sinemadan daha çok severim.
gekiciñ 撃沈 /a./ gemiyi batırma.
gekicui 撃墜 /a./ uçağı düşürme.
gekicuu 激痛, 劇痛 /a./ kulunç, ezinç.
gekidañ 劇団 /a./ kumpanya, tiyatro.

gèkido 激怒 /a./ feveran, öfke, kükreme. 〜する feveran et-. 〜させる çileden çıkar-.
gekidoku 劇毒 /a./ zehir.
gekidoo 激動 /a./ kargaşalık, sarsıntı.
gekiecu 激越 /a./ şiddet, sertlik. 〜な口調 sert ses.
gekigeñ 激減 /a./ çok azalma.
gekiheñ 激変, 劇変 /a./ şiddet değişme.
gèkika 激化 /a./ şiddetlenme. 競争が〜する yarışma şiddetlen-.
gèkimu 劇務 /a./ çok güç iş, yorucu iş.
gekirecu 激烈, 劇烈 /a./ şiddetlik.
gekirei 激励 /a./ teşvik. 〜する cesaretlendir-, gayret ver-.
gekiriñ 逆鱗 /a./ 〜に触れる bam teline bas- (dokun-), zülfü yâre dokun-.
gekiroñ 激論, 劇論 /a./ şiddetli tartışma.
gekiroo 激浪 /a./ azgın dalga.
gekiryuu 激流 /a./ deli ırmak. 木を〜がさらった. Ağacı sel götürdü.
gakisaku 劇作 /a./ piyes.
gekiseñ 激戦 /a./ şiddetli savaş.
gekisiñ 激震, 劇震 /a./ şiddetli deprem.
gekisùru 激する /ey./ şiddetlen-.
gèkisyo 激暑, 劇暑 /a./ sert sıcak.
gekisyoku 劇職 /a./ çok yorucu meslek.
gekisyoo 激賞 /a./ çok övme.
gekisyuu 激臭, 劇臭 /a./ şiddetli koku. 〜を放つ kok-, kokuş-.
gekitai 撃退 /a./ defetme. 〜する defet-, püskürt-. 敵を〜する düşmanı defet- (püskürt-).
gekitecu 撃鉄 /a./ horoz.
gekiteki 劇的 /a./ 〜な dramatik.
gekitocu 激突 /a./ çarpışma. 車が電柱に〜する araba direğe çarpış-.
gekiyaku 劇薬 /a./ kuvvetli ilâç.

gekiziñ 激甚, 劇甚 /a./ şiddetlilik.
gekizoo 激増 /a./ çok çoğalma.
gekizyoo 劇場 /a./ tiyatro, temaşa. 〜の中二階 balkon.
gekizyoo 激情 /a./ şiddetli istek.
gèkkahyooziñ 月下氷人 /a./ aracı.
gekkañ 月刊 /a./ 〜の aylık. 〜雑誌 aylık dergi.
gekkei 月経 /a./ ay başı, âdet. 〜がある üstünü gör-. 〜が閉止する temizlen-.
gekkèizyu ゲッケイジュ, 月桂樹 /a./ defne.
gekkoo 月光 /a./ mehtap, ay ışığı.
gekkoo 激高, 激昂 /a./ şiddetlenme.
gekkyuu 月給 /a./ aylık, maaş. 高い〜 dolgun aylık. 〜の maaşlı. 〜明細書 maaş bordrosu. 〜をあてがう aylık bağla-. 〜を減らす aylıkları buda-. 〜を取っている maaşlı.
gekkyuu dòroboo 月給泥棒 /a./ (冗談) tam maaşla tekaüt.
gekkyùutori 月給取り /a./ maaşlı bir adam. 〜になる aylığa (maaşa) geç-.
gèko 下戸 /a./ içki içemeyen.
gènañ 下男 /a./ hademe, hizmetkâr, uşak.
genecùzai 解熱剤 /a./ hararet kesici.
gèni げに /be./ hakikaten, gerçekten.
gèñ 言 /a./ söz. 〜を左右にする sözü döndürüp dolaştır-.
gèñ 減 /a./ azalma.
gèñ 弦 /a./ tel, kiriş. マンドリンの〜 mandolin teli. 低音の〜 bam teli. 〜の telli. 〜のない telsiz. 〜を通す telle-. 〜を張る糸巻 kulak, mandal.
gèñ 舷 /a./ borda.
geñba 現場 /a./ yeri. 〜で vaka mahallinde, yerinde. 〜をおさえる yakala-. 夫とある女の〜をおさえた. Kocasını bir kadınla yakalamış.
geñbacu 厳罰 /a./ şiddetli cezalandırma.
geñbaku 原爆 /a./ atom bombası.
geñbañ 原版 /a./ aslî nüsha.
geñbo 原簿 /a./ kütük.
geñbucu 現物 /a./ şey, nesne.
geñbuñ 原文 /a./ metin.
gèñci 言質 /a./ rehin, söz, vaat. 〜を取る söz al-. 〜を与える söz ver-.
gèñci 現地 /a./ yeri.
geñci hòokoku 現地報告 /a./ röportaj.
gèñdai 現代 /a./ şimdi, (俗語) zamane. 〜の çağdaş. 〜の最も重要な事件 devrimizin en önemli olayı.
geñdaihuu 現代風 /a./ 〜の modern.
geñdaika 現代化 /a./ 〜する asrîleş-, çağdaşlaş-.
geñdai òñgaku 現代音楽 /a./ çağdaş müzik.
geñdaiteki 現代的 /a./ 〜な asrî, modern.
geñdàiziñ 現代人 /a./ çağdaş insan.
gèñdo 限度 /a./ sınır, limit, had, ölçü. 〜を決める sınır çek- (koy-). 〜を越す sınırı aş-, ölçüyü kaçır-, kantarın topunu kaçır-. 何事も〜を越えてはならない. Hiç bir şeyde ölçüyü aşmamalı.
geñdoo 言動 /a./ söz ve davranış. 好ましくない〜 uygunsuz söz ve davranışlar. 侮辱的な〜 hakaret. 人を怒らせるような〜 dikine tıraş. やさしい〜 tatlı dil güler yüz. 耐え難い〜を我慢する ağzının kokusunu çek-. その〜はマスコミの批難の的となった. Sözleri gazetelerin hücumuna yol açtı.
geñdòoki 原動機 /a./ motor.
geñdookicuki 原動機付き /a./ 〜自転車 motor.
geñdòoryoku 原動力 /a./ dürtü.
geñei 幻影 /a./ hayalet, görüntü.
geñekìhei 現役兵 /a./ muvazzaf asker.

geñgai 言外 /*a.*/ sözsüzlük, kapsanma.
geñgàkki 弦楽器 /*a.*/ telli çalgılar, tambura. 〜のこま eşik, perde.
geñgaku 減額 /*a.*/ indirim, tenzilat.
gèñgecu 弦月 /*a.*/ hilâl, yeni ay.
gèñgo 原語 /*a.*/ aslî, yabancı dil.
gèñgo 言語 /*a.*/ dil, lisan. 〜の共通性 dil birliği. 〜錯誤症 kelime karışıklığı. アラビア語はとても難しい〜だ. Arapça çok güç bir dil.
geñgo cyùusuu 言語中枢 /*a.*/ konuşma merkezi.
geñgo gàkkai 言語学会 /*a.*/ dil kurultayı. 第11回〜 on ikinci dil kurultayı.
geñgògaku 言語学 /*a.*/ dil bilim, lengüistik.
geñgo gàkusya 言語学者 /*a.*/ lisan aşina, dilci, lengüist.
geñgo keñkyùusya 言語研究者 /*a.*/ dilci.
geñgo kyòokai 言語協会 /*a.*/ dil kurumu. トルコ〜 Türk Dil Kurumu.
geñgo mòñdai 言語問題 /*a.*/ dil davası (sorunu). この記事で〜に触れた. Bu yazısında dil sorununa değinmiş.
geñiñ 原因 /*a.*/ neden, sebep, yüz. 〜の nedensel. 〜と結果 sebep ve netice. 〜で dolayısıyla. 何が〜で neden. 〜となる sebep ol-, yol aç- (ver-). 死ぬ〜となる başını ye-, baş ye-. 火事の〜が調べられている. Yangının nedeni araştırılıyor.
gèñka 原価 /*a.*/ maliyet fiyatı, maliyet.
geñkai 限界 /*a.*/ sınır, hudut, had. 森の〜 ormanın sınır. 忍耐の〜 bardağı taşıran son damla. 〜を定める sınır çek- (koy-). 〜を定めること tahdit. 問題の〜を定める çevrele-.
geñkai 厳戒 /*a.*/ sıkı dikkat.
geñkaku 幻覚 /*a.*/ sanrı. 〜を起こさせる sanrıla-.
geñkaku 厳格 /*a.*/ sertlık. 〜な sert, sıkı, titiz. 〜を示す titizlen-.
geñkaku syòozyoo 幻覚症状 /*a.*/ 〜がある kendini dinle-.
gèñkañ 玄関 /*a.*/ giriş, antre, hol, sofa.
geñka syòokyaku 減価償却 /*a.*/ aşınma.
gèñkei 原形 /*a.*/ aslî şekil.
gèñkei 原型 /*a.*/ örnek.
gèñkei 減刑 /*a.*/ ceza azaltması.
gèñki 元気 /*a.*/ sağlık, canlılık, derman, keyif, zinde. 〜な sağlıklı, sağ, sağlam, salim, canlı, cıvıl cıvıl, enerjik. 〜な子供 canlı çocuk. 〜な老人 dinç bir ihtiyar. 〜な若者 diri bir genç. 〜のいい dinç, şuh, cıva gibi, fındık kurdu gibi. 〜のない durgun, melül, neşesiz. 〜に sağlıcakla, salimen. 〜になる canı gel-, canlan-, dinçleş-, iyileş-. 〜に暮らす ömür sür-. 〜にする cana can kat-, canlandır-. 〜を出させる gönül aç-. 〜を取り戻す diril-, gençleş-, toparlan-. 〜である yaşa-. 〜がない hâli olma-. 〜がなくなる durgunlaş-, halsiz düş-. 昔の〜がない süngüsü düşük. 水をやると花が〜になった. Sulanınca çiçekler canlandı. 病人が〜になった. Hasta iyileşti. そこまで歩く〜はありません. Oraya kadar yürüyecek dermanım yok. 病人は〜そうだった. Hastayı iyi buldum. みなさん〜そうですね. Hepinizi iyi buldum. 傷ついた鳥は〜ですか. Yaralı kuşun yaşıyor mu? お〜ですか. İyi misiniz? お父さんは〜で, おじいさんはなくなった. Babası sağ, dedesi ölmüş. 花びんの花を〜にするために水を取りかえた. Vazodaki çiçekleri canlandırmak için sularını değiştirdim. 今日あなたは〜がなさそうですね. Bu gün sizi durgun görüyorum. お〜のことと思います. Umarım sağlığınız yerindedir. 〜を

geñkiñ

出せ. metin ol! お〜で. Sağlıcakla kalın! Allaha ısmarladık. sağ ol! ömürler olsun!, yüz ak olsun!, selamünaleyküm. どうぞいつまでもお〜で. Hay çok yaşayasınız siz!
geñkiñ 厳禁 /a./ yasak.
geñkìñ 現金 /a./ para, nakit para, hazır para, efektif. 〜で peşin para ile, nakden. 〜に換える değerlendir-.
geñkizukerarè‧ru 元気づけられる /ey./ yüreğine su serpil-, yüreklen-.
geñkizukè‧ru 元気づける /ey./ dirilt-, iç aç-, gayret ver-.
geñkizùku 元気づく /ey./ ihya ol-, canlan-.
geñko げんこ /a./ → geñkocu.
geñkocu げん骨 /a./ yumruk, muşta. 〜でなぐる yumruk at- (indir-). 〜でなぐりあう yumruklaş-, yumruk yumruğa gel-. 〜で脅す yumruk göster-. 〜をくらう yumruk ye-. もう行かないなんて言うのなら〜をおみまいするよ. Bir daha gitmem dersen tokadı yapıştırırım.
geñkoku 原告 /a./ davacı. 〜側 iddia makamı.
gèñkoñ 現今 /a./ bu günler, yakınlar.
geñkoo 言行 /a./ söz ve davranış. マホメットの〜 hadis. 〜一致の içi dışı özü sözü bir. 〜不一致だ. Bu ne perhiz bu ne lahana turşusu.
geñkoo 原稿 /a./ müsvedde, el yazması.
geñkòohañ 現行犯 /a./ cürmü meşhut. 〜の suç üstü. 泥棒が〜でつかまった. Hırsız suç üstü yakalandı.
geñkoo yòosi 原稿用紙 /a./ yazı kâğıdı.
geñkyoo 元凶 /a./ elebaşı.
geñkyoo 現況 /a./ şimdiki hal.
geñkyuu 言及 /a./ zikir, temas. 〜する zikir geç-, zikret-, değin-.
geñkyuu 減給 /a./ maaşın indirilmesi.

gèñmai 玄米 /a./ kaba öğütülmüş pirinç.
geñmecu 幻滅 /a./ hayal kırıklığı.
geñmei 言明 /a./ açıklama. 〜する açıkça söyle-.
geñmei 厳命 /a./ sıkı bir buyruk.
geñmeñ 原綿 /a./ ham pamuk.
geñmeñ 減免 /a./ azaltma ve muafiyet.
geñmicu 厳密 /a./ 〜な sert, sıkı. 〜に調査する ince eleyip (eğirip) sık doku-.
gèñni 現に /be./ hakikaten, gerçekten.
gèñni 厳に /be./ sıkı, şiddetle.
geñnoo げんのう /a./ çekiç.
geñpoñ 原本 /a./ aslî nüsha.
geñpoo 減俸 /a./ maaşın indirilmesi.
gèñpoo 減法 /a./ tarh, çıkarma.
gèñri 原理 /a./ kuram, kural, ilke, dayanak.
geñroñ 言論 /a./ söylev, konuşma.
geñròoiñ 元老院 /a./ ローマの〜 (古語) senato.
geñryòo 原料 /a./ ham madde, iptidaî madde, materyal, harç. 〜を加工する ham maddeleri işle-.
geñryuu 源流 /a./ kaynak, memba.
geñsaku 原作 /a./ aslî eser. 〜の orijinal.
geñsañ 原産 /a./ menşe. 東南アジアの〜 güneydoğu Asya menşeli.
gèñsàñci 原産地 /a./ menşe.
geñsei 原生 /a./ ilkellik. 〜の yoz.
gèñsèiriñ 原生林 /a./ vahşî (yaban) orman.
geñseñ 源泉 /a./ memba, kaynak. pınar.
gèñsi 原子 /a./ atom. 〜の atomik.
gèñsi 原始 /a./ 〜の ilkel.
geñsi bàkudañ 原子爆弾 /a./ atom bombası 20キロトンの威力のある〜 yirmi kiloton gücündeki atom

bambası.
geñsikaku 原子核 /a./ atom çekirdeği. ~の çekirdeksel.
geñsiriñ 原始林 /a./ vahşî (yaban) orman.
geñsiro 原子炉 /a./ atom reaktörü.
geñsiroñ 原子論 /a./ atom nazariyesi.
geñsiryoku 原子力 /a./ atom enerjisi.
geñsiryoku hacudeñsyo 原子力発電所 /a./ atom elektrik santralı, nükleer santral.
geñsiryoo 原子量 /a./ atom sıkleti.
geñsi syàkai 原始社会 /a./ ilkel toplum.
geñsiteki 原始的 /a./ ~な ilkel, yabanıl.
geñsi zidai 原始時代 /a./ ilkel zamanlar.
geñso 元素 /a./ eleman, unsur, basit cisim, ilke. 同位~ izotop. 放射性同位~ radyoizotop.
geñsoku 原則 /a./ kural, prensip.
geñsoku 舷側 /a./ borda.
geñsoñ 現存 /a./ ~の vaki.
geñsoo 幻想 /a./ hayal, rüya, evham, ham hayal, düş, imge, fantezi, kuruntu. ~の hayalî. ~を抱く bir şey san-, çoban kulübesinde padişah rüyası gör-. ~を追う人 hayalperest.
geñsòokyoku 幻想曲 /a./ fantezi.
geñsooteki 幻想的 /a./ ~な fantastik.
geñsui 元帥 /a./ mareşal. 海軍の~ büyük amiral. チャクマク~ Mareşal Çakmak. ~の地位 mareşallik.
geñsyo 原書 /a./ aslî metin.
geñsyo 原初 /a./ ~の ilkel.
geñsyoku 原色 /a./ esas renk, asıl renk. ~版 fototipi.
geñsyoo 現象 /a./ fenomen, görüngü, olay, olgu. 天然~ tabiat hadisesi.
geñsyoo 減少 /a./ azalma, azaltılma, eksilme.
geñsyu 元首 /a./ hükümdar.
geñsyu 厳守 /a./ sözünde durma, dakikası dakikasına yapma.
geñsyuku 厳粛 /a./ vakar. ~な vakur, kutsal, ciddî.
geñsyuu 減収 /a./ gelir azalması.
geñtai 減退 /a./ çekilme, azalma. 食欲~ iştahsızlık.
geñtei 限定 /a./ inhisar, belirtme. ~する inhisar et-, sınırla-, sınırlandır-, vasıflandır-. ~形容詞 belirtme sıfatı.
geñteñ 原点 /a./ mahreç.
geñtoo 厳冬 /a./ kara kış, kış, kıyamet, zemheri.
geñtòoki 幻灯機 /a./ projektör, ışıldak.
geñtosite 厳として /be./ ciddî olarak.
geñwaku 幻惑 /a./ ~する gözleri kamaştır-, körlet-.
geñya 原野 /a./ yaban.
geñyu 原油 /a./ ham petrol, petrol. ~のストック petrol rezervleri.
geñzai 現在 /a./ şimdiki zaman, şimdiki durum, hâl, günümüz ; bu günkü günde, halen, şimdi. ~の şimdiki, aktüel. ~よりも将来のことを考えるべきだ。Hâlden çok istikbali düşünmeli.
geñzei 減税 /a./ vergi indirimi.
geñzeñ 厳然 /a./ ağır başlılık.
geñzi 言辞 /a./ söz.
geñzicu 現実 /a./ gerçek. ~に bilfiil. 恐れていたことが~になる korktuğu başına gel-, kortuğuna uğra-.
geñzicuka 現実化 /a./ tahakkuk, gerçekleşme.
geñzicusei 現実性 /a./ gerçeklik, güncellik, aktüalite.
geñzicuteki 現実的 /a./ ~な gerçekçi, aktüel, realist. ~な人 realist.

geñzi·ru

〜な見方で gerçekçi bir görüşle.
geñzi·ru 減じる /ey./ azal-.
geñzoo 現像 /a./ banyo. 写真の〜 fotoğraf banyosu, developman.
geñzuru 減ずる /ey./ azalt-, azal-. 価値が〜 değer azal-.
geñzùru 現ずる /ey./ belir-, ortaya çık-.
geñzyoo 現状 /a./ şimdiki durum. 〜を維持する istifini bozma-. 敵軍は我軍に対し〜を保つことができなかった. Düşman ordusu ordumuz karşısında tutunamadı.
geñzyuu 厳重 /a./ kesinlik. 〜な警戒 katı tedbirler.
geñzyùumiñ 原住民 /a./ aslî ahali, yerliler.
geppoo 月俸 /a./ aylık, maaş.
geppoo 月報 /a./ aylık.
geppu げっぷ /a./ geğirti, geğirme. 〜を出す geğir-. 〜が出る midesi ekşi-.
geppu 月賦 /a./ taksit. 〜で taksit taksit. 〜を払う taksit öde-(ver-).
geppubàrai 月賦払い /a./ taksit ödemesi.
gera ゲラ(İng. galley) /a./ prova.
gerècu 下劣 /a./ aşağılık, kepazelik. 〜な行為(卑語) eşeklik.
geri 下痢 /a./ ishal, sürgün, amel. 〜をする ishal ol-, sürgün git-, içi (karın) sür-, yüreği sür-.
gèrira ゲリラ(İng. guerrilla) /a./ çeteci, partizan, gerillacı.
geriràhei ゲリラ兵 /a./ gerillacı.
geriraseñ ゲリラ戦 /a./ çete savaşı, gerilla.
gèro げろ /a./ kusma. 酔っぱらいの〜 (隠語) tavus kuyruğu.
gesènai 解せない /s./ anlayamaz.
gesi 夏至 /a./ yaz gün dönümü. 〜と冬至 yaz gün dönümü ve kış gün dönümü.
gesokubañ 下足番 /a./ pabuççu.
gessìrui げっ歯類 /a./ kemirgenler.

gessya 月謝 /a./ aylık, okul parası.
gessyoku 月食 /a./ ay tutulması. 皆既〜 tam ay tutulması.
gessyuu 月収 /a./ aylık, maaş.
gesui 下水 /a./ pis sular, lağım suları. 〜設備 lağım döşemi.
gesùidoo 下水道 /a./ kanalizasyon, lağım.
gesuikañ 下水管 /a./ akaç. 〜の飾り座金 rozet.
gesuiyoo 下水用 /a./ 〜の石積みの穴 kuru kuyu.
gèsya 下車 /a./ arabadan (trenden) inme.
gesyuku 下宿 /a./ pansiyon.
gesyukuniñ 下宿人 /a./ pansiyoner.
geta 下駄 /a./ takunya.
gèya 下屋 /a./ sundurma.
gezai 下剤 /a./ müshil. 〜をかける amel ver-.
gezyuñ 下旬 /a./ ay sonundaki on gün.
gì 義 /a./ adalet.
giañ 議案 /a./ tasarı, kanun tasarısı.
gìbo 義母 /a./ üvey ana, kaynana, kayın valide, dünür, dünürşü, dünüş.
gibòosyu 擬宝珠 /a./ sütun babası. 手すりの〜 tırabzan babası.
gìbosi 擬宝珠 /a./ → **gibòosyu.**
gicyoo 議長 /a./ başkan, reis.
gidai 議題 /a./ toplantının konusu.
gieñkiñ 義捐金 /a./ iane, zekât.
giga 戯画 /a./ karikatür.
gigañ 義眼 /a./ takma göz. 〜の camgöz.
gìgei 伎芸 /a./ ustalık, sanatkârlık.
gìgi 疑義 /a./ şüphe. 〜を生じる şüphelen-.
gigoku 疑獄 /a./ siyasî skandal.
gìhu 義父 /a./ üvey baba, kayın baba, kayın peder, dünür, (俗語) babalık.

gihuñ 義憤 /a./ adaletli öfke.

giigii ギーギー /be./ gacır gucur, gıcır gıcır. 〜音を出す gıcırda-. 〜いう音 gıcırtı, cazırtı. 野菜畑の水あげ滑車が〜と回る. Bostan dolabı gacır gucur dönüyor. 一晩中、荷車の〜いう音が聞こえた. Bütün gece kağnının cazırtısını duydum.

giiñ 議員 /a./ üye, millet vekili, saylav, parlamenter. 大統領がある〜に組閣を命じた. Cumhurbaşkanı bir millet vekilini kabineyi kurmaya memur etti.

giiñ 議院 /a./ kamara, devlet parlamentosu.

giitto ギーッと /be./ gacır gucur, gıcır gıcır. 〜音を立てる gacır gucur et-.

gikai 議会 /a./ toplantı, meclis, parlamento, Büyük Millet Meclisi. 〜の parlamenter. 〜の決定 meclis kararı. 〜が開かれた. Meclis kuruldu.

gikaku 擬革 /a./ deri, kösele, meşin.

gikecu 議決 /a./ meclis kararı.

gikei 義兄 /a./ kayın birader, kayın.

gikkurigosi ぎっくり腰 /a./ lumbago.

gikocinài ぎこちない /s./ hoyrat, lök, sümsük, tutuk.

gikoo 技巧 /a./ hüner, sanat, teknik, ustalık.

gikyoku 戯曲 /a./ oyun, piyes. 〜はうまい作家の筆で書かれたらしい. Piyes iyi bir yazarın kaleminden çıkmış.

gimañ 欺瞞 /a./ aldatma, hile. 〜の hileli.

gimei 偽名 /a./ yalancı ad.

-gimi 気味 hafif, biraz. 〜になる kaç-.

gimoñ 疑問 /a./ şüphe, sorun, soru, sual. 〜を抱く şüphelen-. 〜形容詞 soru sıfatları. 〜の余地がない söz götürmez. 私達の〜に答える sorumuzu cevapla-.

gimòñhu 疑問符 /a./ soru imi.

gimu 義務 /a./ borç, vazife, mecburiyet, görev, ödev, mükellefiyet, boyun borcu, farz, sorumluluk, yüküm, zor. 〜の mecbur, vacip. 納税の〜 vergi yükümü. 法的〜 yasa gereği. 〜のある yükümlü, mükellef. 〜に忠実な ödevcil. 〜を果たす görevini yap-. 感謝するのが〜だと思う teşekkürü borç bil-. 子供を育てるのは父母の〜である. Çocukları yetiştirmek ana ve babanın borcudur. 誰でも親の面倒を見る〜がある. Herkes anasına babasına bakmakla görevlidir.

gimu kyòoiku 義務教育 /a./ mecburî eğitim, zorunlu eğitim.

gimuteki 義務的 /a./ 〜な mecburî, muvazzaf, yükümlü. イスラム教徒として〜な vacip. 〜に mecburen.

gimuzukerarè・ru 義務づけられる /ey./ 義務づけられた mahkûm.

gimuzukè・ru 義務づける /ey./ mecbur et-.

gineñ 疑念 /a./ şüphe. 〜を抱く şüphelen-.

Ginia ギニア /a./ Gine.

ginoo 技能 /a./ hüner, ustalık.

ginoo roodòosya 技能労働者 /a./ vasıflı işçi.

giñ 銀 /a./ gümüş, sim. 金と〜 altın ve gümüş. 〜の gümüş. 盆を〜でめっきする tepsiyi gümüşle kapla-.

giñbàika ギンバイカ /a./ mersin.

giñga 銀河 /a./ Saman yolu, Saman uğrusu, gök yolu, hacılar yolu.

giñiro 銀色 /a./ gümüş beyazı. 〜の gümüşî. 〜にする gümüşle-.

giñka 銀貨 /a./ akça, gümüş sikke.

giñkoo 銀行 /a./ banka, bank, sandık. 〜に預金する bankaya yatır-. お金を〜からおろす parasını bankadan çek-(al-). 〜に口座を開く hesap aç-. 〜業務 banka işlemleri.

～に預金がある. Bankada hesap var.
～の金がだんだんふえている. Bankadaki parası gitgide çoğalıyor.
giñkoo gōotoo 銀行強盗 /a./ banka soygunu. 警官が～の聞き込みをしている. Polis, banka soygunu için soruşturma yapıyor.
giñkȍogyoo 銀行業 /a./ bankacılık.
giñkȍoiñ 銀行員 /a./ bankacı.
giñkooka 銀行家 /a./ banker, bankacı.
giñkoo kèiei 銀行経営 /a./ bankacılık.
giñkȍokeñ 銀行券 /a./ banknot.
giñmaku 銀幕 /a./ beyaz perde. ～のスター beyaz perde yıldızı.
giñmèdaru 銀メダル /a./ gümüş madalya.
giñmèkki 銀めっき /a./ yaldız. ～の yaldızlı. ～する gümüşle-, yaldızla-. ～職人 yaldızcı. ～工芸 yaldızcılık.
gȋñmi 吟味 /a./ ～する alıcı gözüyle bak-, gözden geçir-, irdele-.
giñmȍoru 銀モール /a./ kordon.
giñnȁñ ギンナン /a./ mabet ağacı.
giñpaku 銀箔 /a./ yaldız, varak. ～の lame. ～を張った yaldızlı. ～を張る yaldızla-, varakla-.
giñpȁkusi 銀箔師 /a./ yaldızcı.
giñpuñ 銀粉 /a./ yaldız.
giñriñ 銀輪 /a./ bisiklet.
giñriñ 銀鱗 /a./ balık pulu.
giñsei 銀製 /a./ ～の gümüş.
giñsi 銀糸 /a./ sırma, sim, tel. ～で飾る telle-. ～で飾った telli. ～で飾った花嫁 telli gelin. ～の入ったハンカチ çevre. ～織りの lame.
giñsyoo 吟唱 /a./ inşat.
giñyuu sȋziñ 吟遊詩人 /a./ saz şairi, ozan, âşık. ～の楽器 kopuz.
giñzȋ・ru 吟じる /ey./ inşat et-. 詩を～ şiiri inşat et-.
gioñgo 擬音語 /a./ yansıma.
giragira ぎらぎら /be./ çıldır çıldır.

girañ 擬卵 /a./ fol.
girei 儀礼 /a./ teşrifat.
girèihei 儀礼兵 /a./ şeref kıtası.
girei hȍomoñ 儀礼訪問 /a./ nezaket ziyareti.
gireiteki 儀礼的 /a./ ～な言葉 hoşbeş.
girȋ 義理 /a./ minnet. ～がある minnettar. ～の üvey. ～の父 üvey baba, kayın baba, kayın peder, kaynata. ～の母 üvey ana kaynana, kayın valide. ～の母であること kaynanalık. ～の子 üvey evlât. ～の兄弟 üvey kardeş, kayın, kayın birader. ～の姉妹 elti.
giridate 義理立て /a./ 誰にも～の要なし ne sakala minnet, ne bıyığa.
Gȋrisya ギリシャ /a./ Yunanistan. ～の Yunan. ～音楽 Yunan müziği. 古代～の rumî.
Girisyago ギリシャ語 /a./ Yunanca. 現代～ Rumca. 古典～ Grekçe.
Girisyakei ギリシャ系 /a./ Yunanlı イスラム圏に住む～住民 Rum.
Girisya sèikyoo ギリシャ正教 /a./ Ortodoksluk. ～の僧正 metropolit.
Girisya seikyȍoto ギリシャ正教徒 /a./ Ortodoks.
Girisya sȋñwa ギリシャ神話 /a./ Yunan mitolojisi.
Girisyȁziñ ギリシャ人 /a./ Yunanlı, Yunan. 古代～ Grek. トルコ国籍の～ Rum.
girociñ ギロチン(İng. guillotine) /a./ giyotin.
gȋroñ 議論 /a./ tartışma, münakaşa, münazara, müzakere, bahis. ～する tartış-, müzakere et-, kırış-. ～される tartışıl-, konuşul-. ～に加わる tartışmalara katıl-. ～の余地がない su götürme-.
giryoo 技量 /a./ hüner.
gisañ 蟻酸 /a./ karınca asidi.
gisei 犠牲 /a./ kurban, heder. ～を払う feda et-. ～を払うこと feda. ～を

払って pahasına. どんな～を払っても ne pahasına olursa olsun. ～になる kurban git- (ol-), ateşe at-. ～にする kurban et- (kes-), heder et-, feda et-, gözden çıkar-, kan akıt-, kıy-, harca-. 命を～にする canını ver-, (口語) kelleyi ver-. 自分を～にする başını ver-, başı koy-. 家族のために自分を～にする çoluk çocuğu uğruna kendini harca-. 喜んで～にしよう feda olsun. ～を出す kurban ver-. これ以上～を払いたくない. Ben şahımı bu kadar severim. これくらいのお金も～にできないでいる. Bu kadar parayı feda edemedi. この地震で多くの～が出た. Bu depremde çok kurban verildi.
gisei doobucu 犠牲動物 /a./ kurban.
giseigo 擬声語 /a./ yansıma.
giseisai 犠牲祭 /a./ kurban bayramı, kurban, hacılar bayramı.
giseisya 犠牲者 /a./ kazazede, kurban.
giseiteki 犠牲的 /a./ ～な fedakâr, özverili. ～行為をする人 fedaî.
giseiyoo 犠牲用 /a./ ～の kurbanlık.
giseki 議席 /a./ millet vekilliği.
gisi 技師 /a./ makine mühendisi, mühendis, teknikçi, tekniker, operatör. アニメーション～ canlandırıcı.
gisi 義歯 /a./ eğreti diş, takma diş.
gisi 義肢 /a./ eğreti bacak, eğreti kol.
gisigisi ギシギシ /a./ labada.
gisiki 儀式 /a./ merasim, resim, tören, teşrifat. 宗教の～ ayin. ～で行われる törenli.
gisiñañki 疑心暗鬼 /a./ korku dağları bekler (aşırır).
gisoku 義足 /a./ eğreti bacak.
gisoo 偽装 /a./ kamuflaj, gizleme, hile. ～の hileli. ～する kamufle et-, gizle-.
gisoo 艤装 /a./ gemiyi donatma, donatım.

gissiri ぎっしり /be./ tıklım tıklım, üst üste. ～詰める tıklım tıklım doldur-. ～詰まる sıkış-. ～詰まった sık, hıncahınç. ～詰まった一包みの綿 sıkı doldurulmuş bir balya pamuk.
gisuru 議する /ey./ tartış-.
gisuru 擬する /ey./ taklit et-.
gisyoo 偽証 /a./ ～する yalan yere yemin et-.
gisyooniñ 偽証人 /a./ yalancı tanık (şahit).
gisyoozai 偽証罪 /a./ yalan şahitliği.
gitaa ギター (İng. guitar) /a./ gitar, kitara.
gitei 義弟 /a./ kayın birader, kayın.
giteisyo 議定書 /a./ protokol.
giteñ 疑点 /a./ şüphe. 隠された～ bit yeniği.
giwaku 疑惑 /a./ şüphe kurdu, zan.
giya ギヤ (İng. gear) /a./ dişli, vites. ～を変える vites değiştir-. ～レバー vites kolu.
giyuuhei 義勇兵 /a./ gönüllü asker, milis.
gizagiza ぎざぎざ /a./ çentik, tırtık, tırtıl. 切手のふちの～ dantel, dantela. ～の çentik. ～の多い葉 oymalı yaprak. ～にする çent-. ～をつける tırtıl kes-.
gizeñ 偽善 /a./ riyakârlık, riya, iki yüzlülük. ～の kalp, mürai, iki yüzlü.
gizeñsya 偽善者 /a./ iki yüzlü.
gizeñteki 偽善的 /a./ ～な riyakâr.
gizi 議事 /a./ gündem. ～にのせる gündeme al-.
gizibari 擬餌針 /a./ zoka.
gizi nittei 議事日程 /a./ gündem.
giziñhoo 擬人法 /a./ kişileştirme.
giziñka 擬人化 /a./ kişileştirme, teşhis.
giziroku 議事録 /a./ tutanak, zabıt. ～を取る zabıt tut-.
gizoo 偽造 /a./ sahtekârlık, düz-

mecelik. 〜する düz-. 〜する人 sahtekâr.
gizoo buñsyo 偽造文書 /a./ düzme belge.
gizoo kāhei 偽造貨幣 /a./ kalp para, düzme para.
gizyoo 議場 /a./ meclis.
gizyōohei 儀仗兵 /a./ şeref kıtası.
gizyucu 技術 /a./ hüner, sanat, teknik, uygulayım. 工業〜 teknoloji. 子供が〜を二日で身につけた. Çocuk sanatı iki günde kaptı.
gizyucu gàkkoo 技術学校 /a./ sanat okulu.
gizyucùsya 技術者 /a./ teknikçi, tekniker, teknisyen. 工場の〜 fabrikanın teknik elemanı. 森林〜 ormancı. 農業〜 tarımcı.
go 後 /a./ sonra. → **āto**. ···〜に sonra. 二年〜に iki yıl sonra. その〜 sonraları.
gò 五 /a./ beş. 〜のカード beşli. 12と〜を掛ける on iki ile beşi çarp-. 10割る〜は2. 10÷5=2. On bölü beş eşit iki.
gò 語 /a./ kelime, sözcük.
gò 碁 /a./ 'Go' oyunu. 〜の手の番 hamle.
gobañ 碁盤 /a./ 'Go' oyununun tahtası. 〜の目 hane, göz. 〜の目の舗道 parke.
gobañme 五番目 /a./ 〜の beşinci.
gobañzima 碁盤じま /a./ 〜の damalı, satranç satranç.
gòbi 語尾 /a./ ek. 活用〜 çekim ekleri, takı.
goboo ゴボウ /a./ dul avrat otuya benzer, kökü yenilen bir bitki.
gòbu 五分 /a./ yarı, yüzde elli ; yüzde beş.
gobugobu 五分五分 /a./ 〜に yarı yarıya.
goburañmōoseñ ゴブランもうせん /a./ goblen.
gebusata ごぶさた /a./ uzun süre mektup yazmama (görüşmeme). 〜お許し下さい uzun zaman mektup yazmadığımı affediniz.
gobyuu 誤謬 /a./ yanlışlık, hata. 〜を犯す yanıl-, hataya düş-.
goccya ごっちゃ /a./ (隠語) kavanço.
gocikku ゴチック (Al. Gotik) /a./ → **gosìkku**.
gocisoo ごちそう /a./ tatlısı tuzlusu. 〜する ağırla-, yağa bala batır-. 〜になる ikram gör-.
§〜さま afiyet olsun, ziyade olsun.
gocyagocya ごちゃごちゃ /a./ 〜の allak bullak. 〜にする ortalığı birbirine kat-, karıştır-. 書類を〜にする kâğıtları karıştır-. 〜になる yangın yerine dön-, karış-. 本が〜になる kitaplar karış-.
gòcyagocya ごちゃごちゃ /be./ 〜した çetrefil, allak bullak.
gocyamaze ごちゃ混ぜ /a./ çorba. 〜になる çorbaya dön-. 〜になった çorba gibi.
gòcyoo 伍長 /a./ çavuş.
goei 護衛 /a./ muhafız. 大使館の〜 kavas.
gògacu 五月 /a./ mayıs. イスラム暦〜 büyük tövbe ayı. 〜が過ぎた. Mayıs çıktı. 〜19日のショーはとてもすばらしかった. On dokuz Mayıs gösterileri çok güzeldi.
gògaku 語学 /a./ dil öğrenimi. 〜の天才 dili yaktın.
gogeñ 語源, 語原 /a./ etimoloji.
gògo 午後 /a./ öğleden sonra. 〜の祈りの時間 ikindi. 〜の組の生徒 öğlenci. 〜にはたいがい風が吹く. Öğleden sonraları çoğu rüzgâr esiyor.
gòhañ 御飯 /a./ yemek, haşlanmış pirinç.
gohu 護符 /a./ muska, nazarlık.
gohuku 呉服 /a./ manifatura.
gohyakù 五百 /a./ beş yüz. この仕事は500リラ相当だ. Bu iş beş yüz liraya bakar.

gòi 語彙 /*a.*/ sözcük hazinesi.
goisagi ゴイサギ /*a.*/ gecebalıkçılı.
goisi 碁石 /*a.*/ 'Go' oyunu için taş.
gokai 誤解 /*a.*/ yanlış anlama. ひどい〜をする kazı koz anla-. 私を〜するな. Hatırına bir şey gelmesin.
gokàkkei 五角形 /*a.*/ beşgen.
gokaku 互角 /*a.*/ aynı kuvvette olma. 〜に争う başa çık-.
gokakù 五角 /*a.*/ 〜の beşli.
gokaneñ kèikaku 五ヶ年計画 /*a.*/ 開発〜 beş yıllık kalkınma planı.
gokañ 五感 /*a.*/ beş duyu.
gokañ 語感 /*a.*/ dil duygusu.
gokañ 語幹 /*a.*/ gövde.
goke 後家 /*a.*/ dul kadın.
gòki 誤記 /*a.*/ yanlış yazı.
gokiburi ゴキブリ /*a.*/ hamam böceği, kara fatma.
gokigeñ ごきげん, 御機嫌 /*a.*/ haliniz, birinin hali. 〜だ yaşadık. 〜いかがですか. Nasılsınız?
gokigeñtori 御機嫌取り /*a.*/ kur, yaltaklık.
gokigeñyòo ごきげんよう /*ün.*/ var ol! Sağ ol!
gokkañ 極寒 /*a.*/ ayaz, sert soğuk. 〜になる ayaza çek-.
gòkoku 五穀 /*a.*/ hububat.
gòkoku 後刻 /*be.*/ sonra.
gokoñ 語根 /*a.*/ kök.
gòkoo 後光 /*a.*/ nur aylası.
gòku 語句 /*a.*/ tabir.
gòku ごく /*be.*/ pek çok, çok. 〜最近 yeni yeni. 〜少ない azıcık, tırnak kadar. 〜小さい küçücük, bacak kadar. 〜親しい友 yakın dost, (口語) can ciğer.
gòku 獄 /*a.*/ hapishane. 〜につながれる hapis olun-.
gokuaku 極悪 /*a.*/ bok üstün bok.
gokucùbusi ごくつぶし /*a.*/ (隠語) ekmek düşmanı.
gokucyuu 獄中 /*a.*/ hapishahe. 〜で過ごす hapis yat-.

gokùgecu 極月 /*a.*/ aralık.
gòkugoku ゴクゴク /*be.*/ lıkır lıkır. 乳を〜飲む sütü lıkır lıkır iç-.
gokuhi 極秘 /*a.*/ 〜の en gizli.
gokuhiñ 極貧 /*a.*/ çok fakirlik.
gòkui 極意 /*a.*/ gizem.
gokuiñ 極印 /*a.*/ damga.
gokuraku 極楽 /*a.*/ cennet. 〜へ行ける人 cennetlik.
gokurakucyoo ゴクラクチョウ, 極楽鳥 /*a.*/ cennet kuşu.
gòkuri 獄吏 /*a.*/ gardiyan.
gokusàisiki 極彩色 /*a.*/ 〜の çok güzel renkli.
gokusi 獄死 /*a.*/ hapishanede ölme.
gokusocu 獄卒 /*a.*/ gardiyan.
gòkusya 獄舎 /*a.*/ hapishane.
gokuzyoo 極上 /*a.*/ en iyilik.
goma ゴマ /*a.*/ susam. 〜のすりつぶした液体 tahin. 〜をする yağcılık et-, (口語) yağla-.
goma àbura ゴマ油 /*a.*/ susam yağı.
gomakasarè·ru ごまかされる /*ey.*/ aldatıl-.
gomakasè·ru ごまかせる /*ey.*/ 目をごまかせない önünde perende atılma-.
gomakasi ごまかし /*a.*/ aldatma, tahrif, üç kâğıt, oyun, (隠語) dalga. 〜の oyunbaz. 〜を言う ağız yap-, yumurtala-.
gomakasiya ごまかし屋 /*a.*/ (口語) numaracı. 〜の (口語) numaracı.
gomakàsu ごまかす /*ey.*/ aldat-, kandır, göz boya-, oyun et- (oyna-), üç kağıda bağla- (getir-). 借金取りを〜 alacaklıyı oynat-. 急いでいるのをいいことに人を〜 acele getir-. トランプで自分の手を〜こと blöf.
gomame ゴマメ /*a.*/ hamsi yavlusu. §〜の歯ぎしり. Tavşan dağa küsmüş de dağın haberi olmamış.
gomañniñ 五万人 /*a.*/ elli bin kişi. この新聞には〜の購読者がいる. Bu gazetenin elli bin abonesi var.

gomasùri ごますり /a./ (隠語) yağcı, (隠語) yağcılık. 〜を言う yağlayıp balla-.
gomeñ 五面 /a./ 〜の beşli.
gomeñ ごめん, 御免 /a./ af, bağış. このいたずら坊主の相手はもう〜だ. Bu yaramaz çocukla uğraşmaktan bezdim. §〜なさい. Bağışlayın, Aftendin, Affedersiniz. ちょっと〜なさい pardon. 〜下さい pardon.
gomì ごみ /a./ çöp, çerçöp, çepel, süprüntü. 〜の山 çöplük, mezbele. 〜を集める çöpleri topla-. 〜収集車 çöp arabası. 道路に〜を捨てるのは恥だ. Sokağa çöp atmak ayıptır. その〜をごみ箱に捨てなさい. Şu süprüntüleri çöp kutusuna atıver.
gomiàcume ごみ集め /a./ çöpleri toplama. 〜の人 çöpçü. 〜の車 çöp arabası.
gomibàko ごみ箱 /a./ çöplük, çöp kutusu. そのごみを〜に捨てなさい. Şu süprüntüleri çöp kutusuna atıver.
gòmigomi ごみごみ /be./ 〜した mahalle kahvesi gibi.
gomisuteba ごみ捨て場 /a./ çöplük, mezbele. 家庭から集めたごみは市外の〜に運ばれる. Evlerden toplanan çöpler kent dışındaki çöplüğe götürülür.
gomitame ごみため /a./ çöplük, mezbele. 〜に捨てる çöplüğe at-.
gomitorì ごみ取り /a./ faraş.
gòmu ゴム (Hol. gom) /a./ lastik, kauçuk. 〜の lastik, lastikli, kauçuk. 〜の木 kauçuk.
gomùgucu ゴム靴 /a./ lastik (kauçuk) ayakkabı, şoson.
gomùhimo ゴムひも /a./ lastik şerit.
gomuiñ ゴム印 /a./ lastik damga.
gomukañ ゴム管 /a./ lastik boru.
gomusei ゴム製 /a./ 〜の lastik.
gomu sèihiñ ゴム製品 /a./ lastik eşya.

gomu tebùkuro ゴム手袋 /a./ kauçuk eldiven.
goneñ 五年 /a./ beş yıl. 〜も同じことを勉強していてわからずじまいとは. Beş yıldır aynı dersi okur, anlamadı gitti!
goniñ 誤認 /a./ yanlış fikir.
goniñ 五人 /a./ beş kişi. うちでは〜が私をあてにしている. Evde beş kişi bana bakıyor.
goñdora ゴンドラ (İng. gondola) /a./ gondol.
gòñge 権化 /a./ tecessüm.
gòñgodoodañ 言語道断 /a./ dehşetli kötü.
gòo 号 /a./ sayı, numara, nüsha, punto; takma isim. …〜の sayılı. 三〜の紙 üç sayılı kağıt. 第59〜の雑誌 59 sayılı dergi. 9号の靴下 dokuz numara çorap. 10号の活字 on punto.
gòo 業 /a./ §〜を煮やす gazaplan-, keli kız-.
gòo 郷 /a./ vilâyet, memleket. §〜に入っては〜に従え. Ya bu deveyi gütmeli, ya bu diyardan gitmeli.
gòo 濠 /a./ hendek, siper.
goobeñ 合弁 /a./ ortaklık. 〜会社 anonim ortaklık.
goocukubari 強突く張り, 業突く張り /a./ (卑語) eşek inadı.
goodacu 強奪 /a./ çapul, yağma, yağmacılık, gasıp, soygun, talan. 〜する gaspet-, yağmala-, soy-.
goodacukiñ 強奪金 /a./ haraç.
goodacùsya 強奪者 /a./ çapulcu, soyguncu.
goodoo 合同 /a./ birleşme, beraberlik. 〜の birleşik. 〜委員会 karma komisyon. 企業〜 tröst.
googai 号外 /a./ hususî nüsha.
gòogi 合議 /a./ söyleşme. 医師の〜 konsültasyon.
gòogo 豪語 /a./ büyük söz. 〜する atıp tut-, büyük (söz) söyle-.

gòogoo ゴーゴー /be./ gıldır gıldır, güldür güldür, gümbür gümbür, gürül gürül, har har, gümbedek. 〜いう gümbürde-, gürülde-. 〜いう音 gümbürtü. 機械が〜と動いている. Makine gıldır gıldır çalışıyor. 川が〜と流れている. Dere güldür güldür akıyor. 谷も山も音をたてて〜とうなっていた. Dereler tepeler gürültüyle gümbürdüyordu. 森の渓流が〜と流れている. Ormanda dere gürüldeyerek akıyor.
goohoo 合法 /a./ kanunluluk. 〜の yasal, yasalı, helal.
goohoo 号砲 /a./ işaret fişeği.
goohoosei 合法性 /a./ kanunluluk.
goohooteki 合法的 /a./ 〜な yasal, hukukî, kanunî, kanunlu, meşru.
gooi 合意 /a./ söz birliği, muvafakat, fit. 〜する hep bir ağız ol-, kesiş-. 〜に達する ahenk kur-. 事を〜にもちこむ işleri sözleşmeye bağla-.
gooiñ 強引 /a./ zor, cebir. 〜な zoraki. 〜に zorla. 〜に持って来させる ayağına getir-. 〜にしようとする inada bin- (bindir-).
gòoka 豪華 /a./ debdebe, saltanat. 〜な mükellef, şahane. 〜さ intişam.
gòoka 業火, 劫火 /a./ büyük yangın.
gookabañ 豪華版 /a./ yaldız ciltli.
gookai 豪快 /a./ pervasızlık, cesaret.
gookaku 合格 /a./ sınavı başarma. 〜する sınavı başar-, geç-. 子供は今年〜した. Çocuk bu yıl geçti.
gookañ 強姦 /a./ ırza geçme. 〜する ırzına geç-, üstünden geç-, (隠語) iskele al-, (隠語) becer-.
gookecu 豪傑 /a./ kahramanca adam.
gookei 合計 /a./ toplam, tutar, yekûn. 〜する topla-.
gookèigaku 合計額 /a./ meblağ.

gookiñ 合金 /a./ alaşım, halita. 銅と錫の〜 bakırla kalay alaşım. 水銀との〜 malgama.
gookyuu 号泣 /a./ şiddetli ağlama.
goomañ 傲慢 /a./ mağrurluk. 〜な mağrur.
goomeigàisya 合名会社 /a./ kolektif şirket (ortaklık).
gòomo ごうも /be./ hiç.
goomoñ 拷問 /a./ cefa, işkence, azap. 〜にかける cefa et-, işkence et- (yap-). 足に〜をかける tomruğa ver-. 〜を受ける cefa çek- (gör-).
goomoo 剛毛 /a./ sert kıl.
goorei 号令 /a./ komut. 〜をかける komut ver-.
gooriki 強力 /a./ dağ kılavuzu.
goori syùgi 合理主義 /a./ akılcılık.
gooriteki 合理的 /a./ 〜な akla uygun, makul, ussal, ölçülü, mantıkî, mantıklı. 〜な考え makul bir düşünce.
gòoru ゴール(İng. goal) /a./ gol, kale. 〜する gol yap-. 〜にシュートする gol at-.
gooru kìipaa ゴールキーパー(İng. goalkeeper) /a./ kaleci.
gooryoku 合力 /a./ bileşke.
gooryuu 合流 /a./ ırmaklar birleşmesi. 〜する karış-, birleş-. チュブック川はサカリヤに〜する. Çubuk Suyu Sakarya'ya karışır. ユーフラテス川とチグリス川は我が国境の外で〜してバスラ湾に注ぐ. Fırat ve Dicle nehirleri sınırlarımızın dışında birlşerek Basra körfezine dökülür.
gooryùuteñ 合流点 /a./ kavşak, su kavşağı.
goosei 合成 /a./ bileşim, sentez, terkip. 〜の bileşik, sentetik. 〜する bileş-.
gòosei 豪勢 /a./ 〜な fevkalâde, mükellef.

goosei señi 合成繊維 /*a.*/ sentetik bir kumaş.
goosei zyùsi 合成樹脂 /*a.*/ plastik.
goosi 合資 /*a.*/ komandit.
goosigàisya 合資会社 /*a.*/ komandit ortaklık (şirket).
goosoo 豪壮 /*a.*/ ihtişam. 〜な muhteşem.
goosùu 号数 /*a.*/ sayı.
goosya 豪奢 /*a.*/ lüks.
gootàñ 豪胆, 剛胆 /*a.*/ cesaret.
gooteki 号笛 /*a.*/ düdük.
gootoo 強盗 /*a.*/ soygun, soyguncu. 〜が逮捕された. Soygunun suçluları yakalandı.
gòou 豪雨 /*a.*/ tufan. 集中〜 sağanak. 先日降った雨は〜だった. Geçen gün yağan yağmur bir tufandı. 最近の〜で作物がだめになった. Son yağan şiddetli yağmurlar ekinleri mahvetti.
gooyoku 強欲 /*a.*/ aç gözlülük. 〜な人 aç gözlü adam.
gooyuu 剛勇 /*a.*/ cesaret.
goozeñ 傲然 /*a.*/ mağrurluk.
goozoku 豪族 /*a.*/ güçlü klik.
goozyoo 強情 /*a.*/ inat, inatçılık, geçimsizlik, huysuzluk, domuzluk, aksilik, direnim. 〜な inatçı, direngen, gâvur, aksi, keçi domuz gibi. 〜な人 çetin ceviz, katır. 〜を張る aksilik et-, aksileş-, ayak dire-, diklen-, dikleş-, inat et-, domuzluk et-, ters tarafından kalk-, (口語) dayat-. 小さいロバは〜を張って歩こうとしない. Küçük eşek inatçılığından yürümek istemiyor.
goozyoppari 強情っ張り /*a.*/ gâvur inadı, çetin ceviz, domuz, katır.
goraku 娯楽 /*a.*/ eğlence, konfor, âlem.
goraku sècubi 娯楽設備 /*a.*/ konfor.
gorañ ごらん, 御覧 /*a.*/ bakmak. 〜なさい hele bak. 〜になる bak-. ほら〜, ヒツジの群れが通る. İşte bak, bir koyun sürüsü geçiyor. やって〜 göreyim seni. さあ言って〜 hele hele. おい子供達, 来て〜. Hey çocuklar, gelin bakalım.
gòrimucyuu 五里霧中 /*a.*/ etrafı sisli, basiretsizlik.
gòrira ゴリラ /*a.*/ goril.
goro ごろ /*a.*/ deyim, deyiş. 〜合わせ kelime oyunu, cinas.
-gòro ごろ, 頃 doğru, karşı, sularında, üstü, üzeri. 2時〜に saat iki sularında. 夕方〜 akşam üstü. 昼〜 öğle üzeri. 零時半〜 saat yarım civarında. 5時〜来る. Saat beşe doğru gelir.
gorocuki ごろつき /*a.*/ kabadayı, ipsiz. 〜の ipsiz.
gòrogoro ゴロゴロ /*be.*/ gümbür gümbür, langır lungur, paldır küldür, tangır tangır, gümbedek. 〜いう gümbürde-, gürle-. 〜とうなる hırla-. 〜のどを鳴らす mırla-. 〜ころがる teker meker yuvarlan-. 〜いう音 gümbürtü, hırıltı. 石の〜したところ taşlık. 空が〜いっている. Gök gürlüyor. はしごから〜と転げ落ちた. Merdivenden gümbür gümbür yuvarlandı. たるが〜転がった. Fıçılar tangır tangır (tungur) yuvarlandı.
gòruhu ゴルフ(İng. golf) /*a.*/ golf.
gòsa 誤差 /*a.*/ ayrılık, sapma.
gosañ 午餐 /*a.*/ öğle yemeği.
gosañ 誤算 /*a.*/ yanlış hesap. 〜する yanlış hesabet-, yanlış kapı şal-.
gosei 互生 /*a.*/ 〜の alternatif.
gòsei 悟性 /*a.*/ anlayış.
goseñ 五線 /*a.*/ porte.
goseñ 互選 /*a.*/ karşılıklı seçme.
gòsiki 五色 /*a.*/ beş boya, beş renk.
gosikihìwa ゴシキヒワ /*a.*/ saka.
gosìkku ゴシック(İng. Gothic) /*a.*/ 〜の gotik.
gosikku kèñciku ゴシック建築 /*a.*/ gotik sanat.

gosikkutai ゴシック体 /a./ gotik harfler.
gosikkuzi ゴシック字 /a./ (baskıda) siyah.
gosiñ 誤診 /a./ yanlış teşhis.
gosiñ 護身 /a./ nefsini koruma.
gosiñsui 御神水 /a./ sebil.
gosoo 護送 /a./ korumak maksatlı refakat.
gosui 午睡 /a./ öğle uykusu.
gosyoku 誤植 /a./ tertip hatası. この本にはたくさん〜がある。 Bu kitapta pek çok dizgi hatası var.
gòsyoo 後生 /a./ 〜だから Allah aşkına, (俗語) ayağını (ayaklarını) öpeyim.
gòsyoodaizi 後生大事 /a./ 〜に gözünün bebeği gibi.
gosyu kyòogi 五種競技 /a./ pentatlon.
gosyuusyoosama 御愁傷さま /ün./ Allah ecir sabır versin.
gotabuñ 御多分 /a./ 〜に漏れず âdet üzere.
gòtagota ごたごた /be./ har hur. 〜した kalabalık. 〜したもの yamalı bohça.
gotagotà ごたごた /a./ gaile, sıkıntı. 家庭の〜 ev gailesi.
gòtai 五体 /a./ 〜満足 eli ayağı düzgün.
gotaku 御託 /a./ 〜を並べる bencil söyle-.
gote 後手 /a./ 〜に回る。 İkindiden sonra dükkân açmaya benzer. Atı alan Üsküdar'ı geçti.
gòteñ 御殿 /a./ saray.
gotoku 五徳 /a./ sacayağı, sacayak.
gòtoku ごとく, 如く /il./ gibi. …の〜 gibi.
gòto ni ごとに, 毎に /il./ her … bir, her. そのたび〜 her defasında. 読むたび〜 her okudukça. 一日〜暖かくなる gün günden hava ılı-.

gotoobuñ 五等分 /a./ 母はケーキを〜した。 Annem pastayı beş eşit parçaya böldü.
gottagaesi ごった返し /a./ alavere.
gottagàesu ごった返す /ey./ doluş-. ごった返して alt alta üst üste. ごった返している場所 çarşamba pazarı gibi.
gouci 碁打ち /a./ 'Go' oyunan.
gòwagowa ごわごわ /be./ 〜したタオルで体を赤くなるまでこすった。 Sert bir havlu ile vücudunu kızartıncaya kadar ovaladı.
goyaku 誤訳 /a./ tercüme yanlışı.
goyoo 誤用 /a./ yanlış tatbik.
goyòo 御用 /a./ 〜を承ります。 Emrinize amadeyim.
goyòokiki 御用聞き /a./ dükkân çırağı, ayakçı.
gozà ござ /a./ hasır örgü.
gozaimàsu ございます /ey./ (saygılı) dir, olur.
gozeñ 御前 /a./ huzur. 王の〜に出る huzura çık-.
gòzeñ 午前 /a./ öğleden önce. 〜の組の生徒 sabahçı.
gozeñcyuu 午前中 /a./ kuşluk. 〜に取る食事 kuşluk yemeği.
gòzi 誤字 /a./ yanlış yazı.
gòzi 五時 /a./ saat beş. 〜まで待った。 Saat beşe kadar bekledim. 時計が〜を打っている。 Saat beş çalıyor.
gòzicu 後日 /a./ önümüzdeki günler, yarın öbür gün.
gòziñ 吾人 /a./ biz.
gozòñzi 御存じ /a./ bildiğiniz. 〜の通り bildiğiniz gibi. あの人がどんなに切れ者か〜ないのです。 O ne köpoğludur, bilmezsiniz. これこれの本屋の場所を〜ですか。 Falan kitapçının yerini biliyor musunuz?
gozooròppu 五臓六腑 /a./ beden içleri, bütün organlar.
gòzyo 互助 /a./ yardımlaşma.
gozyùu 五十 /a./ elli. 〜の elli. 〜を過ぎた人 elli yaşını geçkin bir

adam.
gozyuunẽnsai 五十年祭 /*a.*/ jübile.
gù 具 /*a.*/ araç, âlet. → **doogù**.
gù 愚 /*a.*/ aptallık. 〜にもつかない saçma.
guai 具合 /*a.*/ hâl, durum, sağlık. 〜がよい yerinde, sağ. いつも〜がよい açık ol-. 〜がよくない rahatsız. 〜が悪い rahatsız. 目の〜が悪い gözünden rahatsız. どうも〜が悪い bir türlü. 〜が悪いこと (bir) hoşluk. (〜が悪くなる) rahatsızlan-. 変な〜に gâvurca. おじいさんが昨夜ちょっと〜が悪くなった. Dedem dün akşam biraz rahatsızlandı.
Guatemara グアテマラ /*a.*/ Guatemala.
gùbi 具備 /*a.*/ teçhiz. 〜する malik ol-, sahip ol-.
gubiziñsoo グビジンソウ, 虞美人草 /*a.*/ gelincik.
guci 愚痴 /*a.*/ dırdır, dırıltı. 〜をこぼす dert yan-, yakın-.
gucippòi 愚痴っぽい /*s.*/ huysuz.
gùcugucu グツグツ /*be.*/ fokur fokur. 〜煮える fokurda-. 〜いう音 fokurtu. なべが〜煮えている. Tencere fokur fokur kaynıyor.
gudeñgudeñ ぐでんぐでん /*a.*/ 〜に sırılsıklam. 〜に酔っている sırılsıklam sarhoş.
gudoñ 愚鈍 /*a.*/ aptallık. 〜な kafası kalın, hayvan gibi.
gugeñ 具現 /*a.*/ somutlaşma, gerçekleşme. 〜する somutlaş-, gerçekleştir-.
guhuu 颶風 /*a.*/ fırtına, kasırga.
gukei 愚兄 /*a.*/ (mütevazı) ağabeyim.
gukoo 愚行 /*a.*/ ahmaklık, akılsızlık, alçaklık, ineklik.
gùkyo 愚挙 /*a.*/ ahmaklık, akılsızlık.
gumai 愚昧 /*a.*/ 〜な人 budala.

gùmi グミ /*a.*/ iğde.
gumoñ 愚問 /*a.*/ bilgisiz soru.
gùnyagunya ぐにゃぐにゃ /*be.*/ 〜した sarkık, lapacı, pelte gibi.
gùñ 軍 /*a.*/ ordu, kuvvet. 〜に召集する askere çağır-. 〜当局 askerî makamlar. 〜関係者 ordu mensupları. 我が〜は三日で敵の国境に達した. Ordumuz üç günde düşman sınırına dayandı.
gùñ 郡 /*a.*/ eyalet, ilçe, kaza.
gùñ 群 /*a.*/ sürü 〜を抜く birine üstün gel-.
guñbacu 軍閥 /*a.*/ askerî klik.
gùñbi 軍備 /*a.*/ silâhlanma. 〜をそなえる silâhlan-. 〜を縮小させる silâhsızlandır-. 〜縮小 silâhsızlanma, silâhların azaltılması.
gùñbu 郡部 /*a.*/ ilçe bölgesi.
gùñbu 軍部 /*a.*/ askerî klik.
gùñcyoo 郡長 /*a.*/ kaymakam.
guñdañ 軍団 /*a.*/ asker ocağı, kolordu, ordu.
guñgakutai 軍楽隊 /*a.*/ bando, mızıka, askerî bando イェニチェリの〜 mehterhane.
guñgakutàiiñ 軍楽隊員 /*a.*/ イェニチェリの〜 mehter.
gùñguñ ぐんぐん /*be.*/ bol bol.
gùñi 軍医 /*a.*/ askerî tabip.
guñkañ 軍艦 /*a.*/ savaş gemisi. 〜の砲台 batarya. 〜の会食場 manga. 〜のへさきにつける突起 mahmuz.
guñkañ gàkkoo 軍官学校 /*a.*/ askerî okul. 〜の級長 çavuş.
gùñki 軍紀 /*a.*/ ordudaki disiplin.
gùñki 軍機 /*a.*/ askerî gizlilik.
gùñki 軍規 /*a.*/ askerî yasa.
gùñki 軍旗 /*a.*/ sancak.
guñkoku syùgi 軍国主義 /*a.*/ militarizm.
guñkoku syugìsya 軍国主義者 /*a.*/ militarist.
gùñmu 軍務 /*a.*/ askerî görev.
guñpuku 軍服 /*a.*/ üniforma.

guñseki 軍籍 /a./ askerlik. 〜を追われる apoletleri sökül-.
guñsikiñ 軍資金 /a./ savaş için para.
guñsireikañ 軍司令官 /a./ kuvvet komutanları.
gùñsoo 軍曹 /a./ üstçavuş.
guñsyuku 軍縮 /a./ silâhsızlanma, silâhların azaltılması. 〜会議 silâhsızlanma konferansı.
guñsyuu 群衆 /a./ halk kütleleri, kalabalık, yığın, zümre, akın, cemaat. 〜が追い払われた. Kalabalık dağıtıldı.
guñsyuu 群集 /a./ kalabalık, yığışma, izdiham.
gùñtai 軍隊 /a./ ordu, asker ocağı. 〜の askerî. 〜の毛布 beylik. 〜の食事 karavana. 〜の食器 karavana.
guñtai ràppa 軍隊ラッパ /a./ borazan.
guñtoo 群島 /a./ takımada.
gùñzi 軍事 /a./ harbiye.
guñzi eñsyuu 軍事演習 /a./ tatbikat.
guñziñ 軍人 /a./ asker. 陸軍の〜 karacı. 海軍の〜 bahriyeli. 将官クラスの〜 erkân. 〜でない başıbozuk, sivil.
guñziteki 軍事的 /a./ 〜な askerî.
guñzyuhiñ 軍需品 /a./ levazım.
guñzyu sàñgyoo 軍需産業 /a./ harp sanayii.
gurabia グラビア (İng. gravure) /a./ gravür.
guracuki ぐらつき /a./ sallantı.
guracuku ぐらつく /ey./ sendele-, sallan-, dingilde-. ぐらついている oynak.
gùragura ぐらぐら, グラグラ /be./ fıkır fıkır, fokur fokur. 〜する sallan-, dingilde-. 歯が〜する diş sallan-. 〜している oynak. 〜煮える fıkırda-, fokurda-. 〜いう音 fıkırtı, fokurtu. このテーブルの足は〜する. Bu masanın ayakları dingildiyor. 湯が〜沸いている. Su fıkır fıkır kaynıyor. なべが〜煮えはじめた. Tencere fıkırdamaya başladı. こんろのやかんが〜沸いている. Ocağın üzerideki çaydanlık fokurduyor.
gùrahu グラフ (İng. graph) /a./ çizge, diyagram; grafik, magazin.
guràidaa グライダー (İng. glider) /a./ planör. 〜の飛行機 planörcü.
gùramu グラム (Fr. gramme) /a./ gram. 10〜 dekagram. 100〜 hektogram. 1/10〜 desigram. 1/100〜 santigram.
guranyuutoo グラニュー糖 /a./ pudra şeker. toz şeker.
gurañdo グランド (İng. ground) /a./ → **gurauñdo**.
gurañdo piano グランドピアノ (İng. grand piano) /a./ kuyruklu piyano.
gùrasu グラス (İng. glass) /a./ kadeh, (方言) topak. 足つき〜 ayaklı kadeh.
gurasufàibaa グラスファイバー (İng. glass fiber) /a./ cam yünü.
gurasuùuru グラスウール (İng. glass wool) /a./ cam pamuğu, cam yünü.
gurauñdo グラウンド (İng. ground) /a./ meydan, saha.
guraziòrasu グラジオラス /a./ kuzgunkılıcı.
gurecu 愚劣 /a./ akılsızlık. 〜な akılsız, budala.
gureepuhurùucu グレープフルーツ /a./ greyfurt.
guregoriireki グレゴリー暦 /a./ rumî takvim.
Gurenada グレナダ /a./ Grenada.
gureñtai 愚連隊 /a./ ahlâksız gençler.
guriiñ グリーン (İng. green) /a./ yeşil. 〜の yeşil.
gùriru グリル (İng. grill) /a./ ızgara.

guriseriñ

～で焼く ızgarada pişir-. ～で焼いた ızgara. ～で焼いた肉 cızbız.
guriseriñ グリセリン(İng. glycerine) /a./ gliserin.
gurogurañori グログラン織り /a./ grogren.
guroo 愚弄 /a./ istihza. 人を～する alay et-.
guròobu グローブ(İng. glove) /a./ (スポーツ) eldiven. ボクシングの～ boks eldiveni.
gùrosu グロス(İng. gross) /a./ grosa.
gùruguru ぐるぐる /be./ fırıl fırıl. ～回る fırıldan-, pervane gibi. 目が～回っている. Gözleri fırıl fırıl dönüyor. 水が～渦をまいた. Su halka halka dalgalandı.
guruyeeru ciizu グルイェールチーズ (İng. gruyere cheese) /a./ gravyer.
gurùtto ぐるっと /be./ çepçevre, çepeçevre. 顔を～とりかこんだひげ çember sakal. 村は～全部果物畑だ. Köy çepeçevre bahçelik.
gurùupu グループ(İng. group) /a./ grup, takım, küme, topluluk, öbek, zümre, posta. ～を作る gruplaş-. ～が解散する parti çözül-. ～で grup grup, takım takım. ～をなして grup halinde. ～の和 ağız tadı.
guruupu sàgyoo グループ作業 /a./ クラスごとに～がなされる. Sınıflarda küme çalışmaları yapılır.
Guruzia グルジア /a./ Gürcistan.
Guruziàziñ グルジア人 /a./ Gürcü.
gusaku 愚作 /a./ beceriksiz eser.
gusiñ 具申 /a./ raporte, bildiriş.
gusoku 愚息 /a./ (mütevazı) oğlum.
gussùri ぐっすり /be./ ～眠る uykusunu al-, uykuya dal-, üzerine ölü toprağı serpilmiş gibi uyu-. ～とよく眠りました. Rahat bir uyku uyumuştum.
gusyagusya ぐしゃぐしゃ /a./ ～の ezik bözük, pörsük, cıvık. ～にする mıncıkla-. トマトを～につぶす domatesi mıncıkla-.
gusyonure ぐしょぬれ /a./ ～の sırılsıklam.
gusyoo 具象 /a./ ～の somut.
gutaika 具体化 /a./ ～する somutlaş-.
gutaiteki 具体的 /a./ → **cyuusyooteki**. ～な somut. ～な例を示す somut bir örnek ver-.
guttàri ぐったり /be./ ～する anası ağla-, omuzları çök-, çözül-, durgunlaş-, külçe gibi otur-, turşu ol-, turşusu çık-, turşuya dön-, zayıf düş-. 疲れて～する pestil gibi ol-. 空腹で～する ezil-. ～して横になる kalıp gibi yat- (seril-). ～した hamur gibi, pelte gibi, turşu gibi, dingin, yenik. ～させる pestilini çıkar-. 悲しいニュースを聞いて手足が～した. Acı haberi duyunca eli ayağı çözülmüş. 悲しい知らせを受けて急に～した. Acı haberi alınca birden durgunlaştı. 兄は試験勉強で～している. Ağabeyim sınavlara çalışmaktan tükendi. 母は～した様子だった. Annemi yenik gördüm.
gutto ぐっと /be./ bir kalemde. ～飲み干す devir-.
guu ぐう /ün./ gık. ～とも言わせない gık dedirtme-.
gùuguu グーグー /be./ gırgır, gur gur, homur homur, horul horul. 腹が～鳴る karın gurla-, gurulda-. ～いびきをかく horla-, horulda-. ～眠る horul horul uyu-. ～いう音 gurultu, homurtu, horultu. 突然腹が～いいだした. Birdenbire karnında bir gurultu başladı.
guuhacu 偶発 /a./ ～の arızî.
guuhacùzi 偶発事 /a./ tesadüf.
gùui 寓意 /a./ mecaz. 物語から～を得る kıssadan hisse al- (çıkar-).
gùukyo 寓居 /a./ (mütevazı) evim.

guunone ぐうの音 /a./ 〜も出ない gık deme-.
guusūru 遇する /ey./ ikram et-, muamele et-.
guusùu 偶数 /a./ çift sayı, çifsayı. 〜の çift.
guuwa 寓話 /a./ kıssa, fabl.
guuzeñ 偶然 /a./ rastlantı, rastlantı eseri, tesadüf. 〜に kazaen, kazara, rasgele, tesadüfen. 〜に会う tesadüf et-. 道で〜に会う yoluna çık-. 〜に会える rast gelin-. 〜だな, 数年ぶりで友人のデニスと道で会った. Rastlantıya bak, yıllar sonra arkadaşım Deniz'le yolda karşılaştım.
guuzoo 偶像 /a./ mabut, put. 〜崇拝 putperestlik. 〜崇拝者 putperest.
guuzooka 偶像化 /a./ 〜する putlaştır-.
gùzu ぐず /a./ mızmızlık. 〜な mıymıntı, kokmuş.
gùzuguzu ぐずぐず /be./ zırıl zırıl. 〜する duraksa-, savsakla-. 〜している mıymıntı, savsak. 〜するな (俗語) bakkala bırakma! 〜言う zırılda-, zırla-. 〜言う声 zırıltı. 〜言うこと zırıltı. 〜している時ではない. Dur durak zamanı değil. 〜していると失敗する. Sona kalan kara kalır. あいつはまだ〜言っている. Herif gene zırıldayıp duruyor! 〜言わずにこれをしなければだめだ. Estek köstek etmeden bu işi yapmalısın.
guzūru ぐずる /ey./ söylen-, homurdan-. よく〜 huysuz.
gyàagyaa ギャーギャー /be./ bangır bangır, viyak. 〜と çığlık çığlığa. 〜泣く bangır bangır ağla- (bağır-), viyakla-. 子供が〜泣いた. Çocuk viyak viyak ağladı. 姉の生まれたばかりの赤ん坊は〜泣いてばかりいる. Ablamın yeni doğan bebeği viyaklayıp duruyor.
gyakkoo 逆行 /a./ geri gitme. 時代に〜する akıntıya kürek çek-.
gyakkoo 逆光 /a./ kontrjur.
gyakkyoo 逆境 /a./ sıkıntı, kara gün. 真の友は〜の時にわかる. Dost kara günde belli olur.
gyaku 逆 /a./ ters, zıt, hilâf. 〜の aksi, ters, zıt, lânet. 〜に aksine, tersine, bilakis, halbuki, inadına, kontra. 〜になる ters düş-. 〜を行く zıt git-. 人と〜のことをする zıt git-. 互いに〜のことをする zıtlaş-. 事情がまるで〜になった. İşi pek aksi gitti. 靴を〜にはくな. Ayakkabılarını ters giyme. 二人はいつも〜のことをする. İki arkadaş sürekli zıtlaşıyorlar. わざと〜をやる. Herkes gider Mersin'e, biz gideriz tersine.
gyakukàiteñ 逆回転 /a./ ters yönde çevirme. スクリューの〜 tornistan.
gyakukòoka 逆効果 /a./ aksi tesir.
gyakukòoseñ 逆光線 /a./ kontrjur.
gyakuryuu 逆流 /a./ anafor.
gyakusacu 虐殺 /a./ kesim, katliam.
gyakusañ 逆算 /a./ geri sayma.
gyakusecu 逆説 /a./ paradoks.
gyakusyuu 逆襲 /a./ karşı hücum.
gyakutai 虐待 /a./ zulüm, eziyet, kötü davranış. 〜する zulmet-, hor tut-, tartakla-. 〜される zulüm gör-, katır tepmişe dön-. 圧迫と〜 eza cefa. 動物を〜するのは罪悪だ. Hayvanlara eziyet etmek günahtır.
gyakuteñ 逆転 /a./ döndürme, devir.
gyakuyoo 逆用 /a./ kötüye kullanma, suiistimal.
gyakuzyoo 逆上 /a./ öfke. 〜する öfke topuklarına çık-, kan başına sıçra-. 〜してとんちんかんなことを言う hırla-.

gyañburu ギャンブル (İng. gamble) /a./ kumar. 〜で大金をかける büyük oyna-. 〜で金を取られる人 (隠語) yemlik. 金を〜で使ってしまった. Parasını kumarda yedi. 〜は社会の一大害悪. Kumar, toplum için büyük bir belâdır.
gyañburuzuki ギャンブル好き /a./ kumarcı, kumarbaz.
gyañburuzyoo ギャンブル場 /a./ kumarhane.
gyañgu ギャング (İng. gang) /a./ gangster. 都市の〜 şehir eşkıyası.
gyàrarii ギャラリー (İng. gallery) /a./ galeri.
gyàzaa ギャザー (İng. gathers) /a./ büzgü. 〜の入った büzgülü. スカートに〜の入った服 eteği büzgülü bir giysi. スカートの前に〜を入れる eteğin önüne büzgü yap-.
gyoguñ 魚群 /a./ balık akını.
gyògyoo 漁業 /a./ balıkçılık.
gyòhu 漁夫 /a./ balıkçı.
gyokàirui 魚介類 /a./ balıklar ve kabuklular.
gyokaku 漁獲 /a./ balık tutma. 〜高 balık avı miktarı.
gyokuseki 玉石 /a./ mücevher ve taş. 〜混交 iyiyi fenadan ayıt etmeme.
gyòkuza 玉座 /a./ taht.
gyomoo 魚網 /a./ balık ağı, gırgır, saçma. 〜を張る ağ at- (bırak-).
gyoniku 魚肉 /a./ balık eti.
gyòo 行 /a./ hat, satır, çizgi. 詩の〜 dize. 〜をかえる satır başı yap-. 〜をかえること satır başı. このページには15〜ある. Bu sayfada on beş satır var. 一番大事なニュースも2〜で片づけた. En can alıcı haberi de iki satırla geçiştirmiş.
gyoogi 行儀 /a./ edep, terbiye, davranış, tavır. 〜のいい edepli, terbiyeli, hanım hanımcık, uslu, görgülü. 〜のいい子供 terbiyeli bir çocuk. 〜がよくなる uslan-. 〜よくする doğru dur-. 〜の悪い子供 terbiyesiz bir çocuk. 〜作法 adabımuaşeret, görgü.
gyoogyoosìi 仰々しい /s./ tumturaklı.
gyookai 業界 /a./ ticaret veya sanayi alanı. 〜の幹部 iş adamı.
gyòokaku 仰角 /a./ yükselti.
gyookañ 行間 /a./ satırların arası.
gyookecu 凝血 /a./ kan pıhtısı, pıhtlaşmış kan.
gyookecu 凝結 /a./ 赤ん坊のミルクにレモンをしぼって〜させた. Bebeğin sütünü limon sıkarak kestirdi.
gyòoko 凝固 /a./ katılaşma. 血液の〜 kan pıhtılaşma. 〜する pıhtılaş-.
gyookoo 僥倖 /a./ beklenmemiş mutluluk.
gyòomu 業務 /a./ icraat, işlem, servis, vazife. 銀行〜 banka işlemleri. 郵便〜 posta servisi.
gyooneñ 行年 /a./ öldüğü yaş.
gyoonyuu 凝乳 /a./ çökelek.
gyoorecu 行列 /a./ alay, sıra, kuyruk, turna katarı, katar, kortej. 葬式の〜 cenaze alayı. 〜に並ぶ kuyruğa gir-. 子供達が〜して並んでいる. Çocuklar kuyrukta sıradadır.
gyoosei 行政 /a./ yönetim, idare. 地方〜 yerel yönetim. 〜を行う yönet-. 〜能力のある idareci.
gyoosèikañ 行政官 /a./ idareci.
gyooseki 業績 /a./ eser.
gyoosi 凝視 /a./ dik dik bakma.
gyoosyoo 行商 /a./ seyyar satıcı.
gyoosyooniñ 行商人 /a./ ayak satıcısı, ayak esnafı, gezici esnaf, seyyar satıcı, çerçi, işportacı, satıcı. 依託〜 tablakâr.
gyòosyu 業種 /a./ iş türü.
gyoosyuku 凝縮 /a./ derişme.
gyoosyuu 凝集 /a./ kohezyon.
gyooteñ 仰天 /a./ 〜する yıldırımla

vurulmuşa dön-.
gyòozi 行事 /*a.*/ şenlik, merasim.
gyoozyoo 行状 /*a.*/ tutum, davranış.
gyoozui 行水 /*a.*/ çimme.
gyorai 魚雷 /*a.*/ torpil. 〜を敷設する torpille-.
gyoraitei 魚雷艇 /*a.*/ torpido.
gyorañ 魚卵 /*a.*/ balık yumurtası. 塩漬けの〜 havyer.
gyoroo 漁労 /*a.*/ balıkçılık. 〜と狩猟 balıkçılık ve avcılık.
gyòrui 魚類 /*a.*/ balık.
gyoseñ 漁船 /*a.*/ balıkçı gemisi (kayık), ada yavrusu.
gyosoñ 漁村 /*a.*/ balıkçı köyü.
gyosùru 御する /*ey.*/ sür-, yönet-. 馬を〜 at sür-. 御しがたい serkeş.
gyòsya 御者 /*a.*/ sürücü. 〜は馬の端綱を取って柱にしばった. Arabacı atları yularlarından tutup direğe bağladı.
gyotto ぎょっと /*be.*/ 〜する donakal-, donup kal-, ürk-, yüreği ağzına gel-, (隠語) üç buçuk at-.

gyòyu 魚油 /*a.*/ balık yağı.
gyozyoo 漁場 /*a.*/ avlak.
gyutto ぎゅっと /*be.*/ sımsıkı. ひもを〜結んだ. İpi sımsıkı bağladım.
gyùuba 牛馬 /*a.*/ sığır ve at.
gyuugyuu ぎゅうぎゅう /*a.*/ 〜に tıka basa.
gyuuhuñ 牛糞 /*a.*/ tezek, mayıs.
gyuuniku 牛肉 /*a.*/ sığır eti. 〜の外ロース kontrfile.
gyuunyuu 牛乳 /*a.*/ inek sütü. 〜がクリームになる süt kaymak bağla-. 〜からバターがとれる. Sütten yağ çıkar.
gyuunyùubiñ 牛乳びん /*a.*/ süt şişesi.
gyuunyuuya 牛乳屋 /*a.*/ sütçü.
gyùusya 牛舎 /*a.*/ öküz ahırı.
gyuutoo 牛刀 /*a.*/ kasap bıçağı, balta.
gyuuzi·ru 牛耳る /*ey.*/ dizginleri elinde ol-.
gyuuzume ぎゅう詰め /*a.*/ 〜の hıncahınç.

H h

ha 葉 /*a.*/ yaprak. 木の〜 yaprak. 〜の yapraklı. 〜の付いたセロリ yapraklı kereviz. 〜のない yapraksız. 〜に白点の生じた abraş. 〜が出る yapraklan-, yeşer-. 木から〜が落ちる ağaçtan yaprak düş-. 〜の落ちる時期 yaprak dökümü. 木が〜を落とす. Ağaçlar yaprak döker. 暖かい陽気で木は早くから〜が出た. Ilık hava yüzünden ağaçlar erkenden yeşerdi.
hà 歯 /*a.*/ diş. 〜の dişsel. 〜の根 diş kökü. 〜の付いている dişli. 〜が生える diş çıkar-. 〜が浮く kamaş-. 〜がうず く kamaş-. 年をとって〜が抜ける dişleri dökül-. 〜が立たない diş geçirme-. 〜を抜く diş çıkar-. 〜を引き抜く diş çek-. 〜をみがく fırçala-. 〜をむき出す diş göster-. 〜を食いしばる dişini sık-. 〜を食いしばってやる canını dişine tak- (al-). 〜をうずかせる kamaştır-. 〜が痛い. Dişim ağrıyor. ああ〜が痛み出した. Ay, dişim tuttu! このスモモはひどく酸っぱい, 〜が浮く. Bu

erikler ne kadar ekşi, dişlerim kamaştı.
hȧ 刃 /a./ ağız, yalım, çalım. ナイフの〜 bıçağın ağzı. 刀の〜 kılıç ağzı. 〜を研ぐ bile-. ナイフは研がれて〜が薄くなった. Bıçak bilene bilene yüzü inceldi.
hȧ 派 /a./ mezhep, tarikat, grup.
hȧ 覇 /a./ üstünlük, zafer, şampiyonluk.
hȧahu ハーフ(İng. half) /a./ haf ; melez adam.
haahubȧkku ハーフバック(İng. halfback) /a./ haf.
haaku 把握 /a./ zapt, tutma. 〜する zaptet-, kavra-. 状況をまだ〜できなかった. Durumu henüz kavrayamadım.
haamonika ハーモニカ(İng. harmonica) /a./ armonika, armonik, mızıka.
hȧapu ハープ(İng. harp) /a./ harp.
haapusikȯodo ハープシコード(İng. harpsichord) /a./ klavsen.
haari 羽アリ /a./ kanatlı karınca.
haato ハート(İng. heart) /a./ yürek ; kupa.
haba 幅 /a./ en, genişlik. 道の〜 yolun eni. 〜の広い enli, geniş. 〜の広い道 geniş yol. 〜の狭い ensiz. 〜や丈を測る çapla-.
habacu 派閥 /a./ hizip.
habahirȯi 幅広い /s./ enli, geniş, yayvan.
habakȧru はばかる /ey./ utan-. 悪い言葉を口にするのを〜 kötü kelimeyi çıkarmaya utan-. 人目をはばからない振る舞いをする açılıp saçıl-.
habakiki 幅利き /a./ nüfuzlu.
habȧmu 阻む /ey./ önle-, önüne geç-. 道を〜 önünü kes-.
habatȧku 羽ばたく /ey./ kanatlan-, kanatlarını çırp-.
habatȯbi 幅跳び /a./ atlama. 〜と高跳び atlama ve yüksek atlama.

habikȯru はびこる /ey./ yayıl, arsız. 雑草が〜 yabanî otlar yayıl-. 悪が〜 kol gez-, kötü durum veya kişi çokça ol-.
habȕku 省く /ey./ kıs-, kısalt-, azalt- ; çıkar-, sayma-.
habȕrasi 歯ブラシ /a./ diş fırçası.
haburi 羽振り /a./ 〜がいい nüfuzlu, ensesi kalın. 昔〜のよかった人 gün görmüş.
hȧcci ハッチ(İng. hatch) /a./ kaporta.
haccyakuzyoo 発着場 /a./ terminal.
haccyuu 発注 /a./ ısmarlama. 〜と受注 ısmarlama ve ısmarlanma.
haci ハチ /a./ arı. 〜の巣 petek, dalak, kovan. 〜の巣の穴 gümeç. §〜の巣になる kalbura dön-, delik deşik ol-.
hacȋ 鉢 /a./ tas, kâse, saksı, leğen.
hacȋ 八 /a./ sekiz. 〜の sekiz. 〜ずつの sekizer.
haciȧwase 鉢合わせ /a./ 〜する tokuş-.
hacibañmȅ 八番目 /a./ 〜の sekizinci.
hacigacȕ 八月 /a./ ağustos. 〜に ağustos ayında.
hacikai 八階 /a./ yedinci kat. 家は〜にある. Evimiz yedinci katta.
hacikodate 八戸建て /a./ 私達のアパートは〜だ. Apartmanımız sekiz daireli.
hacȋmaki 鉢巻き /a./ çatkı.
hacimicu ハチみつ /a./ bal. 〜をなめる bal yala-. このつぼには〜が10キロ入る. Bu küp on kilo bal alır.
hacȋmiri 八ミリ /a./ kamera.
hacȋniñ 八人 /a./ sekiz kişi. 家で〜の命を養っている. Evde sekiz can besliyor.
hacioki 鉢置き /a./ çiçeklik.
haciue 鉢植え /a./ saksı çiçeği.
hacȋzi 八時 /a./ saat sekiz. 列車は

hâda

～に出発する. Motorlu saat sekizde kalkıyor.
hacizyùu 八十 /a./ seksen. ～の seksen. ひいおじいさんは～歳だ. Büyük dedem seksen yaşında.
hàcu 発 /a./ hareket; el, atış. 東京～ Tookyoo'dan hareket. 一～ bir el. 一～のピストルを撃つ bir el tabanca at-. 一～分の atımlık. 二～分の爆薬 iki atımlık barut. 空へ二～撃った. Havaya iki el silâh attı.
hacù 初 /a./ ilk defa.
hacuañ 発案 /a./ teklif.
hacubai 発売 /a./ piyasa (satışa) çıkarma. ～する satışa çıkar-.
hacudeñki 発電機 /a./ dinamo, jeneratör, manyeto, üreteç. 交流～ alternatör.
hacudeñsyo 発電所 /a./ elektrik santralı, santral.
hacudòoki 発動機 /a./ motor. ～で動く motorlu.
hacuga 発芽 /a./ tomurcuklanma.
hacugeñ 発言 /a./ söz, kelâm, (古語) irat. 役にも立たない～ havaî sözler. 人を傷つける～ çimdik. ～できる人 söz sahibi. ～を待ち受ける ağzına bak-. 人差し指を上げて～を求める parmak kaldır-. この～は誰のだ. Bu söz kime aittir? 彼の～はたいしたことではない. Onun sözlerine aldırmam. 私はそういう～があったものと確信する. Ben bu sözün söylenmiş olduğuna eminim.
hacugeñkeñ 発言権 /a./ söz hakkı. ～がある söz düş-.
hacugeñryoku 発言力 /a./ nüfuz. ～のある nüfuzlu.
hacugìkeñ 発議権 /a./ inisiyatif.
hacugòori 初氷 /a./ ～が張る ilk buz bağla-.
hacuiku 発育 /a./ gelişim. ～の悪い kavruk, yanık. ～の悪い子 kavruk çocuk. ～を妨げる körlet-.
hacuka 二十日 /a./ yirmi gün. ～あとに yirmi gün sonra. 先月の～に geçen ayın yirmisinde.
hacukanèzumi ハツカネズミ /a./ fındık faresi, fındık sıçanı.
hacukoi 初恋 /a./ ilk aşk. ～の人 ilk göz ağrısı.
hacumei 発明 /a./ icat, buluş. ～する icat et-.
hacumeika 発明家 /a./ mucit.
hacumèisya 発明者 /a./ mucit, bulucu.
hacumono 初物 /a./ turfanda meyve (sebze, balık). ～の turfanda. ～の野菜はとても高い. Turfanda sebzeler çok pahalı. ～を食えば三年長生き. Eski ağıza yeni taam.
hacunari 初なり /a./ alaca, ilk olgunlaşan meyve ve sebze.
hacunecu 発熱 /a./ ateşi çıkma, nöbet.
hacuoñ 発音 /a./ söyleniş, telaffuz, şive. ～にアラビア語なまりがある. Şivesi Arapçaya çalıyor.
hacuracu はつらつ /a./ 元気～とした kanlı canlı. ～たる青年 hareketli genç.
hàcuro 発露 /a./ belirme, tezahür.
hacuyuki 初雪 /a./ ilk kar. ～が降る ilk kar yağ-.
hacuzyoo 発情 /a./ (hayvan) kızışma, kösnüme. ～する kızış-, kız-, kösnül-. 種馬が～した. Aygır kızıştı.
hacyoo 波長 /a./ dalga boyu, dalga uzunluğu.
hacyùurui 爬虫類 /a./ sürüngeler.
hàda 肌 /a./ ten, deri, cilt, et. ～の白い美人 akça pakça güzeli. ～が白く目と髪が黒い人 akı ak karası kara. 風が～を刺す ısır-. ～が黒くなった. Teni esmerleşti. このクリームが～をだめにしている. Bu krem deriyi bozuyor. シャツが破れて～が見える. Gömleği yırtılmış, eti görünüyor. 風が

〜を切るように顔に当たる. Rüzgâr yüzümü kesiyor. 白い〜より浅黒い〜の方がよい. Akın adı, karanın tadı.
hadaai 肌合い /*a.*/ huy.
hadae 肌え /*a.*/ ten. 雪の〜 kar gibi ten.
hadagi 肌着 /*a.*/ ten fanilası. 赤ちゃんの〜 bebeğin ten fanilası.
hadairo 肌色 /*a.*/ ten rengi. 〜の ten rengi. 〜の靴下 ten rengi çorap.
hadaka 裸 /*a.*/ çıplaklık. 〜の çıplak, cavlak, açık, yalıncak, yalın. 〜になる soyun-. 〜にする soy-. 〜になって風呂に入った. Soyunup banyoya girdim.
hadakè・ru はだける /*ey.*/ çıplaklat-. だらしなくシャツの胸をはだけて göğüs bağır açık.
hàdami 肌身 /*a.*/ beden, üst. 〜離さず daima üstünde taşıp.
hadanugi 肌脱ぎ /*a.*/ yarı belden yukarı açık.
hadañ 破談 /*a.*/ (pazarlığı, nikâhı) bozma.
hadasamùi 肌寒い /*s.*/ biraz soğuk. 〜天気 soğuk hava.
hadasi はだし /*a.*/ çıplak ayakları, yalın ayak. 〜の çıplak, yalın ayak. 〜で yalın ayak. 〜で歩く yalın ayak yürü-. 〜で歩いて yayan yapıldak. 〜で何もかぶらず yalın ayak başı kabak. 石の上を〜で踏むな. Taşın üstüne yalın ayak basma.
hadè 派手 /*a.*/ şatafat. 〜な allı pullu, gösterişli, şatafatlı, züppe. 〜な服装 şatafatlı giyim. 色がこんで〜な alacalı bulacalı. 〜なピンクと黄色 Çingene pembesi, Çingene sarısı.
hadome 歯止め /*a.*/ çakıldak, çarık ; fren.
hadoo 波動 /*a.*/ dalga devimi.
hae ハエ /*a.*/ kara sinek, sinek. この牛はしっぽで〜を追う. Bu inek kuyruğuyla sinekleri kovuyor.

§自分の頭の〜を追え. Tırnağın varsa başını kaşı.
haè 栄え /*a.*/ onur, şan, şeref. 〜ある勝利 şerefli zafer.
haekawarasè・ru 生え変わらせる /*ey.*/ 毛を〜 tüy at-.
haenuki 生え抜き /*a.*/ 〜の doğma büyüme, yerli.
haè・ru 生える /*ey.*/ bit-, yetiş-. 草が〜 ot bit-. 毛が〜 tüylen-, kıllan-. 歯が〜 diş çıkar-. 羽が〜 tüylen-. ひげが〜 bıyığı terle-. 口ひげが生えた. Bıyığı çıktı.
haè・ru 映える /*ey.*/ parılda-.
haetàtaki ハエたたき /*a.*/ sineklik.
haetorigami はえ取り紙 /*a.*/ sineklik (kâğıdı).
hagaki 葉書き /*a.*/ kart, kartpostal. 〜を出す kart gönder-.
hagami 歯がみ /*a.*/ diş gıcırdatma.
hagane 鋼 /*a.*/ çelik.
hagarè・ru 剝がれる /*ey.*/ soyul-, kabar-. はがれたもの soyuntu. テーブルの上張りがはがれた. Masanın kaplaması kalkmış.
hagàsu 剝がす /*ey.*/ çıkar-, ayır-, kaldır-, sök-. 服の裏地を〜 giysinin astarını sök-. 皮を〜 derisini soy-.
hagata 歯形 /*a.*/ 人の体に〜をつける dişini birinin etine geçir-.
hagayùi 歯がゆい /*s.*/ sabırsız, tez canlı.
hàge はげ, 禿 /*a.*/ çıplaklık, kel, kellik, tas gibi. 〜の başı kabak, cavlak, çıplak.
hageàtama はげ頭 /*a.*/ çıplak baş, kel.
hageci はげ地 /*a.*/ kellik.
hagemasarè・ru 励まされる /*ey.*/ yürekten-.
hagemàsu 励ます /*ey.*/ azmettir-, gayret ver-, yüreklendir-, iç aç-, kamçıla-, uyarcı. 選手を〜 oyuncuyu yüreklendir-.
hagemì 励み /*a.*/ teşvik, canlan-

dırma. 〜が出る canlan-.
hagêmu 励む /*ey.*/ çalış-, gayret et-. 学業に〜 derslerine çalış-.
hageocì・ru はげ落ちる /*ey.*/ dökül-.
hagê・ru 禿げる /*ey.*/ kel ol-. 頭が〜 başı açıl-. 頭のはげた kel, kabak kafalı. 頭のてっぺんがはげている dazlak. ところどころはげている kelek.
hagê・ru 剝げる /*ey.*/ kavla-, kabar-. テーブルの上が〜 masanın üstü kavla-. 戸棚の塗料がはげた. Dolabın boyası kabardı.
hagesìi 激しい /*s.*/ acı, sert, şiddetli, zorlu, baskın, dürüşt, kızgın, korkunç, çekişmeli. 〜風 acı rüzgâr. 〜雨 şiddetli yağmur. 〜痛み can acısı. 激しく acı acı, hızlı, şiddetle. 激しく打つ hızlı vur-. 激しく痛む bur-. 激しくけんかする boğaz boğaza gel-. 激しく吐く kanlı yaş dök-, boşan-. 激しく出入りする eşiğini aşındır-. 激しくなる şiddetlen-, hararetlen-, kızış-. 痛みが急に激しくなる bıçak gibi saplan-. 嵐は夜激しくなった. Fırtına gece şiddetlendi. けんかが激しくなった. Kavga kızıştı. 〜言葉を投げつける. Açtı ağzını, yumdu gözünü.
hagesìsa 激しさ /*a.*/ şiddet.
hagetaka ハゲタカ /*a.*/ akbaba.
hageyama はげ山 /*a.*/ çıplak dağlar, kel tepeler.
hagiawàsu はぎ合わす /*ey.*/ birleştir-, yama-.
hagire 端切れ /*a.*/ bir parça kumaş. 〜売り parçacı.
hagirê 歯切れ /*a.*/ 〜がよい açık (söz).
hagìsiri 歯ぎしり /*a.*/ diş gıcırdatma. 悔しくて〜する diş gıcırdat-.
hagitòru はぎ取る /*ey.*/ soy-, çıkar-. 身ぐるみ〜 derisini yüz-, soyup soğana çevir-.
hàgu 剝ぐ /*ey.*/ soy-, yol-, yüz-, sıyır-. 皮を〜 derisini soy- (yüz-), sıyır-. 動物の皮を〜 tulum çıkar-. 家畜の皮を〜人 yüzücü. 身ぐるみ〜 soyup soğana çevir-. 布団を〜 yorgan kaldır-.
hàgu 接ぐ /*ey.*/ yama-, yamala-.
hàguki 歯茎 /*a.*/ diş eti.
hagukùmu はぐくむ, 育む /*ey.*/ besle-, yetiştir-. ひなを〜 kuş yavrusu yetiştir-.
hagurakàsu はぐらかす /*ey.*/ atlat-.
hagurê・ru はぐれる /*ey.*/ yolunu kaybet-.
haguresasê・ru はぐれさせる /*ey.*/ (隠語) ek-.
hagùruma 歯車 /*a.*/ dişli çark, çark, dişli.
hagyoo 覇業 /*a.*/ fetih.
hàha 母 /*a.*/ ana, anne, (隠語) kocakarı, (古語) valide. 〜の〜 anne anne. 父の〜 baba anne. 配偶者の〜 dünür, dünürşü, dünüş. 義理の〜 kayın valide, kaynana. 父や〜 (口語) ihtiyar. 〜のいない öksüz. 〜に似ている娘 anasının kızı. 〜がきのう来た. Annem dün geldi. 結婚後二年で〜となった. Evlendikten iki yıl sonra anne oldu. 〜は貧しさにじっと立ち向かっている. Annem bizim sıkıntılarımızı sabırla göğüslüyor. 〜のない子になりませんように. Allah dört gözden ayırmasın.
hahagàwari 母代わり /*a.*/ analık. 〜になる analık et-.
hahaoya 母親 /*a.*/ ana, anne. 子供に夢中の〜 çocuklarına düşkün bir anne. 〜は育児法をよく知らなくてはいけない. Anneler çocuk bakımını iyi bilmeli.
hahei 派兵 /*a.*/ askerleri yollama.
haheñ 破片 /*a.*/ kırık, kırıntı. ガラスの〜 cam kırığı.
hahhatto ハッハッと /*be.*/ kah kah. 〜笑う kahkaha et-, kahkahayı bas- (kopar-, salıver-).
hahu 破風 /*a.*/ damın üçgen şeklinde olan cephesi.

hai 肺 /a./ ak ciğer. → **haizoo.**
hai 灰 /a./ kül, köz. 〜になる kül ol-, küllen-. 〜にする kül et-. 火に〜をかぶせる külle-. 〜で覆われる küllen-. 火が〜を生じる ateş kül bağla-. 〜を含んでいる küllü. クリを〜で焼いた. Kestaneleri ateşte közledim.
hài はい /ün./ efendim, evet, hayhay, ya, burda(yım). 〜そうです evet efendim. 何でも〜と言う人 evet efendimci. ハサン. 〜. Hasan! —Efendim! おっしゃる通りです〜. Hakkınız var, efendim. 新聞を読んでくれないか. 〜. Gazeteyi okur musun? Olur. 勉強しなさい. 〜. Dersine çalış! —Peki!
hài 杯 /a./ kupa, kadeh. コップ二〜の水 iki bardak su. お茶を一〜飲んで生き返った. Bir bardak çay içince canlandım. 食事の前にコニャックを一二杯いかがですか. Yemekten önce bir iki kadeh konyak alır mısınız?
hài 胚 /a./ cücük.
haiagàru はい上がる /ey./ tırman-. スイカズラがうちの階まではい上がって来た. Hanımeli bizim kata kadar tırmandı.
haibañ 杯盤 /a./ kadeh ve tabak.
hàibi 配備 /a./ tertibat.
haiboku 敗北 /a./ bozgun, hezimet, mağlubiyet, yenilgi. 〜する, 〜を喫する hezimete (mağlubiyete, yenilgiye) uğra-, yenil-.
haiboku syùgi 敗北主義 /a./ bozgunculuk.
haiboku syugìsya 敗北主義者 /a./ bozguncu.
haibucu 廃物 /a./ döküntü.
haibucu syùgi 拝物主義 /a./ maddecilik.
haibucu syugìsya 拝物主義者 /a./ maddeci.
haibucuteki 拝物的 /a./ 〜な maddî.
haibuñ 配分 /a./ dağıtma, hisse, pay. 〜をまちがう ata et, ite ot ver-.
haibyoo 肺病 /a./ ince hastalık, ak ciğer tüberkülozu.
haici 配置 /a./ tertip. 〜をまちがう ata et, ite ot ver-.
Hàici ハイチ /a./ Haiti.
haicyoo ハイ帳 /a./ tel dolap.
haicyoo 拝聴 /a./ (büyük adamı, sözünüzü) dinleme.
haideñ 配電 /a./ elektrik dağıtma.
haideñbañ 配電盤 /a./ pano.
haiei 背泳 /a./ sırt üstü yüzme.
haiena ハイエナ /a./ sırtlan, yeleli kurt.
haieñ 肺炎 /a./ ak ciğer yangısı, zatürree.
haiga 胚芽 /a./ oğulcuk.
haigeki 排撃 /a./ ihraç etme, kabul etmeme, reddetme.
hàigo 背後 /a./ peş, arka.
haigoo 配合 /a./ tertip.
haiguñ 敗軍 /a./ yenmiş ordu. 〜の yenik.
haigùusya 配偶者 /a./ eş, koca veya karı.
haigyoo 廃業 /a./ fasfiye, terk, bir işten vazgeçme.
hàihai はいはい /a./ çocuk emekleme. 〜をする kuzula-.
haihìiru ハイヒール(İng. high-heeled shoes) /a./ topuklu ayakkabı, yüksek ökçeli ayakkabı. 〜の topuklu.
haihiñ 廃品 /a./ döküntü.
haihoo 肺胞 /a./ ak ciğer peteği.
haihu 配布, 配付 /a./ dağıtım. 〜する dağıt-. 〜される dağıl-.
hàihuñ ハイフン(İng. hyphen) /a./ tire.
haiiñ 敗因 /a./ yenilginin sebebi.
haiiro 灰色 /a./ boz, kır, kül rengi. 〜の boz, kır, kül rengi, gri. 〜の馬 kır at. 〜になる bozar-, kırlaş-. 青みがかった〜 gök ela, çakır.
haiirogakàru 灰色がかる /ey./ kır-

çıllaş-. 灰色がかった kırçıl. 灰色がかった青 madan mavisi.
haika 拝火 /a./ ～の ateşperest.
hàika 配下 /a./ el altı. ～の者 maiyet.
haikacùryoo 肺活量 /a./ ak ciğer kapasitesi.
haikai 俳徊 /a./ gezinti. ～する gez-, sürt-.
haikañ 拝観 /a./ tapınaklara bakma. ～料 duhuliye, giriş ücreti.
haikañ 配管 /a./ ～する boru döşe-.
haikañ 廃刊 /a./ (gazete, dergi) artık çıkmama.
haikañkoo 配管工 /a./ tesisatçı.
haikecùsyoo 敗血症 /a./ kan zehirlenmesi.
haikei 背景 /a./ fon, arka plan.
hàikei 拝啓 /a./ sayın.
haikèkkaku 肺結核 /a./ ince hastalık, ak ciğer tüberkülozu, ak ciğer veremi.
haikeñ 拝見 /a./ (mektubunuzu) görmüş. さあお手並みを～しよう. Ha göreyim seni!
haiki 排気 /a./ egzoz. ～ファン aspiratör. ～ポンプ boşaltaç.
hàiki 廃棄 /a./ nakız, bozma, fesih, kaldırma.
hàiki 拝跪 /a./ diz çökme, secde.
haikikañ 排気管 /a./ egzoz borusu.
hàikiñgu ハイキング(İng. hiking) /a./ kırda uzun bir yürüyüş.
haikoo 廃坑 /a./ terkedilmiş maden ocağı.
hàikyo 廃墟 /a./ ören, virane, yıkı, yıkıntı, enkaz, harabe. ～と化す viraneye çevir-.
haikyuu 配給 /a./ dağıtım. ～される dağıtıl-.
haikyuukeñ 配給券 /a./ パンの～ ekmek karnesi.
haimawàru はい回る /ey./ sürün-.
hainiñ 背任 /a./ sadakatsızlık, ihanet.

hainyoo 排尿 /a./ işeme. ～する su dök-, işe-. ～困難 sidik zoru.
haioku 廃屋 /a./ harabe.
haiotosi 灰落とし /a./ sigara tablası.
hairañ 排卵 /a./ yumurtacık çıkarma.
hairecu 配列 /a./ tertip. ～する sırala-, sıraya koy-. ～する人 mürettip.
hairei 拝礼 /a./ tapınma.
hairè·ru 入れる /ey./ giril-, sığış-. もう少しつめればみんな車に～. Biraz daha sıkışırsak hepimiz arabaya sığışırız. この小さな部屋にみんなは入れない. Bu küçük odaya hepimiz sığamayız.
hairi 背理 /a./ akla aykırılık.
hairikòmu 入り込む /ey./ ayak bas-, gir-. こっそり～ sokul-.
hàiru 入る /ey./ gir-, ayak at- (bas-), kaç-, sığ-, sokul-, kon-, konul-. ～こと giriş. 家へ～ eve gir-. 学校に～ okula gir-. 学部に～ fakülteye gir-. 冬に～ kışa gir-. 実が～ içlen-. 実の入った içli. ひびが～ çatla-. ひびの入った çatlak. ひびの入ったコップ çatlak bardak. やっと～ sığış-. のどに種が入って窒息する boğazına çekirdek kaçarak boğul-. 手に～ ele geç-. 難なく手に～ ayağı ile gel-. あなたが神経質なことは入って来たときにわかった. Sinirli olduğunuzu girişinizden anladım. 私の手はこの手袋に入らない. Elim bu eldivene girmiyor. 耳に水が入った. Kulağına su kaçmış. 料理に少しだけ塩が～. Yemeğe az tuz konur. このつぼにはハチみつが10キロ～. Bu küp on kilo bal alır. 競争に彼も入った. Yarışmaya o da girdi.
hàiryo 配慮 /a./ itibar, riayet, hatır.
haisecu 排泄 /a./ boşaltım.
haisecùbucu 排泄物 /a./ çıkartı. (卑語) bok.

haisecùki 排泄器 /*a.*/ boşaltım aygıtı.
haiseki 排斥 /*a.*/ ihraç etme, kabul etmeme, reddetme. 〜運動 boykot.
haiseñ 配線 /*a.*/ elektrik tesisatı.
haiseñ 敗戦 /*a.*/ mağlubiyet, yenilgi.
haiseñkoo 配線工 /*a.*/ elektrik tesisatçısı.
haisi 廃止 /*a.*/ fesih, kaldırılma, iptal. 〜する feshet-, kaldır-, lağvet-, hükümsüz kıl-. 〜される kaldırıl-. 〜された battal. 1923年に共和制になったのでカリフ制は〜された. 1923'te Cumhuriyet'in gelmesiyle Halifelik kalktı.
hàisi 胚子 /*a.*/ döl.
haisicu 廃疾 /*a.*/ maluliyet.
haisiñ 背信 /*a.*/ hainlik, hıyanet, ihanet.
haisiñ kòoi 背信行為 /*a.*/ hainlik, hıyanet.
hàiso 敗訴 /*a.*/ 〜する davayı kaybet-.
haisoo 敗走 /*a.*/ 〜する bozguna uğra-.
haisui 排水 /*a.*/ akaçlama, boşaltma.
haisuikañ 排水管 /*a.*/ bağlantı borusu, akaç.
haisuikoo 排水溝 /*a.*/ damlalık, dere, oluk.
haisùru 拝する /*ey.*/ tap-.
haisùru 配する /*ey.*/ tertiple-, yerleştir-.
haisùru 排する /*ey.*/ hariç tut-, hesabını gör-, gider-, ortadan kaldır-. 万難を排して ne pahasına olursa olsun.
haisùru 廃する /*ey.*/ feshet-, kaldır-.
haisuteba 灰捨て場 /*a.*/ küllük.
haisya 廃車 /*a.*/ hurda otomobil.
hàisya 歯医者 /*a.*/ diş hekimi, dişçi. 〜をする dişçilik yap-.
haisyaku 拝借 /*a.*/ ödünç alma. 〜する ödünç al-.
hàisyu 胚種 /*a.*/ döl.
haisyucu 排出 /*a.*/ boşaltım, boşaltma.
haisyucu 輩出 /*a.*/ meydana gelme.
haita 歯痛 /*a.*/ diş acısı. 〜をとる diş ağrısını geçir-.
haitacu 配達 /*a.*/ dağıtım, taşımacılık, tevzi. 〜する dağıt-. 〜される dağıtıl-. 手紙が〜される mektup dağıtıl-.
haitacuniñ 配達人 /*a.*/ dağıtıcı, müvezzi.
haitai 敗退 /*a.*/ mağlubiyet, bozgun.
haitaka ハイタカ /*a.*/ atmaca.
haitoku 背徳 /*a.*/ ahlâksızlık.
haitokùsya 背徳者 /*a.*/ ahlâksız bir adam.
haitokuteki 背徳的 /*a.*/ 〜な ahlâksız. 〜事件 rezalet.
haitoo 配当 /*a.*/ kâr payı.
haiuke 灰受け /*a.*/ tabla, küllük.
haiwèe ハイウェー(İng. highway) /*a.*/ ekspres yol, otoyol.
hàiyaa ハイヤー(İng. hired taxi) /*a.*/ kiralanan araba.
haiyaku 配役 /*a.*/ rol.
haiyoo 肺葉 /*a.*/ lop. 右肺に三個, 左肺に二個の〜がある. Sağ ak ciğerde üç, soldakinde iki lop vardır.
haiyuu 俳優 /*a.*/ oyuncu, aktör, artist.
haizàñhei 敗残兵 /*a.*/ yenilen ordunun döküntüleri.
haizàñsya 敗残者 /*a.*/ döküntü.
haizara 灰皿 /*a.*/ küllük, sigara tablası, tabla. 真ちゅうの〜 pirinç tabla. 〜をあける sigara tablasını dök-.
haizeñ 配膳 /*a.*/ sofra kurma.
haiziñ 廃人 /*a.*/ sakat, kötürüm.
haizoo 肺臓 /*a.*/ ak ciğer. 〜と肝臓 ak ciğer ve kara ciğer, ciğer.

haizyàkku ハイジャック(İng. hijack) /a./ 〜する kaçır-. 〜された飛行機の人質が救助された. Kaçırılan uçaktaki rehineler kurtarıldı.
hàizyo 排除 /a./ 〜する hesabını gör-.
hakà 墓 /a./ mezar, gömüt, kabir. 貴人の〜 türbe.
hakaana 墓穴 /a./ çukur.
hakabà 墓場 /a./ mezar, çürüklük.
hakabakasìi はかばかしい /s./ kâfî, memnun ; çabuk.
hakadorasè·ru はかどらせる /ey./ çabuklaştır-.
hakadòru はかどる /ey./ çabuklaş-, iyi git-, yol al-, rast git-.
hakahoriniñ 墓掘り人 /a./ mezarcı.
hakai 破戒 /a./ günahkârlık.
hakai 破壊 /a./ tahrip, tahribat, bozma, yıkılma, fesat, helak, telef. 〜する boz-, harap et-, tahrip et-, yık-, yakıp yık-, zeval ver-. 家庭を〜する ocağına incir dik-. 〜される yıkıl-, alt üst ol-. 〜された yıkık. 世界のどこかで起こる戦争はすべての秩序を〜する. Dünyanın herhangi bir yerindeki savaş bütün düzeni bozar. 地震が村中を徹底的に〜した. Deprem bütün köyü yerle bir etti.
hakai kàcudoo 破壊活動 /a./ sabotaj.
hakai kacudòosya 破壊活動者 /a./ sabotajcı.
hakàisya 破壊者 /a./ kırıcı.
hakaiteki 破壊的 /a./ 〜な kırıcı, yıkıcı.
hakaku 破格 /a./ istisna, ayrıklık. 〜の安値 istisnaî ucuz.
hakamà 袴 /a./ kimono için şalvar.
hakamàiri 墓参り /a./ mezara ziyaret.
hakàmori 墓守 /a./ mezarcı.
hakànai はかない /s./ kısa ömürlü. 〜夢 boş düş. 〜望み（口語）Ölme eşeğim, ölme. 〜浮世（俗語）yalan dünya, yalancı dünya.
hakarai 計らい /a./ yardım, hatır, lütuf.
hakararè·ru 測られる /ey./ ölçül-, tartıl-. 測られた ölçülü.
hakaràu 計らう /ey./ davran-, et-.
hakaràzumo はからずも /be./ hiç beklemeden.
hakarì 計り, 量り /a./ tartı, ölçü.
hakari 秤 /a./ terazi, tartı, kantar, (古語) vezne. 〜にかける teraziye vur-, kantara çek- (vur-). 〜ではかる kantarla tart-. 〜の針 terazi dili. 〜商（古語）vezneci, veznedar. アイシェは〜で30キロだった. Ayşe tartıda 30 kg. geldi.
hakarigoto はかりごと, 謀 /a./ aldatmaca, hile, fırıldak. 〜を巡らす fırıldak çevir-.
hakarisirènai 測り知れない /s./ ölçüsüz, çekiye gelmez, tartıya gelmez.
hakariuri 量り売り /a./ 〜をする tartı ile sat-.
hakarìzara 秤皿 /a./ terazi gözü.
hakàru 図る /ey./ tasarla-, uygula-.
hakàru 計る, 測る, 量る /ey./ ölç-, tart-, ölçü al-, kantara çek- (vur-), oranla-, pereseye al-. 時間を計る zamanı ölç-. 寸法を測る çapla-. 布を測る kumaşı ölç-. 歩幅で測る adımla-. 丈で水深を測る boy ver-. 重さを量る tart-, teraziye vur-. はかりで量る kantarla tart-. 米を量る pirinci ölç-. 量ること tartı. 庭のまわりを歩いて測ったら200歩になった. Bahçenin çevresini adımladım, iki yüz adım geldi. 乾物屋が2キロの砂糖を量った. Bakkal iki kilo şeker tarttı.
hakàru 謀る /ey./ hile yap-, aldat-.
hakàru 諮る /ey./ danış-.
hàkase 博士 /a./ doktor. → **hàkusi**. 物知り〜 derya, bilgiç.

hakè

hakè 刷毛 /a./ fırça 〜ではく fırçala-.
hakèguci はけ口 /a./ menfez.
hakeñ 派遣 /a./ salma, sevk. 〜する sal-, sevk et-, yolla-. 軍隊の〜 sevkıyat.
hakeñ 覇権 /a./ hegemonya.
hakeñtai 派遣隊 /a./ kıta.
hàki 破棄 /a./ fesih. 〜する feshet-, iptal et-. 婚約を〜する yüzüğü geriye çevir-.
hakicubùsu 履きつぶす /ey./ eskit-. 〜こと asınma. 子供がズボンを履きつぶした. Çocuk pantolonunu eskitti. ギョクチェは靴をひと月で履きつぶした. Gökçe ayakkabıyı bir ayda paraladı.
hakidame 掃溜め /a./ çöplük.
hakidàsu 吐き出す /ey./ tükür-. たんを〜 balgam çıkar-. 子供が食べ物を吐き出した. Çocuk yemeği tükürdü.
hakidàsu 掃き出す /ey./ süpürüp çıkar-.
hakikè 吐き気 /a./ bulantı. 〜を催す, 〜がする bulan-, gönlü bulan-, içi (yüreği, safrası) kabar-, midesi ağzına gel-. 〜を催させる bulantı ver-, bulandır-, mide bulandır-, öğüreceği gel-.
hakikudasi 吐き下し /a./ kusma ve sürgün.
hakimono 履物 /a./ ayakkabı. 〜を脱ぐ ayakkabını çıkar-.
hakka ハッカ, 薄荷 /a./ nane. 〜の葉のエキス nane ruhu. 〜ドロップ nane şekeri tableti. 〜のかかったスープ nane serpilmiş çorba. 〜入りたばこ naneli sigara.
hakka 発火 /a./ ateşleme. 〜する ateşle-, ateşlen-.
hakkà ame ハッカあめ /a./ nane şekeri.
hakkai 発会 /a./ açıs.
hakkaku 発覚 /a./ açığa vurma, meydana çıkma.
hakkàkukei 八角形 /a./ sekizgen.

hakkànoo はっか脳 /a./ mantol.
hakkañ 発刊 /a./ neşir, yayım, neşretme.
hakkañ 発汗 /a./ terleme.
hakka sòoci 発火装置 /a./ 〜のキーkontak anahtarı.
hakke 八卦 /a./ fal.
hakkèkkyuu 白血球 /a./ ak yuvar.
hakkeñ 発見 /a./ buluş, keşif, bulgu, icat. 学問的〜 ilmî buluş. 〜する bul-, keşfet-. 〜される bulun-. 〜された物 bulgu, buluntu. コロンブスがアメリカを〜した. Kristof Kolomb Amerika'yı keşfetti. 豊かな石油の鉱脈が〜された. Zengin bir petrol damarı bulundu. 石油〜の事業はとても高くつく. Petrol arama eylemi çok masraflı oluyor.
hakkèñbucu 発見物 /a./ buluntu, bulgu.
hakkèñsya 発見者 /a./ kâşif, bulucu.
hakki 発揮 /a./ 〜する göster-, meydana çıkar-. 力を〜する kendini göster-.
hakkiñ 白金 /a./ platin.
hakkiñ 発禁 /a./ (gazete vb.) kapatma.
hakkìri はっきり /be./ açıkça, düpedüz. 〜言う açıkça söyle-. 〜言えば açıkçası. 〜分かる yüzünden ak-. 〜する kesinleş-, yüze çık-. 〜した belirli, belirgin, kesin, aydın, bariz, fasih, malûm, muayyen, net. 〜した答え belirgin bir yanıt. 〜した形になる biçim al-. 〜しない gölge gibi, kapalı. 〜しない問題 karanlık bir mesele. 〜させる aydınlat-, belirt-, belli et-, aydınlatıcı. 祖母はめがねをかけたらあたりが〜見える. Ninem gözlüğünü takınca çevresini daha net görüyor. 〜言って君はこの仕事をうまくやれなかったね. Türkçesi, sen bu işi beceremedin. 昨日だったか先日だった

hàku

か〜思い出せません。Dün mü, geçen gün mü idi, pek hatırlayamıyorum. イスタンブルへ行くことが〜した。 İstanbul'a gitmemiz keşinleşti. なんら〜した情報がない。 Hiçbir aydınlatıcı haber yok.

hakkoo 発行 /a./ ihraç, yayım, neşretme. 〜する neşret-, yayımla-. 新聞を〜禁止にした。 Gazeteyi kapatmışlar.

hakkoo 発効 /a./ yürürlüğe girme. 〜する yürürlüğe gir- (geç-). 〜させる yürürlüğe koy-.

hakkoo 発酵 /a./ mayalanma. 〜する mayalan-, ekşi-. 〜してふくれる kükre-. 練り粉が〜した。 Hamur mayalandı.

hakkoo busùu 発行部数 /a./ tiraj, satış miktarı.

hakkooniñ 発行人 /a./ naşir, editör, yayımcı. 新聞の〜 gazeteci.

hakkòosya 発行者 /a./ yayımcı, editör.

hakkoosyo 発行所 /a./ yayımcı, yayın evi.

hakkucu 発掘 /a./ kazı. 〜する kazılar yap-, yeri deş-.

hakkyoo 発狂 /a./ cinnet. 〜する cinnet getir-, çıldır-, kudur-.

hakkyuu 薄給 /a./ ufak ücret.

hako 箱 /a./ dolap, sandık, kutu, kasa. ビール一〜 bir kasa bira. 一〜のリンゴ bir kasa elma. 〜に詰める sandıkla-. 冬物を〜に押し込む kışlıklar sandığa bastır-. 暖炉を燃やすために一〜のマッチをすった。 Ocağı yakmak için bir kutu kibrit çaktı.

hakobare・ru 運ばれる /ey./ taşın-, iletil-. 運ばれた menkul. 事故でけがをした人々が病院に運ばれた。 Kazada yaralanan kişiler hastaneye götürüldü.

hakobe・ru 運べる /ey./ taşın-. このトラックは何トン〜。 Bu kamyon kaç ton kaldırır? ロバはたいへん年をとって、もう荷物を運べない。 Eşeğimiz çok kocadı, artık yük taşıyamıyor. この車は500キロ以上の荷は運べない。 Bu araba 500 kilodan çok yük çekmez.

hakobìciñ 運び賃 /a./ hamallık.

hakobiya 運び屋 /a./ taşıyıcı, küfeci.

hakòbore 刃こぼれ /a./ çentik.

hakobu 運ぶ /ey./ taşı-, ulaştır-, gönder-, ilet-, kaldır-, at-. ①土を〜 toprak taşı-. 荷物を〜 yük taşı-. 二往復水を〜 iki dönüm su getir-. 品物を家に〜 eşyayı eve at-. 船で〜 gemi ile taşı-. 〜人 taşıyıcı. 足を〜 ayağı düş-. 花粉を虫が〜. Çiçek tozlarını böcekler taşır. ②《進む、進める》ことがうまく〜 aşığı cuk otur-, talihi yaver git-, iyi git-. ひそかにことを〜 işler becer-. ことがうまく運ばない topalla-, eli böğründe kal-, pot gel-.

hakobune 箱舟 /a./ ノアの〜 Nuh'un gemisi.

hakoiri 箱入り /a./ 〜の茶わん paketlenmiş fincan.

hakoiri mùsume 箱入り娘 /a./ en çok sevilen kız.

hakoya 箱屋 /a./ dolapçı, marangoz.

hakozume 箱詰め /a./ 〜にする sandıkla-.

haku 箔 /a./ varak.

haku はく、履く /ey./ giy-, çek-. 靴を履く ayakkabını (ayağını) giy-. 靴下をはく çorap giy-. ズボンをはく pantolonu çek-. 足にズボンをはく ayağına bir pantolon çek-. 引っ張って履く長靴 çekme potin. 腰を曲げて靴を履いた。 Eğilip ayakkabını giydi.

hàku 拍 /a./ (音楽) vuruş.

hàku 吐く /ey./ kus-, tükür-, boşalt-. 血を〜 kan tükür-. たんを〜 balgam çıkar-. 酔って〜 (隠語) öt-. 吐きそうになる içi bulan-, içi kalk-. 毒舌を〜 diliyle sok-. ユスフはその夜朝まで吐いた。 Yusuf o gece sabaha kadar

kustu.
hàku 掃く /ey./ süpür-. きれいに〜 silip süpür-. 庭を〜 bahçeyi süpür-. バルコニーをほうきで掃いた. Balkonu süpürge ile süpürdüm.
hàkua 白亜 /a./ tebeşir; beyaz duvar.
hakuai 博愛 /a./ hayırseverlik. 〜の yardımsever.
hàkubo 薄暮 /a./ alaca karanlık.
hakuboku 白墨 /a./ tebeşir.
hakubucùkañ 博物館 /a./ müze. 〜のカタログ müze fihristi. 〜を見て歩く müzeyi dolaş-. 〜向けの müzelik.
hakuci 白痴 /a./ anadan doğma deli, aptal.
hakucyoo ハクチョウ, 白鳥 /a./ kuğu.
hakucyuu 白昼 /a./ 〜に güpegündüz.
hakucyuu 伯仲 /a./ eşitlik, benzerlik.
hakucyùumu 白昼夢 /a./ hulya.
hakudacu 剝奪 /a./ ıskat, kapma. 市民権を〜する medenî haklarden ıskat et-. 自由を〜する köleleştir-.
hàkudo 白土 /a./ çorak, kil.
hakueñ 白鉛 /a./ üstübeç.
hakugai 迫害 /a./ zulüm, sıkıştırma. 〜された mazlum.
hakugaku 博学 /a./ âlimlik. 〜の人 âlim, derya, bilgiç, ayaklı kütüphane.
hakugañ 白眼 /a./ 〜の人 ak gözlü.
hakugàñsi 白眼視 /a./ yüz vermeme, istiskal.
hakugekìhoo 迫撃砲 /a./ havan topu.
hakuhacu 白髪 /a./ ak saç. 〜の ak saçlı. 〜になる saçlar kırlaş-.
hakuheñ 薄片 /a./ dilim, ince yaprak.
hakuhyoo 薄氷 /a./ ince buz.
hàkui 白衣 /a./ (doktor vb. için) beyaz gömlek.

hakumei 薄命 /a./ kısmetsizlik, talihsizlik.
hakunaisyoo 白内障 /a./ katarakt, perde, (俗語) ak basma, ak su. 〜になる perde in-.
hakunecu 白熱 /a./ ak korluk. 〜の ak kor. 鉄は〜した状態で形が作られる. Demire ak kor durumundayken biçim verilir.
hakunecuka 白熱化 /a./ 〜する alevlen-. 問題はしだいに〜した. Mesele gittikçe alevlendi.
hakurai 舶来 /a./ ithal. 〜品 ithal malı, dış alım, ecnebi madde.
hakuràñkai 博覧会 /a./ fuar, sergi. 国際自動車〜 uluslararası otomobil sergisi.
hakuri 剝離 /a./ soyulma, ayrılma.
hakùryoku 迫力 /a./ heyecan. 〜のある canlı, kuvvetli.
hakusei 剝製 /a./ tahnit, doldurma. 〜の動物 doldurma hayvan.
hakuseñ 白癬 /a./ kel.
hakusi 白紙 /a./ beyaz kâğıt. 〜署名 açık imza. 〜委任状を渡す açık bono ver-.
hàkusi 博士 /a./ doktor. 法学〜 hukuk doktoru. セズギン〜 Doktor Sezgin.
hakusigoo 博士号 /a./ doktora.
hakusiki 博識 /a./ âlimlik. 〜な人 âlim, derya, bilgiç. 〜を誇る malumat sat-.
hakusiñ 迫真 /a./ 〜の gerçekliğe uygun.
hakusùru 博する /ey./ kazan-. 名声を〜 ün kazan- (al-).
hakusya 拍車 /a./ mahmuz. 〜をかける mahmuzla-. 〜をかけて馬をならす yırt-.
hàkusya 薄謝 /a./ ufak karçılık.
hakusyaku 伯爵 /a./ kont. 〜夫人 kontes.
hàkusyo 白書 /a./ beyaz kitap.
hàkusyoñ ハクション /ün./ hapşu.

hakusyu 拍手 /a./ alkış, alkışlama. ～する alkış tut-, el çırp-. ～を送る alkışla-. ～かっさいする alkış topla-.
hakuteñ 白点 /a./ beyaz benek. 果物の皮の～ pus. 葉に～の生じた abraş.
Hakuyòokyuu 白羊宮 /a./ Koç.
hakuzicùmu 白日夢 /a./ hulya.
hakuziñ 白人 /a./ beyaz ırk.
hakuziñsyu 白人種 /a./ beyaz ırk.
hakuzyaku 薄弱 /a./ zayıflık. ～な zayıf.
hakuzyoo 薄情 /a./ merhametsizlik, kalpsizlik. ～な merhametsiz, kalpsiz. ～だ kalbi olma-.
hàkuzyoo 白状 /a./ itiraf, ikrar. ～する itiraf et-.
hakyoku 破局 /a./ felaket, kıyamet.
hakyuu 波及 /a./ yaygınlaşma, etkileme.
hamà 浜 /a./ plaj, kumsal, yalı. 水着を着なさい、～へ行くのです。Mayonu giy, plaja gidiyoruz.
hamabe 浜辺 /a./ plaj, kumsal. ～を散歩する plajda gezin-.
hamaki 葉巻 /a./ puro, yaprak sigarası.
hamaki tàbako 葉巻きたばこ /a./ puro, yaprak sigarası.
hamaru はまる /ey./ takıl-, uy-. きちんと～ yerine otur-. 計略に～ dolaba gir-.
hamasòdaci 浜そだち /a./ yalı uşağı.
hamè 羽目、破目 /a./ darlık, güçlük. 面倒を見る～になる başına kal-. 何か言ったために自分で背負う～になる selâm verip borçlu çık-. 10リラ払う～になった。On liradan çıktım.
hamecu 破滅 /a./ bozgun, telef, yıkım, yıkıntı, zayi, zeval. ～する yıkıl-. ～させる yardan at-. 人を～させようとする çukurunu kaz-.
hameita 羽目板 /a./ tahta kaplama.
hamekomarè·ru はめ込まれる /ey./ gömül-. 石が指輪にうまくはめ込まれなかった。Taş yüzüğe iyi gömülmemiş.
hamekomi はめ込み /a./ geçme. ～の gömme. ～の戸棚 gömme dolap. ～式のふた geçme kapak.
hamekòmu はめ込む /ey./ göm-, mıhla-. ガラスを～溝 cam evi (yuvası).
hamerare·ru はめられる /ey./ takıl-.
hame·ru はめる /ey./ tak-, sok-, geçir-. ガラスを～ camla-. ガラスを枠に～ camı çerçeveye tak-. 窓にガラスを～ pencereye cam geçir-. 枠を～ çerçevele-. 型に～ kalıpla-. 腕にブレスレットを～ koluna bilezik tak-.
hàmi はみ /a./ gem. おとなしく～を付けさせる yumşak ağızlı (at).
hamidàsu はみ出す /ey./ dışarı çık-.
hamigaki 歯磨き /a./ diş macunu.
hamono 端物 /a./ kırık dökük.
hàmono 刃物 /a./ bıçaklar. ～のぼり kılağı.
hamoñ 破門 /a./ aforoz. ～する aforoz et-.
hamoñ 波紋 /a./ ufacık dalga, dalgacık.
hàmu ハム (İng. ham) /a./ jambon.
hamukàu 刃向う、歯向う /ey./ el (baş) kaldır-.
hana 鼻 /a./ burun; sümük. ～の穴 burun deliği. ととのった～ çekme burun. 象の～ hortum. 食べ物が～に入る genize kaç-. ～のおでき (俗語) ahtapot. ～を突き合わせる burnuna gir-. ～を突き合わせて burun buruna. ～をかむ sümkür-. ～をする burnunu çek-. ～にかける burnu büyü-, burnunun yeli harman avur-, çalım sat-, kasıl-, kibirlen-, kurum kurumlan- (kurul-, sat-), kurumlan-, caka sat-, şiş-. ～を高くする burun şişir-, kurum kurumlan- (kurul-, sat-). ～をへし折る burnunu kır-, (俗語) körünü öldür-. ～であしらう burun kıvır-. 彼は～がいい。Burnu iyi

hāna

koku alır. スナはよくできるかわいい子だがちっとも〜にかけることがない. Suna başarlı ve sevilen bir çocuktur ama o hiç büyüklenmez. 善意を〜にかけてはならない. Bir elinin verdiğini öbür elin duymasın.
hàna はな /a./ baş, başlangıç.
hanā 花 /a./ çiçek. 〜の çiçekli. 春の〜 ilkbahar. 〜の香水 çiçek suyu. 〜が咲く çiçek aç-, çiçeklen-. 〜の咲く植物 çiçekli bitkiler. 〜におおわれる çiçeklen-. 〜がたくさんつく kırıl-. 〜のつかない çiçeksiz. 〜を作る人 çiçekçi. 〜を売る人 çiçekçi. 水をやると〜が元気になった. Sulanınca çiçekler canlandı. 春が来て木々に〜が咲いた. Bahar gelince ağaçlar çiçeklendi.
hanabanasìi 華々しい /s./ parlak. 〜最期 şehitlik.
hànabi 花火 /a./ havaî fişek, maytap, fişek. 〜の筒 kovan.
hanabìra 花びら /a./ taçyaprak, taç yaprağı. バラの〜が一枚一枚散った. Gülün taçyaprakları birer birer döküldü.
hanàcu 放つ /ey./ saç-, sal-, at-, neşret-. 光を〜 ışık saç-. いい香りを〜 güzel koku neşret-. 悪臭を〜 kok-, kokuş-.
hanacùkuri 花作り /a./ çiçekçilik; çiçekçi, çiçek âlimi.
hanacumami 鼻つまみ /a./ iğrençlik. 怠け者はどこでも〜だ. Tembel olanlar her yerden atılır.
hanagata 花形 /a./ yıldız, sinema yıldızı. クラスの〜 sınıfın yıldızı.
hanagoe 鼻声 /a./ hımhımlık. 〜でしゃべる genizden konuş-.
hanagumori 花曇り /a./ bahardaki ince bulutluluk.
hanahada 甚だ /be./ çok, pek.
hanahadasìi 甚だしい /s./ çok, son derece, aşırı.
hanaìke 花生け /a./ çiçeklik, vazo.
hanaiki 鼻息 /a./ burundan nefes.

〜を荒くする burnundan solu-.
hanaire 花入れ /a./ çiçeklik, vazo.
hanàme 花芽 /a./ tomurcuk.
hanamizu 鼻水 /a./ sümük.
hanamoci 鼻持ち /a./ 〜ならぬ男 iğrenç herif.
hanamòyoo 花模様 /a./ çiçekler biçimi. 〜の çiçekli. 〜の縁飾り tırtıl.
hanamuke はなむけ /a./ veda için armağan (para). 〜の言葉 veda.
hanamùko 花婿 /a./ güvey, damat. 〜が花嫁の父に払う金 başlık.
hanapecya 鼻ぺちゃ /a./ burnu basık.
hanappasira 鼻っ柱 /a./ 〜が強い geçimsiz.
hànare 離れ /a./ köşk, hususî oda.
hanarebànare 離れ離れ /a./ ずっと〜になってから uzun bir ayrılıktan sonra.
hanarè·ru 放れる /ey./ çık-, atıl-, kurtul-. 手から〜 elden çık-. 矢が弓を〜 ok yaydan çık-.
hanarè·ru 離れる /ey./ ayrıl-, çık-, kalk-, açıl-. 離れている ırak. 遠く〜 uzaklaş-. 仕事を〜 işinden çık-. 離れつつある ayağını sürü-. 私達から遠く離れていますように dağlara taşlara. 離れていても人はいつか会える. Dağ dağa kavuşmaz, insan insana kavuşur.
hanarewaza 離れ業 /a./ göze çarpan hüner.
hanarèya 離れ家 /a./ yalnız ev.
hanarezàsiki 離れ座敷 /a./ hususî oda.
hanarèzima 離れ島 /a./ yalnız ada.
hanasaki 鼻先 /a./ burun ucu. 〜であしらう burun kıvır-.
hanasarè·ru 話される /ey./ konuşul-.
hanasarè·ru 放される /ey./ boşal-.
hanasasè·ru 話させる /ey./ konuştur-, dile getir-.
hanasè·ru 話せる /ey./ konuşul-,

konuşabil-. 病人がやっと～ dili ağırlaş-. ちょっとフランス語が～. Çat pat Fransızca konuşur. 君の子供はもう～のですね. Senin çocuğun artık konuşuyordur.

hanase・ru 離せる /*ey.*/ 目が離せない göz açama-. 手が離せない başa kak-, başını kaldırma-.

hanasi 話 /*a.*/ hikâye, söz, konuşma, laf, lakırdı, nutuk, öykü. ～をする söyle-, lafını et-, lakırdısı et-. ～を始める bahis aç-. ～を終わらせる sözü bağla-, lafa yekûn tut-. よく～を変える damdan çardağa atla-, daldan dala kon-. ～をさえぎられる laf ağzında kal-. 人に～をさせない lafa boğ-. ～がつく uyuş-. ～がついたか tamam mı? ～がまとまる uzlaş-. ～がはずむ laf lafı aç-. 人の～が分かる dilinden anla-. ～に出る geç-. ～に出た bahsı geçen. ～にのぼらなくなる adını anma-. ～にならない laf anlamaz, saçma sapan. ～の腰を折られる lafı (lakırdısı) ağzında kal-. 内々で～をつける (口語) işi pişir-. ここだけの～だが laf aramızda. 終わりのない～ yılan hikâyesi. この～は別の時にしましょう. Bu bahsi başka zamana bırakalım. 私の～が終わるまでしゃべるな. Lafımı bitirmeden konuşma. ～はこれくらいにして出かけよう. Lakırdımızı bitirelim de gidelim. 売り手と父の～がついて靴を安く買った. Satıcı ile babam uyuşunca ayakkabımı ucuz aldık.

hanasiai 話し合い /*a.*/ görüşme, mutabakat, müzakere. 熱心な～ koyu sohbet. ～をする görüş-, konuş-, müzakere et-.

hanasiaite 話し相手 /*a.*/ muhatap.

hanasiau 話し合う /*ey.*/ görüş-, konuş-, müzakere et-, temas et-, temasta bulun- (ol-), lakırdı et-, (口語) laf et-. この問題は別の日に話し合いましょう. Bu konuyu başka bir gün görüşelim. 立ったまましばらく話し合った. Ayak üstü biraz konuştuk.

hanasiburi 話しぶり /*a.*/ deyiş.

hanasidàsu 話し出す /*ey.*/ ağzını aç-, bahis aç-, söz aç-, dile gel-.

hanasigai 放し飼い /*a.*/ otlatma.

hanasikake・ru 話しかける /*ey.*/ hitap et-, atış-. 話しかけて hitaben.

hanasikàta 話し方 /*a.*/ deyiş. 穏やかな～をする pes perdeden konuş-. きれいな～をする ağzından bal ak-.

hanasikòtoba 話し言葉 /*a.*/ konuşma dili.

hanasiru 鼻汁 /*a.*/ sümük.

hanasite 話し手 /*a.*/ konuşmacı, konuşan. ～と聞き手 konuşmacı ve dinleyici.

hanasizuki 話し好き /*a.*/ ～の geveze, konuşkan.

hanasizyòozu 話し上手 /*a.*/ söz ehli. ～より聞き上手 iki kulak bir dil için.

hanàsu 話す /*ey.*/ söyle-, konuş-, bahset-, ağız aç-, ağzı oyna-, hikâye et-, söz et-, dünya kelâmı et-. 率直に～ açık söyle- (konuş-). ひそひそ～ fısla-. 鼻声で～ genizden konuş-. なまりで～ dili çal-. 額を寄せて～ ağız ağıza ver-. 話して聞かせる anlat-. 話し始める söz aç- (al-). 突然話し始める dili açıl-.

hanàsu 放す /*ey.*/ bırak-, salıver-. 鳥を～ kuşu salıver-. 羊を牧地へ～ koyunları çayıra sal-. 手に持った本を放せ. Elindeki kitabı bırak.

hanàsu 離す /*ey.*/ ayır-, uzaklaştır-. 目を～ gözünü ayır-. 間を～ arala-. 手から離さない elden düşürme-. ひよこをめんどりから～ civcivleri tavuklardan ayır-.

hanàtaba 花束 /*a.*/ çiçek demeti, buket.

hana takadàka 鼻高々 /*a.*/ gururlanma, burun şişirme.

hanatare はなたれ /*a.*/ ～小僧 acemi

çaylak.
hanatarḕ·ru 放たれる /ey./ saçıl-, atıl-.
hanȧtate 花立て /a./ çiçeklik, vazo.
hanaȗranai 花占い /a./ papatya falı.
hanaurȋ 花売り /a./ çiçekçi.
hanawa 花輪 /a./ çelenk. 〜を供える çelenk koy-.
hanȧya 花屋 /a./ çiçekçi.
hanayȧgu 華やぐ /ey./ renklen-.
hanȧyaka 華やか /a./ 〜な pitoresk, renkli. 〜な集会 renkli bir toplantı.
hanayȧsai ハナヤサイ /a./ karnabahar.
hanȧyome 花嫁 /a./ gelin. 〜のベール duvak. 〜の頭飾り taç, başlık.
hanayome gȯryoo 花嫁御寮 /a./ gelin.
hanayome gyȯorecu 花嫁行列 /a./ gelin alayı.
hanayome ȋsyoo 花嫁衣装 /a./ gelinlik. 〜のもすそ gelin duvağının kuyruğu. 〜の布 gelinlik.
hanazȧkari 花盛り /a./ çiçek bolluğu. ザクロも〜だった. Narlar da çiçekten kırılıyordu.
hanazi 鼻血 /a./ burun kanaması. 〜が出る burnu kana-. 〜が止まった. Burnunun kanaması dindi.
hanazono 花園 /a./ çiçeklik.
hanazuna 鼻綱 /a./ burunsalık, burunsak.
hanazura 鼻面 /a./ mantar, burun ucu. 馬の〜 atın burun ucu.
hane 羽 /a./ kanat, tüy. 〜のある kanatlı. 〜を広げる kanatlan-. 〜が生える tüylen-. §〜を伸ばす meydanı boş bul-, rahat otur-.
hanḕ 跳ね /a./ zifos. 車がクラクションを鳴らしながらあたりに〜を上げていた. Otomobiller korna çalarak, etrafa zifoslar saçıyorlardı.

haneagȧru 跳ね上がる /ey./ sek-.
hanecukḕ·ru はねつける /ey./ tep-, kabul etme-.
hanḕcuki 羽根つき /a./ Japon badminton.
hanekȧeru 跳ね返る /ey./ yansı-, zıpla-, çarparak sek-.
hanekȧesu はね返す /ey./ tep-, yansıt-.
hanekȧñmuri 羽冠 /a./ sorguç.
hanekȧzari 羽飾り /a./ (古語) sorguç.
hanemawȧru 跳ね回る /ey./ hopla-, koşup toz-.
hanemȗuñ ハネムーン(İng. honeymoon) /a./ bal ayı.
hanḕ·ru はねる /ey./ 首を〜 boynunu vur-. 上前を〜 zimmete geçir-.
hanḕ·ru 跳ねる /ey./ hopla-, sıçra-, sek-, atla-, zıpla-. ぴょんぴょん〜. Zıp zıp hopluyor. 消しゴムが跳ねて遠くへ行った. Silgi zıplayıp uzağa gitti. ズボンのすそに泥がはねた. Paçama çamur sıçramış. 投げた石が地面をはねながら見えなくなった. Attığım taş sekerek gözden kayboldu.
hanikami はにかみ /a./ ar, naz.
hanikamiya はにかみ屋 /a./ (俗語) hanım evladı. 〜の sıkılgan, utangaç. スナはとても〜だから授業で質問がされると知っていることも分からなくなる. Suna öylesine sıkılgan ki derste soru sorulunca bildiğini de şaşırıyor.
hanikȧmu はにかむ /ey./ kırıt-, utan-, sıkıl-. はにかんで見せる kırıt-. 弟はかわいがられると〜. Küçük kardeşim sevildiği zaman kırıtıyor.
haniwa はにわ /a./ terakota.
hanukḕ 歯抜け /a./ dişsiz.
hȧñ 半 /a./ yarı, buçuk. 二つ〜 iki buçuk. 五つ〜ずつ beşer buçuk. 二時〜 iki buçuk. 十二時〜 yarım. 零時〜頃 saat yarım civarında.
hȧñ 判 /a./ damga, mühür. 〜のある

damgalı, mühürlü. ~を押す damga vur-, damgala-, mühür bas-, mühürle-. ~を押される mühürlen-. ~を彫る mühür kazı-.

hañ 版 /a./ baskı, nüsha, tabı, matris.

hañ 班 /a./ manga, grup. ~に分ける gruplaş-.

hañ 範 /a./ örnek. ~を垂れる güzel bir örnek göster-.

hañ 藩 /a./（古語）sancak.

hañbai 販売 /a./ satım, satış. ~価格 satış fiyatı.

hañbaku 反駁 /a./ ~する sert cevap ver-, çürüt-.

hañbecu 判別 /a./ ayırma, seçme. ~する seç-.

hañbiraki 半開き /a./ ~にする aralık et-.

hañbuñ 半分 /a./ yarı, yarım. リンゴ~ elmanın yarısı. ~の yarım. ~に yarı yarıya yarıla-. ~に達する yarıla-. ~まで終える yarımla-, yarıla-. 道の~まで来た時 yolu yarıladığı sırada. クラスの~を落第させる sınıfın yarısını dök-. 一気にコップ~を飲み干す bir defada bardağı yarıla-. ~やる ortala-. ~開け放す aralık bırak-. 5は10の~だ. Beş onun yarısı. この発言の~は割引しなければならない. Bu sözlerin yarısını ıskonto etmeli. かめの水が~に減った. Küpteki su yarı yarıya eksildi.

hañbuñzùcu 半分ずつ /a./ ~に分ける yarı yarıya bölüş-, kırış-. 土地を~に分け合った. Arsayı yarı yarıya bölüştük.

hañbyòoniñ 半病人 /a./ yarım adam.

hañcyòkuseñ 半直線 /a./ yarım doğru, ışın.

hàñcyoo 班長 /a./ manga başı.

hañcyuu 範ちゅう /a./ kategori.

hañda はんだ /a./ lehim. ~で付ける lehimle-. ~で付けた lehimli. バケツの壊れた手を~で付ける kovanın kopan kulpunu lehimle tuttur-.

hañdàasu 半ダース /a./ yarım düzine.

hañdagòte はんだごて /a./ havya.

hàñdañ 判断 /a./ muhakeme, yargı, hüküm. ~する kendini tart-, ölçümle-, pay biç-. 夢を~する düş yor-. ~を下す muhakeme yürüt-.

hañdazuke はんだ付け /a./ lehimleme. ~の lehimli. ~をする lehimle-.

hañdikyàppu ハンディキャップ(İng. handicap) /a./ hendikap, engel.

hañdobàggu ハンドバッグ(İng. handbag) /a./ el çantası.

hañdobòoru ハンドボール(İng. handball) /a./ hentbol, el topu. ~の選手 hentbolcu.

hañdobùkku ハンドブック(İng. handbook) /a./ el kitabı.

hañdoku 判読 /a./ okuyabilme. ~できる yazıyı çıkar- (sök-).

hañdoo 反動 /a./ tepki, seğirdim; irtica, gericilik. 火器は打つと~が来る. Silâh atılırken teper.

hañdoosei 反動性 /a./ gericilik.

hañdootai 半導体 /a./ yarı iletken.

hañdooteki 反動的 /a./ ~な irticaî, geri kafalı, gerici.

hañdoru ハンドル(İng. handle) /a./ direksiyon, kabza, tutak, tutamak. ~の前に座る direksiyon başına geç-. ~を左に回す direksiyonu sola çevir-. 車の~を左へきる sol yap-.

hañei 反映 /a./ akis, yansı.

hañei 繁栄 /a./ gönenç, saadet. ~している ongun.

hañeñ 半円 /a./ yarım daire.

hañga 版画 /a./ gravür, oyma baskı.

hàñgaa ハンガー(İng. hanger) /a./ askı.

hañgaasutoràiki ハンガーストライキ(İng. hunger strike) /a./ açlık grevi.

hañgaka 版画家 /*a.*/ gravürcü.
hañgañ 半眼 /*a.*/ 〜の優しい目つきの ceylan bakışlı.
hañgañ 斑岩 /*a.*/ somaki. 〜の somaki.
Hañgàrii ハンガリー /*a.*/ Macaristan. 〜の Macar. 〜製品 Macar malı.
Hañgariigo ハンガリー語 /*a.*/ Macarca.
Hañgarìiziñ ハンガリー人 /*a.*/ Macar.
hằñgecu 半月 /*a.*/ yarım ay.
hañgecutoo 半月刀 /*a.*/ pala.
hañgeki 反撃 /*a.*/ karşı hücum (taarruz). 〜に転じる karşı hücuma (taarruza) geç-.
hañgèñ 半減 /*a.*/ yarı yarıya eksilme.
hañgoo 飯盒 /*a.*/ (古語) aş kabı.
hañgorosi 半殺し /*a.*/ yarı ölü. 〜にする ölesiye döv-.
hañgyaku 反逆 /*a.*/ hainlik, hıyanet. 〜する bayrak aç-, isyan et-.
hañgyàkusya 反逆者 /*a.*/ hain.
hañhằñ 半々 /*a.*/ 〜に yarı yarıya. 土地を〜に分け合った. Arsayı yarı yarıya bölüştük.
hằñi 範囲 /*a.*/ çerçeve, kapsam. 仕事の〜 porte. 到達〜 erim. 声の聞こえる〜 kulak erimi.
hañìinai 範囲内 /*a.*/ daire. 法律の〜で kanun çerçevesinde.
hằñka 繁華 /*a.*/ işleklik. 〜な町 işlek şehir.
hañkàci ハンカチ(İng. handkerchief) /*a.*/ mendil. 大きな〜 (俗語) yağlık. 金糸の入った〜 çevre. 〜を振る mendil salla-. 〜を束ねて戸棚にしまう mendilleri desteleyip dolaba koy-.
hañkàgai 繁華街 /*a.*/ ticarethanenin merkez caddesi.
hañkañ 反感 /*a.*/ antipati.
hañkèci ハンケチ(İng. handkerchief) /*a.*/ mendil.

hañkecu 判決 /*a.*/ hüküm, muhakeme, yargı. 裁判所の〜 mahkemenin hükmü. 公正な〜 adaletli bir hüküm. イスラム法官の〜 fetva. 〜を下す hükmet-.
hañkecùbuñ 判決文 /*a.*/ ilâm.
hằñkei 半径 /*a.*/ yarı çap, ok. 円の〜 çemberin yarı çapı.
hañkeñ 版権 /*a.*/ telif hakkı.
hằñki 半期 /*a.*/ yarı yıl, sömestr. 大学の〜ごとの試験 vize.
hằñki 反旗 /*a.*/ 〜を翻す isyan bayrağını aç-.
hằñki 半旗 /*a.*/ yarı çekili bayrak. 〜を掲げる bayrakları yarıya indir-(çek-).
hañkìñzoku 半金属 /*a.*/ 〜の madensi.
hằñkiro 半キロ /*a.*/ yarım kilo. 〜の粉砂糖 yarım kg. toz şeker. この料理には〜の油がいる. Bu yemeğe yarım kilo yağ gider.
hañkoñ 瘢痕 /*a.*/ ezik, yara izi.
hañkoo 反抗 /*a.*/ aksilik, direniş, ayaklanma, isyan, protesto. 〜する ayaklan-, baş (el) kaldır-, isyan et-, isyan bayrağını aç-, kafa tut-, karşı git-, kazan kaldır- (devir-). 不作法に〜する dili pabuç kadar. 〜せずに kuzu kuzu.
hañkoo 犯行 /*a.*/ cürüm. 〜を自白する cürmünü itiraf et-.
hañkòosya 反抗者 /*a.*/ isyankâr.
hañkooteki 反抗的 /*a.*/ 〜な aksi, serkeş.
hañkyoo 反響 /*a.*/ akis, yankı. 〜する akset-, çınla-. 〜させる aksettir-. 〜を呼ぶ yankı uyandır- (yap-).
hañkyuu 半球 /*a.*/ yarım küre, yarı küre. 〜天井 kubbe.
hằñmaa ハンマー(İng. hammer) /*a.*/ çekiç, balyoz.
hañmaanage ハンマー投げ /*a.*/ çekiç atma.

hañmei 判明 /a./ ～する belir-, anlaşıl-.
hañmeñ 半面 /a./ yarı taraf, yan.
hañmeñ 反面 /a./ aksi taraf.
hañmiñsyusyugiteki 反民主主義的 /a./ ～な antidemokratik.
hañmo 繁茂 /a./ (otlar) dolgun üreme.
hañmòkku ハンモック(İng. hammock) /a./ salıncak, ağ yatak, hamak. 船員の～ branda. ～を揺らす salıncağı salla-.
hañmoñ 反問 /a./ suale sual ile cevap verme.
hañmoñ 煩悶 /a./ ruhî ıstırap.
hañmoñ 斑紋 /a./ leke. 馬の額の白い ～ sakar.
hañnama 半生 /a./ ～の yarı çiğ.
hañnici 半日 /a./ yarı günü. ～を座って過ごしている. Yarı gününü oturmakla geçiriyor.
hañnie 半煮え /a./ yarı pişmiş.
hàñniñ 犯人 /a./ suçlu. ～を逃がす suçluyu kaçır-. この～は誰. Bu suçun faili kimdir? ～は警官に抵抗したので暴行を受けた. Suçlu, polise karşı geldiğinden cebir kullanıldı.
hàññoki ハンノキ /a./ kızıl ağaç.
hañnoo 反応 /a./ tepki, tepkime, reaksiyon, aksülâmel. ～する tepki-. この問題はそこでは何の反応も起こしていない. Bu mesele orada hiçbir akis uyandırmadı.
hañnôoki 反応器 /a./ reaktör.
hañnôoro 反応炉 /a./ reaktör.
hañnyuu 搬入 /a./ içeri getirme.
hañpa 半端 /a./ ～な yarım, noksan, eksik. ～な仕事 yarım iş.
hañpacu 反発 /a./ tepki. ～する tepki-. 無学な人から～を受けるような行為をする çirkefe taş at-, çirkefi üzerine sıçrat-.
hañpacùryoku 反発力 /a./ tepki. ～のある tepkili.
hañpacuteki 反発的 /a./ ～な aler-jik.
hañpamono 半端物 /a./ kırık dökük.
hañpìrei 反比例 /a./ ～の ters orantılı.
hàñpu 頒布 /a./ dağıtma.
hàñpu 帆布 /a./ yelken bezi.
hañpuku 反復 /a./ tekerrür, tekrar.
hañrañ 反乱 /a./ ayaklanma, fitne, isyan. ～の asi. ～を起こす isyan et-, isyan bayrağını aç-.
hañrañ 氾濫 /a./ taşkın. ～する taş-. 川が～した. Irmak taştı.
hañràñguñ 反乱軍 /a./ isyankâr.
hañrañniñ 反乱人 /a./ asi, fitne.
hañràñsya 反乱者 /a./ fitne, asi.
hañrei 判例 /a./ emsal.
hàñro 販路 /a./ sürüm. ～がある satış yap-. この商品の～はない. Bu malın sürümü yoktur.
hañroñ 反論 /a./ aksi mütalaa. ～の余地がない akan sular dur-. ～の余地を残さない toz kondurma-.
hañroñ 汎論 /a./ ana hatları.
hàñryo 伴侶 /a./ eş.
hàñsa 煩瑣 /a./ ～な zahmetli, karmaşık.
hàñsamu ハンサム(İng. handsome) /a./ yakışıklı bir adam. ～な yakışıklı, (卑語) parlak. 背が高くて～な boylu boslu.
hañsàyoo 反作用 /a./ tepki.
hañsei 反省 /a./ öz eleştiri, tövbe.
hañsèihiñ 半製品 /a./ yarı mamuller.
hañseñ 帆船 /a./ yelken gemisi, yelkenli. 小さい～ taka. 一本マストの～ kotra. ～の船員 yelkenci. 今日風があれば～が出る. Bu gün hava olursa, yelkenli kalkacak.
hañseñbyoo ハンセン病 /a./ cüzam, miskin hastalığı. ～の miskin. ～患者 miskin.
hañsiñ huzui 半身不随 /a./ yarım-

ca.
hañsiñroñ 汎神論 /a./ kamu tanrıcılık.
hañsiñroñsya 汎神論者 /a./ kamu tanrıcı.
hañsoku 反則 /a./ kaideye aykırılık.
hañsùru 反する /ey./ aykırı düş-(ol-), çel-; aykırı, muhalif. 相〜çatışık. 反して karşısında. 事実に反して hakikat hilâfına. 意に反して aksi gibi. 期待に〜返事をする (俗語) cevabı dik- (yapıştır-).
hañsuu 反芻 /a./ geviş. 〜する geviş getir-.
hañsùu 半数 /a./ yarı.
hañsuu dòobucu 反芻動物 /a./ geviş getirenler. 〜の第一胃 işkembe. 〜の第二胃 börkenek. 〜の第三胃 kırk bayır. 〜の第四胃 şirden. 牛, ラクダ, 羊は〜だ. Sığır, deve, koyun geviş getirenlerdendir.
hañsya 反射 /a./ akis, refleks, yansı, tepke. 光の〜 yansıma. 〜作用 yansı. 〜する akset-, yansı-. 光が〜する yansıla-. 〜させる yansıt-. 鏡は光を〜する. Ayna ışığı yansıtır.
hañsyatoo 反射灯 /a./ 道路わきの〜 kedi gözü.
hañsyoku 繁殖 /a./ üreme. 〜する döl ver-, üre-. 〜させる üret-.
hañsyoo 半鐘 /a./ çan. 〜を鳴らす çan çal-.
hañsyoo 反証 /a./ aksi delil.
hañsyucu 搬出 /a./ ihraç.
hañtai 反対 /a./ karşı, aksilik, ters, hilâf, itiraz, muhalefet, zıt, zıddiyet, protesto. 〜の karşı, karşıt, aksi, ters, zıt, aleyhtar, aykırı, menfi, muhalif. 〜に aksine, tersine, bilakis, kontra. 〜して aksine, ters ters. 〜する karşı ol- (koy-, çık-), ters düş-, aykırı ol- (düş-), itiraz et-, aleyhe dön-, aleyhinde ol-, aleyhte ol-, boyun tut-.

〜の道を行っているよ. Ters yoldan gidiyorsun. 私は〜しません. Ben aksini iddia etmiyorum.
hañtaigawa 反対側 /a./ karşı, karşı taraf.
hañtaihyoo 反対票 /a./ kırmızı oy. 〜を投じる menfi oy ver-, muhalif oy kullan-.
hañtàisya 反対者 /a./ aleyhtar.
hañtaitoo 反対党 /a./ karşı parti, muhalefet partisi.
hañtai zìñmoñ 反対尋問 /a./ 〜をする sorguya çek-.
hañtei 判定 /a./ hüküm, yargı. 〜を下す hükmet-. 〜によって hükmen.
hañteñ 反転 /a./ dönme.
hañtèñ 斑点 /a./ leke, benek, karaltı. 鏡に出る〜 çil. 〜のある benekli, çilli, abraş, kumlu. 羽に白い〜のあるおんどり çil horoz. 細かい〜のある生地 kumlu kumaş. しまと〜のあるネコ tekir kedi. 〜が出る çillen-, beneklen-. 白目に赤い〜がある. Gözünün akında kırmızı bir leke var.
hañtêñ 半纏 /a./ vest, cepken.
hàñto 反徒 /a./ asi, ordubozan.
hañtoo 半島 /a./ yarımada. バルカン〜 Balkan Yarımadası. 陸の延長としての〜 karanın bir uzantısı olan yarımada.
hañzacu 繁雑 /a./ çetinlik, güçlük.
hañzacu 煩雑 /a./ karışıklık, karmakarışıklık.
hañzai 犯罪 /a./ cürüm, suç, suçluluk, töhmet. 〜の suçlu. 〜意識 suçluluk duygusu. 〜を犯す cürüm (suç) işle-.
hañzeñ 判然 /a./ açıklık, bellilik. 〜としない açık değil.
hàñzi 判事 /a./ hâkim, yargıç.
hañzìkañ 半時間 /a./ yarım saat. 私は〜ほど横になろう. Ben yarım saat kadar uzanacağım.
hañzimono 判じ物 /a./ bulmaca, bilmece.

hañzi·ru 判じる /ey./ kendini tart-.
hañzyoo 繁盛 /a./ refah. 〜している店 işlek dükkân. 店が〜する dükkân iyi işle-. 店は奥まった所にあるので〜していない. Dükkân kuytu yerde olduğundan işlemiyor.
hañzyuku 半熟 /a./ 〜の rafadan. 〜卵 rafadan yumurta, kayısı.
happoo 発砲 /a./ ateş, atım, atış. 〜する ateş et-, ateşe tut-, kurşun at-, tetiğe bas- (dokun-), tetiği çek-, kubur sık-, (隠語) duman et-.
happôo 八方 /a./ sekiz yan. 四方〜 dört bir tarafı (yanı), dört bucak.
happoo bîziñ 八方美人 /a./ 〜である büyükle büyük küçükle küçük ol-, mavi boncuk dağıt-.
happoo hûsagari 八方ふさがり /a./ 〜になる dört yanı deniz kesil-. 〜だ. Boşa koysan dolmaz, doluya koysan almaz. Doluya koydum almadı, boşa koydum dolmadı.
happu 発布 /a./ yayınlama. 憲法を〜する anayasayı yayınla-.
happuñ 発奮, 発憤 /a./ cesaretlenme, kendine gelme.
happyo 発表 /a./ açıklama. 〜する açıkla-.
harâ 原 /a./ kır.
harà 腹 /a./ karın, iç. 〜がへる (karnı) acık-, içi ezil-, midesi kazın-. 〜のへった aç. 〜のへったまま aç acına. 〜がへって死にそうである acından öl-. たいへん〜がへっている açlıktan gözü (gözleri) karar-. 〜をすかせて aç acına. 〜をすかせて身寄りもない aç biilaç. 〜をすかせ, 金もなく, 家もない kuru hasır (kilim) üstünde kal-. 〜いっぱいにする doyur-. 〜いっぱい食べる boğazını doyur-. 〜いっぱいの tok. 〜がいっぱいだ karnı tok. 〜いっぱいになる doy-. 〜が鳴る karnı zil çal-. 〜がグーグー鳴る gurla-, gurulda-. 〜が下る içi git- (sür-). 〜をこわす bağırsakları bozul-, (冗談) makineyi boz-. 〜に詰め込む (口語) gövdeye at- (indir-). 太って〜が出る göbeklen-. 〜の出た göbekli. へこんだ〜 çekik karın. 〜まで水につかる karnına kadar suya gir-. 〜の子 (俗語) yük. 〜が痛い. Karnım ağrıyor. 寒さが〜にこたえた. Soğuk, ciğerime geçti. 〜がへった, ミルクが一杯飲みたい. İçim eziliyor, bir bardak süt içeyim. この子は〜いっぱいになるということを知らない. Bu çocuk doymak bilmiyor. 〜いっぱいの人をもてなすのは難しい. Tok ağırlaması güçtür. 突然〜がグーグーいいだした. Birdenbire karnında bir gurultu başladı. 君の〜の中をどうして知れよう. Ben senin karnındakini ne bileyim?
§〜を立てる öfkelen-, öfkeye kapıl-, darıl-, gönlü kal-, gücen-; hatırı kal-, hışma gel-, küs-, surat et-. 内心〜を立てる içerle-. 互いに〜を立てる küsüş-. 何にでも〜を立てる boku ile kavga et-. 〜を立てている kırgın, küskün, öfkeli. とても〜を立てている suratından düşen bin parça. 〜を立てやすい darılgan. 〜を立てさせる darılt-. 〜で笑う içinden gül-. 〜をかえるような ölüyü güldürür. 〜がへっては戦はできぬ. (俗語) Aç ayı oynamaz.
harabai 腹ばい /a./ 〜になる karın üzerinde sürün-.
harabàu 腹ばう /ey./ karın üzerinde sürün-.
harabire 腹びれ /a./ karın yüzgeci.
haracìgai 腹違い /a./ üvey. 〜の妹 üvey kız kardeş.
haradaci 腹立ち /a./ öfke, hiddet.
haradatasîi 腹立たしい /s./ gücenik.
haraguròi 腹黒い /s./ gönlü kara, yılan gibi. あいつがどんなに〜かみんな知っている. O, ne çiçektir herkes bilir. 〜者同士はだまし合えない. İki

harâi

cambaz bir ipte oynamaz.
harâi 払い /a./ ödeme. 乾物屋での〜が300リラになった。 Bakkaldaki hesabımız üç yüz lirayı buldu.
haraidasi 払い出し /a./ bankadan çekme.
haraidàsu 払い出す /ey./ çek-. 預金を銀行から〜 parasını bankadan çek-.
haraikomi 払い込み /a./ tediye, ödeme.
haraikòmu 払い込む /ey./ öde-, tediye et-.
haraimodosi 払い戻し /a./ iade.
haraimodòsu 払い戻す /ey./ geri ver-, iade et-.
haraimono 払い物 /a./ kırık dörük.
harainokè•ru 払いのける /ey./ vurarak boşalt-, fırçala-, süpür-.
haraisage 払い下げ /a./ beylik eşya satma.
haraisagè•ru 払い下げる /ey./ sat-.
haraise 腹いせ /a./ öç, (俗語) nispet. 〜に弱い者に当たる。(口語) Eşeğe gücü yetmeyen semerini döver.
haraita 腹痛 /a./ karın ağrısı, buruntu, büküntü. 〜を起こす karnı ağrı-.
haraiwatasi 払い渡し /a./ ödeme.
haraiwatàsu 払い渡す /ey./ öde-.
harakara はらから /a./ kardeş, vatandaş.
harakudasi 腹下し /a./ ishal, amel, sürgün. → **geri**.
harâmaki 腹巻き /a./ kuşak.
haramoci 腹もち /a./ 〜をよくする tok tut-.
harâmu はらむ /ey./ gebe kal-, avun-. 子を〜 gebe kal-. はらんでいる牛 gebe inek.
harañ 波乱 /a./ fırtına. 〜に満ちた fırtınalı, gürültülü.
haraobi 腹帯 /a./ gebeler için kuşak; eyer kolanı.
harapeko 腹ペこ /a./ mide ezikliği. 〜になる içi (midesi) kazın-.
harase•ru 張らせる /ey./ döşet-.
harasu 腫らす /ey./ şişir-. ほおを〜 avurt şişir-.
harâsu 晴らす /ey./ 恨みを〜 hakkından gel-, hınç (hıncını) al-. 気を〜 iç aç-. 疑いを〜 akla-, temize çıkar- (çıkart-).
harâu 払う /ey./ öde-, ver-, para ver-, tediye et-; say-; silk-. 代金を〜 para ver-. 自分で〜 cepten ver-. 金を〜 (俗語) bayıl-, (隠語) sula-. 金を〜はめになる (隠語) sökül-. 前金で〜 avucuna say-. ほこりを〜 toz al- (silk-). 注意を〜 dikkate al-, aldır-. 尊敬を〜 hatırını say-. 過分の敬意を〜 bir elini bırakıp ötekini öp-. 雑誌の代金を払った。 Derginin parasını verdim. 10リラ〜はめになった。On liradan çıktım. これ以上犠牲を払いたくない。Ben şahımı bu kadar severim.
harawasè•ru 払わせる /ey./ ödet-. 人に金を〜 yük ol-. 借金を私に払わせた。Borcunu bana ödetti.
harawàta はらわた /a./ bağırsaklar. §〜が煮えくり返る çok hiddetlen-.
hare 腫れ /a./ yumru, beze.
harè 晴れ /a./ güzel hava, açık hava.
harebàre 晴れ晴れ /be./ 〜しない bir hoş ol-. 〜した neşeli.
harebottài 腫れぼったい /s./ şiş, yumru. 〜ほおの子 yumru yanaklı bir çocuk. まぶたの〜 yumuk gözlü. アレブの〜目から昨夜眠らなかったことが分かる。Alev'in şiş gözlerinden bu gece uyumadığı anlaşılıyor.
harecu 破裂 /a./ infilâk, patlama. 〜の patlayıcı. 〜する patla-, infilâk et-. 水道管が〜した。Su borusu patladı.
harecu sìiñ 破裂子音 /a./ patlayıcı ünsüz.

haregamasiî 晴れがましい /s./ parlak.
haregî 晴れ着 /a./ bayramlık elbise, yabanlık.
haremà 晴れ間 /a./ yağmur arası.
haremono 腫れ物 /a./ çıban, çalık, apse, şiş, tümör, ur, (俗語) dert. 〜の頭 çıban başı. 〜がうむ işle-. 〜のうみを出す çıbanı deş-. 舌の〜 kurbağacık.
harênci 破廉恥 /a./ 〜な vicdansız.
hare·ru 腫れる /ey./ şiş-. のどが〜 boğazı in-. 炎症をおこして〜 irkil-. はれている şiş, şişkin, yumru. はれて赤くなったところ çıban ağırşağı. ハチが刺したところがはれた. Arının soktuğu yer şişti. 歯が痛んでほおがはれている. Ağrıyan dişim yüzünden bir yanağım şişkin.
harê·ru 晴れる /ey./ güneş aç-, hava aç- (açıl-). 空が〜 hava aç-. 風のない, よく晴れた朝 rüzgârsız, parlak bir sabah. 心が〜 gözü gönlü açıl-. 気が〜 içi açıl-, oh de-, serinle-. 気が晴れない bir hoşluğu ol-. 疑いが〜 temize çık-. 明日は〜だろう. Yarın hava açık olacak.
harêyaka 晴れやか /a./ 〜な顔 neşeli yüz.
hari 張り /a./ 〜のある仕事 canlandırıcı iş.
hàri 針 /a./ iğne, diken, ibre. 〜の穴 iğne deliği, iğne yurdu, iğnenin gözü, (俗語) yurdu. 磁石の〜 pusula iğnesi. ハリネズミの〜 kirpinin dikenleri. 〜のある iğneli, dikenli. 〜のない dikensiz. 〜のような dikensi. 〜を刺す iğnele-. 〜で縫う dik-. 糸を〜に通す ipliği iğneye geçir-. 〜で手にひっかき傷をつくった. İğne elimi çizdi. 磁石の〜は北を指している. Pusulanın ibresi kuzeyi gösteriyor.
harî 梁 /a./ kiriş, taban kirişi. 鉄の〜 putrel.
hariai 張り合い /a./ 〜がない cesaret kırıcı.
hariana 針穴 /a./ iğne deliği, iğnenin gözü.
hariàu 張り合う /ey./ yarış-. 〜こと yarışma. 二つのサッカーチームはずっと張り合っている. İki futbol takımı sürekli yarışıyor.
hariawasê·ru 貼り合わせる /ey./ yüz et-.
haribañ 張り番 /a./ bekçilik, nöbet. 〜をする bekçilik et-, nöbet bekle-.
haribôozu 針ほうず /a./ iğne yastığı, iğnedenlik, iğnelik.
haricuke はりつけ /a./ 〜にする çarmıha ger-.
haricukê·ru 張り付ける /ey./ yapıştır-. 悪いレッテルを〜 alnına yapıştır-.
haricùku 張り付く /ey./ yapış-. 張り付いている yapışık. 後ずさりして壁に張り付いた. Geri geri giderek duvara yapıştı.
haricumê·ru 張り詰める /ey./ ger-, sinirlendir-. 張り詰めた gergin. 張り詰めた空気 gergin hava.
haridasi 張り出し /a./ cumba. 建物の〜 çıkma. 〜窓 cumba penceresi.
haridàsu 張り出す /ey./ çık-; yafta as-. 張り出した çıkık. 張り出した部分 çıkıntı.
hariênisida ハリエニシダ /a./ kara çalı.
harigami 張り紙 /a./ yafta, duvar ilânı, etiket. 〜を出す yafta ile bildir-.
harigane 針金 /a./ tel. 〜の tel, telli. ぴんと張った〜 gergin tel. 〜でしばった商品 balya. 〜をつける telle-. 大粒のビーズを〜に通す iri boncukları tele diz-. 庭の周囲に〜をめぐらせた. Bahçenin çevresine tel çektik.
harihuda 張り札 /a./ yafta.
harikae 張り替え /a./ yeniden yapıştırma.
harikaê·ru 張り替える /ey./ かわらを〜 kiremitleri aktar-.

harikìru 張り切る /*ey.*/ ger-, canlan-.
hariko 張り子 /*a.*/ karton. 〜のトラ karton kaplan.
harikomi 張り込み /*a.*/ nöbet.
harikòmu 張り込む /*ey.*/ nöbete gir-, gözet-, pusude bekle-.
harinèzumi ハリネズミ /*a.*/ kirpi. 〜の針 kirpinin dikenleri.
harisakè・ru 張り裂ける /*ey.*/ 心配で胸が〜 yolun-. 気の毒で胸が張り裂けそうになる yüreği parçalan-. 胸の〜ような canhıraş, yürekler acısı.
harisàsi 針刺し /*a.*/ iğne yastığı, iğnedenlik, iğnelik.
harisìgoto 針仕事 /*a.*/ dikiş. 娘が〜をしている. Kız dikiş dikiyor.
haritaòsu 張り倒す /*ey.*/ tokat at-, tokatla-.
hariyama 針山 /*a.*/ iğne yastığı, iğnedenlik, iğnelik.
haroo 波浪 /*a.*/ büyük dalga.
haru 貼る /*ey.*/ yapıştır-. 封筒に貼った切手 zarfa yapışık pullar. 切手を封筒に貼った. Pulu zarfa yapıştırdım.
haru 張る /*ey.*/ döşe-, kapla-, ger-, kur-, ser-, uzat-, yay-. ひもを〜 ipi çek-. ぴんと〜 ger-. ゆるんだ綱をぴんと〜 boş al-. ぴんと張った gergin. ぴんと張った針金 gergin tel. ぴんと張る道具 gergi. 向かいの木から窓へ綱を〜 karşı ağaçtan pencereye ip uzat-. テントを〜 çadır kur-. バルコニーにテントを〜 balkona tente ger-. 氷が〜 buz bağla-, buzlan-, buz tut-, don tut-. 氷が〜こと don. 氷の張った buzlu. 枝を〜 kol at-. 根が〜 köklen-, kökleş-, kök sal-. 居間にじゅうたんを〜 salona halı döşe-. 壁に紙を〜 duvara kağıt kapla-. 白いタイルの張ってある beyaz fayanslarla kaplı. 胸を張った çalımlı. 腹が〜こと şişkinlik. §値の〜 masraflı, pahalı, (隠語) kazık marka. 金を〜 para bas-. 意地を〜 inadı tut-. 強情を〜 aksilik et-, ayak dire-, inat et-, diklen-, dikleş-, domuzluk et-, (口語) dayat-. みえを〜 (隠語) fiyaka (caka) sat-.
hàru 春 /*a.*/ bahar, ilkbahar, ilkyaz. 〜の花 ilkbahar. 〜の寒い日 kocakarı soğuğu. 〜になる bahara eriş-, (俗語) yazla-. 〜が来た. İlkbahar geldi. 〜が来て木々に花が咲いた. Bahar gelince ağaçlar çiçeklendi. 〜に木々は花でおしゃれをした. Baharda ağaçlar çiçeklerle donandı.
harubàru はるばる /*be.*/ uzaktan. 〜上京する uzaktan başkente gel-.
hàruka はるか /*a.*/ uzaklık. 〜な uzak. 〜に fersah fersah ; çok daha. 〜な地平線 engin ufuklar. 〜かなた uzaktan uzağa.
harùkaze 春風 /*a.*/ bahar yeli. そよそよと吹く〜 usul usul esen bahar yeli.
harumèku 春めく /*ey.*/ bahar gibi ol-.
harusame 春雨 /*a.*/ bahar yağmuru.
hasai 破砕 /*a.*/ parçalama.
hasamàru 挟まる /*ey.*/ sıkış-. ドアに気をつけろ, 指が〜から. Kapıya dikkat, parmağın sıkışacak !
hasamasè・ru 挟ませる /*ey.*/ kıstır-.
hasamì はさみ /*a.*/ makas ; kıskaç, pens, pense. 〜で切る makasla-.
hasami syòkuniñ はさみ職人 /*a.*/ makasçı.
hasàmu 挟む /*ey.*/ kıstır-, sıkıştır-. はしで〜 hâsi ile tut-. ほおを指で〜 makasla-. 〜道具 pens, pense, çift. ペンチの〜部分 çene. 手をドアに挟んだ. Elini kapıya kıstırmış. 指をドアに挟んだ. Parmağımı kapıya sıkıştırdım.
hasañ 破産 /*a.*/ iflâs, batkı, yıkım, aciz. 〜する iflâs et-, top at-, (隠語) sıfırı tüket-. 〜した人 batkın. 〜整理 tasfiye.

hasei 派生 /a./ ～する türe-. ～させる türet-.
haseigo 派生語 /a./ türev.
haseñ 波線 /a./ dalgalı çizgi. 光沢のある～ hare. ～のある hareli. ～の入った絹織物 hare.
hasi 端 /a./ uç, kenar, baş. なわの～ halatın ucu. 歩道の～ kaldırımın kenarı. ～のない uçsuz. ～を斜めに切る çel-, kenarını çapraz kes-. ～を切り落とす çırp-. ～から～まで boydan boya. ノートの～を紙ばさみで押さえた. Defterimin ucunu kıskaçla tutturdum.
hàsi 箸 /a./ yemek için iki çubuk.
hasi 橋 /a./ köprü. ～の入口 köprü başı. ～の両端 köprünün iki başı. ～を架ける köprü kur-. ～を渡る köprüden geç-. 車に～を渡らせる arabayı köprüden geçir-. ～を爆破する köprüyü at-. ～が爆破された. Köprü atıldı. この～には橋脚が四つある. Bu köprünün dört ayağı var.
hasibami ハシバミ /a./ fındık. ～の実 fındık. この袋の～は分けるのです. Bu torbadaki fındıkları üleşeceğiz.
hasibirogàmo ハシビロガモ /a./ kaşıkçın.
hasibosogàrasu ハシボソガラス /a./ kuzgun.
hasigaki 端書き /a./ ön söz. 著者の～ yazanın ön sözü.
hasigo はしご /a./ merdiven. ～を壁にかける merdiveni duvara daya-.
hasigodañ はしご段 /a./ merdiven, basamak. ～がキーキー鳴っていた. Merdiven basamakları gıcır gıcır ediyordu.
hasikà はしか /a./ kızamık. ～にかかる kızamık çıkar-.
hasikè はしけ /a./ mavna.
hasikkòi はしっこい /s./ tetik, ateş gibi. ～子 şeytan çekici.
hasikure 端くれ /a./ parça.
hasirà 柱 /a./ direk, sütun, ağaç. ～を立てる direk dik-. 赤信号になった時止まらなくなった車は～に衝突した. Kırmızı yanınca hızını alamayan araba direğe bindirdi.
hasirasè·ru 走らせる /ey./ koştur-. 駆け足で～ dört nala kaldır-. 馬を～ atı sür-.
hasirè·ru 走れる /ey./ koşul-.
hasiri 走り /a./ turfanda.
hasirigaki 走り書き /a./ ～する kargacık burgacık yaz-. ～で çala kalem.
hasirihàbatobi 走り幅跳び /a./ atlama.
hasirimawàru 走り回る /ey./ koştur-, koşuş-. 走り回って fellik fellik.
hasiritàkatobi 走り高跳び /a./ yüksek atlama.
hasirižukai 走り使い /a./ komi, ayak işi.
hasìru 走る /ey./ koş-, (方言) kop-. 速く～ kaç-. 一緒に～ koşuş-. だれかが～ koşul-. はだしで～ yalın ayak koş-. ～こと koşma. 走って bir koşu. 走って来る koşarak gel-. 走り出す kuyruğu dik-. 子供が走っていてころんだ. Çocuk koşarken düştü. くり毛の馬は今日～のか. Doru at bu gün koşacak mı? 速く走って来い. Çabuk koş da gel. 母は昨夜別の男のところへ走った. Anam dün gece başka adama kaçmış.
hàsisi ハシシ /a./ esrar, haşiş. ～を吸う水ぎせる kabak.
hasitanài はしたない /s./ görgüsüz, terbiyesiz, kaba.
hasiwàtasi 橋渡し /a./ aracılık. ～をする araya gir-.
hasizume 橋詰め /a./ köprü başı.
hasoñ 破損 /a./ arıza, bozulma, yıkılma. ～した yıkık, bozuk. ～する yıkıl-, bozul-, kırıl-.
hasoñ kàsyo 破損箇所 /a./ kırık, yara.
hassañ 発散 /a./ saçma.

hassei 発生 /a./ oluş, vuku. ～する oluş-, meydana gel-, ortaya çık-, vukua gel-, vuku bul-, cereyan et-, arız ol-, türe-.
hassiñ 発疹 /a./ döküntü, indifa. ～する çiçeksi-.
hassiñ cihusu 発疹チフス /a./ lekeli humma, tifüs.
hassoo 発送 /a./ ～する gönder-, yolla-.
hassoo 発想 /a./ tasavvur, tasarım.
hassooniñ 発送人 /a./ gönderen, göndericí.
hassuru 発する /ey./ ileri gel-, saç-. 効力を～ mer'iyete geç-. においを～ koku saç-. 命令を～ emir ver-.
hassya 発射 /a./ atış, ateş. ～する silâh at-, ateşle-, at-, sık-. ～される atıl-. ～させる fırlat-, at-.
hassyoo 発祥 /a./ ～の地 beşik, ana yurt.
hasu ハス /a./ nilüfer.
hasu はす /a./ → **naname**. ～に çaprazlama. ～に切る çel-, çal-.
hasuppa はすっぱ /a./ pasaklı kadın. ～な女 haspa.
hasùu 端数 /a./ küsur, kesirler.
hàsya 覇者 /a./ hükümdar; rekortmen, şampiyon.
hasyàgu はしゃぐ /ey./ bayram et-, şevke gel-. ～こと neşe. はしゃいでいる şakrak, şen şakrak (şatır).
hasyoohuu 破傷風 /a./ tetanos.
hàsyu 播種 /a./ ekim.
hasyucu 派出 /a./ yollama, sevk.
hasyucuzyo 派出所 /a./ polis karakolu (noktası). 人をとらえて～へつれて行く posta et-.
hata 端 /a./ kenar, baş.
hatà 畑 /a./ tarla. ～仕事 ekim biçim işleri.
hatà 旗 /a./ bayrak, sancak, bandıra, alem. トルコの～ Türk bayrağı. トルコの～をつけた船 Türk bandıralı bir gemi. 外国の～ bandıra. やり先の小さい～ alev. ～を掲げる bayrak çek- (as-). ～を立てる bayrak dik-. ～を翻す bayrak aç-.
hatà 機 /a./ dokuma tezgâhı. ～を織る doku-.
hataage 旗揚げ /a./ teşebbüs, girişim.
hatàbako 葉タバコ /a./ yaprak tütün, bohça.
hàtaci 二十歳 /a./ yirmi yaşı. ～になる yirmisine gir-.
hatagàsira 旗頭 /a./ önder.
hatago はたご /a./ han, misafirhane, konak. ～の主人 hancı.
hatairo 旗色 /a./ durum. ～が悪い durumuna düş-. ～をはっきりさせない rengini belli etme-.
hatake 畑 /a./ tarla, bostan. 種まきした～ ekili tarla. ～を耕す toprağı işle-, çift sür-. ～を耕しに行く çifte git-. ～を板で平らにする sürgüle-. ～を平らにする板 sürgü. ～を休ませる tarlayı dinlendir-. 耕して一年休ませる～ herk. 作物を～から取り入れる ekini tarladan çek-. 火事が大きくなったので品物を～に移した。 Yangın büyüyünce eşyayı bostana aşırdılar.
hatake sigoto 畑仕事 /a./ ekim biçim işleri, rençperlik. ～をする ekip biç-. ～をする人 bostancı. ～から帰る çiftten gel-.
hàtamata はたまた /ba./ yahut, veya.
hatamèku 旗めく /ey./ bayrak dalgalan-.
hatamòci 旗持ち /a./ bayraktar.
hatañ 破綻 /a./ iflâs. ～する iflâs et-.
hatañkyoo ハタンキョウ, 巴旦杏 /a./ badem.
hataòri 機織り /a./ dokuma.
hataoriki 機織り機 /a./ dokuma tezgâhı, tezgâh. ～のバー çulha gergisi.
hatarakasare・ru 働かされる /ey./ çalıştırıl-.

hatarakase·ru 働かせる /ey./ işlet-, çalıştır-. 知恵を～ kafasını kullan-.
hatarake·ru 働ける /ey./ çalışıl-. 暗くて働けない. Karanlıkta çalışılmaz.
hataraki 働き /a./ işleme, işlev, çalışma, emek, güç, yararlık. モーターの～ motorun işlemesi. 心臓の～ yüreğin işlevi. 頭の～ kafa. この仕事には私の～もある. Bu işte benim de emeğim vardır.
hatarakìbaci 働きバチ /a./ amele arı, işçi.
hatarakidoosi 働き通し /a./ 朝から晩まで～だった. Sabahtan akşama kadar didindi durdu.
hatarakiguci 働き口 /a./ geçim kapısı.
hatarakikakè·ru 働きかける /ey./ tesir icra et-. 人に何かをするように～ aklına koy-.
hatarakimono 働き者 /a./ çalışkan. ～の çalışkan, hamarat, arı gibi. ～の主婦 hamarat bir ev kadını. ～の嫁をもらう leğen başından al-. ～と言われようとしてとても頑張っている. Kendine çalışkan dedirmek için çok çalışıyor.
hatarakite 働き手 /a./ işçi, amele.
hataraku 働く /ey./ çalış-, işle-, hizmet gör-. 大いに～ iş çıkar-. ～のがいやになる çalışmaktan bık-. ～気がない dünden ölmuş. 身を粉にして働き続ける didin-. 生活のために働き出す hayata atıl-. 働かなくなる paslan-. うまく働かなくなる laçka ol-. 働かずに金をもうける açıktan para kazan-. 頭がよく～ kafası işle- (çalış-). 頭が働かなくなる kafa kalma-, durgunlaş-. 頭の働かない beyinsiz. 頭が働かないこと durgunluk. あらゆる悪事を～ etmediğini bırakma-. 不貞を～ ihanet et-, boynuz dik-, aldat-. この辞書のために二年働いた. Bu sözlük üzerine iki yıl çalıştık. 冷蔵庫は正常に働いていない. Buz dolabı çalışmıyor. 働いて利益を取られる. Davulu biz çaldık, parsayı başkası topladı.
hatasiai 果たし合い /a./ düello.
hatàsite はたして /be./ bakalım, bakayım, meğer.
hatasizyoo 果たし状 /a./ düelloya davetname.
hatàsu 果たす /ey./ tamamla-, yap-. 義務を～ görevini yap-. 務めを～ işini gör-. 約束を～ sözünü tut-.
hatazao 旗ざお /a./ bayrak direği, gönder. ～を立てる bayrak direği dik-. 祝日には校庭の～に旗を立てる. Bayramda okul bahçesindeki göndere bayrak çekiriz.
hatazìrusi 旗印 /a./ bayrak arması.
hàte はて /ün./ acaba.
hatè 果て /a./ uç, son. 世界の～ dünyanın öbür (bir) ucu. 挙げ句の～に sonunda, neticede, nihayet.
hateñkoo 破天荒 /a./ ～の大事業 emsalsiz büyük bir girişim.
hatè·ru 果てる /ey./ bit-.
hatesinài 果てしない /s./ bitmez tükenmez, uçsuz bucaksız, nihayetsiz, dibi yok, ucu bucağı yok. ～欲張り dizginsiz bir hırs. すごい道で行けども行けども～. Öyle bir yol ki git bre git, bitmez.
hàto ハト /a./ güvercin. ～の夫婦 bir güvercin çifti. ～の子 palaz. 小型の～ kumru.
hatoba 波止場 /a./ rıhtım, iskele. 船が～に横づけにされた. Gemi rıhtıma aborda etmişti. 汽船が～に着いた. Vapur iskeleye yanaştı.
hatodòkei ハト時計 /a./ guguklu saat.
hatogoya ハト小屋 /a./ güvercinlik.
hatoo 波濤 /a./ büyük dalga.
hattacu 発達 /a./ gelişim, gelişme, inkişaf, tekâmül, terakki. ～する

hattari

geliş-, terakki et-, serilip serpil-. 子供の能力の〜を妨げてはならない. Çocuğun yeteneğini körletmemeli.
hattari はったり /a./ blöf. 〜を言う blöf yap-.
hatteñ 発展 /a./ gelişim, gelişme, inkişaf, kalkınma, terakki. 〜する geliş-, terakki et-. 〜させる kalkındır-. 〜を妨げる körlet-.
hatteñ tòzyoo 発展途上 /a./ 〜の az gelişmiş.
hatteñ tozyòokoku 発展途上国 /a./ gelişmekte olan ülkeler.
hatto 法度 /a./ yasak.
hàu はう /ey./ emekle-, sürün-, kuzula-. 赤ん坊が床を〜 bebek yerde sürün-. 子供がはい始める çocuk emeklemeye başla-. 地を〜 sürüngen. ヘビがにょろにょろとはっている. Yılan ığıl ığıl süzülüyor.
hàusu ハウス(İng. house) /a./ ser, sera.
Hàwai ハワイ /a./ Hawaii.
hawàtari 刃渡り /a./ bıçak ağzın uzunluğu.
hayaasi 速足 /a./ 馬の〜 tırıs. 馬が〜に入る tırısa kalk-. 〜で歩く tırıs git-.
hayabàya はやばや /be./ 〜と erkenden.
hayabusa ハヤブサ /a./ doğan, şahbaz.
hayadori syàsiñ 早取り写真 /a./ enstantane. 〜の enstantane.
hayagàteñ 早合点 /a./ 〜は禁物. Sarmısağı gelin etmişler de, kırk gün kokusu çıkmamış.
hayài 早い /s./ acil, erken. 気の〜 canı tez, içi tez. 早く erken, (俗語) er. できるだけ早く bir gün evvel. …より早く evvelce. 早く早く (俗語) haydin. 〜全快を祈った. Acil şifalar diledi. 学校が今年は早く始まった. Okullar bu yıl erken açıldı. 今日は早く起きた. Bu gün erken kalktım.

早く来いと言ったのに遅れた. Erken gel dedim, gene de geç kaldı.
hayài 速い /s./ hızlı, çabuk, tez. seri, süratli, yollu (gemi). 足の〜 tazı gibi. 速く çabuk, hızlı, pek. 速く読む hızlı oku-. 速くなる çabuklaş-. 速くする çabuklaştır-. 速く. Çabuk ol! 速く来い. Tez gel! それほど速く走るので後から弾がとどかない. Öyle koşar ki arkasından kurşun yetişemez.
hayaimonogaci 早い者勝ち /a./ 〜だ. Baskın basanındır. kapanın elinde kal-.
hayaku 端役 /a./ figüran.
hàyaku 早く /a./ 〜に erkenden. 〜から erkenden.
hayàkuci 早口 /a./ 〜で意味のないおしゃべり ağız kalabalığı.
hayakuci kòtoba 早口言葉 /a./ yanıltmaç.
hayamàru 早まる /ey./ erken ol-.
hayamàru 速まる /ey./ çabuklaş-.
hayame 早目 /a./ 〜に er, erken, erkence.
hayamè・ru 早める /ey./ sıklaştır-.
hayamè・ru 速める /ey./ çabuklaştır-. 歩調を〜 adımlarını aç-.
hayamimi 早耳 /a./ kulağı delik.
hayàne 早寝 /a./ erken yatma. 〜早起きの人 tavuk gibi.
hayaòki 早起き /a./ erken kalkma. 〜する üstüne güneş doğma-. 〜の習慣がつく erken kalkmaya alış-.
hayarì はやり /a./ moda. 〜の yaygın, moda. 今〜の色 moda renk.
hayàru はやる /ey./ moda ol-, hüküm sür-, işle-, salgın ol-. たちまちはやった aldı yürüdü. はやっている店 işlek dükkân. この店はよくはやっている Bu dükkân iyi işliyor.
hayàru はやる /ey./ tezcanlı ol-.
hàyasa 速さ /a./ çabukluk, hız, sürat, tempo.
hayasi 林 /a./ koru, orman.
hayasi はやし /a./ müzik bando.

hayasu 生やす /ey./ ひげを〜 sakal bırak- (koyver-, salıver-, uzat-).
hayasu はやす /ey./ alkışla-. 手をたたいて〜 alkış tut-.
hayate はやて /a./ bora, kasırga.
hayawaza 早技, 早業 /a./ el çabukluğu.
hazakaiki 端境期 /a./ ilk hasat vakti.
hazama はざま /a./ ara.
haze ハゼ /a./ kaya balığı.
haze(noki) ハゼ(ノキ) /a./ sumak.
hazi 恥 /a./ ayıp, utanma, ar, edep, hayâ, hicap, kara yüz, kepazelik. 〜をかく kendini güldür-. 〜をかかせる rezil et-. やっつけて〜をかかせる yerden yere vur-. 〜をさらす rezil ol-, rezil rüsva ol-. 〜を忍んで頼む yüz suyu dök-, yüzünü kızart-. 〜を知っている namuslu. 〜も外聞もない keçeyi suya at-, suratı kasap süngeriyle silinmiş. 道路にごみを捨てるのは〜だ. Sokağa çöp atmak ayıptır. 〜を知れ. Allahtan kork!
haziirase・ru 恥じ入らせる /ey./ utandır-.
haziiru 恥じ入る /ey./ yüzü kara ol-, (隠語) şiş-.
haziku はじく /ey./ 指先で〜 fiske vur-. 水を〜 giçirme-.
hazimari 始まり /a./ eşik, başlangıç. 〜が悪ければ終わりが悪いのはあたりまえだ. Perşembenin gelişi çarşambadan bellidir.
hazimaru 始まる /ey./ başla-, başlan-, açıl-. 物の〜元 çekirdek. 競技が始まった. Yarış başladı. 競走が始まった. Koşuya başlandı. 学校が今年は早く始まった. Okullar bu yıl erken açıldı. 世界に新たな経済危機が始まっている. Dünya yeni bir ekonomik bunalımın eşiğinde.
hazime 始め, 初め /a./ baş, başlangıç, iptida. 週の〜 hafta başı. ものの〜 alfabe. 〜の ilk, iptidaî. 〜に ilkin, iptida, önce. 〜から baştan, önceden, esasen, oldum bittim (olası). 〜からずっと başından beri. 〜も終わりも evvel ahir. 〜は知らなかった. Önceden bilmiyordu.
hazimekata 始め方 /a./ başlayış.
hazime・ru 始める /ey./ başla-, aç-, iptida et-, giriş-, kapıyı aç-. 勉強を〜 okumaya başla-. 話を〜 bahis aç-. 講義を〜 kurs aç-. 会期を〜 celseyi aç-. 仕事を〜 bismillah de-. 取り引きを〜 ticarete giriş-. けんかを〜 kavga çıkar-, birbirine giriş-. 始めたばかり dün bir, bu gün ki. 仕事を始めたばかりの dünkü. 新しく始めた人 başlayıcı. ことを始めない el vurma-. …し〜 kalk-, koyul-, yüz tut-. 読み〜 okumaya başla-. 子供が歩き〜 ayaklan-. 木が緑になり始めた. Ağaç yeşermeye yüz tuttu.
hazimete 初めて /be./, /a./ ilk defa (kez), (俗語) siftah. 〜行く ayak at-. 〜の子 ilk göz ağrısı.
hazirai 恥じらい /a./ utanç, ut, ar.
hazirau 恥じらう /ey./ utan-.
hazi・ru 恥じる /ey./ mahcup ol-, önüne bak-, (俗語) boza ol-. 非常に〜 kulaklarına kadar kızar-, yer yarılıp içine gir-. 恥ずべき行い ayıp.
hazisarasi 恥さらし /a./ rezillik, yuha.
hazisirazu 恥知らず /a./ 〜の arsız, edepsiz, namussuz, utanmaz, sıyrık, yüzsüz, yüzü kasap süngeriyle silinmiş. 〜にも上には上がある. Dinsizin hakkından imansız gelir.
hazu はず /il./ ある〜の olacak. 私の友人である〜の人 arkadaşım olacak adam. それほど間違ってはいない〜だ pek de yanlış olmasa gerek. この家を買う〜だったが金が足りなかった. Bu evi alacaktım, fakat param yetişmedi. アタチュルクの映画でアタチュルクをリチャード・バートンが演じる〜だった. Atatürk filminde Atatürk'ü Ri-

chard Burton canlandıracaktı.

hazukasigarasè·ru 恥ずかしがらせる /ey./ utandır-, mahcup et-.

hazukasigari 恥ずかしがり /a./ ～の utangaç, sıkılgan, yüzü yok.

hazukasigàru 恥ずかしがる /ey./ utan-, mahcup ol-, hicap duy- (et-), yüzü yere gel- (geç-), sıkıl-. 恥ずかしがらなくなる yüzü gözü açıl-. テズジャンは教員室に入るのを恥ずかしがっている. Tezcan öğretmenler odasına girmekten utanıyor.

hazukasìi 恥ずかしい /s./ ayıp, mahcup, utanılacak, yüz kızartıcı. 恥ずかしく思う utan-, ar et-. 間違った行為を恥ずかしく思う haksız davranıştan utanç duy-. とても～思いをする kulaklarına kadar kızar-. 恥ずかしくてたまらない yerin dibine bat- (geç-, gir-). 恥ずかしくて赤くなる gözlerinin içine kadar kızar-, kulaklarına kadar kızar-, (隠語) dut gibi ol-. 言うも～ ağıza alınmaz. 恥ずかしそうな kız gibi. 恥ずかしそうに tırıs tırıs.

hazukasimerarè·ru 辱められる /ey./ kirlen-.

hazukasimè·ru 辱める /ey./ utandır-, kepaze et-, rezil et-, iki paralık et-, ırzına geç-, kirlet-, topa tut-.

hazukàsisa 恥ずかしさ /a./ utanç, ut, hayâ, hicap, bozum.

hàzuki 葉月 /a./ kamer aylarından ağustos.

hazumi 弾み /a./ zıplama; vesile. ～がつく canlan-.

hazumigùruma 弾み車 /a./ düzen teker, pervane, volan.

hazumu 弾む /ey./ zıpla-, sek-. スプリングで～ yaylan-. 心が～ neşeli. 話が～ laf lafı aç-.

hazuna 端綱 /a./ yular. 御者は馬の～を取って柱にしばった. Arabacı atları yularlarından tutup direğe bağladı.

hazure 外れ /a./ kenar, son, uç, kıyı. ～の ücra. ～の方から kıyı kıyı.

hazure·ru 外れる /ey./ sap-, yerinden çık-. 常道を～ çığırından çık-. あてが～ boş çık-, cascavlak kal-. これほど仕事をしたのにあてが外れた. Bunca emekler boşa çıktı. 予想は往々～. Evdeki hesap çarşıya uymaz.

hazusu 外す /ey./ çöz-, sök-, yerinden çıkar-. ボタンを～ düğmeyi çöz-. 彼を仕事から外した. Onu işinden ettiler.

hazyðomoñ 波状紋 /a./ hare.

hè 屁 /a./ osuruk. ～をひる (卑語) osur-, (俗語) yellen-.
§～とも思わない (口語) vız gel-, (口語) vız gelip tırıs git-.

hèa ヘア(İng. hair) /a./ saç, kıl.

hea doràiyaa ヘアドライヤー(İng. hair dryer) /a./ saç kurutucusu.

hea kàaraa ヘアカーラー(İng. hair curler) /a./ bigudi.

hea kurìpuu ヘアクリップ(İng. hair clip) /a./ toka.

hea piñ ヘアピン(İng. hairpin) /a./ firkete.

hebereke へべれけ /a./ çok sarhoş. ～に酔った (隠語) zom.

hèbi ヘビ, 蛇 /a./ yılan, uzun hayvan. ～の抜け殻 yılan gömleği. ～が脱皮する gömlek değiştir-. ～がとぐろをほどく sağıl-. ～がこわい yılandan kork-. ～がにょろにょろとはっている. Yılan ığıl ığıl süzülüyor.

hebigatakañ 蛇形管 /a./ serpantin.

hebii sumðokaa ヘビースモーカー (İng. heavy smoker) /a./ sigara tiryakisi.

hèbo へぼ /a./ taslak.

Heburai ヘブライ /a./ İbranî.

Heburaigo ヘブライ語 /a./ İbranca, İbranîce.

heccui へっつい /a./ ocak.

hecima ヘチマ /a./ lif.
hecurai へつらい /a./ dalkavukluk, yaltaklık, pohpoh, köpeklik, (隠語) piyaz.
hecuraimono へつらい者 /a./ dalkavuk, çanak yalayıcı.
hecurâu へつらう /ey./ pohpohla-, çanak yala-, kuyruk salla-, el etek öp-, etek öp-, nabzına göre şerbet ver-, yüzüne gül-, yağcılık et-, yağ yak-, (口語) yağla-, (隠語) yağ çek- (yap-), (隠語) piyazla-. おもねり～ kur yap-. 犬のように～ köpek gibi.
hedatari 隔たり /a./ uzaklık, mesafe, uçurum, ayrılık.
hedatâru 隔たる /ey./ uzaklaş-, ayrıl-.
hedatè 隔て /a./ ayrım. 分け～がない ayrı gayrı bilme-, ayrısı gayrısı yok.
hedatè・ru 隔てる /ey./ uzaklaştır-, ayır-. 間を～ arala-.
heddohòñ ヘッドホン(İng. headphone) /a./ kulaklık.
heddorâito ヘッドライト(İng. headlight) /a./ far, ön ışık.
hèdo へど /a./ kusmuk. ～を吐く kus-. 酔っぱらいの～ (隠語) tavus kuyruğu.
hegêmonii ヘゲモニー(Al. Hegemonie) /a./ hegemonya.
hei 塀 /a./ duvar. ～を跳び越す duvardan atla-. ～を下げる duvarı alçalt-. 石積みの～ kuru duvar. 庭の～が崩れた. Bahçe duvarı göçtü.
hèi 兵 /a./ asker, er. → **hèisi.** 国境に～をつぎこむ sınıra asker dök-. この召集で百人の～が来た. Bu celpte yüz er geldi.
hèi 弊 /a./ zarar, fenalık.
heiañ 平安 /a./ huzur, iyilik, rahat, barış.
heiboñ 平凡 /a./ ～な bayağı, alelade, iyi kötü, müptezel. ～な作

品 basit bir eser.
heibùñzi 平分時 /a./ 昼夜～ gece gündüz eşitliği.
heici 平地 /a./ düz, düzlük, ova.
hèicyoo 兵長 /a./ erbaş.
heidañ 兵団 /a./ asker ocağı.
heidoñ 併呑 /a./ ilhak.
heieki 兵役 /a./ askerlik (hizmeti), asker, bayrak altı. ～につく askere git-. ～を勤める askerlık et- (yap-). ～の年齢になる kurası ol-. ～を過ぎた çağ dışı. ～免除税 bedel. ～免除税を払った人 bedelli. ～短縮税 bedel. ～短縮税を払った人 bedelli.
heieki gìmu 兵役義務 /a./ muvazzaf hizmet.
heigai 弊害 /a./ zarar, fenalık.
heigàkkoo 兵学校 /a./ 海軍～ Deniz Harp Okulu. 海軍～の学生 bahriyeli.
heigeñ 平原 /a./ ova, kır, düz, düzlük, yazı, yazı yaban. ～の ovalık.
heigiwa 塀際 /a./ duvar yanı.
heigoo 併合 /a./ ilhak. ～する ilhak et-.
heihacu 併発 /a./ ihtilât. 余病を～する ihtilât et- (yap-).
heihoo 平方 /a./ kare, dördül. ～の kare. ～メートル metre kare. 5～メートル, (5m²) beş metre kare. 100～メートル ar. ～キロメートル, (km²) kilometre kare.
heihòokoñ 平方根 /a./ kare kök.
hèii 平易 /a./ ～な kolay, sade, basit.
heiiñ 兵員 /a./ mevcut, erler.
hèika 平価 /a./ değer. ～切り下げ kıymetini düşürme, değer düşürümü.
hèika 陛下 /a./ şevketli. 皇帝～ haşmetli.
heikacùkiñ 平滑筋 /a./ düz kaslar.
heikai 閉会 /a./ ～する, ～を宣する celseyi kapa-.
heikàiseñ 閉回線 /a./ kapalı devre.
heiki 平気 /a./ aldırmazlık. ～な

duygusuz. ～である bana mısın deme-. ～になる kanıksa-. ～をよそおう bozuntuya verme-. ～でうそが言える yalana şerbetli. 彼はこんな言葉には～だ. O, bu gibi sözlere idmanlıdır.
hêiki 兵器 /*a.*/ silâh.
heikiñ 平均 /*a.*/ ortalama. ～の ortalama, vasatî. ～して ortalama olarak. みな～して dengi dengine. 65キロの成人は日に～2500カロリーを必要とする. 65kg. gelen yetişkin bir insanın günde ortalama 2500 kaloriye gereksinmesi vardır.
heikiñdai 平均台 /*a.*/ denge kalası.
heikiñka 平均化 /*a.*/ ～する dengele-.
heikiñ kìoñ 平均気温 /*a.*/ ortalama sıcaklık.
heikiñ zyùmyoo 平均寿命 /*a.*/ ortalama yaşama süresi.
heikoo 平行 /*a.*/ koşutluk, paralel. ～の koşut, paralel. 鉄道の二本のレールは～だ. Demir yolunun iki rayı koşuttur.
heikoo 平衡 /*a.*/ denge, muvazene. ～を保つ dengele-. ～する denkleş-.
heikoo 閉口 /*a.*/ 暑さに～する sıcaktan bunal-.
heikòoboo 平行棒 /*a.*/ barparalel.
heikooseñ 平行線 /*a.*/ paralel. ～の koşut.
heikoo sihêñkei 平行四辺形 /*a.*/ paralel kenar.
heimaku 閉幕 /*a.*/ kapanış, son.
heimeñ 平面 /*a.*/ düzlem, yüzey, düzey.
himeñ kikàgaku 平面幾何学 /*a.*/ düzlem geometri.
heimiñ 平民 /*a.*/ avam.
heinecu 平熱 /*a.*/ doğal ısı. 人体の～ insan vücudunun doğal ısısı.
heioñ 平穏 /*a.*/ sükûn, sükûnet.
heiòñsecu 閉音節 /*a.*/ kapalı hece.
heirecu 並列 /*a.*/ ～に yan yana.
heisa 閉鎖 /*a.*/ kapanış. ～する kapa-, kapat-. 門を～する kapıyı kapa-.
heisei 平静 /*a.*/ rahat, huzur. ～な istirahatlı. 心の～さ gönül açıklığı. ～を保つ itidalini muhafaza et-. ～を失う rahatı kaç-. 心の～を失った muvazenesiz.
hêisi 兵士 /*a.*/ asker, er, (古語) nefer. → **heitai**. ～の食糧 asker tayını. ～の列 koşun. 空軍～ havacı.
heisiñ bòiñ 平唇母音 /*a.*/ düz sesli (ünlü).
hêiso 平素 /*a.*/ ～の olağan, mutat.
heisocu 兵卒 /*a.*/ er, (古語) nefer. ～達 (古語) erat.
heisoku 閉塞 /*a.*/ abluka.
hêisya 兵舎 /*a.*/ kışla. 父は今夜～の宿直だ. Babamın bu akşam kışlada nöbeti var.
heitai 兵隊 /*a.*/ asker. ～の食糧 asker tayını. ～に行く askere git-. ～から帰る askerden dön-. 戦争でたくさんの～が死ぬ dere gibi ak-. ～が前線で敵と戦った. Askerler cephede düşmanla çatıştı.
heitaigari 兵隊刈り /*a.*/ asker tıraşı.
heitañ 平坦 /*a.*/ düzlük. ～な道 düz yol.
heitañ 兵站 /*a.*/ levazım sınıfı, cephe gerisi.
heiteñ 閉店 /*a.*/ dükkânın kapanması.
heiwa 平和 /*a.*/ barış, sulh. ～な sütliman ～を愛する barışsever, barışçı, sulhperver. ～を愛すること barışçılık. ～な関係にある barışık. ～共存政策 barış içinde birlikte yaşama siyaseti. 「祖国に～を, 世界に～を.」 "Yurtta barış, cihanda barış."
heiwateki 平和的 /*a.*/ ～な barışçı, sulhperver. ～手段によって barışçı vasıta ile.
heiya 平野 /*a.*/ ova. ～に富んだ

heñka

ovalık. 〜を取り囲む高い山々 ovayı kucaklayan yüksek dağlar.
heiyoo 併用 /a./ beraber kullanma.
hĕiyu 平癒 /a./ şifa, hastalıktan kurtulma.
heizei 平生 /a./ → **hĕiso**.
heizeñ 平然 /a./ serin kanlılık.
heizicu 平日 /a./ bayağı gün.
heizyoo 平常 /a./ alışkanlık.
heizyŏosiñ 平常心 /a./ akıl dengesi. 〜を失う şirazeden çık-.
hĕki 癖 /a./ âdet, huy.
hĕkici 僻地 /a./ sapa yer, kuytu bölge.
hekiga 壁画 /a./ nakış.
hekigañ 碧眼 /a./ mavi göz.
hekigañ 壁龕 /a./ mihrap.
hekimeñ 壁面 /a./ duvar yüzü.
hekireki へきれき /a./ gök gürlemesi. §青天の〜 tepeden inme.
hekomi へこみ /a./ çukur, girinti, obruk.
hekomu へこむ /ey./ esne-, içine bat-. へこんだ çukur, girintili, obruk. へこんだ道 çekik karın. へこんだ所 obruk.
hekutàaru ヘクタール(İng. hectare) /a./ hektar. 1〜は各辺が100メートルずつの正方形の面積である. Bir hektar, kenarları yüzer metre olan bir dördülün alanıdır.
hĕma へま /a./ gaf, (俗語) halt, pot. 〜をやる gaf yap-, halt et- (karıştır-, ye-), bok ye-, kafa göz yar-, pislet-, sırıt-, tadını kaçır-, (隠語) fire ver-. 〜をやる人 taslak. 〜なことを言う halt et-.
hemoguròbiñ ヘモグロビン(Al. Hämoglobin) /a./ hemoglobin.
hĕnahena へなへな /be./ 〜した yufka. この蓋は〜している. Bu kapak pek yufka bir şey.
heñ 辺 /a./ yan; kenar. この〜で böyle, buralarda. 〜の等しい eş kenar. 四角形の四〜 dörtgenin kenarları. この植物はあの〜にだけ産す る. Bu bitki oralarda ayrıca yetiştirilir. 町のどの〜にお住まいですか. Kentin hangi tarafında oturuyorsunuz? 1ヘクタールは各〜が100メートルずつの正方形の面積である. Bir hektar, kenarları yüzer metre olan bir dördülün alanıdır.
hĕñ 変 /a./ 〜な garip, acayip, yabansı, aysar, tuhaf, (俗語) ibret. 〜な天気 acayip bir hava. 〜な癖の人 acayip ahlâklı adam. 頭の〜な aklı çalık, sersem, tımarhane kaçkını, (冗談) kafadan ayrimüsellah. 〜な具合に gâvurca. 〜な人とつきあう adamına düş-. 〜な気分になる bir hoş ol-, tuhafına git-. 〜になる tuhaflaş-. 気が〜になる sapıt-, kaçır-. 〜に着飾った bayram koçu gibi. 〜だと感づく beyni bulan-, pirelen-.
hĕñ 編 /a./ kitap hazırlaması. 歴史学会の〜 Tarih Kurumu tarafından hazırlanma.
hĕñ 篇 /a./ fasıl,
heñacùki 変圧器 /a./ transformatör, trafo.
heñboo 変貌 /a./ şeklini değiştirme.
heñcyoo 偏重 /a./ aşırı takdir, taraflı önemseme.
heñdeñsyò 変電所 /a./ trafo.
heñdoo 変動 /a./ değişme. 〜する değiş-, oyna-, inip kalk-. 値段は2リラと3リラの間で〜する. Fiyatı iki ile üç lira arasında oynar.
heñge 変化 /a./ cin, peri, hortlak.
heñgeñ 片言 /a./ söz parçası 〜隻語 söz parçası.
heñi 変異 /a./ değişme, fark.
heñi 変移 /a./ değişme.
heñka 変化 /a./ değişme, değişkenlik, değişiklik, değişim, başkalık. 〜する değiş-, dönüş-, başkalaş-. 〜をもたらす yenilik yap-. 〜の

heñkaku

ない dural.
heñkaku 変革 /a./ değişme, değişiklik. 根本的な～ kökten bir değişiklik.
heñkañ 返還 /a./ iade. ～請求 reklemasyon.
heñkañ 変換 /a./ tahvil.
heñkei 変形 /a./ istihale, dönüşüm. ～する şeklini değiştir-, dönüş-, başkalaş-. ～させる istihale et-. ～される dönüştürül-.
heñkeñ 偏見 /a./ ön yargı, peşin hüküm.
heñkoo 変更 /a./ değişiklik, tadilât, tebdil. ～する değiştir-. ～される değiştiril-.
heñkoo 偏光 /a./ polarma.
heñkoo 偏向 /a./ ～した tek yanlı.
hèñkucu 偏屈 /a./ taassup. ～な mutaassıp. ～な人 softa.
heñkucumono 偏屈者 /a./ softa.
heñkyaku 返却 /a./ iade. ～する iade et-.
heñkyoku 編曲 /a./ düzenleme, aranjman.
heñkyoo 辺境 /a./ hudut, sınır, ～の地 hudut bölgesi.
heñkyoo 偏狭 /a./ darlık. ～な gönlü dar. ～な考え dar fikir.
heñna ヘンナ /a./ kına. ～の木 kına ağacı. ～で染める kınala-, kına yak- (koy-, sür-, vur-). 花嫁の手を～で染める gelinin ellerini kınala-. ～でつめを染めた kınalı.
heñnoo 返納 /a./ iade.
heñnyuu 編入 /a./ kabul.
heñoñ dòobucu 変温動物 /a./ soğuk kanlı.
heñoñ kìgoo 変音記号 /a./ bemol.
hèñpa 偏頗 /a./ adaletsizlik.
heñpei 扁平 /a./ yassılık, düzlük. ～な yassı, düz.
heñpèisoku 扁平足 /a./ düz taban. ～の düz taban.
hèñpi 辺鄙 /a./ ～な sapa, ücra, tenha, ıssız. ニルギュンの家は～なところにある. Nilgün'ün evi sapa bir yerde.
heñpiñ 返品 /a./ iade edilmiş mal, malı iade etme.
heñpoñ へんぽん /a./ ～と翻る bayrak rüzgârdan dalgalan-.
heñrei 返礼 /a./ iade, karşılık, mukabele.
heñrei 返戻 /a./ iade.
heñreki 遍歴 /a./ yaya gezinti, seyahat.
heñròcyoo 変ロ調 /a./ si bemol.
hèñsa 偏差 /a./ sapma.
heñsai 返済 /a./ tediye, ifa, ödeme. ～する öde-. 借金を～する borcu öde-. ～期間 vade.
heñsañ 編纂 /a./ → **heñsyuu**.
heñsei 変成 /a./ istihale. 地質の～ başkalaşım. ～する başkalaş-.
heñsei 編成 /a./ yapma, teşkil etme. 予算の～ bütçeleme.
heñseñ 変遷 /a./ değişim.
heñsicu 変質 /a./ yozlaşma, soysuzlaşma.
heñsiñryoo 返信料 /a./ iade ücreti. ～前払い電報 cevaplı telgraf.
heñsiñyoo 返信用 /a./ ～の iadeli.
heñsoku 変則 /a./ ～の anormal.
heñsoku rèbaa 変速レバー /a./ şanjman, vites kolu.
heñsoo 返送 /a./ iade. ～する geri gönder-.
heñsoo 変装 /a./ tebdili kıyafet, aldatıcı kıyafet. ～する kıyafet değiştir-. ～して歩く tebdil gez-.
heñsòokyoku 変奏曲 /a./ varyasyon.
heñsùru 偏する /ey./ → **katayòru**.
hèñsya 編者 /a./ müellif.
heñsyoku 偏食 /a./ dengesiz yemek.
heñsyu 変種 /a./ başkalık, çeşit.
heñsyuu 編集 /a./ redaksiyon, kaleme alma. 映画の～ montaj. フィルムの～ kurgu. ～する yayına

hazırla-.
heñsyûubu 編集部 /*a.*/ yazı kurul.
heñsyûucyoo 編集長 /*a.*/ yazı işleri müdürü.
heñsyuukyoo 偏執狂 /*a.*/ paranoya.
heñsyuu syùkañ 編集主幹 /*a.*/ başyazar.
heñtai 変態 /*a.*/ istihale, dönüşüm, metamorfoz, başkalaşma. ～する dönüş-. 昆虫の～ böceklerin başkalaşması.
heñtai 編隊 /*a.*/ teşkil, birlik.
heñtoo 扁桃 /*a.*/ badem.
heñtoo 返答 /*a.*/ yanıt, cevap. 品の悪い～ eşekçe bir cevap.
heñtooseñ 扁桃腺 /*a.*/ bademcik.
heñtooseñeñ 扁桃腺炎 /*a.*/ anjin, (俗語) boğak. ～にかかる anjine tutul-.
heñzi 返事 /*a.*/ cevap, yanıt, karşılık. ～の cevabî. ～なしの cevapsız. ～をする cevap (yanıt, karşılık, ses) ver-, yanıtla-. 期待に反する～をする (俗語) cevabı dik- (yapıştır-). お手紙を受け取るとすぐ～を書いた. Mektubunuzu aldığım gibi cevap yazdım. 私の手紙を～もくれずにそのままにした. Mektubumu cevapsız bıraktı.
heñziñ 変人 /*a.*/ zibidi.
heñzùcuu 偏頭痛 /*a.*/ yarım baş ağrısı, yarımca, migren.
heñzuru 変ずる /*ey.*/ değiş-.
heñzyoo 返上 /*a.*/ geri verme.
herà へら /*a.*/ mablak. 竹の～ bambu mablak.
herasu 減らす /*ey.*/ azalt-, buda-, eksilt-. 月給を～ aylıkları buda-.
heri 減り /*a.*/ azalma.
heri 縁 /*a.*/ kenar, kıyı, çerçeve, ibik. 道路の～ yolun kıyısı. 窓の～ pervaz. 製本のための紙の～ tırnak. ～を削る çent-. 布の～を巻いて縫う bastır-.
herikòputaa ヘリコプター (İng. helicopter) /*a.*/ helikopter.
herikucu へ理屈 /*a.*/ ～を並べる, ～をこねる sebepsiz direnip söyle-.
herikudari へりくだり /*a.*/ tenezzül.
herikudàru へりくだる /*ey.*/ alçal-. へりくだった alçak gönüllü, gönülsüz, yüzü yerde, mütevazı. へりくだって行く ayağına git- (gel-).
herinui へり縫い /*a.*/ çırpma.
heròiñ ヘロイン (Al. Heroin) /*a.*/ eroin.
heru 減る /*ey.*/ azal-, eksil-, beti bereketi kalma- (kaç-), çekil-, çık-. ひどく～ dibine gel- (in-). 腹が～ acık-, içi ezil-, karnı acık-. 腹が減って死にそうだ açından öl-. 腹の減った aç. 腹の減ったまま aç acına. たいへん腹が減っている açlıktan gözü (gözleri) karar-. 井戸の水が減った. Kuyun suyu çekildi. 食事がさっぱり減らないようですが食べなかったのですか. Yemek hiç eksilmemiş, yoksa yemediniz mi ?
hè・ru 経る /*ey.*/ geç-. 学問は多くの段階を経て今日の水準に達したのである. Bilimler pek çok evreden geçerek bu günkü düzeyine ulaşmıştır.
herumètto ヘルメット (İng. helmet) /*a.*/ miğfer, başlık.
herunia ヘルニア (İng. hernia) /*a.*/ fıtık. へその～になる göbeği düş-.
hesaki 舳先 /*a.*/ pruva, baş.
hesiòru へし折る /*ey.*/ kanır-. 木の枝を～ ağacın dalını kanır-. 鼻を～ burnunu kır-, (俗語) körünü öldür-.
heso へそ /*a.*/ göbek. ～のヘルニアになる göbeği düş-. 赤ん坊の～をおさえるバンド göbek bağı.
§～をまげる çarpıl-.
hesonoò へその緒 /*a.*/ göbek. ～を切る göbeğini kes-.
heta へた /*a.*/ çanak, meyvenin yeşil yaprakları.
hetà 下手 /*a.*/ acemilik. ～な bece-

hetoheto

riksiz, acemi. ～な床屋 acemi berber. ～な作家 küçük bir yazar. ～をしても bilemedin(iz). ミネは字が～だからすぐ分かった. Mine'yi yazısının çirkinliğinden hemen tanıdım.
hetoheto ヘトヘト /*a.*/ ～になる çok yorul-, canı burnunda ol-, hurdahaş ol-. ～に疲れさせる öldür-. ～になるまで頑張る paralan-, yırtın-. ひどい道で～だ. Bu yol bizi öldürdü.
heyȃ 部屋 /*a.*/ oda. 明るい～ aydınlık bir oda. ～を大きくする odayı büyült-. ～の天井が低い odanın tavanı basık. 一組の～ daire. ～が10組あるアパート on dairelik apartman. この色は～にぴったり. Bu renk odayı açtı. 君のために上に一～あけておいた. Senin için üst katta bir oda açtık.
heyagi 部屋着 /*a.*/ 朝の～ sabahlık.
hẽzira ヘジラ /*a.*/ hicret. ～の hicrî.
hi 日 /*a.*/ gün, güneş ışığı, güneş. ある～ günün birinde. ～一日と gün günden, gün be gün. その～の günlük. その～の卵 günlük yumurta. ～がたつ gün ilerle-. ～が暮れる karanlık bas-, hava karar-, ortalık karar-. ～が昇る gün (güneş) doğ-. ～が沈む güneş bat-, gün kavuş-, gurup et-. ～が照りつける gün vur-. ～が当たる güneş al- (gör-). ～に当たる güneşlen-. ～に当てる güneşlet-, güneşe göster- (maruz bırak-). ～の当たる güneşli. ～の当たる場所 güneşlik, güney. ～の当たらない gün görmez. ～に焼けて黒くなる güneşten karar-. ～は一日一日と過ぎ去る. Günler birbirini kovalar. ストーブを～に二度たく. Sobayı günde iki ağız yakıyor. ～にかれこれ100リラかせいでいる. Günde şöyle böyle yüz lirayı doğrultuyor. 家が～に向いている. Ev güneş görüyor.
hi 緋 /*a.*/ kızıl.
hi 碑 /*a.*/ anıt, abide. 無名戦士の～ meçhul asker anıtı (abidesi).

hi 火 /*a.*/ ateş, od, cız. ～がつく ateş al-, ateşlen-, alev al-, alış-, yan-, tutuş-. ～がついている yanık. ～がついたようになる ateş kesil-. ～をつける ateşe ver-, ateşle-, alıştır-, tutuştur-, yangına ver-. ストーブに～をつける sobayı ateşle-. たばこに～をつける sigarasını yak-. 心に～をつける gönlünü tutuştur-. ～をおこす uyandır-. ～をかけたてる ateşi uyandır-, ateşi karıştır-. ～を噴く ateş al-, yan-. ～をかぶる ateş al-. ～を埋める ateşi göm-. ～が消える karar-, ateş kül bağla-. ～が消えたようになる ımızgan-. ～に掛ける ateşe vur-. ～にかざす ateş tut-. 料理を～からおろす yemeği ateşten indir-. ～の出る ateşli. ～のまわり ateş başı. ～をあがめる ateşperest. 薪に～がついた. Odunlar tutuştu. 大砲が～を噴いた. Top atıldı. 料理が煮えたら～を消せ. Yemek pişince ocağı söndür.
§～の車 ateşten gömlek. ～に油を注ぐ yangına körükle git-. ～がついたように泣きわめく cini tut-. ～のない所に煙は立たぬ. Ateş olmayan yerden duman çıkmaz.
hi 灯 /*a.*/ ışık. ～がともる yan-. ～をつける yak-.
hi 比 /*a.*/ nispet, oran, orantı, karşılaştırma. ～のある orantılı.
hi 否 /*a.*/ hayır, inkâr.
hi 梭 /*a.*/ mekik. ～を通す mekik at-.
hi 非 /*a.*/ adem, gayri. ～の打ちどころのない alnı açık yüzü ak. ～の打ちどころなく alnın akı ile. ～中央組織 ademi merkeziyet sistemi. ～科学的 gayri ilmî. ～公式の gayri resmî. ～論理的な mantık dışı.
hi 秘 /*a.*/ gizlilik.
hiagarasẽ·ru 干上がらせる /*ey.*/ körlet-.
hiagȃru 干上がる /*ey.*/ körel-, körleş-, kuru-. 井戸が～ kuyu körel-.

hiai 悲哀 /a./ hüzün.
hiatari 日当たり /a./ 〜のいい güneşli.
hiba ヒバ /a./ mazı.
hibaci 火鉢 /a./ mangal. 〜の消えそうな火を火ばしでかきたてる mangaldaki sönmek üzere olan ateşi maşa ile karıştır-. 〜にくべた炭から火花が散った. Mangalda yaktığı kömürden kıvılcımlar sıçradı.
hibaihiñ 非売品 /a./ satılamaz.
hibana 火花 /a./ kıvılcım, çakım, yalabık. 〜が出る kıvılcımlan-. 火鉢にくべた炭から〜が散った. Mangalda yaktığı kömürden kıvılcımlar sıçradı.
hibari ヒバリ /a./ çayır kuşu, tarla kuşu.
hibāsami 火ばさみ /a./ maşa.
hibasi 火ばし /a./ maşa. 火鉢の消えそうな火を〜でかきたてる mangaldaki sönmek üzere olan ateşi maşa ile karıştır-. おじいさんはたばこにストーブから〜ではさんだおきで火をつけた. Dedem sigarasını sobadan maşayla aldığı kor parçası ile yaktı.
hibi 日々 /a./ günler. 〜の günlük. 〜のできごと güncel olaylar. 過ぎ去った〜 geçmiş günler. 楽しい〜を送る neşeli günler geçir-.
hibi ひび /a./ çatlak, yarık. 〜が入る çatla-. 地面に〜が入る toprak çatla-. 〜の入った çatlak. 〜の入ったコップ çatlak bardak. 〜が切れる deri çatla-. 皿に二本〜がある. Tabakta iki çatlak var.
hibikasè・ru 響かせる /ey./ çınlat-.
hibikàsu 響かす /ey./ çınlat-.
hibikì 響き /a./ ses, çınlama, akis, ton.
hibìku 響く /ey./ çınla-. 学校は子供の声が響いている. Okul çocuk sesleriyle çınlıyor.
hibiware ひび割れ /a./ çatlama.
hibiwarè・ru ひび割れる /ey./ çatla-.

皮ふが〜 deri çatla-.
hiboñ 非凡 /a./ 〜な olağanüstü, dev. 〜な人 dev.
hiboo ひぼう /a./ 〜する iftira et- (at-), kovla-.
hibōosya ひぼう者 /a./ iftiracı.
hibosi 干ぼし /a./ açlıktan ölme.
hibosi 日干し /a./ güneşletme.
hibosirèñga 日干しれんが /a./ kerpiç. 〜の kerpiç. 〜の穀倉（方言）petek.
hibuñ 碑文 /a./ yazıt, kitabe. オルホン〜 Orhun yazıtları.
hibùsoo 非武装 /a./ 〜の silâhsız.
hibuta 火ぶた /a./ 〜を切る ateş aç-.
hicci 筆致 /a./ tuş.
hiccihàiku ヒッチハイク（İng. hitchhike) /a./ otostop.
hiccukàmu ひっつかむ /ey./ birden tut-, yapış-.
hicu ひつ /a./ sandık.
hicudañ 筆談 /a./ yazı ile konuşma.
hicugi ひつぎ, 柩 /a./ tabut, (隠語) imam kayığı.
hicuu 悲痛 /a./ ezinç, teessür. 〜な elim.
hicuyoo 必要 /a./ gerek, lüzum, zaruret, ihtiyaç, farz, gereklik, hacet, icap, zorunluk, zorunluluk. 〜な gerek, gerekli, lâzım, lüzumlu, muhtaç, zarurî. 〜な品 gereksinme. どうしても〜な zorunlu, elzem. 〜な量の火薬 barut hakkı. 〜な…がある ortada ol-. 〜である gerek-, hacet gör-, lâzım gel-, iste-, istenil-, durumunda ol- (bulun-). 〜とする gerekse-, lüzum gör-, gereksin-, gerektir-, icap et-. 誰かを〜とする eline düş-. 〜とする理由 gerekçe. 〜を感じる gerekse-. 〜を感じさせる arat-. 互いに〜としている ben hancı sen yolcu. 〜に応じて gereğince. 〜とあれば icabında. 〜ない gereksiz, lüzumsuz. 〜がない hacet kalma-,

mahal kalma-, aratma-. 無駄遣いの～はない çarçura lüzum yok. ～もないのに durduğu yerde. ～以上に lüzumundan fazla. ～以上に急ぐ kolle koştur-. ～以上にしゃべる sözü uzat-. ～以上に大きい çarşaf kadar. ～以上に早くから同意する çayı görmeden paçaları sıva-. 食べ物を料理するためには火が～だ. Yemek pişirmek için ateş gerek. 庭は手入れが～だ. Bahçe bakım ister. 何が～か. Neye ihtiyacı var？ 誰が～ですか. Kimi istiyorsunuz？この仕事にはあなたの援助が～だと考えた. Bu işte sizin yardımınızı gereksedim. 水は人間にとって～欠くべからざる物だ. Su insan için gereksinmedir. こうなったからにはひとつ結着をつける～がある. Bu durum üzerine, işe bir son vermek farz oldu. これは私には～ない. Bunun bana gereği yok. ～の方が手当てより大きい. Delik büyük, yama küçük. ～になると物の値打ちが出る. Buğday başak verince, orak pahaya çıkar. ～なくせにけちをつける. (口語) Dilenciye hıyar vermişler de, eğri diye beğenmemiş.

hicuyoohiñ 必要品 /a./ gereksinme.

hicuyoosei 必要性 /a./ gereklik, zorunluk, zorunluluk.

hicuzecu 筆舌 /a./ ～に尽くしがたい kaleme gelme-.

hicuzeñ 必然 /a./ ～の kaçınılamaz, şüphesiz.

hicuzeñsei 必然性 /a./ zorunluk, zorunluluk.

hicuzi ヒツジ, 羊 /a./ koyun. 20頭の～ yirmi baş koyun. 雌の～ marya. 種～ koç. ～の子 kuzu. 一歳の～ toklu. 雑種の～ dağlıç. メリノ種の～ merinos. ～の番犬 çoban köpeği. ～の囲い koyun ağılı. ～の小屋 mandıra. ～とヤギ davar. ～の乳のチーズ kaşar, kaşar peyniri. 一頭分の～の肉 bir gövde koyun. ～の毛を刈る kırk-. ～の腸の料理 kokoreç. ～の尾から取れる脂肪 kuyruk yağı. ～がメーと鳴く mele-. ～に寄生虫がついた. Koyunlara kelebek hastalığı girdi. 羊飼いは春になったので～を刈り込んだ. Çoban bahar gelince koyunları kırktı.

hicuzikai 羊飼い /a./ çoban. ～の犬 çomar, çoban köpeği. ～の仕事 çobanlık. ～の賃金 çobanlık.

hicuzyuhiñ 必需品 /a./ gereksinme, levazım. 生活～ rızk.

hida ひだ /a./ kırma, kırışık, büzgü, pili, pli, büküntü, pasta, pens, pense. ～ができる kırış-. ～をつける kırıştır-. ～のついた kırmalı, büzgülü, potur. ～のあるところ potur. ～～に pili pili. 機械織りの～ akordeon.

hidai 肥大 /a./ şişkinlik ～する irileş-.

hidamari 日だまり /a./ güneşlik, güney.

hidari 左 /a./ sol. ～の sol. ～に曲がる sola dön- (sap-). 車のハンドルを～へ切る direksiyonu sola çevir- (sol yap-).

hidarigawa 左側 /a./ sol taraf. ～の sol. 車が～から追い越す solla-. トラックがバスを～から追い越した. Kamyon otobüsü solladı.

hidarikiki 左利き /a./ ～の solak. ～の人達 solak kişiler.

hidarimae 左前 /a./ ～の ters pers.

hidarimaki 左巻き /a./ (比喩的) akılsız.

hidarite 左手 /a./ sol, sol el. ～の sol.

hidariuciwa 左うちわ /a./ ～で暮らす çubuğunu tüttür-. ～だ. Bir eli yağda bir eli balda. Yediği önünde, yemediği ardında.

hideǹka 妃殿下 /a./ prenses.

hideri 日照り /a./ kuraklık, susuzluk. ～が作物を枯らした. Kuraklık

hidòi ひどい /s./ kötü, müthiş, şiddetli, yavuz, yeğin, öldürücü, yaman, batak, çirkin, kepaze; sorma; sormayın! sorma gitsin! ～仕打ちをする aklını başından al-. ～目にあう zulüm gör-, hakaret gör-, akıbetine uğra-, ağzı yan-. 訳もなく～目にあう okkanın altına git-, cin çarpmışa dön-. ～目にあわせる cendereye sok-, yardan at-, (口語) pastırmasını çıkar-. ～仕事 batak iş. ～誤り fahiş hata. ～仕事をさせる ot yoldur-. 次々と～ことをする kırdığı koz (ceviz) kırkı (bini) aş-. ～言葉を言う (俗語) elleş-. ひどくなる az-, çirkinleş-. リューマチがひどくなる romatizma az-. ひどくする azdır-, çirkinleştir-. 傷をひどくする yarayı azdır-. 雨がまたひどくなった。 Yağmur yine coştu. ひどくて言うべき言葉がありません。 Allah derim.

hidòkei 日時計 /a./ güneş saati.

hìdoku ひどく /be./ delicesine, epey, epeyce, fena, fena hâlde. ～怒る ateşi başına vur-, başı kız-. ～打つ ayağının altına al-, benzet-. ～苦労する anasından emdiği süt burnundan gel-. 頭が～痛む başı çatla-. ～色のこんだ alaca bulaca. 娘を～愛している。 Kızı delicesine seviyor. ～疲れたようだ。 Fena yorulmuşum.

hìdoo 非道 /a./ zalimlik. ～な人 canavar.

hìdori 日取り /a./ tarih, gün.

hìdosa ひどさ /a./ çirkinlik.

hidosugì·ru ひどすぎる /ey./ çok gel-.

hìe ヒエ, 稗 /a./ süpürge darısı.

hiè 冷え /a./ soğukluk.

hiekomi 冷え込み /a./ soğuk, soğukluk.

hiè·ru 冷える /ey./ soğu-. 体が～üşü-. 凍るように～ kıkırda-. 冷えた soğuk. 冷えた料理 soğuk.

higaeri 日帰り /a./ ～で günü birliğine, günü birlik.

hìgai 被害 /a./ hasar, zarar, ziyan. 作物の～ vurgun. ～を受ける zarar çek-. zarara uğra-, zararda ol-, ziyan et-. ～を受けた mağdur. うまくいかずに～を受ける çürük tahtaya bas-. 他人に腹を立てて～を受ける gâvura kızıp oruç ye- (boz-). あることがもとで～を受ける işin ucu birine dokun-. ～を与える zarar ver-, ziyan ol-. ～が軽くすむ hafif atlat-. 大雨で道路がかなり～を受けた。 Yağmurlardan yollar epey hasar gördü.

higai mòosoo 被害妄想 /a./ vehim.

higamì ひがみ /a./ aşağılık duygusu.

higàmu ひがむ /ey./ aşağılan-.

higàsa 日傘 /a./ şemsiye.

higasi 東 /a./ doğu, şark, gün doğusu. ～の doğu. ～の風 gün doğusu. ～ヨーロッパ Doğu Bloku.

higàsi 干菓子 /a./ kuru yemiş.

higasikaze 東風 /a./ gün doğusu.

higasiya 干菓子屋 /a./ kuru yemişçi.

hige ひげ /a./ sakal (あご), bıyık (口). ～を生やす sakal bırak- (koyver-, salıver-, uzat-). ～が生える kıllan-. ～が生えだす bıyığı terle-. ～の生えない köse, tüysüz. ～がのびる tıraşı gel- (uza-), papazа dön-. のびた～ tıraş. ～をそる tıraş et- (ol-). ～をそっていない bıyıklı. 顔のまわりをとりかこんだ～ çember sakal. 下唇のすぐ下の～ bamteli. クジラの～ balina çubuğu. おじいさんには長い白い～があ る。 Dedemin uzun beyaz sakalları var. 三日ものびた～をして病気で寝ていた。 Üç günlük tıraşıyla hasta yatıyordu.

hige 卑下 /a./ tevazu. ～する burnunu sürt-, küçül-.

hìgeki 悲劇 /a./ dram, facia, ağlatı, trajedi.

higekiteki 悲劇的 /a./ ～な feci.

higemozya

higemozya ひげもじゃ /a./ 〜の kıllı, pos bıyık.
higesori ひげそり /a./ tıraş, tuvalet. 〜のあとにオーデコロンをつける tıraştan sonra kolonya sürü-. 〜クリーム tıraş kremi.
hĩgo 庇護 /a./ gölge, iltimas, himaye, koltuk altı. 〜する gölge ol-. 〜を受ける koltuğuna gir-, koltuğunun altına sığın-. 〜を受けている iltimaslı.
hĩgo 卑語 /a./ kaba söz.
higoi ヒゴイ /a./ kızıl sazan.
higõohoo 非合法 /a./ 〜の kanun dışı, kanunsuz.
higoro 日ごろ /a./ 〜の行い her günkü davranış.
higõsya 庇護者 /a./ 〜 baba.
higoto 日ごと /a./ 〜に günden güne, gün günden, gün be gün.
higure 日暮れ /a./ alaca karanlık.
higyoo 罷業 /a./ grev.
hihañ 批判 /a./ eleştiri, kritik, tenkit. 〜する eleştir-. 〜される tenkit olun-, söz gel-. 厳しい〜のまとになる şimşekleri üstüne çek-. 〜を見すごすことができない onuruna yedireme-. 友の〜は害にならない. Dostun attığı taş baş yarmaz.
hihañteki 批判的 /a./ 〜な eleştirici. 〜観点 eleştirici bir görüş.
hĩhi ヒヒ /a./ şebek.
hihĩiñ ヒヒーン /be./ kir kir.
hihoo 悲報 /a./ üzücü haber.
hihoo 秘法 /a./ gizem.
hihoo 秘宝 /a./ define.
hĩhu 皮膚 /a./ cilt, deri. 〜にひび割れる deri çatla-. 〜をチクチクさせる dala-. 〜のはれ beze. 卵を食べたら子供の〜がブツブツふくれた. Yumurta yiyince çocuğun derisi fiske fiske kabardı.
hihubyoo 皮膚病 /a./ cilt (deri) hastalıkları.
hihukikañ 火吹き管 /a./ hamlaç.
hĩhuku 被服 /a./ elbise, giyim, esvap.

hihyoo 批評 /a./ eleştiri, kritik, tenkit. 〜する eleştir-.
hihyooka 批評家 /a./ eleştirici, eleştirmen, tenkitçi.
hiidẽ・ru 秀でる /ey./ üstün gel-.
hĩihii ヒーヒー /be./ cıyak cıyak. 転んでひざを痛めたエルデムが〜言っている. Düşüp dizini acıtan Erdem cıyak cıyak bağırıyor.
hĩiki ひいき /a./ iltimas. 〜する iltimas et-, kayır-. 〜されている iltimaslı.
hiiozĩisañ ひいおじいさん /a./ büyük dede. 〜は80歳だ. Büyük dedem seksen yaşında.
hĩiroo ヒーロー (İng. hero) /a./ kahraman. 小説の〜 roman kahramanı.
hĩiru ヒール (İng. heel) /a./ ökçe.
hĩisu ヒース /a./ (İng. heath) funda.
hikaẽ 控え /a./ koçan. 小切手の〜 dip koçanı. 領収書の〜 makbuz koçanı. 〜の間 bekleme salonu. 〜の選手 yedek oyuncu.
hikaeme 控え目 /a./ tevazu. 〜な çekingen, mütevazı, tutuk, başı önünde, tatlı sert. 〜な職員 çekingen bir memur. 〜にする ağırdan al-. 〜である ganisi ol-.
hikaẽ・ru 控える /ey./ mim koy-, not et-; çekin-, kaçın-; bekle-. 出費を〜 masraftan kaçın-. わきに〜 kenarda kal-.
hikaẽsicu 控え室 /a./ lokal, bekleme salonu.
hikagakuteki 非科学的 /a./ 〜な gayri ilmî.
hikage 日陰 /a./ gölge altı, gölge. 大平原に座って休むための〜が一つも見つからなかった. Koca ovada oturup dinlenmek için bir gölge bulamadık.
hikakĩboo 火かき棒 /a./ gelberi, süngü. 〜で灰を落とす süngüle-.
hikaku 比較 /a./ karşılaştırma,

kıyas, mukayese. ～する karşılaştır-, kıyasla-, oranla-. ～による karşılaştırmalı. 印欧～文法 Karşılaştırmalı Hint-Avrupa Dil Bilgisi.
hikaku 皮革 /a./ deri, post. ～製品 deri işleri.
hikakuteki 比較的 /be./ nispeten, nispî. 今日病人は～いい方だ. Bu gün hastada nispî bir iyilik var.
hikañ 悲観 /a./ ～する kuruntu et-, yüreği karar-.
hikan̂roñ 悲観論 /a./ kötümserlik.
hikañrôñsya 悲観論者 /a./ kötümser.
hikañ syûgi 悲観主義 /a./ kötümserlik.
hikañteki 悲観的 /a./ ～な karamsar, kötümser, bedbin. ～に見る kötümse-. 母は最悪の事態にも～ではない. Annem en kötü olaylarda bile karamsar değildir.
hikarabî・ru 干からびる /ey./ kuru-. 干からびた kuru, kupkuru, kakhem, arık. 干からびた人 çiroz, teneşir horozu (kargası). 細くて干からびた çöp gibi. 黒く干からびた maşa gibi. 一足の干からびた女物の靴 bir çift kurumuş kadın ayakkabı.
hikarasê・ru 光らせる /ey./ parlat-, yaldızla-.
hikarâsu 光らす /ey./ yaldızla-.
hikare・ru 引かれる /ey./ çekil-.
hikarî 光 /a./ ışık, nur, (古語) ziya. 月の～ ay ışığı. 弱い～ ışıltı, cılız ışık. ～のない ışıksız. 雲に隠れた月のかすかな～ ay karanlığı. ～がさす ışı-. ～を映す aksettir-.
hikarikagayâku 光り輝く /ey./ 光り輝いている yaldırak.
hikâru 光る /ey./ parla-, aydınlan-, parılda-. ピカピカ～ ışılda-, parılda-. ぱっと～ çak-. いなずまが～ şimşek çak-. 平らで光っている ayna gibi. 細く光ってやわらかい ipek gibi. コップを洗ったらピカピカに光った. Bardakları yıka-

yınca ışıl ışıl parladılar. この映画監督はちょっとの間に光り出した. Bu sinema sanatçısı kısa sürede parladı.
hike 引け /a./ 日本はヨーロッパに～を取らない. Japonya'nın Batılı uluslardan aşağı kalır yanı yok.
hikecu 否決 /a./ ret.
hikecu 秘訣 /a./ hikmet, muamma.
hikeme 引け目 /a./ ～を感じる kuyruğu alta al-.
hikeñ 卑見 /a./ küçük fikrim.
hike・ru 引ける /ey./ 引けない çekeme-.
hikesi 火消し /a./ itfaiyeci.
hiki 引き /a./ piston, arka.
hiki 悲喜 /a./ üzüntü ve sevinç.
-hiki (**-piki, -biki**) 匹 (hayvan için). この犬は三～のオオカミに相当する. Bu köpek üç kurda bedeldir. 村人がホジャにウサギを一～持って来る. Bir köylü Hocaya bir tavşan götürür.
hikiage 引き上げ /a./ aşırma, yükseltme.
hikiage 引き揚げ /a./ yurda dönüş.
hikiagê・ru 引き上げる /ey./ çek-, kaldır-. 沈んだ船を～ askıya al-, boşa al-. 網を～ ığrıp çek-. 大使を～ elçisini çek-.
hikiagê・ru 引き揚げる /ey./ yurda dön-.
hikiai 引き合い /a./ ～に出す zikret-.
hikiâu 引き合う /a./ çekiş-, değ-. くじを～ kura çekiş-. 引き合わない kurtarma-.
hikiawasê・ru 引き合わせる /ey./ karşılaştır-, tanıştır-.
hikiawâsu 引き合わす /ey./ karşılaştır-, tanıştır-.
hikicigirarê・ru 引きちぎられる /ey./ yolun-. 手をプロペラに～ elini pervaneye kaptır-.
hikicigîru 引きちぎる /ey./ çekiştir-, kap-, yol-. 縫い物をしている時ミシンが指を引きちぎった. Dikiş dikerken makine parmağını kapmış.

hikicugi 引き継ぎ /a./ teslim.
hikicũgu 引き継ぐ /ey./ devral-. 番を~ nöbeti devral-. 農場は父親から引き継いだ. Çiftlik ona babasından kalmış.
hikicuke ひきつけ /a./ havale, ıspazmoz. ~をおこす havale gel-.
hikicukerarê・ru 引き付けられる /ey./ gönlü ak- (iliş-, takıl-). 目を~ gözü takıl-.
hikicukê・ru 引き付ける /ey./ celbet-, cezbet-, sürükle-; havale gel-. 引力で~ çekimle-. 磁石で~ mıknatısla çek-. 自分に引き付けておく büyüle-. 人を~ çekici, sürükleyici. 人を~小説 sürükleyici bir roman. 最近読んだ小説は私を最後まで引き付けた. Son okuduğum roman beni sonuna kadar sürükledi.
hikicurê・ru 引き連れる /ey./ sürükle-.
hikicurê・ru ひきつれる /ey./ ひきつれた çekik. ひきつれた目 çekik göz.
hikicũru ひきつる /ey./ seğir-. ひきつった çekik. ひきつった目 çekik göz. 目が~. Gözüm seğiriyor.
hikicuzuki 引き続き /be./ mütemadiyen, müteakiben.
hikicuzùku 引き続く /ey./ 引き続いて müteakiben.
hikidasarê・ru 引き出される /ey./ çıkarıl-.
hikidasê・ru 引き出せる /ey./ この記事から何も引き出せなかった. Bu yazıdan bir şey çıkaramadım.
hikidasi 引き出し /a./ çekmece, göz, çekme. 小さい~ sürme. 机の~ masanın gözü. 机の~をからにする masanın gözlerini boşalt-. ~のたたんである下着 çekmecedeki katlı çamaşırlar.
hikidàsu 引き出す /ey./ çıkar-, çek-. ~こと çıkarma. 力ずくで~ çatır çatır sök-. 馬を小屋から~ atı ahırdan çıkar-. お金を銀行から~ parasını bankadan çek-. 怒りを彼から引き出した. Öfkesini ondan çıkardı.
hikidemono 引き出物 /a./ armağan, hediye.
hikìdo 引き戸 /a./ sürme kapı.
hikigàeru ヒキガエル /a./ otlu bağa.
hikigane 引き金 /a./ tetik. ~を引く tetiği çek-, tetiğe bas- (dokun-).
hikihanàsu 引き離す /ey./ ayır-.
hikiharàu 引き払う /ey./ bırak-, terk et-.
hikihune 引き船 /a./ römorkör. ~で引く römorkör yediğinde çek-.
hikiirê・ru 引き入れる /ey./ sürükle-.
hikiì・ru 率いる /ey./ idare et-, başında bulun-.
hikikae 引き換え, 引き替え /a./ değişme. それに~ bilakis, tersine.
hikikaebàrai 引き換え払い /a./ ~の ödemeli.
hikikàekeñ 引換券, 引替券 /a./ kupon.
hikikaê・ru 引き換える, 引き替える /ey./ değiş-, değiştir-.
hikikàesu 引き返す /ey./ dön-, avdet et-, geri dön-.
hikikomarê・ru 引き込まれる /ey./ sürüklen-.
hikikomiseñ 引き込み線 /a./ dahilî anten.
hikikomòru 引きこもる /ey./ köşeye çekil-.
hikikòmu 引き込む /ey./ sürükle-. 心を~ sürükleyici.
hikimawàsu 引き回す /ey./ idare et-, çevir-.
hikimodòsu 引き戻す /ey./ çek-. 人をぼくちから~ birini kumandan çek-.
hikinige ひき逃げ /a./ (bir müsademeden sonra) şoförün kaçması.
hikiniku ひき肉 /a./ kıyma. ~を買う kıyma al-. 肉屋は肉の一部を~にした. Kasap etin bir kısmını kıyma yaptı.
hikinikuiri ひき肉入り /a./ ~の

kıymalı.
hikinobasi 引き伸ばし /a./ büyültme, büyütme. 写真の〜 agrandisman.
hikinobasi 引き延ばし /a./ temdit.
hikinobasiki 引き伸ばし機 /a./ agrandisör.
hikinobàsu 引き伸ばす /ey./ büyült-, şişir-, uzat-. 写真を〜 fotoğraf büyült-.
hikinobàsu 引き延ばす /ey./ ser-. 仕事を〜 sürgit yap-.
hikinukarè·ru 引き抜かれる /ey./ yolun-.
hikinùku 引き抜く /ey./ sök-, çekip çıkar-, çek-, yol-. 歯を〜 diş çek-. 無理に〜 kanır-. くぎを力ずくで〜 çiviyi kanır-.
hikiñ 卑近 /a./ 〜な例 bayağı örnek.
hikiokòsu 引き起こす /ey./ sebep ol-. 事件を〜 olaya sebep ol-. やっかいを〜 iş aç-. 悪い結果を〜 kabuk kopar-. おもしろくないことを〜 tatsızlık çıkar-. 災いを〜ものは落ちぶれろ. Sebep olan sebepsiz kalsın.
hikisagàru 引き下がる /ey./ çekil-.
hikisage 引き下げ /a./ indirme.
hikisagè·ru 引き下げる /ey./ alçalt-, indir-. 物価を〜 fiyat kır- (indir-).
hikisakarè·ru 引き裂かれる /ey./ yırtıl-.
hikisàku 引き裂く /ey./ parala-, yırt-, sıyır-. 紙を〜 kâğıdı yırt-. 布を〜 kumaşı yırt-. 〜物 riper. ライオンがシカを引き裂いた. Aslan geyiği paraladı.
hikisimàru 引き締まる /ey./ beli doğrul-.
hikisimè·ru 引き締める /ey./ 心を〜 kendini topla-, belini doğrult-.
hikisio 引き潮 /a./ inik deniz, cezir, alçalma.
hikitate 引き立て /a./ iltimas.
hikitatè·ru 引き立てる /ey./ 気を〜 cesaretlendir-, keyiflendir-.

hikite 引き手 /a./ mandal.
hikite 弾き手 /a./ çalıcı. ピアノの〜 piyano çalan.
hikitomerarè·ru 引き止められる /ey./ yoldan kal-.
hikitomè·ru 引き止める /ey./ alıkoy-, eğle-, işgal et-, oyala-, çevir-. 客を〜 misafiri alıkoy-. 友人が私を食事に引き止めた. Arkadaşım beni yemeğe alıkoydu. 私を仕事が引き止めた. Beni işler eğledi. ファトシがぼくを引き止めなかったら学校に遅れなかった. Fatoş beni oyalamasaydı okula geç kalmayacaktım. 友人が私達を引き止めて家へ連れて行った. Arkadaş bizi çevirip evine götürdü.
hikitoriniñ 引き取り人 /a./ alıcı.
hikitòru 引き取る /ey./ al-. 手もとに〜 eline kal-.
hikiuke 引き受け /a./ üzerine alma, üstlenme. 手形の〜 akseptans.
hikiukeniñ 引受人 /a./ 身元〜 kefil.
hikiukè·ru 引き受ける /ey./ üzerine al-, üstüne al-, üstlen-, deruhte et-, omuzla-, yüklen-, boyunca kalıbını bas-, eyvallah de-. 仕事を〜 sırtına al-. 一手に引き受けて bir elden. 姉は家事分担で洗濯を引き受けた. Ablam iş bölümünde çamaşır yıkamayı üstlendi. この仕事を〜人はいないか. Bu işi yüklenecek yok mu?
hikiukesyoo 引き受け証 /a./ 留学生の〜 akseptans.
hikiusu ひきうす /a./ el değirmeni.
hikiwake 引き分け /a./ beraberlik. ゲームを〜にする partiyi beraberlikle bitir-. 〜に終わる berabere kal-.
hikiwakè·ru 引き分ける /ey./ berabere kal-.
hikiwari ひき割り /a./ yarma. 〜の大麦 yarma arpa.
hikiwàru ひき割る /ey./ yar-.
hikiwatasarè·ru 引き渡される /ey./ teslim al-, devredil-.

hikiwatasi 引き渡し /*a.*/ teslim, verme. 〜と受けとり teslim tesellüm, verme ve alma. 買った機械の〜は明日だ. Aldığımız makinenin teslimi yarın.

hikiwatàsu 引き渡す /*ey.*/ teslim et-, devret-, ver-. 密告して〜 ele ver-.

hikiyosè・ru 引き寄せる /*ey.*/ cezbet-, çek-.

hikìzañ 引き算 /*a.*/ çıkarma işlemi, çıkarma. 〜と足し算 çıkarma ve toplama. 〜をする çıkar-.

hikizuna 引き綱 /*a.*/ yedek. 馬の〜 yedek. 〜で引いて連れて行く yedeğe al-. 川船を〜で引く yedek (yedekte) çek-.

hikizurare・ru 引きずられる /*ey.*/ sürüklen-. 引きずられやすい kapılgan.

hikizurikòmu 引きずり込む /*ey.*/ sürükle-, it-. 悪事に〜 kötülüğe it-. 一人で来られなかったのですか、こんな人をここまでどうして引きずり込んだのですか. Siz yalnız gelemez miydiniz, bu adamcağızı buraya kadar ne diye sürüklediniz!

hikizuru 引きずる /*ey.*/ sürükle-, sürü-. テーブルを〜 masayı sürükle-. スカートを〜 eteğini sürü-. すそを〜 yerleri süpür-. 足を〜 ayağını sürü-.

hikkabùru 引っかぶる /*ey.*/ ふとんを頭に〜 yorganı basına çek-.

hikkakari 引っ掛かり /*a.*/ pürüz.

hikkakàru 引っ掛かる /*ey.*/ iliş-, takıl-; pürüzlü. 上着がくぎに引っ掛かった. Ceketim çiviye ilişti. スカートがくぎに引っ掛かった. Eteğim çiviye takıldı. あなたが引っ掛かっている問題をもう一度調べて見ました. İliştiğiniz sorunu bir daha inceledim.

hikkakè・ru 引っ掛ける /*ey.*/ iliştir-. → **kakè-ru.** 水を〜 su dök-.

hikkakìkizu ひっかき傷 /*a.*/ çizik, tırmık. 〜の çizik. 〜のある çizili. ネコの〜のあと kedinin tırmık izleri. 〜をつくる çiz-, sıyır-. 針で〜をつくった. İğne elimi çizdi.

hikkakimawàsu ひっかき回す /*ey.*/ eşele-.

hikkàku ひっかく /*ey.*/ tırmala-, berele-, yırt-, kaşın-, kurcala-. 顔を〜 yüzünü tırmala-. 地面を〜 eş-. ボリボリ〜 hart hart kaşın-. ひっかいて掘る eşele-. ネコが子供の手をひっかいた. Kedi çocuğun elini tırmaladı. 馬が前足で地面をひっかいている. At ön ayağı ile toprağı eşiyor.

hikki 筆記 /*a.*/ yazı, yazış. 〜する kaleme al-. 〜試験 yazılı yoklama, yazılı.

hikkirinàsi ni 引っ切りなしに /*be.*/ aralık vermeden, durmadan, durup dinlenmeden, ha bire, vızır vızır, vira. 〜しゃべる boyuna konuş-. 〜警笛を鳴らす durmadan klakson çal-. 〜しゃべっている. Vira söylüyor.

hikkomè・ru 引っ込める /*ey.*/ 肥満腹を〜ために毎朝体操している. Göbeğini eritmek için her sabah jimnastik yapıyor.

hikkòmu 引っ込む /*ey.*/ 引っ込んだ çekik, çökük, içerlek. 引っ込んだあご çekik çene. 病気が〜 hasta gerile-. 引っ込め yuha. 引っ込めと言う yuha çek-, yuhaya tut-, yuhala-. 目が引っ込んでいる. Gözleri çökük.

hikkonùku 引っこ抜く /*ey.*/ çekip çıkar-, yol-, sök-.

hikkosi 引っ越し /*a.*/ göç, taşınma. 〜荷物 göç.

hikkòsu 引っ越す /*ey.*/ göç-, taşın-. 隣はほかの家へ引っ越した. Komuşumuz başka eve taşındı. 引っ越したがまだ荷物がかたづいていない. Taşındık ama daha yerleşemedik.

hìkku ヒック /*iin.*/ hık.

hikkurikàeru 引っ繰り返る /*ey.*/ devril-, tersine dön-. 目が〜 gözleri dön-. 船が〜 kapaklan-. 引っ繰り返った devrik. なべがガチャンと引っ繰り返っ

hima

た. Tencereler çangır çungur devrildi.

hikkurikaesi 引っ繰り返し /a./ ters. 〜の ters.

hikkurikàesu 引っ繰り返す /ey./ aktar-, devir-, evir-, ters yüz et-, ortalığı birbirine kat-. テーブルを〜 masayı devir-. 引っ繰り返してよく調べる evirmek çevir-. ポケットを全部引っ繰り返して探したが見つからない. Bütün ceplerimi aktarıp aradım, bulamadım.

hikocu 脛骨 /a./ bacak kalemi.

hikoku 被告 /a./ davalı, maznun, sandık, zanlı. 〜の maznun. 検事が〜を審問した. Savcı sandığı sorguya çekti.

hikoo 非行 /a./ haylazluk.

hikoo 飛行 /a./ havacılık, uçuş.

hikòohei 飛行兵 /a./ havacı.

hikòoki 飛行機 /a./ uçak, tayyare. 〜が飛び立つ uçak havalan-. 〜に乗る uçağa bin-. 〜で行く uçakla git-. 〜の格納庫 hangar. 〜が降りて来た. Uçak alçaldı.

hikoo rēntai 飛行連隊 /a./ filo.

hikooseñ 飛行船 /a./ güdümlü balon.

hikòosi 飛行士 /a./ havacı, uçucu, pilot.

hikòosiki 非公式 /a./ 〜の gayri resmî.

hikoozyoo 飛行場 /a./ hava alanı.

hiku 引く /ey./ çek-, getir-; in-. 線を〜 çizgi çek-, çiz-. アンダーラインを〜 altını çiz-. 線を引いて消す kalem çek-, çiz-. 黒板に直線を〜 tahtaya doğrular çiz-. 目に墨を引いた女 sürmeler çekinmiş bir kadın. カーテンを〜 perde çek-. 水を〜 su çek-. 水を山から村へ〜 suyu dağdan köye getir-. くじを〜 kura çek-, ad çek-. 空くじをひかない boş çıkma-. 風邪を〜 soğuk al-. 例を〜 örnek getir-. 7〜3 yedi eksi üç. 人目を〜 göze çarp-, çekici,

göz alıcı. 興味を〜 ilgi çek-, cazip. 辞書を〜 sözlükten yararlan-. 身を〜 çekil-. 手を〜 el çek-, geri çekil-, feragat et-. 慣れた仕事から手を〜 elini eteğini çek-. ことが成ったと見て手を〜 bıyığını sil-. 〜こと çekim, çekme. 何度も〜 çekele-. 互いに自分の方へ〜 çekiştir-. 4から2を〜と…. Dörtten iki çıkarsa…. 水が引いた. Sular indi. はれものがひいた. Şiş indi.

hiku 弾く /ey./ çal-. ピアノを〜 piyano çal-. 楽器をじょうずに〜 konuştur-. 指で〜楽器 çekme.

hiku 挽く /ey./ yar-. のこぎりで〜 testereyle kes-.

hiku 轢く /ey./ çiğne-, ez-. 子供を車がひいた. Çocuğu araba çiğnedi. 汽車が牛を二頭ひいた. Tren iki ineği ezdi.

hiku 碾く /ey./ kıy-, öğüt-, çek-. 小麦を〜 buğdayı öğüt-. コーヒーを〜 kahve çek-. 穀物を荒く〜 kır-. いってひいたコーヒー kuru kahve.

hikucu 卑屈 /a./ dalkavukluk.

hikùi 低い /s./ alçak, kısa, kısık, basık, aşağı, ingin, yavaş. 〜山 alçak dağ, bayır. 背の〜 kısa boylu, bacak kadar, bacaksız, bodur. 部屋の天井が〜 odanın tavanı basık. 〜声 alçak ses. 〜声の pes. 〜声で話し合う yavaş konuş-. 低くする alçalt-, kıs-. 腰の〜 alçak gönüllü.

hikumè・ru 低める /ey./ kıs-, alçal-.

hìkusa 低さ /a./ alçaklık.

hikyaku 飛脚 /a./ (古語) sürat postacısı.

hikyòo 卑怯 /a./ korkaklık. 〜な korkak, namert.

hima 暇 /a./ zaman, boş zaman. 〜な boş. 〜にしておかない boş bırakma-. 休む〜がない durup otur yok. 〜をつぶす eğles-. 〜を出す sav-. 女中に〜を出す hizmetçiyi sav-. お〜ですか. Boş musunuz? 夕方〜ですか. Akşam serbest misin? 私には小言を聞いている〜はない. Benim azar

himacu

işitmeye vaktim yok.
himacu 飛沫 /*a.*/ serpinti.
himacùbusi 暇つぶし /*a.*/ (口語) Sürt Allah sürt! 〜をする oyalan-, eğleş-. いい〜になる oyalayıcı. 丸一日〜をした. Bütün bir günü öldürdük.
himadòru 暇取る /*ey.*/ vaktini al-.
himago 曾孫 /*a.*/ torunun oğlu (kızı).
himaku 皮膜 /*a.*/ zar.
himañ 肥満 /*a.*/ şişmanlık, semizlik. 〜の şişman.
himañbara 肥満腹 /*a.*/ göbek. 〜の göbekli. 〜を引っ込めるために毎朝体操している. Göbeğini eritmek için her sabah jimnastik yapıyor.
himāñzi 肥満児 /*a.*/ şişman çocuk.
himarayàsugi ヒマラヤスギ /*a.*/ sedir.
himasìyu ヒマシ油 /*a.*/ hint yağı.
himāwari ヒマワリ /*a.*/ ay çiçeği, gün çiçeği, günebakan.
hime 姫 /*a.*/ prenses.
himegoto 秘め事 /*a.*/ giz.
himei 悲鳴 /*a.*/ feryat. 〜を上げる feryadı bas-, feryat et-, direk direk bağır-.
himei 碑銘 /*a.*/ yazıt.
himeñ 罷免 /*a.*/ af, işinden çıkarma. 〜する affet-, işinden çıkar-.
himē•ru 秘める /*ey.*/ gizli tut-, gizle-, sakla-.
himicu 秘密 /*a.*/ giz, sır, gizlilik, esrar. 〜の gizli, saklı, kapalı. 〜の仕事 gizli iş. 〜のとびら gizli kapı. 〜のカーテン esrar perdesi. 〜にする gizle-, gizli tut-, sakla-, ört-. 〜にすること mahremiyet. 〜にされる saklanıl-, gizlen-. 〜を守る sır sakla-, ağzını pek tut-, ağzını tut-, diline sağlam ol-, ağzı pek, ketum. 〜を守る人 ağzı kilitli. 〜を守らない ağzında bakla ıslanma-, çanak ağızlı. 〜を明かす sırrını aç-. 〜を漏らす dile ver-, ifşa et-. 〜を漏らすこと boşboğazlık. 〜が漏れる kokusu çık-. 〜がばれる patlak ver-. 〜の宗教や信念を持つ gizli din taşı-. 人の〜を探る casusluk et-, ağzından kap-. こらえきれずに〜を話す ağzından baklayı çıkar-. 〜を分け合える人 sırdaş. 〜に gizlice, perde arkasında (arkasından). 御家族にかかわる〜を他人に言いなさるな. Ailenizle ilgili gizleri başkalarına söylemeyiniz. 問題が私には〜にされていた. Mesele benden saklanıldı. 〜は守りにくい. Al gömlek gizlenemez.
himicùkai 秘密会 /*a.*/ gizli oturum.
himicu kàigi 秘密会議 /*a.*/ kapalı oturum.
himicu sòsiki 秘密組織 /*a.*/ şebeke.
himo ひも /*a.*/ bağ, ip, sicim, kaytan, bağcık, şerit, bükme, uçkur, kordon. 長い〜 uzun ip. 木に結んだ〜 ağaca bağlı ip. 〜のない ipsiz. 〜を張る ipi çek-. 〜と〜をつなげる ipi ipe bağla-. 〜で締め殺す ip ile boğ-. 〜でつった果物 askı. 靴の〜が切れた. Ayakkabımın bağcığı koptu. 包みを〜でしばった. Paketi sicimle bağladım.
himonò 干物 /*a.*/ kuru balık. サバの〜 çiroz.
himoto 火元 /*a.*/ ocak.
himozìi ひもじい /*s.*/ aç, acıkmış. たいへんひもじくなる açlıktan gözü (gözleri) karar-. çok acık-, (俗語) gevre-.
himozìsa ひもじさ /*a.*/ açlık. 〜が先だ. Boğaz durmaz.
hìmuro 氷室 /*a.*/ buzluk.
hìna ひな /*a.*/ yavru, civciv, cücük, bebek. 鳥の〜 kuş yavrusu. 〜をかえしためんどり gurk. めんどりが〜を呼んでクークーと鳴く gurk et-.
hìna ひな /*a.*/ kırsal alan.
hinaàsobi ひな遊び /*a.*/ bebekle oynama.

hinàdori ひな鳥 /a./ kuş yavrusu. 〜が太る palazlan-. 〜が飛ぼうとしている. Kuş yavrusu uçmaya yapınıyor.
hinagata ひな型 /a./ örnek, numune, misal.
hinàgesi ヒナゲシ /a./ gelincik.
hinañ 非難 /a./ hücum, sitem, zem. 〜攻撃 hücum. 〜する zemmet-, kına-, yer-, ayıpla-, dili uza-, aleyhinde söyle- (bulun-), çat-. 公然と〜する ortadan söyle-. 面と向かって〜する yüzüne çarp- (vur-), yüzle-. 〜される hücuma uğra-. 〜に満ちた sitemli. 〜に満ちた顔つき sitem dolu bakış. 〜からのがれられない dilinden kurtulama-. 大事にして誰にも〜させない üstüne toz kondurma-. その言動はマスコミの〜の的となった. Sözleri gazetelerin hücumuna yol açtı.
hinañ 避難 /a./ iltica, barınma, sığınma. 〜する barın-, iltica et-, sığın-, kapağı at-. 〜させる barındır-, aşır-. 船が〜できる入り江 çekmece. 嵐の時洞穴に〜した. Fırtına sırasında bir mağarada sığınak bulduk.
hinañ basyo 避難場所 /a./ korunak, sığınak, kaçamak.
hinañgoya 避難小屋 /a./ cankurtaran kulübesi.
hinàñkoo 避難港 /a./ gemi yatağı, yatak liman.
hinàñmiñ 避難民 /a./ mülteci, sığınık.
hinañzyo 避難所 /a./ melce, sığınak, barınak.
hinata ひなた /a./ güneşli yer. 〜ぼっこ güneşlenme.
hinawàzyuu 火縄銃 /a./ çakmaklı.
hinèru 捻ねる /ey./ bur-. ひねって痛む incin-. しりを力いっぱいひねった. Kaba etini bütün gücüyle burdu.
hinè・ru ひねる /ey./ eski-. ひねた kart. ひねたキューリ kart salatalık. ひねた子

供 yanık bir çocuk.
hinici 日にち /a./ gün, tarih. 〜がたつ gün ilerle-.
hiniku 皮肉 /a./ alay, istihza, yergi. 〜を言う yer-.
hinikùru 皮肉る /ey./ hicvet-, yer-.
hiniñ 否認 /a./ inkâr, yadısıma, tekzip. 〜する inkâr et-, yadsı-, inkârdan gel-, yokumsa-. ある真実を〜する bir gerçeği yokumsa-.
hiniñ 避妊 /a./ doğumların tanzimi, gebe kalmasını önleme.
hinobe 日延べ /a./ erteleme. 〜する ertele-, at-. 〜される ertelen-, atıl-.
hinode 日の出 /a./ gün doğması. 〜の光 gün kaşı.
hinoiri 日の入り /a./ gün batması.
hìnoke 火の気 /a./ ışık, ateş.
hìnoko 火の粉 /a./ kıvılcım. 〜をかぶる ateşine yan-.
hinomi yàgura 火の見やぐら /a./ yangın kulesi.
hinosi 火のし /a./ kömürlü ütü.
hinyòoki 泌尿器 /a./ idrar sistemi, sidik organları.
hinyookibyoo 泌尿器病 /a./ bevliye.
hinyookikài 泌尿器科医 /a./ bevliyeci.
hiñ 品 /a./ terbiye. 〜のよい terbiyeli, çelebi, minyon, nur yüzlü. 〜のよい文章 asalet. 〜の悪い terbiyesiz, eşekçe, kötü. 〜の悪い返答 eşekçe bir cevap. 〜の悪いことをする ayıp yap- (et-). 〜の悪さ alçaklık. 〜を落とす aşağıla-.
hìñdo 頻度 /a./ sık sık olma, sıklık. 〜が高い sık sık ol-.
hìñi 品位 /a./ haysiyet, onur, şeref. 〜のある haysiyetli. 〜を落とす alçal-.
hiñkaku 品格 /a./ sıfat.
hiñkecu 貧血 /a./ kansızlık. 〜の kansız. 〜をおこす kanı sulan-.
hiñkecusyoo 貧血症 /a./ kansızlık. 〜の kansız.

hiñkoñ 貧困 /a./ yoksulluk, fakirlik, fukaralık, sefalet, yokluk, zaruret, açlık. 〜にあえいでいる. Yoksulluk içinde kıvranıyor.
hiñkoo 品行 /a./ aktöre, moral.
hiñkoo hoosei 品行方正 /a./ hüsnühal.
hiñkyaku 賓客 /a./ sayın misafir.
hiñkyuu 貧窮 /a./ yoksulluk, fakirlik.
hiñmagàru ひんまがる /ey./ ひんまがった靴 yamru yumru ayakkabılar.
hiñmiñ 貧民 /a./ döküntü. 〜を世話する所 fakirhane.
hiñmiñgai 貧民街 /a./ arka sokak. 町はずれの〜 kenar mahalle. ブリキ屋根の〜 teneke mahallesi.
hiñmoku 品目 /a./ eşya, madde.
hiñpacu 頻発 /a./ sık sık olma.
hiñpañ 頻繁 /a./ 〜な sık sık olan. 〜になる sıklaş-. 〜に sık sık.
hiñpu 貧富 /a./ fakirlik ve zenginlik.
hiñpyoo 品評 /a./ tenkit, eleştiri.
hiñpyòokai 品評会 /a./ panayır.
hiñsei 品性 /a./ ahlâk. ある〜の ahlâklı.
hiñsi 品詞 /a./ söz bölükleri, sözcük türü.
hiñsi 瀕死 /a./ ölüm halinde olma.
hiñsicu 品質 /a./ kalite, kırat, nitelik, vasıf. 〜のよい kalite, kaliteli. 〜の劣る kalitesiz.
hiñsùru 貧する /ey./ fakirleş-.
hiñsyu 品種 /a./ tür.
hiñto ヒント (İng. hint) /a./ ima. 〜を与える çıtlat-, ipucu ver-, ima et-.
hiñzyaku 貧弱 /a./ 〜な cılız, sıska, dar, kukla gibi.
hioke 火おけ /a./ mangal.
hiooi 日覆い /a./ güneşlik.
hippariàu 引っ張り合う /ey./ çekiş-. 母とシーツを引っ張り合ってたたんだ. Annemle çarşafları çekiştirerek katladık.
hipparidàko 引っ張りだこ /a./ 〜になる çok istenil-.
hippàru 引っ張る /ey./ çek-, çekele-. 引っ張ってはく長靴 çekme potin. 言葉を引っ張って yayık yayık, yayvan yayvan. 言葉を引っ張ってしゃべる yayık ağızlı.
hippatàku ひっぱたく /ey./ patakla-, suratına indir-, patla-.
hippii ヒッピー (İng. hippie) /a./ hippi.
hippoo 筆法 /a./ yazış. すぐれた〜 çığır.
hippu ヒップ (İng. hip) /a./ kalça.
hiradoma 平土間 /a./ parter.
hirahira ひらひら /be./ lapa lapa, efil efil. 〜する dalgalan-.
hiraisiñ 避雷針 /a./ paratoner, yıldırım siperi, yıldırımlık, yıldırımkıran, yıldırımsavar. 〜を取り付ける paratoner yap-.
hirakarè・ru 開かれる /ey./ açıl-. 開かれた açık. 町では毎年9月に商品と家畜の市が〜. Kasabamızda her yıl eylül ayında eşya ve hayvan panayırı kurulur.
hirakè・ru 開ける /ey./ açıl-. 運が〜 kısmeti açıl-. 目が〜 uyan-. この子の運は〜. Bu çocuğun kısmeti açık olacak.
hiraki 開き /a./ fark ; açıklık.
hirakido 開き戸 /a./ iki kanatlı kapı.
hirakinaòru 開き直る /ey./ sertlen-, meydan oku-.
hiràku 開く /ey./ aç-. 開いた窓 açık pencere. 〜こと açma, açış. 心を〜 aç-. 心を開いて açık yürekle. レストランを〜 lokanta aç-. 宴会を〜 davet yap-, düğün bayram et-. 砲火を〜 ateş aç-. 新しい時代を〜 çağ aç-. 口を〜 ağız aç-, çenesini aç-.
hirame ヒラメ /a./ kalkan.
hirameki ひらめき /a./ 知性の〜 zihin açıklığı.

hiröi

hiramĕku ひらめく /ey./ parla-, şimşeklen-. 頭に〜 beyninde şimşekler çak-.
hirani ひらに, 平に /be./ yalvarıp.
hiraori 平織り /a./ 〜の薄布 etamin.
hiraòyogi 平泳ぎ /a./ kurbağalama.
hiratài 平たい /s./ düz, yassı, yayvan, baık, tas gibi. 〜皿 yassı tabak. 〜こと düzlük, yassılık. 器具の〜部分 pala. 平たくする yassılt-. 平たくなる yassılan-, yassılaş-, yassıl-.
hirate 平手 /a./ 〜でたたく tokat at- (patlat-), tokatla-.
hirateuci 平手打ち /a./ tokat, şaplak, şamar, sille. 〜を食わせる tokat at- (patlat-), tokatla-, tokadı bas-, şamarla-, suratına indir-. 〜を食う şaplak ye-.
hiraya 平屋 /a./ tek katlı bir yapı.
hirayadate 平屋建て /a./ 〜の家 tek katlı bir ev.
hirè ひれ /a./ kanat, yüzgeç.
hirecu 卑劣 /a./ 〜な namert. 〜な行為 küçüklük. 〜な計略 orospuluk. 〜なまねをする domzluk et-. 彼に限ってこんな〜な行為は考えられない. Ondan böyle bir küçüklük beklenmez.
hirehùsu ひれ伏す /ey./ yüz sür-. 足もとに〜 dizlerine kapan-. ひれ伏して祈る secdeye var-. 目上の人の前で〜 (古語) yer öp-.
hirei 比例 /a./ orantı. 〜の nispî. 〜する orantılı.
hirei daihyoosei 比例代表制 /a./ nispî temsil sistemi.
hiricu 比率 /a./ oran, nispet. 3の9に対する〜 üçün dokuza oranı.
hirihiri ひりひり /be./ 〜する yakıcı, biber gibi. 〜させる yak-, kavur-. トウガラシは口を〜させる. Biber ağzı yakar. コショウが私の口を〜させた. Biber ağzımı dağladı.
hiriki 非力 /a./ güçsüzlük.
hiro 尋 /a./ kulaç. 二〜のひも iki kulaç ip. 何〜か測る kulaçla-. ここでは海の深さは五〜ある. Burada deniz beş kulaçtır.
hiroba 広場 /a./ alan, meydan, açık meydan, açıklık, orta, saha. 〜の広さ meydanın açıklığı. 辻の〜 dört yol ağzı. 〜恐怖症 meydan korkusu.
hirobiro 広々 /be./ 〜とする ferahla-. 〜とした ferah, engin, uçsuz bucaksız. 〜とした部屋 ferah bir oda. 〜としたところ deniz, han gibi. 〜としていること ferahlık.
hirogari 広がり /a./ açıklık, en, ölçü.
hirogaru 広がる /ey./ büyü-, seril-, genişle-, yayıl-, yayginlaş-, dallan-, meydan al-. 四方に〜 dal budak sal-. 広がった yayık. 広がったやけど yaygın bir yanık. 〜こと yaylım. しみが広がった. Leke yayıldı.
hirogerare·ru 広げられる /ey./ seril-.
hiroge·ru 広げる /ey./ aç-, genişlet-, yay-, ser-, büyült-. 道を〜 yolu genişlet-. シャツのえりを〜 gömleğin yakasını aç-. 布をテーブルに〜 kumaşı masaya ser-. 洗濯物を広げて干す çamaşır ser-. 仕事を〜 açıl-. 手広く広げてめんどうなことになる dallanıp budaklan-. 大ぶろしきを〜 bol keseden at-. 庭に座るために敷物を広げた. Bahçeye oturmak için bir örtü yaydık.
hiròi 広い /s./ geniş, enli, büyük, yayık, koca, bol. 〜部屋 geniş bir oda. 〜道 geniş yol. 心の〜 geniş gönüllü, gönlü bol. とても〜 at koşturacak kadar. 必要以上に〜 çarşaf kadar. 〜歩幅で açık adımlarla. 広くなる genişle-, bollaş-. 広くする genişlet-. 彼の付き合いはたいへん〜. Onun çevresi çok geniştir. 戸だなをどかしたら部屋が広くなった. Dolap kalkınca oda genişledi.

hiroidàsu 拾い出す /ey./ ayıkla-.
hiroigo 拾い子 /a./ buluntu.
hiroigui 拾い食い /a./ 〜をする（口語）çöplen-
hiroimono 拾い物 /a./ bulunan şey.
hiroinusi 拾い主 /a./ bulan kimse.
hiroiyomi 拾い読み /a./ 本の〜をする kitabı yer yer oku-.
hirokucìbiñ 広口びん /a./ kavanoz.
hiroma 広間 /a./ hol, salon, sofa.
hiromàru 広まる /ey./ yayıl-, yaygınlaş-. 広まった yayık, yayğın. ニュースが広まった. Haber yayıldı.
hiromè•ru 広める /ey./ yay-. このニュースを誰が広めたのか. Bu haberi kim yaydı? ニュースを広めたがる人 canlı gazete.
hiroñriteki 非論理的 /a./ 〜な mantık dışı.
hiroo 疲労 /a./ bitkinlik, yorgunluk. 〜する bit-, yorul-, yorgun düş-. 〜させる yor-. 〜困ばいする canı burnunda ol-, cansız düş-.
hiroo 披露 /a./ 結婚〜 düğün.
hiròoeñ 披露宴 /a./ düğün.
hirosa 広さ /a./ genişlik, açıklık. 広場の〜 meydan açıklığı. 部屋の〜 odanın ölçüsü.
hirou 拾う /ey./ kaldır-, topla-, bul-. 落ち穂を〜 başak et-.
hiru ヒル /a./ sülük. 〜に血を吸わせる sülük tutun- (vur-).
hi•ru 干る /ey./ kuru-. → **hiagàru.**
hiru ひる /ey./ 屁を〜（卑語）osur-,（俗語）yellen-.
hirù 昼 /a./ öğle, gündüş, gün,（俗語）öğlen. 〜と夜 gündüz ve gece. 〜に öğleyin. 夜も〜も geceli gündüzlü, gece gündüz. 夜と言わず〜と言わず gece gündüz demeden. 〜をとっくに過ぎた. Vakit öğleyi çoktan aşmış.
hirugàeru 翻る /ey./ dalgalan-.
hirugàesu 翻す /ey./ 旗を〜 bayrak aç-. 前言を〜 ağız değiştir-, izine dön-.
hiru gòhañ 昼御飯 /a./ öğle yemeği.
hirugòro 昼ごろ /a./ öğle üstü, öğleyin.
hirui 比類 /a./ 〜のない emsalsız, eşsiz.
hirumà 昼間 /a./ gündüz. 〜に gündüz gözüyle, gündüzün. 〜の興行 matine. 〜の学生 yatısız öğrenci. 〜から酒を飲む人 gündüzcü.
hirumasè•ru ひるませる /ey./ yıldır-.
hiru mesi 昼飯 /a./ öğle yemeği.
hirùmu ひるむ /ey./ yıl-, büzül-. ひるんだ yılgın. ひるまない yılmaz. 牢獄にも流刑にも彼はひるまなかった. Hapis ve sürgünler onu yıldırmadı.
hirune 昼寝 /a./ öğle uykusu. 父は〜が健康によいと言う. Babam, öğleden sonra yaptığı şekerlemenin sağlığına iyi geldiğini söylüyor.
hirusàgari 昼下がり /a./ gün eğişmesi, ikindi.
hirusugì 昼過ぎ /a./ öğleden biraz sonra.
hiru yàsumi 昼休み /a./ öğle paydosu (tatili, dinlencesi).
hiryoo 肥料 /a./ gübre. 〜を施す gübrele-.
hiryòoeki 肥料液 /a./ 〜を施す şerbetle-.
hisai 被災 /a./ zarar görme. 地震で〜した同胞のために寄付を集めている. Depremde zarar gören yurttaşlarımız için bağış toplanıyor.
hisakataburi 久方振り /a./ → **hisasiburi.**
hisame 氷雨 /a./ güzkü soğuk yağmur.
hisañ 悲惨 /a./ sefalat, zavallılık. 〜な zavallı, acıklı. 〜な事件 felâket. 〜な結末 uçurum.
hisasi ひさし /a./ saçak, sundurma, siperlik, markiz. 帽子の〜 güneşlik, siper. 〜のある帽子 kasket. 降った雪

が〜に凍りついた. Yağan kar saçaklarda buz tuttu. 帽子の〜は目を太陽から守る. Şapkamın siperi gözlerimi güneşten koruyor.

hisasiburi 久し振り /a./ 〜に bin yılın bir başı. 〜で音楽を聞く kulaklarının pasını gider-. 〜に ひょっこりとよく来たものですね. Hangi rüzgâr attı?

hisaii 久しい /s./ uzun, çoktan. 〜以前から eskiden beri.

hiseñkyòkeñ 被選挙権 /a./ seçilme hakkı.

hisi ヒシ /a./ göl kestanesi.

hisigata 菱形 /a./ baklava şekli. 〜の baklava dilimi.

hìsihisi ひしひし /be./ 〜と iliğine kadar.

hisimekiai ひしめき合い /a./ kaynaşma, sıklaşma.

hisimekiàu ひしめき合う /ey./ sıklaş-.

hisimèku ひしめく /ey./ tıkış-, sıklaş-. 六人が一台の車にひしめいて乗った. Altı kişi bir arabaya tıkıştılar.

hìso 砒素 /a./ arsenik, zırnık.

hìsohiso ひそひそ /be./ fıs fıs, fısıl fısıl, ince ince. 〜話す fısla-, fısılda-. 〜話し合う fısıldaş-. 〜話し合った. Fıs fıs konuştular.

hisohisobànasi ひそひそ話 /a./ fısıltı. 〜をする fısılda-.

hìsoka ひそか /a./ 〜に alttan alta, arkadan arkaya, el altından, gizliden gizliye, gizli gizli, gizlice, hırsızlama, içten içe, için için, perde arkasında (arkasından). 〜に観察する gözetle-. 〜に悩む kendi kendini ye-. 〜に入る sız-. 〜に見る tasla-. 〜に事を運ぶ işler becer-, saman altından su yürüt-. 〜に準備される kayna-. 猟師は〜に獲物に近づいた. Avcı sine sine avına yaklaştı. ここである事が〜に準備されている. Burada bir iş kaynıyor.

hisomàru 潜まる /ey./ ıssızlaş-.

hisomè・ru 潜める /ey./ kıs-, gizlen-. 声を〜 sesini kıs-.

hisomè・ru ひそめる /ey./ まゆを〜 alnını çat-. まゆをひそめた人 çatık kaş.

hisòmu 潜む /ey./ sin-, gizlen-.

hisoo 皮相 /a./ 〜な sathî, yüzden, üstünkörü.

hisoo 悲壮 /a./ 〜な yaşartıcı, yürek yakıcı.

hisseki 筆跡 /a./ el yazısı.

hissi 必死 /a./ 〜に can havli ile. 〜になる canını dişine tak- (al-).

hissòri ひっそり /be./ sessiz sedasız. 〜する ıssızlaş-. 〜と暮らす ıssız kal-, köşeye sin-. 客が去って家は〜とした. Konuklar gidince ev ıssızlaştı.

hissu 必須 /a./ 〜の zorunlu. 〜条件 zarurî şart.

hìssya 筆者 /a./ yazar, yazan.

hissyoo 必勝 /a./ zaferden emin.

hisui ひすい /a./ yeşim.

hisùru 比する /ey./ mukayese et-, nispet et-. …に比して bakarak, nispeten. 元に比してとても少ない denizden bir avuç su gibi.

hisùru 秘する /ey./ gizle-.

hisutèrii ヒステリー (Al. Hysterie) /a./ isteri. 〜の cadaloz. 〜の発作 sinir krizi.

hisyaku ひしゃく /a./ kepçe.

hìsyo 秘書 /a./ kâtip.

hìsyò 避暑 /a./ 〜に行く yazlığa çık-.

hisyòci 避暑地 /a./ yayla. 〜の家 sayfiye. 夏が来ると村人は家畜を〜に出す. Yaz gelince köylüler malları yaylaya çıkarırlar.

hisyòkañ 秘書官 /a./ yazman.

hisyuusyokugo 被修飾語 /a./ 名詞句の〜 tamlanan.

hitabàsiri ひた走り /a./ 〜に dolu dizgin.

hitai 額 /a./ alın. 〜の汗 alın teri. 〜にかかる前髪 kâkül. 髪を〜にたらす

hitañ

saçlarını alnına dök-. §〜を集める ağız ağıza ver-, baş başa ver-, kafa kafaya ver-. 猫の〜ほどの avuç içi kadar.

hitañ 悲嘆 /a./ yürek yarası, hüzün, figan. 〜に暮れる Marmara çırası gibi yan-.

hitaru 浸る /ey./ bat-, dal-.

hitasu 浸す /ey./ ban-, batır-, daldır-. 水に〜 suya batır-. ペンをインクつぼに〜 kalemi hokkaya ban- (batır-). パンをスープに〜 ekmeği et suyuna ban-. ろうに〜 mumla-. ろうに浸した mumlu.

hitasura ひたすら /be./ yalnız, ancak, cidden.

hitei 否定 /a./ inkâr, yadsıma, tekzip. 〜の olumsuz, menfî. 〜する inkâr et-, yadsı-, inkârdan gel-, yalanla-. あるのに〜する yokumsa-. 昨日の新聞のニュースを今日〜した. Dünkü gazetedeki haberi bu gün yalanladılar.

hiteibuñ 否定文 /a./ olumsuz cümle (tümce).

hiteiteki 否定的 /a./ 〜であること olumsuzluk.

hito 人 /a./ adam, insan, kişi, kimse, insanoğlu, kişi oğlu, beşer, in, nefer, şahıs; el (他人). 〜の多い işlek. 〜として insanca, şahsen. 〜としての insanî. 〜の常 insan hali. 〜に関する beşerî. 〜に親しむ insancıl. 〜のよさそうな kendi halinde. 〜から〜へ elden ele. 〜らしく insanca. 〜から聞いて ağzından. 〜のせいにして atfen. 〜でいっぱいになる adam alma-. 〜の才能を認める adamdan say-. 〜をあてにする ağzına verilmesini bekle-. 〜の考えを自分のもののように見せる ağzını kullan-. 〜を避ける atlat-. 〜を支配する avucunun içine al-. 〜にかかわる baş bağla-. 〜を殺す Allahın binasını yık-. 〜のものになる eline düş-. 〜か幻か in misin cin misin. 書物ほど〜を慰めるものはない. Kitap kadar insanı avutan bir şey yok. 君の友人はいい〜だから君を放っておかなかったのだ. Arkadaşın adammış ki seni yalnız bırakmadı. アリという〜を探している. Ali diye birini arıyor. 〜は性格で判断される. Hayvanın alacası dışında, insanın alacası içinde. 〜はしゃべることで理解を深める. İnsan konuşa konuşa, hayvan koklaşa koklaşa. 〜はいつもいいことをするとは限らない. İnsanoğlu çiğ süt emmiş. 〜は上司のことを考えて行動する. At binicisine göre eşinir. 〜それぞれに適した試練が下される. Allah dağına göre kar verir. 〜のことはよくわかる. El elin aynasıdır. いい〜がいなければ死んだ方がまし. El beğenmezse yel (yer) beğensin.

§〜のふんどしですもうをとる el kazanıyle aş kaynat-.

hitŏasi 一足 /a./ bir ayak. 〜先に bir ayak evvel. 〜遅かった. (俗語) Geçti Bor'un pazarı, sür eşeğini Niğde'ye.

hitŏbañ 一晩 /a./ bir gece. その本を〜で読んでしまった. O kitabı bir gecede devirdim.

hitobañzyuu 一晩中 /be./ bütün gece. 〜荷車のギーギーいう音が聞こえた. Bütün gece kağnının cazırtısını duydum.

hitobârai 人払い /a./ 〜をする halvet ol-.

hitoberasi 人減らし /a./ memur tasfiyesi.

hitŏbiñ 一びん /a./ bir şişe. 〜のミルクを飲み干した. Bir şişe sütü dikti.

hitŏbito 人々 /a./ halk, ahali, âlem, el, el gün, el âlem, insanoğlu. 一家の〜 ev halk. 家族の〜 çoluk çocuk. 一群の〜 bir bölük halk. 貧しい〜 fakir fukara. 天気がよくなると〜は郊外へ流れ出した. Hava güzel olunca halk kırlara döküldü.

hitocigai 人違い /a./ ～をする birini başkası zannet-.
hitocu 一つ, ひとつ /a./, /be./ bir. ～, 二つ, 三つ bir, iki, üç. ～の bir, tek, yek. たった～のかわいい biricik. もう ～の öbür. ～屋根の下に bir çatı altında. ～になる birleş-. ～にする birleştir-. 我々はみんな～だ. Hepimiz birimiz. それではなく, もう～のペンが欲しい. Onu değil, öbür kalemi istiyorum. ～行ってみよう Bir gidip bakalım.
hitocubu 一粒 /a./ bir tane. ～ダイヤの指輪 tek taşlı yüzük.
hitocuhitocu ひとつひとつ, 一つ一つ /be./ bir bir, tane tane, tek tek, teker teker.
hitocukama 一つ釜 /a./ ～の飯を食う karavanadan ye-.
hitocukami 一つかみ /a./ bir sıkım, topak, tutam. ～の粉 bir sıkım un.
hitocukoto 一つ /a./ bir iş. ～も思うようにはいかないものだ. Herkes kaşık yapar, ama sapını ortaya (doğru) getiremez.
hitocumami 一つまみ /a./ bir çimdik, fiske, tutam. ～の塩 bir çimdik (fiske) tuz. 料理に～塩をかけた. Yemeğe bir tutam tuz attım.
hitocumugi 一紡ぎ /a./ bir büküm.
hitocuzucu 一つずつ /be./ birer, teker teker. ～の birer.
hitocuzuki 一続き /a./ seri. ～の zincirleme. ～につながる zincirle-.
hitodakari 人だかり /a./ kalabalık. ただの～ kuru kalabalık. 銅像の前の～は何. Heykelin öncedeki kalabalık ne? ～がまばらになった. Kalabalık seyrekleşti.
hitodama 人だま /a./ ruh.
hitodasuke 人助け /a./ yardım. ～の好きな yardımsever. ～をする yardımda bulun-. 困っているのに～をする. Sultanahmet'te dilenip Ayasofya'da sadaka verir.

hitode ヒトデ /a./ beş pençe, deniz yıldızı.
hitodenasi 人でなし /a./ (卑語) köpoğlu, kukla gibi.
hitodoori 人通り /a./ gidiş geliş. ～が多い işlek. ～の多い所 ayak altı. ～の多い道 işlek yol. ～の少ない tenha. ～のない kör. ～が少なくなる tenhalaş-. ～が少なくなった. Kalabalık seyrekleşti.
hitoe 一重 /a./ tek.
hitoeni ひとえに /be./ yalnız, ancak.
hitogaki 人垣 /a./ kalabalık.
hitogara 人柄 /a./ kişilik, şahsiyet, benlik, huyu suyu. 温好な～ yumuşak huyu suyu. ～を見抜ける人 adam sarrafı.
hitogiki 人聞き /a./ şöhret. ～が悪い kötü tanınmış, adı fenaya çıkmış.
hitogirai 人嫌い /a./ ～である adam beğenme-.
hitogomi 人込み /a./ kalabalık, yığın. ～を分けて進む kalabalığı yar-.
hitogorosi 人殺し /a./ cani, katil; cinayet.
hitogoto 人事, 他人事 /a./ yabancı iş.
hitohako 一箱 /a./ bir kutu, kasa. あめ～ bir kutu şeker. リンゴ～ bir kasa elma. たばこ～ bir paket sigara. 暖炉を燃やすために～のマッチをすった. Ocağı yakmak için bir kutu kibrit çaktı.
hitohira 一ひら /a./ bir dilim.
hitohiro 一尋 /a./ bir kulaç.
hitohuki 一吹き /a./ bir püf.
hitohukuro 一袋 /a./ bir külah. ～の菓子 bir külah şeker.
hitohusa 一房 /a./ ～のブドウ bir salkım üzüm. 編んだ髪の～ bölük.
hitohusi 一節 /a./ bir boğum. ～の砂糖キビ bir boğum şeker kamışı. ～～ boğum boğum.
hitoiki 一息 /a./ bir nefes. ～に bir

nefeste. ～に飲む bir nefeste yut-. ～つく nefes al-, soluğu (bir yerde) al-. ほっと～つく geniş bir nefes al-. ～つく間も与えない nefes (soluk) aldırma-.

hitokado ひとかど /*a.*/ ～の人物 önemli adam. 自分を～の者と思う kendini bir şey san-.

hitokage 人影 /*a.*/ karaltı, gölge. ～がない fareler cirit oyna-. ガラスに～を見た。 Camda bir gölge gördüm.

hitŏkago 一かご /*a.*/ bir sepet. ～の küfelik.

hitŏkakae 一抱え /*a.*/ bir kucak. ～の干し草 bir kucak kuru ot. ～もあるような kucak kucak.

hitŏkakera 一かけら /*a.*/ bir diş. ～のニンニク bir diş sarmısak.

hitŏkaki 一かき /*a.*/ bir hamla. オールの～ hamla.

hitŏkasane 一重ね /*a.*/ bir kat.

hitŏkatamari 一塊 /*a.*/ bir küme. ～の木 bir küme ağaç. ～ずつ salkım salkım. 映画館の前に～ずつ人がいる。 Sinemanın önünde kümeler halinde insan var.

hitŏkaziri 一かじり /*a.*/ ～したリンゴ bir ısırık elma.

hitoke 人け, 人気 /*a.*/ ～のない ıssız, kimsesiz, kuytu, tenha. ～がなくなる ıssızlaş-, tenhalaş-.

hitŏketa ひとけた, 1けた /*a.*/ birler hanesi. ～の分数 bayağı kesir.

hitŏkire 一切れ /*a.*/ bir dilim, bir lokma. ～のスイカ bir dilim karpuz. ～の肉 bir dilim et. パン～ ekmek dilimi. ～～ dilim dilim. ～ずつ切る lokma lokma kes-.

hitokiwa ひときわ, 一際 /*be.*/ özellikle.

hitokko hitŏri 人っ子一人 /*a.*/ in cin. ～いない cinler cirit oyna-, ecinniler top oyna-, in cin top oyna-, kimsecikler yok.

hitŏkoma ひとこま /*a.*/ 人生の～ yaşantı.

hitŏkoro ひところ /*a.*/ eski zaman, bir vakitler.

hitŏkoto ひと言, 一言 /*a.*/ bir söz. ～で言えば kısacası. ～～ tane tane. ～～読む hecele-. ～ふた言 bir çift. 実はあなたに一言うべきだった。 Gerçek, size bir şey söyleyecektim. 昔男は～で妻を離縁できた。 Eskiden erkekler bir tek sözle karılarını bırakabilirlerdi.

hitŏkuci 一口 /*a.*/ bir yudum, bir lokma. ～に食べる bir yudum ye-. ～～飲む yudumla-. 紅茶を～飲んだ。 Çaydan bir yudum içtim.

hitŏkugiri 一区切り /*a.*/ ラジエーターの～ dilim.

hitokui 人食い /*a.*/ yamyamlık. ～の yamyam. ～人種 yamyam.

hitŏkumi 一組 /*a.*/ bir çift, bir takım, eşlik. ～の çift. ふたつ～の çifte. ～の部屋 daire.

hitŏkuse 一癖 /*a.*/ ～ありそうな şüpheli, güvenilmez.

hitomae 人前 /*a.*/ ～に出る adam içine çık-. ～に出す ortaya koy-.

hitŏmaki 一巻き /*a.*/ bir dürüm, büklüm, lüle, tomar, top.

hitomane 人まね /*a.*/ özenti. ～をする yansıla-, öykün-.

hitomâtomari ひとまとまり /*a.*/ ～の yekpare.

hitŏmatome ひとまとめ /*a.*/ ～にして takım taklavat.

hitŏmawari 一回り /*a.*/ bir devir.

hitŏmazu ひとまず /*be.*/ şimdilik.

hitome 人目 /*a.*/ ～を引く göze çarp-, çekici, göz alıcı. ～を引くこと alım. ～につかない körfez, kuytu. 庭の～につかないすみ bahçenin kuytu bir köşesi. ～につかない所で kenarda köşede. ～につかない所で忘れられている kıyıda köşede kal-. ～をはばからないふるまいをする açılıp saçıl-.

hitŏme 一目 /*a.*/ ilk bakışta. 男女が

～で理解しあう（隠語）kesiş-.
hitomebore 一目ぼれ /a./ ～しない antipatik bul-.
hitōmeguri 一巡り /a./ bir gezinti.
hitomi 瞳 /a./ göz bebeği. 我が～よ gözüm! gözümün nuru.
hitomisiri 人見知り /a./ ～をする yadırga-, garipse-, utangaç, yabanıl. 長いこと会えなかった小さなおいは私に～した. Uzun süre göremediğim küçük yeğenim beni yadırgadı.
hitōmuci 一むち /a./ bir dayak, bir kamçı.
hitōmure 一群れ /a./ bir sürü.
hitonami 人波 /a./ kalabalık.
hitonami 人並み /a./ ～の bayağı adî. ～に insan gibi. ～にせよ. Herkesin geçtiği köprüden sen de geç.
hitōnigiri 一握り /a./ bir avuç, sıkım, topak, tutam. ～の小麦 bir avuç buğday. ～の練り粉 bir topak hamur. ～ずつ avuç avuç.
hitonoko 人の子 /a./ kişi oğlu.
hitōnomi 一飲み /a./ bir yudum. ～の量 içim.
hitōri 一人, 独り /a./ bir kişi, yalnızlık, bekârlık. ～の子供 bir çocuk. ～, 二人, 三人 bir kişi, iki kişi, üç kişi. 何人かの中の～ birinden biri. ～5リラずつ adam başına beş lira. ～で kendi kendine, yalnız, tek başına, başlı başına, kendiliğinden, yalnızca, sadece. たった～で bir başına, yalnız başına. 自分～で kendi adına. ～で暮らす kendi köşesinde yaşa-. ～でいる kuru başına (canına) kal-. ～にしておかない boş bırakma-. ～で食べる気にならない boğazından geçme-. ～の婦人が来た. Bir bayan geldi. ～の老人が門をたたいた. Yaşlı bir kimse kapıya vurdu. 神はただ～だ. Tanrı birdir. ～はこっちへ行き～は向こうへ. Biri bu yana gitti, biri öte yana. 私～でうかがいます. Size sadece ben geliyorum.

～では何もできない. Bir elin sesi çıkmaz. ～の誤ちを誰も正せないことがある. Bir deli kuyuya bir taş atar kırk akıllı çıkaramaz.
hitoribìtori 一人一人 /be./ birer birer, kişiden kişiye, her adam.
hitoribòcci 独りぼっち /a./ ～の yapayalnız, yapyalnız, öksüz, kukumav gibi. ～になる tenha kal-, tenhalaş-, guguk gibi kal- (otur-).
hitori bùtai 独り舞台 /a./ monolog.
hitoridaci 独り立ち /a./ bağımsızlık.
hitorideni ひとりでに, 独りでに /be./ kendi kendine, kendiliğinden.
hitori gàteñ 独り合点 /a./ hoppa anlayış, dogma.
hitorigime 独り決め /a./ hoppa anlayış, dogma.
hitorigoto 独り言 /a./ ～を言う söylen-, mırıldan-. だいぶ～を言っていたが, 気にする者はいなかった. Epey söylendi, ama aldıran olmadı.
hitorigùrasi 一人暮らし, 独り暮らし /a./ halvet. ～をする kuru başına (canına) kal-.
hitorìkko 一人っ子 /a./ tek bir evlat.
hitorimono 独り者 /a./ bekâr.
hitori sìbai 独り芝居 /a./ monolog.
hitoriyògari 独り善がり /a./ dogma. ～の kakavan. ～の考え hoppa fikir. 先のことを考えない～だ kendi kendine gelin güvey ol-.
hitori zìmañ 独り自慢 /a./ ～をする kendini beğen-.
hitorizime 独り占め /a./ tekel. ～する elinde tut-.
hitorizùmai 独り住まい /a./ halvet.
hitòsara 一皿 /a./ porsiyon, bir tabak. ～もバクラワをたいらげた. Bir tabak baklavayı göçürdü.
hitosasìyubi 人差し指 /a./ işaret parmağı, gösterme parmağı, şa-

hadet parmağı. 〜を上げて発言を求める parmak kaldır-.
hitosāwagase 人騒がせ /a./ kuru gürültü. 〜なことをする mahalleyi ayağa kaldır-.
hitõsawagi 一騒ぎ /a./ bir gürültü. 下で〜あった. Aşağıda bir gürültü oldu.
hitõseoi 一背負い /a./ sırt, küfe.
hitosigoto 一仕事 /a./ 〜する kotar-. 〜片付ける pişirip kotar-.
hitosîi 等しい /s./ eşit, farksız. 等しくなる denkleş-. 等しくする denkleştir-, denkle-. 等しくない eşitsiz. 一馬力は0.736キロワットに〜. Bir beygir gücü 0.736 kilovata eşittir.
hitõsikiri ひとしきり /be./ bir süre.
hitõsio ひとしお /a./ hususiyet.
hitõsoroi 一そろい /a./ 〜の komple. 〜の食卓セット komple sofra takımı.
hitõsuzi 一筋 /a./ bir doğru.
hitõsyoobu 一勝負 /a./ tur.
hitõtaba 一束 /a./ demet, tomar. 〜の花 bir demet çiçek. 〜のお金 bir deste para, bir tomar para.
hitõtabi ひとたび, 一度 /be./ bir kez. 〜口を開くや, しゃべるわしゃべるわ. Bir kez ağzını açtı mı, söyler de söyler. 〜評判が落ちると回復が難しい. Adı çıkmış dokuza, inmez sekize.
hitotātaki 一たたき /a./ darbe, değnek.
hitõtobi 一飛び /a./ bir uçuş.
hitotonari 人となり /a./ kişilik, şahsiyet.
hitotoori 一通り /a./ umumiyet.
hitõuci 一打ち /a./ bir vuruş.
hitõwatari ひとわたり /be./ aşağı yukarı.
hitõyasumi 一休み /a./ bir dinlenme. 〜する durakla-.
hitozato 人里 /a./ köy. 〜離れた sapa. 〜離れた所 kimsesiz topraklar, dağ başı, halvet. 〜離れている. Kuş uçmaz, kervan geçmez.

hitozici 人質 /a./ rehine, tutak. ハイジャックされた飛行機の〜が救助された. Kaçırılan uçaktaki rehineler kurtarıldı.
hitozùkai 人使い /a./ 〜が荒い (俗語) ensesinde boza pişir-.
hitozuki 人好き /a./ 〜のする şirin.
hitozùkiai 人づきあい /a./ 〜のいい geçimli, sokulgan, yalpak.
hitozuma 人妻 /a./ hanım. 〜となる ere var-, kız evlen-.
hitozute 人づて /a./ 〜に聞く başkasından haber al-.
Hittàito ヒッタイト /a./ Eti. 〜王国 Hitit.
hittakurarê・ru ひったくられる /ey./ kaptır-.
hittakùru ひったくる /ey./ kap-, kapış-, gaspet-, kopar-. 〜こと kapış. 本を私の手からひったくった. Kitabı elimden kaptı.
hittatê・ru 引っ立てる /ey./ çekip götür-, götürüver-.
hitteki 匹敵 /a./ 〜する baş gel-, başa çık-, mal ol-, omuz öpüş-. 〜するもの misil 人生に〜するほど ömre bedel.
hittoo 筆頭 /a./ listedeki birincisi.
hiuciisi 火打ち石 /a./ çakmak taşı. 〜の鉄 çakmak.
hiuñ 非運, 否運 /a./ bahtsızlık, kör talih.
hiuñ 悲運 /a./ belâ, felâket.
hiwa ヒワ /a./ flurya, keten kuşu, saka.
hiwai 卑猥 /a./ şehvetperestlik. 〜な話 utanmaz lakırdı.
hiwari 日割 /a./ 〜計算 gündelik hesap.
hiyaàse 冷や汗 /a./ ölüm teri. 〜をかく ecel teri dök-, ter dök-, başından aşağı kaynar sular dökül-.
hiyakasi 冷やかし /a./ 〜の客 bakıcı.
hiyakasiya 冷やかしや /a./ 〜の takılgan.

hiyakàsu 冷やかす /ey./ takıl-; almadan mallara bak-.
hiyake 日焼け /a./ güneş yanığı. ～する yan-. ～した yanık. 人を～させる bir kimseyi gün çal-. 腕が～した. Güneşten kolları yandı. 母は～した顔をしている. Annem yanık tenlidir.
hiyaku 飛躍 /a./ atlama. ～的な発展 hızlı gelişme.
hiyamesi 冷や飯 /a./ soğuk pirinç.
hiyasiñsu ヒヤシンス /a./ sümbül.
hiyàsu 冷やす /ey./ soğut-. 体を～üşüt-. 肝を～ buz kesil-, donakal-.
hiyatoi 日雇い /a./ gündelikçi, ırgatlık, yevmiyeci.
hiyatoi ròodoo 日雇い労働 /a./ rençperlik.
hiyatoi roodòosya 日雇い労働者 /a./ gündelikle çalışan işçi, rençper, yevmiyeci.
hiyàyaka 冷ややか /a./ ～な態度 soğuk bir tavır.
hiyoke 日よけ /a./ güneşlik, siperlik, sayvan, tente.
hiyoko ひよこ /a./ civciv, yarga, yarka. ～をめんどりから離す civcivleri tavuklardan ayır-.
hiyoku 肥沃 /a./ verimlilik. ～な bereketli, mümbit, mahsuldar.
hiyomeki ひよめき /a./ tepe damgası.
hiyoo 費用 /a./ masraf, harç, harcama, ödenek, sarfiyat. ～を負担する masrafı çek-. 大きな～ külfet. ～のかさむ masraflı. この金では病院の～をまかなえない. Bu para hastane masraflarını karşılamaz. これだけの～のほかにくたびれもおまけとは. Bu kadar masraftan başka yorgunluğu da caba! その～はどこから出るのか. Değirmenin suyu nereden geliyor?
hiyooikùsya 被養育者 /a./ yetiştirme.
hiyori 日和 /a./ (güzel) hava.
hiyorimi 日和見 /a./ duruma göre davranma, oportünizm. ～主義者 fırdöndü.
hiyowa ひ弱 /a./ cılızlık. ～な cılız, çıktırıldım, yarım porsiyon, nazlı. ～な子供 cılız çocuk.
hiyu 比喩 /a./ benzeti, mecaz, teşbih. ～の mecazî.
hiyuteki 比喩的 /a./ mecazî. ～に mecazen.
hiza 膝 /a./ diz, (方言) incik. ～の皿 diz ağırşağı, diz kapağı kemiği. ～を折って座る diz çök-. ～がガクガクする dizlerinin bağı çözül-. ～に力がなくなる dizleri kesil-. ～を突き合わせる diz dize otur-. ～を突き合わせて diz dize. ～の上に座る kucağına otur-. ズボンの～が抜ける diz yap-. ～の高さまで diz boyu. ～までの服 dizlik. 手と～で体を支えた形 küçük köprü. ころんで～があざになった. Yere düşünce dizim çürüdü. ころんで～を痛めたエルデムがヒーヒー言っている. Düşüp dizini acıtan Erdem cıyak cıyak bağırıyor. 母は子を～に座らせた. Anne, çocuğu dizlerine oturttu. 外は～まで雪が積もっている. Dışarda diz boyu kar var.
hizagàsira 膝頭 /a./ diz kapağı. 馬の～ ayna.
hizakake 膝掛け /a./ dizlik.
hizakari 日盛り /a./ ～に güneşin alnında.
hizakozòo 膝小僧 /a./ diz kapağı, (俗語) oynak kemiği.
hizamazùku ひざまずく /ey./ diz çök-. ひざまずいて diz üstü. ひざまずいて頼む dize gel-, dize var-.
hìzara 火皿 /a./ lüle. パイプの～を作る人 lüleci.
hizasi 日差し /a./ güneş ışığı. 今日は～が強い. Bu gün güneş yakıyor.
hizasita 膝下 /a./ ズボンの～の部分 paça. ～でしまるズボン potur.
hizazume dañpañ 膝詰め談判 /a./ ～をする yüzle-.
hizeni 日銭 /a./ gündelik. どうだ～が

入ったかい. Nasıl, gündelik doğruldu mu?
hizi 肘 /a./ dirsek. 〜で打つ dirsek vur-. 〜をテーブルにぶつける dirseği masaya çarp-. 勉強で〜をすり減らす dirsek çürüt-. シャツの〜が抜けた. Ceketin dirseği yenmiş.
hizidèppoo 肘鉄砲 /a./ 〜をくわせる (隠語) sepet havası çal-.
hizikake 肘掛け /a./ kol. 〜のある kollu. 〜のあるいす kollu sandalye.
hizikakèisu 肘掛けいす /a./ koltuk, markiz. 背中を〜にもたせ掛ける sırtını koltuğa daya-. あの〜に移ってください. Siz şu koltuğa geçin.
hizoku 卑俗 /a./ 〜な kaba.
hìzoku 匪賊 /a./ haydut, şaki.
hizoo 秘蔵 /a./ 〜の品 hazine, define.
hizoo 脾臓 /a./ dalak.
hizuke 日付 /a./ tarih. 〜の günlü, tarihli. 〜を入れる tarih at- (koy-).
hizume ひづめ /a./ hayvan tırnağı.
hizyoo 非常 /a./ 〜に çok, pek çok, hem de nasıl. 〜に明らかな besbelli. 〜に度を越した aşırı taşırı. 〜に寒い çok soğuk. この仕事のために〜な努力がなされた. Bu iş için çok çalışıldı.
hizyoo 非情 /a./ hissizlik, duygusuzluk.
hizyòoguci 非常口 /a./ imdat kapısı.
hizyoo kàidañ 非常階段 /a./ yangın merdiveni.
hizyookiñ kòosi 非常勤講師 /a./ 大学の〜 öğretim görevlisi.
hizyoo kòkku 非常コック /a./ imdat freni.
hizyooseñ 非常線 /a./ kordon. 警察の〜 polis kordonu. 〜を張る kordon altına al-.
hizyòosuu 被乗数 /a./ çarpılan.
hizyòsuu 被除数 /a./ bölünen.
hìzyucu 秘術 /a./ gizli tedavi.
hizyuñ 批准 /a./ onay, tasdik,

yaptırım. 〜する onayla-, tasdik et-. 〜される onaylan-.
hizyuu 比重 /a./ özgül ağırlık, yoğunluk. 水の〜は1, 鉄は7.8である. Suyun yoğunluğu 1, demirin ise 7,8'dir.
hò 歩 /a./ adım. → -po. 〜を進める ayak at-. …〜の adımlık. 三〜のところで üç adımlık yerde. 庭のまわりを歩いて測ったら200歩になった. Bahçenin çevresini adımladım, iki yüz adım geldi.
hò 帆 /a./ yelken. 〜のある yelkenli. 〜を上げる yelken aç-, yelkenle-. 〜を上げて出発する saldır-. 風でふくらんだ船の〜 rüzgârın şişirdiği geminin yelkenleri. 〜を縫う人 yelkenci. 〜の置きかえ kavanço. 〜をしぼる綱 kaytan.
§尻に〜をかける (隠語) yelkenle-.
hò 穂 /a./ başak, kelle. 〜が出る başak (baş) bağla-, başakla-. 〜のぎ kılçık. 麦の〜 buğday başağı.
hoañ 保安 /a./ emniyet, güvenlik.
hoañtai 保安隊 /a./ karakol.
hoañ yòoiñ 保安要員 /a./ muhafız.
hobaku 捕縛 /a./ tutma, yakalama. どろぼうを〜する hırsızı yakala-. 〜された mevkuf.
hòbo ほぼ /be./ hemen, şöyle böyle, bayağı, yaklaşık, tahminen, aşağı yukarı. 彼を〜その頃には知っていました. Onu hemen o sıralarda tanımıştım.
hòbo 保母 /a./ dadı. 〜の仕事 dadılık. 〜になる dadılık et-.
hocurè ほつれ /a./ söküntü.
hocurè・ru ほつれる /ey./ iplikleri-, sağıl-, ak-. ほつれた sökük. ほつれて tiftik tiftik. 毛布のへりがほつれた. Kilimin kenarı sağıldı.
hocyoo 歩調 /a./ adım, yürüyüş. 〜をそろえる adım (ayak) uydur-. 〜をはやめる adımlarını aç-. 〜をゆるめる adımlarını seyrekleştir-.

hocyôoki 補聴器 /a./ kulaklık.
hocyûuami 捕虫網 /a./ kepçe.
hodo ほど, 程 /a./ kadar, derece, denli. 100人〜の敵 yüz kadar düşman. 飽きる〜 doyasıya, doya doya. ライオン〜強い aslan kadar kuvvetli. ネコの額〜の土地 avuç içi kadar yer. 死ぬ〜苦しむ canından bez- (bık-, usan-). 人の背丈を越す〜水が深い boy ver- あそこは見える〜近くはない, 道が曲がりくねっているのだ. Orası göründüğü kadar yakın değil, yol dolaşıktır. 書物〜人を慰めるものはない. Kitap kadar insanı avutan bir şey yok. 飲む〜に目が細まっていく. İçtikçe gözleri ufalıyor.
hodoai 程合い /a./ derece, ölçülülük. 〜がよい ölçülü.
hodohodô ほどほど /a./ orta. 〜の orta karar, (口語) namuslu. 〜に karınca kararınca (kaderince). 〜にする kararında bırak-, tadına bırak-.
hodokè·ru ほどける /ey./ çözül-, sökül-, gevşe-. ほどけている çözük, sökük. ほどけないように kıskıvrak. 首に巻きついた手がほどけた. Boynuna dolanan kolları gevşedi.
hodokosarè·ru 施される /ey./ 害虫を防ぐために畑に薬が施された. Haşaratı önlemek için tarlaya ilaç yapıldı.
hodokosi 施し /a./ sadaka, zekât. 〜をする sadaka ver-. 寺の前で哀れな人が〜を求めていた. Caminin önünde zavallı bir adam sadaka istiyordu. 祈り, 断食, 巡礼, 〜がイスラム教の礼拝法である. Namaz, oruç, haç ve zekât İslam dininin ibadet türleridir.
hodokòsu 施す /ey./ yap-; sadaka ver-. 善根を〜 ahretini yap-. 善行を〜 iyilik et-. 肥料を〜 gübrele-. 面目を〜 yüz akı ile çık-. 手の施しようのない çaresiz. 手の施しようがなくなる beli bükül-.

hodôku ほどく /ey./ çöz-, aç-, sök-, sağ-, boz-, gevşet-. 包みを〜 paketi aç- (çöz-). ネクタイを〜 kravatı çöz-. しつけを〜 teyel sök-. 毛糸のセーターを〜 yün kazağını sök-. まゆを〜 ipek kozalarını sağ-. 巻いた糸を〜 iplik makarasını sağ-. 包みを縛っているひもの結び目をほどこうとしています. Pakete bağlanan ipin düğümünü çözmeye çalışıyorum.
hodoo 歩道 /a./ yaya kaldırımı, kaldırım. 〜の端 kaldırımın kenarı.
hodoo 舗道 /a./ parke, şose. 〜の石 kaldırım taşı.
hodoo 補導 /a./ rehberlik.
hodoo kyôokañ 補導教官 /a./ rehber öğretmen.
hodoyòi 程よい /s./ mutedil, uygun, ölçülü, orta. 〜大きさ ölçülü büyüklük. 程よく yerinde. 程よく話す sözü tart-. 程よく甘い orta şekerli.
hoè·ru ほえる /ey./ havla-, kükre-, ulu-, ürü-. 犬がほえている. Köpek ürüyor. 森でオオカミがほえていた. Ormanda kurtlar uluyorlardı.
hogàraka 朗らか /a./ 〜な açık, şen, ferah.
hogarakàsa 朗らかさ /a./ 見せかけの〜 yapmacık bir neşe hali.
hogeta 帆桁 /a./ seren.
hògo ほご /a./ hurda kâğıt. 〜にする boz-. 取り引きを〜にする pazarlığı boz-. 約束を〜にする sözünü geri al-.
hògo 保護 /a./ himaye, muhafaza. 〜する koru-, esirge-, himaye et-, himayesine al-, muhafaza et-, elinden tut-, kanadı altına al-, kayır-, kol kanat ol-, kolla-, barındır-, sahip çık-. 〜する人 kayırıcı, koruyucu. 〜の mahfuz. 〜を求める ocağına düş-. 〜を人に頼む başına dik-. 自然〜 tabiatı koruma.
hògo 補語 /a./ tümleç.
hogo bòoeki 保護貿易 /a./ himayecilik.

hogo kāñsacu 保護観察 /a./ göz altı.
hogŏkoku 保護国 /a./ himaye altındaki devlet.
hogo sìsecu 保護施設 /a./（古語）darülaceze.
hogŏsya 保護者 /a./ kayırıcı, koruyucu, veli, sahip, adam,（口語）dayı. 生徒の〜 öğrenci velisi. 〜達 evliya. 〜のいない sahipsiz.
hogurè·ru ほぐれる /ey./ çözül-. 糸が〜 ipliklen-. 気持ちが〜 açıl-.
hogùsu ほぐす /ey./ çöz-.
hohaba 歩幅 /a./ adım, adımlardaki açıklığı. 広い〜で açık adımlarla. 〜を小さくする adımlarını sıklaştır-. 〜で測る adımla-.
hohei 歩兵 /a./ piyade.
hohoemi ほほえみ /a./ gülücük, tebessüm. かすかな〜 uçuk bir gülümseme.
hohoèmu ほほえむ /ey./ gülümse-.
hohùru ほふる /ey./ kes-. 羊を〜 koyun kes-.
hòi 補遺 /a./ ek, ilâve, zeyil.
hoiku 保育 /a./ besleme.
hoikùeñ 保育園 /a./ çocuk yuvası, kreş.
hoikuzyo 保育所 /a./ çocuk odası (yuvası), yuva, kreş. 子供を〜へ連れて行く çocuğu yuvaya götür-.
hoka ほか, 外 /a./ gayri, başka. 〜の başka, diğer, öbür, öteki, özge, sair. 〜の人達 başkaları. 〜に başkaca, dışında. ⋯の〜 maada. ⋯の〜は bir yana. この〜 bundan gayri. その〜に bundan ziyade. ⋯に〜ならない ibaret ol-. 〜のことを考えている kafası yerinde olma-. 〜のことを間にやってのける arada çıkar-. 忙しくて〜のことはできない başını kaşımaya vakti olma-. 正しいのはこれ, 〜はうそ. Doğrusu bu, gayrisi yalan. これもそれも〜のも見たよ. Bunu da, onu da, öbürünü de gördüm. これだけの費用の〜に

くたびれもおまけとは. Bu kadar masraftan başka yorgunluğu da caba!
hokage 火影 /a./ ışık.
hokakebùne 帆掛け船 /a./ yelkenli.
hokaku 捕獲 /a./ tutma, yakalama.
hokañ 保管 /a./ saklama, koruma, muhafaza. 〜する sakla-, muhafaza et-. 〜して emaneten. 〜を人に頼む başına dik-. 錠前のついた安全な場所に〜する kilit altına al-.
hokāñsya 保管者 /a./ emanetçi.
hokecu 補欠 /a./ 〜の yedek.
hokecu sèñkyo 補欠選挙 /a./ kısmî seçim.
hokecu sèñsyu 補欠選手 /a./ yedek oyuncu.
hokeñ 保健 /a./ sağlık. 世界〜機構 Dünya Sağlık Örgütü.
hokeñ 保険 /a./ sigorta. 〜を掛ける sigorta et-. 〜を掛けてある sigortalı. 〜付きの車 sigortalı araba.
hokeñ gyòosya 保険業者 /a./ sigortacı.
hokèñryoo 保険料 /a./ prim.
hokèñsicu 保健室 /a./ revir.
hokeñ syòokeñ 保険証券 /a./ poliçe.
hokeñzyo 保健所 /a./ sağlık ocağı.
hokiñ dòobucu 保菌動物 /a./ mikrop taşıyan hayvan, taşıyıcı.
hokìñsya 保菌者 /a./ mikrop taşıyan kimse, taşıyıcı.
hòkkee ホッケー（İng. hockey）/a./ hokey.
hokkiniñ 発起人 /a./ kurucu, teklif eden.
hòkku ホック（İng. hook）/a./ kopça, çıtçıt, fermejüp. 〜を掛ける kopçala-. 〜でとめる çıtçıtla tuttur-, ilikle-. 〜でとめてある ilikli.
hokkyoku 北極 /a./ kuzey kutbu. 〜の arktik.
Hokkyokùkai 北極海 /a./ Kuzey Buz Denizi.

Hokkyokùsei 北極星 /a./ Kutup Yıldızı, Demir Kazık.
hokkyòkuteñ 北極点 /a./ kuzey noktası.
hòko 矛 /a./ kargı.
hokoo 歩行 /a./ yürüyüş, ayak. ～の yaya. ～困難である kötürüm.
hokòosya 歩行者 /a./ yaya, piyade. 交差点には～のために作られた交通信号がある。 Kavşakta yayalar için yapılmış trafik lambaları var.
hokora ほこら /a./ küçük tapınak.
hokorasìge 誇らしげ /a./ kıvanç, övünç. 祖父は自分が参加した祖国防衛戦のことを～に語ったものだ。 Dedem katıldığı Kurtuluş Savaşını iftibarla anlatırdı.
hokorasìi 誇らしい /s./ kibirli, övünçlü.
hokori ほこり /a./ toz, zerre. ～が立つ tozu-. ～がたかる tozlan-. ～を立てる toz kopar-. ～をかぶる toz kapla-. ～をたたく tozu çal-. ～を払う toz al-. ～を取る tozunu al- (at-, silk-, silkele-). 服が～にまみれる üstü toza bulan-. じゅうたんをたたくと～が立つ。 Halıya vurdukça tozuyor. ～を立てないように。 Toz kaldırmayın. 本が～をかぶっている。 Kitaplar toz içinde yüzüyor. テーブルに～がついた。 Masaya toz konmuş.
hokori 誇り /a./ gurur, kibir, iftihar, kıvanç, namus, övünç. ～に思う övünç duy-. ～を傷つける namusuna (kibrine) dokun-. これは彼の～が許さない。 Bunu kibrine yediremiyor. 国家の～はすべてに優先する。 Milli gururumuz her şeyden önce gelir.
hokorippòi ほこりっぽい /s./ tozlu. ほこりっぽくなる tozlan-. 机の上が～。 Masanın üstü tozlu.
hokoritakài 誇り高い /s./ kibirli.
hokorobi ほころび /a./ söküntü. ～を縫う söküğü dik-.
hokorobì・ru ほころびる /ey./ sökül- ;

gülümse-. 顔が～ yüzü gül-. ほころびた sökük. 裏地の縫い目がほころびた。 Astarın dikişi sökülmüş. 母はほころびた私の服を縫っている。 Annem sökük giysilerimi onarıyor.
hokoròbu ほころぶ /ey./ gülümse-. 顔が～ yüzü gül-.
hokòru 誇る /ey./ övün-, böbürlen-, gururlan-. 博識を～ malumat sat-. 値打ちを～ telleyip pulla-.
hòkubu 北部 /a./ kuzey bölge.
hòkuci 火口 /a./ kav.
hokuhokusei 北北西 /a./ yıldız kara yel. ～の風 yıldız kara yel.
hòkui 北緯 /a./ kuzey enlem.
Hokuoo 北欧 /a./ Kuzey Avrupa.
hokurò ほくろ /a./ ben, benek, pafta.
hokusei 北西 /a./ kuzeybatı. ～の kuzeybatı.
hokuseihuu 北西風 /a./ kara yel. ～は雨と雪を降らせる。 Kara yel yağmur ve kar getirir.
hokusoèmu ほくそ笑む /ey./ sırıtarak gül-.
hokutañ 北端 /a./ kuzey uç.
hokutoo 北東 /a./ kuzeydoğu. ～の kuzeydoğu. ～の風 poyraz. 冬の～の風 kış poyrazı.
Hokutosicìsei 北斗七星 /a./ Büyük Ayı, Yedigir.
Hokuyoo 北洋 /a./ Kuzey Okyanus.
hokyoo 補強 /a./ takviye. ～する takviye et-, berkit-.
hokyuu 補給 /a./ ikmal.
homaeseñ 帆前船 /a./ yelken gemisi, yelkenli.
homare 誉れ /a./ onur.
homecigìru 褒めちぎる /ey./ göklere çıkar-, ballandır-, türküsünü çağır-, yağlayıp balla-.
homerarè・ru 褒められる /ey./ övül-, aferin al-. ～のにふさわしい勤勉な学生 övülmeğe lâyık çalışkan bir öğrenci. セマの顔が先生に褒められて赤くなっ

た. Sema'nın yüzü öğretmenimiz överken kızardı.
homẽ・ru 褒める /*ey.*/ öv-, övgü ile söz et-, gururunu okşa-, hakkını ver-, iyi söyle-, mükâfatlandır-. 〜言葉 övğu.
hometataẽ・ru 褒めたたえる /*ey.*/ methet-, çok öv-.
hŏmo ホモ(İng. homosexual) /*a.*/ oğlancı, (卑語) kulampara, puştluk.
honẽ 骨 /*a.*/ kemik, iskelet. 頭の〜 kafa kemiği. 魚の〜 kılçık. クジラの〜 balina. 〜の多い kemikli. 〜のような kemikli. 〜のように硬い kemik gibi. 〜のない人 lapacı, koyun. 〜と皮 bir deri bir kemik, kadik. 〜と皮の人 mumya. 〜と皮になる derisi kemiklerine yapış-, kadidi çık-, iğne ipliğe dön-. 〜が細くて弱い ince kesim. 〜になる kemikleş-. 〜まで寒さが通る iliğine işle- (geç-). 〜を折る uğraş-, çabala-, çalış-, canı burnuna gel-, özen göster-, özen-, pala çal- (salla-), terle-, zahmet çek-, emek çek- (ver-). むやみに〜を折る debelen-. 〜を折らない kendini bırak-. 〜の折れる külfetli, belâlı. 腕の〜がとび出している. Kolunda çıkık var. 〜があるから魚を食べるのは好きでない. Kılçıkları yüzünden balık yemeyi sevmiyorum. この仕事を終えるまでかなり〜を折った. Bu işi bitinceye kadar oldukça terledim.
honebăru 骨張る /*ey.*/ 骨張った kemikli.
honecugi 骨接ぎ /*a.*/ kırıkçı, çıkıkçı.
honecugìsi 骨接ぎ師 /*a.*/ çıkıkçı, kırıkçı.
honegumi 骨組み /*a.*/ çatı, iskelet. 船の〜 geminin iskeleti. 自転車の〜 kadro.
honẽmi 骨身 /*a.*/ 〜にこたえる iliğine işle- (geç-). 〜を惜しまず働く saçını

süpürge et-.
honenasi 骨なし /*a.*/ 〜の gevşek, lapacı, koyun.
honeori 骨折り /*a.*/ çaba, özen, gayret, himmet, emek.
honeorigai 骨折りがい /*a.*/ 〜がある zahmetine değ-. 〜のない nankör.
honeorizõñ 骨折り損 /*a.*/ astarı yüzünden pahalı. 〜のくたびれもうけ bir dirhem bal için bir çeki keçi boynuzu çiğne-, yaptığı hayır ürküttüğü kurbağa değme-.
honeòru 骨折る /*ey.*/ çabala-, çalış-, özen-.
honeòsimi 骨惜しみ /*a.*/ 〜をしない canına acıma-.
honesei 骨製 /*a.*/ 〜の kemik. 〜のボタン kemik düğme.
honeyàsume 骨休め /*a.*/ dinlenme, istirahat. 〜をする dinlen-, istirahat et-.
honogurài ほの暗い /*s.*/ sönük.
hònoka ほのか /*a.*/ 〜な kör. 〜な光 kör ışıklar.
honomekasi ほのめかし /*a.*/ ima, kinaye. 〜の imalı, kinayeli.
honomekàsu ほのめかす /*ey.*/ ima et-, laf dokundur-, dokundur-, zımnen anlat-. 本題に入る前に〜 kapı yap-. 人の耳に入れる時自分の考えを〜 kulağını doldur-.
hònoo 炎 /*a.*/ alev, alaz, yalaz, yalaza, yalım, yalın. 〜の alevli. 〜に当てる alazla-.
honuno 帆布 /*a.*/ yelken bezi.
honyuu 哺乳 /*a.*/ meme verme.
honyùubiñ 哺乳びん /*a.*/ emzik, biberon. 〜の乳首 emzik. 〜の乳首につける輪 emzik ağırşak. 赤ん坊に〜でミルクを与える bebeğe biberonla süt ver-. この子は〜で育った. Bu çocuk emzikle büyüdü.
honyuu dòobucu 哺乳動物 /*a.*/ memeli hayvan, memeliler. ネコや犬は〜だ. Kedi, köpek memelilerden-

dir.
honyûurui 哺乳類 /a./ memeliler.
hoñ 本 /a./ kitap. 〜を読む kitabı oku-. 〜の印刷 kitabın basımı. 〜の印刷屋 kitapçı. 〜を印刷する kitap bas-. 〜を出す kitap neşret-. 〜の虫 kitap kurdu. 〜のある kitaplık. 〜のない kitapsız.
hoñ- 本 bu, -m, -miz ; asıl, merkezî. 〜日 bu gün. 〜年 bu yıl. 〜月 bu ay. 〜校 okulumuz.
-hoñ 本 (çubukları saymak için) → **-boñ, -poñ**. 鉛筆2〜 iki kurşun kalem. 二〜の絹糸 iki sap ibrişim. カラーフィルム一〜 bir adet renkli fotoğraf filmi. 皿に二〜ひびがある. Tabakta iki çatlak var. もりは先が三〜ある. Zıpkının üç çatalı var.
hoñañ 翻案 /a./ adaptasyon. 〜する uyarla-.
hoñbako 本箱 /a./ kitap dolabı, kitaplık.
hoñbu 本部 /a./ merkez, karargâh, müdürlük.
hoñbuñ 本文 /a./ metin, tekst.
hoñbuñ 本分 /a./ ödev. 〜を守る ödevcil.
hoñdai 本題 /a./ sadet. 〜にもどる sadede gel-. 〜に入る前にほのめかす kapı yap-.
hoñdana 本棚 /a./ kitap dolabı.
hoñgimari 本決まり /a./ karar. 〜になる karar kıl-, kararlaştırıl-.
hoñgoku 本国 /a./ başülke.
hoñi 本位 /a./ temel, esas ; para standardı. 自分〜の benci.
hoñkai 本懐 /a./ candan arzu, içten dilek.
hoñkakuteki 本格的 /a./ 〜な esaslı, gerçek.
hoñke 本家 /a./ ana ticaret evi ; doğum yeri.
hoñki 本気 /a./ 〜で cidden, hakikaten. 〜でやる sıkı tut-. 〜にする ciddiye al-, (口語) yut-. このうそは誰

も〜にしない. Bu yalanı kimse yutmaz.
hoñkoku 翻刻 /a./ kopya basımı.
hoñkoo 本校 /a./ okulumuz. 試合は〜チームの勝利に終わった. Maç, okul takımımızın zaferiyle sonuçlandı.
hoñkyo 本拠 /a./ umumî karargâh.
hoñmacu 本末 /a./ A ve Z.
hoñmei 本命 /a./ favori.
hoñmêiba 本命馬 /a./ favori.
hoñmono 本物 /a./ 〜の gerçek, hakikî, halis muhlis, hilesiz, tam, (俗語) sahici. 〜の金 gerçek altın. 〜の真珠 hakikî inci. 〜のダイヤ sahici elmas. 〜の主婦 tam bir ev kadını. 〜が分かる uyan-.
hoñmoo 本望 /a./ memnuniyet.
hoñmu 本務 /a./ vazife, görev. 〜として asaleten.
hoñneñ 本年 /a./ bu yıl.
hoñniñ 本人 /a./ kendi. 彼は〜に遠慮せずに言った. O, kendisine çekinmeden söyledi.
hoñno ほんの /s./ ancak, sade, şunun şurası. 〜少し azıcık, birazcık, hafif tertip. 〜少し前 demin. 〜わずかの bıçak sırtı kadar, açlıktan ölmeyecek kadar. 〜形ばかり iş ola. 〜すぐ近くの adımlık. 〜少し働いた. Yarı buçuk çalıştı.
hoñnoo 本能 /a./ iç güdü, sevkıtabiî.
hoñnooteki 本能的 /a./ 〜な iç güdüsel.
hoñnori ほんのり /be./ 〜とした uçuk.
hoñpoo 本俸 /a./ aslî maaş.
hoñpoo 本邦 /a./ memleketimiz.
hoñrai 本来 /a./ asıl, esas. 〜の asıl, esas. 〜の場所に yerli yerinde. 〜は aslında, haddi zatında. それぞれの物は〜の場所におさまっていた. Her şey yerli yerinde duruyordu.
hoñroo 翻弄 /a./ oynanma, oynatma.
hoñryuu 奔流 /a./ sel.

hoñsekìci 本籍地 /a./ kaydedilmiş konut.
hoñseñ 本線 /a./ ana hatlar.
hoñsicu 本質 /a./ asıl, esas, hakikat, mahiyet, öz, ruh. 物事の〜 işin özü. 問題の〜 meselenin ruh. 問題の〜が分かる dilinden anla-. 問題の〜を君は知らない. Meselenin mahiyetini bilmiyorsun.
hoñsicuteki 本質的 /a./ 〜な özsel, özlü, özünlü. 〜でない öz dışı.
hōñsiñ 本心 /a./ doğru gönül. 〜が口からこぼれる ağzından dökül-. 〜でなく yarım ağız (ağızla).
hoñsoo 奔走 /a./ koşuşma, koşuşturma.
hōñsya 本社 /a./ şirketimiz; müdürlük, merkezî şirket.
hōñsyoo 本性 /a./ doğa, tabiat. 〜を隠す kuzu postuna bürün-.
hōñsyoo 本省 /a./ merkezî bakanlık.
hōñtai 本体 /a./ gövde.
hoñteñ 本店 /a./ merkezî dükkân (banka vb.)
hoñtoo 本当 /a./ gerçek, doğru, hakikat. 〜の gerçek, doğru, hakikî, ciddî, hile hurda bilmez. 〜の理由 gerçek neden. 〜の気持ち samimî bir duygu. 〜のことを言うと doğrusu. 〜のことが分かる ay-. 〜らしいこと olasılık. 〜に gerçekten, hakikaten, hakikat, sahi, sahiden, (俗語) doğru doğru dosdoğru. 〜になる hakikat ol-. 言ったことが〜になる dediği çık-. 〜は iyisi. 〜でない esası olma-. 〜か acaba, öyle mi, ne söylüyorsun, Allah aşkına. 私が〜のことを言ったので怒った. Doğruyu söylediğim için kızdı. 真実とは「〜」ということだ. Hakikat "gerçek" demektir. 声が〜に悲しそうになった. Sesi gerçekten acılaşmıştı. 〜に私達の所へ来るのか. Sahi bize gelecek misin? お母さん、〜に明日遠足に行くの. Anneciğim, sahinden yarın kıra mı gidiyoruz? 〜のところは他人には分からない. Bir ben, bir de Allah bilir.
hōñya 本屋 /a./ kitabevi, kitapçı, (古語) kütüphane.
hoñyaku 翻訳 /a./ tercüme, çeviri, çevirme, nakil. 〜する çevir-, tercüme et-. 日本語に〜する. Japoncaya çevir-. 〜された çevirme. フランス語から〜した作品. Fransızcadan çevirme bir eser.
hoñyakùsya 翻訳者 /a./ çevirici, çevirmen, tercüman, dilmaç, mütercim.
hoñyatoi 本雇い /a./ 〜の asil.
Hōñzyurasu ホンジュラス /a./ Honduras.
hoo 法 /a./ hukuk, kanun, yasa, mevzuat, türe, tüze, kip. 〜に従う kanuna itaatkâr ol-. 〜を制定する yasa-. 〜を破る kanunu boz-. 〜を無視する yasayı çiğne-. 〜の裏をかく kötüye kullan-. 〜によって kanunen. 〜の裁きには従わねばならない. Şeriatın kestiği parmak acımaz. 〜の網をくぐる. Minareyi çalan kılıfını hazırlar, kitabına uydur-.
hoo 報 /a./ haber. …の〜に接する haberi al-.
hōo 方 /a./ taraf, doğrultu, yan. 東の〜 doğu taraf. こっちの〜 beriki. その〜へ tarafına. …の〜は ise. …の〜がよい daha iyi. こっちの〜へ行った. Bu yana gitti. 私の〜へふり向いて答えた. Bana dönerek cevap verdi. 私の〜は困っていることはない. Benden yana sıkıntısı yok. 休みは海で過ごすのがいいか、山がいいか. 海の〜がいい. Dinlenceni denizde mi, ovada mı geçirmeyi yeğlersin? Denizi yeğlerim. 死ぬ〜が奴隷になるよりましだ. Ölüm esaretten ehvendir. わざわいも大物からの〜がいい. Beni tilki yiyeceğine aslan yesin.
hōo ほお /a./ yanak, avurt. 〜がこける

avurtları çök-, avurtları birbirine geç-, avurdu avurduna geç-. 〜を腫らす avurt şişir-. 〜をふくらませる avurt şişir-. 〜が落ちるほどおいしい parmaklarını ye-. 〜が赤くて健康そうである yanağından kan damla-. シベルの〜のえくぼは笑うと別のかわいさを感じさせる。 Sibel'in yanağındaki gamzeler gülerken ona ayrı bir güzellik veriyor.
hooañ 法案 /a./ kanun (yasa) tasarısı.
hoobai 朋輩 /a./ kapı yoldaşı.
hoobàru ほおばる /ey./ avurtlarını doldur-. 遅くなったのでふた口み口急いでほおばった。 Geç kalınca lokmalarımı aceleyle atıştırdım. ふた口み口ほおばって仕事に出かけた。 Birkaç lokma tıkıştırıp işine gitti.
hoobeni ほお紅 /a./ allık 〜をつける allık sürün-.
hòobeñ 方便 /a./ çare.
hoobi 褒美 /a./ ödül, ihsan, mükâfat. 〜をやる ödüllendir-. 〜をもらう ödül al-.
hooboku 放牧 /a./ 〜する otlat-, yay-.
hoobokùci 放牧地 /a./ yaylak, otlak. 〜の木陰 eğlek.
hoobone ほお骨 /a./ elmacık (kemiği), yanak yumrucuğu.
hooboo ホウボウ /a./ kırlangıç balığı.
hòoboo 方々 /a./ her taraf. 〜で ötede beride. この招待に〜から人が集まって来た。 Bu çağrıya her taraftan koşuldu.
hoobucuseñ 放物線 /a./ parabol.
hòoci 放置 /a./ 〜する bırak-.
hoociki 報知機 /a./ alarm aleti. 火災〜 yangın haberi.
hoocyoo 包丁 /a./ bıçak. 〜を研ぐ bıçağı bile-.
hoodai 砲台 /a./ batarya, kale.
hoodañ 砲弾 /a./ topçu mermisi, gülle, (古語) kumbara.

hoodañ 放談 /a./ patavatsız konuşma.
hoodeñ 放電 /a./ deşarj, boşalma.
hòodo 封土 /a./ derebeylik. オスマン朝の〜 has.
hoodoo 報道 /a./ haber, havadis. 〜する haber et-. 〜機関 basın.
hoodòokai 報道界 /a./ basın, matbuat.
hooei 放映 /a./ yayım, yayın. 〜する yayımla-. 今日はテレビの〜が早く始まる。 Bu gün televizyon yayımı erken başlayacak.
hooga 邦画 /a./ Japon sinema.
hòoga 萌芽 /a./ bitki oğulcuğu; başlangıç. 〜のうちに摘みとる daha rüşeym halinde kır-.
hoogai 法外 /a./ 〜な値段 fahiş fiyat, yüksek fiyat. 〜な値段の ateş pahasına. 〜な値を付ける anasının nikâhını iste-. 〜な金を徴収する vergiye bağla-.
hoogaku 方角 /a./ doğrultu, yön, istikamet. 〜を定める doğrult-.
hoogaku 法学 /a./ hukuk ilmi. 〜博士 hukuk doktoru.
hoogaku 邦楽 /a./ Japon müzik.
hoogakùbu 法学部 /a./ hukuk fakültesi.
hoogàkusya 法学者 /a./ hukukçu.
hoogañ 砲丸 /a./ gülle.
hoogañ 包含 /a./ ihtiva. 〜する ihtiva et-.
hoogañnage 砲丸投げ /a./ gülle atma.
hoogãñsi 方眼紙 /a./ milimetrik kâğıt.
hoogeki 砲撃 /a./ bombardıman. 〜する bombardıman et-, topa tut-, döv-. 敵のざんごうを〜する düşman siperlerini döv-. 〜される dövül-.
hoogeñ 放言 /a./ patavatsız sözler.
hoogeñ 方言 /a./ şive, lehçe, diyalekt, ağzı. イスタンブル〜 İstanbul ağzı.

hoogoo 縫合 /a./ dikme. 傷を〜する yarayı dik-.
hooheitai 砲兵隊 /a./ batarya, topçu.
hōohi 放屁 /a./ zarta.
hoohige ほおひげ /a./ sakal, favori.
hoohoo 方法 /a./ yol, çare, usul, şekil, yöntem, el, erkân, metot, suret, tarz, vecih, vesait. ...の〜で yoluyla, vasıtasıyla. 実用的な〜 amelî usul. 〜を見つける yol bul-. いい〜を見つける yolunu bul-. 〜がある kolayı var. 〜のない çaresiz. 新しい〜をきりひらく çığır aç-. どんな〜があるのか ne yaparsın ki (yapmalı ki). いい〜があるのに苦労して別のやり方をする çay kenarında kuyu kaz-. 成功の唯一の〜は努力することだ. Başarının tek çaresi çalışmaktır. 何事にも〜はある. Her şeyin bir çaresi vardır.
hoohu 抱負 /a./ özlem, dilek.
hoohu 豊富 /a./ bolluk, genişlik, zenginlik. 〜な bol, çok, zengin. 〜な金 bol para. 〜な料理 tatlısı tuzlusu. 〜に fazladan.
hoohuku 報復 /a./ intikam, kısas, misilleme, mukabele, öç.
hoohuku syugìsya 報復主義者 /a./ intikamcı.
hōoi 方位 /a./ ana yön. 〜の中間 ara yön.
hōoi 包囲 /a./ abluka, muhasara. 〜する abluka altına al-, abluka et-, ablukaya al-, kuşat-. 〜された mahsur. 軍隊が町を〜した. Asker şehri kuşattı.
hōoi 法衣 /a./ cüppe.
hooibañ 方位盤 /a./ rüzgâr gülü.
hooigaku 法医学 /a./ adlî tıp.
hooikaku 方位角 /a./ açıklık.
hooimoo 包囲網 /a./ 〜を突破する çemberi yar-.
hooiteñ 方位点 /a./ ana yön.
hooka 放火 /a./ kundakçılık. 〜する yangına ver-, kundakla-. 〜のための火をつけた油布 kundak.
hōoka 邦貨 /a./ Japon para.
hōoka 砲火 /a./ ateş. 〜を開く ateş aç-. 〜を交える dövüş-. 〜をやめる ateş kes-. 集中〜を浴びせる tara-. 〜は夜まで続いた. Top ateşi geceye kadar sürdü.
hookàburi ほおかぶり /a./ baş ve yanak örtüsü.
hookago 放課後 /a./ (okul) son dersten sonrası. 罰として〜残される cezaya kal-.
hookàhañ 放火犯 /a./ kundakçı.
hookai 崩壊 /a./ çökme, yıkılma, çöküntü, çöküş, dağılış. 〜する çök-. 家が〜する ev çök-. 地震による〜 depremde çöküş. フン帝国の〜 Hun İmparatorluğu'nun dağılışı. 〜させること tahribat.
hookañ 砲艦 /a./ gambot, topçeker.
hookeñ 封建 /a./ 〜領主 derebeyi. 〜制度 derebeylik sistemi.
hookeñsei 封建制 /a./ derebeylik.
hōoki ほうき /a./ süpürge, çalgı. 〜用の süpürgelik. バルコニーを〜で掃いた. Balkonu süpürge ile süpürdüm.
hōoki 放棄 /a./ terk, ferağ, feragat. 〜する vazgeç-, feragat et-, cay-, bırak-. 権利を〜する hukukundan vazgeç-, feragat göster-. 〜された metruk. 権利を〜しません. Hukukumdan vazgeçmem.
hōoki 法規 /a./ kanun ve kural. 管理〜 yönetmelik.
hōoki 蜂起 /a./ ayaklanma, baş kaldırma, isyan.
hookìbosi ほうき星 /a./ kuyruklu yıldız.
hōoko 宝庫 /a./ hazine.
hookoku 報告 /a./ bildirme, haber, rapor, tebliğ. 〜する bildir-, tebliğ et-. 全詳細を説明した〜を準備した. Bütün detayları anlatan rapor hazırladılar.

hookokusyo 報告書 /a./ rapor, zabıt, bülten.
hookoo 方向 /a./ doğrultu, yön, cihet, istikamet, çizgi, taraf. 〜を示す yön ver-. 新しい〜をきりひらく çığır aç-. 船をある〜へ向ける baş tut-. 船が〜を変える dümen kır-. 一つの〜からいつも吹く風 sağlam rüzgâr. 〜を取ること (古語) teveccüh. 君に示した〜で勉強しなければならない. Derslerine sana gösterdiğim doğrultuda çalışmalısın. この〜で書かれた本を読みましたか. Bu yolda yazılmış kitabını okudunuz mu?
hookoo 芳香 /a./ ıtır, güzel koku.
hookoo 放校 /a./ okuldan çıkarma.
hŏokoo 奉公 /a./ hizmet.
hookŏoda 方向舵 /a./ dümen.
hookoozuke 方向づけ /a./ yönelim.
hookoozukê·ru 方向づける /ey./ istikamet ver-.
hookyuu 俸給 /a./ maaş, aylık. 〜を決める maaş bağla-.
hookyuuhyoo 俸給表 /a./ barem.
hoomacu 泡沫 /a./ köpük.
hoomañ 放漫 /a./ 〜な intizamsız, düzensiz.
hoomañ 豊満 /a./ 〜な tombul, dolgun.
hoomeñ 放免 /a./ sevbest bırakma.
hoomêñ 方面 /a./ yön, taraf. エーゲ〜へ旅に出た. Ege yönüne geziye çıktı.
hoomocu 宝物 /a./ hazine.
hoomoñ 訪問 /a./ ziyaret, misafirlik. 〜する ziyaret et-, kapı yap-. 〜される görül-. 短時間の〜 oturma. 〜やおしゃべりは度を越さないように. Turpun sıkından seyreği iyidir.
hoomôñgi 訪問着 /a./ yabanlık.
hoomôñkyaku 訪問客 /a./ ziyaretçi, misafir.
hoomôñsya 訪問者 /a./ ziyaretçi. 大臣は〜達を月曜日に受けるだろう. Bakan ziyaretçileri pazartesi günü kabul edecek.
hŏomu ホーム(İng. platform) /a./ peron. 列車はどの〜から出るのか. Tren hangi perondan kalkıyor?
hŏomu ホーム(İng. home) /a./ ev.
hoomurarê·ru 葬られる /ey./ defnedil-.
hoomùru 葬る /ey./ defnet-.
hoomusùpañ ホームスパン(İng. homespun) /a./ şayak. 〜の şayak.
hoomùsyoo 法務省 /a./ adalet bakanlığı, adliye vekaleti.
hoonecu 放熱 /a./ ışıma, ışınım.
hoonêcuki 放熱器 /a./ radyatör. セントラル暖房の〜 kalorifer radyatörü.
hooneñ 豊年 /a./ verimli yıl.
hoonici 訪日 /a./ Japonya'ya ziyaret.
hooniñ 放任 /a./ 〜する başıboş bırak-. 〜される başıboş kal-.
hoonoo 包囊 /a./ kist.
hoonoo 奉納 /a./ 〜する vakfet-.
hoooñ 報恩 /a./ minnettarlık.
hoooo 訪欧 /a./ Avrupa'ya ziyaret.
hoŏoo 法王 /a./ papa.
hoorañ 抱卵 /a./ 〜する kuluçkaya otur- (yat-). 〜期間 kuluçka devri (dönemi). ニワトリの〜期間は21日だ. Tavuğun kuluçka süresi 21 gündür.
hoorei 法令 /a./ kararname, nizamname, tüzük.
hoorêñsoo ホウレンソウ /a./ ıspanak.
hooriagê·ru ほうり上げる /ey./ dik-, dikine havaya at-.
hooricu 法律 /a./ yasa, kanun, hukuk, tüze. 〜を制定する yasa-, kanun yap-. 〜を公布する yasa çıkar- (yap-, koy-). 〜の制定 yasama. 〜の範囲内で kanun çerçevesinde. この〜は無効である. Bu yasa geçersizdir. 〜がよく行われている国には治安がある. Yasaların tam yürür-

hooricuka

lükte olduğu bir ülkede güvenlik vardır.
hooricuka 法律化 /a./ kanunlaştırma. 〜される kanunlaş-.
hooricuka 法律家 /a./ hukukçu, adliyeci.
hooricuzyoo 法律上 /a./ 〜の hukukî, tüzel.
hooridàsu ほうり出す /ey./ fırlat-. 命を〜 canını sokakta bul-. さびしくほうり出しておく yüz üstü bırak-.
hoorinagè·ru ほうり投げる /ey./ savur-, at-.
hooroo ほうろう /a./ sır, mine.
hooroo 放浪 /a./ göçebelik, serserilik. 〜する açıkta kal- (ol-), dağlara düş-. 〜させる açıkta bırak-. 〜の evi sırtında, yeri yurdu belirsiz, çapkın, derbeder.
hooroobiki ほうろう引き /a./ 〜の emaye, sırlı.
hoorðosicu ほうろう質 /a./ mine.
hooru ほう /ey./ at-, fırlat-. 石を〜 taş at-. ほうっておく ayak altında bırak-, başını boş bırak-, bir tarafa bırak- (koy-), rafa koy- (kaldır-). ほうっておけ işin mi yok.
hòoru ホール(İng. hall) /a./ hol, sofa, salon. 円形〜 pist. うちには三部屋と〜がある. Evimizin üç odası, bir sofası var.
hoorui 堡塁 /a./ hisar, kale.
hooryuu 放流 /a./ ırmağa, denize bırakma.
hoosaku 方策 /a./ çare, tertibat, derman, kombinezon. 〜を探す çaresine bak-.
hoosaku 豊作 /a./ bol hasat.
hoosei 縫製 /a./ dikim. 〜工場 dikimhane.
hooseki 宝石 /a./ mücevher, değerli taş, cevahir, cevher. 指輪の〜 yüzük taşı. 〜のついた değerli taşlı.
hoosekìsyoo 宝石商 /a./ kuyumcu.

hòosi 胞子 /a./ (植物学) spor.
hòosi 奉仕 /a./ hizmet, ihsan, uşaklık. 〜の gönüllü.
hoosiki 方式 /a./ nizam, usul, yol.
hoosiñ 方針 /a./ plan, düşünce.
hoosiñ 放心 /a./ sersemlik, dalgınlık, (隠語) dalga. 〜する (隠語) dalga geç-. 〜している dalgın, dalgacı, salak.
hoosiñ 砲身 /a./ top namlusu. 〜を掃除する棒 tomar.
hoosiñ 疱疹 /a./ uçuk, liken. 〜ができる uçukla-. 唇に〜が出た. Dudaklar uçukladı.
hoosiñ zyòotai 放心状態 /a./ dalgınlık. 〜にする (隠語) dalgaya gel-.
hoosoku 法則 /a./ kural, kaide, kanun, yasa. 引力の〜 yer çekimi kanunu. メンデルの〜 Mendel yasaları. 〜に合った kurallı. 〜に合わない kural dışı. 一定の〜に基づく esasa bağla-.
hoosokuteki 法則的 /a./ 〜な kurallı.
hoosoo 包装 /a./ paket, ambalaj. 〜する ambalaj yap-, ambalajla-, paketle-.
hoosoo 放送 /a./ radyo yayın, yayım. 〜する yayımla-. アンカラ〜を聞く. Ankara radyosunu dinle-. テレビ〜 televizyon yayını.
hoosoo 法曹 /a./ adliyeci.
hòosoo ほうそう, 疱瘡 /a./ çiçek hastalığı, çiçek.
hoosòokyoku 放送局 /a./ radyo evi, radyo.
hoosookyokùiñ 放送局員 /a./ radyocu.
hoosòosi 包装紙 /a./ paket kâğıdı.
hoosòosya 放送者 /a./ yayımcı.
hòosu ホース(İng. hose) /a./ hortum. 〜の先 hortum ağızlığı.
hoosui 放水 /a./ 〜する hortum sık-.
hoosya 放射 /a./ radyasyon, ışıma,

ışınım.
hōosya 砲車 /a./ toparlak.
hōosya 硼砂 /a./ boraks.
hosyànoo 放射能 /a./ radyoaktivite, radyo etkinliği. 〜のある radyoaktif.
hoosyasei 放射性 /a./ 〜の radyoaktif. 〜同位元素 radyoaktif izotoplar, radyoizotop.
hoosyaseñbyoo 放射線病 /a./ ışın hastalığı.
hoosyoku 飽食 /a./ doyasıya yemek. 〜する (冗談) Bağdat'ı tamir et-.
hoosyoo 報償, 報奨 /a./ mükâfat.
hōosyu 砲手 /a./ topçu.
hoosyucu 放出 /a./ fışkırma, uçma, saçma.
hoosyuu 報酬 /a./ karşılık, ücret. 正当な〜 hak. 〜を求めない karşılıksız. 少ない〜で働く (口語) talim et-. 週1000リラの〜で働く haftada bin lira ücretle çalış-. 正当な〜がなければ人は働かない. Kazan kaynamayan yerde maymun oynamaz.
hootai 包帯 /a./ sargı, bağ. 傷の〜 yaranın bağı. 〜をする sargıla-, sar-. 〜をすること pansuman. 〜をかえる sargı değiştir-.
hootei 法定 /a./ 〜の yasal, yasalı, helal, tüzel.
hootei 法廷 /a./ mahkeme. 〜の職員 mübaşir.
hootêisiki 方程式 /a./ denklem, muadele.
hooteki 法的 /a./ 〜な hukukî, kanunî. 〜義務 yasa gereği. 〜に kanunen.
hooteñ 法典 /a./ kanun, yasa, düstur. 〜にある kitapta yeri ol-.
hōoto 方途 /a./ çare, yol. 解決の〜 çözüm yolu.
hootoo 放蕩 /a./ çapkınlık, hovardalık, sefahat, zamparalık. 〜の sefih.

hootoomono 放蕩者 /a./ zampara, mirasyedi.
hoowa 法話 /a./ vaaz.
hoowa 飽和 /a./ doyma. 〜させる doyur-.
hoowa zyōotai 飽和状態 /a./ doyma.
hooyoku 豊沃 /a./ 〜な土地 verimli toprak.
hooyoo 抱擁 /a./ kucaklama, kucaklaşma, sarmaş dolaş. 〜する kucakla-, sarmaş dolaş ol-.
hooyōoryoku 包容力 /a./ cömertlik.
hooyuu 朋友 /a./ arkadaş.
hooza 砲座 /a./ platform.
hooziñ 法人 /a./ tüzel kişi, hükmî şahıs.
hooziñ 邦人 /a./ Japon.
hooziro ホオジロ /a./ bir tür yelve.
hoozi・ru 報じる /ey./ bildir-, yaz-. 新聞はガソリンの価格に新たな値上げが行われることを報じている。 Gazeteler benzin ederlerine yeni bir zam geleceğini yazıyorlar.
hoozî・ru 焙じる /ey./ kavur-. 茶を〜 çay kavur-.
hoozoo 宝蔵 /a./ hazine.
hoozue ほおづえ /a./ 〜をつく dirseği masada çenesi el(ler) üstünde koy-.
hoozuri ほおずり /a./ yanak yanağa et-.
hōozyo 幇助 /a./ yardım.
hoozyoo 褒状 /a./ övgü.
hoozyoo 豊饒 /a./ verimlilik. 〜な土地 verimli toprak.
hoppêta ほっぺた /a./ avurt, yanak. ふっくらした〜 tombul yanaklar.
hoppoo 北方 /a./ kuzey.
hòra ほら /ün./ işte, bak, baksan a, baksanız a, al, hani. 〜そこ şunun şurası. 〜ごらん, ヒツジの群が通る. İşte bak, bir koyun sürüsü geçiyor. さあペンだ, 〜紙だ, 座って書け. İşte kalem,

hŏra

işte kâğıt, otur yaz. 〜私に手紙を書くはずだったでしょう？ Hani bana mektup yazacaktınız？〜イスタンブルで知り合っただろう、あの婦人さ。Hani İstanbul'da tanışmıştınız ya, işte o hanım.

hŏra ほら /a./ yalan, atıcılık, (隠語) atmasyon, martaval, maval, palavra. 〜を吹く yalan söyle-, martaval at- (oku-), maval oku-, (隠語) palavra savur- (at-, sık-).

horã 洞 /a./ kovuk, mağara.

horaana 洞穴 /a./ mağara, kovuk, in. 嵐のとき〜に避難した。Fırtına sırasında bir mağarada sığınak bulduk.

horagatŏoge 洞ケ峠 /a./ 〜をきめこむ. Dostlar şehit, biz gazi.

horãhuki ほら吹き /a./ palavracı. 〜の palavracı.

horekŏmu ほれ込む /ey./ sevda çek-, (俗語) abayı yak-. ほれ込んでいる vurgun. ぞっこんほれ込んでいる sırılsıklam âşık.

horeppŏi ほれっぽい /s./ şıpsevdi. 〜人 şıpsevdi.

hore·ru ほれる /ey./ sev-, (冗談) deli bayrağı aç-.

horè·ru 掘れる /ey./ kazın-, delin-. 掘れた oyuk.

hori̇̀ 堀 /a./ hendek, çukur, ark, kanal.

hori̇̀ 彫り /a./ 〜の深い oylum oylum. 〜のある oymalı.

horidasimono 掘り出し物 /a./ buluntu, kelepir. 〜を当てる partiyi vur-.

horidãsu 掘り出す /ey./ deş-.

horikaesi 掘り返し /a./ kirizma.

horikàesu 掘り返す /ey./ 土をすきで〜 bel belle-.

horimŏno 彫り物 /a./ oyma. ひじかけいすの〜 koltuğun oymaları.

horimonŏsi 彫り物師 /a./ oymacı.

horiokŏsu 掘り起こす /ey./ 庭を〜 bahçeyi çapala-. 木の根元を〜 boğaz aç-. 掘り起こした木の根元を埋める boğaz doldur-.

horisagè·ru 掘り下げる /ey./ kazıyarak alçalt-.

horiwari 掘り割り /a./ hendek. 跳んで〜を越した. Sıçrayarak hendeği geçtim.

hŏro ほろ /a./ körük. 〜の付いた körüklü.

horobi̇̀·ru 滅びる /ey./ yok ol-, yıkıl-, mahvol-, zayi ol-, çök-. 滅びやすい fani. ビザンチン帝国は1453年に滅びた. Bizans İmparatorluğu 1453'te çöktü.

horobŏsu 滅ぼす /ey./ yok et-, yık-, mahvet-, yiyip bitir-.

horòbu 滅ぶ /ey./ → **horobi̇̀·ru.**

horoyoi ほろ酔い /a./ keyif. 〜の çakırkeyif.

horoyoi ki̇̀geñ ほろ酔い機嫌 /a./ keyif hâli.

hŏru 掘る /ey./ kaz-, del-. 穴を〜 del-. 地面に穴を〜 çukur aç-. 井戸を〜 kuyu del- (kaz-). ひっかいて〜 eşele-. 動物が足で土を〜 eşin-. ネコが地面を〜. Kedi toprağı eşeliyor.

hŏru 彫る /ey./ oy-, hakket-, kazı-, yont-. 材木を〜 tahtayı oy-. 判を〜 mühür kazı-. 石を〜 taşı yont-.

hŏrumoñ ホルモン (Al. Hormon) /a./ hormon.

hŏruñ ホルン (İng. horn) /a./ korno.

hŏryo 捕虜 /a./ tutsak, esir, esaret. 〜にする esir al- (et-). 〜になる esir düş-. 戦争〜 harp esiri. 敵状を知るための〜 dil. 〜達はとうとう自由の身になった. Tutsaklar sonunda özgürlüklerine kavuştu.

horyuu 保留 /a./ saklama, muhafaza. 〜の saklı. 権利を〜する hakkını saklı tut-.

horyuuhyoo 保留票 /a./ yeşil oy.

hŏsa 補佐 /a./ yardım, yardımcı.

hosàkañ 補佐官 /a./ müsteşar.

hoseñiñ 保線員 /a./ hat bekçisi.
hosi 星 /a./ yıldız ; talih. ～が流れる yıldız ak- (kay-, uç-). いい～の下に生まれる kadir gecesi doğmuş. ～がきらめく. Yıldızlar ışıldar.
hosiàkari 星明かり /a./ yıldız aydınlığı.
hosiàñzu 干しアンズ /a./ kayısı pestili.
hosibùdoo 干しブドウ /a./ kuru üzüm.
hosigarasê・ru 欲しがらせる /ey./ imrendir-.
hosigàru 欲しがる /ey./ iste-, dile-, özle-, arzet-, canı çek-, göz koy-, gözü kal- (ol-), aran-. とても～ içi git-, (俗語) kıç at-. すぐ～ imren-. むやみに～ göz dik-. 気に入って～ tamah et-. とても欲しがっていた本 çok aranan bir kitap. あればあるだけ～. Buldukça bunar, bulmuş da bunuyor.
hosiì 欲しい /s./ (俗語) talipli. ～と思う iste-, talip (talibi) çık-. 欲しくなる içi çek-. 欲しそうな目をする göz koy-. 欲しそうにじっと見る gözle ye-. いかにも欲しそうに hırsla. 水が～ su iste-. ～まま istediği dilediği gibi. 私はこんなもの欲しくはない. Ben böyle şeyleri aramam. どうして～のか. Zorun ne? 明日は遠足、天気がよくなって～. Yarın kıra gideceğiz, havanın iyi olacağını umuyorum.
hosikusa 干し草 /a./ kuru ot, haşiş. ～の山 otluk, ot yığını. 芝や～ çalı çırpı. ふるいに残った～ çalkantı. ～のこりが腐って暖かくなった. Ot balyaları kızıştı.
hosikusa òkiba 干し草置き場 /a./ otluk.
hosimàwari 星回り /a./ talih, kısmet. ～がいい talihi açık.
hosimòno 干し物 /a./ kurutulan çamaşır.
hosimukùdori ホシムクドリ /a./ sığırcık.
hosiniku 干し肉 /a./ pastırma, kadit.
hosiuo 干し魚 /a./ kuru balık.
hosi ùranai 星占い /a./ yıldız falcılığı. ～をする zayiçesine bak-.
hosi uranàisi 星占い師 /a./ müneccim, yıldız falcısı.
hosizìrusi 星印 /a./ yıldız şekli.
hosobiki 細引き /a./ sicim. ～で縛る sicimle bağla-.
hosobòsoto 細々と /be./ ～暮らす fakirce yaşa-.
hosohimo 細ひも /a./ sicim.
hosòi 細い /s./ ince, dar zayıf, ensiz. → **hutòi**. ～糸 ince iplik. ～棒 ince değnek. ～小川 ince dere. ～声 zayıf ses. ～目の gözleri çekik. 非常に～ ipince. 骨が細くて弱い ince kesim. 毛のように～ kıl gibi, kılcal. 細くなる incele-. とても細くなる dilenci değneğine dön-. 水道の出が細くなった. Musluğun suyu kısıldı. ラジオを少し細くしてくれないか. Radyonu biraz kısar mısın?
hosoku 補足 /a./ ulama, ek. ～の tamamlayıcı.
hosoku 捕捉 /a./ tutma, yakalama. 敵を～する düşmanı tut-.
hosomàru 細まる /ey./ ufal-, incel-. 飲むほどに目が細まって行く. İçtikçe gözleri ufalıyor.
hosome 細目 /a./ incelik. ～に開ける incecik aç-.
hosomê・ru 細める /ey./ kıs-. 目を～ yumul-, süz-. 目を細めて見る gözlerini kısıp bak-. 目を細めてなまめかしく見る göz süz-. 目を細めて話していた. Gözlerini süze süze konuşuyordu.
hosòmici 細道 /a./ dar yol, patika.
hosonagài 細長い /s./ ince. ～塔 ince minare. ～顔 ince yüz. ～板 çıta. ～まゆ kalem kaş. ～指 kalem parmak. 細長く uzunlaşmasına, uzunluğuna.

hosoo 舗装 /a./ ～する kaldırım döşe-. ～された kaldırımlı.
hosoo dôoro 舗装道路 /a./ şose.
hosòru 細る /ey./ incel-, zayıfla-.
hôsosa 細さ /a./ incelik.
hossa 発作 /a./ tutarak, tutarık, kriz, nöbet. 心臓の～ kalp krizi. ヒステリーの～ sinir krizi. マラリアの～ sıtma nöbeti. ～を起こす tutarağı tut-. ～が起こる kriz geçir-, nöbet gel-, nöbeti tut-.
hossiñ 発疹 /a./ kurdeşen, indifa, döküntü. → **hassiñ**.
hossoku 発足 /a./ başlama.
hossòri ほっそり /be./ ～した ince, narin. ～した体つきの ince yapılı. ～したきれいな人 filiz gibi.
hossùru 欲する /ey./ iste-, dile-, özle-, arzet-.
hôsu 干す /ey./ kurut-, kavur-, güneşlet-. 布団を～ yorgan güneşlet-. 沼を～ bataklığı kurut-. 干した kuru. 干した果物 kuru meyve.
hosùru 補する /ey./ ata-.
hosyaku 保釈 /a./ para ile suçluyu salıverme.
hosyoo 歩哨 /a./ nöbetçi, gözcü. ～の任務 bekçilik. ～に立つ nöbet bekle-.
hosyoo 保証 /a./ kefalet, garanti, güvence, inanca, kefillik, temin, teminat. ～する garanti et-, garantile-, güvence altına al-, temin et-. ～を与える teminat ver-.
hosyoo 保障 /a./ ～する sağla-, koru-. 月々一定の金を～する aylık bağla-. 生活を～してやめさせる çırak et- (çıkar-). ～される sağlan-, hakkı kazan-. ～されて退職する emekli ol-, emekliye ayrıl-. 雨は植物の成長を～する. Yağmur bitkilerin yetişmesini sağlar.
hosyoo 補償 /a./ ödeme, ödenme, taviz, telâfi. ～する telâfi et-. ～される öden-.

hosyoocuki 保証付き /a./ ～の garantili, sigortalı.
hosyookiñ 保証金 /a./ teminat akçesi, inanca, depozit, kaparo, pey.
hosyookiñ 補償金 /a./ tazminat. 殺傷～ diyet.
hosyooniñ 保証人 /a./ kefil. ～になる kefil ol-. 銀行から金を借りるのに二人の～が要る. Bankadan borç almak için iki kefil gerekiyor.
hosyoosyo 保証書 /a./ kefaletname, ruhsatname.
hôsyu 保守 /a./ tutuculuk. ～の muhafazakâr.
hosyuha 保守派 /a./ sağcı, tutucu.
hosyusei 保守性 /a./ gericilik.
hosyu syûgi 保守主義 /a./ tutuculuk.
hosyuteki 保守的 /a./ ～な tutucu, muhafazakâr, irticaî, geri kafalı, gerici. ～な人 tutucu, örümcekli kafa. ～な考え tutucu düşünce.
hosyuu 補修 /a./ tamir, onarma.
hôtaru ホタル, 蛍 /a./ ateş böceği, yıldız böceği. ～は暗やみでピカピカ光る. Ateş böcekleri karanlıkta pırıldar.
hotatêgai ホタテガイ /a./ tarak.
hoteñ 補塡 /a./ kapatma. 赤字を～する açığı kapat-.
hôteru ホテル(İng. hotel) /a./ otel. 観光～ turistik otel. ～に泊まる otelde yat-. ～を経営する otel işlet-. ～経営者 otelci. どの～に泊まるのですか. Hangi otele ineceksiniz?
hotêru 火照る /ey./ kızar-. 顔が～ yüz kızar-.
hotobasìru ほとばしる /ey./ fışkır-, sıçra-. 血が～ kan fışkır-.
hotobori ほとぼり /a./ kalan ısı, coşku. ～が冷める arası soğu-.
hotokè 仏 /a./ Buddha.
hotòñdo ほとんど, 殆ど /be./ hemen hemen, aşağı yukarı, âdeta,

huañ

bayağı. 〜目に見えない belli belirsiz. 〜分からない hayal meyal. 〜不可能である deveye hendek atlat-. トルコのチーズは〜羊の乳で作る。 Türkiye'de peynir en çok koyun sütünden yapılır.
hotori ほとり /a./ kıyı, kenar, yan. 湖の〜 göl kıyısı, göl başı.
hototògisu ホトトギス /a./ bir tür guguk.
hottañ 発端 /a./ baş, başlangıç.
hottarakasarẽ・ru ほったらかされる /ey./ hasır altına gir-.
hottarakàsu ほったらかす /ey./ ihmal et-, bırak-. もう用のなくなった人を〜 dirsek çevir-.
hottategoya 掘建て小屋, 掘立て小屋 /a./ tahta baraka.
hotteoku ほっておく /ey./ bırak-, boşla-, kapıp koyuver-. ほっておけ 仕事 mi yok. その話はほっておけ。O bahsı geç. 君の友人はいい人だから君をほっておかなかったのだ。 Arkadaşın adammış ki seni yalnız bırakmadı.
hotto ほっと /be./ 〜する yüreği ferahla- (serinle-). 〜すること ferahlık. 悩みを打ち明けて〜する boşal-. 〜一息つく geniş bir nefes al-. 〜させる aç-.
howaito cìizu ホワイトチーズ (İng. white cheese) /a./ beyaz peynir.
hòya ほや /a./ lamba şişesi.
hoyahoya ほやほや /a./ yeni, yaş. 〜の dumanı üstünde, (口語) çiçeği burnunda, çamur karnında.
hoyoo 保養 /a./ istirahat. 〜する barın-, istirahat et-. 目の〜 (隠語) göz banyosu.
hoyòoci 保養地 /a./ 〜の宿舎 pansiyon. 〜を見つける barın-.
hoyoosyo 保養所 /a./ sağlık yurdu. 結核予防の〜 prevantoryùm.
hoyuu 保有 /a./ muhafaza.
hòzi 保持 /a./ muhafaza.
hozikùru ほじくる /ey./ eşele-. ほじくって調べる eşele-, kurcala-.
hòzo ほぞ /a./ göbek; geçme. 〜を固める kararında ol-. §〜をかむ pişman ol-.
hozoana ほぞ穴 /a./ zıvana.
hozoñ 保存 /a./ saklama, muhafaza. 〜する sakla-, muhafaza et-.
hozoñhiñ 保存品 /a./ 〜の目録 fihrist.
hozoñ syòkuhiñ 保存食品 /a./ erzak.
hozuna 帆綱 /a./ kaytan.
hòzyo 補助 /a./ yardım.
hozyobàsira 補助柱 /a./ koltuk.
hozyo booeñkyoo 補助望遠鏡 /a./ arayıcı.
hozyo kañgòhu 補助看護婦 /a./ hasta bakıcı.
hozyòsya 補助者 /a./ yardımcı, asistan. 〜の職 asistanlık.
hozyuu 補充 /a./ 〜の tamamlayıcı.
hu 歩 /a./ チェスの〜 paytak, piyade. 〜が女王になる ferz çık-.
hu 譜 /a./ nota.
hu 腑 /a./ 〜に落ちない anlama-, kanma-.
hù 負 /a./ 〜の menfî, negatif.
hù 訃 /a./ kara haber. → **huhoo**.
hu' フッ /be./ püf. 〜と吹く püfle-, üfle-, üfür-.
huañ 不安 /a./ üzüntü, rahatsızlık, huzursuzluk, endişe, ıstırap, işkil, kaygı, korku, kuşku, telâş, (隠語) efkâr. 〜な üzüntülü, huzursuz, endişeli, düşünceli, karanlık, kaygılı, kuşkulu, tedirgin. 〜な気持ち can sıkıntısı, gönül darlığı. 〜になる kaygısına düş-, korku düş-, kuşku uyan-, kuşkulan-. 〜に思う kaygılan-, kuşku besle- (duy-). 〜を感じる içini kemir-. 〜におそわれる korkuya kapıl-. 〜におちいる kuşkuya düş-. 〜にかられる telâşlan-. 〜を示す telâş göster-. 〜にさせる endişelendir-, tedirgin et-. 〜におとしいれる telâşa

düşür- (ver-), korkut-, kaşkulandır-. あたりを〜そうに見る çevresine huylu huylu bak-. ずっと〜におびやかされる içini kurt ye-. 試験の結果を〜な気持ちで待つ sınavın sonucunu kuşkuya bekle-. 〜にかられた telâşlı. 〜をあらわして telâşlı telâşlı. 〜のない üzüntüsüz, kuşkusuz, tuzu kuru. 足音を耳にして〜になり朝まで眠れなかった. Ayak sesleri duyarak huylanmış, sabaha kadar uyuyamamış. 嵐が来はしないかとの〜がある. Fırtına çıkacağından korkuluyor.

huȧññai 不案内 /a./ alışılmama, tecürbesizlik.

huȧñtei 不安定 /a./ ikircim, kararsızlık. 〜な kararsız, oynak. 〜な釣り合い karasız denge.

hubȧrai 不払い /a./ ödemenin kesilmesi.

hùbeñ 不便 /a./ güçlük, uygunsuzluk, zahmet. 〜な所 yolsuz yer. 交通が〜なこと yolsuzluk.

hùbiñ ふびん /a./ zavallılık.

hùbo 父母 /a./ ana baba. 子供を育てるのは〜の義務である. Çocukları yetiştirmek ana ve babanın borcudur. 〜の苦労は子のため dört göz bir evlat için.

hùbuki 吹雪 /a./ tipi, kar fırtınası. 〜の tipili. 〜の日 tipili bir gün. 外は激しい〜だ. Dışarıda çok şiddetli tipi var.

hubyȯodoo 不平等 /a./ eşitsizlik. 〜な eşitsiz.

hucȋ 縁 /a./ çerçeve, kenar, kıyı. 眼鏡の〜 gözlük çerçevesi コップを〜まで満たさない dudak payı bırak-. スズメは屋根の〜に巣を作る. Serçeler çatı kenarlarına yuvalar.

hucȋ 渕 /a./ derenin derin yeri.

hucȋ 扶持 /a./ (古語) arpalık.

hucidori 縁取り /a./ kenar, zıh. 衣服の〜 harç, su yolu. えりの〜 sutaşı. レースの〜 oya. レースの〜のある oyalı.

家具の〜 kordon.

hucikȧgari 縁かがり /a./ 〜する kıvır-. その布は四方を〜しなければならない. Şu bezi dört tarafından kıvırmalı.

hucikȧzari 縁飾り /a./ pervaz, su yolu. 花模様の〜 tırtıl. 〜の連続模様 su.

hucùcuka ふつつか /a./ 〜な娘 cariyeniz, cariyeleri.

hucùgoo 不都合 /a./ mahzur, sakınca, beis, külfet, bozukluk. 〜な mahzurlu, sakıncalı.

hucuka 二日 /a./ iki gün; ayın ikinci günü. たった〜 ancak iki gün. 家を〜で壊した. Evi iki günde harap ettiler. 宝くじの年頭抽選まで〜ある. Millî Piyango'nun yılbaşı çekilişine iki gün var.

hucukȧkañ 二日間 /a./ iki gün. ここに〜閉じ込められていた. Burada iki gün kapalı kaldık.

hucukame 二日目 /a./ ikinci gün.

hucukayoi 二日酔い /a./ akşamdan kalmış (kalma).

hucurȋai 不釣り合い /a./ dengesizlik. 〜な muvazenesiz. 〜な結婚をる ayağının pabucunu başına giy-.

hucuu 普通 /a./, /be./ genellik; genellikle. 〜の alelade, bayağı, basbayağı, normal, olağan, olur şey, sıradan, harcıâlem. 〜の家 basbayağı bir ev. 〜でない olağan dışı. 〜に âdeta, şöyle böyle. 〜になる genelleş-. 今日の暑さは〜だ. Bu gün havanın sıcaklığı normal.

hucuu yȯkiñ 普通預金 /a./ vadesiz hesap.

hucyaku 付着 /a./ takılma, yapışma.

hucyoo 不調 /a./ fesat.

hucyoo 符丁 /a./ şifre, rumuz.

hùcyoo 婦長 /a./ başhemşire.

hucyùui 不注意 /a./ dikkatsizlik, gaflet. 〜な dikkatsiz, düşüncesiz,

gözü bağlı, dalgacı, özensiz, sallapati, savruk. 〜な人 dalgacı. ひどく〜な bakar kör. 〜である gaflet bas-. 〜でたくさんの物を壊す kırıp dök-. 今日道で〜な運転手のために危うく事故に会うところだった。Bu gün, yolda dikkatsiz sürücünün yüzünden bir kaza atlattık.
huda 札 /a./ marka, etiket, yafta, pul, kart. プラスチックの〜 jeton. トランプの一の〜 birli. 四の〜 dörtlü.
hudacuki 札付き /a./ 〜の男 damgalı bir adam.
hudadome 札止め /a./ 芝居が〜だ. Piyes kapalı gişe oynuyor.
hudañ 不断 /a./ 〜の努力 aralıksız çaba.
hùdañ 普段 /a./ 〜の olağan, her zamanki.
hudañgì 普段着 /a./ 〜の babayani.
hudañsoo フダンソウ /a./ pazı, yabanî ıspanak.
hude 筆 /a./ kalem. 〜がたつ eli kalem tut-. 〜を入れて直す kalem oynat-. 〜を入れてだめにする kalem oynat-. 〜がさえる (俗語) kaleminden kan damla-. 戯曲はうまい作家の〜によって書かれたらしい。Piyes iyi bir yazarın kaleminden çıkmış.
hudebako 筆箱 /a./ kalemlik, kalem kutusu.
hudebùsyoo 筆不精 /a./ yazı yazmayı sevmeyen, üşengeç yazar.
hudeirè 筆入れ /a./ kalemlik.
hùdeki 不出来 /a./ başarısızlık.
hudemame 筆まめ /a./ yazı yazmayı seven.
hudesàbaki 筆さばき /a./ tuş.
hudezùkai 筆遣い /a./ tuş, fırça darbesi.
hudoo 不同 /a./ eşitsizlik, imtizamsızlık.
hudoo 不動 /a./ sebat. 〜の gayri menkul, sabit, hareketsiz. 〜の姿勢 esas duruş (vaziyet).

hudoo 浮動 /a./ dalgalanma. 〜票 emin olmayan oy.
hudòosañ 不動産 /a./ emlâk, gayri menkul, mülk, taşınmaz. 貸し出すための〜 akar.
hudoosañya 不動産屋 /a./ emlâkçı.
hudòotoku 不道徳 /a./ ahlâksızlık, yazık. 〜な ahlâk dışı, ahlâksız, gayri ahlâkî. 〜な人 çeper.
hue 笛 /a./ düdük, ney. 〜を吹く düdük öttür-, ney üfle-. 〜の付いた düdüklü. この〜は鳴らない Bu boru ötmüyor.
huehukì 笛吹き /a./ neyzen.
huè・ru 増える、殖える /ey./ art-, çoğal-; döl ver-, türe-, üre-. 数が増える fazlalaş-. 空に雲が増えた。Gök yüzünde bulutlar çoğaldı. この辺りは店が増えた。Bu çevrede dükkânlar fazlalaştı. 鳥や魚は卵で殖える。Kuşlar ve balıklar yumurtayla ürerler.
huète 不得手 /a./ zayıf nokta, yeteneksizlik.
hugainài ふがいない /s./ karakteri zayıf, bozuk, deve yürekli.
hùgi 不義 /a./ zina.
hugoo 符合 /a./ denklik, karşılık.
hugoo 符号 /a./ işaret, alâmet. 〜を付ける işaret koy-, işaretle-.
hugoo 富豪 /a./ zengin bir adam, milyarder, milyoner.
hugookakùteñ 不合格点 /a./ kırık, düşük olan not.
hugòori 不合理 /a./ 〜な abes, mantıksız, us dışı.
hùgu フグ /a./ ağılı ve lezzetli bir tür balık, balon balığı. 〜は食いたし命は惜しし。Hem kaçar, hem davul çalar. Ne Şam'ın şekeri, ne Arap'ın yüzü.
hùgu 不具 /a./ sakatlık, malûl. 〜の sakat, malûl.
hugùsya 不具者 /a./ sakat bir adam, malûl.

huguu 不遇 /*a.*/ kör talih, bahtsızlık.
huhai 腐敗 /*a.*/ çürüklük. 〜する çürü-, kokuş-. 〜した çürük, cılk. 肉が〜する et çürü-. 〜は上の者から始まる. Balık baştan kokar.
huhei 不平 /*a.*/ huzursuzluk, sızıltı, şikâyet. 〜を言う sızlan-, şikâyette bulun-, yakın-, ağlaş-, dert yan-. 〜を言う人 şikâyetçi. ぶつぶつ〜を言う homurdan-.
huheñ 不変 /*a.*/ değişmezlik. 〜の değişmez, daimî.
huheñ 不偏 /*a.*/ tarafsızılık.
huheñ 普遍 /*a.*/ 〜の tümel. 〜概念 tümel kavram.
huheñteki 普遍的 /*a.*/ 〜な tümel, evrensel.
huhîcuyoo 不必要 /*a.*/ 〜な lüzumsuz, fazla, fuzulî, gereksiz. 〜な問題を投げかける icat çıkar-. 〜に fazla. 〜にあわてて yangından mal kaçırır gibi.
huhîñkoo 不品行 /*a.*/ kepazelik. 〜の namussuz.
huhòñi 不本意 /*a.*/ 〜な zoraki. 〜ながら gayri ihtiyarî, istemeyerek.
huhoo 不法 /*a.*/ kıyım. 〜な yasa dışı, gayri meşru. 〜行為 yasa dışı davranışlar. 〜に手を染める haram ye-. 〜にもうけた金 haram para.
huhoo 訃報 /*a.*/ kara haber.
huhyoo 浮氷 /*a.*/ deniz buzulu.
huhyoo 不評 /*a.*/ kötü ad.
huhyoo 浮標 /*a.*/ yüzer top, şamandıra.
huhyoo 譜表 /*a.*/ porte.
hui 不意 /*a.*/ 〜の anî. 〜の小言 çıkış. 〜に ansızın, birdenbire, çat kapı. 〜にやって来る çıkagel-. 〜に場違いなことを言う damdan düşer gibi söyle-. 出かけようとした時客が〜にやって来た. Çıkayım derken misafir bastırdı.
huicci 不一致 /*a.*/ anlaşmazlık, uyuşmazlık, ihtilâf, ikilik. 我々の間に〜はない. Aramızda ikilik yoktur. 言行〜. Bu ne perhiz bu ne lahana turşusu.
huicyoo 吹聴 /*a.*/ 〜する çan çal-.
huigo ふいご /*a.*/ körük. 〜で風を送る körükle-. 火を〜でおこしなさい. Ateşi körükleyin.
huiku 扶育 /*a.*/ besleme. 〜する besle-, yetiştir-.
huiuci 不意打ち /*a.*/ 〜をくう gafil avlan-.
huka フカ /*a.*/ köpek balığı.
hùka 負荷 /*a.*/ yük.
hùka 付加 /*a.*/ katkı, ek. 〜する bindir-, kat-. 〜税 katma vergi.
hùka 賦課 /*a.*/ haraç.
hùka 孵化 /*a.*/ yumurtadan çıkma.
hukabùkato 深々と /*be.*/ derin derin.
hukàbuñ 不可分 /*a.*/ bölünemezlik.
hukade 深手 /*a.*/ derin yara, ağır yara.
hukàhi 不可避 /*a.*/ 〜の kaçınılmaz.
hukai 不快 /*a.*/ kırgınlık, kırıklık. 〜な fena, galiz iğrenç, menfur. 〜になる rahatsız ol-. 〜にする rahatsız et-, tırmala-. 指笛で〜を示す ıslıkla-.
hukài 深い /*s.*/ derin, kuyu gibi. 〜くぼみ derin çukur. 〜海 derin deniz. 〜傷 derin yara. 〜ところ derinlik. 〜眠り derin (deliksiz) uyku. 関係の〜 yakın. 人の背丈より水が〜 boy ver-. 深く悲しむ bağrı yan-. 深く考える kafa yor-, derin düşün-. 知識が深くなる derinleş-. 隠れた〜意味 belagat. 欲が〜 aç gözlü. 雨水が地面の〜ところまでしみる. Yağmur suları toprağın derinliklerine sızıyor. 彼は私達と関係の〜人だ. O bizim yakınımızdır.
hukairi 深入り /*a.*/ 〜する ilerisine git-.
hukàkai 不可解 /*a.*/ 〜な esrarengiz, esrarlı, kapalı kutu, muammalı. 〜な事件 esrarlı olaylar. 〜な

物 muamma.
hukàkecu 不可欠 /a./ mutlaka gereklilik.
hukàki 孵化器 /a./ kuluçka makinesi.
hukakòoryoku 不可抗力 /a./ kaçınılmazlık, mücbir sebep.
hukaku 不覚 /a./ şuursuzluk, baygınlık. 〜を取る sırtı yere gel-, başarama-.
hukàkutei 不確定 /a./ 〜の müphem, belirsiz.
hukamàru 深まる /ey./ derinleş-, koyulaş-.
hukamè・ru 深める /ey./ derinleştir-.
hukami 深み /a./ derinlik.
hukànoo 不可能 /a./ 〜な gayri kabil (mümkün), imkânsız, olanaksız. ほとんど〜である deveye hendek atlat-. 〜を可能にしてしまう (俗語) tekeden süt çıkar-. 彼を説得するのは〜だ. Ona söz anlatmak kabil değildir.
hukañ 俯瞰 /a./ kuş bakışı.
hukàñzeñ 不完全 /a./ 〜な kusurlu, noksan. 〜な仕事 sakat bir iş. 〜である yarım kal-.
hukàppacu 不活発 /a./ 〜な atıl, ruhsuz. 〜な人 gevşek adam.
hukare・ru 拭かれる /ey./ silin-.
hùkasa 深さ /a./ derinlik, boy. 〜を測る iskandil et-. 丈で水の〜を測る boy ver-.
hukàsiñ 不可侵 /a./ dokunulmazluk, saldırmazlık, masuniyet.
hukasiñkeñ 不可侵権 /a./ 個人の〜 kişi dokunulmazlığı.
hukasiñ zyòoyaku 不可侵条約 /a./ saldırmazlık antlaşması.
hukàsu ふかす /ey./ buğula-.
hukazara 深皿 /a./ çanak.
hukè ふけ /a./ kepek.
hukecu 不潔 /a./ kir, pislik. 〜な kirli, pis, çirkef, murdar. 〜な手 kirli el.
hukècudañ 不決断 /a./ tereddüt.
hukedàrake ふけだらけ /a./ 〜の kepekli. 〜の髪 kepekli saçlar. 〜になる kepeklen-. おまえ頭が〜だ. Başın kepekle dolmuş.
hukei 不敬 /a./ saygısızlık.
hùkei 父兄 /a./ baba ve ağabey.
hukèiki 不景気 /a./ durgunluk, kesat, ölü mevsim, dar boğaz.
hukeisei 父系制 /a./ ata erki.
hukèizai 不経済 /a./ tutumsuzluk, idaresizlik.
hukekòmu 老け込む /ey./ koca-, yaşlan-.
hukèñkoo 不健康 /a./ maraz. 〜と分かる çürüğe çık-.
hukè・ru 老ける /ey./ koca-, yaşlan-, (冗談) tohuma kaç-. この人は老けて見える. Bu adam yaşlı gösteriyor.
hukè・ru 更ける /ey./ gecik-. 夜が〜 geç saatte ol-.
hukèru 耽る /ey./ dal-, kendini bırak-, tiryakisi ol-, hastası ol-. 空想に〜 hayale dal-. 考えに〜 düşünceye dal-. 考えにふけって dalgın dalgın. 遊びに〜生活を送る hızlı yaşa-. ふけている tiryaki, müptela, düşkün.
hukiagè・ru 噴き上げる /ey./ püskür-.
hukiburi 吹き降り /a./ bora.
hukicu 不吉 /a./ 〜な uğursuz, meşum, meymenetsiz, musibet. 〜な予感 vehim. 〜な人 baykuş gibi. 〜な感じ işkil. 〜な目つき uğursuz bakış. 〜な目でにらむ göz değ-, göze gel-. 〜な目でのろう gözle ye-. 祖母はフクロウは〜な鳥だと言う. Ninem baykuşun uğursuz bir kuş olduğunu söyler. 〜なことが起こりそうだ. Göründü Sivas'ın bağları.
hukicukè・ru 吹きつける /ey./ püskürt-.
hukidamari 吹きだまり /a./ kar

hukidàsu yığıntısı.
hukidàsu 吹き出す /ey./ esmeye başla-.
hukidàsu 噴き出す /ey./ boşan-. 汗が～ ter boşan-. 血が～ kan boşan-. 口の中のものを～ püskür-. こらえきれずに～ zembereği boşal- (boşan-).
hukidemono 吹き出物 /a./ çıban, sivilce, döküntü. ～が出る çıban dök-. 顔に～のある çalık.
hukidè・ru 噴き出る /ey./ boşan-. 血が～ kan boşan-.
hukidoosi 吹き通し /a./ esip durma.
hukìgeñ 不機嫌 /a./ dargınlık, keyifsizlik, memnuniyetsizlik. ～な asık, dargın, keyifsiz, küskün, surat bir karış. ～な顔 asık yüz. ～な顔をする yüzünü buruştur- (ekşit-). ～な顔になる yüzünden düşen bin parça ol-. ～になる küs-. 顔をまじまじと見られ～になっている. Yüzüne dikkatlice bakılırsa huylanıyor.
hukikae 吹き替え /a./ dublaj.
hukikakè・ru 吹きかける /ey./ 息を～ hohla-. 鏡に息を～ aynaya hohla-.
hukikèsu 吹き消す /ey./ üfle-. ろうそくを～ mumu üfle-.
hukikoborè・ru 吹きこぼれる /ey./ taş-. コーヒーが吹きこぼれた. Kahve kabardı (taştı).
hukikomarè・ru 吹き込まれる /ey./ 新風を～ esinlen-.
hukikòmu 吹き込む /ey./ telkin et-, bir düşünceyi aşıla- ; plağa al-.
hukimakùru 吹きまくる /ey./ şiddetli es-.
hukimawasi 吹き回し /a./ どういう風の～か、この寒さに出かけたよ. Aklına esti, bu soğukta gezmeğe çıktı.
hukinagasi 吹き流し /a./ flama, flandra.
hukinukè・ru 吹き抜ける /ey./ yalayıp geç-.
hùkiñ 付近 /a./ dolay, yakın yerler, yöre.

hukìñ 布巾 /a./ bulaşık bezi.
hukìñkoo 不均衡 /a./ dengesizlik. ～な muvazenesiz, dengesiz.
hukisarasi 吹きさらし /a./ ～の rüzgârlı, yelli.
hukìsoku 不規則 /a./ ～な düzensiz, kuralsız.
hukitobàsu 吹き飛ばす /ey./ uçur-, uçurt-, havalandır-, üfür-. もみがらを～ harman savur-.
hukitòbu 吹き飛ぶ /ey./ havalan-, uç-.
hukiwakè・ru 吹き分ける /ey./ savur-, yele ver-.
hukiyosè・ru 吹き寄せる /ey./ yığ-. 風が砂を海岸に吹き寄せた. Rüzgâr kumları deniz kıyısına yığdı.
hukkacu 復活 /a./ ihya, kıyamet, diriliş.
hukkacùsai 復活祭 /a./ paskalya.
hukki 復帰 /a./ avdet.
hukkoo 復興 /a./ canlanma, yeni kalkınma. ～する yeni kur-.
hukkùra ふっくら /be./ ～した kabarık, tombul, yumuk, kaba. ～したほお tombul yanaklar. ～した髪の少女 kabarık saçlı kız. ～する tombullaş-. ～させる kabart-.
hukkyuu 復旧 /a./ iade, tamir.
hukòkoroe 不心得 /a./ densizlik.
hukoku 布告 /a./ ilân, kararname. 宣戦～ harp ilânı.
hùkoo 不幸 /a./ mutsuzluk, talihsizlik, şanssızlık, belâ. ～な mutsuz, acınacak, bedbaht, baht kara, kara. ～な運命 kara yazı. どうにもならない～ belâyı berzah. 人の～を見すごせない içi götürme-. 人の～を望む kanına susa-. 人の～を大喜びする kınalar yak-. ～にも maalesef. 人の～を笑うな、いつか自分にも起こるかも知れない. Gülme komşuna, gelir başına.
hukòohei 不公平 /a./ adaletsizlik. ～な insafsız.

huku 拭く /ey./ kurula-, sil-. コップを～ bardakları kurula-. 体を～ silin-. テーブルを～ masayı sil-. ぬれた手をタオルでふいた. Islak ellerimi havluyla sildim.

huku 葺く /ey./ (damı) kapla-. 屋根を～ damı aktar- (kapla-). 丸屋根を鉛板でふいた. Kubbeyi kurşunladılar.

huku- 副 yardımcı, ikinci.

hùku 吹く /ey./ es-; hohla-, öttür-, üfle-. 風が～ rüzgâr es- (üfür-). 笛を～ düdük öttür- (çal-). ラッパを～ boru çal-. フルートを～ flütü üfle-. 火を吹いておこす ateşi üfle-. プッと～ üfle-, üfür-. 吹いて音を出す üflemeli. 吹けば飛ぶようなよわい人 püf desen uçacak. 吹いて病気を直すまじない師 üfürükçü. ほらを～ maval oku-, martaval at- (oku-), yalan söyle-. 午後にはたいがい風が～. Öğleden sonraları çoğu rüzgâr esiyor. 風が～と枯葉がカサカサと鳴っていた. Rüzgâr estikçe kuru yapraklar hışırdıyordu. 窓から風が吹いて来る. Pencereden rüzgâr üfürüyor. 芽が吹いた. Tomurcuklar patladı.

hùku 噴く /ey./ boşan-, püskür-. 火を～ ateş al- (et-). 血が～ kan boşan-. 大砲が火を噴いた. Top atıldı. 鉄砲が火を噴いた. Silâhlar patladı.

hukù 服 /a./ elbise, esvap, giyim, giyecek. ゆったりした～ bol elbise. ～を着る giyin-. ～を裁断する elbise biç-. 子供に～を着せる çocuğu giydir-. ～が似合わない üzerinden dökül-. ～がほこりにまみれる üstü toza bulan-. この～の中から好きなのを選びなさい. Bu elbiselerden birini beğeniniz.

hukù 福 /a./ saadet, mutluluk, şans.
hukuañ 腹案 /a./ plan.
hukubiki 福引き /a./ lotarya.
hukucu 不屈 /a./ metanet. ～の cani pek. ～の男 baba yiğit.

hukucuu 腹痛 /a./ karın ağrısı, buruntu, sancı, büküntü.
hukudaitôoryoo 副大統領 /a./ cumhurbaşkanı yardımcısı, reis vekili.
hukudoku 服毒 /a./ zehir içme. ～自殺 kendini zehirleme.
hukudôosi 副動詞 /a./ bağ fiil, ulaç.
hukueki 服役 /a./ ～する ceza çek-.
hukueñ 復縁 /a./ yeniden evlenme.
hukugeñ 復元, 復原 /a./ ～する restore et-. ～された restore.
hukugìcyoo 副議長 /a./ başkan yardımcısı.
hukugoo 複合 /a./ terkip. ～の bileşik, birleşik, karmaşık.
hukugoogo 複合語 /a./ birleşik sözcük. ～の構成要素 bileşen.
hukugootai 複合体 /a./ kompleks.
hukugyoo 副業 /a./ yan vazife, ikinci iş.
hukuiñ 復員 /a./ seferberliğin kaldırılması.
hukuiñ 福音 /a./ baht işi, şans, müjde. 天来の～ Allah vergisi.
hukuiñ 幅員 /a./ en, genişlik.
hukuiñsyo 福音書 /a./ incil.
hukukañ 副官 /a./ amir subayı, yaver. ～の職 yaverlik. ～の金モール yaver kordonu.
hukukoo 腹腔 /a./ karın boşluğu, geğrek.
hukukôocyoo 副校長 /a./ Müdür yardımcısı.
hukumâdeñ 伏魔殿 /a./ kötü ruhların toplanma yeri.
hukumaku 腹膜 /a./ karın zarı, (俗語) kavram.
hukumakùeñ 腹膜炎 /a./ karın zarı yangısı (iltihabı).
hukumarè･ru 含まれる /ey./ dahil ol-. この中に含まれている bu cümleden.
hukumasè･ru ふくませる /ey./ dahil et-. 乳房を～ emzir-.

hukumeñ 覆面 /a./ maske. ~の強盗 maskeli soyguncu.

hukumè・ru 含める /ey./ dahil et-. 中に~こと kapsam. …を含めて dahil.

hukumî 含み /a./ ~のある（古語）zımnî.

hukùmu 含む /ey./ içine al-, içer-, ihtiva et-, havi ol-, kapsa-. 含んでいる havi. 水を~ sulu. この本はオスマン朝史を~. Bu kitap Osmanlı Tarihini içeriyor.

hukurâhagi ふくらはぎ /a./ baldır, (方言) incik.

hukuramase・ru 膨らませる /ey./ kabart-, şişir-. 風船を~ balonu şişir-. ほおを~ avurt şişir-. ポンプで~ pompala-. この暑さに自転車のタイヤをふくらませすぎるな、空気が膨張する. Bu sıcakta bisikletinin lastiğini fazla şişirme, hava genleşir.

hukurami 膨らみ /a./ kabartı.

hukuramu 膨む /ey./ kabar-, şiş-, bel ver-. 膨らんだ tulum gibi. 詰めて膨らんだ dolgun. 中央が膨らんでいる道 balık sırtı yol. 弓の膨らんだところ bağır. 自転車のタイヤが膨らんだ. Bisikletimin lastiği şişti.

hukurasiko ふくらし粉 /a./ kabartma tozu.

hukureagàru 膨れ上る /ey./ kabar-.

hukureccura 膨れっ面 /a./ somurtkan yüz, çehre.

hukure・ru 膨れる /ey./ şiş-, kabar-; dudak sarkıt-, burul-. ケーキが~ kek kabar-. 発酵して~ kükre-. ~こと kabarma. 膨れた şiş, şişkin, davul gibi; somurtkan. 膨れている状態 şişkinlik.

hukùri 複利 /a./ bileşik faiz.

hukurò 袋 /a./ çanta, torba, kılıf, çuval, kese. ~に入れる torbaya koy-. ~の口を締める torbanın ağzını boğ-. 傘の~ şemsiye kılıfı. くらに下げる~ heybe. ~のある keseli. §~のネズミ torbada keklik.

hukurobùe 袋笛 /a./ tulum.

hukurodàtaki 袋だたき /a./ sille tokat.

hukurokòozi 袋小路 /a./ çıkmaz sokak, kör sokak.

hukuromono 袋物 /a./ çanta.

hukùroo フクロウ /a./ baykuş, kukuwav.

hukusàyoo 副作用 /a./ ikincil tesir.

hukusei 複製 /a./ örnek, tıpkıbasım, teksir. ~を作る örneğini çıkar-.

hukuseñ 複線 /a./ çift hat. ~の鉄道 çift hatlı demir yolu.

hukusi 副詞 /a./ belirteç, zarf.

hukùsi 福祉 /a./ saadet, mutluluk. 社会~ sosyal yardım.

hukusiñ 腹心 /a./ ~の友 sırdaş.

hukusiñ 副審 /a./ yardımcı yargıcı.

hukusokùkoo 腹足綱 /a./ karından bacaklılar.

hukusoo 服装 /a./ giyim, giyiniş, kıyafet, kılık. ~を整える kıyafet değiştir- ~をした giyimli. りっぱな~をした giyimi kuşamı yerinde. こった~の iki dirhem bir çekirdek. ~改革 kıyafet devrimi.

hukusòsuu 複素数 /a./ karmaşık sayı.

hukusùru 服する /ey./ boyun eğ-; iç-. 命令に~ emrine gir-. 喪に~ matemini tut-, karalar bağla- (giy-). このおばはまだ亡くした子供の喪に服している. Bu teyze, hâlâ yitirdiği çocuğunun matemi içinde.

hukusùru 復する /ey./ geri gel-. 旧に~ eski hâline sok-.

hukusùu 複数 /a./ çoğul. ~語尾 çoğul eki.

hukusya 複写 /a./ tıpkı basım, kopya, teksir. ~用せん kopya defteri.

hukusya 輻射 /a./ ışınlar yayma,

ışın gönderme, radyasyon. ～熱 yayılma ısısı.
hukusyàki 複写機 /a./ teksir makinası.
hukusyoku 服飾 /a./ giyim kuşam, üst baş.
hukusyoku 副食 /a./ katık, sebze v.b.
hukusyoku 復職 /a./ yeniden tayin.
hukusyoo 復唱 /a./ ～する tekrarla-.
hukusyuu 復習 /a./ ～する dersi tekrar et-.
hukusyuu 復讐 /a./ intikam, öç. ～する intikam al-, hınç (hıncını) al-, acısını çıkar-. ～の機会をうかがう diş bile-.
hukuwazyucùsi 腹話術師 /a./ karnından konuşan.
hukùya 服屋 /a./ dikişçi, terzi. ～に寸法を取らせる terziye ölçüleri aldır-.
hukuyoo 服用 /a./ ilaç içme, alma.
hukuyòoryoo 服用量 /a./ 一回の～ doz, düze. 一日の～ doz.
hukuzacu 複雑 /a./ çetinlik. ～な çapraşık, karmaşık, girift, kompleks, komplike, muğlak. ～な問題 çetin mesele, karmaşık bir sorun, komplike bir soru. ～になる çetinleş-, güçleş-.
hukuzi 服地 /a./ kumaş, bez. 一着分の～ kupon.
hukuziteki 副次的 /a./ ～な ikincil.
hukuzoo 腹蔵 /a./ ～なく言う baklayı ağzından çıkar-.
hukuzyuu 服従 /a./ itaat, riayet. ～する itaat et-, eğil-. 命令に～する emrine gir-.
hukyoo 不況 /a./ durgunluk. → **hukèiki**.
hukyoo 布教 /a./ din neşretme, dinî propaganda.
hukyuu 不休 /a./ dinlenmeme.

hukyuu 不朽 /a./ ölmezlik, ölümsüzlük. ～の kalımlı. ～のものにする bengile-.
hukyuu 不急 /a./ acele olmama.
hukyuu 普及 /a./ yayılma. ～させる genelleştir-.
hukyuu 腐朽 /a./ çürüme, bozulma. ～する çürü-.
humañ 不満 /a./ hoşnutsuzluk, huzursuzluk, sızıltı. ～な gayri memnun, hoşnutsuz. いつも～な人 dilenci. がまんできなくて～をぶちまける baklayı ağzından çıkar-.
humàñzoku 不満足 /a./ hoşnutsuzluk, memnuniyetsizlik. ～な hoşnutsuz, gayri memnun.
humare・ru 踏まれる /ey./ basıl-. ここの地面は踏まれ踏まれて平らになった. Burada toprak basıla basıla düzelmiş.
humecu 不滅 /a./ ölmezlik, ölümsüzlük. ～の労作 ölümsüz bir eser.
humei 不明 /a./ ～の bilinmez, tanınmaz, karanlık, meçhul. 父親の～な (侮辱的) dokuz babalı.
humèikaku 不明確 /a./ ～な belirsiz.
humèiryoo 不明瞭 /a./ ～な müphem, belirsiz.
humèiyo 不名誉 /a./ şerefsizlik, kepazelik, yüz karası, kir, leke. ～な行為 maskaralık. ～なことをした lekeli. ～なことになる namusu iki paralık ol-.
hùmi 文 /a./ mektup.
humicubùsu 踏みつぶす /ey./ basıp çiğne-, çiğne-, tepele-. ネコを～ kediyi çiğne-.
humicukè・ru 踏み付ける /ey./ bas-, çiğne-.
humidai 踏み台 /a./ basamak. 出世の～ tramplen. ～にする basamak yap-.
humidañ 踏み段 /a./ basamak, sahanlık.

humidàsu 踏み出す /ey./ 足を～ adım (ayak) at-, ilerle-.
humihazusasê·ru 踏み外させる /ey./ 道を～ ayart-.
humihazùsu 踏み外す /ey./ 道を～ kötü yola sap-. 道を踏み外している人 o yolun yolcusu.
humiita 踏み板 /a./ pedal.
humikatamê·ru 踏み固める /ey./ tep-.
humikiri 踏切 /a./ demir yolu geçidi.
humikiribañ 踏切番 /a./ hat bekçisi.
humikiriîta 踏み切り板 /a./ çıta, sıçrama tahtası.
humikîru 踏み切る /ey./ cesaret et-; geç-.
humikòmu 踏み込む /ey./ basıl-. 泥に踏み込まないように. Çamura basılmasın.
huminaràsu 踏み鳴らす /ey./ tepin-. 足を踏み鳴らして騒ぐ hora tep-. 妹は児童公園へ行こうと足を踏み鳴らしている. Kardeşim çocuk parkına gidelim diye tepiniyor.
huminizìru 踏みにじる /ey./ ayak altında ez-.
humiñ 不眠 /a./ uykusuzluk.
humitaòsu 踏み倒す /ey./ ödeme-.
humitodomàru 踏みとどまる /ey./ dur-. 一カ所に踏みとどまってはいられない dikiş tutturama-.
humoo 不毛 /a./ akamet, kısırlık. ～の akim, çıplak, kısır, verimsiz, semeresiz, çorak, kıraç, yoz, çöl gibi. ～の土地 kısır toprak.
humotò ふもと /a./ dip, etek. 山の～ dağ eteği, dağın dibi.
humu 踏む /ey./ bas-, basıl-. 大地を～ toprağa bas-. 芝生を踏まないでください. Çimlere basmayınız. セメントが乾かないうちに踏むな. Çimento ıslakken basma.
hùmuhumu ふむふむ /iin./ hım hım

～と話す hım hım konuş-.
hùmuki 不向き /a./ uygunsuzluk, yetersizlik.
hunaasi 船脚, 船足 /a./ (gemi) yol. ～の速い yollu. ～の速い船 yollu gemi. ～の遅い yolsuz. この汽船は～が遅い. Bu vapurun yolu az.
hunabata 船端 /a./ borda.
hunaberi 船べり /a./ borda, küpeşte. ～につけるロープを掛けるかぎ kurtağzı. 旅人は～に寄りかかって海を見ていた. Yolcu küpeşteye abanmış, denize bakıyordu.
hunabiñ 船便 /a./ deniz postası.
hunàciñ 船賃 /a./ (gemi) bilet parası.
hunacukiba 船着き場 /a./ liman, rıhtım.
hunade 船出 /a./ ～する yelkenle-.
hunagata 舟形 /a./ gemi şekli. ～の皿 kayık tabak.
hùnaka 不仲 /a./ bozuşma. 二人の友達の～はまことに残念だ. İki arkadaşın bozuşmasına çok acındım.
hunani 船荷 /a./ gemi yükü.
hunani syòokeñ 船荷証券 /a./ konşimento.
hunànori 船乗り /a./ gemici.
hùnare 不慣れ /a./ acemlik. ～な görgüsüz, yabancı. 私はこの問題には～だ. Ben bu konunun yabancısıyım.
hunatabi 船旅 /a./ deniz seyahati.
hunayoi 船酔い /a./ deniz tutması.
hunazi 船路 /a./ deniz yolu.
hunazumi 船積み /a./ gemiye yükleme.
hùne 船, 舟 /a./ gemi, tekne. トルコの旗をつけた～ Türk bandıralı bir gemi. ～の甲板 güverte. ～の斜檣 baston. ～の水につかる部分 karina. ～の乗客係 kamarot. ～の風上 orsa. ～を風上へ向けること orsa. ～の風下 boca. ～を風下へ回す指令 boca alabanda. ～が風上へ進んだり風下へ進ん

だりすること orsa poca (boca). 〜をこがせる刑罰 kürek cezası. 〜の通ったあと dümen suyu. 〜に酔う deniz tut-. 〜からタラップを渡す vapurdan iskele at-. 〜を装備する gemi donat-. 〜が浅瀬に乗り上げる gemi karaya otur-. 〜を修理のために引き上げる kalafata çek-. 〜をある方向へ向ける baş tut-. 〜を風下へ回す boca et-. 〜が風で進めない bocala-. 〜を横倒しにする karina et-, karinaya bas-. 〜はかなり遠ざかった. Gemi epey açıldı. 〜が水平線に現れた. Gemi ufakta belirdi.

huniai 不似合い /a./ denksizlik.

huniñ 不妊 /a./ kısırlık. 〜の kısır, akim, çocuğu olmaz. 〜の女 kısır kadın. 〜にする kısırlaştır-. 〜手術 kısırlaştırma.

huniñ 赴任 /a./ yeni iş yeriye gitme.

hunoo 不能 /a./ aciz, iktidarsızlık. 性的〜 iktidarsızlık. 性的〜の bağlı. 回復〜にする（口語）iflâhını kes-.

hùñ 糞 /a./ dışkı, pislik, gübre, ters. 乾かした〜 çakıldak. 新しい〜 fışkı.

hùñ 吻 /a./ hortum.

-huñ 分 dakika. …〜間の dakikalık. …〜だけの dakikalık. 15〜 çeyrek. 3時15〜前 üçe çeyrek. 1時間15〜 bir çeyrek. 30〜 yarım saat. 5〜遅れた. Beş dakika geç kaldı. 2〜で私の絵をかいてしまった. İki dakikada resmimi çiziverdi.

huñbàru 踏ん張る /ey./ apış aç-.

hùñbecu 分別 /a./ aklıselim, sağgörü, ağırlık. 〜のある akıllı, düşünceli, makul. 〜のある人 açık fikirli. 〜のある老人 saçlı sakallı adam. 思慮〜のある akıllı uslu. 〜がある kendini bil-. 〜のない akılsız.

huñbecuzàkari 分別盛り /a./ 〜の yaşlı başlı.

hùñbo 墳墓 /a./ mezar, kabir.

huñdoo 分銅 /a./ top, ağırşak.

huñdosi ふんどし /a./ bazı erkek için bel kuşağı. §〜を締め直す kendini topla-. belini doğrult-.

huñeñ 噴煙 /a./ kızgın bulut.

huñgai 憤慨 /a./ hiddet, kırgınlık. 〜する hatırı kal-, içerle-. 〜している kırgın.

huñgeki 憤激 /a./ öfke.

hùñhuñ ふんふん /ün./ hım hım.

huñìki 雰囲気 /a./ hava, atmosfer, ortam. 友好的〜 dostluk havası. 芸術的な〜 sanat ortamı. 〜を壊す havayı boz-.

huñka 噴火 /a./ indifa, püskürme. 火山の〜 yanar dağlarda püskürme. 〜の püskürük. 〜する püskür-. イタリアのベスビオス火山は時々〜する. İtalya'da bulunan Vezüv yanar dağı zaman zaman püskürüyor.

huñkàkoo 噴火口 /a./ krater, yanar dağ ağzı. 火山の〜から出る溶岩 yanar dağın kraterinden çıkan lavları.

hùñki 奮起 /a./ galeyan. 〜させる gayretine dokun-.

huñkòrogasi フンコロガシ /a./ bok böceği.

huñkyuu 紛糾 /a./ arap saçı, çaparız.

huñmacu 粉末 /a./ toz. 〜の toz.

huñmacutoo 粉末糖 /a./ pudra şeker.

huñmañ 憤懣 /a./ öfke. 〜やる方ない öfkeli.

huñmùki 噴霧器 /a./ püskürteç.

hùñnu 憤怒 /a./ öfke.

huñnyoo 糞尿 /a./ dışkı ve sidik.

huñnyuu 粉乳 /a./ toz süt.

huñpacu 奮発 /a./ uğraşma, çabalama.

huñpuñ 紛々 /a./ karışıklık.

huñrei 奮励 /a./ çalışma, çabalama.

huñsai 粉砕 /a./ 〜する ez-, çiğne-, tozart-.

huñsàiki

huñsàiki 粉砕器 /a./ değirmen.
huñseñ 奮戦 /a./ 〜する savaş-.
huñsicu 紛失 /a./ kayıp. 〜する kaybet-, kaybol-. 〜した kayıp.
huñsoo 紛争 /a./ anlaşmazlık, çatışma, hadise. 〜の元をつくる belayı ara-. 〜好き fesat kumkuması.
huñsoo 扮装 /a./ makyaj, kıyafet değiştirmesi.
huñsui 噴水 /a./ fıskıye. 〜池 şadırvan. 〜井戸 arteyzen.
huñsùru 扮する /ey./ oyna-, canlandır-, rol al-.
huñsya 噴射 /a./ 〜の tepkili. 〜させる püskürt-.
huñsyàki 噴射器 /a./ püskürtücü. 殺虫剤の〜 flit.
huñsyoku 粉飾 /a./ süs, maskeleme, yaldızlama.
huñsyucu 噴出 /a./ indifa, fışkırma.
huñtoo 奮闘 /a./ savaşım. 〜する savaşım ver-, çalışıp çabala-, geceyi gündüze kat-.
huñzorikàeru ふんぞり返る /ey./ ふんぞり返って gerile gerile. ふんぞり返った (隠語) afili.
huoñ 不穏 /a./ rahatsızlık, endişe.
huracuki ふらつき /a./ sallantı.
huracuku ふらつく /ey./ sendele-, sellan-.
huraddoràito フラッドライト (İng. floodlight) /a./ dağıtıcı.
hùrahura ふらふら /be./ sarsak sursak. 腹が減って〜 する yüreği bayıl-. 酔っぱらいが〜してやって来る. Sarhoş yıkıla yıkıla geliyor.
huraiñgu フライング (flying start) /a./ 〜を告げる二発のピストル çift atış.
huraipañ フライパン(İng. frying-pan) /a./ tava. 〜で焼く kavur-, tavada kızart-. 〜で魚を焼く tavada balık kızart-. 〜をみがく tavayı ov-. 〜料理 tava. 卵をかきまぜて〜に流した. Yumurtayı çırpıp tavaya döktüm.
huraisubañ フライス盤 /a./ freze.
hùrañ フラン (Fr. franc) /a./ frank. ベルギー〜 Belçika frangı.
huràñneru フランネル (İng. flannel) /a./ fanila. 綿の〜 pazen. 〜のジャケット fanila ceket.
Hurañsu フランス /a./ Fransa. 〜の Fransız. 〜大革命 Fransız Büyük İhtilâli.
Hurañsugo フランス語 /a./ Fransızca. ちょっと〜が話せる. Çat pat Fransızca konuşur.
Hurañsùziñ フランス人 /a./ Fransız.
hurarè・ru 降られる /ey./ 雨に〜 yağmura tutul- (yakalan-).
hurasè・ru 降らせる /ey./ yağdır-. 北西風は雨と雪を〜. Kara yel yağmur ve kar getirir.
huràssyu フラッシュ (İng. flash) /a./ flaş.
huràsu 降らす /ey./ → **huraseru**.
hurasuko フラスコ (Por. frasco) /a./ balon.
huràtto フラット(İng. flat) /a./ bemol; daire.
huràtto ふらっと /be./ beklenmeden, birdenbire. 〜やって来る es-.
hurearùku 触れ歩く /ey./ tellal çağır-.
hureàu 触れ合う /ey./ bitiş-, birleş-, temas et-.
hurekomi 触れ込み /a./ haber verme.
huremawarasè・ru 触れ回らせる /ey./ tellal çağırt-, bağırt-.
huremawàru 触れ回る /ey./ tellal çağır-. ニュースを〜 dilli düdük et-. 大声で〜人 tellal.
hure・ru 触れる /ey./ değin-, dokun-, sürtün-, il-, temas et-, temasta bulun- (ol-). 手を〜 el sür-, elle-. 手を触れようともしない elini sürme-. 目に〜 gözü kay-. 軽く〜 iliş-. 怒りに〜 gazaba uğra-, hışmı-

na uğra-. げきりんに～ bamteline bas(dokun-). この記事で言語問題に触れた. Bu yazısında dil sorununa değinmiş.
hure・ru ふれる /ey./ 気が～ çıldır-.
huresase・ru 触れさせる /ey./ bağırt-, çağırt-.
huresukoga フレスコ画 /a./ fresk.
huri 振り /a./ sallama.
hùri 不利 /a./ dezavantaj, mahzur, engel.
huri ふり /a./ rol. ～をする -likten gel-, rol yap-, -miş gibi davran-, (kendine) süsü ver-, tasla-. 見ない～をする görmemezlikten (görmemezliğe) gel-. 分からない～をする anlamamazlıktan gel-. 知らない～をする bilmezlikten gel-, vurdum duymaz. 見えない～をする görmezliğe (görmezlikten) gel-. 見えない～ görmezlik.
huri 降り /a./ yağış, yağmur.
huricuke 振り付け /a./ dans düzeni.
huricumòru 降り積もる /a./ kar yağıp yığıl-.
huridasi 振り出し /a./ başlangıç, çıkış noktası.
huridasiniñ 振出人 /a./ 手形の～ poliçe çeken.
huridàsu 振り出す /ey./ 手形を～ poliçe çek-.
huridàsu 降りだす /ey./ 出かけようとしたら, にわかに降りだした. Biz yola çıkarken bir yağmurdur aldı.
hurihanàsu 振り放す /ey./ 子供は私の手を～やいなや大通りへ飛び出した. Çocuk elimi bırakdığı gibi caddeye fırladı.
hurihodòku 振りほどく /ey./ sök-.
huriimèesoñ フリーメーソン (İng. Freemason) /a./ ～の会員 farmason, mason. ～の組合 masonluk. ～の集会所 loca.
huriimeesoñteki フリーメーソン的 /a./ ～な farmasontik.
huriisutàiru フリースタイル (İng. free style) /a./ serbest stil. ～泳法 serbest stil yüzme.
hurikàeru 振り返る /ey./ dön-.
hurikakàru 降りかかる /ey./ başına gel-. 身に～ uğra-. 災難が身に～ başa gel-.
hurikakerarè・ru 振りかけられる /ey./ serpil-.
hurikakè・ru 振りかける /ey./ serp-, serpiştir-, ek-, gezdir-. 粉を～ unla-. サラダにオリーブ油を～ salataya zeytin yağı gezdir-.
hurikiru 振り切る /ey./ 振り切って逃げる boşan-, kurtul-.
huriko 振り子 /a./ rakkas, sarkaç.
hurikòmu 降り込む /ey./ 雨が～ içeri yağmur yağ-.
hurikoo 不履行 /a./ yerine getir-(il)meme. 債務～ direnim, borcun yerine getirilmemesi.
hurimàku 振りまく /ey./ serpiştir-.
hurimawàsu 振り回す /ey./ salla-, savur-.
hurimidàsu 振り乱す /ey./ 振り乱した髪 perişan saçlar. 髪を振り乱して yaka bir tarafta, paça bir tarafta.
hurimùku 振り向く /ey./ dön-. 私の方へ振り向いて答えた. Bana dönerek cevap verdi.
huriñ 不倫 /a./ zina. ～の恋人 oynaş.
huriotosarè・ru 振り落とされる /ey./ こんな暴れ馬の引く車に乗ったら振り落とされてしまうじゃないか. Bu azgın atların çektiği arabaya bindik mi, devrildik gitti!
huriotòsu 振り落とす /ey./ aşağıya at-, fırlat-, atlıyı yere çal-, silk-.
hurisikìru 降りしきる /ey./ şiddetli yağ-, kamçıla-.
hurisode 振りそで /a./ bol kollu kadın kimono.
hurisosògu 降りそそぐ /ey./ yağ-, boşan-.
hurisutè・ru 振り捨てる /ey./ vaz-

geç-, cay-.
huritatè·ru 振り立てる /*ey.*/ sars-, oynat-, dingildet-.
huriwakè·ru 振り分ける /*ey.*/ yarı yarıya böl-.
hurò 風呂 /*a.*/ banyo, hamam. ～に入る hamam yap-, yıkan-, banyo al- (yap-). ざっと～に入る su dökün-. ～の暑い個室 halvet.
huròa フロア (İng. floor) /*a.*/ kat.
hurobà 風呂場 /*a.*/ banyo. 家の～ ev hamamı.
hurogama 風呂釜 /*a.*/ termosifon.
hurokkukòoto フロックコート (İng. frock coat) /*a.*/ frak.
huroku 付録 /*a.*/ ek, ilâve.
huroñto gàrasu フロントガラス (İng. front glas) /*a.*/ ön cam.
huroo 浮浪 /*a.*/ ～の serseri.
huroo hùsi 不老不死 /*a.*/ ～の水 abıhayat, bengi su.
huròosya 浮浪者 /*a.*/ boş gezenin boş kalfası, yarım pabuçlu, serseri. ～収容所 tekke.
huroo syòtoku 不労所得 /*a.*/ çalışmasız gelir.
huròozi 浮浪児 /*a.*/ sokak çocuğu.
hurosiki 風呂敷 /*a.*/ bohça. ～に包む bohçala-.
hurosikizùcumi 風呂敷包み /*a.*/ bohça. ～をかかえて家を出た. Bohçasını koltuklayıp evden çıktı.
huròya 風呂屋 /*a.*/ hamamcı.
huru 振る /*ey.*/ salla-. ハンカチを～ mendil salla-. 手を～ el salla-.
hùru 降る /*ey.*/ yağ-, düş-. 雨が～ yağmur yağ-. 雪が～ kar yağ-. 雨がざあざあ～ yağmur boşan-. ばらばら～ atıştır-. 激しく～ kamçıla-. 山に雪が～ dağlara kar düş-. 雨が降りそうになる yağmurla-. 雨が降りそうだ havanın gözü yaşlı. 雨がたっぷり降った. Yağmur adamakıllı yağdı. 今日の空は降りそうもない. Bu gün hava yağışlı değil. 私達の上に銃弾が降っていた.

Üstümüze kurşun yağıyordu.
hurubì·ru 古びる /*ey.*/ eski-, köhneleş-, köhne-. 古びた köhne. 古びた着物 çul çaput.
hurubokè·ru 古ぼける /*ey.*/ eski-, küflen-. 古ぼけた küflü, (俗語) külüstür.
hurudànuki 古ダヌキ /*a.*/ kaçın kurası.
hurudòogu 古道具 /*a.*/ eskiler. ～屋 eskici, koltukçu.
hurue 震え /*a.*/ titreşim.
huruegòe 震え声 /*a.*/ titrek ses.
hurue·ru 震える /*ey.*/ titre-, zangırda-, zıngırda-, ürper-. 手が～ el titre-. 寒さで～ soğuktan titre-, (口語) çivi kes-. 体の～ sarsak. 震えてる titrek. 震えながら titreye titreye. 風で窓ガラスが震えている. Rüzgârdan pencerenin camları titriyor. 老いたおばはコップを～手で持った. Yaşlı teyze bardağı titrek elleriyle tuttu.
hurugao 古顔 /*a.*/ ～の kırk yıllık.
hurugi 古着 /*a.*/ bozuntu, eski püskü.
hurugiya 古着屋 /*a.*/ eskici.
huruhoñ 古本 /*a.*/ kullanılmış kitap.
huruhoñya 古本屋 /*a.*/ sahaf.
hurui ふるい, 篩 /*a.*/ kalbur, elek. ～にかける kalburla-, elekten geçir-, ele-, filtre et-. 小麦粉を～でふるう unu elekle ele-. ～で麦をふるう buğdayı çalka-. ～に残った干し草 çalkantı. ～にかけられる elen-.
hurùi 古い /*s.*/ eski, bayat, kadim, köhne. ～ワイン eski şarap. ～世代 eskiler. ～魚 bayat balık. ～乗馬服 biniş. 頭の～ eski kafalı. 古くなる eski-, köhne-, köhneleş-, küflen-, bayatla-, yıllan-, (冗談) tohuma kaç-. 古くなった eski, geçmiş. 古くなったメロン geçmiş kavun. たくさん買うとパンが古くなる. Çok alınınca ekmekler bayatlıyor. 新しい物を取り入れて

husagaru

も～物は手離すべきではない. Eskisi olmayanın acarı olmaz.
huruitàcu 奮い立つ /ey./ kızış-.
huruiwakè・ru ふるい分ける /ey./ kalburla-.
huruiya ふるい屋 /a./ elekçi.
hùruku 古く /a./ 彼の～からのライバル onun ezelî rakibi. ～からいる人 demirbaş.
hurukusài 古臭い /s./ eski, köhne, küflü, (冗談) müzelik. ～頭 küflü kafa. たいへん～ eski püskü. 古臭くなる eski-, küflen-. 古臭くなった考え küflenmiş düşünceler.
hurumai 振る舞い /a./ davarnış, muamele, eda, gidiş. 乱暴な～ dürüşt bir davranış. 向こう見ずな～ delilik. 間違った～ falso. 我々への～ bize olan muamelesi. 子供っぽい～をする çocukluğu tut-. 社会での～方を知っている yol iz bil-.
hurumàu 振る舞う /ey./ davran-, harekette bulun-. 上品に～ kibar davran-. きびきび～ çabuk davran-. 大胆に～ cesaret göster-. 好きに～ at oynat-. 父親らしく～ babalık et-. 子供のように～ çocuk ol-, çocuklaş-. 子供っぽく～ çocukluk et-, çocukluğu tut-.
hurumekasìi 古めかしい /s./ skolastik, eski.
hurùsato 古里 /a./ sıla, yurt.
hurusupìido フルスピード (İng. full speed) /a./ ～で tam yol.
huruu ふるう /ey./ çalka-, ele-, kalburla-. 粉を～ un ele-. ふるいで麦を～ buğdayı çalka-. 小麦粉をふるいで～ unu elekle ele-. ～こと eleme.
huruu 振るう /ey./ salla-, çal-, silk-, silkele-, at-. じゅうたんを～ halıyı silk-. 雑布をふるってごみを落とす toz bezini silkele-. 刀を～ kılıç çal-. (savur-). 暴力を～ şiddete başvur-.
huruu 奮う /ey./ hararetli çalış-. 勇気を～ cesaret et-.

hurùucu フルーツ (İng. fruits) /a./ meyve.
huruucu siroppu フルーツシロップ (İng. Hol. fruits siroop) /a./ hoşaf, şerbet.
hurùuto フルート (İng. flute) /a./ flüt. ～を吹く flütü üfle-.
huruuto sòosya フルート奏者 /a./ flütçü.
huruware・ru ふるわれる /ey./ elen-.
huruwase・ru 震わせる /ey./ titret-. 体を～ silkin-. 犬は水から出るとぶるぶるっと体を震わせてそこらじゅうに水をはねかけた. Köpeğim sudan çıkınca silkinip her yana su sıçrattı.
huruwasu 震わす /ey./ titret-.
huruya 古屋 /a./ köhne bir ev. あの～は横に傾いて倒れそうだ. Şu eski ev yana doğru kaykılmış.
hùryo 不慮 /a./ düşünülmezlik. ～の事故 görünmez kaza. ～の災難 beklenmez belâ.
hùryo 俘虜 /a./ tutsak, esir, esaret.
hùryoku 浮力 /a./ yüzdürme kuvveti, yükselme kabiliyeti.
huryoo 不良 /a./ fenalık, bozukluk, kötülük. ～な fena, bozuk, kötü. 天候～のため havaların kötülüğü yüzünden.
huryoo syòoneñ 不良少年 /a./ (隠語) kopil.
husà 房 /a./ salkım. ブドウの～ üzüm salkımı. 二～のブドウ iki salkım üzüm.
husà ふさ /a./ saçak, püskül, demet. テーブル掛けに～をつける masa örtüsüne saçak dik-. テーブル掛けの四隅に～をつける masa örtüsünün kenarlarına püskül dik-.
husagare・ru ふさがれる /ey./ tıkan-, bağlan-. ふさがれた tıkanık.
husagaru ふさがる /ey./ kapan-, tıkan-. 傷が～ et bağla-. 気が～ içi daral- (kapan-, sıkıl-). ふさがった tıkanık. くぼみがふさがった. Çukur ka-

husagikomi

pandı. §あいた口がふさがらない ağzı açık kal-, (俗語) ek bent ol-.
husagikomi ふさぎ込み /a./ kuruntu.
husagikōmu ふさぎ込む /ey./ kasvet bas- (çök-), merak getir-. 〜こと kasvet, kuruntu.
husagu 塞ぐ /ey./ kapa-, tıka-, bağla-. 道を〜 yol tut-, yolu kapa-. 通りを〜 caddeyi tut-. 水路を〜 su yolunu bağla-. 穴を〜 deliği kapa-. 煙突の穴を布で〜 baca deliğini bezle tıka-. 耳を〜 kulaklarını (kulak) tıka-. 目を〜ことはできない göze yasak olmaz. 口を〜もの tıkaç. 警官達が通りをふさいだ. Polisler caddeyi tuttu. なだれが鉄道をふさいだ. Bir çığ tren yolunu kapatmış. 本がそこで場所をふさいでいる. Kitaplar orada kalabalık ediyor.
husagu ふさぐ /ey./ 気が〜iç daral- (kapan-, sıkıl-). 気の〜ような ezik.
hùsahusa ふさふさ /be./ 〜した髪 gür saç.
husai 負債 /a./ borç, verecek, pasif, zimmet. 小さな〜 takıntı. 〜を負う borç et- (yap-), borca gir-. 〜を支払う borcu öde-. 〜のある人 verecekli, borçlu. 〜として borca.
hùsai 夫妻 /a./ çift, karı koca.
husàisya 負債者 /a./ borçlu, verecekli. 〜達が押しかけて来た. Borçlular kapıya dayandı.
husakàzari ふさ飾り /a./ püskül.
husawasiì ふさわしい /s./ lâyık, uygun, yakışıklı, yerinde, misk gibi, yakışık al-, yakış-, yaraşık al-, yaraş-, yeri ol-. 〜と思う yakıştır-, yaraştır-, çok görme-. 女性に〜 kadınca. 〜こと liyakat, yakışık, yaraşık. 〜場所に yerli yerinde. それぞれ〜所に yerli yerine. 〜相手を見つける lâyığını bul-. その場に〜人になる yerini doldur-. その場〜ことを言う yerleştir-. 自分に〜職を見つける yerini bul-. ふさわしくする yakıştır-. ほめられるのに〜勤勉な学生 övülmeğe lâyık çalışkan bir öğrenci. 地獄で焼かれるのに〜人 cehennem kütüğü. ふさわしくない uygunsuz, yakışıksız, yersiz, olmayacak, olmadık, çirkin. ふさわしくない言葉 çirkin bir söz. もっともふさわしくない人を選ぶ (皮肉) tam adamına düş- (adamını bul-). この振る舞いは君にふさわしくない. Bu davranış sana hiç yaraşmıyor.
husecu 敷設 /a./ tesis, inşa. 鉄道を〜する demir yolunu inşa et-. 地雷を〜する mayınla-. 地雷〜地域 mayın tarlası.
husegarê•ru 防がれる /ey./ önlen-.
husêgu 防ぐ /ey./ önle-, önüne geç-, önünü al-, koru-, korun-, ardını kes-, set çek-. 寒さを〜 soğuktan korun-. 障害を〜 gedikleri tıka-. 害虫を〜ために畑に薬が施された. Haşaratı önlemek için tarlaya ilaç yapıldı. 寒さを〜ために厚い服を着ている. Soğuktan korunmak için kalın giysiler giyiyorum.
husei 不正 /a./ adaletsizlik, haksızlık, fenalık, kıygı, kıyım. 〜な adaletsiz, haksız, yolsuz. 〜な行為 yalan dolan. 〜な利益をあげる ziftlen-. 〜な利益を受ける parmak yala-. 〜をする haksızlık et-. 〜を認めようとしない zeytin yağı gibi üste çık-. 〜を隠している gizli kapaklı. 〜に haksız yere. 〜に金をもうける derisini soy-.
husei 父性 /a./ babalık.
husêikaku 不正確 /a./ 〜な doğru olmayan, yanlış.
husêikoo 不成功 /a./ başarısızlık. 〜の başarısız, akim.
husêizicu 不誠実 /a./ gâvurluk. 〜な vafasız, namussuz, (卑語) kahpe. 〜な振る舞いをする gâvurluk et-, gâvurluğu tut-.

husen̄ 附箋 /a./ yafta.
husè・ru 伏せる /ey./ örtbas et-. 病床に～ kafayı (yere) vur-.
hùsi 不死 /a./ bengilik, ölmezlik, ölümsüzlük.
husi 節 /a./ boğum, boğmak, budak ; eklem ; nağme, melodi. ～のある budaklı. 一～の砂糖キビ bir boğum şeker kamışı. この板は～が多い. Bu tahtanın budakları çok var. 民謡に～をつける türkü yak-.
husiàwase 不幸せ /a./ mutsuzluk, ～な mutsuz.
husidara ふしだら /a./ ～な女 eteği düşük, hafifmeşrep, (口語) şırfıntı.
husidàrake 節だらけ /a./ ～の boğum boğum, boğmak boğmak.
husigi 不思議 /a./ harika, mucize. ～な garip, tuhaf, kapalı kutu. ～に思う acayibine git-.
husikuredàcu 節くれだつ /ey./ 節くれだった budaklı.
husimacu 不始末 /a./ kötü idare, özensizlik.
husimàwasi 節回し /a./ nağme, ağız.
husime 伏し目 /a./ gözü yere bakma.
husimè 節目 /a./ budak.
husiñ 不信 /a./ sadakatsızlık, sözünü tutmama, kötü sanı.
husiñ 不振 /a./ durgunluk. 商売～ kesat.
husiñ 不審 /a./ şüphe, kaygı.
husiñ 普請 /a./ ev yapma, ev tamiri.
husiñ̄niñ 不信任 /a./ güvensizlik.
husiñsecu 不親切 /a./ ～な sevecen olmayan, şefkatsiz, kaba. ～にする yüz çevir-. ～な人から何かを引き出す domuzdan kıl çek- (kopar-).
husiñ̄ziñ 不信心 /a./ ～の kâfir, zındık, imansız.
husizeñ 不自然 /a./ ～な anormal, gayri tabiî.
husizuke 節付け /a./ ～をする türkü yak-.
hùso 父祖 /a./ dede. ～以来 babadan oğula.
husoku 不足 /a./ eksiklik, kıtlık, noksan, yetersizlik, kusur, açlık, darlık, yoksulluk. ～の eksik, noksan, yetersiz. ～する kıtlaş-. ～と考える az gör-, azımsa-. ～がちである aran-. 金品の～が暴露される açığı çık-. 何～なく tuzu biberi yerinde. 切手の～料金 taksa. この頃ストーブが～している. Bu günlerde soba aranıyor. 金も力も～. Eti ne budu ne? Kedi ne, budu ne?
husoku 付則, 附則 /a./ ek, ek kural.
husokubuñ 不足分 /a./ eksik parça. ～を埋め合わせる delik kapa-. ～の切手 taksa pulu.
husôooo 不相応 /a./ 分～な待遇を与える ayağının pabucunu başına giy-. ～に伸びた genç irisi.
hussyoku 払拭 /a./ silme, çıkarma.
hùsu 伏す /ey./ örtbas et-. 床に～ kafayı (yere) vur-.
husuma ふすま, 麩 /a./ kepek. ～のついた kepekli. 飼料の～ (俗語) yöre.
husùru 付する /ey./ 票決に～ oya koy-, oyla-.
husùu 負数 /a./ eksi sayı.
husyoku 腐蝕 /a./ çürüme, çürütme. ～する saldır-, çürü-. さびが鉄を～する. Pas demiri yer.
husyokùdo 腐植土 /a./ humus.
husyoo 不肖 /a./ ～私 âcizleri.
husyoo 不祥 /a./ kara baht. ～事件 skandal.
husyoo 不詳 /a./ belirsizlik. 年齢～の女 yaşı bilinmeyen kadın.
husyoo 負傷 /a./ yara. ～する yaralan-. ～させる yarala-. 警官は逃げたどろぼうを～させた. Polisler kaçan hırsızı yaraladı.
husyoobùsyoo 不承不承 /be./ istemeyerek.

husyŏosya 負傷者 /a./ yaralı. 〜は病院に運ばれた. Yaralılar hastaneye kaldırıldı.
hùsyu 浮腫 /a./ ödem.
husyùbi 不首尾 /a./ başarısızlık.
huta 蓋 /a./ kapak, duvak. なべの〜 tencere kapağı. 〜をする kapa-, ört-. なべの〜をする tencerenin kapağını ört-. 〜を取ってみたら箱はからっぽ. Kapağı kaldırmış ki sandık bomboş.
hùtaba 双葉, 二葉 /a./ filiz, sürgün.
hutacù 二つ /a./ iki. 〜の iki. 〜とも ikisi de. 〜ずつの ikişer. 〜の部分からなる ikili. 〜一組の çifte. 〜半 iki buçuk. 〜とない eşsiz, bulunmaz. 〜にする ikile-, çifte-. 〜になる çiftleş-. 〜に分ける ikile-. 〜に分かれる çatallan-. 〜にそろえる eşle-. 〜ずつ並ぶ ikişer ol-. 〜の道がここで出会う. İki yol burada birleşiyor. 〜の考えがぶつかりあっている. İki düşünce çarpışıyor. そこで道が〜に分かれている. Orada yol çatallanıyor.
hutacubuñ 二つ分 /a./ duble.
hutacùcumi 二包み /a./ iki paket. 〜の綿花 iki balya pamuk.
hutâcuki 二月 /a./ iki ay. 〜病院に通う iki ay hastahaneye taşın-. 〜続いた私の留守の間に iki ay süren gaybubetim sırasında.
hutacuori 二つ折り /a./ 〜に iki büklüm. 〜になる iki kat ol-.
hutâe 二重 /a./ 〜にする çiftle-. 〜になってぶるぶるふるえていた. İki büklüm olmuş, tir tir titriyorduk.
hutago 双子 /a./ ikiz. 〜の ikiz. 〜の兄弟 ikiz kardeşler. 〜を産む ikiz doğur-.
hutagŏkoro ふた心, 二心 /a./ iki yüzlülük.
Hutagoza 双子座 /a./ İkizler.
hutâheya 二部屋 /a./ iki oda. 電報で〜取っておく telgrafla iki oda ayırt-.
hutai 付帯, 附帯 /a./ ekme. 〜決議 ikinci karar.
hutâkake 二かけ /a./ 〜のクローブ iki diş karanfil.
hutakobu ràkuda フタコブラクダ /a./ iki hörgüçlü deve.
hutâkoto ふた言, 二言 /a./ 一言〜 bir çift. 〜三言 iki çift laf (söz).
hutaku 付託 /a./ eline verme.
hutakucimè 二口目 /a./ ikinci lokma.
hutamata 二また /a./ çatal. 〜の çatallı, çatal. 〜に分かれる çatallan-.
hutamèguri 二めぐり /a./ 町のまわりを〜した. Şehrin çevresinde iki devir yaptık.
hutanomibuñ 二飲み分 /a./ 〜の薬が残った. İki içim ilaç kaldı.
hutañ 負担 /a./ 〜する yüklen-, üstüne al-. 〜を負わせる yükle-. 〜と考える yüksün-. …の〜で üstüne. 家事で母の手伝いをするのは少しも〜ではない. Ev işlerinde anneme yardımı hiç yüksünmüyorum.
hutarì 二人 /a./ iki kişi. 我々〜 ikimiz. 〜とも ikisi de. 〜とない eşsiz. 〜の子供は互いに抱き合った. İki çocuk birbirini kucakladı. 小説の終わりで〜の恋人は互いに巡り会う. Romanın sonunda iki sevgili birbiriyle buluşur.
hutaribuñ 二人分 /a./ 〜の背丈がある. İki adam boyu var.
hutâsika 不確か /a./ belirsizlik. 〜な esassız. 様子を見るために〜な情報を流す balon uçur-.
hutâtaba 二束 /a./ 〜のパセリ iki bağ maydanoz.
hutatabi 再び /be./ bir de, gene, tekrar, yeniden. 〜現れる depreş-.
hutebutesìi ふてぶてしい /s./ arsız, yüzsüz.
hutègiwa 不手際 /a./ başarısızlık. 〜な başarısız, nadan, patavatsız. 何たる〜. Yediği naneye bak!
hutei 不定 /a./ 〜の belirsiz, bel-

gisiz. ～代名詞 belgisiz adıl.
hutei 不貞 /a./ ihanet, hainlik. ～の妻 haince karı. ～をはたらく ihanet et-, aldat-. 妻が～をはたらく boynuz dik-, boynuzla-.
hutei 不逞 /a./ ～のやから karga derneği.
hutêiki 不定期 /a./ (posta, tren, uçuş …) düzensizlik.
huteki 不敵 /a./ pek gözlülük. 大胆～ cüret, ataklık.
hutêkiniñ 不適任 /a./ yetersizlik.
hutêkitoo 不適当 /a./ uygunsuzluk. ～な olmayacak, olmadık, fuzulî, münasebetsiz, yetersiz. ～な言動（俗語）halt. ～なことをする işler becer-.
hutekusarê·ru ふて腐れる /ey./ somurt-, ayaklan-.
huto ふと /be./ bir, bir de. ～思いつく es-. ～心に浮かぶ doğ-. ～見る gözü git-.
hutōdoki 不届き /a./ ～なやつ haksız adam.
hutôi 太い /s./ kalın, tıkız, yoğun, tok, kaba. → **hosôi**. ～木 kalın ağaç. ～糸 kalın iplik. ～声 kalın ses, tok ses, sıtma görmemiş. ～首（冗談）kilise direği gibi. 太くなる kalınlaş-.
hutokoro 懐 /a./ koyun, kucak, bağır. 海の～ denizin kucağı. ～に入れる（口語）torbaya koy-. 人の～をあてにする（隠語）haraç ye-. ～からハンカチを出した. Koyundan bir mendil çıkardı. 子供を～に抱いて眠らせた. Çocuğunu koynunda uyuttu. 人の～に頼る. Ekmek elden, su gölden. ～は暖かい方がいい. Fazla mal göz çıkarmaz. 値打ちは～しだい. Deve bir akçeye, deve bin akçeye.
hutokorogùai 懐具合 /a./ kese. ～に合った hesaplı.
hutōkutei 不特定 /a./ ～の belgisiz.
hutome 太め /a./ ～の topluca. ～の絹糸 ibrişim.
hutomomo 太もも /a./ uyluk, but.
hutoñ 布団 /a./ yorgan. ～のカバー yorgan kabı, nevresim, mitil. 白い～の生地 mitil. ～を敷く yorganı çek-. ～を頭に引っかぶる yorganı başına çek-. ～にカバーをつける yorgan kapla-. 冷えてきたので母は私に厚い～をかけてくれた. Havalar soğuyunca annem üstüme kalın bir yorgan örttü.
hutoñya 布団屋 /a./ yorgancı.
hutoo 不当 /a./ adaletsizlik, haksızlık ～な adaletsiz, haksız, yolsuz. ～な決定 adaletsiz karar. ～な利益 yolsuz kazanç. ～に haksız yere. ～に扱われた mağdur.
hutoo 埠頭 /a./ iskele, rıhtım. → **hatoba**. ～倉庫 dok.
hutōoheñ 不等辺 /a./ ～の çeşitkenar. 三角形 çeşitkenar üçgen.
hutoo rìtoku 不当利得 /a./ ihtikâr, vurgun, (隠語) boğuntu. ～を手に入れる人 vurguncu.
hutorasê·ru 太らせる /ey./ besle-, semirt-. 栄養をやって～ besiye çek-.
hutorê·ru 太れる /ey./ どうしても太れない et tutma-.
hutòru 太る /ey./ topla-, semir-, şişmanla-, toplan-, et bağla-, et tut-, yağ bağla-, yağ bas-, kendini toparla- (topla-). 玉が～ göbeklen-. 太った şişman, tombul, semiz, besili, yağlı, tıknaz. 太った体 dolgun vücut. 太ったニワトリ semiz tavuk, yağlı tavuk. 太った羊 besili koyun. よく太った人 fil gibi, （冗談）yağ tulumu. 背が低くて太った bodur. 腹の太った göbekli. 太っていること şişmanlık. 太って腹が出る göbeklen-.
hùtosa 太さ /a./ kalınlık. 声の～ tokluk.
hutteñ 沸点 /a./ buharlaşma noktası.
huttobōoru フットボール (İng. foot-

huttòbu

ball) /a./ ayaktopu, futbol. → **sàkkaa.** ～に飽きる futbola doy-. ～選手 futbolcu. ～ファン futbol meraklısı. ～をする futbol oyna-.

huttòbu ふっ飛ぶ /ey./ havaya dağıl-. 戦争で片足がふっ飛んだ. Savaşta bacağı kopmuş.

huttoo 沸騰 /a./ feveran, galeyan, kaynama, taşım. ～する buharlaş-, kayna-. 二度～させる iki taşım kaynat-. 水は100度で～する. Su yüz derecede kaynar.

hùu 風 /a./ tarz, davranış biçimi. こんな～に bu vadide. 知らない～をする bilmezlikten gel-. 私にこんな～に言わざるをえなくした. Beni böyle söylemeye mecbur kıldı.

hùu 封 /a./ mühür, damga. 鉛の～をする kurşunla-. ～を切る mührü kopar-, zarfı aç-. ～をしない手紙 açık mektup.

huù' ふうっ, フーッ /iin./ ～と吹く püfla-. ～とため息をつく pofurda-, pufla-. おじいさんは水たばこを吸って気持ちよさそうに～と吹く. Büyük babam nargilesini çekip keyifle üfürüyör.

huubuñ 風聞 /a./ rivayet.

huucyoo 風潮 /a./ akım, devrî ruhu.

hùudo フード(İng. hood) /a./ kukuleta; davlumbaz.

huugàwari 風変わり /a./ ～な antika, fantezi, ayrıksı, sivri akıllı, zibidi, züppe. ～な人 antika adam.

hùuhu 夫婦 /a./ karı koca, çift. 子のない～ bir köroğlu bir ayvaz. ハトの～ bir güvercin çifti. ～である bir yastığa baş koy-. ～がうまくやっている. Karı koca iyi geçiniyorlar. 今日おじ～がうちへやって来る. Bu gün dayım ve yengem bize gelecek.

huuhugèñka 夫婦げんか /a./ karı koca kavgası. ～は犬も食わぬ. Etle tırnak arasına girilmez.

huuhuwàkare 夫婦別れ /a./ boşanma. → **rikoñ.** ～する ev boz-, boşan-.

huuiñ 封印 /a./ mühürleme. ～する mühürle-. 赤いろうで～する mum yapıştır-. ドアに～をする kapıyı mühürle-. ～される mühürlen-. ～された mühürlü.

huukai 風解 /a./ (化学) çiçeksime. ～する çiçeksi-.

huukaku 風格 /a./ sıfat, hava, karakter.

huukañ 封緘 /a./ mühürleme.

hùukei 風景 /a./ manzara.

huukeiga 風景画 /a./ peyzaj.

hùuki 風紀 /a./ disiplin, düzence. ～のよい disiplinli.

huukiri 封切り /a./ (映画) ilk temsil, prömiyer.

huukoo mèibi 風光明媚 /a./ doğal güzellikler.

hùumi 風味 /a./ çeşni, lezzet, tat, zevk.

hùuñ 不運 /a./ afet, şanssızlık, kör şeytan (talih). ～な acınacak, bahtsız, bedbaht, düztaban, talihsiz. ～という病気には手当てが見つからなかった. Zavallının hastalığına bir çare bulamadılar.

huuriñ 風鈴 /a./ yel çanı.

huuroo 封蠟 /a./ bal mumu, mühür mumu.

hùuryoku 風力 /a./ rüzgârın gücü.

hùuryuu 風流 /a./ zevk, tabiat, beğeni.

huusa 封鎖 /a./ abluka. ～する ablukaya al-, abluka et-.

huusai 風采 /a./ kılık, (俗語) sıfat. ～の上がらない kılıksız. 彼がどんな男か～でわかる. Onun ne adam olduğu sıfatından belli.

huusecu 風説 /a./ söylenti, rivayet.

huuseñ 風船 /a./ balon. ～が割れた. Balon patladı.

huusi 風刺 /a./ gülmece, hiciv,

yergi. ～する hicvet-.
huusi mãnga 風刺漫画 /a./ karikatür.
huusi sàkka 風刺作家 /a./ hiciv yazarı.
huusiñ 風疹 /a./ kızamıkçık.
huusìsi 風刺詩 /a./ hicviye.
hùusya 風車 /a./ yel değirmeni. ～は風の力で回る. Yel değirmeni rüzgârın yardımı ile döner.
huusyaya 風車屋 /a./ değirmenci.
huusyo 封書 /a./ mühürlü mektup.
huusyuu 風習 /a./ âdet, görenek, adap, töre.
huutai 風袋 /a./ dara. ～を量る darasını al-. ～込みの brüt. ～込みの重さ brüt ağırlık.
hùutei 風体 /a./ üst baş, kılık, kıyafet. ～物腰のおかしい男 at hırsızı gibi.
huutoo 封筒 /a./ zarf. ～に入れる zarfla-. ～に張ってある切手 zarfa yapışık pullar. ～に手紙を入れたか. Zarfa mektubu koydun mu?
huuzi·ru 封じる /ey./ alıkoy-, geri tut-, engelle-. 誰が君の発言を封じたのか. Bunu söylemekten sizi kim alıkoymuş?
hùuzoku 風俗 /a./ âdet, görenek, töre. ～取り締まり官 ahlâk zabıtası.
hùwa 不和 /a./ hırgür, nifaz, uyuşmazlık, zıddiyet, hırıltı, ikilik, (俗語) maraza. ～になる sürtüş-, ihtilâfa düş-. ～が高じる ipi kopar-. ひどく～になる birbirinin gözünü oy-. 家庭の～に立ち入るべからず. Etle tırnak arasına girilmez.
hùwahuwa ふわふわ /be./ buram buram. ～した kuş tüyü gibi.
huwàtari 不渡り /a./ protesto.
huyakè·ru ふやける /ey./ ıslanıp şiş-.
huyàsu 増やす /ey./ artır-, çoğalt-, türet-, üret-, sıklaştır-. 夏が庭仕事を増やした. Yaz, bahçe işlerini çoğalttı.

hùyo 付与 /a./ verme. 権利を～する hak ver-.
huyoo 不要 /a./ gereksizlik, yaramazlık. ～な部分をつまみ出す ayıkla-. 野菜の～なところを取り除く sebze ayıkla-. ～な物をつかませる yama-. ～な物をつかませられる yaman-.
huyoo 扶養 /a./ iaşe. ～する geçindir-.
huyoohiñ 不用品 /a./ ıskarta. ～の捨て場 çürüklük.
huyòoi 不用意 /a./ ～な ihtiyatsız.
huyòoryoo 扶養料 /a./ nafaka.
huyù 冬 /a./ kış. 今年の～ bu kış. ～の住まい kışlık. 厳しい～ kış kıyamet. ～のはじめに吹く暴風 çaylak fırtınası. ～に kışın. ～の間 kışın. ～の日に kış günü. ～の真っ最中に kışın en civcivli zamanında. ～になる kışa gir-, kışla-. ～の寒さが厳しくなる kış bas-. ～を過ごす kışı geçir-, kışla-. 今年は早く～が来た. Bu yıl erken kışladı. ～がついにやって来た. Kış gelip çattı. 兵隊はざんごうで～を越した. Asker siperlerde kışladı.
huyu gàkki 冬学期 /a./ kış dönemi. ～の試験 kış dönemi sınavları.
huyugare 冬枯れ /a./ durgunluk, kışın ıssızlığı.
huyugòmori 冬ごもり /a./ kış uykusu.
huyùkai 不愉快 /a./ ～な neşesiz, rahatsız, sevimsiz, nahoş.
huyumono 冬物 /a./ kışlık giyisi. ～衣類 kışlık giyisi. ～を箱に押し込む kışlıkları sandığa bastır-.
huyumuki 冬向き /a./ ～の kışlık.
huyuu 富裕 /a./ refah.
huyuu kìrai 浮遊機雷 /a./ serseri torpil.
huyuyoo 冬用 /a./ ～の kışlık.
huyuzyuu 冬中 /a./ kış boyu. ～を過ごす kışı çıkar-. 壁が～たいたストーブのすすで黒くなっている. Duvarlar kış boyu yanan sobanın isiyle karar-

huzai

huzai 不在 /a./ gaybubet, gıyap, yokluk. 〜の gıyabî. 〜で gıyaben. 〜である yok, bulunma-.
huzai hañkecu 不在判決 /a./ gıyabî hüküm.
huzakeàu ふざけ合う /ey./ oynaş-.
huzakè・ru ふざける /ey./ oyna-, alay et- (geç-), latife et-, maskaraya al-. 押し合って〜 itiş-. 〜人 alaycı. ふざけた zevzek. ふざけて yalancıktan, yalandan, mahsus. 子供はふざけてけんかをして楽しむ. Çocuklar yalancıktan kavga ederek eğleniyorlar.
hùzei 風情 /a./ letafet, incelik.
huzi フジ, 藤 /a./ salkım.
hùzi 不治 /a./ dermansızlık. 〜の病 çaresiz hastalık.
huziiro フジ色 /a./ eflâtun. 〜の eflâtun.
huzimi 不死身 /a./ yedi canlı. 〜の ölümsüz.
huziñ 夫人 /a./ hanım, hanımefendi, hatun, kadın. アイシェ〜 Ayşe hanım. トゥルグット氏とその〜 Bay Turgut ve eşi.
huziñ 婦人 /a./ kadın, hatun. 既婚の〜 madam. 〜参政権 kadınların seçme hakkı. 一人の〜が来た. Bir bayan geldi.
huzìñboo 婦人帽 /a./ bone.
huziñka 婦人科 /a./ nisaiye.
huziñkài 婦人科医 /a./ nisaiyeci.
huziñyoo 婦人用 /a./ 〜下着 kaşkorse.
hùziyuu 不自由 /a./ mahzur, sakınca. 〜を感じさせない aratma-. 何〜なく paşa paşa. 耳の〜な sağır. 腕の〜な子供 kolu sakat bir çocuk.
huzoku 付属, 附属 /a./ bağlılık, ek. 〜の bağlı. 大学〜の学部 üniversiteye bağlı fakülteler.
huzokùbucu 付属物 /a./ aksesuar.
huzokuhiñ 付属品 /a./ aksesuar, ayrıntı, eklenti.

huzoku kìkañ 付属器官 /a./ ek. まぶたとまつ毛は目の〜である. Kapak ve kirpikler gözün eklerindendir.
huzoku sìsecu 付属施設 /a./ müştemilat.
huzòroi 不ぞろい /a./ 〜の uyumsuz.
huzui 不随 /a./ felç, inme. 〜の inmeli. 半身〜 yarımca.
huzui 付随 /a./ 〜の munzam.
huzuiikiñ 不随意筋 /a./ düz kaslar.
hùzyo 扶助 /a./ yardım. 相互〜 yardımlaşma.
hùzyo 婦女 /a./ kadın, kız. 〜暴行 iğfal.
huzyoo 浮上 /a./ 沈没した船を〜させた. Batık gemileri yüzdürdüler.
huzyòori 不条理 /a./ 〜な batıl, mantıksız.
huzyòryoo 扶助料 /a./ yardım parası.
huzyuñ 不順 /a./ kararsızlık. 天候が〜だ. Havalar kararsız gidiyor.
huzyuñ 不純 /a./ temiz olmama, pislik.
huzyùñbucu 不純物 /a./ çepel.
huzyùubuñ 不十分, 不充分 /a./ yetersizlik. 〜な gayri kâfî, kıt, noksan, yetersiz, dar. 〜だがまあまあ kör topal. 今年は収穫が〜だ. Bu yıl ürüm kıt.
hyakkàteñ 百貨店 /a./ büyük mağaza.
hyakka zèñsyo 百科全書 /a./ ansiklopedi.
hyakka zìteñ 百科事典 /a./ ansiklopedi.
hyakkirogùramu 100キログラム, 100 kg. /a./ kental.
hyakù 百, 100 /a./ yüz. 〜の yüz. 〜の位 yüzler basamağı, yüzler, yüzlük. 〜年 asır, yüzyıl. 〜パーセント yüzde yüz. 〜リラ紙幣 yüzlük. 〜分の yüzde. 〜回言ったが分からない. Yüz kere söyledim anlamadı. 適役でないのは〜も承知. Gülü tarife ne

hacet, ne çiçektir biliriz.
hyakubuñ 百聞 /a./
§〜は一見にしかず。Akı karası geçitte belli olur.
hyakubuñricu 百分率 /a./ yüzde. 〜計算 yüzde hesap.
hyakumañ 百万 /a./ milyon. 〜の milyon. 〜の4乗 katrilyon.
hyakumañ cyòozya 百万長者 /a./ milyoner. 〜の milyoner.
hyakùneñ 百年, 100年 /a./ yüz yıl, asır.
hyakunicizeki 百日ぜき /a./ boğmaca.
hyakùniñ 百人, 100人 /a./ yüz kişi. この召集で〜の兵が来た。Bu celpte yüz er geldi.
hyakurira 百リラ, 100リラ /a./ yüz lira. 乾物屋に〜借りがある。Bakkala yüz lira borcu var. 〜くずしてくれませんか。Yüz lira bozar mısınız?
hyakùsai 百歳 /a./ yüz yaşı. 〜の木 yüz senelik ağaç.
hyakusyòo 百姓 /a./ çiftçi.
hyokkòri ひょっこり /be./ pattadak. 〜出てくる damla-. 〜現れる zıp diye çık-. 〜客が来た。Pattadak misafir geldi. 久しぶりに〜とよく来たものですね。Hangi rüzgâr attı?
hyoo 表 /a./ liste, cetvel, tablo, çizelge. 九九の〜 çarpım tablosu.
hyoo 票 /a./ oy. 決議は3〜の棄権に対し50〜で承認された。Karar üç çekimser oya karşı elli oyla kabul edildi.
hyoo 評 /a./ eleştiri, kritik.
hyòo 雹 /a./ dolu. 〜が降る dolu yağ-.
hyòo ヒョウ /a./ pars, leopar, panter.
hyoobañ 評判 /a./ şöhret, san, şan, ün. 〜の şöhretli, meşhur. 〜になる şöhret bul- (kazan-), destan ol-, dillerde dolaş- (gez-), nam ver- (sal-). 三日でみんなの〜になった。Üç günde dillere destan oldular. ひとた

び〜が落ちると回復が難しい。Adı çıkmış dokuza, inmez sekize.
hyoocyaku 漂着 /a./ sahile atılma.
hyoodai 表題, 標題 /a./ başlık, kitap ismi.
hyòodo 漂土 /a./ çorak, kil.
hyòoga 氷河 /a./ buzul. 〜の万年雪 buzul kar. 〜による堆石 buzul taş.
hyoogai 雹害 /a./ 〜を受けたリンゴ dolu vurgunu elma.
hyoogàki 氷河期 /a./ buzul devri.
hyoogeñ 表現 /a./ anlatım, deyim, ifade, tabir, tasvir. 〜する dile getir-, ifade et-. 思想を〜する fikir aç-. 〜豊かな ifadeli.
hyoogeñryoku 表現力 /a./ 〜のある ifadeli.
hyoogìiñ 評議員 /a./ 大学の〜 senatör.
hyoogìiñkai 評議員会 /a./ 大学の〜 senato.
hyoogìkai 評議会 /a./ idare kurulu, konsey, şûra.
hyoogo 標語 /a./ döviz, parola.
hyoogùsi 表具師 /a./ duvarlara kâğıt yapıştıran usta.
hyoohaku 漂白 /a./ 〜する beyazlat-, kastarla-.
hyoohaku 漂泊 /a./ serserilik.
hyòohi 表皮 /a./ korun, üsderi, üst deri.
hyoohoñ 標本 /a./ örnek.
hyooisei 漂移性 /a./ 〜の sapkın.
hyòoka 評価 /a./ not, tahmin, takdir, ölçüm. 〜する değer biç-, not ver-, tahmin et-, takdir et- (eyle-), değerlendir-, hakkını ver-, oranla-, ölçümle-, paye ver-, puan ver-. 〜される not al-, takdir olun-, değerlen-, değerlendiril-. 過大に〜する büyüksе-. 〜を低くする not kır-. 人に悪い〜を下す numarasını ver-. 学年末〜 yıl sonu notu. 〜の一定した maktu. シリンの通信簿にはひとつも悪い〜がない。

hyookai

Sirin'in karnesinde hiç zayıf notu yok.
hyookai 氷塊 /*a.*/ buz kütlesi.
hyookai 氷解 /*a.*/ 〜する gideril-, dağıl-.
hyooka kîzyuñ 評価基準 /*a.*/ ölçüt.
hyookecu 氷結 /*a.*/ buzlanma. 〜の dondurulmuş.
hyookecu 票決 /*a.*/ oy, oylama. 〜に付する oya koy-, oyla-.
hyookei 表敬 /*a.*/ teşrif.
hyookei hôomoñ 表敬訪問 /*a.*/ nezaket ziyareti, teşrif.
hyôoki 表記 /*a.*/ yazma, çevriyazı. 〜の住所 üstüne yazılmış adres.
hyookîñ ひょうきん /*a.*/ 〜な maskara. 〜な人 mizahçı, şakacı.
hyookiñmono ひょうきん者 /*a.*/ mizahçı, şakacı.
hyookoo 標高 /*a.*/ rakım, irtifa. 我が町の〜は2100メートルだ. Kentimizin rakımı 2100 metredir.
hyoomei 表明 /*a.*/ açıklama, tezahür. 〜する açıklama yap-, açıklamada bulun-, beyanatta bulun-.
hyoomêñ 表面 /*a.*/ satıh, üst, üzeri, yüz, yüzey. 〜の sathî. 〜の小さい傷 bere. 〜に üzerinde. 〜に浮かぶ yüze çık-. 〜に氷が張る buz tut-. 〜がはげる kavla-. 桃の〜にはうぶ毛がある. Şeftalinin üstü tüylüdür.
hyoomeñteki 表面的 /*a.*/ 〜な sathî, sığ. 〜な調査 sathî bir inceleme. 〜に üstten.
hyoonoo 氷嚢 /*a.*/ buz torbası.
hyôori 表裏 /*a.*/ yüz ve art, iki yan.
hyooroñ 評論 /*a.*/ eleştiri, tenkit.
hyooroñka 評論家 /*a.*/ eleştirici, eleştirmen, tenkitçi.
hyooroo 兵糧 /*a.*/ kumanya.
hyooryuu 漂流 /*a.*/ sürüklenme, denizde dolaşma. 〜物 denizin attığı enkaz.

hyoosacu 表札, 標札 /*a.*/ levha, tabela.
hyoosi 表紙 /*a.*/ cilt. 本に〜をつける ciltle-. 本の〜が破れた. Kitabın yüzü yırtılmış.
hyoosi 拍子 /*a.*/ tempo, usul, zaman. 〜をとる usul tut-. 三〜のリズム üç zamanlı ölçü.
hyoosiki 標識 /*a.*/ işaret. 〜の小旗 flama. 交通〜 trafik işaretleri.
hyoosikibañ 標識板 /*a.*/ levha.
hyôoso ひょうそ /*a.*/ dolama.
hyoosoo 表装 /*a.*/ ciltleme.
hyoosùru 表する /*ey.*/ göster-. 敬意を〜 şeref ver-, şereflendir-, saygılı.
hyoosùru 評する /*ey.*/ eleştir-.
hyoosyaku 標尺 /*a.*/ mastar.
hyoosyoo 表彰 /*a.*/ takdir, taltif.
hyoosyoodai 表彰台 /*a.*/ podyum.
hyoosyoozyoo 表彰状 /*a.*/ takdir belgesi, takdirname, övgü.
hyootâñ ヒョウタン /*a.*/ su kabağı. §〜からこま. Şaka iken kaka oldu.
hyooteki 標的 /*a.*/ hedef, nişangâh. 〜に当たる rast gel-, rastla-, hedefi bul-. 〜に当てる rast getir-. 銃弾が〜に命中した. Kurşun hedefe değdi.
hyôoteñ 氷点 /*a.*/ sıfır, sıfır noktası.
hyooteñka 氷点下 /*a.*/ sıfırın altı.
hyôozañ 氷山 /*a.*/ buz dağı, aysberk.
hyoozi 表示 /*a.*/ tezahür.
hyoozyôo 表情 /*a.*/ yüz, görünüş, mana.
hyoozyuñ 標準 /*a.*/ kıstas, örnek, standart. 〜の standart. 〜以下 başabaştan aşağı (az).
hyoozyuñgo 標準語 /*a.*/ yazı dili.
hyoozyùñki 標準規 /*a.*/ ayar.
hyoozyùñzi 標準時 /*a.*/ ayar.
hyotto ひょっと /*be.*/ 〜して belki.

hyu' ヒュッ /be./ 〜と鳴る vınla-. むちが〜と鳴る kırbaç vınla-.
hyuu ヒュー /be./ 〜と鳴らす ıslık çal-.
hyuumanìsutikku ヒューマニスティック (İng. humanistic) /a./ 〜な hümanist.
hyuumanìsuto ヒューマニスト (İng. humanist) /a./ hümanist.
hyuumànitii ヒューマニティ (İng. humanity) /a./ insaniyet, insanlık.
hyuumanìzumu ヒューマニズム (İng. humanism) /a./ hümanizm.
hyùumañ ヒューマン (İng. human) /a./ 〜な insancıl.
hyùuzu ヒューズ (İng. fuse) /a./ elektrik sigortası.

I i

i 胃 /a./ mide, (俗語) kursak. 〜の入口 mide ağzı. 〜の出口 mide kapısı. 下がった〜 düşük mide. 食用家畜の〜 işkembe. 〜の調子が悪いこと mide fesadı. 〜にもたれる mideye otur-. 〜がむかむかする içi dışına çık-, içi kabul etme-. 〜が受けつけない midesi alma-. 〜をこわす mide fesadına uğra-. 食べ過ぎて〜をこわしている. Çok yemek midemi bozuyor. 私は〜が痛い. Midem ağrıyor.
ì 亥 /a./ yaban domuz. → **inosìsi**.
ì 井 /a./ → **ìdo**.
ì 医 /a./ tıp, hekimlik. → **ìgaku**.
ì 意 /a./ niyet, düşünce, gönül, mana. 〜にかなう sar-. 〜に介さない oralı olma-. 〜に反して aksi gibi.
ì 異 /a./ fark, değişiklik, hayret.
iacu 威圧 /a./ baskı, yılgınlık.
iañ 慰安 /a./ rahatlık, teselli, ferah.
iawasè·ru 居合わせる /ey./ rast gel-, rastla-.
ibara イバラ /a./ dikenli çalı.
ibariciràsu 威張り散らす /ey./ çalımından geçilme-, tepesine bin- (çık-). 〜人 derebeyi.
ibarikusàru 威張りくさる /ey./ 威張りくさって言う cart cart öt-.
ibàru 威張る /ey./ böbürlen-, büyük laflar et-, gururlu ol-, kibirli ol-, burun yap-, çalım sat-, dişli ol-, ensesine bin-, geril-, hindi gibi kabar-, küçük dağları ben yarattım de-. 首をそらして〜 gerdan kır-. 胸を張って〜 göğüsünü kabart-. 威張って歩く horozlan-. 威張ってものを言う üst perdeden konuş-. 威張っている gururlu, mağrur.
ibicu いびつ /a./ 〜な eğri, eğri büğrü, çarpık.
ibikì いびき /a./ horultu. 〜をかく horla-, horulda-. メフメットは病気や疲れた時の夜いつも〜をかく. Mehmet hasta ya da yorgun olduğu geceler hep horluyor.
ìbo いぼ /a./ siğil. 手に三つ〜がある. Ellerinde üç tane siğil var.
iboinosìsi イボイノシシ /a./ afrika domuzu.
ibotanokì イボタノキ /a./ kurtbağrı.
Ìbu イブ /a./ Havva. アダムと〜 Adem ile Havva.
ìbu 慰撫 /a./ avunç, teselli.
ibucu 遺物 /a./ kalıntı.
ìbucu 異物 /a./ yabancı madde.
ibukàru いぶかる /ey./ şüphelen-, kuşkulan-.
ibukasìi いぶかしい /s./ şüpheli.

ìbuki 息吹 /a./ nefes, soluk. 新しい〜 esin.
ibùkuro 胃袋 /a./ mide. → i. 動物の〜の料理 tuzlama.
ibuniñgu dòresu イブニングドレス (İng. evening dress) /a./ gece elbisesi. 黒地に白いレースの〜 siyah fon üzerine beyaz dantelden bir gece elbisesi.
ibuñ 異文 /a./ varyant.
ibùñsi 異分子 /a./ yabancı eleman.
ibùru いぶる /ey./ tütsülen-.
ibùsu いぶす /ey./ tütsüle-.
ibyoo 胃病 /a./ mide hastalığı.
icci 一致 /a./ anlaşma, uyumluluk, beraberlik, ittifak, mutabakat, rabıta, uygunluk. 意見の〜 oy birliği. 〜する bir gel-, bir ol-, ittifak et-, uy-. 意見が〜する anlaş-, uyuş-, uzlaş-. 〜した mutabık. 言行の〜 içi dışı bir. 全会〜で ittifakla. この件では全員意見が〜している. Bu sorunda hepimiz oy birliği halindeyiz.
iccui 一対 /a./ çift. 〜の çift. 〜の片方 eş, tek.
iccyakù 一着 /a./ bir elbise; (yarışta) birincisi. 〜分の服地 kupon. この生地で〜オーバーができるか. Bu kumaştan bir palto çıkar mı?
iccyòkuseñ 一直線 /a./ 〜の dosdoğru.
iccyooisseki 一朝一夕 /a./ 〜に kaşla göz arasında, derhal.
iccyòora 一張羅 /a./ yabanlık.
ìci 市 /a./ pazar, panayır. 毛皮〜 kürk pazarı. スイカ〜 karpuz sergisi. 火曜〜 salı pazarı. 町では毎年9月に商品と家畜の〜が開かれる. Kasabamızda her yıl eylül ayında eşya ve hayvan panayırı kurulur.
ìci 位置 /a./ yer, durum, konum, mevzi, orun. 〜を占める yer al-(tut-). 飛行機の祖国防衛における重要な〜は否定できない. Uçağın yurt savunmasındaki yeri inkâr edilemez.

icì 一 /a./ bir. 〜時間 bir saat. トランプの〜 birli.
§〜かばちかやってみる baştan kara et-, (俗語) Ya herrü, ya merrü.
ìciba 市場 /a./ pazar, pazar yeri, alış veriş merkezi, çarşı. 〜の小売商 çarşı esnafı. 〜で売る pazarla-. 〜が活気づく işler açıl-. 〜の込み合う時刻 pazarın civcivli zamanı. 〜に果物がどっさり出ている. Çarşıda meyveden geçilmiyor.
iciban 一番 /be./ en. 〜好きな favori. 私の〜好きな人 en sevdiğim kimse. 〜いい en iyi. 〜いいのは iyisi. だから〜いいのは iyisi mi. 〜よくて en iyi ihtimalle. 学校に〜近い道を行こう. Okula en yakın yoldan gidelim. 〜大事なニュースも二行で片づけた. En can alıcı haberi de iki satırla geçiştirmiş.
iciban 一番 /a./ birincisi. 〜の birinci, bir numaralı. 〜, 二番 birinci, ikinci.
icibañmè 一番目 /a./ birincisi. 〜の birinci.
icibáñnori 一番乗り /a./ birincisi.
icibecu ìrai 一別以来 /a./ ayrıldığımızdan beri.
icìbu 一部 /a./ kısım, parça; kısmen. 国土の〜 ülkenin bir kısmı. 検査のために生体組織の〜を取る parça al-. 荷物を〜送った. Eşyayı kısmen gönderdim.
icibùbuñ 一部分 /a./ parça, kısım.
icibu sìzyuu 一部始終 /a./ olan biten, girdisi çıktısı.
icicìhoo 一地方 /a./ 〜独特の bölgesel.
icidai 一大 /s./ büyük. ギャンブルは社会の〜害悪だ. Kumar, toplum için büyük bir beladır.
icìdai 一代 /a./ gömlek, göbek.
icidaibuñ 一台分 /a./ 車〜の bir araba. 車〜の量 araba.
icidàizi 一大事 /a./ önemli bir

durum. 〜にぶつかる şafak at-.
icidañ 一団 /a./ takım, ehil. 旅の〜kafile. 〜となって alay malay.
icidañ 一段 /a./ kademe. 〜〜kademe kademe, basamak basamak. 〜〜が違った音をきしませる長い階段であった. Her basamağı ayrı bir sesle gıcırdayan uzun bir merdivendi.
icidáñkai 一段階 /a./ この学生は他の学生より〜物知りだ. Bu öğrenci öbüründen bir gömlek daha bilgili.
icidáñraku 一段落 /a./ son. 仕事が〜する iş bit-, işin sonuna gel-.
icidañ to 一段と /be./ daha.
icidō 一度 /a./ bir kez (defa, kere); bir zamanlar, fırsat düştükçe. もう〜 bir daha. 〜思いついたらしないではいられない. Aklına esmeye görsün, yoksa yapmadan duramaz.
icidōki ni いちどきに, 一時に /be./ birden.
icido mo 一度も /be./ ömründe.
icidō ni 一度に /be./ birden. 薬を〜飲む ilacı birden iç-. 仕事が〜押し寄せててんてこまいする dokuz ayın çarşambası bir araya gel-.
icidōo 一同 /a./ hepsi.
icieñ 一円 /a./ bütünü; (para) bir eñ.
icigacù 一月 /a./ ocak (ayı).
icigaini 一概に /be./ toptan, genellikle.
icigàkki 一学期 /a./ birinci dönem.
icigeki 一撃 /a./ dayak, vuruş. 〜を加える vur-. 顔に〜を加える ağzını burnunu dağıt-. 〜を受ける kötek ye-.
icigo イチゴ /a./ çilek. 〜のジャム çilek reçeli. 〜の木 kocayemiş. 〜はまだ出ていない. Çilek daha çıkmadı.
icigo 一語 /a./ kelime. 〜〜 kelimesi kelimesine.
iciguñ 一群 /a./ bölük, takım. 〜の人々 bir bölük halk.

iciguu 一隅 /a./ köse.
icigyoo 一行 /a./ bir satır. 詩の〜mısra.
icihàyaku いちはやく /be./ tez, çabuk.
icii 一位 /a./ birincilik. 〜になる birinci gel- (çık-). 競技で〜になる yarışmasında birinciliği kazan-.
iciici いちいち, 一々 /be./ birer birer, teker teker, her biri.
iciiñ 一員 /a./ parça, biz aza. あなたは私の家族の〜です. Benim ailemin bir parçasısınız.
icimacu mòyoo 市松模様 /a./ 〜の damalı, kareli.
icìmai 一枚 /a./ bir tabaka. 〜の紙 bir tabaka kâğıt.
icimañ 一万 /a./ on bin.
icimañbu 一万部 /a./ 「トルコ語」誌の印刷数は〜だ. Türk Dili Dergisinin baskısı on bindir.
icimèetoru 一メートル(1m) /a./ bir metre. 塀を〜高くしなければならない. Duvarı bir metre kaldırmalı.
icimeñ 一面 /a./ 〜に tüm yüzeyde, dağ taş. 〜に散らばる hasır gibi seril-.
icimèñsiki 一面識 /a./ 全く〜もない人だった. Tamamiyle yabancı adamdı.
icìmi 一味 /a./ güruh, klik.
icimòkusañ 一目散 /a./ 〜に逃げ出す tabanları kaldır-, tozu dumana kat-.
icìmoñ 一門 /a./ boy. 〜の基を開く ocak aç- (yap-).
icimòñnasi 一文なし /a./ parasızlık, (冗談) züğürt. 〜の parasız pulsuz, cebi delik, meteliksiz, mahrum, (隠語) kokoz, (冗談) züğürt. 〜になる meteliğe kurşun at-, elde avuçta bir şey kalma-.
icìneñ 一年 /a./ bir yıl, bir sene. 〜の yıllık. 〜の間に yıllığına. この仕事はもう〜続くだろう. Bu iş bir yıl

icinẽñgo 一年仔 /a./ 〜の子羊 yıllık kuzu.
icinẽñkañ 一年間 /a./ bir yıl. 〜に yıllığına. この食糧は私たちには〜もつ. Bu erzak bize bir yıl gider.
icineñzyuu 一年中 /be./ yaz kış, yazlı kışlı, yıl on iki ay.
icinicî 一日 /a./ gün, bütün bir gün, gün boyunca. 〜が終わる akşamı bul- (et-), akşamla-. 薬の〜の量 ilacın günlük dozu. 〜分の仕事 bir günlük ış. 〜五回行われる祈り beş vakit namaz. 〜で günü birliğine, günü birlik. 〜のうちに günü birliğine, günü birlik. 〜〜と gün be gün, günden güne. 日は〜と gün günden, gün be gün. 今日は不安な〜を過ごした. Bu gün tedirgin bir gün geçirdim. 父は〜で町へ行って来た. Babam günü birliğine kasabaya gidip geldi. 日は〜〜と過ぎ去る. Günler birbirini kovalar.
icinici kôotei 一日行程 /a./ menzil, merhale, konak.
icinicioki̇̂ 一日置き /a./ 〜に雨が降っている. Günaşırı yağmur yağıyor.
icinicizyuu 一日中 /be./ bütün gün, tüm gün. 20リラのお返しに〜働いた. Yirmi liraya fit olup bütün gün çalıştı. 仕事がないので〜歩き回っている. İşi gücü yok, bütün gün gezip tozuyor.
iciniñmae 一人前 /a./ 〜になる eli ekmek tut-, bıyığını balta kesmez ol-. 子供を〜にする çocuk yetiştir-. 〜に扱われる adam içine karış-. 力がないのに〜に認められる adam sırasına geş- (gir-). 〜の食事 porsiyon. ピラフ〜 bir porsiyon pilav. やっと〜になった. Kedi olalı bir fare tuttu.
icioo 一応, 一往 /be./ her halde.
icirañ 一覧 /a./ bir bakış.
icirañhyoo 一覧表 /a./ tablo, liste.
icirecu 一列 /a./ dizi, sıra, katar. 〜の木 bir sıra ağaç. 〜に並べられる dizil-, sıralan-. 〜になって sırtı sıra, sıralı.
icireñ 一連 /a./ dizi, sıra, sürü. 〜の zincirleme. 〜の事件 bir sıra olay, olaylar dizisi, olaylar zinciri. ダンスの〜のステップ figür. 〜のうそを作り上げる bir sürü yalan düz-. 新しい予算で〜の節約が行われた. Yeni bütçede birtakım kısıntılar yapıldı. 〜の新語は時とともに定着してきている. Birtakım yeni kelimeler zamanla yerleşiyor.
iciricu 一律 /a./ 〜に farksız, eşit olarak, tek düze.
iciryoozicu 一両日 /a./ bir kaç gün, bir ya da iki gün.
iciryuu 一流 /a./ birinci sınıf, birinci kıymet.
iciwari 一割 /a./ ondalık.
iciyazûkuri 一夜作り /a./ 〜の不許可の建物 gecekondu.
iciyoo 一様 /a./ → dooyoo. 〜に tek düze, değişmeyerek, aynı biçimde.
icìza 一座 /a./ aktörler trupu.
icìzi 一時 /a./ saat bir ; bir kez, bir zaman. /be./ geçici olarak. 〜に saat birde ; birden. 〜15分 bir çeyrek. 〜の geçici, geçen. 〜停止 duraklama. 〜10分です. Saat biri on geçiyor.
iciziku イチジク /a./ incir, incir ağacı, (俗語) yemiş. 〜の実 incir. 〜から出る汁 bal. 〜をもぎ取る棒 lâle. 鳥が〜をつついた. Kuşlar incirleri didiklemiş.
icizikuẽñ イチジク園 /a./ incirlik, incir bahçesi, (俗語) yemişlik.
icizirusi̇̂ 著しい /s./ fevkalâde, belirgin, çarpıcı, dikkati çeken.
iciziteki 一時的 /a./ 〜な geçeğen, gelip geçici, muvakkat, (古語) zail. 〜な処理をする pamuk ipliğiyle bağla-. 〜に muvakkaten. 〜に止まる

こと duraklama. 〜なことと油断するな. Sel gider, kum kalır.

icizoku 一族 /*a.*/ boy, klan, soy sop. 名のある〜の soylu soplu.

icizu 一途 /*a.*/ 〜に büsbütün, körü körüne.

icizuke・ru 位置付ける /*ey.*/ istif et-, planda tut-.

icizyuñ 一巡 /*a.*/ tur.

icu いつ /*a.*/ ne zaman, ne vakit, kaçta. 〜でも dünya ahret. 〜か bir gün, gelecekte bir gün, bir zaman, falan, falanca, filan, filanca, günün birinde, hiç. 〜かある日に belirsiz bir günde. 〜か狩りに行きましたか. Hiç ava gittiniz mi? 〜まで ne zamana kadar. 〜までも ebediyen, ilelebet, sürgit. 〜〜までも sonsuzluğa dek (kadar). 〜も her zaman, her kez, hep, daima, asla, akşam sabah demez, her daim, sabah akşam. 〜もの adî, alışık. 〜も何かしている boş durma-. 〜も…のことばかり … aşağı … yukarı. 彼は〜も遅く来る. O, hep geç gelir. この冬は〜より多く雪が降った. Bu kış fazla kar yağdı. 〜も同じ話をする. Ayının kırk türküsü var, kırkı da ahlat üstüne. 〜も好条件はない. At olur meydan olmaz, meydan olur at olmaz. 〜うまくいくとは限らない. (口語) Her gün papaz pilav yemez. 〜の間にか şaka maka derken. 〜の日だったか falanca gün. 〜になっても ebediyen. アンカラへ〜帰りましたか. Ankara'ya ne zaman döndünüz? あなたと〜お会いしますか. Sizinle ne zaman buluşuruz? 〜まで続くこの寒さ. Ne tükenmez soğuklar! どうぞ〜までもお元気で. Hay çok yaşayasınız siz! 〜だったか来たことがある. Falan tarihte gelmiştim.

icûcu 五つ /*a.*/ beş. 〜の beş, beş yaşında. 〜のリンゴ beş elma. 〜の孫 beş yaşında torun. 〜から成る beşli. 〜ずつ beşer. 〜半ずつ beşer buçuk.

きのうが〜だと今日は… dün beş iken bu gün ….

icucugo 五つ子 /*a.*/ beşiz.

icudacu 逸脱 /*a.*/ dalâlet, sapaklık. 〜する dalâlete düş-.

icuka 五日 /*a.*/ ayın beşinci günü.

icûku 居着く /*ey.*/ otur-, yerleş-, yurt tut-.

icukusîmu 慈しむ /*ey.*/ sev-, okşa-.

icuwa 逸話 /*a.*/ fıkra, öykücük.

icuwari 偽り /*a.*/ yalan. 〜の yalan, yanlış, sahte, taklit, düzme, kalp, yapmacık. 〜の勇士 yalan pehlivan. 〜のない hile hurda bilmez. う そ〜 yalan dolan.

icuwâru 偽る /*ey.*/ yalan söyle-, aldat-, tahrif et-. 偽って yalandan.

icuzuke・ru 居続ける /*ey.*/ çöreklen-.

icyacuki いちゃつき /*a.*/ flört.

icyacuku いちゃつく /*ey.*/ oynaş-, (口語) kırıştır-.

icyoo 移調 /*a.*/ geçiş.

icyoo 胃腸 /*a.*/ mide ve bağırsak.

îcyuu 意中 /*a.*/ gönül, fikir. 〜をさぐる ağız ara-, ağız yokla-.

idai 偉大 /*a.*/ ululuk. 〜な büyük, ulu, yüce. 〜な指導者 yüce bir önder. 〜な指導者アタチュルク ulu önder Atatürk. 〜さ büyüklük, ululuk, azamet, ihtişam. 私達に見せたその〜さが忘れられない. Bize gösterdiği büyüklüğü hiç unutamayız.

idakase・ru 抱かせる /*ey.*/ besle-. 望みを〜 ümit besle-. 恨みを〜 kin besle-, gücendir-.

idâku 抱く /*ey.*/ kucakla-, kollarının arasında tut-. 恨みを〜 kin güt-, diş bile-, bir kaşık suda boğ-. 敵意を〜 garaz bağla- (ol-), çiğ çiğ ye-. 疑問を〜 içi bulan-, içine kurt düş-. 幻想を〜 bir şey san-, çoban kulübesinde padişah rüyası gör-. 大望を〜 gözü büyükte (yüksekte) ol-.

idâsu 出す /*ey.*/ → **dâsu**.

ideñ 遺伝 /a./ kalıtım, irsiyet, soya çekim, veraset. 〜による kalıtsal, irsî.
ideñsei 遺伝性 /a./ 〜の kalıtsal.
ideòrogii イデオロギー (Al. Ideologie) /a./ ideoloji. 〜の ideolojik.
idetaci いでたち /a./ kıyafet, kılık.
ȋdo 井戸 /a./ kuyu. 滑車〜 çıkrık. 噴水〜 arteyzen. かれた〜 kör kuyu. 〜のまわりの飾り石 ağızlık. 〜を掘る kuyu del- (kaz-, aç-). 〜の水が減った. Kuyun suyu çekildi. 子供が水あげ機で〜から水をくんでいた. Çocuk çıkrıkla kuyudan su çekiyordu. バケツが〜の底についた. Kova kuyunun dibine değdi.
ȋdo 緯度 /a./ enlem, arz derecesi.
idobata 井戸端 /a./ kuyu başı.
idòhori 井戸掘り /a./ kuyucu, kuyuculuk.
idohoriniñ 井戸掘り人 /a./ kuyucu.
idokoro 居所 /a./ adres, mesken, konut, ikametgâh.
idòmizu 井戸水 /a./ kuyu suyu. 塩気のある〜 acı su.
idòmu 挑む /ey./ meydan oku-.
idoo 移動 /a./ göç, geçme, transfer, devir, nakil, hareket. 〜する taşın-, göç-, göç et-, yürü-, katet-. 〜させる göçür-, çek-. 〜して仕事をする gezici. 〜図書館 gezici kütüphane. 〜できる seyyar, menkul. 寒さが今年高原の人達に時ならぬ〜を促した. Soğuklar bu yıl yaylacıları vakitsiz göçürdü. コウノトリが南へ〜した. Leylekler güneye göçtü.
idoo 異同 /a./ fark, ayrılık.
idoo 異動 /a./ nakil.
idoosiki 移動式 /a./ 〜の seyyar.
iȇ 家 /a./ ev, hane, beyit; aile. 〜の ehlî, evcil. 〜のある evli, haneli. その〜の主人 ev sahibi. 小さな〜 bakla oda, nohut sofa. 代々の〜 baba ocağı (evi), baba yurdu. 昔の〜の一階 ev altı. 〜に縛られた人 evine bağlı bir adam. 〜を持つ ev aç-. 〜が栄える bacası tüt-. 〜がさびれる bacası tütmez ol-. 〜を建てる ev yap-. 品物を〜に運ぶ eşyayı eve at-. 〜や財産がない bir dikili ağacı olma-. この人はうちの女中をだまして別の〜へ連れて行ってしまった. Bu adam bizim hizmetçiyi ayartıp başka bir eve götürdü. 〜では五人が私をあてにしている. Evde beş kişi bana bakıyor. 嫁の〜と婿の〜がとてもうまくいっている. Gelinin ailesi ile damadın ailesi pek iyi bağdaşıyorlar. 〜を持つ時は近所の人のことも考えろ. Ev alma, komşu al.
iebae イエバエ /a./ ev sineği.
iede 家出 /a./ savuşma, evden kaçma.
iȇdomo いえども /ba./ bile, hatta. 子供と〜 çocuk olsa dahi ….
iegara 家柄 /a./ soy. 〜のいい soylu. 〜のいい人 soy kişi. 〜のよさ soyluluk. 〜がいいこと asalet. 高貴な〜 hanedanlık.
ieki 胃液 /a./ mide suyu. 〜分泌腺 mide bezi.
Iȇmeñ イエメン /a./ Yemen.
iemoci 家持ち /a./ ev sahibi. 〜の evli.
iemoto 家元 /a./ ana baba; güzel sanatlar okulu.
ie・ru 言える /ey./ diyebil-. 〜限り dili döndüğü kadar. 感情が高ぶってものが言えない boğazına düğümlen-. 何でも〜心底から親しい人 can ciğer kuzu sarması. 人はそれぞれ好きなことを〜. Dilin kemiği yok.
iȇ・ru 癒える /ey./ on-. 病が〜 hasta iyi ol-, iflah ol-, on-. 傷が〜 yara kapan-. 傷のいえない azgın.
Iȇsu イエス /a./ İsa. 〜は十字架にかけられた. İsa çarmıha gerilmişti.
iesuzi 家筋 /a./ soy.
iesȗzume イエスズメ /a./ serçe.
ieyȃsiki 家屋敷 /a./ ev bark.
iezi 家路 /a./ evine giden yol. 〜につ

く evine dön-.
iezyuu 家中 /a./ bütün ev. ストーブから出た煙が〜にひろがった。 Sobadan çıkan duman bütün eve yayıldı.
ȉga イガ, 衣蛾 /a./ güve. じゅうたんを〜が食ってしまった。 Halıyı güve yemiş.
igȁ いが /a./ diken. クリの〜 kestane dikeni.
igai 意外 /a./ 〜な beklenilmedik. 〜な事 sürpriz. 〜に aksine.
ȉgai 遺骸 /a./ ceset, ölü vücut.
ȉgai イガイ /a./ midye.
igai 以外 /a./ başka, dış. /be./ dışında, -den başka. 〜の başka. 〜は hariç, -den başka. これ〜に bundan ziyade. …〜のものは目に入らない varsa … yoksa …. 〜の何物でもない -den başka bir şey değil. これはあなた〜みんな知っている。 Bunu sizden başka herkes bilir. トゥルグット〜はみんな残る。 Turgut hariç hepimiz kalacağız.
ȉgaku 医学 /a./ tıp, hekimlik. 〜の tıbbî. 〜の勉強をする tıp öğreimi yap-. 〜専門学校 tıbbiye.
igakȕbu 医学部 /a./ tıp fakültesi, tıbbiye.
igaku bȕñkeñ 医学文献 /a./ hekimlik edebiyatı.
igamiȁu いがみ合う /ey./ nifak sok-.
igañ 胃がん /a./ mide kanseri.
igata 鋳型 /a./ kalıp, dökmeci kalıbı, maça. 〜を作る kalıp al-. 〜に入れて作る kalıba dök-.
igeñ 威厳 /a./ itibar, asalet, heybet, vakar. 〜のある heybetli, onurulu.
ȉgi 意義 /a./ anlam, mana. 〜のある manalı.
ȉgi 威儀 /a./ heybet, mehabet.
ȉgi 異義 /a./ başka mana. 同音〜の語 eşsesli.
ȉgi 異議 /a./ karşı çıkış, protesto, itiraz, reklemasyon. 〜を唱える itiraz et-. 〜申し立て protesto. 〜なし

itirazım yok. いささかも〜を唱えない kaşının altında gözün var deme-.
igibukȁi 意義深い /s./ anlamlı, manidar.
Igirisu イギリス /a./ İngiltere, Büyük Britanya. 〜の İngiliz. 〜の女王 İngiltere kraliçesi. 〜貨幣 sterlin.
Igirisu kȁikyoo イギリス海峡 /a./ Manş, Manş Denizi.
Igirisu kȁñtai イギリス艦隊 /a./ İngiliz donanması.
Igirisu nȁmari イギリスなまり /a./ İngiliz aksanı.
Igirisȕziñ イギリス人 /a./ İngiliz. 〜の王 İngiliz kralı.
ȉgo 以後 /a./ bundan böyle, gelecekte, -den beri.
igokoci 居心地 /a./ oturma duygusu. 〜が悪い yadırga-. おばが今日うちに泊ったが、〜がよくなかったらしい。 Halam bu gün bizde yattı, yerini yadırgamış.
ȉgusa イグサ, イ草 /a./ saz.
ȉgyoo 偉業 /a./ büyük eser.
ȉgyoo 医業 /a./ hekimlik.
ihañ 違反 /a./ ihlâl, aykırılık. 〜する karşı koy-, karşı gel-, kurallara uyma-, aykırı. 法律に〜する kanunu ihlâl et-. 憲法に〜する anayasaya aykırı.
iheñ 異変 /a./ olağan dışlığı.
ihoñ 異本 /a./ nüsha.
ihoo 違法 /a./ 〜な kanunsuz, yasa dışı, yolsuz. 〜行為 kanuna muhalif davranış.
ihȍoziñ 異邦人 /a./ yabancı adam, ecnebi.
ȉhu 畏怖 /a./ korku.
ȉhuku 衣服 /a./ elbise, giysi, giyim, kisve, üst, üzeri, üst başı. 〜の一着 kat. 〜の飾り harç.
ihu kyȍodai 異父兄弟 /a./ ana bir baba ayrı.
ȉi いい /s./ iyi, güzel. → **yȍi**. 〜人 adam. 〜こと iyilik. 〜女 yosma.

iiai

〜もの cici. とても〜 gül gibi, çok iyi. 最も〜 ekstra ekstra. ちょっと〜 iyice. ちょっと〜家 iyice bir ev. 〜生活をしていたころ iyi gün. 〜時だけの友 iyi gün dostu. 〜か bu güne bu gün, sakın. 〜か悪いか ak mı kara mı. 〜ぞ aferin. 〜だろう pekala. 〜子ね nonoş. 一番〜のは iyisi. だから一番〜のは iyisi mi. あれば〜が inşallah. 〜ことに bereket versin, bereket ki, bereket versin ki. 〜と思う anla-. 〜ことと悪いことを区別する iyiyle kötüyü ayır-. 〜ことは〜, 悪いことは悪いと言う iyiye iyi, kötüye kötü de-. 〜目をしたお返しが来る burnundan (fitil fitil) gel-. 〜ことがあなたにもありますように darısı başına. 運の〜 bahtı açık. 腕の〜 becerikli. 君の友人は〜人だから君を放っておかなかったのだ. Arkadaşın adammış ki seni yalnız bırakmadı. さあ, 〜ものあげるよ. Gel, sana cici yereyim. このコーヒーは実に〜. Bu kahve değdi doğrusu. お待ちしたら〜のですか. Beklememi istiyor musunuz? もう〜. Geç !, Geç efendim! 〜か, 二度とするなよ. Sakın ha bir daha yapma! 〜か, 私の言ったことを忘れてはいけないよ. Sakın söylediklerimi unutmayın! 君はこれで〜のかい. Sen bu işten memnunsun a? 金は何でもない, 〜から彼を勉強させなさい. Parasında değilim, yeter ki o okusun. なんとか明日までによくなって学校へ行ければ〜が. İnşallah yarına kadar iyileşip okula gidebilirim. 彼は鼻が〜. Burnu iyi koku alır. 〜ことは短くても〜. Bir günlük beylik beyliktir. 〜ものはくだらない人の手に渡る. Ahlatın iyisini ayılar yer. 〜ものに慣れると他は見劣りがする. Ayı gördüm, yıldıza itibarım yok.

iiai 言い合い /a./ 〜をする çakış-.
iiarasoi 言い争い /a./ zırıltı.
iiarasòu 言い争う /ey./ zırıltı çıkar-.
iiarawasè・ru 言い表せる /ey./ 言葉で言い表わせない deme gitsin.
iiarawàsu 言い表わす /ey./ anlat-, söyle-, belirt-, ifade et-.
iiàu 言い合う /ey./ çakış-.
iiayamàru 言い誤まる /ey./ dili sürç-.
iibuñ 言い分 /a./ ifade, iddia, sav, söz. 証人の〜を書き留める ifadesini al-. 〜を正しいと認める hak ver-. 〜を正しいとみなす haklı bul-. あなたは子供の〜をただ信じただけです. Çocuğun sözüne âdeta inandınız. 私達の〜を認めない口ぶりだった. Sözlerimizi kabul edemem gibisine getirdi.
iicukàru 言い付かる /ey./ emir al-.
iicuke 言い付け /a./ buyuru, emir. お〜ください buyur?
iicukè・ru 言い付ける /ey./ de-, söyle-, emir ver-, ısmarla-, göster-. この仕事を誰が〜だろう. Bu işi bana kim gösterecek?
iicukùsu 言い尽くす /ey./ sözünü bitir-, istediği kadar konuş-.
iicutae 言い伝え /a./ nakliyat.
iidàsu 言い出す /ey./ söz aç-. またでたらめを言い出した. Gene atmaya başladı.
iiè いいえ /iin./ hayır, yok, yo. パンがあるか. 〜残っていない. Ekmek var mı? Yok, kalmadı.
iigakari 言い掛かり /a./ haksız söyleme.
iigusa 言いぐさ /a./ kaba söyleme, bahane.
iihàru 言い張る /ey./ söyle-, ısrar et-, diren-, diret-, iddia et-, üstüne düş-, tuttur-, (口語) dayat-. 〜こと direniş. 行くのだと言い張った. Gideceğim diye dayattı.
iihukumè・ru 言い含める /ey./ iyice anlat-.
iihuràsu 言い触らす /ey./ çan çal-, herkese bildir-, dedikodu et-.
iikaè・ru 言い換える, 言い替える /ey./ başka söz ile anlat-.

iikáesu 言い返す /ey./ mukabelede bulun-.

iikageñ いい加減 /a./ ～な ihmalci, ihmalkâr, savsak, üstünkörü, yerli yersiz, zırva, ne kokar, ne bulaşır. ～な話 yave. ～な男 dalgacı Mahmut, karı gibi, dönek. ～なことを言う zırvala-, kafadan at-, karnından konuş- (söyle-). ～なことをする şişir-. ～な仕事をする人 kalaycı, üstünkörü iş yapan. ～に gelişigüzel, laf olsun diye, şöyle bir, üstünkörü, veresiye. ～な仕事をしている。Çok veresiye iş görüyor. 宿題を～にやったようだね、もう一度やり直しが必要だ。Ödevini üstünkörü yapmışsın, yeniden yapman gerekiyor.

iikakê•ru 言い掛ける /ey./ söz aç-. 言い掛けてやめる sözü kes-.

iikanê•ru 言い兼ねる /ey./ söylemeye cesaret etme-.

iikata 言い方 /a./ deyiş, sive, sav, ağız, deyim, söz. ～を変える sözü çevir-. 違った～をする ağzı değiş-. 別の～では başka bir deyimle. 遠回しの～で dolaşık bir deyişle. こんな～で話してはいけない。Bu tarzda konuşmamalısın.

îiki いい気 /a./ bencilik. ～になる başına çık-. ～になってくだらないことを言う cevahir yumurtla-.

iikikasê•ru 言い聞かせる /ey./ iyice anlat-.

iikìru 言い切る /ey./ kesinlikle söyle-. きっぱりと～ kestirip at-.

iimawasi 言い回し /a./ deyiş, ifade.

iimoràsu 言い漏らす /ey./ söylemeyi unut-.

iinaòsu 言い直す /ey./ sözünü düzelt-.

iinarawasi 言い習わし /a./ şive, deyim.

iinari 言いなり /a./ ～になる gönüne bak-, gözünün içine bak-, kafa salla-. 人の～になる kula kul ol-, yuları ele ver-, yuları kaptır-. 人の～になる人 koyun, yamak. 妻の～になる夫 karısı ağızlı. 誰もが～にはならない。Her kuşun eti yenmez.

iinazuke いいなずけ /a./ sözlü.

iine 言い値 /a./ istenilen fiyat.

iinikùi 言いにくい /s./ söylemek zor. ～ことですが ayıptır söylemesi, sözüm yabana. ～ことがある dilinin altında bir şey ol-.

iinogare 言い逃れ /a./ bahane, oyalama, kaçamak. ～のためのむだ話 kurt masalı. 借金取りにふた月も～を言っている。Alacaklıyı iki aydır oyalıyor.

iinogarê•ru 言い逃れる /ey./ oyala-.

iinokòsu 言い残す /ey./ haber (buyruk) bırak- ; vasiyet et-.

iinuke 言い抜け /ey./ kaçamaklı söz. ～をする ağız kullan-, ağız yap-.

iinukê•ru 言い抜ける /ey./ ağız kullan-, ağız yap-.

îiñ 委員 /a./ üye, delege.

îiñ 医院 /a./ doktor odası, bakım evi, hastane.

iiñkai 委員会 /a./ kurul, yarkurul, heyet, encümen, komisyon, komite. 合同～ karma komisyon. 大国民議会大蔵～ Büyük Millet Meclisi Maliye Encümeni.

iiòku 言い置く /ey./ haber (buyruk) bırak-.

iiotòsu 言い落とす /ey./ söylemeyi unut-.

iisobirê•ru 言いそびれる /ey./ söylemeye fırsat kaybol-.

iisokonàu 言い損う /ey./ konuşurken hata yap-.

iisugî•ru 言い過ぎる /ey./ aşırı söyle-, kantarın topunu kaçırcasına söyle-.

iisuto イースト (İng. yeast) /a./ maya.

iitatê•ru 言い立てる /ey./ sözünde diren-, iddia et-.

iiwake 言い訳 /a./ özür, sebep,

iiwatásu

bağışlatıcı neden, bahane. 〜をする hık mık et-. むだな〜はよせ. Boşuna estek köstek etme.

iiwatásu 言い渡す /ey./ emret-, ilan et-, açıkça bildir-.

iiyoo 言い様 /a./ deyiş, anlatım biçimi. 何とも〜がない dile alınamayan, ifade edilemez.

iiyòru 言い寄る /ey./ kur yap-. 女に〜 laf at-, (隠語) yeşillen-. 女に〜こと sarkıntılık.

ika イカ /a./ mürekkep balığı, kalamar.

ìka 以下 /a./ -den aşağılık. 〜の aşağı, takip eden. 標準〜 başa baştan aşağı (az). 〜に述べる takiben. ….〜である tırnağına (attığı tırnağa) değme-, tırnağı olama-.

ikada いかだ /a./ sal. 皮袋につけた〜 kelek.

ikàga いかが /be./ nasıl, ne kadar. 御機嫌〜ですか. Nasılsınız? 〜お過ごしですか. Ne âlemdesiniz? 〜ですか. ええ, まあまあです. Nasılsınız? Eh, şöyle böyle. 〜です, よくなりましたか. Nasıl, iyi oldu mu? 食事の前に一二杯コニャックを〜ですか. Yemekten önce bir iki kadeh konyak alır mısınız?

ikagawasìi いかがわしい /s./ ayıplı, ahlâksız, iffetsiz.

ikahodo いかほど /be./ ne kadar. 私の買ったもの全部で〜. Satın aldıklarımın tutarı ne kadar?

ikàiyoo 胃潰瘍 /a./ mide ülseri.

ikakeya 鋳掛け屋 /a./ kalaycı.

ikaku 威嚇 /a./ tehdit.

ikamesìi いかめしい /s./ vakurlu, resmî ve ciddî.

ikanago イカナゴ /a./ kum balığı.

ikànaru いかなる /s./ ne, nasıl. 〜場合にも hiçbir veçhile, her halde.

ikàni いかに /be./ ne kadar. 〜頑張っても ağzı ile kuş tutsa, ne kadar çalışsa da.

ikànimo いかにも /be./ gerçekten, sanki. 〜…ではあるが gerçi, her ne kadar.

ikañ 遺憾 /a./ esef. 〜に思う eseflen-, üzül-, acın-.

ikañ 移管 /a./ göçürme.

ikàñ いかん /be./ nasıl. 結果や〜 neticesi nasıl.

ikàñtomo いかんとも /be./ 〜しがたい çare yok, çaresiz.

ikarasu 怒らす /ey./ öfkelen-, öfkelendir-.

ikare・ru 行かれる /ey./ gidil-.

ikari 錨 /a./ çapa, gemi demiri, lenger, ok. 〜を下ろす demir at-, demirle-. 〜を上げる demir al-. 第二の〜を下ろす çiftele-. 〜の先 tırnak. 〜を上げて出発の用意のできた demir üzerinde.

ikarì 怒り /a./ öfke, hiddet, gazap, hırs, hışım, kızgınlık. 〜に触れる gazaba (hışmına, kahrına) uğra-. 〜に燃える gözünü kan bürü-. 〜に燃えた kızgın. 〜が爆発しそうになる dol-, öfkesi taşacak duruma gel-. 〜がしずまる harı geç-. 〜をぶつける kus-. 〜を抑える öfkesi (gücünü, hırsını) yen-. 〜を抑えられない hırsını alama-, hızını alama- (yeneme-). 〜を抑えきれなくする taşır-. 〜を抑えきれなくなる taş-. 〜を彼から引き出した. Öfkesini ondan çıkardı. 姉さんの〜がおさまってから話せ. Ablamla öfkesi geçtikten sonra konuş. 〜を抑えられない. Öfke baldan tatlıdır.

ikarikurùu 怒り狂う /ey./ hırslan-, tepesi at-, cin ifrit ol- (kesil-), gözleri dön-, kudur-, kükre-. 怒り狂った kızgın, öfkeli. 彼は怒り狂った. Öfkesinden kudurdu.

ikàru 怒る /ey./ öfkelen-, gazaba gel-, gazaplan-, kız-. → **okòru.**

ikasama いかさま /a./ külah. 〜にひっかかる (隠語) kül ye- (yut-).

ikasamàsi いかさま師 /a./ şarlatan.

ikase・ru 行かせる /ey./ gitmesini

sağla-. 連れて〜 **aldır-**. 行かせない adımını attırma-. じゃあ行かせろ. E, gitsin.
ikàsu 生かす /*ey.*/ yaşat-; geliştir-, kendini göstert-. 生かしておく yaşat-.
ikazuci いかずち /*a.*/ gök gürlemesi. → **kaminàri**.
ikè 池 /*a.*/ ufak göl, havuz, gölek, gölet, gölcük. 〜が濁る havuz bulan-.
ikedòru 生け捕る /*ey.*/ diri avla-. 野獣を〜 yabanî hayvanı diri avla-.
ikegaki 生け垣 /*a.*/ çit.
ikei 畏敬 /*a.*/ derin hürmet. 〜すべき heybetli. 〜すべき姿 heybet.
ikèireñ 胃けいれん /*a.*/ gastralji.
ikenai いけない /*s.*/ -mamalı, olmaz. 〜と言う ayıpla-. おしゃべりは〜 az konuşmalı. 乱雑に書いては〜 bakkal defteri değil. 子供をたたいては〜. Çocukları dövmemeli. 母親は育児法をよく知らなくては〜. Anneler çocuk bakımını iyi bilmeli. 窓を開けては〜か. Pencereyi açmamın senin için sakıncası var mı? 〜, 子供をそんなに叱っては. İyi yapmıyorsunuz, çocuğu çok azarlıyorsunuz.
ikenie いけにえ /*a.*/ kurban. → **gisei**. 〜の kurbanlık. 〜の羊 kurbanlık koyun. 〜をささげる kurban ver-.
ikeñ 違憲 /*a.*/ anayasaya aykırılık.
ìkeñ 意見 /*a.*/ görüş, fikir, düşünce, oy, kanış, mütalaa. 〜の一致 oy birliği. 〜が合う人 kafadar. 〜の違い görüş ayrılığı. 〜が一致する anlaş-. 〜を述べる fikir yürüt-. 〜をたたかわせる çakış-. 自分の〜を言わない ağzını kiraye ver-. あとで人の〜が正しいと認める dediğine gel-. 人の〜に耳を傾けないで勝手にやる dikine git-. 人の〜に迷わされない hatır gönül bilme- (sayma-, tanıma-). この件では全員〜が一致している. Bu sorunda hepimiz oy birliği hâlindeyiz. この点であなたと〜を異にする. Bu fikirde sizden ayrılıyorum.
ike·ru 行ける /*ey.*/ geçil-, gidil-. 食べて〜 başını kurtar-. この旅行で行けたところの中にパリもあった. Bu yolculukta gidilen yerler arasında Paris de vardı.
ikèru 生ける /*s.*/ canlı. 〜しかばね canlı cenaze.
ikè·ru 生ける /*ey.*/ 花をガラスの花びんに〜 çiçekleri cam vazoya yerleştir-.
ikesu いけす /*a.*/ balık havuzu.
iki 生き /*a.*/ 〜のいい diri, canlı. 〜のいい魚 taze balık. 〜の悪い bayat.
iki 行き /*a.*/ gidiş. 〜と帰り gidiş ve dönüş.
iki 粋 /*a.*/ 〜な şık.
ìki 息 /*a.*/ nefes, soluk, dem. 〜をする nefes (soluk) al-. 激しく〜をする solu-. 〜をする間も与えない. nefes aldırma-. 〜が切れる solu-. 〜を切らしてnefes nefese, soluk soluğa. 〜が止まる nefesi kesil- (tut-). 〜を止めている nefesli. 〜が止まるような boğucu. 〜も絶え絶えになる can alıp can ver-, katıl-. 〜が詰まる tıkan-. 〜を詰まらせる bunalt-. 〜が詰まりそうになる bunal-, boğul-, üstüne fenalık gel-. 〜が詰まった tıknefes. 〜を吹きかける hohla-. 鏡に〜を吹きかける aynaya hohla-. 〜を吹きかけてまじないで病気をなおす nefes et-. 〜で吹く nefesli. 〜をはかせる nefes ver-. 〜を飲む küçük dilini yut-. 〜を引き取る son nefesini ver-. トゥルグットが走って来た, 〜をはずませていた. Turgut koşarak geldi, soluyordu. 笑いこけて〜も絶えそうだった. Gülmekten nerdeyse katılacaktım. ここは〜が詰まりそうだ, 少し外へ出よう. Burada bunaldım, biraz çıkacağım.
ìki 意気 /*a.*/ atılganlık. 〜の上がらない melûl. 〜消沈する gönlü çök-. 〜投合 duygudaş olma.
ìki 遺棄 /*a.*/ terk.
ikiatari 行き当たり /*a.*/ 〜ばったり.

Zurnada peşrev olmaz, ne çıkarsa bahtına.
ikiatàru 行き当たる /ey./ boyla-.
ikiba 行き場 /a./ ～がない ortada kal-.
ikicigai 行き違い /a./ ～になる köşe kapmaca oyna-. ～だ. Mart içeri pire dışarı.
ikicuke 行き付け /a./ ～の場所 uğrak. ～のところを断念できない ayağını alama-.
ikicùku 行き着く /ey./ var-, bul-.
ikidomari 行き止まり /a./ ～の kör. ～の道 bağlı yol. 鉄道の～の線 kör hat.
ikidoori 憤り /a./ öfke, gazap, içerleme.
ikidòoru 憤る /ey./ içerle-. 内心～ giyin-, sessiz içerle-.
ikigai 生きがい /a./ ～のある ömre bedel.
ikigake 行き掛け /a./ ～に立ち寄る giderken birisine uğra-.
ikigire 息切れ /a./ ～がする solu-, soluk soluğa gel-.
ikigòmi 意気込み /a./ atılganlık, yüreklilik.
ikigòmu 意気込む /ey./ yüreklen-.
ikigurusìi 息苦しい /s./ boğucu. ～ガス boğucu gaz.
ikiìki 生き生き /be./ ～した canlı, diri, hararetli, dipdiri, faal, zinde. ～していること canlılık. ～と演じる canlandır-. ～させる ihya et-, yaşat-, canlandırıcı. 若い人で～させる gençleştir-.
ikikaerasè·ru 生き返らせる /ey./ canlandır-, dirilt-, can ver-. 医者が優れた手術で病人を生き返らせた. Doktorlar başarılı bir ameliyatla hastayı yaşattılar.
ikikaeri 行き帰り /a./ gidiş dönüş.
ikikàeru 生き返る /ey./ cana gel-, canlan-, diril-. ～こと diriliş. お茶を一杯飲んで生き返った. Bir bardak çay içince canlandım. 作物が雨で生き返った. Ekinler yağmurdan sonra dirildiler.
ikikata 行き方 /a./ gidiş, yol. この人の～は気に入りません. Bu adamın gidişini beğenmiyorum. 子供の～を私は好まなかった. Çocuğun gittiği yolu beğenmedim.
ikikàta 生き方 /a./ yaşayış, yaşantı, gidiş, meşrep.
ikiki 行き来 /a./ gidiş geliş.
ikimàku 息巻く /ey./ kız-, hiddetlen-, öfkelen-.
ikimòno 生き物 /a./ canlı, canlı varlıklar, yaratık, mahluk. ～すべて kurt kuş. 動物は～だ. Hayvan canlı bir şeydir.
ikìmu いきむ, 息む /ey./ ıkın-.
ikinagaraè·ru 生き長らえる, 生き永らえる /ey./ sağ kal-, daha uzun ömürlü ol-.
ikinari いきなり /be./ bir de, çat kapı, tutar. ～乱闘になった. Bir har hur gidiyor! 時たま～私たちを魚を食いに連れ出す. Arada sırada tutar bizi balık yemeğe götürür.
ikinobì·ru 生き延びる /ey./ sağ kal-.
ikinokòru 生き残る /ey./ sağ kal-. その家族はこの子一人が生き残った. O aileden bir bu çocuk kaldı.
ìkinone 息の根 /a./ can. ～を止める nefesi durdur-, öldür-, can al-.
ikinùki 息抜き /a./ ferahlık.
ikiòi いきおい /be./ ister istemez, zorunlu olarak.
ikiòi 勢い /a./ kuvvet, hız. ～のいい kuvvetli, harlı. ～をつける hız al-. ～をそぐ öldür-. シュッと～よく出る fışkır-.
ikioizukasè·ru 勢いづかせる /ey./ renk ver- (kat-), renklendir-.
ikioizukè·ru 勢いづける /ey./ hız ver-, hızlandır-.
ikioizùku 勢い付く /ey./ can gel-, hızlan-, kızış-, kuvvet bul-. レスラー

達はますます勢いづいた. Güreşçiler kızıştı.

ikippanasi 行きっぱなし /a./ gitti gider.

ikirarê·ru 生きられる /ey./ yaşan-.

ikiritàcu いきり立つ /ey./ şaha kalk-.

ikì·ru 生きる /ey./ yaşa-, hayat geçir-. 自由に〜 hayatını yaşa-. 共白髪まで〜 bir yastıkta koca-. 生きている canlı ol-, yaşa-, hayatta ol-, diri, canlı. 生きているように見える canlan-. 生きている間中 yaşamı boyunca, ömür boyunca. 生きているうちは baş elde iken. 連れ合いが生きている başı bütün. 〜こと dirim, yaşama, yaşayış. 〜のがいやになる gönlü karar-. 死ぬか〜かの戦い ölüm dirim savaşı. 生きていける yaşan-. 生きた魚 canlı balık. 生きたままで ayaktan, diri diri. 生きながら diri diri. 魚は水の中で〜. Balıklar suda yaşar.

ikisacu いきさつ /a./ girdisi çıktısı.

ikisaki 行き先 /a./ gidilecek yer; gelecek.

ìkisekikiru 息せき切る /ey./ nefesi kesil-.

ikìsini 生き死に /a./ ölüm dirim.

ikisugi 行き過ぎ /a./ ifrat, aşırılık, taşkınlık. 〜をおさえる dizginini çek-, frenle-, gem vur-.

ikisugì·ru 行き過ぎる /ey./ çok ol-, fazla gel- (git-, kaç-), haddini aş-, ifrata kaç-.

ikitodòku 行き届く /ey./ 世話の行き届いていない bakımsız.

ikiucusi 生き写し /a./ örnek. 〜だhık demiş burnundan düşmüş. この子は母の〜だ. Bu çocuk annesinin örneği.

ikiume 生き埋め /a./ diri diri gömme.

ikiwakare 生き別れ /a./ yaşamaca ayrılış.

ikizìbiki 生き字引 /a./ ayaklı bir kütüphane.

ikizùkai 息遣い /a./ nefes alma.

ikizùku 息づく /ey./ cana gel-.

ikizumari 行き詰まり /a./ 〜の çıkmaz.

ikizumàru 行き詰まる /ey./ çıkmaza gir-, yaya kal-. 行き詰まった仕事 çıkmaz iş. 君は行き詰まっている. Yaya kaldın tatar ağası.

ikizumàru 息詰まる /ey./ boğul-; heyecanlı.

ìkka 一家 /a./ evlâdü ıyal, aile. 〜の人々 ev halkı. 〜そろって evce, evcek. 〜を支える tütününü tüttür-. 結婚して〜を構える evlenmek barklan-.

ikkacu 一括 /a./ 〜して kesmece. これらの本は〜してそれぞれ10リラで買った. Bu kitapları kesmece onar liradan aldım.

ikkàgecu 一箇月, 一か月 /a./ bir ay. 〜の予定で行った. Bir ay için gitti.

ikkai 一階 /a./ alt kat, zemin kat. 昔の家の〜 ev altı. 〜建て増しする kat çık-.

ikkài 一回 /a./ bir kez, bir defa. 週〜の haftalık.

ikkàiseki 一階席 /a./ parter.

ikkaku 一角 /a./ köşe.

ikkakù 一画 /a./ bölük. 家の〜 evin bir bölüğü.

ikkañ 一貫 /a./ 〜して A'dan Z'ye kadar.

ikkàsyo 一か所 /a./ 〜に集まる bir araya gel-. 〜に踏みとどまっていられない dikiş tutturama-.

ikkeñ 一見 /a./ bakış. 〜したところ ilk bakışta. 〜戦争はないが冷戦が続いている. Görünürde savaş yok ama soğuk savaş sürdürülüyor.

ìkkeñ 一軒 /a./ この家とは別にもう〜家がある. Bu evden başka bir evi daha var.

ikkèñya 一軒屋 /a./ 森の中の〜 ormandaki yalnız ev.

ìkki 一揆 /a./ ayaklanma, isyan.

ìkki ni 一気に /*be.*/ bir çırpıda, bir koşu. 〜コップ半分を飲み干す bir defada bardağı yarıla-.
ikkìuci 一騎打ち /*a.*/ 〜の göğüs göğüse.
ìkko 一個 /*a.*/ bir adet, bir tane. みかん〜 bir tane portakal. 〜〜ずつに parça parça.
ikkodate 一戸建て /*a.*/ 〜を御希望ですか, それともアパートを. Ev mi istersiniz, apartman mı?
ikkokù 一刻 /*a.*/ bir an, az zaman.
ikkokumono 一刻者 /*a.*/ softa.
ikkoo 一向 /*be.*/ hiç. 〜に見ない hiç görme-.
ikkòozi 一校時 /*a.*/ 〜の derslik.
ìkkyo ni 一挙に /*be.*/ bir hamlede.
ìkkyo ryootoku 一挙両得 /*a.*/ hem ziyaret, hem ticaret.
ikkyuu 一級 /*a.*/ 〜のホテル birinci sınıf otel.
ikkyuuhiñ 一級品 /*a.*/ 〜の紙 birinci hamur kâğıt.
ikocu 遺骨 /*a.*/ ölenin kemikleri.
ikoi 憩い /*a.*/ rahat, dinlenme.
ikoku 異国 /*a.*/ gurbet. 〜の ecnebî, yabancıl, yad eller.
ìkoñ 遺恨 /*a.*/ deve kini, öç. 〜を抱く kin bağla- (besle-, tut-).
ikoo 移行 /*a.*/ geçiş, intikal.
ikoo 意向 /*a.*/ düşünce, fikir.
ikoo 威光 /*a.*/ haysiyet, şeref.
ikoo 遺稿 /*a.*/ metruk evrak.
ìkoo 以降 /*a.*/ -den sonra (beri). 三月〜 Marttan sonra.
ikòoru イコール(İng. equal) /*a.*/ eşit. 〜な eşit. 2+3=5 iki artı üç eşit beş. 10÷5=2 on bölü beş eşit iki.
ikòu 憩う /*ey.*/ dinlen-, istirahat et-.
ikozi 意固地 /*a.*/ aksilik. 〜になる damarı tut-.
iku 行く /*ey.*/ git-, var-, ayak bas-. → **yuku**. 学校に〜 okula git-. アンカラからイスタンブルへ〜 Ankara'dan İstanbul'a git-. 相手のところへ〜 gel-. はじめて〜 ayak at-. 連れて〜 al-, götür-. 行きたくなる özle-. 行け yallah, yürü, kalk, git. 勝手に行ってしまう basıp git-. 行かないようにさせる ayağını kes-. あるところへ行かなくなる ayağını kes-. 行ったり来たりする mekik at-, mekik doku-, adımla-, beş aşağı beş yukarı gez-. 〜こと gidiş. うまく〜 iyi git-. 仕事がうまくいっている işimiz ayna. 仕事がうまくいかない bacası tütmez ol-. 食べて〜 beslen-. イスタンブルへ行きたい. İstanbul'a gitmek istiyorum. 彼はここからおそらく私たちのところへ行ったのだ. O, buradan belki bize gitmiştir. もう〜のですか. Ateş almaya mı geldin? 家まで行って来よう. Eve kadar gideyim de geleyim. マーケットまで行ってみようか. Çarşıya kadar boylanalım mı? どこへなりと〜がいいさ. Cehenneme kadar yolu var. あすあなたの所に行きます. Yarın size geliriz. すごい道で行けども行けども果てしない. Öyle bir yol ki git bre git, bitmez. この人はうちの女中をだまして別の家へ連れて行ってしまった. Bu adam bizim hizmetçiyi ayartıp başka bir eve götürdü. オルハンは一日中庭を行ったり来たりしていた. Orhan bütün gün bahçede adımlayıp durdu. 旅行は今のところうまくいっている. Yolculuk şimdilik iyi gidiyor. §行ってらっしゃい güle güle, uğur ola!, uğurlar olsun!
ikubuñ 幾分 /*be.*/ bazı, bir şey, kısım, az çok, az buçuk.
ìkucu 幾つ, いくつ /*a.*/ kaç, kaç yaşında, kaç tane. 〜の kaçlı, kaç. 〜の数のトランプ kaçlı iskambil. 〜もの kaç. 〜か birtakım, kimi, bazı, birkaç. 〜. Kaç yaşında? お〜ですか. Kaç yaşındasınız? この人は〜だと思いますか. Bu adamı kaçlık tahmin edersiniz? 本に〜か新しい話がつけ加えられた. Kitaba birkaç yeni hikâye eklenmiş.

ikucuzùcu いくつずつ /*a.*/ kaçar. これらの家は〜部屋があるか. Bu evler kaçar odalı?
ìkudo 幾度 /*a.*/ kaç kez.
ìkudooon 異口同音 /*a.*/ 〜の ağzı bir. 〜に bir ağızdan, hep bir ağızdan.
ikuei 育英 /*a.*/ gençlik terbiyesi.
ìkue ni mo 幾重にも /*be.*/ binlerce.
ikura イクラ /*a.*/ balık yumurtası, havyar, kırmızı havyar.
ìkura 幾ら, いくら /*a.*/ kaç, kaça (fiyat), kaç tane, kaç lira, ne kadar, nice. 〜の kaçlık. 〜逆立ちしても (侮辱的) çatlasa da patlasa da. 〜. Kaç para? Ne kadar? 〜で. Kaça? 〜したか. Kaça mal oldu? 値段は〜ですか. Fiyatı ne kadar? 〜もうけても倹約しなければ金はたまらない. İşten artmaz, dişten artar.
ikura demo いくらでも /*be.*/ istediği kadar.
ìkura ka 幾らか, いくらか /*a.*/ bir miktar, kimi, bazı, birkaç. 〜は az buçuk.
ikusã 戦 /*a.*/ savaş. → **señsoo**.
ikusaki 行く先 /*a.*/ gidilecek yer, gelecek.
ikusei 育成 /*a.*/ büyütme, öğretim.
ikusyu 育種 /*a.*/ 〜研究所 tohum ıslah istasyonu.
ìkuta 幾多 /*a.*/ birçok.
ìkutabi いくたび, 幾度 /*a.*/ kaç defa, birçok defa.
ìkuzi 育児 /*a.*/ çocuk bakımı.
ìkuzi 意気地 /*a.*/ 〜のない yüreksiz.
ikuzihoo 育児法 /*a.*/ 母親は〜をよく知らなくてはいけない. Anneler çocuk bakımını iyi bilmeli.
ikuzìnasi 意気地なし /*a.*/ (俗語) hanım evladı, korkak.
ikyoo 異教 /*a.*/ ayrı din. 〜の kâfir, kitapsız.
ikyoo 異郷 /*a.*/ gurbet.
ikyòoto 異教徒 /*a.*/ kâfir, gâvur.

ima 今 /*be.*/ daha. 〜一度 bir defa daha. 〜少し az daha.
ìma 今 /*a.*/ şimdi, henüz, halen, demin, şu anda. 〜の şimdiki. 〜の若い者 şimdikiler. たった〜 daha yeni. 〜すぐ apansız, şimdiden tezi yok. 〜も halen. 〜ここにいたかと思うともうあちらに çat orda çat burda çat kapı arkasında. 〜来たところだ. Şimdi geldi. 〜ここにいたばかりだ. Demin buradaydı. お母さん〜来るよ, 泣かないで黙って. Annen şimdi gelir, ağlama sus! 〜来たばかりでまだ誰とも会えません. Henüz geldim daha kimse ile görüşemedim.
imã 居間 /*a.*/ oturma odası. 客間と〜 misafir odası ve oturma odası. 〜にじゅうたんを張る salona halı döşe-.
imada いまだ /*be.*/ daha, hâlâ, henüz.
imadani いまだに /*be.*/ hâlâ. できた, できつつあると言われながら〜できない 飛行場 bitti, bitiyor derken hâlâ bitmeyen hava alanı. ちょうど5時に来るはずだったのに〜見えない. Güya tam beşte gelecekti, hâlâ görünürde yok.
imadoki 今時 /*a.*/ 〜の (俗語) zamane. 〜の若い者 zamane delikanlısı.
imagoro 今ごろ /*a.*/ 〜気がついたのか akşamdan sonra merhaba.
imaimasìi いまいましい, 忌ま忌ましい /*s.*/ müessif, tuh, tüh, kahrolsun! (口語) dinine yandığım.
ima màde 今まで /*a.*/ şimdiye kadar. 〜もこれからも (俗語) ömrü billah. この学校は〜たくさんの人物を育てた. Bu okul şimdiye kadar çok adam yetiştirdi.
ìma ni 今に /*be.*/ yakında, birazdan, az sonra. 〜正しいことが分かる. Allah büyüktür.
ìma ni mo 今にも /*be.*/ akşama sabaha, bu günlük yarınlık, az kaldı, az kalsın. 〜…しそう ha … ha…,

nerede ise, az kaldı, az kalsın. 〜来そうだ. Ha geldi, ha gelecek. うれしくて〜気が狂いそうだった. Sevinçten neredeyse çıldıracaktım. 〜落ちそうだった. Az kaldı düşüyordu.
ima no tokoro 今のところ /be./ şimdilik, halen. 〜は役に立つ yasak sav-. 〜これで十分だ. Şimdilik bu kadar yeter. 旅行は〜うまくいっている. Yolculuk şimdilik iyi gidiyor.
imasigata 今しがた /be./ demin, henüz, şimdi, yeni. 彼に〜会った. Onu yeni gördüm.
imasime 戒め /a./ hisse.
imasimḕ·ru 戒める /ey./ ders ver-, azarla-, payla-, ayıpla-.
imawasii 忌まわしい /s./ iğrenç, tiksindirici.
imḕezi イメージ(İng. image) /a./ imge.
ìmi 意味 /a./ anlam, mana, mefhum. 〜のある anlamlı, manalı, manidar. たくさん〜のある çok anlamlı. 〜が隠されている, 〜深長な manalı. 〜のない manasız, ipi sapı yok, ipsiz sapsız. 〜のない言葉 boş söz. 隠れた深い〜 belâgat. 相当する〜 karşılık. …という〜になる anlamına gel-. …という〜だ demek ol-. 〜を持つ ifade et-. 〜をなさない imlâya gelme-. 〜を取り違える mana çıkar-. 悪い〜にとる kötüye çek-. どういう〜か ne de-. 行く〜がない gitmekte bir mana yok. 言葉の真の〜において kelimenin tam manasıyla. 真実とは「本当」という〜だ. Hakikat "gerçek" demektir.
imiai 意味合い /a./ 隠れた〜 nükte.
imikòtoba 忌みことば /a./ uğursuz kelime.
imiñ 移民 /a./ göçmen, muhaceret, muhacir. 〜する göç-, göç et-.
imìñsya 移民者 /a./ muhacir.
imìroñ 意味論 /a./ anlam bilimi.
ìmisuru 意味する /ey./ kastet-. …を〜 demek ol-.

imō イモ, 芋 /a./ patates. §〜を洗うよう çok kalabalık.
imōmusi イモムシ, 芋虫 /a./ tırtıl.
imono 鋳物 /a./ döküm, dökme. 〜の dökme. 〜のかま dökme kazan.
imonōsi 鋳物師 /a./ dökmeci, dökümcü.
imootō 妹 /a./ kız kardeş, küçük kardeş, bacı, hemşire. 義理の〜 elti.
ìmori イモリ /a./ su keleri.
ìmu 忌む /ey./ tiksin-.
imùsicu 医務室 /a./ okul ve başkalarında eczane.
imyoo 異名 /a./ lakap.
ìna 否 /ün./ hayır.
inabìkari 稲光 /a./ şimşek, yıldırım, yalabık. 〜が光る şimşek çek-, yalabı-.
inago イナゴ /a./ çekirge.
inagōmame イナゴマメ /a./ keçi boynuzu.
inaho 稲穂 /a./ pirinç başağı.
ìnai 以内 /a./ 〜に zarfında, içinde, içerisinde, kadar.
inaka 田舎 /a./ kırsal alan, kır, taşra, dağ başı, köy. 〜の kırsal, taşralı. 〜の巡査部長 (古語) kır serdarı.
inakamono 田舎者 /a./ taşralı, (俗語) ahlat. 〜らしさが残る taşralı kal-.
inàmu 否む /ey./ inkâr et-.
inanàku いななく /ey./ kişne-. 馬が〜 at kişne-.
inaòru 居直る /ey./ birdenbire çalımlı davran-.
inaràbu 居並ぶ /ey./ hazır bulun-.
inasaku 稲作 /a./ pirinç yetiştirmesi.
ìnaya 否や /be./ …するや〜 demeye kalma-. 言うや〜 der demez.
inazuma いなずま /a./ şimşek, yıldırım, çakım. 〜が光る şimşek çek-, yalabı-. 〜が光ると辺りが急に明るくなった. Şimşek çakınca ortalık birdenbire aydınlandı.

ine イネ, 稲 /a./ pirinç otu. 〜を刈る pirinç biç-.

inemüri 居眠り /a./ şekerleme, kestirme, pinekleme. 〜する uyukla-, pinekle-, içi geç-. おじいさんはテレビを見ながら〜をする. Dedem televizyon izlerken uyukluyor.

iniñ 委任 /a./ havale, ihale, ruhsat. 〜の havaleli. 〜する emanet et-, görevlendir-.

iniñ tōoci 委任統治 /a./ manda.

iniñ toocikoku 委任統治国 /a./ mandater.

iniñzyoo 委任状 /a./ vekâletname. 白紙〜を渡す açık bono ver-.

inisiācibu イニシアチブ (İng. initiative) /a./ inisiyatif, teşebbüs. 〜をとる ön ayak ol-. 〜を発揮する teşebbüsü ele al-.

inisiaru イニシアル (İng. initial) /a./ rumuz, baş harfler. 〜の署名 paraf. 〜の署名の parafe. 〜で署名する parafe et-.

inisie いにしえ /a./ eski zaman.

inoci 命 /a./ can, ömür, yaşam. 〜の心配 can kaygısı. 〜にかかわる hayatî, öldürücü. 〜の短い kısa ömürlü. 〜ある限り ömrü oldukça. 〜を助ける aman ver-. 〜を助けてやる canını bağışla-. 〜を守る başını kurtar-. 〜を取る can (canını) al-. 〜を犠牲にする canını ver-, (口語) kelleyi ver-. 〜を投げ出す can ver-. 〜をほうり出す canını sokakta bul-. 〜をかける ölümü göze al-. 〜を粗末にする ölümüne susa-. 〜を地獄にやる canını cehenneme gönder-. 〜で償う canıyle öde-. 〜が惜しい başından kork-. 〜が助かることだけを考える canının derdine düş-. 人に〜を助けられる hayatını borçlu ol-. この鳥の〜はいへん短かった. Bu kuşun ömrü çok kısaymış. 家で八人の〜を養っている. Evde sekiz can besliyor. 猟に彼は〜をかけた. Avcılık hayatına mal oldu. 〜が惜しい. Canımı sokakta bulmadım. 誰しも〜は惜しい. Senin canın can da benimki patlıcan mı?

inocibiroi 命拾い /a./ 〜をする güç belâ aman bul-.

inocigake 命がけ /a./ ölüm tehlikesi. 〜で can (kanı) pahasına. 〜でやる başını koltuğunun altına al-, başını ortaya koy-.

inocikaragara 命からがら /be./ ölüm tehlikesinden. 〜逃げ出す can pahasına kaçıver-.

inocitori 命取り /a./ 〜の病 ölümcül bir hastalık.

inokori 居残り /a./ geri kalma.

inoñdo イノンド /a./ dere otu.

inori 祈り /a./ dua, hayır dua, hacet, yakarı, yakarış, ibadet. 〜をささげる ada-. 葬式の〜 cenaze namazı. 埋葬後の僧の〜 telkin. 一日五回の〜 beş vakit namaz. 午後の〜の時間 ikindi. イスラムの〜の時を知らせる呼び声 ezan.

inōru 祈る /ey./ dile-, dua et-, hacet dile-, tapın-. 成功を〜 başarınızı dile-. 導師にならって〜 cemaatle namaz kıl-. 幸運を〜. Hayırlı olsun.

inosisi イノシシ /a./ yaban domuzu, yabanî domuz.

inū イヌ, 犬 /a./ köpek, it, çomar. 狂暴な〜 azgın bir köpek. 血統の正しい〜 cins köpek. 羊飼いの〜 çomar. 〜を飼う köpek besle-. 〜がけんかをする dalaş-. 〜がウウッとうなる hırla-. 〜も食わないひどい料理 ite (köpeğe) atsan yemez. 〜を呼ぶ声 kuçukuçu. 〜のようにへつらう köpek gibi. 〜の子 enik.

inubara イヌバラ /a./ yaban gülü.

inugoya 犬小屋 /a./ köpek kulübesi.

inuzini 犬死に /a./ boşu boşuna ölme. 〜する (口語) güme git-.

inyuu 移入 /a./ ithal, içine alma.

iñ 韻 /a./ vezin, kafiye, uyak. 〜を踏む uyakla-.

iñ 印 /a./ damga, mühür, ıstampa. 〜を押す damga vur-, damgala-, mühürle-. 紙に〜を押す kâğıda mühür bas-, kâğıdı mühürle-. 〜のある damgalı, mühürlü.

iñbai 淫売 /a./ fahişe, fuhuş.

iñbaikucu 淫売窟 /a./ randevu evi.

iñboo 陰謀 /a./ desise, komplo, entrika, tertip, fırıldak, (口語) dalavere, (隠語) dümen. 〜を企てる komplo kur-. 〜をめぐらす dalavere çevir- (döndür-), entrika (fırıldak, dümen) çevir-.

iñbooka 陰謀家 /a./ fitneci, dalavereci.

iñbu 陰部 /a./ ut yeri.

iñbuñ 韻文 /a./ manzume, nazım, şiir. 〜の manzum.

iñci インチ (İng. inch) /a./ pus.

iñciki いんちき /a./ külah. 〜をする külah et-. 〜をしてだます külah giydir-. 〜をして利益を図る külah kap-, külah peşinde. 〜な政策 aldatmaca politikası.

iñdeñki 陰電気 /a./ negativ (eksi) elektrik.

İñdo インド /a./ Hindistan, Hint. 〜の王 raca. 〜大麻 hint keneviri.

İñdonèsia インドネシア /a./ Endonezya, İndonezya.

İñdòyoo インド洋 /a./ Hint Okyanusu.

İñdòziñ インド人 /a./ Hintli.

iñei 陰影 /a./ gölge.

iñga 因果 /a./ sebep ve sonuç, sebebiyet; kısmet. 〜関係 nedensellik.

iñgàsi 印画紙 /a./ kopya kâğıdı.

iñgeñmame インゲンマメ, 隠元豆 /a./ fasulye, barbunya. 〜の筋を取る fasulyenin kılçıklarını temizle-. 荷の一方は〜, 片一方はエジプト豆. Yükün bir dengi fasulye, bir dengi nohut.

iñgiñ いんぎん /a./ nezaket.

iñgo 陰語 /a./ argo.

İñgurañdo イングランド /a./ İngiltere.

iñhureesyoñ インフレーション (İng. inflation) /a./ enflasyon, para şişkinliği. 〜がエスカレートしている. Enflasyon tırmanıyor.

iñhurueñza インフルエンザ (İng. influenza) /a./ enflüanza, grip, (俗語) paçavra hastalığı. ある薬が〜を予防する. Bazı ilaçlar gribi karşılar.

iñka 引火 /a./ tutuşma, alevlenme, iştial.

iñkañ 印鑑 /a./ damga.

iñkei 陰茎 /a./ kamış, penis.

iñkeñ 引見 /a./ mülakat.

iñkeñ 陰険 /a./ 〜な gök gözlü, sinsi, yılan gibi. 〜な男 hilekâr adam. 強情で〜な domuz gibi. 〜な金髪の çıyan gibi. 〜な人を刺激して怒らせる yılan kuyruğuna bas-.

iñki 陰気 /a./ 〜な kasvetli, sıkıcı. 〜な場所 kapanık bir yer.

iñkoo 咽喉 /a./ boğaz.

iñku インク (İng. ink) /a./ mürekkep. 〜のしみ mürekkep lekesi. 紙だって, ペンだって, 〜だって, 必要な物は何でも買った. Kâğıttı, kalemdi, mürekkepti, ne lâzımsa aldım.

iñkù cubo インクつぼ /a./ mürekkep hokkası. ペンを〜にひたす kalemi hokkaya ban-.

iñku sutañdo インクスタンド (İng. inkstand) /a./ mürekkep hokkası. 〜の皿 hokka takımı tablası.

iñkyo 隠居 /a./ çekilme. 〜する inzivaya çekil-. 〜させる çırak et- (çıkar-).

iñkyoku 陰極 /a./ eksi uç.

iñmecu 隠滅 /a./ gizlice kaybetme.

iñmoñ 陰門 /a./ ferç.

iñneñ 因縁 /a./ talih, kısmet. 〜を付ける kavga çıkar-.

iñni 陰に /be./ gizlice. 〜陽に gizlice ve açıkça.

iñniku 印肉 /a./ ıstampa.
iñniñ 隱忍 /a./ sabır.
iñnoo 陰囊 /a./ torba, er bezi.
iñpei 隱蔽 /a./ gizleme, örtme.
iñreki 陰暦 /a./ ay takvimi. 〜の二月 safer.
iñricu 韻律 /a./ vezin, ölçü.
iñryoku 引力 /a./ yer çekimi, çekim gücü, cazibe. 太陽の〜 güneş çekimi. 〜の法則 yer çekimi kanunu. 〜で引きつける çekimle-.
iñryòo 飲料 /a./ içme, meşrubat, içecek.
iñryoo kòoseñ 飲料鉱泉 /a./ içmeler, içmece.
iñryòosui 飲料水 /a./ içecek su, içme suyu, tatlı su.
iñsacu 印刷 /a./ basım, baskı, bası, matbaacılık, tabı. 本の〜 kitabın basımı. 〜の全紙 forma. 〜する bas-, tabet-. 本を〜する kitap bas-. 紙幣を〜する kes-. 〜される basıl-. 〜させる bastır-. 〜に送る baskıya koy-(ver-). 〜された basılı, matbu.
iñsacùbucu 印刷物 /a./ basma, matbua.
iñsacùgyoo 印刷業 /a./ matbaacılık.
iñsacùki 印刷機 /a./ baskı makinası.
iñsacuniñ 印刷人 /a./ basıcı.
iñsacùsi 印刷紙 /a./ 〜を折る forma kır-.
iñsacùsuu 印刷数 /a./ baskı.「トルコ語」誌の〜は一万部だ. Türk Dili Dergisinin baskısı on bindir.
iñsacùsya 印刷者 /a./ matbaacı, basan.
iñsacusyo 印刷所 /a./ basım evi, matbaa.
iñsacusyo 印刷屋 /a./ basan, matbaacı. 本の〜 kitapçı.
iñsacùzyucu 印刷術 /a./ basım.
iñsei 陰性 /a./ 〜の negativ.
iñseki 姻戚 /a./ akraba. 〜関係 akrabalık.
iñseki 隕石 /a./ gök taşı, meteor taşı.
iñsi 印紙 /a./ pul, damga pul. 〜を張る pulla-. 〜に消印を押す pulu damgala-. 〜販売人 pulcu.
iñsi 因子 /a./ etken.
iñsihoo 印紙法 /a./ damga kanunu.
iñsìzei 印紙税 /a./ damga resmi.
iñsocu 引率 /a./ liderlik.
iñsupirèesyoñ インスピレーション(İng. inspiration) /a./ ilham, doğaç. 〜を感じさせる ilham et- (ver-).
iñsùu 因数 /a./ çarpan. 〜分解 çarpanlara ayırma.
iñsyoku 飲食 /a./ boğaz, içme yeme.
iñsyokùbucu 飲食物 /a./ yiyecek ve içecek, gıda. 〜をまかせる dinlen-.
iñsyoo 印章 /a./ mühür.
iñsyoo 印象 /a./ izlenim, intiba. 〜を与える hissini ver-, yer et-. 〜を残す izlenim bırak-.
iñsyooha 印象派 /a./ izlenimcilik.
iñsyu 飲酒 /a./ içki içme.
iñsyuu 因習, 因襲 /a./ eski faydasız âdet.
iñtaanàsyonaru インターナショナル (İng. international) /a./ 〜な uluslararası.
iñtàañcyoo インターン長 /a./ başasistan.
iñtabyuu インタビュー(İng. interview) /a./ görüşme, röportaj, mülakat. 〜の談話 demeç.
iñtai 引退 /a./ çekilme, emeklilik, tekaüt. 〜する emekli ol-, kenara (köşeye) çekil-, dünyadan elini eteğini çek-. 〜した emekli. 〜して死を待つばかりの人 ahret adamı.
iñtoku 隱匿 /a./ istifçilik, stokçuluk.
iñtokùsya 隱匿者 /a./ istifçi, stokçu.
iñtoñ 隱遁 /a./ inziva. 〜の mün-

iñtoo

zevî. 〜する inzivaya çekil-.
iñtoo 咽頭 /a./ yutak.
iñtȍoeñ 咽頭炎 /a./ yutak yangısı (iltihabı), faranjit.
iñyoo 引用 /a./ aktarma, alıntı.
iñyoo 飲用 /a./ içme. 〜の içecek.
iñyoo 陰陽 /a./ pozitif ve negatif, eksi ve artı, kadın ve erkek.
iñyȍohu 引用符 /a./ tırnak imi (işareti).
iñyu 引喩 /a./ kinaye.
iñyu 陰喩 /a./ mecaz. 〜の mecazî.
iñzei 印税 /a./ telif hakkı ücreti.
îñzoku 姻族 /a./ akraba.
iñzȕu 員数 /a./ mevcut.
ioo 硫黄 /a./ kükürt. 〜を含んだ kükürtlü.
iooseñ 硫黄泉 /a./ kükürtlü ılıca.
ippacȕ 一発 /a./ bir el. 〜ピストルを撃つ bir el tabanca at-. 〜ピシャッとやった. Tokat şapladı. 動こうとでもいおうものなら〜くらうぜ. Kımıldanayım deme kurşunu yersin.
ippacubuñ 一発分 /a./ 〜の atımlık.
ippai いっぱい /a./ buram buram, tıklım. 〜の dolu, dolmuş, bol, tok. 中身が〜の dolgun. 中身が〜のコップ dolu bardak. かごの〜のサクランボ bir sepet dolusu vişne. 完全に〜の dopdolu. 口まで〜に ağız ağıza, ağzına kadar. 〜になる dol-. 人で〜になる adam alma-. 〜にする doldur-. 腹〜になる doy-. 腹〜にする doyur-. 腹〜食べる boğazını doyur-. 〜ある içinde yüz-, çok var. 仕事が〜ある işi başından aş-. プールが水で〜になった. Havuz su ile doldu. 港に魚が〜だ. Limanda balık dolu. 通り〜に人があふれていた. Cadde boyunca halk akıyordu. この子は腹〜になるということを知らない. Bu çocuk doymak bilmiyor.
îppai 一杯 /a./ bir bardak, bardak dolusu. 〜のコーヒー bir fincan kahve. 〜の酒 tek, bir dolu. 〜のお茶を飲んで生き返った. Bir bardak çay içince canlandım.
§〜食う (隠語) dolma yut-, zokayı yut-. 〜食わされる (隠語) kül ye- (yut-), mantara bas-.
ippai kigeñ 一杯機嫌 /a./ sarhoşluk.
ippaku 一泊 /a./ bir konma. 〜の料金 gecelik. 〜50リラ. Geceliği elli lira.
ippañ 一般 /a./ 〜の genel, olağan, evrensel, umumî. 〜に genellikle, umumiyetle, genel olarak, âdeta.
ippañ hȍosoku 一般法則 /a./ 〜は人々の望みで破られはしない. Bezi herkesin arşınına göre vermezler.
ippañka 一般化 /a./ tamim, genelleştirme. 〜する genelleş-, genelleştir-. 〜させる genelle-.
ippañmuki 一般向き /a./ 〜の popüler.
ippañsei 一般性 /a./ umumiyet.
ippañ sȉcumoñ 一般質問 /a./ gensoru.
ippañteki 一般的 /a./ 〜な umumî, genel. 〜な知識 dağarcık. 〜な知識が少ない dağarcığı kıt (yukfa).
ippeñ 一変 /a./ birdenbire değişme.
ippȅñ 一辺 /a./ bir kenar. 三角形の〜 üçgenin bir kenarı.
ippȅñ 一遍 /a./ bir boy, bir kez. 〜に bir kalemde, bir tahtada, birdenbire.
ippikî 一匹 /a./ → -hiki. 村人がホジャにウサギを〜持って来る. Bir köylü hocaya bir tavşan götürür.
îppo 一歩 /a./ bir adım, kadem. 〜下がる bir adım gerile-. 第〜 ilk adım.
ippo îppo 一歩一歩 /be./ adım adım.
îppoñ 一本 /a./ → -hoñ. カラーフィルム〜 bir adet renkli fotoğraf filmi. この金では辞書はおろか鉛筆〜も買えない. Bu para ile değil sözlük, bir kalem bile alınmaz.

ippoñ îppoñ 一本一本 /a./ iplik iplik, tel tel.
ippòo 一方 /a./ biri, birisi, bir taraf; bununla beraber. 〜の bir. もう〜の öbür, öteki. 〜では bir yandan. もう〜では öte yandan. 〜は…他方は… biri … öbürü …, bir … bir …. 荷の〜はインゲン豆、片〜はエジプト豆. Yükün bir dengi fasulye, bir dengi nohut.
ippoo cùukoo 一方通行 /a./ 〜の道路 tek yönlü yol.
ippuku 一服 /a./ içim. 〜する nefes al-. 〜もせずに ayağının tozu ile. 〜吸う nefes çek-.
îppuñ 一分 /a./ bir dakika.
ippu tasai 一夫多妻 /a./ çok karılılık, polijini. 〜の妻 kuma, ortak.
ippuu 一風 /a./ 〜変わった yabansı.
iradàcu いら立つ /ey./ bozul-, gocun-, içerle-. 彼は私の言葉でいら立った. O, bu sözümden gocundu.
iradatasè・ru いら立たせる /ey./ huzurunu kaçır-, tedirgin et-.
iradatasìsa いら立たしさ /a./ sabırsızlık.
irai 依頼 /a./ rica, dilek.
îrai 以来 /be./ -den beri, itibaren, sonra. その時〜 o gün bu gün. 父祖〜 babadan oğula. 先祖〜 cet becet. 我々とこの事件〜けんかをしている. Bizimle bu kazadan sonra tartışıyorlar.
iraira いらいら /a./ merak, rahatsızlık, sıkıntı.
îraira いらいら /be./ gıcık. 〜する gıcıklan-, deli ol-, içi içine geç-, kalkıp kalkıp otur-, sinirlen-, siniri oyna-, çırpın-, cinleri ayağa kalk-. ひどく〜する deli çık-. 他人に対し〜する gıcık al- (ol-). 〜してまんじりともしない dokuz doğur-. 〜した tedirgin. 〜させる rahat bırakma- (verme-), sinirine dokun-, sinirlendir-, tedirgin et-. 〜させるもの (口語) illet. 連れ合いは今日も〜. Bizimki bu gün yine sinirli.
Îraku イラク /a./ Irak.
irakusa イラクサ /a./ ısırgan.
Irakûziñ イラク人 /a./ Iraklı.
Îrañ イラン /a./ İran. 〜の İranlı.
Irâñziñ イラン人 /a./ İranlı, Acem.
irare・ru いられる、居られる /ey./ edebil-. いられない edeme-. 見ないでいられない baktıkça bakacağı gel-. 読まずにはいられない. Ben okumadan edemem. 彼なしではいられない. Ben onsuz edemem. 彼と一緒にはいられない. Ben onunla edemem. 人間は水なしでどうしていられようか. İnsan susuz nasıl edebilir? 一度思いついたらしないではいられない. Aklına esmeye görsün, yoksa yapmadan duramaz.
irarè・ru 炒られる /ey./ kavrul-. 炒られた kavruk.
irassyàru いらっしゃる /ey./ buyur-, teşrif et-. 中へいらっしゃい. İçeri buyurunuz. こちらへいらっしゃい. Buraya geliniz. どちらへいらっしゃいますか. Nereye gidiyorsunuz? 私どもの所へもいらっしゃいませんか. Bize de teşrif etmez misiniz? よくいらっしゃいました. Safa geldiniz. いらっしゃいませ. Hoş geldiniz. 内へいらっしゃい. İçeriye gel. どんな仕事をしていらっしゃいますか. Siz ne iş yapıyorsunuz?
irasuto イラスト (İng. illustration) /a./ resim. 〜をかく resimle-.
irasutorêetaa イラストレーター (İng. illustrator) /a./ resimleyici.
ireba 入れ歯 /a./ takma diş.
irecigai 入れ違い /a./ başka bir yere koyma. 〜になる biri geldiği sırada öbürü git-.
irei 異例 /a./ 〜の olağan dışı.
irei 慰霊 /a./ 〜祭 anma töreni.
irekae 入れ替え /a./ aktarma, tadilat.
irekaerarè・ru 入れ替えられる /ey./ aktarıl-.

irekãe・ru 入れ替える /*ey.*/ aktar-, tazele-. 空気を〜 havalandır-. 客のお茶を入れかえた. Konukların çaylarını tazeledim.

irekawari 入れ替わり /*a.*/ almaş.

irekawăru 入れ替わる /*ey.*/ değiş-. すっかり〜 başa baş değiş-. 空気が〜 havalan-.

ireko 入れ子 /*a.*/ 〜の箱 iç içe kutular.

iremono 入れ物 /*a.*/ kap, kap kacak. 小さい〜 kapçık. 商品の〜 mevzuat. 〜の中身を使い果たす dibini bul-.

irerare・ru 入れられる /*ey.*/ kon-, konul-, atıl-.

ire・ru 入れる /*ey.*/ içine koy-, içeriye al-, sok-, sığdır-, tık-, at-, çek-. 内に〜 içeri sok-. 金をポケットに〜 parayı cebine koy-. 本をかばんに〜 kitapları çantaya sok-. 食べ物に塩を〜 yemeğe tuz at- (koy-). ろうに〜 deliğe tık-. 刑務所に〜 hapise at-. 子供を風呂に〜 çocuğu banyoya sok-. 鼻に水を〜 burnuna su çek-. 自動車のタイヤに空気を〜 otomobilin lastiğine hava bas-. 日付を〜 tarih at-(koy-). 手に〜 elde et-. …を入れて dahil. 歴史の本と思って地理の本をかばんに入れた. Tarih kitabı diye coğrafya kitabını çantasına koymuş. 今日を入れて、来てから三日になった. Bu gün dahil geleli üç gün oldu.

irezumi 入れ墨 /*a.*/ dövme.

iri 入り /*a.*/ giriş ; gelir ; müsteri. 日の〜 güneş batması, gurup.

iribitari 入り浸り /*a.*/ ekti püktüler.

irie 入り江 /*a.*/ haliç, koy, körfez. 船が避難できる〜 çekmece.

iriguci 入り口 /*a.*/ giriş kapısı, ağız, eşik. 湾の〜 körfezin ağzı. 家の〜がない. Evin girişi yok.

irihi 入り日 /*a.*/ batmakta olan güneş.

irikùmu 入り組む /*ey.*/ karış-. 入り組んだ girift, girişik.

irimazìru 入り交じる /*ey.*/ karış-. 男女入り交じった erkekli kadınlı.

irimidarẽ・ru 入り乱れる /*ey.*/ birbirine giriş-, dolaş-, it izi at izine karış-.

iriumi 入り海 /*a.*/ koy, körfez.

iriyoo 入り用 /*a.*/ ihtiyaç, lüzum. 〜な lüzumlu. 〜の品 gerekli şey.

irõ 色 /*a.*/ renk, boya ; cinsî istek. 赤い〜 kırmızı rengi. 〜のついた renkli, boyalı. 〜をつける renk ver- (kat-), renklendir-. 水彩絵の具で〜を塗る sulu boya ile renklendir-. 〜のない renksiz. 〜を失う rengi at- (kaç-, uç-). 〜の薄い açık. 〜が薄くなる açıl-. 〜を薄める aç-. 〜のさめた soluk. 〜があせる rengi at- (kaç-, uç-), boyası at-. 〜とりどりの rengârenk. 〜とりどりの花 rengârenk çiçekler. 〜がこんで派手な alaca bulaca, alacalı bulacalı. 〜の取り合わせの悪い deli alacası. この〜は誰にでも合う. Bu renk herkese gider. この〜は部屋にぴったり. Bu renk odayı açtı. 日光でカーテンの〜があせた. Güneşten perdelerin rengi attı. この布の〜は緑に近い. Bu bezin rengi yeşile bakıyor.

iroai 色合い /*a.*/ renk.

iroasẽ・ru 色あせる /*ey.*/ sol-, rengi at- (kaç-, uç-). 色あせた soluk, solgun, uçuk, akçıl, çalık, renksiz. この布は色あせている. Bu kumaşın soluk bir rengi var. きれいだが少し色あせている. Güzel, yalnız biraz renksiz.

irocuki 色付き /*a.*/ 〜の renkli. 〜の氷砂糖 akide şekeri.

irõcuya 色つや /*a.*/ cildin rengi, beniz, cila. 〜がよい parlak, cilalı.

irodori 彩り /*a.*/ renk, renk verme.

irodõru 彩る /*ey.*/ boya-, renklendir-, renk ver-.

iroẽñpicu 色鉛筆 /*a.*/ boya kalem. 〜の赤 boya kalemlerinin kızılı.

irògami 色紙 /*a.*/ renkli kâğıt. 父は私に～と細い板でたこを作ってくれた. Babam bana renkli kâğıtlar ve çıtalardan bir uçurtma yaptı.
irogàwari 色変わり /*a.*/ ～の şanjan.
iroiro 色々 /*a.*/ neler, çeşit çeşit. ～な çok çeşitli, çeşitli, bir çok, türlü, muhtelif. ～な生地 çul çaput. ～な品物 ötesi berisi. ～な所 ötesi berisi. ～な材料の derme çatma. ～な所に出入りする dalıp çık-. ～なこ とに手を染める her boyaya girip çık-.
irokè 色気 /*a.*/ işve.
iromègane 色眼鏡 /*a.*/ renkli gözlük. ～で見る ön yargı ile bak-.
iromèku 色めく /*ey.*/ heyecanlan-, sinirlen-.
iroñ 異論 /*a.*/ itiraz. ～を唱える itiraz et-, karşı çık-.
iroñna 色んな, いろんな /*s.*/ türlü. ～本から集めた詩 türlü kitaplardan derlediğim siirler. 世の中には～ことがある. Dünya ucu uzundur.
iroòtoko 色男 /*a.*/ ağzı burnu yerinde erkek ; oynaş. 相手かまわぬ～ çöplük horozu.
iroppòi 色っぽい /*s.*/ işveli, kırıtkan.
iroppòsa 色っぽさ /*a.*/ işve.
iro tàiru 色タイル /*a.*/ çini.
iroziro 色白 /*a.*/ beyaz ten. ～でぽっちゃりした kar topu gibi.
irozukasè•ru 色付かせる /*ey.*/ kızart-.
irozuke 色付け /*a.*/ ～をする renk ver- (kat-), renklendir-.
irozùku 色付く /*ey.*/ boya al-. 果実が色付き始める alaca düş-.
irozuri 色刷り /*a.*/ boyalı basın.
i•ru 居る, いる /*ey.*/ var, bulun-, ol-, dur-, ne güne dur-. ～こと varlık. 今～ mevcut. ここに～もの burada mevcut olanlar. いない yok. いないこと yokluk. 誰もいない arayıp soranı yok, tekin. いなくなる yok ol-, gaybubet et-, kaybol-, kayıplara (kırklara) karış-, kaç-. 誰もいなくなる el ayak (etek) çekil-. 永久にいなくなる yerinde yeller es-. いたかと思うといなくなる人 kara batak gibi. どこに～のですか. Nerede bulunursunuz? ああ君はここにいたのか. A, sen burada mı idin! おじさんはドイツに十年いた. Amcam Almanya'da on yıl kaldı. お友達は今ここにいたのに、いついなくなったのかな. Arkadaşınız şimdi buradaydı, ne zaman kaçmış. 五人の子供がいた. Beş çocuk vardı. 私には兄弟が～. Benim kardeşim var. 彼は三人子供が～. Onun üç çocuğu var. 家に誰もいない. Evde kimse yok. 母がいない時は家事を全部私がした. Annemin yokluğunda ev işlerini hep ben yaptım. うちのアフメットがいなくなった. Bizim Ahmet kayıplara karıştı. いなくなった羊のしっぽは大きい. Kaybolan koyunun kuyruğu büyük olur. 立って～ ayakta dur-. すぐれて～ başta gel-. すすんで～ başta git-. 読んで～ okuyor. 長く立っていて疲れる ayağına (ayaklarına) kara su in-. あなたの本は手元に残っていますか. Kitaplarınız duruyor mu? こめかみがピクピクして～. Şakakları atıyor. 私は手紙を書いていた. Mektup yazmakta idim. ある男があなたを探しています. Bir bay sizi arıyor. 大理石が刻んで～時割れた. Mermer yontulurken attı. 弟は勉強して～. Kardeşim çalışıyor. 父はやせて～. Babam zayıf.
iru 要る /*ey.*/ gerekse-, gerek-, iste-, ara-, gerek, lâzım. 要らない yo. 私はペンが～. Bana bir kalem lâzım. この本要りますか. Bu kitabın sana lüzumu var mı? この料理には半キロの油が～. Bu yemeğe yarım kilo yağ gider. そのペンはいらない、こっちのをください. O kalemi istemedim, berikini ver.
iru 入る /*ey.*/ gir-. → **hàiru**. 気に～ beğen-.

î・ru 射る /ey./ kurşunla-, vur-. 弓を〜ok at-. 的を〜 nişan at-.
î・ru 鋳る /ey./ dök-, döküm yap-.
iru 炒る /ey./ kavur-, üt-. いったコーヒー豆 kavruk kahve. いった穀物 (俗語) kavurga.
irui 衣類 /a./ giysi, giyim eşyasi. 冬物〜 kışlık giysi.
iruka イルカ /a./ yunus balığı.
irumineesyoñ イルミネーション (İng. illumination /a./ donanma.
irusu 居留守 /a./ 〜を使う evde iken yok dedirt-.
îryoku 威力 /a./ güç. 言葉の〜 sözün gücü. 〜のある güçlü. 20キロトンの〜のある原子爆弾 yirmi kiloton gücündeki atom bombası.
îryoo 衣料 /a./ giysi, giyim eşyası.
îryoo 医療 /a./ tıbbî tedavi. 〜の tıbbî.
iryoohiñ 医療品 /a./ tıbbî eşya.
iryuu 遺留 /a./ geri bırakma.
isagiyòi 潔い /s./ temiz, yüreği açık.
îsai 委細 /a./ tafsilât, ayrıntı.
isakai いさかい /a./ kavga. 〜をする didiş-.
isamasìi 勇ましい /s./ cesur, yiğit, mert, şahbaz. 勇ましく mertçe.
isame・ru いさめる /ey./ çel-. あなたが私をいさめてくれなかったら、私はこの仕事についていたでしょう。 Siz aklımı çelmeseydiniz, ben bu işe girecektim.
isañ 胃酸 /a./ mide asidi.
isañ 遺産 /a./ kalıt, miras, tereke, baba bucağı. 〜が残る intikal et-. 〜が転がり込む (口語) miras ye-. 〜が転がり込んだ人 mirasyedi. 〜相続人 kalıtçı, mirasçı.
isañ sòozoku 遺産相続 /a./ tevarüs, vâris, veraset. 〜された kalıtsal.
isao いさお /a./ hayırlı iş, yararlık.
isasaka いささか /be./ biraz. 〜でも役立つ aşta tuzu bulun-. 〜も異議を唱えない kaşının altında gözün var deme-.

isecu 異説 /a./ farklı düşünce, itiraz.
isèebi イセエビ, 伊勢えび /a./ langust.
isei 威勢 /a./ gösteriş. 〜のいい canlı, gösterişli, enerjik, kıvrak.
îsei 異性 /a./ karşı cins.
isèisya 為政者 /a./ devlet adamı.
iseki 移籍 /a./ transfer.
iseki 遺跡 /a./ harabe, höyük, kalıntı, ören, yıkı.
îseñ 緯線 /a./ enlem, paralel.
ìsi 医師 /a./ hekim, doktor, tabip. 〜の合議 konsültasyon. 〜免許状 hekimlik diploması.
ìsi 意志 /a./ arzu, istek, istem. 〜の強い iradeli, yiğit. 〜の弱い iradesiz. 〜のかたい azimli. 〜の力 irade, istenç. 〜を通そうとする diren-, diret-. 人の〜を伝える tercüman ol-.
ìsi 意思 /a./ niyet, maksat.
ìsi 石 /a./ taş, çakıl, değerli taş. 舗道用の〜 kaldırım taşı. 指輪の〜 yüzük taşı. 〜の taşlı. 〜の多い taşlık. 〜の混った taşlı. 〜の混った小麦粒 taşlı buğday. 〜の坂道 taşlı yokuş. 屋根をならすローラー〜 yuvak. 暖炉の上の〜の棚 baca başı. 〜を投げる taş at-, taşla-. 水に〜を投げる taş at-. 〜を投げて殺す taşa bastır-. 次々に〜を投げる taşa tut-. 〜を敷く taşla-. 〜を敷いたところ taşlık. 〜を取り除く taşla-. 米の〜を取り除く pirinci taşla-. 〜の表面を細工する tara-. 〜を切り出す人 taşçı.
isibai 石灰 /a./ kireç.
isibei 石塀 /a./ taştan duvar.
isibumi 碑 /a./ mezar taşı, anıt.
isicu 遺失 /a./ kayıp.
isicùbucu 遺失物 /a./ kayıp eşyası.
isidañ 石段 /a./ taştan merdiven. 家の前の〜 seki.
isidàtami 石畳 /a./ kaldırım.
isigaki 石垣 /a./ duvar.
isikèri 石けり /a./ kaydırak, seksek

～の石 kaydırak, zıpzıp. ～をする kaydırak oyna-. 庭で～をしよう. Bahçede zıpzıp oynayalım.

isiki 意識 /a./ farkında olma, bilinç, şuur. ～を失う dal-. ～を失っている dalgın. 犯罪～ suçluluk duygusu. 病人がまた～を失った. Hasta gene daldı.

isikiriba 石切り場 /a./ ocak, taş ocağı.

isikiteki 意識的 /a./ ～な bilinçli, iradeli. ～になる bilinçlen-.

isikòro 石ころ /a./ taş, çakıl.

isiku 石工 /a./ duvarcı, taşçı. ～のの み taşçı kalemi.

isiñ 威信 /a./ saygınlık.

isiñ 維新 /a./ inkılâp, dönüşüm.

isiñdeñsiñ 以心伝心 /a./ telepati, uza duyum.

isioke 石おけ /a./ taştan kova. 家畜の水飲み用の～ maslak.

isiwata 石綿 /a./ amyant, asbest.

isiya 石屋 /a./ taşçı.

isizue 礎 /a./ temel taşı, esas.

isizuki 石突き /a./ 刀のさやの～ kılıç pabucu.

isizùkuri 石造り /a./ ～の kâgir. ～の家 kâgir ev.

isizumi 石積み /a./ ～の塀 kuru duvar. 下水用の～の穴 kuru kuyu.

iso 磯 /a./ deniz kıyısı, sahil, plaj.

isogasè•ru 急がせる /ey./ yol ver-, ivdir-, hızını artır-.

isogasii 忙しい /s./ meşgul, göz açama-. 忙しくする meşgul ol-. 忙しくさせる meşgul et-. 忙しくてほかのことはできない başını kaşımaya vakti olma-. 今忙しくて行けません. Şimdi meşgulüm, gelemem.

isogi 急ぎ /a./ acele, ivedi, ivedilik. ～の acele, ivedi, ivedili, evgin, ekspres. これは～の用だ. Bu evgin bir iştir. ～の仕事がある. İvedi bir işim var. 売り手は～をいいことにリンゴの腐ったのをよこした. Satıcı, aceleye getire-

rek elmanın çürüklerini vermiş.

isogiasi 急ぎ足 /a./ ～で歩く hızlı adımlarla yürü-.

isògu 急ぐ /ey./ acele et-, hız ver-, iv-, yürü-, adımlarını sıklaştır-. 用もないのに～ atlı kovala-. 必要以上に～ kelle koştur-. 急いで çabuk, çabuk çabuk, acele ile, ivedilikle, pek, süratle, yarından tezi yok. 急いでいる iv-. 急いで食べる atıştır-. 急いですぐ書く çabuk yaz-. たいへん急いでcabucak. 急いだ acil. この仕事は少し～. Bu iş biraz acele ister. どうか急いでくれませんか. Lütfen acele eder misiniz? 急げ! Çabuk ol! この仕事は急がねばならない. Bu işe hız vermeli. 急いで行ったのですぐ疲れた. Pek gittiği için çabuk yoruldu. 少し急ごう, でないと間に合わないよ. Biraz yürüyelim, yoksa yetişemeyeceğiz. 何をそんなに急いでいるの. Bulgurlu'ya gelin mi gidecek?

isoñ 依存 /a./ bağımlılık, bağım.

isoo 移送 /a./ nakil.

isooroo 居候 /a./ asalak, (俗語) beleşçi, (隠語) otlakçı, sığıntı. ～をする (冗談) koltukta ol-, Ekmek elden su gölden. ～のくせに人を連れ込む. Fare deliğine sığmamış, bir de kuyruğuna kabak bağlamış.

isosimu いそしむ /ey./ çalış-.

issacu 一札 /a./ ～入れる senet ver-.

issai いっさい, 一切 /be./ bütün, hiç. ほかのものには～目をかけなくなる gözü hiç bir şey görme-. がらくた～を門番に与えた. Kırık dökük ne varsa kapıcıya verdi.

issai gàssai 一切合財 /be./ sandık sepet. ～で olup olacağı.

issakuzicu 一昨日 /a./ evvelki gün.

issecù 一節 /a./ 文章の～ pasaj.

isseicìdai 一世一代 /a./ ～の hayat boyunca, yaşamaca.

issèiki 一世紀 /a./ bir asıl, bir yüzyıl.

isseini 一斉に /be./ hep beraber, cümleten, cümbür cemaat, bir ağızdan. ～叫ぶ bağrış-. ～笑う gülüş-. 技にとまっていた鳥が私を見て～逃げた. Ağacın dallarındaki kuşlar beni görünce kaçıştılar.

issei syàgeki 一斉射撃 /a./ yaylım ateşi, salvo.

isseki nicyoo 一石二鳥 /a./ bir taşla iki kuş vur-.

isseñ 一線 /a./ hiza. ～にそろえる hizaya getir-.

isseñzyoo 一線上 /a./ hiza. 二つが～にある ikisi bir hizada.

issikî 一式 /a./ bir takım, avadanlık. 大工道具～ marangoz takımı. 寝室の家具～ yatak odası takımı.

issiñ 一心 /a./ ～に ıklaya sıklaya.

issiñ dootai 一心同体 /a./ ～の友人 göbeği biriyle bağlı (beraber kesilmiş).

isso いっそ /be./ -den ise, daha iyisi.

issokû 一足 /a./ ～の靴 bir çift ayakkabı.

issoo 一層 /be./ daha. ～ひどい daha kötü.

issoo 一掃 /a./ ～する temizle-, temizlik yap-, yok et-, gider-, silip süpür-, süpür-, tırpan at-, tırpandan geçir-. ～される gideril-, temizlen-. 野犬が～された. Sokak köpekleri temizlendi.

issui 一睡 /a./ ～もしない göz kırpma-, göz yumma-, kirpiği kirpiğine değme-.

issûru 逸する /ey./ kaçır-, geçir-. 機会を～ fırsat kaçır-. 時を～ zamanını geçir-. 常軌を～ azıt-.

issyo 一緒 /a./ ～に birlikte, beraber, birden, bu arada, hep beraberce, ortaklaşa, yanı sıra. ～に行く birlikte git-. ～に持って来る birlikte getir-. ～に泣く ağlaş-. ～にやる geçin-. ～にする çit-. ～になる beraber bulun-. 助け合うために～になる arka arkaya ver-. ～になって騒ぎ立てる çığrış-. ～と見なす bir tut- (gör-). いつも～の人 çifte kumrular. 彼と～には いられない. Ben onunla edemem. 私は怠け者とは～にやれない. Ben tembellerle geçinemem. あなたがたは～ですか, 別々ですか. Beraber misiniz, ayrı mısınız?

issyokusokuhacu 一触即発 /a./ ～の nazik.

issyoo 一生 /a./ yaşam, yaşam boyu, tüm yaşam boyunca. ～の間には yaşama süresince. ～…ない ömründe. 彼は～をこの道にかけた. O, kendini bu yola adadı.

issyòogai 一生涯 /a./ yaşamı boyunca.

issyookeñmei 一生懸命 /a./ ～に tüm gücüyle, tüm gayretiyle, gayretle, canla başla, ıklaya sıklaya. ～に頑張る çırpın-. ～やる işe bak-, özen göster-, paralan-.

issyu 一種 /a./ bir çeşit, bir türlü. ～の植物 bir çeşit bitki.

issyuñ 一瞬 /a./ bir an, lahza. ～のうちに göz açıp kapamadan (kapayıncaya kadar), kaşla göz arasında. ～ためらう durakla-. 驚いて～我を忘れる donakal-. ～たりとも彼を忘れていない. Bir an bile onu unutmadı. 辺りを～恐怖が襲った. Ortalığı bir korkudur aldı.

issyuu 一周 /a./ tur.

issyûukañ 一週間 /a./ bir hafta. ～の bir haftalık. ～のうちに hafta arasında (içinde) 病人を～で立ち上がらせる hastayı bir haftada kaldır-.

issyûuki 一周忌 /a./ ölümden sonraki bir yıl dönümü.

issyûuneñ 一周年 /a./ bir yıl dönümü.

isu いす /a./ sandalye, (俗語) kürsü; mevki, yer, kadro. ～の背もたれ sandalyenin arkası. ～に張る生地 döşeme. しりに～をあてる altına sandalye

çek-.
isu kàbaa いすカバー /a./ koltuk kılıfı.
Isurâeru イスラエル /a./ İsrail. 〜の İsrailli.
Isuraerùziñ イスラエル人 /a./ İsrailli.
Isuramu イスラム /a./ İslâm. 〜の戒律 farz. 〜の聖者 evliya. 〜の修道僧 derviş. 〜の説教者 hatip. 〜の戦士 gazi. 〜帰依 iman. 〜神秘主義 tasavvuf. 〜の祈りの時を知らせる呼び声 ezan. 〜に改宗させる imana getir-.
Isuramu gàkuiñ イスラム学院 /a./ medrese. 〜を出た導師 hoca.
Isuramu gakuìñsei イスラム学院生 /a./ molla.
Isuramu hòokañ イスラム法官 /a./ kadı. 〜の判決 fetva. 〜の職 kadılık. 〜の管轄区 kadılık.
Isuramu hòoteñ イスラム法典 /a./ şeriat.
Isuramùkoku イスラム国 /a./ Müslüman ülkeler. 〜の首長 emir.
Isuramu kokuòo イスラム国王 /a./ halife.
Isuramukyoo イスラム教 /a./ İslâm, Müslümanlık, Müslüman dini. 〜を受け入れる imana gel-, iman getir-. 〜への改宗者 dönme. 〜の灯明祭 kandil, kandil gecesi. 〜を信仰する mümin. 〜のために dini bir uğruma. 〜では酒を飲むことは罪だ. Müslümanlıkta içki içmek günahtır. 祈り, 断食, 巡礼, 施しが〜の礼拝法である. Namaz, oruç, hac ve zekât İslâm dininin ibadet türleridir.
Isuramu kyòodañ イスラム教団 /a./ ブルガリアの〜 Bulgaristanda İslâm cemaati. スンニー派〜 sünnet ehli. 〜の長 şeyh.
Isuramukyòokoku イスラム教国 /a./ Müslüman ülkeler. 〜の首長 imam. 〜の王位 saltanat.
Isuramukyòoto イスラム教徒 /a./

Müslim, Müslüman, İslâm, mümin. スンニー派〜 Sünnî. シーア派〜 Şia.
Isuramuðocyoo イスラム王朝 /a./ sultanlık. 〜の支配 saltanat.
Isuramùreki イスラム暦 /a./ hicrî takvim. 〜の hicrî. 〜1298年に hicrî 1298 yılında. 〜の正月 aşure ayı. 〜の三月 büyük mevlit ayı. 〜の五月 büyük tövbe ayı. 〜の七月 recep. 〜の八月 şaban. 〜の九月 ramazan. 〜の七, 八, 九月 üç aylar.
Isuramu siñgaku イスラム神学 /a./ kelâm.
Isuramu siñgàkusei イスラム神学生 /a./ (古語) softa.
Isuramu siñzya イスラム信者 /a./ mümin, Müslüman.
Isuramùsoo イスラム僧 /a./ imam.
Isuramu syàkai イスラム社会 /a./ Müslümanlık, Müslüman topluluğu.
Isuramu zìiñ イスラム寺院 /a./ cami. 〜は神聖な場所だ. Cami kutsal bir yerdir.
Isutañbùru イスタンブル /a./ İstanbul. 〜市長 İstanbul Belediye Başkanı. 〜からこっち İstanbul'dan beri.
isuwàru 居座る, 居据わる /ey./ çöreklen-. 私の頭にある疑いが居座った. Kafama bir süphe çöreklendi.
isya 医者 /a./ doktor, hekim, tabip. 〜に診てもらう doktora başvur-. 〜であること hekimlik. 病人はどこの〜が診ているのか. Hastaya hangi hekim bakıyor? 〜の与えた点滴が効いた. Doktorun verdiği damla iyi geldi. 〜に見えた. Doktora göründü.
isyàryoo 慰謝料 /a./ manevî zarar için tazminat.
ìsyo 遺書 /a./ vasiyet, vasiyetname.
isyoku 異色 /a./ 〜ある作品 eşsiz eser, benzersiz eser.
isyoku 移植 /a./ nakil, aktarım. 草花を〜する çiçekleri başka bir yere dik-. 臟器〜 organ nakli.

isyoku 委嘱, 依嘱 /a./ havale, rica, dilek.
ìsyoku 衣食 /a./ giyecek ve yiyecek. 〜を切り詰めて金を貯める dişinden tırnağından artır-. 〜に欲のない bir lokma bir hırka.
isyokùzyuu 衣食住 /a./ giyecek, yiyecek ve ev ; geçim.
isyoo 意匠 /a./ desen.
ìsyoo 衣装 /a./ elbise, kisve, üst baş. 〜をかえる kılık kıyafeti düz-, kılıktan kılığa gir-. 〜をそろえる donat-. 〜が人を物語る. İnsanı giyim kuşam gösterir.
isyoobako 衣装箱 /a./ elbise sandığı.
isyoobeya 衣装部屋 /a./ gardırop.
isyoobokake 衣装掛け /a./ elbise askısı.
isyoo tòdana 衣装戸棚 /a./ gardırop.
ìsyu 異種 /a./ 〜の yabancı.
isyugàesi 意趣返し /a./ öç, kısas, misilleme.
isyuku 萎縮 /a./ 〜する körel-, küçül-.
ìta 板 /a./ tahta, döşemelik tahta, dayanak, levha. カシの〜 meşe tahtası. 杉の〜 sedir tahtası. 平らな〜 düzgün tahta. 細長い〜 çıta. 〜の tahta. 〜のある tahtalı. 〜は電気を通さない. Tahtadan cereyan geçmez. 父は私に色紙と細い〜でたこを作ってくれた. Babam bana renkli kâğıtlar ve çıtalardan bir uçurtma yaptı.
§〜につく : 主婦が〜につく evinin kadını ol-. 手が〜につく eli işe yat-
itabari 板張り /a./ tahta kaplama.
itabàsami 板挟み /a./ kıskaç ; darlık, sıkıntı. 〜になる sıkıntıda ol-, şapa otur-.
itabei 板塀 /a./ tahta havale (perde).
itabuki 板ぶき /a./ padavra döşemesi.

itaci イタチ /a./ gelincik, kokarca, sansar.
itadaki 頂き /a./ tepe, doruk, baş. 山の〜 dağın tepesi, dağın zirvesi.
itadaku 頂く /ey./ (taç) giy- ; saygıyla al-, kabul et-. 雪を〜karlı.
itade 痛手, 傷手 /a./ yara, yıkım. 心の〜 gönül yarası. 〜を与える yık-. 子を失うことは母親にとって大きな〜である. Çocuğunu yitirmek bir anne için yıkımdır.
itagàkoi 板囲い /a./ tahta havale (perde).
itai 遺体 /a./ cenaze.
itài 痛い /s./ acı, ağrılı. → **itàmu.** 頭が〜 baş ağrısı ol-, başı ağrı-, başı tut-. 空気が悪くて頭が痛くなる başına vur-. 急に痛くなる sancılan-. 痛くする acıt-, canını acıt-. 〜! uf. 〜所を突く can evinden vur-. 知らずに〜ことを言う baltayı taşa vur-. このにおいで頭が〜. Bu koku başımı ağrıttı. おなかが〜. Karnım ağrıyor. 腹が急に〜. Belim kopuyor. 冷たい水を飲んでおなかが〜. Soğuk su içince karnım sancılandı. 私の腕を痛くしましたね. Kolumu acıttınız. 医者が注射をする前に少しも痛くないと言ったので安心した. Doktor iğne yapmadan önce hiç acı duymayacağımı söyleyince cesaretlendim.
itaikena いたいけな /s./ sevimli, cici. 〜子供 sevimli çocuk.
itaitasìi 痛々しい, 傷々しい /s./ acınacak.
itakedaka 居丈高 /a./ 〜な態度 göz dağı. 〜になる az-.
itaku 依託 /a./ 〜行商人 tablakâr.
itaku 委託 /a./ kredi, komisyon, emanet, ihale. 〜する görevlendir-. 入札で〜する ihale et-. 〜される görevlendiril-.
itakuhiñ 委託品 /a./ emanet.
itamae 板前 /a./ aşçı.
itamasè・ru 痛ませる /ey./ ağrıt-,

itawàru

acıt-. 皮膚をチクチク〜 dala-. 心を〜 yüreğine işle-.

itamasii 痛ましい /s./ dertli, feci. 痛ましく思う cız et-.

itamecukerarè·ru 痛めつけられる /ey./ eziyet çek-. 痛めつけられた ezgin.

itamecukè·ru 痛めつける /ey./ eziyet ver-, örsele-, didikle-, (俗語) ensesinde boza pişir-. 痛めつけて殺す derisini yüz-. 風が花を痛めつけた. Rüzgâr çiçekleri örseledi.

itamerarè·ru 炒められる /ey./ kavrul-, kızar-.

itamè·ru 炒める /ey./ kavur-, kızart-. 玉ねぎを〜 soğanı kavur-. 魚を〜 balık kızart-.

itamè·ru 痛める /ey./ acıt-, incit-. 足を〜 ayağı incit-. 心を〜 canını yak-, incit-, dağla-. 転んでひざを痛めたエルデムがヒーヒー言っている. Düşüp dizini acıtan Erdem cıyak cıyak bağırıyor. 重い石をどかしたので腰を痛めた. Ağır bir taş kaldırdım da belimi incittim.

itamè·ru 傷める /ey./ örsele-, yak-, zedele-, berele-, zarar ver-. 霜が植物を〜 kırağı çal, haşla-. 物を傷めないように使いなさい. Eşyalarını zedelemeden kullan.

itamì 痛み /a./ acı, ağrı, sızı. 〜のある ağrılı. 〜のない ağrısız. 激しい〜 can acısı. にわかの〜 sancı. 〜が急に激しくなる bıçak gibi saplan-. 〜がおさまる rahatla-, acısı din-. 薬を飲んだが〜がまだ時々来る. İlaç aldığım halde ağrılarım yine beni yokluyor.

itamì 傷み /a./ bere.

itamidome 痛み止め /a./ ağrı giderici ilaç.

itamiìru 痛み入る /ey./ minnettar ol-, gönül borcunda.

itàmu 痛む /ey./ ağrı-, acı-, acı çek- (duy-), sancı-. → **itài**. 腕が〜 kolu ağrı-. 背中が〜 sırtı acı-. 頭が〜 başı ağrı-. 頭がひどく〜 başı çatla-. ひどく〜 canı yan-, bur-, burnunun direği sızla-, kop-. ずきずき〜 sancı-. ねじれるように〜 burul-. 切られるように〜 doğran-. 打って〜 incin-. ひねって〜 incin-. 心が〜 ciğeri yan-, incin-, burkul-. 痛まずに歯を抜く ağrısız diş çek-. ああ歯が痛み出した. Ay, dişim tuttu! 背中がちくちく〜. Sırtımda hafif bir sancı var. ひざの傷が〜. Dizimdeki yara ıstırap veriyor. 歩いてすべって足が〜らしい. Yürürken kaymış, ayağı incinmiş.

itàmu 傷む /ey./ yan-, çürü-. 家が〜 ev bozuk ol-. 傷んだ çürük.

itàmu 悼む /ey./ yas tut-.

itanoma 板の間 /a./ tahta döşeme.

itañsya 異端者 /a./ kâfir.

itareri cukusèri 至れり尽くせり /a./ mükemmel, eksiksiz.

itarì 至り /a./ 若気の〜 cahillik, (皮肉) bahar başına vur-.

Itaria イタリア /a./ İtalya. 〜の İtalyan. 〜ホソヒバ servi. 〜製品 İtalyan malı.

Itariago イタリア語 /a./ İtalyanca.

Itariàziñ イタリア人 /a./ İtalyan.

itarikkutai イタリック体 /a./ italik yazı.

itàru 至る /ey./ var-, eriş-, vasıl ol-. …に〜まですべて varıncaya kadar. 思い至らない hatıra gelme-. 〜所に her yerde.

itasikata 致し方 /a./ çare. 〜ない oldu olacak.

itàsu 致す /ey./ saygı ile eyle-. どう致しましょう. Neyleyim? Ne eyleyeyim?

itatamarènai 居たたまれない /s./ 後悔と恥ずかしさで居たたまれなくなる yerlere geç-.

itàtte 至って, いたって /be./ çok, pek çok.

itawàru いたわる /ey./ saygılı ol-, nazik ol-, esirge-. 父が子を〜ようにす

る babalık et-.
itaziki 板敷き /a./ tahta döşeme.
itazura いたずら /a./ yaramazlık, azizlik. 悪い〜 şeytanlık. 〜な yaramaz, afacan, hain, bastıbacak. 〜する oyna-, yaramazlık yap-. 〜に boş yere, tembel tembel, beyhude yere, lüzumsuz yere, tevekkeli. 〜に時を過ごす abesle uğraş- (iştigal et-). 先生はチェティンが〜をしたので叱った. Öğretmen Çetin'e yaramazlık yaptığı için çattı.
itazura bòozu いたずら坊主 /a./ yaramaz bir çocuk. この〜の相手はもうごめんだ. Bu yaramaz çocukla uğraşmaktan bezdim.
itazuràkko いたずらっ子 /a./ yaramaz bir çocuk, yumurcak, ateş parçası, haydut gibi. 街の〜 mahalle çocuğu. 利口な〜 şeytanın kıç bacağı (art ayağı). 二人の〜は話すうちに急に口げんかを始めた. İki yaramaz konuşurken birdenbire atışmağa başladılar.
itazura kozòo いたずら小僧 /a./ yaramaz bir çocuk. 〜は頑として勉強しようとしない. Yaramaz çocuk, ders çalışmamakta direniyor.
itazurappòi いたずらっぽい /s./ いたずらっぽく笑う sırıtkan.
itazurazuki いたずら好き /a./ 〜の muzır.
iteñ 移転 /a./ göç, intikal, nakil, transfer. 〜する intikal et-.
itè·ru いてる /ey./ don-. → **kooru.**
Iteza 射手座 /a./ Yay.
ito 糸 /a./ iplik, çizgi, sicim, şerit, tel (yaylı çalgıların), (方言) ip. 〜を針に通す ipliği iğneye geçir-. 〜にビーズを通す ipliğe boncuk geçir-. 〜を紡ぐ iplik çek-. 〜をよる iplik bük-. 布から〜を抜く iplik çek-. 〜がほぐれる ipliklen-. 〜の束 çile. 〜の一紡ぎ büküm. よっていない〜 çiğ iplik. 〜のように細い iplik iplik. 傷の〜を抜く dikişini al-.
ito 意図 /a./ niyet, garaz, kasıt, maksat, meram. 〜する kastet-. 私はこの言葉を誰をも〜せずに言った. Ben bu sözü kimseyi kastetmeden söyledim.
itodama 糸玉 /a./ yumak, kuka. 〜を作る yumakla-.
itòguci 糸口 /a./ ip ucu.
itogùruma 糸車 /a./ makara.
itoko いとこ /a./ kuzen, kuzin, amca oğlu (kızı), amcazade.
itoma いとま /a./ zaman, vakit; veda.
itomagoi いとまごい /a./ veda. 〜をする veda et-. 〜をしあう helalleş-.
itòmaki 糸巻き /a./ makara, masura. 楽器の弦を張る〜 kulak, mandal.
itomakizào 糸巻きざお /a./ kirmen, öreke.
itomo いとも /be./ çok. 〜簡単に çok kolayca.
itonami 営み /a./ iş, meşguliyet, faaliyet, işletme.
itonàmu 営む /ey./ işlet-, çalış-.
itonoko 糸のこ /a./ kıl testere.
itoosìmu いとおしむ /ey./ kıskan-. 守り〜 bağrına bas-.
itosìgo いとし子 /a./ sevgili evlat.
itosii いとしい /s./ aziz, sevgili. 〜人よ cicim!
itoteki 意図的 /a./ 〜な kasıtlı, kastî, maksatlı. 〜に kasten.
itotoriboo 糸取り棒 /a./ kirmen, öreke.
itòu いとう /ey./ kaçın-, kaç-. 下働きをいとわない eline ayağına üşenme-. …をもいとわず pahasına. 苦労をいといません. Ben zahmetten kaçmam.
itòya 糸屋 /a./ aktar, iplikçi.
ittai 一体 /be./ yer yüzünde, acaba, bakalım (bakayım), hiç, kim bilir, sanki. 〜なぜ ne dedim de, nereden nereye. 〜どうしたらいいんだ. Ne yapsam acaba? 彼は〜何をしているのか. O

da ne oluyor! これは～どうしたというのだ. Hangi dağda kurt öldü? ～そんなことあるものか. Hiç öyle şey olur mu? ～これでもいいのか. Sanki bu da güzel mi?
ittai 一帯 /a./ bütün, tamam.
ittai 一隊 /a./ alay.
ittai zeñtai 一体全体 /be./ nereden nereye. ～こんなことをしたいと思ったことがあるのですか. Nereden nereye siz böyle bir iş isteyebilir miydiniz?
ittañ いったん /be./ bir kez. 彼は行くことを～思い付くともう止まらない. O gitmeyi bir kez kurdu mu, artık durmaz.
ittañ 一端 /a./ bir parça.
itte 一手 /a./ ～に kendi kendine, kendi başına. ～に引き受けて bir elden.
ittei 一定 /a./ karar, düzen. ～の belirli, dural, katî. ～の法則に基づく esasa bağla-. 月々の～の金を保障する aylık bağla-. 仕事や考えが～しない bir dalda durma-.
itteki 一滴 /a./ bir damla.
itteñ 一転 /a./ birden değişme.
ittêñ 一点 /a./ bir nokta. ～の疑いもなく iki kere iki dört eder gibi.
itteñbari 一点張り /a./ direnme.
ittoki 一時 /a./ bir ara.
ittoo 一頭 /a./ 羊の肉～ bir gövde koyun. ～の羊 bir koyun. ～の馬 bir at.
ittōosei 一等星 /a./ ～は19ある. Birinci kadirde 19 yıldız bulunur.
ittōosya 一等車 /a./ ～の切符がある. Birinci mevki tren bileti var.
iu 言う, いう /ey./ konuş-, de-, söyle-. 堂々と～ açıkça söyle-. 悪口を～ kötü söyle-, ayağına ip tak-. 考えを～ düşünceyi söyle-. 同じことを繰り返して～ dilinde tüy bit-, diline dola-, diline virt et-. 大げさに～ abart-, bire bin kat-. うるさく～ başının etini

ye-. ～気になれない dili varma-, ağzı varma-. ～べきでないことを口にする dili durma-. 言ったことが本当になる dediği çık-. 言ったことをかたく守る dediği dedik ol-. ～こと söz, deyiş. ～べき言葉 diyecek. ～べきことはない söz yok! 文句を～べきことはない diyeceği olma- (kalma-). 何も言わない sus-. 言いたいのに言わない dilinin ucuna gel-. 言わずにおく gizle-. ああ言えばこう～ ağız kullan-. ～も恥ずかしい ağıza alınmaz. 言わないことじゃない ne hâli varsa görsün. はっきり言えば açıkçası. 冗談～な deme. 言っておくが bu güne bu gün. ～やいなや der demez. ～は易し dile kolay. 彼の～ところを見ると onun deyişine göre. 夜と言わず昼と言わず gece gündüz demeden. …と言って diye. ～ことを聞く söz tut-, eyvallah et-, laf dinle-. よく～ことを聞く itaatlı. 人の言った通りにする ağzına bak-. ～ことを聞かせる ensesine bin-, sözünü geçir-, sözü geç-. ～通りにさせることのできる人 dişli, dişlek. ～ことを聞かない gem alma-, dediğinden (dışarı) çık-, itaatsız, azgın. 自分の考えにとりつかれて人の～ことを聞かない başının dikine git-. 武器がものを～ silahlar konuş-. …と～ diye. アフメットと～人 Ahmet isminde biri. …と～意味だ demek ol-. 彼にもう来ないように言ってください. Ona söyleyin, bir daha gelmesin. 彼は私達に「どうぞ」と言った. O, bize "buyurun" dedi. 私の言ったことを怒っているなら何も言いますまい. Söylediklerime kızıyorsan, sustum gitti. 来ると言って私達をだました. Gelirim diye bizi aldattı. 子供だと言って見くびるな. Çocuk deyip de geçmeyin. 雨だ雪だと言っていないで出発した. Yağmur, kar demedi yola çıktı. 動こうとでも言おうものなら一発くらうぜ. Kımıldanayım deme kurşunu yersin. これから来ると～のか. Bundan sonra gelir mi dersin? この

iwã

仕事にみんなは何と〜だろうか. Bu işe herkes ne der? メルシンではビワのことを新世界と〜. Mersin'de maltaeriğine yeni dünya derler. お金と〜のは何だ. Para dediğin nedir? トルコ文学と〜本を書いた. Türk Edebiyatı diye bir kitap yazdı. アリと〜人を捜している. Ali diye birini arıyor. 真実とは「本当」と〜ことだ. Hakikat "gerçek" demektir.

iwã 岩 /a./ kaya, taş. 〜の多いkayalık. 〜のたな korniş. 〜に爆薬を仕掛ける lağımla at-.

iwaba 岩場 /a./ kayalık. 〜の kayalık.

iwãba 言わば /be./ söylenecek olursa, kısacası.

iwãi 祝い /a./ tebrik, kutlama. 隣りでお〜がある. Bitişikte düğün var. 町がお〜で飾られた. Şehir donandı.

iwaiãu 祝い合う /ey./ bayramlaş-.

iwãkañ 違和感 /a./ 〜をおぼえる garipse-.

iwanasi イワナシ /a./ koca yemiş.

iwãñya いわんや /be./ nerede kaldı ki.

iwao いわお /a./ kaya. → iwã.

iware いわれ /a./ sebep; tarih.

iware・ru 言われる /ey./ denil-, den-, söylen-. 〜ようにする dedir-, dedirt-. 言われたことをすぐする bir dediğini iki etme-. 言われっぱなしにしておかない lakırdı altında kalma-. できた, できつつあると言われながらいまだにできない飛行場 bitti, bitiyor derken hâlâ bitmeyen hava alanı. これは無礼だと〜. Buna saygısızlık denir. 働き者と言われようとしてすごく頑張っている. Kendine çalışkan dedirmek için çok çalışıyor.

iwase・ru 言わせる /ey./ dedir-, dedirt-. 彼に「参った」と言わせた. Ona "pes!" dedirtti.

iwasi イワシ /a./ sardalye, hamsi.

iwasimizu 岩清水 /a./ kaya suyu.

iwãu 祝う /ey./ kutla-, kutlula-, tebrik et-. 誕生日を〜 doğum yıl dönümünü kutla-. 祝って酒を飲むşerefine iç-. 〜こと tebrik.

iwayama 岩山 /a./ 険しい〜 sarp kayalar.

iwayùru いわゆる /s./ sözde.

iyã いや /ün./ hayır.

iyã 嫌 /a./ 〜な hoşa gitmeyen, kötü, fena, sevimsiz, iğrenç, menfur, pis, ağır, antipatik. 〜なにおい fena (iğrenç, ağır) koku. 〜なにおいで悩まされる burnunun direği kırıl-. 〜な顔 sevimsiz bir yüz. 〜なやつ bok. 〜なことをする fena et-. 性的な〜な目つきで見る kötü gözle bak-. 〜なことを言って楽しむ人 ağzı kara. 〜である iğren-. 見るのも〜だ şeytan görsün yüzünü. 〜になる bez-, bık-, bıkkınlık gel-, nefret duy-. 働くのが〜になる çalışmaktan bık-. 生きるのが〜になる gönlü karar-. 〜になった bîzar. 〜にさせる bıktır-, fena et-, iğrendir-. 魚が〜においがしている. Balığın kötü bir kokusu var. 汚いコップや人の使ったタオルは〜なものだ. Kirli bardaktan, başkasının kullandığı bir havludan iğreniriz.

iyagarase 嫌がらせ /a./ 〜をする zıddına bas- (git-). 〜に inadına. 〜にする inadına yap-.

iyagãru 嫌がる /ey./ nefret et-, hoşlanma-, zıddı ol-, tepin-.

iyahõñ イヤホン(İng. earphone) /a./ kulaklık.

iyaiya 嫌々 /be./ kötü kötü. 〜の gönülsüz, isteksiz, bıkkın. 〜がまんする ya sabır çek-. 〜する仕事にろくな結果は生まれない. İsteksiz yapılan şeyler başarısızlıkla sonuçlanır. 仕事は〜でなく楽しんでしなければいけない. İşi bıkkınlıkla değil, severek yapmalı.

iyake 嫌気 /a./ bıkkınlık, usanç. 〜がさす usanç getir-.

iyaku 違約 /a./ sözleşmenin bozulması.
iyakuhiñ 医薬品 /a./ ilaç, deva.
iyami 嫌味 /a./ alay, istihza.
iyàni いやに /be./ fena, çok, fazla. 雨が〜降る. Yağmur fena yağıyor.
iyaðonasi いやおうなし /a./ 〜に çarnaçar, ister istemez. 〜だ oldu olacak.
iyarasìi 嫌らしい /s./ çirkef, galiz, sulu, hayvanca, hayvan gibi. 〜目つき çapkın bir bakış. 〜男 sulu adam. 〜目で見る (隠語) sulan-. いやらしく hayvanca. この〜男と友達づきあいをするな. Bu çirkef adamla arkadaşlık etme.
ìyariñgu イヤリング(İng. earring) /a./ küpe. 留め金のついた〜 klips. サンゴの〜 mercan küpeler. 耳に〜をつける kulağına küpe tak-.
iyasìi 卑しい /s./ alçak gönüllü, hakir, aciz, hasis, kaba, pespaye. 身分の〜 sütsüz. 身分の〜人 sütü bozuk. 〜人 derviş. 〜行為 köpeklik.
iyàsikumo いやしくも /be./ hiç.
iyasimarê·ru 卑しまれる /ey./ (古語) zelil.
iyasimê·ru 卑しめる /ey./ küçült-.
iyàsimu 卑しむ /ey./ küçült-. 〜べき hor.
iyàsisa 卑しさ /a./ alçaklık, köpeklik.
iyàsu いやす /ey./ iyileştir-. 疲れを〜 dinlendirici. 疲れを〜コーヒー yorgunluk kahvesi. 渇きを〜 hararet kes-(söndür-), susuzluğu gider-. お茶は渇きを〜. Çay, harareti alır.
iyòiyo いよいよ /be./ sonunda, nihayet. 〜という時になる yumurta kapıya dayan-(gel-).
ìyoku 意欲 /a./ heves, irade, istem, merak. 長続きしない〜 geçici haves. 〜を持つ heves et-, 〜を起こさせる isteklendir-. 学習〜がある. Okumaya hevesi var.

iyokuteki 意欲的 /a./ 〜な hevesli, istekli, gönüllü, iştahlı. 〜でない iradesiz, isteksiz.
iyoo 異様 /a./ 〜な姿 olağanüstü, garip.
izakaya 居酒屋 /a./ koltuk meyhanesi.
izanàu いざなう /ey./ davet et-, gidip al-.
izayoi 十六夜 /a./ ayın on altıncı gece.
izeñ 依然 /a./ 〜として her zaman olduğu gibi, halen.
ìzeñ 以前 /a./ bir vakit, bir zaman, bir zamanlar. 〜の evvelki, sabık. 〜に evvel, evvelce, önce, eskiden. 〜からずっと eskiden beri. かなり〜から hanidir.
ìzi 維持 /a./ destekleme, devam ettirme. 〜する sürdür-. 現状を〜する istifini bozma-.
ìzi 遺児 /a./ yetim, öksüz.
izi 意地 /a./ gurur, dayanca. 〜の悪い kötücül, nispetçi, huysuz. 〜の悪い人 yılan. 〜を張る inadı tut-. 〜でもやる iş inada bin-.
izikitanài 意地汚ない /s./ pis boğaz, boğazını sev-.
izikùru いじくる /ey./ kurcala-.
izime いじめ /a./ 〜の sataşkan.
izime·ru いじめる /ey./ sataş-, sık-, kötü muamele et-, kızdır-, tedirgin et-, dalga geç-, tutun-. 先生はアリをいじめたセリムをきつく叱った. Öğretmen Ali'ye sataşan Selim'e çok kızdı.
iziñ 異人 /a./ yabancı. 〜のように gâvurca.
iziñ 偉人 /a./ büyük adam, saygı değer kişi.
izippàri 意地っ張り /a./ geçimsizlik.
izirasìi いじらしい /s./ cici, çok sevimli.
izirimawàsu いじりまわす /ey./ kurcala-. ラジオをいじりまわしてすっかりだい

なしにした. Radyoyu kurcalayıp iyice bozdu.
izìru いじる /ey./ elle-, kurcala-. 〜とたいへんなことになりそうな問題 çıban başı. この時計を誰がいじったのか. Bu saati kim elledi?
iziwàru 意地悪 /a./ huysuzluk, cadılık, (俗語) nispet. 〜の geçimsiz, huysuz, nispetçi. 醜い〜の老婆 cadı. 〜をする nispet ver-, yüzüne bakma-. 〜でする nispet yap-. 彼は私達にとても〜をした. O bize çok etti.
ìzoku 遺族 /a./ ölen kişin arkasında bıraktığı ailesi, yoksun kalmış aile, arkadakiler.
izoku kèkkoñ 異族結婚 /a./ dışarıdan evlenme.
ìzuko いずこ /a./ nere. → **dòko**.
izumi 泉 /a./ kaynak, memba, fıskıye, kaynar, kaynarca, pınar, su başı, göz. 〜の水 memba suları. 人工の〜 çeşme. 小さい〜 çırçır. 町はずれの別れを惜しむ〜 ayrılık çeşmesi.
izure いずれ /a./, /be./ hangisi ; her nasılsa, her ne kadar, er geç. → **dòre**. 〜の hangi. 〜にしても her hâlde, her şartta. 〜天に昇るのだからうそはつきません. İki elim yanıma gelecek. 〜にしても変わりはない. Ha

hoca Ali, ha Ali hoca. 〜にせよ her hâlde, her şartta, her ne (hâl) ise.
izyoo 異状 /a./ aksaklık, bozukluk, bulanıklık.
izyoo 異常 /a./ sapaklık. 〜な sapık, taşkın, olağan dışı, anormal, aşırı, bir hoş, görüldedik, az bulunur. 〜な行動 taşkın bir davranış. 〜さ fevkalâdelik. 〜のある sapak.
ìzyoo 以上 /a./ -den fazla, daha, çok, üstünde, -den yukarıya. ‥‥〜の mütecaviz. 1〜の birden fazla. より〜の ziyade gerekli〜に lüzumundan fazla. 必要〜に大きい çarşaf kadar. これ〜 artık. これ〜のものはない üstüne yok. この車は500キロ〜の荷は運べない. Bu araba 500 kilodan çok yük çekmez. これ〜この村にはとどまれない. Artık bu köyde durulmaz. これ〜犠牲を払いたくない. Ben şahımı bu kadar severim. これ〜ひどくなりようがない. Sırtında yumurta küfesi yok ya!
ìzyucu 医術 /a./ hekimlik. 〜の tıbbî.
izyuu 移住 /a./ göç, hicret, muhaceret. 〜する göç et-, göç-. 他国へ〜した人 göçmen.

K k

ka か /il./ mi, mı, mü, mu ; veya, veyahut, ya da, yahut. ‥‥〜‥‥〜 gerek… gerek…, ha… ha…, ister … ister…, ya… ya…. 死ぬ〜生きる〜の戦い ölüm dirim savaşı. 何人〜の中の一人 birinden biri. 急に…〜もしれない bakarsın. 〜しら? → **ka sira**. 今日は何日です〜. Bu gün ayın kaçıdır? あなたがたは一緒です〜別々です〜. Beraber misiniz, ayrı mısınız? お待ちしたらいいのです〜. Beklememi istiyor musunuz? どんなポストに変わったのです〜. Hangi göreve ayrıldınız? 私が誰だ〜わかった〜. Benim kim olduğumu bildin mi? いい〜二度とするなよ. Sakın ha bir daha yapma！ やあ君だったの〜. Ay, sen mi idin！戸〜窓があいている. Kapı veya pencere açık. お茶〜ミルクを飲みません〜. Çay ya da süt içermisiniz？君ばかり〜彼も. Değil sen, o da. 私が来る〜彼が来る〜だ. Ya ben gelirim, ya o.

ka 力, 蚊 /a./ sivri sinek, sinek. 〜が刺す sivri sinek ısır- (sok-).

kà 香 /a./ koku. → **kaori.**

kà 可 /a./ iyilik. 〜とする lehinde bulun-.

kà 科 /a./ familya ; kurs, ders.

kà 禍 /a./ belâ.

kaabàido カーバイド (İng. carbide) /a./ karpit.

kaabîñzyuu カービン銃 (İng. carbine) /a./ karabina.

kàaboñ カーボン (İng. carbone) /a./ karbon.

kaabòñsi カーボン紙 /a./ karbon kâğıdı, kopya kâğıdı.

kàabu カーブ (İng. curve) /a./ eğri, kavis, dönemeç, dolambaç, dolay, kıvrım, kıvrıntı, büklüm, büküntü, viraj. 〜のある dönemeçli. 〜の多い dolambaçlı. 〜した kıvrımlı, eğri. 〜しているところ kıvrım. 〜を曲がる viraj al-. 通りの〜したところから左へ曲がる sokağın kıvrımından sola sap-. 船が大きく〜して進む harmanla-.

kàado カード (İng. card) /a./ kart ; fiş. 五の〜 beşli. トランプの〜をきる iskambil kâğıtları kar-. 〜の手をあかす elini belli et- (göster-). 強い〜を出して親を取る el al-. 〜に取る fiş aç-, fişle-. 個人の行動を〜に書きとめる fişini tut-.

kàado カード (İng. curd) /a./ çökelek, kesik.

kaafèrii カーフェリー (İng. car ferry) /a./ araba vapuru.

kaanèesyoñ カーネーション (İng. carnation) /a./ karanfil.

kàanibaru カーニバル (İng. carnival) /a./ karnaval. 〜の仮面 karnaval maskesi.

kàapetto カーペット (İng. carpet) /a./ halı, keçe. 〜を丸める halıyı bük- (dür-). けばのない〜 kilim.

kàaru カール (İng. curl) /a./ büklüm, bukle. 〜する kıvır-. 髪を〜する saçlarını kıvır-.

kàasañ 母さん /a./ annecik.

kàasuto カースト (İng. caste) /a./ kast.

kàateñ カーテン (İng. curtain) /a./ perde, gergi. 〜を引く perde çek-. 〜をおろす perde kapat-. 〜のある perdeli. 薄い〜 (古語) zar. 秘密の〜 esrar perdesi. 鉄の〜 demir perde. 〜がおりている. Perdeler inik. 日光で〜の色があせた. Güneşten perdelerin rengi attı.

kaateñya カーテン屋 /a./ perdeci.

kaatèñzi カーテン地 /a./ perdelik kumaş.

kaateñzùkuri カーテン作り /a./ perdeci.

kàatoñ カートン (İng. carton) /a./ karton.

kàba カバ, 河馬 /a./ su aygırı.

kàbaa カバー (İng. cover) /a./ örtü, kılıf, kapak, gömlek, mahfaza. ふとんの〜 yorgan kabı, nevresim. 本の〜 kitap kapağı. 〜する kapla-. 〜を掛ける kılıfla-, ört-. 枕に〜を掛ける yastığa kılıf geçir-. ふとんに〜をつける yorgan kapla-. 〜に油がたれる örtüye yağ damla-.

kabane かばね /a./ ceset. → **sitai.**

kabañ かばん /a./ çanta, valiz. 皮の〜 deri çanta. あなたの〜は机の上にある. Çantanız masanın üzerinde duruyor. 歴史の本と思って地理の本を〜に入れた. Tarih kitabı diye coğrafya kitabını çantasına koymuş.

kabañzùkuri かばん作り /a./ saraç.

kabàu かばう /ey./ koru-, kayır-, iltimas et-, kanadı altına al-, kanat

aç- (ger-), sakla-. 小さい者を〜 küçükleri kayır-.
kabe 壁 /a./ duvar. 〜の洋服掛け duvar askısı. 〜の土台 duvar ayağı. 〜の出っ張り duvar dişi. 〜の引っ込んだ空間 hücre. 〜をつなぐ金具 bağlama. 釘を〜に打ち込む çiviyi duvara çak-.
§〜に耳あり. Yerin kulağı var.
kabecuci 壁土 /a./ harç. 〜をこねる harç kar-.
kabegami 壁紙 /a./ duvar kâğıdı.
kabekàke 壁掛け /a./ askı. 〜のじゅうたん cicim, duvar halısı.
kabenuri 壁塗り /a./ badanacı; badanalama.
kabeñ 花弁 /a./ çiçek yaprağı.
kabe ràñpu 壁ランプ /a./ aplik.
kabezai 壁材 /a./ harç.
kabi カビ /a./ küf, pas. 〜が生える küf bağla- (tut-), küflen-, （口語）sakalı bit-. 〜の生えた küflü. 〜の生えたパン küflü ekmek. 〜を生やす（口語）tüy dik-. チーズに〜が生えた. Peynirin üstünde küfler var.
kabikusài カビ臭い /s./ küflü. カビ臭くなる küf kok-.
kabiñ 花瓶 /a./ vazo, çiçeklik. 花をガラスの〜に生ける çiçekleri cam vazoya yerleştir-. ちょっと手が花にさわったら〜が倒れた. Elim çiçeklere ilişmiş, vazo devrildi.
kabiñ 過敏 /a./ 〜な çok hassas, aşırı duygusal.
kabocya カボチャ /a./ kabak. 〜の種 çekirdek. ゆでた〜 kabak haşlaması. 〜とひき肉の煮込み kabak bastı.
kaboku 家僕 /a./ hizmetkâr.
kabosòi か細い /s./ kısık, zayıf. 〜腕 zayıf bir kol. 〜声 kısık ses. か細くなる dal gibi kal-.
kabosòsa か細さ /a./ kısıklık.
kabu カブ /a./ şalgam.
kabu 株 /a./ kök, kütük; hisse senedi. 木の〜 kütük. パセリ三〜 üç kök maydanoz.
kàbu 下部 /a./ aşağı, oturak, alt. 〜の aşağı. 壁の〜 duvar ayağı.
kabukeñ 株券 /a./ hisse senedi.
kabùnusi 株主 /a./ hissedar.
kabuñ 過分 /a./ aşırılık. 〜の aşırı. 〜の敬意を払う bir elini bırakıp ötekini öp-.
kabure かぶれ /a./ mayasıl.
kabure・ru かぶれる /ey./ mayasıl ol-.
kaburì かぶり /a./ baş. 〜を振る kabul etme-.
kaburicùku かぶりつく /ey./ ısır-.
kaburimono かぶり物 /a./ başlık, başörtü, çelme. 〜を取る başını aç-. 〜をした başlıklı, kapalı. 〜のない başı kabak, başı açık. 礼拝の時の女の〜 namaz bezi.
kabùru かぶる /ey./ giy-, örtün-, çek-. 頭に〜 başına geçir-. 頭にベレーを〜 başına bere giy-. 帽子を〜 şapkayı giy-. 頭に何か〜 baş bağla-. 頭にかぶった başlıklı. 頭に何もかぶっていない başı açık. ベールを〜 yaşmak tutun-. ベールを〜ようになる çarşafa gir-. ふとんを〜 yorgan örtün-. 水を〜 dökün-. 火を〜 ateş al-. かぶった kaplı. 月がかさを〜 ay harmanlan-. 人のしたことで火の粉を〜 ateşine yan-. すすんで災難を〜 belâyı satın al-. 本がほこりをかぶっている. Kitaplar toz içinde yüzüyor.
kabusàru かぶさる /ey./ örtün-, kapan-. おじいさんのカイゼルひげは口までかぶさっている. Dedemin pala bıyıkları ağzını bile örtüyor.
kabusè・ru かぶせる /ey./ ört-. ふたを〜 kapağı ört-. 罪を人に〜 üstüne yık-. 過ちを人に〜 kabahati birine at-. テーブルにテーブル掛けをかぶせた. Masaya masa örtüsünü örttüm.
kabusikigàisya 株式会社 /a./ anonim şirketi (AŞ), anonim ortaklığı (AO).

kabusiki tōoki 株式投機 /a./ borsa oyunu.
kabusiki torihikizyo 株式取引所 /a./ borsa.
kàbuto かぶと /a./ miğfer, tolga, başlık.
kàci 価値 /a./ değer, paha, kadir, kırat, kıymet, değim. 〜のある değerli. 小さくて〜のあるもの fındık altını. 〜のない havadan, değersiz, boş. 〜の低い değersiz. 〜を高める değerlendir-. 〜が知られる kıymetlen-. 〜の分かる değerbilir. 何の〜もない bir pul etme-. 〜がある değ-.
kacî 勝ち /a./ yengi, zafer, galebe. 早い者〜. Baskın basanındır.
kaciàu かち合う /ey./ karşılaş-.
kacidoki 勝ちどき /a./ zafer bağırtısı.
kaci hañdañ 価値判断 /a./ değer yargısı.
kacihokòru 勝ち誇る /a./ galip gel-. 勝ち誇った galip, muzaffer.
kaciikusa 勝ち戦 /a./ zafer, galebe, galibiyet.
kacikaci かちかち /a./ 〜の kaskatı. 〜の靴 katır kutur ayakkabılar. 〜になる kaskatı kesil-, kazık kesil-.
kàcikaci カチカチ /be./ takır takır, tık tık. 歯が〜ぶつかりあう. Dişleri takır takır birbirine vuruyor.
kaciki 勝ち気 /a./ 〜な boyun eğmez.
kacikosu 勝ち越す /a./ önce git-, önüne düş-.
kaciku 家畜 /a./ hayvan, mal, evcil, insancıl hayvanlar. 〜の evcil, ehli. 〜の群れ mal. 〜の大腸 bumbar. 〜の死亡 kırım. 〜のつめの根の傷 bıçılgan. 種用の〜 damızlık. 耕作用の二頭の〜 çift. 〜を守る番犬 çoban köpeği. 〜につけた荷物 denk. 〜になる evcilleş-. 〜がはらむ avun-. 〜のよい種をとる döl al-. 〜にすきをつける çift koş-. 耕作用でない〜にすきをつける

çifte koş-. 〜の両側に荷を積む çat-. 夏が来ると村人は〜を避暑地へ出す. Yaz gelince köylüler malları yaylaya çıkarırlar.
kaciku dòobucu 家畜動物 /a./ ネコは〜だ. Kedi evcil bir hayvandır.
kacikugoya 家畜小屋 /a./ damız. 〜を改造した部屋 ahır bozması bir oda.
kacikuka 家畜化 /a./ 〜する evcilleş-.
kàcimake 勝ち負け /a./ yengi ve yenilgi.
kaciñ カチン /be./ çat, tıngır. 〜と音がする çat et-, 〜という音 tıngırtı.
kacîri カチリ /be./ tıkır, tıkırtı.
kaciroñ 価値論 /a./ değer kuramı.
kacizukè•ru 価値付ける /ey./ değerlendir-.
kàcu 活 /a./ 〜を入れる canlandır-, dirilt-.
kàcu 渇 /a./ susuzluk. 〜をいやす susuzluğu gider-.
kàcu 勝つ /ey./ kazan-, yen-, mağlup et-, baş gel-, üst çık- (gel-), (隠語) duman et-. 試合に〜 maçı kazan-. ゲームに〜 oyun al-, yut-, (俗語) kama bas-, üt-. かけに〜 bahsi kazan-. 訴訟に〜 davayı kazan-. 隣りの学校のチームに〜 komşu okulun takımını yen-.
kàcu かつ, 且つ /be./, /ba./ hem.
kacuboo 渇望 /a./ 〜する arzu et-, susa-.
kacudoo 活動 /a./ hareket, çalışma, etkinlik, faaliyet, işleme, kampanya. 〜する hareket et-, faaliyet göster-. 〜を始める hareketlen-, harekete geç- (gel-), faaliyete geç-. 〜が止まっている uyu-. 〜舞台 alan.
kacudòoryoku 活動力 /a./ etkinlik.
kacudoosei 活動性 /a./ etkenlik.
kacudooteki 活動的 /a./ 〜な hareketli, etkin, faal, aktif, dinamik.

～な人 aktif. ～な主婦 faal bir ev hanımı.
kacuè・ru かつえる /ey./ acık-, susa-. 愛に～ sevgiye susa-.
kacugiboo かつぎ棒 /a./ hamal sırığı.
kacugiya 担ぎ屋 /a./ hamal. ～達 hamal camal.
kacùgu 担ぐ /ey./ omuzda taşı-, omzuna vur-, omuzla-, sırtla-, yüklen-. 荷を～ yüklen-. 大袋を担いで持って行く çuvalı sırtlayıp götür-. 箱を担いで持って来た. Sandığı yüklenip getirdi.
kacukacu かつかつ /be./ kıt kanaat.
kacuo カツオ /a./ palamut, torik.
kacura かつら /a./ eğreti saç, peruk, peruka. 頭の～のためにセヴィル夫人をもう少しで見過ごすところでした。Sevil Hanımı başındaki peruk yüzünden az kalsın tanıyamayacaktım.
kacurecu カツレツ(İng. cutlet) /a./ kotlet, pirzola.
kacurei 割礼 /a./ sünnet. ～を施す sünnet et-. ～を受ける sünnet ol-. ～の祝宴 sünnet cemiyeti, düğün.
kacurêisiki 割礼式 /a./ sünnet düğünü.
kacùryoku 活力 /a./ yaşarlık, dinçlik, canlılık.
kàcute かつて /be./ önce, evvelce, bir vakit, bir zaman(lar), hiç.
kacuyaku 活躍 /a./ faaliyet, çalışma.
kacuyakukiñ 括約筋 /a./ büzgen.
kacuyoo 活用 /a./ çekim, (古語) tasrif. 動詞の～ eylem çekimi. ～語尾 çekim ekleri. ～させる çek-. ～のない çekimsiz.
kacuyòozyu 闊葉樹 /a./ geniş yapraklı ağaç.
kacuzi 活字 /a./ hurufat, matbaa harfi, harf. ～の大きさ punto. 10号の～ on punto.
kacuzi gòokiñ 活字合金 /a./ metal.
kacuzyoo 割譲 /a./ terk ve ferağ.
kacyoosei 家長制 /a./ 男子～ ata erki.
kadai 過大 /a./ ～に aşırı. ～に evaluate değerlendir る büyükse-.
kadai 課題 /a./ konu.
kadàisi 過大視 /a./ ～する büyükse-.
kàdañ 花壇 /a./ çiçek yatağı (tarhı), çiçeklik.
kadeñ 荷電 /a./ yük.
kàdo 角 /a./ köşe, zaviye, bucak. ～のある köşeli. ～を曲がる köşeyi dön-. ～の家に住んでいる. Köşedeki evde oturuyor.
kàdo 過度 /a./ fazlalık, aşırılık, tecavüz. ～の aşırı, haddinden fazla, müfrit, ölçüsüz, gömgök, taşkın. ～に ifrat derecede.
kàdo 門 /a./ kapı. → **mòñ.**
kadode 門出 /a./ hareket, gidiş, yola koyulma.
kadòguci 門口 /a./ eşik, kapı başı.
kadomyùumu カドミウム(İng. cadmium) /a./ kadmiyum.
kadoo 稼働, 稼動 /a./ işleme, işletme.
kàdoo 華道 /a./ çiçek aranjmanı.
kadowakàsu かどわかす /ey./ dağa kaldır-, aldatıp götür-. 娘を～ kız kaçır-.
kae 代え /a./ yedek.
kaeba 替え刃 /a./ yedek jilet.
kaedama 替え玉 /a./ kukla adam, maşa.
kaede カエデ /a./ akça ağaç.
kaeñ 火炎 /a./ alaz, alev.
kaerare・ru 変えられる /ey./ dönüştürül-. 向きを～ çevril-.
kaerasè・ru 返らせる /ey./ 正気に～ ayılt-.
kaerì 帰り /a./ dönüş. 行きと～ gidiş ve dönüş.
kaerigake 帰り掛け /a./ dönüş yolu. ～に立ち寄る dönüşürken uğra-.

kaerimici 帰り道 /a./ dönüş yolu.
kaerimi·ru 省みる /ey./ düşünüp taşın-. 自らを～ özeleştir-.
kaerimi·ru 顧みる /ey./ dön-, düşün-. 昔を～ geçmişi düşün-. 家庭を顧みず逃げ出す evini ocağını boşlayıp kaç-. 費用を顧みずに使われる yenene içilene bakılma-. 病気をも顧みず家の上塗りに取りかかった. Hastalığını düşünmeyerek evi badana etmeğe kalkıştı.
kaeru カエル, 蛙 /a./ kurbağa. ～の子 kurbağacık. §～の子は～. (口語) Eşek kulağı kesilmekle küheylan olmaz.
kae·ru 変える /ey./ değiştir-, tazele-, yenile-, yenilik yap-, döndür-, çevir-. 向きを～ dön-. しばしば話を～ daldan dala kon-, damdan çardağa atla-. 向きを～こと dönme. 形を変えた bozma. よく考えを～ dönek. 考えや仕事をよく～人 bukalemun. 病気が彼を変えた. Hastalık onu değiştirmiş.
kae·ru 換える /ey./ değiştir-. 物を金に～ bozdur-. 金(きん)をお金に～ altınlarını paraya çevir-.
kae·ru 替える /ey./ değiştir-. 電池を～ pili değiştir-. 服を～ elbise değiş-. 家を～ evini değiştir-. 金を～ para boz-. 女が次々と男を～ kucaktan kucağa dolaş-.
kae·ru 買える /ey./ alın-. この金では辞書はおろか鉛筆一本も買えない. Bu para ile değil sözlük, bir kalem bile alınmaz.
kàeru 帰る /ey./ dön-, geri dön- (gel-), gerisin geri git-, avdet et-. 手ぶらで～ eli boş dön- (çevir-, geri gel-), avucunu yala-. アンカラへいつ帰りましたか. Ankara'ya ne zaman döndünüz?
kàeru 返る /ey./ dön-, geri gel-. 正気に～ aklı başına gel-, ayıl-.
kàeru かえる /ey./ yumurtadan çık-. 卵が～ yumurtadan çık-.

kaesarè·ru 返される /ey./ ～はずの ödünç.
kaesi 返し /a./ iade. お～をする iade et-. お～をしなければならない borçlu.
kàesu 返す /ey./ geri ver- (çevir-), çevir-, döndür-, iade et-. 借金を～ borcunu öde-. 借りを～ borcunu kapat-. 送られた金を～ yollanan parayı çevir-. 物をとげとげしく～ başına çal-. 借金を返さなければならない borçlan-.
kàesu 帰す /ey./ döndür-.
kàesu かえす /ey./ yavru çıkar-, kuluçkaya yat-. ひなをかえしためんどり gurk.
kàette かえって /be./ inadına. ～高いものにつく astarı yüzünden pahalı.
kafetèria カフェテリア(İng. cafeteria) /a./ kafeterya.
kagaku 価額 /a./ paha. 最高～ tavan fiyat.
kàgaku 化学 /a./ kimya. ～の kimyasal, kimyevî. ～の基礎 kimyanın ilkeleri. 水が酸素と水素からなることを～が明らかにする. Suyun oksijenle hidrojenden oluştuğunu kimya bilimi açıklar.
kàgaku 科学 /a./ fen, bilim. ～の bilimsel. 新しい～の進歩 yeni bilimsel atılımlar.
kagaku hañsya 化学反射(走化性) /a./ kimya göçümü.
kagaku kòosei 化学向性(屈化性) /a./ kimya doğrulumu.
kagaku sèibuñ 化学成分 /a./ bileşim.
kagakùsya 化学者 /a./ kimyacı, kimyager.
kagakùsya 科学者 /a./ bilgin, bilim adamı, fen adamı.
kagakuteki 化学的 /a./ ～な kimyasal, kimyevî.
kagakuteki 科学的 /a./ ～な bilimsel, ilmî, fennî. ～観察 bilimsel gözlem.

kagaku zikkeñsicu 化学実験室 /a./ kimya laboratuvarı.
kagame・ru かがめる /ey./ eğ-, birk-.
kagami かがみ /a./ örnek, misal. → mohañ.
kagami 鏡 /a./ ayna. ～に映す kendini aynada seyret-. ～に息を吹きかける aynaya hohla-. 像を大きく見せる～ dev aynası. 顔は心の～. Yüz, ruhun aynasıdır.
kagamikomu かがみこむ /ey./ apış-, pus-.
kagamu かがむ /ey./ eğil-, pus-.
kagaru かがる /ey./ ör-, örerek kapa-. 布の穴を～ çit-.
kagase・ru かがせる /ey./ においを～ koklat-. においもかがせない zırnık (bile) koklatma-.
kagayakasii 輝かしい /s./ parlak.
kagayakàsu 輝かす /ey./ yaldızla-. 喜びに目を～ gözlerinin içi gül-.
kagayaki 輝き /a./ ışıltı, ışık, parıltı, parlaklık, şimşek, yalabık. 夜の海での波の～ yakamoz. シュレの目に喜びの～があった. Şule'nin gözlerinde sevinç parıltıları vardı.
kagayàku 輝く /ey./ parla-, parılda-, alevlen-, ışılda-, yalabı-; parlak, nur gibi, (古語) ziyadar. 太陽が～ güneş parla-. きらきらと～ cıldır cıldır yan-. その顔が輝いた. Yüzü ışıldadı.
kàge 陰 /a./ gölge, saye; arka. 木の～ ağacın gölgesi. ～にある gölgeli. ～になっている場所 gölge altı, gölgelik. ～にする gölge et-. ～に置く gölgele-. 木の～に隠れる bir ağacın arkasına saklan-. ～でくすくす笑う bıyık altından gül-.
kàge 影 /a./ gölge, hayal, karaltı, saye. ～のある gölgeli. ～を落とす gölgele-. 自分の～におびえる gölgesinden kork-.
kageboosi 影法師 /a./ gölge, siluet.
kagebosi 陰干し /a./ gölgede kurutma.
kagee 影絵 /a./ gölge görüntü. ～のスクリーン hayal perdesi.
kagee sibai 影絵芝居 /a./ karagöz, gölge (hayal) oyunu. ～を演じる karagöz oynat-. ～を演じる人 karagözcü, hayalî. ～の人形を作って売る人 karagözcü. ～で庶民を代表する主人公 karagöz.
kageguci 陰口 /a./ dedikodu, arkasından konuşma, iftira. ～をきく dedikodu et- (yap-), arkadan söyle-, insan eti ye-, kötüle-. ～をきく人 dedikoducu, karacı, gammaz.
kàge hinata 陰ひなた /a./ ～なく働く iki yüzlü olmadan çalış-.
kageki 過激 /a./ ～な şiddetli, müfrit, radikal.
kàgeki 歌劇 /a./ opera.
kage nàgara 陰ながら /be./ お名前は～存じておりました. Sizi gıyaben tanırım.
kageñ 加減 /a./ toplama ve çıkarma. ～乗除 toplama, çıkarma, çarpma ve bölme. ～をみる tavla-. ～する tav ver-.
kageñ 下弦 /a./ ～の月 küçülmüş yarım ay, son dördün.
kageri 陰り /a./ karanlıklaşma, zayıflama.
kageroo 陽炎 /a./ pusarık.
kageru 陰る /ey./ karanlıklaş-. 太陽が～ bulutlan-.
kagi 鍵 /a./ anahtar, kilit (錠), kurgu. 壊れた～ bozuk kilit. 暗号の～ şifre anahtarı. ～をかける kilitle-, (俗語) kitle-. ドアに～をかける kapıyı kilitle-. ～のかかった kilitli. ～のかかっている金庫 kilitli kasa. ～のかかり kilit dili. ～が錠前に合った. Anahtar kilide alıştı. 門が内から～がかかっている. Kapı içerden kilitli.
kagi 鉤 /a./ kanca, çengel, kopça. ～のついた çengelli. 肉を～に掛ける etleri kancalara tak-. 船べりにつける

ロープを掛ける〜 kurt ağzı.
kagiàu かぎ合う /ey./ においを〜 koklaş-.
kagibana かぎ鼻 /a./ kemer burun. 〜の gaga burun, koç burunlu.
kagìbari かぎ針 /a./ tığ.
kagicukè・ru かぎつける /ey./ sez-.
kagigata かぎ形 /a./ 〜の çengelli.
kagigùsuri かぎ薬 /a./ enfiye.
kagirarè・ru 限られる /ey./ 限られた dar, mahdut, münhasır. 限られた時間 dar zaman. 数の限られた sayılı. 世界の限られた場所の一つだ. Dünyanın sayılı yerlerinden biridir.
kàgiri 限り /a./ sınır, uç; -diği kadar, -ince. ある〜 boyunca. できる〜 mümkün mertebe, olabildiğince. 言える〜 dili döndüğü kadar. 目の届く〜 gözün alabildiğine. 力の〜 kuvvetle. 声を〜に叫ぶ avaz avaz bağır-, avazı çıktığı kadar bağır-, boğazını yırt-. 神でない〜人は誰でも浮き沈みがある. Düşmez kalkmaz bir Allah.
kagiri àru 限りある /s./ bitimli.
kagiri nài 限りない /s./ bitimsiz.
kagìru 限る /ey./ sınırla-, sınırlandır-, sınır çek- (koy-), hasret-. 日を〜 gün koy-. 女性に〜 yalnız kadın. いつもうまくいくとは限らない. (口語) Her gün papaz pilav yemez.
kagitàbako かぎタバコ /a./ enfiye.
kagizaki かぎ裂き /a./ yırtık.
kagizume かぎづめ /a./ 前足の〜のある指 pençe. 〜でつかまえる pençe vur-, pençele-.
kago かご, 籠 /a./ sepet, küfe, kafes. 平たい〜 işporta, sele. 丸い〜 topaç. 〜に入れる sepetle-. 〜いっぱいのサクランボ bir sepet dolusu vişne. 二〜のブドウ iki küfelik üzüm. 八〜のタバコ sekiz küfe tütün.
kago かご, 駕籠 /a./ sedye.
kàgo 加護 /a./ koruma, himaye.

kàgo 過誤 /a./ yanlışlık.
kagoñ 過言 /a./ obartma, mübalağa.
kagoo 化合 /a./ bileşim, kimyasal bileşim. 〜する bileş-, birleş-, kaynaş-. 〜させる bileştir-, kaynaştır-. 〜の bileşik. 水素と酸素は〜する. Hidrojen ile oksijen bileşir.
kagòobucu 化合物 /a./ 水は〜だ. Su, bileşik bir maddedir.
kagoya かご屋 /a./ küfeci.
kagozàiku かご細工 /a./ 〜の sepet.
kagu かぐ /ey./ kokla-. においを〜 kokla-, koku al-, (俗語) kok-. ほら, においをかいでごらん, 花びんの花のいいにおい. Bak kokla, vazodaki çiçekler ne güzel kokuyor!
kàgu 家具 /a./ ev eşyası, mobilya, mefruşat, möble, döşeme. 〜を調える tefriş et-, döşeyip daya-, dayayıp döşe-, döşe-. 〜を調えること tefriş. 〜をそろえさせる döşet-. 〜がそろっている döşeli, dayalı döşeli. 〜のない部屋 kuru oda. 〜の縁取り kordon. 〜の高いところにある装飾 taç.
kagucuki 家具付き /a./ 〜の mobilyalı.
kagùsi 家具師 /a./ marangoz.
kagùteñ 家具店 /a./ mobilya mağazası.
kaguwasìi かぐわしい /s./ güzel kokulu.
kàgyoo 家業 /a./ babasının mesleği.
kagyuu 蝸牛 /a./ salyangoz. → **katacùmuri.**
kahaku 下膊 /a./ ön kol.
kahàñsiñ 下半身 /a./ yarı belden aşağı.
kahàñsuu 過半数 /a./ çoğu, çoğunluk.
kàhei 貨幣 /a./ para. 〜をつくる para kes-. 〜を鋳造する para bas-. この〜はもう通用していない. Bu para artık geçmiyor. この〜は流通を停止された.

kaheñ

Bu para geçerlikten kaldırıldı.
kaheñ 花片 /*a.*/ taç yaprağı.
kȧhi 可否 /*a.*/ evet veya hayır, kabul etme veya etmeme.
kahodo かほど /*be.*/ bu kadar.
kahȯgo 過保護 /*a.*/ 〜の nazlı. 〜な子 ana baba yavrusu, ana kuzusu.
kȧhoo 果報 /*a.*/ müjde.
kȧhoo 家宝 /*a.*/ evladiyelik.
kȧhoo 加法 /*a.*/ toplama işlemi. → tasȋzañ.
kahoomono 果報者 /*a.*/ köftehor.
kȧhu 火夫 /*a.*/ ateşçi, ocakçı, kömürcü.
kȧhu 寡婦 /*a.*/ dul kadın, kocasız.
kahuku 禍福 /*a.*/ belâ ve kut.
kahuñ 花粉 /*a.*/ çiçek tozu. 〜の袋 başçık. 〜アレルギー saman nezlesi. 〜を虫が運ぶ. Çiçek tozlarını böcekler taşır. 花は風が運ぶ〜で受精する. Çiçekler rüzgârın taşıdığı çiçek tozlarıyla döllenir.
kahȕsoku 過不足 /*a.*/ artık ve eksik.
kȧhusu カフス(İng. cuffs) /*a.*/ manşet.
kai かい, 甲斐 /*a.*/ 〜がない boş, faydasız.
kȧi 回 /*a.*/ defa, kere, kez, sefer, posta, ağız, (俗語) yol. 二〜 iki defa. 三〜 üç kez. 二三〜 birkaç defa. 何〜も bunca kere. この車は全部の品物を四〜で運ぶ. Bu araba bütün eşyayı dört postada taşır.
kȧi 階 /*a.*/ kat. 地上一〜 alt kat. 家の二〜 evin birinci katı. 一〜建て増しする kat çık-. 上の〜の人がやかましくて下の〜の人に迷惑をかける tepesinde havan döv- (değirmen çevir-). 六〜に上げた. Beşinci kata çıkardı.
kȧi 貝 /*a.*/ kabuklu hayvan, kabuklular.
kȧi 会 /*a.*/ toplantı, meclis, camia, cemiyet, heyet. 〜を開く meclis kur-. アルメニア人〜 Ermeni cemaati. 〜に呼ばないと私達を恨む. Toplantıya çağrılmazsa bize gücenir. 彼が〜に出入りしていることはみんな知っている. Onun, kuruma girip çıktığını herkes biliyor.
kȧi かい, 櫂 /*a.*/ kürek. 〜でこぐ kürek çek-. 〜を上げるあいさつ alabora. 〜の先の平らな部分 ayna. 二三組しか〜のない漁船 ada yavrusu.
kȧi 下位 /*a.*/ aşağı derece. 〜の alt, ast.
kaiagė・ru 買い上げる /*ey.*/ satın al-.
kaiaku 改悪 /*a.*/ fenalaştırma, kötüleştirme.
kaiba 飼い葉 /*a.*/ yem. 〜を食う yem kes-. 馬に〜をやる atlara yem ver-. 〜の時間を知らせるラッパ yem borusu.
kaibacu 海抜 /*a.*/ yükselti, rakım. アンカラの〜は850メートルだ. Ankara'nın yükseltisi 850 metredir.
kaiba ȯke 飼い葉おけ /*a.*/ yemlik.
kaiboo 解剖 /*a.*/ parçalama, anatomi, teşrih. 死体の〜 otopsi.
kaibȯogaku 解剖学 /*a.*/ anatomi.
kai bȯtañ 貝ボタン /*a.*/ sedef düğme. 私のブラウスには〜がついている. Bluzumun sedeften düğmeleri var.
kaibucu 怪物 /*a.*/ canavar, dev, ucube.
kaibyaku 開びゃく /*a.*/ dünyanın başlangıcı.
kaiciku 改築 /*a.*/ yeniden inşa.
kaicuke 買い付け /*a.*/ tedarik, elde etme.
kaicukė・ru 買い付ける /*ey.*/ elde et-, satın al-.
kaicumȧñde かいつまんで /*be.*/ 〜言う özetle-.
kaicuu 開通 /*a.*/ 雪でおおわれた道を〜させる karla kapanan yolu aç-.
kaicyȯosyoku 会長職 /*a.*/ riyaset.
kaicyuu 回虫 /*a.*/ solucan, bağırsak solucanı, kurt.
kaicyuu 海中 /*a.*/ deniz içi. 〜のや

な dalyan tarlası.
kaicyuu 懐中 /*a.*/ cep.
kaicyuu deñtoo 懐中電灯 /*a.*/ elektrik feneri.
kaicyuudòkei 懐中時計 /*a.*/ cep saati.
kaidai 解題 /*a.*/ açıklama, izah.
kaidaku 快諾 /*a.*/ içten onaylama.
kaidame 買いだめ /*a.*/ istifçilik.
kaidañ 会談 /*a.*/ konuşma, konferans, görüşme. 〜が行われる görüşül-. ざっくばらんに〜する içli dışlı ol-.
kaidañ 階段 /*a.*/ merdiven, basamak. 30段の〜 otuz ayak merdiven. 〜のない düz ayak.
kaidañ 怪談 /*a.*/ kurkutucu masal.
kaidàsu かい出す /*ey.*/ suyu boşalt-.
-kaidate 階建て. ‥‥〜の katlı. 三〜の家 üç katlı bir ev.
kaidoku 解読 /*a.*/ deşifre etme, şifreyi açma. 〜する sök-, çöz-. 〜できる yazıyı çıkar- (sök-).
kaidoo 街道 /*a.*/ kara yolu.
kaidori 飼い鳥 /*a.*/ kümes hayvanı.
kaieñ 開演 /*a.*/ oyun başlama.
kàiga 絵画 /*a.*/ resim, tablo.
kàigai 海外 /*a.*/ 〜の denizaşırı, yabancı.
kaigai ryòkoo 海外旅行 /*a.*/ dış gezi. 政府は〜を制限した. Hükümet dış gezileri kısıtladı.
kaigaisìi かいがいしい /*s.*/ hamarat taze, çalışkan. かいがいしく働く hamarat, çalışkan.
kaigañ 海岸 /*a.*/ deniz kenarı, kıyı, sahil, yaka, yalı. 〜でカモメのキーキーいう鳴き声が聞かれる. Deniz kıyısında martıların çığlıkları işitilir.
kaigañseñ 海岸線 /*a.*/ deniz şeridi, şerit.
kaigàra 貝殻 /*a.*/ kabuk, mühre.
kaigàteñ 絵画展 /*a.*/ resim salonu, resim sergisi.
kaigeñrei 戒厳令 /*a.*/ örfî idare, sıkıyönetim.

kàigi 会議 /*a.*/ toplantı, meclis, kurul, içtima, oturum, kongre. 連続した〜 celse. 公開の〜 açık celse. 〜に出席している toplantıda bulun-. 病気のために〜に出られなかった. Hastalığından dolayı toplantıya gelmedi.
kàigi 懐疑 /*a.*/ şüphe.
kaigìroku 会議録 /*a.*/ zabıt.
kaigisyo 会議所 /*a.*/ oda. 商業〜 ticaret odası.
kaigiteki 懐疑的 /*a.*/ 〜な şüpheci, septik.
kaigizyoo 会議場 /*a.*/ meclis.
kaigoo 会合 /*a.*/ toplantı, görüşme, camia, cemiyet, dernek, randevu. 〜の約束 randevu. 労働者代表は今日社長と〜をもつ. İşçi temsilcileri bu gün patronla bir toplantı yapacaklar.
kaigui 買食い /*a.*/ yemek için parasını abur cubura sarf etme.
kàiguñ 海軍 /*a.*/ donanma, deniz kuvvetleri, deniz filosu, bahriye. 〜の軍人 bahriyeli. 〜の将官 amiral. 〜将官の職 amirallik. 〜元帥 büyük amiral. 〜兵学校 Deniz Harp Okulu. 〜兵学校の学生 bahriyeli.
kaiguñ cyùuzyoo 海軍中将 /*a.*/ koramiral.
kaiguñ syòosyoo 海軍少将 /*a.*/ tümamiral.
kaiguñ tàisyoo 海軍大将 /*a.*/ oramiral.
kaigyaku かいぎゃく /*a.*/ latife, nükte.
kaigyoo 開業 /*a.*/ ticaret açışı.
kaihacu 開発 /*a.*/ ilerleme, geliştirme, geliştirilme, bayındırlık, imar, kalkınma, nafia. 〜する geliştir-, imar et-. 〜させる kalkındır-. 〜された bayındır, mamur. 〜5カ年計画 beş yıllık kalkınma planı.
kaihàkusyoku 灰白色 /*a.*/ kır. → **haiiro**. 〜の kır.

kaihei 開閉 /a./ açma kapama. 〜できる açılır kapanır.
kaihêiki 開閉器 /a./ şalter.
kaihi 会費 /a./ aidat, ödenti.
kaîhi 回避 /a./ kaçamak, sakınma.
kaihiñ 海浜 /a./ kumsal.
kaihoo 解放 /a./ kurtuluş, kurtarma, serbest bırakma. 〜する serbest bırak-, koyuver-, koyver-, dizginleri salıver-. 〜される kurtul-. 〜された başıboş, azat, azade.
kaihoo 開放 /a./ açma. 〜する meydanda bırak-. 〜された açık. 外国に門戸を〜している açık kapı.
kaihoo 快方 /a./ 〜に向かう rahatla-, açıl-. 病気が〜に向かう hastalığı iyileş-.
kâihoo 介抱 /a./ hasta bakıcılık, hemşirelik.
kaihôoseki 海泡石 /a./ lüle taşı.
kaihoo señsoo 解放戦争 /a./ 民族〜 Kurtuluş Savaşı.
kaihuku 回復 /a./ iyileşme, hastalığı yenme, iflâh, kalkınma, şifa. 〜する iyileş-, iyi ol-, kalkın-, sav-, kendini bul- (topla-, toparla-). 〜させる kalkındır-, belini doğrult-. 病気から〜する hastalığı sav-. 気力が〜する canı yerine gel-. 健康を〜する yüzüne kan gel-. 病気が〜して歩けるようになる ayaklan-. 〜不能にする (口語) iflâhını kes-.
kaihukùki 回復期 /a./ nekahet, hastalık sonrası.
kaihuu 海風 /a./ deniz yeli. 夏の日中に吹く〜 imbat.
kaihuu 開封 /a./ mühürü koparma.
kaihyoo 開票 /a./ oyların sayılması.
kaiiki 海域 /a./ deniz bölgesi.
kaiinu 飼い犬 /a./ ev köpeği. §〜に手をかまれる. Besle kargayı oysun gözünü.
kaiiñ 会員 /a./ üye. 〜であること üyelik.

kaiiñ 海員 /a./ gemici, denizci.
kaiirê・ru 買い入れる /ey./ satın al-.
kàika 階下 /a./ alt kat.
kàika 開花 /a./ uyanış.
kaikabùru 買いかぶる /ey./ bir şey san-.
kaikacu 快活 /a./ 〜な güler yüzlü, şen. 〜さ şenlik.
kaikai 開会 /a./ toplantı açma, açılış. 〜を宣言する celseyi aç-. 〜期間 oturum.
kaikàisiki 開会式 /a./ açılış töreni.
kaikaku 改革 /a./ yenileme, reform, devrim, ıslahat, inkılap. 〜する inkılap at-.
kaikakuha 改革派 /a./ ilerici. → **hosyuha**.
kaikañ 快感 /a./ haz, zevk, keyiflilik.
kaikecu 解決 /a./ çözüm, hal. 〜する çöz-, çözümle-, hallet-. 〜される çözül-. 〜できない kıyamete kal-. きっぱりと〜する kesip (kestirip) at-. 金で〜できる力をもつ hükmü parasına geç-. 〜すべきこと sorun. 〜困難な kompleks. これを彼が〜した. Bu işi o halletti.
kaikecubyoo 壊血病 /a./ iskorbüt.
kaikecuhoo 解決法 /a./ çözüm yolu, çıkar yol.
kaikecuzumi 解決済み /a./ 〜の çözük.
kaikei 会計 /a./ kasa, sandık, hesap, fatura, muhasebe, saymanlık, veznedarlık. 〜の malî. お金を〜に払う parayı kasaya öde-.
kaikei 塊茎 /a./ yumru. ジャガイモは澱粉の〜である. Patates nişastalı bir yumrudur.
kaikeigàkari 会計係 /a./ muhasebeci, sandık emini, sayman.
kaikei kàñsa 会計監査 /a./ hesapların denetimi.
kaikei keñsàiñ 会計検査院 /a./

kaikei neñdo 会計年度 /a./ bütçe yılı, malî yıl.
kaikei zimùsyo 会計事務所 /a./ muhasebe.
kaikeñ 会見 /a./ buluşma, görüşme, mülakat. 〜を用意する görüştür-.
kàiki 会期 /a./ celse, oturum, dönem, seans. 〜を始める celseyi aç-. 〜を終わる celseyi kapa-. 〜を中断させる celseyi tatil et-.
kàiki 快気 /a./ şifa.
-kàiki 回忌 ölüm gününün seneî devriyesi.
kaikiseñ 回帰線 /a./ dönence, tropika.
kaikìsyoku 皆既食 /a./ (güneş, ay) tamam tutulma.
kàiko カイコ, 蚕 /a./ ipek böceği (tırtılları), ibrişim kurdu. 〜を飼う böcek çıkar-. 〜のまゆ ipek kozası.
kàiko 解雇 /a./ azil. 〜する azlet-, yol ver-, defet-, işten çıkar-, görevden al-, kızağa çek-, sav-. 〜される ekmeğinden ol-.
kaikòga カイコガ /a./ ipek böceği. 〜のまゆ ipek kozası.
kaikoku 戒告 /a./ ihtar, uyarma. 〜処分 ihtar cezası.
kaikòmu 買い込む /a./ çok satın al-.
kaikoñ 開墾 /a./ açma, aktarma. 〜する aktar-, tarla aç-.
kaikoñ 塊根 /a./ yumru.
kaikoo 海溝 /a./ denizin derin çukuru. マリアナ〜 Marian çukuru.
kaikoo 開校 /a./ okul açılışı.
kaikoo 開港 /a./ liman açılışı.
kaikoo 開講 /a./ ders açılışı.
kaikoo 邂逅 /a./ kavuşma, tesadüf etme.
kaikoozyoo 開港場 /a./ açık liman.
kaikugùru かいくぐる /ey./ 法の網を〜 kitabına uydur-.
kàikyo 快挙 /a./ yiğitlik.

kaikyoo 海峡 /a./ boğaz, cendere. 〜を守る要塞 boğazkesen.
kaikyoo 懐郷 /a./ yurt özlemi, nostalji.
kàikyoo 回教 /a./ İslâm. 〜寺院 cami.
kaikyòoto 回教徒 /a./ müslim, müslüman.
kaikyuu 階級 /a./ (toplumsal) sınıf, aşama, rütbe. 軍隊の〜 askerî rütbe. 将校の〜 subaylık. 軍隊の〜を下げられる apoletleri sökül-.
kaikyuu tòosoo 階級闘争 /a./ sınıf çatışması.
kaimaki かいまき /a./ kimono şeklinde yorgan.
kaimaku 開幕 /a./ oyun açılışı.
kaimamì・ru かいま見る /ey./ gizlice bak-.
kaimecu 壊滅 /a./ bozgun, yok olma.
kaimei 解明 /a./ aydınlatma. 〜する düğümünü çöz-, aydınlat-.
kaimeñ 海面 /a./ deniz düzeyi (seviyesi). 太陽の光線が〜に光ってる. Güneşin ışıkları denizin yüzeyinde parlıyor.
kaimeñ 海綿 /a./ sünger.
kaimodòsu 買い戻す /ey./ kurtar-.
kaimoku 皆目 /be./ hiçbir. 〜分からない hiç anlama-.
kaimono 買い物 /a./ alış veriş, mubayaa. 〜をする alış veriş et-, masraf gör-. 母は〜から手に包みをいっぱい持って帰って来た. Annem alış verişten eli paketlerle dolu geldi.
kaimonobùkuro 買い物袋 /a./ file.
kaimonò kago 買い物かご /a./ zembil.
kaimonò kyaku 買い物客 /a./ müşteri.
kaimono mèguri 買い物巡り /a./ 〜をする çarşı pazar dolaş- (gez-).
kàimu 皆無 /a./ sıfır.

kaina かいな /a./ kol. → **ude**.
kainañ 海難 /a./ deniz kazası, geminin kazaya uğraması. ~証明書 protesto.
kaine 買い値 /a./ alım fiyatı. 売り値と~ satım ve alım fiyatı.
kaininñ 解任 /a./ işinden çıkarma, azletme.
kaininñ 懐妊 /a./ gebelik, hamilelik.
kainusi 飼い主 /a./ evcillerin sahibi.
kainusi 買い主 /a./ alıcı. ~と売り主 alıcı ve satıcı.
kainyuu 介入 /a./ müdahale.
kaiñ 下院(イギリス) /a./ Avam Kamarası.
kaiŏñsecu 開音節 /a./ açık hece.
Kaiŏosei 海王星 /a./ Denizhan, Neptün.
kairai かいらい /a./ kukla. ~政府 kukla hükümet.
kairaku 快楽 /a./ safa, sefa, rahatlık.
kairaku syûgi 快楽主義 /a./ hazcılık, hedonizm.
kairañ 回覧 /a./ genelge.
kairi 海里 /a./ deniz mili. 一~の十分の一 palamar boyu.
kairicu 戒律 /a./ イスラムの~ farz. ~のゆるい mezhebi geniş.
Kairo カイロ /a./ Kahire.
kairo 回路 /a./ devre. 電気の~ elektrik devresi.
kairo 海路 /a./ deniz yolu.
kairo 懐炉 /a./ termofor.
kairoo 回廊 /a./ gezinti, koridor, dehliz. 舞台の照明用~ iskele.
kairyoo 改良 /a./ ıslah, ıslahat, iflâh, reform, yenileme, ilerleme, düzeltme, tedavi. ~する ıslah et-, iflâh et-, iyileştir-. ~される iflâh ol-.
kairyuu 海流 /a./ cereyan, okyanus akımı, akım, akıntı. 大洋には暖かい~がある. Okyanuslarda sıcak su cereyanları vardır.
kaisacu 改札 /a./ bilet zımbalaması. ~係 biletçi, zımbacı.
kaisai 開催 /a./ ~する toplantı yap-, sergi aç-.
kaisaku 開削 /a./ oyum, yontma. ~水路 yontma su yolu.
kaisañ 解散 /a./ dağılış, fesih. ~する dağıl-, lağvet-. グループが~する parti çözül-. ~させる dağıt-, feshet-. ~させられる dağıtıl-. 国会の~ parlamentonun feshi.
kaisañbucu 海産物 /a./ deniz ürünleri.
kaisecu 開設 /a./ tesis etme, kurma.
kaisecu 解説 /a./ açıklama, izah, izahat, meşruhat, yorum. ~する açıklama yap-, açıklamada bulun-, açıkla-, izah et-, yorumla-.
kaisecûsya 解説者 /a./ yorumcu.
kaisecusyo 解説書 /a./ prospektüs, tarife.
kaisei 改正 /a./ tashih, gözden geçirme, düzeltme.
kaisei 快晴 /a./ çok güzel hava.
kaisei 改性 /a./ soy adını değiştirme.
kaiseki 解析 /a./ analiz. ~幾何学 analitik geometri.
kaiseñ 改選 /a./ yeni seçim.
kaiseñ 会戦 /a./ çatışma, savaş.
kaiseñ 開戦 /a./ savaş açması. ~する harp (savaş) aç-.
kaiseñ 疥癬 /a./ uyuz. ~にかかる uyuz ol-. ~にかかっている uyuz. 羊の~ çalık.
kaiseñ 回線 /a./ hat, kanal.
kaiseñ 回戦 /a./ raunt.
kaisi 開始 /a./ açılış, başlangıç, başlayış, iptida. ~する aç-, başla-. 作業~ iş başı, işe başlama.
kaisime 買い占め /a./ istifçilik, stokçuluk. ~をする人 istifçi, stokçu.
kaisimê·ru 買い占める /ey./ istif et-, stok et-.
kaisiñ 回診 /a./ vizite.

kaisiñ 改新 /a./ yenilik.
kaisiñ 会心 /a./ ～の memnun, hoşnut.
kaisiñ 海進 /a./ deniz basması.
kàisiñ 改心 /a./ tövbe.
kàiso 改組 /a./ tanzim.
kàiso 開祖 /a./ pir.
kaisoku 会則 /a./ tüzük, nizamname.
kaisoku 快速 /a./ ekspres. 古代の三本マストの～戦艦 firkateyn.
kaisoñ 海損 /a./ avarya.
kaisoo 階層 /a./ kat, sınıf, tabaka. 労働者～ işçi tabakası. 中間～ orta sınıf. 国家の最高～ devletin en yüksek katları. ～分化 tabakalaşma.
kaisoo 回想 /a./ anı, ansıma, anma, hatıra. ～する ansı-, zikret-. ～させる andır-.
kaisoo 回送 /a./ manevra.
kaisoo 海草 /a./ yosun, su yosunları. ～が生い茂る yosunlan-. ～が一面に生えた yosunlu.
kaisoo 改装 /a./ yenileştirme.
kaisoo 潰走 /a./ bozgunlu kaçışma.
kaisoo 会葬 /a./ cenaze alayında bulunma.
kaisòoroku 回想録 /a./ hatıra defteri.
kaisui 海水 /a./ deniz suyu. ～は塩辛いのだ。 Deniz suyu tuzludur.
kaisùigi 海水着 /a./ mayo.
kaisui pañcu 海水パンツ /a./ mayo.
kaisùiyoku 海水浴 /a./ deniz banyosu, denizde yüzme. ～に行く denizde yüzmeye git-. ～の脱衣所 kabine.
kaisui yòkuzyoo 海水浴場 /a./ deniz hamamı, plaj.
kaisùru 会する /ey./ toplaş-.
kaisùru 解する /ey./ anla-.
kaisùu 回数 /a./ sıklık, çokluk.
kaisùukeñ 回数券 /a./ karne, kupon, abonban, bilet kuponu. 汽車の～ tren karnesi.

kaisya 会社 /a./ şirket, firma, ortaklık. ～を設立する şirket kur-.
kàisyaku 解釈 /a./ yorum, yorumlama, açıklama, yorun, tefsir. ～する yorumla-, yor-, mana ver-, çevir-. ～される yorul-. いい方に～する iyiye yor-. 悪く～する kötüye yor-. 言葉を都合よく～する sözü işine geldiği gibi çevir-. 人の状況を～する yakıştır-. 言動に別の～をする tevil götür-. コーランの～ tefsir. 別の～ （古語） tevil. どうにでも～できる lastikli. 二重に～できる言葉 çatal söz. 最近の出来事をどう～するか。 Son olayları nasıl yorumluyorsun？ 昨夜見た夢をおばあさんはいい方に～した。 Dün gece gördüğüm düşü ninem iyiye yordu. この行為はよく～されない。 Bu davranış iyiye yorulmaz.
kaisyo 楷書 /a./ kitap yazısı.
kaisyoku 解職 /a./ işinden çıkarma.
kaisyokuzyoo 会食場 /a./ 軍艦の～ manga.
kaisyoo 解消 /a./ kaldırma, hükümsüz kılma. ～する lağvet-, kaldır-.
kaisyoo 改称 /a./ adını değistirme.
kaisyoo 快勝 /a./ tamam zafer.
kaisyuñ 改悛, 悔悛 /a./ tövbe. ～を示している人 tövbekâr.
kaisyuu 回収 /a./ ～する topla-, biriktir-.
kaisyuu 改修 /a./ tamir.
kaisyuu 会衆 /a./ cemaat.
kaisyuu 改宗 /a./ （宗教） dönme. ～する dön-.
kaisyùusya 改宗者 /a./ dönme.
kaitai 海退 /a./ çekilme.
kaitai 解体 /a./ parçalara ayırma. 機体を～する makineyi sök-.
kaitai 懐胎 /a./ gebelik, hamilelik.
kaitaku 開拓 /a./ açma, tarla açma, genişletme. ～する aç-, imar

kaitatāku

et-, geliştir-.
kaitatāku 買いたたく /ey./ kapat-.
kaite 買い手 /a./ alıcı, müşteri. 売り手が〜をだます satıcı alıcıyı kandır-.
kaitei 海底 /a./ deniz altı, denizin dibi, su altı. 〜火山 deniz altı volkanları.
kaitei 改訂 /a./ 〜する elden geçir-, iyileştir-. 〜される tamir gör-.
kaitei 開廷 /a./ muhakeme. 〜期間 oturum.
kaiteki 快適 /a./ ferahlık, rahatlık, hoşluk, keyiflilik.
kaiteñ 回転 /a./ devir. 〜する dön-, etrafında dön-, eksen üzerinde dön-, çark et-, döner. レコードの〜 plağın devri. 〜させながら焼いた肉 döner kebap. 〜出入り口 turnike.
kaiteñ 開店 /a./ dükkânın açılışı, siftah.
kaiteñ dòa 回転ドア /a./ döner kapı.
kaiteñ hānabi 回転花火 /a./ çarkıfelek.
kaiteñ keñmāki 回転研摩機 /a./ bileği çarkı.
kaiteñ mādo 回転窓 /a./ vasistas.
kaiteñ sòoci 回転装置 /a./ dolap.
kaitēñziku 回転軸 /a./ fırdöndü.
kaitoo 回答 /a./ cevap, yanıt. 〜の cevabî.
kaitoo 解答 /a./ çözüm. 正しい〜と比べる doğru çözümlerle karşılaştır-.
kaitoocuki 回答付き /a./ 〜の cevaplı.
kaitòru 買い取る /ey./ satın al-.
kāiuke 權受け /a./ ıskarmoz.
kaiukē・ru 買い受ける /ey./ satın al-.
kaiuñ 海運 /a./ deniz yolu nakliyatı.
kaiuñ 開運 /a./ uğur getirme. 〜のしるし maskot.
kaiwa 会話 /a./ konuşma, söyleşi, muhavere. きれいな〜をする inci saç-.
kaiyaku 解約 /a./ kontrat çözme.

kaiyoo 海洋 /a./ deniz.
kaiyoo 潰瘍 /a./ ülser.
kaiyuu 回遊 /a./ tur, dolaşma.
kaizañ 改ざん /a./ sahtesini yapma.
kaizeñ 改善 /a./ ilerleme, ıslah, ıslahat, iflâh, düzeltme. 〜する ıslah et-, iflâh et-. 〜される düzel-.
kaizerù hige カイゼルひげ /a./ pala bıyık. おじいさんの〜は口までかぶさっている. Dedemin pala bıyıkları ağzını bile örtüyor.
kaizoe 介添え /a./ 花嫁の〜 yenge, sağdıç. 花婿の〜 sağdıç.
kaizoku 海賊 /a./ korsan, (古語) ızbandut. 〜行為 korsanlık.
kaizokubañ 海賊版 /a./ 〜の korsan. 〜を作る人 korsan.
kaizoo 改造 /a./ imar. 〜した bozma. 家畜小屋を〜した部屋 ahır bozması bir oda.
kàizyo 解除 /a./ çözme. 武装を〜する silâhsızlandır-. 戦線を〜する cephe bozul-.
kaizyoo 会場 /a./ toplantı salonu, toplantı odası.
kaizyoo 海上 /a./ 〜の denizel, denizsel.
kaizyoo 階上 /a./ üst kat, yukarı.
kaizyoo 回状 /a./ genelge, tamim.
kaizyuu 怪獣 /a./ canavar, ejderha.
kakaadēñka かかあ天下 /a./ kılıbık.
kakae・ru 抱える /ey./ kucakla-, kolda taşı-. まきを〜 odunları kucakla-. わきに〜 koltukla-. 人の腕を〜 koluna gir-. 世帯を〜 çoluğa çocuğa karış-. ふろしき包みを抱えて家を出た. Bohçasını koltuklayıp evden çıktı.
kakage・ru 掲げる /ey./ as-, çek-. 旗を〜 bayrak as- (çek-). 半旗を〜 bayrakları yarıya indir-.
kakaku 価格 /a./ fiyat, bedel, değer. → **nedañ.**
kakañ 果敢 /a./ cesaret.

kakañ 花冠 /a./ çiçek tacı, taç.
kàkañ 可汗 /a./ hakan. 〜の地位 hakanlık.
kàkao カカオ (İsp. cacao) /a./ kakao.
kakarê・ru 書かれる /ey./ yazıl-, geç-. 歴史に〜 tarihe geç-. …によって〜 kaleminden çık-. 書かれた yazılı. 請願が書かれた. Dilekçe yazıldı. 戯曲はうまい作家の筆で書かれたらしい. Piyes iyi bir yazarın kaleminden çıkmış.
kàkari 係 /a./ servis. 〜の人 görevli.
kàkari 掛かり /a./ harç, masraf. → **hìyoo**.
kakariai 掛かり合い /a./ takıntı. 〜になる takıl-.
kakariàu 掛かり合う /ey./ bulaş-, işe karış-.
kakaricuke 掛かり付け /a./ 〜の医者 aile doktoru.
kakaricyoo 係長 /a./ 出納〜 âmiri ita, ita âmiri.
kakariiñ 係員, 掛員 /a./ görevli.
kakarikkiri かかりっきり /a./ 〜になる üstüne kapan-.
kakàru 掛かる, かかる /ey./ asıl-, takıl-. 魚が〜 balık oltaya vur-. 仕事に〜 işe gir-. 危い仕事に〜 barutla oyna-. 専門家の手に〜 adamına düş-. 時間が〜 tut-. かかっている asma, muallak, bağlı, tâbi. 山頂に霧がかかっている başı dumanlı 鍵のかかったkilitli. ハッカのかかったスープ nane serpilmiş çorba. 作物のできは雨にかかっている. Ekinlerin gürleşmesi yağmura bağlıdır. あなたの決意にかかっている. Sizin kararınıza muallaktır. 客をもてなすことは主婦に〜. Misafirleri ağırlamak ev hanımına düşer. 仕事は2時間かかった. Bu iş iki saat tuttu.
kakàru かかる /ey./ yakalan-. 病気に〜 hastalan-. hastalığa yakalan-. 風邪に〜 gribe tutul-, nezleye yakalan-. 日射病に〜 güneş çarp-. 天然痘に〜 çiçek çıkar-.
kakàru 架かる /ey./ 橋が〜 köprü kurul-.
kakàru かかる /s./ işbu, böyle. 〜理由により işbu sebepten dolayı.
kakase・ru 欠かせる /ey./ 水は生活に欠かせない. Su yaşam için zorunludur.
kakasè・ru 書かせる /ey./ yazdır-.
kakasi かかし /a./ korkuluk. 畑の〜 bostan korkuluğu.
kakasu 欠かす /ey./ 欠かさない eksik etme-, eksik olma-. 塩は生活に〜ことができない. Tuz yaşam için zorunludur.
kakato かかと /a./ ökçe, topuk. 〜の高い topuklu. 靴の〜はじきにだめになるんだ. Ayakkabının topukları ne çabuk eskimiş.
kakawarasè・ru かかわらせる /ey./ ilgilendir-, (口語) ırgala-. かかわらせない el sürme-.
kakawàrazu かかわらず /be./ karşın, rağmen. それにも〜 bununla beraber, böyle olmakla beraber, halbuki, oysa, oysaki. 好むと好まざるとに〜 ister istemez. これほど強力であったにも〜またしてももちこたえられなかった. Bu kadar güçlü olmasına karşın gene dayanamadı. 努力したにも〜うまくいかなかった. Çalışmasına rağmen başaramadı.
kakawari かかわり /a./ ilgi, takıntı. 深い〜 girdisi çıktısı. 〜がある eli ol-, parmağı ol-. 〜をもたない yabancı gibi dur-. 外と〜をもたない kozasına çekil-. 〜にならないよう用心する bucak bucak kaç-.
kakawariàu かかわり合う /ey./ ilgileniş-. 〜ことを避ける alarga dur-. かかわり合わない uzaktan bak-.
kakawàru かかわる /ey./ karış-, uğraş-, ilgilen-, el kat-, üstüne git-, iliş-, bulaş-, dokun-, takıl-. 人や物事に〜 baş bağla-, kontak kur-. 手に余

ることに〜 başından büyük işlere giriş-. 汚い仕事に〜 çamura bulaş-. …に〜 ait, ilişik. この問題に〜二、三の点 bu davaya ilişik bazı noktaları. かかわり続ける parmağında dola-. かかわりたくないために知らん顔をする duymazlıktan gel-. それにかかわった人として伝えられる adı karış-. 私はかかわらない ben yokum. 関係ないことにはかかわらない etliye sütlüye karışma-. 御家族に〜秘密を他人に言いなさるな. Ailenizle ilgili gizleri başkalarına söylemeyiniz. これにかかわっている暇がない. Bununla uğraşacak vakti yok. 私は彼らの仕事にかかわらない. Ben onların işine karışmam.

kakè 欠け /a./ parça. ガラスの〜 cam parça.

kakè 掛け /a./ kredi. 〜の ödünç. 〜で veresiye. 〜で買う veresiye al-. 〜勘定 akreditif. 乾物屋から〜で砂糖を買った. Bakkaldan veresiye şeker aldım. 父は〜でテレビを買った. Babam krediyle bir televizyon aldı.

kakè 賭け /a./ bahis, kumar, oyun. 〜をする bahis tutuş-, bahse giriş-, kumar oyna-. 〜に勝つ bahsi kazan-. 〜に負ける bahsi kaybet-. 鳥の暢思骨による〜 lades. 暢思骨の〜をする lades tutuş-.

kakeai 掛け合い /a./ 詩人の〜 tekerleme.

kakèasi 駆け足 /a./ dört nal, koşar adım, seğirdim, ılgar. 〜で走らせる dört nala kaldır-. 〜進め! marş marş! 馬のゆるい〜 eşkin. ゆるい〜で行く eşkin git-.

kakeawasè・ru 掛け合わせる /ey./ ラバは馬とロバを掛け合わせた動物だ. Katır, atla eşekten azmış bir hayvandır.

kakebùtoñ 掛け布団 /a./ yorgan.
kakecu 可決 /a./ kabul etme.
kakedasi 駆け出し /a./ 〜の yeni, başlayıcı.
kakedàsu 駆け出す /ey./ dışarı koş-, koşmaya başla-.
kakedòkei 掛け時計 /a./ duvar saati.
kakegae 掛け替え /a./ 〜がない değişme-. 彼は〜がない. Onu kimseye değişmem.
kakegane 掛け金 /a./ kanca, mandal. 〜を掛ける mandalla-.
kakègoto 賭け事 /a./ kumar. 〜を好む人 kumarcı, kumarbaz.
kakehanarè・ru 懸け離れる /ey./ çok uzakta ol-, ayrıl-.
kakèhasi 掛け橋, 懸け橋 /a./ bağlantı. ボスフォラス橋はヨーロッパとアジアの〜である. Boğaz Köprüsü Avrupa ile Asya arasında bir bağlantıdır.
kakehi かけひ /a./ maslak, oluk. 水車の〜の傾斜 seğirdim.
kakèhiki 駆け引き /a./ pazarlık, diplomatlık, politika. 〜をする politika güt-, kırış-. 長い〜なしの取り引き iki söz bir pazar. 長い〜の末, 母は靴を売り手から安く買った. Uzun pazarlıktan sonra annem ayakkabıyı satıcıdan ucuz aldı.
kakèhuda 掛け札 /a./ jeton.
kakei 家系 /a./ soy, evlât, ocak, silsile, sülâle, şecere, tohum. いい〜の soysal. 由緒正しい〜の soylu. 〜が絶える ocağı sön-. 〜を絶やす oçağını söndür-. うちの〜にこんな病気はない. Soyumuzda böyle bir hastalık yok.
kakei 家計 /a./ ev idaresi, ev iktisadı.
kakèkagi 掛け鉤 /a./ çengel.
kakèkiñ 賭け金 /a./ miza. ポーカーで残りの〜 rest. 残りの〜を全部賭ける rest çek-.
kakèkiñ 掛け金 /a./ ödünç para.
kakèkko 駆けっこ /a./ koşu.
kakekùrabe 駆け比べ /a./ koşu.
kakemawàru 駆け回る /ey./ seğirt-,

koşuş-. テーブルからテーブルへと～ボーイ masadan masaya seğirten garson.
kakene 掛け値 /a./ pazarlık edilen fiyat. ～なしの maktu.
kakeoci 駆け落ち /a./ 女が～する kocaya kaç-.
kakera かけら /a./ parça, kırık, kırıntı. ひと～の砂糖 bir parça şeker. コップが壊れて～が部屋に散らばった. Bardak kırılınca parçaları odaya yayıldı.
kakerarê•ru 掛けられる /ey./ asıl-. イエスは十字架にかけられた. İsa çarmıha gerilmişti. 料理にスプーン二杯の油がかけられた. Yemeğe iki kepçe dolusu yağ konuldu.
kake•ru 欠ける /ey./ kır-, eksik ol-, yoksun kal-. 欠けている eksik, güdük, noksan, yoksun. 本を読まないと何かが欠けているように感じたものだ. Kitap okumasam bir eksiklik duyardım.
kakê•ru 掛ける, かける /ey./ as-, daya-, kapla-, tak-; serp-, ek-; geçir-, vur-; çarp-. ～こと asma. 掛けてある asılı, asma. 壁に掛けてある銃 duvarda asılı bir tüfek. はしごを壁に～ merdiveni duvara daya-. 鍵を～ kilitle-. 顔に水を～ yüzüne su serp-. 食べ物にコショウを～ yemeğe biber ek-. まくらにカバーを～ yastığa kılıf geçir-. 料理を火に～ ateşe vur-. ひじかけいすにゆったりと腰を～ koltuğa kurul-. 12と5を～ on iki ile beşi çarp-. 3～2, 3×2 üç çarpı iki. 眼鏡を～ gözlük tak-. 電話を～ telefonu aç-. ラジオを～ radyoyu aç-. 足を～ çelme at- (tak-). 足払いを～ ayağına çelme tak-. 敵に奇襲を～ baskın yap-. 人に圧力を～ ağır bas-. わなに～ ağına düşür-, avla-. 鼻に～ burnunun yeli harman savur-, çalım sat-. 気に～ bak-. 気にかけない kulak asma-. …にかけて başı için. オーバーを背中に掛けた. Paltosunu sırtına aldı. 立っていないでかけなさい. Ayakta durmayın, oturun! 2に4を～と8になる. İkiyi dörde vurursak sekiz eder.
kakê•ru 賭ける /ey./ bahse gir-, kumar oyna-. 大金を～ büyük oyna-. 少しの金を～ küçük oyna-. 首を賭けてもいい ellerim yanıma gelsin.
kakê•ru 懸ける /ey./ ada-. 彼は一生をこの道にかけた. O, kendini bu yola adadı.
kakê•ru 駆ける /ey./ koş-. 駆けて来る koşarak gel-.
kakê•ru 書ける /ey./ yazabil-. ものが～ eli kalem tut-.
kakeuri 掛け売り /a./ ～をする kredi aç-, veresiye ver-.
kakeya 掛け矢 /a./ şahmerdan, tokmak.
kakêzañ 掛け算 /a./ çarpma. ～をする çarp-. ～の積 çarpım. ～と割り算 çarpma ve bölme.
kakêzu 掛図 /a./ duvar haritası.
kakezurimawâru 駆けずり回る /ey./ koş-, peşinde dolaş- (gez-). 夕方から駆けずり回った. Akşamdan beri ben koştum.
kaki カキ, 柿 /a./ trabzon hurması.
kâki カキ /a./ istiridye.
kâki 夏期 /a./ yaz. ～休暇 yaz tatili.
kâki 夏季 /a./ yaz mevsimi.
kâki 火器 /a./ ateşli silâh. 自動～の装てん子 şarjor. ～は撃つと反動が来る. Silâh atılırken teper.
kâki 火気 /a./ ateş.
kakì 垣 /a./ çit. ～を巡らす çit çek-.
kakiacumerarê•ru かき集められる /ey./ sıyrıl-.
kakiacumê•ru かき集める /ey./ sıyır-. 見つけしだい何でもかき集めた. Ne buldu ise hepsini sıyırdı.
kakiarawasê•ru 書き表わせる /ey./ 書き表わせない yazıya geleme-.
kakiarawâsu 書き表わす /ey./ yazıya dök-.

kakiayamari 書き誤り /a./ yazı hatası.
kakicuke 書き付け /a./ pusula, tezkere, kâğıt.
kakicuke・ru 書き付ける /ey./ kâğıda dök-. すぐ〜 kâğıda kaleme sarıl-.
kakidasi 書き出し /a./ yazıda başlangıç.
kakidàsu かき出す /ey./ dışarı çıkar-.
kakihañ 書き判 /a./ スルタンの〜 tuğra.
kakiiredoki 書き入れ時 /a./ meşgul zaman.
kakiirè・ru 書き入れる /ey./ yazıp doldur-.
kakikaè・ru 書き換える /ey./ yeniden yaz-.
kakikàta 書き方 /a./ yazılış, yazış.
kakikèsu かき消す /ey./ sil-, çıkar-.
kakikòmu 書き込む /ey./ カードに〜 fişle-. 書き込んで空白を埋める doldur-.
kakikòtoba 書き言葉 /a./ yazı dili. 〜と話し言葉 yazı dili ve konuşma dili.
kakikowàsu かき壊す /ey./ kurcala-. 傷を〜 yarayı kurcala-.
kakimawàsu かき回す /ey./ eşele-, kurcala-. 火鉢の灰を〜 mangalı eşele-. かき回して探す didikle-. すみずみをかき回して探す delik deşik ara-. 泥棒が戸棚のものをかき回した. Hırsız dolaptaki eşyayı didiklemiş.
kakimaze・ru かき混ぜる /ey./ döv-, çırp-, çalka-. 卵を〜 yumurta çalka-. 卵の白身を〜 yumurtanın akını döv-. かき混ぜた çarpma. 卵をかき混ぜてフライパンに流した. Yumurtayı çırpıp tavaya döktüm.
kakimòno 書き物 /a./ betik, yazı.
kakimusiru かきむしる /ey./ kazın-.
kakinagùru 書きなぐる /ey./ yazıver-.

kakinaosu 書き直す /ey./ yeniden yaz-.
kakine 垣根 /a./ çit, çeper, parmaklık. 庭の〜 bahçe parmaklığı. 〜を巡らす çit çek-.
kakinuku 書き抜く /ey./ hulasa çıkar-.
kakiñ 家禽 /a./ kümes hayvanı.
kakioki 書き置き /a./ tezkere, vasiyet.
kakisokonau 書き損う /ey./ yanlış yaz-.
kakitate・ru かき立てる /ey./ çalka-, çırp-. 卵を〜 yumurta çalka-. 火を〜 ateşi uyandır-. 欲望を〜 şevk ver-. かき立てた çalkantı, çarpma. 卵をかき立ててフライパンに流した. Yumurtayı çırpıp tavaya döktüm. かまどの火を〜ためにまきをくべた. Ocaktaki közü canlandırmak için odun attım.
kakitome 書留 /a./ taahhütlü. 〜の taahhütlü. 〜の手紙 taahhütlü mektup. 往復〜郵便 iadeli taahhütlü mektup.
kakitome・ru 書き留める /ey./ mim koy-. 証人の言い分を〜 ifadesini al-. 個人の行動をカードに〜 fişini tut-.
kakitorase・ru 書き取らせる /ey./ dikte et-, imlâ et-.
kakitori 書き取り /a./ yazdırma, yazdırım, yazım, dikte.
kakitoru 書き取る /ey./ kopya et-, not tut-.
kakiwakè・ru かき分ける /ey./ 人込みを〜 ite kaka kalabalıktan geç-.
kàkka 閣下 /a./ Hazretleri.
kakkè 脚気 /a./ beriberi.
kakkecu 喀血 /a./ kan tükürme.
kakki 活気 /a./ canlılık, coşkunluk, faaliyet, hayat. 〜のある yaşam dolu, hararetli, işlek, cıvıl cıvıl, civcivli. 〜のない cansız, süzgün. 〜が出る faaliyete geç-. 〜を与える hayat ver-.
kakkiteki 画期的 /a./ 〜な yeni

çığır açan.

kakkizukè·ru 活気づける /ey./ gençleştir-, şevke getir-, canlandır-.

kakkizùku 活気づく /ey./ canlan-, coş-, galeyana gel-, galeyan et-, şenlen-. 市場が〜 işler açıl-.

kàkko 括弧, かっこ /a./ parantez.

kàkko 確固 /a./ 〜たる kesin, katı.

kàkko 各個 /a./ her.

kakkoìi カッコいい /s./ yakışıklı, manken gibi. 〜男性 ilâh gibi. もう少し太ればカッコよくなる. Bir dirhem et bin ayıp örter.

kakkoo 格好 /a./ biçim, boy bos, kılık, kıyafet. 〜のよい biçimli, endamlı, usul boy, yakışıklı, bomba gibi. 背が高く〜のよい dalyan gibi, sülün gibi, fidan boylu (gibi). 妙な〜 acayip kıyafet. おかしな〜 gülünç bir kılık. 〜をした kılıklı. おかしな〜をした女 rüküş. こじきの〜をした人 dilenci kılıklı bir adam. だらしのない〜の人 kıyafet düşkünü. 短く〜のよくない服 maymun saltası. 〜を見せる boy göster-. 人の〜をまねる kılığına gir-. コートの〜がとても美しい. Mantonun biçimi çok güzel. こんな〜で通りを歩けない. Bu kılıkla sokakta gezilmez.

kàkkoo カッコー /a./ guguk.

kàko 過去 /a./ geçmiş, mazi. 〜のできごと geçmişte olup bitenler. 〜の暮らし geçmiş. 〜のことを思い出す geçmişi düşün-. 〜の物になる tarihe karış-.

kakocukè·ru かこつける /ey./ sebep ara-. かこつけて atfen.

kakoi 囲い /a./ ağıl, tokat, havale. 冬の〜 kışla. 羊を〜に入れる koyunları ağıla sok-.

kakoku 過酷 /a./ 〜な zalim, kıyıcı.

kakomare·ru 囲まれる /ey./ çevril-, sarıl-. 囲まれた çevrili. 木で囲まれている ağaçlarla çevrili.

kakomu 囲む /ey./ çevir-, çevrele-, kapat-, sar-, kuşat-, kucakla-. 柵で〜 çitle çevir-. 城を兵隊で〜 kaleyi askerle çevir-.

kakoo 火口 /a./ krater.

kakoo 加工 /a./ işleme. 〜する işle-. 原料を〜する ham maddeleri işle-. 〜していない ham.

kakoo 河口 /a./ ırmak ağzı. 小川の〜 çay ağzı.

kakoo 下降 /a./ inme, düşme, alçalma.

kakoo 花梗 /a./ çiçek sapı.

kakòogan 花崗岩 /a./ granit.

kakoohiñ 加工品 /a./ mamulat. 肉の〜を売る店 şarküteri.

kakou 囲う /ey./ çevrele-, kapat-. 女を〜 kapat-. めかけを〜 metres tut-.

kako zìsei 過去時制 /a./ geçmiş zaman, mazi.

kaku 欠く /ey./ yoksun kal-, eksik gel-. 注意を〜 dikkatsiz. 〜ことのできない elzem, vazgeçilmez. 水は人間にとって〜べからざるものだ. Su insan için gereksinmedir.

kaku 格 /a./ rütbe, mertebe ; (文法) hâl.

kàku 書く /ey./ yaz-, yazıp çiz-. 字を〜 harf yaz-. 名前を〜 adını yaz-. 手紙を〜 mektup yaz-. 小説を〜 roman yaz-. 新聞に〜 gazetede yaz-. 〜こと yazış, yazma. 書いてある yazılı. 乱雑に書いてはいけない bakkal defteri değil. 書き終えた. Yazımı bitirdim. 住所を書いた紙はどこ. Adres yazılı kâğrt nerde？ この記事にあなたのことが書いてある. Bu yazıda sizden bahsediliyor.

kàku 描く, 画く /ey./ çiz-. 絵を〜 resim yap- (al-). 定規で四角を〜 cetvelle bir kare çiz-. 二分で私の絵をかいてしまった. İki dakikada resmimi çiziverdi.

kàku 搔く /ey./ kaşı-. 自分の体を〜 kaşın-. ネコのテキルはストーブのそばで体をかいている. Kedim Tekir sobanın

yanında kaşınıyor.
kàku かく /ey./ 汗を〜 ter bas-(dök-). 冷や汗を〜 ecel teri dök-, ter dök-, başından aşağı kaynar sular dökül-. あぐらを〜 bağdaş kur-.
kàku 核 /a./ çekirdek, öz. 〜の çekirdeksel, nükleer.
kàku- 各 her. → **sorèzore no.** 球の〜断面は円形である. Bir kürenin her kesiti daire biçiminde olur. 〜学部の静かなデモは非常に効果的だった. Fakültelerin sessiz gösterisi çok etkili oldu. 1ヘクタールは〜辺が100メートルずつの正方形の面積である. Bir hektar, kenarları yüzer metre olan bir dördülün alanıdır.
kakù 角 /a./ açı. → **kàkudo.**
kakubecu 格別 /a./ hususiyet.
kakucyoo 拡張 /a./ büyütme, genişletme. 〜する büyüt-, yay-, genişlet-, kol at-.
kakucyuu 角柱 /a./ biçme, prizma.
kakudai 拡大 /a./ büyütme. 〜する büyüt-, büyült-. 750倍に〜する学生用顕微鏡 750 defa büyüten bir talebe mikroskopu. 段階的〜 tırmanma.
kakudaikyoo 拡大鏡 /a./ büyüteç, pertavsız.
kaku dañtoo hèiki 核弾頭兵器 /a./ nükleer başlıklı silâhı.
kàkudo 角度 /a./ açı, daire derecesi, derece, zaviye. 事件を別の〜から見る olaya bir başka açıdan bak-.
kaku enèrugii 核エネルギー /a./ çekirdek enerjisi.
kakugata kàkoo 角型かっこ /a./ köşeli ayraç.
kakugecu 隔月 /a./ iki ayda bir.
kakugeñ 格言 /a./ ata sözü, öz deyiş, darbımesel, vecize.
kàkugi 閣議 /a./ bakanlar kurulu.
kàkugo 覚悟 /a./ karar. 〜を決める karar ver-. かねて〜の hazırlıklı. 家に一人残る〜はできていたがやっぱり退屈だ.

Evde yalnız kalmağa hazırlıklı olurum da yine sıkılırım.
kakuhañ かくはん /a./ 〜する kar-.
kakuhàñki かくはん機 /a./ karmaç, karıştırıcı.
kaku hàññoo 核反応 /a./ nükleer reaksiyon (tepkime).
kaku hèiki 核兵器 /a./ nükleer silâh.
kakuheki 隔壁 /a./ bölme.
kàkuho 確保 /a./ temin. 〜する sağlama bağla-, temin et-. 〜される sağlan-.
kàkui 各位 /a./ sizler.
kakuicu 画一 /a./ birlik.
kakùiñ 閣員 /a./ bakan.
kakumaku 角膜 /a./ saydam tabaka. 〜にできる白点 misafir.
kakumàu かくまう /ey./ barındır-. 犯人を〜 yataklık et-. 犯人を〜こと yataklık. 泥棒を〜場所 hırsız yatağı. 危険な所から助け出して狭い所へ〜 canını dar at-.
kakumei 革命 /a./ devrim, inkılâp, ihtilâl. トルコ共和国〜 Türkiye Cumhuriyeti Devrimi.
kakumeika 革命家 /a./ devrimci, inkılâpçı, ihtilâlci. 真の〜 koyu devrimci.
kakùnai 閣内 /a./ kabine içi.
kakuneñ 客年 /a./ geçen yıl.
kakuneñ 隔年 /a./ iki yılda bir.
kakuniñ 確認 /a./ tasdik, doğrulama. 〜する doğrula-, tasdik et-. 〜された tasdikli.
kakunòoko 格納庫 /a./ 飛行機の〜 hangar.
kakurañ 攪乱 /a./ 秩序〜 kargaşa. 〜する karıştır-.
kakurebasyo 隠れ場所 /a./ fare deliği, melce, barınak, siperlik. ひそかに〜を求める kaçacak delik ara-.
kakurèga 隠れ家 /a./ barınak, yatak.
kakuremìno 隠れみの /a./ kılıf.

kakuremonài 隠れもない /s./ 〜事実だ. Atsan atılmaz, satsan satılmaz.
kakureñboo 隠れん坊 /a./ saklambaç. 〜をする saklambaç oyna-.
kakurerarè•ru 隠れられる /ey./ saklanıl-. ここへ〜か. Buraya saklanılır mı?
kakurè•ru 隠れる /ey./ saklan-, gizlen-, kapan-, kapağı at-, köşeye sin-, sin-, boyla-, bucak bucak kaç-. 〜こと gizleme. 〜場所 siperlik. 木の陰に〜 bir ağacın arkasına saklan-. 隠れた gizli, gizil, saklı, gaip, sinik. 隠れた門 gizli kapı. 隠れた深い意味 belâgat. 雲に隠れたかすかな光 ay karanlığı. 隠れて geriden geriye, gizliden gizliye, için için. 隠れて悲しむ içinden kan git-. 茂みのうしろに隠れた. Çalıların arkasına gizlendi. 先生を通りで見かけると家に隠れた. Öğretmeni sokakta görünce evi boyladı.
kakuri 隔離 /a./ karantina, tecrit.
kakuricu 確立 /a./ tespit. 〜する tespit et-.
kakuricu 確率 /a./ olasılık, ihtimal.
kakuryoo 閣僚 /a./ nazır, bakan.
kàkusa 格差 /a./ fark. 〜をつける fark et-.
kakusaku 画策 /a./ plan.
kakusañ 拡散 /a./ yayılma. 〜する neşret-, yay-.
kakusarè•ru 隠される /ey./ saklanıl-. 隠された saklı, gizli, örtülü. 隠された考え art düşünce. 隠された疑点 bit yeniği.
kakusei 覚醒 /a./ uyanış.
kakusei 隔世 /a./ 〜遺伝 atavizm, atacılık.
kakusèiki 拡声器 /a./ hoparlör, megafon.
kakusèizai 覚醒剤 /a./ beyaz zehir.
kakusigoto 隠し事 /a./ giz.
kakusiki 格式 /a./ formalite, gösteriş.

kakusikibàru 格式張る /ey./ 格式張らない babayani.
kakusiñ 確信 /a./ inanç, kanı, kanış, kanaat. 〜する ikna ol-. 〜した kani. 〜させる ikna et-, inandır-. 〜させること ikna. 私はそういう発言があったものと〜する. Ben bu sözün söylenmiş olduğuna eminim.
kakusiñ 革新 /a./ reform.
kakusiñ 核心 /a./ öz, ruh. 物事の〜 işin özü.
kakusiñteki 核心的 /a./ 〜な özsel.
kakusioosè•ru 隠しおおせる /ey./ 隠しおおせないこと kırmızı gömlek.
kakusi zàigeñ 隠し財源 /a./ örtülü ödenek.
kakùsu 隠す /ey./ sakla-, gizle-, gizli tut-, maskele-, ört-, hasır (minder) altı et-, ortadan kaldır-. 金を〜 parasını gizle-. 目を〜 gözünü bağla-. ポケットに〜 cebe at-. やっと身を〜 dar at-. 女が男から身を〜 erkekten kaç-. 隠しておく sakla-. 不正を隠している gizli kapaklı. 隠さずに alenen. 病気を私にどうして隠していたのか. Hastalığını benden niçin saklandın?
kakusui 角錐 /a./ piramit. 厚紙を切り取った四枚の三角形と一枚の四角形を貼り合わせて〜を作った. Kartondan kestiği dört üçgen ile bir kareyi yapıştırarak bir piramit yaptım.
kakusùigañ 角錐岩 /a./ ギョレメ地方の〜 peri bacası.
kakusùru 画する /ey./ çiz-; tasarla-.
kakusyoo 確証 /a./ tespit, tevsik. 〜する doğrula-, tespit et-, tevsik et-.
kàkusyu 各種 /a./ her tür. 〜の生地 her çeşitten kumaş.
kakutañ 喀痰 /a./ balgam.
kàkutaru 確たる /s./ emin, muhakkak.
kàkute かくて /be./ böylelikle. ひとつの生涯が〜終わった. Bir ömür böyle

geçti.
kakutei 確定 /*a.*/ tespit. ～する tespit et-, kesinleş-, sapta-, belir-. 罪が～する suçu sabit ol-. ～すること saptama. ～した kesme, sabit. ～される saptan-, belirlen-.
kakuteiteki 確定的 /*a.*/ ～なこと kati'yet.
kàkuteru カクテル(İng. cocktail) /*a.*/ kokteyl.
kakuteru pàatii カクテルパーティー (İng. cocktail party) /*a.*/ kokteyl partisi.
kàkuto 殻斗 /*a.*/ kadehçik.
kakutoku 獲得 /*a.*/ istihsal, kazanma. ～する elde et-, temin et-, sağla-, istihsal et-. 多数を～する çoğunluk kazan-. ～させる kazandır-. 彼はこの習慣を新たに～した. O, bu huyu yeni edindi.
kakutoo 格闘 /*a.*/ ～する didiş-.
kakutoo 確答 /*a.*/ kesin cevap.
kakuu 架空 /*a.*/ ～の hayalî.
kakuyasu 格安 /*a.*/ çok ucuz. ～の kelepir. ～な品 kelepir.
kaku yùugoo 核融合 /*a.*/ ～の termonükleer.
kakuzai 角材 /*a.*/ kalas, mertek, lata.
kakuzàtoo 角砂糖 /*a.*/ kesme şeker. ～をかじりながら kıtlama. おばあさんは～をかじりながら茶を飲む. Büyük annem çayını kıtlama içer.
kàkuzi 各自 /*a.*/ her biri, herkes.
kakuzicu 確実 /*a.*/ ～な kesin, belirli, aşikâr, muhakkak. ～な根拠 inanılır kaynak. ～さ kesinlik, kati'yet. ～に kati'yen, muhakkak, yüzde yüz. ～にする sağla-. ～になる sağlan-. 彼の援助も～になった. Onun da yardımı sağladı.
kakuzicu 隔日 /*a.*/ iki günde bir, günaşırı.
kakuzicusei 確実性 /*a.*/ kararlılık.
kakuzyuu 拡充 /*a.*/ genişletme.

kàkyoku 歌曲 /*a.*/ şan.
kàkyoo 華僑 /*a.*/ yurt dışı Çinliler.
kakyuu 下級 /*a.*/ aşağı derece. ～の aşağı, küçük.
kakyuu 火急 /*a.*/ acele. ～の用事 acele.
kakyùusyoku 下級職 /*a.*/ ～の人 ast.
kakyuuteki 可及的 /*be.*/ alabildiğine.
kama 釜 /*a.*/ kazan.
kama かま /*a.*/ kazan, ocak.
kàma 鎌 /*a.*/ orak. 柄の長い～ çalgı orağı, çekme. ～で作物を刈る orakla ekini biç-. ～で刈る人 orakçı.
kamabisusîi かまびすしい /*s.*/ gürültülü.
kamabisusîsa かまびすしさ /*s.*/ gürültü. 地獄の～ cehennemî gürültü.
kamado かまど /*a.*/ ocak, fırın. 地面に掘った～ tandır. ～の火をかき立てるためにまきをくべた. Ocaktaki közü canlandırmak için odun attım.
kamaê•ru 構える /*ey.*/ kurul-. 結婚して一家を～ evlenmek barklan-. ナイフを抜いて～ bıçak çek-.
kàmakiri カマキリ /*a.*/ peygamber devesi.
kamasê•ru かませる /*ey.*/ ısırt-.
kamasu カマス /*a.*/ ıskarmoz.
kamatakì かまたき /*a.*/ ocakçı, ateşçi.
kamàu 構う /*ey.*/ karış-, aldır-, iliş-. 構ってやらない açıkta bırak-. 構ってもらえない açıkta kal- (ol-). 構ないでおく ayak altında bırak-. 健康を害しても構わない canını sokakta bul-. 相手構わぬ色男 çöplük horozu. 時を構わず vakitli vakitsiz, zamanlı zamansız. 仕事中私に構わないでください. Çalışırken bana ilişmeyin. 構わないでくれ. Keyif benim köy Mehmet Ağanın. 彼は書かなくても構わない. Varsın yazmasın. ～ものか. Vazifesi mi ?

kame カメ /a./ kaplumbağa. 〜の歩み kaplumbağa yürüyüşü. 〜の甲 bağa.

kamè かめ, 瓶 /a./ toprak kap, testi, küp, kavanoz. 〜を水で満たす küpü su ile doldur-. 〜にチーズを押し込む küpe peynir bas-. 〜のように太った küp gibi.

kamei 仮名 /a./ takma ad.

kameñ 仮面 /a./ maske. カーニバルの〜 karnaval maskesi. 〜舞踏会 maskeli balo.

kàmera カメラ(İng. camera) /a./ fotoğraf makinesi, kamera. 〜の シャッター deklanşör.

kameràmañ カメラマン(İng. cameraman) /a./ fotoğrafçı, foto, kameraman.

kamerèoñ カメレオン /a./ bukalemun.

Kamerùuñ カメルーン /a./ Kamerun.

kàmi 神 /a./ Tanrı, Allah, Mevlâ, Rab, mabut. 助けの〜 Hızır. 縁結びの〜 çöpçatan. 〜の ilâhî. 〜の恵み nimet. 〜のおぼしめし hikmeti Huda. 〜の創ったもの kudret. 〜をたたえる詩 ilâhî. 〜にささげる kutsa-. 〜に免じて 許す helal et-. 〜と認める Tanrılaştır-. 〜の存在を認めない yadsı-. 〜にほめられるような行為 sevap. 〜にのろわれた melun. 〜に召された merhum, merhume. 〜よ ya Rabbi. 〜ぞ知る Allah billir. 〜を恐れぬ Allahtan korkmaz. 〜に誓って dinim hakkı için. 〜はただ一人だ. Tanrı birdir. 〜の慈悲のあらんことを. Mevlâ rahmet eyleye! 〜ない限り人は誰でも浮き沈みがある. Düşmez kalkmaz bir Allah. 人が苦しまない限り助けの〜は来ない. Kul sıkılmayınca Hızır yetişmez.

kàmi 上 /a./ yukarı. 川の〜の方 ırmağın üst başı.

kamî 髪 /a./ saç. 〜の毛 saç. 〜がのびる saç bit-, tıraş gel- (uza-). 〜をのば

す saç uzat-. 〜を切る saçları kırk- (kırp-). 〜をそる tıraş ol-. 〜を整える başını topla- (yap-). 〜が白くなる saçlar kırlaş-. 〜に白いものが混じる saçına ak düş-. 〜一本動かさない kılını kıpırdatma- (oynatma-). 〜もひげものびほうだい saç sakala karışmış. 〜をそった kabak kafalı. ⋯の〜をした saçlı. 〜を染める顔料 rastık. 編んだ〜 örgü. 後ろに垂れている〜 kuyruk. しま模様の〜 meç. のびた〜 tıraş. 頭のてっぺんに残した〜 (古語) perçem. 恋人の〜 zülüf. お母さんは真っ黒い〜をしている. Annemin kapkara saçları var. 〜をずいぶん切ったね. Saçlarını çok kırkmışsın. シベルは美しい〜を自慢にしている. Sibel güzel saçlarıyla övünüyor.

kamì 紙 /a./ kâğıt, (古語) varaka. 〜の kâğıt. 厚くてざらざらの〜 bakkal kâğıdı. 〜を張る kâğıtla-. 〜に包む kâğıda sar-, kâğıtla-. 〜に判を押す kâğıda mühür bas-. 〜に余白がない. Kâğıtta açık yer kalmadı.

kamiàbura 髪油 /a./ briyantin.

kamiato かみ跡 /a./ ısırık.

kamiàu かみ合う /ey./ çakış-.

kamibàsami 紙挟み /a./ kıskaç, klasör, blok. ノートの端を〜で押さえた. Defterimin ucunu kıskaçla tutturdum.

kamibùkuro 紙袋 /a./ kese kâğıdı.

kamicuku かみつく /ey./ dala-, ısır-.

kamicu tòsi 過密都市 /a./ kalabalık bir şehir.

kamigàkari 神懸かり /a./ şeytan aldatması. 〜になる cin tut-.

kamigata 髪型 /a./ saça verilen biçim. 男性の〜 tıraş.

kamihùbuki 紙吹雪 /a./ konfeti.

kamiìre 紙入れ /a./ cüzdan.

kàmikakete 神かけて /be./ vallahi, dinim hakkı için. 〜誓う (俗語) yemin billah et-.

kamikàzari 髪飾り /a./ （古語）hotoz.
kamikire 紙切れ /a./ 一枚の〜 bir kâğıt parçası.
kamikiru かみ切る /ey./ dişle-.
kamìkizu かみ傷 /a./ ısırık.
kamikudàku かみ砕く /ey./ çiğne-, gev-, öğüt-. 〜こと geviş.
kamikùzu 紙くず /a./ kâğıt parçası, kâğıt kırıntısı.
kamimaki tàbako 紙巻きタバコ /a./ sigara.
kaminàri 雷 /a./ gök gürlemesi (gürültüsü), yıldırım.
kaminòke 髪の毛 /a./ saç. → **kamî.** 〜を額に垂らす saçlarını alnına dök-.
kamiñ 仮眠 /a./ şekerleme.
kàmisama 神様 /a./ Tanrı. モードの〜 moda ilâhı.
kamisañ かみさん /a./ bacı, (俗語) Köroğlu.
kamisòri かみそり /a./ ustura, tıraş bıçağı, tıraş makinesi. 〜をあてる ustura tutun-. 散髪屋は父のひげを〜でそった. Berber babamın sakalını ustura ile tıraş etti.
kami tèepu 紙テープ /a./ serpantin.
kamiya 紙屋 /a./ kırtasiye dükkânı.
kami yàsuri 紙やすり /a./ zımpara (kâğıdı). 板のざらざらを〜で取る tahtanın pürüzlerini zımpara ile gider-.
kamiyui 髪結い /a./ kuaför.
kamiza 上座 /a./ baş köşe.
kamizucu 紙筒 /a./ kâğıt tomarı.
kamizùcumi 紙包み /a./ kâğıt paket.
kàmo カモ, 鴨 /a./ ördek, badi. §〜にする yol-. やつをすっかり〜にした. Adamcağızı iyice yoldular.
kàmocu 貨物 /a./ yük, navlun, kargo. 〜を車から貨車へ積みかえること malın arabadan vagona devri.
kamocu rèssya 貨物列車 /a./ yük katarı, marşandiz.
kamocuseñ 貨物船 /a./ kargo, şilep.
kamocu ûñciñ 貨物運賃 /a./ 船の〜 navlun.
kamoku 科目 /a./ ders, konu. 二〜のテストに失敗した. İki dersten çaktı.
kamome カモメ /a./ martı. 海岸で〜のキーキーいう声が聞かれる. Deniz kıyısında martıların çığlıkları işitilir.
kamosidàsu 醸し出す /ey./ おもしろい状況を〜 karagöz oynat-.
kamosika カモシカ /a./ ceylan.
kamòsu 醸す /ey./ içki yap-.
kamu かむ /ey./ はなを〜 sümkür-.
kàmu かむ /ey./ çiğne-, ısır-, dişle-, dala-. ガムを〜 sakız çiğne-. 当惑して唇を〜 dudağını ısır-. ヘビが〜 yılan sok-. 犬が子供の足をかんだ. Köpek, çocuğu bacağından ısırmış. トルガが尾を引っ張った犬がその手をかんだ. Tolga'nın kuyruğunu çektiği köpek elini daladı. 歯は食べ物を〜のに役立つ. Dişlerimiz yiyecekleri öğütmeğe yarar.
kamuhuràazyu カムフラージュ (Fr. camouflage) /a./ kamuflaj, gizleme. 〜する kamufle et-. 〜された kamufle.
kana 仮名 /a./ Japon hece alfabesinden biri.
kanaami 金網 /a./ tel örgü.
kanaboo 金棒 /a./ demir çubuk.
kanabòohiki 金棒引き /a./ laf ebesi, dedikoducu.
Kànada カナダ /a./ Kanada.
kanadàrai 金だらい /a./ leğen, tas.
Kanadàziñ カナダ人 /a./ Kanadalı.
kanadè・ru 奏でる /ey./ çalgı çal-.
kanadesasè・ru 奏でさせる /ey./ çaldır-.
kanaerarè・ru かなえられる /ey./ muradına erebil-. かなえられない boşa

kanàu

çık-.
kanagu 金具 /a./ maden teçhizatı. 壁をつなぐ～ bağlama.
kànai 家内 /a./ yenge, karım.
kanaizyuu 家内じゅう /a./ bütün aile. ～で kapı kapamaca, ailece.
kanakirigòe 金切り声 /a./ çığlık, feryat, haykırış, yırtık ses. ～を上げる çığlık kopar-, haykır-.
kaname かなめ /a./ esaslı nokta, bel kemiği, dayak noktası.
kanamono 金物 /a./ hırdavat, metal eşya.
kanamonoya 金物屋 /a./ nalbur, hırdavatçı.
kanàppe カナッペ (Fr. canapé) /a./ kanepe.
kanarazu 必ず /be./ mutlaka, kesinlikle, kesin kes, (俗語) zahir. 悪の報いは～ある. Geleceği varsa göreceği de var.
kanarazùsimo 必ずしも /be./ her … değil.
kànari かなり /be./ oldukça, hayli, bir hayli, epey, epeyce, iyiden iyiye. ～多い hayli, nice. ～よい ele alınır, fena değil. ～遠い epey uzak. ～以前から hanidir. ～頑張る epey çalış-. ～混雑している oldukça kalabalık. ～の oldukça, bunca, doyurucu, nice nice, hatırı sayılır. ～の年月 nice yıllardan beri. ～の年を越した geçkin. ～の量だ az buz olma-. 船は～遠ざかった. Gemi epey açıldı. 家を見つけるまで～歩き回った. Evi bulunçaya kadar epey dolaştık.
kanaria カナリア /a./ kanarya. ひとつがいの～ bir çift kanarya.
kanasige 悲しげ /a./ ～な üzgün, asık, dertli, hüzünlü, melül.
kanasii 悲しい /s./ acıklı, üzücü, üzüntülü, üzgün, feci, hazin, kederli, mahzun, müteessir, yanık. ～知らせ acıklı haber. ～物語 acıklı hikâye. とても～ içler acısı. ～目にあう

günleri gece ol-. 悲しくなる acılan-, acılaş-, hüzünlen-. 悲しくて口がきけない ağzını bıçak açma-. 新聞に～ニュースが載っている. Gazetede üzücü haberler var. 父が旅立つ時とても悲しかった. Babam yolculuğa çıkarken çok hüzünlendim. 声が本当に悲しそうになった. Sesi gerçekten acılaşmıştı.
kanasiki 金敷き /a./ örs.
kanasimasè•ru 悲しませる /ey./ üz-, yüreğini yak-. 心を～ hatırını kır-. 大いに～ kahret-. ～もの iğneli fıçı.
kamasimi 悲しみ /a./ üzüntü, üzgünlük, acı, gam, kasavet, keder, tasa, teessür. 深い～ kalp acısı, kahır. 子を失った～ ciğer acısı. ～の gamlı. ～を抑える bağrına taş bas-. ～を隠す yaşını içine akıt-. ～を外に出さない içi kan ağla-. 人の～をいっそう強める yaraya tuz biber ek-. ～を忘れさせたまえ. Allah ecir sabır versin!
kanasìmu 悲しむ /ey./ üzül-, acı çek- (duy-), derdine yan-, gam çek- (ye-), gamlan-, hüzünlen-, kahırlan-, kasavet çek-, kederlen-, keder çek-, dertlen-, esef et-, müteessir ol-, tasalan-, uykusu kaç-, yerin-. とても～ ciğeri sızla-, yüreğine in-. 深く～ bağrı yan-. 深く悲しんでいる bağrı yanık. 隠れて～ içinden kan git-. 泣き悲しみ続ける ayılmak bayıl-. ミネはネコの死をたいへん悲しんだ. Mine kedisinin ölümüne çok üzüldü.
kanasìsa 悲しさ /a./ üzğünlük, üzüntü.
kànata かなた /a./ öte. ～の öte. 山の～ dağın ötesi.
kanateko かなてこ /a./ el manivelası, kaldıraç.
kanatoko 鉄床 /a./ örs.
kanàu かなう /ey./ uygun düş- (gel-), çık-. 願いが～ kurdunu kır-. 望みが～ muradına er-. 意に～ sar-. 心に～

kanazùci

değ-. めがねに〜 gözüne kestir-. かなった uygun. 道理にかなった makul. 理にかなった akıla yakın. 理にかなっていない akıl işi değil. 法にかなった行事 yasaya uygun davranış. 時にかなった仕事 vakitli bir iş. 念願がかなって思ったことができる kurtlarını dök-. かなわない çıkışama-. おしゃべりではお前にかなわない. Çene yarıştırmada ben seninle çıkışamam. レスリングで彼に〜ものはない. Güreşte ona çıkacak kimse yok.

kanazùci 金槌 /a./ çekiç. 〜で釘を打つ çekiçle çivile-. 靴屋の皮を打つ 〜 muşta.

kane 金 /a./ para, akçe, dünyalık; (隠語) mangır, mangiz, tıkır, tıngır; maden, demir. 〜を使う masraf et-. 〜を出す kesenin ağzını aç-. 〜を払う para ver-, (俗語) bayıl-. 〜をばらまく elini oynat-, açılıp saçıl-. 〜を奪う haraca kes-. 〜をくずす para boz-. 〜を与える (隠語) tosla-. 〜をくれる (隠語) elden gel-. 〜を絞り取る para çek-. 〜を貯めている para tut- (yap-). けちけちと〜を貯める düğüm vur-. 物を〜にかえる bozdur-. 〜を張る para bas-. 銀行から〜を引き出す bankadan para çek-. 〜を要求する (俗語) yüz-. 余計な〜を使わせる para yedir-. 〜を使わせれる paradan çık-. 〜を使い果たす kesenin dibi görün-. 働かずに〜をもうける açıktan para kazan-. 仕事で〜をなくす parasını batır-. 〜をどぶに捨てる parasını sokağa at-, parayı denize at-. 食べ物を切り詰めて〜を貯める boğazından (dişten) artır-. 〜をかける masrafa gir-, masraf kapısı aç-. 〜がかかる mal ol-, (俗語) otur-. 〜のかかる masraflı, paralı, külfetli. 〜のかかることを始める kapıyı büyük aç-. 〜のかからない parasız. 〜が手に入る paralan-. 思いがけない〜がいる masraftan çık-. 〜で解決できる力を持つ hükmü parasına geç-. 〜に困る dara düş-, darda kal-, başı daral-, başı darda kal-, darda bulun-. 〜に困っている ezgin. 〜に目がない para göz. 〜のない parasız, tıngır. 〜のないこと parasız. 〜の亡者 para canlısı. 〜をたくさん avuç dolusu. 〜ではかたづかないこともある parayla değil sırayla. 〜を出さなくても食えるからという理由だけで boğaz tokluğuna. 〜のことばかり考えている人 dini imanı para. ここでの生活はとても〜がかかる. Burada hayat çok paralı. 〜がものを言う. Paranın yüzü sıcaktır. 〜の力にはかなわない. Altın eli bıçak kesmez. 〜はしかるべきところに使え. Parayı araya değil, paraya vermeli.

kane 鐘 /a./ çan, kampana, zil. 小さい〜 çıngırak. キリスト教会の〜 kilise çanı. 〜を鳴らす çan çal-, kampana çal-. 〜が鳴っている, 教室に入ろう. Zil çalıyor, sınıfa girelim.

kanebanare 金離れ /a./ 〜がいい cömert. 〜のいい人 hovarda.

kanecu 加熱 /a./ ısıtma.

kanecu 過熱 /a./ fazla ısınma.

kanègane かねがね /be./ öteden beri.

kaneire 金入れ /a./ cüzdan.

kanekàsi 金貸し /a./ faizci.

kanemawari 金回り /a./ 〜がいい parası ol-.

kaneme 金目 /a./ 〜の物 kıymetli nesne.

kanemòci 金持ち /a./ zengin, altın babası, han hamam sahibi, (古語) bay. 〜の zengin, paralı, varlıklı, kemeri dolu, (隠語) yüklü. 〜の婦人 zengin bir kadın. 〜になる zenginle-, zenginleş-, yükünü tut-, kısmeti açıl-, küpünü doldur-, (口語) tüylen-. ファトシュの家庭は〜だ. Fatoş'un varlıklı bir ailesi var. 〜に困難なことはない. Varlığa darlık olmaz. Zengin arabasını dağdan aşırır. 〜は何にでも成功するが貧しい者

kāñ

は何をしても失敗する。 Zengin arabasını dağdan aşırır, züğürt (fakir) düz ovada yolunu şaşırır. 〜はあの世でも栄える。 Zenginin iki dünyası da mamurdur. 〜の財産は貧乏人にとっては気晴らしのうわさ話の種にしかならない。 Zenginin malı züğürdün çenesini yorar.

kanemòoke 金もうけ /a./ para kazanma.

-kaneñ カ年 yıllık. 開発五〜計画 beş yıllık kalkınma planı.

kaneñsei 可燃性 /a./ 〜の yanabilen.

kanè・ru 兼ねる /ey./ birlikte ol-, aynı zamanda ol-. 趣味と実益を〜 hem ziyaret, hem ticaret.

kànete かねて /be./ öteden beri. 〜覚悟の hazırlıklı.

kanezùkai 金遣い /a./ para harcama. 〜が荒い para ye-. 〜の荒い müsrif, tutumsuz. 〜の荒い人 hovarda.

kanezumari 金詰まり /a./ para darlığı.

kani カニ /a./ yengeç, çağanoz, pavurya. 〜のはさみ yengecin pensleri.

kaniku 果肉 /a./ meyve eti, çenek. 〜のある etli. 平たくつぶして干した〜 pestil.

Kaniza かに座 /a./ Yengeç.

kàno かの /s./ o, ol, şu.

kanoo 可能 /a./ olanaklılık. 〜な mümkün, olabilir, olanaklı, kabil, elden gelir, muhtemel, helal. 〜にする mümkün kıl-, yolunu yap-. 〜な限り mümkün mertebe. olabildiğince.

kanoo 化膿 /a./ 〜する irinlen-, cerahatlen-. 〜した cılk. 〜した傷 cılk yara.

kanoosei 可能性 /a./ kabiliyet, olanak, ihtimal, imkân. 物質的〜 maddî olanakları. 〜のある kabiliyetli, olanaklı. 実現の〜のない ham.

〜は小さい nerede bu bolluk.

kànozyo 彼女 /a./ o, o kız, o kadın. 〜の onun. 〜へ ona. 〜を onu. 〜から ondan. 〜と onunla. 彼と〜 erkek ve kadın. 夫が死ぬと〜に貧しい生活が始まった。 Kocası ölünce onun için düşkün bir yaşam başladı.

kanyuu 加入 /a./ iştirak.

kañ 勘 /a./ sezgi, sezi. 〜で分かる sez-. 先生の〜はとても鋭くて宿題をやって来なかった者は顔で分かる。 Öğretmenimin sezgileri çok güçlü, ödevini yapmayanları yüzünden anlıyor.

kañ 疳 /a./ hiddet, sinirlilik.

kañ 癇 /a./ 〜に触る kanına dokun-, çok sinirlendir-.

kañ 燗 /a./ (sake) ısıtma.

kañ 缶 /a./ teneke kutu, konserve kutusu. 二〜の油 iki teneke yağ. チーズの〜にうじゃうじゃ虫がわいている。 Peynir tenekesinde fıkır fıkır kurt kaynıyor.

kàñ 管 /a./ boru, kanal. 〜の borumsu. 〜の曲がり材 boru dirseği. 〜の継ぎ目 ek. 〜をつなぐ部品 ek bileziği. 〜をつなぐ金属の環 ek tekeri.

kàñ 間 /a./ ara, süre. この〜に bu süre içinde. …日〜の günlük. ボスフォラス橋はヨーロッパ・アジア〜の懸け橋である。 Boğaz köprüsü Avrupa ile Asya arasında bir bağlantıdır.

kàñ 棺 /a./ tabut, (隠語) imam kayığı. 〜を置く石の台 musalla taşı. 寺院の中に〜を置いて祈る場所 musalla.

kàñ 巻 /a./ cilt. アタチュルク演説集は三〜ある。 Atatürk'ün Söylev'i 3 cilttir.

kàñ 感 /a./ duygu. 〜窮まる yüreği kalk-, heyecanlan-.

kàñ 環 /a./ halka. 管をつなぐ金属の〜 ek tekeri.

kàñ 館 /a./ pavyon, bina.

kàñ 観 /a./ görünüş.

kàñ 簡 /a./ kolaylık, kısalık.

kàñ 艦 /a./ gemi.
kañbacu 干魃 /a./ kuraklık. 〜の kurak.
kañbañ 看板 /a./ tabela, levha.
kañbasìi 芳しい /s./ güzel kokulu. 〜花のかおり çiçeğin güzel bir kokusu.
kàñbasu カンバス(İng. canvas) /a./ kanava, kanaviçe, branda bezi, tuval.
kañbecu 鑑別 /a./ inceleyip seçme.
kañbecusyo 鑑別所 /a./ 少年〜 ıslah evi, ıslahhane.
kañbeñ 簡便 /a./ kolaylık.
kàñbeñ 勘弁 /a./ 〜する affet-, kusura bakma- (kalma-). 〜して下さい affınızı dilerim.
kàñbi 甘美 /a./ 〜な tatlı, şekerli.
kàñbi 完備 /a./ ikmal, bütünleme.
kañbocu 陥没 /a./ çökme. 道が〜する yol çök-.
kañboku 灌木 /a./ ağaççık, çalı. 〜を焼く çalıları yak-.
kañboo 感冒 /a./ nezle. 流行性〜 grip, enflüanza, paçavra hastalığı.
kañboo 監房 /a./ (tutuk) hücre.
Kañbozia カンボジア /a./ Kamboç.
Kañbozìañziñ カンボジア人 /a./ Kamboçlu.
kàñbu 幹部 /a./ yönetici, yetkili kişi, ileri gelen. 業界の〜 iş adamı. 同業組合の〜 kâhya.
kañbucu 乾物 /a./ kurutulmuş yemek. パンに添えて食べる〜 katık.
kañbucùrui 乾物類 /a./ bakkaliye.
kañbucuya 乾物屋 /a./ bakkal. 大きい〜 bakkaliye. 〜のような人 bakkal çakkal. 〜に100リラ借りがある。Bakkala yüz lira borcu var. 〜での払いが300リラになった。Bakkaldaki hesabımız üç yüz lirayı buldu.
kañbùkai 幹部会 /a./ şûra.
kañbuñ 漢文 /a./ Çin cümle.
kàñbyoo 看病 /a./ bakıcılık. 〜する hasta bakıcılık yap-, hastaya bak-.
kàñci 感知 /a./ sezme.
kàñci 関知 /a./ ilgilenme.
kañci 奸智 /a./ hilekârlık.
kañcìgai 勘違い /a./ 〜する tersinden oku-, yanıl-.
kañcuu 姦通 /a./ ihanet, zina.
kañcyoo 干潮 /a./ inik deniz, cezir, inme. 〜で座礁する kuruda kal-.
kañcyoo 間諜 /a./ casus.
kañcyoo 浣腸 /a./ lavman, tenkiye. 〜する şırınga et- (yap-).
kàñcyoo 官庁 /a./ hükümet binası, kapı, konak. 政府の〜 hükümet kapısı (konağı). 〜を巡り歩く kapı kapı dolaş-.
kañcyòoki 浣腸器 /a./ lavman, şırınga.
kañcyòozai 浣腸剤 /a./ lavman.
kañdai 寛大 /a./ âlicenaplık, müsamaha. 〜な âlicenap, geniş mezhepli, gönlü bol (gani), havsalası geniş, hoşgörücü, karnı geniş, müsamahakâr. 〜に扱う hoşgörüyle karşıla-. 〜さ büyüklük. 私達に見せたその〜さが忘れられない。Bize gösterdiği büyüklüğü hiç unutamayız.
kañdakài 甲高い /s./ yırtık, tiz. 〜声 keskin ses. 〜声でしゃべる yüksek perdeden konuş-. 〜叫び haykırış. 甲高く叫ぶ haykır-.
kañdañ 間断 /a./ 〜なく arasız, ara vermeden.
kañdañ 寒暖 /a./ soğuk ve sıcak.
kañdañ 歓談 /a./ sohbet. 〜する sohbet et-, (口語) kaynat-.
kañdañkei 寒暖計 /a./ termometre, sıcakölçer. 今日は寒い、〜が零下3度だ。Bu gün hava soğuk, termometre sıfırın altında üç derece.
kañdeñ 感電 /a./ elektrik çarpması.
kañdèñci 乾電池 /a./ kuru pil.

kañdo 感度 /a./ hassasiyet, duyarlık.
kañdokku 乾ドック /a./ kuru havuz.
kañdoo 感動 /a./ kuvvetli duygu, intıba. 〜する duygulan-, hislen-. 〜させる dokun-. バイオリンの音は私をとても〜させる. Keman sesi bana çok dokunur.
kañdoo 間道 /a./ gizli yol.
kañdoo 勘当 /a./ ret.
kañdoosi 感動詞 /a./ ünlem, nida.
kañdooteki 感動的 /a./ 〜な mütehassis.
kañecùsiki 観閲式 /a./ geçit resmi.
kàñeñ 肝炎 /a./ kara ciğer iltihabı.
kañgàe 考え /a./ fikir, düşünce, dünya görüşü, efkâr, kanaat, kanı, kanış, kavram, nazar, sav, zan. 隠された〜 art düşünce. 同じ〜の bir kafada, oydaş. …の〜では kalsa, kalırsa, nezdinde. 私の〜では benim nazarımda, kanımca, kendi payıma, bence, bana göre, kanaatime göre 〜によれば aklı sıra. 自分の〜で kendi adına. 〜を述べる fikir aç-, öner-. 〜を明らかにする aydınlat-, hüküm ver-. 〜を取り入れる fikir al-, fikrini al-. 〜を巡らす pereseye al-, kur-. 〜を変える kafa değiştir-, gömlek değiştir-. よく〜を変える kılıktan kılığa gir-, zikzak yap-, dönek, fırıldak gibi. 〜を改める fikrini değiştir-. 同じ〜を提出する aynı ağzı kullan-. 〜をうまく言えない iki sözü (lafı, lakırdıyı) bir araya getireme-. 人の〜を自分のもののように見せる ağzını kullan-. 〜が明らかにされる aydınlan-. 〜が鈍る beyni karıncalan-. いい〜が浮かぶ esinlen-. 〜に入れる dikkate al-. 〜に入れておく必要がある haritada ol-. 〜にふける düşünceye dal-. 〜にふけって dalgın dalgın. まずい〜に同調する aklına uy-. 自分の〜に取り付かれて人の言うことを聞かない başının dikine git-. 〜のない

mekanik, sallapati. 〜なしに ulu orta. 〜もなくあわてて事を行う aklını peynir ekmekle ye-. 私の〜では彼にはこの仕事はできない. Bana kalsa o, bu işi başaramaz. 〜なしにやった人には同情すべきだ. Düşüncesizce davrananlara acımalı. 私も同じ〜だ. Al benden de o kadar. どんないい〜も思っているだけでは役に立たない. Bal bal demekle ağız tatlılanmaz.
kañgaebukài 考え深い /s./ düşünceli.
kañgaecùku 考え付く /ey./ düşün-. 考え付かない akılla gelmedik.
kañgaedàsu 考え出す /ey./ başının altından çık-.
kañgaekàta 考え方 /a./ düşünüş, felsefe. 物の〜 zihniyet. いろいろな〜ができる söz götür-.
kañgaekomasê·ru 考え込ませる /ey./ düşündür-.
kañgaekòmu 考え込む /ey./ düşünüp taşın-, kafa patlat-, zihin yor-, zihni takıl-, iki eli şakaklarında düşün-. 沈んで〜 kara kara düşün-, kukumav gibi düşünüp dur-. じっと〜こと dalgınlık. 考え込んだ様子 düşünceli bir tavır. 何をそんなにくだらないことで考え込んでいるの. Karadeniz'de gemilerin mi battı?
kañgaerarê·ru 考えられる /ey./ düşünül-, sanıl-. …と〜 sayıl-. 正しく考えられない zihnini dağıt-.
kañgaê·ru 考える /ey./ düşün-, aklına getir-, aklından geç-, hayalinden geçir-, içinden geç-, plan kur-, san-, tasarla-. …と〜 addet-, kanaati ol-, zannet-. 深く〜 kafa yor-. 慎重に〜 düşünüp taşın-. よく〜 hesap et- kitap et-, hesapla- kitapla-, ölçün-, tart-, teraziye vur-, usavur-, uslamla-, üzerinde dur-. よく考えてみる içinden geçir-. よく考えてから決める ölçüp biç-. よく考えて注意

深く行動する adımını denk (tek) al-. よく考えたうえで hesap kitap. よく考えずに行動する ilerisini gerisini hesaplama- (düşünme-). よく考えずにものを言う lafını bilme-. 考えずにしゃべる人 sözünü bilmez. 前後を考えて行動する hesaplı hareket et-. ものを考えている aklından geçir-. 考え及ばない akıla gelmedik. 〜ことといったらすべて aklı fikri. この問題をよくよく考えた後に決心した. Bu konuyu uzun uzun düşündükten sonra karar verdim. あなたがどれほど考えても無駄です. Ne kadar düşünseniz boş. よく考えてから言え. Boğaz dokuz boğum. よく考えてものは言うべきもの. Vakitsiz öten horozun başını keserler.

kañgaesasè・ru 考えさせる /ey./ düşündür-. 〜ような düşündürücü.

kañgai かんがい, 灌漑 /a./ suyun tarlaya nakli, sulama. 〜施設 sulama tesisleri.

kañgai 干害 /a./ kuraklık.

kañgai 感慨 /a./ duygulanma.

kañgàkki 管楽器 /a./ üflemeli çalgı.

kañgaku 官学 /a./ millî yüksek ögretim.

kañgaku 漢学 /a./ Çinli ilim.

kañgamî・ru かんがみる /ey./ hesaba kat-.

kañgañ 宦官 /a./ hadım, harem ağası, lala.

kañgañcyoo 宦官長 /a./ オスマン朝の〜 kızlar ağası.

kañgàruu カンガルー /a./ kanguru.

kañgei 歓迎 /a./ karşılama, resepsiyon, istikbal. 〜する hoş karşıla-, yeşil ışık yak-. 〜を受ける başı üstünde yeri ol-. 〜しないことを態度で示す ayakkabılarını çevir-. 〜パーティー karşılama töreni. 〜集会 tezahürat.

kañgeki 感激 /a./ kuvvetli heyecan. 〜する duygulan-.

kañgeki 観劇 /a./ tiyatro seyirmesi.

kañgeki 間隙 /a./ aralık.

kañgeñ 甘言 /a./ tatlı söz, (隠語) piyaz. 〜に乗せられる kan-, (隠語) dolma yut-. 〜に乗せられて失敗した. Tatlı sözlere kanarak aldandı.

kañgeñ 還元 /a./ 〜する indirge-.

kañgèñgaku 管弦楽 /a./ orkestra.

kañgeñ gàkudañ 管弦楽団 /a./ orkestra. フィルハーモニー〜 filarmonik orkestra.

kañgèzai 緩下剤 /a./ müshil.

kañgo 漢語 /a./ Çince; Çin harfinden kelime.

kàñgo 看護 /a./ bakım, bakıcılık. 〜する hasta bakıcılık yap-.

kañgòhu 看護婦 /a./ bakıcı, hemşire.

kañgohùcyoo 看護婦長 /a./ başhemşire.

kañgoku 監獄 /a./ ceza evi, hapishane, zindan, (隠語) kodes, (古語) tomruk. 〜に入れる hapse at-, (古語) tomruğa at-. 捕虜を〜に入れる tutsakları zindana at-.

kañgyoo 勧業 /a./ 〜銀行 emlak bankası.

kàñi 簡易 /a./ 〜な basit, sade.

kañi bèddo 簡易ベッド /a./ kuşet.

kañi hosòoro 簡易舗装路 /a./ Arnavut kaldırımı.

kañiñ 姦淫 /a./ ihanet, zina.

kañi saibañsyò 簡易裁判所 /a./ sulh mahkemesi.

kàñka 感化 /a./ tesir.

kàñka 看過 /a./ geçiştirme.

kañkacu 管轄 /a./ ilişkinlik, aidiyet.

kañkacùku 管轄区 /a./ イスラム法官の〜 kadılık.

kañkaku 感覚 /a./ duygu, duyu, duyum, duyarlık, his. 〜の duysal, duyusal. 〜のある duyar. 〜喪失 duyum yitimi. 〜で分かる duysal

duyusal. ～がなくなる nasırlaş-. ～がば かになる nasır bağla- (tut-).
kañkaku 間隔 /*a.*/ aralık, açıklık, mesafe, fasıla. ～をおいた aralıklı.
kañkañ かんかん /*be.*/ ～に怒る öfkelen-, cinleri başına toplan- (üşüş-).
kañkañderi かんかん照り /*a.*/ ～の günlük güneşlik.
kañkecu 簡潔 /*a.*/ ～な kısa ve özgü, veciz. ～に述べる kısa geç- (kes-).
kañkecu 完結 /*a.*/ bitme, bitirme.
kañkecùseñ 間欠泉 /*a.*/ kaynaç.
kañkei 関係 /*a.*/ ilişki, ilişik, ilgi, ilinti, alâka, münasebet, bağıntı, görelik, alış veriş, kontak, nispet, takıntı. 親しい～ girdisi çıktısı. …に ～ある bağlı, göreli, mensup. ～の深 い ilgili, yakın. ～がある alıp vere- ceği ol-. ～があると思う hisse çıkar-. ～する münasebette bulun-. この会に ～する人達 bu derneğe mensup olan- lar. 自分に～するものを受け取る alın-. ～のない ipsiz sapsız, bîgâne. ～の薄 い uzak, uzaktan. ～がない o tarakta bezi olma-. 何の～もない ipe sapa gelme-, bok yemek düş-. 全く～がな くなる kop-. ～ないことにはかかわらない etliye sütlüye karışma-. 私は～ない umurumun teki. 遠い～にあるもの suyunun suyu. ～を断つ alâkayı kes-, kitabı kapa-, (俗語) ipi çöz-. 商売の～を断つ boykot et-. これは私に ～がある. Bu beni ilgilendirir. やつに 何の～があるんだ. Başka işi yok mu? 彼とは全く～ない. Onunla hiç alâkam yok. Onunla hiç bir ilişiğim kal- madı. Benim onunla hiç bir alış verişim yok. これとまったく～がない. Bununla hiç ilgisi yok. 彼らとは全く ～がありえない. Onlara hiç bir girdisi çıktısı olamaz. ～ないでしょ. Vazifesi mi? 仕事の～で彼とも知り合 いになった. İş dolayısıyla onunla da tanıştık. 先生が出した宿題に～する本 を学校の図書館で見つけた. Öğret- menimizin verdiği ödeve ilişkin bir kitabı okul kitaplığında buldum.
kañkei 奸計, 姦計 /*a.*/ şeytanlık.
kañkèisuzi 関係筋 /*a.*/ çevre, merci.
kañkèisya 関係者 /*a.*/ ilgililer. 軍 ～ ordu mensupları.
kañkeizukè•ru 関係づける /*ey.*/ ilgilendir-. 関係づけて悩むこと ilinti.
kañkeñ 官憲 /*a.*/ otorite.
kañki 換気 /*a.*/ havalandırma, van- tilasyon.
kàñki 乾期, 乾季 /*a.*/ kurak mev- sim.
kàñki 寒気 /*a.*/ soğuk, soğukluk.
kàñki 歓喜 /*a.*/ şevk, sevinç.
kañkicùrui かんきつ類 /*a.*/ naren- ciye.
kañkicùzoku かんきつ属 /*a.*/ turunç- giller. オレンジは～の果物だ. Porta- kal, turunç cinsinden bir meyvedir.
kañkikoo 換気孔 /*a.*/ hava deliği.
kañkiñ 換金 /*a.*/ eşyayı paraya değiştirme.
kañkìñ 監禁 /*a.*/ hapis, tutuklama.
kañkìri 缶切り /*a.*/ konserve açaca- ğı.
kañkiseñ 換気扇 /*a.*/ fırıldak, ventilatör.
kàñko 歓呼 /*a.*/ alkış.
kàñkocu 顴骨 /*a.*/ → **hoobone.**
kàñkoku 勧告 /*a.*/ öğüt.
kàñkoku 汗国 /*a.*/ hakanlık, hanlık. クリミア～ Kırım Hanlığı.
kañkoo 観光 /*a.*/ gezi, seyir. ～の turistik. ～ホテル turistik otel. ～事 業 turizm.
kañkoo 刊行 /*a.*/ yayım, yayım- lama, neşretme.
kañkoo 官公 /*a.*/ ～の resmî.
kañkoo 慣行 /*a.*/ âdet.
kañkòobucu 刊行物 /*a.*/ neşriyat, yayın.

kañkōoci 観光地 /*a.*/ gezi yeri, turistik bölge.
kañkōocyoo 官公庁 /*a.*/ resmî daire.
kañkōoheñ 肝硬変 /*a.*/ siroz.
kañkōokyaku 観光客 /*a.*/ turist, altın yumurtlayan tavuk. 町は〜であふれていた. Şehirde turistten geçilmiyordu.
kañkoo ryōkoo 観光旅行 /*a.*/ turizm. 〜をする geziye çık-.
kañkyaku 観客 /*a.*/ seyirci, ziyaretçi, izleyici. 劇場の〜 tiyatro seyircisi.
kañkyakùseki 観客席 /*a.*/ tribün.
kañkyoo 環境 /*a.*/ çevre, etraf, ortam, muhit, vasat. 〜の çevresel. 静かな〜 sessiz bir ortam. 〜に順応する havasına uy-. 私達はよい〜で育った. İyi bir çevrede büyüdük.
kàñma カンマ (İng. comma) /*a.*/ virgül.
kañmañ 干満 /*a.*/ inme ve met.
kañmañ 緩慢 /*a.*/ yavaşlık, ağırlık.
kañmei 感銘 /*a.*/ zihnine yerleştirme.
kañmei 簡明 /*a.*/ 〜な kısa ve açık.
kañmeñ 乾麺 /*a.*/ uzun şehriye. 星形の〜 yıldız şehriye.
kàñmi 甘味 /*a.*/ tatlılık, şeker.
kañmìryoo 甘味料 /*a.*/ şeker, sakarin vb.
kañmoñ 関門 /*a.*/ kapı. 死とはそういった〜であって生あるものは必ずそこを通る. Ölüm öyle bir kapı ki her doğan varlık mutlaka oradan geçiyor.
kañmoñ 喚問 /*a.*/ celp, çağrı. 証人を〜する tanığı çağır-.
kañmoo 冠毛 /*a.*/ sorguç, hotoz, tarak. 〜のある tepeli.
kañmuri 冠 /*a.*/ taç.
kañna かんな /*a.*/ rende, planya. 〜屑 talaş, yonga. 〜をかける rendele-. 板に〜をかける tahtayı rendele-.

kàñneñ 観念 /*a.*/ fikir, düşün, efkâr, ülkü.
kañnèñroñ 観念論 /*a.*/ idealizm, ülkücülük.
kañneñròñsya 観念論者 /*a.*/ idealist, ülkücü.
kañneñteki 観念的 /*a.*/ 〜な düşüncel, ideal.
kàñniñ 堪忍 /*a.*/ sabır.
kañniñbùkuro 堪忍袋 /*a.*/ 〜の緒が切れる canı burnuna gel-, sabrı taş- (tüken-).
kañnìñgu カンニング (İng. cunning) /*a.*/ kopya. 〜する kopya çek- (yap-). 〜した学生 kopyacı. 〜ペーパー kopya. 〜ペーパーを渡す kopya ver-.
kañnoñbìraki 観音開き /*a.*/ 〜の扉 panjur.
kàñnuki かんぬき, 閂 /*a.*/ sürgü, sürme, mandal, kol demiri. 〜を掛ける sürgüle-, sürmele-, mandalla-.
kàñnusi 神主 /*a.*/ Şintoo imamı.
kañòke 棺おけ /*a.*/ tabut. 〜に片足を突っ込んでいる. Bir ayağı çukurda.
kàñpa 寒波 /*a.*/ soğuk dalgası.
kañpai 乾杯 /*a.*/ 〜! şerefe (şerefinize). 杯を持ち上げて〜する kadeh kaldır-. 杯を接触させて〜する kadeh tokuştur-.
kañpai 完敗 /*a.*/ hezimet, büyük yenilgi.
kàñpaku 関白 /*a.*/ astığı astık, kestiği kestik.
kañpañ 甲板 /*a.*/ güverte.
kàñpàñ 乾パン /*a.*/ galeta, peksimet. 棒状の〜 kırıkkırak.
kañpàñcyoo 甲板長 /*a.*/ 商船の〜 lostromo.
kañpeki 完璧 /*a.*/ 〜な tamamı tamamına, dört başı mamur. 〜な文章 kusursuz bir yazı.
kàñpoo 官報 /*a.*/ resmî gazete.
kañpòoyaku 漢方薬 /*a.*/ eski Çin ilacı.

kañpu 還付 /a./ iade, geri verme.
kañpuku 感服 /a./ hayranlık.
kañraku 乾酪 /a./ → **ciizu**.
kañraku 陥落 /a./ düşüş, çöküş, teslim. 町の〜までには多くの血が流された. Kentin teslimi sırasında çok kan döküldü.
kañrañ 観覧 /a./ 〜する bak-, incele-, seyret-.
kañrañ カンラン /a./ → **kyàbecu**.
kañrañsya 観覧車 /a./ dönme dolap.
kañrei 慣例 /a./ âdet, (冗談) kara kaplı kitap.
kañrei 寒冷 /a./ don, şiddetli soğuk.
kañreki 還暦 /a./ altmış yaşı.
kañren 関連 /a./ ilişki, nispet, bağ. 〜した göreli, bağıntılı.
kañreñsei 関連性 /a./ görelik, bağıntılılık.
kàñri 管理 /a./ idare, yönetim, gözetim, güdüm, nezaret. 〜の idarî. 〜する yönet-, idare et-. 〜されている güdümlü. 〜法規 yönetmelik.
kàñri 官吏 /a./ devlet memuru.
kañribu 管理部 /a./ müdürlük, işletme.
kañriniñ 管理人 /a./ yönetici,idareci. 駐車場の〜 kâhya. モスクの〜 kayyım. 山林〜 ormancı.
kañri nòoryoku 管理能力 /a./ 〜のある idareli. 〜の高い idareci.
kañrisicu 管理室 /a./ idarehane.
kañrisya 管理者 /a./ işletmeci, müdür, yönetici. 女の〜 müdire.
kañrisyoku 管理職 /a./ müdürlük, yöneticilik. 〜会議 yönetim kurulu.
kañroku 貫禄 /a./ gösteriş. この建物はさっぱり〜がない. Bu yapının hiç gösterişi yok.
kañryaku 簡略 /a./ kolaylık, kısalık.
kañryoo 完了 /a./ hatim, tamamlama. 〜する tamamla-, tamamlan-.

〜した tamam. ことが〜しない askıda kal-. 製鉄工場の建設が〜し, 操業を開始した. Demir fabrikasının kurgusu bitti, işletmeye açıldı.
kañryoo 官僚 /a./ bürokrat.
kañryoo syùgi 官僚主義 /a./ bürokrasi, kırtasiyecilik. 〜の kırtasiyeci.
kañryuu 寒流 /a./ soğuk su akıntılar.
kàñsa 監査 /a./ denetim, kontrol. 〜する denetle-. 〜される denetlen-.
kañsacu 観察 /a./ gözlem, müşahede. 〜する gözle-. ひそかに〜する gözlet-. 科学的〜 bilimsel gözlem.
kañsacu 鑑札 /a./ unvan tezkeresi, künye.
kañsacùka 監察下 /a./ 〜におく göz altına al-, göz altı et-.
kañsacùsya 観察者 /a./ gözleyici, müşahit.
kañsaku 奸策, 姦策 /a./ şeytanlık.
kañsañ 閑散 /a./ 〜とした町 tenha bir şehir.
kañsecu 間接 /a./ dolaylı. 〜の araçlı, dolaylı, vasıtalı.
kañsecu 関節 /a./ eklem, ekleme, ek, mafsal, oynak.
kañsecuteki 間接的 /a./ 〜な dolaylı, araçlı. 〜に dolaysıyla, marifetiyle. 〜に彼が何を考えているかを知ることになった. Dolayısıyla onun da ne düşündüğünü anlamış olduk.
kañsecùzei 間接税 /a./ araçlı vergi, dolaylı vergi, vasıtalı vergi.
kañsei 完成 /a./ tamamlama, bütünleme, hatim, ikmal, kemal. 〜する tamam ol-, tamamlan-, ikmal et-. 〜させる tamamla-, bütünle-, tümle-. 〜された kâmil.
kañsei 官製 /a./ 〜の resmî.
kañsei 慣性 /a./ süredurum, atalet.
kañsei 歓声 /a./ sevinç sesi.
kañsei 陥穽 /a./ tuzak. → **otosiana**.
kàñsei 閑静 /a./ 〜な körfez, kuytu.

あそこはとても〜な所だ. Orası pek körfez bir yer.
kañseitoo 管制塔 /a./ kontrol kulesi.
kȧñseki 漢籍 /a./ Çin kitapları.
kañseñ 感染 /a./ 〜する bulaş-, aşılan-, kap-. 〜した bulaşık.
kañseñ 艦船 /a./ gemi.
kañseñ 幹線 /a./ ana yol.
kañseñ 乾癬 /a./ sedef hastalığı.
kañseñsei 感染性 /a./ 〜の bulaşıcı.
kañsi 漢詩 /a./ Çin şiirleri.
kañsi 監視 /a./ nezaret, göz altı, gözetim. 〜する başını bekle-, göz hapsine al-, göz altına al-.
kañsìiñ 監視員 /a./ gözetleyici, gözcü.
kañsiñ 関心 /a./ alâka, ilgi, merak, umur. 〜がある lâzım gel-, merak ol-. 〜のある alâkadar, alâkalı, ilgili. 〜を持つ alâkadar ol-, alâkalan-, ilgi göster-, ilgilen-. 〜を持たせる alâkadar et-. 〜を持ち続ける alâka duy-. あとに残したものに〜を持ち続ける gözü arkada kal-. 〜を払う özen göster-, umursa-, vazife et-. 特に〜を払う iltifat et-. 〜を示す yanaş-, (口語) tın-. 〜を引く ilgi çek-. 〜を抱かせる ilgilendir-. 〜を呼ぶ ilginç. 〜をそそる cazip, çekici. 〜を持たなくなる soğu-. 彼は食事にあまり〜がない. Onun yemeğe o kadar merakı yok. 私には〜がない. Umurumda değil. これは私の〜をそそる. Bu beni ilgilendirir.
kañsiñ 感心 /a./ 〜する hayran ol-(kal-), saygı duy-. 彼は兄弟に〜している. O, kardeşine hayran.
kañsiñzi 関心事 /a./ meşguliyet, umur, dava. 最大の〜 meşgale.
kañsisya 監視者 /a./ bekçi.
kȧñso 簡素 /a./ sadelik. 〜な sade, basit.
kañsoku 観測 /a./ gözlem, gözlemleme, araştırma, müşahede. 〜する gözle-, gözlemle-.

kañsokùiñ 観測員 /a./ gözleyici.
kañsokùsya 観測者 /a./ müşahit.
kañsokuzyo 観測所 /a./ gözlem evi, rasathane.
kañsoo 乾燥 /a./ kuraklık. 〜させる kurut-. 〜した kurak, kuru, susuz. 〜した畑 kurak tarla. 〜した極寒 ayaz. 〜剤 kurutucu. 〜イチジク balçık inciri. 〜砂漠 kuru çöl.
kañsoo 感想 /a./ düşünce, fikir.
kañsoo 乾草 /a./ kuru ot.
kañsȯoki 乾燥機 /a./ kurutucu. 衣類〜 çamaşır kurutucusu.
kañsȯoniku 乾燥肉 /a./ kadit, kurutulmuş et.
kañsȯonyuu 乾燥乳 /a./ kurut.
kañsui 完遂 /a./ 任務を〜する görevini ifa et-.
kañsùru 関する /ey./ ···に〜 ait, dair, değgin, hakkında, ilişik, ilişkin. トルコ語に〜記事 Türk diline dair bir yazı. 文学に〜記述 edebiyat hakkında bir yazı. ···に関して hakkında, münasebetiyle, üstüne, üzerinde, üzerine. あなたに関して hakkınızda. クリミア戦争に関しての論文 Kırım Savaşı üstüne bir tez. ···に関しては gelince, göre, itibariyle, (-den) yana. 私に関しては bana kalırsa, bana gelince. 雑誌に言葉に〜記事がある. Dergide dil üzerinde bir yazısı var.
kañsùru 冠する /ey./ koy-, ad ver-.
kañsùu 関数 /a./ fonksiyon.
kȧñsya 感謝 /a./ teşekkür, şükran, şükür. 〜の気持ち şükran, iç yükümü. アッラーへの〜 hamt. 〜する teşekkür et-. 神に〜する. Tanrı'ya şükret-. 神に〜をささげること şükür. アッラーよ〜します çok şükür. 〜するのが義務だと思う teşekkürü borç bil-. 〜される dua (duasını) al-. 〜すべき müteşekkir. 君にとっても〜している. Sana çok minnettarım.
kañsyaku かんしゃく /a./ hırçınlık.

kāñyo

～を起こす hırçınlaş-, cini tut-, hiddetlen-, aksileş-.
kañsyakudama かんしゃく玉 /a./ çatapat, patlangaç. ～で遊ぶ çatapatlarla eğlen-.
kañsyakùmoci かんしゃく持ち /a./ ～の hırçın, cadaloz. 私の子ネコはおなかがすくとすごく～になる. Küçük kedim acıkınca çok hırçınlaşıyor.
kañsyazyoo 感謝状 /a./ takdirname.
kāñsyo 甘蔗 /a./ şeker kamışı.
kañsyoku 閑職 /a./ ～に甘んじる kenarda kal-.
kañsyoku 感触 /a./ his.
kañsyoo 干渉 /a./ araya girme, müdahale, girişim. ～する karış-, iliş-. ～させる karıştır-. ～されない karışanı görüşeni olma-. 仕事に警察が～した. İşe polis karışmış.
kañsyoo 観賞 /a./ seyir, temaşa. ～する seyret-, temaşa et-.
kañsyoo 鑑賞 /a./ kıymet biçme, takdir.
kañsyoo 環礁 /a./ mercan ada.
kañsyoo 緩衝 /a./ ～装置 amortisör.
kañsyoo 感傷 /a./ duygululuk, hassaslık.
kañsyoogañ 鑑賞眼 /a./ ～のある kadirbilir, kadirşinas, değerbilir.
kañsyòoki 緩衝器 /a./ tampon.
kañsyòokoku 緩衝国 /a./ tampon devlet.
kañsyooteki 感傷的 /a./ ～な duygulu, duygun.
kañsyoozai 緩衝材 /a./ tampon.
kañsyu 看守 /a./ gardiyan.
kañsyuu 慣習 /a./ örf, âdet. ～の örfî. 社会の～ yol erkân.
kañsyuu 監修 /a./ (kitap için) ～する denetle-. ～される denetlen-. ～者 denetleyici.
kañsyuu 観衆 /a./ seyirci, izleyici.
kañsyuuhoo 慣習法 /a./ örf, âdet.

kañtai 歓待 /a./ ikram. ～する hüsnükabul göster-. ～される ikram gör-. 客を～すること konukseverlik.
kañtai 寒帯 /a./ soğuk kuşak.
kañtai 艦隊 /a./ filo, donanma.
kañtaku 干拓 /a./ deniz kurutaması.
kañtañ 簡単 /a./ ～な kolay, basit, hafif, zahmetsiz, işten değil. ～な料理 basit bir yemek. ～な取るに足りないこと çocuk işi. ～な方法を探す kolayını ara-. ～になる kolaylaş-. ～に言えば uzatmayalım. 慣れたものは～に手放せない. Alışılan şeyden çabuk geçilmez.
kañtañ 感嘆 /a./ nida, ünlem.
kañtāñsi 感嘆詞 /a./ ünlem.
kañtei 官邸 /a./ hükümet konağı, (古語) paşa kapısı.
kañtei 艦艇 /a./ savaş gemisi.
kañteiniñ 鑑定人 /a./ bilir kişi, uzman, eksper. たばこ・酒の～ çeşnici.
kāñteñ 観点 /a./ görüş, görüş açısı, nazar, noktai nazar, bakım, cihet, zaviye. 批判的～ eleştirici bir görüş. ～から yönden. 学問的～から bilim bakımından. 我々の間には～の違いがある. Aramızda görüş ayrılığı var.
kañtera カンテラ (Hol. kandelaar) /a./ fener.
kañtoku 監督 /a./ kontrol, gözetim, yönetim; yönetici, yönetmen, çavuş, menajer. ～する yönet-.
kañtokùkañ 監督官 /a./ yönetmen. 学校の～ mümeyyiz.
kañtòogeñ 巻頭言 /a./ başyazı, başmakale.
kañtòosi 間投詞 /a./ ünlem.
kañwa 緩和 /a./ hafifletme, yavaşlatma.
kañyaku 簡約 /a./ kısalık.
kāñyo 関与, 干与 /a./ katılma, iştirak. ～する katıl-.

kañyoo 寛容 /a./ hoşgörü, âlicenaplık, müsamaha. 〜な geniş mezhepli, hoşgörücü, müsamahakâr.
kañyoo 慣用 /a./ görenek.
kañyoo 肝要 /a./ önemlilik. 〜な点 püf noktası.
kañyòoku 慣用句 /a./ deyim.
kañyu 肝油 /a./ balık yağı.
kañyuu 勧誘 /a./ davet, kandırma.
kañzainiñ 管財人 /a./ mütevelli, vasi.
kañzei 関税 /a./ gümrük, gümrük resmi. 条約で決めた〜 ahdî tarife. 〜なしの gümrüksüz. 〜告知書 gümrük beyannamesi. 〜・専売大臣 Gümrük ve Tekel Bakanı. 〜倉庫 antrepo.
kañzèiricu 関税率 /a./ gümrük tarifesi.
kañzei zyòoyaku 関税条約 /a./ gümrük anlaşması.
kañzeñ 完全 /a./ bütünlük, yetkinlik, kemal. 〜な tamam, eksiksiz, tam, kâmil, kusursuz, mutlak, mükemmel, tekmil, ilâhî. 〜な嫁入り道具 çeyiz çemen. 〜に tamamen, tamamıyla, tam, tıpkı, tümden, dip doruk, harfi harfine, noktasına, enine boyuna, (俗語) hepten. 〜に読み終わる devir-. 〜に負かす (隠語) duman attır-. 〜になる tamamlan-. 〜にする tamamla-, tümle-, bütünle-, bitir-. 〜にむき出しの çırçıplak, çırılçıplak. この本は〜ではない. Bu kitap tamam değildir. 父は仕事について〜な知識がある. Babamın işinde yetkin bir bilgisi var.
kañzeñ sìcugyoo 完全失業 /a./ 〜の işsiz güçsüz.
kañzèñsyoku 完全食 /a./ tam yemek. 病院の〜 altıdan yemek.
kañzi 感じ /a./ duygu, his, sanı. 〜のいい cana yakın, sempatik. 〜のいい人 zarif bir adam. 〜がする hissini ver-, hissedil-, sezinle-, içine öyle gel- (doğ-), bul-. 〜がある hisset-.
kañzi 漢字 /a./ Çinli harf.
kàñzi 幹事 /a./ sekreter, kâtip.
kañzìiru 感じ入る /ey./ hayran ol-. 感じ入った hayran.
kañziñ 肝心 /a./ önem. 〜な点 püf noktası.
kañzirare・ru 感じられる /ey./ duyul-, hissedil-, duyar.
kañzi・ru 感じる /ey./ duy-, hisset-, sez-, tat-. 痛みを〜 acı duy-. 胸の中で圧迫を〜 içinde bir ezginlik duy-. 感じない duygusuz, heykel gibi, eşek derisi gibi. 感じなくなる küllen-. 部屋のにおいを感じましたか. Odadaki kokuyu duydunuz mu? ピーマンの辛さを食べるとすぐに感じた. Biberin acısını ağzıma alır almaz hissettim.
kañzisase・ru 感じさせる /ey./ hissettir-, sezdir-. シベルのほおのえくぼは笑うと別のかわいさを〜. Sibel'in yanağındaki gamzeler gülerken ona ayrı bir güzellik veriyor.
kañziyasùi 感じやすい /s./ duygulu, duyarlı, duygun, hassas, içli.
kañzoo 肝臓 /a./ kara ciğer.
kañzoo カンゾウ, 甘草 /a./ meyan kökü.
kañzukasè・ru 感付かせる /ey./ duyur-.
kañzùku 感付く /ey./ sezinle-, koku al-. 変だと〜 beyni bulan-, pirelen-.
kañzùme 缶詰 /a./ konserve. 〜の konserve. 魚の〜 konserve balık.
kañzuru 感ずる /ey./ → **kañzi・ru**.
kañzya 患者 /a./ hasta.
kañzyoo 感情 /a./ duygu, his, hatır, yürek. 〜の hissî, duygusal. 〜の激発 tutarak, tutarık. 〜をあらす damarları kabar-. 〜を抑える gücünü yen-. 〜を傷つける gücüne git-, incit-. 〜を害する üstüne al-, üzerine al-. 〜を刺激する iç gıcıkla-.

～をぶちまける içini boşalt-. ～が高ぶる yüreği kalk-. ～が高ぶって物が言えない. boğazına düğümlen-. 自分の～で動く hislerine kapıl-. ～に訴える duygusal. 人は～にとらわれずに仕事をするべきだ. İnsan hatır gönül gözetmeden görevini yapmalı.

kañzyòo 勘定 /a./ hesaplama, hesap. ～をする hesapla-. ～が合う idare et-. ～に入れる hesaba al-, dikkate al-, itibara al-. ～から差し引く hesaptan düş-. ～を払う hesap gör-. ～を済ます hesaplaş-. ～を清算する hesabı temizle-. ビールは私の～につけておけ. Biraları benim üstüme yaz!

kañzyooba 勘定場 /a./ kasa.

kañzyoodakài 勘定高い /s./ hesaplı.

kañzyoogaki 勘定書き /a./ hesap pusulası, bordro, pusula.

kañzyòoro 環状路 /a./ ring gezisi.

kañzyooteki 感情的 /a./ ～な duygusal, hissî, aygın baygın.

kañzyusei 感受性 /a./ duyarlık, hassasiyet, alırlık. 犬のにおいに対する ～ köpeklerin kokuya karşı duyarlıkları.

kao 顔 /a./ yüz, sima, çehre, bet beniz, (俗語) sıfat. 不機嫌な～ asık yüz. 知られた～ tanınmış bir sima. …の～をした yüzlü. 美しい～の子供 güzel yüzlü bir çocuk. ～のとても美しい ayın on dördü gibi. ～のまずい surat düşkünü, çehre züğürdü. ～に塗る紅 al. ～が青ざめる bet beniz kalma-, benzinde kan kalma-, beti benzi at- (kireç kesil-, sarar-, uç-), benzi kül gibi ol-. ～がほころぶ yüzü gül-. ～をしかめる yüzünü buruştur-, dudak bük-, çarpıl-. ～を合わせる yüz yüze bak-. ～を出す yüz göster-. ～をつき合わせている haşir neşir ol-. ～を赤くする yüz kızdır-. 恥ずかしくて～が真っ赤になる gözlerinin içine kadar kızar-. ～を赤くして alı al

moru mor. いい～を見せる yüz ver-. 誰にもいい～をする mavi boncuk dağıt-, hem İsa'yı, hem de Musa'yı memnun et-. ～に一撃を加える ağzını burnunu dağıt-. ここへどんな～をして来たのだ. Buraya ne yüzle geldi! 人に合わせる～がなかった. Adama yüz kalmamış. ～は心の鏡. Yüz, ruhun aynasıdır. Yüzü güzel olanın huyu da güzel olur.

kaoawase 顔合わせ /a./ görüşme.

kaobure 顔触れ /a./ üye, aza.

kaocuki 顔つき /a./ yüz hatları, hat. 疲れた～になる ağız burun birbirine karış-.

kaodaci 顔立ち /a./ ～が美しい yüzüne bakılacak gibi (yüzüne bakılır).

kaoiro 顔色 /a./ beniz, bet beniz. さえない～ renksiz çehre. ～の悪い renksiz, sapsarı, yüzü sarı. ～の濃い yanık. ～がよくなる benzine kan gel-, yüzüne kan gel-. ～を失う benzi at- (uç-). ～をうかがう nabzına göre şerbet ver-. ～を読む yüzünden oku-. ～が変わる kızarıp bozar-. ～ひとつ変えない renk verme-. ～が悪い. Benzi uçuk. 病気で母の～が悪くなった. Hastalanınca annemin yüzü soldu.

kaokataci 顔かたち, 顔形 /a./ ～の整った ağzı burnu yerinde.

kàoku 家屋 /a./ ev, hane.

kaomisiri 顔見知り /a./ göz aşinalığı. ～である merhabası ol-, yüz bul-.

kaonàzimi 顔なじみ /a./ tanıdık.

kaoo 花押 /a./ スルタンの～ tuğra. ～を入れる tuğra çek-.

kaori 香り /a./ güzel koku. 花の～ çiçek kokusu. 茶の～ çay kokusu. いい～の kokulu. いい～の石けん kokulu sabun. いい～で burcu burcu. ～がする kokulu. 気を静める熟した果物の～ sinirleri gevşeten olgun bir meyve kokusu. ほら, においをかいでごら

kaoru

ん，花びんの花のいい〜. Bak kokla, vazodaki çiçekler ne güzel kokuyor.
kaoru 香る /*ey.*/ kok-.
kaoyaku 顔役 /*a.*/ kolu uzun, gücü yeter adam.
kapêika カペイカ (Rus. kopeika) /*a.*/ kapik.
kappa かっぱ /*a.*/ yağmurluk.
kappacu 活発 /*a.*/ 〜な hareketli, canlı, etkin, kıvrak, civelek, oynak, şuh, zinde, aktif, ateş parçası, çakı gibi, çivi gibi, eli dursa ayağı durmaz. とても〜な dipdiri 〜すぎて枠におさまりきれない kabına sığma-.
kappañ 活版 /*a.*/ basım, basımcılık, tabaat.
kapparai かっぱらい /*a.*/ kaptıkaçtı.
kapparâu かっぱらう /*ey.*/ aşır-, (隠語) sırıkla-, omuzla-.
kappoo かっぽう /*a.*/ aşçılık. 〜着 mutfak giysisi.
kâppu カップ (İng. cup) /*a.*/ bardak, kupa, fincan.
kappu beñsai 割賦弁済 /*a.*/ amortisman.
kappuku 恰幅 /*a.*/ 〜のいい人 güçlü vücutlu adam, boyu bosu yerinde adam.
kâpuseru カプセル (Al. Kapsel) /*a.*/ kapsül. 宇宙船〜 uzay kapsülü.
kara から /*il.*/ -den, -dan, itibaren; için, madem, mademki, ya. ①(起点) 料理を火〜おろす yemeği ateşten indir-. 窓〜飛びおりる pencereden atla-. 船〜タラップを渡す vapurdan iskele at-. 子供を学校〜追い出す çocuğu okuldan at-. 暗やみ〜明るい所へ出る karanlıktan aydınlığa çık-. 昨日〜ずっと dünden itibaren. 亡くなって〜名だけが伝わる adı kal-. 学問の観点〜 bilim bakımından. 東京〜いつもだった. Tokyo'dan ne zaman döndün? 彼はここ〜おそらく私達のとこ ろへ行ったのだ. O, buradan belki bize gitmiştir. お金が足りなかったので友達〜借金した. Param çıkışmadığı için arkadaşımdan borç aldım. 布が縫い目〜裂けた. Kumaş dikiş yerinden attı. 眠り〜さめた. Uykudan uyandım. 今日を入れて来て〜三日になった. Bu gün dahil geleli üç gün oldu. この服の中〜好きなものを選びなさい. Bu elbiselerden birini beğeniniz. ②(理由) …だ〜 çünkü, Değil mi ki…. 〜には madem, mademki. 今年は雨があった〜実りがある. Bu yıl yağış olduğu için bolluk var. お金が足りなかった〜友達に借金した. Param çıkışmadığı için arkadaşımdan borç aldım. そう言った〜そうする. Madem öyle söyledi, öyle yaparız. 怠ける〜成功できない. Tembelliği yüzünden başaramıyor. 約束を守らなかった〜だ. Değil mi ki sözünde durmadı. 行けない、なぜなら病気だ〜. Gidemez, çünkü hastadır. 金はなんでもない、いい〜彼を勉強させなさい. Parasında değilim, yeter ki o okusun. 君が私の言うことを聞かない〜には私も君のことはもう構わない. Mademki sen beni dinlemiyorsun, ben de senin işine bir daha karışmam.
karâ 空 /*a.*/ kofluk, boşluk. 〜の boş, kof, kuru. 〜の皿 boş tabak. 〜の場所 kofluk. 頭が〜の kof beyinli (kafalı). まったく〜の bomboş. 〜になる boşal-, boşan-, koflaş-. 〜にする boşalt-. 机の引き出しを〜にする masanın gözlerini boşalt-.
karâ 殻 /*a.*/ kabuk, kavkı. 卵の〜 yumurta kabuğu. 〜ができる kabuklan-. 〜に閉じこもる kabuğuna çekil-, kozasına çekil-.
kâraa カラー (İng. collar) /*a.*/ yaka, yakalık.
kâraa カラー (İng. color) /*a.*/ renk.
karaa firumu カラーフィルム (İng.

color film) /a./ renkli film. 〜一本 bir adet renkli fotoğraf filmi.
karaage 空揚げ /a./ kızartma. カボチャの〜 kabak kızartması. ナスの〜 patlıcan kızartması.
karaa tèrebi カラーテレビ(İng. color television) /a./ renkli televizyon.
karacuyu 空梅雨 /a./ kurak bir yağmur mevsimi.
karacya 空茶 /a./ kuru çay.
karada 体 /a./ beden, vücut, eğin, ten, üst, üzeri, (俗語) kesim. 人間の〜 insan vücudu. 動物の〜 hayvan vücudu. 太った〜 dolgun vücut. 丈夫な〜 sağlam vücut. 〜の部位 bölge. 〜が弱る vücuttan düş-, çök-. 〜がなまる hamlaş-. 〜をばたつかせる çırpın-. 〜にいい yara-, iyi gel-. 陽気が〜にさわる hava çarp-. 高齢だが自分の〜のことによく気を使っていたようだ. Çok yaşlı ama kendine iyi bakmış. 松風は彼の〜によかった. Çam havası ona yaradı. 乳が子供の〜にさわった. Süt, çocuğu çalkadı. 生身の〜だ. Canı yok mı?
karadacuki 体つき /a./ çelim. ほっそりした〜の ince yapılı. 〜が女らしくなる geyik etine gir-.
karageñki から元気 /a./ 〜を出す yiğitlik tasla-.
karagyozu sìbai カラギョズ芝居 /a./ karagöz, hayal oyunu. 〜を演じる karagöz oynat-. 〜を演じる人 karagözcü. 〜の幕 ayna.
kàrahuru カラフル(İng. colorful) /a./ 〜な renkli.
karài 辛い /s./ acı, biberli. 辛くなる acılan-, acılaş-, acı-. 口が辛くなった. Ağzım acılandı. コショーやキニーネはとても〜しにがい. Kara biber, kinin pek acıdır.
karaìbari 空威張り /a./ kabadayılık. 〜をする kabadayılık tasla-. 〜する人 efe, ispenç horozu. 〜だ. Ürüyen köpek ısırmaz.

karakaiguse からかい癖 /a./ 〜の muzip.
karakaizuki からかい好き /a./ 〜の人 alaycı, takılgan.
karakane 唐金 /a./ tunç.
karakara からから /a./ kupkuru. 〜になる kupkuru kesil-. のどが〜になる hararet bas-.
kàrakara からから /be./ 〜と音を出す çıngırda-. ばかにして〜と笑う gevrek gevrek gül-.
karakàu からかう /ey./ alay et- (geç-), alaya al-, azizlik et-, dil çıkar-, eğlen-, takıl-. ひそかに〜 kesintiye al-. アフメットは友達を〜のを楽しみにしている. Ahmet arkadaşlarına takılmaktan zevk alıyor.
karakkaze 空っ風 /a./ kuru rüzgâr.
kàrakumo 辛くも /be./ az kalsın.
karakuri からくり /a./ dolap, hile.
karakuzi 空くじ /a./ boş numara. 〜を引く boş çık-. 〜を引かない boş çıkma-.
karàmacu カラマツ, 唐松 /a./ kara çam.
karamàru 絡まる /ey./ dolan-, tutul-.
karamàwari 空回り /a./ boşa dönme.
karameru カラメル (Fr. caramel) /a./ karamela.
karamè・ru からめる /ey./ sar-, bağla-.
karametòru からめ捕 /ey./ yakala-, tut-.
karamì 辛み, 辛味 /a./ acı.
karamiàu 絡み合う /ey./ çapraş-, dolaş-, dolan-, sarmaş-. 絡み合った dolaşık. 絡み合った毛糸 dolaşık yünler.
karamomi 空もみ /a./ 〜を吹き飛ばす yele ver-, harman savur-.
karàmu 絡む /ey./ takıl-, sarıl-.
karañ カラン(Hol. kraan) /a./ mus-

karappo

luk.
karappo 空っぽ /*a.*/ tamtakır kuru (kırmızı) bakır, bomboşluk. 〜の bomboş, boş, tamtakır, tıngır, entipüften. すっかり〜の tıngır tıngır. 〜の箱 boş sandık. 財布が〜の人 kesesi tamtakır bir adam. 〜になる koflaş-. ふたを取ってみたら箱は〜. Kapağı kaldırmış ki sandık bomboş.
karare・ru かられる /*ey.*/ 郷愁に〜 garipse-. 不安に〜 telaşla-. 不安にかられた telaşlı.
kàrasa 辛さ /*a.*/ acı. ピーマンの〜を食べるとすぐに感じた. Biberin acısını ağzıma alır almaz hissettim.
karasâwagi 空騒ぎ /*a.*/ kuru gürültü.
karaseki からせき /*a.*/ kuru öksürük.
karasi からし /*a.*/ hardal. 〜膏薬 hardal yakısı.
karasiìre からし入れ /*a.*/ hardallık. 〜のつぼ hardallık.
karasiko からし粉 /*a.*/ hardal tozu.
karasina カラシナ /*a.*/ (植物学) hardal.
karasu 枯らす /*ey.*/ kurut-, öldür-. 嵐がバラを全部枯らした. Fırtına bütün gülleri kuruttu. 日照りが作物を枯らした. Kuraklık ekinleri öldürdü. 暑さが作物を枯らした. Sıcak ekinleri yaktı.
kàrasu カラス /*a.*/ karga. 〜の飛び方 kargaların uçuşları.
karasumùgi カラスムギ /*a.*/ yulaf.
karasunoeñdoo カラスノエンドウ /*a.*/ burçak.
karate 空手 /*a.*/ 〜で帰る eli boş dön-.
karâtto カラット (İng. carat) /*a.*/ kırat.
karayàkusoku 空約束 /*a.*/ yem borusu.
kàre 彼 /*a.*/ o, (口語) herif. 〜の onun. 〜を onu. 〜へ ona. 〜と onun-

la. 〜から ondan. 〜なしで onsuz. 君は〜の言ったことを気にするな. Sen onun söylediğine bakma! そこは〜がゆっくりできる場所ではない. Orası kendisinin barınacağı bir yer değildir.
karee カレー (İng. curry) /*a.*/ karışık bahar (Hint yemeklerinde kullanılan).
kareeda 枯れ枝 /*a.*/ kuru dal.
kareha 枯れ葉 /*a.*/ kuru yaprak. 風が吹くと〜がカサカサとなっていた. Rüzgâr estikçe kuru yapraklar hışırdıyordu.
karei 華麗 /*a.*/ debdebe, görkem, haşmet, ihtişam, tantana. 〜な görkemli, haşmetli.
kàrei カレイ /*a.*/ kalkan, pisi balığı.
kareki 枯れ木 /*a.*/ kuru ağaç, kel bir ağaç.
kàrekore かれこれ /*be.*/ şöyle böyle. 日に〜100リラかせいでいる. Günde şöyle böyle yüz lirayı doğrultuyor.
karekusa 枯れ草 /*a.*/ kuru ot. 〜がパチパチ燃える. Kuru ot fısır fısır yanar.
kareñ かれん /*a.*/ 〜な sevimli.
kareñdaa カレンダー (İng. calendar) /*a.*/ takvim. 〜付き手帳 ajanda.
kàrera 彼ら /*a.*/ onlar. 〜はまだ若い. Onlar daha cahil. 〜はどんなことでもうまくやる. Onlar her işi becerir.
kare・ru 枯れる /*ey.*/ kuru-, öl-. 花が〜 çiçekler kuru-. 枯れた kuru, kel, ölgün. 花が水不足で枯れた. Çiçekler susuzluktan ölmüş. 風で作物が枯れた. Rüzgâr ekinleri kavurdu. この花はとても弱い, すぐ〜. Bu çiçek çok nazlı, hemen solar.
kare・ru 涸れる /*ey.*/ suyu çekil-, körel-, körleş-. 井戸が〜 kuyu körel-. かれた井戸 kör kuyu. 6月から夏中この小川は〜. Hazirandan sonra bütün yaz bu çay kurur.
kari 借り /*a.*/ borç. 〜の eğreti. 〜がある borçlu, boynu eğri. 恩を受けて〜が

ある verecekli. みんなに〜がある uçan kuşa borcu ol-. 〜ができる minnet altında kal-. 〜になっている borçlu çık-. 〜を返す borcunu kapat-, minnet altında kalma-. 乾物屋に100リラ〜がある. Bakkala yüz lira borcu var.

kari 仮 /a./ 〜の geçici, eğreti, fani, farazî, muvakat, ölümlü. 〜の世 fani dünya, ölümlü dünya. 〜の結び目をつくる ilmikle-. 〜に muvakkaten, güya, söz gelimi, söz gelişi. 〜に…としたら faraza. 〜にまずいことになっても bilemedin(iz). 〜に君が母親だとしたら，この場合どうしたか. Söz gelişi sen anne olsaydın bu durumda ne yapardın?

kàri 狩り /a./ av, avcılık. 〜をする avla-, avcılık et-. 〜に出かける ava çık-. 〜を楽しむ avlan-. いつか〜に行きましたか. Hiç ava gittiniz mi?

kàri カリ, 雁 /a./ kaz.

kàri カリ(Hol. kali) /a./ potasyum. 青酸〜 siyanojen potasyum.

kariacumè·ru 駆り集める /ey./ bir araya topla-.

kariba 狩り場 /a./ avlak.

karibasi 仮橋 /a./ eğreti köprü.

karìciñ 借り賃 /a./ kira.

karìdori 狩り鳥 /a./ alıcı kuş, avcı kuş.

karigi 借り着 /a./ eğreti giyisi.

karigoya 仮小屋 /a./ baraka.

kàrihu カリフ(İng. caliph) /a./ halife.

karihuràwaa カリフラワー(İng. cauliflower) /a./ karnabahar.

karihusei カリフ制 /a./ halifelik. 1923年に共和制になったので〜は廃止された. 1923'te Cumhuriyet'in gelmesiyle Halifelik kalktı.

karìinu 狩り犬 /a./ av köpeği.

kariire 刈り入れ /a./ hasat.

kariire 借り入れ /a./ borçlanma, istikraz.

kariirekiñ 借入金 /a./ borç.

kariirè·ru 借り入れる /ey./ ödünç al-, borçlan-.

karikari かりかり /a./ 〜に焼けたピョレキ kıtır kıtır bir börek.

kàrikari かりかり /be./ katır katır. 〜する gevrek. マルメロを〜かじった. Ayvayı katır katır yedi.

karìkasi 借り貸し /a./ borç ve ödünç verme.

karikata 借り方 /a./ zimmet, borç.

karikomi 刈り込み /a./ ヒツジの毛の〜 kırkım.

karikòmu 刈り込む /ey./ kırp-, kırk-. 頭を〜 saçları kırp-. 羊飼いは春になったので羊を刈り込んだ. Çoban bahar gelince koyunları kırktı.

karikyùramu カリキュラム(İng. curriculum) /a./ müfredat (öğretim) programı.

karimono 借り物 /a./ eğreti şey. 〜ではうまくいかない. Eğreti ata binen tez iner. Taşıma su ile değirmen dönmez.

karimùsubi 仮結び /a./ ilmik.

karinui 仮り縫い /a./ çatma, prova, teyel. 服の〜 elbise provası. 〜をする çat-, teyelle-, teyel yap- (at-).

karìnusi 借り主 /a./ verecekli.

kariñ カリン /a./ ayva. 〜の葉の毛 ayva yaprağı üzerindeki tüyler. 〜をガリガリかじる. Ayvayı hart hart ısırıyor.

kari·ru 借りる /ey./ ödünç (borç) al-, eğreti al-, tut-, kirala-. 金を〜 borç al-. 知恵を〜 akıl al-. 借りて borca. 借りてない borçsuz. 借りてなか返さない人 elinle ver, ayağınla ara. 友達からこの本を借りた. Arkadaştan bu kitabı eğreti aldım. この階を借りた. Burada bir kat tuttum. 家を門番から借りた. Evi kapıcıdan kiraladık. 私達はこの家を借りている. Biz bu evde kiracıyız.

karisèkkeñ カリせっけん /a./ arap

karitatē·ru 駆り立てる /ey./ kış-kırt-, it-.
karite 借り手 /a./ kiracı. 家主は〜を家から追い出そうとしている. Ev sahibi kiracısını evden çıkarmayı düşünüyor.
karitori 刈り取り /a./ biçim, kırkım. 作物の〜 ekin biçimi. 毛の〜の時期 kırkım.
karitorìki 刈り取り期 /a./ orak, kırkım.
karitorìki 刈り取り機 /a./ biçer bağlar.
karitòru 刈り取る /ey./ ekin biç-, kaldır-. 作物を〜 ekin biç-, harman kaldır-.
karizùmai 仮住まい /a./ 〜する eğreti otur-.
karoñzì·ru 軽んじる /ey./ hafife al-, hafiften al-, hafifse-.
karoo 過労 /a./ sürmenaj.
karòozite かろうじて /be./ ancak, güç belâ, dar, dara dar, dar darına, darı darına, güç, güç hâlle, gücü gücüne, kıtı kıtına, zor, zoru zoruna, zor zar. 〜事故を免かれる kazayı geçiştir-. この給料で月末を〜迎えている. Bu maaşla ay sonunu kıt kanaat getiriyoruz.
kàrorii カロリー(Fr. calorie) /a./ kalori. 65キロの成人は日に平均2500〜を必要とする. 65kg. gelen yetişkin bir insanın günde ortalama 2500 kaloriye gereksinmesi vardır.
karòyaka 軽やか /a./ 〜な hafif, uçuk.
karu 刈る /ey./ biç-, kırk-. 頭を〜 saçları kırk- (kırp-). 鎌で作物を〜 orakla ekini biç-. 小麦を刈ったら分け合おう. Buğdayı kaldırdık mı bölüşelim.
kàru 狩る /ey./ avla-, tut-.
kàru 駆る /ey./ sür-. 馬を〜 atı sür-.
karugarusìi 軽々しい /s./ delidolu, hoppa. 軽々しく olur olmaz.
karuhàzumi 軽はずみ /a./ hafiflik. 〜な yolsuz, hafifmeşrep. 〜なふるまいをする hafiflik et-, başı dön-.
karui 軽い /s./ hafif, yeğni. 〜朝食 hafif bir kahvaltı. 〜たばこ yavaş tütün. 口が〜 ağzı gevşek. 口の〜 boşboğaz, geveze, gevşek ağızlı. 軽くなる hafifle-. 病気が軽くなる hastalık hafifle-. 軽くする hafifleştir-, hafiflet-. 苦しみを軽くする avundur-, uyut-. 軽く見る hafifse-. 軽く扱う geçiştir-. 軽く食べる safra bastır-. 被害が軽くてすむ hafif atlat-. 音をたてて軽く波打つ çırpın-.
karuisi 軽石 /a./ ponza, sünger taşı. 〜の石材 kefeki.
karusa 軽さ /a./ hafiflik.
karusyùumu カルシウム(Hol. calcium) /a./ kalsiyum.
kàruteru カルテル(Al. Kartell) /a./ kartel.
karuwaza 軽業 /a./ akrobatlık.
karuwazàsi 軽業師 /a./ akrobat.
karyoo 科料 /a./ para cezası.
karyoo 加療 /a./ tedavi.
karyuu 下流 /a./ nehrin aşağı mecrası.
karyuu 顆粒 /a./ granül.
kàryuudo 狩人 /a./ avcı. 〜の職 avcılık.
karyùumu カリウム(Hol. kalium) /a./ potasyum.
kasa 瘡 /a./ (frengili) çıban.
kàsa 傘 /a./ şemsiye, parasol. 〜を差す şemsiye tut-. 〜の袋 şemsiye kılıfı. 〜を作るための şemsiyelik.
kàsa 笠 /a./ siperlik, şapka. ランプの〜 abajur. 電灯の〜 gömlek, lamba karpuzu. 煙突の〜 soba borusu şapkası.
kàsa 量 /a./ ayla, ağıl, hale. 月の〜 ay ağılı. 月が〜をかぶる ay harmanlan-.
kasà 嵩 /a./ hacim.

kasabāru かさばる /ey./ かさばった gövdeli, hantal, cesametli. かさばっていること cesamet.
kasabuta かさぶた /a./ kabuk. 〜ができる kabuk bağla-. 乳首にできた〜 pus.
kasai 火災 /a./ yangın. 〜のため国の森林が次第に失われつつある。Yangınlar yüzünden yurdumuzun ormanları giderek yitiyor.
kasai hōken 火災保険 /a./ yangın sigortası.
kàsakasa カサカサ /be./ hışır hışır. 〜いう音 hışırtı. 〜音を立てる hışırda-. 風が吹くと枯れ葉が〜となっていた。Rüzgâr estikçe kuru yapraklar hışırdıyordu.
kàsakoso カサコソ /be./ haşır haşır, haşır huşur. 新聞紙を〜とたたんだ。Gazeteyi haşır huşur katladı.
kasaku 佳作 /a./ usta işi.
kasamu かさむ /ey./ birik-, kabar-. 費用の〜 masraflı. 出費がかさんだ。Masraf kabardı.
kasanaru 重なる /ey./ bin-, üstele-. 貧乏の上に病気が〜 sıkıntıya bir de hastalık üstele-. 重なって yaprak yaprak. 筋が筋に重なったらしい。Damar damara binmiş.
kasane 重ね /a./ katmer.
kasaneawàsu 重ね合わす /ey./ katla-.
kasanegàsane 重ね重ね /be./ defalarca.
kasanerare·ru 重ねられる /ey./ katlan-.
kasane·ru 重ねる /ey./ katla-, bindir-. 紙を横長に〜 kâğıdı boyuna katla-. 税の上に税を〜 vergi üstüne vergi bindir-. たたんで重ねておく devşir-. 重ねて kat kat.
kasanete 重ねて /be./ tekrar. 〜お願いする tekrar rica et-.
kasañ 加算 /a./ toplama.
kasaoki 傘置き /a./ şemsiyelik.

kasasagi カササギ /a./ saksağan.
kasātate 傘立て /a./ şemsiyelik.
kàse かせ, 枷 /a./ zincir, köstek. 〜をはめる zincirle-, köstekle-.
kàse かせ, 桛 /a./ kangal.
kasecu 仮説 /a./ varsayım. 〜は時に我々を誤らせることがある。Varsayımlar, kimi zaman bizi yanıltabilir.
kasecu 架設 /a./ kurgu.
kasecu 仮設 /a./ geçici, eğreti.
kasegè·ru 稼げる /ey./ 〜ところに迎合する。Kimin arabasına binerse, onun türküsünü çağırır.
kàsegi 稼ぎ /a./ kazanç.
kasègu 稼ぐ /ey./ kazan-. 金を〜 para kazan-, cebi para gör-. 生活費を〜 hayatını kazan-, boğazını çıkar-. 小銭を〜 (口語) çöplen-. 時を〜 vakit kazan-. 〜腕がある kolunda altın bileziği ol-. 建築労働者は週に300リラ稼いでいる。Yapı işçisi haftada üç yüz lira kazanıyor. 日にかれこれ100リラ稼いでいる。Günde şöyle böyle yüz lirayı doğrultuyor.
Kasei 火星 /a./ Sakıt, Mars, Merih.
kasei 家政 /a./ ev idaresi.
kasei 火勢 /a./ ateş gücü. 〜が強くなる harla-.
kasei 加勢 /a./ yardım.
kasei 苛性 /a./ 〜の yakıcı.
kasèigañ 火成岩 /a./ püskürük kütle.
kasèihu 家政婦 /a./ hizmetçi.
kasei sòoda 苛性ソーダ /a./ sodyum hidroksit, sut kostik.
kaseki 化石 /a./ taşıl, fosil. 動物の〜 hayvan taşılları.
kaseñ 化繊 /a./ kimya lifi.
kàseñ 河川 /a./ ırmak, nehir, su.
kaseñ 火線 /a./ ateş hattı.
kasètto カセット (İng. cassette) /a./ kaset. レコードや〜の収集 diskotek.
kasettosiki カセット式 /a./ 〜の kasetli.

kasetto têepu カセットテープ (İng. cassette tape) /a./ bant.
kasi 貸し /a./ alacak. 〜はきっと取ってやる alacağı olsun. あなたに〜がある. Sizden alacağım var. 10リラ〜にしておくよ. On lirayı borcunuza tuttum.
kasi 河岸 /a./ nehir yakası; balık pazarı.
kàsi 菓子 /a./ bonbon, şekerleme, pasta, kek. 甘い〜 tatlı. 〜の好きな人 tatlıcı. お〜を召し上がりませんか. Pasta buyurmaz mısınız?
kàsi カシ, 樫 /a./ meşe. 〜の木 meşe. 〜の板 meşe tahtası.
kàsi 下肢 /a./ incik, bacak.
kàsi 歌詞 /a./ güfte.
kàsi 華氏 /a./ 〜温度計 fahrenhayt.
kàsi 仮死 /a./ letarji. 〜状態になる kan tut-.
kasìciñ 貸し賃 /a./ kira.
kasicu 過失 /a./ yanlış, yanılgı, hata, kabahat, suç, töhmet. 〜を犯す hataya düş-, yanılgıya düş-. 〜のある günahkâr, kabahatli. 〜責任 günah, zeval. 人間には〜も善行もある. İnsanın hatası da sevabı da vardır.
kasicuke 貸し付け /a./ ödünç verme.
kasicukekiñ 貸付金 /a./ ödünç.
kasicukê·ru 貸し付ける /ey./ ödünç ver-.
kasidasi 貸し出し /a./ kiraya verme, eğreti verme.
kasidàsu 貸し出す /ey./ kiraya ver-, eğreti ver-.
kasigê·ru かしげる /ey./ eğ-. 首をかしげて見る neyzen bakışlı.
kasìgu かしぐ /ey./ eğil-, ağdır-.
kasihoñ 貸本 /a./ eğreti verilen kitap.
kasìkañ 下士官 /a./ assubay, astsubay, gedikli.
kasìkari 貸し借り /a./ alacak ve verecek. 〜がある alıp vereceği ol-. 〜をなくす ödeş-.

kasikata 貸し方 /a./ ödünç verme.
kasikiñ 貸し金 /a./ alacaklı para.
kasikiñko 貸し金庫 /a./ kiralık kasa.
kasikiri 貸し切り /a./ ayırtma, mahsus olma.
kasikòi 賢い /s./ zeki, akıllı, anlayışlı, arif, paşa, kafası işle- (çalış-). 一番〜動物はサルだ. En zeki hayvan maymundur. 兄はとても〜. Ağabeyim çok akıllı.
kasikomàru かしこまる /ey./ 恐れて〜 susta dur-.
§かしこまりました hayhay.
kasikòsa 賢さ /a./ akıllılık. 〜と愚かさ akıllılık ve akılsızlık.
kasima 貸間 /a./ kiralık oda.
kasimasìi かしましい /s./ gürültülü.
kasimia カシミア (İng. cashmere) /a./ kaşmir. 〜の kaşmir.
kasìnusi 貸し主 /a./ alacaklı, (ev) sahibi.
ka sira かしら /il./ acaba. 誰が来たの〜. Acaba kim geldi? これを私に任せる気〜. Bunu bana bırakırlar mı ki!
kasirà 頭 /a./ baş, usta, (古語) ser. 〜右. Sağa bak!
kasira mòzi 頭文字 /a./ baş harf, büyük harf.
kasisicu 貸室 /a./ kiralık oda.
kasite 貸し手 /a./ alacaklı, (ev) sahibi.
kasitêñpo 貸し店舗 /a./ kiralık dükkân.
kasiwa カシワ, 柏 /a./ tüylü meşe.
kasiya 貸家 /a./ kiralık ev. 〜に住む kirayla otur-.
kasìya 菓子屋 /a./ pastane, tatlıcı, şekerci.
kàso 過疎 /a./ ıssızlaşma, az nüfus.
kasoku 加速 /a./ 〜する hızlandır-.
kasòkudo 加速度 /a./ ivme.
kasoo 下層 /a./ aşağı tabaka. 〜の民衆 ayak takımı. 〜階級 aşağı

tabaka.
kasoo 火葬 /*a.*/ ölüyü yakma. ～場 krematoryum.
kasoo 仮装 /*a.*/ balo kıyafeti. ～した人 maskara. ～舞踊会 kıyafet balosu.
kasoo 仮想 /*a.*/ imge.
kasôomiñ 下層民 /*a.*/ baldırı çıplak.
kassai かっさい，喝采 /*a.*/ alkış. ～を受ける alkış topla-, alkışlan-. 拍手～ alkış.
kasseki 滑石 /*a.*/ talk.
kasseñ 合戦 /*a.*/ savaş.
kassoo 滑走 /*a.*/ kayma.
kassôoro 滑走路 /*a.*/ pist. 飛行機が～におりた. Uçak piste indi.
kassui 渇水 /*a.*/ susuzluk.
kassya 滑車 /*a.*/ makara. ～の輪 makara dili. ～の円盤 tabla. 二輪の～ iki dilli makara. ～井戸 çıkrık. 野菜畑の～井戸 bostan dolabı. ～装置 palanga.
kassyoku 褐色 /*a.*/ kahve rengi. ～の kahve rengi. ～の体 kara yağız.
kasu 貸す /*ey.*/ ödünç ver-, eğreti ver-, kirala-. 金を～ borç ver-. 力を～ çorbada tuzu bulun-. 手を～ ekmeğine yağ sür-, (俗語) elleş-. 耳を～ kulağı … -de ol-, kulak as-, kulak tut-. 耳を貸さない kulaklarını (kulak) tıka-, duvar gibi. ～ための kiralık. 家をある婦人に貸した. Evi bir hanıma kiraladım.
kàsu かす，滓 /*a.*/ süzüntü, tortu, posa. コーヒーの～ telve. しっぽから脂肪をぬいた～ kıkırdak. 桃の汁をしぼったらあとに～が残った. Şeftalinin suyunu sıkınca geriye posası kaldı.
kàsu 課す /*ey.*/ yükle-. 税を～ sal-, vergi yükle-. 50リラの税を～ elli lira sal-.
kàsu 化す /*ey.*/ değiş-, dön-. 砂漠と～ çölleş-. ああ，この国土のために土と化し
た兵士よ. Ey bu topraklar için toprağa düşmüş asker!
kasugai かすがい /*a.*/ kenet.
kàsuka かすか /*a.*/ ～な hafif, belli belirsiz, zayıf. ～な光 cılız ışık. ～なほほえみ uçuk bir gülümseme. ～な音 zayıf ses. ～な音で inceden inceden, inceden inceye. ～な長い揺れ kımıltı, kıpırtı. 雲に隠れた月の～な光 ay karanlığı. ～に ılgım salgım, ince ince. ～に動く kımılda-, kımıldan-, kıpırda-, kıpırdan-. ラジオで遠くの放送局の～な声が聞こえた. Radyoda uzak bir istasyonun zayıf sesini duydu. へいの上で二つの影が～に動いた. Duvarın üstünde iki gölge kımıldadı.
kasumè・ru かすめる /*ey.*/ soy-, yağmala-, yala-, sıyır-, yalayıcı. かすめて行く yalayıp geç-. 弾が頭をかすめて行った. Kurşun başını sıyırıp geçti.
kasumi かすみ /*a.*/ hafif sis, pus.
kasumu かすむ /*ey.*/ puslan-. 目が～ gözü bulan-. かすんでいる pusarık, puslu. 今日は空がかすんでいる. Bu gün puslu bir hava var. 空が～とおばあさんの足が痛み出す. Hava puslanınca ninemin bacakları ağrımaya başlıyor.
Kasupìkai カスピ海 /*a.*/ Hazar Denizi.
kasurè・ru かすれる /*ey.*/ kısıl-. 声が～ ses kısık ol-.
kasùru かする /*ey.*/ sıyır-. 弾丸がほおを～ kurşun yanağını sıyır-.
kasùru 化する /*ey.*/ → **kàsu**. 砂漠と～ çölleş-.
kasùru 科する /*ey.*/ 罰金を～ ceza al-, ceza kes-.
kasùru 課する /*ey.*/ 税を～ vergi sal-.
kasùru 嫁する /*ey.*/ gelin ol-, gelin git-.
kasutanètto カスタネット (İsp. castañeta) /*a.*/ kastanyet, çalpara.

kasutera カステラ(Por. Castella) /a./ pandispanya.
kasūu 仮数 /a./ mantis.
kàsya 貨車 /a./ yük katarı, furgon, vagon, yük vagonları. 貨物を車から〜へ積み替えること malın arabadan vagona devri.
kasyaku 呵責 /a./ 良心の〜 vicdan azabı, yürek karası.
kasyaku 仮借 /a./ merhamet.
kàsyo 箇所 /a./ parça, yer. 一〜に集まる bir araya gel-. 道路のこの〜が壊れている. Yolun bu parçası bozuk. 問題のある〜にかかわった. Problemin bir yerine takıldım.
kasyokunotèn 華燭の典 /a./ nikâh. 〜を挙げる nikâhlan-.
kasyoo 河床 /a./ taban düzeyi, yatak. 〜の深い yataklı.
kasyoo 過少 /a./ 〜に評価する dürbünün tersiyle bak-, küçümse-.
kasyoo 仮称 /a./ geçici ad.
kasyoo 歌唱 /a./ şarkı söyleme.
kasyoo 花床 /a./ çiçeklik.
kàsyu 歌手 /a./ şarkıcı, ses sanatçısı, şantöz, okuyucu.
-kata 方. …〜 eliyle, vasıtasıyla. 山口様〜 sayın Yamaguçi eliyle.
kàta 肩 /a./ omuz, sırt. 〜を貸す omuz ver-, arka ver-, kucak aç-. 〜を落とす omuzları çök-. 〜をすくめる omuz silk-. 〜を並べる omuz öpüş-, hizaya gel-. 〜で押す omuzla-. 〜を寄せ合って omuz omuza. 〜で風を切る burnunun yeli harman savur-. 〜の骨がとび出したという. Omuz kemiği fırlamış. 家族全体の重荷が〜にかかっている. Bütün ailenin ağırlığı omuzlarındadır.
kàta 過多 /a./ fazlalık, aşırılık.
katà 型 /a./ şekil, kalıp, biçim, üslup, moda, model, şablon, tip, tarz. 鋳物の〜 döküm kalıbı. 捺染の〜 baskı. 〜をとる kalıp al-, örneğini al-. 〜にはめる kalıpla-. 〜に入れて整える kalıpla-, kalıba vur-.
Katàaru カタール /a./ Katar.
kataasi 片足 /a./ bir bacak. 〜スケート trotinet. 戦争で〜がふっとんだ. Savaşta bacağı kopmuş. 〜を棺おけに突っ込んでいる. Bir ayağı çukurda.
kataate 肩当て /a./ omuzluk.
kataci 形 /a./ biçim, şekil, suret, tarz, heyet, form, forma, çeki. 〜をつける biçime sok-, şekile sok- (koy-). 〜を整える şekil ver-, şekillendir-. 〜をまねる suretine gir-. はっきりした〜になる biçim al-. 〜のよい çekme, mevzun. 人の〜をした insan suretinde. 決まった〜をしていない şekilsiz. 〜の悪い部屋 biçimsiz bir oda. 〜ばかりの itibarî, âdet yerini bulsun diye. ほんの〜ばかり iş ola. この建物の〜は美しかった. Bu binanın heyeti güzel olmuş. 最後は私の望んだ〜で終わった. Sonuç istediğim şekilde bağlandı.
katacizukurarè‧ru 形作られる /ey./ oluş-.
katacizukùru 形作る /ey./ şekil al-, şekillendir-, bağla-.
katacùmuri カタツムリ /a./ salyangoz.
katadòru かたどる /ey./ kalıpla-, modele et-.
katagaki 肩書き /a./ unvan.
katagami 型紙 /a./ patron. 〜をとる patron çıkar-. 母は私のズボンを裁断するために〜を利用した. Annem pantolonumu kesmek için bir patrondan yararlandı.
katàgata 方々 /a./ Baylar, Bayanlar.
katàgata かたがた /be./ vakit geçsin diye.
katagawa 片側 /a./ bir taraf. 〜から〜へ karşıdan karşıya.
-kàtagi かたぎ, 気質 özellik, karakter.
katagùruma 肩車 /a./ 〜する

omuzlarına koy-.
katãhaba 肩幅 /a./ omuz eni. 〜が広い omuzları geniş.
katãhoo 片方 /a./ tek, bir ; eş. 〜の bir. 〜の耳から入ってもう一方の耳から出る bir kulağından girip öbür kulağından çık-. 靴の〜が見つからない. Ayakkabımın tekini bulamıyorum.
katai 堅い, 固い, 硬い /s./ sert, katı, sıkı, tıkız, pek, berk, çetin, beton gibi. 堅い板 sert tahta. 〜クルミ çetin ceviz. 硬い石 çetin taş, hare. 〜トリ肉 kart tavuk. 〜皮 kösele. 石のように〜 kösele gibi. 底が〜皮の靴 tabanı kösele olan ayakkabı. 濃く〜ひげ çalı gibi sakal. 意志の〜 azimli. 口の〜 ağzı pek, ketum, kilit gibi. 口が〜 diline sağlam ol-. 頭の固い et kafalı, laf anlamaz. とても〜 kaskatı, abanoz gibi. かたくなる sertleş-, katılaş-, kartlaş-, pekiş-. かたく丈夫になる abanoz kesil-. かたくなった kart, tıkız. かたくする pekiştir-. 言ったことをかたく守る dediği dedik ol-. 鉄は〜 Demir katıdır. 卵がゆですぎて固くなった. Yumurtalar çok kaynayınca katılaşmış. この枕はだいぶかたくなった. Bu yastık pek tıkız olmuş.
katãi 難い /s./ zor, güç.
kataippoo 片一方 /a./ tek, öbürü. 荷の一方はインゲン豆, 〜はエジプト豆. Yükün bir dengi fasulye, bir dengi nohut.
kataita 型板 /a./ şablon.
kataizi 片意地 /a./ inat, inatçılık. 〜な sivri akıllı.
katãkago 肩かご /a./ tahtırevan.
katãkake 肩掛け /a./ şal, atkı, etol.
kãtakata カタカタ /be./ takır takır.
katakãzari 肩飾り /a./ apolet.
katakĩ 敵 /a./ düşman, öç, yağı. 〜をとる hınç (hınıcını) al-, intikam al-, öcünü çıkar-, öç al-.

katakĩuci 敵討ち /a./ 〜をねらう kan güt-.
katãkori 肩凝り /a./ kulunç.
katakuciĩwasi カタクチイワシ /a./ hamsi. 〜の塩漬け ançüez.
katakuna かたくな /a./ katı. 〜な ısrarlı. 〜な女 katı bir kadın.
katakurusĩi 堅苦しい /s./ resmî, içten olmayan. 彼は誰とでもとても〜. O herkesle pek resmîdir.
kataku sõosa 家宅捜査 /a./ 〜する baskın yap-.
katamarase•ru 固まらせる /ey./ dondur-. 〜こと dondurma.
katamari 塊 /a./ pıhtı, küme, kitle, külçe, öbek, parça, kütle. 血の〜 kan pıhtısı. 岩の〜 kaya kütlesi. 大きな〜 blok, kütle. 四角い〜 kalıp. 〜の külçe. ひと〜ずつ öbek öbek.
katamaru 固まる /ey./ don-, kümelen-, yığış-, pıhtılaş-. セメントが〜 çimento don-. 血が固まった. Kan pıhtılaştı. 雨雲がまた固まりだした. Yağmur bulutları yine kümelenmeye başladı.
katame•ru 固める /ey./ katılaştır-. 地面をたたいて〜 toprağı döv-.
katami 形見 /a./ yadigâr.
katamici 片道 /a./ tek yol.
katamukê•ru 傾ける /ey./ devir-, eğ-, yık-. 帽子を横に〜 şapkayı yana devir-. 耳を〜 dinle-, kulağını aç-, kulak kesil-. 他人の意見に耳を傾けないで勝手にやる dikine git-. コップを〜な, 中の水がこぼれる. Bardağı eğmeyin, içindeki su dökülür.
katamuki 傾き /a./ eğim.
katamũku 傾く /ey./ meylet-, eğil-, kaykıl-, yan yat-. 横に〜 yanla-. 心が〜 yönel-. 傾いた çarpık, eğik, eğimli, yalman, yamuk, yatık yatkın. 船が傾いた. Gemi yanladı. 皿が傾いて食べ物がこぼれた. Tabak eğildi, yemek döküldü. あの古屋は横に傾

katanã

いて倒れそうだ. Şu eski ev yana doğru kaykılmış.
katanã 刀 /a./ kılıç, bıçak, pala, yatağan. ～の刃 çalım. ～のつか kılıcın kabzası, deste. ～のさやの石突き kılıç pabucu. 弓なりの～ eğri kılıç. ～を抜く kılıç çek-. ～を抜いて yalın kılıç. ～をふるう kılıç çal-(savur-). ～で切りまくる kılıçtan geçir-. 腰に～を帯びる beline kılıç tak-.
katañ 加担 /a./ ～する yardım et-.
katañito カタン糸 /a./ pamuk ipliği, tire. ～の tire.
katarai 語らい /a./ sohbet, lakırdı.
kataràu 語らう /ey./ sohbet et-, lakırdı et-.
katari 語り /a./ nakil, hikâye etme.
katariàu 語り合う /ey./ konuş-.
katarite 語り手 /a./ 物語の～ hikâyeci.
katarogu カタログ(İng. catalogue) /a./ katalog. 本の～ kitap kataloğu. 博物館の～ müze fihristi.
kataru 語る /ey./ konuş-, söyle-. 真相を語らない çenesini dağıt-. 詩を～. Şiir konuşuyoruz.
kàtaru カタル(Hol. catarre) /a./ ingin, iltihap. 鼻～ burun ingini. 腸～ bağırsak ingini. 胃～ mide iltihabı.
katasa 固さ, 堅さ, 硬さ /a./ sertlik, çetinlik.
katasumi 片隅 /a./ köşe. 部屋の～ odanın köşesi.
katàwa かたわ /a./ sakat. ～の sakat, çolak, malûl. ～になる sakatlan-. ～にする sakatla-, illet et-. 事故で友人は腕が～になった. Kaza sonucu arkadaşım kolundan sakatlandı.
katawara 傍ら /a./ kenar, yan. 道の～ yol kenarı.
katayàburi 型破り /a./ ～の fahiş.
katayòru 片寄る /ey./ eğil-, taraf tut-. 片寄った tek yanlı.
katayude 固ゆで /a./ ～の hazırlop. ～卵 katı yumurta, lop yumurta.
katazukè・ru 片付ける /ey./ topla-, düzenle-, derle-, toparla-, derlen-. 部屋を～ odayı toparla-. 家を～ evi topla-. 残りを～ arkasını al-. ざっと～ kabasını al-. ジェンクは母がしつこく言うので皿のものを片付けた. Cenk, annesinin ısrarıyla tabağındaki yemeği bitirdi. 一番大事なニュースも二行で片付けた. En can alıcı haberi de iki satırla geçiştirmiş.
katazùku 片付く /ey./ toplan-, sonuçlan-. 片付いた toplu. 金では片付かないこともある parayla değil sırayla. 兄の本箱はいつも片付いている. Ağabeyimin kitaplığı her zaman topludur. 問題は片付いた, くだくだ言うな. Konu anlaşıldı, artık uzatma!
katè 糧 /a./ yiyecek, besin.
katèeteru カテーテル(Hol. katheter) /a./ sonda.
katègorii カテゴリー(Al. Kategorie) /a./ kategori.
katei 家庭 /a./ ev, aile, ev halkı, ocak, yuva. ～の苦労 ev gailesi. ～の状況 evlilik âlemi. ～を愛する人 evine bağlı bir adam. ～を大事にする男 ev adamı. ～を破壊する ocağına incir dik-. ～を崩壊させる yuvasını yık-. ～の真実は子供に聞け. Çocuktan al haberi. ～の不和に立ち入るべからず. Etle tırnak arasına girilmez.
katei 仮定 /a./ varsayım, faraziye, peşin hüküm (yargı). ～の farazî. ～する farz et-, varsay-.
katei 過程 /a./ süreç, süre, zaman. 生産～ üretim süreci.
katei 課程 /a./ kurs, kur.
katei kèizai 家庭経済 /a./ ev ekonomisi.
katei kyòosi 家庭教師 /a./ mürebbiye, özel öğretmen.
kateiteki 家庭的 /a./ ～な evcimen. ～できちんとした女 kadın kadıncık.

katòki 過渡期 /*a.*/ geçiş dönemi, intikal devresi.

katoo 下等 /*a.*/ aşağılık, bozukluk. ～な aşağılık, aşağı, ikinci derecede, kepaze, namert, rezil. ～な人間 it.

katoo 果糖 /*a.*/ meyve şekeri.

katoo seizi 寡頭政治 /*a.*/ oligarşi.

Katorikku カトリック(Hol. Katholiek) /*a.*/ Katolik. ～の枢機卿 kardinal.

Katorikkukyoo カトリック教 /*a.*/ Katolik.

Katorikku kyòokai カトリック教会 /*a.*/ Katolik.

Katorikku kyòoto カトリック教徒 /*a.*/ Katolik.

kàttaa カッター(İng. cutter) /*a.*/ kesici ; kotra.

kattañ 褐炭 /*a.*/ linyit.

katte かって, 勝手 /*a.*/ ～な bencil, egoist. それぞれ～なことをする ayrı baş çek-. それぞれ～なことを言う her kafadan bir ses çık-. 大勢で～なことをする cirit at-. ～に başına buyruk. ～に振る舞う istediği gibi at koştur- (oynat-). ～に行ってしまう basıp git-. ～にやる dikine git-. ～にしやがれ canı cehenneme. ～に食え ziftin pekini (zifti) yesin. ～が違って途方にくれる denizden çıkmış balığa dön-. ～にしろ. Battı balık yan gider. 反対する人がいないのをよいことに～なことをする. Köpeksiz köy bulmuş da çomaksız (değneksiz) geziyor.

katte 勝手 /*a.*/ mutfak.

kattèguci 勝手口 /*a.*/ servis kapısı.

katte kimama 勝手気まま /*a.*/ ～な başıboş, keyfî. ～に keyfî olarak, keyfî sıra.

katto かっと /*be.*/ ～する alev al-, kan başına sıçra-. ～して何も分からなくなる gözü dön- (dumanlan-). ～なる ateşlen-, ayranı kabar-, babaları tut-, barut kesil- (ol-), çileden çıkar-, fitili al-, öfke topuklarına çık-, parla-, zıvanadan çık-.

kattogùrasu カットグラス(İng. cut glass) /*a.*/ ～の elmastıraş.

kau 買う /*ey.*/ al-, satın al-. ～こと alım. 争って～ kapış-. 人の怒りを～ kahrına uğra-. けんかを～ kavga tutuş- (giriş-). 買わずに見るだけの人 bakıcı. トマトを2キロ買った. İki kilo domates satın aldım. ～物を君が忘れないようにと書きました. Alcaklarını unutmayasın diye yazdım. 君も同じペンを買ったようだ. Sen de aynı kalemden almışsın.

kàu 飼う /*ey.*/ besle-, üret-, hayvan yetiştir-. ニワトリを～ tavuk besle- (üret-). 草で～ otla besle-.

kaubòoi カウボーイ(İng. cowboy) /*a.*/ kovboy.

kaùñseraa カウンセラー(İng. counselor) /*a.*/ danışman, rehber öğretmen.

kauñtaa カウンター(İng. counter) /*a.*/ tezgâh. コーヒー店の～ kahveci tezgâhı. ～で給仕する人 tezgâhtar.

kawà 皮, 革 /*a.*/ deri, kabuk, cilt, post, meşin. トラの～ kaplan postu. なめした羊の～ meşin. 果物の～ meyve kabuğu, deri. タマネギの～ soğan zarı. 木の～ ağaç kabuğu. ～のかばん deri çanta. ～の靴 deri ayakkabı. 薄い～ zar. かたい～ kösele. ～をはぐ derisini soy-, derisini yüz-, sıyır-. ～をはがさせる yüzdür-. ～がはげる kavla-. ～をむく derisini soy-. ～をなめす tabakala-. ～ができる kabuk bağla-, kabuklan-. ～で研ぐ kayışa çek-. ～が厚い eşek derisi gibi. ～を除いた部分 iç. 骨と～ bir deri bir kemik, kadit. 骨と～になる derisi kemiklerine yapış-, iğne ipliğe dön-, kadidi çık-. 顔の～がむけた. Yüzünün derisi kalktı.

kawà 川, 河 /*a.*/ ırmak, çay, dere, nehir, su, kara su. ～のこちら岸

kawabata

suyun beri yakası. 凍った〜 buzlu dere. 大水の〜 azgın su. 〜を支えている水源 ırmağı besleyen kaynaklar. 〜がゴーゴーと流れている. Dere güldür güldür akıyor.
kawabata 川端 /a./ dere kıyıları.
kawaberi 川べり /a./ 〜は居住に適している. Akar su kıyıları yerleşime uygundur.
kawabuci 川縁 /a./ → **kawaberi**.
kawabùkuro 皮袋 /a./ dağarcık, tulum. 水を運ぶ〜 kırba. チーズ用の〜 peynir tulumu. 〜で作るチーズ tulum peyniri.
kawadoko 川床 /a./ merca, vadi, yatak. 〜の深い yataklı.
kawagisi 川岸 /a./ yalı, ırmak kenarı, su kıyısı.
kawagucu 革靴, 皮靴 /a./ deri ayakkabı.
kawahimo 皮ひも /a./ kayış, sırım.
kawaigararê·ru かわいがられる /ey./ gözüne gir-, sevil-.
kawaigàru かわいがる /ey./ sev-. 子供を〜 çocuğunu sev-. 目の中に入れても痛くないほど〜 gözünün bebeği gibi sev-, gözü gibi sev- (sakın-), gözüne bak-, gözünün içine bak-.
kawaìi かわいい /s./ sevimli, güzel, güzelim, minyon, cana yakın, sıcak kanlı, şeker, şeker gibi, şirin, cici. 〜赤ちゃん sevimli bir bebek. 〜人形 cici bebek. 〜娘 güzel bir kız. 〜犬 minimini bir köpek. 〜子 cicim, nonoş, (口語) tonton. 〜我が子 ciğerimin köşesi. 小さくて〜 çıtı pıtı, minik, cimcime. たった一つの〜 biricik. かわいくてたまらない nazlı. 自分の身が〜 canına düşkün, canı tatlı. この子供は〜. Bura çocukları güzeldir. なんて〜子. Ne can çocuk!
kawairasìi かわいらしい /s./ güzel, sevimli, hoş, şirin, minik, minimini, sempatik, havalı, havası ol-. 〜娘 çıtı pıtı bir kız. 〜手で minik elleriyle. かわいらしく見える yüze gül-.
kawaisa かわいさ /a./ güzellik, tatlılık. 〜のない kakavan. シベルのほおのえくぼは笑うと別の〜を感じさせる. Sibel'in yanağındaki gamzeler gülerken ona ayrı bir güzellik veriyor.
kawaisòo かわいそう /a./ 〜な zavallı. 〜なことをする yazık et-, 〜なことになる yazık ol-. 〜に yazık, yazık ki. 〜に思う yazıklan-, acı-. まあ〜に heyhat! vah! あなたは娘に〜なことをしたものだ. Kıza yazık ettiniz. 〜にひどく苦しんでいる. Yazık, çok acı çekiyor! 〜に一人で笑っている, 気がふれたのだろう. Zavallı kendi kendine gülüyor, kaçırmış galiba. 〜にネコはどんなにか腹をすかせていたことか. Zavallı kedi ne kadar acıkmış!
kawakasê·ru 渇かせる /ey./ のどを〜 hararet ver-.
kawakàsu 乾かす /ey./ kurula-, kurut-, kavur-. 髪を〜 saçını kurula-. 天火で〜 fırınla-.
kawakì 渇き /a./ susuzluk. のどの〜 hararet. 〜をいやす susuzluğu gider-, hararet kes- (söndür-). 〜を満たす kandırıcı. お茶は〜をいやす. Çay, harareti alır.
kawakì 乾き /a./ kuruma, susuzluk.
kawàku 乾く /ey./ kuru-. 乾いたkuru, susuz, çöl gibi, kav gibi. 乾いたまき kuru odun. 非常に乾いた kupkuru, kerpiç gibi. 弱くて乾いた kafes gibi. 洗濯物が〜 çamaşırlar kuru-. 恐怖で唇が〜 dudak çatla-. 乾いてもろくなる gevre-. 乾いて小さくなる fire ver-. セメントが乾かないうちに踏むな. Çimento ıslakken basma. パンが乾いてボロボロになった. Emekler gevremişler.
kawàku 渇く /ey./ susa-. のどが〜 susa-, boğazı kuru-, hararet bas-, dil damağına yapış-. とてものどが〜 bağrı yan-, içi yan-. 甘いものを食べる

kayŏo

とのどが～. Tatlı şeyler hararet verir.
kawanàmesi 皮なめし /a./ debagat, sepi.
kawanamesikoo 皮なめし工 /a./ tabak.
kawaobi 革帯 /a./ kayış. サンダルの～ tasma.
kawara かわら, 瓦 /a./ kiremit. ～を張り替える kiremitleri aktar-.
kawara 河原, 川原 /a./ akar sularda kuru yatak.
kawarabuki かわらぶき /a./ ～の屋根 kiremitli dam.
kaware・ru 買われる /ey./ alın-.
kawari 代わり /a./ vekâlet, yerine alma. ～をする yerine geç-, yerini al-, yerini tut-. ～をつとめる hükmünde ol-. …の～に yerine. ふとんの～にタオルケットを使う yorgan yerine pike kullan-. 映画には彼の～に君が行け. Sinemaya onun yerine sen git.
kawari 変わり /a./ değişiklik, değişim.
kawaribae 代わり映え /a./ ～しない tek düze. ～しないこと yeknesaklık.
kawaridane 変わり種 /a./ tip.
kawarimi 変わり身 /a./ ～の早い人 hacıyatmaz.
kawarimono 変わり者 /a./ ～の tip.
kawariyasùi 変わりやすい /s./ değişik, değişken, devingen, dakikası dakikasına uymaz, günü gününe uymaz. ～天気 mart havası. 気が～ bir dalga durma-.
kawaru 変わる /ey./ değiş-, dön-, başkalaş-, yüz tut-. 天気が～ hava değiş-. 様子が～ acayip ol-. 人格が～ benliğinden çık-. 気が～ bir hâl ol-. 変わった değişik, garip, tuhaf. 変わらない değişmez. 何か変わったことが起こる bir şey (şeyler) ol-, kop-. 突然変わったことを始める kopar-. 庭が天国に変わった. Bahçe cennete döndü. 水が氷に～. Su buza dönüşür. なんと変わった人. Ne tip adam! 変わった名だったが思い出せない. Tuhaf bir adı vardı, hatırıma gelmiyor.
kawaru 代わる /ey./ yerini al-, yerine geç-. 代わって yerine.
kawarugàwaru 代わる代わる /be./ bir … bir ….
kawase 為替 /a./ havale, para gönderimi. ～の havaleli. ～を送る havale gönder- (yolla-). ～が来る havale gel-. ～レート kur. ～相場 kur. ～証書 havalename. ～手形 poliçe. ～相場がだんだん下がっている. Piyasa gittikçe düşüyor.
kawasei 革製 /a./ ～の deri, meşin.
kawa sèihiñ 革製品 /a./ deri işleri.
kawasemi カワセミ /a./ yalıçapkını.
kawase・ru 買わせる /ey./ aldır-.
kawasè・ru 飼わせる /ey./ beslet-.
kawasu 交わす /ey./ あいさつを～ merhabalaş-, selâmlaş-. たいした友達ではなくあいさつを～程度だ. Pek ahbap değiliz, selâmlaşırız.
kawasu かわす /ey./ sakın-, çekin-.
kawa syòkuniñ 革職人 /a./ ～のナイフ bıçkı.
kawauso カワウソ /a./ lutr, susamuru. ～の毛皮 lutr.
kawaya かわや /a./ apteshane.
kawazu カワズ /a./ kurbağa. → kaeru.
kawa zyàñpaa 皮ジャンパー /a./ meşin ceket.
kaya 蚊帳 /a./ cibinlik.
kayaku 火薬 /a./ barut. 必要な～の量 barut hakkı. 鉄砲に～をつめる (古語) yemle-, toplara ağız otu koy-.
kayakùko 火薬庫 /a./ baruthane, barut fıçısı.
kayaku kòozyoo 火薬工場 /a./ baruthane, barut fabrikası.
kayoo 歌謡 /a./ koşuk.
kayŏo 火曜 /a./ salı. ～にネヴィンがうちへ来る. Salı günü Nevin bize gelecek.

kayôobi 火曜日 /a./ salı.
kayôoici 火曜市 /a./ salı pazarı.
kayôokyoku 歌謡曲 /a./ şarkı. 〜を歌う şarkı söyle-.
kayooni かように /be./ böyle.
kayou 通う /ey./ gidip gel-, ayağı alış-. 二月病院へ〜 iki ay hastahaneye taşın-.
kayowài か弱い /s./ zayıf.
kayu かゆ /a./ lapa.
kayùi かゆい /s./ kaşıntılı. かゆくなる kaşın-, gidiş-. 〜ので目をこする gözlerini kaşı-. 背中が〜. Sırtım kaşınıyor. Sırtımda bir kasıntı var.
kayumî かゆみ /a./ kaşıntı.
kàyusa かゆさ /a./ kaşıntı.
kazaana 風穴 /a./ delik.
kazagùruma 風車 /a./ fırıldak.
kàzai 家財 /a./ eşya, ev eşyası.
kazai dôogu 家財道具 /a./ eşya, ev eşyası. 新しい家に〜を小型トラックで運んだ. Yeni evimize eşyaları bir pikapla taşıdık.
kazakami 風上 /a./ rüzgâr üstü, orsa. 船を〜に向けること orsa. 船が〜に進んだり風下に進んだりすること orsa poca (boca).
Kazakkùziñ カザック人 /a./ Kazak.
Kazakkùzoku カザック族 /a./ Kazak.
kazami 風見 /a./ yelkovan.
kazamidori 風見鶏 /a./ yelkovan.
kazamuki 風向 /a./ rüzgâr yönü.
kàzañ 火山 /a./ yanardağ, volkan. 〜が噴火する yanardağ püskür-. 〜の噴煙 kızgın bulut. 〜の噴火口から出る溶岩 yanardağın kraterinden çıkan lavları.
kazarare・ru 飾られる /ey./ süslen-, bezen-. 町がお祭りで飾られた. Şehir donandı.
kazari 飾り /a./ bezek, bezen, süs, harç. 〜の付いた süslü. 〜のたくさん付いた cicili bicili. 〜のたくさん付いた服 cicili bicili bir giyisi. かわいい〜 süs püs. この布にはよけいな〜は合わない. Bu kumaş fazla süs kaldırmaz. あまり〜のない服が好きだ. Üzerinde fazla süs olmayan giysileri seviyorum.
kazaribane 飾り羽 /a./ sorguç.
kazaribuci 飾り縁 /a./ pervaz.
kazaribyoo 飾り鋲 /a./ kabara.
kazaricuke 飾り付け /a./ bezeme, donanma.
kazaricukê・ru 飾り付ける /ey./ beze-. 〜もの donatı.
kazaridama 飾り玉 /a./ boncuk.
kazaridana 飾り棚 /a./ etajer.
kazarìhimo 飾りひも /a./ sutaşı.
kazarihusa 飾り房 /a./ saçak.
kazarikànagu 飾り金具 /a./ pafta.
kazarike 飾り気 /a./ 〜のない çıplak, sade, yalın, kuru, düpedüz, düz. 〜のない部屋 çıplak oda. 〜のない服 sade bir elbise.
kazarimono 飾り物 /a./ süs, biblo. 電話は〜ではなく, 便利に使う物だ. Telefon bir süs değil, kolaylıktır.
kazarimoñ 飾り門 /a./ tak.
kazaritatê・ru 飾り立てる /ey./ telleyip pulla-. めいを美しく〜 yeğenini bir güzel donat-. 飾り立てた süslü püslü, telli pullu. 〜女 kokana, deli saraylı. 飾り立てたつまらない物 öksüz sevindiren.
kazarizàgane 飾り座金 /a./ rozet.
kazaru 飾る /ey./ süsle-, donat-, beze-. 部屋を〜 odayı süsle-. 身を〜 takıp takıştır-, bezen-. 言葉を〜 edebiyat yap-. 入念に〜 süsleyip püsle-. 金糸・銀糸で〜 telle-. 飾った süslü. 飾った部屋 süslü bir oda. 飾った言葉 süslü bir söz. ぴかぴかに飾った süslü püslü. 飾らない言葉 yalın bir söz. 家を花で飾った. Evimizi çiçeklerle süsledik.
kazasimo 風下 /a./ rüzgâr altı. 船の〜 boca. 船を〜に向ける boca et-. 船を〜に向ける指令 boca alabanda.
kazasu かざす /ey./ 火に〜 ateşe tut-.

kaze 風 /a./ yel, rüzgâr, cereyan, hava. 南東の〜 akça yel, keşişleme. 南西の〜 lodos, güney. 西の〜 batı. 〜が吹く es-, üfür-. 〜にあたる hava al-, havalan-. 〜にあてる havalandır-. 〜を起こす yelle-. 〜を送る yelle-. 〜が送られる yellen-. 〜が肌を刺す ısır-. 〜のある rüzgârlı, havadar. 〜の強い rüzgârlı, yelli. 船が〜で進めない bocala-. 夏に陸から海に向かって吹く〜 meltem. 肩で〜を切る burnunun yeli harman savur-. 〜のない天気 durgun hava. 午後にはたいがい〜が吹く. Öğleden sonraları çoğu rüzgâr esiyor. 〜がやんだ. Rüzgâr dindi (kesildi). ちょっと〜でもあればなあ. Biraz esinti olsa! 部屋は毎日〜にあたることが必要. Oda her gün havalanmalı. 今日〜があれば帆船がでる. Bu gün hava olursa, yelkenli kalkacak. どういう〜の吹きまわしか, この寒さに出かけたよ. Aklına esti, bu soğukta gezmeğe çıktı.

kaze 風邪 /a./ soğuk, nezle, grip hastalığı. 〜を引く soğuk al-, nezle ol-, üşüt-. 〜にかかる gribe tutul-. 〜がうつる grip geç-. 子供が〜をひいて胸がゼイゼイいっている. Çocuğun nezlesi var, göğsü hırıldıyor. 私に彼から〜がうつった. Bana ondan nezle bulaştı.

kazei 課税 /a./ tarh.

kazei kìzyuñ 課税基準 /a./ matrah.

kazetoosi 風通し /a./ 〜のよい havadar, havalı. 〜のよい部屋 havalı bir oda. 〜のよくない havasız.

kàzi 火事 /a./ yangın. 〜が起こる ateş çık-. 〜を出す yangın çıkar-. 〜を消す kontrol altına al-. 〜を鎮める yangını bastır-. 〜で焼け出された人 yangın çıkmış. 〜がだんだん大きくなる. Yangın gittikçe büyüyor. 〜が大きくなったので品物を畑に移した. Yangın büyüyünce eşyayı bostana aşırdılar.

kàzi 家事 /a./ ev işi, ev işleri. 〜のよくできる evcimen. 〜に手を出さない elini sıcak sudan soğuk suya sokma-.

kàzi 舵 /a./ dümen. 〜を取る dümen tut-. うまく〜を取る (口語) dümen kullan-.

kaziboo かじ棒 /a./ araba oku.

kàzicu 果実 /a./ meyve, yemiş. 〜が色付き始める alaca düş-. 〜の種 çekirdek. 〜のなる yemişli. 〜が割れること çatlama.

kàzicu 過日 /a./ geçenler, bu son günler, öte gün.

kazicùsyu 果実酒 /a./ likör.

kazikamu かじかむ /ey./ uyuş-, çivi gibi ol-. 寒さで手がかじかんだ. Soğuktan ellerim uyuştu.

kazi kòoba 鍛冶工場 /a./ tesviyehane.

kàzino カジノ (İt. casino) /a./ gazino.

kaziñ 佳人 /a./ güzel bir kadın.

kazirasè・ru かじらせる /ey./ ısırt-.

kaziricùku かじりつく /ey./ 仕事に〜 dört elle sarıl- (yapış-).

kaziru かじる /ey./ kemir-, ısır-, dişle-, kemirici. ネズミのかじったあと fare yeniği. ネズミは板を〜. Sıçan tahtaları kemirir. カリンをガリガリ〜. Ayvayı hart hart ısırıyor. リンゴをかじりながら食べている. Elmayı ısıra ısıra yiyor. このリンゴを誰がかじったのか. Bu elmayı kim dişledi?

kazitòri 舵取り /a./ dümenci.

kaziya かじ屋 /a./ demirci, tesviyeci. 〜のやっとこ kuyumcu çifti. 〜の槌 mühre.

kazoeagè・ru 数え上げる /ey./ say-, sırala-. 人のよい点を〜 birinin iyiliklerini say-. 全部数え上げて言う sayıp dök-. 〜こと döküm.

kazoekirènai 数えきれない /s./ hesaba gelmez, saymakla bitme-,

sayısız.
kazoerarê·ru 数えられる /ey./ sayıl-. 数えられない hesapsız, sayısız.
kazoê·ru 数える /ey./ say-, addet-. 〜こと sayım. 数えればきりがない saymakla bitme-. …から数えて itibariyle. 小さいセマは100まで〜ことができる. Küçük Sema yüze kadar sayabiliyor.
kàzoku 家族 /a./ aile, ev, ev bark, evlâdü ıyal, sülâle, familya. 〜の ailevî. 〜の人々 çoluk çocuk. 〜の和 ağız tadı. 〜全員 kız kızan. 〜が仲が いい et tırnak ol-. 〜のために自分を犠牲にする çoluk çocuğu uğruna kendini harca-. 〜と離れて遠くへ行く gurbete (gurbet ellere) düş-. 〜全体の重荷が肩にかかっている. Bütün ailenin ağırlığı omuzlarındadır. 御〜にかかわる秘密を他人に言いなさるな. Ailenizle ilgili gizleri başkalarına söylemeyiniz. 二つの〜, 一緒の生活はやっていけない. Dağ dağ üstüne olur, ev ev üstüne olmaz.
kazoku kèikaku 家族計画 /a./ aile planlaması.
kazokumoci 家族持ち /a./ evli barklı.
kazokuteki 家族的 /a./ 〜集団 ocak.
kazokuzyuu 家族中 /a./ 〜の女に浮気される boynuz tak- (takın-).
kàzu 数 /a./ sayı, adet. 〜を数える say-. 〜がふえる fazlalaş-. 〜の sayısal. …の〜の sayılı. 〜のはっきりしている sayılı. 〜少ない sayılı. 本の〜は分かっている. Kitaplar sayılıdır. 物の〜ではない. Attığı tırnağa benzemez.
kàzukazu 数々 /a./ 〜の birçok.
kazunoko 数の子 /a./ ringa yumurtaları.
kazyoo 過剰 /a./ fazlalık, ziyade.
kazyoo 箇条 /a./ madde.
kàzyu 果樹 /a./ 〜に薬をかける meyve ağaçlarını ilaçla-.

kazyùeñ 果樹園 /a./ bağ, meyve bahçesi, yemişlik. 〜を持っている bağlı. 〜で使う先の曲がった棒 gelberi.
kazyuu 果汁 /a./ öz su, su, ağda.
kazyùusyu 果汁酒 /a./ şarap.
ke 毛 /a./ kıl, tüy, yün, saç. ヤギの〜 kıl. 馬の〜 at kılı. ネコの〜 kedinin tüyleri. 頭の〜 saç. カリンの葉の〜 ayva yaprağı üzerindeki tüyler. 織物の柔らかい〜 hav. 〜が生える kıllan-, tüyle-. 〜を切る kırk-. ヤギの〜を刈り込む kırk-. つむで〜をよる iğle yün eğir-. 〜の kıllı, yünlü, yün. 〜の抜けた başı kabak. 〜のない tüysüz, kelek, kabak gibi. 〜のない毛皮 kelek tulum. 上質の〜が取れる羊 iyi yünlü koyunlar. 〜の刈り取り kırkım. 〜のように細い kıl gibi, kılcal. 〜ほど kıl kadar. 〜のセーターで体がチクチクする. Tüylü kazağım vücudumu dalıyor. 〜ほど違いはないはずだった. Kıl kadar farklar olmayacaktı.
kè 気 /a./ belirti, nişan. 火の〜がない ateşten eser yok.
keagê·ru け上げる /ey./ ayakla fırlat-. 後の両足を〜 çiftele-.
keana 毛穴 /a./ mesame.
keba 毛羽 /a./ hav. 〜のないカーペット kilim.
kebadàcu 毛羽立つ /ey./ kabar-.
kebadatê·ru 毛羽立てる /ey./ dit-.
kebakebasìi けばけばしい /s./ şatafatlı. 〜身なり cici bici. けばけばしく飾り立てた女 deli saraylı.
kèburi 気振り /a./ → **sòburi**. 〜にも見せない ekini belli etme-.
kebyoo 仮病 /a./ sahte hastalık. 〜を使う hastalık tasla-.
kecciñ 血沈 /a./ sedimantasyon.
keccyaku 決着 /a./ son verme. 〜をつける kozunu paylaş-, bağla-. 裁判で〜をつける必要のある mahkemelik. こうなったからにはひとつ〜をつける必要がある. Bu durum üzerine,

işe bir son vermek farz oldu.
kèci けち /a./ cimrilik, çingenelik, hasislik, (隠語) demirhindi. 〜な cimri, çingene, hasis, eli sıkı, sıkı, Yahudi, pinti. 〜な人から何かを引き出す domuzdan kıl çek- (kopar-). 〜な値切り方 Yahudi pazarlığı. 〜をつける (卑語) balgam at-. つまらないことに〜をつける mızmız. 何事にも〜をつける üzümün çöpü, armudun sapı var de-. 必要なくせに〜をつける. (口語) Dilenciye hıyar vermişler de, eğri diye beğenmemiş.
kècikeci けちけち /be./ 〜する cimrilik et-, çok gör-, kıskan-. 〜と金を貯める düğüm vur-. 〜して金を貯め込んだ人 kirli çıkı (çıkın).
kecikusài けちくさい /s./ pinti, cimri, hasis.
kèciñboo けちん坊 /a./ ateşe vursan duman vermez.
kecirasu け散らす /ey./ duman et-, dağıt-.
kecu けつ /a./ (口語) popo, kıç, (卑語) göt.
kècu 決 /a./ rey, oy. 〜を採る reye (oya) koy-.
kecuacu 血圧 /a./ kan basıncı, kan baskısı, tansiyon. 〜を測る tansiyon ölç-. 〜降下剤 tansiyon düşürücü.
kecuacukei 血圧計 /a./ tansiyon âleti.
kecubecu 決別 /a./ ayrılış.
kecuboo 欠乏 /a./ eksiklik, ihtiyaç, kıtlık, açlık, mahrumiyet, yoksulluk. 〜する eksik ol-, bulunma-, kesil-, kıtlaş-. 〜に陥る kıtlığına kıran gir-. なんと紙が〜したんだ. Kağıt kıtlığında mı kaldık!
kecudàn 決断 /a./ karar. 〜する karar ver-, kes-.
kecudàñryoku 決断力 /a./ 〜のない mütereddit, kararsız.
kecùeki 血液 /a./ kan. 〜の循環 kan dolaşımı.

kecuekigata 血液型 /a./ kan grupu.
kecueki giñkoo 血液銀行 /a./ kan bankası.
kecueki kèñsa 血液検査 /a./ kan tahlili.
kècugi 決議 /a./ karar. 〜は3票の棄権に対し50票で承認された. Karar üç çekimser oya karşı elli oyla kabul edildi.
kecugoo 結合 /a./ birlik. 〜させる kaynaştır-. 〜する birleş-.
kècui 決意 /a./ azim, karar. 〜する azmet-, kararında ol-.
kecuiñ 欠員 /a./ eksik. 〜を適当に埋める eksik doldur-.
kecumacu 結末 /a./ akıbet, son. 〜をつける ucunu bul-, son ver-. 悪い〜になる akıbetine uğra-.
kecumazùku けつまずく /ey./ sürç-.
kecuroñ 結論 /a./ sonuç, karar, netice. 〜が出る sonuçlan-. 〜を出す sonuçlandır-. 〜に達する karara var- (bağla-), neticelen-.
kecuzeñ 決然 /a./ 〜とした azimli.
kecùzoku 血族 /a./ kan, kan akrabalığı.
kècuzyo 欠如 /a./ mahrumiyet, yokluk.
kecyàppu ケチャップ(İng. ketchup) /a./ salça.
kedakài 気高い /s./ ulu, yüce. 〜神よ. Yüce Tanrım!
kedamono けだもの /a./ hayvan.
kedarake 毛だらけ /a./ 〜のkıllı.
keeburùkaa ケーブルカー(İng. cable car) /a./ teleferik.
kèeki ケーキ(İng. cake) /a./ pasta, kek. 〜がふくれる kek kabar-. クリーム抜きの〜 kuru pasta. 〜の見た目はいいが味はどうかな. Pastanın güzel bir görünüşü var, ama tadı nasıl acaba?
keekigata ケーキ型 /a./ pasta kalıbı.

keekiya ケーキ屋 /a./ pastane.
kèepu ケープ(İng. cape) /a./ pelerin, kap.
keesoñbyoo ケーソン病(İng. caisson) /a./ vurgun. 〜におかされる vurgun ye-.
kèesu ケース(İng. case) /a./ kutu, kasa ; hâl, husus, olay.
kegà けが /a./ yara, yaralanma. 〜をする yaralan-. 〜をさせる yarala-, berele-, bıçakla-. 〜をしている bereli. 事故で〜をした人々が病院に運ばれた。 Kazada yaralanan kişiler hastaneye götürüldü.
kegarawasìi 汚らわしい /s./ pis. 〜話 pis lakırdı.
kegarè 汚れ /a./ kir.
kegarè・ru 汚れる /ey./ kirlen-. 汚れた bulaşık.
kegàsu 汚す /ey./ kirlet-, kekele-, bok at-. 名誉を〜 leke getir-, leke sür-, namusuna dokun-, altın adını bakır et-. こんな疑いは人の名誉を〜。 Böyle bir şüphe insanı kirletir.
kegawa 毛皮 /a./ kürk, post. 〜の kürk. 〜のマント gocuk. キツネの〜のマント tilki kürkünden bir manto. キツネの足の部分で作った〜 badem kürk. 毛のない〜 kelek tulum. 羊の〜 pösteki.
kegawàici 毛皮市 /a./ kürk pazarı.
kegawa syòkuniñ 毛皮職人 /a./ kürkçü.
kegawa syòoniñ 毛皮商人 /a./ kürkçü.
kegawaya 毛皮屋 /a./ kürkçü.
kegìrai 毛嫌い /a./ 〜する iğren-. 〜しない midesiz.
kèi 計 /a./ tasarı, plan ; toplam, yekûn.
kèi 刑 /a./ ceza. 〜に服する ceza çek-. 〜を終える cezasını çek-.
kèi 罫 /a./ çizgi. 〜を引く çizgi çek-.
kèi 景 /a./ manzara.
keiai 敬愛 /a./ saygı, hürmet.

keiba 競馬 /a./ at yarışı. 〜の騎手 cokey. 〜でビリになる nal topla-.
kèibacu 刑罰 /a./ ceza. 足の裏を打つ〜 falaka. 足の裏を打つ〜に処する falakaya çek- (yatır-, vur-, yık-). 船をこがせる〜 (古語) kürek, kürek cezası.
keibazyoo 競馬場 /a./ at meydanı, hipodrom.
keibecu 軽蔑 /a./ aşağı görme, hakaret. 〜する hor bak- (gör-), aşağı gör-, aşağıla-, hafife al-, hakir gör-. 〜すべき hor. 〜される (古語) zelil.
keibeñ 軽便 /a./ 〜な basit.
kèibi 警備 /a./ emniyet. 〜の巡回時計 kontrol saati.
kèibi 軽微 /a./ 〜な hafif.
keibìhei 警備兵 /a./ inzibat.
keibìiñ 警備員 /a./ bekçi, kolcu.
keibisyo 警備所 /a./ karakol.
keibitai 警備隊 /a./ emniyet kuvvetleri, karakol.
kèibo 敬慕 /a./ saygı, hürmet.
kèibo 継母 /a./ üvey ana.
keiboo 警棒 /a./ cop (polis için).
kèibu 警部 /a./ komiser.
kèicui 頸椎 /a./ boyun omurları.
keicyoo 傾聴 /a./ 〜する dinle-.
keicyoo 軽重 /a./ hafif veya ağır.
keicyoo 慶弔 /a./ tebrik ve taziyet.
kèido 経度 /a./ boylam.
keidòomyaku 頸動脈 /a./ şah damarı.
keidòosi 形動詞 /a./ ortaç.
keiei 経営 /a./ idare, işletme. 〜の idarî. 〜する işlet-. ホテルを〜する otel işlet-. 売春宿を〜する ev işlet-.
keièisya 経営者 /a./ işletmeci, müdür. 商館の〜 hancı.
keieñ 敬遠 /a./ alargada durma, çekinme.
kèiga 慶賀 /a./ tebrik.
keigeñ 軽減 /a./ hafifletme. 〜する hafiflet-.

keigeñricu 軽減率 /*a.*/ indirimli tarife.
keigo 敬語 /*a.*/ nezaket tabiri, nazik söz.
keigôhei 警固兵 /*a.*/ gözetici asker. オスマン朝の〜 bostancı.
kèigu 敬具 /*a.*/ saygılarımla, saygılarım sunarım.
keihacu 啓発 /*a.*/ aydınlatma.
keihaku 軽薄 /*a.*/ 〜な hafifmeşrep. 〜な女 deli Raziye.
keihañzai 軽犯罪 /*a.*/ kabahat.
kèihi 経費 /*a.*/ masraf, harç. 〜を切り詰める iktisat et- (yap-).
keihiñ 景品 /*a.*/ ikram.
keihoo 警報 /*a.*/ alarm. 〜に備える alarma geç-.
kèihoo 刑法 /*a.*/ ceza kanunu, ceza yasası.
keihôoki 警報機 /*a.*/ alarm âleti.
keihoo siñgoo 警報信号 /*a.*/ cankurtaran çanı, tehlike işareti.
keihu 系譜 /*a.*/ aile sırası, silsile.
keihuku 敬服 /*a.*/ hayranlık.
kèii 敬意 /*a.*/ saygı, hürmet. 〜を表する şeref ver-, şereflendir-, yüzünü ağart-, hürmet et-, saygılı. 〜を表して yüz üstü, yüzü suyu hürmetine, yüzü suyuna. 〜を表します saygılarımı sunarım. 過分の〜を払う bir elini bırakıp ötekini öp-.
keika 経過 /*a.*/ süreç, mürur.
keikai 軽快 /*a.*/ 〜な hafif.
keikai 警戒 /*a.*/ ihtiyat, tedbir. 〜する dikkat et-, gözetle-, sakın-. 〜して見る göz kulak ol-. 厳重な〜 katı tedbirler.
keikaiseñ 警戒線 /*a.*/ kordon.
keikãisiñ 警戒心 /*a.*/ uyanıklık.
keikaku 計画 /*a.*/ plan, tasarı, program, proje, tertip, kombinezon, planlama. 〜する plan kur-, planla-, tasarla-, hesap et-, fikrinden geçir-. 〜を立てる plan kur-, programla-. この夏はまったく〜がない. Bu yaz için hiç bir planımız yok. 休みにアランヤに行く〜を立てている. Tatilde Alanya'ya gitmeyi planlıyoruz. 〜どおりには行かないものだ. Evdeki pazar (hesap) çarşıya uymaz.
keikakuteki 計画的 /*a.*/ 〜な planlı.
keikañ 警官 /*a.*/ polis. 〜たちが通りをふさいだ. Polisler caddeyi tuttu.
keikañtai 警官隊 /*a.*/ polis ekibi.
keikeñ 経験 /*a.*/ deneyim, görgü, meleke, tecrübe. 〜する gör-, dene-, tak-, tat-, başından geç-. 困難を〜する güçlük çek-. にがい〜をする canı yan-. 〜のある tecrübeli. 〜豊かな görgülü, görmüş geçirmiş. 〜が豊かである umur gör-. 年上で〜がある bir gömlek fazla eskitmiş ol-. 長い〜のある人 az günün adamı değil. 〜の浅い toy. 〜がなく未熟だ değirmende sakal ağart-. にがい〜から学ぶ Hanya'yı Konya'yı anla-. あなたは戦争を〜しましたか. Siz savaş mı gördünüz? これほどの寒さはまだ〜したことがなかった. Bu derece soğuk hiç görülmemişti. つらい〜は教訓にまさる. Bir musibet bin nasihatten yeğdir. 〜から学ぶ Arap uyandı, Arabın gözü açıldı.
keikeñsya 経験者 /*a.*/ gün görmüş.
keikeñteki 経験的 /*a.*/ 〜な ampirik.
keiki 景気 /*a.*/ ticaret, iş durumu, konjonktür.
kèiki 計器 /*a.*/ sayaç, saat.
kèiki 刑期 /*a.*/ mahkûmiyet. 〜を満了せずに死んだ. Mahkûmiyet bitirmeden öldü.
kèiki 契機 /*a.*/ fırsat.
keikikàgeki 軽喜歌劇 /*a.*/ vodvil.
kèiko けいこ /*a.*/ meşk. 〜を受ける meşk al-. 〜をつける meşk ver-.
kèikocu 脛骨 /*a.*/ baldır kemiği, incik.
keikoku 渓谷 /*a.*/ dere, koyak.

keikoku 警告 /a./ uyarı, ihtar, ibret, ikaz, tembih. 〜する uyar-, ihtar et-, ikaz et-.
keikoo 傾向 /a./ eğilim, meyil, temayül. 〜のある eğimli.
keikoo 携行 /a./ taşıma. 〜する taşı-.
keikoo 鶏口 /a./ §〜となるも牛後となるなかれ. Baş ol da, istersen soğan başı ol.
keikòogyoo 軽工業 /a./ hafif sanayi.
keikootoo 蛍光灯 /a./ flüoresan lamba, floresan lamba.
keiku 警句 /a./ nükte.
keima 桂馬 /a./ (satranç) at.
keimoo 啓蒙 /a./ aydınlatma.
keimùsyo 刑務所 /a./ hapishane, ceza evi, tutuk evi, hapis, zindan, (俗語) dam, (隠語) kafes, kodes. 〜に入れる hapset-, hapse at-. 罪人を〜に入れる suçluyu hapset-. 〜に入る (隠語) kafese gir-, kodesi boyla-. 〜から逃げる hapishaneden kaç-, hapisten kurtul-. 一年半〜に入っていた. Bir buçuk yıl ceza evinde tutuk kaldı.
keiòñgaku 軽音楽 /a./ hafif muzik.
keirañ 鶏卵 /a./ yumurta.
keirecu 系列 /a./ sıra.
keirei 敬礼 /a./ selâm, reverans. 〜をする selâmla-.
keireki 経歴 /a./ öz geçmiş, tercümeihal.
keireñ 痙攣 /a./ ıspazmoz, kramp, çırpınma. 筋肉の〜 kasınç. 局部〜 tik. 〜を起こす ıspazmoza tutul-. 〜する çırpın-. 〜が来る havale gel-. 海で泳いでいると足が〜してもう少しでおぼれるところだった. Denizde yüzerken bacağıma kramp girdi, az kalsın boğulacaktım.
kèiri 経理 /a./ muhasebe.
kèiri 刑吏 /a./ cellat.
keiriñ 競輪 /a./ bisiklet yarışı.

keirìsi 計理士 /a./ muhasebeci.
keiro 毛色 /a./ saç rengi. 馬の〜 at donu.
kèiro 経路, 径路 /a./ yol.
keiròodoo 軽労働 /a./ hafif iş. 〜の懲役刑 hafif hapis cezası.
keiryaku 計略 /a./ aldatmaca, hile, ığrıp, (隠語) tonga. 卑劣な〜 orospuluk.
keiryoo 計量 /a./ ölçü. 〜する ölç-.
keiryoo kàppu 計量カップ /a./ 穀物の〜 ölçek.
keiryòoki 計量器 /a./ sayaç, saat.
keiryookyuu 軽量級 /a./ hafif sıklet.
keiryoo tàñi 計量単位 /a./ ölçü birimi. メートルは長さの〜である. Metre uzunluk ölçüsü birimidir.
keiryuu 渓流 /a./ dere. 森の〜がゴーゴーと流れている. Ormanda dere gürüldeyerek akıyor.
keiryuu kìkyuu 係留気球 /a./ sabit balon.
keisacu 警察 /a./ polis, emniyet.
keisacu gàkkoo 警察学校 /a./ polis koleji.
keisacùkañ 警察官 /a./ polis.
keisai 掲載 /a./ neşir, yayın.
keisañ 計算 /a./ hesap, sayım. 利子の〜 faiz hesabı. 単純な〜 çömlek hesabı. 〜する hesap et- (yap-), hesapla-, hesabı gör-, itibar et-, say-. 〜を始める defter aç-. 〜に入れる hesaba kat-, hesaba kat-, hesapla-, say-, öngör-, göz önünde tut- (bulundur-). 〜してみると hesap kitap. 〜なしの hesapsız. 〜に入れて mahsuben.
keisañ cìgai 計算違い /a./ yanlış hesap. 〜をする yanlış kapı çal-.
keisañhoo 計算法 /a./ sayılama.
keisàñki 計算機 /a./ hesap makinesi. 電子〜 bilgisayar, elektronik beyin.
keisañsyò 計算書 /a./ hesap

pusulası, bordro.
keisañzuku 計算ずく /a./ ～の hesaplı.
keisâñzyaku 計算尺 /a./ hesap cetveli.
keisei 形成 /a./ oluşum, teşekkül, teşkil. ～する teşekkül et-, teşkil et-.
keisei 形勢 /a./ durum.
keiseki 形跡 /a./ iz.
keiseñ 係船 /a./ aborda, mola. ～の くい iskele babası.
kêiseñ 経線 /a./ boylam, meridyen.
kêiseñ 罫線 /a./ çizgi. ～を引く çizgi çek-.
keiseñryoo 係船料 /a./ palamar parası.
keisêñsaku 係船索 /a./ palamar. ～を一回巻くこと volta.
kêisi 軽視 /a./ ～する hafifse-, hakir gör-, küçümse-. …と言って～する deyip de geç-.
kêisi 罫紙 /a./ çizelge.
kêisi 警視 /a./ komiser.
keisîcyoo 警視庁 /a./ emniyet müdürlüğü.
keisiki 形式 /a./ biçim, şekil.
keisikibâru 形式ばる /ey./ resmîleştir-. 形式ばった resmî.
keisikika 形式化 /a./ resmiyet.
keisiki syûgi 形式主義 /a./ biçimcilik, formalite.
keisiki syugîsya 形式主義者 /a./ formaliteci.
kêiso 珪素, 硅素 /a./ silisyum.
keisocu 軽率 /a./ ～な düşünmeyen, hafif, havaî, ihtiyatsız. ～な行動をする hafiflik et-. ～さ hafiflik. ～にもの を言う çam devir-.
keisoku 計測 /a./ ölçüm.
keisoo 継走 /a./ bayrak koşusu.
keisùu 計数 /a./ hesap, sayım.
keisùu 係数 /a./ kat sayı.
keisya 傾斜 /a./ eğim, meyil, akıntı, temayül. ～のある eğimli, meyilli. ～のある机 eğik (eğri) bir masa.

～のある道を通る eğimli yoldan geç-. この坂の～はとてもひどい. Bu yamacın eğimi çok fazla.
kêisya 鶏舎 /a./ tavuk kümesi.
keisyâmeñ 傾斜面 /a./ aklan.
keisyoku 軽食 /a./ hafif yemek.
keisyoo 形象 /a./ şekil, biçim.
keisyoo 敬称 /a./ unvan.
keisyoo 継承 /a./ yerine geçme. ～する yerine geç-.
keisyoo 警鐘 /a./ uyarı çanı.
keisyôosya 継承者 /a./ yerine geçen kimse. 王位～ veliaht.
keisyuku 慶祝 /a./ tebrik.
keitai 形態 /a./ şekil, tarz, üslûp.
keitai 携帯 /a./ ～する taşı-.
keitâigaku 形態学 /a./ yapı bilim.
keitâiroñ 形態論 /a./ yapı bilim.
keitâiso 形態素 /a./ morfem.
keitaiyoo 携帯用 /a./ ～の portatif, seyyar.
keiteki 警笛 /a./ canavar düdüğü, cankurtaran çanı (düdüğü), düdük, klakson, korna. ～を鳴らす düdük öttür-, klakson çal-.
keito 毛糸 /a./ yün. ～の yün. ～の靴下 yün çorap. ～のセーター kazak. 赤い～のセーター kırmızı yünden bir kazak. 一巻きの～ bir yumak yün. 五束の～ beş çile yün.
keitodama 毛糸玉 /a./ yün yumağı, yumak.
keitoo ケイトウ, 鶏頭 /a./ horoz ibiği.
keitoo 系統 /a./ sistem ; soy, sülâle.
keitooteki 系統的 /a./ ～でない sistemsiz.
keitôozyu 系統樹 /a./ soy ağacı, şecere.
keiyaku 契約 /a./ sözleşme, anlaşma, akit, muahede, mukavele, taahhüt, angajman, kontrat. ～する anlaşma yap-. ～当事者 âkit. 家を一年～で借りた. Evi yıllık tuttuk.
keiyakusyô 契約書 /a./ şartname, kontrat.

keiyakuzyoo 契約上 /a./ 〜の ahdî.
keiyōosi 形容詞 /a./ sıfat. 限定〜 belirtme sıfatı. 疑問〜 soru sıfatları.
keiyu 経由 /a./ 〜で yolıyla.
kēizai 経済 /a./ ekonomi, iktisat. 〜の parasal. 〜専門家 iktisatçı. 低開発地域の〜 az gelişmiş ülkelerin ekonomisi.
keizāigaku 経済学 /a./ ekonomi, iktisat.
keizai gàkusya 経済学者 /a./ ekonomist.
keizai kÌki 経済危機 /a./ iktisadî buhran. 世界に新たな〜が始まっている。Dünya yeni bir ekonomik bunalımın eşiğinde.
keizaiteki 経済的 /a./ 〜な ekonomik, iktisadî, idarelî. 〜な生活 ekonomik yaşayış. 〜な石油ストーブ idareli bir gaz ocağı. 〜に paraca. 〜に困ることはない。Paraca sıkıntımız yok.
keizaizyoo 経済上 /a./ 〜の iktisadî.
keizai zyōotai 経済状態 /a./ parasal durum. おばさんの〜はよくない。Teyzemin parasal durumu iyi değil.
keizi 掲示 /a./ ilan, haber.
keizi 啓示 /a./ vahiy.
kēizi 刑事 /a./ detektif, dedektif, izlemci, polis hafiyesi, hafiye.
keizibañ 掲示板 /a./ levha, pano.
keizi zÌkeñ 刑事事件 /a./ vukuat.
keizizyōogaku 形而上学 /a./ doğa ötesi, metafizik. 〜の doğa ötesi, metafazik.
keizoku 継続 /a./ devam. 〜する devam et-. ことを〜させる ayakta tut-.
keizokuteki 継続的 /a./ 〜な mütemadî. 〜に mütemadiyen.
keizu 系図 /a./ soy ağacı, şecere.

keizyoo 形状 /a./ biçim, şekil.
keizyoo 刑場 /a./（古語）siyaset meydanı.
kekka 結果 /a./ sonuç, netice, akıbet, meyve. 試験の〜 sınav sonuçları. 〜を得る sonuç al-. 〜を招く sonuçla-. 同じ〜になる bir kapıya çık-, aynı kapıya çık-, yola çık-. 悪い〜になる gününü gör-. 悪い〜を引き起こす kabuk kopar-. 〜のない sonuçsuz, neticesiz. …の〜として neticesi. 〜さえよければいい dumanı doğru çıksın. 条件が変わっても〜は同じ okka her yerde dört yüz dirhem. まずい〜を見てから忠告する。Tekerlek kırıldıktan sonra yol gösteren çok olur.
kekkai 決壊 /a./ yıkılma.
kekkaku 結核 /a./ tüberküloz, verem. 〜におかされている vereme müptela, veremli, verem. 〜予防の保養所 prevantoryum. 〜には三期ある。Veremin üç devri vardır.
kekkañ 欠陥 /a./ noksan, kusur, ayıp, gedik, illet, özür. 隠れた〜 kurt yeniği. 〜のある noksan, sakat. 〜のない eksiksiz. このラジオはどこかに〜がある。Bu radyonun bir illeti var.
kekkañ 血管 /a./ kan damarı. 〜を収縮させる kan damarları büz-.
kèkki 血気 /a./ 〜盛んな男 dadaş.
kekkiñ 欠勤 /a./ tatil yapma, iş yerine gitmeme.
kekkoñ 結婚 /a./ evlilik, evlenme, dünya evi, izdivaç. 〜する evlen-, nikâhlan-, dünya evine gir-, koltuğa gir-, güvey gir-. 〜させる evlendir-, baş göz et-, başını bağla-. 〜して一家をかまえる evlenmek barklan-. 正式に〜する nikâh düş-. 不釣り合いな〜をする ayağının pabucunu başına giy-. 〜を妨げる kısmetini bağla-. 〜の妨げになる kısmetine mani ol-. 〜している evli, baş bağlı. 正式に〜した夫（俗語）

helal. 正式に〜していない nikâhsız. 〜後二年で母となった. Evlendikten iki yıl sonra anne oldu.
kekkoñ 血痕 /*a.*/ kan izi.
kekkoñ āite 結婚相手 /*a.*/ eş. 〜を求める kısmet bekle-.
kekkoñ nēñrei 結婚年齢 /*a.*/ evlenme yaşı.
kekkoñ pāatii 結婚パーティー /*a.*/ düğün.
kekkoñ sēikacu 結婚生活 /*a.*/ evlilik hayatı.
kekkôñsiki 結婚式 /*a.*/ evlenme töreni, nikâh. 〜を挙げる nikâhlan-.
kekkoñsyoo 結婚証 /*a.*/ evlenme kâğıdı.
kekkoñ yūbiwa 結婚指輪 /*a.*/ alyans.
kekkoo 血行 /*a.*/ kan dolaşımı. 心臓はたえず収縮・弛緩して〜を保つ. Yürek biteviye kısılıp gevşeyerek kanın dolaşımını sağlar.
kekkoo 欠航 /*a.*/ (uçak, gemi) tatili.
kekkoo 決行 /*a.*/ katî adımı atma.
kèkkoo 結構 /*a.*/ 〜な iyi, yeterli, oldukça. もう〜です yeter!
kekkyoku 結局 /*be.*/ sonuç olarak, akıbet, alt tarafı (yanı), dolayısıyla, dönüp dolaşıp, eninde sonunda. この仕事は〜私達のところへ回って来るだろう. Bu iş sonunda bize dayanacak. 〜この家に住むことに決まった. Sonunda bu evde oturmaya karar kıldı.
kemono 獣 /*a.*/ hayvan. 〜の穴 in. 〜の皮 post. 〜の死体 leş.
kemonòmici 獣道 /*a.*/ çığır.
kemùi 煙い /*s.*/ dumanlı.
kemuri 煙 /*a.*/ duman, tütün, tütsü. 〜の dumanlı. 〜が出る duman tüt-. 〜を出す duman tüttür-. たばこの〜を吸う duman al-. 〜を出す筒 fırıldak. 〜の出ている dumanlı. 〜が立ちこめる. Duman bürüyor. 山頂を〜が包んだ. Dağ başını duman bürüdü. ストーブから出た〜が家中に広がった. Sobadan çıkan duman bütün eve yayıldı. 工場の煙突から〜が出ている. Fabrikanın bacalarından duman tütüyor.
kemuriiro 煙色 /*a.*/ 〜の füme.
kemuru 煙る /*ey.*/ tüt-. ストーブが煙っている. Soba tütüyor.
kemusi 毛虫 /*a.*/ tırtıl, kurt.
kemutāi 煙たい /*s.*/ dumanlı.
kenagaitaci ケナガイタチ /*a.*/ kokarca.
kènage けなげ /*a.*/ 〜な mert, cesur.
kenasare・ru けなされる /*ey.*/ aşağılan-. 手に入らないものは〜. Kedi yetişemediği ciğere pis dermiş.
kenasu けなす /*ey.*/ boya-, lekele-, bir paralık et-, aşağıla-. 人を〜くせのある人 on parmağında on kara.
keneñ 懸念 /*a.*/ huzursuzluk, vesvese.
Kènia ケニア /*a.*/ Kenya.
kenuki 毛抜き /*a.*/ cımbız. とげを〜で抜く dikeni cımbızla çıkar-.
kèñ 県 /*a.*/ vilâyet, il, valilik.
kèñ 券 /*a.*/ bilet, marka. 〜を買う bilet al-.
kèñ 剣 /*a.*/ kılıç. フェンシングの〜 flöre. 〜を抜く kılıç çek-.
kèñ 拳 /*a.*/ yumruk.
kèñ 鍵 /*a.*/ tuş. ピアノの〜 piyanonun tuşları.
kèñ 腱 /*a.*/ kiriş, kas kirişi, (俗語) sinir.
kèñ 件 /*a.*/ husus. この〜でおっしゃりたいことがありますか. Bu hususta söyleyeceğiniz bir şey var mı?
kèñ 兼 /*be.*/ aynı zamanda. 朝食〜昼食 kuşluk yemeği.
-keñ 軒 ev, hane. 20〜の村 yirmi evli bir köy. 50〜の村 elli haneli bir köy. 一〜一〜戸をたたく kapı kapı dolaş-. この家とは別にもう一〜家がある. Bu evden başka bir evi daha var.

keñaku

今日はまた何～まわった。Bu gün yine kaç kapı dolaştın?
keñaku 険悪 /a./ ～な tehlikeli, buhranlı.
keñañ 懸案 /a./ ～の muallak. ～となる muallakta ol- (kal-).
keñbañ 鍵盤 /a./ klavye.
keñbikyoo 顕微鏡 /a./ mikroskop. 750倍に拡大する学生用～ 750 defa büyüten bir talebe mikroskopu. ～のスライド lam.
keñboosyoo 健忘症 /a./ amnezi.
keñbucu 見物 /a./ ziyaret. ～する ziyaret et-, gez-, seyirci kal-, seyret-. ～を来週に延ばした。Gezmeyi haftaya bıraktık. もし天気がよければ～に行く。Eğer hava güzel olursa, gezmeye çıkarız.
keñbucuniñ 見物人 /a./ seyirci. ただの～だった。Yalnız seyirci oldu.
kèñci 見地 /a./ görüş açısı.
keñciku 建築 /a./ inşaat. ～する inşa et-, bina et-.
keñcikùgaku 建築学 /a./ mimarlık.
keñcikuka 建築家 /a./ inşaatçı, mimar.
keñciku kòozi 建築工事 /a./ ～の足場 iskele.
keñcikùsi 建築士 /a./ mimar.
keñciku sìzai /a./ 建築資材 /a./ inşaat malzemesi. 壁の～ harç.
keñciku zàiryoo 建築材料 /a./ inşaat malzemesi.
keñcikùzyucu 建築術 /a./ mimarlık.
keñcìzi 県知事 /a./ vali.
keñcizìsicu 県知事室 /a./ (古語) vilâyet.
kèñcyo 顕著 /a./ ～な çarpıcı, mümtaz.
kèñcyoo 県庁 /a./ hükûmet konağı.
keñdèñki 検電器 /a./ bulucu.
keñecu 検閲 /a./ sansür. ～する sür-den geçir-.
keñeki 検疫 /a./ karantina.
kèñeki 権益 /a./ hak ve kârlık.
keñekisyoo 検疫証 /a./ 船の～ patent.
keñgaku 見学 /a./ gezi. ～する gez-, ziyaret et-.
keñgeki 剣劇 /a./ eskrim.
keñgèñ 権限 /a./ yetki, salâhiyet, mezuniyet, gedik. ～のある yetkili, zabit. ～を与える yetkili kıl-, görevlendir-.
kèñgi 建議 /a./ dilekçe, önerge.
kèñgi 嫌疑 /a./ şüphe, sanıklama.
kèñgo 堅固 /a./ metanet, dayanıklılık.
kèñi 権威 /a./ salâhiyet, yetki, otorite. ～が及ぶ hükmü geç-. ～を失う yıpran-.
keñiñ 検印 /a./ damga, ıstampa.
keñiñ 牽引| /a./ çekme. ～する車 römörkör. ～される車 römörk.
keñìñsya 牽引車 /a./ römörkör.
keñisuzi 権威筋 /a./ yetkili makamlar.
keñisyùgi 権威主義 /a./ ～の otoriter.
keñka けんか /a./ kavga, çatışma, hır, hırgür, hırıltı, dalaş, (隠語) çıngar. 殴る・けるの～ dövüş. ～をする çatış-, hırgür çıkar-, tartış-, birbirine gir-. 犬が～をする köpek dalaş-. 激しく～する boğaz boğaza gel-. ～を始める kavga çıkar-, hır çıkar-, birbirine giriş-. ～が始まる fırtına çık- (kop-, patla-), patırtı kop-. ～をしかける kavga çıkar-, sataş-. けんか好きな人に～を売る çamura taş at-. ～を買う kavga tutuş- (giriş-). ～の種をまく人 kavga kaşağısı. 他人の～を喜ぶこと it dişi domuz derisi. 我々とこの事件以来～をしている。Bizimle bu kazadan sonra tartışıyorlar. §～両成敗。Bir elin sesi çıkmaz.
kèñka 県下 /a./ il içi.

keñkagosi けんか腰 /a./ ～の belâlı.
keñkai 見解 /a./ görüş, oy, telakki. ～の相違 görüş ayrılığı.
keñkappayài けんかっぱやい /s./ geçimsiz, şirret, yırtıcı. 世間知らずの～女 mahalle karısı.
keñkazuki けんか好き /a./ bayraklı, kavgacı. ～の bulaşkan, dövüşken, saldırgan, sataşkan. ～な人にけんかを売る çamura taş at-.
keñkecu 献血 /a./ ～する kan ver-.
keñkiñ 献金 /a./ iane, bağış.
kèñkocu けん骨, 顴骨 /a./ elmacık kemiği.
keñkoo 健康 /a./ sağlık, iyilik, afiyet, esenlik, sıhhat. ～な sağ, sağlam, sağlıklı, esen, iyi, salim, sıhhatli, turp gibi. ～になる sağlamlaş-, sıhhatini kazan-. ～にする sağlamlaştır-. ～を害する kötüle-, sağlığa zarar ver-. ～を害してもかまわない canını sokakta bul-. ～を取り戻す canı yerine gel-. ～を尋ねる hâl hatır sor-, hâlini sor-, hatır sor-. ～を祈る esenlikler dile-. ～によい şifalı. ～に関する sıhhî. 御～を祝して sıhhatinize! あなたが～でありますように üstünüze sağlık (şifalar), üzerinize afiyet. ～管理 sıhhî kontrol. ～証明書 temiz raporu. 人は～のために金を惜しむべきではない。İnsan sağlığı için paraya acımamalı.
keñkòokocu 肩胛骨 /a./ kürek kemiği.
keñkooteki 健康的 /a./ ～な sağlıklı.
keñkoo zyòotai 健康状態 /a./ mizaç.
kèñkyo 検挙 /a./ yakalama, tutuklama.
kèñkyo 謙虚 /a./ gönülsüzlük, alçak gönüllülük.
keñkyuu 研究 /a./ araştırma, inceleme, incelenme, çalışma, mütalaa, etüt. ～する araştırma yap-, araştır-, incele-, mütalaa et-, ele al-. 問題をさらにこの面から～してみよう。Konuyu bir de bu cepheden ele alalım.
keñkyùusicu 研究室 /a./ etüt.
keñkyuuyoo 研究用 /a./ ～の死体 kadavra.
keñkyuuzyo 研究所 /a./ araştırma merkezi, enstitü, istasyon, müessese. 育種～ tohum ıslah istasyonu.
kèñma 研磨 /a./ bileme.
keñmàki 研磨機 /a./ bileği. 回転～ bileği çarkı. ～にかける çarka çektir- (ver-).
keñmakoo 研磨工 /a./ çarkçı, (俗語) zağcı.
keñmei 賢明 /a./ bilgelik, akıllılık. ～な zeki, akıllı.
keñmei 懸命 /a./ ～に tüm gücüyle, tüm gayretiyle, pir aşkına. ～に探す mumla ara-. ～に頑張る savaş-.
keñmoñ 検問 /a./ kontrol.
keñnoo 権能 /a./ yetki. ～のある yetkili.
kèño 嫌悪 /a./ nefret, tiksinti, antipati. ～する nefret et-.
keñòñki 検温器 /a./ sıcakölçer, termometre, sıcaklıkölçer.
kèñpei 憲兵 /a./ askerî inzibat, inzibat.
keñpoñ 献本 /a./ kitap armağanı.
kèñpoo 憲法 /a./ anayasa. ～の anayasal. ～に違反する anayasaya aykırı. ～第89条によって. Anayasanın 89uncu maddesi uyarınca.
keñpoozyoo 憲法上 /a./ ～の anayasal.
kèñpu 絹布 /a./ ipek kumaş.
kèñri 権利 /a./ hak, hukuk. ～を奪う hakkını ye-, hak ye-. 人のことに口を出す～がない keyfinin kâhyası olma-. ～を譲渡して devren. これは彼の～だ. Bu, onun hakkıdır. ～を放棄しません. Hukukumdan vazgeçmem.

keñricu 県立 /a./ ～の iline bağlı.
keñri hòoki 権利放棄 /a./ feragat. ～する feragat göster-.
keñrikiñ 権利金 /a./ hava parası.
keñrisyoo 権利証 /a./ 相続～ veraset ilamı.
keñri syòosyo 権利証書 /a./ 不動産の～ tapu.
kèñryoku 権力 /a./ güç, kuvvet, iktidar, kudret, salâhiyet. 絶対的～の持ち主 astığı astık, kestiği kestik.
kèñsa 検査 /a./ yoklama, sınav, denet, denetim, muayene, tahlil, kontrol, test. 税関の～ gümrük kontrolü (muayenesi). 血液～ kan tahlili. ～する denetle-, yokla-. ～される denetlen-. ～を受ける muayeneden geç-.
keñsacùkañ 検察官 /a./ savcı. ～の職 savcılık.
keñsacùkyoku 検察局 /a./ savcılık.
keñsàiñ 検査員 /a./ arayıcı. 文書～ mümeyyiz.
keñsàkañ 検査官 /a./ müfettiş.
keñsaku 検索 /a./ endeks.
keñsazumi 検査済み /a./ ～の revizyonlu.
keñsecu 建設 /a./ yapım, inşa, inşaat, kurma, kurgu. 橋の～ köprü inşası. ～の yapıcı. ～技師 inşaatçı. ～作業場 şantiye. ～中の建物 şantiye. ～する inşa et-, kur-. 工場を～する fabrika kur-. 製鉄工場の～が完了し，操業を開始した. Demir fabrikasının kurgusu bitti, işletmeye açıldı.
keñsecu gyòosya 建設業者 /a./ yapımcı.
keñsecu roodòosya 建設労働者 /a./ ırgat.
keñsecuteki 建設的 /a./ ～な yapıcı. ～批判 yapıcı eleştiri.
keñsei 憲政 /a./ meşrutiyet.

keñsèiki 憲政期 /a./ オスマン朝の～ meşrutiyet devri.
kèñsi 犬歯 /a./ köpek dişi. 上あごの～ göz dişi.
kèñsi 絹糸 /a./ ipek, ipek ipliği.
keñsiki 見識 /a./ bilgi.
keñsiñ 検診 /a./ hekim muayenesi.
keñsiñ 献身 /a./ feda, fedakârlık, özveri, bağlılık. ～する ada-, vakfet-. 一国の発展進歩は国民の～にかかっている. Bir ülkenin gelişip ilerleyebilmesi yurttaşlarının özverisine bağlıdır.
keñsiñteki 献身的 /a./ ～な fedakâr, özverili. ～に活動する人 fedaî.
keñsoku 検束 /a./ göz altı.
keñsoñ 謙遜 /a./ tevazu. ～な alçak gönüllü, mütevazı.
keñsoo けんそう, 喧噪 /a./ hengâme.
keñsyoo 憲章 /a./ nizamname.
keñsyoo 懸賞 /a./ ödül.
keñsyoo 肩章 /a./ omuzluk. 将校の～ apolet.
keñsyoo 検証 /a./ tasdik, teyit.
keñsyucùki 検出器 /a./ bulucu.
keñsyuu 研修 /a./ talim, terbiye.
keñtai 倦怠 /a./ gına, bıkkınlık.
keñtàikañ 倦怠感 /a./ 突然の～ kesiklik.
keñtei 検定 /a./ test. ～試験に通る test sınavını başar-.
keñtei 献呈 /a./ ithaf, takdim. ～する ithaf et-.
keñtoo 検討 /a./ inceleme, incelenme. ～する incele-, dene-, sına-. ～される görül-. この問題を今後～する. Bu maddeyi ileride inceleriz.
keñtoo 拳闘 /a./ yumruk oyunu, boks.
keñtòo 見当 /a./ tahmin. ～をつける tahmin et-.
keñtoocìgai 見当違い /a./ halt. ～をする yanlış kapı çal-.
keñuñ 絹雲 /a./ saçak bulut.
keñyaku 倹約 /a./ artırım, tasar-

ruf, tutum, idare, iktisat. ～する hesabını bil-, tasarruf et-, idareli kullan-, masrafı kıs-. ～な tutumlu. ～に重きをおく tutuma önem ver-. ～して暮らす tencerede pişirip kapağında ye-. いくらもうけても～しなければ金はたまらない。 İşten artmaz, dişten artar.
keñzai 健在 /a./ sıhhat, sağlık.
keñzañ 検算 /a./ sağlama. ～で確かめる sağlama ile kanıtla-.
keñzeñ 健全 /a./ mecal. ～な sağ, sağlıklı, selim. ～になる anadan doğmuşa dön-.
keñzi 検事 /a./ savcı. ～が被告を審問した。 Savcı sanığı sorguya çekti.
keñzicu 堅実 /a./ ～な sabit.
keñziñ 賢人 /a./ bilge.
keñzi・ru 献じる /ey./ takdim et-, sun-.
keñzi sòocyoo 検事総長 /a./ başsavcı.
keñzoo 建造 /a./ inşaat, yapım. 船の～ gemi inşaatı, gemi yapımı.
keñzòobucu 建造物 /a./ üst yapı, yapı. 固有～ beylik bina. 一群の～ site.
keñzya 賢者 /a./ bilge. ～の arif.
keñzyoo 献上 /a./ sunma.
keñzyoo 謙譲 /a./ → **keñsoñ**.
keñzyuu 拳銃 /a./ tabanca.
keori 毛織り /a./ ～の yün, yünlü. ～の大きな袋 harar. 荒い～ şayak.
keorìmono 毛織物 /a./ yün kumaş, yünlü, haraşo.
keotòsu 蹴落とす /ey./ aşağı düşür-.
keppaku 潔白 /a./ beraat. ～な arı, temiz. ～を証明する akla-. 清廉～な tertemiz. 清廉～に生きる namusuyla yaşa-. ～である。 Yemin etsem başım ağrımaz.
keppeki 潔癖 /a./ titizlik.
keppekisyoo 潔癖性 /a./ ～の人 temizlik meraklısı.
keppyoo 結氷 /a./ buz bağlama.

kera ケラ /a./ danaburnu.
kèrai 家来 /a./ maiyet, adam.
kèredo けれど /ba./ ya, ama, halbuki. …という～ derken. 何年も頑張った～まだうまくいかない。 Yıllarca çalışmakla beraber yine de başaramadı。 これで十分とおっしゃる～足りなかったら? Bu kadar yetişir, diyorsunuz, ya yetişmezse? 髪を切ったようだ～長い方が君には合っていた。 Saçlarını kesmişsin, halbuki uzun saç sana yakışıyordu.
kèredomo けれども /ba./ ama, amma, fakat. した～ ile beraber. 私に腹を立てている～、私は彼に何ひとつしたわけではない。 Bana darılmış, oysa ben ona hiç bir şey yapmış değilim.
kerì けり /a./ son, sonuç. ～がつく sonuçlan-.
kèru ける /ey./ tep-, tekme at- (vur-), tekmele-, ayağının altına al-. 石を～ taşı tep-. ～こと tekme. 殴る・～のけんか döVüş. 羊毛をけって袋に詰め込む yünleri çuvala tep-. この馬は人を～。 Bu at insanı teper.
kèsa 今朝 /a./ bu sabah. ～は雪が降ると期待していたのに雨が降った。 Bu sabah kar yağacak diye umutlandım ama yağmur yağdı.
kesare・ru 消される /ey./ silin-, söndürül-.
kesi ケシ /a./ haşhaş. ～の実 haşhaş kozası. ～には赤や白の花が咲く。 Haşhaşın kırmızı ya beyaz çiçekleri vardır.
kesigomu 消しゴム /a./ silgi, lastik. まちがいを～で消す yanlışı silgiyle sil-. 字のまちがいを～で消した。 Yazım yanlışını lastikle sildim. ～が見当たらないがきっとどこかへ落としたのだ。 Silgimi bulamıyorum, kuşkusuz bir yere düşmüştür.
kesiiñ 消印 /a./ damga. 郵便の～ posta damgası. 切手に～を押す pulu damgala-.

kesikakḕ・ru けしかける /ey./ fişek salıver-, fit ver- (sok-), fitnele-, birbirine kat-, kışkırt-, körükle-, dürtükle-, dürtüşle-. けんかを〜 kavgayı körükle-. けしかけて追わせる sal-. 猟犬をけしかけてウサギを追う taziyi tavşana sal-. この子が友達をけしかけて,けんかの元を作った. Bu çocuk arkadaşlarını kışkırtarak kavgaya neden oldu.
kḕsiki 景色 /a./ manzara, bakış, görünüş, çehre, nezaret. 〜の manzaralı. 〜のよい manzaralı. この〜は見るに値する. Bu manzara görülmeğe değer.
kesitomerarḕ・ru 消し止められる /ey./ söndürül-. 隣近所の助けで火はたちまち消し止められた. Konu komşunun yardımıyla ateşi söndürüverdiler.
kesitomḕ・ru 消し止める /ey./ söndür-. 火を〜 ateşi söndür-.
kessa 結砂 /a./ kum.
kḕssai 決済 /a./ takas. 〜する hesabını gör-, hesaplaş-.
kessaku 傑作 /a./ üstün eser, şaheser. 〜の şaheser.
kḕssañ 決算 /a./ bilanço.
kessecu 結節 /a./ boğum.
kessecùteñ 結節点 /a./ boğmak.
kessei 血清 /a./ kan suyu, serom.
kessei 結成 /a./ teşkil, oluşturma.
kesseki 欠席 /a./ gıyap, yokluk, katılmama. 〜の gıyabî. 〜で gıyaben.
kesseki 結石 /a./ taş. 動物の胃にできる〜 panzehir taşı.
kesseki sàibañ 欠席裁判 /a./ gıyabî hüküm. 〜だった. Gıyaben hüküm giydi.
kessekitòdoke 欠席届 /a./ mazeret kâğıdı.
kḕssiñ 決心 /a./ karar, azim. 〜する karar al- (ver-), kararında ol-, kafasına koy-. 障害を乗り越えること

を〜する azmet-. この問題をよくよく考えた後で〜した. Bu konuyu uzun uzun düşündükten sonra karar verdim.
kessite 決して /be./ bir türlü, asla, dünyada, kat'iyen, sakın, zinhar. 〜…ない ne gezer, hiç. 〜来ない日 (冗談) çıkmaz ayın son çarşambası. 〜うそをつくな. Sakın yalan söyleme!
kessoku 結束 /a./ dayanışma. 〜する dayanış-.
kessoñ 欠損 /a./ eksiklik.
kessòo 血相 /a./ çehre, yüz rengi, beniz. 〜を変える benzi at-.
kessuru 決する /ey./ → **kime・ru**.
kḕssya 結社 /a./ dernek kurma.
kessyoku 血色 /a./ yüz rengi. 〜がいい yüzünden kan damla-. 〜の悪い sarı, solgun.
kessyoo 決勝 /a./ final. 〜に残る finale kal-.
kessyoo 結晶 /a./ billur, billurlaşma. 〜する billurlaş-.
kessyoo 血漿 /a./ plazma.
kessyòoseñ 決勝戦 /a./ final. 〜に残る finale kal-.
kesu 消す /ey./ sil-, söndür-, dinlendir-, kapa-. 黒板を〜 tahta sil-. 火を〜 ateşi söndür-. 字を〜 yazını sil-. ラジオを〜 radyoyu kapa-. 名簿から名前を〜 defterden adını sil-. 線を引いて〜 kalem çek-, çiz-.
kesyòo 化粧 /a./ makyaj, tuvalet. 〜をする boyan-. 〜をした boyalı. 〜していない boyasız. 〜で若く見せる makyajla genç bir görünüm al-. 花嫁に〜する (俗語) yüzünü yaz-, yaz-. 花嫁に〜すること (俗語) yazıcılık. 花嫁に〜してやる女 (俗語) yazıcı kadın.
kesyoohiñ 化粧品 /a./ kozmetik.
kesyòosicu 化粧室 /a./ tuvalet.
kesyòosui 化粧水 /a./ losyon.
kesyòozumi 化粧墨 /a./ (俗語) is.

~を塗る sürmele-.
keta 桁 /*a.*/ basamak, hane. 十の~ onlar hanesi. 百の~ yüzler basamağı, yüzler hanesi, yüzler. ... ~の haneli. 5~の数 beş haneli bir sayı. 三~目 yüzler.
ketacigai 桁違い /*a.*/ dağlar kadar fark.
ketahazure 桁外れ /*a.*/ ~に olağanüstü, son derecede.
ketobasu 蹴飛ばす /*a.*/ tep-. 石を~ taşı tep-.
kettei 決定 /*a.*/ karar, tayin. 議会の~ meclis kararı. 不当な~ adaletsiz karar. ~する karar al-, kararlaştır-, belirle-, belirt-, hüküm ver-. ~される kararlaş-, belirlen-. ~した kararlı. この事を~した. Bu iş kararlaştırdık. この事はついに~された. Bu iş artık kararlaştı.
kettei roñsya 決定論者 /*a.*/ gerekirci.
ketteiteki 決定的 /*a.*/ ~な kat'î, kesin.
ketteñ 欠点 /*a.*/ kusur, yanlış, hata, noksan, gedik, leke, özür. わずかな~ eksik gedik. ~のある kusurlu, özürlü. ~のある人間 kusurlu bir insan. ~のない kusursuz. ~をさがす kusur bul-. 他人の~を並べたてる çekiştir-. 私の~を許してください. Kusurumu bağışlayın. 自分の~を他人のせいにするな. Sırça köşkte oturan başkasına (komşusuna) taş atmamalı.
kettoo 血統 /*a.*/ soy, cins, silsile. ~のいい soy. ~のいい馬 soy at. ~の正しい犬 cins köpek. 同じ~ soydaş. 同じ~の soydaş. この二頭の馬はよく似ている、同じ~から出ているから. Bu iki at birbirine çok benziyor, çünkü aynı soydan geliyorlar.
kettoo 決闘 /*a.*/ düello.
kettoocuki 血統付き /*a.*/ ~の hanedan.
kewasii 険しい /*s.*/ çetin, sarp, dik, yalman. ~岩山 sarp kayalar. ~坂 dik yokuş. つるつるして~ yalçın. 険しくなる diklen-, dikleş-.
kewatagamo ケワタガモ /*a.*/ pufla.
kezime けじめ /*a.*/ ayırma, ayırt. ~をつける ayır-, fark et-.
kezirami ケジラミ /*a.*/ kırkayak.
kezukuroi 毛繕い /*a.*/ ~をする tüy düz-.
kezume けづめ /*a.*/ pençe, mahmuz. ~のふくらみ topak.
kezurare・ru 削られる /*ey.*/ kazın-, yontul-.
kezurikuzu 削りくず /*a.*/ kazıntı.
kezuritoru 削り取る /*ey.*/ kazı-.
kezuru 削る /*ey.*/ kazı-, yont-, buda-, tıraşla-, rendele-. 鉛筆を~ kalem yont-. 板の塗料を~ tahtanın boyasını kazı-. やすりで~ eğe ile yont-. へりを~ çent-. ~こと tıraş. 削ったあと kazıntı. 鋭く削った鉛筆 çok sivri yontulmuş kurşun kalem. 木片を削ってボートを作った. Tahta parçasını yontarak bir kayık yaptı. やっと閉まるドアを父が削って直した. Zor kapanan kapıyı babam çenterek düzeltti.
ki 気 /*a.*/ iç, gönül, can, akıl, cin, zihin. (が) ~が合う uyuş-, boyu boyuna, huyu huyuna. ~がある gönlü ol-. したい~がする öyle gel-. できそうな~がする gözü kes-. 働く~がない dünden ölmüş. ~がつく ay-, uyan-, farkına var-. よく~がつく人 ince adam. ~がつかない gaflet bas-, aymaz, kör. ~がふさぐ canı sıkıl-, içi sıkıl-, içi daral-, içi kapan-. ~がふさぐような ezik. ~が晴れる içi açıl-, serinle-, oh de-. ~が晴れない bir hoşluğu ol-. ~が利く hazırcevap. ~が転倒する beyninden vurulmuşa dön-. 怒りで~が転倒する kendini kaybet-. 急に~が遠くなる fenalaş-. ~が遠くなること baygınlık. ~が遠くなるような baygın. ~が変わる niyeti boz-,

ki

bir hâl ol-. しょっちゅう〜が変わる kalıptan kalıba gir-. 〜が変わりやすい bir dalda durma-. 〜がひける mahcup ol-. 〜が立っている cinleri ayağa kalk-. 〜がすすまない eli varma-, isteksiz. 〜がすすまないままにやってしまう şeytan aldat-. 〜が短い buluttan nem kap-, yüreği dar. 〜が違う, 〜が狂う deli çık-, delir-, aklını boz-, aklını kaçır-, aklını oynat-, cin tut-, çıldır-, cinnet getir-. 〜が違った çılgın, mecnun, (隠語) kontak. 〜が違ったように çılgınca. 〜が変になる sapıt-, keçileri kaçır-, kaçır-. 月の力で〜が変になった aysar. 《に》〜にする aldır-, alın-, gocun-, gözetil-, hisse çıkar-, kulak as-, üstüne al-, üzerine al-, (口語) tın-. 〜にしない (口語) kös dinle-. 〜にするな zarar yok, sağlık olsun. 〜にかけle gözet-, vazife et-, bak-. 〜にかけmeyen kulak asma-, aldırış etme-, (隠語) sallama-. まったく〜にかけない kılı kıpırdama-. 〜にかけmeyen-meezen araya git-. 〜にとめle kulak as-, kulak tut-, kulağı … -de ol-. 〜にとmeyen o tarafı olma-, (隠語) takma-. 〜にさわる fenasına git-, zoruna git-, üstüne yor-, gönlü kal-, acı gel-, koy-, bat-, dokunaklı. 人の〜にさわる ciğerine işle-. たいへん〜にさわる içine işle-. 〜にさわるような dokunaklı, ağır. 〜にさわることを言う ağır söyle-. 〜にさわることをする zıddı ol-. 言う〜になれmeyen dili varma-, ağzı varma-. 一人で食べる〜になれmeyen boğazından geçme-. 〜にいる →
kiniiru. 《の》〜のきいた esprili, akıllıca. 〜のきいたことを言う espri yap-, nükteci, nükteden. 〜のきかmeyen sözünü bilmez. 〜の早い canı tez, içi tez. 〜のおけない içli dışlı, lâubali. 〜のおけない間柄 ahbaplık. 〜のおけない仲良し達 ahbap çavuşlar. 〜のおけmeyen おしゃべり yarenlik. 〜の向くままに

keyfince. 〜の向くままに暮らす yanla-. 〜のふさぐような ezik. 《を》〜をつける dikkat et-, bak-, gözünü aç-, sakın-. 事故に〜をつける kazadan sakın-. 〜をつけろ dikkat, sakın. 〜をつけて uğur ola! uğurlar olsun! 〜をつけ! hazır ol! 〜をつけの姿勢 esas duruş (vaziyet). 〜をつかう ihtimam et-, meraklı. 〜を晴らす iç aç-. 〜を楽にする içi rahat et-. 〜を楽に持つ kalbini ferah tut-. 〜を散らす zihnini dağıt-. 〜を引こうとする gönlünü avla- (çel-). 男の〜を引く (隠語) pas ver-. 〜を落とす meneviyatı bozul-. 〜を失う bayıl-, fenalık geçir- (gel-), kendinden geç-, kendini kaybet-. 〜をもちなおす kendine gel-. 〜をとりなおす kafası yerine gel-, kendini toparla- (topla-). 〜を悪くする kırıl-. 人の〜を悪くする darılt-. 〜をそこねる kır-. 〜をそぐ göz yıldır-. 〜を遠くさせる bayılt-. 〜を休ませるような dinlendirici. 《文》二人の兄弟はとても〜が合う. İki kardeş çok iyi uyuşuyorlar. 〜のないことはうまくいかない. Gönülsüz namaz göğe çıkmaz. うれしくて今にも〜が狂いそうだった. Sevinçten neredeyse çıldıracaktım. かわいそうに一人で笑っている, 〜がふれたのだろう. Zavallı kendi kendine gülüyor, kaçırmış galiba. 何を〜にしているのですか. Siz ne diye aldırdınız? 〜にするな. Binin yarısı beş yüz. Geç! Geç efendim! Adam sen de! Adam! 君は彼の言ったことを〜にするな. Sen onun söylediğine bakma! 〜にかかることは話さずにはいられない. Dervişin fikri ne ise, zikri de odur. この言葉がたいへん〜にさわったらしい. Bu söz ona çok koymuş. 〜をつけなさい, 落ちますよ. Dikkat et, düşeceksin. 高齢だが自分の体のことによく〜をつかっていたようだ. Çok yaşlı ama kendine iyi bakmış. 〜をしっかり持て. (口語) Kendine gel! 女は暑さで〜を失った. Kadın

kîbo

kî̀ sıcaktan fenalaştı. 私に何かで〜を悪くしているのか. Bana bir şeyden kırıldın mı?
ki 黄 /a./ sarı. → **kiiro**.
ki 木 /a./ agaç. ポプラの〜 kavak ağacı. 〜の ahşap, ağaç. 〜の橋 ahşap köprü. 〜のスプーン ağaç kaşıklar. 〜を植える ağaç dik-. 〜を切る ağaç kes-. 〜を茂らせる ağaçlandır-. 〜に登る ağaca çık-. 〜が樹液を出す ağla-. 〜の多い ağaçlık, ormanlık, 〜の茂ったところ ağaçlık. 〜にならない otsu, otsul. 〜のない土地 kellik. 〜に結んだひも ağaca bağlı ip.
kî 機 /a./ 〜に乗じる çalımına getir-.
kî 記 /a./ yazı. 思い出の〜 anı yazısı.
kî 季 /a./ mevsim. → **kisêcu**.
kî 生 /a./ saf.
-ki 期 çağ, devre, zaman, asır. 少年〜 çocukluk çağı. 青年〜 gençlik çağı. 脱穀〜 harman zamanı. 病気の第二〜 hastalığın ikinci devresi. 結核には三〜ある. Veremin üç devri vardır.
kiacu 気圧 /a./ hava basıncı.
kiacukei 気圧計 /a./ basınçölçer, barometre.
kiacu tañi 気圧単位 /a./ atmosfer.
kiai 気合 /a./ ruh hâli.
kiawasê・ru 来合せる /ey./ rast gel-.
kîba きば, 牙 /a./ fil dişi, sivri uzun diş. 象の〜 fil dişi. 〜をとぐ diş bile-. 〜を抜く dişini sök-.
kîba 騎馬 /a./ ata binme.
kibacu 奇抜 /a./ 〜な özgün, fantezi. 〜な考え fantezi.
kîbako 木箱 /a./ sandık.
kibakûzai 起爆材 /a./ patlayıcı maddeler.
kibâmu 黄ばむ /ey./ sarar-.
kibanasuzûsiro キバナスズシロ /a./ roka.
kibañ 基盤 /a./ esas, taban.

kibarasi 気晴らし /a./ eğlence, avunç. 〜の oyalayıcı. 〜をする avun-, oyalan-, takılıp kal-, takıl-. 〜に行く gez-.
kibeñ 詭弁 /a./ yanıltmaca.
kî̀bi キビ /a./ darı.
kîbiki 忌引き /a./ yas için izin alma.
kî̀bikibi きびきび /be./ 〜した faal, kıvrak, cıva gibi. 〜した体 kıvrak vücut. 〜した女 eteği belinde. 〜ふるまう çabuk davran-.
kibiñ 機敏 /a./ yordam, çeviklik, çabukluk. 〜な atik, atik atik, çevik, tetik, çivi gibi. 〜な行動 çeviklik. 〜になる çevikleş-. 敵に対し常に〜に動くことが必要だ. Düşman karşısında her zaman tetikte olmak gerekir.
kibisiî 厳しい /s./ keskin, sert, şiddetli, fazla ciddî, acı, haşin, katı, sıkı, çekişmeli, yavuz, yeğin, zorlu, ağır. 〜気候 sert hava. 〜寒さ acı soğuk. 〜冬 kış kıyamet. 〜人 zehir hafiye, sert kimse. 〜先生 sert öğretmen. 〜言葉 acı söz, ağır sözler. 〜批判 şiddetli tenkit. とても〜 zehir zıkkım. 寒さが〜 zehir gibi. 〜ことを言う ağır söyle-, sok-. 追いつ追われつの〜陸上競技 çekişmeli atletizm yarışmaları. 厳しく şiddetle, dik dik. 厳しくする dizginini kıs-. 厳しくなる sertleş-, pekiş-. 厳しく当る acı gel-. 外は〜寒さだ. Dışarda keskin bir soğuk var. 今年は〜冬を過ごした. Bu yıl zorlu bir kış geçirdik. 天気が昨日より厳しくなった. Hava düne göre sertleşti.
kibisisa 厳しさ /a./ keskinlik, sertlik, şiddet, ciddîlik, ciddiyet, hüküm. 冬の〜が通り過ぎた. Kışın hükmü geçti.
kibisu きびす /a./ topuk. → **kakato**. 〜を返す dön-.
kîbo 規模 /a./ ebat, derece, ölçek, ölçü, çap.

kiboo 希望 /a./ istek, arzu, umut, ümit. 〜する iste-, um-, istekli. 〜を抱かせる umutlandır-. 〜を与える ümit bırak- (serp-). 〜が生まれる ümit uyan-. 聴衆の〜に応じて dinleyicinin isteği üzerine. 一戸建てを御〜ですか, それともアパートを. Ev mi istersiniz, apartman mı? みんなの〜は将来役に立つ人になることだ. Hepimizin umudu ileride yararlı birer kişi olmaktır.
kibōosya 希望者 /a./ 〜がなかった. İstekli çıkmadı.
kibori 木彫り /a./ oyma.
kibu 基部 /a./ baz.
kibucu 器物 /a./ eşya.
kibuñ 気分 /a./ keyif, duygu, ruh durumu, mizaç, hava. 〜がいい keyifli, keyfi yerinde. 〜がよくなる keyiflen-. 〜が楽になる ferahla-. 〜が悪い fena ol-, rahatsız. 〜がすぐれない keyfi kaç-, keyifsiz. 〜がすぐれないこと kırıklık. 〜を害する kırıl-. 人の〜に合わせる huyuna suyuna git-. なんとなく変な〜になる bir hoş ol-. 今日は〜がよくない. Bu gün keyfim yok. どうして寝ているの, 〜が悪いの? Neden yatıyor, rahatsız mı? 今日はちょっと〜がすぐれない. Bu gün biraz kırıklığım var.
kibuñ teñkañ 気分転換 /a./ 〜になる oyalayıcı.
kiccyoo 吉兆 /a./ uğur.
kici 基地 /a./ üs, temel, esas. 海軍〜 deniz üssü. 〜とする üslen-.
kici 機知 /a./ espri, akıl, us. 〜に富んだ esprili.
kici 吉 /a./ uğur.
kici 既知 /a./ bilinen.
kicigai 気違い /a./ deli, budala. 〜の deli, kuduruk. 〜のように deli (deliler) gibi, delice. ひどい〜 kızıl deli. 〜になる delir-. 〜にする deli et-. 〜扱いされる adı deliye çık-. §〜に刃物 delinin eline değnek ver-.

kicigaizimi・ru 気違いじみる /ey./ 気違いじみた çılgın, sapık, (口語) zirzop. 気違いじみた行為 çılgınlık.
kiciñto きちんと /be./ tam (tamı) tamına, dikkatlice. 〜した derli toplu, düzgün, kıvrak, mazbut, muntazam, temiz, mum gibi. 〜した字 düzgün bir yazı. 〜した部屋 mazbut bir oda. 〜した話し方 rabıtalı konuşma. 〜した正しい仕事 temiz iş. 身なりの〜した kılıklı kıyafetli. 〜していない babayani. 〜する temizle-, (口語) hizaya gel-. 〜させる çeki düzen ver-. 〜やる titizlen-. 〜話す derli toplu konuş-. 〜服を着る temiz giyin-. 〜整とんしていること çeki düzen. 〜早く仕事をする人 makine gibi adam. 身なりが少しも〜していない. Kılığına hiç çeki düzen vermiyor.
kicubusu 着つぶす /ey./ eskit-.
kicūcuki キツツキ /a./ ağaçkakan.
kicueñ 喫煙 /a./ sigara içme. 〜してもいいか. Sigaraya müsaade var mı? Sigara içilir mi?
kicueñsicu 喫煙室 /a./ sigara içme salonu.
kicūi きつい /s./ dar, sıkı; sert, kırıcı. 〜服 dar elbise. とても〜 sımsıkı. きつくなる daral-, darlaş-, düdük gibi ol-; yoğunlaş-. 服がきつくなる giysi daral-. きつくする daral-, darlaştır-. 〜たばこ sert sigara. 〜ことを言う ağzını aç-, arı gibi sok-. きつく叱る bombardıman et-, haşla-. ズボンを洗ったらきつくなった. Pantolon yıkanınca düdük gibi oldu. 仕事が近頃きつくなった. İşlerimiz son günlerde yoğunlaştı. 先生は宿題をしなかった者をきつく叱った. Öğretmen ödevini yapmayanları haşladı.
kicuke 気付け /a./ 〜薬 diriltici ilaç.
kicuke 着付け /a./ dekor. きれいに〜した女 çiçek gibi.
kicumoñ 詰問 /a./ 〜する hesap sor-, çek-.

kicune キツネ /a./ tilki. 〜の毛皮 tilki. 〜の足の部分で作った毛皮 badem kürk. ずる賢い〜 kurunaz tilki. 小屋に入った〜はにわとりにとびかかった. Kümese giren tilki tavuklara çullandı.
kicuneiro キツネ色 /a./ tilki rengi. 〜にこげる pembeleş-.
kicunezàru キツネザル /a./ maki.
kicuoñ 吃音 /a./ kekeleme. → **dòmori**.
kicusa きつさ /a./ darlık.
kicyaku 帰着 /a./ varma. 〜する neticelen-.
kicyoo 貴重 /a./ 〜な kıymetli, değerli, nadide, varlıklı, ağır. 〜な贈り物 ağır hediyeler.
kicyoo 機長 /a./ kaptan pilot.
kicyoohiñ 貴重品 /a./ değerli şey.
kicyoohiñbako 貴重品箱 /a./ çekmece.
kicyoomèñ きちょうめん /a./ 〜な dakik, özenli, çöp atlamaz, saat gibi. 〜な主婦 titiz bir ev hanımı.
kicyuu 忌中 /a./ yas içinde.
kidate 気立て /a./ meşrep, huy. 〜のいい iyi kalpli. 〜のよくない huysuz.
kidoo 軌道 /a./ ray, mahrek, yörünge, hat. 〜に乗る raya (rayına) gir-, yörüngesine otur-. 〜に乗せる rayına oturt-. 〜をはずれる raydan (rayından) çık-. 困難を切り抜けて〜に乗せる deveyi düze çıkar-. 地球は太陽のまわりの〜を365日で一周する. Dünya, güneşin çevresindeki yörüngesini 365 günde tamamlar.
kidori 気取り /a./ naz. …〜の人 taslak. 詩人〜になる şairlik tasla-.
kidoru 気取る /ey./ naza çek-, süzül-, kesil-. 英雄を〜 kahraman kesil-. お嫁さんのように気取っている. Gelin gibi süzülüyor.
kiekakàru 消えかかる /ey./ körel-. 消えかかった sönük.
kie·ru 消える /ey./ sön-, ortadan kalk-, yit-, izi silin-, gömül-. 火が〜 ateş sön-, karar-, kül bağla-. 消えた sönük, yitik, silik, ölü. 消えた字 silik yazı. 火が消えたようになる ımızgan-. 火が消えた. Ateş söndü. 門の外に漏れる黄色い光が突然消えた. Kapıdan dışarı süzülen sarı ışık birden yitti. 暗やみに消えた. Karanlıklara gömüldü.
kieusè·ru 消えうせる /ey./ uçup git-. 私達の金が消えうせた. Bizim para kaynadı.
kìga 飢餓 /a./ açlık. → **uè**.
kigaè·ru 着替える /ey./ üstünü değiş-. 室内着に〜 soyunup dökün-.
kìgai 危害 /a./ zarar.
kigàkari 気懸かり /a./ üzgünlük, üzüntü, endişe, kuruntu, merak. 〜な endişeli, mahzun, meraklı, vesveseli. 〜である meraklan-. たいへん〜である etekleri tutuş-.
kìgaku 器楽 /a./ çalgı.
kigakuka 器楽家 /a./ çalgıcı.
kigàmae 気構え /a./ niyet, hazırlık.
kigane 気兼ね /a./ 〜する sıkıl-, çekin-.
kìgañ 祈願 /a./ dua, salavat, hacet, adak. 〜する dua et-, ada-.
kigaru 気軽 /a./ 〜な geniş yürekli, neşeli, canlı.
kìgeki 喜劇 /a./ komedi, komedya, güldürü.
kigeki yàkusya 喜劇役者 /a./ komedyen, komik.
kigeñ 機嫌 /a./ keyif, ruh durumu, hâl. 〜がいい keyfi yerinde, neşesi yerinde, maşallahı var. 〜が悪い sol tarafından kalkmış. とても〜が悪い burnundan düşen bin parça ol-. 〜を取る göze gir-, nabzına gir-, yaltakla-, yaran-, borusunu çal-, yaltak. 〜を取ろうとして hatır için. 〜をうかがう hatır sor-, keyif sor-. 〜をそこなう huzurunu kaçır-. 〜をこねることができない hatırında

çıkama-. 彼は〜がいい. Onun keyfi yerinde.
kigeñ 期限 /a./ dönem, süre, müddet, mühlet, vade. 〜が来る vadesi gel- (yet-), dol-. 〜のない vadesiz. 〜が切れそう vakit dolmak üzere.
kigeñ 起源 /a./ asıl, kaynak, kök, köken, menşe. 文字の〜は絵である. Yazının kökeni resimdir.
kigeñ 紀元 /a./ milât.
kigeñgo 紀元後 /a./ İsa'dan sonra (İS), milâttan sonra (M.S.).
kigeñtori 機嫌取り /a./ yaranış, yaranma.
kigeñzeñ 紀元前 /a./ İsa'dan önce (İÖ), milâttan önce (M.Ö.).
kigi 木々 /a./ ağaçlar. 〜が芽吹く. Ağaçlar filizlenir. 春が来て〜に花が咲いた. Bahar gelince ağaçlar çiçeklendi.
kigo 基語 /a./ ana dil.
kigokoro 気心 /a./ meşrep, huy. 〜の知れた友人 kafa dengi. 〜の合う二人の友 meşrepleri uygun iki arkadaş. 〜が知れている. Biz kırk kişiyiz, birbirimizi biliriz.
kigoo 記号 /a./ işaret, im, rumuz, sembol, simge.
kigooka 記号化 /a./ 〜する simgele-.
kigu 器具 /a./ âlet, enstrüman. 精巧な〜 nazik bir âlet.
kigu 危惧 /a./ şüphe. → **utagai**.
kigurai 気位 /a./ 〜が高い kibirli.
kiguroo 気苦労 /a./ üzgü.
kigyoo 企業 /a./ iş yeri. 〜合同 tröst. この〜の従業員は300人だ. Bü iş yerinin personeli üç yüz kişidir.
kigyooka 企業家 /a./ müteşebbis, girişimci.
kihacu 揮発 /a./ buğulaşma.
kihacusei 揮発性 /a./ 〜の uçucu. アルコールは〜の液体だ. Alkol uçucu bir sıvıdır.
kihacùyu 揮発油 /a./ neft yağı, neft, yağ.

kihaku 気迫 /a./ can, ruh.
kihaku 希薄 /a./ incelik, azlık.
kihañ 規範 /a./ düstur, düzgü. 〜の düzgüsel.
kihañ きはん, 羈絆 /a./ → **kizuna**.
kihañteki 規範的 /a./ 〜な düzgüsel.
kihei 騎兵 /a./ atlı, süvari. よろいをつけた〜 zırhlı süvari.
kihi 忌避 /a./ çekinme, savulma, kaçamak.
kihiñ 貴賓 /a./ şeref konuğu (misafiri).
kihiñseki 貴賓席 /a./ şeref locası, şeref tribünü.
kihiñsicu 貴賓室 /a./ şeref salonu.
kihoñ 基本 /a./ esas. 〜の ana, esas, temel, aslî, asal.
kihoñkyuu 基本給 /a./ aslî maaş.
kihoñteki 基本的 /a./ 〜な temel, temelli. 〜な考え temel düşünceler. 〜に esasen. 〜には esasında.
kihoo 気泡 /a./ karınca.
kihu 寄付 /a./ bağış, hibe, iane, teberru. 宗教上の〜 vakıf. 〜の vakıf. 〜する bağışla-, hibe et-. 〜をつのる defter aç-. 地震で被災した同胞のために〜を集めている. Depremde zarar gören yurttaşlarımız için bağış toplanıyor.
kihukiñ 寄付金 /a./ iane.
kihu kòoi 寄付行為 /a./ bağış.
kihuku 起伏 /a./ engebe. 〜のある engebeli.
kihurusi 着古し /a./ eskitmiş.
kihurùsu 着古す /ey./ canını çıkar-, eskit-. 〜こと aşınma.
kihùziñ 貴婦人 /a./ hanım kadın, asil (kadın).
kii キー (İng. key) /a./ anahtarı, tuş, klavye. 発火装置の〜 kontak anahtarı. ピアノの〜を押さえる piyanonun tuşlarına bas-. タイプライターの〜をたたいた. Daktilonun tuşlarına bastım.
kiicigo キイチゴ /a./ ağaç çileği, ahu

dudu.
kiihōrudaa キーホルダー (İng. key holder) /*a.*/ anahtarlık.
kìikii キーキー /*be.*/ gacır gucur, gıcır gıcır, çığlık çığlığa. ～いう gıcır gıcır et-, gıcırda-, çığlık at- (kopar-, bas-). ～いう音 gıcırtı. はしご段 が～鳴っていた. Merdiven basamakları gıcır gıcır ediyordu.
kiikiigōe キーキー声 /*a.*/ çığlık. 海岸でカモメの～が聞かれる. Deniz kıyısında martıların çığlıkları işitilir.
kiiñ 起因 /*a.*/ neden.
kiiro 黄色 /*a.*/ sarı. ～の sarı. ～の毛のネコ sarman. 淡い～ kanarya sarısı, limon sarısı. 濃い～の kumral. 派手なピンクと～ Çingene pembesi, Çingene sarısı. ～がかった sarımsı, sarımtırak. 家の外側を～に塗らせた. Evin dışını sarıya boyattılar.
kiirōi 黄色い /*s.*/ sarı, limon gibi. ～声 keskin ses. くちばしが～ ağzı süt kok-. 黄色くなる sarar-. 日の当たるカーテンが黄色くなっている. Güneşe karşı olan perdeler sararıyor.
kiiroppōi 黄色っぽい /*s.*/ sarımsı, sarımtırak.
kiirosa 黄色さ /*a.*/ sarılık.
kìito 生糸 /*a.*/ ham ipek, floş. まゆから～を取る仕事 mancınık işi.
kìka 貴下 /*a.*/ siz.
kìka 貴家 /*a.*/ aileniz.
kìka 気化 /*a.*/ ～する buharlaş-.
kìka 帰化 /*a.*/ vatandaşlığa kabul, yerleşme.
kikàgaku 幾何学 /*a.*/ geometri. 立体～ uzay geometri.
kikagakuzyoo 幾何学上 /*a.*/ ～の geometrik.
kikài 機会 /*a.*/ fırsat, meydan, şans. ～を見つける fırsat bul-. ～を与える şans tanı-, açık kapı bırak-, fırsat ver-. ～を逸する fırsat kaçır-. ～があ

る nasip ol-. ～が来る münasebeti düş-. 復しゅうの～をうかがう diş bile-. すべての～を悪いことに利用する fırsat düşkünü.
kikài 機械 /*a.*/ makine, cihaz. 単純な～ basit bir makine. ～の makineli. ～を壊す makineyi boz-. ～のように動く makineleş-. ～で動く makineli. ～で作った物 fabrika işi. ～がゴーゴーと動いている. Makine gıldır gıldır çalışıyor.
kikàigaku 機械学 /*a.*/ mekanik. ～の mekanik.
kikai gìsi 機械技師 /*a.*/ makinist.
kikaika 機械化 /*a.*/ ～する makineleştir-. 農業を～する tarımı makineleştir-. ～される makineleş-.
kikaikoo 機械工 /*a.*/ makinist.
kikaìsicu 機械室 /*a.*/ makine dairesi.
kikai sōoci 機械装置 /*a.*/ düzenek.
kikaiteki 機械的 /*a.*/ ～な mekanik, otomatik.
kikàki 気化器 /*a.*/ karbüratör.
kikaku 企画 /*a.*/ girişim, işletme, plan, teşebbüs. 個人の～ ferdî teşebbüsler.
kikaku 規格 /*a.*/ standart, sıra. ～の standart, nizamî.
kikakuhiñ 規格品 /*a.*/ sıra malı.
kikañ 季刊 /*a.*/ üç aylık. ～雑誌 üç ayda bir çıkan dergi.
kikañ 気管 /*a.*/ soluk borusu.
kikañ 帰還 /*a.*/ dönüş.
kìkañ 期間 /*a.*/ süre, müddet, devre, dönem, esna. ～のある vadeli. ～を定めない süresiz. 見習い～ çıraklık. 開会～ oturum. 開廷～ oturum.
kìkañ 機関 /*a.*/ motor, araç, yöntem, makine, organ, örgen, örgüt. 政府～ devlet örgütü.
kìkañ 器官 /*a.*/ organ, örgen, aygıt, uzuv, üye.
kikañboo きかん坊 /*a.*/ ～の弟は学校へ行ってからおとなしくなった. Yaramaz

kardeşim okula gidince uslandı.
kikãñsi 機関士 /a./ makinist. 汽船の〜 çarkçı.
kikãñsi 気管支 /a./ bronş.
kikãñsicu 機関室 /a./ makine dairesi.
kikañsieñ 気管支炎 /a./ bronşit, göğüs ingisi, göğüs nezlesi, öksürük.
kikãñsya 機関車 /a./ lokomotif.
kikañzyuu 機関銃 /a./ makineli tüfek, mitralyöz, (古語) salkım topu.
kikare・ru 聞かれる /ey./ dinlen-, duyul-, işitil-.
kikase・ru 聞かせる /ey./ dinlet-. 言うことを〜 ensesine bin-, sözünü geçir-, sözü geç-. 言うことを〜ことができる (口語) borusu öt-. お聞かせする最初の歌は…. Size sunacağım ilk şarkı….
kikasu きかす /ey./ にらみを〜 gemini kıs-.
kikazàru 着飾る /ey./ donan-, bezen-, süslen-. 〜こと donanma. 着飾った süslü. 着飾った女 süslü bir kadın, yosma, koket. 変に着飾った人 bayram koçu gibi. お祭りで子どもたちは〜. Bayramda çocuklar donanır.
kikecu 帰結 /a./ son, sonuç.
kikei 奇形 /a./ ucube.
kikeñ 危険 /a./ tehlike, risk, riziko. 〜な tehlikeli, maceralı, vahim, korkulu, kritik, karanlık, ağır. 〜な所 girdap. 〜な乗り物 ecel beşiği. 最も〜な topun ağzında. 〜のない tehlikesiz. 〜地帯 tehlikeli arazi. 〜に身を投じる tehlikeye atıl-. 〜に身をさらす göze al-. 〜を乗り切る tehlikeyi atlat-. 〜を取り除く tehlike atlat-. 〜をおかす yelten-. 〜を恐れない gözünü daldan budaktan (çöpten) esirgeme- (sakınma-). 〜を承知で取り組む canını dişine tak- (al-). 急に

〜なことが起こる patla-. 〜な所から助け出して狭い所にかくまう canını dar at-. マッチ遊びは〜だ. Kibrikle oynamanın tehlikesi vardır. 〜な仕事に気をつけてください. Korkulu işlerden çekininiz. 小さな〜を恐れていては目的を達することはできない. Serçeden korkan darı ekmez. 〜は去った. Atladı gitti genç Osman.
kikeñ 棄権 /a./ feragat, terk, vazgeçme. 〜する çekimser kal-, oy verme-. 〜した çekimser. 決議は3票の〜に対し50票で承認された. Karar üç çekimser oya karşı elli oyla kabul edildi.
kikeñhyoo 棄権票 /a./ yeşil oy.
kike・ru きける /ey./ 口が〜ようになる dillen-. やっと口が〜ようになる dili çözül-. 口がきけなくなる dili tutul-. 恐怖で口がきけなくなる dilini yut-.
kìki 危機 /a./ kriz, bunalım, buhran, ana baba günü. 財政の〜 malî kriz. 政府の〜 hükümet buhranı. 〜にある kriz geçir-. 重病人が〜を脱する kefeni yırt-.
kìki 機器 /a./ âlet, makine.
kikiayamàru 聞き誤る /ey./ yanlış işit-.
kikicigai 聞き違い /a./ yanlış işitme.
kikicukè・ru 聞きつける /ey./ kulağına çalın- (gel-).
kikicutae 聞き伝え /a./ kulaktan duymuş.
kikidàsu 聞き出す /ey./ ağız ara-, ağız yokla-.
kikigurusìi 聞き苦しい /s./ çirkin, kulağa hoş gelmeyen. 〜声 çirkin bir ses.
kìki ippacu 危機一髪 /a./ 〜のところで助かる. Kıl kaldı kurtarılır.
kikiirè・ru 聞き入れる /ey./ kabul et-. 忠告を〜 söz dinle-.
kikiìru 聞き入る /ey./ kulak kesil-.
kikikata 聞き方 /a./ dinleyiş, din-

leyen.
kikikazi·ru 聞きかじる /ey./ yarım yamalak işit-.
kikikomi 聞き込み /a./ soruşturma. 警官が銀行強盗の〜をしている。 Polis, banka soygunu için soruşturma yapıyor.
kikikòmu 聞き込む /ey./ soruştur-.
kikime 効き目 /a./ yarar, fayda. 〜がある para et-, değeri ol-. 〜のある bire bir, yararlı. この薬はあなたにどんな〜がありましたか。 Bu ilaç size nasıl geldi? おじいさんに薬の〜がさっぱり見えない。 Dedem ilaçların hiçbir yararını göremiyor.
kikimimi 聞き耳 /a./ 〜を立てる kulak kabart- (ver-), (口語) tın-.
kikimoràsu 聞き漏らす /ey./ dikkatsızca sözlerini işitme-.
kikinagasè·ru 聞き流せる /ey./ 冗談を〜 şakaya gel-.
kikinagàsu 聞き流す /ey./ kös dinle-. 冗談を〜 şakaya vur-.
kikinaòsu 聞き直す /ey./ tekrar sor-.
kikinikùi 聞きにくい /s./ işitmek zor.
kìkiñ 飢きん /a./ kıtlık. 水不足が続くと〜をもたらす。 Susuzluk devam ederse kıtlık getirir. あの年は〜があった。 O yıl kıtlık vardı.
kìkiñ 基金 /a./ fon.
kikìñzoku 貴金属 /a./ mücevher, ziynet. 〜を扱う囲いのあるマーケット bedesten.
kikiñzokùsyoo 貴金属商 /a./ kuyumcu. 〜の仕事 kuyumculuk.
kikioboe 聞き覚え /a./ işitmiş olan.
kikiotòsu 聞き落とす /ey./ dikkatsız işitme-.
kikisìru 聞き知る /ey./ öğren-.
kikisokonàu 聞き損う /ey./ işitmek fırsatını kaçır-.
kikitadàsu 聞きただす /ey./ sor-, soruştur-.
kikite 聞き手 /a./ dinleyici.

kikiteki 危機的 /a./ 〜な kritik.
kikitodokè·ru 聞き届ける /ey./ kabul et-.
kikitòru 聞き取る /ey./ sor- ; anla-.
kikiude 利き腕 /a./ sağ kol.
kikiwake 聞き分け /a./ anlayış. 〜のいい yumuşak başlı. 〜のいい子供 yumuşak çocuk.
kikiwakè·ru 聞き分ける /ey./ anla-.
kikiyaku 聞き役 /a./ dinleyici.
kikizurài 聞きづらい /s./ işitmek zor.
kikizute 聞き捨て /a./ 〜ならない affolunmaz, bağışlanmaz.
kikkake 切っ掛け /a./ sıra, fırsat.
kikkàri きっかり /be./ tam, eksiksiz. 5時〜に tam saat beşte.
kìkku キック(İng. kick) /a./ tekme.
kikkyoo 吉凶 /a./ mutluluk ve mutsuzluk.
kikoe·ru 聞こえる /ey./ duy-, işitil-, işit-, kulağına çarp-. 声の〜範囲 kulak erimi. 耳が聞こえない ağır duy-, ağır işit-, duvar gibi. 聞こえないふりをする kulak tıka-. 中からこそこそ話す声が聞こえてくる。 İçerden bir fısıltı geliyor. 外の騒ぎが聞こえなかった。 Dışardaki gürültüyü duymadım. 窓が閉まっていると外の騒ぎは聞こえない。 Pencereler kapalı olunca dışardaki gürültü duyulmuyor. 耳が両方とも聞こえなくなってしまった。 İki kulağı da işitmez olmuştu.
kikoku 帰国 /a./ 外相は今日〜した。 Dış işleri Bakanı bu gün yurda dönmüştür.
kikòmu 着込む /ey./ 着込んでいる arkası pek.
kikonasi 着こなし /a./ giyiniş.
kikoñ 既婚 /a./ evlilik, evli. 〜の婦人 madam, evlenmiş kadın.
kikoo 気孔 /a./ gözenek, mesame.
kikoo 気候 /a./ iklim, hava. 温帯性〜 ılıman iklim. 〜に慣れる havaya alış-. エーゲ地方は温暖な〜だ。 Ege bölgemizin ılıman bir iklimi

kikoo

vardır. アンカラの〜は彼のためによかった. Ankara'nın havası ona iyi geldi. 〜が急に寒くなったことがみんなを病気にした. Havaların birdenbire soğması herkesi hasta etti.

kikoo 機構 /a./ kurum, düzenek, mekanizma, makine, organizasyon, örgüt. ユネスコは国連の一〜である. UNESCO Birleşmiş Milletlerin bir örgütüdür.

kikoo 寄港 /a./ limana uğrama.

kikoo 紀行 /a./ seyahatname.

kikoo 寄稿 /a./ makale, yazı.

kikòoci 寄港地 /a./ 全〜に立ち寄る汽船 dilenci vapuru.

kikootai 気候帯 /a./ ilkim kuşakları, kuşak.

kikori きこり /a./ oduncu.

kiku 聞く /ey./ işit-, dinle-, duy-, sesle-, sor-. 言うことを〜 dinle-, eyvallah et-, laf dinle-, söz tut-. 言うことを聞いてもらえる dinlen-. よく言うことを〜 itaatlı, uysal. 言うことを聞かない gem alma-, dediğinden (dışarı) çık-, azgın, itaatsız. 自分の考えに取りつかれて人の言うことを聞かない başının dikine git-. 忠告を聞かない bildiğini yap-. 聞こうとしない kulağı tıkalı. 聞いたことのない yakası açılmadık. 聞いたこともない fevkalâde. 人から聞いて ağzından. 〜ところによれば rivayete göre. 聞いてくれるとうれしいが kulağı (kulakları) çınlasın. 音楽を〜 müzik dinle-. 久し振りで音楽を〜 kulaklarının pasını gider-. 久しく音楽を聴かない kulakları paslan-. 講義を〜 ders dinle-. 事件を聞きましたか. Olayı duydunuz mu? 私には小言を聞いている暇はない. Benim azar işitmeye vaktim yok. 私は〜耳を持たない. Külahıma anlat! 私の言うことを〜ならこの仕事をやめろ. Beni dinlersen, bu işten vazgeç. 私の言うことが聞いてもらえた. Sözüm dinlendi.

kiku 効く /ey./ fayda et- (ver-), etkili ol-, etki et-, iyi gel-, geç-. 薬が〜 ilaç etkili ol-. 効かない薬 kuvvetsiz ilaç. この薬は頭痛によく〜. Bu ilaç baş ağrısına çok etkilidir. 医者の与えた点滴が効いた. Doktorun verdiği damla iyi geldi. どの薬を飲んでも効かなかった. Hangi ilacı aldıysa kâr etmedi. 私の言うことが彼に〜. Benim sözüm ona geçer.

kiku 利く /ey./ 気の利いた esprili. 気の利かない人 sözünü bilmez. 機転の〜人 takt sahibi. 目が利かない (口語) gözünü çıkar-. 陰口を〜 arkadan söyle-. 口もきかない aforoz et-.

kiku キク, 菊 /a./ kasım patı. 〜を育てる kasım patılar yetiştir-.

kikugasirakòomori キクガシラコウモリ /a./ şeytan kuşu.

kikugi 木くぎ /a./ çivi, mıh.

kikuimo キクイモ, 菊芋 /a./ yer elması.

kikunigana キクニガナ /a./ güneğik, hindiba.

kikùzu 木くず /a./ çer çöp.

kikyaku 棄却 /a./ reddetme.

kikyoo キキョウ /a./ çan çiçeği.

kikyoo 帰郷 /a./ sılaya gitme.

kikyuu 気球 /a./ balon. 〜を上げる balon uçur-. 〜のおもり safra.

kimae 気前 /a./ 〜のいい cömert, eli açık, eli geniş, gani gönüllü (gönlü), vergili. 〜のよさ cömertlik.

kimagure 気まぐれ /a./ kapris, ağız kokusu. 〜な kaprisli, hercaî, kaypak, nazlı, maymun iştahlı, dakikası dakikasına uymaz, günü gününe uymaz. 〜な要求 keyif. 私は〜な願いには応じない. Ben keyfe hizmet etmem.

kimama 気まま /a./ 〜な parvasız. 〜に başına buyruk. 勝手〜に keyfî olarak.

kimari 決まり, きまり /a./ sonuç; çeki, kural. 〜がつく sonuçlan-. 〜が悪い utangaç. 〜が悪いこと bozum.

kimari mõñku 決まり文句 /a./ dilin persengi, formül, klişe.
kimaru 決まる /ey./ karar kıl-, kararlaş-. 決まった karar verilmiş. 結局この家に住むことに決まった. Sonunda bu evde oturmaya karar kıldı.
kimatte 決まって /be./ daima, her zaman.
kimãzime 生まじめ, 生真面目 /a./ ～な人 ciddî insan.
kimazũi 気まずい /s./ limonî, biraz bozuk.
kimazũsa 気まずさ /a./ ～がなくなる buzlar çözül-.
kimẽ きめ /a./ ～の荒い pürüzlü.
kimei tõohyoo 記名投票 /a./ açık oy.
kimekanẽ・ru 決めかねる /ey./ 決めかねて迷う ımızgan-.
kime komakãi きめ細かい /s./ ince.
kimekõmu 決め込む /ey./ 洞ケ峠を～. Dostlar şehit, biz gazi.
kimerare・ru 決められる /ey./ saptan-.
kime・ru 決める /ey./ karar ver-, kararlaştır-, sapta-, tayin et-, kes-, kestir-. 値を～ (俗語) adını koy-. くじ引きで～ ad çek-. 無造作に～ kesip (kestirip) at-. この仕事をしようと決めている. Bu işi yapmaya kararlıyım. その日をまだ決めていない. Gününü henüz kesmediler. 明日は何時に会うか～のを忘れるな. Yarın kaçta buluşacağımızı saptamayı unutma.
kimi 君 /a./ sen, hazret. ～の senin. ～を seni. ～へ sana. ～に sana, sende. ～と seninle. ～から senden. やあ～だったのか. Ay, sen mi idin! ～の足では村へ夕方までに着けない. Senin ayağınla köye akşama kadar varamayız. 私より～の方が悪い. Tencere dibin kara, seninki benden kara.
kimĩ 黄身 /a./ 卵の～ yumurtanın (yumurta) sarısı.
kimĩ 気味 /a./ ～の悪い tekinsiz, tekin değil. ～の悪い目 yavuz göz. いい～だと言う oh çek-. いい～だ. Oh olsun! Şeytan azapta gerek.
kimicu 機密 /a./ gizlilik.
kimĩdori 黄緑 /a./ sarımsı yeşil. 薄い～の limonî.
kimĩra 君ら /a./ siz.
kimĩtaci 君達 /a./ siz. ～のうちの誰か hanginiz.
kimizika 気短か /a./ sabırsızlık. ～な sabırsız, içi dar, ivecen, tez canlı.
kimõ 肝 /a./ ciğer. ～を冷やす buz kesil-. ～をつぶす canı ağzına gel-, hayrette kal-.
kimoci 気持ち /a./ gönül, duygu, ruh durumu, duyarlık. ～のよい babacan, can, psikolojik. ～よく hoşça, sere serpe. いい～で gel keyfim gel. ～の悪い iğrenç. ～が悪くなる iğren-. したい～になる canı iste-. 他人の～を考えない hatır gönül bilme- (sayma-, tanıma-).
kimono 着物 /a./ kimono, giyecek, giysi, giyim, elbise, esvap, üst baş üst, üzeri. ～を着る üstünü giy-, giyin-. ～を脱ぐ üstünu çıkar-. ～を汚す üstünü başını batır-. ～を泥で汚す üstünü başını çamura bula-. 古びた～ çul çaput.
kimoñ 気門 /a./ gözenek.
kimottãma 肝っ玉 /a./ yiğitlik. ～が小さい yüreksiz.
kimũsume 生娘 /a./ bakire, kız.
kimuzukasĩi 気難しい /s./ alıngan, hassas, hırçın, maraz, meymenetsiz, mızmız, müşkülpesent, ters, titiz, yabanıl, yüzü soğuk, burnundan kıl aldırmaz, çöp atlamaz. ～子供 ters bir çocuk. 気難しく振る舞う titizlen-. ジョシクンは～子で好き嫌いが激しい. Coşkun mızmız bir çocuk, her yemeği yemiyor.

kimuzukasìsa 気難しさ /a./ hırçınlık, alınganlık, mızmızlık. 私は彼の〜にもうがまんできない. Ben onun hırçınlığını artık çekemem. この〜は父親ゆずりらしい. Bu titizlik babasından geçmiş.

kìmyoo 奇妙 /a./ 〜な acaip, bambaşka, tuhaf.

kinakusâi きな臭い /s./ yanık kokulu. 〜におい yanık koku.

kìne きね /a./ tokmak, havan eli.

kineñ 記念 /a./ anı, anma, andaç, hatıra. 〜式典 anma töreni. 〜建造物 abide. 殉教者を〜する şehitleri an-.

kìneñ 祈念 /a./ dua.

kinèñbi 記念日 /a./ yıl dönümü, bayram, dönüm. 死者の〜 anma günü. トルコ共和国建国〜 Türkiye Cumhuriyetinin kuruluş yıl dönümü.

kinèñbucu 記念物 /a./ armağan.

kineñdoo 記念堂 /a./ 歴史的人物の〜 anıtkabir.

kinèñhi 記念碑 /a./ abide, anıt.

kineñhiñ 記念品 /a./ hatıra, andaç, yadigâr, armağan. 結婚する人への〜 takı.

kineñhiteki 記念碑的 /a./ 〜な anıtsal.

kinìine キニーネ(Hol. kinine) /a./ kinin.

kiniirare・ru 気に入られる /ey./ hora geç-, hoşa git-.

kiniiru 気に入る /ey./ beğen-, hoşlan-, canı sev-, gözü tut-, hazzet, ısın-, sar-, sev-, hoşuna git-, (皮肉) hoşafına git-, (俗語) zevkine git-, zevkini okşa-. とても〜 bayıl-, içine sokacağı gel-, canına değ-, hayran ol- (kal-). 海がとても〜 denize bayıl-. 気に入らない noksan bul-, tersine git-. 何事も気に入らない mızmız. その人が気に入った. Adamı beğendim. ネコどもはここがすっかり気に入った. Kediler buraya fena dadandılar. ここは私の気に入らない. Burası beni açmadı. この人の行き方は気に入りません. Bu adamın gidişini beğenmiyorum. この歌は私の気に入らない. Bu şarkı beni sarmıyor.

kinodòku 気の毒 /a./ 〜な zavallı, şanssız. 〜である acın-. 〜に思う yüreği cız et-, yüreği sızla-. お〜です. Aşk olsun.

kìnoko キノコ /a./ mantar.

kinoo 帰納 /a./ tüme varım, endüksiyon.

kìnoo 機能 /a./ işlev, fonksiyon. 〜を果たさなくなる küs-. 〜が働かない kötürüm.

kinòo 昨日 /a./ dün. 〜の dünkü. 〜の朝 dün sabah. 〜から dünden beri. つい〜のこと dün bir, bu gün iki. 〜, 今日, 明日 dün, bu gün, yarın. 〜そこで小さい衝突があった. Dün orada küçük bir çatışma oldu. イスタンブルから〜来た. İstanbul'dan dün geldi. 〜の事故を聞きましたか. Dünkü kazayı duydunuz mu?

kinoohoo 帰納法 /a./ tüme varım, endüksiyon.

kinori 気乗り /a./ 〜がしない isteksiz.

kinoriusu 気乗り薄 /a./ isteksizlik.

kìnu 絹 /a./ ipek. 〜の ipek. 〜の靴下 ipek çorap. 〜のリボン ipek şerit, kurdele. 〜のよりひも kordon. 〜のまじった ipekli. ライブチヒ産の〜 lepiska.

kinuito 絹糸 /a./ ipek, ipek ipliği. 太い〜 ibrişim, kamçı başı. 〜の ipek. 〜のレース編み oya.

kinu mòsuriñ 絹モスリン /a./ şifon. 〜の şifon.

kinuorìmono 絹織物 /a./ ipekli kumaş. 波線の入った〜 hare.

kinusei 絹製 /a./ 〜の ipekli.

kinuzure きぬ擦れ /a./ サラサラと〜の音がしている. Kumaş fışır fışır ediyor.

kinyuu 記入 /a./ kaydetme, yaz-

ma.
kiñ 金 /a./ altın, (方言) kızıl. ～の altın, altınlı. ～の指輪 altın yüzük. 本物の～ gerçek altın. ～をお金に換える altınlarını parayı çevir-.
kiñ 菌 /a./ basil, mikrop ; mantar. ～による病気 mantar hastalığı.
kiñ 筋 /a./ kas.
kiñ 禁 /a./ yasak.
kiñbeñ 勤勉 /a./ çalışkanlık, faaliyet. ～な çalışkan, faal, özenli, ateş parçası, bomba gibi. ～な生徒 çalışkan öğrenci, (隠語) inek.
kiñcyoo 緊張 /a./ gerginlik. ～する geril-. ～している sinirleri geril-. ～した gergin. ～させる ger-. 講演者はだんだん～がとけてきた。 Konuşmacı gittikçe açıldı.
kiñcyoo kàñkei 緊張関係 /a./ gergin ilişkiler.
kiñcyoo zyôotai 緊張状態 /a./ ～になる gerginleş-.
kìndai 近代 /a./ yakın çağ, son zamanlar, modern dönem.
kiñdaika 近代化 /a./ modernleştirme. ～する çağdaşlaş-.
kiñdaiteki 近代的 /a./ ～な çağcıl, modern.
kiñdañ 禁断 /a./ ～の haram, memnu. ～の木の実は甘い。 Memnu meyve tatlı olur.
kiñdòkei 金時計 /a./ altın saat.
kiñeñ 禁煙 /a./ 'Sigara içilmez'. ～する sigarayı bırak-.
kiñgaku 金額 /a./ meblağ. ～のない小切手 açık çek. ～になる baliğ ol-.
kiñgañ 近眼 /a./ miyop.
kiñgeñ 金言 /a./ öz deyiş, özlü söz, vecize.
kìñgu キング(İng. king) /a./ kral. トランプの～ dağlı, papaz.
kiñgyo 金魚 /a./ havuz balıkları. §～のふん iki ahbap çavuşları, (冗談) kuyruk.
kiñgyosoo キンギョソウ /a./ aslanağ-
zı.
Kìñgyùukyuu 金牛宮 /a./ Boğa.
kìñi 金位 /a./ ayar.
kiñiro 金色 /a./ zerrin, altın rengi.
kìñka 金貨 /a./ altın, (方言) kırmızı. ～を金庫にしまい込む altınlarını kasada sakla-. 約7グラムの～ (古語) lira.
kiñkai 金塊 /a./ altın külçesi. 10キロの～ on kiloluk bir altın külçesi.
kiñkeñ sèizi 金権政治 /a./ bey erki, plutokrasi.
kìñki 禁忌 /a./ tabu, tekinsiz. ～の tabu.
kìñko 金庫 /a./ kasa, sandık. ～にしまう kasada sakla-.
kìñko 禁固 /a./ hapsetme.
kìñkocu 筋骨 /a./ ～たくましい adalî, kaslı.
kiñkoñ 金婚 /a./ altın yıl dönümü.
kiñkòñsiki 金婚式 /a./ jübile.
kìñkoo 近郊 /a./ civar, şehrin dolaylar, yöre. 都市の～で şehrin civarında. アダナとその～では綿がたくさん作られている。 Adana ve yöresinde çok pamuk ekilir.
kìñkoo 均衡 /a./ denge, muvazene. ～させる denk getir-. ～している denk.
kiñku 禁句 /a./ tekinsiz.
kiñkyuu 緊急 /a./ ivedilik, müstaceliyet. ～の acil, müstacel.
kiñkyuusei 緊急性 /a./ aciliyet.
kiñmèkki 金めっき /a./ yaldız. ～をする yaldızla-. ～の yaldızlı. ～職人 yaldızcı. ～工芸 yaldızcılık.
kiñ mòoru 金モール /a./ kordon. 副官の～ yaver kordonu.
kìñmu 勤務 /a./ hizmet, servis. ～する çalıştırıl-, memurluk et-.
kiñmùiñ 勤務員 /a./ memur.
kiñmuku 金むく /a./ som altın.
kiñmusaki 勤務先 /a./ iş yeri. 年に4回～を変えた。 Bir yılda dört kapı değiştirdi.
kiñmu zìkañ 勤務時間 /a./ mesai

(çalışma) saatleri.
kiñniku 筋肉 /a./ kas, adale. 〜の kasıl, adaleli, adalî. 〜のけいれん kasınç.
kiñnikùsicu 筋肉質 /a./ 〜の adaleli.
kiñpacu 金髪 /a./ altın saç, sırma saç. 〜の sarışın, lepiska.
kiñpai 金牌 /a./ altın madalya.
kiñpaku 金箔 /a./ altın yaprak, yaldız, varak. 〜を張る yaldızla-, varakla-. 〜を張った yaldızlı. 〜の lame.
kiñpaku 緊迫 /a./ gerginlik. 〜する gerginleş-. 〜した gergin, hâd.
kiñpakuka 緊迫化 /a./ 国際関係が〜した. Uluslararası ilişkiler gerginleşti.
kiñpakùsi 金箔師 /a./ yaldızcı.
kiñpiñ 金品 /a./ para pul. だまして〜をとりあげる dolandır-. 〜の不足が暴露される açığı çık-.
kiñpòoge キンポウゲ /a./ altın çiçeği, altıntabak.
kiñpuñ 金粉 /a./ altın tozu, yaldız. 文字を〜で書く yazıyı yaldızla yaz-.
kiñrei 禁令 /a./ yasak.
kiñroo 勤労 /a./ iş, işçilik, emek.
kiñròosya 勤労者 /a./ işçi, emekçi.
kiñrui 菌類 /a./ mantar.
kiñryoo 禁猟 /a./ av yasağı.
Kiñsei 金星 /a./ Venüs, Çulpan, Çoban yıldızı.
kiñsei 金製 /a./ 〜の altın, altınlı, (古語) zerrin.
kiñsei 禁制 /a./ tekinsiz, yasak. 〜の haram, kaçak.
kiñsei 均斉, 均整 /a./ 〜のとれた endamlı, mütenasip.
kiñsei 近世 /a./ yeni çağ.
kiñseñ 金銭 /a./ para, nakit para. 〜で nakden. 〜を任される人 mutemet. 〜出納所 vezne.
kiñseñteki 金銭的 /a./ 〜な parasal. 〜に paraca. 〜に困る durumu

bozul-. 〜によくなる durumu düzel-.
kiñsèñyoku 金銭欲 /a./ 〜の強い para göz.
kiñseñzyoo 金銭上 /a./ 〜の nakdî, paraca, parasal.
kiñsi 禁止 /a./ yasak. 〜する yasak et-, yasakla-, menet-, engelle-. 出版を〜する kapat-. 〜される yasak ol-, yasaklan-. 〜の memnu. 新聞を発行〜にした. Gazeteyi kapatmışlar. ピストルを所持することは〜されている. Tabanca taşıma yasağı var. 通行〜. Buradan geçilmez. 無断外出〜. İzinsiz dışarı çıkılmaz.
kiñsi 近視 /a./ miyop. 〜の miyop. 〜の人 miyop.
kiñsi 金糸 /a./ sırma. 〜で飾る telle-. 〜で飾った telli. 〜で飾った花嫁 telli gelin. 〜の入ったハンカチ çevre.
kiñsiñ 謹慎 /a./ izinsiz. 〜を命ずる izinsiz ver-.
kiñsiñcyuu 謹慎中 /a./ 〜の学生 izinsiz.
kiñsiori 金糸織り /a./ 〜の lame.
kiñsu 金子 /a./ para.
kiñsyoo 僅少 /a./ çok az.
kiñsyu 禁酒 /a./ içki yasağı.
Kiñtoo 近東 /a./ Yakın Doğu.
kiñtoo 均等 /a./ eşitlik.
kiñyoku 禁欲 /a./ imsak. 一部〜する nefsini körlet-.
kiñyòo 金曜 /a./ cuma.
kiñyòobi 金曜日 /a./ cuma.
kiñyuu 金融 /a./ sarraflık.
kiñyuu gyòosya 金融業者 /a./ sarraf.
kiñzi 近似 /a./ 〜する yaklaş-.
kiñzìci 近似値 /a./ yaklaşık değer.
kiñzirarè・ru 禁じられる /ey./ yasak ol-, yasaklan-. 禁じられた memnu, yasak. 宗教上禁じられていない mubah. この道を通ることは禁じられている. Bu yoldan geçmek yasak.
kiñzi・ru 禁じる /ey./ yasakla-, engelle-. 使用を〜 haram et-. 母は

冷たい水を飲むことを禁じた． Annem soğuk su içmemi engelledi.
kiǹzoku 金属 /a./ maden, metal. 〜の madenî, madensel. 〜のような madensi.
kiñzokubañ 金属板 /a./ plak. 小さい〜 plaket. 身分を書いた〜 künye.
kiñzokuheñ 金属片 /a./ pul. 〜で飾る pulla-. 宝石の下に敷く〜 foya.
kiñzokusei 金属性 /a./ 〜の metalik.
kiñzokusei 金属製 /a./ 〜の maden, metal.
kiǹzuru 禁ずる /ey./ yasakla-.
kiǹzyo 近所 /a./ yakın çevre, civar. 〜の人 komşu. 家を持つ時は〜の人のことも考えろ. Ev alma, komşu al.
kiǹzyozùkiai 近所づきあい /a./ komşuluk. 〜をする komşuluk et-(yap-). 〜のあいさつ komşu hatırı. この地区ではそれほど〜はない. Bu mahallede o kadar komşuluk yok.
kiòi 気負い /a./ coşku.
kioku 記憶 /a./ hatırlama, hatır, anı, akıl, bellek, fikir, hafıza, zapt, zihin. 〜する hatırda tut-, hatırla-, fikirde tut-, belle-. 〜にとどめる balmumu yapıştır-. しっかり〜しておく zihnine yerleştir-. 〜される hatırda kal-. 〜に残る hatırda kal-. その名は私の〜にない. Adı aklımda kalmadı. 住所を書かずに〜していた. Adresi yazmadan zihnimde tuttum.
kiokure 気後れ /a./ 〜する sıkıl-. 〜して言えなかった. Sıkıldım da söyleyemedim.
kiokùryoku 記憶力 /a./ hafıza.
kioku sòosicu 記憶喪失 /a./ bellek yitimi.
kioñ 気温 /a./ ısı derecesi, sıcaklık, havanın ısısı.
kioñ kyòkuseñ 気温曲線 /a./ sıcaklık eğrisi.
kippàri きっぱり /be./ 〜した kesin. 〜やめる başından kes-. 〜と解決する

kesip (kestirip) at-.
kippoo 吉報 /a./ muştu, müjde. 〜の使者 müjdeci. 〜を知らせる muştula-, müjdele-. 父から手紙が来たという〜を母に知らせた. Babamdan mektup geldiği müjdesini anneme verdim.
kippu 切符 /a./ bilet. 汽車の〜 tren bileti. 〜を切る bilet kes-. 〜が売り切れる bilet bit-. 〜を売る人 biletçi. 〜を持っているか. Biletin yanında mı?
kippu ùriba 切符売り場 /a./ gişe.
Kipucyakkùzoku キプチャック族 /a./ Kıpçak.
Kìpurosu キプロス /a./ Kıbrıs.
Kipurosùziñ キプロス人 /a./ Kıbrıslı.
kirabìyaka きらびやか /a./ cafcaf. 〜な cicili bicili, şatafatlı, yosma. 〜なこと şatafat.
kirai 嫌い /a./ 〜である tiksin-. ハエとネズミが〜だ sinekten ve fareden tiksin-.
kirai 機雷 /a./ mayın, torpil. 〜を敷設する mayınla-, torpille-. 〜敷設地域 mayın tarlası. 〜のある海 bulaşık deniz.
kìrakira キラキラ /be./ ışıl ışıl, şıkır şıkır, çıldır çıldır. 〜した ışıldak. 〜した波状紋 hare. 〜した目で見る çıldır çıldır bak-. 〜と波打つ harelen-. 〜光る ışılda-, şıkırda-. 〜と輝く çıldır çıldır yan-. 今夜は大空が〜と星でいっぱいだ. Bu gece gökyüzü pırıl pırıl yıldızlarda dolu.
kiraku 気楽 /a./ erinş, rahat, rahatlık. 〜な rahat, ferah, gafil, geniş gönüllü. 〜な場を失う（口語）rahat bat-. 〜に rahatlıkla, serbestçe. 〜になった müsterih. 〜さ gaflet, hafiflik.
kirameki きらめき /a./ ışıltı.
kiramèku きらめく /ey./ ışılda-. 星が〜. Yıldızlar ışıldar.
kirarè·ru 切られる /ey./ kesil-. 切られた kesik. 〜ように痛む doğran-. 私の

kirasē·ru

足が〜ように痛い. Bacaklarım doğranıyor.
kirasē·ru 切らせる /ey./ kestir-.
kirau 嫌う /ey./ nefret et-, tiksin-, tiksinti duy-, iğren-, yer-. 〜こと tiksinti. ひどく〜 öğüreceği gel-. 嫌って唇をそらす dudak bük-.
kiraware·ru 嫌われる /ey./ 〜ような menfur.
kirē 切れ /a./ keskinlik. 〜が悪い kör. 病気後頭の〜が鈍った. Hastalıktan sonra zekâsı körleşti.
kirēazi 切れ味 /a./ keskinlik. 〜がいい keskin. 〜の悪い kör. 〜の悪いナイフ kör bıçak.
kirecu きれつ /a./ çatlak, yarık. 〜が生じる çatla-.
kirehasi 切れ端 /a./ parça, kumaş artığı, kırpıntı, kırıntı, yonga. 布の〜 kumaş artığı. 引き裂かれた手紙の〜を集めて読んだ. Yırtılan mektubun parçalarını birleştirip okudum.
kìrei きれい, 奇麗 /a./ güzellik. 〜な güzel, temiz, duru, kılıklı, pak, şeker, akız gibi. 〜な花 güzel bir çiçek. 〜な空気 temiz hava. 〜な水 duru su. とても〜な canım. 〜なままの bakir. 小さくて〜な建物 kuş kafesi gibi. 〜で新しい (隠語) kız gibi. 〜な話し方をする ağzından bal ak-. 〜な会話をする inci saç-. 〜にする temizle-, pakla-, ağart-, arıt-. 身なりを〜にする çulu düz- (düzelt-). 〜になる güzelleş-, temizlen-, aklan-. 書類を〜にコピーする yazıyı temize çek-. 〜に着付けした女 çiçek gibi. やあなんと〜. A, ne güzel! 部屋が新しく書いた絵で〜になった. Odam yeni yaptığım resimle güzelleşti.
kireisa きれいさ /a./ temizlik.
kireizuki きれい好き /a./ 異常に〜の titiz. たいへん〜の人 art eteğinde namaz kıl.
kiremē 切れ目 /a./ 〜のない mütemadi, aralıksız.

kiremono 切れ者 /a./ (口語) köpoğlu. あの人がどんなに〜かご存知ないのです. O ne köpoğludur, bilmezsiniz.
kirē·ru 切れる /ey./ kop-, kesil-. ぶっつり〜 kop-. よく〜 keskin. よく〜ナイフ keskin çakı. 切れた kopuk 切れないナイフ kör bıçak, küt bıçak. 切れなくなる körel-, körleş-. ナイフが切れなくなる bıçak körel- (körleş-). 切れなくする körlet-. 期限が切れそう vakit dolmak üzere. 物干しの綱が切れた. Çamaşır teli koptu. 電話がガチャンと切れた. Telefon çat dedi kapandı.
kirezi 切れ地 /a./ kumaş.
kiri 霧 /a./ sis. 〜がたちこめる sis çök-. 〜がかかる duman al-. 〜のかかった sisli. 〜につつまれた dumanlı. 山は〜につつまれた. Dağ sise büründü. 〜が出はじめる. Duman bürüyor.
kìri 錐 /a./ burgu, delgi, maktap, tığ, zımba. 〜で穴をあける burgula-, zımba ile del-, zımbala-. 〜であけた穴 zımba.
kirì 切り /a./ 数えれば〜がない saymakla bitme-.
kiriagē·ru 切り上げる /ey./ bitir-.
kiriai 切り合い /a./ 〜をする bıçak bıçağa gel-.
kiriàu 切り合う /ey./ kesiş-.
kiricu 規律 /a./ düzen, disiplin, intizam, düzen bağı, düzence, inzibat. 〜ある disiplinli.
kiricu 起立 /a./ kalkma.
kiricukē·ru 切り付ける /ey./ bıçakla-. ナイフで〜 bıçak at-. 刀を抜いて〜 pala çek-.
kiricumē·ru 切り詰める /ey./ 経費を〜 iktisat et- (yap-). 出費を〜 masrafı kıs-. 短く〜 kısa tut-. 食べ物を切り詰めて金を貯める boğazından artır-, dişten artır-, gırtlağından kes-. 衣食を切り詰めて金を貯める dişinden tırnağından artır-.
kiridasi nàihu 切り出しナイフ /a./

keski.
kiridasu 切り出す /ey./ 石を〜人 taşçı.
kiridoosi 切り通し /a./ yarma. 鉄道は多くの〜を通る. Demir yolu birçok yarmalardan geçer.
kirihanasu 切り離す /ey./ kopar-.
kirihiraku 切り開く /ey./ yar-. 新しい方法を〜 çığır aç-. 切り開いた道 yarma.
kirihuda 切り札 /a./ koz. 〜を使う koz kır-, kozunu oyna-. 〜をめくる el aç-. 最後の〜を出す son kozunu oyna-. 敵に〜を残してはならない. Hasmın elinde hiç bir koz bırakmamalı.
kirikabu 切り株 /a./ kütük.
kirikiri キリキリ /be./ çatır çatır. 警官が犯人を〜しゃべらせた. Polis suçluyu çatır çatır söyletti.
kirikizamare・ru 切り刻まれる /ey./ doğran-.
kirikizamu 切り刻む /ey./ doğra-. 板を〜 tahtayı doğra-.
kirikizu 切り傷 /a./ (bıçak, cam) yarası.
kiriko 切り粉 /a./ çapak.
kirikomi 切り込み /a./ kertik. 小さい〜 çentik. 〜のある çentik, kertik. 〜の深い葉 oymalı yaprak.
kirikorosu 切り殺す /ey./ kılıçla öldür-.
kirikuci 切り口 /a./ kertik.
kirikuzu 切りくず /a./ yonga. 木の〜 ağaç yongası. 金属の〜 çapak.
kirimakuru 切りまくる /ey./ kılıçtan geçir-.
kirimori 切り盛り /a./ 〜のじょうずな evcimen.
kirinuke・ru 切り抜ける /ey./ çaresine bak-, sök-. 困難を〜 düzlüğe (düze) çık-. 困難をうまく〜 kedi gibi dört ayak üstüne düş-. 困難を切り抜けて軌道に乗せる deveyi düze çıkar-. 難事を切り抜けた人

gemisini kurtaran kaptan. この仕事をうまく切り抜けなければならない. Bu işin çaresine bakmalı.
kirinuki 切り抜き /a./ kesik, kupür.
kirinuku 切り抜く /ey./ kes-. 新聞を〜 gazeteden kes-.
kiriñ キリン /a./ zürafa.
kiriotosu 切り落とす /ey./ uçur-, kopar-. 端を〜 çırp-. 枝を〜 buda-. 切り落とした枝 kesik dallar. 銃弾が耳を切り落とした. Kurşun, kulağını uçurmuş.
kirisaku 切り裂く /ey./ kesip yar-.
kirisame 霧雨 /a./ çisenti, serpinti.
Kirisuto キリスト /a./ İsa. 〜の誕生 milat.
Kirisuto kigeñ キリスト紀元 /a./ milât. 〜の milâdî.
Kirisutokyoo キリスト教 /a./ Hıristiyanlık, hıristiyan dini. 〜の Hıristiyan. 〜の信者 Hıristiyan. 〜の牧師 papaz. 未婚の〜の女 matmazel. 〜の祭日 yortu. 〜世界 Hıristiyan âlemi, Hıristiyanlık.
Kirisuto kyookai キリスト教会 /a./ kilise. 〜の鐘 kilise çanı.
Kirisuto kyooto キリスト教徒 /a./ Hıristiyan, kâfir, (卑語) gâvur. 〜になる gâvur ol-. 〜の年取った女 kokana.
Kirisutoreki キリスト暦 /a./ milâdî tarih.
kiritacu 切り立つ /ey./ dikil-. 切り立った dik. 切り立った壁 dik duvar. 切り立った岩山 yalçın kayalar. まっすぐ切り立った yalman.
kiritaosu 切り倒す /ey./ kesip devir-. 木を〜 ağacı devir-.
kiritoru 切り取る /ey./ dilimle-, kes-, kopar-, uçur-. 根元から〜 dibinden buda-. 切り取った枝先 çırpı.
kiriwake・ru 切り分ける /ey./ dilim et-, dilimle-, dil-. スイカを〜 karpuzu dil-. 母は焼いたミートパイを切り分けて皿

に並べた. Annem pişirdiği böreği parçalayarak tabağa dizdi.

kiro キロ (Fr. kilo) /a./ kilo, kilogram, kilometre. 砂糖2〜 iki kilo şeker. このつぼには蜂蜜が10〜入る. Bu küp on kilo bal alır. この料理には半〜の油がいる. Bu yemeğe yarım kilo yağ gider. 粉袋は何〜あったのか. Un çuvalları kaç kilo çekmiş? 何〜の包みにしましょうか. Kaçlık paket istersiniz? 1〜いくら. Kilosu kaça?

kirogùramu キログラム (Fr. kilogramme) /a./ kilogram, kg., kilo. 100キログラム, 100kg kental. 重さの単位は〜です. Ağırlık birimi kilodur.

kiroku 記録 /a./ kayıt, belge, zapt, rekor. 〜する kaydet-, kayda geçir-, hesap tut-, yaz-, zaptet-. 割り符に線を引いて〜する çetele çek-. 〜される kaydedil-. 〜された kayıtlı. 〜を消す kaydını sil-, kayıttan düş-. 簡単な〜 memorandum. 〜を破る rekoru kır-.

kiroku eiga 記録映画 /a./ belge filmi, belgesel film. 〜を作る人 belgeci.

kiroku hozisya 記録保持者 /a./ rekortmen.

kiromèetoru キロメートル (Fr. kilomètre) /a./ kilometre, km..

kirôtoñ キロトン (Fr. kiloton) /a./ kiloton. 20〜の威力のある原子爆弾 yirmi kiloton gücündeki atom bombası.

kirowàtto キロワット (İng. kilowatt) /a./ kilovat, kw.. 一馬力は0.736〜に等しい. Bir beygir gücü 0.736 kilovata eşittir.

ki·ru 着る /ey./ giy-, giyin-, sırtına al-, taşı-. 服を 〜 giyin-. シャツを〜 gömleğini giy-. マントを〜 mantosunu giy-. 〜物 giyecek, (口語) çul. 下に〜物 içlik. 着る sırtında. 暖かい服を着ている sırtı pek. 毎日違った服を〜. Hergün değişik elbiseler giyer.

kìru 切る /ey./ kes-, kopar-. 髪を〜 saçları kırp-. 木を〜 ağacı kes-. 枝を〜 buda-. 木の枝を〜 ağacın dallarını çırp-. 綱を〜 halat kopar-. 切符を〜 bilet kes-. 人を〜 birini bıçakla-. 薄く〜 dilim et-, dil-. パンを薄く〜 ekmeği dilimle-. 首を切って殺す boğazla-. ぶっつり〜 kopar-. トランプのカードを〜 iskambil kâğıtları kar-. 肩で風を〜 burnunun yeli harman savur-. 〜こと kesim. 〜人 kesici. 〜道具 kesici. 切って中身を見てから kesmece. ナイフで手を切った. Bıçak elimi kesti. サラダを作るとき手を切った. Salata yaparken elim kesildi. スイカを切って見せてくれるなら買います. Karpuzu kesmece verirlerse alırız. 風が肌を〜ように顔に当たる. Rüzğâr yüzümü kesiyor.

Kirugisugo キルギス語 /a./ Kırgızca.

Kirugisùziñ キルギル人 /a./ Kırgız.

Kirugisùzoku キルギス族 /a./ Kırgız.

kìrutiñgu キルティング (İng. quilting) /a./ hırka, kapitone. 〜の kapitone.

kiryoku 気力 /a./ ruh, can. 〜が回復 canı yerine gel-. 〜を失う kötürüm ol- (kal-). 〜のない ruhsuz. この人にはまったく〜がない. Bu adamda hiç ruh yok.

kìryoo 器量 /a./ iktidar, yetenek ; güzellik.

kiryðoyosi 器量よし /a./ letafet.

kisàki きさき, 后, 妃 /a./ hatun.

kisaku 気さく /a./ 〜な男 babacan. 〜な娘 açık (saçık) kız. 〜に話す ahbaplık et-.

kisaragi 如月 /a./ eski şubat.

kisècu 季節 /a./ mevsim, sezon. 雨の〜 yağmur mevsimi. 狩りの〜 av sezonu. 〜の mevsimlik.

kisecu hàzure 季節はずれ /a./ 〜の mevsimsiz. 〜の果物 vakitsiz meyve.

kisecu roodōosya 季節労働者 /a./ mevsimlik işçi.
kisecuteki 季節的 /a./ 〜な mevsimlik.
kisei 既製 /a./ 〜の hazır. 〜の洋服 hazır elbise.
kisei 既成 /a./ 〜の事実 oldu bitti.
kisei 寄生 /a./ asalaklık, parazitlik.
kisei 規制 /a./ nizam.
kiseicyuu 寄生虫 /a./ asalak, parazit, konuk. 羊などの肝臓につく〜 kelebek. 〜の卵 sirke. 〜を運ぶ生物 konakçı. 羊に〜がついた. Koyunlara kelebek hastalığı girdi.
kisêihuku 既製服 /a./ hazır elbise, konfeksiyon.
kiseikiñ 寄生菌 /a./ parazit.
kisei zîzicu 既成事実 /a./ oldu bitti, olup bitti. 〜を作る oldu bittiye getir-, olup bittiye getir-.
kiseki 奇跡 /a./ mucize, harika, keramet, tansık. 〜を行う keramette bulun-.
kiseki 軌跡 /a./ iz, yörünge.
kisekiteki 奇跡的 /a./ 〜な harikulade.
kiseñ 汽船 /a./ vapur. 〜の機関士 çarkçı. 〜の外輪 vapur çarkı. 〜の外輪の覆い davlumbaz. 全寄港地に立ち寄る〜 dilenci vapuru. 私達のヨットが〜を追い越すだろう. Bizim yelkenli vapuru geçecek.
kiserare・ru 着せられる /ey./ giydiril-. 汚名を〜 damga ye-.
kise・ru 着せる /ey./ giydir-, giyindir-, giy-. 子供に服を〜 çocuğu giydir-. 恩に〜 başa kak-. 汚名を〜 damgasını vur-, damgala-.
kiseru きせる /a./ çubuk.
kisesimê・ru 帰せしめる /ey./ 無に〜 hiçe indir-.
kisi 騎士 /a./ şövalye.
kisi 岸 /a./ kıyı, sahil, yaka, yalı. 〜に上がる kıyıya çık-. 〜に打ち上げられる karaya düş- (vur-). 波が〜をたた

きつける. Dalgalar kıyıları dövüyor.
kisibe 岸辺 /a./ yaka, yalı, kıyı, sahil. 〜の邸宅 yalı. 船は〜にそって進んでいる. Gemi yalı boyunu izleyerek ilerliyor.
kisicu 気質 /a./ meşrep, mizaç, yaradılış, karakter, damar.
kisimasê・ru きしませる /ey./ gıcırdat-. 一段一段が違った音を〜長い階段であった. Her basamağı ayrı bir sesle gıcırdayan uzun bir merdivendi.
kisîmu きしむ /ey./ gıcırda-. 〜音 gıcırtı.
kisiñ 寄進 /a./ vakıf. 〜する vakfet-. 〜の vakıf. 〜の金品 vakıf. 全財産を〜した. Bütün mülkünü vakfa verdi.
kisîru きしる /ey./ gıcırda-.
kisizûtai 岸伝い /a./ 〜に行く yalı boyunca git-.
kîso 基礎 /a./ esas, temel, ilke, baz, bel kemiği, kaide, zemin, asıl. 家の〜 evin temeli. 化学の〜 kimyanın ilkeleri. 〜を築く temel at-. 〜を置くこと tesis. 〜ができている temelli. 〜ができていない esassız, temelsiz.
kîso 起訴 /a./ takibat, takip. 〜する takip et-.
kiso cîsiki 基礎知識 /a./ ilke.
kiso kôozi 基礎工事 /a./ alt yapı.
kisôku 規則 /a./ kural, kaide, mevzuat, nizamname, tüzük, yönetmelik. 交通〜 trafik kuralları.
kisoku tadasîi 規則正しい /s./ tüzüğe uygun, düzenli. 時計のように〜 saat gibi.
kisokuteki 規則的 /a./ 〜な kurallı, muntazam, düzenli.
kisoteki 基礎的 /a./ 〜な esas, temel, ilkel.
kisôu 競う /ey./ aşık at-, at oynat-, boy ölçüş-, yarış-.
kisozukê・ru 基礎付ける /ey./ bina et-.
kissateñ 喫茶店 /a./ çayhane, çay

evi, kahvehane, kahve, pastane.
kissui 生っ粋 /*a.*/ 〜の halis muhlis, katıksız. 〜のアンカラっ子 doğma büyüme Ankaralı. 〜のイスタンブルっ子 katıksız İstanbul çocuğu.
kissuiseñ 喫水線 /*a.*/ su kesimi, su hattı.
kissùru 喫する /*ey.*/ 敗北を〜 hezimet uğra-, mağlubiyete uğra-.
kîsu キス(İng. kiss) /*a.*/ öpücük, buse. 〜する öp-, dudak dudağa gel-. 手に〜する el öp-. 〜しあう öpüş-. 〜すること öpüş.
kisu màaku キスマーク(İng. kiss mark) /*a.*/ ruj lekesi.
kisùru 記する /*ey.*/ yaz-.
kisùru 帰する /*ey.*/ atfet-, kondur-. 罪を他人に〜 damgala-, suç yükle-.
kisùru 期する /*ey.*/ bekle-. 成功を〜 başarı bekle-.
kisùu 奇数 /*a.*/ tek sayı. 〜の tek.
kisya 記者 /*a.*/ gazeteci, yazar.
kisya 喜捨 /*a.*/ sadaka. ラマザン中の〜 fitre.
kisyà 汽車 /*a.*/ tren, (俗語) kara vapuru. 〜で trenle. 〜で旅行する trenle yolculuk yap-. 〜がまだ現れない. Tren daha görünmedi. こんな進み方では〜に乗り遅れるだろう. Bu gidişle treni kaçıracağız.
kisya kàikeñ 記者会見 /*a.*/ basın toplantısı.
kisyokùsya 寄食者 /*a.*/ asalak.
kisyoo 気性 /*a.*/ mizaç, yaradılış. 〜を受け継ぐ damarına çek-. 荒っぽい〜の ham ervah.
kisyoo 気象 /*a.*/ hava şartları, iklim, meteor. 〜の meteorolojik.
kisyoo 記章 /*a.*/ madalya, kokart, rozet.
kisyoo 起床 /*a.*/ yataktan kalkma.
kisyoo cùuhoo 気象通報 /*a.*/ hava raporu.
kisyoodai 気象台 /*a.*/ gözlem evi, rasathane, meteoroloji istasyonu.

kisyòogaku 気象学 /*a.*/ meteoroloji.
kisyoogakuzyoo 気象学上 /*a.*/ 〜の meteorolojik.
kisyoo kàñsoku 気象観測 /*a.*/ rasat.
kisyoo zyòokeñ 気象条件 /*a.*/ 〜に影響されやすい港 açık liman.
kìsyu 騎手 /*a.*/ atlı, binici, süvari, cokey. 〜が死ぬ eyeri boş kal-.
kìsyu 旗手 /*a.*/ bayraktar.
kisyuku 寄宿 /*a.*/ 〜の leylî, yatılı. 〜学校 yatılı okul.
kisyukusei 寄宿制 /*a.*/ 〜の yatılı. 〜でない yatısız, gündüzlü. 〜でない学校 yatısız okul.
kisyukùsei 寄宿生 /*a.*/ yatılı öğrenci.
kisyukùsya 寄宿舎 /*a.*/ yatakhane, yurt, pansiyon.
kisyuu 奇襲 /*a.*/ baskın. 〜をかける baskın yap-. 〜にあう baskına uğra-, gafil avlan-.
kita 北 /*a.*/ kuzey, poyraz, şimal, yıldız. 〜と南 kuzey ve güney. アナトリアの〜に黒海がある. Anadolu'nun kuzeyinde Karadeniz vardır. この部屋は〜を向いている. Bu oda poyraza karşı.
kitaerarè‧ru 鍛えられる /*ey.*/ dövül-.
kitaè‧ru 鍛える /*ey.*/ döv-; idman et-. 鉄を〜 demir döv-. 〜こと dövme. 鍛えていない ham. 体を〜こと idman. 鍛えた idmanlı.
kitàguni 北国 /*a.*/ 〜出身の kuzeyli.
kita hàñkyuu 北半球 /*a.*/ kuzey yarı küresi (yarım küresi).
kitai 期待 /*a.*/ ümit. 〜する bekle-, gözle-, ümitlen-, ümide düş-, um-, umut besle-, umutlan-. 人の死を〜する çenesini bağla-. 〜される beklen-. 〜される人 umut. 〜されない hesaba gelmez. 〜させる umutlandır-. 〜でき

kiwamaru

る umutlu. 成功を〜しない gözü yeme-. 〜に反する返事をする（俗語）cevabı dik- (yapıştır-). 彼に悪い事を〜しない. Ondan kötülük beklemez. 彼が来ることを〜しています. Onun gelmesini gözlüyorum. テストでいい点を取れると〜しています. Sınavda iyi not alacağımdan umutluyum.
kitai 気体 /a./ gaz. 〜を通しやすい geçirgen.
kitaihâzure 期待はずれ /a./ 〜に tersine. 〜だ. Arpa ektim, darı çıktı.
kita kaikiseñ 北回帰線 /a./ Yengeç dönencesi.
kitakaze 北風 /a./ kuzey rüzgârları.
kitamuki 北向き /a./ 〜である kuzey yönüne bak-.
kitanâi 汚い /s./ pis, kirli, berbat, biçimsiz, galiz, kenef, eciş bücüş. 〜字 eciş bücüş yazı. 〜言葉 biçimsiz sözler, ağıza alınmaz sözler. 〜言葉を言う ağzını boz-. 〜やり方をする alavere dalavere yap- (çevir-). 〜仕事にかかわる çamura bulaş-. 〜貧しい所 Çingene çergesi. 顔や手が〜 su görmemiş. 汚くなる pislen-, kirlen-. ひどく汚くなる pislik parmağından (parmaklarından) ak-. 汚くする pislet-, pislet-.
kitanarasîi 汚らしい /s./ murdar, pasaklı. なんと〜子だ. Ne pasaklı çocuksun!
kitanâsa 汚さ /a./ pislik, kirlik. あの部屋の〜を御覧なさい. Şu odanın pisliğine bak!
kitâru 来る, きたる /s./ gelecek.
kitei 規定 /a./ 〜の nizamî. 〜する nitele-, vasıflandır-.
kitei 基底 /a./ taban.
kitei 規程 /a./ kaide, kural, usul.
kitêibu 基底部 /a./ taban.
kitei moñdai 規定問題 /a./ mecburî figürler.
kitêirui 奇蹄類 /a./ toynaklılar.

〜の爪 toynak.
kiteki 汽笛 /a./ düdük. 〜を鳴らす düdük öttür-.
kiteñ 起点 /a./ hareket noktası.
kiteñ 機転 /a./ 〜の利く人 takt sahibi. 〜の利くこと hazırcevaplık.
kitoku 危篤 /a./ buhran. 〜に陥る ölüm döşeğinde.
kitokùkeñ 既得権 /a./ müktesep hak.
kitoku zyôotai 危篤状態 /a./ 〜である dil ağız verme-.
kitoo 汽筒 /a./ silindir.
kitoo 祈とう /a./ ibadet, salavat. 危機にあたり〜する salavat getir-.
kitte 切手 /a./ pul, marka. 〜を張る pulla-. 〜に消し印を押す pulu damgala-. 〜アルバム pul albümü. 〜収集家 pulcu. 〜を売る人 pulcu. 〜の不足料金 taksa. 〜のふちのぎざぎざ dantel, dantela. あなたに私の〜コレクションを見せよう. Size pul koleksiyonumu göstereyim.
kitto きっと /be./ alimallah, besbelli, her hâlde, kat'iyen, kuşkusuz, mutlaka, yüzde yüz, (俗語) sağlam, zahir. 明日〜うかがいます. Yarın size muhakkak geleceğim. もう少し頑張ればよくできる生徒に〜なれると思うよ. Biraz daha çalışırsan çok başarlı bir öğrenci olacağın kanısındayım. 消しゴムが見当らないが〜どこかへ落としたのだ. Silgimi bulamıyorum, kuşkusuz bir yere düşmüştür. 〜よくなりますよ. Allahtan umut kesilmes.
kiùsu 木臼 /a./ döveç.
kiwâ 際 /a./ yan. 橋の〜 körpü yanı.
kiwadâcu 際立つ /ey./ iyice belir-.
kiwadôi 際どい /s./ güç. 〜ところで間に合う güç yetiş-.
kiwamâru 窮まる /ey./ 進退〜 iki ateş arasında kal-, Aşağı tükürsem sakalım, yukarı tükürsem bıyığım.
kiwamâru 極まる /ey./ 感〜 yüreği kalk-.

kiwămete きわめて、極めて /be./ çok, aşırı, gayet. 〜小さい çok küçük, küçücük, tırnak kadar.
kiyaku 規約 /a./ kural, anlaşma.
kiyasùi 気安い /s./ rahat.
kiyasùsa 気安さ /a./ rahatlık. この家の〜はほかの家にはない。 Bu evin rahatlığını başka evde bulamayız.
kiyòi 清い /s./ temiz, berrak, eline eteğine doğru.
kiyomè 清め /a./ 礼拝前の〜 aptes. お〜をする aptes al-.
kiyomenaòsu 清め直す /ey./ aptes tazele-. 〜必要にせまられる aptesi bozul-.
kiyomerarè・ru 清められる /ey./ şartlan-, arın-, şartlı.
kiyomè・ru 清める /ey./ şartla-.
kiyoo 紀要 /a./ belleten.
kiyoo 器用 /a./ işgüzarlık, yordam. 〜な becerikli, işgüzar, uz. 〜な人 becerikli bir adam, on parmağında on marifet.
kiyòosa 器用さ /a./ beceri.
kiyòraka 清らか /a./ 〜な temiz, arı, nezih, elmas gibi. たいへん〜な ak pak.
kiyuu 杞憂 /a./ vehim, kuruntu.
kizahasi きざはし(古語) /a./ basamak.
kìzai 器材 /a./ âlet parçası, malzeme.
kizamare・ru 刻まれる /ey./ yontul-. 刻まれた kertik.
kizamikata 刻み方 /a./ kıyım.
kizamime 刻み目 /a./ çentik, kertik, tırtık, tırtıl, yiv. 〜をつける çent-, çentik aç- (at-), çentikle-, kert-. 〜をつける道具 tırtıl.
kizami tàbako 刻みたばこ /a./ kıyımlı tütün.
kizamu 刻む /ey./ kıy-, çent-, çentikle-, kert-, yont-, kazı-. 肉を〜 eti kıy-. タマネギを〜 soğanları çent-. 石を〜 taşı yont-. 木片を刻んでおもちゃを作る tahta parçalarını kerterek oyuncak yap-. 〜人 kıyıcı. タバコを〜人 tütün kıyıcı. 大理石が刻んでいる時割れた。 Mermer yontulurken attı.
kizasi 兆し /a./ belirti.
kizecu 気絶 /a./ baygınlık, bayılma, bilinç yitimi. 〜する bayıl-, bilincini yitir-.
kìzi キジ /a./ sülün.
kìzi 生地 /a./ kumaş, manifatura. 絹の〜 ipek kumaş. オーバー用の〜 paltoluk kumaş. 3mの〜 üç metre kumaş. 目新しい〜 değişik kumaş. 色々な〜 çul çaput. いい〜が見つからなかった。İyi kumaşı bulamadım。この〜をどう思いますか。 Bu kumaşı nasıl buluyorsunuz?
kìzi 記事 /a./ yazı, makale. この〜にあなたのことが書いてある。 Bu yazıda sizden bahsediliyor. この〜で言語問題に触れた。 Bu yazısında dil sorununa değinmiş. この〜から何も引き出せなかった。 Bu yazıdan bir şey çıkaramadım.
kìzicu 期日 /a./ vade. 〜を終える gününü doldur-.
kiziñ 貴人 /a./ asilzade. 〜の墓 türbe.
kìziya 生地屋 /a./ アリの〜 Ali'lerin manifatura dükkânı.
kìzoku 貴族 /a./ asilzade, asil, aristokrat. イギリスの〜 lort.
kizokusei roñzya 貴族制論者 /a./ aristokrat.
kizoku sèizi 貴族政治 /a./ aristokrasi, beyerki.
kizoo 寄贈 /a./ hibe, teberru. 〜する hibe et-.
kizu 傷 /a./ yara, bere. 深い〜 derin yara. 化のうした〜 cılk yara. 表面の小さい〜 bere. 〜の包帯 yaranın bağı. 言葉による〜 dil yarası. 家畜の爪の根の〜 bıçılgan. 〜のある yaralı, bereli. 〜のいえない azgın. 〜がふさがる

yara kapan-, et bağla-. ～がじくじくする yara işle-. ～を負わせる zedele-. ～をしばる yarayı bağla-. ナイフで～を受ける bıçak ye-. ～を縫い合わせる yarayı dik-. ～の糸を抜く dikişini al-. たくさん～ができる çeteleye dön-. 心の～を思い出させる yarasını deş-. 心の～はいつまでも残る. Çivi çıkar ama yeri kalır.

kizuato 傷跡 /a./ ezik, bere, çürük.
kizuci 木づち /a./ tokmak.
kizucukerarẽ・ru 傷つけられる /ey./ yaralan-. 心が傷つけられた kırgın. 誇りを傷つけられた若者 gururu yaralanan genç adam.
kizucukẽ・ru 傷つける /ey./ yarala-, yara aç-, berele-, kastet-, zedele-. 心を～ ağır gel-, ağırına git-, gönül yık-, gücendir-, hatırını kır-, kalp kır-. 感情を～ gücüne git-, incit-, yara aç-. 名誉を～ lekele-, harca-, gölgele-, bir paralık et-. 人を～ような発言 çimdik. この振る舞いで私達の心を傷つけてしまっている. Bu davranışıyla canımıza kastetmiş oluyor. お互いに傷つけ合わないでください. Birbirinizi incitmeyiniz. この言葉は彼の体面を傷つけた. Bu söz haysiyetine dokundu.
kizucùku 傷つく /ey./ yaralan-, isabet al-, al kanlara boyan-. 傷ついた yaralı, bereli. その母親は傷ついていた, 子を失ったのだ. O anne yaralı, çocuğunu yitirdi.
kizuguci 傷口 /a./ yara. ～がふさがる yara kapan-, et bağla-. ～を縫う yarayı dik-. ～に入れるガーゼ fitil.
kizùiseñ キズイセン, 黄水仙 /a./ zerrin.
kizùkai 気づかい /a./ ihtimam.
kizukarẽ・ru 気づかれる /ey./ 誰にも気づかれずに行ってしまった. Kimseye sezdirmeden gidiverdi.
kizukasẽ・ru 気づかせる /ey./ hatırlat-, sezdir-, tanıt-. ～こと ihtar.

kizukàu 気遣う /ey./ acılan-, ihtimam et-.
kizukawasìi 気遣わしい /s./ meraklı, endişeli.
kizùku 気付く /ey./ fark et-, farkına var-, farkında ol-, dikkat et-, sez-, uyan-. 気づいている vâkıf. 気づかない ruhu (bile) duyma-, bîhaber, gözü bağlı.
kizùku 築く /ey./ inşa et-. 基礎を～ temel at-.
kizumono 傷物 /a./ pürüz. ～にする pürüzler sırıt-. ～とわかる çürüğe çık-. 品物を～にした. Eşyaya yazık etti. 買って来た靴は～だった. Aldığımız ayakkabılar çürük çıktı.
kizuna きずな /a./ 近い親族の～は簡単に断ち切れない. Et tırnaktan ayrılmaz.
kizuta キヅタ /a./ sarmaşık.
kizyucu 記述 /a./ betim, betimleme, tarif. ～する betimle-, tarif et-. 文学に関する～ edebiyat hakkında bir yazı.
kìzyucu 奇術 /a./ hokkabazlık.
kizyucùsi 奇術師 /a./ hokkabaz.
kizyuñ 基準 /a./ ayar, düstur, kıstas. ～に合わせる ayar et-.
kizyùuki 起重機 /a./ maçuna, vinç ～の爪 makas.
ko 子 /a./ çocuk, evlât, yavru. → **kodomo**. クマの～ ayı yavrusu. 腹の～ (俗語) yük. ～を産む çocuk dünyaya getir-. ～や孫達 döl döş. かわいい我が～ ciğerimin köşesi. ～のない夫婦 bir köroğlu bir ayvaz. ～を失った悲しみ ciğer acısı. なんてかわいい～. Ne can çocuk !
kō 粉 /a./ un. → **konà**. 米の～ pirinç unu. 身を～にして働く didin-.
kō 弧 /a./ kavis, eğmeç, yay.
ko- 故 merhum, merhume, müteveffa, rahmetli.
-ko 個 tane, adet, baş, kalıp, kelle, parça, (古語) kıta. 5～のオレンジ beş

kòbaci

tane portakal. 3〜のタマネギ üç baş soğan. せっけん2〜 iki kalıp sabun. 2〜のキャベツ iki kelle lahana. 数〜の birtakım.
kòbaci 小鉢 /a./ çanak.
kobako 小箱 /a./ kutu, paket.
kobàmu 拒む /ey./ reddet-, tep-, geri çevir-. チャンスを〜 kısmetini tep-.
kobana 小鼻 /a./ burun kanadı.
kobaruto コバルト (İng. cobalt) /a./ kobalt.
kobàsiri 小走り /a./ 〜に歩く adımlarını sıklaştır-.
kobata 小旗 /a./ 標識の〜 flama.
kobecu 個別 /a./ 〜の münferit.
kobeya 小部屋 /a./ hücre.
kòbi こび /a./ cilve, işve, kırıtma. 〜を売る fingirde-.
kobihecuràu こびへつらう /ey./ bokunda boncuk bul-.
kobiricùku こびりつく /ey./ 頭にこびりついて離れない zihnini kurcala-.
kobì・ru こびる /ey./ cilve et- (yap-), etek öp-, kırıt-, işveli.
kobito 小人 /a./ cüce.
kobone 小骨 /a./ kıymık.
koboñnòo 子煩悩 /a./ çocuk canlısı.
kobòozu 小坊主 /a./ 寺の〜 hademei hayrat.
koborè・ru こぼれる /ey./ dökül-, ak-, saçıl-, yuvarlan-. 本心が口から〜 ağzından dökül-. こぼれた dökme. こぼれた小麦 dökme buğday. 〜こと döküm. 机に水がこぼれた. Masaya su döküldü. 皿が傾いて食べ物がこぼれた. Tabak eğildi, yemek döküldü. 目から涙が〜. Gözlerinden yaşlar yuvarlanıyor.
kobòsu こぼす /ey./ dök-, akıt-; yakın-, sızlan-. 水を〜 su dök-. 涙を〜 göz yaşı dök-. ぐちを〜 yakın-, dert yan-. おばはひざが痛いと〜. Halam dizlerinin ağrısından yakınıyor.

kòbu 鼓舞 /a./ teşvik.
kobù こぶ /a./ yumru, ur, kambur, boğum, pürtük, düğüm. ラクダの〜 hörgüç. 〜を作る düğüm ver-. じゅうたんを織る時〜をつくる il-. 〜のある hörgüçlü, pürtüklü. 〜状の yumru. 〜だらけの düğüm düğüm. 額の〜はどうしたの. Alnındaki yumru nedir?
kòbucu 古物 /a./ eskiler, antika.
kobucùici 古物市 /a./ bitpazarı.
kobucùsyoo 古物商 /a./ eskici, yıkıcı.
kobuhàkucyoo コブハクチョウ /a./ kuğu.
kobùkuro 小袋 /a./ kese.
kobune 小舟 /a./ kayık, bot, sandal, duba.
kòbura コブラ /a./ gözlüklü yılan, kobra.
koburi 小降り /a./ 〜になる seyrekleş-. 雨が〜になったようだ. Yağmurlar seyrekleşmiş.
koburi 小振り /a./ 〜の küçük.
kobusi こぶし /a./ yumruk. 〜で打つ yumruk at- (indir-), yumrukla-. 〜で打ち合う yumruklaş-. 〜ほどの大きさの yumruk kadar.
kobùtori 小太り /a./ 〜の topluca. 〜した若者 tosun.
koccì こっち /a./ beri, burası, bu yan. 〜の beriki. 〜の方 beriki. イスタンブルから〜 İstanbul'dan beri. 〜へ来い. Beri (Beriye) gel. そのペンはいらない, 〜のをください. O kalemi istemedim, berikini ver. 一人は〜へ行き, 一人は向こうへ. Biri bu yana gitti, biri öte yana.
kòcikoci コチコチ /be./ katır katır.
kocira こちら /a./ burası, beri, bu yan. 〜の beriki. 〜のもの beriki. …から〜 -den beri. 〜こそ bilmukabele. 〜へいらっしゃい. Buraya geliniz. 〜では天気が15日も続いた. Burada havalar 15 gündür iyi idi.
kociragawa こちら側 /a./ beri. 〜の

kociragisi こちら岸 /a./ 川の〜 suyun beri yakası.
kocu こつ /a./ takt, hüner, maharet.
kocubañ 骨盤 /a./ havsala, leğen. 肋骨と〜の間 böğür, boş böğür.
kocubañkoo 骨盤腔 /a./ havsala.
kocubu 小粒 /a./ granül, tanecik.
kŏcukocu コツコツ /be./ katır katır, tıkır tıkır, pıtır pıtır, tık tık. 〜音をさせる tıklat-. 〜いう音 pıtırtı. 〜と歩いて行った. Pıtır pıtır yürüdü gitti.
kocuzui 骨髄 /a./ ilik.
kocyoo 誇張 /a./ büyütme, abartma, izam, mübalağa. 〜する büyükse-, büyüt-, abart-. 話を〜する sözü büyüt-. 〜して見える gözünde büyü-.
kŏcyoo 胡蝶 /a./ kelebek.
kŏdaci 木立 /a./ koru, ormancık.
kodai 誇大 /a./ büyütme, abartma.
kŏdai 古代 /a./ ilk çağ, eski zaman. 〜の antik, kadim. 〜都市国家 site. 〜エジプト王 firavun. 〜ギリシャ人 Grek. 〜ギリシャ・ローマの klasik.
kodàiko 小太鼓 /a./ trampet.
kodai mòosoo 誇大妄想 /a./ büyüklük hastalığı, megalomani.
kodàiziñ 古代人 /a./ eskiler.
kodakài 小高い /s./ yüksekçe. 〜所 tepe, tümsek.
kodàkusañ 子だくさん /a./ 〜の doğurgan.
kodama こだま, 木霊 /a./ yankı, cevap. 〜する yankı uyandır- (yap-), yankılan-. 洞窟で叫んだアリの声が〜している. Mağarada bağıran Ali'nin sesi yankılanıyor.
kodara コダラ /a./ mezgit.
kodasi 小出し /a./ 〜に dirhem dirhem.
kodawàru こだわる /ey./ üstüne yüklen-, üzerine yüklen-. ひとつの考えに〜 nal deyip mıh deme-.
kodoku 孤独 /a./ yalnızlık, kimsesizlik. 〜の garip. 〜をなぐさめてくれる人 can yoldaşı.
kodokùkañ 孤独感 /a./ yalnızlık duygusu.
kodomo 子供 /a./ çocuk, uşak, yavru, evlât. 〜が生まれる çocuğu ol-. 〜が歩き始める ayaklan-. 〜を産む çocuk dünyaya getir-. 〜を作る çocuk yap-. 〜をとりあげる çocuğu al-. 〜をおろす çocuk aldır-. 〜を一人前にする çocuk yetiştir-. 〜を学校から追い出す çocuğu okuldan at-. 〜のように çocukça. 〜のように振る舞う çocuk ol-, çocuklaş-. 〜の頃 çocukluk. 〜の頃からよく知っている eline doğ-. 大人も〜も büyüklü küçüklü. 〜ら！ ufaklık！ 彼は〜が3人いる. Onun üç çocuğu var. 〜が七つになった. Çocuk yedisine bastı. 〜は家の喜びだ. Çocuk evin neşesidir. 〜は打たれる. Çocuklara dayak atılır. 家庭の真実は〜に聞け. Çocuktan al haberi. 〜のうちなら直せる. Ağaç taze (yaş) iken eğilir.
kodomoppòi 子供っぽい /s./ çocuk gibi, çocukça, çocuksu. 〜行為 çocukluk. 子供っぽく振る舞う çocukluğu tut-, çocukluk et-.
kodomorasii 子供らしい /s./ çocuksu. 子供らしく çocukça. 子供らしく行動する çocukluk et-.
kodomoràsisa 子供らしさ /a./ çocukluk.
kodomo reñcyuu 子供連中 /a./ çocuk kısmı.
kodomòtaci 子供達 /a./ çocuklar, (俗語) kızan. ある〜 bazı çocuklar アフメットには成人した〜がいる. Ahmet'in, boyunca evlâtları var.
kodomozimì・ru 子供じみる /ey./ 子供みたことをする人 hoppala bebek, koca bebek.
kodoo 鼓動 /a./ nabız. 激しい〜 yürek çarpıntısı.
kodòogu 小道具 /a./ aksesuar. 〜な

kõe

しの野外劇 orta oyunu.
kõe 声 /a./ ses, ses seda, sada, seda, avaz, ün. 動物の〜 hayvan sesi. 高い〜 yüksek ses. かん高い〜 keskin ses. 〜を出す seslen-. 〜をかける seslen-, ses et- (ver-). 〜をひそめる sesini kıs-. 〜をのむ durakla-. 〜を出して読む sesli oku-. 〜を限りに叫ぶ avaz avaz bağır-, avazı çıktığı kadar bağır-, boğazını yırt-. しゃべって〜をからす nefes tüket-. 美しい〜で楽しそうに話す bülbül gibi şakı-. 〜のある sesli. 〜のない sessiz. 〜を出さない dilsiz. 低い小さい〜の pes. アフメットに〜をかけたが聞こえなかった. Ahmet'e seslendim, duymadı. ラジオで遠くの放送局のかすかな〜が聞こえた. Radyoda uzak bir istasyonun zayıf sesini duydu. 〜もない. Ses seda yok.
koẽ 肥 /a./ gübre. 〜をかける gübrele-.
koeda 小枝 /a./ çöp, sap, çeper, budak, çubuk.
koerare・ru 越えられる /ey./ aşıl-.
koe・ru 越える /ey./ geç-, aş-. 山を〜 dağ aş-. 程度を〜 aşırı git-, dozunu kaçır-, dozu kaç-. …を〜 mütecaviz. 越えた aşkın. 枠を〜 dizginsiz. ふた月を越えた時 iki ayı mütecaviz bir zaman. 山越え谷越え dere tepe. 丘を〜と海が見えた. Tepeyi aşınca deniz başladı. その罰は十年を越えない. Cezaları on yılı aşmaz. 子供の背が父親を越えた. Çocuğun boyu babasınınkini geçti.
koẽ・ru 肥える /ey./ şişmanla-, semir-, beslen-. 肥えた bitek, semiz, yağlı, özlü. 肥えた土地 cömert (verimli) toprak. よく肥えた besili. 肥えていない çorak.
kogaeru 小ガエル /a./ kurbağacık.
kõgai 戸外 /a./ açık, dışarı. 〜の楽しみ kermes. 夜を〜で過ごす ay dedeye misafir ol-.
kogamo コガモ /a./ çakır kanat.
kogamo 子ガモ /a./ palaz.

kogane 黄金 /a./ altın.
koganẽmusi コガネムシ /a./ mayıs böceği.
kogañ 湖岸 /a./ yalı, göl kıyısı. 〜に作られた堤防 göl kıyısına yapılan set.
kogara 小柄 /a./ 〜な ufak tefek.
kogasẽ・ru こがせる /ey./ 船を〜刑罰 (古語) kürek, kürek cezası.
kogãsu 焦がす /ey./ alazla-, yak-. 悲しみに身を〜 yanıp kakıl-. スカートにアイロンをかけていて焦がした. Eteği ütülerken yaktı.
kogata 小型 /a./ 〜の鍬 çapa. 〜バス minibüs. 〜トラック kamyonet, pikap. 新しい家に家財道具を〜トラックで運んだ. Yeni evimize eşyaları bir pikapla taşıdık.
kogatabañ 小型版 /a./ cücük.
kogata kãciku 小型家畜 /a./ küçük baş hayvan. 〜の küçük baş. 彼には100頭の〜がいる. Onun yüz küçük baş hayvanı var.
kogata kiseñ 小型汽船 /a./ çatana.
kogãtana 小刀 /a./ bıçak, çakı.
kogata õrugañ 小型オルガン /a./ armonyum.
kogecuku 焦げ付く /ey./ (tencere) dibini tut-.
kogecyairo 焦げ茶色 /a./ esmer, kahve rengi. 〜の esmer. セルビルは〜の目をしている. Serpil'in kahve rengi gözleri var.
kogekusãi 焦げ臭い /s./ yanık kok-. 料理が〜 (yemek) is kok-.
kogẽ・ru 焦げる /ey./ yan-. パンが〜 ekmek yan-. 料理が〜 dibini tut-. 焦げた yanık. 焦げたパン yanık ekmek.
kogiku コギク, 小菊 /a./ papatya. 〜の茎 papatyanın sapı.
kogite こぎ手 /a./ sandalcı. ボートの〜の席 oturak.
kogìte 小切手 /a./ çek. 〜の控え dipkoçanı. 金額のない〜 açık çek.

kogittecyoo 小切手帳 /a./ çek karnesi.
kogoe・ru 凍える /ey./ buz kes-, soğuktan uyuş-. 手が凍えた. Ellerim dondu.
kogoesinu 凍え死ぬ /ey./ don-.
kogomu こごむ /ey./ → **kagamu**.
kogoto 小言 /a./ azarlama, azar yollu sözler, dırdır, dırıltı, paylama, vırıltı, çıkış. ～を言う azarla-, gagala-, çıkış yap-. ～をくどくど言う vırılda-. ～を言われる laf işit-. しゅうとめの～には飽き飽きした. Kaynanasının dırdırından usandı. 私には～を聞いている暇はない. Benim azar işitmeye vaktim yok. 妹は母の～で泣き出した. Kardeşim annemin paylaması üzerine ağlamaya başladı.
kògu こぐ /ey./ kürek çek-. ブランコを～ kolan vur-.
Kogumaza 小熊座 /a./ Küçük ayı.
kohaba 小幅 /a./ ～の ensiz. ～の織物 ensiz kumaş.
kohaku こはく /a./ kehribar, samankapan. ～の kehribar. ～のパイプ kehribar ağızlık.
koharubìyori 小春日和 /a./ pastırma yazı.
kohìcuzi 子羊 /a./ kuzu. ～の肉 kuzu eti. ～を産む kuzula-. ～を丸焼きにする kuzu çevir-.
kohuñ 古墳 /a./ kurgan.
kòi 恋 /a./ sevi, sevgi, âşk. ～をする gönül çek-, gönül ver-, tutul-. ～を求める gönlünü avla- (çel-). ～に落ちる gönül kaptır-, sevdalan-, (冗談) deli bayrağı aç-. ～に取りつかれる vurul-. ～に夢中の sevdalı. ～に狂った mecnun. ～に狂った人 gönül dilencisi. ～の悩み gönül belâsı. ～のたわむれ flört. ～は盲目. Aşığa Bağdat sorulmaz.
kòi 故意 /a./ kasıt, kastî, maksatlı. ～に kasten. ～に壊す baltala-. ～に難しくする yorgunu yokuşa sür-.
kòi コイ, 鯉 /a./ sazan. ～を釣るには丈夫なさおがいる. Sazanı avlamak için sağlam bir olta gerek.
kòi 濃い /s./ koyu, kesif, sık, yoğun, orman gibi, çalı gibi. 髪の毛の～ sık saçlı. ～青 koyu mavi. ～ピンク gül kurusu. ～ネズミ色の koyu gri. ～ヨーグルト koyu yoğurt. ～霧 kesif sis, yoğun sis. 濃くなる koyulaş-, yoğunlaş-. 霧が濃くなった. Sis yoğunlaştı.
koibito 恋人 /a./ sevgili, gönüllü, dost, yâr, âşık. 不倫の～ oynaş. 昔の～ eski göz ağrısı. ～を待ち焦がれる gözleri yollarda kal-. 一人の～以外の人を愛さない gül üstüne gül koklama-. 小説の終わりで二人の～は互いに巡り会う. Romanın sonunda iki sevgili birbiriyle buluşur.
koicu こいつ /a./ kâfir, kerata.
kòiru コイル(İng. coil) /a./ kangal, bobin.
koisi 小石 /a./ çakıl.
koisigàru 恋しがる /ey./ özle-.
koisìi 恋しい /s./ イスタンブルが～ İstanbul gözünde (burnunda) tüt-. 恋しくなる tüt-, özle-. 国が恋しくなる gurbet çek-. 村が～のか. Köyünü özledin mi?
koisisa 恋しさ /a./ özlem.
koisùru 恋する /ey./ âşık ol-.
kokage 木陰 /a./ gölgelik. 放牧地の～ eğlek.
kokaku 顧客 /a./ müşteri.
kokè コケ, 苔 /a./ yosun, liken. 木についた～ pus. ～が生える yosun bağla- (tut-). ～が生い茂る yosunlan-. ～が一面に生えた yosunlu. 寺の壁に～がついた. Caminin duvarlarına yosun yürümüş.
kokei 固形 /a./ ～乳製品 kurut.
kokeòdosi こけおどし /a./ blöf. ～の tumturaklı.

kokera こけら /a./ pul. → **urokò**.
kokè・ru こける /ey./ ほおが〜 avurtları çök-, avurtları birbirine geç-.
kòki 呼気 /a./ soluk.
kòkicukau こき使う /ey./ bozuk para gibi harca-.
kokizibato コキジバト /a./ üveyik, yusufçuk.
kòkka 国家 /a./ devlet, hükûmet, ülke. 〜統制主義者 devletçı. 〜情報機関 Millî İstihbarat Teşkilatı. 〜の誇りはすべてに優先する. Millî gururumuz her şeyden önce gelir.
kòkka 国歌 /a./ millî (ulusal) marş.
kokka hyoogìkai 国家評議会 /a./ Danıştay.
kokkai 国会 /a./ meclis, millet meclisi, parlamento, Büyük Millet Meclisi. 〜の解散 parlamentonun feshi. 〜の一般質問 gensoru.
Kòkkai 黒海 /a./ Karadeniz.
kokkai gìiñ 国会議員 /a./ millet vekili, mebus, parlamenter. 〜の選挙 millet vekili seçimi. 〜の選挙は4年に1回行われる. Millet vekili seçimleri her dört yılda bir yapılır.
kokka kàñri 国家管理 /a./ devletçilik.
kokka koomùiñ 国家公務員 /a./ devlet memuru.
kokkaku 骨格 /a./ iskelet, çatı, kadit.
kokkañ 酷寒 /a./ zemheri, kara kış.
kokka rèñgoo 国家連合 /a./ konfederasyon.
kokka syùgi 国家主義 /a./ milliyetçilik.
kokka syugìsya 国家主義者 /a./ 〜の milliyetçi.
kokka syugiteki 国家主義的 /a./ 〜な milliyetçi.
kokka syùseki 国家主席 /a./ hükümdar.

kokka tòosei 国家統制 /a./ devletçilik.
kokkei こっけい /a./ maskara. 〜な gülünçlü, güldürücü, komik, maskara, şaklaban. 〜な劇 eğlendirici oyun. 醜くて〜な maymun. 醜くて〜なやつ maymun herif. 〜な状態になる maymuna dön-. 〜な状態にする maymuna benzet- (çevir-).
kokki 国旗 /a./ millî bayrak. アメリカの〜 Amerikan bandırası. トルコの〜 al bayrak (sancak), ay yıldız.
kòkko 国庫 /a./ devlet hazinesi, hazine, mal sandığı. 〜の beylik. 〜出納局 mal sandığı. 相続人がないため〜に入った財産 mahlûl.
kokko' コッコッ /be./ めんどりが〜と鳴く gıdakla-.
kokko sàikeñ 国庫債券 /a./ hazine tahvilleri.
kòkku コック (Hol. kok) /a./ ahçı, aşçı.
kokkùcyoo コック長 /a./ ahçıbaşı, aşçıbaşı, baş aşçı.
kokkyoo 国境 /a./ sınır, hudut. 〜に兵をつぎ込む sınıra asker dök-. 〜を接している sınırdaş. 我が軍は三日で敵の〜に達した. Ordumuz üç günde düşman sınırına dayandı. トルコの東部にはイラン, イラク, ソ連, シリアとの〜がある. Türkiye'nin doğuda İran, Irak, Sovyetler Birliği ve Suriye ile sınırı vardır.
kokkyoo hùñsoo 国境紛争 /a./ sınır anlaşmazlığı.
koko ここ /a./ bura, burası. 〜で burada, burda. 〜に burada, burda. 〜から buradan, burdan. 〜まで buraya kadar, buraya değin. 〜の人間 buralı. 〜だけの話だが laf aramızda. 〜こそ (俗語) bunun burası. 〜はどこ. Burası neresi? 〜が痛い. Buram ağrıyor. 〜は私の気にいらない. Burası beni açmadı. 二つの道が〜で出会う. İki yol burada birleşiyor. 彼は〜から

おそく私達のところへ行ったのだ. O, buradan belki bize gitmiştir. 〜の子供はかわいい. Bura çocuklar güzeldir. 私は〜の者ではない. Ben buralı değilim.

kòko 個々 /a./ 〜の bireysel, münferit. 〜のメンバー fert.

kokoci 心地 /a./ gönül. 〜よい rahat, ince. 〜よい音楽 dinlendirici bir müzik.

kòkoku 故国 /a./ yurt.

kokònocu 九つ /a./ dokuz. 〜のリンゴ dokuz elma. 〜の少女 dokuz yaşında bir kız. 〜の部分からなる dokuzlu.

kokonoka 九日 /a./ ayın dokuzuncusu, dokuz gün.

kokorò 心 /a./ can gönül, iç, kalp, akıl, hatır, sine, tin, yürek. **(の)** 〜の manevî, tinsel. 〜の痛手 gönül yarası. 〜の平静さ gönül açıklığı. 〜のやすらぎ huzur. 〜のままに gönlüne göre, kalbine göre. 〜の底から can-u gönülden. 〜のゆとり genişlik. 〜の中 (俗語) karın. 〜の広い geniş gönüllü, gönlü bol, geniş. 〜の狭い gönlü dar. **(から)** 〜から candan, helalinden, kalben, yürekten. 〜からの candan, gönülden, içten (gelme), kalpten gelen, yürekten, açık kapli, açık yürekli, samimî. 〜から喜んで gönül hoşluğu ile, dünden razı (hazır). **(に)** 〜に残る akılda kal-. 〜に留める akılda tut-, öngör-, göz önünde tut- (bulundur-), dağarcığına at-. 〜に留められる gözetil-. 〜にしまい込む içine kapan-. 〜にもない gönülsüz, gıcırı bükme. 〜に誓う andiç-, andet-. 〜に決する aklına koy-. 〜にかなう değ-. ふと〜に浮かぶ doğ-. 〜に抱かせる besle-. **(が)** 〜が晴れる gözü gönlü açıl-. 〜が洗われる anadan doğmuşa dön-. 〜が痛む ciğeri yan-, incin-. 〜が暗くなる içi karar-. 〜がおだやかでなくなる huylan-.
〜が傷つけられた kırgın. 〜がはずむ neşeli. 〜が沈んだ neşesiz. **(を)** 〜を傷つける ağır gel-, ağırına git-, gönül yık-, hatırını kır-, gücendir-, kalp kır-. 〜を悲しませる hatırını kır-. 〜を痛める incit-, dağla-. 〜を痛めるような扱いをする horla-. 〜を痛ませる yüreğine işle-. 〜をくもらせる canını sık-. 〜をくだく özen-, içi paralan- (parçalan-). 〜をおどらせる cana can kat-. 〜を開いて açık yürekle. 〜を開く aç-. 〜を動かす iç gıcıkla-, dokunaklı. 〜を動かされる içlen-, duygulan-, mütehassis. 〜を奪われる gönül kaptır-. 〜を向かわせる bağla-. 人の〜を読む ciğerini oku-. 人の〜をもてあそぶ gönlü ile oyna-. 人の〜をやわらげる gönlünü al-. 〜を打つ hayran. 〜をゆさぶる müessir. 〜を休める istirahatlı. 〜をとらえる büyüleyici. 〜を引く alımlı. 〜を引かない alımsız. 〜そこにあらず oralarda olma-. 〜行くまで gönlünce, doya doya. **(文)** イスタンブルには〜を引く美しさがある. İstanbul'un büyüleyici bir güzelliği vardır. アラーはすべての人の〜のままに与える. Allah herkesin kalbine göre verir. 〜の傷はいつまでも残る. Çivi çıkar ama yeri kalır.

kokorobosòi 心細い /s./ çaresiz, zavallı.

kokoroè・ru 心得る /ey./ bil-, anla-. 彼は人の使い方をよく心得ている. O, adam kullanmasını iyi bilir.

kokorogake 心掛け /a./ niyet, kalp.

kokorogàwari 心変わり /a./ 〜のない hakikatlı.

kokoromi 試み /a./ sınav, deneme.

kokoromì・ru 試みる /ey./ dene-, sına-.

kokoroyasasìi 心やさしい /s./ narin.

kokoroyasùi 心安い /s./ munis.

kokoroyòi 快い /s./ hoş, güzel,

kokorozasi

latif, tatlı. ～眠り tatlı bir uyku. 耳に～ kulağı okşa-. 快く gönül hoşluğu ile, gönül rızasıyle.
kokorozasi 志 /a./ gönül, arzu, istek, iyi niyet, nezaket. ～を同じくするもの hemfikir. 人にはそれぞれ～がある. Herkesin gönlünde bir aslan yatar.
kokorozàsu 志す /ey./ iste-, niyet et-.
kokorozùkai 心遣い /a./ ihtimam, nezaket, incelik.
kokorozuke 心付け /a./ bahşiş, kahve parası.
kokorozuyòi 心強い /s./ 心強くなる cesaret al-. 母がいて～. Annemin varlığı bana güç veriyor.
kokoyasi ココヤシ /a./ hindistan cevizi.
kokubañ 黒板 /a./ tahta, kara tahta, yazı tahtası. ～に直線を引くtahtaya doğrular çiz-. ～を消す tahta sil-. 生徒を～の前に出す tahtaya kaldır-.
kokubàñkesi 黒板消し /a./ silgi.
kokubecu 告別 /a./ veda, ayrılış. ～式 cenaze merasimi.
kokuboo 国防 /a./ yurt müdafaası.
kokubòosyoo 国防省 /a./ Millî Savunma Bakanlığı (MSB).
kòkuci 告知 /a./ duyuru.
kokucisyo 告知書 /a./ 関税～ gümrük beyannamesi.
kokucùbu 穀粒 /a./ tahıl tanesi.
kòkudo 国土 /a./ memleket, ülke, toprak. ～の一部 ülkenin bir kısmı. ああ、この～のために土と化した兵士よ. Ey bu topraklar için toprağa düşmüş asker!
kokudoo 国道 /a./ kara yolu.
kokuei 国営 /a./ millî işletme.
kokueika 国営化 /a./ ～する devletleştir-, millîleştir-.
kokueki 国益 /a./ devlet çıkarları, millî menfaat.

kokueñ 黒煙 /a./ kara duman.
kokùeñ 黒鉛 /a./ grafit.
kokùgai 国外 /a./ dışarı, gurbet. ～の dış, yurt dışı. ～に追放する hudut dışı et-.
kokugai sìzyoo 国外市場 /a./ dış pazar.
kokugo 国語 /a./ dil, ülke dili.
kokuhacu 告発 /a./ itham, ihbar, töhmet. ～する itham et-, ithamda bulun-, jurnal et-, suçla-, suçlandır-. ～される suçlan-.
kokuhacùsya 告発者 /a./ jurnalcı.
kokuhacusyo 告発書 /a./ jurnal.
kokuhaku 告白 /a./ ikrar, itiraf. ～する itiraf et-.
kòkuhi 国費 /a./ millî masraf.
kokuhiñ 国賓 /a./ millî misafir.
kokuhobyoo 黒穂病 /a./ rastık.
kokuhoo 国宝 /a./ millî hazine.
kokuhuku 克服 /a./ 困難を～する güçlüğü yen-.
kokuhyoo 酷評 /a./ zem. ～する zemmet-.
kokuiñ 刻印 /a./ damga. 硬貨の～ sikke.
kokuiñ 極印 /a./ damga. 人に～を押す damgasını vur-.
kokumiñ 国民 /a./ halk, ulus, uyruk, millet, kavim. ～の ulusal, uyruklu, millî. ～の祝日 millî bayram. ～であること uyrukluk, tabiiyet. ～としての行為 yurttaşlık. ～教育省 Millî Eğitim Bakanlığı. ～防衛省 Millî Savunma Bakanlığı. 我々はトルコ共和国の～だ. Hepimiz Türkiye Cumhuriyeti uyruğundanız. ～の大部分は読み書きができない. Halkın büyük bir bölümü okuma yazma bilmiyor. 主権は～のものである. Egemenlik ulusundur. 悪政が～を圧迫する. Kötü yönetim halkı ezer.
kokumiñ syòtoku 国民所得 /a./ millî gelir, ulusal gelir.
kokumiñ tòohyoo 国民投票 /a./

halk oyu, plebisit, referandum.
kokùmocu 穀物 /a./ tahıl, hububat, ekin. 〜の種 habbe. 〜の山 tınaz. 貯蔵の〜 zahire. 我が国ではたくさん〜が作られている. Yurdumuzda bol tahıl üretilir.
kokumocu sòoko 穀物倉庫 /a./ silo.
kokumu dàiziñ 国務大臣 /a./ devlet bakanı.
kokumùsyoo 国務省 /a./ devlet bakanılığı.
kokùnai 国内 /a./ 〜の iç, yurt içi. 〜通信網 iç hat.
kokunai kòokoo 国内航行 /a./ kabotaj.
kokunaiseñ 国内線 /a./ iç hat.
kokunai sìzyoo 国内市場 /a./ iç pazar.
Kokureñ 国連 /a./ Birleşmiş Milletler. 〜安保理事会 Birleşmiş Milletler Güvenlik Kurulu.
kokuricu 国立 /a./ 〜の millî, ulusal. 〜劇団がアナトリア巡業に出た. Devlet tiyatrosu Anadolu turnesine çıktı.
kokùrui 穀類 /a./ tahıl, hububat.
kokusai 国債 /a./ devlet borçları. 貯蓄〜 tasarruf bonosu.
kokusai 国際 /a./ uluslararası. 〜通信 dış hat. 〜会議 kongre, konferans. 〜見本市 uluslararası bir fuar. 〜通貨基金 Uluslararası Para Fonu.
kokusaihoo 国際法 /a./ devletler hukuku.
kokusai kàñkei 国際関係 /a./ uluslararası ilişkiler. 〜が緊迫化した. Uluslararası ilişkiler gerginleşti. 〜は1938年に悪化した. Uluslararası durum 1938'de fenalaştı.
Kokusai reñgoo 国際連合 /a./ Birleşmiş Milletler.
Kokusai reñgoo kìkoo 国際連合機構 /a./ Birleşmiş Milletler Ku-
rumu.
kokusaiseñ 国際線 /a./ dış hat.
kokusaiteki 国際的 /a./ 〜な uluslararası, devletlerarası, milletlerarası, arsıulusal, beynelmilel, cihanşümul, enternasyonal.
kokusai zyòosei 国際情勢 /a./ uluslararası (beynelmilel) durum.
kokusañ 国産 /a./ 〜の yerli.
kokusañhiñ 国産品 /a./ yerli mallar.
kokusei cyòosa 国勢調査 /a./ nüfus sayımı. 〜は五年に一度行われる. Nüfus sayımı beş yılda bir yapılır.
kokuseki 国籍 /a./ uyrukluk, milliyet, tabiiyet, uyruk. 〜の uyuklu. フランス〜 Fransız tabiiyeti.
kokusekisyoo 国籍証 /a./ patent.
kòkuso 告訴 /a./ itham, takibat. 〜する itham et-, ithamda bulun-, suçla-, suçlandır-. 〜される suçlan-.
kokusoniñ 告訴人 /a./ şikâyetçi.
kokusoo 穀倉 /a./ silo.
kokusoo 国葬 /a./ millî cenaze merasimi.
kokusoo cìtai 穀倉地帯 /a./ kiler.
kokutàñ コクタン, 黒檀 /a./ abanozgiller. 〜の板 abanoz.
kokutecu 国鉄 /a./ devlet demir yolu. 〜パス permi.
kokuteñ 黒点 /a./ leke. 太陽の〜 benek, gözenek.
kokuyuu 国有 /a./ devlet malı. 〜の beylik. 〜建造物 beylik bina. 〜にする devletleştir-.
kokuyuuka 国有化 /a./ devletleştirme, istimlâk. 〜する devletleştir-, millîleştir-, kamulaştır-, sosyalleştir-.
kokuyuu tècudoo 国有鉄道 /a./ トルコ〜 Türkiye Cumhuriyeti Devlet Demir yolları (TCDD).
kokuyuu zàisañ 国有財産 /a./ devlet malı, millî servet.

kokuzei 国税 /a./ devlet vergisi.
kokuzi 告示 /a./ ilân, açıklama, duyuru.
kokuziñ 黒人 /a./ zenci, fellah, Arap. ～の多くは南アフリカに住んでいる. Zencilerin çoğu Güney Afrika'da yaşıyor.
kokuzîñsyu 黒人種 /a./ zenci.
kokuzyoo 国情, 国状 /a./ devlet durumu.
kokyaku 顧客 /a./ müşteri.
kòkyoo 故郷 /a./ ana yurt, memleket.
kokyuu 呼吸 /a./ nefes, soluk, solunum, teneffüs, dem. ～する nefes al-, soluk al-, solun-, teneffüs et-. ～が止まる soluğu kesil-. すべての生物は生きている間～をしている. Her canlı yaşadığı sürece solunum yapar.
kokyuu kîkañ 呼吸器官 /a./ solunum aygıtı (sistemi, organları).
kokyuu kòñnañ 呼吸困難 /a./ nefes darlığı, boğuntu.
kòma こま, 駒 /a./ taş, pul. 西洋碁の～ dama taşı. ～を動かす taş sür-. ～のように動かす dama taşı gibi oynat-. 弦楽器の～ eşik, perde ～のある perdeli.
kòma こま /a./ topaç. ～を回す topaç çevir-. ～が回る. Topaç dönüyor. ～がくるくる回る. Topaç fırıl fırıl döner.
komāasyaru コマーシャル(İng. commercial) /a./ reklam. チューインガムの～ çiklet reklamı.
komagire 細切れ, 小間切れ /a./ ～の kırpık. ～にする kırp-.
komagòma 細々 /be./ ～した物 ıvır ıvır, ufak tefek. 市場に～した物をあれこれ買いに行った. Pazardan ufak tefek almaya gitti.
komai 木舞 /a./ çıta, lata, tiriz.
komakài 細かい /s./ küçük, ufak, ince, detaylı. ～砂 ince kum. ～刺しゅう ince nakış. 非常に～ ipince. ～の ufaklık. ～ものまで全部 iğneden ipliğe kadar. 細かく kıyım kıyım. 事細かく inceden inceye. 細かくする ufala-, kıy-. パンを細かくする ekmeği ufala-. ちぎって細かくする didikle-. 細かくなる incel-, ufal-.
komakàsa 細かさ /a./ incelik.
komaku 鼓膜 /a./ kulak zarı.
komamono 小間物 /a./ tuhafiye.
komamonoya 小間物屋 /a./ tuhafiyeci, aktar.
komanùku こまぬく /ey./ 手をこまぬいて eli koynunda.
komarasê・ru 困らせる /ey./ sık-, baş ağrısı ol-, başına belâ ol-, başına iş aç-, başına iş çıkar-, dünyayı başına dar et-, dünyayı zindan et-, şaşkına çevir-, sıkkın. ～こと taciz. うるさくして～ başında değirmen çevir-. 母をわんぱくな弟が困らせている. Annemi haşarı kardeşim çok yoruyor.
komarihatê・ru 困り果てる /ey./ başı derde gir-, başına hâl gel-. 困り果てた perişan.
komàru 困る /ey./ başı derde gir-, başı belâya gir-, başına iş çık-, başını derde sok-, zorlukla karşılaş-, sıkıl-, yaya kal-. 生活に～ sıkıntıda ol-, sıkıntıya düş-. 金に～ başı daral-, başı darda kal-, dara düş-, darda kal-, darda bulun-. 困っている kuyruğu kapana kısıl- (sıkış-), sıkıda kal-. 困った yoksul, sefil. 困った状態 ateşten gömlek. 困った顔つき şaşkın bakış. 困った時 kara gün. 困った時の友 kara gün dostu. 困ったことになる derde gir-. 困って başı belâda, başı dertte. 思い違いをされると困りますが benzetmek gibi olmasın. やつは生活に困っている. Adamcağız sıkıntı içinde. 困ったらこの金を使う. Sıkılırsam bu parayı

konagona

harcarım. 困った人には天の助けがある。 Garip kuşun yuvasını Allah yapar.
komàyaka こまやか /a./ ～な latif, narin. 感情が～な娘 duygu narin bir kız.
komayakàsa こまやかさ /a./ incelik.
komazùkai 小間使い /a./ odacı.
komè コメ, 米 /a./ pirinç. ～二杯 iki tas pirinç.
komebicu 米びつ /a./ pirinç kutusu.
komebùkuro 米袋 /a./ pirinç torbası. ～の口が締められた。Pirinç torbasının ağzı büzüldü.
komecukìmusi コメツキムシ /a./ takla böceği.
komèdiañ コメディアン (İng. comedian) /a./ komedyen, komik.
kòmedii コメディ (İng. comedy) /a./ komedi, komedya, güldürü.
komegayu 米がゆ /a./ pirinç lapası.
komekami こめかみ /a./ şakak. ～がピクピクしている。Şakakları atıyor. おじいさんの～の毛がだんだん白くなっている。Büyük babamın şakaklarındaki saçları gittikçe ağarıyor.
komerarè·ru 込められる /ey./ 弾の込められた銃 dolu tüfek.
komè·ru 込める /ey./ doldur-. ピストルに弾を～ tabancayı doldur-.
komezùkuri 米作り /a./ çeltikçilik.
komì 込み /a./ ～で dahil.
komiàu 込み合う /ey./ sıklaş-, diz dize otur-. 市場の～時刻 pazarın civcivli zamanı. 込み合って omuz omuza, sıkışık. 都会では建物が込み合ってきた。Kentlerde yapılar sıklaştı.
komici 小道 /a./ keçi yolu. 森の～ patika.
komiìru 込み入る /ey./ çetinleş-. 込み入った çetrefil, dolaşık, girift, girişik. 込み入った問題 girişik problem. 込み入った説明 çetrefil ifade.
komoci 子持ち /a./ 三人の～ üç çocuk sahibi. ～の gebe, yavrulu.

たくさんの～になる çoluğa çocuğa karış-.
kòmoñ 顧問 /a./ müşavir.
komoñzyòkañ 古文書館 /a./ arşiv.
komorì 子守 /a./ dadı, dadılık. ～をする dadılık et-.
komoriùta 子守歌 /a./ ninni. ～を歌う ninni söyle-. 子供は～なしで寝た。Çocuk ninnisiz uyudu.
komozi 小文字 /a./ küçük harf.
kòmu 込む /ey./ kalabalık ol-. 込んだ kalabalık, sıkışık. お祭りどきは服屋の仕事がとても込んでいる。Bayram üzeri terzinin işleri çok sıkışık.
komugi コムギ, 小麦 /a./ buğday. ～の粒 buğday. 一握りの～ bir avuç buğday. こぼれた～ dökme buğday. ついた～ bulgur. もみを取った～ dövme. ～を粗くひく buğday kır-.
komugiiro 小麦色 /a./ 肌が～の buğday benizli (tenli).
komugiko 小麦粉 /a./ buğday unu, un. 粗い～ irmik.
komura こむら /a./ baldır.
komyùnike コミュニケ (Fr. communiqué) /a./ tebliğ.
komyunikèesyoñ コミュニケーション (İng. communication) /a./ iletişim.
konà 粉 /a./ toz, un, pudra. 石炭の～ kömür tozu. トウモロコシの～ mısır unu. ～の toz. ～にする ufala-, öğüt-. パンを～にする ekmeği ufala-. 細かい～にする un ufak et-. ～をまぶす unla-. 魚に～をまぶす balığı una bula-, balığı unla-. ～を振りかける unla-. スープに～をまぜる çorbaya un çal-. 赤ちゃんの背中に～を塗る bebeğin vücuduna pudra sür-. ～を練ったもの hamur. ～にひくための unluk.
konabùkuro 粉袋 /a./ ～は何キロあったのか。Un çuvalları kaş lilo çekmiş?
konagona 粉々 /a./ ～になる parça-

konahikì

lan-, kül ufak ol-. 〜にする tuzla buz et-, ovala-. 〜の paramparça. コップが下へ落ちて〜になった. Bardak yere düşünce paramparça oldu.

konahikì 粉ひき /a./ değirmen. 手回しの〜 el değirmeni.

kona kòsyoo 粉コショウ /a./ toz biber.

kona mìruku 粉ミルク /a./ süt tozu.

konare・ru こなれる /ey./ sindiril-.

kona sèkkeñ 粉石けん /a./ toz sabun. 〜で洗う toz sabunla yıka-.

konàya 粉屋 /a./ değirmenci.

konazàtoo 粉砂糖 /a./ toz şeker. 半キロの〜 yarım kg. toz şeker.

kòne コネ (İng. connection) /a./ piston.

konè・ru こねる /ey./ kar-, yoğur-. 壁土を〜 harç kar-. 練り粉を〜 hamur tut-. 粉と水をこねて練り粉を作る un ve suyla hamur yoğur-. 練り粉はきちんとこねないとうまくいかない. Hamur yolunda yoğrulmazsa küser.

konèzumi 小ネズミ /a./ küçük fare. 〜がつかまったネズミとりの中でばたばたしている. Küçük fare yakalandığı kapanda çırpınıp duruyor.

konìmocu 小荷物 /a./ paket.

kono この /s./ bu, şu. 〜辺り buraları. 〜場合 bu takdirde. 〜ため bunun için. 〜間に bu arada. 〜中に含まれている bu cümleden. 〜ように böyle, böylece, böylecene, bu suretle, bu veçhile, şöyle. 〜ようにして böyle böyle, böylelikle. 〜家とは別にもう一軒家がある. Bu evden başka bir evi daha var. 〜親にしてこの子あり. Anasına bak kızını al, kenarına bak bezini al.

konoaidà この間 /a./ geçen gün, geçenlerde, geçende.

konogoro このごろ /a./ bu günlerde. 私達のところへたびたびやって来る, 特に〜はきっと立ち寄る. Bize sık sık gelir, ille böyle günlerde mutlaka uğrar.

kònoha 木の葉 /a./ yaprak.

konoheñ この辺 /a./ 〜に buralarda.

konò hito この人 /a./ bu adam, bu. 〜はしらふの時もこうだ. Bu adam ayıkken de böyledir.

konokata このかた /a./ …から〜 -den bu yana.

konò ko この子 /a./ bu çocuk. この親にして〜あり. Anasına bak kızını al, kenarına bak bezini al.

kono mãe この前 /a./ geçen defa, geçen sefer, geçenlerde.

konomasìi 好ましい /s./ hoş, uygun, iyi, yeğ, ömür. 〜態度 sevimli eda. 〜物 yüzü sıcak. 好ましくない uygunsuz. 好ましくない言動 uygunsuz söz ve davranışlar.

kònomi 木の実 /a./ meyve. 禁断の〜は甘い. Memnu meyve tatlı olur.

kònomi 好み /a./ beğeni, eğilim, lezzet, meyil, temayül, tercih, zevk. 〜に応じて dişine göre. 部屋を自分の〜に合わせて整えた. Odamı zevkime göre döşedim.

konomosìi 好もしい /s./ → **konomasìi**.

konòmu 好む /ey./ beğen-, lezzet al-, meylet-, dadan-, hoşlan-, sev-. 読書を〜 okumayı beğen-. …の方を〜 tercih et-, yeğle-. 好んで isteyerek. 〜と好まざるとにかかわらず ister istemez, çarnaçar. 木はその土地を好まず成長しなかった. Ağaç yerini sevmedi, küstü.

konòtabi この度 /a./ bu defa, bu kez.

konouenài この上ない /s./ sonsuz. 〜幸福 sonsuz mutluluk.

konoyò この世 /a./ bu dünya, ölümlü dünya, cihan, dünya. 〜の dünyevî. 〜とあの世 iki dünya. 〜とあの世で iki cihanda. 〜が続く限り kıyamete kadar. 〜は闇だ kıyamet alameti. 〜は楽園. Bir abam var atarım, nerde olsa yatarım.

konukaáme 小ぬか雨 /*a.*/ çisenti.
konyâkku コニャック (Fr. cognac) /*a.*/ kanyak, konyak. 食事の前に〜を一・二杯いかがですか. Yemekten önce bir iki kadeh konyak alır mısınız?
kòñ 紺 /*a.*/ lâcivert. 〜の lâcivert. 私達の学校の生徒は〜の制服を着ている. Okulumuzun öğrencileri lâcivert forma giyiyorlar.
kòñ 根 /*a.*/ can, ruh ; kök. 精も〜も尽き果てる canı çık-.
koñbàiñ コンバイン (İng. combine) /*a.*/ biçer döver.
kòñbañ 今晩 /*a.*/ bu akşam, bu gece. 〜メフメットの所に押しかけよう. Bu akşam Mehmet'i bastıralım. 〜は食べ過ぎた. Yemeği bu akşam fazla kaçırdım.
koñbañwà こんばんは /*ün.*/ iyi akşamlar, akşamlar hayır olsun, akşam şerifler hayır olsun, tün aydın.
koñbinàato コンビナート (Rus. kombinat) /*a.*/ kombina, kompleks.
koñboo こん棒 /*a.*/ kötek, lobut, sopa, çomak, cop. 〜で打つ copla-, kötek at-. 〜の一打ち kötek.
koñcikusyòo こんちくしょう /*ün.*/ kahrolsun, kör olası (olasıca, olsun).
koñciwà こんちわ /*ün.*/ merhaba. やあオスマンどうかね. ——元気だ. Merhaba Osman, nasılsın? —Merhaba iyiyim.
kòñcyeruto コンチェルト (İt. concerto) /*a.*/ konçerto.
koñcyuu 昆虫 /*a.*/ böcek.
koñdate 献立 /*a.*/ mönü.
koñdatehyoo 献立表 /*a.*/ tabela.
kòñdo 今度 /*a.*/ bu defa, bu kez, bu sefer. 〜の gelecek ; bu seferki. 〜の旅はどこから思いつかれたのですか. Bu yolculuk size nereden esti?
koñdoo 混同 /*a.*/ yanlış anlama,

benzetme.
koñdòomu コンドーム (İng. condom) /*a.*/ prezervatif, kaput.
koñgañ 懇願 /*a.*/ 〜する yakar-, yalvar-.
koñgecu 今月 /*a.*/ bu ay.
koñgèñ 根源 /*a.*/ ilke, kök, menşe, töz.
koñgo 今後 /*a.*/ ileri, (俗語) gayrı, bundan böyle, şimdiden sonra. この問題を〜検討する. Bu maddeyi ilerde inceleriz. 〜そこへは行かない. Gayrı oraya gitmeyeceğim.
Kòñgo コンゴ /*a.*/ Kongo.
koñgoo 根号 /*a.*/ kök imi (işareti).
koñgoo 混合 /*a.*/ karma. 〜の karma. 〜する karıştır-, harmanla-.
koñgòobucu 混合物 /*a.*/ halita, karışım.
koñgòoki 混合機 /*a.*/ karıştırıcı.
koñgoo kokùmocu 混合穀物 /*a.*/ çevrinti.
koñgòoseki 金剛石 /*a.*/ elmas.
koñgòosya 金剛砂 /*a.*/ zımpara. 〜でみがく taşla-.
koñgoo wàkuciñ 混合ワクチン /*a.*/ karma aşı. 〜の接種 karma aşı.
koñiñ 婚姻 /*a.*/ evlenme. 〜手帳 evlenme cüzdanı.
koñiro 紺色 /*a.*/ lâcivert. 〜の lâcivert, koyu mavi.
kòñkai 今回 /*a.*/ bu defa, bu kez, bu sefer. 〜の bu seferki.
koñkañ 根冠 /*a.*/ yüksük.
koñkecu 混血 /*a.*/ azma, azman. 〜の melez, kırma. オオカミと〜の犬 kurt azması (azmanı) bir köpek. 母が外国人で父がトルコ人の〜の友達がいる. Annesi yabancı, babası Türk melez bir arkadaşım var.
koñkecùsyu 混血種 /*a.*/ アラブ〜の馬 Arap kırması bir at.
koñki 根気 /*a.*/ gayret. 〜のいい direşken, sebatlı.
kòñki 婚期 /*a.*/ 〜をのがすな. Demir

tavında, dilber çağında.
koñkizuyòi 根気強い /s./ devamlı, mütehammil. ～生徒 devamlı öğrenci. 根気強く kuvvetle.
koñkoo 混交 /a./ ～の melez.
koñkoogo 混交語 /a./ melez bir dil.
koñkuriito コンクリート(İng. concrete) /a./ beton.
koñkuriito mìkisaa コンクリートミキサー(İng. concrete mixer) /a./ betonyer.
koñkùuru コンクール(Fr. concours) /a./ yarışma.
kòñkyo 根拠 /a./ esas, temel, asıl. ～のない esassız, temelsiz, asılsız, dipsiz, batıl. ～の薄い çürük. 確実な～ inanılır kaynaklar. このニュースの～はない. Bu haberin aslı yok.
koñkyuu 困窮 /a./ ihtiyaç, mahrumiyet. ～した boynu bükük, dar, mahrum.
kòñma コンマ(İng. comma) /a./ virgül.
koñmoo 根毛 /a./ emici kıllar, çil.
koñna こんな /s./ böyle, şöyle. ～に o (bu) kadar, şöyle. ～にも böylesine. 犬が～風に走っていた. Köpek şöyle koşuyordu. ～ことってないでしょう? Bu, olacak şey değil, efendim? ～時間まで何をしていたのか. (冗談) Feneri nerede söndürdün? ～に何年も待っていた. Bunca yıllar bekledim. ～にたくさん食べておなかがいっぱいだ. O kadar çok yedim ki, midem şişti. ～に美しい映画は見たことがない. Böylesine güzel bir film görmemiştim.
kòñnañ 困難 /a./ zor, zorlık, güçlük, çetinlik, darlık, müşkül, müşkülat, sıkıntı, gedik. ～な zor, güç, çetin, çileli, müşkül, sıkı sıkışık, zahmetli, ağır. ～なこと demir leblebi. ～に陥る zora düş-, sıkıya gel-, gediğe takıl-. ～になる zor gel-. ～にぶつかる tökezle-. ～にする güçleştir-, ket vur-, ～に陥れる başını yak-. ～に打ち勝つ güçlüğü yen-, arabasını düze çıkar-. ～を乗り越える şeytanın bacağını (ayağını) kır-, atlat-. ～を切り抜ける düzlüğe (düze) çık-, ayağı düze bas-, deveyi düze çıkar-, (kedi gibi) dört ayak üstüne düş-. ～から抜け出す içinden çık-, keçesini sudan çıkar-. ～がなくなる kolaylaş-. ～を経験する güçlük çek-. ～に耐える fedakârlığa katlan-, it canlı. ～に立ち向かう根性がない sıkıntıya geleme-. ～をおかして zor belâ, zoru zoruna, zor zar. 役に立たないものを使って仕事を～にする iğne ile kuyu kaz-. 一つの～からのがれて、なおひどい～に陥る yağmurdan kaçarken doluya tutul-. ～に耐えよ. Başa gelen çekilir.
kòñneñ 今年 /a./ bu yıl.
kòñnici 今日 /a./ bu gün, bu günkü günde, günümüz. ～の bu günkü. ～の状態 bu günkü durum. ある種のことわざは～でも通用するのだ. Kimi ata sözleri bu gün de geçerlidir.
koñniciteki 今日的 /a./ ～な güncel.
koñniciwà こんにちは /ün./ gün aydın, merhaba, hoş bulduk, nasılsınız, vakitler hayrolsun.
koñpàatomeñto コンパートメント (İng. compartment) /a./ kompartıman.
kòñpakuto コンパクト(İng. compact) /a./ pudralık, pudriyer.
kòñpasu コンパス(Hol. kompas) /a./ pergel, kompas, pusula. ～は円を描くのに用いられる. Pergel, çember çizmeye yarar.
koñpasu kàado コンパスカード(İng. compass card) /a./ rüzgâr gülü.
koñpasu zìsyaku コンパス磁石 /a./ pusula. ～の針 pusula iğnesi.
koñpoñ 根本 /a./ menşe-. ～の esas.

~から覆す taş taş üstünde bırakma-.

koñpoñteki 根本的 /a./ ~な esaslı, köklü, kökten, radikal. ~な変革 kökten bir değişiklik. ~には esasında.

koñpoo 梱包 /a./ paketleme, balyalama. ~した荷 balya.

koñpòsuto コンポスト(İng. compost) /a./ komposto.

koñpurèkkusu コンプレックス(İng. complex) /a./ kompleks.

koñpyùutaa コンピューター(İng. computer) /a./ elektronik beyin, bilgisayar, kompüter.

koñrañ 混乱 /a./ karışıklık, anarşi, bozgun, çaparız, çorba, dağdağa, dağınıklık, fesat, kargaşa, şaşkınlık, telâş. ~する karış-, karıştır-, çapraş-, arap saçına dön-, raydan (rayından) çık-, yer yerinden oyna-. 頭が~する zihni bulan- (karış-). ~に陥る telâşa düş-. ~させる alt üst et-, çorba et-, dolaştır-, fitne sok-, ırgat pazarına döndür-. ~に陥れる ateşe ver-, velveleye ver-. あたりが~している tozdan dumandan ferman okunma-. ~した karışık, çapraşık, bozuk düzen. ~した表現 karışık bir anlatım. 精神が~している zihni dağınık. ~を起こす karıştırıcı. ~のとき taş yağar kıyamet koparken. 私の頭が~した. Aklım karıştı. 悪い知らせで頭が~した. Kötü haberi alınca kafası allak bullak oldu. 私をたいへん~させた. Beni çok dolaştırdı.

koñrañ zyòotai 混乱状態 /a./ kargaşalık, arap saçı.

koñrei 婚礼 /a./ nikâh, düğün. ~の祝賀会 düğün dernek. ~の前夜に düğün arifesinde. ~を執り行う nikâh kıy-. 女はアクセサリーをありったけ身に付けて~に出かけた. Kadın bütün ağırlığını takıp düğüne gitti.

koñriñzai 金輪際 /be./ hiç, mutlaka.

kòñro こんろ /a./ ocak, maltız, mangal. コーヒーを沸かす~ kahve ocağı. ~の茶沸かしがグラグラ沸いている. Ocağın üzerindeki çaydanlık fokurduyor.

kòñsaato コンサート(İng. concert) /a./ konser, dinleti, resital.

koñsàrutañto コンサルタント(İng. consultant) /a./ danışman.

koñsei 混成 /a./ ~の karma. イスタンブルサッカー~チーム İstanbul futbol karması.

koñseki 痕跡 /a./ iz.

kòñseñto コンセント(İng. concent) /a./ priz. アイロンのプラグを~にさしてくれませんか. Ütünün fişini prize takar mısın?

koñsiñ 混信 /a./ parazit.

koñsui 昏睡 /a./ dalgınlık.

koñsui zyòotai 昏睡状態 /a./ koma. ~に入る komaya gir-. ~にある komada kal-. ~から抜け出す komadan çık-. 病人は~にある. Hasta dalgın uyuyor.

koñsyuu 今週 /a./ bu hafta.

koñtei 根底 /a./ dip, kök. ~から崩れる çürü-.

kòñtesuto コンテスト(İng. contest) /a./ müsabaka. 美人~ güzellik yarışması (müsabakası).

koñtoñ 混沌 /a./ kaos.

koñwaku 困惑 /a./ bozuntu, sıkıntı.

kòñya 今夜 /a./ bu gece. ~は大空がキラキラと星でいっぱいだ. Bu gece gök yüzü pırıl pırıl yıldızlarla dolu.

koñyaku 婚約 /a./ nişan, akit. ~する nişanla-, nişanlan-, nişan yap-, yüzük tak-, başını bağla-, (俗語) yavukla-. ~を破棄する yüzüğü geriye çevir-. 口先だけの~ ağız nişanı. ~した nişanlı, sözlü. 揺りかごにいるうちから~している beşik kertme nişanlı. 彼らは~している. Aralarında nişan

koñyakucyuu 婚約中 /a./ 〜の nişanlı.
koñyakùsiki 婚約式 /a./ nişan.
koñyakùsya 婚約者 /a./ nişanlı, (俗語) namzet.
koñyaku yùbiwa 婚約指輪 /a./ nişan halkası (yüzüğü).
kòñzacu 混雑 /a./ kalabalık, izdiham. たいへんな 〜 korkunç kalabalık, bin bir ayak bir ayak üstüne. 〜の中を歩き回って人の邪魔をする ayak altında dolaş-. アリは村から大都会にやって来て通りの〜にびっくりした. Ali köyden büyük kente gelince caddelerin kalabalığı karşısında alıklaştı.
koñzecu 根絶 /a./ 〜する tırpan at-, tırpandan geçir-, kökle-.
koñzeñ kòosyoo 婚前交渉 /a./ 〜をもつ (俗語) harama uçkur çöz-.
koñziki 金色 /a./ altın renk.
koo こう /be./ böyle, şöyle. 〜いうことşu. 〜して bu suretle, böyle böyle, böylece, böylecene, işte. 〜なったら bari. 真実は〜だ. Hak budur. この人はしらふの時も〜だ. Bu adam ayıkken de böyledir.
kòo 項 /a./ madde, fıkra, terim. 辞書の「花」の〜 sözlüğün "çiçek" maddesi. 第二条第一〜 madde 2 fıkra 1. 第十条第一〜 madde 10 bent 1.
kòo 甲 /a./ 手足の〜 sırt. 足の〜 tarak. カメの〜 bağa.
kòo 香 /a./ tütsü, buhur. 〜をたく tütsü yap-, tütsüle-.
kòo 功 /a./ başarı. 〜より罪の方が大きい ettiği hayır ürküttüğü kurbağaya değme-.
kòo 効 /a./ etki. 〜を奏する etkile-.
kòo 坑 /a./ kuyu.
kòo 候 /a./ mevsim.
kòo 幸 /a./ mutluluk.
kòo 公 /a./ efendi. ハサン〜 Hasan Efendi.

kòo 稿 /a./ müsvedde.
kòo 綱 /a./ sınıf.
kòo 腔 /a./ boşluk.
kooacu 高圧 /a./ yüksek gerilim (voltaj).
kooañ 公安 /a./ umumî emniyet, genel güvenlik.
kooañ 考案 /a./ planlama. 〜する icat et-.
kooàñkañ 公安官 /a./ kolluk, zabıta.
koobai 勾配 /a./ eğim, aklan, meyil, bayır, yokuş. 〜のある eğimli. 鉄道の〜 rampa.
koobai 購買 /a./ mubayaa, satın alma.
koobàiryoku 購買力 /a./ satın alma gücü.
koobàisuu 公倍数 /a./ ortak kat.
koobañ 交番 /a./ polis karakolu (noktası, kulübesi), (古語) kulluk. 男を無理やり〜に連れて行った. Adamı yaka paça karakola götürdüler.
koobañ 鋼板 /a./ sac.
koobasii 香ばしい /s./ iyi kokulu.
koobe こうべ, 首 /a./ baş. 〜を垂れる baş eğ-.
kòobi 交尾 /a./ çiftleşme. 〜する aş-, çatış-, çifteş-.
kòobo 酵母 /a./ maya, (俗語) damızlık. ヨーグルトの〜 yoğurt mayası. 〜を加える mayala-. 乳にヨーグルトの〜を入れる yoğurt çal-.
koobòiñ 広母音 /a./ geniş sesliler (ünlüler).
kòobu 後部 /a./ arka, art.
kòobucu 鉱物 /a./ mineral, maden. 〜の mineral, maden, madenî, madensel.
kòobucu 好物 /a./ 〜で黙らせる (侮辱的) kemik at-.
koobucùgaku 鉱物学 /a./ mineraloji.
koobùñroñ 構文論 /a./ söz dizimi.
koobuñsyò 公文書 /a./ mesaj.

kòoci 耕地 /*a.*/ tarla.
koociku 構築 /*a.*/ bina, kompozisyon. 〜する bina et-.
koocìsi 後置詞 /*a.*/ edat, ilgeç.
koocisyo 拘置所 /*a.*/ tutuk evi, zindan.
koocùgoo 好都合 /*a.*/ isabet.
koocuu 交通 /*a.*/ trafik, gidiş geliş, erişim, ulaşım, seyrüsefer. 〜標識 trafik işaretleri. 〜規則 trafik kuralları. 〜規則に従う trafik kurallarına uy-.
koocùuhi 交通費 /*a.*/ harcırah, yolluk.
koocuu sèiri 交通整理 /*a.*/ 大通りが交わるところで巡査が〜をしている. Caddelerin kesiştiği yerde bir polis trafiği yönetiyor.
koocuu sìñgoo 交通信号 /*a.*/ trafik lambası. 交差点には歩行者用に作られた〜がある. Kavşakta yayalar için yapılmış trafik lambaları var.
koocuu syùdañ 交通手段 /*a.*/ vesaiti nakliye, taşıt araçları.
koocuu zìko 交通事故 /*a.*/ trafik kazası.
koocuu zyùñsa 交通巡査 /*a.*/ trafik polisi. ああ、見てごらん、風が〜の帽子を飛ばした. Aaa, bakın, rüzgâr trafik polisinin kepini uçurdu!
koocuu zyùutai 交通渋滞 /*a.*/ 通りは〜だ. Caddede trafik tıkanık.
koocya 紅茶 /*a.*/ çay. 〜に入れる砂糖 çaylık şeker.
koocyaku 膠着 /*a.*/ 〜の bitişken.
koocyakugo 膠着語 /*a.*/ bitişken dil.
koocyàuri 紅茶売り /*a.*/ çaycı.
koocyawàkasi 紅茶沸かし /*a.*/ çaydanlık.
koocyoo 校長 /*a.*/ okul müdürü.
koocyòokai 公聴会 /*a.*/ forum.
koodai 広大 /*a.*/ 〜な engin, vâsi, ucu bucağı yok, uçsuz bucaksız.

koodàñsi 好男子 /*a.*/ koç yiğit.
koodeñ 香典 /*a.*/ baş sağlığı parası.
koodèñacu 高電圧 /*a.*/ yüksek gerilim.
kòodo コード(İng. code) /*a.*/ şifre. この金庫の鍵は〜を知らないと開けられない. Bu kasanın kilidi şifreyi bilmeden açılamaz.
kòodo コード(İng. cord) /*a.*/ kablo, kordon. アイロンの〜 ütünün kablosu.
kòodo 高度 /*a.*/ irtifa, yükseklik, yükselti. 〜の yüksek. 飛行機が〜を増す irtifa al-. エルジヤス山は4000メートルの〜がある. Erciyas Dağı 4000 m. yüksekliktedir.
kòodo 硬度 /*a.*/ metanet.
kòodo 光度 /*a.*/ kadir.
koodoku 購読 /*a.*/ abone.
koodokùsya 購読者 /*a.*/ okur, okuyucu. この新聞には五万人の〜がいる. Bu gazetenin elli bin abonesi var.
koodoo 行動 /*a.*/ davranış, hareket, harekât, eylem, tutum. 〜する hareket et-, davran-. 注意深く〜する adımını denk (tek) al-, ayağını denk bas-, ayağını tek al-. 強く〜する sıkı bas-. 子供らしく〜する çocukluk et-. すぐ〜できるようにしている tetik dur-. 機敏な〜 çeviklik.
koodoo 講堂 /*a.*/ konferans salonu.
koodoo 坑道 /*a.*/ ocak.
koodoo 黄銅 /*a.*/ pirinç.
koodoo syùgi 行動主義 /*a.*/ 〜の etkinci, eylemci.
koodoo syugìsya 行動主義者 /*a.*/ etkinci, eylemci.
koodootai 黄道帯 /*a.*/ Zodyak.
koòdori 小躍り /*a.*/ 〜して喜ぶ ayakları yere değme-, takla at- (kıl-), zil takıp oyna-.
kooei 光栄 /*a.*/ şan. 〜な müşerref. 〜に浴する mazhar ol-. たいへん〜です. Çok memnunum. お目にかかれて〜で

す. Müşerref oldum.
kooei 後衛 /a./ artçı. 前衛と～ öncü ve artçı.
kooeki 公益 /a./ kamu yararı.
kooeñ 公園 /a./ park. 大都会に一つの～もない. Koskoca şehirde bir park yok.
kooeñ 講演 /a./ konuşma, konferans, söylev. ～する konuş-, konferans ver-.
kooeñ 後援 /a./ destekleme.
kooeñkai 講演会 /a./ konferans. ～の講師 konuşmacı, konferansçı.
kooeñsya 講演者 /a./ konferansçı, konuşmacı, hatip. ～はだんだん緊張がとけてきた. Konuşmacı gittikçe açıldı.
kooeñsya 後援者 /a./ torpil.
koogai 口蓋 /a./ damak.
kòogai 郊外 /a./ kır, kırsal alan, açık, şehrin açığı, banliyö, varoş. ～の kırsal. ～と都市を結ぶ列車 banliyö treni. 天気がよくなると人々は～へ流れ出した. Hava güzel olunca halk kırlara döküldü.
koogàihañ 口蓋帆 /a./ damak eteği.
koogàioñ 口蓋音 /a./ damak sessizi.
koogàisui 口蓋垂 /a./ küçük dil.
koogaku 工学 /a./ mühendislik, teknik.
koogaku 光学 /a./ optik, ışık kaideleri ilmi.
koogañ 厚顔 /a./ ～の pek yüzlü, (口語) köseleı suratlı.
koogañ 睾丸 /a./ yumurta.
koogei 工芸 /a./ sanat.
koogeki 攻撃 /a./ saldırı, hamle, hücum, taarruz, tecavüz, atılım, atak. ～する saldır-, hamle et- (yap-). ～に移る saldırıya geç-. ～を受ける hücuma uğra-. 真正面から～する cepheden hücuma geç-. 兵隊は城へ向かって～をしかけた. Asker kaleye yürüdü.
koogekiteki 攻撃的 /a./ ～な saldırgan, yırtıcı, mütecaviz, dişli tırnaklı, canavar gibi.
koogeñ 高原 /a./ yayla, plato. 夏を～で過ごす yayla-. 寒さが今年の～人達に時ならぬ移動を促した. Soğuklar bu yıl yaylacıları vakitsiz göçürdü.
koogeñ 光源 /a./ ışık kaynağı.
kòogi 抗議 /a./ protesto. ～する protesto et-. ～を受けつけない şunu bunu bilme-.
kòogi 講義 /a./ ders. ～を始める kurs aç-. ～を聞く ders dinle-.
koogìbuñ 抗議文 /a./ protesto.
koogìsicu 講義室 /a./ dershane, derslik.
koogo 口語 /a./ konuşma dili, ağız.
kòogo 交互 /a./ almaş. ～の almaşık, alternatif.
koogòo 皇后 /a./ imparatoriçe, kraliçe.
kòogu 工具 /a./ âlet, cihaz. 穴を大きくする～ açkı.
kooguñ 行軍 /a./ yürüyüş. ～部隊 yürüyüş kolu. ～に出発する yürüyüşe geç-.
koogyoku 紅玉 /a./ lâl, yakut.
koogyoo 興行 /a./ seyir. 昼間の～ matine. 新しい～が始まる perdelerini aç-.
kòogyoo 工業 /a./ endüstri, sanayi, teknik. ～の endüstriyel, sınaî. ～が発展する sanayileş-. ～を発展させる sanayileştir-. ～・技術大臣 Sanayi ve Teknoloji Bakanı.
kòogyoo 鉱業 /a./ madencilik.
koogyoo gàkkoo 工業学校 /a./ teknik okul.
koogyoo gìzyucu 工業技術 /a./ teknoloji.
koogyooka 工業化 /a./ ～する endüstrileş-, sanayileş-, sanayileştir-.
koogyoo sèisañ 工業生産 /a./

sınaî istihsal.
koohai 交配 /*a.*/ çiftleşme. 〜させる çiftle-. 〜で生まれる az-. 〜した melez.
koohai 荒廃 /*a.*/ enkaz. 〜する harap ol-. 〜させる harap et-. 〜している harap.
koohai 後輩 /*a.*/ yaşça küçük, kıdemce aşağı.
koohàisyu 交配種 /*a.*/ ラバは〜だ. Katır bir melezdir.
kôohaku 紅白 /*a.*/ kırmızı ve beyaz.
koohañ 公判 /*a.*/ açık yargılama.
koohañ 広範 /*a.*/ 〜な vâsi, geniş.
koohañ 甲板 /*a.*/ güverte.
koohañ 鋼板 /*a.*/ sac. 〜の sac.
koohàñi 広範囲 /*a.*/ 〜の yaygın. 〜の修理 kafes tamiri. 〜に geniş (büyük) ölçüde.
koohei 公平 /*a.*/ bîtaraflık. 〜な bîtaraf, yansız, tarafsız.
kôohei 工兵 /*a.*/ istihkâm sınıfı.
koohìi コーヒー (Hol. koffie) /*a.*/ kahve. 一杯の〜 bir fincan kahve. 〜の木 kahve. 〜を飲む kahve iç-. 〜をひく kahve çek-. 〜を沸かすこんろ kahve ocağı. 〜製造者 kahveci. ひいた〜 kuru kahve. 水のように薄い〜 kestane suyu. 〜の底に沈んだかす telve. 甘い〜を入れてくれないか. Bana şekerli bir kahve yapar mısın?
koohìicugi コーヒーつぎ /*a.*/ kahve güğümü.
koohìihiki コーヒーひき /*a.*/ kahve değirmeni.
koohiiirìki コーヒーいり器 /*a.*/ kahve dolabı.
koohìiiro コーヒー色 /*a.*/ kahve rengi. 〜の kahve rengi.
koohii kàppu コーヒーカップ (İng. coffee cup) /*a.*/ fincan. 〜をゆすぐ fincanı çalka-.
koohìi mame コーヒー豆 /*a.*/ çekirdek kahve, kahve. 〜のうす kahve dibeği.

koohii mìru コーヒーミル (İng. coffee mill) /*a.*/ kahve değirmeni.
koohìiteñ コーヒー店 /*a.*/ kahvehane, kahveci, kıraathane, kahve. 〜の下げる盆 fener.
koohii ùranai コーヒー占い /*a.*/ kahve falı.
koohiizyàwañ コーヒー茶わん /*a.*/ fincan.
kôoho 候補 /*a.*/ aday, namzet. 〜に推す adaylığını koy-. 〜の資格 adaylık.
kôohoo 公法 /*a.*/ amme hukuku.
kôohoo 公報 /*a.*/ bildiri, tebliğ.
koohoo kìñmu 後方勤務 /*a.*/ menzil.
koohòsya 候補者 /*a.*/ aday, namzet.
koohu 交付 /*a.*/ teslim, tevdi.
kôohu 公布 /*a.*/ ilân. 〜する ilân et-, yayımla-. 法律を〜する yasa çıkar- (yap-, koy-).
kôohu 坑夫 /*a.*/ maden işçisi, madenci.
kôohu 鉱夫 /*a.*/ maden işçisi, madenci.
koohuku 幸福 /*a.*/ mutluluk, bahtiyarlık, kut, saadet. 〜な mutlu, bahtiyar. 〜にする mutlu kıl-. 〜に暮らす gün gör-. 気持よく〜に暮らす時. Tenceresi kaynarken, maymunu oynarken.
koohuku 降伏 /*a.*/ teslim, yenilgi. 〜する teslim ol-, dize gel-. 〜の旗を揚げる teslim bayrağı çek-.
koohuñ 興奮 /*a.*/ heyecan, asabiyet, coşku, coşkunluk, galeyan, tembih, uyarım. 〜する heyecanlan-, heyecan duy-, heyecana gel-, coş-, galeyana gel-, gocun-, birbirine gir-, yerinden oyna-, eli ayağı buz kesil-. 〜を覚える heyecana gel-, heyecan duy-. 〜させる galeyana getir-, sinirlendir-, ayağa kaldır-, coşkun, heyecanlı.

koohůñzai

～して泣き叫ぶ sinirleri boşan-. ～している heyecanlı. ～しやすい heyecanlı, sinirleri zayıf. 姉が詩を～して読んでいる. Ablam şiiri coşarak okuyor.
koohůñzai 興奮剤 /a./ uyandırıcı ilaç.
koohyoo 公表 /a./ açıklama, beyan. ～する afişe et-, beyan et-, meydana vur-.
kôoi 行為 /a./ hareket, davranış, fiil, amel, tutum. 子供っぽい～ çocukluk. 野獣のような～ canavarlık. 無学な人から反発を受けるような～をする çirkefe taş at-, çirkefi üzerine sıçrat-. この～は彼の正当性を証する. Bu davranış onun doğruluğuna delalet eder. 人は～で評価される. Ne ekersen onu biçersin.
kôoi 好意 /a./ iyi niyet, hüsnüniyet, iltifat, teveccüh. ～を示す iltifat et-, teveccüh göster-, anlayış göster-. …の側に～を示す lehinde söyle-(bulun-). ～で迎えること hüsnükabul. ～を示しながら代償を求める bir elle verdiğini öbür elle al-.
kôoi 厚意 /a./ lütuf.
kooiñ 工員 /a./ fabrika işçisi.
kooiñ 公印 /a./ tatbik mührü.
kooiteki 好意的 /a./ ～な hayırhah, kanı sıcak. ～に見ない iyi gözle bakma-.
kooka 硬化 /a./ sertleşme. ～する sertleş-, kemikleş-. 態度が～する suratı değiş-.
kôoka 効果 /a./ etki, tesir. ～がある kâr et-, etkile-. ～のある etkili. ～のない bereketsiz, sonuçsuz, verimsiz. ～の薄い atıl. 何の～もない bana mısın deme-.
kôoka 高価 /a./ pahalılık. ～な pahalı, elmas gibi. ～な物 kimya. たいへん～な paha biçilmez. ～に pahalıca.
kôoka 硬貨 /a./ akça, madenî para, metal para, sikke. ～の刻印 sikke.

～を筒状に巻いたもの fişek.
kôoka 工科 /a./ teknoloji.
kôoka 降下 /a./ inme, düşme.
kookacu 狡猾 /a./ kurnazlık, tilkilik. ～な kurnaz. ～に kurnazca.
kookàdoo 高架道 /a./ üst geçit.
kôokai 公開 /a./ açıklık. ～する meydanda bırak-. ～の açık, umumî, genel, halka ait. ～の会議 açık celse. ～裁判 alenî muhakeme. 民主主義は～体制だ. Demokrasi açıklık rejimidir.
kookai 公海 /a./ açık deniz, alarga, deniz.
kôokai 後悔 /a./ pişmanlık, nedamet, tövbe. ～する pişman ol-. たいへん～する bin pişman ol-, dizini döv-, başını taştan taşa vur-, kafasını taştan taşa çarp-. 悪事が失敗して～する ettiği ile kal-. ～させる pişman et-, yüreğine dert ol-, külahını ters giydir-. ～している pişman. ～している人 tövbekâr. §～先に立たず. Son pişmanlık fayda vermez.
kôokai 航海 /a./ denizcilik, gemicilik, vapur yolculuğu, sefer. 沿岸～ kabotaj.
Kôokai 紅海 /a./ Kızıl Deniz.
kookàisi 航海士 /a./ denizci.
kookaizyoo 公開状 /a./ açık mektup.
kookaku 広角 /a./ geniş açı.
kookañ 交換 /a./ değiş, mübadele, teati. ～する değiş-. 服を～する elbiseleri değiş-. 小麦を米と～する buğdayı pirinçle değiş et-. 意見を～する görüş teatisinde bulun-.
kookañ 好感 /a./ alâka, sempati. ～を持つ alâkalan-. ～の持てる sempatik. ～を与えない sevimsiz.
kookañ 高官 /a./ yüksek makamdaki bir kimse. ～専用車 makam arabası.
kookañ 公館 /a./ elçilik, sefaret.

kookañ 光環 /a./ ağıl, ay ağılı.
kookañ 鋼管 /a./ çelik boru.
kookañdai 交換台 /a./ telefon santralı. 父に電話するためにまず〜にかけた. Babama telefon etmek için önce santralı aradım.
kookañkyoku 交換局 /a./ santral.
kookañsiñkei 交感神経 /a./ sempati sinirleri.
kookañsyu 交換手 /a./ santral.
Kookàsasu コーカサス /a./ Kafkasya.
kookateki 効果的 /a./ 〜な etkili, verimli, müessir. 各学部の静かなデモは非常に〜だった. Fakültelerin sessiz gösterisi çok etkili oldu.
kookàzai 降下剤 /a./ 血圧〜 tansiyon düşürücü.
kookecu 高潔 /a./ iffet. 〜な asil, namuslu. 人格〜 alnı açık yüzü ak.
kookecùacu 高血圧 /a./ yüksek tansiyon.
kookei 口径 /a./ çap, kalibre. 大砲の〜 topun çapı. 大きな〜の çaplı.
kookei 光景 /a./ manzara, tablo. ものすごい〜 dehşet bir manzara.
kookèiki 好景気 /a./ yüksek konjonktür.
kookèisya 後継者 /a./ halef. マホメットの〜 halife.
kookeñ 貢献 /a./ hizmet, yararlık. 〜する hizmet et-.
kookeñ 後見 /a./ vasilik.
kookeñniñ 後見人 /a./ vasi. 〜であること vesayet, vasilik.
kòoki 好機 /a./ iyi şans, vesile, koz. 〜をとらえる münasebetini getir-, tavını bul-.
kòoki 高貴 /a./ 〜な yüce, ak. 〜な家柄 hanedanlık. 〜な身分 soyluluk.
kòoki 光輝 /a./ şeref.
kookiacu 高気圧 /a./ yüksek basınç. 〜の中心 antikiklon, antisiklon.

kookiñ 公金 /a./ 〜横領 aşırtı.
kookìsiñ 好奇心 /a./ meraklılık, merak, tecessüs. 〜に富んだ meraklı. 〜の強い mütecessis.
kookocu 恍惚 /a./ vecit, kendinden geçme.
kookògaku 考古学 /a./ kazı bilimi, arkeoloji. 〜博物館 arkeoloji müzesi.
kookogàkusya 考古学者 /a./ arkeolog.
kookogakuteki 考古学的 /a./ 〜な arkeolojik.
kookoku 公告 /a./ reklam, ilân.
kookokùgyoo 広告業 /a./ reklamcılık.
kookokuyoo 広告用 /a./ 〜パネル pano.
kookoo 高校 /a./ lise. 〜で学んでいる liseli. 〜レベルの専門学校 kolej. 〜で英語を教えている. Lisede İngilizce okutuyor. 姉は今年〜を終える. Ablam bu yıl liseyi bitirecek.
kookoo 口腔 /a./ ağız boşluğu.
kookoo 航行 /a./ denizcilik.
kookoo 鉱坑 /a./ maden ocağı, maden.
kookòogai 硬口蓋 /a./ sert damak.
kookòosei 高校生 /a./ liseli.
kòoku 鉱区 /a./ havza.
kòokusu コークス(Al. Koks) /a./ kok.
kookusutañ コークス炭 /a./ kok kömürü. 石炭は〜とも呼ばれる. Taş kömürüne kok kömürü de denir.
kookuu 航空 /a./ uçuş, havacılık, hava.
kookuubiñ 航空便 /a./ kurye; UÇAK İLE.
kookùuhei 航空兵 /a./ hava piyadesi.
kookùuki 航空機 /a./ uçak.
kookùuro 航空路 /a./ hava yolu, rota.
kookyoo 公共 /a./ umum. 〜の

umumî, umum, halka ait. ～のものにする istimlâk et-.
kookyòogaku 交響楽 /a./ senfoni. ～の senfonik.
kookyoogàkudañ 交響楽団 /a./ senfoni orkestrası.
kookyoosei 公共性 /a./ umumiyet.
kookyoo sìsecu 公共施設 /a./ müessese.
kookyoo zìgyoo 公共事業 /a./ kamu hizmeti. ～大臣 Bayındırlık Bakanı. ～省 Bayındırlık Bakanlığı.
kookyuu 高級 /a./ ～な üstün, üstün sınıf, yüce, ekstra. ～なパン has ekmek.
kookyuu 後宮 /a./ harem.
kookyuu 恒久 /a./ sonsuzluk.
koomai 高まい /a./ ～な alnı açık yüzü ak.
koomañ 高慢 /a./ mağrurluk, kurum. ～な gururlu, başı havada, başı yukarda, burnu büyük, derisine sığmaz, dik başlı. たいへん～な burnu Kaf dağında. ～で短気な人 yanına salavatla varılır. アイラの～さで近寄れない. Ayla'nın kurumundan yanına varılmıyor.
koomei 公明 /a./ この人のやることは全部～正大だ. Bu adamın her işi açıktır.
koomei 高名 /a./ ～な namlı şanlı.
koomiñ 公民 /a./ yurttaş. ～としての知識 yurt bilgisi.
koomìñka 公民科 /a./ yurt bilgisi, yurttaşlık bilgisi.
koomìñkañ 公民館 /a./ halk evi.
koomìñkeñ 公民権 /a./ kamu hakları.
koomoku 項目 /a./ madde.
koomoñ 肛門 /a./ göden, makat, sofra, dip, (卑語) göt, büzük.
kòomori コウモリ /a./ yarasa, gece kuşu.

koomorigàsa こうもり傘 /a./ kara şemsiye.
kòomu 公務 /a./ görev, memuriyet. ～の resmî.
koomùiñ 公務員 /a./ memur, resmî memur, devlet memuru. ～の職 memurluk. ～の給与体系 barem. ～はいい. Beylik fırın has çıkarır.
koomùru 被る /ey./ 損害を～ canı yan-. お陰を被っている borçlu. 被って duçar.
koomyaku 鉱脈 /a./ damar, maden damarı, yatak. 豊かな石油の～が発見された. Zengin bir petrol damarı bulundu.
koomyoo 巧妙 /a./ ustalık, incelik. ～な ustalıklı, becerikli, marifetli. ～に ustalıkla.
koomyoo 光明 /a./ nur, ışık.
kòonaa コーナー(İng. corner) /a./ köşe, köşebent.
koonaa kìkku コーナーキック(İng. corner kick) /a./ korner.
kòonai 校内 /a./ okul dahili. ～でたばこを吸ってはいけない. Okul dahilinde sigara içilmez.
kòonai 構内 /a./ yapı içi.
kòonai 港内 /a./ liman içi.
koonañ 後難 /a./ ～を恐れて逆らわない köpeğe hoşt, kediye pişt deme-.
koonecu 光熱 /a./ ışık ve ısı.
koonecu 高熱 /a./ yüksek hararet. 病人が～で ateşler içinde.
kòoneñ 光年 /a./ ışık yılı.
kooniñ 公認 /a./ resmî izin, mezuniyet.
koonìñsya 後任者 /a./ ardıl, halef.
koonoo 効能 /a./ etki, yarar, menfaat.
koonòtori コウノトリ /a./ leylek. ～の鳴き声 laklak. ～が南へ移動した. Leylekler güneye göçtü.
koonyuu 購入 /a./ mubayaa, alım.
kòora コーラ /a./ kola. ～の実 kola.
kòorañ コーラン(İng. Koran) /a./

kooryuu

Kuran. ～の文 ayet. ～の解釈 tefsir. ～の断章 cüz. ～の読了 hatim. ～を読了する hatim indir-. ～を読み続ける hatim sür-. ～に手をのせて誓う kitaba el bas-. ～を全部暗記している人 hafız. 朗々と～を読んでいる。 Gürül gürül Kuran okuyor.
koorase·ru 凍らせる /*ey.*/ dondur-, ayaz vur-, dondurucu. ～こと dondurma. 焼いて凍らせた肉 kavurma.
kôorasu コーラス(İng. chorus) /*a.*/ koro.
koorei 好例 /*a.*/ uygun bir örnek.
koorei 高齢 /*a.*/ yaşlılık. ～に達する yaşlan-. ～の yaşlı. 動けないほど～の tirit gibi. ～だが自分の体のことによく気を使っていたようだ. Çok yaşlı ama kendine iyi bakmış.
koori 氷 /*a.*/ buz. ～の buzlu. ～貯蔵室 buzhane. ～が張る buzlan-, buz bağla- (kesil-, tut-), don tut-. ～が張ること don. ～の張った buzlu. ～が解ける buzlar çözül-, don çözül-. ～のようになる buz kesil-. ～の入っている buzlu. 水が～に変わる. Su buza dönüşür.
kôori 公理 /*a.*/ belit.
kôori 高利 /*a.*/ yüksek faiz.
kooricu 公立 /*a.*/ belediye.
kooricu 効率 /*a.*/ verim.
kooricùku 凍り付く /*ey.*/ 恐怖で体が～ donakal-. 降った雪がひさしに凍り付いた。 Yağan kar saçaklarda buz tuttu.
koorigasi 高利貸し /*a.*/ faizci, tefeci, murabahacı.
koorigasìgyoo 高利貸し業 /*a.*/ tefecilik, murabaha.
kooriñ 光輪 /*a.*/ nur.
kooriñ 後輪 /*a.*/ art teker.
koorizàtoo 氷砂糖 /*a.*/ 色の付いた～ akide şekeri.
kôoro 航路 /*a.*/ deniz yolu, rota, sefer. ロンドン・ボンベイ～を飛ぶイギリス航空機 Londra-Bombay seferini yapan bir İngiliz uçağı. タンカーが～をはずれた. Petrol gemisi rotadan çıktı.
kôoro 香炉 /*a.*/ buhurdan, buhurluk.
kôoro 高炉 /*a.*/ yüksek fırını.
kôorogi コオロギ /*a.*/ cırcır böceği, cırlak, çırçır.
kôoroñ 口論 /*a.*/ tartışma, kargaşa, münakaşa, hırıltı. ～する tartış-, atış-, dalaş-, çekiş-. ポストをめぐる～ iskemle (sandalya, koltuk) kavgası.
kooroo 功労 /*a.*/ yararlık.
kooru 凍る /*ey.*/ don-, buz kesil-. 凍った川 buzlu dere. ～ような dondurucu. ～ような寒さ dondurucu soğuklar. ～ようになる dona çek-. ～ように冷える kıkırda-. 水は0°で～. Su sıfır derecede donar. 外に出るとひどい寒さで耳が凍った. Dışari çıkınca ayazdan kulaklarım dondu.
koorutàaru コールタール(İng. coal tar) /*a.*/ maden katranı.
kooruteñ コールテン(İng. corded velveteen) /*a.*/ kadife.
kôoryo 考慮 /*a.*/ itibar. ～する itibar et-, itibara al-, derpiş et-. ～される itibar gör-, bakıl-. ～に入れる hesaba kat-.
kôoryoku 効力 /*a.*/ etki, kuvvet, meriyet, yürürlük. ～のある etkili, cari. ～をおよぼす etkile-. ～を発する meriyete geç-, yürürlüğe gir-. ～が生じた法律 yürülüğe geçen yasalar.
kooryoo 綱領 /*a.*/ program, platform.
kôoryðo 香料 /*a.*/ baharat, ıtriyat, parfüm. 味付けの～ çeşnilik.
kooryuu 拘留 /*a.*/ tutuklama, tevkif. ～する nezarete al-, tutukla-. ～された mevkuf, tutuklu. 二人の泥棒を～した. İki hırsızı tutukladılar.
kooryuu 交流 /*a.*/ ～の alternatif. ～発電機 alternatör.

koosa 交差 /a./ ～する kesiş-, çapraz, kesişen. ～させる çaprazla-. ～して makaslama.
kōosa 考査 /a./ sınav.
koosacu 絞殺 /a./ iple boğma.
koosai 交際 /a./ ihtilât. ～する münasebete gir-, münasebette bulun-, arkadaşlığa devam et-. 仲の いい～ yıldız barışıklığı.
koosai 公債 /a./ devlet istikrazı.
koosai 虹彩 /a./ iris.
koosaku 耕作 /a./ çiftçilik, işleme. 土地の～ toprağı işleme.
koosaku 工作 /a./ el işi. ～の時間 el işi dersi.
koosakùki 耕作期 /a./ çift zaman.
koosakùsya 耕作者 /a./ ekici.
koosakuyoo 耕作用 /a./ ～の二頭の家畜 çift. ～でない家畜にすきをつける çifte koş-.
koosakuzyoo 工作場 /a./ işlik.
koosañ 公算 /a./ olasılık.
koosañ 降参 /a./ teslim, pes. ～する teslim bayrağı çek-, pes de- (et-), baş eğ-, düş-.
koosateñ 交差点 /a./ dört yol ağzı, dört yol, yol ağzı (kavşağı), kavşak. ～には歩行者用に作られた交通信号がある。Kavşakta yayalar için yapılmış trafik lambaları var,
koosecu 降雪 /a./ kar yağışı.
koosecùryoo 降雪量 /a./ kar yağışı.
koosei 構成 /a./ oluş, teşekkül, teşkil, kompozisyon. ～する oluştur-, teşekkül et-. ～される oluşturul-. ～された müteşekkil.
koosei 公正 /a./ adalet, insaf. ～な adaletli, adil, insaflı, meşru. ～な判決 adaletli bir hüküm. ～な裁判 adil bir mahkeme.
koosei 恒星 /a./ sabite. ～と惑星 sabite ve gezegen.
koosei 厚生 /a./ sosyal yardım.
koosei 攻勢 /a./ taarruz.
koosei 校正 /a./ düzelti.
koosei 向性 /a./ yönelim.
kōosei 後世 /a./ gelecek nesil.
koosei bùssicu 抗生物質 /a./ antibiyotik.
kooseigàkari 校正係 /a./ düzeltici, düzeltmen.
koosèiiñ 構成員 /a./ aza.
koosèiso 構成素 /a./ unsur.
kooseiyoo 校正用 /a./ ～の欄外の文字 çıkıntı.
koosei yòoso 構成要素 /a./ 複合語の～ bileşen.
kooseizuri 校正刷り /a./ prova.
kooseki 功績 /a./ yararlık. 人のしたことを自分の～にする kerameti kendinden bil-.
kooseki 鉱石 /a./ cevher, filiz, maden.
kooseñ 光線 /a./ ışın, ışık. 太陽～が海面に光っている。Güneşin ışıkları denizin yüzeyinde parlıyor.
kooseñ 公選 /a./ genel seçim.
kooseñ 交戦 /a./ savaşma, harp açma.
kooseñ 高専 /a./ ～の教官 öğretim üyesi.
kooseñ 口銭 /a./ komisyon.
koosèñteki 好戦的 /a./ ～な savaşçı, savaşkan, dövüşken, cenkçi.
koosi 格子 /a./ ızgara, kafes. 窓の～ pencere kafesi.
kōosi 講師 /a./ okutman, öğretmen. 講演会の～ konuşmacı. ～の話を聞きに多数の人がやって来た。Hatibi dinlemek için çok sayıda kişi geldi. 聴衆は～の話を注意深く聞いた。Dinleyiciler konuşmacıyı dikkatle dinlediler.
kōosi 公使 /a./ elçi, orta elçi. ～の職 elçilik.
kōosi 行使 /a./ kullanma. 拒否権を～する veto et-.
koosigaki 格子がき /a./ çardak.

koosikañ 公使館 /a./ elçilik. 〜付随員 elçilik uzmanı, ataşe.
koosikāñiñ 公使館員 /a./ elçilik uzmanı, ataşe.
koosiki 公式 /a./ düstur, formül. 〜の resmî. 〜に resmen. 〜文書 tutanak. 〜データによれば resmî rakamlara göre.
koosi mo̅yoo 格子模様 /a./ 〜の haneli.
koosiñ 行進 /a./ yürüyüş, geçit. 〜する yürüyüş yap-. デモ〜 gösteri yürüyüşü.
koosiñ 更新 /a./ yenileme. 〜する yenile-. 契約を〜する kontralı yenile-.
koosiñ 後進 /a./ 船の〜 tornistan. 船を〜させる tornistan et-.
koosiñ 高進 /a./ 心悸〜 çarpıntı.
koosiñ 交信 /a./ haberleşme. 〜する haberleş-.
koosiñkyoku 行進曲 /a./ marş. 独立〜 istiklâl marşı.
koosiñryoku 向心力 /a./ merkezcil kuvvet.
koosiñryoo 香辛料 /a./ baharat.
koosiñteki 向心的 /a./ merkezcil.
koosite こうして /be./ böylece, böylecene.
koosizima 格子じま /a./ 〜の ekose. 〜の布 ekose.
ko̅oso 控訴 /a./ temyiz. 〜裁判所 temyiz mahkemesi.
ko̅oso 酵素 /a./ maya.
koosoku 校則 /a./ okul yönetmeliği.
koosoku 拘束 /a./ işgal. 〜する bağlayıcı.
koosoku 梗塞 /a./ enfarktüs. 心筋〜 yürek enfarktüsü.
koosoku do̅oro 高速道路 /a./ ekspres yol, otoyol.
koosoo 構想 /a./ plan.
koosoo 抗争 /a./ çatışma.
koosoo 鉱層 /a./ havza.

koosoo kēñciku 高層建築 /a./ gökdelen.
ko̅osu コース (İng. course) /a./ kurs, kur.
koosui 香水 /a./ parfüm, esans, ıtriyat, koku. 花の〜 çiçek suyu. バラの〜 gül suyu. 〜をつける esans sür-.
koosui 硬水 /a./ acı su, sert su.
koosui 鉱水 /a./ maden suyu.
koosu̅iryoo 降水量 /a./ yağmur yağışı.
koosu̅ru 抗する /ey./ diren-, karşı ol-.
ko̅osya 校舎 /a./ okul yapısı.
ko̅osya 後者 /a./ sonuncusu, ikincisi.
koosyahoo 高射砲 /a./ uçaksavar.
ko̅osyaku 侯爵 /a./ marki. 〜夫人 markiz.
ko̅osyaku 公爵 /a./ dük.
koosyoku 好色 /a./ 〜な şehvetli, çapkın.
koosyoo 交渉 /a./ danışma, müzakere, temas. 〜を持つ temas et-, temasta bulun- (ol-). あの男とはまったく〜がなかった。O adamla hiç bir temasım olmadı.
koosyoo 鉱床 /a./ maden yatağı, ocak, yatak.
koosyoo 公称 /a./ saymaca, itibari.
koosyoo 高尚 /a./ 〜な âli, yüce.
koosyooniñ 公証人 /a./ noter. 〜の仕事 noterlik. 〜の事務所 noterlik. 〜役場 noterlik.
koosyu 絞首 /a./ iple boğma.
koosyudai 絞首台 /a./ dar ağacı, sehpa, yağlı ip.
koosyu̅kei 絞首刑 /a./ ipe asma cezası. 〜にする sehpaya çek-, as-, (冗談) sarkıt-.
koosyu̅ 公衆 /a./ halk, amme, kamu.
koosyuu 講習 /a./ ders.

koosyuu 口臭 /a./ ağız kokusu.
koosyuu beñzyo 公衆便所 /a./ umumî hela.
koosyuu deñwa 公衆電話 /a./ umumî telefon.
koosyûueki 高収益 /a./ verimlilik.
kootai 交代, 交替 /a./ almaş, mübadele, münavebe, tadilât, vardiya. 〜する almaşık. 〜して nöbetleşe, sıra ile. 〜に seçenekle, yerine. 工場は二〜で動いている. Fabrika iki vardiya çalışıyor.
kootai 後退 /a./ gerileme, ricat. 〜する geri git-, gerile-, kaytar-.
kootàisi 皇太子 /a./ prens, veliaht.
kootaku 光沢 /a./ cila.
kootañsai 降誕祭 /a./ Noel.
kootecu 鋼鉄 /a./ çelik. 〜と弾性ゴムは非常に弾力性のある物質である. Çelik ve kauçuk çok esnek cisimlerdir.
kootecusei 鋼鉄製 /a./ 〜の çelik. 〜の矢 (古語) zemberek.
kootei 校庭 /a./ okul bahçesi. 祝日には〜の旗ざおに旗を立てる. Bayramda okul bahçesindeki göndere bayrak çekeriz.
kootei 行程 /a./ 一日〜 konak. ここから五日〜だ. Buradan orası beş konaktır.
kootei 肯定 /a./ tasdik, teyit. 〜の müspet, olumlu. 〜する tasdik et-, teyidet-.
kootei 皇帝 /a./ imparator, hakan, melik. 〜の地位 hakanlık. 〜陛下 haşmetli.
kooteibuñ 肯定文 /a./ olumlu cümle (tümce).
kootei kàkaku 公定価格 /a./ narh. 最低〜 taban fiyat. 〜を決める narh koy-.
kootei rèeto 公定レート /a./ resmî kur. 〜によるドルの価値 resmî kura göre doların değeri.

kooteiteki 肯定的 /a./ 頭を〜に振る başını evet makamında salla-.
kooteki 公的 /a./ 〜な resmî. 〜に resmen.
kòoteñ 交点 /a./ tepe.
kòoto コート (İng. coat) /a./ manto, ceket, pardösü. 〜の格好がとても美しい. Mantonun biçimi çok güzel.
kòoto コート (İng. court) /a./ saha.
kootòkake コート掛け /a./ portmanto.
kootoo 口頭 /a./ 〜の sözlü, şifahî. 〜で ağızdan, şifahen. 〜で知らせる şifahen bildir-. 〜で返事をする şifahen cevapla-. 〜命令 şifahî emir. 上官への〜報告 tekmil haberi. 〜試問 şifahî sınav.
kootoo 高等 /a./ 〜な yüksek. 〜教育 yüksek öğretim. 〜教育審議会 Yüksek Öğretim Kurulu. 〜専門学校 yüksek okul.
kootoo 高騰 /a./ yükselme. 物価が〜した. Fiyatlar yükseldi.
kootoo 喉頭 /a./ gırtlak, hançere.
kootoo gàkkoo 高等学校 /a./ lise.
kootoo sikeñ 口頭試験 /a./ sözlü sınav, şifahî sınav, sözlü yoklama. 〜を受ける piyango çek-.
kootoo simoñ 口頭試問 /a./ sözlü sınav, şifahî sınav, sözlü yoklama.
Kootozìboàaru コートジボアール /a./ Fildişi Kıyısı.
kòou 降雨 /a./ yağış.
koouñ 幸運 /a./ kısmet, şans, kut, meymenet, saadet, talih kuşu, uğur, yom, devlet, yıldız. 思いがけない〜 devlet kuşu. 〜な kısmetli, şanslı, kutlu, mesut, talihli, uğuru açık, hayırlı, başı devletli. 〜の uğurlu. 〜を招くネコ uğurlu kedi. 〜が訪れる ayağına gel-. 〜が舞い込んだ canına minnet. 〜を手に入れる mutluluğa er-. 〜をつかむ piyango vur-. 〜をものにする başına devlet kuşu kon-. 〜を祈る hayırlı olsun.

〜だ yıldızı parla-. 〜に乗って金持ち になる yağmur yağarken küpünü doldur-. アラーが〜を与えてくだされば、またお目にかかれます. Allah kısmet ederse gene görüşürüz.
koowa 講和 /a./ barış. 〜する barış-. 〜条約 barış antlaşması.
koowañ 港湾 /a./ liman. 〜労働者 liman işçisi.
kooya 紺屋 /a./ §〜の白袴. Terzi kendi söküğünü dikemez.
kôoya 広野 /a./ ova.
kôoya 荒野 /a./ sahra, yaban.
kooyaku こう薬 /a./ yakı, merhem, plaster. カラシの〜 hardal yakısı. 〜を張る yakı vur-.
kooyakùsuu 公約数 /a./ ortak tam bölen.
kooyakuya こう薬屋 /a./ yakıcı.
kooyoo 効用 /a./ yarar, etki, fayda, iyilik. 先生は旅行の〜について私達に説明してくれた. Öğretmenimiz turizmin yararları konusunda bizi aydınlattı.
kooyoo 公用 /a./ 〜の resmî.
kooyoo 広葉 /a./ enli bir yaprak.
kooyoogo 公用語 /a./ resmî dil.
kooyôosya 公用車 /a./ resmî araba, hizmete mahsus araba.
kooyu 香油 /a./ バラの〜 gül yağı.
kooyu 鉱油 /a./ mineral yağlar.
kooza 口座 /a./ hesap. 〜を開く hesap aç-. 銀行に〜がある. Bankada hesap var.
kooza 講座 /a./ kurs. 大学の〜 kürsü.
kôozañ 鉱山 /a./ maden, maden cevheri, maden filizi.
koozañ roodôosya 鉱山労働者 /a./ madenci.
koozañsyu 鉱山主 /a./ madenci.
koozeñ 公然 /a./ 〜と açıkça, açıktan açığa, açık olarak, ortalıkta, halk arasında, göz göre (göre), dosta düşmana karşı. 〜と非難する ortadan söyle-. 〜の秘密だ. Mısır'daki sağır sultan bile duydu.
koozi 公示 /a./ 〜する afişe et-.
koozi コウジ /a./ maya.
kôozi 工事 /a./ mühendislik.
koozicu 口実 /a./ bahane, vesile, sudan sebep (bahane). 〜に bahanesiyle, sözde. 〜を作る kulpunu bul-. 〜をでっちあげる人 yumurtaya kulp takar. 無駄な〜 kurt masalı. あなたが私を呼ぶのが通りへ出る〜になった. Beni çağırmanız sokağa çıkmama vesile oldu. またしても私にくどくどと無駄な〜を並べたてた. Bana gene bir sürü kurt masalı okudu.
koozi・ru 講じる /ey./ 対策を〜 önlem al-.
koozoo 構造 /a./ yapı, yapılış, bünye. 言語〜 dil yapısı.
koozu 構図 /a./ kompozisyon.
koozui 洪水 /a./ sel, su baskını, taşkın. 〜がおそう sel bas-. 荒れ狂った〜 kükremiş sel. ノアの〜 tufan. 〜に見舞われた家畜たちがおぼれた. Sel sularına kapılan sürü boğuldu.
koozuka 好事家 /a./ 〜の hevesli.
kôozyo 皇女 /a./ prenses.
koozyoo 口上 /a./ ağız. 売り手の〜 satıcı ağzı.
koozyoo 向上 /a./ terfi. 〜する yüksel-. 〜させる yükselt-.
koozyôo 工場 /a./ fabrika, imalâthane. 〜の技術員 fabrikanın teknik elemanı.
koozyoo hêisa 工場閉鎖 /a./ lokavt.
koozyoo keiêisya 工場経営者 /a./ fabrikacı, fabrikatör.
koozyôokeñ 好条件 /a./ いつも〜はない. At olur meydan olmaz, meydan olur at olmaz.
koozyôonusi 工場主 /a./ fabrikacı, fabrikatör.
koozyoo roodôosya 工場労働者

koozyoo seisa̐ñbucu /a./ fabrika işçileri.
koozyoo seisa̐ñbucu 工場生産物 /a./ fabrika işi.
koozyooseñ 甲状腺 /a./ kalkan bezi.
koozyoose̐ñsyu 甲状腺腫 /a./ guatr.
koozyo te̐ate 控除手当 /a./ sipariş.
koozyu 口授 /a./ dikte. ～する dikte et-.
koozyucu 口述 /a./ dikte. ～の şifahî, sözlü.
koozyucu si̐keñ 口述試験 /a./ sözlü sınav, şifahî sınav.
koozyuñ 公準 /a./ konut.
ko̐pii コピー(İng. copy) /a./ kopya, tıpkıbasım. ～する kopya çek-. 書類をきれいに～する yazıyı temize çek-.
ko̐ppa 木っ端 /a./ yonga. ～みじんに paramparça.
poppido̐i こっぴどい /s./ こっぴどく bir temiz. こっぴどくしかる (隠語) kalayı bas-. こっぴどく打ちのめした. Bir temiz (Temiz bir) dayak atmışlar.
koppu コップ(Hol. kop) /a./ bardak. ～二杯の水 iki bardak su. ひびの入った～ çatlak bardak. 取っ手のついた～ maşrapa. 水を～につぐ suyu bardağa boşalt-. ～の水を飲み干す bir sürahi suyu devir-. ～をふちまで満たさない dudak payı bırak-. 手にした～を地面に投げつけた. Elindeki bardağı yere çaldı.
koppu̐oki コップ置き /a./ bardak altlığı.
koppu̐siki コップ敷き /a./ bardak altlığı.
koppu̐uke コップ受け /a./ zarf.
Koputo̐ziñ コプト人 /a./ Kıptî.
ko̐ra こら /ün./ be, hey, bana bak, oğlum, âşık. おい～ höst. ～子供. Be çocuk!
korae̐·ru こらえる /ey./ dayan-, katlan-, kendini tut-, sabret-. 怒りを～ öfkesini yen-. じっと～ sineye çek-. じっとこらえて聞く giy-. こらえきれない (隠語) sıfırı tüket-. こらえきれずに秘密をもらす ağzından baklayı çıkar-.
koraesyoo こらえ性 /a./ ～のない aceleci, sabırsız, tez canlı.
ko̐ramu コラム(İng. column) /a./ sütun.
korare̐·ru 来られる /ey./ gelin-. 連れて～ getiril-. 一時間で行って～. Bir saatte gidilir gelinir.
korasime 懲らしめ /a./ ders.
korasime̐·ru 懲らしめる /ey./ ders ver-, (口語) yuvasını yap-.
kora̐su 凝らす /ey./ 装いを～ kılıfına uydur-.
kore これ /a./ bu, şu. ほら～ şu. ～よりもいいものはない bundan iyisi can sağlığı. ～には何か訳がある bunda bir iş var. ～以上 artık, bundan fazla. ～より gayrı. ～以上犠牲をはらいたくない. Ben şahımı bu kadar severim. ～にどんな値段をつけたか. Buna ne fiyat biçtiniz? ～はあなた以外みんな知っている. Bunu sizden başka herkes bilir. ～はお珍しい. Ayağına sıcak su mu dökelim, soğuk su mu?
kore dake̐ これだけ /a./ ～の費用のほかにくたびれもおまけとは. Bu kadar masraftan başka yorgunluğu da caba!
kore hodo これ程 /be./ bu kadar. ～の bunca. ～仕事のしたのにてがはずれた. Bunca emekler boşa çıktı. ～の寒さはまだ経験したことがなかった. Bu derece soğuk hiç görülmemişti.
kore kara これから /be./ bundan böyle. ～は bundan böyle, gayrı. ～来ると言うのか. Bundan sonra gelir mi dersin?
korekiri これきり /be./ さあ, ～だよ. Bir dostluk kaldı!
kore̐kore これこれ /a./ ～の本屋の場

所を御存知ですか．Falan kitapçının yerini biliyor musunuz?
korèkusyoñ コレクション(İng. collection) /a./ koleksiyon. あなたに私の切手〜を見せよう．Size pul koleksiyonumu göstereyim.
kore màde これまで /a./ buna kadar. 〜の苦労も金も無駄になってしまった．Bu kadar emek ve para havaya gitti.
koreppòcci これっぽっち /a./ 〜の şu kadarcık, ufacık. 〜もやらない zırnık (bile) koklatma-. 〜の肉も見つけられなかった．İlaç için bir dirhem et bulamadım.
kòrera コレラ(Hol. cholera) /a./ kolera. 人々を〜から守る halkı koleradan koru-.
korèra これら /a./ şunlar, bunlar. 〜の事件 bu olaylar.
kòri 梱 /a./ balya. 干し草の〜が腐って暖かくなった．Ot balyaları kızıştı.
koricu 孤立 /a./ tecerrüt. 〜無援 işi Allah'a kal-.
korigòri 懲り懲り /a./ 〜だ. Canımı sokakta bulmadım.
kòro 頃 /a./ zaman, iken, yaş, aralık, ara. よかった〜 iyi gün. 若い〜に gençliklerinde, genç yaşında. ふるいがわらの中にあった〜 kalbur samanda iken. いい〜を見て言います. Bir sırasını bulursam, söylerim.
koroai 頃合い /a./ sıra, ara, tav. 〜を見計らう çalımında getir-. 〜のよい sıralı, vakitli, zamanlı. 〜のよくない vakitsiz. 〜よく vaktiyle, zamanında.
korobasu 転ばす /ey./ düşür-.
korobu 転ぶ /ey./ düş-. 転びそうになる düşeyaz-. 転んで顔を打つ (冗談) yeri öp-. 子供が走っていて転んだ．Çocuk koşarken düştü. 転んでひざがあざになった．Yere düşünce dizim çürüdü. 転んでひざを痛めたエルデムがヒーヒー言っている．Düşüp dizini acıtan Erdem cıyak cıyak bağırıyor.
§転んでもただでは起きない boş çıkma-, Testi kırılsa da kulpu elde kalır.
korogarikòmu 転がり込む /ey./ 遺産が〜 (口語) miras ye-. 遺産が転がり込んだ人 mirasyedi. これが私のところに100リラで転がり込んだ．Bu, bana yüz liraya patladı.
korogaru 転がる /ey./ yuvarlan-. ごろごろ〜 teker meker yuvarlan-. たるが転がっている．Fıçı yuvarlanıyor.
§〜石にコケつかず．Yuvarlanan taş yosun tutmaz.
korogasu 転がす /ey./ yuvarla-, tekerle-. 石を〜 taşı yuvarla-. 玉を〜 topu yuvarla-. かまずに口の中で〜 gevele-.
korogeocì•ru 転げ落ちる /ey./ yuvarlan-. はしごからゴロゴロと転げ落ちた．Merdivenden gümbür gümbür yuvarlandı. 山の上から〜雪が道をふさいだ．Dağın tepesinden yuvarlanan karlar yolu kapadı.
koroge•ru 転げる /ey./ yuvarlan-.
kòrokke コロッケ(Fr. croquette) /a./ patates köftesi. ひき肉とパンの〜 kuru köfte.
kòroñ コロン(İng. colon) /a./ iki nokta.
Koròñbia コロンビア /a./ Kolombiya.
korosare•ru 殺される /ey./ öldürül-, maktul düş-, kan ol-, defteri dürül-, post elden git-, (隠語) temizlen-. 殺された maktul. 〜ようにと思う başını iste-.
korosiai 殺し合い /a./ 〜をする gırtlak gırtlağa gel-.
korosiàu 殺し合う /ey./ kırış-.
korosiya 殺し屋 /a./ kiralık katil.
korosu 殺す /ey./ öldür-, can al-, canına kıy-, canını al-, canını cehenneme gönder-, ortadan kaldır-, vücudunu ortadan kaldır-, helak et-, işini bitir-, işini gör-, kır-,

koroyòku

götür-, (口語) gebert-, (隠語) nalla-, becer-, temizle-, zımbala-. 人を〜 cana kıy-, icabına bak-, elini kana bula- (bulaştır-), Allahın binasını yık-. 首を切って〜 boğazla-. 大勢〜 kırıp geçir-. 〜のをやめる canını bağışla-. 殺したくなるほど怒る gözünü kan bürü-. 殺してやる leşini ser-. この病気は多くの人を殺した. Bu hastalık çok kişiyi götürdü. 寒さが家畜を殺した. Soğuk hayvanları kırdı.

koroyòku 頃よく /be./ vaktiyle.

kòru 凝る /ey./ 〜こと hastalık. 凝った nazik. 凝った服装の iki dirhem bir çekirdek. 彼は乗馬に凝っている. Onda ata binme hastalığı var.

kòruku コルク (Hol. kurk) /a./ mantar. びんの口を〜でふさぐ şişenin ağzını mantarla tıka-.

korukudèppoo コルク鉄砲 /a./ mantar tabancası.

korukùgasi コルクガシ /a./ manter meşesi.

korukuseñ コルクせん /a./ mantar, tıpa.

koruku señnùki コルクせん抜き /a./ burgu, tirbuşon. このびんを開けるのに〜が要る. Bu şişeyi açmak için tirbuşona gerek var.

korukùsoo コルク層 /a./ mantar tabakası.

koruku sòsiki コルク組織 /a./ mantar özü.

korusètto コルセット (İng. corset) /a./ korsa, korse.

kòsa 濃さ /a./ koyuluk, yoğunluk, kıvam.

Kosakku kìhei コサック騎兵 /a./ kazak.

kosakuniñ 小作人 /a./ ortakçı, rençper. 折半〜 yarıcı.

kosame 小雨 /a./ çisenti.

kosañ 古参 /a./ emektar. 〜の kıdemli. 〜であること kıdem.

kòsei 個性 /a./ bireysellik, bireylik, kişilik, şahsiyet. 〜のない kişiliksiz.

koseki 戸籍 /a./ nüfus kaydı.

koseñ 古銭 /a./ eski pul.

koseñkyoo 跨線橋 /a./ üst geçit.

kose‧ru 越せる /ey./ 病人は冬を越せなかった. Hasta kışı çıkaramadı.

kosi 腰 /a./ bel, kalça. 〜が曲がる iki kat ol-. 〜の曲がった çağanoz gibi. 〜が曲がって iki büklüm. 〜を曲げる eğil-. 〜を左右に曲げる bel kır-. 〜をおろす otur-. 〜を折る belini kır-. 話の〜を折られる lafı (lakırdısı) ağzında kal-. 〜に付けてやる kuşat-. 細い〜の karınca belli. 〜の低い alçak gönüllü. 〜のあたりの高さ yarı bel.

kòsi 輿 /a./ sedye.

kosiami こし網 /a./ süzgeç. 茶を〜でこす çayı süzgeçten geçir-.

kosicu 固執 /a./ ısrar, iddia. 〜する diren-, diret-, ısrar et-, iddia et-, inat et-, sebat et-, üstüne düş-.

kosicu 個室 /a./ özel oda. 風呂の暑い〜 halvet.

kosigiñcyaku 腰巾着 /a./ uydu, pervane gibi.

bosihimo 腰ひも /a./ uçkur.

kosikàke 腰掛け /a./ iskemle, tabure. 低い〜 oturak. やわらかい〜 puf. 〜では落ち着けないだろうから、そこのひじ掛けいすに座れ. Oturakta rahat edemezsin, şu koltuğa otur.

kosikakè‧ru 腰掛ける /ey./ otur-, tüne-. いすに〜 sandalyeye otur-. ちょっと〜 iliş-. 何も敷いていない板に腰掛けないで. Kuru tahtaya oturma. とても疲れた、あそこへちょっと腰掛けよう. Ben çok yoruldum, şuraya biraz ilişeyim.

kosiki こし器 /a./ süzek, süzgeç, süzgü.

kosimàwari 腰回り /a./ bel, kemer. スカートの〜にゆとりがある. Eteğin belinde bir bolluk var.

kosinuke 腰抜け /a./ korkak.

kosiraerare・ru こしらえられる /ey./ kurul-, yapıl-.
kosirae・ru こしらえる /ey./ kur-, ベッドを～ karyolayı kur-.
koso こそ /il./ こちら～ bilmukabele, ben de.
kòsokoso こそこそ /be./ fısıl fısıl, süklüm püklüm. ～と geriden geriye. ～とやる içinden pazarlıklı. ～した sinsi, gizli. ～逃げる (口語) yen çiz-. 中から～話す声が聞こえてくる。 İçerden bir fısıltı geliyor. 遅刻したプナルは～と教室に入った。 Geç kalan Pınar, süklüm püklüm sınıfa girdi.
kossecu 骨折 /a./ kırık. 腕には～はないが脱きゅうがある。 Kolunda kırık yok ama çıkık var.
kossòri こっそり /be./ süklüm püklüm, yavaşçacık, perde arkasından (arkasından), sessiz sedasız, hırsızlama, hırsız gibi. ～去る çekilip git-, savuş-, sıvış-, ～出るsız-. ～あてもなく立ち去る başını alıp git-. ～悪事を働く人 gizli sıtma. 人をだまして～ art elden. エルハンは～教室に入った。 Erhan yavaşçacık sınıfa girdi.
kosu 越す, 超す /ey./ aş-, aşır-, geçir-. 山を～ dağ aş-. 歩いて～ tüket-. 時を～ çıkar-. 度を～ ağır kaç-, fazla gel- (git-, kaç-), haddini aş-, kaçır-, ifrata vardır-. 度を越して ifrat derecede. 非常に度を越した aşırı taşırı. 人の背丈を～ほど水が深い boy ver-. 金持ちの車は山を～. Zengin arabasını dağdan aşırır.
kòsu 漉す, 濾す /ey./ süz-. ヨーグルトを～ yoğurdu süz-. ろ過器で～ süzekten geçir-. 茶を茶こしで～ çayı süzgeçten geçir-. こして流れる süzül-. こした suzme. こした残り süzüntü.
kosui 湖水 /a./ göl suyu.
kosùi こすい /s./ kurnaz. きつねのように～ tilki gibi.
kosukarài こすからい /s./ (隠語) süz-

me.
kosuriawasè・ru こすり合わせる /ey./ çitile-. 手を～ ovala-, ovuştur-. 手でこすり合わせて洗う elinde çitileyerek yıka-.
kosuricukè・ru こすりつける /ey./ 敷居に頭を～ eşiğine yüz sür-.
kosùru こする /ey./ ov-, sürt-, kaşı-, ovuştur-. 手で～ ovala-. 強く～ ovala-. 目を～ gözleri ovala-, gözlerini kaşı-. ごわごわしたタオルで体を赤くなるまでこすった。 Sert bir havlu ile vücudunu kızartıncaya kadar ovaladı. 寒いから手をこすって温める。 Soğuktan ellerimi birbirine sürterek ısıtıyorum.
Kosutàrika コスタリカ /a./ Kostarika.
kosùu 個数 /a./ adet.
kòsyo 古書 /a./ eski kitap. ～を売る商人 sahaf.
kosyoo 故障 /a./ bozukluk, arıza, mahzur, özür, sakınca, engellik. ～する bozul-, arıza yap-, arızalan-. ～した bozuk, arızalı, özürlü. ～した時計 sakat bir saat. ～があって長い道は歩けません。 Özürüm var, uzun yol yürüyemem.
kosyòo コショウ /a./ biber, kara biber. 食べ物に～をかける yemeğe biber ek-. ～が私の口をヒリヒリさせる。 Biber ağzımı dağladı. ～の入った料理は私の体にさわります。 Biberli yemekler bana dokunur.
kosyòoire コショウ入れ /a./ biberlik.
kosyooiri コショウ入り /a./ ～の biberli.
kosyoosoo コショウソウ, コショウ草 /a./ tere.
kosyuu 固執 /a./ → **kosicu**.
kotacu こたつ /a./ tandır.
kotàe 答え /a./ cevap, yanıt, karşılık. 正しい～ doğru cevap. はっきりした～ belirgin bir yanıt. すぐに～を返す yapıştır-. すぐ～を出す人

kotaè·ru

hazırcevap. まだ質問が終わらないうちに〜を言った. Daha soru bitmeden cevabi yapıştırdı.
kotaè·ru 答える /ey./ cevapla-, cevaplandır-, yanıt ver-, yanıtla-, karşıla-. 私達の疑問に〜. Sorumuzu cevaplar. 私の方へ振り向いて答えた. Bana dönerek cevap verdi.
kotaè·ru 応える /ey./ 胸に〜 bağrını del-. 身に〜 cana işle-, canına geç- (işle-, kâr et-). 寒さが腹に応えた. Soğuk, ciğerime geçti. これくらいの痛さでは応えなかった. Bu kadar acı onu yıkmadı.
kotai 固体 /a./ katı. 〜の katı. 気体, 液体, 〜 gaz, sıvı, katı.
kotai 個体 /a./ birey.
kote こて /a./ mala, ütü. 〜を当てる ütüle-.
kotei 固定 /a./ istikrar. 〜する istikrar bul-, yerleştir-, dondur-. 定員を〜する kadroları dondur-. 〜させる sapta-. 〜した yerleşik, sabit.
kotei 湖底 /a./ su altı.
kotei kaññeñ 固定観念 /a./ saplantı.
kotei sìsañ 固定資産 /a./ mülk.
kotei sisâñ zei 固定資産税 /a./ mülk vergisi.
kotei syùunyuu 固定収入 /a./ sabit gelir.
koteñ 古典 /a./ klasik. ギリシャの〜 Yunan klasikleri. 〜ギリシャ語 Grekçe.
koteñteki 古典的 /a./ 〜な klasik.
kotesaki 小手先 /a./ yetersiz önlem. 〜で本当のことはできない. Dökme su ile değirmen dönmez.
kotò 事 /a./ iş, şey, husus. (が) 〜が起こる olup bit-. 〜が明るみに出る açığa çık-, açığa vur-. 〜がうまく運ぶ aşığı cuk otur-. 〜がとどこおる aksa-. 〜が手におえなくなる ağır gel-. 〜がこじれる iş çatallan-. 〜がなる işi ol- (var). 〜がうまく運ばない側面 işin aksak yönü. 《を》〜を面倒にする iş karıştır-. 〜を…に転化する işi … -e dök-. 〜を慎重に運ぶ ağır al-. 〜を継続させる ayakta tut-. (…こと) 楽しい〜 hoşluk. 気が遠くなる〜 baygınlık. 望みのない〜 umutsuzluk. 落ちる〜 döküm. なんでもない〜だ iş değil. 《文》この記事にあなたの〜が書いてある. Bu yazıda sizden bahsediliyor. この件でおっしゃりたい〜がありますか. Bu hususta söyleyeceğiniz bir şey var mı? 正直はいい〜だ. Doğruluk iyi bir şeydir. 大勢の人と知り合うのはいい〜だ. Birçok insanlarla tanışmak iyi bir iştir. これほどの寒さはまだ経験した〜がなかった. Bu derece soğuk hiç görülmemişti. 彼に会った〜は会ったが話せなかった. Gerçi onu gördüm ama konuşamadım. さっと口に入れてみたら甘い〜. Bir de ağzıma aldım ki şeker gibi. 〜がゆっくりと進んでいる. İşler ağır gidiyor. 〜が面倒になった. Ayıkla pirincin taşını!
koto' コトッ /be./ tık.
kotobà 言葉 /a./ dil, kelime, söz, kelâm, laf, lakırdı, lisan, nutuk. わかりやすい〜 açık söz. 厳しい〜 acı söz, ağır sözler. 思わず出る〜 ağız alışkanlık. 〜が乱れる dili dolaş-. 〜を濁す ağzında gevele-, kem küm et-. 〜を飾る edebiyat yap-. 〜を結ぶ sözü bağla-. 〜をさえぎる sözü ağzında bırak-, sözü kes-. 〜を浴び せ掛ける lafa boğ-. 汚い〜を言う ağzını boz-. 〜のわかりやすさ sözün açıklığı. 〜による傷 dil yarası. 〜の力で çeneye kuvvet. どこの〜で nece? 〜では簡単だが dile kolay. 激しい〜を投げつける. Açtı ağzını yumdu gözünü.
kotoba àsobi 言葉遊び /a./ kelime oyunu.
kotobazùkai 言葉遣い /a./ 微妙な〜 nükte. 〜を知らない lafını bilme-.
kotogara 事柄 /a./ madde, şey, iş.

この種の〜 bu kabil şeyler.
kotogòtoku ことごとく /*be.*/ hep.
kotogòtoni ことごとに /*be.*/ 昔の事を〜持ち出す ısıtıp ısıtıp önüne koy-.
kotohàzime 事始め /*a.*/ başlangıç.
kotohògu ことほぐ /*ey.*/ kutla-.
kotokirè·ru 事切れる /*ey.*/ öl-.
kòtokoto コトコト /*be.*/ tıkır tıkır, tıpır tıpır, tıp tıp. 〜いう音 tıkırtı. 〜と音を立てる tıkırda-. クルミが袋の中で〜音を立てた. Cevizler çuvalın içinde tıkırdadı. 心臓が〜打っている. Yüreği tıp tıp atıyor.
kotonàru 異なる /*ey.*/ farklı ol-. 〜こと farklılık. 異なっている farklı, ayrık.
kòtoni ことに, 殊に /*be.*/ özellikle, bilhassa.
kotònisuru 異にする /*ey.*/ ayrıl-. この点であなたと意見を〜. Bu fikirde sizden ayrılıyorum.
kotoniyorùto 事によると /*be.*/ kim bilir.
kotonohoka ことのほか, 殊の外 /*be.*/ gayetle, aşırı derecede.
kotoo 孤島 /*a.*/ ıssız ada.
kotori 小鳥 /*a.*/ küçük kuş. 〜の頭大の kuş başı. 〜の頭大に切り刻む kuş başı doğra-. 〜の頭大に切った肉 kuş başı et.
kotòri コトリ /*be.*/ çıt, tık, tıkır, tıkırtı. 〜ともしない çıt çıkma-, çıt yok.
kotoriya 小鳥屋 /*a.*/ kuşçu.
kotosara ことさら, 殊更 /*be.*/ 〜に özellikle. 〜重視する gözünde büyüt-.
kotosi 今年 /*a.*/ bu yıl, bu sene. 〜の冬 bu kış. 去年, 〜, 来年 geçen yıl, bu yıl, gelecek yıl. 学校が〜は早く始まった. Okullar bu yıl erken açıldı. 畑は〜少ししかブドウがならなかった. Bağlar bu yıl az üzüm verdi. 子供は〜も落第した. Çocuk bu yıl da sınavdan döndü.

kotosizyuu 今年中 /*a.*/ bu yıl içi.
kotowarè·ru 断れる /*ey.*/ reddetabil-. 頼みを断れない yüzü yumuşak.
kotowari ことわり /*a.*/ sebep, hakikat, akıl.
kotowari 断り /*a.*/ ret.
kotowàru 断る /*ey.*/ reddet-, kabul etme-, üstünden at-, üzerinden at-, geri çevir-. 母は映画に行くことを断った. Annem sinemaya gitmeyi reddetti. せっかくだが〜. Ne Şam'ın şekeri, ne Arap'ın yüzü.
kotowaza ことわざ /*a.*/ ata sözü, darbımesel, sav. ある種の〜は今日でも通用するのだ. Kimi ata sözleri bu gün de geçerlidir.
kotozi 琴柱 /*a.*/ eşik.
kottèri こってり /*be.*/ adamakıllı.
kottoo 骨とう /*a.*/ antika. 〜の刀 antika kılıç.
kottoohiñ 骨とう品 /*a.*/ antika.
kottoohiñuri 骨とう品売り /*a.*/ antikacı.
kòu 恋う /*ey.*/ özle-, tüt-, sev-.
kòu 請う /*ey.*/ dile-, rica et-.
kouma 子馬 /*a.*/ tay.
kouri 小売り /*a.*/ perakende (satış). 〜の perakende.
kouri kàkaku 小売り価格 /*a.*/ perakende satış fiyatı.
kourìsyoo 小売り商 /*a.*/ esnaf, perakendeci. 市場の〜 çarşı esnafı.
kourìteñ 小売り店 /*a.*/ perakendeci.
kousi 子牛 /*a.*/ buzağı, dana, tosun, düve. 〜の肉 dana eti. 雄の〜 dana. 去勢した〜 tosun. 一歳を過ぎた雌の〜 düve.
kowagararè·ru 怖がられる /*ey.*/ korkul-.
kowagarasè·ru 怖がらせる /*ey.*/ korkut-, gözünü korkut-, cesaretini kır-.
kowagàri 怖がり /*a.*/ korkaklık. 〜の korkak, yüreksiz.

kowagàru 怖がる /ey./ kork-, korkul-, ürk-, korkak. 犬を〜 köpekten kork-. ネズミを〜 fareden kork-. 暗やみを〜 karanlıktan kork-. とても〜 gölgesinden kork-. そんなことで誰が〜ものか. Öyle şeylerden korkulur mu?

kowài 怖い /s./ korkulu, korkunç. 〜夢 korkulu rüya. ヘビが〜 yılandan kork-. ちっとも怖くはないさ. Cehenneme kadar yolu var.

kowài こわい, 強い /s./ katı, sert. 〜毛 fırça gibi.

kowake 小分け /a./ 〜にする parçala-, parçalara ayır-.

kowàppa 小わっぱ /a./ (冗談) bızdık.

kowarekakàru 壊れかかる /ey./ 壊れかかった建物 çürük yapı.

kowarè・ru 壊れる /ey./ bozul-, kırıl-, yıkıl-. 茶わんが〜 fincan kırıl-. 計画が〜 plan bozul-. 壊れた bozuk, kırık, yıkık, arızalı, viran. 壊れた鍵 bozuk kilit. 壊れたいす kırık sandalye. 壊れやすい kırılgan. 壊れていない bakir. 壊れないで立っている ayakta kal-. ポンプが壊れて水が出ない. Tulumba bozulmuş su basmıyor. 眼鏡が落ちてレンズが二枚とも壊れた. Gözlük düşünce iki camı da kırıld. 壊れた橋を新しく直している. Yıkık köprüyü yeniden onarıyorlar.

kowasasè・ru 壊させる /ey./ bozdur-.

kowasiya 壊し屋 /a./ yıkıcı.

kowàsu 壊す /ey./ boz-, kır-, yık-, indir-, ufala-. 機械を〜 makineyi boz-. 茶わんを〜 fincanı kır-. 古い家を〜 eski evleri yık-. 腹を〜 bağırsakları bozul-. 故意に〜 baltala-. つついて〜 didikle-. めちゃめちゃに〜 tepele-. 不注意でたくさんの物を〜 kırıp dök-. オーバーをこわして上着を作る paltoyu bozup ceket yap-. 家を二日で壊した. Evi iki günde harap ettiler. デモ隊が建物のガラスを壊した. Göstericiler yapının camlarını indirmişler. 食べ過ぎて胃を壊している. Çok yemek midemi bozuyor.

koyà 小屋 /a./ kulübe, kafes, dam, zaviye, baraka. 羊の〜 mandıra. 馬を〜から引き出す atı ahırdan çıkar-. 〜に入ったキツネはニワトリにとびかかった. Kümese giren tilki tavuklara çullandı.

koyàgi 子ヤギ /a./ oğlak.

koyaku 子役 /a./ çocuk oyuncu.

koyasì 肥やし /a./ gübre. 〜をやる gübrele-. 農夫は土地に〜をやった. Çiftçi toprağa gübreledi. 土に〜をやらなければよい収穫は得られません. Toprağa gübre koymazsanız iyi ürün alamazsınız.

koyàsu 肥やす /ey./ semirt-, semizlet-.

koyoi こよい, 今宵 /a./ bu akşam.

koyomì 暦 /a./ takvim, almanak.

koyoo 雇用 /a./ istihdam, angaje. 〜する kullan-.

koyòosya 雇用者 /a./ iş veren.

koyubi 小指 /a./ serçe parmak, küçük parmak.

koyuu 固有 /a./ 〜の özel, özgü, has, mahsus, nev'i şahsına münhasır. 〜でない öz dışı.

koyuu mèisi 固有名詞 /a./ özel ad.

kozappàri こざっぱり /be./ 〜とした temiz pak.

kozeni 小銭 /a./ bozuk para, ufak para, bozukluk, ufaklık, metelik. 昔の〜 akçe. 〜をかせぐ (口語) çöplen-. 〜を大きくする bütünle-. 〜までひとつひとつ数えて kuruş kuruş.

kozenìire 小銭入れ /a./ para çantası.

kozèriai 小競り合い /a./ çarpışma, çatışma, müsademe.

kòzi 孤児 /a./ öksüz (çocuk), yetim. 〜であること öksüzlük. 〜の面倒を見る女 öksüzler anası. 〜の面倒

kōzi 誇示 /a./ abartma.
koziakè·ru こじ開ける /ey./ zorla-. 戸を〜 kapıyı zorla-. 隣は鍵をなくしたらしくドアをこじ開けている. Komşumuz anahtarını yitirmiş, kapıyı zorluyor.
kozicuke こじつけ /a./ yanıltmaca.
koziiñ 孤児院 /a./ yetimhane.
kozikì 乞食 /a./ dilenci. 〜をする dilen-, çanak tut- (aç-). 〜に与える金 sadaka. 〜の格好をした人 dilenci kılıklı bir adam. 目の見えない人が〜をしていた. Gözleri görmeyen bir adam sadaka dileniyordu.
kozima 小島 /a./ adacık.
kōziñ 個人 /a./ birey, fert, nefer, şahıs, zat. 〜の bireysel, hususî, kişisel, şahsî, (古語) zatî. 〜の企画 ferdî teşebbüsler. 〜の問題 zat işleri. 〜の不可侵権 kişi dokunulmazlığı. 私〜の考え şahsî düşüncem. 〜で şahsen.
kōziñ 故人 /a./ ölmüş, rahmetli. 〜達 ölmüşler. 〜の善良さを話し合う hayırla yadet- (an-).
koziñ kigyoo 個人企業 /a./ özel sektör.
koziñ syùgi 個人主義 /a./ bireycilik.
koziñteki 個人的 /a./ 〜な bireysel, ferdî, indî, kişisel. 〜な意見 indî fikirler. 〜な考え kişisel düşünce. 〜な事 şahsiyat. 〜に şahsen, bizzat kendisi. ここへは〜な用事で来ました. Buraya hususî işlerim için geldim.
kozirè·ru こじれる /ey./ ことが〜 iş çatallan-.
kozòo 小僧 /a./ çırak, yumurcak. バーの〜 miço, muço. やい〜. Bre çocuk!
kozòtte 挙って /be./ heyetiyle.
kozùcumi 小包 /a./ paket, parsel.
kozue こずえ, 梢 /a./ ağacın tepesi.
kōzukai 小遣い /a./ cep harçlığı, harçlık, komi. 毎日やる〜 gündelik. 彼は日に10リラ〜をもらっている. O günde on lira harçlık alıyor.
kōzukai 小使い /a./ hizmetçi.
kozukàiseñ 小遣い銭 /a./ harçlık.
kozukiàu 小突き合う /ey./ didiş-.
kozùku 小突く /ey./ hırpala-, okşa-, (口語) tozunu al- (at-, silk-, silkele-).
kozure 子連れ /a./ 〜の yavrulu.
kozyoo 古城 /a./ şato.
kù 苦 /a./ çaba, ağrı, dert. 〜もなく güzel güzel. 自分のことなら〜にならない. Hamala semeri yük olmaz.
kù 九, 9 /a./ dokuz.
kù 区 /a./ mahalle, nahiye.
kù 句 /a./ ibare, cümlecik.
kubararè·ru 配られる /ey./ dağıtıl-.
kubàru 配る /ey./ dağıt-. 料理を〜 yemek dağıt-.
kùbecu 区別 /a./ ayırım, ayrım, ayırt, fark, tefrik, temyiz. 〜する ayır-, ayırt et-, ayrı seçi yap-, fark et-, fark gözet-, ayırıcı. よいことと悪いことを〜する iyiyle kötüyü ayır-. 〜される fark olun-, seçil-. 〜がつかない kalır yeri yok. 善悪の〜ができなくなる at izi it izine karış-.
kubè·ru くべる /ey./ 石炭を〜人 kömürcü. かまどの火をかきたてるためにまきをくべた. Ocaktaki közü canlandırmak için odun attım. 火鉢にくべた炭から火花が散った. Mangalda yaktığı kömürden kıvılcımlar sıçradı.
kubi 首 /a./ boyun, boğaz, gerdan; baş, (口語) kelle; yol verme, azil. びんの〜 şişenin boğazı. 楽器の〜 kol. 〜の骨 boyun omurları. 〜の前部 boyun. (を)〜をはねる boynunu vur-. 〜を切る kellesini uçur-, ekmeğınden et-; yol ver-. 〜を切って殺す boğazla-. 〜を切られる emeğınden ol-. 〜を垂れる boyun bük-, boyun kes-. 〜をそらしていばる gerdan

kubikâzari 418

kır-. なまめかしく〜を振る gerdan kır-. 〜をつって死ね ipe gelesice. 〜をかしげて見る neyzen bakışlı. 〜をつっこむ burnunu sok-. 女ができもしないことに〜をつっこむ elinin hamuruyle erkek işine karış-. 何にでも〜をつっこむ bok yedi başı, kel kâhya. 〜を長くして待つ ipe çek-. 人の来るのを〜を長くして待つ gözü yolda (yollarda) kal-. 〜を洗って待つ boynunu uzat-. (に) 〜にする yol ver-, bohçasını koltuğuna ver-, pasaportunu eline ver-, (口語) yürüt-. 〜になる pasaportunu al-, yuvarlan-. (文) 盗賊の〜がさらし物になった. Haydudun kellesini teşhir ettiler. 〜をかけてもいい. Arap olayım. Ellerim yanıma gelsin. 私はもうだめだ、もうそんなことに〜をつっこまない. Benden geçti, artık öyle işlere girişmem. 何にでも〜をつっこむ. Hangi taşı kaldırsan, altından çıkar.

kubikâzari 首飾り /a./ gerdanlık. 真珠の〜 akar su. 肖像入りの〜 madalyon.

kubiki 首木 /a./ boyunduruk. 馬の〜 hamut.

kubinèkko 首根っこ /a./ ense kökü.

kubire くびれ /a./ boğum, boyun. 〜のある boğazlı. 〜のある水差し boğazlı testi.

kubisu くびす /a./ topuk. → **kibisu**. 〜を返す dön-.

kubisuzi 首筋 /a./ ense. 〜をつかむ ensesinden tut-.

kubiwa 首輪 /a./ tasma. 犬の〜 köpeğin tasması.

kubomi くぼみ /a./ çukur, boşluk, girinti, oyuk, oyuntu. 深い〜 derin çukur. 〜のある girintili. 馬の目の上にある〜 tuzluk. 鎖骨の上にある〜 tuzluk.

kubomu くぼむ /a./ çukurlan-, çukurlaş-, 目が〜 gözleri çukura git-. くぼんだ çukur, girintili, obruk, oyuk. くぼんだ所 obruk.

kubuñ 区分 /a./ bölüm, bölge, taksim, sektör. 〜する parselle-.

kuccukerarè·ru くっつけられる /ey./ takıl-.

kuccukè·ru くっつける /ey./ yapıştır-, bitiştir-, sıklaştır-, ula-. 額をガラス戸にくっつけた. Alnını cama yapıştırdı.

kuccùku くっつく /ey./ yapış-. くっついた yapışık, bitişik. くっつきやすい yapışkan. ノートにラベルがよくくっついた. Defterime etiket iyi yapıştı.

kuci 口 /a./ ağız, oyuntu, boğaz. コップの〜 bardağın ağzı. 土びんの〜 emzik, ibik. 大きな〜 faraş gibi (kadar). 大きな〜の çanak ağızlı. 〜なし ağzına taş almış. 〜で çeneye kuvvet, şifahen. (の) 〜の悪い dili bozuk. 〜の軽い ağzı gevşek, gevşek ağızlı, boşboğaz, geveze, yalak. 〜の軽い人 laf ebesi. 〜の先まで出かかっていて diliminin ucunda. 〜の堅い ağzı pek, ketum, kilit gibi. 〜の堅い人 sır küpü. 〜のうまい girgin. (が) 〜が軽い laf taşı-. 〜が堅い diline sağlam ol-. 〜が悪いこと ağız bozukluğu. 〜がきけるようになる dillen-, dili çözül-. 〜がきけなくなる dili tutul-, dilini yut-. 〜が災いの元になる dilinin belâsını çek- (bul-). 〜が滑る dil kay-, dil sürç-. 開いた〜がふさがらない ağzı açık kal-, (俗語) ek bent ol-. 〜がすっぱくなるほど言う dilinde tüy bit-. (を) 〜を滑らす ağzından kaçır-, kendi ağzıyla tutul-. もう〜をきかない yüzüne bir daha bakma-. 〜を開く ağız aç-, çenesini aç-. やっと〜を開く lakırdı ağzından dökül-. 〜をとがらす dudak sarkıt-. 〜を動かす ağzı oyna-, çenesi oyna-. 〜をつぐむ dilini kes-. 〜をとざす çenesini dağıt-. 〜をつつしむ dilini tut-. 〜を割らせる konuştur-. 〜を出す kapı aç-. 急に〜を出す atıl-. ちょっと〜をはさませ

てもらいますが（俗語）sözünü balla kesiyorum.（に）〜に出す ağıza al-, an-. 食べ物を〜に入れる ağzına at-. 〜に入れた物が飲み込めない boğazında kal-. 何も〜にしない ağzına bir şey koyma-, ağzına sürme-. 名を〜にしない ağzına alma-. 言うべきでないことを〜にする dili durma-. 〜に当てるもの ağızlık. お〜に合いますように yağ bal olsun. 〜に戸をたてる ağzına gem vur-.（から）〜から出放題を言う ağzına geleni söyle-, ağzından çıkanı kulağı duyma-, dilini tutama-. 〜から出放題の ağız dolusu. 本心が〜からこぼれる ağzından dökül-. 〜から〜へ ağzdan ağıza.（まで）〜までいっぱい ağız ağıza, ağzına kadar.（も）〜もきかない aforoz et-. 心配で〜もきけない çenesini bıçak açma-.（文）うちには五人の〜がいる. Bizim evde beş boğaz var. 彼の名前さえ〜にしたくない. Onun adını bile anmak istemiyorum.

kuciatari 口当たり /a./ içim. 〜の içimli. 〜のいい içimli. 〜のいいたばこ içimli bir sigara. いい〜の güzel içimli.

kucibasi くちばし /a./ gaga. 〜でくわえる gagala-. 〜が黄色い ağzı süt kok-.

kucibasiru 口走る /ey./ 脅し文句を〜 cart curt et-.

kucibeni 口紅 /a./ dudak boyası, ruj.

kucibiru 唇 /a./ dudak. 〜の白い馬 ağzı kilitli. 真っ赤な〜の kor dudaklı. 〜をゆがめる dudağını bük-. 当惑して〜をかむ dudağını ısır-. 嫌って〜をそらす dudak bük-. 恐怖で〜が乾く dudak çatla-.

kucibue 口笛 /a./ ıslık. 〜を吹く ıslık çal-. 〜でなじる ıslıkla-.

kuciburi 口振り /a./ 〜である（俗語）gibisine getir-. 私達の言い分を認めない〜だった. Sözlerimizi kabul edemem gibisine getirdi.

kucidasi 口出し /a./ 〜する iliş-. ネコもしゃくしも〜する ayağa düş-. 人の言うことに〜する人 ağız kâhyası. 私は自分の仕事に誰も〜させない. Ben kimseyi işime karıştırmam.

kucidomèryoo 口止め料 /a./ sus payı, susmalık. うるさいやつに〜を出す（侮辱的）köpeğin ağzına kemik at-.

kucigane 口金 /a./ kapsül.

kucigẽñka 口げんか /a./ ağız kavgası, dil kavgası, ağız dalaşı, tartışma. 〜をする atış-, hırlaş-. 〜を始める zırıltı çıkar-. つまらない〜 zırıltı. 二人のいたずらっ子は話すうちに急に〜を始めた. İki yaramaz konuşurken birdenbire atışmağa başladılar.

kucigitanài 口汚い /s./ 口汚くののしる（卑語）üstüne başına et-. 口汚く言う人 ağzı bozuk.

kucigomòru 口ごもる /ey./ gevele-, kekele-, tutuk. ウトクはやましいところがあるので口ごもって返事した. Utku şuçlu olduğu için geveleyerek yanıt verdi.

kucigotae 口答え /a./ dil bir karış. 〜をする pay ver-. 子供が〜する karşılık ver-. 無作法に〜する人だ. Pabuç kadar dili var.

kucìguci 口々 /a./ 〜に hep bir ağızdan.

kucigùruma 口車 /a./ nağme. 〜に乗せる dil (diller) dök-.

kuciguse 口癖 /a./ ağız alışkanlık. 〜にする dilinden düşürme-.

kucihàccyoo 口八丁 /a./ çenesi kuvvetli.

kucihige 口ひげ /a./ bıyık. 長い太い〜 pala bıyık. 〜が生える bıyığı terle-. 〜を生やしている bıyıklı. みごとな〜をした pos bıyık (bıyıklı). 〜が生えた. Bıyığı çıktı.

kucikazu 口数 /a./ 〜の多い çene-

kucikukañ

baz. 〜が少なくなる dut yemiş bülbüle dön-.
kucikukañ 駆逐艦 /a./ destroyer, muhrip.
kucì・ru 朽ちる /ey./ çürü-.
kucisaki 口先 /a./ 〜だけの婚約 ağız nişanı. 〜だけで実現しない sözde kal-. 〜でことは運ばない. Lafla peynir gemisi yürümez.
kuciura 口裏 /a./ 〜を合わせる birbirinin ağzına tükür-, sözleş-. 〜を合わせること ağız birliği. 二人の兄弟は〜を合わせて母に買ったプレゼントを誰にも言わなかった. İki kardeş ağız birliği ederek annelerine aldıkları armağanı kimseye söylemediler.
kuciurusài 口うるさい /s./ mızmız.
kuciwa 口輪 /a./ ağızlık. 家畜の子につける〜 burunsalık, burunsak.
kuciyakamasìi 口やかましい /s./ mızmız, müşkülpesent, titiz.
kucizuke 口づけ /a./ öpücük, öpüş.
kucizutae 口伝え /a./ 耳から耳へ〜に kulaktan kulağa.
kucù 靴 /a./ ayakkabı, pabuç, kundura, patik. 〜を履く ayağını giy-. 〜を脱ぐ ayağını çıkar-. 〜が足にあたる ayağını vur-, ayakkabı vur-. 〜を作る人 ayakkabıcı. 〜を売る人 ayakkabıcı. 長持ちする〜 dayanıklı pabuç. 〜のバンド atkı. 〜のやわらかい皮の部分 saya. 安い〜の商人 kavaf. 〜が泥で汚れた. Pabuçlarım çamurdan kirlenmiş.
kucubèra 靴べら /a./ çekecek, kerata.
kucugàeru 覆る /ey./ alt üst ol-.
kucugàesu 覆す /ey./ alt üst et-, devir-. 根本から〜 taş taş üstünde bırakma-.
kucùhuki 靴ふき /a./ silgi.
kucuhuki màtto 靴ふきマット /a./ paspas.
kucu kurìimu 靴クリーム /a./ ayakkabı boyası.

kucumìgaki 靴磨き /a./ boyacı, lostra, lostracı. 〜の道具箱 boyacı sandığı.
kucumigakìteñ 靴磨き店 /a./ lostra salonu.
kucunàosi 靴直し /a./ yamacı, eskici.
kucunùgui 靴ぬぐい /a./ paspas, çamurluk.
kucurogi くつろぎ /a./ dirlik. 〜がなくなる dirlik bozul-.
kucurògu くつろぐ /ey./ rahatlan-, rahat et-, genişle-, yan gel-, kendini bırak-.
kucùsita 靴下 /a./ çorap. 絹の〜 ipek çorap. 短い〜 şoset. 〜を履く çorap giy-. 〜が伝線する çorap kaç-.
kucusitadome 靴下留め /a./ jartiyer.
kucuu 苦痛 /a./ acıma, eza, sıkıntı, çile, ıstırap, ağrı, dert. 心の〜 mihnet. 大きい〜 eziyet. ひどい〜 işkence. 〜を与える etinden et kopar(kes-). ひどい〜を与える işkenceye sok-. 〜を与えない eli hafif. 〜を取り除く acısını al-.
kucuwa くつわ /a./ gem, ağızlık. 〜をつける gem vur-. 馬をならすための木の〜yavaşa.
kucùya 靴屋 /a./ pabuççu, ayakkabıcı. 腕のいい〜 ayakkabı ustası. 〜の皮を打つ金づち muşta.
kucuzoko 靴底 /a./ taban. 〜の鋲 nalça, kabara, demir.
kucùzumi 靴墨 /a./ ayakkabı boyası.
kucuzyoku 屈辱 /a./ aşağılanma.
kùcyakucya クチャクチャ /be./ şapır şapır, şapır şupur. 〜音を立てる şapırda-, şapırdat-. 〜いう音 şapırtı. ムラット, 食べるのに口を〜させるな. Murat, yemek yerken ağzını şapırdatma !
kùcyoo 区長 /a./ muhtar. 〜の職 muhtarlık.

kucyuu 駆虫 /a./ ～剤 solucan düşürücü.

kùda 管 /a./ boru, tüp, hortum, kanal. 細い～ zıvana. 水道の～ su borusu. ～の borumsu.

kudakarê·ru 砕かれる /ey./ dövül-. 砕かれたもの kırık.

kudakê·ru 砕ける /ey./ kırıl-. 石が～ taş kırıl-. 砕けやすい gevrek.

kudàku 砕く /ey./ ez-, kır-, toz et-, ufala-, döv-. 石を～ taşı kır-. クルミを～ ceviz döv-. くわで土を～ çapala-. ニンニクを～うす sarmısak döveci. 大麦の砕いたもの arpa kırığı. 心を～ içi paralan- (parçalan-).

kùdakuda くだくだ /be./ 問題はかたづいた、～言うな. Konu anlaşıldı, artık uzatma!

kudàmono 果物 /a./ meyve, yemiş, semere, şıra. ～が熟す iç bağla-. ～を取り入れる yemiş devşir-. ～を棒でたたき落とす doku-. 熟した～ ergin yemiş. 食後の～ çerez. ひもでつった～ askı. ～の芯 eşelek. ～の薄い皮 deri. ～のなる yemişli. オレンジはかんきつ属の～だ. Portakal, turunç cinsinden bir meyvedir.

kudamonobàtake 果物畑 /a./ meyve bahçesi. 村はぐるっと全部～だ. Köy çepeçevre bahçelik.

kudamono sòoko 果物倉庫 /a./ yemişlik.

kudamonoya 果物屋 /a./ yemişçi, meyveci.

kudamonòzara 果物皿 /a./ yemişlik.

kudaranai 下らない /s./ hiçten, yararsız, boktan, lânet, saçma, yavan, fındık kabuğunu doldurmaz, (口語) havacıva. ～質問 ahret suali. ～論争 sidik yarışı. ～物 bok, zifos. ～人 insan müsveddesi, ciğeri beş para etmez, mal. ～やつ herif, (口語) malın gözü. ～こ とに使う araya ver-. ～ことを問題にす る bir bardak suda fırtına kopar-. ～ことをしゃべる mevsimli mevsimsiz konuş-, cevahir yumurtla-. ～おしゃべりをする zevzek. ～人が用いられ、すぐれた人が取り残される ayaklar baş, başlar ayak ol-. 何と～男. Ne hiçten adam! ～やつに同情するな. İtin ayağını taştan mı esirgiyorsun? ～ものが二つあると片方がよく見える. Boka nispete tezek amberdir. 何をそんなに～ことで考え込んでいるの. Karadeniz'de gemilerin mi battı? ～ことばかり言いなさんな. (俗語) Tuzlayayım da kokma.

kudari 下り /a./ iniş.

kudarizaka 下り坂 /a./ iniş. ～の inişli, yokuş aşağı. ～をまっすぐに iniş aşağı.

kudaru 下る /ey./ in-. 山を～ dağdan in-. 命令が～ ferman çık-. 腹が～ içi git-, içi sür-. 上ったり下ったりの iniş yokuş, inişli çıkışlı (yokuşlu).

kudasài ください, 下さい /ey./ lütfen, verin. そのペンはいらない、こっちのを～. O kalemi istemedim, berikini ver. 戸を開けて～. Kapıyı açıver. 芝生を踏まないで～. Çimlere basmayınız.

kudasàru くださる, 下さる /ey./ ver-. 本を～ kitabı ver-. 本を読んで～ kitabı okuver-. アラーが子供達をお助け下さいますように. Allah çocuklarımı bağışlasın.

kudasigùsuri 下し薬 /a./ müshil.

kudasu 下す /ey./ düşür-. 判決を～ hükmet-. 命令を～ emir ver-.

kudeñ 口伝 /a./ 神聖な～ sünnet.

kùdokudo くどくど /be./ 小言を～言う vırılda-. またしても私に～と無駄な口実を並べたてた. Bana gene bir sürü kurt masalı okudu.

kueñsañ クエン酸 /a./ limon tuzu (tozu), sitrik asit.

kuê·ru 食える /ey./ 食えない kakavan. 煮ても焼いても食えない yenilir yutulur gibi değil. 金を出さなくても

kùgacu

〜という理由だけで boğaz tokluğuna.
kùgacu 九月 /a./ eylül.
kugi くぎ, 釘 /a./ çivi, mıh. 〜を打つ çivi çak-, çivile-. 金づちで〜を打つ çekiçle çivile-. 〜を壁に打ち込む çiviyi duvara çak-. 〜でとめる çivile-. 〜のついた çivili. 上着が〜に引っかかった. Ceketim çiviye ilişti.
kuginùki くぎ抜き /a./ kerpeten.
kugìru 区切る, 句切る /ey./ noktala- ; böl-.
kugizuke くぎ付け /a./ çivileme. 〜にする çivile-, mıhla-. 〜にされる çivilen-, çakıl-. 〜した çivili. 壁に〜した絵 duvara çivili resim. 〜の çakılı. 私はここに〜になってしまった. Buraya çakılıp kaldım. 目で彼をその場に〜にした. Gözleriyle onu olduğu yere çiviledi.
kugurinukè•ru くぐり抜ける /ey./ geçiştir-.
kugùru くぐる /ey./ altından geç-. 首を曲げて門を〜 başını eğerek kapıdan geç-.
kugyoo 苦行 /a./ çile. 〜に入る çileye gir-.
kuhuu 工夫 /a./ tasarı, plan. 〜する kur-, tertip et-.
kùi くい /a./ direk, kazık, dayak. 〜を打ち込む kazık at-, kazıkla-. 家畜を〜につなぐ çak-. 係船の〜 baba, iskele babası.
kùi 悔い /a./ pişmanlık. 〜を残す pişman ol-.
kuiai 食い合い /a./ 〜になる birbirini ye-.
kuiaratamè•ru 悔い改める /ey./ 〜こと tövbe.
kuiato 食いあと /a./ yenik.
kuicigàu 食い違う /ey./ çatış-.
kuicigìru 食いちぎる /ey./ parala-.
kuicubùsu 食いつぶす /ey./ yiyip bitir-. 金を〜（冗談）sermayeyi kediye yüklet-. 手持ちの金を〜 hazırdan ye-. 手持ちの金を〜人

hazır yiyici.
kuicùku 食い付く /ey./ ısır-.
kuicukùsu 食い尽くす /ey./ yiyip bitir-, sömür-.
kuìiñ クイーン（İng. queen）/a./ kraliçe. トランプの〜 dam, kız. クラブの〜 sinek kızı. チェスの〜 vezir.
kuiizi 食い意地 /a./ 〜の張った gırtlağa düşkün, pis boğaz.
kuikè 食い気 /a./ nefis. 〜が先に立つ（口語）işkembesini düşün-.
kùiki 区域 /a./ saha, bölge.
kuimòno 食い物 /a./ yiyecek. 人を〜にする kendine yont-, yağma et-. 〜にされるもの yağma Hasan'ın böreği.
kuìna クイナ /a./ su yelvesi.
kuì•ru 悔いる /ey./ pişman ol-.
kuisibàru 食いしばる /ey./ 歯を〜 dişini sık-. 歯を食いしばってやる canını dişine tak-（al-）.
kuisìñboo 食いしん坊 /a./ boğaza（boğazına）düşkün, kör boğaz, pis boğaz. 〜の obur.
kuitomè•ru 食い止める /ey./ önle-.
kuiucìki 杭打ち機 /a./ şahmerdan.
kùizu クイズ（İng. quiz）/a./ sorgu, suru cevap oyunu.
kukaku 区画 /a./ hane, sektör. 一〜 ada, daire. 〜する parselle-. 〜された土地 parsel.
kukei 矩形 /a./ dik dörtgen.
kukì 茎 /a./ sap, kütük. 小菊の〜 papatyanın sapı.
kùkkii クッキー（İng. cookie）/a./ kurabiye.
kukkiñ 屈筋 /a./ büken.
kukkyoo 屈強 /a./ 〜な güçlü.
kùku 九々 /a./ 〜の表 çarpım tablosu.
kukuricukè•ru くくりつける /ey./ bent et-.
kukuru くくる /ey./ bağla-.
kukyoo 苦境, 苦況 /a./ çaparız, sıkıntı. 〜に立つ başına hâl gel-.

〜に立たされる sıkıntıya düş-. 〜に落ちている çilekeş.
kùma クマ, 熊 /a./ ayı, (冗談) koca oğlan, orman kibarı, dağların şenliği (gelin anası). 〜のうなり声 homurtu.
kumade くまで, 熊手 /a./ çatal, tarak, tırmık, yaba. 木の〜 atkı, yaba. 〜で異物を取り除く tara-. 石を〜で拾い出す taşları tırmıkla ayıkla-. 〜で穀物のもみがらを吹き分ける yabala-.
kumanàku くまなく /be./ 警察は泥棒を捜すために地区全部を〜調べた. Polis, hırsızı bulmak için bütün mahalleyi taradı.
kumanêzumi クマネズミ /a./ sıçan.
kùmeñ 工面 /a./ なんとか金を〜して borç harç.
kume・ru 汲める /ey./ 井戸から水が〜ように綱をつけた. Kuyudan suyu çekebilmek için urganı ekledik.
kumî 組 /a./ sınıf, takım, çatkı, öğür. 〜にする eşle-. 一〜 eşlik. 一〜の çift. 一〜の部屋 daire. 商品の一〜 parti. 部屋が十〜あるアパート on dairelik apartman.
kumiagê・ru 汲み上げる /ey./ ポンプで〜 pompala-.
kumiai 組合 /a./ kurum, birlik, şirket, dernek. 〜の専従者 sendikacı. 〜に登録されている人 sendikalı. 労働〜 sendika.
kumiàihi 組合費 /a./ ödenti.
kumiàiiñ 組合員 /a./ sendikalı.
kumiàu 組み合う /ey./ çakış-, çatış-. 組み合ったもの çatkı.
kumiawase 組み合わせ /a./ birleştirme.
kumiawasê・ru 組み合わせる /ey./ birleştir-, birleş-.
kùmiñ クミン /a./ çemen, kimyon.
kumisìku 組み敷く /ey./ ser-.
kumisùru くみする /ey./ yanlı ol-, katıl-.

kumitate 組み立て /a./ geçme, kurgu. 機械の〜 montaj.
kumitate kòozyoo 組み立て工場 /a./ 自動車〜 otomobil montaj fabrikası.
kumitaterarê・ru 組み立てられる /ey./ kurul-, portatif. 組み立てられた kurulu.
kumitatê・ru 組み立てる /ey./ kur-, çat-, monte et-. 機械を〜 monte et-.
kumitatesiki 組み立て式 /a./ 〜の portatif.
kùmo クモ /a./ örümcek. 〜の巣 örümcek ağı, ağ, örümcek. 〜が巣を張る örümcek ağ kur-. 〜の巣が張る örümcek bağla-. 〜の巣でいっぱいになる örümcek sar-, örümceklen-. 〜の巣だらけの örümcekli.
§〜の子を散らすように逃げる çil yavrusu gibi dağıl-.
kùmo 雲 /a./ bulut. 〜が切れる hava aç-(açıl-). 〜に隠れた月のかすかな光 ay karanlığı. 空に〜がふえた. Gök yüzünde bulutlar çoğaldı.
kumocudañ 供物壇 /a./ sunak.
kumorasê・ru 曇らせる /ey./ bulandır-. 心を〜 canını sık-.
kumoràsu 曇らす /ey./ bulandır-.
kumorî 曇り /a./ bulutlu, buğu. 〜の bulutlu, buzlu.
kumori gàrasu 曇りガラス /a./ donuk cam, buzlu cam. 〜のびん buzlu sürahi.
kumorizòra 曇り空 /a./ bulanık hava.
kumòru 曇る /ey./ bulutlan-, bulan-, kapan-, puslan-, buğulan-. 空が〜 hava bulan-, hava kapan-. ガラスが〜 camlar buğulan-. 曇った bulanık, bulutlu, kapalı, buzlu. 曇った空 kapalı hava, bulanık hava. 空が曇った. Hava bulutlandı. 泣くまいとして目がもっていた. Ağlamamaya çalışıyordu, ama gözleri puslanmıştı.

kumòsuke

kumòsuke 雲助 /a./ haydut.
kumoyuki 雲行き /a./ 〜が怪しくなる hava bulan-.
kumu 汲む /ey./ su çek-. 水を〜 su çek-. 水をバケツに〜 suyu kovaya doldur-.
kùmu 組む /ey./ çat-, birleş-. 足を〜 ayak ayak üstüne at-. 足を組んで bacak bacak üstünde. 〜こと çatma.
kùnañ 苦難 /a./ elem, sıkıntı.
kùnekune くねくね /be./ 〜した eğri büğrü, eciş bücüş, yamru yumru, yamuk yumuk.
kuneraseˋ・ru くねらせる /ey./ 体を〜 kıvır-. 頭や手を〜 eğilip bükül-. 全身をくねらせて踊った. Her tarafını kıvıra kıvıra oynadı.
kuni 国 /a./ memleket, ülke, yurt, devlet, diyar, el, il. 〜の millî. 〜を征服する ülke aç-. 〜が恋しくなる gurbet çek-. 〜を愛する人 yurtsever. お〜はどちら. Siz nerelisiniz?
kunibecu 国別 /a./ 切手を〜に分類した. Pul koleksiyonumu ülkelerine göre bölümledim.
kunîguni 国々 /a./ ülkeler. 海の向こうの〜 deniz aşırı ülkeler.
kunināmari 国なまり /a./ şive, lehçe.
kunoo 苦悩 /a./ acı çekme, dert, eziyet, kahır, keder, boğuntu, elem, mihnet, eza. 〜する kıvran-, kabir azabı çek-, ıkın-. 〜の musallat.
kuñkai 訓戒 /a./ vaaz.
kùñreñ 訓練 /a./ öğretim, alıştırma, yetiştirme, çalışma, eğitim, idman, talim, egzersiz. 兵隊の〜 asker talimi. 〜する çalıştır-, eğit-. 〜された idmanlı.
kuñriñ 君臨 /a./ 〜する küküm sür-.
kuñsei 薫製 /a./ 魚の〜 tütür balığı. 〜の füme. 〜の煙 tütsü. 〜にする ise tut-.

kuñsyoo 勲章 /a./ madalya, nişan. 〜を授ける nişan ver-. 〜をもらう nişan al-. 〜をつける nişan tak-.
kùñsyu 君主 /a./ hükümdar, kıral.
kuñsyùkoku 君主国 /a./ monarşi.
kuñsyusei 君主制 /a./ monarşi.
kuñsyu sêitai 君主政体 /a./ monarşi.
kuñzi 訓示 /a./ hitap.
kuñzyoo 薫蒸 /a./ 〜する tütsü yap-, tütsüle-.
kuñzyoo gàsu 薫蒸ガス /a./ duman.
kuppuku 屈服, 屈伏 /a./ teslim. 〜する teslim ol-, kul ol-, diz çök-. トルコ人は〜しない. Türk eğilmez.
kurà 鞍 /a./ eyer. 〜を置く eyer kapat- (kapa-). 〜をつける eyer vur-, palan vur-. 帯で〜を縛る kolan vur-. 〜の前後の突起部 eyer kaşı. 〜に下げる袋 heybe. 〜を縛る帯 kolan. 皮の張ってない〜 kaltak. ロバにつける突起のない〜 palan. 馬の上に楽に座るために〜が使われる. At üzerinde rahat oturmak için eyer kullanılır.
kurà 倉, 蔵 /a./ ambar, eşya deposu, hazine.
kurabemono 比べ物 /a./ 〜にならない. Attığı tırnağa benzemez. 母のする話はどんな話とも〜にならない. Annemin masallarını değme masallara değişmem.
kuraberare・ru 比べられる /ey./ 比べられない nispet kabul etme-.
kurabe・ru 比べる /ey./ harşılaştır-, nispet et-, pay biç-, kıyas et-. 正しい解答と〜 doğru çözümlerle karşılaştır-. …に比べて nispetle, yanında. 〜わけではありませんが benzetmek gibi olmasın. これは別のに比べてずっといい. Bu ötekine nispeten çok iyi. この家に比べてあなたの家は広い. Bu eve oranla sizin ev daha geniş. 私の服の縫い方は君のと比べて全く劣っている. Benim elbisenin dikişi

seninkinin yanında hiç kalır. これまでの年に〜と今年は天候がよかったと言えよう。Geçen yıllara kıyas edilince bu yıl havalar iyi geçti denebilir.

kùrabu クラブ(İng. club) /*a.*/ kulüp, klüp, ocak ; sinek. 〜のクイーン sinek kızı.

kurabùkuro 鞍袋 /*a.*/ heybe, hurç.

kurabùsicu クラブ室 /*a.*/ lokal.

kuràcci クラッチ(İng. clutch) /*a.*/ debriyaj, kavrama.

kuracci pèdaru クラッチペダル(İng. clutch pedal) /*a.*/ kavrama.

kuracùkuri 鞍作り /*a.*/ saraç.

kuragari 暗がり /*a.*/ karanlık.

kurage クラゲ /*a.*/ deniz anası.

kurai 位 /*a.*/ aşama ; basamak. 十の〜 onlar, onluk, onluk basamağı. 百の〜 yüzler basamağı.

kurai 暗い /*s.*/ karanlık, kara, zifirî, kuyu gibi, zifir gibi. 〜じめじめした所 izbe. 〜いやな所 zindan. まだ〜うちに sabahın köründe. 暗くなる karar-, karanlık bas-, koyulaş-, koyul-. 空が暗くなる hava karar-. 心が暗くなる içi karar-. 暗くする karart-. 暗くなり始めると akşamdan. 暗くなってから仕事をする人 akşamcı. 暗くて働けない karanlıkta çalışılmaz. 雲が空を暗くした. Bulutlar havayı kararttılar.

kùrai くらい, 位 /*a.*/ derece, denli, kadar. 背丈が同じ〜の boy (boyuna, boyunca) beraber. 指〜の大きさの子供 parmak kadar çocuk. 五十歳〜 ellisine doğru.

kuraicùku 食らい付く /*ey.*/ (侮辱的) ziftlen-. 食らい付いて離さない kene gibi yapış-.

kuraidori 位取り /*a.*/ hane.

kuraimàkkusu クライマックス(İng. climax) /*a.*/ düğüm.

kuraisuru 位する /*ey.*/ yer tut-.

kuràkkaa クラッカー(İng. cracker) /*a.*/ fişek.

kuràkusyoñ クラクション(İng. klaxon) /*a.*/ klakson, korna. 〜を鳴らす klakson çal-.

kuramasè・ru くらませる /*ey.*/ 目を〜 göz al-, göz boya-, göz kamaştır-, kamaştır-, (口語) işlet-.

kuramàsu くらます /*ey.*/ 行方を〜 (冗談) sırra kadem bas-. 姿を〜 (隠語) yaylan-.

kuramu くらむ /*ey.*/ 目が〜 kamaş-. 目の〜ような baş döndürücü. 太陽を見られない, 目が〜. Güneşe bakamıyorum, gözlerim kamaşıyor.

kuràñku クランク(İng. crank) /*a.*/ dirsek, kaldıraç, manivela.

kurañkusyàhuto クランクシャフト (İng. crankshaft) /*a.*/ krank.

kurañkùziku クランク軸 /*a.*/ krank.

kurarinètto クラリネット(İt. clarinetto) /*a.*/ klarnet.

kurasa 暗さ /*a.*/ karanlık.

kurase・ru 暮らせる /*ey.*/ yaşan-. どうにか〜 geçinip git-.

kurasi 暮らし /*a.*/ geçim, hayat, ekmek. 〜を立てる geçin-, ekmeğini çıkar-. 農業で〜を立てる çiftçilikle geçin-. 〜を立てるのは容易ではない ekmek aslanın ağzında. いい〜をする bey gibi yaşa-. モダンな〜 çağcıl bir yaşam. 過去の〜 geçmiş. 賃金が〜に追い付かなかった. Maaşı geçimine yetmiyordu. 彼は妻によい〜をさせている. O karısını yaşatıyor.

kurasimuki 暮らし向き /*a.*/ 〜のよい tıkır yolunda. 〜をよくする tıkırını yoluna koynak.

kurasu 暮らす /*ey.*/ yaşa-, geçin-, geçir-. 楽に〜 efendi gibi yaşa-, gül gibi bak-, gönen-. 仲良く〜 barın-. 仲良く〜こと dirlik. 病気で〜 hastalık geçir-. 人の金で〜 ekmeğini ye-. 借金で〜 borç ye-. 甘んじて〜 gül gibi geçin-. 〜のによくない所 köpeği bağlasan durmaz. 何で暮らしているのか. Ne ile geçiniyor?

kùrasu クラス(İng. class) /a./ sınıf, mevki. しつけがいい〜 disiplinli sınıf. 〜の半分を落第させる sınıfın yarısını dök-. 〜に十人いる. Sınıfta on kişi var.
kurasugōto クラスごと /a./ 〜にグループ作業がなされる. Sınıflarda küme çalışmaları yapılır.
kurasumēeto クラスメート (İng. classmate) /a./ okuldaş.
kurau 食らう /ey./ ye-. げんこつを〜 yumruk ye-. 動こうとでも言おうものなら一発〜ぜ. Kımıldanayım deme kurşunu yersin.
kurawàsu 食らわす /ey./ びんたを〜 tokat indir-.
kurayami 暗やみ /a./ karanlık, zifir. 〜の karanlık. 〜から明るい所へ出る karanlıktan aydınlığa çık-. 〜がおそう karanlık bas-. 〜で座る karanlıkta otur-. 〜で目くばせする karanlıkta göz kırp-. 〜で手でテーブルの上をなで回した. Karanlıkta elimi masa üstünde gezdirdim.
kurêemu クレーム(İng. claim) /a./ talep, iddia, hak.
kurêeñ クレーン(İng. crane) /a./ maçuna, vinç. 〜で持ち上げる vinçle kaldır-.
kurêepu クレープ(Fr. crêpe) /a./ krep.
kureepu pêepaa クレープペーパー (İng. crepe paper) /a./ krepon.
kuregata 暮れ方 /a./ akşam.
kurenai 紅 /a./ kırmızı.
kureñziñgu kurîimu クレンジングクリーム(İng. cleansing cream) /a./ temizleyici krem.
kure・ru くれる /ey./ ver-, veril-. 金を〜 parayı ver-. 目もくれない gözü görmez ol-, gözü görme-. …して〜ver-. 少し紙をくれませんか. Biraz kâğıt verir misiniz? この敷地を私におじさんがくれた. Bu arsayı bana dayım verdi. 私の手紙を返事もくれず

にそのままにした. Mektubumu cevapsız bıraktı. 100リラくずしてくれませんか. Yüz lira bozar mısınız? 誰か来てくれ. Herhangi biri gelsin. 助けてくれ. Can kurtaran yok mu! よく来てくれましたね. Ayağına sıcak su mu dökelim, soğuk su mu?
kure・ru 暮れる /ey./ 日が〜 karanlık bas-, hava karar-, ortalık karar-. 途方に〜 abliyi kaçır- (bırak-), darda kal-, eli böğründe kal-, eli koynunda kal-, iki eli böğründe kal-. 悲嘆に〜 Marmara çırası gibi yan-.
kurèyoñ クレヨン(Fr. crayon) /a./ mum boya.
kurêzitto クレジット(İng. credit) /a./ kredi, itibar.
kuri クリ /a./ kestane.
kurige くり毛 /a./ 〜の doru, yağız. 〜の馬 kestane dorusu.
kurîgoto 繰り言 /a./ nakarat.
kuriimu クリーム(İng. cream) /a./ kaymak; krema, krem. 牛乳が〜になる süt kaymak bağla-. 〜のかかった kaymaklı. ひげそり〜 traş kremi. 〜を塗る krem sürün-, boya-. この〜が肌をだめにしている. Bu krem deriyi bozuyor.
kuriimu bàtaa クリームバター (İng. cream butter) /a./ sade yağ, sağ yağ.
kuriimuiro クリーム色 /a./ krem. 〜の krem.
kuriimu sùupu クリームスープ (İng. cream soup) /a./ krema.
kuriimuzyoo クリーム状 /a./ 〜の krem.
kurîiniñgu クリーニング (İng. cleaning) /a./ kuru temizleme.
kuriiniñgùteñ クリーニング店 /a./ temizleyici.
kuriiniñguya クリーニング屋 /a./ çamaşırcı, temizleyici, lekeci.
kuriiro クリ色 /a./ kestane. 〜の

kestane.
kurikaesarḛ·ru 繰り返される /ey./ tekrarlan-.
kurikaesi 繰り返し /a./ tekrar, tekerrür. 詩の〜の句 yedek.
kurikaesu 繰り返す /ey./ tekrarla-, tekrar et-, yinele-, ikile-. 同じことを〜 lakırdıyı ezip büz-. 繰り返して tekrar tekrar. 繰り返し言う diline virt et-. 同じことを繰り返して言う diline dola-. 繰り返し言うこと virt. 繰り返し強くたたく çırp-. 繰り返し押しやる itele-.
kurikata 刳り形 /a./ zıh, tiriz.
Kurimia hañtoo クリミア半島 /a./ Kırım.
kurippu クリップ (İng. clip) /a./ biğudi, raptiye.
kurisucyañ クリスチャン (İng. Christian) /a./ Hıristiyan.
kurisūmasu クリスマス (İng. Christmas) /a./ Noel.
kurisutaru クリスタル (İng. crystal) /a./ kristal.
kùro 黒 /a./ kara, siyah. 〜の地に白いレースのイブニングドレス siyah fon üzerine beyaz dantelden bir gece elbisesi.
Kuroacia クロアチア /a./ Hırvat.
Kuroaciàziñ クロアチア人 /a./ Hırvat.
kurocuci 黒土 /a./ kara toprak.
kurogane くろがね /a./ demir. 〜とあかがね demir ve bakır.
kurohobyoo 黒穂病 /a./ sürme.
kurȍi 黒い /s./ kara, siyah, zifir gibi, kayış gibi, Arap. 黒くなる karar-, siyahlaş-, Arap gibi ol-. 日に焼けて黒くなる güneşten karar-. 汚れて黒くなる abanoz kesil-. 黒くする karart-. 布を黒く染める kumaşı siyaha boya-. 色の〜娘 kara kız. 色が黒くてやせている kara kuru, karga gibi. やにのように〜 zifirî. 小さくて色の〜子供 böcek gibi. 肌が白く目と髪の〜人

akı ak karası kara. 遠くに〜物が見えた. Uzaktan bir karaltı göründü. 太陽が肌を黒くした. Güneş tenini karartmış.
kuroìcigo クロイチゴ /a./ böğürtlen.
kuroko 黒子 /a./ suflör.
kurokumo 黒雲 /a./ kara bulut.
kurome 黒目 /a./ göz karası.
kùromu クロム (Fr. chrome) /a./ krom. 〜の krom.
kuromu mèkki クロムめっき /a./ krom kaplama.
kuronomèetaa クロノメーター (İng. chronometer) /a./ kronometre.
kuroñboo 黒ん坊 /a./ (冗談) gündüz feneri.
kùroo 苦労 /a./ zorluk, güçlük, çile, zahmet, emek. 家庭の〜 ev gailesi. 食べるための〜 boğaz derdi. 〜する çile çek-, kabir azabı çek-, zahmet çek-, saç ağart-. ひどく〜する akla karayı seç-, anasından emdiği süt burnundan gel-. 〜をかける zahmete sok-. 〜して zor belâ. 〜して手に入れた利益 baldıran şerbeti. 〜の多い yorucu. 〜なしの zahmetsiz. 〜せずに zahmetsizce. 何の〜もいらない yem istemez, su istemez. 私は〜の連続だった. Çekmediğim kalmadı. 子供は〜して育つ. Çocuk emekle büyür. 〜をいといません. Ben zahmetten kaçmam. 他人の〜はわからない. Göz görmeyince gönül katlanır. 仕事には〜がつきものだ. Hamama giren terler. 御一様でした. Zahmetinize teşekkür ederim.
kuroòbaa クローバー (İng. clover) /a./ yonca. 〜の野原 yonca tarlası.
kuroòbu クローブ /a./ karanfil. → **cyoozi.** 二かけの〜 iki diş karanfil.
kuroòku クローク (İng. cloak-room) /a./ vestiyer.
kuroòmu クローム (Fr. chrome) /a./ krom. 〜の krom.
kuroòru クロール (İng. crawl) /a./

krol yüzme. 〜で泳ぐ kulaç at-, kulaçla-, krol yüz-.

kùrooto 玄人 /a./ uzman, usta, işin eri, mütehassıs, üstat, ehil, kurt. 彼はこのことにかけては〜だ. O bu işin kurdudur.

kuropañ 黒パン /a./ esmer ekmek, çavdar ekmeği.

kuroppòi 黒っぽい /s./ karaca. 〜しみ karalık. 〜もの karaltı.

kurorohòrumu クロロホルム (Al. Chloroform) /a./ kloroform.

kùrosa 黒さ /a./ karalık.

kurosukàñtorii クロスカントリー (İng. cross-country) /a./ kros.

kuroteñ クロテン, 黒テン /a./ samur.

kuroyama 黒山 /a./ 〜の ıncahınç. 〜の人だかり hıncahınç insan dolu.

kurozùmu 黒ずむ /ey./ karar-. 黒ずんだ yağız. まわりが黒ずんだ目 halkalı gözler.

kurozuru クロヅル /a./ turna.

kùru 来る /ey./ gel-, eriş-. 〜ことができる gelin-. 行ったり来たりする beş aşağı beş yukarı gez-. 〜こと geliş. 今日まで来たこと gelmiş geçmiş. …して〜 gel-. 飛び出して〜 çıkagel-. 連れて〜 getir-. …ときたら gelince. 一人の婦人が来た. Bir bayan geldi. 私の母が昨日来た. Annem dün geldi. ちょっと来ませんか. Azıcık gelir misiniz? 〜らしかった. Geleceğe benziyordu. よく来てくれましたね. Ayağına sıcak su mu dökelim, soğuk su mu? 何でも来い. Battı balık yan gider. 誰が来ても自分には変わりない. Gelen ağam giden paşam. 春が来た. İlkbahar girdi. 時が来た. Vakit erişti. 私の友人をあなたのところへ連れて来ましょう. Arkadaşımı size getireceğim. 彼ときたらどこにいても出て〜. O da neredeyse damlar.

kurùbusi くるぶし /a./ aşık, aşık çıkıntısı, (方言) incik. 〜の骨 aşık kemiği. 〜のところまで topuklarına kadar. 靴や靴下の〜から上の部分 konç.

Kurudòziñ クルド人 /a./ Kürt.

kuruizàku 狂い咲く /ey./ aldan-.

kùrukuru くるくる /be./ fırıl fırıl. 〜回る fırıldan-. 〜働く fır dön-. こまが〜回る. Topaç fırıl fırıl döner. 娘は母親のまわりで〜と働いている. Kızı annesinin çevresinde fır dönüyor.

kuruma 車 /a./ araba, oto; çark, teker, tekerlek. 〜に乗る arabaya bin-. 〜を運転する araba (otomobil) kullan-, otomobili sür-. 〜に飛び乗る arabaya atla-. 〜一台分の bir araba, arabalık. 〜一台分の木材 bir arabalık odun. 〜の置き場 arabalık. 〜の滑り止め tekerlek pabucu. 〜の免許 sürücü belgesi. 〜を引く人 arabacı. 〜を作る人 arabacı. 〜を売る人 arabacı. 飲んで〜を運転してはいけません. Alkollü araba kullanmayınız.

§火の〜 ateşten gömlek.

kurumàhiki 車引き /a./ arabacı.

kurumàisu 車椅子 /a./ tekerlekli koltuk.

kurumarè・ru くるまれる /ey./ 布にくるまれた赤ん坊 kundak.

kurumàru くるまる /ey./ örtün-, sarıl-.

kurumi クルミ /a./ ceviz, koz. かたい〜 çetin ceviz. 〜を砕く ceviz döv-. 〜のテーブル ceviz masa. 〜を割る道具 fındıkkıran.

kurumiwari クルミ割り /a./ fındıkkıran.

kurumizai クルミ材 /a./ 〜の ceviz. 〜のテーブル ceviz masa.

kurùmu くるむ /ey./ sar-, paket et-, paketle-. 赤ん坊を布で〜 kundakla-. 子供をふとんで〜 çocuğu yorgana sar-. 砂糖でくるんだアーモンド badem şekeri.

kùrusi クルシ /a./ kuruş. …〜の kuruşluk. 50〜の菓子 elli kuruşluk

kusâru

şeker. 100〜で買う yüz kuruşa al-.
kurusigâru 苦しがる /ey./ acı çek-(duy-).
kurusîi 苦しい /s./ ağrılı, acılı, ıstıraplı, bunaltıcı, hazin, eziyetli. 生活が〜 sıkıntıda ol-. 〜仕事 eziyetli bir iş. とても〜所 cehennem. 苦しくなる daral-, darlaş-. 生活が苦しくなる geçimi daral-. 苦しくする daralt-, darlaştır-. 〜のに〜そぶりを見せない kan kusup kızılcık şerbeti içtim de-.
kurusimerarê・ru 苦しめられる /ey./ sıkıl-.
kurusimê・ru 苦しめる /ey./ canını çıkar-, can yak-, eziyet et-, hasta et-, sataş-, üz-, eziyetli. ひどく〜 kanını kurut-, kan kustur-. この騒音が私を苦しめている. Bu gürültü beni hasta ediyor.
kurusimî 苦しみ /a./ acı, dert, kahır. 産みの〜 doğum sancısı. 地獄の〜 cehennem azabı. 〜をひどく感じる acısı içine (yüreğine) çök- (işle-). 〜を軽くする avundur-. 〜を忘れさせる avundur-. 死ぬほどの〜を与える iliğini kurut-. 〜から逃れる çileden çıkar-. 〜に耐え抜く kahır (kahrını) çek-. 〜を味わった人 acı görmüş.
kurusiminùku 苦しみ抜く /ey./ (口語) ıkınıp sıkın-.
kurusimu 苦しむ /ey./ acı çek-(duy-), dertlen-, ıkın-, ıstırap çek-. 生活に〜 sıkıntıya düş-. ひどく〜 burnunun direği sızla-, can alıp can ver-, canı yan-, canından bez-(bık-, usan-), ekmeğini kana doğra-. 苦しんでいる çileli. 苦しみつつ acı acı.
kurusîsa 苦しさ /a./ acı. 生活の〜 sıkıntı.
kurùu 狂う /ey./ kaçır-, delir-, aklı dengesini kaybet-. 気が〜 aklını boz-, aklını kaçır-, aklını oynat-, delir-, deli çık-, cin tut-, cinnet getir-, çıldır-, zihnini oynat-, (口語) tozut-, (隠語) üşüt-. 嫉妬に〜 kıskançlığından çatla-. 狂った deli, kaçık, kuduruk. 気が狂った çılgın, mecnun. 恋に狂った mecnun. 恋に狂った人 gönül dilencisi. 狂ったように delicesine. 1ミリも狂わない milim oynama-. うれしくて今にも気が狂いそうだった. Sevinçten neredeyse çıldıracaktım.
kusâ 草 /a./ ot. 〜の ot. 〜が生える ot bit-. 〜を食べる otla-. 〜を食べさせる otlat-. 〜を刈る ot biç-. 〜で飼う otla besle-. 〜のような otsu, otsul. 〜でできている ot. 〜で編んだ hasır. 〜で編んだ敷き物 hasır. 別荘の道を〜が覆った. Köşkün yolunu ot basmış.
kusabi くさび /a./ çivi, kıskı, mıh, kama. 木の〜 takoz. 〜を打ち込む çivi çak-.
kusabigata mòzi くさび形文字 /a./ çivi yazısı.
kusabôoki 草ほうき /a./ çalı süpürgesi.
kusaci 草地 /a./ otluk.
kusâgusa くさぐさ /a./ çeşitlilik. 〜の çeşitli.
kusahara 草原 /a./ otluk.
kusâi 臭い /s./ kötü kokulu, kokak, leş gibi.
kusakâri 草刈り /a./ 〜をする ot biç-.
kusâki 草木 /a./ nebat.
kusamura 草むら /a./ otluk.
kusarasê・ru 腐らせる /ey./ çürüt-, kokut-, cılk et-.
kusarê 腐れ /a./ bere, çürüklük.
kusari 鎖 /a./ zincir, köstek, kordon. 足の〜 pranga. 〜で縛る zincirle-. 罪人を〜につなぐ zincire vur-. 囚人の手足に〜をかける demire vur-. 〜を断ち切る zincirlerini kır-. ネックレスの〜が切れた. Kolyemin zinciri koptu.
kusarî 腐り /a./ çürüklük.
kusâru 腐る /ey./ çürü-, kokuş-,

kuse kok-. 腐った çürük, kokmuş, cılk, ezgin. 腐った卵 cılk yumurta. 腐ったチーズ kokmuş peynir. リンゴは腐っていた. Elma çürük çıktı.

kusè 癖 /a./ alışkı, alışkanlık, huy, âdet, itiyat, ahlâk. 悪い〜 kötü huy. おしゃべりの〜 çene. 〜になる âdet ol-. 〜がつく alış-, itiyat et- (edin-). たばこの〜がつく tütüne alış-. 〜を受け継ぐ havasına uy-. 新しいよくない〜を出す icat çıkar-. 〜のある huylu. 悪い〜のある huylu. 〜の悪い ahlâk dışı. 変な〜の人 acayip ahlâklı adam. この人にはおもしろい〜がある. Bu adamın tuhaf alışkıları var. 子供が新しい〜を覚えた. Çocuk yeni bir huy edinmiş. おしゃべりは彼の〜. Çok söylemek onun âdetidir. この馬は〜が悪い. Bu at huyludur. 悪い〜をやめられない. Huylu huyundan geçmez.

kusi くし, 櫛 /a./ tarak. ツゲの〜 şimşir tarak. 〜を入れる tarak vur-. 〜でとかす tara-, tarakla-. 〜の歯 tarak dişi. 〜の歯を糸で結ぶ çit-. 母は髪のちぢれを〜で直してくれた. Annem saçlarımın büklümlerini tarakla düzeltti.

kusi 串 /a./ şiş. 〜で刺す şişle-. 〜に刺す şişle-. 〜焼肉 şiş kebap. 木の〜に刺して土なべで焼いた肉 çöp kebabı.

kusikezùru くしけずる /ey./ tarak vur-, tara-, tarakla-.

kusiǐñ 苦心 /a./ özen, itina, çalışma. 〜する özen-, özenip bezen-. 〜した özenli. 〜してやっと色々なことが分かる Hanya'yı Konya'yı anla-. 字を書く時とても〜する. Yazı yazarken çok özenirim.

kusiyaki 串焼き /a./ çevirme, şiş kebabı. 子羊の〜 kuzu çevirmesi.

kusò くそ /a./ dışkı, pislik, (卑語) bok ; (口語) güzü kör olsun ! 〜する (卑語) sıç-. 〜をくらえ canı cehenneme !

kusokògane クソコガネ /a./ bok böceği.

kusottare くそったれ /a./ bokun soyu, (卑語) meret. 〜野郎 bok herif.

kusozìkara くそ力 /a./ (卑語) göt.

kussaku 掘削 /a./ oyum, yontma.

kussakùki 掘削機 /a./ ekskavatör, kazmaç.

kussecu 屈折 /a./ 光の〜 sapma.

kussi 屈指 /a./ 〜の mümtaz.

kussiñ 屈伸 /a./ eğilme ve doğrulma.

kussùru 屈する /ey./ altında kal-, boyun ver- (eğ-). ひざを〜 diz çök-. 力に〜 amana gel-. 屈しない çekiye gelmez. 脅迫に屈しない patırtıya pabuç bırakma-.

kùssyoñ クッション (İng. cushion) /a./ minder, yastık. 大きな〜 puf.

kusubùru くすぶる /ey./ ストーブがくすぶっていた. Ocak için için yanmış.

kusugurare・ru くすぐられる /ey./ gıdıklan-.

kusuguru くすぐる /ey./ gıdıkla-. 足の裏を〜 ayakların altını gıdıkla-.

kùsukusu くすくす /be./ kıkır kıkır, kıs kıs. 〜笑う kıkırda-, kıkır kıkır gül-. 陰で〜笑う bıyık altından gül-.

kusunè・ru くすねる /ey./ (隠語) kaynat-.

kùsunoki クスノキ /a./ kâfur ağacı, tarçın.

kusuri 薬 /a./ ilaç, deva, derman, ot. 〜を飲む ilaç iç-. 〜を一度に飲む ilacı birden iç-. 〜を塗る ilaçla-. 〜をかける ilaçla-. 果樹に〜をかける meyve ağaçlarını ilaçla-. 〜の入っている ilaçlı. 〜をつけてある ilaçlı. 〜になる şifalı. 民間に伝わる〜 kocakarı ilacı. 〜にしたくとも…ない ilaç için … yok. この〜はあなたにぴったりです. Bu ilaç size bire birdir.

kusuriya 薬屋 /a./ eczane.

kusuriyubi 薬指 /a./ yüzük parmağı, adsız parmak.

kusyakusya くしゃくしゃ /a./ 〜にする

mıncıkla-.
kusyàmi くしゃみ /a./ aksırık, hapşırık. 〜をする aksır-, hapşır-. 軽く〜をする tıksır-.
kutabàru くたばる /ey./ yerin dibine bat- (geç-, gir-), zıbar-, (口語) geber-. くたばれ bok canına olsun, boynu altında kalsın, canı çıksın, damarı kurusun, zehir zıkkım olsun.
kutabirè くたびれ /a./ yorgunluk. これだけの費用のほかに〜もおまけとは。Bu kadar masraftan başka yorgunluğu da caba!
kutabirè・ru くたびれる /ey./ yorul-, yorgun düş-, yorucu. 歩き〜 tabanları parla-. 〜仕事 yorucu bir iş. くたびれた yorgun.
kutakuta くたくた /a./ 〜に疲れる hardahaş ol-, canı burnunda ol-. 〜になる baygın düş-, harap ol-, tüken-, anasından emdiği süt burnundan gel-. 〜になるまで頑張る yırtın-. 〜にする ez-. 〜の hoşaf gibi.
kutòoteñ 句読点 /a./ noktalama imleri. 〜を打つ noktala-. あなたの書き物は〜がうまく打ってない。Yazınızı iyi noktalamadınız.
kùttekakaru 食ってかかる /ey./ sok-.
kùu 食う /ey./ ye-, (侮辱的) ziftlen-. → **tabè・ru**. 罰を〜 ceza ye-. かってに食え ziftin pekini (zift) yesin.
kùu 空 /a./ boş.
kùubo 空母 /a./ uçak gemisi.
kuucyuu 空中 /a./ 〜で havada.
kuudètaa クーデター (Fr. coup d'État) /a./ hükûmet darbesi.
kuudoo 空洞 /a./ boşluk.
kuugeñ 空言 /a./ abes.
kuuguñ 空軍 /a./ hava kuvvetleri. 〜兵士 havacı.
kuuhaku 空白 /a./ gaybubet, boşluk. 〜の açık, boş. 〜のない dolmuş. 書き込んで〜を埋める doldur-.
kuuhuku 空腹 /a./ açlık, mide

eziklıği. 〜を感じる midesi kazın-, yüreği ezil-. 〜を抑える açlığı bastır-. 〜に耐える kemerisi sık-. 〜でぐったりする ezil-. 朝からずっと〜だ。Sabahtan beri aç duruyor.
kuuhukùzi 空腹時 /a./ 〜に aç karnına.
kuukañ 空間 /a./ boşluk, açıklık, hava sahası, uzay.
kùuki 空気 /a./ hava. 〜を入れる hava ver-. 〜を逃がす hava kaçır-. 〜を入れかえる havalandır-. 〜が入れかわる havalan-. 中に〜が入る hava al-. 〜のない havasız. 〜の悪い havasız. 〜の悪いこと havasızlık. 自動車のタイヤに〜を入れる otomobilin lastiğine hava bas-. 〜が悪くて頭が痛くなる başına vur-.
kuukìana 空気穴 /a./ hava deliği, açma. 地下の〜 baca.
kuukìire 空気入れ /a./ pompa, tulumba. タイヤの〜 lastik tulumbası. タイヤを〜でふくらませる lastiği pompayla şişir-.
kuukoo 空港 / hava alanı, hava limanı. 〜の建物 hava limanı.
kùukuu クークー /be./ めんどりが〜と鳴く gurk et-.
kùukyo 空虚 /a./ boşluk. 〜な boş.
kùupoñ クーポン (Fr. coupon) /a./ kupon.
kùuro 空路 /a./ hava yolu.
kuuroñ 空論 /a./ nazar. 際限のない〜をたたかわす (冗談) medreseye düş-.
kuuseki 空席 /a./ boş yer, açık. 〜の münhal. 〜には誰も採用されないだろう。Açıklara kimse alınmayacak.
kùuso 空疎 /a./ boşluk.
kuusoo 空想 /a./ hayal, hulya, tahayyül, kurgu. 〜する hayale dal-, kuruntuya kapıl-, düşle-. 〜にふける hayale dal-, hulya dal-. 〜科学映画 bilim kurgu. 〜科学小説 bilim kurgu. 〜して自分をだますのはよそう。

Boş hayaller kurarak kendimizi aldatmayalım.
kuusooka 空想家 /*a.*/ hayalperest.
kuusooteki 空想的 /*a.*/ ～な hayalî.
kuusyo 空所 /*a.*/ boşluk.
kuusyuu 空襲 /*a.*/ hava akın.
kuuyu 空輸 /*a.*/ hava taşımacılığı.
kùwa くわ, 鍬 /*a.*/ çapa. ～で土をくだく çapala-.
kùwa クワ, 桑 /*a.*/ dut. ～の実 dut.
kuwàbara kuwàbara くわばらくわばら /*ün.*/ kırk bir kere maşallah! (俗語) şeytan kulağına kurşun.
kuwadate 企て /*a.*/ plan, deneme, girişim.
kuwadaterarè・ru 企てられる /*ey.*/ girişil-.
kuwadatè・ru 企てる /*ey.*/ tasarla-, kalk-. 陰謀を～ komplo kur-. 囚人が刑務所から脱走を企てた. Suçlular tutuk evinden kaçmaya yeltenmişler.
kuwaerare・ru 加えられる /*ey.*/ katıl-, eklen-.
kuwae・ru 加える /*ey.*/ kat-, ekle-, koy-, dahil et-, zammet-, topla-, ilave et-. 牛乳に水を～ süte su kat-. 数を～ topla-. 害を～ zarar ver-. 圧力を～ bas-. ひどく罰を～ canını yak-. 顔に一撃を～ ağzını burnunu dağıt-. 加えて üstelik. 手を加えてよくする işle-. 手を加えていない ham. 手を加えずに kendi hâlinde. 料理に塩を加えたか. Yemeğe tuz koydun mu? 9に1を～と 10になる. Dokuza bir artık on eder.
kuwae・ru くわえる /*ey.*/ たばこを～ sigara iliştir-. くちばしで～ gagala-. ちょっと～ iliştir-.
kuwagatàmusi クワガタムシ /*a.*/ geyik böceği, makaslı böcek.
kuwake 区分け /*a.*/ tasnif.
kuwarè・ru 食われる /*ey.*/ yenil-, yen-.
kuwari 区割り /*a.*/ bölme. 土地を～する parselle-.

kuwasarè・ru 食わされる /*ey.*/ 一杯～ (隠語) kül ye- (yut-).
kuwasemono 食わせ者, 食わせ物 /*a.*/ şarlatan.
kuwasè・ru 食わせる /*ey.*/ yedir-. 平手打ちを～ tokadı bas-. アッパーカットを～ çenesini dağıt-. みんなを～責任は私にある. Hepsinin boğazı benim boynumda.
kuwasiì 詳しい /*s.*/ detaylı, derin, etraflı, mufassal, tafsilâtlı, ayrıntılı. 詳しく etraflıca, derinden, inceden inceye, eni kunu. 詳しく調べる alıcı gözüyle bak-, gözden geçir-, ince eleyip (eğirip) doku-, irdele-, süz-. 私は織物に～. Kumaştan anlarım.
kuwawaru 加わる /*ey.*/ katıl-, katış-, gir-, üstele-. 寒さが～ soğuk art-. 生活に～ hayatına gir-. 彼も我々のもとに加わった. O da bize katıştı. 競争に彼も加わった. Yarışmaya o da girdi.
Kuwèeto クウェート /*a.*/ Kuveyt.
kuyàkusyo 区役所 /*a.*/ daire.
kuyamì 悔やみ /*a.*/ taziye, baş sağlığı.
kuyàmu 悔やむ /*ey.*/ pişman ol-, yan-. のがしたその仕事をいまだに～. Kaçırdığım o işe hâlâ yanarım.
kuyasiì 悔やしい /*s.*/ pişman, müessif, nadim. 悔しく思う pişman ol-, ağır gel-. 悔しくてじたばたする hop oturup hop kalk-.
kùyokuyo くよくよ /*be.*/ ～する merakı kal-. ～考え込む kötü kötü (pis pis) düşün-. ～している gamlı, tasalı, duygulu. いつまでも～する. Horoz ölür, gözü çöplükte kalır.
kuyuràsu くゆらす /*ey.*/ たばこを～ tüttür-.
kùzi くじ /*a.*/ piyango, piyango bileti, kura, lotarya. ～を引く piyango çek-. kura çek-, ad çek-. ～を引き合う kura çekiş-. ～に当たる piyan-

go vur-. 〜の賞金 ikramiye. 〜の抽選 piyango çekimi.
kùzi 九時 /a./ saat dokuz.
kuzibiki くじ引き /a./ ad çekme, piyango çekimi. 〜で決める ad çek-.
kuzikê・ru くじける /ey./ くじけない canı pek, metin.
kuzìku くじく /ey./ kurk-, burkul-, yıldır-, başını ez-, belini bük-. 足を〜 ayağı burkul-.
kuzira クジラ, 鯨 /a./ balina. 〜のひげ balina çubuğu. 〜の骨 balina.
kùzu くず /a./ çöp, döküntü, kırıntı, kırpıntı, süprüntü, tortu. のこぎりの〜 talaş. 縫い物のあと母は下に落ちた〜を拾った. Dikişten sonra annem yerdeki kırpıntıları topladı.
kuzuìre くず入れ /a./ çöp tenekesi, çöplük.
kuzurê・ru 崩れる /ey./ çök-, yıkıl-, göç-, in-. 家が〜 ev çök-. 壁が〜 duvar göç-. 天気が〜 hava boz-. 根底から〜 çürü-. 急に〜 gürle-. ばらばらに次々と〜 iskambil kâğıdı gibi devril-. 馬が疲れて足を広げて〜 apış-. 崩れない dimdik ayakta dur-. 崩れた çökük, yıkık, viran, göçük. 崩れた家 çökük ev, viran bir ev. 崩れた建造物 virane. 崩れそうな gergin. 庭のへいが崩れた. Bahçe duvarı göçtü. 雨で壁が崩れた. Yağmurdan duvar inmiş. 天気が崩れたので外出を延期した. Hava bozunca geziyi erteledik.
kuzùsu 崩す /ey./ yık-, sök-, göçür-, boz-. 金を〜 para boz-, bozar-. 100リラ崩してくれませんか. Yüz lira bozar mısınız?
kuzutecu くず鉄 /a./ hurda. 〜商人 hurdacı.
kuzuwata くず綿 /a./ üstüpü.
kuzùya くず屋 /a./ yıkıcı, paçavracı.
kuzyaku クジャク /a./ tavus. 〜の羽の緑色 tavus yeşili.
kùzyo 駆除 /a./ ortadan kaldırma.

kuzyoo 苦情 /a./ yakınma, şikâyet. 〜を言う güçlük çıkar-, şikâyet et- (getir-), şikâyette bulun-.
kyàbecu キャベツ /a./ lahana. 2個の〜 iki kelle lahana. 〜の酢漬 lahana turşusu.
kyàbia キャビア (İng. caviar) /a./ siyah havyar.
kyaburêtaa キャブレター (İng. carburetor) /a./ karbüratör.
kyahañ 脚半 /a./ tozluk. 泥よけの〜 çamurluk.
kyakkañteki 客観的 /a./ 〜な nesnel, objektif.
kyaku 客 /a./ misafir, konuk, çağrılı; müşteri. 〜を招く misafir et-, konuk et-. 〜をもてなす misafir ağırla-, konukla-. 〜が押しかける misafir bas-. どうぞと言って〜を中へ入れる buyur et-. 〜に前菜を出す konuklara çerez çıkar-. 〜を歓待すること konukseverlik. 列車の〜 tren halkı. 〜をもてなすことは主婦にかかる. Misafirleri ağırlamak ev hanımına düşer. 出掛けようとした時〜が不意にやって来た. Çıkayım derken misafir bastırdı.
kyàkubu 脚部 /a./ bacak.
kyakucyuu 脚注 /a./ dip not, haşiye, çıkma.
kyakuhikì 客引き /a./ çığırtkan.
kyakuhoñ 脚本 /a./ drama, senaryo, piyes.
kyakuhoñ sàkka 脚本作家 /a./ yazıcı.
kyakuiñ 脚韻 /a./ kafiye, uyak.
kyakuma 客間 /a./ misafir odası, salon. 〜の奥 salonun dibi. 〜のシャンデリアをつけてくれないか. Salondaki avizeyi yakar mısın?
kyakuseñ 客船 /a./ yolcu gemisi.
kyakusya 客車 /a./ yolcu treni, vagon.
kyakusyoku 脚色 /a./ 〜する uyarla-.

kyakutai 客体 /a./ nesne. ~の nesnel.
kyakuyose 客寄せ /a./ 主婦が~する gün yap-.
kyakuzuki 客好き /a./ konukseverlik. ~の konuksever, misafirperver, kapısı açık. トルコ人はたいてい~だ。Türkler genellikle konukseverdir.
kyañdee キャンデー (İng. candy) /a./ şeker. 客に~を出す konuklara şeker tut-. ~を友達と分け合った。Şekerleri arkadaşlarımla paylaştım.
kyañdeeya キャンデー屋 /a./ şekerci.
kyañpèeñ キャンペーン (İng. campaign) /a./ kampanya. 選挙~ seçim kampanyası.
kyañpu キャンプ (İng. camp) /a./ kamp. ~に出掛ける kampa çık-. ~を張る kamp kur-. ~で過ごす kampta geçir-. 難民~ mülteci kampı. 夏に人がアリのように群がる~ yazın insanların karıncalar gibi doluştuğu kamplar.
kyañpuzyoo キャンプ場 /a./ kamping.
kyàppu キャップ (İng. cap) /a./ kep, başlık. テントの柱の~ çadır ağırşağı.
kyàputeñ キャプテン (İng. captain) /a./ kaptan.
kyàrabañ キャラバン (İng. caravan) /a./ kafile, kervan. ~の先頭を進む kafilenin ilerisinde yürü-. ~のラクダを引く人 deveci.
kyàrako キャラコ (İng. calico) /a./ kaput bezi.
kyarameru キャラメル (İng. caramel) /a./ karamela.
kyàsuto キャスト (İng. cast) /a./ rol.
kyasya きゃしゃ, 華奢 /a./ ~な ince yapılı.
kyatacu 脚立 /a./ seyyar merdiven.
kyatàpira キャタピラ (İng. caterpillar) /a./ tırtıl.

kyò 居 /a./ mesken, ev, konut. → **zyùukyo**. ~を移す taşın-.
kyò 虚 /a./ boş, hiç. ~の sanal.
kyoboku 巨木 /a./ ulu ağaç.
kyodai 巨大 /a./ ~な kocaman, koskoca, koskocaman, iri, iri kıyım, olağanüstü büyük, azman, dev, cesametli, muazzam, sarman, canavar gibi. ~な建物 dev yapı. ~なもの alamet.
kyodaku 許諾 /a./ razı, izin.
kyodoo 挙動 /a./ fiil, hareket, davranış.
kyoei 虚栄 /a./ sükse, kel başa simşir terak. ~を張る gurur gel-.
kyoèisiñ 虚栄心 /a./ gurur. ~の強い gururlu.
kyògi 虚偽 /a./ yalan.
kyòhi 拒否 /a./ ret, boykot, kabul etmeyiş. ~する reddet-, kabul etme-, razı olma-.
kyohìkeñ 拒否権 /a./ veto. ~を行使する veto et-.
kyohoo 虚報 /a./ yalan haberler.
kyòka 許可 /a./ izin, ruhsat, mezuniyet, müsaade. ~する izin ver-, müsaade et-, rızası ol-. ~を取る izin al-. ~なく izinsiz. 私の推測ではもう二日~が出る。Benim hesabıma göre daha iki gün izni var.
kyòka 炬火 /a./ → **tàimacu**.
Kyokàikyuu 巨蟹宮 /a./ Yengeç.
kyokàsyoo 許可証 /a./ ruhsat, ruhsatname, tezkere. 居住~ ikamet tezkeresi.
kyokkai 曲解 /a./ çevri.
kyokocu 距骨 /a./ aşık, aşık kemiği. → **kurùbusi**. ~でゲームをする aşık at-.
kyokoo 虚構 /a./ uydurma.
kyoku 曲 /a./ müzik, deste, melodi.
kyòku 局 /a./ müdürlük.
kyòku 極 /a./ kutup.
kyokubàsi 曲馬師 /a./ at cambazı.

kyȍkubu 局部 /a./ nahiye.
kyokubu màsui 局部麻酔 /a./ yerel (yerli, lokal) anestezi, yerel uyuşturma.
kyokubuteki 局部的 /a./ ～な mevziî, sınırlı, dar.
kyȍkuci 極地 /a./ kutup bölgeleri.
kyokuciteki 局地的 /a./ ～な mevziî, yerel. ～な雨 mevziî yağış.
kyȍkudo 極度 /a./ ～の hâd, aşırı. ～に en fazla, son derece.
kyokudome 局留 /a./ ～郵便物 postrestant.
kyokugei 曲芸 /a./ akrobatlık, cambazlık.
kyokugêisi 曲芸師 /a./ cambaz, akrobat. ブランコ～ trapez.
kyokugeñ 極限 /a./ en son sınır.
kyokuhidôobucu 棘皮動物 /a./ derisi dikenliler.
kyokuhu 曲譜 /a./ nota.
kyokumeñ 曲面 /a./ eğri yüzey.
kyokumêñ 局面 /a./ evre, merhale, safha, boyut.
kyȍkusa 極左 /a./ müfrit solcu.
kyokuseñ 曲線 /ey./ eğri çizgi, eğri, eğik, kavis, eğmeç.
kyokusyahoo 曲射砲 /a./ obüs.
kyokusyoo 極小 /a./ minimum. ～と極大 minimum ve maksimum.
kyokutâñ 極端 /a./ ～な aşırı, köksel, haddinden fazla, kıpkızıl, kızıl. ～に gayetle. ～になる çok ol-. ～に走るべきではない. Vur dedikse öldür demedik ya!
kyokutoo 極東 /a./ Uzak Doğu.
kyȍkuu 極右 /a./ müfrit sağcı.
kyokuu sòsiki 極右組織 /a./ aşırı sağcı teşkilat.
kyokuyoo 曲用 /a./ çekim. ～語尾 çekim ekleri, takı. ～させる çek-. ～のない çekimsiz.
kyȍmu 虚無 /a./ hiç.
kyȍneñ 去年 /a./ geçen yıl, geçen sene, (俗語) bıldır. この生地は～とて

も流行していた. Bu kumaş geçen yıl çok geçiyordu.
kyoo 興 /a./ eğlence. 人の～をそぐ人 mızıkçı, oyunbozan. ～をそぐこと oyunbozanlık.
kyoo 経 /a./ Buddhizm kutsal yazı.
kyȍo 今日 /a./ bu gün. 昨日・～・明日 dün, bu gün, yarın. ～の bu günkü. ～は bu günlük. ～のところは bu günlük. ～まで来たこと gelmiş geçmiş. ～は天気がいい. Bu gün hava güzel. ～は何日ですか. Bu gün ayın kaçıdır? 連れ合いは～もいらいら. Bizimki bu gün yine sinirli. ～は我が身に明日はなが身に. Bu gün bana ise yarın da sana! 明日の百より～の五十. Bu günkü tavuk yarınki kazdan iyidir.
kyȍo 凶 /a./ şanssızlık. 吉と～ şans ve şanssızlık.
kyooaku 凶悪 /a./ çok kötü, dehşet.
kyooaku hâñzai 凶悪犯罪 /a./ cinayet.
kyȍoasu 今日明日 /a./ ～の bu günlük yarınlık. 私達は～にも新しい家へ移ります. Biz bu günlerde yeni eve geçiyoruz. ～にも来ると待っている. Ha bu gün, ha yarın gelecek diye bekliyorlar.
kyoobai 競売 /a./ açık artırma, artırma, mezat, müzayede. ～する haraç mezat sat-. ～に付す mezada çıkar-. ～で値を決める pey sür-.
kyoobeñ 教鞭 /a./ ～を執る öğretmenlik yap-.
kyooboo 狂暴 /a./ azgınlık. ～な azılı, yırtıcı. ～な犬 azgın bir köpek.
kyooboo 共謀 /a./ yardakçılık.
kyooboo 凶暴 /a./ ～な gaddar, hunhar.
kyoobôosya 共謀者 /a./ yardakçı, (古語) yardak.

kyōobu 胸部 /a./ göğüs.
kyoocikutoo キョウチクトウ /a./ zakkum.
kyoocuu 共通 /a./ 〜の ortak, müşterek. 〜に ortaklaşa, müştereken.
kyoocuusei 共通性 /a./ ortaklık. 言語の〜 dil birliği.
kyoocyoo 協調 /a./ uyum, uyuşum, ahenk.
kyoocyoo 強調 /a./ 〜する vurgula-, üzerinde dur-. 〜された vurgulu.
kyoocyooteki 協調的 /a./ 〜な uysal.
kyoodai 鏡台 /a./ tuvalet masası.
kyōodai 兄弟 /a./ kardeş, birader, erkek kardeş, (俗語) kardaş. 血を分けた〜 öz kardeş. 両親が同じ〜 ana baba bir. 男の〜 dadaş. 義理の〜 üvey kardeş, kayın, kayın birader. 〜のように kardeş kardeş. 私には〜がいる. Benim kardeşim var. 〜にそっくりだ. Aynen kardeşine benziyor. やあ〜. Ey arkadaş！
kyoodai àcukai 兄弟扱い /a./ 〜の人 kardeşlik.
kyoodàibuñ 兄弟分 /a./ ahbap. 血をすすり合った〜 kan kardeşi.
kyoodairasìi 兄弟らしい /s./ 兄弟らしく kardeşçe.
kyoodaizùkiai 兄弟付き合い /a./ kardeşlik.
kyoodañ 凶弾 /a./ 〜を誰かに浴びせる silâhı birinin üstüne boşalt-.
kyoodañ 教団 /a./ ehil, tarikat, (俗語) cemaat. ブルガリアのイスラム〜 Bulgaristandaki İslâm cemaati.
kyoodañ 教壇 /a./ ders kürsüsü.
kyōodo 強度 /a./ şiddet.
kyōodo 郷土 /a./ doğum yeri.
kyoodoo 共同 /a./ ortaklık. 〜の ortak, müşterek, kolektif. 〜の大部屋 koğuş. 〜で ortaklaşa, el ele, müştereken. 〜で仕事をする人 ortak. 〜してやる el ele ver-. 家を〜で買った. Evi ortaklaşa aldık.
kyoodoo 協同 /a./ el birliği, tesanüt. 〜する birleş-.
kyoodoo bōci 共同墓地 /a./ mezarlık.
kyoodoo kōodoo 共同行動 /a./ 〜をとる arkadaşlık et-.
kyoodoo kùmiai 協同組合 /a./ iş birliği, kooperatif, lonca.
kyoodoo kumiàiiñ 協同組合員 /a./ iş birlikçi.
kyoodoo sàgyoo 共同作業 /a./ iş birliği, imece.
kyoodoo sìzyoo 共同市場 /a./ ヨーロッパ〜 Ortak Pazar.
kyoodoo syussìsya 共同出資者 /a./ 父は〜のハサンおじさんと本屋をやっている. Babam, ortağı Hasan Amcayla bir kitapçı dükkânı açıyor.
kyoodootai 共同体 /a./ topluluk, toplum. 〜として toplulukça. ヨーロッパ経済〜 Avrupa Ekonomik Topluluk.
kyooeika 共営化 /a./ kolektifleştirme.
kyooeñ きょう宴 /a./ şölen.
kyoogaku 共学 /a./ 男女〜 karma eğitim.
kyoogaku 驚がく /a./ şaşkınlık.
kyoogèñ 狂言 /a./ komedi, komedye.
kyōogi 競技 /a./ yarışma, yarış, karşılaşma, müsabaka. 〜が始まる yarış başla-. 〜で一位になる yarışmasında birinciliği kazan-.
kyōogi 協議 /a./ istişare, konferans. 〜する istişare et-.
kyōogi 教義 /a./ mezhep.
kyoogìkai 競技会 /a./ turnuva.
kyoogìkai 協議会 /a./ konsey.
kyoogìsya 競技者 /a./ yarışçı, yarışmacı, atlet.
kyoogi zìkoo 協議事項 /a./ gündem.

kyoogizyoo 競技場 /a./ meydan, arena, stadyum, stat, pist.
kyooguu 境遇 /a./ çevre, orun, hâl. 人の〜はさまざま. Kimi köprü bulamaz geçmeye, kimi su bulamaz içmeye.
kyoogyoo 協業 /a./ iş birliği.
kyoohaku 脅迫 /a./ göz dağı, tehdit. 〜する göz dağı ver-, kesip biç-. 〜を受ける sıkıyı ye-. 〜に屈しない patırtıya pabuç bırakma-.
kyoohaku kaññeñ 強迫観念 /a./ saplantı.
kyoohañ 共犯 /a./ yardakçılık.
kyoohañsya 共犯者 /a./ yardakçı, ortak, (古語) yardak. 〜達 avene.
kyỏohu 恐怖 /a./ korku, dehşet, havil, tedhiş, ürperti, vahşet, yılgı. 事故の〜 kaza korkusu. 集団的〜 panik. 〜の叫び nara. 〜を抱く kâbus bas- (çök-). 〜にとりつかれる yılgıya kapıl-. 〜で口がきけなくなる dilini yut-. 〜で体が凍りつく donakal-. 〜を与えない korkusuz. あたりを一陣の〜が包んだ. Ortalığı bir korkdur aldı.
kyoohùsiñ 恐怖心 /a./ ürküntü. 地震の〜 deprem heyulası.
kyoohusyoo 恐怖症 /a./ fobi. 広場〜 meydan korkusu.
kyoohuu 強風 /a./ fırtına.
kyỏoi 驚異 /a./ harika, mucize, keramet. トルコの歴史は〜に満ちている. Türk tarihi harikalarla doludur.
kyỏoi 脅威 /a./ tehlike.
kyỏoi 胸囲 /a./ göğüs çevresi.
kyooiku 教育 /a./ eğitim, öğrenim, öğretim, maarif, terbiye, tahsil, talim. 〜する eğit-, talim et-, yetiştir-. 〜を受ける terbiye al- (gör-), yetiştiril-. 〜のある eğitimli, münevver. 〜に関する eğitsel. 〜のない人 kaba adam. 先生達は私達を〜すためにがんばっている. Öğretmenlerimiz hepimizi eğitmek için çalışıyor.
kyooiku èiga 教育映画 /a./ eğitici film, öğretici film.
kyooikùgaku 教育学 /a./ eğitbilim, eğitim, pedagoji.
kyooiku kikañ 教育機関 /a./ モスクを中心とした〜 külliye.
kyooiku moñdai 教育問題 /a./ eğitim davası.
kyooikùsya 教育者 /a./ eğitici, eğitimci, eğitmen, terbiyeci, maarifçi, pedagog.
kyooikuteki 教育的 /a./ 〜な eğitici, öğretici.
kyooikuzyoo 教育上 /a./ 〜の eğitsel.
kyooiñ 教員 /a./ öğretmen.
kyooiñ kùmiai 教員組合 /a./ öğretmenler birliği (derneği).
kyỏoka 教科 /a./ ders. 〜の授業を聞く dersini öğren-.
kyỏoka 強化 /a./ takviye. 〜する kuvvetlendir-, takviye et-.
kyookacu 恐喝, 脅喝 /a./ şantaj. 〜する şantaj yap-.
kyookacùsya 恐喝者 /a./ şantajcı.
kyookai 協会 /a./ toplum, kurum, dernek, lonca, müessese.
kyookai 教会 /a./ kilise, mabet, tapınak. ユダヤ〜 havra.
kyookai 境界 /a./ hudut, sınır. 〜を定める sınırla-.
kyookaiseñ 境界線 /a./ hudut, sınır. 〜を引く hudut koy-, sınır çek- (koy-). 柵で〜を作る bir çitle sınırla-.
kyooka kàtei 教科課程 /a./ müfredat programı.
kyookaku 胸郭 /a./ göğüs kafesi.
kyookañ 共感 /a./ sempati.
kyookañ 教官 /a./ öğretim üyesi.
kyookàñkaku 共感覚 /a./ duyum ikiliği.

kyookàsyo 教科書 /a./ ders kitabı.

kyookeñ 強健 /a./ sağlamlık, dinçlik.

kyookeñ 狂犬 /a./ kuduz köpek.

kyookeñbyoo 狂犬病 /a./ kuduz. ～の予防接種 kuduz aşısı. ～にかかる kudur-. ～にかかった kuduz.

kyòoki 狂気 /a./ delilik, cinnet.

kyòoki 凶器 /a./ cinayet âleti.

kyòoki 狂喜 /a./ vecit.

kyookìdoo 狭軌道 /a./ dar hat.

kyòoko 強固 /a./ sebat. ～な sağlam güçlü.

kyòokocu 胸骨 /a./ göğüs kemiği (tahtası).

kyòokocu きょう骨 /a./ → **hoobone**.

kyookoku 峡谷 /a./ dere, koyak. 深い～ kanyon.

kyookoo 恐慌 /a./ panik.

kyookoo 胸腔 /a./ göğüs boşluğu (kovuğu).

kyookòoguñ 強行軍 /a./ cebrî yürüyüş.

kyòoku 教区 /a./ papaz idaresindeki bölge.

kyookuñ 教訓 /a./ ders, ibret, hisse, hikmet. ～を学ぶ ders al-, hisse kap-. ～を垂れる ders ver-. ～とする ibret al-. ～となる ibret ol-. ある事件から～を得る kıssadan hisse al- (çıkar-). ～を忘れない kulağına küpe ol-. 世間の～のために ibreti âlem için. 経験によって～を得た. Maymun gözünü açtı.

kyookyaku 橋脚 /a./ köprünün ayağı. ～の防衛材 mahmuz. この橋には～が四つある. Bu köprünün dört ayağı var.

kyookyuu 供給 /a./ sunu, arz, nakil, stok, mevcut, hazırlık. ～と需要 sunu ve istem, arz ve talep. 資金の～ finansman.

kyoomaku 胸膜 /a./ göğüs zarı.

kyooman 驕慢 /a./ mağrurluk.

kyoomei 共鳴 /a./ tınlama; sempati. ～する tınla-.

kyòomi 興味 /a./ ilgi, merak. ～を持つ ilgilen-, merak et-. 深く～を持つ üstüne düş-, üzerine düş-. ～を感じる gönlü ak-. ～を示す ilgi göster-. ～を引く ilgi çek-, cazip. ～にとりつかれる merak sar- (sardır-), meram et-. 歴史に～がある tarihle ilgilen-. ～を持っている meraklı. ～を示さない ilgisiz. ～ある ilginç, enteresan. この機械がどうして動くのか～があります. Bu makinenin nasıl işlediğini merak ettim.

kyooraku 享楽 /a./ eğlence, zevk.

kyooraku syùgi 享楽主義 /a./ hazcılık.

kyòoreñ 教練 /a./ talim.

kyòori 郷里 /a./ yurt, memleket.

kyoorikiko 強力粉 /a./ özlü un.

kyooryoku 強力 /a./ ～な kuvvetli. ～になる kuvvet al-, kuvvetlen-. ～にする kuvvetlendir-. これほど～であったにもかかわらず, またしても持ちこたえられなかった. Bu kadar güçlü olmasına karşın gene dayanamadı.

kyooryoku 協力 /a./ el birliği, iş birliği, dayanışma, ortaklık. ～する paydaş-. ～して el birliğiyle.

kyooryòkusya 協力者 /a./ iş birlikçi, paydaş.

kyooryoo 狭量 /a./ ～な gönlü dar.

kyoosaku 凶作 /a./ kıtlık, verimsiz hasat.

kyoosañ syùgi 共産主義 /a./ komünizm, komünistlik. ～の kıpkızıl.

kyoosañ syugìsya 共産主義者 /a./ komünist, kızıl.

kyoosañtoo 共産党 /a./ komünist parti. ～宣言 Komünist beyannamesi.

kyoosei 共生 /a./ ortak yaşama.

kyoosei 強制 /a./ zorbalık, mecburiyet, dürtü, zor. ～の zorba, (古語) zecrî. ～する zor kullan-, zorla-, mecbur et-, kök söktür-, sıkıştır-. ～される mecbur ol- (kal-). ～措置 zecrî tedbir. ドゥイグーは病気だ、遊びを～してはいけない. Duygu hasta, oyun oynamak için zorlamayın.

kyoosei 強勢 /a./ vurgu.

kyoosei cyàkuriku 強制着陸 /a./ mecburî iniş.

kyoosei ròodoo 強制労働 /a./ angarya.

kyoosei syuuyoozyo 強制収容所 /a./ toplama kampı.

kyooseiteki 強制的 /a./ ～な mecburî, cebrî. ～に mecburen.

kyòosi 教師 /a./ öğretmen, eğitimci, eğitmen, muallim, hoca. ～をする öğretmenlik yap-.

kyoosicu 教室 /a./ dershane, derslik, sınıf, kurs. 頭を垂れて～に入る başı eğik sınıfa gir-. 鐘が鳴った、みんな～へ入るように. Zil çaldı, herkes sınıfına girsin!

kyoosìkyoku 狂詩曲 /a./ rapsodi.

kyoosiñ 狂信 /a./ yobazlık, fanatizm, taassup. ～の力 kara kuvvet.

kyoosìñsya 狂信者 /a./ yobaz, fanatik, softa.

kyoosiñteki 狂信的 /a./ ～な yobaz, bağnaz, mutaassıp.

kyoosoñ 共存 /a./ yan yana yaşama. 平和～政策 barış içinde birlikte yaşama siyaseti.

kyoosoo 競走 /a./ koşu yarışı, koşu, koşun; müsabaka. ～する yarışma aç-, yarış-. ～で前の人を抜く basıp geç-. 100メートル～ yüz metrelik koşu. ～が始まった. Koşuya başlandı.

kyoosoo 競争 /a./ yarışma, yarış, müsabaka, rekabet. ～する yarış-, boy ölçüş-. ～を始める yarışa kalk-. ～で上位を占める derece al-. ～に彼ら入った. Yarışmaya o da girdi.

kyoosoo 競漕 /a./ kayık yarışı.

kyoosoo àite 競争相手 /a./ rakip, hasım.

kyoosòoba 競走馬 /a./ koşu atı.

kyoosòokyoku 協奏曲 /a./ konçerto. ピアノ～ piyano konçertosu.

kyoosòokyoku 狂想曲 /a./ rapsodi.

kyoosòosya 競争者 /a./ yarışçı, yarışmacı, müsabık.

kyoosòozai 強壮剤 /a./ kuvvet ilacı.

kyoosùru 供する /ey./ sun-.

kyoosyoku 教職 /a./ öğretmenlik, hocalık. ～に就く öğretmenlik yap-, hocalık et-.

kyoosyoo 協商 /a./ itilaf.

kyoosyuku 恐縮 /a./ minnettarlık.

kyootaku 供託 /a./ ～金 pey.

kyootañ 驚嘆 /a./ hayret, hayranlık. ～する hayran ol-.

kyootei 協定 /a./ anlaşma, antlaşma, sözleşme, kavil, kontrat, misak, pakt. ～を結ぶ antlaş-, sözleş-.

kyooteisyo 協定書 /a./ kontrat.

kyooteñ 経典 /a./ kutsal yazı. ～の言葉 kelâm. ～に手をのせて誓う el bas-.

kyootòoho 橋頭堡 /a./ köprü başı.

kyoowàkoku 共和国 /a./ cumhuriyet.

kyoowàoñ 協和音 /a./ akort.

kyoowasei 共和制 /a./ cumhuriyet. トルコの～は1923年10月29日に宣言された. Türkiye'de cumhuriyet 29 Ekim 1923'te ilân edildi. 1923年に～になったのでカリフ制は廃止された. 1923'te Cumhuriyet'in gelmesiyle Halifelik kalktı.

kyoowa señgeñ 共和宣言 /a./ cumhuriyetin ilânı.

kyoowa syugîsya 共和主義者 /a./ cumhuriyetçi.
kyooyaku 協約 /a./ itilaf.
kyooyoo 共用 /a./ ～の ortak. オスマンと弟のエレンは～の自転車を持っている. Osman ile kardeşi Eren'in ortak bir bisikletleri var.
kyooyoo 教養 /a./ kültür, eğitim, çelebilik, terbiye. ～の kültürel. ～のある kültürlü, eğitimli, çelebî, terbiyeli, okumuş, mürekkep yalamış, asker, adam gibi. ～のある人 efendiden bir adam, terbiyeli insan. ～の高い münevver. ～のない terbiyesiz, dümdüz. ～を身につける terbiyesini takın-.
kyooyoo 強要 /a./ ısrar. ～する çanak tut- (aç-).
kyooyôozin̄ 教養人 /a./ ～は物見高くない. Terbiyeli insanlar kimseyi gözetlemez.
kyooyu 教諭 /a./ öğretmen.
kyooyuu 共有 /a./ ～の müşterek, orta malı. ～して müştereken. 夫婦の財産の～ mal birliği. ～財産 müşterek mal.
kyoozi 共時 /a./ ～の eş zamanlı.
kyôozi 教示 /a./ ～を垂れる hocalık et-.
kyoozi・ru 興じる /ey./ eğlen-.
kyoozoo 胸像 /a./ büst.
kyôozyaku 強弱 /a./ kuvvetli ve kuvvetsiz.
kyoozyoo 教条 /a./ dogma. ～の dogmatik.
kyoozyu 教授 /a./ öğretim, tedrisat; profesör. ～する öğret-.
kyoozyuhoo 教授法 /a./ öğretim metodu.
kyoozyuu 今日中 /a./ bu gün içi.
kyôri 距離 /a./ uzaklık, uzunluk, mesafe. 届く～ erim, çalım. 手の届く～ porte. 着弾～ kurşun erimi. ～を測る uzaklığı ölç-. ～をおいて人とつきあう mesafe bırak- (koy-).

kyôrokyoro きょろきょろ /be./ fıldır fıldır, böcül böcül. あたりを～する etrafına bakın-. ～見る böcül böcül bak-. 目を～させた男 gözleri fıldır fıldır bir adam.
kyoryûuci 居留地 /a./ koloni.
kyosei 去勢 /a./ ～する ene-, iğdiş et-, bur-. ～した iğdiş. ～した雄牛 öküz. ～した子牛 tosun. ～された enek. ～された男子 hadım.
kyosei 虚勢 /a./ kabadayılık. ～を張る kabadayılık tasla-.
kyosùu 虚数 /a./ sanal sayı.
kyosyoku 虚飾 /a./ şatafat, caf-caf, yaldız, yaldızcılık, (隠語) caka.
kyôsyu 挙手 /a./ el kaldırma.
kyoten̄ 拠点 /a./ istinat.
kyoyoo 許容 /a./ af.
kyozecu 拒絶 /a./ ret. ～する reddet-, kabul etme-.
kyozin̄ 巨人 /a./ dev, iri yarı bir adam, adam azmanı, zebanî, (俗語) zebella. 民話に出てくる～ Arap.
kyozyaku 虚弱 /a./ zafiyet. ～な zayıf, çelimsiz.
kyozyuu 居住 /a./ ikamet, iskân, yerleşim. ～する ikamet et-, iskân et-, otur-. ～証明書 ikametgâh ilmühaberi (kâğıdı). ～許可証 ikamet tezkeresi. 川べりは～に適している. Akar su kıyıları yerleşime uygundur.
kyozyûuci 居住地 /a./ ikametgâh, mekân, koloni. アンカラのアメリカ人～ Ankara'daki Amerikan kolonisi.
kyozyuusyoo 居住証 /a./ konut belgesi.
kyuu 急 /a./ acele. ～を要する acelesi var, ivedili, evgin. ～な anî, acele. ～に birdenbire, hürya, yetken, zıppadak, gümbedek, bir, zemberek gibi. ～に思いつく aklına es-. ～に現れる çıkagel-, çık-. ～に出る (口語) sök-. ～に…する kondur-.

~に熱中する ateş kesil-. ~に口を出す atıl-. ~に怒る beyni at-. ~にわめき散らす cayırtıyı bas- (kopar-). 痛みが~に激しくなる bıçak gibi saplan-. ~に亡くなる gümbürde-. ~に…かもしれない bakarsın. 私達の出発はとても~だった. Gidişimiz çok anî oldu. 悲しい知らせを受けて~にぐったりした. Acı haberi alınca birden durgunlaştı. 昨夜おじさん達がディヤルバクルから~にやって来た. Dün akşam dayımlar Diyarbakır'dan çıkageldiler.

kyuu 灸 /a./ dağ. ~をすえる dağla-, yakı aç-.

kyùu 九 /a./ dokuz. ~の dokuz. トランプの~ dokuzlu. ~ずつの dokuzar.

kyùu 球 /a./ küre, top, yuvar, yuvarlak. ~の各断面は円形である. Bir kürenin her kesiti daire biçiminde olur.

kyùu 級 /a./ sınıf, basamak.

kyùu 旧 /a./ eski. ~藩主 bey. ~藩主の地位 beylik.

kyuuai 求愛 /a./ kur. ~する kur yap-.

kyuuba 急場 /a./ ~に間に合う Hızır gibi yetiş-.

Kyùuba キューバ /a./ Küba.

kyuubañ 吸盤 /a./ çekmen.

kyuubañmè 九番目 /a./ ~の dokuzuncu.

Kyuubàziñ キューバ人 /a./ Kübalı.

kyuubìzumu キュービズム (İng. cubism) /a./ kübizm. ~の kübik.

kyuuboo 窮乏 /a./ sıkıntı. ~する dağlara düş-, sıkıntıya düş-.

kyùubuñ 旧聞 /a./ bayat havadis.

kyùuci 旧知 /a./ eski tanıdık. ~である ことが分かる bildik çık-.

kyùucyoo 級長 /a./ 軍士官学校の~ çavuş.

kyuudai 及第 /a./ ~する sınavı başar-, derece al-. ~するために今年はとても頑張った. Sınıfımı geçmek için bu yıl çok çırpındım.

kyuudeñ 宮殿 /a./ saray.

kyuudoo 旧道 /a./ eski yol.

kyùudoo 弓道 /a./ okçuluk.

kyuueñ 救援 /a./ imdat, kurtarma.

kyuugeki 急激 /a./ ~な anî, şiddetli. 潮の~な高まり deniz baskını.

kyùugo 救護 /a./ imdat.

kyuugòsirae 急ごしらえ /a./ ~の gecekondu.

kyuugyoo 休業 /a./ tatil. ~にする tatil yap-. 無期限~ süresiz tatil.

kyuugyuu 九牛 /a./
§ ~の一毛 devede kulak.

kyùuha 急派 /a./ sevkıyat.

kyuuhìñiñ 救貧院 /a./ (古語) darülaceze.

kyuuhisei 給費制 /a./ 全~の parasız pulsuz.

kyuuhoo 急報 /a./ acele haber.

kyuuhùgaku 給付額 /a./ ~を定める maaş bağla-.

kyùuhyaku 九百 /a./ dokuz yüz.

kyuuiñ 吸引 /a./ emme, içine çekme.

kyuuìñki 吸引器 /a./ emmeç.

kyuuka 休暇 /a./ tatil, dinlence, izin. ~を取る tatil yap-, izin al-. ~をやる izin ver-, mezun et-. ~を認められた izinli. 二週間の~のあとで iki haftalık tatilden sonra. 夏期~ yaz tatili. 昨日は~だったので役所にいられませんでした. Dün izinli olduğum için dairede bulunamadım.

kyùuka 球果 /a./ kozak, kozalak.

kyuukàabu 急カーブ /a./ 車は右へ~を切った. Araba birdenbire sağa kıvırdı.

kyuukacyuu 休暇中 /a./ ~の izinli.

kyuukai 休会 /a./ ~にする celseyi tatil et-.

kyuukaku 嗅覚 /a./ koklama duyusu.

kyuukàñci 休閑地 /a./ nadas.

kyuukecu 吸血 /a./ ～コウモリ vampir.
kyuukecùki 吸血鬼 /a./ vampir.
kyuukei 休憩 /a./ dinlenme, teneffüs, durak, mola, istirahat. ～する dinlen-, mola ver-.
kyuukei 球形 /a./ küre.
kyuukei 弓形 /a./ eğmeç, daire parçası.
kyuukèisicu 休憩室 /a./ yolcu salonu.
kyùuki 吸気 /a./ soluk.
kyùukiñ 給金 /a./ maaş. 店員の～ çıraklık.
kyùuko 九個 /a./ dokuz tane. ～の dokuz.
kyuukoñ 球根 /a./ soğan. チューリップの～ lâle soğanı.
kyuukoñ 求婚 /a./ evlenme teklifi. ～する evlenme teklifi et-(yap-).
kyuukòñsya 求婚者 /a./ talip, (俗語) talipli. ～となる talip (talibi) çık-.
kyuukoo 休耕 /a./ ～にしておく nadasa bırak-.
kyuukoo 急行 /a./ ekspres (tren).
kyuukòoci 休耕地 /a./ herk.
kyuukòodeñ 休耕田 /a./ nadas.
kyuukòoka 急降下 /a./ pike. ～する pike yap-.
kyùukucu 窮屈 /a./ ～な dar, sıkı, rahatsız. えりが～な yaka sıkı. この服は～だ。 Bu elbise beni rahatsız ediyor.
kyùukyoo 旧教 /a./ Katoliklik.
kyuukyùusya 救急車 /a./ cankurtaran, cankurtaran arabası, ambulans. ～を呼ぶ ambulans çağır-.
kyuumeibùi 救命ブイ /a./ simit.
kyuumei dòogi 救命胴着 /a./ cankurtaran simidi (yeleği).
kyuumèigu 救命具 /a./ cankurtaran simidi (yeleği).

kyùuniñ 九人 /a./ dokuz kişi. ～の dokuz.
kyuunyuu 吸入 /a./ nefes çekme. ～する nefes çek-, nefesle beraber içine çek-.
kyùuraku 及落 /a./ sınıf geçme ve geçmeme
kyùuri キュウリ /a./ salatalık, hıyar. ひねた～ kart salatalık. にがくない～ tatlı salatalık.
kyuuryoo 丘陵 /a./ tepe.
kyùuryoo 給料 /a./ maaş, ücret, ödenek, aylık. わずかな～ ufak ücret. ～から5リラ差し引いた。 Ücretinden beş lira kesmişler.
kyuuryòoci 丘陵地 /a./ tepeli arazi.
kyuuryuu 急流 /a./ sel.
kyuusai 救済 /a./ kurtuluş.
kyuusei 急性 /a./ ～の hâd, iveğen. ～虫垂炎 hâd apandisit.
kyuusei 急逝 /a./ → kyuusi.
kyuusèisyu 救世主 /a./ Mesih.
kyuusekki zìdai 旧石器時代 /a./ yontma taş devri.
kyuuseñ 休戦 /a./ ateşkes, mütareke.
kyuusi 急死 /a./ ～する ölüver-, yuvarlan-, yuvarlanıp git-. 病気で～する kuş gibi uçup git-.
kyùusi 休止 /a./ durak. ～する dural-.
kyùusi 九死 /a./
§～に一生を得る ölüp ölüp diril-, verilmiş sadakası ol-. ～に一生を得た gitti de geldi.
kyùusi 臼歯 /a./ azı, azı dişi.
kyuusìhu 休止符 /a./ es.
kyuusiki 旧式 /a./ ～の klasik.
kyuusìñryoku 求心力 /a./ merkezcil kuvvet.
kyuusìñteki 求心的 /a./ ～な merkezcil.
kyuusiñteki 急進的 /a./ ～な aşırı, radikal, köksel.

kyuusoku 休息 /a./ dinlenme, rahat, istirahat, mola. 〜する dinlen-, istirahat et-, yorgunluğunu al- (çıkar-). 〜させる yorgunluğunu al- (çıkar-).
kyuusoku 急速 /a./ 〜に進む dev adımlarıyle ilerle-.
kyuusokùkeñ 休息権 /a./ dinlenme hakkı.
kyuusoo 急送 /a./ sevkıyat.
kyuusu 急須 /a./ çaydanlık.
kyuusui 給水 /a./ su tedariki.
kyuusuisei 吸水性 /a./ 〜の hidrofil.
kyuusuitoo 給水塔 /a./ maslak.
kyuusùru 給する /ey./ ver-.
kyùusya 鳩舎 /a./ güvercinlik.
kyùusya 厩舎 /a./ tavla.
kyuusyo 急所 /a./ can damarı, püf noktası. 〜の can alıcı. 仕事の〜 zurnanın zırt dediği yer. 〜を突く can damarına bas-.
kyuusyoku 給食 /a./ iaşe. 学校で〜の時食べるように母は弁当を作る. Okulda, beslenme saatinde yemek için, annem azık hazırlıyor.
kyuusyucu 救出 /a./ kurtuluş.
kyuusyuu 吸収 /a./ emme. 〜する em-, masset-, soğur-. 〜消化する özümle-, özümse-.
kyuusyuu 急襲 /a./ 〜する bas-.
kyuutai 球帯 /a./ küre kuşağı.
kyuutei 宮廷 /a./ saray.
kyuutèisi 急停止 /a./ durgu.
kyuuteki 仇敵 /a./ düşman.
kyuutoo 急騰 /a./ anî yükseliş.
kyuuyaku sèisyo 旧約聖書 /a./ Tevrat, ahdiatik. 〜の詩篇 Zebur.

kyùuyo 給与 /a./ maaş.
kyuuyoo 休養 /a./ dinlenme, istirahat. 〜する istirahat et-. 〜を要する raporlu.
kyuuyoo 急用 /a./ acele. 〜の acele. 〜がある acelesi var.
kyuuyo tàikei 給与体系 /a./ 公務員の〜 barem.
kyuuyu 給油 /a./ yağlama.
kyuuyusyo 給油所 /a./ servis istasyonu.
kyuuyuu 旧友 /a./ eski arkadaş.
kyuuyuu 級友 /a./ okuldaş.
kyùuzi 給仕 /a./ garson, hademe; servis. 船室の〜 miço, muço. テーブルに料理をそろえてから〜は姉がした. Sofrayı kurduktan sonra servisi ablam yaptı.
kyuuzicu 休日 /a./ tatil.
kyùuzyo 救助 /a./ kurtarma, imdat, medet. 〜する imdat et-, kurtar-. 〜に向かう imdada koş-.
kyuuzyoo 球状 /a./ 〜の top, toparlak. 〜のもの top, toparlak, yumru.
kyuuzyoo 球場 /a./ stadyum.
kyuuzyòosyoo 急上昇 /a./ 市場で金の値段が〜した. Borsada altın fiyatları fırladı.
kyuuzyotei 救助艇 /a./ cankurtaran gemisi.
kyùuzyuu 九十 /a./ doksan. 〜の doksan.
kyuuzyùudai 九十代 /a./ 〜の人 üç otuzunda.
kyuuzyùudo 九十度, 90° /a./ doksan derece. 直角は〜だ. Dik açılar 90 dereceliktir.

M m

ma 間 /a./ ara ; oda. その〜に bu arada. 〜をおく ara ver-. 〜をおかない aralıksız. 〜をおかずに arasız, ara vermeksizin, durmadan. 〜の抜けた şapşal. …と思う〜もなく demede kalma-. 〜に合う → **maniàu**.
ma 真 /a./ gerçek. 〜に受ける inan-.
mà 魔 /a./ şeytan.
§〜がさす şeytan dürt-.
màa まあ /iin./ aman, be, eh, oh, vah, vay, (口語) ayol. 〜かわいそうに heyhat. なんと〜 maşallah. 〜なんと美しい. Aman da ne güzel ! なんて〜いい天気. Ne de güzel hava. 〜どこにいたの. Vay, sen nerelerdeydin ! 〜なんとかわいい赤ちゃん. Maşallah bu ne güzel bir bebek ! 〜どうしよう. Öp babanın elini.
màa まあ /be./ 〜よい iyice, zararsız. 〜いいや ne ise. 〜よかろう (口語) tamam. 今日は天気が〜いい方だ. Bu gün hava nispeten iyidir.
màaci マーチ (İng. march) /a./ marş.
màagariñ マーガリン (İng. margarine) /a./ margarin. 〜二さじ iki kaşık margarin.
maaketiñgu マーケティング (İng. marketing) /a./ pazarlama.
màaketto マーケット (İng. market) /a./ çarşı, pazar. 貴金属を扱う囲いのある〜 bedesten. 〜まで行ってみようか. Çarşıya kadar boylanalım mı ? 〜へ行きますが何か御注文は. Ben çarşıya gidiyorum, bir şey ısmarlayacak mısınız ?
màaku マーク (İng. mark) /a./ belirti, işaret, marka, damga, alâmet.

〜する işaretle-. 怪しんで〜する mimle-. 〜の付いた markalı.
màamaa まあまあ /iin./ maşallah, canım. 〜よくいらっしゃいました. Maşallah hoş geldiniz. 〜子供が大病なんですって. Vah vah, çocuk çok hasta !
màamaa まあまあ /be./ eh, şöyle böyle, nispeten. 不十分だが〜 kör topal. 夕べの映画は〜だった. Dün akşamki film zararsızdı. いかがですか. ーええ〜です. Nasılsınız ? ー Eh, şöyle böyle.
maamarèedo マーマレード (İng. marmalade) /a./ marmelat, portakal reçeli.
maatarasìi 真新しい /s./ yepyeni, tertemiz, gıcır gıcır. 私には〜ノートがある. Tertemiz defterim var.
mabara まばら /a./ 〜な seyrek. 〜に木のはえている庭 seyrek ağaçlı bir bahçe. 〜になる seyrekleş-. 人だかりが〜になった. Kalabalık seyrekleşti.
mabàtaki まばたき /a./ 〜する göz kırp-. しきりに〜する kırpıştır-. 〜させる kırp-. 〜するまに göz açıp kapamadan (kapayıncaya kadar). 日の当たる所へ出ると〜する. Güneşe çıkınca gözlerimi kırpıyorum.
mabatàku まばたく /ey./ göz kırp-. 〜間に göz açıp kapamadan (kapayıncaya kadar).
mabayùi まばゆい /s./ göz alıcı, kamaştırıcı. 〜光 pırıltı.
mabìku 間引く /ey./ 苗を〜 tekle-.
maborosi 幻 /a./ görüntü, hayal, hayalet. 恐ろしい〜 heyula. 人か〜か

in misin cin misin.
mabusii まぶしい /s./ göz alıcı, kamaştırıcı, çok parlak, göze batar. ～光 pırıltı. 日の光が目に～. Güneşin pırıltısı gözlerimi rahatsız ediyor.
mabùsu まぶす /ey./ bula-. 粉を～ unla-. 魚に粉を～ balığı una bula-, balığı unla-.
màbuta まぶた /a./ göz kapağı. ～を閉じる gözlerini kapa-. ～が重くなる gözleri süzül-, gözleri kapan-. ～とまつ毛は目の付属器官である. Kapak ve kirpikler gözün eklerindendir.
màcci マッチ(İng. match) /a./ kibrit ; maç. ～をする kibrit çak-. ボクシングの～ boks maçı. 暖炉を燃やすために一箱の～をすった. Ocağı yakmak için bir kutu kibrit çaktı. ～遊びは危険だ. Kibritle oynamanın tehlikesi vardır.
macciboo マッチ棒 /a./ kibrit çöpü, kibrit.
maci まち /a./ kuş.
maci 町 /a./ şehir, kent, kasaba. ～と村 şehir ve köy. この～のまわりにはブドウ畑が多い. Bu şehrin çevresinde çok bağ var. ～が飾られた. Şehir donandı. ～は観光客であふれていた. Şehirde turistten geçilmiyordu.
maci 街 /a./ mahalle. ～のいたずらっ子 mahalle çocuğu.
maciàisicu 待合室 /a./ bekleme odası (salonu), yolcu salonu.
maciawase 待ち合わせ /a./ randevu. 4時に母と約束した～に間に合うようにしなければなりません. Saat dörtte annemle olan randevuya yetişmeliyim.
macibari 待ち針 /a./ toplu iğne.
macibuse 待ち伏せ /a./ pusu. ～する pusu kur-, pusuya yat- (düşür-), yolunu bekle-. ～して襲う yol kes- (vur-). ～の場所 pusu. ～していたライオンは鹿の群が近づくと襲いかかった. Pusuda bekleyen aslan, geyik sürüsü yakınlaşınca saldırdı.
macigàe・ru 間違える /ey./ yanıl-, hata et-.
macigài 間違い /a./ yanlışlık, hata, yanlış, yanılgı. 計算の～ yanlış hesap. ～の yanlış, hatalı. ～をする kusur işle-. 知らずに～を起こす yanılgıya düş-. ～を許す bağışla-. 人の～を見つける yanlışını çıkar-. ～だらけの yalan yanlış. ～のない tamam. ～なく doğru dürüst. ～なく知っている su gibi bil-. 私の～でなければいいが (俗語) hilâf olmasın. この～を直しましたか. Bu yanlışı düzelttiniz mi ?
macigàu 間違う /ey./ yanıl-, hata et-, hataya düş-, aldan-, sap-, şaş-. 道を～ yolunu şaşır-. 言い～ dil sürç-. うっかり～ sürç-. とまどって～ ayağı dolaş-. スタートから～ ite ot, ata et ver-. 間違ったおこない hatalı davranış, yanlışlık, falso. 間違っていればどんな罰でも受ける boynum kıldan ince. それほど間違ってはいないはずだ pek de yanlış olmasa gerek. 間違っているのにえらそうにする. Hem kel, hem fodul.
macigawase・ru 間違わせる /ey./ yanılt-, şaşırt-.
macihàzure 町外れ /a./ şehrin kıyısı, (古語) koltuk. ～の kenar. ～の貧民街 kenar mahalle. 鉄道を～に通す demir yolunu şehrin kenarından geçir-.
macikado 街角 /a./ köşe başı.
macikamaè・ru 待ち構える /ey./ gözet-.
macikogarè・ru 待ち焦がれる /ey./ gözünde tüt-. 恋人を～ gözleri yollarda kal-.
macimaci まちまち /a./ ～な çeşitli, muhtelif.
màcinee マチネー(Fr. matinée) /a./ matine.
macinozòmu 待ち望む /ey./ um-. 来

maciukḕ・ru 待ち受ける /ey./ 発言を〜 ağzına bak-.
maciwabĩ・ru 待ちわびる /ey./ um-.
macizyuu 町中 /a./ お祭りで〜を明るくした. Bayramda bütün sokakları ışıklandırdılar.
màcu 待つ /ey./ bekle-, kolla-. 人が来るのを〜 yoluna bak-. 首を長くして〜 iple çek-. 人が来るのを首を長くして〜 gözü yolda (yollarda) kal-. 首を洗って〜 boynunu uzat-. 〜こと bekleme. 待て davranma!, bekle! 5時まで待った. Saat beşe kadar bekledim. もう10分待とう. On dakika daha bekleyelim. お待ちしたらいいのですか. Beklememi istiyor musunuz? ちょっと待てよ. Dur bakalım. ちょっと待って. Dursun! おまえはここでちょっと待ってて, すぐ来るから. Sen burada biraz eğlen, ben şimdi gelirim.
màcu マツ, 松 /a./ çam. 〜の実 çam fıstığı. 〜の根 çamın kökü. 〜の多い çamlı.
macubàyasi 松林 /a./ çamlık.
macubazùe 松葉づえ /a./ koltuk değneği.
màcuge まつ毛 /a./ kirpik. 〜に塗る墨 sürme. まぶたと〜は目の付属器官である. Kapak ve kirpikler gözün eklerindendir.
macukàsa 松かさ /a./ kozak, kozalak.
macùkaze 松風 /a./ 〜は彼の体によかった. Çam havası ona yaradı.
macuri 祭り /a./ bayram, şenlik, festival. 〜の贈り物 bayramlık. 〜のあと bayram ertesi. 町がお〜で飾られた. Şehir donandı. アクシェヒルでは毎年ナスレッティンホジャを記念してお〜が行われる. Akşehir'de her yıl Nasrettin Hoca'yı anmak için şenlikler yapılır.
macurigoto 政 /a./ siyasa, siyaset. → **seizi**.

macuriyoo 祭り用 /a./ 〜の bayramlık.
macuru 祭る /ey./ tanrılaştır-, tap-.
macuru まつる /ey./ bastır-. 姉はスカートのすそをまつっている. Ablam eteğinin kenarını bastırıyor.
macuyani 松やに /a./ çam sakızı, reçine.
macùzai 松材 /a./ çam yarması.
màda まだ /be./ daha, henüz, hâlâ, yine. 〜あとがある dahası var. 〜何かあったのか daha daha? 彼らは〜若い. Onlar daha cacil. 〜5分とたっていない. Daha beş dakika olmadı. ナシは〜熟していない, 口が曲がる. Armutlar henüz olmamış, ağzı buruyor. メルシンから〜知らせを受けていない. Mersin'den henüz bir haber alamadık. 私の手紙に〜返事が来ない. Mektubuma hâlâ cevap gelmedi. これほどの寒さは〜経験したことがなかった. Bu derece soğuk hiç görülmemişti. 〜疲れない. Yine yorulmadım.
Madagàsukaru マダガスカル /a./ Madagaskar.
madara まだら /a./ 〜の alaca, benekli, dalgalı, abraş, yanal. 〜に dalga dalga. 〜に赤い ebru ebru.
madarairo まだら色 /a./ 〜の ala, alaca, alacalı, rengârenk.
madara mòyoo まだら模様 /a./ ebru. 〜の ebrulu.
made まで /il./ -e kadar, dek, değin. ここ〜 buraya kadar (değin). どこ〜 nereye kadar. 学校〜 okula kadar. 朝〜 sabaha kadar (değin). 私が来る〜 ben gelinceye kadar. 〜に kadar. 学校〜歩いた. Okula dek yürüdük. 5時〜待った. Saat beşe kadar bekledim. 2月は28日〜だ. Şubat ayı 28 gün çeker. 朝〜すわっていた. Sabaha dek oturduk. 砲火は夜〜続いた. Top ateşi geceye kadar sürdü. この学校は今〜たくさんの人物を育てた. Bu okul şimdiye kadar çok

adam yetiştirdi. 君の足では村へ夕方〜に着けない. Senin ayağınla köye akşama kadar varamayız.

màdo 窓 /a./ pencere, cam, gözenek. 〜を開ける pencereyi aç-. 〜から飛び降りる pencereden atla-. 〜にガラスをはめる pencereye cam geçir-. 〜と床の間 pencere eteği. 〜を閉めろ, 冷たい風が来る. Pencereyi kapat, soğuk geliyor. 〜が南に面している. Pencereler güneye bakıyor.

mado gàrasu 窓ガラス /a./ pencere camı.

madogòosi 窓格子 /a./ pencere kafesi.

madòguci 窓口 /a./ gişe, vezne. 〜の係 vezneci, veznedar.

madoròmu まどろむ /ey./ uyukla-, sak yat-, ımızgan-.

madòu 惑う /ey./ aklı git-, şaşır-.

madowaku 窓枠 /a./ şasi. 〜の取っ手 kurbağacık.

madowasè·ru 惑わせる /ey./ akıl durdur-, büyüle-, şaşırt-.

madowàsu 惑わす /ey./ akıl durdur-, büyüle-, şaşırt-. そそのかして〜 afyonla-. 心を〜 gönül ayartıcı.

màe 前 /a./ ön, ileri, kala, huzur, (俗語) yamaç. 〜と後ろ ön ve arka. 家の〜 evin önü. 〜の ön, önceki, ileri, evvelki, geçen, eski. 数日〜の geçen. 〜へ ileri. 〜へ後ろへ ileri geri. 〜へ進め marş! 〜に önce, evvel, ileri, evvelce, peşin. 5年〜に beş yıl önce (evvel). 少し〜に önünce, önünden. ほんの少し〜 demin. 死ぬ〜に dünya gözlü ile. 〜に立ちふさがる önüne geç-. 〜は önceleri. みんなの〜で herkesin huzurunda. ずっと〜から kaç zamandır. 〜を歩く öne düş-. 人より〜を行く arkada bırak-. 競走で〜の人を抜く basıp geç-. 2時5分〜 ikiye beş kala. 3時15分〜 üçe çeyrek. テーブルを少し〜へ引こう. Masayı biraz ileri çekelim. 4歩〜へ. Dört adım ileri marş! 子供たちは少し〜に外へ出かけた. Çocuklar biraz önce dışarı çıktılar. 食事の〜にコニャックを一二杯いかがですか. Yemekten önce bir iki kadeh konyak alır mısınız? これより〜に考えるべきほかのことがある. Bundan evvel düşünülecek başka şeyler var. 私の目の〜に現れた. Önüme çıktı. 〜はこんなことはなかった. Önceleri böyle şeyler yoktu. 5時10分〜だ. Beşe on var.

maeasi 前足 /a./ ön ayak, kol. 馬が〜で地面をひっかいている. At ön ayağı ile toprağı eşiyor.

maebàrai 前払い /a./ önceden ödeme. 〜の peşin. 返信料〜電報 cevaplı telgraf.

maebaraikiñ 前払い金 /a./ avans, öndelik.

maebure 前触れ /a./ alamet, belirti.

maedare 前垂れ /a./ önlük. 〜を掛ける önlük tak-.

maegaki 前書き /a./ ön söz, başlangıç.

maegami 前髪 /a./ kâkül, perçem. ミネには垂らした〜がよく似合う. Mine'ye kâkül çok yakışmış.

maekàke 前掛け /a./ önlük.

maekiñ 前金 /a./ öndelik, avans. 〜で払う avucuna say-. 〜を受ける avans al-. 〜の予約申し込み abone.

maemòtte 前もって /be./ peşin. 〜言っておく kulağına koy- (sok-). あなたに〜言っておいた. Ben size peşin söyledim.

maemuki 前向き /a./ 〜の olumlu; öne doğru.

maeoki 前置き /a./ ön söz.

magai まがい /a./ 〜の sunî.

magaimono まがい物 /a./ bozuntu, piç. 〜の yalancı.

magarikàdo 曲がり角 /a./ dirsek. 道の〜 yolun dirseği.

magarikuneri 曲がりくねり /a./ 川の～ menderes.
magarikunèru 曲がりくねる /ey./ 曲がりくねった kıvrımlı, kıvrım kıvrım, dolaşık, dolambaçlı, eciş bücüş, yılankavi. 曲がりくねった道 kıvrımlı yollar, dolambaç. あそこは見えるほど近くはない、道が曲がりくねっているのだ. Orası göründüğü kadar yakın değil, yol dolaşıktır.
magarimici 曲がり道 /a./ ～の dönemeçli.
magarizai 曲がり材 /a./ dirsek. 管の～ boru dirgeği.
magaru 曲がる /ey./ dön-, eğil-, eğril-, bükül-, çarpıl-, sap-, kıvır-. 角を～ köşeyi dön-. 曲がった eğri, eğik, bükük, bükülü, çarpık, çalık, kıvrık, yalman, yamuk, yay gibi. 曲がった道 eğri bir yol. 木の曲がった枝 ağacın eğik dalları. 曲がった鼻 çarpık burun. 腰の曲がった çağanoz gibi. たいへん曲がっている dolaşık. 曲がっているところ büküm. 曲がりやすい bükülgen, yumuşak. 鉄柱が曲がった. Demir direk eğrildi. 門のとびらが曲がった. Kapının kanadı çarpıldı. 牛乳屋はその通りを曲がった. Sütçü şu sokağa saptı. ナシはまだ熟していない、口が～. Armutlar henüz olmamış, ağzı buruyor.
mage・ru 曲げる /ey./ eğ-, bük-, çarpıt-. 鉄棒を～ demir çubuğu bük-. 腰を～ eğil-. 腰を左右に～ bel kur-. 首を曲げて門をくぐる başını eğerek kapıdan geç-. 事実を～ çarpıt-. 信念を曲げない bildiğinden şaşma-. へそを～ çarpıl-. ～こと bükme. 曲げにくい sert. 腰を曲げて靴をはいた. Eğilip ayakkabısını giydi.
magiràsu 紛らす /ey./ eğle-, oyala-.
magirawàsu 紛わす /ey./ boğ-. 冗談に～ şakaya boğ-. 騒ぎに～ (隠語) gargaraya getir-.
magirè 紛れ /a./ ～もない koyu. ～もなくここが (俗語) bunun burası.
magirè・ru 紛れる /ey./ この本でかなり気が紛れた. Bu kitap beni epey oyaladı.
magò 孫 /a./ torun. 子や～たち döl döş. 子や～がいる torun torba (tosun) sahibi ol-. ～は一歳を終える日に歩いた. Torunum bir yaşını tamamladığı gün yürüdü.
magòkoro 真心 /a./ içtenlik, samimiyet, hüsnüniyet. ～から içten, candan yürekten.
magonòte 孫の手 /a./ kaşağı.
màguma マグマ (İng. magma) /a./ magma, lav.
magunesyùumu マグネシウム (Hol. magnesium) /a./ magnezyum.
magureàtari まぐれ当たり /a./ kör taşı.
maguro マグロ /a./ ton balığı, orkinos.
magusa まぐさ /a./ yemlik ot. ～おけ yemlik.
maguwa まぐわ /a./ tarak, sürgü.
màhi まひ /a./ felç, inme, uyuşukluk. ～が起こる inme in-, cin çarp-. ～する felç ol-, keçeleş-. ～させる uyuştur-, uyuşturucu. ～した felçli, inmeli, uyuşuk. ～の felçli. 右側に～が起こった. Sağ tarafına inmiş. 患者の右半身が～している. Hastanın sağ tarafı inmeli. 病人の手が～している. Hastanın kolu uyuşuk.
mahiru 真昼 /a./ öğle, güpegündüz.
Mahomètto マホメット /a./ Muhammed. ～の教え sünnet. ～の時代 saadet asrı. ～の後継者 halife. ～の言行 hadis. ～の言行を研究する学問 hadis.
mahoo 魔法 /a./ büyü, sihir, göz bağı, afsun. ～をかける büyü yap-. ～の büyülü. ～をかけられた büyülü. 魔法使いは白雪姫に～のリンゴを無理やり食べさせた. Büyücü, Pamuk Pren-

mahòobiñ 魔法瓶 /a./ termos.
mahoocùkai 魔法使い /a./ büyücü, büyücülük, sihirbaz, afsuncu.
màhu マフ (İng. muff) /a./ manşon.
màhuraa マフラー (İng. muffler) /a./ eşarp, boyun aktısı; susturucu.
mahuyu 真冬 /a./ kara kış.
mai 舞 /a./ dans. 〜を舞う dans et- (yap-).
-mai 枚 parça, tabaka, yaprak, tane, varak, (古語) kıta. 一〜の紙 bir tabaka kâğıt, bir kâğıt parçası. 三〜の服地 üç parça elbiselik kumaş. 下着を二〜に服を三〜買った. İki kat çamaşır üç kat da elbise aldım. バラの花びらが一〜一〜散った. Gülün taç yaprakları birer birer döküldü.
maiagàru 舞い上がる /ey./ ağ-, havaya kalk-.
maiagè・ru 舞い上げる /ey./ savur-. 風が髪を舞い上げた. Rüzgâr saçlarımı savurdu.
maiasa 毎朝 /a./ sabahları, her sabah. 〜毎晩 akşamlı sabahlı. 〜身近な人におはようと言うのを忘れてはいけない. Sabahları, yakınlarına günaydın demeyi unutma. 肥満腹を引っ込めるために〜体操している. Göbeğini eritmek için her sabah jimnastik yapıyor.
màibañ 毎晩 /a./ akşamları, her akşam. 毎朝〜 akşamlı sabahlı. 〜酒を飲む人 akşamcı.
maibocu 埋没 /a./ batma, gömülme.
maicuki 毎月 /a./ her ay. 賃貸料で〜千リラもうかる. Kiradan her ay bin lira geliyor.
maido 毎度 /a./ her daim.
maidoyòobi 毎土曜日 /a./ her cumartesi.
màigo 迷子 /a./ kayıp çocuk. 〜になる kayıplara karış-.
maìhime 舞い姫 /a./ çengi, dansöz.
maihoomu syùgi マイホーム主義 /a./ 〜の evcimen. 〜の男 evcimen bir erkek.
maikai 毎回 /a./ her defa.
maiko 舞妓 /a./ dansöz.
maikòmu 舞い込む /ey./ 幸運が舞い込んだ canına minnet.
màiku マイク (İng. microphone) /a./ mikrofon. 芸人が〜で歌を歌っている. Sanatçı mikrofonda şarkı söylüyor.
maikuro bàsu マイクロバス (İng. microbus) /a./ minibüs.
maikuro fìrumu マイクロフィルム (İng. microfilm) /a./ mikrofilm.
maikuròhoñ マイクロホン (İng. microphone) /a./ mikrofon.
maimai 毎々 /a./ her zaman.
mainai まいない /a./ rüşvet.
mainasu マイナス (İng. minus) /a./ eksi, eksik; sıfırın altı. 〜の menfi, negatif, eksi. 7-3 yedi eksi üç.
mainasù kyoku マイナス極 /a./ eksi uç.
maineñ 毎年 /a./ her yıl, her sene.
màinici 毎日 /a./ her gün, Allahın günü, Tanrı'nın günü, yevmiye. 〜の gündelik. 〜やる小遣い gündelik. 〜〜 günden güne. 〜違った服を着る. Her gün değişik elbiseler giyer.
maiorì・ru 舞い下りる /ey./ kon-. バルコニーに小さいスズメが舞い下りた. Balkona küçük bir serçe kondu.
màiru マイル (İng. mile) /a./ mil.
màiru 参る /ey./ hapı yut-, içlen-, kırıl-, pes de- (et-), yenil-. まいってる yenik. まいった pes. 今年はまいった. Bu yıl çok çöktüm. やあ暑くてまいったよ. Öff sıcaktan piştim. 彼に「まいった」と言わせた. Ona "pes!" dedirtti.
maisoo 埋葬 /a./ defin, gömme. 〜する defnet-, göm-, cenazeyi kaldır-,

toprağa ver-.
maisōosiki 埋葬式 /a./ cenaze alayı.
maisyuu 毎週 /a./ her hafta. 〜の haftalık.
maitosi 毎年 /a./ her yıl, her sene. 町では〜9月に商品と家畜の市が開かれる. Kasabamızda her yıl eylül ayında eşya ve hayvan panayırı kurulur.
maiyuu 毎夕 /a./ her akşam.
maizi 毎時 /a./ saat başında.
maizoo 埋蔵 /a./ 〜金貨（冗談）küflü. たぶん今度は〜金貨の番だ. Galiba sıra küflülere gelmiş!
maizōobucu 埋蔵物 /a./ define.
maizookiñ 埋蔵金 /a./ gömü, gömülerek saklanmış para.
Makācukyuu 磨羯宮 /a./ Oğlak.
makanaē•ru 賄える /ey./ この金では病院の費用を賄えない. Bu para hastane masraflarını karşılamaz.
makanai 賄い /a./ yedirip içirme. 〜付きの宿屋 yemekli pansiyon.
makanāu 賄う /ey./ yedirip içir-.
makare•ru 巻かれる /ey./ kıvrıl-, sarıl-. ぜんまいが〜 kurul-. 時計のぜんまいが〜 saat kurul-. ぜんまいが巻かれたkurulu.
makarē•ru まかれる /ey./ serpil-. 水が〜 sulan-. 庭に水がまかれた. Bahçe sulandı.
makaritōoru まかり通る /ey./ (隠語) sök-.
makaroni マカロニ (İt. macaroni) /a./ makarna, düdük makarnası.
makasare•ru 負かされる /ey./ yenil-. 負かされた mağlup.
makasarē•ru 任される /ey./ 責任を〜 görevlendiril-.
makasē•ru 任せる /ey./ bırak-, güven-, havale et-. 成り行きに〜 akıntıya bırak-, koyuver-, koyver-. 力や能力に〜 bileğine güven-. …の指図に〜 emrine ver-. この仕事のあとを私に任せなさい. Bu işin gerisini bana bırakın.

makasu 負かす /ey./ sırtını yere getir-, yere vur-, gölgede bırak-, yen-, mağlup et-. 完全に〜 (隠語) duman attır-.
makàsu 任す /ey./ bırak-, güven-. 任しとけ merak etme!
make 負け /a./ yenilgi. 〜を返す rövanş al-.
Makedonia マケドニア /a./ Makedonya.
make•ru 負ける /ey./ yenil-, mağlup ol-, yenik düş-, yenilgiye uğra-, alt ol-, altta kal-, kaybet-; ikram et-, tenzilât yap-. 試合に〜 maçı kaybet-. ゲームに〜 oyun ver-. かけに〜 bahsi kaybet-. 訴訟に〜 davayı kaybet-. 負けた yenik, pabuç pahalı. 負けたと思う yenik say-. もう値をまけられない aşağı kurtarmaz. まけろまからぬの押し問答の末に 三 aşağı beş yukarı. 少しまければこのかばんを買う. Biraz ikram ederseniz, bu çantayı alacağız.
maki 薪 /a./ odun. 〜1トン dört çeki odun. ブリキの〜ストーブ tenekeden odun sobası. ほしてある〜 kırıntı. 真っ赤に燃えきった〜 kor. 〜になる odunluk.
maki 巻き /a./ sarma.
màki 巻 /a./ kitap cildi.
makiagàru 巻き上がる /ey./ 巻き上がった kıvrık.
makiagèki 巻き上げ機 /a./ çıkrık, ırgat, palanga. 子供が〜で井戸から水をくんでいた. Çocuk çıkrıkla kuyudan su çekiyordu.
makiagē•ru 巻き上げる /ey./ kıvır-. 金を〜 yol-, hile ile parasını al-. 金を少しずつ〜 yont-. 脅して金を〜 (隠語) boğuntuya getir-. ばくちですっかり〜 (隠語) temizle-. この三人の若者は誰からも巻き上げていない. Bu üç delikanlı kimseyi dolandırmadılar.

makicirȁsu まき散らす /ey./ serp-, yay-, saç-.

makicukȅ·ru 巻きつける /ey./ dola-. 腕を首に〜 kollarını boynuna dola-.

makicùku 巻きつく /ey./ sar-, dolan-, sarılgan. 首に巻きついた手がほどけた. Boynuna dolanan kollar gevşedi.

makigami 巻き紙 /a./ rulo.

makigari 巻き狩り /a./ sürek avı, sürgün avı.

makige 巻き毛 /a./ saç lüleleri, bukle. 〜の lüle lüle.

makigoya 薪小屋 /a./ odunluk.

makigumo 巻き雲 /a./ saçak bulut.

makikomarȅ·ru 巻き込まれる /ey./ 戦争に〜 savaşa sürüklen-.

makimono 巻き物 /a./ dürüm.

màkisi マキシ (İng. maxi) /a./ maksi.

makisi sukȁato マキシスカート (İng. maxi skirt) /a./ maksi etek.

makitȁbako 巻きたばこ /a./ sigara.

makitòru 巻き取る /ey./ sar-. 糸を〜 ipliği sar-.

makiwaku 巻き枠 /a./ bobin, makara, masura.

makiwari 薪割り /a./ nacak.

makiya 薪屋 /a./ oduncu.

makiyoo 薪用 /a./ 〜の odunluk.

makizoe 巻き添え /a./ 君はなにかたくらんでいるな, あっちへ行け, おれを〜にしないでくれ. Sen kaşınmıyorsun galiba, git işine, başımı belâya sokma.

makizyaku 巻き尺 /a./ şerit metre, çelik metre, mezür, mezura.

makkȁ 真っ赤 /a./ 〜な kıpkırmızı, kıpkızıl, ıstakoz gibi, kor gibi. 〜な くちびるの kor dudaklı. 顔が〜になる kıpkırmızı kesil- (ol-). 恥ずかしくて 顔が〜になる gözlerinin içine kadar kızar-.

makkiiro 真っ黄色 /a./ 〜の sapsarı.

makkoo kùzira マッコウクジラ /a./ ada balığı, amber balığı.

makkùra 真っ暗 /a./ zifirî karanlık. 〜な kapkaranlık, kapkara, karanlık. 〜な部屋 karanlık bir oda. お先〜な bedbin. 〜になる zindan kesil-.

makkùro 真っ黒 /a./ kapkara. 〜な kapkara, simsiyah, kömür gibi, abanoz gibi. 全身〜になる kömürcü çırağına dön-. お母さんは〜な髪をしている. Annemin kapkara saçları var.

màkoroñ マコロン (Fr. macaron) /a./ kurabiye.

makoto 誠 /a./ hakikat, içtenlik. 〜の doğru, hakikat, hakikî, gerçek, candan, öz. 〜に sahi, sahiden, gerçekten. 二人の友達の不仲は〜に残念だ. İki arkadaşın bozuşmasına çok acındım.

maku 巻く /ey./ sar-, yuvarla-, kur-, dola-, dolan-, kıvır-. 紙を〜 kâğıdı dür-. ぜんまいを〜 kur-. 筒状に〜 dür-. しっかり〜 sarıp sarmala-. 〜こと sarma. 〜もの sarma. 首に〜もの boynuluk, çember. 巻いたもの büklüm, lüle. 巻いた食品 sarma. 紙の巻いた物 rulo. この帯は腰の回りに一回しか巻けない. Bu kuşak belini ancak bir defa sarar. 手の傷に綿をつけてきれいな布で巻いた. Elimdeki yaraya pamuk koyup temiz bir bez doladım. 母はカーペットを巻いて持ち上げた. Annem halıyı yuvarlayarak kaldırdı. 明日早く起きるために目覚まし時計を巻いた. Yarın erken uyanmak için çalar saatimi kurdum.

maku まく /ey./ 人を〜 (隠語) ek-, sat-. やつを途中でまいてやった. Onu daha yarı yolda sattım. 気に入らないやつを途中でまいたのでは? Hiç hoşlanmadığın adamı yolda ektin mi yoksa?

màku まく, 蒔く, 撒く /ey./ ek-; saç-, serp-, sula-, dağıt-, dök-, savur-. 種を蒔く ek-. 種を大地に蒔く tohumu

makù

topraǧa ek-. 水を撒く sula-, suyu savur-. にわとりにえさを〜 tavuklara yem dök-. 鳥にえさをまいてやる kuşlara yem serp-. 〜こと dökme. §蒔かぬ種は生えぬ. Ekmeden biçilmez.

makù 幕 /a./ perde, gergi. 〜が開く perde açıl-. 〜を閉める perde kapat-. 〜の掛かった perdeli. 劇の一〜 perde, sahne. 第一〜で ilk sahnede. 私の出る〜ではないが haddim olmayarak. 芝居は三〜だった. Oyun üç perdeydi. 君の出る〜ではない. Bu sana nasip değil.

makù 膜 /a./ zar, çeper.

makuai 幕合い, 幕間 /a./ perde arası, ara, antrakt.

makuhiki 幕引き /a./ perdeci.

màkura まくら, 枕 /a./ yastık. 〜にカバーを掛ける yastığa kılıf geçir-. 頭を〜にうずめる başını yastığa göm-. この〜は少し高くてよく眠れない. Bu yastık biraz yüksek, rahat uyuyamıyorum.

kuràgi まくら木 /a./ travers.

makura kàbaa まくらカバー /a./ yastık gömleği (kılıfı, yüzü).

makuràmoto まくら元 /a./ baş ucu, (俗語) tepe. 〜に座る tepesine dikil-.

makure まくれ /a./ 刃物の〜 (俗語) zağ.

makure·ru まくれる /ey./ まくれているもの büklüm.

makuriagè·ru まくり上げる /ey./ çemre-, sıva-. 川を渡るのですそをまくり上げた. Dereyi geçmek için paçalarımı sıvadım.

makuru まくる /ey./ çemre-, sıva-.

makusitatè·ru まくしたてる /ey./ まくしたてて驚かす ağız kalabalığına getir-.

makuwàuri マクワウリ /a./ kavun.

màma まま, 間々 /be./ ara sıra, bazı bazı.

mamà まま /a./ 立った〜で ayak üstü, ayak üzeri. 座った〜で durduğu yerde. 生きた〜で ayaktan, diri diri. きれいな〜の bakir. 心の〜に gönlüne göre, kalbine göre. …の〜である kal-. 元の〜にしておく istifini bozma-. 立った〜しばらく話し合った. Ayak üstü biraz konuştuk. 昔の〜だ. Eski hamam, eski tas.

mamàgoto ままごと /a./ evcilik, evcilik oyunu.

mamahaha まま母 /a./ üvey ana, analık.

mamako まま子 /a./ üvey evlât.

mamako àcukai まま子扱い /a./ leyleğin attığı yavru.

mamè まめ /a./ nasır. 〜ができる nasır bağla- (tut-), nasırlan-, nasırlaş-. 〜のできた nasırlı. ああ, 足の〜がとても痛い. Of, ayağımdaki nasır çok acıyor.

mamè マメ, 豆 /a./ bezelye, bakla, fasulye. 〜のすじ iplik, kılçık.

mamecu 磨滅 /a./ 〜した yalama. 〜したねじ釘 yalama bir vida. 〜したお金 silik para.

mamedàrake まめだらけ /a./ 〜の手 nasırlı eller.

mamedèppoo 豆鉄砲 /a./ patlangaç.

mameka マメ科 /a./ baklagiller.

mamirè·ru まみれる /ey./ bulan-, sıvaş-, sıvış-. 服がほこりに〜 üstü toza bulan-. すそが泥にまみれた. Çamur paçalarıma sıvaştı.

mamònaku まもなく, 間もなく /be./ yakında, biraz sonra, birazdan, çok geçmeden.

mamoo 磨耗 /a./ 〜する aşın-. 〜した yalama.

mamorarè·ru 守られる /ey./ korun-. 守られている mahfuz, korunmuş.

mamorì 守り /a./ himaye, koruma. 無用の〜 avukatlık.

mamorihuda 守り札 /a./ muska, nazarlık.
mamorite 守り手 /a./ koruyucu, koruyan. 〜になる kilit kürek ol-. 〜のいない人 sapsız balta.
mamòru 守る /ey./ koru-, savun-, himaye et-, esirge-, kanat aç- (ger-), arka çık-, sakla-, tut-, tutun-, gölge ol-. 国を〜 yurdu koru- (savun-). 身を〜 korun-. 命を〜 başını kurtar-. 秘密を〜 ağzını pek tut-, ağzını tut-, diline sağlam ol-. 秘密を〜人 ağzı kilitli, ağzı pek. 秘密を守らない ağzında bakla ıslanma-, çanak ağızlı. 約束を〜 sözünde dur-. 言ったことをかたく〜 dediği dedik ol-. 時間を〜 vaktini şaşma-. 守りいとおしむ bağrına bas-. 海峡を〜要塞 boğazkesen. 門の犬が家を守っている。Kapımızdaki köpek evimizi koruyor. アラーよ守りたまえ。Allah saklasın. 約束を守った。Sözünü tuttu. 約束を守らなかったからだ。Değil mi ki sözünde durmadı.
mamùkai 真向かい /a./ tam karşısı.
mamusi マムシ /a./ engerek.
manabase•ru 学ばせる /ey./ okut-, öğret-.
manabe•ru 学べる /ey./ öğrenil-.
manabi 学び /a./ öğrenim.
manabiya まなびや /a./ okul.
manabu 学ぶ /ey./ oku-, öğren-, bilgi edin-. 英語を〜 İngilizce oku-. 教訓を〜 ders al-, hisse kap-. よく〜 pişir-. 彼はアメリカで学んだ。O Amerika'da okumuş. 授業は先生のいうことを聞いて〜. Ders öğretmeni dinlemekle öğrenilir. 学んでもいるし働いてもいる。Hem okuyor, hem çalışıyor.
manacu 真夏 /a./ yaz ortası.
manaita まないた /a./ 肉用〜 et tahtası.
mànako 眼 /a./ göz (kibar). → **mè**.
manazasi まなざし /a./ göz, bakış. 悪意のある〜 hain bir bakış.
mane まね /a./ taklit. 人の〜をする izinden yürü-, izine uy-. ばかな〜 (冗談) marifet. 卑劣な〜をする domuzluk et-.
manèezyaa マネージャー (İng. manager) /a./ menajer, idareci, müdür.
manekì 招き /a./ çağrı.
manekiñ マネキン (İng. mannequin) /a./ manken, model.
manekiñ niñgyoo マネキン人形 /a./ manken.
manekiñzyoo マネキン嬢 /a./ manken.
manèku 招く /ey./ çağır-, davet et-. 客を〜 konukla-. 食事に〜 yemeğe çağır-, çorba içmeye çağır-. ティーパーティーに〜 çay ver-. 人の疑いを〜 zihnini bulandır-. 招かざる客。Ekmediğin yerde biter. Dibi kırmızı balmumu ile çağırmadım ya.
mane•ru まねる /ey./ benzet-, öykün-, taklit et-. 人の格好を〜 kılığına gir-. 形を〜 suretine gir-. 家事をまねて遊ぶ ev işlerine öykünerek oyna-.
mània マニア (İng. mania) /a./ tutku, deli, mani.
maniàu 間に合う /ey./ vaktinde bulun-, tamam ol-, yetiş-. 汽車に〜 trene yetiş-. 急場に〜 Hızır gibi yetiş-. やっと〜 uç uca (ucu ucuna) gel-. すぐ〜 el altında. 汽船に間に合った。Vapura yetiştik. この服は正月に〜か。Bu elbise yıl başına yetişir mi? 汽車にやっとのことで間に合った。Trene güç yetişti.
maniawase 間に合わせ /a./ 〜の eğreti.
maniawasè•ru 間に合わせる /ey./ yetiştir-. あれこれ言わずある物で〜 az çok deme-, tencerede pişirip kapağında ye-. 服を月末までに間に合わせましょう。Elbiseyi ay sonuna ye-

tiştiririm. 宿題を〜ためにうんと頑張った. Ödevlerimi zamanında bitirmek için paralandım.
manikyua マニキュア(İng. manicure) /a./ tırnak boyası, manikür, oje. 〜をする oje sür-.
manikyuàsi マニキュア師 /a./ manikürcü.
maniǹgeñ 真人間 /a./ ciddî insan.
manukarè・ru 免れる /ey./ kurtul-, kaç-, başından at- (sav-), geçir-, önlen-, sav-, silkin-, yakayı kurtar- (sıyır-). 火事で死を〜 yangında ölümden kurtul-. 事故をかろうじて〜 kazayı geçiştir-. 免れた vareste. 死を免れない ölümlü. たいへんな事故を免れたそうですね. Büyük bir kaza geçirmişsiniz.
manuke 間抜け /a./ 〜な (隠語) enayi, (皮肉) mübarek. ちょっと〜の aptalca.
màñ 万 /a./ on bin, tümen. この新聞には5万人の購読者がいる. Bu gazetenin elli bin abonesi var. この家は11万リラした. Bu ev yüz on bin liraya çıktı.
màñ 満 /a./ 〜三年 üç yılını doldurmuş. 〜十八歳になる on `sekiz yaşını bitir-. 姉さんは〜21歳になった. Ablam 21 yaşını doldurdu.
mañcyoo 満潮 /a./ kabarık deniz, met.
mañdoriñ マンドリン(İng. mandolin) /a./ mandolin. 〜の弦 mandolin teli. 〜演奏会 mandolin dinletisi.
mañga 漫画 /a./ karikatür.
màñgaici 万が一 /be./ binde bir.
mañgaka 漫画家 /a./ karikatürcü, karikatürist.
màñgañ マンガン (Hol. mangaan) /a./ mangan, manganez.
màñgecu 満月 /a./ dolun ay, ayın on dördü, mehtap. 今夜はとても明るい, 〜だ. Bu gece çok aydınlık, dolun ay var.
mañgùusu マングース /a./ firavun faresi.
màñici 万一 /be./ eğer ki, şayet. 〜の用心に her ihtimale karşı, ne olur ne olmaz.
mañiñ 満員 /a./ yer yok, dolu.
màñki 満期 /a./ vade. 〜になる vadesi gel- (yet-), süresi dol-, gününü doldur-, günü yet-.
mañmañ 満々 /a./ 〜の dopdolu.
mañmarùi 真ん丸い /s./ tostoparlak, yusyuvarlak. 生まれたての弟は〜頭をしている. Yeni doğan kardeşimin yusyuvarlak bir başı var.
màñmato まんまと /be./ 〜だます kündeden at-.
màñmosu マンモス /a./ mamut.
mañnaka 真ん中 /a./ orta. 部屋の〜 odanın ortası. 〜の ortanca. 〜の兄弟 ortanca kardeş. 〜から ortalama. 危険の〜に陥る kucağına düş-. 〜の机をどかしたら部屋が広くなった. Ortadaki masa kaldırılınca oda ferahladı.
mañneñ dòkusiñ 万年独身 /a./ müzmin bekâr.
mañnèñhicu 万年筆 /a./ dolma kalem. 〜に青インクを入れた. Dolma kalemime mavi mürekkep doldurdum.
mañnèñyuki 万年雪 /a./ 氷河の〜 buzul kar.
mañpuku 満腹 /a./ tokluk. 〜する tok ol-, doy-. 食べ過ぎて〜になる şiş-. 〜の tok. おなかはすいていない, 〜だ. Karnım aç değil, tok.
mañriki 万力 /a./ mengene.
mañryoo 満了 /a./ 刑期を〜せずに死んだ. Mahkûmiyeti bitirmeden öldü.
mañsei 慢性 /a./ 〜の müzmin, süreğen.
mañseibyoo 慢性病 /a./ müzmin hastalığı, süreğen bir hastalık, illet.
mañseika 慢性化 /a./ 〜する

süreğenleş-.
mañsiñ 慢心 /a./ ～している人 küçük köyün büyük ağası.
mañsyoñ マンション(İng. mansion) /a./ apartman. ～の一戸 apartman dairesi.
mañto マント(Fr. manteau) /a./ palto, kap, manto. 毛皮の～ gocuk. 僧の～ cüppe. ぶ厚い～ aba. ぶ厚い～を着ている abalı. 牧童のそでなしの～ kepenek. ～を着る mantosunu giy-.
mañzàisi 漫才師 /a./ meddah.
mañzeñ 漫然 /a./ ～と şöyle bir.
mañzìri まんじり /be./ いらいらして～ともしない dokuz doğur-.
mañzoku 満足 /a./ doyum, doygunluk, hoşnutluk, memnuniyet, tatmin, kanaat, kıvanç, gönül tokluğu. ～する memnun ol-, yetin-, doy-, hoşnut ol-, tatmin ol-, kan-, kanaat et-, hevesini al-, kıvan-, gözü doy-. ～させる hoşnut et-, tatmin et-, doyur-, kandır-, gönlünü hoş et-. 大いに～する bir yiyip bin şükret-. ～して喜ぶ yüreği yağ bağla-. ～してはいられない edeme-. 目を～させる göz doyur-. 自尊心を～させる gururunu okşa-. 精神的～を授ける bahşet-. ～の doygun, razı. ～な tatminkâr. ～している memnun, gönlü tok, gözü tok. ～した gönlü gani. ～すべき doyurucu. ～するまで kana kana, keyfi oluncaya kadar. すぐ～する kanaatkâr. 少しで～する kanık. 持てる物で～している kanaat sahibi. 知らせるだけでも～せず、自分自身も行った. Haber vermekle kanmadı, kendi de gitti. 水は冷たくなければ人を～させない. Su soğuk olmayınca insanı kandırmaz.
mañzokuge 満足げ /a./ ～な hoşnut.
mañzokùkañ 満足感 /a./ doygunluk.
mañzyoo icci 満場一致 /a./ oy

birliği.
mappìruma 真っ昼間 /a./ ～から güpegündüz.
mappùtacu 真っ二つ /a./ ～に ortalama. 木を～に切った. Ağacı ortalama kesti.
mararia マラリア(Al. Malaria) /a./ sıtma, malarya, humma. ～の発作 sıtma nöbeti. ～との戦い sıtma ile savaş. 潜伏期の～ gizli sıtma. ～にかかる sıtma tut-. ～にかかっている sıtmalı. ～の発生した所 sıtmalı.
marasoñ マラソン(Yun. Marathon) /a./ maraton. ～が行われる道路 parkur.
marasoñ kyòosoo マラソン競走 /a./ maraton koşusu.
marasoñ sèñsyu マラソン選手 /a./ maratoncu.
mare まれ /a./ ～な nadir, seyrek. 非常に～な ender. ～に bayramdan bayrama, bayramda seyranda. たいへん～に binde bir.
Marèesia マレーシア /a./ Malezya.
Màri マリ /a./ Mali.
mari まり /a./ top. ゴムでつった～ zıpzıp. 赤ちゃんは私の～から目を離さない. Küçük bebek elimdeki zıpzıptan gözlerini ayırmıyor.
Mària マリア /a./ Meryem. 聖母～ Meryem Ana.
mariigòorudo マリーゴールド /a./ kadife çiçeği.
maronie マロニエ /a./ at kestanesi. ～の実 at kestanesi.
maròyaka まろやか /a./ 味が～な tadı kaymak gibi.
maru 丸 /a./ daire ; tam, bütün. ～と三角 daire ve üçgen. ～八年 tam sekiz yıl. ～一日暇つぶしをした. Bütün bir günü öldürdük.
maruboo 丸帽 /a./ takke, terlik.
marude まるで /be./ tamamen, sanki, âdeta, güya, sözde, tıpkı. ～夜にでもなったように… Sanki gece olmuş

gibi…. 石が〜生命を得て話し始めたようだった. Taşlar sanki canlanıp konuşmaya başladılar. 君は〜セヴィンチのような話し方をするね. Tıpkı Sevinç gibi konuştun. 事情が〜逆様になった. İşi pek aksi gitti.

marugao 丸顔 /a./ değirmi yüz, ablak yüz. 〜の ablak. 〜の子供 yuvarlak yüzlü bir çocuk.

marugoto 丸ごと /be./ bütün, cümle. 〜の bütün. 〜のパン bir bütün ekmek. 〜食べる lop lop ye-. 〜飲み込む lop lop yut-.

maruhàdaka 丸裸 /a./ 〜の cascavlak, çırçıplak, çırılçıplak. 木を〜にする ağacı cascavlak et-.

marui 丸い, 円い /s./ toparlak, top, yuvarlak, değirmi, lop. 〜顔 değirmi yüz. 〜玉 top 〜小石 çakıl. 〜盆 değirmi sini. 〜肉の塊 lop et. 〜先 baş. 〜テーブル yuvarlak bir masa. 目が丸くなる beler-. 巻いて丸くなる kıvrıl-. 丸くなった鉛筆の先 küt kalemin ucu.

marukiri まるきり /be./ tamamen.

Marukisìzumu マルキシズム (İng. Marxism) /a./ Marksizm.

Marukìsuto マルキスト (İng. Marxist) /a./ Markisist.

màruku マルク (Al. Mark) /a./ mark.

Marukusu syùgi マルクス主義 /a./ Marksizm. 〜学説 Marksist öğreti.

Marukusu syugìsya マルクス主義者 /a./ Marksist.

marumado 円窓, 丸窓 /a./ 船の〜 lomboz.

Marumaràkai マルマラ海 /a./ Marmara Denizi (açıkları), Marmara.

marumaru まるまる, 丸々 /be./ tam, tam tamına, tamı tamına. 〜25クルシ yirmi beşlik.

marumaru 丸まる /ey./ yuvarlaklaş-.

marumàru 丸々 /be./ 〜とした tombul, yumuk, yusyuvarlak, tıknaz, toplu. 〜とした赤ちゃん tombul bir bebek. 赤ちゃんの〜とした手 bebeğin yumuk elleri. 小さくて〜とした yumak yumak. 〜として元気な fıstık gibi, topaç gibi. 〜と肉がつく tombullaş-.

marumero マルメロ /a./ ayva. 〜をカリカリかじった. Ayvayı katır katır yedi.

marume・ru 丸める /ey./ bük-, dür-, yuvarla-. じゅうたんを〜 halıyı bük-(dür-). ねり粉を丸めて焼いてください. Hamuru yuvarlayıp kızartacaksınız.

marumi 丸み /a./ yuvarlaklık.

Marusèeyu マルセーユ /a./ Marsilya.

maruta 丸太 /a./ direk, kalas, kereste, mertek, tomruk, azman. クルミの〜 ceviz tomruğu.

Marutatoo マルタ島 /a./ Malta.

marutèñzyoo 円天井, 丸天井 /a./ kemer. 〜の上部 takke.

maruyane 丸屋根 /a./ kubbe. 〜のある kubbeli. 〜を鉛板でふいた. Kubbeyi kurşunladılar.

màryoku 魔力 /a./ tılsım. 〜のあるもの tılsım.

masacu 摩擦 /a./ sürtünme, delk. 〜が起こる sürtüş-.

màsaka まさか /be./ acayip, deme, meğer, sanki, çok şey! (口語) yok devenin başı. 〜ね. Al kiraz üstüne kar yağmış. 車で3時間でイスタンブルに来たって. 〜! Arabayla üç saatte İstanbul'a gelmiş. Yok, devenin başı!

masakari まさかり /a./ balta.

masamezai 柾目材 /a./ yarma kereste.

màsani まさに, 正に /be./ tam, tıpkı, ta, aslında, işte, lâyığıyla, elifi elifine. 〜その人 ta kendisi. 〜そのもの buz gibi. 〜外人そのもの buz gibi yabancı. 〜朝まで待った. Ta sabaha

kadar bekledim.
masaru 勝る, 優る /*ey.*/ öteye geç-, üst gel- (çık-), baskın çık-, sırtını yere getir-, gölgede bırak-, (口語) kıç attır-. まさっている baskın. 他にまさっている taş çıkart-. 年上の者よりまさっている boynuz kulağı geç-.
masàsiku まさしく, 正しく /*be.*/ ta, işte. 山の〜頂まで登った. Dağın ta tepesine kadar çıktım.
masè・ru ませる /*ey.*/ ませている büyümüş de küçülmüş.
masi まし /*a.*/ 〜な ehven. 〜である yeğ. 死ぬ方が奴隷になるより〜だ. Ölüm esaretten ehvendir. 遅くなってもやらないよりは〜だ. Geç olsun da güç olmasın.
masikàku 真四角 /*a.*/ dik dörtgen.
masiñ 麻疹 /*a.*/ kızamık.
masità 真下 /*a.*/ tam altı.
màsite まして /*be.*/ 〜…できるものか nerede kaldı ki.
masizuri 増し刷り /*a.*/ çoğaltma.
massàazi マッサージ(Fr. massage) /*a.*/ masaj. 〜する ov-.
massaazîsi マッサージ師 /*a.*/ masör.
massàicyuu 真っ最中 /*a.*/ 冬の〜に kışın en civcivli zamanında.
massàkasama 真っ逆さま /*a.*/ 〜に baş aşağı, balıklama, tepesi üstü, tepetaklak, tepetakla.
massào 真っ青 /*a.*/ masmavi. 〜な masmavi, gömgök, mosmor, yemyeşil, kül gibi. 顔が〜になる kül kesil-. 今日は空が〜で雲ひとつない. Bu gün gök yüzü masmavi, hiç bulut yok. 腕が〜だがどこかにぶつけたのか. Kolun mosmor, bir yere mi çarptın? 春が来ると家の庭は〜になる. Bahar gelince evimizin bahçesi yemyeşil olur.
massi 末子 /*a.*/ en son çocuk.
massigura まっしぐら /*a.*/ 〜に走る dosdoğru koş-.
massiro 真っ白 /*a.*/ bembeyaz, ak

pek, kâfur(u). 〜な bembeyaz, süt gibi, kar gibi, kaymak gibi.
massiròi 真っ白い /*s.*/ bembeyaz.
massùgu まっすぐ /*a.*/ mum direk, dimdik. 〜な doğru, dosdoğru, düz, dik, dümdüz, düpedüz, dimdik, mum gibi. 〜な道 doğru yol. 〜な棒 düz değnek. 〜なこと doğruluk. 〜に doğru, doğruca, dosdoğru, direkt. 〜にする doğrult-, çırpıya getir-. 〜になる doğrul-. 〜に立つ doğru dur-. 〜にほうり上げる dik-. 〜に進ませる ileri sür-. 〜速く歩くこと (口語) harbi bas. 〜この道を行けば… Dosdoğru bu yoldan giderseniz …. 〜ここへ来た. Düpedüz buraya geldim. このバスは〜イスタンブルへ行く. Bu otobüs direkt İstanbul'a gider.
massyoo 抹消 /*a.*/ silme.
massyupòteto マッシュポテト (İng. mashed potatoes) /*a.*/ patates ezmesi (püresi).
masu 増す /*ey.*/ art-, çoğal-. 寒さが〜 soğuk art-. 食欲が〜 boğazı açıl-. 速度を〜 hız ver-, hızlan-. 次第に力を〜 tırman-.
masu マス, 鱒 /*a.*/ ala balık.
masù 升 /*a.*/ kile, ölçek, ambar, sandık.
masui 麻酔 /*a.*/ narkoz, anestezi. 〜をかける narkoz ver-.
masùiyaku 麻酔薬 /*a.*/ uyuşturucu ilaçlar.
masùizai 麻酔剤 /*a.*/ uyuşturucu (maddeler).
masukara マスカラ(İng. mascara) /*a.*/ rimel, maskara.
masukàtto マスカット /*a.*/ misket. 〜のぶどう酒 misket.
masukomi マスコミ(İng. mass communication) /*a.*/ gazete radyo televizyon. その言動は〜の非難の的となった. Sözleri gazetelerin hücumuna yol açtı.
masukòtto マスコット(İng. mascot)

/*a.*/ maskot.
màsuku マスク（İng. mask）/*a.*/ maske.
masùmasu ますます /*be.*/ gittikçe daha.
masutaabèesyoñ マスターベーション（İng. masturbation）/*a.*/ istimna.
màsuto マスト（İng. mast）/*a.*/ direk. 一本〜の帆船 korta. 二本〜の船 iki direkli gemi. 四本〜の船の最後尾の〜 kontra mizara.
masyoo 魔性 /*a.*/ şeytanlık.
masyòomeñ 真正面 /*a.*/ tam karşısı. 〜から攻撃する cepheden hücuma geç-.
matà また，又 /*be.*/ gene, yeniden, yine, dahi, hatta, tekrar. …も〜 dahi, hem, keza. 〜の時に Allah versin. 〜でたらめを言い出した. Gene atmaya başladı. 雨が〜ひどくなった. Yağmur yine coştu. 私はこの本を〜読むつもりだ. Bu kitabı gene okuyacağım. 〜来ます. Size tekrar gelirim. おまえ〜来たのか. Sen yine mi geldin? これを私も〜理解できない. Bunu ben dahi anlamadım. その仲間も〜正当だった. O arkadaş gene insaflı imiş. 乳は白い，雪も〜. Süt beyaz, kar keza.
matà また，股 /*a.*/ but, uyluk, apış. 木の〜 çatal. ズボンの〜 ağ. 子供の〜の間がただれた. Çocuğun apış arası pişmiş.
matagàru またがる /*ey.*/ bin-. ウマに〜 ata bin-.
matagasi 又貸し /*a.*/ 〜の devren kiralık.
matàgu またぐ /*ey.*/ aş-, üstünden atla-.
matarè・ru 待たれる /*ey.*/ beklen-. 雨が〜. Yağmur bekleniyor.
matasè・ru 待たせる /*ey.*/ beklet-. 私を待たせた. Beni bekletti. 待たせたと言って友人は私をとがめた. Beklettim diye arkadaşım bana çıkıştı. ちょっ と待たせておけ，今来る. Biraz dursun, şimdi gelir.
matàsitemo またしても /*be.*/ gene. 〜うそをつきだした. Gene yalanları kıvırmaya başladı. これほど強力であったにもかかわらず，〜もちこたえられなかった. Bu kadar güçlü olmasına karşın gene dayanamadı.
matataki 瞬き /*a.*/ しきりに〜する kırpıştır-.
matatàku 瞬く /*ey.*/ parla-, ışılda-. 目を〜 göz kırp-.
matàwa または /*ba.*/ yoksa, veya, ya da, yahut, veyahut.
matèñroo 摩天楼 /*a.*/ gökdelen.
mato 的 /*a.*/ hedef, nişan. 〜を射る hedefe isabet et-. 〜になる hedef ol-. その言動はマスコミの非難の〜となった. Sözleri gazetelerin hücumuna yol açtı.
matoicùku まといつく /*ey.*/ 足に〜 ayağına sarıl-.
matoita 的板 /*a.*/ nişan tahtası. 矢を〜の外に射る oku nişan tahtasının dışına at-.
matomari まとまり /*a.*/ 〜をつける ötesini beri et-.
matomaru まとまる /*ey.*/ birleş-, birik-, bir ol-. 話が〜 uzlaş-. まとまっている toplu. まとまって toptan, topluca, top top, bir arada, yekpare. 学生はまとまって教室へ入った. Ögrenciler toplu olarak sınıfa girdiler.
matomerare・ru まとめられる /*ey.*/ derlen-.
matome・ru まとめる /*ey.*/ topla-, toparla-, biriktir-, birleştir-, bir araya getir-, biçime sok-, bağla-. 荷物を〜 toparlan-. まとめて toptan. 全部まとめて top yekûn. テーブルの本をまとめてかばんに入れた. Masadaki kitaplarımı toparlayıp çantaya koydum.
matomo まとも /*a.*/ 〜でない kırık dökük. 〜に波を受ける denizaltı.

matorikâriya マトリカリヤ /a./ papatya.
matorikkusu マトリックス(İng. matrix) /a./ matris.
matòu まとう /ey./ sarın-. 身に〜 sarıl-. ほろをまとった hırpanî.
matowaricùku まとわりつく /ey./ gırtlağına sarıl-, dolan-, (俗語) tebelleş. まとわりついて苦しめる kancayı tak- (at-). 子供達が足にまとわりついた. Çocuklar bacaklarıma dolandılar.
mattadânaka 真っただ中 /a./ tam orta.
mattàira 真っ平ら /a./ 〜な dümdüz, düpedüz. 〜な道 dümdüz bir yol.
mattaku まったく, 全く /be./ büsbütün, bütün bütün, tamamen, tamamıyla, tamamı tamamına, adamakıllı, âdeta, Allah için, gerçek, hep, sırf, tümden, hani, düpedüz, (俗語) hepten, yani. 〜…ない hiç, hiçbir. 〜同じに aynen. 〜違った bambaşka. 〜からの bomboş. 〜無駄に boşu boşuna. 〜実際 (俗語) doğru doğru dosdoğru. 〜ない zerresi kalma- (olma-). 〜何もない yok oğlu yok. 〜よくなった. Büsbütün iyileşti. 〜疲れました. Âdeta yoruldum. しゃべったことは〜うそばかりだ. Söyledikleri sırf yalandı. 冬だ, 道は〜閉ざされていた. Kıştı, yollar tümden kapalıydı. ひどい陽気だ〜. Berbat bir hava yani. 〜の中傷だ. Allah kuru iftiradan saklasın. アンカラに〜行ったことがない. Ankara'yı hiç görmedim.
mattañ 末端 /a./ uç.
màtto マット (İng. mat) /a./ minder.
mattoo まっとう /ey./ 〜な sağlam. 〜な金 sağlam para.
mattoosuru 全うする /ey./ 天寿を〜 eceliyle öl-. 任務を〜力がある koltuğu doldur-.
màttoresu マットレス (İng. mattress)

/a./ döşek, minder. 薄い〜 şilte. 〜の台 somya.
mau 舞う /ey./ uçuş-, dans et-. 舞を〜 dans et-. 雪が〜 kar tozut-. 鳥が羽を広げて空を〜 kuş süzül-. 空に花粉が〜. Havada çiçek tozları uçuşur.
mauè 真上 /a./ tam üst.
maùsiro 真後ろ /a./ tam arka.
mawarase•ru 回らせる /ey./ döndür-. 触れて〜 bağırt-, çağırt-.
mawari 回り, 周り /a./ etraf, ortalık, çevre, dolay, civar, havali. 火の〜 ateş başı. 〜の人達 etraf. 〜全部 çepçevre, çepecevre. 〜を回る dolan-. 〜をきれいにする ortalığı temizle-. 〜が見えない göz gözü görme-. 顔の〜をぐるりと取り囲んだひげ çember sakal. この町の〜にはブドウ畑が多い. Bu şehrin çevresinde çok bağ var. 夕方まで家の〜を歩き回った. Akşama kadar evin etrafında dolandı. 地球が太陽の〜を回るのは真理だ. Yer yuvarlağının güneş dolayında döndüğü bir gerçektir.
mawaribuci 回り縁 /a./ pervaz, korniş.
mawarikudòi 回りくどい /s./ 〜言い方をする gevele-.
mawarimici 回り道 /a./ 〜の dolaşık. 〜をする dolaş-.
mawaru 回る /ey./ dön-, çark et-, burkul-, döner. こまが〜 topaç dön-. 回りを〜 dolan-. 見て〜 gez-. 展示会を見て〜 sergiyi gez-. 借家人に家を見せて〜 kiracıya evi gezdir-. 舌が回らない dili dönme-. 〜こと devir. 目の〜ような速度の baş döndürücü. ねじがさびて回らない. Vida paslanmış burkulmuyor. 地球は太陽の回りを〜. Dünya güneşin çevresinde döner. この仕事は結局私達のところへ回って来るだろう. Bu iş sonunda bize dayanacak. この夏ヨーロッパ中を旅行して回った. Bu yaz bütün Avrupa'yı gezmiş.

mawasare・ru 回される /ey./ çevril-.
mawasu 回す /ey./ döndür-, çevir-, devret-, tekerle-. 輪を〜 çember çevir-. こまを〜 topaç çevir-.
mawata 真綿 /a./ floş, ham ipek.
mayaku 麻薬 /a./ narkotik, doping, (隠語) fino, ot, mal. 〜の narkotik. 〜常習者 esrarkeş. ひそかに〜を吸う所 esrar tekkesi.
mayaku cyûudoku 麻薬中毒 /a./ esrarkeş.
mayakuiri 麻薬入り /a./ 〜の esrarlı. 〜の紙巻きタバコ esrarlı sigara.
mayòi 迷い /a./ evham, kuşku, şaşırma. 私の正しいと思う道に〜はない. Doğru bellediğim yoldan şaşmam.
mayoke 魔よけ /a./ nazarlık, tılsım.
mayònaka 真夜中 /a./ gece yarısı, yarı gece.
mayonêezu マヨネーズ (Fr. mayonnaise) /a./ mayonez. 〜が分離する mayonez kesil-.
mayòu 迷う /ey./ şaşır-, şaş-, yitir-, sapıt-. 道に〜 yolunu şaşır- (kaybet-). 決めかねて〜 ımızgan-. どっちの道を行こうか迷っている人 iki cami arasında kalmış beynamaz. 森で道に迷った. Ormanda yolunu yitirmiş. 何を言おうか迷った. Ne söyleyeceğimi şaşırdım.
mayowasarê・ru 迷わされる /ey./ 人の意見に迷わされない hatır gönül bilme- (sayma-, tanıma-).
mayowasê・ru 迷わせる /ey./ ayart-, baştan çıkar-, zihnini çel-.
mayowàsu 迷わす /ey./ ayart-, baştan çıkar-, zihnini çel-.
màyu 眉 /a./ kaş, (古語) ebru. 細長い〜 kalem kaş, hilâl gibi. 〜をひそめる kaşlarını çat-, alını çat-, surat as-, somurt-. 〜をひそめた çatık kaş. 〜と目で合図する kaş göz et-. 〜を引く rastık çek-. 〜の細い女 ince kaşlı kadın. 〜が寄っている人 çatık kaşlı adam.
màyu まゆ /a./ koza. カイコガの〜 ipek kozası. 〜から生糸を取る仕事 mancınık işi. 〜を売買する人 kozacı.
mayudoko まゆ床 /a./ askı.
màyuge まゆ毛 /a./ kaş.
mayùzumi まゆ墨 /a./ rastık, mil.
mazarimono 混ざり物 /a./ 〜の入っている katışık. 〜のない katıksız, katışıksız. 〜のない乳 katışıksız süt.
mazàru 混ざる /ey./ karış-, katıl-, yer yerinden oyna-. 塩が砂糖と〜 tuz şekerle karış-. 乳に水が〜 süte su katıl-. 混ざっている karışık, katışık. 混ざっていない katışıksız.
mazeawasê・ru 混ぜ合わせる /ey./ harmanla-.
mazêmono 混ぜ物 /a./ hile, yabancı madde. 〜を入れる hile yap-. 〜のない halis, hilesiz, sade, saf. 〜のない乳 katıksız süt. この牛乳には〜が入っている. Bu sütte hile var.
mazê・ru 混ぜる /ey./ karıştır-, kat-, kar-, çal-. 牛乳と卵を〜 sütle yumurtayı karıştır-. 粉と水を〜 un ile suyu kar-. スープに粉を〜 çorbaya un çal-. 毒を〜 ağıla-. 少しずつ分からないように〜 yedir-. 〜もの karıştırıcı. 八百屋は腐ったリンゴをそっと混ぜて子供に渡した. Manav çürük elmaları sokuşturup çocuğa verdi.
maziê・ru 交える /ey./ 砲火を〜 dövüş-. 戦いを〜 yağılaş-.
màzika 間近 /a./ 〜に yakında. 互いに〜 adım başında. 〜に迫る yakınlaş-.
mazikài 間近い /s./ yakın.
mazìkiri 間仕切り /a./ bölme, (俗語) çığ.
mazimàzi まじまじ /be./ 顔を〜と見られて不機嫌になっている. Yüzüne dikkatlice bakılırsa huylanıyor.
mazime まじめ /a./ 〜な ağır başlı, gerçek, ciddî, vakur. 〜な子供 ciddî çocuk. 〜な話 ciddî bir söz. 〜に

cidden, ciddî olarak, şakası yok, şakasız. 〜になる ciddîleş-. 〜でない yeğni. 〜さ ciddîlik, ciddiyet. 〜な 話をしているのです. Şakasız söylüyorum.

mazinai まじない /a./ büyü, büyücülük. 〜をかける büyü yap-, büyüle-. ヘビをよけるお〜をする şerbetle-.

mazinâisi まじない師 /a./ büyücü.

mazirike 混じり気 /a./ 〜のない halis, öz, öz be öz, su katılmamış. 〜のないバター saf tere yağı.

mazirimono 混じり物 /a./ çepel. 〜のない safi, som.

maziru 混じる /ey./ karış-, katıl-. 石の混じった taşlı. 石の混じった小麦 taşlı buğday.

maziwaru 交わる /ey./ kesiş-, arkadaşlık et-. 交わっている kesişen. 〜直線 kesişen doğrular. 世間と交わらずに育つ kapalı yetiş-. 大通りが〜所で巡査が交通整理をしている. Caddelerin kesiştiği yerde bir polis trafiği yönetiyor.

mazu まず /be./ önce, ileride, evvelâ, ilk ağızda, ilkin, evvel emirde, hele, iptida, bir defa. 〜第一に ilk önce. 〜彼が使った. Önce o kullandı. 書くべきことを〜頭で考えます. Yazacaklarımı önce kafamda tasarlarım.

mazûi まずい /s./ tatsız, çirkin, hâli harap, suyu gibi, (俗語) duman. 〜飯 tatsız yemek. 顔の〜 çehre züğürdü, surat düşkünü. 〜こと tatsızlık. 〜ことになる kafası taşa çarp-. まずくなる çirkinleş-. 〜考えに同調する aklına uy-. 仮に〜ことになっても bilemedin(iz). さらに〜ことになった bir bu eksikti. これは〜. (卑語) Sıçtı Cafer bez getir.

mazusa まずさ /a./ çirkinlik, tatsızlık.

mazusii 貧しい /s./ fakir, fukara, yoksul, yok yoksul, düşkün, meteliksiz, mahrum. 〜人々 fakir fukara, yoksul kimseler. 〜きたない所 Çingene çergesi. 貧しく kıt kanaat. 貧しくなる fakir düş-, fakirleş-. 〜子供達をあわれむ. Yoksul çocuklara acır. 夫が死ぬと彼女には〜生活が始まった. Kocası ölünce onun için düşkün bir yaşam başladı.

mazusisa 貧しさ /a./ fakirlik, yoksulluk, düşkünlük, sıkıntı, açlık. 〜に耐える sıkıntıya dayan-. 母は〜にじっと立ち向かっている. Annem bizim sıkıntılarımızı sabırla göğüslüyor.

mazyo 魔女 /a./ büyücü kadın.

mazyucu 魔術 /a./ göz bağı, büyü, sihir, afsun.

me め /il./ 恩知らず〜. Gözüne dizine dursun!

me- 雌 dişi, kadın. 〜牛 inek.

mè 目 /a./ göz, nazar, dünya penceresi. 碁盤の〜 göz, hane. アーモンド形の大きな〜 badem göz. さいころの〜 benek. (が) 〜がとろんとする gözleri bayıl-. 熱で〜が赤い gözleri çakmak çakmak. 病気で〜がくぼむ gözleri çukura git-. 〜が涙でいっぱいになる gözleri dol- (dolu dolu ol-). 死ぬ時に〜がひっくり返る gözleri dön-. 〜が血走る gözleri kan çanağına dön-. 〜がうるむ gözleri sulan-. 〜がかすむ gözü bulan-. 〜がつぶれる gözü ak-. 〜がくらむ kamaş-. 仕事で〜が疲れる göz nuru dök-. 〜が疲れてよく見えなくなる gözleri karar-. 〜が覚める uyan-, gözünü aç-, Hanya'yı Konya'yı anla-. 〜が丸くなる beler-. 〜が離せない göz açama-. 〜がきかない (口語) gözünü çıkar-. 〜が高いこと sağbeğeni. 〜がいく gözü git-. 金に〜がない para göz. …に〜がない人 …canlısı. 子供はチョコレートに〜がない çocuk çikolataya dadan-. (の) 美しい〜の人 ahu gözlü. 〜の洗浄 göz banyosu. 〜の保養 (隠語) göz

mè

banyosu. ～の鋭い gözü keskin. ～の粗い seyrek. ～の粗いキャラコ kaput bezi. ～の粗い毛織物 aba. ～のつんだ sık, tok. ～のつんだ布 sık kumaş. … 日～の günlük. 生後十日～の子供 on günlük çocuk. ～の前に描く göz önüne getir-. ～の前にない gaip. ～の届く限り göz (gözün) alabildiğine. ～の回るような baş döndürücü. ～の中に入れても痛くないほどかわいがる gözünün bebeği gibi sev-. 《に》ひどい～にあう ağzı yan-, akıbetine uğra-. ひどい～にあわせる can yak-, cendereye sok-. つらい～にあう cefa çek- (gör-). つらい～にあわせる canını yak-. ～に墨をひいた女 sürmeler çekinmiş bir kadın. ～に見える göze görün-. ほとんど～に見えない belli belirsiz. ～につく göze çarp-, gözü iliş-. ～につきやすい所にある buradayım diye bağır-. ～につかない所 kıyı bucak. ～にとまる gözü kay-, gözüne iliş-. 誰の～にもとまらない adı bile okunma-. ～にとめない (隠語) sallama-. ～に触れる gözü kay-. ～にもの見せる göster-. 《を》～をつぶる gözünü kapa-, gözünü (göz) yum-, idare et-. ～を隠す gözünü bağla-. ～を覚ます gözülerini (gözünü) aç-. ～をくらます göz al-, göz kamaştır-, göz boya-, (口語) işlet-. ～を細めてなまめかしく見る göz süz-. ～を皿のようにして見る gözünü dört aç-, göz kesil-. ～を皿のようにしてにらむ belert-. ～を見合わす göz göze gel-. 人と～が合わないように～をそらす gözlerini kaçır-. ～を輝かす gözlerinin içi gül-. ～を見張らせる göz doldur-. ～をむく gözünü ağart-. ～をすえる gözünü dik-. ～を離して見る gözünü ayır-. ～を満足させる göz doyur-. 驚いて～を見張る gözleri fal taşı gibi açıl-. ～を引きつけられる gözü takıl-. ～を欺く göz boya-. ～を疑う gözlerine inanama-. ～をふさぐことはできない göze yasak olmaz. 欲しそうな～をする göz koy-. 怒った～をする gözleri evinden oyna- (fırla-). 細い～をした gözleri çekik. いい～をした報いを受ける fitil fitil burnundan gel-. ～をつける göz dik-, goz koy-, mimle-, gözüne kestir-, (隠語) sulan-. ～をつけている göz kulak ol-. よその女に～をつけて gözu dışarda. 人の仕事に～をつける ekmeğine göz koy- (dik-). 人のものに～をつける (隠語) yeşillen-. ～をひく nazarı dikkatini çek-, havalı. ～を通す göz gezdir-. ほかのものにはいっさい～をくれなくなる gözü hiç bir şey görme-. 《も》～もくれない gözü görmez ol-. ほかのものに～もくれない gözü görme-. 《文》太陽を見られない、～がくらむ. Güneşe bakamıyorum, gözlerim kamaşıyor. 私の～の前に現れた. Önüme çıktı. 勉強しないで意地を張っていると落第するのが～に見えているぞ. Çalışmakta direnirsen sınıfta kaldığının resmidir. さいころの六つの面には1から6までの～がある. Zarın altı yüzünde birden altıya kadar benekler bulunur. ～には～を、歯には歯を. Göze göz, dişe diş. Kısasa kısas. 彼に～にもの見せてやる. Ben ona gösteririm.

mè 芽 /a./ tomurcuk, gonca, budak, cücük, filiz, tomruk. ～が出る sür-, tomurcuklan-, filizlen-, çimlen-, baş ver-, uç ver-. どんどん～を出す fışkır-. 作物の～が出た. Ekinler sürdü. ～が吹いた. Tomurcuklar patladı.

meatarasìi 目新しい /s./ değişik, orijinal. ～生地 değişik kumaş.

mèate 目当て /a./ erek, amaç, hedef.

meawasè・ru めあわせる /ey./ evlendir-.

mebae 芽ばえ /a./ filizlenme.

mebaè・ru 芽ばえる /ey./ filizlen-.

mebòoki メボウキ /a./ fesleğen.

mebùku 芽吹く /ey./ tomurcuklan-,

filizlen-, budaklan-, türe-, uyan-, su yürü-. 木々が〜. Ağaçlar filizlenir.
mebûñryoo 目分量 /*a.*/ göz kararı. 〜で測る kararla-.
mecuboo 滅亡 /*a.*/ çöküş, yıkıntı, helak, telef.
mecubôoki 滅亡期 /*a.*/ オスマン帝国の〜 Osmanlı İmparatorluğunun çöküş yılları.
mêcuki 目つき /*a.*/ göz, bakış. 〜の鋭い gözü keskin. 怒った〜 kızgın bakış. いやらしい〜 çapkın bir bakış. 不吉な〜 nazar. だるそうな〜 baygın bakış. やさしい〜の ceylan bakışlı. よくない〜で見る bet bet bak-.
mecyakucya めちゃくちゃ /*a.*/ 〜な allak bullak, alt üst, darmadağın, darmadağınık, karmakarışık, karman çorman, bozuk düzen. 〜にする altını üstüne getir-, alt üst et-. 〜に壊す tepele-. 〜になる ocağı bat-. テーブルの上が〜だ. Masanın üzeri karmakarışık. 大風があたりを〜にした. Fırtına ortalığı allak bullak etti.
mecyamecya めちゃめちゃ /*a.*/ 〜にする alt üst et-, altını üstüne getir-, boz-, canına tükür-, hırpala-, yüzüne gözüne bulaştır-. 〜に壊す tepele-. 図書室を整理したばかりなのに、誰が〜にしたの. Kitaplığı biraz önce düzeltmiştim, kim bozdu?
medâcu 目立つ /*ey.*/ göze çarp-. 目立った göze çarpan, bariz, güzide. 目立たない silik. 〜ようになる parla-.
medamâ 目玉 /*a.*/ göz yuvarlığı.
medaru メダル (İng. medal) /*a.*/ madalya. 〜の裏側 madalyanın ters tarafı.
medetâi めでたい /*s.*/ sevinçli, mutlu, bahtlı, iyi, tekin, uğurlu. 〜日 sevinçli bir gün. めでたく alnın ak ile.
medetâsi めでたし /*a.*/ さてお話は〜〜となりました. İşte masal böyle güzel bir sonla bitti.
mèdo めど /*a.*/ 針の〜 iğnenin gözü.
medoori 目通り /*a.*/ 王の〜を許される huzura kabul edil-.
mêe メー /*be.*/ ヒツジが〜と鳴く mele-.
mêedee メーデー (İng. May Day) /*a.*/ Bir Mayıs Bayramı.
mêekaa メーカー /*a.*/ (İng. maker) üretici.
meekyàppu メーキャップ (İng. make-up) /*a.*/ makyaj.
meetaa メーター (İng. meter) /*a.*/ saat, sayaç. 水道の〜 su saati. タクシーの〜 taksi saati, taksimetre.
meetoru メートル (Fr. mètre) /*a.*/ metre (=m.); sayaç. 5〜 beş metre. 10〜 on metre, dekametre (dam). 100〜 yüz metre, hektometre. 10分の1〜, 1/10〜 desimetre (dm). 10〜20〜の高さ minare boyu. このじゅうたんの長さは3〜、幅は2〜だ. Bu halının uzunluğu üç metre, eni iki metredir. 1ヘクタールは各辺が100〜ずつの正方形の面積である. Bir hektar, kenarları yüzer metre olan bir dördülün alanıdır.
meetoruhoo メートル法 /*a.*/ metre sistemi.
meetorùzyaku メートル尺 /*a.*/ metre.
mègahoñ メガホン (İng. megaphone) /*a.*/ megafon.
mègami 女神 /*a.*/ Tanrıça, ilâhe. ビーナスの〜 Venüs Tanrıçası.
mègane 眼鏡 /*a.*/ gözlük, (隠語) camekân. 〜をかける gözlük tak-. 〜をかけている gözlüklü. 〜をかけた人 dört göz.
§〜にかなう gözüne kestir-.
meganehèbi メガネヘビ /*a.*/ gözlüklü yılan.
meganèteñ 眼鏡店 /*a.*/ gözlükçü.
meganeya 眼鏡屋 /*a.*/ gözlükçü.
megata 雌型 /*a.*/ dişi kalıp.
mègatoñ メガトン (İng. megaton)

megumare・ru

megumare・ru 恵まれる /ey./ kavuş-, nasip ol-. 良縁に〜 kısmeti açıl-. 良縁に恵まれない kısmeti bağlan-. 恵まれた müşerref. いい道連れに〜. İyi bir yol arkadaşına rast gelinebilir.

megumi 恵み /a./ ihsan, bağışlama, hayır, merhamet, rahmet. 神の〜 nimet, rızk. 〜を施す ihsan et- (buyur-). 〜を与えない rahmet okuma-. 〜多いこと cömertlik. 〜の雨 rahmet. アラーのお〜がありますように. Allah rahmet eylesin.

megumu 恵む /ey./ bağışla-, helal et-. 金を〜 para bağışla-. 恵んだものを取り返す人 alıcı verici. 恵んでくれたものは少々傷物でも我慢せよ. Bahşiş atın dişine bakılmaz.

megùmu 芽ぐむ /ey./ tomurcuklan-.

megurase・ru 巡らせる /ey./ çevir-. 栅を〜 çit çek-. 庭の周囲に針金を巡らせた. Bahçenin çevresine tel çektik.

meguràsu 巡らす /ey./ çevir-. 垣根を〜 çit çek-. 考えを〜 zihni takıl-, pereseye al-, kur-. 陰謀を〜 dalavere çevir- (döndür-), entrika çevir-, fırıldak çevir-, (口語) dümen çevir-.

meguri 巡り /a./ çevrinti, deveran. 血の〜 kan deveranı (dolaşımı). 血の〜のいい hazırcevap.

meguriaê・ru 巡り会える /ey./ rast gelin-.

meguriai 巡り会い /a./ rastlantı, sıla.

meguriarùku 巡り歩く /ey./ dolaş-. 官庁を〜 kapı kapı dolaş-.

meguriàu 巡り会う /ey./ buluş-, kavuş-, rastla-, rastlaş-, yüzü gör-. 小説の終わりで二人の恋人は互いに〜. Romanın sonunda iki sevgili birbiriyle buluşur. 子供が家族に巡り会った. Çocuk ailesine kavuştu.

meguriawase 巡り合わせ /a./ kısmet, nasip.

meguru 巡る /ey./ dolaş-, dönüp dolaş-. 〜こと devir. ポストを〜口論 iskemle (sandalya, koltuk) kavgası.

mehanadaci 目鼻立ち /a./ 〜の整った kaşlı gözlü.

mehìcuzi 雌ヒツジ, 雌羊 /a./ marya.

mèi めい, 姪 /a./ kız yeğen. 〜を美人に仕立てる yeğenini bir güzel donat-.

mèi 命 /a./ emir. → **meirei**.

mèi 明 /a./ 先見の〜 abdala malum olur, basiret.

mèi 銘 /a./ kitabe.

meiañ 明暗 /a./ aydınlık ve karanlık.

meibo 名薄 /a./ ad listesi.

meicyuu 命中 /a./ isabet, vurma. 〜する isabet et-, vur-. 銃弾が標的に〜した. Kurşun hedefe değdi.

meidai 命題 /a./ önerme, sav, tez.

meido 冥途, 冥土 /a./ şu dünya. 〜の旅に出る öl-.

meieñsooka 名演奏家 /a./ virtüoz.

meigara 銘柄 /a./ marka.

mèigecu 明月 /a./ aydınlık ay.

meigeñ 名言 /a./ öz deyiş, vecize.

meigeñ 明言 /a./ 〜を避ける ağız yay-.

meihaku 明白 /a./ 〜な açık, belirtik, apaçık, besbelli, açık seçik, aşikâr, bariz, peyda, sarih, el ile tutulur. きわめて〜な kör kör parmağım gözüne. 〜である yüzünden ak-. あまりにも〜だ. Görünen köy kılavuz istemez.

mèii 名医 /a./ iyi doktor.

mèika 名家 /a./ köklü aile.

meikaku 明確 /a./ 〜な belirli, belli başlı, kat'î, aydınlatıcı, belirgin, sarih. 〜に kat'î olarak. 〜になる kesinleş-. 〜さ vuzuh.

meikoo 名工 /a./ usta.

meikyoku 名曲 /a./ meşhur

müzik.
meikyuu 迷宮 /a./ labirent.
meimei 命名 /a./ adlandırma, ad verme, tesmiye. 〜する adlandır-, an-.
meimèi 銘々 /a./ her, her bir. 〜に adam başına.
meimokuzyoo 名目上 /a./ 〜の itibarî, saymaca.
meimoñ 名門 /a./ köklü aile, hanedanlık.
Meioosei 冥王星 /a./ Plüton.
meirei 命令 /a./ emir, buyruk, buyuru, irade, komuta, kumanda, talimat. 厳しい〜 sıkı bir buyruk. 王の〜 ferman. 絶対的〜 dikta. 〜する emir ver-, emret-, buyur-, buyruk ver-. 〜が下る ferman çık-. 〜に従う emrine gir-, buyruğu altına gir-. 〜通りにいたしました. Emrinizi yerinde getirdim.
mèiro 迷路 /a./ labirent.
meiroo 明朗 /a./ 〜な neşeli, hoş, şen.
meìru 滅入る /ey./ merak getir-. 気が〜 yüreği sıkıl-.
meiryoo 明瞭 /a./ vuzuh. 〜な açık, apaçık, besbelli, aşikâr, bariz, net, açık seçik.
meisai 明細 /a./ ayrıntı.
meisaisyo 明細書 /a./ 給与〜 maaş bordrosu. 〜を出す hesap ver-.
meisaku 名作 /a./ başyapıt, şaheser. 〜の şaheser.
meisei 名声 /a./ ad, ün, şöhret, nam, san, şan. 〜を得る ün al-, nam ver- (sal-). 〜がゆらぐ küçük düş-. この芸術家の〜は全世界が知っている. Bu sanatçının sanını bütün dünya biliyor.
meisèñsyu 名選手 /a./ サッカーの〜 klas futbolcu.
meisi 名刺 /a./ kart, kartvizit. 〜を置く kartını bırak-.
meisi 名詞 /a./ ad, isim.

mèisi 名士 /a./ meşhur adam, eşraf, ileri gelen, şöhret, değer.
meisìku 名詞句 /a./ 〜づくり tamlama. 〜の修飾語 tamlayan. 〜の被修飾語 tamlanan.
meisiñ 迷信 /a./ boş inan (inanç), hurafe, batıl inanç.
meisiñteki 迷信的 /a./ 〜な batıl.
mèisya 目医者 /a./ gözcü, göz hekimi.
meisyàsyu 名射手 /a./ nişancı.
meisyo 名所 /a./ görülecek yerler.
meisyoo 名称 /a./ ad, isim.
mèisyu 名手 /a./ 射撃の〜 atıcı, nişancı.
meitei 酩酊 /a./ sarhoşluk.
mèiwaku 迷惑 /a./ sıkıntı, zahmet. 〜をかける ağırlık ol-, çengel tak-, dert ol-, elinden bir sakatlık çık-. たいへん〜する başı nara yan-. 人に〜をかけない gürültüsüz.
mèiyo 名誉 /a./ onur, şan, şeref, haysiyet, ırz, namus. 〜の onursal, fahrî. 祖国の〜 yurdun şerefi. 〜ある şanlı, şerefli. 〜な şerefli. 〜な任務 şerefli görev. 〜になる onursal. 〜のための忍耐 namus belâsı. 〜に思う onurlan-. 〜を与える onurlandır-, teşrif et-. 〜を傷つける onuruna dokun-, gölgele-, lekele-, bir paralık et-, harca-. 〜を汚す namusuna dokun-, leke getir-, leke sür-, altın adını bakır et-. 〜を失わないうちに手を引く namusunu temizle-. 〜のために命を断つ namusunu temizle-.
meiyo kàiiñ 名誉会員 /a./ onur üyesi, onursal üye, fahrî üye.
meizìñ 名人 /a./ kral, üstat. チェスの〜 satranç kralı.
meizi・ru 命じる /ey./ emret-, buyur-. 人に仕事を〜 iş göster-.
meizuru 命ずる /ey./ emret-, buyur-.
mekakè めかけ /a./ metres, kapatma. 〜を囲う metres tut-, kapat-.

mekàkusi 目隠し /a./ 馬の〜 gözlük. 〜をする gözünü bağla-.

mekakusi àsobi 目隠し遊び /a./ kör ebe.

mekanìzumu メカニズム(İng. mechanism) /a./ mekanizma.

mekasikòmu めかしこむ /ey./ cumartesi kibarı gibi süslen-.

mekàsu めかす /ey./ süslen-.

mekata 目方 /a./ ağırlık, çeki, sıklet, tartı. 〜を量る tart-. 自分の〜を量る tartıl-. 手に乗せて〜を量る tart-. 〜がかかる ağır bas-.

mekàziki メカジキ /a./ kılıç balığı.

Mekisiko メキシコ /a./ Meksika.

Mèkka メッカ /a./ Mekke. 〜への巡礼 hac. 〜へ巡礼した人 hacı. 〜へ巡礼に行く hacca git-. 〜にある聖体安置所 Kâbe. 〜の方向 kıble. 〜の方向を示すイスラム寺院の壁龕 mihrap. 祖母は〜の方を向いてお祈りする。 Ninem namazı kıbleye doğru kılıyor.

mekki めっき /a./ kaplama, yaldızlama. 〜する kapla-. 盆を銀で〜する tepsiyi gümüşle kapla-. このブレスレットは〜ではない。 Bu bilezik kaplama değil. §〜がはげた。 Takke düştü kel göründü.

mekkiñ 滅菌 /a./ sterilizasyon.

mekkìri めっきり /be./ çok. 子供は最近〜弱ってきた。 Çocuk son günlerde ne kadar kötülemiş.

mekùbari 目配り /a./ göz kulak olma.

mekùbase 目配せ /a./ 〜する göz kırp-, gözle işaret et-, göz et-, kaş göz et-, (隠語) paslaş-. 暗やみで〜する karanlıkta göz kırp-.

mekurà 盲 /a./ kör, göz karası. 〜の kör, âmâ. 〜になる gözü görme-, gözü sön-. 〜であること körlük.

mekuramèppoo 盲滅法 /a./ kör dövüşü. 〜に körü körüne. 分配が〜である ite ot ata et ver-.

mekura mùsubi 盲結び /a./ kör düğüm.

mekuru めくる /ey./ çevir-. 本のページを〜 kitabın yaprağını çevir-. 切り札を〜 el aç-.

memagurusìi めまぐるしい /s./ めまぐるしく vızır vızır.

memài めまい /a./ baş dönmesi, göz kararması. 〜がする başı dön-, gözü karar-, kafası şiş-.

memesìi 女々しい /s./ kadınsı, karı gibi.

mèmo メモ (İng. memorandum) /a./ not, nota, andıç, pusula, tezkere, memorandum. 〜する not et-, fiş aç-, mim koy-. 〜をとる not al-. 〜を書く not düş-. 〜をつける not et-.

memocyoo メモ帳 /a./ not defteri, andaç, muhtıra.

memotò 目元 /a./ göz.

menokokàñzyoo 目の子勘定 /a./ 〜で götürü.

menomàe 目の前 /a./ 〜で ortalıkta. 人が見つけられなかった物をその人の〜に突きつける gözüne sok-.

mènoo めのう /a./ akik.

mènyuu メニュー (İng. menu) /a./ yemek listesi, mönü.

meñ 面 /a./ maske, yüz. 〜をつける maskele-. 〜をつけた maskeli. 〜と向かって yüzüne karşı, göğüs göğüse. 〜と向かって非難する yüzüne çarp-, yüzüne vur-, yüzle-. 〜と向かって話し合う yüzleş-. 〜と向かってはことわりにくい yüz yüzden utanır. 陰でこそこそ言わないで〜と向かって言おう。 Arkasından söylemem yüzüne karşı söylerim.

mèñ 面 /a./ taraf, cephe, cihet, yüz, yüzey, boyut. その〜 orası. 〜から yönden. 問題をさらにこの〜から研究してみよう。 Konuyu bir de bu cepheden ele alalım.

mèñ 綿 /a./ pamuk. → **momeñ**. 〜の

pamuklu. 〜の刺しゅう糸 pamukaki. 〜のフランネル pazen.
meñbaa メンバー（İng. member）/a./ üye, aza, uzuv, fert.
meñboku 面目 /a./ yüz akı, yüz. 〜ない yüzü kalma-. 〜を失う yüzü kara ol-. 〜をほどこす yüz akı ile çık-.
meñboo 面貌 /a./ yüz.
meñboo 麺棒 /a./ oklava. 〜で練り粉をのばす oklavayla hamur aç-.
meñcu めんつ /a./ みんなの前で参ったと言うのは男の〜にかかわると思った. Herkesin önünde pes demeyi enkekliğine yediremedi.
meñdòo 面倒 /a./ zor, dert, gaile, külfet. 〜な zor, gaileli, külfetli, ters, zahmetli, sıkıntı veren, karışık, dolambaçlı. 〜な仕事 zor bir iş. 〜でない gailesiz, zahmetsiz. 〜である zahmet ol-, üşen-. 〜になる zorlaş-. 〜なことになる kulağına kar suyu kaç-. ことが〜になる sarpa sar-. 〜なことにする zora koş-, yokuşa koş-. ことを〜にする zorluk çıkar-, iş karıştır-, işleri bulandır-, başına dert et-. 〜を起こす dert et- (edin-). 〜が起こる ortalık karış-. 〜がなくなる kolaylaş-. 〜をかける zahmet ver-. 御〜でなければ zahmet olmazsa. 〜を見る bak-, gözet-. 〜を見るはめになる başına kal-. よく〜を見る üstüne (üzerine) titre-, gül gibi bak-. この仕事はひどく〜だった. Bu iş beni çok uğraştırdı. ことが〜になった. Ayıkla pirincin taşını！彼も私達に〜をかけた. O da başımıza iş çıkardı. 子供がよく〜を見られている. Çocuğa iyi bakılıyor. 誰でも親の〜を見る義務がある. Herkes anasına babasına kakmakla görevlidir.
meñdookusài 面倒臭い /a./ 面倒臭がり uyuşukluk. 面倒臭そうに立ち上がった. Yerinden bezginlikle kalktı.
meñdori めんどり /a./ tavuk. 〜とひな tavuk ve civcivler. 〜とおんどり tavuk ve horoz. 卵を暖めている〜 gurk. 〜がコッコッと鳴く gıdakla-. 〜がクークーと鳴く gurk et-. ひよこを〜から離す civcivleri tavuklardan ayır-.
meñeki 免疫 /a./ bağışıklık, muafiyet, muaflık. 病気の〜 hastalık bağışıklığı. 〜にする bağışıkla-. 〜になった bağışık, muaf. 種痘は天然痘に対して人を〜にする. Çiçek aşısı, çiçek hastalığına karşı insanı bağışık kılar.
meñka 綿花 /a./ pamuk. 〜の包み pamuk balyası. 二包みの〜 iki balya pamuk.
meñkai 面会 /a./ buluşma, görüşme. 〜時間 kabul saati.
meñkyo 免許 /a./ cevaz, lisans. 職業の〜 unvan tezkeresi.
meñkyòsyoo 免許証 /a./ ehliyet, bröve, ehliyetname. 運転〜 ehliyetname.
meñkyozyoo 免許状 /a./ diploma. 医師〜 hekimlik diploması.
meñmicu 綿密 /a./ 〜な調査 tetkik. 〜に調べる gözden geçir-.
meñmoku 面目 /a./ → meñboku.
meñorimono 綿織物 /a./ bez, pamuk bezi.
meñpu 綿布 /a./ pamuk bezi, dokuma. タオル用の〜 havluluk.
meñsecu 面接 /a./ görüşme, mülakat.
meñseki 面積 /a./ yüz ölçümü, yüzey ölçüsü, ölçüm, alan. 1ヘクタールは各辺が100メートルの正方形の〜である. Bir hektar, kenarları yüzer metre olan bir dördülün alanıdır. トルコの〜は780,576km² である. Türkiye'nin yüz ölçümü 780,576 km. karedir.
meñsi 綿糸 /a./ pamuk ipliği.
meñsiki 面識 /a./ aşinalık. 〜がある tanıdık çek-.

mẽñsu メンス (Al. Menstruation) /a./ ay başı, âdet.
meñsūru 面する /ey./ bak-. 面している cepheli, nazır. 海に面している denize nazır. 窓が南に面している. Pencereler güneye bakıyor. 家の裏側は道に面している. Evin arka cephesi yola bakıyor.
meñsyoku 免職 /a./ azil, görevden alma. ～にする aşığa çıkar-, azlet-.
meñtōoru メントール (Al. Menthol) /a./ mantol.
meñyoo メンヨウ, 綿羊 /a./ 縮れ毛の～ kıvırcık.
meñzai 免罪 /a./ suçunu bağışlama. 神による～ mağfiret. ～する yarlıga-.
meñzei 免税 /a./ vergi bağışıklığı, muafiyet, muaflık. ～の gümrüksüz, muaf. ～通過 transit. ～で通過する transit geç-.
meñzeihiñ 免税品 /a./ gümrüksüz mal.
meñzi・ru 免じる /ey./ ‥‥に免じて hakkı için. 神に免じて許す helal et-.
mẽñzyo 免除 /a./ bağışıklık, muafiyet, muaflık. 税金の～ vergi bağışıklık. ～された bağışık, muaf.
meñzyoo 免状 /a./ diploma, bröve. ～を持っている diplomalı.
meoto めおと /a./ karı koca, çift.
meppōo 滅法 /be./ çok. ～強い çok kuvvetli. ～寒い çok soğuk. 外が～寒い. (冗談) Ayaz paşa kol geziyor.
mèramera めらめら /be./ har har.
merañkorii メランコリー (İng. melancholy) /a./ melankoli.
meriigōorañdo メリーゴーランド (İng. merry-go-round) /a./ atlı karınca, dolap. ～の馬 dolap beygiri. ～の店主 dolapçı. 子供達は～に乗った. Çocuklar dolaba bindiler.
merikeñ メリケン (İng. Amerikan) /a./ muşta.
merikeñko メリケン粉 /a./ buğday unu.
merinōsyu メリノ種 /a./ ～のヒツジ merinos.
meriñsu メリンス (İsp. merinos) /a./ muslin. ～の muslin.
mèrodii メロディー (İng. melody) /a./ ezgi, melodi, ağız, hava.
merodōrama メロドラマ (İng. melodrama) /a./ melodram.
mèroñ メロン /a./ kavun, topatan, bostan. 熟していない～ kelek.
meroñbātake メロン畑 /a./ bostan.
mesarè・ru 召される /ey./ 神に召された merhum, merhume.
mesî 飯 /a./ yemek, aş, pişmiş pirinç. ～を食う yemek ye-.
Mèsia メシア /a./ Mesih.
mesiagaru 召し上がる /ey./ buyur-. 御飯を～ yemek buyur-. たくさん召し上がれ afiyet olsun, bereketli olsun, yarasın. お菓子を召し上がりませんか. Pasta buyurmaz mısınız?
mèsibe 雌しべ /a./ dişi organ. ～と雄しべ dişi organ ve erkek organ.
mesicùkai 召し使い /a./ hizmetçi, hizmetkâr, bende.
mesiî めしい /a./ kör.
mesitōru 召し捕る /ey./ yakala-.
mèsseezi メッセージ (İng. message) /a./ mesaj, özel haber, hitap.
mesù 雌 /a./ dişi, kadın, ana, marya. ～の dişi, kancık. ～と雄 dişi ve erkek. ～と交尾する aş-. ～と雄をつがわせる çiftle-.
mesu inu 雌犬 /a./ dişi köpek.
mesu uma 雌馬 /a./ kısrak.
mesu yagi 雌ヤギ /a./ keçi.
metañgàsu メタンガス (Al. Hol. Methangas) /a./ grizu.
metoronōomu メトロノーム (Al. Metronom) /a./ metronom.
metòru めとる /ey./ evlen-, kız al-. 妻を～ karı al-. 二人目の妻を～ üstüne (üzerine) evlen-, üzerine al-.

mēttani めったに /be./ 〜ない ayda yılda bir.
meue 目上 /a./ üst, âmir.
meusi 雌牛 /a./ inek.
meyagi 雌ヤギ /a./ keçi.
meyani 目やに /a./ çapak. 〜が出る çapaklan-. 〜のついた çapaklı.
meyasu 目安 /a./ erek, hedef.
mezamasidōkei 目覚まし時計 /a./ çalar saat. 明日早く起きるために〜を巻いた. Yarın erken uyanmak için çalar saatimi kurdum.
mezamasii 目覚ましい /s./ göze çarpan, dikkate değer.
mezamē 目覚め /a./ uyanış.
mezamē・ru 目覚める /ey./ uyan-. 目覚めている sak dur-, sak, uyanık. 読み書きの能力が高まるにつれて国民は目覚めつつある. Okuma yazma oranı arttıkça halkımız uyanıyor.
mezamesasē・ru 目覚めさせる /ey./ uyandır-, (俗語) uyar-.
mezāsu 目指す, 目差す /ey./ yönel-, amaçla-.
mezatōi 目ざとい /s./ uyanık.
mezāwari 目障り /a./ 〜な çiğ. 〜である göze bat-, göze diken ol-.
Mēzina メジナ /a./ Nedine, beldei tayyibe.
mēziri 目じり /a./ göz kuyruğu. 〜に墨を引く kuyruk çek-.
mezīrusi 目印 /a./ nişan. 〜をつける nişan koy-.
mezurasii 珍しい /s./ nadir, nadide, seyrek, acayip, yakası açılmadık, değişik. 〜動物 acayip bir hayvan. 珍しく ender. 世界で天然痘はもう珍しくなった. Dünyada çiçek hastalığına artık ender rastlanıyor. これはお〜. Ayağına sıcak su mu dökelim, soğuk su mu?
mēzyaa メジャー (İng. measure) /a./ mezura, mezür.
mi 身 /a./ beden, vücut; et, baş. (に) 〜につける taşı-, giy-, takın-, tutun-, benimse-. 教養を〜につける terbiyesini takın-. すばやく〜につける kap-. あり金残らず〜につける bütün parasını üstünde taşı-. 〜につけて sırtında. 〜にまとう sarıl-. よくないことが〜につく peydahla-. 災難が〜にふりかかる başa gel-. 〜に起こる başına gel-, başından geç-. 〜にこたえる cana işle-, canına geç- (işle-, kâr et-). 〜にしみる dokunaklı. 寒さが〜にしみる soğuk içine sav-. (を) 〜を包む sarın-. 〜を寄せる başını sok-. 〜を引く çekil-, işin içinden çık-. やっと〜を隠す dar at-. 〜をささげる baş ver-, kul köle (kurban) ol-. 〜を挺する göğüsle-. 危険に〜をさらす göze al-. 女が〜を持ち崩す eteği kirlen-. 女が〜を落とす ortaya düş-. 〜を落とすこと tenezzül. 女が〜を任せる teslim et-. 〜を粉にして働く didin-. 〜を売る人 (隠語) inek. (が) 〜が縮む büzül-. 〜がかわいい canına düşkün, can cumleden aziz, canı tatlı. (の) 〜のこなしのはやい人 hızır. (文) 女はアクセサリーをありったけ〜につけて婚礼に出かけた. Kadın bütün ağırlığını takıp düğüne gitti. 子供が技術を二日で〜につけた. Çocuk sanatı iki günde kaptı.

§〜から出たさびだ. Hangi taş pekse, başını ona vur.

mi 実 /a./ meyve, iç, öz, yemiş. マツの〜 çam fıstığı. ソラマメの〜 iç bakla. ケシの〜 haşhaş kozası. 綿の〜 pamuk kozası. 種の入った〜 koza. 食べられる若い〜 çağla. 〜がなる yemiş ver-. 〜のなる木 meyve ağaçları, yemişli ağaç. 〜をつける meyve (yemiş) ver-, yemişli. 〜がたくさんつく kırıl-. 〜が入る içlen-. 〜の入った içli, özlü, sütsüz. よく〜の入った小麦 özlü buğday. 〜のしまった özlü. 木が〜をつけない ürk-. 〜のつんでいないトウモロコシ kelek mısır. この木はいい〜がなる. Bu ağaç iyi meyve ve-

riyor. 今年は庭の木がたくさん～をつけた. Bu yıl bahçemizdeki ağaçlar çok yemiş verdi.
mi 巳 /*a.*/ yılan.
miaki・ru 見飽きる /*ey.*/ 見飽きない baktıkça bakacağı gel-.
miataru 見当たる /*ey.*/ rastla-. どうしても見当たらない. Koydunsa bul!
miàu 見合う /*ey.*/ bakış- ; denkleş-. この仕事の収入は支出に見合わない. Bu işin gelirli masrafını korumaz.
miawase・ru 見合わせる /*ey.*/ görüştür-. 目と目を～ göz göze gel-.
miawasu 見合わす /*ey.*/ 目と目を～ göz göze gel-.
mibae 見栄え /*a.*/ ～のする gösterişli.
mibōoziñ 未亡人 /*a.*/ dul kadın.
mìbuñ 身分 /*a.*/ kişilik, kimlik, hüviyet, toplumsal durum, orun, paye, post. ～をわきまえる haddini bil-. ～の卑しい sütsüz, sütü bozuk. ～を書いた金属板 künye.
mibuñsyoo 身分証 /*a.*/ kimlik, kimlik belgesi (kartı).
mibuñ syōomei 身分証明 /*a.*/ künye.
mibuñ syoomeicyoo 身分証明帳 /*a.*/ nüfus cüzdanı.
mibuñ syoomeisyō 身分証明書 /*a.*/ hüviyet, hüviyet cüzdanı, nüfus cüzdanı (kâğıdı), (俗語) kafa kâğıdı.
mìburi 身振り /*a.*/ mimik.
mibùrui 身震い /*a.*/ ～する sarsıl-, silkin-.
miccù 三つ /*a.*/ üç. ～の üç. ～の子 üç yaşında bir çocuk. ～の部分からなる üçlü. ～ずつ üçer. ～組みの üçüz, üçlü. パンを～に分ける ekmeği üçe böl-.
miccuu 密通 /*a.*/ zina.
mici 道 /*a.*/ yol, yer, cadde, sokak. 行き止まりの～ bağlı yol. 中央がふくらんでいる～ balık sırtı yol. とるべき～ seçenek. 新しい～ çığır. ～を教える yol göster-. ～を進む yol al-. ～を作る yol aç-. ～をふさぐ yol tut-, yolu kapa-. ～をあける yol aç-, yer aç-, müsaade et-. ～を開く yer ver-, sonuçla-. ～をよく知っている yol iz bil-. 自分の～をとる yol tut-. 我が～を行く yol git-, bildiğini yap-, burnunun dikine (doğrusuna) git-. ～をまちがえる yolunu şaşır-. ～を誤らせる yoldan (yolundan) çık-. ～を誤らせる yoldan çıkar-. ～を踏みはずす kötü yola sap-, sap-. ～を踏みはずしている人 o yolun yolcusu. ～を踏みはずさせる ayart-. ～をはずれた sapa. 正しい～を教える人 mürşit. ～を通って yoluyla. ～が通じている yolu düş-. ～が終わりになる yolu al-. ～で偶然会う yoluna çık-. ～に迷う yolunu kaybet-. 悪の～にそれる yolunu sapıt-. ～の yollu. がたがた～の街 bozuk yollu bir mahalle. ～の途中 yol boyu. ～の途中にある yol uğrağı (üstü). ～のない yolsuz. ～のない村 yolsuz köyler. ～がないこと yolsuzluk. 別荘の～を草がおおった. Köşkün yolunu ot basmış. 向かいの山を見ながら～をとって来ました. Karşıki tepeye bakarak yolu doğrultup geldim. 私の正しいと思う～に迷いはない. Doğru bellediğim yoldan şaşmam.
mici 未知 /*a.*/ ～の bilinmeyen, tanınmayan, yabancı, meçhul, olmadık.
mici àññai 道案内 /*a.*/ yol kılavuzu. ～をする yol göster-.
micibìku 導く /*ey.*/ yol göster-, kılavuzluk et-, baş çek-, bağla-. 科学者は人類を死に～病気とずっと戦っている. Bilim adamları insanları ölüme götüren hastalıklarla sürekli savaşıyorlar.
micigae・ru 見違える /*ey.*/ başkasına benzet-. ～ほど元気になる görmediğe dön-.
micihaba 道幅 /*a.*/ yolun eni.

micihi 満ち干 /a./ 潮の〜 gelgit.
micikusa 道草 /a./ 〜をくう（俗語） sark-.
micinarànu 道ならぬ /s./ 〜関係 etek kiri.
micinori 道のり /a./ 〜の中ほど yolun ortası.
mici・ru 満ちる /ey./ dol-, kapla-, tamamlan-. 満ちた dolu, dolmuş. 愛情に満ちた目 sevgi dolu gözler. 波乱に満ちた fırtınalı. トルコの歴史は驚異に満ちている. Türk tarihi harikalarla doludur.
micisio 満ち潮 /a./ kabarma, met. 〜と引き潮 met ve cezir.
micisìrube 道しるべ /a./ yol işareti.
micitari・ru 満ち足りる /ey./ 満ち足りた doygun.
micizure 道連れ /a./ yol arkadaşı, yoldaş. 悪運の〜 aynı yolun yolcusu. いい〜に恵まれる. İyi bir yol arkadaşına rast gelinebilir.
mìcu 蜜 /a./ bal. 花の〜 bal özü. 取りたての〜 bal başı. 毒のある植物から取った〜 deli bal. 巣箱から〜を取る bal sağ-.
mìcu 密 /a./ 〜な kesif, sık.
micùbaci ミツバチ, 蜜蜂 /a./ bal arısı, arı. 〜の巣箱 kovan. 若い〜の群れ oğul.
micudañ 密談 /a./ gizli konuşma.
micudo 密度 /a./ sıklık, yoğunluk, kesafet. 〜の高い tıkız. 〜の濃い yoğun. 〜の濃い作業 yoğun çalışma. 人口〜 nüfus yoğunluğu.
micugecu 蜜月 /a./ bal ayı.
micugimono 貢ぎ物 /a./ haraç.
micugo 三つ子 /a./ üçüz. 〜の魂百まで. Can çıkmayınca huy çıkmaz.
micukaru 見付かる /ey./ bulun-. 見付からない bulunmaz. なくなった物がどうしても見付からない yer yarılıp içine gir-. トランクが見付かった. Bavul bulundu. いい生地が見付からなかった.

İyi bir kumaşı bulamadım. 部屋をよく調べたが, 私の探している物が見付からなかった. Odayı iyice araştırdım, ama aradığımı bulamadım.
micukedàsu 見付け出す /ey./ çıkar-. うそを〜 yalanını çıkar-.
micukerare・ru 見付けられる /ey./ rast gel-. 座る所を見付けられない ayakta kal-.
micuke・ru 見付ける /ey./ bul-. 相手を〜 bağdaş-. 保養地を〜 barın-. チャンスを〜 biçimine getir-. やっと〜 rast getir-. なんとかして〜 bulup buluştur-. 〜ことができる rast gel-. 家を〜までかなり歩き回った. Evi buluncaya kadar epey dolaştık. 友人を三日間も捜していましたが, とうとうバスで見付けました. Arkadaşımı üç gündür arıyordum, nihayet otobüste rast getirdim.
micukesase・ru 見付けさせる /ey./ rastlat-.
micume・ru 見詰める /ey./ göz dik-, dikkatle bak-. じっと〜 gözünü dik-. ぽかんと〜 gözü dal-.
micumori 見積もり /a./ oran, tahmin.
micumoru 見積もる /ey./ hesapla-. 少なく見積もっても sokağa atsan.
micuriñ 密林 /a./ deli orman, yoğun bir orman, cengel. 〜を抜ける fırçala-.
micuroo 蜜ろう /a./ bal mumu.
micuryoo 密猟, 密漁 /a./ kaçak av. 〜する kaçak avla-.
micuyu 密輸 /a./ kaçakçılık. 〜の gümrüksüz. 〜する kaçır-. タバコを〜する sigara kaçır-. 〜された kaçak. 〜取締り局 kaçakçılık masası.
micuyu gyòosya 密輸業者 /a./ kaçakçı.
micuyuhiñ 密輸品 /a./ kaçak eşya.
micuyùnyuu 密輸入 /a./ kaçakçılık.
micuzoroi 三ぞろい /a./ 〜の üçüz. オール〜のボート üç çifte kayık.

midara みだら /a./ ～な çapkın, eşekçe, müstehcen, pis. ～な女 kahpe.

midarè 乱れ /a./ karışıklık, dolaşıklık.

midarègami 乱れ髪 /a./ karışık saç.

midarè・ru 乱れる /ey./ karış-, bozul-, dolaş-, düzensiz ol-, alt üst ol-, bulan-. 言葉が～ dili dolaş-. 乱れた karışık, perişan. 乱れた髪 karışık saç. 長い髪はすぐに～. Uzun saç çabuk dolaşır. 手紙の乱れた文章を直した. Mektubun bozuk cümlelerini düzeltti.

midaretòbu 乱れ飛ぶ /ey./ うわさ話が～所 cadı kazanı.

midasarè・ru 乱される /ey./ 生活が～ ağzının tadı bozul-.

midasi 見出し /a./ başlık. ～の başlıklı. …という～で başlığı altında. ～をつける başlık at- (koy-).

midasinami 身だしなみ /a./ ～をよくする temiz giyin-. ～に気をつける. Dost başa, düşman ayağa bakar.

midàsu 乱す /ey./ karıştır-, boz-, rahatsız et-, buruştur-, aksat-. 秩序を～ düzeni boz-. 列を乱さないでください. Sırayı bozmayın.

midi ミディ (İng. median) /a./ midi.

midi sukàato ミディスカート (İng. median skirt) /a./ midi etek.

midori 緑 /a./ yeşil, yeşillik. ～の yeşil. 薄い～ filizî, küf yeşili. 濃い～ zümrüt yeşili. ～一色の yemyeşil. ～になる yeşillen-. ゼイネップは～の目をしている. Zeynep'in yeşil gözleri var. この布の色は～に近い. Bu bezin rengi yeşile bakıyor.

midorigakàru 緑がかる /ey./ yeşile çal-. 緑がかった青 yeşile kaçan mavi renk, limon küfü.

midorìgo みどりご /a./ bebek. ～が泣く bebek ağla-.

midoriiro 緑色 /a./ yeşil. 薄い～ küf yeşili. ～の yeşil. ～になる yeşillen-, yeşer-, göver-.

midorukyuu ミドル級 /a./ orta siklet.

miè 見え /a./ caka, fiyaka, sükse, cila, boya. ～を張る caka sat-, sükse yap-, (隠語) fiyaka sat-. ～で金を使う hacı ağalık et-. ひどい～ kel başa şimşir tarak.

mieppàri 見えっ張り /a./ ～の (隠語) afili.

miè・ru 見える /ey./ görün-, gözük-, göster-, hâsıl. 山が～ dağlar görün-. 目に～ göze görün-. 偉そうに～ büyük gör- (bil-, tut-). あるかのように～ göze görün-. よく～目 keskin göz. 見えない gaip, görünmez, kör. 見えない世界 gaip. 見えない目 kör göz. 目があいていて見えない bakar kör. 見えないふり görmezlik. 見えないふりをする görmezliğe (görmezlikten) gel-. まわりが見えない göz gözü görme-. (自分の心配で)何も見えない gözüne hiç bir şey görünme-. ほとんど目に見えない belli belirsiz. その歳は見えない yaşını gösterme-. 見えなくなる görünmez ol-, gözden kaybol-, gaybubet et-, yit-, yitip git-, bat-. 先が見えなくなる basireti bağlan-. 目が疲れてよく見えなくなる gözleri karar-. 丘へ上がったら町が見えた. Tepeye çıkınca şehir gözüktü. 丘を越えると海が見えた. Tepeyi aşınca deniz başladı. あそこは～ほど近くはない, 道が曲がりくねっているのだ. Orası göründüğü kadar yakın değil, yol dolaşıktır. 医者に見えた. Doktora göründü. 彼はとても美しく見えたらしい. Ona pek güzel görünmüş. この人はふけて～. Bu adam yaşlı gösteriyor. この子は利口者に～. Bu çocuk akıllı bir şeye benziyor. 小さい人は若く～. Bodur tavuk her gün (dem) piliç. やつは事故のあとまったく見えない. Adamcağız kazadan sonra hiç görmüyor.

migakare・ru 磨かれる /ey./ silin-, yontul-. 磨かれた cilalı.

migaki 磨き /a./ açkı. ～をかける törpüle-.

migakiya 磨き屋 /a./ cilacı.

migaku 磨く /ey./ ov-, parlat-, cila vur- (ver-), cilala-, sil-. 歯を～ fırçala-. ガラスを～ cam sil-. ガラスをこすって～ camları silip parlat-. フライパンを～ tavayı ov-. ～こと açkı. 板をぴかぴかに磨いた. Tahtayı gıcır gıcır sildi.

migaku 研く /ey./ bile-.

migaru 身軽 /a./ yordam.

migâtte 見勝手 /a./ ～に can cana baş başa. ～だ Herkes kendi havasında.

migi 右 /a./ sağ. ～の sağ. ～に曲がる sağa dön-. ～も左も分からないほど迷う sağını solunu bilme-. ～へならえ sağa bak. ～へ行け sağ yap. 金が～から左へ出て行く altından girip üstünden çık-.

migigawa 右側 /a./ sağ, sağ taraf. ～の sağ. ～を歩く sağdan yürü-. ～を通行する sağla-. ～にまひがきた. Sağ tarafına inmiş. 目の前の車が～を走って事故を起こした. Önümüzdeki araba sağlayınca kaza yaptı.

migi hañsiñ 右半身 /a./ 患者の～がまひしている. Hastanın sağ tarafı inmeli.

migi hidari 右左 /a./ 向こう側へ渡る前に～をよく見る. Karşıya geçmeden önce sağımı solumu kolluyorum.

migi me 右目 /a./ sağ göz.

migîrei 身ぎれい /a./ ～な temiz pak.

migi te 右手 /a./ sağ el. 字を～で書く. Yazıyı sağ elimle yazarım.

migi ude 右腕 /a./ sağ kol.

migomòru 身ごもる /ey./ gebe kal-.

migoto 見事 /a./ maşallah, görkem. ～な alımlı, görkemli, gös-

terişli, âlâ, enine boyuna, enfes, fevkalâde, mükellef, yağ bal, zengin, gül gibi. ～な料理 âlâ bir yemek. お～ değme keyfine. ～な腕を見せる hüner göster-. ～に ustaca. ～にやり遂げる yüz akı ile çık-. 実に～に盗む gözden sürmeyi çek- (çal-).

migùrumi 身ぐるみ /a./ ～はぐ soyup soğana çevir-, derisini yüz-.

migurusii 見苦しい /s./ yakışmaz, çirkin, biçimsiz, yakışıksız, galiz, münasebetsiz.

mihanàsu 見放す /ey./ bırak-, vazgeç-.

miharase・ru 見張らせる /ey./ beklet-. 目を～ göz doldur-. 品物を彼に見張らせた. Eşyayı ona bekletti.

miharasi 見晴らし /a./ görünüş, manzara. ～がいい manzaralı. 海の～がいい家 deniz manzaralı bir ev. この建物が～をさえぎった. Bu bina manzaramızı kapadı.

mihari 見張り /a./ bekçilik, nöbet, nöbetçi, gözcü, gözetleyici. ～の nöbetçi. ～に立つ nöbet bekle-. 門に二人の～を立てる kapıya iki nöbetçi dik-.

mihariban 見張り番 /a./ nöbetçi, gözetleyici. ～に立つ nöbet bekle-.

miharu 見張る /ey./ bekle-, gözetle-, nöbete gir- (gel-), göz hapsine al-. 順番に～ nöbet tut-. 驚いて目を～ gözleri fal taşı gibi açıl-.

mihoñ 見本 /a./ örnek, model, misal, numune. ～の örneklik. 手編みの～ el örgüsü örnekleri.

mihoñici 見本市 /a./ fuar, gergi, sergi, panayır. 国際～ uluslararası bir fuar. 国際自動車～ uluslararası otomobil sergisi.

mihùkuro 三袋 /a./ ～のタバコ üç kese tütün.

miidàsu 見いだす /ey./ bul-, keşfet-.

miira ミイラ (Por. mirra) /a./

mikaeri

mumya.
mikaeri 見返り /*a.*/ karşılık. 〜を期待しない karşılıksız. この援助に対して君から〜を期待してはいない。Bu yardım için senden karşılık beklemiyorum.
mikai 未開 /*a.*/ barbarlık. 〜の ilkel, iptidaî, barbar, az gelişmiş, yabanıl.
mikàikecu 未解決 /*a.*/ düğüm. 〜の muallak. 〜のままになっている muallakta ol- (kal-). 〜になる sallantıda kal-. 〜にする sallantıda bırak-.
mikàikoñ 未開墾 /*a.*/ 〜の土地 yabanlık, boz.
mikàitaku 未開拓 /*a.*/ 〜の bakir. 〜の土地 ham toprak.
mikàiziñ 未開人 /*a.*/ vahşî insan, yabanıl insanlar.
mikake 見掛け /*a.*/ görünüm, görünüş, kalıp kıyafet. 〜にだまされる görünüşe aldan-, (冗談) her gördüğü sakallıyı babası san-. 〜によらない kalıbının adamı olma-. 〜によらず大したものだ az değil. 〜だけでも dostlar alış verişte görsün. 〜は (古語) zahiren. 〜はいいが中身は悪い人 gündüz külahlı, gece silâhlı.
mikakedàosi 見掛け倒し /*a.*/ taslak. 〜の boyacı. 〜ですぐなくなる sabun köpüğü gibi sön-. 〜だ. Dışı eli yakar, içi beni.
mikake・ru 見掛ける /*ey.*/ 先生を通りで〜と家に隠れた。Öğretmeni sokakta görünce evi boyladı.
mikaku 味覚 /*a.*/ tat duyusu, tatma duyusu, tat alma duyusu, tadım.
mikañ 未完 /*a.*/ hamlık.
mìkañ ミカン /*a.*/ mandalina, portakal.
mikañ iro ミカン色 /*a.*/ turuncu. 〜の turuncu.
mikàñsei 未完成 /*a.*/ hamlık.
mikata 味方 /*a.*/ yandaş, destekleyen, taraftar, taraflı, yanlı. 〜の taraflı. 〜をする gayretini güt-. …に〜する tarafa ol- (çık-), taraf tut- (çık-, ol-). …の〜になる lehinde ol-, (-den) yana ol-. 敵方の一人を〜にする kaleyi içten fethet-. 私は彼の〜だ. Ben ondan yanayım. 彼の〜は多い. Onun taraflıları çok.
mikàta 見方 /*a.*/ bakış, bakım, görüş, nazar. 〜によれば bir bakımdan, bir bakıma da. 別の〜をすれば bir bakıma. 現実的な〜で gerçekçi bir görüşle. 父は将来に楽観的な〜をしている. Babamın gelecek için iyimser düşünceleri var.
mikawasu 見交わす /*ey.*/ bakış-.
mikazuki 三日月 /*a.*/ hilâl, yeni ay, ayça.
mikèikeñ 未経験 /*a.*/ tecrübesizlik. 〜の acemî, tecrübesiz. 若くて〜である ağzı süt kok-.
mikeñ 眉間 /*a.*/ alın çatısı.
mìki 幹 /*a.*/ kütük, gövde. 木の〜 ağaç gövdesi.
mikirihiñ 見切り品 /*a.*/ parti.
mìkisaa ミキサー (İng. mixer) /*a.*/ karıştırıcı.
mikka 三日 /*a.*/ üç gün. 今日を入れて来てから〜になった。Bu gün dahil geleli üç gün oldu. 我が軍は〜で敵の国境に達した. Ordumuz üç günde düşman sınırına dayandı.
mikkoku 密告 /*a.*/ ihbar. 〜する adını ver-, gammazla-. 〜して引き渡す ele ver-.
mikkusu sàrada ミックスサラダ (İng. mixed salad) /*a.*/ karışık salata.
mìko 巫女 /*a.*/ medyum.
mikomi 見込み /*a.*/ umut, bekleme, olasılık, kabiliyet. 〜のある istidatlı, muhtemel, ümitli. 〜のない ümitsiz, berbat. 〜なし çaresizlik. 回復の〜がない umutsuz. できる〜がなくなる kozu kaybet-. 明日天気がよくなる〜はない. Yarın havanın iyi olacağından umutsuzum.

mikōmu 見込む /ey./ derpiş et-. 彼を男と見込んで… Onu adam yerine koyup….

mikoñ 未婚 /a./ 〜の erden, bakir, bekâr. 〜のキリスト教の女 matmazel.

mikubìru 見くびる /ey./ küçük gör-, küçükse-, küçümse-. 子供だと言って〜な. Çocuk deyip de geçmeyin.

mikudàsu 見下す /ey./ aşağı gör-, hor bak- (gör-), küçük gör-, küçümse-, yukarıdan bak-, yüksekten bak-.

mimai 見舞い /a./ yoklama. 〜に行く yokla-. 病気の友達を〜に行った. Hasta bir arkadaşımızı ziyarete gittik. 今日母は病気の隣りの人を〜に行った. Bu gün annem hasta komşumuzu yoklamaya gitti.

mimamoru 見守る /ey./ başında bekle-, başını bekle-, görüp gözet-, gözet-, sahip çık-.

mimañ 未満 /a./ -den az. 十歳〜 on yaşından küçük (aşağı).

mimàu 見舞う /ey./ yokla-, ziyaret et-, hatırını sor-. 病気のおばを寝ている病院に見舞った. Hasta teyzemi yattığı hastanede yokladık.

mimawarê・ru 見舞われる /ey./ 大雪に〜 kar bastır-. 洪水に見舞われた家畜達がおぼれた. Sel sularına kapılan sürü boğuldu.

mimawasu 見回す /ey./ bakın-. 周囲を〜 etrafına bakın-.

mimei 未明 /a./ şafak sökmemiş zaman.

mimì 耳 /a./ kulak. 〜が遠い ağır duy-, ağır işit-, kulağı ağır işit-, kulağı tıkalı, sağır. 〜が聞こえない duvar gibi. 〜に快い kulağı okşa-. 〜にたこができる kulakları dol-. 〜にする kulağına çalın- (gel-). 〜に入る kulağına çarp- (gel-, gir-). 〜に入れる kulağına koy- (sok-). 〜を澄ます kulağını aç-, can kulağı ile dinle-. 〜を傾ける dinle-, kulağını aç-. sesle-, kulak kesil-. 〜をそばだてる kulak kabart-. 〜をそばだてて kulağı kirişte, kulağı tetikte. 〜を貸す kulağı -de ol-, kulak as-, kulak tut-. 〜を貸さない duvar gibi. 〜を貸そうとしない kulak (kulaklarını) tıka-. 〜をふさぐ kulak (kulaklarını) tıka-. 〜を引っぱる kulağını çek-. 動物が〜を立てる kulaklarını dik-. うるさくて〜をかきむしられる kulak tırmala-. 〜から〜へ口伝えに kulaktan kulağa. 〜のある kulaklı. 〜の後ろの出っぱった部分 kulak tozu. 彼は〜が遠い. Onun kulağı ağır işitiyor. 年とったおばは〜が遠いから大きな声で話せ. Yaşlı teyze sağır olduğu için yüksek sesle konuş. 〜が両方とも聞こえなくなってしまった. İki kulağı da işitmez olmuştu. 足音を〜にして不安になり朝まで眠れなかった. Ayak sesleri duyarak huylanmış, sabaha kadar uyuyamamış.

mimiaka 耳垢 /a./ kulak kiri.

mimi gakùmoñ 耳学問 /a./ kulak hafızası, kulak dolgunluğu, kulaktan dolma.

mimikàzari 耳飾り /a./ küpe. 輪になった〜 halka küpe.

mimimoto 耳元 /a./ 〜でささやく kulağına söyle-.

miminari 耳鳴り /a./ uğultu, kulak uğultusu. 〜がする uğulda-, kulak çınla-.

mimiòoi 耳覆い /a./ kulaklık.

mimiseñ 耳栓 /a./ kulak tıkacı.

mimitàbu 耳たぶ /a./ kulak memesi.

mimiuci 耳打ち /a./ fiskos. 〜をする kulağına söyle-.

mimiwa 耳輪 /a./ halka, halka küpe.

mimizàwari 耳障り /a./ 〜な çatallı. 〜な音楽 zırıltı. 弦楽器の〜な音 zımbırtı. その音は〜になっていた. Bu ses kulağını tırmalıyordu.

mimizu ミミズ /a./ solucan, yer solucanı, kurt.
mimizubare ミミズばれ /a./ 〜の pençe pençe.
mimizuku ミミズク /a./ baykuş.
mimoci 身持ち /a./ 〜の悪い uçarı. 〜の悪い女 sokak süpürgesi, (口語) şırfıntı.
mimòdae 身もだえ /a./ 〜する kıvran-. 気の毒にその人は声も出さずに〜するばかりだ. Zavallı sesini çıkarmıyor, ama kıvranıp duruyor.
mimonò 見もの, 見物 /a./ temaşa.
mimoto 身元 /a./ kimlik, hüviyet. 交通事故で死んだ女の〜はつきとめられなかった. Trafik kazasında ölen kadının kimliği saptanamamış.
mìmoza ミモザ /a./ mimoza.
mimùki 見向き /a./ 〜もしない arkasını çevir-, dirsek çevir-, metelik verme-, tep-, yabana at-. 〜もしなくなる arka çevir-. 〜もされない müptezel.
minà 皆 /a./ hep, hepsi, herkes, bütün, tüm. → **miñnà.** どの人も〜 her biri. 〜さん hepiniz. 我々〜が見た. Hepimiz gördük.
minàare ミナーレ /a./ minare. 〜のバルコニー şerefe. 〜の頂に付ける飾り alem.
minage 身投げ /a./ kendini atma.
minagorosi 皆殺し /a./ katliam.
minami 南 /a./ güney, cenup, lodos. 〜と北 güney ve kuzey. 〜の風 güney rüzgârları, cenup rüzgârları, güney, kıble. 〜の暖かい風 lodos. 〜からの嵐 lodos. 〜に住む人 güneyli. 南へ向かって行った. Güneye doğru gitti. 窓が〜に面している. Pencereler güneye bakıyor.
Minami Ahurika Kyoowàkoku 南アフリカ共和国 /a./ Güney Afrika Cumhuriyeti.
minami hàñkyuu 南半球 /a./ güney yarım küresi (yarı küresi).

minamikaze 南風 /a./ güney rüzgârları, cenup rüzgârları, güney, kıble. 〜は雨になる. Lodosun gözü yaşlıdır.
minamimuki 南向き /a./ 〜の窓 lodosa bakan pencereler.
minamoto 源 /a./ kaynak, menşe, memba, pınar, su (suyun) başı.
minarai 見習い /a./ çırak, çıraklık, yamak, stajyer. 〜として働く çıraklık et-. 建具〜 marangoz çırağı. 〜期間 çıraklık, staj.
minaraicyuu 見習い中 /a./ 〜の賃金 çıraklık.
minaràu 見習う /ey./ örnek al-. 正直な父に見習って父のような人になりたいと思っています. Dürüst bir kişi olan babama imrenip onun gibi olmaya çalışıyorum.
minare・ru 見慣れる /ey./ 見慣れた munis. 見慣れない yepyeni, yabancı. 見慣れない物と見なされる yadırgan-.
minari 身なり /a./ giyiniş, kılık, kıyafet, kılık kıyafet. 〜の giyimli, kılıklı. 清潔な〜の temiz giyimli. きちんとした〜の kellifelli, kılıklı kıyafetli. さっぱりした〜の giyimli kumaşlı. ひどい〜の hırpani. だらしない〜の kılıksız. みすぼらしい〜の besleme gibi. けばけばしい〜 cici bici 〜を整える çulu düz- (düzelt-). 〜を変える kıyafet değiştir-. 〜に気を配る kılığına çekidüzen ver-. 〜が少しもきちんとしていない. Kılığına hiç çekidüzen vermiyor. 〜から教師であることが明らかだ. Kılığından öğrenci olduğu belli oluyor. 〜で人を判断するな. Ye kürküm ye!
minàsama 皆様 /a./ Sayın bayanlar baylar!
minàsañ 皆さん /a./ hepiniz, (口語) çocuklar. 〜元気そうですね. Hepinizi iyi buldum.
minasare・ru 見なされる /ey./ sayıl-. 人と〜 sırasına geç-.

minasigo みなしご /a./ öksüz çocuk.
minasu 見なす /ey./ san-, say-, hesabını koy-, yerine koy-, addet-, nazarıyle bak-, tut-. 一緒と〜 bir tut- (gör-). 人物と〜 adam yerine koy-. 言い分を正しいと〜 haklı bul-. もう冬が来たと見なし得る. Artık, kışı geçti sayabiliriz.
minato 港 /a./ liman. 気象条件に影響されやすい〜 açık liman. 防波堤で囲った人工の〜 mendirek. 〜に魚がいっぱいだ. Limanda balık dolu.
minatòmaci 港町 /a./ liman şehri, iskele.
minè 峰 /a./ sırt, tepe, ters. ナイフの〜 bıcağın sırtı (tersi).
mineraru wòotaa ミネラルウォーター (İng. mineral water) /a./ maden suyu.
miniacyùuru ミニアチュール (Fr. miniature) /a./ minyatür.
mini basu ミニバス(İng. mini bus) /a./ minibüs, kaptıkaçtı.
minikùi 醜い /s./ çirkin, biçimsiz, bet, yüzüne bakılmaz, uygunsuz. 〜顔 çirkin bir yüz, surat. 〜もの ucube. 醜くて醜っけいな maymun. 醜くてこっけいなやつ maymun herif. 醜くて意地悪な老婆 cadı. 醜くなる çirkinleş-. 醜くする çirkinleştir-. あの〜顔を見ろ. Surata bak süngüye davran.
minikùsa 醜さ /a./ çirkinlik.
mini sukàato ミニスカート (İng. miniskirt) /a./ mini etek.
minogasarè·ru 見逃される /ey./ gözden kaç-.
minogàsu 見逃す /ey./ gözden kaçır-, affet-, savsakla-, geçiştir-. 黙って〜 ses çıkarma-. 見逃さない gözünden kaçırma-.
minohodo 身の程 /a./ 〜を知る boyunun ölçüsünü al-. 〜をわきまえる haddini bil-. 〜をわきまえさせる haddini bildir-. 〜を知らない çizmeden

yukarı çık-. 〜を忘れる haddini bilme-.
minoke 身の毛 /a./ 〜がよだつ tüyleri ürper-, tüyleri diken diken ol-. 〜もよだつような canhıraş.
minomawarihiñ 身の回り品 /a./ eşya.
minorasè·ru 実らせる /ey./ pişir-, olgunlaştır-.
minori 実り /a./ bolluk, olgunluk. 〜多い artağan, bereketli. 〜の少ない bereketsiz, yanık. 〜の少ない畑 verimsiz bir tarla. 〜のない semeresiz. 木の〜ぐあい ağacın verimi. 〜のないことに首を突っ込む olmayacak duaya âmin de-. 今年は雨があったから〜がある. Bu yıl yağış olduğu için bolluk var.
minòru 実る /ey./ eriş-, ol-, olgunlaş-, bağlan-, er-, piş-. 実った ergin. 実らない güdük kal-. 作物が実った. Ekinler bağlandı. 作物はまだ実らない. Ekin daha pişmedi.
minosirokiñ 身の代金 /a./ fidye, kurtarmalık, kurtulmalık.
minùku 見抜く /ey./ 人柄を〜人 adam sarrafı.
miñgei 民芸 /a./ halk sanaatları.
miñkañ 民間 /a./ 〜に伝わる薬 kocakarı ilacı.
miñkañ dèñsyoo 民間伝承 /a./ folklor.
miñkañ sècuwa 民間説話 /a./ halk edebiyatı.
miñkàñyaku 民間薬 /a./ kocakarı ilacı.
mìñku ミンク /a./ vizon. 〜の vizon. 〜のコート vizon manto.
miñnà みんな /a./ hep, hepsi, herkes, cümle, el âlem, dost düşman. 〜で topluca. 〜で大声を出して声援する alkış tut-. 〜に dosta düşmana karşı, şunda bunda. 〜に知れ渡る dillerde destan ol-. これはあなた以外〜知っている. Bunu sizden başka

miñpei 478

herkes bilir. 我々〜一つだ. Hepimiz birimiz. 〜を食わせる責任は私にある. Hepsinin boğazı benim boynumda. 正月に友人が〜一つの場所に集まった. Yıl başında arkadaşlar hep bir yere toplandık. 〜も困っているのだから我慢しよう. El ile gelen düğün bayram. 〜自分の考えがある. Herkesin kendine göre bir düşüncesi var.

miñpei 民兵 /a./ milis.

miñpoo 民法 /a./ kamu hukuku, medenî kanun, yurttaşlar yasası.

miñsyuku 民宿 /a./ pansiyon. 〜に泊まる pansiyonda kal-.

miñsyu syûgi 民主主義 /a./ demokrasi, demokratlık, el erki. 〜の demokratik. 青年を〜に向かわせる gençliği demokrasi ilkelerine bağla-. 〜は公開体制だ. Demokrasi açıklık rejimidir.

miñsyu syugîsya 民主主義者 /a./ demokrat.

miñsyu syugi tâisei 民主主義体制 /a./ demokratlık rejimi.

miñsyuteki 民主的 /a./ 〜な halkçı.

Miñsyutoo 民主党 /a./ Demokrat parti.

miñsyuu 民衆 /a./ halk, kamu, el. 下層の〜 ayak takımı. 真の力は〜にある. El mi yaman bey mi yaman? El yaman!

miñsyuumuke 民衆向け /a./ 〜の halka dönük.

miñwa 民話 /a./ halk masalı, masal. 〜の巨人 Arap.

miñyoo 民謡 /a./ türkü, halk şarkısı, koşuk, yır. 〜を歌う türkü çağır- (söyle-). 〜ダンス hora. 〜演奏 fasıl. 〜オーケストラ fasıl heyeti.

miñzi 民事 /a./ hukuk. 〜の medenî.

miñzi sâibañ 民事裁判 /a./ hukuk davası.

miñzoku 民俗 /a./ folklor.

miñzoku 民族 /a./ ulus, millet, budun, el, kavim. トルコ〜 Türk ulusu. 〜の ulusal, millî. 〜の所属 milliyet. 〜解放戦争 Kurtuluş Savaşı.

miñzokùgaku 民俗学 /a./ folklor, halk bilimi.

miñzokùgaku 民族学 /a./ etnoloji, budun bilimi.

miñzoku îsyoo 民族衣装 /a./ ulusal giysiler, millî giysiler.

miñzoku ôñgaku 民俗音楽 /a./ halk müziği.

miñzokusei 民族性 /a./ milliyet.

miñzokusîgaku 民族誌学 /a./ etnografya, budun betimi.

miñzoku syûgi 民族主義 /a./ milliyetçilik. 〜の milliyetçi.

miñzoku syugîsya 民族主義者 /a./ 〜の milliyetçi.

miñzokuteki 民族的 /a./ 〜にする millîleştir-.

miokuri 見送り /a./ uğurlama, geçirme.

miokuru 見送る /ey./ uğurla-, geçir-, yolcu et-, gönder-, (俗語) yola vur-. 友達を見送りに行きました. Arkadaşımı geçirmeye gittim. おじを〜ためにみんなで空港へ行った. Amcamı uğurlamak için hep birlikte hava alanına gittik.

miomo 身重 /a./ 〜の ağır ayak, gebe.

miorosi 見下ろし /a./ kuş bakışı.

miorosu 見下ろす /ey./ aşağıya bak-, hâkim, nazır. 首を伸ばしてあたりを〜人 ekin iti gibi. ボスフォラス海峡を〜別荘 Boğaz'a hâkim bir köşk.

miotori 見劣り /a./ いいものに慣れると他は〜がする. Ayı gördüm, yıldıza itibarım yok.

miotosu 見落す /ey./ gözden kaçır-, atla-.

mîrai 未来 /a./ gelecek, istikbal, ileri, ati, müstakbel. 遠い〜に uzak bir gelecekte.

mirarê•ru 見られる /ey./ bakıl-,

görül-. 子供がよく面倒を見られている. Çocuğa iyi bakılıyor.

mireñ 未練 /a./ ～に思う gözü kal-.

mireñgamasii 未練がましい /s./ Horoz ölür, gözü çöplükte kalır.

miri ミリ(Fr. millimètre) /a./ milim. 1～も狂わない milim oynama-.

miri gùramu ミリグラム(Fr. milligramme) /a./ miligram.

miri mèetoru ミリメートル(Fr. millimètre) /a./ milimetre, milim.

miri rìttoru ミリリットル(Fr. millilitre) /a./ mililitre.

mì·ru 見る /ey./ bak-, gör-, seyret-, izle-. 面倒を～ bak-. 面倒を～はめになる başına kal-. 味を～ tadına bak-. よく～ gözden geçir-, bak-, (隠語) gözlük tak-. じっと～ gözlerini belert- (dik-), izle-, bakakal-. 欲しそうにじっと～ gözle ye-. ふと～ gözü git-. ちょっと～ göz at-. ぼんやり～ ağzını aç-. 見て回る adım gez-, gez-. 展示会を見て回る sergiyi gez-. 見たくない gözünü yum-. 見ないふりをする görmezlikten (görmezliğe) gel-. 見て見ぬふりをする gözünü kapa-. 見ないでいられない baktıkça bakacağı gel-. ～こと bakış. ～人 izleyici. 見たこともない fevkalâde. 見たところ görünürde, zahir, (古語) zahiren. …から見れば bakarak. ほら見て bak. …を見よ bakınız. それ見たことか ne hâli varsa görsün. 机の本を見た. Masadaki kitabı gördüm. どこを見ているのか. Nereye bakıyorsun? 昨夜テレビの試合見たか. Dün gece televizyondaki maçı izledin mi? 弟をどうしてつねったの, 見てごらんあんなに泣いているじゃないか. Kardeşini neden çimdikledin, bak nasıl ağlıyor? 誰でも親の面倒を～義務がある. Herkes anasına babasına bakmakla görevlidir. やって～ başvur-. いちかばちかやって～ baştan kara et-. ひとつ行ってみよう. Bir gidip bakalım. 来てみたら誰も

いない. Geldim ki kimse yok. マーケットまで行ってみようか. Çarşıya kadar boylanalım mı?

mì·ru 診る /ey./ bak-. 患者を～ hastaya bak-. 医者に診てもらう doktora başvur-. 病人はどこの医者が診ているのか. Hastaya hangi hekim bakıyor?

mìrukarani 見るからに /be./ ～悪そうな人 bet suratlı. ～恐ろしげな男 ızbandut. ～頭がおかしい人 salak.

mìruku ミルク(İng. milk) /a./ süt. ～で作った sütlü. ～で作ったアイスクリーム kaymaklı dondurma. 乳皮の張った～ kaymaklı süt. 質の悪い～が子供を病気にする süt çal-. ひとびんの～を飲み干した. Bir şişe sütü dikti.

miryoku 魅力 /a./ alım, alımlılık, çekicilik, büyü, gösteriş, albeni, cazibe. ～のある alımlı, büyüleyici. ～のない alımsız. ～を感じる gönlü iliş-. ～が消える tadı git- (kaç-).

miryokuteki 魅力的 /a./ ～な sürekleyici, alımlı. ～な乙女 alımı yerinde bir taze.

miryoo 魅了 /a./ alım. ～する ayartıcı.

misagehatè·ru 見下げ果てる /ey./ 見下げ果てた pabuçtan aşağı.

misage·ru 見下げる /ey./ küçük gör-, aşağıla-, tepeden bak-.

misàiru ミサイル(İng. missile) /a./ füze.

misakai 見境 /a./ 前後の～なく ağzına geldiği gibi. ～なく 思いつくとすぐ実行する aklına yelken et-. 誰かれの～ない olur olmaz. ～のない快楽. Vur patlasın, çal oynasın.

misaki 岬 /a./ burun, dil. アナムル～ Anamur burnu.

misao 操 /a./ iffet.

misè 店 /a./ dükkân, mağaza. ～の人 dükkâncı. 営業中の～ açık dükkân. このあたりは～がふえた. Bu çevrede dükkânlar fazlalaştı.

misebirakasi 見せびらかし /a./ gös-

teriş, fiyaka.
misebirakàsu 見せびらかす /*ey.*/（隠語）fiyaka sat-.
misebìraki 店開き /*a.*/ siftah.
misèineñ 未成年 /*a.*/ reşit olmama.
miseineñsya 未成年者 /*a.*/ uşak, reşit olmayan.
misèizyuku 未成熟 /*a.*/ 〜の körpe, büyümemiş.
misekake 見せ掛け /*a.*/ gösteriş, çalım, riya, icat, yaldızcılık, cila. 〜の yapmacık, zahirî. 〜のほがらかさ yapmacık bir neşe hâli. 〜のけんかをする pandomima kop-. 〜に yalancıktan, yalandan, iş ola.
misekakè・ru 見せ掛ける /*ey.*/ tasla-, kukla gibi oynat-. 正直に見せ掛けようとする hamamın namusunu kurtar-.
misemòno 見せ物, 見世物 /*a.*/ gösteri, temaşa, seyir. 〜になる sokağa dök-.
misè・ru 見せる /*ey.*/ göster-, seyrettir-, ortaya dök-, çıkar-. 腕前を〜 at oynat-. 大きく〜 burun yap-, sat-. よく〜 aç-. 自分をよく〜 kendini sat-. …のように〜 kesil-. 自分を…のように〜 kendine … süsü ver-. 人の考えを自分のものように〜 ağzını kullan-. お見せする sun-. 借家人に家を見せて回る kiracıya evi gezdir-. あなたに私の切手コレクションを見せよう. Size pul koleksiyonumu göstereyim. 娘を望む人が多いが誰にも見せない. Kızı isteyenler çok ama daha kimseye çıkarmıyorlar.
§目にもの〜 göster-. 彼に目にもの見せてやる. Ben ona gösteririm.
misè・ru 診せる /*ey.*/ bakın-. 産婆に〜 ebeye bakın-.
mìsiñ ミシン（İng. sewing machine）/*a.*/ dikiş makinesi. 〜の調節 dikiş makinesinin ayarı. 〜がよく動かない. Dikiş makinesi iyi yürümüyor.
misirànu 見知らぬ /*s.*/ bilinmeyen, yabancı, tanınmayan, garip, yad. 見も知らぬ garip garip.
misìru 見知る /*ey.*/ tanı-. 見知らない yabancı gel-. 人を見知っているようだ gözü ısır-.
misokonàu 見損なう /*ey.*/ yanlış hüküm ver-.
misosàzai ミソサザイ /*a.*/ çalı kuşu.
missyuu 密集 /*a.*/ yoğunluk.
mìsu ミス（İng. mistake）/*a.*/ yanlış, kusur.
mìsu ミス（İng. Miss）/*a.*/ matmazel.
misuborasìi みすぼらしい /*s.*/ perişan, kılıksız, babayani, hırpanî, pejmürde,（俗語）külüstür. 〜家 külüstür ev. 〜身なりの besleme gibi. 〜格好で yalın ayak başı kabak. 汚れて〜（皮肉）,（俗語）kirloz, kirloş.
misugose-ru 見過ごせる /*ey.*/ 人の不幸を見過ごせない içi götürme-.
misugosu 見過ごす /*ey.*/ gözden kaçır-.
misuterare・ru 見捨てられる /*ey.*/ 見捨てられた人 leyleğin attığı yavru. 見捨てられていること bakımsızlık.
misute・ru 見捨てる /*ey.*/ yüz üstü bırak-, vazgeç-.
misyùugaku 未就学 /*a.*/ 〜の mektep görmemiş.
mitame 見た目 /*a.*/ görünüş, görünüm. 〜には görününde. 〜には…と思われる gözünde … ol-. ケーキの〜はいいが味はどうかな. Pastanın güzel bir görünüşü var, ama tadı nasıl acaba?
mitasarè・ru 満たされる /*ey.*/ doldurul-.
mitàsu 満たす /*ey.*/ doldur-. かめを水で〜 küpü su ile doldur-. コップを縁まで満たさない dudak payı bırak-. 欲求を〜 hevesini al-. 渇きを〜 kandırıcı. 〜量 dolusu.
mitei 未定 /*a.*/ 〜の tespit edilmemiş, saptanmamış, belirsiz.

mitekure 見てくれ /*a.*/ görünüş. 〜は いいが内実は怪しい. İçi beni yakar, dışı eli yakar.
mitomeiñ 認め印 /*a.*/ damga.
mitomerare・ru 認められる /*ey.*/ tanın-, varit. 正しいと〜 haklı çık-. よい医者と〜 iyi bir hekim olarak tanın-. 試験を受けるための申し込みが認められた. Sınavlara girmek için yaptığım başvuru onaylandı. おっしゃることは認められません. Söylediğiniz varit değil.
mitome・ru 認める /*ey.*/ say-, tanı-, onayla-, kabul et-, cevaz ver-, farkına var-, idrak et-, ona-, teşhis et- (koy-). 人の才能を〜 adamdan say-. 新政府を〜 yeni devleti tanı-. あとで人の意見が正しいと〜 dediğine gel-. どっちみち〜 boynunu būk-. 認めない havsalasına sığma-. 値打ちを認めない daraya at- (çıkar-). 人のしたことを認めない kendine yedireme-. それと〜こと teşhis. ジョシクンはガラスを割ったことを認めない. Coşkun, camı kendisinin kırdığını yadsıyor.
mitomesase・ru 認めさせる /*ey.*/ 要求を〜 dikte et-. 年貢を〜 haraca bağla-.
mitoñ ミトン (İng. mitten) /*a.*/ kolçak.
mitoosu 見通す /*ey.*/ 将来を〜 uzağı gör-.
mitorizu 見取り図 /*a.*/ kroki.
mittei 密偵 /*a.*/ hafiye.
mittomonài みっともない /*s.*/ çirkin, ayıp, dağda büyümüş. 〜色 çirkin bir renk.
miuci 身内 /*a.*/ hısım akraba. 〜に裏切られる koynunda yılan besle-.
miùgoki 身動き /*a.*/ 〜がとれなくなる kısıl-. 少しも〜しない milim oynama-. あわて者を〜できなくする iki ayağını bir pabuca sok-. 〜がとれない (口語) şapa otur-.
miusinau 見失う /*ey.*/ gözden kaybet-. 自分を〜 kendini kaybet-.
miwakerare・ru 見分けられる /*ey.*/ belli ol-. 遠くから誰か来るが見分けられない. Uzaktan biri geliyor ama seçemedim.
miwake・ru 見分ける /*ey.*/ seç-. 本物を〜力 sağgörü.
miwaku 魅惑 /*a.*/ alımlılık. 〜する göz al-, cezbet-.
miwakuteki 魅惑的 /*a.*/ 〜な女 ökse.
miwatasē・ru 見渡せる /*ey.*/ hâkim.
miwatàsu 見渡す /*ey.*/ bakın-. あたりを〜 etrafına bakın-. 〜限りの engin. 町の城壁から見渡した眺めはたいへん美しい. Kentimizin kaleden kuş bakışı görünüşü çok güzel.
miyaburu 見破る /*ey.*/ 人のうそを〜 yalanını yakala- (tut-).
miyage 土産 /*a.*/ hediyelik eşya.
miyako 都 /*a.*/ başkent, başşehir.
miyori 身寄り /*a.*/ akraba, kimin nesi? 〜のない kimsesiz, arayıp soranı yok, yersiz. 〜のない娘達 kimsesiz kızlar. 〜のない人 köprü altı çocuğu. 〜のない状態 kimsesizlik. 〜のない老人を世話する所 fakirhane. ほかに〜がない eline kal-.
miyosi みよし, 舳 /*a.*/ pruva.
mizàkura ミザクラ /*a.*/ kiraz, vişne.
mizika 身近 /*a.*/ 〜に elinin altında. 毎朝〜な人におはようと言うのを忘れてはいけない. Sabahları, yakınlarına günaydın demeyi unutma. 〜なところでは理解されないものだ. Kimse kendi memleketinde peygamber olmaz. 〜な人のために働くのは苦労ではない. (口語) Öküze boynuzu yük olmaz.
mizikài 短い /*s.*/ kısa, eksik, kesik, güdük. 〜手紙 kısa mektup. 〜スカート kısa etek. 足の〜 bastıbacak, bacaksız. 命の〜 kısa ömürlü. 気が〜 yüreği dar, sabırsız, buluttan nem kap-. やや〜 kısaca. 短く kısaca. 短く言うと kısacası. 短くなる

mizikame

kısal-, kasıl-. 短くする kısalt-, kısa tut-, kas-. 短くされる kısaltıl-. スカートが洗ったら短くなった。Eteğim yıkandıktan sonra kısalmış. シャツのそでを少し短くしなければならない。Gömleğin kollarını biraz kasmalı. いいことは短くてもいい。Bir günlük beylik beyliktir.

mizikame 短目 /a./ 〜の kısaca.

mizime 惨め /a./ 〜な acıklı, acınacak, yoksul, zavallı. 〜な暮しをする sürün-. 若いころ努力しなかった人は年とってから大抵〜な暮らしをする。Gençliklerinde çalışmayan kişiler yaşlılıklarında çok kez sürünürler.

miziñ みじん /a./ 玉ネギを〜に切る soğan doğra-. 〜も zerre kadar.

miziñgiri みじん切り /a./ 〜にする çent-. 玉ネギを〜にする soğanları çent-.

mizirogi 身じろぎ /a./ 〜もしない星たち durağan yıldızlar.

miziròdgu 身じろぐ /ey./ kımılda(n)-, kıpırda(n)-.

mizitaku 身支度, 身仕度 /a./ hazırlık, tuvalet. 〜する giyin-, giyinmek kuşan-, kuşan-, toparlan-. 〜させる giydir-. 〜を整える hazırlan-.

mizo 溝 /a./ ark, oluk, yiv, hendek, su yolu. ガラスをはめ込む〜 cam evi (yuvası). 土台を組む〜 temel. ねじ釘の〜 vidanın yivleri. 〜のある olukulu.

mizoana 溝穴 /a./ フィルムの〜 çentik.

mizooci みぞおち /a./ can evi.

mizore みぞれ /a./ 〜になって sulu sepken. 〜が降っている。Kar sulu sepken yağıyor.

mizu 水 /a./ su. コップ二杯の〜 iki bardak su. 不老不死の〜 abıhayat. 汚れた〜 çirkef. 〜の配達人 sucu. 〜のある sulu, sulak. 〜の便のいい sulak. 〜のない susuz, kıraç. 〜をまく sula-. 〜をやる sula-, su ver-. 花に〜をやる çiçekleri sula-. 植木鉢に〜をやる saksıya su dök-. 〜をかける hortum sık-. 料理中に〜をさす su koyuver-. 〜を引く su çek-. 〜を山から村へ引く suyu dağdan köye getir-. 〜を上げる su çek-. 〜を吸う su çek-. 〜が欲しくなる susa-. 〜がまかれる sulan-. 船に〜がもれて入る su al-. 船に〜がしみこむ su et- (yap-). 〜で薄める sulandır-. 軽く〜で洗う suya göster-. 〜に石を投げる suya taş at-. 〜に湯を混ぜる aşıla-. よく〜を飲む人 kırba. ポンプが壊れて〜が出ない。Tulumba bozulmuş su basmıyor. 〜が栓からシューシュー出ている。Su musluktan fısır fısır akıyor. 〜をやると花が元気になった。Sulanınca çiçekler canlandı. 村は農業に適した、〜のある場所に建設された。Köyümüz tarıma elverişli, sulak bir bölgede kurulmuştur. 〜が引いた。Sular indi. 庭に〜がまかれた。Bahçe sulandı.

mizuabi 水浴び /a./ yüzme, duş. 〜する çim-, yüz-. 小川で〜する derde çim-.

mizuage kàssya 水あげ滑車 /a./ 野菜畑の〜がギーギーと回る。Bostan dolabı gacır gucur dönüyor.

mizuba 水場 /a./ çeşme. 〜の飲み口 lüle.

mizubaci 水鉢 /a./ 鳥の〜 suluk.

mizubitasi 水浸し /a./ sel. 〜になる göl ol-.

mizubòosoo 水ほうそう /a./ su çiçeği.

mizubùsoku 水不足 /a./ susuzluk. 〜が続くと飢きんをもたらす。Susuzluk devam ederse kıtlık getirir.

mizudòkei 水時計 /a./ su sayacı.

Mizugameza 水がめ座 /a./ Kova.

mizugàrasu 水ガラス /a./ cam suyu.

mizugare 水がれ /a./ susuzluk.

mizugi 水着 /a./ mayo. 〜を着なさい、浜へ行くのです。Mayonu giy, plaja gidiyoruz.

mizugìseru 水ぎせる /a./ nargile.

〜でたばこを吸う nargile iç-. ハシシを吸う〜 kabak. 〜の長い管 marpuç.
mizugoke ミズゴケ, 水苔 /a./ yosun.
mizugùsuri 水薬 /a./ せき止めの〜 öksürük şurubu.
mizuire 水入れ /a./ yatık, su kabı.
mizukàki 水かき /a./ kanat, perde. 〜のある鳥類 perde ayaklılar.
mizukara みずから, 自ら /be./ bizzat, kendi. 〜災いを招くようなことをする fincancı katırlarını ürküt-. 〜墓穴を掘る kendi kuyusunu kendi kaz-.
mizuke 水気 /a./ su. 〜のない susuz, seli suyu kalmamış. 煮えて〜がなくなる suyunu çek-, suyu seli kalma-.
mizuki ミズキ /a./ kızılcık.
mizukumi 水くみ /a./ 〜装置 su dolabı.
mizukumiba 水くみ場 /a./ çeşme.
mizukumìki 水くみ器 /a./ tulumba.
mizùkuroi 身繕い /a./ 〜をする çulu düz- (düzelt-). 〜させる çekidüzen ver-.
mizumizusìi みずみずしい /s./ yaş, yeşil, körpe. 〜果物 yaş meyve.
mizumizusìsa みずみずしさ /a./ körpelik, tazelik. 〜を失う kartlaş-.
mizumore 水漏れ /a./ sızıntı. 管の〜が壁を湿らせた. Borulardaki sızıntı duvarı ıslattı.
mizunagìdori ミズナギドリ /a./ yelkovan.
mizunomiba 水飲み場 /a./ çeşme.
mizunomiyoo 水飲み用 /a./ 家畜の〜石桶 maslak.
mizuoke 水桶 /a./ kova, gerdel.
mizuoto 水音 /a./ su sesi.
mizuppòi 水っぽい /s./ sulu, cıvık, cılk, cambul cumbul. 〜泥 cıvık çamur. 水っぽくなる su kes-, sula-. ヨーグルトが水っぽくなった. Yoğurt sulandı.
mizusaki ànnai 水先案内 /a./ kılavuz, pilot.
mizusàsi 水差し /a./ ibrik, sürahi,

güğüm, testi, gırgır.
mizusìkkui 水しっくい /a./ badana.
mizusirazu 見ず知らず /a./ 〜の人 tanınmayan bir adam.
mizutama 水玉 /a./ puan. お母さん, あの赤い〜の服が欲しいのよ. Anneciğim, şu üzerinde kırmızı puanları olan giysiyi istiyorum!
mizutama mòyoo 水玉模様 /a./ puan. 〜の paralı, noktalı. 〜の布 paralı basma. 赤い〜のプリント地 kırmızı noktalı basma.
mizutamari 水たまり /a./ su birikintisi, gölek, irkinti. 〜になる göl ol-.
mizutame 水ため /a./ kurna.
mizuukedai 水受け台 /a./ 泉の〜 yalak.
mizuùmi 湖 /a./ göl. 小さい〜 gölcük. 〜から流れる小川 göl ayağı, gideğen. 〜へ注ぐ小川 göl başı.
mizuuri 水売り /a./ sucu.
mizyuku 未熟 /a./ hamlık, acemilik, görgüsüzlük, tecrübesizlik. 〜な çiğ, yeşil, olmamış, acemi, alışmamış, toy. 〜な人 çiğ adam, çocuk. 経験がなく〜だ değirmende sakal ağart-.
mizyukumono 未熟者 /a./ çiğ adam, çaylak, dünkü çocuk.
mo 喪 /a./ matem, yas. 〜に服する matemini tut-, yas tut-, yaslan-, karalar bağla- (giy-). このおばは, まだ亡くした子供の〜に服している. Bu teyze, hâlâ yitirdiği çocuğunun matemi içinde.
mo モ, 藻 /a./ yosun, su yosunları.
mo も /il./ da, de, dahi, hem. 君〜僕〜 sen de ben de. ⋯〜⋯〜 gerek ⋯ gerek ⋯. ⋯〜⋯〜ない ne ⋯ ne ⋯. ⋯〜また hem, keza. ⋯で〜よし⋯で〜よい ister ⋯ ister ⋯ であって⋯ ise de. ⋯以外の何物で〜ない -den başka bir şey değil. 急に⋯か〜しれない bakarsın. 1000リラ〜のお金 bin şu

moci

kadar lira. この人はしらふの時〜こうだ. Bu adam ayıkken de böyledir. 私は彼に〜会った. Ben onu da gördüm. これ〜私からただで. Bu da benden caba. 私のこと〜忘れた. Beni bile unuttu. 連れ合いは今日〜いらいら. Bizimki bu gün yine sinirli. 怠け者はどこで〜鼻つまみだ. Tembel olanlar her yerden atılır. 彼らはどんな事で〜うまくやる. Onlar her işi becerir. 学んで〜いるし, 働いて〜いる. Hem okuyor, hem çalışıyor. 今日明日に〜来ると待っている. Ha bu gün, ha yarın gelecek diye bekliyorlar. 役に〜何に〜立ちはしない. İşe yarar da değil hani. この金では辞書はおろか鉛筆一本〜買えない. Bu para ile değil sözlük, bir kalem bile alınmaz. 来たとして〜役に立たない. Gelse de faydası yok. 誓ったとして〜私は信じない. Yemin etse bile inanmam. 君が行って〜彼が行って〜同じこと. İster sen git, ister o gitsin. あなたが行って〜彼に行かせて〜仕事の結果は変わらない. Gerek siz gidin, gerek o gitsin, işin sonu değişmez. こんなに何年〜待っていた. Bunca yıllar bekledim. こちらでは天気が15日〜続いた. Burada havalar 15 gündür iyi idi. 六日〜七日〜職がなかった. Altı gün mü yedi gün mü oluyor aylaktım.

moci もち, 餅 /a./ pirinç keki. §〜は〜屋. Arı bal alacak çiçeği bilir.

mòci もち, 黐 /a./ ökse.

mocì もち, 保ち /a./ 〜がいい dayanıklı, このマントは〜がいい. Bu palto ölmezoğlu.

mociagaru 持ち上がる /ey./ 持ち上がっている kalkık. 上張りの真ん中が持ち上がっている. Kaplamanın ortası kalkık.

mociagerare・ru 持ち上げられる /ey./ kaldırıl-. あの石を持ち上げられないね, とても重いから. Sen o taşı kaldıramazsın, çok ağır.

mociage・ru 持ち上げる /ey./ kaldır-, büyük gör- (bil-, tut-). 荷物を〜 yükü kaldır-.

mociawase 持ち合わせ /a./ 〜の elde hazır. 君は神経の〜がないのか. Sende hiç sinir yok mu?

mocìbuñ 持ち分 /a./ pay.

mocidàsu 持ち出す /ey./ taşı-, götür-, (俗語) kıvır-. 昔のことを〜 eski defterleri karıştır-. 昔のことを事ごとに〜 ısıtıp ısıtıp önüne koy-.

mocihakobè・ru 持ち運べる /ey./ portatif.

mocihakobi 持ち運び /a./ taşıma.

mocihakòbu 持ち運ぶ /ey./ taşı-.

mociìhu モチーフ (Fr. motif) /a./ motif.

mociirarè・ru 用いられる /ey./ kullanıl-. くだらない人が用いられ, すぐれた人が取り残される ayaklar baş, başlar ayak ol-.

mociì・ru 用いる /ey./ kullan-. 策略を〜 dolap çevir- (döndür-), düzen kur-.

mocikabugàisya 持ち株会社 /a./ holding.

mocikomu 持ち込む /ey./ içeri taşı-. こっそり〜 sok-. 密輸品を〜 kaçak eşya sok-. 事を合意に〜 işleri sözleşmeye bağla-.

mocikotaerarè・ru 持ちこたえられる /ey./ dayanabil-. これほど強力であったにもかかわらず, またしても持ちこたえられなかった. Bu kadar güçlü olmasına karşın gene dayanamadı.

mocikotaè・ru 持ちこたえる /ey./ dayan-, ömrü uza-, dayanıklı. この馬はレースによく〜. Bu at koşuya iyi dayanır.

mocikuzùsu 持ち崩す /ey./ 女が身を〜 eteği kirlen-.

mocinaòsu 持ち直す /ey./ 気を〜 kendine gel-.

mocìnusi 持ち主 /a./ sahip, iye. 家の

～ evin iyesi ～のない sahipsiz.
mociroñ もちろん /*be.*/ tabiî, elbette, elbet, haydi haydi, kolay değil, öyle ya. ～おっしゃる通りです. Tabiî, dediğiniz doğru.
mocisàru 持ち去る /*ey.*/ götür-, (隠語) omuzla-. 盗んで～ aşır-.
mociyori 持ち寄り /*a.*/ ～料理 tabldot.
mocizao もちざお /*a.*/ ökse çubuğu.
mocizuki 望月 /*a.*/ dolun ay.
mòcu 持つ /*ey.*/ bulun-, sahip ol-, al-, tut-, var. 家を～ ev aç-. 同じ悩みを～başında ol-. 手に～ al-. 手に持った鉛筆を落とす elindeki kalemi düşür-. …を持っている -e sahip ol-, -e haiz ol-, -e malik ol-, hamil, var. ナイフを持っている bıçaklı. 果樹園を持っている bağlı. おじさんは大きな家を持っている. Dayım büyük bir eve sahip.
mòcu もつ, 保つ /*ey.*/ dayan-, git-. この食糧は私達には一年間～. Bu erzak bize bir yıl gider.
mocurè もつれ /*a.*/ çaparız.
mocurè・ru もつれる /*ey.*/ karış-, Arap saçına dön-, çapraş-, çaprazlaş-, keçeleş-, birbirine gir-, dolaş-. 舌が～ dili dolaş-. 足が～ ayağı dolaş-, topuk çal-. もつれた çapraşık, dolaşık. もつれたさま Arap saçı. ビルギンの長い髪が洗ったあともつれている. Bilgin'in uzun saçları yıkandıktan sonra keçeleşiyor.
mocyuu 喪中 /*a.*/ ～の matemli, yaslı. ～である yaslan-. 彼らは現在～である. Onlar şimdi yaslıdır. このおばはまだ亡くした子の～にいる. Bu teyze, hâlâ yitirdiği çocuğunu yası içinde.
modaezinu もだえ死ぬ /*ey.*/ çatla-.
modañ モダン(İng. modern) /*a.*/ ～な modern, çağcıl, asrî, şık. ～な暮し çağcıl bir yaşam. ～な奥様 şık bir hanım. すごく～な服装の koket, (俗語) tango.
mòderu モデル(İng. model) /*a.*/ model, numune. この子はお父さんの小さい～だ. Bu çocuk babasının küçük bir modeli.
modokasìi もどかしい /*s.*/ 人をもどかしそうに待つ hacı bekler gibi bekle-.
modòru 戻る /*ey.*/ dön-, geri dön-, geri gel-, gerisin geri git-, yerine gel-. ～こと dönme. 手ぶらで～ eli boş dön- (çevir-, geri gel-). 過ぎ去った美しい日々はもう戻らない. Geçen güzel günler bir daha yerine gelmez.
modòsu 戻す /*ey.*/ geri ver-, döndür-, geri çevir-, yerine getir-; kus-. 元に～ iade et-. 元に～こと iade. 船を～ tornistan et-. もどしたもの kusmuk.
moe 燃え /*a.*/ yanma.
moeagasè・ru 燃え上がらせる /*ey.*/ tutuştur-.
moeagàru 燃え上がる /*ey.*/ alevlen-, parla-. ぱっと～ harla-, harlı.
moecùku 燃えつく /*ey.*/ 燃えつきやすい kav gibi.
moedàsu 燃え出す /*ey.*/ ateş al-, tutuş-.
moe・ru 燃える /*ey.*/ yan-, parla-. 紙が～ kâğıtlar yan-. ばりばり～ cayır cayır yan-. ばりばり～音 cayırtı. 怒りに～ gözünü kan bürü-. ～こと yanma. 燃えているもの ateş. どんどん～ harlı. 燃えた yanık. 真っ赤に～炭 kor. ～ような alevli. ～ような色のバラ tutuşmuş gibi gül. 枯れ草がパチパチ～. Kuru ot fısır fısır yanar. ストーブががんがん燃えている. Ocak har har yanıyor. ストーブのまきが～時はパチパチいい音がするな. Sobadaki odunlar yanarken ne güzel çatırdıyor.
moesasi 燃えさし /*a.*/ köz. ～で料理をする közle-.
mogàku もがく /*ey.*/ depren-. 小ネズミは捕まったネズミ取りから逃れるためにもがき続けている. Küçük fare yakalandığı kapandan kurtulmak için deprenip duruyor.

mogè・ru もげる /ey./ kop-. 人形の腕が〜 bebeğin kolu kop-.
mogitate もぎたて /a./ 〜の körpe. 〜のキュウリ körpe hıyar.
mogitorarè・ru もぎ取られる /ey./ kaptır-. 手足を〜 eli ayağı kesil- (tutma-), kolu kanadı kırıl-.
mogitòru もぎ取る /ey./ kap-, kopar-, kanır-. イチジクなどを〜棒 lâle. 木の枝に手を伸ばしてリンゴをもぎ取った. Ağacın dalına uzanıp elmayı koparttım.
mògu もぐ /ey./ kopar-. 果物を〜 meyve kopar-.
mògumogu もぐもぐ /be./ mırıl mırıl. 〜言う mırıldan-.
mogura モグラ /a./ köstebek.
mogurikòmu 潜り込む /ey./ kıvrıl-.
mogùru 潜る /ey./ dal-. 海に〜 denize dal-.
mohañ 模範 /a./ örnek, misal. 〜の örneklik. 〜を示す ders ver-. 〜となる 村 örnek köy.
mòhaya もはや /be./ bir defa.
mòhea モヘア (İng. mohair) /a./ tiftik. 〜の tiftik.
mohoo 模倣 /a./ taklit. 〜する öykün-, benzet-, taklit et-.
mohuku 喪服 /a./ yas (matem) elbisesi.
mokei 模型 /a./ örnek, model, kalıp, maket, numune. 船の〜 gemi kalıbı. 〜の göstermelik.
mòkka 目下 /be./ şimdi. 〜ガソリンの消費はかなり多い. Günümüzde benzin tüketimi oldukça fazla.
mokkiñ 木琴 /a./ ksilofon.
mokko kàcugi もっこかつぎ /a./ sırık hamalı.
mòku 目 /a./ (生物) takım.
mokudoku 黙読 /a./ sessiz okuma. 〜する içinden oku-.
mokugeki 目撃 /a./ 〜する tanık ol-. 〜した証人になる gözüyle gör-.
mokugekìsya 目撃者 /a./ görgü tanığı, tanık, şahit.
mokuheñ 木片 /a./ tahta parçası, kıymık. 〜二つ iki tahta parçası. 〜を刻んでおもちゃを作る tahta parçalarını kerterek oyuncak yap-.
mokuhyoo 目標 /a./ hedef, amaç, nişan, maksat, erek, gaye, meram. 〜にする amaç edin-, amaçla-, hedef al-.
mokumoku 黙々 /be./ sessizce.
mòkumoku もくもく /be./ buram buram, pofur pofur. 〜煙が立つ buram buram duman çık-.
mokuniñ 黙認 /a./ 〜する hoş gör-.
mòkureñ モクレン /a./ manolya.
mokuroku 目録 /a./ liste, fihrist. 詳細な〜 müfredat. 保存品の〜 fihrist.
mokuroku kàado 目録カード /a./ fiş.
mokuromi もくろみ /a./ niyet. 悪事の〜 niyeti bozuk.
mokuròmu もくろむ /ey./ tasarla-.
mokusacu 黙殺 /a./ sükût etme.
Mokusei 木星 /a./ Erendiz, Jüpiter, Müsteri.
mokusei 木製 /a./ 〜の ahşap, ağaç. 〜のくまで atkı. 〜のスプーン ağaç kaşıklar.
mokusoku 目測 /a./ göz kararı.
mokusùru 黙する /ey./ sus-.
mokutàñ 木炭 /a./ kömür, odun kömürü.
mokutañga 木炭画 /a./ 〜の鉛筆 kara kalem.
mokuteki 目的 /a./ amaç, erek, maksat, garaz, gaye, hedef, kasıt, meram. 〜を追求する amaç güt-. 〜を達する kurdunu kır-. 隠れた〜を持つ maksat güt-. 秘密の〜がある ucunda bir şey ol-. 悪事の〜を達することができない ettiği ile kal-. ある〜を持った maksatlı. 〜で üzere.
mokutekigo 目的語 /a./ tümleç, nesne.

mokuyoku 沐浴 /a./ aptes.
mokuyôo 木曜 /a./ perşembe.
mokuyôobi 木曜日 /a./ perşembe.
mokûzai 木材 /a./ odun, kereste, ağaç.
mokuzeñ 目前 /a./ ön. ～の ön, eli kulağında. ～の夏 önümüz yaz. 町を～にして şehrin önlerinde.
mokuzi 目次 /a./ içindekiler, fihrist.
mokuzoo 木造 /a./ ～の salaş. ～の家 ahşap ev.
momeñ 木綿 /a./ pamuk. ～の pamuklu. ～のパジャマ pamuklu kumaştan bir pijama. ～糸 pamuk ipliği, tire.
mòmi もみ /a./ pirinç kabuğu, çeltik. ～を取り去った小麦 dövme.
mòmi モミ /a./ köknar.
momiage もみ上げ /a./ zülüf.
momigara もみ殻 /a./ pirinç kabuğu. ～を吹き飛ばす harman savur-.
momigome もみ米 /a./ çeltik.
momikesarê・ru もみ消される /ey./ örtbas edil-. 罪状がもみ消された. Kabahati örtbas edildi.
momikêsu もみ消す /ey./ örtbas et-, idare et-.
mòminoki モミノキ /a./ köknar.
mòmizi 紅葉 /a./ Japon akça ağaç.
momo モモ, 桃 /a./ şeftali. ～の木 şeftali.
mòmo もも, 腿 /a./ but, uyluk. ～の内側 apış. ～の前面 diz. ～の裏側 alt. ～の付け根 kasık. ニワトリの～ tavuk budu. 走ったので～の付け根が痛くなった. Koşmaktan kasıklarım ağrıdı.
momoiro 桃色 /a./ pembe. ～の pembe. ～のリボン pembe şerit. ～になる pembeleş-. 黄色がかった～ yavru ağzı.
momu もむ /ey./ çitile-. 手でもんで洗う elinde çitileyerek yıka-. 玉ネギを塩で～ soğanı tuzla ez-.
Mònako モナコ /a./ Monako.

mono もの /a./ ～にする fethet-. 必ず～にする tuttuğunu kopar-. 幸運を～にする başına devlet kuşu kon-. 小さい贈り物を買って母の心を～にしてしまった. Küçük bir hediye alarak anasının gönlünü fethetmişti.
monô 物, もの /a./ şey, nesne, madde, matah, var. 便利な～ yarar bir şey. 食べる～ yiyecek. 頭にかぶる～ başlık. 何か黒い～ karaltı. ～を考えている aklından geçir-. ～を言う konuş-. ～が言えない nutku tutul-. あきれて～が言えない hoşafın yağı kesil-, ne dersin! ～が書ける eli kalem tut-. ～の分かった kafalı. できる～か ne haddine. 私はこんな～欲しくはない. Ben böyle şeyleri aramam. あそこの石は誰の～でもない. Şuradaki taşlar kimsenin malı değil. ～は新しいの, 友は古いのがいい. Her şeyin yenisi, dostun eskisi. 書物ほど人を慰める～はない. Kitap kadar insanı avutan bir şey yok. あなたは戦争という～を経験しましたか. Siz savaş mı gördünüz? 本を読まないと何かが欠けているように感じた～だ. Kitap okumasam bir eksiklik duyardım.
§～を言う konuş-, hükmü geç-. 武器が～を言う silâhlar konuş-. 腕力に～を言わせる yumruğuna güven-. 金が～を言う. Paranın yüzü sıcaktır.
monô 者 /a./ adam, kimse. 年上の～より勝っている boynuz kulağı geç-. レスリングで彼にかなう～はない. Güreşte ona çıkacak kimse yok. 私達はこの土地の～です. Biz buranın yerlisiyiz. バラを愛する～はそのとげを我慢する. Gülü seven dikenine katlanır.
monogàtari 物語 /a./ hikâye, masal, öykü. 悲しい～ acıklı hikâye.
monogatàru 物語る /ey./ hikâye et-, naklet-. 衣装が人を～. İnsanı giyim kuşam gösterir.
monogoi 物乞い /a./ ～する avuç

aç-, el aç-.
monogosi 物腰 /a./ 風体〜のおかしい大男 at hırsızı gibi.
monogusa ものぐさ /a./ 〜な ağır canlı, ağır kanlı, kokmuş, üşengeç, üşengen. 〜な男 kokmuş adam.
monohōsi 物干し /a./ 〜のロープが向こう側に届かない. Çamaşır ipi karşı tarafa ulaşmıyor. 〜の綱が切れた. Çamaşır teli koptu. 〜のひもがたるんだ. Çamaşır ipi gevşedi.
monohosige 物欲しげ /a./ 〜にじっと見つめる kedi çiğere bakar gibi bak-.
monokage 物陰 /a./ gölge. 〜に隠れる pus-.
monomane 物まね /a./ mimik. 〜の芸人 meddah.
monomidakài 物見高い /s./ 教養人は物見高くない. Terbiyeli insanlar kimseyi gözetlemez.
monomōrai 物もらい /a./ arpacık, it dirseği.
monoōki 物置 /a./ kiler, ambar, sandık odası.
monookibeya 物置部屋 /a./ sandık odası.
monoōmoi 物思い /a./ dalgınlık, kara sevda. 〜の dalgın, düşünceli, eli şakağında, aygın baygın.
monoōsimi 物惜しみ /a./ hasislik. 〜をする hasis. 〜しない vergili. 〜ないこと cömetlik.
monorēeru モノレール (İng. monorail) /a./ tek raylı demir yol.
monorōogu モノローグ (İng. monologue) /a./ monolog.
monosàsi 物差し, 物指し /a./ cetvel, çizgilik, ölçüt, mikyas, metre.
monosìri 物知り /a./ bilgiç, derya, söz sahibi. 〜の derya gibi, uyanık. この学生は他の学生より一段階〜だ. Bu öğrenci öbüründen bir gömlek daha bilgili.
monosiribūru 物知りぶる /ey./ bil-

gili geçin-. 〜人 bilgili geçinen.
monosìzuka 物静か /a./ 〜な人 sakin adam, ağzı var dili yok.
monosugòi ものすごい /s./ dehşet, fevkalâde, olağanüstü, korkunç. 〜光景 dehşet bir manzara. 〜混雑 korkunç kalabalık. ものすごく olağanüstü, alabildiğine. この冬は〜寒さが襲った. Bu kış fevkalâde soğuk geçti. 外は〜暑さだ. Dışarıda boğucu bir sıcak var. 暴風がものすごく暴れた. Fırtına alabildiğine kudurmuştu.
monotàipu モノタイプ (İng. monotype) /a./ monotip.
monotarinai 物足りない /s./ eksik.
monotarinàsa 物足りなさ /a./ eksiklik.
monotòri 物取り /a./ hırsız.
monouge 物憂げ /a./ 〜な durgun, gevşek, süzgün. 〜に tembel tembel.
monoùi 物憂い /s./ bıkkın, mahmur, aygın baygın. 〜視線 bıkkın bakışlar.
monoùri 物売り /a./ işportacı.
monoùsa もの憂さ /a./ tembellik, ağırlık.
monowàkari 物分かり /a./ 〜がいい söz anla-. 〜がよくなる akıllan-. 〜のよい ayık, varışlı. 〜のよさ varış. とても〜が早い leb demeden leblebiyi anla-. 〜の悪い eşek kafalı, kafasız, yuları eksik.
monowàrai 物笑い /a./ 〜の種 maskara. 世間の〜にならないような頑張り el arı düşman gayreti.
monoyawàraka 物柔らか /a./ 〜な zarif.
mòn 門 /a./ kapı. 庭の〜 bahçe kapısı. 〜があく kapı açıl-. この〜は庭に通じている. Bu kapı bahçeye açılıyor. 〜のところになんでつっ立っているのですか. Kapıda ne dikilip duruyorsun?

moñ 紋 /*a.*/ arma.
moñbañ 門番 /*a.*/ kapıcı, kapı bekçisi.
moñbùsyoo 文部省 /*a.*/ Millî Eğitim Bakanlığı, Maarif Bakanlığı.
moñdai 問題 /*a.*/ konu, dava, mesele, soru, sorun, husus, iş, madde, problem. 別の〜 ayrı mesele. 生死の〜 can pazarı. 数学の〜 matematik problemleri. スポーツの〜 figür. 〜の davalı. 〜の小説 davalı bir roman. …の〜で zeminde. 〜にする mesele yap-. くだらないことを〜にする bir bardak suda fırtına kopar-. 〜にしない metelik verme-, gülüp geç-, geç-. 〜になっている mevzubahis. 〜に迫る mevzua gir-. 〜を起こす mesele çıkar-, iş çıkar-, parmak at-. 〜を大きくする meseleyi büyüt-. 〜の本質が分かる dilinden anla-. これは私の〜だ. Bu bana ait bir konu. 〜はしだいに白熱化した. Mesele gittikçe alevlendi. 〜をさらにこの面から研究してみよう. Konuyu bir de bu cepheden ele alalım. その〜はよそう. O meseleyi geçelim. 私の〜をみんなは取りあげてくれなかった. İşimi görmediler. この〜を今後検討する. Bu maddeyi ileride inceleriz.
moñdàiteñ 問題点 /*a.*/ 〜をあばく sorunu deş-. 難しい〜 düğüm noktası.
moñdàizi 問題児 /*a.*/ problem çocuk.
moñdòo 問答 /*a.*/ diyalog.
moñdori もんどり /*a.*/ takla, taklak. 〜打つ takla at- (kıl-). 車は三回〜打って崖にころがり落ちた. Araba üç takladan sonra uçuruma yuvarlanmış.
moñei 門衛 /*a.*/ kapı bekçisi.
Mòñgoru モンゴル /*a.*/ Moğolistan.
Moñgorugo モンゴル語 /*a.*/ Moğolca.
Moñgorùziñ モンゴル人 /*a.*/ Moğol.

moñkàsei 門下生 /*a.*/ öğrenci, talebe.
moñkiisùpana モンキースパナ (İng. monkey spanner) /*a.*/ kurbağacık.
moñkirigata 紋切り型 /*a.*/ 〜の basma kalıp. 〜の言葉 beylik söz. 浅い〜の知識 komprime.
mòñko 門戸 /*a.*/ kapı. 〜解放 açık kapı.
mòñku 文句 /*a.*/ 〜を言う güçlük çıkar-. 〜を言うべきことはない diyeceği olma- (kalma-). まだ〜があるのか ötesi var mı? ただに〜は言えない. Beleş atın dişine bakılmaz.
moñmoo 文盲 /*a.*/ okumamışlık, okuma yazma bilmeyen. 〜との戦い cehaletle mücadele. 無学〜 cehalet.
moñnasi 文なし /*a.*/ parasızlık. 〜の tıngır, parasız.
moñpe もんぺ /*a.*/ şalvar.
mòñpi 門扉 /*a.*/ kapı. 〜を閉ざす kapıyı kapa-.
mòñsi 門歯 /*a.*/ kesici diş.
moñsùuñ モンスーン (İng. monsoon) /*a.*/ muson.
moñsyoo 紋章 /*a.*/ arma.
moñtei 門弟 /*a.*/ havari, mürit.
moñzeñbàrai 門前払い /*a.*/ 〜にする kapıdan çevir-.
mòñzi 文字 /*a.*/ yazı, harf. → **mòzi.**
-moo 網 şebeke, ağ. テレビ〜 televizyon şebekesi. 鉄道〜 demir yolu ağı.
moo もう /*be.*/ daha, bir daha. 〜一度 bir daha, bir defa daha, yeniden. 〜一つの öbür. 〜少しで az daha, az kaldı, az kalsın, dikiş kaldı. 〜一度言う tekrar et-, yinele-. この家とは別に〜一軒家がある. Bu evden başka bir evi daha var. 〜10分待とう. On dakika daha bekleyelim. 〜少し太ればカッコよくなる. Bir dirhem et bin ayıp örter. 〜すぐ終わる. Çoğu gitti azı kaldı. 分からないから質問を〜一度

mòo

言ってくれないか. Anlayamadım, sorunu yineler misin? すみません～一度言ってください. Efendim? それではなく～一つのペンが欲しい. Onu değil, öbür kalemi istiyorum. ～少しで車が衝突するところだった. Arabanın çarpmasına bir bıçak sırtı kadar aralık vardı.

mòo もう /be./ artık, şimdi, şimdiden, derhal, (俗語) gayrı. ～二度と bir daha. ～我慢できなくなる bıçak kemiğe dayan-. 地面に水は～たくさんだ toprak suya doy-. ～行くのですか ateş almaya mı geldin? ～すんだ atladı gitti genç Osman. 今ここにいたかと思うと～あちらに çat orda çat burda çat kapı arkasında. ～雨は降らない. Artık yağmur yağmaz. ～行こう. Artık gidelim. では～これはだめか. E, şimdi bu olmayacak mı? 彼とは～長いこと会っていない. Onu çoktandır görmüyorum. ～いい. Geç! Geç efendim!

mòo モー /be./ ～と鳴く öğür-.

mòocyoo 盲腸 /a./ kör bağırsak.

moocyòoeñ 盲腸炎 /a./ apandisit.

moodè・ru 詣でる /ey./ tapın-.

mòodo モード (Fr. mode) /a./ moda, model. ～の神様 moda ilâhı. 有名なドレスメーカーが次々と新しい～を作り出している. Ünlü terzi sürekli yeni modeller yaratıyor.

moogeñ 妄言 /a./ boş laf.

moohacu 毛髪 /a./ saç.

mòohu 毛布 /a./ battaniye, fanila, yün yorgan. 軍隊の～ beylik. ～をかぶる battaniye örtün-.

mookàru もうかる /ey./ baş bul-, paralan-, gel-, kazançlı, kârlı. ～商売 altın bilezik. もうからない kesesine bir şey girme-, işi bozul-. 賃貸料で毎月千リラ～. Kiradan her ay bin lira geliyor.

mookè もうけ /a./ kazanç, kâr, çıkar, menfaat, hâsılat. ～のある kazançlı, kârlı, tıngırı yolunda. ～を保障する組織 yağlı kapı.

mookeñ 猛犬 /a./ 隣に～がいる. Komşumuzun azılı bir köpeği var.

mookè・ru もうける /ey./ kazan-, kâr et-, nasibini al-. 金を～ para kazan-. 大金を～ para kes-, para kır-, cebini doldur-. かなり～ paraya pul deme-. 不正に金を～ derisini soy-. 働かずに金を～ açıktan para kazan-. 少し～ beş on kuruş çıkar-. どさくさぎれに～ bulanık suda balık avla-. なんとかしてもうけようとする sinekten yağ çıkar-. もうけそこなう partiyi kaybet-. もうけている人 altın yumurtlayan tavuk. ガミガミ言って～人 cafcaf.

mookè・ru 設ける /ey./ kur-, tesis et-.

mookesasè・ru もうけさせる /ey./ kazandır-. もうけさせてくれる客 yağlı müşteri.

mooke sigoto もうけ仕事 /a./ いい～がある. Bileğinde altın bileziği var.

mòomaku 網膜 /a./ ağ tabaka.

moomoku 盲目 /a./ kör, göz karası. ～の kör, âmâ. ～の恋 kör tütük âşık. ～になる gözü görme-, gözü sön-.

moomokuteki 盲目的 /a./ ～行為 körlük.

moorecu 猛烈 /a./ ～な şiddetli, sert. ～なスタートをする çıkış et-.

Moorità̀nia モーリタニア /a./ Moritanya.

mòoroku もうろく /a./ bunaklık, bunama. ～する buna-, beyni sulan-. ～した bunak. ～じじい (隠語) moruk.

mòoru モール (Hol. moor) /a./ kordon.

Moorusu hùgoo モールス符号 /a./ Mors alfabesi.

Moorusu siñgoo モールス信号 /a./ Mors alfabesi.

Moorusu siñgòoki モールス信号機 /a./ Mors.
moosaikañ 毛細管 /a./ kılcal boru.
moosaikèkkañ 毛細血管 /a./ kılcal damar.
moosiagè•ru 申し上げる /ey./ arz et-. お悔み申し上げます başınız sağ olsun.
moosiawase 申し合わせ /a./ sözleşme. ～をする sözleş-.
moosiawasè•ru 申し合わせる /ey./ sözleş-, perileri bağdaş-.
moosibuñ 申し分 /a./ ～のない mükemmel, tatminkâr.
mooside 申し出 /a./ teklif.
moosidè•ru 申し出る /ey./ baş vur-, teklif et-, müracaat et-, öne sür-.
moosiide 申しいで /a./ teklif.
moosiirè•ru 申し入れる /ey./ öner-, teklif et-.
moosikomi 申し込み /a./ başvuru, müracaat, teklif. 試験を受けるための～が認められた. Sınavlara girmek için yaptığım başvuru onaylandı.
moosikomisya 申し込み者 /a./ müracaatçı.
moosikomisyo 申し込み書 /a./ başvuru kâğıdı, yazılı müracaat.
moosikòmu 申し込む /ey./ başvur-, müracaat et-, yüz vur-.
moosiñ 妄信 /a./ körü körüne inanma.
moositate 申し立て /a./ 異議～ protesto.
moositatè•ru 申し立てる /ey./ açıkla-.
moosiwake 申し訳 /a./ mazeret. ～ない pişman, affedersiniz. ～ないと思う pişman ol-. ～ありませんと言う özür dile-. ～ありませんが (俗語) edeptir söylemesi. 君に心配かけて～ない. Seni üzdüğüme çok pişmanım.
moosoo 妄想 /a./ hayal, fantezi, kuruntu. ～に取りつかれる vehime kapıl- (düş-).
mòosu 申す /ey./ söyle-. その何と申しましょうか efendime söyleyeyim.
mòotaa モーター (İng. motor) /a./ motor. ～の働き motorun işlemesi. ～の電流を通す kontağı aç-. ～が動かなくなる tekle-. ～は正常に動いている. Motor çalışıyor. ～が一・二回ウーウー言って止まった. Motor bir iki homurdanıp durdu.
mootaa bòoto モーターボート (İng. motorboat) /a./ motor.
mootaacuki モーター付き /a./ ～の motorlu.
mòoteñ 盲点 /a./ kör nokta.
mòoteru モーテル (İng. motel) /a./ motel.
Mòoze モーゼ /a./ Musa.
moozeñ 猛然 /a./ ～と canavar gibi.
mooziki もうじき /be./ nerede ise. ～だ eli kulağında. ～三年になる. Nerede ise üç yıl olacak.
mooziñ 盲人 /a./ kör, kör adam, görmez.
mòozya 亡者 /a./ köle. 金の～ paranın kölesi, para canlısı.
moozyoo sòsiki 網状組織 /a./ şebeke.
moozyuu 猛獣 /a./ canavar, yırtıcı hayvanlar.
moozyuu 盲従 /a./ körü körüne itaat.
moppara もっぱら, 専ら /be./ başlıca, çok defa, yalnız.
moppu モップ (İng. mop) /a./ silgi.
morae•ru もらえる /ey./ 言うことを聞いて～ dinlen-. かまってもらえない açıkta kal- (ol-). 私の言うことが聞いてもらえた. Sözüm dinlendi.
moraigo もらい子 /a./ evlâtlık.
morare•ru 盛られる /ey./ 毒を～ zehirlen-.
moràsu 漏らす /ey./ kaçır-, sızdır-, açığa çıkar-, açığa vur-, yay-. ポタポタ～ damlat-. パンツに大小便を～

donuna et- (kaçır-, yap-, doldur-). 秘密を〜 dile ver-, ifşa et-, yumurtala-. 秘密を〜こと boşboğazlık. 世間に全く漏らさなかった. Ortalığa hiç bir şey sızdırmadı.

morau もらう /ey./ al-, elde et-, veril-. 医者にみて〜 doktora başvur-, (口語) bakın-. 〜時にはにこにこし, 出す時にはしぶる人. Alacağına şahin vereceğine karga.

morè 漏れ /a./ kaçak, sızıntı.

morè·ru 漏れる /ey./ ak-, sız-, sızıntı ol-, süzül-, kaç-. 管から水が〜 borudan su kaç-. 船に水が漏れて入る su al-. 秘密が〜 kokusu çık-. 外部へあることが〜 dışarıya bir şey sız-. 〜こと kaçak, sızıntı. 漏れた液体 sızıntı. かめから水が〜. Küpten su sızıyor. ガスストーブが漏れている. Hava gazı ocağında kaçak var.

mori 森 /a./ orman. 小さな〜 koru. 〜の中の空き地 alan. 〜のような所 ormanlık. 〜の渓流がゴーゴーと流れている. Ormanda dere gürüldeyerek akıyor. この地方に新しい〜が生い茂った. Bu alanda yeni bir orman fışkırdı.

mori もり, 銛 /a./ zıpkın. 〜は先が三本ある. Zıpkının üç çatalı var.

mòri 守り /a./ 子供をお〜する çocukları bekle-.

morî 漏り /a./ kaçık, sızıntı.

moriagàru 盛り上がる /ey./ 盛り上がっている kalkık. 余興がまさに盛り上がったころ eğlence tam kıvamını bulmuşken.

moricukè·ru 盛りつける /ey./ kotar-.

moroha もろ刃 /a./ çift taraflı kesici. 〜の剣のように裏表使い分ける人 Acem kılıcı gibi.

moròi もろい /s./ gevrek, kolay kırılır, zayıf, zayıf nahif, dayanıksız, çıtkırıldım, kurabiye gibi. 〜石 gevrek taş. 〜建物 zayıf bir yapı. 薄くて〜 yufka. 情に〜子 içli çocuk. 乾いてもろくなる gevre-.

Mòrokko モロッコ /a./ Fas.

Morokkogawa モロッコ皮 /a./ sahtiyan.

Morokkosañ モロッコ産 /a./ 〜のヤギ皮 maroken.

Morokkòziñ モロッコ人 /a./ Faslı.

morote もろ手 /a./ her iki el.

morotomo もろとも /a./ 〜に birlikte.

moru 盛る /ey./ koy-, doldur-. 毒を〜 ağıla-, zehirle-.

mòru 漏る /ey./ sız-, ak-. バケツが〜 kova ak-. ポタポタ〜 damla-. 蛇口が漏っている. Musluk damlıyor.

moruhine モルヒネ (Hol. morfine) /a./ morfin.

morumòtto モルモット /a./ kobay.

morutaru モルタル (İng. mortar) /a./ sıva.

Moruzibu モルジブ /a./ Maldiv.

mòsi もし /be./ eğer. 〜…ならば faraza, -diği takdirde. 〜…でないなら meğerki, yok. 〜天気がよければ見物に行く. Eğer hava güzel olursa, gezmeye çıkarız. 五時までに来ればよし, 〜来なければ待たずに行ってしまうよ. Saat 5'e kadar gelirlere, ne âlâ, yok gelmediler, beklemem giderim.

mòsi もし /ün./ oğlum! bana bak!

mòsikasite もしかして /be./ şayet, eğer. 〜来ないつもりなら知らせてください. Şayet gelmeyecek olursanız bildirin.

mòsikasuruto もしかすると /be./ bakarsın, yoksa. 友達は今日も来なかった, 〜病気かしら. Arkadaş bu gün de gelmedi, yoksa hasta mı?

mòsikuwa もしくは /be./ veya, veyahut. 高校〜それと同等の学校 liseler ve muadili okullar.

mòsimo もしも /be./ eğer.

mòsimosi もしもし /ün./ alo. 〜どちら

mosu 燃す /ey./ yak-. 落ち葉を〜düşen yaprakları yak-.
mòsuku モスク(İng. mosque) /a./ cami. 〜の管理人 kayyım. 〜を中心とした教育機関 külliye.
Mosukuwa モスクワ /a./ Moskova.
mosuriñ モスリン(İng. muslin) /a./ muslin. 〜の muslin. 薄手の〜 organze.
mosuso もすそ /a./ 花嫁衣装の〜 gelin duvağının kuyruğu.
mòsya 模写 /a./ kopya. 絵の〜 tablonun kopyası. 〜する kopya et-, kopyasını çıkar-.
mòsyu 喪主 /a./ yas düzenleyen kişi.
motagè・ru もたげる /ey./ kaldır-. 頭をそっと〜 başını usulcacık kaldır-.
motarasarè・ru もたらされる /ey./ getiril-.
motarảsu もたらす /ey./ getir-, doğur-, kazandır-, sağla-, vücuda getir-. 水不足が続くと飢きんを〜. Susuzluk devam ederse kıtlık getirir. ボイコットの延長は悪い結果をもたらし得る. Boykotun uzaması kötü sonuçlar doğurabilir. 新しい年があなたに幸を〜ことを祈ります. Yeni yılın size mutluluklar getirmesini dilerim.
motarè・ru もたれる /ey./ daya-, dayan-, aban-, yasla-, yaslan-, yüklen-. 木に〜 ağaca dayan-. 壁に〜 duvara yüklen-. 胃に〜 mideye otur-. オクタイは両ひじを机にもたれて本を読んでいる. Oktay dirseklerini masaya yaslamış kitap okuyor.
motasekakè・ru もたせ掛ける /ey./ daya-, yasla-. 背中をひじ掛けいすに〜 sırtını koltuğa daya-. 息子の広い胸に頭をもたせ掛けてむせび泣いていた. Oğlunun geniş göğsüne başını yaslamış hıçkırıyordu.
motasè・ru もたせる /ey./ dayandır-.

moteasòbu もてあそぶ /ey./ 人の心を〜 gönlü ile oyna-.
motenasi もてなし /a./ iyi karşılama, ağırlama. 親切な〜 misafirperverlik. 〜のよい misafirperver. 〜のじょうずな konuksever. トルコ人は〜のじょうずな人々だ. Türkler konuksever insanlardır.
motenảsu もてなす /ey./ ağırla-, hoş tut-. konukla-. 客を〜 misafir ağırla-. コーヒーで〜 kahve ile ağırla-. 大いに〜 baş üstünde tut-. 仕事を放り出して人を〜 lala paşa eğlendir-. 非常に尊敬してもてなしようがない yere göğe koyama-. いつも親切に〜 kapısı açık. 客を〜ことは主婦にかかる. Misafirleri ağırlamak ev hanımına düşer.
motè・ru 持てる /ey./ taşın-. 持てない taşınmaz. 〜だけ持って行く yükünü al-. 〜者は強い. Mühür kimde ise Süleyman odur.
mòto 元 /a./ 〜の eski, önceki. 〜の社長 eski müdür.
motò 元 /a./ asıl, esas, ilke, töz, baş, kaynak, kök, köken, menşe, çekirdek; ana. 〜の asal, iptidaî. 〜は aslen. 〜に戻す iade et-. 〜のままにしておく istifini bozma-. 〜から断つ suyu başından kes-. 紛争の〜をつくる belâyı ara-. 〜に比してごく少ない denizden bir avuç su gibi. 口が災いの〜になる dilinin belâsını çek- (bul-). 〜を取る parasını çıkar-, acısını çıkar-. 〜も子もなくす bir çuval inciri berbat et-. 成功の〜は努力だ. Başarının başı çalışmaktır.
motò 基 /a./ esas, temel. 一門の〜を開く ocak aç- (yap-).
motò 本 /a./ gövde.
motò 下 /a./ altı.
motò もと, 素 /a./ maya.
motocyoo 元帳 /a./ ana defter, defteri kebir.
motode 元手 /a./ sermaye, kapital.

motodôori 元どおり /a./ ～に harf be harf.
motôi 基 /a./ esas, temel. ～を築く temel at-. ～のないものは信用できない. Eğreti kuyruk tez kopar.
motokiñ 元金 /a./ ana akçe. ～分の賞金 amorti.
motomê 求め /a./ ihtiyaç. ～に応じる ihtiyaca cevap ver-.
motomerarê·ru 求められる /ey./ aran-, itibar gör-.
motomê·ru 求める /ey./ ara-, iste-, rica et-; satın al-. 助けを～ eteğine yapış-. 援助を～ baş vur-. 災難を～ canına susa-. 強く～ susa-. うるさく～（口語）balta ol-. 求めていたものを見つける tam üstüne bas-. …を求めて peşinde. 求めよさらば与えられん. Ağlamayan çocuğa meme vermezler.
motomoto もともと, 元々 /be./ esasen, zaten, zati, bir kere. ～の asıl, aslî. これがこういう結果になることは～分かっていた. Bu işin bu sonuca varacağını esasen biliyordum.
motozùku 基づく /ey./ dayan-. 一定の法則に～ esasa bağla-.
mottaibùru もったいぶる /ey./ (kendini) naza çek-, naz et-, nazla-, horozlan-, kendini dirhem dirhem sat-, kurumlan-. ～こと naz, (古語) yordam.
mottainài もったいない /s./ günah. ～けれど Allah eksikliğini göstermesin.
motteiku 持って行く /ey./ götür-, ilet-, naklet-, al-. 手紙を～ mektup götür-. 行くのならあれも持って行け. Hazır gidiyorsun, onu da götür.
mottekosasê·ru 持って来させる /ey./ getirt-. 強引に～ ayağına getir-.
mottekùru 持って来る /ey./ getir-, götür-. 一緒に～ birlikte getir-. あなたに本を持って来ました. Size kitap getirdim. 村人がホジャにウサギを一匹～. Bir köylü hocaya bir tavşan götürür.
mòtto もっと /be./ daha, daha çok. ～悪い beter. ～悪いことに daha kötüsü. ～努力が必要だ (bir) fırın ekmek yemesi lâzım. これはそれより～美しい. Bu ondan daha güzel.
mottòmo もっとも, 最も /be./ en, en ziyade, son derecede. ～よい en iyi, ekstra ekstra. ～悪い en kötü, beterin beteri. ～多く en çok. 私が～好きな人 en sevdiğim kimse. 現代の～重要な事件 devrimizin en önemli olayı.
mottòmona もっともな /s./ akıllıca, makul, doğru.
mòttoo モットー(İng. motto) /a./ parola.
mòya もや /a./ pus, duman. ～がかかる pus-. ～のかかった puslu, pusarık.
moyaizuna もやい綱 /a./ palamar.
mòyamoya もやもや /be./ ～した dumanlı.
moyasu 燃やす /ey./ yak-, kül et-, tutuştur-. 暖炉を～ ocağı yak-. 情熱を～ yanıp tutuş-.
moyoo 模様 /a./ resim, desen, motif.
moyoooori 模様織り /a./ emprime. ～の emprime.
moyoosasê·ru 催させる /ey./ 吐き気を～ mide bulandır-.
moyoosi 催し /a./ toplantı. 楽しい～ eğlence.
moyoòsu 催す /ey./ düzenle-; hisset-. 会を～ toplantı düzenle-. 吐き気を～ midesi bulan-. 大便を～ büyük aptesi gel-. 眠気を～ uykusu gel-. 涙を～ göz yaşartıcı.
moyori 最寄り /a./ ～の駅 en yakın istasyon.
mozàiku モザイク(İng. mosaic) /a./ mozaik. ～の mozaik.
mozaikù isi モザイク石 /a./ mozaik. ～の mozaik.

mozaiku mòyoo モザイク模様 /a./ mozaik. ～の mozaik.
Mozañbìiku モザンビーク /a./ Mozambik.
mòzi 文字 /a./ harf, yazı,（古語）hurufat. アラビア～ Arap yazısı. ～の書き方 yazış. ～を書く yazı yaz-. 校正用の欄外の～ çıkıntı. トルコ語のアルファベットは29～ある. Türk alfabesinde yirmi dokuz harf vardır.
mozibañ 文字盤 /a./ kadran, şablon. 時計の～ mine.
mozidòori 文字通り /a./ ～に aynıyla, aynen, harfi harfine, kelimenin tam manasıyla.
mozi kàikaku 文字改革 /a./ yazı devrimi.
mòzimozi もじもじ /be./ ～する ezilip büzül-.
mozoo 模造 /a./ taklit. ～の yalancı, yapma, taklit, göstermelik, sahte. ～ダイヤ yalancı elmas. ～羊皮紙 parşömen kâğıdı. ～する taklit et-, örneğini çıkar-.
mozoohiñ 模造品 /a./ taklit, örnek. ～の taklit. ～を作る taklidini yap-.
mu- 無 -siz, adem, gayri.
mù 無 /a./ yok, gaybubet, hava. ～に等しいもの hiç. ～に帰せしめる hiçe indir-. すべての努力が～になった sıfıra sıfır, elde var sıfır.
muboo 無謀 /a./ delilik. ～な hesapsız, atak.
mubòobi 無防備 /a./ ～な müdafaasız, kapı baca açık. ～都市 açık şehir.
muccù 六つ /a./ altı. ～の子 altı yaşında bir çocuk. ～ずつ altışar. ～ずつの altışar. 鋲が～ついた登山靴 altı çivili dağcı ayakkabısı.
mùci むち /a./ kırbaç, kamçı, değnek. ～で打つ kırbaçla-, kamçıla-, kamçı çal-. ～で調教される kırbaçla eğitil-. ～の一打ち dayak. 愛の～.

Dayak cennetten çıkmış. Tabak sevdiği deriyi taştan taşa çalar.
mùci 無知 /a./ bilgisizlik, bilmezlik, cahillik, cehalet, kofluk, kuru kafa, tüm cahil. ～の okumamış, bilgisiz, cahil, kof, boş kafalı, bîhaber. まったく～の kara cahil. ～無学のまま年をとる sakalı değirmende ağart-. ～だ elifi görse mertek (direk) sanır.
mùci 無恥 /a./ utanmazlık, arsızlık. 厚顔～ utanmazlık, arsızlık.
mucìcuzyo 無秩序 /a./ düzensizlik, kargaşalık, karışıklık. ～な düzensiz, gayri muntazam, rabıtasız, tertipsiz. ～な所 çarşamba pazarı gibi.
muciuci むち打ち /a./ değnek.
mùciucu むち打つ /ey./ kırbaçla-, kamçıla-, kamçı çal-, (隠語) ıslat-.
mucukasìi 難しい /s./ → **muzukasìi**.
mucuukakusyoo 無痛覚症 /a./ acı yitimi.
mùcya むちゃ /a./ ～な düşüncesiz, anlayışsız, hırs. ～なことをする人（俗語）kafadan kontak.
mucyuu 夢中 /a./ ～になる bayıl-, aklını boz-, âşık ol-, meram et-, kendini kaptır-. 恋に～になる zebunu ol-. 政治に～になる politika ile boz-. すっかり～になる deli divane ol-. ～の âşık, müptela, tutkun, bağlı, deli. 恋に～の yangın. ばくちに～の kumara müptela. その仕事に～だ mesleğine âşık. 子供に～の母親 çocuklarına düşkün bir anne. 隣の娘に～だ komşumuzun kızına tutkun. ～に pir aşkına. 人を～に愛する ayılıp bayıl-. あなたはこの子に～になっている. Siz bu çocuğa çok düştünüz. 映画に～になっている. Kendini filme kaptırmış.
muda 無駄 /a./（な）～な boş, yararsız, abes, beyhude, nafile, sudan, ziyankâr, havaî. ～な苦労 nafile zahmet. ～な努力をする

mudaasi

akıntıya kürek çek-, buz üstüne yazı yaz-, kalburla su taşı-. 〜なことをする körler mahallesinde ayna sat-. 〜なところに使う havaya savur-. 〜なおしゃべりをする çene yor-.（に）〜に boşuna, boş yere, boku bokuna, havaya, hiçten, kuru kuruya, beyhude yere, pisi pisine, yoğuna. まったく〜に boşu boşuna. 〜になる boşa git-, cılk çık-, havaya git-, heba ol-, heder ol-, tuz buz ol-,（口語）güme git-. 〜にする heba et-,（隠語）ek-. 〜に使う yele ver-. 〜に使われる gâvur ol-,（俗語）ziyan zebil ol-. 〜に時を過ごす abesle uğraş- (iştigal et-),（隠語）film çevir-, havyar kes-. 〜だ para etme-.（文）これまでの苦労も金も〜になってしまった. Bu kadar emek ve para havaya gitti. 〜な言い訳はよせ. Boşuna estek köstek etme. どれほど頑張っても〜だ. Ne denli uğraşsanız boştur.

mudaasi 無駄足 /a./ gelgit.

mudabànasi 無駄話 /a./ gevezelik, laklakıyat, laf, kurt masalı, boşboğazlık. 〜をする（口語）kaynat-. 〜であきあきさせる（隠語）tıraşa tut-.

mudabone 無駄骨 /a./ sağdıç emeği. 〜を折る hamallığını et-, havaya pala (kılıç) salla-, havanda su döv-, sinekten yağ çıkar-.

mudaguci 無駄口 /a./ kuru söz, laklakıyat, lakırdı. 〜をたたく. Leyleğin ömrü laklakla geçer. やつの言うことは〜ばかりだ. Söyledikleri laftan ibaret.

mudamesigui 無駄飯食い /a./ 〜をする（隠語）ense yap-.

mudañ 無断 /a./ 〜で izinsiz, izin almadan. 〜外出禁止. İzinsiz dışarı çıkılmaz.

mudazùkai 無駄遣い /a./ çarçur, israf. 〜をする israf et-, gâvur et-, sokağa dök-, suya sal-, ziyan et-, savur-. 〜をする人 dipsiz testi. 〜をされる ziyan ol-. 〜の savurgan, tutumsuz. 〜の必要はない çarçura lüzum yok.

mùdoku 無毒 /a./ 〜の zehirsiz.

mùeki 無益 /a./ akamet. 〜な faydasız, elverişsiz, akim, hayırsız, beyhude, neticesiz, nafile. 〜な行為 yaramazlık. 〜に boşuna, lüzumsuz yere, yok yere, pisi pisine. 〜にこんな大金を使ってしまった. Hiçten bu kadar masrafa girdim.

mùgai 無害 /a./ 〜の zararsız.

mugàisya 無蓋車 /a./ açık taşıt.

mùgaku 無学 /a./ bilgisizlik, cahillik, cehalet. 〜な cahil, bilgisiz. 〜な男 cahil adam. 無知〜なまま年をとる sakalı değirmende ağart-. 〜な人から反発を受けるような行為をする çirkefe taş at-, çirkefi üzerine sıçrat-.

mùgamucyuu 無我夢中 /a./ cezbe.

mugeñ 無限 /a./ sonrasızlık, sonsuzluk, bengilik. 〜の sonsuz, sınırsız, bitimsiz, nihayetsiz.

mùgi ムギ, 麦 /a./ buğday, arpa. 〜の置き場 arpalık. ふるいで〜をふるう buğdayı çalka-.

mugibàtake 麦畑 /a./ arpalık, buğday (arpa) tarlası.

mugiwara 麦わら /a./ saman.

mugoñ 無言 /a./ sükût. 〜の sessiz, susmuş. 〜でじっと put gibi. 〜でじっとしている put kesil-.

mugòñgeki 無言劇 /a./ pandomima.

mùhoñ 謀反 /a./ baş kaldırma, ayaklanma, karşı gelme, isyan. 〜を起こす karşı gel-. 〜を鎮圧する isyanı bastır-.

muhoo 無法 /a./ 〜な kanun dışı. 〜状態 yasasızlık.

muhùñbecu 無分別 /a./ 〜な patavatsız, söz anlamaz. 〜にしゃべる delidolu.

mùi 無為 /a./ ～の atıl.
muicìmoñ 無一文 /a./ ～の（隠語） kokoz. ～になる kuru tahtada kal-. ～で荒れ放題 ne od var, ne ocak. ～だ. Fare düşse başı yarılır.
muika 六日 /a./ ayın altısı, altı gün.
muìmi 無意味 /a./ ～な anlamsız, sudan, yersiz.
muìsiki 無意識 /a./ bilinç dışı. ～の bilinçsiz, otomatik. ～に bilmeyerek, bilinçsizce.
mukàci 無価値 /a./ hiçlik. ～の değersiz, kof.
mukacuki むかつき /a./ bulantı.
mukacuku むかつく /ey./ midesi bulan-, midesi ağzına gel-, kayna-. むかついてゲーと言う öğür-.
mukade ムカデ /a./ çıyan, kırkayak.
mukae 迎え /a./ ～に行く karşı çık- (git-).
mukae・ru 迎える /ey./ karşıla-. 客を～ misafir karşıla-. 暖かく人を～ kollarını aç-. 客に～ konuk et-. 好意で～こと hüsnükabul.
mukai 向かい /a./ karşı, (俗語) yamaç. ～の karşı. ～の家 karşı ev. ～の山を見ながら道をとって来ました. Karşıki tepeye bakarak yolu doğrultup geldim.
mukaiàu 向かい合う /ey./ yüzleş-, yüz yüze gel-. 向かい合った karşılıklı. 向かい合った窓 karşılıklı pencereler. 向かい合って karşı karşıya.
mukaigawa 向かい側 /a./ karşı. 門の～ kapının karşısı.
mùkamuka むかむか /be./ ～する safrası kabar-. 胃が～する midesi bulan-, içi dışına çık-, içi kabul etme-.
mukàñdoo 無感動 /a./ ～な miskin. ～な人 bez bebek.
mukàñkaku 無感覚 /a./ ～になる kanıksa-.
mukàñkei 無関係 /a./ ～の ipi sapı yok. 互いに～の birbirini tutmaz. 世間と～になる dünyasından geç-.
mukàñsiñ 無関心 /a./ ilgisizlik, aldırmazlık, isteksizlik, kayıtsızlık. ～な ilgisiz, aldırmaz, tarafsız, bîgâne, lâkayt. ～になる kanıksa-. ～だ kayıtsız kal-.
mukare・ru むかれる /ey./ soyul-.
mukase・ru 向かせる /ey./ döndür-.
mukasi 昔 /a./ eskiden, vaktiyle, eski zamanlarda, vakti zamanında, evvelleri, evvelce, günlerden bir gün. ～の eski, sabık. ～の習慣 eski âdetler. ～の恋人 eskiler. ～の人 eskiler. ～のように eskisi gibi, eskisi kadar. ～の事を持ち出す eski defterleri karıştır-, ısıtıp ısıtıp önüne koy-. ～から eskiden beri, öteden beri, bildim bileli, çoktan, çoktandır. ～からの ezelî, kırk yıllık. 遠い～からあるもの Hazreti Nuh'tan kalma. ずっと～ çoktan, çoktandır. ～～. Bir varmış, bir yokmuş. Evvel zaman içinde kalbur saman içinde. ～男はひと言で妻を離縁できた. Eskiden erkekler bir tek sözle karılarını bırakabilirlerdi. ～とは違う. Eski çamlar bardak oldu. ～のまま. Eski hamam eski tas.
mukasibànasi 昔話 /a./ masal.
mukau 向う /ey./ dön-, yönel-, vur-, yürü-, teveccüh et-, doğrul-. ある所へ～ yollan-. ある方向へ～ yüz tut-. 進んで事に～ yumul-. 向かって doğru, karşı, hitaben. 向かっている dönük. 私に向かって bana hitaben. 海に向かってすわる denize karşı otur-. 車は森に向かった. Araba ormana yöneldi. 群れが牧草地へ向かった. Sürü çayırlığa vurdu.
mukawase・ru 向かわせる /ey./ 心を～ bağla-. 青年を民主主義に～ gençliği demokrasi ilkelerine bağla-.
mukecu kàkumei 無血革命 /a./ kansız bir devrim.

mukêikaku 無計画 /a./ ～な hesapsız.
mukêikeñ 無経験 /a./ görgüsüzlük. ～の görgüsüz, görmemiş.
mukerare・ru 向けられる /ey./ yöneltil-.
muke・ru 向ける /ey./ yönelt-, atfet-, doğrult-. 背を～ arkasını çevir-, arka çevir-. 左に～ sola dön-. 船をある方向に～ baş tut-. 船を波の来る方向へ～ dalgayı başa al-. 注意を誰かに～ nazarlarını birine atfet-. 向けているdönük. 背中を向けている子供 arkası dönük çocuk. 武器を敵の方へ向けた. Silâhını düşmana doğrulttu. 視線を彼に向けた. Bakışlarını ona yöneltti.
muke・ru むける /ey./ soyul-, yerinden ayrıl-. 顔の皮がむけた. Yüzünün derisi kalktı.
mùki 向き /a./ yön, doğrultu. ～を変える çevir-. ～を変えること dönme. ～を変えられる çevril-.
mùki むき /a./ すぐ～になる pirinci su kaldırma-.
mùki 無期 /a./ ～の süresiz.
mukiàu 向き合う /ey./ yüzleş-, yüze gel-.
mukìbucu 無機物 /a./ mineral. ～の mineral.
mukidasi むき出し /a./ çıplaklık. ～の çıplak, açık, kuru, yalın, yalıncak. 完全に～の çırçıplak, çırılçıplak.
mukidàsu むき出す /ey./ 歯を～ diş göster-.
mukìgeñ 無期限 /a./ ～の süresiz. ～休業 süresiz tatil.
mukimei tòohyoo 無記名投票 /a./ gizli oy.
mukìryoku 無気力 /a./ gevşeklik, halsizlik, isteksizlik, kesiklik, rehavet, zafiyet. ～な kansız cansız.
mùkizu 無傷 /a./ ～の sağlam. ～で助かる burnu kanama-.
mùko 婿 /a./ güvey, damat. ～に入る iç güvey gir-. お～さん damat. 嫁の家と～の家がとてもうまくいっている. Gelinin ailesi ile damadın ailesi pek iyi bağdaşıyorlar.
mukoiri 婿入り /a./ ～をする iç güvey gir-.
mukòkuseki 無国籍 /a./ ～の tabiiyetsiz, uyruksuz.
mukoo 無効 /a./ ～の battal, geçersiz, hükümsüz, kuvvetsiz, tesirsiz. ～になる hükmü geç-. ～にする battal et-, hükümsüz kıl-, çel-. ～にすること iptal. この法律は～である. Bu yasa geçersizdir.
mukòo 向こう /a./ öte, ora, şura, arka, art. ～の öte, öteki, arka, art, aşırı, alt, üst. 道の～ yolun ötesi. 海の～の denizaşırı. 海の～の国々 denizaşırı ülkeler. へいの～の隅 duvarın alt köşesi. 一軒おいて～に bir ev aşırı. 一人はこっちへ行き、一人は～へ. Biri bu yana gitti, biri öte yana.
mukoogawa 向こう側 /a./ öte, öte yaka. 山の～ dağın arkası. ～へ渡る前に右左をよく見る. Karşıya geçmeden önce sağımı solumu kolluyorum.
mukoogisi 向こう岸 /a./ öte yaka, karşı kıyı.
mukòomizu 向こう見ず /a./ cüret. ～な cüretkâr, delice. ～な人 kabadayı. ～なふるまい delilik. ～なふるまいをする cüret et-, cüretlen-. ～に ulu orta, gözü kapalı, körü körüne.
mukoozune 向こうずね /a./ incik.
mukoyòosi 婿養子 /a./ iç güvey.
muku 向く /ey./ dön-, çevir-, uy-. 右を～ sağa dön-. 向いている cepheli, eli yordamlı. うしろを向いている çevrili. 家が日に向いている. Ev güneş görüyor.
muku むく /ey./ soy-, sıyır-, derisini yüz-. 皮を～ derisini soy-. ジャガイモの皮を～ potatesleri soy-. むいた皮

soyuntu. 目を〜 gözünü ağart-.
mùku 無垢 /a./ 〜な ar, som.
mùkuci 無口 /a./ 〜の suskun, sessiz, durgun. シュレは〜で内気な娘だ. Şule az konuşan, içe dönük bir kızdır.
mukuge むく毛 /a./ tüy.
mukùi 報い /a./ mukabele. 〜を受ける acısını çek-. 当然の〜を受ける boyunun ölçüsünü al-, cezasını bul-, hak et-, hakkı kazan-, lâyığını bul-. 悪事の〜を受ける ettiğini bul-(çek-). いい目をした〜を受ける fitil fitil burnundan gel-. 罪の〜を受けない ettiği yanına (kâr) kal-. 悪の〜は必ずある. Geleceği varsa göreceği de var. 〜報いられよ. Al gülüm, ver gülüm!
mukuì·ru 報いる /ey./ mukabelede bulun-, karşılık ver-, karşı gel-. 御援助に報いなければなりません. Size yardımlarınızdan dolayı borçluyum.
mukumî むくみ /a./ ödem.
mukuro むくろ /a./ ölü vücut.
mukuwarê·ru 報われる /ey./ mükâfatını gör-. 報われない hakkı ödenmez.
mukyòka 無許可 /a./ izinsizlik.
mukyòoiku 無教育 /a./ bilgisizlik. 〜な cahil, bilgisiz.
mukyòoyoo 無教養 /a./ terbiyesizlik. 〜な kaba saba.
mumei 無名 /a./ 〜の adsız, isimsiz, ünsüz.
mumei señsi 無名戦士 /a./ isimsiz kahraman. 〜の碑 meçhul asker anıtı (abidesi).
mumèisi 無名指 /a./ adsız parmak.
→ **kusurìyubi**.
mùmi kañsoo 無味乾燥 /a./ zevksizlik.
munabire 胸びれ /a./ göğüs yüzgeci.
munagai むながい /a./ göğüslük.

munamoto 胸元 /a./ bağır, göğüs. 〜のあらわなこと bağır açıklığı. 武器を〜に突きつける silâhı göğsüne daya-.
munasâwagi 胸騒ぎ /a./ yürek çarpıntısı. 〜がする gönlüne doğ-, kalbine doğ-.
munasìi むなしい /s./ boş, yararsız, havadan, neticesiz, kuru. 〜努力 verimsiz bir çalışma. むなしく boş yere, kuru kuruya.
munasîsa むなしさ /a./ boşluk.
munê 胸 /a./ göğüş, döş, meme, gönül, koyun, kucak, sine, (俗語) iman tahtası. 〜のリンパ管 göğüs kanalı. 〜をぶつける göğüsle-. 〜で押す göğüsle-. ドアを〜で押す kapıyı göğüsle-. 〜が悪くなる midesi bulan-, midesi kaldırma-. 〜を悪くさせる iğrendir-. 武器を〜に突きつける silâhı göğsüne daya-. 〜にこたえる bağrını del-. 〜におさめる yalayıp yut-. 〜を張る göğsü (göğsünü) kabart-. 〜を張った çalımlı. 〜を張って göğsünü gere gere. 〜を張って頑張る göğüsle-. だらしなくシャツの〜をはだけて göğüs bağır açık. 〜の張り裂けるような canhıraş. 手を〜に当てて慎重に elini kalbine (vicdanına). うれしくて〜がドキドキしている. Sevinçten yüreğim çarpıyor.
munê 棟 /a./ pavyon. 四〜の学校 dört yapılı bir okul.
muneate 胸当て /a./ göğüslük. 〜付きの作業ズボン tulum.
munêhaba 胸幅 /a./ 〜のある göğüslü.
muneyake 胸焼け /a./ 〜する midesi ekşi-, kayna-. 〜させる kaynat-. 私は〜がした. Midem kaynadı.
mùnieru ムニエル (Fr. meunière) /a./ 魚の〜 balık tavası.
munoo 無能 /a./ aciz, iktidarsızlık, kofluk. 〜な âciz, kof. 仕事が〜な人のところへ行く iş ayağa düş-. どうしようもなく不器用で〜だ paçasını çekecek

hâli olma-.

mura むら /a./ ～のある布地 dalgalı kumaş. ～ができる dalgalan-.

murã 村 /a./ köy. 20軒の～ yirmi evli bir köy. ～の köylü. ～の人々 köy halkı. ～の集会所 köy odası. 同じ～の出身者 köydeş. ～で生まれた köylü. 君の足では～へ夕方までに着けない. Senin ayağınla köye akşama kadar varamayız. メフメットとアフメットは同じ～の出身だ. Mehmet'le Ahmet köydeştirler.

murabito 村人 /a./ köylü, köy. ～がホジャにウサギを一匹持って来る. Bir köylü hocaya bir tavşan götürür.

muragãru 群がる /ey./ doluş-, toplan-, kayna-, üş-, üşüş-, yığış-. アリが～ karıncalan-. 群がって行く akın et-. 群がってうごめく kaynaş-. 夏には人がアリのように～キャンプ yazın insanların karıncalar gibi doluştuğu kamplar. ここにアリが群がっている. Burada karıncalar kaynıyor (kaynaşıyor).

murahacibu 村八分 /a./ ～にする aforoz et-, Doğru söyleyeni dokuz köyden kovarlar. ～にされる dokuz köyden kovul-.

muraki むら気 /a./ kapris, naz.

murãsaki 紫 /a./ mor. ～の mor. 濃い～の mosmor. 同じ布の～のを2メートル欲しい. Aynı kumaşın morundan iki metre istiyorum. 日が沈むとき向かいの山々の色が～になっていた. Güneş batarken karşı dağların rengi morarıyordu.

murasakiiro 紫色 /a./ mor. ～の mor. 濃い～の mosmor. 濃い～の目の menekşe gözlü. ～になる morar-. 寒さで～になる soğuktan morar-.

murasakizùisyoo 紫水晶 /a./ ametist.

murãsu 蒸らす /ey./ buğula-.

murè 群れ /a./ sürü, küme, grup, akın, katar, öbek, sürek. オオカミの～ kurt sürüsü. 市場へ向かう動物の～ sürek. ～をなす kümelen-. ～をなして akın akın, katar katar. ほらごらん, ヒツジの～が通る. İşte bak, bir koyun sürüsü geçiyor.

murè・ru 群れる /ey./ kümelen-. コウノトリが群れて飛んで行く. Leylekler katar katar geçiyor.

murè・ru 蒸れる /ey./ buğulu ol-, buğulan-.

mùri 無理 /a./ ～な zoraki, gıcırı bükme. ～に zoraki, zorla. ～にさせる zorla-, zor kullan-, gırtlağına bas-, kök söktür-, yakasına asıl- (yapış-). ～に開ける zorla-. ～にでも gıcırı bükme. この木に登ることは彼の力では～だ. Bu ağaca çıkmak onun harcı değildir. 彼と～に話している. Onunla zorla konuşuyoruz. 人を喜ばせるためには～をすることもある. Hatır için çiğ tavuk yenir. ～は予期しない結果を生む. Bu sıcağa kar mı dayanır?

murikai 無理解 /a./ odunluk.

murisi 無利子 /a./ ～の faizsiz.

muriyari 無理やり /a./ ～の zoraki. ～に zorla, kafasına vura vura. 金を～手から奪った. Paramı zorla elimden aldılar. 男を～交番に連れて行った. Adamı yaka paça karakola götürdüler.

murizii 無理強い /a./ üsteleme. セチキンが薬を飲むまいと泣き出したので, それ以上～しなかった. Seçkin ilaç içmemek için ağlamaya başlayınca fazla üstelemedim.

murò 室 /a./ yatak, kiler. ～で貯蔵したレモン yatak limonu.

muroñ 無論 /be./ elbet, elbette.

mùryoku 無力 /a./ aciz, kofluk. ～な âciz, kof, kuvvetsiz, tesirsiz, zavallı. ～な男 kof adam.

muryoo 無料 /a./ ～の bedava, parasız, ücretsiz. ～で bedava. ～で手に入れた (俗語) beleş. ～診療所

musiritòru

dispanser.
muryoo pàsu 無料パス /a./ paso.
musabòru むさぼる /ey./ aç gözlü davran-. むさぼり食う kaşık at-(çal-), yalayıp yut-, sömür-.
musañ kàikyuu 無産階級 /a./ proletarya.
musebinàku むせび泣く /ey./ ulu-. 息子の広い胸に頭をもたせかけてむせび泣いていた。Oğlunun geniş göğsüne başını yaslamış hıçkırıyordu.
musebu むせぶ /ey./ 涙に〜 yaşlara boğul-.
musei 無声 /a./ 〜の ötümsüz. 〜子音（古語）sert ünsüzler.
musei 夢精 /a./ düş azması. 〜する düş az-, şeytan aldat-.
musèibucu 無生物 /a./ cansız.
musei èiga 無声映画 /a./ sessiz sinema.
museihu syùgi 無政府主義 /a./ anarşizm.
museihu syugìsya 無政府主義者 /a./ anarşist.
museihu zyòotai 無政府状態 /a./ anarşi.
musèioñ 無声音 /a./ ötümsüz.
musèkiniñ 無責任 /a./ sorumsuzluk. 〜な sorumsuz. 〜な人 sorumsuz insan. 〜な行為 sorumsuzluk. 〜な人だ yumurta küfesi yok ya！
museñ 無線 /a./ telsiz. 〜通信士 telsizci.
museñ dèñsiñ 無線電信 /a./ telsiz telgraf, telsiz.
museñ dèñwa 無線電話 /a./ telsiz telefon, telsiz.
musèñki 無線機 /a./ telsiz.
musi 虫 /a./ böcek, haşere, tırtıl, kurt, solucan. 〜が刺す haşla-. 〜がつく böceklen-, kurtlan-. 木に〜がつく ağaç böceklen-. 〜がついた kurtlu. 〜に食われる böceklen-. 〜を食べる böcekçil. 〜のあご çenek. 花粉を〜が運ぶ. Çiçek tozlarını böcekler taşır.

§〜が知らせる içime doğ-. 〜の知らせ ön sezi. 〜が好かない gıcık al- (ol-). 〜も殺さない karıncayı bile incitme- (ezme-). 腹の〜が鳴る karnı zil çal-.
mùsi 無視 /a./ ihmal. 〜する önem verme-, aldırma-, hesaptan düş-, hiçe say-, çiğne-, geçiştir-, yan çiz-, yüzüne bakma-, ayağının altına al-,（口語）es geç-, vız gel-, vız gelip tırıs git-,（隠語）boş ver-, omuz silk- (ver-), takma-. 法を〜する yasayı çiğne-. 〜される hasır altına gir-.
musiacùi 蒸し暑い /s./ sıcak ve sıkıntılı, boğucu sıcak.
musiàcusa 蒸し暑さ /a./ havasızlık.
musiba 虫歯 /a./ çürük diş.
musibàmu むしばむ /ey./ kemir-.
musiburo 蒸しぶろ /a./ 〜で横になる 大理石の石 göbek taşı.
musikaesarè•ru 蒸し返される /ey./ tep-. 問題が〜 hortla-.
musikàesu 蒸し返す /ey./ tazele-.
musikobu 虫こぶ /a./ mazı.
musikudasi 虫下し /a./ solucan düşürücü.
musikui 虫食い /a./ kurt yeniği. このリンゴには〜がある. Bu elmada kurt yeniği var.
musiñ 無神 /a./ 〜の Tanrısız.
musìñkoo 無信仰 /a./ gâvurluk,（俗語）farmason. 〜の dinsiz.
musìñroñ 無神論 /a./ gâvurluk, dinizlik. 〜の zındık.
musiñroñteki 無神論的 /a./ 〜な farmasontik.
musiñròñzya 無神論者 /a./ Tanrısız.
musìñziñ 無信心 /a./ 〜の imansız. 〜で死ぬ imansız git-.
musiñziñsya 無信心者 /a./（卑語）gâvur.
musipiñ 虫ピン /a./ toplu iğne.
musiritòru むしり取る /ey./ yol-. 髪の毛を〜 saçını yol-.

mùsiro むしろ /*be.*/ oldukça, tersine, aksine.

musirŏ むしろ, 莚 /*a.*/ hasır.

musiru むしる /*ey.*/ yol-, çekiştir-, çimdikle-. 羽を〜 tüyleri yol-. ニワトリの羽を〜 tavuğun tüylerini yol-. このパンを誰がむしったのか. Bu ekmeği kim çimdiklemiş?

musiyaki 蒸し焼き /*a.*/ buğulama. 魚の〜 buğulama balık.

mùssyuu ムッシュー (Fr. monsieur) /*a.*/ mösyö.

mùsu 蒸す /*ey.*/ buğula-. 〜こと buğulama.

musubare・ru 結ばれる /*ey.*/ bağlan-. 結ばれた bağlı.

musubicukê・ru 結び付ける /*ey.*/ bağla-, ekle-, bağlayıcı. 結び付けて考える kondur-. 〜もの bağlayıcı.

musubicuki 結び付き /*a.*/ bağ, ilgi, ilişik, rabıta.

musubime 結び目 /*a.*/ düğüm. 〜をつくる düğüm at-. 仮の〜をつくる ilmikle-. ゆるい〜 gevşek düğüm, ilmik. 包みを縛っているひもの〜をほどこうとしています. Pakete bağlanan ipin düğümünü çözmeye çalışıyorum.

musubu 結ぶ /*ey.*/ bağla-, düğümle-, düğüm vur-. ネクタイを〜 boyun bağı bağla-. 言葉を〜 sözü bağla-. 条約を〜 akdet-, antlaş-. ゆるく〜 il-, ilmikle-. かぶって両端を〜 çel-. 木に結んだひも ağaca bağlı ip. 郊外と都市を〜列車 banliyö treni.

musuko 息子 /*a.*/ oğul, oğlan, erkek evlât, (古語) zade. アフメットの〜オウズ Ahmet oğlu Oğuz. 父そっくりの〜 babasının oğlu. 〜の妻 gelin. 娘二人と〜が一人います. İki kızım, bir oğlum var.

musumê 娘 /*a.*/ kız, kız evlât. 〜を嫁にくれと言う kız iste-. 〜をかどわかす kız kaçır-. ふつうかな〜 cariyeniz, cariyeleri. 〜さん! Kızım! 私には三人〜がいる. Üç kızım var. 〜は水晶のように白くなめらかな肌をしている. Kızın billur gibi bir teni var. 〜を望む人が多いが, 誰にも見せない. Kızı isteyenler çok ama daha kimseye çıkarmıyorlar.

musumemùko 娘婿 /*a.*/ damat.

musùu 無数 /*a.*/ hesabı yok. 〜の sayılamaz, hesapsız, nihayetsiz, sonsuz, sayısız.

mùsyakusya むしゃくしゃ /*be.*/ huzursuzluk.

mùsyoku 無色 /*a.*/ 〜の boyasız, renksiz.

mùsyoku 無職 /*a.*/ işsizlik. 〜の işsiz.

musyŏmei 無署名 /*a.*/ 〜の imzasız.

musyoo 無償 /*a.*/ 〜提供 takdim.

musyooni 無性に /*be.*/ çok, pek çok.

musyukumono 無宿者 /*a.*/ külhan beyi.

musyùmi 無趣味 /*a.*/ zevksizlik. 〜の zevksiz.

musyuu 無臭 /*a.*/ 〜の kokusuz.

musyùukyoo 無宗教 /*a.*/ dinsizlik, (俗語) farmason. 〜の dinsiz, kitapsız.

muteki 無敵 /*a.*/ rakipsizlik. 〜の人 yedi canlı, rakipsiz.

mutêppoo 無鉄砲 /*a.*/ cüret, çılgınlık. 〜な delice, cüretkâr, atak. 〜に balıklama.

mutŏñzyaku むとんじゃく /*a.*/ aldırmazlık, ihmal, ilgisizlik, kayıtsızlık. 〜な düşüncesiz, ilgisiz, kayıtsız, aymaz, lâkayt, yüreği geniş. 〜だ kayıtsız kal-.

mutto むっと /*be.*/ 〜する küs-. 〜した somurtkan.

mùyami むやみ /*a.*/ 〜に aşırı, fazla, çok. 〜にほしがる göz dik-. 〜に骨を折る debelen-.

mùyoku 無欲 /*a.*/ 〜になる feragat göster-.

muyoo 無用 /*a.*/ abes, (口語) paso.

myòo

~の faydasız, boş. ~の守り avukatlık. ~の口実 sudan bahaneler.
muyuubyoo 夢遊病 /a./ ~の uyur gezer.
muyuubyòosya 夢遊病者 /a./ uyur gezer.
mùzai 無罪 /a./ beraat. ~の günahsız, kabahatsiz, masum, suçsuz. ~になる aklan-. ~を主張する masum olduğunu söyle-. ~を装う üste çık-.
mùzañ 無残 /a./ ~にも kıyasıya.
mùzei 無税 /a./ ~の vergisiz.
mùzi 無地 /a./ ~の düz. ~の生地 düz kumaş.
mùzicu 無実 /a./ ~の günahsız, masum, suçsuz, arı. ~の罪を負わされる iftiraya uğra-. ~になる temize çık-.
muzìhi 無慈悲 /a./ gâvurluk. ~な amansız, dinsiz, haşin, katı yürekli, kıyasıya, merhametsiz. ~な運命 kambur felek. ~に gaddarca. ~で不親切な人だ. Yağmur olsa kimsenin tarlasına düşmez.
muzìkaku 無自覚 /a./ ~の bilinçsiz.
muziñ 無人 /a./ ~の ıssız. ~になる ıssızlaş-.
muziñtoo 無人島 /a./ ıssız ada.
muzìñzoo 無尽蔵 /a./ ~の bitmez, tükenmez.
muzòosa 無造作 /a./ ~に決める kesip (kestirip) at-.
muzugayùi むずがゆい /s./ のどが~. Boğazım gıcıklanıyor.
muzugàyusa むずがゆさ /s./ のどの~ gıcık.
muzukàru むずかる /ey./ hırçınlaş-.
muzukasiì 難しい /s./ ağır, güç, zor, çetin. ~仕事 ağır (zor) bir iş. ~人 çetin adam. 難しくなる güçleş-, zorlaş-, güce sar-, ağırlaş-. 難しくさせる güçleştir-. ~仕事をする kök sök-, pirincin taşını ayıkla-. ~言葉 をまぜて話す lügat parala-. ~ことが分かる şeytanın yattığı yeri bil-. 仕事が難しくなる ikiz doğur-. 難しそうな仕事にかかる iğne ile kuyu kaz-. アラビア語はとても~言語だ. Arapça çok güç bir dil. この仕事は~ことはない. Bu işin zorluğu yok. 生活条件が難しくなってきた. Geçim koşulları ağırlaştı.
muzukàsisa 難かしさ /a./ güçlük, zorluk, çetinlik, zor.
mùzumuzu むずむず /be./ ~する gıcıklan-, kaşın-. ~してせきをする gıcık ver-. ~しっぱなしだ gıcık tut-. 打たれたくて背中が~している sırtı kaşınıyor.
mùzyaki 無邪気 /a./ saflık. ~な saf, masum, safdil.
muzyoo 無情 /a./ ~な duygusuz, yavuz.
muzyoo 無常 /a./ ~の世 (俗語) yalan dünya, yalancı dünya.
muzyòokeñ 無条件 /a./ ~の koşulsuz, şartsız, kayıtsız şartsız.
muzyuñ 矛盾 /a./ karşıtlık, tezat, çelişme, çelişki. ~する çeliş-, çatış-. ~に陥る tezada düş-. ~した çelişik, çatışık. ~した言葉 çelişik bir söz. 両方に~したことを言う tavşana kaç, tazıya tut de-. 今日のお考えは昨日と~しています. Bu günkü düşünceleriniz dünkülerle çatışıyor. 人間のすることは言うことと~してはならない. İnsanın yaptıkları, söyledikleri ile çelişmemeli.
muzyùñricu 矛盾律 /a./ çelişme ilkesi.
myakù 脈 /a./ damar, nabız. ~を打つ damar at-. ~を取る nabzına bak-, nabzını tut-.
myakuhaku 脈拍 /a./ nabız. ~を数える nabzına bak-.
myakurakùmaku 脈絡膜 /a./ damar tabaka.
myòo 妙 /a./ ~な garip, acayip, yabansı. ~な格好 acayip kıyafet.

myooañ 妙案 /a./ esin, iyi fikir.
myoobañ みょうばん /a./ şap.
myðoobañ 明晩 /a./ yarın akşam, yarın gece.
myoocyoo 明朝 /a./ yarın sabah.
myoogòniçi 明後日 /a./ öbün gün.
myðoniçi 明日 /a./ yarın. 〜の yarınki.
myooto みょうと /a./ karı koca. → meoto.
myðoyaku 妙薬 /a./ iyi ilaç.
myðozi 名字 /a./ soy adı.
myoozyoo 明星 /a./ Venüs, Çulpan, Çoban Yıldızı. 明けの〜 sabahki Venüs. 宵の〜 akşamki Venüs.

N n

na 名 /a./ ad, isim, nam. …という〜の adlı, isimli. アフメットという〜の子供 Ahmet adlı bir çocuk. 〜のある namlı. 〜のある一族の soylu soplu. 〜のない adsız. 〜も知れない adı belirsiz. …の〜において adına, ismen. ありふれた〜で adlı adı ile. 〜をつける ad koy- (ver-). 〜を与えられる adını al-. 〜が記される adı geç-. 亡くなってから〜だけが伝わる adı kal-. その〜にふさわしい şanına yakış-, şanından ol-. 〜をあげて話題にする zikri geç-, zikret-.
na な /il./ ほんとに来ないのか〜. Acaba gelmez mi ki? ケーキの見た目はいいが味はどうか〜. Pastanın güzel bir görünüşü var, ama tadı nasıl acaba? おまえもおしゃべりだ〜. Sende de çene var ha!
nà 菜 /a./ sebze. 〜の不要なところを取り除く sebze ayıkla-.
nàa なあ /ün./ a, ha, ya. きれいだ〜. Amma güzel ha! 君が来てくれたら〜. Gelseydin ya! ちょっと風でもあれば〜. Biraz esinti olsa!
naate 名あて /a./ adres.
nàbe なべ, 鍋 /a./ tencere, sahan, kulaklı. 〜をかける所 ocak kaşı. ひと〜分の sahanlık. 〜が汚れる tencere bulaş-. 〜の底に穴があいた. Tencerenin altı delinmiş.
nabecùkami なべつかみ /a./ tutacak, tutaç, tutak. 〜で料理なべを持った. Tutacakla yemek tenceresini kaldırdım.
nabe ryðori なべ料理 /a./ 二人前の〜 iki sahanlık yemek.
nabùru なぶる /ey./ maskarasını çıkar-.
Nàçi ナチ (Al. Nazi) /a./ Nazi.
naçìzumu ナチズム (İng. Nazism) /a./ Nazizm.
nacù 夏 /a./ yaz, (冗談) dağların misafir aldığı mevsim. 〜の休暇 yaz tatili. 〜の家 yazlık. 〜の別荘 sayfiye. 〜に yazın. ひと〜の間 yazlığına. 〜冬通して yazlı kışlı. 〜になる yaza çık-. どこかで〜を過ごす yazla-. 〜に陸から海へ吹く風 meltem. 〜に人がアリのように群がるキャンプ yazın insanların karıncalar gibi doluştuğu kamplar. 〜が去った. Yaz gitti. 〜が終わりに近づいた. Yaz çıkmak üzeredir. 今年は〜がたいへん暑かった. Bu yıl yaz çok sıcak geçti. この〜ヨーロッパ中を旅行して回った. Bu yaz bütün Avrupa'yı gezmiş. この家をひと〜借りた. Bu evi yazlığına

nacuhuku 夏服 /a./ yazlık elbise. ~を着る yazı getir-.
nacukasigàru 懐かしがる /ey./ hasret çek-.
nacukasiì 懐かしい /s./ özlemli, özleyen.
nacukasìmu 懐かしむ /ey./ arzula-, özle-, tüt-.
nacukàsisa 懐かしさ /a./ özlem, hasret.
nacùku 懐く /ey./ öğür ol-. なついている öğür.
nacume ナツメ /a./ hünnap, çiğde. ~の実 hünnap.
nacumeyàsi ナツメヤシ /a./ hurma ağacı. ~の実 hurma.
nacumuki 夏向き /a./ ~の yazlık. ~の靴 yazlık ayakkabı.
nacusirògiku ナツシロギク /a./ papatya.
nacuyàsumi 夏休み /a./ yaz dinlencesi, yaz tatili.
nacuyoo 夏用 /a./ ~の yazlık.
nacuzìkañ 夏時間 /a./ yaz saati.
nacuzyuu 夏中 /a./ 6月から~この小川はかれる. Hazirandan sonra bütün yaz bu çay kurur.
nadakài 名高い /s./ meşhur, namlı.
nadamè・ru なだめる /ey./ avut-, eğle-. なだめすかす ağız tamburası çal-.
nadare 雪崩 /a./ çığ. ~の跡 çığır. ~が鉄道をふさいだ. Bir çığ tren yolunu kapatmış.
nadecukè・ru なで付ける /ey./ yatır-. 手のひらで髪を~ avcunun içiyle saçlarını yatır-.
nademawàsu なで回す /ey./ 暗やみで手でテーブルの上をなで回した. Karanlıkta elimi masa üstünde gezdirdim.
nadè・ru なでる /ey./ okşa-, sıvazla-. 髪を~ saçları okşa-. 布をなでてしわを伸ばす kumaşı sıvazlayarak buruşuklarını gider-.

nàdo など /il./ falan, filan, vesaire (v.s.), ve benzeri, ve bunun gibi, ve başkaları (vb.). …~と (俗語) gibilerden. 米でスープやピラフ~の食べ物が作られる. Pirinçten çorba, pilav vb. yemekler yapılır.
nàe 苗 /a./ fide. ナスの~ patlıcan fidesi.
naedoko 苗床 /a./ fidelik, yastık, yatak, tava.
naegì 苗木 /a./ fidan. リンゴの~ elma fidanı.
naegìeñ 苗木園 /a./ fidanlık, fidelik.
naeyoo 苗用 /a./ ~の fidelik. ~の種 fidelik tohum.
nagaame 長雨 /a./ 十日も~が降っている. On gündür sürekli yağmur yağıyor.
nagabànasi 長話 /a./ くだらない~をする lakırdıya boğ-. いやな~をする tıraş et-.
nagabikasè・ru 長引かせる /ey./ ~こと asıntı.
nagabìku 長引く /ey./ uza-.
nagacùzuki 長続き /a./ ~する ömürlü. ~する仕事 temelli bir iş. ~しない ömürsüz, süreksiz, geçici. ~しない意欲 geçici heves. 友情は~しなかった. Arkadaşlıkları ömürlü olmadı. 性急な発達や進歩は~しない. Çabuk parlayan çabuk söner.
nagae 長柄 /a./ ok. 荷車の~ araba oku.
nagagucu 長靴 /a./ ayakkabı, çizme. 引っ張ってはく~ çekme potin. 薄皮の軽い~ mest. ~の立ち上がり çizme koncu.
nagai 長居 /a./ ~をする postu ser-. あそこで~をするな. Orada yıllanıp kalma.
nagài 長い /s./ uzun, derin. ~ひも uzun ip. ~人生 uzun ömür. ~沈黙 derin sessizlik. ~間 uzun boylu,

nagaìki

bunca zaman, çoktan, çoktandır, hanidir, kırk yıl. ~間いる yıllan-. 足が~ bacaklı. 細く~足の leylek gibi. ~経験のある人 az günün adamı değil. 長くなる uza-. 長くする uzat-. ~眠りに就く öl-. ~こと立っていて疲れる ayağına (ayaklarına) kara su in-. 長く寒さの中におかれる ayaz kes-. 彼とはもう~こと会っていない. Onu çoktandır görmüyorum. もう~こと映画に行っていない. Hanidir sinemaya gitmedim. 弟の病気が長くなった. Kardeşimin hastalığı uzadı.

nagaìki 長生き /a./ ~の ömürlü. ~でない ömürsüz. ~する ömrü uza-, gömlek eskit-, (口語)(dünyaya) kazık kak-. とても~する dokuz yorgan eskit- (parala-). せいぜい~を ömrüne bereket! どうぞ~を Allah gecinden versin. ~はするものだ bir yaşına daha gir-.

nagaisu 長いす /a./ divan, kanepe.

nagakucùsita 長靴下 /a./ uzun çorap.

nagamè 眺め /a./ manzara, bakış, görünüş, nezaret. ~がいい manzaralı. 都会の~は一つの楽園だ. Şehrin görünüşü bir cennet.

nagamè·ru 眺める /ey./ seyret-. 町を塔の上から~ şehri kuleden seyret-. 海を飽きるほど眺めた. Denizi doya doya seyrettim.

nagamòci 長持ち /a./ ~する dayanıklı. ~する靴 dayanıklı pabuç. ~するもの (俗語) ölmezoğlu. ~しない dayanıksız.

nagamòci 長持 /a./ sandık.

naganàga 長々 /be./ ~と uzun uzun. ~とした upuzun. ~と述べ立てる uzun et-. ~と説教をする konferans çek-.

naganagasìi 長々しい /s./ upuzun. ~手紙 arzuhal gibi (kadar), destan gibi.

naganeñ 長年, 永年 /a./ ~にわたり yıllar yılı.

nàganowakare 永の別れ /a./ ~を告げ合う helalleş-.

-nagara ながら. 見~書く görerek yaz-. 若い~仕事ができる. Genç ise de işi biliyor.

nagarè 流れ /a./ akım, akıntı, akış, cereyan, su. 小さい~ akar su. 狭い~ cendere. 時の~ günlerin akışı. ナショナリズムの~ milliyetçilik akım. 水の~を防ぐ suyun akışını önle-. 大洋には暖かい水の~がある. Okyanuslarda sıcak su cereyanları vardır.

nagarèbosi 流れ星 /a./ akan yıldız, meteor.

nagaredàsu 流れ出す /ey./ 多量の血が~ kan dere gibi ak-. 天気がよくなると人々は郊外へ流れ出した. Hava güzel olunca halk kırlara döküldü.

nagaredè·ru 流れ出る /ey./ 湖から~小川 göl ayağı.

nagarè·ru 流れる /ey./ ak-. 水が~ su ak-. 血が~ kan ak-. うわさが~ laf ak-. ~ように時がたつ zaman su gibi ak-. 流れている akar, salma, carî. ~ような akıcı. 水がサラサラ流れている. Su fışır fışır akıyor.

nàgasa 長さ /a./ boy, uzunluk. ひもの~ ipin boyu. 親指と小指を広げた~ karış. このテーブルの~は5カルシだ. Bu masanın boyu beş karış.

nagasì /a./ 流し /a./ lavabo.

nagasikòmu 流し込む /ey./ dök-. 鋳型に~ kalıba dök-.

nagàsu 流す /ey./ akıt-. 血を~ kan akıt- (dök-). たくさんの血を流して kan revan içinde. 卵をかきたててフライパンに流した. Yumurtayı çırpıp tavaya döktüm.

nagasukùzira ナガスクジラ /a./ balina.

nagatarasìi 長たらしい /s./ upuzun.

nagatèeburu 長テーブル /a./ sıra.

nagatòoryuu 長逗留 /a./ ~する demir at-.

nagazùkue 長机 /*a.*/ sıra. クラスでは~に三人ずつ生徒が座る. Sınıfımızda her sırada üç öğrenci oturuyor.

nagecukè・ru 投げ付ける /*ey.*/ çal-, fırlat-. 石を~ taşı fırlat-. ナイフを~ bıçak at-. 頭に~ başına geçir-. 手にしたコップを地面に投げつけた. Elindeki bardağı yere çaldı. 石を投げつけたが当たらなかった. Taşı fırlattı ama tutturamadı. 激しい言葉を~. Açtı ağzını, yumdu gözünü.

nagedàsu 投げ出す /*ey.*/ 命を~ can ver-, canını sokakta bul-. 足を投げ出して座る (口語) uzun otur-.

nagekakè・ru 投げ掛ける /*ey.*/ 不必要な問題を~ icat çıkar-.

nagekasè・ru 嘆かせる /*ey.*/ ağlat-.

nagekawasìi 嘆かわしい /*s.*/ elim, mahzun, müessif.

nagekì 嘆き /*a.*/ gam, kahır.

nagekiàu 嘆き合う /*ey.*/ dertleş-.

nagekìsu 投げキス /*a.*/ ~をする öpücük göster-.

nagèku 嘆く /*ey.*/ ağla-, gamlan-, ağlaş-, gam çek- (ye-), kederlen-, müteessir ol-, yan-. 嘆き悲しむ dövün-, yanıp kakıl-, yasa gömül-, yas tut-, yüreğine od (ateş) düş-, yüreği yan-. 財産があるのにお金がなくて嘆いている. Malı mülkü var, bir de parasızlıktan ağlıyor.

nagenawa 投げ縄 /*a.*/ kement. 馬を~で捕まえる atları kementlerle yakala-.

nagerarè・ru 投げられる /*ey.*/ atıl-.

nagè・ru 投げる /*ey.*/ at-; vazgeç-. 水に石を~ suya taş at-. えさを鳥に投げてやる yemleri kuşlara savur-. ソラマメを投げて占う bakla dök-.

nagesasè・ru 投げさせる /*ey.*/ attır-.

nagesi なげし, 長押 /*a.*/ korniş.

nagesutè・ru 投げ捨てる /*ey.*/ at-, al aşağı et-.

nagetaòsu 投げ倒す /*ey.*/ al aşağı et-.

nageùcu なげうつ /*ey.*/ fırlat-.

nageuri 投げ売り /*a.*/ damping.

nageyari 投げやり /*a.*/ ~な ihmalci, ihmalkâr, savsak. ~になる kendini bırak-, kendini kapıp koyuver-.

nagì 凪 /*a.*/ sükûnet.

nagòmu 和む /*ey.*/ yumuşa-.

nagòyaka 和やか /*a.*/ ~に iyilikle, ağız tadı ile, tatlı tatlı.

nàgu 凪ぐ /*ey.*/ limanla-. 風が~ rüzgâr limanla-.

nagurarè・ru 殴られる /*ey.*/ dövül-. ~のに慣れっこになっている人 dayak arsızı.

naguriai 殴り合い /*a.*/ dövüş. ~をする dövüş-.

naguriàu 殴り合う /*ey.*/ dövüş-, birbirinin gözünü çıkar-. げんこつで~ yumruklaş-, yumruk yumruğa gel-. ひどく~ saç saça baş başa.

naguricukè・ru 殴りつける /*ey.*/ tepele-.

nagurigaki なぐり書き /*a.*/ ~の kargacık burgacık. ~する kargacık burgacık yaz-.

nagùru 殴る /*ey.*/ dayak at-, döv-, yerleştir-. げんこつで~ yumrukla-, yumruk at- (indir-). ~けるのけんか döv üş.

nagusame 慰め /*a.*/ avunç, teselli. 近親者を亡くした人に~の言葉を言う baş sağlığı dile-. せめてもの~ züğürt tesellisi.

nagusamè・ru 慰める /*ey.*/ avundur-, avut-, gayret ver-, eğle-, oyala-, teselli et- (ver-). 人を~もの avuntu. 孤独を慰めてくれる人 can yoldaşı. 慰めようのない tesellisiz. 書物ほど人を~ものはない. Kitap kadar insanı avutan bir şey yok.

nagusamimono 慰み者 /*a.*/ oyuncak.

nàhusa ナフサ(İng. naphtha) /*a.*/ neft, neft yağı.

nahutariñ ナフタリン (Al. Naphtha-

nài

lin) /a./ naftalin. 〜を入れる naftalinle-.
nài ない, 無い /s./ yok. 〜こと yokluk. 〜もの hiç. 何も〜 habbesi kalmadı. めったに〜 ayda yılda bir. なくてはならない gerekli. 〜ものは〜 yok yok. 足の〜 bacaksız. 水の〜 susuz. 教養の〜 görgüsüz. なくてさびしそうである ara-. 用も〜のに急ぐ atlı kovala-. 理由が〜ことは〜 boş olma-. 〜ものをあてにする öküzün altında buzağı ara-. 私には子が〜. Çocuğum yok. 書物ほど人を慰めるものは〜. Kitap kadar insanı avutan bir şey yok. それは私の眼中に〜. O benim gözünde hiçtir. 私の正しいと思う道に迷いは〜. Doğru bellediğim yoldan şaşmam. こんなことって〜でしょ. Bu, olacak şey değil, efendim? 明日絶対に来るが, 仕事がなければいいんだが. Yarın mutlaka gelirim, meğerki işim çıksın. (…でない) …で〜 değil. …でなければ yoksa. そうでは〜か değil mi? 昨日ではなくて今日来た. Dün değil, bu gün geldi. 今日の空は降りそうも〜. Bu gün hava yağışlı değil. 物の数では〜. Attığı tırnağa benzemez. 家が家でなくなった. Ev, ev olmaktan çıktı.
nàibu 内部 /a./ iç, içeri. 〜の iç. その〜の事情が分からない kazanı kapalı kayna-.
naiciñgèeru ナイチンゲール /a./ bülbül.
naieñ 内縁 /a./ 〜の nikâhsız, mahrem.
nàigai 内外 /a./ iç dış.
naigasiro ないがしろ /a./ 〜にする çiğne-.
nàihu ナイフ (İng. knife) /a./ bıçak. 〜の刃 bıçağın ağzı. 〜の付いた bıçaklı. 〜を持った bıçaklı. 〜で切りつける bıçak at-. 〜で傷を受ける bıçak ye-. 〜を投げつける bıçak at-. 〜を抜いてかまえる bıçak çek-. 折りたたみ式〜 çakı. 皮職人の〜 bıçkı. 小枝を切るのこぎり式〜 bıçkı. 〜の傷はなおるが言葉の傷はなおらない. Bıçak yarası onulur, dil yarası onulmaz.
naihukùyaku 内服薬 /a./ dahilen kullanılan ilaç.
naika 内科 /a./ dahiliye. 〜の病気 dahiliye.
naika byõotoo 内科病棟 /a./ dahiliye koğuşu.
naikai 内海 /a./ iç deniz.
naikài 内科医 /a./ dahiliyeci.
naikaku 内角 /a./ iç açılar. 正方形の〜和は360度である. Bir karenin iç açıları toplamı 360 derecedir.
nàikaku 内閣 /a./ Bakanlar Kurulu, kabine, Vekiller Heyeti, hükûmet. 〜の首班 başbakan. 〜を組織する hükûmet kur-. 〜が退陣する kabine çekil-. 〜が倒れる kabine düş-. 〜は首相と大臣から成る. Kabine bir başbakan ile bakanlardan oluşur.
naikooteki 内向的 /a./ 〜な içe dönük.
naimeñ 内面 /a./ kulis.
naimicu 内密 /a./ 〜の mahrem.
nàimu 内務 /a./ iç işleri, dahiliye.
naimùsyoo 内務省 /a./ İç işleri Bakanlığı.
nainai 内々 /a./ 〜の mahrem. 〜で話をつける (口語) işi pişir-.
naiRañ 内乱 /a./ iç savaş.
nairiku 内陸 /a./ karasal.
nairikusei kìkoo 内陸性気候 /a./ kara iklimi.
nàiroñ ナイロン (İng. nylon) /a./ naylon. 〜の naylon.
Nairùgawa ナイル川 /a./ Nil.
naisei 内政 /a./ iç işleri, iç siyaset, iç politika.
naisei kàñsyoo 内政干渉 /a./ iç işlerine karışma.
naiseñ 内戦 /a./ iç savaş, dahilî harp.
naisiñ 内心 /be./ için için. 〜腹を立

てる içerle-. 〜憤る giyin-.
naisyo 内緒 /a./ gizlilik. 〜で gizlice. この仕事は彼には〜だった. Bu iş ondan gizlendi.
naisyobànasi 内緒話 /a./ fiskos. 〜をする fiskos et-.
nàito ナイト (İng. knight) /a./ şövalye.
naito kùrabu ナイトクラブ (İng. night club) /a./ gece kulübü, pavyon.
naiyoo 内容 /a./ içerik, içindekiler, kapsam, muhteva. 本の〜 kitabın içeriği. 〜のある özlü. 〜のある物語 özlü anlatım. 〜説明書 prospektüs.
naizaiteki 内在的 /a./ 〜な özünlü.
nàizi 内耳 /a./ dolambaç.
naizicu 内実 /a./ 見てくれはよいが〜は怪しい. İçi beni yakar, dışı eli yakar.
naizoo 内臓 /a./ bağır.
Naizyeria ナイジェリア /a./ Nijerya.
naizyoo 内情 /a./ iç yüz.
nàka 中 /a./ iç, içeri, ara. 家の〜 evin içerisi. 〜の içeri. 〜へ içeri. 〜に içeri. 〜にある havi, havi ol-. その〜で bu arada. 何人かの〜の一人 birinden biri. 長く寒さの〜に置かれる ayaz kes-. 混雑の〜を歩き回って人の邪魔をする ayak altında dolaş-. 家の〜は暑い. Evin içerisi sıcak. 車が畑の〜を通った. Araba tarlanın içinden geçti. 〜へ入れ. İçeri gel. 〜へいらっしゃい. İçeri buyurunuz. この服の〜から好きなのを選びなさい. Bu elbiselerden birini beğeniniz. この〜にはいいのもあれば悪いのもある. Bunların içinde (arasında) iyisi de var, kötüsü de.
nàka 仲 /a./ ara, ilişki. 〜がいい yıldızı barış-, barışık, dost, boyu boyuna, huyu huyuna, yağlı ballı. たいへん〜がいい aralarından su sızmaz. 〜のいい交際 yıldız barışıklığı. 家族の〜がいい et tırnak ol-. 〜が悪い araları (arası) açık,

kedi ile köpek gibi. 〜が悪くなる küsüş-. 〜がうまくない limonî. 〜を取り持つ ara bul-. 〜を裂く ara aç-, aralarını aç-, kundakla-. 〜を裂くような言動をする kundak sok- (koy-). 〜を裂くこと kundakçılık. 〜を裂く人 kundakçı, ara bozan, ara bozucu. 〜を裂く陰謀 kundak. 娘も息子をやったり取ったりする〜になる içli dışlı ol-. 男女がひそかにいい〜になる (口語) mercimeği fırına ver-. 彼らは〜が悪い. Aralarında geçim yok. このごろ〜が悪い. Bu günlerde aramız limonî.
nakabà 半ば /a./ yarı. 〜に達する ortala-. 思い〜で死ぬ ömrü vefa etme-. 〜右を向く yarım sağ et-.
nakadaka 中高 /a./ 〜の balık sırtı.
nakagainiñ 仲買人 /a./ aracı, simsar, tellal. 野菜・果物の〜 kabzımal.
nakagai syòoniñ 仲買商人 /a./ komprador.
nakagoro 中ごろ /a./ orta.
nakahodo 中ほど /a./ orta. 道のりの〜 yolun ortası. 〜の orta.
nakakubomi 中くぼみ /a./ 〜の iç bükey.
nakamà 仲間 /a./ arkadaş, ortak, aile, dostluk, ayaktaş, boydaş, taydaş, yoldaş, tayfa, kardeş. 悪い〜 avene, omuzdaş. 〜としての行い arkadaşlık. その〜もまた正当だった. O arkadaş gene insaflı imiş.
nakamazure 仲間連れ /a./ eşlik.
nakàmi 中身 /a./ içerik, muhteva, iç. 〜がいっぱいの dolgun. 〜の詰まったオレンジ dolgun portakal. 〜を隠した物 yaldızı hap. 〜がなくなる dibi görün-. 〜を使い果たす dibini bul-.
nakamise 仲見世 /a./ pasaj.
nakanaka なかなか /be./ 〜の pek âlâ. 〜食べさせない aç bırak-. 借りて〜返さない人 elinle ver, ayağınla ara. 〜やるじゃないか az değil! 〜の家なのになぜ気に入らないのか. Pek âlâ bir

nakanàori 仲直り /a./ barışma. ～する barış-, sulh ol-, geçmişi ol-. ～させる aralarını bul-, barıştır-, ortasını bul-. ～したかのように話しかける atış-. 兄はけんかをしていた友達と～した. Kardeşim dargın olduğu arkadaşlarıyla barıştı.
ev, niçin beğenmediniz?
nakaniwa 中庭 /a./ avlu, saha.
nakaorèboo 中折れ帽 /a./ トルコ人はかぶりものとして1925年に～を取り入れた. Türkler başlık olarak 1925'te şapkayı kabul ettiler.
nakase・ru 泣かせる /ey./ ağlat-.
nakase・ru 鳴かせる /ey./ öttür-.
nakasu 泣かす /ey./ ağlat-.
nakasu 鳴かす /ey./ öttür-.
nakatàgai 仲たがい /a./ nifak, soğukluk, tefrika, (俗語) maraza. ～する nifak et-, ihtilâfa düş-, bozuş-, yüz çevir-, aralarından kara kedi geç-. ～させる atla arpayı dövüştür-, birbirine düşür- (kat-). ～させる人 ara bozan, ara bozucu.
nàkayoku 仲よく /be./ ～する ahbaplık et-, yıldızı barış-, geçin-, bir kazanda kayna-, gül gibi geçin-. ～暮らす barın-. ～暮らすこと dirlik.
nakàyosi 仲良し /a./ ahbap, ahbaplık, kafadar. 気のおけない～達 ahbap çavuşlar.
nakàyubi 中指 /a./ orta parmak.
nàki 亡き /s./ ölmüş.
nakicùku 泣き付く /ey./ 試合を見に行きたくて母に泣きついた. Maça gitmek için anneme çok yalvardım.
nakicura 泣き面 /a./ §～に蜂 üstüne (üzerine) tuz biber ek-.
nakidàsu 泣き出す /ey./ ağlamaya başla-. 激しく～ boşan-. 泣き出しそうな ağlamsı.
nakìdori 鳴き鳥 /a./ ötücü kuşlar.
nakigara なきがら /a./ ceset, ölü vücut.

nakigoe 泣き声 /a./ çığlık.
nakigoe 鳴き声 /a./ çığlık. 牛やラクダの～ böğürtü.
nakigoto 泣き言 /a./ sızıltı. ～を言う sızla-, sızlan-.
nàkimono 亡き者 /a./ ～にする (口語) gebert-.
nakiòtoko 泣き男 /a./ ağıtçı.
nakisakèbu 泣き叫ぶ /ey./ çığlık at- (kopar-, bas-).
nakisugi 泣き過ぎ /a./ ～で死ぬ çatla-.
nakiwamèku 泣きわめく /ey./ 火がついたように～ cini tut-.
nakizyakùru 泣きじゃくる /ey./ (俗語) ıkla-.
nakòodo 仲人 /a./ kılavuz, çöpçatan.
nakoodoyaku 仲人役 /a./ ～を務める nikâh kıy-.
naku 泣く /ey./ ağla-. 一緒に～ ağlaş-. ひどく～ kanlı yaş dök-. 泣き続ける zırılda-, zırla-. 泣き悲しみ続ける ayılmak bayıl-. 泣いたり笑ったりする bir göz gül-. 泣きそうになる ağlayası gel-, gözleri bulutlan- (buğulan-), gözleri dol- (dolu dolu ol-). 泣きそうである ağlamsa-. 泣きたい気持ちになる ağlamsa-. 泣きそうな ağlamsı. ～こと ağıt.
naku 鳴く /ey./ öt-. 鳥が～ öt-. 羊が～ mele-. ロバが～ anır-. 牛やラクダが～ böğür-. ピーピー～ cıvılda-. 一斉に～ ötüş-. 鳥が長くきれいに～ dem çek-. よく～ ötücü. 鳥の多くはよく～. Kuşların çoğu güzel öter.
§鳴かず飛ばず. (口語) Eşek kuyruğu gibi ne uzar ne kısalır.
nakunaru なくなる, 無くなる /ey./ bit-, kalk-, yok ol-, kaybol-, hiç ol-, zayi ol-, yit-, tüken-, ortadan kalk-, çekil-, eksil-, elden çık-, gideril-, izi silin-, kaç-, kesil-, mahvol-, savuş-, (冗談) sırra kadem bas-. なくなった yitik, zayi, (古語) zail. 中身が～

namari

dibi görün-. 食欲が〜 iştahtan kesil-. 何も〜 burnunu çek-. 全部〜 dağarıcıkta bir şey kalma-. 困難が去って心配が〜 ayağı düze bas-. 井戸の水がなくなった。Kuyun suyu çekildi. 家には砂糖がなくなった。Evde şeker tükenmiş. 全部の金がなくなった。Bütün parası battı. この山から雪はなくならない。Bu dağdan kar eksilmez. 何もしないのになくなってしまった。Yel üfürdü, sel götürdü.

nakunaru 亡くなる /ey./ öl-, yere bat-, (口語) güme git-. 急に〜 gümbürde-. 亡くなってから名だけが伝わる adı kal-. 亡くなった rahmetli, ölmüş, merhum.

nakusu なくす, 無くす /ey./ kaybet-, yok et-, mahvet-, hesabını gör-, söndür-, yitir-, zayi et-, gider-, kır-, boş koy- (ko-), çel-, tüketici. 仕事で金を〜 parasını batır-. 自信を〜 benliğini yitir-. なくした yitik. ビールはとても冷えていて味をなくしていた。Bira o kadar soğuktu ki tadını yitirmişti. 兄はなくした時計を見つけた。Ağabeyim yitik saatini buldu.

nakusu 亡くす /ey./ kaybet-, yitir-. 近親者を亡くした人に慰めの言葉を言う baş sağlığı dile-. 四人の子供のうち三人を亡くした。Dört oğlumun üçünü yitirdim.

nàma 生 /a./ hamlık. 〜の çiğ, ham, diri. 〜の魚 çiğ balık. 肉が少し〜のようだ。Et biraz diri kalmış. 〜で食べなかったのだから腹が痛くなるなんて。Çiğ yemedim ki karnım ağırsın.

namaatatakài 生暖かい /s./ ılıkça.

namae 名前 /a./ ad, isim, nam. 〜を出す ad (adını) ver-. 〜が出る ismi geç-. お〜をおっしゃる (俗語) adını bağışla-. 〜をあげて ismen. 誰かの〜で ağzından. 自分の〜で kendi namına. 〜の分からない物 karın ağrısı. お〜は? Adınız nedir? この仕事には彼も〜が出るはずだ。Bu işte onun da adı geçecek.

namahañka 生半可 /a./ 〜な知識 yarım bilgi. 〜な知識で bilir bilmez.

nama heñzi 生返事 /a./ 〜をする hık mık et-.

nama hõosoo 生放送 /a./ canlı yayın.

namaiki 生意気 /a./ 〜な afacan, dili uzun. 〜な子 bacaksız. 〜な人 (口語) ukalâ dümbeleği.

namake 怠け /a./ haylazlık, tembellik. 〜の üşengeç, üşengen, tembel.

namakemono 怠け者 /a./ tembel, haylaz. 〜の tembel, miskin. 私は〜とは一緒にやれない。Ben tembellerle geçinemem. 〜はどこでも鼻つまみだ。Tembel olanlar her yerden atılır.

namakè·ru 怠ける /ey./ savsakla-, (俗語) yüksün-. 怠けている uyuşuk. アイシェが勉強を怠けたので先生がたしなめた。Ayşe derslerini savsakladığı için öğretmenimiz onu uyardı. 〜から成功できない。Tembelliği yüzünden başaramıyor.

namakõ ナマコ /a./ deniz hıyarı.

namakura なまくら /a./ 〜の kör 〜のナイフ kör bıçak. 〜になる kütleş-.

nama kuriimu 生クリーム /a./ krema.

namamekasìi なまめかしい /s./ cilveli, fıkır fıkır. なまめかしく首を振る gerdan kır-. 目を細めてなまめかしく見る göz süz-.

namà mizu 生水 /a./ çeşme suyu.

nama nie 生煮え /a./ 〜の çiğ, diri. 〜で diri diri.

namà niku 生肉 /a./ çiğ et.

namanurùi 生ぬるい /s./ ılıcak.

namari 鉛 /a./ kurşun. 〜の kurşun. 〜の封をする kurşunla-. 大びんに〜の封をする damacanayı kurşunla-. 〜のように重い kurşun gibi.

namari なまり, 訛り /a./ aksan, şive, ağız. 〜で話す dili çal-. 地方〜 taşra ağzı. 発音にアラビア語の〜がある。

namari iro

Şivesi Arapçaya çalıyor.
namari iro 鉛色 /a./ kurşunî. 〜の kurşunî.
namarisei 鉛製 /a./ 〜の kurşun.
namàru なまる /ey./ kütleş-. 体が〜 hamlaş-.
namàru なまる, 訛る /ey./ dili çal-.
nama yake 生焼け /a./ 〜の diri, hamur.
nama yàsai 生野菜 /a./ çiğ sebze, yeşillik.
namazàkana 生魚 /a./ çiğ balık.
namazu ナマズ /a./ yayın balığı.
namecukùsu なめ尽くす /ey./ 世の辛酸をなめ尽くした feleğin çemberinden geçmiş.
namekùzi ナメクジ /a./ sümüklü böcek.
namèraka 滑らか /a./ 〜な düzgün. やわらかく〜な kadife gibi. 〜にする düzle-. やすりで〜にする törpüle-. 〜に走る yağ gibi kay-. 娘は水晶のように白く〜な肌をしている. Kızın billur gibi bir teni var.
namerarè・ru なめられる /ey./ yalan-.
namè・ru なめる /ey./ yala-. 自分の体を〜 yalan-. 〜こと yalama. 〜ような yalayıcı. ネコが皿をなめた. Kedi tabağı yaladı. ミルクを飲んでしまったネコは体をなめている. Sütünü bitiren kedim yalanıyor.
namesigawa なめし革 /a./ meşin, sahtiyan, gön. シカ皮の〜 güderi.
namèsu なめす /ey./ sepile-. 皮を〜 tabakla-.
namì 波 /a./ dalga, çalkantı, deniz. 夜の〜の輝き yakamoz. 人の〜 insan dalgası. 〜の泡立ち çatlak, çatlama. 〜がある dalgalı. 〜を打っている dalga dalga. 〜のない静かな çarşaf gibi. まともに〜を受ける deniz altı. 〜が立つ dalgalan-. 〜のように押し寄せる dalga gibi gel-. 船を〜の来る方向へ向ける dalgayı başa al-. 今日はとても 〜がある. Bu gün çok deniz var. 海は今日少し〜がある. Denizde bu gün hafif bir çalkantı var.
namiasi 並み足 /a./ adî adım.
nàmida 涙 /a./ yaş, göz yaşı. 一滴の〜 bir damla yaş 〜を流す yaş akıt-. 〜をこぼす yaş (göz yaşı) dök-. 目に〜を浮かべる gözleri dol- (dolu dolu ol-). 〜をさそう ağlat-. 〜にむせぶ yaşlara boğul-. 血の〜を流す kan ağla-. 〜あふれて iki gözü iki çeşme. 〜をためている yaşlı. 〜をもよおす göz yaşartıcı. 〜がとまった. Gözünün yaşı dindi.
namidaci 波立ち /a./ çırpıntı.
namidagùmu 涙ぐむ /ey./ yaşar-. 涙ぐんでいる目 yaşlı gözler. オヤは映画に感動して涙ぐんだ. Oya filmde duygulandı, gözleri yaşardı.
namidamoròi 涙もろい /s./ sulu gözlü, (口語) gözü sulu.
namihazurè・ru 並はずれる /ey./ 並はずれた aşkın, sapak, sapık, sapkın.
namiki 並木 /a./ bir sıra ağaç, sıra ağaçlar.
namiki dòori 並木通り /a./ bulvarı.
namikì mici 並木道 /a./ bulvarı.
nami mòyoo 波模様 /a./ dalga, ebru. 〜の dalgalı, ebrulu.
naminàmi なみなみ /be./ 〜と silme.
namiùcu 波打つ /ey./ dalgalan-, çırpın-. キラキラと〜 harelen-. 波打っている kıvrım kıvrım.
namizyoo 波状 /a./ 〜の ondüle, dalgalı.
nàna 七 /a./ yedi.
nanabañmè 七番目 /a./ yedinci. 〜の yedinci.
nanàcu 七つ /a./ yedi. 〜の yedi. 〜ずつ yedişer. 〜ずつの yedişer.
nanahositèñtoo ナナホシテントウ /a./ uğur böceği.
nana hùsigi 七不思議 /a./ 世界〜 dünyanın yedi harikası.

nanâ iro 七色 /a./ yedi rengi. にじの〜が数えられるか. Gök kuşağında bulunan yedi rengi sayabilir misin?

nanakàmado ナナカマド /a./ üvez.

nanàme 斜め /a./ 〜の çalık, çapraz, eğik, verev. 〜に çaprazlama. 〜に切る çal-. 端を〜に切る çel-. 〜になる eğil-. 肩から〜に kılıçlama. 〜にたたんである verev.

nanàzyuu 七十 /a./ yetmiş. 〜の yetmiş.

nani なに /a./ şey, zırıltı. 〜を聞きましたか. Şeyi duydunuz mu? こんなことを言ってはなんですが haşa huzurdan.

nàni 何 /a./ ne, kaç. 〜をしている人 neci. 〜を言うか ne de-. 〜が何だかわからない kim kime, dum duma. 〜があっても taş çatlasa. 〜にでも腹を立てる boku ile kavga et-. 〜にでも首を突っ込む bok yedi başlı. それが〜になる. Kaç para eder? お仕事は〜. Göreviniz ne? 私の〜が気に入らないのですか. Bana neden gücendiniz? 〜が起こるか分からない. Al kiraz üstüne kar yağmış. 〜をそんなに急いでいるのか. Bulgurlu'ya gelin mi gidecek?

nanigasi なにがし /a./ filan, falan.

nanigo 何語 /a./ nece. 〜で nece. この人は〜をしゃべっているのか. Bu adam nece konuşuyor?

nanigoto 何事 /a./ 〜もない sütliman. 〜もありませんように hayırdır inşallah. 〜も気に入らない mızmız. 〜にも方法はある. Her şeyin bir çaresi vardır. 〜にもリーダーが必要. Bin işçi bir başçı.

nàni hitocu 何一つ /be./ hiçbir.

nàni ka 何か /a./ ne, şey, falan, filan, falanca, filanca, bazı, (隠語) dalga. 〜があって変わる bir hâl ol-. 〜変わったことがある bir şey (şeyler) ol-. 〜食べている boğazı işle-. いつも〜している boş durma-. 頭に〜かぶる baş bağla-. …や〜 falan festekiz (feşmekân), filan festekiz. 〜おっしゃいましたか. Bir şey mi buyurdunuz? 〜あったのか. Ne alıp veremiyor? 〜ニュースはないか. Ne var ne yok? 彼にノートや鉛筆や〜を買った. Ona defter, kalem falan aldım. 門や〜ちゃんと閉めたか. Kapıyı falan iyice kapatın mı?

nani ka sira なにかしら /be./ her nedense.

nani mo 何も /be./ hiçbir şey. 〜なくなる burnunu çek-. 〜言うことはない akan sular dur-. 〜しないでいる boş otur-, pinekle-. 〜せずに durduğu yerde. 〜かぶっていない başı açık.

nanimono 何物 /a./ ne, kim. …以外の〜でもない -den başka bir şey değil.

nàni nani なになに /ün./ hele hele.

nanitozo なにとぞ /be./ lütfen, ne olur.

nàni wa sateoki 何はさておき /be./ hele.

nàni wa tomoare 何はともあれ /be./ ne olur ne olmaz.

nàni yori 何より /be./ evvel emirde.

nanoka 七日 /a./ ayın yedisi.

nanuka 七日 /a./ → **nanoka**.

nañ- 何 /a./ kaç. 〜人. Kaç kişi? 〜歳. Kaç yaşında? 〜年生. Kaçıncı sınıfta? 〜日間. Kaç gün? 〜回も来たがそれを見つけることはできなかった. Kaç defa geldik, onu bulamadık.

nañ 何 /a./ ne. → **nàni**. 〜の ne. 〜の商売の人 neci. 〜のため niçin, niye. 〜の用か ne arıyor. 〜と言ったらいいのか ne denir! 〜ということだ ne âlâ memleket! 〜といっても ne de olsa. いったい〜だって nereden nereye. 〜ですって buyur? efendim? 何が〜だか分からない kim kime, dum duma. 〜にでもけちをつける. armudun sapı var, üzümün çöpü var de-. お仕事は〜ですか. Göreviniz ne? これは〜の花ですか. Bu ne çiçeğidir? やつに〜の関係があ

nàñ 難 /a./ belâ. 〜を避ける道があるのにそうしない maşa varken elini yak-.

nañbaa purēeto ナンバープレート (İng. number plate) /a./ numara levhası, plaka. おじさんの車が〜で分かった. Amcamın arabasını plakasından tanıdım.

nàñbañ 何番 /a./ kaçıncı. 〜の kaçlı.

nañbañmē 何番目 /a./ kaçıncı. 〜の kaçıncı.

Nañbei 南米 /a./ Güney Amerika.

nàñboku 南北 /a./ güney ve kuzey.

nàñbucu 難物 /a./ çetin adam.

nàñ da ka なんだか, 何だか /be./ nasılsa.

nàñde なんで, 何で /be./ neden, niçin. 門の所に〜突っ立っているのですか. Kapıda ne dikilip duruyorsun?

nàñdemo なんでも, 何でも /be./ ne, olur olmaz, herhangi bir. 〜知っている her telden çal-. 〜来い. Battı balık yan gider.

nàñdemokademo なんでもかでも /be./ 子供に〜食べさせるのは避けるべきだ. Çocuklara abur cubur yedirmekten sakınmalıdır. トランクに〜詰め込む. Bavula her şeyi tıkıştırır.

nàñdemo nài なんでもない /s./ zahmetsiz. 〜よ bir şey değil, iş değil, dert değil, akıl var, yakın var, zararı yok, ziyanı yok, (口語) vız gel-, vız gelip tırıs git-. 金は〜, いいから彼を勉強させなさい. Parasında değilim, yeter ki o okusun.

nàñdo 何度 /a./ kaç kere. 〜も tekrar tekrar, binlerce.

nàñgi 難儀 /a./ çile, müşkül, müşkülat, zor, zorluk, gedik. 〜な çileli, müşkül. 〜をしている çilekeş. おばはリューマチで〜をしている. Halamın romatizmadan zoru var.

nàñi 南緯 /a./ güney enlemi.

nàñi 難易 /a./ zor ve kolay.

nañka 軟化 /a./ yumşama. 〜する yumşa-.

nàñkai 何回 /a./ kaç defa. 〜も bunca kere, tekrar tekrar, binlerce. 〜も来たが, それをみつけることはできなかった. Kaç defa geldik, onu bulamadık. 〜も行ったり来たりした. Kırk kere gitti geldi.

nañkìñ ナンキン /a./ kabak.

nañkìñmame ナンキンマメ /a./ yer fıstığı.

nañkìñmusi ナンキンムシ /a./ tahta kurusu, tahta biti. 〜が子供の腕を刺した. Tahta kurusu çocuğun kolunu haşlamış.

nañkìñzyoo 南京錠 /a./ asma kilit.

nàñkiro 何キロ /a./ kaç kilo. 粉袋は〜あったのか. Un çuvalları kaç kilo çekmiş? 〜の包みにしましょうか. Kaçlık paket istersiniz?

nañkocu 軟骨 /a./ kıkırdak. 肋骨の〜 geğrek.

nañkoo 軟膏 /a./ macun, merhem. 〜を塗る merhem sür-.

nañkòogai 軟口蓋 /a./ damak eteği.

nañkyoku 南極 /a./ güney kutbu. 〜の antarktik. 〜大陸 antarktik kara.

nañkyoku 難局 /a./ açmaz.

nañkyokùteñ 南極点 /a./ güney noktası.

nañmiñ 難民 /a./ mülteci, sığınık. 〜キャンプ mülteci kampı.

nàñnaku 難なく /be./ kolayca, zahmetsizce. 〜手に入れる kon-. 〜手に入る ayağı ile gel-. 〜金がもうかる servete kon-.

nàñneñ 何年 /a./ kaç yıl. 〜も yıllarca. 〜卒業の kaçlı. この医者は

~の卒業か. Bu doktor kaçlı? こんなに~も待っていた. Bunca yıllar bekledim. ~も頑張ったけれど, まだうまくいかない. Yıllarca çalışmakla beraber yine de başaramadı.
nañneñ ûmare 何年生まれ /a./ ~の kaçlı. この子は~か. Bu çocuk kaçlı?
nàñnici 何日 /a./ kaç gün. 今日は~ですか. Bu gün ayın kaçıdır?
nañnicìkañ 何日間 /a./ ~ですか. Kaç gün?
nañnimo なんにも, 何にも /be./ hiçbir şey. ~ない hiçbir şey yok.
nàñniñ 何人 /a./ kaç kişi. ~かの中の一人 birinden biri. ~ですか. Kaç kişi?
nañno 何の /s./ ~効果もない bana mısın deme-. ~価値もない bir pul etme-. ~関係もない bok yemek düş-. ~役にも立たない kaç paralık. ~値打ちもない kaç paralık, ne imiş! ~ことはない faso fiso. ~気なしに mahsus, şakacıktan.
nañpa 難破 /a./ enkaz.
nañpoo 南方 /a./ ~の人 güneyli.
nañra 何ら /be./ hiçbir. これは~特別なことではない. Bunda bir fevkalâdelik yok. ~はっきりした情報がない. Hiçbir aydınlatıcı haber yok.
nàñrira 何リラ /a./ kaç lira. これに~欲しいと言っているのか. Bunun için kaç lira istiyor?
nàñsai 何歳 /a./ ~の (口語) kaçlık. ~ですか. Kaç yaşında?
nañsei 南西 /a./ güneybatı. ~の風 lodos, güney. ~の風が吹く lodosla-.
nañsicu 軟質 /a./ ~の木 yumuşak ağaç.
nañtai dòobucu 軟体動物 /a./ yumşakçalar.
nañte なんて /il./ あんなやつらにあいさつする~適当ではない. Onun gibi adamlara selâm vermek bile caiz değildir. 生で食べなかったのだから腹が痛くなる~. Çiğ yemedim ki karnım ağırsın.
nàñte なんて /ün./ ne. ~ことだ canım! (侮辱的) elinin körü! ~かわいい子. Ne can çocuk! ~まあいい天気. Ne de güzel hava! ~暑いのだろう. Ne sıcak!
nañtecu 軟鉄 /a./ dişi demir.
nañteñ 難点 /a./ sakınca.
nàñto なんと /ün./ ne, eyvah. ~まあ maşallah. やあ~ きれい. A, ne güzel! ~紙が欠乏したのだ. Kâğıt kıtlığında mı kaldık! まあ~かわいい赤ちゃん. Maşallah bu ne güzel bir bebek!
nàñtoka なんとか /be./ ~する kolayını bul-. ~やっていく geçinip git-, yuvarlanıp git-. ~して her nasılsa, her hâlde, ne yapıp yapıp, bir türlü. ~して見つける bulup buluştur-. やっと~なる kırıp sar-. ~うまく orta şekerli. ~金を工面して borç harç. 明日になれば~なるさ sabah ola, hayır ola. あのけちな~いうもの zımbırtı. ~言えるような値打ちのあるものではない ahım şahım bir şey değil. ~明日までによくなって学校へ行けばいいが. İnşallah yarına kadar iyileşip okula gidebilirim.
nañtonàku なんとなく /be./ bir türlü, nasılsa, laf olsun diye. ~変な気分になる bir hoş ol-. ~時を過ごす eğlen-, eğleş-. ~しゃくにさわる huylan-. ~言ってしまった. Nasılsa söylemiş bulundum.
nàñtoñ 何トン /a./ kaç ton. このトラックは~運べる. Bu kamyon kaç ton kaldırır?
nañtoo 南東 /a./ güneydoğu. ~の風 akça yel, keşişleme.
nàñto sitemo なんとしても /be./ ille. ~忘れがたい gözünün önünden gitme-.
nàñzañ 難産 /a./ zor bir doğum.
nàñzi 何時 /a./ saat kaç. ~に kaçta. ~ですか. Saat kaç? 朝~に起きましたか. Sabah saat kaçta kalktınız?

nañzi 難事 /a./ mesele. ～を切り抜けた人 gemisini kurtaran kaptan.

nañzikañ 何時間 /a./ kaç saat. ～ですか. Kaç saat? 暴風のうなり声が～も続いた. Fırtınanın uğultusu saatlerce sürdü.

nào なお /be./ yine, daha, ～その上に hem de.

naòru 治る /ey./ iyileş-, şifa bul-, on-. 病気が～ hastalık geç-. けがが～ yara kapan-.

naòru 直る /ey./ düzel-, on-, savuş-, yola gel- (yat-).

naosara なおさら /be./ daha. ～悪い daha kötü.

naosî 直し /a./ onarım.

naòsu 治す /ey./ iyileştir-, şifa ver-, onar-.

naòsu 直す /ey./ doğrult-, düzelt-, onar-, yola getir-. 誤りを～ yanlışı düzelt-. 髪を～ saçını yap-. 手紙の乱れた文章を直した. Mektubun bozuk cümlelerini düzeltti.

naozari なおざり /a./ ～な özensiz.

napàamu ナパーム(İng. napalm) /a./ napalm.

napaamu bàkudañ ナパーム爆弾 /a./ napalm bombası.

Nàpori ナポリ /a./ Napoli.

nàppa 菜っ葉 /a./ sebze. ～を刻む sebzeyi kıy-.

nàpukiñ ナプキン(İng. napkin) /a./ peçete, peşkir, el bezi. 皿のわきに～を置く tabakların yanına peçete koy-.

nara なら /il./ kalsa (kalırsa), madem, mademki. …にできる～ kalsa (kalırsa). 私～そこへは決して行かない. Bana kalsa, oraya hiç gitmem. 行くの～あれも持って行け. Hazır gidiyorsun, onu da götür.

nàraba ならば /il./ hazır, ise, -se.

narabekata 並べ方 /a./ 本の～ kitapların tertibi.

naraberare・ru 並べられる /ey./ dizil-, seril-.

narabe・ru 並べる /ey./ diz-, dizile-, sırala-, sıraya koy-, ser-. コップを棚に～ bardakları rafa diz-. 腰掛けを～ iskemleleri sırala-. 肩を～ hizaya gel-, omuz öpüş-. 並べて売っているもの sergi.

narabetatè・ru 並べ立てる /ey./ sırala-. 罪状を～ künyesini oku-. 私達に対し一連の抗議を並べ立てた. Bize karşı bir sürü itiraz sıraladı. またても私に無駄な口実を並べ立てた. Bana gene bir sürü kurt masalı okudu.

narabi 並び /a./ sıra.

narabini ならびに, 並びに /ba./ ve.

narabu 並ぶ /ey./ dizil-, sıraya geç-, hizaya gel-, uzan-. 並んでいる dizili, sıralı, sıra sıra. 小川にそって～ヤナギの木 çay boyunca uzanan söğütler. 並んで dizi dizi, borda bordaya, yan yana. 横の方に並んで yanı sıra. 子供達は往来を見ようと窓の所へ並んだ. Çocuklar gelen geçeni seyretmek üzere pencereye dizildiler.

naraè・ru 習える /ey./ öğrenil-.

narànai ならない /s./ …しなければならない zorunda ol- (kal-), mecbur ol- (kal-). 借金を返さなければ～ borçlan-. そこへ行かなければならなかった. Oraya gitmek zorunda idim. 宿題を明日までにやらなければ～. Ödevimi yarına yetiştirmeye mecburum. 私はここにいなければ～. Ben burada oturmaya mahkûmum. その手紙は昨日書かねばならなかったのです. O mektubu dün yazmalıydınız. 人は借りを返さねば～. İnsan borcunu ödemeli. どの顔にも笑いかける者を友と思っては～. Her yüze güleni dost sanmamalı.

narasarè・ru 慣らされる /ey./ alışıl-.

narase・ru 鳴らせる /ey./ çaldır-. チリンと～ çınlat-.

narasu 鳴らす /ey./ çal-, öttür-. 鐘を～ çan çal-. 楽器を～ çalgı çal- (çaldır-). 指を～ parmak çıtlat-. 警笛を～ düdük öttür-. チリンチリンと～

nàru

çın çın inlet-.
narasu 慣らす /ey./ alıştır-.
narasu ならす, 馴らす /ey./ uslandır-, evcilleştir-. 馴らしていない馬の群 hergele.
narasu ならす /ey./ düzelt-. 地面を〜 toprağı düzelt-, sürgüle-.
narau 習う /ey./ öğren-, geç-, tahsil et-. 読み書きを〜 okuma yazma öğren-. この歌を誰に習ったのか。 Bu şarkıyı kimden geçtiniz?
narau 倣う /ey./ hizaya gel-. 右へならえ sağa bak! 導師にならって祈る cemaatle namaz kıl-.
narawase・ru 習わせる /ey./ öğret-.
narawasi 習わし /a./ âdet. 〜で âdet yerini bulsun diye.
narazumono ならずもの /a./ haşarat, hergele, ipsiz, külhanbeyi, mahalle çapkını. 〜の ipsiz.
nare 慣れ /a./ alışkanlık.
narekko 慣れっこ /a./ 〜になる kanıksa-. 殴られることに〜になっている人 dayak arsızı. もう殴られることを恐れない〜になってしまった。Dayaktan korkmuyor artık, kanıksamış.
narenaresii なれなれしい /s./ pişkin. なれなれしくできる yüz bul-. なれなれしくしすぎる yüz göz ol-. 急になれなれしくなる kabak çiçeği gibi açıl-.
nare・ru 慣れる /ey./ alış-, intibak et-, öğür ol-, ısın-. 家事に〜 ev işlerinde piş-. 気候に〜 havaya alış-. 慣れている alışık, idmanlı, öğür. 寒さに慣れている soğuğa alışık. 慣れていること alışkanlık. 慣れやすい insancıl. 慣れた仕事を断念できない ayağını alama-. 慣れた仕事から手を引く elini eteğini çek-. その手は縫い物に慣れている。Eli dikişe yatkın. 慣れた物は簡単に手離せない。 Alışılan şeyden çabuk geçilmez.
nare・ru なれる, 馴れる /ey./ alış-. 馬が〜 gem al-.
nare・ru なれる /ey./ olun-. 一人で食べ

る気になれない boğazından geçme-. ただ学ぶだけでは立派な人間になれない。 Yalnız okumakla adam olunmaz. もう少し頑張ればよくできる生徒にきっと〜と思うよ。 Biraz daha çalışırsan çok başarlı bir öğrenci olacağın kanısındayım.
nariagari 成り上がり /a./ türedi, yıl uğursuzundur. 〜の türedi, görmemiş. 〜気分でうぬぼれる ne oldum delisi ol-.
nariagarimono 成り上がり者 /a./ türedi, sonradan görme, yerden bitme.
narihibìku 鳴り響く /ey./ gümbürde-, çınla-. チリンチリンと〜 çın çın öt-.
narikiñ 成金 /a./ sonradan görme, yıl uğursuzundur. 地方の〜 hacı ağa. にわか〜 Allah yürü ya kulum demiş.
naritaci 成り立ち /a./ oluşum.
naritàcu 成り立つ /ey./ oluş-, ibaret ol-. 成り立っている ibaret.
nariyuki 成り行き /a./ akış, cereyan. 事の〜 olayların akışı, mecra. 〜にまかせる oluruna bırak- (bağla-), akıntıya bırak-, koyuver-, koyver-.
naru 鳴る /ey./ öt-, çal-. 鐘が〜 zil çalın-. チリンと〜 çınla-. 腹がグーグー〜 karnı zil çal-. 〜しかけ çalar. 〜しかけが壊れた時計 çaları bozuk saat. この笛は鳴らない。Bu boru ötmüyor.
nàru なる /ey./ ol-, gel-, et-, bul-, bağla-, gir-; oluş-. 重く〜 ağırla-. かたく〜 kalılaş-. かっと〜 ateşlen-. 眠くなった。Uykum geldi. 会いたくなった。Göreceğim geldi. (に) 話題に〜 adı geç-. 立派な人に〜 adam ol-. 自由に〜 baskıdan kurtul-. 楽に〜 rahat bul-, rahatla-. 思い通りに〜 ayağı ile gel-. 人でいっぱいに〜 adam alma-. のどがからからに〜 hararet bas-. 一つに〜 birleş-. 病気に〜 hastalan-. 金額に〜 baliğ ol-. どうにもならない状態に〜

ateş bocayı sar-. 二十歳に〜 yirmisine gir-. 年が15に〜と yaşı on beşine değince. 冬に〜 kışa gir-. 夕方に〜 akşam ol-, akşamı bul-. …のように〜 kesil-. 氷のように〜 buz kesil-. …になりたいと思う talip ol-. 利益に〜もの advantaj. 子供は先生のとりこになってしまった. Çocuk öğretmenine bağlanıverdi. 借金が1,000になった. Borç bine baliğ oldu. 子供が七つになった. Çocuk yedisine bastı. 七十歳になった. Yaşı yetmişe vardı. 春になった. Bahara erişti. 気がついたら夕方になっていた. Farkına varmadan akşamı ettik. 事は〜ように〜. İş olacağına varır. 比べ物にならない. Attığı tırnağa benzemez. どうにもならないもの. Atsan atılmaz, satsan satılmaz. (が) ことが〜 işi ol- (var). ことが成ったと見て手を引く　bıyığını sil-. (から) …から〜 ibaret, müteşekkil. 五つから〜 beşli. 四つの部分から〜 dörtlü. 10人から〜会 on kişiden ibaret bir heyet. 大気は地球の周囲を取り巻くさまざまな気体から〜. Atmosfer, dünyanın çevresini saran çeşitli gazlardan oluşur. Okumak という単語は三つの音節から〜. Okumak sözcüğünde üç hece var.

nàru なる /ey./ (meyve) ol-. 実の〜木 meyve ağaçları. この木はいい実が〜. Bu ağaç iyi meyve veriyor. ブドウはまだならない. Üzüm daha olmadı. 畑は今年少ししかブドウがならなかった. Bağlar bu yıl az üzüm verdi. モモが今年はならないみたい. Şeftaliler bu yıl ürkmüş. 木になっている真っ赤なリンゴが食べたくなった. Ağaçtaki kıpkırmızı elmalara imrendim.

narubeku なるべく /be./ olabilir ki, alabildiğine, mümkün mertebe.

naruhodo なるほど, 成る程 /be./ sahi.

narutake なるたけ /be./ olabilir ki, belki.

nàsake 情け /a./ insaf, sevecenlik.

〜をかける insaf et-. 〜をかけない kıy-, insafsız. 〜ある merhametli, şefkatli. 〜のない taş yürekli. 〜に弱い yufka yürekli. 君には〜というものがないのか. Sende insaf yok mu? この子は両親がいない, 〜をかけてやる必要がある. Bu çocuğun yakınları yok, sevecenliğe gereksinmesi var. 哀れな男にどんな〜をかけたというのか. Zavallıya nasıl kıydılar?

§〜は人のためならず. Al gülüm, ver gülüm!

nasakebukài 情け深い /s./ insaflı, iyilikçi, iyiliksever, müşfik, sevecen, yüreği yufka. とても〜 karıncayı bile incitme- (ezme-).

nasake sìrazu 情け知らず /a./ 〜の kıyıcı, merhametsiz.

nasake yõosya 情け容赦 /a./ 〜しない kıy-. 〜のない acımasız. 〜なく kıran kırana.

nasarè•ru なされる /ey./ edil-. 努力が〜 çalışıl-. ある人に援助がなされた. Birine yardım edildi. この仕事のために非常な努力がなされた. Bu iş için çok çalışıldı.

nasàru なさる /ey./ buyur-, eyle-. 出発〜 hareket eyle-. 何をどうなさろうとも ne etseniz ne eyleseniz. よくなさいました. Keramet buyurdunuz. Keramette bulundunuz. この服の中から好きなものを選びなさい. Bu elbiselerden birini beğeniniz.

nàsi 無し /a./ yokluk. 私は彼〜ではいられない. Ben onsuz edemem.

nasi ナシ, 梨 /a./ armut. 野生の〜 ahlat. 〜はまだ熟していない, 口がまがる. Armutlar henüz olmamış, ağzı buruyor.

nasitogè•ru 成し遂げる /ey./ başar-, hakkından gel-, üstesinden gel-, varlık göster-. 成し遂げた muvaffak.

nasseñ 捺染 /a./ bası. 〜の型 baskı. 〜の布 yazma.

nàsu ナス /a./ patlıcan. 詰めもの用の〜

naziru

dolmalık patlıcan. 〜を霜がおそう patlıcanı kırağı çal-.
nàsu 成す, なす /ey./ oluştur-. 群れをなして akın akın. グループをなして grup hâlinde.
nàsu なす, 為す /ey./ et-, eyle-. 〜すべを知らない hoşafın yağı kesil-. 何を〜べきか. Neyleyim? Ne eyleyeyim?
nasudoko ナス床 /a./ patlıcan ocağı.
nasuricukè·ru なすりつける /ey./ bula-. 罪を人に〜 üste çık-, üstüne at-. 罪を私に〜な. Suçunu bana yıkma.
nata なた /a./ nacak.
natane ナタネ, 菜種 /a./ kolza.
natoryùumu ナトリウム (Al. Natrium) /a./ sodyum.
nàtto ナット(İng. nut) /a./ somun.
nattoku 納得 /a./ kanaat, rıza. 〜する aklı yat-, kan-, razı ol-. 〜させる inandır-, kani et-. 人を〜させる ağzına baktır-. 〜がいかない havsalası alma-. 〜した razı. 〜しうる inandırıcı. 〜するまで kana kana.
nawà 縄 /a./ ip, halat, urgan. 〜の端 halatın ucu.
nawatòbi 縄跳び /a./ 〜をする ip atla-.
nàya 納屋 /a./ çiftlik ambarı.
nayamasarè·ru 悩まされる /ey./ いやなにおいで〜 burnunun direği kırıl-. 悪夢に〜 kâbus bas- (çök-).
nayamasè·ru 悩ませる /ey./ ağrıt-, endişelendir-, çullan-, sık-, (口語) balta ol-, sıkkın. おしゃべりで〜 baş ağrıt-.
nayamasìi 悩ましい /s./ musallat.
nayamàsu 悩ます /ey./ başına belâ ol-, başına iş aç- (çıkar-), gırtlağına sarıl-, rahatını kaçır-, rahatsız et-, sataş-, üz-, yiyip bitir-, zifos at-, kurcala-, kurt gibi kemir-. 〜こと taciz. 頭を〜 aklını perişan et-. 私の頭を〜問題 kafamı kurcalayan bir sorun.
nayamì 悩み /a./ dert, keder, kaygı, gönül darlığı, can sıkıntısı, tasa. 恋の〜 gönül belâsı. 〜の種 baş belâsı. 〜を打ち明ける derdini aç-, derdini dök-, dertleş-, içini dök-. 〜を打ち明けてほっとする boşal-. 〜を打ち明ける相手 dert ortağı. 〜を分け合う dertleş-. 同じ〜を持つ başında ol-. 同じ〜を持つ者同士 dert ortağı. 自分の〜に没頭する derdine düş-. 〜を忘れる avun-. 〜を取り除く gönül aç-. 〜がなくなる anadan doğmuşa dön-. 〜のない ağrısız. 彼には〜がある. Onun bir derdi var. あなたの〜を聞く人はいない. Derdini Marko Paşa'ya anlat.
nayàmu 悩む /ey./ başı ağrı-, başı belâya gir-, başı derde gir-, başını ateşlere yak-, başını derde sok-, derdine yan-, endişe et-, endişelen-, ıstırap çek-, kahırlan-, keder çek-, keyfini kaçır-, dertlen-, sıkıl-, tasalan-. 深く〜 tepesinden (başından) kaynar su dökül-. ひそかに〜 kendi kendini ye-. 思うように行かず〜 içi içini ye-. 悩んだり怒ったりする canı sıkıl-. 悩んで başı belâda, başı dertte.
nàyonayo なよなよ /be./ 〜とする fingirde-.
nàze なぜ /be./ neden, niçin, ne demeye, niye. いったい〜 ne dedim de. 〜なら çünkü, ta ki, zira. 〜私達のところへ来たのか. Niçin bize geldiniz? 〜本当のことを言わないのか. Niye doğrusunu söylemiyorsunuz? 〜そんなに怒っているの. Niye öyle gücenik duruyorsun? 行けない, 〜なら病気だから. Gidemez, çünkü hastadır.
nazimu なじむ /ey./ kaynaş-. 植物が土地に〜 yerini sev- (beğen-). 砂利とセメントが〜. Çakıla çimento kaynaşır.
naziru なじる /ey./ aleyhinde söyle-

(bulun-). 口笛で〜 ıslıkla-. 〜ような sitemli.
nazo なぞ /*a.*/ muamma, bilmece. 〜を解く bilmece çöz-. 〜が解けた. Sırlar çözüldü.
nazomèku なぞめく /*ey.*/ なぞめいた muammalı.
nazonazo なぞなぞ /*a.*/ bilmece, muamma.
nazukerarè•ru 名付けられる /*ey.*/ adlan-, denil-, den-.
nazukè•ru 名付ける /*ey.*/ adlandır-, ad koy- (ver-), de-.
ne 値 /*a.*/ fiyat, değer, paha. → **nedañ.** 〜が高い pahalı. 高い〜で pahalıca. できうる限りの〜で tuttura-bildiğine. 〜をつける değer (paha) biç-. 〜のつけようがない paha biçilmez. 〜を決める (俗語) adını koy-. 〜が上がる pahaya çık-, pahalan-, pahalılaş-, yüksel-, zam gel-. 〜が急に上がる fırla-. 〜が上げられる zam gör-. 〜を上げる yükselt-. 〜が動く dalgalan-. 〜が出る değerlen-, kıymetlen-. 〜が張る (隠語) kazık marka. 〜が下がる işportaya düş-, ucuzla-. 〜を下げる ucuzlat-, kır-, in-. 亡くなると〜が出る. Kör olur badem gözlü olur, kel ölür sırma saçlı olur.
ne 音 /*a.*/ ses.
ne ね /*il.*/ bakar mısınız? ya. あの〜 baksan a! baksanız a! …だ〜 hani yok mu. 今日あなたは元気がなさそうです〜. Bu gün sizi durgun görüyorum. 大変な事故を免れたそうです〜. Büyük bir kaza geçirmişsiniz. ぶつぶつ言って男を追い払った〜. Söylene söylene adamı kaçırdın. 角に小さい店がある〜, ほらそこで買ったんだ. Köşede küçük bir dükkân var ya, işte orada aldım. これは何の騒ぎだ〜. Bu ne gürültü yahu!
nè 根 /*a.*/ kök. 木の〜 ağaç kökü. 松の〜 çamın kökü. 歯の〜 diş kökü. 〜を張る kökleş-, kök sal-. 〜を取る kökle-. 〜が張る köklen-. 〜がなくなる (隠語) sıfırı tüket-. 〜のある köklü. 〜のない dipsiz.
§〜も葉もない uydurma, (俗語) uyduruk. 〜も葉もない話 asılsız haber. 〜も葉もない言葉 temelsiz sözler.
neagari 値上がり /*a.*/ 肉が10%〜した. Ete yüzde on zam bindi.
neage 値上げ /*a.*/ fiyat (fiat) artışı, zam. 〜する zam yap-, üste vur-. 新聞はガソリンの価額に新たな〜が行われることを報じている. Gazeteler benzin ederlerine yeni bir zam geleceğini yazıyorlar.
nebakkòi 粘っこい /*s.*/ yapışkan.
nebakkòsa 粘っこさ /*a.*/ yapışkanlık.
nèbaneba ねばねば /*be.*/ 〜した vıcık.
nebarì 粘り /*a.*/ yapışkanlık. 〜のある özlü.
nebarike 粘り気 /*a.*/ 〜がある özlü.
nebarizuyòi 粘り強い /*s.*/ direşken.
nebàru 粘る /*ey.*/ yapışkan, sakız gibi. この庭は雨のあと〜. Bu bahçenin yağmurdan sonra yapışkan bir çamuru var.
nebiki 値引き /*a.*/ ikram, indirim, tenzilât, ıskonto. 〜する ikram et-, indir-, tenzilât yap-. 〜した indirimli, tenzilâtlı.
nebikigaku 値引き額 /*a.*/ ıskonto.
nebìku 値引く /*ey.*/ ikram et-, indir-, tenzilât yap-. 値引いた indirimli.
neboke mànako 寝ぼけ眼 /*a.*/ 〜の uykulu. 〜で uykulu uykulu.
nebumi 値踏み /*a.*/ 〜する paha biç-.
neccyuu 熱中 /*a.*/ düşkünlük, ihtiras, iptilâ, mani, tutku, hastalık. 〜する dal-, düş-, âşık ol-, üstüne (üzerine) düş-, kendini bırak-, meşgul ol-, parmağında dola-, bağlan-. 遊びに〜する eğlenceye dal-. 急に〜する ateş kesil-. おかしなものに

〜する derdine düş-. 〜している çalmadan oyna-, âşık, müptela, tutkun. 〜しているもの derdi günü. 兄さんは音楽に〜している. Ağabeyimin müziğe karşı tutkusu var. 彼が〜しているのは映画だ. Onun derdi günü sinema. 〜すると何でもやる. Âşığa Bağdat sorulmaz.

necû 熱 /a./ ateş, hararet, ısı, sıcaklık; şevk. 病気の〜 ateş, hararet, (俗語) yangın. ストーブの〜 sobanın sıcaklığı. 太陽の〜 güneşin harareti. 〜の ısıl. 〜のある ateşli, hummalı. 〜のある病人 hummalı hasta. 〜が出る ateşlen-, ateşi çık-. 〜が出る病気 ateşli hasta. 〜が下がる ateşi düş-. 病人の〜が下がる hastanın ateşi düş- 〜を下げる harareti kes-, hararet söndür-. 〜を与える kızdır-. 必要な〜を与える tava getir-. 〜が高まる şevke gel-. 〜を失う şevki kırıl-. 子供が〜を出した. Çocuk ateşlendi. 病人はひどい〜だ. Hastanın çok harareti var. 〜が下がって病気がよくなってきた. Ateşi düşünce hasta açıldı.

necuai 熱愛 /a./ sevda. 〜する canı gelip git-, deli ol-, yanıp tutuş-.

necuboo 熱望 /a./ şevk, sevda, emel, hasret, ihtiras. 〜する can at-, heveslen-, içi titre-, kıskan-. その〜を打ち砕く hevesini kır-.

necubyoo 熱病 /a./ humma. 〜の hummalı.

necui 熱意 /a./ gayret, heves.

necurecu 熱烈 /a./ kızgınlık. 〜な coşkun, kızgın.

necùryoo 熱量 /a./ kalori.

necuryookei 熱量計 /a./ kalorimetre.

necuzyoo 熱情 /a./ sevda, tutku, ateş, hararet, yangın.

necuzyooteki 熱情的 /a./ 〜な alevli, ateşli.

nedañ 値段 /a./ fiyat, paha, değer, eder. → **ne**. 法外な〜 fahiş fiyat. 法外な〜の ateş pahasına. さまざまな寸法や〜の boy boy. 〜の交渉 pazarlık. 〜の交渉をする pazarlık et-. 〜をつける fiyat biç- (ver-). 〜を上げる artır-. 〜を下げる fiyatını düşür-, fiyatı kır-. 双方が〜で折り合う. beş aşağı beş yukarı uyuş-. これにどんな〜をつけたか. Buna ne fiyat biçtiniz? この家の〜は10万リラだ. Bu evin değeri yüz bin liradır. 物の〜にはそれだけの理由がある. Ucuzdur vardır illeti, pahalıdır vardır hikmeti.

nedañhyoo 値段表 /a./ fiyat listesi.

nedaru ねだる /ey./ el aç-, dilen-. しつこく〜 sırnaş-.

nedayasi 根絶やし /a./ 〜にする kökküne kibrit suyu dök-.

nedoko 寝床 /a./ yatak. 〜に入る yatağa gir-. 〜を直す yatağı yap- (düzelt-).

nèe ねえ /ün./ ha, hu, baksan a, baksanız a, kuzum, (口語) yahu. 〜, そのペンを取って下さらない? Kuzum, şu kalemi verir misiniz?

nèeburu ネーブル /a./ portakal. 〜はビタミンCの豊富な果物だ. Portakal C vitamini yönünden zengin bir meyvedir.

neeburùeñ ネーブル園 /a./ portakallık.

nèesañ 姉さん /a./ abla. 〜と兄さん abla ve ağabey. 〜らしくいたわる ablalık et-. 〜は満21歳になった. Ablam 21 yaşını doldurdu. その本を〜に届けてくれないか. Şu kitabı ablana iletir misin?

nèeya ねえや /a./ dadı.

nèga ネガ (İng. negative) /a./ negatif.

negài 願い /a./ arzu, dilek, rica, istek, murat. 〜がかなう kurdunu kır-. 私の〜を聞いてくれた. Ricamı kabul etti. 私の〜はたびたび手紙を書いてくれることです. Senden dileğim,

negaidê・ru 願い出る /ey./ başvur-.
negaigoto 願い事 /a./ yakarı, yakarış. 〜をする niyet tut-. 〜がかなう kurdunu kır-, muradına er-.
negâu 願う /ey./ dile-, rica et-, yalvar-, gönlü çek-, arzu et-. 願ってもない arayıp da bulama-. 願っている talip, (俗語) talipli. あなたがしあわせであるように願っています. Mutlu olmanızı dilerim.
negawâkuwa 願わくは /be./ inşallah. 〜二度と世界大戦が起きないように. Dileyelim ki bir daha hiç dünya savaşı olmasın.
nêgi ネギ /a./ soğan.
negirikata 値切り方 /a./ pazarlık. しつこい〜 çekişe çekişe pazarlık. けちな〜 Yahudi pazarlığı.
negîru 値切る /ey./ pazarlık et-. 〜こと pazarlık. 値切ろうとする beş aşağı beş yukarı pazarlık et-.
negoto 寝言 /a./ sayıklama. 〜を言う sayıkla-.
neiro 音色 /a./ ses.
neîru 寝入る /ey./ sız-, uyu-.
neisu 寝椅子 /a./ şezlong.
nekabu 根株 /a./ kütük.
nekase・ru 寝かせる /ey./ yatır-; dinlen-. 寝かせておいた dinlendirilmiş. 子供を寝かせた. Çocuğu yatırdım. ブドウ酒は寝かせると味がよくなる. Şarap dinlenirse içimi hoş olur.
nekasu 寝かす /ey./ yatır-.
nekatâ 根方 /a./ ağacın dibi.
nekkacîihu ネッカチーフ (İng. neckerchief) /a./ kaşkol.
nêkkara 根っから /be./ 〜素晴らしい sapına kadar.
nekkô 根っこ /a./ kök. 木の〜 ağaç kökü.
nêkkuresu ネックレス (İng. necklace) /a./ gerdanlık, kolye.
nekkyoo 熱狂 /a./ heyecan, coşku, coşkunluk, mani, fanatizm. 〜する hararetlen-, heyecanlan-, aşka gel-, deli ol-, deliye dön-. 人々は〜の中にある. Halk heyecan içinde.
nekkyôosya 熱狂者 /a./ fanatik.
nekkyooteki 熱狂的 /a./ 〜な bağnaz, heyecanlı. 〜に büyük bir coşku ile.
nêko ネコ, 猫 /a./ kedi. 〜ちゃん pisi, pisipisi. 〜を踏みつぶす kediyi çiğne-. 〜がのどをゴロゴロ鳴らす mırla-. 〜どもはここがすっかり気に入った. Kediler buraya fena dadandılar. 〜のひたいほどの土地 avuç içi kadar yer.
§〜をかぶる kuzu postuna bürün-. 〜をかぶった riyakâr. 〜もしゃくしも口出しをする ayağa düş-. 借りて来た〜のような terbiyeli maymun gibi. 〜に小判. (卑語) Eşek hoşaftan ne anlar?
nekobaba ネコババ /a./ 〜する (俗語) iç et-. 〜をきめる (冗談) deve yap-.
nekômu 寝込む /ey./ döşeğe düş-. 重い病気で〜 yataklara döşen-, yatak yorgan (döşek) yat-. 子供がはしかで一週間寝込んだ. Çocuk kızamıktan bir hafta yattı.
nekorôbu 寝転ぶ /ey./ yat-. 子供が芝生の上に寝転んだ. Çocuk çimenlerin üzerine yattı.
nekosogi 根こそぎ /a./ 〜にする kökünü kazı-, kökle-.
nêkutai ネクタイ (İng. necktie) /a./ boyun bağı, kravat. 〜を結ぶ boyun bağı (kravatı) bağla-. 〜をほどく kravatı çöz-. 〜の色がシャツについたらしい. Kravatın boyası gömleğe çıkmış.
nekutâi piñ ネクタイピン (İng. necktie pin) /a./ kravat iğnesi, klips.
nemâ 寝間 /a./ yatak odası.
nemaki 寝巻き, 寝間着 /a./ gecelik. 〜を着る geceliği giy-. 〜を脱ぐ geceliği sıyır-.
nemotô 根元 /a./ dip, ilke. 木の〜 ağacın dibi. 木の〜を掘り起こす boğaz aç-. 〜から切り取る dibinden

buda-.
nemugàru 眠がる /ey./ uykusu gel-.
nemui 眠い /s./ uykusu gelmiş. 眠くなる uykusu gel-, ağırlık bas-, gözleri kapan-. とても眠くなる uyku gözünden ak-, gözünden uyku ak-. 眠くなった. Uykum geldi.
nemuke 眠気 /a./ uyku. 〜を催す uykusu gel-. 〜を催させる uyutucu. 〜を覚ます uyku dağıt-. 〜が覚める uykusu açıl- (dağıl-). 〜とたたかう uyku ile boğuş-.
nemurase・ru 眠らせる /ey./ uyut-. 子供を懐に抱いて眠らせた. Çocuğunu koynunda uyuttu.
nemure・ru 眠れる /ey./ 眠れない uyuyama-, uykusu kaç-, uykusuz kal-, gözlerine (gözüne) uyku girme-, gözleri uyku tutma-. 眠れない夜 uykusuz geceler. 眠れないこと uykusuzluk. 上の騒音で眠れなかった. Yukarıdaki gürültüden uyuyamadım. 明日出かける旅行のことを考えて眠れなかった. Yarın çıkacağım yolculuğu düşünmekten uykum kaçtı.
nemuri 眠り /a./ uyku. 永遠の〜 ebedî uyku. 深い〜 derin (deliksiz) uyku. 〜が深い uykusu ağır. 浅い〜の sak. 〜が浅い uykusu hafif. 〜につく uykuya var-, dal-. 〜が襲う uyku bas- (bastır-). 〜が妨げられる uykusu bölün-. 〜をさそう uyku ver- (getir-). 冬の間〜についていた木々 kış süresince uykuda olan ağaşlar.
nemuribyoo 眠り病 /a./ uyku hastalığı.
nemurigùsuri 眠り薬 /a./ uyku ilacı. 〜を飲む uyku ilacı iç-.
nemurikokè・ru 眠りこける /ey./ sız-, uykuya dal-.
nemurikòmu 眠り込む /ey./ sız-, uykuya dal-. あまりに疲れていたのでソファーで眠り込んでしまった. Öyle yorulmuşum ki kanepenin üstünde sızıp kaldım.

nemuru 眠る /ey./ uyu-, (侮辱的) zıbar-. ぐっすり〜 uyku çek-, uykuya dal-, uykusunu al-. 深く〜 üzerine ölü toprağı serpilmiş gibi uyu-. 浅く〜 sak yat-. グーグー〜 horul horul uyu-. 眠っている uykuya var-. 〜ために横になる uykuya yat-. 眠らない gözlerini kapama-, uykusuz. 眠らないこと uykusuzluk. 〜暇もない uyku durak yok. 安らかに眠ってください nur içinde yatsın. かわいい赤ん坊が眠りながらにこにこしていた. Küçük bebek uykusunda gülümsüyordu. あなたが仕事を終えるまで少し〜ことにします. Siz işinizi bitirinceye kadar ben biraz kestireyim. 品物が倉庫に眠っている. Mallar depoda yatıyor.
nemutài 眠たい /s./ 眠たそうな uykulu, mahmur. 目がいつも眠たそうだ. Gözleri her zaman uykuludur.
nèñ 年 /a./ yıl, sene. 〜一回の yıllık. 〜一回発行の雑誌 yıllık dergi. 〜二回のボーナス yılda iki kez ikramiye. 〜に数回実をつける yediverer (meyve). …〜の yıllık. 一〜の間に yıllığına. 百〜 yüz yıl, asır. 1985〜に 1985 yılında. こんなに何〜も待っていた. Bunca yıllar bekledim.
neñbàñgañ 粘板岩 /a./ kayağan taş.
neñbucu 念仏 /a./ besmele. 〜をとなえる besmele çek-.
neñcyaku 粘着 /a./ 〜する yapış-, yapışkan.
neñcyòosya 年長者 /a./ büyükler.
neñcyoosya sòozoku 年長者相続 /a./ büyükten büyüğe.
neñdai 年代 /a./ kuşak, yaş. 文字で〜を明らかにする tarih düşür-.
neñdàiki 年代記 /a./ kronoloji.
nèñdo 粘土 /a./ balçık, kil, mil, özlü çamur, çamur. 〜の killi. 〜の多い所 çamurluk. 台が〜の像 kaidesi balçıktan bir dev. わらと〜を型に入れる kerpiç dök-.

neñdobañ 粘土板 /a./（古語）tablet.
neñeki 粘液 /a./ sümük.
nèñga 年賀 /a./ yıl başı tebriki.
neñgaku 年額 /a./ ～の費用 yıllık. この家の～の費用は百万リラだ. Bu evin yıllığı bir milyon liradır.
neñgañ 念願 /a./ dilek, arzu. ～がかなって思ったことができる kurtlarını dök-.
neñgàppi 年月日 /a./ tarih. 入国～giriş tarihi.
nèñgecu 年月 /a./ yıl ve ay. かなりの～ nice yıllardan beri.
neñgu 年貢 /a./ ～を認めさせる haraca bağla-.
§～を納める can borcunu öde-.
neñiri 念入り /a./ ～に güzelce. ～になる incel-. 本を～に調べる kitap tara-.
neñkañ 年鑑 /a./ almanak.
-nèñkañ 年間. …～続いた senelik. この食糧は私達には一～もつ. Bu erzak bize bir yıl gider. この寺は20～で作られた. Bu cami yirmi yılda yapılmış.
neñkiñ 年金 /a./ emekli maaşı, maaş. ～を与えて退職させる emekliye ayır- (çıkar-, çıkart-).
neñkiñ têcyoo 年金手帳 /a./ maaş cüzdanı.
nèñmaku 粘膜 /a./ sümük doku.
neñpai 年配, 年輩 /a./ ～の yaşlıca, geçkin.
neñpoo 年報 /a./ yıllık, yıllık dergi.
neñpoo 年俸 /a./ yıllık.
neñpyoo 年表 /a./ kronoloji tablosu.
-nèñrai 年来. 彼を30～知っているが, とてもいいやつだ. Kendisini otuz yıldan beri tanırım, çok iyi çocuktur.
neñrei 年齢 /a./ yaş. ～に達する bas-, yetiş-, (俗語) yet-. ～が高くなっている saat on bir buçuğu çal-. 兵役の～に達した. Askerlik yaşına yetti.
neñri 年利 /a./ 100クルシに対する～ faiz fiyatı.
neñriñ 年輪 /a./ yıl halkası.
neñryòo 燃料 /a./ yakıt, yakacak.
neñryoo hòkyuu 燃料補給 /a./ yakıt ikmali.
neñryoo tàñku 燃料タンク /a./ akar yakıt tankı.
neñsei 粘性 /a./ yapışkanlık.
neñsyo 念書 /a./ ～をすぐほごにする mürekkebi kurumadan boz-.
neñsyoo 燃焼 /a./ yanma. ～装置 brülör.
neñtoo 年頭 /a./ yıl başı. 宝くじの～抽選まで二日ある. Millî Piyango'nun yıl başı çekilişine iki gün var.
neñza ねんざ /a./ ～する burkul-. 足を～する ayağı burkul-.
nèoki 寝起き /a./ ～する yatıp kalk-.
nèoñ ネオン(İng. neon) /a./ neon.
neoñ sàiñ ネオンサイン（İng. neon sign) /a./ ışıklı reklam, neon lambası.
Nepàaru ネパール /a./ Nepal.
neppuu 熱風 /a./ 砂ばくの～ sam yeli.
nerai ねらい /a./ ～をつける nişan al-, nişanla-.
nerau ねらう /ey./ hedef et-. 敵討ちを～ kan güt-.
neraware・ru ねらわれる /ey./ hedef ol-.
neriagè・ru 練り上げる /ey./ yoğur-.
nerigàrasi 練り辛子 /a./ hardal.
nerihamìgaki 練り歯磨き /a./ diş macunu.
neriko 練り粉 /a./ hamur, yufka. ～をこねる hamur tut-. ～をのばす yufka aç-. ～をのばす台 hamur tahtası. ～で作ったパンや菓子 hamur işi. ～のスープ bulamaç. 乾燥させた～の小さい玉 kuskus. ～はきちんとこねないとうまくいかない. Hamur yolunda yuğrulmazsa küser.
nerimono 練り物 /a./ macun. ～でふさぐ macunla-.

ne·ru 寝る /ey./ yat-, uyu-. 抱いて〜 koynuna al- (gir-). 寝ている yatık. 寝て抱き合って koyun koyuna. 大の字になって〜 boylu boyunca yat- (uzan-). 寝ても覚めても yatıp kalkıp. 夜は早く〜. Akşamları erkenden uyuyorum. 寝ても覚めても母に祈りをさげている. Yatıp kalkıp anama dua ediyorum.

nèru ネル (İng. flannel) /a./ pazen.

nèru 練る /ey./ kar-, yoğur-.

nesagari 値下がり /a./ 〜した düşük.

nesage 値下げ /a./ düşüş, indirim, tenzilât. 〜する fiyat kır-, indir-, tenzilât yap-. 〜される indiril-. 〜の indirici. 〜した tenzilâtlı. 〜センター indirici merkez.

nesobèru 寝そべる /ey./ seril-, serilip serpil-, uzan-. ベッドに〜 yatağa seril-. ネコのサルマンはストーブのそばに寝そべってうとうとしている. Kedim Sarman, sobanın yanına uzanıp pinekliyor.

nèssiñ 熱心 /a./ çalışkanlık, gayret, hararet, özen. 〜な hararetli, hevesli, hummalı, ilgili, koyu. 勉強〜な学生 çalışkan öğrenci, derslerle ilgili bir öğrenci. 〜な話し合い koyu bir sohbet. 〜に özene bezene. 〜になる gayrete gel-. 〜に働く gayret et-. 〜に望む heveslen-. 長い間〜に勉強する dirsek çürüt-.

nessuru 熱する /ey./ kızdır-, ısıt-.

nesugòsu 寝過ごす /ey./ uyuyakal-.

nesyoobèñ 寝小便 /a./ 〜をする altına et-. 子供が〜をした. Çocuk altına etti.

netakiri 寝たきり /a./ 〜の yatalak. 〜の病人 yatalak hasta.

netamasè·ru ねたませる /ey./ kıskandır-. 敵を〜 düşman çatlat-.

netamì ねたみ /a./ kıskançlık, çekememezlik, gıpta, günü, haset. 〜に思う kıskan-.

netamiàu ねたみ合う /ey./ この人達は互いにねたみ合っている. Bunlar birbirini çekemiyor.

netàmu ねたむ /ey./ kıskan-, çekeme-, yüreğine kar yağ-. ひどく〜 sağ gözünü sol gözünden kıskan-. ねたみやすい kıskanç. いい人間は他人の幸福をねたまない. İyi insanlar kimsenin mutluluğunu kıskanmazlar.

netòmari 寝泊まり /a./ どうにかこうにか〜する場所がある. Nasılsa yatıp kalkacak yer var.

nettai 熱帯 /a./ ısı kuşak, sıcak mıntıka, tropikal kuşak, tropika. 〜地方 sıcak ülkeler. 〜地方の tropikal.

nettàigyo 熱帯魚 /a./ tropikal balık.

nettai syokùbucu 熱帯植物 /a./ tropikal bitki.

nètto ネット (İng. net) /a./ ağ. テニスの〜 tenis ağı. 髪にかぶせる〜 file.

nettoo 熱湯 /a./ kaynar su. 〜で足をやけどした. Kaynar su ayağımı haşladı.

nettowàaku ネットワーク (İng. network) /a./ şebeke. テレビの〜 televizyon şebekesi.

neuci 値打ち /a./ değer, kıymet, paha, ağırlık, hüküm. 〜がある değ-, para et-, bak-. 〜がない para etme-. 〜のある değerli. 〜のあるもの cevher. 軽くて〜のある物 yükte hafif, pahada ağır. 〜のない değersiz, entipüften, on (beş) para etmez, beş paralık. 何の〜もない kaç paralık, ne imiş! 言うほどの〜はない sözü mü olur? 〜のないもの paçavra. 〜が上がる değerlen-. 〜が下がる aşın-, küçük düş-, aşağıla-. 〜を下げる alçalt-, aşındır-. 〜を認めない daraya at- (çıkar-). 人の〜を落とす iki paralık et-. 〜の分かる kadirbilir, kadirşinas. この本は5リラの〜もない. Bu kitap beş liraya değmez. この仕事はどんな〜があるのか. Bu işin ne hükmü var? 〜はふところしだい. Deve bir akçeye, deve bin akçeye. 〜のない人は憂き目を見ない. Acı patlıcanı kırağı çalmaz. なんとか言えるような〜のあるものではない. Ahım şahım bir şey değil.

nezi ねじ /a./ vida. 〜を巻く kur-. 〜でとめる vidala-. 〜のついた vidalı. 〜の巻かれた状態 kurgu. 〜がさびて回らない. Vida paslanmış burkulmuyor. 時計の〜がきれた. Saatin kurgusu bitmiş.

nezikugi ねじ釘 /a./ vida. 〜でしめる vidala-. 〜でとめてある vidalı.

nezimageru ねじ曲げる /ey./ 木を〜道具 işkence.

nezimaki ねじ巻き /a./ kurgu.

nezimawasi ねじ回し /a./ anaftar, pafta, tornavida.

nezire ねじれ /a./ kıvrım, kıvrıntı, büküm.

nezire・ru ねじれる /ey./ burkul-, burul-, burk-. ねじれている buruk, bükük, bükülü, yamru yumru. 〜ように痛む burul-. 足がねじれた. Ayağım burktu.

neziru ねじる /ey./ bur-, bük-. 腕を〜 kolunu bük-. 人の腕を〜 birinin kolunu burk-. 〜こと bükme. ねじって回す burk-. 洗たく物をねじってしぼる. Çamaşırı bura bura sıkarlar.

nezuku 根付く /ey./ kök sal-, köklen-, kökleş-, temel tut-. 根付いた köklü.

nezumi ネズミ /a./ fare, sıçan.

nezumiiro ねずみ色 /a./ kurşunî, kül rengi. 〜の kurşunî, kül rengi, sıçan kırı, gri. 濃い〜の koyu gri.

nezumiiruka ネズミイルカ /a./ domuz balığı.

nezumitori ネズミ捕り /a./ fare kapanı, kapan. 小ネズミがつかまった〜の中でばたばたしている. Küçük fare yakalandığı kapanda çırpınıp duruyor.

nezunoban 寝ずの番 /a./ sabahçı.

ni に /il./ ①《着点》ストーブ〜火をつける sobayı ateşle-. 注意をだれか〜向ける nazarlarını birine atfet-. 商売〜とびこむ ticarete atıl-. 敵〜おそいかかる düşmanın üzerine atıl-. これが私のところ〜1000リラでころがりこんだ. Bu, bana yüz liraya patladı. たくさんの工場が製品をイズミル博覧会〜出品する. Birçok fabrika ürettiği malları İzmir Fuarında pazarlıyor. 新しい家〜家財道具を小型トラックで運んだ. Yeni evimize eşyaları bir pikapla taşıdık. 今晩メフメットのところ〜押しかけよう. Bu akşam Mehmet'i bastıralım. パンをスープ〜つける ekmeği et suyuna ban-. ペンをインクつぼ〜ひたす kalemi hokkaya ban-. どんなポスト〜変ったのですか. Hangi göreve ayrıldınız? 「祖国〜平和を, 世界〜平和を」. "Yurtta barış, cihanda barış." 泥〜踏みこまないよう〜. Çamura basılmasın. 紙〜印を押す kâğıda mühür bas-. 冬物を箱〜押し込む kışlıkları sandığa bastır-. 車〜とびのる arabaya atla-. 水〜石を投げる suya taş at-. 道路〜ごみを捨てるのは恥だ. Sokağa çöp atmak ayıptır. 食べ物〜塩を入れる yemeğe tuz at-. 刑務所〜入れる hapise at-. コップがこわれて, かけらが部屋〜散らばった. Bardak kırılınca parçaları odaya yayıldı. 母は焼いた böreği切りわけて皿〜並べた. Annem pişirdiği böreği parçalayarak tabağa dizdi. お母さん, ズボンのすそが長すぎて地面〜つくよ. Anneciğim, pantalonumun paçası çok uzun olmuş, yere değiyor. 弟〜やるプレゼントをきれいな紙で包んだ. Kardeşime vereceğim armağanı güzel bir kâğıtla paketledim. あやまちを人〜かぶせる kabahati birine at-. 品物を家〜運ぶ eşyayı eve at-. 足〜ズボンをはく ayağına bir pantolon çek-. 絵を壁〜画びょうで張る resmi duvara raptiye ile as-. 板〜かんなをかける tahtayı rendele-. ②(対象) 医者〜見てもらう doktora başvur-. 辞書〜たよる sözlüğe başvur-. 君は私〜会わず〜彼〜会った. Beni görmedin de onu gördün. これ〜何リラほしいと言っているのか. Bunun için kaç lira istiyor? ご意見〜まったく同感です. Görüşünüzü tamamen paylaşıyorum. 日の光が目〜まぶしい. Güneşin pırıltısı gözlerimi rahatsız ediyor. ふとんの代り〜タオルケットを使う yorgan yerine pike kullan-. 平和的手段〜よって barışçı vasıta ile. 見方〜よれば bir bakımdan, bir bakıma da. 兄弟〜そっくりだ. Aynen kardeşine benziyor. おしゃべりではお前〜かなわない. Çene yarıştırmada ben seninle çıkışamam. 彼〜私も会った. Onu ben de gördüm. 私は彼〜も会った. Ben onu da gördüm. 品物を彼〜見張らせた. Eşyayı ona bekletti. お父さん〜似ている. Babasına benziyor. ③(状態・時) 大雪〜見舞われる kar bastır-. 君は私〜会わず〜彼〜会った. Beni görmedin de onu gördün. 作物のできは雨〜かかっている. Ekinlerin gürleşmesi yağmura bağlıdır. こどもが七つ〜なった. Çocuk yedisine bastı. 来週〜のばす gelecek haftaya at-. スイカを十〜わける karpuzu on parçaya ayır-. この映画監督はちょっとの間〜光り出した. Bu sinema sanatçısı kısa sürede parladı. 君の足では村へ夕方まで〜着けない. Senin ayağınla köye akşama kadar varamayız. 宝くじは月〜3回抽選が行われる. Millî Piyango'nun her ay üç kez çekimi yapılır. いつかある日〜 belirsiz bir günde. 私の正しいと思う道〜迷いはない. Doğru bellediğim yoldan şaşmam. この子は利口者〜見える. Bu çocuk akıllı bir şeye benziyor. 4時〜母と約束した待ち合わせ〜間に合うよう〜しなければならない. Saat dörtte annemle olan randevuya yetişmeliyim. ④(存在) モモの汁をしぼったら, あと〜かすが残った. Şeftalinin suyunu sıkınca geriye posası kaldı. この家とは別〜もう1軒家がある. Bu evden başka bir evi daha var. 皿のわき〜ナプキンを置く tabakların yanına peçete koy-. この記事〜あなたのことが書いてある. Bu yazıda sizden bahsediliyor. われわれの間〜は観点の違いがある. Aramızda görüş ayrılığı var. この植物はあの辺〜だけ産する. Bu bitki oralarda ayrıca yetiştirilir. 分子は分母の上〜書かれる. Pay paydanın üstüne yazılır. この橋〜は橋脚が4つある. Bu köprünün dört ayağı var. アヒルが水にゆられている. Ördekler suda çalkanıyor. 船が水平線〜現れた. Gemi ufukta belirdi. ⑤(目的) 旅〜出る yola atıl-. 学割を市バスの割引〜利用している. Öğrenci pasomla belediye otobüslerindeki indirimden yararlanıyorum. 講師の話を聞き〜多数の人がやって来た. Hatibi dinlemek için çok sayıda kişi geldi. コンパスは円をかくの〜用いられる. Pergel, çember çizmeye yarar. この場所をあなた〜取っておきましたよ. Bu yeri size ayırdım. ⑥(願望) アッラーがこどもたちをお助けくださいますよう〜. Allah çocuklarımı bağışlasın. 泥〜踏みこまないよう〜. Çamura basılmasın.

nî 二 /a./ iki. トランプの〜 ikili. 〜の二倍が四であるように iki kere iki dört eder gibi. 4ひく〜は. Dörtten iki çıkarsa. 10割る〜は5. On bölü beş eşit iki.

nî 荷 /a./ yük. 〜を積む yükle-. 家畜の両側に〜を積む çat-. 動物に〜をつける yük vur-. 〜が積まれる yüklen-. 〜の一方が重くなる ağdır-. 〜を運ぶ yük götür-. 〜を運ぶ人 hamal. 〜を運ぶ人達 hamal camal. 〜を運ぶこと hamallık. 〜が重い yüklü. 梱包した〜

niàu

balya. 車に〜が積み込まれた. Araba yüklendi. この車は500キロ以上の〜は運べない. Bu araba 500 kilodan çok yük çekmez. 私の〜は重いのでこれらを持って行けないだろう. Yüküm ağır bunları alamayacağım. 〜の一方はインゲン豆, 片一方はエジプト豆. Yükün bir dengi fasulye, bir dengi nohut.

niàu 似合う /ey./ yakış-, yaraş-, uy-, kaynaş-, iyi git-, aç-, kaldır-. よく〜 yaraşık al-. 似合わない üstünden dökül-. この服は君によく〜. Bu giysi sana çok yakışmış. 何を着ても〜. Ne giyse yakıştırır. この白い靴下が服によく〜. Bu beyaz çoraplar giysine çok uymuş. このカウンターはここに似合わない. Bu tezgâhın burada yeri yok.

nibai 二倍 /a./ iki kere. 〜大きい iki misli büyük. 二の〜が四であるように iki kere iki dört eder gibi.

nibañmè 二番目 /a./ ikincisi. 〜の ikinci.

nibùi 鈍い /s./ bön, hantal, sağır, sönük, kör, küt. 〜光 sönük ışık. 〜良心 kör vicdan. 頭の〜 kafası kalın. 感じの〜 vurdum duymaz. 鈍くなる hantallaş-, kütleş-, körleş-.

nibune 荷船 /a./ mavna.

nibuñ 二分 /a./ …と〜の一の, …と½の buçuk.

nibuñ òñpu 二分音符 /a./ ikilik.

nibu òñpu 二分音符 /a./ ikilik.

niburàsu 鈍らす /ey./ gevşet-, körlet-.

nibùru 鈍る /ey./ gevşe-, körleş-, kütleş-, hantallaş-. 頭が〜 kafası bulan-. 考えが〜 beyni karıncalan-. 速度が〜 ağırlaş-. 病気後頭の切れが鈍った. Hastalıktan sonra zekâsı körleşti. 足どりが鈍った. Yürüyüş ağırlaştı.

niccyuu 日中 /a./ gündüz. 〜に gündüzün.

-nici 日 gün. 一〜が終わる akşamı bul- (et-), akşamla-. こちらでは天気が15〜も続いた. Burada havalar 15 gündür iyi idi. 今日は何〜ですか. Bu gün ayın kaçıdır? 2月は28〜までだ. Şubat ayı 28 gün çeker.

nicibocu 日没 /a./ güneş batması, gurup. 日の出から〜まで güneşin doğuşundan batışına kadar.

-nicibuñ 日分. …〜の günlük. 一〜の仕事 bir günlük iş.

-nicìkañ 日間. …〜の günlük.

-nicimè 日目. …〜の günlük. 生後11〜の子供 on bir günlük çocuk.

nìciya 日夜 /a./ gece gündüz.

niciyoo 日用 /a./ 〜の günlük.

niciyòo 日曜 /a./ pazar. 祝日が日曜にあたる. Bayram pazara düşüyor.

niciyòobi 日曜日 /a./ pazar. 〜に pazar günü. 〜に会いましょう. Pazar günleri görüşelim.

nìcizi 日時 /a./ gün, tarih.

nicizyoo 日常 /a./ 〜の güncel.

nicukawasii 似つかわしい /s./ yaraş-. 似つかわしくない bayağı kaç-, çiğ kaç-.

nìcuu 二通 /a./ 〜の手紙（古語）iki kıta mektup.

nìda 荷駄 /a./ denk.

nìdai 二台 /a./ 〜の車がぶつかった. İki araba çarpıştı.

nidàsu 煮出す /ey./ 茶を〜 demle-, demlendir-.

nidò 二度 /a./ iki defa. 〜耕す ikile-. 〜トランプをする iki el iskambil oyna-.

nidòto 二度と /be./ bir daha. 願わくは〜世界大戦が起きないよう. Dileyelim ki bir daha hiç dünya savaşı olmasın.

niekirànai 煮えきらない /s./ hercaî, aysar.

niekoborè·ru 煮えこぼれる /ey./ taş-.

nie·ru 煮える /ey./ piş-, kayna-. グラグラ〜 fıkırda-, fokurda-. グツグツ〜

fokurda-. よく煮えた pişkin, ilik gibi. ジャガイモが煮えた. Patates pişti. なべがグラグラ煮え始めた. Tencere fıkırdamaya başladı. なべがグツグツ煮えている. Tencere fokur fokur kaynıyor.
nietàcu 煮え立つ /ey./ kayna-. 湯が～ su kayna-. 煮え立っている kaynar. なべが煮え立ちだした. Tencere kaynamaya başladı.
nietagìru 煮えたぎる /ey./ kız-, kızgın. ～油 kızgın yağ.
nigacù 二月 /a./ şubat, küçük ay. 陰暦の～ safer. ～29日 artık gün. ～は28日までだ. Şubat ayı 28 gün çeker.
nigài 苦い /s./ acı, kere, zehir gibi, zift gibi. とても～ buruk, zehir zemberek, ağı gibi, barut gibi. 苦くない tatlı. 苦くないキュウリ tatlı salatalık. 苦くなる acılan-, acılaş-, acı-, buruş-. ～経験をする canı yan-. ～経験から学ぶ Hanya'yı Konya'yı anla-. キニーネはとても～. Kinin pek acıdır. 口が苦くなった. Ağzım acılandı. 油が苦くなった. Yağ acılaştı (acıdı).
nigamì 苦み, 苦味 /a./ acı.
nigàmusi 苦虫 /a./ §～をかみつぶしたような suratından düşen bin parça.
nigarikìru 苦り切る /ey./ suratı asık ol-.
nìgasa 苦さ /a./ acı. ～で口をゆがめる bur-.
nigàsu 逃がす /ey./ kaçır-. 犯人を～ suçluyu kaçır-. 鳥を～ kuşu kaçır-. 好機を～ fırsat kaçır-. 情報を～ atla-.
nigedasi 逃げ出し /a./ kaçış, kaçma.
nigedasu 逃げ出す /ey./ kaç-, (口語) tası tarağı topla-, (隠語) yelkenle-.
nige kòozyoo 逃げ口上 /a./ kaçamak, kaçamak yolu.
nigèmici 逃げ道 /a./ kaçamak yolu.

nigèmizu 逃げ水 /a./ ılgım.
nigè・ru 逃げる /ey./ kaç-, kaçın-, sıvış-, kuyruğu dik-, tabanları yağla-, (隠語) gazla-, payandaları çöz-. 鳥が～ kuş kaç-. 刑務所から～ hapishaneden kaç-, hapisten kurtul-. 振り切って～ boşan-, kurtul-. 人からうまく～ elinden kurtul-. 四方に逃げて散らばる kaçış-. 仕事から逃げようとする ayak sürü-. クモの子を散らすように～ çil yavrusu gibi dağıl-. 逃げた kaçak. 枝にとまっていた鳥が私を見て一斉に逃げた. Ağacın dallarındaki kuşlar beni görünce kaçıştılar.
§～が勝ち kaçanın anası ağlamamış.
nigesàru 逃げ去る /ey./ (隠語) kirişi kır-.
nigirare・ru 握られる /ey./ 行動が人の手に握られている yuları birinin elinde ol-.
nigiri 握り /a./ kabza, kulp, tutak, tutamak, kol. 丸い～ topuz. ～のついた kulplu.
nigiricubùsu 握りつぶす /ey./ örtbas et-.
nigiri kòbusi 握りこぶし /a./ yumruk.
nigirisimè・ru 握り締める /ey./ yum-, kavra-, kenetle-. 刀のつかを手のひらで～ kılıcın kabzasını avucuyla kavra-. 指でグラスを～ parmaklarla kadehi kilitle-.
nigiru 握る /ey./ avuçla-, yum-, tut-. 手を～ avuçla-, elini yum-, el sık-. 弱みを～ damarını bul-.
nigiwàu にぎわう /ey./ şenlen-.
nigìyaka にぎやか /a./ ～な işlek, kalabalık, neşeli, şakrak, şerefli. ～な笑い声 şakrak kahkaha. ～な所 şerefli yer. ～になる şenlen-. 人が住んで～になる (俗語) şenel-. この町も少しの間にたいへん～になった. Bu kent kısa bir zamanda çok şenlendi.

nigoñ 二言 /a./ ～はない söz bir, Allah bir.
nigorasu 濁らす /ey./ bulandır-.
nigorimizu 濁り水 /a./ bulanık su.
nigòru 濁る /ey./ bulan-. 池が～ havuz bulan-. 水が～ su bulan-. 濁った bulanık, boza gibi. 濁った川 boz bulanık bir dere. 濁った水が澄んだ. Bulanık su duruldu.
nigòsu 濁す /ey./ 言葉を～ ağzında gevele-, kem küm et-.
nigura 荷鞍 /a./ semer. ～をくくりつける semer vur-.
nigùruma 荷車 /a./ domuz arabası, kağnı. ～のながえ araba oku.
nìgyoo 二行 /a./ iki satır. 一番大事なニュースも～で片づけた. En can alıcı haberi de iki satırla geçiştirmiş.
nìhacu 二発 /a./ iki el (atım). フライングを告げる～のピストル çift atış. 空へ～撃った. Havaya iki el silâh attı.
nihacubuñ 二発分 /a./ ～の爆薬 iki atımlık barut.
nìhai 二杯 /a./ duble, iki bardak. コップ～の水 iki bardak su. ビール～ bir duble bira. 料理にスプーン～の油がかけられた. Yemeğe iki kepçe dolusu yağ konuldu.
nìho 二歩 /a./ ～前進する iki adım ilerle-.
nìhoñ 二本 /a./ 皿に～ひびがある. Tabakta iki çatlak var.
Nihòñ 日本 /a./ Japonya. ～の Japon.
Nihoñgo 日本語 /a./ Japonca. ～に翻訳する Japoncaya çevir-.
Nihoñ rèttoo 日本列島 /a./ Japon adaları.
Nihoñ sèihiñ 日本製品 /a./ Japon malı.
Nihoñzìñ 日本人 /a./ Japon.
nìhuda 荷札 /a./ etiket.
nìhuñ 二分 /a./ iki dakika. ～で私の絵を描いてしまった. İki dakikada resmimi çiziverdi.

niiñsei 二院制 /a./ çift meclis sistemi.
nìisañ 兄さん /a./ ağabey. ～と姉さんağabey ve abla ～が勉強しているのだからドタバタするな. Ağabeyin ders çalışıyor, patırdama. ビュレントの～は彼より五つ年上だ. Bülent'in ağabeyi kendisinden beş yaş büyüktür.
niizuma 新妻 /a./ yeni gelin.
nikaèsu 煮返す /ey./ tazele-.
nikai 二階 /a./ birinci kat. 家の～ evin birinci katı.
nikài 二回 /a./ iki defa.
nikàmoku 二科目 /a./ ～のテストに失敗した. İki dersten çaktı.
Nikaragua ニカラグア /a./ Nikaragua.
nikawa にかわ /a./ tutkal. ～を塗る tutkalla-.
nikayòu 似通う /ey./ benzeş-.
nìkibi にきび /a./ sivilce, ergenlik.
nikkañ 日刊 /a./ ～の gündelik.
nikkàñsi 日刊紙 /a./ gündelik (günlük) gazete.
nikkañ sìñbuñ 日刊新聞 /a./ gündelik (günlük) gazete.
nikkei ニッケイ, 肉桂 /a./ tarçın.
nikkeru ニッケル (İng. nickel) /a./ nikel.
nikki 日記 /a./ günlük, hatıra defteri, muhtıra.
nikkicyoo 日記帳 /a./ hatıra defteri. 簿記の～ yevmiye defteri.
nikkiñ 日勤 /a./ ～の人 gündüzcü.
nìkkoo 日光 /a./ güneş, güneş ışığı. ～で明るい güneşli. ～のささない ışıksız. ～でカーテンの色があせた. Güneşten perdelerin rengi attı.
nikkòoyoku 日光浴 /a./ güneş banyosu. ～をする güneşlen-. ～をさせる güneşlet-.
nikkòri にっこり /be./ エシンは前を通る時～あいさつした. Esin önümden geçerken neşeyle selâm verdi.

nikkunêemu ニックネーム(İng. nickname) /a./ lakap.
nikkyuu 日給 /a./ gündelik, yevmiye. 〜で働く人 gündelikçi, yevmiyeci.
niko 二個 /a./ iki tane.
nikociñ ニコチン(Al. Nikotin) /a./ nikotin.
nikogori 煮こごり /a./ 肉汁の〜 jöle.
nikomi 煮込み /a./ カボチャとひき肉の〜 kabak bastı. 肉とキャベツの〜 kapuska.
nikoniko にこにこ /be./ 〜する gülümse-. 〜した güleç, mütebessim. 母はいつも〜している. Annemin güleç bir yüzü vardır.
nikû 肉 /a./ et. 〜の赤身 et. 〜のない etsiz. 〜がつく et bağla-. あばら骨のついた〜 kotlet. 牛の腰の上部の〜 bonfile. 木の串にさして土なべで焼いた〜 çop kebabı. 回転させながら焼いた〜 döner kebap. 焼いてから凍らせた〜 kavurma. 〜が少し生だ. Et biraz diri kalmış. この羊は〜がない. Bu koyunda hiç et yok. 〜の値段が上がりだした. Etin fiyatı yükselmeye başladı. 〜が10%値上がりした. Ete yüzde on zam bindi. 子供達は〜をちぎっては食べちぎっては食べた. Çocuklar pirzolayı çekiştire çekiştire yediler.
nikudañgo 肉だんご /a./ köfte, kadınbudu.
nikugañ 肉眼 /a./ 〜で çıplak gözle.
nikûi 憎い /s./ iğrenç, tiksindirici.
nikuiri 肉入り /a./ 〜の etli. 〜のピラフ etli pilav.
nikukiribôocyoo 肉切り包丁 /a./ satır.
nikumiâu 憎み合う /ey./ birbirini ye-.
nikûmu 憎む /ey./ iğren-, tiksin-, nefret et-.
nikunikusîge 憎々しげ /a./ 〜に hain hain.

nikurasîi 憎らしい /s./ tiksintili, öfkeli.
niku ryôori 肉料理 /a./ (口語) et lokması.
nîkusa 憎さ /a./ tiksinti.
nikusimi 憎しみ /a./ tiksinti, kin. 〜を持ち続ける (俗語) yüreği dolu.
nikusiñ 肉親 /a./ hısım, akraba.
nikusui 肉垂 /a./ küpe.
nikusyoku 肉食 /a./ 〜の etçil, yırtıcı.
nikusyoku dôobucu 肉食動物 /a./ etçil hayvanlar, et yiyici hayvanlar, et oburlar.
nikutai 肉体 /a./ beden, vücut, ten.
nikutai roodôosya 肉体労働者 /a./ kol işçileri.
nikutaiteki 肉体的 /a./ 〜な bedenî, bedensel, diriksel, fizikî, fiziksel.
nikûya 肉屋 /a./ kasap. 〜が羊の皮をはいだ. Kasap koyunun derisini yüzdü.
nikuyoku 肉欲 /a./ nefis.
nikuyoo 肉用 /a./ 〜のまな板 et tahtası.
nikuzuki 肉付き /a./ etlilik. 家畜の〜 tav. 〜のいい eti budu yerinde, etine dolgun, etli, tıkız, tokmak gibi, tokmak tokmak. かなり〜のいい etli butlu. 〜のよくない etsiz.
nikuzyuu 肉汁 /a./ et suyu, su. 〜の煮こごり jöle.
nîmai 二枚 /a./ 下着を〜に服を三枚買った. İki kat çamaşır üç kat da elbise aldım.
nîmocu 荷物 /a./ yük. 〜を積む yükle-. 〜を積んだ yüklü. 〜を運ぶ yük götür-. 家畜につけた〜 denk. ロバ一頭分の〜 bir eşek yükü. お〜 baş belâsı. お〜になる başına ekşi-. 人の〜になる ağırlık ol-.
nimocûdana 荷物棚 /a./ bagaj rafı.
ninâu 担う /ey./ omzuna vur-, omuz-

la-, yüklen-. 責任を〜 sorumluluk taşı-.
nineñ 二年 /*a.*/ iki yıl. この辞書のために〜働いた. Bu sözlük üzerine iki yıl çalıştık.
niniñmae 二人前 /*a.*/ 〜のなべ料理 iki sahanlık yemek.
-niñ 人. 数〜の birtakım. 家で6〜を養っている. Evinde altı can besliyor. 家では5〜が私をあてにしている. Evde beş kişi bana bakıyor. この新聞には五万〜の購読者がいる. Bu gazetenin elli bin abonesi var. この家には何〜住んでいますか. Bu evde kaç nüfus var?
niñ 任 /*a.*/ görev. 〜を負う üstlen-. 〜をまかせる memur et-. 某氏の〜を解くことを決定した. Falacanın vazifeden affı kararlaşmış.
-niñbuñ 人分. …〜の kişilik. 5〜の食事 beş kişilik yemek.
niñci 認知 /*a.*/ tanıma.
niñgeñ 人間 /*a.*/ adam, insan, âdemoğlu, insanoğlu, in, beşer, beşeriyet, ölümlü, kul, Allahın kulu. 〜らしい adam gibi, insanî. 〜らしさ insaniyet, insanlık. 〜らしさを失う insanlıktan çık-.
niñgeñbànare 人間離れ /*a.*/ 〜した insanüstü.
niñgeñmi 人間味 /*a.*/ 〜のある insancıl.
niñgeñsei 人間性 /*a.*/ insaniyet, insanlık, kişilik, beşeriyet. 〜を失う insanlıktan çık-. 怒りは時に人の〜を奪う. Öfke, kimilerini insanlıktan çıkarır.
niñgeñ syûudañ 人間集団 /*a.*/ insan kitleleri.
niñgeñteki 人間的 /*a.*/ 〜な insanî. 〜な行為 insaniyet, insanlık. 〜に insanca.
niñgyo 人魚 /*a.*/ deniz kızı.
niñgyoo 人形 /*a.*/ bebek, yapma bebek, kukla. かわいい〜 cici bebek.

〜で遊ぶ bebekle oyna-.
niñgyòogeki 人形劇 /*a.*/ kukla. 〜をする kukla oynat-.
niñi 任意 /*a.*/ 〜の ihtiyarî, rasgele. 〜に rasgele.
niñka 認可 /*a.*/ cevaz, izin, mezuniyet. 政府の〜 imtiyaz. 貿易の〜 lisans. 〜された mezun.
niñki 人気 /*a.*/ 〜のある yıldızı dişi. 〜を失う gözden düş-, pabucu dama atıl-.
niñkimono 人気者 /*a.*/ gözde.
-niñmae 人前. …〜の kişilik.
niñmei 任命 /*a.*/ tayin. 〜する ata-, tayin et-, emrine ver-, geçir-. 〜される atan-, tayini çık-.
niñmu 任務 /*a.*/ görev, memuriyet, uğraş, uhde, vazife, misyon. 主要な〜 esas görev. 歩哨の〜 bekçilik. 将校の〜 subaylık. 〜につく hizmete gir-. 〜を完遂する görevini ifa et-. 〜にある muvazzaf. 〜を遂行しない人 korkuluk.
niñniku ニンニク /*a.*/ sarmısak. 〜を砕く臼 sarmısak döveci. サラダに〜を入れるな. Salataya sarmısak koyma.
niñpu 妊婦 /*a.*/ gebeler. 〜が好き嫌いをする aş yer- (er-).
niñsiki 認識 /*a.*/ idrak, algı, takdir, telakki. 〜する algıla-, takdir et- (eyle-), tanı-. 〜させる tanıt-.
niñsiñ 妊娠 /*a.*/ gebelik. 〜する gebe kal-, hamile kal-. 未婚の女性が〜する çocuk peydahla-. 〜している bebek bekle-, gebe, hamile, (俗語) iki canlı, yüklü. 〜している女 yüklü kadın. 〜しておなかが大きい karnı burnunda.
niñsoku 人足 /*a.*/ taşıyıcı.
niñsoo 人相 /*a.*/ çehre.
niñsyoo 人称 /*a.*/ kişi, şahıs. 〜代名詞 şahıs (kişi) zamiri.
niñtai 忍耐 /*a.*/ götürüm, mukavemet, sabır. 名誉のための〜 namus

belâsı. 〜の限界 bardağı taşıran son damla.
niñtâiryoku 忍耐力 /a./ tahammül. 〜のある mütehammil.
niñtaizuyòi 忍耐強い /s./ it canlı.
niñtei 認定 /a./ teshis.
niñteisyoo 認定証 /a./ ehliyet.
niñziñ ニンジン /a./ havuç. 〜を食べる havucu ye-.
niñzi・ru 任じる /ey./ 彼は学者をもって任じている. Onda bilginlik iddiası var.
niñzuu 人数 /a./ mevcut. ぼくらのクラスの〜は40人だ. Sınıf mevcudumuz kırk kişidir.
niñzyoo 人情 /a./ insaniyet.
niñzyòomi 人情味 /a./ 〜のある insancıl.
niñzyuu 忍従 /a./ 〜の cefakâr.
niòi におい /a./ koku. いい〜 güzel koku. いやな〜 ağır koku, fena koku, iğrenç kokular. 〜がする kok-. 戦争の〜がする savaş kok-, barut kokusu gel-. 〜をかぐ kokla-, koku al-, (俗語) kok-. 〜をかがせる koklat-. 〜をかぎ合う koklaş-. いやな〜をさせる kokut-. いやな〜で悩まされる burnunun direği kırıl-. 〜のある kokulu. いい〜がするもの mis. 犬の〜に対する感受性 köpeklerin kokuya karşı duyarlıkları. 料理のいい〜がする. Yemek ne güzel kokuyor! 台所から食べ物のいい〜がする. Mutfaktan burcu burcu yemek kokusu geliyor. ほら、〜をかいでごらん、花びんの花のいい香り. Bak kokla, vazodaki çiçekler ne güzel kokuyor! 手にたばこの〜がついた. Sigara elimi kokuttu.
nioisùmire ニオイスミレ /a./ kokulu menekşe.
niòhuku 二往復 /a./ 〜水を運ぶ iki dönüm su getir-.
niòu におう /ey./ kok-, tüt-. 花が〜 çiçek kok-.
niowasè・ru におわせる /ey./ kokut-.

nîsei

niowâsu におわす /ey./ kokut-, dokundur-, (俗語) gibisine getir-.
Nippòñ 日本 /a./ → Nihòñ.
nirami にらみ /a./ 〜を利かす gemini kıs-.
niramicukè・ru にらみつける /ey./ gözlerini devir-.
nirâmu にらむ /ey./ eğri bak-, gözünü ağart-. 目を皿のようにして〜belert-. 不吉な目つきで〜 göz değ-, göze gel-.
nîre ニレ /a./ 〜の木 kara ağaç.
niriñ 二輪 /a./ 〜の滑車 iki dilli makara.
ni・ru 似る /ey./ benze-, okşa-, çal-. 互いに〜 benzeş-. よく似た状態になる dön-. 似ている benzer, farksız. たいへんよく似た人 elmanın yarısı o, yarısı bu. お父さんに似ている. Babasına benziyor. この機械は中古品には似ても似つかない. Bu makine kullanılmışa hiç benzemiyor.
ni・ru 煮る /ey./ pişir-. 魚を〜 balık pişir-. 煮やすい pişkin. 煮やすいエジプト豆 pişkin nohut.
nisañ 二三 /a./ iki üç. 〜の birkaç, bazı. この問題にかかわる〜の点 bu davaya ilişik bazı noktaları.
nisañkai 二三回 /a./ birkaç defa, iki üç kere.
nisâññici 二三日 /a./ iki üç gün. 〜うちに bu günlerde.
nisañniñ 二三人 /a./ birkaç kişi, iki üç adam.
nise 偽 /a./ yalan. 〜の düzme, kalp, taklit, sahte, yalan, hileli, sözde takma, zahirî, eğreti. 〜学生 sözde öğrenci.
niseakâsia ニセアカシア /a./ salkım ağacı.
nisegane 偽金 /a./ kalp para. 〜を作る sahte para bas-.
nisegane cùkuri 偽金作り /a./ kalpazan, sahtekâr. 〜の sahtekâr.
nîsei 二世 /a./ ikinci kuşak.

nisemono 偽物 /a./ imitasyon, taklit.
nise・ru 似せる /ey./ benzet-. 〜こと benzeti. 似せようと努力すること özenti.
nisi 西 /a./ batı, garp, gün batısı. 〜と東 batı ve doğu. 〜の garbî. 〜の風 batı, gün batısı.
nisigawa 西側 /a./ 〜ブロック batı bloku.
nisihimezi ニシヒメジ /a./ barbunya.
nisikaze 西風 /a./ batı, gün batısı.
nisikìhebi ニシキヘビ /a./ boa.
nìsiñ ニシン /a./ ringa.
Nisi Yooroppàziñ 西ヨーロッパ人 /a./ Frenk.
nisokusàñmoñ 二束三文 /a./ 〜で yok pahasına. 家を〜で売った. Evi yok pahasına sattı.
nisoo 尼僧 /a./ rahibe.
nissi 日誌 /a./ muhtıra defteri. 航海 〜 rota defteri.
nissyabyoo 日射病 /a./ 〜になる güneş çarp-. 〜にさせる gün vur-.
nissyoku 日食 /a./ güneş (gün) tutulması.
nìsu ニス (Hol. varnis) /a./ vernik. 〜を塗る vernik sür-, vernikle-.
nìsya takuicu 二者択一 /a./ seçenek. 〜の一つ şık. 我々は〜に迫られている. İki şık karşısındayız.
nìsyoku 二色 /a./ iki renk. 〜の yanal. この〜はよく調和している. Bu iki renk iyi kaynaşmış.
nisyùrui 二種類 /a./ ikilik, iki tür.
nisyùukañ 二週間 /a./ iki hafta. 〜の休暇のあとで iki haftalık tatilden sonra.
nitàcu 煮立つ /ey./ kız-. 油が〜 yağ kız-.
nitariyòttari 似たり寄ったり /a./ 〜だ düğün dernek, hep bir örnek.
nitatè・ru 煮立てる /ey./ kaynat-. 湯を〜 su kaynat-.
nìto 二兎 /a./ iki tavşan.

§〜を追う者は一兎をも得ず. Bir koltuğa iki karpuz sığmaz. İki karpuz bir koltuğa sığmaz.
nìtoo 二頭 /a./ iki baş. 耕作用の〜の家畜 çift. 列車が牛を〜ひいた. Tren iki ineği ezdi.
nitoobùñseñ 二等分線 /a./ açıortay.
nitoodate 二頭立て /a./ 〜の馬車 fayton.
nitooheñ sañkàkukei 二等辺三角形 /a./ ikiz kenar üçgen.
nittoo 日当 /a./ gündelik.
niuma 荷馬 /a./ beygir.
niwa 庭 /a./ bahçe. この門は〜に通じている. Bu kapı bahçeye açılıyor. 〜の四方にバラが植えられた. Bahçenin her yanına gül dikildi. 〜は手入れが必要. Bahçe bakım ister.
niwabañ 庭番 /a./ bahçıvan, bahçe bekçisi, bostancı.
niwabañgoya 庭番小屋 /a./ bahçıvan kulübesi.
nìwaka にわか /a./ 〜に ansızın, birdenbire. 〜に出発する birdenbire çık-. 〜に戦争が始まる savaş kop-. 出かけようとしたら〜に降りだした. Biz yola çıkarken bir yağmurdur aldı. 〜に信じないで先を見ること. Karaman'ın koyunu sonra çıkar oyunu.
niwakaàme にわか雨 /a./ sağanak. 急にやって来た〜が私をびしょぬれにした. Birden gelen sağanak beni çok ıslattı.
niwaka nàrikiñ にわか成金 /a./ Allah yürü ya kulum demiş. 〜になる palazlan-.
niwaka sìgoto にわか仕事 /a./ 〜は長続きしない. Hızlı sağanak tez geçer.
niwàsi 庭師 /a./ bahçıvan. 〜が木をりっぱにした. Bahçıvan ağaçları adam etti.
niwa sìgoto 庭仕事 /a./ 夏に〜をふ

やした. Yaz, bahçe işlerini çoğalttı.
niwatori ニワトリ, 鶏 /a./ tavuk, horoz. ～を飼う tavuk besle-. ～にえさをまく tavuklara yem dök-. ～の若鳥 piliç. ～の卵 yumurta. ～の卵を産ませる所 folluk.
niyaku 荷役 /a./ hamallık.
niyakuniñ 荷役人 /a./ istifçi, hamal.
niyaniya にやにや /be./ ～笑う pis pis gül-. いつも～笑う pişmiş kelle gibi sırıt-. ～する sırıt-, yılış-. ～した sırıtkan, yılışık. 何を～しているの, また何かいたずらをしたんじゃないの. Niçin sırıtıyorsun, yine bir yaramazlık yaptın değil mi?
niyatto にやっと /be./ ～笑う sırıt-, yılış-.
nizi にじ, 虹 /a./ gök kuşağı, alaimisema, alkım, eleğimsağma, ebe kuşağı, ebem kuşağı, hacılar kuşağı.
nizi 二時 /a./ saat iki. ～半 iki buçuk.
nizikañ 二時間 /a./ iki saat. この道は～続く. Bu yol iki saat çeker.
nizimidasu にじみ出す /ey./ sız-.
nizimide・ru にじみ出る /ey./ süzül-. 目から涙がにじみ出た. Gözlerinden yaşlar süzüldü.
nizimu にじむ /ey./ sız-, süzül-, çık-, damarlarına işle-. 涙が～ yaşlar süzül-.
niziteki 二次的 /a./ ～な ikincil, tâli.
nizukuri 荷造り /a./ ambalaj. ～する ambalaj yap-, ambalajla-, bağla-. 品物を～する eşyayı bağla-.
nizumi 荷積み /a./ tahmil.
nizumidai 荷積み台 /a./ rampa.
Nizyeeru ニジェール /a./ Nijer.
nizyukkeñ 二十軒 /a./ ～の村 yirmi evli bir köy.
nizyukko 二十個 /a./ ～の yirmilik. ～入りのチョコレートの包み yirmilik çikolata paketi.
nizyuttoo 二十頭 /a./ ～の羊 yirmi baş koyun.
nizyuu 二重 /a./ ～の çift. ～に見る çatal gör-. ～に解釈できる言葉 çatal söz. ～ガラス戸 çift camlı pencere.
nizyuu 二十 /a./ yirmi. ～の yirmi. ～リラ紙幣 yirmilik. ～四時間 yirmi dört saat. まるまる～五クルシ yirmi beşlik.
nizyuu boiñ 二重母音 /a./ ikili ünlü.
nizyuusoo 二重奏 /a./ ikili, düet.
nizyuusyoo 二重唱 /a./ ikili, düet.
no の /il./ -(n)in ①《限定》病人～熱が下がる hastanın ateşi düş-. 日光でカーテン～色があせた. Güneşten perdelerin rengi attı. ひとにぎり～コムギ bir avuç buğday. アメリカ～国旗 Amerikan bandırası. 写真～現象 fotoğraf banyosu. コップ二杯～水 iki bardak su. 百～けた, 百～位 yüzler basamağı. 部屋～天井が低い. Odanın tavanı basık. 本～印刷 kitabın basımı. この服～中から好きなのを選びなさい. Bu elbiselerden birini beğeniniz. 彼はここからおそらく私たち～ところへ行ったのだ. O, buradan belki bize gitmiştir. ブルガリア～イスラム教団 Bulgaristandaki İslâm cemaati. この人はしらふ～時もこうだ. Bu adam ayıkken de böyledir. 台が粘土～像 kaidesi balçıktan bir dev. トルコ～旗をつけた船 Türk bandıralı bir gemi. 君～足では村へ夕方までに着けない. Senin ayağınla köye akşama kadar varamayız. 30段～階段 otuz ayak merdiven. この人はわたしたち～女中をだまして別～家へ連れて行ってしまった. Bu adam bizim hizmetçiyi ayartıp başka bir eve götürdü. こどもを育てるのは父母～義務である. Çocukları yetiştirmek ana ve babanın borcudur. 『トルコ語』誌～印刷数は

nō 一万部だ. "Türk Dili" Dergisinin baskısı on bindir. 『正書法〜手引』〜第3刷 "Yazım Kılavuzu'nun" 3. baskı. 今晩メフメット〜所に押しかけよう. Bu akşam Mehmet'i bastıralım. …以外〜何物でもない -den başka bir şey değil. ②《名詞化》道路にごみを捨てる〜は恥だ. Sokağa çöp atmak ayıptır. この服の中から好きな〜を選びなさい. Bu elbiselerden birini beğeniniz. そのペンはいらない, こっち〜をください. O kalemi istemedim, berikini ver. 感謝の〜が義務だと思う teşekkürü borç bil-. こどもを育てる〜は父母の義務である. Çocukları yetiştirmek ana ve babanın borcudur. ③《説得》お待ちしたらいい〜ですか? Beklememi istiyor musunuz? 彼はここからおそらく私たちのところへ行った〜だ. O, buradan belki bize gitmiştir. どこを見ている〜か. Nereye bakıyorsun? やあ君だった〜か. Ay, sen mi idin! ④《動作主》私〜正しいと思う道に迷いはない. Doğru bellediğim yoldan şaşmam.

nō 野 /a./ kır. 〜の花 kır çiçeği.
Nōa ノア /a./ Nuh. 〜の方舟 Nuh'un gemisi. 〜の洪水 tufan.
nōbanasi 野放し /a./ 〜の pervasız.
nōbara ノバラ, 野バラ /a./ dağ gülü.
nobasarè·ru 伸ばされる /ey./ uzatıl-.
nobāsu 伸ばす /ey./ uzat-, bırak-. パン種を薄く〜 hamur aç-. 腕を前へ〜 kolunu uzat-. 手足を〜 uzan-, gerin-. 足を〜 boylan-. 足を伸ばして座る ayaklarını uzatıp otur-. 足を伸ばして休む bacaklarını uzat-. 体を〜 uzan-. 体を伸ばして uzun uzun. ひげを〜 sakal bırak-. 木の枝に手を伸ばしてリンゴをもぎ取った. Ağacın dalına uzanıp elmayı koparttım. 八百屋に行こうとして市場にも足を伸ばした. Manava çıkayım derken ta pazara kadar uzandım.

nobàsu 延ばす /ey./ geri bırak-, bırak-, ger-. 先に〜 salla-. 来週に〜 gelecek haftaya at-. 見物を来週に延ばした. Gezmeyi haftaya bıraktık.
nobeboo 延べ棒 /a./ külçe, külte. 〜の külçe. 10キロの金の〜 on kiroluk bir altın külçesi.
nobè·ru 延べる /ey./ geri bırak-.
nobè·ru 述べる /ey./ bahset-, ortaya at-, sözü geç-, naklet-. 意見を〜 fikir yürüt-. 考えを〜 fikir aç-, öner-.
nobetatè·ru 述べたてる /ey./ 他人の欠点を〜 çekiştir-. 長々と〜 uzun et-.
nobî 伸び /a./ 〜をする gerin-. 〜をしつ gerine gerine.
nobicizimi 伸び縮み /a./ 〜する esne-.
nobihōodai 伸び放題 /a./ 髪もひげも〜 saç sakala karışmış.
nobinobi 延び延び /a./ 〜になる gâvur orucu gibi uza-.
nobinòbi 伸び伸び /be./ 〜した sereserpe.
nobî·ru 伸びる /ey./ boylan-, uza-, sün-. 背が〜 boylan-, boy at- (sür-). 背ばかり〜 boya çek-. ゴムが〜 lastik sün-. 髪が〜 saç bit-. 伸び始める filizlen-. 伸びたもの uzantı. 不相応に伸びた genç irisi. 子供はその間にかなり背が伸びた. Çocuk bu ara epey uzadı. このきれはやすやすとは伸びない. Bu kumaş kolay kolay sünmez.
nobî·ru 延びる /ey./ uza-, kal-. 出発が金曜に延びた. Gitmemiz cumaya kaldı.
nobori 登り /a./ çıkma.
noborizaka 上り坂 /a./ yokuş. 〜の yokuş yukarı. 〜のある yamaçlı.
noboru 上る /ey./ çık-, yüksel-, yücel-. 坂を〜 yokuşu çık-. 頭に血が〜 ateş bas-, cinleri başına toplan- (üşüş-), kafası kız-, kan başına sıçra-. その人のことが話に上らなくなる

adını anma-. 上ったり下ったりの iniş yokuş, inişli çıkışlı (yokuşlu).

noboru 登る /*ey.*/ çık-, tırman-. 山に～ dağa çık-. 山頂に～ dağın tepesine çık-. 木に～ ağaca tırman-. ～こと çıkma. ネコが木に登った. Kedi ağaca tırmandı.

noboru 昇る /*ey.*/ doğ-. 日が～ güneş (gün) doğ-.

nobose・ru 上せる /*ey.*/ 話題に～ bahset-.

nocì 後 /*a.*/ ～に bilahara, sonra. ～になって sonradan.

node ので /*il.*/ da, de, dolayı, Değil mi ki, üzerine. 暑いので歩けない. Hava sıcak da yürüyemiyorum. 子供が病気だった～昨日私は来られなかった. Çocuk hastalandı, o yüzden dün gelemedim. 犯人は警官に抵抗した～暴行を受けた. Suçlu, polise karşı geldiğinden cebir kullanıldı. 先生はチェティンがいたずらをした～叱った. Öğretmen Çetin'e yaramazlık yaptığı için çattı.

nòdo のど /*a.*/ boğaz, gırtlak, hançere, gerdan. ～が渇く boğazı kuru-, susa-, dil damağına yapış-. ～がからになる bağrı yan-, içi yan-, hararet bas-. ～の渇き hararet. ～を渇かせる hararet ver-. ～が痛む boğazı ağrı-, boğaz ol-. ～がはれる boğazı in-. ～のむずがゆさ gıcık. 甘い物を食べると～が渇く. Tatlı şeyler hararet verir. ～がむずがゆい. Boğazım gıcıklanıyor.
§～から手が出るようだ ağzı sulan-.

nodobòtoke のど仏 /*a.*/ âdem elması.

nodobue のど笛 /*a.*/ gırtlak.

nodòhiko のどひこ /*a.*/ küçük dil.

nodòkubi のど首 /*a.*/ gerdan.

nogañ ノガン /*a.*/ toy.

nogarerarè・ru 逃れられる /*ey.*/ 非難から逃れられない dilinden kurtulama-. この持病からどうしても逃れられなかった. Bu dertten bir türlü kurtulamadı.

nogarè・ru 逃れる /*ey.*/ kurtul-, başından at- (sav-), dar at-, kaytar-, sav-, yakayı kurtar- (sıyır-), (隠語) sat-. 圧迫を～ baskıdan kurtul-. 苦しみから～ çileden çıkar-.

nogàsu 逃す /*ey.*/ kaçır-. 機会を～ fırsatı kaçır-. チャンスを逃して手遅れだ. Atı alan Üsküdar'ı geçti.

nogi のぎ /*a.*/ 穂の～ kılçık.

nòhara 野原 /*a.*/ kır. ～の kırsal. ～を散歩する kırda gezin-. 花を～から集める çiçekleri kırlardan der-.

noiròoze ノイローゼ (Al. Neurose) /*a.*/ nevroz, sinirce.

noke・ru のける, 退ける /*ey.*/ kaldır-. 石を～ taşı kaldır-

noki 軒 /*a.*/ saçak.

nokizyàbara 軒じゃばら /*a.*/ korniş.

nòkkaa ノッカー (İng. knocker) /*a.*/ kapı tokmağı, tokmak.

nòkku ノック (İng. knock) /*a.*/ 座ったと思ったらすぐドアが～された Oturdumuya kalmadı, kapı çalındı.

nokkuàuto ノックアウト (İng. knock-out) /*a.*/ nakavt.

nokogìri のこぎり /*a.*/ testere. ～で切る testereyle kes-.

nokogiri èi ノコギリエイ /*a.*/ testere balığı.

nokorì 残り /*a.*/ artık, bakiye, geri, öte, üst, üzeri. 食事の～ yemek artığı. ～の artık, sair. ～を片付ける arkasını al-. ～はわずかに kala kala. 仕事の～は簡単だ. İşin ötesi kolay.

nokorìbi 残り火 /*a.*/ köz. ～の灰 köz. かまどの～をかきたてるためにまきをくべた. Ocaktaki közü canlandırmak için odun attım.

nokorikàsu 残りかす /*a.*/ tortu.

nokorimono 残り物 /*a.*/ kalıntı.
§～には福がある. Bir dostluk kaldı! Harman sonu dervişlerin.

nokorisukunài 残り少ない /*s.*/ 残り

少なくなる dibine gel- (in-).

nokȍru 残る /*ey.*/ kal-, art-, geri kal-, baki kal-. あとに〜 arkada (arkaya) kal-, gerile-, kalıcı, kalımlı. 余って〜 artakal-. 残った kalma. 残った食べ物 artık yemek. 残って kala. あなたの本は手もとに残っていますか。Kitaplarınız duruyor mu? 家にはほかに誰も残らなかった。 Evde ondan başka kimse kalmadı.

nokosarȅ•ru 残される /*ey.*/ kal-. 罰として放課後〜 cezaya kal-. 残された metruk.

nokȍsu 残す /*ey.*/ bırak-, artır-. 食事を〜 yemeği artır-. 跡を〜 iz bırak-. 父の残してくれた家 babadan kalma ev. 妻に大きな財産を残した。Karısına çok mal bıraktı.

nomasȅ•ru 飲ませる /*ey.*/ içir-. 乳を〜 emzir-.

nomȅ•ru 飲める /*ey.*/ içecek. 酒が〜 içkili.

nȍmi のみ /*a.*/ keski, kalem. 石工の〜 taşçı kalemi. 石の表面を〜で細工する tara-. 〜で彫る yont-.

nomȋ ノミ /*a.*/ pire. 〜がつく pirelen-. 〜を取る pirelen-. ネコに〜がついた。Kedi pirelenmiş. 犬がさかんに体をかいている、〜がいるに違いない。Köpeğim çok kaşınıyor, üstünde pire olmalı.

nomigȕsuri 飲み薬 /*a.*/ dahilen kullanılan ilaç. 甘い〜 şurup.

nomihȍsu 飲み干す /*ey.*/ başına dik-, dik-, kurut-. ぐっと〜 devir-. コップの水を〜 bir sürahi suyu devir-. 一びんのミルクを飲み干した。Bir şişe sütü dikti.

nomikomȅ•ru 飲み込める /*ey.*/ 飲み込めない boğazına dur-. のどがはれてつばも飲み込めない。Boğazım şişmiş, tükürüğümü bile yutamıyorum.

nomikomi 飲み込み /*a.*/ 〜の悪い kalın kafalı.

nomikȍmu 飲み込む /*ey.*/ yut-, sömür-, (口語) yuvarla-. つばを〜 yutkun-. 欲しくてつばを〜 tükürüğünü yut-. ろくにかまずに〜 tıkıştır-. 食べ物をよくかんでから〜ことが健康には必要である。Yemekleri iyice çiğnedikten sonra yutmak sağlığımız için gereklidir.

nomȋkuci 飲み口 /*a.*/ içim. 水場の〜 musluk, lüle.

nomikudasȅ•ru 飲み下せる /*ey.*/ 口に入れたものが飲み下せない boğazında kal-.

nȍmikui 飲み食い /*a.*/ gırtlak, içmek yemek.

nomȋmizu 飲み水 /*a.*/ içecek su.

nomimȍno 飲み物 /*a.*/ içecek, meşrubat.

nominoȉci ノミの市 /*a.*/ bit pazarı.

nomisugi 飲み過ぎ /*a.*/ 〜で死ぬ çatla-.

nomisugȋ•ru 飲み過ぎる /*ey.*/ fazla kaçır-.

nomitȍmodaci 飲み友達 /*a.*/ kadeh arkadaşı.

nomiya 飲み屋 /*a.*/ 音楽付きの〜 taverna.

nȍmu 飲む /*ey.*/ iç-, em-, yut-. 水を〜 su iç-. 酒を〜 iç-, (口語) demlen-, (冗談) dem çek-, (隠語) kafayı çek-. スープを〜 çorba iç-. 声を〜 durakla-. 言葉を〜 yutkun-. 急いで〜 atıştır-. 音を立てて〜 höpürdet-. のどを動かして息を〜 yutkun-. 薬を一度に〜 ilacı birden iç-. 〜こと içme. 一杯のお茶を飲んで生き返った。Bir bardak çay içince canlandım. 腹がへって駄目だ、牛乳が一杯飲みたい。İçim eziliyor, bir bardak süt içeyim. 飲んで車を運転してはいけません。Alkollü araba kullanmayınız.

noni のに /*il.*/ da, de, madem, mademki. 早く来いと言った〜遅れた。Erken gel dedim, gene de geç kaldı. ちょうど5時に来るはずだった〜いまだに見えない。Güya tam beşte gelecekti, hâlâ görünürde yok. 来る

のが分かっている〜待たなかった。Geleceğimi bildiği hâlde beklemedi. 君は来るつもりがなかった〜なぜ私を待たせたのか。Madem gelmeyecektin, neden beni beklettin?

nonosirare・ru ののしられる /ey./ küfür ye-.

nonosiri ののしり /a./ küfür, sövgü, (隠語) kalay.

nonosiru ののしる /ey./ ilen-, küfret-, küfür et- (savur-), söv-, atıp tut-, veriştir-, taşla-, (隠語) kalayı bas-, donat-. ひどく〜 kalayla-. ののしり続ける sövüp say-. 口汚く〜 (卑語) üstüne başına et-. 息子が父親を〜. Oğlan babasına söylüyor.

noñbee 飲んべえ /a./ ayyaş.

noñbiri のんびり /be./ 〜した ağır canlı (kanlı). 〜した人 ağır adam. 〜な kaygısız, düşüncesiz, gafil, karnı (yüreği) geniş. 〜に遊び歩く (口語) fink at-. 〜なものだ。Deliye her gün bayram.

noo 脳 /a./ beyin, dimağ. 〜が弱い kafası kalın.

noo のう,膿 /a./ cerahat, irin.

noo 能 /a./ 〜のない nadan.

Nooberùsyoo ノーベル賞 /a./ Nobel Armağanı.

noobokuzyoo 農牧場 /a./ çiftlik.

nòoci 農地 /a./ tarla. 〜の収穫 tarlanın verimi.

nòodo 濃度 /a./ koyuluk, sıklık, yoğunluk, kesafet, kıvam. 蜜の〜の bal kıvamında.

noodoo 能動 /a./ etken.

noodoosei 能動性 /a./ etkenlik.

nooeñ 農園 /a./ çiftlik.

noogaku 農学 /a./ ziraat. 〜の ziraî.

noogakùbu 農学部 /a./ ziraat fakültesi.

nòogu 農具 /a./ tarım âletleri, çift çubuk. フォーク状の〜 çatal.

nòogyoo 農業 /a./ çiftçilik, ziraat, tarım, çift çubuk, rençperlik. 〜の tarımsal, ziraî. 〜で暮らしを立てる çiftçilikle geçin-. 〜をやめる çifti boz-.

noogyoo gizyucùsya 農業技術者 /a./ tarımcı.

noogyoo roodòosya 農業労働者 /a./ 臨時の〜 yanaşma.

noogyoo zyuuzìsya 農業従事者 /a./ tarımcı.

noohicu 能筆 /a./ belâgat.

noohicuka 能筆家 /a./ hattat.

noohoo のう胞, 嚢胞 /a./ kist.

nòohu 農夫 /a./ ekinci, çiftçi, tarımcı, (古語) fellah. 〜は土地に肥やしをやった。Çiftçi toprağa gübreledi.

nooikkecu 脳いっ血 /a./ beyin kanaması.

nòoka 農家 /a./ çiftçi.

nookigu 農機具 /a./ tarım âletleri, çift çubuk.

nòomaku 脳膜 /a./ beyin zarı.

noomakùeñ 脳膜炎 /a./ menenjit.

noomiñ 農民 /a./ çiftçi, ekinci, ekici, tarımcı, rençper.

noomiso 脳みそ /a./ beyin.

nòomu 濃霧 /a./ sis, kesif sis, yoğun sis, kör duman. 〜の sisli. 〜の時は注意深く車を運転する必要がある。Siste çok dikkatli otomobil kullanmak gerektir.

noonasi 脳なし /a./ başında torbası eksik, eşek, horoz akıllı (kafalı). 〜の beyinsiz, kafasız, (口語) dangalak.

noonasi 能なし /a./ bal kabağı, öküz.

nooricu 能率 /a./ ehliyet, yeterlik.

nòoryoku 能力 /a./ güç, kabiliyet, kudret, beceri, ehliyet, kuvvet, takat, yetenek, yeterlik, cevher, el, erk, iktidar, imkân, liyakat. 支払い〜 ödeme gücü. 体験で得た〜 meleke. 〜のある kabiliyetli, becerikli, ehliyetli, kudretli, liyakatli, yetenekli, yeterli. 〜のない beceriksiz, yetersiz. 〜にまかせる bileğine güven-. 完全な〜をそなえた yetkin. 彼にそんなことをする〜はない. Haddi mi? Haddine mi düşmüş? 〜以上のことに手を出すと大損をする. (口語) Tavuk kaza bakmış da kaçını yırtmış.

noosañbucu 農産物 /a./ ürün, tarım ürünleri, tarımsal üretim, mahsul.

nòosyu 膿腫 /a./ apse.

noosyùkkecu 脳出血 /a./ beyin kanaması.

noosyuku 濃縮 /a./ 〜される deriş-.

nootàñ 濃淡 /a./ 色の〜 ton. 〜に dalga dalga.

nootêñ 脳天 /a./ tepe.

nòoto ノート(İng. note) /a./ defter, not. ページをはがせる〜 bloknot.

noozei 納税 /a./ 〜の義務 vergi yükümü. すべての国民は〜の義務を有する. Her yurttaş vergi vermekle yükümlüdür.

nòozui 脳髄 /a./ beyin.

noozyoo 農場 /a./ çiftlik. 〜は父親から引き継いだ. Çiftlik ona babasından kalmış.

noozyoo roodòosya 農場労働者 /a./ ırgat.

noozyuu 膿汁 /a./ irin.

nòppo のっぽ /a./ 〜の uzun boylu, upuzun, kazulet, sırık gibi, (口語) kakık kadar.

norà 野良 /a./ tarla.

norainu 野良犬 /a./ sahipsiz bir köpek.

nòrakura のらくら /be./ 〜する sallan-.

norì のり, 糊 /a./ çiriş, kola, zamk, ağda, lapa. 〜をつける çirişle-, kolala-, zamkla-. 〜ではる yapıştır-. 〜の入った kolalı.

noriagè•ru 乗り上げる /ey./ 船が浅瀬に〜 gemi karaya otur-. 船首が浅瀬に〜 baştan kara et-.

noridàsu 乗り出す /ey./ el koy-. 体を〜 asıl-, sark-.

norikae 乗り換え /a./ aktarma. 〜が必要な列車 aktarmalı tren. そこまで二ヵ所の〜がある. Oraya kadar iki yerde aktarma var.

norikae kìppu 乗換切符 /a./ aktarma bileti.

norikaè•ru 乗り換える /ey./ aktar-, aktarma et- (yap-).

norikakàru 乗り掛かる /ey./ 乗り掛かった船だ, 行くところまで行く. Ölmek var, dönmek yok.

norikìru 乗り切る /ey./ aşır-. 困難を〜 atlat-, sök-. 危険を〜 tehlikeyi atlat-. 船が潮を〜 gemi akıntıyı sök-. 障害を〜ことを決心する azmet-.

norikoe 乗り越え /a./ aşırma.

norikoè•ru 乗り越える /ey./ aş-. 困難を〜 şeytanın bacağını (ayağını) kır-.

norikumìiñ 乗組員 /a./ mürettebat, tayfa. 潜水艦の〜 denizaltıcı.

norimono 乗り物 /a./ binek, taşıt, vesaiti nakliye. 〜の binek. 〜の女性サービス係 hostes. 危険な〜 ecel beşiği. 学校へは〜で行く. Okula taşıtla gidiyorum.

noriokurè•ru 乗り遅れる /ey./ kaçır-. 汽車に〜 treni kaçır-. こんな進み方では汽車に〜だろう. Bu gidişle treni kaçıracağız.

norizuke のり付け /a./ kola. 〜した kolalı. 〜したカッターシャツ kolalı gömlek. この襟の〜はうまくいっていない. Bu yakanın kolası iyi olmadı.

nòro ノロ /a./ karaca.

noroi 呪い /a./ beddua, ilenç, lânet, sihir, (隠語) kalay. 〜の lânetli. 〜の言葉 ilenç. 〜を受ける beddua al-. 〜がかかる beddua sin-. 〜的中する ahı tut-, ahı yerde kalma-.

noròi のろい, 鈍い /s./ ağır, yavaş, uyuşuk, uyuz, öküz arabası gibi.

~子 uyuşuk bir çocuk. ~こと yavaşlık. 仕事が~ eli ağır, eline ağır. とても~ kağnı gibi.
noroisi 呪い師 /a./ sihirbaz.
noroma のろま /a./ öküz. ~な inek, öküz gibi, (隠語) saloz.
nòronoro のろのろ /be./ ağır aksak.
noròu のろう, 呪う /ey./ ah al- (et-), beddua et-, ilen-, kargı-, lânet okun-, lânetle-, rahmet okut-, kahret-. 不吉な目で~ gözle ye-. §人を呪わば穴二つ kazdığı kuyuya (çukura) kendisi düş-.
norowarè•ru 呪われる /ey./ beddua al-. 呪われた lânetli. 神に呪われた melun.
noru 乗る /ey./ bin-. 馬に~ ata bin-. バスに~ otobüse bin-. ~ための binek. 上に乗って帽子をつぶした. Üzerine bastı, şapkayı ezdi.
Noruwêe ノルウェー /a./ Norveç.
Noruweego ノルウェー語 /a./ Norveççe.
Noruwêeziñ ノルウェー人 /a./ Norveçli.
noserare•ru 乗せられる /ey./ 甘言に~ (隠語) dolma yut-. 甘言にのせられて失敗した. Tatlı sözlere kanarak aldandı.
nose•ru 乗せる /ey./ bindir-.
nose•ru 載せる /ey./ yüklet-, kayet-.
nosikakàru のしかかる /ey./ çullan-, yüklen-. 重く~ ezici.
nosuri ノスリ /a./ şahin.
notaucimawàru のたうち回る /ey./ debelen-, yerlerde sürün-, kıvran-.
nozokare•ru 除かれる /ey./ …から~ hariç ol-.
nozoku 除く /ey./ kaldır-, çıkar-, geçir-, vücudunu ortadan kaldır-, müstesna. 歯の痛みを~ diş ağrısını geçir-. …を除いて dışında, hariç, maada, müstesna olarak.
nozoku のぞく, 覗く /ey./ gözetle-, bir aralıktan bak-.

nozomi 望み /a./ arzu, istek, ümit, dilek, kâm, murat, umut. ~がかなう muradına er-. ~がある ümitli, umutlu. ~がない ümidi suya düş-. ~がなくなる hayır yok. ~が消える ümidi sön-. ~のない ümitsiz, umutsuz. ~のないこと umutsuzluk. ほとんど~がない şansa kal-. ~をかける ümide (umuda) düş-, ümitlen-, umutlan-. ~をつなぐ ümit bağla-. ~を抱かせる ümit besle-. ~を断つ ümidi (umut) kes-. ~を断たれる kurut-. ~を達しないで死ぬ gözü açık git-. 無茶な~ hırs. 私の~はない. Arzum yoktur. ~が常にかなうことはない. Herkesin arşınına göre bez vermezler. Herkesin yorulduğu yere han yapılmaz. ~以上に手に入った. Körün istediği bir göz, Allah verdi iki göz.
nozomi dòori 望み通り /be./ ある物を~手に入れる bir şeyden kâm al-.
nozomu 望む /ey./ iste-, dile-, umgönlü çek-, heves et-, istekli. 熱心に~ heveslen-. 望んで candan. 最後は私の望んだ形で終わった. Sonuç istediğim şekilde bağlandı. 娘を~人が多いが, 誰にも見せない. Kızı isteyenler çok ama daha kimseye çıkarmıyorlar. あなたの~ようにしなさい. Dilediğiniz gibi yapın. 新婚夫婦に円満な生活を~. Yeni evlilere dirlik düzenlik dileriz. 誰しもいい生活を~. Herkes iyi yaşamak ister.
nòzyuku 野宿 /a./ ~する ay dedeye misafir ol-.
nugasè•ru 脱がせる /ey./ soy-. 服を~ soy-, üstünü başını yol-. 子供の服を~ çocuğu soy-.
nugè•ru 脱げる /ey./ çık-. 乗馬靴が足から脱げない. Çizme ayağından çıkmıyor.
nùgu 脱ぐ /ey./ çıkar-, sıyır-. 服を~ sıyır-, soyun-. 上着を~ ceketini çıkar-. 寝巻きを~ geceliği sıyır-. 靴を~ ayağını çıkar-.

nugùu ぬぐう /ey./ sil-. 靴を泥落としで～ ayakkabıları paspasa sil-.
nui 縫い /a./ dikiş.
nuiawasè・ru 縫い合わせる /ey./ dik-. 傷を～ yarayı dik-.
nuibàri 縫い針 /a./ iğne. ～に糸を通す iğneye ipliği geçir-.
nuicukè・ru 縫い付ける /ey./ dik-.
nuiito 縫い糸 /a./ iplik.
nuikàta 縫い方 /a./ dikiş.
nuimè 縫い目 /a./ dikiş yeri. ～のない dikişsiz. ～のないストッキング dikişsiz çorap. ～をほどく道具 riper. 布が～か ら裂けた. Kumaş dikiş yerinden attı. 裏地の～がほころびた. Astarın dikişi sökülmüş.
nuimòno 縫い物 /a./ dikiş. ちょっと～があります. Biraz dikişim var. ～をしている時ミシンが指を引きちぎった. Dikiş dikerken makine parmağını kapmış.
nuisiro 縫い代 /a./ dikiş payı, makas payı.
nuitori 縫い取り /a./ nakış. ～する işle-.
nuka ぬか /a./ kepek.
nukaàme ぬか雨 /a./ çisenti, serpinti, (俗語) ahmak ıslatan. ～が降る çisele-.
nukare・ru 抜かれる /ey./ çıkarıl-, sıyrıl-.
nukaru ぬかる /ey./ ぬかっている bataklı. 道がとてもぬかっている. Yollar çok çamurlu.
nukarumi ぬかるみ /a./ çamur, çamurluk. 弟の手を取って～を飛び越させた. Kardeşimi elinden tutarak çamurdan atlattım.
nukedasè・ru 抜け出せる /ey./ 貧乏から抜け出せない iki yakası bir araya gelme-.
nukedàsu 抜け出す /ey./ çık-. 貧乏からやっと～ dar kaç-. 困難から～ içinden çık-. 困難から運よく～ dört ayak üstüne düş-. ～道 çıkar yol.

nukegara 抜け殻 /a./ ヘビの～ yılan gömleği.
nukeguci 抜け口 /a./ açma.
nukekìru 抜け切る /ey./ 中世の頭から抜け切ったとは言えない. Orta çağ kafasından kopmuş değillerdir.
nukeme 抜け目 /a./ ～のない açık göz, gözü açık, cingöz, çok bilmiş, kantarı belinde, kurnaz, uyanık. ～のない人 kurt. ～なく kurnazca. ～なさ kurnazlık. ～のない子だからやすとはだまされない. Uyanık bir çocuktur, kolay kolay aldanmaz.
nukemici 抜け道 /a./ ～を考えておく. Minareyi çalan kılıfını hazırlar.
nuke・ru 抜ける /ey./ çekil-, sıyrıl-, geç-, çık-. 歯が～ dişleri dökül-. ズボンのひざが～ diz yap-. 毛の抜けた yoluk, başı kabak. 子供の手が抜けた. Çocuğun kolu çıktı. このしみは抜けていない. Bu leke çıkmadı.
nukiàu 抜き合う /ey./ çekiş-. ドスを～ bıçak çekiş-.
nukimi 抜き身 /a./ ～を持って yalın kılıç.
nukiñdè・ru 抜きんでる /ey./ sivril-. 抜きんでた seçkin.
nukisasi 抜き差し /a./ ～ならなくなる açmaza düş-, çapraza sar-.
nukite 抜き手 /a./ ～を切って泳ぐ kulaç at-.
nukitòru 抜き取る /ey./ ayıkla-, yol-.
nukizuri 抜き刷り /a./ ayrı basım.
nuku 抜く /ey./ sök-, çekip çıkar-, çıkar-, çek-, geç-, kaldır-. 歯を～ diş çıkar-. きばを～ dişini sök-. 釘を壁から～ çiviyi duvardan dök-. とげを毛抜きで～ dikeni cımbızla çıkar-. 雑草を～ zararlı otları yol-. 傷の糸を～ dikişini al-. しみを～ lekeyi çıkar-. 刀を～ kılıcı sıyır-, silâh çek-. ナイフを抜いてかまえる bıçak çek-. ピストルを～ tabanca çek-. 競走で前の人を～ basıp geç-, kopar-. 毛を抜いた yoluk.

子供の背が父親を抜いた。 Çocuğun boyu babasınınkini geçti. おれ達のバスがやつらを抜いた。 Bizim otobüs onları ekti.
nukùi ぬくい /s./ ılık.
nukumàru ぬくまる /ey./ ılın-, ılı-, ısın-.
nukume•ru ぬくめる /ey./ ısıt-.
numà 沼 /a./ gölcük, bataklık. 〜の多い bataklı. 〜を干す bataklığı kurut-.
nuno 布 /a./ bez, kumaş. 木綿の〜 pamuk bezi. 麻の〜 keten bezi. 〜を織る bez doku-. 〜を黒く染める kumaşı siyaha boya-. 〜がチクチクする ısır-. この〜の色は縁に近い。 Bu bezin rengi yeşile bakıyor. 〜が縫い目から裂けた。 Kumaş dikiş yerinden attı.
nunobùkuro 布袋 /a./ kese, heybe. 〜で体をこする kesele-. お母さんは風呂で私の体を〜でこする。 Annem beni yıkarken keseliyor.
nunohaba 布幅 /a./ kumaşın eni.
nunome 布目 /a./ 〜のゆがんだ生地 yatkın kumaş.
nuno nìñgyoo 布人形 /a./ bez bebek.
nuno tèepu 布テープ /a./ 本の装丁用の〜 şiraze.
nunozi 布地 /a./ kumaş. むらのある〜 dalgalı kumaş. 一着分の質のよい〜 kupon.
nunozi ùriba 布地売り場 /a./ kumaş reyonu.
nurare•ru 塗られる /ey./ boyan-.
nurase•ru 塗らせる /ey./ boyat-. 家の外側を黄色に塗らせた。 Evin dışını sarıya boyattılar.
nurasu ぬらす, 濡らす /ey./ ısla-, ıslat-. 水を〜 suda ıslat-.
nureginu ぬれぎぬ /a./ 〜を着せる kulp tak-.
nurenèzumi ぬれねずみ /a./ 〜になる ıslak sıçana (kargaya) dön-.

nure•ru ぬれる, 濡れる /ey./ ıslan-, yaşar-. 雨に〜 yağmurdan ıslan-. ぬれた ıslak, nemli. ぬれた布 ıslak bez. びっしょりぬれた。 Fena hâlde ıslanmış. 炭は〜と重くなる。 Kömür ıslanınca ağırlaşır.
nurete ぬれ手 /a./ ıslak el. §〜で粟 inşallahla maşallahla. 〜で粟をつかむ hazıra kon-, köşeyi dön-, olmuş (pişmiş) armut gibi eline düş-, taş atıp kolu yorulma-.
nuricuke•ru 塗り付ける /ey./ sıva-, çal-. 泥を〜 çamurla-. ジャムを顔に〜 reçeli yüzüne sıva-.
nurigùsuri 塗り薬 /a./ merhem. 〜を付ける merhem sür-.
nuritate 塗り立て /a./ 壁にさわらないでください、〜です。 Duvara sürtünmeyiniz, yeni boyandı.
nuru 塗る /ey./ boya-, sür-, yak-, yakın-, çekin-. 色を〜 boya vur- (sür-, çek-). ペンキを〜 boya-. 家にペンキを〜 evi boya-. ドアにペンキを〜 kapıya boya çek-. クリームを〜 krem sürün-, boya-. しっくいを〜 sıva-, badana et- (vur-), badanala-. 壁にセメントを〜 duvara çimento sıva-. 泥を〜 çamurla-. 自分の体に〜 sürün-. 髪にヘンナを塗って染める saçlara kına yak-. ペンキを塗ってある boyalı. 父は壁を塗っている。 Babam duvarı sıvıyor.
nurùi ぬるい /s./ ılık. 〜水 ılık su. ぬるくする ılıştır-. 湯をぬるくしたからもう体を洗えるよ。 Suyunu ılıştırdım, artık yıkanabilirsin.
nurumàyu ぬるま湯 /a./ ılık su.
nurume•ru ぬるめる /ey./ ılıştır-.
nurùmu ぬるむ /ey./ ılın-.
nùsi 主 /a./ sahip, iye. こうして一家の〜になった。 Böylece bir ev sahibi oldum.
nusubito 盗人 /a./ hırsız.
nusumare•ru 盗まれる /ey./ çalın-, (冗談) uç-. 盗まれた çalıntı.
nusumî 盗み /a./ hırsızlık. 〜を働く

nusumidori

hırsızlık et- (yap-).
nusumidori 盗みどり /a./ aşırma.
nusumigiki 盗み聞き /a./ 〜する kulak misafiri ol-.
nusumimi 盗み見 /a./ 〜する göz ucuyle bak-, (隠語) dikiz et- (geç-).
nusumitòru 盗み取る /ey./ aşır-.
nusùmu 盗む /ey./ çal-, kaçır-, soy-, çırp-, kaldır-, (隠語) gelberi et-, sırıkla-, uçur-, yürüt-. 家財を〜 evi soy-. 盗んで持ち去る aşır-. 手当たりしだいに〜 çalıp çırp-. 実にみごとに〜 gözden sürmeyi çek- (çal-). 泥棒が盗んだ車と一緒につかまった. Hırsız çalıntı arabayla birlikte yakalandı. ネコがこっそり入った台所から肉を盗んだ. Kedi, gizlice girdiği mutfaktan eti kaçırdı. うちのライターを盗んだ. Bizim çakmağı yürütmüşler.
nusutto ぬすっと, 盗人 /a./ hırsız.
nùu 縫う /ey./ dik-. スカートを〜 etek dik-. ほころびを〜 söküğü dik-. 傷を〜 yarayı dik-. 〜人 dikişçi.
nùudo ヌード (İng. nude) /a./ çıplak, nü.
nuudo kàiga ヌード絵画 /a./ akademi.
nuwarè・ru 縫われる /ey./ dikil-. 縫われた dikili. 子供達に服が縫われている. Çocuklara elbise dikiliyor.
nuwasè・re 縫わせる /ey./ diktir-.
nyàa ニャー /be./ mırnav, miyav. 〜と鳴く miyavla-.
nyàñko ニャンコ /a./ pisi, pisipisi.
nyokañ 女官 /a./ nedime.
nyoniñ 女人 /a./ kadın.
nyòo 尿 /a./ sidik, idrar.
nyòoboo 女房 /a./ karı, (俗語) Köroğlu, (冗談) kaşık düşmanı. うちの〜 yenge. 彼の財産はその〜のお陰だ. Varlığını karısına borçlu. この人は〜とうまくいっていない. Bu adam ehliyle iyi geçinmiyor. 家には二人きり

で, 〜とこの私だ. Evde iki kişiyiz, bir Köroğlu bir Ayvaz.
nyoodòkusyoo 尿毒症 /a./ üremi.
nyoodoo 尿道 /a./ sidik yolu.
nyookañ 尿管 /a./ sidik boruları.
nyòronyoro にょろにょろ /be./ ığıl ığıl. ヘビが〜とはっている. Yılan ığıl ığıl süzülüyor.
nyùañsu ニュアンス (Fr. nuance) /a./ ayırtı.
nyùubaci 乳鉢 /a./ havan.
Nyuudèrii ニューデリー /a./ Yeni Delhi
nyuugaku sìkeñ 入学試験 /a./ giriş sınavı.
nyuugyuu 乳牛 /a./ inek, sütlü (sağmal) inek. 〜を育てる人 inekçi.
nyuuhàkusyoku 乳白色 /a./ 〜の fil dişi gibi.
nyuuhi 乳皮 /a./ kaymak. 〜ができる kaymak bağla- (tut-). 〜の張ったkaymaklı. 〜の張ったミルク kaymaklı süt.
nyuuiñ 入院 /a./ 〜を要する hastanelik. 〜を要する病人 hastanelik bir hasta. 〜を要する病気になる hastanelik ol-. 〜を要する状態にする hastanelik et-. 〜受付所 karantina.
nyuukoku 入国 /a./ 〜ビザ giriş vizesi. 〜年月日 giriş tarihi.
nyuukoo 乳香 /a./ damla sakızı.
nyuukòozyu 乳香樹 /a./ sakız ağacı. 〜の樹液 sakız.
nyuumoñ 入門 /a./ giriş.
nyuuneñ 入念 /a./ 〜に飾る süsleyip püsle-. 〜に調査する tara-.
nyuusacu 入札 /a./ eksiltme, açık eksiltme, ihale. 〜にかけられる eksiltmeye çıkarıl-. 〜で委託する ihale et-.
nyuusèihiñ 乳製品 /a./ 固形〜 kurut.
nyuuseñ 乳腺 /a./ meme (süt) bezi.
nyùusi 乳歯 /a./ kuzu dişi, süt dişi.

～が抜ける kuzu dişi dökül-.
nyùusu ニュース(İng. news) /a./ haber, istihbarat, salık. 正しい～ doğru haber. 世界の～ dünya haberleri. ～を送る haber gönder-. 急いで～を送る haber sal-. ～をふれ回る dilli düdük et-. ～が伝わる çalkan-. ～をたらす人 haberci. ～を広めたがる人 canlı gazete. 何か～はないか ne var ne yok?
nyuusu bàñgumi ニュース番組 /a./ haber.
nyuusu èiga ニュース映画 /a./ haber filmi.
nyuusya sìkeñ 入社試験 /a./ giriş sınavı.
nyuusyoo 入賞 /a./ ～する dereceye gir-.
nyuusyu 入手 /a./ ～する elde et-.
nyuutoo 乳糖 /a./ süt şekeri.

nyuutoozyoo 乳頭状 /a./ ～の mememsi.
nyuuyoku 入浴 /a./ banyo. ～する banyo al- (yap-), yıkan-, yun-. ～のあと髪をよく乾かす. Yıkandıktan sonra saçlarımı iyice kurularım.
nyuuyoo 入用 /a./ ～な muhtaç.
Nyuuyòoku ニューヨーク /a./ Nevyork
nyùuzi 乳児 /a./ meme çocuğu.
Nyuuziiràñdo ニュージーランド /a./ Yeni Zelanda.
nyuuzyoo 入場 /a./ giriş.
nyuuzyòokeñ 入場券 /a./ kart, bilet. 映画の～ sinema bileti.
nyuuzyòoryoo 入場料 /a./ duhuliye, giriş ücreti.
nyuuzyòosyoo 入場証 /a./ giriş kartı.

O o

o を /il./ -i. ①(対象) 料理～火からおろす yemeği ateşten indir-. 注意～だれかに向ける nazarlarını birine atfet-. 食べ物に塩～入れる yemeğe tuz at-. あやまち～人にかぶせる kabahati birine at-. 船からタラップ～渡す vapurdan iskele at-. 日付～入れる tarih at-. 品物～家に運ぶ eşyayı eve at-. 綿～打つ pamuğu at-. 橋～爆破する köprüyü at-. 危険～のりきる tehlikeyi atlat-. 水に石～投げる suya taş at-. こども～学校から追い出す çocuğu okuldan at-. 前金～受ける avans al-. 足にズボン～はく ayağına bir pantolon çek-. 菜～つまむ sebze ayıkla-. パン～スープにつける ekmeği et suyuya ban-. ペン～インクつぼにひたす kalemi hokkaya ban-. ベル～押す zile bas-. ピアノのキー～押さえる piyanonun tuşlarına bas-. 平手打ち～くわせる tokadı bas-. 空腹～抑える açlığı bastır-. 冬物～箱に押し込む kışlıkları sandığa bastır-. 火事～鎮める yangını bastır-. 謀反～鎮圧する isyanı bastır-. 勉強～始める okumaya başla-. ストーブに火～つける sobayı ateşle-. 悪事～そそのかす cinayete azmettir-. トルコの旗～つけた船 Türk bandıralı bir gemi. こどもが熱～出した. Çocuk ateşlendi. 大砲が火～ふいた. Top atıldı. 道路にごみ～捨てるのは恥だ. Sokağa çöp atmak ayıptır. またでたらめ～言い出した. Gene atmaya başladı. 書物ほど人～なぐ

さめるものはない. Kitap kadar insanı avutan bir şey yok. 「祖国に平和〜, 世界に平和〜」. "Yurtta barış, cihanda barış." 芝生〜踏まないでください. Çimenlere basmayınız. 丘〜越えると海が見えた. Tepeyi aşınca deniz başladı. ②《移動の場所》山〜くだる dağdan in-. 橋〜渡る köprüden geç-. トンネル〜過ぎる tünelden geç-. 糸が針の穴〜通る. İplik, iğne deliğinden geçer. 家へ行くとき, あなたの通り〜通ります. Eve giderken sizin sokaktan geçeriz. 汽船が海〜進む. Vapur denizde yürür. ③《起点》馬〜下りる attan in-. 仕事〜離れる işinden çık-. 人間らしさ〜失う insanlıktan çık-. 文学部〜出た. Edebiyat Fakültesinden çıktı.

ò 尾 /a./ kuyruk. 〜を切った güdük. トルガが〜を引っ張った犬がその手をかんだ. Tolga'nın kuyruğunu çektiği köpek elini daladı.
oasi おあし /a./（俗語）para.
òasisu オアシス（İng. oasis）/a./ vaha.
oazuke お預け /a./ 〜になる askıda kal-. この問題は〜だ. Bu mesele muallak kaldı.
oba おば, 伯母, 叔母 /a./ teyze, hala. 〜の子 yeğen. 〜の赤ちゃんはおしゃぶりがないと眠らない. Teyzemin bebeği emziği olmadan uyumuyor.
obàacyañ おばあちゃん /a./ cici anne.
obàasañ おばあさん /a./ anne anne, baba anne, nine, kadın nine, büyük anne ; ihtiyar kadın.
obàke お化け /a./ öcü, umacı.
obasañ おばさん, 伯母さん, 叔母さん /a./ teyze, hala ; kadın.
obèkka おべっか /a./ kompliman, koltuk,（隠語）yağcılık, dalkavukluk. 〜を使う pohpohla-, koltukla-, yağ yak-, yağcılık et-,（口語）yağla-.
obekkacùkai おべっか使い /a./ alkışçı, çanak yalayıcı, dalkavuk, kemik yalayıcı, meddah, şaklaban,（隠語）yağcı. 〜の yalpak.
obeñcyara おべんちゃら /a./ yılışıklık.
oberisuku オベリスク（Fr. obèlisque）/a./ dikili taş.
òbi 帯 /a./ kuşak. 着物の〜 giysinin kuşağı. 鞍を縛る〜 kolan. 〜を解く（口語）uçkur çöz-. 〜で鞍を縛る kolan vur-. この〜は腰の回りに一回しか巻けない. Bu kuşak belini ancak bir defa sarar.
obie•ru おびえる /ey./ kork-, aklı çek-, yüreği ağzına gel-, kuyruğunu kıs-. 自分の影に〜 gölgesinden kork-. おびえて言うことを聞かない huylan-.
obiesase•ru おびえさせる /ey./ korkut-, titret-.
obihimo 帯ひも /a./ kolan.
obikawa 帯革, 帯皮 /a./ kayış, kemer.
òbire 尾びれ /a./ kuyruk yüzgeci.
obì•ru 帯びる /ey./ takın-, tak-, kuşan-. 腰に刀を〜 beline kılıç tak-.
obitadasìi おびただしい /s./ çok.
obiyakasarè•ru 脅かされる /ey./ ずっと不安に〜 içini kurt ye-.
obiyakàsu 脅かす /ey./（口語）balta ol-. 生活を〜 ekmeğiyle oyna-.
obizyoo 帯状 /a./ 〜の物 şerit.
obocukanài おぼつかない /s./ pamuk ipliğiyle bağla-.
oboegaki 覚え書き /a./ memorandum, not, pusula, tezkere. 外交〜 muhtıra.
oboerarè•ru 覚えられる /ey./ hatırda kal-.
oboè•ru 覚える /ey./ hatırda tut-, fikirde tut-, belle-, ezberle-, duy-. 詩を〜 şiiri belle-. 覚えている ansı-, hatırında kal-（ol-, tut-）, hatırla-. 覚えておく dağarcığına at-. 覚えておけ alacağı olsun. やすらぎを〜 hafiflik duy-. 興奮を〜 heyecan duy-, heye-

cana gel-. 違和感を〜 garipse-. 10年前のことでも覚えている. On yıl önceki şeyler bile hatırında. この言葉をよく覚えておけ. Bu söze sen bir bal mumu yapıştır.

oborasare・ru おぼらされる /ey./ 水に〜こと gark.

oborasu おぼらす /ey./ boğ-. 水に〜 suda boğ-.

obore・ru おぼれる /ey./ boğul-, su boğul-, gark ol-. 金に〜 paraya gark ol-. 〜こと düşkünlük. おぼれている müptela. 恋におぼれた aşka müptela. 洪水に見舞われた家畜がおぼれた. Sel sularına kapılan sürü boğuldu. §〜者はわらをもつかむ. Denize düşen yılana sarılır. uçan kuştan medet um-.

obosimesi おぼしめし /a./ 神の〜 hikmeti Huda.

obucu 汚物 /a./ pislik.

obune 小舟 /a./ kayık.

obuzàabaa オブザーバー (İng. observer) /a./ gözleyici.

ŏciba 落ち葉 /a./ düşen (dökülmüş) yapraklar. 〜の季節 yaprak dökümü.

ŏcibo 落ち穂 /a./ başak, harman sonu. 〜を拾う başak et-.

ociburè・ru 落ちぶれる /ey./ sebepsiz kal-, soysuzlaş-, eşekten düşmüş karpuza dön-, teker meker yuvarlan-. 落ちぶれた düşkün, kuskunu düşük, yoz. 落ちぶれた人 devlet düşkünü.

ocicukase・ru 落ち着かせる /ey./ yerleştir-.

ocicuki 落ち着き /a./ 〜のない aceleci, kurtlu. 〜のない子 kurtlu peynir.

ocicuku 落ち着く /ey./ yerleş-, yerine otur-, otur-, istikrar bul-, karar kıl-. 落ち着いた oturaklı, durmuş oturmuş, rahat. ある所に〜 mekân tut-. ある所に落ち着いた yerleşik. 落ち着かない kurtlan-, tedirgin. 立ったり座ったりして落ち着かない kalkıp kalkıp otur-. 朝からここにいたのでは落ち着かない, ちょっと出かけよう. Sabahtan beri burada kurtlandım, biraz çıkalım. 試験では落ち着いていなさい. Sınavlarda serin kanlı olun.

ociiru 陥る /ey./ içine düş-. 困難に〜 gediğe takıl-. ひどく悪い状態に陥った. Haline köpekler gülüyor.

ocikomi 落ち込み /a./ düşüşlük.

ocikŏmu 落ち込む /ey./ çök-, yüreği karar-, düş-. 道が〜 yol çök-. 落ち込んだ çökük. 落ち込んだ肩 çökük omuz.

ocikubŏmu 落ちくぼむ /ey./ 落ちくぼんだ çukura kaçmış.

ŏcioci おちおち /be./ 〜していられない kurtlan-.

ocî・ru 落ちる /ey./ düş-, çök-, dök-, uç-, dökül-. 木から葉が〜 ağaçtan yaprak düş-. 天井が〜 tavan çök-. 速度が〜 hızını al-. どん底に〜 boka bat- (düş-). 泥沼に〜 çamura düş-. 手に〜 eline düş-, ele gel-. 恋に〜 sevdalan-, (冗談) deli bayrağı aç-. 汚れが落ちなくなる az-. 〜こと düşüş, döküm. 葉の〜時期 yaprak dökümü. 落ちた düşük. 落ちにくい bulaşkan. 海に〜とすぐ底についた. Denize düşer düşmez dibini boyladı. 気をつけなさい, 落ちますよ. Dikkat et, düşeceksin.

ocuki お付き /a./ (冗談) kuyruk. 〜の者と一緒にやって来る kuyruğu ile birlikte gel-.

ŏcukisama お月様 /a./ ay dede.

ocuri お釣り /a./ paranın üstü.

ocyauke お茶受け /a./ eğlencelik.

ocyobŏguci おちょぼ口 /a./ hokka gibi ağız.

odaimoku お題目 /a./ besmele. 〜を並べること virt.

odaizini お大事に /ün./ geçmiş

odate

olsun.
odate おだて /*a.*/ pohpoh.
odate・ru おだてる /*ey.*/ pohpohla-, dil (diller) dök-, koltukla-.
odàyaka 穏やか /*a.*/ ～な dingin, geniş yürekli, asude, kendi halinde, mülayim, sakin, sütliman, yavaş, yumuşak. ～な気候 yumuşak iklim. ～な考え ılımlı bir düşünce. 海が～な ayna gibi. 天気が～な şerbet gibi. 海の～な夜 denizin dingin durduğu bir gece. ～な話し方をする pes perdeden konuş-. 心～でなくなる huylan-. ～に iyilikle. ～に振る舞う yavaştan al-. ことを～に収める tatlıya bağla-.
odayakàsa 穏やかさ /*a.*/ yavaşlık, yumuşaklık. 気候の～ havanın yumuşaklığı.
odèki おでき /*a.*/ çıban. 痛みと熱のある～ sıcak çıban. 痛みと熱のない～ soğuk çıban. 鼻の～（俗語）ahtapot. ～の中にまだうみがある. Çıban içinde hâlâ irin var.
odokasu 脅す /*ey.*/ korkut-, ürküt-, göz yıldır-, cesaretini kır-, gözdağı ver-, tohdit et-, (隠語) duman attır-. 怒鳴って～ cayırtı ver-.
odoke おどけ /*a.*/ maskaralık.
odoke・ru おどける /*ey.*/ おどけた eğlendirici, şaklaban.
odorasare・ru 踊らされる /*ey.*/ 人に踊らされて泥をかぶる. Davul onun boynunda, tokmak başkasının elinde.
odorase・ru 躍らせる /*ey.*/ 心を～ cana can kat-.
odorasu 躍らす /*ey.*/ 胸を～ cana can kat-.
odori 踊り /*a.*/ oyun, dans, raks. ～の伴奏 oyun havası.
odoriba 踊り場 /*a.*/ sahanlık.
odoriko 踊り子 /*a.*/ çengi.
odorikosoo オドリコソウ /*a.*/ ballı baba.
odorite 踊り手 /*a.*/ oyuncu.

odorokàsu 驚かす /*ey.*/ hayrette bırak-, ürküt-, parmak ısırt-.
odoroki 驚き /*a.*/ hayret, şaşkınlık, sürpriz.
odoròku 驚く /*ey.*/ şaşıl-, şaş-, şaşır-, hayrete düs-, hayret et-, acayibine git-. ～べき harika, acayip, akıla zarar, dehşet, korkunç, müthiş. ～べき本 harika bir kitap. ～べき成功を成しとげる harika yarat-. ～べきことになる akıllara durgunluk ver-. 驚いたことに olur şey (iş) değil. 驚いてとび上がる ürk-. 驚いて目を見張る gözleri fal taşı gibi açıl-. 驚いて口がきけなくなる alıklaş-. 驚いて一瞬我を忘れる donakal-. 驚きあわてる aklı dur-.
odoru 踊る /*ey.*/ oyna-, rakset-.
odosi 脅し /*a.*/ gözdağı, tehdit. 単なる～を恐れない （口語） gürültüye pabuç bırakma-.
odosi mòñku 脅し文句 /*a.*/ ～を口走る cart curt et-.
odosu 脅す /*ey.*/ korkut-, gözdağı ver-, tehdit savur-, ürküt-, yıldır-, diş (tırnak) göster-, posta koy-. 暗に人を～ aba altından değnek göster-. 脅して金を巻き上げる (隠語) boğuntuya getir-.
oeragata お偉方 /*a.*/ （皮肉）kodaman.
oe・ru おえる /*ey.*/ 手におえない haşarı, yaman, azgın, cıva gibi, ele avuca sığma-. 手におえない子 canavar. 手におえなくなる az-, harı başına vur-, ağır gel-. 子供が手におえなくなる çocuklar az-. これは私の手におえない. Bu benim işime gelmez.
oe・ru 終える /*ey.*/ bitir-, sonuçlandır-, tamamla-, netice ver-. 仕事を～ işi bitir-. 刑を～ cezasını çek-. やっとのことで仕事を終えた. Bata çıka işi bitirdik. 孫は一歳を～日に歩いた. Torunum bir yaşını tamamladığı gün yürüdü. もう仕事を終えてしまった.

oiharàu

Ununu elemiş, eleğini asmış.
ōfisu オフィス (İng. office) /a./ büro, yazıhane.
ogakùzu おがくず /a./ talaş.
ogàmu 拝む /ey./ tap-, tapın-. 仏像を~ puta tap-. 太陽を~ güneşe tap-.
ogawa 小川 /a./ çay, su, akar su. 細い~ ince dere. 湖から流れ出る~ göl ayağı. 湖へ注ぐ~ göl başı. ~の出口 çay ağzı. ~で水浴びする derede çim-. ~がちょろちょろと流れている. Çay ığıl ığıl akıyor.
oginàu 補う /ey./ tamamla-.
ogoru おごる, 奢る /ey./ ikram et-, zengin bir yaşam sür-, tutumsuz ol-.
ohanasi お話 /a./ masal. さて~はめでたしめでたしとなりました. İşte masal böyle güzel bir sonla bitti.
ohanasicyuu お話し中 /a./ telefon meşgul.
ohayoo おはよう /ün./ gün aydın, sabahlar hayrolsun. 毎朝, 身近な人に~と言うのを忘れてはいけない. Sabahları, yakınlarına gün aydın demeyi unutma.
ohàziki おはじき /a./ misket, zıpzıp. ~をする misket oyna-.
ohìcuzi 雄ヒツジ, 雄羊 /a./ koç.
Ohicuziza 雄羊座 /a./ Koç.
ōhire 尾ひれ /a./ ~のついた大きなうそ kuyruklu yalan.
ohitoyosi お人よし /a./ saflık, cennet öküzü.
ohuda お札 /a./ muska.
ohukuro おふくろ, お袋 /a./ anne.
ōhusaido オフサイド (İng. off side) /a./ ofsayt.
ohusetto iñsacu オフセット印刷 /a./ ofset.
oi おい, 甥 /a./ erkek yeğen.
ōi おい /ün./ be, bre, ey, hey, âşık, (口語) yahu, (卑語) ulan, ülen, (方言) kurban. ~子供達来てごらん. Hey çocuklar gelin bakalım. ~どこにいる

んだ. Yahu, neredesin? ~話してみろよ, どうしたんだ. Âşık anlat bakalım, neler yaptın?
oi 老い /a./ ~も若きも yedisinden yetmişine kadar, küçüklü büyüklü.
oibore 老いぼれ /a./ (隠語) moruk.
oiborè・ru 老いぼれる /ey./ buna-, elden ayaktan düş-. 老いぼれた kuskunu düşük, (隠語) kartaloş, kartaloz, pinpon. 老いぼれた女 (口語) acuze.
oicùku 追い付く /ey./ yetiş-. 私は君達に~よ. Ben size yetişirim. 賃金が暮らしに追い付かなかった. Maaşı geçimine yetmiyordu.
oicumè・ru 追い詰める /ey./ kıstır-. 殺人犯を隠れていた家に追い詰めた. Katili saklandığı evde kıstırdılar.
oidasarè・ru 追い出される /ey./ 学校から~ belge al-.
oidàsu 追い出す /ey./ çıkar-, kapı dışarı et-, kov-, koğ-. 子供を学校から~ çocuğu okuldan at-. 人を心の中から~ gönülden çıkar-. 乱暴に~ paçasından tutup at-. アリを会社から追い出した. Ali'yi şirketten yürütmüşler. 家主は借り手を家から追い出うと考えている. Ev sahibi kiracısını evden çıkarmayı düşünüyor.
oide おいで /a./ せつに~を願う kırmızı dipli mumla davet et-. 拙宅へ~くださいませんか. Fakirhaneye buyurmaz mısınız? ~になるとは思っていませんでした. Geleceğinizi tahmin etmemiştim. おやた新手が~だ. Hoppala, bu da yeni çıktı!
oihagi 追いはぎ /a./ eşkıya, yol kesici, soygun, soyguncu, şaki.
oiharàu 追い払う /ey./ defet-, kaçır-, kovala-, koğala-, kov-, koğ-, sav-, pabucunu (pasaportunu) eline ver-, sırtından at-, (口語) sepetle-. 犬をそばから~ köpeği yanından sav-. 鳥を~ kuşları ürküt-. 遠回しに~ pabuçlarını çevir-. 脅して~ ürküt-.

oiharawarè·ru 手に棒を持って子供達をみんな追い払ってしまった. Elinde bir sopayla bütün çocukları kovalamıştı. ぶつぶつ言って男を追い払ったね. Söylene söylene adamı kaçırdın.

oiharawarè·ru 追い払われる /ey./ pasaportunu al-. 群衆が追い払われた. Kalabalık dağıtıldı.

oikàesu 追い返す /ey./ pabucunu eline ver-, püskürt-.

oikakè·ru 追い掛ける /ey./ kovala-, peşine düş-. もう二年もこの仕事を追い掛けている. İki yıldır bu işin peşinden koşuyorum.

oikaze 追い風 /a./ 〜に帆をふくらませて pupa yelken.

oikòmu 追い込む /ey./ dürt-.

oikòsu 追い越す /ey./ geç-, yaya bırak-, (隠語) ek-. 私達のヨットが汽船を〜だろう. Bizim yelkenli vapru geçecek.

oimawarè·ru 追い回される /ey./ koşul-.

oimawàsu 追い回す /ey./ しりを〜 peşinde koş-.

oimotomè·ru 追い求める /ey./ peşinde dolaş- (gez-), peşinde koş-, güt-.

oinùku 追い抜く /ey./ geç-, yaya bırak-.

oì·ru 老いる /ey./ yaş bas-, yaş ilerle-, yaşlan-, kağşa-. 老いた yaşlı, ihtiyar, kart, koca. 老いて元気な eski toprak.

oisigèru 生い茂る /ey./ fışkır-. この地方に新しい森が生い茂った. Bu alanda yeni bir orman fışkırdı.

oisìi おいしい /s./ tatlı, lezzetli, leziz, nefis. 〜もの baklava börek. とても〜 ilik gibi おいしくない tatsız, lezzetsiz. おいしくなる lezzetlen-. おいしそうに afiyetle. おいしそうに食べる iştahlı ye-. 〜ですよ ağzına layık. ほおが落ちるほど 〜 parmaklarını ye-. とても〜. Yeme de yanında yat.

òisoreto おいそれと /be./ ha deyince.

oitatè·ru 追い立てる /ey./ tezkeresini eline ver-.

òite おいて /be./ -de. …の名に〜 adına.

oiyàru 追いやる /ey./ sevk et-. 〜こと sevk.

oka 丘 /a./ tepe, tümsek, tüm. 〜のある tepeli. 〜に上る tepeye çık-. 〜に上ったら町が見えた. Tepeye çıkınca şehir gözüktü. 〜を越えると海が見えた. Tepeyi aşınca deniz başladı.

oka おか, 陸 /a./ kara.

okàasañ お母さん /a./ anne, annecik. 〜は真っ黒な髪をしている. Annemin kapkara saçları var.

okaeri お帰り /a./ もう〜ですか. (冗談) Ce demeye mi geldin?

okaesi お返し /a./ fit. 〜をする dengiyle karşıla-, iade et-. 〜をしなければならない borçlu. いい目をした〜が来る burnundan (fitil fitil) gel-. 20リラの〜に一日中働いた. Yirmi liraya fit olup bütün gün çalıştı.

okage お陰 /a./ 〜 gölge. …の〜で sayesinde. …の〜である hakkı geç-. 〜さまで Allah versin, hamt olsun. 〜をこうむっている borçlu. 父の〜で暮している. Babasının gölgesinde yaşıyor. 働いた〜で出世した. Çalışmak sayesinde yükseldi. 彼の財産はその女房の〜だ. Varlığını karısına borçlu.

okamisañ おかみさん /a./ karı.

okane お金 /a./ para. → **kane**.

okañ 悪寒 /a./ soğuk algınlığı.

okañzyoo お勘定 /a./ hesap!

okare·ru 置かれる /ey./ kon-, konul-, koyul-, oturtul-. 長く寒さの中に〜 ayaz kes-. 足の下に枕が〜. Ayağının altına bir yastık konur.

okasarè·ru 冒される, 侵される /ey./ 結核に冒されている vereme müptela.

okasasè·ru 犯させる /ey./ 罪を〜 günaha sok-.

okasìi おかしい /s./ gülünç, komik,

öluyü güldürür ; acayip, yanlış. ~こと (bir) hoşluk. どうも~ bir şey (şeyler) ol-, (bir) tuhaf ol-. おかしくなる maymuna dön-, tuhaflaş-. 頭の~ aklı çalık, çatlak, havalı, sersem, (冗談) bir tahtası eksik. 頭がおかしくなる zihni bulan-, sapıt-, sersemle-, sersemleş-, (隠語) plak bozul-. 彼は今日どうも~. Onun bu gün bir hoşluğu var.

okàsina おかしな /s./ güldürcü, gülünçlü, maskara, tuhaf ; acayip, (俗語) ibret. ~格好 gülünç bir kılık, acayip kıyafet. ~天気 acayip bir hava. ~ものに熱中する derdine düş-.

okàsu 犯す /ey./ işle-, yap-, ırzına geç-. 犯罪を~ cürüm (suç) işle-. 殺人を~ cinayet işle-, katlet-. 罪を~ günah işle-. 宗教上の罪を~ günaha gir-. 娘を~ kanına gir-. 犯した fail. 罪を犯した günahlı.

okàsu 侵す, 犯す /ey./ kemir-. 疑いが私の心を侵しつつある. Şüphe içimi kemiriyor.

okazu おかず /a./ katık. ~なしの katıksız, kuru.

òke おけ, 桶 /a./ kova. 長い~ tekne. 柄の付いた~ çamçak. 石灰を混ぜる~ tava. 家畜用の水飲み~ yalak.

okera おけら /a./ (隠語) kokoz, (冗談) züğürt. ~の (隠語) züğürt.

oke・ru 置ける /ey./ kon-, konul-.

oki おき /a./ kor. 固い~になる kor dök-. おじいさんはタバコにストーブから火ばしではさんだ~で火をつけた. Dedem sigarasını sobadan maşayla aldığı kor parçası ile yaktı.

oki 沖 /a./ kıyıdan uzak.

okiagarè・ru 起き上がれる /ey./ 床から起き上がれない başını kaldırma-.

okiagarikòbosi 起き上がりこぼし /a./ hacıyatmaz.

okiagàru 起き上がる /ey./ kalk-.

okiai 沖合 /a./ ~に停泊する alarga dur-.

okidòkei 置き時計 /a./ masa saati.

okinakàsi 沖仲仕 /a./ liman işçisi.

okiniiri お気に入り /a./ gözde.

oki・ru 起きる /ey./ uyan-, kalk-. 起きている uyanık. 今日は早く起きた. Bu gün erken kalktım. 毎朝7時に~. Her sabah saat 7'de uyanırım. 朝何時に起きましたか. Sabah saat kaçta kalktınız? 眠っているのか起きているのか. Uyuyor mu uyanık mı?

okitòdana 置き戸棚 /a./ komodin.

okiwasurè・ru 置き忘れる /ey./ unut-. 手袋を家に置き忘れた. Eldivenlerimi evde unuttum.

okkakè・ru 追っ掛ける /ey./ kovala-, peşine düş-.

okkùu おっくう /a./ ~である üşen-. また電話のベル, 立つのが~だった. Yeni telefonun zili. Kalkmaya üşeniyordu.

okonai 行い /a./ tutum. ばかな~ aptallık. 残忍な~ canavarlık. 恥ずべき~ ayıp.

okonau 行う /ey./ yap-, et-, kıl-, bulun-.

okonaware・ru 行われる /ey./ yapıl-. 行われている âdet ol-. 一日五回~祈り beş vakit namaz. 法律がよく行われている国には治安がある. Yasaların tam yürürlükte olduğu bir ülkede güvenlik vardır.

okonawase・ru 行わせる /ey./ yaptır-.

okorasè・ru 怒らせる /ey./ gücendir-, illet et-, kızdır-, azdır-, patlat-, sinirlendir-, fitil ver-, fitille-, damarına bas-, kuyruğuna bas-, kır-, (口語) uyuz et-. ひどく~ öfkelendir-, deli et-, dinden imandan çıkar-. 人を~ zıddına bas- (git-), zıvanadan çıkar. 人を~ような言動 dikine tıraş. 人を~ような言動をする bam teline bas- (dokun-). いつも人を~人 akrep gibi. ~ような kırıcı.

okori

石を投げて犬を〜 taş atarak köpeği azdır-.
okori̇̂ 起こり /a./ kök, asıl.
okorippòi 怒りっぽい /s./ alıngan, hırçın, kırılgan, küşeğen, azgın, darılgan, öfkeci, hassas, belâlı, limonî, sinirli, buluttan nem kap-, pirinci su kaldırma-.
okorippòsa 怒りっぽさ /a./ hırçınlık, alınganlık.
okòru 怒る /ey./ kız-, öfkelen-, çileden çık-, fenasına git-, gücen-, hiddetlen-, illet ol-, kafası bozul-, keli kız-, öfkeye kapıl-, sinirlen-, zıvanadan çık-, pancar gibi ol- (kesil-), (口語) uyuz ol-. ひどく〜 öfkelen-, başı kız-, hırslan-, afyonu başına vur-, ateşi başına vur-, ateş püskür-, ateş saç-, küplere bin-. ひどく怒った öfkeli. 怒ってひrsla. 怒っている dargın, hırslı, hiddetli. 怒った目つき kızgın bakış. 怒った目をする gözleri evinden oyna- (fırla-). 怒った顔つきになる ağız burun birbirine karış-. かっと怒り出す alev al-. かんかんに〜 cinleri başına toplan- (üşüş-). 泡を吹いて〜 köpür-. 急に怒り出す beyni at-, harla-, tepesinin tası at-. 殺したくなるほど〜 gözünü kan bürü-. 怒って会おうとしない darıl-. 怒って急に大声でどなる bomba gibi patla-. 悩んだり怒ったりする canı sıkıl-. なぜそんなに怒っているのか. Niye öyle gücenik duruyorsun? 私が本当のことを言ったので怒った. Doğruyu söylediğim için kızdı. 彼は私達のことを怒っている. O bize dargındır. 私の言ったことを怒っているなら何も言いますまい. Söylediklerime kızıyorsan, sustum gitti. メルテムは自分のことで怒っている姉に謝った. Meltem kendisine kırgın olan ablasından özür diledi. その言葉を聞いてとても怒って…. Bu sözü duyunca öyle bir köpürdü ki ….

okòru 起こる /ey./ ol-, meydana ol-, ileri gel-, cereyan et-, hâl ol-, arız ol-, vukua gel-, vuku bul-, vücuda gel-, vücut bul-. 事が〜 olup bit-. 火事が〜 ateş çık-. 身に〜 başına gel-, başından geç-. 〜こと geliş, vuku. する気が起こらない üşen-. 急に何かが起こってあわてさせる bomba gibi patla-. 大変なことが〜 dananın kuyruğu kop-. 何が〜か分からない ölüm var, dirim var. 私にある事が起こった. Bana bir hâl oldu. いったい何が起こったというのだ. Kıyamet mi kopar? 思いがけないことが〜ものだ. Akıla gelmeyen başa gelir.
okòru 興る /ey./ oluş-, geliş-, teşekkül et-.
okosase・ru 起こさせる /ey./ uyandır-.
okòsu 起こす /ey./ kaldır, uyandır, çıkar-. 事件を〜 olay çıkar-. 事故を〜 elinden kaza çık-, elinden bir sakatlık çık-. 訴訟を〜 dava et- (aç-). 子供を早く起こせ. Çocuğu erken kaldırın.
okòsu おこす /ey./ 火を〜 uyandır-.
okòsu 興す /ey./ yeniden canlandır-.
okotàru 怠る /ey./ ihmal et-, savsakla-, kapıp koyuver-, kusur et-. 私は任務を怠らなかった. Ben görevimde kusur etmedim.
okotowari お断り /a./ 〜します eksik olsun.
okòzyo オコジョ /a./ kakım.
oku 置く /ey./ koy-, kondur-, bırak-, at-. ベッドのそばにひじ掛けいすを〜 yatağın yanına bir koltuk koy-. ほうって〜 bırak-, koy-, bir tarafa bırak- (koy-), ayak altında bırak-, başını boş bırak-. ある状態にして〜 tut-. 人をしゃんとさせて〜 ayakta tut-. 覚えておけ alacağı olsun. 重きをおかない bir tarafa bırak- (koy-). 手紙を机に置きなさい. Mektubu masaya bırakınız. 私を腹の減ったままにしておい

た．Beni aç koydular. 10リラ貸しにしておくよ．On lirayı borcunuza tuttum. この言葉をよく覚えておけ．Bu söze sen bir bal mumu yapıştır.

òku 奥 /a./ dip. 客間の～ salonun dibi. ～の içerlek. ～の部屋 içerlek bir oda. うちはあの通りの～にある．Evimiz şu sokağın sonundadır.

òku 億 /a./ yüz milyon. 10～ milyar. 10～の milyar.

òkuba 奥歯 /a./ azı dişi, azı.

okubyòo 憶病 /a./ korkaklık, çekingenlik. ～な korkak, cecaretsiz, yüreksiz, çekingen, ödlek, pısırık, tavşan yürekli, ürkek, yalımı alçak, (冗談) yürek Selanik. ～な人 korkak bir adam. ～になる ıslak sıçana (kargaya) dön-. ウサギは～な動物だ．Tavşan ürkek bir hayvandır. ビュレントは～な子でネコさえ怖がる．Bülent yüreksiz bir çocuk, kediden bile korkuyor. 最近の事件が彼をすっかり～にした．Son olaylar onu büsbütün çekingen yaptı.

okùgai 屋外 /a./ dışarı.

okugata 奥方 /a./ hanım.

okuhukài 奥深い /s./ ～考え hikmet.

okumañ cyòozya 億万長者 /a./ milyarder. ～の milyarder.

okumàru 奥まる /ey./ 奥まった kuytu. 店は奥まった所にあるので繁盛していない．Dükkân kuytu yerde olduğundan işlemiyor.

okura オクラ /a./ bamya.

okurare•ru 送られる /ey./ gönderil-, iletil-, yollan-. 送られたお金を返す yollana parayı çevir-.

okurase•ru 遅らせる /ey./ geri ko-, geciktir-, salla-, savsakla-. 船の出発を～ vapuru geç kaldır-. 仕事を～ işi asıntıya bırak-. ～こと tehir. 仕事を～こと asıntı. 私の問題を一週間も遅らせた．İşimi bir hafta salladılar.

okurasu 遅らす /ey./ geciktir-.

okure 遅れ /a./ gecikme. 列車の～ rötar. 列車は10分の～だ．Trenin on dakika gecikmesi var.

okure•ru 遅れる /ey./ geç kal- (ol-), gecik-, geri kal-. 授業に～ derse gecik-. 事が無駄に～ (口語) sakalı bit-. 遅れている geç, geri. 遅れた考え geri düşünce. 5分遅れた．Beş dakika geç kaldı. 早く来いと言ったのに遅れた．Erken gel dedim, gene de geç kaldı. この時計は5分遅れている．Bu saat beş dakika geridir.

okuri 送り /a./ お～する sun-. お～する最初の歌は… size sunacağım ilk şarkı ….

okuricukè•ru 送りつける /ey./ 手紙を次々に～ mektup yağdır-.

okuridàsu 送り出す /ey./ çıkar-.

okurikàesu 送り返す /ey./ geri gönder-.

okurimono 贈り物 /a./ hediye, armağan, bağış, peşkeş. 祭りの～ bayramlık. つまらない～ çam sakızı çoban armağanı. ～をする hediye (armağan) et-. ～を持ってあいさつする an-. ～を受け取った．Hediyeyi kabul etti. 小さい～を買って母の心をものにしてしまった．Küçük bir hediye alarak anasının gönlünü fethetmişti.

okurimonoyoo 贈り物用 /a./ ～の hediyelik.

okurìnusi 送り主 /a./ gönderen, gönderici.

okurizyoo 送り状 /a./ fatura.

okuru 送る /ey./ gönder-, yolla-, ilet-, naklet-, sevk et-, havale et-. 金を～ para gönder-. 為替を～ havale gönder- (yolla-). 手紙を書き～ mektup yolla-. 印刷に～ baskıya koy- (ver-). 日を～ sür-. すぐ～ sal-. 送り届ける götür-. 荷物をアンカラからイズミルへ汽車で送った．Eşyalarımızı Ankara'dan İzmir'e trenle naklettik. 私を家まで送ってくれた．Beni evime kadar götürdü.

okuru 贈る /ey./ hediye ver-.
okùrumi おくるみ /a./ kundak.
ōkusama 奥様 /a./ hanım, hatun. アリ氏の〜 Ali Bey'in hanımı. モダンな〜 şık bir hanım.
okusamazuki 奥様付き /a./ 〜のお手伝い hanımına bağlı bir hizmetçi.
ōkusañ 奥さん /a./ bayan, (口語) yenge.
okusoku 憶測 /a./ karine.
okutàabu オクターブ (Fr. octave) /a./ gam, oktav.
okuyami お悔み /a./ baş sağlığı, taziye, 〜を言う baş sağlığı dile-. 〜申し上げます başınız sağ olsun.
okuyuki 奥行 /a./ derinlik, oylum.
okuzyoo 屋上 /a./ dam.
okuzyōokai 屋上階 /a./ çekme kat.
okyakusañġòkko お客さんごっこ /a./ misafirlik.
Omàañ オマーン /a./ Umman.
omae お前 /a./ sen. 〜とおれ sen ve ben. おれ〜の仲の senli benli. ねえ〜 canım! canım ciğerim, canımın içi. 〜はここでちょっと待ってて、すぐ来るから. Sen burada biraz eğlen, ben şimdi gelirim. 黙れ〜は. Sus, sen de!
omairi お参り /a./ tapınma. 〜する tapın-.
omake お負け /a./ 〜をつける ilâve et-. これだけの費用のほかにもくたびれも〜とは. Bu kadar masraftan başka yorgunluğu da caba!
omakeni おまけに /ba./ üstelik, cabadan, caba, hani. 勉強せず、〜うるさくする. Ders çalışmıyor, üstelik gürültü yapıyorsunuz.
omamori お守り /a./ maşallah, muska, nazarlık, tılsım.
omàru おまる /a./ lâzımlık, oturak. 弟が〜に座るととてもかわいらしい. Kardeşim oturağında otururken çok şirin görünüyor.
omàwarisañ お巡りさん /a./ polis.

ome お目 /a./ 社長に〜にかかる başkanın huzuruna çık-. 〜にかける huzurunuza sun-. 〜にかかれて光栄です müşerref oldum. 〜にかかれて幸いです safa bulduk.
omedetài おでたい /s./ （皮肉）mübarek.
omedetoo おめでとう /ün./ Kutlarım! Tebrikler! gözün aydın! 新年〜. Yeni yılınız kutlu olsun. 誕生日〜. Yaş gününün kutlu olsun.
omei 汚名 /a./ damga, kara yüz. 〜を着せる damgasını vur-, damgala-. 〜を着せられる damga ye-. 〜を着せられた damgalı.
omikuzi おみくじ /a./ niyet. 〜を引く niyet çek-.
omimai お見舞い /a./ yoklama. もう行かないなんて言うのならげんこつを〜するよ. Bir daha gitmem dersen tokadı yapıştırırım.
ōmo 面 /a./ yüz. 水の〜 su yüzü.
ōmo 主 /a./ 主な önemli, başlıca.
omòcya おもちゃ /a./ oyuncak, çocuk oyuncağı. 〜を買う oyuncağı satın al-. 〜にする oyna-. 子供が〜をだめにした. Çocuk oyuncağını benzetti (becermiş). 決して時計を〜にするな. Sakın saatle oynama.
omoê·ru 思える /ey./ içine öyle gel-(doğ-). 私にはこう〜のだが、この仕事から容易には出られないだろう. Öyle gibime geliyor ki bu işin içinden kolay çıkamayacağız.
omoi 重い /s./ ağır, okkalı. 〜荷物 ağır bir yük. とても〜 kurşun gibi, gülle gibi, balyoz gibi, çeki taşı gibi. 重くなる ağırlaş-. 病気が重くなる fenalaş-. 重く見る önem ver-, say-. 重くのしかかる ezici. 重くて役立たない（俗語）gâvur ölüsü gibi. 炭はぬれると重くなる. Kömür ıslanınca ağırlaşır.
omòi 思い /a./ özlem, sanı. つのる〜 hasret. 〜にかられる sanısına kapıl-. 〜に取りつかれる aklına tak-. 〜に沈ん

だ tasalı. ～を巡らす zihni takıl-. ～を とげられずに死ぬ hasret git-. 長いこと会っていない祖母への～がだんだんつのってきた. Uzun süredir görmediğim anne anneme özlemim gittikçe artıyor.
§～も寄らない hatırından geçme-. ～も寄らない成功 olağanüstü bir başarı. ～もかけないことを始める paldımı aş-.

omoiagari 思い上がり /a./ kurum.

omoiagàru 思い上がる /ey./ kurum kurumlan- (kurul-, sat-).

omoicigai 思い違い /a./ ～をする benzet-. ～をされると困りますが benzetmek gibi olmasın. あなたを別の人と～をしました. Sizi bir başkasına benzettim.

omoicuki 思い付き /a./ plan, teklif, fikir.

omoicùku 思い付く /ey./ akıl et-, aklına düş- (gel-), gönlünden geçir-, hükmet-. ふと～ es-, aklına es-. ～とすぐ実行する aklına yelken et-. 自分が思い付かないことを人が～こと がある akıl akıldan üstündür. 今度の旅はどこから思い付いたのですか. Bu yolculuk size nereden esti? 一度思い付いたらしないではいられない. Aklına esmeye görsün, yoksa yapmadan duramaz.

omoidasarè·ru 思い出される /ey./ anıl-.

omoidasasè·ru 思い出させる /ey./ andır-, aklına getir-, hatırlat-, ihtar et-.

omoidàsu 思い出す /ey./ an-, anımsa-, ansı-, aklına düş- (gel-), hatırına gel-, hatırla-, düşün-. 過去のことを～ geçmisi düşün-. 思い出して言う an-. その人を思い出して言う kulağını çınlat-. 借金を返していないのを今思い出した. Borcunu ödemediğini şimdi ansıdım.

omoide 思い出 /a./ anı, hatıra, ha-tır, andaç. ～の品 yadigâr.

omoidòori 思い通り /a./ ～に gönlüne göre, kalbine göre. ～にする dize getir-, takla attır-. ～になる ayağı ile gel-, düdüğü çal-.

omoigakènai 思い掛けない /s./ olağanüstü, tepeden inme. ～幸運 devlet kuşu. ～事故 görünmez kaza. 思い掛けなくやって来た kendi gelen. 探していた物を思い掛けなく簡単に見つける gökte ararken yerde bul-. ～ことが起こるものだ. Akıla gelmeyen başa gelir. ～よいこともある, 希望を捨てるな. Gün doğmadan neler doğar.

omoigakèzu 思い掛けず /be./ olağanüstü, apansızın, pattadak.

omoikiri 思い切り /a./, /be./ ～よくする gönlünden kop-.

omoikìtte 思い切って /be./ ～…する cesaret et-. ～やってみる göze al-, eli var-. ～やれる kuvvet bul-. ～言う sözünü sakınma-, dili var-, sözünü esirgeme-.

omoikòmu 思い込む /ey./ belle-. 自分を重要人物と～ kendini dev aynasında gör-.

omoinayàmu 思い悩む /ey./ düşün-, tasalan-, kaygılan, üzül-.

omoiokòsu 思い起こす /ey./ anımsa-, ağıza al-, tazele-. 共に過ごした日々をいつも思い起こしています. Birlikte geçirdiğimiz günleri her zaman anımsıyorum.

omoisirasè·ru 思い知らせる /ey./ dünyanın kaç bucak olduğunu göster-, göster-.

omoitodomàru 思いとどまる /ey./ kal-. 子供を見てくれる人が見つからなくて外出を思いとどまった. Çocuğa bakacak kimse bulamayınca gezmeden kaldı.

omoiyari 思いやり /a./ sevecenlik, incelik. ～のある saygılı, sevecen, ～のない kalpsiz. ～のなさ saygısızlık. ～がない kalbi olma-.

omokage 面影 /a./ eski yüz biçimi. ～がある havası ol-.
omokî 重き /a./ önem. ～をおく değer ver-, ilgi duy-. 金を貯めることに～をおく para artırmaya önem ver-. ～をおかない bir tarafa bırak-(koy-).
omokurusîi 重苦しい /s./ ağır, üzgün. ～天気 ağır hava. ～気分 üzgü.
omokurùsisa 重苦しさ /a./ ağırlık, üzgünlük.
omomi 重み /a./ önem, ağırlık. かなりの～がある okka çek-.
omomuki 趣 /a./ çeşni.
omomuroni おもむろに /be./ yavaşca.
ômona 主な /s./ önemli, başlıca.
omoneri おもねり /a./ yaranış, yaranma.
omonê・ru おもねる /ey./ yaltakla-, yaran-, yaltak. おもねりへつらう kur yap-.
omoni 重荷 /a./ yük, ağırlık. ～になる üstüne kal-. 人に～を背負わせる yük ol-. ～と感じる yüksün-. 私はこれほどの～を背負えない. Ben bu kadar yükü kaldıramam. 家族全体の～が肩にかかっている. Bütün ailenin ağırlığı omuzlarındadır.
ômoni 主に /be./ başlıca olarak, daha çok.
omoñzirarê・ru 重んじられる /ey./ sayıl-.
omoñzî・ru 重んじる /ey./ saygı göster-, önem ver-, üzerinde dur-.
omoomosîi 重々しい /s./ ağır.
omoomôsisa 重々しさ /a./ ağırlık.
omôrasi おもらし /a./ 子供が～をした. Çocuk altına etti.
omori おもり /a./ 紡錘の～ ağırşak. 気球の～ safra.
omosa 重さ /a./ ağırlık, çeki, tartı. 病気の～ hastalığın ağırlığı. ～がある çek-. ～を量る tart-, teraziye vur-. ～を減らす safra at-. ～の単位はキログラムです. Ağırlık birimi kilodur.
omosirogâru おもしろがる /ey./（俗語）zevkine git-.
omosirohâñbuñ おもしろ半分 /a./ ～に şakadan, zevk için.
omosirôi 面白い /s./ ilginç, enteresan; gülünç, gülünçlu, zevk, eğlendirici, maskara, tuhaf, hoşsohbet. ～提案 cazip bir teklif. おもしろおかしい話 tuhaf öyküler. おもしろくなる maskaralaş-. ～状況をかもし出す karagöz oynat-. おもしろくない zevksiz, tatsız. おもしろくないこと tatsızlık. 二人の友達の間におもしろくない事件が起こった. İki arkadaş arasında tatsız bir olay geçti.
omosiromi おもしろみ /a./ tat.
omosirosa おもしろさ /a./ zevk. ～が分かる zevkine var-.
omotai 重たい /s./ ağır.
omotê 表 /a./ yüz, yüzey; sokak. 布の～ kumaşın yüzü. 紙の～ kâğıdın yüzü. ～と裏を使い分ける人 Acem kılıcı gibi. ネコと犬が～で取っ組み合いをしている. Kedi ile köpek sokakta boğuşuyorlar.
omotê 面 /a./ yüz, yüzey. 水の～ su yüzü.
omòu 思う /ey./ düşün-, san-, belle-. …と～ zannet-, bil-, bul-. 感謝するのが義務だと～ teşekkürü borç bil-. 殺されるようにと～ başını iste-. 友と思わなくなる defterden sil-. ～ようにできない başını gözünü yar-. 思い慕う arzula-. ～ようにいかず悩む içi içini ye-. 思った通りにやる kendi havasına git-(havasında ol-), keyfine git-. 思ったようにしろ sen bilirsin. 思いいたらない hatıra gelme-. …と思って diye. …と思ったら derken. …と思う間もなく demeye kalma-. 家に客がいると～. Evde konukların olduğunu sanıyorum. 私の正しいと～道に迷いはない. Doğru bellediğim yoldan şaşmam. あなたの所に行きたいと思っています. Size

gelmeyi arzu ediyoruz. 彼をもう友人とは思わない. Ben onu arkadaşlıktan aforoz ettim. うそを言っているとは思いません. Yalan söylediğini zannetmem. この生地をどう思いますか. Bu kumaşı nasıl buluyorsunuz? 君はどう思ってこの仕事にかかわったのか. Sen ne dedin de bu işe karıştın? 君の〜ようにはならない. Kazın ayağı öyle değil. 歴史の本と思って地理の本をかばんに入れた. Tarih kitabı diye coğrafya kitabını çantasına koymuş. お好きだと思ってこの料理を作りました. Seversiniz diye bu yemeği yaptım. ちょっと読もうと思ったら徹夜してしまったらしい. Biraz okuyayım derken sabahı yapmışım. 座ったと思ったらすぐにドアがノックされた. Oturdum demeye kalmadı, kapı çalındı.

omowànu 思わぬ /s./ 〜災難にあう belaya çat- (gir-, uğra-).

omowarè·ru 思われる /ey./ sanıl-, gel-. …だと〜 gibi gel-. 私にはそのように〜. Bana öyle geliyor. 私にはこう〜のだが, この仕事から容易には出られないだろう. Öyle gibime geliyor ki bu işin içinden kolay çıkamayacağız.

omowasè·ru 思わせる /ey./ 地獄を〜ような cehennemî.

omōwazu 思わず /be./ istemeyerek. 〜でる言葉 ağız alışkanlık.

omùcu おむつ /a./ çocuk bezi, etek bezi.

omurecu オムレツ (Fr. omelette) /a./ omlet.

onàidosi 同い年 /a./ 〜の yaşıt.

onaka おなか /a./ karın, (俗語) yürek. 〜の子 karındaki çocuk. 〜がすく karnı açık-. 〜がすいてふらふらする yüreği bayıl-. 〜がグーグー鳴る karnı zil çal-. 〜がいっぱいだ karnı tok. 〜をいっぱいにする (冗談) Bağdat'ı tamir et-. 妊娠して〜が大きい karnı burnunda. 〜がすきましたか. Acıktınız mı? 〜が痛い. Karnım ağrıyor. 私の小ネコ

は〜がすくとすごくかんしゃく持ちになる. Küçük kedim acıkınca çok hırçınlaşıyor.

onara おなら /a./ osuruk, (俗語) yel. 〜をする gaz çıkar-, (卑語) osur-, (俗語) yellen-.

onazi 同じ /s./ aynı, özdeş, bir, farksız. 〜考え bir kafada. 〜人間 hemcins. 〜もの tıpkı. 〜ような aynı. 〜ようなもの benzeri. 〜ように aynıyla, nasıl ki, nitekim. 〜大きさの bir boyda. 考えが〜の oydaş. 背丈が〜くらいの boyu (boyuna, boyunca) beraber. まったく〜に aynen. 〜である başabaş gel-. 〜であること aynılık. 〜ことである hava hoş ol-. 〜ことを言う aynı ağzı kullan-, aynı telden çal-. 〜結果になる bir (aynı) kapıya çık-. 〜悩みを持つ başında ol-. 〜考えを提出する aynı ağzı kullan-. 私も〜考えだ al benden de o kadar. どちらも〜こと (俗語) ayvaz kasap hep bir hesap. このテーブルと〜ものがうちにもある. Bu masanın tıpkısı bizde de var. これでは何もしないことと〜だ. Bu hiç bir şey yapmamaktan farksız. 〜人から二度の犠牲は求められない. Bir koyundan iki post çıkmaz.

onàziku 同じく /be./ 志を〜する hemfikir.

òne 尾根 /a./ sırt.

onegai お願い /a./ 〜する minnet et-, yalvar-, eline ayağına kapan- (sarıl-, düş-), eline eteğine sarıl-. どうか〜します elini ayağını öpeyim. 〜ですから kölen olayım! 〜ですから lütfen, rica ederim.

onì 鬼 /a./ dev, ifrit, öcü, şeytan; ebe. 女の〜 dev anası. 地獄の〜 zebani. 遊びで〜にする ebele-. §〜のいぬ間に洗濯. Mart içeri pire dışarı.

onìbabaa 鬼ばばあ /a./ (侮辱的) acuze, cadı.

onigòkko 鬼ごっこ /a./ koşmaca,

kovalamaca, körebe.
onìmocu お荷物 /*a.*/ hamallık. こんないい天気にオーバーを着るのは～だ. Böyle güzel havada palto giymek hamallıktır.
òno おの, 斧 /*a.*/ balta, nacak. ～で切る baltala-.
ononokasè·ru おののかせる /*ey.*/ titret-.
ononoki おののき /*a.*/ ürperti.
ononòku おののく /*ey.*/ titre-. 死に～ canının derdine düş-. 恐れ～ ürper-.
onòono おのおの, 各々 /*a.*/ her. ～の her, beher.
onore 己 /*a.*/ kendi. ～を知る kendini bil-. §～の欲せざるところ人に施すことなかれ. İğneyi kendine batır, sonra çuvaldızı ele (başkasına).
onozukara おのずから /*be.*/ kendiliğinden, kendi kendine.
onozuto おのずと /*be.*/ kendiliğinden, kendi kendine.
oñ 音 /*a.*/ ses.
òñ 恩 /*a.*/ iç yükümü, minnet, yardım, hoş görü. ～がある minnet altında kal-. ～のある minnettar. ～に着る öpüp de başına koy-. ～に着せる başa kak-. ～を感じる minnet duy-. ～に感じない (口語) eyvallahı olma-. あだが～になる kahır yüzünden lütfa uğra-. ～がある. Bir fincan kahvenin kırk yıl hatırı var.
oñcyoo 音調 /*a.*/ ezgi.
oñdañ 温暖 /*a.*/ ～な ılıman, mutedil. エーゲ地方は～な気候だ. Ege bölgemizin ılıman bir iklimi vardır.
òñdo 温度 /*a.*/ derece, ısı, sıcaklık. 空気の～ havanın ısısı. ～の ısıl.
òñdo 音頭 /*a.*/ ～を取る meşale çek-.
oñdokei 温度計 /*a.*/ sıcakölçer, derece, termometre. 華氏～ fahrenhayt.
oñdoku 音読 /*a.*/ sesli okuma.

oñdori おんどり /*a.*/ horoz. ～のとさか horozun ibiği.
oñgàesi 恩返し /*a.*/ ～をする minnet altında kalma-.
òñgaku 音楽 /*a.*/ müzik, musiki, ahenk. ～を聞く müzik dinle-. 久し振りで～を聞く kulaklarının pasını gider-. 久しく～を聞かない kulakları paslan-. ～愛好家 müziksever. ～愛好会 filarmoni. ～愛好会の filarmonik. アスルは～が好きらしい. Aslı'nın müziğe karşı eğilimi var.
oñgaku gàkkoo 音楽学校 /*a.*/ konservatuvar.
oñgakuka 音楽家 /*a.*/ müzisyen.
òñgi 恩義 /*a.*/ minnet. ～を感じる minnet duy-.
oñiñ 音韻 /*a.*/ fonem.
oñìñroñ 音韻論 /*a.*/ ses bilimi.
oñkai 音階 /*a.*/ (音楽) gam, makam.
oñkecu 温血 /*a.*/ ～の sıcak kanlı. ～動物 sıcak kanlı hayvanlar.
oñkei 恩恵 /*a.*/ ihsan, lütuf, minnet, nimet, fayda, yarar. ～を施す lütfet-. ～を受けている müteşekkir.
oñkeñ 穏健 /*a.*/ ılım, itidal. ～な ılımlı. ～な思想 ılımlı bir düşünce.
oñkoo 温厚 /*a.*/ ～な ılıman, ılımlı, yumuşak.
oñkyoo 音響 /*a.*/ ses. ～効果 akustik.
oñkyòogaku 音響学 /*a.*/ akustik.
oñkyuu 恩給 /*a.*/ emekli maaşı. ～生活者 emekli.
oñnà 女 /*a.*/ kadın, (俗語) kancık, avrat, (卑語) karı. おとなの～ kadın. 家庭的な～ kadın kadıncık. 家族の中の～達 kızı kısrağı. 大柄で男のような～ atlar anası. ～の人 bayan. ～の笑い dişi gülüş. ～のような kadınsı. ～の間だけで kadın kadına. ～であると kadınlık. ～が男の仕事をしようとする elinin hamuru ile erkek işine karış-.

oñna àsobi 女遊び /a./ zamparalık.
oñnabeya 女部屋 /a./ harem.
oñnadòmo 女ども /a./ karı milleti.
oñna dòoraku 女道楽 /a./ zamparalık. ～の人 kadıncıl.
oñna dòrei 女奴隷 /a./ cariye, halayık, karavaş.
oñna kòocyoo 女校長 /a./ müdire.
oñna kyòodai 女兄弟 /a./ kız kardeş, (俗語) bacı.
oñnamono 女物 /a./ 薄い～のコート ince manto. 一足のひからびた～の靴 bir çift kurumuş kadın ayakkabısı.
oñnànoko 女の子 /a./ kız, küçük kız, taze.
oñnarasìi 女らしい /s./ kadınca, kadınsı. 体つきが女らしくなる geyik etine gir-.
oñnaràsisa 女らしさ /a./ kadınlık.
oñna rèñcyuu 女連中 /a./ kadın kısmı.
oñna syàcyoo 女社長 /a./ müdire.
oñnatàrasi 女たらし /a./ zampara, çapkın.
oñnazuki 女好き /a./ kadıncıl. ～の kadıncıl.
oñneñ 怨念 /a./ hınç, deve kini.
òñpa 音波 /a./ ses dalgaları.
oñpu 音符 /a./ nota, nağme. 主な～はドレミファソラシドだ。Başlıca notalar, do, re, mi, fa, sol, la, si, do'dur.
oñpu 音譜 /a./ nota.
oñrecu 音列 /a./ dizi.
oñryoo 怨霊 /a./ cadı.
oñsecu 音節 /a./ seslem, hece. 一～ずつ言う hecele-. Okumakという単語は三つの～からなる。Okumak sözcüğünde üç hece var.
òñsei 音声 /a./ ses.
oñsèigaku 音声学 /a./ ses bilgisi.
oñsei kìgoo 音声記号 /a./ ses işaretleri. ～の体系 ses işaretleri dizgesi.
oñseñ 温泉 /a./ ılıca, kaplıca, kaynarca, kudret hamamı, pınar. ～用の termal. ～利用の termal. リューマチで～に行く romatizma için ılıcaya git-.
oñsicu 温室 /a./ ser, sera, limonluk, camlık, soba, camekân. ～ブドウ soba üzümü.
oñsìrazu 恩知らず /a./ ～の nankör. ～め gözüne dizine dursun!
òñsu オンス (Hol. ons) /a./ ons.
oñsui sòoci 温水装置 /a./ sıcak su döşemi.
oñsyoku 音色 /a./ ses.
oñsyoo 温床 /a./ うわさの～ dedikodu kumkuması. 悪の～ fesat ocağı.
oñtai 温帯 /a./ ılıman kuşak. ～の ılıman. ～地方 ılıman bölge.
oñtaisei 温帯性 /a./ ～気候 ılıman iklim.
oñwa 温和 /a./ ～な nazik, ılıman, ılımlı, yumuşak, kuzu gibi. ～な気候 ılıman iklim.
òo 王 /a./ kral, melik, şah. ～の hümayun, şahane. ～の命令 ferman. ～の御前に出る huzura çık-. ～の目通りを許される huzura kabul edil-. ～に選ばれる taç giy-. イギリス人の～ İngiliz kralı. オスマン朝の～ padişah. オスマン朝の～の称号 han. メフメット～ Sultan Mehmet.
òo おお /iin./ ah, aa, hah, oh.
ooàbare 大暴れ /a./ ネズミが家で～している。Fareler evde cirit atıyor.
ooàme 大雨 /a./ tufan. ～が降る sel götür-. ～で道路がかなり被害を受けた。Yağmurlardan yollar epey hasar gördü.
ooàwate 大あわて /a./ ～で gümrükten mal kaçırır gibi.
òobaa オーバー (İng. overcoat, over) /a./ palto, manto; abartma. 裏が毛皮の～ gocuk. ～をこわして上着を作

paltoyu bozup ceket yap-. 〜な tumturaklı. 〜に言う abart-. 〜を背中に掛けた. Paltosunu sırtına aldı. この〜はあなたによく合う. Bu palto size iyi gelir.
oobaasyůuzu オーバーシューズ(İng. overshoes) /a./ lastik.
oobaayoo オーバー用 /a./ 〜の生地 paltoluk kumaş.
oobaka 大ばか /a./ 〜な (隠語) enayi dümbeleği.
oobane 大羽 /a./ 鳥の〜 yelek.
oobañ オオバン /a./ su tavuğu.
oobeya 大部屋 /a./ koğuş.
oobiñ 大びん /a./ 3リットルの〜 binlik. かご入りの太い〜 damacana.
ooboo 横暴 /a./ 〜な keyfî, zalim. 〜な振る舞いをする asıp kes-.
oobůkuro 大袋 /a./ çuval. 〜に詰める çuvalla-.
ôobuñ オーブン(İng. oven) /a./ fırın, ocak. 〜に入れる fırına sür-.
oobůrasi 大ブラシ /a./ gırgır.
oobůrosiki 大ぶろしき /a./ abartma, palavracı, (俗語) devenin pabucu. 〜の palavracı. 〜を広げる bol keseden at-.
oocubu 大粒 /a./ 〜の iri, kaba. 〜の雨 sicim gibi yağmur. 〜の涙 sicim gibi göz yaşı. 〜の小麦 iri buğday. 〜の砂利 kaba çakıl. 〜のビーズを針金に通す iri boncukları tele diz-.
oocyoo 王朝 /a./ hanedan.
ôoda 殴打 /a./ dövme.
oodàiko 大太鼓 /a./ davul, (古語) kös.
oodañ 黄疸 /a./ sarılık.
oodañ 横断 /a./ 〜する karşıdan karşıya geç-.
oodañ hôdoo 横断歩道 /a./ yaya geçidi.
oodatemono 大立者 /a./ (皮肉) kodaman.
oode 大手 /a./ 〜を振って歩く elini kolunu sallaya sallaya gez-.

oodekôroñ オーデコロン(Fr. eau de Cologne) /a./ kolonya. 〜をつける kolonya sürün-.
ôodoburu オードブル(Fr. hors-d'œuvre) /a./ çerez, meze, ordövr.
oodôori 大通り /a./ cadde. 子供は私の手を振り離すや〜へ飛び出した. Çocuk elimi bıraktığı gibi caddeye fırladı.
ooeda 大枝 /a./ kol, kalın dal.
ooeñ 応援 /a./ yardım. 〜に駆けつける yardımına koş-.
oogàkari 大掛かり /a./ 〜に toptan.
oogama 大鎌 /a./ tırpan. 作物を〜で刈る ekini tırpan ile biç-.
ooganêmoci 大金持ち /a./ para babası, banker, banka gibi, Karun, (俗語) lort, (冗談) denizde kum onda para.
oogàñzii オーガンジー(İng. organdy) /a./ organze. 〜の organze.
oogara 大柄 /a./ cesamet. 〜な iri, iri kıyım, iri yarı, iri yapılı, cesametli, koca, cüsseli, sarman, gövdeli, anaç, aygır gibi, heyula gibi. 〜な人 iri yarı bir adam. 〜な女 dağlar anası, atlar anası, dev anası, kadana gibi, at gibi. 〜な犬 iri köpek. 〜になる irileş-.
oogata 大型 /a./ 〜の犬 çomar. 〜の釣り針 çarpma.
oogêñka 大げんか /a./ arbede. 〜をする birbirinin gözünü çıkar-.
oogesa 大げさ /a./ 〜な tumturaklı. 〜な叫び yaygara. 〜な言葉 iri laf. 〜に言う abart-, bire bin kat-, habbeyi kubbe yap-, (俗語) şişir-.
oogi 扇 /a./ yelpaze. 〜であおぐ yelpazele-, yelle-.
oogigata 扇形 /a./ daire kesmesi, kesme.
oogôe 大声 /a./ yüksek ses. 〜を出す bağır-. 〜をたてて bağrışa cağrışa. 〜で bağıra bağıra, hızlı, bangır bangır. 〜でしゃべる hızlı konuş-,

yüksek perdeden konuş-. 〜で言う (俗語) ünle-. 〜で悲鳴を上げる direk direk bağır-. 怒って急に〜で怒鳴る bomba gibi patla-.
oogoñ 黄金 /a./ altın.
oogoñ zǐdai 黄金時代 /a./ altın çağı (devri).
oogote 大ごて /a./ sürgü.
oogui 大食い /a./ oburluk. 〜の obur.
ōohei 横柄 /a./ küstanlık, (古語) yordam. 〜な arsız, kurumlu, küstan. 〜な人 küstan. 〜な態度 kurum. 〜な態度をとる kurum kurumlan- (kurul-, sat-), yukarıdan al-.
ōohi 王妃 /a./ kralice, hatun, prenses.
oohuku 往復 /a./ gidiş dönüş, dönüm. 〜する posta yap-. 〜の iadeli. 〜書留郵便 iadeli taahhütlü mektup. 二〜水を運ぶ iki dönüm su getir-.
oohuku biñta 往復びんた /a./ sağlı sollu iki tokat.
oohuku kippu 往復切符 /a./ gidiş dönüş bileti.
ooi 覆い /a./ örtü, kılıf, (古語) zarf, kapak. 電灯の〜 abajur. 馬の〜 çul. 汽船の外輪の〜 davlumbaz. タバコの苗にかける〜 kapanca. 〜のある örtülü. 〜のない cascavlak. 〜をかける ört-. ランプに〜を取り付ける lambaya abajur geçir-.
ōoi 多い /s./ çok, büyük, geniş, とても〜 bir yığın, yerden göğe kadar, dağ (dağlar) gibi, dağlar kadar. かなり〜 hayli, nice. やや〜 bolca. やや〜雨 bolca yağmur. より〜 fazla. 普通より〜 fazla. 〜くらい yeter de artar. 人通りの〜所 ayak altı. 多くなる çoğal-, fazlalaş-. 多くする çoğalt-. この町の回りにはブドウ畑が〜. Bu şehrin çevresinde çok bağ var. 今年の収穫は去年よりずっと〜. Bu yıl ürün geçen yıldan daha fazla.
ōoi 王位 /a./ kraliyet, krallık,

hanlık, taht. 〜につく tahta çık-, taç giy-. 〜継承者 veliaht.
ooibari 大いばり /a./ 〜で açık alınla.
ooikakusarē・ru 覆い隠される /ey./ 覆い隠された perdeli.
ooikakùsu 覆い隠す /ey./ perde çek-. 〜もの perde.
ōoini 大いに /be./ iyice, iyicene, çok. 〜拍手する alkış topla-. 〜もてなす baş üstünde tut-. 〜満足する bir yiyip bin şükret-. 〜気に入る canına değ-, hayran ol- (kal-). 〜歩き回る gezip toz-. 〜働く iş çıkar-. この仕事が〜私を束縛した. Bu iş beni çok bağladı. この空気とこの水は人の食欲を〜そそる. Bu hava, bu su insanı çabuk acıktırır.
ooiñ 押印 /a./ mühür. 〜する mühür bas-, mühürle-.
ooiñ 押韻 /a./ uyak.
ooisogi 大急ぎ /a./ 〜で alelacele, hızlı hızlı, acele acele, çabucacık, büyük bir süratle, yel yeperek (yelken kürek). 〜で歩いた. Hızlı hızlı adımlarla yürüdü. 仕事を〜で片づけた. İşini çabucacık bitirdi.
ookakùmaku 横隔膜 /a./ diyafram kası.
ōokami オオカミ, 狼 /a./ kurt. 山から〜が下りて来た. Dağdan kurt indi. この犬は三匹の〜に相当する. Bu köpek üç kurda bedeldir.
ookañ 王冠 /a./ taç.
ookaze 大風 /a./ fırtına. 〜が出る fırtına çık-.
ookèga 大けが /a./ 〜をする sakatlan-. 〜をさせる sakatla-. 目に〜をさせる gözlerinden sakatla-.
ookeñ syùgi 王権主義 /a./ 〜の kralcı.
ookeñ syugìsya 王権主義者 /a./ kralcı.
ookèsutora オーケストラ (İng. orchestra) /a./ orkestra. 〜の指揮者 orkestra şefi. 〜の打楽器 bateri.

ookii 大きい /s./ büyük, kocaman, iri, okkalı, bilek gibi, büyük gel-. 〜乾物屋 bakkaliye. 〜カップ okkalı bir fincan. 〜カップのコーヒー okkalı kahve. 大きくて読みやすい字 bacaklı yazı. 〜こと büyüklük. とても〜 kocaman, dağ (dağlar) gibi, dağlar kadar. ちょっと〜 büyücek. 必要以上に〜 çarşaf kadar. かなり〜 koca. 〜子も小さい子も irili ufaklı çocuklar. 大きくなる büyü-, irileş-, bollaş-, dal budak sal-. 子供が大きくなる palazlan-. 大きくならない küs-. 大きくなれない güdük kal-. 大きくする büyüt-, büyült-. 部屋を大きくする odayı büyült-. 問題を大きくする meseleyi büyüt-. 声を大きくする sesini yükselt-. 小銭を大きくする bütünle-. 大きく見せる burun yap-, habbeyi kubbe yap-, sat-. 子供が大きくなった. Çocuk büyüdü. 火事が大きくなったので品物を畑に移した. Yangın büyüyünce eşyayı bostana aşırdılar. 夏に野菜は大きくなる. Yaz aylarında sebze bollaşır. やせたらしく服が大きくなった. Zayıfladım sanırım, giysilerim bollaşmış. ラジオのつまみを回したら声が大きくなった. Radyonun düğmesini çevirince ses yükseldi. お金を100リラに大きくするために60リラに40リラを足した. Parasını 100 lira olarak bütünlemek için 60 liranın üstüne 40 lira kattı. 〜仕事をするものは心配も〜. Büyük başın derdi büyük olur. 〜ものの前では小さいものの限界を知るべきだ. Atlar nallanırken kurbağalar ayak uzatmaz.

ookime 大き目 /a./ 〜の kabaca, bolca, büyücek. 〜のズボン bolca bir pantolon.

ōokina 大きな /s./ büyük, kocaman, iri. 〜じゅうたん büyük halı. 〜富 büyük servet. 〜塊 blok. 〜虫 kocaman bir böcek. 〜サロン koca salon. 〜口の çanak ağızlı. 〜分け前 aslan payı. アーモンド形の〜目 badem göz. 〜ことを言う büyük söz söyle-, avurt sat-, avurt zavurt et-. 〜違いがある aralarında dağlar kadar fark ol-. 妻に〜財産を残した. Karısına çok mal bıraktı.

ookisa 大きさ /a./ büyüklük, irilik, ebat, azamet, çap. 同じ〜の bir boyda. 中ぐらいの〜の orta irilikte. …の〜の ebadında. …の〜で ebadında.

ookoku 王国 /a./ hükümdarlık, kraliyet, krallık.

ōoku 多く /a./ çokluk, ziyadesiyle. 〜の çok, oldukça çok. より〜の ziyade, fazla. たいへん〜の kıyamet gibi (kadar). 〜の場合 ekseriya. 普通より〜 fazla. その〜 çoğu. 〜は birçoğu, birçokları, çoğu, çoğunlukla, daha çok çokça. 〜とも çok çok, haydi haydi, pek pek. この事で〜の事が分かった. Bu konuda çok şeyler duyduk. 学生の〜は来た. Öğrencilerden çoğu geldi. この冬はいつもより〜雪が降った. Bu kış fazla kar yağdı.

ookura dàiziñ 大蔵大臣 /a./ maliye bakanı.

ookurâsyoo 大蔵省 /a./ Maliye Bakanlığı. 〜証券 hazine bonosu.

ookyuu 王宮 /a./ sarayı hümayun.

ookyuu tèate 応急手当 /a./ ilk yardım.

oomaka 大まか /a./ 〜な kaba taslak.

oomata 大股 /a./ 〜で açık adımlarla. 〜で歩く arşınla-, (口語) pergelleri aç-.

oome 大目 /a./ 〜に見る göz yum-, hoş gör-, hoşgörüyle karşıla-, mubah gör-, gözünün üstünde kaşın var deme-, kusura bakma- (kalma-), idare et-. 〜に見ること hoşgörü. 〜に見よう insan hali. 〜に

見ない göz yumma-.
oomeñ 凹面 /a./ 〜の iç bükey, konkav, obruk.
oomeñkyoo 凹面鏡 /a./ iç bükey ayna.
oomeñ ucidasi 凹面打ち出し /a./ dişi çakma.
oomidasi 大見出し /a./ manşet.
òomizu 大水 /a./ sel. 〜の川 azgın su. 村は〜で大きな被害が出た。 Köy selden çok zarar gördü.
oomono 大物 /a./ 災いも〜からの方がいい。 Beni tilki yiyeceğine aslan yesin.
oomòoke 大もうけ /a./ 不当な〜 soygun. 地位を利用して〜する deveyi havutuyle yut-.
oomozi 大文字 /a./ büyük harf, majüskül. 〜の majüskül.
oomu オウム /a./ papağan.
oomugi オオムギ,大麦 /a./ arpa. 〜の砕いたもの arpa kırığı. わらつきの〜 namlı.
oomùkasi 大昔 /a./ ezel, öncesizlik. 〜の ezelî, Nuh zamanından kalma.
oomune おおむね /be./ aşağı yukarı, yaklaşık.
oonabe 大なべ /a./ kazan, lenger.
oonata 大なた /a./ 〜をふるう tırpan at-, tırpandan geçir-.
oonecubyoo 黄熱病 /a./ sarı humma.
oonòkogiri 大のこぎり /a./ hızar, bıçkı. 〜を使う人 bıçkıcı.
oooo 往々 /be./ zaman zaman. 予想は〜はずれる。 Evdeki hesap çarşıya uymaz.
ooòtoko 大男 /a./ iri adam, (俗語) zebella.
ooppira おおっぴら /a./ 〜の alenî, açık. 〜に açıktan açığa.
òopuñ オープン (İng. open) /a./ siftah, açılış, açıklık. 〜する açıl-.
oorai 往来 /a./ trafik, gidiş geliş,

ulaşım, seyrüsefer, temas. 子供達は〜を見ようと窓のところへ並んだ。 Çocuklar gelen geçeni seyretmek üzere pencereye dizildiler.
oòraka おおらか /a./ 〜な âlicenap, havsalası geniş.
oorèñzu 凹レンズ /a./ iç bükey mercek.
oorora オーロラ (İng. aurora) /a./ fecir.
ooru オール (İng. oar) /a./ kürek. 〜三組のボート üç çifte kayık. 〜の丸い部分 topaç.
oorudo misu オールドミス (İng. old miss) /a./ kart kız, (冗談) kız kurusu.
ooryoo 横領 /a./ 公金〜 aşırtı. 〜する boynuna (zimmetine) geçir-. 2000リラ〜する zimmetine iki bin lira geçir-.
oosama 王様 /a./ kral.
oosàwagi 大騒ぎ /a./ yaygara, arbede, şamata, curcuna. 〜する yaygara kopar-, yaygarayı bas-, deliye dön-, yaygaracı. なんでもないことに〜する mesele yap-.
oosazi 大さじ /a./ çorba kaşığı.
oosecu 応接 /a./ karşılama.
oosecuma 応接間 /a./ misafir odası.
oosei 旺盛 /a./ 食欲の〜な boğazlı.
oosei 王制 /a./ hükümdarlık.
oosìi 雄々しい /s./ erkek, mert.
oosòodoo 大騒動 /a./ kıyamet.
oosugi 多過ぎ /a./ fazlalık.
oosugi·ru 多過ぎる /ey./ fazla gel- (git-, kaç-), çok gel-. 〜と思う çok gör-.
Oosutorària オーストラリア /a./ Avustralya.
Oosutorariàziñ オーストラリア人 /a./ Avustralyalı.
Oosutòria オーストリア /a./ Avusturya.
Oosutoriàziñ オーストリア人 /a./

Avusturyalı.
oosyoku zîñsyu 黄色人種 /a./ sarı ırk.
oosyoo 王将 /a./ チェスの〜 şah.
oosyuu 押収 /a./ zor alım, haciz, müsadere. 〜する zor alıma çarp-.
oosyuusùmomo オウシュウスモモ /a./ erik.
ootai 応対 /a./ karşılama. 行き届いた 〜 ince karşılık.
ootaka オオタカ /a./ çakır, çakır doğan.
ōote 王手 /a./ 〜をかける mat et-.
ōoto 嘔吐 /a./ istifrağ, kusma. 〜する kus-.
ootōbai オートバイ (İng. auto bicycle) /a./ motosiklet.
ootocu 凹凸 /a./ pürüz, engebe.
ootomêesyoñ オートメーション (İng. automation) /a./ otomaot, otomasyon.
ootoo 応答 /a./ karşılık.
oou 覆う /ey./ kapla-, ört-, kapa-, kuşat-, bürü-, tut-, bas-. 顔を〜 yüzünü ört-. 女の顔を〜 kadın yüzünü kapa-. タイルで〜 çini döşe-. 〜こと kaplama. 頂を煙霧が覆った 山々 başları duman tutmuş dağlar. 雲が月を覆った. Bulutlar ayı kapadı. 雲が空を覆った. Bulutlar gök yüzünü kapladı. 別荘の道を草が覆った. Köşkün yolunu ot basmış. 工場の煙が全市を覆った. Fabrika dumanları bütün kenti kuşattı. 料理が皿を覆った. Yemek tabağı örttü.
ooùmi 大海 /a./ engin deniz.
oowàrai 大笑い /a./ kahkaha. 〜する kahkaha at-, kahkahayı bas- (kopar-, salıver-), gülmekten kırıl- (bayıl-, çatla-), zembereği boşal- (boşan-).
ooware・ru 覆われる /ey./ bürün-. 花に〜 çiçeklen-. 覆われた kaplı, örtülü. 雪で覆われた道を開通させる karla kapanan yolu aç-.

ooyake 公 /a./ 〜の alenî, halka ait, umumî. 〜の場 orta. 〜に alenen, resmen. 〜にする ortaya dök-. 〜になっている afişe.
ooyâmaneko オオヤマネコ /a./ vaşak.
ooyoo 応用 /a./ uygulama, tatbik, tatbikat, pratik. 〜する uygula-. 〜される uygulan-. 〜の uygulamalı, pratik.
ooyoohoo 応用法 /a./ uygulayım.
ooyòrokobi 大喜び /a./ 〜する çok sevin-, bayram et-, çalmadan oyna-, deliye dön-, şıkır şıkır oyna-, canının içine sokacağı gel-, külahını havaya at-, mal bulmuş Mağribiye dön- (Mağribi gibi), (隠語) kesil-, (皮肉) teller tak- (takın-). 〜で can baş üstüne, büyük bir coşku ile.
ooyoso おおよそ /be./ aşağı yukarı.
ooyure 大揺れ /a./ sarsıntı.
ōoza 王座 /a./ taht. 〜につく tahta çık-.
oozàppa 大雑把 /a./ 〜な話し方をする yuvarlak konuş-. 〜に kabaca.
oozèi 大勢 /a./ çok insanlar. 〜の人 yedi mahalle. 〜の人から çoklarınca. 〜で topluca. 〜で勝手なことをする cirit at-. 〜の人と知り合うのはいいことだ. Birçok insanlarla tanışmak iyi bir iştir.
ōozi 王子 /a./ prens, şehzade.
oozinusi 大地主 /a./ ağa.
oozi・ru 応じる /ey./ karşıla-, cevap ver-, yanıtla-. 要求に〜 cevap ver-, icabına bak-. …に応じて üstüne. 必要に応じて gereğince. 時と場所に応じて zemin ve zamana uygun. 力に応じて dişine göre. 聴衆の希望に応じて dinleyicinin isteği üzerine.
oozoñ 大損 /a./ つまらない欲張りが〜を招く. Deveyi yardan uçuran bir tutam ottur.
oozòra 大空 /a./ gök yüzü, gök

kubbe. 今夜は〜がキラキラと星でいっぱいだ. Bu gece gök yüzü pırıl pırıl yıldızlarla dolu.

oozuci 大槌 /a./ şahmerdan.

ôozya 王者 /a./ kral, padişah. 〜のビール kral bira.

ôozyo 王女 /a./ prenses. ハティジェ〜 Hatice Sultan.

oozyôtai 大所帯 /a./ kalabalık bir aile.

opâaru オパール (İng. opal) /a./ opal, panzehir taşı.

ôpera オペラ (İng. opera) /a./ opera.

opera gêkizyoo オペラ劇場 /a./ opera tiyatrosu.

opera kômikku オペラコミック (Fr. opéra-comique) /a./ opera komik.

operêtta オペレッタ (İt. operetta) /a./ operet.

ôppai おっぱい /a./ meme; süt. 動物園でサルがこどもに〜を飲ませるのを見た. Hayvanat bahçesinde bir maymunun yavrusunu emzirdiğini gördüm.

opparâu 追っ払う /ey./ kaçır-, kovala-, yakadan at-, sırtından at-, (卑語) kaçına tekmeyi at- (vur-, yapıştır-).

Orañda オランダ /a./ Hollanda, Felemenk.

Orañdâziñ オランダ人 /a./ Hollandalı.

orañûutañ オランウータン /a./ orangutan.

orarê·ru 織られる /ey./ dokun-.

ore おれ /a./ ben(erkek için). 〜とお前 ben ve sen. 〜お前の仲が senli benli. 〜が〜のが benim diyen. さあ〜の番だ. Şimdi el bende. 我々はアイドゥンと〜お前の仲だ. Biz Aydın'la senli benli arkadaşız. 〜なんかどうでもいいんだな. (卑語) Eşek başı mıyım?

orei お礼 /a./ teşekkür. 〜を述べる teşekkür et-.

oremagâru 折れ曲がる /ey./ eğril-, bükül-. 折れ曲がった kıvrık, eğri.

oremê 折れ目 /a./ büküntü.

orêñzi オレンジ /a./ portakal. 実の詰まった〜 dolgun portakal. 〜はカンキツ属の果物だ. Portakal, turunç cinsinden bir meyvedir.

oreñziiro オレンジ色 /a./ turuncu. 〜の turuncu.

orê·ru 折れる /ey./ kop-. 折れて相手の言うことをきく yelkenleri suya indir-. 木の枝が嵐で折れた. Ağacın dalları fırtınada koptu. 鉛筆の先がポキンと折れた. Kalemin ucu çıt diye kırıldı.

oreseñ 折れ線 /a./ kırık çizgi.

orêtaci おれ達 /a./ biz(erkek için). 〜のバスがやつらを抜いた. Bizim otobüs onları ekti.

ori おり, 澱 /a./ telve, tortu. 〜がびんの底にたまった. Tortu şişenin dibine oturmuş.

ori 折 /a./ vakit, zaman. …した〜 -diği zaman. 〜よいこと isabet.

ori おり, 檻 /a./ kafes. ライオンの〜 aslan kafesi.

ori 織り /a./ dokuma.

ori 折り /a./ küçük tahta kutu.

oriai 折り合い /a./ geçim. 〜のよい geçimli. 〜がつく uyuş-.

oriâsiku 折りあしく /be./ münasebetsiz bir zamanda.

oriâu 折り合う /ey./ uzlaş-, uyuş-, kesiş-. 折り合わない geçimsiz. 双方が値段で〜 beş aşağı beş yukarı uyuş-. 買い手と売り手がついに折り合った. Alıcı ile satıcı, sonunda uzlaştılar.

orieñtarîsuto オリエンタリスト (İng. orientalist) /a./ şarkiyatçı.

oribako 折り箱 /a./ küçük tahta kutu.

orieri 折り襟 /a./ yatık yaka 上着の〜 klapa.

oriîbu オリーブ /a./ zeytin. 〜の森 zeytinlik. 野生の〜 iğde. 〜は冬に葉を落とさない木の一つである. Zeytin

kışın yaprağını dökmeyen ağaçlardandır.
oriibûeñ オリーブ園 /*a.*/ zeytinlik.
oriibuiro オリーブ色 /*a.*/ 〜の zeytunî.
oriibu sìbori オリーブ絞り /*a.*/ zeytin mengenesi.
oriibûyu オリーブ油 /*a.*/ zeytin yağı. サラダに〜を振りかける salataya zeytin yağı gezdir-. 質の悪い〜 kandil yağı.
oriibuzai オリーブ材 /*a.*/ 〜の zeytin. 〜のテーブル zeytin masa.
oriìtte 折り入って /*be.*/ 〜頼む yalvarıp yakar-, yakar-, eteğine düş- (sarıl-).
orikaesi 折り返し /*a.*/ ズボンの〜 pantolonun kıvrığı. 〜の yatık.
orikaesi cìteñ 折り返し地点 /*a.*/ dönence.
orikasanàru 折り重なる /*ey.*/ katlan-.
orikàta 織り方 /*a.*/ dokuyuş.
orìki 織り機 /*a.*/ tezgâh, dokuma tezgâhı. じゅうたん〜 halı tezgâhı. 〜の梭 mekik. 〜に布をしかける tezgâhla-.
orimagê•ru 折り曲げる /*ey.*/ 痛みで身を〜 kıvrım kıvrım kıvran-.
orimê 折り目 /*a.*/ kırma, büküntü, pot.
orimê 織り目 /*a.*/ 〜のつんだ tok, sık. 〜の粗い seyrek.
orimono 織物 /*a.*/ kumaş, dokuma, manifatura, mensucat. ウールの〜 çuha. 小幅の〜 ensiz kumaş. 〜の仕事 dokuma işçiliği. 〜で有名になる dokumacılığıyla ün kazan-.
orimonôgyoo 織物業 /*a.*/ dokumacılık.
orimono gyôosya 織物業者 /*a.*/ dokumacı.
oriñpìkku オリンピック(İng. Olympic) /*a.*/ olimpiyat. 〜の火 Olimpiyat meşalesi.

oriori 折々 /*be.*/ bazı bazı.
orì•ru 降りる, 下りる /*ey.*/ in-, alçal-, kon-. 霜が〜 kırağı düş- (yağ-). 露が〜 çiy düş-. 馬から〜 attan in-. 幕が〜 perde in-. 下りて来る in-. 下りている inik. 〜こと iniş, inme. 山からオオカミが下りて来た. Dağdan kurt indi. 飛行機が降りて来た. Uçak alçaldı. カーテンが下りている. Perdeler inik.
oritatamarê•ru 折り畳まれる /*ey.*/ katlan-.
oritatamê•ru 折り畳める /*ey.*/ katlanır. 〜いす katlanır iskemle.
oritatami 折り畳み /*a.*/ kırma. 〜銃 kırma tüfek.
oritatamibàsigo 折り畳みばしご /*a.*/ kıskaç.
oritatamigàsa 折り畳みがさ /*a.*/ kırma şemsiye.
oritatamisiki 折り畳み式 /*a.*/ 〜の açılır kapanır. 〜のいす katlanır iskemle. 〜ナイフ çakı.
oritatamu 折り畳む /*ey.*/ katla-, kır-. 折り畳んである katlı.
orite 織り手 /*a.*/ örücü, dokumacı.
orìyoku 折り良く /*be.*/ 〜来てくださって, 私達も捜していたのです. Bize uğramanız isabet oldu, biz de sizi arıyorduk.
orizinaru オリジナル(İng. original) /*a.*/ 〜な özgün.
òroka 愚か /*a.*/ 〜な budala, aptal, akılsız, anlayışsız, abes, ahmak, bön, kalın kafalı, koyun bakışlı, küş beyinli, armut gibi, koyun gibi, odun gibi, (口語) dangalak, (隠語) aval. 〜な行い ineklik. 〜になる aptallaş-. 〜な友より賢い敵. Akıllı düşman akılsız dosttan yeğdir.
òroka おろか /*a.*/ この金では辞書は〜鉛筆一本も買えない. Bu para ile değil sözlük, bir kalem bile alınmaz.
orokamono 愚か者 /*a.*/ budala, (隠語) düdük, düdük makarnası.
orokàsa 愚かさ /*a.*/ ahmaklık, akıl-

osamè・ru

sızlık, bönlük,（隠語）enayilik.
òrooro おろおろ /be./ 〜する sinirleri alt üstü ol-.
orosare・ru 下ろされる, 降ろされる /ey./ indiril-. 下ろされている inik.
orosi 卸 /a./ toptancılık. 〜の toptan. 〜で買う toptan satın al-.
orosi dòñya 卸し問屋 /a./ toptancı.
orosigane おろし金 /a./ rende. 〜でおろす rendele-. 〜でニンジンをおろす rende ile havuç rendele-. 玉ネギを〜でおろす soğanı rende ile rendele-.
orosisyoo 卸商 /a./ toptancı. 魚・野菜の〜 madrabaz.
orosiuri 卸し売り /a./ toptan satma.
oròsoka おろそか /a./ 〜にする boşla-, unut-.
oròsu 下ろす, 降ろす /ey./ indir-, sal-. 料理を火から〜 yemeği ateşten indir-. 海へ〜 denize indir-. 銀行から金を〜 bankadan çek- (al-). 荷を〜 yık-. こどもを〜 çocuk aldır-. 冷やすために井戸に水入れを〜 soğutmak için kuyuya su kabı sal-.
oròsu おろす /ey./ おろし金で〜 rendele-. おろし金でニンジンを〜 rende ile havuç rendele-. おろした食品 rende. おろした玉ネギ soğan rendesi.
oròsu 卸す /ey./ toptan sat-.
òru 折る /ey./ kır-, katla-. 腰を〜 belini kır-. ひざを折って座る diz çök-. 印刷紙を〜 forma kır-. 腕を〜 kolunu kır-. 子供達がサクランボの枝を折った。Çocuklar kirazın dallarını kırmışlar.
§骨を〜 canı burnuna gel-, çalış-. むやみに骨を〜 debelen-.
òru 織る /ey./ doku-, ör-. 布を〜 bez doku-. 〜こと dokuma. 織ったもの dokuma.
orugañ オルガン（İng. organ）/a./ org.
orgòoru オルゴール（Hol. orgel）/a./ müzik kutusu.

òsa おさ, 長 /a./ baş 村の〜 köy başı, muhtar.
òsa おさ, 筬 /a./ gücü, tarak.
osaecukè・ru 押さえ付ける /ey./ sık-, bastır-.
osaecukè・ru 抑え付ける /ey./ kas-. 〜ような声 boğuk.
osaerarè・ru 押さえられる /ey./ bastırıl-.
osaerarè・ru 抑えられる /ey./ 自分を抑えられない kendini alama-.
osaè・ru 押さえる /ey./ bastır-, bas-, tut-. ピアノのキーを〜 piyanonun tuşlarına bas-. この階をおさえた。Burada bir kat tuttum.
osaè・ru 抑える /ey./ bastır-, durdur-, yen-, yakala-, sindir-. 怒りを〜 hırsını yen-, gücünü yen-. 悲しみを〜 bağrına taş bas-. 感情を〜 gücünü yen-. 心を〜 dizginle-. 自分を〜 kendine hâkim ol-, kendini tut-. 空腹を〜 açlığı bastır-. 病気を〜 kontrol altına al-. 行き過ぎを〜 dizginini çek-, frenle-, gem vur-. しゃくにさわったが怒りを抑えた。Çok kızdım ama öfkemi dizginledim. 怒りを〜ことができなかった。Öfkesini zapt edemedi.
osàge お下げ /a./ kuyruk.
osamàru 治まる, 収まる /ey./ din-, durgunlaş-, gevşe-, sakinleş-, yatış-, yumuşa-, limanla-. 海が〜 deniz dur- (düş-). 痛みが〜 acısı din-. すぐ〜風 yanık rüzgâr. 神経がすっかりおさまった。Sinirleri büsbütün gevşedi. 怒りがだんだんおさまった。Öfkesi gittikçe yatıştı. 姉さんの怒りがおさまってから話せ。Ablamla öfkesi geçtikten sonra konuş.
osamàru 収まる, 納まる /ey./ sığ-. 本が全部かばんに収まった。Kitapların hepsi çantaya sığdı.
osamè・ru 納める /ey./ yatır-. 税金を〜 vergiyi yatır-. 年貢を〜 can borcunu öde-. 税金を昨日納めた。Vergiyi dün yatırdım.

osamē·ru 収める /ey./ ことを穏やかに ~ tatlıya bağla-.
osamē·ru 治める /ey./ yönet-, hükûmet sür-, yatıştır-, hâkim.
osàmusi オサムシ /a./ kara fatma.
osanài 幼い /s./ küçük, çok genç, genç, çocuk gibi. ~頃から küçüklüğünden beri. ~ムラットをあやすためにおとぎ話をしてやった. Küçük Murat'ı oyalamak için masal anlattım.
osañ お産 /a./ doğum, loğusalık. ~の手伝いをする çocuğu al-. ~をしたばかりの女 loğusa.
osare·ru 押される /ey./ basıl-. ~こと itilme.
Oseania オセアニア /a./ Okyanusya.
osèkkai お節介 /a./ işgüzarlık, kâhyalık. ~な işgüzar. ~をする burnunu sok-, parmağını sok-. 余計な~をするな neci oluyor! どんな事にも~をやく (birinin başına) kâhya kesil-, kâhyalık et-.
osekkaimono お節介者 /a./ her aşın kaşığı.
osekkaiyaki お節介やき /a./ kel kâhya, kâhya.
oseñ 汚染 /a./ kirlik. 病人で~された船 bulaşık gemi.
osezi お世辞 /a./ pohpoh, yaltaklık, koltuk, kompliman, (隠語) piyaz. ~を言う pohpohla-, koltuk ver-, (隠語) piyazla-. もうけのために~を使う sürtünüp dur-. 彼は~が好きではない. O, koltuktan hoşlanmaz.
osi おし /a./ dilsiz, suskun.
osiai 押し合い /a./ ~をする boğuş-, itiş-. ~へし合い itişe kakışa.
osiàu 押し合う /ey./ itiş-, kakış-. 押し合わないでください, バスにはみなさん席があります. İtişmeyin, otobüste herkese yer var!
òsibe 雄しべ /a./ erkek organ. 植物の~ bitkilerde erkek organ. ~と雌しべ erkek organ ve dişi organ.
osibòtañ 押しボタン /a./ düğme.

osicubusarē·ru 押しつぶされる /ey./ ezil-. 押しつぶされた basık.
osicubùsu 押しつぶす /ey./ ez-, sıkıştır-, pestilini çıkar-. 金属を~機械 yaprak makinesi.
osicukeàu 押し付け合う /ey./ 仕事を~こと it ite, it de kuyruğuna.
osicukerarē·ru 押し付けられる /ey./ yaman-. 押し付けられた basılı.
osicukē·ru 押し付ける /ey./ bas-, kakala-, sıkıştır-, tutuştur-. 人に~başına dola-, başına sar-. 責任を~yakasına asıl- (yapış-). だまして~yama-. 仕事を人に~こと (隠語) kavanço. 一言も言わずに手紙を私の手に押し付けた. Bir şey demeden mektubu elime tutuşturdu. 電話をしっかり耳に押し付けている. Telefonu iyice kulağına yapıştırıyor. このぼろ時計をあなたに誰が押し付けたのか. Bu bozuk saati size kim yamadı?
osidamàru 押し黙る /ey./ 押し黙った ağzına taş almış.
osidàsu 押し出す /ey./ sür-, sık-, it-.
osidori hùuhu オシドリ夫婦 /a./ çifte kumrular.
osie 教え /a./ öğretme. マホメットの~ sünnet.
osiego 教え子 /a./ yetiştirme.
osiekòmu 教え込む /ey./ telkin et-.
osie·ru 教える /ey./ öğret-, okut-, göster-. 道を~ yol göster-. 高校で英語を教えている. Lisede İngilizce okutuyor. これを君に誰が教えたか. Bunu sana kim öğretti?
osigàru 惜しがる /ey./ esirge-.
osigata 押し型 /a./ basma kalıbı.
osigē 惜しげ, 惜しき気 /a./ ~もなく殺す kıy-.
osìi 惜しい /s./ 命が~ başından kork-, Canımı sokakta bulmadım. 惜しくない feda olsun, helal olsun. よいことに使われる金は惜しくない. Hayırlı bir iş için verilen paraya acınmaz. 君のためなら~ものはない. Senden hiç

bir şey esirgemem. かばんをなくしたのは〜と思わないが中に書類があったのだ. Çantayı kaybettiğime acımam ama, içinde evrak vardı.

osiire 押し入れ /a./ yüklük. 客が来たので〜のふとんを下ろした. Konuklar gelince yüklükteki yorganları indirdik.

osikakè•ru 押し掛ける /ey./ bas-, bastır-, dayan-. 客が〜 misafir bas-. しょっちゅう家に〜 kapısını aşındır-. 今晩メフメットの所に押し掛けよう. Bu akşam Mehmet'i bastıralım. 負債者達が押し掛けて来た. Borçlular kapıya dayandı.

osikòmu 押し込む /ey./ kak-, bas-, bastır-, kakala-, sıkıştır-, sokuştur-, tıkıştır-, tık-. かめにチーズを〜 küpe peynir bas-. 冬物を箱に〜 kışlıkları sandığa bastır-. 下着を戸棚に〜 çamaşırları dolaba sokuştur-. これだけの人を一台のバスに押し込んだ. Bu kadar insanı bir otobüse sıkıştırdılar.

osimai おしまい /a./ これで〜 arkası yufka. それで〜 vesselam.

osìme おしめ /a./ çocuk bezi, etek bezi. 〜をする bez bağla-.

osìmeri お湿り /a./ (口語) bereket.

osiminàku 惜しみなく /be./ 〜使う sebil et-. 金を〜使う dökülüp saçıl-.

osimòñdoo 押し問答 /a./ まけろまからぬの〜の末に üç aşağı beş yukarı.

osìmu 惜しむ /ey./ esirge-, acı-, çok gör-, kıskan-. 〜べきである acın-. 惜しまない kıy-. 何も惜しまない canını ver-. 人は健康のために金を〜べきではない. İnsan sağlığı için paraya acımamalı. 私に対しては一切れのパンも〜のだった. Benden bir dilim ekmeği kıskanırdı. 兄弟を救うためなら数千金も惜しまなかった. Kardeşini kurtarmak için binlerce parayı kıydı.

osinokè•ru 押しのける /ey./ itele-.

osirase お知らせ /a./ bildiri, duyuru.

osiroi おしろい /a./ pudra.

osirðibana オシロイバナ /a./ gece sefası.

osirðiire おしろい入れ /a./ pudralık, pudriyer.

osisusumè•ru 推し進める /ey./ it-, sürdür-.

ositòosu 押し通す /ey./ ileri sür-.

osiyàru 押しやる /ey./ it-. 繰り返し〜 itele-.

osiyosè•ru 押し寄せる /ey./ akın et-, üşüş-. 寒さが〜 soğuklar bastır-. 波のように〜 dalga gibi gel-. 突然押し寄せた群衆 birdenbire üşüşen insan kalabalığı. 仕事が一度に押し寄せててんこまいする dokuz ayın çarşambası bir araya gel-.

osòi 遅い /s./ geç; yavaş, ağır. 〜時刻 geç vakit. 〜足どり ağır yürüyüş. 〜こと yavaşlık. 仕事にかかるのが〜 ikindiden sonra dükkân aç-. 遅くなる gecik-, geç kal- (ol-). 速度が遅くなる ağırla-, ağırlaş-. 遅くする geciktir-. 彼はいつも遅く来る. O, hep geç gelir. あまり遅くならないようにしよう, 母が心配する. Çok gecikmeyelim, annem endişelenir. 遅くなってもやらないよりはましだ. Geç olsun da güç olmasın. 車が少し遅くなったようだ. Araba biraz ağırlar gibi oldu.

osoikakàru 襲いかかる /ey./ üstüne (üzerine) yüklen-, boğazına sarıl-, atıl-. 敵に〜 düşmanın üzerine atıl-. 右翼の軍が敵に襲いかかった. Sağ kanat düşman üzerine yüklendi.

osokare hàyakare 遅かれ早かれ /be./ er geç.

osòkutomo 遅くとも /be./ en geç.

osomaki 遅まき /a./ 〜ながら geç olmakla beraber.

osòraku おそらく, 恐らく /be./ belki, galiba, besbelli, ihtimal, ihtimal ki, muhtemelen. 〜…だ -se gerek. 彼はここから〜私達の所へ行ったのだ. O,

buradan belki bize gitmiştir.
osorè 恐れ /a./ korku, ürküntü, işkil, endişe. 〜を抱く korku düş-. 〜をなす kork-, ecel teri dök-. 〜をなした yılgın. 〜を知らない korkusuz, pervasız, yılmaz. 〜を与えない korkusuz. アルタンは父親の怒った様子に〜を抱いた. Altan, babasının kızgın görünüşünden ürktü.
osōreiru 恐れ入る /ey./ 恐れ入りますが affedersiniz ama …. 恐れ入ったよ olur şey (iş) değil.
osorè・ru 恐れる /ey./ kork-, gözü kork-, ürk-, endişelen-, işkillen-. 罰を〜 başından kork-. 病気を〜 hastalıktan kork-. 恐れおののく ürper-. 恐れない pabuç bırakma-. 危険を恐れない gözünü daldan budaktan (çöpten) esirgeme- (sakınma-). ひどく〜こと yılgı. 恐れていたことが現実になる korktuğu başına gel-, korktuğuna uğra-. 悪いことはしていないのだから〜ものは何もない. Çiğ yemedim ki karnım ağrısın.
osoresasè・ru 恐れさせる /ey./ korkut-. みんなを〜 korku saç-.
osorosige 恐ろしげ /a./ 〜な男 ızbandut.
osorosìi 恐ろしい /s./ korkulu, korkunç, dehşet, dehşetli, vahim, yüzü soğuk, Yahudi. 〜夢 korkulu rüya, korkunç bir rüya. 〜あらし müthiş bir fırtına. 〜幻 heyula. 恐ろしく alabildiğine. 恐ろしく暑い dehşet sıcak. まっ暗な〜夜が始まった. Koyu karanlık, insana ürperti veren bir gece başladı.
osorōsisa 恐ろしさ /a./ dehşet.
osorubèki 恐るべき /s./ müthiş, yaman.
osou 襲う /ey./ saldır-, çal-, çök-, bas-, indir-, yakala-, sal-. ナスを霜が〜 patlıcanı kırağı çal-. 暗やみが〜 karanlık bas-. 洪水が〜 sel bas-. 怠惰が〜 tembellik çök-. この犬は子供を襲わない. Bu köpek çocuklara salmaz. 雨が途中我々を襲った. Yağmur bizi yolda yakaladı. あたりを一瞬恐怖が襲った. Ortalığı bir korkudur aldı.

osoware・ru 襲われる /ey./ baskın ver-, baskına uğra-. 不安に〜 korkuya kapıl-.
osowaru 教わる /ey./ öğren-.
ossyàru おっしゃる /ey./ buyur-. お名前を〜（俗語）adını bağışla-. 何かおっしゃいましたか. Bir şey mi buyurdunuz？ 何とおっしゃったのかわかりません. Ne dediğinizi anlamadım. この件でおっしゃりたいことがありますか. Bu hususta söyleyeceğiniz bir şey var mı？ 〜通りです. Keramet buyurdunuz. Keramette bulundunuz. 〜通りです, はい. Hakkınız var, efendim.
osu 押す /ey./ bas-, it-, dürt-. 〜こと basma. 紙に印を〜 kâğıda mühür bas-. ベルを〜 zile bas-. 寄って〜dayan-. テーブルを前へ〜 masayı it-. 車をあとから〜 arabayı arkadan it-. 車を後から押し続ける arabayı arkasından itele-.
osu 推す /ey./ öğütle-. 候補に〜 adaylığını koy-.
osù 雄 /a./ erkek, er. 〜と雌 erkek ve dişi. 〜の erkek. 〜の子牛 dana. 〜のシチメンチョウ gurk.
osùberi お滑り /a./ kaydırak.
osui 汚水 /a./ pis sular, çirkef.
osùikoo 汚水溝 /a./ lağım.
Osumañ オスマン /a./ 〜トルコ政府 Babıâli. 〜トルコ語 Osmanlıca.
Osumañcyoo オスマン朝 /a./ Osmanlı. 〜の王 padişah, han. 〜の警固兵 bostancı. 〜の宦官長 kızlar ağası. 〜の宗教大臣 şeyhülislam. 〜の陸軍省 harbiye nezareti. 〜の封土 has. 〜の憲政期 meşrutiyet devri. 〜の軍船（古語）kırlangıç. 〜は1922年10月30日に滅びた. Os-

manlı saltanatı 30 Ekim 1922'de kaldırıldı.

Osumañ tĕikoku オスマン帝国 /a./ Osmanlı, Osmanlı imparatorluğu. 〜の最高政庁 Babıâli. 〜の大学 külliye. 〜の滅亡期 Osmanlı İmparatorluğunun çöküş yılları.

osu neko 雄ネコ /a./ erkek kedi.

osu rȧkuda 雄ラクダ /a./ buğra, lök.

Ôsuro オスロ /a./ Oslo.

osusowake おすそ分け /a./ 〜にあずかりたい。Komşuda pişer, bize de düşer.

osȕwari おすわり /a./ ラクダの〜 devenin çöküşü.

osu yagi 雄ヤギ /a./ erkeç, teke.

osyȧberi おしゃべり /a./ konuşma, boşboğazlık, dil ebesi, gevezelik, cırcır, laf, laf ebesi, lakırdı, laklak, sohbet, söyleşi, (俗語) dilli düdük. よけいな〜 laklaka. 悪声の〜 çatlak zurna. 〜の癖 çene. 〜な boşboğaz, çalçene, çeneli, dilli, geveze, karı ağızlı, çaçaron, çenebaz, vıdı vıdı, yalak, yanşak. 〜な人 çene kavafı, çenesi düşük, lakırdı kavafı. 〜をする çene çal-, çenesi açıl-, hoşbeş et-, laf at-, sohbet et-, yarenlik et-, (隠語) öt-. 〜で悩ます baş ağrıt-. 人を〜で邪魔する lafa (lakırdıya) tut-. 無駄な〜をする çene yor-. 〜はいけない az konuşmalı. 〜は彼の癖. Çok söylemek onun âdetidir. おまえも〜だな. Sende de çene var ha! 授業中〜してはいけない. Derste konuşulmaz.

osyȧburi おしゃぶり /a./ emzik. おばの赤ちゃんは〜がないと眠らない。Teyzemin bebeği emziği olmadan uyumuyor.

osyaka おしゃか /a./ 〜にする çocuk oyuncağı haline getir-.

osyȧre おしゃれ /a./ 〜をする donan-, giyinmek kuşan-, süslen-, (口語) tüy düz-. 姉さんは毎朝鏡に向かって〜をする. Ablam her sabah ayna karşısında süsleniyor. 春に木々は花で〜をした. Baharda ağaçlar çiçeklerle donandı.

osyoku 汚職 /a./ rüşvet.

otagai お互い /a./ birbiri. 〜に birbirinden, birbirine, birbiriyle.

otahukȕkaze お多福かぜ /a./ kaba şiş, kaba kulak.

otȧma お玉 /a./ kepçe. 〜二杯のスープ iki kepçe çorba. 皿に〜でスープをよそう tabağa kepçeyle çorba koy-.

otamazyȧkusi オタマジャクシ /a./ iri baş.

oteage お手上げ /a./ 〜になる cascavlak kal-, kolu kanadı kırıl-.

otĕcudai お手伝い /a./ yardım; hizmetçi. 奥様付きの〜 hanımına bağlı bir hizmetçi.

otenami お手並み /a./ さあ〜を拝見しよう. Ha göreyim seni!

oteñ 汚点 /a./ leke.

oteñba おてんば /a./ afacan.

oteñba mȕsume おてんば娘 /a./ haspa, erkek Fatma (Ayşe).

otȭ 音 /a./ ses, sada, seda, ses seda. たいこの〜 davul sesi. 高い〜 ince ses. 〜を立てる ses et-, tın-. サラサラと〜を立てる çağılda-. 〜を出す çal-. 〜が出る öt-. 〜が遠ざかる derinleş-. 〜の調子 ton. 〜のある sesli. 〜のない sessiz. 〜もなく usulca. かすかな〜で inceden inceden, inceden inceye. ラジオの小さい〜を大きくしてくれないか. Radyonun kısık sesini açar mısın?
§〜に聞こえた ünlü, adlı sanlı.

otogibȧnasi おとぎ話 /a./ masal. 幼いムラットをあやすために〜をしてやった. Küçük Murat'ı oyalamak için masal anlattım.

otokȭ 男 /a./ erkek, er, adam. 〜の erkek. 〜の人 bay, bey. 〜のような erkeksi. 〜のような女 atları anası. 〜の中の〜 er oğlu er. 〜と〜の間で erkek erkeğe. 〜になる erkek ol-. 妻

のある～のもとに走る üstüne (üzerine) var-. 次々と～をかえる kucaktan kucağa dolaş-. 女が～の仕事をしようとする elinin hamuru ile erkek işine karış-. ある～があなたを探しています。 Bir bay (bey) sizi arıyor. 昔、～は一言で妻を離縁できた。 Eskiden erkekler bir tep sözle karılarını bırakabilirlerdi. しゃべったことで～を下げた。 Sözleriyle kendini alçalttı.

otokomae 男前 /a./ ～の yakışıklı. ～の若者 yakışıklı bir genç.

otokònoko 男の子 /a./ erkek çocuk, oğlan, (俗語) kızan.

otokoppòi 男っぽい /s./ erkeksi, alagarson. ～振る舞いをする erkekleş-.

otokorasìi 男らしい /s./ erkek, mert. 男らしく mertçe. 男らしくなる erkek ol-, erkekleş-. 男らしくしろ erkeklik sende kalsın.

otokoràsisa 男らしさ /a./ erkeklik, mertlik.

otòme 乙女 /a./ taze, kız. 魅力的な ～ alımı yerinde bir taze.

Otomeza 乙女座 /a./ Başak.

otòmo お供 /a./ kortej.

otona 大人 /a./ yetişkin kişi, yetişkin, adam. ～の女 kadın. ～も子供も büyüklü küçüklü. ～になった yetişkin. ～になった青年 yetişkin delikanlı.

otonabùru 大人ぶる /ey./ 大人ぶった büyümüş de küçülmüş.

otonasìi おとなしい /s./ sessiz, uslu, suskun, yavaş, dümdüz, mazlum, başı önünde, kuzu gibi. ～少女 sessiz bir kız. ～子供 sakin çocuk, uslu bir çocuk. おとなしく edepli edepli, kuzu kuzu. おとなしくなる uslan-, kuzu kesil-, mum ol-, maymuna dön-. おとなしくしている uslu dur- (otur-), rahat dur-. おとなしく座っている doğru otur-. おとなしく従順にさせる muma döndür- (çevir-). きか

ん坊の弟は学校へ行ってからおとなしくなった。 Yaramaz kardeşim okula gidince uslandı.

otonàtaci 大人達 /a./ evliya.

otòosañ お父さん /a./ baba, babacık, babacığım. ～とお母さん baba ve anne. ～に似ている。 Babasına benziyor.

otootò 弟 /a./ erkek kardeş, küçük kardeş, kardeş. ～の妻 elti. 産婆さんが～が丈夫で生まれたと言ったのでうれしかった。 Ebe küçük kardeşimin sağlıklı doğduğunu söyleyince çok sevindim. ～を通じて友人に手紙を出した。 Kardeşimin eliyle arkadaşıma mektup yolladım. ～をどうしてつねったの、見てごらんあんなに泣いているじゃないか。 Kardeşini neden çimdikledin, bak nasıl ağlıyor?

otori おとり /a./ ～に使う鳥 çığırtkan, mühre.

otoroe 衰え /a./ zeval, zayıflama.

otoroè・ru 衰える /ey./ zayıfla-, zayıflan-, harap ol-, ypran-, zeval bul-, zevale er-, çürü-, hızını al-, körleş-, sön-, (冗談) tohuma kaç-. 体力が～ vücuttan düş-. 衰え出す zevale yüz tut-. 年をとって力が～ ak sakaldan yok sakala gel-, hay hayı gitmek vay vayı kal-. 衰えた çürük, soluk, (古語) zebun. 彼の知性は衰えたらしい。 Onun zekâsı yıpranmış. この町はだんだん衰えつつある。 Bu şehir yavaş yavaş sönüyor.

otoroesasè・ru 衰えさせる /ey./ zayıflat-.

otòru 劣る /ey./ aşağı ol-, ikinci derecede ol-. 非常に～ tırnağına (attığı tırnağa) değme-, tırnağı olama-. 品質の～ kalitesiz.

otosata 音さた /a./ まったく～がない ses seda çıkma-.

otosè・ru 落とせる /ey./ 速度を落とせない hızını alama- (yeneme-).

otosìana 落とし穴 /a./ tuzak.

otosidama お年玉 /*a.*/ yeni yılda hediye olarak verilen para.

otosiirĕ·ru 陥れる /*ey.*/ 人を陥れようとする kuyusunu kaz-. 罪に〜 günaha sok-. 困難に〜 başını yak-. 混乱に〜 ateşe ver-.

otŏsu 落とす /*ey.*/ düşür-, dök-, it-, kıs-, azalt-, yuvarla-. 手に持った鉛筆を〜 elindeki kalemi düşür-. 速度を〜 hızını kes-. ランプの明かりを〜 lambayı kıs-. 〜こと ıskat. 木が葉を〜. Ağaçlar yaprak döker.

ototŏi おととい、一昨日 /*a.*/ evvelki gün. 昨日と〜 dün ve evvelki gün. 〜の evvelki. 〜の晩 geçen akşam. 昨日でなく〜来たのだ. Dün değil evvelki gün geldi.

otŏtosi おととし、一昨年 /*a.*/ evvelki yıl.

otozurĕ·ru 訪れる /*ey.*/ kapı yap-, ziyaret et-. 幸運が〜 ayağına gel-.

otto 夫 /*a.*/ koca, erkek, (俗語) efendi, er, (古語) zevç. 〜と妻 koca ve karı. 〜の母 dünürşü, dünüş. 〜の親 dünür. 〜の姉妹 görümce. 姉妹や親せきの〜 enişte. 妻の姉妹の〜 bacanak. 〜であること kocalık. 〜が死ぬと彼女には貧しい生活が始まった. Kocası ölünce onun için düşkün bir yaşam başladı. この女の〜は兵隊に行った. Bu kadının erkeği askere gitti.

ou 負う /*ey.*/ yüklen-, sırtla-. 背に〜 sırtla-, yüklen-. 責任を〜 boynuna al-, üstüne al-, yüklen-. 責任を負わない üstüne mal etme-. もう責任は負わない günah benden gitti. 負債を〜 borca gir-, borç et-, borç yap-. 負っている borçlu. 債務を負っている borçlan-.

ou 追う /*ey.*/ kovala-, peşinde git-, takip et-. 後を〜 ardına düş-, izinden yürü-, izine uy-, kovala-, koğala-. 家畜を〜 sür-. 追って行く önüne kat-. 〜人 izleyici. 追いつ追われつの厳しい陸上競技 çekişmeli atletizm yarışmaları. この牛はしっぽでハエを〜. Bu inek kuyruğuyla sinekleri kovuyor.

ousi 雄牛 /*a.*/ boğa. 去勢した〜 öküz.

Ousiza 雄牛座 /*a.*/ Boğa.

owakare お別れ /*a.*/ 〜に gider ayak. 〜にあなたのところにも寄りました. Gider ayak size de uğradım.

owarase·ru 終わらせる /*ey.*/ bitir-, son ver-, ardını kes-, ikmal et-, nihayet ver-, temizle-. 話を〜 sözü bağla-. 〜ために頑張る arkasına düş-. この仕事を明日までに〜のだ. Bu işi yarına kadar bitireceğim.

owari 終わり /*a.*/ son, bitim, bitiş, nihayet, alt tarafı (yanı). 季節の〜 mevsim sonu. 〜の ahir. 〜のある bitimli. 〜のない bitimsiz, sonsuz, ebedî, uçsuz bucaksız. 初めも〜も evvel ahir. 〜に ahir. 〜になる arkası kesil-, tüken-. 道が〜になる yolu al-. 〜にする paydos de- (et-, yap-), bağla-. 話を〜にする lafa yekûn tut-, yekûn çek-. 〜に近づく kolaylan-. 〜に近づける kolayla-, kolaylaştır-. 小説の〜で二人の恋人は互いに巡り合う. Romanın sonunda iki sevgili birbiriyle buluşur. 夏が〜に近づいた. Yaz çıkmak üzeredir.

owaru 終わる /*ey.*/ bit-, son bul-, sonuç al-, sonuçlan-, netice ver-, nihayet bul-, tamam bul- (ol-), tamamlan-, işi ol- (var), bağlan-, geç-. 会期を〜 celseyi kapa-. 終わりそうになる kolaylan-. まだ終わらない状態で yüz üstü. この仕事はわずか三カ月で〜. Bu iş ancak üç ayda biter. 学校が終わった. Okul bitti. すべて終わったが、ただこれだけ残っている. Her şey bitti, bir bu kaldı. 最後は私の望んだ形で終わった. Sonuç istediğim şekilde bağlandı. ひとつの生涯がかくて終わった. Bir ömür böyle geçti. 今日の宿題は終わりそうだ. Bu günkü ödevlerimi kolayladım. もうすぐ～. Çoğu gitti azı kaldı.

owasare・ru 負わされる /ey./ 責任を～ üstünde kal-.

owase・ru 負わせる /ey./ yükle-. 責任を～ mesul tut-. 責めを～ suç yükle-. 責めを負わせて atfen. 罪を～ yükle-, yık-. 罪を人に～ üzerine at-. 負担を～ yükle-. 傷を～ yarala-. ～こと isnat. この罪を彼に負わせようとしている. Bu suçu ona yüklemek istiyorlar.

ȍya おや /ün./ ～まあ hoppala. ～また新手がおいでだ. Hoppala, bu da yeni çıktı!

oyȁ 親 /a./ ebeveyn, ana baba. 死んだ～達 geçmişleri. ～の子だ anasının kızı. 強いカードを出して～を取る el al-. 誰でも～の面倒を見る義務がある. Herkes anasına babasına bakmakla görevlidir.

ȍyabuñ 親分 /a./ ağa, baş.

oyȁcu おやつ, お八つ /a./ eğlencelik.

oyakȁta 親方 /a./ patron, ağa, kalfa, usta.
§～日の丸. Beylik fırın has çıkarır.

oyakȍokoo 親孝行 /a./ ～な子 hayırlı evlat.

oyakusyohuu お役所風 /a./ formaliteci.

oyasȉrazu 親知らず /a./ akıl dişi, yirmi yaş dişi.

oyayubi 親指 /a./ baş parmak. ～と小指を広げた長さ karış. ～と小指を広げて測る karışla-.

oyazi おやじ /a./ baba.

ȍyobi および, 及び /ba./ ve.

oyobȍsu 及ぼす /ey./ erdir-. 効力を～ etkile-. 害を～ kastet-. 影響を～ etkile-. 多数に～ geçir-.

oyobu 及ぶ /ey./ var-, vur-. 力が～ (ile) baş edebil-, baş et-. 及ばない az gel-. 理解の及ばない akıl erdireme-. 考え及ばない akıla gelmedik. 足もとにも及ばない ayağının pabucu olama-, eline su dökemez. …など言うに及ばず

şöyle dursun.

oyogasȅ・ru 泳がせる /ey./ yüzdür-.

oyogite 泳ぎ手 /a./ yüzücü.

oyȍgu 泳ぐ /ey./ yüz-. 海で～ denizde yüz-. 深い水中を～ derin suda yüz-. よく～ yüzgeç. 海で泳いでいると足がけいれんして, もう少しでおぼれるところだった. Denizde yüzerken bacağıma kramp girdi, az kalsın boğulacaktım.

oyoso およそ /be./ aşağı yukarı, takriben, hemen, üç aşağı beş yukarı. ～の kaba taslak, yaklaşık, ortalama. ～の数 yaklaşık bir sayı. あの子は～10歳ぐらいだ. O çocuk ortalama on yaşlarındadır.

ozeñdate おぜん立て /a./ hazır. ～をする hazır et-. ～を調える hazır et-. 仕事の～ができる piş-.

ozi 伯父, 叔父 /a./ amca, dayı. ～の子 yeğen. ～は馬の手入れに余念がない. Amcam atının tımarı ile uğraşıyor.

ozigi お辞儀 /a./ reverans. ～をする baş eğerek selamla-, baş kes-, eğil-.

ozȉisañ おじいさん /a./ dede, büyük baba, cet. 二代前の～は誰それだ. İki gömlek yukarı dedesi filancadır.

ozike・ru おじける /ey./ yıl-.

ozikesase・ru おじけさせる /ey./ yıldır-.

ozikezȕku おじけづく /ey./ yıl-, gözü yıl-.

ozisañ 伯父さん, 叔父さん, おじさん /a./ amca, dayı. ～はドイツに10年いた. Amcam Almanya'da on yıl kaldı. 昨夜～たちがディヤルバクルから急にやって来た. Dün akşam dayımlar Diyarbakır'dan çıkageldiler.

ȍzuozu おずおず /be./ ～と ezile büzüle. ～した pısırık, sinik.

ozyoohȉñ お上品 /a./ ～な nazlı, kibar.

ozyȍosañ お嬢さん /a./ kız, genç hanım (kız).

P p

pàama パーマ (İng. permanent wave) /a./ permanent, perma.
paasênto パーセント (İng. percent) /a./ yüzde. 5〜, 5% yüzde beş (%5). 100〜, 100% yüzde yüz (%100) 肉が10%値上がりした. Ete yüzde on zam bindi.
pàatii パーティー (İng. party) /a./ müsamere, parti, ziyafet. 歓迎〜 karşılama töreni. 〜を催す parti ver-.
pàato パート (İng. part) /a./ (音楽) parti.
pàatonaa パートナー (İng. partner) /a./ ortak, dans arkadaşı.
pacìñ パチン /be./ çıt. 〜と音を立てる çıtlat-.
paciñko パチンコ /a./ atmaca, sapan.
pàcipaci パチパチ /be./ çıtır çıtır, fısır fısır, par par, şak şak. 〜という çatırda-, çıtırda-, çıtır çıtır et-. 〜いう音 çatırtı, çıtırtı, cazırtı. 目を〜させる kırpıştır-. 枯れ草が〜燃える. Kuru ot fısır fısır yanar. ストーブの薪が燃える時は〜いい音がするな. Sobadaki odunlar yanarken ne güzel çatırdıyor! 燃えている薪が〜いっている. Yanan odunlar çıtırdıyor. 太陽で目がくらむから目を〜させる. Gözlerimi güneşten kamaştığı için kırpıştırıyorum.
pàhu パフ (İng. powder puff) /a./ ponpon.
pài パイ (İng. pie) /a./ pasta, börek, pide. 〜を売る人 börekçi.
painàppuru パイナップル /a./ ananas.
paipiñgu パイピング (İng. piping) /a./ tiriz, fitil.
paipu パイプ (İng. pipe) /a./ boru ; pipo, ağızlık, zıvana. 〜を吸う pipo iç-. 〜にタバコを詰める pipoyu doldur-.
paipu rāiñ パイプライン (İng. pipeline) /a./ boru yolu.
pairòtto パイロット (İng. pilot) /a./ havacı, uçucu, pilot.
pàiru パイル (İng. pile) /a./ kazık.
Pakìsutañ パキスタン /a./ Pakistan.
pakkiñgu パッキング (İng. packing) /a./ tampon, conta.
Pànama パナマ /a./ Panama.
pàneru パネル (İng. panel) /a./ pano.
panerue パネル絵 /a./ pano.
pànikku パニック (İng. panic) /a./ panik. 〜に陥る paniğe kapıl-. 〜に陥れる paniğe ver-.
panikku zyōotai パニック状態 /a./ panik. 〜になる paniğe kapıl-. 映画の火事で人々は〜になって右往左往していた. Sinemada çıkan yangında, insanlar panikle sağa sola koşuyorlardı.
panorama パノラマ (İng. panorama) /a./ panorama.
pàñ パン (Por. pão) /a./ ekmek. 丸ごとの〜 bir bütün ekmek. 何もついていない〜 yavan ekmek. 細長い〜 baston fırancala. 〜だけ kuru ekmek. 〜のやわらかい部分 ekmek içi. 〜を得る ekmeğini kazan-. 〜をスープにつける ekmeği et suyuna ban-. 〜を三つに分ける ekmeği üçe böl-. 子供達に〜が足りない. Çocuklara ekmek dayanmıyor.
pàñ パン /be./ pat. 〜と鳴る patla-.

～とたたく patlat-.
pañbako パン箱 /a./ ekmeklik.
pàñci パンチ (İng. punch) /a./ punç.
pàñcu パンツ (İng. pants) /a./ don, iç donu, külot. ～に便をもらす donuna et- (kaçır-, yap-, doldur-).
pañdane パン種 /a./ hamur, ekmek mayası. ～をこねる hamur tut-. ～を薄くのばす hamur aç-. ～をなべのふたのまわりに塗り付ける hamurla-.
pàñhuretto パンフレット (İng. pamphlet) /a./ kitapçık, broşür, risale.
pañìre パン入れ /a./ ekmeklik.
pañkire パン切れ /a./ ekmek ufağı.
pañkõ パン粉 /a./ galeta unu.
pañku パンク (İng. puncture) /a./ patlama. ～する patla-. ～した patlak. タイヤが～した。 Lastik patladı.
pañ kùzu パンくず /a./ ekmek kırıntısı.
pañ nàihu パンナイフ (Por. İng. pão knife) /a./ ekmek bıçağı.
pañ syõkuniñ パン職人 /a./ fırıncı.
pàñtii パンティ (İng. panties) /a./ külot.
pañtomàimu パントマイム (İng. pantomime) /a./ pandomima.
pàñya パン屋 /a./ ekmekçi.
pañyakìgama パン焼きがま /a./ ekmek fırını.
pañyakiya パン焼き屋 /a./ fırıncı, fırın.
pañyoo パン用 /a./ ～の ekmeklik.
pàñzii パンジー /a./ hercaî menekşe.
pàpirusu パピルス (Lat. papyrus) /a./ papirüs. ～の写本 papirüs.
Pàpua Nyuuginia パプアニューギニア /a./ Papua Yeni Gine.
paradòkkusu パラドックス (İng. paradox) /a./ paradoks.
pàrafiñ パラフィン (İng. paraffin) /a./ parafin.
Pàraguai パラグアイ /a./ Paraguay.
pàrapara ぱらぱら /be./ pul pul, bulgur bulgur. ～降る atıştır-, serp-. ～繰り返し降る serpele-. 雨が～降っている。 Yağmur serpiyor. 雪が～降り出した。 Kar atıştırmağa başladı.
pàrasoru パラソル (İng. parasol) /a./ şemsiye.
parasyùuto パラシュート (İng. parachute) /a./ paraşüt. ～で降りる paraşütle atla-.
pàreedo パレード (İng. parade) /a./ geçit resmi (töreni), nümayiş. ～をする人 nümayişçi.
Parèsucina パレスチナ /a./ Filistin.
Paresucinàziñ パレスチナ人 /a./ Filistinli.
pàretto パレット (Fr. palette) /a./ palet.
Pàri パリ /a./ Paris.
pàripari パリパリ /be./ kütür kütür. ～音を立てる kütürde-. ～いう音 kütürtü. ～した新しいリンゴ kütür kütür bir elma.
paritto ぱりっと /be./ ～した kıvrak, parlak. ～した服装 kıvrak kıyafet. ～清潔に tiril tiril. 子供らに～した服を着せる。 Çocuklarını tiril tiril giydiriyor.
parucìzañ パルチザン (Fr. partisan) /a./ çeteci, gerillacı, partizan. ～の行動 partizanlık. ～であること partizanlık.
pàrupu パルプ (İng. pulp) /a./ kâğıt hamuru.
pàseri パセリ /a./ maydanoz. 二束の～ iki bağ maydanoz. ～三株 üç kök maydanoz.
pàsu パス (İng. pass) /a./ (スポーツ) pas, aktarma; permi. ～する pas ver-, paslaş-. ～を受ける pas al-. 国鉄～ permi.
pasupòoto パスポート (İng. passport) /a./ yol tezkeresi, pasaport.
pàsuteru パステル (İng. pastel) /a./ pastel. 海を青い～で, 花は赤い～で塗った。 Denizi mavi pastelle, çiçekleri ise kırmızı pastelle boyadı.

pasuteruga パステル画 /a./ pastel.
pata' パタッ /be./ pof. 枕が〜と下へ落ちた. Yastık pof diye yere düştü.
patañ パタン /be./ pat.
pàtapata パタパタ /be./ pıtır pıtır, pofur pofur. 〜音を立てる patırda-. 〜いう音 pıtırtı.
pàte パテ(İng. putty) /a./ camcı macunu, macun. 〜を詰める macunla-.
pateñto パテント(İng. patent) /a./ patent.
patoroñ パトロン(İng. patron) /a./ koruyucu, velinimet.
patoròoru パトロール (İng. patrol) /a./ devriye, kol. 〜する kol gez-.
patto ぱっと /be./ 〜しない silik, sümsük. 〜しない人 silik (sönük) bir adam. 〜しない美しさ baktıkça alır.
pàtto パッと /be./ hop, pat, pırr, pıt, pof, hürya, gümbedek, (口語) şappadak. パッ〜歩く pıt pıt yür-. 〜光る çak-. 〜稲妻が光る şimşek çak-. 〜燃え上がる harla-, harlı. 鳥が〜飛んだ. Kuş, pırr diye uçtu. 〜中へ飛び込んだ. Pat diye içeriye daldı. 〜海へ飛び込んだ. Hop diye denize atlayıverdi. 〜中に飛び込んで来た. Şappadak içeri giriverdi.
pàzuru パズル(İng. puzzle) /a./ bilmece, bulmaca. 〜を解く bilmece (bulmaca) çöz-.
pàzyama パジャマ (İng. pajamas) /a./ gecelik, pijama. 〜を着てベッドに寝た. Pijamamı giyip yatağıma yattım.
pèa ペア(İng. pair) /a./ 〜の çift.
pecikòoto ペチコート(İng. petticoat) /a./ jüpon.
pècyakucya ぺちゃくちゃ /be./ car car, cır cır, cıvıl cıvıl. 〜しゃべる çok söyle-. 朝から晩まで〜しゃべっている. Sabahtan akşama kadar car car (cır cır) öter durur.
pecyañko ぺちゃんこ /a./ 〜の yassı.

pècyapecya ペチャペチャ /be./ lap lap. 犬が牛乳を〜と飲んでしまった. Köpek sütü lap lap içiverdi.
pedaru ペダル (İng. pedal) /a./ ayaklık, pedal, ayak basamağı. 自転車の〜 bisikletin ayaklığı.
pedikyua ペディキュア(İng. pedicure) /a./ pedikür.
peepaa nàihu ペーパーナイフ (İng. paper knife) /a./ kitap açacağı.
peezi ページ(İng. page) /a./ sayfa, sahife. …〜の sayfalık. 50〜の本 elli sayfalık kitap. …〜分の sayfalık. 〜の調整 mizanpaj. 〜をはがせるノート bloknot. 本の〜をめくる kitabın yaprağını çevir-. この本を20〜読んだ. Bu kitabın yirmi sayfasını okudum. ノートの各〜に線が引いてある. Defter yaprakları çizgili.
Pèkiñ 北京 /a./ Pekin
pèkopeko ぺこぺこ /be./ 〜する kafa salla-.
penañto ペナント (İng. pennant) /a./ flama.
penisiriñ ペニシリン(İng. penicillin) /a./ penisilin.
pènisu ペニス (İng. penis) /a./ penis.
pèñ ペン(İng. pen) /a./ kalem. 〜をインクつぼにつける kalemi hokkaya ban- (batır-). 君も同じ〜を買ったようだ. Sen de aynı kalemden almışsın.
pèñci ペンチ(İng. penchers) /a./ kerpeten, kıskaç, maşa, pens, pense. 釘を〜で抜く çiviyi kerpetenle çıkar-.
peñdañto ペンダント(İng. pendant) /a./ askı, pandantif.
peñgiñ ペンギン /a./ penguen.
peñki ペンキ(Hol. pek) /a./ boya, yağlı boya. 〜を塗る boya-. 家に〜を塗る evi boya-. 〜を塗ってある boyalı.
peñkiya ペンキ屋 /a./ boyacı, badanacı.
peñ nèemu ペンネーム (İng. penname) /a./ takma ad.

perapera ペラペラ /a./ 〜の tiril tiril. 娘は〜の夏ズボンをはいていた. Kız tiril tiril yazlık bir pantolon giymişti.
pèrapera ペラペラ /be./ çatır çatır, şakır şakır. 英語を〜話している. İngilizceyi çatır çatır (şakır şakır) konuşuyor.
perikañ ペリカン /a./ pelikan.
pèropero ペロペロ /be./ lopur lopur.
perõtto ペロッと /be./ lopur lopur. ひとかごのイチジクを〜たいらげた. Bir sepet incir lopur lopur yiyiverdi.
Pèrusya ペルシャ /a./ Fars.
Perusyago ペルシャ語 /a./ Farsça, Acemce.
Perusyàziñ ペルシャ人 /a./ Fars.
Pèruu ペルー /a./ Peru.
pèsuto ベスト(Al. Pest) /a./ veba.
pesyàñko ぺしゃんこ /a./ 〜になる ezil-. 〜にする ez-.
peteñ ぺてん /a./ aldatmaca, hile, üç kâğıt, (隠語) tonga, numara. 〜の hilekâr, hileli, hokkabaz. 〜にかける dolap çevir-, dolap (düzen) kur-, hileye sap-, (口語) işlet-, (隠語) numara yap-, dümen yap-. 〜にかかる tongaya bas- (düş-), (隠語) kül ye- (yut-).
peteñsi ぺてん師 /a./ dolandırıcı, hilekâr, kalpazan, düzenbaz, madrabaz, oyunbaz, oyuncu, soytarı, üç kâğıtcı, yontucu, (口語) kazıkçı, (隠語) dümenci, işçi.
pianìsuto ピアニスト (İng. pianist) /a./ piyanist.
piano ピアノ (İng. piano) /a./ piyano. 〜を弾く piyano çal-. 〜のキーを押さえる piyanonun tuşlarına bas-. 〜協奏曲 piyano konçertosu.
picci ピッチ (İng. pitch) /a./ kara sakız, zift. 〜をかぶせる ziftle-. 〜は一般にタールから作られる. Zift genellikle katrandan elde edilir.
picipici ぴちぴち /be./ 〜した taze.
picya' ピチャッ /be./ şap. 〜と音を立てる şapırda-, şapırdat-.
picyapicya ピチャピチャ /be./ lap lap. 〜させて飲む höpürdet-. コーヒーを〜と飲む kahveyi höpürdeterek iç-. 犬が牛乳を〜と飲んでしまった. Köpek sütü lap lap içiverdi.
pìiciku ピーチク /be./ şakır şakır. 〜パーチク cır cır. 〜さえずる şakı-, şakırda-. 〜いう音 şakırtı.
piimañ ピーマン /a./ biber. 〜の入った biberli. 〜の詰め物 biber dolması. 詰め物用の〜 dolmalık biber. 〜の辛さを食べるとすぐに感じた. Biberin acısını ağzıma alır almaz hissettim.
piimañbàtake ピーマン畑 /a./ biberlik.
pìinacu ピーナツ /a./ yer fıstığı.
pìipii ピーピー /be./ cıvıl cıvıl, şakır şakır. 〜鳴く cıvılda-, cırla-, şakırda-. 〜という cırlak, cırtlak. 〜という声 cıvıltı, şakırtı.
pikapika ピカピカ /a./ parıltı. 〜の parlak, pırıl pırıl, yalabık, çil, (隠語) kız gibi. 〜の家 pırıl pırıl bir ev. 〜のクルシ硬貨 çil kuruş. 〜に gıcır. 板を〜にみがいた. Tahtaları gıcır gıcır sildi. コップを洗ったら〜に光った. Bardakları yıkayınca ışıl ışıl parladılar.
pìkapika ピカピカ /be./ ışıl ışıl, parıl parıl, par par, pırıl pırıl, şakır şakır, şıkır şıkır. 〜光る ışılda-, parılda-, parla-, par par parla-, pırılda-, yalabı-. 〜した ışıldak, yaldırak. 〜する光 pırıltı. 〜するもの yalabık. 日が当たるとガラスが〜光る. Güneş vurunca camlar parıldar. 〜と光が広がっている. Pırıl pırıl ışık yayıyor. 夜ごと電灯が〜と燃える. Her gece elektrikler şakır şakır yanar.
pìke ピケ (İng. picket) /a./ grev gözcüsü.
pìke ピケ (Fr. piqué) /a./ pike.
pikèiñ ピケ員 /a./ grev gözcüsü.
pìkunikku ピクニック (İng. picnic)

pikupiku ピクピク /*be.*/ çırpıntı. 〜動く seğir-, çırpın-. こめかみが〜している. Şakakları atıyor.

piñ ピン(İng. pin) /*a.*/ iğne. 〜でとめる iğnele-. その花を私のえりに〜でとめてくれませんか. Şu çiçeği yakama iğneler misin?

piñku ピンク(İng. pink) /*a.*/ pembe. 〜の pembe. 濃い〜 gül kurusu, toz pembe. 派手な〜と黄色 Çingene pembesi, Çingene sarısı.

piñkugakàru ピンクがかる /*ey.*/ ピンクがかった黄色 kavun içi.

piñkuiro ピンク色 /*a.*/ pembe. 〜の pembe. 濃い〜 toz pembe, gül kurusu. 〜になる pembeleş-. セーターの〜があせた. Kazağımın pembesi solmuş.

piñpoñ ピンポン(İng. ping-pong) /*a.*/ masa tenisi, masa topu, pingpong.

piñsètto ピンセット(Hol. pincet) /*a.*/ cımbız, maşa, tutaç, tutak, çift.

piñto ぴんと /*be.*/ 〜張る ger-, toka et-. ゆるんだ綱を〜張る boş al-. 〜張る道具 gergi. 〜張った gergin, yay gibi. 〜張った針金 gergin tel. 〜なる geril-.

piràhu ピラフ(Fr. pilaf) /*a.*/ pilav. 肉入り〜 etli pilav. 〜をたく pilav pişir-. 〜をスプーンで食べる pilavı kaşıkla-. 〜がよくむれる demlen-.

piramìddo ピラミッド(İng. pyramid) /*a.*/ ehram, piramit. エジプトの〜 Mısır ehramları.

pìriodo ピリオド(İng. period) /*a.*/ nokta. 〜をうつ nokta koy-.

pisutàcio ピスタチオ /*a.*/ fıstık, Şam fıstığı.

pisutacioiro ピスタチオ色 /*a.*/ 〜の fıstıkî.

pìsutoñ ピストン(İng. piston) /*a.*/ piston.

pisutoru ピストル(Hol. pistool) /*a.*/ tabanca, (古語) kubur. 一発〜を撃つ bir el tabanca at-. 〜を抜く tabanca çek-. 〜に弾を込める pipoyu doldur-.

pisya' ピシャッ /*be.*/ pat, şak, şap, şıp, şırak. 〜と打つ patakla-. むちを〜と打つ kamçıyı şaklat-. 〜と音をさせる şaklat-, şapla-, şaplat-. 〜という音 şıpırtı. 〜と打った. Pat diye vurdu. 〜と顔をたたいた. Şak diye yüzüne vurdu. 一発〜とやった. Tokat şapladı. 〜と顔に一撃をくわせた. Şırak diye yüzüne tokatı indirdi.

pisyapisya ピシャピシャ /*be.*/ pat pat. 〜たたく şaplat-. 〜と音を立てる cumbulda-. ひげの顔を四・五回〜やってからキスした. Sakallı yüzünden dört beş defa şaplatarak öptü.

pittàri ぴったり /*be.*/ milimi milimine. 〜の denk, lâyık, sıkı, iyi, (口語) kıyak. 〜する denk gel-, iyi gel-, uy-, sar-, (隠語) kıyak kaç-. 〜した sıkı. 〜しない bayağı kaç-, manasız, eğreti. 〜させる dengine (denk) getir-. 〜つく yapış-. 〜つける yapıştır-. 〜とめる bıçak gibi kes-. 服が〜合う hokka gibi otur-. ウエストが〜の上着 beli sıkı bir ceket. 〜の時刻に saati başı. この色は部屋に〜. Bu renk odayı açtı. この家はあなたに〜です. Bu ev tam size göredir. この薬はあなたに〜です. Bu ilaç size bire birdir. 暑さで服が体に〜ついた. Sıcaktan giysim vücuduma yapıştı.

piyopiyo ピヨピヨ /*be.*/ cıvıl cıvıl 〜鳴く cıvılda-. 〜いう声 cıvıltı.

piza ピザ(İng. pizza pie) /*a.*/ pide.

poccyàri ぽっちゃり /*be.*/ 〜した ablak, tıkız, tıknaz, tombul, tokmak tokmak, eti budu yerinde, etine dolgun. 〜したほっぺた tombul yanaklar. 若い〜した女 genç, tıkız bir kadın.

poiñto ポイント (İng. point) /a./ nokta, puan ; punto. 10〜の活字 on punto.

pokañto ぽかんと /be./ 〜見つめる gözü dal-. 〜見ている bön bön bak-. 〜して sersem sepelek (sepet).

pokètto ポケット(İng. pocket) /a./ cep. 〜に隠す cebe at-. 金を〜に入れる parayı cebine koy-. 時計が〜から飛び出した. Saat cebimden fırladı.

pokettobañ ポケット版 /a./ cep kitabı.

pokettocuki ポケット付き /a./ 〜の keseli.

poketto mànee ポケットマネー(İng. pocket money) /a./ cep harçlığı, harçlık.

poketto ziten ポケット辞典 /a./ cep sözlüğü.

poki' ポキッ /be./ çıt. 〜と折れる kop-, çıtla-.

pokiñ ポキン /be./ çıt. 〜と折れる çıtlat-. 鉛筆の先が〜と折れた. Kalemin ucu çıt diye kırıldı.

pòkipoki ポキポキ /be./ çatır çatır, çıtır çıtır. 〜と音を立てる çatır çatır et-, çatırda-, çıtır çıtır et-, çıtırda-. 〜という音 çatırtı, çıtırtı.

pokkùri ぽっくり /be./ 〜死ぬ gümbürde-, gümleyip git-, gürleyip git-, (口語) güme git-. やつは2分間で〜いってしまった. Adamcağız iki dakika içinde gümledi gitti.

pomàado ポマード(İng. pomade) /a./ briyantin, pomat.

poniitèeru ポニーテール(İng. ponytail) /a./ at kuyruğu. 姉は髪を時々〜にする. Ablam şaçlarını bazen at kuyruğu yapar.

poñbiki ぽん引き /a./ (卑語) pezevenk.

pòñci ポンチ(İng. punch) /a./ punç.

pòñdo ポンド(Hol. pond) /a./ funt ; sterlin, İngiliz lirası.

pòñpoñ ぽんぽん /be./ 一人は〜言うし, もう一人はじっと聞いていた. Biri ağzına geleni söyledi, öbürü de güzelce giydi.

pòñpu ポンプ(Hol. pomp) /a./ tulumba, pompa. 井戸の〜 kuyu tulumbası. 〜でくみ上げる pompala-. 〜でふくらませる pompala-. タイヤを〜でふくらませる lastiği pompayla şişir-. 〜が水を出す tulumba suyu çek-. 〜が壊れて水が出ない. Tulumba bozulmuş su basmıyor.

pòokaa ポーカー(İng. poker) /a./ poker. 〜をする poker çevir-. 〜一ゲーム poker seansı. 〜の手 uvertür. 〜で残りのかけ金 rest. 〜を続けましょうか. Pokere devam edelim mi?

Pòorañdo ポーランド /a./ Polonya, Lehistan. 〜の Polonyalı.

Poorañdogo ポーランド語 /a./ Lehçe.

Poorañdòziñ ポーランド人 /a./ Polonyalı, Leh.

pooru ポール(İng. pole) /a./ 測量の〜 flama.

pòotaburu ポータブル(İng. portable) /a./ 〜の portatif. 〜映写機 seyyar sinema.

pootorèeto ポートレート(İng. portrait) /a./ portre.

pòozu ポーズ(İng. pose) /a./ poz, jest. 〜をとる poz ver-.

pòpura ポプラ /a./ kavak.

pòpuriñ ポプリン(İng. poplin) /a./ poplin. 〜の poplin.

pòpyuraa ポピュラー(İng. popular) /a./ 〜な popüler.

porièsuteru ポリエステル (Al. Polyester) /a./ poliyester.

poriipu ポリープ(İng. polyp) /a./ meme.

pòripori ポリポリ /be./ çıtır çıtır. 〜いう çıtırda-. 〜という音 çıtırtı.

poròtto ぽろっと /be./ 〜取れる kop-.

Porutogaru ポルトガル /a./ Portekiz.

Porutogarugo ポルトガル語 /a./ Portekizce.

Porutogarùziñ ポルトガル人 /a./ Portekizli.

pòsutaa ポスター(İng. poster) /a./ duvar ilânı, afiş. 〜を張る afiş as-.

pòsuto ポスト(İng. post) /a./ posta kutusu; sandalye. 〜を巡っての口論 iskemle (sandalya, koltuk) kavgası.

pòtapota ポタポタ /be./ pıt pıt, şıpır şıpır, tıpır tıpır, tıp tıp. 〜漏る damla-. 〜漏らす damlat-. 〜音を立てる şıpırda-. 水が〜垂れている. Su tıp tıp damlıyor. 屋根から水が〜垂れている. Damdan şıp şıp su damlıyor. 額から汗が〜落ちていた. Alnından şıpır şıpır ter damlıyordu.

potetocìppusu ポテトチップス(İng. potato chips) /a./ cips.

pu' プッ /be./ püf. 〜と吹く püfle-, üfle-, üfür-.

puccùri ぷっつり /be./ 〜切る kopar-. 〜切れる kop-.

puciburu プチブル(Fr. petit bourgeois) /a./ küçük mülk sahibi.

pùcupucu ぷつぷつ /be./ 卵を食べたら子供の皮膚が〜ふくれた. Yumurta yiyince çocuğun derisi fiske fiske kabardı.

pukàripukari ぷかりぷかり /be./ fosur fosur. タバコを〜吸う fosur fosur iç-.

pùñpuñ ぷんぷん /be./ buram buram. 春の野に〜花の香りが漂う. Baharda kırlar buram buram çiçek kokar.

puracina プラチナ(İsp. Hol. platina) /a./ platin.

pùragu プラグ(İng. plug) /a./ fiş. アイロンの〜をコンセントにさしてくれませんか. Ütünün fişini prize takar mısın?

puragumacìsuto プラグマチスト(İng. pragmatist) /a./ pragmacı.

puràibasii プライバシー(İng. privacy) /a./ şahsiyat.

puraido プライド(İng. pride) /a./ kibir. 〜を傷つける kibrine dokun-.

purakàado プラカード(İng. placard) /a./ pankart.

pùramu プラム /a./ erik. 〜はとったばかりだ. Daha eriklerin dumanı üstünde.

pùrañ プラン(İng. plan) /a./ plan. 〜を立てる plan kur-, planla-.

purasu プラス(İng. plus) /a./ artı. 〜の pozitif, müspet. 〜の数 artı sayı. 〜符号 toplama işareti. 5〜3 〜7, 5+3+7 beş artı üç artı yedi. 2〜3イコール5, 2+3=5 iki artı üç eşit beş.

purasucìkku プラスチック(İng. plastics) /a./ plastik. 〜の plastik. 〜のコップ plastik bardak. 〜の札 jeton.

purasù kyoku プラス極 /a./ artı uç.

puratànasu プラタナス /a./ çınar. 大きな〜の木 koca bir çınar ağacı.

purattohòomu プラットホーム (İng. platform) /a./ peron, iskele.

purazuma プラズマ(İng. plasma) /a./ plazma.

purèeyaa プレーヤー(İng. player) /a./ oyuncu; pikap. 〜に新しいレコードをかけてくれないか. Pikaba yeni bir plak koyar mısın?

purehabu zyùutaku プレハブ住宅 /a./ portatif ev.

puremiamu プレミアム(İng. premium) /a./ acyo, prim.

pùresu プレス(İng. press) /a./ baskı, pres, cendere.

purèzeñto プレゼント(İng. present) /a./ hediye, armağan. 〜をする hediye et-.

purìicu プリーツ(İng. pleats) /a./ kırma, pili, pli, pasta, pens, pense. 〜のついた kırmalı.

purimadòñna プリマドンナ(İt. prima donna) /a./ primadonna.

pùriñ プリン (İng. pudding) /a./

puriñto

pelte, puding.
puriñto プリント (İng. print) /a./ bası, baskı. 〜地 yazma. 赤い水玉模様の〜地 kırmızı noktalı basma.
purizumu プリズム(İng. prism) /a./ prizma.
pùro プロ (İng. professional) /a./ profesyonellik. 〜の profesyonel. 〜の写真家 profesyonel fotoğrafçı. アマチュアから〜に転じる amatörlükten profesyonelliğe geç-.
purofìiru プロフィール(İng. profile) /a./ profil.
purogùramu プログラム (İng. program) /a./ program. 〜を作る programla-. 〜を作る人 programcı.
puròñputaa プロンプター (İng. prompter) /a./ suflör.
puropagàñda プロパガンダ (İng. propaganda) /a./ propaganda.
puropera プロペラ(İng. propeller) /a./ pervane. 飛行機の〜 uçak pervanesi. 手を〜に引きちぎられる elini pervaneye kaptır-.
puropòozu プロポーズ(İng. propose) /a./ evlenme teklifi. 〜する evlenme teklifi yap-. 女が〜される talip (talibi) çık-.
puroretària プロレタリア(Al. Proletarier) /a./ proleter.
puroretariàato プロレタリアート(Al. Proletariat) /a./ proletarya.
puroretaria kàikyuu プロレタリア階級 /a./ proletarya.
puròsesu プロセス (İng. process) /a./ süreç.
purotèsutañto プロテスタント (İng. Protestant) /a./ Protestan.
puròzyekuto プロジェクト(İng. project) /a./ proje.
purutonyùumu プルトニウム (İng. plutonium) /a./ plutonyum.
pùuru プール(İng. pool) /a./ havuz. 水泳〜 yüzme havuzu. 〜が水でいっぱいになった。 Havuz su ile doldu.
pyoñ ぴょん /be./ hop, zıp. ほら〜 hoppala. 跳んでごらん…それ〜. Atla bakayım… hoppala!
pyòñpyoñ ぴょんぴょん /be./ zıp zıp. 〜跳ぶ sek-, hopla-. 子供が〜跳びながら来る。 Çocuk hoplaya hoplaya geliyor. スズメは〜とんで歩く。 Serçeler seke seke yürür. 〜はねる。 Zıp zıp hopluyor.
pyùuma ピューマ /a./ puma, Yeni Dünya aslanı.
pyùure ピューレ(Fr. purée) /a./ püre.

R r

ràado ラード(İng. lard) /a./ domuz yağı.
ràba ラバ /a./ katır. 〜は馬とロバをかけ合わせた動物だ。 Katır, atla eşekten azmış bir hayvandır.
rabèñdaa ラベンダー /a./ lavanta, lavanta çiçeği, kara baş.
ràberu ラベル(İng. label) /a./ etiket, yafta. 〜を張る etiket koy-.
ràdeñ 螺鈿 /a./ 〜の引き出し sedef kakmalı çekmece.
ràgubii ラグビー(İng. rugby) /a./ ragbi, rugbi.
ràibaru ライバル (İng. rival) /a./ rakip. 彼の古くからの〜 onun ezelî rakibi.

raibyoo 癩病 /a./ miskin hastalığı, cüzam. 〜の miskin. 〜患者 miskin hastası.
raigecu 来月 /a./ gelecek ay.
raihai 礼拝 /a./ namaz, ibadet.
raihiñ 来賓 /a./ konuk, misafir, davetli, şeref konuğu (misafiri).
raihiñseki 来賓席 /a./ şeref yeri. 劇場の〜 şeref locası.
raikañ 雷管 /a./ kapsül.
raikyaku 来客 /a./ konuk, misafir, ziyaretçi.
raimei 雷鳴 /a./ gök gürlemesi (gürültüsü).
raimugi ライムギ /a./ çavdar.
raineñ 来年 /a./ gelecek yıl, gelecek sene.
raiñ ライン(İng. line) /a./ hat, çizgi.
raioñ ライオン /a./ aslan, arslan. 〜のつめ aslanın pençesi. 〜くらい強い aslan kadar kuvvetli.
rairakku ライラック /a./ leylak. 〜の花 leylak.
raise 来世 /a./ öbür dünya, ahret. 〜で受ける罰 azap. 〜で訴人となる ahrette on parmağı yakasında ol-. 〜を共にできる人 ahret kardeşi.
raisyuu 来週 /a./ gelecek hafta, önümüzdeki hafta. 〜の今日 haftaya. 〜に延ばす gelecek haftaya at-. 見物を〜に延ばした. Gezmeyi haftaya bıraktık.
raitaa ライター (İng. lighter) /a./ çakmak. 〜の石 çakmak taşı. 〜のしん kav. 〜がガス漏れしている. Çakmak gaz kaçırıyor.
raitokyuu ライト級 /a./ hafif siklet.
raketto ラケット(İng. racket) /a./ raket, tokaç. テニスの〜 tenis raketi.
rakkaa ラッカー(İng. lacker) /a./ cila, vernik. 〜を塗る vernik sür-, vernikle-.
rakkañ 楽観 /a./ optimizm. 〜して işin alayında.
rakkañ syùgi 楽観主義 /a./ iyimserlik, nikbinlik, optimizm.
rakkañteki 楽観的 /a./ 〜な iyimser, nikbin たいへん〜に見る (ortalığı) toz pembe gör-. 父は将来に〜な見方をしている. Babamın gelecek için iyimser düşünceleri var.
rakkàsañ 落下傘 /a./ paraşüt. 〜降下者 paraşütçü.
rakkasàñhei 落下傘兵 /a./ paraşütçü.
rakkàsei ラッカセイ, 落花生 /a./ yer fıstığı, araşit.
raku ラク /a./ rakı, imam suyu, (俗語) aslan sütü. 〜の宴会 rakı âlemi. ブドウ酒, ウォッカ, 〜はそれぞれ酒である. Şarap, votka ve rakı birer içkidir.
rakù 楽 /a./ rahatlık, keyif, kolaylık. 〜な rahat, kolay. 〜な仕事 kolay iş. 〜なもうけ zahmetsiz bir kazanç. 〜でない rahatsız. 〜をするとばかり考える rahatına bak-. 働かずに〜をしたい人 köşe kadısı. 〜になる rahatla-, rahat et- (bul-), hafifle-, sök-. 気が〜になる su serpil-. 気分が〜になる ferahla-. 〜になれない dünya yüzü görme-. さっぱり〜にならない rahat yüzü görme-. 〜にする rahat et-, hafiflet-, hafifleştir-. 気を〜にする içi rahat et-. 気を〜に持つ kalbini ferah tut-. 〜に暮らす keyif sür-, gönen-, efendi gibi yaşa-, gül gibi bak-. 病人は熱が下がって〜になった. Hasta ateşi düşünce rahatladı.
rakucyoo 落丁 /a./ この本は〜がある. Bu kitap eksik.
rakuda ラクダ /a./ deve. 〜のこぶ hörgüç. 〜の鈴 deve çanı. 〜のおすわり devenin çöküşü. 〜色の deve tüyü. 〜の毛の deve tüyü. 〜を引く人 deveci. 〜がすわる (俗語) ıh-. 〜がジャラン・ガランとやって来るところだった. Develer cangıl cungul geliyorlardı.
rakudai 落第 /a./ 〜する sınıfta kal-, top at-, dön-, (隠語) gümle-, torpille-. 〜させる dök-, döndür-. クラ

スの半分を〜させる sınıfın yarısını dök-. 二年〜して退学させられた belgeli. 子供は今年も〜した. Çocuk bu yıl da sınavdan döndü. この子は勉強しないから当然〜だ. Bu çocuk derslerine çalışmadığına göre haliyle sınıfta kalacak. 子供の中には〜する者もいれば, 進級する者も. Çocukların içinde kalanlar da var, geçenler de.

rakudâisei 落第生 /a./ çifte dikiş, (隠語) topçu.

rakueñ 楽園 /a./ cennet. 都会の眺めは一つの〜だ. Şehrin görünüşü bir cennet. この世は〜. Bir adam var atarım, nerde olsa yatarım.

rakugaki 落書き /a./ karalama. 〜する karala-. 壁に〜をした. Duvarı karalamışlar.

rakù ni 楽に /be./ rahatça, kolayca, kolaylıkla, sere serpe.

rakunoo 酪農 /a./ hayvancılık.

rakurai 落雷 /a./ şimşek çakması.

rakurâku 楽々 /be./ kolayca.

rakutañ 落胆 /a./ hüsran, yeis. 〜する hüsrana uğra-, yese kapıl-, gayreti kesil-, dünya başına yıkıl-.

rakuteñ syùgi 楽天主義 /a./ nikbinlik, optimizm.

rakuteñteki 楽天的 /a./ 〜な iyimser, nikbin. 〜な行動 iyimserlik. 〜に考える pembe gör-.

rakuyoo 落葉 /a./ yaprak dökümü. 〜した yapraksız.

rakuyòozyu 落葉樹 /a./ yapraksız ağaç.

rãma ラマ /a./ lama.

ramasoo ラマ僧 /a./ lama.

ramazañ ラマザン /a./ ramazan. 〜の夜の祈り teravi. 〜中の喜捨 fitre. 〜中夜明け前に食べる物 sahur. 〜のあとの三日間の祝日 şeker bayramı. 〜の月の27日目 kadir gecesi.

rãmu ラム(İng. rum) /a./ rom.

ramùsyu ラム酒 /a./ rom.

rãñ 欄 /a./ sütun, kolon. この文は二〜になる. Bu yazı iki sütun tutar.

rãñ ラン, 蘭 /a./ orkide.

rãñ 卵 /a./ yumurta.

rañboo 乱暴 /a./ cebir. 〜な şiddetli, zorlu, azgın, zalim, eli ağır, eli sopalı. 〜な振る舞い dürüşt bir davranış. 〜に振る舞う kabalaş-. 〜をする şiddete başvur-. 女に〜する üstünden geç-. 丈夫だから〜に使える tepe tepe kullan-.

rañdosèru ランドセル (Hol. ransel) /a./ arka çantası.

rañgai 欄外 /a./ 〜の注 dipnot.

rañkañ 欄干 /a./ korkuluk, küpeşte, parmaklık, tırabzan. 橋の〜 köprü korkuluğu.

rañkañ 卵管 /a./ yumurta kanalı.

rãñnaa ランナー (İng. runner) /a./ koşucu.

rañniñgu syàcu ランニングシャツ (İng. running shirt) /a./ atlet fanilası.

rañoo 卵黄 /a./ yumurta sarısı.

rañpaku 卵白 /a./ yumurta akı, albümin.

rañpi 乱費, 濫費 /a./ israf.

rãñpu ランプ (Hol. lamp) /a./ lamba. 〜の笠 abajur. 〜のしん fitil. 〜に覆いを取り付ける lambaya abajur geçir-. 〜のしんを長くして明るくする lambayı aç-. 〜の明かりをおとす lambayı kıs-.

rañpudai ランプ台 /a./ lambalık.

rañsoo 卵巣 /a./ yumurtalık.

rañtoo 乱闘 /a./ いきなり〜になった. Bir har hur gidiyor!

rañyoo 乱用, 濫用 /a./ suiistimal, yolsuzluk.

rañzacu 乱雑 /a./ dağınıklık, düzensizlik. 〜な karmakarışık, dağınık, düzensiz, intizamsız. 〜できたない ahır gibi. 〜できたなくなる ahıra çevir-. 〜に書いてはいけない bakkal defteri değil.

Rãosu ラオス /a./ Laos.

rappa ラッパ /*a.*/ boru, zurna, trompet. 〜を吹く boru çal-.
rappàsyu ラッパ手 /*a.*/ borazan.
ràpusodii ラプソディー(İng. rhapsody) /*a.*/ rapsodi.
ràrii ラリー(İng. rally) /*a.*/ ralli.
raseñ らせん, 螺旋 /*a.*/ helezon, uskuru.
raseñ kàidañ らせん階段 /*a.*/ helezonî merdiven.
raseñzyoo らせん状 /*a.*/ 〜の sarmal.
rasìi らしい /*s.*/ benze-, -miş. 来るらしかった. Geleceğe benziyordu. 筋が筋に重なった〜. Damar damara binmiş. 私は彼に手紙を書いた〜のだ. Ona bir mektup yazmışımdır. どうもそう〜のだが, あの年頃では写真を撮ってもらいたくてしかたがなかったようだ. Öyle görünüyor ki o yaşta fotoğrafımızın çekilmesine pek düşkünmüşüz.
-rasìi らしい gibi. 人間〜 adam gibi. 男〜 erkek. 男らしくなる erkek ol-, erkekleş-. 父親らしく振る舞う babalık et-.
rasiñbañ 羅針盤 /*a.*/ pusula.
rasiñ hòoi 羅針方位 /*a.*/ kerte.
-ràsisa らしさ. 姉〜 ablalık. 男〜 erkeklik. 女〜 kadınlık. 人間〜を失う insanlıktan çık-.
ràssyu ラッシュ(İng. rush) /*a.*/ patlama.
ràsuku ラスク(İng. rusk) /*a.*/ galeta.
ràsya ラシャ, 羅紗(Por. raxa) /*a.*/ çuha.
Rateñgo ラテン語 /*a.*/ Latince.
Rateñ mòzi ラテン文字 /*a.*/ Latin harfleri.
Rateñziñ ラテン人 /*a.*/ Latin.
rauñdo ラウンド(İng. round) /*a.*/ ravnt.
razièetaa ラジエーター(İng. radiator) /*a.*/ radyatör. 〜の一区切り dilim.
ràzio ラジオ(İng. radio) /*a.*/ radyo. 〜をかける radyoyu aç-. 〜を消す

radyoyu kapa-. 〜で聞く radyodan dinle-. 〜の聴取者 radyo dinleyicisi.
razio aisotòopu ラジオアイソトープ(İng. radio-isotope) /*a.*/ radyoaktif izotoplar.
razio dòrama ラジオドラマ (İng. radio drama) /*a.*/ 母は〜の結末を熱心に聞いている. Annem radyodaki piyesin sonunu merakla dinliyor.
razioya ラジオ屋 /*a.*/ radyocu.
Razùziñ ラズ人 /*a.*/ Laz.
Razùzoku ラズ族 /*a.*/ Laz.
razyùumu ラジウム(Fr. radium) /*a.*/ radyum. 〜は1898年ピエール・キュリーとその妻が発見した. Radyumu, 1898 yılında Pierre Curie (Piyer Küri) ve eşi bulmuştu.
rèbaa レバー(İng. lever) /*a.*/ ギヤ〜 vites kolu.
Rèbanoñ レバノン /*a.*/ Lübnan.
Rèbanoñ sugi レバノンスギ, レバノン杉 /*a.*/ katran ağacı.
rèberu レベル(İng. level) /*a.*/ düzey, seviye. 生活〜 hayat düzeyi (seviyesi). 大衆的な〜にある halka in-.
rèbyuu レビュー(Fr. revue) /*a.*/ rövü, revü.
rècu 列 /*a.*/ sıra, dizi, alay, katar, saf, silsile, tabur, zincir. 車の〜 araba zinciri. 兵隊の〜 asker dizisi, koşun. 数珠つなぎの車の〜 otomobil katarı 一〜の木 bir sıra ağaç. 〜を作る sıraya geç-, koşun bağla-, kuyruk ol-. 〜をなして koşun koşun. 〜を乱さないでください. Sırayı bozmayın.
rèdii レディ(İng. lady) /*a.*/ bayan. 〜ファースト bayanlara öncelik.
rèedaa レーダー (İng. radar) /*a.*/ radar. 戦争で敵機が近付いていることを〜で突きとめる. Savaşta düşman uçaklarının yaklaşmakta olduğunu radarlarla saptarlar.
reedaa kìci レーダー基地 /*a.*/ radar mevzii.

reeru レール(İng. rail) /a./ ray. ～に乗せる rayına oturt-. 鉄道の二本の～は平行だ. Demir yolunun iki rayı koşuttur. 鉄道員は～をしばしば検査する. Demir yolu görevlileri rayları sık sık kontrol ederler.

rèesu レース(İng. lace) /a./ dantel, dantela, tentene. ～の縁取り oya. ～の縁取りのある oyalı. ～を編むボビン kopanaki. 黒地に白い～のイブニングドレス siyah fon üzerine beyaz dantelden bir gece elbisesi.

rèesu レース(İng. race) /a./ koşu, yarış. この馬は～によく持ちこたえる. Bu at koşuya iyi dayanır.

reesuami レース編み /a./ dantel, dantela, tentene. 絹の～ oya.

rèeyoñ レーヨン(Fr. rayonne) /a./ sunî ipek.

rèferii レフェリー(İng. referee) /a./ (スポーツ) hakem, yargıcı.

rei 礼 /a./ teşekkür. ～を言う teşekkür et-.

rèi 例 /a./ örnek, misal, âdet, töre. ～を引く örnek (misal) getir-. ～をあげる örnekle-. ～として örnegin.

rèi 霊 /a./ hayalet. ～がつく cin çarp-. ～が喜ぶ canına değ-. ～の存在を信じる cinlere inan-.

rèi 礼 /a./ selâm, saygı. ～を返す selâm al-. ～を失する saygıyı yitir-.

rèi 零 /a./ sıfır.

reibai 霊媒 /a./ medyum, Şaman.

reicyòomoku 霊長目 /a./ primat.

reicyòorui 霊長類 /a./ primat.

rèido 零度 /a./ sıfır derece. 水は～で凍る. Su sıfır derecede donar.

reieñ 霊園 /a./ mezarlık.

reigai 例外 /a./ kural dışı, istisna. ～の müstesna.

reigaiteki 例外的 /a./ ～な kural dışı, ayrık, istisnaî.

reigì 礼儀 /a./ nezaket, terbiye, saygı, edep. ～作法を心得ている yolunu yordamını bil-. ～をわきまえない saygısız. ～として立つ ayağa kalk-.

reigitadasìi 礼儀正しい /s./ edepli, nazik, saygılı. ～男性 centilmen. ゼイネップはとても～. Zeynep çok saygılı.

reigizyoo 礼儀上 /a./ ～しかたなくする yasak sav-.

reiguu 冷遇 /a./ ～される katır tepmişe dön-.

reihai 礼拝 /a./ namaz, namaz niyaz, ibadet, tapınma, rekât, secde. ～する namaz kıl- (kılın-). あとで～をする kaza et-. ～の広場 musalla. ～の前の清め aptes. ～の時の女のかぶり物 namaz bezi. ～の時の敷物 seccade.

reihaihoo 礼拝法 /a./ 祈り, 断食, 巡礼, 施しがイスラム教の～である. Namaz, oruç, hac ve zekât İslâm dininin ibadet türleridir.

reihoo 礼砲 /a./ merasim atışı.

rèika 零下 /a./ sıfırın altı. 今日は寒い, 寒暖計が～3度だ. Bu gün hava soğuk, termometre sıfırın altında üç derece.

reikoku 冷酷 /a./ ～な haşin, katı (pek) yürekli, taş yürekli.

rèikoñ 霊魂 /a./ can, ruh. ～の ruhî, ruhsal. ～の再生 ruh sıçraması (göçü).

reikyakùki 冷却器 /a./ soğutucu. 自動車の～ otomobil radyatörü.

reikyùusya 霊柩車 /a./ cenaze arabası.

reimei 黎明 /a./ fecir, tan vakti.

rèino 例の /s./ mutat, alışılmış.

reiñ kòoto レインコート(İng. raincoat) /a./ yağmurluk, muşamba.

reisei 冷静 /a./ soğuk kanlılık. ～な serin kanlı, soğuk kañlı, sakin, telâşsız, aklı başında. ～な人 itidal sahibi. ～さを失う itidalini kaybet-, abliyi kaçır- (bırak-). 勇気をもって～に目の内に baka baka. ～に

ことを運ぶ tavşanı araba ile avla-.
reiseñ 冷戦 /a./ soğuk harp (savaş). 一見戦争はないが〜が続いている。Görünürde savaş yok ama soğuk savaş sürdürülüyor.
reisyoo 冷笑 /a./ istihza.
reitàñ 冷淡 /a./ soğukluk, ilgisizlik, antipati. 〜な soğuk, sevimsiz, ilgisiz, miskin. 〜な人 soğuk neva (nevale).
reitoo 冷凍 /a./ dondurma. 〜の dondurulmuş, soğutulmuş. 〜の魚 dondurulmuş balık. 〜される dondurul-.
reitòoko 冷凍庫 /a./ soğuk hava deposu.
reitòo niku 冷凍肉 /a./ dondurulmuş et.
reitòosicu 冷凍室 /a./ buzluk.
reizi 例示 /a./ 〜する örnekle-.
rèizi 零時 /a./ 〜半ごろ saat yarım civarında.
reizoo 冷蔵 /a./ 〜の frigorifik.
reizòoko 冷蔵庫 /a./ buz dolabı, soğutucu, frigorifik vagon, frijider. 〜を台所へ移す buz dolabını mutfağa geçir-. 〜が正常に働いていない。Buz dolabı çalışmıyor.
reizyoo 礼状 /a./ teşekkür mektubu.
rekisi 歴史 /a./ tarih. 〜の tarihî, tarihsel. 〜の先生 tarihçi. 〜に残る tarihe geç-. ヘロドトスは〜の父である。Herodotos tarihin babasıdır. 〜の本と思って地理の本をかばんに入れた。Tarih kitabı diye coğrafya kitabını çantasına koymuş.
rekisi gàkka 歴史学科 /a./ 〜の近代史講座 tarih bölümünün Yakın cağ kürsüsü.
rekisika 歴史家 /a./ tarihçi.
rekisisyo 歴史書 /a./ tarih kitabı. 棚を〜専用にする rafı tarih kitaplarına hasret-.
rekisi syòosecu 歴史小説 /a./ tarihsel roman.
rekisiteki 歴史的 /a./ 〜な tarihî, tarihsel.
rekòodo レコード(İng. record) /a./ plak, disk; rekor. 〜の回転 plağın devri. 〜の収集 diskotek. プレーヤーに新しい〜をかけてくれないか。Pikaba yeni plak koyar mısın?
rekoodobañ レコード盤 /a./ plak, disk.
rekoodo purèeyaa レコードプレーヤー(İng. record player) /a./ pikap, gramofon.
rekoodòteñ レコード店 /a./ plakçı.
rekurièesyoñ レクリエーション (İng. recreation) /a./ kermes, başını dinlendirme, eğlence.
remonèedo レモネード(İng. lemonade) /a./ limonata.
rèmoñ レモン /a./ limon.
remoñ ièroo レモンイエロー (İng. lemon yellow) /a./ limon sarısı.
remoñ sìbori レモンしぼり /a./ limonluk.
remoñ sìroppu レモンシロップ(İng. Hol. lemon siroop) /a./ ağda.
remoñ sukàssyu レモンスカッシュ (İng. lemon squash) /a./ limonata.
rèñ 連 /a./ 詩の〜 bağlam.
reñai 恋愛 /a./ aşk, sevgi, korte. 〜にまじめでない人 (口語) gönlünün dümeni bozuk.
reñbai 廉売 /a./ ucuzluk.
reñbiñ れんびん /a./ acıma 〜の情 acıma duygusu.
reñcyuu 連中 /a./ kısım, (俗語) millet. 女〜 kadın kısmı, karı milleti. 子供〜 çocuk kısmı.
reñdai 輦台 /a./ tahtırevan.
rèñga れんが /a./ tuğla, briket. 〜を焼く tuğla pişir-. 〜で塀を組む tuğla ile duvar ör-. 〜製造所 tuğla harmanı.
reñgairo れんが色 /a./ taba. 〜の taba.

reñgakoo れんが工 /*a.*/ örücü.
reñgazùkuri れんが造り /*a.*/ 〜の tuğla yapılı, kâgir. 〜の家 kâgir ev.
reñgoo 連合 /*a.*/ ittifak, federasyon, koalisyon. 〜する ittifak et-. 〜した birleşik, bağlaşik.
reñgoo sèihu 連合政府 /*a.*/ koalisyon hükümeti.
rèñka 廉価 /*a.*/ ucuzluk.
reñkañ 連関 /*a.*/ münasebet.
reñkecùki 連結器 /*a.*/ makas.
reñkiñzyucu 錬金術 /*a.*/ alşimi, simya.
reñkoñ レンコン /*a.*/ nilüfer.
reñmei 連盟 /*a.*/ birlik, cemiyet, federasyon. 〜の federal.
reñmeisei 連盟制 /*a.*/ 〜の federatif.
reñpacu 連発 /*a.*/ 6〜の拳銃 toplu tabanca.
reñpoo 連邦 /*a.*/ birlik, federasyon, konfederasyon. 〜の federal.
reñpoo 連峰 /*a.*/ sıra dağ.
reñpoosei 連邦制 /*a.*/ 〜の federatif.
reñraku 連絡 /*a.*/ ulaşım, temas, bağlantı, ihbar, ilişki, irtibat, erişim. 〜の aktarmalı. 〜している列車 aktarmalı tren. 〜をつける bağlantı kur-, irtibat kur-. 〜を絶つ bağlantı kes-. 雪が降って村との〜が絶たれた. Kar yağınca köylerle ilişki kesildi.
reñrakùteñ 連絡点 /*a.*/ kavşak.
reñsai 連載 /*a.*/ 〜する tefrika et-. 〜記事 tefrika.
reñsoo 連想 /*a.*/ çağrışım, ortaşım.
reñsyuu 練習 /*a.*/ alıştırma, beden eğitimi, meşk, talim, antrenman, egzersiz. 〜する idam yap-. 字の〜 karalama. 射撃〜 atış talimi.
reñsyuucyoo 練習帳 /*a.*/ karalama defteri.
reñtai 連帯 /*a.*/ dayanışma, tesanüt. 〜する dayanış-.
reñtai 連隊 /*a.*/ alay.

reñtàicyoo 連隊長 /*a.*/ albay.
reñtaikei 連体形 /*a.*/ ortaç.
reñtàiki 連隊旗 /*a.*/ sancak, alay sancağı.
rèñtañ 練炭 /*a.*/ briket.
reñtecu 錬鉄 /*a.*/ dövme demir.
reñtogeñ レントゲン(Al. Röntgen) /*a.*/ röntgen (ışınları). 〜を撮る röntgen çek-. 〜技師 filmci. 〜検査 radyoskopi.
reñtogeñ sàcuei レントゲン撮影 /*a.*/ radyografi.
reñtogeñ syàsiñ レントゲン写真 /*a.*/ röntgen, radyografi, film. 〜を撮る röntgen çek-, film çek-, filmini al-.
reñyookei 連用形 /*a.*/ bağ fiil, ulaç.
rèñzañ 連山 /*a.*/ dağ silsilesi.
rèñzi レンジ(İng. range) /*a.*/ ocak, mutfak ocağı, fırın, elektrikli ızgara.
reñzoku 連続 /*a.*/ süreklilik, devamlılık, seri, silsile. 〜した会議 celse. 〜して üst üste. 私は苦労の〜だった. Çekmediğim kalmadı.
reñzokuteki 連続的 /*a.*/ 〜な kesiksiz, ardışık.
rèñzu レンズ(İng. lens) /*a.*/ objektif, mercek, adese, lens. 〜のフィルター güneşlik.
reñzùmame レンズマメ /*a.*/ mercimek.
repàatorii レパートリー(İng. repertory) /*a.*/ repertuar.
repòoto レポート(İng. report) /*a.*/ tebliğ, rapor.
rerìihu レリーフ(İng. relief) /*a.*/ kabartma.
resèpusyoñ レセプション(İng. reception) /*a.*/ karşılama töreni, gala, resepsiyon.
resìibaa レシーバー(İng. receiver) /*a.*/ almaç, kulaklık.
resseki 列席 /*a.*/ huzur.

ressekisya 列席者 /a./ 会議の単なる ～ gözleyici.
ressuñ レッスン(İng. lesson) /a./ meşk. ～を受ける meşk al-.
ressya 列車 /a./ tren, katar, şimendifer, (俗語) kara vapuru. ～の客 tren halkı. ～運行表 hareket cetveli. 郊外と都市を結ぶ～ banliyö treni. ～が牛を二頭ひいた. Tren iki ineği ezdi.
resùbiañ レスビアン(İng. Lesbian) /a./ sevici.
resuraa レスラー(İng. wrestler) /a./ güreşçi, pehlivan. ～達はますます勢いづいた. Güreşçiler kızıştı.
resuriñgu レスリング(İng. wrestling) /a./ güreş. ～をする güreş tut-, güreş-. ～の選手 güreşçi. ～のブリッジ güreşçi köprüsü. ～の皮のパンツ kispet. ～で彼にかなう者はない. Güreşte ona çıkacak kimse yok.
resuriñguzyoo レスリング場 /a./ er meydanı.
resutorañ レストラン(Fr. réstaurant) /a./ lokanta, aş evi, restoran. ～の店主 lakantacı. デラックスな～ lüks lokanta.
retasu レタス /a./ marul, kıvırcık (yeşil) salata. ～はビタミンCがとても豊富な植物だ. Marul C vitamini açısından çok zengin bir bitkidir.
retteru レッテル(Hol. letter) /a./ label, etiket. 悪い～を張る alnına yapıştır-.
rettoo 劣等 /a./ aşağılık. ～な aşağı, aşağılık, alçak.
rettòokañ 劣等感 /a./ aşağılık duygusu.
rezi レジ(İng. register) /a./ kasa, vezne, veznedarlık.
rezigàkari レジ係 /a./ kasadar, vezneci, veznedar.
ri 理 /a./ ～にかなった akıla yakın. ～にかなっていない akıl işi değil.
riarizumu リアリズム(İng. realism) /a./ gerçekçilik.
ribecu 離別 /a./ ayrılış, ayrılık.
ribèeto リベート(İng. rebate) /a./ ıskonto.
Riberia リベリア /a./ Liberya.
ribètto リベット (İng. rivet) /a./ perçin. ～で留める perçinle-.
Ribia リビア /a./ Libya.
riboñ リボン(İng. ribbon) /a./ şerit, kurdele, bant, zıh. 絹の～ ipek şerit. 蝶結びの～ fiyonk. タイプライターの～ daktilo şeridi.
riboñdama リボン玉 /a./ ponpon.
rici 理知 /a./ anlık, akıl, zekâ.
riciteki 理知的 /a./ ～な akıl başında, akıllı, akıllıca.
ricu 率 /a./ oran, nispet, yüzde, yüzdelik.
ricuañ 立案 /a./ ～する planla-.
ricudoo 律動 /a./ ritim.
rieki 利益 /a./ fayda, kâr, kazanç, çıkar, hayır, istifade, menfaat, ticaret, yarar ～を得る yararlan-, kazan-. ちょっと～を得る çarezlen-. ～を得るために人につきまとう etrafında dört dön-. ～を受ける istifade et-, sebeplen-. ～が上がる baş bul-. ～のある kârlı, kazançlı. ～のあるもの Tunus gedik. ～の多い仕事 yağlı bir iş. ～になるもの avantaj 自分の～になるもの bal alacak çiçek. 自分の～だけ考える人 çıkarcı. 苦労して手に入れた～ baldıran şerbeti. 小さい～さえ金持ちのところへ行ってしまう. Aza sormuşlar nereye, çoğun yanına demiş.
rieñ 離縁 /a./ ret, boşama. ～する bırak-. ～される boş düş-. 妻を～する boşa-, ayağının bağını çöz-. 妻との～にかけて şart olsun. 妻との～にかけて誓った şartlı. 昔, 男は一言で妻を～できた. Eskiden erkekler bir tek sözle karılarını bırakabilirlerdi.
rieñzyoo 離縁状 /a./ boş kâğıdı.
rigai 利害 /a./ ilgi, alaka, yarar ile zarar.

rigakùbu 理学部 /a./ fen fakültesi.
rihāasaru リハーサル(İng. rehearsal) /a./ prova.
rihabiri リハビリ(İng. rehabilitation) /a./ rehabilitasyon.
rihabiritēesyoñ リハビリテーション (İng. rehabilitation) /a./ rehabilitasyon.
rihacu 利発 /a./ akıllılık. 〜な akıllı.
rihacùsi 理髪師 /a./ berber.
rihacùteñ 理髪店 /a./ berber salonu.
rìhuda 利札 /a./ kupon.
rihurēiñ リフレイン(İng. refrain) /a./ nakarat.
riidaa リーダー(İng. leader) /a./ önder, şef, lider. 〜になる başta bulun-. 何事にも〜が必要. Bin işçi bir başçı.
riidaasìppu リーダーシップ(İng. leadership) /a./ önderlik, liderlik.
rìido リード(İng. lead) /a./ önderlik. 〜する önderlik et-. フィルムの〜 kılavuz.
rìido リード(İng. reed) /a./ (楽器) dil.
rìigu リーグ(İng. league) /a./ lig, küme.
rìiñ 吏員 /a./ memur.
riiru リール(İng. reel) /a./ bobin, makara.
rìka 理科 /a./ fen, doğa bilgisi.
rìkai 理解 /a./ anlama, anlayış, idrak, intikal, kavrayış, varış. 〜する anla-, bilincine var-, intikal et-, kavra-, takdir et- (eyle-). 〜される anlaşıl-, fark olun-. 〜し合う anlaş-, bir kazanda kayna-. 〜しようとする zihnini kurcala-. 〜を示す anlayış göster-, söz anla-. 〜できる aklı er-, akılla sığar. 〜できない havsalası alma-, kafası alma-, kafasına girme-. 〜が及ばない akıl erdireme-. 〜の早い varışlı. 〜しにくい çetrefil. 〜を妨げるもの esrar perdesi. おっしゃられたことは大部分〜しました. Söylediklerinizin birçoğunu zapt ettim. 顔をつき合わせて話し合えばよりよく〜し合える. Hayvanlar koklaşa koklaşa, insanlar konuşa konuşa.
rikāiryoku 理解力 /a./ anlayış, anlık, irfan, havsala, kafa, zihin. 〜のある anlayışlı.
rìki 力 /a./ güç, kuvvet.
rikìgaku 力学 /a./ dinamik, devim bilim.
rikìmu 力む /ey./ ıkın-.
rikiryoo 力量 /a./ iş, el.
rikkeñ sēizi 立憲政治 /a./ meşrutiyet.
rikkòoho 立候補 /a./ adaylık. 〜する aday ol-.
rikkyakùci 立脚地 /a./ dayanak.
rikkyoo 陸橋 /a./ üst geçit.
rikoñ 離婚 /a./ boşanma. 〜する boşan-, ayrıl-, ev yık-, ayak bağını çöz-. 〜させる boşa-. 彼は妻と〜した. O, karısından boşandı.
rikoo 利口 /a./ akıllılık, göz açıklığı. 〜な akıllı, zeki, anlayışlı, cingöz, paşa, şeytan, ateş gibi. 〜な人として通る akıllı geçin-. 〜になる gözü açıl-. 〜ですばしこい cin gibi. 〜さ havsala.
rikoo 履行 /a./ ifa, riayet.
rikoomono 利口者 /a./ この子は〜に見える. Bu çocuk akıllı bir şeye benziyor.
riko syùgi 利己主義 /a./ bencillik, hodbinlik.
riko syugìsya 利己主義者 /a./ nalıncı, keseri.
rikoteki 利己的 /a./ 〜な hodbin, çıkarcı, menfaatperest.
riku 陸 /a./ kara, kıta, toprak.
rikuci 陸地 /a./ kara, toprak.
rikucu 理屈 /a./ akıl, fikir, mantık. これは〜に合わない. Bunda mantık yoktur.
rikùguñ 陸軍 /a./ kara kuvvetleri.

～の軍人 karacı.
rikuguñ cyûuzyoo 陸軍中将 /a./ korgeneral.
rikuguñsyoo 陸軍省 /a./ Millî Savunma Bakanlığı. オスマン朝の～ harbiye nezareti.
rikuguñ syôosyoo 陸軍少将 /a./ tümgeneral.
rikuguñ tâisyoo 陸軍大将 /a./ orgeneral.
rikuhuu 陸風 /a./ kara yeli.
rikuro 陸路 /a./ kara yolu.
rikuzyoo kyôogi 陸上競技 /a./ atletizm. ～の atletik. 追いつ追われつの厳しい～ çekişmeli atletizm yarışmaları.
rikuzyoo sêñsyu 陸上選手 /a./ ～のような atletik.
rikyûuru リキュール (Fr. liqueur) /a./ likör.
rimeñ 裏面 /a./ ters yüzü. 物事の～ madalyanın ters tarafı.
rimooto koñtorôoru リモートコントロール (İng. remote control) /a./ uzaktan komuta.
rimu リム (İng. rim) /a./ jant, kasnak.
rinoryûumu リノリウム (İng. linoleum) /a./ muşamba.
rinyôozai 利尿剤 /a./ sidik söktürücü.
rinyuu 離乳 /a./ ～させる memeden kes-.
rinyûusyoku 離乳食 /a./ mama. 母は妹に～を食べさせている。 Annem küçük kardeşime mama yediriyor.
riñ 燐 /a./ fosfor.
riñbyoo 淋病 /a./ bel soğukluğu.
riñci リンチ (İng. lynch) /a./ linç.
riñdoo リンドウ /a./ kantaron.
riñgaku 林学 /a./ ormancılık.
riñgecu 臨月 /a./ ～の ağır ayak.
riñgo リンゴ /a./ elma. ～の種 elma çekirdeği. ～を全部食べた。 Bütün bir elmayı yedi. ～は腐っていた。 Elma çürük çıktı.
riñgoku 隣国 /a./ komşu ülke.
riñgôsyu リンゴ酒 /a./ elma şarabı.
riñgu リング (İng. ring) /a./ ボクシングの～ ring.
riñgyoo 林業 /a./ ormancılık.
riñka 隣家 /a./ komşu.
riñkaku 輪郭 /a./ taslak, eskis.
riñkoo 燐光 /a./ yakamoz.
riñne 輪廻 /a./ ruh sıçraması (göçü).
riñneru リンネル (Fr linière) /a./ keten bezi. ～の keten. ～のハンカチ keten mendil.
riñpa リンパ (Lat. lympha) /a./ lenf.
riñpâeki リンパ液 /a./ lenf.
riñpakañ リンパ管 /a./ lenf damarları. 胸の～ göğüs kanalı.
riñpâsecu リンパ節 /a./ lenf boğumları.
riñpaseñ リンパ腺 /a./ lenf bezleri.
riñpoo 隣邦 /a./ komşu ülke.
riñri 倫理 /a./ töre. ～の törel.
riñrigaku 倫理学 /a./ töre bilim, etik, ahlâk.
riñsecu 隣接 /a./ yanaşıklık. ～している bitişik, komşu, yanaşık.
riñseñ 臨戦 /a./ ～の seferber.
riñtêñki 輪転機 /a./ teksir makinesi.
riñzi 臨時 /a./ ～の geçici, sürekli olmayan, arızî, muvakkat, ～の農業労働者 yanaşma. ～に açıktan, muvakkaten.
riñziñ 隣人 /a./ komşu. 金を～に預ける parayı komşuya bırak-. 新しく来た～とはつきあっていない。 Yeni gelen komşularla görüşmüyoruz.
riñziñ kâñkei 隣人関係 /a./ komşuluk.
riñziteki 臨時的 /a./ ～に geçici olarak.
riñzîzei 臨時税 /a./ salgın.
rippa 立派 /a./ ～な güzel, iyi, parlak, gösterişli, şahane, alımlı

çalımlı, şanlı şöhretli, yavuz, zengin. 〜な人 insan, insan evladı. 〜なものにする adam et-. 〜なものになる adam ol-. 〜な服装をした giyimi kuşamı yerinde. 外見は〜だが役に立たない人 gemi aslanı. 〜な目をしている。Şahane gözleri var. 私は彼を〜な人だと思っていた。Ben onu insan sanmıştım. 庭師が木を〜にした。Bahçıvan ağaçları adam etti. よほど〜なものになるのだろうね。Kuş mu konduracak?

rippoo 立方 /a./ küp, mikâp.
rippoo 立法 /a./ kanun yapma, yasama. 〜の yasamalı. 〜機関 yasama kurulu (organı).
rippôokeñ 立法権 /a./ yasama gücü (hakkı, yetkisi, kuvveti).
rippôokoñ 立方根 /a./ küp kökü.
rippoo mêetoru 立方メートル /a./ metre küp. 20〜の水, 20m³ の水 20 metre küp su.
rippootai 立方体 /a./ küp. 〜の kesme, kübik. 〜には12の稜角がある。Bir küpün on iki ayrıtı vardır.
rippuku 立腹 /a./ öfke, kırgınlık, dargınlık, hırs, hışım. 〜する öfkelen-, hışma gel-. 〜した öfkeli, hırslı.
rira リラ(İt. lira) /a./ lira. トルコ〜 Türk Lirası (TL). イタリアの〜 liret. 千〜 binlik. 一人5〜ずつ adam başına beş lira. ...〜の値段の liralık. 1メートル100〜の布 metresi yüz liralık kumaş. この家の値段は10万〜だ。Bu evin değeri yüz bin liradır. この本を100〜で買った。Bu kitabı yüz liraya aldım. この仕事は500〜相当だ。Bu iş beş yüz liraya bakar. これに何〜欲しいと言っているのか。Bunun için kaç lira istiyor?
riree リレー(İng. relay) /a./ bayrak koşunu. 〜で naklen.
rireki 履歴 /a./ meslek hayatı.
rirekisyo 履歴書 /a./ hayat hikâyesi, hal tercümesi, tercümeihal, künye, öz geçmiş, yaşam öyküsü.
riricu 利率 /a./ faiz yüzdesi.
ririku 離陸 /a./ 飛行機が〜する uçak kalkışa geç-.
riroñ 理論 /a./ teori, kuram, nazariye.
riroñteki 理論的 /a./ 〜な teorik, kuramsal, nazarî.
riroñzyoo 理論上 /a./ 〜の teorik, kuramsal, nazarî.
risâitaru リサイタル (İng. recital) /a./ resital.
risei 理性 /a./ us, akıl. 〜を失った çılgın.
riseiteki 理性的 /a./ 〜な aklı başında.
risi 利子 /a./ faiz, ürem. 〜の計算 faiz hesabı. 〜が付く yürü-. 〜をかせぐ faizle işlet-. 〜を取る faizli. 〜を取って金を貸す faize ver-. 〜のない faizsiz. この金の〜は5%ですか。Bu paranın faiz yüzde beşten mi yürüyor?
risicuki 利子付き /a./ 〜の faizli.
risoku 利息 /a./ faiz, ürem. 〜が付く yürü-. 〜を生む faizi işle-. 〜を取って金を貸す faize ver-.
risoo 理想 /a./ ülkü, ideal, mefkûre.
risôoroñ 理想論 /a./ idealizm.
risoo syûgi 理想主義 /a./ ülkücülük. 〜の ülkücü.
risoo syugìsya 理想主義者 /a./ ülkücü, idealist.
risooteki 理想的 /a./ 〜な ideal.
rissui 立錐 /a./ §〜の余地もない。İğne atsan yere düşmez.
rissyoku 立食 /a./ 〜パーティー soğuk büfe.
rissyoo 立証 /a./ ispat, teyit. 〜する ispatla-.
rissyoozumi 立証済み /a./ 〜の müspet.
risu リス /a./ sincap.
Risuboñ リスボン /a./ Lizbon.

risuku リスク(İng. risk) /a./ risk, riziko.
risūru 利する /ey./ 敵を〜 ekmeğine yağ sür-.
risuto リスト(İng. list) /a./ liste, gösterge, cetvel.
ritaañmācci リターンマッチ (İng. return match) /a./ rövanş. 〜で勝つ rövanş al-.
Ritoania リトアニア /a./ Litvanya.
rittai 立体 /a./ 〜の üç boyutlu. 〜地図 kabartma harita. 〜映画 üç boyutlu film. 〜幾何学 uzay geometri.
rittāikañ 立体感 /a./ oylum.
rittai kōosa 立体交差 /a./ 四つ葉のクローバーの形をした〜 yonca yaprağı.
rittāioñ 立体音 /a./ 〜の stereo.
rittoru リットル(Fr. litre) /a./ litre (lt.). 10〜 dekalitre (dal). 100〜 hektolitre. 1/10〜 desilitre (dl). 1/100〜 santilitre. …〜の litrelik. 2〜のオリーブ油 iki litre zeytin yağı. …〜入りの litrelik. 2〜入りのびん iki litrelik şişe.
riyoo 利用 /a./ istifade, istismar, tatbik, tatbikat. 〜する faydalan-, yararlan-, âlet et-, istismar et-, sebeplen-. チャンスを〜する fırsat istifade et-. すぐ〜する fırsat bil-. 十分に〜する tadını çıkar-. 最後まで〜しつくす posasını çıkar-. 昇進のために〜する basamak yap-, atlama taşı yap-. 〜して hesabına. 〜される yararlanıl-, alet ol-. 〜されないままになっている yüzü yazılı kal-. 〜させる koklat-. 〜させられる yararlandırıl-. 〜できる istifade et-. 〜できる状態 kolaylık. ぼやぼやしていると〜される. Aç gözünü, açarlar gözünü!
riyōosi 理容師 /a./ kuaför, kuvaför.
riyuu 理由 /a./ sebep, neden, münasebet, vesile, yüz, (古語) uç. 本当の〜 gerçek neden. 正当な〜

mazeret. 正当な〜のある mazur. 許される〜 özür. …という〜で münasebetiyle, ötürü. 〜もなしに durup dururken, hiç yokten, yok yere. 〜のはっきりしない sebepsiz. 〜がないこととはない boş olma-. 何の〜もなしに行こうとした. Durup dururken gitmeye kalktı. 〜もないのに叱られた. Yok yere darıldı.
rizi 理事 /a./ müdür.
rizikai 理事会 /a./ idare kurulu. 国連安保〜 Birleşmiş Milletler Güvenlik Kurulu.
rizumu リズム (İng. rhythm) /a./ ritim, ölçü. 三拍子の〜 üç zamanlı ölçü.
rizyuñ 利潤 /a./ kazanç, kâr.
ro 炉 /a./ ocak.
ro ろ, 櫓 /a./ kürek. 〜をこぐ kürek çek-.
rōba ロバ /a./ eşek, merkep. 〜の子 sıpa, (卑語) eşek sıpası. 〜が鳴く anır-. 〜で荷を運ぶ人 eşekçi. 〜の歩みをとめる声 çüş. ラバは馬と〜をかけ合わせた動物だ. Katır, atla eşekten azmış bir hayvandır.
robata 炉端 /a./ ocak başı.
robōtto ロボット(İng. robot) /a./ robot.
roei 露営 /a./ ordugâh.
roheñ 炉辺 /a./ ocak başı.
rōka ろ過 /a./ 〜する süz-, sızdır-. 水を〜する suyu süz-. 〜される süzül-.
rokāki ろ過器 /a./ filtre, süzek, süzgeç. 〜でこす süzekten geçir-.
rokata 路肩 /a./ şarampol.
rokeñ 露見, 露顕 /a./ 〜する açığa çık- (vur-).
rokètto ロケット(İng. rocket) /a./ roket, füze, mermi. 弾道〜 balistik roket. 誘導〜 güdümlü mermi (füze).
rokètto ロケット(İng. locket) /a./ madalyon.
rōkkaa ロッカー(İng. locker) /a./

rokkai

dolap, ambar.
rokkai 六階 /a./ beşinci kat. ～に上げた. Beşinci kata çıkardı.
rokkakùgoma 六角ごま /a./ fırdöndü.
rokkàkukei 六角形 /a./ altıgen. ～のもの petek. ハチの巣の～の穴 gümeç.
rokkocu 肋骨 /a./ kaburga kemiği, eğe, göğüs kafesi, (俗語) iman tahtası. ～の軟骨 geğrek. ～と骨盤の間 böğür, boş böğür.
rokkuàuto ロックアウト(İng. lockout) /a./ lokavt. ～を宣言する lokavt ilan et-.
roku ろく /a./ ～なものではない ne kokar ne bulaşır. ～でもない yararsız, fasa fiso, kıçı kırık. ～でもないもの süprüntü. ～でもない状態 bok. いやいやする仕事に～な結果は生まれない. İsteksiz yapılan şeyler başarısızlıkla sonuçlanır.
rokù 六 /a./ altı. ～の altı.
rokubañme 六番目 /a./ ～の altıncı.
rokudenasi ろくでなし /a./ boş gezenin boş kalfası, hapishane kaçkını, kopuk, dürzü, moloz, (口語) malın gözü. この～に財産をまかせられようか. Bu kopuğa mal emniyet edilir mi ?
rokugacù 六月 /a./ haziran.
rokumaku 肋膜 /a./ ak ciğer zarı, göğüs zarı, gömlek.
rokumakùeñ 肋膜炎 /a./ zatülcenp, saltıcan.
rokuni ろくに /be./ ～かまずに飲み込む tıkıştır-.
rokùniñ 六人 /a./ altı kişi. 家で～を養っている. Evinde altı can besliyor.
rokuoñ 録音 /a./ kaydetme, banda alma. ～する banda al-, tele al-, teybe al-.
rokusyòo 緑青 /a./ bakırın üstünde biriken yeşil pas. ～の毒にあたる bakır çal- (çalığı ol-).
rokuzai 肋材 /a./ ıskarmoz, kaburga.
rokuzyùu 六十 /a./ altmış. ～の altmış.
§～の手習い kırkından sonra saz çal-.
romañcìkku ロマンチック (İng. romantic) /a./ ～な romantik.
romañcisìzumu ロマンチシズム(İng. romanticism) /a./ romantiklik.
romañ syùgi ロマン主義 /a./ romantiklik.
ròñ 論 /a./ nazariye.
roñbuñ 論文 /a./ makale, tez, risale, yazı. ～を書く tez yap-. クリミア戦争に関する～ Kırım Savaşı üstüne bir tez.
Ròñdoñ ロンドン /a./ Londra.
roñgi 論議 /a./ münazara. ～する görüş-.
roñgicyuu 論議中 /a./ ～の mevzubahis.
roñgùrañ ロングラン(İng. long run) /a./ 芝居が～を続ける afişte kal-.
roñkoku 論告 /a./ iddianame.
ròñkyo 論拠 /a./ kanıt, veri.
ròñpa 論破 /a./ ～する çürüt-.
roñpyoo 論評 /a./ eleştiri, eleştirme, tenkit.
ròñri 論理 /a./ mantık.
roñrìgaku 論理学 /a./ eseme, mantık.
roñri gàkusya 論理学者 /a./ mantıkçı.
roñriteki 論理的 /a./ ～な mantıkî, mantıklı. ～な人 mantıkçı.
roñsecu 論説 /a./ makale, fıkra.
roñseñ 論戦 /a./ polemik.
roñsoo 論争 /a./ tartışma, münakaşa, polemik. ～する tartış-, polemiğe gir (giriş-). ～の種になる tartışıl-.
roñsyoo 論証 /a./ delil.
ròñteñ 論点 /a./ ～をやわらげる tör-

püle-.
roñzìru 論じる /ey./ münakaşa et-, bir fikir ileri sür-.
ròo 労 /a./ ～多く益少ないもの keçi boynuzu gibi.
ròo ろう /a./ mum, bal mumu. ～を塗る mumla-. ～を引く mumla-. ～にひたす mumla-. ～にひたした mumlu. 赤い～で封印する mum yapıştır-.
ròo 牢 /a./ hapishane. ～に入れる hapset-, hapse at-, deliğe tık-. ～に入る deliğe gir-.
ròo ろう, 聾 /a./ sağırlık. ～の sağır.
ròo ろう, 瘻 /a./ fistül.
ròoba 老婆 /a./ ihtiyar kadın, yaşlı kadın, kocakarı, cadı.
roobai 狼狽 /a./ bozuntu, telâş. ～する telâşlan-. ～させる panik yarat-. ～を隠さない telâş göster-.
roobiki ろう引き /a./ ～の mumlu. ～の紙 mumlu kâğıt.
rooboku 老木 /a./ kart ağaç. ～はためられない. Kart ağaç doğrulmaz.
ròociñ 労賃 /a./ işçilik. ～が上がった. İşçiler zam gördü.
roodeñ 漏電 /a./ kaçak, elektrik kaçağı.
roodoo 労働 /a./ çalışma, emek, işçilik, iş, mesai, alın teri. つらい～をする ırgat gibi çalış-.
roodòobi 労働日 /a./ çalışma günü, iş günü.
roodoo dàiziñ 労働大臣 /a./ Çalışma Bakanı.
roodoohoo 労働法 /a./ çalışma mevzuatı.
roodòokeñ 労働権 /a./ çalışma hakkı.
roodoo kùmiai 労働組合 /a./ sendika. ～の組織者 sendikacı.
roodòoryoku 労働力 /a./ iş gücü.
roodòosya 労働者 /a./ işçi, emekçi, amele, proleter. 全世界の～団結せよ. Bütün dünya proleterleri birleşiniz!

roodoosya kàikyuu 労働者階級 /a./ işçi sınıfı, amele sınıfı, proletarya. ～の前衛部隊 işçi sınıfının öncü müfrezesi.
roodoosyàsoo 労働者層 /a./ işçi katmanı.
roodòosyoo 労働省 /a./ Çalışma Bakanlığı.
roodoo ùñdoo 労働運動 /a./ amele hareketi.
roodoo zìkañ 労働時間 /a./ iş günü, mesai saatleri.
roodo rèesu ロードレース (İng. road race) /a./ yol yarışı.
roogoku 牢獄 /a./ zindan, hapishane. ～につながれる hapis yat- (olun-).
roohi 浪費 /a./ çarçur, heba, israf, telaf. ～する heba et-, israf et-, havaya ver-, saçılıp dökül-, açılıp saçıl-, saçıp savur-, gereksiz yere harca-, altından girip üstünden çık-. ひどく～する israfa kaç-. 金を～する kapıyı büyük aç-. 人生を～する ömür çürüt-.
roohìguse 浪費癖 /a./ ～の çul tutmaz, müsrif.
rooka 老化 /a./ ihtiyarlık, kartlık.
rooka 廊下 /a./ dehliz, koridor, aralık.
rookaku 楼閣 /a./ yüksek bina §空中に～を描く yedi kubbeli hamam kur-.
rookyuu 老朽 /a./ kartlık.
rookyuu 籠球 /a./ basketbol.
Ròoma ローマ /a./ Roma.
Rooma hoòdo ローマ法王 /a./ papa.
Rooma sùuzi ローマ数字 /a./ Romen rakamları.
Roomàzi ローマ字 /a./ Latin harfleri, Roma alfabesi.
Roomàziñ ローマ人 /a./ 古代～ Romen.
roomùsya 労務者 /a./ işçi, emekçi,

rençper.
rooneñ 老年 /*a.*/ ihtiyarlık, yaşlılık, kocalık.
ròoñ ローン(İng. loan) /*a.*/ kredi. 〜で手に入れる borca al-.
ròopu ロープ(İng. rope) /*a.*/ halat, urgan. 一方を固定した船の〜 kamçı.
roopuwèe ロープウェー (İng. ropeway) /*a.*/ teleferik.
ròoraa ローラー(İng. roller) /*a.*/ merdane, silindir. 〜で平らにする silindirle düzelt-.
rooraa sukèeto ローラースケート (İng. roller skate) /*a.*/ paten, tekerlekli ayak kızağı. 〜の靴 paten.
roorei 老齢 /*a.*/ yaşlılık, ihtiyarlık. 〜の yaşlı, yaşlı başlı.
rooreñ 老練 /*a.*/ el yatkınlığı. 〜な görgülü, mahir. 〜な人 emektar, eski kurt, kurt. 〜な水夫 deniz kurdu.
rooreñka 老練家 /*a.*/ kaçın kurası.
rooriñgu ローリング (İng. rolling) /*a.*/ yalpa.
rooroo 朗々 /*a.*/ 〜と gürül gürül. 〜とコーランを読んでいる. Gürül gürül Kuran okuyor.
rooru kyàbecu ロールキャベツ (İng. rolled cabbage) /*a.*/ lahana dolması.
ròoryoku 労力 /*a.*/ çaba, emek, gayret, güç.
roosaku 労作 /*a.*/ eser, yapıt. 不滅の〜 ölümsüz bir eser.
roosòku ろうそく /*a.*/ mum. 〜の芯 fitil. 〜の皿 kandil ağırşağı 〜の付いた mumlu. 〜をともす mumu yak-. 電気が消えたので〜をつけた. Elektrikler sönünce mumları yaktık.
roosokùtate ろうそく立て /*a.*/ şamdan.
roosui 老衰 /*a.*/ kartlık.
roosui 漏水 /*a.*/ kaçak.
roosùru 労する /*ey.*/ 労せずして açıktan, havadan. 労せずして手に入れる ayağına gel-. 労せずして手に入れたもの anafor. 労せずして手に入る pişmiş armut gibi eline düş-. 労せずして富を得る köşeyi dön-. 労せずして事は成らない. Lokma çiğnenmeden yutulmaz.
roosuto bìihu ローストビーフ (İng. roast beef) /*a.*/ rozbif.
ròosyoñ ローション(İng. lotion) /*a.*/ losyon.
ròoto 漏斗 /*a.*/ huni, ağızlık.
rootozyoo 漏斗状 /*a.*/ 〜の紙容器 külah.
rooyà 牢屋 /*a.*/ hapishane, zindan, (俗語) dam, (隠語) kafes. 〜に入れる hapise at-, hapset-, içeri at- (tık-).
rooyaruzèrii ローヤルゼリー (İng. royal jelly) /*a.*/ arı sütü.
Roozàñnu ローザンヌ /*a.*/ Lozan.
rooziñ 老人 /*a.*/ ihtiyar, yaşlı, kart adam, koca adam. 元気な〜 dinç bir ihtiyar. 〜になる ihtiyarla-, yaşlan-.
ròozyo 老女 /*a.*/ kadın nine, yaşlı kadın.
roseñ 路線 /*a.*/ hat, güzergâh; çizgi. 列車の〜 tren hattı.
Ròsia ロシア /*a.*/ Rusya. 〜の Rus.
Rosiago ロシア語 /*a.*/ Rusça, Rus dili.
Rosia kòotei ロシア皇帝 /*a.*/ çar. 〜の妻 çariçe.
Rosia tèikoku ロシア帝国 /*a.*/ Rus Çarlık.
Rosiàziñ ロシア人 /*a.*/ Rus.
rosyucu 露出 /*a.*/ poz.
rosyucukei 露出計 /*a.*/ fotometre.
roteñ 露店 /*a.*/ salaş, sergi, yayma.
roteñsyoo 露天商, 露店商 /*a.*/ yaymacı.
ròzi 路地 /*a.*/ sokak, dar sokak.
rùaa ルアー(İng. lure) /*a.*/ zoka.
rùbii ルビー(İng. ruby) /*a.*/ yakut, lâl. 〜の yakut. 〜の指輪 yakut

yüzük. ～で飾ったイヤリング yakutla süslü bir küpe.
rùcubo るつぼ /a./ pota, tava. 鉛を溶かす～ kurşun tavası.
rùi 類 /a./ tür, türlü, cins, çeşit. ～のない emsalsiz. ～のない美しさ emsali bulunmaz bir güzellik. 多くの単語の～が類推によって作られた. Birçok sözcük türleri kıyasla yapılmıştır.
ruibecu 類別 /a./ çeşit.
ruigi 類義 /a./ eş anlam. ～の eş anlamlı.
ruigigo 類義語 /a./ anlamdaş, eş anlamlı. yaşとıslak, karaとsiyahは～である. Yaş - ıslak, kara - siyah eş anlamlı sözcüklerdir.
ruikei 類型 /a./ tip
ruirei 類例 /a./ emsal.
ruiseki 累積 /a./ birikim.
ruiseñ 涙腺 /a./ göz yaşı bezi.
ruisui 類推 /a./ kıyas, andırış, analoji. 多くの単語の類が～で作られた. Birçok sözcük türleri kıyasla yapılmıştır.
ruisùru 類する /ey./ benze-.
ruizi 類似 /a./ benzerlik, andırış, analoji. ～する benze-. ～のもの emsal, misil.
Rukuseñbùruku ルクセンブルク /a./ Lüksemburg.
rùkusu ルクス(Fr. lux) /a./ lüks.
Rumeria ルメリア /a./ Rumeli.
runèssañsu ルネッサンス(Fr. Renaissance) /a./ Rönesans, uyanış.
runiñ 流人 /a./ sürgün.
ruporutàazyu ルポルタージュ (Fr. reportage) /a./ röportaj.
rùsu 留守 /a./ gaybubet, yok, bulunmama. ～の tekin. 二月続いた私の～の間に iki ay süren gaybubetim sırasında. お～にいいうわさが出ました. Gıyabınızda sizin için güzel sözler söylendi.
rùuburu ルーブル(Rus. rublj) /a./ ruble.

Ruumania ルーマニア /a./ Romanya. ～の Rumen.
Ruumaniago ルーマニア語 /a./ Rumence.
Ruumaniàziñ ルーマニア人 /a./ Rumen.
rùupe ルーペ(Al. Lupe) /a./ büyüteç.
rùuretto ルーレット (Fr. roulette) /a./ rulet.
rùuto ルート(İng. root) /a./ (数学) kök.
ruzai 流罪 /a./ sürgün cezası. ～になる sürgün git-. ～にする sürgüne gönder-, sür-.
ruzàici 流罪地 /a./ sürgün.
ruzainiñ 流罪人 /a./ sürgün.
ryakù 略 /a./ kısaltma, terk, atlama.
ryakudacu 略奪 /a./ çapul, yağma, yağmacılık, gasıp, soygun, talan. ～する yağma et-, yağmala-. ～する人 çapulcu, yağmacı. ～の敵兵 çapulcu düşman askerleri. 泥棒が家を～した. Hırsızları evi yağmalamışlar.
ryakudacùguñ 略奪軍 /a./ yağmacı.
ryakudacu kòoi 略奪行為 /a./ çapulculuk, korsanlık.
ryakudacùsya 略奪者 /a./ çapulcu, soyguncu.
ryakugo 略語 /a./ simge.
ryakugoo 略号 /a./ kısaltma.
ryakùsu 略す /ey./ kısalt-, atla-.
ryakuzu 略図 /a./ kabataslak bir harita, kroki, şema. ～をかく kroki çiz-.
ryòdañ 旅団 /a./ tugay.
ryohi 旅費 /a./ yol harcı, yol parası, harcırah, yolluk.
ryokaku 旅客 /a./ yolcu, gezmen. ～はターミナルから空港へバスで行った. Yolcular, terminalden hava alanına otobüsle gittiler.
ryokañ 旅館 /a./ han, konuk evi.

ryokeñ

ryokeñ 旅券 /a./ pasaport, yol tezkeresi.
ryokoo 旅行 /a./ yolculuk, seyahat, gezi. 〜する gez-, yolculuk et-, seyahat et-. 〜のしたくをする yolculuğa hazırlan-. バス〜 otobüsle yolculuğu. 〜が延期になった. Gezi ertelendi. この夏ヨーロッパ中を〜して回った. Bu yaz bütün Avrupa'yı gezmiş. この〜で行けたところの中にパリもあった. Bu yolculukta gidilen yerler arasında Paris de vardı. 先生は〜の効用について私達によく説明してくれた. Öğretmenimiz turizmin yararları konusunda bizi aydınlattı.
ryokòoki 旅行記 /a./ seyahatname.
ryokòosya 旅行者 /a./ yolcu, turist, gezgin, gezmen.
ryokoosyayoo 旅行者用 /a./ 〜小切手 seyahat çeki.
ryokuci 緑地 /a./ yeşillik. 砂漠の中の〜 vaha.
ryokucya 緑茶 /a./ yeşil çay.
ryokuka 緑化 /a./ ağaçlama. 〜する ağaçlandır-.
ryokunaisyoo 緑内障 /a./ karasu.
ryòo 量 /a./ nicelik, miktar, hacim. 薬の一日の〜 ilacın günlük dozu. 必要な火薬の〜 barut hakkı. 満たす〜 dolusu. かなりの〜だ az buz olma-. 〜に関する nicel. その〜より質が大切. Niceliğinden çok niteliği önemli.
ryòo 漁 /a./ av, balıkçılık. 〜をする avla-. 〜に出る balığa çık-.
ryòo 猟 /a./ av. 〜をする avla-, avcılık et-. 〜に出掛ける ava çık-. 〜でつかまる avlan-. 〜に彼は命をかけた. Avcılık hayatına mal oldu.
ryòo 寮 /a./ koğuş, yurt, yatakhane.
ryooba 猟場 /a./ avlak.
ryòobo 陵墓 /a./ türbe.
ryòoci 領地 /a./ beylik.

ryòodo 領土 /a./ ülke, memleket, diyar, mülk.
ryoodootai 良導体 /a./ iletken.
ryooeñ 良縁 /a./ 〜に恵まれる kısmeti açıl-. 〜に恵まれない kısmeti bağlan-.
ryoogae 両替 /a./ 〜する para boz-, değiştir-. 外国通貨の〜 kambiyo.
ryoogaesyo 両替所 /a./ kambiyo, kambiyo gişesi (servisi).
ryoogàesyoo 両替商 /a./ kambiyocu, sarraf. 大〜 banker.
ryoogawa 両側 /a./ 家畜の〜に荷を積む çat-. 家の〜に庭がある. Evin iki yanında bahçe var.
ryoohasi 両端 /a./ iki uç. ベルトの〜が合わない. Kemerin iki ucu bitişmiyor.
ryoohizi 両ひじ /a./ オクタイは〜を机にもたれて本を読んでいる. Oktay dirseklerini masaya yaslamış kitap okuyor.
ryoohòo 両方 /a./ her ikisi. 耳が〜とも聞こえなくなってしまった. İki kulağı da işitmez olmuştu.
ryookai 了解 /a./ anlama, anlayış. 〜する aklı kes-. 〜に達する ittifak et-.
ryookai 領海 /a./ kara suları.
ryookaku 稜角 /a./ ayrıt. 立方体には12の〜がある. Bir küpün on iki ayrıtı vardır.
ryòoke 良家 /a./ 〜から悪人も出る. Ak koyunun kara kuzusu da olur.
ryookeñ 猟犬 /a./ av köpeği, tazı. 〜をけしかけてウサギを追う tazıyı tavşana sal-.
ryòokeñ 料簡, 了見 /a./ fikir. 〜の狭い dar kafalı, mahdut fikirli, dümdüz.
ryòokiñ 料金 /a./ ücret, harç. 一泊の〜 gecelik. 〜の必要な ücretli. 切手の不足〜 taksa.
ryookiñbùsoku 料金不足 /a./ 〜の手紙 taksalı.

ryookiñhyoo 料金表 /a./ tarife. レストランの〜 lokanta tarifesi.

ryŏokoo 両校 /a./ 〜のサッカーチームが今日対決する. İki okulun futbol takımları bu gün karşılaşıyorlar.

ryookyoku 両極 /a./ kutuplar. 〜に別れる kutuplaş-.

ryoomacu 糧秣 /a./ kumanya, ağırlık.

ryŏori 料理 /a./ yemek, pişirme, aşçılık, aş. 簡単な〜 basit bir yemek. トルコ〜 alaturka yemek. 〜する pişir-. 手早く〜する pişirip kotar-. 〜される piş-. 〜を火にかける ateşe vur-. 〜を火からおろす yemeği ateşten indir-. 〜を皿に盛りつける kotar-. 〜された mamul. よく〜された pişkin.

ryooriba 料理場 /a./ aş evi.

ryooribañ 料理番 /a./ aşçı, ahçı.

ryoorihoo 料理法 /a./ aşçılık, yemek tarifi.

ryoorinin 料理人 /a./ aşçı.

ryooriteñ 料理店 /a./ lokanta, restoran. 〜の主人 lokantacı.

ryooriyoo 料理用 /a./ 〜の yemeklik. 〜のオリーブ油 yemeklik zeytin yağı.

ryoosei 両生, 両棲 /a./ 〜の iki yaşayışlı.

ryoosei 寮生 /a./ pansiyoner.

ryoosei dŏobucu 両生動物, 両棲動物 /a./ iki yaşayışlı hayvanlar.

ryoosêirui 両生類, 両棲類 /a./ iki yaşayışlı hayvanlar.

ryŏosi 猟師 /a./ avcı. 〜は犬のあとをつけて熊の穴を見つけた. Avcılar köpekleri izleyrek ayının mağarasını buldular.

ryŏosi 漁師 /a./ avcı, balıkçı.

ryoosiki 良識 /a./ aklıselim, sağduyu.

ryŏosiñ 両親 /a./ ana baba, ebeveyn. 〜が同じ兄弟 ana baba bir. 〜のいない öksüz.

ryŏosiñ 良心 /a./ bulunç, vicdan, insaf, kalp, namus. 鈍い〜 kör vicdan. 〜のある vicdanlı. 〜のない vicdansız, insafsız, kalpsız. 〜から見て vicdanen. 〜の呵責 vicdan azabı, yürek karası. 〜を取り戻す insafa gel-. 人の〜を信じて仕事を任せる sütüne havale et-. 君には〜がないのか. Sende kalp yok mu?

ryoosiñteki 良心的 /a./ 〜な insaflı, vicdanlı, namuslu. 〜に vicdanen.

ryŏosyu 領主 /a./ raca.

ryoosyuusyo 領収書 /a./ makbuz, alındı, fiş. 〜の控え makbuz koçanı.

ryootâñ 両端 /a./ 橋の〜 köprünün iki başı.

ryoote 両手 /a./ 〜の sağlı sollu. §〜に花. Bir eli yağda bir eli balda.

ryooteki 量的 /a./ 〜な nicel.

ryootêñbiñ 両天秤 /a./ 〜にかける. Ne şiş yansın, ne kebap.

ryooyoozyo 療養所 /a./ sanatoryum.

ryŏozi 領事 /a./ konsolos. 〜の職 konsolosluk.

ryoozikañ 領事館 /a./ konsolosluk. 〜の書記官長 kançılar. 〜の書記局 kançılarya. 〜の護衛 kavas.

ryoozyuu 猟銃 /a./ tüfek. 銃身が二つある〜 çifte.

ryukkusâkku リュックサック (Al. Rucksack) /a./ arka çantası.

ryûu 竜 /a./ ejderha, ejder, evran.

ryuucuu 流通 /a./ geçerlik, sürüm. 〜の geçer. 〜停止 ambargo. この貨幣は〜を停止された. Bu para geçerlikten kaldırıldı.

ryuucuu kâhei 流通貨幣 /a./ geçer para.

ryûucyoo 流暢 /a./ 〜な açık ve düzgün, akıcı. 〜に話す bülbül gibi konuş-.

ryuudañ 流弾 /a./ serseri kurşun.

ryuudoo 流動 /a./ 〜の akışkan.
ryuudoo sìhoñ 流動資本 /a./ döner sermaye.
ryuudooteki 流動的 /a./ 〜な devingen.
ryuudòsui 竜吐水 /a./ （古語）sandık.
ryuugaku 留学 /a./ yabancı memlekette okuma.
ryuugeñ 流言 /a./ şayia.
ryùugi 流儀 /a./ mezhep, yol.
ryùuha 流派 /a./ okul.
ryuuiki 流域 /a./ havza, boşaltma havzası.
ryuukàbucu 硫化物 /a./ sülfür.
ryuukañ 流感 /a./ grip.
ryuukecu 流血 /a./ 〜の kanlı. 〜の けんか kanlı kavga. 〜の惨事が続く kan gövdeyi götür-.
ryuukei 流刑 /a./ 〜の menfi. 〜にな る ikamete memur edil-.
ryuukèici 流刑地 /a./ sürgün.
ryuukèisyuu 流刑囚 /a./ sürgün.
ryùuki 隆起 /a./ kabartı. 〜した kemer.
ryuukocu 竜骨 /a./ karina, omurga.
ryuukoo 流行 /a./ moda, cereyan, geçerlik, salgın, sirayet. チフスの〜 tifo salgını. 長髪の〜 uzun saç modası. 〜の moda, sârî, yaygın. 〜の色 moda renk. 〜のモード yaygın bir moda. 〜する moda ol-, geç-. 〜が 過ぎる modası geç-. 〜した aldı yürüdü. この生地は去年とても〜していた。 Bu kumaş geçen yıl çok geçiyordu.
ryuukoo òkure 流行後れ /a./ 〜の demode. 〜になる modası geç-, geçerlik kalma-.
ryuukoosei 流行性 /a./ 〜の salgın.
ryuukoosei kàñboo 流行性感冒 /a./ grip.
ryuumaci リューマチ（Hol. rheumatiek）/a./ romatizma. 〜の痛み（俗語）yel. 〜を訴える romatizmalardan yakın-. 〜がひどくなる romatizma az-. 〜で温泉に行く romatizma için ılıcaya git-. 雨模様で祖母の〜が再発した。Yağmurlu havalarda anne annemin romatizması depreşiyor.
ryùuoñ 流音 /a./ akıcı ünsüz.
ryuusañ 硫酸 /a./ zaç yağı.
ryuusàñdañ 榴霰弾 /a./ şarapnel.
ryuusàñdoo 硫酸銅 /a./ bakır tuzları, göz taşı.
ryuusañ magunesyùumu 硫酸マグネシム /a./ İngiliz tuzu.
ryuusàñtecu 硫酸鉄 /a./ zaç.
ryuusei 流星 /a./ akan yıldız.
ryùusi 粒子 /a./ cisimcik.
ryuusyucu 流出 /a./ akıntı. 資本の〜 sermaye kaçışı.
ryuutai 流体 /a./ 〜の akışkan.
ryùuzañ 流産 /a./ düşük. 〜する çocuk düşür-, düş-. 動物が〜する yavru at-. 〜の子 düşüt, cenini sakıt. 女が子供を〜した。Kadın çocuk düşürdü.
ryuuzèñkoo りゅうぜん香, 竜涎香 /a./ amber.
ryuuzu 竜頭 /a./ kurgu.

S s

sa さ /il./ ya. そんなこと言えるのか. 言える〜. Bu söylenecek söz mü? Söylenir ya. アイシェは今日来なかった. 病気だって〜. Ayşe bu gün gelmedi. Hastaymış ya.

sa 差 /a./ ayrılık, fark. わずかな〜 ayırtı, incelik. 〜がない fark etmez.

sa' サッ /be./ şırak. 〜と刀を抜いた. Şırak diye kılıcı çekti.

sàa さあ /ün./ haydi, hadi, babam, bak, bakalım (bakayım), ha, işte. 〜言ってごらん hele hele. 〜どうでしょうか kısmet. 〜映画に行こう. Haydi sinemaya gidelim! 〜チェスをしよう. Gel, satranç oynayalım. 〜いいものあげるよ. Gel, sana cici vereyim. 〜お手並を拝見しよう. Ha göreyim seni! 〜夏が来た. Artık yaz geldi. 〜おれの番だ. Şimdi el bende. 〜毎週イスタンブルだ. Artık her hafta ver elini İstanbul. 〜ペンだ, ほら紙だ, 座って書け. İşte kalem, işte kâğıt, otur yaz. 〜これっきりだよ. Bir dostluk kaldı! 明日来てくれますか. 〜どうでしょうか. Yarın gelecek misiniz? Kısmet!

saaberu サーベル(Hol. sabel) /a./ kılıç.

sàabisu サービス(İng. service) /a./ hizmet, ikram. 〜する ikram et-.

sàabu サーブ(İng. serve) /a./ servis.

saaciràito サーチライト(İng. searchlight) /a./ ışıldak.

sàafiñ サーフィン(İng. surfing) /a./ 〜の板 kayak.

sàakasu サーカス(İng. circus) /a./ cambazhane, sirk. 〜の円舞台 sirkin pisti.

sàasaa さあさあ /ün./ haydi, hadi, ha babam (ha), (俗語) haydin. 〜もう行きましょう. Haydin çocuklar gidelim artık!

sàazi サージ(İng. serge) /a./ çuha.

saba サバ /a./ uskumru. 〜の干物 çiroz.

sabaku 砂漠 /a./ çöl, sahara. サハラ〜 Sahra çölü. 〜と化する çölleş-. 〜に吹く熱風 sam yeli.

sàbecu 差別 /a./ ayırım, ayrım, fark. 〜する ayır-, ayrı tut-, ayrım yap-, fark et-, fark gözet-.

sabì さび, 錆 /a./ pas, (俗語) küf. 細かい〜 karınca. 〜が出る paslan-. 〜が付く pas tut- (bağla-). 細かい〜が出る karıncalan-. 〜を落とす pas aç-. 鉄柵の〜を止めるためにペンキを塗った. Demir parmaklığın pasını örtmek için boyaladık. 銃身に細かい〜が出た. Silahın namlusu karıncalanmış.

sabicuku さび付く /ey./ paslan-. さび付いた paslı. 人は勉強しないと頭が〜. İnsan okumazsa kafası paslanır.

sabiiro さび色 /a./ taba. 〜の taba.

sabirè•ru 寂れる /ey./ 家が〜 bacası tütmez ol-.

sabì•ru さびる /ey./ paslan-. さびたpaslı. ねじがさびて回らない. Vida paslanmış burkulmuyor.

sabisigàru 寂しがる /ey./ garipse-.

sabisìi 寂しい /s./ tenha, yalnız, ıssız. 〜通り tenha bir sokak. 寂しくなる tenhalaş-. 寂しく思う hasret kal-. なくて寂しそうである ara-. たばこをやめたがちっとも寂しくない. Tütün bıraktım,

saboo

hem hiç aramıyorum.
saboo 茶房 /a./ çayhane, çay evi.
sabòru サボる, さぼる /ey./ ser-, işi bırak-, okuldan kaç-, aylakça vakit geçir-. 学校を〜 mektebi as-. しょっちゅう学校を〜. İkide bir okulu asıyor. 仕事をさぼって猟へ行っている. Görevinden kaçamak yapıp ava gidiyor.
sabotâazyu サボタージュ (Fr. sabotage) /a./ sabotaj. 〜参加者 sabotajcı.
saboteñ サボテン /a./ kaktüs.
saccyûuzai 殺虫剤 /a./ flit, ilaç. 〜の噴射器 flit.
sàci 幸 /a./ mutluluk あなたに〜あれ ellerin dert görmesin. 新しい年があなたに〜をもたらすことを祈ります. Yeni yılın size mutluluklar getirmesini dilerim.
sacu 札 /a./ kâğıt para.
-sacu 冊 cilt, nüsha. 二〜の本 iki tane kitap. 七〜の本 yedi adet kitap.
-sacu 刷 nüsha.
sacuei 撮影 /a./ fotoğraf. 〜する film çevir-. 映画を〜する film çek-.
sacuêiki 撮影機 /a./ sinema makinesi.
sacugai 殺害 /a./ öldürüş. 〜から生じた二族間の恨み kan davası.
sacuki 五月 /a./ mayıs.
sacuziñ 殺人 /a./ katil, cinayet. 〜を犯す katlet-, cinayet işle-. 〜行為 katillik.
sacuzîñhañ 殺人犯 /a./ cani, katil. 〜を隠れていた家に追いつめた. Katili saklandığı evde kıstırdılar.
sacuzîñki 殺人鬼 /a./ kanlı katil.
sacuzîñsya 殺人者 /a./ katil. 〜に死を願う kana kan iste-.
sacuzîñteki 殺人的 /a./ 〜な katil.
sadamàru 定まる /ey./ karar kıl-. 定まった muayyen. 天気がまったく定まらない. Havanın hiç kararı yok.

sadamè 定め /a./ adet, kısmet.
sadamerarè・ru 定められる /ey./ saptan-.
sadamè・ru 定める /ey./ karar ver-, sapta-. 方角を〜 doğrult-.
sadìsuto サディスト (İng. sadist) /a./ sadist. 〜の sadist.
sadoo 作動 /a./ işleme, hareket. 〜する hareketlen-. 〜しなくなる çaptan düş-. 運転手は雨が降り出すとワイパーを〜させた. Sürücü yağmur başlayınca silekleri çalıştırdı.
sadoru サドル (İng. saddle) /a./ sele.
sàe さえ /il./ hatta, bile. …で〜 bile, dahi. …で〜も bile. …で〜あれば yeter ki. …し〜すれば -meye görsün. 結果〜よければいい dumanı doğru çıksın. 私に〜言った. Bana bile söyledi.
saegirarè・ru 遮られる /ey./ 話を〜laf ağzında kal-.
saegîru 遮る /ey./ engelle-, kapa-. 言葉を〜 sözü ağzında bırak-, sözü kes-. この建物が見はらしを遮った. Bu bina manzaramızı kapadı.
saè・ru さえる, 冴える /ey./ 筆が〜 (俗語) kaleminden kan damla-. さえない donuk, sönük.
saezuri さえずり /a./ cıvıltı.
saezùru さえずる /ey./ cıvılda-, vıcırda-, öt-. 小鳥が〜 küş cıvılda-. よく〜 makara çek-. ピーチク〜 şakı-, şakırda-, cıvıl cıvıl öt-.
safâia サファイア (İng. saphire) /a./ gök yakut, safir.
sàgañ 砂岩 /a./ kum taşı.
sagàru 下がる /ey./ düş-, in-, aşağı düş-, sark-, otur-, gerile-. 値が〜 fiyat düş-. 値打ちが〜 aşın-. 熱が〜 ateşi düş-. 一歩〜 bir adım gerile-. 下がった düşük 下がった胃 düşük mide. 下がっている muallak. 為替相場がだんだん下がっている. Piyasa gittikçe düşüyör. 熱が下がって病気がよくなってきた. Ateşi düşünce hasta

açıldı. 下がれ. Kır boynu! (侮辱的) Çek! Çek arabanı!
sagasase・ru 捜させる, 探させる /*ey.*/ arat-.
sagasimotomḕ・ru 捜し求める, 探し求める /*ey.*/ ara-.
sagasu 捜す, 探す /*ey.*/ ara-. 獲物を〜 av ara-. よく〜 aramak tara-. 徹底的に〜 altını üstüne getir-. かき回して 〜 didikle-. さがして歩く yollara düş-. 〜人 arayıcı. さがしていた物を思いがけなく簡単に見つける gökte ararken yerde bul-. ある男があなたをさがしています. Bir bay (bey) sizi arıyor. 部屋をよく調べたが私のさがしているものが見つからなかった. Odayı iyice araştırdım, ama aradığımı bulamadım. イスタンブルはどこだどこだと三日もさがした. İstanbul kazan ben kepçe, üç gün onu aradım.
sagehuri 下げ振り /*a.*/ şakul.
sàgeñ 左舷 /*a.*/ iskele. 〜に赤, 右舷に緑の照明 borda fenerleri.
sagerarḕ・ru 下げられる /*ey.*/ indiril-.
sagḕ・ru 下げる /*ey.*/ indir-, düşür-, azalt-, alçalt-. 値段を〜 fiyatı indir-, fiyatını düşür-, fiyatı kır-. へいを〜 duvarı alçalt-. 頭を〜 baş eğ-, eğil-. 熱を〜 harareti kes-, hararet söndür-. 値打ちを〜 alçalt-, aşındır-. 後ろへ〜 geri al-. しゃべったことで男を下げた. Sözleriyle kendini alçalttı.
sagḕ・ru 提げる /*ey.*/ as-.
sagesùmu さげすむ /*ey.*/ aşağıla-.
sagi サギ /*a.*/ balıkçıl.
sàgi 詐欺 /*a.*/ dolandırıcı, dolandırcılık, madrabaz. 〜を働く tavla-.
sagîsi 詐欺師 /*a.*/ dolandırıcı, kalpazan, (隠語) manitacı.
saguri 探り /*a.*/ 〜を入れる iskandil et-, nabız yokla-.
saguru 探る /*ey.*/ aran-. 人の考えを〜 ağız ara-, ağız yokla-, orman taşla-. 人の秘密を〜 casusluk et-, ağzından kap-.

sàgyoo 作業 /*a.*/ iş, çalışma. 〜開始 iş başı. 地域の助け合い〜 imece.
sagyooba 作業場 /*a.*/ atelye, atölye. 建設〜 şantiye.
sagyoo bùñtañ 作業分担 /*a.*/ この仕事で君達の〜は私達より多い. Bu işte sizin emek payınız hepimizden çoktur.
sagyoodai 作業台 /*a.*/ tezgâh.
sagyòogi 作業着 /*a.*/ işlik.
sagyoo zùboñ 作業ズボン /*a.*/ tulum, çekme. 〜を脱ぐ tulum çıkar-.
sàha 左派 /*a.*/ solcu. 〜の solcu.
Sahara sàbaku サハラ砂漠 /*a.*/ Sahra çölü.
sahodo さほど /*be.*/ şöyle, öyle, şu kadar.
sàhoo 作法 /*a.*/ terbiye. 行儀〜 adabımuaşeret, görgü.
sahùrañ サフラン /*a.*/ çiğdem.
sài さい /*a.*/ zar. 〜を振る zar at-. §〜が投げられる ok yaydan çık- (fırla-).
sài 差異 /*a.*/ ayrılık, farklılık, ihtilâf, ayrım.
sài 際 /*a.*/ esna, ⋯の〜に -dikte, zamanında, esnasında.
sài サイ /*a.*/ gergedan.
sài 才 /*a.*/ istidat, yetenek.
sai- 最 en.
sai- 再 yine, tekrar.
-sai 歳 yaş. ⋯〜の yaşında. 一〜の yaşında. 一〜の子羊 yıllık kuzu. 50〜の男 elli yaşında bir adam. 50〜ぐらい ellisine doğru. 満18〜になる on sekiz yaşını bitir-. 何〜? Kaç yaşında? 私は30〜です. Otuz yaşındayım. 姉さんは満21〜になった. Ablam 21 yaşını doldurdu. 子供はもう一〜ではない. Çocuk daha yaşında değil.
saiai 最愛 /*a.*/ 〜の sevgili, güzelim. 〜の人 sevgili, (口語) tonton. 私の〜の人 ciğerimin köşesi.
saiaku 最悪 /*a.*/ 〜の en kötü. 母は

～の事態にも悲観的ではない. Annem en kötü olaylarda bile karamsar değildir.
saibai 栽培 /a./ ekme, yetiştirme. 茶を～する人 çaycı.
saibaisyo 栽培所 /a./ 若木～ fidanlık.
saibanetìkkusu サイバネティックス (İng. cybernetics) /a./ sibernetik.
sàibañ 裁判 /a./ yargılama, mahkeme, muhakeme, adliye, adalet, (古語) kaza. ～する yargıla-. ～にかける yargıla-. ～を起こす mahkemeye düş-. ～の adlî. ～の審理 duruşma. 公正な～ adil bir mahkeme. 公開～ alenî muhakeme. ～で決着をつける必要のある mahkemelik.
saibañ hìyoo 裁判費用 /a./ mahkeme harcı.
saibàñkañ 裁判官 /a./ yargıç, hâkim. ～の地位 hâkimlik.
saibañsyò 裁判所 /a./ mahkeme, yargı yeri, adalet sarayı, adliye. ～によく出入りする mahkeme kapılarını aşındır-. ～から召喚状が来る mahkemeden celp gel-.
saibañsyòiñ 裁判所員 /a./ adliyeci.
saiboo 細胞 /a./ göze, hücre.
saiboo bùñrecu 細胞分裂 /a./ bölünme.
saibòokaku 細胞核 /a./ çekirdek.
sàibu 細部 /a./ detay.
sàicyuu 最中 /a./ ～に ortasında.
saidai 最大 /a./ en büyük. ～の en büyük, azamî. ～収容数 istiap haddi. 馬の～速度 dört nal.
saidàigeñ 最大限 /a./ maksimum. ～の maksimum.
saidañ 祭壇 /a./ sunak.
saidañ 裁断 /a./ biçki, kesim. ～する biç-. 服を～する elbise biç-.
saidàñsi 裁断師 /a./ makastar.
sàido 再度 /be./ bir de, gene, tekrar.
saidòkaa サイドカー (İng. sidecar)

/a./ sepet.
saieñ 菜園 /a./ sebze bahçesi, bostan.
sàifoñ サイフォン(İng. siphon) /a./ sifon.
saigai 災害 /a./ felâket, belâ. ～にあう belâya çat-.
saigèñ 際限 /a./ ～がない haddi hesabı olma-. ～のない ölçüsüz. ～のない問題 kabir suali. ～のない空論をたたかわす (冗談) medreseye düş-.
sàigo 最後 /a./ son, en son, ahir zaman, nihayet. ～の son, ahir, nihaî. ～の息 son nefes. ～に eninde sonunda, nihayet. ～の願いはあなたに会うことだった. Son isteği sizi görmekti. ～は私の望んだ形で終わった. Sonuç istediğim şekilde bağlandı. ～の審判の日 ana baba günü, haşir, kıyamet. ～の審判の日に人々が集まる所 mahşer. ～の審判の兆候 kıyamet alameti.
sàigo 最期 /a./ ecel. ～が近い. Çoğu gitti az kaldı.
saigo cùucyoo 最後通牒 /a./ ültimatom.
saigo cùukoku 最後通告 /a./ ～をする rest çek-.
saihacu 再発 /a./ ～する depreş-, nükset-, üstele-. 雨模様で祖母のリューマチが～した. Yağmurlu havalarda anne annemin romatizması depreşiyor.
saihoo 裁縫 /a./ dikiş. ～ができる dikiş bil-.
saihòobako 裁縫箱 /a./ dikiş kutusu.
saihoo gàkkoo 裁縫学校 /a./ dikiş (biçki) yurdu.
saihòosi 裁縫師 /a./ dikişçi.
saihòoteñ 裁縫店 /a./ terzi.
saihu 財布 /a./ cüzdan, para çantası (kesesi), kese, (隠語) çarık. ～がからっぽの人 kesesi tamtakır bir adam. ～の底をはたいて kuruşu ku-

ruşuna.
saihyooseñ 砕氷船 /a./ buzkıran.
sàika 災禍 /a./ felâket, belâ.
sàika 裁可 /a./ yaptırım.
saikai 再会 /a./ sıla. 〜させる kavuştur-. 神が〜をかなえて下さいますように. Allah kavuştursun.
saikai 斎戒 /a./ perhiz.
saikaku 才覚 /a./ takt.
saikeñ 債権 /a./ alacak, kredi. 〜のある alacaklı. 〜取り立てのために訴える icraya ver-.
saikeñ 債券 /a./ senet, tahvil. 賞金付き〜 ikramiyeli tahvil.
saikeñsa 再検査 /a./ revizyon.
saikeñsya 債権者 /a./ alacaklı.
saiki 再帰 /a./ 〜の dönüşlü. 〜代名詞 dönüşlü adıl.
saikiñ 最近 /a./, /be./ son, son zamanlar; son zamanlarda, bu günlerde, bu yakınlarda, geçende, geçenlerde, yenilerde, yenice. 〜の son, yeni. つい〜 yeniden yeniye. ごく〜 yeni yeni. 〜の事件が彼をすっかり臆病にした. Son olaylar onu büsbütün çekingen yaptı.
saikiñ 細菌 /a./ bakteri, mikrop.
saikiñgaku 細菌学 /a./ bakteriyoloji.
saikiñ gàkusya 細菌学者 /a./ bakteriyolog.
saikoo 最高 /a./ 〜の en yüksek, en çok, en yukarı, azamî. 〜の知恵 deha. 〜だ üstüne yok, üzerine yok. 〜に柔らかい son kerte yumuşak. 〜価額 tavan fiyat.
saikòoci 最高値 /a./ tavan.
saikòoi 最高位 /a./ tavan.
saikoo kàisoo 最高階層 /a./ 国家の〜 devletin en yüksek katları.
saikòokyuu 最高級 /a./ zirve.
saikoo saibañsyò 最高裁判所 /a./ Yargıtay.
saikoo sòkudo 最高速度 /a./ azamî sürat.

saikòro さいころ /a./ zar, küp. 〜を振る zar at-. 思い通りの目を出すために〜を指の間でひねる zar tut-. 〜の六つの面には1から6までの目がある. Zarın altı yüzünde birden altıya kadar benekler bulunur.
saiku 細工 /a./ 石の表面をのみで〜する tara-. 〜しにくい石材 çetin taş.
saikucu 採掘 /a./ madencilik.
sàikuñ 細君 /a./ karı.
sàikuroñ サイクロン(İng. cyclone) /a./ siklon.
sàikuru サイクル(İng. cycle) /a./ çevrim, devir. 電流〜 devre.
saikùsi 細工師 /a./ tesviyeci.
saimicuga 細密画 /a./ minyatür.
saimiñ 催眠 /a./ ipnoz.
saimìñzai 催眠剤 /a./ uyutucu.
saimìñzyucu 催眠術 /a./ manyetizma.
saimoku 細目 /a./ ayrıntı, teferruat. 〜の ayrıntılı, mufassal.
sàimu 債務 /a./ 〜を負っている borçlan-. 〜不履行 direnim.
saimùsya 債務者 /a./ verecekli.
sainañ 災難 /a./ felâket, belâ, facia, musibet, şanssızlık. 思いがけない〜 görünmez kaza. 〜に遭う kabak başında patla-, yüreğine od (ateş) düş-. 思わぬ〜に遭う belâya çat- (gir-, uğra-). 〜が身に降りかかる başa gel-. 〜を招く arının yuvasına kazık dürt-. 〜を求める canına susa-. すすんで〜をかぶる belâyı satın al-. 〜に遭っても金持ちは容易に貧乏にはならない. Testi kırılsa da kulpu elde kalır. 他人の〜にかこつけて自分の小さな苦労を言う. Keçiye can kaygısı, kasaba yağ kaygısı. 好きなことをしていると〜も気にならない. Atın ölümü arpadan olsun.
sainoo 才能 /a./ kabiliyet, istidat, marifet, yetenek, yeti, erk, iktidar, cevher. 〜のある istidatlı, marifetli, yetenekli. 〜のある人 istidat. 人の

sainyuu

〜を認める adamdan say-. おじは私に絵の〜があると言う. Amcam resme karşı yeteneğim olduğunu söylüyor.
sainyuu 歳入 /a./ irat, yıllık gelir.
saiñ サイン(İng. sign) /a./ imza. 〜する imzala-.
sairei 祭礼 /a./ bayram.
saireñ サイレン(İng. siren) /a./ düdük.
sairo サイロ(İng. silo) /a./ silo.
sairui 催涙 /a./ 〜の göz yaşartıcı.
sairyoo 最良 /a./ 〜の kalbur üstü, kral, seçkin. 〜の部分 kaymak. 〜の状態 tav. ことを〜の状態にする tavına getir-.
saisei 再生 /a./ 霊魂の〜 ruh sıçraması (göçü).
saisekizyoo 採石場 /a./ taş ocağı.
saisi 妻子 /a./ çoluk çocuk, (隠語) ekmek düşmanı.
saisiñ 再審 /a./ revizyon.
saisiñ 細心 /a./ ihtiyat, itina. 〜の hesaplı. 〜の注意を払う çöp atlama-. 〜の注意を要する nazik.
saisiñ 最新 /a./ 〜の en yeni. 〜の流行 yeni moda.
saisiñgoo 最新号 /a./ 〜で son sayısında.
saisiñsiki 最新式 /a./ asrî, modern.
saisoku 催促 /a./ anımsatma.
saisyo 最初 /a./ başlangıç, başlangıçta. 〜の ilk. 〜に ilkin, ilk ağızda, evvelâ, (俗語) siftah. 〜は önceden. 〜からもう一度読みなさい. Yeni baştan bir daha okuyun.
saisyoo 最小 /a./ 〜の en küçük, en az, asgarî.
saisyoo 宰相 /a./ オスマン朝の〜 sadrazam.
saisyòogeñ 最小限 /a./ minimum. 〜の minimum.
sàisyu 採取 /a./ istihsal.
saisyucu 歳出 /a./ yıllık gider.
saisyuu 採集 /a./ biriktirme, toplama.
saisyuu 最終 /a./ son, nihayet. 〜の son, nihaî.
saisyùugoo 最終号 /a./ son nüsha. 雑誌の〜 derginin son nüshası.
saisyuu sìkeñ 最終試験 /a./ ikmal imtihanı.
saisyuuteki 最終的 /a./ 〜に son derece, nihayet.
saitañ 最短 /a./ 〜の en kısa.
saita tòkuteñ 最多得点 /a./ 我校は学力コンテストで〜を取って優勝した. Okulumuz bilgi yarışmasında en çok puanı alarak birinci oldu.
saitei 最低 /a./ en alçak, en aşağı (az). 〜の asgarî. 〜公定価格 taban fiyat.
saiteki 最適 /a./ 〜な状態 tav. 〜な状態におく tav ver-.
saitekizi 最適時 /a./ kıvam, tav.
saiteñ 祭典 /a./ şenlik, festival.
saitozai 催吐剤 /a./ kusturucu.
saiwai 幸い /a./ mutluluk. 〜な mutlu, iyi, memnun. 〜にも bereket, bereket versin, hamt olsun, iyi ki, iyi oldu ki, Allahtan. お目にかかれて〜です safa bulduk.
saiyoo 採用 /a./ 〜する kabul et-. 〜試験 giriş sınavı. 空席には誰も〜されないだろう. Açıklara kimse alınmayacak.
saiyuusyuu sèñsyu 最優秀選手 /a./ şampiyon.
saizeñ 最善 /a./ 〜の en iyi.
saizicu 祭日 /a./ ulusal bayram. キリスト教の〜 yortu.
sàizu サイズ(İng. size) /a./ numara.
sàizyo 妻女 /a./ karı.
saizyoo 最上 /a./ 〜の en iyi, (俗語) kabadayı. このうちの〜の物が50クルシだ. Bunun en kabadayısı elli kuruşa.
saizyòokyuu 最上級 /a./ en üstünlük, üstünlük derece.
sakà 坂 /a./ yokuş. けわしい〜 dik

sakebu

yokuş. 〜のない düz ayak. 高原の〜を登る yaylanın yokuşunu çık-. 〜を登らないうちに力が尽きた. Yokuşu çıkmadan kesildi. どの〜にも下りがあり, どの下りにも上りがある. Her yokuşun bir inişi, her inişin bir yokuşu vardır. この〜の傾斜はとてもひどい. Bu yamacın eğimi çok fazla.

sakabā 酒場 /a./ bar, meyhane, taverna. 〜の主人 meyhaneci. 〜の歌（古語）vodvil.

sakadaci 逆立ち /a./ 〜する amuda kalk-. いくら〜しても（侮辱的）çatlasa da patlasa da.

sakadâcu 逆立つ /ey./ kabar-. 逆立っている kalkık. 髪がとげのように逆立っている. Saçları diken gibi kalkık.

sakadatè•ru 逆立てる /ey./ 髪を〜 saçları ürper-. 七面鳥が羽を逆立てた. Hindi kabardı.

sakaè•ru 栄える /ey./ yüzü açıl-, kazan-, zenginleş-. 家が〜 bacası tüt-.

sakâi 境 /a./ kenar, sınır. 県の〜 ilin sınırı. 〜のない sınırsız. 大きな山脈で〜ができている büyük dağlar ile mahdut.

sakâmici 坂道 /a./ yokuş. 石の〜 taşlı yokuş.

sakana 魚 /a./ balık. 〜のうろこ balık pulu. 〜の卵 balık yumurtası. 〜の骨 kılçık. 古い〜 bayat balık. 〜を常食とする balıkçıl. 〜がかかる baş vur-, oltaya vur- (takıl-). 港に〜がいっぱいだ. Limanda balık dolu.

sakanaya 魚屋 /a./ balıkçı.

sakanobōru さかのぼる, 溯る /ey./ geriye bak-, hatırla-, -e kadar uzan-.

sakañ 盛ん /a./ 〜な civcivli, işlek. 〜なこと gürlük. 血気〜な男 dadaş. 〜に iyice, canlı.

sakañ 左官 /a./ sıvacı.

sàkañ 佐官 /a./ üstsubay.

sakâñgote 左官ごて /a./ mala.

sakarâu 逆らう /ey./ karşı ol-, itaat etme-, uyma-, diren-, diret-. 人に〜 kontra git-, diklen-, dikleş-. 逆らって inadına.

sakarè•re 裂かれる /ey./ yarıl-.

sakari 盛り /a./ 〜を過ぎる kartlaş-. 〜を過ぎた kart. 動物の〜 kızgınlık. 〜がつく kösnül-, az-. 〜のついた kızgın, azgın.

sakasa 逆さ /a./ ters.

sakasama 逆さま /a./ ters. 〜の ters. 〜に ters pers, tepetaklak. 鏡は〜に映る. Ayna ters gösterir. すべて我々の予想は〜になった. Bütün hesabımız alt üst oldu. 〜に振っても鼻血しかでない. Fare düşse başı yarılır.

sakaya 酒屋 /a./ içkici.

sakazori 逆ぞり /a./ perdah.

sakazuki 杯 /a./ kadeh, kupa. 〜を上げて乾杯する kadeh kaldır-. 〜を合わせて乾杯する kadeh tokuştur-.

sake 酒 /a./ içki, isprito, (隠語) tütsü. 〜を飲む iç-, (口語) demlen-, (隠語) kafayı çek-, perlat-, tütsüle-, vur-, çek-, (俗語) at-, (冗談) dem çek-. 毎晩〜を飲む人 akşamcı. 〜が飲める içkili. 〜のある食堂 içkili lokanta. 〜をだいぶ飲んでいる (俗語) paşa ol-. ブドウ酒, ウォッカ, ラクはそれぞれ〜である. Şarap, votka ve rakı birer içkidir.

sàke サケ /a./ som balığı.

sakebasè•ru 叫ばせる /ey./ bağırt-.

sakebì 叫び /a./ nara, nida, bağırtı. 恐怖の〜 nara. かん高い〜 haykırış.

sakebigòe 叫び声 /a./ bağırtı, feryat, nara. 〜を上げる nara at-, bağır-.

sakèbu 叫ぶ /ey./ bağır-, çağır-, (俗語) ünle-. かん高く〜 haykır-. 一斉に〜 bağrış-. 声を限りに〜 avaz avaz bağır-, avazı çıktığı kadar bağır-, boğazını yırt-. やかましく〜 danalar gibi bağır- (böğür-). 子供が犬を見て〜. Çocuk köpek görünce haykı-

sakecùkuri

rıyor.
sakecùkuri 酒造り /*a.*/ içkici.
sakemè 裂け目 /*a.*/ gedik, yarık. 〜のある gedikli. 〜をつける yar-.
sakenōmi 酒飲み /*a.*/ içki. 〜の alkollü.
sakerarè·ru 避けられる /*ey.*/ kaçınıl-. 避けられない şart ol-, kaçınılmaz.
sakè·ru 避ける /*ey.*/ kaçın-, önle-, kaç-, başından at- (sav-), çekin-, sakın-. 人を〜 atlat-, semtine uğrama-. 身を〜 sığın-. 明言を〜 ağız yay-. 木の下に入って雨を〜 ağacın altına sığın-. 避けた方がよい sakıncalı. 子供に何でもかでも食べさせるのは〜べきである。Çocuklara abur cubur yerdirmekten sakınmalıdır.
sakè·ru 裂ける /*ey.*/ yırtıl-, yarıl-, patla-, at-. 裂けた yırtık, yarık. 布が縫い目から裂けた。Kumaş dikiş yerinden attı.
sakeuri 酒売り /*a.*/ içkici.
saki 先 /*a.*/ uç, burun; ön, ileri. 針の〜 iğnenin ucu. 靴の〜 ayakkabının burnu. 枝の〜 dalın ucu. ホースの〜 ağızlık. 丸い〜 baş. 〜のない uçsuz. 口の〜まで出かかっていて diliminin ucunda. 〜の ileri. 〜に önce, önceden, önden, peşin. 〜へ ileri. より〜に öncelikle. 〜のことが分かる uzağı gör-. 〜に立つ öne düş-. 〜に立って歩く önüne düş-. ちょうちんを持って〜に立つ fener çek-. 食い気が〜に立つ (口語) işkembesini düşün-. 〜が見えなくなる basireti bağlan-. 〜を越す artır-. 〜を争って kapış kapış. ひと足〜に bir ayak evvel. ひもじさが〜 boğaz durmaz. お〜真っ暗な bedbin. もりは〜が三本ある。Zıpkının üç çatalı var. 鉛筆の〜がポキンと折れた。Kalemin ucu çıt diye kırıldı. 君より〜に来た。Senden önce geldi.
sakidori 先取り /*a.*/ 相手の言うことを〜する ağzından kap-.

sakìgoro 先ごろ /*be.*/ geçende, geçenlerde.
sakihodo 先程 /*a.*/ demin.
sakiñzùru 先んずる /*ey.*/ ilerisinde yürü-.
sakisòfoñ サキソフォン (İng. saxophone) /*a.*/ saksofon.
sakìzaki 先々 /*a.*/ この人は行く〜に楽しいことをもたらす。Bu adam gittiği yere şenlik götürür.
sakka 作家 /*a.*/ yazar, edip, öykücü. 有名な〜 ünlü bir yazar. 有能な〜 kudretli bir yazar. 同時代の〜 çağdaş yazarlar. 戯曲はうまい〜の筆で書かれたらしい。Piyes iyi bir yazarın kaleminden çıkmış.
sàkkaa サッカー (İng. soccer) /*a.*/ futbol, ayak topu. 〜の選手 futbolcu. 〜のチーム futbol takımı. 〜のファン futbol meraklısı. 〜のリーグ futbol ligi. 〜のくじ spor toto. 〜をする futbol oyna-.
sakkaku 錯覚 /*a.*/ sanrı, kuruntu.
sakkariñ サッカリン (İng. saccharin) /*a.*/ sakarin.
sàkki さっき /*be.*/ demin. つい〜 şimdi, yeni. 〜から şimdi şimdi. あなたの言うことは〜と違う。Bu sözünüz deminkini çeliyor.
sakkiñ 殺菌 /*a.*/ 〜する mikropsuzlandır-, sterilize et-. 〜された sterilize.
sakkyoku 作曲 /*a.*/ beste. 〜する bestele-, beste bağla-.
sakkyokuka 作曲家 /*a.*/ besteci, bestekâr, kompozitör.
sakocu 鎖骨 /*a.*/ köprücük, köprücük kemiği. 〜の上のくぼみ tuzluk.
saku 朔 /*a.*/ kapsül.
saku 咲く /*ey.*/ aç-. 花が〜 çiçek aç-, çiçeklen-. 花の〜 çiçekli. 花の〜植物 çiçekli bitkiler. 春が来て木々に花が咲いた。Bahar gelince ağaçlar çiçeklendi.
sàku 裂く /*ey.*/ yırt-, yar-, sıyır-. 紙を

~ kâğıdı yırt-. 布を~ kumaşı yırt-. 仲を~ aralarını aç-. 仲を~人 ara bozucu, kara çalı. 裂いて中の物を出す deş-.

sàku 割く /ey./ ayırt-. 場所を~ hasret-.

sàku 作 /a./ eser. この本は誰の~だ. Bu kitap kimin eseridir?

sakù 柵 /a./ çit, ızgara, parmaklık, tahta havale (perde), havale. ~で囲む çitle çevir-, çitle-. ~を巡らす çit çek-.

sakùbañ 昨晩 /a./ dün akşam, dün gece.

sakubuñ 作文 /a./ kompozisyon.

sakucuke 作付け /a./ ekim. 天候不順が~の邪魔になった. Havanın bozulması ekim işini aksattı.

sakudoo 策動 /a./ manevra. ~する politika güt-.

sakugeñ 削減 /a./ kısıntı.

sakugosyoo 錯誤症 /a./ 言語~ kelime karışıklığı.

sakùgu 索具 /a./ arma, donanım.

sakuhiñ 作品 /a./ iş, ürün, eser, yapıt. 平凡な~ basit bir eser. フランス語から翻訳した~ Fransızcadan çevirme bir eser. ~を多く出す doğurgan, verimli. このレコードの~がとても気に入った. Bu plaktaki parçayı çok beğendim.

sakuiñ 索引 /a./ dizin, endeks.

sakuiñkàado 索引カード /a./ fiş.

sakuka 蒴果 /a./ koza.

sakùmocu 作物 /a./ ekin, ürün, mahsul. ~の刈り取り ekin biçimi. ~を刈り取る harman kaldır-. ~ができる ekinler ol-. ~のよくできる bitek. ~が実った. Ekinler bağlandı. ~のできは雨にかかっている. Ekinlerin gürleşmesi yağamura bağlıdır.

sakuneñ 昨年 /a./ geçen sene, geçen yıl.

sakuòtoko 作男 /a./ uşak. この農園ではたくさんの~が働いている. Bu çift-likte birçok uşak çalışıyor.

sakura サクラ, 桜 /a./ kiraz ağacı (çiçeği).

sakura さくら /a./ 芝居の~ alkışçı.

sakurañbo サクランボ /a./ kiraz, vişne. かごいっぱいの~ bir sepet dolusu vişne. 子供達が~の枝を折ったらしい. Çocuklar kirazın dallarını kırmışlar.

sakurañbobàtake サクランボ畑 /a./ kirazlık.

sakurecu 炸裂 /a./ patlama. ~する patla-. 爆弾が~する bomba patla-.

sakuryaku 策略 /a./ düzen, hile, dolap, desise, manevra, politika. ~の hilekâr. ~を用いる dolap çevir- (döndür-), düzen kur-.

sakuryakuka 策略家 /a./ düzenbaz, dolapçı, politikacı.

sakuseñ 作戦 /a./ harekât, manevra, strateji. ~行動 tatbikat.

sàkusi 策士 /a./ (隠語) dümenci.

sakusoo 錯綜 /a./ ~した komplike.

sàkusyu 搾取 /a./ sömürü, istismar. ~する sömür-, yont-, sömürücü. ~する人 sömürücü, (俗語) yüzücü. ~階級 sömürücü sınıflar. ~制度 sömürü düzeni.

sakutei 索釘 /a./ çelik.

sakùya 昨夜 /a./ dün akşam, dün gece. ~おじさん達がディヤルバクルから急にやって来た. Dün akşam dayımlar Diyarbakır'dan çıkageldiler. ~はお宅でたいへん愉快でした. Dün gece sizde iyi eğlendik.

sakùzicu 作日 /a./ dün.

sàkuzyo 削除 /a./ 線を引いて~する karala-. 最後の二行を~しなければならない. Son iki satırı karalamalı.

sakyuu 砂丘 /a./ kumul.

sama 様 /il./ bay, efendi, mösyö. ユルマズ~ Bay Yılmaz. アリ・ウウル~ Sayın ali Uğur. メフメット~ Mehmet ağa. お月~ ay dede.

samà さま /a./ görünüş, durum. 沈ん

だ〜 durgunluk.
samasasê・ru 覚まさせる, 醒させる /*ey.*/ 目を覚まさせる kaldır-. 酔いを醒させる ayılt-.
samàsu 冷ます /*ey.*/ soğut-. 熱を〜 hararet söndür-.
samàsu 覚ます, 醒す /*ey.*/ uyan-, kalk-. 目を〜 gözlerini (gözünü) aç-. 眠けを〜 uyku dağıt-.
samatage 妨げ /*a.*/ mâni. 〜となる mâni ol-, köstek ol-. 出世の〜になる kısmetine mâni ol-.
samatagerarê・ru 妨げられる /*ey.*/ önlen-. 眠りが〜 uykusu bölün-.
samatagê・ru 妨げる /*ey.*/ engelle-, engel çıkar-, önle-, önüne geç-, mâni ol-, aleyhine ol-, köstekle-, köstek vur-, kes-, engelli önleyici. 結婚を〜 kısmetini bağla-. 行く手を〜 yolu kes-. 発育を〜 körlet-. 植物の成長を〜 ürküt-. 雑草が作物を〜 yabanî otlar ekini boğ-. 理解を〜もの esrar perdesi. 二日続いた病気が勉強を妨げた. İki gün süren hastalığım çalışmamı köstekledi.
samayòu さまよう /*ey.*/ başıboş gez-, yolunu kaybet-, yüz-.
samàzama 様々 /*a.*/ 〜な çeşitli, türlü, çeşit çeşit, değişik, derme çatma, muhtelif, müteferrik. 〜な人々 türlü insanlar. 〜な文化の分野 türlü kültür branşları. 〜な寸法の boy boy. 大小〜の irili ufaklı. 人の境遇は〜. Kimi köprü bulamaz geçmeye, kimi su bulamaz içmeye.
same サメ /*a.*/ köpek balığı, camgöz.
samê・ru 冷める /*ey.*/ soğu-, sön-. 愛情が〜 buz gibi soğu-. 食事が〜. Yemek soğuyor. 恋がさめた. Aşkı söndü.
samê・ru 覚める, 醒める /*ey.*/ uyan-. 目が〜 gözünü aç-. 眠けが〜 uykusu açıl- (dağıl-). 酔いが〜 ayıl-. 酔いが醒めた ayık. 赤ちゃんは目が覚めて、ベッドの中でおとなしくしている. Bebek uyanık, yatağının içinde sessizce oturuyor.
samê・ru さめる, 褪める /*ey.*/ sol-. 色が〜 boyası at-, rengi at- (kaç-, uç-). 色が褪めた soluk, rengi çalık.
samisîi さみしい /*s.*/ → **sabisîi**.
sàmitto サミット(İng. summit) /*a.*/ zirve toplantısı (konferansı).
sàmonaito さもないと /*ba.*/ ille, yoksa. 借金を月末までに支払うことが必要だ、〜とても悪いことになるだろう. Bonoyu ay sonuna kadar ödemem gerek, yoksa çok kötü olacak.
samosîi さもしい /*s.*/ bencil.
samowàaru サモワール(Rus. samovar) /*a.*/ semaver. 〜で入れたお茶 semaverde yapılan çay.
samùi 寒い /*s.*/ soğuk, ayaz. 〜天気 soğuk hava. 〜ところ soğuk. 寒くなる soğu-, üşü-. とても寒くなる don-. 寒く感じる üşü-. 寒く感じさせる üşüt-. 寒く雪が多くなる kış yap-. 今日は〜. Bugün soğuk var. だいぶ冷えてきて〜. Hava çok soğuk, üşüyorum. 天気がだんだん寒くなってきた. Havalar gitgide (gittikçe) soğuyor. 外がめっぽう〜. (冗談) Ayaz paşa kol geziyor.
samukê 寒け, 寒気 /*a.*/ soğuk algınlığı.
sàmusa 寒さ /*a.*/ soğukluk, soğuk. 凍るような〜 dondurucu soğuklar. 凍るような〜になる dona çek-. 〜が押し寄せる soğuklar bastır-. 冬の〜が厳しくなる kış bas-. 長く〜の中に置かれる ayaz kes-. 〜に慣れている soğuğa alışık. 〜が腹にこたえた. Soğuk, ciğerime geçti. これほどの〜はまだ経験したことがなかった. Bu derece soğuk hiç görülmemişti. 外に出たらひどい〜で耳が凍った. Dışarı çıkınca ayazdan kulaklarım dondu. どういう風の吹きまわしか、この〜に出かけたよ. Aklına esti, bu soğukta gezmeğe çıktı.
sanadàmusi サナダムシ /*a.*/ şerit.

sanagi さなぎ /*a.*/ krizalit.
sanatoryùumu サナトリウム (İng. sanatorium) /*a.*/ sanatoryum.
sanoo 砂のう /*a.*/ katı, taşlık.
sañ 三 /*a.*/ üç. トランプの〜 üçlü. ポケットにリンゴが〜個ある. Cebimde üç elma var.
sañ さん /*il.*/ bey ; hanım, bayan. ハサン〜 Hasan bey. アイシェ〜 Bayan Ayşe, Ayşe hanım. 奥〜! bayan お嬢〜! bayan. 今日道で弟〜に会いました. Bu gün yolda kardeşinize rast geldim.
sañ 酸 /*a.*/ asit, ekşi.
sañba 産婆 /*a.*/ ebe. 〜に見せるebeye bakın-. 〜さんが弟が丈夫で生まれたと言ったのでとてもうれしかった. Ebe küçük kardeşimin sağlıklı doğduğunu söyleyince çok sevindim.
sañbai 三倍 /*a.*/ üç kat. これはそれの〜の長さだ. Bu ondan üç kat uzun.
sañbañmè 三番目 /*a.*/ üçüncülük. 〜の üçüncü.
sañbasi 桟橋 /*a.*/ iskele.
sàñbi 賛美 /*a.*/ sitayiş. 〜する hayran ol-.
sañbika 賛美歌 /*a.*/ ilâhî.
sàñbiki 三匹 /*a.*/ この犬は〜の狼に相当する. Bu köpek üç kurda bedeldir.
sàñboñ 三本 /*a.*/ もりは先が〜ある. Zıpkının üç çatalı var.
sañboo 参謀 /*a.*/ kurmay. 〜将校 kurmay subayları.
sañboo hòñbu 参謀本部 /*a.*/ genel kurmay.
sañbucu 産物 /*a.*/ ürün. 地方の〜 yerli mallar.
sañbuñ 散文 /*a.*/ nesir, düz yazı. 〜の mensur.
sañbyòosi 三拍子 /*a.*/ 〜のリズム üç zamanlı ölçü.
sàñci 産地 /*a.*/ 〜直買 elden al-.
sañci syòomei 産地証明 /*a.*/ menşe şahadetnamesi.
sañcyoo 山頂 /*a.*/ dağ başı, zirve. 〜に登る dağın tepesine çık-. 〜に霧がかかっている başı dumanlı. 〜を煙が包んだ. Dağ başını duman bürüdü.
sañdañ 散弾 /*a.*/ saçma.
sañdañ ròñpoo 三段論法 /*a.*/ kıyas.
sañdaru サンダル(İng. sandal) /*a.*/ sandal. 木の〜 nalın, takunya. 〜をはく sandal giy-. 〜を作る人 nalıncı.
sañdaruya サンダル屋 /*a.*/ nalıncı. 〜のような nalıncı keseri.
sàñdo 三度 /*a.*/ üç kere. 日に〜の食事 günde üç öğün yemek.
sañdoìcci サンドイッチ (İng. sandwich) /*a.*/ sandviç.
sañdoo 賛同 /*a.*/ iştirak, katkı. 〜する iştirak et-.
sàñgacu 三月 /*a.*/ mart. 〜十三日に martın on üçünde. イスラム暦の〜 büyük mevlit ayı.
sañgai 三階 /*a.*/ ikinci kat.
sañgaidate 三階建て /*a.*/ 〜の家 üç katlı bir ev.
sañgaku 山岳 /*a.*/ dağ.
sañgaku cìtai 山岳地帯 /*a.*/ dağlık bir bölge.
sañgìiñ 参議院 /*a.*/ senato.
sañgiiñ gìiñ 参議院議員 /*a.*/ senatör.
sañgo 産後 /*a.*/ 〜40日たった. Loğusa kırkladı.
sàñgo サンゴ /*a.*/ mercan, deniz danteli. 〜の mercan. 〜のイヤリング mercan küpeler.
sañgòsyoo サンゴ礁 /*a.*/ mercan resifleri.
sañgùrasu サングラス(İng. sunglasses) /*a.*/ güneş gözlüğü.
sañgyoo 産業 /*a.*/ endüstri, sanayi. 〜の endüstriyel, sınaî. 戦争がある種の〜をだめにした. Savaş kimi sanayii öldürdü.
sañgyoo kàkumei 産業革命 /*a.*/ sanayi devrimi.
sañiñ 産院 /*a.*/ doğum evi.

sa̱ñka 参加 /a./ katılma, iştirak, katılış, katkı. ～する katıl-, katış-, iştirak et-. 選挙にみんな～した. Seçime hepimiz katıldık. ～すれば多少でも得がある. Bal tutan parmağını yalar.
sa̱ñka 賛歌 /a./ methiye.
sañka̱gecu 三か月 /a./ ～の子 üç aylık çocuk. この仕事はわずか～で終わる. Bu iş ancak üç ayda biter.
sañka̱i 三回 /a./ üç kez.
sa̱ñkaku 三角 /a./ üçgen.
sañka̱kucyuu 三角柱 /a./ üçgen biçme.
sañkakuhoo 三角法 /a./ trigonometri.
sañka̱kukei 三角形 /a./ üçgen. ～の üçgen. ～の垂線 kenar ortay. ～の内角の和は180度である. Bir üçgenin iç açıları toplamı 180 derecedir.
sañkakùsu 三角州 /a./ çatal ağız, delta, birikinti konisi.
sañkaku zyo̱ogi 三角定規 /a./ gönye.
sañka magunesyùumu 酸化マグネシウム /a./ manyezi.
sañka̱ñ 三巻 /a./ アタチュルク演説集は～ある. Atatürk'ün Söylev'i 3 cilttir.
sañkei 参詣 /a./ tapınma.
sa̱ñki 三期 /a./ 結核には～ある. Veremin üç devri vardır.
sa̱ñko 三個 /a./ üç tane. ～のタマネギ üç baş soğan.
sañkoosyo̱ 参考書 /a./ yardımcı çalışma kitabı, yardımcı ders kitabı.
sañkyaku 三脚 /a./ çatkı. 火にのせてなべをかける～ sacayağı, sacayak.
sañkyakudai 三脚台 /a./ sehpa.
sañkyoo 山峡 /a./ kısık, boğaz.
sa̱ñkyuu サンキュー(İng. thank you) /ùn./ mersi.
sañmaime̱ 三枚目 /a./ komedyen, komik.
Sañma̱rino サンマリノ /a./ San Marino.
sañmeñkyoo 三面鏡 /a./ tuvalet masası.
sañmyaku 山脈 /a./ sıradağ, dağ silsilesi. 大きな～で境ができている büyük dağlar ile mahdut.
sañni̱ñ 三人 /a./ 彼は～子供がいる. Onun üç çocuğu var. この～の若者は誰からもまきあげてはいない. Bu üç delikanlı kimseyi dolandırmadılar. §～寄れば文珠の知恵. Bir elin sesi çıkmaz.
sañniñgumi 三人組 /a./ üçlü.
sañpacuya 散髪屋 /a./ berber. ～は父のひげをかみそりでそった. Berber babamın sakalını ustura ile tıraş etti.
sañpai 参拝 /a./ tapınma.
sañpo 散歩 /a./ yürüyüş, gezinti, piyasa. ～する gezin-, gez-, piyasa et-, yol yürü-. 野原を～する kırda gezin-. 月の光で～する mehtaba çık-. ～に出かける yürüyüşe çık-, piyasaya çık-. ～させる gezdir-. 子供を庭で～させる çocuğu bahçede gezdir-. ～する所 mesire. 父は毎朝～をしている. Babam her sabah yürüyüş yapar.
sañrañ 産卵 /a./ ～する yumurtala-.
sañrañ 散乱 /a./ ～する yangın yerine dön-.
sa̱ñreñ 三連 /a./ ～の真珠 üç dizi inci.
sañriñ 山林 /a./ orman. ～管理官 ormancı.
sañroku 山麓 /a./ dağ eteği.
sañrùumu サンルーム(İng. sunroom) /a./ veranda.
sañsaku 散策 /a./ piyasa, gezinti.
sañsañgo̱go 三々五々 /be./ küme küme, öbek öbek, salkım salkım.
sañsei 賛成 /a./ kabul, rıza, onaylama, tasvip. ～する ona-, razı ol-.
sañsei 酸性 /a./ asitlik. ～の asit.
sañseihyoo 賛成票 /a./ beyaz oy.
sañsikisùmire 三色スミレ /a./ her-

saraàrai

caî menekşe.
sañso 酸素 /a./ oksijen. 水の成分には水素と〜がある。Suyun bileşiminde hidrojenle oksijen vardır.
sañso bòñbe 酸素ボンベ /a./ oksijen bombası.
sañsùisya 散水車 /a./ arozöz.
sàñsuke 三助 /a./ tellak. 女風呂の女の〜 natır.
sañsùru 産する /ey./ この植物はあの辺にだけ〜。Bu bitki oralarda ayrıca yetiştirilir.
sañsùu 算数 /a./ aritmetik.
sañsyokusùmire 三色スミレ /a./ hercaî menekşe.
sàñsyoo 三賞 /a./ üçlü priz.
sañsyoo 参照 /a./ …を〜せよ bakınız (bk. bkz.).
sañsyòouo サンショウウオ /a./ semender.
Sañtakuròosu サンタクロース (İng. Santa Claus) /a./ Noel baba.
sañtei 算定 /a./ 〜する oranla-.
sàñya 山野 /a./ 〜を開く tarla aç-.
sañzai 散財 /a./ 〜する saçılıp dökül-, saçıp savur-.
sañzañ 散々 /be./ 〜な目に遭う hastanelik ol-.
sañzasi サンザシ /a./ alıç. 〜の実 alıç.
sàñzi 三時 /a./ saat üç. 〜十五分前 üçe çeyrek.
sàñzi 惨事 /a./ 流血の〜が続く kan gövdeyi götür-.
sàñzi 賛辞 /a./ methiye, övgü.
sañzigeñ 三次元 /a./ 〜の üç boyutlu.
sañzìkañ 参事官 /a./ müsteşar.
sañzi sèigeñ 産児制限 /a./ doğum kontrolü.
sañzoku 山賊 /a./ eşkıya, haydut, şaki. 〜の巣窟 haydut yatağı. 〜になる dağa çık-. 〜のような性悪の番人 eşkıya bozuntusu bir bekçi. 〜の行為 haydutluk.
sañzyoku 産褥 /a./ loğusalık.

sañzyoo 三乗 /a./ küp. 四の〜, 4³ dördün kübü.
sañzyucu 算術 /a./ aritmetik, hesap. 〜の四則 dört işlem.
sañzyùssai 三十歳 /a./ otuz yaş. 〜の otuzluk.
sàñzyuu 三十 /a./ otuz. 〜の otuz, otuzluk.
sañzyuubañmè 三十番目 /a./ 〜の otuzuncu.
sañzyùudañ 三十段 /a./ 〜の階段 otuz ayak merdiven.
sañzyùunici 三十日 /a./ 四月は〜だ。Nisan ayı otuz gündür.
sañzùusoo 三重奏 /a./ üçlü.
sañzùusyoo 三重唱 /a./ üçlü.
saò さお /a./ değnek, çubuk, direk, sırık. コイを釣るには大夫な〜がいる。Sazanı avlamak için sağlam bir olta gerek.
saobàkari さおばかり /a./ kantar.
sappàri さっぱり /be./ 〜する temizlen-. 〜した temiz, derli toplu, kılıklı. 〜した清潔な部屋 derli toplu, oda. 〜した身なりの giyimli kuşamlı. この薬は〜よくない。Bu ilaçtan hiç bir şey anlamadım。この建物は〜貫録がない。Bu yapının hiç gösterişiyok. 何を言っているのか〜分からない。Ne diyorsun, sözlerinden bir şey anlamıyorum。近頃商売が〜だ。Son günlerde alış veriş çok durgun.
sara 皿 /a./ tabak, çanak. 土製の〜 çanak çömlek. からの〜 boş tabak. 三〜の料理 üç kap yemek. ろうそくの〜 kandil ağırşağı. てんびんの〜 kefe. インクスタンドの〜 hokka takımı tablası. ひざの〜 diz ağırşağı. 目を〜のようにして見る göz kesil-, gözünü dört aç-, belert-. 〜に二本ひびがある。Tabakta iki çatlak var. 一〜もバクラワをたいらげた。Bir tabak baklavayı göçürdü.
saraàrai 皿洗い /a./ bulaşıkçı. 食堂の〜 komi.

sàraba さらば /*ün.*/ ～うるわしき日々よ. Elveda ey güzel günler!

sàrada サラダ(İng. salad) /*a.*/ salata. トマトの～ domates salatası. ～にオリーブ油を振りかける salataya zeytin yağı gezdir-.

saradayoo サラダ用 /*a.*/ ～の salatalık. ～のトマト salatalık domates.

sarahàkobi 皿運び /*a.*/ 食堂の～ komi.

saraigecu 再来月 /*a.*/ öbür ay.

saraineñ 再来年 /*a.*/ öbür sene, öbür yıl.

saraisyuu 再来週 /*a.*/ öbür hafta.

sarakedàsu さらけ出す /*ey.*/ deş-.

sàrami サラミ(İt. salami) /*a.*/ salam.

sàrani さらに, 更に /*be.*/ bir de, daha, dahası, artık, aynı zamanda, ayrıca, fazla olarak, hatta, hem, kaldı ki, başkaca, üstüne, üstelik. ～よい yeğ. ～よくなる daha iyi ol-. ～まずいことになった bir bu eksikti. 問題を～この面から研究してみよう. Konuyu bir de bu cepheden ele alalım. 2リラ～安くした. İki lira daha indi.

sàrarii サラリー(İng. salary) /*a.*/ ücret, aylık, maaş.

sarariimañ サラリーマン(İng. salary man) /*a.*/ ücretli.

sàrasa 更紗 /*a.*/ basma.

sàrasara サラサラ /*be.*/ cızır cızır, çağıl çağıl, fış fış, fışır fışır, hış hış, ılgıt ılgıt, şırıl şırıl. ～いう音 fışırtı. ～流れる çağıl çağıl ak-, şırılda-. ～と音を立てる çağılda-, fışırda-. ～と書く cızır cızır yaz-. 水が～流れている. Su fışır fışır akıyor. 小川が～流れている. Küçük dere şırıldıyor. 石の間から～水が流れる. Taşların arasından şırıl şırıl sular akıyor. ～とき ぬずれの音がしている. Kumaş fışır fışır ediyor.

sarasare・ru さらされる /*ey.*/ maruz kal-. さらされた maruz.

sarasiko さらし粉 /*a.*/ kireç kaymağı.

sarasimono さらし者 /*a.*/ ～にすること teşhir.

sarasu さらす /*ey.*/ göster-, maruz bırak-. 日に～ güneşe göster- (maruz bırak-). 危険に身を～ göze al-.

sarau さらう /*ey.*/ götür-, kaçır-, kap-. 娘を～ kız kaçır-. 人を～ dağa kaldır-. 木を激流がさらった. Ağacı sel götürdü.

saraware・ru さらわれる /*ey.*/ kaptır-. 泥棒に～ çaldır-. 子供がドーナツを犬にさらわれた. Çocuk simidini köpeğe kaptırmış.

sarekòobe されこうべ /*a.*/ kuru kafa.

sare・ru される /*ey.*/ edil-, olun-. 批判～ tenkit olun-. 考えが明らかに～ aydınlan-.

sàroñ サロン(Fr. salon) /*a.*/ salon.

sàru サル, 猿 /*a.*/ maymun. アフリカの～ şebek.

sàru 去る /*ey.*/ git-, geç-, geçip git-, kuyruğu dik-. こっそり～ çekilip git-, savuş-, sıvış-. 早く～ kuş kanadıyla git-. 去って行く(隠語) arabayı çek-. この世を～ vefat et-. 困難が去って心配なくなる ayağı düze bas-. ～前に gider ayak. 夏が去った. Yaz gitti. 危険は去った. Atladı gitti genç Osman. §～者は日々にうとし. Gözden ırak olan gönülden de ırak olur.

sarubia サルビア /*a.*/ ateş çiçeği, ada çayı.

sàrutañ サルタン(İng. Sultan) /*a.*/ sultan. ～の hümayun. ～の息子 şehzade.

sasaè 支え /*a.*/ destek, dayanak, destekleme, bindi, mesnet, koltuk. ～になる destek ol-, sağla-, kol ver-. 苦しい時の～は母だ. Zor günlerimde dayanağım annem oluyor.

sasaeàu 支え合う /*ey.*/ dayanış-.

sasaerare・ru 支えられる /*ey.*/ des-

teklen-.
sasae・ru 支える /ey./ daya-, destekle-, besle-, arka ver-, omuz ver-, sağla-, taşı-. 宙に〜 askıya al-. 宙づりに〜 boşa al-. 一家を〜 tütününü tüttür-. 家の屋根を支えている材木 evin çatısını taşıyan tahtalar. 川を支えている水源 ırmağı besleyen kaynaklar.
sasage ササゲ /a./ börülçe.
sasage・ru 捧げる /ey./ kaldır-, ithaf et-, kurban ol-, (kes-), ada-, vakfet-. 祈りを〜 ada-. 命を〜 kurban ver-. 身を〜 baş ver-, kul köle (kurban) ver-. 神に〜 kutsa-. 身を学問に捧げた. Kendini bilime vakfetti.
sàsai 些細 /a./ ufaklık. 〜な ufak. 〜な事まで気にする kılı kırk yar-. 〜なことだ. İncir çekirdeğini doldırmaz.
sasakure ささくれ /a./ 指の〜 şeytan tırnağı.
sasàru 刺さる /ey./ bat-. 手にとげが〜 eline diken (kıymık) bat-. 針が手に刺さった. İğne elime saplandı.
sasàyaka ささやか /a./ 〜な bir damla. 〜な贈り物 küçük bir hediye.
sasayaki ささやき /a./ fısıltı.
sasayakiàu ささやき合う /ey./ fısıldaş-.
sasayàku ささやく /ey./ fısılda-, fısla-, karnından konuş- (söyle-). 私の耳に何かささやいたが,何を言ったのか分からなかった. Kulağıma bir şey fısıldadı, ama ne dediğini anlamadım.
saseñ 左遷 /a./ 〜する görevden al-.
saserare・ru させられる /ey./ yaptırıl-.
sase・ru させる /ey./ ettir-, yaptır-. 言ったように〜 söz geçir-. したいように〜 kukla gibi oynat-. 行かないように〜 ayağını kes-. させないようにする alıkoy-. はっきり〜 aydınlat-. 子供達に朝食をさせた. Çocuklara kahvaltı ettirdi.
sasiage・ru 差し上げる /ey./ sun-. お茶を〜 çay ver-. この本をあなたに差し上げたい. Bu kitabı size sunmak istiyorum.
sasiatari 差し当たり /be./ şu anda, şimdilik.
sasìbae サシバエ /a./ kara sinek.
sasicukae 差し支え /a./ mahzur, pürüz, sakınca. 〜のある pürüzlü. 〜がない yeşil ısık yak-, olur. 〜がなければ bir pürüz çıkmazsa.
sasicukaè・ru 差し支える /ey./ mahzur gör-, mahzurlu.
sasidasiniñ 差し出し人 /a./ gönderen, gönderici, gön.
sasidàsu 差し出す /ey./ arz et-, sür-, uzat-, tut-, ver-. 手を〜 el ver-.
sasie 挿絵 /a./ resimleme.
sasihikaè・ru 差し控える /ey./ geri dur-, geri kal-, kaçın-. 少しも出費を差し控えなかった. Hiç bir masraftan kaçınmadı.
sasìhiki 差し引き /a./ kesinti. 〜残高 temiz para.
sasihiku 差し引く /ey./ kes-. 勘定から〜 hesaptan düş-. 差し引かない金額の brüt. 給料から5リラ差し引いた. Ücretinden beş lira kesmişler.
sasikake 差し掛け /a./ sundurma.
sasikì 挿し木 /a./ çelik.
sasikomi 差し込み /a./ fiş; sancı. 電気の〜 fiş. 激しい〜 şiddetli sancı.
sasikomu 差し込む /ey./ sok-, sapla-; sancı gel- (gir-), sancıla-. 包丁をスイカに〜 bıçağı karpuza sapla-.
sasimonòsi 指し物師 /a./ marangoz.
sasimukai 差し向かい /a./ 〜になる baş başa kal-.
sasinobè・ru 差し伸べる /ey./ 手を〜 elini uzat-, himayesine al-, kollarını aç-, koltuğuna gir-, koltuğunun altına sığın-, koltukla-.
sasìñsicu 左心室 /a./ 心臓の〜 kal-

sasiosae

bin sol karıncığı.
sasiosae 差し押さえ /*a.*/ haciz, icra, zapt.
sasiosaehiñ 差し押さえ品 /*a.*/ masa.
sasiosaê·ru 差し押える /*ey.*/ kısıtla-. 品物を〜 haciz koy-.
sasisawari 差し障り /*a.*/ beis, engel. 〜があって正しく見えない gözünde olma-.
sasisemaru 差し迫る /*ey.*/ 差し迫った ivedili.
sasisimêsu 指し示す /*ey.*/ işaret et-.
sasiwatasi 差し渡し /*a.*/ çap.
sàsizu 指図 /*a.*/ talimat, direktif. 〜する talimat ver-, direktif ver-, çekip çevir-. つきっきりで〜する başına dikil-. 〜される yönetil-. 〜を受ける talimat al-, direktif al-. …の〜にまかせる emrine ver-.
sasizyoo さし錠 /*a.*/ sürgü, sürme.
sasoi 誘い /*a.*/ yemleme.
sasoikõmu 誘い込む /*ey.*/ ayart-, yemle-.
sasori サソリ /*a.*/ akrep, kuyruklu.
Sasoriza サソリ座 /*a.*/ Akrep.
sasou 誘う /*ey.*/ davet et-. 仲間に〜 sürükle-. 悪の道に〜 azdır-. 眠りを〜 uyku ver- (getir-). 涙を〜 ağlat-.
sàssato さっさと /*be.*/ 〜残らず使い果たした. Tuttu, bütün parasını harcadı.
sàssi サッシ(İng. sash) /*a.*/ çerçeve.
sàssi 冊子 /*a.*/ broşür.
sassoku 早速 /*be.*/ acilen, hemen.
sassuru 察する /*ey.*/ 察してやる hâlden anla- (bil-).
sassyoo 殺傷 /*a.*/ 〜する kan dök-. 〜補償金 diyet.
sasu 砂州 /*a.*/ kıyı dili.
sàsu 刺す /*ey.*/ vur-, sok-, dürt-, arı gibi sok-. 虫が〜 haşla-, sok-. ピンを〜 iğne sok-. 針を〜 iğnele-. 人を〜 (隠語) zımbala-. ナイフを〜 bıçak vur-. ナイフで人を〜 (隠語) şişle-. 人を〜ような iğneleyici. 風が肌を〜

ısır-. 子供をハチが刺した. Çocuğu arı soktu. ナンキンムシが子供の腕を刺した. Tahta kurusu çocuğun kolunu haşlamış.
sàsu 差す /*ey.*/ 傘を〜 şemsiye tut-. 水を〜 su koyuver-. 油を〜 yağla-. 戸がギーギーいっている油を差さなければ. Kapı gıcırdıyor, yağlamak gerekecek.
sàsu 射す /*ey.*/ 光が〜 ışı-. 日光の射さない ışıksız. 木の影が塀にさしている. Ağacın gölgesi duvara vuruyor.
sàsu 指す /*ey.*/ işaret et-.
sasurai さすらい /*a.*/ 〜の evi sırtında.
sasuraimono さすらい者 /*a.*/ kopuk.
sasuru さする /*ey.*/ ov-, sıvazla-. 背中を〜 sırtı ov- (sıvazla-).
sasyoo 査証 /*a.*/ vize.
satã さた /*a.*/ 正気の〜でない ipe sapa gelme-.
sàtañ サタン (İng. Satan) /*a.*/ şeytan.
sàte さて /*be.*//*ba.*/ şimdi, işte, imdi, acaba, artık, evet. 〜お話はめでたしめでたしとなりました. İşte masal böyle güzel bir sonla bitti. 手紙をもらった、〜返事を出さなければならない. Mektup aldık, şimdi cevap vermemiz gerektir.
sàteñ サテン(Hol. satijn) /*a.*/ atlas, saten.
sàteoki さておき /*be.*/ …は〜 bir yana.
sàtesate さてさて /*ün.*/ kim bilir.
sàtewa さては /*ün.*/ meğer. 〜だますつもりだな. Aklınca beni aldatacak. 〜だまされていたのか. Meğer ben aldanmışım.
satogo 里子 /*a.*/ 〜の女中 besleme.
satòo 砂糖 /*a.*/ şeker. 〜と塩 şeker ve tuz. 〜を入れる şekerle-. 〜を入れること şekerleme. 〜を入れたコーヒー şekerli kahve. 〜を作るための şekerlik. 〜でくるんだアーモンド badem şe-

keri. 〜の入りすぎたケーキ fazla şekerli bir pasta.
satòocubo 砂糖つぼ /a./ şeker hokkası, şekerlik.
satoo dàikoñ サトウダイコン, 砂糖大根 /a./ pancar, şekerlik pancar.
satoogàsi 砂糖菓子 /a./ şekerleme, bonbon.
satòoire 砂糖入れ /a./ şekerlik.
satooiri 砂糖入り /a./ 〜の şekerli. 〜のコーヒー şekerli kahve. 〜の牛乳 şekerli süt.
satòokibi サトウキビ /a./ şeker kamışı. ひと節の〜 bir boğum şeker kamışı.
satooni 砂糖煮 /a./ 果物の〜 komposto.
satòouri 砂糖売り /a./ şekerci.
satoru 悟る /ey./ akıllan-, gör-, anla-, farkına var-.
satoru さとる, 覚る /ey./ sez-.
sàtto さっと /be./ bir ara, bir de, bir, hürya, şıp diye, şıppadak. 〜入る kaç-. 〜出す daya-. 〜出て来る şıppadak çıkagel-. 戸が開くと〜中へ入って来た. Kapı açılınca hürya içeri girdiler. 〜口に入れてみたら甘いこと. Bir de ağzıma aldım ki şeker gibi.
sattoo 殺到 /a./ furya, patlama.
sàuna サウナ(Fin. sauna) /a./ Fin hamamı.
Sauziàrabia サウジアラビア /a./ Suudi Arabistan.
sawà 沢 /a./ dere.
sawagasìi 騒がしい /s./ gürültülü. 〜物音 gürültü たいへん騒がしくなる bir kıyamettir git- (kop-). 騒がしくない gürültüsüz.
sawagàsu 騒がす /ey./ rahatsız et-, endişelendir-.
sàwagi 騒ぎ /a./ gürültü, patırtı, ses soluk. 〜を起こす fesada ver-, hır çıkar-, kıyameti (kıyametler, kıyametleri) kopar-, patırtı çıkar-. 〜を起こす人 fesat. 〜が起こる fırtına çık- (kop-, patla-), patırtı kop-. 〜が静まる ortalık yatış-. 〜に紛らす (隠語) gargaraya getir-. 外の〜が聞こえなかった. Dışardaki gürültüyü duymadım. 生徒の間で〜が起こった. Öğrenciler arasında gürültü çıktı.
sawagitatè・ru 騒ぎ立てる /ey./ bayrakları aç-, curcunaya çevir- (döndür-, ver-), gürültücü. 一緒になって〜 çığrış-.
sawàgu 騒ぐ /ey./ şamata et- (kopar-). 陽気に〜 düğüm bayram et-. 血が〜 kan kayna-.
sawàkai 茶話会 /a./ çay partisi.
sawarase・ru 触らせる /ey./ 手を触らせない el sürme-. 私の本に誰も触らせないで下さい. Kitaplarıma kimse dokunmasın.
sawari 障り /a./ engel.
sawaru 触る /ey./ dokun-, sürün-, sürtün-, il-. 手で〜 el sür-, elle-, (俗語) elleş-. 手で触って調べる yokla-. ちょっと〜 iliş-. 壁に〜 duvara sürün-. 触らない elini sürme-. 壁に触らないで下さい, 塗りたてです. Duvara sürtünmeyiniz, yeni boyandı. ちょっと手が花に触ったら花びんが倒れた. Elim çiçeklere ilişmiş, vazo devrildi.
sawaru 障る /ey./ dokun-, tırmala-. 陽気が体に〜 hava çarp-. 神経に〜 sinirine dokun-. 気に〜 fenasına git-, acı gel-, üstüne yor-, koy-, gönlü kal-, bat-, dokunaklı. 人の気に〜 ciğerine işle-. 気に〜ことを言う ağır söyle-. 気に〜ような ağır. 気に〜ようなことをする (俗語) sürtün-. 乳が子供の体に障った. Süt, çocuğu çalkadı. コショウの入った料理は私の体に障ります. Biberli yemekler bana dokunur.
sawàyaka さわやか /a./ 〜な serin, temiz, dinç, renkli, canlı, dinlenmiş. 〜な空気 serin hava, serinlik. 朝の〜な風 esin. 〜に püfür püfür. 〜になる serinle-. 気分が〜にな

る serinlen-. エルハンはとても〜な家庭を持っている. Erhan'ın çok temiz bir ailesi var.

sawayàkasa さわやかさ /a./ serinlik.

sàya さや /a./ kın, mahfaza. 刀の〜 kılıcın kını. 刀を〜から抜く kılıcını kınından çek-.

sàyasaya サヤサヤ /be./ fış fış, fışır fışır. 〜と音を出す fışırda-.

sàyoku 左翼 /a./ sol, solcu. 〜の sol, solcu.

sayoku sîsoo 左翼思想 /a./ sol düşünce.

sayokuteki 左翼的 /a./ 〜な sol eğilimli.

sàyoo 作用 /a./ hareket, işleme, işlev, kullanım, çalışma, fonksiyon.

sayoonàra さようなら /ün./ Allaha ısmarladık, hoşça kal (kalın), güle güle, devletle, eyvallah, saadetle. 〜を言う veda et-, vedalaş-. 永久に〜 elveda.

sàyuu 左右 /a./ sağ sol. 〜の sağlı sollu. 〜の大きな建物 sağlı sollu büyük yapılar. 〜の腹腔 geğrek. 〜にゆれる yalpala-. 腰を〜に曲げる bel kır-. しばしば〜に方向を変える zikzak yap-. 言を〜にする sözü döndürüp dolaştır-.

sazanami さざ波 /a./ çırpıntı. 〜の立つ çırpıntılı.

sàzi さじ /a./ kaşık. ひと〜の kaşıklık. ふた〜のジャム iki kaşıklık reçel.

saziñ 砂塵 /a./ toz.

sazukè・ru 授ける /ey./ ver-. 知恵を〜 akıl öğret-, akıl ver-. 知恵を hocalık et-. 精神的満足を〜 bahşet-.

sazyuu 叉銃 /a./ 〜する çat-. 〜した 銃 tüfek çatkısı.

sè 背 /a./ arka, sırt, art, eğin, boy. 〜を向ける arka çevir-, arkasını çevir-. ラバの〜に乗る katırın sırtına bin-. 馬の〜のような balık sırtı. 〜の高い boylu, uzun boylu, uzun, bacaklı,

minare gibi. 〜が高くなる boy al-. 〜が伸びる boy at-, boy sür-, boylan-. 子供の〜ばかりが伸びる boya çek-. 〜が高くてハンサムな boylu boslu, dalyan gibi. 〜の低い kısa boylu, bacaksız, götten bacaklı, bacak kadar. 〜の低い人 kıçtan bacaklı. 〜が低くて太った bodur. 〜が低くて細い ufacık tefecik. 村はあの向こうの山の〜にあります. Köyümüz şu karşı dağın sırtındadır. 兄はとても〜が高い. Ağabeyimin upuzun boyu var.

sebamàru 狭まる /ey./ daral-.

sebamerarè・ru 狭められる /ey./ daraltıl-.

sebamè・ru 狭める /ey./ daralt-, darlaştır-. 間を〜 sıklaştır-.

sebìro 背広 /a./ kostüm, tayyör.

sebì・ru せびる /ey./ dilen-.

sebone 背骨 /a./ bel kemiği, omurga.

secci 設置 /a./ tesis.

seccyakùzai 接着剤 /a./ tutkal, yapışık, çiriş, zamk. 〜でつける tutkalla-, çirişle-, zamkla-. 本の表紙を〜でつける kitabın kabını tutkalla yapıştır-.

sècu 説 /a./ öğreti.

sècu 節 /a./ boğum ; fasıl, cümlecik, paragraf.

sècubi 設備 /a./ döşem, tesisat, donatım. 〜の整った mamur.

secubizi 接尾辞 /a./ son ek.

secuboo 切望 /a./ 〜する burnunda tüt-.

secudañ 切断 /a./ kesim, kesiklik. 〜する kes-, katet-. 〜すること kesme.

sècudo 節度 /a./ ölçü, itidal. 〜を守る itidalini muhafaza et-, kararında bırak-. 〜を失う baştan çık-. 〜のある ılımlı, mutedil. 〜のある人 itidal sahibi.

secugañ 接岸 /a./ rampa. 〜する yanaş-.

secugeñ 接舷 /a./ rampa. 二隻の船が

secugoo 接合 /a./ しっかり〜する kayna-. 〜させる kavuştur-, kaynat-. 折れた骨はまだ十分に〜していない。Kırık kemik daha kaynamadı.

secumei 説明 /a./ anlatım, açıklama, ifade, izah, izahat, tarif. こみいった〜 çetrefil ifade. 詳細な〜 müfredat. 〜する anlat-, açıkla-, ifade et-, bahset-, beyan et-, dile getir-, fikir ver-, hesap ver-, izah et-, tarif et-. よく〜する açık söyle-, açımla-, bin dereden su getir-. 〜するのにくたびれる yüreğini tüket-, yüreği tüken-. 〜を求める hesap sor-. 〜できる限り dili döndüğü kadar. 全詳細を〜した報告を準備した。Bütün detayları anlatan rapor hazırladılar. 先生は旅行の効用について私達によく〜してくれた。Öğretmenimiz turizmin yararları konusunda bizi aydınlattı.

secumeisyo 説明書 /a./ tarife. 薬の〜 ilacın tarifesi. 内容〜 prospektüs. 電気掃除機の取り扱い〜 elektrik süpürgesinin tarifesi.

secunaru 切なる /s./ 〜なる願い yakarı, yakarış.

secuni 切に /be./ 〜おいでを願う kırmızı dipli mumla davet et-.

securicu 設立 /a./ tesis, inşa. 〜する kur-, tesis et-, akdet-. 会社を〜する şirket kur-. 〜される kurul-. 〜年月日 tesis tarihi.

securicùbucu 設立物 /a./ kuruluş.

securicùsya 設立者 /a./ kurucu.

secuyaku 節約 /a./ idare, iktisat, tutum, kısıntı, artırım, tasarruf, ekonomi. 〜する idare et-, iktisat et- (yap-), kırp-, tasarruf et-. 食べ物を切り詰めて〜する dişten artır-. うまく〜して使う idaresini bil-. 新しい予算で一連の〜が行われた。Yeni bütçede birtakım kısıntılar yapıldı.

secuyakuka 節約家 /a./ 〜の idareli.

secuzi 接辞 /a./ ek.

secuzoku 接続 /a./ bağlantı. 〜する bağla-, bağlat-, aktarmalı.

secuzokùsi 接続詞 /a./ bağlaç.

sècuzyo 切除 /a./ 〜する temizle-.

secuzyokuseñ 雪辱戦 /a./ rövanş.

sèdai 世代 /a./ kuşak, nesil, gömlek, göbek. 若い〜 genç kuşak. 古い〜 eskiler. この人達は四〜にわたってずっと兵隊だった。Bunlar dört göbekten beri askermiş.

seerusùmañ セールスマン (İng. salesman) /a./ satıcı.

sèetaa セーター (İng. sweater) /a./ kazak, süveter. 赤い毛糸の〜 kırmızı yünden bir kazak. 毛の〜で体がチクチクする。Tüylü kazağım vücudumu dalıyor.

segàmu せがむ /ey./ diren-, diret-. うるさく〜 sırnaş-, sırnaşık.

segare せがれ /a./ oğul.

sèi せい /a./ sebep. …の〜にする yor-, atfet-. …の〜にされる yorul-. 人の〜にして atfen. お前の〜だ günahı boynuna. 私の〜にするな。Bana kabahat bulma. 不成功を何の〜にすればいいのか私には分からない。Başarısızlığını neye yormalı bilmiyorum.

sèi 生 /a./ can, dirim. この世に〜を受ける doğ-. 〜あるうちに ömür boyunca. 死とはそういった関門であって〜あるものは必ずそこを通る。Ölüm öyle bir kapı ki her doğan varlık mutlaka oradan geçiyor.

sèi 性 /a./ cins, cinslik, cinsiyet, eşey, seks. 〜の cinsel, cinsî, eşeysel. 〜のある eşeyli. 〜にルーズである uçkuruna gevşek ol-.

sèi 精 /a./ ruh, öz ; peri. 〜を出して canla başla. 〜も根も尽き果てる canı çık-.
§〜出せば凍る間もなし水車。Nerede hareket orada bereket.

sèi 姓 /a./ soy adı. アフメットの〜はエルデムリである。Ahmet'in soy adı Er-

demli'dir.
sèi 正 /a./ ～の pozitif, müspet.
sèi 背 /a./ boy. → sè.
sèi- 聖 hazret. ～アリ Hazret Ali.
seiacu 制圧 /a./ tahakküm, kahır. ～する kahret-, sindir-. 軍が敵を～した. Askerler düşmanı sindirdiler.
seibaku 精麦 /a./ bulgur.
seibecu 性別 /a./ cinslik, cinsiyet, eşey.
sèibi 整備 /a./ bayındırlık, donatım, tertibat. ～する donat-, imar et-, tertiple-, nâzım. ～される düzenlen-. ～された bayındır, mamur.
sèibo 聖母 /a./ ana. ～マリア Meryem ana.
sèibucu 生物 /a./ hayat, canlı, canlı varlıklar, mahluk, yaratık.
seibucùgaku 生物学 /a./ biyoloji, dirim bilimi.
seibucu gàkusya 生物学者 /a./ biyolog.
sèibuñ 成分 /a./ öğe, unsur. 水の～には水素と酸素がある. Suyun bileşiminde hidrojenle oksijen vardır.
seibyoo 性病 /a./ zührevî hastalıklar. ～の zührevî.
seicuu 精通 /a./ alışkanlık.
seicyoo 成長 /a./ gelişme, gelişim. ～する boy ver-, geliş-, yetiş-, serpil-, büyü-. 子供が～する çocuk büyü-. ～した yetişkin. ～するç yetişme (yetişmeyesi). ～を妨げる yanık. 子供は急に～した. Çocuk çabuk serpildi. 木はその土地を好まず～しなかった. Ağaç yerini sevmedi, küstü.
seicyoo 政庁 /a./ hükûmet. ～所在地 hükûmet merkezi.
seidai 盛大 /a./ ～な gösterişli.
sèido 制度 /a./ rejim, sistem, düzen. 封建～ derebeylik sistemi.
seidoka 制度化 /a./ ～する sistemleştir-,
seidoo 正道 /a./ ～に立ち戻る aklını başına al-.

seidoo 青銅 /a./ tunç, bronz. ～の tunç. ～の小さな花瓶 tunçtan küçük bir vazo.
seidooiro 青銅色 /a./ bronz. ～の bronz.
sèieki 精液 /a./ meni, bel suyu. 魚の～ süt.
seieñ 声援 /a./ ～する alkışla-, alkış tut-.
seieñzyo 製塩所 /a./ tuzla. 湖の～ göl tuzlaları.
seigaku 声楽 /a./ şan.
seigakuka 声楽家 /a./ ses sanatçısı.
seigañ 請願 /a./ dilekçe. ～が書かれた. Dilekçe yazıldı.
seigàñsya 請願者 /a./ dilekçi.
seigañsyo 請願書 /a./ dilekçe, arzuhal, istida.
seigèñ 制限 /a./ inhisar, kayıt, tahdit. ～する daralt-, darlaştır-, kısıtla-. ～される daraltıl-, inhisar et-. ～された kayıtlı. 政府は海外旅行を～した. Hükûmet dış gezileri kısıtladı.
sèigi 正義 /a./ adalet, hak. ～は勝つ. Eğride tok, doğruda aç görülmez.
seigohyoo 正誤表 /a./ hata sevap cetveli.
sèigyo 制御 /a./ güdüm. ～されている güdümlü.
seihañ 製版 /a./ ～する sayfa bağla-.
seihàñtai 正反対 /a./ karşıtlık. ～の karşıt, taban tabana zıt. ～だ. Bu ne perhiz bu ne lahana turşusu.
seiheki 性癖 /a./ yönseme.
seihiñ 製品 /a./ imalât, mamulat, ürün, mal, iş. 石油～ petrol ürünleri.
seihìrei 正比例 /a./ doğru orantı. ～の doğru orantılı.
seihoñ 製本 /a./ ～する ciltle-. ～されている ciltli. ～されていない ciltsiz. ～されていないもの ecza. ～のための紙のへりtırnak.
seihòñsya 製本者 /a./ ciltçi.

seihoo 西方 /a./ batı, batı yönünde olan.
seihoo 聖法 /a./ şeriat.
seihôokei 正方形 /a./ dik dörtgen, dördül, kare. ～の kare. ～の内角の和は360°である. Bir karenin iç açıları toplamı 360 derecedir. 1ヘクタールは各辺が100メートルずつの～の面積である. Bir hektar, kenarları yüzer metre olan bir dördülün alanıdır.
seihu 政府 /a./ devlet, hükûmet, beylik. ～の官庁 hükûmet kapısı (konağı). ～の危機 hükûmet buhranı. オスマン・トルコ～ Baliali. ～は海外旅行を制限した. Hükûmet dış gezileri kısıtladı.
seihu kikañ 政府機関 /a./ devlet organları.
seihuku 制服 /a./ forma, üniforma. 私達の学校の生徒は紺の～を着ている. Okulumuzun öğrencileri lâcivert forma giyiyorlar.
seihuku 征服 /a./ fetih. ～する alt et-, fethet-. 国を～する ülke aç-.
seihukùsya 征服者 /a./ fatih.
seihuu 西風 /a./ batı, gün batısı.
seihu yôsañ 政府予算 /a./ devlet bütçesi.
seihyôosicu 製氷室 /a./ buzhane.
sêii 誠意 /a./ hüsnüniyet, içtenlik, samimiyet, samimîlik, samimî bir duygu. ～ある samimî.
seiiku 成育 /a./ ～する yetiş-.
seiiñ 成員 /a./ öğe. 家族の～ aile üyeleri.
seiippai 精一杯 /be./ ～努力する göbeği çatla-. ～楽しむ zevkini çıkar-.
sêika 成果 /a./ mahsul, netice, meyve.
seikacu 生活 /a./ hayat, yaşayış, yaşam, geçim, dirim, maişet. 村の～ köy yaşantısı. 円満な～ dirlik düzenlik. ～する yaşa-, geçin-. 一人で～する yalnız yaşa-. よい～をさせる yaşat-. ～が苦しい sıkıntıda ol-, sıkıntıya düş-. ～が苦しくなる geçimi daral-, sebepsiz kal-. ～に疲れる hayata küs-. ～に疲れた bezgin, doğduğuna pişman. ～に加わる hayatına gir-. ～のために働き出す hayata atıl-. ～が乱される ağzının tadı bozul-. ～でぎなくなる aç susuz kal-. ～を保障してやめさせる çırak et- (çıkar-). ～レベル hayat düzeyi. ～経験 yaşantı. ～様式 yaşantı. ここでの～はとても金がかかる. Burada hayat çok paralı. ～条件が難しくなってきた. Geçim koşulları ağırlaştı.
seikacùhi 生活費 /a./ ekmek parası. ～をかせぐ hayatını kazan-, boğazını çıkar-.
seikacuhi sìsuu 生活費指数 /a./ geçinme endeksi.
seikacùku 生活苦 /a./ geçim derdi.
seikacùryoku 生活力 /a./ hayatiyet, yaşarlık. ～がある ekmeğini taştan çıkar-.
seikacu sidôoiñ 生活指導員 /a./ rehber öğretmen.
seikacu sùizyuñ 生活水準 /a./ hayat düzeyi, hayat (geçim) seviyesi.
seikacu syûdañ 生活手段 /a./ geçim yolu.
seikàgaku 生化学 /a./ biyokimya.
seikaku 正確 /a./ ～な doğru, dakik, muhakkak. ～な時計 doğru saat. や や～な doğruca. ～さ ayar.
seikaku 性格 /a./ huy, karakter, meşrep. …の～である planda ol-.
seikaku 製革 /a./ sepi.
seikakukoo 製革工 /a./ tabak.
seikakuzukè・ru 性格づける /ey./ nitele-, vasıflandır-.
seikecu 清潔 /a./ temizlik, paklık. ～な temiz, pak, ak, çiçek gibi. ～な下着 temiz çamaşır. ～な部屋 derli toplu oda. ～な身なりの temiz giyimli. とても～な tertemiz. ～にする te-

mizle-, pakla-, temizlik yap-. ～になる temizlen-. ～に保つ temiz tut-. とても～だ. Bal dök de yala.
seikei 生計 /*a.*/ ekmek, maişet. ～を立てさせる geçindir-. ～を危うくする ekmeğiyle oyna-. ～の手段 nafaka. ～の手段を奪う ekmeğinden et-.
seikei 整形 /*a.*/ estetik.
seikei gêka 整形外科 /*a.*/ ortopedi.
seikei gekâi 整形外科医 /*a.*/ estetik cerrahı.
seikeñ 政見 /*a.*/ siyasal görüşler.
seikeñ 政権 /*a.*/ iktidar, devlet. ～の座を譲り渡す iktidardan düş-.
seikeñ sêitoo 政権政党 /*a.*/ iktidar partisi.
sêiki 生気 /*a.*/ ～のない donuk, kart, ruhsuz, ölü. ～のない目 donuk gözler. ～をなくす donuklaş-.
sêiki 世紀 /*a.*/ yüzyıl, asır. 一～ yüzyıl, asır. 20～ yirminci asır. 15～に on beşinci yüzyılda.
sêiki 正規 /*a.*/ ～の muntazam, nizamî.
seikoo 成功 /*a.*/ başarı, muvaffakıyet, zafer, sükse. ～する başar-, başarı göster-, liyakat göster-, sükse yap-, üstesinden gel-, düdüğü çal-. 次々と～する dev adımlarıyle ilerle-. ～させる (ile) başa çık-. ～した başarılı, muvaffak. ～しない仕事 dipsiz kile, boş ambar. ～に終わる sonunu getir-. ～を期待しない gözü yeme-. 御～を祈る kolay gele！(gelsin！) 記録を破るのに～した. Rekoru kırmağa muvaffak oldu. ～のもとは努力だ. Başarının başı çalışmaktır.
seikoo 性交 /*a.*/ ～する koynuna gir-, seviş-, temas et-, temasta bulun- (ol-), yatıp kalk-, (口語) uçkur çöz-, (卑語) uydur-.
seikoo 精巧 /*a.*/ ～な marifetli, nazik. ～な器具 nazik bir âlet.
seikoo 性向 /*a.*/ eğilim.

seikoo 政綱 /*a.*/ platform.
seikôori 成功裡 /*a.*/ ～に進む başarılı geç-.
seiku 成句 /*a.*/ deyim.
seiku zìteñ 成句辞典 /*a.*/ deyimler sözlüğü.
sêikyo 逝去 /*a.*/ vefat. ～する vefat et-.
seikyoo bûñri 政教分離 /*a.*/ laiklik. ～の laik. ～の国 laik bir devlet.
seikyuu 性急 /*a.*/ sabırsızlık. ～な発達や進歩は長続きしない. Çabuk parlayan çabuk söner.
seikyuu 請求 /*a.*/ istem, talep. ～する talep et-.
seimei 声明 /*a.*/ beyanat, demeç. ～する beyanatta bulun-. 大臣の～が昨日の新聞にあった. Sayın Bakan'ın demeci dünkü gazetelerde vardı.
sêimei 生命 /*a.*/ can, hayat, ömür, dirim. ～を得る canlan-. ～の水 bengi su. ～は水に始まった. Hayat suda başlamıştır. 石がまるで～を得て話し始めたようだった. Taşlar sanki canlanıp konuşmaya başladılar.
sêimei 姓名 /*a.*/ soy adı ve ad.
seimei hôkeñ 生命保険 /*a.*/ hayat sigortası, sağlık sigortası.
seimêiryoku 生命力 /*a.*/ dirim, yaşarlık.
seimeisyo 声明書 /*a.*/ beyanname.
seimoñ 正門 /*a.*/ cümle kapısı.
seimuzìkañ 政務次官 /*a.*/ müsteşar.
sêinaru 聖なる /*s.*/ mukaddes.
seineñ 青年 /*a.*/ genç, delikanlı, dadaş, (俗語) kızan. ～になる bıyıkları ele al-. ～らしさ delikanlılık. ～を民主主義に向かわせる gençliği demokrasi ilkelerine bağla-. この～はだんだん慎重になっている. Bu genç gittikçe ağırlaşıyor.
seineñ 成年 /*a.*/ erginlik, reşit. ～の erişkin. ～に達すること rüşt.
seineñ 生年 /*a.*/ doğum.

seineñ dañsi 青年男子 /*a.*/ delikanlı, yiğit, koç.
seineñgàppi 生年月日 /*a.*/ doğum günü. 子供達の〜が40日と違わない kırkları karışmış ol-.
seinêñki 青年期 /*a.*/ gençlik çağı, delikanlılık.
seinêñsoo 青年層 /*a.*/ yeni kuşak.
seineñ zidai 青年時代 /*a.*/ gençlik, hayatın baharı.
seinoo 性能 /*a.*/ marifet.
seireki 西暦 /*a.*/ milâdî tarih. 〜紀元 milât.
seireñ 清廉 /*a.*/ namus. 〜潔白な tertemiz. 〜潔白に生きる namusuyla yaşa-.
seireñ 精錬 /*a.*/ 金属の〜 kal.
seireñzyo 精錬所 /*a.*/ arıtım evi, rafineri.
sèiri 整理 /*a.*/ düzenleme, tanzim. 〜する düzenle-, hâle yola sok- (koy-), derleyip topla- (toparla-), nizama koy-, tertip et-, toparla-. 〜されていない tertipsiz. 部屋を〜した. Odasını düzenledi. 図書室を〜したばかりなのに誰かがめちゃめちゃにしたの. Kitaplığı biraz önce düzeltmiştim, kim bozdu?
sèiri 生理 /*a.*/ ay başı. 〜になる âdet gör-, kirlen-.
seiribako 整理箱 /*a.*/ klasör.
seiricu 成立 /*a.*/ oluş, oluşum, teşekkül. 〜する oluşturul-, teşekkül et-. 〜させる oluştur-.
seiriçyuu 生理中 /*a.*/ 〜の kirli.
seirigaku 生理学 /*a.*/ fizyoloji. 〜の fizyolojik.
seiriteki 生理的 /*a.*/ 〜な fizyolojik.
seirokkàkukei 正六角形 /*a.*/ düzgün altıgen.
Seiroñ セイロン /*a.*/ Seylân.
seiroñ 正論 /*a.*/ 最後に〜をはく imana gel-.
seiryaku 政略 /*a.*/ politika.
sèiryoku 精力 /*a.*/ erk. 〜があふれる

sèiryoku 勢力 /*a.*/ güç, kuvvet, nüfuz. 〜のある zorlu.
seiryokuteki 精力的 /*a.*/ 〜な enerjik.
seiryoo 声量 /*a.*/ 〜の豊かな sıtma görmemiş. 〜のある声 gür ses.
seiryùuki 整流器 /*a.*/ doğrultmaç.
sèisa 精査 /*a.*/ tecessüs.
seisai 正妻 /*a.*/ meşru zevce.
seisai 精彩, 生彩 /*a.*/ 〜のない kansız cansız.
seisaku 政策 /*a.*/ politika. 平和共存〜 barış içinde birlikte yaşama siyaseti. いんちき〜 aldatmaca politikası.
seisaku 製作 /*a.*/ yapım. 地図の〜 haritacılık.
seisakùbucu 製作物 /*a.*/ imalât.
seisakùhi 製作費 /*a.*/ maliyet.
seisàkusya 製作者 /*a.*/ yapımcı.
seisakuzyò 製作所 /*a.*/ yapım evi, imalâthane, fabrika.
seisañ 生産 /*a.*/ istihsal, mahsul, semere, üretim, verim. 〜する istihsal et-, üret-. 石油を〜する petrol üret-. 〜される üretil-. 〜に従事する üretici.
seisañ 清算 /*a.*/ takas, tasfiye, tesviye. 〜する hesabı kes-, tesviye et-. 勘定を〜する hesabı temizle-.
seisañ 精算 /*a.*/ ibra. 〜する hesap gör-, ödeş-, (俗語) ödeş gödeş ol-.
seisañbucu 生産物 /*a.*/ hâsılat, imalât, üretim, ürün.
seisàñci 生産地 /*a.*/ 商品の〜 köken.
seisàñdaka 生産高 /*a.*/ verim, randıman.
seisañkàkukei 正三角形 /*a.*/ eşkenar üçgen.
seisàñryoku 生産力 /*a.*/ işgücü.
seisañsei 生産性 /*a.*/ 労働者の〜 işçilerin verimi. 〜の高い verimli.
seisàñsya 生産者 /*a.*/ müstahsil,

seisañ syûdañ

üretici yetiştirici. ブドウの〜 bağcı. タバコ〜 tütün yetiştirici.
seisañ syûdañ 生産手段 /a./ 〜の私有 üretim araçlarının mülkiyeti.
seisañteki 生産的 /a./ 〜な artağan, üretici, randımanlı. 〜でない verimsiz.
seisei 精製 /a./ tasfiye. 〜する arıt-. 石油の〜 petrol arıtılması. 石油〜工場 tasfiyehane.
seisêi せいせい、清々 /a./ 〜と gel keyfim gel, sere serpe. 〜する serinlen-. 宿題が終わって〜した. Ödevimi bitirdiğim için rahatım.
seiseizyo 精製所 /a./ arıtım evi, rafineri.
seiseki 成績 /a./ not. 〜をつける not at-. よい〜 başarı. 学校をよい〜で卒業した. Okulu başarı ile bitirdim.
seisêkkai 生石灰 /a./ kireç.
seiseñ 聖戦 /a./ cihat.
seisi 制止 /a./ zapt. 〜する tut-, zaptet-.
seisi 静止 /a./ 一点に〜する çivilen-. 〜した durgun.
sêisi 精子 /a./ (俗語) tohum.
seisicu 性質 /a./ kalite, keyfiyet, nitelik, huy, tabiat, vasıf. だめな〜 bozuntu. 〜を受けつぐ soya çek-. 〜や考えを変える gömlek değiştir-. 身につけていたよい〜をなくす yozlaş-.
seisiki 正式 /a./ 〜の resmî. 〜な手続き formalite. 〜に結婚する nikâh düş-. 〜に結婚した夫 (俗語) helal. 〜に結婚していない nikâhsız.
sêisiñ 精神 /a./ ruh, tin. 〜の ruhî, ruhsal. 〜の安定 tatmin. 〜が混乱している zihni dağınık.
seisiñ buñrecu 精神分裂 /a./ dağılım.
seisiñ buñrecùsyoo 精神分裂症 /a./ erken bunama, şizofreni.
seisiñ bûñseki 精神分析 /a./ psikanaliz.
seisiñ buñseki gàkusya 精神分析学者 /a./ psikanalist.
seisiñbyoo 精神病 /a./ akıl hastalığı, ruh hastalığı, psikoz.
seisiñ byôoiñ 精神病院 /a./ tımarhane.
seisiñbyôosya 精神病者 /a./ akıl hastası, psikopat.
seisiñ hàkuzyaku 精神薄弱 /a./ akıl zayıflığı, zihin karışıklığı (bulanıklığı).
seisiñ hôssa 精神発作 /a./ sinir nöbeti.
seisiñ ìgaku 精神医学 /a./ ruh hekimliği, psikiyatri.
seisiñ izyoo 精神異常 /a./ psikoz, sapınç.
seisiñ kañnoo 精神感応 /a./ uza duyum.
seisiñ nêñrei 精神年齢 /a./ zekâ yaşı.
seisiñryoku 精神力 /a./ maneviyat. 強い〜を養う moral ver-.
seisiñ sàkurañ 精神錯乱 /a./ hezeyan.
seisiñ sêii 誠心誠意 /be./ candan yürekten, yürekten.
seisiñ sêikacu 精神生活 /a./ ruhî hayat.
seisiñteki 精神的 /a./ 〜な manevî, tinsel, psikolojik. 〜ショック sadme. 〜満足を授ける bahşet-. 〜に manen.
seisiñ zyôotai 精神状態 /a./ 悪い〜 karabasan.
seisoo 清掃 /a./ temizlik. 市の〜事業 temizlik işleri.
seisoo 正装 /a./ kıyafet.
seisoo 成層 /a./ katmanlaşma.
seisooniñ 清掃人 /a./ 道路〜 çöpçü.
seisôosya 清掃車 /a./ çöp arabası.
seisùu 正数 /a./ artı sayı, pozitif sayı.
seisùu 整数 /a./ tam sayı.
seisyo 清書 /a./ 〜する beyaz et-, beyaza çek-, temiz çek-. 宿題の下書きを〜しよう. Ödevimin karalama-

sını temize çekeceğim.
seisyo 聖書 /a./ Mukaddes Kitap.
seisyohoo 正書法 /a./ yazım kuralları, yazım, imlâ. 「〜の手引き」の第3刷 Yazım Kılavuzu'nun 3. baskısı.
seisyoku 生殖 /a./ üreme. 〜能力の できた erin.
seisyoo 斉唱 /a./ koro.
seisyuñ 青春 /a./ hayatın baharı, ilkbahar. 〜時代 gençlik zamanı.
seitai 生体 /a./ 〜の diriksel. 〜組織検査 biyopsi. 〜組織の一部を取る parça al-.
seitai 声帯 /a./ ses kirişleri.
seitàigaku 生態学 /a./ çevre bilimi.
seitakañoppo 背高のっぽ /a./ minare kırması.
seitañ 生誕 /a./ doğum, (古語) mevlit.
seitecu kòozyoo 製鉄工場 /a./ demir fabrikası. 〜の建設が完了し操業を開始した. Demir fabrikasının kurgusu bitti, işletmeye açıldı.
seitecuzyò 製鉄所 /a./ demirhane.
seitei 制定 /a./ 法律の〜 yasama. 法律を〜する yasa-, kanun yap-.
seiteki 性的 /a./ 〜な cinsî, eşeysel. 〜成熟 buluğ. 〜に成熟する buluğa er-. 〜に成熟した baliğ, erin. 〜不能 iktidarsızlık. 〜不能の bağlı. 〜ないやな目つきで見る kötü gözle bak-.
seiteki 静的 /a./ 〜な hareketsiz.
seiteñ 晴天 /a./ açık bir hava, açık hava.
seiteñ 聖典 /a./ şeriat, kitap. 四〜 dört kitap.
seiteñ hakuzicu 青天白日 /a./ 〜だ. Sarmısak yemedim ki ağzım kokusun. Yemin etsem başım ağrımaz.
sèito 生徒 /a./ öğrenci, talebe, mektepli, okullu. 勤勉な〜 çalışkan öğrenci. 根気強い〜 devamlı öğren-

ci. 〜の間で騒ぎが起こった. Öğrenciler arasında gürültü çıktı.
sèito 聖徒 /a./ aziz. 四十人の〜 Kırklar. 〜であること azizlik.
seitòdeñ 聖徒伝 /a./ menkıbe.
seitoñ 整頓 /a./ düzen, intizam, tertip. 家の中の〜 evin tertibi. 〜する düzene koy- (sok-), hâle yola sok- (koy-), derleyip topla- (toparla-), nizama koy-, topla-, yasa-, yoluna koy-. 部屋を〜する odayı düzene koy-. 〜された toplu, düzenli. 〜された図書館 düzenli kitaplık. 〜のよくない intizamsız. 家を〜しなさい. Eve bir çekidüzen verin.
seitoo 正当 /a./ hak, türe. 〜な haklı, adaletli, adil, doğru, meşru, yollu. 〜な報酬 hak. 〜な理由 mazeret. 〜な理由のある mazur. 〜な報いを受ける hakkı kazan-. 〜だと思う doğru bul-. 〜さ haklılık. この言葉は〜だ. Bu sözünde isabet var. その仲間もまた〜だった. O arkadaş gene insaflı imiş.
seitoo 政党 /a./ parti. 〜の partili. 〜本位の partici.
seitoosei 正当性 /a./ この行為は彼の〜を証する. Bu davranış onun doğruluğuna delalet eder.
seitoosei 政党制 /a./ 複数〜 çok partili sistem.
seiuci セイウチ /a./ öküz balığı, mors.
seiuñ 星雲 /a./ bulutsu, galaksi.
seiyaku 誓約 /a./ yemin.
seiyakusyo 誓約書 /a./ belgit.
seiyoku 性欲 /a./ cinsel istek (zevk), kösnü, şehvet.
seiyoo 静養 /a./ istirahat. 〜する istirahat et-. スナは病気で二日間の〜だ. Suna hasta, iki gün raporlu
sèiyoo 西洋 /a./ batı, garp. 〜の batılı.
seiyoogo 西洋語 /a./ (俗語) gâvurca.
seiyòogo 西洋碁 /a./ dama.

seiyoohuu 西洋風 /a./ 〜の batılı.
seiyoo kàbocya セイヨウカボチャ /a./ bal kabağı.
seiyoo kàmisori 西洋かみそり /a./ ustura.
seiyoo kàriñ セイヨウカリン /a./ döngel, muşmula.
seiyoo sùoo セイヨウスオウ /a./ erguvan.
seiyoo syòkoku 西洋諸国 /a./ batılı memleketler.
seiyoo tòcinoki セイヨウトチノキ /a./ at kestanesi 〜の実 at kestanesi.
seiyoo toogarasi セイヨウトウガラシ /a./ yeni bahar.
seiyôoziñ 西洋人 /a./ batlı.
seiyuzyo 製油所 /a./ yağhane.
seiza 正座 /a./ 〜する diz çök-.
seiza 星座 /a./ takımyıldız.
sèizei せいぜい, 精々 /be./ çok çok, en çok, pek pek, haydi haydi, olsa olsa. この仕事は〜一時間しか続かない. Bu iş haydi haydi bir saat sürer.
seizeñ 整然 /a./ 〜とした düzenli, ölçülü, rabıtalı.
seizi 政治 /a./ politika, siyasa, siyaset, yönetim. 〜の politik, siyasal, siyasî. 〜に関する politik. 〜に夢中になる politika ile boz-. 〜ブロック blok. 〜反動 irtica.
seizicu 誠実 /a./ içtenlik, istikamet, dürüstlük, samimîlik, samimiyet, sıhhat, vefa. 〜な gerçekçi, hakikatlı, içten, sıhhatli, vefakâr, vefalı, iyi kalpli, özü sözü bir. 〜な男 gerçekçi bir adam. 〜な人である ser verip sır verme-. 〜に見える sureti haktan görün-. 我々の友情は〜なものだ. Bizim dostluğumuz içtendir.
seizîgaku 政治学 /a./ siyasal bilgiler.
seizi guruùupu 政治グループ /a./ cunta.
seizihoo 正字法 /a./ imlâ.
seizika 政治家 /a./ politikacı, devlet adamı, siyaset adamları.
seiziñ 成人 /a./ reşit, yetişkin, zom. 〜する kendini bil-. 〜した ergin, yetişmiş. 65キロの〜は日に平均2500カロリーを必要とする. 65kg. gelen yetişkin bir insanın günde ortalama 2500 kaloriye gereksinmesi vardır. アフメットには〜した子供達がいる. Ahmet'in, boyunca evlâtları var.
seiziñ 聖人 /a./ veli. 〜達 evliya.
seiziñ dàñsi 成人男子 /a./ erkek.
seiziñ dèñsecu 聖人伝説 /a./ menkıbe.
seiziteki 政治的 /a./ 〜な politik, siyasî.
seizoñ 生存 /a./ dirim, mevcudiyet, varlık, yaşam, yaşama. 〜しているもの varlık.
seizoñcyuu 生存中 /a./ 〜である hayatta ol-.
seizoñ kyòosoo 生存競争 /a./ hayat kavgası, hayat mücadelesi, yaşama uğraşı, boğaz kavgası, ölüm dirim savaşı, ekmek kavgası.
seizôñryoku 生存力 /a./ hayatiyet.
seizoo 製造 /a./ imal, istihsal, yapım. 〜する imal et-. 〜された mamul.
seizoohiñ 製造品 /a./ imalât, mamul.
seizoo kòozyoo 製造工場 /a./ fabrika.
seizoosyo 製造所 /a./ imalâthane, yapım evi. ガス〜 gazhane.
seizu 星図 /a./ zayiçe.
seizui 精髄 /a./ maya, öz.
seizùsya 製図者 /a./ haritacı.
sèizya 聖者 /a./ hazret, yatır. イスラムの〜 evliya. 〜の埋葬された場所 yatır.
seizyaku 静寂 /a./ sükûn, sükûnet, sükût.
seizyoo 正常 /a./ 〜な normal. 〜になる yola gel-. 〜にする yola getir-.

〜に動く çalış-. モーターは〜に動いている. Motor çalışıyor. 冷蔵庫が〜に働いていない. Buz dolabı çalışmıyor.
seizyuku 成熟 /*a.*/ erginik, olgunluk. 性的〜 buluğ. 〜する olgunlaş-, baliğ ol-. 〜した baliğ, erin, olgun, erişkin, kâmil, olmuş, sütsüz. 性的に〜する buluğa er-.
sèkai 世界 /*a.*/ dünya, âlem, cihan, acun, yer yüzü. 〜の果て dünyanın öbür (biri) ucu. 〜の終わり kıyamet. 見えない〜 gaip.「祖国に平和を、〜に平和を.」 "Yurtta barış, cihanda barış".
sekàikañ 世界観 /*a.*/ dünya görüşü.
sekai sèñsoo 世界戦争 /*a.*/ cihan harbi.
sekai tàiseñ 世界大戦 /*a.*/ dünya harbi (savaşı). 第一次〜 birinci dünya harbi. 第二次〜では多くの兵隊が死んだ. İkinci Dünya Savaşında çok asker kırıldı. 願わくば二度と〜が起きないよう. Dileyelim ki bir daha hiç dünya savaşı olmasın.
sekaiteki 世界的 /*a.*/ cihanşümul, evrensel.
sekaizyuu 世界中 /*a.*/ yedi düvel. 〜に dünya yüzünde.
sekasarè・ru せかされる /*ey.*/ aceleye gel-, dara gel-.
sèkaseka せかせか /*be.*/ kıpır kıpır.
sèkàsu せかす /*ey.*/ せかして人をだます dara getir-, aceleye getir-. 力で〜とはできない dara geleme-.
sèkeñ 世間 /*a.*/ âlem, dünya, el gün, el âlem. 〜の dünyevî. 〜の人 insan. 〜の様子を知らない dünyadan haberi olma-. 〜の教訓のために ibreti âlem için. 〜のもの笑いにならないような頑張り el arı düşman gayreti. 〜を知る dünyayı anla-. 〜を知るようになる yüzü gözü açıl-. 〜と交わらずに育つ kapalı yetiş-. 〜と無関係になる dünyasından geç-. 〜から退く dünyadan geç-. このことを〜は何と言うのか. Bu işe âlem ne der ? 〜はこのことを何とも言わないか. El âlem bu işe ne demez ? 父は〜にその親切さで知られている. Babam çevresinde inceliğiyle tanınır.
sekeñbànasi 世間話 /*a.*/ その時々の〜 fısıltı gazetesi.
sekeñsìrazu 世間知らず /*a.*/ 〜の gözü kapalı. 〜のけんか早い女 mahalle karısı.
seki 席 /*a.*/ mevki, yer. 〜につく yer al-. 〜を譲る yer aç-, yer ver-. 〜を取る yer tut-, rezervasyon yap-. 〜についている時間 seans.
sèki 積 /*a.*/ çarpım.
sèki せき, 堰 /*a.*/ bent, baraj.
seki せき, 咳 /*a.*/ öksürük. 〜をする öksür-. むずむずして〜をする gıcık ver-. 子供が〜をしている、外へ出してはいけない. Çocuk öksürüyor, sokağa çıkarmamalı. 〜がちっとも止まらない. Öksürüğüm hiç durmuyor.
-seki 隻. 二〜の船が接舷した. İki gemi rampa etti.
sekibañ 石板 /*a.*/（古語）yaz boz tahtası.
sekicui 脊椎 /*a.*/ omurga, fıkra.
sekicui dòobucu 脊椎動物 /*a.*/ omurgalılar.
sekicùikocu 脊椎骨 /*a.*/ omur.
sekicyuu 脊柱 /*a.*/ omurga.
sekidome せき止め, 咳止め /*a.*/ 〜の水薬 öksürük şurubu.
sekidoo 赤道 /*a.*/ ekvator, istiva hattı.
sekièi 石英 /*a.*/ çakmak taşı, kuvars.
sekigaiseñ 赤外線 /*a.*/ kızıl ötesi.
sekihi 石碑 /*a.*/ dikili taş.
sekikàssyoku 赤褐色 /*a.*/ 〜の doru.
sekimeñ 石綿 /*a.*/ amyant, asbest.
sekimeñ 赤面 /*a.*/ 〜する kızar-. 〜すような yüz kızartıcı.

sekiniñ 責任 /a./ vazife, görev, sorum, sorumluluk, mesuliyet, mükellefiyet, uhde, boyun. 過失の〜günah. 〜を負う boynuna al-, üstüne al-, üzerine al-, yüklen-. 〜を負わない üstüne mal etme-. 〜を担う sorumluluk taşı-. 〜を持つ uhdesine al-. 〜を持たない üzerinden at-, sorumsuz. 〜を負わせる mesul tut-, bul-, üstüne yık-. 〜を負わされる üstünde kal-, üzerinde kal-. 〜を任される görevlendiril-. 人の〜にする boynuna at-. 〜を問う hesaba çek-. 〜がある başında ol-, boynuna borç, mükellef. 〜のある görevli, sorumlu, mesul, mesuliyetli. もう〜は負わない günah benden gitti. みんなを食わせる〜は私にある. Hepsinin boğazı benim boynumda. クラスの清潔についてはみんなに〜がある. Sınıfımızın temiz tutulmasında hepimizin sorumluluğu var.

sekiniñkañ 責任感 /a./ ödev duygusu.

sekiniñnògare 責任のがれ /a./ 〜の kaçamaklı.

sekiniñsya 責任者 /a./ görevli, sorumlu, kayyım. 〜である görevli. この仕事の〜は誰. Bu işin sorumlusu kim ?

sekirei セキレイ /a./ kuyruksallayan.

sèkiri 赤痢 /a./ dizanteri, kanlı basur.

sekisai 積載 /a./ tahmil.

sekisàiboo 石細胞 /a./ kum.

sekiseiîñko セキセイインコ /a./ muhabbet kuşu.

sekisìsyoku 赤紫色 /a./ bordo, erguvanî. 〜の bordo, erguvanî.

sekitàñ 石炭 /a./ kömür, taş kömür, maden kömürü. 〜ストーブ kömür sobası. 〜の倉 kömürlük. 〜をくべる人 kömürcü. アパートのスチームは〜で動いている. Apartmanımızın kaloriferi kömürle çalışıyor. 〜は コークス炭とも呼ばれる. Taş kömürüne kok kömürü de denir.

sekitañ gàsu 石炭ガス /a./ hava gazı.

sekitàñsoo 石炭層 /a./ kömür yatağı.

sekitaterarè・ru せき立てられる, 急立てられる /ey./ dara gel-.

sekitomè・ru せき止める /ey./ önünü kes-.

sekiuñ 積雲 /a./ küme bulut.

sekiyu 石油 /a./ gaz, petrol. 〜精製 petrol arıtılması. 〜パイプライン boru yolu. 豊かな〜の鉱脈が発見された. Zengin bir petrol damarı bulundu. 〜発見の事業はとても高くつく. Petrol arma eylemi çok masraflı oluyor.

sekiyùoo 石油王 /a./ petrol kralı.

sekiyu ràñpu 石油ランプ /a./ gaz lambası, lüks.

sekiyu sèihiñ 石油製品 /a./ petrol mamulleri (ürünleri).

sekiyu sutòobu 石油ストーブ /a./ gaz sobası. 経済的な〜 idareli bir gaz ocağı.

sekizai 石材 /a./ 大理石の〜 mermer tomruğu. 荒削りの〜 tomruk. 細工しにくい〜 çetin taş.

sekìzoo 石像 /a./ heykel.

sekìzui 脊髄 /a./ omur ilik, murdar ilik.

sekizyuñ 石筍 /a./ dikit.

sekizyùuzi 赤十字 /a./ Kızılay, Kızılhaç. 〜のシール kızılay pulu. 〜はここからすぐです. Kızılay buradan iki adımlık yer.

Sekizyuuzìsya 赤十字社 /a./ Kızılay, Kızılhaç.

sèkkaci せっかち /a./ 〜な aceleci, gönlü tez, ivecen, yüreği dar.

sèkkai 石灰 /a./ kireç. 〜の kireçli. 〜を焼く kireç yak-. 〜を塗る kireçle-. 〜を加える kireçle-. 〜を消和する kireç söndür-. 顔が〜のように青ざめる kireç gibi ol-.

sekkai 切開 /a./ できものを〜する çıbanı aç-.
sekkaika 石灰化 /a./ kireçlenme.
sekkaikoo 石灰坑 /a./ kireç kuyusu.
sekkaiseki 石灰石 /a./ kireç taşı, kalker.
sekkaisicu 石灰質 /a./ 〜の kireçli.
sekkaisui 石灰水 /a./ kireç suyu.
sekkakū せっかく, 折角, 切角 /be./ bilhassa. 〜のものを知らずにだめにする bindiği dalı kes-. 〜だが断る. Ne Şam'ın şekeri, ne Arap'ın yüzü.
sekkañ 石棺 /a./ lahit.
sekkei 設計 /a./ plan.
sekkekkyuu 赤血球 /a./ al yuvar. 血液1立方ミリの中に500万ぐらいの〜がある. Kanın her milimetre küpünde beş milyon kadar al yuvar bulunur.
sekkeñ 石けん /a./ sabun. 〜2個 iki kalıp sabun. 〜で洗う sabunla yıka-, sabunla-. 〜をつける sabunla-. 食事の前に手を〜で洗いなさい. Yemeklerden önce ellerini sabunla.
sekkeñbako 石けん箱 /a./ sabunluk.
sekkeñyoo 石けん用 /a./ 〜の sabunluk. 〜の油脂 sabunluk yağ.
sekkiñ 接近 /a./ yanaşıklık. 〜する yanaş-, yaklaş-. 〜すること yanaşma. ほかの船へ〜すること aborda. 〜している yanaşık.
sekki zidai 石器時代 /a./ taş devri.
sekkocūi 接骨医 /a./ çıkıkçı.
sekkocūsi 接骨師 /a./ kırıkçı.
sekkoo 石こう /a./ alçı. 〜でふさぐ alçıla-. 〜で巻く alçıla-.
sekkoogata 石こう型 /a./ alçı kalıp.
sekkoozoo 石こう像 /a./ 〜を売る人 heylelci.
sekkyokusei 積極性 /a./ etkinlik.
sekkyokuteki 積極的 /a./ 〜な etkin, girişken, olumlu, kurt gibi.

学習に〜な子供 okumaya çok istekli bir çocuk.
sekkyòo 説教 /a./ vaaz, hutbe. 〜する vaaz et- (ver-). 長々と〜をする konferans çek-.
sekkyoodañ 説教壇 /a./ minber.
sekkyòosi 説教師 /a./ vaiz, hatip.
sèku せく, 急く /ey./ §せいては事を仕損じる. Acele işe şeytan karışır.
sèkusii セクシー (İng. sexy) /a./ 〜な女 ökse, ilik gibi.
sèkusyoñ セクション (İng. section) /a./ paragraf (§).
semài 狭い /s./ dar, ensiz, mahdut. 〜部屋 dar oda. 〜道 dar yol. 〜山道 geçit. 〜流れ cendere. 〜小さい家 nohut oda, bakla sofa. 幅の〜 ensiz. 心の〜 gönlü dar. 了見の〜 dar kafalı, mahdut fikirli, dümdüz. とても〜 daracık, mendil kadar. 狭くて暗い in gibi. 〜枠の中で dar bir çerçeve içinde. 狭くなる daral-, darlaş-, düdük gibi ol-. 〜所をただ歩き回る dolap beygiri gibi dönüp dur-. 学校へ行く時とても〜道を通る. Okula giderken daracık bir sokaktan geçiyorum.
semàru 迫る /ey./ yaklaş-, sıkıştır-, dürt-, gelip çat-, kapıya dayan-. 問題に〜 mevzua gir-. しつこく〜 başının etini ye-. 死期が〜 günleri sayılı ol-. 冬が迫っている ilerimiz kış.
sèmasa 狭さ /a./ darlık.
semè 責め /a./ 〜を負わせる suç yükle-. 〜を負わせて atfen.
semeku 責め苦 /a./ cefa, azap. 地獄の〜 cehennem azabı. 〜にあう azap çek-.
semeñto セメント (İng. cement) /a./ çimento. 〜を塗る çimentola-. 〜が固まる çimento don-. 〜が乾かないうちに踏むな. Çimento ıslakken basma.
semeñto kòozyoo セメント工場 /a./ çimento fabrikası.

semerarĕ・ru 責められる /ey./ suçlan-.
semĕ・ru 責める /ey./ ayıpla-, kına-, suçla-, cefa et-, cendereye sok-, çıkış-. 罪を～ suçla-. うそつきを～yalancılıkla (yalan söylemekle) suçla-. そんなに責めたって君のしたいようにはできない. Bu kadar asılma, istediğini yapmak elimden gelmez.
semĕ・ru 攻める /ey./ hücüm et-, saldır-.
semetatĕ・ru 責め立てる /ey./ üstüne (üzerine) var-, veriştir-.
sĕmete せめて /be./ bari, hiç değilse, hiç olmazsa. 私は見なかった，～君が見なさい. Ben görmedim, bari sen gör.
semi セミ /a./ ağustos böceği, cırcır.
semikŏroñ セミコロン (İng. semi-colon) /a./ noktalı virgül.
sĕminaa セミナー (İng. seminar) /a./ seminer.
semŏtare 背もたれ /a./ arkalık. いすの～ sandalyenin arkası (arkalığı).
semusi せむし /a./ kambur. ～の kambur. ～になる kamburlaş-, kamburu çık-, beli çök-.
Semu syŏgo セム諸語 /a./ Samî diller.
Semŭzoku セム族 /a./ Samî. ～の Samî.
senaka 背中 /a./ sırt, eğin, arka, art. ～が痛む sırtı acı-. ～をひじかけいすにもたせかける sırtını koltuğa daya-. ～を向けている子供 arkası dönük çocuk. 打たれたくて～がむずむずしている sırtı kaşınıyor. オーバーを～に掛けた. Paltosunu sırtına aldı.
Sĕnegaru セネガル /a./ Senegal.
sĕñ 線 /a./ çizgi, çizik, tel, hat, hiza. ～を引く çizgi çek-, çiz-. 紙に～を引く kâğıda çizgi çiz-. ～を引いて消す kalem çek-, çiz-. ～を引いた çizik, çizgili, çizili. ～の引いてある紙 çizgili kâğıt. ～で消されている çizili. ～を張る tel çek-. ～を通す telle-. ～の çizgisel, tel, telli. ～のない telsiz. 肩の～に omuz hizasında. その二つの単語は必要ありません, ～を引きなさい. Şu iki sözcük gereksizdir, çiziniz.
sĕñ 千 /a./ bin. ～の bin. ～にひとつもないことだが geyikler kırkımında. 借金が～になった. Borç bine baliğ oldu.
sĕñ 栓 /a./ kapak, tıkaç, tapa, tıpa. びんの～ şişe kapağı. 水が～からシューシュー出ている. Su musluktan fısır fısır ayıyor.
sĕñ 腺 /a./ bez, gudde, beze. 甲状～kalkan bezi. だ液～ tükrük bezi. 胃液分泌～ mide bezi.
señbacu 選抜 /a./ eleme. ～する ele-.
señbacu kyŏosoo 選抜競争 /a./ eleme yarışmaları.
señbacu sìkeñ 選抜試験 /a./ eleme sınavı.
señbai 専売 /a./ tekel, inhisar, monopol. ～の tek elden. ～にする inhisara al-. ～である inhisarında ol-. 関税・～大臣 Gümrük ve Tekel Bakanı.
señbaihiñ 専売品 /a./ tekel maddeleri.
señbàikyoku 専売局 /a./ tekel müdürlüğü.
señbañ 旋盤 /a./ torna.
señbañkoo 旋盤工 /a./ tornacı.
señbecu 餞別 /a./ yolluk.
sĕñbi 船尾 /a./ arka, pupa, (口語) kıç.
señbibañ 船尾板 /a./ aynalık.
señboo 羨望 /a./ gıpta, haset.
señbookyoo 潜望鏡 /a./ periskop. ～で海面を見る periskopla denizin yüzeyini gözle-.
señbuñ 線分 /a./ doğru parçası.
sĕñci センチ, cm (Fr. centimètre) /a./ santimetre.
señci mèetoru センチメートル, cm (Fr. centimètre) /a./ santimetre, cm. ……～の cm'lik.
sĕñcyoo 船長 /a./ kaptan, süvari.

señdacu 先達 /a./ 〜になる fener çek-.
señdañ 船団 /a./ donanma.
señdàrake 線だらけ /a./ 〜の çizik çizik.
señdatte せんだって, 先達て /be./ → señzicu.
señdeñ 宣伝 /a./ propaganda, reklam. 〜する davul çal-.
sèñdo 鮮度 /a./ tazelik. 〜を失う (隠語) kartala kaç-.
señdoo 先導 /a./ öncülük. 〜する baş çek-.
señdoo 扇動 /a./ kışkırtı, tahrik, teşvik, demagoji. 〜する azmettir-, fitle-.
señdòo 船頭 /a./ kayıkçı, sandalcı, reis.
§〜多くして船山に登る. Horozu çok olan köyde sabah geç olur. İki kaptan bir gemiyi batırır.
señdòosya 先導者 /a./ öncü.
señdòosya 扇動者 /a./ kışkırtıcı.
señeika 先鋭化 /a./ 〜する gerginleş-.
señeki 戦役 /a./ sefer.
señga 線画 /a./ desen.
señgañ 洗眼 /a./ göz banyosu.
sèñgecu 先月 /a./ geçen ay.
señgeñ 宣言 /a./ ilân, beyanname. 〜する ilân et-. ストを〜する grev ilân et-. トルコの共和制は1923年10月23日に〜された. Türkiye'de cumhuriyet 29 Ekim 1923'te ilân edildi.
señgo 戦後 /a./ savaş ertesi, harpten sonra.
sèñgyo 鮮魚 /a./ taze balık.
señgyoo 専業 /a./ ihtisas.
sèñi 繊維 /a./ lif, tel, elyaf. 綿の〜 pamuk teli. 豆の〜 iplik. 動植物の〜 doku.
señi kòogyoo 繊維工業 /a./ dokuma sanayii.
señiñ 船員 /a./ denizci, gemici, tayfa. 〜のハンモック branda. 〜である

こと denizcilik.
señkai 旋回 /a./ dönüş.
señkañ 戦艦 /a./ savaş gemisi. 〜軍医補 ayvaz.
señkei 扇形 /a./ daire kesmesi, kesme.
señkeñ 先見 /a./ 〜の明 öngörü, basiret. 〜の明がある abdala malum olur, öngörülü.
señkeñteki 先験的 /a./ 〜な önsel.
señkoku 宣告 /a./ 〜する mahkûm et-. 罪を〜する hüküm ver-. 〜される mahkûm ol-. 有罪を〜された hükümlü, mahkûm.
señkoo 先行 /a./ 〜の önceki.
señkoo 閃光 /a./ kıvılcım.
sèñkoo 線香 /a./ buhur, tütsü.
señkòosyoku 鮮紅色 /a./ al.
sèñku 先駆 /a./ öncülük.
señkùsya 先駆者 /a./ öncü. 〜になる ön ayak ol-.
sèñkyo 選挙 /a./ seçim, seçme. 〜する seç-. 通常〜 olağan seçimler.
sèñkyo 船渠 /a./ dok.
señkyo kañri iiñkai 選挙管理委員会 /a./ seçim kurulu.
señkyòkeñ 選挙権 /a./ seçme hakkı.
señkyòku 選挙区 /a./ seçim bölgesi (çevresi).
señkyo kyañpèeñ 選挙キャンペーン /a./ seçim kampanyası.
señkyoo 船橋 /a./ köprü.
señkyòosi 宣教師 /a./ misyoner.
señmaidòosi 千枚通し /a./ biz, tığ.
señmecu kòogeki 殲滅攻撃 /a./ imha ateşi.
señmei 鮮明 /a./ 〜な net. 〜な写真 net resim.
señmeñ 洗面 /a./ tuvalet.
señmeñdai 洗面台 /a./ lavabo.
señmèñki 洗面器 /a./ tas, küvet.
señmoñ 専門 /a./ ihtisas, uzmanlık. 〜の uzman.
señmoñ gàkkoo 専門学校 /a./

kolej. 医学～ tıbbiye.
señmòñi 専門医 /a./ uzman bir doktor.
señmoñka 専門家 /a./ bilir kişi, mütehassıs, uzman, eksper, teknisyen. ～の uzman. 経済～ iktisatçı. ～になる ihtisas yap-, uzmanlaş-. ～の手にかかる adamına düş-.
señmoñka nàkama 専門家仲間 /a./ meslektaş.
señmòñsyoku 専門職 /a./ meslek, uzmanlık.
señmoñteki 専門的 /a./ ～な fennî.
señneñ 専念 /a./ ～する kendini ver- (vur-, çal-), üstünde dur-, üzerinde dur-.
sèñneñ 千年 /a./ milat.
señnìñ 仙人 /a./ hızır.
señnoo 洗脳 /a./ ～する beyin yıka-, afyonla-.
sèñnyo 仙女 /a./ peri.
señnyùukañ 先入観 /a./ ön yargı.
señpai 先輩 /a./ kıdemli.
sèñpaku 船舶 /a./ gemi. 航行中の～ seyir durumunda bir gemi.
sèñpei 先兵, 尖兵 /a./ öncü.
señpuku 船腹 /a./ geminin karnı.
señpukùki 潜伏期 /a./ kuluçka devri (dönemi). ～のマラリア gizli sıtma.
señpuu 旋風 /a./ kasırga, siklon, kiklon, çevri, çevrinti.
señpùuki 扇風機 /a./ vantilatör. ～の羽 vantilatör pervanesi.
señrei 先例 /a./ misal. ～のない olmadık.
señrei 洗礼 /a./ vaftiz.
señreñ 洗練 /a./ ～される sadeleş-, incel-, yontul-.
señricu 旋律 /a./ ezgi, melodi, hava.
señricu 戦慄 /a./ havil.
señrihiñ 戦利品 /a./ ganimet.
sèñro 線路 /a./ ray.
señryaku 戦略 /a./ manevra, strateji.
sèñryoku 戦力 /a./ silâhlı kuvvetler, kuvvet.
señryoo 占領 /a./ işgal. 土地を～する işgal et-.
señryòo 染料 /a./ boya. ～を薄める boyayı aç-. ～のついていない boyasız. 戸柵の～がはげた. Dolabın boyası kabardı.
señryòosya 占領者 /a./ işgalci, müstevli.
señryòouri 染料売り /a./ boyacı.
señsai 繊細 /a./ zariflik.
señsaku 詮索 /a./ tecessüs. ～する gözetle-, tara-.
señsakuzuki 詮索好き /a./ ～の mütecessis.
señsèesyonaru センセーショナル (İng. sensational) /a./ ～な sansasyonel.
señsèesyoñ センセーション (İng. sensation) /a./ sansasyon.
señsei 宣誓 /a./ yemin, ahit, ant. ～する yemin et-, andiç-. ～した yeminli. ～した証人 yeminli tanık. 証人は裁判所で真実を話すことを～した. Tanıklar mahkemede doğruyu söyleyeceklerine yemin ettiler.
señsei 専制 /a./ istibdat. ～の otokrat.
señsèi 先生 /a./ öğretmen, beyefendi, muallim, üstat, hoca. ～が子供を叱った. Öğretmen çocuğu azarladı. 子供は～のとりこになってしまった. Çocuk öğretmenine bağlanıverdi.
señseika 占星家 /a./ müneccim.
señsei sèizi 専制政治 /a./ otarşı, otokrasi.
señsei syùgi 専制主義 /a./ mutlakıyet.
señseñ 宣戦 /a./ ～布告 harp ilânı.
señseñ 戦線 /a./ cephe. ～を解除する cephe bozul-.
señsèñgecu 先々月 /a./ evvelki ay.
señsi 戦死 /a./ ～する şehit düş- (ol-).

señsi 戦士 /a./ savaşçı, çenkçi, mücahit. イスラムの～ gazi. 十字軍の～ haçlı.
señsicu 船室 /a./ kamara. ～の丸窓 lomboz. ～の給仕 miço, muço.
señsigaku 先史学 /a./ tarih öncesi.
señsiñ 専心 /a./ ～する kendini ver-.
señsiñteki 先進的 /a./ ～な ileri. ～思想 ileri fikirler.
señsisya 戦死者 /a./ şehit.
señsizidai 先史時代 /a./ eski çağ, tarih öncesi.
señsoo 戦争 /a./ harp, savaş, cenk, muharebe. ～する savaş aç-, savaş-. ～が始まる silâh patlat-. ～のにおいがする barut kokusu gel-. ～でたくさんの兵隊が死ぬ dere gibi ak-. ～捕虜 harp esiri. あなたは～を経験しましたか. Siz savaş mı gördünüz?
señsoo 船窓 /a./ lomboz.
señsoo 船倉 /a./ ambar.
señsoo 船装 /a./ donatım.
señsoo nārikiñ 戦争成金 /a./ görmemiş bir savaş zengini.
señsu 扇子 /a./ yelpaze.
señsui 泉水 /a./ memba suları. 塩気のある～ acı su.
señsùihu 潜水夫 /a./ dalgıç.
señsùi huku 潜水服 /a./ dalgıç elbisesi.
señsuikañ 潜水艦 /a./ denizaltı. ～乗組員 denizaltıcı.
señsùru 宣する /ey./ 開会を～ celseyi aç-. 閉会を～ celseyi kapa-.
sèñsya 戦車 /a./ tank.
señsyàhei 戦車兵 /a./ tankçı.
señsyokutai 染色体 /a./ kromozom. ヒトの～の数は24対である. İnsanda kromozom sayısı yirmi dört çifttir.
señsyoo 船檣 /a./ direk.
sèñsyu 選手 /a./ oyuncu, yarışçı, şampiyon, müsabık. レスリングの～ güreşci. サッカーの～ futbolcu.
sèñsyu 船首 /a./ pruva. ～が浅瀬に乗り上げる baştan kara et-.
señsyucu 選出 /a./ ～する seç-.
señsyùkeñ 選手権 /a./ şampiyonluk. 世界～ dünya şampiyonluğu.
señsyukeñ tàikai 選手権大会 /a./ şampiyona.
señsyuu 先週 /a./ geçen hafta.
señsyuu 選集 /a./ seçmeler, antoloji. 詩の～ güldeste.
sèñtaa センター (İng. center) /a./ merkez. 安売り～ indirici merkez.
señtai 船体 /a./ tekne. 沈没～ gemi leşi. ～の中央部 bel. ～に防水の詰め物をすること kalafat.
señtaku 洗濯 /a./ yıkama, çamaşır. ～する yıka-, çamaşır yıka-. ざっと～する sudan geçir-. 棒でたたいて～する tokaçla çamaşır yıka-. 今日～がある. Bu gün çamaşır var. 服を～したら縮んだ. Elbise yıkanınca çekti.
señtaku 選択 /a./ seçme, şık, tercih. 今日は映画に行こうか家で勉強しようか二つに一つの～を迫られている. Bu gün sinemaya gitmek ya da evde oturup çalışmak gibi iki seçenek karşısındayım.
señtakuba 洗濯場 /a./ çamaşırhane, çamaşırlık.
señtaku babàa 洗濯ばばあ /a./ çamaşırcı karı.
señtakubàsami 洗濯ばさみ /a./ çamaşır mandalı, mandal, kıskaç. ～で押さえる mandalla-.
señtakugoya 洗濯小屋 /a./ çamaşırhane, çamaşırlık.
señtaku ìta 洗濯板 /a./ ～のようにやせた人 padavra gibi, padavrası çıkmış.
señtakùki 洗濯機 /a./ çamaşır makinesi. 自動～ otomatik çamaşır makinesi.
señtakumono 洗濯物 /a./ çamaşır. 汚れた～ kirli. ～をたたむ çamaşır devşir-. ～をたたいてきれいにする çamaşır döv-. ～をためておく kir-

liye at-. ～をみあわせる çit-. ～をたたく 棒 tokaç. ～をねじってしぼる. Çamaşırı bura bura sıkarlar.
señtakù nori 洗濯のり /a./ kola.
señtaku sòoda 洗濯ソーダ /a./ çamaşır sodası.
señtañ 先端 /a./ uç, burun. 船の～ geminin burnu.
señtañ 戦端 /a./ ～を開く savaş aç-.
señteñteki 先天的 /a./ ～な doğuştan.
sèñto セント (İng. cent) /a./ sent.
señtoo 先頭 /a./ ileri. キャラバンの～を進む kafilenin ilerisinde yürü-.
señtoo 戦闘 /a./ savaş, muharebe. ～の muharip ～準備をする silâh başı et-. ～用意! silâh başına!
señtoo 尖塔 /a./ イスラムの～ minare. そろいの～ çifte minare.
sèñtoo 銭湯 /a./ hamam. ～で客を洗う人 tellak.
señtoocyuu 戦闘中 /a./ ～の savaşçı.
señtòoiñ 戦闘員 /a./ savaşçı, silâhşor.
señtòoki 戦闘機 /a./ avcı uçağı.
señtooteki 戦闘的 /a./ ～な militan.
señtoraruhìitiñgu セントラルヒーティング (İng. central heating) /a./ kalorifer. ～の放熱器 kalorifer radyatörü.
señyoo 専用 /a./ ～の mahsus, münhasır. 子供～の公園 çocuklara mahsus (münhasır) bir park. 棚を歴史書～にする rafı tarih kitaplarına hasret-.
señyoo 占用 /a./ işgal.
señyoo dòoro 専用道路 /a./ 自動車～ tahsisli yol.
señyðosya 専用車 /a./ 高官～ makam arabası.
señyoo ùriba 専用売り場 /a./ reyon.
señyuu 占有 /a./ iyelik, mülkiyet. ～する sahip kıl-, tekeline (tekellerine) al-.
señyùukeñ 占有権 /a./ iyelik.
señyùusya 占有者 /a./ sahip.
señzai 洗剤 /a./ deterjan.
señzai ìsiki 潜在意識 /a./ bilinç altı.
señzaiteki 潜在的 /a./ ～な gizil, gizli.
señzicu 先日 /a./ geçen gün, geçende, geçenlerde, (俗語) öte gün. 昨日だったか～だったかはっきり思い出せません. Dün mü, geçen gün mü idi, pek hatırlayamıyorum.
señziñ 先人 /a./ öncel. ～の過ち後世に及ぶ. Dede koruk yer, torununun dişi kamaşır.
señzi・ru 煎じる /ey./ demle-, demlendir-, haşla-.
sèñzo 先祖 /a./ ata, ecdat, cet. ～以来 cet becet.
señzyoo 洗浄 /a./ 目の～ göz banyosu.
señzyoo 線状 /a./ ～の çizgisel. ～に tel tel.
señzyoo 線条 /a./ yiv.
señzyoo 戦場 /a./ savaş meydanı.
señzyoo 扇情 /a./ tahrik.
señzyucu 戦術 /a./ taktik. スポーツで～を用いる oyun kur-.
señzyùusya 専従者 /a./ 組合の～ sendikacı.
seoìkago 背負いかご /a./ küfe.
seòu 背負う /ey./ sırtla-, sırtına al-, yüklen-. ～量 sırt. この仕事の重責を私一人で背負った. Bu işin ağırlığını tek başıma yüklendim.
seowasè・ru 背負わせる /ey./ yükle-. 支局のすべての仕事と仕事の管理を彼に背負わせた. Kolun bütün işlerini ve işlerin idaresini ona yüklediler.
seòyogi 背泳ぎ /a./ sırt üstü yüzme.
seppaku 切迫 /a./ müsteceliyet. ～した müstacel.
seppòo 説法 /a./ vaaz.

seppôosya 説法者 /a./ vaiz.
seppuñ 接吻 /a./ öpücük, buse. 〜する öp-. 〜しあう öpüş-.
serenâade セレナーデ(Al. Serenade) /a./ serenat.
seri̇̂ 競り /a./ mezat, müzayede, açık artırma. 〜に出す mezada çıkar-. 〜で自分のものになる üstünde kal-, üzerinde kal-. このテーブルは〜で買った. Bu masayı mezattan aldım.
seriai 競り合い /a./ rekabet.
seriàu 競り合う /ey./ 市場で〜 rekabet et-.
serihu せりふ /a./ 〜の字幕 alt yazı. 〜のほとんどない役 figüran.
sèrofañ セロファン(İng. cellophane) /a./ selofan.
sèroñ 世論 /a./ kamu oyu, umumî efkâr, halk oyu.
sèrori セロリ /a./ kereviz.
Serubiàziñ セルビア人 /a./ Sırp.
seruhu sàabisu セルフサービス(İng. self- service) /a./ selfservis. 〜の食堂 kafeterya.
sèrurii セルリー /a./ kereviz.
serurôido セルロイド(İng. celluloid) /a./ selüloit.
Seruzyukkùzoku セルジュック族 /a./ Selçuklu.
seseragi せせらぎ /a./ 〜の音 çağıltı.
seserawaràu せせら笑う /ey./ 相手の目の前へ行って、せせら笑っていた. Karşısına geçmiş, kıs kıs gülüyordu.
sessei 節制 /a./ ılım.
sessei 摂生 /a./ perhiz.
sèsseto せっせと /be./ harıl harıl. 〜働いている. Harıl harıl çalışıyor.
sèssi 摂氏 /a./ 〜5度 beş santigrat derecesi. 〜温度計 santigrat.
sessoku dòobucu 節足動物 /a./ eklem bacaklılar.
sessuru 接する /ey./ doğ-, temasa geç- (gel-), temas et-, temasta bulun- (ol-). 接して borda bordaya. 国境を接している sınırdaş.

sessyoku 接触 /a./ değme, dokunma, ilişki, temas, ulaşım, kontak. 〜する değ-, dokun-, temasa geç- (gel-).
sèssyu 接種 /a./ aşı. 混合ワクチン〜 karma aşı. 〜済証明書 aşı şahadetnamesi.
sesyuu 世襲 /a./ 〜の irsî.
sètai 世帯 /a./ çoluk çocuk. 〜をかかえる çoluğa çocuğa karış-.
sètake 背丈 /a./ boy, eğin. 〜が伸びる boy at- (sür-). 〜の boylu. 〜の同じ boydaş. 〜が同じくらいの boyu (boyuna, boyunca) beraber. 人の〜を越すほど水が深い boy ver-. 二人分の〜がある. İki adam boyu var.
setomono 瀬戸物 /a./ çanak çömlek.
setomonoya 瀬戸物屋 /a./ fincancı.
sèttai 接待 /a./ ikram. 〜する ikram et-, ziyafet çek- (ver-). 客は母の〜をとても喜んだ. Konuklar annemin ikramından çok hoşnut kaldılar.
settaku 拙宅 /a./ fakirhane, kulübe. 〜へおいで下さいませんか. Fakirhaneye buyurmaz mısınız?
sètto セット(İng. set) /a./ takım; dekor; set. ひとそろいの食卓〜 komple sofra takımı. 映画の〜 plato.
settoku 説得 /a./ ikna. 〜する anlat-, çok söyle-, ikna et-, kandır-, söz anlat-. あの手この手で〜する kırk (bin) dereden su getir-. あれこれ〜して anan yahşi, baban yahşi. 彼を〜するのは不可能だ. Ona söz anlatmak kabil değildir.
settokùryoku 説得力 /a./ 〜のある inandırıcı, kandırıcı.
settoo 窃盗 /a./ hırsızlık. 〜を働く hırsızlık et- (yap-).
settòozai 窃盗罪 /a./ hırsızlık.
settoozi 接頭辞 /a./ ön ek.
settozùkuri セット作り /a./ dekorasyon.

sewa 世話 /a./ bakım, bakıcılık, hizmet. ～をする bak-, kolla-. ～する人 bakıcı. ～をやく gözet-. ～される bakıl-. よく～された bakımlı. ～されないこと bakımsızlık. ～の行き届いていない bakımsız. ～になる elinde kal-. 人の～になっている hayatını borçlu ol-. 誰かの～で elinde. 大きい兄弟が小さいのの～をやく. Büyük kardeşler küçükleri gözetir.

sewayaku 世話役 /a./ kâhya.

sezoku 世俗 /a./ ～に通じた人 dünya adamı.

sezokuka 世俗化 /a./ ～する laikleştir-.

si 詩 /a./ şiir, koşuk, manzume, nazım, yır, (俗語) deyiş. ～を読む şakı-. ～の一行 dize. ～の行 mısra. ～の連 bağlam. ～の選集 güldeste. 好きな～を暗記する. Beğendiğim şiirleri ezberliyorum. 姉が～を興奮して読んでいる. Ablam şiiri çoşarak okuyor. ～を語る. Şiir konuşuyoruz.

si し /il./ hem … hem …. 学んでもいる～働いてもいる. Hem okuyor, hem çalışıyor.

sì 死 /a./ ölüm, helak, vefat, ahret yolculuğu. ～におののく canının derdine düş-. ～にひんしてあごがふるえる çene (çenesi) at-. ～に至らしめる (隠語) harca-. ～が近づく toprağa (yere) bak-. ～の時が来る vakti gel-. 人の～を期待する çenesini bağla-. ～を恐れない kellesini koltuğuna al-. ～から救う mezardan çıkar-. ～の静けさ ölümsü bir sessizlik. ～の天使 can alıcı. ～を免れない ölümlü. ～を思わせる ölümsü. 引退して～を待つばかりの人 ahret adamı.

sì 市 /a./ şehir, kent, belediye, (古語) belde. ～当局 belediye.

sì 氏 /a./ bay. トゥルグット～ Bay Turgut. アフメット～の妻 Ahmet beyin karısı.

sì 師 /a./ hoca, öğretmen. ～の芸を許される el al-.

si 四 /a./ dört.

si' シッ /ün./ pist. ああネコが肉のそばに来た. ～どけ! Eyvah, kedi etin yanına geldi! Pist, çekil oradan!

siagaru 仕上がる /ey./ bit-, tamamlan-.

siage 仕上げ /a./ apre. ～の tamamlayıcı.

siagenori 仕上げ糊 /a./ apre.

siagenuri 仕上げ塗り /a./ apre.

siage・ru 仕上げる /ey./ bitir-, tamamla-, ikmal et-, (俗語) kıvır-. 一カ月の仕事を一週間で仕上げた. Bir aylık iş vardı, bir haftada temizledim.

siai 試合 /a./ karşılaşma, maç, turnuva. ～に勝つ maçı kazan-, oyun al-. ～に負ける maçı kaybet-. 昨夜テレビの～見たか. Dün gece televizyondaki maçı izledin mi?

siañ 思案 /a./ ～にあまる apışıp kal-.

siañkàbucu シアン化物 /a./ siyanit.

siañka natoryùumu シアン化ナトリウム /a./ sodyum siyanit.

siawase 幸せ /a./ mutluluk, bahtiyarlık. ～な mutlu, bahtiyar, kısmetli, mesut, mübarek, ongun. ～である gönen-. お～に devletle, saadetle. あなたが～であるように願っています. Mutlu olmanızı dilerim.

siba 芝 /a./ çim. ～が生える çimlen-.

siba 柴 /a./ sap, dal parçası. ～や干し草 çalı çırpı.

sibahu 芝生 /a./ çimenlik yer. ～に入らないでください. Çimlere basmayınız.

sibai 芝居 /a./ piyes, oyun, temaşa. ～がロングランを続ける afişte kal-. ～のさくら alkışçı. ～が札止めだ. Piyes kapalı gişe oynuyor.

sibaizuki 芝居好き /a./ tiyatro sever.

sibakusa 芝草 /a./ çimen.

sibàraku しばらく /be./ bir ara, kısa

süre, biraz. 〜の間 bir aralık. 〜待て biraz bekle. 立ったまま〜話し合った. Ayak üstü biraz konuştuk.

sibararè·ru 縛られる /ey./ bağlan-. 手を〜 eli kolu bağlı kal-. 縛られた bağlı. 手足を縛られている eli ayağı bağlı. 縛られない serbest. 縛られていない başıboş.

sibàru 縛る /ey./ bağla-, düğüm vur-, düğümle-. 手を〜 elini kolunu bağla-, tırnaklarını sök-. 足を〜 ayağını bağla-, ayağına bağ vur-. 傷を〜 yarayı bağla-. 束にして〜 demetle-.

sìbasiba しばしば /be./ çokluk, sık sık, çokça, çok kez, çoğu. 〜行く yol et-, taşın-. 〜出入りする aşındır-. 〜話を変える daldan dala kon-. こういうことは〜ある. Bu gibi şeyler ekseriyetle vaki olur.

sibasu 市バス /a./ belediye otobüsü. 学割を〜の割引に利用している. Öğrenci pasomla belediye otobüslerindeki indirimden yararlanıyorum.

sibatatàku しばたたく /ey./ 目を〜 kırpıştır-, göz kırp-.

sibiñ しびん /a./ ördek.

sibirè しびれ /a./ uyuşukluk. 〜をきらす sabırsızlan-.

sibirè·ru しびれる /ey./ uyuş-, keçeleş-, cin çarp-. しびれてチクチクする karıncalan-. しびれた uyuşuk. ずっと座っていたので足がしびれた. Çok oturmaktan ayaklarım keçeleşti.

sibiresasè·ru しびれさせる /ey./ uyuştur-, uyuşturucu.

sìbo 思慕 /a./ 〜の情 meyil.

sibocu 死没 /a./ ölüm.

sibomase·ru しぼませる /ey./ söndür-, pörsü-, kavur-, 風船を〜 balonu söndür-.

sibomu しぼむ /ey./ sön-, büzül-, kavrul-, sol-, çürü-. しぼんだ sönük, pörsük. しぼんだ風船 sönük balon. 風船がしぼんだ. Balon sönmüş. 花瓶のバラがしぼんだ. Vazodaki güller soldu.

siboo 脂肪 /a./ yağ. 〜がつく yağ bağla-. 動物性〜 hayvansal bir yağ. 動物の腹の〜 iç yağı.

siboo 死亡 /a./ ölüm, vefat. 家畜の〜 kırım.

siboo 志望 /a./ 〜する arzula-.

sibòosya 志望者 /a./ namzet.

siborarè·ru 絞られる, 搾られる /ey./ sıkıl-.

siborè·ru 絞れる, 搾れる /ey./ 乳が搾れる sağıl-, sağmal.

siborì 絞り /a./ カメラの〜 diyafram.

siboriagè·ru 絞り上げる /ey./ sık-, sıkıştır-.

siboridàsu 搾り出す /ey./ sık-.

sibori kàsu 搾りかす /a./ posa.

siboriki 搾り器 /a./ pres, mengeme.

siboritate 搾りたて /a./ 〜の乳の香り taze bir süt kokusu. 牛乳はとても新しいよ, 〜だから. Süt çok taze, inekleri yeni sağdım.

siboritorè·ru 搾り取れる /ey./ ずっと〜人 (俗語) sağmal inek. 〜もと (口語) yağlı kuyruk.

siboritòru 搾り取る /ey./ 金を〜 para çek-.

sibòru 絞る /ey./ bur-, büz-, sık-. 洗濯物をねじって〜. Çamaşırı bura bura sıkarlar.

sibòru 搾る /ey./ sık-. 乳を〜 sağ-. レモンを〜 limon sık-. 桃の汁を搾ったらあとにかすが残った. Şeftalinin suyunu sıkınca geriye posası kaldı.

sìbu 支部 /a./ kol, şube.

sibucu 私物 /a./ şahsî eşya.

sibucuka 私物化 /a./ 〜する benimse-.

sibùcyoo 支部長 /a./ kol başı.

sibùi 渋い /s./ buruk, kekre, acı. 〜顔 ters yüzü. 〜顔の asık suratlı. 〜顔をする somurt-.

sibukì しぶき /a./ serpinti. 波の〜 dalgaların serpintisi.

sibu òñpu 四分音符 /a./ dörtlük.

sibùru 渋る /ey./ kendini naza çek-, naz et-, nazla-, ağırdan al-, ayağını sürü-.
sibusibu しぶしぶ, 渋々 /be./ kötü kötü, yarım ağız (ağızla), isteksizce. ～歩く ayakları geri geri git-. ～行う kendini dirhem dirhem sat-.
sibutòi しぶとい /s./ ～人 sülük gibi.
sicci 湿地 /a./ batak, bataklık.
siccitai 湿地帯 /a./ batak, bataklık.
siccyoo 失調 /a./ fesat.
sicì 七 /a./ yedi. ～の yedi.
sicì 質 /a./ rehin, tutu. ～に入れる tutuya koy-.
sicibañmè 七番目 /a./ yedinci. ～の yedinci.
sicigacù 七月 /a./ temmuz, orak ayı.
sicimeñcyoo シチメンチョウ, 七面鳥 /a./ hindi, mısır tavuğu. 雄の～ gurk.
sicizyùu 七十 /a./ yetmiş. ～の yetmiş.
sicu 質 /a./ nitelik, özellik,kalite, vasıf. 紙の～ hamur. ～のいい kalite, kaliteli. ～のよくない kepaze. ～のよくない品物 işporta malı. ～の悪い布 aşağı kumaş. ～の悪いオリーブ油 kandil yağı. ～が悪くなる kötüle-. その量より～が大切 niceliğinden çok niteliği önemli.
sicù 室 /a./ oda, göz, daire. この家は三～ある. Bu evde üç göz var.
sicuboo 失望 /a./ ümitsizlik, hayal kırıklığı. ～する umutlarını yitir-, güvendiği dağlara kar yağ-, (冗談) ağzını havaya aç-.
sìcudo 湿度 /a./ nem, nemlilik, rutubet. 必要な～を与える tav ver-.
sicudokusyoo 失読症 /a./ okuma yitimi.
sicudo kyòkuseñ 湿度曲線 /a./ hava nemi eğrisi.
sicugàikocu 膝蓋骨 /a./ diz kapağı kemiği, diz ağırşağı.

sicugeñ 失言 /a./ gaf, pot. ～する pot kır-. ～を取り消す sözünü geri al-.
sicugeñ 湿原 /a./ bataklık. アシの～ sazlık.
sicugosyoo 失語症 /a./ söz yitimi.
sicugyoo 失業 /a./ işsizlik. ～の işsiz, eli boş. ～する işsiz kal-, işinden ol-. ～している işsiz kal-, aylak ol-, (俗語) yat-. ～して boşta, eli koynunda.
sicugyoo hòkeñ 失業保険 /a./ işsizliğe karşı sigorta.
sicugyoo zyòotai 失業状態 /a./ işsizlik.
sicuke しつけ /a./ düzence, disiplin, terbiye ; teyel. ～の行き届いた hanım hanımcık. ～がいいクラス disiplinli sınıf. ～の機会をなくす sırasını kaybet-. ～をほどく teyel sök-. 子供の～が悪いと後悔する. Kızını dövmeyen dizini döver.
sicuke ìto しつけ糸 /a./ teyel ipliği.
sicukerarè・ru しつけられる /ey./ terbiye al- (gör-).
sicukè・ru しつける /ey./ eğit-, törpüle-.
sicukòi しつこい /s./ inatçı, ısrarlı, direşken, sırnaşık, yapışkan, bulaşkan, (俗語) bulaşık, tebelleş, çam sakızı gibi. ～人 ahtapot gibi, sülük gibi. ～値切り方 çekişe çekişe pazarlık. しつこく kuvvetle. しつこくねだる sırnaş-. しつこく迫る başının etini ye-. しつこくする yapış-, asıl-. しつこくつきまとう人 asıntı. ジェンクは母がしつこく言うので皿のものをかたづけた. Cenk, annesinin ısrarıyla tabağındaki yemeği bitirdi. なんと～人. Ne yapışkan adam.
sicukòsa しつこさ /a./ yapışkanlık.
sicumei 失明 /a./ kör olma, kör.
sicumoñ 質問 /a./ soru, sual. ～する sor-, sual aç-, ～される sorul-. くだらない～ ahret suali.

sicunai beñki 室内便器 /a./ lâzımlık, oturak.
sicunâigaku 室内楽 /a./ oda muziği.
sicunâigi 室内着 /a./ 〜に着替える soyunup dökün-.
sicunai soosyokùgyoo 室内装飾業 /a./ iç mimar.
sicùrei 失礼 /a./ kabalık, terbiyesizlik. 〜な sallapati. 〜なことを言う söz at-, ağzına geleni söyle-. 〜です が haşa huzurdan, sözüm yabana.
sicuryoo 資料 /a./ özdek.
sicùryoo 質量 /a./ kütle.
sicusyosyoo 失書症 /a./ yazma yitimi.
sicuteki 質的 /a./ 〜な nitel.
sicuu 歯痛 /a./ diş acısı. 〜を除く diş ağrısını geçir-.
sicuzi 執事 /a./（古語）kâhya. 〜の職 kâhyalık. 〜の職を務める kâhyalık et-.
sicuzisyoo 失字症 /a./ yazma yitimi.
sicuzyuñ cîhoo 湿潤地方 /a./ rutubetli yer.
sicyoo 思潮 /a./ düşünce akımları.
sìcyoo 市長 /a./ belediye başkanı. イスタンブル〜 İstanbul Belediye Başkanı.
sicyuu 支柱 /a./ direk, destek, dayak, mesnet, payanda. テントの〜 çadır direği. インゲン豆の〜 fasulye sırığı. 〜を立てる dayakla-, sırıkla-. 〜をつける destekle-.
sicyùu シチュー（İng. stew）/a./ kapama, yahni.
sìda シダ /a./ eğrelti. 〜類 eğrelti.
sìdai 次第 /a./ 天候〜 havanın keyfine tâbi. 値打ちは懐〜. Deve bir akçeye, deve bin akçeye.
sidaini 次第に /be./ gitgide, gittikçe, giderek, zamanla, derece derece, tedricî olarak. 〜力を増す tırman-. 天気が〜寒くなってきた. Havalar gittikçe (gitgide) soğuyor. 問題は〜白熱化した. Mesele gittikçe alevlendi.
sìdañ 師団 /a./ tümen.
sidare yànagi シダレヤナギ, 枝垂れ柳 /a./ salkım söğüt.
side シデ /a./ gürgen.
sidekàsu しでかす /ey./ しでかしたこと（冗談）marifet. 君のしでかしたことをいいと思っているのか. Yaptığın marifeti beğendin mi?
sidoo 指導 /a./ yönetim, yöneltme, yol gösterme. 〜する yönet-, fikir ver-. 長として〜する başkanlık et-.
sidôosya 指導者 /a./ yönetici, önder, müdür, lider. 〜達 erkân. 信徒〜 imam.
sidooteki 指導的 /a./ 〜な立場 başlık.
sidoo yòoryoo 指導要領 /a./ müfredat programı.
sieki 使役 /a./ 〜の ettirgen, oldurgan.
siekikei 使役形 /a./ ettirgen. 〜の oldurgan.
sieñ 支援 /a./ müzaheret.
Sierarèone シエラレオネ /a./ Sierra Leone.
sigacù 四月 /a./ nisan (ayı).
sigacu bàka 四月ばか /a./ nisan balığı.
sigai 死骸 /a./ naaş. 動物の〜 leş.
sìgai 市外 /a./ 家庭から集めたごみは〜のごみ捨て場に運ばれる. Evlerden toplanan çöpler kent dışındaki çöplüğe götürülür.
sigaiseñ 紫外線 /a./ ültraviyole ışınları.
sìgaku 史学 /a./ tarih.
sìgaku 私学 /a./ özel okul.
sìgaku 歯学 /a./ dişçilik.
sìgaku 視学 /a./ müfettiş.
sigàkusya 史学者 /a./ tarihçi.
sigamicùku しがみつく /ey./ yapış-, asıl-. スカートに〜 eteğine yapış-.

sigañ 志願 /a./ 〜の gönüllü, istemli.
sigáñhei 志願兵 /a./ gönüllü asker. 〜を募る bayrak aç-.
sigáñsya 志願者 /a./ müracaatçı.
sigaretto kèesu シガレットケース (İng. cigarette case) /a./ tabaka.
sigeki 刺激 /a./ fit, uyarım, uyarı, asabiyet, tembih. 〜する fit ver- (sok-), fitil ver-, fitille-, uyar-, fişek salıver-, geleyana getir-, kamçıla-. 感情を〜する iç gıcıkla-. 〜すること tahriş. 〜を与える fit ver-, fitil ver-. この薬は神経を〜する. Bu ilaç sinirleri kamçılar.
sigekiteki 刺激的 /a./ 〜な coşkun.
sigemi 茂み /a./ çalı. 〜の後ろに隠れた. Çalıların arkasına gizlendi.
sigeñ 資源 /a./ servet, doğal zenginlikler.
sigèru 茂る /ey./ otlarla kaplan-, (俗語) şenel-. 茂った kesif. 茂った森 yoğun bir orman.
sigo 死語 /a./ ölü diller, ölmüş diller.
sigòseñ 子午線 /a./ meridyen.
sigoto 仕事 /a./ iş, işçilik, emek, mesai, meslek, meşguliyet, uğraş. 織物の〜 dokuma işçiliği. 弁護の〜 avukatlık. 《を》 〜をする iş yap-, iş gör-, işini gör-, işle-, iş tut-, hizmet gör-, yap-, gör-, bak-. よく〜をする iyi et-. 人のために〜をする zahmete gir- (katlan-), zahmet et-. 〜を始める hizmete gir-, bismillah de-, tezgâhı kur-. 〜を続ける baş kaldırma-. 〜をひろげる açıl-. 〜をさせる işe koş-. 人に〜をさせる gördür-. 〜を与える iş ver-. 〜を与えない açıkta bırak-. 人に〜を命じる iş göster-. 〜をしないで boşta. 慣れた〜を断念できない ayağını alama-. 《の》〜の多い yüklü. 〜のない boşta, atıl, avare. 人の〜の邪魔をする avare et-. 《に》〜にかかる işe gir-, iş tut-. 危ない〜にかかる barutla oyna-. 〜にかかるのが遅い ikinden sonra dük-kân aç-. 〜につく iş tut-, kapılan-. 人を〜につける birini işe koş-. 人の〜に目をつける ekmeğine göz koy- (dik-). 出歩く〜にたけた人 ayağına çabuk. 《から》 〜から逃げようとする ayak sürü-. 《が》 〜がない açıkta kal- (ol-). 〜ができる iş bil-. 〜ができない kötürüm. 〜がよくできる人 iş eri, işinin adam. 〜が来る kal-. 〜が難しくなる ikiz doğur-. 〜がうまくいっている işimiz ayna. 〜がうまくいかない bacası tütmez ol-. 《文》この〜はわずか三カ月で終わる. Bu iş ancak üç ayda biter. 人に〜をさせるのは容易ではない. Başkasına iş gördürmek kolay değil. この〜には誰をつけるべきか. Bu işe kimi koyacağız? 〜を変えてばかりいる人は成功しない. Yuvarlanan taş yosun tutmaz. ひとつの〜がうまくいかないのに別の〜に手を出す. Fare deliğine sığmamış, bir de kuyruğuna kabak bağlamış. 〜の報酬をけちるな. (俗語) Aç ayı oynamaz.
sigotoba 仕事場 /a./ işlik, ekmek kapısı, atelye, atölye.
sigotobeya 仕事部屋 /a./ çalışma odası.
sigotoburi 仕事ぶり /a./ işçilik.
sigotocyuu 仕事中 /a./ meşgul. 〜私にかまわないでください. Çalışırken bana ilişmeyin.
sigotògi 仕事着 /a./ işlik.
sigotohàzime 仕事始め /a./ iş başı.
sigoto nàkama 仕事仲間 /a./ koldaş, emektaş.
sigusa しぐさ /a./ çalım. あだっぽい〜をする fıkırda-.
sigyoo 始業 /a./ iş başı. 〜は何時ですか. Ne zaman iş başı yapıyorsunuz?
sihai 支配 /a./ hâkimiyet, hâkimlik, hüküm, tahakküm, el. 〜する hükmet-, yönet-, etkisi altına al-, at oynat-, kılıç oynat-, hâkim. 人を〜する avucunun içine al-. 人間は環

境に～されやすい存在である。 İnsan çevreye bağımlı bir varlıktır.
sihâika 支配下 /a./ 人を～におく patentinin altına al-. 他国の～となる haritadan silin-.
sihai kâikyuu 支配階級 /a./ hâkim sınıf.
sihâiniñ 支配人 /a./ yönetmen, müdür.
sihâiryoku 支配力 /a./ hüküm.
sihañ gàkkoo 師範学校 /a./ öğretmen okulu.
siharai 支払い /a./ ödeme, tediye, tesviye. ～能力 ödeme gücü. ～期限つきの vadeli.
siharâigaku 支払い額 /a./ hesap.
siharâu 支払う /ey./ öde-, eda et-, say-, (隠語) toka et-. 負債を～ borcu öde-. ～という和解 ödeme anlaşması. 脱穀期に～つもりで借金した. Harmanda ödemek üzere borç aldı.
siharawarê·ru 支払われる /ey./ öden-. ～べき ödünç.
sihazimê·ru し始める /ey./ -a başla-.
sìhei 紙幣 /a./ kâğıt para, banknot, (俗語) kâğıt. ～と硬貨 kâğıt para ve maden para. ～を印刷する kes-. 百リラ～ yüzlük.
sihoñ 資本 /a./ ana para, ana mal, kapital, sermaye. ～の流出 sermaye kaçışı. ～投下 sermaye yatırımı.
sihoñka 資本家 /a./ ana malcı, kapitalist, burjuva.
sihoñka kâikyuu 資本家階級 /a./ burjuvazi.
sihoñ syùgi 資本主義 /a./ ana malcılık, kapitalizm. 独占～ tekelci ana malcılık. ～諸国 kapitalist ülkeler.
sihoñ syugìsya 資本主義者 /a./ kapitalist, ana malcı.
sìhoo 司法 /a./ adliye, (古語) kaza. ～の adlî.

sìhoo 四方 /a./ dört bucak. ～に広がる dal budak sal-. ～に逃げて散らばる kaçış-. ～八方 dört bucak, dört bir tarafı (yanı), yedi iklim dört bucak. 庭の～にバラが植えられた. Bahçenin her yanına gül dikildi.
sihoo cyôokañ 司法長官 /a./ 議会の～ kanun sözcüsü.
sihôokoo 四方向 /a./ ～の dörtlü.
sihuku 私服 /a./ sivil elbise. ～の sivil. あの～は誰だ. Şu sivil kimdir?
sihyoo 指標 /a./ gösterge.
sii' シーッ /ün./ sus!
sìicu シーツ(İng. sheet) /a./ çarşaf, yatak kılıfı (örtüsü). 新品の～ gıcır gıcır çarşafları. 母と～を引っ張り合ってたたんだ. Annemle çarşafları çekiştirerek katladık.
siiku 飼育 /a./ besi. ～する üret-.
siikùsya 飼育者 /a./ yetiştirici.
siimuresu sutôkkiñgu シームレストッキング(İng. seamless stockings) /a./ dikişsiz çorap.
siiñ 子音 /a./ ünsüz. 無声～ (古語) sert ünsüzler.
sìiñ シーン(İng. scene) /a./ sahne.
sìiru シール(İng. seal) /a./ pul. 赤十字の～ kızılay pulu.
sii·ru 強いる /ey./ zorla-, üstele-, baskı yap-, kapıya dayan-. ドイツグ一は病気だ, 遊びを強いてはいけない. Duygu hasta, oyun oynamak için zorlanvermalı.
sìisoo シーソー(İng. seesaw) /a./ tahterevalli.
siitagê·ru 虐げる /ey./ kırıp geçir-.
sìitake シイタケ, 椎茸 /a./ mantar.
siito bèruto シートベルト(İng. seat belt) /a./ emniyet kemeri.
sìizuñ シーズン(İng. season) /a./ mevsim, sezon. サッカーの～ futbol mevsimi (sezonu). 狩猟の～ av sezonu.
sika しか /il./ 少し～ない az. ほんのわずか～ açlıktan ölmeyecek kadar. でき

sika

ることはこれ〜ない. 畑は今年少し〜ブドウがならなかった. Bağlar bu yıl az üzüm verdi. 休みが終わるまであと二日〜ない. Tatilin bitmesine kala kala iki gün kaldı. この帯は腰の回りに一回〜巻けない. Bu kuşak belini ancak bir defa sarar. görüp göreceği rahmet bu.

sika シカ, 鹿 /a./ geyik.

sìka 市価 /a./ pazar fiyatı, toptan fiyatı.

sìka 歯科 /a./ dişçilik.

sikabane しかばね /a./ 生ける〜 canlı cenaze.

sikacu 死活 /a./ 〜の hayatî.

sikacu mòñdai 死活問題 /a./ hayatî bir mesele, hayat memat meselesi, ölüm kalım meselesi.

sikaesi 仕返し /a./ öç, kısas, misilleme. 〜する öcünü çıkar-, öç al-, acısını çıkar-, mukabelede bulun-, hesaplaş-, ettiğini yanına bırakma-.

sikagawa シカ皮 /a./ güderi. 〜の güderi. 〜の手袋 güderi eldiven.

sikai 視界 /a./ görüş alanı, görüş mesafesi, göz çalımı, göz yaylası, göz erimi, göz, ufuk.

sikai 司会 /a./ sunucu.

sikài 歯科医 /a./ dişçi.

sikàisya 司会者 /a./ sunucu.

sikake 仕掛け /a./ marifet, makine, entrika, dolap. 時計の〜 saatin makinesi. 鳴る〜 çalar. 鳴る〜がこわれた時計 çalar bozuk saat. 人を釣る〜 yem. 人を釣るための〜をする yem dök- (koy-). 時計は〜で動く. Her saat bir marifete dayanır.

sikakeniñ 仕掛け人 /a./ dolapçı.

sikakerarè·ru 仕掛けられる /ey./ kurul-. 仕掛けられた kurulu.

sikakè·ru 仕掛ける /ey./ kur-. けんかを〜 kavga çıkar-, sataş-. わなを〜 kapanı kur-. キツネにわなを〜 tilkilere tuzak kur-. 人にわなを仕掛けて失脚させる ayağının altına karpuz ka-

buğu koy-. 兵隊は城へ向かって攻撃を仕掛けた. Asker kaleye yürüdü.

sikaku 資格 /a./ yetenek, yeterlik, ehliyet, mezuniyet. 法的な〜 yetki. 〜のある yetkili, ehliyetli, mezun. 〜を持った職人 kalfa. 〜を許す el ver-. 〜試験 yeterlik sınavı.

sikaku 視覚 /a./ görme duyusu.

sikaku 死角 /a./ ölü zaviye.

sikaku 視角 /a./ görüş açısı.

sikakù 四角 /a./ dörtgen, dörtkenar. 定規で〜をかく cetvelle bir kare çiz-.

sikakùi 四角い /s./ kare. 〜テーブル kare masa. 〜かたまり kalıp.

sikàkukei 四角形 /a./ dörtgen. 〜の四辺 dörtgenin kenarları.

sikameccura しかめっ面 /a./ buruşuk surat, çatık yüz (çehre, surat), eğri yüz, ekşi yüz, surat. 〜の çatkın, çatık, asık suratlı. 〜をする yüzünü buruştur-, burul-, somurt-, yüzünden düşen bin parça ol-. 〜をする人 buruk. 〜をしてやって来る çatkın bir çehre ile gel-.

sikamè·ru しかめる /ey./ 顔を〜 yüzünü buruştur-, suratını ekşit-, dudak bük-, çarpıl-. まゆを〜 kaşlarını çat-, surat as-. しかめた buruşuk.

sikàmo しかも /ba./ bununla beraber.

sikañ 弛緩 /a./ 心臓はたえず収縮・〜して血行を保つ. Yürek biteviye kısılıp gevşeyerek kanın dolaşımını sağlar.

sikañ 歯冠 /a./ diş tacı, kaplama, kuron.

sikañ 子癇 /a./ havale.

sìkañ 士官 /a./ subay.

sikañ gàkkoo 士官学校 /a./ harbiye.

sikarare·ru 叱られる /ey./ azar (laf, söz) işit-, papara ye-, payını al-.

sikare・ru 敷かれる /*ey.*/ yayıl-. じゅうたんが部屋に敷かれた. Halı odaya yayıldı.

sikaricukè・ru 叱りつける /*ey.*/ payla-, tersle-, hırpala-, fırçala-.

sikaru しかる, 叱る /*ey.*/ azarla-, tersle-, çıkış yap-, darıl-, payla-, görün-. きつく～ çıkış-, haşla-, bombardıman et-, (隠語) fırça çek-, kalayı bas-. ～こと paylama. 先生が子供を叱った. Öğretmen çocuğu azarladı. 先生はチェティンがいたずらをしたので叱った. Öğretmen Çetin'e yaramazlık yaptığı için çattı. 子供がひどく荒れている, 少し叱ってやれ. Çocuk pek azdı, biraz görünüver. 先生は宿題をしなかった者をきつく叱った. Öğretmen ödevini yapmayanları haşladı.

sikarubèki しかるべき /*s.*/ 金は～所に使え parayı araya değil, paraya vermeli.

sikarubèku しかるべく /*be.*/ gereğince.

sikase・ru 敷かせる /*ey.*/ döşet-.

sikàsi しかし /*ba.*/ ama, amma, bununla beraber, fakat, halbuki, lâkin, nedir ki, ne var (var ki), oysa oysaki, şu kadar ki, yalnız.

sikasi nàgara しかしながら /*ba.*/ bununla beraber (birlikte), gerçi, mamafih, yine de.

sikata 仕方 /*a.*/ yöntem, gidiş. 進行の～ gidiş.

sikata nài 仕方無い /*s.*/ oldu olacak. 仕方なく çaresiz, zorla. 仕方なくなる çaresiz kal-. ～な, ほかに仕事がないのだから, そいつに取りかかろう. Tamam, başka işimiz kalmadı da şimdi onunla uğraşacağız. ～さ. Akacak kan damarda durmaz.

sikè 湿気 /*a.*/ nem. → **sikke**.
sikecu 止血 /*a.*/ ～する kanı dindir-.
sikei 紙型 /*a.*/ matris.
sikei 私刑 /*a.*/ linç.

sikèi 死刑 /*a.*/ idam, ölüm cezası. ～を執行する idam et-. ～執行 idam. ～執行人 cellat.

sikèñ 試験 /*a.*/ sınav, deneme, deney, imtihan, tecrübe, test. 数学の～ matematik sınavı. 冬学期の～ kış dönemi sınavları. ～をする sınav aç-, sınavdan geçir-, sına-, dene-, imtihan et-, imtihana çek-. ～を受ける sınava çekil-, imtihana gir-. ～に出席する sınava gir-. ～に通る sınav ver-, imtihan ver-, baraji aş (geç-), elen-.

sikeñdai 試験台 /*a.*/ deneme tahtası. 助手達は子供を～にした. Asistanlar, çocuğu deneme tahtası yaptılar.

sikeñkañ 試験管 /*a.*/ deney kap, tüp.
sikeñkañdai 試験管台 /*a.*/ tüplük.
sikèñsicu 試験室 /*a.*/ laboratuvar.
sike・ru 湿気る /*ey.*/ nemlen-.
sikè・ru しける, 時化る /*ey.*/ 海が～ deniz bindir-.
sìki 式 /*a.*/ tören : formül ; denklem. ～の törenli.
sikì 士気 /*a.*/ maneviyat.
sikì 四季 /*a.*/ dört mevsim.
sikì 死期 /*a.*/ ～が迫る günleri sayılı ol-.
sikì 指揮 /*a.*/ buyruk, yönetim, idare. ～する buyur-, yönet-, âmir.
sikibecu 識別 /*a.*/ fark. ～できる mümeyyiz.
sikibùkañ 式部官 /*a.*/ teşrifatçı.
sikibùtoñ 敷き布団 /*a.*/ döşek.
sikici 敷地 /*a.*/ arsa. 2ドヌムの～がある. İki dönümlük arsası var. この～を私におじさんがくれた. Bu arsayı bana dayım verdi.
sikicumè・ru 敷き詰める /*ey.*/ döşe-.
sikigyoo 私企業 /*a.*/ özel girişim.
sikihu 敷布 /*a.*/ çarşaf, yatak kılıfı.
sikii 敷居 /*a.*/ eşik, kapı eşiği. ～に頭をこすりつける eşiğine yüz sür-.

sikȋiki 識閾 /a./ duyum eşiği.
sikȋka 指揮下 /a./ ～に入る buyruğu altına gir-.
sikimono 敷物 /a./ hasır örgü, mefruşat, yaygı, yolluk. 草で編んだ ～ hasır. 厚い～ kaba kilim. 死人の ～ rahat döşeği. ～や家具の整った döşeli. ～のない kuru. 庭に～を敷いて座る. Bahçeye bir yaygı serip oturuyoruz.
sikimoo 色盲 /a./ renk körlüğü. 彼は～だ. Onda renk körlüğü var.
sikiñ 試金 /a./ ～をする人 çeşnici.
sikiñ 資金 /a./ ana para, ana mal, fon, porte. ～の供給 finansman. ～を提供する finanse et-.
sikiñseki 試金石 /a./ mihenk.
sikirarè•ru 仕切られる /ey./ 仕切られた mahdut. 仕切られた所 bölme.
sikiri 仕切り /a./ bölme, perde, göz.
sikiriita 仕切り板 /a./ bölme.
sikirisyò 仕切り書 /a./ fatura.
sikȋru 仕切る /ey./ böl-.
sikisai 色彩 /a./ renk.
sikȋso 色素 /a./ boyar madde.
sikȋsya 指揮者 /a./ オーケストラの～ orkestra şefi.
sikiteñ 式典 /a./ merasim, teşrifat.
sikiyoku 色欲 /a./ şehvet.
sikkaku 失格 /a./ diskalifiye. ～になる diskalifeye ol-. ～にする diskalifeye et-.
sikkañ 疾患 /a./ hastalık.
sikkàri しっかり /be./ sıkı sıkıya. ～と sıkı sıkı, kıskıvrak. ～した kuvvetli, sağlam, sağlıklı, mazbut, metanetli, metin, oturaklı, sabit, pek, ciddî, beton gibi. とても～した sımsıkı. ～した人 mazbut bir insan. ～した足どりで metin adımla. ～する pekiş-, (口語) hizaya gel-. 土台を～する besle-. ～させる pekiştir-. ～しろ metin ol! 足腰が～している eli ayağı tut-. ～立つ sıkı dur-. ～つかまる dört elle sarıl- (yapış-). ～つかむ

yapış-. 手を～つかむ eline yapış-. ～していれば他人に影響されることはない. Yeğniyi yel alır, ağır yerinde kalır.
sikke 湿気 /a./ nem, yaşlık, rutubet. ～のある rutubetli, nemli. 壁が～を吸う duvar nem çek-.
sikki 湿気 /a./ nem, yaşlık, rutubet. ～のある rutubetli, nemli.
sikki 漆器 /a./ verniklenmiş kap, verniklenmiş eşya.
sikkiñ 失禁 /a./ ～する donuna et-(kaçır-, yap-, doldur-).
sikko しっこ /a./ çiş. お～ çiş. お～する çiş et-. お～がしたくなる çişi gel-.
sikkoo 執行 /a./ icra, infaz. 死刑～ idam. 死刑を～する idam et-.
sikkooniñ 執行人 /a./ 死刑～ cellat.
sikkòosya 執行者 /a./ 遺言～ vasi.
sȋkku シック(Fr. chic) /a./ ～な şık.
sikkui しっくい /a./ sıva. 紙の～ kartonpiyer. ～を塗る sıva-, badana et-(vur-). 白く～を塗る badanala-. 壁の～がはげた. Duvarın sıvası dökülmüş.
sikkùri しっくり /be./ ～しない garpise-, çiğ, mayhoş. 近頃私達の関係が～しなくなった. Bu günlerde münasebetimiz mayhoş bir durum aldı.
sikkyaku 失脚 /a./ 人にわなを仕掛けて～させる ayağının altına karpuz kabuğu koy-.
sikomarè•ru 仕込まれる /ey./ 小さい時から仕込まれた çekirdekten yetişme.
sikòmu 仕込む /ey./ kur-. 漬け物を～ turşu kur-. 仕込んだ öğür.
sikoñ 歯根 /a./ diş kökü.
sikoo 思考 /a./ düşünce, düşünme, hatır. ～を停止させる akıl durdur-.
sikoo 施行 /a./ infaz.
sikoo 嗜好 /a./ beğeni.
sikoo hòohoo 思考方法 /a./ düşünüş.
siku 敷く /ey./ ser-, ört-, döşe-,

yay-, çek-. 布団を～ yorganı çek-. 布団を下に～ yatağı yere ser-. 石を～ taşla-. 石を敷いた所 taşlık. 下に～物 altlık. 何も敷いていない板に腰掛けないで. Kuru tahtaya oturma.
sikucu 試掘 /*a.*/ sondaj.
sikùmu 仕組む /*ey.*/ 仕組んだ仕業 danışıklı dövüş.
sikurámeñ シクラメン /*a.*/ tavşan kulağı.
sìkusiku しくしく /*be.*/ ～痛む sızla-. ～する痛み sızı.
sikuzirì しくじり /*a.*/ hata. 笑いものになる～ (口語) fiyasko.
sikuzìru しくじる /*ey.*/ hata yap-(et-), gaf yap-, başarama-, pislet-, sırıt-. よく～人 sakar.
sìkyo 死去 /*a.*/ ölüm.
sikyòku 支局 /*a.*/ şube, kol. ～のすべての仕事と仕事の管理を彼に背負わせた. Kolun bütün işlerini ve işlerin idaresini ona yüklediler.
sìkyoo 司教 /*a.*/ piskopos.
sikyuu 至急 /*a.*/ ivedilik, müstaceliyet. ～の acil, ivedili, müstacel. ～に ivedilikle.
sikyuu 子宮 /*a.*/ döl yatağı, rahim, karın, hazine.
sikyuu 支給 /*a.*/ ～する donat-, tedarik et-.
simà 縞 /*a.*/ yol, çubuk, damar. 大理石の～ mermer damarı. ～の yollu. ～のある yol yol, damarlı. 布地に～がある. Kumaşın yolları var.
simà 島 /*a.*/ ada. ～の人 adalı.
simacu 始末 /*a.*/ akıbet. ～をつける temizle-. ～する ötesini beri et-.
simai しまい /*a.*/ son. ～になる dama de-, tüken-. ～になること bitiş. ドアを～までいっぱいに開いておく ardına kadar açık.
sìmai 姉妹 /*a.*/ kız kardeş. 妻の～ baldız. 夫の～ görümce. 妻の～の夫 bacanak.
simaikko しまいっ子 /*a.*/ 年とってから

できた～ tekne kazıntısı.
simaikòmu しまい込む /*ey.*/ sakla-, kilitle-, (俗語) kitle-. 金貨を金庫に～ altınlarını kasada sakla-. 本を戸棚に～ kitapları dolaba kapa-. 心に～ içine kapan-. 大事に～ turşusunu kur-.
simai tòsi 姉妹都市 /*a.*/ kardeş şehirleri.
simariya 締まり屋 /*a.*/ ～の女 idareli bir kadın.
simàru 閉まる /*ey.*/ kapan-. 閉まっている kapalı. 門が閉まっている kapı kapalı. 戸が閉まった. Kapı kapandı. 窓が閉まっていると外の騒ぎは聞こえない. Pencereler kapalı olunca dışardaki gürültü duyulmuyor.
simàru 締まる /*ey.*/ しっかり～ kenetlen-. しまった tıkız, sıkı. しまったこね粉 tıkız hamur. あごがしっかり締まった. Çeneleri kenetlenmiş.
simàtta しまった /*ün.*/ (卑語) Sıçtı Cafer, bez getir.
simau しまう /*ey.*/ koy-, sakla-, kaldır-. ハンカチを束ねて戸棚に～ mendilleri desteleyip dolaba koy-. 洗濯物は箱にしまったのですか. Çamaşırları sandığa mı koydunuz? 肉をしまっておこう、ネコが食べないように. Eti kaldıralım, kedi yemesin. (…して～) ver-, gitti. たやすくして～ yapıver-. …してしまう gitsin. …してしまおう gitsin. 勝手に行って～ basıp git-. 二分で私の絵を描いてしまった. İki dakikada resmimi çiziverdi. 子供は先生のとりこになってしまった. Çocuk öğretmenine bağlanıverdi. この人はうちの女中をだまして別の家へ連れて行ってしまった. Bu adam bizim hizmetçiyi ayartıp başka bir eve götürdü. こんな暴れ馬の引く車に乗ったら振り落とされて～じゃないか. Bu azgın atların çektiği arabaya bindik mi, devrildik gitti! あいつは何も言わずに行ってしまいやがった. Herif haber vermeden

simauma

defoldu gitti！死んで〜. Boyu devrisin. Boynu altında kalsın. こんな言葉は忘れてしまえ. Bu sözü unut gitsin！この家を買ってしまおう. Bu evi alalım gitsin！
simauma シマウマ /a./ zebra.
sìme シメ /a./ flurcun.
simecukerarê・ru 締めつけられる /ey./ sıkış-. 胸が締めつけられそうだ. Göğsü sıkışmış.
simecukê・ru 締め付ける /ey./ sık-, sıkıştır-, büz-. 〜と全部しゃべった. Sıkıştırınca hepsini söyledi.
simedasarê・ru 締め出される /ey./ hariç ol-.
simegane 締め金 /a./ kenet, mengene. 〜で締める kenetle-. 〜で締められる kenetlen-.
simei 指名 /a./ atama. 〜する ata-, adlandır-.
sìmei 氏名 /a./ soy adı ve ad.
sìmei 使命 /a./ hizmet, görev, misyon.
simekìru 締め切る /ey./ kapa-.
simekoròsu 絞め殺す /ey./ boğ-. ひもで〜 ip ile boğ-.
simekukùru 締めくくる /ey./ son ver-, sözü bağla-.
simeppòi 湿っぽい /s./ nemli, yaş. 〜下着 yaş çamaşır.
simerarê・ru 締められる /ey./ büzül-. 締め金で〜 kenetlen-. 米袋の口が締められた. Pirinç torbasının ağzı büzüldü.
simeràsu 湿らす /ey./ ısla-, ıslat-, nemlendir-.
simeri gùai 湿り具合 /a./ アイロンをかけるシャツや印刷する紙の〜をよくするために水を吹きつける. Ütülenecek çamaşırın, basılacak kağıdın tavı su püskürtlerek verilir.
simerike 湿り気 /a./ nem, yaşlık. 〜のある nemli, yaş. 〜の多い cıvık.
simeru 湿る /ey./ ıslan-, nemlen-, su kes-, sulan-, yaşar-. 湿った ıslak, nemli, sulak, yaş. 湿った雪 cıvık kar.
simê・ru 閉める /ey./ kapa-, ört-. 門を〜 kapıyı kapa-. 戸や窓を〜 kapıyı, pencereyi ört-. 口を〜 ağzını yum-. 店を〜 tatil et-. しっかり〜 kenetle-. 門やなんかちゃんと閉めたか. Kapıyı falan iyice kapatın mı？食堂を閉めた. Lokantayı kapadılar.
simê・ru 締める /ey./ boğ-, kıs-, tak-. 袋の口を〜 torbanın ağzını boğ- (büz-). 手綱を〜 dizginini kıs-, dizginle-, gemini kıs-, ipini çek-. 締め金で〜 kenetle-.
simê・ru 絞める /ey./ boğ-.
simê・ru 占める /ey./ 位置を〜 yer al- (tut-). 上位を〜 başa geç-, derece al-. 味を〜 dadan-.
simêsu 湿す /ey./ ıslat-.
simêsu 示す /ey./ göster-, arz et-. 暗に〜 demeye getir-. 歓迎しないことを態度で〜 ayakkabılarını çevir-.
simi 染み /a./ leke, karaltı. インクの〜 mürekkep lekesi. 黒っぽい〜 karalık. 〜になる leke ol-. 〜をつける leke et-, leke sür-, lekele-. 〜を抜く lekeyi çıkar-. 〜のある lekeli. 布にまた〜が出た. Kumaş lekeyi kustu. この〜は抜けていない. Bu leke çıkmadı.
simi シミ, 紙魚 /a./ güve, kitap kurdu.
simicùku 染みつく /ey./ sin-. 部屋に花のいいにおいが染みついた. Odaya güzel bir çiçek kokusu sinmiş.
simidê・ru しみ出る /ey./ sız-, sızıntı ol-. 〜こと sızıntı. このつぼは水が〜. Bu küp suyu sızdırıyor.
simikòmu しみ込む /ey./ sin-, sız-. 染料が皮に〜 boya deriye sin-.
siminuki 染み抜き /a./ leke giderici madde. 〜をする lekeyi çıkar-.
sìmiñ 市民 /a./ halk, ahali, uyruk. 中世の〜 burjuva. 〜の medenî. 〜である uyruklu. イギリス〜である İngiliz uyruklu. 〜であること uyrukluk. 新し

い〜を初めて訪れる safa geldine git-.
simiñ kàikyuu 市民階級 /a./ 中世の〜 burjuvazi.
simiñkeñ 市民権 /a./ medenî haklar. 〜を剝奪する medenî haklardan ıskat et-.
simi・ru しみる /ey./ işle-, sız-. 身に〜 dokunaklı. 寒さが身に〜 goğuk içine sav-. 雨水が地面の深いところまで〜. Yağmur suları toprağın derinliklerine sızıyor. 寒さが骨の髄までしみた. Soğuk iliğime işledi.
simitòoru しみ通る /ey./ geç-, işle-.
simittare しみったれ /a./ cimrilik. 〜の cimri.
simittarè・ru しみったれる /ey./ cimrilik et-.
simizu 清水 /a./ memba suları.
simò 霜 /a./ kırağı. 〜が降りる kırağı düş- (yağ-). 〜で枯れる soğuk yak- (vur-). 〜が植物をいためる kırağı çal-, haşla-. ナスを〜がおそう patlıcanı kırağı çal-.
simò 下 /a./ alt.
simobe しもべ /a./ あなたの〜 kulunuz. 忠実な〜になる kul köle (kurban) ol-.
simoñ 指紋 /a./ parmak izi.
simoyake 霜焼け /a./ soğuk ısırması. 〜になる kırağı çal-.
simyaku 支脈 /a./ kol.
sina 品 /a./ eşya. 悪い〜を売る kakala-.
sina しな /a./ cilve, işve. 〜をつくる cilve et- (yap-), fingirde-, kırıt-. よく〜をつくる kırıtkan.
sinabi・ru しなびる /ey./ sol-, çürü-, kuru-. しなびた ölgün, kart.
sinagàwari 品変わり /a./ 食べ物の〜 ağız değişikliği.
sinamono 品物 /ey./ eşya, meta. 〜を家に運ぶ eşyayı eve at-. 〜を荷造りする eşyayı bağla-. 〜が縛られた. Eşyalar bağlandı. 火事が大きくなったので〜を畑に移した. Yangın büyüyünce eşyayı bostana aşırdılar.
sinamoñ シナモン /a./ tarçın.
sinario シナリオ (İng. scenario) /a./ senaryo. 〜作家 senaryocu.
sinase・ru 死なせる /ey./ 人を〜 kanına gir-.
sinàu しなう /ey./ bükülgen.
sinàyaka しなやか /a./ 〜な esnek.
sinàzina 品々 /a./ eşyalar. 新しい〜をそろえる yeni eşya düz-.
siniisògu 死に急ぐ /ey./ eceline susa-.
sinikakè・ru 死にかける /ey./ 死にかけている can çekiş-, bir ayağı çukurda ol-, gözü toprağa bak-, ölümcül.
siniku 歯肉 /a./ diş eti.
sinimonogùrui 死に物狂い /a./ 〜で can havli ile.
siniñ 死人 /a./ ölü. 〜の敷物 rahat döşeği. 〜の口をガーゼで支えて閉める çenesini bağla-.
sinobase・ru 忍ばせる /ey./ 悪いものを〜 sokuştur-. 油をこね粉に〜 yağı hamura yedir-.
sinobiarùku 忍び歩く /ey./ gizlice yürü-.
sinobigatài 忍びがたい /s./ çekilmez. この小羊を殺すのは〜. Bu kuzuyu kesmeye insan kıyamaz.
sinobikomasè・ru 忍び込ませる /ey./ sok-.
sinobikòmu 忍び込む /ey./ sokul-.
sinòbu 忍ぶ /ey./ katlan-, dayan-. 恥を忍んで頼む yüz suyu dök-, yüzünü kızart-.
sinòbu しのぶ, 偲ぶ /ey./ anımsa-. 人を〜 kulağını çınlat-.
sinògu しのぐ /ey./ しのぎやすい yumuşak, şerbet gibi. しのぎやすさ yumuşaklık.
sinu 死ぬ /ey./ öl-, can borcunu öde-, candan geç-, canından ol-, can ver-, canı çık-, al kanlara boyan-, başına bir hal gel-, bir hal ol-, bir şey (şeyler) ol-, defteri dürül-, git-,

göç et-, göç-, gözleri kapan-, gözünü kapa-, gözünü yum-, helak ol-, post elden git-, rahmetli ol-, ruhunu teslim et-, yere bat-, yerin dibine bat- (geç-, gir-), zıbar-,（俗語）ahreti boyla-,（口語）geber-,（隠語）cavlağı çek-, kalıbı değiştir- (dinlendir-), kıkırda-, nalları dik-, tahtalı köyü boyla-, yürü-, zartayı çek-.《〜》〜ことのない ölümsüz, ebedî. 死なないこと ölmezlik, ölümsüzlük. 〜前に dünya gözü ile. 〜まで ölesiye. 〜ほど ölesiye. 〜ほど愛する ölesiye sev-. 〜ほど苦しむ canından bez- (bık-, usan-). 〜原因となる başını ye-, baş ye. 〜べき運命にある人 o yolun yolcusu. 〜か生きるかの戦い ölüm dirim savaşı.《が〜》小鳥が〜 kuş öl-. 人が〜 adam öl-, dünyaya gözlerini kapa-. 大量に人が〜 kırıl-.《死んだ》死んだ ölü, ölmüş, ölgün, cansız, müteveffa. 死んだ動物 ölü hayvan, ölmüş bir hayvan. 死んだ親たち geçmişleri. 死んだ人たちを悪く言う geçmişlerini karıştır-. 疲労で死んだようになる cansız düş-.《死にそう》死にそうになる ölecekmiş gibi hisset-, ölümden dön-, öl-. 心配で死にそうになる meraktan öl-. 死にそうである ayağını sürü-. 腹がへって死にそうである açından (açlıktan) öl-. 死にそうな öldürücü, ölümcül.《死んで》死んでしまえ boyu devrilsin, boynu altında kalsın, teneşire gelesi. 死にました sizlere ömür.《文》第二次世界大戦で多くの兵隊が死んだ. İkinci Dünya Savaşında çok asker kırıldı.

siñ 心, 芯 /a./ iç, öz, göbek, koçan, cücük; fitil. 雨で〜までぬれる iliğine kadar ıslan-. 果物の〜 meyve özü, eşelek. トウモロコシの〜 mısır kocanı. 服の糊づけした〜 tela. 〜のある özlü. 〜ができた göbekli. ライターの〜 kav. 〜に火をつける fitille-.

siñ 真 /a./ hak, doğru. 〜の öz, asıl, gerçek, hakikî, tam. 〜の友達 hakikî arkadaş. 〜の友は逆境の時に分かる. Dost kara günde belli olur. 〜の力は民衆にある. El mi yaman bey mi yaman? El yaman!

siñai 親愛 /a./ muhabbet. 〜の情を示す el üstünde tut-. 〜なる muhterem, sayın. 〜なる友よ aziz dostum.

siñbaru シンバル(İng. cymbals) /a./ çimbali, zil.

siñbigañ 審美眼 /a./ beğeni, sağ beğeni, tabiat.

siñbiteki 審美的 /a./ 〜な estetik.

siñboku 親睦 /a./ dirlik düzenlik.

siñboo 信望 /a./ saygınlık. 〜を失う sakalı saydır-.

siñboo 辛抱 /a./ sabır. 〜する hazmet-, sabret-. 〜しきれない tez canlı. 〜せよ ya sabır. 少し〜しろ, 汽車は30分たてば来る. Biraz sabret, tren yarım saat sonra gelir.

siñboo 心棒 /a./ mihver, iğ, şaft.

siñboozuyòi 辛抱強い /s./ sabırlı, cefakâr. 辛抱強く待つ sabırla bekle-.

siñboru シンボル(İng. symbol) /a./ sembol, simge.

siñbucu 神仏 /a./ 〜に祈る場所 tapınak.

siñbuñ 新聞 /a./ gazete. 〜に書く gazetede yaz-. 〜の発行人 gazeteci. この〜には五万人の購読者がいる. Bu gazetenin elli bin abonesi var.

siñbuñ hàitacu 新聞配達 /a./ gazete müvezzii.

siñbuñ hìhyoo 新聞批評 /a./ 映画の〜 filmin gazete eleştirisi.

siñbuñ hòodoo 新聞報道 /a./ 〜によれば gazete haberlerine nazaren.

siñbuñ kìsya 新聞記者 /a./ gazeteci.

siñbùñsi 新聞紙 /a./ gazete. 〜をカサコソたたんだ. Gazeteyi haşır huşur katladı.

siñbuñuri 新聞売り /a./ gazeteci.
siñbuñ zigyoo 新聞事業 /a./ gazetecilik.
siñciñtaisya 新陳代謝 /a./ metabolizma.
siñcuu 心痛 /a./ kalp acısı, kalp ağrısı, eza.
siñcyoo 慎重 /a./ ağır başlılık. ～な ağır başlı, ihtiyatlı, hesaplı, sakıngan. ～でない ihtiyatsız. ～になる ağırlaş-. ～に行動する ayağını tek al-. ～に考える düşünüp taşın-. ことを～に運ぶ ağır al-. 手を胸に当てて～に elini kalbine (vicdanına). ～さ ağırlık, ihtimam, sakınma. この青年はだんだん～になっている. Bu genç gittikçe ağırlaşıyor.
siñcyoo 身長 /a./ boy.
siñcyuu 真鍮 /a./ pirinç. ～の pirinç. ～の燭台 pirinç şamdan.
siñdai 寝台 /a./ yatak, karyola, kuşet, yataklık. 木の～ kerevet. ～の敷ぶとん döşek.
siñdaika 寝台架 /a./ yataklık.
siñdaisya 寝台車 /a./ yataklı vagon.
siñdañ 診断 /a./ teşhis, tanı. ～する teşhis et- (koy-), tanıla-. 私を医者が診察した, ～を待っている. Beni doktor muayene etti, tanısını bekliyorum.
siñdañsyo 診断書 /a./ rapor. 医者の～ hekim raporu. ～が出されている raporlu.
siñdeñ 神殿 /a./ mabet, tapınak.
siñdo 深度 /a./ derinlik.
siñdoo 振動 /a./ salınım, sarsıntı, titreşim. 音の～ ses titreşimleri. ～する salın-.
siñdoosuu 振動数 /a./ frekans, sıklık.
siñfonii シンフォニー(İng. symphony) /a./ senfoni. ～の senfonik.
siñgai 侵害 /a./ tecavüz.
siñgaku 神学 /a./ ilâhiyat, Tanrı bilimi.

Siñgapooru シンガポール /a./ Singapur.
siñgari しんがり /a./ dümen neferi.
siñgecu 新月 /a./ yeni ay, hilâl.
siñgeñci 震源地 /a./ iç merkez.
siñgo 新語 /a./ yeni tâbir. 一連の～は時とともに定着してきている. Birtakım yeni kelimeler zamanla yerleşiyor.
siñgoo 信号 /a./ işaret, sinyal, im. ～で知らせる işaret et-, işaret ver-. ～点滅器 pırıldak. ～無視をする (隠語) transit geç-.
siñgootoo 信号灯 /a./ trafik lambası.
siñgu 寝具 /a./ ～一式 yatak takımı.
siñi 神意 /a./ takdir, hikmet.
siñka 真価 /a./ gerçek değer.
siñka 進化 /a./ evrim, tekâmül.
siñka gakusecu 進化学説 /a./ ダーウィンの～ Darvincilik.
siñkakuka 神格化 /a./ ～する Tanrılaştır-, putlaştır-.
siñkañ 信管 /a./ fitil.
siñkañ 神官 /a./ (古語) molla.
siñkaroñ 進化論 /a./ evrimcilik, Darvincilik.
siñkei 神経 /a./ sinir, asap. ～にさわる sinirine dokun-. ～をとがらす gıcıklan-. ～が興奮している sinirleri ayakta ol-. ～が太い sinirleri kuvvetli. ～過敏 (俗語) sinir. ～過敏な sinirleri zayıf. ～がすっかりおさまった. Sinirleri büsbütün gevşedi. 君は～の持ちあわせがないのか. Sende hiç sinir yok mu?
siñkeibyoo 神経病 /a./ asabiye.
siñkeicuu 神経痛 /a./ sinir ağrısı 座骨～ siyatik.
siñkeigaku 神経学 /a./ nöroloji, sinir bilimi.
siñkeika 神経科 /a./ nöroloji.
siñkeikai 神経科医 /a./ asabiyeci.
siñkei keitoo 神経系統 /a./ sinir

cümlesi, sinir sistemi.
siñkèisicu 神経質 /a./ asabîlik. 〜な asabî, sinirli, limonî. あなたが〜なことは入って来たときに分かった。 Sinirli olduğunuzu girişinizden anladım. この女はちょっと〜だ。 Bu kadının bir siniri var.
siñkei sòsiki 神経組織 /a./ sinir doku.
siñkei sùizyaku 神経衰弱 /a./ sinir argınlığı.
siñkeisyoo 神経症 /a./ nevroz, sinirce. 〜の kuruntulu.
siñkeñ 真剣 /a./ 〜な ciddî. 〜になる ciddîleş-.
siñkeñ syðobu 真剣勝負 /a./ ciddî bir oyun.
sîñkikoosiñ 心悸亢進 /a./ çarpıntı.
sîñkiñ 伸筋 /a./ açan.
siñkìñkañ 親近感 /a./ yakınlık. 〜を覚える yakınlık duy-.
siñkiñ kòosoku 心筋梗塞 /a./ yürek enfarktüsü.
siñkiñsei 親近性 /a./ hususiyet, ahbaplık.
siñkìroo 蜃気楼 /a./ ılgım, pusarık, serap.
siñko しん粉 /a./ un, pirinç unu.
siñkoku 申告 /a./ beyan, beyanat, deklare. 〜する deklare et-.
siñkoku 深刻 /a./ 〜な ciddî.
siñkokusyo 申告書 /a./ beyanname. 税金〜 bildirge.
siñkoñ 新婚 /a./ 〜早々のやもめ duvak düşkünü. 〜早々で死ぬ duvağına doyma-. 〜夫婦に円満な生活を望む。 Yeni evlilere dirlik düzenlik dileriz.
siñkoo 進行 /a./ seyir. 〜する ilerle-. 速やかに〜する çorap söküğü gibi git-. 〜のしかた gidiş.
siñkoo 信仰 /a./ iman, inanç, itikat, din, akide, ibadet. 〜する inan-.
siñkoo 親交 /a./ yarenlik, aşinalık.
siñkoo 侵攻 /a./ saldırı.

siñkoogàkari 進行係 /a./ 式の〜 teşrifatçı.
siñkoo sàkuseñ 侵攻作戦 /a./ taarruz harekâtı.
siñkðosiñ 信仰心 /a./ 〜のあつい dini bütün, sofu.
siñkuu 真空 /a./ hava boşluğu, boşluk.
siñkuukañ 真空管 /a./ lamba.
siñkuu pòñpu 真空ポンプ /a./ boşluk tulumbası.
siñkyuu 進級 /a./ 〜する sınıf geç-. 試験がうまくいって〜した。 Sınavı başararak sınıf geçti. 子供の中には落第する者もいれば〜する者も。 Çocukların içinde kalanlar da var, geçenler de.
siñmai 新米 /a./ yenilik, türedi, çaylak. 〜の toy, dünkü.
siñme 新芽 /a./ sürgün.
siñmètorii シンメトリー (İng. symmetry) /a./ bakışım.
siñmetorìkku シンメトリック (İng. symmetric) /a./ 〜な bakışımlı, bakışık.
sîñmi 新味 /a./ 〜なし kör değneğini beller gibi.
siñmicu 親密 /a./ muhabbet. 〜な samimî, sıkı fıkı. 〜さ aşinalık.
siñmocu 進物 /a./ hediye.
siñmocuyoo 進物用 /a./ 〜の hediyelik.
siñmoñ 審問 /a./ sorgu. 〜する ifadesini al-. 〜に答える ifade ver-. 検事が被告を〜した。 Savcı sandığı sorguya çekti.
sîñneñ 信念 /a./ iman, inanç, akide, itikat. 〜を抱く iman et-. 秘密の〜を持つ gizli din taşı-. 〜を貫く bildiğini oku-. 〜をまげない bildiğinden şaşma-. 〜の人 iman sahibi.
sîñneñ 新年 /a./ yeni yıl. 〜おめでとう。 Yeni yılınız kutlu olsun.
siñnèñkai 新年会 /a./ yıl başı eğlencesi.

siñni 真に /*be.*/ gerçekten.
siñniñ 信任 /*a.*/ güven, itimat. 政府を〜する güven oyu ver-. 政府が〜される güven oyu al-.
siñniñsya 新任者 /*a.*/ 〜が前任者より悪いこともある. Gelen gidini aratır.
siñniñ tòohyoo 信任投票 /*a.*/ güven oyu.
siñniñzyoo 信任状 /*a.*/ itimatname.
siñnyuu 侵入 /*a.*/ istilâ, nüfuz.
siñnyùusei 新入生 /*a.*/ yeni öğrenci.
siñnyùusya 侵入者 /*a.*/ işgalci.
siñoñ 唇音 /*a.*/ dudak sessizi (ünsüzü).
siñpa シンパ(İng. sympathizer) /*a.*/ duygudaş.
siñpai 心配 /*a.*/ korku, merak, endişe, can sıkıntısı, gam, huzursuzluk, ıstırap, işkil, kahır, kasavet, kaygı, keder, kuşku, tasa, telâş, üzgünlük, üzüntü, vesvese, zahmet, düşünce, (隠語) efkâr. (〜する) 〜する kork-, korku düş-, merak et-, meraklan-, endişe et-, endişelen-, gam çek- (ye-), gamlan-, işkillen-, kasavet çek-, kaygı çek-, kaygılan-, kuşku besle- (duy-), kuşkuya düş-, kuşkulan-, tasa çek- (et-), tasalan-. ひどく〜する meraka düş-, içi burkul- (eri-, sızla-), başına karalar dağla-. 同情してとても〜する içi paralan- (parçalan-). うろたえ〜する içinin yağı eri-. 人のために〜する. zahmete gir- (katlan-), zahmet et-. 先のことをくよくよ〜する acısı içine (yüreğine) çök- (işle-). 〜するな merak etme! 〜になる korkuya kapıl-. 〜させる endişelendir-, kuşkulandır-, rahatını kaçır-. 〜させるような düşündürücü. 〜される korkul-. 〜して kaygılı, kötü kötü. 〜して待つ endişe ile bekle-. 〜で食がすすまない boğazı düğümlen-, boğazına dizil-. 病気の〜 hastalık korkusu. 命の〜 can kaygısı. 〜な huzursuz, rahatsız, üzüntülü, gamlı, mahzun, tasalı, vesveseli. 〜のない kaygısız, kuşkusuz, rahat, üzüntüsüz. 〜のないこと kaygısızlık. 〜ないよ canı sağ olsun! 〜で口もきけない çenesini bıçak açma-. 〜そうな üzgün, düşünceli, huylu. 〜そうな顔つきになる ağız burun birbirine karış-. 誤りをおかす〜から yanlış yapmak korkusuyla. 困難が去って〜なくなる ayağı düze bas-. (文) 病気になることを〜している. Hasta olmaktan korkuyor. あまり遅くならないようにしよう, 母が〜する. Çok gecikmeyelim, annem endişelenir. 母親は病気のオヤのそばで〜そうに見守っている. Annesi hasta olan Oya'nın başında kaygıyla bekliyor. 姉は試験の結果を〜そうに待っている. Ablam sınav sonuçlarını kaygılanarak bekliyor.
siñpaigoto 心配事 /*a.*/ sıkıntı. 〜がある sıkıntısı ol-. 〜のない başı dinç. どうしたの, 何か〜でもあるの. Nasılsın, bir sıkıntın mı var?
siñpaisyoo 心配性 /*a.*/ 〜の meraklı.
siñpañ 審判 /*a.*/ hakem, hakemlik. 〜する hakemlik yap-. 〜で hükmen. 最後の〜の日 ana baba günü, haşir, kıyamet. 最後の〜の日に人々が集まる所 mahşer.
siñpañ 侵犯 /*a.*/ ihlâl, tecavüz.
siñpàñiñ 審判員 /*a.*/ hakem, yargıcı.
siñpei 新兵 /*a.*/ yeni asker.
siñpi 真皮 /*a.*/ alt deri.
siñpi 神秘 /*a.*/ esrar, gizem, sır. 自然の〜が科学の発見によって少しずつ解かれている. Doğanın sırları bilimsel buluşlarla yavaş yavaş çözülüyor.
siñpiñ 新品 /*a.*/ yenilik. 〜のシーツ gıcır gıcır yatak çarşafları. 〜を着

込む yepyeni giyin-.
siñpi syùgi 神秘主義 /a./ mistisizm. 〜の mistik. イスラム〜 tasavvuf.
siñpi syugìsya 神秘主義者 /a./ gizemci.
siñpiteki 神秘的 /a./ 〜な esrarengiz.
siñpo 進歩 /a./ evrim, kalkınma, atılım, terakki. 新しい科学の〜 yeni bilimsel atılımlar. 〜する ilerle-, kalkın-, yol al-. 〜させる ilerlet-. 同じことをしていて〜がない katır kuyruğu gibi kal-. 〜がない. Bıraktığı yerde otluyor. Eski hamam, eski tas. (口語) Eşek kuyruğu gibi ne uzar ne kısalır.
siñpo シンポ(İng. symposium) /a./ sempozyum.
siñpoha 進歩派 /a./ ilerici.
siñpoteki 進歩的 /a./ 〜な ilerici.
siñpozyùumu シンポジウム (İng. symposium) /a./ sempozyum.
siñpuku 信服 /a./ sadakat.
siñpuu 新風 /a./ 〜を吹き込まれる esinlen-.
siñracu 辛らつ /a./ keskinlik. 〜な parçalı.
siñrai 信頼 /a./ emniyet, güven, güvenç, inan, inanç, inanış, istinat, itimat. 〜する emniyet et-, emniyet ol-, emin ol-, güven besle-, güven-, gözü tut-, inan-, itimat et-. 〜を裏切られる güveni sarsıl-. 〜できる emin, kale gibi. 〜できない sağlam ayakkabı değil, emniyetsiz, kalleş. 私は友達を〜する. Ben arkadaşımdan eminim.
siñràikañ 信頼感 /a./ güvenç.
siñrei 神霊 /a./ cin, ecinni, iyi saatte olsunlar.
siñri 真理 /a./ hakikat, gerçek. 地球が太陽のまわりを回るのは〜だ. Yer yuvarlağının güneş dolayında döndüğü bir gerçektir. 世界が回っていることは〜だ. Dünyanın döndüğü bir hakikattir.
siñri 審理 /a./ 裁判の〜 duruşma. 〜する yargıla-.
siñri 心理 /a./ zihniyet. 〜の ruhsal.
siñrigaku 心理学 /a./ psikoloji, ruh bilimi. 〜の psikolojik.
siñri gàkusya 心理学者 /a./ psikolog, ruh bilgini.
siñriñ 森林 /a./ orman. 〜技術者 ormancı. 〜監視員 korucu.
siñriñci 森林地 /a./ ormanlık.
siñro 針路 /a./ yol, rota.
siñroo 新郎 /a./ güvey. 〜新婦 güvey ve gelin.
siñroo 心労 /a./ kalp ağrısı, üzüntü.
siñrui 親類 /a./ akraba, hısım, aile. 遠い〜 uzaktan akraba, (俗語) dış kapının dış mandalı. 〜縁者 akraba ve taallukat. 〜同様の人 hısım.
siñryaku 侵略 /a./ istilâ, tecavüz, saldırı. 〜する istilâ et-.
siñryaku señsoo 侵略戦争 /a./ saldırgan savaş.
siñryàkusya 侵略者 /a./ müstevli, mütecaviz, saldırgan.
siñryoozyò 診療所 /a./ klinik. 外来患者〜 poliklinik.
siñsa 審査 /a./ imtihan, sınav, tahkikat. 〜する seçici.
siñsacu 診察 /a./ muayene. 〜する bak-. 〜してもらう (口語) bakın-.
siñsacuryoo 診察料 /a./ vizite.
siñsacùsicu 診察室 /a./ muayenehane, revir, kabine.
siñsai 震災 /a./ deprem felâketi.
siñsa iìñkai 審査委員会 /a./ jüri.
siñsàiñ 審査員 /a./ seçici. 〜グループ seçiciler kurulu.
siñsañ 辛酸 /a./ 世の〜をなめ尽くした feleğin çemberinden geçmiş.
siñsecu 親切 /a./ iyilik, lütuf, iltifat, merhamet, teveccüh. 〜な sevimli, nazik, lütufkâr iyilikçi,

iyiliksever, hayırhah. 〜なふりをする yılış-. 〜に güzellikle, kalben. 〜にも lütfen. 〜にも…してくれる -mek lütfunda bulun-. 〜にする iyilik et-, lütfet-, hoş tut-, gönül okşa-. 人の〜を忘れない iyilik bilir. 〜があだになる kaşıkla yedirip sapıyla (gözünü) çıkart-. 私にとても〜にしてくれた. Bana çok iyiliği dokundu. 彼に〜にされました. Ondan iyilik gördüm. 父は世間にその〜さで知られている. Babam çevresinde ineceliğiyle tanınır. 小さな〜が人の心をつかむ. Yarım elma, gönül alma.

siñsei 神聖 /a./ masuniyet. 〜な kutsal, mukaddes, mübarek, ilâhî. イスラム寺院は〜な場所だ. Cami kutsal bir yerdir.

siñsei 申請 /a./ başvuru, müracaat.

siñsèihu 新政府 /a./ yeni devlet. 〜を認める yeni devleti tanı-.

siñseika 神聖化 /a./ 〜する kutsa-.

siñsèisi 神聖視 /a./ takdis.

siñsèisya 申請者 /a./ müracaatçı.

siñsèizi 新生児 /a./ 大柄な〜 tosuncuk. 馬やロバの〜 kulun.

siñsèkai 新世界 /a./ Yeni dünya. メルシンではビワのことを〜という. Mersin'de malta eriğine yeni dünya derler.

siñseki 親戚 /a./ akraba, hısım. 〜関係 akrabalık.

siñseñ 新鮮 /a./ körpelik, tazelik. 〜な körpe, taze, yeşil, dumanı üstünde. 〜な野菜 diri sebze. 〜な玉ネギ yeşil soğan. 〜な魚 taze balık. 〜で油ののった buz gibi. 〜でない bayat. 〜でなくなる bayatla-.

sîñsi 紳士 /a./ centilmen, efendi (adam), asker adam.

siñsicu 心室 /a./ karıncık.

siñsicu 寝室 /a./ yatak odası.

siñsi kyôotei 紳士協定 /a./ centilmen anlaşması.

sîñsiñ soosicu 心神喪失 /a./ istenç (irade) yitimi.

sîñsoko 心底, 真底 /a./ 〜からわき出る içinden gel-. 何でも言える〜から親しい人 can ciğer kuzu sarması.

siñsoo 真相 /a./ iç yüz. 〜を語らない çenesini dağıt-. 〜は別にある. İşin içinde iş var.

sîñsui 進水 /a./ 〜させる denize indir-.

sîñsyo 信書 /a./ mektup.

siñsyoku 浸食 /a./ 土地の〜 erozyon. 地表の〜 aşınma. 〜する yalama ol-. 〜される yen-. 〜された yenik. 〜された大地 yenik arazi.

siñsyokusei 侵食性 /a./ 〜の kemirici.

siñsyoo boodai 針小棒大 /a./ 〜に言う pireyi deve yap-.

siñsyuteki 進取的 /a./ 〜な girişken.

sîñtai 神体 /a./ mabut.

sîñtai 身体 /a./ beden, vücut, üst, üzeri.

sîñtai 進退 /a./ 〜窮まる iki ateş arasında kal-. 〜窮まった. Aşağı tükürsem sakalım, yukarı tükürsem bıyığım. Yârdan mı geçersin, serden mi?

siñtai syoogàisya 身体障害者 /a./ sakat bir adam.

siñtaiteki 身体的 /a./ 〜な bedenî, bedensel, fizikî, kiziksel.

sîñteñ 進展 /a./ ilerleme. 〜しなくなる küs-.

siñtèñci 新天地 /a./ çığır.

sîñto 信徒 /a./ (俗語) cemaat. 〜指導者 imam.

siñtoo 浸透 /a./ nüfuz. 〜する nüfuz et-, iliğine işle- (geç-).

siñtoosei 浸透性 /a./ 〜の geçirgen.

siñwa 神話 /a./ mit, mitoloji.

siñwàgaku 神話学 /a./ mitoloji.

sîñya 深夜 /a./ gece yarısı.

siñyaku sèisyo 新約聖書 /a./ incil.

siñyoo 信用 /a./ emniyet, güven, inan, inanç, inanış, itimat, kredi. 〜する güveni ol-, itimat et-, kan-, yaslan-. うっかり〜する kan-. 〜される inanıl-, muteber. 〜させる inandır-. 〜を得る güven kazan-. 〜を失う itibardan düş-. 〜を悪用する inancı kötüye kullan-. 〜できる emniyetli. 〜できない gözü alma-. よさそうで〜できない人 çiçek. 〜できない人に物を預ける kediye peynir (çiğer) ısmarla-. 〜しうるもの inanış. 〜のおける人 emin bir adam, mutemet. 〜のおけない dönek, kaypak. 〜のおけない人々 kaypak insanlar. 〜してほしいのだが、私はそのことは知らなかった. İnan olsun, ben bunu bilmiyordum. アイシェの言うことは〜しなかった. Ayşe'nin sözlerine kanmadım. 借りを期限に返せない人は〜がない. Borcunu vaktinde ödemeyen kişilerin kredisi olmaz. この錠には〜がおけない. Bu kilide emniyet olmaz. 〜できない. Öperken ısırır.

siñyoogasi 信用貸し /a./ kredi, itibar.

siñyoo kiñko 信用金庫 /a./ emniyet sandığı.

siñyoozyoo 信用状 /a./ itibar (kredi) mektubu, akreditif.

siñyòozyu 針葉樹 /a./ kozalaklılar, iğne yapraklı ağaç. 〜の葉 ibre.

siñyuu 親友 /a./ can dostu, kafadar, yakın dost, samimî bir arkadaş, mahrem. 〜として kardeşçe.

siñzañmono 新参者 /a./ türedi.

siñzicu 真実 /a./ doğru, hak, hakikat, gerçek, aslı astarı. 〜の doğru, sadık. 〜であることが分かる aslı çık-. 〜が現れる maskesi düş-. 〜でない asılsız. 〜とは「本当」ということだ. Hakikat "gerçek" demektir. 〜はこうだ. Hak budur. 家庭の〜は子供に聞け. Çocuktan al haberi. 〜を隠すことはできない. Güneş balçıkla sıvanmaz. Mızrak çuvala girmez (sığmaz). 〜を語るには苦労がいる. Tilki tilkiliği anlatıncaya kadar post elden gider.

siñzicumi 真実味 /a./ gerçeklik.

siñzigatài 信じ難い /s./ fantastik, alay gibi gel-, rüyasında görse hayra yorma-.

sìñziñ 信心 /a./ akide, iman, diyanet. 〜する iman et-. アラーを〜する Allah'a inan-. 〜が弱い人 akidesi bozuk.

siñziñbukài 信心深い /s./ dini bütün, dindar, sofu. 〜人 iman sahibi.

siñzirarè・ru 信じられる /ey./ inanıl-. 信じられない akıla hayala gelmez, akıl alma-, akıla sığma-, şaka gibi gel-, (口語) yok devenin başı. 自分の目が信じられない gözlerine inanama-. 人を信じられない ipiyle kuyuya inilmez. こんなことは信じられない. Böyle şeye inanılmaz.

sìñzi・ru 信じる /ey./ inan-, güveni ol-, emin ol-, ciddîye al-, san-, kanaat getir-. 占いを〜 fala inan-. 霊の存在を〜 cinlere inan-. 信じない akıl alma-. 信じやすい çocuk gibi. 信ずべき情報源 inanılır kaynaklar. あなたの言うことを信じます. Ben size inanırım. あなたは子供の言い分をただ信じただけです. Çocuğun sözüne âdeta inandınız. 努力する者は皆成功するものと信じます. Her çalışanın başarı sağlayacağı inancındayım. この仕事にみんなが取り組んだのも、つまりは君の力を信じているからなのだ. Bu işe girişmişler, demek oluyor ki, güçlerine güveniyorlar. 誓ったとしても私は信じない. Yemin etse bile inanmam.

siñzisasè・ru 信じさせる /ey./ inandır-, kandırıcı.

sìñzoku 親族 /a./ hısım, hısım akraba, aile, kimi kimsesi. 〜の ailevî. 近い〜 yakın akraba. 近い〜のきずなは簡単に断ち切れない. Et tırnaktan ayrılmaz.

siñzoku kâñkei 親族関係 /a./ hısımlık, akrabalık.
siñzokusei 親族性 /a./ akrabalık.
siñzoo 心臓 /a./ kalp, yürek, can evi. 〜の働き yüreğin işlevi. 〜の左心房 kalbin sol karıncığı. 〜がドキドキする yüreği çarp-. 〜の調子がよくない tekle-. 〜弁膜症 mavi hastalık. 肺臓, 〜, 肝臓 ciğer. 〜がドキッとした. Yüreğim hop etti.
siñzôobu 心臓部 /a./ kalp nahiyesi.
siñzoobyoo 心臓病 /a./ kalp, kalp hastalığı. 〜で死ぬ kalpten öl-.
siñzoo màhi 心臓まひ /a./ damla. 〜で死ぬ damladan öl-. 〜がおそう damla in-.
siñzui 神髄, 真髄 /a./ öz, ruh.
siñzùru 信ずる /ey./ inan-, güveni ol-, emin ol-. → **siñzì・ru**.
siñzyoo 信条 /a./ din, itikat, mezhep. 〜をまげる akideyi boz-.
siñzyoosyo 身上書 /a./ sicil.
siñzyu 真珠 /a./ inci. 〜の首飾り akar su, inciden gerdanlık. 本物の〜 hakikî inci. 三連の〜 üç dizi inci.
siñzyùsoo 真珠層 /a./ sedef. 〜の sedef.
siò 塩 /a./ tuz. 〜の tuzlu. 〜に漬ける tuzla-. 魚に〜を振る balığı tuzla-. 料理に〜を入れる yemeğe tuz at-. 玉ネギを〜でもむ soğanı tuzla ez-. 家畜に〜を与える所 tuzla.
siò 潮 /a./ gelgit, meddücezir. 〜の満ち引き gelgit. 〜の急激な高まり deniz baskını. 〜が引いた. Sular indi.
siocubo 塩つぼ /a./ tuzluk.
siodoki 潮時 /a./ fırsat, sıra. 今が〜だ gün bu gün.
sioire 塩入れ /a./ tuzluk.
siokarài 塩辛い /s./ tuzlu. とても〜 şap gibi. 海水は〜. Deniz suyu tuzludur. このチーズは食べられないくらい〜. Bu peynir yenmeyecek kadar tuzlu.
siokè 塩気 /a./ 〜のある çorak. 〜のある井戸水 acı su. 〜のない tuzsuz.
siòmizu 塩水 /a./ tuzlu su. 漬物の〜 salamura.
sioñ 歯音 /a./ diş sessizi. 〜の dişsel.
siore・ru しおれる /ey./ sol-, bayıl-, sav-. 花びんの花が〜 vazodaki çiçekler sav-. しおれた ölgün, solgun, soluk. しおれた花 ölgün solgun çiçek.
siozàkana 塩魚 /a./ たる漬けの〜 fıçı balığı.
siozuke 塩漬け /a./ tuzlama, salamura. 魚の〜 balık salamurası. 魚卵の〜 havyar. カタクチイワシの〜 ançüez. マグロの薄切りの〜 lakerda. 野菜の〜 turşu. 魚を〜にする balığı tuzla-.
sippai 失敗 /a./ başarısızlık, hezimet, akamet. 〜する hezimet uğra-, akim kal-, kıç üstü otur-, suya düş-, (隠語) çuvalla-. 仕事に〜する dolabı bozul-, tepesi aşağı git-. 試験に〜する (隠語) tak-. 〜に終わる sonunu getireme-. わずかなことで〜する çaydan geçip derede boğul-, denizden geçip kıyıda (çayda) boğul-, denizleri geçip derelerde boğul-. 甘言にのせられて〜した. Tatlı sözlere kanarak aldandı. 二科目のテストに〜した. İki dersten çaktı. 三教科で〜した. Üç dersten takmış.
sippei 疾病 /a./ hastalık.
sippicu 執筆 /a./ yazı işleri, yazış.
sippicùsya 執筆者 /a./ muharrir.
sippicùziñ 執筆陣 /a./ yazı kadrosu.
sippò しっぽ, 尻尾 /a./ kuyruk. たこの〜 uçurtmanın kuyruğu. 〜を振る kuyruk salla-. 〜のある kuyruklu. 〜のような長いもの kuyruk gibi uzantı. 犬は〜を足の間に隠した. Köpek kuyruğunu bacaklarının arasına kıstı.
§〜を出す kendi ağzıyla tutul-.
sippòri しっぽり /be./ adamakıllı.
sippu 湿布 /a./ yakı, kompres. 〜す

sippuzai

る lapa vur-.
sippuzai 湿布剤 /*a.*/ lapa.
sira しら /*a.*/ ～をきる üste çık-.
sirabakkurḕ・ru しらばっくれる /*ey.*/ （口語）nağme yap-.
sirabḕ 調べ /*a.*/ araştırma, inceleme ; ezgi, hava.
sirabemawàru 調べ回る /*ey.*/ 詳しく～ soruştur-.
siraberarḕ・ru 調べられる /*ey.*/ görül-.
sirabḕ・ru 調べる /*ey.*/ araştır-, incele-, elden geçir-, eş-, yokla-, işle-. よく～ haddeden geçir-, ince eleyip (eğirip) sık doku-. 詳しく～ alıcı gözüyle bak-, gözden geçir-, irdele-, tara-. 人の持って来た物を～ eline bak-. 部屋をよく調べたが私の探している物は見つからなかった。Odayı iyice araştırdım, ama aradığımı bulamadım. 今日、学校で日食と月食のことを調べた。Bu gün okulda güneş ve ay tutulması olaylarını işledik.
sirabesasḕ・ru 調べさせる /*ey.*/ yoklat-.
siragã 白髪 /*a.*/ ak saç. ～の ak saç. ～が交じる kırçıllaş-. 髪が～になる saçlar kırlaş-, saçına kır düş-.
siraga màziri 白髪交じり /*a.*/ ～の kırçıl.
siràhu しらふ /*a.*/ ～の ayık. この人は～の時もこうだ。Bu adam ayıkken de böyledir.
sirakaba シラカバ, 白樺 /*a.*/ huş.
sirako 白子 /*a.*/ süt, erkek balığın tohumu.
sirami シラミ /*a.*/ bit, böcek, （冗談）ufaklık. ～の卵 bit sirkesi. ～がわく bitlen-. 自分の～を取る bitlen-. ～のついている bitli.
sirãñkao 知らん顔 /*a.*/ ～の vurdum duymaz. ～をする ekini belli etme-. かかわりたくないために～をする duymazlıktan gel-.
sirare・ru 知られる /*ey.*/ tanın-, belli ol-, duyul-, adı duyul-, bilin-. 名前が～ adı duyul-. 知られている tanınmış, malûm. よく知られている meşhur. よく知られた人 iyi tanınmış bir adam. 広く知られている yaygın. 広く知られている言葉 yaygın bir söz.
sirasare・ru 知らされる /*ey.*/ haber al-. 知らされていない yayan. 問題が知らされた. Mesele duyuldu.
sirase 知らせ /*a.*/ haber, mesaj. いい～ muştu, müjde, yom. 悪い～ fena haber, kara haber. 悲しい～ acıklı haber.
siraseàu 知らせ合う /*ey.*/ haberleş-. 煙で～ dumanla haberleş-.
sirase・ru 知らせる /*ey.*/ bildir-, tanıt-, duyur-, haber et-(ver-), haberdar et-, öğret-. 吉報を～ muştula-, müjdele-. 電報で～ telgrafla bildir-. ラッパで～ boru çal-. そっと～ fısla-. 急いで～ haber sal-. この悲しいニュースを彼に知らせてはいけない。Bu acı haberi ona duyurmamalı.
§虫が～ içime doğ-.
siraziraake 白々明け /*a.*/ şafak.
sirei 指令 /*a.*/ yönerge. ～する emir ver-.
sirei 司令 /*a.*/ komuta, kumanda.
sirèibu 司令部 /*a.*/ karargâh.
sirei hòñbu 司令本部 /*a.*/ komutanlık, kumandanlık.
sirèikañ 司令官 /*a.*/ komutan, kumandan. ～の地位 komutanlık, kumandanlık.
sìreñ 試練, 試煉 /*a.*/ çile, imtihan. ～を受ける çile çek-. ～に耐える çile çıkar- (doldur-).
sire・ru 知れる /*ey.*/ 急に…かもしれない bakarsın. 気心が知れている。Biz kırk kişiyiz, birbirimizi biliriz.
sirewatàru 知れ渡る /*ey.*/ yayıl-. うわさが～ destan ol-. みんなに～ dillere destan ol-.
sìri 私利 /*a.*/ ～をはかる istismar et-, sömür-, menfaatperest.

siri しり, 尻 /a./ kaba et, kalça, kaba, makat, sağrı, alt, (口語) kıç, (隠語) küfe, (卑語) göt. お～ (口語) popo. ～に注射をする kalçaya iğne yap-. ～にいすをあてる altına sandalye çek-. 馬の～に乗る atın sağrısına bin-. ～を追い回す peşinde koş-. 赤ん坊がお～をぬらしている çişli. 女房の～に敷かれている kılıbık. 子供が～を汚した. Çocuk altını kirletmiş.

Siria シリア /a./ Suriye.

siriai 知り合い /a./ tanışık, tanıdık, bildik, aşina, aşinalık, (俗語) tanış. ～の tanıdık, aşina. ～である tanıdık çık-. ～にする tanıştır-. 多くの人と～になる muhit yap- (edin-). 仕事の関係で彼とも～になった. İş dolayısıyla onunla da tanıştık. お～になれて大変うれしいです. Seninle tanıştığıma çok sevindim.

siriau 知り合う /ey./ tanış-.

siricu 私立 /a./ ～の hususî, özel.

siricu gakkoo 私立学校 /a./ özel okul.

siricu kookoo 私立高校 /a./ kolej.

sirigai しりがい /a./ kuskun. 馬の～ paldım. ～の垂れ下がった kuskunu düşük.

sirigomi しりごみ /a./ ～する savul-, utan-, yere bat-, yıl-, yüzü yok. ～しない yılmaz.

siriizu シリーズ (İng. series) /a./ dizi, seri. アタチュルク～の切手 Atatürk serisinden olan pullar.

siriizumono シリーズもの /a./ ～の映画 dizi film.

sirimoci しりもち /a./ ～をつく kıç üstü otur-.

siriñgu シリング (İng. shilling) /a./ şilin.

siriobi しり帯 /a./ paldım.

sirizoke・ru 退ける /ey./ defet-, tep-.

sirizoku 退く /ey./ çekil-, kaytar-, gerile-. 長を～ başkanlığından çekil-. 世間から～ dünyadan geç-.

siro 城 /a./ kale, şato, hisar. ～の塔 burç. チェスの～ kale. ～を兵隊で囲む kaleyi askerle çevir-. ヨーロッパには中世から残ったたくさんの歴史的な～がある. Avrupa'da orta çağdan kalma pek çok tarihsel şato vardır.

siro 白 /a./ ak, beyaz.

siro ari シロアリ /a./ divik.

siro ciizu 白チーズ /a./ lor.

sirofoñ シロフォン (Al. Xylophon) /a./ ksilofon.

sirogane しろがね, 銀 /a./ gümüş. ～, 黄金 gümüş ve altın.

sirohoñ シロホン (Al. Xylophon) /a./ ksilofon.

siroi 白い /s./ ak, beyaz, sakız gibi. ～ひげ kır (ak) sakal. ～肌の美人 akça pakça. ～もの ak. ～肌で黒い目と髪の人 akı ak karası kara. 髪もひげも～ ak pak. 白くなる aklan-, beyazlan-, beyazlaş-, ağar-. 髪が白くなる 白くなる saçına kır düş-, saçlar kırlaş-. 髪やひげがちらほら白くなり始める ak düş-. 白くする beyazlat-, ağart-. 白くしっくいを塗る badanala-. 目に～点がある. Bir gözünde ak var. 父の髪がだんだん白くなる. Babamın saçları gittikçe beyazlaşıyor. あたりが白くなった. Ortalık ağardı. ～肌より浅黒い肌の方がいい. Akın (Beyazın) adı, karanın tadı.

§～目で見る yan bak-.

siro kuro eiga 白黒映画 /a./ siyah beyaz film.

sirokuzicyuu 四六時中 /a./ yatıp kalkıp.

sirome 白目 /a./ gözün akı, göz akı. ～に赤い斑点がある. Gözünün akında kırmızı bir leke var.

siromi 白身 /a./ 卵の～ yumurta akı. 卵の～をかき混ぜる yumurtanın akını döv-.

siroñ 試論 /a./ deneme.

sirooto 素人 /a./ acemi, çaylak. ～だ cahili ol-. 私はこの仕事に～で分か

siropañ

りません。Ben bu sanatın acemisiyim, anlamam. 〜とは話ができない。Acemi öğretmeye vaktim yok.
siropañ 白パン /a./ francala.
siroppòi 白っぽい /s./ akça, akçıl, beyazımsı.
siroppu シロップ (Hol. siroop) /a./ pekmez, şurup. 果物の〜 şerbet. イチゴ〜 çilek şerbeti. 〜にレモンを混ぜる şekeri kestir-.
siro sòkohi 白そこひ /a./（俗語）ak basma, ak su.
siro syòozoku 白装束 /a./ 巡礼の〜 kisve.
siru 知る /ey./ bil-, duy-, haber al-, haberdar ol-. 知っている bil-, haberi ol-, haberli, haberdar, vâkıf. 互いによく知っている tanıdık çık-. 知っていることを全部言う bülbül gibi söyle-. 身の程を〜 boyunun ölçüsünü al-. 知りたがる merak et-. 〜限りで oldum bittim (olası) 知らない cahili ol-, habersiz. … ni cūite siranai …について知らない -den habersiz. 全く知らない ismini cismini bilme-. 知らないふりをする bilmezlikten gel-. 知らない人だと思われる yadırgan-. 全く知らないものを見るように deve nalbanda bakar gibi. 知らずに kazaen, kazara. 知らずにどこかへ来ている kendini bir yerde bul-. 知らずに痛いことを言う baltayı taşa vur-. 疲れを知らずに頑張る it gibi çalış-. 知らないうちに gözü bağlı. 知りもしないでしゃべる ezbere konuş-. 私の知ったことではない neme lazım. これはあなた以外みんな知っている。Bunu sizden başka herkes bilir. あなたの家を知っている。Evinizi biliyorum. エシンのことを三年も前から知っている。Esin'i üç yıldır tanıyorum. 私はこのことを知らない。Ben bu işin cahiliyim. このことについては知りません。Benim bundan haberim yok. 母親は育児法をよく知らなくてはならない。Anneler çocuk bakımını iyi bilmeli. 道を知らずにたいへん遠回りした。Yolu bilmediğinden çok dolaştı.
§知らぬが仏。Göz görmeyince gönül katlanır.
siru 汁 /a./ çorba, su, usare. 〜の多い sulu. 〜の多いレモン sulu limon. イチジクから出る〜 bal.
§甘い〜 aslan payı.
siruetto シルエット (Fr. silhouette) /a./ siluet.
sirukè 汁気 /a./ 〜の多い料理 çorba gibi.
siruku hàtto シルクハット (İng. silk hat) /a./ silindir.
sirusarè・ru 記される /ey./ yazıl-. 名が〜 adı geç-.
sirusi 印 /a./ işaret, alâmet, nişan, belirti, emare, im, marka. 〜をつける işaret koy-, işaretle-, nişanla-.
sirusi しるし、験 /a./ uğur.
sirùsu 記す /ey./ yaz-.
siryo 思慮 /a./ akıl. 〜分別のある akıllı uslu. 〜が浅い kısa görüşlü. 〜の足りない horoz akıllı (kafalı).
siryobukài 思慮深い /s./ akıllı. 年とった〜人 baba adam. 思慮深く akıllı uslu.
siryoku 視力 /a./ görüm, gözü nuru. いい〜 keskin göz. 〜のない人 görmez. 〜をなくす görümü yok et-.
siryoku syòogai 視力障害 /a./ görme bozukluğu.
siryoo 資料 /a./ malzeme, veri. 統計〜 istatistik veriler.
siryoo 飼料 /a./ yem.
siryuu 支流 /a./ ayak, kol.
sisa 示唆 /a./ telkin.
sisacu 視察 /a./ teftiş. 〜する yokla-, denetle-, teftiş et-.
sisacuiñ 視察員 /a./ müfettiş.
sisai 子細 /a./ ayrıntı. 〜に ayrıntıları ile.
sisaku 思索 /a./ kurgu. 〜する felsefe yap-.
sisakuka 思索家 /a./ filozof, şair.

sisakùsyuu 詩作集 /a./ 古い〜 divan.
sisakuteki 思索的 /a./ filozofça.
sisañ 資産 /a./ servet. 商社の〜 aktif.
sisecu 施設 /a./ döşem, kuruluş, tesis, tesisat, yurt. 社会〜 yuva. 灌漑〜 sulama tesisleri. 身寄りのない人の〜 kimsesizler yuvası. 〜工事人 tesisatçı. 病院, 学校, 銀行, 工場などはそれぞれ〜である. Hastaneler, okullar, bankalar, fabrikalar birer kuruluştur.
sisecu 使節 /a./ elçi.
sisecùdañ 使節団 /a./ misyon.
sisei 姿勢 /a./ tavır, hâl, durum, poz.
sisêikacu 私生活 /a./ özel hayat. 〜に立ち入る mahremiyetine gir-. 〜にかかわる話題 şahsiyat.
sisêizi 私生児 /a./ piç, (隠語) kopil.
siseki 歯石 /a./ kefeki.
siseñ 視線 /a./ bakış. もの憂い〜 bıkkın bakışlar. 〜を投げ合う bakış-. 〜を彼に向けた. Bakışlarını ona yöneltti.
sìsi 四肢 /a./ 〜を伸ばす gerin-, yayıl-.
sìsi シシ, 獅子 /a./ arslan. §〜身中の虫. Besle kargayı oysun gözünü.
sisicu 資質 /a./ nitelik, yeterlik. 英雄的〜 kahramanlık.
Sisìkyuu 獅子宮 /a./ Aslan.
sisiñ 指針 /a./ gösterge, ibre. はかりの〜 terazi dili.
Sisiza 獅子座 /a./ Aslan.
sisokonàu し損う /ey./ başarama-.
sisoku 子息 /a./ oğul.
sisoku 四則 /a./ dört işlem.
sisoñ 子孫 /a./ nesil, soy, soy sop, zürriyet, torun, döl.
sisoñzi・ru 仕損じる /ey./ başarama-.
sisoo 思想 /a./ düşünce, düşün, fikir, ideoloji. 先進的〜 ileri fikirler. 〜を表現する fikir aç-. 〜を植え付ける aşıla-.
sisoo 歯槽 /a./ diş çukuru.
sisooka 思想家 /a./ düşünür, fikir adamı.
sisòosi 思想史 /a./ düşünce tarihi.
sissaku 失策 /a./ yanlış, hata. 〜を演じる hata et-.
sisseki 叱責 /a./ azar, sitem, tekdir. 〜を受ける azar işit-.
sissi' しっしっ /ün./ hoşt.
sissiñ 失神 /a./ baygınlık. 〜する bayıl-, kendinden geç-. 〜させる bayılt-.
sissiñ 湿疹 /a./ egzama, mayasıl.
sisso 質素 /a./ sadelik. 〜な basit, sade, süssüz. 〜な家 basit bir ev. 〜な生活をする人 kalender.
sissuru 失する /ey./ 礼を〜 saygıyı yitir-.
sissyoku 失職 /a./ işsizlik.
sisutemu システム (İng. system) /a./ sistem. 研究〜 çalışma sistemi.
sisutosu シストス /a./ lâden.
sisùu 指数 /a./ endeks.
sisya 支社 /a./ şube, ajans. 赤十字〜 Kızılay şubesi.
sìsya 使者 /a./ elçi, haberci, ulak. 〜に責任なし elçiye zeval olmaz.
sìsya 死者 /a./ 〜の記念日 anma günü.
sisyàkai 試写会 /a./ gala.
sìsyo 支所 /a./ iş kolu.
sìsyo 司書 /a./ kütüphaneci.
sisyòbako 私書箱 /a./ Posta Kutusu.
sìsyoo 師匠 /a./ usta.
sisyòozi 指小辞 /a./ küçültme (eki).
sisyucu 支出 /a./ gider, maliyet, harcama, masraf, sarfiyat. 収入〜 gelir gider. 〜する sarf et-. 〜を収入に合わせる ayağını yorganına göre uzat-.
sisyucùbu 支出部 /a./ 予算の〜 bütçenin gider kısmı.
sisyucukiñ 支出金 /a./ ödenek,

tahsisat.
sisyûñki 思春期 /a./ buluğ. 〜に達する buluğa er-.
sisyuu 刺しゅう /a./ nakış, işleme, süs, ince iş. こまかい〜 ince nakış. 〜をする nakış işle-, gergef işle-, işle-.
sisyuu 詩集 /a./ güldeste.
sisyuudai 刺しゅう台 /a./ gergef.
sisyuu ito 刺しゅう糸 /a./ 綿の〜 pamukaki.
sisyuuyoo 刺しゅう用 /a./ 〜の厚い布 kanava, kanaviçe.
sita 下 /a./ alt, aşağı. 〜の alt, aşağı. 〜の方 aşağı. 〜の階 aşağı kat. 〜に着る物 içlik. ひとつ屋根の〜で bir çatı altında. その人の〜で maiyetinde. 〜にもおかない el üstünde tut-.
sitâ 舌 /a./ dil. 楽器の〜 dil. 〜がもつれる dili dolaş-, nutku tutul-. 〜がまわらない dili dönme-. 〜のはれもの kurbağacık.
sita ago 下あご /a./ alt çene.
sitaazi 下味 /a./ 肉に〜をつける piyazla-.
sitabâtaraki 下働き /a./ uşaklık. 〜をする uşak ol-. 〜をいとわない eline ayağına üşenme-.
sitacùzumi 舌鼓 /a./ 〜を打って ağız tadı ile.
sitae 下絵 /a./ taslak.
sitagae・ru 従える /ey./ peşine tak-, tak-. 後ろに10人の人を従えて来た. Peşine on kişi takarak geldi.
sitagaki 下書き /a./ taslak, müsvedde. 文の〜 karalama. 〜する karala-. 宿題の〜を清書しよう. Ödevimin karalamasını temize çekeceğim.
sitagatte したがって, 従って /ba./ bundan dolayı, bu yüzden, şu hâlde, binaenaleyh, onun için.
sitagau 従う /ey./ uy-, söz dinle-, peşine takıl-, altında kal-, boyun eğ-, eyvallah et-. 交通規則に〜 trafik kurallarına uy-. 命令に〜 emrine gir-, buyruğu altına gir-. 人のやったことに〜 dümen suyundan git-. …に従って göre, üzere, nazaren, tâbi, uyarınca. あなたに従います. Ben size tâbiim. 私達は受け取る手紙に従って行動するつもりだ. Alacağımız mektuba göre hareket edeceğiz.
sitagawa 下側 /a./ alt tarafı.
sitagawase・ru 従わせる /ey./ bağla-.
sitagêiko 下げいこ /a./ prova. 芝居の〜 oyun provası.
sitagi 下着 /a./ çamaşır, iç giysisi, gömlek, iç, duble. 婦人用〜 kaşkorse. 〜の戸棚 çamaşır dolabı. 〜を取り替える çamaşır değiştir-.
sitagiyoo 下着用 /a./ 〜の çamaşırlık.
sitai 死体 /a./ ceset, ölü vücut, cenaze, naaş. 獣の〜 leş. 研究用の〜 kadavra. 〜を埋める ölüyü göm-. 〜を引き取る者がいない ölüsü ortada kal-. 〜を包む白い布 kefen. 〜を洗う台 teneşir. 〜公示所 morg.
sitai 支隊 /a./ müfreze.
sitaku 支度, 仕度 /a./ donatı, hazırlık. 〜する hazırla-, hazırlık gör-. 旅行の〜をする yolculuğa hazırlan-.
sita kùcibasi 下くちばし /a./ çenek.
sita kucibiru 下唇 /a./ alt dudak. 〜のすぐ下のひげ bamteli.
sitakusa 下草 /a./ çimen. 〜の多い土地 çimenlik.
sitamaci 下町 /a./ aşağı mahalle.
sitami 下見 /a./ 嫁の〜に行く görücü git-. 娘が〜に見られる görücüye çık-. 嫁の〜に行く女 görücü.
sitanuri 下塗り /a./ astar. 〜をする astarla-.
sitanuriyoo 下塗り用 /a./ 〜の astarlık.
sitasige 親しげ /a./ 〜に arkadaşça.
sitasii 親しい /s./ yakın, sıkı, sıkı fıkı, munis, etle tırnak gibi. 〜友人

yakın dost. 〜人 yaren, kafadar. 〜関係 yarenlik, girdisi çıktısı. 〜間柄の içli dışlı. ごく〜 laubali. ごく〜友 (口語) can ciğer, can ciğer kuzu sarması. 〜態度を示す yakınlık göster-. 親しくする dostluk et-(kur-). 親しくさせる kaynaştır-. 親しくなる yakınlaş-, öğür ol-, kaynaş-. 親しくなろうとする sokul-. 非常に親しくなる kenet gibi yapış-. すぐ親しくなる girgin. とても〜間だ. İçtikleri su ayrı gitmez. 病棟の患者は互いに親しくなった. Koğuştaki hastalar birbirleriyle yakınlaştılar. 彼らはすぐに親しくなった. Onlar çabucak kaynaşıverdiler.
sitàsiku 親しく /be./ bizzat, dostça.
sitasimi 親しみ /a./ 〜を感じる kanı ısın-.
sitasìrabe 下調べ /a./ sondaj.
sitàsisa 親しさ /a./ 〜を見せる aşinalık göster-.
sitasòodañ 下相談 /a./ ごまかすための 〜 danışık. 〜のできている ağzı bir.
sitàtaka したたか, 強か /a./ 〜に bir güzel, bir temiz, epey, evire çevire, güzel bir, epeyce.
sitatamè·ru したためる /ey./ 手紙を〜 mektup yaz-. 昼食を〜 öğle yemeği ye-.
sitataràsu 滴らす /ey./ damlat-.
sitatàrazu 舌足らず /a./ 〜の peltek. 〜の発音で話す peltek konuş-.
sitatari 滴り /a./ damla.
sitatàru 滴る /ey./ damla-, ak-.
sitate 下手 /a./ 〜に出る alttan al-, aşağıdan al-, burnunu sürt-. 〜に出ざるを得なくなる burnu sürtül-.
sitate 仕立て /a./ terzilik, dikim.
sitatè·ru 仕立てる /ey./ めいを美人に 〜 yeğenini bir güzel donat-.
sitateya 仕立屋 /a./ terzi. この〜はたくさんの仕事をしている. Bu terzi çok iş çıkarıyor.
sitau 慕う /ey./ özle-, arzula-. 強く〜 tap-.

sitazi 下地 /a./ zemin.
sitazyùñbi 下準備 /a./ 〜をする zemin hazırla-.
sitei 指定 /a./ tayin, tahsis. 〜する belirt-, ata-. 〜された tahsisli.
siteki 指摘 /a./ 〜する belirt-, işaret et-, göz önünde tut- (bulundur-).
siteki 私的 /a./ 〜な özel, bireysel, şahsî.
siteki 史的 /a./ 〜唯物論 tarihî maddecilik.
siteñ 支店 /a./ acente, şube, bölüm, iş kolu, ajans. 銀行の〜 banka şubesi.
siteñ 支点 /a./ dayanak.
siteñ 視点 /a./ görüş açısı.
siteñcyoo 支店長 /a./ şube müdürü, acente.
sito 使徒 /a./ mürit, havari.
sitòroñ シトロン (İng. citron) /a./ gazoz.
sitòsito しとしと /be./ 〜降る çisele-.
sitòyaka しとやか /a./ 〜な zarif.
sittacùri 執達吏 /a./ icra memuru, icracı.
sittai 失態 /a./ gaf, pot.
sittakaburi 知ったかぶり /a./ bilgiçlik. 〜をする bilgiçlik tasla-. 〜をして話す parala-. 〜をする人 ukalâ. 未熟なくせに〜をする人 yumurtadan daha dün çıkmış.
sitto 嫉妬 /a./ kıskançlık, çekememezlik, günü, haset. 〜する kıskan-, çekeme-. 〜に狂う kıskançlığından çatla-. この男は自分の妻をとても〜している. Bu adam karısını çok kıskanıyor. チュリンは弟と母のことを〜している. Tülin küçük kardeşini annesinden kıskanyor.
sittobukài 嫉妬深い /s./ kıskanç.
siuci 仕打ち /a./ ひどい〜をする aklını başından al-. ひどい〜を受ける fena bir muameleye maruz kal-. 彼のこの〜は友達と言えるか. Onun bu yaptığı, arkadaşlık mı?

siwa しわ /a./ çizgi, kırışık, pot. 額の～ alın çizgileri. ～になる buruş-, kırış-. ～ができる buruş-. 顔に～ができる yüzü buruş-. ～が寄る kırış-. ～を寄せる buruştur-, pörsü-. ～にする buruştur-, kırıştır-. ～になった buruşuk, kırışık. ～のある çizgili, potur. ～のある所 potur. ～をのばしてある ütülü. 顔にまったく～がない. Yüzünde hiç kırışık yok. この生地は～になるか. Bu kumaş buruşur mu? おじいさんの顔は～が寄っている. Büyük babamın yüzü kırışmış.
siwagare しわがれ /a./ kısıklık. ～の kısık.
siwagaregòe しわがれ声 /a./ çatlak ses. ～を出す sesi boğuk çık-.
siwagare・ru しわがれる /ey./ しわがれた boğuk, kısık.
siwakucya しわくちゃ /a./ ～の kırışık, pörsük. ～のスカート kırışık etek. ～の生地 buruşuk kumaş.
siwaza 仕業 /a./ 仕組んだ～ danışıklı dövüş.
siya 視野 /a./ göz alanı, göz yaylası, ufuk. ～が狭い kısa görüşlü. ～を広げる ufkunu genişlet-.
siyàkusyo 市役所 /a./ hükûmet konağı.
siyoo 使用 /a./ kullanış, kullanım, sarf. ～する kullan-. ～される kullanıl-. ～されなくなる kullanıştan düş-. ～された kullanılmış.
siyoo しよう /a./ ～のない人（卑語）tavşan boku.
siyoocyuu 使用中 /a./ meşgul. トイレ～ tuvalet meşgul.
siyoo hòohoo 使用方法 /a./ kullanış.
siyooniñ 使用人 /a./ müstahdem, adam.
siyoosyo 仕様書 /a./ prospektüs.
siyuu 私有 /a./ mülkiyet. ～の özel, şahsî,（古語）zatî. 生産手段の～ üretim araçlarının mülkiyeti.

sìzai 資材 /a./ gereç, malzeme.
sìzai 死罪 /a./ idam.
sizeñ 自然 /a./ doğa, tabiat. ～の doğal, tabiî. ～の美しさ doğal güzellikler. ～のまま saflık. 超～の doğa üstü. ～な tabiî. ～な話し方 tabiî bir konuşma. ～に tabiatıyla. ～に生じた kudretten. ～保護 tabiatı koruma. ～保護協会 tabiatı koruma derneği. ここは～がとても豊かだ. Burada doğa pek zengindir.
sizeñ hàssei 自然発生 /a./ kendiliğinden türeme.
sizeñhoo 自然法 /a./ doğa yasası.
sizeñ kàgaku 自然科学 /a./ doğa bilimleri, tabiat bilgisi, fen.
sizeñ sàigai 自然災害 /a./ tabiî afet.
sizeñ syùgi 自然主義 /a./ doğalcılık.
sìzi 指示 /a./ yönerge, direktif, delil. ～する yönlendir-, göster-, eğit-, işaret et-. 下級に～する talimat ver-. ～を与える direktif ver-. ～を受ける direktif al-.
sìzi 支持 /a./ destek. ～する destekle-, taraflı, yandaş, yanlı. ～する人 yandaş. ～される desteklen-.
sìzi 私事 /a./ şahsiyat.
sizìki 指示器 /a./ gösterge.
siziñ 詩人 /a./ şair, nâzım, ozan. ～の伝記 tezkere.
sizìsya 支持者 /a./ taraflı, taraftar, yandaş, yanlı.
sìzoku 士族 /a./ asilzade.
sìzoku 氏族 /a./ boy, klan, oymak.
sìzuka 静か /a./ ～な sakin, suskun, sessiz, dingin, kuytu, asude, sütliman. ～な海 sakin deniz, durgun deniz, çarşaf gibi. ～になる durgunlaş-. ～にする sus-. ～にしている kendini dinle-. ～にして、赤ん坊が寝ています. Susun, bebek uyuyor.
sizukèsa 静けさ /a./ durgunluk, sessizlik, sükûn, sükûnet. 死の～ ölüm-

sü bir sessizlik. 一瞬の〜 şeytan geçmiş gibi. あたりを〜が包んだ. Ortalığı sessizlik kapladı.

sizukŭ 滴 /*a.*/ damla.

sizumarikàeru 静まり返る /*ey.*/ 静まり返った ölü. 静まり返った町 ölü kent.

sizumàru 静まる, 鎮まる /*ey.*/ sakinleş-, durul-, yatış-, limanla-. 辺りが静まる ortalık durul-. 怒りが静まる harı geç-. 痛みが鎮まる rahatla-. あたりが静まったらすぐに出発するのだが. Ortalık durulsa, hemen yola çıkacağız. 怒りが静まった. Öfkesi sönmüş. あらしが静まった. Fırtına yatıştı.

sizume·ru 沈める /*ey.*/ batır-, çökert-, gark et-. 船を〜 gemiyi batır-. 大きなひじかけ椅子に身を〜 geniş bir koltuğa gömül-.

sizumê·ru 静める, 鎮める /*ey.*/ dindir-, gevşet-, bastır-, yatıştır-. 気を静める熟した果物の香り sinirleri gevşeten olgun bir meyve kokusu. 火事を鎮める yangını bastır-. 政府軍が反乱を鎮めた. Hükümet kuvvetleri ayaklanmayı yatıştırdı.

sizumikòmu 沈み込む /*ey.*/ kasvet bas- (çök-).

sizumu 沈む /*ey.*/ bat-, çök-, gark ol-, gömül-, otur-. 日が〜 güneş bat-, gün kavuş-, gurup et-. 沈んだ asık, gömülü. 沈んだ船を引き上げる boşa al-, askıya al-. 沈んださま durgunluk. 沈んで考え込む kara kara düşün-. 船が沈んだ. Gemi battı. 汽船が水に沈んだ. Vapur sulara gömüldü. 土台のここが10センチ沈んだ. Temelin bu tarafı on santim oturmuş.

sizyoo 市場 /*a.*/ piyasa. 商品が〜に出る piyasaya çık-. フィルター付きたばこが〜からなくなった. Filitreli sigaralar piyasadan kalktı. 〜で金の値段が急上昇した. Borsada altın fiyatları fırladı.

sizyoo kàkaku 市場価格 /*a.*/ rayiç.

sìzyuu 始終 /*a.//be.*/ baştan sona kadar, zırt zırt, hafta sekiz gün dokuz.

sizyûu 四十 /*a.*/ kırk. 〜の kırk.

sizyuugàrami 四十がらみ /*a.*/ 〜の kırklık. 〜の人 kırklık bir adam.

sizyûukara シジュウカラ /*a.*/ baştankara.

sizyûusoo 四重奏 /*a.*/ kuartet.

sizyuusòodañ 四重奏団 /*a.*/ dörtlü.

sizyûusyoo 四重唱 /*a.*/ kuartet.

so ソ (İt. sol) /*a.*/ sol.

soaku 粗悪 /*a.*/ fenalık. 〜な kötü. 〜な鉛筆 kötü bir kalem.

sòba そば /*a.*/ yan, baş, nezt, huzur. 暖炉の〜 ocak başı. 〜の yan. すぐ〜 ağız. …の〜で yanında. 大砲の〜で topun ağzında. その〜で maiyetinde. その〜に yanı sıra. 〜に何もない yapayalnız. 〜へ寄る yaklaş-, yaklaştır-. 人の〜に寄る burnuna gir-. 〜から離さない yakasını bırakma-. 〜に人がたくさんいる başı kalabalık. 私の〜でこのように話し合うべきではなかった. Benim yanımda böyle konuşmamalıydı. 寒かったでしょう, ストーブの〜へ寄りなさい. Çok üşümüşsün, sobaya yaklaş.

sòba ソバ /*a.*/ kara buğday, kara baş.

sobadatê·ru そばだてる /*ey.*/ 耳を〜 kulak kabart-. 耳をそばだてて kulağu kirişte (tetikte).

sobakàsu そばかす /*a.*/ çil. 〜の abraş. 〜のある çilli. 〜が出る çillen-.

sobiê·ru そびえる /*ey.*/ boy at-, boy sür-.

sobietàcu そびえ立つ /*ey.*/ boy al-.

Sobièto ソビエト /*a.*/ Sovyet. 〜製の飛行機 Sovyet yapısı uçaklar. 〜社会主義共和国連邦 Sevyet Sosyalist Cumhuriyetleri Birliği.

sòbo 祖母 /*a.*/ büyük anne, büyük ana, anne anne, nine, kadın nine.

雨模様で〜のリューマチが再発した。Yağmurlu havalarda anne annemin romatizması depreşiyor.

sobohùru そぼ降る /ey./ çisele-.

soboku 素朴 /a./ sadelik. 〜な sade, basit.

sôburi 素振り /a./ 〜も見せない ekini belli etme-. 苦しいのに苦しい〜を見せない kan kusup kızılcık şerbeti içtim de-.

soccì そっち /a./ 〜の家はここより広い。Öteki ev bundan geniş.

soccyoku 率直 /a./ 〜な açık kalpli, açık yürekli, serbest, samimî. 〜に açıkça, dobra dobra. 〜に言う açık konuş-, açık söyle-, düpedüz söyle-. 〜にものを言う人 kör kadı. 〜さ doğruluk.

soccyuu 卒中 /a./ nüzul.

sôci 措置 /a./ tedbir. 必要な〜をとる tedbir al-. 強制〜 zecrî tedbir.

socira そちら /a./ 〜の öteki.

socugyoo 卒業 /a./ mezuniyet. 〜の çıkışlı. 何年〜の kaçlı. 〜する mezun ol-, diploma al-, bitir-. 〜した mezun. 〜試験 mezuniyet sınavı. 〜証書 diploma. この医者は何年卒業の〜か。Bu doktor kaçlı?

socugyôosei 卒業生 /a./ çıkışlı. 学校の1980年の〜たち okulun 1980 yılı çıkışlıları.

socui 訴追 /a./ kovuşturma. 〜する kovuştur-.

sôda そだ /a./ çer çöp.

sodacì 育ち /a./ 〜のいい kibar, soylu. 〜のいい人 adam evladı. 〜の悪い kavruk. 〜の悪い木 cılız ağaç.

sodacizàkari 育ち盛り /a./ 〜の körpe.

sodàcu 育つ /ey./ büyü-, yetiş-. たくましく〜 kükre-. よく育った gürbüz, azman. よく育ったオレンジ園 yetişkin portakal bahçesi. よく育っていない (俗語) küskün. 私達はいい環境で育った。İyi bir çevrede büyüdük. 子供は苦労して〜. Çocuk emekle büyür. この学校からいい学生が〜. Bu okuldan iyi öğrenci yetişir. この土地にオレンジは育たない。Bu arazide portakal yetişmez.

sodatekàta 育て方 /a./ bakım.

sodaterarè•ru 育てられる /ey./ beslen-, yetiştiril-. 彼はだれそれに育てられたのだ。O, filancanın büyütmesidir.

sodatê•ru 育てる /ey./ besle-, yetiştir-, büyüt-, yedir-. 大切に〜 kuş sütü ile besle-. 子供を〜のは父母の義務である。Çocukları yetiştirmek ana ve babanın borcudur. この学校は今までたくさんの人物を育てた。Bu okul şimdiye kadar çok adam yetiştirdi.

sodatesasê•ru 育てさせる /ey./ beslet-.

sode そで, 袖 /a./ yen, elbise kolu, kol. 上着の〜 ceketin kolu. 舞台の〜 kulis. 〜のついた kollu. 長いゆったりした〜の着物 uzun ve geniş kollu giysi. 口から垂れるよだれを〜でふいた。Ağzından sızan salyasını yeniyle sildi.
§〜の下 rüşvet.

sodeguci 袖口 /a./ kol ağzı, kolluk, yen, manşet.

sode kàbaa 袖カバー /a./ kolçak, kolluk.

sodenasi 袖なし /a./ 〜の外套 pelerin. 〜着 zıbın.

soe•ru 添える /ey./ ver-, ekle-. 味を〜 tat ver-. 添えてある ilişik. 嘆願書に添えて提出された文書 dilekçeye ilişik olarak sunulan belge.

sôfaa ソファー (İng. sofa) /a./ kanepe, divan, makat.

sogai 疎外 /a./ yabancılaşma.

sôgu そぐ /ey./ 勢いを〜 öldür-. 力を〜 tırnaklarını sök-. 気を〜 göz yıldır-.

sôhu 祖父 /a./ ata, büyük baba, dede, cet. 〜は自分が参加した祖国防衛戦のことを誇らしげに語ったものだ。Dedem katıldığı Kurtuluş Savaşını

iftiharla anlatırdı.
sokaku 組閣 /a./ 〜する hükümet kur-. 〜される hükümet kurul-. 大統領がある議員に〜を命じた. Cumhurbaşkanı bir milletvekilini kabineyi kurmaya memur etti.
sokèibu そけい部 /a./ kasık.
sokètto ソケット (İng. socket) /a./ priz, duy.
sokki 速記 /a./ steno, stenografi. 〜する not tut-.
sokkiñ 即金 /a./ nakit. 〜の peşin. 〜で nakden. 買ったオーバーの値段を〜で払った. Aldığımız paltonun fiyatını peşin verdik.
sokkìsya 速記者 /a./ steno.
sokkìzyucu 速記術 /a./ stenografi.
sokkoo 側溝 /a./ şarampol.
sokkoozyò 測候所 /a./ rasathane.
sokkùri そっくり /be./, /a./ tıpkı. 〜である andır-. 父〜の息子 babasının oğlu. 〜そのまま tıpkı tıpkısına. この子の歩き方は父親〜だ. Bu çocuğun yürüyüşü babasını andırıyor. 兄弟に〜だ. Aynen kardeşine benziyor.
sòkkusu ソックス (İng. socks) /a./ çorap, şoset.
sokkyòo geki 即興劇 /a./ tuluat.
soko そこ /a./ ora, şura, bura, orası, şurası, burası. 〜の oralı. 〜の場所 orası, şurası. 〜のそれ şu. 〜出身の oralı. すぐ〜 şura. 心〜にあらず oralarda olma-. 〜は彼がゆっくりできる場所ではない. Orası kendisinin barınacağı bir yer değildir. 〜で道が二つに分かれている. Orada yol çatallanıyor. 本を〜へ置け. Kitabı şuraya koy. 〜までしろとは言わなかった. Vur dedikse öldür demedik ya.
soko 底 /a./ alt, dip, oturak, taban. 井戸の〜 kuyunun dibi. 海の〜 denizin dibi. 靴の〜 taban. 戸棚の〜 dolabın tabanı. 心の〜から can-u gönülden. なべの〜に穴があいた. Tencerenin altı delinmiş. バケツが井戸の〜についた. Kova kuyunun dibine değdi. 海に落ちるとすぐ〜についた. Denize düşer düşmez dibini boyladı. 靴の〜がだめになった. Ayakkabıların tabanı gitmiş.
sokobiki ami 底引き網 /a./ ığrıp.
sokode そこで /ba./ şöyle ki, imdi, işte, şimdi.
sokogawa 底皮 /a./ 靴の〜 pençe. 靴に〜を張る pençe vur-, pençele-.
sòkoku 祖国 /a./ vatan, yurt, ana vatan, ana yurt. 自分の〜とする vatan tut-. 〜のない vatansız. 〜をひとつにする人 yurttaş. 〜のために頑張った. Yurt için çalıştım. 祖父は自分が参加した〜防衛戦のことを誇らしげに語ったものだ. Dedem katıldığı Kurtuluş Savaşını iftiharla anlatırdı.
sokokùai 祖国愛 /a./ yurt aşkı (sevgisi). 〜の vatanperver.
sokonasi 底なし /a./ 〜の dipsiz.
sokonàu 損なう /ey./ bozul- ; kaçır-. 人の機嫌を〜 huzurunu kaçır-. もうけ〜 partiyi kaybet-. 手に入れ〜 (隠語) ayazda kal-. 私は眠りそこなった. Uykumu kaçırdım.
sokonè·ru 損ねる /ey./ 気を〜 kır-. 機嫌を〜ことができない hatırında çıkama-. 誰の気も損ねたくありません. Kimseyi kırmak istemem.
sokoni 底荷 /a./ safra.
sokorazyuu そこら中 /a./ dağ taş.
sokosoko そこそこ /a./ 三十歳〜だ. Yaşı otuz var yok.
-soku 足. 一〜の靴 bir çift ayakkabı.
sokubaku 束縛 /a./ ayak bağı, kayıt, esaret. 〜する bağla-, kayıtla-. 〜されない kayıtsız. この仕事が私を大いに〜した. Bu iş beni çok bağladı.
sòkudo 速度 /a./ hız, çabukluk, sürat. 音楽の〜 tempo. 〜を増す hız ver-, hızlan-. 〜をおとす hızını kes-, yavaşla-. 〜がおちる hızını al-, ağırla-. 〜が鈍る ağırlaş-. 〜をおとせない hızını alama- (yeneme-). 目の

sokueñ

回るような〜の baş döndürücü. トラックは〜をおとして右に曲がった. Kamyon yavaşladı, sağ yaptı.
sokueñ 測鉛 /a./ iskandil.
sokuhacu 束髪 /a./ topuz.
sòkui 即位 /a./ cülus. 〜する tahta çık-.
sokumèñ 側面 /a./ taraf, yön, cephe, yüz. 〜の yanal.
sokumèñoñ 側面音 /a./ avurt ünsüzü.
sokumèñseki 側面積 /a./ yanal yüzey.
sokùryoku 速力 /a./ hız.
sokuryoo 測量 /a./ haritacılık, kadastro çalışmaları, mesaha. 〜のポール flama. 水深〜 iskandil. 水深〜をする iskandil et-.
sokuseki 足跡 /a./ iz.
sokuseki 即席 /a./ 〜演奏 taksim. 〜芝居 tuluat.
sokusiñ 促進 /a./ 〜する hızlandır-.
sokutacu 速達 /a./ ekspres mektup.
sokutàiho 側対歩 /a./ rahvan. 〜の rahvan. 〜で rahvan.
sokutei 測定 /a./ ölçü. 〜する ölç-.
sòkuza 即座 /a./ 〜に hemen, derhal, irticalen, bir iki demeden (derken).
sòkuzi 即時 /a./ 〜の anî.
sòmacu 粗末 /a./ 〜な kötü, kaba. 命を〜にする ölümüne susa-.
Somaria ソマリア /a./ Somalı.
somaru 染まる /ey./ boya al-, çık-. あけに〜 al kanlara boyan-. 血に染まった kanlı. 血に染まったシャツ kanlı gömlek.
somemono 染め物 /a./ 〜屋 boyacı.
some・ru 染める /ey./ boya-, boya vur- (çek-), bula-. 布を黒く〜 kumaşı siyaha boya-. 血に〜 kana boya-. 色々なことに手を〜 her boyaya girip çık-. 染めた boyalı.
sòmosomo そもそも /be./ esasen.
somùku 背く /ey./ karşı gel-, baş kaldır-.
sonaè 備え /a./ hazırlık.
sonaecuke 備え付け /a./ 〜の demirbaş, yerli. 〜の机 demirbaş masa.
sonaè・ru 供える /ey./ 墓や碑に花輪を〜 çelenk koy-.
sonaè・ru 備える /ey./ hazırla-.
sònata ソナタ (İt. sonata) /a./ sonat.
sonemi そねみ /a./ çekememezlik.
sonèmu そねむ /ey./ çekeme-.
soniñ 訴人 /a./ davacı.
sono その /s./ O, şu, bu, öteki. 〜場所 şurası. 〜男（口語）herif. 〜面 orası. あなたが言った〜名前 şu söylediğiniz ad. 〜場合 o hâlde, o takdirde, şu hâlde. 〜時 bu arada, o sırada. 〜時すぐ o saat. 〜時以来 o gün bu gün. 〜ため onun için. 〜ような öyle, böyle. 〜ように öyle, böyle, şöyle, böylece, böylecene. 〜ようにして öylelikle, böylelikle. 〜ようにうまく o yolda. 〜通りにします baş üstüne！〜, なんと申しましようか efendime söyleyeyim. 〜ペンはいらない, こっちのをください. O kalemi istemedim, berikini ver.
sòno 園 /a./ bahçe.
sonoba その場 /a./ 目で彼を〜に釘付けにした. Gözleriyle onu olduğu yere çiviledi. 主人の声を聞くと馬は〜でとび上がった. Sahibinin sesini duyunca at yerinden fırladı.
sonogò その後 /a./ sonraları, erte. 初めよかったが〜ためになった. Önce iyi idi, sonraları bozuldu.
sonoheñ その辺 /a./ ortalık.
sonohigùrasi その日暮らし /a./ 〜をする elden ağıza yaşa-.
sonò hito その人 /a./ o, şu, bu. 〜が気に入った. Adamı beğendim.
sonò hoka そのほか, その外 /a./ bir şeyler, bir şeyler. 〜の sair. 〜に ayrıca, kaldı ki.
sono kòro そのころ /a./ o tarihte. 彼

をほぼ〜には知っていました. Onu hemen o sıralarda tanımıştım.
sono mama そのまま /*a.*/, /*be.*/ kelimesi kelimesine, kendi hâlinde. 〜である dur-. 〜に haliyle. 〜にしておく bırak-, kendi hâlinde bırak-. 私の手紙を返事もくれずに〜にした. Mektubumu cevapsız bıraktı. どうぞ〜で, お茶は私が持って来ます. Siz zahmet etmeyin, çayı ben getiririm.
sono monŏ そのもの /*a.*/ まさに〜 buz gibi. まさに外人〜 buz gibi yabancı.
sono noci そののち, その後 /*a.*/ sonraları, erte.
sonoo そのう /*a.*/ kursak.
sonŏta その他 /*a.*/ vesaire, ve benzeri, ve bunun gibi, ve başkaları.
sono ue そのうえ, その上 /*ba.*/ bununla beraber (birlikte), hem, bir defa, fazla olarak, hatta, üstelik, üstüne, artık. なお〜 hem de. 〜彼はここに我々が来たことを知らない. Hem o buraya geldiğimizi bilmiyor. 会って〜に話し合いました. Gördüm, hatta konuştum.
sŏñ 損 /*a.*/ kayıp, zarar, hasar. 〜をする içeri gir-. 商売で〜をする zararda ol-, zarar et-. 他人への怒りで自分が〜をする papaza kızıp perhiz boz-. 〜になる içeride ol-. 売り手は品物を〜をして売っていた. Satıcı mallarını zararına satıyormuş.
soñcyoo 尊重 /*a.*/ saygı, itibar. 〜する itibar et-, saygı göster-, say-, başına taç et-. 〜される itibar gör-. 彼はあなたのことをたいへん〜している. O sizi çok sayar.
sŏñcyoo 村長 /*a.*/ muhtar, kocabaşı. 〜の職 muhtarlık. ハサンのお父さんは今年〜に選ばれた. Hasan'ın babası bu yıl köy muhtarı seçildi.
soñdai 尊大 /*a.*/ mağrurluk. 〜な burnundan kıl aldırmaz. 〜でない gönülsüz.
soñgai 損害 /*a.*/ kayıp, zarar, hasar, ziyan. 〜を被る canı yan-. 責任がないのに〜を受ける gürültüye git-. 大〜 ağır kayıp.
soñgeñ 尊厳 /*a.*/ şeref.
soñkei 尊敬 /*a.*/ saygı, hürmet, itibar, riayet. 〜する saygı göster-, say-, hürmet et-, omuzda taşı-, taşta taşı-, aziz. 〜をはらう hatırını say-. 〜される sayıl-, başı üstünde yeri ol-, saygın, sayın, muteber, asker. 〜されなくなる sakalı saydır-. 〜される人達 saygın kişiler. 〜すべき saygı değer, hürmetli, fahrî, muhterem. 〜を集める alâka gör-. 〜と親愛の情を示す el üstünde tut-. 人は年上の人を〜すべきだ. İnsan büyüğünü saymalı.
soñmîñzei 村民税 /*a.*/ salma.
soñna そんな /*s.*/ öyle, şöyle, böyle. 〜ばかな daha neler! 〜ことは聞かなかった. Öyle bir şey duymadım. 〜テーブルがあれば欲しい. Şöyle bir masa olsun istiyorum.
soñnani そんなに /*be.*/ öyle, şöyle. 〜多く o kadar. 〜も böylesine. 何を〜急いでいるのか. Bulgurlu'ya gelin mi gidecek?
soñsicu 損失 /*a.*/ hasar, heder, kayıp, zayiat. 〜を被る zayiat ver-. 大きな〜を受ける gedik açıl-.
soñsyoku 遜色 /*a.*/ 〜のない at başı beraber.
soñsyoo 損傷 /*a.*/ yara.
soñsyoo 尊称 /*a.*/ san.
soñzai 存在 /*a.*/ var, varlık, vücut, oluş, huzur, mevcudiyet. 〜する var ol-, hazır bulun-, ne güne dur-, mevcut, vaki. 〜しているもの varlık. 〜させる bulundur-.
soo そう /*be.*/ öyle, şöyle, böyle. 〜して öylece, böylece, böylecene. 〜すれば ta ki. 〜言った. Şöyle dedi. 〜いうことがないように. Allah vermesin. 〜何もかもはできない. Kaç parça olayım. Hangi birine yetişeyim!

-soo そう -eceğe benze-, gibi. …し〜に なる yaz-. 転び〜になる düşeyaz-. 死に 〜である ayağını sürü-, ölmek üzere ol-. 今日の空は降り〜もない. Bu gün hava yağışlı değil. 病人は元気〜だった. Hastayı iyi buldum. 外は寒〜です. Dışarısı soğuk gibi.

soo- 総 genel, baş. 〜支配人 umum müdür.

sòo そう /be./ öyle, işte. 〜です efendim, evet. はい〜です evet efendim. 〜ですか öyle mi? 〜だ bak! 〜でしょ bakar mısınız? 〜ではないか efendim, değil mi? 〜であっても gerçi, yine de. 〜でなければ ille, yoksa. 〜で ないと sonra, yoksa. 冷たい水を飲むな, 〜でないと病気になるよ. Soğuk su içme, sonra hasta olursun.

sòo そう /il./ imiş. 先生だ〜だ öğretmen imiş. かれは来ない〜です. O gelmeyecekmiş.

sòo 層 /a./ kat, yaprak, tabaka, katman, katmer. 石油の〜 petrol tabakası. 大理石の〜 mermer yaprağı. 二〜の窓 iki kat pencere. 〜を なしている katmerli. 〜をなして kat kat, yaprak yaprak.

sòo 僧 /a./ hoca, rahip. イスラム寺院の 尖塔から祈りの時を告げる〜 müezzin. 〜のマント cüppe.

sooañ 草案 /a./ taslak.

sooba 相場 /a./ piyasa, rayiç. 〜はど こも同じ okka dört yüz dirhem. 今日 は〜が下がった. Bu gün piyasa düştü.

soobañ 早晩 /be./ er geç.

sòobi 装備 /a./ donatım, teçhiz, teçhizat. 〜する donat-, teçhiz et-. 船を〜する gemi donat-.

soobihiñ 装備品 /a./ donatı.

soobyoo 躁病 /a./ manya, mani. 〜の manyak.

sòoci 装置 /a./ aygıt, cihaz, makine, mekanizma, teçhizat, tertibat. 自動〜 otmat. 自動点火〜 otmat. 点滅電気〜 otmat.

sòocyoo 総長 /a./ rektör, umum müdür. 〜の職 rektörlük.

sòocyoo 曹長 /a./ başçavuş.

sòoda ソーダ (Hol. soda) /a./ soda.

soodacuseñ 争奪戦 /a./ optik kupa〜 çelenç.

soodai 壮大 /a./ 〜な görkemli, ulu.

soodañ 相談 /a./ danışma, konuşma, istişare, müşavere. 〜する akıl al-, akıl danış-, danış-, istişare et-, öğüt al-. 人に〜せずに kendi kendine. この仕事を誰に〜すべきか. Bu işi kime danışmalı?

soodàñiñ 相談員 /a./ danışman.

soodañyaku 相談役 /a./ müşavir.

soodañzuku 相談ずく /a./ 〜の danışıklı.

soodañzyo 相談所 /a./ danışma.

soodàsui ソーダ水 /a./ gazoz, soda.

sòodoo 騒動 /a./ fesat, gürültü, hengâme, hır, kargaşa, arbede, dağdağa, velvele, (隠語) çıngar. 〜を起こす fesada ver-, kargaşa çıkar-, tozu dumana kat-. 〜をたくら む fesat karıştır- (çıkar-).

soogaku 総額 /a./ tutar.

soogañkyoo 双眼鏡 /a./ dürbün. 船舶の〜 ayna.

soogeñ 草原 /a./ ova, yaylak, mera, step. 平らな〜 düz ova.

sòogi 争議 /a./ münakaşa, grev.

sòogi 葬儀 /a./ defin töreni.

sòogo 相互 /a./ mütekabiliyet, yekdiğeri. 〜の mütekabil. 〜に mütekabiliyet esası üzerine.

soogo èikyoo 相互影響 /a./ etkileşim.

soogo èñzyo 相互援助 /a./ karşılıklı yardım.

soogo ìsoñ 相互依存 /a./ bağımlaşma.

soogo kàñkei 相互関係 /a./ bağıntı.

soogoñ 荘厳 /a./ haşmet. 〜な haşmetli, heybetli. 〜さ heybet.

soogoo 総合 /a./ bireşim. 〜の bireşimli.
soogo rìkai 相互理解 /a./ anlaşma, karşılıklı anlayış.
sooguu 遭遇 /a./ 〜する rastla-. 事故に〜する kazaya uğra-.
Soogyòkyuu 双魚宮 /a./ Balık.
soogyoo 操業 /a./ işletme. 〜を始める işletmeye aç-.
sòoha 搔爬 /a./ kürtaj.
soohacùki 双発機 /a./ çift motorlu uçak.
sòohoo 双方 /a./ 〜の ikili. 〜の善意からなる iki baştan ol-. 〜が値段で折り合う beş aşağı beş yukarı uyuş-.
sòohu 送付 /a./ salma, sevk.
soohùuki 送風機 /a./ körük. アコーデオンの〜 akordeon körüğü.
sooi 相違 /a./ ayrılık, aykırılık. 見解の〜 görüş ayrılığı, tefrika. 本文の〜 varyant.
sòoi 創意 /a./ icat.
sooiñ 僧院 /a./ manastır.
sòoka 痩果 /a./ kapçık meyve.
sookacu 総括 /a./ tamin. 〜する genelle-.
sookai 爽快 /a./ 〜な serin 〜になるために冷たいものを飲んだ。 Serinlenmek için soğuk bir şey içtiler.
sookai 総会 /a./ heyeti umumiye, kurultay. 国連の〜 Genel Kurul.
sookañ 壮観 /a./ haşmet, tantana. 〜な haşmetli.
sookañ 相関 /a./ bağıntı, bağıntılılık. 〜の bağıl, bağıntılı.
sookañsei 相関性 /a./ bağıllık.
sookàñtoku 総監督 /a./ genel müdür, baş müfettiş.
sookei 総計 /a./ tutar, yekün, toplam.
sookiñ 送金 /a./ havale. 〜する para gönder-, havale gönder- (yolla-). 〜が来る havale gel-. 〜を郵便局に預ける havaleyi postaneye yatır-.
sòoko 倉庫 /a./ ambar, depo, ardiye, mağaza.
sookobañ 倉庫番 /a./ ambarcı.
sooko gyòosya 倉庫業者 /a./ ambarcı.
sookoo 装甲 /a./ zırh. 〜の zırhlı. 〜自動車 zırhlı otomobil. 〜部隊 zırhlı birlik.
sookoo 草稿 /a./ müsvedde.
sookoo 綜絖 /a./ çulha gergisi.
sòokoo そうこう /be./ 〜しているうちに gel zaman git zaman.
sookoocyuu 走行中 /a./ 〜, 運転手と話すのは危険だ。 Yolculukta şoförle konuşmak tehlikelidir.
sookookañ 装甲艦 /a./ zırhlı.
sookootei 装甲艇 /a./ zırhlı.
sookòryoo 倉庫料 /a./ ardiye.
sookucu 巣窟 /a./ yatak, yuva, kumkuma. 盗賊の〜 hırsız yatağı. 山賊の〜 haydut yatağı.
sookùzure 総崩れ /a./ bozgun. 〜になった軍隊 bozgun ordu.
sookyokuseñ 双曲線 /a./ hiperbol.
soomèikyoku 奏鳴曲 /a./ sonat.
sòomeñ そうめん /a./ erişte, şehriye. 〜のスープ erişte çorbası, tel şehriye çorbası.
soomùbu 総務部 /a./ genel müdürlük.
soonañ 遭難 /a./ kazaya uğrama. 〜した kazazede.
soonañ sìñgoo 遭難信号 /a./ imdat işareti.
soonàñsya 遭難者 /a./ kazazede.
soooñ 騒音 /a./ gürültü, cayırtı, şamata. 上の〜で眠れなかった。 Yukardaki gürültüden uyuyamadım。 この〜が私を苦しめている。 Bu gürültü beni hasta ediyor.
soooo 相応 /a./ 〜する uy-. 分〜に karınca kararınca (kaderince). 偉い人を迎えるには〜のことをしなければいけない。 Deveci ile görüşen kapısını yüksek açmalı.

soorecu 葬列 /*a.*/ cenaze alayı, kortej.
soorei 壮麗 /*a.*/ saltanat. 〜な muhteşem.
sȍori 総理 /*a.*/ başbakan.
sooricu 創立 /*a.*/ kurma, tesis. 〜の kurucu.
sooricȕsya 創立者 /*a.*/ kurucu. 新聞の〜 gazetenin kurucusu.
soori dȁiziñ 総理大臣 /*a.*/ başbakan. 〜の職 başbakanlık.
soorȉhu 総理府 /*a.*/ başbakanlık.
sȍoryo 僧侶 /*a.*/ rahip.
sȍoryoo 送料 /*a.*/ gönderme masrafı, taşıma parası.
sooryȍo 総量 /*a.*/ miktar.
sooryȍozi 総領事 /*a.*/ başkonsolos. 〜の職 başkonsolosluk.
sooryoozȉkañ 総領事館 /*a.*/ başkonsolosluk.
sȍosa 操作 /*a.*/ işleme, manevra.
sȍosa 捜査 /*a.*/ arama, soruşturma.
soosaku 捜索 /*a.*/ arama, arama tarama.
soosaku 創作 /*a.*/ yaratı, yaratma, icat.
soosakȕryoku 創作力 /*a.*/ 〜のある yaratıcı.
soosecu 創設 /*a.*/ kuruluş.
soosecȕsya 創設者 /*a.*/ kurucu. 宗派の〜 pir.
sȍoseezi ソーセージ (İng. sausage) /*a.*/ sucuk, sosis, salam, bumbar. 〜二本 iki kangal sucuk. 〜を数える単位 kangal.
soosȇizi 双生児 /*a.*/ ikiz.
soosȇñkyo 総選挙 /*a.*/ genel seçim. 〜を行う seçim yap-.
soosicu 喪失 /*a.*/ zayi, zayiat. 感覚〜 duyum yitimi. 〜する zayiat ver-.
soosihȁiniñ 総支配人 /*a.*/ genel müdür, umum müdür.
soosiki 葬式 /*a.*/ cenaze töreni. 〜の行列 cenaze alayı. 〜の祈り cenaze namazı. 〜の泣き男 ağıtçı.

soosiñ 送信 /*a.*/ nakil. 〜する ilet-. 〜装置 verici.
soosiñgȁkari 送信係 /*a.*/ manipülatör.
soosȋñgu 装身具 /*a.*/ cici bici, garnitür.
soosȋñki 送信機 /*a.*/ maniple. テレビ〜 televizyon vericisi.
soosirȇikañ 総司令官 /*a.*/ başkomutan, başkumandan.
soosȉsya 創始者 /*a.*/ başlayıcı, baba.
soosite そうして /*ba.*/ böylece, böylecene.
soosoo 早々 /*òe.*/ 〜に立ち去る defol-. 新婚〜のやもめ duvak düşkünü. 新婚〜で死ぬ duvağına doyma-.
sȍosu ソース (İng. sauce) /*a.*/ salça, sos, terbiye. この肉は〜をかけるともっとうまい. Bu et salçayla daha güzel yeniyor.
soosȕire ソース入れ /*a.*/ salçalık.
soosȕpañ ソースパン (İng. saucepan) /*a.*/ kuşhane.
soosuyoo ソース用 /*a.*/ 〜の salçalık.
soosya 操車 /*a.*/ manevra.
sȍosya 走者 /*a.*/ koşucu.
soosyo 双書 /*a.*/ seri.
soosyo 草書 /*a.*/ işlek yazı.
soosyoku 装飾 /*a.*/ süs, bezek, bezeme, bezen, dekorasyon, dekor, donanma, kaplama, ziynet. 〜する dekore et-. 〜された dekore. 家具の〜覆い mobilyanın kaplaması.
soosyoku 僧職 /*a.*/ hocalık. 〜につく hocalık et-.
soosyoku 草食 /*a.*/ 〜の otçul.
soosyoku dȍobucu 草食動物 /*a.*/ ot yiyenler.
soosyokuhiñ 装飾品 /*a.*/ ziynet, takı. 〜をたくさん身につける takıştır-.
soosyȕkoku 宗主国 /*a.*/ başülke.
soosyȕkyoo 総主教 /*a.*/ patrik.
sootaisei 相対性 /*a.*/ bağıllık.
sootaiteki 相対的 /*a.*/ 〜な bağıl,

nispî.
sootei 想定 /a./ ～する farz et-, varsay-.
sootei 装丁 /a./ ciltleme. 本の～用の布テープ şiraze.
sooteñsi 装填子 /a./ 自動火器の～ şarjor.
sootoo 相当 /be./, /a./ epey, eyeyce, oldukça ; karşılık. ～な epey. ～なものだ az buz olma-. ～するもの bedel. ～するものがない karşılıksız. ～する意味 karşılık. この犬は三匹のオオカミに～する. Bu köpek üç kurda bedeldir. この仕事は500リラ～だ. Bu iş beş yüz liraya bakar.
sootto そうっと /be./ usulca, usulcacık, usul usul. 頭を～もたげる başını usulcacık kaldır-. ～歩いて部屋を出た. Usul usul yürüyüp odadan çıktım.
sooun 層雲 /a./ katman bulut.
soowàki 送話器 /a./ ağızlık.
sòozañ 早産 /a./ düşük. ～する eksik doğ-.
soozeñ 騒然 /a./ ～となる birbirine kat-. ～とした fırtınalı. ～とした子供の声 karmakarışık çocuk sesleri.
soozi 掃除 /a./ temizlik. ～する süpür-, temizle-. この家は一日おきに～をする. Bu evde günaşırı temizlik yapılır.
soozìki 掃除機 /a./ süpürge. 電気～ elektrik süpürgesi.
Soozìkyuu 双児宮 /a./ İkizler.
sooziniñ 掃除人 /a./ 煙突～ ocakçı.
soozitè 総じて /be./ heyetiyle.
soozoku 相続 /a./ kalıtım, tevarüs. ～権利証 veraset ilamı.
soozokùkeñ 相続権 /a./ veraset.
soozokuniñ 相続人 /a./ mirasçı, vâris. 遺産～ kalıtçı, vâris. ～がいないため国庫に入った財産 mahlûl.
soozoku zàisañ 相続財産 /a./ miras.
soozoo 想像 /a./ hayal, imge, tasavvur, tahayyül. ～の imgesel. ～する hayal et-, imgele-, düşle-. あれこれ～する hayal kur-. …と～する zannet-.
soozoo 創造 /a./ yaratma. ～する yarat-. ～の神 Yaradan. 宗教上の信仰によれば神が宇宙を～した. Dinsel inanışlara göre Tanrı evreni yarattı.
soozòobucu 創造物 /a./ mahluk.
soozòoryoku 想像力 /a./ imgelem, muhayyile.
soozoosìi 騒々しい /s./ gürültülü. ～人 gürültücü. ～所 kadınlar hamamı, düğün evi gibi.
soozooteki 創造的 /a./ ～な yaratıcı.
sòozyoo 僧正 /a./ ギリシャ正教の～ metropolit.
soozyuu 操縦 /a./ idare, manevra. ～する idare et-, işlet-.
sòppo そっぽ /a./ ～を向く küs-, sırt çevir-.
sopurano ソプラノ (İt. soprano) /a./ soprano. ～歌手 soprano.
sòra 空 /a./ gök, hava, sema. ～の gökçe, gökçül, havaî. ～へ飛ぶ havaya uç-. ～飛ぶ円盤 uçan daire. ～が曇った. Hava bulutlandı. ～に雲がふえた. Gök yüzünde bulutlar çoğaldı. ～へ二発撃った. Havaya iki el silah attı.
sòra そら /ün./ babam, bak.
soragoto 空言 /a./ yalan. ～を言う yalan söyle-.
sorairo 空色 /a./ gök, mavi, mavilik. ～の gök, mavi, havaî.
soràmame ソラマメ, 空豆 /a./ bakla. ～の家 iç bakla. ～を投げて占う bakla dök-.
soramame ùranai ソラマメ占い /a./ bakla falı.
soraosorosìi 空恐ろしい /s./ korkunç.
soràsu そらす /ey./ 注意を～ oyala-.

sore 視線を〜 gözlerini kaçır-. 唇を〜 dudak bük-.

sore それ /a./ o, şu, bu. 〜へ ona. 〜から ondan. 〜を onu. 〜と onunla. 〜まで vesselâm. そこの〜 şu. 〜なしで onsuz. 〜でおしまい vesselâm. 〜は〜として ne ise. 〜はそうと pek âlâ. 〜にもかかわらず bununla beraber, böyle olmakla beraber, halbuki. 〜を言うな. Bunu söyleme. 〜をもう一度言ってくれませんか. Şunu bir daha söyler misiniz? これは欲しくない, そこの〜が欲しい. Bunu istemem, şunu isterim. 薄着のようだけど, 〜では病気になるよ. İncecik giyinmişsin, işte bunun için hastalanıyorsun. 〜はそうと君は知っていたのになんで言わなかったのか. Pek âlâ, madem biliyordun, ne diye söylemedin?

sòre それ /ün./ al, yallah. やれ…〜… gelsin…, gelsin… gitsin…. 〜見たことか ne hali varsa görsün. 〜頑張れ. Ha gayret. 〜ごらん私の言うことをちっとも聞いていない. Sağ olsun beni hiç dinlemiyor.

sore dake それだけ /be./ o kadar, bu kadar. 〜のこと o kadar.

sore de それで /ba./ o hâlde, şöyle ki, evet, sanki, şimdi. 何が言いたいのだ, 〜. Ne demek istiyorsun, sanki?

sore dèmo それでも /ba./ gene de, hâl böyle iken, mamafih.

sore hodo それほど, それ程 /be./ bu kadar, o kadar, öyle, öylesine. 〜間違ってはいないはずだ pek de yanlış olmasa gerek. 〜暑かったので…. O denli sıcak oldu ki…. 私は〜までのことを考えたことはなかった. Ben o kadarını düşünmemiştim.

sore kòso それこそ /be./ işte, ta.

sore nà noni それなのに /ba./ gel gelelim, hâl böyle iken.

sore nàra それなら /ba./ bari, imdi, öyle ise, öyleyse. 〜それでよい canı isterse.

Sòreñ ソ連 /a./ Sovyetler Birliği. 二人の〜宇宙飛行士 iki Sovyet uzay adamı.

Sorèñpoo ソ連邦 /a./ Sovyetler Birliği.

sorèra それら /a./ onlar.

sorè・ru それる /ey./ sap-, şaş-. 悪の道に〜 kötü yola sap-. 横道に〜 yan sokağa sap-. 横道に〜馬 çalık at. それた kaçık.

sore tòmo それとも /ba./ yoksa. これが気に入りましたか, 〜こっちの方ですか. Bunu mu beğendiniz, yoksa ötekini mi? 一戸建てを御希望ですか, 〜アパートを. Ev mi istersiniz, apartman mı? 手紙を書いたら, 〜自分が行って話したらいいのだろうか. Mektup mu yazsam, yoksa kendim mi gidip konuşsam.

sore to nàku それとなく /be./ (古語) zımnen. 〜言う kinaye yoluyla söyle-.

sore yue それゆえ, それ故 /ba./ bunun için.

sorèzore それぞれ /a./, /be./ birbiri. 〜の her, beher. 〜の仕事 her iş. 〜に ayrı ayrı. 〜に違うのだ … nerede, … nerede. 〜かってなことをする ayrı baş çek-. 〜かってなことを言う her kafadan bir ses çık-. 人〜考え方は違う hava çal-. ブドウ酒, ウォッカ, ラクは〜酒である. Şarap, votka ve rakı birer içkidir. 人〜やり方がある. Her yiğidin bir yoğurt yeyişi vardır. 人は〜好きなことを言える. Dilin kemiği yok.

sòri そり /a./ kızak. 〜に乗る kızağa bin-. 〜がすべる kızak yap-. 脱穀用の〜 döven. 〜で脱穀する döven sür-.

sorikaeru 反り返る /ey./ kaykıl-.

sorisuto ソリスト(Fr. soliste) /a./ solist.

sòro ソロ(İt. solo) /a./ solo.

sorobañ そろばん /a./ abaküs. 簡単な〜 çörkü. 子供の〜 sayı boncuğu.

soroè·ru そろえる /ey./ düz-, uydur-. 嫁入り道具を〜 çeyiz düz-. 新しい品々を〜 yeni eşya düz-. 衣装を〜 donat-. すべて〜 bütünle-. 二つに〜 eşle-. 歩調を〜 adım uydur-.
soròi そろい /a./ dizi. 〜の食器 servis. 〜の尖塔 çifte minare.
soròri そろり /be./ 〜〜と yavaşçacık.
sòrosoro そろそろ /be./ aheste beste, öyle öyle ; usulcacık. 〜と yavaşça. アフメット は〜と 友達に 近 寄った. Ahmet yavaşça arkadaşına yaklaştı.
soròu そろう /ey./ toplan-, hazırlan-. そろっている tamam. 家具がそろっている dayalı döşeli. 全部そろった komple.
sòru そる, 剃る /ey./ kazı-, kazın-. ひげを〜 tıraş et-. いらない毛を〜 ustura tutun-. 髪を剃った kabak kafalı. ひげを剃っていない bıyıklı. 毛を〜こと tıraş.
sòru 反る /ey./ eğril-. 板が反った. Tahta eğrildi.
sosei 蘇生 /a./ ihya, diriliş.
soseki 礎石 /a./ temel taşı.
sòseñ 祖先 /a./ ecdat, öncel. 〜の ataç. 〜伝来の〜 ataç.
sòsi 阻止 /a./ tevkif.
sosicu 素質 /a./ yetenek, yeti.
sòsiki 組織 /a./ teşekkül, kuruluş, organizasyon, örgüt, bünye, cümle, sistem, tertip, teşkil. 〜する kur-, organize et-, örgütle-, tertiple-, düzenle-. 内閣を〜する hükümet kur-. 〜される kurul-, örgütlen-, düzenlen-. 内閣が〜される hükümet kurul-. 〜された organize. よく〜されていない düzensiz.
sosikìgaku 組織学 /a./ doku bilimi.
sosikika 組織化 /a./ 〜する örgütle-, sistemleştir-.
sosikìsya 組織者 /a./ örgütçü. 労働組合の〜 sendikacı.

sosikitai 組織体 /a./ kuruluş, teşkilât.
sosikiteki 組織的 /a./ 〜な sistemli. 非〜な sistemsiz.
sosìru そしる /ey./ yer-, kötülüklerini söyle-.
sosite そして /ba./ da, de, ve. 読んだ〜眠った. Okudu ve uyudu.
sosogu 注ぐ /ey./ dök-, akıt-. 水を〜 su dök-. 〜こと dökme. 湖へ〜小川 göl başı.
sosonokàsu 唆す /ey./ ateşle-, baştan çıkar-, fitle-, fitnele-, ayartıcı. 悪事を〜 cinayete azmettir-. そそのかして惑わす afyonla-.
sòsoo 粗相 /a./ ネコがじゅうたんに〜した. Kedi halıya pislemiş.
sosoru そそる /ey./ 食欲を〜 acıktır-. 関心を〜 cazip, çekici. この空気とこの水は人の食欲を大いに〜. Bu hava, bu su insanı çabuk açıktırır. これは私の関心を〜. Bu beni ilgilendirir.
sosseñ 率先 /a./ inisiyatif. 〜する meşale çek-.
sosùu 素数 /a./ asal sayı.
sosyaku 咀嚼 /a./ geviş.
sosyoo 訴訟 /a./ dava. 〜を起こす dava et- (aç-). 〜に勝つ davayı kazan-. 〜に負ける davayı kaybet-. 〜の対象になっている davalı.
sosyoo bùkkeñ 訴訟物件 /a./ この家は〜である. Bu ev davalıdır.
sòto 外 /a./ dış, dışarı, açık, hariç. 〜の dış, haricî. 〜へ dışarı. 〜から haricen, dıştan, dışarıdan. 町の〜 şehrin harici. 家の〜 evin harici. 〜に飛び出す dışarı uğra-. ことの〜にいる yabancı gibi dur-. 〜はとても寒い. Dışarısı çok soğuk. (冗談) ayaz paşa kol geziyor. 〜はひざまで雪が積もっている. Dışarıda diz boyu kar var. 子供達は少し前に〜へ出掛けた. Çocuklar biraz önce dışarı çıktılar. 肉を〜に置くな. Eti açıkta bırakma. その家は〜からとても美しく見える.

Şu ev dıştan çok güzel görünüyor.
sotogawa 外側 /a./ dış, dışarı, hariç. 〜の dış, haricî, zahirî. 〜をやると中身も欲しがる yüz bulunca (verince) astar iste-. 家の〜を黄色に塗らせた. Evin dışını sarıya boyattılar.
sotto そっと /be./ usulca, usulcacık, usul usul. 〜知らせる fısla-. 〜横目で見る gözünün kuyruğuyle (ucuyle) bak-. 後ろから〜近付く arkadan usulca yaklaş-.
sou 沿う /ey./ 沿って boyunca.
sōwasowa そわそわ /be./ kıpır kıpır.
sōya 粗野 /a./ kabalık, hamlık, görgüsüzlük. 〜な yabanî, dürüşt, ham, hoyrat. 〜な人 ham adam, dağ ayısı, (俗語) ahlat, (隠語) hıyar.
soyōgu そよぐ /ey./ 風に〜 efil efil et-.
soyōkaze そよ風 /a./ esinti, hafif rüzgâr. 〜で木の葉が揺れている. Hafif rüzgârdan yapraklar kıpırdıyor.
sōyosoyo そよそよ /be./ ılgıt ılgıt, küfür küfür, efil efil, püfür püfür, usul usul. 夏に涼しい風が〜吹く efil efil es-. 〜と吹く春風 usul usul esen bahar yeli. 風が〜吹いている. Rüzgâr küfür küfür (püfür püfür) esiyor.
sū 巣 /a./ yuva, in. 鳥の〜 kuş yuvası. スズメの〜 serçe yuvası. アリの〜 karınca yuvası. クモの〜 ağ. ハチの〜 dalak, kovan. ハチの〜の六角形の穴 gümeç. 葉にできた虫の〜 pus. 〜についているめんどり gurk, kuluçka. 〜を作る yuvala-. 〜を懸ける yuvala-. スズメは屋根のふちに〜を作る. Serçeler çatı kenarlarına yuvalar.
sū 酢 /a./ sirke. サラダに〜をかけようか、レモンをかけようか. Salataya sirke mi, limon mu koyayım?
suana 巣穴 /a./ delik, in.
sūasi 素足 /a./ çıplak ayaklar.
sūbako 巣箱 /a./ ミツバチの〜 kovan. 〜からみつを取る bal sağ-.

subarasii 素晴らしい /s./ güzel, harikulade, âlâ, ilâhî, yağ bal, yahşi, değme keyfine. 〜料理 enfes yemekler. とても〜 güpgüzel. やあ、なんと〜所だ. Ah, ne güzel yer! 5月19日のショーはとても素晴らしかった. On dokuz Mayıs gösterileri çok güzeldi. この人の友情は〜. Bu adamın arkadaşlığı ömürdür. 〜! (俗語) Yaradana kurban olayım, maşallah.
subarāsisa 素晴らしさ /a./ güzellik.
subasikōi すばしこい /s./ çevik, atik, atik atik, cevval, tetek, çakı gibi, pire gibi. りこうで〜 cin gibi. すばしこくなる çevikleş-. ネコはとても〜動物だ. Kediler çok çevik hayvanlardır.
subasikōsa すばしこさ /a./ çeviklik.
subayāi 素早い /s./ çabuk, seri, süratli, şahbaz, tez, ok gibi, kanatları ol-. 素早く çabucak, çabucacık, tırıs tırıs, koşar adım, fişek gibi. たいへん素早く çarçabuk. 素早く行動する elini çabuk tut-. 素早く打つ indir-. 素早くかきまぜる çırp-. 素早くやり返す lakırdı yetiştir-.
sūbe すべ /a./ çare. なす〜を知らない hoşafın yağı kesil-.
suberāsu 滑らす /ey./ 口を〜 ağzından kaçır-. うっかり口を〜 kendi ağzıyla tutul-.
suberidai 滑り台 /a./ kaydırak.
suberidome 滑り止め /a./ 〜の木 takoz. 車の〜 tekerlek pabucu.
suberīhiyu スベリヒユ /a./ semiz otu.
subē・ru 滑る /ey./ kay-. 雪の上を〜 kar üzerinde kay-. 口が〜 dil kay-, dil sürç-. 滑りやすい kayağan, kaygan, kaypak. 滑りやすい地面 kayağan toprak. 滑りやすい道 kaygan yol, kaypak bir yol. よく〜 kaygan. よく〜石 kaygan taş. 静かに〜ように進む süzül-. 歩いていて滑って足が痛むらしい. Yürürken kaymış, ayağı incinmiş.
subē・ru 統べる /ey./ yönet-.

sùbeta すべた /a./ (卑語) orospu, postal.
sùbete すべて /be./, /a./ hep, baştan aşağı, baştan ayağa, baştan başa, ne var ne yok, yüzde yüz, hepsi, tamam, tüm, umum. 〜の bütün, her, hep, olanca, tamam, tekmil, tüm, umum, komple. 〜の人 herkes, yedi mahalle, cümle âlem, (俗語) dünya âlem. 町の〜の灯 şehrin tekmil ışıkları. 〜を打ち明ける dökülüp saçıl-. 〜そろえる bütünle-. 〜がうまくいきますように hayırdır inşallah. 〜終わったが、ただこれだけ残っている. Her şey bitti, bir bu kaldı. 国家の誇りは〜に優先する. Millî gururumuz her şeyden önce gelir. 〜我々の予想はさかさまになった. Bütün hesabımız alt üst oldu.
subome・ru すぼめる /ey./ büz-. すぼめた büzük. すぼめた唇 büzük dudaklar.
suciimu スチーム (İng. steam) /a./ islim, istim, kalorifer. アパートの〜は石炭で動いている. Apartmanımızın kaloriferi kömürle çalışıyor.
sucyuwàadesu スチュワーデス (İng. stewardess) /a./ hostes, kamarot.
sudare すだれ /a./ jaluzi.
sùde 素手 /a./ 〜で havadan.
sùdeni すでに, 既に /be./ çoktan, önce.
sue 末 /a./ son. 長い駆け引きの〜, 母は靴を売り手から安く買った. Uzun pazarlıktan sonra annem ayakkabıyı satıcıdan ucuz aldı.
suecuke 据え付け /a./ yerleştirme.
Sueedeñ スエーデン /a./ İsveç.
Sueedeñgo スエーデン語 /a./ İsveççe.
Sueedeñziñ スエーデン人 /a./ İsveçli.
sueedo スエード (Fr. suède) /a./ süet. 〜の süet. 一足の〜の靴 bir çift süet ayakkabı.
suerare・ru 据えられる /ey./ oturtul-.
sue・ru 据える /ey./ oturt-, yerleştir-.

目を〜 gözünü dik-. 灸を〜 dağla-.
suezeñ 据え膳 /a./ 〜を食う hazıra kon-.
Suezu ùñga スエズ運河 /a./ Süveyş kanalı.
sufìñkusu スフィンクス (Lat. sphinx) /a./ sfenks.
sugaricùku すがりつく /ey./ eteğine yapış-, sar-. 母の胸に〜 anasının kucağına kapan-.
sugaru すがる /ey./ dayan-. つえにすがって歩く sopaya dayanarak yürü-.
sugasugasìi すがすがしい /s./ tazeleyici. serinleyici.
sùgata 姿 /a./ endam, form. 本来の〜 esas. 〜のよい endamlı. 〜を現す görün-. 急に〜を見せる üstüne gel-. 〜を消す kırklara karış-, tarihe karış-. あるべき〜を示す ışık tut-. 〜形の美しい人 Allah övmüş de yaratmış.
sugatàmi 姿見 /a./ endam aynası.
sugi スギ, 杉 /a./ Japon sediri.
-sugi 過ぎ /a./ geçe. …〜に geçe. 3時5分〜. Üçü beş geçe. 7時10分5秒〜. Yediyi on dakika beş saniye geçe. 5時15分〜に来い. Beşi çeyrek geçe gel.
sugìnai 過ぎない. …に〜 -den başka bir şey değil.
suginamo スギナモ /a./ at kuyruğu.
sugì・ru 過ぎる /ey./ geç-, aş-, sav-, çık-. トンネルを〜 tünelden geç-. 年が〜 yıllan-. 通り〜 geç-. 過ぎた geçmiş. 過ぎたこと geçmiş. 五十過ぎた人 elli yaşını geçkin bir adam. 二十歳を過ぎた若者 yaşı yirmiyi aşkın bir genç. …〜 fazla, aşırı. 飲み〜 fazla kaçır-. やり〜 uzun et-. 行き〜 fazla gel- (git-, kaç-). 多〜 fazla gel- (git-, kaç-). 砂糖の入り過ぎたケーキ fazla şekerli bir pasta. 9時を過ぎた. Saat dokuzu geçti. 時間が過ぎた. Vakit geçti. 昼をとうに過ぎた. Vakit öğleyi çoktan aşmış. 冬が過ぎた. Kış

geçti. 五月が過ぎた. Mayıs çıktı.

sugisàru 過ぎ去る /*ey.*/ geç-. 過ぎ去った geçmiş, (古語) zail. 過ぎ去った日々 geçmiş günler. 日は一日一日と〜. Günler birbirini kovalar.

sugòi すごい /*s.*/ korkunç, müthiş. すごく fena halde, fevkalade, olağanüstü. すごく苦い buruk. すごくきれいな花 korkunç güzellikte bir çiçek. 〜道で行けども行けども果てしない. Öyle bir yol ki git bre git, bitmez.

sugòsu 過ごす /*ey.*/ geçir-. 楽しく〜 felekten kâm al-, gülüp oyna- (söyle-), keyfet-, keyfine bak-. 楽しい日を〜 felekten bir gün çal-. 楽しい休みを〜 neşeli bir tatil geçir-. 夜を戸外で〜 ay dedeye misafir ol-. なんとなく時を〜 eğlen-. 何もせずに〜 minder çürüt-. 度を〜 dozunu kaçır-, dozu kaç-. 飲み〜 içkiyi kaçır-. 全生涯を貧乏の中で過ごした. Bütün ömrü darlık içinde geçti. いかがお過ごしですか. Ne âlemdesiniz?

sùgosugo すごすご /*be.*/ kıçına bakarak.

sùgu すぐ /*be.*/ hemen, bu günlük yarınlık, çabuk, kolayca, şimdi, tez elden, tez vakitte (zamanda). 〜そば ağız, çok yakın. 〜近くに burnunun dibinde. ほんの〜近くの adımlık. 〜あとから ardınca. 〜その時に der demez. その時〜 o saat. …すると〜 gibi. 急いで〜書く çabuk yaz-. 〜つっかかってくる canavar kesil-. 言われたことを〜する bir dediğini iki etme-. 〜しかめつらをする人 buruk. 赤十字はここから〜です. Kızılay buradan iki adımlık yer. 海に落ちると〜底についた. Denize düşer düşmez dibini boyladı. 座ったと思ったら〜ドアがノックされた. Oturdum demeye kalmadı, kapı çalındı. 手紙を受け取ると〜返事を書いた. Mektubunuzu aldığım gibi cevap yazdım. もう〜終わる. Çoğu gitti azı kaldı.

sùgu ni すぐに /*be.*/ hemen, derhal, çabuk, bir tahtada, birden, bu günden tezi yok, dakika, dakikasında, sıcağı sıcağına, şıp diye, şıppadak, vakit kaybetmeden, (俗語) tez beri. 今〜 şimdiden tezi yok. 〜でも akşama sabaha. 長い髪は〜乱れる. Uzun saç çabuk dolaşır. あなたが来たと聞いて〜やってきました. Geldiğinizi duyunca hemen geldim.

sugurè·ru 優れる /*ey.*/ 優れている başta gel-. はるかに優れている cebinden çıkar-. 優れていると見る üstün bul- (gör-). 優れているものとして扱う üstün tut-. 優れていること üstünlük. 優れた becerikli, meziyetli, üstün, büyük, klas, zehir gibi. 優れた主婦 becerikli bir ev kadını. 優れた人物 üstün bir insan, (古語) kutup. 優れた筆法 çığır. くだらない人が用いられ, 優れた人が取り残される ayaklar baş, başlar ayak ol-. 気分がすぐれない keyfi kaç-. 気分がすぐれないこと kırıklık. 気分のすぐれない keyifsiz. 今日はちょっと気分がすぐれない. Bu gün biraz kırıklığım var.

sùgusama すぐさま /*be.*/ ha deyince, ayağının tozu ile.

sùi 酸い /*s.*/ ekşi. → **suppài.**

suiage 吸い上げ /*a.*/ emme.

suiagekañ 吸い上げ管 /*a.*/ sifon.

suiage pòñpu 吸い上げポンプ /*a.*/ tulumba.

suiagè·ru 吸い上げる /*ey.*/ em-, emici.

sùibi 衰微 /*a.*/ zeval.

sùibuñ 水分 /*a.*/ su. 煮えて〜がなくなる suyunu çek-, suyu seli kalma-. リンゴが〜を失う kepeklen-. 〜を失った kepekli.

suìcci スイッチ(İng. switch) /*a.*/ elektrik düğmesi, düğme, çevirgeç, şalter.

suicyoku 垂直 /*a.*/ amut. 〜の amudî, dikey, düşey. 〜に dikine.

〜降下 pike. 〜方向に地面に落ちる düşey doğrultuda yere in-.
suicyokùseñ 垂直線 /*a.*/ dikey doğru, normal.
suicyokùziku 垂直軸 /*a.*/ dikey eksen.
suicyuu 水中 /*a.*/ su altı. 深い〜を泳ぐ derin suda yüz-. 〜に没しては現われる dalıp çık-.
suicyùuzyuu 水中銃 /*a.*/ su altı tüfeği.
suidama 吸い玉 /*a.*/ vantuz, boynuz. 〜を背中に当てる şişe çek-(vur-). 〜をかける boynuz çek-.
suidasìki 吸い出し器 /*a.*/ aspiratör.
suidàsu 吸い出す /*ey.*/ çek-.
suideñ 水田 /*a.*/ çeltik tarlası, sulu tarla. 〜作業 çeltikçilik.
suidoo 水道 /*a.*/ su tesisatı, su yolu. 〜のメーター su saati. 〜の出が細くなった. Musluğun suyu kısıldı.
suidoo 隧道 /*a.*/ tünel.
suidookañ 水道管 /*a.*/ su borusu, su künkleri. 〜が破裂した. Su borusu patladı.
suidookyoo 水道橋 /*a.*/ su kemeri.
suiei 水泳 /*a.*/ yüzme. 〜をする yüz-. 〜プール yüzme havuzu. 〜選手 yüzücü. 〜が習いたければ多少勇気がいる. Yüzme öğrenmek istiyorsan biraz yürekli olman gerekir. 〜選手の兄は100メートル競技で一位になった. Yüzücü olan ağabeyim 100m. yüzme yarışında birinci oldu.
suièigi 水泳着 /*a.*/ mayo.
suiei pàñcu 水泳パンツ /*a.*/ mayo.
suigara 吸い殻 /*a.*/ (俗語) izmarit, sigara artığı.
suigeñ 水源 /*a.*/ kaynak, göze, pınar. 川を支えている〜 ırmağı besleyen kaynaklar.
suigiñ 水銀 /*a.*/ cıva. 〜との合金 malgama.
suigyuu スイギュウ, 水牛 /*a.*/ kara sığır, manda. 〜の子 malak.
suihei 水平 /*a.*/ düzlük. 〜の düz, yatay, ufkî. 液体の表面はすべて〜になる. Sıvıların yüzü hep yatay olur.
sùihei 水兵 /*a.*/ denizci, deniz askeri.
suiheiseñ 水平線 /*a.*/ ufuk. はるかな〜 engin ufuklar. 船が〜に現れた. Gemi ufukta belirdi.
suihèiziku 水平軸 /*a.*/ düzey ekseni.
suihoo 水泡 /*a.*/ 〜に帰す suya düş-.
suihoo 水疱 /*a.*/ fiske.
sùihu 水夫 /*a.*/ gemici, denizci. 老練な〜 deniz kurdu.
sùii 推移 /*a.*/ değişim.
suiiki 水域 /*a.*/ havza.
suika スイカ /*a.*/ karpuz, cimcime. ひと切れの〜 bir dilim karpuz. 〜を十に分ける karpuzu on parçaya ayır-.
suikabàtake スイカ畑 /*a.*/ bostan.
suikàzura スイカズラ /*a.*/ hanımeli. 〜がうちの階まではい上がって来た. Hanımeli bizim kata kadar tırmandı.
suikòmu 吸い込む /*ey.*/ çek-, em-, soğur-. スポンジが水を吸い込んだ. Sünger suyu çekti. 地面が水を吸い込んだ. Toprak suyu emdi.
suikoo 遂行 /*a.*/ 〜する yap-, icra et-, yerine getir-.
suikuci 吸い口 /*ey.*/ çekmen, zıvana. 哺乳びんの〜 emzik. タバコの〜 ağızlık, emzik.
suikyuu 水球 /*a.*/ su topu.
sùima 睡魔 /*a.*/ 〜に襲われる uyku bas- (bastır-).
suimeñ 水面 /*a.*/ su düzeyi, su kesimi. 〜に su yüzünde.
suimiñ 睡眠 /*a.*/ uyku. 〜を取る uyu-.
suimiñbùsoku 睡眠不足 /*a.*/ 〜で頭がぼうっとする uykusu başına sıçra-(vur-).
suimìñyaku 睡眠薬 /*a.*/ uyku ilacı, uyutucu.
suirai 水雷 /*a.*/ mayın, torpil. 〜を敷

設する torpille-.
suiraitei 水雷艇 /a./ torpido.
sùireñ スイレン /a./ nilüfer. → **hasu**.
sùiri 推理 /a./ uslamlama.
suiri êiga 推理映画 /a./ polis filmi.
suirìgaku 水理学 /a./ su bilimi.
suirikìgaku 水力学 /a./ hidrolik.
suiri syðosecu 推理小説 /a./ casus romanı.
sùiro 水路 /a./ kanal, su yolu, mecra, taban, (古語) cetvel. 畑の〜 evlek. 塩田の海水を引く〜 tava. 〜をふさぐ su yolunu bağla-.
suiroñ 推論 /a./ çıkarsama.
sùiryoku 水力 /a./ 〜の hidrolik.
suiryoo 推量 /a./ 〜する farz et-, tahmin et-.
suisai ênogu 水彩絵の具 /a./ sulu boya. 〜で色を塗る sulu boya ile renklendir-.
suisaiga 水彩画 /a./ sulu boya resim, akvarel.
suisâñbucu 水産物 /a./ deniz mahsulleri.
suisei 水生, 水棲 /a./ 〜の sucul.
Suisei 水星 /a./ Merkür, Jüpiter, Utarit.
suisei 彗星 /a./ kuyruklu yıldız.
suiseñ 推薦 /a./ tavsiye. 〜する öğütle-, salık ver-, tavsiye et-.
suiseñ スイセン, 水仙 /a./ fulya, nergis.
sùiseñ 垂線 /a./ dikey doğru. 三角形の〜 kenar ortay.
suiseñzyoo 推薦状 /a./ tavsiye mektubu, tavsiyename, bonservis.
suisiñ 水深 /a./ 〜測量 iskandil. 〜測量をする iskandil et-. 丈で〜を測る boy ver-.
sùiso 水素 /a./ hidrojen. 水の成分には〜と酸素がある. Suyun bileşiminde hidrojenle oksijen vardır.
suiso bàkudañ 水素爆弾 /a./ hidrojen bombası.
suisoku 推測 /a./ göz kararı, karine, sanı, tahmin, zan, hesap. 〜する kararla-, kestir-, tahmin et-. 私の〜ではもう二日許可が出る. Benim hesabıma göre daha iki gün izni var.
suisoo 水槽 /a./ gölet, sarnıç. ガラスの〜 akvaryum.
suisoo gàkki 吹奏楽器 /a./ nefesli çalgı, üflemeli çalgı.
Sùisu スイス /a./ İsviçre.
Suisu rêñpoo スイス連邦 /a./ İsviçre konfederasyonu.
Suisùziñ スイス人 /a./ İsviçreli.
sùisya 水車 /a./ su değirmeni, değirmen.
suisyaba 水車場 /a./ değirmen.
suisyaya 水車屋 /a./ değirmenci.
sùisyoo 水晶 /a./ billur, kristal. 〜の kristal. 〜のような billursu. 娘は〜のように白くなめらかな肌をしている. Kızın billur gibi bir teni var.
suisyootai 水晶体 /a./ billur cisim.
suisyu 水腫 /a./ ödem.
suitai 衰退 /a./ zeval.
suitei 水底 /a./ su altı.
suitei 推定 /a./ tahmin.
suiteki 水滴 /a./ damla.
suitoo 水筒 /a./ matara.
suitoo 水痘 /a./ su çiçeği.
suitoogàkari 出納係 /a./ kasadar, sayman, vezneci, veznedar, veznedarlık.
suitðokyoku 出納局 /a./ 国庫〜 mal sandığı.
suitoozyo 出納所 /a./ sandık, saymanlık, vezne.
suitorìgami 吸い取り紙 /a./ kurutma kâğıdı.
suitòru 吸い取る /ey./ 水分を〜 suyu çek-. 人の血を〜 kanını em-.
suiyðo 水曜 /a./ çarşamba.
suiyðobi 水曜日 /a./ çarşamba.
suiyðoeki 水様液 /a./ su.
suizi 炊事 /a./ pişirme.

suiziba 炊事場 /a./ mutfak.
suizokùkañ 水族館 /a./ akvaryum.
suizoo 膵臓 /a./ pankreas.
suizyaku 衰弱 /a./ zayıflık, zafiyet, halsizlik.
suizyòoki 水蒸気 /a./ buğu, su buharı. 〜をあてる buğula-. 〜を通す buğula-. 〜で曇る buğulan-.
suizyuñ 水準 /a./ düzey, hiza, seviye.
suizyùñki 水準器 /a./ kabarcıklı düzeç, düzeç, tesviye aleti.
sukàahu スカーフ (İng. scarf) /a./ eşarp, yemeni, başörtü, kundak. 〜で髪を包む kundakla-.
sukàato スカート (İng. skirt) /a./ etek, eteklik, fistan. 〜を縫う etek dik-. 〜のすそ etek.
sukaato kìzi スカート生地 /a./ eteklik.
sukàñpo スカンポ /a./ kuzu kulağı.
Sukañzinàbia スカンジナビア /a./ İskandinavya. 〜の İskandinav, İskandinavyalı.
Sukañzinabia hàñtoo スカンジナビア半島 /a./ İskandinav yarımadası.
Sukañzinabiàziñ スカンジナビア人 /a./ İskandinav, İskandinavyalı.
sukarè・ru 好かれる /ey./ sevil-. 人に好かれそうな長所 şeytan tüyü. 父は冷たい人は好かれないと言う. Babam haşin insanların sevilmediğini söyler.
sukasazu すかさず /be./ hemen.
sukasi 透かし /a./ 紙の〜 filigram, su yolu.
sukasu すかす /ey./ なだめ〜 ağız tamburası çal-.
sukècci スケッチ (İng. sketch) /a./ kroki, taslak, skeç.
sukeepugòoto スケープゴート (İng. scapegoat) /a./ şamar oğlanı.
sukèeto スケート (İng. skate) /a./ paten, patinaj.
sukeetògucu スケート靴 /a./ paten. 湖がよく凍った, 〜があったらなあ. Göl iyice donmuş, keşke bir patenim olsaydı.
suke・ru 透ける /ey./ şeffaf ol-.
sukèzyuuru スケジュール (İng. schedule) /a./ program.
suki 鋤 /a./ bel, saban. 新型の〜 pulluk. 原始的な〜 kara saban. 〜の柄 saban oku. 〜で土を掘り返す bel belle-. 〜で土を耕す sabanla toprağı kabart-. 〜の土を掘り起こす部分 saban kulağı. 家畜に〜をつける çift koş-, çifte koş-.
suki 透き, 隙 /a./ 〜を与えない göz açtırma-. 〜をねらう sinsi.
suki 好き /a./ 〜な favori, en çok beğenilen, sevgili, gözde. 私が一番〜な人 en sevdiğim kimse. 〜だ sev-, hazzet-. …の方が〜だ yeğle-. 〜になる hoşlan-, ısın-. 〜になれない perisi hoşlanma-. 〜にさせる sevdir-. 子供に学校を〜にさせる çocuklara okulu sevdir-. 〜に keyfince. 〜に振る舞う at oynat-. 〜なようにする keyfi bil-. お〜なように ferman sizin, siz bilirsiniz. 〜で babasının hayrına. この遊びが〜だ. Bu oyunu beğendim. 彼は淡い色が〜だ. O, açık renkleri sever. この服の中から〜なのを選びなさい. Bu elbiselerden birini beğeniniz. お〜な歌はどれ. Favori şarkınız hangisi? お〜だと思ってこの料理を作りました. Seversiniz diye bu yemeği yaptım. アスルは音楽が〜らしい. Aslı'nın müziğe karşı eğilimi var. 彼をこの点で〜でなかった. Onu bu cihetten beğenmediler. 私はこれが好きではない. Bundan hoşlanmam. この仕事はどうも〜になれない. Bu işe bir türlü ısınamadım. 〜なことをしていると災難も気にならない. Atın ölümü arpadan olsun.
sukìi スキー (İng. ski) /a./ kayak, ski. 〜の板 kayak. 〜に行く kayağa git-. ウルダーへ〜をしに行った. Uludağ'a kayak yapmaya gittiler.

sukikȧtte 好き勝手 /a./ 〜なことを言う dem vur-.

sukȉkirai 好き嫌い /a./ 食べ物に〜がある yemek seç-. つわりで〜がひどくなる aşer-, aş yer-. ジョシクンは気難しい子で〜が激しい. Coşkun mızmız bir çocuk, her yemeği yemiyor.

sukima 透き間 /a./ aralık. 〜をあける arala-.

sukimȧkaze 透き間風 /a./ 〜を防ぐ 綿入れの詰め物 bumbar.

Sukitai スキタイ /a./ İskit.

sukitȍoru 透き通る /ey./ 透き通った duru, şeffat.

sukkȧri すっかり /be./ büsbütün, tamamen, tamamıyla, çepçevre, çepeçevre, son derece, imanına kadar, iyiden iyice, iyice, iyicene, karış karış, silme, tam, temelli, tıpkı, yekpare, bal gibi, (俗語) hepten. 〜入れ代わる başabaş değiş-. 〜わずらわされる bat-. 〜だめにする iyice boz-, kül et-. 〜だめになる kül ol-. 〜なくす külünü savur-. 〜取る sıyır-. 皿のものを〜食べる tabağı sıyır-. 〜食べてしまう silip süpür-. 〜よい sapına kadar. 〜同じように tıpkı tıpkına. 最近の事件が彼を〜臆病にした. Son olaylar onu büsbütün çekingen yaptı. ネコどもはここが〜気に入った. Kediler buraya fena dadandılar. 神経が〜おさまった. Sinirleri büsbütün gevşedi. 広い庭は〜ホタルでいっぱい. Geniş bahçe silme ateş böceği dolu.

sukȍa スコア(İng. score) /a./ skor.

sukoburȕ すこぶる /be./ çok, pek. 〜美しい çok güzel.

sukȍcci スコッチ(İng. Scotch) /a./ İskoç.

sukȍoru スコール(İng. squall) /a./ sağanak.

sukȍppu スコップ(Hol. schop) /a./ kürek.

Sukora tȇcugaku スコラ哲学 /a./ skolastik. 〜の skolastik.

sukȍsi 少し /be./ biraz, az, az buçuk, beş on, bir derece, bir dereceye kadar bir parça, bir miktar. 〜しかない az. ほんの〜 azıcık, birazcık, yüksük kadar. 〜もうける beş on kuruş çıkar-. 〜後に birazdan. ほんの〜前 demin. もう〜で az daha, az kaldı, az kalsın, dikiş kaldı, kıl payı, parmak kaldı. もう〜で…になるところだ kıl kal-, yaz-. もう〜したら kısa bir süre sonra. 〜紙をくれませんか. Biraz kâğıt verir misiniz? 畑は今年〜しかブドウがならなかった. Bağlar bu yıl az üzüm verdi. 海は今日〜波がある. Denizde bu gün hafif bir çalkantı var. 子供達は〜前に外へ出掛けた. Çocuklar biraz önce dışarı çıktılar. もう〜で車が衝突するところだった. Arabanın çarpmasına bir bıçak sırtı kadar aralık vardı.

sukosi bȧkari 少しばかり /be./ birazcık, tutam.

sukosimo 少しも /be./ hiç mi hiç, hiç. 〜金を取らない beş para alma-. 身なりが〜きちんとしていない. Kılığına hiç çekidüzen vermiyor. 医者が注射をする前に〜痛くないと言ったので安心した. Doktor iğne yapmadan önce hiç acı duymayacağımı söyleyince cesaretlendim.

sukosizȕcu 少しずつ /be./ azar azar, birer ikişer, damla damla, derece derece, dirhem dirhem, için için, kerte kerte, peyderpey, taksit taksit, ucun ucun, ufaktan ufağa, ufak ufak, yudum yudum.

Sukottorȧñdo スコットランド /a./ İskoçya.

Sukottorȧñdogo スコットランド語 /a./ İskoç dili.

Sukottorȧñdosei スコットランド製 /a./ İskoç.

sukȍyaka 健やか /a./ esenlik. 〜な esen.

suku すく, 梳く /ey./ dit-, tara-. 髪を〜 saçları tara-. くしで〜 tarak vur-. 梳き分ける tara-.
suku すく, 空く /ey./ boşal-. おなかが〜 karnı açık-. おなかがすいて aç karnına.
sùku 好く /ey./ sev-. 虫が好かない gıcık al- (ol-).
sukui 救い /a./ kurtarma, yardım. 苦しみに耐えていれば〜は必ず来る. Kul sıkılmayınca Hızır yetişmez.
sukuidàsu 救い出す /ey./ kurtar-, sıyır-.
sukuìnusi 救い主 /a./ kurtarıcı. 〜の kurtarıcı.
sukuite 救い手 /a./ kurtarıcı. 〜の kurtarıcı.
sukume・ru すくめる /ey./ 肩を〜 omuz silk-.
sukunài 少ない /s./ az, kıt, mahdut, yüksük kadar. 食べ物が〜 dişine değme-, dişinin kovuğuna bile gitme-. とても〜 azıcık, ender, tırnak kadar, parmakla sayıl- (gösteril-). 元に比してごく〜 denizden bir avuç su gibi. 〜と見る az bul-, az gör-, azımsa-. 少なく az. 少なくなる azal-, eksil-. 時間が少なくなる vakit daral-. 少なくする eksilt-, kır-.
sukunakàrazu 少なからず /be./ çok.
sukunàkutomo 少なくとも /be./ hele, hiç olmazsa, hiç değilse, hiç yoktansa, bari, en aşağı (az), ferah ferah, olsa olsa, su içinde.
sukuràppu スクラップ (İng. scrap) /a./ hurda.
sukuriiñ スクリーン (İng. screen) /a./ perde, beyaz perde, ekran. 映画の〜 sinema perdesi. 影絵の〜 hayal perdesi. 映画で映像が〜に映し出される. Sinemada görüntüler beyaz perdeye yansıtılır.
sukùryuu スクリュー (İng. screw) /a./ vapur pervanesi. 〜の逆回転 tornistan.

sukuu 救う /ey./ kurtar-. 事故で重傷を負った旅行者を病院が救った. Kazada ağır yaralanan yolcuyu hastanede kurtardılar.
sukuu すくう /ey./ シャベルで〜 kürekle kaldır-. シャベルですくって捨てる küre-. 足を〜 çelme at- (tak-). 足を〜こと çelme. 〜道具 süzgü.
sukùutaa スクーター (İng. scooter) /a./ küçük tekerlekli motosiklet.
sukuware・ru 救われる /ey./ kurtul-, kurtarıl-, aman bul-, sav-, silkin-. 救われない başını alama-. 救われた vareste. この土地は敵の手から救われた. Bu topraklar düşmanın elinden kurtarıldı.
sukyàñdaru スキャンダル (İng. scandal) /a./ rezalet, skandal.
sumàato スマート (İng. smart) /a./ 〜な nefis.
sùmai 住まい /a./ mesken, ev. 冬の〜 kışlık.
sumàssyu スマッシュ (İng. smash) /a./ çivileme.
sumàsu 澄ます /ey./ dinlendir-. 雨水を〜 yağmur suyu dinlendir-. 耳を〜 kulağını aç-, can kulağı ile dinle-.
sumàu 住まう /ey./ otur-.
sumawasê・ru 住まわせる /ey./ otur-.
sumê・ru 住める /ey./ oturul-. この家には住めない. Bu evde oturulmaz.
sùmi 隅 /a./ köşe, bucak, zaviye. 机の〜 masanın köşesi. ハンカチの四〜 mendilin dört köşesi. 〜から〜まで baştan aşağı, baştan ayağa, baştan başa.
sumì 炭 /a./ kömür, odun kömürü. 〜になる kömürleş-. 〜にあたって頭が痛む kömür başa vur-. 真っ赤に燃えきった〜 kor. 焼きの悪い〜 marsık. 〜はぬれると重くなる. Kömür ıslanınca ağırlaşır.
sumì 墨 /a./ çini mürekkebi, mürekkep, boya. 〜を引く çırpı vur-. 目に

sumibi 炭火 /a./ ～にあたる kömür çarp-. ～の中毒 kömür çarpması. ～で頭がやられた. Kömür başına vurdu.
sumicùku 住み着く /ey./ yurt tut-. アンカラに住み着いた. Ankara'ya yerleştik.
sumigara 炭がら /a./ mucur.
sumiito 墨糸 /a./ çırpı ipi. ～で線を引くこと çırpı.
sùmika 住みか /a./ yer yurt. ライオンの～ aslan yatağı.
sùmikko 隅っこ /a./ köşe bucak. ～の ücra. ～で kenarda köşede.
sumikomi 住み込み /a./ ～の yatılı.
sumimasèñ すみません /ün./ Bağışlayın, Affedersiniz. ～が affedersiniz, lütfen, pardon. ～もう一度言ってください. Efendim? ～がひとつお尋ねいたします. Affedersiniz, size bir şey soracağım.
suminawa 墨なわ /a./ çırpı ipi. ～で線を引くこと çırpı.
suminikùi 住みにくい /s./ ～所になる zindan kesil-.
sumire スミレ /a./ menekşe.
sumire iro スミレ色 /a./ mor. ～の mor.
sumitori onigòkko 隅取り鬼ごっこ /a./ köşe kapmaca.
sumìya 炭屋 /a./ kömürcü.
sumìyaka 速やか /a./ ～に süratle. ～に進行する çorap söküğü gibi git-.
sumìyaki 炭焼き /a./ kömürcü.
sumìzumi 隅々 /a./ ～まで karış karış. ～まで探す bucak bucak ara-, delik deşik ara-.
sumòggu スモッグ (İng. smog) /a./ duman.
sumomo スモモ /a./ erik, mürdüm eriği. ～が赤くなった. Erikler kızardı.

この～はひどく酸っぱい. Bu erikler ne kadar ekşi.
sùmu 住む /ey./ otur-, eğleş-. 住んでいる ömür geçir. 人が住んでいる meskûn. ～人のない ıssız. ～所がない yersiz. アンカラに住んでいる. Ankara'da oturuyor. この家には何人住んでいますか. Bu evde kaç nüfus var?
sùmu 済む /ey./ bit-. もう済んだ işi bit-, atladı gitti genç Osman. 被害が軽く～ hafif atlat-. しないで～ vareste. 歩かないで～ ayağı yerden kesil-. 収穫が済んだ. Harman kalktı. 済んでしまったことだ. Geçmişe mazi, yenmiş kuzu derler.
sùmu 澄む /ey./ berraklaş-, durul-. 水が～ su durul-. 澄んだ berrak. 澄んだ水 berrak su. 濁った水が澄んだ. Bulanık su duruldu.
sunà 砂 /a./ kum. 細かい～ ince kum. ～の kumlu, kumsal. ～の多い kumluk.
sunaàrasi 砂嵐 /a./ sam yeli.
sunabòkori 砂ぼこり /a./ toz. ～が舞う tozu-. ～を立てる tozut-. 空を覆う～の層 toz bulutu. 地上から舞い上がる～ toz duman.
sunacuci 砂土 /a./ kumlu toprak.
sunahama 砂浜 /a./ kum başı, kumla, kumluk, kumsal, plaj.
sùnao 素直 /a./ ～な başı yumşak, itaatlı. ～である çekiye gel-. ～でない çekiye gelmez.
sunàppu スナップ (İng. snap) /a./ çıtçıt, fermejüp. ～でとめる çıtçıtla tuttur-.
sunàwaci すなわち /ba./ demek, yani.
sunazi 砂地 /a./ kumsal toprak, kumla, kumluk, kumsal. ～の kumlu, kumluk.
sunè すね /a./ baldır. ズボンの～ paça. 靴下の～の部分 çorap koncu.
sunè・ru すねる /ey./ somurt-. すねた somurtkan.

suñdenotokorŏ ni すんでのところに /be./ az daha, az kaldı, az kalsın.
suñpoo 寸法 /a./ ölçü, boyut, boy, ölçüm, ebat, mikas. 窓の〜 pencerenin ölçüsü. 〜をとる ölçü al-. 〜を測る çapla-. 〜を教える ölçü ver-. 〜によって ölçü üzerine. さまざまな〜の boy boy. カーテンを買う前に窓の〜を測る必要がある. Perdeleri almadan önce pencerelerin boyutlarını ölçmek gerekiyor.
suñsyaku 寸借 /a./ あちこちでの〜 Çingene borcu.
suñzeñ 寸前 /a./ demin.
supagètti スパゲッティ (İt. spaghetti) /a./ makarna.
supài スパイ (İng. spy) /a./ casus, ajan, dil avcısı. 〜する casusluk et-.
supai kàcudoo スパイ活動 /a./ casusluk.
supàna スパナ (İng. spanner) /a./ İngiliz anahtarı.
supañkòoru スパンコール (İng. spangle) /a./ pul.
supèa スペア (İng. spare) /a./ yedek. 〜の部品 yedek parçaları. 〜の部品を売る人 parçacı.
supea kìi スペアキー (İng. spare key) /a./ yedek anahtar.
supeedo スペード (İng. spade) /a./ maça. 〜のエース maça beyi.
Supèiñ スペイン /a./ İspanya, İspanyol.
Supeiñgo スペイン語 /a./ İspanyolca.
Supeiñ sèihu スペイン政府 /a./ İspanyol hükümeti.
Supeiñziñ スペイン人 /a./ İspanyol.
supèkutoru スペクトル (Fr. spectre) /a./ tayf. 太陽の〜 güneşin tayfı.
supiido スピード (İng. speed) /a./ sürat, hız. 車の〜を出す gaza bas-. 〜を落とす hızını kes-. 〜の出し過ぎは事故のもとである. Aşırı sürat kazalara neden oluyor.
supìikaa スピーカー (İng. speaker)

/a./ hoparlör.
supoito スポイト (Hol. spuit) /a./ şırınga.
supoñzi スポンジ (İng. sponge) /a./ sünger. 〜が水を吸い込んだ. Sünger suyu çekti.
supòocu スポーツ (İng. sports) /a./ oyun, spor. 〜の問題 figür. 〜愛好者 sporsever. 〜の演技を見せる oyun çıkar-. 〜で戦術を用いる oyun kur-.
supoocu kùrabu スポーツクラブ (İng. sports club) /a./ spor klübü, kulüp.
supoocùmañ スポーツマン (İng. sportsman) /a./ sporcu, sportmen.
supoocu reñmei スポーツ連盟 /a./ spor federasyonu.
supoocu sèñsyu スポーツ選手 /a./ sporcu.
supoocu sèñtaa スポーツセンター (İng. sports center) /a./ spor sitesi.
supoocuzuki スポーツ好き /a./ sporsever. 〜の sporsever.
supòoku スポーク (İng. spoke) /a./ parmak.
supòokusumañ スポークスマン (İng. spokesman) /a./ sözcü.
suppàdaka 素っ裸 /a./ 〜の çırçıplak, çırılçıplak, anadan doğma, (隠語) sivil.
suppài 酸っぱい /s./ ekşi. 〜もの ekşi. とても〜 barut gibi. 酸っぱくなる ekşi-, turşu ol-. 泡立って酸っぱくなる köpür-. このスモモはひどく〜. Bu erikler ne kadar ekşi. ジャムが泡立って酸っぱくなった. Reçel köpürdü.
§口が酸っぱくなるほど言う dilinde tüy bit-.
supùree スプレー (İng. spray) /a./ püskürteç, tabanca. 〜のペンキ tabanca boyası.
supuriñgu スプリング (İng. spring) /a./ yay. ドアの〜 zemberek. 〜の金属性のベッド somya. 〜で弾む yaylan-.

supůuñ

〜のついた yaylı. 〜付きの四輪馬車 yaylı. 〜付きのひじ掛けいす yaylı koltuk. ひじ掛けいすの〜がゆるんだ. Koltuğun yayı gevşemiş.
supůuñ スプーン(İng. spoon) /a./ kaşık. 〜二杯のジャム iki kaşıklık reçel. 〜で食べる kaşıkla-. ピラフを〜で食べる pilavı kaşıkla-. 〜を休めずに çalakaşık. 料理に〜二杯の油がかけられた. Yemeğe iki kepçe dolusu yağ konuldu.
supůuñire スプーン入れ /a./ kaşıklık.
supůutoniku スプートニク(Rus. Sputnik) /a./ sputnik.
Sůrabu スラブ /a./ İslav. 〜の Slav.
Surabůziñ スラブ人 /a./ İslav, Slav. 〜の Slav.
suraido スライド(İng. slide) /a./ 顕微鏡の〜 lam. 〜フィルム slayt.
surårito すらりと /be./ 〜した narin. 〜整った ceylam gibi. 〜した格好のよい fidan boylu (gibi).
surasê・ru 刷らせる /ey./ bastır-. 作家が本を刷らせた. Yazar kitabını bastırdı.
sůrasura すらすら /be./ çıtır çıtır, tıkır tıkır. 〜話す çıtır çıtır konuş-.
sureeto スレート(İng. slate) /a./ kayağan taş.
suresure すれすれ /a./ 〜に通る sıyır-.
sůri すり /a./ yankesici. 〜を働く yan kes-. 〜が二人の金をすった. Yankesici iki kişinin parasını çarptı. 人ごみでは〜に十分ご注意ください. Kalabalıkta yankesicilere çok dikkat ediniz.
surîbaci すり鉢 /a./ havan.
suricubůsu すりつぶす /ey./ ez-. 野菜・果物をすりつぶした食品 ezme.
surigårasu すりガラス /a./ buzlu cam, buzlu.
suriheråsu すり減らす /ey./ aşındır-, örsele-, üz-.
surihêru すり減る /ey./ yıpran-, aşın-. すり減った yalama.
surikirê・ru 擦り切れる /ey./ aşın-, yıpran-, eski-, yen-, eri-. じゅうたんが〜 halı yıpran-. 擦り切れた silik.
surîkizu 擦り傷 /a./ sıyrıklık, sıyrık.
surikôgi すりこ木 /a./ havan eli.
surikômu すり込む /ey./ sürün-. 油を〜 yağ yedir-.
surîmono 刷り物 /a./ basma.
sůrimu スリム(İng. slim) /a./ 〜な narin.
surimukê・ru 擦りむける /ey./ sıyrıl-. 手が擦りむけた. Elim sıyrıldı.
surimůku 擦りむく /ey./ sıyır-, üz-. 擦りむいた sıyrık. 子供の投げた石で足を擦りむいた. Çocuğun attığı taş bacağımı sıyırdı. 腕の擦りむいたところがとても痛い. Kolumdaki sıyrık yer çok acıyor.
Surinamu スリナム /a./ Surınam.
sůrippa スリッパ(İng slipper) /a./ terlik, şıpıdık. フェルトの〜 pantufla. 〜状の şıpıdık. 〜をはきなさい, 足が冷えます. Terliklerini giy, ayakların üşüyecek.
surippu スリップ(İng. slip) /a./ pantinaj ; kombinezon. 〜する pantinaj yap-, kızak yap-.
Suriråñka スリランカ /a./ Srilanka.
sůriru スリル(İng. thrill) /a./ heyecan, titreme.
surîtto スリット(İng. slit) /a./ yırtmaç. 新しいスカートには〜が入っている. Yeni eteğimde bir yırtmaç var.
Surobakia スロバキア /a./ 〜の Slovak.
surobakiåziñ スロバキア人 /a./ Slovak. 〜の Slovak.
surôogañ スローガン(İng. slogan) /a./ slogan.
surôopu スロープ(İng. slope) /a./ yamaç.
suru する /ey./ et-, yap-, kıl-, bulun-, eyle-. (を〜) よいことを〜 iyi et-. 仕事を〜 iş yap-. 練習〜 idman yap-. 食

事を〜 yemek ye-. 理解〜 anla-. 仲直り〜 barış-. 故障〜 bozul-. サッカーを〜 futbol oyna-. ゴール〜 gol yap-. ショート〜 kontak yap-.《が〜》めまいが〜 başı dön-. においが〜 kok-. 海のにおいが〜 deniz kok-.《に〜》親切に〜 iyilik et-. 学校を休みに〜 azat et-. 立派なものに〜 adam et-. 明らかに〜 açığa vur-, açıkla-. 考えを明らかに〜 aydınlat-. 人のするように〜 cemaate uy-.《と〜》人を泥棒だと〜 birini hırsız çıkar-.《し》しないでおく boşla-, boş otur-, otur-, geri ko-. したい iste-. したいと思う talip ol-. …として olarak, hatırı için. 主として başlıca olarak. 長として başkanlığında. 長として指導〜 başkanlık et-. 私としては bana gelince. …して da, de. …しながら hem. …したら …meye görsün. …しさえすれば … meye görsün. しようと üzere. …してくる gel-. してよい caiz.《形容詞＋〜》よく〜 iyi et-. 明るく〜 aydınlat-.《文》彼は私たちにとても意地悪をした。O bize etti. そこで何をしているの。Orada ne yapıyorsun? この本は5リラ〜。Bu kitap beş lira eder. この話は別の時にしましょう。Bu bahsi başka zamana bırakalım. 庭師が木を立派にした。Bahçıvan ağaçları adam etti. 働き者と言われようとしてとても頑張っている。Kendine çalışkan dedirmek için çok çalışıyor. この仕事にしては金が少ない。Bu iş için bu para azdır. 誓ったとしても私は信じない。Yemin etse bile inanmam.

suru 擦る /ey./ çak-. マッチを〜 kibrit çak-. 暖炉を燃やすために一箱のマッチを擦った。Ocağı yakmak için bir kutu kibrit çaktı.

suru する, 掏る /ey./ çarp-. すりが二人の金をすった。Yankesici iki kişinin parasını çarptı.

suru する /ey./ içeri gir-, (隠語) ez-. ばくちですっかり〜 (隠語) temizlen-. 100リラすった。Yüz lirayı ezdik.

sùru 刷る /ey./ tabet-.

surudòi 鋭い /s./ keskin, acı, güçlü, hâd. 〜ナイフ keskin çakı. 〜目つきの şahin bakışlı. 先の〜 sivri. 目の〜 gözü keskin. 鋭く dik dik, bıçakla keser gibi. 鋭くなる bilen-. 鋭くする bile-. 鋭くない küt. 〜知性は奇跡に勝る。(口語) Keskin zekâ keramete kıç attırır.

surudòsa 鋭さ /a./ keskinlik.

sùrutañ スルタン /a./ sultan. 〜の hümayun. 〜の息子 şehzade. 〜の花押 tuğra.

suruto すると /ba./ demek.

susizume すし詰め /a./ balık istifi. 教室が狭いから〜になって座った。Sınıf dar olduğu için sıkışarak oturduk.

suso すそ, 裾 /a./ etek, paça. 上着の〜 ceketin eteği. スカートの〜 etek. 〜へ広がるもの eteklik. 姉はスカートの〜をまっている。Ablam eteğinin kenarını bastırıyor. お母さん、ズボンの〜が長すぎて地面につくよ。Anneciğim, pantolonumun paçası çok uzun olmuş, yere değiyor.

susokàzari すそ飾り /a./ farbala.

sùsu すす /a./ is, kurum. ストーブの〜 sobanın kurumları. 〜で黒くなる islen-. 〜がつく kurumlan-. 壁が冬中たいたストーブの〜で黒くなっている。Duvarlar kış boyu yanan sobanın isiyle kararmış.

susudàrake すすだらけ /a./ 〜の isli. 底が〜の釜 dibi isli bir kazan.

susugiàrai すすぎ洗い /a./ 〜をする sudan geçir-, kırkla-.

susugu すすぐ /ey./ çalkala-, çalka-, durula-, sudan geçir-. 口を〜 ağzını çalka-.

susuke・ru すすける /ey./ islen-. すすけた isli.

susumase・ru 進ませる /ey./ ileri al-, ilerlet-. まっすぐ〜 ileri sür-.

susume 勧め /a./ tavsiye.

susumerare・ru 進められる /ey./ yü-

rütül-.
susume・ru 進める /*ey.*/ ilerlet-, sür-, sürdür-, yürüt-. 歩を〜 ayak at-.
susume・ru 勧める /*ey.*/ öğütle-, salık ver-, tavsiye et-.
susumikata 進み方 /*a.*/ tempo, gidiş. こんな〜では汽車に乗り遅れるだろう. Bu gidişle treni kaçıracağız.
susumu 進む /*ey.*/ ilerle-, yürü-, ileri geç-, yürüyüşe geç-, git-. 前へ〜 ilerle-. 道を〜 yol al-. 病気が〜 hastalık ilerle-. キャラバンの先頭を〜 kafilenin ilerisinde yürü-. 急速に〜 dev adımlarıyle ilerle-. 静かにすべるように〜 süzül-. 成功裡に〜 başarılı geç-. ことが進まなくなる felce uğra-. 心配で食がすすまない boğazı düğümlen-, boğazına dizil-. 気がすすまない eli varma-. 進んでいる başta git-, ileri. 速く〜 sürek. すすんで isteyerek, oynaya oynaya. すすんで災難をかぶる belayı satın al-. すすんでやる atılgan. 進め yallah, (古語) arş. 前へ進め marş. かけ足進め marş marş! 汽船は海を〜. Vapur denizde yürür. 時計が5分すすんでいる. Saat beş dakika ileridir.
susurinaki すすり泣き /*a.*/ hıçkırık.
susurinàku すすり泣く /*ey.*/ hıçkır-. 母の死を聞いて涙をおさえることができずすり泣いていた. Anasının ölümünü duyunca göz yaşlarını tutamayarak hıçkırıyordu.
susuru すする /*ey.*/ 鼻を〜 burnunu çek-.
sutàa スター(İng. star) /*a.*/ yıldız. 映画〜 sinema yıldızı. 銀幕の〜 beyaz perde yıldızı.
sutàataa スターター (İng. starter) /*a.*/ 車の〜 marş.
sutàato スタート (İng. start) /*a.*/ çıkış. 〜のピストル yarış tabancası. 猛烈な〜をする çıkış et-. 〜からまちがうite ot, ata et ver-. 〜はよかったがあとが続かない arkasını getireme-.

sutàhhu スタッフ(İng. staff) /*a.*/ kadro, personel.
sutàiru スタイル (İng. style) /*a.*/ stil, üslûp. 〜のよい biçimli.
sutañdo スタンド (İng. stand) /*a.*/ istasyon, tezgâh, sehpa. 競技場の〜 tribün.
sutàñpu スタンプ(İng. stamp) /*a.*/ damga, ıstampa.
sutañpudai スタンプ台 /*a.*/ ıstampa.
sutare・ru 廃れる /*ey.*/ demode ol-, küflen-.
sutàziamu スタジアム(İng. stadium) /*a.*/ stadyum, stat.
sutazio スタジオ (İng. studio) /*a.*/ stüdyo.
suteba 捨て場 /*a.*/ 不用品の〜 çürüklük.
sutèesyoñ ステーション(İng. stasion) /*a.*/ istasyon.
sutèetomeñto ステートメント (İng. statement) /*a.*/ demeç.
sutèezi ステージ(İng. stage) /*a.*/ sahne, platform. 〜に立つ sahneye çık-.
sutego 捨て子 /*a.*/ buluntu.
sutehuda 捨て札 /*a.*/ ıskarta.
suteki すてき /*a.*/ maşallah. 〜な hoş, nefis, harikulade, ömür, yahşi, enfes, havalı, mübarek, (口語) kıyak. 〜な夢 nefis bir rüya. 〜な娘 havalı kız. 〜, なんときれいな. Mübarek, ne güzel! 〜だ. (俗語) Yaradana kurban olayım.
sutèkki ステッキ(İng. stick) /*a.*/ baston. 老人が〜の助けで歩いている. Yaşlı adam baston yardımıyla yürüyor.
sutene 捨て値 /*a.*/ 〜で ölü fiyatına. 〜で売っても sokağa atsan.
suteñdogùrasu ステンドグラス (İng. stained glass) /*a.*/ cam resim.
sutèppu ステップ (İng. step) /*a.*/ adım, figür; sahanlık. バレエの〜 bale figürü. 市バスは〜までいっぱいだった. Belediye otobüsünün sahanlığı

da doluydu.
sutèppu ステップ(İng. steppe) /a./ bozkır, istep, step.
suterare・ru 捨てられる /ey./ atıl-. 不用になって〜 ıskartaya çık-. すぐ〜 el kiri.
sutereo ステレオ(İng. stereo) /a./ stereo müzik sistemi, stereo. 〜の stereo.
suteroban̄ ステロ版 /a./ klişe.
sute・ru 捨てる /ey./ at-, geç-. 世を捨てた münzevi. 道路にごみを〜のは恥だ. Sokağa çöp atmak ayıptır.
sùto スト(İng. strike) /a./ grev. 〜をする grev yap-. 〜を宣言する grev ilan et-.
sutòkkiñgu ストッキング(İng. stockings) /a./ çorap. シームレス〜 dikişsiz çorap.
sutòkku ストック(花) /a./ şebboy.
sutòkku ストック(İng. stock) /a./ rezerv, stok. 原油の〜 petrol rezervleri.
Sutokkuhōrumu ストックホルム /a./ Stokholm.
sutòobu ストーブ(İng. stove) /a./ soba, ocak. 電気〜 elektrik sobası. 石炭〜 kömür sobası. 〜の煙突 emzik borusu. 〜に火をつける sobayı ateşle-. 〜を日に二度たく. Sobayı günde iki ağız yakıyor. 〜ががんがん燃えている. Ocak har har yanıyor. 〜がくすぶっていた. Ocak için için yanmış.
sutòoru ストール(İng. stole) /a./ etol.
sutòppu ストップ (İng. stop) /a./ durma, duraklama, stop.
sutoppuwòcci ストップウォッチ(İng. stopwatch) /a./ süreölçer.
sutoràiki ストライキ (İng. strike) /a./ grev, iş bırakımı. 〜をする grev yap-. 〜参加者 grevci. 職場にいたままの〜 oturma grevi.
sutorēeto ストレート (İng. straight) /a./ 〜ウィスキー sek viski. トランプでの〜勝ち kaput. 〜負けする kaput git- (ol-).
sutoreputomāisiñ ストレプトマイシン (İng. streptomycin) /a./ streptomisin.
sutoyàburi スト破り /a./ grev bozucu.
sutteñtèn すってんてん /a./ ばくちで〜になる (隠語) temizlen-. ばくちで〜にする (隠語) temizle-.
suu 吸う /ey./ em-, iç-, masset-. たばこを〜 sigara iç-. 乳房を〜 meme em-. 水を〜 su çek-. 壁が湿気を〜 duvar nem çek-. 吸って出す çek-. 校内でたばこを吸ってはいけない. Okul dahilinde sigara içilmez. 土が水を〜. Toprak suyu çek-.
suu- 数… birkaç. 次の〜世紀で sonraki yüzyıllarda.
sùu 数 /a./ sayı.
suu' スー /be./ pof. 風船が〜とじぼんだ. Balon pof diye söndü.
suubai 数倍 /a./ 〜も kat kat. これはそれより〜いい. Bu ondan kat kat iyi.
sùucu スーツ(İng. suit) /a./ takım, tayyör.
suucu kèesu スーツケース(İng. suitcase) /a./ bavul, valiz.
Sùudan̄ スーダン /a./ Sudan.
suugaku 数学 /a./ matematik. 〜の問題 matematik problemleri. 〜の教師 matematikçi. 〜の試験 matematik sınavı. 今日は〜の勉強だけした. Bu gün salt matematik dersine çalıştım.
suugakùsya 数学者 /a./ matematikçi.
suuhai 崇拝 /a./ ibadet, tapınma. 〜する ibadet et-, tapın-, tap-.
suuhàisya 崇拝者 /a./ 偶像〜 putperest.
suukàgecu 数か月 /a./ 夏の〜学校は休みだ. Yaz aylarında okullar kapalıdır.

suukìkyoo 枢機卿 /a./ kardinal.
sùuko 数個 /a./ 〜の birtakım.
suukoo 崇高 /a./ 〜な yüce, yüksek.
suumicùiñ 枢密院 /a./ divan.
suuneñ 数年 /a./ 〜前までは冷蔵庫や洗濯機は外国から来ていた. Birkaç yıl öncesine kadar buz dolabı, çamaşır makinesi hariçten gelirdi.
suuniñ 数人 /a./ 〜の birtakım.
sùupaa スーパー(İng. supermarket) /a./ süpermarket.
suupaamãaketto スーパーマーケット (İng. supermarket) /a./ süpermarket.
suupàamañ スーパーマン(İng. superman) /a./ üst insan, dâhi.
sùupu スープ(İng. soup) /a./ çorba, su. そうめんの〜 erişte çorbası. ねり粉の〜 bulamaç. 病人に飲ませる〜 kaynarca. 〜を飲む çorba iç-. 〜に粉を混ぜる çorbaya un çal-. パンを〜につける ekmeği et suyuna ban-.
suupùzara スープ皿 /a./ çorba tabağı.
suurecu 数列 /a./ dizi.
suuryòo 数量 /a./ mevcut, miktar, nicelik.
suuteki 数的 /a./ 〜な sayısal.
suuzi 数字 /a./ rakam.
suuzicu 数日 /a./ 〜前（俗語）öte gün. 〜前の geçen.
suuzicùkañ 数日間 /a./ 〜にわたって günlerce.
suwarase・ru 座らせる /ey./ oturt-. 人を座らせない ayakta tut-. 母は子をひざに座らせた. Anne, çocuğu dizlerine oturttu.
suware・ru 座れる /ey./ oturul-.
suwari 座り /a./ 〜がよくなる yerleş-. 大きくて〜の悪い havaleli.
suwarikomi 座り込み /a./ çöküş.
suwarikòmu 座り込む /ey./ apış-. 〜こと çöküş.
suwaru 座る /ey./ otur-, yerleş-. ひじ掛けいすに〜 koltuğa otur-. ハンドルの前に〜 direksiyon başına geç-. ひざを折って〜 diz çök-. 足を伸ばして〜 ayaklarını uzatıp otur-. 立ったり座ったりする oturup kalk-. 〜所を見つけられない ayakta kal-. 座ったままで durduğu yerde. 朝まで座っていた. Sabaha dek oturduk. 座ったと思ったらすぐドアがノックされた. Oturdum demeye kalmadı, kapı çalındı. あそこにちょっと座って休もう. Şuraya biraz oturalım da dinlenelim.
suwase・ru 吸わせる /ey./ içir-.
Suwẽedeñ スウェーデン /a./ İsveç.
Suweedeñgo スウェーデン語 /a./ İsveçce.
Suweedẽñziñ スウェーデン人 /a./ İsveçli.
sùyasuya すやすや /be./ mışıl mışıl. 子供が〜寝ている. Çocuk mışıl mışıl uyuyor.
sùzi 筋 /a./ damar, yiv, (俗語) sinir ; kılçık, iplik, çizgi ; entrika. 肉の〜 lif. 手のひらの〜 avucumuzdaki yivler. 〜の多い sinirli. 〜の多い肉 sinirli et, kara et. 〜のある damarlı. 白い〜の入った大理石 beyaz damarlı mermer. インゲン豆の〜を取る fasulyenin kılçıklarını temizle-. 小説の〜 entrika. 〜のよく通った mantıkî, mantıklı, rabıtalı. 〜が通っていること tutarlılık. 〜の通らない mantıksız, rabıtasız, us dışı, abuk sabuk. 信ずべき〜 inanılır bir kaynak. その〜の makam. 〜が〜に重なったらしい. Damar damara binmiş.
suzìmici 筋道 /a./ ことの〜が分からなくなる ucunu kaçır-.
suzizyoo 筋状 /a./ 〜の yol yol.
suzu 鈴 /a./ çan, çıngırak, çıngırdak. ラクダの〜 deve çanı. 〜を鳴らす çan çal-.
sùzu 錫 /a./ kalay.
suzukake スズカケ /a./ çınar.
suzuke 酢漬け /a./ 野菜の〜 turşu. キャベツの〜 lahana turşusu.

suzume スズメ /a./ serçe. バルコニーにかわいい〜がとまった。Balkona küçük bir serçe kondu. §〜の涙ほど azıcık.

suzumèbaci スズメバチ /a./ eşek arısı, yaban arısı.

suzu mèkki 錫めっき /a./ kalay. 〜をする kalayla-.

suzùmu 涼む /ey./ terini soğut-.

suzùrañ スズラン /a./ inci çiçeği.

suzusìi 涼しい /a./ serin. 〜風 serin hava. 夏の〜風 limonata gibi. 〜場所 serin bir yer. 〜頃 serinlik. 涼しくなる serinle-. 夕方涼しくなった頃 akşam serinliği. 涼しくする serinlik ver-. 〜所で休む terini soğut-. 今日は気候がちょっと〜. Bu gün hava biraz serin.

suzusìsa 涼しさ /a./ serinlik.

suzuzaikùsi 錫細工師 /a./ kalaycı.

suzyoo 素姓 /a./ kimlik, kökü. 〜の知れぬ子 anası turp babası şalgam. 家族の〜 ailenin kökü.

syàabetto シャーベット (İng. sherbet) /a./ dondurma.

syaamanìzumu シャーマニズム (İng. shamanism) /a./ Şamanlık.

syàamañ シャーマン (İng. shaman) /a./ Şaman.

syàapu シャープ, # (İng. sharp) /a./ (音楽) diyez.

syàasyaa シャーシャー /be./ 〜音を立てる şakırda-. 〜という音 şakırtı. 噴水から〜と落ちる水 şadırvanda şakırdayan su.

syaberasè・ru しゃべらせる /ey./ konuştur-. 人にしゃべらせない ağız açtırma-.

syaberè・ru しゃべれる /ey./ うまくしゃべれない dili bozuk, dili tutuk. しゃべれなくなる çenesi kitln-.

syaberiàu しゃべり合う /ey./ 互いに〜 çene yarıştır-.

syaberidàsu しゃべり出す /ey./ çenesini aç-, dillen-, lisana gel-.

syaberikùrabe しゃべり比べ /a./ çene yarışı.

syaberimakùru しゃべりまくる /ey./ dili durma-, veriştir-, yanşa-. しゃべりまくってその気にさせる人 ağız kavafı. うるさく〜人 ağız kalabalık. しゃべりまくった bir söyledi pir söyledi.

syàberu シャベル (İng. shovel) /a./ kürek, bahçıvan beli. 〜いっぱい kürek kürek. 〜ですくって捨てる küre-. 灰を〜で捨てる külü kürekle boşalt-.

syabèru しゃべる /ey./ konuş-, laf at-. よく〜 yanşa-, dilli, konuşkan. よく〜ようになる dillen-. よく〜人 çenesi kuvvetli. べらべら〜 gevezelik et-. 無分別に〜 deli dolu. ついしゃべってしまう ağzından çık-. 一言もしゃべらない ağız açma-. しゃべったことで男を下げた. Sözleriyle kendini alçalttı. しゃべりながらどうやら家に着いたようだ. Konuşa konuşa evi bulmuşuz. 朝から晩までペチャクチャしゃべっている. Sabahtan akşama kadar car car (cır cır) öte durur. 子供がしゃべり始めた. Çocuk dillendi. Çocuk konuşmaya başladı.

syaboñ シャボン (İsp. Xabón) /a./ sabun. 〜の泡 sabun köpüğü.

syabòñire シャボン入れ /a./ sabunluk.

syaburase・ru しゃぶらせる /ey./ あめを〜 ağzına bir parmak bal çal-.

syàcu シャツ (İng. shirt) /a./ gömlek, fina, mintan. 〜のボタン gömlek düğmesi. 〜を着る gömleğini giy-. 〜の襟をひろげる gömleğin yakasını aç-. ネクタイの色が〜に付いたらしい. Kravatın boyası gömleğe çıkmış.

syacyoo 社長 /a./ baş müdür, patron, başkan. 〜を倒す başkanı devir-. 前〜 eski müdür. 労働者代表は今日〜と会合を持つ. İşçi temsilcileri bu gün patronla bir toplantı yapacaklar.

syadai 車台 /a./ şasi.
syadañ 遮断 /a./ kesme.
syagamu しゃがむ /ey./ diz çök-, çömel-.
syagaregòe しゃがれ声 /a./ çatlak ses.
syageki 射撃 /a./ atış, atıcılık. 〜する ateş aç-, nişan at-. 〜の腕 atıcılık. 〜の名手 atıcı, nişancı. 〜の名人である pireyi gözünden vur-. 〜競技 atış müsabakaları. 〜練習 atış talimi.
syagekizyoo 射撃場 /a./ atış yeri, poligon.
syàheñ 斜辺 /a./ yatık kenar.
syahoñ 写本 /a./ el yazması, yazma kitap. パピルスの〜 papirüs.
syahucu 煮沸 /a./ kaynatma.
syàhuto シャフト (İng. shaft) /a./ şaft, mil.
syài 謝意 /a./ şükran, teşekkür.
syaiñ 社員 /a./ eleman, memur, kadro.
syàkai 社会 /a./ toplum, cemiyet, cemaat, sosyete. 〜の toplumsal, sosyal, içtimaî. 原始〜 ilkel toplum. ギャンブルは〜の一大害悪だ. Kumar toplum için büyük bir belâdır. 〜に背を向ける人は必ず苦労する. Sürüden ayrılanı kurt kapar.
syakàigaku 社会学 /a./ toplum bilimi, sosyoloji.
syakai hòkeñ 社会保険 /a./ sosyal sigorta.
syakai hòsyoo 社会保障 /a./ ihtiyarlık sigortası, sosyal yardım.
syakaika 社会化 /a./ 〜する sosyalleştir-.
syakai kìhañ 社会規範 /a./ adap.
syakai mòñdai 社会問題 /a./ sosyal bir sorun, cemiyet sorunları.
syakai sèikacu 社会生活 /a./ 〜に慣れさせる sosyalleştir-.
syakai syùgi 社会主義 /a./ sosyalizm, toplumculuk, sol. 〜の toplumcu. 〜共和国 sosyalist cumhuriyeti.
syakai syugìsya 社会主義者 /a./ sosyalist, toplumcu, solcu.
syakaiteki 社会的 /a./ 〜な toplumsal, sosyal, içtimaî. 〜地位を失わせる tepetaklak et-. 急速に〜地位を失う tepetaklak git- (yuvarlan-).
syakkañ 借款 /a./ istikraz.
syakkìñ 借金 /a./ borç, ödünç para, verecek. 〜する borca gir-, borç al-, borç et-, borç yap-, istikraz et-. たくさんの〜をする boğazına kadar borca gir-. 大きな〜がある gırtlağına kadar borcu ol-. 〜がたまる borç birik-. 〜で暮らす borç ye-. 〜をこしらえる (隠語) tak-. 〜を返す borcu öde-. 〜を返さなければならない borçlan-. 〜のある borçlu, verecekli. 〜のない borçsuz. 〜することなく borçsuz harçsız. 〜を返していないのを今思い出した. Borcunu ödemediğini şimdi ansıdım. 〜が1,000になった. Borç bine baliğ oldu. 彼に10リラ〜している. Ona on lira vereceğim var.
syakkìñdàrake 借金だらけ /a./ 〜になる borca bat-, borç bini aş-.
syakkìñtori 借金取り /a./ alacaklı. 〜をごまかす alacaklıyı oynat-. 〜にふた月も言い逃れを言っている. Alacaklıyı iki aydır oyalıyor.
syàkkuri しゃっくり /a./ hıçkırık. 〜の音 hıçkırık. 〜をする hıçkır-. 〜が止まらない hıçkırık tut-, hık tut-.
syàko 車庫 /a./ arabalık, garaj.
syakoo 社交 /a./ toplumsal yaşam.
syakooteki 社交的 /a./ 〜な girgin, sokulgan. 〜な人には友達が多い. Girgin insanların dostu çoktur.
syaku しゃく, 癪 /a./ 〜にさわる huylan-, (俗語) ek dolaş ol-. 〜にさわったが怒りを抑えた. Çok kızdım ama öfkemi dizginledim.
syàku 笏 /a./ asa.
syakuciniñ 借家人 /a./ kiracı.
syàkudo 尺度 /a./ ölçek, mikyas.

自分の〜で他人を測る herkesi kendi gibi san-.
syakuhoo 釈放 /a./ tahliye. 罪人の〜 suçluların tahliyesi.
syakumei 釈明 /a./ 〜する açıkla-.
syakunecu 灼熱 /a./ 〜の kızgın. 〜の太陽 kızgın güneş.
syakuriagĕ・ru しゃくり上げる /ey./ hüngür hüngür ağla-. しゃくりあげて hüngür hüngür.
syăkusi しゃくし, 杓子 /a./ kepçe. ネコも〜も口出しをする ayağa düş-.
syakuyaku シャクヤク /a./ şakayık.
syakuyaniñ 借家人 /a./ kiracı. 〜に家を見せて回る kiracıya evi gezdir-.
syakuyoo 借用 /a./ alıntı, kiralama. 〜する ödünç al-.
syakuyoo syŏosyo 借用証書 /a./ belgit.
syakuzai 借財 /a./ istikraz.
syămeñ 斜面 /a./ aklan, yamaç. 山の〜 bayır, yamaç. 〜の yamaçlı. 向こうの〜に登ろうか. Karşıdaki yamaca çıkalım mı?
syămozi しゃもじ /a./ mablak.
syanai syŏkudoo 社内食堂 /a./ kantin.
syanikŭsai 謝肉祭 /a./ karnaval.
syañdèria シャンデリア(Fr. chandelier) /a./ avize. 客間の〜をつけてくれない? Salondaki avizeyi yakar mısın?
syañpăñ シャンパン(Fr. champagne) /a./ şampanya, köpüklü şarap.
syañpuu シャンプー(İng. shampoo) /a./ şampuan. 髪を〜で洗う saçları şampuanla yıka-.
syañto しゃんと /be./ 〜する doğrul-. 〜している dimdik dur-. 人を〜させておく ayakta tut-. 子供は父を見ると〜した. Çocuk babasını görünce doğruldu.
syare しゃれ, 洒落 /a./ espri, nükte. 〜を言う nükte yap-. へたな〜を言う tek kürekle mehtaba çık-. 〜のうまい nükteci, nüktedan.
syarei 謝礼 /a./ mukabele.
syare・ru しゃれる /ey./ donan-. しゃれたことを言う espri yap-.
syariñ 車輪 /a./ çark, teker, tekerlek, araba tekeri. 〜の枠 jant. 〜のスポーク parmak. 〜のこしき poyra. 〜付きの tekerlekli.
syaryoo 車両 /a./ taşıt, nakil vasıtası.
syasacu 射殺 /a./ 〜される vurul-.
syasecu 社説 /a./ başyazı, başmakale.
syasei 写生 /a./ taslak.
syasei 射精 /a./ 〜する beli gel-.
syaseñ 車線 /a./ şerit. 道路の右〜 yolun sağ şeridi.
syăsi 斜視 /a./ 〜の şaşı. 〜の子供 şaşı çocuk. 〜の目 şaşı gözler.
syasiñ 写真 /a./ resim, fotoğraf. 〜のアルバム fotoğraf albümü. 〜の現象 fotoğraf banyosu. 9×12cmサイズの〜 kartpostal. 〜を撮る resim çek-, fotoğraf çek-, resim al-, fotoğrafını al-, resim çıkar-. 〜を撮らせる resim aldır-. 〜を引き伸ばす fotoğraf büyült.
syasiñka 写真家 /a./ fotoğrafçı, foto. プロの〜 profesyonel fotoğrafçı.
syasiñkañ 写真館 /a./ fotoğrafçı, foto.
syasĭñki 写真機 /a./ fotoğraf makinesi.
syasiñ kŏpii 写真コピー /a./ fotokopi.
syasiñ săcuei 写真撮影 /a./ çekim.
syasĭñteñ 写真展 /a./ resim salonu.
syasiñya 写真屋 /a./ fotoğrafçı, foto.
syasyoo 車掌 /a./ kondüktör, biletçi.
syăsyu 射手 /a./ atıcı, okçu.
syatai 車体 /a./ karoser.

syataku 社宅 /a./ lojman.
syatei 射程 /a./ atım, kurşun erimi, menzil. ～距離 kurşun erimi.
syàttaa シャッター (İng. shutter) /a./ kepenk, panjur, kanat; deklanşör, objektif kapağı. ～を閉める kepenkleri kapa-. ～を押す deklanşöre bas-.
syàwaa シャワー (İng. shower) /a./ duş. ～を浴びる duş yap- (al-).
syazai 謝罪 /a./ tarziye. ～する özür dile-.
syazicu syùgi 写実主義 /a./ gerçekçilik. ～の gerçekçi. ～の作品 gerçekçi bir eser.
syazicuteki 写実的 /a./ ～な realist.
syaziku 車軸 /a./ dingil, mihver.
syèhu シェフ (Fr. chef) /a./ ahçı başı, aşçı başı.
syèrutaa シェルター (İng. shelter) /a./ siperlik.
syòaku 諸悪 /a./ ～の根源とされる人 şamar oğlanı.
syòbacu 処罰 /a./ cezalandırma. ～する cezalandır-. ～される cezaya çarptırıl-, cezalan-. ～されずにいる yanına kal-. ～せずにほうっておかない yanına bırakma-.
syòbuñ 処分 /a./ tasarruf. ～する ceza ver-, tertip et-.
syobùñya 諸分野 /a./ 学問の～ bilimin dalları.
syòccyuu しょっちゅう /be./ hafta sekiz gün dokuz, ikide bir (birde), yatıp kalkıp, zırt zırt. ～気が変わる kalıptan kalıba gir-. ～家に押しかける kapısını aşındır-. ～学校をサボる İkide bir okulu asıyor. 彼は～映画に行く. O, hafta sekiz, gün dokuz sinemadadır. ヨーロッパへそう～行けるわけはないでしょうに. Avrupa'ya zırt zırt gidemezsin ki!
syòci 処置 /a./ iyileştirme idare, tertip, tertibat.

syocyoo 所長 /a./ daire âmiri, başmüdür.
syocyoo 初潮 /a./ ～を見る gününü gör-.
syodana 書棚 /a./ kitaplık, etajer.
syogàikoku 諸外国 /a./ denizaşırı ülkeler.
syogè・ru しょげる /ey./ しょげて süt dökmüş kedi gibi.
syòho 初歩 /a./ iptida. ～の iptidaî.
syohoo 処方 /a./ tertip.
syohoo 書法 /a./ hat.
syohooseñ 処方せん /a./ reçete. ～を書く ilaç yaz-. ～に署名する reçeteyi imzala-. 医者は～の薬をどう使うかを説明した. Doktor reçetedeki ilaçları nasıl kullanacağımı anlattı.
syoikago しょいかご /a./ küfe. ～で食料を運ぶ küfeyle yiyecek taşı-. ～での運び屋 küfeci. ～の口を覆う枝葉 ağızlık.
syoiko しょいこ /a./ arkalık, semer.
syòka 書家 /a./ hattat.
syòka 書架 /a./ kitaplık, etajer.
syokañ 書簡 /a./ mektup.
syokei 処刑 /a./ ～する idam et-.
syokeñ 所見 /a./ mütalaa.
syokeñdai 書見台 /a./ rahle.
syòki 書記 /a./ kâtip, sekreter. 軍隊の～ yazıcı. 軍隊の～の仕事 yazıcılık.
syòki 初期 /a./ ～の ilk.
syokikañ 書記官 /a./ kalem efendisi, kâtip, sekreter, yazman.
syokikàñcyoo 書記官長 /a./ 大使館の～ kançılar.
syokìkyoku 書記局 /a./ sekreterlik. 大使館の～ kançılarya.
syokìsicu 書記室 /a./ kalem odası.
syokkaku 触角 /a./ duyarga, dokunaç.
syokkaku 触覚 /a./ dokunma duyusu, dokunma.
syokkaku 食客 /a./ (隠語) otlakçı.

syokki 食器 /a./ kap. そろいの〜 servis. よごれた〜 bulaşık. よごれた〜を洗う bulaşıkları yıka-. 〜洗い機 bulaşık makinesi. 軍隊で使われる大きな〜 karavana.
syokki 織機 /a./ dokuma tezgâhı.
syokki tòdana 食器戸棚 /a./ büfe.
syokkoo 燭光 /a./ mum.
syòkku ショック (İng. shock) /a./ sadme, sarsıntı, şok. 精神的〜 sadme. 〜を与える sars-. 〜を受ける sarsıl-, yüreğine in-.
syokku ryòohoo ショック療法 /a./ şok sağaltımı (tedavisi).
syòko 書庫 /a./ evrak hazinesi, kitaplık, belgelik.
syòkoku 諸国 /a./ 資本主義〜 kapitalist ülkeler.
syoku 食 /a./ yemek. 〜が進まなくなる yemeden içmeden kesil-. 心配で〜が進まない boğazı düğümlen-, boğazına dizil-. 〜をつめて金をためる gırtlağından kes-.
syoku 職 /a./ iş. 〜につく bir baltaya sap ol-. 〜を見つける kapılan-. 〜を失う vazifesinden ol-, açığa çık-. 〜がない aylak. 総理大臣の〜 başbakanlık. 大統領の〜 başkanlık.
syòku 食, 蝕 /a./ (ay, güneş) tutulması. 〜になる tutul-.
syòku 燭 /a./ mum.
syokuba 職場 /a./ iş yeri. 〜にいたまのストライキ oturma grevi.
syokubai 触媒 /a./ katalizör.
syokùbucu 植物 /a./ bitki, nebat, nebatat. 〜の nebatî. 花の咲く〜 çiçekli bitkiler. 種用の〜 damızlık. 一地方の〜全体 bitey. この〜はあの辺にだけ産する. Bu bitki oralarda ayrıca yetiştirilir.
syokubucùen 植物園 /a./ nebatat bahçesi.
syokubucùgaku 植物学 /a./ bitki bilimi, botanik. 〜の botanik.

syokubucu niñgeñ 植物人間 /a./ 〜の人生 bitkisel yaşam.
syokubucusei 植物性 /a./ 〜の nebatî 〜の油 nebatî yağ.
syokubucùsoo 植物相 /a./ bitey.
syokubucutai 植物帯 /a./ kuşak.
syokubucuteki 植物的 /a./ 〜な bitkisel.
syokudai 燭台 /a./ kandil, şamdan. 真鍮の〜 pirinç şamdan. 聖母マリアの〜のように弱い光 Meryem Ana kandili gibi.
syokudoo 食堂 /a./ lokanta, yemekhane, aş evi, yemek odası. 酒のある〜 içkili lokanta. セルフサービスの〜 kafeterya. 貧しい人のための無料〜 aş evi. 〜経営者 lokantacı.
syokudoo 食道 /a./ yemek borusu.
syokudòosya 食堂車 /a./ vagon restoran, yemekli vagon.
syokùeñ 食塩 /a./ tuz.
syokugo 食後 /a./ 〜の果物 çerez.
syokùgyoo 職業 /a./ iş, meslek, meşgale, profesyonellik. 教師を〜に選ぶ öğretmenliği meslek seç-. 〜に関する meslekî.
syokugyoobyoo 職業病 /a./ meslek hastalıkları.
syokugyoo gàkkoo 職業学校 /a./ sanat okulu.
syokugyoo gùñziñ 職業軍人 /a./ muvazzaf subay.
syokugyoo kyòoiku 職業教育 /a./ meslekî eğitim.
syokugyooteki 職業的 /a./ 〜な profesyonel.
syokugyoozyoo 職業上 /a./ 〜の meslekî.
syokuhi 食費 /a./ ekmek parası, nafaka. 〜をかせぐ rızkını çıkar-.
syokuhiñ 食品 /a./ besin.
syokuiñ 職印 /a./ tatbik mührü.
syokùiñ 職員 /a./ memur, görevli, kadro, personel.

syokuiñ mèibo 職員名簿 /a./ kadro.

syokumiñ 植民 /a./ 〜国家 sömürgeci devlet. 〜政策 sömürgecilik. 〜政策をとる sömürgeci. 〜政策者 müstemlekeci.

syokumìñci 植民地 /a./ koloni, müstemleke, sömürge. 〜を持つ sömürgeci. 今日, 世界の〜の多くは独立を勝ち取った. Bu gün yer yüzündeki sömürgelerin pek çoğu bağımsızlıklarını kazandılar.

syokumiñ syùgi 植民主義 /a./ sömürgecilik.

syokumiñ syugìsya 植民主義者 /a./ müstemlekeci.

syokùmocu 食物 /a./ besin, gıda, yiyecek, ekmek, taam.

syòkumu 職務 /a./ memurluk, memuriyet, vazife, fonksiyon. 大臣の〜 bakanlık.

syokumugara 職務がら /a./ makam.

syokuniku 食肉 /a./ et.

syokunikùgyoo 食肉業 /a./ kasaplık.

syokunikuyoo 食肉用 /a./ 〜の kasaplık. 〜家畜のこう丸 koç yumurtası.

syokuniñ 職人 /a./ işçi, kalfa, zanaatçı, zanaatkâr.

syòkuñ 諸君 /a./ canlar! (口語) çocuklar.

syokùryoo 食料 /a./ yiyecek, azık, besin, gıda, rızk.

syokùryoo 食糧 /a./ azık, iaşe, tayın, erzak. 兵士の〜 asker tayını. この〜は私達には一年間もつ. Bu erzak bize bir yıl gider.

syokuryoohiñ 食料品 /a./ gıda maddeleri.

syokusùru 食する /ey./ ye-.

syòkusyu 触手 /a./ dokunaç.

syokutaku 食卓 /a./ sofra, yemek masası. 集まりでの〜 büfe. 〜を整える sofra donat-, sofrayı kur-. 〜につく sofraya otur-. 朝の〜につく kahvaltıya otur-.

syokutakuyoo 食卓用 /a./ 〜の食器やナプキンのひとそろい sofra takımı.

syokuyoku 食欲 /a./ iştah, nefis. 〜が増す boğazı açıl-, iştahı açıl-. 〜が起きる iştahlan-. 〜をそそる acıktır-, iştah aç-. 〜がない midesi alma-. 〜がなくなる içi alma-, iştahtan kesil-, tıkan-. 〜をなくす iştah kapa- (kes-). 〜のある iştahlı. 〜旺盛な boğazlı. この空気とこの水は人の〜を大いにそそる. Bu hava, bu su insanı çabuk acıktırır. 私は〜がない. İştahım yok. この料理にはたいして〜を感じません. Bu yemeğe pek istek duymuyorum.

syokuyoo 食用 /a./ 〜の yemeklik. 〜家畜の胃 işkembe.

syoku yòozyoo 食養生 /a./ perhiz.

syokuzèñsyu 食前酒 /a./ aperitif.

syokuzi 食事 /a./ sofra, yemek, taam. 〜をする yemek ye-. 修道僧が〜をする lokma et-. 〜を作る yemek pişir-. 〜の用意ができる sofra kurul-, yemek hazır ol-. 客に〜を出す yemek çıkar-. 〜に招く yemeğe çağır-, yemek ver-, çorba içmeye çağır-. 軽い〜 kahvaltı. 軽い〜をとる kahvaltı et-. 軍隊での〜 karavana. 日に三度の〜 günde üç öğün yemek. 〜の回数 öğün. 〜付きの yemekli. みんなを〜に引き止める sofrası açık. 友人が私を〜に引き止めた. Arkadaşım beni yemeğe alıkoydu. 〜の前に一・二杯コニャックいかがですか. Yemekten önce bir iki kadeh konyak alır mısınız? 今日は〜がたいへんうまかった. Bu gün karavana çok iyi idi.

syokuzi 植字 /a./ dizgi. 〜する diz-.

syokuzidoki 食事時 /a./ yemek saati, öğün. 〜が過ぎると胃が受けつけたがらない. Yemek zamanı geçerse, mide küser. 授業時刻が〜とぶつかって

いる. Ders saati yemek saatiyle çatışıyor.
syokuzikoo 植字工 /a./ dizici, dizgici, mürettip.
syokuzi rằppa 食事ラッパ /a./ karavana borusu, yemek borusu.
syokuzi ryỗohoo 食餌療法 /a./ rejim.
syokuzi sềigen 食事制限 /a./ perhiz. 〜をする perhiz yap-. 〜をしている perhizli.
syokuzyu 植樹 /a./ dikim.
syokyuu 初級 /a./ 〜の ilk. 〜読本 alfabe.
syomei 署名 /a./ imza. 〜する imza at- (et-), imza ver-, imzala-, (口語) imzayı bas- (çak-). 処方せんに〜する reçeteyi imzala-. イニシャルで〜する parafe et-. 〜を集める imza topla-. 〜される imzalan-. イニシャルの〜 paraf. 白紙〜 açık imza. 父は読みやすい〜をする. Babamın kolay okunan bir imzası vardır.
syỗmocu 書物 /a./ kitap. 〜ほど人を慰めるものはない. Kitap kadar insanı avutan bir şey yok.
syoñbỗri しょんぼり /be./ 〜して süt dökmüş kedi gibi.
syỗo ショー (İng. show) /a./ gösteri. 5月19日の〜はとても素晴らしかった. Ondokuz Mayıs gösterileri çok güzeldi.
syỗo 省 /a./ bakanlık, Başkanlık, nezaret, vekâlet, vekillik. 父はある〜で役人をしている. Babam bir bakanlıkta memur olarak çalışıyor.
syỗo 賞 /a./ mükâfat, ödül. 〜を与える mükâfatlandır-, ödüllendir-. 〜をもらう ödül al- (veril-).
syỗo 章 /a./ bölüm, fasıl. 本の〜 kitabın bölümleri. コーランの〜 sure.
syỗo 商 /a./ 割り算の〜 bölüm.
syỗo 頌 /a./ methiye.
syooaku 掌握 /a./ 〜する dizginleri ele al-.

Syooàzia 小アジア /a./ Anadolu.
syỗobai 商売 /a./ alış veriş, ticaret, meslek, meşgale, pazar. 〜の ticarî. もうかる〜 altın bilezik. 〜にとびこむ ticarete atıl-. 〜の関係を断つ boykot et-. 〜にならない sinek avla-. 〜がうまくいくように pazar ola！ 〜不振 kesat. 近頃〜がさっぱりだ. Son günlerde alış veriş çok durgun. 友情と〜は別. Dostluk başka alış veriş başka. Dostluk kantarla, alış veriş miskalle.
syoobềñ 小便 /a./ idrar, sidik, küçük aptes. 〜をする işe-, su dök-. 犬・ネコが〜をする siy-. 〜ががまんできなくなる beli açıl-.
syooboo 消防 /a./ 〜ポンプ yangın tulumbası. 〜のはしご yangın merdiveni.
syooboo 小房 /a./ hücre.
syoobỗosi 消防士 /a./ itfaiyeci. 勇敢な〜たちが燃えている家の全員を救った. Yiğit itfaiye erleri yanan evdeki herkesi kurtardılar.
syooboosyo 消防署 /a./ itfaiye.
syoobỗoto 小ボート /a./ piyade.
syỗobu 勝負 /a./ トランプー〜 bir parti iskambil. 〜なしである başa baş gel-.
syoobuñ 性分 /a./ yaradılış. 兄には人に譲歩しない〜があるのだ. Ağabeyimin kimseye ödün vermeyen bir yaradılışı vardır.
syoobyỗohei 傷病兵 /a./ harp malûlü.
syooci 承知 /a./ 〜する mum ol-, razı ol-. 互いに〜する (隠語) fit ol-. 〜の razı. 〜した peki, (口語) tamam. 〜しました hayhay, eyvallah. とっくに〜だ dünden razı (hazır). 〜でだまされる bile bile lades. 危険を〜で取り組む canını dişine tak- (al-). 適役でないのは百も〜. Gülü tarife ne hacet, ne çiçektir biliriz.
syỗocu ショーツ (İng. shorts) /a./

şort.
syoocyoo 象徴 /a./ sembol, simge. 〜する simgele-. 〜させる temsil et-.
syoȏocyoo 小腸 /a./ ince bağırsak.
syoocyooka 象徴化 /a./ temsil.
syoodaku 承諾 /a./ rıza, ikrar, muvafakat, onay, teslim. 〜する razı ol-. 〜を得る rızasını al-. 結婚の〜を与える söz kes-.
syoodoku 消毒 /a./ 〜する mikropsuzlandır-.
syoodokuyoo 消毒用 /a./ 〜アルコール tuvalet ispirtosu.
syooga ショウガ /a./ zencefil.
syoogacȕ 正月 /a./ yıl başı. イスラム暦の〜 aşure ayı. 〜に友人がみんな一つの場所に集まった。 Yıl başında arkadaşlar hep bir yere toplandık.
syoogai 障害 /a./ engel, aksilik, mâni, sakatlık, bozukluk, duvar. 〜のある engelli. 〜になる engel ol-, ayağını bağla-. 〜を防ぐ gedikleri tıka-. 〜を作り出す müşkülat çıkar-. 〜を乗りきることを決心する azmet-.
syoogai 傷害 /a./ sakatlık.
syoȏogai 生涯 /a./ hayat, müebbet, ömür, yaşam. きれいな〜 temiz hayat. 〜の敵 can düşmanı. 一つの〜がかくて終わった。 Bir ömür böyle geçti.
syoogȁibucu 障害物 /a./ mânia. 〜のある mâniali.
syoogaibucu kyoȏosoo 障害物競争 /a./ engelli koşu (yarış), mâniali koşu.
syoogaizata 傷害ざた /a./ 〜になる kanlı bıçakli ol-.
syoogȁkkoo 小学校 /a./ ilk okul, (古語) iptidaî mektup.
syoogakkȏocyoo 小学校長 /a./ başöğretmen, müdür.
syoogakukiñ 奨学金 /a./ burs.
syoogȁkusei 奨学生 /a./ burslu.

syoogaku sȉkiñ 奨学資金 /a./ burs.
syooganȁi しょうがない /s./ 兄は父のように背が高くなりたくて〜。 Kardeşim babam gibi uzun boylu olmaya hevesleniyor.
syoogeki 衝撃 /a./ çarpma, dürtü, sadme, sarsıntı, şok.
syoogeñ 証言 /a./ ifade, şahadet, şahitlik, tanıklık. 〜する ifade ver-, şahidi ol-, şahadet et-, şahadette bulun-.
syoogi 将棋 /a./ Japon satranç. 〜のこまのように動かす dama taşı gibi oynat-.
syoȏogo 正午 /a./ öğle, gün dikilmesi, zeval vakti, (俗語) öğlen, (古語) zeval. 〜に近い時間に行くよ。 Öğleye yakın bir saatte gelirim.
syoȏogoku 生国 /a./ memleket.
syoogoo 称号 /a./ unvan, san. オスマン朝の王の〜 han.
syooguñ 将軍 /a./ paşa.
syoȏogyoo 商業 /a./ ticaret. 〜の ticarî. 〜会議所 ticaret odası.
syooheki 障壁 /a./ duvar, perde. 二人の友人の間には越えられない〜があった。 İki arkadaşın arasında aşılmaz bir duvar vardı.
syoohi 消費 /a./ istihlâk, sarf, tüketim. 〜する harca-, istihlâk et-, kullan-, tüket-, yoğalt-, tüketici. この町は年に2万トンの小麦を〜する。 Bu kent yılda yirmi bin ton buğday yoğaltır. 目下ガソリンの〜はかなり多い。 Günümüzde benzin tüketimi oldukça fazla.
syoȏohiñ 商品 /a./ mal, satılık eşya, eşya, meta. 日本の〜 Japon malı. 悪い〜 fena mal. 針金で縛った〜 balya.
syoohiñ mȉhoñ 商品見本 /a./ göstermelik, numune.
syoohiñ mȍkuroku 商品目録 /a./ envanter.

syoohìsya 消費者 /a./ tüketici.
syðohoo 商法 /a./ ticaret hukuku, ticaret yasası.
syðohu 娼婦 /a./ sermaye.
syoohuda 正札 /a./ etiket, yafta.
syoohyoo 商標 /a./ alâmeti farika, marka.
syðoi 少尉 /a./ asteğmen, teğmen.
syooidañ 焼夷弾 /a./ yangın bombası.
syooi guñziñ 傷痍軍人 /a./ harp malulü.
syooka 消化 /a./ hazım, sindirim. ～する hazmet-, sindir-. ～吸収する özümle-, özümse-. ～せず吐きそうになる içi kalk-. 父はパン類は～が悪いと言う。Babam hamur yemeklerini çok zor sindirdiğini söylüyor.
syooka hùryoo 消化不良 /a./ mide bozukluğu.
syookai 紹介 /a./ tanıştırma, takdim. ～する takdim et-, tanıt-. 人を～する tanıt-. 互いに～する tanıştır-.
syookai 照会 /a./ ～する soruştur-.
syookai 商会 /a./ ortaklık.
syookaizyoo 紹介状 /a./ bonservis.
syookàki 消火器 /a./ söndürücü.
syooka kìkañ 消化器官 /a./ sindirim aygıtı (organları).
syookañ 将官 /a./ general. 海軍の～ amiral. ～クラスの軍人たち erkân.
syookañ 商館 /a./ han. ～の経営者 hancı.
syookañ 償還 /a./ amorti.
syookañ 召喚 /a./ celp.
syookañzyoo 召喚状 /a./ celpname, celp. 裁判所から～が来る mahkemeden celp gel-.
syookeñ 証券 /a./ bono, tahvil. 大蔵省～ hazine bonosu.
syooki 正気 /a./ şuur. ～に返る aklı başına gel, ayıl-, ay-. ～に返らせる ayılt-. ～のさたでない ipe sapa gelme-. ～でない mest.

syookiñ 賞金 /a./ ikramiye. 宝くじで～が当る piyangodan ikramiye çık-. 元金分の～ amorti.
syookiñcuki 賞金付き /a./ ～の ikramiyeli.
syooko 証拠 /a./ kanıt, tanıt, delil, emare, belgit, tutamak. 有力な～ kuvvetli kanıtlar. 警察は手もとの～をもとに犯人を逮捕した。Polisler eldeki kanıtlardan yararlanarak suçluları yakaladılar.
syooko bùkkeñ 証拠物件 /a./ tanıt.
syðokocu 踵骨 /a./ ökçe kemiği.
syookodatè·ru 証拠立てる /ey./ kanıtla-.
syookoo 焼香 /a./ tütsü.
syðokoo 将校 /a./ subay, (古語) zabit. 海軍の～ deniz subay. ～の肩章 apolet. ～の階級 subaylık. ～の任務 subaylık.
syookoo kaigisyo 商工会議所 /a./ ticaret odası, sanayî odası.
syookðonecu 猩紅熱 /a./ kızıl.
syookyokuteki 消極的 /a./ ～な iradesiz, olumsuz. ～であること olumsuzluk.
syookyuu 昇級 /a./ terfi.
syoomecu 消滅 /a./ imha. ～する zeval bul-, zevale er-, haritadan silin-. ～させる helak et-.
syoomei 証明 /a./ ispat, tevsik, teyit. ～する ispat et-, ispatla-, kanıtla-, tanıtla-, tevsik et-, delâlet et-, gerçekleştir-. 文書で～する belgele-. ～される gerçekleştiril-. それを～するものは何もない。Fol yok yumurta yok.
syoomei 照明 /a./ aydınlatma. ～の ışıklı. ～する ışıklandır-. 左舷に赤、右舷に緑の～ borda fenerleri.
syoomeigàkari 照明係 /a./ ışıkçı.
syoomeisyo 証明書 /a./ belge, şahadetname, vesika, sertifika. 居

syoomeitoo

住〜 ikametgâh ilmühaberi（kâğıdı）. 接種済〜 aşı şahadetnamesi. 健康〜 temiz raporu.
syoomeitoo 照明灯 /a./ ışıldak.
syoomeizumi 証明済み /a./ 〜の ispatlı şahitli.
syoomeñ 正面 /a./ cephe, alın. 家の〜 evin yüzü.
syoomeñ kòogeki 正面攻撃 /a./ cephe taarruzu.
syòomi 正味 /a./ 〜の safi, net.
syoomoñ 証文 /a./ senet. 〜に署名する senet imzala-. 〜で確認する senet ver-. 〜のたぐい senet senet.
syoomoo 消耗 /a./ helak, istihlâk, tüketim. 〜する istihlâk et-, tüken-.
syooneñ 少年 /a./ erkek çocuk, çocuk, oğlan. 〜鑑別所 ıslah evi.
syooneñiñ 少年院 /a./ ıslah evi.
syooneñki 少年期 /a./ çocukluk cağı, çocukluk.
syoonika 小児科 /a./ çocuk hekimliği.
syooni màhi 小児まひ /a./ çocuk felci.
syooniñ 承認 /a./ kabul, onay, tasdik, tasvip, telakki. 〜する kabul et-, ona-, onayla-, tasdik et, tasvip et-. 〜される onaylan-. 〜された onaylı, tasdikli. 議会は政府案を〜した. Meclis hükümet programını onayladı. 決議は3票の棄権に対し50票で〜された. Karar üç çekimser oya karşı elli oyla kabul edildi.
syooniñ 証人 /a./ şahit, tanık. 〜になる tanık ol-. 目撃した〜になる gözüyle gör-. 〜の言い分を書き留める ifadesini al-. 〜に立つこと şahitlik. 〜は裁判所で真実を話すことを宣誓した. Tanıklar mahkemede doğruyu söyleyeceklerine yemin ettiler.
syòoniñ 商人 /a./ tüccar, esnaf.
syoonoo 小脳 /a./ beyincik.
syòonoo しょうのう, 樟脳 /a./ kâfur(u).

syoonyùuseki 鐘乳石 /a./ sarkıt.
syooòñki 消音器 /a./ susturucu.
syòorai 将来 /a./ gelecek, istikbal, ati, müstakbel, ileri, ileride. 〜に ileride, gelecekte. 〜を見通す uzağı gör-. 〜を今から考える必要がある. Geleceği şimdiden düşünmek gerek. 現在よりも〜のことを考えるべきだ. Hâlden çok istikbali düşünmeli. みんなの希望は〜役に立つ人になることだ. Hepimizin umudu ileride yararlı birer kişi olmaktır.
syoorei 奨励 /a./ 〜する teşvik et-.
syòori 勝利 /a./ galebe, galibiyet, utku, yengi, zafer. 〜の galip 〜する galebe çal- (et-), galip gel-. 〜した muzaffer. …の〜に終わる utkuyla sonuçlan-. 試合は本校チームの〜に終わった. Maç, okul takımımızın zaferiyle sonuçlandı.
syooroo 鐘楼 /a./ çan kulesi.
syòoru ショール（İng. shawl）/a./ eşarp, şal.
syooryaku 省略 /a./ kısaltma.
syooryòo 少量 /a./ ufak miktar. ごく〜の食べ物 ağıza tat, boğaza feryat.
syoosa 少佐 /a./ binbaşı.
syoosai 詳細 /a./ detay, girdisi çıktısı, incelik, tafsilât, teferruat. 〜な ayrıntılı, detaylı, mufassal, tafsilâtlı. 〜な説明 müfredat. 〜に ayrıntıları ile, uzun boylu, uzun uzadıya. 〜に説明する tafsilât ver-. 〜にわたる teferruata gir-. 別紙〜 ayrıntı. 全〜を説明した報告を準備した. Bütün detayları anlatan rapor hazırladılar. この仕事の〜は私には分からない. Bu işin girdisine çıktısına benim aklım ermez.
syoosañ 称賛, 賞賛 /a./ methiye, övgü, sitayiş, taltif. 〜する methet-. 敵に〜を期待しない. Düşman düşmana gazel okumaz.
syoosañ 硝酸 /a./ kezzap.

syoosàssi 小冊子 /a./ kitapçık.
syoosecu 小説 /a./ roman. ～を書く roman yaz-. ～のヒーロー roman kahramanı. ～の筋 entrika. 問題の～ davalı bir roman. ～の終わりで二人の恋人は互いに巡り会う。Romanın sonunda iki sevgili birbiriyle buluşur.
syoosecuka 小説家 /a./ roman yazarı, öykücü.
syoosei 照星 /a./ arpacık.
syðoseki 硝石 /a./ güherçile.
syoosèkkai 消石灰 /a./ kireç.
syooseñ 商船 /a./ ticaret gemisi.
syoosèñdañ 商船団 /a./ ticaret donanması, ticaret filosu.
syoosèñsyu 商船主 /a./ armatör.
syooseñtai 商船隊 /a./ ticaret filosu.
syðosi 頌詩 /a./ kaside.
syoosiñ 昇進 /a./ terfi. ～する ileri geç-, ilerle-. ～させる ileri al-, ilerlet-. ～のために利用する basamak yap-. 人の～を邪魔する ayağına çelme tak-.
syoosiñ 傷心 /a./ hüzün, tasa. ～の hüzünlü, müteessir, yaralı. ～する meraklan-.
syoosiñsyoomei 正真正銘 /a./ ～の öz be öz, koyu, (俗語) sahici.
syðoso 勝訴 /a./ ～する davayı kazan-.
syoosoku 消息 /a./ haber.
syoosokùsi 消息子 /a./ sonda.
syoosoo 焦燥 /a./ tahriş.
syoosùru 証する /ey./ göster-. この行為は彼の正当性を～. Bu davranış onun doğruluğuna delâlet eder.
syoosùu 少数 /a./ azınlık. ～の az, beş on.
syoosùu 小数 /a./ ondalık kesir.
syoosuuha 少数派 /a./ azınlık. ～になる azınlıkta kal-.
syoosuu miñzoku 少数民族 /a./ azınlık.
syoosya 照射 /a./ ışıma, ışınım,

radyasyon.
syðosya 商社 /a./ firma, ticarethane. 外国系の～ kumpanya. ～の資産 aktif.
syoosyaku 照尺 /a./ gez, nişangâh.
syoosyo 証書 /a./ senet, bono, şahadetname, vesika. 卒業～ diploma. 物の～を自分の名にする üstüne geçil- (çevir-), üzerine yaptır-.
syðosyoo 少々 /be./ az buçuk. ～穴をうめる gedik kapa-.
syðosyoo 少将 /a./ 海軍～ tümamiral. 陸軍～ tümgeneral.
syoosyuu 召集 /a./ celp, çağrı, davet. ～する çağır-, davet et-. 軍に～する askere çağır-. ～される askere çağrıl-. ～令状 davetiye. この～で100人の兵が来た。Bu celpte yüz er geldi.
syoosyuu 招集 /a./ çağrı, davet, çağırış. ～する çağır-, davet et-. 兵隊を～する asker topla-. ～する側 davetçi. ～される çağrıl-.
syoosyùudañ 小集団 /a./ öbek, öğür. ～のデモ gövde gösterisi. 武装した～ çete.
syoosyuuzyoo 召集状 /a./ davetiye.
syoosyuuzyoo 招集状 /a./ çağrı yazısı, çağrılı, davetiye.
syðotai 招待 /a./ çağrı, davet, çağırış. ～する çağır, davet et-, davet eyle-. ～する人 davetçi. 客を～する日 kabul günü. ～される çağrıl-. ～されている人 çağrılı. この～にあちこちから人が寄って来た。Bu çağrıya her taraftan koşuldu.
syðotai 正体 /a./ ～を現わす maskesini at-. ～をあばく maskesini kaldır-.
syootàikai 招待会 /a./ gala, resepsiyon.
syootàikeñ 招待券 /a./ davetiye.
syootàikyaku 招待客 /a./ davetli.

syootaizyoo 招待状 /a./ çağrı yazısı, çağrılık, davetiye.
syootaku 小宅 /a./ fakirhane.
syootaku 妾宅 /a./ garsoniyer.
syootakùci 沼沢地 /a./ batak.
syooteñ 昇天 /a./ miraç.
syòoteñ 商店 /a./ dükkân, ticarethane.
syòoteñ 焦点 /a./ mihrak, odak.
syooteñgai 商店街 /a./ çarşı, pasaj. アーケードのある〜 kapalı çarşı.
syooteñ kyòri 焦点距離 /a./ odak uzaklığı.
syooteñsyu 商店主 /a./ dükkâncı.
syootèsuto 小テスト /a./ yoklama.
syòoto ショート (İng. short circuit) /a./ kontak. 〜する kontak yap-.
syootocu 衝突 /a./ çarpışma, çarpma, çatışma, müsademe, sadme. 〜する çarpış-, çatış-, bindir-. もう少しで車が〜するところだった. Arabanın çarpışmasına bir bıçak sırtı kadar aralık vardı. 船が波止場に〜した. Gemi rıhtıma bindirdi. 昨日そこで小さい〜があった. Dün orada küçük bir çatışma oldu.
syooto kàtto ショートカット (İng. short cutting) /a./ 〜の alagarson.
syooto pàñcu ショートパンツ (İng. short pants) /a./ şort.
syootòsi 小都市 /a./ kasaba.
syoouìñdoo ショーウインドー (İng. show window) /a./ camekân, vitrin.
syoowa 消和 /a./ 石灰を〜する kireç söndür-.
syoowaru 性悪 /a./ huysuzluk, cadılık, it. 〜の habis, hain, şirret. 〜の人 mayası bozuk bir insan. 山賊のような〜の番人 eşkıya bozuntusu bir bekçi. 〜と一緒に仕事をする kedi ile harara gir-.
syòoyo 賞与 /a./ ikramiye, prim.
syooyu しょう油 /a./ soya sosu.
syoozigàisya 商事会社 /a./ firma, ticaret ortaklığı.
syooziki 正直 /a./ doğruluk, dürüstlük, istikamet, namus. 〜な doğru, dürüst, harbi, sadık, vicdanlı. 〜な人 doğru adam, dürüst bir adam. まったく〜な helal süt emmiş. 〜でよく仕事ができる eli düzgün. 〜さ dürüstlük. 〜に doğru. 〜に隠さず話す harbi konuş-. 〜に見せかけようとする hamamın namusunu kurtar-. 〜言って Allah var.
syòoziñ 精進 /a./ perhiz.
syoozi・ru 生じる /ey./ ileri gel-, meydana gel-, türe-, bağla-, başla-, gel-. 火が灰を〜 ateş kül bağla-. 生じた hâsıl. それによって誰にも害は生じない. Ondan kimseye zarar gelmez.
syoozisase・ru 生じさせる /ey./ türet-, vücuda getir-.
syoozoo 肖像 /a./ figür.
syoozooga 肖像画 /a./ portre.
syòozyo 少女 /a./ kız, çocuk.
syoozyoo 賞状 /a./ övgü.
syoozyòo 症状 /a./ araz.
syoozyo zìdai 少女時代 /a./ 〜の kızlık.
syoozyuñ 照準 /a./ nişan. 〜を定める nişanla-.
syoozyùñgu 照準具 /a./ arpacık.
syoozyuu 小銃 /a./ tüfek.
syoozyùudañ 小銃弾 /a./ piyade mermisi.
syoppài しょっぱい /s./ tuzlu.
syòppiñgu ショッピング (İng. shopping) /a./ alış veriş.
syòri 処理 /a./ 〜する muamele et-.
syorui 書類 /a./ belge, vesika, evrak. 〜の束 dosya. 〜整理箱 klasör. 〜をきれいにコピーする yazıyı temize çek-. 〜をごちゃごちゃにする kâğıtları karıştır-.
syoruibàsami 書類ばさみ /a./ gömlek.
syoruìire 書類入れ /a./ cüzdan.
syosai 書斎 /a./ çalışma odası.

syŏseki 書籍 /a./ kitap. → **hoñ.** ~に適した kitaplık. これは~に適した紙ではない. Bu kitaplık kâğıt değil. ~商 kitapçı.
syoserarè・ru 処せられる /ey./ 懲役に ~ hapis giy-.
syŏsi 庶子 /a./ piç.
syosigaku 書誌学 /a./ bibliyografya.
syosiki 書式 /a./ formül.
syosiñsya 初心者 /a./ acemilik, dünkü çocuk.
syosùru 処する /ey./ 懲役10年に~ on yıl hapisle cezalandır-.
syotai 書体 /a./ karakter.
syotài 所帯 /a./ ~を持つ evlen-.
syoteñ 書店 /a./ kitabevi, (古語) kütüphane.
syoteñiñ 書店員 /a./ (古語) kütüphaneci.
syoteñsyu 書店主 /a./ (古語) kütüphaneci.
syotoku 所得 /a./ gelir.
syotokùzei 所得税 /a./ gelir vergi.
syotoo 初等 /a./ ~の iptidaî, ilk.
syŏtoo 蔗糖 /a./ sakaroz.
syotoo kyŏoiku 初等教育 /a./ ilk öğretim. わが国の~は5年である. Yurdumuzda ilk öğretim 5 yıldır.
syou しょう /ey./ yüklen-. → **seòu.** 何か言ったために自分で~はめになる selâm verip borçlu çık-.
syoyuu 所有 /a./ iyelik, malik, mülkiyet, tasarruf, el. ~する malik ol-, sahip ol-, elde tut-, mal et-, tasarruf et-. ~している elinde bulun- (ol-). ~を主張する benimse-.
syoyùubucu 所有物 /a./ mal.
syoyùukeñ 所有権 /a./ iyelik, mülkiyet hakkı.
syoyùusya 所有者 /a./ sahip, malik, iye, eldeci, ehil.
syozàici 所在地 /a./ 政庁~ hükûmet merkezi.
syozihiñ 所持品 /a./ ~全部 sandık sepet.
syozìsya 所持者 /a./ eldeci.
syozoku 所属 /a./ ~する ait ol-, mensup ol-.
syŏzyo 処女 /a./ kız, bakire, kızlık, kız oğlan kız. ~の bakir, erden. ~を奪う boz-.
Syozyòkyuu 処女宮 /a./ Başak.
syozyòriñ 処女林 /a./ balta değmemiş (görmemiş, girmemiş) orman.
syozyosei 処女性 /a./ bikir.
syù 朱 /a./ al. ~の al, allı. §~に交われば赤くなる. Körle yatan şaşı kalkar. Üzüm üzüme baka baka kararır.
syù 種 /a./ çeşit, nevi, tür, ırk, cins. この~の仕事 bu kabilden işler. この~の事柄 bu kabil şeyler. この~の作品 bu tür eserler. ある~のことわざは今日でも通用するのだ. Kimi ata sözleri bu gün de geçerlidir.
syùbi 首尾 /a./ ~一貫 tutalılık. ~一貫した tutalı. ~一貫しない話をする bir dediği bir dediğini tutma-.
syùbi 守備 /a./ müdafaa.
syubitai 守備隊 /a./ garnizon.
syùbiyoku 首尾よく /be./ başarlı. ~やる iş bitir-. ~行われる ziyafeti çek-.
syuboku 朱墨 /a./ (古語) lâl.
syubòosya 首謀者 /a./ elebaşı. ~になる fener çek-.
syucudohiñ 出土品 /a./ buluntu.
syucueñ 出演 /a./ ~する oyuna çık-.
syucugañ 出願 /a./ başvuru.
syucugeki 出撃 /a./ çıkış.
syucugeñ 出現 /a./ görünme, (古語) zuhur. ~する ortaya çık-, hâsıl ol-, zuhur et-, hâsıl.
syucuzyoosyoo 出場証 /a./ 選手としての~ lisans.
syucyoo 主張 /a./ ısrar, iddia, sav. ~する diren-, diret-, ısrar et-, iddia

syucyòo

et-. 自分の物だと～する sahip çık-, benimse-. ある～を持った iddialı.
syucyòo 首長 /a./ イスラム国の～ emir, imam.
syucyòosyoku 首長職 /a./ riyaset.
syucyuu 手中 /a./ ～にある eli altında ol-.
syudai 主題 /a./ konu, mevzu.
syùdañ 手段 /a./ araç, el, usul, vasıta, vesait, vesile, yöntem. …の～で yoluyla. 平和的～によって barışçı vasıta ile. ～を見つける kolayını bul-. 生計の～を奪う ekmeğinden et-. 最後の～を取る kozunu oyna-. あらゆる～を尽くす dişini tırnağına tak-, rüzgâr gelecek delikleri tıka-.
syudoo 手動 /a./ el işçiliği.
syudoo 主導 /a./ inisiyatif, teşebbüs. ～する ön ayak ol-.
syudòokeñ 主導権 /a./ inisiyatif. ～を取る teşebbüsü ele al-. ～がいつの間にか人の手に渡る ipleri birinin elinde ol-.
syuei 守衛 /a./ kavas, kapıcı.
syueñ 主演 /a./ başrol.
syueñ 酒宴 /a./ kokteyl.
syùgei 手芸 /a./ el sanatları.
syùgi 主義 /a./ prensip. 民主～ demokrasi.
syùgo 主語 /a./ özne.
syugyoo 修業 /a./ çıraklık.
syuhai 酒杯 /a./ kadeh.
syùhi 種皮 /a./ çenek.
syuhicu 主筆 /a./ başyazar.
syùhu 主婦 /a./ ev kadını, ev hanımı. 活動的な～ faal bir ev hanımı. すぐれた～ becerikli bir ev kadını. ～が客寄せする gün yap-. 客をもてなすことは～にかかる. Misafirleri ağırlamak ev hanımına düşer. ～は家事ができて倹約家であることが必要だ. Yuvay yapan dişi kuştur.
syùhu 首府 /a./ başkent, başşehir.
syuiro 朱色 /a./ allık.

syukaku 主格 /a./ yalın hâl.
suykañ 主観 /a./ özne, öznelik.
syukañ syùgi 主観主義 /a./ öznelcilik.
syukañteki 主観的 /a./ ～な indî, öznel.
syukeñ 主権 /a./ egemenlik, hâkimiyet. ～の egemen. ～は国民のものである. Egemenlik ulusundur.
syukeñ kòkka 主権国家 /a./ egemen devlet.
syukkecu 出血 /a./ kanama. ～する kana-, kan ak-, kan gel-. 傷の～ yaranın kanaması. 胃の～ mide kanaması.
syukkiñ 出勤 /a./ ～する iş yerine git-. ～と退社時には交通が渋滞する. İşe gidiş ve işten çıkış saatlerinde tırafik tıkanıyor.
syukkoo 出港 /a./ ～停止 ambargo.
syukkoo 出航 /a./ タラップをはずして～の用意をする iskele al-.
syukoo 手工 /a./ zanaat.
syukoo 手交 /a./ tevdi.
syukòogei 手工芸 /a./ zanaat.
syukòogyoo 手工業 /a./ sanat.
syukoogyòosya 手工業者 /a./ zanaatçı, zanaatkâr.
syukubà 宿場 /a./ 駅伝の～ menzil.
syukucyoku 宿直 /a./ 父は今夜兵舎の～だ. Babamın bu akşam kışlada nöbeti var.
syukudai 宿題 /a./ ödev, vazife. トルコ語の～ Türkçe ödevi. 先生は～をしなかった者をきつく叱った. Öğretmen ödevini yapmayanları haşladı.
syukudeñ 祝電 /a./ kutlama mesaj.
syukueki 宿駅 /a./ menzil.
syukueñ 祝宴 /a./ şölen. ～を催す şölen çek- (düzenlen-). 割礼式の～ düğün.
syukuga 祝賀 /a./ tebrik.
syukugàkai 祝賀会 /a./ şölen. 婚礼の～ düğün dernek.

syukuhai 祝杯 /a./ 〜をぶつけ合わせる toka et-.
syukuhaku 宿泊 /a./ yatı.
syukuhakùci 宿泊地 /a./ konak.
syukuhakuzyo 宿泊所 /a./ eğlek.
syukuhuku 祝福 /a./ kutlama, hayır dua. 〜する kutla-, kutlula-, kutsa-. 〜された ongun.
syukumei 宿命 /a./ alın yazısı, kader, mukadderat, yazgı, yazı. 〜の mukadder.
syukumêiroñ 宿命論 /a./ kadercilik.
syukusâizicu 祝祭日 /a./ bayram.
syukùsya 宿舎 /a./ lojman. 保養地の〜 pansiyon. 団体旅行の〜の係 konakçı.
syukusyaku 縮尺 /a./ ölçek, mikyas. 百万分の一の〜の地図 milyonda bir ölçeğinde bir harita. 〜を表す線 ölçek çizgisi.
syukusyoo 縮小 /a./ azaltılma, kısılma, küçültme. 軍備〜 silâhların azaltılması, silâhsızlanma. 軍備を〜させる silâhsızlandır-.
syukuteñ 祝典 /a./ kutlama, şenlik, tören.
syukuzicu 祝日 /a./ bayram. 国民の〜 millî bayram. 〜が日曜にあたる. Bayram pazara düşüyor. 〜には校庭の旗ざおに旗を立てる. Bayramda okul bahçesindeki göndere bayrak çekiriz.
syùkuzyo 淑女 /a./ bayan.
syùmi 趣味 /a./ düşkü, merak, zevk. よい〜 sağbeğeni. 〜のある zevkli. 〜のない zevksiz. 〜と実益を兼ねる hem ziyaret, hem ticaret.
syumîizu シュミーズ (Fr. chemise) /a./ kombinezon.
syuniñ 主任 /a./ şef.
syùñ 旬 /a./ kıvam.
syuñbuñ 春分 /a./ bahar noktası, gün-tün eşitliği, ekinoks.
syuñkañ 瞬間 /a./ an, lahza.

syuñpacùryoku 瞬発力 /a./ acı kuvvet.
syuñsecùki 凌渫機 /a./ tarak dubası.
syùñzi 瞬時 /a./ lahza. 〜の enstantane.
syuppacu 出発 /a./ gidiş, hareket, kalkış, başlayış. 〜する hareket et-, yola çık-, harekete geç-, yola düş- (dökül-), kalk-, seyret-, yelken aç-, yelken bas-. 〜させる kaldır-. 船の〜を遅らせる vapru geç kaldır-. 私達の〜はとても急だった. Gidişimiz çok anî oldu. 雨だ雪だと言ってないで〜した. Yağmur kar demedi yola çıktı. 列車は8時に〜する. Motorlu saat sekizde kalkıyor. この突然の〜の理由は何ですか. Bu anî gidşin nedeni nedir?
syuppacùteñ 出発点 /a./ çıkış noktası, hareket noktası.
syuppañ 出版 /a./ basın, matbaacılık, yayım. 〜の自由 basın hürriyeti. 〜する neşret-, yayımla-. 〜する人 kitapçı. 〜を禁止する kapat-.
syuppañ 出帆 /a./ sevk. 〜する seyret-.
syuppàñbucu 出版物 /a./ neşriyat, yayın.
syuppàñniñ 出版人 /a./ editör.
syuppàñsya 出版社 /a./ basım evi, matbaa, yayın evi.
syuppàñsya 出版者 /a./ matbaacı.
syuppi 出費 /a./ harcama. 〜を切り詰める masrafı kıs-. 〜がかさんだ. Masraf kabardı.
syuppiñ 出品 /a./ たくさんの工場が製品をイズミル博覧会に〜する. Birçok fabrika ürettiği malları İzmir Fuarında pazarlıyor.
syùro シュロ /a./ palmiye.
syùrui 種類 /a./ cins, çeşit, nevi, tür, zümre, tip, kalem. 〜の çeşit. 色々の〜 çeşitli. 五〜の品を注文した. Beş kalem eşya ısmarladım.

syuryoku 主力 /a./ 〜の merkezî. 〜になる merkezîleş-.

syuryoo 首領 /a./ reis, (古語) başbuğ.

syuryoo 狩猟 /a./ avcılık.

syuryûudañ 手榴弾 /a./ el bombası.

syusêñdo 守銭奴 /a./ gümüş göz.

syùsi 種子 /a./ tohum, çekirdek. 〜ができる tohum bağla-.

syussacuzyo 出札所 /a./ gişe, bilet gişesi.

syussañ 出産 /a./ doğuş, loğusalık. 〜する doğum yap-, doğur-. 〜を助ける doğurt-.

syusse 出世 /a./ 〜の妨げになる kısmetine mani ol-. 〜したい人は多い. Al elmaya taş atan çok olur. 〜するには人格が必要. Boş çuval ayakta durmaz.

syussei 出征 /a./ sefer. 〜の思い出 sefer anıları.

syussei 出生 /a./ → **syussyoo**.

syusseki 出席 /a./ huzur. 会議に〜している toplantıda bulun-. 〜を取ること yoklama. 学校での〜確認 okulda sınıf yoklaması. 会議の〜手当 huzur hakkı. この問題の話し合いにはあなたの御〜が必要です. Bu sorunun konuşulması için sizin huzurunuz şarttır.

syussikiñ 出資金 /a./ finansman.

syussiñ 出身 /a./ 〜は aslen. どこ〜の nereli. どちらの〜ですか. Ne taraflısınız? メフメットとアフメットは同じ村の〜だ. Mehmet'le Ahmet köydeştirler. 自分の〜をよく思わない. Kestane kabuğundan çıkmış da kabuğunu beğenmemiş.

syussiñsya 出身者 /a./ 同じ村の〜 köydeş.

syussyo 出所 /a./ asıl, kaynak.

syussyoo 出生 /a./ doğum, doğuş. 〜の年 doğum.

syussyðoricu 出生率 /a./ doğum oranı.

syùsu 繻子 /a./ atlas, saten.

syusyoo 主将 /a./ kaptan.

syusyoo 首相 /a./ başbakan. 〜官邸 başbakanlık, saray. 內閣は〜と大臣からなる. Kabine bir başbakan ile bakanlardan oluşur.

syutai 主体 /a./ özne.

syutaiteki 主体的 /a./ 〜な öznel.

syùto 首都 /a./ başkent, başşehir, hükûmet merkezi.

syutokùbucu 取得物 /a./ edinti.

syutoo 種痘 /a./ çiçek aşısı. 〜は天然痘に対して人を免疫にする. Çiçek aşıs, çiçek hastalığına karşı insanı bağışık kılar.

syùtosite 主として /be./ başlıca olarak.

syuttacu 出立 /a./ kalkış. 〜する kalk-.

syutteñ 出典 /a./ kaynak.

syùu 週 /a./ hafta. 〜の初め hafta başı. 〜一回の haftalık. 〜1000リラの報酬で働く haftada bin lira ücretle çalış-.

syùu 州 /a./ eyalet, il. アメリカ合衆国は49の〜からなる. ABD kırk dokuz eyaletten oluşur.

syuubuñ 秋分 /a./ güz noktası, gün-tün eşitliği, ekinoks.

syuubuñ 醜聞 /a./ rezalet.

syùuci 周知 /a./ 〜の meşhur. 〜のように malûm olduğu gibi.

syùuci 衆知 /a./ 〜のこと Mısır'daki sağır sultan bile duydu.

syuucîsiñ 羞恥心 /a./ hayâ.

syuucyaku 執着 /a./ bağlılık.

syuucyakùteñ 終着点 /a./ varış.

syuucyuu 集中 /a./ 〜する deriş-, topla-. 〜させる hasret-. 注意を〜させる dikkat kesil-. 〜砲火を浴びせる tara-. 〜治療 yoğun bakım.

syuucyuuka 集中化 /a./ 都市〜 şehirleşme.

syuucyùuryoku 集中力 /a./ dikkat.

syuucyuusei 集中制 /*a.*/ merkezcilik. 民主〜 demokratik merkezcilik.
syuudañ 集団 /*a.*/ grup, top, ehil, kitle, yığıntı, zümre. 若いやくざの〜 çoluk çocuk.
syuudañ gòotoo 集団強盗 /*a.*/ soygun.
syuudañka 集団化 /*a.*/ kolektifleştirme.
syuudañteki 集団的 /*a.*/ 〜な kolektif. 〜恐怖 panik.
syuudòoiñ 修道院 /*a.*/ manastır.
syuudòosi 修道士 /*a.*/ karabaş, keşiş, rahip.
syuudòosoo 修道僧 /*a.*/ イスラムの〜 derviş. 〜の宿坊 tekke.
syuudòozyo 修道女 /*a.*/ rahibe.
syuueki 収益 /*a.*/ gelir, verim, randıman, varidat. 〜のある verimli, randımanlı. 〜の少ない verimsiz.
syuuekidaka 収益高 /*a.*/ verim.
syuugaku 就学 /*a.*/ 〜前 okul öncesi. 〜前の okul öncesi. 〜前教育 okul öncesi eğitim.
syuugaku ryòkoo 修学旅行 /*a.*/ ders gezisi.
syuugàkusyoo 終楽章 /*a.*/ final.
syuugeki 襲撃 /*a.*/ akın çarpma, hücum, saldırı, taarruz. 〜する saldır-. 敵を〜する düşmanı bas-.
syùugeñ 祝言 /*a.*/ düğün. 村の〜でお嫁さんが手にヘンナを塗った. Köy düğününde gelin ellerine kına yakındı.
syùugi 祝儀 /*a.*/ parsa.
syuugìiñ 衆議院 /*a.*/ millet meclisi.
syuugiiñ gìiñ 衆議院議員 /*a.*/ millet vekili.
syuugoo 集合 /*a.*/ bireşim.
syuugoo mèisi 集合名詞 /*a.*/ topluluk adı.
syuugyoo 就業 /*a.*/ meşguliyet.
syuugyoo 修業 /*a.*/ çıraklık.

syuugyoocyuu 修業中 /*a.*/ çıraklık.
syùuha 宗派 /*a.*/ mezhep, tarikat. 〜の創設者 pir.
syuuhàsuu 周波数 /*a.*/ frekans, sıklık.
syuuheki 習癖 /*a.*/ huy.
syuuheñ 周辺 /*a.*/ çevre, dolay, havali, yöre. 都市〜 şehrin dolayları.
syuuheñteki 周辺的 /*a.*/ 〜な çevresel.
syuuhuku 修復 /*a.*/ onarım, tamir. 〜する restore et-. 〜された restore.
syùui 周囲 /*a.*/ çevre, etraf, muhit. 〜を取り巻く ortaya al-. 〜を囲む çevrele-. 〜に合わせるか、その場を離れるかしなさい. Ya bu deveyi gütmeli, ya bu diyardan gitmeli.
syuukai 集会 /*a.*/ toplantı, içtima. 〜を開く toplantı yap-, meclis kur-. 武装した〜 içtima. デモの〜 miting.
syuukaizyo 集会所 /*a.*/ ocak. 村の〜 köy odası.
syuukaku 収穫 /*a.*/ hasat, mahsul, ekin, hâsılat, verim, semere. 農地の〜 tarlanın verimi. 一年の〜 rekolte. 〜の多い cömert. 〜する devşir-. ブドウを〜し終える bağ boz-. 今年の〜は去年よりずっと多い. Bu yıl ürün geçen yıldan daha fazla.
syuukaku 臭覚 /*a.*/ koklama duyusu.
syuukakùbucu 収穫物 /*a.*/ ekin.
syuukakùdaka 収穫高 /*a.*/ verim.
syuukakùki 収穫期 /*a.*/ ブドウの〜 bağ bozumu.
syuukañ 収監 /*a.*/ 〜する hapset-, tutukla-. まだ〜されていない罪人 hapishane kaçkını.
syuukañ 習慣 /*a.*/ âdet, huy, itiyat, alışkı. 〜の mutat, huylu. よい〜の iyi huylu. 昔の〜 eski âdetler. 〜にする âdet edin- (et-). 〜になる

syuukañ

itiyat et- (edin-). ～になっている âdet ol-. 早起きの～がつく erken kalkmaya alış-. 彼はこの～を新たに獲得した. O, bu huyu yeni edindi. ～は狂気より悪い. Alışmış kudurmuştan beterdir. 古い～はたやすく変えられるものではない. Kırk yıllık Yani, olur mu Kâni?
syuukañ 週間 /a./ ～の haftalık.
syuukañ 週刊 /a./ ～の haftalık.
syuukâñsi 週刊誌 /a./ haftalık magazin.
syuukañ siñbuñ 週刊新聞 /a./ haftalık gazete.
syuukecu 集結 /a./ yığınak.
syûuki 周期 /a./ çevrim, devriye.
syuukiñniñ 集金人 /a./ tahsildar.
syuukiteki 周期的 /a./ ～な çevrimsel.
syuukyoku 褶曲 /a./ 地層の～ kıvrılma, kıvrım.
syûukyoo 宗教 /a./ din, diyanet. 秘密の～を持つ gizli din taşı-. 同じ～の人 din kardeşi, dindaş. ～の儀式 ayin.
syuukyoo gyôozi 宗教行事 /a./ 村の～を司る人 müftü.
syuukyooka 宗教家 /a./ din adamı.
syuukyoo saibañsyo 宗教裁判所 /a./ engizisyon.
syuukyooteki 宗教的 /a./ ～な dinî, dinsel. ～実践 amel.
syuukyoozyoo 宗教上 /a./ ～の dinî, dinsel. ～の罪 günah. ～の罪を犯す günaha gir-. ～禁じられない mubah.
syuukyuu 週休 /a./ わが国では～二日だ. Yurdumuzda hafta tatili iki gündür.
syuukyuu 週給 /a./ haftalık.
syuumacu 週末 /a./ hafta sonu.
syuuneñ 周年 /a./ devriye. …～記念の日 yıl dönümü.
syûuneñ 執念 /a./ ～の hırslı.

syuuniñ 就任 /a./ ～する makama geç-.
syuunyuu 収入 /a./ gelir, hâsılat, irat, varidat. ～支出 gelir gider. ～をあてにする bak-. 支出を～に合わせる ayağını yorganına göre uzat-. ～がない kesesine bir şey girme-. ～を得る所 kısmet kapısı.
syuunyûugeñ 収入源 /a./ irat.
syuunyuu iñsi 収入印紙 /a./ damga pulu.
syuunyuuyaku 収入役 /a./ defterdar, mal müdürü, sandık emini.
syuurai 襲来 /a./ istilâ, salgın. ～する istilâ et-. バッタの～ çekirge salgını.
syûuri 修理 /a./ onarım, tamir, tamirat. ～する onar-, tamir et-, yap-. ～する場所 tamirci. 広範囲の～ kafes tamiri. 船を～のために引き上げる kalafata çek-. 靴屋が私の靴を前のよりきれいに～した. Ayakkabıcı ayakkabımı eskisinden güzel yaptı.
syuurikoo 修理工 /a./ tamirci.
syuuri kôozyoo 修理工場 /a./ tamirhane.
syuuryoo 終了 /a./ bitirilme, kapanış. ～する neticelen-.
syuuryoo 修了 /a./ mezuniyet. ～した mezun, çıkışlı.
syuuryôosei 修了生 /a./ çıkışlı.
syuuryoo zikañ 終了時間 /a./ kesim.
syuusai 秀才 /a./ dâhi.
syuusañ 蓚酸 /a./ kuzukulağı asidi.
syuusei 修正 /a./ rötüş.
syuusei 習性 /a./ huy.
syuuseki 集積 /a./ birikim.
syuusekizyoo 集積場 /a./ yığınak. 冬用の薪と石炭の～ kışlık odun ve kömür yığınağı.
syuuseñ 周旋 /a./ ～屋 komisyoncu.
syûusi 収支 /a./ gelir gider. ～が合

わない açık ver-.
syuusigoo 修士号 /a./ lisans.
syuusihu 終止符 /a./ nokta. ～を打つ nokta koy-.
syuusiñ 終身 /a./ ～の müebbet.
syùusiñ 執心 /a./ ～の meraklı, sevdalı. ～する canını ver-.
syuusiñkei 終身刑 /a./ müebbet sürgün cezası.
syùuso 臭素 /a./ brom.
syuusyoku 就職 /a./ yerleşme, işe girme. ～する yerleş-. 青年は会社に～した. Delikanlı şirkete yerleşti.
syuusyoku 修飾 /a./ süsleme.
syuusyokugo 修飾語 /a./ 名詞句の～となる部分 tamlayan.
syuusyuku 収縮 /a./ 心臓の～ kısılma. ～する kısıl-, büzül-. ～させる büz-. 血管を～させる kan damarları büz-. 心臓はたえず～・弛緩して血行を保つ. Yürek biteviye kısılıp gevşeyerek kanın dolaşımını sağlar.
syuusyuu 収集 /a./ ～する birik-, derle-, biriktir-.
syùusyuu シューシュー /be./ fısır fısır. 水が栓から～出ている. Su musluktan fısır fısır akıyor.
syuusyuuhiñ 収集品 /a./ koleksiyon.
syuusyuuka 収集家 /a./ 切手～ pulcu.
syuutei 舟艇 /a./ bot. 上陸用～ hücum botu, çıkarma gemi.
syuuteñ 終点 /a./ son durak.
syuuto しゅうと /a./ kayın baba, kayın peder, kaynata, dünür.
syùuto シュート (İng. shoot) /a./ şut. ～する şut çek-. ゴールに～する gol at-. よく～する選手 golcü.
syuutome しゅうとめ, 姑 /a./ kayın valide, kaynana, dünürşü, dünüş, dünür. ～の小言にはあきあきした. Kaynanasının dırdırından usandı.
syuutome kòñzyoo しゅうとめ根性

/a./ kaynanalık.
syuutoo 周到 /a./ ağır başlılık. ～な ağır başlı.
syuuwai 収賄 /a./ yiyicilik. ～する rüşvet al- (ye-).
syuuwàisya 収賄者 /a./ rüşvetçi, yiyici.
syuuyatoo 終夜灯 /a./ idare kandili (lambası).
syuuyoo 収用 /a./ istimlâk. ～する istimlâk et-.
syuuyoo 収容 /a./ istiap.
syuuyòoryoo 収容量 /a./ 最大～ istiap haddi.
syuuyòosuu 収容数 /a./ 最大～ istiap haddi.
syuuyuu 周遊 /a./ tur.
syuuzeñ 修繕 /a./ onarım, tamir. ～する onar-, tamir et-. 家を～する evi onar-. 屋根を～する dam aktar-. ～される tamir gör-. ～に出す tamire ver-.
syuuzeñya 修繕屋 /a./ tamirhane, örücü. 靴の～ yamacı.
syuuzi 習字 /a./ karalama.
syuuziñ 囚人 /a./ mahkûmlar, tutuklu. ～の手足に鎖をかける demire vur-. ～が刑務所から脱走を企てた. Suçlular tutuk evinden kaçmaya yeltenmişler.
syùuzoku 習俗 /a./ töre.
syuuzyuku 習熟 /a./ yatkınlık.
syùuwañ 手腕 /a./ el uzluğu, hüner.
syuyaku 主役 /a./ başrol, kahraman.
syuyoo 主要 /a./ ～な ana, başlıca, esas, majör. ～な任務 esas görev. ～道路 kara yolu.
syuyoo 腫瘍 /a./ tümör, ur, bağa. 悪性の～ habis tümör. 肺の～を手術で取る ak ciğerdeki uru ameliyatla al-.
syùziñ 主人 /a./ sahip, koca, efendi. その家の～ ev sahibi. はたごの～ hancı. ～の声を聞くと馬はその場でとび

あがった. Sahibinin sesini duyunca at yerinden fırladı. この犬は～をなくしたようだ. Bu köpek sahibini yitirmiş. 御～はほらあそこで働いているのよ, ええと工場で. Kocası şeyde çalışıyor, fabrikada.

syuzîñkoo 主人公 /a./ efendi.
syùzoku 種族 /a./ aşiret, kabile.
syùzyu 種々 /a./ çeşitlilik. ～の türlü, çeşitli, cins cins, çeşit çeşit, muhtelif.
syùzyucu 手術 /a./ ameliyat, operasyon. ～する ameliyat yap-, bıçak at-. ～を受ける bıçak altına yat-. 子供が～によくがまんした. Çocuk ameliyata dayandı.
syuzyucùsicu 手術室 /a./ ameliyathane.

T t

tâ 他 /a./ diğer, başka. ～の diğer. ～の影響下にある bağımlı. これより前に考えるべき～のことがある. Bundan evvel düşünülecek başka şeyler var.
tâ 田 /a./ çeltik tarlası, tarla. ～を耕す çift sür-.
tàabañ ターバン (İng. turban) /a./ başörtü, sarık, tülbent, (古語) kavuk. 頭に～を巻く başına tülbent bağla-.
tàabiñ タービン (İng. turbine) /a./ türbin.
tàaminaru ターミナル (İng. terminal) /a./ terminal. 旅客は～から空港ヘバスで行った. Yolcular, terminalden hava alanına otobüsle gittiler.
tàaru タール (İng. tar) /a./ katran. ～を塗る katranla-, ziftle-. ～を塗られる ziftlen-. ～を塗った katranlı. ～を含む katranlı. ～のように黒い katran gibi. ピッチは一般に～から作られる. Zift genellikle katrandan elde edilir.
tàba 束 /a./ bağ, demet, deste, bağlam. 糸の～ çile. 書類の～ dosya. 一～の花 bir demet çiçek. 一～のお金 bir deste para. 二～のパセリ iki bağ maydanoz. 五～の毛糸 beş çile yün. ～にする destele-. ～にして deste deste. ～にして縛る demetle-. ～になって demet demet.
tabako タバコ, 煙草 (Por. tabaco) /a./ sigara, tütün. ～を吸う sigara iç-, tütün iç-, tüttür-. ～をぷかりぷかり吸う fosur fosur iç-. ～に火をつける sigarasını yak-. パイプに～を詰める pipoyu doldur-. ～のくせがつく tütüne alış-. ～をやめる sigarayı bırak-. フィルター付きの～ filtreli sigara. 口当たりのよい～ içimli bir sigara. イラン産～ tömbeki. ～生産者 tütüncü. ～のパイプ ağızlık. ～をやめた. Tütün içmeği bıraktım. 校内で～を吸ってはならない. Okul dahilinde sigara içilmez.
tabakòire タバコ入れ /a./ tabaka.
tabakoya タバコ屋 /a./ tütüncü.
tabanè・ru 束ねる /ey./ demetle-, destele-. ハンカチを束ねて戸だなにしまう mendilleri desteleyip dolaba koy-.
tabecukùsu 食べ尽くす /ey./ kurut-, (口語) göçür-.
tabegoro 食べ頃 /a./ kıvam. ～の olgun. ～になる tatlan-.
tabemòno 食べ物 /a./ yiyecek,

ekmek, gıda, taam, ağıza koyacak bir şey. 〜と飲み物 yiyecek içecek. 〜の品がわり ağız değişikliği. ごく少量の〜 ağıza tat boğaza feryat. 〜を口に入れる ağzına at-. 〜をやらない aç bırak-. 〜をつましくする boğazından kes-. 〜を切り詰めて金を貯める boğazından artır-. 〜に好き嫌いがある yemek seç-. 〜にありつけない aç kal-. 〜が少ない dişine değme-, dişinin kovuğuna bile gitme-. 〜が悪くなる ağırlaş-. 人は〜なしには生きられない。 Can boğazdan gelir. どんな〜でもある。 Kuş şütünden başka her şey var.

tabemonòuri 食べ物売り /a./ aşçı.

taberarè・ru 食べられる /ey./ yenil-, yen-, yiyecek. 〜もの yemeklik. 食べられないもの yenilir yutulur gibi değil. この実は食べられない。 Bu meyve yenmez.

tabè・ru 食べる /ey./ ye-, ağzı oyna-, çenesi oyna-. 果物を〜 meyve ye-. 急いで〜 atıştır-. 腹いっぱい〜 boğazını doyur-. おつがつ〜 (口語) gövdeye at- (indir-). 喜んで〜 kaşıkla-. 残さず〜 sıyır-. 少ししか食べない kuş gibi ye-. 食べたいと思う imren-. 食べたいと思わせる imrendir-. 何か食べている boğazı işle-. 一人で〜気になれない boğazından geçme-. 食べていく beslen-. 食べていける başını kurtar-. 〜物 kör boğaz. よく〜 boğazlı, yiyici. よく〜子 boğazlı çocuk. 何でも食べてしまう midesiz. 〜ための苦労 boğaz derdi, gırtlak derdi. 食べ終わってから tok karnına. 食べて寝るほか苦労のない人 akşam ahıra sabah çayıra. たくさん食べて下さい (俗語) boğaz ola, afiyet olsun. 食べ始めるよ (冗談) sol eli bekliyor. リンゴを全部食べた。 Bütün bir elmayı yedi. 木になっている真っ赤なリンゴが食べたくなった。 Ağaçtaki kıpkırmızı elmalara imrendim.

tabesasè・ru 食べさせる /ey./ yedir-. 急いで食べさせようとする tıkıştır-. なかなか食べさせない aç bırak-. 子供に何でもかでも〜のは避けるべきである。 Çocuklara abur cubur yedirmekten sakınmalıdır. 母は弟に離乳食を食べさせている。 Annem küçük kardeşime mama yediriyor.

tabesugi 食べ過ぎ /a./ 〜で死ぬ çatla-.

tabesugì・ru 食べ過ぎる /ey./ fazla kaçır-. 食べ過ぎて胃をこわしている。 Çok yemek midemi bozuyor. 兄はアイスクリームを食べ過ぎて病気になった。 Kardeşim çok dondurma yediği için hastalandı. 今夜は食べ過ぎた。 Yemeği bu akşam fazla kaçırdım.

tabì 旅 /a./ seyahat, gezi, yolculuk, ziyaret, tur. よい〜 hayırlı yolculuk. 〜の一団 kafile. 〜の間 yol boyu. 〜に出る yola çık-, yola atıl-, tura çık-. 〜をする yolculuk et-, gezgin. 歩いて〜をする yol tep-. 今度の〜はどこから思いつかれたのですか。 Bu yolculuk size nereden esti?

tabì 度 /a./ defa, kere. その〜ごとに her defasında. 読む〜ごとに her okudukça.

tabibito 旅人 /a./ yolcu, gezgin. 宿屋と〜の間柄のように ben hancı sen yolcu. 〜は船べりに寄りかかって海を見ていた。 Yolcu küpeşteye abanmış, denize bakıyordu.

tabidàcu 旅立つ /ey./ yola çık-. 父が〜時とても悲しかった。 Babam yolculuğa çıkarken çok hüzünlendim.

tabikasanàru 度重なる /ey./ sıklaş-.

tabitabi たびたび, 度々 /be./ ikide bir (birde), sık sık, çok defa. 〜の sık. 〜行う sıklaştır-. 〜考えを変える kılıktan kılığa gir-. 私達のところへ〜やって来る, とくにこのごろはきっと立ち寄る。 Bize sık sık gelir, ille böyle günlerde mutlaka uğrar.

tàbuñ 多分 /be./ belki, galiba, güya, ihtimal, ihtimal ki, muhtemelen.

tabùu

〜…にちがいない -se gerek. 〜こうだ böyle olsa gerek. 〜雨が降るだろう. Galiba yağmur yağacak.

tabùu タブー (İng. taboo) /*a.*/ tabu, tekinsiz. 〜の tabu.

tàcci タッチ (İng. touch) /*a.*/ サッカーの〜 taç. 油絵の〜 tuş. フェンシングの〜 tuş.

tacci ràiñ タッチライン (İng. touch-line) /*a.*/ taç çizgisi.

tàci たち /*a.*/ 〜のよい selim, iyicil.

tàci 太刀 /*a.*/ kılıç.

taciagarasè・ru 立ち上がらせる /*ey.*/ kaldır-. 大衆を〜 ayağa kaldır-. 病人を一週間で〜 hastayı bir haftada kaldır-.

taciagari 立ち上がり /*a.*/ 長靴の〜 çizme koncu.

taciagàru 立ち上がる /*ey.*/ ayağa kalk-, kalk-, ayaklan-. 立ち上がって ayakta. 子供はゆっくり立ち上がった. Çocuk yavaşça kalktı.

tàciba 立場 /*a.*/ hâl, yer, durum, makam. 指導的な〜 başlık. 〜を取る vaziyet al-. アフメットの〜は非常に悪い. Ahmet'in durumu çok kötü.

tacidokoroni たちどころに /*be.*/ palas pandıras.

tacidomàru 立ち上まる /*ey.*/ dur-.

tacigiki 立ち聞き /*a.*/ 〜する kulak misafiri ol-.

tacigire 裁ちぎれ /*a.*/ makas hakkı. 〜を売る人 parçacı.

tacihataràku 立ち働く /*ey.*/ uğraş-.

tacihusagàru 立ちふさがる /*ey.*/ önüne dikil-, önüne geç-.

taciiri kiñsi 立入り禁止 /*a.*/ girilmez. ここは〜だ. Buraya girilmesi yasaktır.

tacìiru 立ち入る /*ey.*/ gir-. 私生活に〜 mahremiyetine gir-. 家庭の不和に〜べからず. Etle tırnak arasına girilmez.

tacikirè・ru 断ち切れる /*ey.*/ 近い親族のきずなは簡単に断ち切れない. Et tırnaktan ayrılmaz.

tacikìru 断ち切る /*ey.*/ kes-. 鎖を〜 zincirlerini kır-. 関係を〜 alâkayı kes-.

tacikomè・ru 立ちこめる /*ey.*/ çök-, bürü-. 霧が〜 sis çök-. 煙が〜. Duman bürüyor.

tacimaci たちまち /*be.*/ göz açıp kapamadan (kapayıncaya kadar), tez elden, tez vakitte (zamanda), yemeden içmeden.

tacimawàru 立ち回る /*ey.*/ うまく〜 ığrıp çevir-. ずるく〜 külahını ters giydir-.

tacimukàu 立ち向かう /*ey.*/ göğüs ger-, anlat-. 母は貧しさにじっと立ち向っている. Annem bizim sıkıntılarımızı sabırla göğüslüyor.

tacinaorasè・ru 立ち直らせる /*ey.*/ belini doğrult-.

tacinaòru 立ち直る /*ey.*/ kendini gel-, kendini bul-.

tacinobòru 立ち昇る /*ey.*/ yüksel-. 家の煙突から煙が立ち昇っている. Evin bacasından dumanlar yükseliyor.

tacinomi 立ち飲み /*a.*/ 〜する tezgâh başı yap-.

tacinomiya 立ち飲み屋 /*a.*/ koltuk meyhanesi.

tacisaru 立ち去る /*ey.*/ çekip git-, yıkıl-. 早々に〜 defol-. こっそりあてもなく〜 başını alıp git-. 立ち去れ! (侮辱的) Çek! Çek arabanı! この仕事もおまえはうまくやれなかった, 立ち去れ私の前から. Bu işi de başaramadın, yıkıl karşımdan.

tacisukùmu 立ちすくむ /*ey.*/ donakal-, donup kal-, kalıp kesil-, taş kesil-, don-.

taciuci 太刀打ち /*a.*/ 〜できない çıkışama-, pabuç pahalı.

taciyoru 立ち寄る /*ey.*/ ayak bas-, ayağı düş-, uğra-. ちょっと〜 girip çık-. 好んで〜 dadan-. たくさんの場所に〜 kırk kapının ipini çek-. あちこち

〜人 saka beygiri gibi.
tacizyakoosoo タチジャコウソウ /a./ kekik.
tacu 竜, 辰 /a./ ejder, ejderha.
tàcu 立つ /ey./ dikil-, kalk-, ayağa kalk-, ayakta dur-. 立っている ayakta dur-, dikil-. こわれないで立っている ayakta kal-. 立っていられない dizlerinin bağı çözül-. 長く立っていて疲れる ayağına (ayaklarına) kara su in-. 立ったり座ったりする oturup kalk-. 立ったまま ayak üstü, ayak üzeri, çivileme. 立て yallah. 優位に〜 başa gel-. 苦境に〜 başına hal gel-. うわさが〜 ağıza düş-. 悪評が〜 adı çık-. 役に〜 yara-. 筆が〜 eli kalem tut-. 歯が立たない diş geçireme-. 立ったまましばらく話し合った. Ayak üstü biraz konuştuk.
tàcu 経つ /ey./ ilerle-. 時が〜 ilerle-. 時が〜につれて gitgide. 時の経った bayat. 日が〜 gün ilerle-. 年が〜 yaş bas-, yıllan-. ずっとたって gel zaman git zaman. まだ五分とたっていない. Daha beş dakika olmadı. 我々が気付かないうちになんと時間が〜のだろう. Biz farkına varmadan zaman nasıl yürüyor！
tàcu 断つ, 絶つ /ey./ kes-, kopar-；(裁つ) kesip biç-. 関係を〜 alâkayı kes-, alış verişi kes-, boykot et-, (俗語) ipi çöz-. 連絡を〜 bağlantı kes-.
tàcu 発つ /ey./ yola çık-, hareket et-.
tacumaki 竜巻 /a./ çevri, kasırga, kiklon, hortum.
tacunootosigo タツノオトシゴ /a./ deniz atı.
tacuziñ 達人 /a./ ehil, üstat, er.
tàda ただ /a./ parasızlık. 〜の beleş, beleşten, ücretsiz, tenha, kuru. 〜で bedava, bedavadan, bedavasına, caba, cabadan, hiçten, avantadan-. 〜同然で hurda fiyatına, yoğuna. 〜で手に入れる beleşe kon-. 〜で手に入れようとする人 bedavacı. 〜で生活できる場所 yemlik. 学校は全生徒を劇場へ〜でつれて行った. Okul, tüm öğrencileri tiyatroya parasız götürdü. 三月〜で働いた. Üç ay ücretsiz çalıştı. これも私から〜で. Bu da benden caba. 〜の酢は蜜より甘い. Bedava sirke baldan tatlıdır. 〜に文句は言えない. Beleş atın dişine bakılmaz.
tàda ただ /be./ ancak, yalnız, yalnızca, âdeta, bir, fakat, sade, sadece, safi, salt, sırf, yeter ki. 〜一つの tek. 〜の一つも tek bir. 狭い所を〜歩き回る dolap beygiri gibi dönüp dur-. あなたは子供の言い分を〜信じただけです. Çocuğun sözüne âdeta inandınız. 〜話しているだけでなく書いてもいる. Yalnız söylemekle kalmıyor, yazıyor da. すべて終わったが, 〜これだけ残っている. Her şey bitti, bir bu kaldı. 神は〜一人だ. Tanrı birdir. 〜このことで来ました. Sade bu iş için geldim. 我国で一番にぎやかな〜一つの町はイスタンブルだ. Yurdumuzda en kalabalık tek kent İstanbul'dur.
tadabàtaraki ただ働き /a./ 〜の ücretsiz.
tàdacini 直ちに /be./ apansız, bir iki demeden (derken), bu günden tezi yok, dakikasına, derhal, hemen.
tadare ただれ /a./ pişik.
tadareme ただれ目 /a./ 〜の çipil.
tadare・ru ただれる /ey./ irkil-, piş-. 熱で目や口が〜 örümceklen-. 子供のまたの間がただれた. Çocuğun apış arası pişmiş.
tadasarè・ru 正される /ey./ doğrul-.
tàdasi ただし, 但し /ba./ ancak. この家をあなたにあげるが, 〜今日空き渡すことはできない. Bu evi size veriyorum, ancak bu gün boşaltamam.
tadasìi 正しい /s./ doğru, dürüst, hak, haklı, harbi, düzgün, tamam, doğru çık-. 〜ニュース doğru haber.

～方法 doğru yol. ～言葉 haklı bir söz. ～こと doğruluk. 血統の～犬 cins köpek. 正しそうな doğruca. 正しくない haksız. ～と思う doğru bul-. 言うことが～ hakkı ol-. 言い分を～と認める hak ver-, haklı bul-. ～と認められる haklı çık-. 正しく bihakkın, doğru, doğru dürüst, tam tamına, tamı tamına, gereği gibi. 今に～ことが分かる. Allah büyüktür. 私の～と思う道に迷いはない. Doğru bellediğim yoldan şaşmam. 彼のしたことを～と思いますか. Onun yaptıklarını doğru buluyor musunuz? 正しくても目的に反することを言う人は歓迎されない. Doğru söyleyeni dokuz köyden kovarlar.

tadasìsa 正しさ /a./ haklılık, doğruluk.

tadàsu 正す /ey./ doğrult-, düzelt-. 誤りを～ yanlışı düzelt-. 一人の過ちを誰も正せないことがある. Bir deli kuyuya bir taş atar kırk akıllı çıkaramaz.

tadàsu 質す /ey./ soruştur-.

tadayòu 漂う /ey./ sürüklen-. 春の野にぷんぷん花の香りが～. Baharda kırlar buram buram çiçek kokar.

tade タデ /a./ §～食う虫も好き好き. Gönül kimi severse güzel odur. Bitli baklanın da kör alıcısı olurmuş.

tadoo 他動 /a./ ～の geçişli.

tadòosi 他動詞 /a./ geçişli eylem.

tadoricùku たどりつく /ey./ やっとたどりついてほっとする kendini dar at-.

tadòru たどる /ey./ izle-.

taedae 絶え絶え /a./ 息も～になる can alıp can ver-, katıl-.

taegatài 耐え難い, 堪え難い /s./ çekilmez, dayanılmaz, bunaltıcı, eziyetli. ～言動をがまんする ağzının kokusunu çek-. 堪え難くなる ağır gel-, canına tak de- (et-).

taegàtasa 耐え難さ, 堪え難さ /a./ usanç.

taekirè・ru 耐えきれる, 堪えきれる /ey./ この人は困難に堪えきれない. Bu adam sıkıntıya gelmez.

taemà 絶え間 /a./ kesinti. ～のない devamlı. ～のない仕事 devamlı iş. ～なく biteviye, boyuna.

taerarè・ru 耐えられる /ey./ 耐えられない dayanılmaz, can dayanma-, çekeme-, canına yet-, çok gel-, elden gelme-. 私は彼の無礼に耐えられない. Ben onun münasebetsizliklerini hazmedemem.

taè・ru 耐える /ey./ dayan-, göğüs ver-, içine at-, karşı dur-, katlan-, sabret-, takat getir-, kaldır-, gel-. 試練に～ çile çıkar- (doldur-). 貧しさに～ sıkıntıya dayan-. 困難に～ it canlı. 困難に耐えよ. Başa gelen çekilir.

taè・ru 絶える /ey./ körel-, yok ol-. 息が～ nefesi kesil-. 人気が～ ıssızlaş-. 一家が～ aile körel-. 家系が～ ocağı sön-. 笑いこけて息も絶えそうだった. Gülmekten nerdeyse katılacaktım.

taesinòbu 堪え忍ぶ /ey./ 人は子供のために何事にも堪え忍ばなければならない. İnsan çocukları için her şeye katlanmalı.

tàezu 絶えず /be./ gece gündüz. 心臓は～収縮・弛緩して血行を保つ. Yürek biteviye kısılıp gevşeyerek kanın dolaşımını sağlar.

tagà たが /a./ kasnak, çember. ～が緩む kağşa-.

tagaè・ru たがえる /ey./ 私は言ったことをたがえません. Ben söylediklerimden şaşmam.

tagai 互い /a./ birbiri, yekdiğeri. ～の karşılıklı, mütekabil. ～の愛情と尊敬 karşılıklı sevgi ve saygı. ～に birbirine, birbirinden, birbiriyle. 二人で～に teke tek. ～に間近に adım başında. ～に必要としている ben hancı sen yolcu. ～に無関係の

birbirini tutmaz. 〜に自分の方へ引くçekiştir-. お〜さま bilmukabele. 二人の子供は〜に抱き合った. İki çocuk birbirini kucakladı. お〜に傷つけ合わないでください. Birbirinizi incitmeyiniz.

tagaku 多額 /a./ çok toplam.

tagane たがね /a./ keski.

tagayasarẽ・ru 耕される /ey./ 長い間耕されていない土地 çiğ toprak.

tagayàsu 耕す /ey./ çift sür-, kabart-, işle-, sür-. 土地を〜 toprağı işle-. 畑を耕しに行く çifte git-. すきで土を〜 sabanla toprağı kabart-. 深く〜 kiriz-. 二度〜 ikile-. 耕して一年休ませておく畑 herk.

tagubòoto タグボート (İng. tugboat) /a./ römörkör.

tagui たぐい, 類 /a./ eş. 証文の〜 senet senet. 〜ない成功 eşsiz bir başarı.

tàhata 田畑 /a./ tarla.

tahòo 他方 /a./ öte. 〜から diğer yandan. 〜では öte yandan. 一方は… 〜は… biri… öbür….

Tài タイ /a./ Siyam, Tayland.

tài タイ, 鯛 /a./ mercan balığı.

tài 隊 /a./ ekip.

tài 態 /a./ çatı.

tàibacu 体罰 /a./ beden cezası.

taibañ 胎盤 /a./ etene, (俗語) eş.

taiboo 待望 /a./ umutla bekleme. 〜する hasret çek-.

tàibyoo 大病 /a./ まあまあ, 子供が〜なんですって. Vah vah, çocuk çok hasta !

tàicu タイツ(İng. tights) /a./ mayo. レスラーの〜 şiraze.

tàida 怠惰 /a./ tembellik. 〜な tembel. 〜な人 tembel. 〜な習慣 tembel âdet. 〜がおそう tembellik çök-.

taidañ 対談 /a./ görüşme.

taidàñsya 対談者 /a./ muhatap.

tàido 態度 /a./ davranış, eda, çalım, tavır, tutum, vaziyet, duruş, şekil, hâl. 好ましい〜 sevimli eda. 母親のやさしい〜 anasının yumuşak tutumu. 〜の edalı. まじめな〜の ciddî edalı. 大きな〜の çalımlı. 〜を取る vaziyet al-. 同じ〜を取る kenetlen-. 〜を変える suratı değiş-, kalıptan kalıba gir-. 〜をよく変える mercimek gibi. 〜を変えない dimdik dur-. ある〜を示す durum al-. お客に対する〜はとても冷たかった. Konuklara karşı davranışı pek soğuktu. 彼の〜から何が言いたいのか分かっていた. Onun hâlinden ne demek istediği anlaşılıyordu. この男の〜はまったくがまんならない. Bu adamın tavrı hiç çekilmez.

taieki 退役 /a./ terhis. 〜の emekli.

tàieki 体液 /a./ öz su, usare.

tàiga 大河 /a./ nehir, ırmak.

taigai たいがい, 大概 /be./ çoğu. 〜の場合 genellikle. 午後には〜風が吹く. Öğleden sonraları çoğu rüzgâr esiyor.

tàigai 体外 /a./ vücut dışı. 〜へ出す düşür-.

taigaku 退学 /a./ 〜する okuldan vazgeç-. 〜証明 tasdikname. 二年落第して〜させられた belgeli.

taigañ 対岸 /a./ karşı kıyı.

taiga syòosecu 大河小説 /a./ ırmak roman.

taigeñsòogo 大言壮語 /a./ iri laf, (隠語) palavra. 〜する büyük laf et-. 〜するな. Büyük lokma ye büyük söyleme.

tàigi 大儀 /a./ 〜そうな足どり bıkkın adımlar.

tàigo 隊伍 /a./ koşun.

taiguñ 大群 /a./ kütle. 〜の列 tabur.

taiguu 待遇 /a./ karşılama. 悪い〜をする horla-. 分不相応な〜を与える ayağının pabucunu başına giy-.

taihai 退廃 /a./ bozulma, cürüme.

Taihèiyoo 太平洋 /a./ Büyük Okyanus.

taiheñ 大変 /be./ çok, pek, iyice,

iyicene, gayet. ～美しい çok güzel. ～心配する başına karalar dağla-. ～腹が減っている açlıktan gözü (gözleri) karar-. ～な fevkalâde, hayli. ～な混雑 bin bir ayak bir ayak üstüne. さあ～だ oldu olanlar. まあ～ (俗語) üstüme iyilik sağlık, üstüne sağlık.

taihi 対比 /a./ nispet, oran, teşbih.
taihi 退避 /a./ sığınma.
taihizyo 退避所 /a./ sığınak.
tãiho 逮捕 /a./ tevkif, tutuklama. ～する tutukla-, yakala-. ～される baskına uğra-, yakalan-. 警察は手もとの証拠をもとに犯人を～した. Polisler eldeki kanıtlardan yararlanarak suçluları yakaladılar.
taihoo 大砲 /a./ top. ～の口径 topun çapı. ～を鋳造する top dök-. ～のそばで topun ağzında. 馬に背負わせた～ (古語) zemberek. ～が火を吹いた. Top atıldı.
taihũu 台風 /a./ tayfun.
tãii 退位 /a./ ～させる tahttan indir-.
tãii 大尉 /a./ yüzbaşı.
tãiiku 体育 /a./ beden eğitimi, beden terbiyesi.
taiiñ 退院 /a./ ～する hastaneden çık-, taburcu edil-. ～する病人 taburcu hastalar. 医者が～させる taburcu et-. 病人は～した. Hasta taburcu oldu.
taiĩñneñ 太陰年 /a./ ay yılı, kamer yılı.
taiĩñreki 太陰暦 /a./ ay takvimi.
taiĩñzuki 太陰月 /a./ kamer ayı.
taika 耐火 /a./ ～の ateşe dayanır, yanmaz.
tãika 退化 /a./ gerileme.
taikai 大海 /a./ alarga. ～に出る alarga et-.
taikai 大会 /a./ kurultay.
taikaku 体格 /a./ fizik yapısı, vücut yapısı, çelim, endam, fizik, yapı. ～の yapılı. ～のいい kapı gibi.

大きな～ çam yarması.
taikaku 対格 /a./ belirtme durumu.
taikakuseñ 対角線 /a./ çapraz çizgiler, köşegen, kutur.
taikãñsiki 戴冠式 /a./ taç giyme töreni.
taikecu 対決 /a./ yüzleşme. ～する karşılaş-, yüzleş-. 両校のサッカーチームが今日～する. İki okulun futbol takımları bu gün karşılaşıyorlar.
taikei 体系 /a./ dizge, sistem. 音声記号の～ ses işaretleri dizgesi.
taikei 体刑 /a./ beden cezası.
taikei 大系 /a./ seri.
taikeika 体系化 /a./ ～する sistemleştir-.
taikeiteki 体系的 /a./ ～な sistemli.
taikeñ 体験 /a./ deneyim, yaşantı. ～で得た能力 meleke.
tãiki 大気 /a./ atmosfer, hava. ～の状態 hava vaziyet.
taikĩkeñ 大気圏 /a./ atmosfer.
taikiñ 大金 /a./ çok para. ～を使う çok para harca-. ～を投じる para dök-. ～をもうける para kır-, para kes-. ギャンブルで～をかける büyük oyna-. 無益にこんな～を使ってしまった. Hiçten bu kadar masrafa girdim.
taiko 太鼓 /a./ davul. ～をたたく davul çal-, davul döv-. ～をたたく人 davulcu. 小さい～ dümbelek. 手でたたく～ tamtam.
tãiko 太古 /a./ ～の Nuh zamanından kalma.
taikobañ 太鼓判 /a./ ～を押す büyük laf et-, kalıbını bas-.
taikobara 太鼓腹 /a./ ～になる göbek bağla-.
taikõmoci 太鼓持ち /a./ çığırtkan.
taikoo 対抗 /a./ karşı gelim, karşıtlık, aleyh, aleyhtarlık, mukabil. ～の mukabil. ～する aleyhe dön-, cepheleş-, göğüs ger-, vaziyet al-. ～しうる çık-.
taikoozĩai 対抗試合 /a./ karşı-

laşma.
taikucu 退屈 /a./ gına, sıkıntı, tatsızlık. 〜な sıkıcı, tatsız. 〜な映画 sıkıcı film. 〜する canı sıkıl-, gına gel- (getir-), keyfi bozul-, sıkıl-, usan-, yüreği şiş-. 〜させる kabak tadı ver-. 一人で〜だ. Yalnız oturmaktan sıkıldım. 家に一人残る覚悟はできていたがやっぱり〜だ. Evde yalnız kalmağa hazırlıklı olurum da yine sıkılırım. 何かしよう、〜でやりきれない. Bir şeyler yapalım, boşluktan sıkılıyorum.
taikuu kàki 対空火器 /a./ uçaksavar.
taikyaku 退却 /a./ gerileme, ricat.
tàikyo 退去 /a./ çekilme.
taikyuu 耐久 /a./ mukavemet, tahammül.
taikyùuryoku 耐久力 /a./ götürüm, kuvvet. 〜のある götürümlü.
taikyuusei 耐久性 /a./ metanet.
tàima 大麻 /a./ esrar, haşiş, kendir, kenevir. 〜を吸う esrar çek-.
tàimacu たいまつ、松明 /a./ meşale.
taimañ 怠慢 /a./ ihmal, kusur. 〜な ihmalci, ihmalkâr.
taimeñ 体面 /a./ haysiyet, yüz akı. この言葉は彼の〜を傷つけた. Bu söz haysiyetine dokundu.
taimeñ 対面 /a./ buluşma, karşılaşma.
taimoo 大望 /a./ 〜を抱く gözü büyükte (yüksekte) ol-. 〜のある gözü yüksekte. 誰にでも〜がある. Her yiğidin gönlünde bir aslan yatar
tàimu タイム(İng. time) /a./ ちょっと〜 sayım suyum yok.
tàinai 体内 /a./ vücut içi. 〜のガス gaz.
tainecusei 耐熱性 /a./ 〜の磁器 ateşe dayanıklı porselen.
tàioñ 体温 /a./ vücut sıcaklığı, diriksel ısı.

taioñkei 体温計 /a./ termometre, sıcaklıkölçer, derece.
taioo 対応 /a./ 〜する karşıla-.
taipìsuto タイピスト(İng. typist) /a./ daktilograf, daktilo yazan, daktilo.
tàipu タイプ(İng. type) /a./ tip, örnek ; daktilografi. 〜する daktilo et-.
taipuràitaa タイプライター(İng. typewriter) /a./ daktilo makinesi, yazı makinesi, daktilo. 〜で打つ daktilo et-. 〜で打つこと daktilografi. 〜のリボン daktilo şeridi. 〜の紙 pelür.
taira 平ら /a./ 〜な düz, düzgün, düz ayak, yassı, tabak gibi. 〜な土地 düz yer. 〜な草原 düz ova. 〜な板 düzgün tahta. 〜なこと yassılık. 〜にする düzelt-, düzle-, tesviye et-, yassılt-. 〜にすること tesviye. 〜になる düzel-, yassılan-, yassılaş-, yassıl-, yat-. 道の前途は〜だ. Yolun ilerisi düz. ここの地面は踏まれ踏まれて〜になった. Burada toprak basıla basıla düzelmiş.
tairagè・ru 平らげる /ey./ (俗語) hakla-, (口語) göçür-, yuvarla-, (隠語) temize havale et-. パンを一人で平らげた. Bir ekmeği tek başına hakladı. ひとなべのピラフを平らげた. Bir tencere pilavı yuvarladı. ひとかごのイチジクをペロッと平らげた. Bir sepet inciri lopur lopur yiyiverdi.
tairecu 隊列 /a./ koşun, nizam, saf, dizi, kol.
tairicu 対立 /a./ karşıtlık, aykırılık, aleyh, aleyhtarlık, çelişki, çelişme, muhalefet, tezat, zıddiyet. 〜する cepheleş-, karşı çık-, zıtlaş-, karşıt, aykırı, muarız, muhalif. 〜する考え方 çatışık düşünceler. 白と黒、暑さと寒さという概念はそれぞれ互いに〜している. Akla kara, sıcakla soğuk kavramları birbirine karşıttır.

tairiku 大陸 /a./ kara, kıta. 〜の karasal.
tairikudana 大陸棚 /a./ kıta sahanlığı.
tairikǔkañ 大陸間 /a./ 〜の kıtalararası.
tairikusei 大陸性 /a./ 〜の karasal.
tǎiru タイル(İng. tile) /a./ çini, fayans, seramik. 〜の çini, çinili, seramik. 〜のストーブ çini soba. 〜でおおう çini döşe-. 〜でできている çinili. 白い〜が張ってある beyaz fayanslarla kaplı.
tairukoo タイル工 /a./ çinici.
tairusei タイル製 /a./ 〜の çini.
tairu syǒkuniñ タイル職人 /a./ çinici.
tǎiryoku 体力 /a./ bilek kuvveti, beden kuvveti.
tairyoo 大量 /a./ hesabı yok, çok miktar. 〜の tonla. 〜に toptan. 〜に人が死ぬ kırıl-. 〜に出す yağdır-.
tairyoo sǎcuriku 大量殺りく /a./ kırım.
tairyoo sěisañ 大量生産 /a./ seri imalât.
taisa 大佐 /a./ albay, miralay.
taisaku 対策 /a./ önlem. 有効な〜 verimli bir önlem. 〜を講じる önlem al-.
taisecu 大切 /a./ önem. 〜な önemli, büyük. 〜なもの göz bebeği. 〜でない önemsiz. 〜にする koru-. とても〜にする gözü gibi sev- (sakın-). 〜に育てる kuş sütü ile besle-.
taisei 体制 /a./ nizam, rejim, düzen. 民主主義は公開〜だ. Demokrasi açıklık rejimidir.
Taisěiyoo 大西洋 /a./ Atlas Okyanusu. 〜横断の transatlantik.
taiseiyǒo saba タイセイヨウサバ /a./ uskumru.
taiseiyoo sǎke タイセイヨウサケ /a./ som.
taiseki 堆積 /a./ birikim, öbek, yığıntı.
taiseki 堆石 /a./ 氷河による〜 buzul taş.
tǎiseki 体積 /a./ hacmi istiabi, hacım, oylum.
tǎisi 大使 /a./ büyük elçi, elçi, sefir. 〜の職 büyük elçilik, elçilik. 〜を引きあげる elçisini çek-.
taisicu 体質 /a./ yaradılış.
taisìkañ 大使館 /a./ büyük elçilik, elçilik, sefaret, sefarethane. 〜の随員 ataşe, elçilik uzmanı. 〜の書記官長 kançılar. 〜の書記局 kançılarya. 〜の護衛 kavas.
taisikǎñiñ 大使館員 /a./ ataşe.
taisiñ 耐震 /a./ 〜建築 depreme dayanıklı binalar.
tǎisita 大した /s./ 〜ことはない ne olacak, canı sağ olsun! 〜ことのない fark etmez. 見かけによらず〜ものだ az değil! 〜腕前だね eline (elinize, ellerinize) sağlık. 5リラや10リラ, 〜ことはない. Beş on liranın lafı mı olur? 彼の発言は〜ことではありません. Onun sözlerine aldırmam. 〜友達ではなく, あいさつを交わす程度だ. Pek ahbap değiliz, selâmlaşırız.
tǎisite 大して /be./ pek … değil. 〜重要でない anlamsız. この料理には〜食欲を感じません. Bu yemeğe pek istek duymuyorum.
taisoo 体操 /a./ idman, jimnastik, cimnastik. 〜する idman yap-. 肥満腹を引っ込めるために毎朝〜している. Göbeğini eritmek için her sabah jimnastik yapıyor.
tǎisoo 大層 /be./ çok, pek. 〜寒い çok soğuk. 〜欲しがる (俗語) kıç at-.
taisǔru 対する /ey./ karşılaş-, mukabil. …に対して -e karşı. この言葉に対して bu söze mukabil. あなたのその言葉に対して何と言えばよいのでしょう. Sizin bu sözünüze karşı ne demeli? この援助に対して君から見返りを期待し

てはいない。Bu yardım için senden karşılık beklemiyorum. お客に～態度はとても冷たかった。Konuklara karşı davranışı pek soğuktu.
tāisyaku 貸借 /a./ alacak ve verecek. ～対照表 bilanço, envanter.
taisyaku kāñkei 貸借関係 /a./ alacak verecek.
taisyoku 退職 /a./ emeklilik, tekaüt. ～する emekli ol-, emekliye ayrıl-. ～させる meslekten ol-. 年金を与えて～させる emekliye ayır- (çıkar-, çıkart-). ～した emekli.
taisyoku 大食 /a./ oburluk.
taisyokukiñ 退職金 /a./ kıdem tazminatı.
taisyoku neñkiñ 退職年金 /a./ açık maaşı.
taisyoo 対象 /a./ nesne. ～の nesnel. ～にする tabi tut-. 訴訟の～になっている davalı.
taisyoo 隊商 /a./ kafile, kervan.
taisyoo 対照 /a./ tezat.
taisyoo 対称 /a./ bakışım, simetri.
taisyoo 大勝 /a./ utku, zafer, yengi.
tāisyoo 大将 /a./ (口語) üstat. 海軍～ oramiral. 陸軍～ orgeneral.
taisyooteki 対称的 /a./ bakışımlı, bakışık, simetrik.
taisyōo yado 隊商宿 /a./ han, kervansaray, misafirhane.
taisyucu 退出 /a./ işten çıkış. 出勤と～の時には交通が渋滞する。İşe gidiş ve işten çıkış saatlerinde trafik tıkanıyor.
taisyuu 大衆 /a./ amme, halk kütleleri, halk, umum, (俗語) millet. ～の umumî. 国民～ halk yığınları. ～を立ち上がらせる ayağa kaldır-.
taisyuumuki 大衆向き /a./ ～の harcıâlem.
taisyuu syūukai 大衆集会 /a./ miting.
taisyuuteki 大衆的 /a./ ～なレベル

にある halka in-.
taitei 大抵 /be./ genellikle, çoğu, çokça, çoğunlukla. トルコ人は～客好きだ。Türkler genellikle konukseverdir. 若い頃努力しなかった人は年とってから～みじめな暮しをする。Gençliklerinde çalışmayan kişiler yaşlılıklarında çok kez sürünürler.
taitoo 対等 /a./ eşitlik.
taiwa 対話 /a./ diyalog.
taiwāsya 対話者 /a./ muhatap.
taiya タイヤ(İng. tire) /a./ lastik. 自動車の～に空気を入れる otomobilin lastiğine hava bas-. ～のチューブ iç lastik. ～がパンクした。Lastik patladı.
taiya cyēeñ タイヤチェーン(İng. tire chain) /a./ patinaj zinciri.
taiyoku 大欲 /a./ ～は無欲に似たり。Deveyi yardan uçuran bir tutam ottur.
taiyoo 大洋 /a./ engin deniz, okyanus, engin. ～には暖かい海流がある。Okyanuslarda sıcak su cereyanları vardır.
tāiyoo 太陽 /a./ güneş, gün. ～の熱 güneşin harareti (sıcaklığı). ～の引力 güneş çekimi. ～の黒点 benek, gözenek. ～が焼きつける gün geç-. ～が出た。Güneş çıktı. この部屋にはまったく～がとどかない。Bu odaya hiç güneş gelmiyor.
taiyookei 太陽系 /a./ güneş dizgesi, güneş sistemi.
taiyōoneñ 太陽年 /a./ güneş yılı.
taiyōoreki 太陽暦 /a./ güneş takvimi.
taiyoo supēkutoru 太陽スペクトル /a./ güneş tayfı.
taiyōozicu 太陽日 /a./ güneş günü.
taiza 胎座 /a./ etene.
taizai 滞在 /a./ duruş. ～する kal-, kon-, eğleş-.
tāizañmeidoo 大山鳴動 /a./ §～してネズミ一匹。Dağ doğura doğura bir fare doğurmuş.

tàizi 退治 /*a.*/ ～する satır at-, yakadan at-.

tàizi 胎児 /*a.*/ dölüt, cenin, oğulcuk. 馬の・ロバの～ kulun.

taiziñ 退陣 /*a.*/ 内閣が～する kabine çekil-.

taizyoo hòosiñ 帯状疱疹 /*a.*/ zona.

taizyuu 体重 /*a.*/ vücut ağırlığı. ～がふえる kilo al-. ～が減る kilo ver-.

taizyuukei 体重計 /*a.*/ baskül.

taka タカ, 鷹 /*a.*/ doğan.

takabùru 高ぶる /*ey.*/ 感情が～ yüreği kalk-. 感情が高ぶってものが言えない boğazına düğümlen-.

takadai 高台 /*a.*/ seki, set, teras.

takàdaka たかだか, 高々 /*be.*/ en çok.

takài 高い /*s.*/ yüksek, tiz, ince; pahalı. ～こと yükseklik. ～山 yüksek dağ. ～声 yüksek ses, ince ses. 背が～ uzun boylu, uzun, boylu, bacaklı. 背が高くてハンサムな boylu boslu. 高くなる yüksel-, yücel-. 背が高くなる boy al-. 高くする yükselt-, yücelt-. 高く上がる ağ-, göklere çık-. (値) 値が～ pahalı, tuzlu. ～値で pahalıca. ～月給 dolgun aylık. 高過ぎる値段 yüksek fiyat. ～物を売る人 pahacı. 値が高くなる pahalan-, pahalılaş-. 高くつく pahalı. ～ものにつく pahalı otur-, pahalıya mal ol-, mal ol-, tuzluya mal ol- (otur-, patla-). かえって～ものにつく astarı yüzünden pahalı. 《文》いすが高くて足が地につかない. Sandalyenin yüksekliğinden ayaklarım yere değmiyor. 日は相当に高くなっていた. Güneş adamakıllı yükselmişti. へいを一メートル高くしなければならない. Duvarı bir metre kaldırmalı. この靴はとても～. Bu ayakkabı çok pahalı. 物価が高くなった. Fiyatlar yükseldi. これは我々に高くついた. Bu bize pahalıya oturdu. 石油発見の事業はとても高くつく. Petrol arama eylemi çok masraflı oluyor.

takàkukei 多角形 /*a.*/ çokgen, poligon.

takamari 高まり /*a.*/ yükselme. 潮の急激な～ deniz baskını.

takamàru 高まる /*ey.*/ yücel-.

takamè・ru 高める /*ey.*/ yücelt-. 地位を～ yükselt-. 価値を～ değerlendir-.

takàne 高値 /*a.*/ pahalılık.

takanòzomi 高望み /*a.*/ ～する yükseklerde dolaş-, yüksekten uç-.

takarã 宝 /*a.*/ hazine. ～を探す gömü ara-.

takarãkuzi 宝くじ /*a.*/ piyango. ～の抽せん çekiliş. ～で賞金が当たる piyangodan ikramiye çık-. ～の年頭抽せんまで二日ある. Millî Piyango'nun yıl başı çekilişine iki gün var. 友達に～が当たった. Arkadaşa piyango çıkmış.

takaramono 宝物 /*a.*/ hazine. 埋めた～ gömü.

takariya たかりや /*a.*/ bedavacı, (俗語) beleşçi.

takaru たかる /*ey.*/ sömür-, (隠語) otla-. まわりの人達に～ çevrelerini sömür-.

tàkasa 高さ /*a.*/ yükseklik, boy, irtifa. 木の～ ağacın boyu. ひざの～まで diz boyu.

takatobi 高跳び /*a.*/ atlama.

takawàrai 高笑い /*a.*/ kahkaha. ～をする kahkaha at-.

takazyoo 鷹匠 /*a.*/ (古語) kuşçu.

take タケ, 竹 /*a.*/ bambu.

takè 丈 /*a.*/ boy. 身の～ boy. ～で水深を測る boy ver-. 幅や～を測る çapla-.

takerikurùu たけり狂う /*ey.*/ deliye dön-. たけり狂った kuduruk, zırdeli.

takè・ru たける /*ey.*/ 出歩く仕事にたけた人 ayağına çabuk.

takeuma 竹馬 /*a.*/ ayaklık.

taki 滝 /*a.*/ çağlayan, şelâle, ～のよう

に汗を流す su gibi terle-.
takigi 薪 /*a.*/ odun. 〜を取りに行く oduna git-. 〜になる木 odunluk.
takigigoya 薪小屋 /*a.*/ odunluk.
takisiido タキシード (İng. tuxedo) /*a.*/ smokin.
takkyuu 卓球 /*a.*/ masa tenisi, masa topu, pingpong.
tàko たこ, 凧 /*a.*/ uçurtma. 〜のしっぽ uçurtmanın kuyruğu. 〜を揚げる uçurtmayı uçur-. 父は私に色紙と細板で〜を作ってくれた. Babam bana renkli kâğıtlar ve çıtalardan bir uçurtma yaptı.
tàko たこ /*a.*/ nasır. 〜ができる nasır bağla- (tut-), nasırla-, nasırlaş-. 〜のできた nasırlı.
tàko タコ /*a.*/ ahtapot.
tàkoku 他国 /*a.*/ gurbet, yad eller. 〜の支配下となる haritadan silin-. 〜でつらい目にあう gurbet çek-. 〜へ移住した人 göçmen.
taku 宅 /*a.*/ お〜の犬 köpeğiniz. 昨夜はお〜でたいへん愉快でした. Dün gece sizde iyi eğlendik.
taku 焚く /*ey.*/ yak-. 火を〜 ateşle-. ストーブを日に二度〜. Sobayı günde iki ağız yakıyor. 壁が冬中焚いたストーブのすすで黒くなっている. Duvarlar kış boyu yanan sobanın isiyle kararmış.
taku 炊く /*ey.*/ pişir-. 飯を〜 pirinç pişir-. 小麦を炊いたもの bulgur.
takuhacùsoo 托鉢僧 /*a.*/ kalender.
takumasìi たくましい /*s.*/ adalî, dinç, at gibi. たくましく育つ kükre-.
takumi 巧み /*a.*/ 〜な becerikli, sanatlı. 〜な人 cambaz. 言葉〜な yalpak. 言葉〜な人 söz cambazı. 〜にする becer-.
takurami たくらみ, 企み /*a.*/ komplo, (口語) dalavere, (隠語) dümen.
takurámu たくらむ, 企む /*ey.*/ başına çorap ör-, başının altından çık-. 騒動を〜 fesat karıştır- (çıkar-). 君は

何か企んでいるな, あっちへ行け, おれをまきぞえにしないでくれ. Sen kaşınıyorsun galiba, git işine, başımı belaya sokma.
takusañ たくさん, 沢山 /*be.*/ bereket, bet bereket, çok, etek dolusu, etek etek, gani gani, bir sürü, kucak dolusu, kürek kürek, neler. 〜の çok, birçok, bin bir, bir alay, bir nice, bir sürü, bin, hayli, nice nice, tonla, iyi, uçsuz bucaksız, kırk, derya gibi, dünya kadar, karınca gibi. 非常に〜の sürüsüne bereket, kum gibi, sayısını Allah bilir. 〜の品物 eşya kalabalığı. 〜の場所に立ち寄る kırk kapının ipini çek-. 〜の借金をする boğazına kadar borca gir-. 〜になる baştan aş-, doy-. 〜ある geçilme-, içinde yüz-. 〜あること çokluk. 〜意味のある çok anlamlı. 人にものを〜やる gark et-. 金を〜もうける cebini doldur-. お金を〜 avuç dolusu. そばに人が〜いる başı kalabalık. 〜食べてください (俗語) boğaz ola. もう〜だ kâfî, yeter. 地面に水はもう〜 toprak suya doy-. やあ, もう〜だ. Eh, artık çok oluyorsun!
takusiagè·ru たくし上げる /*ey.*/ sıva-.
tàkusii タクシー (İng. taxi) /*a.*/ taksi. 〜のメーター taksi saati, taksimetre. バスがすぐ来なければ〜に乗りましょう. Otobüs hemen gelmezse taksiye binelim.
takusùru 託する /*ey.*/ ısmarla-.
tàkuto タクト (Al. Takt) /*a.*/ değnek.
takuwàe 蓄え /*a.*/ yedek akça, ihtiyat.
takuwaè·ru 蓄える /*ey.*/ artır-, biriktir-, depo et-, depola-. 蓄えた金で小さな家を手に入れた. Biriktirdiği para ile bir kümes edindik.
takuzisyo 託児所 /*a.*/ kreş. 〜に預ける kreşe bırak-.

tamã 玉 /*a.*/ top. 糸を巻いて～にする yumakla-. ～が太る göbeklen-. ～のような汗をかく bulgur bulgur terle-. ～のような子供 nur topu gibi çocuk.

tamã 弾 /*a.*/ kurşun. ピストルに～をこめる tabancayı doldur-. ～を受ける kurşun ye-. ～の入った dolu. ～をこめた銃 dolu tüfek.

tamaami 玉網 /*a.*/ kepçe.

tamãbuci 玉縁 /*a.*/ fitil.

tamabusa 玉房 /*a.*/ ponpon.

tamãcuki 玉突き /*a.*/ bilardo.

tamacukidai 玉突き台 /*a.*/ bilardo masası.

tamacukizyoo 玉突き場 /*a.*/ bilardo salonu.

tamagè・ru たまげる /*ey.*/ şaş-, hayret et-.

tamãgo 卵 /*a.*/ yumurta. 鶏の～ yumurta. 魚の～ balık yumurtası. シラミの～ bit sirkesi. 腐った～ cılk yumurta. ～を産む yumurtala-. ～をかき混ぜる yumurta çalka-. ～を暖める gurka yat-. ～を暖めようとする gurk ol-. ～を暖めているめんどり gurk. めんどりが～を裏返す yumurta çalk-. ～の白身 yumurta akı. ～の黄身 yumurta sarısı. ～を入れる箱 tabut. カメや魚や鳥は～でふえる. Kaplumbağalar, balıklar, kuşlar yumurta ile ürerler.

tamagogata 卵形 /*a.*/ ～の beyzi, oval.

tamagoyaki 卵焼き /*a.*/ sahanda yumurta.

tamamusiiro 玉虫色 /*a.*/ ～の yanar döner, şanjan.

tamanègi タマネギ, 玉ねぎ /*a.*/ soğan. 三個の～ üç baş soğan. ～を刻む soğanları çent-. ～を塩でもむ soğanı tuzla ez-. ～をいためる soğanı kavur-. ～の玉ができた. Soğan başlandı.

tamani たまに /*be.*/ arada bir, arada sırada, arasıra, seyrek. ごく～ ender.

tamapiñ 玉ピン /*a.*/ toplu iğne. ～の頭 toplu iğne başı.

tamari たまり /*a.*/ birikinti, uğrak.

tamariba たまり場 /*a.*/ uğrak, ocak.

tamarimizu たまり水 /*a.*/ durgun su.

tamariñdo タマリンド /*a.*/ demirhindi.

tamarisuku タマリスク /*a.*/ ılgın.

tamaru たまる /*ey.*/ birik-, irkil-, yığış-, yığılıp kal-, otur-. 借金が～ borç birik-. あって～ものか haşa. おりがびんの底にたまった. Tortu şişenin dibine oturmuş. みんな通信簿を早くもらいたくてたまらなかった. Hepimiz karnelerimizi almak için sabırsızlanıyorduk.

tãmasii 魂 /*a.*/ can, ruh. ～を奪う canını al-.

tamatama たまたま /*be.*/ kazaen, kazara, rasgele, tesadüfen. ～手に入る rast gel-, rastla-.

tamè ため /*a.*/ için; yarar. ⋯の～の ait, için. 食べる～の苦労 boğaz derdi. ⋯の～に için, dolayı, binaen, elinden, hakkı için, hatırı için, haysiyetiyle, hesabına, ötürü, üzere, üzerine, yüz üstü, yüzü suyu hürmetine, yüzü suyuna. 彼の～にondan uğruna. ある人の～に başı için. この～に bundan dolayı. その～に binaenaleyh. 祖国の～に死ぬ yurt uğrunda öl-. 昇進の～に利用する basamak yap-. ⋯の～には için. ～になる yara-, lehine ol-, hesabına gel-, yararlı, iyi. ～になること leh, iyilik. 祖国の～に頑張った. Yurt için çalıştım. この辞書の～に二年働いた. Bu sözlük üzerine iki yıl çalıştık. 暖炉を燃やす～に一箱のマッチをすった. Ocağı yakmak için bir kutu kibrit çaktı. アイチャは眠る～に横になった. Ayça uyumak üzere yattı. 病気の～に会議に出られなかった. Hastalığından dolayı toplantıya gelmedi. この～に大金を費した. Bu uğurda çok

para sarfetti. 友の言葉はつらいが〜になる. Dost ağlatır, düşman güldürür. Dost sözü acıdır. カエルは人の〜になる動物だ. Kurbağa insanlar için yararlı bir hayvandır.
tameike ため池 /a./ havuz.
tameiki ため息 /a./ 〜をつく iç çek-, iç geçir-, içini çek-, ah et-, ahla-, göğüs geçir-. ああと〜をつく ofla-. ふうっと〜をつく pofurda-, pufla-.
tamerai ためらい /a./ ikircim, naz, tereddüt.
tamerarê•ru 矯められる /ey./ 老木は矯められない. Kart ağaç doğrulmaz.
tamerau ためらう /ey./ çekin-, durala-, geri kal-, bocala-, duraksa-, nazlan-. 一瞬〜 durakla-. 〜ことがない顔つき tutma-. 〜ことなく bir iki demeden (derken)-.
tame•ru 貯める, 溜める /ey./ biriktir-, artır-. 金を〜 para biriktir-. 金を貯めている para tut- (yap-). 食べ物を切り詰めて金を〜 boğazından artır-. 金を〜ことに重きをおく para artırmaya önem ver-.
tamê•ru 矯める /ey./ doğrult-.
tamesarê•ru 試される /ey./ 試された tecrübeli.
tamesi 試し /a./ deneme. 〜にやってみる baş vur-.
tamêsu 試す /ey./ dene-, sına-, mihenge vur-, tecrübe et-. 試してみる baş vur-. ペンを買う前に試してみる. kalemi almadan önce sına-.
tâmi 民 /a./ halk.
tamôcu 保つ /ey./ tut-, sakla-, sağla-. 友好を〜 dostluk et- (kur-). 平静を〜 itidalini muhafaza et-. 同じ位置を〜 tutun-. 敵軍は我が軍に対し現状を〜ことができなかった. Düşman ordusu ordumuz karşısında tutunamadı.
tamotasê•ru 保たせる /ey./ 平衡を〜 dengele-.
tana 棚 /a./ raf, göz. 〜に置く rafa koy- (kaldır-). 〜に上げる rafa koy- (kaldır-). コップを〜に並べる bardakları rafa diz-. 〜を歴史書専用にする rafı tarih kitaplarına hasret-. 暖炉の上の石の〜 baca başı.
§〜からぼたもち gökten zembille in-, kısmeti ayağına gel-, olmuş (pişmiş) armut gibi eline düş-.
tanaage 棚上げ /a./ 〜する hasır altı et-, minder altı et-. 〜される hasır altı ol-.
tanagôkoro たなごころ /a./ avuç içi, aya, el ayası.
tanaorosi 棚卸し /a./ 人の〜をやる ip tak-.
tanasiki siñdai 棚式寝台 /a./ ranza.
tâne 種 /a./ tohum, çekirdek, döl, (俗語) çiğit, damızlık. 花の〜 çiçeğin tohumu. 穀物の〜 habbe. カボチャの〜 çekirdek. リンゴの〜 elma çekirdeği. 麻の〜 bezir. ヨーグルトの〜 yoğurt damızlığı. 悩みの〜 baş belâsı. 〜の外皮 kapçık. 〜の入った実 koza. 〜をまく ek-. 〜を大地にまく tohumu toprağa ek-. 〜ができる tohum bağla-. のどに〜が入って窒息する boğazına çekirdek kaçarak boğul-. カボチャの〜などの皮をむいて食べる çitle-. 家畜のよい〜をとる döl al-. 話の〜になる bir parmak bal ol-. 〜がまかれている ekili. けんかの〜をまく人 kavga kaşağısı.
§まかぬ〜は生えない. Ekmeden biçilmez.
tanebanare 種離れ /a./ 〜のよい桃 yarma şeftali.
tane hicuzi 種ヒツジ /a./ damızlık koç. この群には十頭の〜がいる. Bu sürüde on tane damızlık koç var.
tanêmaki 種まき /a./ ekim. 〜をする ekin yap- (ek-). 〜した畑 ekili tarla.
tanenasi 種なし /a./ 〜の çekirdeksiz.
tanenasi bùdoo 種なしブドウ /a./

çekirdeksiz üzüm, kuş üzümü.
tane râkuda 種ラクダ /*a.*/ buğur.
tane uma 種馬 /*a.*/ aygır. 〜が発情した. Aygır kızıştı.
tane umagoya 種馬小屋 /*a.*/ aygır deposu.
tane usi 種牛 /*a.*/ boğa.
taneyoo 種用 /*a.*/ 〜の damızlık, tohumluk. 〜の小麦 tohumluk buğday.
tani 谷 /*a.*/ dere, koyak, vadi. 山越え〜越え dere tepe. 〜も山も音を立ててゴーゴーとうなっていた. Dereler tepeler gürültüyle gümbürdüyordu.
taniñ 他人 /*a.*/ el adamı, el, kimse, el oğlu, yabancı, yad eller. 〜の garip, yabancı. 〜の家 el kapısı. 〜の金で償う sırtından çıkar-. 〜の金で暮らす sırtından geçin-. 〜の手に渡る yabana git-. 〜の気持ちを考えない hatır gönül bilme- (sayma-, tanıma-). 〜の欠点を述べ立てる çekiştir-. 〜とみなす yabancı say- (tut-). 〜に腹を立てて被害を受ける gâvura kızıp oruç ye- (boz-). 御家族にかかわる秘密を〜に言いなさるな. Ailenizle ilgili gizleri başkalarına söylemeyiniz. 私はこの家の〜とみなされている. Ben bu evin yabancısı sayılırım. 〜の援助はあてにならぬ. Elden vefa, zehirden şifa. 〜のことはよく見える. Davulun sesi uzaktan hoş gelir. 〜の生活は分からない. Herkesin tenceresi kapalı kaynar.
§〜のふんどしですもうをとる hazıra kon-.
tanomarê·ru 頼まれる /*ey.*/ rica olun-.
tânomi 頼み /*a.*/ güven. 〜の綱 dokuz körün bir değneği. 〜の綱が切れる tuttuğu dal elinde kal-.
tanomî 頼み /*a.*/ rica, yakarı, yakarış. 〜をことわれない yüzü yumuşak.
tanomikômu 頼み込む /*ey.*/ yakar-, yalvarıp yakar-, ayağına düş-, el

etek öp-, eline ayağına kapan- (sarıl-, düş-), eline eteğine sarıl-.
tanomosîi 頼もしい /*s.*/ mert.
tanômu 頼む /*ey.*/ dile-, rica et-, baş vur-, ricada bulun-, ısmarla-. 保護を人に〜 başına dik-. 上司に頼みに行く eşiğine yüz sür-. ひざまずいて〜 dize gel-, dize var-. 折り入って〜 eteğine düş- (sarıl-), yakar-. 〜から ne olur (olursun). どうか頼みます rica ederim. 君の父が君のことを私に頼んだ. Baban seni bana ısmarladı.
tanosigâru 楽しがる /*ey.*/ eğlen-.
tanosîi 楽しい /*s.*/ hoş, neşeli, eğlenceli, latif, ömür, sevinçli, şen, tatlı, zevkli, neşesi yerinde, gönen-. 〜催し eğlence. 〜集い eğlenceli bir toplantı. 〜人 ömür adam. 〜歌 şen şarkılar. 〜こと hoşluk, can sevecek bir şey. やさしく〜仕事 baklava börek. とても〜状態 göbek havası. 〜時を過ごす keyfet-. 〜日を過ごす felekten bir gün çal-. 〜日々を送る neşeli günler geçir-. 楽しそうな güleç. 美しい声で楽しそうに話す bülbül gibi şakı-. 楽しく hoşça, tatlı tatlı. 楽しくなる neşelen-, şenlen-, keyiflen-, maskaralaş-. 楽しくする neşelendir-. 楽しく過ごす keyfine bak-, gülüp oyna- (söyle-), felekten kâm al-. 本当に楽しく過ごす gününü gün et-. 楽しくない nahoş, neşesiz, zevksiz, (ile) başı hoş olma-, canı sıkıl-. 楽しくないことがある bir hoşluğu ol-. ピクニックに行ってとても楽しかった. Gittiğimiz piknikte çok neşelendik. あの人が来るとみんな楽しくなる. O arkadaş gelince hepimiz şenleniriz.
tanosimasê·ru 楽しませる /*ey.*/ eğlendir-.
tanosimê·ru 楽しめる /*ey.*/ 〜もの konfor.
tanosimî 楽しみ /*a.*/ eğlence, safa, zevk, zevku sefa, keyif, lezzet,

tañki dàigaku

âlem, hava. 戸外の〜 kermes. 〜を邪魔する人 oyunbozan. 彼は〜しか頭にない. O ancak keyfini düşünür. わけもなく人の〜に加わる人. Horoz evlenir, tavuk tellenir.
tanosimu 楽しむ /ey./ eğlen-, neşelen-, keyif çat-, lezzet al-, oyalan-, tadını çıkar-, tat al-, zevk al- (duy-), zevkli gel-, havasını bul-, gül-. 人生を〜 safa sür-. 狩りを〜 avlan-. 十分〜 keyfini çıkar-. 精一杯〜 zevkini çıkar-. それで〜 hayrını gör-. 〜もの eğlence. 〜ために zevk için. いやなことを言って〜人 ağzı kara.
tanosisa 楽しさ /a./ haz, neşe, şenlik, tatlılık, zevk. 〜が忘れがたい tadı damağında kal-. この人は行く先々に〜をもたらす. Bu adam gittiği yere şenlik götürür. 勉強の〜はどんなことでも測れない. Çalışmanın zevki hiçbir şeyle ölçülemez.
tanuki nèiri タヌキ寝入り /a./ kuş (tavşan) uykusu. 〜をする tilki uykusuna yat-.
tañ たん, 痰 /a./ balgam, tükürük. 〜を吐く balgam çıkar-. 〜が切れる balgam sök-.
tañbariñ タンバリン (İng. tambourine) /a./ tef, daire. 〜の鈴 zil.
tañbo 田んぼ /a./ çeltik tarlası.
tañbo sigoto たんぼ仕事 /a./ çeltikçilik.
tañcùbo 痰つぼ /a./ tükürük hokkası.
tañcyoo 単調 /a./ 〜な tek düze, yeknesak, monoton. 色な形が〜な deli kızın çeyizi. 〜さ yeknesaklık. 雨だれが〜な音を出している. Yağmur damlaları tek düze ses çıkarıyor.
tañdoku 単独 /a./ 〜の tek, münferit. 〜で tek başına, yalnız, yalnızca.
tañeki 胆液 /a./ öd, safra.
tañgañ 嘆願 /a./ 〜する aman dile-,

gönüne bak-, gözünün içine bak-.
tañgañsyo 嘆願書 /a./ istida. 〜に添えて提出された文書 dilekçeye ilişik olarak sunulan belge.
tañgo 単語 /a./ sözcük, kelime, lügat. 〜の短縮形 kesik sözcük. その二つの〜は必要ありません, 線を引きなさい. Şu iki sözcük gereksizdir, çiziniz. okumak という〜は三つの音節からなる. Okumak sözcüğünde üç hece var.
tañgo タンゴ (İsp. tango) /a./ tango. 〜ダンス tango.
tañgucu 短靴 /a./ pabuç, iskarpin, kundura.
tañi 単位 /a./ birim, ünite. 数量のより小さい〜 askat. 重さの〜はキログラムです. Ağırlık birimi kilodur. メートルの下の〜はデシメートル, センチメートル, ミリメートルだ. Metrenin askatları desimetre, santimetre ve milimetredir.
tañicu 単一 /a./ 〜の bir, münferit, tenha, yalınç, yalnız, yek.
tañicusei 単一性 /a./ birlik, teklik.
tañka 炭化 /a./ 〜する kömürleş-.
tañka 担架 /a./ sedye. 〜で運ぶ sedyeyle taşı-.
tañka 単価 /a./ birer fiyat.
tañkaa タンカー (İng. tanker) /a./ petrol gemisi, sarnıç gemisi, tanker. タンカーが航路をはずれた. Petrol gemisi rotadan çıktı.
tañkeñ 短剣 /a./ hançer, kama, kasatura, meç.
tañkeñ 探険, 探検 /a./ macera.
tañkeñka 探険家 /a./ maceracı, maceraperest.
tañki 短気 /a./ sabırsızlık. 〜な sabırsız, canı tez, öfkeci, barut gibi.
§〜は損気. Keskin sirke küpüne (kabına) zarar. Öfke ile kalkan ziyanla (zararla) oturur.
tañki 短期 /a./ 〜の geçeğen.
tañki dàigaku 短期大学 /a./ yük-

sek okul.
tañkìkañ 短期間 /a./ kısa süre. ～に進んだ aldı yürüdü.
tañkoo 炭坑, 炭鉱 /a./ kömür ocağı.
tàñku タンク（İng. tank）/a./ depo, tank. ガソリン～ benzin deposu. 燃料～ akar yakıt tankı. トイレの～ sifon.
tañkùsya タンク車 /a./ sarnıç vagonu, tanker.
tañmei 短命 /a./ ～の ömürsüz.
tàñnaru 単なる /s./ tek.
tàñni 単に /be./ sadece, yalnız, bir, sade, safi, salt, sırf.
tañnoo 堪能 /a./ maharet. ～な maharetli. ～する zevkini çıkar-.
tañnoo 胆のう /a./ öd kesesi, safra kesesi.
tañòosyoku 淡黄色 /a./ zerrin.
tàñpa 短波 /a./ kısa dalga.
tañpakùsicu たんぱく質 /a./ albümin, protein. 卵の白身, 肉, 乳には豊富な～がある. Yumurta akı, et ve sütte bol protein bulunur.
tañpeñ 短編 /a./ ～小説 öykü.
tàñpo 担保 /a./ güvence, rehin, ipotek, tutu. ～にする rehin et-. ～に入れる rehine koy-, tutuya koy-. ～になっている ipotekli.
tàñpopo タンポポ /a./ kara hindiba. ～の種 şeytan arabası.
tañsaiboo sèibucu 単細胞生物 /a./ bir gözeliler.
tañsaku 探索 /a./ iskandil.
tañsañ 炭酸 /a./ karbonik asit.
tañsàñeñ 炭酸塩 /a./ karbonat.
tañsañ sòoda 炭酸ソーダ /a./ çamaşır sodası, nışadır.
tañsiñ 単身 /a./ bekârlık, bekâr.
tañsiñ 短針 /a./ akrep.
tañsìñsya 単身者 /a./ bekâr.
tàñso 炭素 /a./ karbon. ～の karbonik.
tañsobyoo 炭疽病 /a./ şarbon.

～は特に羊や牛などに見られる. Şarbon, özellikle koyun ve sığırlarda görülür.
tañsoku 短足 /a./ ～の bastıbacak.
tañsu たんす /a./ dolap, gardırop.
tañsui 淡水 /a./ tatlı su.
tañsuikàbucu 炭水化物 /a./ karbonhidrat.
tañsùisoo 淡水槽 /a./ sarnıç.
tañsùu 単数 /a./ tekil. ～の tekil. ～名詞 tekil ad.
tàñsyo 短所 /a./ kusur.
tàñsyo 端緒 /a./ ipucu.
tañsyootoo 探照灯 /a./ ışıldak.
tañsyuku 短縮 /a./ kısaltma, kısılma.
tañsyukukei 短縮形 /a./ 単語の～ kesik sözcük. TDKはトルコ言語協会の～である. TDK Türk Dil Kurumu'nun kısaltmasıdır.
tañtei 探偵 /a./ dedektif, detektif, hafiye, casus.
tañto たんと /be./ ～めしあがれ bereketli ola！Afiyet olsun！
tañtoo 短刀 /a./ hançer.
Tañzania タンザニア /a./ Tanzanya.
tañzìkañ 短時間 /a./ kısa zaman. ～の訪問 oturma. ～に dünden bu güne.
tañzìzicu 短時日 /a./ ～ののちに kısa bir müddet sonra.
tañzoo 鍛造 /a./ dövme. ～する döv-.
tañzyoo 誕生 /a./ doğma, doğum, (古語) mevlit.
tañzyòobi 誕生日 /a./ doğum yıl dönümü, yaş günü. ～を祝う doğum yıl dönümünü kutla-. ～おめでとう. Yaş gününün kutlu olsun.
tañzyuñ 単純 /a./ sadelik. ～な basit, sade, salt, yalın, yalınç. ～な機械 basit bir makine. ～な計算 çömlek hesabı. ～多数 salt çoğunluk. ～時制 yalın zaman.
tañzyuñka 単純化 /a./ ～する sadeleş-, sadeleştir-.

tañzyuu 短銃 /a./ tabanca.
tañzyuu 胆汁 /a./ öd, safra.
taorė·ru 倒れる /ey./ düş-, yıkıl-, yat-, yığılıp kal-, çarp-. 内閣が〜kabine düş-. 気を失って〜 yığıl-. 倒れたり起きたりする yatıp kalk-. 倒れた yıkık. 倒れない dimdik ayakta dur-. 家が倒れた. Ev yıkıldı. 風で作物が倒れた. Rüzgârdan ekinler yatmış. ちょっと手が花にさわったら花びんが倒れた. Elim çiçeklere ilişmiş, vazo devrildi. 悲しい知らせのためにその場に倒れた. Acı haber üzerine olduğu yere yığıldı.
tàoru タオル(İng. towel) /a./ havlu, el bezi. 浴用〜 haman havlusu. 汚いコップや人の使った〜はいやなものだ. Kirli bardaktan, başkasının kullandığı bir havludan iğreniriz.
taorùire タオル入れ /a./ havluluk.
taorùkake タオル掛け /a./ havluluk.
taorukètto タオルケット /a./ pike. ふとんの代わりに〜を使う yorgan yerine pike kullan-.
taorùzi タオル地 /a./ havluluk.
taòsu 倒す /ey./ aşağı al-, devir-, düşür-, yatır-, yık-, yuvarla-. 木を〜ağacı devir-. 社長を〜 başkanı devir-. 雨が作物を倒した. Yağmur ekinleri yatırdı. 二発のげんこつで相手を倒した. İki yumrukta karşısındakini yıktı. 足払いで男を地面に倒した. Bir çelmede adamı yere yuvarladı.
tapioka タピオカ /a./ 〜の木 manyok.
tappicu 達筆 /a./ işlek yazı.
tappùri たっぷり /be./ adamakıllı, fazlasıyla, ağır ağır, bir güzel, ferah ferah, silme. 〜金をやる doyur-. 〜の (皮肉) hürmetli. 〜したgür. 〜していること bolluk. 雨が〜降った. Yağmur adamakıllı yağdı. 土に〜水をやった. Toprağı su ile doyurdu. 〜1キログラムはある. Ağır ağır bir kilo gelir.
tàra タラ /a./ gelincik.

tarai たらい /a./ leğen. 亜鉛の〜 çinko leğen. 風呂の〜 hamam tası.
taraimàwasi たらい回し /a./ 〜にして 生計を立てる. Ali'nin külahını Veli'ye, Veli'nin külahını Ali'ye giydir-.
tàrappu タラップ(Hol. trap) /a./ iskele, uçak merdiveni. 〜をはずす iskele al-. 船から〜を渡す vapurdan iskele at-.
taràsu 垂らす /ey./ dök-, damlat-, akıt-. 髪の毛を額に〜 saçlarını alnına dök-.
taremaku 垂れ幕 /a./ askı.
tareñto タレント(İng. talent) /a./ istidat.
tarė·ru 垂れる /ey./ ağ-, sark-, damla-, ak-. カバーに油が〜 örtüye yağ damla-. 首を〜 boyun bük-, boyun kes-. 頭を垂れて教室に入る başı eğik sınıfa gir-. 教示を〜 hocalık et-. 教訓を〜 ders ver-. 大きく垂れた testi gibi.
taresagàru 垂れ下がる /ey./ sark-, ağ-. 垂れ下がった sarkık, asık. 垂れ下がっているもの sarkıntı. ブドウのつるがへいから垂れ下がった. Asma, duvardan aşağı ağmış. 実がいっぱいついた木の枝が垂れ下がっている. Bu ağacın meyve dolu dalları yere sarkıyor.
taresagė·ru 垂れ下げる /ey./ sarkıt-.
tari·ru 足りる /ey./ yet-, elver-, kâfi gel-, çıkış-, idare et-, yetiş-, kâfi gel. 足りない eksik çık-, eksik gel-, az gel-, az, eksik, yoksul, bir tahtası eksik. 一人足りない bir kişi eksik. あなたの欲しいものを買うのにこの金で〜. İstediğiniz şeyleri almaya bu para yeter. お金が足りなかったから友達から借金した. Param çıkışmadığı için arkadaşımdan borç aldım. 子供達にパンが足りない. Çocuklara ekmek dayanmıyor. この家を買うはずだったが金が足りなかった. Bu evi alacaktım, fakat param yetişmedi.

taru 樽 /a./ fıçı.
taru 足る /ey./ とるに足らない. Eti ne budu ne?
taruki 垂木 /a./ boyunduruk, kiriş.
tarumase·ru たるませる /ey./ gevşet-.
tarumu たるむ /ey./ gevşe-, bel ver-. たるんだ gevşek, boş. たるんだひも boş ip. 物干しのひもがたるんだ. Çamaşır ipi gevşedi.
taruzuke たる漬け /a./ 〜の塩魚 fıçı balığı.
taryoo 多量 /a./ bol, çok. 〜の dolgun, bol, çok. 〜の血が流れ出す dere gibi ak-.
tasaiboo sèibucu 多細胞生物 /a./ çok gözeliler.
tasaku 多作 /a./ verimlilik. 〜の doğurgan, velut. 〜の作家 velut bir yazar.
tasañ 多産 /a./ verimlilik. 〜の doğurgan, velut, bereketli.
tasi 足し /a./ 〜になる dişe dokunur.
tàsika 確か /a./ 〜な emin, muhakkak, garantili, belgin, dürüst, sağlam. 〜な目 kuvvetli gözler. 〜な学識のある人 kaynak kişi. 〜だ doğru çık-. 〜でない şüpheli. 〜に muhakkak, şüphe yok, elbet, elbette, gerçekten, -se gerek, kuşkusuz, bu güne bu gün, misk gibi. このニュースは〜ではない. Bu haber esassızdır.
tasikamè·ru 確かめる /ey./ sağlama bağla-, sağla-.
tasinamè·ru たしなめる /ey./ uyar-. 厳しく〜 tersle-. 弟がいたずらをした時はやさしく〜. Kardeşim yaramazlık yaptığı zaman onu güzellikle uyarıyorum.
tasinàmu たしなむ /ey./ dadan-.
tasìzañ 足し算 /a./ toplama.
tasogare たそがれ /a./ alaca karanlık.
tassei 達成 /a./ tamamlama. 〜する er-, kaydet-. 完全に目的を〜する tulum çık-. 独立を〜する bağımsızlığa kavuş-. 〜させる erdir-. 〜した mazhar. 〜したもの edinç.
tassi 達し /a./ irade, buyruk.
tassuru 達する /ey./ bul-, eriş-, var-, değ-, er-, vasıl ol-, yetiş-, kavuş-, dayan-, tut-. やっと〜 dar yetiş-. 年齢に〜 yaşına bas-. 結論に〜 karaya var- (bağla-). 目的を〜 kurdunu kır-. 望みを達しないで死ぬ gözü açık git-. 我が軍は三日で敵の国境に達した. Ordumuz üç günde düşman sınırına dayandı. 大河は海に〜. Nehirler denizlere ulaşır. サカリヤ川は北で黒海に〜. Sakarya ırmağı kuzeyde Karadeniz'e kavuşur. 買ったものが千リラに達した. Aldığım şeyler bin lira tuttu.
tassya 達者 /a./ esenlik, selâmet. 〜な esen, sıhhatli. 口の〜な çacaron, geveze. 〜になる selâmete çık-. 〜で sağlıcakla. お〜で. Esen kalın! Sağlıcakla kalın! güle güle, selâmünaleyküm, sıhhatler olsun!
tasu 足す /ey./ kat-, topla-. 用を〜 aptes boz-, ayak yoluna git-. 2〜3は5. 2+3=5. İki artı üç eşit beş. İki üç daha beş eder.
tasukàru 助かる /ey./ aman bul-, baltası kütükten çık-. 無傷で〜 burnu kanama-. 命が〜 postu kurtar-. 命が〜ことだけを考える canının derdine düş-.
tasukè 助け /a./ yardım, çıkar. 〜の神. Hızır. 人の〜 koltuk değneği. 〜を求める medet um- (bekle-), eteğine yapış-, ocağına düş-. 〜に行く yardımına koş-. 〜が必要だ iş düş-. 困った時〜を求めるところ kıble. 人の〜でできたことを自分一人でやったように自慢する düğün pilavıyle dost ağırla-. 老人がステッキの〜で歩いている. Yaşlı adam baston yardımıyla yürüyor. 〜がなければできないこともある. Bir el bir eli yıkar, iki el bir yüzü

yıkar.

tasukeai 助け合い /*a.*/ karşılıklı yardım, yardımlaşma. 地域社会の〜作業 imece.

tasukeàu 助け合う /*ey.*/ yardımlaş-. 〜ために一緒になる arka arkaya ver-. 助け合って sırt sırta.

tasukedàsu 助け出す /*ey.*/ 泥沼から〜 çamurdan çekip çıkar-.

tasukè·ru 助ける /*ey.*/ kurtar-, yardım et-, yardımda bulun-, elinden tut-, el ver-, yâr ol-. 人を〜 hayır işle- (yap-). 命を〜 aman ver-. 助けてやる bağışla-. 命を助けてやる canını bağışla-. 〜人 yardımcı. 助けてくれ！ medet, yetiş！ (yetiştin!), can kurtaran yok mu! imdat. アラーが子供達をお助け下さいますように. Allah çocuklarımı bağışlasın. 神様助けて. Medet Allah!

tasuki たすき /*a.*/ かばんを〜に掛ける çantayı kılıçlama as-.

tasukigake たすきがけ /*a.*/ 〜に kılıçlama.

tasùu 多数 /*a.*/ çoğunluk, çokluk, ekseriyet,（古語）tümen. 〜の çok, bir sürü, tümen tümen. 〜ある bini bir paraya. 〜で çoğunlukla. 〜を獲得する çoğunluk kazan-. 〜に及ぼす geçir-. 圧倒的〜 ezici çoğunluk. 単純〜 salt çoğunluk. 講師の話を聞きに〜の人がやって来た. Hatibi dinlemek için çok sayıda kişi geldi.

tasuukecu hòosiki 多数決方式 /*a.*/ çoğunluk usulü.

tasyoo 多少 /*be.*/ biraz, her nasılsa. 〜とも az çok. 参加すれば〜でも得がある. Bal tutan parmağını yalar.

tàsyu 多種 /*a.*/ çeşitlik, türlü. 〜多様の karışık.

Tataarùziñ タタール人 /*a.*/ Tatar.

tataè·ru たたえる /*ey.*/ öv-. 神を〜詩 ilâhî.

tatakai 戦い, 闘い /*a.*/ cenk, mücadele, savaş. 戦いを交える yağılaş-. 文盲との闘い cehaletle mücadele. 結核との闘い veremle savaş.

tatakarè·ru たたかれる /*ey.*/ çalın-, dövül-. 棒で〜 kötek ye-.

tatakau 戦う, 闘う /*ey.*/ mücadele et-, savaş-, boğuş-, çatış-, uğraş-. 敵と戦う düşmanla çarpış-, düşmanlarla uğraş-. 相戦う çarpış-. 戦う人 cenkçi. 眠けとたたかう uyku ile boğuş-. 兵隊が前線で敵と戦った. Askerler cephede düşmanla çatıştı. 科学者は人類を死に導く病気とずっとたたかっている. Bilim adamları insanları ölüme götüren hastalıklarla sürekli savaşıyorlar.

tatakawase·ru 戦わせる /*ey.*/ 意見を〜 çakış-.

tataki たたき, 三和土 /*a.*/ taşlık.

tatakiàu たたき合う /*ey.*/ vuruş-.

tatakicubusu たたきつぶす /*ey.*/（口語）sucuğunu çıkar-.

tatakicukè·ru たたきつける /*ey.*/ döv-. 地面に〜 yere vur-. 波が岸を〜. Dalgalar kıyıları dövüyor.

tatakidàsu たたき出す /*ey.*/ satır at-.

tatakikòmu たたき込む /*ey.*/ kak-.

tatakiotòsu たたき落とす /*ey.*/ 果物を棒で〜 doku-, yemişleri sırıkla vurarak indir-.

tatakiùru たたき売る /*ey.*/ satıp sav-.

tatàku たたく /*ey.*/ çal-, döv-, vur-, at-, okşa-,（口語）tozunu al- (at-, silk-, silkele-). 太鼓を〜 davul çal-, davul döv-. 戸を〜 kapıya vur-. じゅうたんを〜 halı çırp-. ほこりを〜 tozu çal-. 地面をたたいて固める toprağı döv-. 洗濯物をたたいてきれいにする çamaşır döv-. 棒で〜 çubukla-, kötek at-. 軽く〜 okşa-. ひどく〜 benzet-. 繰り返し強く〜 çırp-. 陰口を〜 dedikodu et- (yap-). 陰口を〜人 dedikoducu. 子供をたたいてはいけない. Çocukları dövmemeli. ガラスを割った子供をその人は軽くたたいた. Camı kıran çocuğu adam biraz okşadı.

tatamu 畳む /ey./ katla-, dür-. 下着を～ çamaşırları katla-. 洗濯物を～ çamaşır devşir-. テントを～ çadır boz-. 店を～ dükkânı kapa-. たたんで重ねておく devşir-. 引き出しのたたんである下着 çekmecedeki katlı çamaşırlar. 新聞紙をカサコソとたたんだ. Gazeteyi haşır huşur katladı. 新聞を四つにたたんでしまった. Gazeteyi dörde katlayıp yerine koydu. この布はうまくたたんでなかった. Bu kumaş iyi katlanmamış. 洗ったシーツをたたんだ. Yıkadığım çarşafları dürdüm.

tatare・ru 断たれる /ey./ 望みを～ kurut-. 雪が降って村との連絡が断たれた. Kar yağınca köylerle ilişki kesildi.

tàtari たたり /a./ lânet.

tatase・ru 立たせる /ey./ kaldır.

tàte 縦 /a./ boy, uzunluk. ～に boyuna, uzunlamasına. ～にして kılıçlama.

tàte 盾 /a./ kalkan. ～にする öne sür-. 手紙を～にとって mektuba atfen.

tategami たてがみ /a./ yele, perçem. ライオンの～ aslan yelesi. ～のある yeleli. 馬の～をつかむ atını yelesinden tut-.

tategoto たて琴 /a./ (古語) lir.

tategu 建具 /a./ doğrama. ～見習い marangoz çırağı.

tateguya 建具屋 /a./ doğramacı, marngoz.

tateito 縦糸 /a./ çözgü.

tatekae・ru 立て替える /ey./ için para ver-.

tatekake・ru 立て掛ける /ey./ daya-.

tatemasi 建て増し /a./ 一階～する kat çık-.

tatèmono 建物 /a./ bina, yapı, bünye. 巨大な～ dev yapı. ～のある yapılı. ～の用地 arsa. 寒さや風が中に入らないような～ mazbut bir yapı. この～の形は美しかった. Bu binanın heyeti güzel olmuş. どこへ行っても～があって遊べない. Her yerde yapı var, oyun oynayamıyoruz.

tatenaosu 立て直す /ey./ 財政を～ para yönünden toparlan-.

taterare・ru 立てられる /ey./ dikil-. 立てられた dikili.

tatè・ru 立てる /ey./ dik-, kaldır-. 柱を～ direk dik-. 旗ざおを～ bayrak direği dik-. 門のところに二人の見張りを～ kapıya iki nöbetçi dik-. 大声を立てて bağrışa çağrışa. 候補に～ adaylığını koy-. 暮らしを～ ekmeğini çıkar-. 計画を～ planla-. 腹を～ öfkelen-. ほこりを立てないように. Toz kaldırmayın.

tatè・ru 建てる /ey./ dik-, kur-, yap-. 家を～ ev aç-.

tatesase・ru 立てさせる /ey./ diktir-.

tàte yoko 縦横 /a./ ～に広い bol.

tate zàhyoo 縦座標 /a./ ordinat.

tatoe たとえ /be./ velev. ～私が言っても velev söylemiş olsam.

tatòe 例え, 譬え /a./ mecaz, misal, teşbih.

tatòeba 例えば /be./ meselâ, örneğin. söz gelimi, söz gelişi, (俗語) temsil. ある動物～ネコが…. Bir hayvan, meselâ bir kedi ….

tatoè・ru 例える, 譬える /ey./ örneklerle açıkla-.

tatta たった /be./ ancak, yalnız. ～の tek. ～ひとつ tek bir. ～ひとつ yegâne. ～ひとつのかわいい biricik. ～一人の弟 biricik kardeşim. ～一人で bir başına, yalnız başına. ～今 daha yeni. あれは私の～一人の子だ. O benim yegâne evlâdımdır.

tawagoto たわごと /a./ hezeyan, deli saçması, saçma bir söz. ～を言う hezeyan et-. しゃべることはみんな～だ. Söylediği sözler hep hezeyan.

tawàmu たわむ /ey./ esne-.

tawamure 戯れ /a./ oyun, şaka. 恋の～ flört.

tawamurê·ru 戯れる /ey./ eğlen-, oyna-.
tayàsu 絶やす /ey./ 家系を〜 ocağını söndür-.
tayasùi たやすい /s./ kolay. 〜仕事 kolay iş. たやすくしてしまう yapıver-.
tayoo 多様 /a./ çeşitlik, türlü. 多種〜の karışık.
tayorê·ru 頼れる /ey./ 〜人がある tutunacak dalı ol-.
tàyori 頼り /a./ istinat, güven. 〜にする bel bağla-. 〜にされる人 dokuz körün bir değneği. 〜になる metin. 〜になるもの tutamak. 〜にならない zayıf. 〜にできない kalleş. 体のわりに〜にならない人 lapacı.
tàyori 便り /a./ ses soluk, mektup, haber.
tayorigaci 頼りがち /a./ 〜の bağımlı.
tayorinài 頼りない /s./ mercimek gibi.
tayòru 頼る /ey./ başvur-, dayan-, bel bağla-, güven-. 人に〜 arkasını daya-, arkasını ver-, sırtını daya-. 辞書に〜 sözlüğe başvur-. …に頼って atfen, -e kuvvet. 薬に頼って ilaca kuvvet. 彼は父の金に頼っている。O, babasının parasına dayanıyor.
tayumazàru たゆまざる /s./ 〜勉強 (隠語) ineklik.
Tazikkùziñ タジック人 /a./ Tacik.
tazirògu たじろぐ /ey./ sendele-.
tazuna 手綱 /a./ dizgin, yular, terbiye. 〜をつける dizgin vur-, dizginle-. 〜を取る dizginle-. 馬の〜を取る atları dizginle-. 〜を締める dizginini kıs-, gemini kıs-, ipini çek-, dizginle-. 〜を緩める dizginleri salıver-. 〜を引いたり緩めたりする tart-.
tazunemawàru 尋ね回る /ey./ 尋ね回ったが、何一つ分からなかった。Soruşturdum, ama bir şey öğrenemedim.
tazunê·ru 尋ねる /ey./ sor-, ara-. 健康を〜 hâl hatır sor-, hâlini sor-. いつ来るか尋ねた。Ne zaman geleceğini sordum. 誰かが来てあなたを尋ねていた。Birisi geldi, sizi sordu. 失礼ですがお尋ねします。Sormak ayıp olmasın.
tazunê·ru 訪ねる /ey./ kapı yap-, ziyaret et-. 人を訪ねて話す arayıp sor-. ちょっと〜 oturmaya git-.
tazusaê·ru 携える /ey./ hamil ol-, taşı-. かばんを〜 çanta taşı-. 携えて birlikte.
tê 手 /a./ el, kol; tutak, sap. (…の〜) バッグの〜 çantanın sapı. カードの〜をあかす elini belli et- (göster-). この人の〜 bu adamın eli (elleri). ポーカーの〜 uvertür. (で) 左〜で切る sol eliyle kes-. あの〜この〜で説得する kırk (bin) dereden su getir-. (が) 〜がつけられない kuduruk, mart kedisi gibi, babası tut-, (俗語) ipini kır-. のどから〜が出るようだ ağzı sulan-. 〜が離せない -den baş alama-, başını kaldırma-, meşgul. 〜がいっぱいだ kaçmaktan kovalamaya vakit olma-. 〜が長い eli uzun. 子供の〜が抜けた。Çocuğun kolu çıktı. (年齢に) 〜がとどく merdiven daya-. (から) 〜から〜へ渡る ellerde gez-. 〜から〜へ渡すこと alavere, elden ele geçme. (も) 〜も足も出ない dört yanı deniz kesil-. (に) 〜にあまる elde olma-, başından aşkın ol-, fazla ol-, haşarı, ne haddine. 〜にあまることにかわる başından büyük işlere giriş-. 〜に汗握る好ゲーム heyecanlı bir oyun. 〜に入る ele geç-, eline geç-, sağlan-. 急に〜に入る (口語) patla-. とても〜に入りにくい aslan ağzında ol-. 難なく〜に入る ayağı ile gel-. 〜に入れる edin-, elde et-, ele geçir-, eline geç-, işgal et-, kazan-, mal et-, sağla-, tut-, (口語) torbaya koy-, uydur-. 労せず〜に入れる ayağına gel-. ただで〜に入れる beleşe kon-. 〜に入れた haiz. 〜に入れたもの edinç, edinti. ただで〜に入れた (俗語) beleş.

teami

〜にも入れたも同然 çantada keklik. 〜に入れたものが失ったものに及ばない aldığı aptes ürküttüğü kurbağaya değme-. 〜に入れられる edinil-. 専門家の〜にかかる adamına düş-. 〜に落ちる ele gel-, kal-. その〜に落ちる eline düş-. この仕事はあなたの〜に落ちましたか. Bu iş size mi kaldı? 〜におえない ele avuca sığma-, haşarı, uçarı, azgın, cıva gibi. 〜におえない子 canavar. 〜におえない状態 azgınlık. 〜におえなくなる az-, harı başına vur-, ağır gel-. 〜におえなくする azıt-. これは私の〜におえない. Bu, benim işime gelmez. 〜にする elde et-, kazan-. 優勝を〜にする birincilik elde et-. 〜に取る el sür-. 〜に取るような el ile tutulur. 〜に〜をとって el ele. (の)〜のある elli, kollu, saplı. 〜のある鍋 saplı tencere. 〜のついていない bakır. 〜のほどこしようのない çaresiz. 〜のほどこしようがなくなる beli bükül-. 〜の切れるような tiril tiril. 〜のない kolsuz, sapsız. (を)〜をあげて意志表示する el kaldır-. 〜をあげろ eller yukarı! 〜を血でよごす elini kana bula-(bulaştır-). お盆の〜をつかむ tepsinin tutaklarından tut-. 〜をつける el koy-, el uzat-, el at-, dokun-, kapı aç-, davran-. 武器に〜をつける silâha davran-. 〜をつけていない el değmemiş. 〜を出す el kat-, kalkış-, el sür-. 分からないことに〜を出す çizmeden yukarı çık-. 危ないことに〜を出す ateşle oyna-. 〜を出すな işin mi yok. あれこれ〜を出すな Şuna buna bulaşma. 〜を引く el çek-, feragat et-, geri çekil-, sıyrıl-. 慣れた仕事から〜を引く elini eteğini çek-. ことが成ったと見て〜を引く bıyığını sil-. あの仕事からよく〜を引いたものだ. O işten ne güzel sıyrıldı. 〜を触れる el sür-, elle-. 〜を貸す ekmeğine yağ sür-, (俗語) elleş-. 〜をこまねいて eli koynunda. 〜を加える işle-. 〜を加えていない ham. 〜を加えずに kendi hâlinde. 〜を耳の後ろに置く elini kulağına at-. 〜を差し出す el ver-. 〜を差し伸べる elini uzat-, kollarını aç-, himayesine al-, koltuğuna gir-, koltuğun altına sığın-, koltukla-, kucak aç-. 〜を縛る elini kolunu bağla-. 色々なことに〜を染める her boyaya girip çık-. 〜をたたいて人を呼ぶ el çırp-, el vur-. 〜を打つ uyuş-, üçe beşe bakma-. 5000リラで〜を打つ beş bin liraya uyuş-. つかんだものを離して〜を休める el tazele-.

teami 手編み /a./ el örgüsü. 〜の見本 el örgüsü örnekleri.

tearài 手荒い /s./ 手荒く扱う tartakla-.

teàrai 手洗い /a./ apteshane, tualet.

tearaiba 手洗い場 /a./ musluk.

tèasi 手足 /a./ 動物の〜 üye. 〜をのばす gerin-, yayıl-. 〜を振る tepin-. 〜をもぎとられる eli ayağı kesil- (tutma-), kolu kanadı kırıl-. 〜を持って人を運ぶ altı okka et-. 〜を縛られている eli ayağı bağlı. 〜がはれる病気 gelincik. 悲しいニュースを聞いて〜がぐったりした. Acı haberi duyunca eli ayağı çözülmüş.

§〜になる eli ayağı ol-.

teatari sìdai 手当たり次第 /be./ ters türs. 〜に来しい güzel, rasgele. 〜に盗む çalıp çırp-. 〜食う (口語) tıkın-. 〜誰でも önüne gelen. 口に入るもの〜 abur cubur. 〜の değme, rasgele. 〜に人を中傷するのはよくない. Şunu bunu kötülemek doğru değil. 〜の道楽. Vur patlasın, çal oynasın.

tèate 手当 /a./ çare, pansuman; ödenek. 傷の〜 tımar. 〜をする pansuman yap-. 不運という病気には〜が見つからなかった. Zavallının hastalığına bir çare bulamadılar.

tebanasè·ru 手放せる /ey./ geçil-. 慣れたものは簡単に手放せない. Alışılan şeyden çabuk geçilmez.

tebanàsu 手放す /ey./ bırak-, elden çıkar-, elden bırak-, sal-, koy-. 〜こと salma. 手放そうとしない turşusunu kur-. 本を一日中手放さなかった. Kitabı bütün gün elinden koymadı.

tebayài 手早い /s./ eline çabuk. 手早く料理する pişirip kotar-. 手早くやっつける（隠語）temize havale et-.

tẽbiki 手引き /a./ kılavuz, rehber. 「正書法の〜」の第三刷 Yazım Kılavuzu'nun 3. baskısı.

tebirõi 手広い /s./ 手広く広げる dallanıp budaklan-. 手広くやりすぎて倒産した. Fazla açıldığı için iflas etti.

tebùkuro 手袋 /a./ eldiven. シカ皮の〜 güderi eldiven. 毛皮の〜 manşon. 私の手はこの〜に入らない. Elim bu eldivene girmiyor.

tebura 手ぶら /a./ 〜の eli boş. 〜で kıçına bakarak. 〜で来る elini kolunu sallaya sallaya gel-, kollarını sallaya sallaya gel-. 〜で帰る eli boş dön- (çevir-, geri gel-), avucunu yala-, ters yüzü geri dön-, （隠語）hava al-.

tebyõosi 手拍子 /a./ 〜を打つ tempo tut-.

teccyuu 鉄柱 /a./ demir direk. 〜が曲がった. Demir direk eğrildi.

tecu 鉄 /a./ demir. 〜のつなぎ輪 bukağı. 〜のカーテン demir perde. 良質の〜（古語）taban. 〜を打つ demir döv-. §〜は熱いうちに打て. Demir tavında dövülür.

tecuboo 鉄棒 /a./ demir çubuk, barfiks. 〜を曲げる demir çubuğu bük-. 二本の木をつなぐ〜 rampa.

tecudài 手伝い /a./ yardım. お産の〜をする çocuğu al-. 〜の男子 yamak.

tecudàu 手伝う /ey./ yardımda bulun-, yardım et-. 〜人 yardımcı. 人の仕事を〜ことになる ekmeğine yağ sür-. 戸を開けるのを手伝った. Kapıyı açmaya yardım etti.

tecudoo 鉄道 /a./ demir yolu, şimendifer. 〜の駅 demir yolu istasyonu. 〜乗車券 tren bileti. 〜事業部 demir yolları işletmesi. 〜を町はずれに通す demir yolunu şehrin kenarından geçir-. なだれが〜をふさいだ. Bir çığ tren yolunu kapatmış.

tecudõoiñ 鉄道員 /a./ demir yolucu. 〜はレールをしばしば検査する. Demir yolu görevlileri rayları sık sık kontrol ederler.

tecudõomoo 鉄道網 /a./ demir yolu ağı.

tecùgaku 哲学 /a./ felsefe, （古語）hikmet.

tecugakùsya 哲学者 /a./ felsefeci, filozof. えせ〜 filozof bozuntu.

tecugakuteki 哲学的 /a./ 〜な filozofça.

tecu kàbuto 鉄かぶと /a./ miğfer.

tecukàzu 手付かず /a./ 〜の erden.

tecukekiñ 手付け金 /a./ öndelik, depozit, kaparo, pey.

tecuriñ 鉄輪 /a./ 罪人にはめた〜の足かせ（古語）bukağı. 罪人の首にかけた〜（古語）lâle. 〜をはめる bukağı vur-, bukağıla-. 〜をはめる動物の足首 bukağılık.

tecusei 鉄製 /a./ 〜の demir. 〜の机 demir masa. 〜にする demirle-.

tecuya 徹夜 /a./ 〜する sabahı bul- (et-, yap-), sabahla-. 〜した人 sabahçı. ちょっと読もうと思ったら〜してしまったらしい. Biraz okuyayım derken sabahı yapmışım.

tecùzuki 手続き /a./ işlem, muamele, prosedür. 正式な〜 formalite. 税関〜 gümrük formaliteleri. 書類の〜がまだすんでいない. Evrakın muamelesi henüz bitmedi.

tecuzyõomoo 鉄条網 /a./ dikenli teller.

tecyoo 手帳 /*a.*/ cep defteri, cüzdan, andaç. カレンダー付き〜 ajanda.

tedama 手玉 /*a.*/ §〜に取る parmağında oynat-, oynat-.

tedarè てだれ /*a.*/ el alışkanlığı.

tèdasi 手出し /*a.*/ 〜をするな nene lâzım! 人のやることに〜をしないわけはない. Eli armut devşirmiyor (toplamıyor) ya!

tedãsuke 手助け /*a.*/ yardım.

tèdate 手だて /*a.*/ çıkar yol, önlem, yol, çare. 〜を考える gereği düşünül-. あらゆる〜をさがす dört dön-. 〜が悪いと満足なことはできない. Aksak eşekle yüksek dağa çıkılmaz.

tedori 手取り /*a.*/ net gelir.

teeburu テーブル (İng. table) /*a.*/ masa. 〜をひっくり返す masayı devir-. 〜についている masa başında otur-. 壁に寄せかけた〜 duvara dayalı masa.

teeburùkake テーブル掛け /*a.*/ masa örtüsü, sofra bezi. 〜のじゅうたん cicim.

tèema テーマ (Al. Thema) /*a.*/ konu, mevzu, tema, tem.

tèepu テープ (İng. tape) /*a.*/ bant, bağcık, şerit. 〜にとる banda al-, banda kaydet-, teybe al-.

teepu rekõodaa テープレコーダー (İng. tape recorder) /*a.*/ teyp.

teeru ràito テールライト (İng. tail light) /*a.*/ kedi gözü.

tèeze テーゼ (Al. These) /*a.*/ tez.

tegàkari 手掛かり /*a.*/ ip ucu. 〜をつかむ ucunu bul-. 〜を示す ip ucu ver-.

tegaki 手書き, 手描き /*a.*/ el yazma. 〜の yazma. 〜のもの el yazısı. 手書きの本 yazma kitap. 手描きのスカーフ yazma yemeni.

tegami 手紙 /*a.*/ mektup. 二通の〜 iki kıta mektup. 封をしない〜 açık mektup. 〜の住所 mektup üstü. 〜を書く mektup yaz-. 〜を出す mektup gönder- (at-). 〜のやりとりをする mektuplaş-. 〜をたてにとって mektuba atfen. 〜を机に置きなさい. Mektubu masaya bırakınız. お〜受け取りました. Mektubunuzu aldım.

tegata 手形 /*a.*/ bono, havalename. 〜を割る bono kırdır- (kır-). 〜割引商 kırıcı.

tegiwa 手際 /*a.*/ 〜よく tere yağından kıl çeker gibi.

tegoro 手ごろ /*a.*/ 〜な harcıâlem, herkesin alabileceği.

tegusu てぐす /*a.*/ misina.

tèhazu 手はず /*a.*/ tertip. 〜を決める tertip et-. 仕事の〜を調える tezgâhla-. 仕事をこの〜に従って進めなければならない. İşi bu tertip üzere yürütmeli.

tehõdoki 手ほどき /*a.*/ 子供に性の〜をする yüzünü gözünü aç-.

tehõñ 手本 /*a.*/ örnek, nümune, model. 〜にする örnek al-. 先生はあらゆる点で子供達の〜になる. Öğretmen her bakımdan çocuklara örnek olur.

tehukì 手ふき /*a.*/ el bezi.

teiañ 提案 /*a.*/ önerge, teklif, öneri, önerme, dava. おもしろい〜 cazip bir teklif. 注目に値する〜 dikkate değer bir teklif. 〜する ileri sür-, meydana at-, önerge ver-, öner-, öne sür-, teklif et-. 〜される meydana atıl-. ぼくの〜どう思う. Önerime ne dersiniz?

teiboku 低木 /*a.*/ ağaççık, çalı. とげのある〜 diken. 地中海沿岸の〜地帯 maki.

teiboo 堤防 /*a.*/ set. 湖岸に作られた〜 göl kıyısına yapılan set.

teici 低地 /*a.*/ 〜の ingin.

teicyaku 定着 /*a.*/ istikrar. 写真の〜 saptama, tespit banyosu. 〜する yerleş-, kökleş-. 〜した yerleşik. 一連の新語は時とともに〜してきている. Birtakım yeni kelimeler zamanla yerleşiyor.

teicyoo 丁重 /*a.*/ 〜な nazik, edalı. 〜に扱う ulula-

teideñ 停電 /a./ 〜する elektrik kesil-. 〜させる elektriği kes-.
tèido 程度 /a./ derece, had, kerte, mertebe, perese, seviye. 〜を越える aşırı git-, dozunu kaçır-, ifrata vardır-, dozu kaç-. 〜を越した fahiş. 〜をわきまえない dizginsiz. ある〜 az çok. ある〜まで bir dereceye kadar. この〜が私には適当だ。Bu kadarı bana elverir. たいした友達ではなく、あいさつを交わす〜だ。Pek ahbap değiliz, selâmlaşırız.
teieñ 庭園 /a./ bahçe.
teigeñ 提言 /a./ öneri, önerme.
tèigi 定義 /a./ tanım, tarif. 〜する belirle-, belirt-, tanımla-, tarif et-.
tèigi 提議 /a./ öneri. 〜する öner-.
teihaku 停泊 /a./ 〜する limanla-, yat-. 沖合に〜する alarga dur-. 港で〜できる場所 demir yeri. 船が港に〜している。Gemi limanda yatıyor.
teihakùkoo 停泊港 /a./ yatak liman.
teihakùzei 停泊税 /a./ demir resmi.
tèiheñ 底辺 /a./ taban, baz. ピラミッドの〜 piramidin tabanı.
tèii 帝位 /a./ hanlık, imparatorluk.
teiiñ 定員 /a./ tüm sayı. 〜を固定する kadroları dondur-.
teika 低下 /a./ alçalma. 〜する alçal-, aşağı düş-. 品質が〜した yatkın. 品質が〜した商品 yatkın mal.
teika 定価 /a./ fiyat, kesme fiyat, maktu fiyat, eder.
teikâihacu 低開発 /a./ 〜の az gelişmiş.
teikaihacu cìiki 低開発地域 /a./ mahrumiyet bölgesi. 〜の経済 az gelişmiş ülkelerin ekonomisi.
teikaihacùkoku 低開発国 /a./ az gelişmiş ülke.
teikecu 締結 /a./ 〜する akdet-, antlaş-.
teikēcuacu 低血圧 /a./ düşük tansiyon.
tèiki 定期 /a./ 〜の süreli.
teikiacu 低気圧 /a./ alçak basınç.
teikibiñ 定期便 /a./ düzenli seferler, posta. 〜の乗り物 kurye.
teikìici 定期市 /a./ panayır.
teiki kañkòobucu 定期刊行物 /a./ süreli yayınlar, basın, dergi, mecmua, matbuat.
teikiñ 提琴 /a./ keman.
teikiteki 定期的 /a./ 〜な süreli.
teiki yòkiñ 定期預金 /a./ vadeli hesap.
tèiko 艇庫 /a./ kayıkhane.
teikoku 帝国 /a./ hakanlık, imparatorluk.
teikoku syùgi 帝国主義 /a./ emperyalizm.
teikoku syugìsya 帝国主義者 /a./ emperyalist.
teikoo 抵抗 /a./ direnç, direniş, mukavent, tahammül. 〜する diren-, karşı dur-, aksilik et-, diret-, göğüsle-. 犯人は警官に〜したので暴行を受けた。Suçlu, polise karşı geldiğinden cebir kullanıldı.
teikòoryoku 抵抗力 /a./ direnç. 体に〜をつける vücuda direnç ver-.
teikuu hìkoo 低空飛行 /a./ yalama uçuş.
teikyoo 提供 /a./ sunma. 〜する takdim et-. 資金を〜する finanse et-. 無償〜 takdim.
teikyòosya 提供者 /a./ verici.
teikyuu 低級 /a./ 〜な alçak, aşağı, bayağı, sefil, küçük. 〜な人間 alçak adam.
teikyuu 庭球 /a./ alan topu, tenis.
tèinei 丁寧 /a./ iltifat, nezaket. 〜な nazik, kibar, saygılı. 〜な人 kibar. 〜に kibara. 〜に振る舞う iltifat et-. 〜に頼む yalvar-. 先生と道で会ったので〜にあいさつした。Öğretmenimle yolda karşılaşınca saygıyla selâmladım.

teineñ 定年 /*a.*/ yaş haddi.
teinoo 低能 /*a.*/ 〜の alık. 〜さ bönlük.
teioñ sàkkiñ 低温殺菌 /*a.*/ 〜した pastörize.
teiõo 帝王 /*a.*/ hakan, imparator. オスマン朝の〜 sultan. 〜の母 valide sultan.
teioo sèkkai 帝王切開 /*a.*/ sezaryen.
teìppai 手いっぱい /*a.*/ 自分の生活で〜 iki el bir baş için.
teirè 手入れ /*a.*/ bakım, hizmet; baskın. 馬の〜 tımar. 木の〜 tımar. 〜をする bak-; bas-. 〜のいい bakımlı. 〜の行き届いた庭 bakımlı bir bahçe. 〜の悪い bakımsız. 庭は〜が必要. Bahçe bakım ister.
teirecu 低劣 /*a.*/ 〜な hasis.
teireñ 低廉 /*a.*/ ucuzluk.
teiryuuzyo 停留所 /*a.*/ durak. バス〜 otobüs durağı.
teisacu 偵察 /*a.*/ keşif, gözetleme. 〜する gözetle-.
teisacutai 偵察隊 /*a.*/ keşif kolu.
teisai 体裁 /*a.*/ gösteriş. 〜がよくなる adama dön-.
teisecu 貞節 /*a.*/ ırz, iffet. 〜な (口語) uçkuruna sağlam. 〜である üstüne gül koklama-. 〜に縛られない uçkuruna gevşek ol-.
teisei 訂正 /*a.*/ düzeltme, tashih. 〜する doğrult-, düzelt-, tamir et-.
teiseñ 停戦 /*a.*/ mütareke.
teisi 停止 /*a.*/ duruş. 〜する dur-. 〜させる durdur-. 流通〜 ambargo. この貨幣は流通を〜された. Bu para geçerlikten kaldırıldı.
teisikika 定式化 /*a.*/ 〜する formüle et-.
teisokùsuu 定足数 /*a.*/ yeter sayı.
teisoo 貞操 /*a.*/ sadakat.
teisùru 呈する /*ey.*/ takın-, sun-. 様相を〜 durum al-.
teisùu 定数 /*a.*/ tüm sayı, kontenjan.
teisyazyoo 停車場 /*a.*/ istasyon, durak, gar.
teisyoku 定食 /*a.*/ tabldot.
teisyoku 定職 /*a.*/ 〜につける başını bir yere bağla-. 〜がない. Belirli bir işi yok.
teisyoo 提唱 /*a.*/ 〜する ileri sür-.
teisyotokùsya 低所得者 /*a.*/ dar gelirli.
tèisyu 亭主 /*a.*/ koca.
teisyucu 提出 /*a.*/ arz, ibraz. 〜する meydana at-, ortaya koy- (at-), beyan et-, öne sür-. 意見を〜する fikir yürüt-. 同じ考えを〜する aynı ağzı kullan-. 〜される getiril-. 嘆願書に添えて〜された文書 dilekçeye ilişik olarak sunulan belge.
teisyu kàñpaku 亭主関白 /*a.*/ kazak.
teitai 停滞 /*a.*/ duraklama, durgunluk. 〜する felce uğra-. 〜した durağan.
teitaku 邸宅 /*a.*/ konak. 岸辺の〜 yalı. 〜のような家 konak yavrusu.
teitecu 蹄鉄 /*a.*/ nal. 馬の〜 at nalı. 〜を打ちつける nalla-. 母は道で見つけた馬の〜が自分に幸運をもたらすと信じている. Annem yolda bulduğu at nalının kendisine uğur getireceğine inanıyor.
teitecukoo 蹄鉄工 /*a.*/ nalbant, nalbur.
teitoku 提督 /*a.*/ amiral.
teitoo 抵当 /*a.*/ güvence, ipotek, rehin, tutu. 〜に入れる rehin et-, rehin koy-. 〜に置く rehin koy-. 〜に入っている ipotekli.
teizi 提示 /*a.*/ arz, ibraz.
teizoku 低俗 /*a.*/ adîlik, odunluk. 〜な adî, pespaye, (口語) mektep görmemiş. 〜なグループ güruh. 〜さ alçaklık.
teizyuu 定住 /*a.*/ yerleşim, ikamet, iskân. 〜の yerleşik, sakin.

wamèku

wamèku わめく /ey./ bağır-, şamata et- (kopar-).
wàna わな /a./ tuzak, kapan, hile, entrika. 小さい〜 kapanca. 〜を仕掛ける kapan kur-. キツネに〜を仕掛ける tilkilere tuzak kur-. 〜に掛ける ağına düşür-, avla-, kuyusunu kaz-, kündeden at-, oyuna getir-. 人を〜に掛ける posta koy-. ネズミを〜でつかまえる fareyi kapanla yakala-. 〜に掛かる açmaza düş-, kapana düş- (gir-, tutul-, yakalan-), kündeye gel-, ökseye bas-, tuzağa düş-, (隠語) mantara bas-. 人の〜に掛かる yem ol-. 人に〜を仕掛けて失脚させる ayağının altına karpuz kabuğu koy-. いい人に見えるが陰で〜を仕掛ける人 yere bakan yürek yakan.
wàni ワニ /a./ timsah.
waniasi ワニ足 /a./ 〜の paytak.
wanigawa ワニ皮 /a./ 〜の timsah.
wànisu ワニス(İng. varnish) /a./ vernik.
wàñ 湾 /a./ körfez, liman, haliç. 小さい〜 koy. 〜の入り口 körfezin ağzı.
wañpaku 腕白 /a./ yaramazlık. 〜な yaramaz, haşarı, afacan. 〜な子供 yaramaz bir çocuk. 母を〜な弟が困らせている. Annemi haşarı kardeşim çok yoruyor.
wañpaku kozòo 腕白小僧 /a./ yaramaz bir çocuk. 利口な〜 şeytan çekici.
wañpìisu ワンピース(İng. one-piece dress) /a./ entari.
wàñryoku 腕力 /a./ bilek kuvveti. 〜で cebren. 〜にものをいわせる yumruğuna güven-.
wañsyoo 腕章 /a./ kolluk, kolçak.
wàñwañ ワンワン /be./ hav hav. /a./ (幼児語) kuçukuçu. 〜とほえる havla-.
wàra わら /a./ saman, çöp. 〜と粘土を型に入れる kerpiç dök-. 〜の火のようにつかのまの saman alevi gibi. 目の前をいっぱい〜を積んだトラクターが通った. Önümüzden saman dolu bir traktör geçti.
warai 笑い /a./ gülüş. 女の〜 dişi gülüş. 〜がとまらない (口語) makaraları zaptedeme-.
waraibànasi 笑い話 /a./ mizah, gülmece, fıkra, latife.
waraigao 笑い顔 /a./ güleç bir yüz, gülümseme.
waraigòe 笑い声 /a./ 明るい〜 şen kahkahalar. にぎやかな〜 şakrak kahkaha. 〜を立てる kahkaha at-.
waraigusa 笑いぐさ /a./ maskara.
waraikakè・ru 笑いかける /ey./ どの顔にも〜者を友と思ってはならない. Her yüze güleni dost sanmamalı.
waraikata 笑い方 /a./ gülüş.
waraikokè・ru 笑いこける /ey./ (口語) makaraları koyuver- (salıver-). 笑いこけて息もたえそうだった. Gülmekten nerdeyse katılacaktım.
waraikorogè・ru 笑い転げる /ey./ gülmekten kırıl- (bayıl-, çatla-), (隠語) vidaları gevşe-.
waraimono 笑い者 /a./ alay, oyuncak. 〜にする alaya dök-, maskaraya çevir- maskarasını çıkar-, istihza et-, maytaba al-, sakalına gül-, eğlen-, gül-, kuyruğuna teneke bağla-, (隠語) dalga geç-. 〜になる maskara ol-. 〜になるしくじり (口語) fiyasko. 人のことを〜にしてはならない. İnsan, kimsenin hali ile eğlenmemeli.
waraitobàsu 笑いとばす /ey./ gülüp geç-.
warare・ru 割られる /ey./ bölün-, yarıl-.
warau 笑う /ey./ gül-. クスクス〜 kıkırda-, kıkır kıkır gül-. 陰でクスクス〜 bıyık altından gül-. 大声で〜 kahkaha at-. ばかにしてカラカラと〜

leri arkadaşlarımla paylaştım.

wakehedate 分け隔て /a./ ～する ayrı seçi yap-. ～なし ayrı gayrı bilme-, ayrısı ayrısı yok.

wakemàe 分け前 /a./ pay, hisse, nasip, hak. 大きな～ aslan payı. ～を もらう payını al-. ～にあずかる hakkı ol-, (口語) çimlen-.

wakeme 分け目 /a./ 髪の～ yiv.

wàkenai 訳ない /s./ わけなく haydi haydi.

wakerarè·ru 分けられる /ey./ bölün-, ayrıl-. 分けられた部分 bölüntü. 分けられない bölünmez.

wakè·ru 分ける /ey./ böl-, ayır-, dağıt-, katet-, üleş-, üleştir-, ayırıcı. パンを三つに～ ekmeği üçe böl-. スイカを十に～ karpuzu on parçaya ayır-. 財産を～ ayrı seçi ol-. この袋のハシバミは～のです。Bu torbadaki fındıkları üleşeceğiz. 母は買って来たキャンデーを妹と私に分けてくれた. Annem aldığı şekerleri kardeşimle bana üleştirdi.

waki 脇 /a./ böğür, boş böğür, koltuk ; yan, taraf, etraf. ～に抱える koltukla-. ～の yan, yanal. ～へ引っ込む kenara çekil-. ～に控える kenarda kal-.

wakibara 脇腹 /a./ böğür, boş böğür, geğrek. ～の痛み geğrek batması. ～を打つ boş yerine vur-.

wakidè·ru わき出る /ey./ 心底から～ içinden gel-.

wakimaè·ru わきまえる /ey./ 身分を～ haddini bil-. 礼儀をわきまえない saygısız. 程度をわきまえない dizginsiz. 時や場所をわきまえない sıralı sırasız, sırasız.

wakimaesasè·ru わきまえさせる /ey./ 身のほどを～ haddini bildir-.

wakimici わき道 /a./ keçi yolu, sapa yol. ～の sapa.

wakimizu わき水 /a./ memba suları, pınar.

wakinòsita わきの下 /a./ koltuk, koltuk altı. ～の汗よけ koltukluk.

wakitàcu 沸き立つ /ey./ galeyan et-, kayna-, coş-.

wàkkusu ワックス(İng. wax) /a./ mum. ～を作る mumla-.

wakòodo 若人 /a./ gençler.

waku 沸く /ey./ kayna-. グラグラ～ fukurda-. ブクブク～ fıkırda-. 血が～ kan kayna-. 沸いている kaynar. 湯が沸いた. Su ısındı. 湯がグラグラ沸いている. Su fıkır fıkır kaynıyor. こんろの茶沸かしがグラグラ沸いている. Ocağın üzerideki çaydanlık fokurduyor.

waku 湧く /ey./ kayna-, fışkır-. ウジが～ kurtlan-. シラミが～ bitlen-. 勇気が～ gayretlen-. チーズの缶にうじゃうじゃ虫がわいている. Peynir tenekesinde fıkır fıkır kurt kaynıyor.

wakù 枠 /a./ çerçeve. とびら・窓の～ pervaz, kasa. 車輪の～ jant. ししゅうの～ kasnak. ～をはめる çerçevele-. ～をはめてししゅうをする kasnak işle-. 活発すぎて～におさまりきれない kabına sığma-. ～を越えた dizginsiz. 狭い～の中で dar bir çerçeve içinde.

wàkuciñ ワクチン(Al. Vakzin) /a./ aşı. コレラ～ kolera aşısı.

wakugumi 枠組み /a./ çatma.

wakusei 惑星 /a./ gezegen, seyyare.

wakusèikañ 惑星間 /a./ ～の gezegenlerarası.

wamekicirāsu わめきちらす /ey./ bağırıp çağır-, kıyameti (kıyametler, kıyametleri) kopar-. 急に～ cayırtıyı bas- (kopar-). やたらに～ velveleye ver-.

wamekigòe わめき声 /a./ şamata. ころんだアリ小僧の～がみんなをびっくりさせた. Düşen küçük Ali'nin yaygarası hepimizi korkuttu.

wamekitatè·ru わめきたてる /ey./ yaygara kopar-, yaygarayı bas-, (卑語) kıçını yırt-, yaygaracı. ～こ

anlayışlı.
wakariàu 分かり合う /*ey.*/ bağdaş-, anlaş-.
wakarinikùi 分かりにくい /*s.*/ 彼の言葉は~. Onun çetrefil bir dili var.
wakariyasùi 分かりやすい /*s.*/ aydınlık, fasih. ~言葉 açık söz. 分かりやすく açıkça.
wakariyàsusa 分かりやすさ /*a.*/ aydınlık, açıklık. 言葉の~ sözün açıklığı.
wakàru 分かる /*ey.*/ anla-, bil-, duy-, tanı-, hisset-, içine doğ-, idrak et-, malum ol-. …だと~ çık-. 問題の本質が~ dilinden anla-. 人の話が~ dilinden anla-. 言ったことが~ kulağına gir-. 旧知であることが~ bildik çık-. やつれは~ avurtları çök-. よく分かっている alışkın. 分かった pekala, peki! ものの分かった kafalı. 分かりました hayhay, baş, üstüne! 分からない anlama-, aklı alma-, havsalasına sığma-. どこへ行くか分からない bastığı yeri bilme-. 分からないこと anlamazlık, anlamamazlık. ほとんど分からない hayal meyal. ものが分からない laf anlamaz. 分からないふりをする anlamamazlıktan gel-. 分からないこ とに手を出す çizmeden yukarı çık-. 何を言っているのか分からない kendi söyler kendi dinler. ちっとも分からない anladımsa Arap olayım. 分からないことがあろうか akıl var, yakın var. 分からなくなる şaşır-. 自分が分からなくなる fenalık geçir- (gel-). どうしていいか分からなくなる aklı başından git-, zihni bulan- (karış-). かっとして何も分からなくなる gözü dön- (dumanlan-). 酒で分からなくなる beynine vur-. 酒で分からなくさせる başına vur-. まったく分からずに聞いている koyun kaval dinler gibi dinle-. 彼が何を言いたいかが分かった. Onun ne söylemek istediği anlaşıldı. 私が誰だか分かったか. Benim kim olduğumu bildin mi? こ の事で多くのことが分かった. Bu konuda çok şeyler duyduk. 動物の多くは自分に害をなす植物が~. Hayvanların çoğu kendilerine zarar verecek otları tanır. ミネと私の言葉に喜んでいるのが分かった. Mine'nin sözlerime çok sevindiğini hissettim. その理由はまったく分からなかった. Nedenini bir türlü kestiremedim. 分かったぞ、もうだまされるものか. Maymun gözünü açtı.

wàkasa 若さ /*a.*/ gençlik, cahillik, körpelik. ~を失って衰える hay hayı gitmek vay vayı kal-.

wakasu 沸かす /*ey.*/ ısıt-, kaynat-, kızdır-. 湯を~ suyu ısıt-. コーヒーをジェズヴェで~ kahveyi cezvede pişir-.

wakawakasìi 若々しい /*s.*/ yaş, taze.

wakawakasìsa 若々しさ /*a.*/ tazelik.

wàke 訳 /*a.*/ sebep, neden, özür. ~のある özürlü. これには何か~がある bunda bir iş var. ~が分からない imlaya gelme-. ~の分からない sebepsiz, mankafa. ~も分からず ulu orta. ~も分からずに仕事をする ezbere iş gör-. どういう~か nasıl olmuşsa, nasılsa, nedense. ~もなく her nedense, tevekkeli. ~もなくひどい目にあう cin çarpmışa dön-. 比べる~ではありませんが benzetmek gibi olmasın. 座ったのは少し休もうという~だ. Oturdum ki biraz dinleneyim. 遅れたのは何か~があったのか. Geciktin, bir mazeretin mi (bir özrün mü vardı)? 行くという~か. Gidiyorsun demek? 彼はあなたと釣り合う~がない. O, sizin denginiz olmaz. ~もなく人の楽しみに加わる人. Horoz evlenir, tavuk tellenir.

wakeatae・ru 分け与える /*ey.*/ üleştir-.

wakeàu 分け合う /*ey.*/ bölüş-, pay et-, paylaş-, üleş-. 悩みを~ dertleş-. キャンデーを友達と分け合った. Şeker-

waipaa ワイパー (İng. wiper) /*a.*/ silecek. 車の～ cam sileceği. 運転手は雨が降り出すと～を作動させた. Sürücü yağmur başlayınca silecekleri şalıştırdı.

wairo わいろ, 賄賂 /*a.*/ rüşvet, yemlik. ～の金品 rüşvet. ～をおくる rüşvet ver-, yedir-. ～を受け取る rüşvet al- (ye-). ～を取る para ye-, yiyici.

waisecu わいせつ /*a.*/ ～な müstehcen.

waisyacu ワイシャツ (İng. white shirt) /*a.*/ gömlek.

waiya ワイヤ (İng. wire) /*a.*/ tel. ～をからませること volta.

waiyaresu ワイヤレス (İng. wireless) /*a.*/ telsiz.

wakaba 若葉 /*a.*/ filiz. ～が出る filizlen-.

wakaciàu 分かち合う /*ey.*/ paylaş-.

wakàcu 分かつ /*ey.*/ 昼夜を分かたず geceli gündüzlü.

wakàdori 若鳥 /*a.*/ yarga, yarka, piliç. ニワトリの～ piliç. 育てたヒヨコが大きくなって～になった. Beslediğim civcivler büyüdüler, piliç oldular.

wakaeda 若枝 /*a.*/ budak özü, çubuk, filiz.

wakagaeraseˋ・ru 若返らせる /*ey.*/ gençleştir-.

wakagàeru 若返る /*ey.*/ gençleş-.

wakage 若気 /*a.*/ ～の至り cahillik, (皮肉) bahar başına vur-.

wakagi 若木 /*a.*/ fidan, genç ağaç. ～の栽培所 fidanlık.

wakai 和解 /*a.*/ barış, barışma, uzlaşma, sulh, telif. 支払うという～ödeme anlaşması. ～する barış-, barış görüş ol-, uzlaş-, bağdaş-, sulh ol-. ～させる barıştır-. どうして～の方法がない. İkisini bir kazana koysalar kaynamazlar.

wakài 若い /*s.*/ genç, küçük, toy, körpe, ufak. (俗語) cahil. ～人達 genç adamlar, gençlik. ～娘 küçük kız. ～女 taze. ～美男子 civan. ～木 genç ağaç, yaş ağaç. 食べられる～実 çağla. 若くてかわいい女（口語）piliç gibi. ～こと gençlik. ～ころに gençliklerinde. 若くなる gençleş-. ～人で生き生きさせる gençleştir-. 若く見せる küçült-. 若く見える人 her dem taze, abıhayat içmiş. 若くて未経験た ağzı süt kok-. ～の! delikanlı. 若すぎるよ yaşı ne, başı ne? 彼らはまだ～. Onlar daha cahil. 小さい人は若く見える. Bodur tavuk her gün (dem) piliç. 年が～ Eti ne budu ne? Kedi ne budu ne?

wakame 若芽 /*a.*/ budak özü, tomurcuk.

wakamono 若者 /*a.*/ genç, genç adam, delikanlı, efe, yiğit, çocuk, dadaş, (俗語) kızan. ～たち gençlik, çocuk milleti. 二十歳を過ぎた～ yaşı yirmi aşkın bir genç. この三人の～は誰からもまきあげてはいない. Bu üç delikanlı kimseyi dolandırmadılar.

wakaraseˋ・ru 分からせる /*ey.*/ anlat-, hissettir-.

wakarazuya 分からず屋 /*a.*/ et kafalı.

wakarazuzìmai 分からずじまい /*a.*/ 5年も同じことを勉強していて～とは. Beş yıldır aynı dersi okur, anlamadı gitti!

wakarèˋ 別れ /*a.*/ ayrılık, ayrılış. ～の悲しさ hicran. ～のあいさつ veda. ～を告げる veda et-, vedalaş-. ながの～を告げ合う helalleş-. ～を惜しむ町はずれの泉 ayrılık çeşmesi.

wakareme 分かれ目 /*a.*/ ayrım.

wakarèmici 別れ道 /*a.*/ çatal.

wakarèˋ・ru 分かれる, 別れる /*ey.*/ ayrıl-, boşan-, (隠語) payandaları çöz-. 二つに～ çatallan-. そこで道が二つに分かれている. Orada yol çatallanıyor. ～こと ayrılış, ayrılma.

wakariˋ 分かり /*a.*/ anlayış. ～がいい

一軒家がある. Bu evden başka bir evi daha var. 君の足で〜村へタ方までに着けない. Senin ayağında köye akşama kadar varamayız. あなた方〜いっしょですか別々ですか. Beraber misiniz, ayrı mısınız? われわれの間に〜観点の違いがある. Aramızda görüş ayrılığı var. これ〜あなた以外みんな知っている. Bunu sizden başka herkes bilir. 成功のもと〜努力だ. Başarının başı çalışmaktır. 金〜なんでもない, いいから彼を勉強させなさい. Parasında değilim, yeter ki o okusun. たくさん金を使ったにして〜あたりに何もない. Çok para harcadığı halde görünürde bir şey yok. これだけの費用のほかにくたびれもおまけと〜. Bu kadar masraftan başka yorgunluğu da caba! 気に入らない奴を途中でまいたんで〜? Hiç hoşlanmadığın adamı yolda ektin mi yoksa? (…〜…)母親〜育児法をよく知らなくて〜いけない. Anneler çocuk bakımını iyi bilmeli. メフメット〜父に, 弟〜母に似ている. Mehmet babasına, kardeşi ise annesine benzer. こどもたち〜肉をちぎって〜食べ, ちぎって〜食べした. Çocuklar pirzolayı çekiştire çekiştire yediler. 《で〜ない》〜ない, で〜なく değil. きのうで〜なくて, きょう来た. Dün değil, bu gün geldi. そこ〜彼がゆっくりできる場所で〜ない. Orası kendisinin barınacağı bir yer değildir.

wa わ /il./ ひとたび口を開くや, しゃべる〜しゃべる〜! Bir kez ağzını açtı mı, söyler de söyler!

wà 和 /a./ uyum; toplam. 家族の〜ağız tadı. 仕事をうまくやるには人の〜が必要だ. Bir işte iyi sonuç almak icin çalışanlar arasında uyum sağlanması gerekir. 正方形の内角の〜は360°である. Bir karenin iç açıları toplamı 360 derecedir.

wà 輪 /a./ halka, çerçeve, daire, tekerlek, çember, teker, çark. 〜の ついた halkalı. 〜を回す çember çevir-. 〜になる halka ol-. 〜になった halkalı, çember. 〜になっているイヤリング halkalı küpe. 〜になったもの çörek.

wàa わあ /ün./ 〜驚いた vay anam vay! 〜びっくりするじゃないか vay anasını (canına)!

waarudo kàppu ワールドカップ(İng. world cup) /a./ dünya kupası.

wàawaa ワーワー /be./ bangır bangır. 〜泣く bangır bangır ağla-.

wabi·ru わびる, 詫びる /ey./ özür (af) dile-, itizar et-.

wabisìi わびしい /s./ çöl gibi.

wadaci わだち, 轍 /a./ tekerlek izi.

wadai 話題 /a./ söz konusu, konu, bahis, sadet. 〜になる sözü açıl-, adı geç-. 人々の〜になる dillerde dolaş- (gez-). 関係のない人達の間で〜になる söz ayağa düş-. 〜にする bahset-.

wàga 我が /s./ benim, bizim. 〜家 evim, evimiz. かわいい〜子 ciğerimin köşesi. 〜道を行く bildiğini yap-, burnunun dikine (doğrusuna) git-. 〜軍は三日で敵の国境に達した. Ordumuz üç günde düşman sınırına dayandı. 〜道を行く. Tencere tava, herkeste bir hava.

wagahai 我が輩 /a./ ben.

wàgakuni 我が国 /a./ yurdumuz.

wagamàma わがまま /a./ ağız kokusu. 〜な direngen, inat, bencil, nazlı, nefsine düşkün. 〜な子 nazlı bir çocuk. 〜に育てる yüz göster-. 〜が通る nazı geç-.

wàgaya 我が家 /a./ evim, evimiz. 〜のバス停までの遠さ evimizin otobüs durağına uzaklığı.

wagoo 和合 /a./ geçim.

waikyoku 歪曲 /a./ çevri, (古語) tevil.

wàiñ ワイン(İng. wine) /a./ şarap. 古い〜 eski şarap. 一びんの〜 bir şişe şarap. 〜好き şarapçı.

る人 dedikoducu. ～が乱れとぶところ cadı kazanı.
uwayaku 上役 /*a.*/ âmir, üst.
uwazei 上背 /*a.*/ boy. ～がある uzun boyu var.
uyamàu 敬う /*ey.*/ hürmet et-, ulula-, saygı göster-.
uyamawarè･ru 敬われる /*ey.*/ saygın.
uyamuya うやむや /*a.*/ ～な返事をする kem küm et-.
ùyoku 右翼 /*a.*/ sağ cenah, sağ, sağcı. 飛行機の～ uçağın sağ kanadı. ～思想 sağ düşünce. ～の sağ.
ùyouyo うようよ /*be.*/ ～している karınca yuvası gibi kayna-.
uzi̇ ウジ, 蛆 /*a.*/ kurt, solucan. ～がわく kurtlan-. ～のわいた kurtlu. ～がわいた チーズ kurtlu peynir. 果物に～がわいた. Meyveler kurtlanmış. サクランボの中から～が出た. Kirazın içinden kurt çıktı.
ùzu 渦 /*a.*/ girdap, anafor, burgaç, çevrinti. ～の光った中心部 ayna. 水がぐるぐる～を巻いた. Su halka halka dalgalandı.

Uzubekkugo ウズベック語 /*a.*/ Özbekçe.
Uzubekkùziñ ウズベック人 /*a.*/ Özbek.
uzukasè･ru うずかせる /*ey.*/ 歯を～ kamaştır-.
uzùku 疼く /*ey.*/ sızla-. 歯が～ kamaş-. 足の傷が今日はとても～. Bacağımdaki yara bu gün çok sızlıyor.
uzukumàru うずくまる /*ey.*/ çömel-, yere çök-, büzül-, pus-, sin-. ネコは犬を見ると恐ろしくてすみの方へうずくまった. Kedi köpeği görünce korkudan bir köşeye büzüldü.
uzùmaki 渦巻き /*a.*/ girdap, anafor, burgaç, helezon, su çevrisi. ～の sarmal.
uzume･ru 埋める /*ey.*/ göm-. 頭を枕に～ başını yastığa göm-. 自分を～ gömül-.
uzura ウズラ /*a.*/ bıldırcın.
ùzyauzya うじゃうじゃ /*be.*/ fıkır fıkır. チーズの缶に～虫がわいている. Peynir tenekesinde fıkır fıkır kurt kaynıyor.

W w

wa は /*il.*/ …, da, de ; ise. きょう～何日ですか. Bu gün ayın kaçıdır? こう～できない böyle yapılmaz. だまれ, おまえ～ Sus, sen de! 病人～どこの医者が見ているのか. Hastaya hangi hekim bakıyor? 私～見なかった, せめて君が見なさい. Ben görmedim, bari sen gör. 砲火～夜まで続いた. Top ateşi geceye kadar sürdü. 道路にごみを捨てるの～恥だ. Sokağa çöp atmak ayıptır. なまけもの～どこでも鼻つまみだ. Tembel olanlar her yerden atılır. 書物ほど人をなぐさめるもの～ない. Kitap kadar insanı avutan bir şey yok. この仕事～わずか3日で終わる. Bu iş ancak üç günde biter. この橋に～橋脚が四つある. Bu köprünün dört ayağı var. 『トルコ語』誌の印刷数～一万部だ. 《Türk Dili》 dergisinin baskısı on bindir. この家と～別にもう

uu hayran ol- (kal-, bırak-).

uu ウー /be./ ～と声を出す ıhla-. 犬が～とうなる hırla-.

ùuñ ううん /ün./ ～頭が痛い. Ah başım!

ùuru ウール (İng. wool) /a./ yün. ～の yün, yünlü. ～の織物 yün kumaş, çuha. ～のスカート yünlü etek.

ùuuu ウーウー /be./ homur homur, homurtu. ～うなる homurdan-. モーターが一・二回～いって止まった. Motor bir iki homurdanıp durdu.

uwaago 上あご /a./ üst çene, damak. ～の犬歯 göz dişi. あめが～にくっついた. Sert şeker damağıma yapıştı.

uwabari 上張り /a./ kaplama. ～の真ん中がもち上がっている. Kaplamanın ortası kalkık. テーブルの～がはがれた. Masanın kaplaması kalkmış.

uwabe 上辺 /a./ üst, boya. ～の yapmacık. ～の話 yapmacık konuşma. ～の飾り yaldız. ～を飾る yaldızla-. ～を飾る人 yaldızcı. ～だけ üstten. ～だけの üstünkörü, yaldızlı. ～だけ病気になる yalandan hasta ol-.

uwacuku 浮つく /ey./ 浮ついた hafifmeşrep, havaî, hoppa, yelli. 浮ついた行いをする havalan-.

uwagi 上着 /a./ ceket, cepken. ～を着る ceketini giy-. ～を脱ぐ ceketini çıkar-. オーバーをこわして～を作るpaltoyu bozup ceket yap-. 短い～ kazak. 婦人用の短い～ bolero. シャツの上に着る～ mintan.

uwagoto うわごと /a./ hezeyan. ～の abuk sabuk. ～を言う hezeyan et-, sayıkla-. 病人は～を言うようになった. Hasta hezeyan durumunda. エルダルは重病で～を言っている. Erdal çok hasta, sayıklıyor. アリは病気の時高い熱のため～を言い出した. Ali, hastalığında yüksek ateş yüzünden abuk sabuk konuşmaya başladı.

uwagùsuri 上薬, 釉薬 /a./ sır. ～を塗る sırla-. ～をかけた sırlı. ～のかかったつぼ sırlı küp. つぼの～がはげ落ちた. Küpün sırı dökülmüş.

uwakawa 上皮 /a./ üst deri, korun.

uwaki 浮気 /a./ etek kiri. ～な çapkın, hercaî, oynak. ～する dost tut-. ～をしない üstüne gül koklama-. 妻に～をされる yaldızla-, boynuz tak- (takın-). 妻の～に目をつぶる人 boynuzlu.

uwakippòi 浮気っぽい /s./ yelli, (口語) müsait.

uwakùcibasi 上くちばし /a./ çenek.

uwakucìbiru 上唇 /a./ üst dudak. ～のみぞ dudak çukuru.

uwanose 上乗せ /a./ üstelik. ～する üste ver-.

uwanosòra 上の空 /a./ ～で dalgın dalgın. ～で仕事をする (隠語) tünel geç-.

uwanuri 上塗り /a./ badana. 病気をもかえりみず家の～に取りかかった. Hastalığını düşünmeyerek evi badana etmeğe kalkıştı. 大罪を犯した者は罪の～を恐れない. Eceli gelen köpek cami duvarına siyer.

uwappari 上っ張り /a./ tulum.

uwasa うわさ /a./ dedikodu, söylenti, söz, rivayet, şayia, kulaktan dolma. ～の温床 dedikodu kumkuması. ～が流れる laf çık-. ～が知れ渡る destan ol-. ～をする söz et-. ～される diline (dillere) düş-, dile gel-, ağıza düş-. ～になる laf ol-. 人の～にのぼる halkın ağzına düş-. ～の種になる söz ol-. ～によれば rivayete göre. ～をすぐ信じるのは正しくない. Söylentilere hemen inanmak doğru değildir. お留守にいい～が出ました. Gıyabınızda sizin için güzel sözler söylendi.

§～をすれば影 üstüne gel-.

uwasabànasi うわさ話 /a./ dedikodu, söylenti. ～をする dedikodu et- (yap-), (口語) laf et-. よく～をす

dilim et-, dil-. パンを薄く切る ekmeği dilimle-. 〜青 açık mavi. 〜緑 filizî, açık yeşil. 色が薄くなる açıl-. 〜髪 seyrek saç. 頭が薄くなる başı açıl-. 関係の〜 uzak, uzaktan. 非常に関係の〜人々 yedi kal el. ナイフは研がれて刃が薄くなった. Bıçak bilene bilene yüzü inceldi.

usuiro 薄色 /a./ 〜の pastel, uçuk.
usuita 薄板 /a./ padavra.
usukiiro 薄黄色 /a./ 〜の samanî.
usumàru 薄まる /ey./ sulan-.
usume•ru 薄める /ey./ 色を〜 aç-. 染料を〜 boyayı aç-. 水で〜 sulandır-. 水で薄めた乳 hileli süt. ヨーグルトを〜 yoğurdu sulandır-.
usumìdori 薄緑 /a./ filizî, tirşe, açik yeşil. 〜の filizî, tirşe, fıstıkî.
usumuràsaki 薄紫 /a./ eflâtun. 〜の eflâtun. 青い〜 lavanta mavisi.
usurê•ru 薄れる /ey./ hafifle-, din-.
ususa 薄さ /a./ incelik. 色の〜 açıklık.
utà 歌 /a./ şarkı, türkü, şan, yır. 〜を歌う şarkı oku-, şarkı söyle-, şakı-.
utagai 疑い /a./ şüphe, kuşku, işkil, vesvese. 〜を抱く şüphelen-, kuşku uyan-, içi bulan-, içine kurt düş-. 〜を抱かせる mide bulandır-. 〜を抱いた kuşkulu. 人の〜を招く zihnini bulandır-. 〜が晴れる temize çık-. 〜を晴らす akla-, temize çıkar- (çıkart-). 〜をかけられる zan altında bulun-. 〜のない şüphesiz, kuşkusuz, elde bir. 〜なく kuşkusuz. 一点の〜もなく iki kere iki dört eder gibi.
utagau 疑う /ey./ şüphe et-, şüphelen-, kuşkulan-, işkillen-, gönlü bulan-, midesi bulan-. わが目を〜 gözlerine inanma-. 〜余地がない okka dört yüz dirhem. 誰を疑っているのですか. Kimden şüpheleniyorsun?
utagaware•ru 疑われる /ey./ zan altında bulun-.
utagawase•ru 疑わせる /ey./ kuşkulandır-.
utagawasiı̂ 疑わしい /s./ şüpheli, şüpheci, sanık, septik.
utage 宴 /a./ ziyafet.
utaguci 歌口 /a./ ağızlık.
utaguribukài 疑り深い /s./ huylu. 〜まなざし kuşkulu bakış.
utaguru 疑る /ey./ şüphe et-.
utaite 歌い手 /a./ şarkıcı.
utarê•ru 打たれる /ey./ vurul-, dayak (sopa) ye-, atıl-. 〜に値する人 dayak düşkünü (kaçkını). 子供は〜. Çocuklara dayak atılır. 綿が打たれた. Pamuk atıldı. 自然の美しさに心が〜. Doğanın güzelliklerine vurgunum.
utarê•ru 撃たれる /ey./ kurşun ye-, isabet al-, vurul-. 撃たれたもの vurgun.
utasê•ru 打たせる /ey./ attır-.
utatane うたた寝 /a./ şekerleme. 〜する pinekle-, uyku kestir-, kestir-.
utau 歌う /ey./ oku-, söyle-, çağır-. 歌を〜 şarkı oku- (söyle-), şakı-. 民謡を〜 türkü çağır-. 調子はずれに〜 falso yap-.
utawase•ru 歌わせる /ey./ çağırt-.
ùtouto うとうと /be./ 〜する ımızgan-, pinekle-. ネコのサルマンはストーブのそばに寝そべって〜している. Kedim Sarman, sobanın yanına uzanıp pinekliyor.
uttàe 訴え /a./ dava. 〜を起こす dava aç-.
uttaê•ru 訴える /ey./ dava et- (aç-), şikâyet et- (getir-). 債権取り立てのために〜 icraya ver-. 武力に〜 silâha sarıl-. 腕力に〜 yumruğuna güven-.
uttoosiı̂ うっとうしい /s./ sıkıcı, kasvetli, ağır. 〜天気 ağır hava.
uttoosìsa うっとうしさ /a./ ağırlık. 天気の〜 havanın ağırlığı.
uttòri うっとり /be./ 〜する büylen-,

önüne kat-. その〜に peşi sıra. 〜を向いている çevrili. 家の〜に庭がある. Evin arkasında bahçe var. 家の〜に店が一軒ある. Evin gerisinde bir dükkân var. 風が〜から吹いている. Rüzgâr pupa esiyor.

usiro asi 後ろ足 /a./ 〜でける kıç at-. 馬が〜で立つ şaha kalk-, şahlan-, sustaya kalk-.

usirodate 後ろ盾 /a./ arka, kalkan, piston, siper, torpil. 〜になる iltiması ol-. 〜を見つける arka bul-. 有力な〜がある arkası pek. おじさんの〜があるから負けない. Dayısının koltuğunda sırtı yere gelmez.

usirogami 後ろ髪 /a./ 〜を引かれる gözü arkada kal-.

usirogurâi 後ろ暗い /s./ gizli kapaklı. 〜ことをする時人は自分をなんとか正当化しようとするものだ. Kedi yavrusunu yerken sıçana benzetir.

usiromuki 後ろ向き /a./ 〜の olumsuz, çevrili.

ùso 嘘 /a./ yalan, atıcılık, düzen, ığrıp, masal, aslı faslı yok, (俗語) hilâf, (隠語) martaval, mantar, tıraş. 〜の yalan, sahte. 尾ひれのついた大きな〜 kuyruklu yalan. 人を怒らせるような〜 dikine tıraş. 〜をつく yalan söyle-, yalan at-, yalan kıvır-, (口語) yuvarla-, (隠語) mantar at-, ustura çalıştır-, kes-. 〜つけ! (口語) devenin bası (nalı). だますために〜を言う gazel oku-. 知らずに〜を言ってしまう yalancı çık-. 〜を見つけ出す yalanını çıkar-. 〜が知れる yalan çık-. 〜と知りつつ誓う yalan yere yemin et-. 〜だ esası olma-. 一連の〜をでっちあげる bir sürü yalan düz-. 〜のない hilesi hurdası yok. 〜いつわり yalan dolan. 〜八百 (隠語) pandispanya gazetesi. またしても〜をつき出した. Gene yalanları kıvırmaya başladı. 〜は長続きしない. Yalancının mumu yatsıya kadar yanar. いずれ天にのぼるのだから〜はつきません. İki elim yanıma gelecek.

usòcuki うそつき /a./ yalancı, düzenbaz, atıcı, sahtekâr. 〜の yalancı. 〜の野卑な人 çakal. 〜を責める yalancılıkla (yalan söylemekle) suçla-. 人を〜呼ばわりする yalancı çıkar-. 彼を信じてはいけません, 〜です. Ona inanmayınız, yalancıdır. 〜の言うことは本当でも信じてもらえない. Yalancının evi yanmış, kimse inanmamış. あいつは〜だ. Allah bir dediğinden gayrı sözüne inanılmaz.

usonaki うそ泣き /a./ 〜をする yalancıktan ağla-.

ùsu 臼 /a./ dibek, havan. コーヒー豆の〜 kahve dibeği. ニンニクを砕く〜 sarmısak döveci.

usuaòi 薄青い /s./ 〜服 uçuk mavi bir giysi.

usucyairo 薄茶色 /a./ boz. 〜の boz, kumral, bej, elâ, ala. 〜になる bozar-. 姉は〜の髪をしている. Ablamın kumral saçları var.

usugami 薄紙 /a./ タイプ用の〜 pelür.

usugi 薄着 /a./ arkası yufka. 〜する hafif giyin-. 冬に〜で歩く人 (冗談) zemheri zürafası. 〜のようだけど, それでは病気になるよ. İncecik giyinmişsin, işte bunun için hastalanıyorsun.

usugitanâi 薄汚い /s./ çapaçul, mendebur. 〜身なりの女 (皮肉) bitli kokuş.

usugurâi 薄暗い /s./ loş, kör, sönük. 〜部屋 loş bir oda. 〜ランプ kör kandil.

usuguròi 薄黒い /s./ karaca. 〜黄色 kirli sarı.

usùi 薄い /s./ ince; açık, soluk; seyrek. 〜紙 ince kâğıt 〜女物のコート ince manto. 〜一切れ dilim. 非常に〜 ipince. 薄くなる incel-. 薄く切る

giydir-.
ùrouro うろうろ /be./ 〜歩く salma gez-.
uru 売る /ey./ sat-, elden çıkar-, elden çık-, ver-. 自動車を〜 otomobil sat-. 品物を〜 eşya sat-. 悪い品を〜 kakala-. けんか好きの人にけんかを〜 çamura taş at-. 〜こと satım, satış. 〜人 bayi, satıcı. 靴を〜人 ayakkabıcı. 〜ための satılık.
ùru 得る /ey./ kazan-, ele geçir-, edin-. 利益を〜 kâr edin-. ちょっと利益を〜 çerezlen-. ボイコットの延長は悪い結果をもたらし〜. Boykotun uzaması kötü sonuçlar doğurabilir.
Uruguai ウルグアイ /a./ Uruguay.
urùmu 潤む /ey./ 目が〜 gözleri sulan-.
uruòu 潤う /ey./ bollaş-.
urusài うるさい /s./ gürültülü, sırnaşık, (俗語) tebelleş. 〜音 gürültü. うるさくしゃべる人 ağzı kalabalık. 着る物に〜 giyime meraklı. 外野が〜 başı kalabalık. うるさくせがむ sırnaş-. うるさく言う başının etini ye-. うるさくして困らせる başında değirmen çevir-. うるさく求める (口語) balta ol-. 〜! Gürültüyü kes! 彼は食べ物に〜. O yemek seçer. なんて〜人、全然行こうとしないんだから. Ne sırnaşık adam, hiç de gitmeye niyeti yok.
urusi nuri ウルシ塗り /a./ 〜の lake.
urusi tòryoo ウルシ塗料 /a./ laka.
uruudosi うるう年 /a./ artık yıl. 1996年、2000年、2004年のように4で割れる年は〜だ. 1996, 2000, 2004 gibi dört ile bölünebilen her yıl artık yıldır.
ùryoo 雨量 /a./ yağış. 〜の多い地帯 yağışlı bölgeler.
usagi ウサギ /a./ tavşan. 村人がホジャに〜を一匹持って来る. Bir köylü hocaya bir tavşan götürür.
usañkusài 胡散臭い /s./ うさんくさそうに見る bet bet bak-.
usecu 右折 /a./ sağa sapma.

usè·ru 失せる /ey./ bat-, kaybol-, (隠語) toz ol-, kayna-. お金や食べ物が〜 deve ol-.
usi ウシ、牛 /a./ inek(雌), sığır, öküz (去勢), buzağı(乳離れしていない), dana(雄一歳), boğa(種). 〜が子を産む buzağıla-. 〜に引かせる荷車 kağnı. 〜の腰上部の肉 bonfile. 列車が〜を二頭ひいた. Tren iki ineği ezdi.
ùsi う歯 /a./ çürük diş.
usigoya 牛小屋 /a./ ineklik, ahır, mandıra.
usikai 牛飼い /a./ inekçi, sığırtmaç. 〜の犬 çomar, çoban köpeği. 〜の仕事 çobanlık.
usinau 失う /ey./ kaybet-, yitir-, elden git-, heder et-, mahrum ol-, zayi et-, batır-, burnunu çek-. 職を〜 açığa çık-. 力を〜 cılızlaş-. 機会を〜 fırsat kaçır-. 人間らしさを〜 insanlıktan çık-. 顔色を〜 benzi at-(uç-). 節度を〜 baştan çık-. 度を〜 kafası dön-. 気を〜 bayıl-, fenalık geçir-(gel-), kendinden geç-, kendini kaybet-. 意識を〜 dal-. 意識を失っている dalgın. 失った yitik, zayi. 愛を失った子供 sevgiden yoksun bir çocuk. 子を失った悲しみ ciğer acısı. 病人がまた意識を失った. Hasta gene daldı.
usinaware·ru 失われる /ey./ yit-, yoksun kal-, kaybol-. 失われた yoksun. 火災のため国の森林がしだいに失われつつある. Yangınlar yüzünden yurdumuzun ormanları giderek yitiyor.
usinawase·ru 失わせる /ey./ tüketici.
usioi 牛追い /a./ 〜の少年 çoban. 〜の棒 gönder.
usiro 後ろ /a./ arka, geri, art, peş. 〜の arka, geri, art. 〜の部分 geri kısım. 〜へ geri, ardın ardın. 〜へ下げ geri al-. 〜から arkası sıra, pupa. すぐ〜から akabinde. 〜から歩く

olgun.

uresigaraseˆ・ru うれしがらせる /ey./ hoşnut et-, sevindir-.

uresii うれしい、嬉しい /s./ hoşnut, sevinçli, sevindirici, neşeli, memnun, mutlu, mübarek, neşeli yerinde. うれしく思う sevin-, hoşnut ol-, gönen-, haz duy-, memnun ol-, tadına doyama-. とても～ çok memnunum, bir yiyip bin şükret-, çocuk gibi sevin-, etekleri zil çal-. うれしくなる keyfi gel-, (口語) keyfinden dört köşe ol-. うれしくて足が地につかない bastığı yeri bileme-. うれしそうな mutlu, sevinçli. うれしそうな顔 sevinçli bir yüz. うれしそうな様子 neşe. うれしくない hoşnutsuz. このニュースを聞いてとてもうれしかった。 Bu habere çok sevindim. 産婆さんが弟が丈夫で産まれたと言ったのでとてもうれしかった。 Ebe küçük kardeşimin sağlıklı doğduğunu söyleyince çok sevindim. 友達のしたことをうれしく思っている。 Ben arkadaşlarımdan hoşnudum. うれしくて胸がドキドキする。 Sevinçten yüreğim çarpıyor. うれしくてどうしたらいいのかわからなかった。 Mutluluktan ne yapacağımı şaşırdım. チェティンは進級できてとてもうれしそうだ。 Çetin sınıfını geçtiği için çok mutlu. アイテュルのうれしそうな様子で試験がうまくいったことがわかる。 Aytül'ün neşesinden sınavının iyi geçtiğini anlaşılıyor.

ureˆsisa うれしさ /a./ sevinç, mutluluk, haz, neşe, kıvanç.

ureyuki 売れ行き /a./ sürüm. ～のいい sürümlü.

uri 売り /a./ ～に出す satışa çıkar-, pazarla-. 物を売りに出す mal sür-.

ûri ウリ、瓜 /a./ su kabağı.

uriba 売り場 /a./ デパートの～ reyon. 布地～ kumaş reyonu. 切符～ gişe.

urici 売り地 /a./ satılık arsa.

uricukeˆ・ru 売り付ける /ey./ 高い物を～商人 (口語) kazıkçı.

uridasi 売り出し /a./ satış.

uridaˆsu 売り出す /ey./ sat-.

uriharaˆu 売り払う /ey./ satıp sav-.

ûrihutacu うり二つ /a./ ～だ. Yarım elmanın yarısı o, yarısı bu.

uriie 売り家 /a./ satılık ev.

urìkai 売り買い /a./ alış veriş.

urikireˆ・ru 売り切れる /ey./ olan malın hepsini sat-. 切符が～ bilet bit-.

uriko 売り子 /a./ satıcı, tezgâhtar, çırak.

urikomi 売り込み /a./ satış.

urikoˆmu 売り込む /ey./ sat-. 自分を～ kendini sat-.

urimono 売り物 /a./ satılık eşya. ～の satılık. この家は～か。 Bu ev satılık mı?

uriosimi 売り惜しみ /a./ ～する elinde tut-.

urisabaˆku 売りさばく /ey./ (隠語) okut-, satarak elinden çıkar-.

urite 売り手 /a./ satıcı. ～の口上 satıcı ağzı. ～が買い手をだます satıcı alcıyı kandır-.

uroˆ うろ /a./ kovuk. 木の～ ağaç kovuğu.

urocuku うろつく /ey./ boş gez-. 町に野犬がうろついている。 Sokakta başıboş bir köpek dolaşıyor.

urokoˆ うろこ、鱗 /a./ pul. 魚の～ balık pulu. この言葉を聞いて目から～が落ちた。 Bu sözü duyunca gözlerimdeki perde kalkıverdi.

urotaeˆ・ru うろたえる /ey./ telâşa düş-, telaş et-, telâşlan-, şaşır-, şaşala-, pusulayı şaşır-, fitili al-, gürütüye gel-, afalla-, parmağı ağzında kal-. ひどく～ şaşakal-. うろたえ心配する içinin yağı eri-. ～こと telaş. うろたえた telâşlı. うろたえない telâşsız.

urotaesaseˆ・ru うろたえさせる /ey./ gürültüye getir-, pabucunu ters

nı), ters yüzü. 家の〜 evin arka yüzü. ももの〜 alt. 物事の〜 madalyanın ters tarafı. 家の〜は道に面している. Evin arka cephesi yola bakıyor.
uragirarê・ru 裏切られる /*ey.*/ ihanet gör-. 信頼を〜 güveni sarsıl-. 身内に〜 koynunda yılan besle-.
uragiri 裏切り /*a.*/ ihanet, kalleşlik, hainlik, hıyanet, domuzluk. 〜の kalleş.
uragirimono 裏切り者 /*a.*/ hain, domuz.
uragìru 裏切る /*ey.*/ ihanet et-, aldat-, arkadan vur-, domuzluk et-.
uragosi 裏ごし /*a.*/ püre. ジャガイモの〜 patates püresi. 〜したもの püre.
ura kòosaku 裏工作 /*a.*/ kulis faaliyeti. 〜をする kulis yap-.
uramarê・ru 恨まれる /*ey.*/ 今夜もあなたが来ないなら、私達に〜ことになります. Bu akşam da gelmezseniz, bizi gücendirmiş olursunuz.
urame 裏目 /*a.*/ 〜に ters pers, tersine. 〜に出る tersine dön- (git-), pot gel-, (隠語) hayatı kay-.
uramesiì 恨めしい /*s.*/ gücenik. 恨めしく思う gücen-, darıl-.
uramì 恨み /*a.*/ kin, hınç, öç, nefret, kötülük, kuyruk acısı, garaz. 〜を抱く kin güt- (bağla-, besle-), kin tut-, diş bile-, bir kaşık suda boğ-. 〜を抱かせる kin besle-, gücendir-. 〜がある kan ol-. 〜を受ける kötü kişi ol-. 〜を晴らす hınç (hıncını) al-, öcünü çıkar-, öç al-, hakkından gel-. 〜を持ち続けている kinci, kindar. 殺害から生じた二族間の〜 kan davası.
urâmu 恨む /*ey.*/ gücen-, ah al-. うちへちっとも寄ってくれないから君を恨んでいた. Bize hiç uğramadığın için sana darıldım. 会に呼ばないと私達を〜. Toplantıya çağrılmazsa bize gücenir. 私は誰も恨まない. Benim kim-

seye garazım yok.
uranai 占い /*a.*/ fal, bakıcılık. 〜を信じる fala inan-.
uranàisi 占い師 /*a.*/ falcı, bakıcı, kâhin.
uranàu 占う /*ey.*/ fal aç-, fala bak-. 運勢を〜 fal aç-, fala bak-. ソラマメを投げて〜 bakla dök-.
uranyùumu ウラニウム (İng. uranium) /*a.*/ uranyum.
ùrañ ウラン (Al. Uran) /*a.*/ uranyum.
uraomote 裏表 /*a.*/ 〜のある iki yüzlü. 〜とも使える布 iki yüzlü. 〜が一致しない altı kaval, üstü şişhane.
urare・ru 売られる /*ey.*/ satıl-.
urayamasigarasê・ru うらやましがらせる /*ey.*/ kıskandır-. 敵を〜 düşman çatlat-.
urayamasiì うらやましい /*s.*/ kıskanç. うらやましく思う kıskan-, ağzının suyu ak-. 君が〜. Sana gıpta ediyor.
urayàmu うらやむ /*ey.*/ kıskan-, yüreğine kar yağ-. 人を〜 kıskanç. 君をうらやんでいる. Sana gıpta ediyor. タネルは頑張ったからできたのに、なぜ君は〜のか. Taner çalıştığı için başarılı, niçin kıskanıyorsun?
urazi 裏地 /*a.*/ astar, duble. 〜の astarlık. 毛糸の〜 sof. 〜の縫い目がほころびた. Astarın dikişi sökülmüş.
urazuke 裏付け /*a.*/ tevsik.
urazukê・ru 裏付ける /*ey.*/ tevsik et-.
ureê・ru 憂える, 愁える /*ey.*/ kaygılan-, endişelen-, üzül-.
urekko 売れっ子 /*a.*/ günün adamı.
urekuci 売れ口 /*a.*/ revaç.
urenokòru 売れ残る /*ey.*/ elinde kal-.
ure・ru 売れる /*ey.*/ geçer. 飛ぶように〜 kapışıl-, yağma git-. 売れている satış yap-. よく〜 geçer, sürümlü. よく〜品 geçer akçe.
urê・ru 熟れる /*ey.*/ olgunlaş-. 熟れた

uñpañ 運搬 /a./ nakil, nakliyat, taşıma. 〜する naklet-, taşı-. 〜する 人 taşıyıcı. 〜される taşın-. 〜人夫 hamal.
uñpañryoo 運搬料 /a./ nakliye, hamallık.
uñsei 運勢 /a./ fal, talih. 〜を見る fal aç-, fala bak-, talihine bak-.
uñsoo 運送 /a./ nakil, nakliyat, taşımacılık. 〜する taşı-, naklet-.
uñsoogàisya 運送会社 /a./ ambar.
uñsòohi 運送費 /a./ nakliye, taşıma parası.
uñteñ 運転 /a./ idare. 〜する idare et-, kullan-. 車を〜する araba kullan-, otomobili sür-. 〜免許証 ehliyetname. 飲んで車を〜してはいけません. Alkollü araba kullanmayınız.
uñtèñsyu 運転手 /a./ şoför, sürücü. トラックの〜 kamyoncu. 長距離バスの〜 kaptan pilot. 走行中〜と話すのは危険だ. Yolculukta şoförle konuşmak tehlikelidir. 今日道で不注意な〜のために危うく事故にあうところだった. Bu gün, yolda dikkatsiz sürücünün yüzünden bir kaza atlattık.
uñteñ zyòsyu 運転助手 /a./ şoför muavini (yardımcısı).
uñto うんと /be./ güzelce, çok. 〜勉強して絶対に進級するんだ. Çok çalışarak sınıfımı mutlaka geçeceğim. 宿題を間に合わせるために〜頑張った. Ödevlerimi zamanında bitirmek için paralandım.
ùñyu 運輸 /a./ nakil, nakliyat, ulaştırma, kitle taşımacılığı, taşımacılık.
uñyu dàiziñ 運輸大臣 /a./ Ulaştırma bakanı.
uñyùsyoo 運輸省 /a./ Ulaştırma Bakanlığı.
uñzañ 運算 /a./ işlem. 7×3=21という〜で3は7の乗数である. 7×3=21 işleminde 3 sayısı 7'nin çarpanıdır.
uñzàri うんざり /be./ usanç. 〜する bez-, bık-, bıkıp usan-, bir hal ol-, usan-, canına geç- (işle-, kâr et-), bezginlik getir-, bıkkınlık gel-, nefret duy-, sıkıl-, usanç getir-, yaka silk-, yıl-, yüreği şiş-, sıkıcı, sıkkın. うるさくて〜する gürültüden yıl-. 〜するような天気 cehennem havası. 〜した bıkkın. 〜した様子 bezginlik. 生活に〜した doğduğuna pişman. 〜させる bıktır-, can sık-, bezdir-, usanç ver-, usandır-, çullan-, göze diken ol-, (隠語) plak bozul-, bezgin.
uo 魚 /a./ balık.
uocuri 魚釣り /a./ balık avı.
uogasi 魚河岸 /a./ balıkhane.
uo ìciba 魚市場 /a./ balıkhane, balık pazarı.
uonome 魚の目 /a./ nasır.
uòosaoo 右往左往 /a./ sağa sola. 映画の火事で人々はパニック状態になって〜していた. Sinemada çıkan yangında, insanlar panikle sağa sola koşuyorlardı.
Uoza 魚座 /a./ Balık.
urà 裏 /a./ arka, ters, art, alt. 〜の arka, ters, art, üst, (古語) zımnî. 靴下の〜 çorabın tersi. 葉の〜 yaprakların altı. 足の〜 taban. 足の〜をくすぐる ayakların altını gıdıkla-. 〜をつける astarla-, duble et-. 法の〜をかく kötüye kullan-. 〜をかいて取り繕う zeytin yağı gibi üste çık-.
urabari 裏張り /a./ astar.
urabariyoo 裏張り用 /a./ 〜の astarlık.
uradòori 裏通り /a./ arka sokak, sokak.
uragàesi 裏返し /a./ ters. 〜の ters, devrik. 〜に tersine. 〜に着る tornistan et-. 〜に着ること tornistan.
uragàesu 裏返す /ey./ ters yüz et-, tersine çevir-, çevir-. じゅうたんを裏返して広げる halıyı ters ser-.
uragaki 裏書き /a./ ciro.
uragawa 裏側 /a./ alt tarafı (ya-

düyor.
unasare·ru うなされる /ey./ ağırlık bas-.
unazi うなじ /a./ ense.
unazùku うなずく /ey./ baş salla-, kavuk salla-, kabul veya doğrulamak için başı eğ-.
uneori 畝織り /a./ balık sırtı. 〜の綿布 pike.
unèru うねる /ey./ dalgalan-.
ùneune うねうね /be./ 〜した kıvrım kıvrım.
ùni ウニ /a./ deniz kestanesi.
unubore うぬぼれ /a./ öz saygı, haysiyet, benlik, kibir, kurum, azamet, gurur.
unubore·ru うぬぼれる /ey./ azamet sat-, burnu büyü-, gurur gel-, kibirlen-, nefsini beğen-, kendini dev aynasında gör-, (口語) kendini fasulye gibi nimetten say-. うぬぼれた gururlu, iddialı, kibirli, kurumlu, burnu havada.
ùñ 運 /a./ baht, kısmet, talih, kader, alın yazısı, nasip, şans, yıldız. 〜のいい bahtı açık, kutlu, talihli, şanslı, yaşadık. 〜のいいやつ (口語) köftehor. 〜がいい şansı yaver git-. 〜がいとする yom tut-. 〜が開ける talihi (şansı) yaver git-, kısmeti açıl-. 〜がめぐって来る nasip ol-, zar gel-. 困難から〜よく抜け出す dört ayak üstüne düş-. 〜の悪い bahtı kara, şanssız, bahtsız. 〜がない çeşmeye gitse çeşme kuruyacak. 〜の悪さをくやしがる talihine küs-. 〜悪く şeytanın işi yok. この子の〜は開ける. Bu çocuğun kısmeti açık olacak. 宝くじでは〜悪く賞金が当たらなかった. Piyangodan talihine hiç para çıkmadı. 〜不運がある. Kimine hay hay, kimine vay vay.
ùñ うん /iin./ eh, of. 〜と言う eyvallah de-. 〜と言わせる amana getir- (dedirt-).

ùñci うんち /a./ kaka. 〜をする kaka yap-, kakala-.
ùñciñ 運賃 /a./ nakliye, taşıma bedeli, fiyat, navlun bedeli.
uñdâmesi 運試し /a./ 〜をする bahtını dene-.
uñdeinosa 雲泥の差 /a./ taban tabana zıt.
uñdoo 運動 /a./ hareket, devinim, devim; idman, spor; kampanya. 〜の devinimli. 〜する devin-; idman yap-. 〜のために歩く yürüyüş yap-.
uñdògaku 運動学 /a./ kinematik.
uñdògucu 運動靴 /a./ spor ayakkabı, şoson.
uñei 運営 /a./ idare, yönetim.
uñei iiñkai 運営委員会 /a./ idare kurulu, yönetim kurulu.
ùñga 運河 /a./ kanal, (古語) cetvel. スエズ〜 Süveyş kanalı.
ùñko うんこ /a./ dışkı, pislik.
uñkoo 運行 /a./ hareket, manevra, seyir, posta.
uñkoobiñ 運行便 /a./ ヨーロッパ〜 Avrupa postası.
uñkoocyuu 運行中 /a./ 〜の船舶 seyir durumunda bir gemi.
uñkoohyoo 運行表 /a./ 列車〜 hareket cetveli.
ùñmei 運命 /a./ kısmet, nasip, kader, mukadderat, yazgı, yazı, felek, çarkıfelek, hayat. 不幸な〜 kara yazı, kötü talih. 無慈悲な〜 kambur felek. 〜に定められた yazılı. 死ぬべき〜にある人 o yolun yolcusu. 〜からはのがれられない. Akacak kan damarda durmaz. Tilkinin dönüp dolaşıp geleceği yer kürkçü dükkânıdır.
uñmèiroñ 運命論 /a./ kadercilik.
uñmeizukerarè·ru 運命づけられる /ey./ 運命づけられた mukadder, mahkûm, yazılı.
uñmeizukè·ru 運命づける /ey./ yaz-.
ùñmo 雲母 /a./ mika. 〜の mika.

bitmedik. 姉の～の赤ん坊はギャーギャー泣いてばかりいる. Ablamın yeni doğan bebeği viyaklayıp duruyor.
umase·ru 産ませる /ey./ doğurt-.
umatobì 馬跳び /a./ atlambaç, birdir bir, uzun eşek.
umaya うまや, 馬屋 /a./ ahır, dam, tavla.
umaziramìbae ウマジラミバエ /a./ at sineği.
ume ウメ, 梅 /a./ Çin kayısısı.
umeawase 埋め合わせ /a./ ödün.
umeawasè·ru 埋め合わせる /ey./ 不足分を～ delik kapa-.
umekigòe うめき声 /a./ inilti. その部屋から～が聞こえる. Odasından iniltiler gelir.
umekòmu 埋め込む /ey./ göm-.
umèku うめく /ey./ inle-, ıhla-, sızlan-, (俗語) ıkla-. チヂムは頭が痛いのでうめいている. Çiğdem başı ağrıdığı için ıhlıyor.
umerare·ru 埋められる /ey./ gömül-. 埋められた gömme, gömülü.
ume·ru 埋める /ey./ göm-. 穴を～ delik kapa-. 死体を～ ölüyü göm- (defnet-). 火を～ ateşi göm-. 書き込んで空白を～ doldur-. 欠員を適当に～ eksik doldur-. ～こと gömme. 埋めた宝物 gömü.
ùmi 海 /a./ deniz, derya, açık. ～の向こうの deniz aşırı. ～が荒れる deniz az-, deniz bindir-, çalkan-. ～がおさまる deniz dur- (düş-). ～がおだやかな ayna gibi. 丘を越えると～が見えた. Tepeyi aşınca deniz başladı. 旅人は船べりに寄りかかって～を見ていた. Yolcu küpeşteye abanmış, denize bakıyordu.
umì うみ /a./ irin, cerahat. ～がたまる irinlen-, cerahatlen-. はれものの～を出す çıbanı deş-. おできの中にまだ～がある. Çıban içinde hâlâ irin var.
umibe 海辺 /a./ deniz kenarı.
umino kurusimi 産みの苦しみ /a./ doğum sancısı.
umiotòsu 産み落とす /ey./ doğur-, kulun at-, kulunla-. 卵を～ yumurtla-. 女は明け方産み落とした. Kadın sabaha karşı kurtulmuş.
umizàrigani ウミザリガニ /a./ ıstakoz.
umoo 羽毛 /a./ tüy, kuş tüyü. ～の kuş tüyü. ～の枕 kuş tüyü yastık. ～の抜けた yoluk. ～のように軽い tüy gibi.
umu 生む, 産む /ey./ doğur-, üret-, dünyaya getir-, döl ver-. 子を産む çocuk dünyaya getir-, kurtul-. 牛が子を産む buzağıla-. 卵を～ yumurtla-.
ùmu うむ /ey./ irinlen-, cerahatlen-, yangılan-, işle-. 傷が～ yara işle-, su kap-. うんだ cılk. うんだ傷 cılk yara.
unadare·ru うなだれる /ey./ boynunu bük-, boyun bük-, önüne bak-.
unagàsu 促す /ey./ dürt-. 注意を～ dürtükle-, dürtüşle-. 寒さが今年高原の人達に時ならぬ移動を促した. Soğuklar bu yıl yaylacıları vakitsiz göçürdü.
unagi ウナギ /a./ yılan balığı.
unari うなり /a./ uğultu. 電気掃除機の～ elektrik süpürgesinin homurtusu.
unariàu うなり合う /ey./ hırlaş-.
unarigòe うなり声 /a./ hırıltı, inilti, uğultu, gırgır. 熊の～ homurtu. 牛の～ böğürtü. 小屋から家畜の～が聞こえる. Ahırdan hayvanların böğürtüleri duyuluyor. 暴風の～が何時間も続いた. Fırtınanın uğultusu saatlerce sürdü.
unàru うなる /ey./ inle-, ıkın-, uğulda-, ulu-, hırla-. 犬がウーッと～ hırla-. ウーウー～ homurdan-. 病人がうなっている. Hasta inliyor. 外は風がうなっている. Dışarıda rüzgâr uğulduyor. 谷も山も音を立ててゴーゴーとうなっていた. Dereler tepeler gürültüyle gümbür-

～ havada kal-. 歯が～ kamaş-. 浮かない üzgün. 板は水に～. Tahta suda yüzer. このスモモはひどくすっぱい、歯が～. Bu erikler ne kadar ekşi, dişlerim kamaştı. 友達の浮かない顔から母親がまだよくないことがわかった. Arkadaşımın üzgün yüzünden annesinin hâlâ iyileşmediğini anladım.

Ukuraîna ウクライナ /a./ Ukrayna.

umâ ウマ、馬 /a./ at, kısrak (雌), aygır (種), beygir, hayvan. ～に乗る ata bin-. ～を走らせる atı sür-. ～を車につける atları arabaya koş-. ～がなれる gem al-. ～が言うことをきかずかってに走る gemi azıya al-. 大砲を引かせる～ kadana. メリーゴーランドの～ dolap beygiri. 唇の白い～ ağzı kiltli. ～のひざがしら ayna. ～の毛色 don. ～の最大速度 dört nal. ～の首木 hamut. ～の覆い çul. ～の首筋に生じる炎症 köstebek illeti. ～に乗って棒を投げ合う競技 cirit. ～の背のような balık sırtı. ～の手入れ tımar. ～に肉を犬に草をやる ata et, ite ot ver-. ～が盗まれてから馬小屋の戸を閉める at çalındıktan sonra ahırın kapısını kapa-. §～が合う hava iyi es-. ～が合わない hava fena es-. ～の耳に念仏 ayıya kaval çal-.

umagoya 馬小屋 /a./ ahır, tavla.

umaguri ウマグリ /a./ at kestanesi.

umagusi 馬ぐし /a./ kaşağı.

umâi うまい /s./ tatlı, lezzetli, leziz, içimli, nefis ; maharetli, isabet,iyi, becerikli, usta. うまくない tatsız, lezzetsiz. 絵が～ iyi resim yap-. 口の～ girgin. ～仕事 Tunus gedik. うまくいく iyi git-, rast git-, raya (rayına) gir-, tıkırında git-, aşığı cuk otur-, başarı göster-. うまくいっている işi tıkırında, işimiz ayna. ～ぞ aşık olsun. うまくいくだろうと思う gözüne kestir-. うまくいきますように hayırlı olsun, hayırlısı ile, hayırdır inşallah. うまくいくといいね kolay gele ! (gelsin !) うまくいかない pot gel-, topalla-, eli böğründe kal-, bacası tütmez ol-, aksak. うまくいかずに被害を受ける çürük tahtaya bas-. 事がうまく運ばない側面 işin aksak yönü. うまくやる becer-, başar-, iş bitir-, isabet et-. うまくやっていく bağdaş-. そのようにうまく o yolda. 旅行は今のところうまくいっている. Yolculuk şimdilik iyi gidiyor. 試験がうまくいって進級した. Sınavı başararak sınıfı geçti. 嫁の家と婿の家がとてもうまくいっている. Gelinin ailesi ile damadın ailesi pek iyi bağdaşıyorlar. こね粉はきちんとこねないとうまくいかない. Hamur yolunda yoğrulmazsa küser. 彼らはどんな事でもうまくやる. Onlar her işi becerir. 夫婦がうまくやっている. Karı koca iyi geçiniyorlar.

umakai 馬飼い /a./ atçı, cambaz.

umami うまみ /a./ tat.

umanohonè 馬の骨 /a./ （俗語） köpek soyu. どこの～だか hırlı mıdır hırsız mıdır ?

umare 生まれ /a./ doğma, doğuş. ～のよい asil, soysal. ～のよい人 kişi oğlu. ～ aslen. …～の doğumlu. お～はどちらですか. Doğduğunuz memleket neresi ? 1939年～の人が召集された. 1939 doğumlular askere çağrıldı.

umarecuki 生まれつき /a./ Allah vergisi. ～の anadan doğma, doğuştan, mahsus.

umarekata 生まれ方 /a./ doğuş.

umare kòkyoo 生まれ故郷 /a./ sıla.

umare·ru 生まれる、産まれる /ey./ doğ-, göz aç-. 子供が～ çocuğu ol-. 人が～ dünyaya bel-. 交配で～ az-. 生まれた zade, doğmuş. その土地で生まれ育った doğma büyüme. もうすぐ～子供 yolcu. 生まれてからずっと Allahtan.

umaretate 生まれたて /a./ ～の saçı

ukâiro 迂回路 /a./ varyant.
ukai sàkuseñ 迂回作戦 /a./ çevirme.
ukàru 受かる /ey./ 試験に〜 sınav ver-, imtihanı geç-.
ukase・ru 浮かせる /ey./ yüzdür-.
ukè 受け /a./ 〜が悪くなる gözden düş-.
ukeai 請け合い /a./ inanca.
ukeàu 請け合う /ey./ boyunca kalıbını bas-, kalıbını bas-, garanti et-, garantile-. 請け合った taahhütlü.
ukecùgu 受け継ぐ /ey./ miras al-, geç-. 気性を〜 damarına çek-. 癖を〜 havasına uy-.
ukecuke 受付 /a./ kabul, danışma, resepsiyon.
ukecukè・ru 受け付ける /ey./ 食事時が過ぎると胃が受け付けない。 Yemek zamanı geçerse, mide küser.
ukecukesyo 受付所 /a./ 入院〜 karantina.
ukeire 受け入れ /a./ kabul.
ukeirerarè・ru 受け入れられる /ey./ 〜もの geçer akçe. 受け入れられた makbul.
ukeirè・ru 受け入れる /ey./ sok-, kabul et-, kabullen-, al-, benimse-.
ukemi 受け身 /a./ 〜の edilgen, pasif.
ukenagàsu 受け流す /ey./ 〜ことができない söz kaldırma-.
ukeoi 請負 /a./ taahhüt.
ukeoiniñ 請負人 /a./ müteahhit, üstenci.
ukeòu 請け負う /ey./ mukavele yap-, üstlen-. 請け負った会社 müteahhit.
ukè・ru 受ける /ey./ al-, tut-, geç-, gör-, ye-. 前金を〜 avans al-. 手術を〜 ameliyat ol-, bıçak altına yat-. 検査を〜 muayeneden geç-. 授業を〜 ders gör- (al-). ナイフで傷を〜 bıçak ye-. 海で波を〜 denizde dalga ye-. 罰を〜 ceza al-, ceza gör-, cezasını çek-, cezalan-, azap çek-.

belâsını bul-. 来世で〜罰 azap. 歓迎を〜 başı üstünde yeri ol-. 呪いを〜 beddua al-. ひどい仕打ちを〜 fena bir muameleye maruz kal-. 命令を〜 emir al-. 受けている maruz. 大臣は訪問者を月曜日に〜だろう。 Bakan ziyaretçileri pazartesi günü kabul edecek.
ukesasè・ru 受けさせる /ey./ aldır-, geçir-.
uketamawàru 承る /ey./ 御用を承ります。 Emirinize amadeyim.
uketori 受取 /a./ alındı. 引き渡しと〜 teslim tesellüm.
uketoriniñ 受取人 /a./ alıcı.
uketoriniñbàrai 受取人払い /a./ 〜の ödemeli. 〜の小包 ödemeli paket.
uketorisyo 受取書 /a./ makbuz, alındı.
uketòru 受け取る /ey./ al-, kabul et-, ulaş-, teslim al-. 冗談と〜 şakaya al-. 自分に関係するものと〜 alın-. 手紙を受け取って安心しました。 Mektubu alınca ferahladım. 贈り物を受け取った。 Hediyeyi kabul etti.
ukèzara 受け皿 /a./ fincan tabağı, tabla.
uki 浮き /a./ yüzer top, şamandıra.
ùki 雨期, 雨季 /a./ yağmur mevsimi.
ukibori 浮き彫り /a./ kabartma.
ukibùkuro 浮き袋 /a./ 魚の〜 hava kesesi.
ukidasi 浮き出し /a./ kabartma.
ukisizumi 浮き沈み /a./ 〜して dala çıka. 神でない限り人は誰でも〜がある。 Düşmez kalkmaz bir Allah.
ukkàri うっかり /be./ dikkatsizce, dalgınlık ile, şöyle bir. 〜する boş bulun-. 〜信用する kan-. 〜間違う sürç-. 〜した sersem. 〜して失敗する ökseye bas-. 〜して行かれてしまう kaçır-. 〜させて上手に秘密をさぐる ağzından kap-.
uku 浮く /ey./ yüz-. 水に〜 yüz-. 宙に

uekiya 植木屋 /a./ bahçıvan.
uerare・ru 植えられる /ey./ dikil-. 植えられた dikili. 庭の四方にバラが植えられた. Bahçenin her yanına gül dikildi.
ue・ru 植える /ey./ dik-, ek-. 木を〜 ağaç dik-.
uè・ru 飢える /ey./ acık-. 血に〜 kan susa-. 飢えて死にそうである açlıktan öl-. …に飢えている susa-. 飢えた aç. 子供は愛情に飢えていた. Çocuk sevgiye susamıştı.
uesase・ru 植えさせる /ey./ diktir-.
uêsuto ウエスト (İng. waist) /a./ bel, kemer. 〜がぴったりの上着 beli sıkı bir ceket.
ugai うがい /a./ gargara. 〜をする gargara yap-, çalkala-.
ugaigùsuri うがい薬 /a./ gargara.
Ugànda ウガンダ /a./ Uganda.
ùgeñ 右舷 /a./ sancak. 左舷に赤, 〜に緑の照明 borda fenerleri.
ugokasarè・ru 動かされる /ey./ 心を〜 duygulan-.
ugokasè・ru 動かせる /ey./ 動かせない taşınmaz. 足を動かせない ayağını alama-.
ugokàsu 動かす /ey./ hareket ettir-, harekette getir-, oynat-, kullan-, işlet-, kaldır-. 口を〜 ağzı oyna-, çenesi oyna-. 洗濯機を〜 çamaşır makinesini işlet-. 心を〜 yüreğini oynat-, dokunaklı. うまく〜 ayarla-.
ugokì 動き /a./ harekât, hareket. 〜がとれなくなる sıkış-. 〜があわただしい hareketli.
ugokidàsu 動き出す /ey./ harekete geç-, hareketlen-, hizmete gir-.
ugokihazimè・ru 動き始める /ey./ harekete gel-.
ugòku 動く /ey./ hareket et-, kımılda-, oyna-, işle-. 値が〜 dalgalan-. 正常に〜 çalış-. かすかに〜 kımılda(n)-, kıpırda(n)-. よく〜 oynak, ayarlı. 動かない hareketsiz, durağan, uyuşuk, leş gibi. うまく動かない tutuk. 舌が思うように動かない dili tutul-. 動かなくなる çaptan düş-. 動くな davranma! モーターは正常に動いている. Motor çalışıyor. この店はよく動いている. Bu dükkân iyi işliyor. 機械が動かない. Makine işlemiyor. ミシンがよく動かない. Dikiş makinesi iyi yürümüyor. 値段は2リラと3リラの間で〜. Fiyatı iki ile üç lira arasında oynar. 動こうとでも言おうものなら一発くらうぜ. Kımıldanayım deme kurşunu yersin.
ugomeki うごめき /a./ kaynaşma, kımıltı, kıpırtı.
ugomèku うごめく /ey./ kaynaş-.
ugoonosyùu 烏合の衆 /a./ (侮辱的) it sürüsü kadar.
ugùisu ウグイス /a./ çalı büldülü.
ùha 右派 /a./ sağcı.
Uigurugo ウイグル語 /a./ Uygurca.
Uigurùziñ ウイグル人 /a./ Uygur.
Uigurùzoku ウイグル族 /a./ Uygur.
Uìiñ ウィーン /a./ Viyana.
uìñci ウインチ (İng. winch) /a./ palanga, ırgat, vinç.
uiñnaa sòoseezi ウィンナーソーセージ (İng. Vienna sausage) /a./ sosis.
uìsukii ウイスキー (İng. whisky) /a./ viski.
ukabe・ru 浮かべる /ey./ 目に涙を〜 gözleri dol-. 笑みを〜 gülümse-.
ukabu 浮かぶ /ey./ yüz-, hava akımıyla sürüklen-. ふと心に〜 doğ-. いい考えが〜 esinlen-.
ukacu うかつ /a./ gaflet. 〜な gafil, geveze.
ukagau うかがう, 窺う /ey./ kolla-, tasla-. チャンスを〜 fırsat kolla-. チャンスを〜人 fırsatçı. 復しゅうの機会を〜 diş bile-.
ukagau 伺う /ey./ sor-, kapı yap-. 機嫌を〜 hatır sor-, keyif sor-. 明日きっとお宅に伺います. Yarın size muhakkak geleceğim.

ucùsu 映す /ey./ 光を〜 aksettir-.
ucuwa 器 /a./ kap. 銅の〜 bakırlar.
ucyōoteñ 有頂天 /a./ kendinden geçme, aşırı sevinç, cezbe, vecit. 〜になる kendinden geç-, esri-, başı göğe er-. 〜になった esri, esrik. 〜にさせる canını al-.
ùcyuu 宇宙 /a./ evren, uzay, feza, âlem, kâinat, acun, (古語) mekân.
ucyuu hìkoo 宇宙飛行 /a./ uzay uçuşu, feza uçuşu.
ucyuu hikōosi 宇宙飛行士 /a./ uzay adamı, astronot, kozmonot.
ucyuuseñ 宇宙船 /a./ uzay gemisi. 〜カプセル uzay kapsülü. 〜は五秒後に月に向かって打ち上げられます。4, 3, 2, 1, 0発射. Uzay gemisi beş saniye sonra Ay'a gitmek üzere fırlatılacak. Dört, üç, iki, bir, sıfır, ateş! 〜が地球に戻った. Uzay gemisi yer yüzüne döndü.
udè 腕 /a./ kol ; beceri, ustalık. 〜をねじる kolunu bük-. 〜をとる koltukla-. 人の〜をかかえる koluna gir-. 〜を首に巻きつける kollarını boynuna dola-. 〜の中 koyun. 〜の強い tunç bilekli. 互いに〜を組んで kol kola. 射撃の〜 atıcılık. 〜のいい becerikli, usta, eli hafif, eli uz, anaç, tecrübeli, uz, zehir gibi. 〜のいい靴職人 ayakkabı ustası. …で〜がいい eli yatkın. 〜のよくない beceriksiz. 〜が上がる ustalaş-. みごとな〜を見せる hüner göster-. かせぐ〜がある kolunda altın bileziği ol-. 〜の骨がとび出している. Kolunda çıkık var. §〜によりをかけて ustaca. 〜によりをかけて作る usta elinden çık-.
udedòkei 腕時計 /a./ kol saati.
udegi 腕木 /a./ dirsek, makas.
ude kàbaa 腕カバー /a./ kolçak, kolluk.
udemae 腕前 /a./ beceri, ustalık. 〜を見せる at oynat-. 〜のない人 acemi çaylak. たいした〜だね eline

(elinize, ellerinize) sağlık.
udemàkuri 腕まくり /a./ 〜をして取りかかる kolları paçaları sıva-. 〜をして仕事にかかった. Kollarını sıvayıp işe başladı.
udeppusi 腕っ節 /a./ bilek kuvveti. 〜の強い tunç bilekli.
udewa 腕輪 /a./ bilezik, halka. 金の〜 altın bilezik.
udezùmoo 腕相撲 /a./ 〜をする bilek (güreşi) yap-.
udoñko うどん粉 /a./ un.
ue 上 /a./ üst kısım, üst, tepe, zirve, üzeri, yukarı. 〜の üst, yukarı. 〜の方 üst, üst başı, üzeri. 〜の階 üst kat, yukarı kat. 〜の人 üst. 〜に üzerinde. その〜に üstüne, üzerine. 〜へ yukarı. 〜からの tepeden inme. よく考えた〜で hesap kitap. 机の〜がほこりっぽい. Masanın üstü tozlu. 君のために〜に一部屋あけておいた. Senin için üst katta bir oda açtık. かばんをテーブルの〜へ置け. Çantayı masanın üzerine koy. 命令は〜から来ている. Emir yukarıdan geliyor. 〜には〜がある. El elden üstündür. 恥知らずにも〜には〜がある. Dinsizin hakkından imansız gelir. 腐敗は〜の者から始まる. Balık baştan kokar. 〜が悪いことをすれば下はもっと悪いことをする. (卑語) İmam osururşa, cemaat sıçar.
uè 飢え /a./ açlık. 〜に耐えかねる içi götürme-.
uecukè・ru 植え付ける /ey./ telkin et-. aşıla-; ek-, dik-. 悪い考えを〜 zehirle-.
uediñgu dòresu ウエディングドレス (İng. wedding dress) /a./ gelinlik.
uekàe・ru 植え替える /ey./ 苗木を〜 şaşırt-.
ueki 植木 /a./ bahçe bitkisi.
uekìbaci 植木鉢 /a./ saksı. 〜に水をやる saksıya su dök- (sula-). 〜はここへ置こう. Saksıları buraya yerleştirelim.

tan). 〜であおぐ yelpazele-.
uciyabùru 打ち破る /*ey.*/ yen-.
ucizyuu うちじゅう /*a.*/ 〜で evce, evcek. 〜みんなで kapı kapamaca.
ùcu 打つ /*ey.*/ çal-, çek-, döv-, vur-, at-, dayak at-, el kaldır-, işini gör-. くぎを〜 çivi çak-. わき腹を〜 boş yerine vur-. 自分を〜 dövün-. 脈を〜 damar at-. 綿を〜 pamuğu at-. 鉄を〜 demir döv-. 電報を〜 telgraf çek-. すばやく〜 indir-. ひどく〜 ayağının altına al-, leşini çıkar-, Tanrı yarattı deme-. 打って痛む incin-. 〜こと dayak, dövme, dövüş. 時計が12時を打った. Saat on ikiyi vurdu.
ùcu 撃つ /*ey.*/ kurşunla-, at-, vur-. ピストルを一発〜 bir el tabanca at-. 撃て! ateş! 二発弾を撃った. İki el kurşun sıktı. 空へ二発撃った. Havaya iki el silâh attı. 狩人がキツネを撃った. Avcı tilkiyi vurdu.
ucubuse うつ伏せ /*a.*/ 〜に yüz üstü, yüzükoyun. 〜に寝る yüz üstü yat-. 〜に倒れる kapaklan-. 母親が赤ん坊を〜に寝かせた. Annesi bebeği yüzükoyun yatırmış.
ucubyoo うつ病 /*a.*/ 〜の kuruntulu.
ucukusìi 美しい /*s.*/ güzel, yüzüne bakmaya kıyılmaz. 〜娘 güzel bir kız. 〜絵 güzel tablo. 〜目の人 ahu gözlü. 〜女 dilber. かなり〜 güzelce, eli yüzü düzgün. 美しくない alımsız. 美しくなる güzelleş-, yüzü açıl-. 〜声で楽しそうに話す bülbül gibi şakı-. 年を取っているが〜婦人 cami yıkılmış ama mihrabı yerinde. 自分が作ったものはどんなものでも美しく見える. Kuzguna yavrusu şahin görünür.
ucukusisa 美しさ /*a.*/ güzellik. ぱっとしない〜 baktıkça alır. 秋の〜は見飽きることがない. Son baharın güzelliğine doyum olmaz.
ucumùku うつむく /*ey.*/ başını önüne eğ-.

ucurigi 移り気 /*a.*/ kararsızlık. 〜な kararsız, dönek.
ucurikawari 移り変わり /*a.*/ geçiş, akışı.
ucuro うつろ /*a.*/ 〜な baygın.
ucùru 移る /*ey.*/ geç-, taşın-, değiş-, bulaş-, gir-, kap-, çık-. 病気が〜 hastalık al- (kap-), bulaş-. 風邪が〜 grip geç-. 行動に〜 davran-. あのひじかけいすに移ってください. Siz şu koltuğa geçin. 私達は今日明日にも新しい家へ移ります. Biz bu günlerde yeni eve geçiyoruz. 私は彼から風邪がうつった. Bana ondan nezle bulaştı. それからそれへ病気が〜. Ondan ona hastalık geçer.
ucùru 映る /*ey.*/ akset-, yansı-. ランプの光が向いの家に映っていた. Lambanın ışığı karşı eve aksediyordu. 鏡に映った君の顔が見える. Senin aynana yansıyan yüzünü görüyorum.
ucusî 写し /*a.*/ kopya, suret. 手紙の〜 mektubun kopyası. 〜をとる suret al- (çıkar-).
ucusidasarè・ru 映し出される /*ey.*/ 映画で映像がスクリーンに〜. Sinemada görüntüler beyaz perdeye yansıtılır.
ucusikaerarè・ru 移しかえられる /*ey.*/ devredil-.
ucusikaè・ru 移しかえる /*ey.*/ devret-.
ucusitòru 写し取る /*ey.*/ örneğini al-.
ucùsu 移す /*ey.*/ geçir-, kaldır-, aşır-, boşalt-. 冷蔵庫を台所へ〜 buz dolabını mutfağa geçir-. 食べ物を皿に〜 yemeği tabağa boşalt-. 本を上のたなに移した. Kitapları dolabın üst gözüne kaldırdım. 火事が大きくなったので品物を畑に移した. Yangın büyüyünce eşyayı bostana aşırdılar.
ucùsu 写す /*ey.*/ kopya et-, kopya çek-. 写真を〜 fotoğrafını al-, resim çek-.

uci うち /*a.*/ ev, evimiz. 〜に帰る evine dön-. 〜へちっとも寄ってくれないから君を恨んでいた. Bize hiç uğramadığın için sana darıldım. 〜のアフメットがいなくなった. Bizim Ahmet kayıplara karıştı.
uciagedai 打ち上げ台 /*a.*/ rampa.
uciagerarè·ru 打ち上げられる /*ey.*/ 岸に〜 karaya düş- (vur-).
uciai 打ち合い /*a.*/ dövüş.
uciakè·ru 打ち明ける /*ey.*/ açıkla-, itiraf et-, açıl-, aç-, boşalt-, dök-. 悩みを〜 derdini aç-, derdini dök-, dertleş-, dert dök-, içini dök-. 悩みを打ち明けてほっとする boşal-. 悩みを〜相手 dert ortağı. 心の内を〜 içini boşalt-. 愛を〜 ilânı aşk et-. すべてを〜 dökülüp saçıl-. 打ち明けた samimî. 友人は今日私に打ち明けて全部話してくれた. Arkadaşım bu gün bana açıldı, bütün meseleyi anlattı.
uciàu 打ち合う /*ey.*/ çarpış-, dövüş-, vuruş-, çatış-.
uciawase 打ち合わせ /*a.*/ hazırlık.
ucibeñkei 内弁慶 /*a.*/ 〜だ. Her horoz kendi çöplüğünde öter.
ucibu 打ち歩 /*a.*/ acyo.
ucicukè·ru 打ち付ける /*ey.*/ çak-. くぎで〜 çivile-. 絵を壁に〜 tabloyu duvara çak-.
ucidasìiñ 打ち出し印 /*a.*/ soğuk damga.
ucidasizàiku 打ち出し細工 /*a.*/ çakma. 〜をした kakma. 〜の銀の盆 kakma gümüş tepsi.
ucigawa 内側 /*a.*/ iç, dahil, içeri. 〜の iç, içeri. 〜のドア iç kapı. 〜へ içeri. ももの〜 apış.
ucihisigarè·ru 打ちひしがれる /*ey.*/ dövün-, kahrol-, kahret-. 悲しみに〜 yüreğinin yağı eri-. 打ちひしがれた yüreği yaralı, kalbi kırık, perişan.
ucikàcu 打ち勝つ /*ey.*/ yen-, altından kalk-, galebe çal- (et-), galip gel-, hakkından gel-. 困難に〜 güçlüğü yen-, arabasını düze çıkar-. 怖さに〜 korkuyu yen-.
ucikàta 打ち方 /*a.*/ atış, vuruş.
ucikèsu 打ち消す /*ey.*/ yalanla-.
uciki 内気 /*a.*/ hicap, mahcup, naz. 〜な utangaç, çekingen, içe dönük, pısırık, sıkılgan, yumuşak yüzlü. 〜な人 tutuk adam. シュレは無口で〜な娘だ. Şule az konuşan, içe dönük bir kızdır. メティンは〜な子で話す時顔が赤くなる. Metin utangaç bir çocuk, konuşurken yüzü kızarıyor.
ucikìzu 打ち傷 /*a.*/ ezik.
ucikomarè·ru 打ち込まれる /*ey.*/ çakıl-. 打ち込まれた çakılı.
ucikòmu 打ち込む /*ey.*/ çak-, kak-. くぎを壁に〜 çiviyi duvara çak-.
ucikoròsu 撃ち殺す /*ey.*/ vur-.
ucikudakarè·ru 打ち砕かれる /*ey.*/ 心が打ち砕かれた kırık.
ucikudàku 打ち砕く /*ey.*/ döv-, kır-. 岩を〜 kayayı kır-. その熱望を〜 hevesini kır-.
ucimakàsu 打ち負かす /*ey.*/ boz-, canına ezan oku-.
ucimaku 内幕 /*a.*/ iç yüz, perde arkası (gerisi).
ucimata gòoyaku 内股膏薬 /*a.*/ hem nalına, hem mıhına vur-.
ucimi 打ち身 /*a.*/ çürük.
ucimoñ 内門 /*a.*/ iç kapı.
ucinomèsu 打ちのめす /*ey.*/ kemiklerini kır-, pestilini çıkar-, posasını çıkar-, pöstekisini ser-, (口語) eşek sudan gelinceye kadar döv-. ひどく打ちのめした. Kıyasıya vurdu. Bir temiz (Temiz bir) dayak atmışlar.
ucioròsu 打ちおろす /*ey.*/ yapıştır-.
ucisizùmu 打ち沈む /*ey.*/ 打ち沈んだ üzgün.
ucitokè·ru 打ち解ける /*ey.*/ koklaş-. 打ち解けた senli benli. 打ち解けて sıkı fıkı.
ucìwa うちわ /*a.*/ yelpaze (kâğıt-

tozàsu 閉ざす /*ey.*/ kapa-, kes-. 道を～ yolu kes-. 口を～ çenesini dağıt-.

tozikomerarê・ru 閉じ込められる /*ey.*/ dört duvar arasında kal-. ここに二日間閉じ込められていた。 Burada iki gün kapalı kaldık. ネズミがわなに閉じ込められた。 Fare kapana kısıldı.

tozikomê・ru 閉じ込める /*ey.*/ kapat-, hapset-, kapa-, kilitle-, (俗語) kitle-. ネコを部屋に～ kediyi odaya hapset-. 子供を地下に閉じ込めた。 Çocuğu bodruma kilitlemiş.

tozikomòru 閉じこもる /*ey.*/ kapan-. 家に～ eve kapan-. 自分の殻に～ kabuğuna çekil-, kozasına çekil-.

tozirarê・ru 閉じられる /*ey.*/ kapan-. 閉じられている kapalı kal-.

tozî・ru 閉じる /*ey.*/ kapa-, ört-, yum-, kapat-. 目を～ gözlerini kapa-, gözünü yum-. 細く目を～ kısıl-. 人生を～ hayata gözlerini yum- (kapa-). 自然に～ yumul-. 閉じている kapalı, örtülü, yumuk, bağlı. 赤ちゃんは眠くなると目が閉じた。 Bebeğin uykusu gelince gözleri yumuldu.

tozî・ru とじる, 綴じる /*ey.*/ dosyaya koy-.

U u

u 卯 /*a.*/ tavşan.

ù ウ, 鵜 /*a.*/ kara batak.

u' うっ /*ün.*/ pöf. ～, いやなにおい。 Pöf, ne pis koku!

ùba 乳母 /*a.*/ süt ana, süt anne, dadı.

ubagùruma 乳母車 /*a.*/ çocuk arabası, puset.

ubaiai 奪い合い /*a.*/ kapış.

ubaiàu 奪い合う /*ey.*/ kapış-.

ubaitòru 奪い取る /*ey.*/ yut-, sırıkla-.

ubàu 奪う /*ey.*/ götür-, kap-, kopar-, al-, boş ko(y)-, gaspet-, kaldır-, soy-, yoksun bırak- (et-, kıl-), (口語) üstüne otur-, üstüne yat-, üzerine otur-, üzerine yat-, (隠語) vur-. 金を～ haraca kes-. 娘を～ kız kaldır-. 魂を～ canını al-. 権利を～ hakkını ye-, hak ye-. 生計の手段を～ ekmeğinden et-. 処女を～ boz-. 彼からこの本を～のは容易ではなかった。 Ondan bu kitabı koparmak kolay olmadı. 男を襲って持ち物を奪った。 Adamın yolunu kesip soymuşlar.

ubawarê・ru 奪われる /*ey.*/ çaldır-, kapıl-, soyul-. 心を～ gönül kaptır-, kaptır-, vurul-. 心を奪われている vurgun. 奪われた yoksun. 時計を奪われた。 Saatımı çaldırdım. 彼の甘い言葉に心を奪われた。 Onun tatlı sözlerine kapıldı.

ubuge 産毛 /*a.*/ tüy. モモの表面には～がある。 Şeftalinin üstü tüylüdür.

ubugi 産着 /*a.*/ kırklık, kundak, zıbın. おばは生まれて来る赤ちゃんの～を用意している。 Teyzem yeni doğacak bebeğine zıbın hazırlıyor.

uci 内 /*a.*/ iç, dahil, iç kısım, ara. ～の dahili. 心の～を打ち明ける içini boşalt-. 心の～で笑う için için gül-. ～が通れる iç içe. …の～に zarfında. 一日の～に günü birliğine, günü birlik. 二三日～に bu günlerde. 数週間の～に birkaç hafta zarfında. 近い～に yarın öbür gün. 生きている～は baş elde iken. 揺りかごにいる～から婚約している beşik kertme nişanlı.

tosoo

koca adam, üç otuzunda. 〜になる yaş ilerle-.
§〜の冷や水 kırkından sonra az-.
tosoo 塗装 /a./ kaplama.
tossiñ 突進 /a./ hamle. 〜する seğirt-, atıl-.
tossyucùbu 突出部 /a./ çıkıntı.
tòsyo 図書 /a./ kitaplar.
tosyòkañ 図書館 /a./ kütüphane, kitaplık. 整とんされた〜 düzenli kitaplık. 蔵書三万冊の〜 otuz bin kitaplık kütüphane.
tosyokàñgaku 図書館学 /a./ kütüphanecilik.
tosyokàñiñ 図書館員 /a./ kütüphaneci. 〜の仕事 kütuphanecilik.
tosyòsicu 図書室 /a./ kitaplık. 〜を整理したばかりなのに、誰がめちゃめちゃにしたの。Kitaplığı biraz önce düzeltmiştim, kim bozdu?
totañ トタン (Por. tutanaga) /a./ çinko kaplama. 部屋は夏の間〜屋根の下で焼け続ける。Odamız yaz günleri çinkodan damın altında yanar durur.
totañ 途端 /a./ 顔を合わせた〜もうけんかを始めていた。Bir araya geldiler mi başlıyorlardı hemen tartışmaya.
totecumonài とてつもない /s./ olağanüstü.
totei 徒弟 /a./ çırak, yamak.
totemo とても /be./ pek, çok, bir hayli, hayli, gayet. 〜きれいな pek güzel. 〜少ない azıcık. 母は新しいアイロンが〜使いやすいと言う。Annem yeni ütünün çok kullanışlı olduğunu söylüyor. 兄は〜背が高い。Ağabeyimin upuzun boyu var.
totonoerarè·ru 整えられる /ey./ düzenlen-.
totonoè·ru 整える、調える /ey./ düzenle-, hazırla-, düzene koy- (sok-), düzen ver-, düz-, düzelt-, biçime sok-, tamamla-, yoluna koy-. 髪を〜 başını topla-, başını

yap-. 身じたくを〜 hazırlan-. 食卓を〜 sofra donat-. 家具を調える dayayıp döşe-, döşeyip daya-.
totonòu 整う、調う /ey./ tamamlan-. 準備が〜 hazırlan-, hazır ol-, düzen kur-. 整った düzenli, düzgün, mevzun, mutena, rabıtalı, tamam, uygun, uyumlu. 整った鼻 çekme burun. 顔形の整った ağzı burnu yerinde. 準備の整った hazır. 家具の調った döşeli. よく整った mazbut. 整っていること uygunluk.
totoo 徒党 /a./ hizip.
totte 取っ手 /a./ kulp, kabza, mandal, tutamak, topuz, sap, kol. コーヒーカップの〜 fincanın kulpu. 窓枠の〜 kurbağacık. ドアの〜 kapı topuzu. 〜のついた kulplu, kulaklı, toplu. 〜のついたコップ kulplu bardak, maşrapa. 〜のついた平たいなべ kulaklı.
tottei 突堤 /a./ iskele.
tòtte oku 取って置く /ey./ ayırt-, alıkoy-, sakla-, aç-. 別に〜 ayır-. 電報で二部屋〜 telgrafla iki oda ayırt-. この本をあなたのために取って置きました。Bu kitabı sizin için alıkoydum (size sakladım). この場所をあなたに取って置きました。Bu yeri size ayırdım.
tòttoto とっとと /be./ 〜出て行く yıkıl-.
tòu 問う /ey./ sor-. 責任を〜 hesaba çek-.
towarè·ru 問われる /ey./ sorul-.
tozai 吐剤 /a./ kusturucu.
tòzañ 登山 /a./ dağcılık.
tozàñgucu 登山靴 /a./ dağcı ayakkabısı. 鋲が六つついている〜 altı çivili dağcı ayakkabısı.
tozañka 登山家 /a./ dağcı.
tozasarè·ru 閉ざされる /ey./ kapan-. 閉ざされた kapanık. 冬だ、道は全く閉ざされていた。Kıştı, yollar tümden kapalıydı.

turka.
Torukōisi トルコ石 /a./ firuze. 〜色 turkuaz. 〜色の turkuaz.
Torukōkoku トルコ国 /a./ Türkiye Devleti.
Toruko kyoowàkoku トルコ共和国 /a./ Türkiye Cumhuriyeti. 〜革命 Türkiye Cumhuriyeti Devrimi. 〜のアジア側 Anadolu.
Torukōsi トルコ史 /a./ Türk tarihi.
Torukōziñ トルコ人 /a./ Türk. 〜はたいてい客好きだ. Türkler genellikte konukseverdir. 〜は屈服しない. Türk eğilmez.
Torukumeñgo トルクメン語 /a./ Türkmence.
Torukumeñziñ トルクメン人 /a./ Türkmen.
tōryoo 塗料 /a./ boya. 〜を塗る boya-. 板の〜を削る tahtanın boyasını kazı-.
tosacu 屠殺 /a./ kesim. 家畜の〜 hayvan kesimi. 〜する kes-. 羊を〜する koyun kes-. 不法に〜された murdar. 〜した動物の臓物と頭と足 sakatat.
tosacuniñ 屠殺人 /a./ kasap, kesici.
tosacuzyoo 屠殺場 /a./ kesim evi, mezbaha, salhane.
tosaka とさか /a./ hotoz, ibik, tarak. おんどりの〜 horozun ibiği.
tōsi 都市 /a./ şehir, kent, (古語) belde. 〜の中心 şehrin göbeği (merkezi). 〜周辺 şehrin dolayları. 〜の近郊で şehrin civarında. 〜の住民 şehir halkı, sehirli. 〜のギャング şehir eşkıyası. 〜建設 şehircilik. 〜集中化 şehirleşme. 無防備〜 açık şehir. 郊外と〜を結ぶ列車 banliyö treni. トルコには67の〜がある. Türkiye'de 67 şehir var.
tosi 年, 歳 /a./ sene, yıl; yaş. 〜の始め yıl başı. 〜が経つ yıllan-, yaş bas-. 〜が若い genç, küçük. 〜より若く見える人 her dem taze. 〜が十五になると… yaşı on beşine değince …. 〜をとる yaş bas-, yaşını al-, yaşını başını al-, yaşlan-, ihtiyarla-, koca-, saçı başı ağar-, kartlaş-, (隠語) kartala kaç-. 〜をとっている saçları iki türlü ol-. 〜をとった koca, yaşlı, ihtiyar. だいぶ〜をとった kocaman, yaş yetmiş iş bitmiş. かなりの〜を越した geçkin. 〜をとって力が衰える ak sakaldan yok sakala gel-. 〜をとらせる eskit-. その〜には見えない yaşını gösterme-. 〜のわりに小さい kavruk. おじいさんはかなり〜をとっている. Dedem oldukça yaşlandı. ロバはたいへん〜をとってもう荷物を運べない. Eşeğimiz çok kocadı, artık yük taşıyamıyor. 私はおじいさんの〜になったし, 孫たちにも会える〜になった. Ben dedeme yetiştim, torunlarıma da yetiştim. 〜をとりすぎている. Ununu elemiş eleğini asmış.
§〜の功 yaş baş.
tosi àññai 都市案内 /a./ şehir rehberi.
tosìgaku 都市学 /a./ şehircilik.
tosigoro 年ごろ /a./ 〜の娘 gelinlik.
tosìka 都市化 /a./ şehirleşme.
tosìkañ 都市間 /a./ 〜の şehirlerarası.
tosi kòocuu 都市交通 /a./ şehir hatları.
tosiñ 都心 /a./ şehrin göbeği (merkezi).
tosisita 年下 /a./ 〜の ufak, küçük.
tositòru 年取る /ey./ yaşlan-, koca-. 年取った yaşlı, koca, kart, ihtiyar. 年取った思慮深い人 baba adam. 年取ったニワトリ kart tavuk. 年取っていること kocalık. やや年取った yaşlıca.
tosiue 年上 /a./ 〜の büyük. 〜の者より勝っている boynuz kulağı geç-. 〜で経験がある bir gömlek fazla eskitmiş ol-.
tosiyòri 年寄り /a./ ihtiyar, yaşlı,

tōrio

pirinci taşla-. 悩みを~ gönül aç-. 菜の不要なところを~ sebze ayıkla-. ~も の giderici.

tōrio トリオ(İt. trio) /a./ triyo, üçlük takım.

toriokonāu 執り行う /ey./ 婚礼を~ nikâh kıy-.

toriosaerarḕ·ru 取り押さえられる /ey./ yakalan-.

toriosaḕ·ru 取り押さえる /ey./ yakala-.

torisāru 取り去る /ey./ söndür-. 痛みを~ acısını söndür-.

torisikìru 取りしきる /ey./ dizginleri ele al-.

torisimarìkañ 取り締まり官 /a./ 風俗~ ahlâk zabıtası.

torisimarìkyoku 取り締まり局 /a./ 密輸~ kaçakçılık masası.

toritate 取り立て /a./ 債権~のために訴える icraya ver-.

toritate 取り立て /a./ ~の taze, dumanı üstünde. ~の蜜 bal başı.

toritatḕ·ru 取り立てる /ey./ 取り立てて言うほどのことはない lafı (lakırdısı) mı olur?

toritome 取り留め /a./ ~のない abuk sabuk, rabıtasız, şekilsiz. ~のないことをしゃべる dereden tepeden konuş-.

toriwake とりわけ /ba./ bilhassa.

toriyosḕ·ru 取り寄せる /ey./ getirt-. この本をフランスから取り寄せた。 Bu kitabı Fransa'dan getirttim.

tōrofii トロフィー(İng. trophy) /a./ ganimet, kupa.

toroñbōoñ トロンボーン(İng. trombone) /a./ trombon.

torōñito とろんと /be./ 目が~する gözleri bayıl-.

tororii bāsu トロリーバス (İng. trolley bus) /a./ troleybüs, (隠語) boynuzlu.

torōtto トロット (İng. trot) /a./ tırıs.

tōru 取る, 採る, 執る, 捕る, 撮る, 摂る /ey./ al-, tut-, çek-. 手に取る el sür-. 武器を取る silaha sarıl-. かぶりものを取る başını aç-. 罰金を取る ceza yaz-. 黙って人の物を取る (隠語) otla-. 魚を取る balık tut-. 巣箱から蜜を取る bal sağ-. テープに取る banda al-. 宿を取る başını sok-. 年を取る yaşlan-. 写真を撮る fotoğrafını al-, fotoğraf çek-, resim al- (çek-). ~べき道 seçenek. ~に足りない hakir, cılız, cüzî, sudan, küçük, kukla gibi. ~に足りない人 çakal. ~に足りない部分 devede kulak. 簡単な~に足りないこと çocuk işi. ~に足りない. Eti ne budu ne? Kedi ne budu ne? lafı (lakırdısı) mı olur?
§とらぬタヌキの皮算用. Denizdeki balığın pazarlığı olmaz. Evdeki hesap çarşıya uymaz. ayıyı vurmadan postunu sat-, suyu görmeden paçaları sıva-.

Tōruko トルコ /a./ Türkiye. ~の旗 Türk bayrağı. ~の旗をつけた船 Türk bandıralı bir gemi. ~海軍 Türk donanması. ~国旗 al bayrak (sancak), ay yıldız. ~民族 Türk ulusu. ~料理 alaturka yemek, Türk mutfağı. オスマン・~政府 Babıâli, Osmanlı hükûmeti. ~国歌 istiklâl marşı.

Torukōboo トルコ帽 /a./ fes.

Toruko buñgaku トルコ文学 /a./ Türk edebiyatı. ~という本を書いた. Türk Edebiyatı diye bir kitap yazdı.

Torukōgaku トルコ学 /a./ Türkoloji.

Torukogo トルコ語 /a./ Türkçe, Türk dili. ~に訳す Türkçeleştir-. ~に関する記事 Türk diline dair bir yazı.

Torukōhei トルコ兵 /a./ Mehmetçik. 祖国防衛戦争で~は勇敢に戦った. Kurtuluş Savaşında Mehmetçik kahramanca savaştı.

Torukohuu トルコ風 /a./ ~の ala-

torikaesi 取り返し /a./ ～がつかない ok yaydan çık- (fırla-).
torikàesu 取り返す /ey./ acısını çıkar-. 恵んだものを～人 alıcı verici.
torikago 鳥かご /a./ kuş kafesi.
torikakàru 取り掛かる /ey./ el at-, ele al-, el uzat-, davran-, giriş-, hamle et- (yap-), teşebbüse geç-, yumul-. すぐ～ sarıl-. 仕事に～用意をする paçaları sıva-. 危ないことに～canı ile oyna-. どこから取り掛かればいいのか分からない ucu ortası belli olma-. 病気をもかえりみず家の上塗りに取り掛かった. Hastalığını düşünmeyerek evi badana etmeğe kalkıştı.
torikakomarè•ru 取り囲まれる /ey./ çevril-, dört duvar arasında kal-. 取り囲まれている yüz-, çevrili.
torikakòmu 取り囲む /ey./ sar-, çevrele-, çerçevele-, etrafını al-, kuşat-, çevir-. 敵を～ düşmanı sar-. 平野を～高い山々 ovayı kucaklayan yüksek dağlar. 顔のまわりを取り囲んだひげ çember sakal.
torikesasè•ru 取り消させる /ey./ caydır-.
torikesi 取り消し /a./ fesih, iptal, kaldırılma.
torikèsu 取り消す /ey./ cay-, feshet-, iptal et-, kalem çek-, yalanla-. 約束を～ sözünden dön-. 登録を～ kaydını sil-, kayıttan düş-.
toriki 取り木 /a./ daldırma. ～する daldır-. ～された枝 daldırma.
torikime 取り決め /a./ anlaşma, kavil.
torikime•ru 取り決める /ey./ anlaş-.
torìkku トリック (İng. trick) /a./ hile, entrika, dolap. 映画の～ filim hilesi.
torikò とりこ /a./ esir, tutsak, köle. ～になる tutul-. 子供は先生の～になってしまった. Çocuk öğretmenine bağlanıverdi.
torikòmu 取り込む /ey./ içine al-, kucakla-.
torikòtto トリコット (Fr. tricot) /a./ triko.
torikumasè•ru 取り組ませる /ey./ işgal et-.
torikùmu 取り組む /ey./ işe bak-, üstüne git-, eğil-, giriş-. 懸命に～pençeleş-. できないことに～ yelten-. 危険を承知で～ canını dişine tak- (al-). この仕事にみんなが取り組んだのもつまりは君の力を信じているからなのだ. Bu işe girişmişler, demek oluyor ki, güçlerine güveniyorlar.
torimakarè•ru 取り巻かれる /ey./ sarıl-.
torimàku 取り巻く /ey./ sar-, kapla-. 周囲を～ ortaya al-. 煙が家を取り巻いた. Duman evi kapladı.
torimidàsu 取り乱す /ey./ 取り乱した salkım saçak.
torimoci 鳥もち /a./ ökse.
torimòcu 取り持つ /ey./ 仲を～ ara bul-.
torimodòsu 取り戻す /ey./ geri al-, kurtar-. 元気を～ diril-, gençleş-, toparlan-. 健康を～ canı yerine gel-. 自分を～ aklı başına gel-. 良心を～ insafa gel-.
torinaòsu 取り直す /ey./ 気を～kafası yerine gel-, kendini toparla- (topla-), keyfi tazele-.
torinasi 取りなし /a./ şefaat.
Torinidaado Tòbago トリニダード・トバゴ /a./ Trinidad ve Tobago.
toriniku とり肉 /a./ tavuk eti. 堅い～ kart tavuk.
torinokosarè•ru 取り残される /ey./ arkada kal-, kalakal-, sipsivri kal-. 一人で～ düdük gibi kal-. くだらない人が用いられ，すぐれた人が～ ayaklar baş, başlar ayak ol-.
torinozokarè•ru 取り除かれる /ey./ gideril-, kaldırıl-, ortadan kalk-.
torinozòku 取り除く /ey./ gider-, ortadan kaldır-, kaldır-. 米の石を～

toriacukàu

明書 elektrik süpürgesinin tarifesi.
toriacukàu 取り扱う /*ey.*/ ele al-, ile meşgul ol-, elle-, kullan-.
toriagê·ru 取り上げる, 採り上げる /*ey.*/ 子供を取り上げる çocuğu al-. だまして金品を取り上げる dolandır-. 私の問題をみんなは採り上げてくれなかった. İşimi görmediler.
toriàu 取り合う /*ey.*/ tutuş-. 二人の友は手に手を取り合った. İki arkadaş el ele tutuşmuşlar.
toriawase 取り合わせ /*a.*/ 色の〜が悪い deli alacası.
torìbuñ 取り分 /*a.*/ alacak, hak.
toricigaê·ru 取り違える /*ey.*/ benzet-. 意味を〜 mana çıkar-.
toricirakàru 取り散らかる /*ey.*/ 取り散らかった başıbozuk, darmadağın, darmadağınık, karmakarışık, çapaçul.
toricirâsu 取り散らす /*ey.*/ dağıt-. 〜こと dağınıklık.
toricugîteñ 取次店 /*a.*/ ajans.
toricukarê·ru 取り付かれる /*ey.*/ kapıl-, kendini kaptır-, tut-. 思いに〜 aklına tak-. 悪霊に〜 şeytan aldat-. 悪い欲望に〜 şeytana uy-. 恋に〜 vurul-. 間違った考えに〜 zihni saplan-. 取り付かれた müptela, yangın, aygın baygın. 取り付かれた人 tutsak. 仕事に取り付かれた人 işine bağlı adam. 取り付かれて duçar. 取り付かれていること tutku. 自分の考えに取り付かれて人の言うことを聞かない başının dikine git-. 私の最も取り付かれた小説家の一人 en tuttuğum romancılardan biri.
toricukerarê·ru 取り付けられる /*ey.*/ kurul-, takıl-.
toricukê·ru 取り付ける /*ey.*/ kur-, tuttur-, iliştir-, geçir-. ランプに覆いを〜 lambaya abajur geçir-. 約束を〜 söz al-. 会う約束を〜 randevu al-.
toricùku 取り付く /*ey.*/ tut-.
toricukuròu 取り繕う /*ey.*/ gedik kapa-. 裏をかいて〜 zeytin yağı gibi üste çık-.
toricukùsu 取り尽くす /*ey.*/ kanını em-.
toridasasê·ru 取り出させる /*ey.*/ şıkart-.
toridâsu 取り出す /*ey.*/ çıkar-, çek-.
toride とりで /*a.*/ hisar, kale, tabya.
toriê 取り柄 /*a.*/ değim.
torigoya 鳥小屋 /*a.*/ kümes, kuşhane, salma.
torihada 鳥肌 /*a.*/ 〜が立つ ürper-, tüyleri ürper-, tüyleri diken diken ol-. 冷たい空気にふれて体に〜が立った. Soğuk havaya çıkınca vücudum ürperdi.
torìhiki 取り引き, 取引 /*a.*/ pazarlık, ticaret, muamele. 概算〜 götürü pazarlık. 〜を始める ticarete giriş-. 〜をやめる hesabı kapa-, hesabı kes-. 〜をほごにする pazarlığı boz-. 〜が成立して握手する (俗語) elleş-.
toriire 取り入れ /*a.*/ harman, hasat.
toriire·ru 取り入れる /*ey.*/ çek-. 作物を畑から〜 ekini tarladan çek-. 果物を〜 yemiş devşir-. 考えを〜 fikir al-, fikrini al-.
toriìru 取り入る /*ey.*/ göze gir-, yaran-. 人に〜 takla at- (kıl-). 国民を愛することと国民に〜ことは別だ. Halkı sevmek başka, halka yaranmak başka.
torikae 取り替え /*a.*/ mübadele, tebdil.
torikae·ru 取り替える /*ey.*/ değiştir-, değiş-, tazele-, yerine koy-. 下着を〜 çamaşır değiştir-. 花びんの花を元気にするために水を取り替えた. Vazodaki çiçekleri canlandırmak için sularını değiştirdim. この靴はおまえには小さい, 取り替えなさい. Bu ayakkabı sana küçük, değiştir. 彼を誰とも取り替えたりしない. Onu kimseye değişmem.

toraè·ru 捕える /ey./ tut-, yakala-. 犯人を〜 suçluyu yakala-. 心を〜 büyüleyici. 弁解の余地を残さないようにして人を〜 burnundan yakala-.

torahōomu トラホーム (Al. Trachom) /a./ trahom.

Torakia トラキア /a./ Trakya.

toràkku トラック (İng. truck) /a./ kamyon. 小型〜 kamyonet. 3トン〜 üç tonluk kamyon. 〜の運転手 kamyoncu. 〜に積む kamyona yükle-. 車を〜につなぐ arabayı kamyona bağla-. この〜は何トン運べる? Bu kamyon kaç ton kaldırır?

toràkku トラック (İng. track) /a./ pist.

torakku uñsoo トラック運送 /a./ kamyonculuk.

torakku uñsoo gyōosya トラック運送業者 /a./ kamyoncu.

toràkutaa トラクター (İng. tractor) /a./ römörkör, traktör. 目の前をいっぱいわらを積んだ〜が通った. Önümüzden saman dolu bir traktör geçti.

toràñku トランク (İng. trunk) /a./ bavul. 車の〜 arka, bagaj. 〜が見つかった. Bavul bulundu. この〜を持ち上げるほどの力はありません. Bu bavulu kaldıracak kadar kuvvetim yok.

torañpètto トランペット (İng. trumpet) /a./ trompet.

toràñpu トランプ (İng. trump) /a./ iskambil, oyun kâğıdı, kâğıt, kart. 〜のカード iskambil kâğıdı. 〜一組 iskambil destesi. 〜の番 el. 〜のエース as, bey. 〜の二 ikili. 〜の九 dokuzlu. 〜のジャック bacak, oğlan, vale. 〜のクィーン dam, kız. 〜のキング dağlı, papaz. 〜をする iskambil oyna-, kâğıt oyna-. 二度〜をする iki el iskambil oyna-. 〜のカードをきる iskambil kâğıtları kar-. 三枚の〜でやる手品 üç kâğıt. 〜で自分の手をごまかすこと blöf.

torañpu àsobi トランプ遊び /a./ iskambil.

torañsu トランス (İng. transformer) /a./ trafo, transformatör.

torañzìsutaa トランジスター (İng. transistor) /a./ transistor. 〜の transistorlu.

torarè·ru 取られる /ey./ alın-.

torasè·ru 取らせる /ey./ aldır-. 写真を〜 resim aldır-.

toràsuto トラスト (İng. trust) /a./ tröst.

torawarè·ru 囚われる, 捕らわれる /ey./ tutul-, gözetil-. 囚われの身 esaret. 囚われた mahpus, tutsak, tutuk. 囚われている期間 esirlik. 人種の違いにとらわれず ırk farkı gözetilmeksizin. 人は感情にとらわれずに仕事をすべきだ. İnsan hatır gönül gözetmeden görevini yapmalı.

toreedo màaku トレードマーク (İng. trademark) /a./ tescilli marka.

torèenaa トレーナー (İng. trainer) /a./ antrenör, çalıştırıcı.

torèeniñgu トレーニング (İng. training) /a./ antrenman.

toreeniñgu sùucu トレーニングスーツ (İng. training suit) /a./ eşofman.

torèeraa トレーラー (İng. trailer) /a./ römörk, treyler.

toreñci kòoto トレンチコート (İng. trench coat) /a./ trençkot.

torè·ru 取れる /ey./ kop-, çık-. 取れたkopuk. 取れたボタン kopuk düğme. ボタンが取れた. Düğme koptu. 乳からバターが〜. Sütten yağ çıkar.

tori 鳥 /a./ kuş. 〜の巣 kuş yuvası. 〜が長くきれいに鳴く dem çek-. 狩猟用の〜が多いところ kuşlak. 〜が飛ぶ. Kuşlar uçar. 〜は空を飛ぶ動物である. Kuşlar uçucu hayvanlardır. §〜なき里のコウモリ. Koyunun bulunmadığı yerde keçiye Abburrahman Çelebi derler.

toriacukai 取り扱い /a./ muamele. 〜説明書 tarife. 電気掃除機の〜説

yetiştir-.
tootei 到底 /*be.*/ hiç, hiç bir suretle.
tooteki 投擲 /*a.*/ atma.
tootemizumu トーテミズム (İng. totemism) /*a.*/ ongunculuk.
tōotemu トーテム(İng. totem) /*a.*/ ongun.
tōoteñ 読点 /*a.*/ nokta. 〜を打つ noktala-.
tootòbu 尊ぶ /*ey.*/ ulula-.
tootòi 貴い, 尊い /*s.*/ kıymetli, önemli.
tootoo とうとう /*a.*/ 〜たる流れ gür su.
tōotoo とうとう, 到頭 /*be.*/ en sonunda, nihayet.
toowaku 当惑 /*a.*/ hayret, şaşkınlık. 〜の şaşkın. 〜する şaşala-. 〜させる göz kamaştır-. 〜して唇をかむ dudağını ısır-.
tooyoo 盗用 /*a.*/ aşırma. 〜する aşır-, kopya yap-.
tōoyoo 東洋 /*a.*/ doğu, şark. 〜の doğu.
tooyōogaku 東洋学 /*a.*/ doğu bilimi, şarkiyat.
tooyoo gàkusya 東洋学者 /*a.*/ doğu bilimci, şarkiyatçı.
tooyōosya 盗用者 /*a.*/ aşırmacı.
tooyōoziñ 東洋人 /*a.*/ doğulu, şarklı.
tooyu 灯油 /*a.*/ gaz yağı, gaz. 〜で塗る gazla-. 〜ランプ kandil, lüks lambası.
tōozai 東西 /*a.*/ doğu ve batı.
tooza kàñzyoo 当座勘定 /*a.*/ carî hesap.
toozakàru 遠ざかる /*ey.*/ uzaklaş-, savul-, açıl-, (隠語) payandaları çöz-. 音が〜 derinleş-. 外洋へ〜 engine açıl-. アンカラから〜 Ankara'dan uzaklaş-. ものから〜 arkada bırak-. 遠ざかっている alargada dur-, sakın-. 船はかなり遠ざかった. Gemi epey açıldı.
toozakè·ru 遠ざける /*ey.*/ uzak-laştır-, sav-, aşır-. 人を〜 at-, (口語) postala-. 仕事から〜 işten el çekir-. 子供を火から遠ざけなさい. Çocuğu ateşten uzaklaştırın.
toozeñ 当然 /*be.*/ elbet, elbette, haliyle, tabiî, kolay değil. 〜の lâyık, tabiî, doğal. 〜の報いを受ける hak et-, cezasını bul-, lâyığını bul-, boyunun ölçüsünü al-. 〜に bihakkın. この子は勉強しないから〜落第だ. Bu çocuk derslerine çalışmadığına göre haliyle sınıfta kalacak. これがこういう結果になるのは〜だ. Bu işin böyle sonuçlanması çok doğaldır. 〜あなたもいらっしゃるでしょう. Tabiî siz de geleceksiniz.
tōozi 当時 /*a.*/ o zaman.
toozicu 当日 /*a.*/ o gün.
tooziki 陶磁器 /*a.*/ seramik, çömlek.
toozi·ru 投じる /*ey.*/ 大金を〜 para dök-.
toozisya 当事者 /*a.*/ 〜でなければ難しさは分からない ergene karı boşamak kolay.
toozoku 盗賊 /*a.*/ hırsız, haramî. 〜の巣窟 hırsız yatağı.
toozokùdañ 盗賊団 /*a.*/ hırsız çetesi (kumpanya), hırsız şebekesi.
toozyoo 搭乗 /*a.*/ biniş.
toozyōoiñ 搭乗員 /*a.*/ mürettebat.
toozyōokeñ 搭乗券 /*a.*/ biniş kartı.
toppa 突破 /*a.*/ 包囲網を〜する çemberi yar-. 敵陣〜 yarma taarruzu (saldırısı).
toppàkoo 突破口 /*a.*/ gedik.
tora トラ, 虎 /*a.*/ kaplan. 〜の皮 kaplan postu.
§〜の威を借る paravana yap-.
toraberaazu cyèkku トラベラーズチェック(İng. traveler's check) /*a.*/ seyahat çeki.

öğrenciler.
toorokùbo 登録簿 /a./ sicil.
tooroku syòohyoo 登録商標 /a./ tescilli marka.
tòoroñ 討論 /a./ münakaşa, tartışma. 〜する tartış-. 〜される tartışıl-. 子供の教育問題についての〜 çocuk eğitimi konusunda bir tartışma. 〜打ち切りの動議 yeterlik önergesi.
tooroñkai 討論会 /a./ forum.
tòoru 通る /ey./ geç-, uğra-, sav-. 試験に〜 baraji aş- (geç-), imtihan ver-. …でどうにか〜 geçin-. …を通って kanaliye, yoluyla. 通りにくい sarp. 糸が針の穴を〜. İplik, iğne deliğinden geçer. 家へ行く時あなたの通りを通ります. Eve giderken sizin sokaktan geçeriz. この道はウルスを通ってアイドゥンルックへ出る. Bu yol Ulus'a uğrayarak Aydınlık'a çıkar. 学者でどうにか通っている. Bilgin geçiniyor.
tooryuu 逗留 /a./ misafirlik.
toosa 遠さ /a./ uzaklık, mesafe. 我が家のバス停までの〜 evimizin otobüs durağına uzaklığı.
toosaku 盗作 /a./ aktarma, aşırma. 〜する aktar-, aşır-.
toosaku 倒錯 /a./ sapkı.
toosakùsya 盗作者 /a./ aşırmacı, kopyacı.
toosañ 倒産 /a./ iflâs, batkı. 〜する iflâs et-, bat-, (口語) iflâs bayrağını çek-, iflâs borusunu çal-. 〜した batkın, müflis. 〜した人 batkın. 手広くやりすぎて〜した. Fazla açıldığı için iflâs etti.
tòosañ 父さん /a./ babacık.
toosarè·ru 通される /ey./ ビーズがひもに通された. Boncuklar ipe dizildi.
toosa sùurecu 等差数列 /a./ aritmetik dizi.
toosei 統制 /a./ hüküm.
toosekìki 投石器 /a./ sapan.
tooseñ 当選 /a./ 〜する seçil-.

toosèñbo 通せんぼ /a./ 〜をする yolu kapa-.
toosi 投資 /a./ yatırım, envestisman. 〜する yatır-.
toosi 凍死 /a./ 〜する don-.
tòosi 闘士 /a./ ülküler uğruna savaşan.
toosìgaku 投資額 /a./ yatırım.
toosiki 等式 /a./ denklem.
toosiñ 刀身 /a./ namlu.
toosiyasùi 通しやすい /s./ geçirgen.
toosoo 闘争 /a./ kavga, savaş, cenk, mücadele.
toosoo 逃走 /a./ kaçma.
tòosu 通す /ey./ geçir-. 糸を針に〜 ipliği iğneye geçir-. 糸にビーズを〜 ipliğe boncuk geçir-. 大粒のビーズを針金に〜 iri boncukları tele diz-. 鉄道を町はずれに〜 demir yolunu şehrin kenarından geçir-. 水蒸気を〜 buğula-. 水を通さない su geçirme-. 誰も通さない kuş uçurma-. 意志を通そうとする diren-, diret-. ざっと目を〜 göz gezdir-. …を通して eliyle marifetiyle, tarafından, yoluyla. 役場を通して kaymakamlık yoluyla. 板に電気を通さない. Tahtadan cereyan geçmez.
toosuto トースト (İng. toast) /a./ kızarmış ekmek. 〜サンドイッチ tost.
toosùu 頭数 /a./ baş.
toosyabañ 謄写版 /a./ çoğaltma makinesi, teksir makinesi.
toosya geñsi 謄写原紙 /a./ mumlu kâğıt.
tòosyo 当初 /a./ başlangıç.
toosyoo 凍傷 /a./ soğuk ısırması.
tòosyu 党首 /a./ parti başkanı.
toosyuku 投宿 /a./ 〜する konakla-.
toosyukùci 投宿地 /a./ konak yeri.
tootacu 到達 /a./ erişim, varış. 〜の vasıl. 〜範囲 erim. 〜する ulaş-, var-, eriş-. 〜した mazhar. 〜させる

tookù

dağıtıcı.

tookù 遠く /a./ uzak, uz. 〜から açıktan, kıyı kıyı. ずっと〜から derinden derine. 〜から見ている alargadan seyret-. 目の届く限り〜まで göz alabildiğine. 家族と離れて〜へ行く gurbete (gurbet ellere) düş-. 〜まで歩いて行くしたくをする（冗談）tabanları yağla-.

tòokyoku 当局 /a./ otorite. 市〜 belediye. 軍〜 askerî makamlar.

tookyuu 等級 /a./ derece, sınıf, mevki, rütbe. 星の〜 kadir. 〜に分ける sınıfla-, sınıflandır-.

toomàwari 遠回り /a./ dolaşıklık. 〜をする dolaş-. 道を知らずにたいへん〜した. Yolu bilmediğinden çok dolaştı.

toomàwasi 遠回し /a./ dolaşıklık. 〜の dolaşık, (古語) zımnî. 〜の言い方で. dolaşık bir deyişle. 〜に üstü kapalı (örtülü), (古語) zımnen. 〜に言う zımnen anlat-. 〜に追い払う pabuçlarını çevir-. 〜に知らされる uzun kulaktan haber al-.

toomei 透明 /a./ 〜な berrak, duru, saydam, şeffaf, cam gibi. 〜な水 duru su. 〜になる berraklaş-. ガラスは〜な物質だ. Cam saydam bir cisimdir.

toomiñ 冬眠 /a./ kış uykusu.
toomiñ 島民 /a./ adalı.
toomoku 頭目 /a./ (古語) başbuğ.
toomòrokosi トウモロコシ /a./ mısır. 〜のしん mısır koçanı. 小粒の〜 cin darısı, cin mısırı. 実の入らない〜 sütlü bir mısır.

toomyòosai 灯明祭 /a./ イスラムの〜 kandil gecesi, kandil. 〜の前日 kandil günü.

tòonameñto トーナメント (İng. tournament) /a./ turnuva.

toonañ 東南 /a./ güneydoğu.
toonañ 盗難 /a./ hırsızlık.
tòoni とうに /be./ çoktan, çoktandır,

pek âlâ.

tòoniñ 当人 /a./ kendi. 〜が来るように. Kendisi gelsin.

toonòku 遠のく /ey./ uzaklaş-. 足が〜 ayağını çek-.

toonyoobyoo 糖尿病 /a./ şeker hastalığı, şeker, glikozüri. 〜の şekerli.

tòoñ トーン (İng. tone) /a./ ton.
tooñkigoo ト音記号 /a./ sol anahtarı.

toorè·ru 通れる /ey./ geçil-, geçit ver-. 山が〜 dağ geçit ver-. 川が〜 çay (ırmak) geçit ver-. 内が〜 iç içe.

tòori とおり /a./ 〜に üzere. 人の言った〜にする ağzına bak-. 言う〜にならない ele avuca sığma-. その〜にします baş üstüne! あなたの言った〜になった. Söylediğiniz yerine geldi.

toori 通り /a./ sokak. cadde. 〜を歩く sokak yürü-. 〜をふさぐ caddeyi tut-. 〜いっぱいに人があふれていた. Cadde boyunca halk akıyordu. 先生を〜で見かけると家に隠れた. Öğretmeni sokakta görünce evi boyladı. 警官達が〜をふさいだ. Polisler caddeyi tuttu. 家へ行く時あなたの〜を通ります. Eve giderken. sizin sokaktan geçeriz. 〜で出会った. Sokakta karşılaştık. うちはあの〜の奥にある. Evimiz şu sokağın sonundadır.

toorinukè·ru 通り抜ける /ey./ 無事に〜 paçayı kurtar-.

toorisugì·ru 通り過ぎる /ey./ geç-, kuş gibi uçup git-. 冬の厳しさが通り過ぎた. Kışın hükmü geçti.

tooroku 登録 /a./ kayıt, tescil. 〜する kaydet-, kayda geçir-. 〜される kaydedil-, yazıl-. 〜された kayıtlı, tescilli, yazılı. 〜されていない kayıtsız. 〜を取り消す kaydını sil-, kayıttan düş-. 子供を住民として〜する çocuğu nüfusa kaydet-. 学校に〜されている生徒達 okula yazılı

mahpus.
toogoo 統合 /a./ 〜した birleşik.
toogoroiwasi トオゴロイワシ /a./ gümüş balığı.
toogyuu 闘牛 /a./ boğa dövüşü (güreşi).
toogyûusi 闘牛士 /a./ matador.
tòoha 党派 /a./ parti.
toohacu 頭髪 /a./ saç.
toohañ 登はん /a./ tırmanma.
toohasei 党派性 /a./ particilik, partizanlık.
tooheñ 等辺 /a./ 〜の eş kenar.
tòohi 党費 /a./ ödenti.
toohi kyûusuu 等比級数 /a./ geometrik dizi.
toohiñ 盗品 /a./ hırsız malı, çalıntı.
toohuu 東風 /a./ gün doğusu.
toohyoo 投票 /a./ oy, oylama, rey. 〜する oy ver-, oyla-, oyunu kullan-. 級長の〜で一番多い票をアイシェが取った. Sınıf başkanı oylamasında en çok oyu Ayşe aldı.
toohyòobako 投票箱 /a./ oy sandığı, seçim sandığı.
toohyòokeñ 投票券 /a./ seçmen kartı.
toohyòoricu 投票率 /a./ 選挙の〜 seçime katılma oranı.
toohyòosya 投票者 /a./ seçmen.
tooi 遠い /s./ uzak, ırak, ücra, derin. 〜村 ırak bir köy. とても〜 uzaktan uzağa, aralarında karlı dağlar ol-. とても〜所 domuzun gök dediği yer, cehennemin bucağı (dibi). どこか〜所から derinden. 〜未来に uzak bir gelecekte. 〜昔からあるもの Hazreti Nuh'tan kalma. 〜親類 uzaktan akraba, (俗語) dış kapının dış mandalı. 耳が〜 kulağı tıkalı, sağır, kulağı ağır işit-. 急に気が遠くなる fenalaş-. 気が遠くなること baygınlık. 気の遠くなるような baygın. 彼らの家はとても遠くて歩いては行けない. Onların evi çok uzak, yaya gidilmez. 彼は耳

が〜. Onun kulağı ağır işitiyor.
tooicu 統一 /a./ birlik, birleştirme.
tooiñ 党員 /a./ partici, partili, partizan.
tooìzyoo 糖衣錠 /a./ draje.
tooka 十日 /a./ on gün. 知らせを受けてから〜になる. Haber alalı on gün oldu.
tooka 投下 /a./ 資本〜 sermaye yatırımı.
tooka 等価 /a./ eş değer. 〜の eş değer, eş değerli, muadil.
tòoka 灯火 /a./ ışık, lamba. 〜の芯に火をつける fitille-.
tookai 倒壊 /a./ yıkılma. 〜する yıkıl-. 〜した yıkık, viran.
tookañ 投函 /a./ 〜する postaya at-.
tookecu 凍結 /a./ don, duzlanma. 〜する dondur-, buzlan-. 物価を〜する fiyatları dondur-. 〜される dondurul-.
tookei 東経 /a./ doğu boylamı.
tookei 統計 /a./ istatistik, sayımlama.
tookèigaku 統計学 /a./ sayım bilimi.
tookeñ 刀剣 /a./ kılıç.
tòoki 陶器 /a./ seramik, çömlek. 〜の seramik. 〜の花瓶 seramikten bir vazo.
tòoki 登記 /a./ tescil. 土地の〜 kadastro. 土地が〜される kadastroya geç-.
tòoki 投機 /a./ hava oyunu, vurgunculuk.
tòoki 冬期, 冬季 /a./ kış.
tòoki 党旗 /a./ parti bayrağı.
tòokii トーキー (İng. talkie) /a./ sesli sinema. 映画を〜にする seslendir-.
tookika 投機家 /a./ vurguncu.
tookìsyoo 陶器商 /a./ fincancı.
tookoo 陶工 /a./ çinici.
tookoo kyohìsya 登校拒否者 /a./ okul kaçkını.
tookoo syòomei 投光照明 /a./

toñbo トンボ /a./ kız böceği, yusufçuk.
toñbogàeri とんぼ返り /a./ perende, takla, taklak. 〜をする perende at-, takla at- (kıl-).
toñci とんち /a./ nükte.
toñciñkañ とんちんかん /a./ 〜だ efendim nerede, ben nerede. 逆上して〜なことを言う hırla-.
toñdemonài とんでもない /s./ aman derim, ne gezer, haşa, ne münasebet, öyle şey yok, sorma, sormayın, sorma gitsin, yok, (口語) yağma yok, (卑語) meret. この料理はとんでもなく油っこい. Bu yemek inadına yağlı olmuş.
Tòñga トンガ /a./ Tonga.
toñgari bòosi とんがり帽子 /a./ külah.
toñneru トンネル (İng. tunnel) /a./ tünel. 〜を過ぎる tünelden geç-.
toñtoñ byòosi とんとん拍子 /a./ 〜に出世したものだ. Yürü ya kulum demiş.
toñya 問屋 /a./ depo.
tòo 十 /a./ on. 〜の on. スイカを〜に分ける karpuzu on parçaya ayır-.
tòo 塔 /a./ kule, pagoda. 城の〜 burç. 細長い〜 ince minare.
tòo 等 /a./ vesaire (vs.), ve benzerleri (vb.).
tòo 当 /a./ 〜を得た isabetli, münasip.
tòo 党 /a./ parti.
tòo 糖 /a./ şeker.
-too 頭. 二十〜の羊 yirmi baş koyun. 羊の肉一〜 bir gövde koyun. 列車が牛を二〜ひいた. Tren iki ineği ezdi.
tooacuseñ 等圧線 /a./ eş basınç.
tooañ 答案 /a./ sınav cevabı.
tòobañ 当番 /a./ nöbet.
toobàñhei 当番兵 /a./ posta, nöbetinde er.
tooboo 逃亡 /a./ kaçış, kaçamak, firar. 〜する kaç-, firar et-. 〜した kaçak.
toobòohei 逃亡兵 /a./ asker kaçağı.
toobòosya 逃亡者 /a./ kaçkın, firarî.
tòobu 東部 /a./ doğu. 〜の doğu. 町の〜 kentin doğu kesimi. 〜の地震は大災害だった. Doğudaki deprem büyük bir felâketti.
tòobu 頭部 /a./ baş.
toobuñ 等分 /a./ pay. これを五〜しなさい. Bunu beş pay yapın.
toobuñ 当分 /be./ şimdilik, geçici olarak.
toobuñ 糖分 /a./ şeker.
toobyoo 投錨 /a./ demir atma.
tòoci 統治 /a./ hâkimiyet, hüküm, idare. 〜する hükmet-, hüküm sür-, hükûmet sür-, hâkim.
tòoci 等値 /a./ eş değer.
toocìkeñ 統治権 /a./ hâkimiyet.
toocìsya 統治者 /a./ hükümdar.
toocyaku 到着 /a./ varış. 〜の vasıl. 〜する eriş-, kavuş-, var-.
toocyoku 当直 /a./ nöbet, nöbetçi, vardiya. 〜の nöbetçi.
toodai 灯台 /a./ deniz feneri, fener.
toodàigusa トウダイグサ /a./ sütleğen.
toodàimori 灯台守 /a./ fenerci.
toodo 陶土 /a./ arı kil.
tooei 投影 /a./ 〜する izini düşür-.
tooèici 冬営地 /a./ kışlak.
toogàrasi トウガラシ, 唐辛子 /a./ biber, kırmızı biber.
toogata 塔形 /a./ 〜の家 kule biçiminde ev.
toogè 峠 /a./ geçit, gedik, argıt, bel.
toogeika 陶芸家 /a./ çömlekçi.
tòogi 討議 /a./ müzakere. 〜する müzakere et-. 〜される görüşül-.
Tòogo トーゴ /a./ Togo.
toogoku 投獄 /a./ 〜する hapse at-, hapset-. 〜される hapis yat-. 〜された

malı, varlık. 大きな〜 büyük servet. 〜を得る servet yap-.

tomikuzi 富くじ /a./ piyango.

tõmo 友 /a./ arkadaş, dost, yaren, ahbap. 〜を得る dost tut-, dost edin-. 〜と思わなくなる defterden sil-. 親愛なる〜よ aziz dostum. ごく親しい〜（口語）can ciğer. いい時だけの〜 iyi gün dostu. どの顔にも笑いかける者を〜と思ってはならない. Her yüze güleni dost sanmamalı. 〜の言葉はつらいがためになる. Dost ağlatır, düşman güldürür. Dost sözü acıdır. 〜の批判は害にならない. Dostun attığı taş baş yarmaz. 真の〜は逆境の時に分かる. Dost kara günde belli olur.

tõmo 艫 /a./ pupa.

tomodaci 友達 /a./ arkadaş, dost, ayaktaş, yoldaş, ahbap. 〜になる arkadaşlık et-, yakınlaş-. 〜のふりをする yüze gül-. 〜らしく arkadaşça. 〜に宝くじが当たった. Arkadaşa piyango çıkmış. 彼とは古い〜だ. Onunla eski hukukumuz var. 二人の〜の不仲はまことに残念だ. İki arkadaşın bozuşmasına çok acındım. 彼のこのしうちは〜といえるか. Onun bu yaptığı, arkadaşlık mı? お〜は今ここにいたのに, いついなくなったのかな. Arkadaşınız şimdi buradaydı, ne zaman kaçmış.

tomodacizūkiai 友達づきあい /a./ arkadaşlık. このいやらしい男と〜するな. Bu çirkef adamla arkadaşlık etme. クラスの〜はたいへんうまくいっていた. Sınıfımızdaki kardeşlik çok güçlüydü.

tõmokaku ともかく /be./ her hâlde, ne ise, bir defa, esasen.

tomo ni ともに, 共に /be./ beraber, beraberce. 〜する paylaş-. …と〜 ile. 時と〜 zamanla. 〜過ごした日々をいつも思い起こしています. Birlikte geçirdiğimiz günleri her zaman anımsıyorum. 日が沈むと〜空気が急に冷た

くなった. Güneşin batmasıyla beraber hava soğuyuverdi. 明日夜明けと〜出発する. Yarın şafakla yola çıkacağız.

tomosibi ともしび /a./ ışık.

tomosiraga 共白髪 /a./ 〜まで生きる bir yastıkta koca-.

tomõsu ともす /ey./ yak-. §つめに火を〜 dişinden tırnağından artır-.

tõmu 富む /ey./ bollaş-, zenginle-, zenginleş-. 富んだ bolluk, bol, zengin. 滋養に富んだ besleyici.

tomuràu 弔う /ey./ taziyede bulun-, baş sağlığı dile-.

tonaè·ru 唱える /ey./ oku-. 念仏を〜 besmele çek-. 異議を〜 itiraz et-.

tonàkai トナカイ /a./ ren geyiği. エスキモーのそりを〜が引く. Eskimoların kızaklarını ren geyikleri çeker.

tonari 隣 /a./ bitişik, komşu, yan daki ev. 〜の部屋 bitişik oda. 〜の国 komşu ülke. 〜に住む人 kapı komşu. 〜でお祝いがある. Bitişikte düğün var. §〜の芝生は青い. Komşunun tavuğu komşuya kaz görünür.

tonariàu 隣り合う /ey./ 隣り合った komşu, yanaşık.

tonari kiñzyo 隣り近所 /a./ 〜の人達 konu komşu. 〜の援助で火はたちまち消し止められた. Konu komşunun yardımıyla ateşi söndürüverdiler.

toneriko トネリコ /a./ dişbudak.

tõnikaku とにかく /be./ her ne (hâl) ise, her hâlde, bir türlü, zaten, zati. 〜あなたはイスタンブルへ行かなければなりません. Her hâlde İstanbul'a gitmelisiniz.

tõñ トン, t (İng. ton) /a./ ton. 石炭2〜 iki ton kömür. …〜の tonluk. 3〜トラック üç tonluk kamyon. 本の印刷に10〜の紙が使われた. Kitabın basımında on ton kâğıt harcandı.

tõñbi トンビ /a./ çaylak.

tokuteñ

puan al- (kazan-), gol ye-.
tokuteñ 特典 /a./ imtiyaz.
tokutoobyoo 禿頭病 /a./ saçkıran.
tokuyuu 特有 /a./ 〜の has, mahsus, özel, tipik. …に〜の özgü. 女性〜の dişi.
tomadòu 戸惑う /ey./ şaşır-, şaşkına dön- şaşala-, bir hoş ol-, bocala-, sendele-, tuhaflaş-. 戸惑って間違う ayağı dolaş-. 戸惑った şaşkın. アリは学校へ行き始めた時は戸惑っていたが後に慣れてきた. Ali okula başladığında bocaladı ama sonra alıştı. この知らせを受けてひどく戸惑った. Bu haberi alınca fena hâlde sendeledi.
tomarase・ru 止まらせる /ey./ kondur-.
tomari 泊まり /a./ yatı. おばあさんの所へ〜に行く. Anne anneme yatıya gidiyorum. どこにお〜ですか. Siz nerede kalıyorsunuz?
tomarigi 止まり木 /a./ tünek. 〜に止まる tüne-. オウムが〜で客に「こんにちは」と言っている. Papağan tüneğin üstünde konuklara "gün aydın" diyor.
tomarìkyaku 泊まり客 /a./ 〜に行く gece yatısına git-.
tomaru 止まる /ey./ dur-, din-, kon-, kal-, kesil-. 息が〜 nefesi kesil- (tut-). 水が〜 su kesil-. 止まり木に〜 tüne-. 一時的に〜こと duraklama. 止まれ hop hop!, stop. 車が止まった. Araba durdu. バスが途中で止まった. Otobüs yolda kaldı. 赤信号になった時止まらなくなった車は柱に衝突した. Kırmızı yanınca hızını alamayan araba direği bindirdi. 涙が止まった. Gözünün yaşı dindi. 鼻血が止まった. Burnunun kanaması dindi. バルコニーにかわいいスズメがとまった. Balkona küçük bir serçe kondu. 小スズメが細い枝にとまった. Küçük serçe ufak bir dala tünemiş. 次止まります. DURA-

CAK.
tomaru 泊まる /ey./ in-, kon-, yat-, kal-, gecele-, konakla-, yatıp kalk-. ホテルに〜 otelde yat-. 宿屋に〜 hana kon-. 船が港に〜 gemi limanda yat-. どのホテルに〜のですか. Hangi otele ineceksiniz? おばあさんの所へ泊まりに行く. Anne anneme yatıya gidiyorum. 私の泊まらない町はない. Konaklamadığım şehir kalmadı.
tomaru 留まる /ey./ kal-. 心に〜 akılda kal-. 目に〜 gözü kay-, gözüne iliş-. 誰の目にも留まらない adı bile okunma-.
tòmato トマト (İng. tomato) /a./ domates. 詰めもの用の〜 dolmalık domates.
tomato kecyàppu トマトケチャップ (İng. tomato ketchup) /a./ domates salçası.
tomato sòosu トマトソース (İng. tomato sauce) /a./ salça.
tomato zyùusu トマトジュース (İng. tomato juice) /a./ domates suyu.
tomebàri 留め針 /a./ iğne. 〜で留める iğnele-.
tomegane 留め金 /a./ çengel, toka. 〜で留める çengelle-. 筒の〜 kelepçe. 〜のついたイヤリング klips.
tomerare・ru 止められる /ey./ durdurul-.
tome・ru 止める /ey./ dindir-, kes-, durdur-. 息を止めている nefesli. 出血を〜 kanı dindir-. 水を〜 su kes-. 電気を〜 elektriği kes-. 頭痛を〜 baş ağrısını kes-. 足を〜 uğra-. ぴったり〜 bıçak gibi kes-.
tome・ru 留める /ey./ tuttur-. ピンで〜 iğnele-. スナップで〜 çıtçıtla tuttur-. ちょっと〜 iliştir-. 心に〜 akılda tut-. 心に留めておく göz önünde tut- (bulundur-), öngör-. その花を私の襟にピンで留めてくれませんか. Şu çiçeği yakama iğneler misin?
tòmi 富 /a./ servet, mal, dünya

tokoròga ところが /ba./ oysa, oysaki.

tokorogaki 所書き /a./ adres.

tòkotoko トコトコ /be./ tıpır tıpır, tıkır tıkır.

tokotòñ とことん /be./ imanına kadar, domuz gibi.

tokoya 床屋 /a./ berber, berber dükkânı. ～へ行く tıraş ol-.

tokozìrami トコジラミ /a./ tahta kurusu.

toku 得 /a./ fayda, yarar, kâr. ～をする hayrını gör-. 人の力を借りて～をすること nüfuz ticareti. ～がいく hesabına gel-. これでは私に何の～もない. Bundan benim için hiç bir kâr yok. 参加すれば多少でも～がある. Bal tutan parmağını yalar.

toku 徳 /a./ erdem, fazilet. ～のある erdemli, faziletli.

tòku 解く /ey./ çöz-, çözümle-, hallet- sök-. なぞを～ bilmece çöz-. パズルを～ bulmaca çöz-. 結び目を～ düğüm aç-.

tòku 溶く /ey./ kar-. 絵の具を～ boya kar-.

tokubai 特売 /a./ ～で買う kelepire kon- (yakala-).

tokubecu 特別 /a./ ～の ayrı, hususî, özel. ～なこと fevkalâdelik. ～に hususuyla. これは何ら～なことではない. Bunda bir fevkalâdelik yok.

tokubecùseki 特別席 /a./ loca.

tokubecu tàiguu 特別待遇 /a./ ayrıcalık.

tokubecu zàisei 特別財政 /a./ tahsisat.

tokucyoo 特長 /a./ meziyet.

tokucyoo 特徴 /a./ özellik. ～のない renksiz.

tokucyooteki 特徴的 /a./ karakteristik.

tokucyoozukè･ru 特徴づける /ey./ vurgula-.

tòkugi 特技 /a./ marifet. ～のある vasıflı. この人にはいろいろ～がある. Bu adamın birçok marifetleri var.

tokuhicu 特筆 /a./ ～すべき mümtaz.

tokuhoñ 読本 /a./ okuma kitabı. 初級～ alfabe.

tokui 特異 /a./ ～な istisnaî, ayrıklı.

tokùi 得意 /a./ övünç, kıvanç, gurur, kurum. 物理の～な人 fizik kültürü kuvvetli bir kişi. ～になる gururlan-, koltukları kabar-, göğsü kabar-.

tokuigàru 得意がる /ey./ göğsü kabar-.

tokumei 匿名 /a./ ～の anonim.

tòkuni 特に /be./ bilhassa, hele, hususuyla, özellikle, mahsus, ille. 私達のところへたびたびやって来る、～このごろはきっと立ち寄る. Bize sık sık gelir, ille böyle günlerde mutlaka uğrar.

tokusa トクサ /a./ at kuyruğu.

tokusei 特性 /a./ hususiyet, özellik, karakter.

tòkusi 特使 /a./ kurye.

tokusicu 特質 /a./ hususiyet, keyfiyet, mahiyet, vasıf.

tokusuru 得する /ey./ hayrını gör-.

tokusya 特赦 /a./ özel af.

tokusyoku 特色 /a./ özellik. ～あるもの âlem. ～のない考え renksiz düşünceler.

tokusyokuzukè･ru 特色づける /ey./ nitele-.

tòkusyu 特種 /a./ ～の özgül. 病気の多くは～の細菌を持っている. Hastalıklardan çoğunun özgül mikropları vardır.

tokusyu 特殊 /a./ ～な özel, özgü, hususî, fevkalâde.

tokusyu bùtai 特殊部隊 /a./ komando.

tokutei 特定 /a./ ～の belli. ～する belirle-.

tokuteñ 得点 /a./ puan, skor. ～する

tokihanàsu

aralıklı yağmurlu. 〜熱が高くなる. Vakit vakit ateşi yükseliyor.
tokihanàsu 解き放す /ey./ koyuver-, koyver-, salıver-.
tokihogùsu 解きほぐす /ey./ (俗語) katmer kaldır-.
tokikàta 解き方 /a./ çözüm yolu.
tokinarànu 時ならぬ /s./ vakitsiz, mevsimsiz. 寒さが今年高原の人達に〜移動を促した. Soğuklar bu yıl yaylacıları vakitsiz göçürdü.
tokìni 時に /be./ bazen, kâh.
tokinohitò 時の人 /a./ günün adamı.
tokiori 時折 /be./ bezen, bazı, zaman zaman.
tokitama 時たま /be./ bazı bazı, zaman zaman, çat pat. 映画に〜行く sinemaya seyrek git-. 彼はうちへ〜来る. O bize çat pat gelir.
tokkeñ 特権 /a./ dokunulmazluk, imtiyaz, gedik. 〜の gedikli.
tokki 突起 /a./ çıkıntı.
tokkoo 徳行 /a./ 〜ある faziletli.
tokkootai 特攻隊 /a./ fedaî, serdengeçti.
tokkumiai 取っ組み合い /a./ dalaş. 〜をする pençeleş-, boğuş-. ネコと犬が表で〜をしている. Kedi ile köpek sokakta boğuşuyorlar.
tokkumiàu 取っ組み合う /ey./ boğuş-, kapış-. ネコと犬が〜 kedi ile köpek kapış-.
tokkuni とっくに /be./ çoktan, çoktandır; pek âlâ. 〜承知だ dünden razı (hazır). 昼を〜過ぎた. Vakit öğleyi çoktan aşmış. 状況が許せばこの金は〜払っていた. Kolaylığım olsaydı, ben bu parayı çoktan öderdim. 私がここへ来ることを君は〜知っていたのに. Benim buraya geleceğimi sen pek âlâ biliyordun.
tòkkyo 特許 /a./ patent, imtiyaz.
tokkyòkyoku 特許局 /a./ patent bürosu.

tokkyòsyoo 特許証 /a./ patent, berat.
tokkyòzei 特許税 /a./ patent vergisi.
tokkyuu 特急 /a./ ekspres. 〜電報 yıldırım telgrafı.
tokkyuubiñ 特急便 /a./ ekspres mektup.
toko 床 /a./ yatak, döşek, ocak. 〜を敷く yatak yap- (ser-). 〜をなおす yatağı düzelt-. 〜に就く uykuya yat-, yat-. 病気で〜に就く yatağa bağla- (düş-, yat-). どっと〜に就く döşeğe düş-, yorgan döşek yat-. 〜から起き上がれない başını kaldırma-. 〜に就いたきりの yatalak.
tokonoma 床の間 /a./ hücre.
tokorò 所 /a./ yer, yan. 住んでいる〜 adres 人通りの多い〜 ayak altı. 私の〜へ bana. …の〜で yanında. 暗やみから明るい〜へ出る karanlıktan aydınlığa çık-. 座る〜を見つけられない ayakta kal-. 〜かまわずしゃべる ulu orta konuş-. おじさんの〜に住んでいる. Amcanın yanında oturuyor. 彼が君の〜の人だとは知りませんでした. Onun sana mensup olduğunu bilmiyordum. 彼はここからおそらく私達の〜へ行ったのだ. O, buradan belki bize gitmiştir. 今晩メフメットの〜へ押しかけよう. Bu akşam Mehmet'i bastıralım. 劇場で座る〜が見つからなかった. Tiyatroda yer bulamadım.
tokorò ところ /a./ 一見した〜 ilk bakışta. もう少しの〜で parmak kaldı. もう少しで車が衝突する〜だった. Arabanın çarpmasına bir bıçak sırtı kadar aralık vardı. 本を読んでいる〜だ. Kitap okuyorum.
tokoròde ところで /ba./ bakalım, bakayım, ya. ニューヨークの六月が好きだ. 〜君は? New York'u haziranda severim. Ya sen?
tokorodòkoro ところどころ, 所々 /be./ yer yer.

tokidoki

soruştur-.

tõire トイレ (İng. toilet) /*a.*/ apteshane, ayak yolu, helâ, tualet, yüz numara (=oo).

toiretto pēepaa トイレットペーパー (İng. toilet paper) /*a.*/ tualet kâğıdı.

toisi 砥石 /*a.*/ bileği taşı, ustura taşı. 〜で研ぐ taşa çek-.

tokage トカゲ /*a.*/ kertenkele, keler.

tokai 都会 /*a.*/ şehir, kent. 〜の眺めは一つの楽園だ. Şehrin görünüşü bir cennet.

tokaihuu 都会風 /*a.*/ 〜の人になる kaldırım çiğne-.

tokàiziñ 都会人 /*a.*/ şehirli. 〜の şehirli.

tokàsu 溶かす, 解かす /*ey.*/ erit-, hallet-. 砂糖を水に〜 şekeri suda hallet-. 〜液 eriten.

tokàsu とかす, 梳かす /*ey.*/ tara-. 髪〜 saçlarını tara-.

tokedàsu 解け出す /*ey.*/ あたりの氷が〜 don çözül-.

tokei 時計 /*a.*/ saat. 正確な〜 doğru saat. 精密な〜 süreölçer. 〜のように規則正しい saat gibi. 〜が5分進んでいる. Saat beş dakika ileridir. この〜は5分遅れている. Bu saat beş dakika geridir. 〜のぜんまいがゆるんだらしい. Saatin zembereği boşalmış.

tokei bàñdo 時計バンド /*a.*/ saat kayışı.

tokeidai 時計台 /*a.*/ saat kulesi, kule.

tokeisoo トケイソウ /*a.*/ çarkıfelek.

tokèiteñ 時計店 /*a.*/ saatçi.

tokeiya 時計屋 /*a.*/ saatçi.

tokè・ru 解ける /*ey.*/ çözül-. 雪が〜 kar çözül-. 氷が〜 buzlar çözül-. 解けている çözük. なぞが解けた. Sırlar çözüldü. 氷が解けた. Buz eridi. 講演者はだんだん緊張が解けてきた. Konuşmacı gittikçe açıldı.

tokè・ru 溶ける /*ey.*/ eri-. 溶けやすい

erigen. 砂糖は水に〜. Şeker suda erir.

tokì 時 /*a.*/ aralık, saat, vakit, çağ, zaman, ara, dem, esna, gün. この〜 bu aralık. その〜 o zaman, bu arada. ちょうどその〜 zamanında, o sırada, günü gününe, sıra. その〜から今まで aradan. ある〜 vaktiyle, günlerden bir gün. ある〜には kâh, bazen. (の〜) …の〜 iken. 彼が子供の〜 o çocuk iken. 食事の〜 yemek iken. その〜私はここにいなかった. O esnada ben burada değildim. この人はしらふの〜もこうだ. Bu adam ayıkken de böyledir. 大理石が刻んでいる〜割れた. Mermer yontulurken attı. (しようとした〜) …しようとした〜 derken. 出かけようとした〜客が不意にやって来た. Çıkayım derken misafir bastırdı. (が) 〜が来た. Vakit erişti. Vakit geldi. 〜がたつ ilerle-, üstünden (şu kadar zaman) geç-. 〜がたった bayat, taze olmayan. 〜がたつにつれて gitgite. 〜がたたないうちに sıcağı sıcağına, vakit geçirmeden. (に) …した〜に -diği sırada. あなたが受け取る〜に alacağınız vakit. この話は別の〜にしましょう. Bu bahsi başka zamana bırakalım. 〜に応じて sırasına göre, sırasıyla. (を) 〜を無駄に過ごす zaman öldür-, (隠語) havyar kes-. なんとなく〜を過ごす eğlen-, eğleş-. 〜を越す çıkar-. 〜を待つ zamana bırak-. 〜をかせぐ vakit kazan-. 〜を逸する zamanını geçir-. 〜をうつさず arası geçmeden. 〜をかまわず vakitli, vakitsiz, zamanlı zamansız. 〜を誤らずに saati saatine. (と) 〜とともに zamanla. 〜と所がよく合う kertesine gel-.

§〜は金なり. Vakit nakittir.

tokiakàsu 説き明かす /*ey.*/ açımla-.

tokidoki 時々 /*be.*/ bazı bazı, bazı, bazen, arasıra, vakit vakit, kimi zaman, çat pat. 〜の aralıklı. 〜雨

todomarḕ・ru とどまれる /ey./ durul-. これ以上この村にはとどまれない. Artık bu köyde durulmaz.

todomāru とどまる /ey./ dur-, kal-, yoldan kal-. 記憶に～ hatırda kal-. 遊牧民は夏この山に～. Yürükler yazın bu dağa konarlar. 打つだけにとどまらず、仕事からも追放した. Yalnız dayak atmakla kalmadı, onu işinden de çıkardı.

todomḕ・ru とどめる /ey./ durdur-. 心に～ dağarcığına at-. 記憶に～ hatırda tut-, bal mumu yapıştır-.

todorōku 轟く /ey./ gürle-.

togamedate とがめだて /a./ ～しない gözünün üstünde kaşın var deme-.

togamḕ・ru とがめる /ey./ azarla-, çıkış-, kına-, gagala-, giydir-, tutun-. 待たせたと言って友人は私をとがめた. Beklettim diye arkadaşım bana çıkıştı.

toganiñ とが人 /a./ suçlu.

togarāsu とがらす /ey./ 鉛筆の先を～ kalem aç-. 口を～ dudak sarkıt-. 神経を～ gıcıklan-.

togarḕ・ru 研がれる /ey./ bilen-. ナイフは研がれて刃が薄くなった. Bıçak bilene bilene yüzü inceledi.

togāru とがる /ey./ bilen-, sivril-. とがった sivri, hâd. とがったナイフ sivri bıçak. 先のとがった鉛筆 ucu sivri kalem. 先のとがったもの iğne. すごく先のとがった sipsivri. とがっていない küt. この鉛筆の先はすごくとがっている. Bu kalemin ucu sipsivri.

togḕ とげ /a./ diken, kıymık, iğne. バラの～ gül dikeni. ～のある dikenli, iğneli. ～のある低木 diken. ～のある木が生えている dikenli. ～のある言葉 iğne, taş. ～のある言葉を言う iğnele-. ～のない dikensiz. ～のような dikensi. 手に～がささる eline diken bat-. ～を毛抜きで抜く dikeni cımbızla çıkar-.

手に～がささった. Elime kıymık battı. ～のないバラはない. Dikensiz gül olmaz.

togerare・ru 遂げられる /ey./ 思いを遂げられずに死ぬ hasret git-.

togetogesīi とげとげしい /s./ とげとげしく acı acı. 物をとげとげしく返す başına çal-.

togirḕ 途切れ /a./ kesiklik.

togirḕ・ru 途切れる /ey./ sek-, aralık ver-. 途切れない kesiksiz. 病人の熱は一日も途切れずに続いた. Hastanın ateşi bir gün bile sekmedi.

togiresasḕ・ru 途切れさせる /ey./ aksat-.

togiretōgire とぎれとぎれ /a./ ～に kesik kesik.

togìsi 研ぎ師 /a./ bileyici, çarkçı, (俗語) zağcı.

tōgu 研ぐ /ey./ bile-, çarka çektir- (ver-), kılağısını al-, zağla-. 包丁を～ bıçağı bile-. きばを～ diş bile-. 砥石で～ taşa çek-. かみそりを革で～ kayışa çek-.

toguro とぐろ /a./ ～を巻く çöreklen-. ヘビが～をほどく sağıl-. やって来て、～を巻いて、行くことを知らない. Geldi, çöreklendi, gitmek bilmedi.

tōho 徒歩 /a./ ～で行く yayan git-.

tohoo 途方 /a./ ～に暮れる abliyi kaçır- (bırak-), darda kal-, eli böğründe kal-, eli koynunda kal-, iki eli böğründe kal-, apış-, apışıp kal-, pusulayı şaşır-, sudan çıkmış balığa dön-, tersi dön-. 勝手が違って～に暮れる denizden çıkmış balığa dön-. ～に暮れた perişan ～に暮れて şaşkın şaşkın. ～に暮れて「神よ守りたまえ.」と言う yaka ısır-. ～もない şaka gibi gel-.

toi 問い /a./ soru. ～のしるし soru imi (işareti).

tòi 樋 /a./ oluk, dere. ～の付いた olukli.

toiawasḕ・ru 問い合わせる /ey./ sor-,

tobu 跳ぶ /*ey.*/ sıçra-, sek-. 跳んで歩く seğirt-. 跳んで掘わりを越した. Sıçrayarak hendeği geçtim. 子供がぴょんぴょん跳びながら来る. Çocuk hoplaya hoplaya geliyor. スズメはぴょんぴょん跳んで歩く. Serçeler seke seke yürür.

toci 土地 /*a.*/ toprak, yer, arazi, emlâk. 肥えた〜 cömert toprak, verimli toprak. 区画された〜 parsel. 〜の登記 kadastro. 〜が登記される kadastroya geç-. 〜を分け与える topraklandır-. 〜を持たない topraksız. 〜売買代理店 emlâk alım satım acentesi. その〜の yerli, yöresel. その〜の果物 yerli meyve. 〜の料理 yöresel yemekler. その〜の人になっている yerleşik. この〜にオレンジは育たない. Bu arazide portakal yetişmez. 不毛の〜に草は生えない. Çorak yerlerde ot bitmez. 私達はこの〜の者です. Biz buranın yerlisiyiz.

toci dãicyoo 土地台帳 /*a.*/ kadastro, tapu kütüğü (sicili).

toci kãikaku 土地改革 /*a.*/ toprak reformu.

tocugasḕ・ru 嫁がせる /*ey.*/ gelin et-, (俗語) ever-.

tocugeki 突撃 /*a.*/ hamle, hücum. 塹壕から出て〜する hücuma kalk-.

tocùgu 嫁ぐ /*ey.*/ gelin ol-.

tocumeñ 凸面 /*a.*/ 〜の dış bükey, konveks. 〜打ち出し erkek çakma.

tocumeñkyoo 凸面鏡 /*a.*/ dış bükey ayna.

tocurḕñzu 凸レンズ /*a.*/ dış bükey mercek.

tocuzeñ 突然 /*be.*/ birdenbire, ansızın, apansızın, yekten, zıppadak. 〜の anî. 〜の旅 anî bir yolculuk. 〜に fırtına gibi, zemberek gibi, (口語) şappadak. 〜死ぬ yüreğine in-. 〜話し始める dili açıl-. 〜現れる mantar gibi yerden bit-. 〜落ちた Birdenbire düştü. 我々が出発しようとした時〜雨が降り出した. Biz yola çıkarken bir yağmurdur aldı. 〜中に入って来た. Zıppadak içeri giriverdi.

tocyuu 途中 /*a.*/ 道の〜 yol boyu. 道の〜にある yol uğrağı (üstü). 〜で yolda, yol üstü. 話を〜でやめる sözü kes-. バスが〜で止まった. Otobüs yolda kaldı. 気にいらないやつを〜でまいたのでは? Hiç hoşlanmadığın adamı yolda ektin mi yoksa?

todaḕ・ru 途絶える /*ey.*/ kesil-.

todana 戸棚 /*a.*/ dolap. 下着の〜 çamaşır dolabı. はめ込みの〜 gömme dolap. 寝具の〜 yüklük, (古語) yük. ハンカチを束ねて〜にしまう mendilleri desteleyip dolaba koy-. 泥棒が〜のものをかき回した. Hırsız dolaptaki eşyayı didiklemiş.

todanaya 戸棚屋 /*a.*/ dolapçı.

todokasḕ・ru 届かせる /*ey.*/ erdir-, yetiştir-.

todokerarḕ・ru 届けられる /*ey.*/ veril-.

todokḕ・ru 届ける /*ey.*/ götür-, ilet-, yetiştir-. 手紙を〜 mektup götür-. 送り〜 götür-. 早く〜 koştur-. お届けする sun-. 病人を医者に〜 hastayı doktora yetiştir-. その本を姉さんに届けてくれないか. Şu kitabu ablana iletir misin?

todokooru 滞る /*ey.*/ aksa-.

todòku 届く /*ey.*/ değ-, yetiş-, ulaş-, boyla-, er-, gel-. 手紙が〜 mektup ulaş-. 手が〜 eli doğ-, yetiş-, uzan-. 手が天井に〜 eli tavana er-. 天まで〜 göklere çık-. 〜距離 erim, çalım. 手の〜距離 porte. 目の〜限り遠くまで göz alabildiğine. 手紙は私の手に届かなかった. Mektup elime değmedi. 私は戸棚の上に手が届かない. Ben dolabın üstüne yetişemiyorum. 物干しのロープが向こう側に届かない. Çamaşır ipi karşı tarafa ulaşmıyor. この部屋

ce ürktü.
tobiarùku 飛び歩く /ey./ あちこち〜人 dama taşı gibi.
tobicùku 飛び付く /ey./ saldır-. この犬は来る人来る人に〜. Bu köpek gelene geçene saldırır. ニワトリがえさ箱に飛び付いた. Tavuklar yem kabına yumuldular.
tobidàsu 飛び出す /ey./ fırla-, hürya et-, uğra-, (口語) sök-. 外に〜 dışarı uğra-. 家から〜 sokağa dökül-. 飛び出して来る çıkagel-. 急に〜 infilâk et-. すぐ〜 kendini at-. 飛び出したçıkık, fırlak, pırtlak. 飛び出していること çıkık. 目が飛び出している lokma gözlü. 子供は私の手を振り離すや大通りへ飛び出した. Çocuk elimi bıraktığı gibi caddeye fırladı. 時計がポケットから飛び出した. Saat cebimden fırladı. 肩の骨が飛び出した. Omuz kemiği fırlamış. 腕の骨が飛び出している. Kolunda çıkık var.
tobihanè•ru 跳びはねる /ey./ sıçra-, zıpla-, oynak. 喜んで〜 zıp zıp zıpla-.
tobihi 飛び火 /a./ 火事が向こうの街へ〜したようだ. Yangın öte mahalleye sıçramış.
tobiisi 飛び石 /a./ atlama taşı, atlangıç.
tobiita 飛び板 /a./ atlama tahtası, tramplen.
tobikakàru 飛び掛かる /ey./ çullan-, saldır-, üstüne yürü-, üzerine yürü-. すぐ〜 saldırgan. 小屋に入ったキツネはニワトリに飛び掛かった. Kümese giren tilki tavuklara çullandı.
tebikata 飛び方 /a./ uçuş. カラスの〜 kargaların uçuşları.
tobikàu 飛び交う /ey./ uçuş-. 空いっぱいに鳥が飛び交っていた. Her tarafta kuşlar uçuşuyordu.
tobikomasè•ru 飛び込ませる /ey./ daldır-.
tobikomidai 飛び込み台 /a./ tramplen.
tobikòmu 飛び込む /ey./ atıl-, dal-, hürya et-, meydana atıl-. 海へ〜 denize dal-. 商売に〜 ticarete atıl-. ぱっと海へ飛び込んだ. Hop diye denize atlayıverdi.
tobikosasè•ru 飛び越させる /ey./ atlat-. 弟の手を取ってぬかるみを飛び越させた. Kardeşimi elinden tutarak çamurdan atlattım.
tobikòsu 飛び越す /ey./ atla-. へいを〜 duvardan atla-.
tobimawàru 飛び回る /ey./ uçuş-. 鳥が〜 kuşlar uçuş-.
tobinòku 飛びのく /ey./ びっくりして〜 irkil-.
tobinorasè•ru 飛び乗らせる /ey./ atlat-.
tobinori 飛び乗り /ey./ atlama.
tobinòru 飛び乗る /ey./ atla-. 車に〜 arabaya atla-.
tobiori 飛び降り /a./ atlama.
tobiori•ru 飛び降りる /ey./ atla-. 窓から〜 pencereden atla-.
tobira 扉 /a./ kanat, kapı. 〜を開く kanadı aç-. 秘密の〜 gizli kapı. 観音開きの〜 panjur. 門の〜がまがった. Kapının kanadı çarpıldı. 朝起きて初めにやることは〜を開けることだった. Sabah uyanınca ilk işim panjurları açmak oldu.
tobitàcu 飛び立つ /ey./ havalan-, kanatlan-. 飛行機が〜 uçak havalan-.
tobiucùru 飛び移る /ey./ sıçra-.
tobosii 乏しい /s./ yoksun, kıt. 言葉が〜 kıt. 乏しくなる kıtlaş-, daral-, darlaş-. 東南アナトリア地方には森林が〜. Güneydoğu Anadolu bölgemiz ormandan yoksundur.
tobu 飛ぶ /ey./ uç-, kanatlan-, kanat aç-, havalan-. 空を〜 uç-. 空へ havaya uç-. 〜力のある uçucu. 〜ように売れる kapışıl-, yağma git-. 鳥が〜. Kuşlar uçar. 暴風で家の屋根が飛んだ. Fırtınadan evlerin çatıları uçtu. 明

tezinàsi 手品師 /a./ hokkabaz.
tezùkuri 手作り /a./ 〜の料理 ev yemeği.
tezyoo 手錠 /a./ kelepçe, (俗語) bilezik. 〜を掛ける kelepçe vur-(tak-), kelepçeye vur-, kelepçele-.
tezyuñ 手順 /a./ metot, usul. 何事も〜がある. Her işin bir usulü var.
tiiciiñ ティーチイン (İng. teach-in) /a./ miting.
tiipàatii ティーパーティー (İng. tea party) /a./ çay. 〜に招く çay ver-.
tiipòtto ティーポット (İng. teapot) /a./ çaydanlık, demlik.
to と /il./ ile, ve; diye. 《〜いっしょ》父〜息子 baba ile oğul. 赤〜白 kırmızı ve beyaz. その友人〜 dostuyla. 敵〜戦う düşmanla çarpış-. いいこと〜悪いことを区別する iyiyle kötüyü ayır-. ラバは馬〜ロバをかけあわせた動物だ. Katır, atla eşekten azmış bir hayvandır. この点であなた〜意見を異にする. Bu fikirde sizden ayrılıyorum. この家〜は別にもう一軒家がある. Bu evden başka bir evi daha var. 《〜言う》〜言う de-. 〜言って diye. 彼は私達に「どうぞ」〜言った. O, bize "buyurun" dedi. 来る〜言って私達をだました. Gelirim diye bizi aldattı. アリ〜いう人を捜している. Ali diye birini arıyor. 電話がガチャン〜切れた. Telefon çat dedi kapandı. 《〜思う》お好きだ〜思ってこの料理を作りました. Seversiniz diye bu yemeği yaptım. 買う物を君が忘れないように〜(思って)書きました. Alacaklarını unutmayasın diye yazdım. 《〜いうのは》〜いうのは zira. 子供達は教室に入っているに違いない, 〜いうのは辺りに誰もいないから. Çocuklar derse girmiş olmalı ki ortada kimseler yok. 《〜して》長〜して başkanlığında. 長〜して指導する başkanlık et-. 主〜して başlıca olarak. あなたに友人〜してこのことを言います. Size bir dost olarak bunu söylüyorum. 働き者〜言われよう〜してすごく頑張っている. Kendine çalışkan dedirmek için çok çalışıyor. 《〜しても》来た〜しても役に立たない. Gelse de faydası yok. 誓った〜しても私は信じない. Yemin etse bile inanmam. 《する〜》…である〜 iken. 食事をしている〜 yemek iken. 昨日が五日だ〜今日は… dün beş iken bu gün …. 歳が15になる〜… yaşı on beşine değince …. 思い違いをされる〜困りますが benzetmek gibi olmasın. 丘を越える〜海が見えた. Tepeyi aşınca deniz başladı. 海に落ちる〜すぐ底についた. Denize düşer düşmez dibini boyladı. 先生を通りで見かける〜家に隠れた. Öğretmeni sokakta görünce evi boyladı.

to 戸 /a./ kapı. 部屋の〜 oda kapı. 〜を開ける kapı aç-. 〜をたたく kapısını çal-. 一軒一軒〜をたたく kapı kapı dolaş-. 口に〜をたてる ağzına gem vur-.
toami 投網 /a./ serpme.
tobaku とばく, 賭博 /a./ kumar. 〜をする人 kumarbaz, kumarcı.
tobakùsi 賭博師 /a./ kumarbaz, kumarcı.
tobakuzyoo 賭博場 /a./ kumarhane.
tobasu 飛ばす /ey./ uçur-, uçurt-, havalandır-, geçiştir-. 車を〜 arabayı uçur-. 字を〜 atla-.
tòbi トビ /a./ çaylak.
tobiagàru 飛び上がる /ey./ hopla-, ayağa fırla-, fırla-, sıçra-, ürk-. 心臓が〜 yüreği hop et-. 主人の声を聞くと馬はその場で飛び上がった. Sahibinin sesini duyunca at yerinden fırladı. カヤは進級したと聞いて飛び上がって喜んだ. Kaya sınıfını geçtiğini duyunca zıplamağa başladı. 子供がびっくりして飛び上がって目を覚ました. Çocuk sıçrayarak uyandı. 馬がヘビを見て飛び上がった. At, yılanı görün-

tepeden tırnağa (kadar), dip doruk.
teppicu 鉄筆 /*a.*/ kopya kalemi.
teppoo 鉄砲 /*a.*/ tüfek.
teppoodama 鉄砲玉 /*a.*/ kurşun, mermi. 〜だ gitti gider.
terā 寺 /*a.*/ mescit, mabet, tapınak. 〜の小坊主 hademei hayrat. この〜は20年間に作られた。Bu cami yirmi yılda yapılmış.
terasarè・ru 照らされる /*ey.*/ ışıklandırıl-. 照らされた ışıklı.
tèrasu テラス (Fr. terrasse) /*a.*/ set, taraça, teras. ガラスの〜 veranda.
teràsu 照らす /*ey.*/ ışıklandır-. 明かりで〜 ışık tut-. …に照らして ışığı altında.
tèrebi テレビ (İng. television) /*a.*/ televizyon, TV. 〜放送 televizyon yayını. 〜送信機 televizyon vericisi. 〜受信機 televizyon alıcısı. 昨夜〜の試合見たか。Dün gece televizyondaki maçı izledin mi?
terebìmoo テレビ網 /*a.*/ televizyon şebekesi.
terebìñyu テレビン油 /*a.*/ neft, neft yağı.
terebizyoñ テレビジョン (İng. television) /*a.*/ televizyon.
terèkkusu テレックス (İng. telex) /*a.*/ teleks.
tereñ 手練 /*a.*/ el alışkanlığı. 〜の早わざ el çabukluğu.
terèpasii テレパシー (İng. telepathy) /*a.*/ telepati, uza duyum.
terè・ru 照れる /*ey.*/ utan-.
tericukè・ru 照り付ける /*ey.*/ 日が〜 gün vur-.
tèro テロ (İng. terrorism) /*a.*/ tedhiş, terör.
terorìsuto テロリスト (İng. terrorist) /*a.*/ tedhişçi, terörist.
tèru 照る /*ey.*/ parla-, ışık saç-.
teryòori 手料理 /*a.*/ ev yemeği.
teryùudañ 手榴弾 /*a.*/ el bombası.

tesagè 手提げ /*a.*/ 〜かばん el çantası.
tesàguri 手探り /*a.*/ göz kararı. 〜で el yordamıyle.
tesakì 手先 /*a.*/ âlet, maşa. 人の〜になる maşası ol-.
tesìgoto 手仕事 /*a.*/ el emeği, el işi.
tesio 手塩 /*a.*/ 〜にかける eline doğ-.
tesità 手下 /*a.*/ 〜にする eline al-, elde et-.
tesòo 手相 /*a.*/ 〜を見る ele bak-.
tesuri 手すり /*a.*/ parmaklık, korkuluk. 階段の〜 merdiven parmaklığı. 船の〜 küpeşte. 〜のぎぼし tırabzan babası. 〜につかまって階段をおりる tırabzana tutunarak merdivenden in-.
tèsuto テスト (İng. test) /*a.*/ deneme, sınav, test. 〜する sına-. 二科目の〜に失敗した。İki dersten çaktı.
tesuto hikòosi テスト飛行士 /*a.*/ deneme pilotu.
tesùuryoo 手数料 /*a.*/ yüzde, yüzdelik, komisyon.
tesyoku 手職 /*a.*/ sanat, zanaat.
tetenasigo てなし子 /*a.*/ (侮辱的) dokuz babalı.
tettai 撤退 /*a.*/ 〜する geri çekil-.
tetteiteki 徹底的 /*a.*/ 〜な radikal. 〜に fena hâlde, domuz gibi. 〜にさがす altını üstüne getir-. 〜にだめにする zehir et-.
tewakè 手分け /*a.*/ iş bölümü. 〜して iş bölümü ile. 家を〜して掃除した。Evi ortaklaşa temizlediler.
tewàtasi 手渡し /*a.*/ alavere. 〜をする elden ele gez-. 船の〜用の桟橋 alavere.
tewatàsu 手渡す /*ey.*/ elden ele gez-, el ile ver-, teslim et-, uzat-.
tezàiku 手細工 /*a.*/ el sanatları.
tezika 手近 /*a.*/ 〜な kolayda. 〜に el altında.
tèzina 手品 /*a.*/ hokkabazlık. 三枚のトランプでやる〜 üç kâğıt.

teñsiñ 天心 /a./ baş ucu noktası.
teñsoo 転送 /a./ nakil.
teñsùu 点数 /a./ puan, not, numara, sayı. ～で勝つ puan hesabıyla yen-.
teñsùu huda 点数札 /a./ fiş.
teñsya 転写 /a./ çevriyazı.
teñsyu 店主 /a./ dükkâncı.
teñsyukyoo 天主教 /a./ Katoliklik.
teñtai 天体 /a./ gök cismi. ～が地平線に沈むこと gurup.
teñtai kañsoku 天体観測 /a./ rasat.
teñtaku 転宅 /a./ göçme, taşınma.
teñtecùki 転轍機 /a./ makas.
teñtecùsyu 転轍手 /a./ makasçı.
teñteki 点滴 /a./ damla. 医者の与えた～が効いた. Doktorun verdiği damla iyi geldi.
teñtekìki 点滴器 /a./ damlalık. 薬を目に～で入れた. İlacı gözüme damlalıkla koydum.
teñtekìyaku 点滴薬 /a./ damla.
teñtekòmai てんてこ舞い /a./ 仕事が一度に押し寄せて～する dokuz ayın çarşambası bir araya gel-.
teñteñto 点々と /be./ ～した pul pul.
teñto テント(İng. tent) /a./ çadır, gölgelik, tente. 遊牧の～ oba. ジプシーの～ Çingene çergesi. ～の支柱 çadır direği. ～の柱のキャップ çadır ağırşağı. ～を張る çadır kur-. バルコニーに～を張る balkona tente ger-. ～をたたむ çadır boz-.
teñto gèkidañ テント劇団 /a./ çadır tiyatrosı.
teñtoo 転倒 /a./ ～する düş-, devril-, yıkıl-. ～した devrik. 気が～する beyninden vurulmuşa dön-. 怒りで気が～する kendini kaybet-.
teñtoo 点灯 /a./ ～する lambayı yak-.
teñtòomusi テントウムシ /a./ gelin böceği, hanım böceği, uç uç böceği, uğur böceği.

teñyawàñya てんやわんや /a./ ～になる ortalık karış-.
teñzi 展示 /a./ teşhir. ～する sergile-, ser-. ～される sergilen-. 有名な画家が全作品を～した. Ünlü ressam bütün yapıtlarını sergiledi.
teñzi 点字 /a./ körlere mahsus kabartma yazı.
teñzihiñ 展示品 /a./ sergi.
teñzìkai 展示会 /a./ sergi, fuar, ekspozisyon, salon. ～を見て回る sergiyi gez-. これはそれほどつまらない～ではない. Bu pek öyle kıvır zıvır bir sergi değil!
teñzi·ru 転じる /ey./ アマチュアからプロに～ amatörlükten profesyonelliğe geç-.
teñzizyoo 展示場 /a./ sergi, galeri.
teñzyoo 天井 /a./ tavan. 部屋の～が低い odanın tavanı basık. ～に届く tavana dokun-. 手が～に届く eli tavana er-. ～が落ちる tavan çök-.
teñzyooga 天井画 /a./ nakış.
tèñzyu 天寿 /a./ ～をまっとうする eceliyle öl-.
teoi 手負い /a./ vurgun.
teoke 手桶 /a./ çamçak.
teòkure 手遅れ, 手後れ /a./ ～になる arası soğu-. ～である iş işten geç-, at çalındıktan sonra ahırın kapısını kapa-. ～だ. Atı alan Üsküdar'ı geçti. Üsküdar'da sabah oldu. (俗語) Geçti Bor'un pazarı, sür eşeğini Niğde'ye.
teono 手おの /a./ keser.
teori zyùutañ 手織りじゅうたん /a./ el dokuması halıları.
teosigùruma 手押し車 /a./ el arabası, çekçek.
teppañ 鉄板 /a./ demir levha, sac. ～の sac. ～のストーブ sactan bir soba. 雨漏りよけの～ etek.
teppei 撤兵 /a./ çekilme.
teppèñ てっぺん /a./ tepe. 木の～ ağacın tepesi. 頭の～からつま先まで

teñki

すい〜 mart havası. 〜のうっとうしさ havanın ağırlığı. 〜が曇る hava bulan-. 〜が崩れる hava boz-. 今日は〜がいい. Bu gün hava güzel. 今日は〜が悪い. Bu gün hava kötü. 〜がよくなる. Hava düzelir (iyileşir). 明日の〜は晴れるだろう. Yarın hava açık olacak.

teñki 転機 /a./ dönüm noktası.

teñki yòhoo 天気予報 /a./ hava raporu.

teñko 点呼 /a./ yoklama. 軍隊の〜 asker yoklaması.

teñkoo 天候 /a./ hava, hava vaziyeti. 〜の havalı. 〜次第 havanın keyfine tâbi. 〜が悪いため havaların kötülüğü yüzünden. 天候は不順だ. Havalar kararsız gidiyor. 〜が悪化した. Havalar kötüleşti.

teñkoo 転向 /a./ 〜する akideyi boz-, imana gel-. 無理に〜させる imana getir-.

teñkuu 天空 /a./ gök kubbe, felek, sema.

teñkyo 転居 /a./ göçme, taşınma.

teñmado 天窓 /a./ tepe camı, baca.

tèñmaku 天幕 /a./ çadır.

teñmaseñ 伝馬船 /a./ mavna.

teñmecu 点滅 /a./ 〜電気装置 otomat.

teñmecùki 点滅器 /a./ 信号〜 pırıldak.

teñmei 天命 /a./ alın yazısı, felek. 〜は決まっている. Allah dokuzda verdiğini sekizde almaz.

teñmoñdai 天文台 /a./ gözlem evi, rasathane.

teñmòñgaku 天文学 /a./ astronomi, gök bilimi, heyet. 〜の astronomik.

teñmoñ gàkusya 天文学者 /a./ astronom, gök bilimci.

teñmoñgakuteki 天文学的 /a./ 〜な astronomik. 〜数字 astronomik rakam.

teñneñ 天然 /a./ doğa, tabiat. 〜の doğal, tabiî. 〜のジュース tabiî meyve sular.

teñneñ gàsu 天然ガス /a./ doğal gaz.

teñneñtoo 天然痘 /a./ çiçek, çiçek hastalığı. 〜にかかる çiçek çıkar-. 種痘は〜に対して人を免疫にする. Çiçek aşısı, çiçek hastalığına karşı insanı bağışık kılar.

teñniñ 転任 /a./ nakil.

teñnòo 天皇 /a./ imparator.

Teñnoosei 天王星 /a./ Gökhan, Uranus.

tèñnyo 天女 /a./ huri.

tèñpi 天日 /a./ güneş. 〜にさらす güneşlet-, güneşe göster-.

tèñpi 天火 /a./ fırın. 〜で料理する fırınla-. 〜で乾かす fırınla-.

tèñpo テンポ(İt. tempo) /a./ tempo, usul, ezgi. 仕事がこの〜で進むと… İşler bu tempo ile giderse ….

tèñpo 店舗 /a./ dükkân.

teñpu 添付 /a./ ekleme. 〜の ilişik.

teñpuku 転覆 /a./ alabora, devirme. ボートが〜した. Sandal alabora oldu.

teñpura てんぷら /a./ kızartma. カボチャの〜 kabak kızartması. ナスの〜 patlıcan kızartması.

teñraku 転落 /a./ 〜する uç-. 女が〜する kötü ol-. 車ががけから海へ〜した. Araba yardan denize uçtu.

teñrañ 展覧 /a./ teşhir.

teñràñkai 展覧会 /a./ sergi, fuar. 有名な画家の〜 ünlü ressamın sergisi.

teñròki 転路機 /a./ makas.

teñsai 天才 /a./ dâhi, deha. 語学の〜 dili yatkın.

teñsai 天災 /a./ afet, tabiî afetler.

teñsai テンサイ /a./ pancar.

teñsaiteki 天才的 /a./ 〜な dâhi.

tèñsi 天使 /a./ melek. 死の〜 can alıcı.

bagaj.
tenimocùsya 手荷物車 /a./ bagaj.
tènisu テニス(İng. tennis) /a./ alan topu, tenis.
tenisu kòoto テニスコート(İng. tennis court) /a./ tenis kortu, kort.
tènohira 手のひら，掌 /a./ avuç, avuç içi, aya, el ayası. 刀のつかを〜で握りしめる kılıcın kabzasını avucuyla kavra-.
tenòoru テノール(Al. Tenor) /a./ tenor. 〜歌手 tenor.
tenugui 手ぬぐい /a./ havlu, el bezi.
teñ 点 /a./ nokta, not, puan, husus, parça. 〜をうつ noktala-. 〜のついた noktalı. 〜をつける not ver-. 人に悪い〜をつける notunu ver-. ある〜で bir bakımdan, bir bakıma da, bir bakıma. 別の〜で diğer yandan. …の〜では itibariyle. あらゆる〜において noktası noktasına. 十一〜からなる家具 on parçadan yapılmış bir oda takımı. 物理で5〜もらった. Fizikten 5 numara aldı. この〜であなたと意見を異にする. Bu fikirde sizden ayrılıyorum. 彼をこの〜で好きでなかった. Onu bu cihetten beğenmediler.
tèñ 天 /a./ gök, hava, sema. 〜の gökçe. 〜の一番高い所 arş. 〜まで届く göklere çık-. §〜に唾する gâvura kızıp oruç ye-(boz-).
tèñ テン /a./ sansar.
teñbacu 天罰 /a./ 〜を与える Allahtan bul-, cezasını Tanrı ver-.
teñbai 転売 /a./ 〜の電話 devren satılık telefon.
teñbiñ 天秤 /a./ terazi. 〜の皿 kefe. 〜にかける teraziye vur-.
teñbiñboo 天秤棒 /a./ omuzluk.
Teñbiñkyuu 天秤宮 /a./ Terazi.
Teñbiñza 天秤座 /a./ Terazi.
teñboo 展望 /a./ panorama.
teñbuñ 天分 /a./ istidat.
teñci 転地 /a./ hava değişimi. 〜する

hava değiştir-.
teñdeni てんでに /be./ can cana baş başa.
teñdeñ barabara てんでんばらばら /a./ 〜でやかましい. Çingene çalar, Kürt oynar.
teñgoku 天国 /a./ cennet. 〜へ行ける人 cennetlik. 庭が〜に変わった. Bahçe cennete döndü. 独身〜. Bir abam var atarım, nerde olsa yatarım.
teñiñ 店員 /a./ çırak, tezgâhtar. 〜として働く çıraklık et-. 〜の給金 çıraklık.
teñka 点火 /a./ ateşleme. 〜する ateşle-. 自動〜装置 otomat.
teñka 添加 /a./ katma, ilâve.
tèñka 転化 /a./ tahvil. ことを〜する işi -e dök-.
teñkàbucu 添加物 /a./ katkı, hile.
Teñkacùkyuu 天蠍宮 /a./ Akrep.
teñkai 転回 /a./ dönme.
teñkai 展開 /a./ 〜する açındır-.
teñkañ 転換 /a./ dönüm.
teñkañ てんかん /a./ sara, tutarak, tutarık.
teñkañsyoo てんかん症 /a./ 〜の saralı.
teñka pùragu 点火プラグ /a./ buji.
teñkaseñ 点火栓 /a./ buji. 砲弾の〜 tapa.
teñkàyaku 点火薬 /a./ yem, (古語) yemleme.
teñkei 天恵 /a./ 〜の Tanrı vergisi.
teñkei 典型 /a./ numune.
teñkeiteki 典型的 /a./ 〜な tipik.
teñkeñ 点検 /a./ yoklama, denet, nezaret, kontrol. 〜する yokla-. 〜させる yoklat-. 〜された revizyonlu. 宿題を最後にもう一度〜してから先生に出した. Ödevimi son bir kez yokladıktan sonra öğretmenime verdim.
tèñki 天気 /a./ hava. 〜の havalı. 寒い〜 soğuk hava. 変な〜 acayip bir hava. 重苦しい〜 ağır hava. 変わりや

tekiyaku

は〜だ. Bu kadarı bana elverir. あんなやつらにあいさつするなんて〜ではない. Onun gibi adamlara selâm vermek bile caiz değildir.
tekiyaku 適役 /a./ 〜でないのは百も承知. Gülü tarife ne hacet, ne çiçektir biliriz.
tekiyoo 適用 /a./ pratik, uygulama, tatbik. tatbikat. 〜する uygula-. 法律を〜する yasayı uygula-. 〜される uygulan-.
tekiziñ 敵陣 /a./ 〜突破 yarma taarruzu (saldırısı).
tekkañ 鉄管 /a./ demir boru.
tekkeñ 鉄拳 /a./ muşta, yumruk.
tèkki 敵機 /a./ düşman uçağı. 戦争で〜が近づいていることをレーダーでつきとめる. Savaşta düşman uçaklarının yaklaşmakta olduğunu radarlarla saptarlar.
tekkiñ 鉄筋 /a./ takviye, betonarme. 〜コンクリート demirli beton, betonarme.
tekki zìdai 鉄器時代 /a./ demir çağı.
tekkoo 鉄鋼 /a./ demir çelik.
tekkòoseki 鉄鉱石 /a./ demir cevheri, demir filizi.
tekkoozyò 鉄工所 /a./ demirhane.
tèkkyo 撤去 /a./ izale, tahliye. 家の〜 evin tahliyesi.
tekkyoo 鉄橋 /a./ demir köprü.
tèko てこ /a./ manivela, kaldıraç. 〜の力 kaldıracın gücü.
tekozurasè・ru てこずらせる /ey./ これを認めるまでかなりてこずらせた. Bunu kabul edinceye kadar pek nazlandı.
tèkubi 手首 /a./ bilek. 〜をつかむ bileğinden tut-. ものを書いたもので〜が痛くなった. Yazı yazmaktan bileğim ağırdı.
tekusè 手癖 /a./ 〜の悪い eli uzun.
tèkusuto テクスト (İng. text) /a./ metin.

temà 手間 /a./ işçilik. 〜が掛かる el tut-. 500リラの〜を払う beş yüz lira işçilik ver-.
temàciñ 手間賃 /a./ işçilik, el emeği. 〜を払う işçilik ver-.
temadorasè・ru 手間取らせる /ey./ uğraştır-, oyala-.
temadòru 手間取る /ey./ el tut-, vaktini al-, yavaştan al-, sürüklen-. 〜こと sürünceme. 仕事に手間取った. Beni işler eğledi.
temae 手前 /a./ ön. 門の〜 kapının bu tarafı. 〜ども bizler.
temaemìso 手前みそ /a./ 〜だ. Kimse yoğurdum ekşi demez.
temàneki 手招き /a./ 〜をする el et-.
temawasi òrugañ 手回しオルガン /a./ laterna.
temizika 手短 /a./ 〜に話す kısaca konuş-. 〜に言うと hulâsa, velhasıl. 〜に述べた kestirme. 〜に要点をついた答 kestirme cevap.
temocì 手持ち /a./ rezerv, yedek. 〜が少ない bir atımlık barutu ol-. 〜の金を食いつぶす hazırdan ye-. 〜の金を食いつぶす人 hazır yiyici.
temocibùsata 手持ちぶさた /a./ boşluk.
temocihìñ 手持ち品 /a./ yedek.
temotò 手元 /a./ 〜に引き取る eline kal-. 〜にある elde bulunan, eldeki. 〜に elinin altında.
temukàu 手向かう /ey./ el kaldır-.
tenàosi 手直し /a./ iyileşme. 〜する elden geçir-, düzelt-.
tenarè・ru 手慣れる /ey./ eli kırıl-, ustalaş-, piş-. 手慣れている eli alış-, eli yat-. 手慣れた alışkın, eli yordamlı, mahir, uyanık, yatkın, pişkin. 手慣れた仕事に人はもどる. Tilkinin dönüp dolaşıp geleceği yer kürkçü dükkânıdır.
tenìmocu 手荷物 /a./ bagaj. 〜を預ける bagaja ver-.
tenimocugàkari 手荷物係 /a./

〜する yerleş-, iskân et-, yer et-, yurt tut-. 〜させる yerleştir-.
tekàgeñ 手加減 /a./ 〜する ölç-.
teki 敵 /a./ düşman, hasım, yağı. 生涯の〜 can düşmanı. 〜になる düşman kesil-. 〜と見る düşman kesil-. 〜に襲い掛かる düşmanın üzerine atıl-. 〜に奇襲をかける baskın yap-. 〜を襲撃する düşmanı bas-. 〜をねたませる düşman çatlat-. 〜を利する ekmeğine yağ sür-. 〜のような düşmanca. 〜も味方も yârü ağyar. 〜に賞賛を期待しない. Düşman düşmana gazel okumaz. 〜は自分より強く見える. Düşman düşmanın halinden anlamaz.
-teki 滴. 一〜の涙 bir damla yaş.
tekicyuu 的中 /a./ isabet. 人の呪いが〜する ahı yerde kalma-.
tèkido 適度 /a./ itidal, karar, ölçü. 〜の ılımlı, mutedil, ölçülü, ne az ne çok. 何事も〜でなければならない. Her şey kararında gerek.
tekigata 敵方 /a./ 〜の一人を味方にする kaleyi içten fethet-.
tekigoo 適合 /a./ intibak, münasebet. 〜した mutabık.
tekiguñ 敵軍 /a./ düşman ordusu. 〜は我が軍に対し現状を保つことができなかった. Düşman ordusu ordumuz karşısında tutunamadı.
tekihacu 摘発 /a./ açığa vurma, takibat, kovuşturma. 〜する açığa vur-, takibet-, kovuştur-.
tekihei 敵兵 /a./ düşman askeri. 略奪の〜 çapulcu düşman askerleri.
tekihoo 適法 /a./ türe. 〜の meşru, kanunî.
tèkii 敵意 /a./ düşmanlık, garaz, husumet, kin. 〜を抱く garaz bağla- (ol-), kin bağla- (besle-, tut-), çiğ çiğ ye-.
tekikañ 敵艦 /a./ düşman gemisi.
tekikoku 敵国 /a./ düşman yurdu.
tekiniñ 適任 /a./ 〜の yeterli.

tekioo 適応 /a./ intibak, münasebet, adaptasyon. 〜する uygun düş- (gel-). 〜させる uyarla-.
tekirèiki 適齢期 /a./ 結婚〜 ergenlik. 〜の ergen, yetişkin. 〜の娘が二人ある. Yetişkin iki kızı var.
tekiryoo 適量 /a./ karar. 〜の ölçülü.
tekisecu 適切 /a./ yakışık. 〜な haklı, isabetli, yerinde, mülayim, münasip. 〜である yakışık al-, münasebet al-. 〜でない abes kaç-, sırasız. 〜に hakkıyla, lâyığıyla. 〜さ haklılık.
tèkisi 敵視 /a./ 〜する düşman kesil-.
tèkisùru 適する /ey./ elver-, uygun düş- (gel-), tam gel-. 適した elverişli, uygun, muvafık, reva, şayan, yollu. 我々の村の気候は健康に適している. Köyümüzün sağlığa uygun bir havası var.
tèkisuto テキスト(İng. text) /a./ metin.
tekisyucu 摘出 /a./ 〜手術 kürtaj.
tekitai 敵対 /a./ zıddiyet. 〜の muarız. 〜する düşmanlık et-, cephe al-, husumet besle-, yağılaş-, kurşun at-. 〜グループに別れる kutuplaş-.
tekitai kòodoo 敵対行動 /a./ düşmanlık.
tekitàisya 敵対者 /a./ hasım.
tekitaiteki 敵対的 /a./ 〜な düşmanca. 〜に düşmanca.
tekitoo 適当 /a./ yakışık. 〜な uygun, yerinde, razı, caiz. 〜な仕事 yerinde bir iş. 学校に〜な建物 okul olmaya elverişli bir yapı. 一番〜な人を選ぶ tam adamına düş- (adamını bul-). 〜である elver-, yakışık al-, iyi ol-. 〜であること uygunluk. 〜と思う uygun bul- (gör-), yakıştır-, yaraştır-. 〜でない elverişsiz, uygunsuz, yakışıksız, ipsiz sapsız ipi sapı yok. 〜に hakkıyla, sırasıyla, gereği gibi. この程度が私に

gevrek gevrek gül-. 腹で〜 içinden gül-. 心の中で〜 için için gül-. 一斉に 〜 gülüş-. 泣いたり笑ったりする bir göz gül-. 他人の不幸を〜な、いつか自分に起こるかもしれない. Gülme komşuna, gelir başına.

wàrawa わらわ /a./ cariyeniz, cariyeleri.

warawase・ru 笑わせる /ey./ güldür-, gıdıkla-. ひどく〜 kırıp geçir-. 〜よ güleyim bari (gülerim).

wàre 我 /a./ ben, kendi. 〜を忘れる kendinde olma-, esri-. 〜を忘れて怒る kendinden geç-. 驚いて一瞬〜を忘れる donakal-. 〜を忘れた esri, esrik, kör kütük. 〜に返る kendine gel-, kendini bul-, toparla-. 〜思う故に〜あり. Düşünüyorum, demek varım.

waregacini 我勝ちに /be./ kapış kapış. 鳥は投げてやったえさを〜食べた. Kuşlar attığımız yemleri kapıştılar.

wareme 割れ目 /a./ yarık, çatlak, gedik. 壁の〜 duvar gediği. 乾いた大地の〜 susuz topraktaki yarıklar.

warenabe 割れなべ /a./ §〜にとじぶた. Tencere yuvarlanmış kapağını bulmuş.

wàrera 我ら /a./ biz.

ware・ru 割れる /ey./ çatla-, yarıl-, patla-, at-. ガラスが〜 cam çatla-. 果実が〜こと çatlama. 割れた çatlak, yarık. 風船が割れた. Balon patladı. 大理石が刻んでいる時割れた. Mermer yontulurken attı.

wareware 我々 /a./ biz. 〜の bizim. 〜の希望 umudumuz. 〜のうちのだれか hangimiz. 〜が来た道 geldiğimiz yol. 〜自身 kendimiz. 〜はうちにいる. Evdemiz. 〜みんなひとつだ. Hepimiz birimiz. 〜の間には観点の相違がある. Aramızda görüş ayrılığı var.

-wari 割. 二〜五分引き yüzde yirmi beş indirim.

wariai 割合 /a./ oran, yüzdelik, nispet.

wariate 割り当て /a./ pay, tahsis, kontenjan.

wariatèbuñ 割り当て分 /a./ hisse.

wariatègaku 割当額 /a./ kota.

wariaterarè・ru 割り当てられる /ey./ 割り当てられた tahsisli. 母のこしらえたケーキが二つ私に割り当てられた. Annemin yaptığı pastadan payıma iki dilim düştü.

wariatè・ru 割り当てる /ey./ pay et-, tahsis et-, bölüştür-.

waribiki 割引 /a./ indirim, tenzilat, ıskonto. 学割を市バスの〜に利用している. Öğrenci pasomla belediye otobüslerindeki indirimden yararlanıyorum. この発言の半分は〜しなければならない. Bu sözlerin yarısını ıskonto etmeli.

waribikìgaku 割り引き額 /a./ ıskonto.

waribikìricu 割り引き率 /a./ indirimli tarife.

waribikisyoo 割り引き証 /a./ paso.

waribìku 割り引く /ey./ indir-, ıskonto et-. 料金を〜 tenzilat yap-. 割り引いた indirimli, tenzilatlı.

warihu 割り符 /a./ çetele. 〜に線を引いて記録する çetele çek-.

warihurarè・ru 割り振られる /ey./ どんなポストに割り振られたのですか. Hangi göreve ayrıldınız?

warikirè・ru 割り切れる /ey./ 割り切れない bölünmez.

warikòmu 割り込む /ey./ araya gir-.

warini わりに, 割に /be./ nispeten.

warizañ 割り算 /a./ bölme, (古語) taksim. 〜する böl-. 〜の商 bölüm.

waru 割る /ey./ yar-, kır-, böl-, ayır-, dilimle-. ガラスを〜 camı kır-. 石を〜 taşı kır-. 木を〜 ağaç yar-. 縦に二つに〜 yarmala-. 50を5で〜 elliyi beşe böl-. 手形を〜 bono kırdır- (kır-). 水で〜 sulandır-. 水で割らない sek. 10

wārucu

〜5は2. 10÷5=2. On bölü beş eşit iki.

wārucu ワルツ (İng. waltz) /a./ vals.

warudàkumi 悪巧み /a./ şeytanlık, suiniyet. 〜を思いついた. Aklıma bir şeytanlık geldi.

warugaki 悪がき /a./ (口語) kurusu.

warugasikòi 悪賢い /s./ şeytan, çok bilmiş, cin fikirli. 体は小さいが〜人 yer cücesi.

waruhùzake 悪ふざけ /a./ azizlik, (口語) eşek şakası.

warùi 悪い /s./ kötü, fena, yanlış, kara, bet, lânet, (俗語) duman. 運が〜 bahtı kara. 気分が〜 fena ol-. 口が〜こと ağız bozukluğu. 〜知らせ fena haber, kara haber. 〜商品 fena mal. 〜仲間 avene. 〜状態 kötülük, bozukluk. 〜行為 kötülük. 形の〜部屋 biçimsiz bir oda. もっと〜 beter. もっとも〜 beterin beteri. 悪くない fena değil, pek âlâ, zararsız. 〜状態になる başına bir hâl gel-, (隠語) ayvayı ye-. 〜結果になる gününü gör-, akıbetine uğra-. 〜ことをする fena yap-, fenalık et- (yap-). とても〜ことをする şeytana parmak ısırt-. 〜意味にとる fenaya çek-. 〜言葉を言わない ağzını tut-. 〜レッテルを張る alnına yapıştır-. いいことと〜ことを区別する iyiyle kötüyü ayır-. 人に〜考えを植え付ける zehirle-. 〜考えにそまる zehirlen-. 〜ものにあたる çarp-. ことが〜方へ変わる fenaya sar-. 〜ところが母に似ている娘 anasının kızı. 〜ことは考えなくなった老人 şeytan elini çekmiş. 〜ことが自分のまわりに起こりませんように düşman başına. 見るからに悪そうな人 bet suratlı. 〜こととは知りながら şeytan diyor ki. なんて〜子, この子は. Ne hain çocuk bu! 〜ことはしていないのだから恐れるものは何もない. Çiğ yemedim ki karnım ağrısın. (悪く) 悪くなる kötüleş-, fenalaş-, bozul-, güçleş-, çirkinleş-, başkalaş-. 食べ物が悪くなる ağırlaş-. 前より悪くなる (皮肉) şah iken şahbaz ol-. もっと悪くする üstüne tuz biber ek-. 人の気を悪くする darılt-. 悪く考える kötümse-. 悪く言う giydir-, batır-. 死んだ人達を悪く言う geçmişlerini karıştır-. 人を悪く言う dili uzun. 空気が悪くて頭が痛くなる başına vur-. この肉は明日までおくと悪くなる. Bu et yarına kalırsa ağırlaşır.

warùkuci 悪口 /a./ düşman ağzı, eğri söz, sövgü, küfür, hakaret. 〜を言う söv-, kötü söyle-, yer-, çamur at-, çamurla-, savur-, ayağına ip tak-, taşla-. 人の〜を言う insan eti ye-. 〜を言うこと iftira. 〜を言われる dile (dillere) düş-, dillen-. 〜を言わない diline sağlam ol-. 〜をやめさせる ağzını topla-. 他人の〜を言うな. Başkalarını yermeyin.

warumono 悪者 /a./ külhan beyi, kötü adam, hain. 〜は暗やみで仕事をする. Kurt dumanlı havayı sever.

wārusa 悪さ /a./ kötülük. 〜をする kötülük et-.

Warusyawa ワルシャワ /a./ Varşova.

wasi ワシ /a./ kartal. 〜のたぐい karakuş. 〜がゆうゆうと飛んでいる. Kartal süzüle süzüle uçuyor.

wasi わし /a./ ben.

wasibana ワシ鼻 /a./ kartal burun.

wasimimìzuku ワシミミズク /a./ puhu.

wasuregatài 忘れがたい /s./ 楽しさが〜 tadı damağında kal-. なんとしても〜 gözünün önünden gitme-.

wasuregàtami 忘れ形身 /a./ yadigâr.

wasurenàgusa ワスレナグサ /a./ unutma beni.

wasureppòi 忘れっぽい /s./ unutkan. なんて〜子なの. Ne unutkan çocuksun!

wasureppòsa 忘れっぽさ /a./ unutkanlık.

wasurerare・ru 忘れられる /ey./ unutul-, adı bat-, izi silin-, küf bağla- (tut-), silin-. 我が文学史の忘れられてしまった小説 edebiyat tarihimizin unutulup gitmiş bir romanı. 忘れられない akıldan çıkma-. 私達に見せたその偉大さを忘れられない. Bize gösterdiği büyüklüğü hiç unutamayız.

wasure・ru 忘れる /ey./ unut-, akıldan çıkar-, gönülden çıkar-, hatırdan çıkar-, defterden sil-. 悩みを〜 avun-. 我を〜 esri-. 驚いて一瞬我を〜 donakal-. 忘れない akılnda kal-, ansı-. 〜ことができない akıldan çıkma-. 私のことも忘れた. Beni bile unuttu. この花の名前を忘れた. Bu çiçeğin adını unuttum. こんな言葉は忘れてしまえ. Bu sözü unut gitsin! 買う物を君が忘れないようにと書きました. Alacaklarını unutmayasın diye yazdım.

wasuresararè・ru 忘れ去られる /ey./ namı nişanı kalma-.

wasuresàru 忘れ去る /ey./ あることを〜 bir şeyin üzerinden sünger geçir- (çek-). 決して〜ことのない ölümsüz.

wasuresase・ru 忘れさせる /ey./ uyut-, unuttur-. 苦しみを〜 avundur-.

watà ワタ, 綿 /a./ pamuk. 〜の実 pamuk kozası. 〜の種 (俗語) çiğit. 〜を打つ pamuğu at-. 〜をすく pamuk at-. 〜が打たれた. Pamuk atıldı.

watagàsi 綿菓子 /a./ keten helva (-sı), pişmaniye.

watage 綿毛 /a./ tüy. 〜のついた種 şeytan arabası.

wataire 綿入れ /a./ hırka.

watakurìki 綿繰り機 /a./ çırçır.

watakusi 私 /a./ ben; özellik. 〜の benim; özel, hususî, zatî. 〜の本 kitabım. 〜達 biz.

watakusigoto 私事 /a./ şahsiyat. ここへは〜で来ました. Buraya hususî işlerim için geldim.

watariàu 渡り合う /ey./害のない相手と〜必要はない. Beni sokmayan yılan bin yaşasın.

waratidori 渡り鳥 /a./ göçmen kuş. 〜のように出歩く (冗談) leyleği havada gör-.

wataru 渡る /ey./ geç-. 橋を〜 köprüden geç-. 川を〜 dereden geç-. 人手に〜 el değiştir-. 手から手へ〜 elden ele dolaş-, ellerde gez-. お金が〜 eli para gör-.

wataru わたる /ey./ 数日間にわたって günlerce. 詳細に〜 teferruata gir-. この人達は四世代にわたってずっと兵隊だった. Bunlar dört göbekten beri askermiş.

watasare・ru 渡される /ey./ teslim ol-.

watasi わたし, 私 /a./ ben. 〜の benim. 〜のもの benimki. 〜の考え düşüncem. 〜の好きな作家 sevdiğim yazarlar. 〜のところへ bana. 〜へ bana. 〜に bana, tarafıma. 〜に関しては bana kalırsa. 〜から benden, tarafımdan. 〜としては bence. 〜も同じ考えだ al benden de o kadar. 〜はかかわらない ben yokum. 〜は先生です. Ben öğretmenim. 〜は家にいる. Evdeyim. 〜が行く. Gideceğim. これも〜からただで. Bu da benden caba. 〜の正しいと思う道に迷いはない. Doğru bellediğim yoldan şaşmam.

watasi 渡し /a./ geçit.

watasibùne 渡し舟 /a./ dolmuş (kayık).

watasidòmo 私ども /a./ biz, bizler.

watasìtaci 私達 /a./ biz, bizler. 〜の bizim. 〜のもの bizimki. 〜と bizimle. 〜だけで biz bize. 〜は病気だ. Biz hastayız. 〜は彼の教え子だ. Onun talebeleriyiz. 〜は朝7時に起きる. Sabah saat yedide kalkarız. 彼は

watasu

ここからおそらく〜のところへ行ったのだ. O, buradan belki bize gitmiştir.

watasu 渡す /ey./ geçir-, ver-, havale et-. 船からタラップを〜 vapurdan iskele at-. 車を橋に〜 arabayı köprüden geçir-. 金を〜 para ver-.

watauci 綿打ち /a./ 〜をする pamuğu at-. 〜をする人 hallaç.

wàtto ワット, W(İng. watt) /a./ vat, mum. 部屋に60〜の電球をつけた. Odamıza altmış mum gücünde bir ampul taktım.

wattòzi ワット時 /a./ vat saat.

wazã 技 /a./ hüner.

wàzato わざと /be./ kasten, mahsus, bilerek, bile bile, isteyerek. 〜する nispet yap-. 〜やったのではありません. Mahsus yapmadım. 〜逆をやる. Herkes gider Mersin'e, biz gideriz tersine.

wazawai 災い /a./ belâ. 思わぬ〜 kör taşı. 自ら〜を招くようなことをする fincancı katırlarını ürküt-. 口が〜のもとになる dilinin belâsını çek- (bul-). 〜の目で見られる nazara gel- (nazar değ-). 〜あれ vay haline. 〜も大物からの方がいい. Beni tilki yiyeceğine aslan yesin. 〜を引き起こすものは落ちぶれろ. Sebep olan sebepsiz kalsın.

wàzawaza わざわざ /be./ özel olarak, mahsus, lütfen. 〜このことのために来ました. Mahsus bu iş için geldim.

wàzuka わずか /a./ ufaklık. /be./ ancak, az, yalnız. 〜な bir damla, küçük, az, dar, ufak, üç beş. 〜な欠点 eksik gedik. 〜な差 incelik. 〜な人込み küçük bir kalabalık. ほんの〜な bıçak sırtı kadar. ほんの〜な量 zırnık. ほんの〜しか açıktan ölmeyecek kadar. 〜の違いで kıl payı. 〜ばかりの kadarcık. 〜になる beti bereketi kalma- (kaç-). 〜なことで失敗する çaydan geçip derede boğul-, denizden geçip kıyıda (çayda) boğul-, denizleri geçip derelerde boğul-. 〜に yalnız, yalnızca, var yok, hafif tertip. 残りは〜に kala kala. 別れてから〜後に ayrıldıktan az zaman sonra. 〜なものでもないよりはまし. Akmasa da damlar. この仕事は〜三カ月で終わる. Bu iş ancak üç ayda biter.

wazurâu 患う /ey./ hastalan-, hasta ol-.

wazurâu 煩う /ey./ 思い〜 dertlen-, derdine yan-.

wòkka ウォッカ(Rus. vodka) /a./ votka. ブドウ酒, 〜, ラクはそれぞれ酒である. Şarap, votka ve rakı birer içkidir.

woomiñguàppu ウォーミングアップ (İng. warming-up) /a./ eşofman, ısınma. レスラーの〜 peşrev.

Y y

ya や /il./ ve ; veya, ha, falan. …〜…〜 ha… ha…. …〜なにか falan festekiz (feşmekân), filan festekiz. ケシには赤〜白の花が咲く. Haşhaşın kırmızı ya da beyaz çiçekleri vardır. ブドウ園〜庭〜畑〜. Ha bağ, ha bahçe, ha tarla. 彼にノート〜鉛筆〜なにかを買った. Ona defter, kalem falan aldım. 門〜なんかちゃんと閉めたか. Kapıyı falan iyice kapatın mı ?

子供に服〜靴〜あれこれ買わなければならない. Çocuğa elbise, ayakkabı falan filan almalı.

ya や /*il.*/ ha. 歩け〜歩け, 道はおしまいじゃないのだから. Yürü ha yürü, yol bitmiyor ki.

ya や /*il.*/ …する〜いな〜 -diği gibi. 子供は私の手を振り離す〜大通りへとび出した. Çocuk elimi bırakdığı gibi caddeye fırladı.

yà 矢 /*a.*/ ok. 〜を射る ok at-. 〜を的板の外に射る oku nişan tahtasının dışına at-. 〜が放たれる ok yaydan çık- (fırla-). 〜を作る人 okçu. 〜を作ること okçuluk. 〜のように速い ok gibi. 鋼鉄製の〜 (古語) zemberek.

yàa やあ /*ün.*/ a, eh, ey, oh, vah, vay, hah, merhaba, bre, (口語) yahu. 〜なんときれい. A, ne güzel! 〜なんとすばらしい所だ. Ah, ne güzel yer! 〜これはなんと大きな船だ. Bre bu ne büyük gemi! 〜いい天気だなあ. Oh, ne güzel hava! 〜もうたくさんだ. Eh, artık çok oluyorsun! 〜君だったのか. Ay, sen mi idin! 〜兄弟. Ey arkadaş! 〜オルハンも来てくれた. Hah, Orhan da geldi!

yàado ヤード, yd. (İng. yard) /*a.*/ yarda.

yaba 矢場 /*a.*/ ok meydanı.

yabane 矢羽根 /*a.*/ ok yeleği, yelek.

yabañ 野蛮 /*a.*/ barbarlık, vahşet, vahşîlik. 〜な vahşî, kıyıcı, zalim, yabanî, yabanıl, yamyam. 〜な人 barbar.

yàbo やぼ /*a.*/ 〜な kaba, yoz. 〜な人 (隠語) hıyar.

yabu やぶ /*a.*/ çalılık.

yabuisya やぶ医者 /*a.*/ hekim taslağı.

yabunirami やぶにらみ /*a.*/ (隠語) dikiz. 〜の şaşı.

yaburarè・ru 破られる /*ey.*/ yırtıl-.

yaburè 破れ /*a.*/ 靴下の〜 çorabın yırtığı.

yaburedàiko 破れ太鼓 /*a.*/ patlak davul.

yabureme 破れ目 /*a.*/ gedik.

yaburè・ru 破れる /*ey.*/ yırtıl-, patla-. 紙が〜 kâğıt yırtıl-. 破れた yırtık, patlak. 破れた服 yırtık elbise. びりびり〜音 cayırtı. 靴が破れた. Ayakkabı patladı.

yaburè・ru 敗れる /*ey.*/ yenik düş-, yenilgiye uğra-, yenil-, mağlup ol-. 敗れた yenik, mağlup.

yabùru 破る /*ey.*/ yırt-, kır-, (隠語) duman et-. 紙を〜 kâğıdı yırt-. ビリビリと〜 cart diye yırt-. 記録を〜 rekoru kır-. 約束を〜 aldat-. 静けさを〜 sessizliği yırt-. ギョズテペはデミスポルを3-0で破った. Göztepe Demispor'u 3-0 duman etti.

yaccù 八つ /*a.*/ sekiz. 〜ずつの sekizer. 〜の子 sekiz yaşında bir çocuk.

yaccukè・ru やっつける /*ey.*/ (俗語) hakla-, (隠語) duman attır-. 敵を〜 düşmanı hakla-.

yaccuke sìgoto やっつけ仕事 /*a.*/ ısmarlama iş, kavaf işi. 〜をする şişir-.

yàciñ 家賃 /*a.*/ ev kirası, kira. 〜を払って住んでいる kirada ol-.

yàcu やつ, 奴 /*a.*/ adamcağız, herif, matah, kerata, kâfir, çocuk, mal. いやな〜 bok. くだらない〜 herif. 怪しげな〜 herif. 〜に何の関係があるんだ. Başka işi yok mu? 〜は事故のあとまったく見えない. Adamcağız kazadan sonra hiç görmüyor. 彼を30年来知っているが, とてもいい〜だ. Kendisini otuz yıldan beri tanırım, çok iyi çocuktur. 気に入らない〜を途中でまいたのでは? Hiç hoşlanmadığın adamı yolda ektin mi yoksa? どんな〜だか顔で分かるじゃないか. Onun ne mal olduğu yüzünden belli!

yacugare やつがれ /*a.*/ bendeniz, cariyeniz, cariyeleri, köleniz, köle-

yacugàsira

leri, (古語) fakir.
yacugâsira ヤツガシラ /a./ (鳥) çavuş kuşu.
yàcura やつら /a./ おれたちのバスが〜を抜いた. Bizim otobüs onları ekti. あんな〜にあいさつするなんて適当ではない. Onun gibi adamlara selâm vermek bile caiz değildir.
yacurè やつれ /a./ zayıflama. 〜がわかる avurtları çök-.
yacurè・ru やつれる /ey./ eri-, yıpran-. たいへん〜 avurdu avurduna geç-. 子供が病気でやつれた. Çocuk hastalıktan eridi. 妻は夫の死後とてもやつれてしまった. Kadın kocasının ölümünden sonra çok yıprandı.
yàdo 宿 /a./ eğlek, konak, han. 〜を取る başını sok-.
yadokari ヤドカリ /a./ pavurya.
yadonasi 宿なし /a./ nerede akşam orada sabah.
yadorìgi ヤドリギ, 宿り木 /a./ ökse otu.
yadòru 宿る /ey./ konakla-.
yadòsu 宿す /ey./ gebe kal-.
yadoya 宿屋 /a./ han, konuk evi, eğlek, misafirhane, misafirlik, konak. 〜に泊る hana kon-. 〜と旅人の間柄のように ben hancı sen yolcu.
yàe 八重 /a./ katmer. 〜の katmerli. このバラはほとんど〜ではない. Bu gülün katmerli az.
yaei 野営 /a./ ordugâh.
yaezaki 八重咲き /a./ 〜の花 katmerli çiçek.
yàgai 野外 /a./ açık hava, açık. 〜の食事 piknik.
yagàigeki 野外劇 /a./ orta oyunu.
yagaku 夜学 /a./ akşam okulu.
yagakùsei 夜学生 /a./ akşamcı.
yagate やがて /be./ hemen, hemen hemen, nerede ise, şu günlerde (sırada). 〜雨が降るだろう. Hemen hemen yağmur yağacak.
yàgi ヤギ, 山羊 /a./ keçi, teke (雄). 〜の囲い ağıl. 〜の小屋 mandıra. 〜の毛 kıl. 〜の毛のじゅうたん kilim. ヒツジと〜 davar. ヒツジと〜の群れ davar.
yagigawa やぎ皮 /a./ モロッコ産の〜 maroken.
yagìhige やぎひげ /a./ 〜の keçi sakal.
Yagiza ヤギ座 /a./ Oğlak.
yàgu 夜具 /a./ yorgan.
yagurumasoo ヤグルマソウ, 矢車草 /a./ mavi kantaron, kantaron.
yagyuu ヤギュウ, 野牛 /a./ bizon.
yahañ 夜半 /a./ yarı gece. 〜近くにドンドンと門をたたいた. Gece yarısına doğru güm güm kapıma vurdu.
yahàri やはり /be./ yine, gene, dahi, aynı. それでも〜 ne de olsa. 彼は〜働いている. O yine çalışıyor.
yahazu 矢はず /a./ gez.
yài やい /ün./ bre, (卑語) ulan, ülen. 〜小僧. Bre çocuk! 〜メフメット見てみろ. Ulan Mehmet, baksan a!
yàiba やいば, 刃 /a./ kılıç.
yakai 夜会 /a./ akşam eğlencesi, müsamere, suare, suvare.
yakàihuku 夜会服 /a./ rop, tuvalet.
yakamasìi やかましい /s./ gürültücü, velveleci, titiz, fırtına gibi. 〜叫び velvele. たいへん〜所 havra. やかましくバğıra bağıra. やかましく叫ぶ danalar gibi bağır- (böğür-). 〜. Çingene çalar, Kürt oynar.
yakañ やかん /a./ çaydanlık, güğüm, demlik.
yàkañ 夜間 /a./ gece. 〜の geceki.
yakañyoo 夜間用 /a./ 〜の gecelik.
yakare・ru 焼かれる /ey./ kavrul-, kızar-, piş-, kebap ol-. 地獄で〜のにふさわしい人 cehennem kütüğü.
yakata やかた, 館 /a./ saray.
yakeato 焼け跡 /a./ kül, virane.
yakedasarè・ru 焼け出される /ey./ 火事で焼け出された人 yangın çıkmış.

yakedo やけど /a./ yanık. 〜のあと yanık. 〜する yan-. ストーブで足を〜する sobadan bacağı yan-. 熱湯が〜をさせる haşla-. 熱湯で足を〜した. Kaynar su ayağımı haşladı. 手の〜がよくなった. Elimdeki yanık iyi oldu.

yakeisi 焼け石 /a./ §〜に水. Delik büyük, yama küçük.

yakekoge 焼け焦げ /a./ yanık. じゅうたんの〜 halıdaki yanık.

yakeñ 野犬 /a./ sahipsiz bir köpek. 町に〜がうろついている. Sokakta başıboş bir köpek dolaşıyor. 〜が一掃された. Sokak köpekleri temizlendi.

yake・ru 焼ける /ey./ yan-, piş-. 家が〜 ev yan-. 日に〜 piş-. 日に焼けて黒くなる güneşten karar-. どんどん〜 cayır cayır yan-. 焼けた yanık よく焼けたパン pişkin ekmek. 〜ような yakıcı. その火事で地区が全部焼けた. O yangında bütün mahalle yandı. パイが焼けた. Börek pişti. 日がとても強いのでみんな〜. Güneş öyle kızgın ki insan pişiyor. トウガラシで口がひりひり〜ようだ. Biberden ağzım yandı.

yaki 焼き /a./ 鋼の〜 su. 〜を入れる su ver-. このナイフは〜がよく入っていない. Bu bıçağın suyunu iyi vermemişler.

yakiami 焼き網 /a./ ızgara.

yakicuke 焼き付け /a./ basım. 写真の〜 basım.

yakicukè・ru 焼き付ける /ey./ 太陽が〜 gün geç-.

yakiguri 焼き栗 /a./ kestane kebabı.

yakigusi 焼き串 /a./ şiş.

yakihañ 焼き判 /a./ dağ, damga.

yakiiñ 焼き印 /a./ dağ, damga. 〜を押す dağla-. 家畜に〜を押す hayvanı damgala-. 〜のある dağlı.

yakimòci やきもち /a./ kıskançlık. 〜をやく kıskan-.

yakimocìyaki やきもちやき /a./ 〜の kıskanç. 〜の夫 kıskanç bir koca.

yàkimoki やきもき /be./ 〜する çırpın-, diken üstünde otur- (ol-). 〜して待つ dört gözle bekle-. 〜した tedirgin. シナンの場違いな振る舞いはみんなを〜させる. Sinan'ın yersiz davranışları herkesi rahatsız ediyor.

yakimono 焼き物 /a./ kebap; çini.

yakimonògyoo 焼き物業 /a./ çinicilik.

yakiniku 焼き肉 /a./ kebap, külbastı, rosto.

yakinikùki 焼き肉器 /a./ maltız.

yakinikuya 焼き肉屋 /a./ kebapçı.

yakiñ 冶金 /a./ madencilik.

yakiñ 夜勤 /a./ 〜に当った人 gececi.

yakiñgaku 冶金学 /a./ metalurji.

yakiñka 冶金家 /a./ madenci.

yaki toomòrokosi 焼きトウモロコシ /a./ kebap mısır.

yàkkai 厄介 /a./ dert, gaile, külfet, hamallık. 〜な usandırıcı, yorucu, karışık, zor, güç, gaileli, külfetli, belâlı, dolambaçlı, sıkıcı, ters, zahmetli. 〜な仕事 zor bir iş, zahmetli iş. 〜な人 çamur, karın ağrısı. 〜なことになりそうだ çekeceği ol-. 〜なことを背負わせる pösteki saydır-. 〜なことにならないうちに終わらせる tatlı yerinde bırak- (kes-). 〜である zahmet ol-. 〜でない gailesiz. 〜をかける uğraştır-, zahmet ver-. 〜を引き起こす iş aç-. 〜になる zorlaş-, ekmeğini ye-. 〜扱いをする ağırsa-. この仕事は私には〜だった. Bu iş bana dert oldu.

yakkaimono 厄介者 /a./ 〜になる başına ekşi-.

yakkosañ やっこさん /a./ adamcağız.

yakkyoku 薬局 /a./ eczane, eczacı.

yaku 焼く /ey./ kızart-, pişir-, yak-, dağla-, dök-. 魚を〜 balık kızart-. れんがを〜 tuğla pişir-. かん木を〜 çalıları yak-. 火にあてて毛を〜 üt-. 太陽で体を〜 güneşte vücudunu yak-.

yàku

フライパンで〜 kavur-. 焼いてから凍らせた肉 kavurma. グリルで焼いた肉 cızbız. よく焼いた nar gibi. 太陽(寒さ)が私の顔を焼いた. Güneş (Soğuk) yüzümü dağladı.

yàku 約 /*be.*/ aşağı yukarı, yaklaşık olarak, takriben. アンカラへ来てから〜5年になる. Ankara'ya geleli hemen hemen beş yıl oldu.

yàku ヤク /*a.*/ yak.

yakû 役 /*a.*/ rol; yararlık. 〜を演じる rol al- (oyna-). せりふのほとんどない〜 figüran. 〜に立つ yara-, fayda et- (ver-), faydası dokun- (ol-), hayır et-, iş gör-, yâr ol-, yararlı, faydalı, hayırlı, iyi. 〜に立つようにする sağlam kaba kotar-. 〜に立つもの avantaj, varlık. 〜に立たない para etme-, bir şeye benzeme-, yararsız, battal, elverişsiz, faydasız, hayırsız, kötü, nafile, (隠語) iş yok. 〜に立たないこと yaramazlık. 〜に立たない発言 havaî sözler. 何の〜にも立たない hayır yok, kaç paralık, ne fayda. 〜に立たないものを使って仕事を困難にする iğne ile kuyu kaz-. 〜に立たなくなる battal et-, hayır kalma-, koflaş-, körleş-, suyu çekilmiş değirmene dön-. 〜に立たなくなったもの tortu. 〜に立たなくする körlet-. アクンが警官の〜を演じる. Akın polis rolünü oynayacak. これが何の〜に立つ. Bu neye iyi? 〜にも立たない. İşe yarar da değil hani. 〜に立つもののためには多少の犠牲がいる. Tavuk gelen yerden yumurta esirgenmez. どんないい考えも思っているだけでは〜に立たない. Bal bal demekle ağız tatlılanmaz. 〜に立たない人間は何かいいことをしようとしてもじゃまになるばかり. Ürümesini bilmeyen köpek sürüye kurt getirir.

yakû 訳 /*a.*/ çevirme, tercüme.

yakubà 役場 /*a.*/ hükûmet konağı, daire.

yakudàcu 役立つ /*ey.*/ yara-, fayda et- (ver-, dokun-), faydası ol-, hayır dokun-, iyi gel-, eli ayağı ol-, elverişli, yaralı. いささかでも〜 aşta tuzu bulun-. 役立たない boş, yaramaz, yararsız, gereksiz. 役立たない部分 mucur. この辞書は我々の仕事にとても役立った. Bu sözlük işimize çok yaradı. 仕事に役立たない板を燃しなさい. İşe yaramaz tahtaları yakın.

yakudatè·ru 役立てる /*ey.*/ faydalan-. 〜ことができない elden kaçır-.

yakudoo 躍動 /*a.*/ 〜する音楽 oynak müzik.

yakugaku 薬学 /*a.*/ farmakoloji.

yakuhiñ 薬品 /*a.*/ ilaç, ecza, em.

yakuhoñ 訳本 /*a.*/ çeviri.

yakûiñ 役員 /*a.*/ memur.

yakumè 役目 /*a.*/ rol.

yakuniñ 役人 /*a.*/ memur, görevli. 父はある省で〜をしている. Babam bir bakanlıkta memur olarak çalışıyor.

yakusarè·ru 訳される /*ey.*/ çevril-.

yakusoku 約束 /*a.*/ söz verme, vaat, kavil, taahhüt, söz. 〜する söz ver-, vaat et-, vaatte bulun-, ikrar ver-. 〜を守る sözünde dur-, vaadinde dur-, vaadini tut-, mert. 〜を守る人 sözünün eri. 〜を守らない atlat-. 〜を守れない yalancıçık-. 〜を取りつける söz al-. 〜を破る aldat-. 〜を取り消す sözünden dön-. 〜をほごにする sözünü geri al-. 自分の〜を実行する sözünü tut-. 前世に〜されている alnında yazılmış ol-. 〜のできた sözlü. 〜を守らなかったからだ. Değil mi ki sözünde durmadı.

yakusoo 薬草 /*a.*/ şifalı otlar, tıbbî otlar, ot.

yakùsu 訳す /*ey.*/ çevir-, tercüme et-, aktar-. 英語に〜 İngilizceye çevir-.

yakusùru 約する /*ey.*/ vaat et-.

yakusya 役者 /a./ oyuncu, aktor.
yàkusya 訳者 /a./ çevirici, çevirmen.
yakusyò 役所 /a./ daire, ofis. 〜の備品 dairenin demirbaşı.
yakusyoku 役職 /a./ fonksiyon.
yakutàtazu 役立たず /a./ 〜が集まるkeli körü topla-. 〜だ. Eti ne budu ne? Kedi ne budu ne?
yakuteñ 薬店 /a./ eczane.
Yakùuto ヤクート /a./ Yakut.
Yakuutòziñ ヤクート人 /a./ Yakut.
yakuwàri 役割 /a./ rol, görev, işlev.
yakuyoke 厄除 /a./ 子供に付ける〜のビーズ nazar boncuğu.
yakuyoo tèepu 薬用テープ /a./ plaster.
yàkuza やくざ /a./ baldırı çıplak, hergele, ip kaçkını, ipten kazıktan kurtulmuş, mahalle çapkını, (隠語) bıçkın. 若い〜の集団 çoluk çocuk. 〜な berbat, rezil, çapkın, haylaz. 〜な行為 haylazluk.
yakùzai 薬剤 /a./ ilaç, ecza, deva.
yakuzàisi 薬剤師 /a./ eczacı.
yakuzyoo 約定 /a./ mukavele.
yakyuu 野球 /a./ beysbol.
yamã 山 /a./ dağ; öbek, tınaz. 低い〜 bayır. 魚の〜 balık furyası. 砂の〜 kum öbeği. 本の〜 kitap tınazları. 積み重ねた〜 küme, tınaz. 〜に登る dağa çık-. 〜を下る dağdan in-. 〜の中腹 bağır. 〜の斜面 bağır. 〜の多い dağlık. 〜のような tepeleme, dağlar kadar. 〜越え谷越え dere tepe. 〜と積まれた本 tepeleme yığılmış kitaplar. 〜は霧に包まれた. Dağ sise büründü. 〜のように仕事がある. Bir yığın işim var.
yamaai 山あい /a./ gedik, boyun.
yamabato ヤマバト /a./ üveyik.
yamabiko やまびこ /a./ yankı, aksiseda.
yamàguni 山国 /a./ dağlık. 〜の人 dağlı.
yàmai 病 /a./ hastalık. 命取りの〜 ölümcül bir hastalık. 〜の床につく yatağa bağla- (düş-).
yamakùzure 山崩れ /a./ göçük.
yamàmici 山道 /a./ geçit.
yamamori 山盛り /a./ 〜の tepeleme. 〜一皿の食事 tepeleme bir tabak yemek.
yamanòbori 山登り /a./ dağcılık, dağcı.
yamaòtoko 山男 /a./ dağ adamı.
yamasigi ヤマシギ /a./ çulluk.
yamasii やましい /s./ 〜ことがない yüzü ak. ウトクは〜ところがあるので口ごもって返事した. Utku suçlu olduğu için geveleyerek yanıt verdi.
yamasòdaci 山育ち /a./ 〜の dağda büyümüş.
yamasuso 山すそ /a./ etek, dağ eteği.
yamatakàboo 山高帽 /a./ melon.
yamaùzura ヤマウズラ /a./ keklik.
yamawake 山分け /a./ kardeş payı, yarı yarıya bölüşme.
yamàyama 山々 /a./ dağlar. 平野を取り囲む高い〜 ovayı kucaklayan yüksek dağlar.
yame やめ /a./ 〜にする cay-.
yamerare・ru やめられる /ey./ 悪い癖をやめられない. Huylu huyundan geçmez.
yame・ru やめる, 辞める /ey./ dur-, bit-, çekil-, bırak-, çık-, kes-, el çık-, geç-, defteri kapa-. たばこを〜 tütün içmeği bırak-. 砲火を〜 ateş kes-. きっぱり〜 başından kes-. 殺すのを〜 canını bağışla-. 学校を〜 okulunu bırak-. 仕事を〜 işinden çık-, paydos borusu çal-. やめろ！ Yapma be! Allahtan kork! etme eyleme. やめろ, もうたくさんだ. Kes artık, yeter! やめ! paydos, stop. やめ, 時間です. Paydos, vakit geldi. 私は映画に行くのをやめた. Sinemaya git-

mekten vazgeçtim.

yamesase・ru やめさせる /*ey.*/ geçir-. 悪口を〜 ağzını topla-. いさめて〜 çel-. 生活を保障して〜 çırak et-(çıkar-).

yamì やみ, 闇 /*a.*/ karanlık, kara borsa. 〜で売る kara borsa yoluyla sat-. この世は〜だ kıyamet alâmeti.

yamiìci やみ市 /*a.*/ kara borsa. 〜で法外な値で売られる kara borsaya düş-.

yamikumo やみくも /*a.*/ 〜に rasgele, rastgele.

yamisòoba やみ相場 /*a.*/ kara borsa.

yamitorìhiki やみ取り引き /*a.*/ kara borsa.

yamome やもめ /*a.*/ dul. 〜になる dul kal-. 新婚早々の〜 duvak düşkünü.

yamu やむ /*ey.*/ din-, dur-, kesil-, kal-. 〜ことのない kıpırdak. 雨がやんだ. Yağmur dindi (durdu, kaldı). 風がやんだ. Rüzgâr dindi (kesildi).

yàmu 病む /*ey.*/ hasta düş-.

yamuoènai やむを得ない /*s.*/ zarurî.

yamuoèzu やむを得ず /*be.*/ çaresiz, mecburen, zorla. 〜どこかへ行く tıpış tıpış yürü-.

yàna やな /*a.*/ dalyan. 海中〜 dalyan tarlası.

yanagi ヤナギ, 柳 /*a.*/ söğüt. §〜の下にドジョウはいない. （口語）Her gün papaz pilav yemez.

yanagigosi 柳腰 /*a.*/ 〜の karınca belli.

yàne 屋根 /*a.*/ dam, çatı örtü. 〜の上 damın üzeri. 〜の煙突 baca tomruğu. 〜を修繕する dam aktar-. 〜をならすローラー石 yuvak. 一つ〜の下にbir çatı altında. 家の〜に穴があいた. Evin damı delinmiş.

yanegàwara 屋根がわら /*a.*/ kiremit.

yaneura 屋根裏 /*a.*/ çatı altı, çatı arası, tavan arası.

yaneurabeya 屋根裏部屋 /*a.*/ çatı katı.

yani やに /*a.*/ reçine. タバコの〜 zifir. 〜の多い çıralı. 〜のように黒い zifirî.

yànusi 家主 /*a.*/ ev sahibi. 〜は借り手を家から追い出そうと考えている. Ev sahibi kiracısını evden çıkarmayı düşünüyor.

yañcya やんちゃ /*a.*/ 〜な el bebek gül bebek.

yaocyoo 八百長 /*a.*/ danışıklı dövüş, şike. 〜の danışıklı.

yaoya 八百屋 /*a.*/ manav, sebzeci, zerzevatçı. 〜で2キロトマトを買った. Manavdan iki kilo domates aldım.

yappàri やっぱり /*be.*/ nasıl ki, nitekim. 冷たい水を飲むなと言っておいたのに、〜今日はのどがはれている. Soğuk su içmemeni söylemiştim, nitekim bu gün boğazın şişti.

yarakàsu やらかす /*ey.*/ へまを〜 bok ye-, halt karıştır- (ye-).

yarare・ru やられる /*ey.*/ hapı yut-. 食べ物を銅で〜 yemeği bakır çal-. 炭火で頭がやられた. Kömür başına vurdu.

yare・ru やれる /*ey.*/ 〜ものなら（卑語）sıkı ise. 〜ものならやってみろ haddi varsa.

yàreyare やれやれ /*ün.*/ 〜私の言うことをちっとも聞いていない. Sağ olsun beni hiç dinlemiyor.

yari やり /*a.*/ mızrak. 〜の先の小旗 alev.

yarikàesu やり返す /*ey.*/ taşı gediğine koy-. すばやく〜 lakırdı yetiştir-.

yarikata やり方 /*a.*/ yol, muamele, tarz, erkân, (古語) vadi. うまい〜を見つける yoluna koy-. こんな〜で行動しないでください. Bu şekilde hareket etmeyiniz.

yarikirènai やりきれない /*s.*/ bedine git-. やりきれなくなる bunal-. やりきれなくする bunalt-. 何かしよう, 退屈で〜. Bir şeyler yapalım, boşluktan

sıkılıyorum.
yarinage やり投げ /*a.*/ cirit atma.
yarinaŏsu やり直す /*ey.*/ tekrarla-, yinele-.
yarisokonàu やり損う /*ey.*/ başını gözünü yar-, başarısızlık göster-. やり損ってだめにする ağzına burnuna bulaştır-.
yarisugi やり過ぎ /*a.*/ ifrat, tecavüz.
yarisugi·ru やり過ぎる /*ey.*/ ifata kaç-, ileri git- (var-), tadını kaçır-, (口語) ipin ucunu kaçır-. やり過ぎない tadına bırak-.
yaritogḕ·ru やり遂げる /*ey.*/ altından kalk-, (ile) başa çık-, başar-, becer-, liyakat göster-. 仕事を～ pişirip kotar-. 立派に～ yüzünün akıyla çık-. ～ことができない işin içinden çıkama-.
yaritŏosu やり通す /*ey.*/ ilerisine git-.
yaritori やり取り /*a.*/ alış veriş, teslim tesellüm-. 手紙の～をする mektuplaş-. 即興詩の～に応じる atış-.
yaroo 野郎 /*a.*/ herif. この～ kerata, hain, (卑語) ulan, ülen. くそったれ～ bok herif.
yaru やる /*ey.*/ ver-; et-, yap-, oyna-. 花に水を～ çiçekleri sula-. 栄養をやって太らせる besiye çek-. 人にものをたくさん～ gark et-. …して～ ver-. 助けて～ bağışla-. 命を助けて～ canını bağışla-. かまってやらない açıkta bırak-. サッカーを～ futbol oyna-. 命がけで～ başını koltuğunun altına al-, başını ortaya koy-. やってみる başvur-. 一か八かやってみる baştan kara et-. 何ができるかやってごらん göreyim seni. うまくやっていく bağdaş-. 簡単にやってのける parmağının ucunda çevir-. やってしまう (隠語) becer-. やってしまいそうになる kolayla-. 力なくもうやっていけなくなる dama de-. よくやった aferin, maşallah, ceddine rahmet! なかなか～じゃないか az değil! 進んで～ atılgan. できたことは～しかない oldu olacak. もう～ことはなくなった sen sağ, ben selâmet. どうやったって (侮辱的) çatlasa da patlasa da. ニワトリに毎朝えさを～. Tavuklara her sabah yem veriyorum. 子供がとても荒れている, 少ししかってやれ. Çocuk pek azdı, biraz görünüver. やれば～だけ仕事がふえる. Vurdukça tozar. 一杯やった. Bir dolu içti.
yaru やる, 遣る /*ey.*/ gönder-, yolla-. 人を～ adam gönder-, adam sal-, yolla-. 子供を～ çocuğu yolla-. 呼びに～ getirt-. 命を地獄に～ canını cehenneme gönder-.
yaruki やる気 /*a.*/ ～が出る gayretlen-. ～になる gayrete gel-. ～のある girişken. ～のない bezgin, tembel. ～のない人 tembel. ～のなさ bezginlik. ～のない子は父母を心配させる. Tembel çocuklar ana babalarını çok üzerler.
yasai 野菜 /*a.*/ sebze, zerzevat, ot. 新鮮な～ diri sebze. つけあわせの～ garnitür. ひき肉と料理した～ bastı. ～スープ sebze çorbası. ～シチュー bastı.
yasaibàtake 野菜畑 /*a.*/ bostan, çeper. ～の滑車井戸 bostan dolabı. ～の水揚げ滑車がギーギーと回る. Bostan dolabı gacır gucur dönüyor.
yasàiuri 野菜売り /*a.*/ zerzevatçı.
yasasìi 優しい /*s.*/ yumuşak, nazik, müşfik, sıcak kanlı, tatlı. ～お母さん benim melek annem. ～少女 sıcak kanlı bir kız. ～言葉 yumuşak söz, tatlı dil. ～言葉で güzellikle. 半眼の～目つきの ceylan bakışlı. 清らかで～ melek gibi. 優し過ぎる yumuşak yüzlü. 厳しくも優しくもない tatlı sert. 優しく güzellikle. 優しく見る tatlı bak-. ～言葉は説得力がある. Tatlı dil yılanı deliğinden çıkarır. 弟がいたずらをした時は優しくたしなめる. Kardeşim yaramazlık yaptığı zaman onu

güzellikle uyarıyorum.

yasasiì 易しい /s./ kolay, hafif, iş değil, işten değil. 〜仕事 hafif iş, kolay iş. 易しく楽しい仕事 baklava börek. 一番〜方法をさがす kolayına bak- (kaç-).

yasàsisa 優しさ /a./ yumuşaklık, tatlılık.

yaseci やせ地 /a./ kıraç toprak. 〜の kıraç.

yasehosorasè・ru やせ細らせる /ey./ kurut-. この病気が彼をやせ細らせた. Bu hastalık onu kurutmuş.

yasehosòru やせ細る /ey./ kuru-, çöpe dön-, iğne ipliğe dön-, iskeleti çık-, (冗談) iğne yutmuş maymuna dön-. やせ細った sıska, tazı gibi. おそろしくやせ細った mezar kaçkını. かわいそうに子供はこの病気をしてからやせ細った. Zavallı çocuk bu hastalıktan sonra pek kurudu.

yasei 野生 /a./ yaban, vahşet, vahşilik. 〜の yabanî, yabanıl, yaban, yoz, salma, vahşî. 〜の植物 yoz bitki. 〜のスミレ yabanî menekşe 〜のナシ ahlat. 〜のオリーブ iğde. 〜動物 yabanıl hayvan.

yasei 野性 /a./ vahşet, vahşîlik. 〜的な vahşi.

yaseika 野生化 /a./ 〜する yozlaş-.

yasekokè・ru やせこける /ey./ kaburgaları çık- (sayıl-), kemikleri sayıl-, süzül-. 病気で〜 hastalıktan süzül-. やせこけた bir deri bir kemik. やせこけた人 kadit. 黒くてやせこけた娘 kara kuru bir kız.

yaseñ byðoiñ 野戦病院 /a./ seyyar hastane.

yaseotoroè・ru やせ衰える /ey./ kötüle-.

yase・ru やせる /ey./ zayıfla-, zayıf düş-, cılızlaş-, tazıya dön-. 病気で〜 hastalıktan zayıfla-. やせていること zayıflık. やせた yağsız, sıska, zayıf, cılız, arık, etsiz. やせた人 çöpten

çelebi, kuru kemik, padavra gibi, padavrası çıkmış. スナは病気をしてからとてもやせた. Suna hastalıktan sonra çok zayıfladı. みな食べてしまわないと〜よ. Yemeğini bitirmezsen sıska olursun. 子供がやせた顔をしている. Çocuğun etsiz bir yüzü var. この犬はとてもやせている, おそらく長いこと何も食べていないのだ. Bu köpek çok zayıf, belli ki uzun zamandan beri hiçbir şey yememiş. やせてあばら骨が見える. Zayıflıktan kaburgaları çıkmış.

yàsi ヤシ /a./ Hindistan cevizi.

yasikî 屋敷 /a./ konak.

yasinàu 養う /ey./ besle-, yetiştir-, geçindir-, yedir-, yedirip içir-. 家族を〜 evini geçindir-, can besle-. 家で6人を養っている. Evinde altı can besliyor.

yàsiñ 野心 /a./ hırs, tamah.

yàsiro 社 /a./ tapınak.

yasoo 野草 /a./ yabanıl otlar.

yasuàgari 安上がり /a./ ucuzluk. 〜の iktisadî.

yasùi 安い /s./ ucuz, ehven, eksik. とても〜 para ile değil, parayla değil, sudan ucuz, (冗談) bedavadan ucuz. 〜こと ucuzluk. 〜値段で hurda fiyatına. 安く買う ehven al-. 安く手に入れる kelepire kon- (yakala-), düşür-. 安く手に入る ucuza çık-. 安くする ucuzlat-. 安くなる ucuzla-. とても安く bedavaya. 安くても su içinde. 高くても安くても ucuz pahalı. トマトが〜のを見て5キロ買った. Domatesin ucuzluğuna bakıp beş kg. aldım. この家をとても安く手に入れた. Bu evi çok ucuza düşürdüm. 2リラさらに安くした. İki lira daha indi.

-yasùi やすい, 易い. 信じ〜 çocuk gibi. だまされ〜 kapılgan. 気が変わり〜 bir dalda durma-.

yasumasè・ru 休ませる /ey./ dinlendir-. 畑を〜 tarlayı dinlendir-. 今

日は仕事を全部やって母を休ませた。Bugün bütün işleri ben yapıp annemi dinlendirdim.

yasumḕ･ru 休める /ey./ 体を〜 yan gel-. つかんだ物を離して手を〜 el tazele-. 心を〜 istirahatlı. スプーンを休めずに çalakaşık.

yasumi 休み /a./ tatil, dinlence, dinlenme, mola, paydos. 〜に入る tatile gir-. 〜にする tatil et-. しばらく〜をとる mola ver-. 楽しい〜を過ごす neşeli bir tatil geçir-. 〜なしに durup otur yok. 〜なく aralık vermeden, ardı ardına, durmadan. 〜が終わるまであと二日しかない。Tatilin bitmesine kala kala iki gün kaldı. 夏の数カ月学校は〜だ。Yaz aylarında okullar kapalıdır. 今年学校は遅く〜になる。Bu yıl okullar geç paydos olacak. 夜昼〜なく働いた。Gece gündüz aralıksız çalıştı.

yasumi zìkañ 休み時間 /a./ teneffüs. 授業の〜 ders kesimi. 〜に縄跳びしないか。Teneffüste ip atlayalım mı?

yasùmu 休む /ey./ dinlen-, dur-, soluk al-, yat-. 足を伸ばして〜 bacaklarını uzat-. 休んでいる kapalı. 〜ことができない uyku durak yok. 〜暇がない durup otur yok, uyku durak yok. 休め! rahat (dur)! あそこにちょっと座って休もう。Şuraya biraz oturalım da dinlenelim. 30分休んでからまた出発した。Yarım saatlik bir modadan sonra yeniden yola koyulduk. お休みなさい。Allah rahatlık versin, iyi geceler.

yasùne 安値 /a./ düşük fiyat, ucuzluk.

yasuppòi 安っぽい /s./ ucuz. 〜アクセサリー incik boncuk.

yasuragi 安らぎ /a./ dirlik, hafiflik, iyilik, erinç. 心の〜 huzur. 〜をおぼえる hafiflik duy-. 〜を与える huzur ver-. この家には〜がまったくない。Bu evde hiç dirlik yok.

yasùraka 安らか /a./ 〜に眠ってください nur içinde yatsın.

yasuri やすり /a./ eğe, törpü, raspa. 〜をかける eğele-, törpüle-, raspala-, raspa et-. 〜で削る eğe ile yont-.

yasuuri 安売り /a./ ucuzluk. 〜センター indirici merkez.

yasuurihiñ 安売り品 /a./ mezat (ucuz) malı.

yasuyàsu やすやす /be./ 〜と kolaylıkla, bal gibi, (俗語) tez beri 〜とは kolay kolay. 〜とのがれる ucuz atlat- (kurtul-). 〜とできること boyacı küpü. 抜け目のない子だから、〜とはだまされない。Uyanık bir çocuktur, kolay kolay aldanmaz. このきれは〜とは伸びない。Bu kumaş kolay kolay sünmez.

yasyoku 夜食 /a./ gecelik.

yàtai 屋台 /a./ yayma.

yatàimise 屋台店 /a./ salaş.

yatara やたら /a.//be./ アイシェは〜に食べたので食欲がなくなった。Ayşe abur cubur yediği için tıkandı.

yatoìhei 雇い兵 /a./ ücretli asker.

yatoiirḕ･ru 雇い入れる /ey./ yanına al-, iş ver-, istihdam et-.

yatòinusi 雇い主 /a./ iş veren, patron.

yatoo 野盗 /a./ haydut.

yatoo 野党 /a./ muhalefet partisi.

yatòu 雇う /ey./ bir görevde kullan-, iş ver-, istihdam et-, tut-, angaje et-. 弁護士を〜金がどこに。Avukat tutacak para nerde?

yatowarḕ･ru 雇われる /ey./ 雇われている müstahdem.

yattekùru やって来る /ey./ gel-, hâl ol-. 不意に〜 çıkagel-. 突然〜 tepesinde bit-. ついに〜 gelip çat-. ふらっと〜 es-. 好ましくないことが〜 dayan-. イスタンブルにやって来た。İstanbul'a geldik. ラクダがジャランガランと〜ところだった。Develer cangıl cungul

yatto

geliyorlardı. 出掛けようとした時客が不意にやって来た. Çıkayım derken misafir bastırdı. 昨夜おじさん達がディヤルバクルから急にやって来た. Dün akşam dayımlar Diyarbakır'dan çıkageldiler. 冬がついにやって来た. Kış gelip çattı.

yatto やっと /be./ sonunda, ancak, hemen hemen, güçlükle, dara dar, dar darına, darı darına, kıtı kıtına, orsa poca (boca), ucun ucun, var yok, zor, daha. 〜…になる kavuş-, … yüzü gör-. 〜身を隠す dar at-. 〜達する dar yetiş-. 貧乏から〜抜け出す dar kaç-. 病人が〜話せる dili ağırlaş-. 〜口がきけるようになる dili çözül-. 〜仕事が終わりに近づく yüzüp yüyüp kuyruğuna gel-. (〜の) 〜のことで bata çıka, dar, düşe kalka, dala çıka, güç, güç halle (gücü, gücüne), güç belâ. 〜の思いで zar zor, zor belâ, zoru zoruna, zor zar, ite kaka. 〜の思いでできる şeytanın bacağını (ayağını) kır-. ああ〜分かった. Ha şimdi anladım. 〜のことで仕事を終えた. Bata çıka işi bitirdik. 〜のことで朝を迎えた. Sabahı dar etti. 汽車に〜のことで間に合った. Trene güç yetişti.

yattoko やっとこ /a./ kerpeten, kıskaç, maşa. かじ屋の〜 kuyumcu çifti.

yawarage·ru 和らげる /ey./ yumuşat-, uyut-, dindir-. 人の心を〜 gönlünü al-. 気分を〜 serinlik ver-. 痛みを〜 acıyı uyut-.

yawaràgu 和らぐ /ey./ yumuşa-. 暑さが和らいだ. Sıcak düştü. 春が来て陽気が和らいだ. Bahar gelince havalar yumuşadı.

yawarakài 柔かい, 軟らかい /s./ yumuşak, dişi, lapa gibi, tere yağı gibi. 〜肉 yumuşak et. 織物の〜毛 hav. 軟らかい鉄 dişi demir. とても〜 pamuk gibi. 柔らかくなる yumuşa-. アスファルトが太陽で軟らかくなる asfalt güneşten yumuşa-. 軟らかくべっとりした感じになる hamurlaş-. 柔らかくする yumuşat-.

yawarakami 柔らかみ /a./ yumuşaklık.

yawarakàsa 柔らかさ /a./ yumuşaklık, vıcık vıcıklık.

yàya やや /be./ 〜短い kısaca. 〜多い bolca. 〜多い雨 bolca yağmur. 〜ゆったりした bolca. 〜正確に doğruca.

yayakosìi ややこしい /a./ zor. ややこしくする düğümle-.

yayakosisa ややこしさ /a./ düğüm.

yazìru やじる /ey./ yuhala-.

yazìrusi 矢印 /a./ ok.

yazucu 矢筒 /a./ ok kuburu.

yazyuu 野獣 /a./ yabanî hayvan, canavar. 〜のような行為 canavarlık.

yenicyeri イェニチェリ /a./ yeniçeri. 〜の最高司令官 yeniçeri ağası. 〜の養成機関 yeniçeri ocağı. 〜の兵士 yeniçeri. 〜の砲兵補 (古語) yamak. 〜の軍楽隊 mehterhane. 〜の軍楽隊員 mehter.

yo よ /il./ ya, yahu. きょうはとても腹がへった〜. Bu gün öyle acıktım ki! 私たちも来ましょうか. 来なさい〜. Biz de gelelim mi? Gelin ya. 毎晩映画に行けるか〜. Her akşam sinemaya gidilir mi ya? しかし見つかるまではです〜, えらい苦労でして. Ama buluncaya kadar, hani yok mu, akla karayı seçtim.

yò 夜 /a./ gece. 〜が明ける gün ağar-, tan ağar- (at-), ağar-, horozlar öt-, şafak sök-. 〜を明かす sabahla-. 〜を日に継ぐ geceyi gündüze kat-. 〜が明けた. Ortalık ağardı.

yò 世 /a./ dünya. 仮の〜 fanî dünya. 〜を捨てた münzevi. 〜の辛酸をなめ尽くした feleğin çemberinden geçmiş.

yò 代 /a./ çağ.

yoàkasi 夜明かし /a./ 〜をする sabahı

bul- (et-), sabahla-.

yoakè 夜明け /*a.*/ tan, şafak, fecir. 〜の空 tan yeri. 〜にオンドリが鳴く。Tan yeri ağarırken horozlar ötüyor. 明日〜とともに出発する。Yarın şafakla yola çıkacağız.

yobañme 四番目 /*a.*/ 〜の dördüncü.

yobare・ru 呼ばれる /*ey.*/ çağrıl-, den-. 石炭はコークス炭とも〜。Taş kömürüne kok kömürü de denir.

yobase・ru 呼ばせる /*ey.*/ çağırt-.

yobawari 呼ばわり /*a.*/ 人をうそつき〜する yalancı çıkar-.

yòbi 予備 /*a.*/ yedek, ihtiyat, dikiş payı. 〜の yedek, ihtiyat, ihzarî. 〜の馬 yedek. 〜の靴下 yedek çorap. 〜の部品 yedek parçalar. 〜に取っておく yedeğe çek-.

yobiàu 呼び合う /*ey.*/ çağrış-.

yobi cìsiki 予備知識 /*a.*/ ön bilgi.

yobicukè・ru 呼び付ける /*ey.*/ ayağına çağır-.

yobidasi 呼び出し /*a.*/ celp.

yobìdàsu 呼び出す /*ey.*/ celp et-.

yobìeki 予備役 /*a.*/ milis. 〜の将校 yedek subay.

yobigoe 呼び声 /*a.*/ bağırtı.

yobikake 呼び掛け /*a.*/ hitabe, hitap.

yobikakè・ru 呼び掛ける /*ey.*/ hitap et-.

yobikata 呼び方 /*a.*/ çağırış.

yobìkiñ 予備金 /*a.*/ ihtiyat akçası, yedek akça.

yobiko 呼び子 /*a.*/ düdük. 〜を鳴らす düdük öttür-.

yobikomi 呼び込み /*a.*/ tellal, çığırtkan.

yobiriñ 呼び鈴 /*a.*/ çağarma zili.

yobi señkyo 予備選挙 /*a.*/ ön seçim.

yoboo 予防 /*a.*/ önleme. 〜の koruyucu, önleyici. 〜する önle-, karşıla-, engelle-, önünü al-. …の〜になる önü alın-. ある薬がインフルエンザを〜する。Bazı ilaçlar gribi karşılar.

yoboo ìgaku 予防医学 /*a.*/ koruyucu hekimlik.

yobòosaku 予防策 /*a.*/ tertibat. 〜をとる tertibat al-.

yoboo sèssyu 予防接種 /*a.*/ aşı. 狂犬病の〜 kuduz aşısı. 〜する aşıla-, aşı vur- (yap-). 医者が私達に〜をした。Doktor hepimizi aşıladı.

yoboyobo よぼよぼ /*a.*/ 〜の (俗語) tirit, (隠語) pinpon. 〜になる tirdi çık-.

yobu 呼ぶ /*ey.*/ çağır-, seslen-, bağır-. 子供を〜 çocuğu çağır-. 客を〜 misafir et-, konukla-. 手をたたいて人を〜 el çırp-. 一斉に〜 çağrış-. 大声で〜 (俗語) ünle-. 呼びにやる getirt-. アフメット、お父さんを呼んでこっちへ来てもらいなさい。Ahmet, babana ünle de buraya gelsin.

yobuñ 余分 /*a.*/ üste. 〜の fazla, ziyade, artık, ekstra. 〜なものがたくさんある kalabalık et-. 〜に fazla. 取りかえる時〜に与える üste ver-. 〜にもらうもの üstelik. 時計をこのペンと取り換えたが、5リラ〜にもらった。Saatimi bu kalemle değiştirdim, beş lira da üstelik aldım.

yobyoo 余病 /*a.*/ 〜を併発する ihtilât et- (yap-).

yoccù 四つ /*a.*/ dört. 〜の dört. 〜の部分からなる dörtlü. 〜の孫 dört yaşında torumum. 〜ずつの dörder. この橋には橋脚が〜ある。Bu köprünün dört ayağı var.

yòci 余地 /*a.*/ 〜がない mahal kalma-. 疑問の〜がない söz götürmez. 〜を残さない meydan kalma-. 弁解の〜を残さないようにして人をとらえる burnundan yakala-.

yòci 予知 /*a.*/ ön görü. 〜される ön görül-.

yòciyoci よちよち /*be.*/ 〜歩く badi

yocuasi

badi yürü-.
yocuasi 四つ足 /a./ dört ayak.
yocucuzi 四つ辻 /a./ dört yol ağzı, dört yol.
yocugo 四つ子 /a./ 〜の dördüz.
yocugumi 四つ組 /a./ dörtlük.
yocukado 四つ角 /a./ dört yol ağzı, dört yol.
yocuñbai 四つんばい /a./ 〜になって dört ayak. 〜で歩く dört ayak yürü-, emekle-.
yodàcu よだつ /ey./ 身の毛が〜 tüyleri ürper-, tüyleri diken diken ol-. 身の毛も〜ような canhıraş.
yodañ 予断 /a./ peşin hüküm (yargı).
yodare よだれ /a./ salya. 〜が出る ağzının suyu ak-, ağzı sulan-. 赤ちゃんの〜をハンカチでふいてやった。 Bebeğin salyasını mendille sildim.
yodarêkake よだれ掛け /a./ göğüslük.
yodōmu よどむ /ey./ irkil-. よどんだ水は汚れる。 Durgun sular pis olur.
yogeñ 予言 /a./ kehanet. 〜する kehanette bulun-, gaipten haber ver-.
yogêñsya 予言者 /a./ kâhin, elçi.
yogêñsya 預言者 /a./ peygamber.
yoginàku 余儀なく /be./ 〜される dara gel-.
yogore 汚れ /a./ kir, pislik, leke, kir pas, kirlilik, çepel. 〜がつく bulaş-. 〜が落ちなくなる az-. 〜が目立つ kir tut-. 〜が目立たない kir götür-. そのコップの〜を見てごらん。 Şu bardağın kirliliğine bakınız.
yogoremono 汚れ物 /a./ bulaşık kirli. 〜は放っておいて、私が洗います、お前にはうまくできないから。 Bırak bulaşığı ben yıkayayım, sen beceremiyorsun.
yogore・ru 汚れる /ey./ kirlen-, pislen-, bulaş-, kir götür-, kir tut-, pislik götür-, bulan-, leke ol-, sıvaş-, sıvış-, bat-. なべが〜 tencere bulaş-. 汚れた bulaşık, bulanık, kirli, pis, çirkef, pasaklı, batak, kayış gibi. 汚れた食器 bulaşık. 汚れた食器を洗う bulaşıkları yıka-. 汚れた洗濯物 kirli. 汚れた水 çirkef. 全身が汚れた子犬 her yanı kir içindeki yavru köpek. 泥で〜 çamurlan-. 泥で汚れた çamurlu. 汚れた金 batak para. 汚れてみすぼらしい（皮肉）（俗語） kirloz, kirloş. 汗でえりが汚れた。 Ter yakamı kirletti.
yogore sigoto 汚れ仕事 /a./ hamallık.
yogosu 汚す /ey./ kirlet-, pislet-, lekele-, leke et-, bula-, bulandır-, bok at-, batır-. 服を〜 üstünü kirlet-, üstünü başını batır-. 泥で〜 çamurla-. 着物を泥で〜 üstünü başını çamura bula-. 手を血で〜 elini kana bula- (bulaştır-). 大小便で〜 pisle-. 子供がしりを汚した。 Çocuk altını kirletmiş.
yòha 余波 /a./ serpinti. 地震の〜 depremin serpintisi.
yohaku 余白 /a./ boşluk. 紙に〜がない。 Kâğıtta açık yer kalmadı.
yohodo よほど, 余程 /be./ 〜立派なものになるのだろうね。 Kuş mu konduracak?
yohoo 予報 /a./ tahmin.
yoi 宵 /a./ akşam.
yoi 酔い /a./ sarhoşluk. 〜が回る sarhoş ol-. 〜がさめる ayıl-. 〜がさめた ayık. 〜をさまさせる ayılt-.
yòi 良い, 善い /s./ iyi, güzel, hayırlı, hoş, yahşi, iyi ol-. 〜子 hayırlı evlât. 〜旅 hayırlı yolculuk. 〜兆候 hayra alâmet. 〜状態 ayna. 最も〜 ekstra ekstra. かなり〜 ele alınır. ちょっと〜 iyice. たいへん〜こと pek iyi. （よく）よくない ele alınmaz, hâli harap, lânet, (隠語) yaş. よく iyi. よくなる iyi ol-, iyileş-, düzel-, güzelleş-, kalkın-, on-. 病気がよくな

る iflah ol-, ayağa kalk-. 顔色がよくなる benzine kan gel-. 体裁がよくなる adama dön-. よくする iyi et-, iyileştir-, hayır et-. 手を加えてよくする işle-. よく言う iyi söyle-. よくやる iyi et-. よく思わない iyi gözle bakma-. よくも悪くもない iyi kötü. (〜と) 〜と認める uygun düş- (gel-). 〜とする cevaz ver-. 〜と思わない aklı alma-. 《文》 〜仕事をした. Güzel bir iş çıkardı. 味が〜. Tadı pek hoş. 病気がよくなった. Hasta iyi oldu. 熱が下がって病気がよくなってきた. Ateşi düşünce hasta açıldı. 天気がよくなる. Hava düzelir (iyileşir). まったくよくなった. Büsbütün iyileşti. 彼は友人達の助けでよくなった. O, arkadaşlarının yardımı ile kalkındı. きっとよくなりますよ. Allahtan umut kesilmez. 彼らが来れば〜のに. Keşke gelseler. 私達が知らせていたらよかったのに. Keşke haber göndereydik. 子供によくないことが起こるぞ. Vay çocuğun haline!

yoicuburè・ru 酔いつぶれる /ey./ sız-, (侮辱的) zıbar-.

yoicubùsu 酔いつぶす /ey./ sızdır-.

yoigokoci 酔い心地 /a./ sarhoşluk.

yòka 余暇 /a./ boş vakit. 〜を善用する boş vaktini değerlendir-.

yokañ 予感 /a./ kehanet, ön sezi. 不吉な〜 vehim. 〜がする gönlüne doğ-, içine doğ-, kalbine doğ-. 私に〜がする içime doğ-.

yokei 余計 /a./ üste. 〜な fazla, nafile. 〜なことをする ileri git- (var-). 〜に fazla, ziyadesiyle. この布には〜な飾りは合わない. Bu kumaş fazla süs kaldırmaz. 今晩は〜食べ過ぎた. Yemeği bu akşam fazla kaçırdım.

yokeimono 余計者 /a./ sığıntı. 〜なる fazlalık et-.

yokeñ 予見 /a./ ön görü, peşin hüküm (yargı) 〜される ön görül-.

yokè・ru よける /ey./ yana kaçın-, sakın-. 子供が脂身をよけて赤身だけ食べている. Çocuk yağını ayırıp sade eti yiyor.

yòki 予期 /a./ 〜する önceden gör-, merakla bekle-. 〜しない görünmez, beklenmedik.

yokiñ 預金 /a./ hesap, mevduat, yatırım. 〜する para yatır-. 銀行に〜する bankaya yatır-. 銀行に〜がある. Bankada hesap var.

yokiñ cùucyoo 預金通帳 /a./ hesap cüzdanı.

yokîñsya 預金者 /a./ mevduat sahibi.

yokka 四日 /a./ dört gün. 〜目 dördüncü gün.

yokkyuu 欲求 /a./ arzu, heves, iştah, rağbet. 〜を満たす hevesini al-.

yoko 横 /a./ yan. 〜の yan. 〜から ucun ucun. 〜に yan yan. 〜に並んで yan yana. 〜にする yatır-. 帽子を〜に傾ける şapkayı yana devir-. 〜になる yat-, yanla-. 体を伸ばして〜になる seril-, serilip serpil-. 芝生に〜になって眠る çimenlerin üzerine serilip uyu-. ぐったりして〜になる kalıp gibi yat- (seril-). 私は半時間ほど〜になろう. Ben yarım saat kadar uzanacağım.

yokobara 横腹 /a./ böğür, boş böğür. 〜の痛み geğrek batması.

yokocura 横面 /a./ yanak.

yokocyoo 横町 /a./ sokak.

yokodaosi 横倒し /a./ 〜の yatık. 船の〜 alabora. 〜になる kaykıl-, yan yat-. 船を〜にする karina et-, karinaya bas-.

yokodori 横取り /a./ 利益を〜される parsayı başkası topla-. やつは弟の財産を〜した. Herif, kardeşinin bütün malını yuttu.

yokogao 横顔 /a./ yandan görünüş, profil.

yokogìru 横切る /ey./ karşıdan karşıya geç-, katet-. 横切って

yokohaba 横幅 /a./ en.
yokoito 横糸 /a./ atkı, argaç.
yokoku 予告 /a./ 〜する önceden haber ver-, tenbih et-.
yokome 横目 /a./ 〜で見る yan bak-, yan gözle bak-. 〜でちらっと見る gözü kay-. そっと〜で見る gözünün kuyruğuyle (ucuyle) bak-.
yokomici 横道 /a./ 〜にそれる yan sokağa sap-. 〜にそれる馬 çalık at.
yokonaga 横長 /a./ 〜に boyuna. 紙を〜に重ねる kâğıdı boyuna katla-.
yokotawàru 横たわる /ey./ yat-, dur-, yanla-. あられもなく〜（侮辱的）leş gibi seril-.
yokoyure 横揺れ /a./ 船の〜 yalpa. 船が〜する yalpa vur-.
yokozuke 横付け /a./ 船が波止場に〜された. Gemi rıhtıma aborda etmişti.
yòku よく /be./ eni konu, güzelce, pek âlâ, iyi, iyice, çok. → **yòi.** 〜説明する açık söyle-, açımla-. 〜見せる aç-. 〜見る bak-. 〜考える hesap etmek kitap et-. 〜食べる boğazlı. 〜世話された bakımlı. 〜できる liyakatli. 〜やった aferin, ceddine rahmet! bereketli ola! 果物を〜洗え. Meyveleri güzelce yıka. 母親は育児法を〜知らなくてはならない. Anneler çocuk bakımını iyi bilmeli. 〜来てくれたね. Ayağına sıcak su mu dökelim, soğuk su mu? 〜確かめてからにしろ. Anasına bak kızını al, kenarına bak bezini al.
yokù 翼 /a./ cenah, kanat, kol. 飛行機の〜 uçağın kanadı.
yokù 欲 /a./ arzu, istek. 〜の深い pinti, aç gözlü. 〜のない tok gözlü. 衣食に〜のない bir lokma, bir hırka. 〜が出る iştahlan-. 〜と怒りで見る yiyecek gibi bak-. 〜がつっぱっていやがる gözünü toprak doyursun.
yokuacu 抑圧 /a./ boyunduruk, sömürü, tazyik, bastırma. 心の〜 ililme. 〜する boyunduruğa vur-, kas-. 〜された mazlum.
yokuasa 翌朝 /a./ ertesi sabah.
yokubàri 欲張り /a./ aç gözlülük, hırs, çingenelik, mal canlısı, nalıncı keseri, tamah. 〜の aç gözlü, obur, aç, çingene, haris, hırslı, pinti. 〜でない gözü tok. 果てしない〜 dizginsiz bir hırs. つまらない〜が大損を招く. Deveyi yardan uçuran bir tutam ottur.
yokubàru 欲張る /ey./ tamah et-. 欲張らない kanaatkâr, kanık, tok gözlü. 欲しくもないのに〜子供 tok evin aç kedisi. 〜と元も子もなくす Dimyat'a pirince giderken evdeki bulgurdan ol-.
yokuboo 欲望 /a./ arzu, istek, iştah, şevk. 〜がしずまる harı geç-. 〜に負ける nefsine mağlup ol-. 〜をかきたてる şevk ver-. 〜を満たす (俗語) körünü kır-. 〜のままにする şeytan aldat-. 悪い〜に取りつかれる şeytana uy-. 悪い〜に身をまかせる nefsine uy-.
yokugecu 翌月 /a./ ertesi ay.
yokuneñ 翌年 /a./ ertesi yıl.
yokusei 抑制 /a./ zapt. 〜する zapt et-. 自分を〜する kendine hâkim ol-.
yokusicu 浴室 /a./ hamam, banyo.
yokusoo 浴槽 /a./ banyo, banyo teknesi, küvet.
yokusyuu 翌週 /a./ ertesi hafta.
yokuyoku よくよく /be./ iyice, iyicene. 〜考えろ. Etraflıca düşün. この問題を〜考えた後で決心した. Bu konuyu uzun uzun düşündükten sonra karar verdim.
yokuyokuzicu 翌々日 /a./ öbür gün.
yokuyoo 浴用 /a./ 〜タオル hamam havlusu. 〜スポンジ lif. 〜スポンジで体を洗う lifle-.
yokuzicu 翌日 /a./ ertesi gün, erte

yokuzyoo 浴場 /a./ hamam, sıcak. 〜の洗い場 sıcaklık. 〜の経営者 hamamcı.

yokuzyoo 欲情 /a./ kösnü, cinsel istek.

yokyoo 余興 /a./ 〜がまさに盛り上がった頃 eğlence tam kıvamını bulmuşken.

yomarḕ·ru 読まれる /ey./ okun-.

yomasḕ·ru 読ませる /ey./ okut-.

yome 嫁 /a./ gelin. 〜に行く kocaya var-, var-, gelin ol-, köşeye otur-, (俗語) ere git- (var-). 〜に行けないで いる evde kal-. 〜にやる gelin et-, kız ver-, kocaya ver-, (俗語) ever-. 〜にもらう kız al-, nikâh et-. 娘を〜にくれと言う kız iste-. 人のために〜になってくれと頼む dünür düş-. 人のために〜を探しに出かける dünür gez-. 人のために〜をもらいに行く dünür git-. 〜を婿の家へ連れて行く gelin al-. 〜の下見に行く görücü git-. 〜であること gelinlik. 〜の下見に行く女 görücü. 〜の里の若者に出す祝儀 boyunduruk parası. 〜の家と婿の家がとてもうまくいっている. Gelinin ailesi ile damadın ailesi pek iyi bağdaşıyorlar.

yomei 余命 /a./ 〜が数えられる günleri sayılı ol-.

yomeìbiri 嫁いびり /a./ 〜をする kaynanalık et-.

yomeiri dòogu 嫁入り道具 /a./ çeyiz, cihaz, sandık eşyası. 完全な 〜 çeyiz çemen. 〜をそろえる çeyiz düz-.

yomeirisaki 嫁入り先 /a./ 〜が決まる kısmet çık-.

yomḕ·ru 読める /ey./ okun-.

yomigaerasḕ·ru よみがえらせる /ey./ dirilt-.

yomigàeru よみがえる /ey./ can gel-, diril-.

yomihazimḕ·ru 読み始める /ey./ okumaya başla-.

yomìkaki 読み書き /a./ okuma yazma. 〜のできる okur yazar. 〜ができない elifi görse mertek (direk) sanır. 国民の大部分は〜ができる. Halkın büyük bir bölümü okuma yazma biliyor.

yomikàta 読み方 /a./ okunuş. 〜と書き方 okunuş ve yazılış.

yomiowaru 読み終わる /ey./ 完全に 〜 devir-.

yomite 読み手 /a./ okuyan.

yomiyasùi 読みやすい /s./ okunaklı. 大きくて〜字 bacaklı yazı. 父は大きくて〜署名をする. Babamın kolay okunan bir imzası vardır. タイランの字は〜. Taylan'ın okunaklı bir yazısı var.

yōmu 読む /ey./ oku-. 本を〜 kitabı oku-. 字を〜 yazıyı oku-. 紙を見て〜 yüzünden oku-. 声を出して〜 söyle-. 人の心を〜 ciğerini oku-. 読み始める okumaya başla-. コーランを読み続ける hatim sür-. 〜こと okuma. 読みにくい字 okunaksız bir yazı, karınca duası gibi. ちょっと読もうと思ったら徹夜してしまったらしい. Biraz okuyayım derken sabahı yapmışım. この本を一晩で読んでしまった. O kitabı bir gecede devirdim. 読まずにはいられない. Ben okumadan edemem.

yonakà 夜中 /a./ 〜に gece yarısı. 〜にやって来る客 tanrı misafiri.

yoneñ 余念 /a./ おじは馬の手入れに〜がない. Amcam atının tımarı ile uğraşıyor.

yonìñ 四人 /a./ dört kişi.

yonònaka 世の中 /a./ dünya. 〜の dünyevî. 〜にはいろんな事がある. Dünya ucu uzundur. なんとひどい〜だ. Ne günlere kaldık! 〜は変わったのだ. Eski çamlar bardak oldu.

yoñ 四 /a./ dört. 〜の dört. 〜ずつの dörder. 第〜の dördüncü. トランプの〜の札 dörtlü. 〜ひく2は…. Dörtten iki çıkarsa….

yoñbañme 四番目 /a./ 〜の dördüncü.

yoñbuñnoici 四分の一 /a./ çeyrek.

yoñdokoronài よんどころない /s./ ～事情 özür.

yoñkàgecu 四カ月 /a./ dört ay. ～の dört aylık.

yoñriñ 四輪 /a./ dört tekerlek. ～の手押し車 çekçek. ～の小さい荷車 domuz arabası.

yoñzyoo 四乗 /a./ dördüncü kuvvet. 百万の～ katrilyon.

yoñzyùkkai 四十回 /a./ kırk kez. ～もする kırkla-.

yoñzyùkko 四十個 /a./ kırk tane. ～入りの kırklık. ～入りの荷物 kırklık paket.

yòñzyuu 四十 /a./ kırk. ～の kırk.

yoñzyuubañme 四十番目 /a./ ～の kırkıncı.

yoñzyùunici 四十日 /a./ kırk gün. 出産から～がたつ kırkla-, kırkı çık-. 死亡から～がたつ kırkı çık-. 子供達の生年月日が～と違わない kırkları karışmış ol-.

yoñzyùuniñ 四十人 /a./ kırk kişi. ～の聖徒 Kırklar.

yòo よう /a./ …の～だ imiş, benze-. (～な) …の～な gibi, kabil, kadar. …の～なもの gibi. ライオンの～な子供 aslan gibi çocuk. 病気の～な様子 hastalık kabilinden bir hâl. 大がらで男の～な女 atlar anası. 同じ～な aynı. (～に) …の～に gibi, üzere, sözde. 氷の～に冷たい buz gibi soğuk. 矢の～に速い ok gibi. 棒の～に歩く人 baston gibi. 同じ～に aynıyla. …の～になりたいと思う imren-. 父が子をいたわる～にする babalık et-. 思う～にできない başını gözünü yar-. 人のする～にする cemaate uy-. 分かった～に見える anlamış gibi görün-. 前に明らかにした～に daha önce belirtildiği üzere. 仲直りする～に言う atış-. 行かない～にさせる ayağını kes-. いいことがあなたにもあります～に darısı

başına. 《文》君の～な勉強家は見たことがない. Senin kadar çalışkan insan görmedim. 写真を見ているとあなたに会っている～気がした. Resimden sizi görmüş kadar oldum. 正直な父に見習って，父の～な人になりたいと思っています. Dürüst bir kişi olan babama imrenip onun gibi olmaya çalışıyorum. この～なものは見たことがなかった. Bunun gibisini hiç görmemiştim. 私の～にしなさい. Benim gibi yapınız. したい～にしろ. İstediğin gibi yap. 誰もが知っている～に地球は丸いのだ. Herkes bilir ki dünya yuvarlaktır. 頑張っているかの～だね. Sözde çalışıyorsun! 買うものを君が忘れない～にと書きました. Alacaklarını unutmayasın diye yazdım. 泥に踏み込まない～に. Çamura basılmasın. 当人が来る～に. Kendisi gelsin. アラーが子供達をお助けくださいます～に. Allah çocuklarımı bağışlasın.

yòo 用 /a./ hacet, iş, gereklilik. ～がある işi ol- (var). どんな大事な～があっても iki eli kanda olsa. ～のない avare, boş. ～もないのに ne oluyor? yekten. ～もないのに急ぐ atlı kovala-. もう～のなくなった人をほったらかす dirsek çevir-. 何の～か, ～はない ne arıyor. ちょっと～があります. Simdi işim var.

§～をたす aptes boz-, ayak yoluna git-.

yòo 陽 /a./ ～の pozitif.

yoobai 溶媒 /a./ eriten.

yoobeñ 用便 /a./ aptes, hacet. ～をもよおす (俗語) haceti ol-.

yoobi 曜日 /a./ hafta günü.

yooboo 容貌 /a./ yüz, çehre, kılık, vecih.

yooboo 要望 /a./ rağbet, temenni.

yòobu 腰部 /a./ bel bölgesi.

yooci 幼稚 /a./ ～なことをする çocukluk et-.

yòoci 用地 /a./ arsa.

yoocieñ 幼稚園 /a./ ana okulu.
yoocui 腰椎 /a./ bel omurları.
yoocuu 腰痛 /a./ lumbago, bel ağrısı.
yoocyuu 幼虫 /a./ kurtçuk, tırtıl.
yoodañsu 洋ダンス /a./ konsol, şifoniyer.
yoodociñki ヨードチンキ (Al. Jodtinktur) /a./ tentürdiyot. 〜を塗る tentürdiyot sür-.
yŏoeki 溶液 /a./ eriyik, mahlûl, şerbet. 珪酸ソーダの〜 cam suyu. セメント〜 çimento şerbeti.
yoogaku 洋楽 /a./ alafranga müzik.
yŏogañ 溶岩 /a./ lav, magma, püskürtü, püskürük kayalar. 火山の噴火口から出る〜 yanardağın kraterinden çıkan lavları.
yŏogi 容疑 /a./ töhmet. 〜の maznun, sanık, zanlı.
yoogisya 容疑者 /a./ sanık, zanlı, maznun. どろぼうの〜 二人がつかまった. Hırsızlıktan sanık iki kişi yakalandı.
yoogo 用語 /a./ terim, lügat. 数学〜 matematik terimi.
yŏogo 擁護 /a./ koruma, himaye. 〜する koru-. 〜する人 koruyucu.
yŏogu 用具 /a./ aygıt, âlet.
yoogùruto ヨーグルト (İng. yogurt) /a./ yoğurt. 〜のたね yoğurt damızlığı. 〜の酵母 yoğurt mayası. 乳に〜の酵母を入れる yoğurt çal-. 〜から作った飲物 ayran. 〜と卵の料理 çılbır. 〜のあえもの cacık.
yŏogyoo 窯業 /a./ çinicilik.
yoohei 傭兵 /a./ ücretli asker.
yoohiñ 用品 /a./ gereç.
yoohiñteñ 洋品店 /a./ konfeksiyon mağazası.
yoohisi 羊皮紙 /a./ parşömen, tirşe. 模造〜 parşömen kâğıdı.
yoohoo 用法 /a./ kullanış.
yoohoo 養蜂 /a./ arıcılık.

yoohŏogyoo 養蜂業 /a./ arıcılık.
yoohooka 養蜂家 /a./ balcı, arıcı.
yoohuku 洋服 /a./ batı tipi kıyafet.
yoohukùkake 洋服掛け /a./ 壁の〜 duvar askısı.
yoohukuya 洋服屋 /a./ terzi. 〜に服を注文する terziye elbise ısmarla-.
yoohuu 洋風 /a./ batı stili.
yoohuuka 洋風化 /a./ 〜する batılılaş-.
yooi 容易 /a./ kolaylık. 〜な kolay, hafif. 〜な仕事 kolay iş. 〜に kolayca, kolaylıkla, rahatça, rahatlıkla. 〜に手に入る ucuzla-. 〜になる kolaylaş-. 〜にする kolaylaştır-, kolaylık göster-. 〜に死なない dokuz canlı. 〜である kolayına gel-. 暮らしをたてるのは〜ではない ekmek aslanın ağzında. 人に仕事をさせるのは〜ではない. Başkasına iş gördürmek kolay değil.
yŏoi 用意 /a./ hazırlık, tedarik. 〜する hazırla-, hazırlık gör-, tedarikte bulun-. 会見を〜する görüştür-. 〜しておく bulundur-. 充分に〜する denkleştir-. 〜の ihzarî. 〜の言葉を言う dağarcığındakini çıkar-. 〜のある amade, hazır. 〜のととのった hazır. 〜のできた anık. 〜のできていること anıklık. 前から〜してある hazırlıklı. 〜なしで irticalen. 食事の〜ができました, どうぞ. Sofra hazır, buyrun.
yooiku 養育 /a./ besi, besleme. 〜する besle-, yetiştir-. 〜される beslen-, yetiştiril-. 〜されたもの büyütme.
yooikùeñ 養育園 /a./ yetiştirme yurdu.
yooikugàkari 養育係 /a./ lala.
yooiñ 要因 /a./ âmil, etken.
yooiñ 要員 /a./ eleman.
yooka 八日 /a./ ayın sekizinci günü. 〜間 sekiz gün.
yookai 溶解 /a./ hal, eritme. 〜する eri-, erit-. 水に〜する suda eri-.
yookàieki 溶解液 /a./ şerbet.

yookèñ 用件 /a./ iş. 大事な〜 önemli bir iş.

yookèñ 要件 /a./ koşul.

yooki 陽気 /a./ hava, iklim, mevsim; keyif, neşe, şenlik. 〜がいい hava güzel. 〜が体にさわる hava çarp-. 〜な şen, neşeli, eğlenceli, civelek, şakrak, şuh. 〜な人 şen adam. 〜な娘 şakrak bir kız. とても〜な şen şakrak (şatır). 〜で騒々しい場所 düğün evi gibi. 〜に騒ぐ düğün bayram et-. 〜になる neşelen-, gönlü açıl-. 〜にする neşelendir-, eğlendir-. 今日は〜が少し涼しくなった。Bu gün hava biraz serinledi. ひどい〜だ、まったく。Berbat bir hava yani. 酒には〜にしてくれるものがある。Kimi içkiler keyif verir.

yòoki 容器 /a./ kap, mahfaza, （古語） zarf. 〜の中身がなくなる dibi görün-.

yookoo 陽光 /a./ güneş.

yookòoro 溶鉱炉 /a./ yüksek fırın, （俗語）küre.

yòokoso ようこそ /ün./ Hoş geldiniz.

yookyoku 陽極 /a./ artı uç, anot, pozitif kutup.

yookyuu 要求 /a./ istek, gerekseme, gerek, istem, talep, ihtiyaç, dilek, icap, rağbet. 〜する iste-, talep et-, icap et-. あくまで〜する üstele-. 〜される istenil-, rağbet gör-. 〜に応じる ihtiyaca cevap ver-, cevap ver-, icabına bak-. 〜を認めさせる dikte et-. 遊びは子供の〜である。Oyun, çocuklar için bir ihtiyaçtır.

yoomoo 羊毛 /a./ yün, tüy. 〜の yünlü. 春に刈った〜 yapağı, yapak. 〜を袋にけって詰め込む yünleri çuvala tep-. 〜を打つ人 hallaç.

yoomùiñ 用務員 /a./ hademe, odacı.

yoomyaku 葉脈 /a./ yaprak damarı, damar. 中心の〜 orta damar.

yoonegi 洋ネギ /a./ pırasa.

yooneñ 幼年 /a./ küçüklük.

yooniñ 容認 /a./ hoşgörü.

yoonyuu 羊乳 /a./ koyun sütü. 〜のヨーグルト koyun yoğurdu.

yoorañ 要覧 /a./ albüm.

yoorei 用例 /a./ örnek.

Yooròppa ヨーロッパ /a./ Avrupa. 〜, アメリカ batı. 〜共同市場 ortak pazar. 〜経済共同体 Avrupa Ekonomik Topluluğu. トルコの〜側 Rumeli. ボスフォラス橋は〜・アジア間のかけ橋である。Boğaz köprüsü Avrupa ile Asya arasında bir bağlantıdır.

Yooroppahuu ヨーロッパ風 /a./ Avrupa stili. 〜の alafranga. 〜になる batılılaş-.

Yooroppasañ ヨーロッパ産 /a./ 〜の商品 Avrupa menşeli mallar.

Yooroppasei ヨーロッパ製 /a./ 〜の商品 Avrupa menşeli mallar.

Yooroppa tàiriku ヨーロッパ大陸 /a./ Avrupa kıtası.

Yooroppàziñ ヨーロッパ人 /a./ Avrupalı.

Yooroppazyuu ヨーロッパ中 /a./ この夏〜を旅行して回った。Bu yaz bütün Avrupa'yı gezmiş.

yooryòkuso 葉緑素 /a./ klorofil.

yooryòo 要領 /a./ 〜のいい açık göz, kurnaz. 〜を得ない sözü döndürüp dolaştır-, manasız. 〜を得た話をする yerinde söz et-.

yoosai 要塞 /a./ hisar, istihkâm, kale, tabya. 海峡を守る〜 boğazkesen.

yoosecu 溶接 /a./ kaynak. 〜する kaynak yap-, kaynat-.

yoosecukoo 溶接工 /a./ kaynakçı.

yoosei 要請 /a./ konut, istem, rica. 彼の援助を〜した。Ondan yardım etmesini istediler.

yoosei 養成 /a./ yetiştirme, terbiye, eğitim.

yoosei 妖精 /a./ peri.

yoosei 陽性 /a./ 〜の müspet.

yōoseki 容積 /a./ hacim istiabi, hacim, oylum.

yoosi 養子 /a./ manevî evlât, evlâtlık. 〜にする yakadan geçir-. 〜を もらう evlât edin-. 〜をとる evlâtlık al-, gömleğinden (gömlekten) geçir-, üstüne geçir- (çevir-).

yoosi 用紙 /a./ kâğıt.

yōosi 要旨 /a./ hulâsa, özet.

yōosi 容姿 /a./ boy bos.

yoosiki 様式 /a./ usul, moda, biçim, tarz, kiplik, stil, şekil, üslûp, vecih, (古語) vadi. 生活〜 hayat tarzı, yaşantı.

yōoso 要素 /a./ öğe, eleman, âmil, unsur. 文の〜 tümcenin öğeleri.

yōoso 沃素 /a./ iyot.

yoosoo 様相 /a./ kiplik, boyut. 〜を 呈する durum al-. 新しい〜を見せる yeni boyutlar kazan-.

yoosu 様子 /a./ görünüş, durum, çehre, eda, ahval, duruş, tavır. 〜の edalı. 病気のような〜 hastalık kabilinden bir hal. 考え込んだ〜 düşünceli bir tavır. どんな〜か ne sularda. 〜が変わる acayip ol-. 〜を 見るために不確かな情報を流す balon uçur-. 街の〜が変わった. Şehrin çehresi değişti. 何を考えているか〜で 分かった. Ne düşündüğünü durumundan anladım.

yoosùikoo 用水溝 /a./ ark.

yoosùru 要する /ey./ gerek-, gerektir-, istenil-. 急を〜 acelesi var, ivedili, evgin. 入院を〜 hastanelik. 入院を〜病人 hastanelik bir hasta. 要すれば icabında, gerekince, gerekirse.

yoosùruni 要するに /be./ kısacası, sözün kısası, hâsılı, hulâsa, uzatmayalım, uzun lafın kısası, velhasıl, (俗語) yani. 〜何と言ってもむだ だった. Hâsılı ne söyledikse kâr etmedi.

yōosya 容赦 /a./ af, bağışlanma.

〜しない kusur bul-, rahmet okuma-. 〜し得る mazur. 〜ない amansız. 〜な く gaddarca, kıyasıya. 〜なく罰する Allah yarattı demez.

yoosyo 要所 /a./ kilit noktası (yeri, mevkii), can alacak yer.

yootàsi 用足し /a./ 〜に行く hacet gör-.

yootèñ 要点 /a./ ağırlık merkezi, can alacak yer, hulâsa, işin başı. 〜をはずす kapalı geç-. 〜を突く（口 語）üstüne bas-.

yōoto 用途 /a./ kullanış.

yooyaku ようやく, 漸く /be./ azar azar, giderek, sonunda.

yooyaku 要約 /a./ özet, hulâsa. 〜する özetle-.

yoozi 用事 /a./ iş. 歩き回る〜 ayak işi.

yoozi ようじ, 楊枝 /a./ diş fırçası, kürdan.

yòozi 幼児 /a./ ana kuzusu, masum. 〜の靴 patik. ピンクの毛糸で〜の靴を 編んだ. Pembe yünden patikler ördü.

yòoziñ 用心 /a./ dikkat, ihtiyat, sakınma, tedbir. 〜する dikkat et-, sakın-, tedbir al-. かかわりにならないよ う〜する bucak bucak kaç-. 〜して dikkatlice. 万一の〜に her ihtimale karşı, ne olur ne olmaz. 〜しろ. Ağzını açacağına gözünü aç!

yooziñbukài 用心深い /s./ ağır başlı, ihtiyatlı, sakıngan, uyanık.

yooziñbùkasa 用心深さ /a./ ağır başlılık, göz açıklığı, uyanıklık.

yòozyo 養女 /a./ evlâtlık.

yòozyoo 養生 /a./ 〜すればすぐよくな る. İyi beslenirse çabuk dirilir.

yoozyoocyuu 養生中 /a./ 〜の perhizli.

yoozyucu 妖術 /a./ afsun.

yopparai 酔っ払い /a./ sarhoş, ayyaş, içkici, küfelik, (隠語) küp. 〜の ayyaş.

yopparau 酔っ払う /ey./ sarhoş ol-, esri-, kafası bulan-, papaz uçur-, yükünü al-, (隠語) dut gibi ol-, fitil ol-, kafayı tütsüle-, tütsüle-. ひどく～ zil zurna sarhoş gel-. 酔っ払って zil zurna. 酔っ払っている fitil gibi, kafası dumanlı, esrik, (隠語) yüklü. 酔っ払って千鳥足で歩く. O duvar senin, bu duvar benim.

yorèba よれば /il./ göre, nazaran. わたしたちの聞いたところに～新聞とはちがっていた. Duyduğumuza göre gazeteden ayrılmış. 新聞報道に～ gazete haberlerine nazaran.

yoreyore よれよれ /a./ ～の布地 yatık kumaş.

yori より /il./ -den. …～前に (…den) evvel. 普通～多い fazla. これ～いいものはない bundan iyisi can sağlığı. これはそれ～もっと美しい. Bu ondan daha güzel. これ～前に考えるべき他のことがある. Bundan evvel düşünülecek başka şeyler var. 今年の収穫は去年～ずっと多い. Bu yıl ürün geçen yıldan daha fazla. この冬はいつも～多く雪が降った. Bu kış fazla kar yağdı.

yòri より /be./ daha. ～早く evvelce. ～好む yeğ tut-, yeğle-, tercih et-.

yoriacumàru 寄り集まる /ey./ üşüş-.

yoricukè·ru 寄り付ける /ey./ 足もとへも寄り付けない ayağına pabuç olama-.

yoricùku 寄り付く /ey./ 寄り付かない semtine uğrama-.

yoridori より取り /a./ ～見取りで seçmece.

yorigonomi より好み /a./ ～する seç-.

yorìhimo よりひも /a./ 絹の～ kordon.

yorikakarasè·ru 寄り掛からせる /ey./ dayandır-.

yorikakàru 寄り掛かる /ey./ dayan-, aban-, yaslan-, yüklen-. 木に～ ağaca dayan-. 壁に～ duvara dayan-. 寄り掛かった dayalı. 旅人は船べりに寄り掛かって海を見ていた. Yolcu küpeşteye abanmış, denize bakıyordu. 後ろに寄り掛かって楽にしなさい. Arkana yaslan, rahat otur.

yorime 寄り目 /a./ ～の şaşı. ちょっと～の şehlâ.

yorimici 寄り道 /a./ ～の sapa. ～をする sapa düş-. あそこは私には～になる. Orası bana sapa geliyor (düşüyor).

yorinuki より抜き /a./ ～の mutena. ～の品 seçme.

yorisòu 寄り添う /ey./ sokul-. 寄り添っている pervane ol-. 子供は犬が怖くて母親に寄り添った. Çocuk köpekten korktu, annesine sokuldu.

yoriyòi よりよい /s./ ehven, yeğ.

yoroi よろい /a./ zırh. ～を着けた zırhlı. ～を着けた騎兵 zırhlı süvari. ～の胸当て göğüslük. ～は昔矢や刀から身を守るために用いられた. Zırh eskiden oktan, kılıçtan korunmak için kullanılırdı.

yoroido よろい戸 /a./ kepenk, jaluzi, panjur. ～をおろす kepenkleri indir-. ～を閉める kepenkleri kapa-.

yoroke·ru よろける /ey./ sendele-. つまずいて～ tökezle-. すべって～ sürç-. 足を石にとられてよろけた. Ayağı bir taşta takılıp sendeledi.

yorokobarè·ru 喜ばれる /ey./ hoşa git-, hora geç-, makbule geç-, makbul.

yorokobasè·ru 喜ばせる /ey./ sevindir-, gönlünü al-, gönlünü et- (yap-), gönlünü hoş et-, gönül al-, hatırını hoş et-, hatır yap-, memnun et-, yara-, yüzünü güldür-. このニュースは私達を喜ばせた. Bu haber bizi sevindirdi. 人を～ためには無理をすることもある. Hatır için çiğ tavuk yenir.

yorokobasìi 喜ばしい /s./ ～もの yüzü sıcak.

yorokobàsu 喜ばす /ey./ sevindir-.

yorokobi 喜び /a./ sevinç, neşe, haz, memnuniyet, safa, zevk. 子供は家の〜だ. Çocuk evin neşesidir.

yorokòbu 喜ぶ /ey./ sevin-, haz duy-, kıvanç duy-, kıvan-, memnun ol-, razı ol-, zevk al- (duy-). 霊が〜 canına değ-. とても〜 göbek at-, ağzı kulaklarına var-, kanatlan-. 小躍りして〜 ayakları yere değme-. とびあがって〜 uç-. 喜んで gönül hoşluğu ile, gönül rızasıyle, hoşnut, isteyerek, memnuniyetle, güle oynaya, başımla beraber, bayıla bayıla, oynaya oynaya. 喜んで働く iştahlı çalış-. 喜んで選ぶ beğen-. 心から喜んでдünden razı (hazır). 父はいつも子供達のできのよさを〜. Babam her zaman çocuklarının başarısıyla kıvanır. 彼はこの仕事を喜んでやっている. O bu işin gönüllüsü.

yoromèku よろめく /ey./ sendele-. つまずいて〜 tökezle-.

yòroñ 世論 /a./ kamu oyu, halk oyu, umumî efkâr.

yorosìi よろしい /s./ iyi, olur, peki, yahşi.

yorosiku よろしく /be./ 〜と伝える selâm ver-.

yòroyoro よろよろ /be./ 重過ぎる荷物で家畜は〜してやって来た. Fazla yükten hayvan yıkla yıkla geliyordu.

yoru 寄る /ey./ yaklaş-, toplan-, yanaş-, dayan-, uğra-. そばへ〜 yaklaş-. 人のそばへ〜 burnuna gir-. そばへ〜な (俗語) taşı ölçeyim. 寄って押す dayan-. しわが〜 kırış-. 郵便局に〜 postaya uğra-. 人がよく〜所 uğrak. この招待にあちこちから人が寄って来た. Bu çağrıya her taraftan koşuldu. 出掛けた時にはうちへも寄って下さい. Çıkmışken bize de uğrayıverin. うちへちっとも寄ってくれないから君を恨んでいた. Bize hiç uğramadığın için sana darıldım.

yoru よる /ey./ …によって binaen, ile, suretiyle, tarafından, uyarınca, üstüne, vasıtasıyla. 平和的手段によって barışçı vasıta ile. 憲法第89条によって Anayasanın 89 uncu maddesi uyarınca. …によれば binaen, göre, nazaran, nezdinde. 見方によれば bir bakımdan, bir bakıma da. 新聞報道によれば gazete haberlerine nazaran. 見かけによらず大したものだ az değil! 私達の聞いたところによれば新聞とは違っていた. Duyduğumuza göre gazeteden ayrılmış.

yòru 夜 /a./ akşam, gece. 〜に geceleyin. 〜は geceleyin. 〜も昼も geceli gündüzlü. 〜と言わず昼と言わず gece gündüz demeden. 〜を過ごす gecele-. 〜を戸外で過ごす ay dedeye misafir ol-. 〜を働く人 gece kuşu. 〜の部 suare, suvare. 砲火は〜まで続いた. Top ateşi geceye kadar sürdü. 〜にはよい仕事ができない. Gece gözü kör gözü.

yòru よる /ey./ bük-. 糸を〜 iplik bük-. つむで毛を〜 iğle yün eğir-. よったひも bükme. よっていない糸 çiğ iplik.

yòru よる, 選る /ey./ seç-.

yobube 寄る辺 /a./ 〜のない yeri yurdu belirsiz.

Yòrudañ ヨルダン /a./ Ürdün.

yòsa よさ, 良さ /a./ güzellik, iyilik. 〜を知る tadını al-.

yosañ 予算 /a./ bütçe. 〜の赤字 bütçe açığı. 〜の支出の部 bütçenin gider kısmı. 新しい〜で一連の節約が行われた. Yeni bütçede birtakım kısıntılar yapıldı.

yosàñañ 予算案 /a./ bütçe tasarısı.

yoseacume 寄せ集め /a./ 〜の gecekondu, havadan sudan. 〜の材料で作った家 derme çatma ev.

yoseàu 寄せ合う /ey./ 肩を寄せ合って omuz omuza.

yosegizàiku 寄せ木細工 /a./ parke.

yosekakè·ru

〜の床 parke.

yosekakè·ru 寄せ掛ける /ey./ 壁に寄せ掛けたテーブル duvara dayalı masa.

yose·ru 寄せる /ey./ yanaştır-, kat-, topla-, daya-. そばへ〜 yaklaştır-. 身を〜 başını sok-. しわを〜 buruştur-.

yosèzañ 寄せ算 /a./ toplama.

yŏsi よし /ün./ e, haydi, hadi, peki, (口語) tamam. 〜きた haydi, hadi, öyle olsun, ya Allah. 〜行きなさい. Haydi, gidin!

yŏsi ヨシ /a./ kamış.

yŏsiasi よしあし /a./ iyi ve kötü. 道具の〜は少しばかりそれを使う人にかかっている. Bir aletin iyi veya kötü olması biraz da onu kullana bağlıdır.

yosiñ hàñzi 予審判事 /a./ sorgu yargıcı.

yŏso よそ /a./ başka yer. 〜の garip, yabancı, yad, haricî. 〜の人 el adamı. 〜の女に目をつけて gözü dışarda.

yosoiki よそ行き /a./ 〜の yabanlık. 〜の服 yabanlık.

yosoku 予測 /a./ tahmin. 気象〜では meteorolojinin tahminlerine göre.

yosŏmi よそ見 /a./ 〜して gözü dışarda.

yosomono よそ者 /a./ el, yaban. 〜の acemî. 〜である yabancı gel-.

yosoo 予想 /a./ oranlama, tahmin, hesap. すべて我々の〜はさかさまになった. Bütün hesabımız alt üst oldu. 〜は往々はずれる. Evdeki hesap çarşıya uymaz.

yosooi 装い /a./ kıyafet, kılıf. 〜を凝らす kılıfına uydur-.

yosoòu 装う /ey./ süslen-, (kendine) süsü ver-; sat-, tasla-. 平静を〜 bozuntuya verme-.

yosou よそう /ey./ 皿にお玉でスープを〜 tabağa kepçeyle çorba koy-.

yosoyososii よそよそしい /s./ 〜あいさつ uzaktan merhaba.

yosoyuki よそ行き /a./ 〜の yabanlık. 〜の服 yabanlık.

yŏsu よす /ey./ yapma-, etme-. よした方がいい aman derim. よせ etme, eyleme. むだな言い訳はよせ. Boşuna estek köstek etme. その問題はよそう. O meseleyi geçelim.

yŏsumi 四隅 /a./ dört köşe. 部屋の〜 odanın dört köşesi. ハンカチの〜 mendilin dört köşesi.

yotamono 与太者 /a./ külhanbeyi, (隠語) kopil.

yŏtayota よたよた /be./ sarsak sursak.

yotei 予定 /a./ program. 〜の önceden tertip etmiş. 〜にする niyetlen-. 〜する öngör-. 一カ月の〜で行った. Bir ay için gitti.

yŏtoo 与党 /a./ iktidar partisi.

yotte よって → **yoru**/ey./.

yŏtto ヨット (İng. yacht) /a./ yat. 私達の〜が汽船を追い越すだろう. Bizim yelkenli vapru geçecek.

yotto rèesu ヨットレース (İng. yacht race) /a./ yelken yarışı.

yŏu 酔う /ey./ sarhoş ol-, mest ol-, (口語) ol-, (隠語) kafayı bul-. 酔っている sarhoş, mest, içkili, dumanlı, zil gibi, (隠語) kandil. ひどく酔っている burnunun ucunu görme-. 酔って içkili durumda. ひどく酔って zil zurna. 酔って吐く (隠語) öt-. 道を歩いていた男はあまり酔っていて立ち止まっていることができなかった. Yolda yürüyen adam öylesine sarhoştu ki ayakta duramıyordu.

yowài 弱い /s./ zayıf, güçsüz, kuvvetsiz, cılız, dayanıksız, kısık, hayal gibi, (古語) zebun. 〜軍隊 zayıf bir ordu. 〜光 cılız ışık. 体が〜 zayıf nahif. 力が〜 kuvvetsiz. 〜こと zayıflık. とても〜 iskelet gibi, kürdan gibi. 弱くて細い değnek gibi. 弱くて背の高い (冗談) fasulye sırığı gibi. 弱くなる zayıfla-, cılızlaş-, kısıl-, incel-. とても弱くなる dilenci değneğine dön-. 〜ところをつかむ gagasından yakala-.

yowamàru 弱まる /ey./ zayıfla-, kırıl-. 使わなかったために力が〜 hamlaş-. 嵐の力が弱まった. Fırtınanın şiddeti azaldı.

yowamè・ru 弱める /ey./ zayıflat-, kıs-, zebun et-.

yowamì 弱み /a./ 〜を握る damarını bul-. 〜につけ込む damarına gir-, dara boğ-. 〜につけ込んで仕返しをしてはならない. Yaralı kuşa kurşun sıkılmaz.

yowarasè・ru 弱らせる /ey./ örsele-, sars-. 病気が彼をだいぶ弱らせた. Hastalık onu epey örselemiş.

yowarihatè・ru 弱り果てる /ey./ paralan-.

yowàru 弱る /ey./ zayıfla-, zayıf düş-, kuvvetten düş-, çürü-. 体が〜 çök-. 弱っている halsız, mecalsız, çürük. 体が弱っている süngüsü düşük. たいへん〜 bal mumu gibi eri-. とても弱っている insanlıktan çık-. 子供は最近めっきり弱ってきた. Çocuk son günlerde ne kadar kötülemiş.

yowasè・ru 酔わせる /ey./ keyif ver-.

yowàtari 世渡り /a./ 〜のうまい人 hayat adamı.

yowayowasìi 弱々しい /s./ kaknem, gevşek, bir sıkımlık canı ol-. 〜人 canlı cenaze.

yowayowàsisa 弱々しさ /a./ gevşeklik.

yoyaku 予約 /a./ ayırtma, yer tutma, rezervasyon. 〜する ayırt-, gün al-, rezervasyon yap-. 席を〜する yer tut-. 〜を申し込む abone ol-. 〜申し込み abonman. 前金の〜申し込み abone. 前金の〜申し込み人 abone.

yoyakukiñ 予約金 /a./ abone ücreti.

yoyuu 余裕 /a./ bolluk ; boşluk. ほかのことを考える〜がない dünyayı gözü görme-. 家を〜のある時に買っておいた. Evimizi bollukta almıştık.

yozinobòru よじ登る /ey./ tırman-.

yozire よじれ /a./ büklüm.

yozìru よじる /ey./ bük-.

yozyoo 余剰 /a./ artık.

yù 湯 /a./ sıcak su. 熱い〜 kaynar su. 〜を沸かす suyu ısıt-. 〜に水を混ぜる aşıla-. 〜に入る banyo yap-. お〜を使わせる yıka-. 赤ちゃんにお〜を使わせる bebeği yıka-. 〜が沸いた. Su ısındı. 〜がグラグラ沸いている. Su fıkır fıkır kaynıyor.

yuagari tàoru 湯上がりタオル /a./ peştamal, silecek, çıkma.

yubì 指 /a./ parmak, el. 細長い〜 kalem parmak. 〜を鳴らす parmak çıtlat-. 〜の形に parmak parmak. 〜で弾く楽器 çekme. 一本の〜ですくえるほどの蜜 bir parmak bal. 〜を折って数えられるほど少ない parmakla gösteril-. 〜一本触れない tüyüne dokunma-.

yubibue 指笛 /a./ ıslık. 〜で不快を示す ıslıkla-.

yubinùki 指ぬき /a./ yüksük. 〜をはめないと針が指に刺さるかもしれないよ. Yüksük takmazsan iğne parmağına batabilir.

yubisaki 指先 /a./ parmak ucu. 〜ではじく fiske vur-.

yubiwa 指輪 /a./ yüzük, halka. 〜の石 yüzük taşı. 〜の山 yüzük taşı. 母は青い石のついた金の〜をしている. Annemin mavi taşlı altın bir yüzüğü var. 石が〜にうまくはめ込まれなかった. Taş yüzüğe iyi gömülmemiş.

yùbune 湯船, 湯舟 /a./ küvet, banyo teknesi.

yudanè・ru ゆだねる, 委ねる /ey./ güven-, yüz et-, ısmarla-.

yudañ 油断 /a./ boşlama, ihmal, savsaklama. 〜のない tekik, uyanık. 〜なく tekikte. 〜なく構える tekik üstünde bekle-.
§〜大敵. Su uyur düşman uyumaz.

Yùdaya ユダヤ /a./ Yahudi. ~の Yahudi. ~教会堂 havra.

Yudayakyoo ユダヤ教 /a./ Musevîlik. ~の Musevî. ~の牧師 haham.

Yudayàziñ ユダヤ人 /a./ Yahudi, Musevî.

yudeniku ゆで肉 /a./ söğüş.

yudè・ru ゆでる /ey./ haşla-. ジャガイモを~ patates haşla-. 野菜を~ sebzeyi haşla-. ~こと haşlama. カボチャのゆでたもの kabak haşlaması. 卵がゆですぎて固くなった. Yumurtalar çok kaynayınca katılaşmış.

yudetamagòtate ゆで卵立て /a./ yumurtalık.

yudeyàsai ゆで野菜 /a./ haşlama sebze.

yuè 故 /a./ sebep. ~なくして sebepsizce.

yuèni ゆえに,故に /ba./ yani, sebepten dolayı. 我思う, ~我あり. Düşünüyorum, demek varım.

yueñ 油煙 /a./ kurum, is.

yueñ ゆえん,所以 /a./ sebep.

yugàku 湯がく /ey./ haşla-. ~こと haşlama.

yugame・ru ゆがめる /ey./ çarpıt-, tahrif et-. 口を~ ağzını çarpıt-. にがさで口を~ bur-. 泣く時のように唇を~ dudağını bük-.

yugami ゆがみ /a./ kıvrım, kıvrıntı, tahrif.

yugamu ゆがむ /ey./ eğril-, çarpıl-, ağdır-. 口が~ ağız çarpıl-. ゆがんだ eğri, bükük, çarpık, çalık, yamru yumru. ゆがんだ壁 eğri bir duvar, çarpık duvar. 布目のゆがんだ生地 yatkın kumaş. たいへんゆがんだ çarpık çurpuk.

yùge 湯気 /a./ buğu. ~でくもる buğulan-.

yuibucùroñ 唯物論 /a./ maddecilik, özdekçilik, materyalizm. 史的~ tarihî maddecilik. 弁証法的~ eytişimsel özdekçilik.

yuibucuròñsya 唯物論者 /a./ maddeci, materyalist.

yuigoñ 遺言 /a./ vasiyet. ~する vasiyet et-. ~執行者 vasi. ~執行者であること vesayet.

yuigoñzyoo 遺言状 /a./ vasiyetname, vasiyet.

yùiicu 唯一 /a./ ~の tek, yalnız. ~大事な biricik. 成功の~の方法は努力することだ. Başarının tek çaresi çalışmaktır.

yuiicusei 唯一性 /a./ birlik.

yuiicùsiñ 唯一神 /a./ イスラム教徒は~を信じる. Müslümanlar tek Tanrı'ya inanırlar.

yuinookiñ 結納金 /a./ ağırlık,(古語) nikâh.

yùisyo 由緒 /a./ ~正しい soyu sopu belli. ~正しい家系の soylu.

yuka 床 /a./ kat, döşeme, taban, yer, zemin. 部屋の~ odanın zemini. ~にじかに敷いたベッド yer yatağı. この部屋の~には全部じゅうたんが敷いてある. Bu odanın bütün tabanı halıyla kaplı.

yùkai 愉快 /a./ hoşluk, neşe. ~な hoş, neşeli, eğlenceli, şen, latif, maskara, neşesi yerinde, oyalayıcı. ~になる neşelen-, şenlen-, içi açıl-, içi yağ bağla-,(隠語) kafayı bul-. ~にさせる neşelendir-, eğlendir-, güldür-, keyif ver-. なんて~な子. Ne maskara çocuk! ここは私にあまり~なところではなかった. Burası bana pek sevimsiz geldi. 昨夜はお宅でたいへん~でした. Dün gece sizde iyi eğlendik.

yukaita 床板 /a./ döşeme tahtası.

yukañdai 湯灌台 /a./ ölü salı.

yukecu 輸血 /a./ kan nakli. ~する kan aktar-, kan ver-.

yuki 行き /a./ gidiş.

yuki 雪 /a./ kar. 湿った~ cıvık kar. ~が降る kar yağ-. 山に~が降る dağlara kar düş-. ~が舞う tozut-. ~がと

ける kar çözül-. 〜のある karlı. 〜の多い yağışlı. 〜の降る kar yağışlı, karlı. 〜のように白い kar gibi. 〜で覆われた道を開通させる karla kapanan yolu aç-. 外はひざまで〜が積もっている. Dışarda diz boyu kar var. 雨だ〜だと言っていないで出発した. Yağmur kar demedi yola çıktı.

yukiàrasi 雪あらし /a./ tipi. 〜の tipili.

yukiatari 行き当たり /a./ 〜ばったり. Zurnada peşrev olmaz, ne çıkarsa bahtına.

yukiatàru 行き当たる /ey./ boyla-.

yukiba 行き場 /a./ 〜がない ortada kal-.

yukicigai 行き違い /a./ 〜になる köşe kapmaca oyna-, Mart içeri pire dışarı.

yukidama 雪玉 /a./ kar topu.

yukidàruma 雪だるま /a./ kardan adam.

yukidomari 行き止まり /a./ 〜の kör, çıkmaz. 〜の道 bağlı yol, çıkmaz sokak. 鉄道の〜の線 kör hat.

yukihuri 雪降り /a./ 〜の kar yağışlı, yağışlı. 〜になる kar yağ-.

yukikata 行き方 /a./ gidiş, yol.

yukikàu 行き交う /ey./ 車が大通りにビュンビュン行き交っていた. Arabalar caddede vızır vızır gidiyordu.

yukìki 行き来 /a./ gidiş geliş.

yukikurè·ru 行き暮れる /ey./ karanlığa kal-.

yukisugi 行き過ぎ /a./ ifrat.

yukitodòku 行き届く /ey./ 行き届いた応待 ince karşılık. しつけの行き届いた hanım hanımcık.

yukiyama 雪山 /a./ karlı dağ.

yukizumari 行き詰まり /a./ 〜の çıkmaz.

yukizumàru 行き詰まる /ey./ çıkmaza gir-, yaya kal-. 行き詰まった仕事 çıkmaz iş.

yukkùri ゆっくり /be./ yavaş yavaş, adım adım, aheste beste. 〜と yavaş yavaş, ağır ağır, basamak basamak, ığıl ığıl, aheste, usulca, usul usul, yavaşça, yudum yudum. 〜歩く yavaş yürü-. 〜飲む yudumla-. 〜した yavaş, aheste, geniş, ağır. 〜していること yavaşlık. 〜流れる川 kara su. 〜になる yavaşla-, hızını al-. 〜にする hızını kes-. 子供は〜立ち上がった. Çocuk yavaşça kalktı. 事が〜と進んでいる. İşler ağır gidiyor. そこは彼が〜できる場所ではない. Orası kendisinin barınacağı bir yer değildir.

yuku 行く /ey./ git-, var-. → **iku**. 学校へ〜 okula git-.

yuku 逝く /ey./ öl-.

yukue 行方 /a./ 〜をくらます（冗談）sırra kadem bas-. 〜不明 gidiş o gidiş.

yukuesìrezu 行方知れず /a./ gidiş o gidiş.

yukute 行く手 /a./ 〜を妨げる yolu kes-.

yumè 夢 /a./ rüya, düş. 〜を見る rüya gör-, düş gör-. 〜に描く düşle-. 〜が現実になる rüya çık-. 〜を判断する düş yor-. 〜を追うような romantik. 〜のように美しい rüya gibi. 〜にも思わない rüyasında göreme-, rüyasında görse hayra yorma-.

yume hañdañ 夢判断 /a./ tabir. 〜をする düş yor-, yorumla-. 〜をあおぎつつ眠る istihareye yat-.

yumemì·ru 夢見る /ey./ düşle-, （冗談）sayıkla-.

yumeucucu 夢うつつ /a./ 〜の mahmur. 〜から覚める ayıl-.

yumì 弓 /a./ yay, （古語）keman. 〜と矢 yay ve ok. 〜のつる çile, kiriş. 〜のふくらんだところ bağır. 〜で弾く楽器 yaylı çalgılar (sazlar).

yumigata 弓形 /a./ daire parçası, eğmeç, yay.

yuminari 弓なり /a./ 〜の eğri. 〜の 刀 eğri kılıç.
yumìya 弓矢 /a./ 〜で武装した yaylı.
yùmizu 湯水 /a./ 〜のように金を使う su gibi git-.
Yunesuko ユネスコ(İng. UNESCO) /a./ 〜は国連の一機構である. UNESCO Birleşmiş Milletlerin bir örgütüdür.
yùnihoomu ユニホーム (İng. uniform) /a./ forma.
yunyuu 輸入 /a./ ithal, ithalât, dış alım. 〜する ithal et-, getirt-. 〜見積書 kota.
yunyuu gyðosya 輸入業者 /a./ ithalâtçı.
yunyuuhiñ 輸入品 /a./ ithal malı, dış alım.
yurȁgu 揺らぐ /ey./ sallan-.
yurare・ru 揺られる /ey./ çalkan-, sallan-. ぶらんこで〜 salıncakta sallan-. アヒルが水に揺られている. Ördekler suda çalkanıyor. 古い車で揺られた. Eski araba bizi sarstı.
yurasu 揺らす /ey./ salla-, silk-, sars-, titre-. 木を〜 ağacı salla-. ハンモックを〜 salıncağı salla-. 体を左右に揺らして歩く salın-, yalpa vur-. ひざを軟かくしてゆらゆら体を〜 yaylan-.
yùrayura ゆらゆら /be./ salına salına.
yure 揺れ /a./ sallantı. かすかな長い〜 kımıltı, kıpırtı. バスは〜がひどくて眠れなかった. Otobüste sarsıntıdan uyuyamadım.
yure・ru 揺れる /ey./ sallan-, salın-, çalkan-, dalgalan-, dingilde-. 激しく〜 sarsıl-. ぶらぶらと〜 bıngıl bıngıl. 〜ようにできている salıncaklı. そよ風で木の葉が揺れている. Hafif rüzgârdan yapraklar kıpırdıyor. 家が風で揺れた. Ev rüzgârdan sarsıldı.
yureugòku 揺れ動く /ey./ kımılda(n)-, kıpırda(n)-, sallan-, kıpırdak.

yuri ユリ, 百合 /a./ zambak.
yuriisu 揺りいす /a./ salıncaklı koltuk.
yurikago 揺りかご /a./ beşik. 〜にいるうちから婚約している beşik kertme nişanlı.
yuriugokasarè・ru 揺り動かされる /ey./ sarsıl-.
yuriugokàsu 揺り動かす /ey./ ırgala-, salla-, sars-.
yurùi 緩い /s./ gevşek. 〜結び目 gevşek düğüm, ilmik. 緩く gevşekçe. 緩く結ぶ il-, ilmikle-.
yurumè・ru 緩める /ey./ gevşet-. 船の綱を〜 laçka et-. 手綱を〜 dizginleri salıver-. 歩調を〜 adımlarını seyrekleştir-.
yurumì 緩み /a./ laçka.
yurùmu 緩む /ey./ gevşe-, boşal-, laçka ol-. 急に〜 boşan-. 緩んだ boş. 緩んだ綱をぴんと張る boş al-. 時計のぜんまいが緩んだらしい. Saatin zembereği boşalmış.
yurusarè・ru 許される /ey./ affa uğra-, caiz. 師の芸を〜 el al-. 許された mezun, mubah. イスラム教では酒は許されていない. Müslümanlıkta içki helâl değildir.
yurusì 許し /a./ af, izin. 〜を乞う af (özür) dile-.
yurùsu 許す /ey./ affet-, bağışla-, izin ver-, caiz gör-, mazur gör-. 罪を〜 suç bağışla-. 神に免じて〜 helâl et-. 許して欲しいと言う özür dile-. 許さない şunu bunu bilme-.
yusaburare・ru 揺さぶられる /ey./ çalkan-.
yusaburu 揺さぶる /ey./ salla-, silk-, çalka-, çalkala-. 木を〜 ağacı silk-. 船を〜 gemiyi çalka-. 前後に〜 sars-. 心を〜 müessir.
yùsi 油脂 /a./ yağ. せっけん用の〜 sabunluk yağ.
yusoo 輸送 /a./ aktarma, taşıma, geçirme, nakil, nakliyat, taşıma-

cılık, ulaştırma, nakliye. 〜する naklet-, ulaştır-.
yusoo kìkañ 輸送機関 /a./ taşıt.
yusooseñ 油槽船 /a./ sarnıç gemisi, tanker.
yusòosya 油槽車 /a./ sarnıç vagonu, tanker.
yusootai 輸送隊 /a./ ulaştırma.
yusuburare・ru 揺すぶられる /ey./ sarsıl-.
yusuburu 揺すぶる /ey./ ırgala-, salla-. 木を〜 ağacı sars-.
yusugu ゆすぐ /ey./ çalka-, çalkala-. コーヒーカップを〜 fincanı çalka-. 口を〜 ağzını çalka-.
yusuri ゆすり /a./ şantaj. 〜を働く şantaj yap-.
yusuru 揺する /ey./ salla-, silk-, silkele-, çalka-, çalkala-. 木を〜 ağacı silk-. コーヒーカップを〜 fincanı çalka-. 激しく〜 sars-. 揺すって落とす silkele-. 木を揺すってクワの実を落とす ağacı silkeleyip dutları düşür-.
yusuru ゆする /ey./ 金を〜 şantaj yap-, sızdır-. 父親から金を〜 babasını sızdır-.
yusyucu 輸出 /a./ ihraç, ihracat, dış satım. 〜する ihraç et-. 〜禁止 ambargo. 商品が〜禁止になる mallara ambargo kon-.
yusyucu gyòosya 輸出業者 /a./ ihracatçı.
yusyucuhiñ 輸出品 /a./ dış satım.
yusyucùnyuu 輸出入 /a./ 〜許可 permi.
yùtaka 豊か /a./ 〜な bol, zengin, gani, gür, bolluk, ongun. 〜な国 bolluk memleket. 〜な自然 zengin bir doğa. 経験〜な görgülü, görmüş geçirmiş. 表現〜な ifadeli. 〜な暮らしをする paşa gibi yaşa-. 〜になる bollaş-, zenginle-, zenginleş-. 〜な石油の鉱脈が発見された。 Zengin bir petrol damarı bulundu. ここは自然がとても〜だ。 Burada doğa pek zengindir.

yutakàsa 豊かさ /a./ bolluk, zenginlik, bereket, gönenç, gürlük, çokluk, varlık.
yutañpo 湯たんぽ /a./ termofor.
yutori ゆとり /a./ bolluk, dikiş payı. 心の〜 genişlik. 〜のある bol. スカートの腰回りに〜がある。 Eteğin belinde bir bolluk var.
yuttàri ゆったり /be./ 〜した bol, ferah. 〜した服 bol elbise. 〜した部屋 ferah bir oda. やや〜した bolca. 〜する bollaş-, ferahla-, genişle-. 〜と座る kurul-. ひじ掛けいすに〜と座る koltuğa kurul-.
yuu 言う /ey./ de-, söyle-. → **iu**.
yùu 結う /ey./ bağla-. 髪を〜 saçlarını topla-.
yùu 優 /a./ pek iyi. シュレの通信簿は全教科が〜. Şüle'nin karnesinde bütün dersleri pek iyi. 弟は〜の成績で進級してから喜びっぱなしだ. Kardeşim pek iyi derece ile sınıfını geçtiğinden beri uçuyor.
yùu 有 /a./ var.
yuubè ゆうべ /a./ dün gece ; akşam.
yuubeñ 雄弁 /a./ belâgat. 〜な belâgatli.
yuubeñka 雄弁家 /a./ söz ehli.
yùubi 優美 /a./ 〜な zarif, yakışıklı, latif, narin.
yuubiñ 郵便 /a./ posta, mektup. 朝の〜 sabah postası. 〜業務 posta servisi. 〜を出す postaya at-, postala-. エブルのために買った贈り物をアンカラに〜で送った。 Ebru'ya aldığım armağanı Ankara'ya postaladım.
yuubìñbako 郵便箱 /a./ posta kutusu.
yuubìñbucu 郵便物 /a./ posta. 局留め〜 postrestant.
yuubiñgàwase 郵便為替 /a./ posta havalesi.
yuubiñ hàitacu 郵便配達 /a./ postacı.
yuubiñ kìtte 郵便切手 /a./ posta

pulu.
yuubiñ kozùcumi 郵便小包 /a./ koli.
yuubìñkyoku 郵便局 /a./ postahane, posta merkezi, posta. 送金を〜に預ける havaleyi postaneye yatır-. 手紙を〜へ持って行く mektupları postaya götür-.
yuubìñryoo 郵便料 /a./ posta üçreti. 〜不足の taksalı. 〜不足の手紙 taksalı mektup.
yuubìñsya 郵便車 /a./ posta treni.
yuubìñya 郵便屋 /a./ postacı.
yuuboku 遊牧 /a./ göçebelik. 〜の bedevî. 〜のテント oba.
yuubokùci 遊牧地 /a./ oba.
yuubokùmiñ 遊牧民 /a./ göçebe, bedevî, oba halkı, oba, yürük. アナトリアにいる〜 Abdal, Yörük, Yürük. 〜は夏この山にとどまる. Yürükler yazın bu dağa konarlar.
yuuboo 有望 /a./ 〜な umutlu, umut verici.
yuudaci 夕立 /a./ sağanak.
yuudai 雄大 /a./ 〜な görkemli, büyük ve göz alıcı, âli, muhteşem, ulu, yüce. 〜な山々 ulu dağlar. 〜さ görkem, ululuk.
yuudoku 有毒 /a./ 〜の zehirli.
yuudoo 誘導 /a./ güdüm. 〜ロケット güdümlü mermi (füze).
yuudòosi 誘導子 /a./ indükleç.
yuuecùkañ 優越感 /a./ kibir, üstünlük duygusu.
yuuei 遊泳 /a./ yüzme.
yuueki 有益 /a./ 〜な elverişli, faydalı, yararlı. …に〜な dişe dokunur.
yuuèñci 遊園地 /a./ çocuk bahçesi, oyun arası, park, eğlence meydanı, lunapark.
yùufoo ユーフォー(İng. UFO) /a./ uçan daire.
yùuga 優雅 /a./ letafet, zarafet, zariflik. 〜な gökçe.

yuugai 有害 /a./ 〜な dokunan, bozan, zararlı, ziyankâr, kötücül, muzır, uygunsuz, zehirli. ネズミは〜な動物だ. Fareler zararlı hayvanlardır.
yuugao ユウガオ, 夕顔 /a./ asma kabağı, su kabağı.
yuugata 夕方 /a./ akşam. 〜に akşamleyin. 〜にかけて akşama doğru. 〜ごろ akşamlar, akşamleyin. 〜になる akşamı bul- (et-), akşam ol-, sular karar-. 〜になってしまう akşamla-. 〜出番の人 akşamcı. 君の足では村へ〜までに着けない. Senin ayağınla köye akşama kadar varamayız.
yuugekiseñ 遊撃戦 /a./ gerilla.
yuugeñ 有限 /a./ 〜の bitimli, sonlu.
yùugi 遊戯 /a./ oyun.
Yuugosuràbia ユーゴスラビア /a./ Yugoslavya.
yuugure 夕暮れ /a./ alaca karanlık. 〜時に akşamdan. 〜になる hava karar-.
yuuguu 優遇 /a./ ayrıcalık, takdim. 〜する takdim et-.
yuuhi 夕日 /a./ akşam güneşi.
yuuhòdoo 遊歩道 /a./ gezinti, mesire.
yuuhoo 友邦 /a./ dost devlet.
yùuhuku 裕福 /a./ gönenç, refah, varlık, (古語) gına. 〜な zengin, varlıklı, hâli vakti yerinde, kibar, mesut, müreffeh, tuzu kuru. 〜に vakti hâli yerinde, lort gibi. 〜に暮らす varlık içinde yaşa-. 〜になる biti kanlan-, eli genişle-. 〜だ. Yediği önünde, yemediği arında.
Yuuhuratesùgawa ユーフラテス河 /a./ Fırat, Fırat nehri.
yùui 優位 /a./ öncelik, üstünlük. 〜に立つ başa geç-. 圧倒的〜 ezici üstünlük.
yuuiñ 誘因 /a./ güdü, saik.
yuuisei 優位性 /a./ üstünlük.

yuukai 誘拐 /a./ kaçırma. 〜する kaçır-, (隠語) tavla-.

yuukai 融解 /a./ ergime. 〜する ergi-.

yuukàinecu 融解熱 /a./ ergime ısısı.

yuukàiteñ 融解点 /a./ ergime noktası.

yuukañ 勇敢 /a./ cesaret. 〜な atılgan, cesur, cesaretli, yürekli, yüreği pek, gözü pek, yiğit, kabadayı, korkusuz. 〜な人 aslan. 〜な男 babayiğit. 〜な行為 yiğitlik. 〜である aslan kesil-. 本当は〜な子だ. Doğrusu, kabadayı çocuktur.

yuukañ 夕刊 /a./ akşam gazetesi.

yuukari ユーカリ /a./ okaliptüs.

yuukasyòokeñ 有価証券 /a./ kıymetli evrak.

yuukei 有形 /a./ 〜の somut.

yuukeika 有形化 /a./ 〜する somutlaş-.

yuukeñsya 有権者 /a./ seçmen.

yuukeñsya mèibo 有権者名簿 /a./ seçmen kütüğü.

yùuki 勇気 /a./ cesaret, yüreklilik, yiğitlik, mertlik, yürek, (隠語) büzük. 〜のある cesaretli, yürekli. 〜のない cesaretsiz, yalımı alçak. 〜が出る cesaretlen-, gayretlen-. 〜を与える can ver-. 〜を持ち続ける yüreğini pek tut-. 〜をなくす gayreti kesil-. 〜を失わない pabuç bırakma-. 〜を持て yiğitlik sende kalsın. 〜を持って冷静に gözünün içine baka baka. 彼のどこにそんな〜が. Nerde onda o yürek? 水泳が習いたければ多少〜がいる. Yüzme öğrenmek istiyorsan biraz yürekli olan gerekir.

yùuki 有機 /a./ 〜の örgensel.

yuuki cisoo 有機地層 /a./ organik külte.

yuukitai 有機体 /a./ organizma, örgenlik. 〜の organik, örgensel.

yuukiteki 有機的 /a./ 〜な organik.

yuukizukerarè·ru 勇気づけられる /ey./ yüreklen-.

yuukoo 有効 /a./ 〜な sağlam, geçerli, etkili, birebir, carî, verimli, muteber. 〜な法律 carî kanunlar. 〜な対策 verimli bir önlem. 〜である carî ol-.

yuukoo 友好 /a./ kardeşlik. 〜を保つ dostluk et- (kur-).

yuukoo kañkei 友好関係 /a./ dostluk.

yuukòokoku 友好国 /a./ dost devlet.

yuukoosei 有効性 /a./ mer'iyet, yürürlük.

yuukooteki 友好的 /a./ 〜な dost, dostça, uyuşkan. 〜な雰囲気 dostluk havası.

yuukoo zyðoyaku 友好条約 /a./ dostluk antlaşması.

yuumei 有名 /a./ 〜な meşhur, ünlü, adlı, adlı sanlı, namlı, şanlı, şöhretli, tanınmış. たいへん〜な namlı şanlı. 〜になる şan ver-, şöhret bul- (kazan-), şöhreti dünyayı tut-, ün al- (kazan-, sal-, yap-), üne kavuş-. 織物で〜になる dokumacılığıyla ün kazan-.

yuumei mùzicu 有名無実 /a./ ismi var cismi yok. 〜の saymaca.

yuumèiziñ 有名人 /a./ adlı kişi, meşhur adam, iyi tanınmış bir adam, şöhret.

yùumoa ユーモア(İng. humour) /a./ gülmece, mizah, humor. 〜の好きな人 mizahçı.

yuumoa zàssi ユーモア雑誌 /a./ gülmece dergisi.

yuunoo 有能 /a./ kifayet, yeterlik. 〜な yetişmiş, yeterlikli, yetenekli, kudretli, muktedir, yaman. 〜な人 gözü açık, istidatlı, kadir. 〜な作家 kudretli bir yazar. 〜である elinden iş gel-. アリは〜な子でできないものはない. Ali yaman çocuk başaramadığı iş

yuurañ

yok.

yuurañ 遊覧 /a./ 町の〜 şehir turu. 〜バス gezginlere mahsus otobüs.

Yuuràsia ユーラシア /a./ Avrasya.

yùurecu 優劣 /a./ 〜なく başa baş. 〜なしである başa baş gel-.

yùurei 幽霊 /a./ hortlak, hayalet. 〜が出る hortla-.

yùuri 有利 /a./ 〜な kazançlı, verimli, gelirli. …の〜になる lehine ol-. …の〜になること leh.

Yuurobîzyoñ ユーロビジョン /a./ Eurovision.

yuuryoku 有力 /a./ 〜な güçlü, kuvvetli, etkili, kadir, kudretli, muktedir, nüfuzlu. 〜な人 ensesi kalın. 〜な証拠 kuvvetli kanıtlar. 〜候補 favori. 〜メンバー militan.

yuuryôkusya 有力者 /a./ eşraf, kolu uzun.

yuuryoo 有料 /a./ 〜の bedelli, paralı. 〜の学校 paralı okul.

yuusei 優勢 /a./ 〜な kuvvetli, yeğin. 〜である ağır bas-, hüküm sür-.

yuusei 有声 /a./ 〜の ötümlü. 〜子音（古語）yumuşak sessiz.

yuusei 優性 /a./ başat karakter. 〜の başat.

yuusei 遊星 /a./ gezegen, seyyare.

yuuseika 有声化 /a./ 〜する yumuşa-.

yuusêikañ 遊星間 /a./ 〜の gezegenlerarası.

yuusêioñ 有声音 /a./ ötümlü.

yuusei sêisyoku 有性生殖 /a./ eşeyli üreme.

yuusêisyoo 郵政省 /a./ Ulaştırma Bakanlığı.

yuuseñ 優先 /a./ öncelik, takdim. 〜させる öne al-. 〜して öncelikle. 国家の誇りはすべてに〜する. Millî gururumuz her şeyden önce gelir.

yuuseñkeñ 優先権 /a./ öncelik. 通行〜 geçiş üstünlüğü. 交通では救急車に〜が認められる. Trafikte cankurtaran arabalarına öncelik tanınır.

yùusi 有史 /a./ 〜以前 tarih öncesi.

yùusi 勇士 /a./ kahraman, şehit, er. いつわりの〜 yalancı pehlivan.

yùusi 融資 /a./ finansman. 〜する finanse et-.

yuusitèsseñ 有刺鉄線 /a./ dikenli tel.

yuusoo 郵送 /a./ 〜する posta ver-, posta ile gönder-.

yuusùru 有する /ey./ (-e) haiz ol-, haiz, var. すべての国民は納税の義務を〜. Her yurttaş vergi vermekle yükümlüdür.

yùusya 勇者 /a./ pehlivan, er.

yuusyoku 夕食 /a./ akşam yemeği.

yuusyoo 優勝 /a./ 〜する yen-, birinci gel-, zafer kazan-. 〜を手にする birincilik elde et-. 〜チーム şampiyon. 我が校は学力コンテストで最多得点を取って〜した. Okulumuz bilgi yarışmasında en çok puanı alarak birinci oldu.

yuusyôoba 優勝馬 /a./ ganyan. 〜に賭けること müşterek bahis.

yuusyôohai 優勝杯 /a./ çelenç, kupa. 〜争奪戦 çelenç.

yuusyooseñ 優勝戦 /a./ birincilikler.

yuusyuu 優秀 /a./ 〜な yüksek, eksiksiz, mükemmel. 〜さ üstünlük.

yuusyuusei 優秀性 /a./ meziyet.

yuutàirui 有袋類 /a./ keseliler.

yùuteñ 融点 /a./ ergime noktası.

yuutoo 優等 /a./ birincilik. 学校を〜で卒業する okulu birincilikle bitir-.

yuutôosei 優等生 /a./ 学校で〜に選ばれる ihtihara geç-.

yuutôpia ユートピア（İng. Utopia）/a./ ütopi, ütopya.

yuuucu 憂うつ /a./ kara sevda, kasvet, kuruntu. 〜な kara sevdalı,

kasvetli, melankolik. 〜にする kapanık.
yuuucusyoo 憂うつ症 /a./ melankoli.
yuuwa 融和 /a./ ittifak.
yuuwaku 誘惑 /a./ iğfal, kışkırtma, tahrik, ayartma, baştan çıkarma, yemleme. 〜する ayart-, yemle-, ayartıcı. 〜に負ける şeytana uy-. 友達がその子を〜した。Arkadaşları çocuğu azdırdılar.
yuuyo kikañ 猶予期間 /a./ mehil, mühlet.
yuuyoo 有用 /a./ 〜な faydalı, yarar.
yuuyùu 悠々 /be./ ワシが〜と飛んでいる。Kartal süzüle süzüle uçuyor.
yuuzai 有罪 /a./ mahkûmiyet, suçluluk. 〜の günahlı. 〜の宣告をされた hükümlü, mahkûm.
yuuzai hañkecu 有罪判決 /a./ 〜を受ける hüküm giy-.
yuuzei 郵税 /a./ posta ücreti. 〜追徴金 taksa.
yuuziñ 友人 /a./ arkadaş, dost, yaren, (古語) yâr. → **tomodaci**. 〜知人 eş dost. 〜らしい dostça. 〜として dostça. 私の〜にもよいことがありますように dost başına. 力のある人を〜に持つ mahkemede dayısı ol-. 〜は今日私に打ち明けて全部話してくれた。Arkadaşım bu gün bana açıldı, bütün meseleyi anlattı. 君の〜はいい人だから君を放っておかなかったのだ。Arkadaşın adammış ki seni yalnız bırakmadı。 彼をもう〜とは思わない。Ben onu arkadaşlıktan aforoz ettim.
yuuziñ kañkei 友人関係 /a./ dostluk bağları, hususiyet, hukuk. 〜を断つ boykot et-.
yuuzuu tègata 融通手形 /a./ hatır senedi.
yùuzyo 遊女 /a./ sermaye.
yuuzyoo 友情 /a./ arkadaşlık, dostluk, arkadaş sevgisi. 〜を装う yüze gül-. 我々の〜は誠実なものだ。Bizim dostluğumuz içtendir. 〜と商売は別。Dostluk başka alış veriş başka. Dostluk kantarla, alış veriş miskalle.
yuuzyooka 友情家 /a./ arkadaş canlısı.
yuuzyuuhùdañ 優柔不断 /a./ kararsızlık. 〜な kararsız, mütereddit. 〜な男 kararsız adam.
yuwaè・ru 結わえる /ey./ bağla-.
yuwàkasi 湯沸かし /a./ çaydanlık, güğüm.
yuwakasìgama 湯沸かし釜 /a./ termosifon.
yuwakasìki 湯沸かし器 /a./ şofben.
yuzame 湯冷め /a./ 赤ん坊を〜させないようにね。Bebeği yıkarken üşütme.
yuzuriai 譲り合い /a./ uzlaşma.
yuzuriukè・ru 譲り受ける /ey./ ğeç-.
yuzuriwatàsu 譲り渡す /ey./ yüz et-, havale et-. 政権の座を〜 iktidardan düş-.
yuzuru 譲る /ey./ ver-, terk et-, bırak-. 席を〜 yer aç- (ver-). 道を〜 vol ver-. 青年がバスで年を取った婦人に席を譲った。Delikanlı otobüste yaşlı bir hanıma yerini verdi.

Z z

za 座 /a./ oturacak yer. 〜につく otur-. 大統領の〜 cumhurbaşkanlığı. 政権の〜を譲り渡す iktidardan düş-. 帰った客の〜がさめないうちに別の客が来た. Giden konuğun yeri soğumadan öteki konuk geldi.

zàazaa ザーザー /be./ şakır şakır, şarıl şarıl. 〜降る şakırda-. 〜雨が降る yağmur boşan-, şakır şakır yağmur yağ-. 〜流れる oluk gibi ak-. 〜音を立てる şarılda-. 〜と水が泡を立てながら落ちる çağla-. 〜という音 şakırtı, şarıltı. 川が〜と流れている. Dere şarıldayarak akıyor.

zabùtoñ 座布団 /a./ minder. 丸い〜 puf.

zacu 雑 /a./ 〜な kaba, kaba saba.

zacudañ 雑談 /a./ laf, lakırdı, laklak, laklaka, yarenlik, sohbet. 〜する lakırdı et-.

zàcumu 雑務 /a./ ek görev.

zacuoñ 雑音 /a./ gürültü. ラジオの〜 parazit, 〜で子供の時間が聞けなかった. Parazitten çocuk saatini dinleyemedim. 〜で事態の進行を押しとどめることはできない. İt ürür kervan yürür.

zacuyoogàkari 雑用係 /a./ hademe.

zacuzeñ 雑然 /a./ 〜と ters türs. 〜としたもの kalabalık. 〜とした品物 derme çatma eşya.

zagane 座金 /a./ pul.

zàiaku 罪悪 /a./ günah, suç. 動物を虐待するのは〜だ. Hayvanlara eziyet etmek günahtır.

Zaìiru ザイール /a./ Zaire.

zàika 財貨 /a./ özdek.
zàika 罪科 /a./ mahkûmiyet.
zaikai 財界 /a./ finans dünyası.
zaiko 在庫 /a./ stok, depo malları, rezerv.
zaikohiñ 在庫品 /a./ stok.
zaimoku 材木 /a./ kereste, odun, ağaç. 〜を彫る tahtayı oy-. 積んだ〜 istif. 家の屋根を支えている〜 evin çatısını taşıyan tahtalar.
zaimùkañ 財務官 /a./ maliyeci.
zainiñ 罪人 /a./ suçlu. 〜を刑務所に入れる suçluyu hapset-. まだ収監されていない〜 hapishane kaçkını. 〜の首にかけた鉄の輪（古語）lâle.
zàiryoku 財力 /a./ kudret.
zairyòo 材料 /a./ gereç, materyal, harç, madde, malzeme. 食べ物の〜 yemeğin harcı. 色々な〜の derme çatma. 寄せ集めの〜で作った家 derme çatma ev.
zàisañ 財産 /a./ varlık, mal, mülk, dünya malı, dünyalık, mal mülk, özdek. 〜の没収 zor alımı. 夫婦の〜の共有 mal birliği. 〜のある varlıklı. 〜に関する malî. 〜を分ける ayrı seçi ol-. 〜を自分のものにする mal edin-. 〜がない dikili ağacı yok. 家や〜がない bir dikili ağacı olma-. 〜が使えない varlıkta darlık çek-. 〜をなくすもの dipsiz kile, boş ambar. 〜があるのにお金がなくて嘆いている. Malı mülkü var, bir de parasızlıktan ağlıyor. 妻に大きな〜を残した. Karısına çok mal bıraktı. 彼の〜はその女房のおかげだ. Varlığını karısına borçlu. 〜は命と同じように惜しいもの.

Mal canın yongasıdır. 〜や子供がある人は心配が絶えない. Dağda bağın var, yüreğinde dağın var.
zaisañka 財産家 /a./ 彼は〜だ. Onda çok mal var.
zaisañ mòkuroku 財産目録 /a./ envanter.
zaisañ siñkoku 財産申告 /a./ mal beyanı.
zaisei 財政 /a./ maliye, melî işler. 〜の malî. 〜の危機 malî kriz. 〜を立て直す toparlan-.
zaisei dàiziñ 財政大臣 /a./ maliye bakanı.
zaisei gàkusya 財政学者 /a./ maliyeci.
zaisèikañ 財政官 /a./ maliyeci, iktisatçı.
zaisèisyoo 財政省 /a./ maliye bakanlığı.
zaiseiteki 財政的 /a./ 〜な iktisadî.
zaiseizyoo 財政上 /a./ 〜の parasal.
zaitaku 在宅 /a./ 御〜ではありませんか. Kendileri evde yoklar mı ?
zaizyoo 罪状 /a./ 〜を並べたてる künyesini oku-. 〜がもみ消された. Kabahati örtbas edildi.
zàkkubarañ ざっくばらん /a./ senli benli. 〜に会談する içli dışlı ol-.
zakkyo 雑居 /a./ izdiham.
zakocu 座骨 /a./ 〜神経痛 siyatik.
zàkuro ザクロ /a./ nar. 〜も花盛りだった. Narlar da çiçekten kırılıyordu.
zakuròisi ザクロ石 /a./ grena, lâl.
zamà ざま /a./ 〜見ろ ne hali varsa görsün, şeytan azapta gerek.
zàñ 残 /a./ artık.
Zàñbia ザンビア /a./ Zambiya.
zàñdaka 残高 /a./ 差引〜 temiz para.
zañgai 残骸 /a./ yıkıntı, çöküntü, enkaz.
zàñge 懺悔 /a./ günah çıkarma. 〜する günah çıkart-.
zañgoo 塹壕 /a./ siper. 〜から出て突撃する hücuma kalk-. 敵の〜を砲撃する düşman siperlerini döv-. 兵隊は〜で冬を越した. Asker siperlerde kışladı.
zañgyaku 残虐 /a./ zulüm.
zañgyoo 残業 /a./ 〜をする mesai yap-, mesaiye kal-.
zañkoku 残酷 /a./ gâvur. 〜な zalim, insafsız, merhametsiz, gaddar, imansız, kıyasıya, (口語) imanı yok.
zañnèñ 残念 /a./ hasret, esef, pişmanlık, teessüf, üzüntü. 〜な şanssızlık, üzüntü, üzücü, müessif, nadim, pişman. 〜に思う üzül-, üzüntü düy-, esef et-, pişman ol-, yazıklan-, yerin-. 〜である acın-. とても〜だ yazıklar olsun. 〜に! yazık. 〜ながら maalesef, aksi gibi, Ne yazık ki …. まことに〜だ. Teessüf ederim. 二人の友達の不仲はまことに〜だ. İki arkadaşın bozuşmasına çok acındım. 彼のために〜だ. Onun hesabına üzülüyorum. 〜ながらまだ戦争をしている国がある. Ne yazık ki hâlâ savaşan ülkeler var.
zañneñgàru 残念がる /ey./ yerin-. ひどく〜 içi yan-.
zañnèñsyoo 残念賞 /a./ teselli mükâfatı.
zañniñ 残忍 /a./ kıygı, vahşet. 〜な kıyıcı, kıyasıya, imansız, hunhar, hayvanca, hayvanî, Allahtan korkmaz. 〜な行い canavarlık. 〜にhayvanca. 〜になる hayvanlaş-.
zañpiñ 残品 /a./ kalıntı.
zàñyo 残余 /a./ bakiye, (古語) ziyade. 〜の baki.
zarazara ざらざら /a./ pürüz. 石の〜を取る tasla-. 板の〜を紙やすりで取る tahtanın pürüzlerini zımpara ile gider-.
zàrazara ざらざら /be./ 〜した pür-

zarigani

tüklü, pürüzlü, kaba. 厚くて〜した紙 bakkal kâğıdı. 赤ちゃんの肌には〜した ところがない. Küçük bebeğin cildinde hiç pürüz yok.

zarigani ザリガニ /a./ kerevit, kerevides.

zarù ざる /a./ sele, sepet, kevgir.

zasecùkañ 挫折感 /a./ hüsran.

zaseki 座席 /a./ oturacak yer, sandalye, banket.

zaseki sìtei 座席指定 /a./ rezervasyon.

zasikìroo 座敷牢 /a./ hücre.

zassi 雑誌 /a./ magazin, dergi, mecmua. 新しい〜を出す yeni bir dergi çıkar-. 月刊〜 aylık dergi.

zassoo 雑草 /a./ yabanî ot, zararlı ot. 〜を抜く zararlı otları yol-. 〜が作物を妨げる yabanî otlar ekini boğ-.

zassyoku 雑色 /a./ 〜の alaca, alacalı, rengârenk.

zassyu 雑種 /a./ azma, azman. 〜の kırık, melez, kırma. 〜の犬 kırık köpek.

zasyoo 座礁 /a./ 船が〜する gemi karaya otur-. 干潮で〜する kuruda kal-.

zatta 雑多 /a./ 〜な derme çatma, havadan sudan, müteferrik.

zatto ざっと /be./ 〜目を通す göz gezdir-. 〜かたづける kabasını al-. 〜洗濯する sudan geçir-. 〜風呂に入る su dökün-.

zattoo 雑踏 /a./ kalabalık, hengâme.

zayaku 座薬 /a./ fitil.

zecuboo 絶望 /a./ ümitsizlik, umutsuzluk, yeis. 〜する yese kapıl-. 〜に陥る umutsuzluğa düş- (kapıl-). 〜が覆う yeis bürü-.

zecubooteki 絶望的 /a./ 〜な umutsuz, meyus. 病人は〜だ. Hasta umutsuz.

zecueñ 絶縁 /a./ tecrit. 〜の izole, yalıtkan. 〜する yalıt-.

zecueñbucu 絶縁物 /a./ ガラスは〜だ. Cam yalıktan bir maddedir.

zecueñtai 絶縁体 /a./ yalıtkan. 磁器の〜 fincan.

zecueñ tèepu 絶縁テープ /a./ izole bant.

zecumecu 絶滅 /a./ 〜した動物 nesli tükenmiş hayvanlar.

zecumyoo 絶妙 /a./ 〜な harikulade.

zèhi ぜひ /be./ her hâlde, mutlaka.

zèi 税 /a./ vergi, resim. 〜をかける resim al-. 〜を課す sal-. 50リラの〜を課す elli lira sal-. 〜を取る vergiye bağla-, vergilendir-. 〜の上に〜を重ねる vergi üstüne vergi bindir-. 〜のかかる vergili.

zeikañ 税関 /a./ gümrük. 〜の検査 gümrük kontrolü (muayenesi). 〜手続き gümrük formaliteleri. 〜の職員 gümrükçü. 〜倉庫 gümrük ambarı.

zeikàñri 税関吏 /a./ gümrükçü.

zeikiñ 税金 /a./ vergi, resim. 〜を徴収する vergilendir-. 国に〜を払う devlete vergi öde-. 〜の免除 vergi bağışıklık. 〜申告書 bildirge. 〜付きの vergili. 〜のかからない vergisiz. 家畜の数によってかかる〜 sayım vergisi.

zeitàku ぜいたく /a./ lüks, refah. 〜な lüks.

zèizei ゼイゼイ /be./ hırıltı. 〜いう hırılda-. 子供が風邪をひいて胸が〜いっている. Çocuğun nezlesi var, göğsü hırıldıyor.

zekkoo 絶交 /a./ boykot. 〜する boykot et-, köprüleri at-, külahları değiştir- (değiş-), postayı kes-, selâmı sabahı kes-.

zekkoo 絶好 /a./ 〜の mükemmel. 〜のチャンス saat bu saat.

-zeme 責め. ...〜にする boğ-. 彼女をダイヤモンド〜にした. Onu elmasa gark etmiştim.

zemināaru ゼミナール(Al. Seminar) /a./ seminer.
zèni 銭 /a./ para.
zeniàoi ゼニアオイ /a./ ebegümeci.
zeniòsimi 銭惜しみ /a./ 〜する cimri.
zèñ 善 /a./ hayır, nimet, iyilik. 〜は報いられず、悪は罰せられない。Testiyi kıran da bir, suyu getiren de.
zeñ- 全 genel, tüm. 〜一日 tam gün. 〜給費制の parasız yatılı. 学校は〜生徒を劇場へただで連れて行った。Okul, tüm öğrencileri tiyatroya parasız götürdü.
zeñ- 前 önceki, eski. 〜大臣 önceki başkan. 〜社長 eski müdür.
zèñaku 善悪 /a./ iye ve kötü. 〜の区別ができなくなる at izi it izine karış-.
zèñbu 全部 /a./ hepsi, bütün, tamam, bir parça, cümle, hep, kamu, tüm, yüzde yüz. 〜の bütün, tamam, tüm. 〜で tam tamına, tamı tamına, tamamı tamamına, topu topu. まわり〜 çepçevre, çepeçevre. 持っている物〜 varı yoğu. 知っていることを〜言う bülbül gibi söyle-. 〜なくなる dağarcıkta bir şey kalma-. 〜使い果たす dibine darı ek-. 〜の金がなくなった。Bütün parası battı. リンゴを〜食べた。Bütün bir elmayı yedi. 〜来た。Cümlesi geldi. 金を〜やった。Paranın tamamını verdim. 村はぐるっと〜果物畑だ。Köy çepeçevre bahçelik.
zeñcìsi 前置詞 /a./ edat, ilgeç.
zeñcyoo 前兆 /a./ alâmet.
zeñei 前衛 /a./ öncü, forvet. 〜であること öncülük.
zeñei bùtai 前衛部隊 /a./ işçi sınıfının öncü müfrezesi.
zeñgeñ 前言 /a./ 〜を取り消す tükürdüğünü yala-. 〜を翻す ağız değiştir-, izine dön-.
zèñgo 前後 /a./ ön ve arka, ileri geri. 〜を考えて行動する hasaplı hareket et-. 〜を考えない ilerisini gerisini hesaplama- (düşünme-). 〜のみさかいなく ağzına geldiği gibi.
zeñgo kàñkei 前後関係 /a./ bağlam.
zèñi 善意 /a./ iyilik. 〜の babacan. 双方の〜からなる iki baştan ol-. 〜を鼻にかけてはならない。Bir elinin verdiğini öbür elin duymasın.
zèñka 前科 /a./ sabıka, mahkûmiyet. 〜のある sabıkalı, künyesi bozuk. つかまった泥棒には〜がたくさんあるらしい。Yakalanan hırsızın çok sabıkası varmış.
zèñkai 全快 /a./ şifa. 〜する şifa bul-. 〜させる şifa ver-. 病気〜のためしばらくはベッドから出てはいけない。Hastalığın şifası için bir süre yataktan çıkmaman gerekiyor.
zèñkai 前回 /a./ geçen sefer. 〜の önceki. 〜は önceleri.
zeñkai icci 全会一致 /a./ 〜で ittifakla.
zeñkei 全景 /a./ panorama.
zeñkeñ 全権 /a./ delege.
zeñkeñ kòosi 全権公使 /a./ orta elçi.
zèñki 前記 /a./ 〜の işbu, mezkûr.
zeñkokuteki 全国的 /a./ 〜に雨が降る。Yurdumuzun her yerinde yağış var.
zèñkoñ 善根 /a./ 〜を施す ahretini yap-.
zeñkoo 善行 /a./ hüsnühal, sevap. 〜を施す iyilik et-. 人間には過失も〜もある。İnsanın hatası da sevabı da vardır. 〜はひそかに行え。Sağ elinin verdiğini sol elin görmesin.
zeñmai ぜんまい /a./ zemberek. 〜ねじ anaftar. 〜を巻く kur-. 〜が巻かれる kurul-. 〜が巻くなくなる zembereği boşal- (boşan-). 〜が巻かれた kurulu. 時計の〜がゆるんだらしい。Saatin zembereği boşalmış. 時計の〜が巻き過ぎて切れた。Saatimin zembereği çok kurulduğu icin kırıldı.

zeñmecu 全滅 /a./ imha. 〜させる imha et-, toz et-.

zeñmeñ 前面 /a./ ön, alın. 〜の ön. 〜に立てる öne sür-.

zeñmeñteki 全面的 /a./ 〜な esaslı.

zeñnicisei 全日制 /a./ 〜の gündüzlü. 〜の学生 gündüzcü.

zeñnìñsya 前任者 /a./ öncel, self. 新任者が〜より悪いこともある。 Gelen gideni aratır.

zeñnoo 全能 /a./ 〜の kadir.

zeñpoo 前方 /a./ ön, ileri. 〜の ön, ileri. 〜へ ileri.

zèñrecu 前列 /a./ ön sıra.

zeñrei 前例 /a./ misal, emsal. 〜になる kapıyı aç-. 〜のない emsalsız, olmadık. この行為に目をつぶれば他の〜になる。 Bu davranışa göz yumulursa, başkalarına emsal olur.

zeñricuseñ 前立腺 /a./ prostat.

zeñryoku 全力 /a./ 〜で kuvvetle, var kuvvetiyle, Yaradana sığınıp. 〜を尽くす çalışıp çabala-, kendini kapıp koyuver-. 〜をふるう kıçını yırt-.

zeñryoo 善良 /a./ iyilik. 故人の〜さを話し合う hayırla yadet- (an-).

zeñryoo 全寮 /a./ 〜の leylî.

zeñsai 前菜 /a./ çerez, meze. 客に〜を出す konuklara çerez çıkar-. 〜をつまむ çerezlen-.

zèñse 前世 /a./ 〜に約束されている alnında yazılmış ol-.

zeñsèkai 全世界 /a./ bütün dünya, kamu âlem, yedi düvel. 〜の労働者団結せよ。 Bütün dünya proleterleri birleşiniz!

zeñseñ 前線 /a./ cephe, ileri hat, hat. 兵隊が〜で敵と戦った。 Askerler cephede düşmanla çatıştı.

zèñsi 全市 /a./ 工場の煙が〜を覆った。 Fabrika dumanları bütün kenti kuşattı.

zèñsi 全紙 /a./ forma.

zeñsiñ 全身 /a./ 〜をくねらせて踊った。 Her tarafını kıvıra kıvıra oynadı.

zeñsiñ 前進 /a./ atılım. 〜する ilerle-. 二歩〜する iki adım ilerle-. ほんの少し〜する arpa boya kadar git-. 〜させる açındır-. 〜しない yerinde say-.

zeñsoku 喘息 /a./ astım, nefes darlığı, göğüs darlığı. 〜の tıknefes.

zeñsokùryoku 全速力 /a./ 〜で son hızla, büyük bir süratle, dolu dizgin, tam yol, alabildiğine. アリは〜で走っている。 Ali olanca hızıyla koşuyor.

zèñsyo 善処 /a./ 〜する tertibat al-.

zèñsyoogai 全生涯 /a./ 〜を貧乏の中ですごした。 Bütün ömrü darlık içinde geçti.

zeñsyooseñ 前哨戦 /a./ müsademe.

zeñsyuu 全集 /a./ külliyat.

zeñtai 全体 /a./ tamam, tüm, umum, cümle, bütünlük, bütün, alay. 〜の tamam, toplu, tüm, umum. 一地方の植物〜 bitey. 家族〜の重荷が肩にかかっている。 Bütün ailenin ağırlığı omuzlarındadır.

zeñtai syùgi 全体主義 /a./ 〜の bütüncül.

zeñtaiteki 全体的 /a./ 〜な toplu.

zeñtei 前提 /a./ öncül, peşin hüküm (yargı). 〜とする içer-.

zèñto 前途 /a./ ileri. 道の〜は平らだ。 Yolun ilerisi düz.

zèñya 前夜 /a./ arife. 婚礼の〜に düğün arifesinde.

zeñyoo 全容 /a./ tekmil haberi.

zeñyoo 善用 /a./ 余暇を〜する boş vaktini değerlendir-.

zeñzàisañ 全財産 /a./ bütün var, elinde avucunda nesi varsa. 〜を子供のためについやした。 Bütün varını çocukları için harcadı.

zeñzecu bòiñ 前舌母音 /a./ ince ünlü.

zeñzeñ 全然 /be./ hiç. 〜別の bam-

başka.
zeñzicu 前日 /a./ arife.
zeñziñteki 全人的 /a./ 〜な komple.
zeñzyucu 前述 /a./ 〜の bahsı geçen, mezkûr.
zeppeki 絶壁 /a./ uçurum, yalpak, yar.
zeraciñ ゼラチン (Fr. gélatine) /a./ jelatin.
zeranyùumu ゼラニウム /a./ ıtır çiçeği, sardunya, ıtır.
zèrii ゼリー (İng. jelly) /a./ jöle, pekmez, pelte.
zèro ゼロ (Fr. zéro) /a./ sıfır. 百という数字は〜を二つ書く. Yüz rakamı iki sıfırla yazılır.
zessei 絶世 /a./ 〜の美女 dünya güzeli.
zessyoku 絶食 /a./ imsak.
zettai 絶対 /a./ 〜の mutlak, katî, kesin, salt, saltık. 〜に mutlaka, alimallah, elbet, elbette, kesinlikle, yüzde yüz, zinhar. 〜必要な elzem. うんと勉強して〜に進級するんだ. Çok çalışarak sınıfımı mutlaka geçeceğim. 〜にガラスは私が割ったのではない. Vallahi camı ben kırmadım.
zettai 舌苔 /a./ pas. 〜ができる pas tut- (bağla-), paslan-. 〜ができている paslı.
zettàici 絶対値 /a./ salt değer.
zettai kuñsyusei 絶対君主制 /a./ saltçılık.
zettai òñdo 絶対温度 /a./ salt sıcaklık.
zettaiteki 絶対的 /a./ 〜な saltık. 〜命令 dikta. 〜権力の持ち主 astığı astık, kestiği kestik.
zettai zecumei 絶体絶命 /a./ çaresizlik, uçurumun kenarında.
zi 痔 /a./ basur, mayasıl.
zi 柱 /a./ perde.
zi 地 /a./ arazi, yer, fon, zemin. 黒の〜に白いレースのイブニングドレス siyah fon üzerine beyaz dantelden bir gece elbisesi. 黄色の〜の上に濃い緑の模様のあるカーテン sarı zemin üzerine siyah yeşil desenli perde.
zì 字 /a./ harf, yazı. 〜を書く yaz-. 〜をとばす atla-. 大きくて読みやすい〜 bacaklı yazı. 汚い〜 eciş bücüş yazı. 一〜下げること satır başı. 〜を下げて行を始める satır başı yap-.
-zi 時 saat. 1〜15分 bir çeyrek. 3〜15分前 üçe çeyrek. 何〜? Saat kaç? 5〜だ. Saat beş. 時計が2〜を打っている. Saat iki çalıyor. 4〜まで待った. Saat dörde kadar bekledim.
ziba 磁場 /a./ manyetik alan.
zibañ 地盤 /a./ 〜沈下 çöküntü.
zìbeta 地べた /a./ yer. 子供が〜に座っている. Çocuk yerde oturuyor.
zibiiñkookài 耳鼻咽喉科医 /a./ kulakçı.
zibikài 耳鼻科医 /a./ kulakçı.
zibikì 字引 /a./ sözlük.
zìbucu 事物 /a./ nesne, eşya, şey.
zibùkure 地ぶくれ /a./ 〜の kabarık.
zibuñ 自分 /a./ kendi. 〜の özel. 〜本位の benci. (〜で) 〜で kendi kendine, kendi hesabına, elden, şahsen, tabiatıyla. 〜一人で kendi adına, kendi başına. 〜する eline al-. 〜で払う cepten ver-. (〜の) 〜のことは〜でする başının çaresine bak-. 〜のことは〜でしなければならなくなる iş başa düş-. 〜のものにする benimse-, (口語) üzerine otur- (yat-). 〜のことだけを考える yalnız nefisini düşün-, kendine yont-. 〜のことで頭がいっぱいになる kendi kendine düş-. 〜の誤りを認める kendini ele ver-. 〜の意見を言わない ağzını kiraye ver-. 人の考えを〜のもののように見せる ağzını kullan-. 〜の考えにとりつかれて人の言うことを聞かない başının dikine git-. 〜の心配で何も見えない gözüne hiç bir şey görünme-. 〜の身が第一 can cumleden aziz. 〜の身がかわいい canına

düşkün. 〜の利益になるもの bal alacak çiçek. 《〜が》〜が分からなくなる kendinde olma-, fenalık geçir- (gel-). 《〜を》〜を見失う kendini kaybet-. 〜を取り戻す aklı başına gel-. 〜を…のように見せる kendini … süsü ver-. 〜を犠牲にする başını ver-. 〜を犠牲にしようとする baş koy-. 《〜に》〜に引きつけておく büyüle-. 〜に関係するものと受け取る alın-. 《文》 この仕事は君が〜でできることだ. Bu işi kendin de yapabilirsin. 高齢だが〜の 体のことによく気を使っていたようだ. Çok yaşlı ama kendine iyi bakmış. 弟は 〜に合った私のオーバーを〜のものにして, いつもそれを着ている. Kardeşim, kendisine uyan paltomu benimsedi, hep onu giyiyor. 〜のしたことは 〜に責任がある. Her koyun kendi bacağından asılır. 〜のことなら苦にならない. Hamala semeri yük olmaz. 〜の頭のハエを追え. Tırnağın varsa başını kaşı. 〜にふさわしくないものを手に入れる. Armudun iyisini ayı yer.

zibuñ kàtte 自分勝手 /a./ 〜な bencil.

zibyoo 持病 /a./ dert. この〜からどうしてものがれられなかった. Bu dertten bir türlü kurtulamadı.

zicci 実地 /a./ 〜の amelî. 〜に fiilen. 技術を〜に習う bir sanatı amelî olarak öğren-.

ziccyoku 実直 /a./ dürüstlük, namus. おじいさんは近所の人達に〜さで知られている. Dedem çevresinde dürüstlüğüyle tanınır.

zìci 自治 /a./ muhtariyet, özerklik, otonomi. 〜の erkin, muhtar, özerk.

zicìkeñ 自治権 /a./ özerklik.

zici sōsiki 自治組織 /a./ 大学は〜である. Üniversite özerk bir kuruluştur.

zicitai 自治体 /a./ belediye.

zicù 実 /a./ 〜の öz. 〜の兄弟 öz kardeş. 私の〜のおじ öz amcam.

zicudañ 実弾 /a./ fişek.

zicueki 実益 /a./ 趣味と〜を兼ねる hem ziyaret, hem ticaret.

zicugeñ 実現 /a./ gerçekleşme, tahakkuk. 〜する gerçekleş-, hakikat ol-, uygula-. 〜させる gerçekleştir-. 考えを〜させる yaşama geçir-. 〜しないboşa çık-, Allah yazdı ise bozsun. 〜できない kursağında kal-. 〜不可能な olmayacak, ham.

zicugyoo 実業 /a./ endüstri.

zicugyooka 実業家 /a./ iş adamı.

zicùni 実に /be./ gerçekte, hakikaten. 〜見事に盗む gözden sürmeyi çek- (çal-). このコーヒーは〜いい. Bu kahve değdi doğrusu.

zicuriteki 実利的 /a./ 〜な ekonomik.

zicuryoku 実力 /a./ kabiliyet, hüner.

zicuryòkusya 実力者 /a./ nüfuz sahibi.

zicùwa 実は /ba./ doğrusu, esasen, gerçek, hakikaten, meğer, ne var (var ki), şu kadar ki, zaten, zati. 〜あなたに一言言うべきであった. Gerçek, size bir şey söyleyecektim.

zicuyoo 実用 /a./ yarar, fayda, uygulama, kılgı, pratik, tatbik, tatbikat. 〜の uygulamalı.

zicuyooka 実用化 /a./ 〜される uygulan-.

zicuyoo syùgi 実用主義 /a./ 〜の pragmacı.

zicuyoo syugìsya 実用主義者 /a./ pragmacı.

zicuyooteki 実用的 /a./ 〜な amelî, pratik. 〜な方法 amelî usul.

zicuzai 実在 /a./ kendilik, mahiyet. 〜の vakî. 〜しない ismi var cismi yok.

zicuzàiroñ 実在論 /a./ gerçekçilik.

zicuzaisyùgi 実在主義 /a./ var oluşçuluk.

zicyoo 自重 /a./ 〜する ölç-.

zidai 時代 /a./ çağ, devir, zaman, vakit, gün, (俗語) zamane. 新しい〜を開く çağ aç-. 青春〜 gençlik zamanı. 〜は変わった. Köprünün altından çok su geçti.

zidaiòkure 時代遅れ /a./ 〜の çağ dışı, köhne, demode, (侮辱的) örümcek kafalı. 〜の考え çağ dışı bir düşünce, köhne bir düşünce. 〜の人 örümcekli kafa. 〜になる köhneleş-, köhne-.

zidȧñda 地団太 /a./ 〜を踏む tepin-.

zidoo 自動 /a./ 〜の otomatik, geçişsiz. 〜計量器 sayaç. 〜洗濯機 otomatik çamaşır makinesi. 〜装置 otomat. 〜点火装置 otomat.

zìdoo 児童 /a./ çocuk.

zidòogaku 児童学 /a./ çocuk bilimi.

zidoo kòoeñ 児童公園 /a./ çocuk bahçesi. 妹は〜へ行こうと足を踏み鳴らしている. Kardeşim çocuk parkına gidelim diye beniyor.

zidòosi 自動詞 /a./ geçişsiz eylem.

zidoo siñrigaku 児童心理学 /a./ çocuk psikolojisi.

zidòosya 自動車 /a./ araba, otomobil, oto, (俗語) makine. 〜を作る otomobil yap-. 〜のタイヤに空気を入れる otomobilin lastiğine hava bas-. 〜組み立て工場 otomobil montaj fabrikası. 〜専用道路 tahsisli yol. 〜を運転する araba kullan-.

zidoo syòozyuu 自動小銃 /a./ makineli tabanca.

zidòoteki 自動的 /a./ 〜な özdevimli, otomatik.

ziei 自衛 /a./ savunma.

zigane 地金 /a./ külçe.

zigeñ 次元 /a./ boyut.

zigi 時宜 /a./ 〜に適した münasip. 〜を得ない münasebetsiz.

zigoku 地獄 /a./ cehennem. 〜の責め苦 cehennem azabı. 〜の鬼 zebanî. 〜のかまびすしさ cehennemî gürültü. 命を〜にやる canını cehenneme gönder-. 〜を思わせるような cehennemî. 〜に落ちた melun. 〜で焼かれるのにふさわしい人 cehennem kütüğü. §〜のさたも金しだい. Parayı veren düdüğü çalar.

zigoozitoku 自業自得 /a./ Kendi düşen ağlamaz. Ne ekersen onu biçersen. İti öldürene sürükletirler.

ziguci 地口 /a./ cinas.

ziguzagu ジグザグ(İng. zigzag) /a./ zikzak. 〜の zikzak. 〜に進む kılıçlama kaç-. 船が〜に進む volta vur-. 風に向かっての〜航法 volta. 空の〜を見たか. あれは稲妻だ. Gökteki zikzakları gördün mü? Bu şimşektir.

zìgyoo 事業 /a./ girişim, yatırım, eylem, icraat. 市の清掃〜 temizlik işleri. 石油発見の〜はとても高くつく. Petrol arama eylemi çok masraflı oluyor.

zigyòobu 事業部 /a./ 鉄道〜 demir yolları işletmesi.

zigyoosyo 事業所 /a./ iş yeri.

zihacuteki 自発的 /a./ 〜な iradeli, istemli, gönüllü. 〜に kendiliğinden.

zihaku 自白 /a./ itiraf.

zìhi 慈悲 /a./ yardım, hayır, insaf, merhamet. 神の〜 rahmet. 〜あらんことを Allah rahmet eylesin.

zihibukȧi 慈悲深い /s./ hayırsever, merhametli.

zìhu 自負 /a./ iddia, kibir. 〜の iddialı. 〜する kıvan-, fasulye gibi kendini nimetten say-.

zihuteria ジフテリア(İng. diphtheria) /a./ difteri, kuş palazı.

zìi 自慰 /a./ istimna.

zii' ジーッ /be./ cızır sızır.

zìiñ 寺院 /a./ mabet, tapınak.

zìiñzu ジーンズ(İng. jeans) /a./ blucin.

zìipu ジープ(İng. jeep) /a./ cip.

zìizii ジージー /be./ 〜という cırla-,

cırlak, cırtlak.

zìka 時価 /a./ yürürlükteki fiyat.

zikaku 自覚 /a./ farkında olma.

zikaku 耳殼 /a./ kulak kıkırdağı, kulak kepçesi.

zìkani じかに /be./ elden, doğruca.

zikañ 時間 /a./ zaman, saat, vakit, müddet, aralık. 3〜 üç saat. 1〜15分 bir çeyrek. 食事の〜 yemek saati (zamanı). 子供の〜 çocuk saati. 〜をはかる saat tut-. 〜がかかる vaktini al-, tut-. 〜がある vakti ol-. 〜がなくなる zamanı geç-. 〜が少なくなる vakit daral-. 〜をさく zaman ver- (bırak-), meşgul ol-. 〜をつぶす vaktini öldür-, öldür-. 人の〜を取る meşgul et-. 人の〜を取ること işgal. 〜に合わない vakitsiz. 何〜? Kaç saat? この仕事は2〜かかった. Bu iş iki saat tuttu. この道は2〜続く. Bu yol iki saat çeker. 〜が過ぎた. Vakit geçti. 〜があれば行きましょう. Vakit bulursam, gelirim. こんな〜まで何をしていたのか. (冗談) Feneri nerede söndürdün?

zìkañ 次官 /a./ muavin.

zikañdòori 時間通り /a./ 〜に dakikası dakikasına, saati saatine.

zikañgire 時間切れ /a./ 〜になる vakit dol-.

zikañtai 時間帯 /a./ kuşak.

zikañwari 時間割り /a./ ders programı.

zikasèñeñ 耳下腺炎 /a./ kaba kulak.

zikayoo 自家用 /a./ 〜の özel kullanım, kişisel.

zìkeñ 事件 /a./ olay, hadise, ahval, vak'a, vukuat. 刑事〜 vukuat. 〜を起こす olay çıkar-, hadise çıkar-. 〜を別の角度から見る olaya bir başka açıdan bak-. 最近の〜が彼をすっかり臆病にした. Son olaylar onu büsbütün çekingen yaptı.

ziki じき /be./ hemen hemen, şimdi.

zìki 時期 /a./ süre, zaman, mevsim. 葉の落ちる〜 yaprak dökümü. イチゴの出る〜 çilek mevsimi. 〜の合った vakitli. 〜の悪い mevsimsiz. 〜が過ぎる zamanı geç-. 〜を待つ zaman kolla-. よくない〜にぶつかる çat-.

zìki 磁器 /a./ çini, porselen. 〜の çini, porselen. 〜の皿 porselen tabak. ガラスや〜の製品 zücaciye. 耐熱性の〜 ateşe dayanıklı porselen.

zìki 磁気 /a./ manyetizma. 〜の magnetik, manyetik, mıknatıslı. 〜をつける mıknatısla-.

zikihàzure 時期はずれ /a./ 〜の vakitsiz.

zikini 直に /be./ bu günden yarına.

ziki tèepu 磁気テープ /a./ magnetik bant.

zikkài 十回 /a./ on kez.

zikkeñ 実験 /a./ deney, deneme, tecrübe, ameliyat, test. 〜の deneysel. 〜する dene-.

zikkeñdai 実験台 /a./ deneme tahtası, denek. 〜になる tecrübe tahtasına dön-. 助手達は子供を〜にした. Asistanlar, çocuğu deneme tahtası yaptılar.

zikkèñsicu 実験室 /a./ laboratuvar.

zikkeñteki 実験的 /a./ 〜な deneysel, ampirik.

zikkoo 実行 /a./ gerçekleşme, icra, ifa. 〜する uygula-, icra et-, yerine getir-, tut-. 計画を〜する planını uygula-. 思いつくと見さかいなくすぐ〜する aklına yelken et-. 〜される gerçekleş-, gerçekleştilil-. 人の考えがどうあろうと人物は思ったことを〜しようとするものだ. Cemaat ne kadar çok olsa (cami ne kadar büyük olsa) imam gene bildiğini okur.

zikkòosya 実行者 /a./ icracı.

zikkyoo 実況 /a./ 〜放送 röportaj.

zìko 事故 /a./ kaza, sakatlık. 交通〜 trafik kazası. 〜が起きる aksilik çık-. 〜を起こす elinden kaza çık-, elinden bir sakatlık çık-. 〜にあう kazaya uğra-, bir hal ol-. 〜にあった kazazede. 昨日の〜を聞きましたか。Dünkü kazayı duydunuz mu? 〜を起こしませんように。Elinden bir sakatlık çıkmasın.

ziko 自己 /a./ kendi, öz, nefis.

ziko gisei 自己犠牲 /a./ fedakârlık, özveri.

ziko hihañ 自己批判 /a./ öz eleştiri.

zikoku 時刻 /a./ saat, zaman. 遅い〜 geç vakit. 市場の込み合う〜 pazarın civcivli zamanı. ぴったりの〜に saat başı. 〜を知らせる時計 çalar saat.

zikokuhyoo 時刻表 /a./ tarife. 船の〜 vapur tarifesi.

zikoo 時候 /a./ mevsim. 〜外れの mevsimsiz.

ziko syùcyoo 自己主張 /a./ benlik davası.

zikù 軸 /a./ eksen, mihver, mil, şaft. マッチの〜 kibrit çöpü.

zikuuke 軸受け /a./ yatak.

zikuziku じくじく /be./ 傷が〜する yara işle-.

zikyoku 磁極 /a./ magnetik kutup, kutup.

zimaku 字幕 /a./ alt yazı. 映画の〜 filmin alt yazısı. 映画の〜を入れる人 yazıcı. 〜を入れる道具 yazıcı aygıt.

zimañ 自慢 /a./ övünme, övünç, iftihar, kıvanç, kabarma. 〜する övün-, kıvanç duy-, kıvan-, azamet sat-, böbürlen-, burun şişir-, gururlan-, hindi gibi kabar-, kabar-, kasıl-, koltukları kabar-, kurul-, kurum kurumlan- (kurul-, sat-), küçük dağları ben yarattım de-, şiş-. その美しさを〜する güzelliği ile gururlan-. できないのに〜する ağız sat-. 〜するな yavaş gel (ol)! 〜にする sat-. ひどく〜にする kasım kasım kasıl-. よく〜する övüngen. 〜たらたらの benim diyen. 人は美しさを〜してはならない。İnsan güzelliğiyle övünmemeli. アフメットはとてもよい通信簿をもらって〜にしている。Ahmet çok iyi bir karnesi olduğu için kasılıyor.

zimecu 自滅 /a./ intihar.

zimei 自明 /a./ 〜な açık aşikar, besbelli.

zimeñ 地面 /a./ kara, toprak, yer, zemin. コップの中身を〜にあける bardağı yere boşalt-. 〜に水はもうたくさん toprak suya doy-. 〜と同じ高さで yerle beraber. 〜が雪に覆われている。Toprağın üstü karla örtülü.

zimezime じめじめ /be./ 暗い〜した izbe.

zimi 地味 /a./ 〜な basit, dümüz. 〜な人 dümüz bir adam.

zimu 事務 /a./ iş, büro işi.

zimùiñ 事務員 /a./ memur, kâtip.

zimùkañ 事務官 /a./ memur.

zimùkyoku 事務局 /a./ idarehane.

zimùsicu 事務室 /a./ kalem odası.

zimu sòocyoo 事務総長 /a./ genel sekreteri.

zimùsyo 事務所 /a./ büro, oda, yazıhane, kalem, ofis.

ziniñ 辞任 /a./ istifa. 〜する istifa et-.

ziniñ 自任 /a./ iddia. 〜する fasulye gibi kendini nimetten say-.

zìñ ジン /a./ cin, ecinni, iyi saate olsunlar. 女の〜 peri.

zìñ ジン(İng. gin) /a./ ardıç rakısı, cin.

zìñ 仁 /a./ アーモンドの〜 badem içi.

Ziñbakyuu 人馬宮 /a./ Yay.

ziñbucu 人物 /a./ kişi, adam, şahıs, şahsiyet. ある〜 zat. 作品中の〜 karakter. 〜と見なす adam yerine koy-. 〜が少ないこと adam kıtlığı. どんな〜かはテストの結果で分かる ak köpek kara köpek. この学校は今までたくさんの〜を育てた。Bu okul şimdiye kadar çok adam yetiştirdi. 人の考えがどうあろうと〜は思ったことを実行しようとするものだ。 Cemaat ne kadar çok olsa (cami ne kadar büyük olsa) imam gene bildiğini okur.

ziñbucu syoomeisyo 人物証明書 /a./ hüsnühal kâğıdı.

ziñbuñcìri 人文地理 /a./ beşerî coğrafya.

zìñci 陣地 /a./ mevzi.

ziñcuu 陣痛 /a./ doğum sancısı. 〜が始まる ağrı tut-.

ziñdoo 人道 /a./ insaniyet, insanlık; kaldırım.

ziñdoo syùgi 人道主義 /a./ hümanizm.

ziñdoo syugìsya 人道主義者 /a./ hümanist.

ziñdoo syugiteki 人道主義的 /a./ 〜な hümanist.

ziñiñ 人員 /a./ mevcut. 〜整理 tasfiye.

ziñkaku 人格 /a./ benlik, şahsiyet. 〜が変わる benliğinden çık-. 〜高潔 alnı açık, yüzü ak.

ziñkeñ 人権 /a./ kul hakkı.

ziñkeñ 人絹 /a./ sunî ipek.

ziñkoo 人口 /a./ nüfus. 〜の増加 nüfus artışı. 〜調査 nüfus sayımı. 〜台帳 nüfus kütüğü. 〜密度 nüfus yoğunluğu. その地域の〜密度は高い。 O bölgede nüfus yoğundur.

ziñkoo 人工 /a./ yapma. 〜の sunî, yapma, yapay, kul yapısı, eğreti. 〜の泉 çeşme. 〜心臓 sunî kalp.

ziñkoo èisei 人工衛星 /a./ yapma ay, uydu.

ziñkòosuu 人口数 /a./ nüfus miktar.

ziñkoo tookèigaku 人口統計学 /a./ demografi.

ziñmàsiñ じん麻疹 /a./ kurdeşen.

ziñmìñ 人民 /a./ halk.

ziñmoñ 尋問 /a./ sorgu. 〜する ifadesini al-.

ziñpiñ 人品 /a./ huyu suyu.

zìñrui 人類 /a./ insan, âdemoğlu, insaniyet, insanlık.

ziñrùigaku 人類学 /a./ insan bilimi, antropoloji.

zìñsa 腎砂 /a./ kum.

ziñsei 人生 /a./ hayat, ömür, yaşam. 長い〜 uzun ömür. 植物人間の〜 bitkisel yaşam. 〜のひとこま yaşantı. 〜経験 yaş baş. 〜を送る hayat geç-, ömür geçir-. 〜を閉じる hayata gözlerini yum- (kapa-). 〜を楽しむ safa sür-. 〜を浪費する ömür çürüt-. 〜に匹敵するほど ömre bedel. 〜の終わりに近付いた。 Yaşamımın sonuna yaklaştım.

ziñsei tècugaku 人生哲学 /a./ yaşam felsefesi.

ziñsoku 迅速 /a./ tezlik.

ziñsyu 人種 /a./ ırk. 〜の違いにとらわれず ırk farkı gözetilmeksizin.

ziñsyu sàbecu 人種差別 /a./ ırk ayrımı.

ziñsyu sabecu syùgi 人種差別主義 /a./ ırkçılık.

ziñsyu sabecu syugìsya 人種差別主義者 /a./ ırkçı.

zìñtai 靭帯 /a./ bağ.

zìñtai 人体 /a./ insan vücudu. 〜の平熱 insan vücudunun doğal ısısı.

ziñtai mòkei 人体模型 /a./ manken.

ziñzoo 人造 /a./ yapma. 〜の sunî, yapay, kul yapısı. 〜絹糸 sunî ipek. 〜肥料 yapay gübre.

ziñzoo 腎臓 /a./ böbrek.

ziñzòoeñ 腎臓炎 /a./ böbrek iltihabı.

ziñzoo kèsseki 腎臓結石 /a./ böbrek taşı.

zìñzya 神社 /a./ tapınak.

Zipusii ジプシー /a./ Çingene, Çingan, (俗語) elekçi. 〜のテント Çingene çergesi, (誤用) Kıptî.

Zipusiigo ジプシー語 /a./ Çingenece.

zirahu ジラフ /a./ zürafa.
zirai 地雷 /a./ mayın. ～を敷設する mayınla-.
ziràsu じらす /ey./ huylandır-.
zirênma ジレンマ （İng. dilemma) /a./ ikilem.
zirê・ru じれる /ey./ huylan-.
zirettài じれったい /s./ mıymıntı.
zirettàsa じれったさ /a./ sabırsızlık.
ziricu 自律 /a./ özerklik.
ziriki 自力 /a./ kendi güç. ～で borçsuz harçsız. ～で生活する kendi yağıyla kavrul-. 人の助けを求めず～で ne sakala minnet, ne bıyığa.
ziriziri じりじり /be./ ～する huylan-, içerle-. ～している hiddetli.
-zirusi 印. …～の markalı.
ziryoku 磁力 /a./ mıknatıs çekimi, manyetizma. ～を与える mıknatısla-.
zìsa 時差 /a./ saat farkı.
zisacu 自殺 /a./ intihar. ～する intihar et-, kendini öldür-, kendine kıy-, canına kıy-, Allahın binasını yık-.
zisañ 持参 /a./ ～の hamil. ～する hamil ol-.
zìsecu 時節 /a./ zaman.
zisei 時勢 /a./ yaşam şartları, zamana uyma. ～に従う zamana uy-.
zisei 時制 /a./ zaman. 単純～ yalın zaman.
zisèisiñ 自制心 /a./ ～をなくす gözü karar-.
ziseki 自責 /a./ nedamet.
zisicu 自失 /a./ 茫然～ sersemlik.
zisicu 痔疾 /a./ basur.
zisiñ 地震 /a./ deprem, zelzele, yer sarsıntısı, hareket. ～の恐怖心 deprem heyulası. ～による崩壊 depremde çöküş. 東部の～は大災害だった. Doğudaki deprem büyük bir felâketti.
zisiñ 自信 /a./ benlik, öz güven, kendine güvenme. ～のない pısırık.

～をなくす benliğini yitir-. ～を持って göğsünü gere gere.
zisiñ 磁針 /a./ ibre.
zìsiñ 自身 /a./ kendi, öz, baş, nefis. 彼～ ta kendisi. 私～の家 kendi evim. それ～で tabiatıyla. そこへ私～で行かねばならない. Oraya kendim gitmeliyim. 私～は聞いていない. Ben şahsen işitmedim. ご～であなたの所へ行かれます. Beyefendi, size kendileri gelecekler.
zisiñ hòoi 磁針方位 /a./ kerteriz.
zisiñka 自信家 /a./ (口語) ukalâ dümbeleği.
zisiñkei 地震計 /a./ depremyazar, sismograf.
zìsoku 時速 /a./ hız, saatteki hızı. 汽船は～15マイル出す. Vapur saatte on beş mil yapıyor.
zisòñsiñ 自尊心 /a./ övünç, onur, izzetinefis, gurur. ～のある haysiyetli. ～を満足させる gururunu okşa-.
zissai 実際 /a./ kılgı, pratik. ～の gerçek, pratik. ～に fiilen, bilfiil. まったく～ (俗語) doğru doğru dosdoğru.
zissaiteki 実際的 /a./ ～な uygulamalı, amelî.
zisseñ 実践 /a./ kılgı, pratik, ameliyat. ～の pratik. 宗教的～ amel.
zissi 実施 /a./ icra, yürütme. ～する etkile-, icra et-, yürüt-. 法律を～する yasayı yürüt-. ～される yürürlüğe gir-, yürütül-.
zissicu 実質 /a./ öz, esas, töz.
zissyoo 実証 /a./ ～する gerçekleştir-.
zissyooteki 実証的 /a./ ～な pozitif.
zissyuu 実習 /a./ staj.
zissyùusei 実習生 /a./ stajyer.
zisùberi 地滑り /a./ göçük, heyelan.
zisùru 辞する /ey./ 職を～ işinden çık-, istifa et-.

zìsyaku 磁石 /a./ mıknatıs, pusula. 〜の magnetik, manyetik, mıknatıslı. 〜で引きつける mıknatısla çek-. 〜ではかる kerteriz al-. 〜の針が北を指している. Pusulanın ibresi kuzeyi gösteriyor.

zìsyo 辞書 /a./ sözlük, lügat, (古語) kamus. 〜を利用する sözlükten yararlan-. 〜に頼る sözlüğe başvur-. この〜のために二年働いた. Bu sözlük üzerine iki yıl çalıştık.

zìsyo 地所 /a./ arazi, parsel, (古語) yurt.

zìsyo 自署 /a./ imza.

zisyoku 辞職 /a./ istifa, çekilme. 〜する istifa et-. 突然〜する istifayı bas-.

zisyoku nègai 辞職願い /a./ istifa.

zisyoo 自称 /a./ 〜する kendini … adlandır-.

zìsyu 自主 /a./ bağımsızlık, serbesti, serbestlik. 〜の özgür.

zisyuteki 自主的 /a./ 〜な bağımsız.

zìtabata じたばた /be./ 悔しくて〜する hop oturup hop kalk-.

zìtai 事態 /a./ durum, iş. 母は最悪の〜にも悲観的ではない. Annem en kötü olaylarda bile karamsar değildir.

zìtai 辞退 /a./ 〜する geri çevir-, kabul etme-.

zìtai 自体 /a./ kendi.

ziteñ 辞典 /a./ sözlük, lügat. トルコ語〜 Türkçe sözlük. 英和〜 İngilizce-Japonca sözlük. 国語〜 Japonca sözlük.

ziteñ 事典 /a./ 百科〜 ansiklopedi.

zitèñsya 自転車 /a./ bisiklet, çift teker, çifteker, velespit. 〜の後輪 art teker. 原動機付〜 motor. この暑さに〜のタイヤをふくらませ過ぎるな, 空気が膨張する. Bu sıcakta bisikletinin lastiğini fazla şişirme, hava genleşir.

zitèñsya kyðosoo 自転車競走 /a./ bisiklet yarışları. 〜が行われる道路 parkur.

zittai 実体 /a./ mahiyet.

zitto じっと /be./ 〜している dur-, otur-, rahat dur-, durağan. 〜している人 tınmaz melaike. 〜していない cevval, oynak. 〜していられない diken üstünde otur- (ol-). 〜見る gözlerini belert- (dik-), bakakal-, izle-, süz-. 欲しがって〜見る gözle ye-. 〜見つめる gözünü dik-. 〜こらえて聞く giy-. 〜考え込む dalgınlık. そう〜していないで外の風にでも当ったら. Böyle oturacağına gidip hava alsan. 一人はぽんぽん言うし, もう一人は〜聞いていた. Biri ağzına geleni söyledi, öbürü de güzelce giydi.

ziyoo 滋養 /a./ 〜に富んだ besleyici.

ziyùu 自由 /a./ hürriyet, özgürlük, serbestlik, serbesti, açıklık. 出版の〜 basın hürriyeti (özgürlüğü). 〜な özgür, serbest, başıboş, erkin, hür, azade, müstakil, liberal. 〜でない baş bağlı, tutsak. 〜になる baskıdan kurtul-, başıboş kal-, zincirlerini kır-. 〜にする başını boş bırak-, başıboş bırak-, serbest bırak-. 〜にしてやる saliver-. 〜をはく奪する köleleştir-. 〜がきかない yuları birinin elinde ol-, yuları ele ver-, yuları kaptır-, eli ayağı bağlı. 〜に serbestçe, pupa yelken. 〜に使う tasarruf et-. 〜に生きる hayatını yaşa-. 捕虜たちはとうとう〜の身になった. Tutsaklar sonunda özgürlüklerine kavuştu.

ziyuugata 自由形 /a./ serbest stil yüzme.

ziyùugyoo 自由業 /a./ serbest bir iş.

ziyuu ìsi 自由意志 /a./ 〜の gönüllü.

ziyuuka 自由化 /a./ liberasyon.

ziyuu mòñdai 自由問題 /a./ serbest figürler.

ziyuu syùgi 自由主義 /a./ 〜の liberal, erkinci.

Ziyuutoo 自由党 /a./ Liberal parti.
ziyuu torihikizyo 自由取引所 /a./ kulis.
zizai âikagi 自在合鍵 /a./ tavşan anahtarı.
zizeñ 次善 /a./ 〜の策. Koyunun bulunmadığı yerde keçiye Abdurrahman Çelebi derler.
zizeñ 慈善 /a./ hayır, sadaka, hayırseverlik. 〜の hayırsever.
zizeñka 慈善家 /a./ hayır sahibi, hayırsever.
zìzi 時事 /a./ aktüalite. 〜の güncel.
zìzicu 事実 /a./ gerçek, olgu. /be./ gerçek, nitekim. 〜を曲げる çarpıt-. 〜らしい olası, olasılı, varit. 〜に反して hakikat hilâfına. 隠れもない〜だ. Atsan atılmaz, satsan satılmaz.
zìzicu 時日 /a./ müddet.
zizicuzyoo 事実上 /be./ fiilen.
zizìi じじい /a./ (口語) babalık.
zizisei 時事性 /a./ güncellik.
zizyòdeñ 自叙伝 /a./ öz geçmiş.
zizyoo 事情 /a./ şartlar, hâl, durum. よんどころない〜 özür. その内部の〜が分からない kazanı kapalı kayna-. 〜がよく分からないのに判断はできない. Gün doğmadan kemliği söylenmez.
zo ぞ /il./ 分からない〜, どうしたらよいのか. Bilmem ki ne yapsam. 打つ〜, 切る〜とばかりののしり出した. Vururum, keserim gibilerden atıp tutmaya başladı.
zokkaku 属格 /a./ tamlayan durumu.
zokkoñ ぞっこん /be./ sırılsıklam. 〜惚れ込んでいる sırılsıklam âşık.
zokkoo 続行 /a./ devam.
zoku 俗 /a./ 〜な bayağı, kaba.
zoku 賊 /a./ hırsız. 警察は〜を長いこと追跡して逮捕した. Polisler hırsızı uzun süre kovaladıktan sonra yakaladılar.
zòku 属 /a./ cins, oymak. オレンジはかんきつ〜の果物だ. Portakal, turunç cinsinden bir meyvedir.
zokuaku 俗悪 /a./ mezbele.
zokugai kèkkoñ 族外結婚 /a./ dışarıdan evlenme.
zokuppòi 俗っぽい /s./ 〜男 yoz adam. 俗っぽくなる kabalaş-.
zokusei 属性 /a./ vasıf.
zokusiñ 俗信 /a./ hurafe.
zokusùru 属する /ey./ …に〜 ait, mensup. 〜ものとする atfet-.
zokusyoo 俗称 /a./ lakap.
zokuziñ syùgi 俗人主義 /a./ laiklik.
zòkuzoku 続々 /be./ 〜と akın akın, peş peşe. 客が〜とやって来た. Misafirler sökün etti.
zòkuzoku ぞくぞく /be./ 〜する titre-.
zòñde ゾンデ (Al. Sonde) /a./ sonda. 〜診察 sondaj.
zoñmei 存命 /a./ 〜の sağ.
zoñmeicyuu 存命中 /a./ 〜は sağlığında.
zoñzài ぞんざい /a./ 〜な hoyrat, özensiz, üstünkörü. 〜に使う hor kullan-.
zoñzì・ru 存じる /ey./ お名前は陰ながら存じておりました. Sizi gıyaben tanırım.
zòo 像 /a./ görüntü, hayal, heykel, beti. 小さい〜 heykelcik. 大理石でできた人の〜 mermerden yapılmış insan yontusu. 台が粘土の〜 kaidesi balçıktan bir dev. 〜を大きく見せる鏡 dev aynası.
zòo ゾウ, 象 /a./ fil. 〜の鼻 hortum.
zòo 増 /a./ artış.
zoobucùsyu 造物主 /a./ Yaradan.
zoocyoo 増長 /a./ 〜する başına çık-, şımar-. 〜させる şımart-.
zooeñ 造園 /a./ bahçıvanlık.
zoogaku 増額 /a./ zam.
zoogañzàiku 象眼細工 /a./ 〜の kakma, kakmalı. 〜をする kak-.
zooge 象牙 /a./ fil dişi.
zoogeiro 象牙色 /a./ 〜の fil dişi.

Zooge kàigañ 象牙海岸 /a./ Fil dişi Kıyısı.
zoogèsicu 象牙質 /a./ fil dişi.
zoohèikyoku 造幣局 /a./ darphane.
zoohibyoo 象皮病 /a./ fil hastalığı.
zòoho 増補 /a./ ilâve, eklenti. 〜する genişlet-.
zoohukùki 増幅器 /a./ amplifikatör.
zooka 増加 /a./ artış, çoğalma, (古語) ziyade. 人口の〜 nüfus artışı. 価値の〜 zam.
zooka 造花 /a./ yapma çiçek. 〜の商売をする人 çiçekçi.
zooki 雑木 /a./ çalı.
zòoki 臓器 /a./ organ.
zookibàyasi 雑木林 /a./ çalılık.
zooki ìsyoku 臓器移殖 /a./ organ nakli (aktarımı).
zookiñ 雑布 /a./ toz bezi.
zooki tèikyoo 臓器提供 /a./ organ bağışı.
zoomocu 臓物 /a./ ciğerler, bağırsaklar. 〜を抜いた食肉 gövde.
zoomocuya 臓物屋 /a./ ciğerci.
zòoñ ゾーン (İng. zone) /a./ 着陸〜 iniş pisti.
zòoo 憎悪 /a./ nefret, antipati, kin. 〜する nefret et-.
zoosacu 増刷 /a./ çoğaltma.
zoosanài 造作無い /s./ yem istemez, su istemez, (口語) hazırlop.
zooseñ 造船 /a./ gemi inşaatı, gemi yapımı.
zooseñdai 造船台 /a./ kızak. 船を〜にのせる kızağa çek-.
zooseñzyo 造船所 /a./ tersane, şantiye, tezgâh. 〜の滑降台 kızak.
zoosiñzai 増進剤 /a./ アダナでは多くの人が食欲〜として食事にカブのスープを飲む. Adana'da birçok kişi iştah açıcı olarak yemeklerde şalgam suyu içer.

zoosyo 蔵書 /a./ kitaplık. 〜三万冊の図書館 otuz bin kitaplık kütüphane.
zoosyoo 蔵相 /a./ maliye bakanı.
zootei 贈呈 /a./ ithaf.
zoowai 贈賄 /a./ 〜する rüşvet ver-.
zooyòzei 贈与税 /a./ hibe vergisi.
Zoroasutaakyoo ゾロアスター教 /a./ Zerdüştçülük.
zòrozoro ぞろぞろ /be./ 人が〜通る. Halk alay alay geçiyor.
zotto ぞっと /be./ 〜する buz kesil-. 〜する思い ürperti.
zu 図 /a./ harita, şekil. 〜を書いてくださるともっとよく分かります. Şeklini çizerseniz daha iyi anlarım.
zùboñ ズボン (Fr. jupon) /a./ pantolon. 〜をはく pantolonu çek-. 足に〜をはく ayağına bir pantolon çek-. 乗馬用〜 külot. ゆるい〜 şalvar. 細い〜 zıpka. すそがしまっている太い〜 iş donu. 〜のまた ağ. 〜を縫う人 pantoloncu.
zubòñcuri ズボンつり /a./ askı.
zuboñsita ズボン下 /a./ don.
zubosi 図星 /a./ 〜を指す (口語) üstüne bas-.
zubunure ずぶ濡れ /a./ 〜になる tazıya dön-.
zucu ずつ /il./ -er. 一〜 birer. 二つ〜並ぶ ikişer ol-. 五つ半〜 beşer buçuk. いくつ〜の kaçar. 一人5リラ〜 adam başına beş lira. 少し〜 azar azar, birer ikişer, damla damla, derece derece, için için, dirhem dirhem, kerte kerte. 風呂に一人〜入った. Banyoya teker teker girdik.
zucuki 頭突き /a./ tos. 〜する tosla-.
zucuu 頭痛 /a./ baş ağrısı. 〜を止める baş ağrısını kes-. この薬は〜によく効く. Bu ilaç baş ağrısına çok etkilidir.
zùga 図画 /a./ resim.
zùgai 頭蓋 /a./ kafa, kafa tası.

zugaikocu 頭蓋骨 /a./ kafa tası, kuru kafa, baş çanağı.
zuhyoo 図表 /a./ çizge, diyagram, grafik.
zùi 髄 /a./ ilik, öz. 木の〜 ağacın özü. 〜のある ilikli. 寒さが骨の〜までしみた. Soğuk iliğime işledi.
zùibuñ 随分 /be./ oldukça.
zuihicu 随筆 /a./ makale, deneme, söyleşi.
zùii 随意 /a./ 〜の ihtiyarî, keyfî.
zuiikiñ 随意筋 /a./ çizgili kaslar.
zuiiñ 随員 /a./ kortej.
zuikoo 随行 /a./ 〜する beraberinde git-.
zuikòoiñ 随行員 /a./ kortej.
zukai 図解 /a./ atlas. 花の〜 diyagram.
zukañ 図鑑 /a./ albüm. 蝶類〜 kelebek albümü.
-zuke 付け. …日〜の günlü, tarihli. 1980年8月25日〜の文書 25 Ağustos 1980 günlü yazı.
zukei 図形 /a./ şekil.
zùkezuke ずけずけ /be./ 〜物を言う tok sözlü, yüzü pek.
zukìñ 頭巾 /a./ kukuleta.
zùkizuki ずきずき /be./ zonk zonk. 〜痛む sancı-. 〜する sancı-. 腕の傷が〜痛む. Kolumdaki yara sancıyor. こめかみが〜する. Şakaklarım zonkluyor.
zùkku ズック (Hol. doek) /a./ kanava, kanaviçe, branda bezi.
zumeñ 図面 /a./ çizim, plan, çap.
zùnoo 頭脳 /a./ kafa, beyin.
zunoo roodòosya 頭脳労働者 /a./ kafa işçileri.
zuñgùri ずんぐり /be./ 〜した küt, fıçı gibi, yerden bitme. 〜した人 bodur adam.
zurakàru ずらかる /ey./ boynunu kır-, çekip git-, (隠語) arabayı çek-, caddeyi tut-, dümeni kır-, kirişi kır-, palamarı topar- (çöz-),

toz ol-, tüy-, voltasını al-, yaylan-, kır-.
zuràrito ずらりと /be./ koşun koşun. 〜並んだ sıra sıra. 大小〜子供のいる人 beri eşikte, biri beşikte.
zurè·ru ずれる /ey./ kay-, kaç-. ずれている kaçık, pırtlak. ベッドカバーがずれた. Yatağın örtüsü kaymış. 部屋のじゅうたんが右へずれた. Odanın halısı biraz sağa kaçmış. 彼は少しずれている. O biraz kaçıktır.
zùru ずる /a./ tilkilik, dalgacı Mahmut.
zurugasikòi ずる賢い /s./ cambaz, kurnaz, tilki, tilki gibi, şeytan gibi. 〜人 (口語) köpoğlu. 〜キツネ kurnaz tilki. とても〜 şeytana külahı ters giydir-. なんと〜かご存知ないのです. Ne tilkidir o, bilmezsiniz.
zurugasikòsa ずる賢さ /a./ tilkilik.
zurùi ずるい /s./ kurnaz, çok bilmiş. 〜人 çakal. 〜キツネ sinsi tilki. ゲームで〜人 (隠語) kaşar. ずるく ustalıkla. ずるく立ち回る külahını ters giydir-.
zurukè·ru ずるける /ey./ kaytar-, as-, (俗語) yüksün-.
zùrusa ずるさ /a./ kurnazlık, tilkilik.
zutazuta ずたずた /a./ 〜の lime lime.
zutto ずっと /be./ fersah fersah, kat kat ; aralıksız, bildim bileli, sürgit, ta. 〜昔 çoktan, çoktandır. 〜前から kaç zamandır. 〜遠くから derinden derine. 〜たって gel zaman git zaman. 昔から〜 eskiden beri. きのうから〜 dünden itibaren. 初めから〜 başından beri. 生まれてから〜 Allahtan. …の間〜 boyunca. 生きている間〜 ömür boyunca. 道中〜 yol boyunca. 〜…になる kal-. 今年の収穫は去年より〜多い. Bu yıl ürün geçen yıldan daha fazla. 朝から〜空腹だ. Sabahtan beri aç duyuyor. 〜イスタンブルからしゃべり通しだ. Ta İstanbul'dan beri susmadı. この道を〜行けば家

に着く. Bu yolu takip edince eve varırsınız.

zuuzuusìi ずうずうしい /s./ perdesi yırtık (sıyrık), saygısız, utanmaz, yüzsüz, yırtık, pişkin. ずうずうしく yüzlü yüzlü. ずうずうしく言う dili uza-. ずうずうしくする yırtıl-, yüze çık-. ずうずうしくなる cesaret al-.

zyàa じゃあ /ba./ e. 〜行かせろ. E, gitsin.

zyaaku 邪悪 /a./ 心の〜な kalbi bozuk.

zyaanarìsuto ジャーナリスト (İng. journalist) /a./ gazeteci.

zyaanarìzumu ジャーナリズム(İng. journalism) /a./ basın, gazetecilik, matbuat.

zyàazii ジャージー(İng. jersey) /a./ jarse. 〜の jarse. 〜の上着 jarse.

zyàazyaa ジャージャー /be./ cızır cızır, şarıl şarıl. 〜と音を立てる cızla-, şarılda-. 〜と油で揚げる cızır cızır kızar-. 〜という音 şarıltı.

zyabara 蛇腹 /a./ körük. 〜の körüklü. 〜のカメラ körüklü fotoğraf makinesi.

zyàgaa ジャガー /a./ jaguar.

zyagaimo ジャガイモ /a./ patates. 〜をゆでる patates haşla-. 〜料理は十分だ. Patates yemeği doyurucu olur.

zyaguci 蛇口 /a./ musluk, lüle. ライオンの頭の形をした〜 aslanağzı.

zyàketto ジャケット(İng. jacket) /a./ ceket. フランネルの〜 fanila ceket. そでの短い〜 salta.

zyakkañ 若干 /a./ 〜の biraz, birkaç, kimi.

zyàkkaru ジャッカル /a./ çakal.

zyàkki ジャッキ(İng. jack) /a./ kriko.

zyàkku ジャック(İng. jack) /a./ トランプの〜 bacak, oğlan, vale.

zyakoo じゃこう /a./ mis, misk.

zyakuniku kyoosyoku 弱肉強食 /a./ Büyük balık küçük balığı yutar. Atlar tepişir arada eşekler ezilir. 〜で gücü gücü yetene.

zyàkusya 弱者 /a./ 彼はいつも〜や助けのない者の面倒を見る. O, her vakit zayıfları düşkünleri kollar.

zyakutèñ 弱点 /a./ zayıf nokta. 人の〜をおさえる gagasından yakala-.

zyama じゃま, 邪魔 /a./ engel, mâni. 〜する engelle-, mâni ol-, aksat-, ayağına bağ vur-, çelme at- (tak-), çengel tak-, gölge et-, müşkülat çıkar-, yol ver-. 〜になる ayağına dolan- (dolaş-). 〜が入る araya gir-. 人の昇進を〜する ayağına çelme tak-. 人の仕事の〜をする avare et-. 人の〜をしてだめにする zurnacının karşısında limon ye-. おしゃべりで〜をする lafa tut-, lakırdıya tut-, (隠語) kafa ütüle-. 混雑の中を歩き回って人の〜をする ayak altında dolaş-. どんな〜があっても dünya bir araya gelse. 天候不順が作付けの〜になった. Havanın bozulması ekim işini aksattı.

Zyamàika ジャマイカ /a./ Jamaika.

zyàmu ジャム(İng. jam) /a./ reçel. イチゴ〜 çilek reçeli. ふたさじの〜 iki kaşıklık reçel.

zyañguru ジャングル (İng. jungle) /a./ cengel.

zyàñpaa ジャンパー (İng. jumper) /a./ kollu kazak.

zyàñpu ジャンプ(İng. jump) /a./ atlama.

zyañpudai ジャンプ台 /a./ tramplen.

zyàñru ジャンル(Fr. genre) /a./ 芸術の〜 tür.

zyarañ ジャラン /be./ cangıl cungul. ラクダが〜ガランとやって来るところだった. Develer cangıl cungul geliyorlardı.

zyàrazyara ジャラジャラ /be./ şıkır şıkır. 〜音を出す şıkırda-. 〜鳴らす şıkır şıkır oyna-. 〜いう音 şıkırtı. 金の〜いう音 para şıkırtısı. 貯金箱のお金が〜音がした. Kumbaradaki paralar şıkırdadı. 〜と金を数えている。 Şıkır şıkır para sayıyor.

zyareàu じゃれ合う /ey./ 子ネコがじゃれ合っている。 Yavru kediler oynaşıyorlar.

zyarè·ru じゃれる /ey./ oyna-.

zyari 砂利 /a./ mucur, çakıl. 大粒の〜 kaba çakıl. 〜とセメントがなじむ。 Çakılla çimento kaynaşır.

zyàsumiñ ジャスミン /a./ yasemin.

zyàzu ジャズ(İng. jazz) /a./ caz.

zyazu bañdo ジャズバンド(İng. jazz band) /a./ cazbant, caz.

zyazu eñsooka ジャズ演奏家 /a./ cazcı.

zyazu rekòodo ジャズレコード(İng. jazz record) /a./ caz plakları.

zyazyauma じゃじゃ馬 /a./ eli maşalı.

zyàzzi ジャッジ (İng. judge) /a./ yargıcı.

zyèsucyaa ジェスチャー(İng. gesture) /a./ çalım, jest, hareket.

zyettòki ジェット機 /a./ tepkili uçak, jet.

zyetto señtòoki ジェット戦闘機 /a./ jet av uçağı.

zyo 序 /a./ ön söz, giriş.

zyobuñ 序文 /a./ ön söz, başlangıç.

zyocyuu 女中 /a./ hizmetçi, kadın. 里子の〜 besleme. この人はうちの〜をだまして別の家へ連れて行ってしまった。 Bu adam bizim hizmetçiyi ayartıp başka bir eve götürdü.

zyodòosi 助動詞 /a./ yardımcı fiil (eylem).

zyogai 除外 /a./ istisna. 〜の müstesna. 〜する istisna et-.

zyogeñ 助言 /a./ öğüt, tavsiye. 〜する öğüt ver-.

zyogeñsya 助言者 /a./ müşavir.

zyokañ 女官 /a./ nedime.

zyòkki ジョッキ(İng. jug) /a./ maşrapa.

zyòkyo 除去 /a./ izale, ihraç.

zyòkyoku 序曲 /a./ peşrev, uvertür.

zyokyòosi 女教師 /a./ kadın öğretmen.

zyokyòozyu 助教授 /a./ doçent.

zyoo 情 /a./ gönül. あわれみの〜 acıma duygusu. 〜にもらい子 içli çocuk. 〜を抑えきれない içi içine sığma-.

zyoo 錠 /a./ kilit. 〜を下ろす kilit vur-, kilitle-, (俗語) kitle-. 〜のとび出す部分 kilit dili.

-zyoo 嬢 bayan, hanım, hanımefendi. お〜さん bayan. アイシェ〜 Ayşe hanım.

-zyoo 条 madde. 第10〜 第1項 madde 10 bent 1. 法の第18〜によれば yasanın 18. maddesine göre.

-zyoo 乗 kuvvet. 三〜 küp. 4の三〜 dördün kübü. 5の二〜 beşin ikinci kuvveti.

-zyoo 錠. アスピリン20〜 yirmi tablet aspirin.

zyooba 乗馬 /a./ biniş. 彼は〜に凝っている。 Onda ata binme hastalığı var.

zyoobàgucu 乗馬靴 /a./ çizme. 〜が足から脱げない。 Çizme ayağından çıkmıyor.

zyoobayoo 乗馬用 /a./ 〜の馬 binek atı. 〜ズボン külot.

zyoobàzyucu 乗馬術 /a./ binicilik.

zyoobìyaku 常備薬 /a./ müstahzar.

zyoobu 丈夫 /a./ peklik. 〜な gürbüz, sağ, sağlıklı, pek, berk, dayanıklı, dinç, güçlü, kuvvetli, metanetli, metin, pek canlı, dokuz canlı, iyi, boton gibi, bomba gibi, demir gibi. 〜な子供 gürbüz çocuk. 〜な靴 sağlam pabuç. とても〜な sapasağlam, sapsağlam. 〜なうちに sağlığında. 〜なところがない elle tutulacak tarafı kalma-. 〜さ sağ-

zyδobu … lamlık. 〜で sağlıcakla. 〜になる sağlamlaş-, dinçleş-, güçlen-, pekiş-. 鋼鉄のように〜になる çelik kesil-. 〜にする sağlamlaştır-, berkit-, pekiştir-, perçinle-. 産婆さんが弟が〜で生まれたと言ったのでとてもうれしかった. Ebe küçük kardeşimin sağlıklı doğduğunu söyleyince çok sevindim.

zyδobu 上部 /a./ üst, üzeri. 〜の üst, âmir. 胸の〜 döş.

zyoobu kòozoo 上部構造 /a./ üst yapı.

zyoocyuu 条虫 /a./ şerit.

zyoodàñ 冗談 /a./ şaka, alay, latife, mizah, espri. 〜を言う şaka söyle-, latife et-. 〜を言い合う şakalaş-. 〜言うな deme. 〜をとばす makarayı tak-. 〜と受け取る şakaya al-. 〜に紛らわす şakaya boğ- (dök-, boz-). 〜が分かる şaka kaldır-. 〜を聞き流せる şakaya gel-. 〜と聞き流す şakaya vur-. 〜が本当になる（口語） şaka iken kaka ol-. 〜じゃない şaka götürme-, laf ola. 〜でなく şakasız, şakası yok, cidden. 〜に şakacıktan, şakadan. 〜として şaka yolu (yoluyla), şakacıktan. 〜の好きな人 şakacı. 〜はよせ（口語） devenin başı (nalı). 〜に言っただけだ, 泣くな. Şakacıktan söyledim, ağlama. 〜だよ気にするな. Lakırdıdır o, aldırma！〜だ信じるな. Mahsus söylüyor inanmayın. 〜に言ったことでも本心がにじみ出るものだ. İnsan gönlünün artığını söyler.

zyoodañmekàsu 冗談めかす /ey./ 冗談めかして şaka yolu (yoluyla). 冗談めかして言う şakaya getir-.

zyoodeki 上出来 /a./ başarı.

zyoodoo 常道 /a./ 〜をはずれる çığırından çık-, şirazeden çık-.

zyooei 上映 /a./ gösteri. 映画の〜 film gösterisi. 一回の〜 seans. 〜する oynat-. 映画を〜する film oynat-. 〜している film oyna-.

zyooeñ 上演 /a./ gösteri, temsil. 一回の〜 seans. 〜する sahneye koy-, temsil et-. 〜目録 repertuar.

zyδogi 定規 /a./ cetvel, cetvel tahtası, mikyas. 〜で四角を書く cetvelle bir kare çiz-.

zyoogo 畳語 /a./ ikileme.

zyδogo じょうご, 漏斗 /a./ huni, ağızlık, süzgü.

zyoohacu 蒸発 /a./ 〜する buharlaş-, uç-. エーテルが〜する. Eter uçar.

zyoohàñsiñ 上半身 /a./ yarı belden yukarı.

zyooheki 城壁 /a./ duvar, beden, sur. 町の〜から見渡した眺めはたいへん美しい. Kentimizin kaleden kuş bakışı görünüşü çok güzel.

zyδohi 上皮 /a./ üst deri, üsderi, korun.

zyoohìñ 上品 /a./ kibarlık, zariflik, çelebilik, letafet, nezaket, zarafet. 〜な kibar, zarif, nazik, asil, edalı, namuslu, ahlâklı, ipek gibi. 〜な人 kibar, efendiden bir adam. 〜な婦人 edalı bir kadın. 〜な服 kibar bir giyim. 〜な振る舞い kibarlık. 〜さ kibarlık. 〜に kibara. 〜に振る舞う kibar davran-. 極端に〜に振る舞う（口語）(üstünden, parçalarından) kibarlık ak-. 〜になる kibarlaş-. お〜である elini sıcak sudan soğuk suya sokma-. あの人はたいへん〜な人だ, そんなことは言わない. O pek kibardır, öyle sözler söylemez.

zyoohiñbùru 上品ぶる /ey./ kibarlaş-, kibarlık tasla-. 〜人 kibarlık budalası. 極端に〜人 kibarlık düşkünü.

zyδoho 譲歩 /a./ taviz. 〜する körünü öldür-, ödün ver-. 兄には人に〜ない性分があるのだ. Ağabeyimin kimseye ödün vermeyen bir yaradılışı vardır.

zyoohoo 情報 /a./ haber, bilgi,

havadis, iletişim, istihbar, istihbarat, malûmat, salık, vukuf. 正しい～ doğru haber. ～を手に入れる haberdar ol-, istihbar et-, malûmat al-. ～を逃がす atla-. 急いで秘密の～を送る haber uçur-. 様子を見るために不確かな～を流す balon uçur-. ～のある haberli, haberdar ～のない habersiz. …に関する～のない -den habersiz.

zyoohōogeñ 情報源 /a./ 信ずべき～ inanılır kaynaklar.

zyoohōoiñ 情報員 /a./ ajan.

zyoohoo kìkañ 情報機関 /a./ 国家～ Millî İstihbarat Teşkilatı.

zyoohōokyoku 情報局 /a./ İstihbarat Daire.

zyoohoo señtaa 情報センター /a./ haber merkezi.

zyòohu 情婦 /a./ kapama, (隠語) aşna fişne.

zyòohu 情夫 /a./ âşık.

zyòoi 上位 /a./ üstünlük. ～を占める başa geç-, derece al-.

zyooiñ 上院 /a./ senato, cumhuriyet senatosu, Lortlar Kamarası. トルコの～は一般投票で選ばれる150人と大統領選出の15人からなる. Türkiye'de Senato genel oyla seçilen 150, Cumhurbaşkanı tarafından seçilen 15 üyeden oluşur.

zyooiñ gìiñ 上院議員 /a./ senatör.

zyòoka 浄化 /a./ tasfiye. ～される arın-.

zyookañ 上官 /a./ âmir. ～への口頭報告 tekmil haberi.

zyòoka ryooiñ 上下両院 /a./ parlamento.

zyookēñ 条件 /a./ koşul, şart, ahval, âlem. ～を付ける şart koş-. ～が悪くなる durumuna düş-. 一番よい～を見つける tavını bul-. ～や契約に縛られない şart şurt tanımaz. ～で üzere. 夕方返すという～でこの本を持って行ってもよろしい. Akşama geri ver-

mek üzere bu kitabı alabilirsiniz.

zyookeñcuki 条件付き /a./ ～の kayıtlı, koşullu, şartlı. ～で ihtiyat kaydı.

zyookeñ hāñsya 条件反射 /a./ koşullu tepke, şartlı refleks.

zyookeñzukerarè•ru 条件付けられる /ey./ şartlan-. 条件付けられた koşullu.

zyookeñzukè•ru 条件付ける /ey./ şartlandır-.

zyòoki 上記 /a./ ～の işbu. ～の通り yukarıda yazıldığı üzere.

zyòoki 蒸気 /a./ buhar, islim, istim. ～の buharlı. ～で動く buharlı.

zyòoki 常軌 /a./ ～を逸する azıt-. ～を逸した muvazenesiz, sapkın.

zyookigama 蒸気釜 /a./ buhar kazanı, jeneratör.

zyookìgeñ 上機嫌 /a./ keyif. ～の keyifli.

zyooki kikāñsya 蒸気機関車 /a./ lokomotif.

zyookoku 上告 /a./ temyiz. ～裁判所 temyiz mahkemesi.

zyookoo 条項 /a./ madde, bent.

zyookyaku 乗客 /a./ yolcu. バスが出る前にすべての～は席に着いた. Otobüs yola çıkmadan önce bütün yolcular yerlerine yerleştiler.

zyookyakugàkari 乗客係 /a./ 船の～ kamarot.

zyookyoo 状況 /a./ durum, konum, ahval, ortam, keyfiyet, tablo. 家庭の～ evlilik âlemi. 人の～を解釈する yakıştır-. 次々と～が変化する yaz boz tahtasına çevir-. ～をまだ把握できなかった. Durumu henüz kavrayamadım. ～が許せばこの金はとっくに払っていた. Kolaylığım olsaydı, ben bu parayı çoktan öderdim.

zyookyuu 上級 /a./ yukarı. ～の yukarı. 大学の～教授 ordinaryüs.

zyoomae 錠前 /a./ kilit. ～の付いた kilitli. ～の付いた安全な場所に保管す

zyoomae hàzusi

る kilit altına al-. 鍵が〜に合った. Anahtar kilide alıştı.
zyoomae hàzusi 錠前外し /a./ maymuncuk. 泥棒が戸を〜で開けようとしていたところつかまった. Hırsız, kapıyı maymuncukla açmaya çalışırken yakalandı.
zyoomàesi 錠前師 /a./ çilingir.
zyoomaeya 錠前屋 /a./ çilingir.
zyoomyaku 静脈 /a./ damar, toplar damar. 〜が出ている damarlı. 〜の見える手 damarlı el.
zyoomyakùkecu 静脈血 /a./ kirlikan.
zyoomyakùryuu 静脈瘤 /a./ varis.
zyoonecu 情熱 /a./ aşk, tutku. 〜がなければ何事も熟達しない. Aşk olmayınca meşk olmaz.
zyoonecuteki 情熱的 /a./ 〜な hararetli.
zyoòo 女王 /a./ kraliçe, ece. イギリスの〜 İngiltere kraliçesi. 美の〜 güzellik kraliçesi. 〜に選ばれる taç giy-. チェスの〜 ferz. 歩が〜になる ferz çık-.
zyoòobaci 女王バチ /a./ arı beyi.
zyooreñ 常連 /a./ müdavim. 〜の gedikli. 店の〜の客 dükkânın gedikli müşterileri. 彼はここの〜だ. O buranın gedeklisidir.
zyooriku 上陸 /a./ çıkarma. 〜する karaya ayak bas-, kıyıya çık-, çık-.
zyoorikuyoo 上陸用 /a./ 〜舟艇 çıkarma gemisi, hücum botu.
zyòoro じょうろ /a./ bahçe kovası.
zyooryokùzyu 常緑樹 /a./ her dem taze.
zyooryuu 上流 /a./ üst başı. 〜の yüksek. 〜社会 yüksek sosyete.
zyooryuu 蒸留 /a./ 〜する damıt-, imbikten çek-, çek-. アルコールを〜する ispirto çek-. 〜した damıtık.
zyooryuu kàikyuu 上流階級 /a./ sosyete, aristokrasi. 彼は〜の

出身だ. O yukarı tabakadandır.
zyooryùuki 蒸留器 /a./ imbik.
zyooryùusui 蒸留水 /a./ damıtık su.
zyoosai 城塞, 城砦 /a./ kirman, kurgan, kale.
zyoosañ 蒸散 /a./ 〜作用 terleme.
zyoosei 情勢 /a./ durum.
zyooseki 上席 /a./ baş köşe.
zyooseñ 乗船 /a./ biniş. 〜する gemiye bin-.
zyooseñzyoo 乗船場 /a./ iskele.
zyòosi 上司 /a./ âmir, üst. 力のある〜 idareli bir müdür. 〜に頼みに行く eşiğine yüz sür-. 人は〜のことを考えて行動する. At binicisine göre eşinir.
zyòosi 上肢 /a./ kol.
zyoosiki 常識 /a./ sağduyu. 〜のある sağduyulu.
zyoosiñsyo 上申書 /a./ jurnal.
zyoosùu 乗数 /a./ çarpan. 7×3=21 という運算では3は7の〜である. 7×3=21 işleminde 3 sayısı 7'nin çarpanıdır.
zyoosyàkeñ 乗車券 /a./ 鉄道〜 tren bileti.
zyoosyoku 常食 /a./ 魚を〜とする balıkçıl.
zyoosyoo 上昇 /a./ artış.
zyoosyùbi 上首尾 /a./ başarı.
zyoosyùusya 常習者 /a./ 麻薬〜 esrarkeş.
zyootacu 上達 /a./ maharet. 〜する maharet kazan-.
zyootai 状態 /a./ durum, hâl, vaziyet, keyfiyet, ahval, perese, pozisyon, âlem. 今日の〜 bu günkü durum. 大気の〜 hava vaziyeti. 良い〜 ayna. 困った〜 ateşten gömlek. 悪い〜 bozukluk, hâl. 悪い〜になる başına bir hâl gel-, (隠語) ayvayı ye-. 悪い〜にする döndür-, dök-. ある〜になる durum al-. どうにもならない〜になる ateş bacayı sar-. 彼の今の〜は昔よりいい. Onun şimdiki hâli eskisinden iyidir. ひどく悪い〜に陥っ

た. Hâline köpekler gülüyor.
zyootei 上帝 /a./ Rab.
zyooteñ 上天 /a./ arş.
zyǒoto 讓渡 /a./ teslim, havale. 〜する teslim et-. 不当に〜する peşkeş çek-. 権利を〜して devren.
zyootoo 上等 /a./ 〜の ekstra, has, (俗語) kabadayı. ごく〜の (口語) daniska. 〜である başta gel-.
zyootǒohei 上等兵 /a./ onbaşı.
zyooyaku 条約 /a./ antlaşma, muahede, misak, pakt. 〜を結ぶ antlaş-. 〜で決めた関税 ahdî tarife.
zyooyakuzyoo 条約上 /a./ 〜の ahdî.
zyooyoo 常用 /a./ 〜の tiryaki. 〜する kullan-.
zyoozai 錠剤 /a./ hap, tablet, komprime. 口の中で溶ける甘い〜 pastil.
zyǒozi 情事 /a./ (隠語) aşna fişne.
zyoozoo 醸造 /a./ 〜する içki yap-.
zyoozǔ じょうず, 上手 /a./ 〜な maharetli, uz, yatkın. 〜に ustaca. 〜に立ち回る ığrıp çevir-. 〜に秘密をさぐる ağzından kap-. 〜にしゃべれない dili tutuk. 〜に作られた ustalıklı. メラルは編物がだんだん〜になってきた. Meral, örgü örmekte gittikçe ustalaşıyor.
zyoozuru 乗ずる /ey./ yükselt-. 機に〜 çalımına getir-. 5に4を〜 beş sayısını dördüncü kuvvete yükselt-.
zyǒozyu 成就 /a./ muvaffakıyet. 〜する mazhar ol-. 〜できない havada kal-.
zyoozyucu 上述 /a./ 〜の işbu.
zyorecu 序列 /a./ nizam, saf, sıra.
zyorooya 女郎屋 /a./ genel ev.
zyoryoku 助力 /a./ yardım. 〜する yardım et-.
zyoryuu 女流 /a./ 〜の kadın.
zyosainǎi 如才ない /s./ hoşsohbet. 如才なくもてなす suyuna (suyunca) git-.
zyosañpu 助産婦 /a./ ebe.

zyosei 女性 /a./ hatun, kadın, (俗語) avrat. 〜の dişil. 〜特有の dişi. 〜にふさわしい kadınca.
zyǒsi 女子 /a./ kız.
zyǒsi 女史 /a./ bayan, hatun.
zyosoo 助走 /a./ 〜する hız al-.
zyosùru 除する /ey./ böl-.
zyosùu 除数 /a./ bölen, tam bölen.
zyosuu keiyǒosi 序数形容詞 /a./ sıra sayı sıfat.
zyosyoo 序章 /a./ giriş.
zyosyu 助手 /a./ yardımcı, muavin, yamak, asistan. 〜の地位 muavinlik, asistanlık. コックが疲れてそばに〜を欲しがっている. Aşçı çok yorulduğu için yanına yamak istiyor. 〜達は子供を試験台にした. Asistanlar, çocuğu deneme tahtası yaptılar.
zyotai 除隊 /a./ terhis. 〜せずに軍隊に残る tezkere bırak-. 〜証明 tezkere.
zyotei 女帝 /a./ imparatoriçe, cariçe.
zyoyaku 助役 /a./ muavin. 村の〜 kizir.
zyoyuu 女優 /a./ aktris.
zyozìsi 叙事詩 /a./ destan, epik. 英雄〜 kahramanlık destanı. 〜の epik.
zyǒzyoni 徐々に /be./ gittikçe.
zyozyǒosi 叙情詩 /a./ gazel, lirik şiir. 〜を朗読する gazel oku-.
zyozyooteki 叙情的 /a./ 〜な lirik.
zyozyucu 叙述 /a./ anlatı, nakil.
zyucù 術 /a./ marifet.
zyucugo 述語 /a./ yüklem.
zyucugo 術語 /a./ terim.
zyudaku 受諾 /a./ kabul.
zyudoo 受動 /a./ 〜の edilgen. 〜動詞 edilgen eylem.
zyudootai 受動態 /a./ edilgen çatı.
zyudooteki 受動的 /a./ 〜な pasif.
zyueki 樹液 /a./ besi suyu, öz su,

usare, bal. 木が〜を出す ağla-. 白い〜 süt. 砂糖キビの〜から砂糖が取れる. Şeker kamışının öz suyundan şeker elde edilir.

zyùgyoo 授業 /a./ ders, meşk, öğretim, tedrisat. 〜をする ders ver-, okut-. 〜を受ける ders al-, ders gör-. 〜に遅れる derse gecik-. 〜が中断する dersler kesil-. 〜は先生の言うことを聞いて学ぶ. Ders, öğretmeni dinlemekle öğrenilir.

zyugyoocyuu 授業中 /a./ 先生はコルハンが〜おしゃべりをしたので注意した. Öğretmenim Korhan'ı derste konuştuğundan dolayı kınadı.

zyugyoo zìkoku 授業時刻 /a./ 〜が食事時とぶつかっている. Ders saati yemek saatiyle çatışıyor.

zyùhi 樹皮 /a./ ağaç kabuğu.

zyukeñ 受験 /a./ 〜する imtihana gir-, sınava çekil-.

zyùkko 十個 /a./ 〜の onluk. 〜入りの onlu.

zyukkoo 熟考 /a./ 〜する kantara çek- (vur-), ölçün-, tart-.

zyukoo 受講 /a./ 〜する ders al-.

zyùku 塾 /a./ dershane.

zyukugo 熟語 /a./ deyim, tabir.

zyukureñ 熟練 /a./ el uzluğu, görgü, maharet, ustalık. 〜の mahir, anaç. 〜した kalifiye, maharetli, yetkin. 〜労働者 kalifiye işçi, yetişmiş bir işçi. 仕事に〜している saç sakal ağart-. 〜される piş-. いいテーブルを作るには〜が必要だ. İyi bir masa yapmak ustalık gerektirir.

zyukureñkoo 熟練工 /a./ mahir bir işçi.

zyukureñsya 熟練者 /a./ pir.

zyukusisugi 熟し過ぎ /a./ 〜の geçkin. 〜のスイカ geçkin bir karpuz.

zyukùsu 熟す /ey./ er-, olgunlaş-, piş-. 実が〜 iç bağla-. 熟した ergin, olgun, olmuş. 熟した果物 ergin yemiş. 熟したナシ olgun armut. よく熟した cırtlak. 熟していない kabak çık-, ham, kabak, olmamış. 熟していないリンゴ olmamış bir elma. 熟していないメロン kelek. 〜と皮がかたくなる果物 kuru meyve. ナシはまだ熟していない, 口が曲がる. Armutlar henüz olmamış, ağzı buruyor.

zyukusui 熟睡 /a./ deliksiz uyku. 〜する uyku çek-.

zyukutacu 熟達 /a./ ustalık, yatkınlık, yetkinlik. 〜する ilmini al-. 〜した yetişmiş.

zyùmoku 樹木 /a./ ağaç.

zyumoñ 呪文 /a./ büyü.

zyumyoo 寿命 /a./ alın yazısı, ömür, ecel, hayat. 〜が長い ömürlü. 〜が短い ömürsüz. 〜が尽きる günü yet-, vadesi gel- (yet-). 〜が来る eceli gel-, kandilin yağı tüken-. 〜で死ぬ eceliyle öl-. 平均〜 ortalama yaşama süresi.

zyunañ 受難 /a./ eziyet.

zyunyuu 授乳 /a./ 〜する meme ver-.

zyuñ 順 /a./ nöbet, sıra. 背の〜 boy sırası. 歳の〜 yaş sırası. 〜に nöbetle, nöbetleşe, sıra ile. 〜を追って sırasıyla. 〜に並ぶ sıralan-.

zyùñ 純 /a./ 〜の net.

zyuñbañ 順番 /a./ nöbet, sıra. 〜が来る nöbet gel-. 〜に nöbetle, nöbetleşe, sıra ile. 〜に並べる sırala-. 〜に見張る nöbet tut-. 〜の狂った sırasız.

zyuñbi 準備 /a./ hazırlık. 冬の〜 kış için hazırlık. 〜する hazırla-, hazır et-, hazırlık gör-, tertiple-, yapın-. 〜がととのう hazırlan-, hazır ol-, düzen kur-. 〜ができている hazır bulun-, hazır, amade. ひそかに〜される kayna-. 〜せずに仕事にかかる tek kürekle mehtaba çık-. 全詳細を説明した報告を〜した. Bütün detayları anlatan rapor hazırladılar.

zyuñboku 純朴 /a./ ～な saf, saf kalpli.
zyuñcyoo 順調 /a./ ～な işi tıkırında, yollu. 生活が～な eli geniş. ～に o yolda, yolunda, yoluyla, tıkır tıkır. ～に暮らす gün gör-. ～に進む işi iş ol-, iyi git-, rast git-. 万事～に dört üstü murat üstü. 私の仕事は～にいっている. İşlerim yolunda gidiyor.
zyùǹdo 純度 /a./ 一定の～を持つ ayarlı.
zyùǹeki 純益 /a./ safi kâr.
zyuñgiñ 純銀 /a./ has gümüş.
zyuñgyoo 巡業 /a./ turne. 国立劇団がアナトリア～に出た. Devlet tiyatrosu Anadolu turnesine çıktı.
zyùǹka 純化 /a./ tasfiye. ～する sadeleştir-. 私達の言葉はしだいに～されつつある. Dilimiz gittikçe sadeleşiyor.
zyuñkacùyu 潤滑油 /a./ yağlama yağı.
zyuñkai 巡回 /a./ devir. ～の gezici, seyyar. ～する karakol gez-, kol gez-.
zyuñkaidòkei 巡回時計 /a./ 警備の～ kontrol saati.
zyuñkañ 循環 /a./ dolaşım, çevrinti, deveran. 血液の～ kan dolaşımı.
zyuñkañkei 循環系 /a./ dolaşım sistemi.
zyuñkañ ròseñ 循環路線 /a./ ring gezisi.
zyuñkecu 純潔 /a./ iffet. ～な（口語）uçkuruna sağlam.
zyuñkecùsyu 純血種 /a./ ～のアラブ馬 küheylân.
zyuñkèssyoo 準決勝 /a./ yarı final, yarı son, dömifinal.
zyuñkiñ 純金 /a./ saf altın.
zyuñkyoo 殉教 /a./ şehitlik, şahadet.
zyuñkyòosya 殉教者 /a./ şehit.

～になる şehit düş- (ol-). ～を記念する şehitleri an-.
zyuñmoo 純毛 /a./ halis yün.
zyuñnoo 順応 /a./ intibak. ～する intibak et-, çekiye gel-, uy-, uyuşkan. 環境に～する havasına uy-. ～した mutabık.
zyuñnoosei 順応性 /a./ ～のある uysal.
zyuñpaku 純白 /a./ duru beyaz.
zyuñrecu 順列 /a./ saf.
zyuñrei 巡礼 /a./ hac. メッカへの～ hac. メッカへ～に行く hacca git-. メッカに～した人 hacı. 他人の名義や金で～に行く人 bedel. ～の白装束 kisve.
zyùǹsa 巡査 /a./ polis.
zyuñsi 巡視 /a./ devriye.
zyuñsiñ 純真 /a./ ～な saf kalpli, eline eteğine doğru.
zyuñsui 純粋 /a./ sadelik, saflık. ～な öz, sade, saf, arı, halis. ～な蜜 saf bal. ～の halis muhlis, safi, has. ～のトルコ語 öz Türkçe. ～になる sadeleş-.
zyuñsyoo 准将 /a./ 海軍～ tuğamiral. 陸軍～ tuğgeneral.
zyuñ syùunyuu 純収入 /a./ net gelir.
zyuñyookañ 巡洋艦 /a./ kruvazör.
zyùǹzyo 順序 /a./ sıra. ～よい sıralı. ものには～がある parayla değil sırayla.
zyuñzyuñkèssyoo 準々決勝 /a./ çeyrek son.
zyuppaasèñto 10パーセント, 10% /a./ yüzde on. 肉が～値上がりした. Ete yüzde on zam bindi.
zyurei 樹齢 /a./ ～百年の木 yüz yıllık ağaç.
zyuricu 樹立 /a./ kuruluş. 共和国の～は1923年だ. Cumhuriyetin kuruluşu 1923'tedir.
zyuryoosyoo 受領証 /a./ senet, alıntı.

zyusei 受精 /a./ ilkah. 〜する döllen-. 〜させる dölle-. 花は風が運ぶ花粉で〜する. Çiçekler rüzgârın taşıdığı çiçek tozlarıyla döllenir.

zyùsi 樹脂 /a./ ağaç balı, reçine. 〜の çıralı. 合成〜 plastik.

zyusìñki 受信機 /a./ alıcı, almaç, radyo. テレビ〜 televizyon alıcısı.

zyussiñ 十進 /a./ 〜の ondalık.

zyussiñhoo 十進法 /a./ ondalık sayılama.

zyutai 受胎 /a./ ilkah. 〜させる dölle-.

zyùtto ジュッと /be./ cız. 〜音を出す cız et-.

-zyuu 重. 二〜の çift. 二〜に見る çatal gör-.

zyùu 十 /a./ on. 〜の on, onluk. 〜の位 onluk basamağı, onlar, onluk. トランプの〜 onlu. 〜割る5は2. 10÷5=2. On bölü beş eşit iki. 〜五分 çeyrek. 一時間〜五分 bir çeyrek. 三時〜五分前 üçe çeyrek. 年が〜五になると… yaşı on beşine değince ….

zyùu 銃 /a./ tüfek. 又銃した〜 tüfek çatkısı. 弾の込められた〜 dolu tüfek. 口から弾を入れる〜 ağızdan dolma. 折りたたみ〜 kırma tüfek. 〜の撃鉄 horoz.

zyuuacu 重圧 /a./ 〜からのがれる safra at-.

zyuubako 重箱 /a./ sefer tası.

zyuubañme 十番目 /a./ 〜の onuncu.

zyuubuñ 十分. 〜の一, 1/10 ondalık. 1/10グラム desigram (dg). 1/10メートル desimetre (dm). 1/10リットル desilitre (dl).

zyuubùñ 十分, 充分 /a./ 〜な doyurucu, kâfî, yeter, iyi, etraflı, yeteri kadar. 〜な量の yeterli. 〜な時間がある yeterli vaktimiz var. 〜に iyice, kâfî derecede, doyasıya, yeterince, etraflıca, güzelce, yeteri kadar, iyicene, adamakıllı, ağır ağır, enikonu bir güzel, enine boyuna, evire çevire, fazlasıyla, ferah ferah, hakkıyla, haydi haydi, iyiden iyiye, kana kana, kemiklerine (kemiğe) kadar. 〜に得る kan-. 〜である kâfî gel-, yetin-, yet-, haddi kifayeyi bul-, çıkış-, dayan-, yeter de artar. ジャガイモ料理は〜だ. Patates yemeği doyurucu olur. この生地は〜に足りる. Bu kumaş haydi haydi yeteri. 大地が水を〜に吸った. Toprak suya kandı.

zyuubyoo 重病 /a./ ağır hasta. エルダルは〜でうわごとを言っている. Erdal çok hasta, sayıklıyor.

zyuubyooniñ 重病人 /a./ ağır hasta. 〜が危機を脱する kefeni yırt-.

zyuudai 重大 /a./ 〜な ciddî, mühim, vahim. 〜さ ağırlık. あとから事の〜さに気付く ayağı (ayakları) suya er-.

zyuudai mòñdai 重大問題 /a./ 〜を爆発させる çıbanın başını kopar-.

zyuudaisei 重大性 /a./ ciddîlik, ciddiyet.

zyuudai zìko 重大事故 /a./ ciddî bir kaza.

zyuudañ 銃弾 /a./ kurşun, mermi. 〜で撃つ kurşunla vur-. 〜が標的に命中した. Kurşun hedefe değdi.

zyuudañbàsigo 十段ばしご /a./ on basamak el merdiveni.

zyuudeñ 充電 /a./ 〜する yükle-.

zyùudoo 柔道 /a./ judo.

zyuudooka 柔道家 /a./ judocu.

zyuugacù 十月 /a./ ekim, ekim ayı.

zyuugañ 銃眼 /a./ mazgal.

zyuugeñ 重言 /a./ ikileme.

zyuugoya 十五夜 /a./ dolun ay.

zyuugùramu 十グラム, 10g /a./ dekagram (dag).

zyuugyòoiñ 従業員 /a./ personel, eleman. この企業の〜は300人だ. Bu iş yerinin personeli üç yüz kişidir.

zyuuhañsya 従犯者 /a./ suç ortağı.

zyuuhàssai 十八才 /a./ 満〜になる on sekiz yaşını bitir-.

zyùuhi 獣皮 /a./ post.

zyuuhoo 銃砲 /a./ ateşli silâh. 〜が火を吹いた. Silâhlar patladı.

zyùui 獣医 /a./ baytar, veteriner.

zyuuicigacù 十一月 /a./ kasım. 〜十五日は私の誕生日だ. Kasımın on beşi benim doğum günümdür.

zyuukecu 充血 /a./ kan yürünesi. 〜する kan otur-. 〜した kan çanağı gibi.

zyuukei 重刑 /a./ ağır ceza.

zyuukeñ 銃剣 /a./ süngü, kasatura. 〜で刺す süngüle-.

zyuukoo 銃口 /a./ 〜を掃除する棒 harbi.

zyuukòogyo 重工業 /a./ ağır sanayi.

zyùukyo 住居 /a./ hane, konut, mesken. 冬の〜 kışlık. 〜を定める mesken tut-.

zyuumàñ 十万 /a./ yüz bin. この家の値段は〜リラだ. Bu evin değeri yüz bin liradır.

zyuumèetoru 10メートル, 10m /a./ dekametre (dam).

zyuumiñ 住民 /a./ ahali, halk, nüfus. アンカラの〜 Ankara ahalisi, Ankara'da sakin. 都市の〜 şehir halkı. 子供を〜として登録する çocuğu nüfusa kaydet-. 〜台帳 nüfus kütüğü.

zyuumoñzi 十文字 /a./ 〜に çaprazlama, makaslama.

zyuunañ 柔軟 /a./ 〜な elastikî, esnek, lastikli.

zyuunañsei 柔軟性 /a./ elastikiyet, esneklik.

zyùuneñ 十年 /a./ on yıl. 懲役〜に処する on yıl hapisle cezalandır-.

zyuunì 十二, 12 /a./ on iki. 〜と5を掛ける on iki ile beşi çarp-.

zyuunigacù 十二月 /a./ aralık. 〜に aralık ayında.

zyuunìkyuu 十二宮 /a./ Zodyak. 〜のそれぞれ burç.

zyùuniñ 十人 /a./ on kişi. 次々と〜が来た. Birbiri ardınca on kişi geldi.
§〜十色. Beş parmak bir olmaz. Herkes kendi havasında. Tencere tava, herkeste bir hava.

zyuunisìcyoo 十二指腸 /a./ on iki parmak bağırsağı.

zyuunisicyoo kàiyoo 十二指腸かいよう /a./ on iki parmak bağırsağı ülseri.

zyuunisito 十二使徒 /a./ キリストの〜の一人 havari.

zyùuoku 十億 /a./ bilyon, milyar. 〜の milyar.

zyuuriñ 蹂躙 /a./ tahrip.

zyuurìttoru 10リットル, 10l /a./ dekalitre (dal).

zyuuròodoo 重労働 /a./ ağır hapis.

zyùuryoku 重力 /a./ yer çekimi.

zyuuryòo 重量 /a./ ağırlık, sıklet, tartı.

zyuuryòoage 重量挙げ /a./ halter. 〜の選手 halterci. 〜のバーベル halter. 〜の練習をする halter çalış-.

zyuuryoobàkari 重量秤 /a./ baskül.

zyuusacùkei 銃殺刑 /a./ 〜にする kurşuna diz-.

zyuuseki 重責 /a./ mesuliyet, sorumluluk, yük, ağırlık. この仕事の〜を私一人で背負った. Bu işin ağırlığını tek başıma yüklendim.

zyùusi 重視 /a./ 〜する önem ver-, önemse-, umursa-, üzerinde dur-. ことさら〜する gözünde büyüt-. 〜しない ayaklar altına al-.

zyùusi 獣脂 /a./ don yağı.

zyuusiñ 重心 /a./ ağırlık merkezi,

sıklet merkezi. 〜をかける yüklen-.

zyuusiñ 銃身 /a./ namlu, tüfek namlusu. 〜が二つある猟銃 çifte. 〜が二つある猟銃で撃つ çifte at-. 〜に細かいさびが出た. Silahın namlusu karıncalanmış.

zyuusoku 充足 /a./ kifayet.

zyùusu ジュース(İng. juice) /a./ su, öz su. トマト〜 domates suyu. ブドウの〜 şıra.

zyùusyo 住所 /a./ adres. 手紙の〜 mektup üstü. 〜を教える adres bırak- (göster-, ver-).

zyuusyoo 重傷 /a./ ağır yara. 事故で〜を負った旅行者を病院が救った. Kazada ağır yaralanan yolcuyu hastanede kurtardılar.

zyuusyoo 銃床 /a./ dipçik, kundak. 銃身を〜に取り付ける kundakla-. 〜でなぐる dipçikle-. 〜を作る人 kundakçı.

zyuusyoo 重症 /a./ ağır hastalık.

zyuutai 渋滞 /a./ 道路が〜する yol tıkan-. 出勤と退出時には交通が〜する. İşe gidiş ve işten çıkış saatlerinde trafik tıkanıyor.

zyuutai 重体, 重態 /a./ 〜の tehlikeli durumda, buhranlı.

zyuutai 縦隊 /a./ kol nizamı. 行軍の〜 yürüyüş kolu.

zyuutaku 住宅 /a./ konut, mesken, ev. 〜建設 mesken inşaatı.

zyùutañ じゅうたん /a./ halı. 大きな〜 büyük halı. 壁掛けの〜 cicim. 〜を敷く tefriş et-. 〜を敷くこと tefriş. 〜を丸める halıyı bük- (dür-). 〜をたたく halı çırp-. 〜を織る時こぶを作る il-. 〜を作る人 halıcı.

zyuu tañgyoo じゅうたん業 /a./ halıcılık.

zyuutàñi 十単位 /a./ 〜の硬貨 onluk.

zyuutañ sàñgyoo じゅうたん産業 /a./ halıcılık.

zyuutèñ 重点 /a./ ağırlık merkezi, işin başı.

zyuuteñteki 重点的 /a./ 〜にやる kuvvet ver-.

zyuuteñzai 充填剤 /a./ dolgu.

zyùuto ジュート(İng. jute) /a./ jüt. 〜の jüt.

zyuuyaku 重役 /a./ müdür.

zyuuyoo 重要 /a./ 〜な önemli, mühim, mutena. 〜な部分 suyun başı. 〜な人物 hatırı sayılır. 小さくて〜な点 püf noktası. 〜な場所を手に入れる köprü başını tut-. 〜な位置を占める köşe başını tut-. 〜な位置に立つ ön planda gel-. 〜な点に触れない kapalı geç-. 〜でない önemsiz. 〜でない人 kapı mandalı. 〜でないこと hiçlik. あまり〜でない anlamsız, solda sıfır. 〜さ önem. これは〜ではない. Bunun önemi yok.

zyuuyoo citèñ 重要地点 /a./ köprü başı.

zyuuyoohiñ 重要品 /a./ varlık.

zyuuyoosei 重要性 /a./ önem, ehemmiyet, hüküm.

zyuuyòosi 重要視 /a./ 〜する önem ver-, önemse-.

zyuuyoo ziñbucu 重要人物 /a./ ileri gelen, şahsiyet, hatır sayılır. 自分を〜と思い込む kendini dev aynasında gör-.

zyuuyu 重油 /a./ ağır yağ, mazot.

zyuuzai 重罪 /a./ cürüm.

zyùuzi 十字 /a./ haç. 〜を切る haç çıkar-, istavroz çıkar-.

zyùuzi 従事 /a./ meşguliyet. 〜する meşgul ol-, uğraş-.

zyuuzicu 充実 /a./ gürlük.

zyuuziguñ 十字軍 /a./ haçlılar. 〜の戦士 haçlı. 〜の遠征 haçlı seferleri.

zyuuzi hòoka 十字砲火 /a./ çapraz ateş.

zyuuzika 十字架 /a./ çarmıh, haç, istavroz, put. イエスは〜に掛けられた. İsa çarmıha gerilmişti.

zyuuzìsya 従事者 /a./ 農業〜 tarımcı.

zyuuzoku 従属 /a./ bağımlılık, bağlılık, bağım, tabiiyet. 〜した bağımlı.

zyuuzyuñ 従順 /a./ itaat. 〜な itaatlı, başı yumuşak, yumuşak başlı, mazlum, terbiyeli maymun gibi. 〜でない itaatsız. 〜になる mum ol-. おとなしく〜にさせる muma döndür- (çevir-).

zyùuzyuu ジュージュー /be./ cızır cızır. 〜と料理する cızır cızır piş-. 〜と音を立てる cızırda-. 火の上の肉が〜いっている. Ateşin üzerindeki etler cızırdıyor.

zyuwàki 受話器 /a./ ahize, alıcı, almaç.

zyùyo 授与 /a./ tevdi, verme.

zyuyoo 需要 /a./ revaç, istek, telep, sürüm. 供給と〜 sunu ve istem. 〜のある sürümlü. 〜がある rağbet gör-.

zyuzù 数珠 /a./ tespih. 〜を手でもむ tepih çek-. おじいさんはきれいな〜を持っている. Dedemin güzel bir tespihi var.

zyuzucùnagi 数珠つなぎ /a./ 〜になった車の列 otomobil katarı.

zyùzyucu 呪術 /a./ göz bağı, ilenç.

著者紹介

竹内 和夫 ［たけうち・かずお］岡山大学名誉教授（言語学）

目録進呈　落丁本・乱丁本はお取替えいたします。

2000年5月10日　Ⓒ　第1版発行

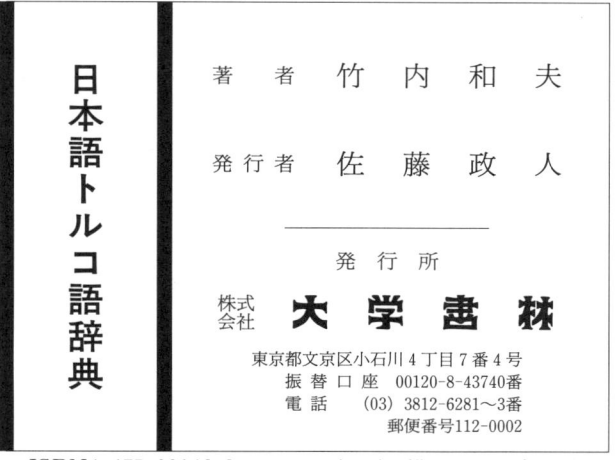

日本語トルコ語辞典	著　者　　竹　内　和　夫
	発行者　　佐　藤　政　人
	発　行　所
	株式会社　大学書林
	東京都文京区小石川4丁目7番4号
	振　替　口　座　00120-8-43740番
	電　話　（03）3812-6281〜3番
	郵便番号112-0002

ISBN4-475-00146-3　　　写研・横山印刷・牧製本

大学書林 語学参考書

著者	書名	判型	頁数
竹内和夫著	トルコ語辞典（改訂増補版）	A5判	832頁
竹内和夫著	トルコ語辞典（ポケット版）	新書判	544頁
竹内和夫著	トルコ語文法入門	B6判	144頁
勝田　茂著	トルコ語文法読本	A5判	312頁
水野美奈子著	全訳中級トルコ語読本	A5判	184頁
松谷浩尚著	中級トルコ語詳解	A5判	278頁
竹内和夫編	トルコ語基礎1500語	新書判	152頁
松谷浩尚編	トルコ語分類単語集	新書判	384頁
水野美奈子著	トルコ語会話練習帳	新書判	238頁
勝田　茂著	トルコ語を話しましょう	B6判	144頁
林　徹著 (アイデンヤマンラール)	トルコ語会話の知識	A5判	304頁
竹内和夫 勝田　茂 訳注	トルコ民話選	B6判	234頁
土屋順一訳注	40人の兄弟	B6判	340頁
松長　昭著	アゼルバイジャン語文法入門	A5判	256頁
松谷浩尚編	アゼルバイジャン語会話練習帳	新書判	168頁
竹内和夫著	現代ウイグル語四週間	B6判	464頁
竹内和夫編	現代ウイグル語基礎1500語	新書判	172頁
小沢重男著	現代モンゴル語辞典（改訂増補版）	A5判	976頁
小沢重男著	モンゴル語四週間	B6判	336頁
小沢重男編	モンゴル語基礎1500語	新書判	140頁
小沢重男編	モンゴル語会話練習帳（改訂版）	新書判	188頁
小沢重男著	モンゴル語の話	B6判	158頁
小沢重男著	蒙古語文語文法講義	A5判	336頁

―― 目録進呈 ――